# 学校名変遷総覧

## 大学・高校編

日外アソシエーツ

# A List of Changed Names of Japanese Schools
## University and High School

Compiled by
Nichigai Associates, Inc.

©2006 Nichigai Associates, inc.
Printed in Japan

本書はディジタルデータでご利用いただくことができます。詳細はお問い合わせください。

●編集スタッフ● 青木 竜馬／小森 浩二／岩崎 奈菜／平本 強司
装 丁：赤田 麻衣子

## 刊行にあたって

　その歩みの中で校名変更を経験している大学、高校は予想以上に多い。歴史の長い学校では、私立、公立を問わず創立時の校名のまま現在にいたっているケースの方がむしろまれな程である。

　「学制」「教育令」「学校令」の発令、戦後の学制改革、はたまた市町村合併などの事情による改称、あるいは女子校・男子校から共学校へ、短期大学から四年生大学に移行する際や、総合学科、単位制の導入など、さまざまな契機に多くの学校名が変遷してきた。

　一方で大学、高校は学校そのものの活動が社会的に話題になることが多く、また地域、団体、人物の活動と密接に関わっている。ある団体、ある人物の歴史をひもとこうとした場合、学校の存在は不可欠な要素といえるのである。しかし、先述したように我が国において校名は不変なものではない。明治に創立された高等女学校が現在は想像もつかないような校名に変わっているということは珍しくなく、その調査に思わぬ時間を費やしてしまうことがあるのである。

　本書では、現在日本に設置されている大学、短期大学、高等専門学校、高等学校6,481校の校名変遷を出来る限り遡って収録した。教育関係の調査をはじめ、地方史、人物研究などの場面で現校名とかつての校名をつなぐツールとしてご利用いただければ幸いである。

　2006年9月

日外アソシエーツ

# 目 次

凡　例 …………………………………………………………… (6)
見出し一覧 ……………………………………………………… (8)

| | | | |
|---|---|---|---|
| 北海道 | 1 | 滋賀県 | 254 |
| 青森県 | 24 | 京都府 | 260 |
| 岩手県 | 31 | 大阪府 | 270 |
| 宮城県 | 39 | 兵庫県 | 290 |
| 秋田県 | 48 | 奈良県 | 307 |
| 山形県 | 53 | 和歌山県 | 313 |
| 福島県 | 58 | 鳥取県 | 317 |
| 茨城県 | 67 | 島根県 | 320 |
| 栃木県 | 76 | 岡山県 | 325 |
| 群馬県 | 83 | 広島県 | 334 |
| 埼玉県 | 90 | 山口県 | 346 |
| 千葉県 | 103 | 徳島県 | 355 |
| 東京都 | 117 | 香川県 | 359 |
| 神奈川県 | 158 | 愛媛県 | 363 |
| 新潟県 | 174 | 高知県 | 369 |
| 富山県 | 183 | 福岡県 | 373 |
| 石川県 | 188 | 佐賀県 | 388 |
| 福井県 | 193 | 長崎県 | 392 |
| 山梨県 | 196 | 熊本県 | 399 |
| 長野県 | 201 | 大分県 | 407 |
| 岐阜県 | 210 | 宮崎県 | 414 |
| 静岡県 | 218 | 鹿児島県 | 419 |
| 愛知県 | 230 | 沖縄県 | 428 |
| 三重県 | 248 | | |

学校種別一覧 …………………………………………………… 433
学校法人別一覧 ………………………………………………… 493
校名索引 ………………………………………………………… 527

# 凡　例

1. **本書の内容**
　　本書は、日本の大学、短期大学、高等専門学校、高等学校6,481校の創立から現在にいたる校名の変遷が一覧できるツールである。

2. **収録対象**
　　原則として2006年4月現在設置されている大学、短期大学、高等専門学校、高等学校を収録の対象とし、休校、募集停止となっている学校は対象から外した。なお、学校設立後、校名に変遷のない場合でも収録対象とした。

3. **学校名見出し**
　　現在の正式な校名を原則として見出しに採用した。

4. **排　列**
　(1) 都道府県別（北海道～沖縄県）に排列した。
　(2) 各都道府県内は学校種別（大学、短期大学、高等専門学校、高等学校）ごとにまとめた。
　(3) 各学校種別内は校名の読みの五十音順とした。
　(4) 公立高等学校の場合、基本的には都道府県名、自治体名など設立区分を正式名称から除いて五十音順に並べた〈例1〉。但し設立区分を除いてしまうと学校名が特定できなくなってしまう場合〈例2〉は設立区分を含め読みの対象とした。なお、読みの対象となった部分は太字で示した。
　　〈例1〉
　　　愛媛県立**松山東高等学校**
　　　　「松山東高等学校」で排列
　　〈例2〉
　　　**東京都立西高等学校**
　　　　「東京都立西高等学校」で排列
　(5) 排列にあたっては、濁音・半濁音は清音扱いとし、ヂ→シ、ヅ→スとみなした。また、拗促音は直音扱いとし、長音は無視した。

5．記載事項
　(1) 校名データ
　　　校名／所在地／電話番号／学校法人名
　(2) 変遷データ
　　①年月の後に、設立、改称、改組、統合などの変遷内容を記述した。
　　②変遷データは、時系列に配した。但し複数の学校が統合などを行っている場合は、それぞれの系列ごとに変遷の経過をまとめた。

6．学校種別一覧
　　本文の校名見出しを、大学、短期大学、高等専門学校、高等学校別にまとめ、その掲載頁を示した。

7．学校法人別一覧
　(1) 学校法人名を五十音順に並べた。
　(2) 各学校法人に属する校名見出しを五十音順に並べ、その掲載頁を示した。

8．校名索引
　(1) 現校名、旧校名など本文に現れる全ての校名を五十音順に排列し掲載頁を示した。
　(2) 見出しに立っている校名は太字で記載した。また。同名の見出し校名がある場合は、校名の後ろに設置区分を補記した〈例3〉。
　〈例3〉
　芦屋高等学校（兵庫・県）
　芦屋高等学校（芦屋・市）

# 見出し一覧

北海道
　大　学 …………………… 1
　　浅井学園大学 …………… 1
　　旭川医科大学 …………… 1
　　旭川大学 ………………… 1
　　小樽商科大学 …………… 1
　　帯広畜産大学 …………… 1
　　北見工業大学 …………… 1
　　釧路公立大学 …………… 1
　　公立はこだて未来大学 … 1
　　札幌医科大学 …………… 1
　　札幌学院大学 …………… 1
　　札幌国際大学 …………… 1
　　札幌市立大学 …………… 1
　　札幌大学 ………………… 1
　　星槎大学 ………………… 1
　　千歳科学技術大学 ……… 1
　　天使大学 ………………… 1
　　道都大学 ………………… 1
　　苫小牧駒澤大学 ………… 1
　　名寄市立大学 …………… 2
　　日本赤十字北海道看護
　　　大学 …………………… 2
　　函館大学 ………………… 2
　　藤女子大学 ……………… 2
　　北星学園大学 …………… 2
　　北海学園大学 …………… 2
　　北海商科大学 …………… 2
　　北海道医療大学 ………… 2
　　北海道教育大学 ………… 2
　　北海道工業大学 ………… 2
　　北海道情報大学 ………… 2
　　北海道大学 ……………… 2
　　北海道東海大学 ………… 2
　　北海道文教大学 ………… 2
　　北海道薬科大学 ………… 3
　　室蘭工業大学 …………… 3
　　酪農学園大学 …………… 3
　　稚内北星学園大学 ……… 3
　短　大 …………………… 3
　　浅井学園大学短期大学
　　　部 ……………………… 3
　　旭川大学女子短期大学
　　　部 ……………………… 3
　　小樽短期大学 …………… 3
　　帯広大谷短期大学 ……… 3
　　釧路短期大学 …………… 3
　　光塩学園女子短期大学 … 3

國學院短期大学 …………… 3
札幌大谷短期大学 ………… 3
札幌国際大学短期大学
　部 ………………………… 3
札幌大学女子短期大学
　部 ………………………… 3
市立名寄短期大学 ………… 3
専修大学北海道短期大
　学 ………………………… 3
拓殖大学北海道短期大
　学 ………………………… 3
函館大谷短期大学 ………… 4
函館短期大学 ……………… 4
文化女子大学室蘭短期
　大学 ……………………… 4
北星学園大学短期大学
　部 ………………………… 4
北海道自動車短期大学 …… 4
北海道文教大学短期大
　学部 ……………………… 4
北海道武蔵女子短期大
　学 ………………………… 4
酪農学園大学短期大学
　部 ………………………… 4
高　専 …………………… 4
　旭川工業高等専門学校 …… 4
　釧路工業高等専門学校 …… 4
　札幌市立高等専門学校 …… 4
　苫小牧工業高等専門学
　　校 ………………………… 4
　函館工業高等専門学校 …… 4
高　校 …………………… 4
　愛別高等学校 ……………… 4
　赤平高等学校 ……………… 4
　阿寒高等学校 ……………… 4
　旭川北高等学校 …………… 4
　旭川工業高等学校 ………… 4
　旭川実業高等学校 ………… 4
　旭川商業高等学校 ………… 4
　旭川大学高等学校 ………… 5
　旭川東栄高等学校 ………… 5
　旭川西高等学校 …………… 5
　旭川農業高等学校 ………… 5
　旭川東高等学校 …………… 5
　旭川藤女子高等学校 ……… 5
　旭川北都商業高等学校 …… 5
　旭川南高等学校 …………… 5
　旭川明成高等学校 ………… 5

旭川竜谷高等学校 ……… 5
旭川凌雲高等学校 ……… 5
芦別高等学校 …………… 5
足寄高等学校 …………… 5
厚岸潮見高等学校 ……… 5
厚岸水産高等学校 ……… 5
厚真高等学校 …………… 5
網走高等学校 …………… 5
網走向陽高等学校 ……… 6
網走南ヶ丘高等学校 …… 6
虻田高等学校 …………… 6
遺愛女子高等学校 ……… 6
池上学院高等学校 ……… 6
池田高等学校 …………… 6
石狩翔陽高等学校 ……… 6
石狩南高等学校 ………… 6
岩内高等学校 …………… 6
岩見沢西高等学校 ……… 6
岩見沢農業高等学校 …… 6
岩見沢東高等学校 ……… 6
岩見沢緑陵高等学校 …… 6
歌志内高等学校 ………… 6
浦河高等学校 …………… 7
浦幌高等学校 …………… 7
江差高等学校 …………… 7
枝幸高等学校 …………… 7
恵山高等学校 …………… 7
恵庭北高等学校 ………… 7
恵庭南高等学校 ………… 7
江別高等学校 …………… 7
えりも高等学校 ………… 7
遠軽郁凌高等学校 ……… 7
遠軽高等学校 …………… 7
遠別農業高等学校 ……… 7
追分高等学校 …………… 7
雄武高等学校 …………… 7
大麻高等学校 …………… 7
大野農業高等学校 ……… 7
奥尻高等学校 …………… 7
置戸高等学校 …………… 8
興部高等学校 …………… 8
長万部高等学校 ………… 8
小樽桜陽高等学校 ……… 8
小樽工業高等学校 ……… 8
小樽商業高等学校 ……… 8
小樽水産高等学校 ……… 8
小樽潮陵高等学校 ……… 8
小樽明峰高等学校 ……… 8

| 学校名 | 頁 |
|---|---|
| おといねっぷ美術工芸高等学校 | 8 |
| 音更高等学校 | 8 |
| 帯広大谷高等学校 | 8 |
| 帯広北高等学校 | 8 |
| 帯広工業高等学校 | 8 |
| 帯広三条高等学校 | 8 |
| 帯広農業高等学校 | 8 |
| 帯広柏葉高等学校 | 9 |
| 帯広南商業高等学校 | 9 |
| 帯広緑陽高等学校 | 9 |
| 海星学院高等学校 | 9 |
| 上磯高等学校 | 9 |
| 上川高等学校 | 9 |
| 上士幌高等学校 | 9 |
| 上ノ国高等学校 | 9 |
| 上富良野高等学校 | 9 |
| 木古内高等学校 | 9 |
| 北広島高等学校 | 9 |
| 北広島西高等学校 | 9 |
| 北見工業高等学校 | 9 |
| 北見商業高等学校 | 9 |
| 北見仁頃高等学校 | 9 |
| 北見柏陽高等学校 | 9 |
| 北見藤女子高等学校 | 9 |
| 北見北斗高等学校 | 9 |
| 北見緑陵高等学校 | 9 |
| 喜茂別高等学校 | 10 |
| 共和高等学校 | 10 |
| 清里高等学校 | 10 |
| 霧多布高等学校 | 10 |
| 釧路北高等学校 | 10 |
| 釧路工業高等学校 | 10 |
| 釧路江南高等学校 | 10 |
| 釧路湖陵高等学校 | 10 |
| 釧路商業高等学校 | 10 |
| 釧路星園高等学校 | 10 |
| 釧路西高等学校 | 10 |
| 釧路東高等学校 | 10 |
| 釧路北陽高等学校 | 10 |
| 倶知安高等学校 | 10 |
| 倶知安農業高等学校 | 10 |
| 熊石高等学校 | 10 |
| クラーク記念国際高等学校 | 10 |
| 栗山高等学校 | 10 |
| 訓子府高等学校 | 10 |
| 剣淵高等学校 | 11 |
| 江陵高等学校 | 11 |
| 小清水高等学校 | 11 |
| 駒澤大学附属岩見沢高等学校 | 11 |
| 駒澤大学附属苫小牧高等学校 | 11 |
| 札幌旭丘高等学校 | 11 |
| 札幌厚別高等学校 | 11 |
| 札幌大谷高等学校 | 11 |
| 札幌丘珠高等学校 | 11 |
| 札幌開成高等学校 | 11 |
| 札幌北高等学校 | 11 |
| 札幌清田高等学校 | 11 |
| 札幌啓成高等学校 | 11 |
| 札幌啓北商業高等学校 | 11 |
| 札幌工業高等学校 | 11 |
| 札幌光星高等学校 | 11 |
| 札幌国際情報高等学校 | 11 |
| 札幌琴似工業高等学校 | 11 |
| 札幌篠路高等学校 | 12 |
| 札幌白石高等学校 | 12 |
| 札幌真栄高等学校 | 12 |
| 札幌新川高等学校 | 12 |
| 札幌新陽高等学校 | 12 |
| 札幌星園高等学校 | 12 |
| 札幌静修高等学校 | 12 |
| 札幌聖心女子学院高等学校 | 12 |
| 札幌西陵高等学校 | 12 |
| 札幌創成高等学校 | 12 |
| 札幌第一高等学校 | 12 |
| 札幌拓北高等学校 | 12 |
| 札幌月寒高等学校 | 12 |
| 札幌手稲高等学校 | 12 |
| 札幌稲雲高等学校 | 12 |
| 札幌稲西高等学校 | 12 |
| 札幌東豊高等学校 | 12 |
| 札幌稲北高等学校 | 12 |
| 札幌東陵高等学校 | 12 |
| 札幌南陵高等学校 | 12 |
| 札幌西高等学校 | 12 |
| 札幌日本大学高等学校 | 12 |
| 札幌白陵高等学校 | 12 |
| 札幌東高等学校 | 13 |
| 札幌東商業高等学校 | 13 |
| 札幌平岡高等学校 | 13 |
| 札幌平岸高等学校 | 13 |
| 札幌北斗高等学校 | 13 |
| 札幌北陵高等学校 | 13 |
| 札幌南高等学校 | 13 |
| 札幌藻岩高等学校 | 13 |
| 札幌山の手高等学校 | 13 |
| 札幌龍谷学園高等学校 | 13 |
| 様似高等学校 | 13 |
| 更別農業高等学校 | 13 |
| 佐呂間高等学校 | 13 |
| 鹿追高等学校 | 13 |
| 静内高等学校 | 13 |
| 静内農業高等学校 | 13 |
| 標茶高等学校 | 13 |
| 士別高等学校 | 14 |
| 標津高等学校 | 14 |
| 士別商業高等学校 | 14 |
| 士別東高等学校 | 14 |
| 士幌高等学校 | 14 |
| 清水高等学校 | 14 |
| 下川商業高等学校 | 14 |
| 斜里高等学校 | 14 |
| 白老東高等学校 | 14 |
| 白樺学園高等学校 | 14 |
| 白糠高等学校 | 14 |
| 知内高等学校 | 14 |
| 新得高等学校 | 14 |
| 新十津川農業高等学校 | 14 |
| 寿都高等学校 | 14 |
| 砂川高等学校 | 14 |
| 星槎国際高等学校 | 14 |
| 清尚学院高等学校 | 14 |
| 瀬棚商業高等学校 | 15 |
| 壮瞥高等学校 | 15 |
| 大樹高等学校 | 15 |
| 大成高等学校 | 15 |
| 鷹栖高等学校 | 15 |
| 滝川工業高等学校 | 15 |
| 滝川高等学校 | 15 |
| 滝川西高等学校 | 15 |
| 滝上高等学校 | 15 |
| 伊達高等学校 | 15 |
| 伊達緑丘高等学校 | 15 |
| 千歳高等学校 | 15 |
| 千歳北陽高等学校 | 15 |
| 月形高等学校 | 15 |
| 津別高等学校 | 15 |
| 天売高等学校 | 15 |
| 天塩高等学校 | 15 |
| 弟子屈高等学校 | 16 |
| 戸井高等学校 | 16 |
| 東海大学付属第四高等学校 | 16 |
| 当別高等学校 | 16 |
| 洞爺高等学校 | 16 |
| 常呂高等学校 | 16 |
| 苫小牧工業高等学校 | 16 |
| 苫小牧総合経済高等学校 | 16 |
| 苫小牧中央高等学校 | 16 |
| 苫小牧西高等学校 | 16 |
| 苫小牧東高等学校 | 16 |
| 苫小牧南高等学校 | 16 |
| 苫前商業高等学校 | 16 |
| 富川高等学校 | 16 |
| 豊富高等学校 | 16 |
| とわの森三愛高等学校 | 16 |
| 奈井江商業高等学校 | 16 |
| 中川商業高等学校 | 17 |
| 中札内高等学校 | 17 |
| 中標津高等学校 | 17 |
| 中標津農業高等学校 | 17 |
| 中頓別農業高等学校 | 17 |
| 長沼高等学校 | 17 |
| 七飯高等学校 | 17 |
| 名寄高等学校 | 17 |
| 名寄光凌高等学校 | 17 |

名寄農業高等学校 …… 17
南幌高等学校 …… 17
仁木商業高等学校 …… 17
ニセコ高等学校 …… 17
沼田高等学校 …… 17
根室高等学校 …… 18
根室西高等学校 …… 18
野幌高等学校 …… 18
登別大谷高等学校 …… 18
登別青嶺高等学校 …… 18
函館大谷高等学校 …… 18
函館大妻高等学校 …… 18
函館北高等学校 …… 18
函館工業高等学校 …… 18
函館商業高等学校 …… 18
函館白百合学園高等学校 …… 18
函館水産高等学校 …… 18
函館大学付属柏稜高等学校 …… 18
函館大学付属有斗高等学校 …… 18
函館中部高等学校 …… 19
函館西高等学校 …… 19
函館東高等学校 …… 19
函館ラ・サール高等学校 …… 19
函館稜北高等学校 …… 19
羽幌高等学校 …… 19
浜頓別高等学校 …… 19
浜益高等学校 …… 19
美瑛高等学校 …… 19
東川高等学校 …… 19
東藻琴高等学校 …… 19
日高高等学校 …… 19
美唄工業高等学校 …… 19
美唄高等学校 …… 19
美唄聖華高等学校 …… 19
美深高等学校 …… 19
美幌高等学校 …… 19
美幌農業高等学校 …… 20
檜山北高等学校 …… 20
平取高等学校 …… 20
広尾高等学校 …… 20
風連高等学校 …… 20
深川西高等学校 …… 20
深川農業高等学校 …… 20
深川東高等学校 …… 20
福島商業高等学校 …… 20
藤女子高等学校 …… 20
武修館高等学校 …… 20
双葉高等学校 …… 20
富良野高等学校 …… 20
富良野緑峰高等学校 …… 20
古平高等学校 …… 20
別海高等学校 …… 20
北照高等学校 …… 20

北星学園女子高等学校 …… 21
北星学園大学附属高等学校 …… 21
北星学園余市高等学校 …… 21
北嶺高等学校 …… 21
北海道栄高等学校 …… 21
北海学園札幌高等学校 …… 21
北海高等学校 …… 21
北海道尚志学園高等学校 …… 21
北海道文教大学明清高等学校 …… 21
穂別高等学校 …… 21
幌加内高等学校 …… 21
本別高等学校 …… 21
幕別高等学校 …… 21
増毛高等学校 …… 21
真狩高等学校 …… 21
松前高等学校 …… 21
三笠高等学校 …… 22
南茅部高等学校 …… 22
南富良野高等学校 …… 22
鵡川高等学校 …… 22
室蘭大谷高等学校 …… 22
室蘭工業高等学校 …… 22
室蘭栄高等学校 …… 22
室蘭清水丘高等学校 …… 22
室蘭商業高等学校 …… 22
室蘭東翔高等学校 …… 22
女満別高等学校 …… 22
芽室高等学校 …… 22
妹背牛商業高等学校 …… 22
森高等学校 …… 22
紋別北高等学校 …… 22
紋別南高等学校 …… 23
八雲高等学校 …… 23
夕張高等学校 …… 23
湧別高等学校 …… 23
有朋高等学校 …… 23
由仁商業高等学校 …… 23
余市高等学校 …… 23
羅臼高等学校 …… 23
蘭越高等学校 …… 23
利尻高等学校 …… 23
立命館慶祥高等学校 …… 23
留寿都高等学校 …… 23
留辺蘂高等学校 …… 23
留萌高等学校 …… 23
留萌千望高等学校 …… 24
礼文高等学校 …… 24
稚内大谷高等学校 …… 24
稚内高等学校 …… 24
稚内商工高等学校 …… 24
和寒高等学校 …… 24

**青森県**
　大　学 …… 24

青森県立保健大学 …… 24
青森公立大学 …… 24
青森大学 …… 24
青森中央学院大学 …… 24
東北女子大学 …… 24
八戸工業大学 …… 24
八戸大学 …… 24
弘前学院大学 …… 24
弘前大学 …… 24
短　大 …… 25
青森明の星短期大学 …… 25
青森短期大学 …… 25
青森中央短期大学 …… 25
東北女子短期大学 …… 25
八戸短期大学 …… 25
弘前福祉短期大学 …… 25
高　専 …… 25
八戸工業高等専門学校 …… 25
高　校 …… 25
青森明の星高等学校 …… 25
青森北高等学校 …… 25
青森工業高等学校 …… 25
青森高等学校 …… 25
青森商業高等学校 …… 25
青森中央高等学校 …… 25
青森戸山高等学校 …… 25
青森西高等学校 …… 25
青森東高等学校 …… 25
青森南高等学校 …… 26
青森山田高等学校 …… 26
鰺ヶ沢高等学校 …… 26
板柳高等学校 …… 26
今別高等学校 …… 26
岩木高等学校 …… 26
大畑高等学校 …… 26
大間高等学校 …… 26
大湊高等学校 …… 26
大鰐高等学校 …… 26
尾上総合高等学校 …… 26
柏木農業高等学校 …… 26
金木高等学校 …… 26
金木高等学校市浦分校 …… 26
金木高等学校小泊分校 …… 26
川内高等学校 …… 26
木造高等学校 …… 26
木造高等学校稲垣分校 …… 26
木造高等学校車力分校 …… 27
黒石高等学校 …… 27
黒石商業高等学校 …… 27
光星学院高等学校 …… 27
光星学院野辺地西高等学校 …… 27
向陵高等学校 …… 27
五所川原工業高等学校 …… 27
五所川原高等学校 …… 27
五所川原商業高等学校 …… 27
五所川原第一高等学校 …… 27

岩手県

| | | |
|---|---|---|
| 五所川原農林高等学校 … 27 | 六ヶ所高等学校 …… 31 | 黒沢尻工業高等学校 … 35 |
| 五所川原東高等学校 … 27 | **岩手県** | 江南義塾盛岡高等学校・ 35 |
| 五戸高等学校 ……… 27 | 大　学　　　　　　　31 | 不来方高等学校 …… 35 |
| 三戸高等学校 ……… 27 | 　岩手医科大学 …… 31 | 雫石高等学校 …… 35 |
| 三本木高等学校 …… 27 | 　岩手県立大学 …… 31 | 浄法寺高等学校 …… 35 |
| 三本木農業高等学校 … 28 | 　岩手大学 ……… 31 | 紫波総合高等学校 … 35 |
| 七戸高等学校 ……… 28 | 　富士大学 ……… 31 | 住田高等学校 …… 35 |
| 柴田女子高等学校 … 28 | 　盛岡大学 ……… 31 | 専修大学北上高等学校・ 35 |
| 松風塾高等学校 …… 28 | 短　大　　　　　　　31 | 千厩高等学校 …… 35 |
| 田子高等学校 ……… 28 | 　岩手看護短期大学 … 31 | 大東高等学校 …… 35 |
| 田名部高等学校 …… 28 | 　岩手県立大学宮古短期 | 平舘高等学校 …… 35 |
| 千葉学園高等学校 … 28 | 　　大学部 ……… 31 | 高田高等学校 …… 35 |
| 鶴田高等学校 ……… 28 | 　岩手県立大学盛岡短期 | 種市高等学校 …… 35 |
| 東奥学園高等学校 … 28 | 　　大学部 ……… 31 | 東和高等学校 …… 36 |
| 東奥義塾高等学校 … 28 | 　修紅短期大学 …… 31 | 遠野高等学校 …… 36 |
| 十和田工業高等学校 … 28 | 　盛岡大学短期大学部 … 32 | 遠野高等学校情報ビジ |
| 十和田西高等学校 … 29 | 高　専　　　　　　　32 | 　ネス校 ……… 36 |
| 中里高等学校 ……… 29 | 　一関工業高等専門学校・ 32 | 遠野緑峰高等学校 … 36 |
| 名久井農業高等学校 … 29 | 高　校　　　　　　　32 | 杜陵高等学校 …… 36 |
| 浪岡高等学校 ……… 29 | 　胆沢高等学校 …… 32 | 西和賀高等学校 …… 36 |
| 南郷高等学校 ……… 29 | 　一関学院高等学校 … 32 | 沼宮内高等学校 …… 36 |
| 南部工業高等学校 … 29 | 　一関工業高等学校 … 32 | 花泉高等学校 …… 36 |
| 野辺地高等学校 …… 29 | 　一関修紅高等学校 … 32 | 花北青雲高等学校 … 36 |
| 野辺地高等学校横浜分 | 　一関第一高等学校 … 32 | 花巻北高等学校 …… 36 |
| 　校 …………… 29 | 　一関第二高等学校 … 32 | 花巻農業高等学校 … 36 |
| 八戸北高等学校 …… 29 | 　一関農業高等学校 … 32 | 花巻東高等学校 …… 36 |
| 八戸工業高等学校 … 29 | 　一戸高等学校 …… 32 | 花巻南高等学校 …… 36 |
| 八戸工業大学第一高等 | 　伊保内高等学校 … 32 | 広田水産高等学校 … 36 |
| 　学校 ………… 29 | 　岩泉高等学校 …… 32 | 福岡工業高等学校 … 36 |
| 八戸工業大学第二高等 | 　岩泉高等学校田野畑校・ 33 | 福岡高等学校 …… 37 |
| 　学校 ………… 29 | 　岩手高等学校 …… 33 | 藤沢高等学校 …… 37 |
| 八戸高等学校 ……… 29 | 　岩手女子高等学校 … 33 | 前沢高等学校 …… 37 |
| 八戸商業高等学校 … 29 | 　岩谷堂高等学校 … 33 | 水沢工業高等学校 … 37 |
| 八戸水産高等学校 … 29 | 　岩谷堂農林高等学校 … 33 | 水沢高等学校 …… 37 |
| 八戸聖ウルスラ学院高 | 　大槌高等学校 …… 33 | 水沢商業高等学校 … 37 |
| 　等学校 ……… 29 | 　大野高等学校 …… 33 | 水沢第一高等学校 … 37 |
| 八戸中央高等学校 … 29 | 　大迫高等学校 …… 33 | 水沢農業高等学校 … 37 |
| 八戸西高等学校 …… 30 | 　大船渡工業高等学校 … 33 | 宮古北高等学校 …… 37 |
| 八戸東高等学校 …… 30 | 　大船渡高等学校 … 33 | 宮古工業高等学校 … 37 |
| 八戸南高等学校 …… 30 | 　大船渡農業高等学校 … 33 | 宮古高等学校 …… 37 |
| 八甲田高等学校 …… 30 | 　金ヶ崎高等学校 … 33 | 宮古高等学校川井校 … 37 |
| 平内高等学校 ……… 30 | 　釜石北高等学校 … 33 | 宮古商業高等学校 … 37 |
| 弘前学院聖愛高等学校・ 30 | 　釜石工業高等学校 … 33 | 宮古水産高等学校 … 37 |
| 弘前工業高等学校 … 30 | 　釜石商業高等学校 … 33 | 盛岡北高等学校 …… 37 |
| 弘前高等学校 ……… 30 | 　釜石南高等学校 … 34 | 盛岡工業高等学校 … 37 |
| 弘前実業高等学校 … 30 | 　軽米高等学校 …… 34 | 盛岡商業高等学校 … 38 |
| 弘前中央高等学校 … 30 | 　北上翔南高等学校 … 34 | 盛岡女子高等学校 … 38 |
| 弘前東高等学校 …… 30 | 　北上農業高等学校 … 34 | 盛岡白百合学園高等学 |
| 弘前南高等学校 …… 30 | 　久慈工業高等学校 … 34 | 　校 …………… 38 |
| 深浦高等学校 ……… 30 | 　久慈高等学校 …… 34 | 盛岡市立高等学校 … 38 |
| 藤崎園芸高等学校 … 30 | 　久慈高等学校長内校 … 34 | 盛岡スコーレ高等学校・ 38 |
| 北斗高等学校 ……… 30 | 　久慈高等学校山形校 … 34 | 盛岡第一高等学校 … 38 |
| 三沢高等学校 ……… 31 | 　久慈商業高等学校 … 34 | 盛岡第二高等学校 … 38 |
| 三沢商業高等学校 … 31 | 　久慈東高等学校 … 34 | 盛岡第三高等学校 … 38 |
| むつ工業高等学校 … 31 | 　葛巻高等学校 …… 34 | 盛岡第四高等学校 … 38 |
| 百石高等学校 ……… 31 | 　黒沢尻北高等学校 … 34 | 盛岡大学附属高等学校・ 38 |
| 六戸高等学校 ……… 31 | | 盛岡中央高等学校 … 38 |

(11)

宮城県

| | | |
|---|---|---|
| 盛岡農業高等学校 …… 38 | 河南高等学校 ………… 42 | 図南萩陵高等学校 …… 45 |
| 盛岡南高等学校 ……… 38 | 加美農業高等学校 …… 42 | 富谷高等学校 ………… 46 |
| 山田高等学校 ………… 39 | 黒川高等学校 ………… 42 | 登米高等学校 ………… 46 |
| **宮城県** | 黒川高等学校大郷校 … 42 | 中新田高等学校 ……… 46 |
| 　大　学 ……………… 39 | 気仙沼高等学校 ……… 42 | 名取北高等学校 ……… 46 |
| 　　石巻専修大学 ……… 39 | 気仙沼向洋高等学校 … 42 | 名取高等学校 ………… 46 |
| 　　尚絅学院大学 ……… 39 | 気仙沼女子高等学校 … 43 | 南郷高等学校 ………… 46 |
| 　　仙台白百合女子大学 … 39 | 気仙沼西高等学校 …… 43 | 西山学院高等学校 …… 46 |
| 　　仙台大学 …………… 39 | 小牛田農林高等学校 … 43 | 迫桜高等学校 ………… 46 |
| 　　東北学院大学 ……… 39 | 蔵王高等学校 ………… 43 | 東松島高等学校 ……… 46 |
| 　　東北工業大学 ……… 39 | 佐沼高等学校 ………… 43 | 古川学園高等学校 …… 46 |
| 　　東北生活文化大学 … 39 | 塩釜高等学校 ………… 43 | 古川工業高等学校 …… 46 |
| 　　東北大学 …………… 39 | 塩釜女子高等学校 …… 43 | 古川高等学校 ………… 46 |
| 　　東北福祉大学 ……… 40 | 志津川高等学校 ……… 43 | 古川黎明高等学校 …… 46 |
| 　　東北文化学園大学 … 40 | 柴田高等学校 ………… 43 | 米谷工業高等学校 …… 46 |
| 　　東北薬科大学 ……… 40 | 柴田農林高等学校 …… 43 | 松島高等学校 ………… 46 |
| 　　宮城学院女子大学 … 40 | 柴田農林高等学校川崎 | 松山高等学校 ………… 46 |
| 　　宮城教育大学 ……… 40 | 　校 ……………………… 43 | 宮城学院高等学校 …… 47 |
| 　　宮城大学 …………… 40 | 尚絅学院女子高等学校 · 43 | 宮城県工業高等学校 … 47 |
| 　短　大 ……………… 40 | 白石工業高等学校 …… 43 | 宮城県水産高等学校 … 47 |
| 　　尚絅学院大学女子短期 | 白石高等学校 ………… 43 | 宮城県第一女子高等学 |
| 　　　大学部 …………… 40 | 白石高等学校七ヶ宿校 · 43 | 　校 ……………………… 47 |
| 　　聖和学園短期大学 … 40 | 白石女子高等学校 …… 43 | 宮城県第二工業高等学 |
| 　　東北生活文化大学短期 | 聖ウルスラ学院英智高 | 　校 ……………………… 47 |
| 　　　大学部 …………… 40 | 　等学校 ………………… 44 | 宮城県第二女子高等学 |
| 　　宮城誠真短期大学 … 40 | 聖ドミニコ学院高等学 | 　校 ……………………… 47 |
| 　高　専 ……………… 40 | 　校 ……………………… 44 | 宮城県第三女子高等学 |
| 　　仙台電波工業高等専門 | 聖和学園高等学校 …… 44 | 　校 ……………………… 47 |
| 　　　学校 ……………… 40 | 仙台育英学園高等学校 · 44 | 宮城県農業高等学校 … 47 |
| 　　宮城工業高等専門学校 · 40 | 仙台工業高等学校 …… 44 | 宮城県農業高等学校秋 |
| 　高　校 ……………… 40 | 仙台高等学校 ………… 44 | 　保校 …………………… 47 |
| 　　飯野川高等学校 …… 40 | 仙台商業高等学校 …… 44 | 宮城野高等学校 ……… 47 |
| 　　飯野川高等学校十三浜 | 仙台女子商業高等学校 · 44 | 宮城広瀬高等学校 …… 47 |
| 　　　校 ………………… 40 | 仙台白百合学園高等学 | 村田高等学校 ………… 47 |
| 　　伊具高等学校 ……… 40 | 　校 ……………………… 44 | 明成高等学校 ………… 47 |
| 　　石巻工業高等学校 … 41 | 仙台第一高等学校 …… 44 | 本吉響高等学校 ……… 47 |
| 　　石巻高等学校 ……… 41 | 仙台第二工業高等学校 · 44 | 矢本高等学校 ………… 47 |
| 　　石巻好文館高等学校 … 41 | 仙台第二高等学校 …… 44 | 米山高等学校 ………… 47 |
| 　　石巻商業高等学校 … 41 | 仙台第三高等学校 …… 44 | 利府高等学校 ………… 48 |
| 　　石巻市立女子高等学校 · 41 | 仙台西高等学校 ……… 44 | 涌谷高等学校 ………… 48 |
| 　　石巻市立女子商業高等 | 仙台東高等学校 ……… 44 | 亘理高等学校 ………… 48 |
| 　　　学校 ……………… 41 | 仙台南高等学校 ……… 44 | **秋田県** |
| 　　石巻西高等学校 …… 41 | 仙台向山高等学校 …… 44 | 　大　学 ……………… 48 |
| 　　泉高等学校 ………… 41 | 多賀城高等学校 ……… 45 | 　　秋田看護福祉大学 … 48 |
| 　　泉松陵高等学校 …… 41 | 田尻高等学校 ………… 45 | 　　秋田経済法科大学 … 48 |
| 　　泉館山高等学校 …… 41 | 築館高等学校 ………… 45 | 　　秋田県立大学 ……… 48 |
| 　　一迫商業高等学校 … 41 | 築館高等学校瀬峰校 … 45 | 　　秋田大学 …………… 48 |
| 　　岩ヶ崎高等学校 …… 41 | 貞山高等学校 ………… 45 | 　　国際教養大学 ……… 48 |
| 　　岩出山高等学校 …… 41 | 東北学院高等学校 …… 45 | 　短　大 ……………… 48 |
| 　　鶯沢工業高等学校 … 41 | 東北学院榴ケ岡高等学 | 　　秋田栄養短期大学 … 48 |
| 　　上沼高等学校 ……… 41 | 　校 ……………………… 45 | 　　秋田公立美術工芸短期 |
| 　　大河原商業高等学校 · 41 | 東北工業大学高等学校 · 45 | 　　　大学 ……………… 48 |
| 　　大崎中央高等学校 … 42 | 東北高等学校 ………… 45 | 　　聖霊女子短期大学 … 48 |
| 　　女川高等学校 ……… 42 | 東北生活文化大学高等 | 　　日本赤十字秋田短期大 |
| 　　角田高等学校 ……… 42 | 　学校 …………………… 45 | 　　　学 ………………… 48 |
| 　　鹿島台商業高等学校 … 42 | 東陵高等学校 ………… 45 | 　　聖園学園短期大学 … 49 |
| | 常盤木学園高等学校 … 45 | |

(12)

| | | |
|---|---|---|
| 高　専 …………… 49 | 増田高等学校 ………… 52 | 新庄東高等学校 ……… 55 |
| 　秋田工業高等専門学校・ 49 | 矢島高等学校 ………… 52 | 新庄南高等学校 ……… 55 |
| 高　校 …………… 49 | 湯沢北高等学校 ……… 52 | 高畠高等学校 ………… 55 |
| 　合川高等学校 ………… 49 | 湯沢高等学校 ………… 52 | 楯岡高等学校 ………… 55 |
| 　秋田北高等学校 ……… 49 | 湯沢高等学校稲川分校・ 52 | 鶴岡北高等学校 ……… 55 |
| 　秋田経済法科大学附属 | 湯沢商工高等学校 …… 52 | 鶴岡工業高等学校 …… 56 |
| 　　高等学校 ………… 49 | 由利工業高等学校 …… 52 | 鶴岡中央高等学校 …… 56 |
| 　秋田工業高等学校 …… 49 | 由利高等学校 ………… 52 | 鶴岡中央高等学校温海 |
| 　秋田高等学校 ………… 49 | 横手高等学校 ………… 52 | 　校 ………………… 56 |
| 　秋田修英高等学校 …… 49 | 横手城南高等学校 …… 53 | 鶴岡東高等学校 ……… 56 |
| 　秋田商業高等学校 …… 49 | 横手清陵学院高等学校・ 53 | 鶴岡南高等学校 ……… 56 |
| 　秋田中央高等学校 …… 49 | 米内沢高等学校 ……… 53 | 天真学園高等学校 …… 56 |
| 　秋田西高等学校 ……… 49 | 六郷高等学校 ………… 53 | 天童高等学校 ………… 56 |
| 　秋田南高等学校 ……… 49 | | 東海大学山形高等学校・ 56 |
| 　秋田明徳館高等学校 … 49 | 山形県 | 長井工業高等学校 …… 56 |
| 　秋田和洋女子高等学校・ 49 | 大　学 …………… 53 | 長井高等学校 ………… 56 |
| 　新屋高等学校 ………… 50 | 　東北芸術工科大学 …… 53 | 南陽高等学校 ………… 56 |
| 　羽後高等学校 ………… 50 | 　東北公益文科大学 …… 53 | 日本大学山形高等学校・ 56 |
| 　大館桂高等学校 ……… 50 | 　山形県立保健医療大学・ 53 | 羽黒高等学校 ………… 56 |
| 　大館工業高等学校 …… 50 | 　山形大学 ……………… 53 | 東根工業高等学校 …… 56 |
| 　大館高等学校 ………… 50 | 短　大 …………… 53 | 真室川高等学校 ……… 56 |
| 　大館国際情報学院高等 | 　羽陽学園短期大学 …… 53 | 村山農業高等学校 …… 56 |
| 　　学校 ……………… 50 | 　山形県立米沢女子短期 | 谷地高等学校 ………… 57 |
| 　大館鳳鳴高等学校 …… 50 | 　　大学 ……………… 53 | 山形学院高等学校 …… 57 |
| 　大曲工業高等学校 …… 50 | 　山形短期大学 ………… 53 | 山形北高等学校 ……… 57 |
| 　大曲高等学校 ………… 50 | 高　専 …………… 53 | 山形工業高等学校 …… 57 |
| 　大曲農業高等学校 …… 50 | 　鶴岡工業高等専門学校・ 53 | 山形城北高等学校 …… 57 |
| 　大曲農業高等学校太田 | 高　校 …………… 53 | 山形市立商業高等学校・ 57 |
| 　　分校 ……………… 50 | 　左沢高等学校 ………… 53 | 山形中央高等学校 …… 57 |
| 　男鹿海洋高等学校 …… 50 | 　荒砥高等学校 ………… 54 | 山形電波工業高等学校・ 57 |
| 　男鹿工業高等学校 …… 50 | 　置賜農業高等学校 …… 54 | 山形西高等学校 ……… 57 |
| 　雄勝高等学校 ………… 50 | 　置賜農業高等学校飯豊 | 山形東高等学校 ……… 57 |
| 　雄物川高等学校 ……… 50 | 　　分校 ……………… 54 | 山形南高等学校 ……… 57 |
| 　角館高等学校 ………… 50 | 　小国高等学校 ………… 54 | 山添高等学校 ………… 57 |
| 　角館南高等学校 ……… 51 | 　霞城学園高等学校 …… 54 | 山辺高等学校 ………… 57 |
| 　金足農業高等学校 …… 51 | 　金山高等学校 ………… 54 | 山本学園高等学校 …… 57 |
| 　国学館高等学校 ……… 51 | 　上山明新館高等学校 … 54 | 遊佐高等学校 ………… 58 |
| 　小坂高等学校 ………… 51 | 　加茂水産高等学校 …… 54 | 米沢工業高等学校 …… 58 |
| 　五城目高等学校 ……… 51 | 　北村山高等学校 ……… 54 | 米沢興譲館高等学校 … 58 |
| 　御所野学院高等学校 … 51 | 　基督教独立学園高等学 | 米沢商業高等学校 …… 58 |
| 　聖霊女子短期大学付属 | 　　校 ………………… 54 | 米沢中央高等学校 …… 58 |
| 　　高等学校 ………… 51 | 　九里学園高等学校 …… 54 | 米沢東高等学校 ……… 58 |
| 　鷹巣高等学校 ………… 51 | 　蔵王高等学校 ………… 54 | 和順館高等学校 ……… 58 |
| 　鷹巣農林高等学校 …… 51 | 　寒河江工業高等学校 … 54 | |
| 　十和田高等学校 ……… 51 | 　寒河江高等学校 ……… 54 | 福島県 |
| 　仁賀保高等学校 ……… 51 | 　酒田北高等学校 ……… 54 | 大　学 …………… 58 |
| 　西仙北高等学校 ……… 51 | 　酒田工業高等学校 …… 54 | 　会津大学 ……………… 58 |
| 　西目高等学校 ………… 51 | 　酒田商業高等学校 …… 54 | 　いわき明星大学 ……… 58 |
| 　能代北高等学校 ……… 51 | 　酒田中央高等学校 …… 54 | 　奥羽大学 ……………… 58 |
| 　能代工業高等学校 …… 51 | 　酒田西高等学校 ……… 54 | 　郡山女子大学 ………… 58 |
| 　能代高等学校 ………… 52 | 　酒田東高等学校 ……… 55 | 　東日本国際大学 ……… 58 |
| 　能代商業高等学校 …… 52 | 　酒田南高等学校 ……… 55 | 　福島学院大学 ………… 58 |
| 　能代西高等学校 ……… 52 | 　庄内総合高等学校 …… 55 | 　福島県立医科大学 …… 58 |
| 　花輪高等学校 ………… 52 | 　庄内農業高等学校 …… 55 | 　福島大学 ……………… 58 |
| 　二ツ井高等学校 ……… 52 | 　新庄神室産業高等学校・ 55 | 短　大 …………… 59 |
| 　平成高等学校 ………… 52 | 　新庄北高等学校 ……… 55 | 　会津大学短期大学部 … 59 |
| 　本荘高等学校 ………… 52 | 　新庄北高等学校最上校・ 55 | 　いわき短期大学 ……… 59 |

(13)

郡山女子大学短期大学
　　部 …………………… 59
桜の聖母短期大学 …… 59
福島学院大学短期大学
　　部 …………………… 59
**高　専** ………………… 59
　福島工業高等専門学校・ 59
**高　校** ………………… 59
　会津学鳳高等学校 …… 59
　会津工業高等学校 …… 59
　会津高等学校 ………… 59
　会津第二高等学校 …… 59
　会津農林高等学校 …… 59
　会津若松ザベリオ学園
　　高等学校 …………… 59
　葵高等学校 …………… 59
　安積高等学校 ………… 60
　安積高等学校御舘分校・ 60
　安積黎明高等学校 …… 60
　安達高等学校 ………… 60
　安達東高等学校 ……… 60
　石川高等学校 ………… 60
　石川高等学校 ………… 60
　猪苗代高等学校 ……… 60
　いわき海星高等学校 … 60
　磐城高等学校 ………… 60
　いわき光洋高等学校 … 60
　磐城桜が丘高等学校 … 60
　いわき秀英高等学校 … 60
　いわき総合高等学校 … 60
　磐城農業高等学校 …… 60
　いわき翠の杜高等学校・ 61
　岩瀬農業高等学校 …… 61
　大沼高等学校 ………… 61
　小高工業高等学校 …… 61
　小高商業高等学校 …… 61
　小名浜高等学校 ……… 61
　小野高等学校 ………… 61
　小野高等学校平田分校・ 61
　川口高等学校 ………… 61
　川俣高等学校 ………… 61
　喜多方工業高等学校 … 61
　喜多方高等学校 ……… 61
　喜多方商業高等学校 … 61
　喜多方東高等学校 …… 62
　光南高等学校 ………… 62
　郡山北工業高等学校 … 62
　郡山高等学校 ………… 62
　郡山商業高等学校 …… 62
　郡山女子大学附属高等
　　学校 ………………… 62
　郡山東高等学校 ……… 62
　郡山萌世高等学校 …… 62
　湖南高等学校 ………… 62
　桜の聖母学院高等学校・ 62
　松栄高等学校 ………… 62
　尚志高等学校 ………… 62
　白河旭高等学校 ……… 62
　白河高等学校 ………… 62
　白河実業高等学校 …… 62
　白河第二高等学校 …… 63
　仁愛高等学校 ………… 63
　新地高等学校 ………… 63
　須賀川高等学校 ……… 63
　須賀川桐陽高等学校 … 63
　聖光学院高等学校 …… 63
　清陵情報高等学校 …… 63
　相馬高等学校 ………… 63
　相馬農業高等学校 …… 63
　相馬農業高等学校飯舘
　　分校 ………………… 63
　相馬東高等学校 ……… 63
　平工業高等学校 ……… 63
　平商業高等学校 ……… 63
　田島高等学校 ………… 63
　只見高等学校 ………… 64
　橘高等学校 …………… 64
　棚倉高等学校 ………… 64
　田村高等学校 ………… 64
　帝京安積高等学校 …… 64
　遠野高等学校 ………… 64
　富岡高等学校 ………… 64
　富岡高等学校川内分校・ 64
　長沼高等学校 ………… 64
　勿来工業高等学校 …… 64
　勿来高等学校 ………… 64
　浪江高等学校 ………… 64
　浪江高等学校津島分校・ 64
　西会津高等学校 ……… 64
　日本大学東北高等学校・ 65
　二本松工業高等学校 … 65
　塙工業高等学校 ……… 65
　原町高等学校 ………… 65
　坂下高等学校 ………… 65
　東白川農商高等学校 … 65
　東白川農商高等学校鮫
　　川分校 ……………… 65
　東日本国際大学附属昌
　　平高等学校 ………… 65
　福島北高等学校 ……… 65
　福島県磐城第一高等学
　　校 …………………… 65
　福島県磐城第二高等学
　　校 …………………… 65
　福島工業高等学校 …… 65
　福島高等学校 ………… 65
　福島高等学校 ………… 65
　福島商業高等学校 …… 65
　福島成蹊高等学校 …… 66
　福島中央高等学校 …… 66
　福島東稜高等学校 …… 66
　福島西高等学校 ……… 66
　福島東高等学校 ……… 66
　福島南高等学校 ……… 66
　福島明成高等学校 …… 66
　双葉高等学校 ………… 66
　双葉翔陽高等学校 …… 66
　船引高等学校 ………… 66
　保原高等学校 ………… 66
　南会津高等学校 ……… 66
　本宮高等学校 ………… 66
　梁川高等学校 ………… 66
　耶麻農業高等学校 …… 66
　湯本高等学校 ………… 66
　好間高等学校 ………… 66
　四倉高等学校 ………… 67
　若松商業高等学校 …… 67
　若松第一高等学校 …… 67

**茨城県**
　**大　学** ……………… 67
　　茨城キリスト教大学 … 67
　　茨城県立医療大学 …… 67
　　茨城大学 ……………… 67
　　筑波学院大学 ………… 67
　　筑波技術大学 ………… 67
　　つくば国際大学 ……… 67
　　筑波大学 ……………… 67
　　常磐大学 ……………… 68
　　流通経済大学 ………… 68
　**短　大** ……………… 68
　　茨城キリスト教大学短
　　　期大学部 …………… 68
　　茨城女子短期大学 …… 68
　　つくば国際短期大学 … 68
　　東京家政学院筑波女子
　　　大学短期大学部 …… 68
　　常磐短期大学 ………… 68
　　水戸短期大学 ………… 68
　**高　専** ……………… 68
　　茨城工業高等専門学校・ 68
　**高　校** ……………… 68
　　愛国学園大学附属龍ケ
　　　崎高等学校 ………… 68
　　明野高等学校 ………… 68
　　麻生高等学校 ………… 68
　　石岡商業高等学校 …… 68
　　石岡第一高等学校 …… 68
　　石岡第二高等学校 …… 68
　　石下高等学校 ………… 68
　　磯原高等学校 ………… 68
　　潮来高等学校 ………… 68
　　伊奈高等学校 ………… 69
　　茨城キリスト教学園高
　　　等学校 ……………… 69
　　茨城県立中央高等学校・ 69
　　茨城高等学校 ………… 69
　　茨城東高等学校 ……… 69
　　岩井高等学校 ………… 69
　　岩井西高等学校 ……… 69
　　岩瀬高等学校 ………… 69

| | | |
|---|---|---|
| 岩瀬日本大学高等学校・69 | 高萩清松高等学校 …… 72 | 守谷高等学校 ………… 75 |
| 牛久栄進高等学校 …… 69 | 竹園高等学校 ………… 72 | 八郷高等学校 ………… 75 |
| 牛久高等学校 ………… 69 | 玉造工業高等学校 …… 72 | 八千代高等学校 ……… 75 |
| 江戸川学園取手高等学校 …………………… 69 | つくば開成高等学校 … 72 | 山方商業高等学校 …… 75 |
| 江戸崎高等学校 ……… 69 | つくば工科高等学校 … 72 | 結城第一高等学校 …… 75 |
| 江戸崎総合高等学校 … 69 | 筑波高等学校 ………… 72 | 結城第二高等学校 …… 75 |
| 江戸崎西高等学校 …… 69 | つくば国際大学高等学校 …………………… 72 | 竜ヶ崎第一高等学校 … 75 |
| 大洗高等学校 ………… 69 | つくば秀英高等学校 … 72 | 竜ヶ崎第二高等学校 … 75 |
| 太田第一高等学校 …… 69 | 土浦工業高等学校 …… 72 | 竜ヶ崎南高等学校 …… 75 |
| 太田第二高等学校 …… 69 | 土浦湖北高等学校 …… 72 | |
| 太田第二高等学校里美校 …………………… 69 | 土浦第一高等学校 …… 72 | **栃木県** |
| 大宮高等学校 ………… 69 | 土浦第二高等学校 …… 72 | **大 学** ………………… 76 |
| 小川高等学校 ………… 70 | 土浦第三高等学校 …… 72 | 足利工業大学 ………… 76 |
| 小瀬高等学校 ………… 70 | 土浦日本大学高等学校・72 | 宇都宮大学 …………… 76 |
| 海洋高等学校 ………… 70 | 東海高等学校 ………… 72 | 国際医療福祉大学 …… 76 |
| 笠間高等学校 ………… 70 | 東洋大学附属牛久高等学校 …………………… 73 | 作新学院大学 ………… 76 |
| 鹿島学園高等学校 …… 70 | 常磐大学高等学校 …… 73 | 自治医科大学 ………… 76 |
| 鹿島高等学校 ………… 70 | 友部高等学校 ………… 73 | 獨協医科大学 ………… 76 |
| 鹿島灘高等学校 ……… 70 | 取手松陽高等学校 …… 73 | 那須大学 ……………… 76 |
| 霞ヶ浦高等学校 ……… 70 | 取手第一高等学校 …… 73 | 白鴎大学 ……………… 76 |
| 勝田工業高等学校 …… 70 | 取手第二高等学校 …… 73 | 文星芸術大学 ………… 76 |
| 勝田高等学校 ………… 70 | 那珂高等学校 ………… 73 | **短 大** ………………… 76 |
| 上郷高等学校 ………… 70 | 那珂湊第一高等学校 … 73 | 足利短期大学 ………… 76 |
| 神栖高等学校 ………… 70 | 那珂湊第二高等学校 … 73 | 宇都宮短期大学 ……… 76 |
| 北茨城高等学校 ……… 70 | 並木高等学校 ………… 73 | 宇都宮文星短期大学 … 76 |
| 鬼怒商業高等学校 …… 70 | 波崎高等学校 ………… 73 | 國學院大學栃木短期大学 …………………… 76 |
| 茎崎高等学校 ………… 70 | 波崎柳川高等学校 …… 73 | 作新学院大学女子短期大学部 ……………… 76 |
| 晃陽学園高等学校 …… 70 | 常陸大宮高等学校 …… 73 | 佐野短期大学 ………… 76 |
| 古河第一高等学校 …… 70 | 日立北高等学校 ……… 73 | 自治医科大学看護短期大学 ………………… 76 |
| 古河第二高等学校 …… 70 | 日立工業高等学校 …… 73 | |
| 古河第三高等学校 …… 70 | 日立商業高等学校 …… 73 | 白鴎大学女子短期大学部 …………………… 76 |
| 境高等学校 …………… 71 | 日立第一高等学校 …… 73 | |
| 境西高等学校 ………… 71 | 日立第二高等学校 …… 73 | **高 専** ………………… 77 |
| 佐竹高等学校 ………… 71 | 藤代高等学校 ………… 74 | 小山工業高等専門学校・77 |
| 猿島高等学校 ………… 71 | 藤代紫水高等学校 …… 74 | **高 校** ………………… 77 |
| 佐和高等学校 ………… 71 | 鉾田第一高等学校 …… 74 | 足利工業高等学校 …… 77 |
| 三和高等学校 ………… 71 | 鉾田第二高等学校 …… 74 | 足利工業大学附属高等学校 ………………… 77 |
| 下館工業高等学校 …… 71 | 鉾田農業高等学校 …… 74 | |
| 下館第一高等学校 …… 71 | 真壁高等学校 ………… 74 | 足利高等学校 ………… 77 |
| 下館第二高等学校 …… 71 | 水海道第一高等学校 … 74 | 足利商業高等学校 …… 77 |
| 下妻第一高等学校 …… 71 | 水海道第二高等学校 … 74 | 足利女子高等学校 …… 77 |
| 下妻第二高等学校 …… 71 | 水戸葵陵高等学校 …… 74 | 足利短期大学附属高等学校 ………………… 77 |
| 常総学院高等学校 …… 71 | 水戸工業高等学校 …… 74 | |
| 常北高等学校 ………… 71 | 水戸桜ノ牧高等学校 … 74 | 足利西高等学校 ……… 77 |
| 翔洋学園高等学校 …… 71 | 水戸商業高等学校 …… 74 | 足利南高等学校 ……… 77 |
| 水城高等学校 ………… 71 | 水戸女子高等学校 …… 74 | 粟野高等学校 ………… 77 |
| 清真学園高等学校 …… 71 | 水戸第一高等学校 …… 74 | 石橋高等学校 ………… 77 |
| 聖徳大学附属聖徳高等学校 …………………… 71 | 水戸第二高等学校 …… 74 | 今市工業高等学校 …… 77 |
| | 水戸第三高等学校 …… 74 | 今市高等学校 ………… 77 |
| 総和工業高等学校 …… 71 | 水戸短期大学附属高等学校 …………………… 74 | 宇都宮海星女子学院高等学校 ……………… 77 |
| 総和高等学校 ………… 71 | | |
| 大子清流高等学校 …… 71 | 水戸農業高等学校 …… 75 | 宇都宮北高等学校 …… 77 |
| 大成女子高等学校 …… 72 | 緑岡高等学校 ………… 75 | 宇都宮工業高等学校 … 77 |
| 多賀高等学校 ………… 72 | 茗溪学園高等学校 …… 75 | 宇都宮高等学校 ……… 77 |
| 高萩高等学校 ………… 72 | 明秀学園日立高等学校・75 | 宇都宮商業高等学校 … 78 |

# 群馬県

宇都宮女子高等学校 … 78
宇都宮清陵高等学校 … 78
宇都宮短期大学附属高等学校 …………… 78
宇都宮中央女子高等学校 ……………… 78
宇都宮白楊高等学校 … 78
宇都宮東高等学校 …… 78
宇都宮文星女子高等学校 ……………… 78
宇都宮南高等学校 …… 78
大田原高等学校 ……… 78
大田原女子高等学校 … 78
大田原東高等学校 …… 78
小山高等学校 ………… 78
小山城南高等学校 …… 79
小山西高等学校 ……… 79
小山北桜高等学校 …… 79
小山南高等学校 ……… 79
学悠館高等学校 ……… 79
鹿沼高等学校 ………… 79
鹿沼商工高等学校 …… 79
鹿沼農業高等学校 …… 79
鹿沼東高等学校 ……… 79
上三川高等学校 ……… 79
烏山高等学校 ………… 79
烏山女子高等学校 …… 79
黒磯高等学校 ………… 79
黒磯南高等学校 ……… 79
黒羽高等学校 ………… 79
國學院大學栃木高等学校 ……………… 79
作新学院高等学校 …… 79
さくら清修高等学校 … 80
佐野清澄高等学校 …… 80
佐野高等学校 ………… 80
佐野松陽高等学校 …… 80
佐野女子高等学校 …… 80
佐野日本大学高等学校 80
塩谷高等学校 ………… 80
青藍泰斗高等学校 …… 80
高根沢高等学校 ……… 80
田沼高等学校 ………… 80
栃木工業高等学校 …… 80
栃木高等学校 ………… 80
栃木商業高等学校 …… 80
栃木翔南高等学校 …… 81
栃木女子高等学校 …… 81
栃木農業高等学校 …… 81
那須高原海城高等学校 81
那須高等学校 ………… 81
那須清峰高等学校 …… 81
那須拓陽高等学校 …… 81
日光明峰高等学校 …… 81
白鴎大学足利高等学校 81
馬頭高等学校 ………… 81

文星芸術大学附属高等学校 …………… 81
益子高等学校 ………… 81
益子芳星高等学校 …… 82
壬生高等学校 ………… 82
真岡工業高等学校 …… 82
真岡高等学校 ………… 82
真岡女子高等学校 …… 82
真岡北陵高等学校 …… 82
茂木高等学校 ………… 82
矢板高等学校 ………… 82
矢板中央高等学校 …… 82
矢板東高等学校 ……… 82

**群馬県**
**大　学** ………………… 83
　関東学園大学 ……… 83
　共愛学園前橋国際大学 83
　群馬県立県民健康科学大学 ……………… 83
　群馬県立女子大学 …… 83
　群馬社会福祉大学 …… 83
　群馬大学 …………… 83
　群馬パース大学 …… 83
　上武大学 …………… 83
　創造学園大学 ……… 83
　高崎経済大学 ……… 83
　高崎健康福祉大学 …… 83
　高崎商科大学 ……… 83
　東京福祉大学 ……… 83
　前橋工科大学 ……… 83
**短　大** ………………… 83
　育英短期大学 ……… 83
　関東短期大学 ……… 84
　桐生短期大学 ……… 84
　群馬社会福祉大学短期大学部 …………… 84
　群馬松嶺福祉短期大学 84
　群馬パース学園短期大学 ………………… 84
　高崎健康福祉大学短期大学部 …………… 84
　高崎商科大学短期大学部 ………………… 84
　新島学園短期大学 …… 84
　明和学園短期大学 …… 84
**高　専** ………………… 84
　群馬工業高等専門学校 84
**高　校** ………………… 84
　吾妻高等学校 ……… 84
　安中総合学園高等学校 84
　伊勢崎工業高等学校 … 84
　伊勢崎高等学校 …… 84
　伊勢崎高等学校 …… 85
　伊勢崎興陽高等学校 … 85
　伊勢崎商業高等学校 … 85
　伊勢崎清明高等学校 … 85

板倉高等学校 ………… 85
大泉高等学校 ………… 85
太田工業高等学校 …… 85
太田高等学校 ………… 85
太田女子高等学校 …… 85
太田市立商業高等学校 85
太田東高等学校 ……… 85
太田フレックス高等学校 ……………… 85
大間々高等学校 ……… 85
尾瀬高等学校 ………… 85
学芸館高等学校 ……… 85
関東学園大学附属高等学校 ……………… 85
共愛学園高等学校 …… 85
桐生工業高等学校 …… 86
桐生高等学校 ………… 86
桐生女子高等学校 …… 86
桐生市立商業高等学校 86
桐生第一高等学校 …… 86
桐生西高等学校 ……… 86
桐生南高等学校 ……… 86
群馬県立中央高等学校 86
渋川工業高等学校 …… 86
渋川高等学校 ………… 86
渋川女子高等学校 …… 86
渋川青翠高等学校 …… 86
下仁田高等学校 ……… 86
樹徳高等学校 ………… 86
白根開善学校高等部 … 86
勢多農林高等学校 …… 86
高崎北高等学校 ……… 86
高崎経済大学付属高等学校 ……………… 86
高崎健康福祉大学高崎高等学校 …………… 86
高崎工業高等学校 …… 87
高崎高等学校 ………… 87
高崎商科大学附属高等学校 ……………… 87
高崎商業高等学校 …… 87
高崎女子高等学校 …… 87
高崎東高等学校 ……… 87
館林高等学校 ………… 87
館林商工高等学校 …… 87
館林女子高等学校 …… 87
玉村高等学校 ………… 87
嬬恋高等学校 ………… 87
東京農業大学第二高等学校 ……………… 87
常磐高等学校 ………… 87
利根実業高等学校 …… 87
利根商業高等学校 …… 87
富岡高等学校 ………… 87
富岡実業高等学校 …… 87
富岡東高等学校 ……… 88
中之条高等学校 ……… 88

埼玉県

| | | |
|---|---|---|
| 長野原高等学校 …… 88 | 浦和大学短期大学部 … 91 | 大宮南高等学校 …… 94 |
| 新島学園高等学校 …… 88 | 川口短期大学 …… 91 | 大宮武蔵野高等学校 … 94 |
| 西邑楽高等学校 …… 88 | 共栄学園短期大学 …… 91 | 小鹿野高等学校 …… 94 |
| 新田暁高等学校 …… 88 | 国際学院埼玉短期大学 91 | 小川高等学校 …… 94 |
| 沼田高等学校 …… 88 | 埼玉医科大学短期大学 91 | 桶川高等学校 …… 94 |
| 沼田女子高等学校 …… 88 | 埼玉純真女子短期大学 · 91 | 桶川西高等学校 …… 94 |
| 榛名高等学校 …… 88 | 埼玉女子短期大学 …… 91 | 越生高等学校 …… 94 |
| 藤岡北高等学校 …… 88 | 埼玉短期大学 …… 91 | 開智高等学校 …… 94 |
| 藤岡工業高等学校 …… 88 | 十文字学園女子大学短 | 春日部共栄高等学校 … 94 |
| 藤岡中央高等学校 …… 88 | 期大学部 …… 91 | 春日部工業高等学校 … 94 |
| 前橋育英高等学校 …… 88 | 城西短期大学 …… 91 | 春日部高等学校 …… 94 |
| 前橋工業高等学校 …… 88 | 武蔵丘短期大学 …… 92 | 春日部女子高等学校 … 94 |
| 前橋高等学校 …… 88 | 武蔵野短期大学 …… 92 | 春日部東高等学校 …… 94 |
| 前橋高等学校 …… 89 | 山村学園短期大学 …… 92 | 霞ケ関高等学校 …… 94 |
| 前橋商業高等学校 …… 89 | 高 校 …… 92 | 川口北高等学校 …… 94 |
| 前橋女子高等学校 …… 89 | 秋草学園高等学校 …… 92 | 川口工業高等学校 …… 95 |
| 前橋清陵高等学校 …… 89 | 上尾高等学校 …… 92 | 川口高等学校 …… 95 |
| 前橋西高等学校 …… 89 | 上尾沼南高等学校 …… 92 | 川口高等学校 …… 95 |
| 前橋東高等学校 …… 89 | 上尾橘高等学校 …… 92 | 川口青陵高等学校 …… 95 |
| 前橋東商業高等学校 … 89 | 上尾東高等学校 …… 92 | 川口総合高等学校 …… 95 |
| 前橋南高等学校 …… 89 | 上尾南高等学校 …… 92 | 川口東高等学校 …… 95 |
| 松井田高等学校 …… 89 | 朝霞高等学校 …… 92 | 川越工業高等学校 …… 95 |
| 万場高等学校 …… 89 | 朝霞西高等学校 …… 92 | 川越高等学校 …… 95 |
| 明和県央高等学校 …… 89 | いずみ高等学校 …… 92 | 川越高等学校 …… 95 |
| 明和高等学校 …… 89 | 伊奈学園総合高等学校 · 92 | 川越女子高等学校 …… 95 |
| 吉井高等学校 …… 89 | 入間高等学校 …… 92 | 川越総合高等学校 …… 95 |
| 埼玉県 | 入間向陽高等学校 …… 92 | 川越西高等学校 …… 95 |
| 大 学 …… 90 | 岩槻高等学校 …… 92 | 川越初雁高等学校 …… 95 |
| 跡見学園女子大学 …… 90 | 岩槻商業高等学校 …… 92 | 川越東高等学校 …… 95 |
| 浦和大学 …… 90 | 岩槻北陵高等学校 …… 92 | 川越南高等学校 …… 95 |
| 大宮法科大学院大学 … 90 | 浦和明の星女子高等学 | 川本高等学校 …… 95 |
| 共栄大学 …… 90 | 校 …… 92 | 騎西高等学校 …… 95 |
| 埼玉医科大学 …… 90 | 浦和学院高等学校 …… 92 | 北川辺高等学校 …… 95 |
| 埼玉学園大学 …… 90 | 浦和北高等学校 …… 92 | 北本高等学校 …… 95 |
| 埼玉県立大学 …… 90 | 浦和工業高等学校 …… 92 | 久喜工業高等学校 …… 95 |
| 埼玉工業大学 …… 90 | 浦和高等学校 …… 93 | 久喜高等学校 …… 95 |
| 埼玉大学 …… 90 | 浦和高等学校 …… 93 | 久喜北陽高等学校 …… 96 |
| 十文字学園女子大学 … 90 | 浦和実業学園高等学校 · 93 | 熊谷工業高等学校 …… 96 |
| 城西大学 …… 90 | 浦和商業高等学校 …… 93 | 熊谷高等学校 …… 96 |
| 尚美学園大学 …… 90 | 浦和第一女子高等学校 · 93 | 熊谷商業高等学校 …… 96 |
| 駿河台大学 …… 90 | 浦和西高等学校 …… 93 | 熊谷女子高等学校 …… 96 |
| 聖学院大学 …… 90 | 浦和東高等学校 …… 93 | 熊谷市立女子高等学校 · 96 |
| 西武文理大学 …… 90 | 浦和南高等学校 …… 93 | 熊谷西高等学校 …… 96 |
| 東京国際大学 …… 90 | 浦和ルーテル学院高等 | 熊谷農業高等学校 …… 96 |
| 東邦音楽大学 …… 90 | 学校 …… 93 | 栗橋高等学校 …… 96 |
| 獨協大学 …… 90 | 大井高等学校 …… 93 | 慶應義塾志木高等学校 · 96 |
| 日本工業大学 …… 91 | 大川学園高等学校 …… 93 | 芸術総合高等学校 …… 96 |
| 日本薬科大学 …… 91 | 大妻嵐山高等学校 …… 93 | 県陽高等学校 …… 96 |
| 人間総合科学大学 …… 91 | 大宮開成高等学校 …… 93 | 鴻巣高等学校 …… 96 |
| 文教大学 …… 91 | 大宮北高等学校 …… 93 | 鴻巣女子高等学校 …… 96 |
| 平成国際大学 …… 91 | 大宮工業高等学校 …… 93 | 国際学院高等学校 …… 96 |
| 武蔵野学院大学 …… 91 | 大宮高等学校 …… 93 | 越谷北高等学校 …… 96 |
| 明海大学 …… 91 | 大宮光陵高等学校 …… 94 | 越ヶ谷高等学校 …… 96 |
| ものつくり大学 …… 91 | 大宮商業高等学校 …… 94 | 越谷総合技術高等学校 · 96 |
| 短 大 …… 91 | 大宮中央高等学校 …… 94 | 越谷西高等学校 …… 96 |
| 秋草学園短期大学 …… 91 | 大宮西高等学校 …… 94 | 越谷東高等学校 …… 97 |
| | 大宮東高等学校 …… 94 | 越谷南高等学校 …… 97 |

(17)

千葉県

| | | |
|---|---|---|
| 児玉高等学校 ………… 97 | 所沢中央高等学校 …… 100 | 与野高等学校 ………… 102 |
| 児玉白楊高等学校 …… 97 | 所沢西高等学校 ……… 100 | 寄居高等学校 ………… 102 |
| 小松原高等学校 ……… 97 | 所沢東高等学校 ……… 100 | 立教新座高等学校 …… 102 |
| 小松原女子高等学校 … 97 | 戸田翔陽高等学校 …… 100 | 和光高等学校 ………… 102 |
| 埼玉栄高等学校 ……… 97 | 獨協埼玉高等学校 …… 100 | 和光国際高等学校 …… 103 |
| 埼玉平成高等学校 …… 97 | 豊岡高等学校 ………… 100 | 鷲宮高等学校 ………… 103 |
| 栄北高等学校 ………… 97 | 滑川総合高等学校 …… 100 | 早稲田大学本庄高等学 |
| 栄東高等学校 ………… 97 | 南稜高等学校 ………… 100 | 院 ………………… 103 |
| 坂戸高等学校 ………… 97 | 新座北高等学校 ……… 100 | 蕨高等学校 …………… 103 |
| 坂戸西高等学校 ……… 97 | 新座高等学校 ………… 100 | |
| 幸手高等学校 ………… 97 | 新座総合技術高等学校 100 | **千葉県** |
| 幸手商業高等学校 …… 97 | 蓮田高等学校 ………… 100 | 大 学 …………… 103 |
| 狭山ケ丘高等学校 …… 97 | 鳩ヶ谷高等学校 ……… 100 | 愛国学園大学 ………… 103 |
| 狭山経済高等学校 …… 97 | 鳩山高等学校 ………… 100 | 江戸川大学 …………… 103 |
| 狭山工業高等学校 …… 97 | 花咲徳栄高等学校 …… 100 | 川村学園女子大学 …… 103 |
| 狭山高等学校 ………… 97 | 羽生高等学校 ………… 100 | 神田外語大学 ………… 103 |
| 狭山清陵高等学校 …… 97 | 羽生実業高等学校 …… 100 | 敬愛大学 ……………… 103 |
| 志木高等学校 ………… 97 | 羽生第一高等学校 …… 100 | 国際武道大学 ………… 103 |
| 自由の森学園高等学校 97 | 飯能高等学校 ………… 100 | 秀明大学 ……………… 103 |
| 秀明英光高等学校 …… 98 | 飯能南高等学校 ……… 100 | 淑徳大学 ……………… 103 |
| 秀明高等学校 ………… 98 | 東野高等学校 ………… 101 | 城西国際大学 ………… 103 |
| 淑徳与野高等学校 …… 98 | 日高高等学校 ………… 101 | 聖徳大学 ……………… 103 |
| 彰華学園高等学校 …… 98 | 深谷高等学校 ………… 101 | 清和大学 ……………… 104 |
| 城西大学付属川越高等 | 深谷商業高等学校 …… 101 | 千葉科学大学 ………… 104 |
| 学校 ……………… 98 | 深谷第一高等学校 …… 101 | 千葉経済大学 ………… 104 |
| 正智深谷高等学校 …… 98 | 吹上高等学校 ………… 101 | 千葉工業大学 ………… 104 |
| 菖蒲高等学校 ………… 98 | 福岡高等学校 ………… 101 | 千葉商科大学 ………… 104 |
| 城北埼玉高等学校 …… 98 | 富士見高等学校 ……… 101 | 千葉大学 ……………… 104 |
| 庄和高等学校 ………… 98 | 不動岡高等学校 ……… 101 | 中央学院大学 ………… 104 |
| 白岡高等学校 ………… 98 | 不動岡誠和高等学校 … 101 | 帝京平成大学 ………… 104 |
| 進修館高等学校 ……… 98 | 武南高等学校 ………… 101 | 東京基督教大学 ……… 104 |
| 杉戸高等学校 ………… 98 | 星野高等学校 ………… 101 | 東京歯科大学 ………… 104 |
| 杉戸農業高等学校 …… 98 | 細田学園高等学校 …… 101 | 東京情報大学 ………… 104 |
| 西武学園文理高等学校 98 | 本庄北高等学校 ……… 101 | 東京成徳大学 ………… 104 |
| 西武台高等学校 ……… 98 | 本庄高等学校 ………… 101 | 東洋学園大学 ………… 104 |
| 聖望学園高等学校 …… 99 | 本庄第一高等学校 …… 101 | 日本橋学館大学 ……… 104 |
| 清和学園高等学校 …… 99 | 本庄東高等学校 ……… 101 | 放送大学 ……………… 104 |
| 草加高等学校 ………… 99 | 松栄学園高等学校 …… 101 | 麗澤大学 ……………… 104 |
| 草加西高等学校 ……… 99 | 松伏高等学校 ………… 101 | 和洋女子大学 ………… 104 |
| 草加東高等学校 ……… 99 | 松山高等学校 ………… 102 | 短 大 …………… 104 |
| 草加南高等学校 ……… 99 | 松山女子高等学校 …… 102 | 植草学園短期大学 …… 104 |
| 玉川工業高等学校 …… 99 | 三郷北高等学校 ……… 102 | 江戸川短期大学 ……… 104 |
| 秩父高等学校 ………… 99 | 三郷工業技術高等学校 102 | 三育学院短期大学 …… 105 |
| 秩父農工科学高等学校 99 | 三郷高等学校 ………… 102 | 順天堂医療短期大学 … 105 |
| 鶴ヶ島高等学校 ……… 99 | 皆野高等学校 ………… 102 | 昭和学院短期大学 …… 105 |
| 東京成徳大学深谷高等 | 宮代高等学校 ………… 102 | 聖徳大学短期大学部 … 105 |
| 学校 ……………… 99 | 武蔵越生高等学校 …… 102 | 清和大学短期大学部 … 105 |
| 東京農業大学第三高等 | 武蔵野音楽大学附属高 | 千葉敬愛短期大学 …… 105 |
| 学校 ……………… 99 | 等学校 …………… 102 | 千葉経済大学短期大学 |
| 東邦音楽大学附属東邦 | 武蔵野星城高等学校 … 102 | 部 ………………… 105 |
| 第二高等学校 ……… 99 | 妻沼高等学校 ………… 102 | 千葉県立衛生短期大学 105 |
| 東和大学附属昌平高等 | 毛呂山高等学校 ……… 102 | 千葉明徳短期大学 …… 105 |
| 学校 ……………… 99 | 八潮高等学校 ………… 102 | 帝京平成看護短期大学 105 |
| 常盤高等学校 ………… 99 | 八潮南高等学校 ……… 102 | 東京経営短期大学 …… 105 |
| 所沢北高等学校 ……… 99 | 山村国際高等学校 …… 102 | 東洋女子短期大学 …… 105 |
| 所沢高等学校 ………… 99 | 山村女子高等学校 …… 102 | 日本基督教短期大学 … 105 |
| 所沢商業高等学校 …… 100 | 吉川高等学校 ………… 102 | 高 専 …………… 105 |

(18)

千葉県

木更津工業高等専門学校 ………… 105
**高　校** ………………… 105
愛国学園大学附属四街道高等学校 ………… 105
旭農業高等学校 ……… 105
あずさ第一高等学校 ‥ 106
姉崎高等学校 ………… 106
我孫子高等学校 ……… 106
我孫子二階堂高等学校 106
天羽高等学校 ………… 106
安房高等学校 ………… 106
安房水産高等学校 …… 106
安房拓心高等学校 …… 106
安房南高等学校 ……… 106
泉高等学校 …………… 106
磯辺高等学校 ………… 106
市川北高等学校 ……… 106
市川工業高等学校 …… 106
市川高等学校 ………… 106
市川西高等学校 ……… 106
市川東高等学校 ……… 106
市川南高等学校 ……… 106
一宮商業高等学校 …… 106
市原高等学校 ………… 106
市原中央高等学校 …… 106
市原緑高等学校 ……… 107
市原八幡高等学校 …… 107
印旛高等学校 ………… 107
植草学園文化女子高等学校 ………… 107
浦安高等学校 ………… 107
浦安南高等学校 ……… 107
生浜高等学校 ………… 107
桜林高等学校 ………… 107
大多喜高等学校 ……… 107
大原高等学校 ………… 107
小見川高等学校 ……… 107
柏井高等学校 ………… 107
柏北高等学校 ………… 107
柏高等学校 …………… 107
柏中央高等学校 ……… 107
柏西高等学校 ………… 107
柏日体高等学校 ……… 107
柏南高等学校 ………… 107
上総高等学校 ………… 107
勝浦若潮高等学校 …… 108
鎌ケ谷高等学校 ……… 108
鎌ケ谷西高等学校 …… 108
木更津高等学校 ……… 108
木更津総合高等学校 ‥ 108
木更津東高等学校 …… 108
君津青葉高等学校 …… 108
君津高等学校 ………… 108
君津商業高等学校 …… 108
暁星国際高等学校 …… 108
行徳高等学校 ………… 108

九十九里高等学校 …… 108
敬愛学園高等学校 …… 108
敬愛大学八日市場高等学校 ………… 108
京葉工業高等学校 …… 109
京葉高等学校 ………… 109
検見川高等学校 ……… 109
国府台高等学校 ……… 109
国府台女子学院高等部 109
小金高等学校 ………… 109
国分高等学校 ………… 109
犢橋高等学校 ………… 109
湖北高等学校 ………… 109
佐倉高等学校 ………… 109
佐倉西高等学校 ……… 109
佐倉東高等学校 ……… 109
佐倉南高等学校 ……… 109
佐原高等学校 ………… 109
佐原白楊高等学校 …… 109
山武農業高等学校 …… 110
志学館高等部 ………… 110
芝浦工業大学柏高等学校 ………… 110
渋谷教育学園幕張高等学校 ………… 110
清水高等学校 ………… 110
下総高等学校 ………… 110
秀明大学八千代高等学校 ………… 110
沼南高等学校 ………… 110
沼南高柳高等学校 …… 110
昭和学院高等学校 …… 110
昭和学院秀英高等学校 110
白里高等学校 ………… 110
白井高等学校 ………… 110
聖徳大学附属高等学校 110
西武台千葉高等学校 ‥ 110
関宿高等学校 ………… 110
専修大学松戸高等学校 110
匝瑳高等学校 ………… 110
袖ヶ浦高等学校 ……… 110
拓殖大学紅陵高等学校 111
多古高等学校 ………… 111
館山高等学校 ………… 111
千城台高等学校 ……… 111
千葉英和高等学校 …… 111
千葉大宮高等学校 …… 111
千葉学芸高等学校 …… 111
千葉北高等学校 ……… 111
千葉敬愛高等学校 …… 111
千葉経済大学附属高等学校 ………… 111
千葉県安房西高等学校 111
千葉工業高等学校 …… 111
千葉高等学校 ………… 111
千葉国際高等学校 …… 111

千葉商科大学付属高等学校 ………… 111
千葉商業高等学校 …… 111
千葉女子高等学校 …… 112
千葉聖心高等学校 …… 112
千葉西高等学校 ……… 112
千葉日本大学第一高等学校 ………… 112
千葉東高等学校 ……… 112
千葉萌陽高等学校 …… 112
千葉南高等学校 ……… 112
千葉未来高等学校 …… 112
千葉明徳高等学校 …… 112
千葉黎明高等学校 …… 112
中央学院高等学校 …… 112
銚子高等学校 ………… 112
銚子商業高等学校 …… 112
銚子水産高等学校 …… 113
長生高等学校 ………… 113
津田沼高等学校 ……… 113
鶴舞桜が丘高等学校 ‥ 113
東海大学付属浦安高等学校 ………… 113
東海大学付属望洋高等学校 ………… 113
東金高等学校 ………… 113
東金商業高等学校 …… 113
東京学館浦安高等学校 113
東京学館高等学校 …… 113
東京学館船橋高等学校 113
東総工業高等学校 …… 113
東邦大学付属東邦高等学校 ………… 113
東葉高等学校 ………… 113
時任学園中等教育学校 113
土気高等学校 ………… 114
富里高等学校 ………… 114
長狭高等学校 ………… 114
中山学園高等学校 …… 114
流山北高等学校 ……… 114
流山高等学校 ………… 114
流山中央高等学校 …… 114
流山東高等学校 ……… 114
流山南高等学校 ……… 114
成田北高等学校 ……… 114
成田高等学校 ………… 114
成田国際高等学校 …… 114
成田西陵高等学校 …… 114
成東高等学校 ………… 114
二松学舎大学附属沼南高等学校 ………… 114
日本大学習志野高等学校 ………… 114
野田中央高等学校 …… 114
柏陵高等学校 ………… 115
東葛飾高等学校 ……… 115
日出学園高等学校 …… 115

(19)

東京都

| | | |
|---|---|---|
| 布佐高等学校 ……… 115 | 共立薬科大学 ……… 118 | 東京工業大学 ……… 122 |
| 不二女子高等学校 …… 115 | 杏林大学 ……… 118 | 東京工芸大学 ……… 122 |
| 船橋旭高等学校 …… 115 | 国立音楽大学 ……… 118 | 東京慈恵会医科大学 ‥ 122 |
| 船橋北高等学校 …… 115 | 慶應義塾大学 ……… 118 | 東京純心女子大学 …… 122 |
| 船橋高等学校 ……… 115 | 恵泉女学園大学 ……… 118 | 東京女学館大学 ……… 122 |
| 船橋古和釜高等学校 ‥ 115 | 工学院大学 ……… 118 | 東京女子医科大学 …… 122 |
| 船橋芝山高等学校 …… 115 | 國學院大學 ……… 118 | 東京女子体育大学 …… 122 |
| 船橋豊富高等学校 …… 115 | 国際基督教大学 ……… 118 | 東京女子大学 ……… 122 |
| 船橋西高等学校 …… 115 | 国際仏教学大学院大学 … 118 | 東京神学大学 ……… 122 |
| 船橋東高等学校 …… 115 | 国士舘大学 ……… 118 | 東京聖栄大学 ……… 122 |
| 船橋二和高等学校 …… 115 | 駒澤女子大学 ……… 118 | 東京造形大学 ……… 122 |
| 船橋法典高等学校 …… 115 | 駒澤大学 ……… 118 | 東京大学 ……… 122 |
| 幕張総合高等学校 …… 115 | 産業技術大学院大学 ‥ 119 | 東京電機大学 ……… 122 |
| 松尾高等学校 ……… 115 | 実践女子大学 ……… 119 | 東京都立科学技術大学 … 122 |
| 松戸秋山高等学校 …… 115 | 芝浦工業大学 ……… 119 | 東京都立大学 ……… 122 |
| 松戸高等学校 ……… 115 | 首都大学東京 ……… 119 | 東京都立保健科学大学 … 123 |
| 松戸国際高等学校 …… 115 | 順天堂大学 ……… 119 | 東京農業大学 ……… 123 |
| 松戸馬橋高等学校 …… 115 | 上智大学 ……… 119 | 東京農工大学 ……… 123 |
| 松戸南高等学校 ……… 116 | 昭和女子大学 ……… 119 | 東京富士大学 ……… 123 |
| 松戸六実高等学校 …… 116 | 昭和大学 ……… 119 | 東京薬科大学 ……… 123 |
| 松戸矢切高等学校 …… 116 | 昭和薬科大学 ……… 119 | 東京理科大学 ……… 123 |
| 岬高等学校 ……… 116 | 女子栄養大学 ……… 119 | 桐朋学園大学 ……… 123 |
| 実籾高等学校 ……… 116 | 白梅学園大学 ……… 119 | 東邦大学 ……… 123 |
| 明聖高等学校 ……… 116 | 白百合女子大学 ……… 119 | 東洋大学 ……… 123 |
| 茂原高等学校 ……… 116 | 杉野服飾大学 ……… 119 | 二松学舎大学 ……… 123 |
| 茂原樟陽高等学校 …… 116 | 成蹊大学 ……… 119 | 日本医科大学 ……… 123 |
| 茂原北陵高等学校 …… 116 | 政策研究大学院大学 … 119 | 日本歯科大学 ……… 123 |
| 薬園台高等学校 …… 116 | 成城大学 ……… 119 | 日本社会事業大学 …… 123 |
| 八街高等学校 ……… 116 | 聖心女子大学 ……… 119 | 日本獣医生命科学大学 … 123 |
| 八千代高等学校 ……… 116 | 清泉女子大学 ……… 120 | 日本女子体育大学 …… 124 |
| 八千代松陰高等学校 … 116 | 聖母大学 ……… 120 | 日本女子大学 ……… 124 |
| 八千代西高等学校 …… 116 | 聖路加看護大学 ……… 120 | 日本赤十字看護大学 ‥ 124 |
| 八千代東高等学校 …… 116 | 専修大学 ……… 120 | 日本体育大学 ……… 124 |
| 横芝敬愛高等学校 …… 116 | 創価大学 ……… 120 | 日本大学 ……… 124 |
| 四街道北高等学校 …… 116 | 大正大学 ……… 120 | 日本文化大学 ……… 124 |
| 四街道高等学校 ……… 117 | 大東文化大学 ……… 120 | 一橋大学 ……… 124 |
| 流通経済大学付属柏高 | 高千穂大学 ……… 120 | 文化女子大学 ……… 124 |
| 　等学校 ……… 117 | 拓殖大学 ……… 120 | 文京学院大学 ……… 124 |
| 麗澤高等学校 ……… 117 | 玉川大学 ……… 120 | 法政大学 ……… 124 |
| 若松高等学校 ……… 117 | 多摩大学 ……… 120 | 星薬科大学 ……… 124 |
| わせがく高等学校 …… 117 | 多摩美術大学 ……… 120 | 武蔵工業大学 ……… 124 |
| 和洋国府台女子高等学 | 中央大学 ……… 120 | 武蔵大学 ……… 124 |
| 　校 ……… 117 | 津田塾大学 ……… 121 | 武蔵野音楽大学 ……… 124 |
| | 帝京大学 ……… 121 | 武蔵野大学 ……… 125 |
| **東京都** | 電気通信大学 ……… 121 | 武蔵野美術大学 ……… 125 |
| 　大　学 ……… 117 | 東京医科歯科大学 …… 121 | 明治学院大学 ……… 125 |
| 　　青山学院大学 ……… 117 | 東京医科大学 ……… 121 | 明治大学 ……… 125 |
| 　　亜細亜大学 ……… 117 | 東京医療保健大学 …… 121 | 明治薬科大学 ……… 125 |
| 　　上野学園大学 ……… 117 | 東京音楽大学 ……… 121 | 明星大学 ……… 125 |
| 　　桜美林大学 ……… 117 | 東京外国語大学 ……… 121 | 目白大学 ……… 125 |
| 　　大妻女子大学 ……… 117 | 東京海洋大学 ……… 121 | 立教大学 ……… 125 |
| 　　お茶の水女子大学 … 117 | 東京学芸大学 ……… 121 | 立正大学 ……… 125 |
| 　　嘉悦大学 ……… 118 | 東京家政学院大学 …… 121 | ルーテル学院大学 …… 125 |
| 　　学習院女子大学 …… 118 | 東京家政大学 ……… 121 | 和光大学 ……… 125 |
| 　　学習院大学 ……… 118 | 東京経済大学 ……… 121 | 早稲田大学 ……… 125 |
| 　　北里大学 ……… 118 | 東京芸術大学 ……… 121 | 　短　大 ……… 125 |
| 　　共立女子大学 ……… 118 | 東京工科大学 ……… 122 | 　　愛国学園短期大学 …… 125 |

(20)

東京都

| 青山学院女子短期大学 | 125 |
| 亜細亜大学短期大学部 | 125 |
| 跡見学園女子大学短期大学部 | 125 |
| 上野学園大学短期大学部 | 126 |
| 桜美林大学短期大学部 | 126 |
| 大妻女子大学短期大学部 | 126 |
| 嘉悦大学短期大学部 | 126 |
| 川村短期大学 | 126 |
| 共立女子短期大学 | 126 |
| 攻玉社工科短期大学 | 126 |
| 国際短期大学 | 126 |
| 駒澤女子短期大学 | 126 |
| 駒澤短期大学 | 126 |
| 実践女子短期大学 | 126 |
| 自由が丘産能短期大学 | 126 |
| 淑徳短期大学 | 126 |
| 昭和女子大学短期大学部 | 126 |
| 女子栄養大学短期大学部 | 126 |
| 女子美術大学短期大学部 | 126 |
| 白梅学園短期大学 | 126 |
| 杉野服飾大学短期大学部 | 127 |
| 成城大学短期大学部 | 127 |
| 聖徳栄養短期大学 | 127 |
| 星美学園短期大学 | 127 |
| 創価女子短期大学 | 127 |
| 鶴川女子短期大学 | 127 |
| 帝京大学短期大学部 | 127 |
| 帝京短期大学 | 127 |
| 戸板女子短期大学 | 127 |
| 東海大学短期大学部 | 127 |
| 東京家政大学短期大学部 | 127 |
| 東京交通短期大学 | 127 |
| 東京女子体育短期大学 | 127 |
| 東京成徳短期大学 | 127 |
| 東京田中短期大学 | 127 |
| 東京農業大学短期大学部 | 127 |
| 東京富士大学短期大学部 | 127 |
| 東京文化短期大学 | 128 |
| 東京立正短期大学 | 128 |
| 東邦音楽短期大学 | 128 |
| 桐朋学園芸術短期大学 | 128 |
| 東横学園女子短期大学 | 128 |
| 日本歯科大学東京短期大学 | 128 |
| 日本赤十字武蔵野短期大学 | 128 |
| 日本体育大学女子短期大学部 | 128 |
| 日本大学短期大学部 | 128 |
| 文化女子大学短期大学部 | 128 |
| 文京学院短期大学 | 128 |
| 宝仙学園短期大学 | 128 |
| 武蔵野女子大学短期大学部 | 128 |
| 目白大学短期大学部 | 128 |
| ヤマザキ動物看護短期大学 | 128 |
| 山野美容芸術短期大学 | 128 |
| 山脇学園短期大学 | 128 |
| 立教女学院短期大学 | 128 |

**高　専**
| サレジオ工業高等専門学校 | 128 |
| 東京工業高等専門学校 | 129 |
| 東京都立産業技術高等専門学校 | 129 |

**高　校**
| 愛国高等学校 | 129 |
| 青井高等学校 | 129 |
| 青山学院高等部 | 129 |
| 青山高等学校 | 129 |
| 赤坂高等学校 | 129 |
| 赤羽商業高等学校 | 129 |
| 秋留台高等学校 | 129 |
| 浅草高等学校 | 129 |
| 麻布高等学校 | 129 |
| 飛鳥高等学校 | 129 |
| 足立学園高等学校 | 129 |
| 足立工業高等学校 | 129 |
| 足立高等学校 | 129 |
| 足立新田高等学校 | 130 |
| 足立西高等学校 | 130 |
| 足立東高等学校 | 130 |
| 跡見学園高等学校 | 130 |
| 安部学院高等学校 | 130 |
| 荒川工業高等学校 | 130 |
| 荒川商業高等学校 | 130 |
| 井草高等学校 | 130 |
| 郁文館グローバル高等学校 | 130 |
| 郁文館高等学校 | 130 |
| 板橋高等学校 | 130 |
| 市ヶ谷商業高等学校 | 130 |
| 五日市高等学校 | 131 |
| 岩倉高等学校 | 131 |
| 上野学園高等学校 | 131 |
| 上野高等学校 | 131 |
| 穎明館高等学校 | 131 |
| 江戸川高等学校 | 131 |
| 江戸川女子高等学校 | 131 |
| 桜蔭高等学校 | 131 |
| 桜華女学院高等学校 | 131 |
| 王子工業高等学校 | 131 |
| 桜修館中等教育学校 | 131 |
| 桜美林高等学校 | 131 |
| 青梅総合高等学校 | 131 |
| 鷗友学園女子高等学校 | 131 |
| 大泉高等学校 | 131 |
| 大泉桜高等学校 | 131 |
| 大江戸高等学校 | 132 |
| 大崎高等学校 | 132 |
| 大島海洋国際高等学校 | 132 |
| 大島高等学校 | 132 |
| 大妻高等学校 | 132 |
| 大妻多摩高等学校 | 132 |
| 大妻中野高等学校 | 132 |
| 大森学園高等学校 | 132 |
| 大森高等学校 | 132 |
| 大山高等学校 | 132 |
| 小笠原高等学校 | 132 |
| 小川高等学校 | 132 |
| 荻窪高等学校 | 132 |
| 小野学園女子高等学校 | 132 |
| 小山台高等学校 | 132 |
| 海城高等学校 | 133 |
| 開成高等学校 | 133 |
| かえつ有明高等学校 | 133 |
| 科学技術学園高等学校 | 133 |
| 学習院高等科 | 133 |
| 学習院女子高等科 | 133 |
| 葛西工業高等学校 | 133 |
| 葛西南高等学校 | 133 |
| 片倉高等学校 | 133 |
| 葛飾商業高等学校 | 133 |
| 葛飾地区総合学科高等学校 | 133 |
| 葛飾野高等学校 | 133 |
| 蒲田高等学校 | 133 |
| 蒲田女子高等学校 | 133 |
| 川村高等学校 | 133 |
| 神田女学園高等学校 | 133 |
| 関東国際高等学校 | 134 |
| 関東第一高等学校 | 134 |
| 北園高等学校 | 134 |
| 北多摩高等学校 | 134 |
| 北豊島工業高等学校 | 134 |
| 北豊島高等学校 | 134 |
| 吉祥女子高等学校 | 134 |
| 砧工業高等学校 | 134 |
| 共栄学園高等学校 | 134 |
| 暁星高等学校 | 134 |
| 共立女子高等学校 | 134 |
| 共立女子第二高等学校 | 134 |
| 清瀬高等学校 | 134 |
| 清瀬東高等学校 | 134 |
| 桐ヶ丘高等学校 | 134 |
| 錦城学園高等学校 | 134 |
| 錦城高等学校 | 135 |
| 九段高等学校 | 135 |

東京都

| 学校名 | ページ |
|---|---|
| 国立音楽大学附属高等学校 | 135 |
| 国立高等学校 | 135 |
| 国本女子高等学校 | 135 |
| 蔵前工業高等学校 | 135 |
| 久留米高等学校 | 135 |
| 久留米西高等学校 | 135 |
| 慶應義塾女子高等学校 | 135 |
| 京華高等学校 | 135 |
| 京華商業高等学校 | 135 |
| 京華女子高等学校 | 135 |
| 恵泉女学園高等学校 | 135 |
| 京北学園白山高等学校 | 135 |
| 京北高等学校 | 135 |
| 啓明学園高等学校 | 135 |
| 小石川工業高等学校 | 136 |
| 小石川高等学校 | 136 |
| 小石川中等教育学校 | 136 |
| 小岩高等学校 | 136 |
| 光塩女子学院高等科 | 136 |
| 晃華学園高等学校 | 136 |
| 工学院大学附属高等学校 | 136 |
| 攻玉社高等学校 | 136 |
| 麹町学園女子高等学校 | 136 |
| 神津高等学校 | 136 |
| 佼成学園高等学校 | 136 |
| 佼成学園女子高等学校 | 136 |
| 江東商業高等学校 | 136 |
| 江北高等学校 | 136 |
| 香蘭女学校高等学校 | 137 |
| 小金井北高等学校 | 137 |
| 小金井工業高等学校 | 137 |
| 國學院高等学校 | 137 |
| 國學院大學久我山高等学校 | 137 |
| 国際基督教大学高等学校 | 137 |
| 国士舘高等学校 | 137 |
| 国分寺高等学校 | 137 |
| 小平高等学校 | 137 |
| 小平西高等学校 | 137 |
| 小平南高等学校 | 137 |
| 狛江高等学校 | 137 |
| 駒込高等学校 | 137 |
| 駒澤学園女子高等学校 | 137 |
| 駒澤大学高等学校 | 137 |
| 小松川高等学校 | 137 |
| 駒場学園高等学校 | 137 |
| 駒場高等学校 | 137 |
| 駒場東邦高等学校 | 137 |
| 鷺宮高等学校 | 138 |
| 桜丘高等学校 | 138 |
| 桜町高等学校 | 138 |
| 鮫洲工業高等学校 | 138 |
| 実践学園高等学校 | 138 |
| 実践女子学園高等学校 | 138 |
| 品川エトワール女子高等学校 | 138 |
| 品川女子学院高等部 | 138 |
| 篠崎高等学校 | 138 |
| 忍岡高等学校 | 138 |
| 芝浦工業大学高等学校 | 138 |
| 芝高等学校 | 138 |
| 芝商業高等学校 | 138 |
| 渋谷教育学園渋谷高等学校 | 138 |
| 志村高等学校 | 139 |
| 下北沢成徳高等学校 | 139 |
| 石神井高等学校 | 139 |
| 自由ケ丘学園高等学校 | 139 |
| 自由学園高等科 | 139 |
| 修徳高等学校 | 139 |
| 十文字高等学校 | 139 |
| 淑徳学園高等学校 | 139 |
| 淑徳高等学校 | 139 |
| 淑徳巣鴨高等学校 | 139 |
| 順心女子学園高等学校 | 139 |
| 順天高等学校 | 139 |
| 潤徳女子高等学校 | 139 |
| 松蔭高等学校 | 139 |
| 頌栄女子学院高等学校 | 139 |
| 城西大学附属城西高等学校 | 139 |
| 上水高等学校 | 140 |
| 城東高等学校 | 140 |
| 聖徳学園高等学校 | 140 |
| 城北高等学校 | 140 |
| 翔陽高等学校 | 140 |
| 昭和高等学校 | 140 |
| 昭和女子大学附属昭和高等学校 | 140 |
| 昭和第一学園高等学校 | 140 |
| 昭和第一高等学校 | 140 |
| 昭和鉄道高等学校 | 140 |
| 女子学院高等学校 | 140 |
| 女子聖学院高等学校 | 140 |
| 女子美術大学付属高等学校 | 140 |
| 白梅学園高等学校 | 140 |
| 白百合学園高等学校 | 140 |
| 新宿高等学校 | 140 |
| 新宿山吹高等学校 | 141 |
| 神代高等学校 | 141 |
| 巣鴨高等学校 | 141 |
| 杉並学院高等学校 | 141 |
| 杉並工業高等学校 | 141 |
| 杉並高等学校 | 141 |
| 杉並総合高等学校 | 141 |
| 砂川高等学校 | 141 |
| 墨田川高等学校 | 141 |
| 墨田工業高等学校 | 141 |
| 駿台学園高等学校 | 141 |
| 聖学院高等学校 | 141 |
| 成蹊高等学校 | 141 |
| 成城学園高等学校 | 141 |
| 成城高等学校 | 141 |
| 成女高等学校 | 141 |
| 聖心女子学院高等科 | 141 |
| 正則学園高等学校 | 141 |
| 正則高等学校 | 142 |
| 聖ドミニコ学園高等学校 | 142 |
| 聖パウロ学園高等学校 | 142 |
| 星美学園高等学校 | 142 |
| 成立学園高等学校 | 142 |
| 青稜高等学校 | 142 |
| 世田谷泉高等学校 | 142 |
| 世田谷学園高等学校 | 142 |
| 専修大学附属高等学校 | 142 |
| 創価高等学校 | 142 |
| 大成高等学校 | 142 |
| 大東学園高等学校 | 142 |
| 台東商業高等学校 | 142 |
| 大東文化大学第一高等学校 | 142 |
| 高島高等学校 | 142 |
| 高輪高等学校 | 142 |
| 田柄高等学校 | 143 |
| 瀧野川女子学園高等学校 | 143 |
| 拓殖大学第一高等学校 | 143 |
| 竹台高等学校 | 143 |
| 竹早高等学校 | 143 |
| 忠生高等学校 | 143 |
| 立川高等学校 | 143 |
| 立川女子高等学校 | 143 |
| 田無工業高等学校 | 143 |
| 田無高等学校 | 143 |
| 玉川学園高等部 | 143 |
| 玉川高等学校 | 143 |
| 玉川聖学院高等部 | 143 |
| 多摩工業高等学校 | 143 |
| 多摩高等学校 | 143 |
| 多摩大学附属聖ケ丘高等学校 | 143 |
| 多摩大学目黒高等学校 | 143 |
| 千歳丘高等学校 | 144 |
| 千早高等学校 | 144 |
| 中央学院大学中央高等学校 | 144 |
| 中央大学高等学校 | 144 |
| 中央大学杉並高等学校 | 144 |
| 中央大学附属高等学校 | 144 |
| 調布北高等学校 | 144 |
| 調布南高等学校 | 144 |
| 千代田女学園高等学校 | 144 |
| つばさ総合高等学校 | 144 |
| 鶴川高等学校 | 144 |
| 帝京大学系属帝京高等学校 | 144 |

東京都

| 学校名 | 頁 |
|---|---|
| 帝京大学高等学校 | 144 |
| 帝京八王子高等学校 | 144 |
| 貞静学園高等学校 | 145 |
| 田園調布学園高等部 | 145 |
| 田園調布高等学校 | 145 |
| 田園調布雙葉高等学校 | 145 |
| 戸板女子高等学校 | 145 |
| 東亜学園高等学校 | 145 |
| 東海大学菅生高等学校 | 145 |
| 東海大学付属望星高等学校 | 145 |
| 東海大学付属高輪台高等学校 | 145 |
| 東京都立第五商業高等学校 | 145 |
| 東京音楽大学付属高等学校 | 145 |
| 東京学園高等学校 | 145 |
| 東京家政学院高等学校 | 145 |
| 東京家政大学附属女子高等学校 | 145 |
| 東京高等学校 | 145 |
| 東京実業高等学校 | 146 |
| 東京純心女子高等学校 | 146 |
| 東京女学館高等学校 | 146 |
| 東京女子学院高等学校 | 146 |
| 東京女子学園高等学校 | 146 |
| 東京成徳大学高等学校 | 146 |
| 東京電機大学高等学校 | 146 |
| 東京都立園芸高等学校 | 146 |
| 東京都立科学技術高等学校 | 146 |
| 東京都立芸術高等学校 | 146 |
| 東京都立工芸高等学校 | 146 |
| 東京都立国際高等学校 | 146 |
| 東京都立総合工科高等学校 | 146 |
| 東京都立第一商業高等学校 | 146 |
| 東京都立第二商業高等学校 | 147 |
| 東京都立第三商業高等学校 | 147 |
| 東京都立第四商業高等学校 | 147 |
| 東京都立大学附属高等学校 | 147 |
| 東京都立西高等学校 | 147 |
| 東京都立農業高等学校 | 147 |
| 東京都立農芸高等学校 | 147 |
| 東京都立農産高等学校 | 147 |
| 東京都立農林高等学校 | 147 |
| 東京都立東高等学校 | 147 |
| 東京農業大学第一高等学校 | 147 |
| 東京文化高等学校 | 147 |
| 東京立正高等学校 | 147 |
| 東星学園高等学校 | 147 |
| 東邦音楽大学附属東邦高等学校 | 147 |
| 桐朋高等学校 | 148 |
| 桐朋女子高等学校 | 148 |
| 東洋英和女学院高等部 | 148 |
| 東洋高等学校 | 148 |
| 東洋女子高等学校 | 148 |
| 東横学園高等学校 | 148 |
| トキワ松学園高等学校 | 148 |
| 豊島岡女子学園高等学校 | 148 |
| 豊島学院高等学校 | 148 |
| 豊島高等学校 | 148 |
| 獨協高等学校 | 148 |
| 戸山高等学校 | 148 |
| 豊多摩高等学校 | 149 |
| 中野工業高等学校 | 149 |
| 中村高等学校 | 149 |
| 永山高等学校 | 149 |
| 成瀬高等学校 | 149 |
| 新島高等学校 | 149 |
| 二松学舎大学附属高等学校 | 149 |
| 日体荏原高等学校 | 149 |
| 日本音楽高等学校 | 149 |
| 日本学園高等学校 | 149 |
| 日本工業大学付属東京工業高等学校 | 149 |
| 日本女子体育大学附属二階堂高等学校 | 149 |
| 日本大学櫻丘高等学校 | 149 |
| 日本大学第一高等学校 | 149 |
| 日本大学第二高等学校 | 149 |
| 日本大学第三高等学校 | 149 |
| 日本大学鶴ケ丘高等学校 | 149 |
| 日本大学豊山高等学校 | 150 |
| 日本大学豊山女子高等学校 | 150 |
| 日本橋高等学校 | 150 |
| 日本橋女学館高等学校 | 150 |
| 日本放送協会学園高等学校 | 150 |
| 練馬工業高等学校 | 150 |
| 練馬高等学校 | 150 |
| 野津田高等学校 | 150 |
| 拝島高等学校 | 150 |
| 白鷗高等学校 | 150 |
| 八王子北高等学校 | 150 |
| 八王子工業高等学校 | 150 |
| 八王子高等学校 | 150 |
| 八王子実践高等学校 | 150 |
| 八王子東高等学校 | 150 |
| 八丈高等学校 | 150 |
| 羽田工業高等学校 | 150 |
| 羽田高等学校 | 151 |
| 羽村高等学校 | 151 |
| 晴海総合高等学校 | 151 |
| 東村山高等学校 | 151 |
| 東村山西高等学校 | 151 |
| 東大和高等学校 | 151 |
| 東大和南高等学校 | 151 |
| 光丘高等学校 | 151 |
| 一橋高等学校 | 151 |
| 日野高等学校 | 151 |
| 日野台高等学校 | 151 |
| 日出高等学校 | 151 |
| 日比谷高等学校 | 151 |
| 広尾高等学校 | 151 |
| 深川高等学校 | 151 |
| 深川商業高等学校 | 152 |
| 深沢高等学校 | 152 |
| 富士高等学校 | 152 |
| 富士見丘高等学校 | 152 |
| 富士見高等学校 | 152 |
| 藤村女子高等学校 | 152 |
| 富士森高等学校 | 152 |
| 雙葉高等学校 | 152 |
| 淵江高等学校 | 152 |
| 府中工業高等学校 | 152 |
| 府中高等学校 | 152 |
| 府中西高等学校 | 152 |
| 府中東高等学校 | 152 |
| 福生高等学校 | 152 |
| 普連土学園高等学校 | 152 |
| 文華女子高等学校 | 152 |
| 文化女子大学附属杉並高等学校 | 152 |
| 文京学院大学女子高等学校 | 152 |
| 文京高等学校 | 153 |
| 文教大学付属高等学校 | 153 |
| 法政大学第一高等学校 | 153 |
| 宝仙学園高等学校 | 153 |
| 豊南高等学校 | 153 |
| 保谷高等学校 | 153 |
| 朋優学院高等学校 | 153 |
| 保善高等学校 | 153 |
| 堀越高等学校 | 153 |
| 本郷高等学校 | 153 |
| 本所高等学校 | 153 |
| 町田工業高等学校 | 153 |
| 町田高等学校 | 153 |
| 松が谷高等学校 | 153 |
| 松原高等学校 | 153 |
| 瑞穂農芸高等学校 | 153 |
| 三鷹高等学校 | 154 |
| 三田高等学校 | 154 |
| 南葛飾高等学校 | 154 |
| 南平高等学校 | 154 |
| 南多摩高等学校 | 154 |
| 美原高等学校 | 154 |
| 三宅高等学校 | 154 |

(23)

神奈川県

| 明星学園高等学校 | 154 |
| 三輪田学園高等学校 | 154 |
| 向丘高等学校 | 154 |
| 向島工業高等学校 | 154 |
| 向島商業高等学校 | 154 |
| 武蔵丘高等学校 | 154 |
| 武蔵工業大学付属高等学校 | 154 |
| 武蔵高等学校 | 155 |
| 武蔵高等学校 | 155 |
| 武蔵野北高等学校 | 155 |
| 武蔵野高等学校 | 155 |
| 武蔵野女子学院高等学校 | 155 |
| 武蔵村山高等学校 | 155 |
| 村田女子高等学校 | 155 |
| 明治学院高等学校 | 155 |
| 明治学院東村山高等学校 | 155 |
| 明治大学付属中野高等学校 | 155 |
| 明治大学付属中野八王子高等学校 | 155 |
| 明治大学付属明治高等学校 | 155 |
| 明星高等学校 | 155 |
| 明法高等学校 | 155 |
| 目黒学院高等学校 | 155 |
| 目黒高等学校 | 155 |
| 目黒星美学園高等学校 | 156 |
| 目白学園高等学校 | 156 |
| 紅葉川高等学校 | 156 |
| 八雲学園高等学校 | 156 |
| 八潮高等学校 | 156 |
| 安田学園高等学校 | 156 |
| 山崎高等学校 | 156 |
| 山脇学園高等学校 | 156 |
| 雪谷高等学校 | 156 |
| 四谷商業高等学校 | 156 |
| 立教池袋高等学校 | 156 |
| 立教女学院高等学校 | 156 |
| 立志舎高等学校 | 156 |
| 立正高等学校 | 157 |
| 両国高等学校 | 157 |
| 芦花高等学校 | 157 |
| 六郷工科高等学校 | 157 |
| 六本木高等学校 | 157 |
| 若葉総合高等学校 | 157 |
| 和光高等学校 | 157 |
| 早稲田高等学校 | 157 |
| 早稲田大学系属早稲田実業学校高等部 | 157 |
| 早稲田大学高等学院 | 157 |
| 和洋九段女子高等学校 | 157 |

**神奈川県**
　**大　学** …………… 158

| 麻布大学 | 158 |
| 神奈川県立保健福祉大学 | 158 |
| 神奈川工科大学 | 158 |
| 神奈川歯科大学 | 158 |
| 神奈川大学 | 158 |
| 鎌倉女子大学 | 158 |
| 関東学院大学 | 158 |
| 相模女子大学 | 158 |
| 産業能率大学 | 158 |
| 松蔭大学 | 158 |
| 湘南工科大学 | 158 |
| 情報セキュリティ大学院大学 | 158 |
| 昭和音楽大学 | 158 |
| 女子美術大学 | 158 |
| 聖マリアンナ医科大学 | 158 |
| 洗足学園音楽大学 | 158 |
| 総合研究大学院大学 | 159 |
| 鶴見大学 | 159 |
| 田園調布学園大学 | 159 |
| 桐蔭横浜大学 | 159 |
| 東海大学 | 159 |
| 東洋英和女学院大学 | 159 |
| フェリス女学院大学 | 159 |
| 八洲学園大学 | 159 |
| 横浜国立大学 | 159 |
| 横浜商科大学 | 159 |
| 横浜市立大学 | 159 |

**短　大**
| 和泉短期大学 | 159 |
| 小田原女子短期大学 | 159 |
| 神奈川県立外語短期大学 | 159 |
| 鎌倉女子大学短期大学部 | 159 |
| カリタス女子短期大学 | 160 |
| 恵泉女学園園芸短期大学 | 160 |
| 相模女子大学短期大学部 | 160 |
| 上智短期大学 | 160 |
| 湘南国際女子短期大学 | 160 |
| 湘南短期大学 | 160 |
| 湘北短期大学 | 160 |
| 昭和音楽大学短期大学部 | 160 |
| 昭和大学医療短期大学 | 160 |
| 聖セシリア女子短期大学 | 160 |
| 洗足学園短期大学 | 160 |
| 鶴見大学短期大学部 | 160 |
| 田園調布学園大学短期大学部 | 160 |
| 東海大学医療技術短期大学 | 160 |

| 東京工芸大学女子短期大学部 | 160 |
| 文教大学女子短期大学部 | 160 |
| 横浜女子短期大学 | 160 |
| 横浜市立大学看護短期大学部 | 161 |
| 横浜創英短期大学 | 161 |
| 横浜美術短期大学 | 161 |

**高　校** 161
| 愛川高等学校 | 161 |
| 相原高等学校 | 161 |
| 麻生高等学校 | 161 |
| 麻生総合高等学校 | 161 |
| 浅野高等学校 | 161 |
| 旭丘高等学校 | 161 |
| 旭高等学校 | 161 |
| 麻布大学附属渕野辺高等学校 | 161 |
| 麻溝台高等学校 | 161 |
| 足柄高等学校 | 161 |
| 厚木北高等学校 | 161 |
| 厚木高等学校 | 161 |
| 厚木商業高等学校 | 161 |
| 厚木清南高等学校 | 161 |
| 厚木西高等学校 | 161 |
| 厚木東高等学校 | 161 |
| 綾瀬高等学校 | 161 |
| 綾瀬西高等学校 | 162 |
| 新磯高等学校 | 162 |
| 有馬高等学校 | 162 |
| アレセイア湘南高等学校 | 162 |
| 生田高等学校 | 162 |
| 生田東高等学校 | 162 |
| 伊志田高等学校 | 162 |
| 和泉高等学校 | 162 |
| 伊勢原高等学校 | 162 |
| 磯子工業高等学校 | 162 |
| 磯子高等学校 | 162 |
| 市ヶ尾高等学校 | 162 |
| 岩戸高等学校 | 162 |
| 栄光学園高等学校 | 162 |
| 荏田高等学校 | 162 |
| 海老名高等学校 | 162 |
| 大井高等学校 | 162 |
| 大磯高等学校 | 162 |
| 大楠高等学校 | 162 |
| 大清水高等学校 | 162 |
| 大西学園高等学校 | 162 |
| 大秦野高等学校 | 162 |
| 大原高等学校 | 163 |
| 大船高等学校 | 163 |
| 岡津高等学校 | 163 |
| 小田原高等学校 | 163 |
| 小田原城東高等学校 | 163 |

神奈川県

| 学校名 | ページ |
|---|---|
| 小田原城北工業高等学校 | 163 |
| 追浜高等学校 | 163 |
| 金井高等学校 | 163 |
| 神奈川学園高等学校 | 163 |
| 神奈川県立外語短期大学付属高等学校 | 163 |
| 神奈川県立商工高等学校 | 163 |
| 神奈川工業高等学校 | 163 |
| 神奈川総合高等学校 | 163 |
| 神奈川総合産業高等学校 | 163 |
| 神奈川大学附属高等学校 | 163 |
| 金沢高等学校 | 163 |
| 金沢総合高等学校 | 163 |
| 鎌倉学園高等学校 | 163 |
| 鎌倉高等学校 | 163 |
| 鎌倉女学院高等学校 | 164 |
| 鎌倉女子大学高等部 | 164 |
| 釜利谷高等学校 | 164 |
| 上郷高等学校 | 164 |
| 上鶴間高等学校 | 164 |
| 上溝高等学校 | 164 |
| 上溝南高等学校 | 164 |
| 上矢部高等学校 | 164 |
| カリタス女子高等学校 | 164 |
| 川崎北高等学校 | 164 |
| 川崎工業高等学校 | 164 |
| 川崎高等学校 | 164 |
| 川崎高等学校 | 164 |
| 川崎市立商業高等学校 | 164 |
| 川崎総合科学高等学校 | 164 |
| 川和高等学校 | 164 |
| 神田高等学校 | 164 |
| 関東学院高等学校 | 164 |
| 函嶺白百合学園高等学校 | 164 |
| 岸根高等学校 | 165 |
| 北鎌倉女子学園高等学校 | 165 |
| 希望ケ丘高等学校 | 165 |
| 霧が丘高等学校 | 165 |
| 鵠沼高等学校 | 165 |
| 公文国際学園高等部 | 165 |
| 久里浜高等学校 | 165 |
| 栗原高等学校 | 165 |
| 慶應義塾高等学校 | 165 |
| 慶應義塾湘南藤沢高等部 | 165 |
| 向上高等学校 | 165 |
| 港南台高等学校 | 165 |
| 港北高等学校 | 165 |
| 光陵高等学校 | 165 |
| 五領ヶ台高等学校 | 165 |
| 相模大野高等学校 | 165 |
| 相模女子大学高等部 | 165 |
| 相模田名高等学校 | 165 |
| 相模原高等学校 | 166 |
| 相模原高等学校 | 166 |
| 相模原総合高等学校 | 166 |
| 桜丘高等学校 | 166 |
| 座間高等学校 | 166 |
| 寒川高等学校 | 166 |
| サレジオ学院高等学校 | 166 |
| 七里ガ浜高等学校 | 166 |
| 秀英高等学校 | 166 |
| 湘南学院高等学校 | 166 |
| 湘南学園高等学校 | 166 |
| 湘南工科大学附属高等学校 | 166 |
| 湘南高等学校 | 166 |
| 湘南白百合学園高等学校 | 166 |
| 湘南台高等学校 | 166 |
| 松陽高等学校 | 166 |
| 城郷高等学校 | 166 |
| 城山高等学校 | 166 |
| 新栄高等学校 | 166 |
| 新城高等学校 | 166 |
| 菅高等学校 | 166 |
| 逗子開成高等学校 | 167 |
| 逗子高等学校 | 167 |
| 住吉高等学校 | 167 |
| 逗葉高等学校 | 167 |
| 聖光学院高等学校 | 167 |
| 西湘高等学校 | 167 |
| 清心女子高等学校 | 167 |
| 聖セシリア女子高等学校 | 167 |
| 清泉女学院高等学校 | 167 |
| 聖ヨゼフ学園高等学校 | 167 |
| 聖和学院高等学校 | 167 |
| 瀬谷高等学校 | 167 |
| 瀬谷西高等学校 | 167 |
| 洗足学園高等学校 | 167 |
| 捜真女学校高等学部 | 167 |
| 相武台高等学校 | 167 |
| 相洋高等学校 | 167 |
| 大師高等学校 | 167 |
| 高木学園女子高等学校 | 167 |
| 高津高等学校 | 168 |
| 高浜高等学校 | 168 |
| 立花学園高等学校 | 168 |
| 橘学苑高等学校 | 168 |
| 橘高等学校 | 168 |
| 田奈高等学校 | 168 |
| 多摩高等学校 | 168 |
| 茅ヶ崎高等学校 | 168 |
| 茅ヶ崎西浜高等学校 | 168 |
| 茅ヶ崎北陵高等学校 | 168 |
| 中央農業高等学校 | 168 |
| 津久井高等学校 | 168 |
| 津久井浜高等学校 | 168 |
| 鶴見工業高等学校 | 168 |
| 鶴見高等学校 | 168 |
| 鶴見女子高等学校 | 168 |
| 鶴見総合高等学校 | 169 |
| 鶴嶺高等学校 | 169 |
| 桐蔭学園高等学校 | 169 |
| 桐蔭学園中等教育学校 | 169 |
| 東海大学付属相模高等学校 | 169 |
| 桐光学園高等学校 | 169 |
| 東横学園大倉山高等学校 | 169 |
| 藤嶺学園藤沢高等学校 | 169 |
| 戸塚高等学校 | 169 |
| 永谷高等学校 | 169 |
| 新羽高等学校 | 169 |
| 二宮高等学校 | 169 |
| 日本女子大学附属高等学校 | 169 |
| 日本大学高等学校 | 169 |
| 日本大学藤沢高等学校 | 169 |
| 白山高等学校 | 169 |
| 白鵬女子高等学校 | 169 |
| 柏陽高等学校 | 169 |
| 橋本高等学校 | 169 |
| 秦野高等学校 | 169 |
| 秦野曽屋高等学校 | 170 |
| 秦野南が丘高等学校 | 170 |
| 氷取沢高等学校 | 170 |
| ひばりが丘高等学校 | 170 |
| 平塚学園高等学校 | 170 |
| 平塚工科高等学校 | 170 |
| 平塚江南高等学校 | 170 |
| 平塚商業高等学校 | 170 |
| 平塚農業高等学校 | 170 |
| 平塚農業高等学校初声分校 | 170 |
| フェリス女学院高等学校 | 170 |
| 深沢高等学校 | 170 |
| 藤沢工科高等学校 | 170 |
| 藤沢高等学校 | 170 |
| 藤沢翔陵高等学校 | 170 |
| 藤沢総合高等学校 | 170 |
| 藤沢西高等学校 | 170 |
| 富士見丘高等学校 | 171 |
| 武相高等学校 | 171 |
| 二俣川看護福祉高等学校 | 171 |
| 法政大学女子高等学校 | 171 |
| 法政大学第二高等学校 | 171 |
| 保土ケ谷高等学校 | 171 |
| 舞岡高等学校 | 171 |
| 三浦高等学校 | 171 |
| 三浦臨海高等学校 | 171 |
| 三崎水産高等学校 | 171 |

新潟県

| 校名 | 頁 | 校名 | 頁 | 校名 | 頁 |
|---|---|---|---|---|---|
| 聖園女学院高等学校 | 171 | 長岡技術科学大学 | 174 | 新発田商工高等学校 | 178 |
| 緑ケ丘女子高等学校 | 171 | 長岡造形大学 | 174 | 新発田農業高等学校 | 178 |
| みなと総合高等学校 | 171 | 長岡大学 | 174 | 新発田南高等学校 | 178 |
| 向の岡工業高等学校 | 171 | 新潟医療福祉大学 | 174 | 新発田南高等学校豊浦分校 | 178 |
| 関東学院六浦高等学校 | 171 | 新潟経営大学 | 174 | 上越総合技術高等学校 | 178 |
| 六ツ川高等学校 | 171 | 新潟県立看護大学 | 174 | 正徳館高等学校 | 178 |
| 元石川高等学校 | 171 | 新潟工科大学 | 174 | 白根高等学校 | 178 |
| 森村学園高等部 | 171 | 新潟国際情報大学 | 174 | 高田北城高等学校 | 178 |
| 弥栄西高等学校 | 171 | 新潟産業大学 | 175 | 高田高等学校 | 178 |
| 弥栄東高等学校 | 172 | 新潟青陵大学 | 175 | 高田商業高等学校 | 179 |
| 山北高等学校 | 172 | 新潟大学 | 175 | 高田南城高等学校 | 179 |
| 山手学院高等学校 | 172 | 新潟薬科大学 | 175 | 高田農業高等学校 | 179 |
| 大和高等学校 | 172 | 短　大 | 175 | 中越高等学校 | 179 |
| 大和西高等学校 | 172 | 県立新潟女子短期大学 | 175 | 津南高等学校 | 179 |
| 大和東高等学校 | 172 | 新潟工業短期大学 | 175 | 津南中等教育学校 | 179 |
| 大和南高等学校 | 172 | 新潟青陵大学短期大学部 | 175 | 燕高等学校 | 179 |
| 湯河原高等学校 | 172 | 新潟中央短期大学 | 175 | 燕中等教育学校 | 179 |
| 百合丘高等学校 | 172 | 日本歯科大学新潟短期大学 | 175 | 東京学館新潟高等学校 | 179 |
| 横須賀大津高等学校 | 172 | 明倫短期大学 | 175 | 十日町高等学校 | 179 |
| 横須賀学院高等学校 | 172 | 高　専 | 175 | 十日町総合高等学校 | 179 |
| 横須賀工業高等学校 | 172 | 長岡工業高等専門学校 | 175 | 栃尾高等学校 | 179 |
| 横須賀高等学校 | 172 | 高　校 | 175 | 豊栄高等学校 | 179 |
| 横須賀総合高等学校 | 172 | 相川高等学校 | 175 | 直江津高等学校 | 179 |
| 横浜英和女学院高等学校 | 172 | 阿賀野高等学校 | 176 | 長岡大手高等学校 | 180 |
| 横浜桜陽高等学校 | 172 | 阿賀黎明高等学校 | 176 | 長岡工業高等学校 | 180 |
| 横浜学園高等学校 | 172 | 新井高等学校 | 176 | 長岡高等学校 | 180 |
| 横浜共立学園高等学校 | 172 | 荒川高等学校 | 176 | 長岡向陵高等学校 | 180 |
| 横浜旭陵高等学校 | 172 | 出雲崎高等学校 | 176 | 長岡商業高等学校 | 180 |
| 横浜高等学校 | 173 | 糸魚川高等学校 | 176 | 長岡農業高等学校 | 180 |
| 横浜国際女学院翠陵高等学校 | 173 | 糸魚川白嶺高等学校 | 176 | 長岡明徳高等学校 | 180 |
| 横浜商科大学高等学校 | 173 | 小千谷高等学校 | 176 | 中条工業高等学校 | 180 |
| 横浜商業高等学校 | 173 | 小千谷西高等学校 | 176 | 中条高等学校 | 180 |
| 横浜女学院高等学校 | 173 | 開志学園高等学校 | 176 | 新潟北高等学校 | 180 |
| 横浜市立東高等学校 | 173 | 柏崎工業高等学校 | 176 | 新潟県央工業高等学校 | 180 |
| 横浜市立南高等学校 | 173 | 柏崎高等学校 | 176 | 新潟県立海洋高等学校 | 180 |
| 横浜翠嵐高等学校 | 173 | 柏崎高等学校小国分校 | 176 | 新潟県立国際情報高等学校 | 180 |
| 横浜清風高等学校 | 173 | 柏崎翔洋中等教育学校 | 176 | 新潟工業高等学校 | 180 |
| 横浜清陵総合高等学校 | 173 | 柏崎総合高等学校 | 176 | 新潟高等学校 | 180 |
| 横浜創英高等学校 | 173 | 柏崎常盤高等学校 | 177 | 新潟江南高等学校 | 180 |
| 横浜創学館高等学校 | 173 | 加茂暁星高等学校 | 177 | 新潟向陽高等学校 | 181 |
| 横浜総合高等学校 | 173 | 加茂高等学校 | 177 | 新潟商業高等学校 | 181 |
| 横浜立野高等学校 | 173 | 加茂農林高等学校 | 177 | 新潟翠江高等学校 | 181 |
| 横浜南陵高等学校 | 173 | 川西高等学校 | 177 | 新潟清心女子高等学校 | 181 |
| 横浜隼人高等学校 | 174 | 久比岐高等学校 | 177 | 新潟青陵高等学校 | 181 |
| 横浜平沼高等学校 | 174 | 敬和学園高等学校 | 177 | 新潟中央高等学校 | 181 |
| 横浜雙葉高等学校 | 174 | 小出高等学校 | 177 | 新潟西高等学校 | 181 |
| 横浜緑ケ丘高等学校 | 174 | 高志高等学校 | 177 | 新潟東工業高等学校 | 181 |
| 横浜山手女子高等学校 | 174 | 五泉高等学校 | 177 | 新潟東高等学校 | 181 |
| 吉田島農林高等学校 | 174 | 佐渡高等学校 | 177 | 新潟南高等学校 | 181 |
|  |  | 佐渡総合高等学校 | 177 | 新津工業高等学校 | 181 |
| **新潟県** |  | 三条高等学校 | 178 | 新津高等学校 | 181 |
| 　大　学 | 174 | 三条商業高等学校 | 178 | 新津南高等学校 | 181 |
| 　　敬和学園大学 | 174 | 三条東高等学校 | 178 | 西川竹園高等学校 | 181 |
| 　　国際大学 | 174 | 塩沢商工高等学校 | 178 | 西新発田高等学校 | 181 |
| 　　上越教育大学 | 174 | 新発田高等学校 | 178 | 日本海聖高等学校 | 181 |

日本文理高等学校 …… 181
新潟産業大学附属高等
　学校 …………………… 181
八海高等学校 …………… 181
羽茂高等学校 …………… 181
万代高等学校 …………… 182
船江高等学校 …………… 182
分水高等学校 …………… 182
堀之内高等学校 ………… 182
巻高等学校 ……………… 182
巻総合高等学校 ………… 182
松代高等学校 …………… 182
見附高等学校 …………… 182
六日町高等学校 ………… 182
村上高等学校 …………… 182
村上桜ヶ丘高等学校 …… 182
村上中等教育学校 ……… 182
村松高等学校 …………… 182
明鏡高等学校 …………… 182
安塚高等学校 …………… 182
安塚高等学校松之山分
　校 ……………………… 182
有恒高等学校 …………… 182
湯沢高等学校 …………… 183
両津高等学校 …………… 183

## 富山県
　大　学 …………………… 183
　　高岡法科大学 ………… 183
　　富山県立大学 ………… 183
　　富山国際大学 ………… 183
　　富山大学 ……………… 183
　短　大 …………………… 183
　　富山県立大学短期大学
　　　部 …………………… 183
　　富山短期大学 ………… 184
　　富山福祉短期大学 …… 184
　高　専 …………………… 184
　　富山工業高等専門学校 184
　　富山商船高等専門学校 184
　高　校 …………………… 184
　　有磯高等学校 ………… 184
　　石動高等学校 ………… 184
　　魚津工業高等学校 …… 184
　　魚津高等学校 ………… 184
　　大沢野工業高等学校 … 184
　　小矢部園芸高等学校 … 184
　　雄山高等学校 ………… 184
　　上市高等学校 ………… 184
　　呉羽高等学校 ………… 184
　　高朋高等学校 ………… 184
　　小杉高等学校 ………… 184
　　桜井高等学校 ………… 184
　　志貴野高等学校 ……… 185
　　新湊高等学校 ………… 185
　　大門高等学校 ………… 185
　　高岡工芸高等学校 …… 185

高岡高等学校 …………… 185
高岡向陵高等学校 ……… 185
高岡商業高等学校 ……… 185
高岡第一高等学校 ……… 185
高岡西高等学校 ………… 185
高岡南高等学校 ………… 185
高岡龍谷高等学校 ……… 185
砺波工業高等学校 ……… 185
砺波高等学校 …………… 185
となみ野高等学校 ……… 185
泊高等学校 ……………… 185
富山いずみ高等学校 …… 186
富山県立海洋高等学校 … 186
富山県立中央農業高等
　学校 …………………… 186
富山工業高等学校 ……… 186
富山高等学校 …………… 186
富山国際大学付属高等
　学校 …………………… 186
富山商業高等学校 ……… 186
富山第一高等学校 ……… 186
富山中央学院 …………… 186
富山中部高等学校 ……… 186
富山西高等学校 ………… 186
富山東高等学校 ………… 186
富山北部高等学校 ……… 186
富山南高等学校 ………… 186
滑川高等学校 …………… 186
南砺総合高等学校井波
　高等学校 ……………… 187
南砺総合高等学校平高
　等学校 ………………… 187
南砺総合高等学校福野
　高等学校 ……………… 187
南砺総合高等学校福光
　高等学校 ……………… 187
新川高等学校 …………… 187
新川みどり野高等学校 … 187
入善高等学校 …………… 187
氷見高等学校 …………… 187
福岡高等学校 …………… 187
伏木高等学校 …………… 187
不二越工業高等学校 …… 187
二上工業高等学校 ……… 187
水橋高等学校 …………… 187
八尾高等学校 …………… 187
雄峰高等学校 …………… 187
龍谷富山高等学校 ……… 187

## 石川県
　大　学 …………………… 188
　　石川県立看護大学 …… 188
　　石川県立大学 ………… 188
　　金沢医科大学 ………… 188
　　金沢学院大学 ………… 188
　　金沢工業大学 ………… 188
　　金沢星稜大学 ………… 188

　　金沢大学 ……………… 188
　　金沢美術工芸大学 …… 188
　　金城大学 ……………… 188
　　日本航空大学校 ……… 188
　　北陸先端科学技術大学
　　　院大学 ……………… 188
　　北陸大学 ……………… 188
　短　大 …………………… 188
　　金沢学院短期大学 …… 188
　　金城大学短期大学部 … 188
　　小松短期大学 ………… 188
　　星稜女子短期大学 …… 188
　　北陸学院短期大学 …… 189
　高　専 …………………… 189
　　石川工業高等専門学校 189
　　金沢工業高等専門学校 189
　高　校 …………………… 189
　　飯田高等学校 ………… 189
　　石川県立工業高等学校 189
　　羽松高等学校 ………… 189
　　鵬学園高等学校 ……… 189
　　加賀高等学校 ………… 189
　　加賀聖城高等学校 …… 189
　　金沢泉丘高等学校 …… 189
　　金沢学院東高等学校 … 189
　　金沢高等学校 ………… 189
　　金沢向陽高等学校 …… 189
　　金沢桜丘高等学校 …… 189
　　金沢商業高等学校 …… 189
　　金沢市立工業高等学校 189
　　金沢辰巳丘高等学校 … 190
　　金沢中央高等学校 …… 190
　　金沢西高等学校 ……… 190
　　金沢二水高等学校 …… 190
　　金沢伏見高等学校 …… 190
　　金沢北陵高等学校 …… 190
　　小松北高等学校 ……… 190
　　小松工業高等学校 …… 190
　　小松高等学校 ………… 190
　　小松商業高等学校 …… 190
　　小松市立高等学校 …… 190
　　小松明峰高等学校 …… 190
　　翠星高等学校 ………… 190
　　珠洲実業高等学校 …… 191
　　星稜高等学校 ………… 191
　　大聖寺高等学校 ……… 191
　　大聖寺実業高等学校 … 191
　　高浜高等学校 ………… 191
　　田鶴浜高等学校 ……… 191
　　津幡高等学校 ………… 191
　　鶴来高等学校 ………… 191
　　寺井高等学校 ………… 191
　　藤花学園尾山台高等学
　　　校 …………………… 191
　　富来高等学校 ………… 191
　　中島高等学校 ………… 191
　　七尾高等学校 ………… 191

福井県

| | |
|---|---|
| 七尾東雲高等学校 | 192 |
| 七尾城北高等学校 | 192 |
| 日本航空第二高等学校 | 192 |
| 能登青翔高等学校 | 192 |
| 能都北辰高等学校 | 192 |
| 能都北辰高等学校小木分校 | 192 |
| 野々市明倫高等学校 | 192 |
| 羽咋工業高等学校 | 192 |
| 羽咋高等学校 | 192 |
| 北陸大谷高等学校 | 192 |
| 北陸学院高等学校 | 192 |
| 松任高等学校 | 192 |
| 門前高等学校 | 192 |
| 遊学館高等学校 | 192 |
| 輪島高等学校 | 192 |
| 輪島実業高等学校 | 192 |

福井県

　大　学 …………………… 193
　　仁愛大学 ………………… 193
　　福井県立大学 …………… 193
　　福井工業大学 …………… 193
　　福井大学 ………………… 193
　短　大 …………………… 193
　　仁愛女子短期大学 ……… 193
　　敦賀短期大学 …………… 193
　高　専 …………………… 193
　　福井工業高等専門学校 … 193
　高　校 …………………… 193
　　足羽高等学校 …………… 193
　　羽水高等学校 …………… 193
　　大野高等学校 …………… 193
　　大野東高等学校 ………… 193
　　小浜水産高等学校 ……… 193
　　勝山高等学校 …………… 193
　　勝山南高等学校 ………… 193
　　金津高等学校 …………… 194
　　啓新高等学校 …………… 194
　　高志高等学校 …………… 194
　　坂井農業高等学校 ……… 194
　　鯖江高等学校 …………… 194
　　昭英高等学校 …………… 194
　　仁愛女子高等学校 ……… 194
　　武生工業高等学校 ……… 194
　　武生高等学校 …………… 194
　　武生高等学校池田分校 … 194
　　武生商業高等学校 ……… 194
　　武生東高等学校 ………… 194
　　丹南高等学校 …………… 194
　　敦賀気比高等学校 ……… 194
　　敦賀工業高等学校 ……… 194
　　敦賀高等学校 …………… 194
　　丹生高等学校 …………… 195
　　春江工業高等学校 ……… 195
　　福井県立科学技術高等学校 ……………… 195
　　福井工業大学附属福井高等学校 ………… 195
　　福井商業高等学校 ……… 195
　　福井農林高等学校 ……… 195
　　福井南高等学校 ………… 195
　　藤島高等学校 …………… 195
　　北陸高等学校 …………… 195
　　丸岡高等学校 …………… 195
　　丸岡高等学校城東分校 … 195
　　美方高等学校 …………… 195
　　三国高等学校 …………… 195
　　若狭高等学校 …………… 196
　　若狭東高等学校 ………… 196

山梨県

　大　学 …………………… 196
　　健康科学大学 …………… 196
　　都留文科大学 …………… 196
　　帝京科学大学 …………… 196
　　身延山大学 ……………… 196
　　山梨英和大学 …………… 196
　　山梨学院大学 …………… 196
　　山梨県立大学 …………… 196
　　山梨大学 ………………… 196
　短　大 …………………… 197
　　大月短期大学 …………… 197
　　帝京学園短期大学 ……… 197
　　山梨学院短期大学 ……… 197
　高　校 …………………… 197
　　石和高等学校 …………… 197
　　市川高等学校 …………… 197
　　上野原高等学校 ………… 197
　　塩山高等学校 …………… 197
　　大月短期大学附属高等学校 ……………… 197
　　桂高等学校 ……………… 197
　　峡南高等学校 …………… 197
　　甲府工業高等学校 ……… 197
　　甲府商業高等学校 ……… 197
　　甲府城西高等学校 ……… 197
　　甲府昭和高等学校 ……… 197
　　甲府第一高等学校 ……… 197
　　甲府西高等学校 ………… 198
　　甲府東高等学校 ………… 198
　　甲府南高等学校 ………… 198
　　甲府湯田高等学校 ……… 198
　　甲陵高等学校 …………… 198
　　巨摩高等学校 …………… 198
　　自然学園高等学校 ……… 198
　　白根高等学校 …………… 198
　　駿台甲府高等学校 ……… 198
　　都留高等学校 …………… 198
　　帝京第三高等学校 ……… 198
　　東海大学甲府高等学校 … 198
　　日本航空高等学校 ……… 198
　　日本大学明誠高等学校 … 198
　　韮崎工業高等学校 ……… 198
　　韮崎高等学校 …………… 198
　　日川高等学校 …………… 199
　　ひばりが丘高等学校 …… 199
　　富士学苑高等学校 ……… 199
　　富士河口湖高等学校 …… 199
　　富士北稜高等学校 ……… 199
　　北杜高等学校 …………… 199
　　増穂商業高等学校 ……… 199
　　身延高等学校 …………… 199
　　身延山高等学校 ………… 199
　　山梨英和高等学校 ……… 199
　　山梨園芸高等学校 ……… 199
　　山梨学院大学附属高等学校 ……………… 200
　　山梨県立中央高等学校 … 200
　　山梨県立農林高等学校 … 200
　　山梨高等学校 …………… 200
　　谷村工業高等学校 ……… 200
　　吉田高等学校 …………… 200

長野県

　大　学 …………………… 201
　　信州大学 ………………… 201
　　諏訪東京理科大学 ……… 201
　　清泉女学院大学 ………… 201
　　長野県看護大学 ………… 201
　　長野大学 ………………… 201
　　松本歯科大学 …………… 201
　　松本大学 ………………… 201
　短　大 …………………… 201
　　飯田女子短期大学 ……… 201
　　上田女子短期大学 ……… 201
　　信州短期大学 …………… 201
　　信州豊南短期大学 ……… 201
　　清泉女学院短期大学 …… 201
　　長野経済短期大学 ……… 201
　　長野県短期大学 ………… 201
　　長野女子短期大学 ……… 201
　　松本大学松商短期大学部 ……………… 202
　　松本短期大学 …………… 202
　高　専 …………………… 202
　　長野工業高等専門学校 … 202
　高　校 …………………… 202
　　明科高等学校 …………… 202
　　赤穂高等学校 …………… 202
　　梓川高等学校 …………… 202
　　阿智高等学校 …………… 202
　　阿南高等学校 …………… 202
　　飯田長姫高等学校 ……… 202
　　飯田工業高等学校 ……… 202
　　飯田高等学校 …………… 202
　　飯田女子高等学校 ……… 202
　　飯田風越高等学校 ……… 202
　　飯山北高等学校 ………… 203
　　飯山照丘高等学校 ……… 203
　　飯山南高等学校 ………… 203

| | | |
|---|---|---|
| 池田工業高等学校 ..... 203 | 長野県東部高等学校 .. 207 | 中部学院大学 ......... 211 |
| 伊那北高等学校 ..... 203 | 長野県北部高等学校 .. 207 | 東海女子大学 ......... 211 |
| 伊那西高等学校 ..... 203 | 長野工業高等学校 ..... 207 | **短 大** ............... 211 |
| 伊那弥生ヶ丘高等学校 203 | 中野高等学校 ......... 207 | 大垣女子短期大学 ..... 211 |
| 岩村田高等学校 ..... 203 | 長野高等学校 ......... 207 | 岐阜医療技術短期大学 211 |
| 上田高等学校 ......... 203 | 中野実業高等学校 ..... 207 | 岐阜聖徳学園大学短期 |
| 上田染谷丘高等学校 .. 203 | 長野俊英高等学校 ..... 207 | 大学部 ............. 211 |
| 上田千曲高等学校 .. 203 | 長野商業高等学校 ..... 207 | 岐阜市立女子短期大学 211 |
| 上田西高等学校 ..... 204 | 長野女子高等学校 ..... 208 | 正眼短期大学 ......... 211 |
| 上田東高等学校 ..... 204 | 長野清泉女学院高等学 | 高山自動車短期大学 .. 211 |
| 臼田高等学校 ......... 204 | 校 ................. 208 | 中京短期大学 ......... 211 |
| エクセラン高等学校 .. 204 | 中野西高等学校 ..... 208 | 中部学院大学短期大学 |
| 大町北高等学校 ..... 204 | 長野西高等学校 ..... 208 | 部 ................. 211 |
| 大町高等学校 ......... 204 | 長野日本大学高等学校 208 | 東海女子短期大学 ..... 211 |
| 岡谷工業高等学校 ..... 204 | 長野東高等学校 ..... 208 | 中日本自動車短期大学 211 |
| 岡谷東高等学校 ..... 204 | 長野南高等学校 ..... 208 | **高 専** ............... 211 |
| 岡谷南高等学校 ..... 204 | 長野吉田高等学校 ..... 208 | 岐阜工業高等専門学校 211 |
| 上伊那農業高等学校 .. 204 | 野沢北高等学校 ..... 208 | **高 校** ............... 211 |
| 軽井沢高等学校 ..... 204 | 野沢南高等学校 ..... 208 | 阿木高等学校 ......... 212 |
| 木曽高等学校 ......... 204 | 白馬高等学校 ......... 208 | 明智商業高等学校 ..... 212 |
| 木曽山林高等学校 ..... 205 | 富士見高等学校 ..... 208 | 池田高等学校 ......... 212 |
| 北佐久農業高等学校 .. 205 | 文化女子大学附属長野 | 揖斐高等学校 ......... 212 |
| 小海高等学校 ......... 205 | 高等学校 ........... 208 | 岩村高等学校 ......... 212 |
| 駒ヶ根工業高等学校 .. 205 | 穂高商業高等学校 ..... 208 | 鶯谷高等学校 ......... 212 |
| 小諸高等学校 ......... 205 | 松川高等学校 ......... 208 | 恵那北高等学校 ..... 212 |
| 小諸商業高等学校 ..... 205 | 松商学園高等学校 ..... 208 | 恵那高等学校 ......... 212 |
| 犀峡高等学校 ......... 205 | 松代高等学校 ......... 208 | 恵那農業高等学校 ..... 212 |
| 坂城高等学校 ......... 205 | 松本県ヶ丘高等学校 .. 209 | 大垣北高等学校 ..... 212 |
| 佐久長聖高等学校 ..... 205 | 松本蟻ヶ崎高等学校 .. 209 | 大垣工業高等学校 ..... 212 |
| 皐月高等学校 ......... 205 | 松本工業高等学校 ..... 209 | 大垣桜高等学校 ..... 212 |
| 更級農業高等学校 ..... 205 | 松本松南高等学校 ..... 209 | 大垣商業高等学校 ..... 212 |
| 塩尻志学館高等学校 .. 205 | 松本第一高等学校 ..... 209 | 大垣西高等学校 ..... 213 |
| 信濃むつみ高等学校 .. 205 | 松本筑摩高等学校 ..... 209 | 大垣日本大学高等学校 213 |
| 篠ノ井高等学校 ..... 206 | 松本深志高等学校 ..... 209 | 大垣東高等学校 ..... 213 |
| 下伊那農業高等学校 .. 206 | 松本美須々ヶ丘高等学 | 大垣南高等学校 ..... 213 |
| 下諏訪向陽高等学校 .. 206 | 校 ................. 209 | 大垣養老高等学校 ..... 213 |
| 下高井農林高等学校 .. 206 | 丸子実業高等学校 ..... 209 | 海津明誠高等学校 ..... 213 |
| 須坂園芸高等学校 ..... 206 | 南安曇農業高等学校 .. 209 | 各務原西高等学校 ..... 213 |
| 須坂高等学校 ......... 206 | 箕輪工業高等学校 ..... 209 | 各務原高等学校 ..... 213 |
| 須坂商業高等学校 ..... 206 | 武蔵工業大学第二高等 | 可児工業高等学校 ..... 213 |
| 須坂東高等学校 ..... 206 | 学校 ............... 210 | 可児高等学校 ......... 213 |
| 諏訪実業高等学校 ..... 206 | 望月高等学校 ......... 210 | 加納高等学校 ......... 213 |
| 諏訪清陵高等学校 ..... 206 | 屋代高等学校 ......... 210 | 加茂高等学校 ......... 213 |
| 諏訪二葉高等学校 ..... 206 | 屋代南高等学校 ..... 210 | 加茂農林高等学校 ..... 214 |
| 創造学園大学附属高等 | | 華陽フロンティア高等 |
| 学校 ............... 206 | **岐阜県** | 学校 ............... 214 |
| 蘇南高等学校 ......... 206 | **大 学** ............... 210 | 岐山高等学校 ......... 214 |
| 高遠高等学校 ......... 206 | 朝日大学 ............. 210 | 岐南工業高等学校 ..... 214 |
| 田川高等学校 ......... 206 | 岐阜経済大学 ......... 210 | 岐阜各務野高等学校 .. 214 |
| 辰野高等学校 ......... 206 | 岐阜県立看護大学 ..... 210 | 岐阜北高等学校 ..... 214 |
| 蓼科高等学校 ......... 207 | 岐阜聖徳学園大学 ..... 210 | 岐阜工業高等学校 ..... 214 |
| 地球環境高等学校 ..... 207 | 岐阜女子大学 ......... 210 | 岐阜高等学校 ......... 214 |
| 茅野高等学校 ......... 207 | 岐阜大学 ............. 210 | 岐阜商業高等学校 ..... 214 |
| 東海大学付属第三高等 | 岐阜薬科大学 ......... 211 | 岐阜商業高等学校 ..... 214 |
| 学校 ............... 207 | 情報科学芸術大学院大 | 岐阜聖徳学園大学附属 |
| 豊科高等学校 ......... 207 | 学 ................. 211 | 高等学校 ........... 214 |
| 中条高等学校 ......... 207 | 中京学院大学 ......... 211 | 岐阜城北高等学校 ..... 214 |

静岡県

岐阜女子高等学校 ..... 215
岐阜総合学園高等学校 215
岐阜第一高等学校 ..... 215
岐阜農林高等学校 ..... 215
岐阜東高等学校 ..... 215
郡上北高等学校 ..... 215
郡上高等学校 ..... 215
坂下高等学校 ..... 215
白川高等学校 ..... 215
清翔高等学校 ..... 215
済美高等学校 ..... 215
聖マリア女学院高等学
　校 ..... 215
関有知高等学校 ..... 215
関高等学校 ..... 215
関商工高等学校 ..... 216
高山工業高等学校 ..... 216
高山西高等学校 ..... 216
多治見北高等学校 ..... 216
多治見工業高等学校 ..... 216
多治見高等学校 ..... 216
中京高等学校 ..... 216
帝京大学可児高等学校 216
東濃高等学校 ..... 216
東濃実業高等学校 ..... 216
東濃フロンティア高等
　学校 ..... 216
土岐紅陵高等学校 ..... 216
土岐商業高等学校 ..... 216
富田高等学校 ..... 217
中津川工業高等学校 ..... 217
中津高等学校 ..... 217
中津商業高等学校 ..... 217
長良高等学校 ..... 217
羽島北高等学校 ..... 217
羽島高等学校 ..... 217
飛騨神岡高等学校 ..... 217
斐太高等学校 ..... 217
飛騨高山高等学校 ..... 217
不破高等学校 ..... 217
益田清風高等学校 ..... 217
瑞浪高等学校 ..... 217
美濃加茂高等学校 ..... 217
武義高等学校 ..... 218
本巣松陽高等学校 ..... 218
八百津高等学校 ..... 218
山県高等学校 ..... 218
吉城高等学校 ..... 218
麗澤瑞浪高等学校 ..... 218

**静岡県**
　大　　学 ..... 218
　　静岡英和学院大学 ..... 218
　　静岡県立大学 ..... 218
　　静岡産業大学 ..... 218
　　静岡大学 ..... 218
　　静岡福祉大学 ..... 218

静岡文化芸術大学 ..... 218
静岡理工科大学 ..... 219
聖隷クリストファー大
　学 ..... 219
常葉学園大学 ..... 219
浜松医科大学 ..... 219
浜松学院大学 ..... 219
浜松大学 ..... 219
光産業創成大学院大学 219
富士常葉大学 ..... 219
短　　大 ..... 219
　静岡英和学院大学短期
　　大学部 ..... 219
　静岡県立大学短期大学
　　部 ..... 219
　静岡福祉大学短期大学
　　部 ..... 219
　聖隷クリストファー大
　　学看護短期大学部 ..... 219
　常葉学園短期大学 ..... 219
　浜松学院大学短期大学
　　部 ..... 219
高　　専 ..... 219
　沼津工業高等専門学校 219
高　　校 ..... 219
　芥田学園高等学校 ..... 219
　熱海高等学校 ..... 219
　新居高等学校 ..... 219
　池新田高等学校 ..... 220
　伊豆中央高等学校 ..... 220
　伊東高等学校 ..... 220
　伊東城ケ崎高等学校 ..... 220
　伊東商業高等学校 ..... 220
　引佐高等学校 ..... 220
　稲取高等学校 ..... 220
　庵原高等学校 ..... 220
　磐田北高等学校 ..... 220
　磐田西高等学校 ..... 220
　磐田農業高等学校 ..... 220
　磐田東高等学校 ..... 220
　磐田南高等学校 ..... 220
　オイスカ高等学校 ..... 220
　大井川高等学校 ..... 220
　大仁高等学校 ..... 221
　小笠高等学校 ..... 221
　小山高等学校 ..... 221
　掛川工業高等学校 ..... 221
　掛川西高等学校 ..... 221
　掛川東高等学校 ..... 221
　加藤学園暁秀高等学校 221
　加藤学園高等学校 ..... 221
　金谷高等学校 ..... 221
　川根高等学校 ..... 221
　気賀高等学校 ..... 221
　興誠高等学校 ..... 221
　国際開洋第一高等学校 221
　湖西高等学校 ..... 221

御殿場高等学校 ..... 221
御殿場西高等学校 ..... 222
御殿場南高等学校 ..... 222
相良高等学校 ..... 222
佐久間高等学校 ..... 222
静岡英和女学院高等学
　校 ..... 222
静岡学園高等学校 ..... 222
静岡北高等学校 ..... 222
静岡県西遠女子学園高
　等学校 ..... 222
静岡県富士見高等学校 222
静岡工業高等学校 ..... 222
静岡高等学校 ..... 222
静岡サレジオ高等学校 222
静岡商業高等学校 ..... 222
静岡城北高等学校 ..... 222
静岡女子高等学校 ..... 223
静岡市立高等学校 ..... 223
静岡市立商業高等学校 223
静岡聖光学院高等学校 223
静岡大成高等学校 ..... 223
静岡中央高等学校 ..... 223
静岡西高等学校 ..... 223
静岡農業高等学校 ..... 223
静岡東高等学校 ..... 223
静岡雙葉高等学校 ..... 223
静岡南高等学校 ..... 223
島田学園高等学校 ..... 223
島田工業高等学校 ..... 223
島田高等学校 ..... 223
島田商業高等学校 ..... 223
清水工業高等学校 ..... 223
清水国際高等学校 ..... 223
清水商業高等学校 ..... 223
清水西高等学校 ..... 224
清水東高等学校 ..... 224
清水南高等学校 ..... 224
下田北高等学校 ..... 224
下田南高等学校 ..... 224
下田南高等学校南伊豆
　分校 ..... 224
周智高等学校 ..... 224
修善寺工業高等学校 ..... 224
城南静岡高等学校 ..... 224
裾野高等学校 ..... 224
誠恵高等学校 ..... 224
静清工業高等学校 ..... 224
星陵高等学校 ..... 224
聖隷クリストファー高
　等学校 ..... 224
田方農業高等学校 ..... 224
天竜林業高等学校 ..... 225
土肥高等学校 ..... 225
東海大学付属翔洋高等
　学校 ..... 225
桐陽高等学校 ..... 225

(30)

愛知県

| | | |
|---|---|---|
| 常葉学園菊川高等学校 225 | 焼津水産高等学校 229 | 人間環境大学 232 |
| 常葉学園高等学校 225 | 焼津中央高等学校 229 | 藤田保健衛生大学 232 |
| 常葉学園橘高等学校 225 | 横須賀高等学校 229 | 名城大学 232 |
| 長泉高等学校 225 | 吉田高等学校 229 | **短 大** 232 |
| 日本大学三島高等学校 225 | 吉原工業高等学校 229 | 愛知学院大学短期大学部 232 |
| 韮山高等学校 225 | 吉原高等学校 229 | 愛知学泉短期大学 233 |
| 沼津工業高等学校 225 | 吉原商業高等学校 229 | 愛知きわみ看護短期大学 233 |
| 沼津高等学校 225 | **愛知県** | 愛知工科大学短期大学部 233 |
| 沼津商業高等学校 225 | **大　学** 230 | 愛知江南短期大学 233 |
| 沼津城北高等学校 225 | 愛知医科大学 230 | 愛知新城大谷大学短期大学部 233 |
| 沼津中央高等学校 225 | 愛知学院大学 230 | 愛知大学短期大学部 233 |
| 沼津西高等学校 225 | 愛知学泉大学 230 | 愛知文教女子短期大学 233 |
| 沼津東高等学校 226 | 愛知教育大学 230 | 愛知みずほ大学短期大学部 233 |
| 榛原高等学校 226 | 愛知県立看護大学 230 | 一宮女子短期大学 233 |
| 浜北西高等学校 226 | 愛知県立芸術大学 230 | 岡崎女子短期大学 233 |
| 浜名高等学校 226 | 愛知県立大学 230 | 光陵女子短期大学 233 |
| 浜松海の星高等学校 226 | 愛知工科大学 230 | 中京女子大学短期大学部 233 |
| 浜松江之島高等学校 226 | 愛知工業大学 230 | 東邦学園短期大学 233 |
| 浜松大平台高等学校 226 | 愛知産業大学 230 | 豊橋創造大学短期大学部 233 |
| 浜松開誠館高等学校 226 | 愛知淑徳大学 230 | 名古屋学芸大学短期大学部 233 |
| 浜松学芸高等学校 226 | 愛知新城大谷大学 230 | 名古屋経営短期大学 233 |
| 浜松北高等学校 226 | 愛知大学 230 | 名古屋経済大学短期大学部 233 |
| 浜松工業高等学校 226 | 愛知文教大学 230 | 名古屋芸術大学短期大学部 233 |
| 浜松湖東高等学校 226 | 愛知みずほ大学 230 | 名古屋女子大学短期大学部 234 |
| 浜松湖南高等学校 226 | 桜花学園大学 230 | 名古屋造形芸術大学短期大学部 234 |
| 浜松商業高等学校 227 | 金城学院大学 231 | 名古屋短期大学 234 |
| 浜松城北工業高等学校 227 | 椙山女学園大学 231 | 名古屋文化短期大学 234 |
| 浜松市立高等学校 227 | 星城大学 231 | 名古屋文理大学短期大学部 234 |
| 浜松西高等学校 227 | 大同工業大学 231 | 名古屋柳城短期大学 234 |
| 浜松日体高等学校 227 | 中京女子大学 231 | 南山短期大学 234 |
| 浜松東高等学校 227 | 中京大学 231 | 日本赤十字愛知短期大学 234 |
| 浜松南高等学校 227 | 中部大学 231 | 藤田保健衛生大学短期大学 234 |
| 春野高等学校 227 | 東海学園大学 231 | 名城大学短期大学部 234 |
| 飛龍高等学校 227 | 東邦学園大学 231 | **高 専** 234 |
| 富岳館高等学校 227 | 同朋大学 231 | 豊田工業高等専門学校 234 |
| 袋井高等学校 227 | 豊田工業大学 231 | **高 校** |
| 袋井商業高等学校 227 | 豊橋技術科学大学 231 | 愛知啓成高等学校 234 |
| 藤枝北高等学校 227 | 豊橋創造大学 231 | 愛知工業高等学校 234 |
| 藤枝順心高等学校 227 | 名古屋音楽大学 231 | 愛知工業大学名電高等学校 234 |
| 藤枝西高等学校 228 | 名古屋外国語大学 231 | 愛知高等学校 234 |
| 藤枝東高等学校 228 | 名古屋学院大学 231 | |
| 藤枝明誠高等学校 228 | 名古屋学芸大学 231 | |
| 富士高等学校 228 | 名古屋経済大学 231 | |
| 不二聖心女子学院高等学校 228 | 名古屋芸術大学 231 | |
| 富士宮北高等学校 228 | 名古屋工業大学 232 | |
| 富士宮西高等学校 228 | 名古屋産業大学 232 | |
| 富士宮東高等学校 228 | 名古屋商科大学 232 | |
| 富士東高等学校 228 | 名古屋女子大学 232 | |
| 二俣高等学校 228 | 名古屋市立大学 232 | |
| 松崎高等学校 228 | 名古屋造形芸術大学 232 | |
| 三島北高等学校 228 | 名古屋大学 232 | |
| 三島南高等学校 229 | 名古屋文理大学 232 | |
| 三ヶ日高等学校 229 | 南山大学 232 | |
| 森高等学校 229 | 日本赤十字豊田看護大学 232 | |
| 焼津高等学校 229 | 日本福祉大学 232 | |

(31)

愛知県

| 学校名 | 頁 |
|---|---|
| 愛知産業大学工業高等学校 | 234 |
| 愛知産業大学三河高等学校 | 234 |
| 愛知淑徳高等学校 | 235 |
| 愛知商業高等学校 | 235 |
| 愛知女子高等学校 | 235 |
| 愛知みずほ大学瑞穂高等学校 | 235 |
| 阿久比高等学校 | 235 |
| 旭丘高等学校 | 235 |
| 旭野高等学校 | 235 |
| 足助高等学校 | 235 |
| 熱田高等学校 | 235 |
| 渥美農業高等学校 | 235 |
| 安城学園高等学校 | 235 |
| 安城高等学校 | 235 |
| 安城農林高等学校 | 235 |
| 安城東高等学校 | 235 |
| 安城南高等学校 | 236 |
| 惟信高等学校 | 236 |
| 一宮北高等学校 | 236 |
| 一宮工業高等学校 | 236 |
| 一宮高等学校 | 236 |
| 一宮興道高等学校 | 236 |
| 一宮商業高等学校 | 236 |
| 一宮女子高等学校 | 236 |
| 一宮西高等学校 | 236 |
| 一宮南高等学校 | 236 |
| 一色高等学校 | 236 |
| 稲沢高等学校 | 236 |
| 稲沢東高等学校 | 236 |
| 犬山高等学校 | 236 |
| 犬山南高等学校 | 236 |
| 岩倉総合高等学校 | 236 |
| 岩津高等学校 | 236 |
| 内海高等学校 | 236 |
| 栄徳高等学校 | 237 |
| 桜花学園高等学校 | 237 |
| 大府高等学校 | 237 |
| 大府東高等学校 | 237 |
| 岡崎北高等学校 | 237 |
| 岡崎工業高等学校 | 237 |
| 岡崎高等学校 | 237 |
| 岡崎商業高等学校 | 237 |
| 岡崎城西高等学校 | 237 |
| 岡崎西高等学校 | 237 |
| 岡崎東高等学校 | 237 |
| 起工業高等学校 | 237 |
| 尾関学園高等学校 | 237 |
| 海翔高等学校 | 237 |
| 鶴城丘高等学校 | 237 |
| 春日井工業高等学校 | 237 |
| 春日井高等学校 | 237 |
| 春日井商業高等学校 | 238 |
| 春日井西高等学校 | 238 |
| 春日井東高等学校 | 238 |
| 春日井南高等学校 | 238 |
| 蒲郡高等学校 | 238 |
| 蒲郡東高等学校 | 238 |
| 加茂丘高等学校 | 238 |
| 刈谷北高等学校 | 238 |
| 刈谷工業高等学校 | 238 |
| 刈谷高等学校 | 238 |
| 刈谷東高等学校 | 238 |
| 菊里高等学校 | 238 |
| 木曽川高等学校 | 238 |
| 菊華高等学校 | 238 |
| 享栄高等学校 | 238 |
| 杏和高等学校 | 238 |
| 旭陵高等学校 | 238 |
| 吉良高等学校 | 239 |
| 金城学院高等学校 | 239 |
| 高蔵寺高等学校 | 239 |
| 幸田高等学校 | 239 |
| 江南高等学校 | 239 |
| 国府高等学校 | 239 |
| 向陽高等学校 | 239 |
| 小坂井高等学校 | 239 |
| 五条高等学校 | 239 |
| 古知野高等学校 | 239 |
| 小牧工業高等学校 | 239 |
| 小牧高等学校 | 239 |
| 小牧南高等学校 | 239 |
| 衣台高等学校 | 239 |
| 佐織工業高等学校 | 239 |
| 桜丘高等学校 | 239 |
| 桜台高等学校 | 239 |
| 猿投農林高等学校 | 239 |
| 佐屋高等学校 | 239 |
| 至学館高等学校 | 240 |
| 時習館高等学校 | 240 |
| 松蔭高等学校 | 240 |
| 昭和高等学校 | 240 |
| 新川高等学校 | 240 |
| 新城高等学校 | 240 |
| 新城東高等学校 | 240 |
| 瑞陵高等学校 | 240 |
| 椙山女学園高等学校 | 240 |
| 聖カピタニオ女子高等学校 | 240 |
| 成章高等学校 | 240 |
| 星城高等学校 | 240 |
| 誠信高等学校 | 240 |
| 西陵高等学校 | 240 |
| 清林館高等学校 | 240 |
| 聖霊高等学校 | 240 |
| 瀬戸北高等学校 | 241 |
| 瀬戸高等学校 | 241 |
| 瀬戸西高等学校 | 241 |
| 瀬戸窯業高等学校 | 241 |
| 大成高等学校 | 241 |
| 大同工業大学大同高等学校 | 241 |
| 高浜高等学校 | 241 |
| 滝高等学校 | 241 |
| 田口高等学校 | 241 |
| 武豊高等学校 | 241 |
| 千種高等学校 | 241 |
| 知多翔洋高等学校 | 241 |
| 中京大学附属中京高等学校 | 241 |
| 中部大学第一高等学校 | 241 |
| 知立高等学校 | 241 |
| 知立東高等学校 | 241 |
| 作手高等学校 | 241 |
| 黄柳野高等学校 | 241 |
| 津島北高等学校 | 242 |
| 津島高等学校 | 242 |
| 津島東高等学校 | 242 |
| 天白高等学校 | 242 |
| 東海学園高等学校 | 242 |
| 東海高等学校 | 242 |
| 東海商業高等学校 | 242 |
| 東海南高等学校 | 242 |
| 東郷高等学校 | 242 |
| 同朋高等学校 | 242 |
| 東邦高等学校 | 242 |
| 桃陵高等学校 | 242 |
| 常滑高等学校 | 242 |
| 杜若高等学校 | 242 |
| 富田高等学校 | 242 |
| 豊明高等学校 | 242 |
| 豊川工業高等学校 | 242 |
| 豊川高等学校 | 242 |
| 豊田大谷高等学校 | 243 |
| 豊田北高等学校 | 243 |
| 豊田工業高等学校 | 243 |
| 豊田高等学校 | 243 |
| 豊田西高等学校 | 243 |
| 豊田東高等学校 | 243 |
| 豊田南高等学校 | 243 |
| 豊橋工業高等学校 | 243 |
| 豊橋商業高等学校 | 243 |
| 豊橋中央高等学校 | 243 |
| 豊橋西高等学校 | 243 |
| 豊橋東高等学校 | 243 |
| 豊橋南高等学校 | 243 |
| 中川商業高等学校 | 243 |
| 長久手高等学校 | 243 |
| 中村高等学校 | 243 |
| 名古屋大谷高等学校 | 243 |
| 名古屋経済大学市邨高等学校 | 243 |
| 名古屋経済大学高蔵高等学校 | 244 |
| 名古屋工業高等学校 | 244 |
| 名古屋高等学校 | 244 |
| 名古屋国際高等学校 | 244 |
| 名古屋商業高等学校 | 244 |

名古屋女子大学高等学校 …… 244
名古屋市立北高等学校 244
名古屋市立工業高等学校 …… 244
名古屋市立工芸高等学校 …… 244
名古屋市立中央高等学校 …… 244
名古屋西高等学校 …… 244
名古屋南高等学校 …… 244
鳴海高等学校 …… 244
南山高等学校 …… 244
南山国際高等学校 …… 245
南陽高等学校 …… 245
西尾高等学校 …… 245
西尾東高等学校 …… 245
西春高等学校 …… 245
日進高等学校 …… 245
日進西高等学校 …… 245
日本福祉大学付属高等学校 …… 245
丹羽高等学校 …… 245
人間環境大学岡崎学園高等学校 …… 245
春日丘高等学校 …… 245
半田工業高等学校 …… 245
半田高等学校 …… 245
半田商業高等学校 …… 245
半田農業高等学校 …… 246
半田東高等学校 …… 246
東浦高等学校 …… 246
東山工業高等学校 …… 246
光ケ丘女子高等学校 …… 246
尾西高等学校 …… 246
尾北高等学校 …… 246
福江高等学校 …… 246
藤ノ花女子高等学校 …… 246
碧南工業高等学校 …… 246
碧南高等学校 …… 246
鳳来寺高等学校 …… 246
宝陵高等学校 …… 246
松平高等学校 …… 246
三谷水産高等学校 …… 246
御津高等学校 …… 246
緑丘商業高等学校 …… 246
緑高等学校 …… 246
三好高等学校 …… 246
美和高等学校 …… 247
名城大学附属高等学校 247
名東高等学校 …… 247
名南工業高等学校 …… 247
明和高等学校 …… 247
守山高等学校 …… 247
弥富高等学校 …… 247
山田高等学校 …… 247
豊丘高等学校 …… 247

豊野高等学校 …… 247
横須賀高等学校 …… 247
若宮商業高等学校 …… 247

## 三重県
大　学 …… 248
　皇學館大学 …… 248
　鈴鹿医療科学大学 …… 248
　鈴鹿国際大学 …… 248
　三重県立看護大学 …… 248
　三重大学 …… 248
　三重中京大学 …… 248
　四日市大学 …… 248
短　大 …… 248
　鈴鹿短期大学 …… 248
　高田短期大学 …… 248
　三重短期大学 …… 248
　三重中京大学短期大学部 …… 248
高　専 …… 248
　近畿大学工業高等専門学校 …… 248
　鈴鹿工業高等専門学校 248
　鳥羽商船高等専門学校 248
高　校 …… 248
　愛農学園農業高等学校 248
　暁高等学校 …… 248
　明野高等学校 …… 248
　あけぼの学園高等学校 249
　朝明高等学校 …… 249
　飯南高等学校 …… 249
　飯野高等学校 …… 249
　石薬師高等学校 …… 249
　伊勢工業高等学校 …… 249
　伊勢高等学校 …… 249
　伊勢女子高等学校 …… 249
　伊勢まなび高等学校 …… 249
　いなべ総合学園高等学校 …… 249
　稲生高等学校 …… 249
　上野工業高等学校 …… 249
　上野高等学校 …… 249
　上野商業高等学校 …… 250
　上野農業高等学校 …… 250
　宇治山田高等学校 …… 250
　宇治山田商業高等学校 250
　相可高等学校 …… 250
　大橋学園高等学校 …… 250
　尾鷲高等学校 …… 250
　尾鷲高等学校長島校 …… 250
　海星高等学校 …… 251
　学法津田学園高等学校 251
　亀山高等学校 …… 251
　川越高等学校 …… 251
　神戸高等学校 …… 251
　紀南高等学校 …… 251
　木本高等学校 …… 251

　桑名北高等学校 …… 251
　桑名工業高等学校 …… 251
　桑名高等学校 …… 251
　桑名西高等学校 …… 251
　皇學館高等学校 …… 251
　菰野高等学校 …… 251
　志摩高等学校 …… 251
　白子高等学校 …… 251
　鈴鹿高等学校 …… 251
　昴学園高等学校 …… 252
　セントヨゼフ女子学園高等学校 …… 252
　高田高等学校 …… 252
　津工業高等学校 …… 252
　津高等学校 …… 252
　津商業高等学校 …… 252
　津西高等学校 …… 252
　津東高等学校 …… 252
　徳風高等学校 …… 252
　鳥羽高等学校 …… 252
　名張桔梗丘高等学校 …… 252
　名張高等学校 …… 252
　名張西高等学校 …… 252
　日生学園第一高等学校 …… 252
　日生学園第二高等学校 …… 252
　久居高等学校 …… 252
　久居農林高等学校 …… 252
　北星高等学校 …… 253
　松阪工業高等学校 …… 253
　松阪高等学校 …… 253
　松阪商業高等学校 …… 253
　三重県立水産高等学校 …… 253
　三重高等学校 …… 253
　みえ夢学園高等学校 …… 253
　南伊勢高等学校 …… 253
　宮川高等学校 …… 253
　メリノール女子学院高等学校 …… 253
　八木学園高等学校 …… 253
　四日市工業高等学校 …… 253
　四日市高等学校 …… 253
　四日市商業高等学校 …… 254
　四日市中央工業高等学校 …… 254
　四日市西高等学校 …… 254
　四日市農芸高等学校 …… 254
　四日市南高等学校 …… 254
　四日市四郷高等学校 …… 254

## 滋賀県
大　学 …… 254
　滋賀医科大学 …… 254
　滋賀県立大学 …… 254
　滋賀大学 …… 254
　成安造形大学 …… 254
　聖泉大学 …… 254
　長浜バイオ大学 …… 254

京都府

| | |
|---|---|
| びわこ成蹊スポーツ大学 | 255 |
| 短　大 | 255 |
| 滋賀女子短期大学 | 255 |
| 滋賀文化短期大学 | 255 |
| 滋賀文教短期大学 | 255 |
| 聖泉大学短期大学部 | 255 |
| 高　校 | 255 |
| 安曇川高等学校 | 255 |
| 綾羽高等学校 | 255 |
| 伊香高等学校 | 255 |
| 石部高等学校 | 255 |
| 石山高等学校 | 255 |
| 伊吹高等学校 | 255 |
| 愛知高等学校 | 255 |
| 近江兄弟社高等学校 | 255 |
| 近江高等学校 | 255 |
| 大津高等学校 | 255 |
| 大津商業高等学校 | 255 |
| 大津清陵高等学校 | 256 |
| 堅田高等学校 | 256 |
| 河瀬高等学校 | 256 |
| 北大津高等学校 | 256 |
| 草津高等学校 | 256 |
| 草津東高等学校 | 256 |
| 甲西高等学校 | 256 |
| 光泉高等学校 | 256 |
| 甲南高等学校 | 256 |
| 湖南農業高等学校 | 256 |
| 滋賀学園高等学校 | 256 |
| 司学館高等学校 | 256 |
| 滋賀県立国際情報高等学校 | 256 |
| 滋賀女子高等学校 | 256 |
| 信楽高等学校 | 256 |
| 膳所高等学校 | 257 |
| 瀬田工業高等学校 | 257 |
| 瀬田高等学校 | 257 |
| 高島高等学校 | 257 |
| 玉川高等学校 | 257 |
| 虎姫高等学校 | 257 |
| 長浜北高等学校 | 257 |
| 長浜高等学校 | 257 |
| 長浜農業高等学校 | 257 |
| 長浜北星高等学校 | 257 |
| 能登川高等学校 | 257 |
| 八幡工業高等学校 | 258 |
| 八幡高等学校 | 258 |
| 八幡商業高等学校 | 258 |
| 比叡山高等学校 | 258 |
| 東大津高等学校 | 258 |
| 彦根工業高等学校 | 258 |
| 彦根翔陽高等学校 | 258 |
| 彦根総合高等学校 | 258 |
| 彦根西高等学校 | 258 |
| 彦根東高等学校 | 258 |
| 日野高等学校 | 258 |
| 米原高等学校 | 258 |
| 水口高等学校 | 258 |
| 水口東高等学校 | 258 |
| 守山北高等学校 | 259 |
| 守山高等学校 | 259 |
| 野洲高等学校 | 259 |
| 八日市高等学校 | 259 |
| 八日市南高等学校 | 259 |
| 栗東高等学校 | 259 |
| 立命館守山高等学校 | 259 |

**京都府**

| | |
|---|---|
| 大　学 | 260 |
| 大谷大学 | 260 |
| 京都外国語大学 | 260 |
| 京都学園大学 | 260 |
| 京都教育大学 | 260 |
| 京都光華女子大学 | 260 |
| 京都工芸繊維大学 | 260 |
| 京都嵯峨芸術大学 | 260 |
| 京都産業大学 | 260 |
| 京都情報大学院大学 | 260 |
| 京都女子大学 | 260 |
| 京都市立芸術大学 | 260 |
| 京都精華大学 | 260 |
| 京都造形芸術大学 | 260 |
| 京都創成大学 | 260 |
| 京都大学 | 261 |
| 京都橘大学 | 261 |
| 京都ノートルダム女子大学 | 261 |
| 京都府立医科大学 | 261 |
| 京都府立大学 | 261 |
| 京都文教大学 | 261 |
| 京都薬科大学 | 261 |
| 種智院大学 | 261 |
| 同志社女子大学 | 261 |
| 同志社大学 | 261 |
| 花園大学 | 261 |
| 佛教大学 | 261 |
| 平安女学院大学 | 262 |
| 明治鍼灸大学 | 262 |
| 立命館大学 | 262 |
| 龍谷大学 | 262 |
| 短　大 | 262 |
| 池坊短期大学 | 262 |
| 大谷大学短期大学部 | 262 |
| 華頂短期大学 | 262 |
| 京都医療技術短期大学 | 262 |
| 京都外国語短期大学 | 262 |
| 京都経済短期大学 | 262 |
| 京都光華女子大学短期大学部 | 262 |
| 京都嵯峨芸術大学短期大学部 | 262 |
| 京都女子大学短期大学部 | 262 |
| 京都市立看護短期大学 | 262 |
| 京都短期大学 | 262 |
| 京都西山短期大学 | 263 |
| 京都文教短期大学 | 263 |
| 成安造形短期大学 | 263 |
| 聖母女学院短期大学 | 263 |
| 平安女学院大学短期大学部 | 263 |
| 明治鍼灸大学医療技術短期大学部 | 263 |
| 龍谷大学短期大学部 | 263 |
| 高　専 | 263 |
| 舞鶴工業高等専門学校 | 263 |
| 高　校 | 263 |
| 網野高等学校 | 263 |
| 網野高等学校間人分校 | 263 |
| 綾部高等学校 | 263 |
| 綾部高等学校東分校 | 263 |
| 一燈園高等学校 | 263 |
| 大江高等学校 | 263 |
| 鴨沂高等学校 | 263 |
| 大谷高等学校 | 264 |
| 乙訓高等学校 | 264 |
| 華頂女子高等学校 | 264 |
| 桂高等学校 | 264 |
| 亀岡高等学校 | 264 |
| 加悦谷高等学校 | 264 |
| 木津高等学校 | 264 |
| 北桑田高等学校 | 264 |
| 北桑田高等学校美山分校 | 264 |
| 北嵯峨高等学校 | 264 |
| 京都外大西高等学校 | 264 |
| 京都学園高等学校 | 264 |
| 京都共栄学園高等学校 | 264 |
| 京都暁星高等学校 | 264 |
| 京都芸術高等学校 | 264 |
| 京都光華高等学校 | 265 |
| 京都国際高等学校 | 265 |
| 京都翔英高等学校 | 265 |
| 京都女子高等学校 | 265 |
| 京都市立音楽高等学校 | 265 |
| 京都すばる高等学校 | 265 |
| 京都成安高等学校 | 265 |
| 京都精華女子高等学校 | 265 |
| 京都聖カタリナ高等学校 | 265 |
| 京都成章高等学校 | 265 |
| 京都橘高等学校 | 265 |
| 京都西山高等学校 | 265 |
| 京都府立海洋高等学校 | 265 |
| 京都府立工業高等学校 | 265 |
| 京都府立農芸高等学校 | 265 |
| 京都文教高等学校 | 265 |
| 京都美山高等学校 | 266 |
| 京都明徳高等学校 | 266 |
| 京都両洋高等学校 | 266 |

久美浜高等学校 …… 266
久御山高等学校 …… 266
向陽高等学校 …… 266
西京高等学校 …… 266
嵯峨野高等学校 …… 266
須知高等学校 …… 266
城南高等学校 …… 266
城陽高等学校 …… 266
朱雀高等学校 …… 266
聖母学院高等学校 …… 266
園部高等学校 …… 266
田辺高等学校 …… 266
同志社高等学校 …… 266
同志社国際高等学校 …… 266
同志社女子高等学校 …… 266
銅駝美術工芸高等学校 266
塔南高等学校 …… 267
東稜高等学校 …… 267
菟道高等学校 …… 267
鳥羽高等学校 …… 267
南丹高等学校 …… 267
南陽高等学校 …… 267
西宇治高等学校 …… 267
西乙訓高等学校 …… 267
西城陽高等学校 …… 267
西舞鶴高等学校 …… 267
日星高等学校 …… 267
ノートルダム女学院高等学校 …… 267
花園高等学校 …… 267
東宇治高等学校 …… 267
東舞鶴高等学校 …… 267
東舞鶴高等学校浮島分校 …… 267
東山高等学校 …… 267
日吉ヶ丘高等学校 …… 267
福知山高等学校 …… 268
福知山高等学校三和分校 …… 268
福知山淑徳高等学校 …… 268
福知山女子高等学校 …… 268
福知山成美高等学校 …… 268
平安高等学校 …… 268
平安女学院高等学校 …… 268
北稜高等学校 …… 268
堀川高等学校 …… 268
南京都高等学校 …… 268
南八幡高等学校 …… 268
峰山高等学校 …… 268
峰山高等学校弥栄分校 268
宮津高等学校 …… 268
宮津高等学校伊根分校 269
紫野高等学校 …… 269
桃山高等学校 …… 269
山城高等学校 …… 269
八幡高等学校 …… 269
洛水高等学校 …… 269
洛星高等学校 …… 269
洛西高等学校 …… 269
洛東高等学校 …… 269
洛南高等学校 …… 269
洛北高等学校 …… 269
洛陽工業高等学校 …… 269
洛陽総合高等学校 …… 269
立命館宇治高等学校 …… 269
立命館高等学校 …… 269

## 大阪府

大　学 …… 270
藍野大学 …… 270
追手門学院大学 …… 270
大阪青山大学 …… 270
大阪医科大学 …… 270
大阪大谷大学 …… 270
大阪音楽大学 …… 270
大阪外国語大学 …… 270
大阪学院大学 …… 270
大阪教育大学 …… 270
大阪経済大学 …… 270
大阪経済法科大学 …… 270
大阪芸術大学 …… 270
大阪工業大学 …… 270
大阪国際女子大学 …… 270
大阪国際大学 …… 270
大阪産業大学 …… 270
大阪歯科大学 …… 270
大阪樟蔭女子大学 …… 271
大阪商業大学 …… 271
大阪女学院大学 …… 271
大阪市立大学 …… 271
大阪成蹊大学 …… 271
大阪総合保育大学 …… 271
大阪体育大学 …… 271
大阪大学 …… 271
大阪電気通信大学 …… 271
大阪人間科学大学 …… 271
大阪府立大学 …… 271
大阪明浄大学 …… 271
大阪薬科大学 …… 271
関西医科大学 …… 271
関西外国語大学 …… 271
関西鍼灸大学 …… 271
関西大学 …… 271
関西福祉科学大学 …… 272
近畿大学 …… 272
四條畷学園大学 …… 272
四天王寺国際仏教大学 …… 272
摂南大学 …… 272
千里金蘭大学 …… 272
相愛大学 …… 272
太成学院大学 …… 272
帝塚山学院大学 …… 272
常磐会学園大学 …… 272
梅花女子大学 …… 272
羽衣国際大学 …… 272
阪南大学 …… 272
東大阪大学 …… 272
プール学院大学 …… 272
桃山学院大学 …… 272
短　大 …… 272
藍野学院短期大学 …… 272
大阪青山短期大学 …… 272
大阪大谷大学短期大学部 …… 272
大阪音楽大学短期大学部 …… 273
大阪学院短期大学 …… 273
大阪キリスト教短期大学 …… 273
大阪薫英女子短期大学 …… 273
大阪芸術大学短期大学部 …… 273
大阪健康福祉短期大学 …… 273
大阪工業大学短期大学部 …… 273
大阪国際大学短期大学部 …… 273
大阪産業大学短期大学部 …… 273
大阪城南女子短期大学 …… 273
大阪女学院短期大学 …… 273
大阪女子短期大学 …… 273
大阪信愛女学院短期大学 …… 273
大阪成蹊短期大学 …… 273
大阪体育大学短期大学部 …… 273
大阪千代田短期大学 …… 273
大阪電気通信大学短期大学部 …… 273
大阪明浄女子短期大学 …… 273
大阪夕陽丘学園短期大学 …… 273
関西外国語大学短期大学部 …… 274
関西女子短期大学 …… 274
関西鍼灸短期大学 …… 274
近畿大学短期大学部 …… 274
堺女子短期大学 …… 274
四條畷学園短期大学 …… 274
四天王寺国際仏教大学短期大学部 …… 274
樟蔭東女子短期大学 …… 274
聖母被昇天学院女子短期大学 …… 274
千里金蘭大学短期大学部 …… 274
常磐会短期大学 …… 274
梅花女子大学短期大学部 …… 274
羽衣学園短期大学 …… 274

大阪府

東大阪大学短期大学部 274
プール学院大学短期大学部 274
**高 専**
大阪府立工業高等専門学校 274
**高 校**
芥川高等学校 274
旭高等学校 274
芦間高等学校 275
阿武野高等学校 275
阿倍野高等学校 275
生野工業高等学校 275
生野高等学校 275
池島高等学校 275
池田北高等学校 275
池田高等学校 275
泉尾工業高等学校 275
泉尾高等学校 275
泉大津高等学校 275
和泉高等学校 275
和泉総合高等学校 275
泉鳥取高等学校 275
市岡高等学校 275
市岡商業高等学校 275
茨木工科高等学校 275
茨木高等学校 275
茨木西高等学校 275
茨木東高等学校 275
今宮工科高等学校 276
今宮高等学校 276
上宮高等学校 276
上宮太子高等学校 276
英真学園高等学校 276
扇町高等学校 276
扇町総合高等学校 276
追手門学院高等学校 276
追手門学院大手前高等学校 276
大冠高等学校 276
大阪学院大学高等学校 276
大阪学芸高等学校 276
大阪薫英女学院高等学校 276
大阪工業大学高等学校 276
大阪高等学校 276
大阪国際大和田高等学校 277
大阪国際滝井高等学校 277
大阪産業大学附属高等学校 277
大阪商業大学高等学校 277
大阪商業大学堺高等学校 277
大阪女学院高等学校 277
大阪女子高等学校 277

大阪女子短期大学高等学校 277
大阪市立工芸高等学校 277
大阪市立高等学校 277
大阪市立第二工芸高等学校 277
大阪市立中央高等学校 277
大阪市立西高等学校 277
大阪市立東高等学校 277
大阪市立南高等学校 277
大阪信愛女学院高等学校 277
大阪成蹊女子高等学校 278
大阪星光学院高等学校 278
大阪青凌高等学校 278
大阪体育大学浪商高等学校 278
大阪電気通信大学高等学校 278
大阪桐蔭高等学校 278
大阪福島女子高等学校 278
大阪府立園芸高等学校 278
大阪府立農芸高等学校 278
大阪夕陽丘学園高等学校 278
大谷高等学校 278
大塚高等学校 278
大手前高等学校 278
鳳高等学校 278
貝塚高等学校 278
貝塚南高等学校 278
開明高等学校 278
柏原東高等学校 279
春日丘高等学校 279
交野高等学校 279
勝山高等学校 279
門真なみはや高等学校 279
門真西高等学校 279
河南高等学校 279
金岡高等学校 279
かわち野高等学校 279
関西大倉高等学校 279
関西創価高等学校 279
関西大学第一高等学校 279
関西福祉科学大学高等学校 279
岸和田高等学校 279
岸和田市立産業高等学校 279
北千里高等学校 280
北野高等学校 280
北淀高等学校 280
近畿大学附属高等学校 280
金蘭会高等学校 280
金蘭千里高等学校 280
柴島高等学校 280
久米田高等学校 280

啓光学園高等学校 280
建国高等学校 280
賢明学院高等学校 280
興國高等学校 280
高津高等学校 280
港南造形高等学校 280
向陽台高等学校 280
香里丘高等学校 280
此花学院高等学校 280
此花総合高等学校 280
金光大阪高等学校 280
金剛学園高等学校 281
金剛高等学校 281
金光藤蔭高等学校 281
金光八尾高等学校 281
堺上高等学校 281
堺工科高等学校 281
堺女子高等学校 281
堺西高等学校 281
堺東高等学校 281
咲洲高等学校 281
桜塚高等学校 281
桜宮高等学校 281
佐野工科高等学校 281
佐野高等学校 281
狭山高等学校 281
四條畷学園高等学校 281
四條畷北高等学校 281
四條畷高等学校 282
四天王寺高等学校 282
四天王寺羽曳丘高等学校 282
信太高等学校 282
渋谷高等学校 282
島本高等学校 282
清水谷高等学校 282
秋桜高等学校 282
樟蔭高等学校 282
樟蔭東高等学校 282
少路高等学校 282
城星学園高等学校 282
城東工科高等学校 282
城南学園高等学校 282
城山高等学校 282
吹田高等学校 282
吹田東高等学校 282
砂川高等学校 282
住吉高等学校 282
住吉商業高等学校 282
精華高等学校 282
清教学園高等学校 283
成城工業高等学校 283
星翔高等学校 283
成城高等学校 283
成美高等学校 283
清風高等学校 283
清風南海高等学校 283

(36)

| | | |
|---|---|---|
| 聖母女学院高等学校 ‥ 283 | 初芝富田林高等学校 ‥ 286 | 八尾高等学校 ……… 288 |
| 聖母被昇天学院高等学校 ……… 283 | 花園高等学校 ……… 286 | 八尾翠翔高等学校 … 289 |
| 清明学院高等学校 …… 283 | 羽曳野高等学校 …… 286 | 八洲学園高等学校 … 289 |
| 清友高等学校 ……… 283 | 汎愛高等学校 ……… 286 | 山田高等学校 ……… 289 |
| 摂津高等学校 ……… 283 | 阪南高等学校 ……… 286 | 大和川高等学校 …… 289 |
| 摂陵高等学校 ……… 283 | 阪南大学高等学校 … 286 | 山本高等学校 ……… 289 |
| 宣真高等学校 ……… 283 | PL学園高等学校 …… 286 | 夕陽丘高等学校 …… 289 |
| 泉南高等学校 ……… 283 | 東大阪大学柏原高等学校 ……… 286 | 横山高等学校 ……… 289 |
| 泉北高等学校 ……… 283 | 東大阪大学敬愛高等学校 ……… 286 | 淀川工科高等学校 … 289 |
| 泉陽高等学校 ……… 283 | 東大谷高等学校 …… 286 | 淀商業高等学校 …… 289 |
| 千里高等学校 ……… 284 | 東商業高等学校 …… 286 | 淀之水高等学校 …… 289 |
| 千里国際学園高等部 284 | 東住吉高等学校 …… 286 | 履正社高等学校 …… 289 |
| 相愛高等学校 ……… 284 | 東住吉総合高等学校 ‥ 286 | 緑風冠高等学校 …… 289 |
| 大正高等学校 ……… 284 | 東豊中高等学校 …… 286 | YMCA学院高等学校 ・ 289 |
| 大商学園高等学校 … 284 | 東寝屋川高等学校 … 286 | |
| 太成学院大学高等学校 284 | 東百舌鳥高等学校 … 287 | **兵庫県** |
| 高石高等学校 ……… 284 | 東淀川高等学校 …… 287 | 大　学 ……… 290 |
| 高槻北高等学校 …… 284 | 東淀工業高等学校 … 287 | 芦屋大学 ……… 290 |
| 高槻高等学校 ……… 284 | 飛翔館高等学校 …… 287 | 英知大学 ……… 290 |
| 千代田高等学校 …… 284 | 日根野高等学校 …… 287 | 大手前大学 ……… 290 |
| 槻の木高等学校 …… 284 | 枚岡樟風高等学校 … 287 | 関西国際大学 ……… 290 |
| 鶴見商業高等学校 … 284 | 枚方高等学校 ……… 287 | 関西福祉大学 ……… 290 |
| 豊島高等学校 ……… 284 | 枚方津田高等学校 … 287 | 関西学院大学 ……… 290 |
| 帝塚山学院泉ヶ丘高等学校 ……… 284 | 枚方なぎさ高等学校 ‥ 287 | 近畿福祉大学 ……… 290 |
| 帝塚山学院高等学校 284 | 枚方西高等学校 …… 287 | 甲子園大学 ……… 290 |
| 天王寺学館高等学校 284 | 平野高等学校 ……… 287 | 甲南女子大学 ……… 290 |
| 天王寺高等学校 …… 284 | 福井高等学校 ……… 287 | 甲南大学 ……… 290 |
| 天王寺商業高等学校 284 | 福泉高等学校 ……… 287 | 神戸海星女子学院大学 290 |
| 東海大学付属仰星高等学校 ……… 284 | 藤井寺工科高等学校 ‥ 287 | 神戸学院大学 ……… 290 |
| 同志社香里高等学校 ‥ 285 | 藤井寺高等学校 …… 287 | 神戸芸術工科大学 … 290 |
| 刀根山高等学校 …… 285 | 布施北高等学校 …… 287 | 神戸国際大学 ……… 290 |
| 登美丘高等学校 …… 285 | 布施工科高等学校 … 287 | 神戸市外国語大学 … 290 |
| 豊中高等学校 ……… 285 | 布施高等学校 ……… 287 | 神戸市看護大学 …… 290 |
| 鳥飼高等学校 ……… 285 | プール学院高等学校 ‥ 287 | 神戸松蔭女子学院大学 290 |
| 富田林高等学校 …… 285 | 北陽高等学校 ……… 287 | 神戸情報大学院大学 ‥ 290 |
| 長尾高等学校 ……… 285 | 牧野高等学校 ……… 287 | 神戸女学院大学 …… 290 |
| 長尾谷高等学校 …… 285 | 茨田高等学校 ……… 288 | 神戸女子大学 ……… 291 |
| 長野北高等学校 …… 285 | 松原高等学校 ……… 288 | 神戸親和女子大学 … 291 |
| 長野高等学校 ……… 285 | 三国丘高等学校 …… 288 | 神戸大学 ……… 291 |
| 長吉高等学校 ……… 285 | 岬高等学校 ………… 288 | 神戸ファッション造形大学 ……… 291 |
| 浪速高等学校 ……… 285 | 三島高等学校 ……… 288 | 神戸薬科大学 ……… 291 |
| 西浦高等学校 ……… 285 | 港高等学校 ………… 288 | 神戸山手大学 ……… 291 |
| 西成高等学校 ……… 285 | 箕面学園高等学校 … 288 | 聖和大学 ……… 291 |
| 西寝屋川高等学校 … 285 | 箕面高等学校 ……… 288 | 園田学園女子大学 … 291 |
| 西野田工科高等学校 ‥ 285 | 箕面自由学園高等学校 288 | 宝塚造形芸術大学 … 291 |
| 西淀川高等学校 …… 285 | 箕面東高等学校 …… 288 | 姫路獨協大学 ……… 291 |
| 日新高等学校 ……… 285 | 美原高等学校 ……… 288 | 兵庫医科大学 ……… 291 |
| 寝屋川高等学校 …… 285 | 都島工業高等学校 … 288 | 兵庫教育大学 ……… 292 |
| 野崎高等学校 ……… 285 | 都島第二工業高等学校 288 | 兵庫県立大学 ……… 292 |
| 能勢高等学校 ……… 285 | 明浄学院高等学校 … 288 | 兵庫大学 ……… 292 |
| 梅花高等学校 ……… 286 | 明星高等学校 ……… 288 | 武庫川女子大学 …… 292 |
| 伯太高等学校 ……… 286 | 桃谷高等学校 ……… 288 | 流通科学大学 ……… 292 |
| 羽衣学園高等学校 … 286 | 桃山学院高等学校 … 288 | 短　大 ……… 292 |
| 初芝高等学校 ……… 286 | 守口東高等学校 …… 288 | 芦屋女子短期大学 … 292 |
| | 八尾北高等学校 …… 288 | 大手前短期大学 …… 292 |
| | | 近畿大学豊岡短期大学 292 |

# 兵庫県

| | |
|---|---|
| 賢明女子学院短期大学 | 292 |
| 甲子園短期大学 | 292 |
| 神戸松蔭女子学院大学短期大学部 | 292 |
| 神戸女子短期大学 | 292 |
| 神戸常盤短期大学 | 292 |
| 神戸文化短期大学 | 292 |
| 神戸山手短期大学 | 292 |
| 産業技術短期大学 | 292 |
| 夙川学院短期大学 | 292 |
| 頌栄短期大学 | 293 |
| 聖和大学短期大学部 | 293 |
| 園田学園女子大学短期大学部 | 293 |
| 東洋食品工業短期大学 | 293 |
| 姫路日ノ本短期大学 | 293 |
| 兵庫大学短期大学部 | 293 |
| 湊川短期大学 | 293 |
| 武庫川女子大学短期大学部 | 293 |

## 高 専

| | |
|---|---|
| 明石工業高等専門学校 | 293 |
| 神戸市立工業高等専門学校 | 293 |

## 高 校

| | |
|---|---|
| 相生高等学校 | 293 |
| 相生産業高等学校 | 293 |
| 愛徳学園高等学校 | 293 |
| 明石北高等学校 | 293 |
| 明石高等学校 | 293 |
| 明石清水高等学校 | 293 |
| 明石商業高等学校 | 293 |
| 明石城西高等学校 | 294 |
| 明石西高等学校 | 294 |
| 明石南高等学校 | 294 |
| 赤穂高等学校 | 294 |
| 芦屋高等学校 | 294 |
| 芦屋高等学校 | 294 |
| 芦屋大学附属高等学校 | 294 |
| 網干高等学校 | 294 |
| 尼崎稲園高等学校 | 294 |
| 尼崎小田高等学校 | 294 |
| 尼崎北高等学校 | 294 |
| 尼崎工業高等学校 | 294 |
| 尼崎工業高等学校 | 294 |
| 尼崎高等学校 | 294 |
| 尼崎高等学校 | 294 |
| 尼崎産業高等学校 | 294 |
| 尼崎西高等学校 | 294 |
| 尼崎東高等学校 | 295 |
| 有馬高等学校 | 295 |
| 淡路高等学校 | 295 |
| 淡路高等学校一宮校 | 295 |
| 家島高等学校 | 295 |
| 伊川谷北高等学校 | 295 |
| 伊川谷高等学校 | 295 |
| 育英高等学校 | 295 |
| 生野学園高等学校 | 295 |
| 生野高等学校 | 295 |
| 出石高等学校 | 295 |
| 伊丹北高等学校 | 295 |
| 伊丹高等学校 | 295 |
| 伊丹高等学校 | 295 |
| 伊丹西高等学校 | 296 |
| 市川高等学校 | 296 |
| 猪名川高等学校 | 296 |
| 伊和高等学校 | 296 |
| 小野工業高等学校 | 296 |
| 小野高等学校 | 296 |
| 柏原高等学校 | 296 |
| 加古川北高等学校 | 296 |
| 加古川西高等学校 | 296 |
| 加古川東高等学校 | 296 |
| 加古川南高等学校 | 296 |
| 香住高等学校 | 296 |
| 上郡高等学校 | 296 |
| 川西高等学校 | 296 |
| 川西高等学校宝塚良元校 | 296 |
| 川西北陵高等学校 | 296 |
| 川西緑台高等学校 | 297 |
| 川西明峰高等学校 | 297 |
| 神崎工業高等学校 | 297 |
| 神崎高等学校 | 297 |
| 関西学院高等部 | 297 |
| 北須磨高等学校 | 297 |
| 近畿大学附属豊岡高等学校 | 297 |
| 錦城高等学校 | 297 |
| 楠高等学校 | 297 |
| 啓明学院高等学校 | 297 |
| 賢明女子学院高等学校 | 297 |
| 甲子園学院高等学校 | 297 |
| 香寺高等学校 | 297 |
| 甲南高等学校 | 297 |
| 甲南女子高等学校 | 297 |
| 神戸海星女子学院高等学校 | 297 |
| 神戸学院大学附属高等学校 | 297 |
| 神戸北高等学校 | 297 |
| 神戸工科高等学校 | 297 |
| 神戸工業高等学校 | 298 |
| 神戸高等学校 | 298 |
| 神戸甲北高等学校 | 298 |
| 神戸弘陵学園高等学校 | 298 |
| 神戸国際高等学校 | 298 |
| 神戸国際大学附属高等学校 | 298 |
| 神戸商業高等学校 | 298 |
| 神戸女学院高等学部 | 298 |
| 神戸市立科学技術高等学校 | 298 |
| 神戸星城高等学校 | 298 |
| 神戸第一高等学校 | 298 |
| 神戸高塚高等学校 | 298 |
| 神戸常盤女子高等学校 | 298 |
| 神戸西高等学校 | 299 |
| 神戸野田高等学校 | 299 |
| 神戸村野工業高等学校 | 299 |
| 神戸山手女子高等学校 | 299 |
| 神戸龍谷高等学校 | 299 |
| 甲陽学院高等学校 | 299 |
| 琴丘高等学校 | 299 |
| 小林聖心女子学院高等学校 | 299 |
| 篠山産業高等学校 | 299 |
| 篠山産業高等学校東雲校 | 299 |
| 篠山産業高等学校丹南校 | 299 |
| 篠山鳳鳴高等学校 | 299 |
| 佐用高等学校 | 299 |
| 三田学園高等学校 | 300 |
| 三田祥雲館高等学校 | 300 |
| 三田松聖高等学校 | 300 |
| 三田西陵高等学校 | 300 |
| 飾磨工業高等学校 | 300 |
| 飾磨高等学校 | 300 |
| 志知高等学校 | 300 |
| 夙川学院高等学校 | 300 |
| 淳心学院高等学校 | 300 |
| 松蔭高等学校 | 300 |
| 城内高等学校 | 300 |
| 松陽高等学校 | 300 |
| 新宮高等学校 | 300 |
| 神港学園神港高等学校 | 300 |
| 神港高等学校 | 300 |
| 親和女子高等学校 | 301 |
| 鈴蘭台西高等学校 | 301 |
| 鈴蘭台高等学校 | 301 |
| 須磨学園高等学校 | 301 |
| 須磨高等学校 | 301 |
| 須磨友が丘高等学校 | 301 |
| 須磨ノ浦女子高等学校 | 301 |
| 須磨東高等学校 | 301 |
| 洲本高等学校 | 301 |
| 洲本実業高等学校 | 301 |
| 洲本実業高等学校東浦校 | 301 |
| 青雲高等学校 | 301 |
| 星陵高等学校 | 301 |
| 園田学園高等学校 | 301 |
| 太子高等学校 | 301 |
| 多可高等学校 | 302 |
| 高砂高等学校 | 302 |
| 高砂南高等学校 | 302 |
| 宝塚北高等学校 | 302 |
| 宝塚高等学校 | 302 |
| 宝塚西高等学校 | 302 |
| 宝塚東高等学校 | 302 |

| | | |
|---|---|---|
| 滝川高等学校 ……… 302 | 兵庫商業高等学校 …… 305 | 生駒高等学校 ……… 308 |
| 滝川第二高等学校 …… 302 | 葺合高等学校 ……… 305 | 一条高等学校 ……… 308 |
| 但馬農業高等学校 …… 302 | 福崎高等学校 ……… 305 | 畝傍高等学校 ……… 308 |
| 龍野高等学校 ……… 302 | 北条高等学校 ……… 305 | 王寺工業高等学校 …… 308 |
| 龍野実業高等学校 …… 302 | 報徳学園高等学校 …… 305 | 大宇陀高等学校 ……… 308 |
| 千種高等学校 ……… 302 | 北摂三田高等学校 …… 306 | 大宇陀高等学校菟田野 |
| 津名高等学校 ……… 302 | 舞子高等学校 ……… 306 | 　分校 ……… 308 |
| 東播工業高等学校 …… 302 | 摩耶兵庫高等学校 …… 306 | 大淀高等学校 ……… 308 |
| 東洋大学附属姫路高等 | 御影高等学校 ……… 306 | 香芝高等学校 ……… 309 |
| 　学校 ……… 302 | 三木北高等学校 ……… 306 | 橿原学院高等学校 …… 309 |
| 豊岡高等学校 ……… 302 | 三木高等学校 ……… 306 | 橿原高等学校 ……… 309 |
| 豊岡総合高等学校 …… 303 | 三木東高等学校 ……… 306 | 関西中央高等学校 …… 309 |
| 長田高等学校 ……… 303 | 湊川高等学校 ……… 306 | 郡山高等学校 ……… 309 |
| 長田商業高等学校 …… 303 | 三原高等学校 ……… 306 | 五條高等学校 ……… 309 |
| 灘高等学校 ……… 303 | 武庫川女子大学附属高 | 五條高等学校賀名生分 |
| 鳴尾高等学校 ……… 303 | 　等学校 ……… 306 | 　校 ……… 309 |
| 仁川学院高等学校 …… 303 | 武庫荘総合高等学校 ‥ 306 | 御所工業高等学校 …… 309 |
| 西宮今津高等学校 …… 303 | 村岡高等学校 ……… 306 | 御所東高等学校 ……… 309 |
| 西宮甲山高等学校 …… 303 | 社高等学校 ……… 306 | 桜井高等学校 ……… 309 |
| 西宮北高等学校 ……… 303 | 柳学園高等学校 ……… 306 | 磯城野高等学校 ……… 309 |
| 西宮高等学校 ……… 303 | 山崎高等学校 ……… 306 | 榛生昇陽高等学校 …… 310 |
| 西宮高等学校 ……… 303 | 夢前高等学校 ……… 306 | 青翔高等学校 ……… 310 |
| 西宮香風高等学校 …… 303 | 夢野台高等学校 ……… 306 | 西和清陵高等学校 …… 310 |
| 西宮東高等学校 ……… 303 | 百合学院高等学校 …… 307 | 添上高等学校 ……… 310 |
| 西宮南高等学校 ……… 303 | 八鹿高等学校 ……… 307 | 高田高等学校 ……… 310 |
| 西脇北高等学校 ……… 303 | 八鹿高等学校大屋校 ‥ 307 | 高田商業高等学校 …… 310 |
| 西脇工業高等学校 …… 303 | 吉川高等学校 ……… 307 | 高取国際高等学校 …… 310 |
| 西脇高等学校 ……… 303 | 六甲アイランド高等学 | 高円高等学校 ……… 310 |
| 日生学園第三高等学校 304 | 　校 ……… 307 | 田原本農業高等学校 ‥ 310 |
| 白陵高等学校 ……… 304 | 六甲高等学校 ……… 307 | 智辯学園高等学校 …… 310 |
| 浜坂高等学校 ……… 304 | 和田山高等学校 ……… 307 | 帝塚山高等学校 ……… 310 |
| 播磨農業高等学校 …… 304 | | 天理教校学園高等学校 310 |
| 播磨南高等学校 ……… 304 | **奈良県** | 天理高等学校 ……… 310 |
| 東灘高等学校 ……… 304 | 　大　学 ……… 307 | 東大寺学園高等学校 ‥ 311 |
| 東播磨高等学校 ……… 304 | 　　畿央大学 ……… 307 | 十津川高等学校 ……… 311 |
| 氷上高等学校 ……… 304 | 　　帝塚山大学 ……… 307 | 登美ケ丘高等学校 …… 311 |
| 氷上西高等学校 ……… 304 | 　　天理大学 ……… 307 | 奈良育英高等学校 …… 311 |
| 日高高等学校 ……… 304 | 　　奈良教育大学 ……… 307 | 奈良学園高等学校 …… 311 |
| 日ノ本学園高等学校 ‥ 304 | 　　奈良県立医科大学 …… 307 | 奈良北高等学校 ……… 311 |
| 雲雀丘学園高等学校 ‥ 304 | 　　奈良県立大学 ……… 307 | 奈良工業高等学校 …… 311 |
| 姫路北高等学校 ……… 304 | 　　奈良産業大学 ……… 308 | 奈良高等学校 ……… 311 |
| 姫路工業高等学校 …… 304 | 　　奈良女子大学 ……… 308 | 奈良商業高等学校 …… 311 |
| 姫路高等学校 ……… 304 | 　　奈良先端科学技術大学 | 奈良情報商業高等学校 311 |
| 姫路産業技術高等学校 304 | 　　　院大学 ……… 308 | 奈良女子高等学校 …… 311 |
| 姫路飾西高等学校 …… 304 | 　　奈良大学 ……… 308 | 奈良大学附属高等学校 311 |
| 姫路商業高等学校 …… 304 | 　短　大 ……… 308 | 奈良文化女子短期大学 |
| 姫路西高等学校 ……… 304 | 　　大阪樟蔭女子大学短期 | 　付属高等学校 ……… 311 |
| 姫路東高等学校 ……… 304 | 　　　大学部 ……… 308 | 二階堂高等学校 ……… 312 |
| 姫路別所高等学校 …… 305 | 　　畿央大学短期大学部 ‥ 308 | 西の京高等学校 ……… 312 |
| 姫路南高等学校 ……… 305 | 　　奈良芸術短期大学 …… 308 | 西大和学園高等学校 ‥ 312 |
| 兵庫県播磨高等学校 ‥ 305 | 　　奈良佐保短期大学 …… 308 | 平城高等学校 ……… 312 |
| 兵庫県立国際高等学校 305 | 　　奈良文化女子短期大学 308 | 法隆寺国際高等学校 ‥ 312 |
| 兵庫県立大学附属高等 | 　　白鳳女子短期大学 …… 308 | 大和広陵高等学校 …… 312 |
| 　学校 ……… 305 | 　高　専 ……… 308 | 山辺高等学校 ……… 312 |
| 兵庫県立農業高等学校 305 | 　　奈良工業高等専門学校 308 | 山辺高等学校山添分校 312 |
| 兵庫工業高等学校 …… 305 | 　高　校 ……… 308 | 吉野高等学校 ……… 312 |
| 兵庫高等学校 ……… 305 | 　　育英西高等学校 ……… 308 | |

和歌山県

## 和歌山県
### 大　学 ……………… 313
　高野山大学 ………… 313
　和歌山県立医科大学 ‥ 313
　和歌山大学 ………… 313
### 短　大 ……………… 313
　和歌山県立医科大学看
　　護短期大学部 …… 313
　和歌山信愛女子短期大
　　学 ………………… 313
### 高　専 ……………… 313
　和歌山工業高等専門学
　　校 ………………… 313
### 高　校 ……………… 313
　有田中央高等学校 … 313
　有田中央高等学校清水
　　分校 ……………… 313
　伊都高等学校 ……… 313
　開智学園高等部 …… 313
　海南高等学校 ……… 313
　海南高等学校下津分校 313
　海南市高等学校 …… 313
　神島高等学校 ……… 313
　笠田高等学校 ……… 313
　紀央館高等学校 …… 314
　貴志川高等学校 …… 314
　紀の川高等学校 …… 314
　紀北工業高等学校 … 314
　紀北農芸高等学校 … 314
　近畿大学附属新宮高等
　　学校 ……………… 314
　近畿大学附属和歌山高
　　等学校 …………… 314
　串本高等学校 ……… 314
　熊野高等学校 ……… 314
　慶風高等学校 ……… 314
　高野山高等学校 …… 314
　向陽高等学校 ……… 314
　粉河高等学校 ……… 314
　国際開洋第二高等学校 314
　古座高等学校 ……… 314
　下津女子高等学校 … 314
　新宮高等学校 ……… 315
　新宮商業高等学校 … 315
　青陵高等学校 ……… 315
　星林高等学校 ……… 315
　耐久高等学校 ……… 315
　大成高等学校 ……… 315
　大成高等学校美里分校 315
　田辺工業高等学校 … 315
　田辺高等学校 ……… 315
　智辯学園和歌山高等学
　　校 ………………… 315
　桐蔭高等学校 ……… 315
　那賀高等学校 ……… 315
　南紀高等学校 ……… 315
　南紀高等学校周参見分
　　校 ………………… 315
　橋本高等学校 ……… 315
　初芝橋本高等学校 … 315
　日高高等学校 ……… 315
　日高高等学校中津分校 316
　南部高等学校 ……… 316
　南部高等学校龍神分校 316
　箕島高等学校 ……… 316
　陵雲高等学校 ……… 316
　和歌山北高等学校 … 316
　和歌山工業高等学校 ‥ 316
　和歌山高等学校 …… 316
　和歌山商業高等学校 ‥ 316
　和歌山商業高等学校 ‥ 316
　和歌山信愛女子短期大
　　学附属高等学校 …… 316
　和歌山西高等学校 … 316
　和歌山東高等学校 … 316

## 鳥取県
### 大　学 ……………… 317
　鳥取環境大学 ……… 317
　鳥取大学 …………… 317
### 短　大 ……………… 317
　鳥取短期大学 ……… 317
### 高　専 ……………… 317
　米子工業高等専門学校 317
### 高　校 ……………… 317
　青谷高等学校 ……… 317
　岩美高等学校 ……… 317
　倉吉北高等学校 …… 317
　倉吉総合産業高等学校 317
　倉吉西高等学校 …… 318
　倉吉農業高等学校 … 318
　倉吉東高等学校 …… 318
　境高等学校 ………… 318
　境港総合技術高等学校 318
　智頭農林高等学校 … 318
　鳥取敬愛高等学校 … 318
　鳥取工業高等学校 … 318
　鳥取湖陵高等学校 … 318
　鳥取商業高等学校 … 318
　鳥取城北高等学校 … 318
　鳥取中央育英高等学校 318
　鳥取西高等学校 …… 318
　鳥取東高等学校 …… 319
　鳥取緑風高等学校 … 319
　日野高等学校 ……… 319
　八頭高等学校 ……… 319
　米子北高等学校 …… 319
　米子工業高等学校 … 319
　米子高等学校 ……… 319
　米子西高等学校 …… 319
　米子松蔭高等学校 … 319
　米子白鳳高等学校 … 319
　米子東高等学校 …… 319
　米子北斗高等学校 …… 319
　米子南高等学校 …… 319

## 島根県
### 大　学 ……………… 320
　島根県立大学 ……… 320
　島根大学 …………… 320
### 短　大 ……………… 320
　島根県立看護短期大学 320
　島根県立島根女子短期
　　大学 ……………… 320
### 高　専 ……………… 320
　松江工業高等専門学校 320
### 高　校 ……………… 320
　飯南高等学校 ……… 320
　出雲工業高等学校 … 320
　出雲高等学校 ……… 320
　出雲商業高等学校 … 320
　出雲西高等学校 …… 320
　出雲農林高等学校 … 320
　出雲北陵高等学校 … 320
　大田高等学校 ……… 321
　隠岐高等学校 ……… 321
　隠岐水産高等学校 … 321
　隠岐島前高等学校 … 321
　邑智高等学校 ……… 321
　開星高等学校 ……… 321
　川本高等学校 ……… 321
　キリスト教愛真高等学
　　校 ………………… 321
　江津工業高等学校 … 321
　江津高等学校 ……… 321
　江の川高等学校 …… 321
　島根県立情報科学高等
　　学校 ……………… 321
　松徳学院高等学校 … 321
　大社高等学校 ……… 322
　大社高等学校佐田分校 322
　大東高等学校 ……… 322
　津和野高等学校 …… 322
　邇摩高等学校 ……… 322
　浜田高等学校 ……… 322
　浜田高等学校今市分校 322
　浜田商業高等学校 … 322
　浜田水産高等学校 … 322
　平田高等学校 ……… 322
　益田高等学校 ……… 323
　益田翔陽高等学校 … 323
　益田東高等学校 …… 323
　松江北高等学校 …… 323
　松江工業高等学校 … 323
　松江商業高等学校 … 323
　松江市立女子高等学校 323
　松江西高等学校 …… 323
　松江農林高等学校 … 323
　松江東高等学校 …… 323
　松江南高等学校 …… 323

松江南高等学校宍道分
　　　校　　　323
　　三刀屋高等学校　　　324
　　三刀屋高等学校掛合分
　　　校　　　324
　　明誠高等学校　　　324
　　矢上高等学校　　　324
　　安来高等学校　　　324
　　横田高等学校　　　324
　　吉賀高等学校　　　324
　　立正大学淞南高等学校　324

岡山県
　大　学　　　325
　　岡山学院大学　　　325
　　岡山県立大学　　　325
　　岡山商科大学　　　325
　　岡山大学　　　325
　　岡山理科大学　　　325
　　川崎医科大学　　　325
　　川崎医療福祉大学　　325
　　吉備国際大学　　　325
　　倉敷芸術科学大学　　325
　　くらしき作陽大学　　325
　　山陽学園大学　　　325
　　就実大学　　　325
　　中国学園大学　　　325
　　ノートルダム清心女子
　　　大学　　　325
　　美作大学　　　326
　短　大　　　326
　　岡山短期大学　　　326
　　川崎医療短期大学　　326
　　倉敷市立短期大学　　326
　　作陽短期大学　　　326
　　山陽学園短期大学　　326
　　就実短期大学　　　326
　　順正短期大学　　　326
　　中国短期大学　　　326
　　新見公立短期大学　　326
　　美作大学短期大学部　326
　高　専　　　326
　　津山工業高等専門学校　326
　高　校　　　326
　　井原高等学校　　　326
　　井原市立高等学校　　326
　　宇治高等学校　　　326
　　烏城高等学校　　　326
　　江見商業高等学校　　326
　　岡山朝日高等学校　　327
　　岡山一宮高等学校　　327
　　岡山学芸館高等学校　327
　　岡山県共生高等学校　327
　　岡山県作陽高等学校　327
　　岡山県高梁日新高等学
　　　校　　　327
　　岡山県美作高等学校　327

　　岡山工業高等学校　　327
　　岡山高等学校　　　327
　　岡山後楽館高等学校　327
　　おかやま山陽高等学校　327
　　岡山商科大学附属高等
　　　学校　　　327
　　岡山城東高等学校　　327
　　岡山操山高等学校　　328
　　岡山大安寺高等学校　328
　　岡山白陵高等学校　　328
　　岡山東商業高等学校　328
　　岡山芳泉高等学校　　328
　　岡山南高等学校　　　328
　　岡山龍谷高等学校　　328
　　邑久高等学校　　　328
　　落合高等学校　　　328
　　笠岡工業高等学校　　328
　　笠岡高等学校　　　328
　　笠岡商業高等学校　　328
　　勝間田高等学校　　　328
　　勝山高等学校　　　329
　　鴨方高等学校　　　329
　　川崎医科大学附属高等
　　　学校　　　329
　　関西高等学校　　　329
　　吉備高原学園高等学校　329
　　吉備北陵高等学校　　329
　　久世高等学校　　　329
　　倉敷天城高等学校　　329
　　倉敷工業高等学校　　329
　　倉敷高等学校　　　329
　　倉敷古城池高等学校　329
　　倉敷商業高等学校　　329
　　倉敷市立工業高等学校　329
　　倉敷翠松高等学校　　329
　　倉敷青陵高等学校　　329
　　倉敷中央高等学校　　330
　　倉敷南高等学校　　　330
　　倉敷鷲羽高等学校　　330
　　興譲館高等学校　　　330
　　興陽高等学校　　　330
　　金光学園高等学校　　330
　　西大寺高等学校　　　330
　　山陽女子高等学校　　330
　　就実高等学校　　　330
　　精研高等学校　　　330
　　精思高等学校　　　330
　　清心女子高等学校　　331
　　瀬戸高等学校　　　331
　　瀬戸南高等学校　　　331
　　総社高等学校　　　331
　　総社南高等学校　　　331
　　高梁高等学校　　　331
　　高梁城南高等学校　　331
　　高松農業高等学校　　331
　　玉島高等学校　　　331
　　玉島高等学校　　　331

広島県

　　玉島商業高等学校　　331
　　玉野高等学校　　　332
　　玉野光南高等学校　　332
　　玉野商業高等学校　　332
　　玉野備南高等学校　　332
　　津山工業高等学校　　332
　　津山高等学校　　　332
　　津山商業高等学校　　332
　　津山東高等学校　　　332
　　新見高等学校　　　332
　　林野高等学校　　　332
　　東岡山工業高等学校　332
　　備前緑陽高等学校　　332
　　蒜山高等学校　　　332
　　ベル学園高等学校　　333
　　松山高等学校　　　333
　　真備陵南高等学校　　333
　　水島工業高等学校　　333
　　御津高等学校　　　333
　　明誠学院高等学校　　333
　　矢掛高等学校　　　333
　　弓削高等学校　　　333
　　岡山理科大学附属高等
　　　学校　　　333
　　和気閑谷高等学校　　333

広島県
　大　学　　　334
　　エリザベト音楽大学　334
　　尾道大学　　　334
　　呉大学　　　334
　　県立広島大学　　　334
　　日本赤十字広島看護大
　　　学　　　334
　　比治山大学　　　334
　　広島経済大学　　　334
　　広島工業大学　　　334
　　広島国際学院大学　　334
　　広島国際大学　　　334
　　広島修道大学　　　334
　　広島女学院大学　　　334
　　広島市立大学　　　334
　　広島大学　　　334
　　広島文教女子大学　　334
　　福山大学　　　334
　　福山平成大学　　　335
　　安田女子大学　　　335
　短　大　　　335
　　呉大学短期大学部　　335
　　山陽女子短期大学　　335
　　鈴峯女子短期大学　　335
　　比治山大学短期大学部　335
　　広島国際学院大学自動
　　　車短期大学部　　　335
　　広島文化短期大学　　335
　　広島文教女子大学短期
　　　大学部　　　335

山口県

- 福山市立女子短期大学 335
- 安田女子短期大学 335
- **高　専** 335
  - 呉工業高等専門学校 335
  - 広島商船高等専門学校 335
- **高　校** 335
  - 安芸高等学校 335
  - 安芸府中高等学校 335
  - 安芸南高等学校 335
  - 安佐北高等学校 335
  - 芦品まなび学園高等学校 335
  - 五日市高等学校 335
  - 因島高等学校 336
  - AICJ高等学校 336
  - 盈進高等学校 336
  - 英数学館高等学校 336
  - 江田島高等学校 336
  - 大柿高等学校 336
  - 大柿高等学校大君分校 336
  - 大崎海星高等学校 336
  - 大竹高等学校 336
  - 大手町商業高等学校 336
  - 尾道北高等学校 336
  - 尾道商業高等学校 336
  - 尾道東高等学校 337
  - 尾道南高等学校 337
  - 音戸高等学校 337
  - 海田高等学校 337
  - 加計高等学校 337
  - 加計高等学校芸北分校 337
  - 可部高等学校 337
  - 賀茂北高等学校 337
  - 賀茂高等学校 337
  - 神辺旭高等学校 337
  - 神辺高等学校 337
  - 祇園北高等学校 337
  - 銀河学院高等学校 337
  - 近畿大学附属東広島高等学校 338
  - 近畿大学附属福山高等学校 338
  - 久井高等学校 338
  - 熊野高等学校 338
  - 呉青山高等学校 338
  - 呉高等学校 338
  - 呉商業高等学校 338
  - 呉昭和高等学校 338
  - 呉三津田高等学校 338
  - 呉宮原高等学校 338
  - 黒瀬高等学校 338
  - 河内高等学校 338
  - 高陽高等学校 338
  - 高陽東高等学校 338
  - 広陵高等学校 338
  - 呉港高等学校 338
  - 佐伯高等学校 339
- 西城紫水高等学校 339
- 西条農業高等学校 339
- 山陽高等学校 339
- 山陽女学園高等部 339
- 自彊高等学校 339
- 清水ケ丘高等学校 339
- 修道高等学校 339
- 上下高等学校 339
- 沼南高等学校 339
- 庄原格致高等学校 339
- 庄原格致高等学校高野山分校 339
- 庄原実業高等学校 340
- 如水館高等学校 340
- 白木高等学校 340
- 進徳女子高等学校 340
- 鈴峯女子高等学校 340
- 瀬戸田高等学校 340
- 世羅高等学校 340
- 崇徳高等学校 340
- 大門高等学校 340
- 大和高等学校 340
- 高宮高等学校 341
- 武田高等学校 341
- 竹原高等学校 341
- 忠海高等学校 341
- 千代田高等学校 341
- デネブ高等学校 341
- 東城高等学校 341
- 東林館高等学校 341
- 戸手高等学校 341
- 豊田高等学校 341
- 並木学院高等学校 341
- 日彰館高等学校 341
- 沼田高等学校 342
- ノートルダム清心高等学校 342
- 廿日市高等学校 342
- 廿日市西高等学校 342
- 比治山女子高等学校 342
- 広高等学校 342
- 広島井口高等学校 342
- 広島音楽高等学校 342
- 広島学院高等学校 342
- 広島観音高等学校 342
- 広島県尾道高等学校 342
- 広島県新庄高等学校 342
- 広島県瀬戸内高等学校 342
- 広島県立総合技術高等学校 342
- 広島県立西高等学校 342
- 広島県立東高等学校 342
- 広島工業高等学校 342
- 広島工業高等学校 343
- 広島工業大学高等学校 343
- 広島工業大学附属広島高等学校 343
- 広島国際学院高等学校 343
- 広島国泰寺高等学校 343
- 広島桜が丘高等学校 343
- 広島三育学院高等学校 343
- 広島商業高等学校 343
- 広島商業高等学校 343
- 広島城北高等学校 343
- 広島女学院高等学校 343
- 広島女子商学園高等学校 343
- 広島文教女子大学附属高等学校 344
- 広島皆実高等学校 344
- 福山暁の星女子高等学校 344
- 福山葦陽高等学校 344
- 福山工業高等学校 344
- 福山高等学校 344
- 福山商業高等学校 344
- 福山誠之館高等学校 344
- 福山明王台高等学校 344
- 府中高等学校 344
- 府中東高等学校 344
- 舟入高等学校 344
- 松永高等学校 345
- 美鈴が丘高等学校 345
- 御調高等学校 345
- 三原高等学校 345
- 三原東高等学校 345
- 宮島工業高等学校 345
- 三次高等学校 345
- 三次青陵高等学校 345
- 三和高等学校 345
- 向原高等学校 345
- 基町高等学校 345
- 安田女子高等学校 345
- 安西高等学校 345
- 安古市高等学校 345
- 油木高等学校 346
- 湯来南高等学校 346
- 吉田高等学校 346

**山口県**
- **大　学** 346
  - 宇部フロンティア大学 346
  - 下関市立大学 346
  - 東亜大学 346
  - 徳山大学 346
  - 梅光学院大学 346
  - 萩国際大学 346
  - 山口県立大学 346
  - 山口大学 346
  - 山口東京理科大学 347
- **短　大** 347
  - 岩国短期大学 347
  - 宇部フロンティア大学短期大学部 347

| | | |
|---|---|---|
| 下関短期大学 ……… 347 | 田布施農業高等学校 ‥ 351 | 阿南工業高等専門学校 355 |
| 山口芸術短期大学 ‥‥ 347 | 田布施農業高等学校大 | 高 校 ……………… 355 |
| 山口短期大学 ……… 347 | 　島分校 ……… 351 | 穴吹高等学校 ……… 355 |
| 高　専 ……………… 347 | 田部高等学校 ……… 351 | 阿南工業高等学校 ‥‥ 355 |
| 宇部工業高等専門学校 347 | 長府高等学校 ……… 351 | 新野高等学校 ……… 355 |
| 大島商船高等専門学校 347 | 徳佐高等学校 ……… 351 | 阿波高等学校 ……… 355 |
| 徳山工業高等専門学校 347 | 徳佐高等学校高俣分校 351 | 阿波西高等学校 …… 355 |
| 高　校 ……………… 347 | 徳山北高等学校 …… 351 | 阿波農業高等学校 … 355 |
| 安下庄高等学校 …… 347 | 徳山高等学校 ……… 351 | 池田高等学校 ……… 355 |
| 厚狭高等学校 ……… 347 | 徳山商工高等学校 … 351 | 板野高等学校 ……… 356 |
| 岩国工業高等学校 … 347 | 豊浦高等学校 ……… 352 | 海部高等学校 ……… 356 |
| 岩国高等学校 ……… 347 | 長門高等学校 ……… 352 | 勝浦高等学校 ……… 356 |
| 岩国商業高等学校 … 348 | 中村女子高等学校 … 352 | 鴨島商業高等学校 … 356 |
| 岩国商業高等学校東分 | 奈古高等学校 ……… 352 | 川島高等学校 ……… 356 |
| 　校 ……… 348 | 奈古高等学校須佐分校 352 | 香蘭高等学校 ……… 356 |
| 岩国総合高等学校 … 348 | 南陽工業高等学校 … 352 | 小松島高等学校 …… 356 |
| 宇部工業高等学校 … 348 | 西市高等学校 ……… 352 | 小松島西高等学校 … 356 |
| 宇部鴻城高等学校 … 348 | 野田学園高等学校 … 352 | 貞光工業高等学校 … 356 |
| 宇部高等学校 ……… 348 | 梅光女学院高等学校 ‥ 352 | 城西高等学校 ……… 356 |
| 宇部商業高等学校 … 348 | 萩光塩学院高等学校 ‥ 352 | 城西高等学校神山分校 356 |
| 宇部中央高等学校 … 348 | 萩高等学校 ………… 352 | 城東高等学校 ……… 356 |
| 宇部西高等学校 …… 348 | 萩商工高等学校 …… 352 | 城南高等学校 ……… 357 |
| 宇部フロンティア大学 | 早鞆高等学校 ……… 353 | 城ノ内高等学校 …… 357 |
| 　付属香川高等学校 ‥ 348 | 光丘高等学校 ……… 353 | 城北高等学校 ……… 357 |
| 大津高等学校 ……… 348 | 光高等学校 ………… 353 | 生光学園高等学校 … 357 |
| 大嶺高等学校 ……… 348 | 響高等学校 ………… 353 | 成徳高等学校 ……… 357 |
| 小野田工業高等学校 ‥ 349 | 広瀬高等学校 ……… 353 | 辻高等学校 ………… 357 |
| 小野田高等学校 …… 349 | 日置農業高等学校 … 353 | 徳島北高等学校 …… 357 |
| 鹿野高等学校 ……… 349 | 防府高等学校 ……… 353 | 徳島県立水産高等学校 357 |
| 華陵高等学校 ……… 349 | 防府商業高等学校 … 353 | 徳島工業高等学校 … 357 |
| 久賀高等学校 ……… 349 | 防府西高等学校 …… 353 | 徳島商業高等学校 … 357 |
| 下松工業高等学校 … 349 | 豊北高等学校 ……… 353 | 徳島市立高等学校 … 357 |
| 下松高等学校 ……… 349 | 美祢工業高等学校 … 353 | 徳島中央高等学校 … 357 |
| 熊毛北高等学校 …… 349 | 美祢高等学校 ……… 353 | 徳島東工業高等学校 ‥ 357 |
| 熊毛南高等学校 …… 349 | 美祢中央高等学校 … 353 | 徳島文理高等学校 … 357 |
| 熊毛南高等学校上関分 | 柳井学園高等学校 … 354 | 富岡西高等学校 …… 357 |
| 　校 ……………… 349 | 柳井高等学校 ……… 354 | 富岡東高等学校 …… 357 |
| 慶進高等学校 ……… 349 | 柳井商工高等学校 … 354 | 富岡東高等学校羽ノ浦 |
| 西京高等学校 ……… 350 | 山口県鴻城高等学校 ‥ 354 | 　分校 ……………… 358 |
| 坂上高等学校 ……… 350 | 山口県桜ケ丘高等学校 354 | 那賀高等学校 ……… 358 |
| 佐波高等学校 ……… 350 | 山口県立水産高等学校 354 | 鳴門工業高等学校 … 358 |
| サビエル高等学校 … 350 | 山口高等学校 ……… 354 | 鳴門高等学校 ……… 358 |
| 下関工業高等学校 … 350 | 山口中央高等学校 … 354 | 鳴門第一高等学校 … 358 |
| 下関国際高等学校 … 350 | 山口農業高等学校 … 354 | 美馬商業高等学校 … 358 |
| 下関商業高等学校 … 350 | | 名西高等学校 ……… 358 |
| 下関短期大学付属高等 | **徳島県** | 三好高等学校 ……… 358 |
| 　学校 ……………… 350 | 大　学 ……………… 355 | 脇町高等学校 ……… 358 |
| 下関中央工業高等学校 350 | 　四国大学 ………… 355 | |
| 下関西高等学校 …… 350 | 　徳島大学 ………… 355 | **香川県** |
| 下関南高等学校 …… 350 | 　徳島文理大学 …… 355 | 大　学 ……………… 359 |
| 新南陽高等学校 …… 350 | 　鳴門教育大学 …… 355 | 　香川県立保健医療大学 359 |
| 誠英高等学校 ……… 350 | 短　大 ……………… 355 | 　香川大学 ………… 359 |
| 聖光高等学校 ……… 350 | 　四国大学短期大学部 ‥ 355 | 　四国学院大学 …… 359 |
| 高川学園高等学校 … 350 | 　徳島工業短期大学 … 355 | 　高松大学 ………… 359 |
| 高水高等学校 ……… 351 | 　徳島文理大学短期大学 | 短　大 ……………… 359 |
| 高森高等学校 ……… 351 | 　　部 ……… 355 | 　香川短期大学 …… 359 |
| 田布施工業高等学校 ‥ 351 | 高　専 ……………… 355 | 　瀬戸内短期大学 …… 359 |

愛媛県

| | | |
|---|---|---|
| 高松短期大学 ……… 359 | 愛媛大学 …………… 363 | 帝京第五高等学校富士 |
| 高　専 …………… 359 | 聖カタリナ大学 ……… 363 | 　校 ………………… 366 |
| 　高松工業高等専門学校 359 | 松山東雲女子大学 …… 363 | 土居高等学校 ……… 366 |
| 　詫間電波工業高等専門 | 松山大学 …………… 363 | 東温高等学校 ……… 366 |
| 　　学校 ………………… 359 | 短　大 …………… 363 | 東予高等学校 ……… 366 |
| 高　校 …………… 359 | 　今治明徳短期大学 …… 363 | 長浜高等学校 ……… 366 |
| 　石田高等学校 ……… 359 | 　愛媛女子短期大学 …… 363 | 中山高等学校 ……… 366 |
| 　英明高等学校 ……… 359 | 　聖カタリナ大学短期大 | 新居浜工業高等学校 … 366 |
| 　大川東高等学校 …… 359 | 　　学部 ………………… 363 | 新居浜商業高等学校 … 367 |
| 　香川県大手前高等学校 359 | 　松山東雲短期大学 …… 363 | 新居浜西高等学校 …… 367 |
| 　香川県大手前高松高等 | 　松山短期大学 ……… 363 | 新居浜東高等学校 …… 367 |
| 　　学校 ………………… 359 | 高　専 …………… 363 | 新居浜南高等学校 …… 367 |
| 　香川県藤井高等学校 ‥ 359 | 　新居浜工業高等専門学 | 新田高等学校 ……… 367 |
| 　香川県立農業経営高等 | 　　校 ………………… 363 | 野村高等学校 ……… 367 |
| 　　学校 ………………… 359 | 　弓削商船高等専門学校 363 | 野村高等学校土居分校 367 |
| 　香川誠陵高等学校 …… 360 | 高　校 …………… 363 | 伯方高等学校 ……… 367 |
| 　香川中央高等学校 …… 360 | 　愛光高等学校 ……… 363 | 伯方高等学校岩城分校 367 |
| 　香川西高等学校 …… 360 | 　今治北高等学校 …… 363 | 北条高等学校 ……… 367 |
| 　笠田高等学校 ……… 360 | 　今治北高等学校大三島 | 松山北高等学校 …… 367 |
| 　観音寺第一高等学校 ‥ 360 | 　　分校 ………………… 363 | 松山北高等学校中島分 |
| 　観音寺中央高等学校 ‥ 360 | 　今治工業高等学校 …… 363 | 　校 ………………… 367 |
| 　琴平高等学校 ……… 360 | 　今治精華高等学校 …… 364 | 松山工業高等学校 …… 367 |
| 　坂出工業高等学校 …… 360 | 　今治西高等学校 …… 364 | 松山東雲高等学校 …… 368 |
| 　坂出高等学校 ……… 360 | 　今治東高等学校 …… 364 | 松山商業高等学校 …… 368 |
| 　坂出商業高等学校 …… 360 | 　今治南高等学校 …… 364 | 松山城南高等学校 …… 368 |
| 　坂出第一高等学校 …… 360 | 　今治南高等学校大島分 | 松山聖陵高等学校 …… 368 |
| 　三本松高等学校 …… 360 | 　　校 ………………… 364 | 松山中央高等学校 …… 368 |
| 　志度高等学校 ……… 360 | 　今治明徳高等学校 …… 364 | 松山西高等学校 …… 368 |
| 　小豆島高等学校 …… 361 | 　伊予高等学校 ……… 364 | 松山東高等学校 …… 368 |
| 　尽誠学園高等学校 …… 361 | 　伊予農業高等学校 …… 364 | 松山南高等学校 …… 368 |
| 　善通寺第一高等学校 ‥ 361 | 　内子高等学校 ……… 364 | 松山南高等学校砥部分 |
| 　善通寺西高等学校 …… 361 | 　宇和高等学校 ……… 364 | 　校 ………………… 368 |
| 　高瀬高等学校 ……… 361 | 　宇和島水産高等学校 ‥ 364 | 三崎高等学校 ……… 368 |
| 　高松北高等学校 …… 361 | 　宇和島東高等学校 …… 364 | 三島高等学校 ……… 368 |
| 　高松工芸高等学校 …… 361 | 　宇和島南高等学校 …… 364 | 南宇和高等学校 …… 368 |
| 　高松高等学校 ……… 361 | 　愛媛大学農学部附属農 | 三間高等学校 ……… 368 |
| 　高松桜井高等学校 …… 361 | 　　業高等学校 ……… 365 | 八幡浜工業高等学校 ‥ 368 |
| 　高松商業高等学校 …… 361 | 　大洲高等学校 ……… 365 | 八幡浜高等学校 …… 368 |
| 　高松第一高等学校 …… 361 | 　大洲高等学校肱川分校 365 | 弓削高等学校 ……… 369 |
| 　高松中央高等学校 …… 361 | 　大洲農業高等学校 …… 365 | 吉田高等学校 ……… 369 |
| 　高松西高等学校 …… 361 | 　小田高等学校 ……… 365 | |
| 　高松東高等学校 …… 361 | 　上浮穴高等学校 …… 365 | 高知県 |
| 　高松南高等学校 …… 362 | 　川之石高等学校 …… 365 | 大　学 …………… 369 |
| 　多度津工業高等学校 ‥ 362 | 　川之江高等学校 …… 365 | 　高知工科大学 ……… 369 |
| 　多度津水産高等学校 ‥ 362 | 　北宇和高等学校 …… 365 | 　高知女子大学 ……… 369 |
| 　津田高等学校 ……… 362 | 　北宇和高等学校日吉分 | 　高知大学 …………… 369 |
| 　土庄高等学校 ……… 362 | 　　校 ………………… 365 | 短　大 …………… 369 |
| 　飯山高等学校 ……… 362 | 　小松高等学校 ……… 365 | 　高知学園短期大学 …… 369 |
| 　藤井学園寒川高等学校 362 | 　西条高等学校 ……… 365 | 　高知短期大学 ……… 369 |
| 　丸亀高等学校 ……… 362 | 　西条農業高等学校 …… 366 | 高　専 …………… 369 |
| 　丸亀城西高等学校 …… 362 | 　済美高等学校 ……… 366 | 　高知工業高等専門学校 369 |
| 　三木高等学校 ……… 362 | 　三瓶高等学校 ……… 366 | 高　校 …………… 369 |
| 　三豊工業高等学校 …… 362 | 　聖カタリナ女子高等学 | 　安芸高等学校 ……… 369 |
| | 　　校 ………………… 366 | 　安芸桜ケ丘高等学校 ‥ 370 |
| 愛媛県 | 　丹原高等学校 ……… 366 | 　伊野商業高等学校 …… 370 |
| 大　学 …………… 363 | 　津島高等学校 ……… 366 | 　大栃高等学校 ……… 370 |
| 　愛媛県立医療技術大学 363 | 　帝京第五高等学校 …… 366 | 　大方高等学校 ……… 370 |

(44)

岡豊高等学校 ………… 370
窪川高等学校 ………… 370
高知追手前高等学校 ‥ 370
高知追手前高等学校吾
　北分校 ………… 370
高知小津高等学校 ……… 370
高知海洋高等学校 ……… 370
高知学芸高等学校 ……… 370
高知北高等学校 ……… 370
高知工業高等学校 ……… 370
高知高等学校 ………… 370
高知中央高等学校 ……… 370
高知西高等学校 ……… 371
高知農業高等学校 ……… 371
高知東工業高等学校 …… 371
高知東高等学校 ……… 371
高知丸の内高等学校 …… 371
高知南高等学校 ……… 371
佐川高等学校 ………… 371
四万十高等学校 ……… 371
清水高等学校 ………… 371
城山高等学校 ………… 371
宿毛工業高等学校 ……… 371
宿毛高等学校 ………… 371
宿毛高等学校大月分校 … 371
須崎工業高等学校 ……… 371
須崎高等学校 ………… 371
須崎高等学校久礼分校 … 371
清和女子高等学校 ……… 371
太平洋学園高等学校 ‥ 372
高岡高等学校 ………… 372
中芸高等学校 ………… 372
土佐高等学校 ………… 372
土佐塾高等学校 ……… 372
土佐女子高等学校 ……… 372
中村高等学校 ………… 372
中村高等学校西土佐分
　校 …………………… 372
仁淀高等学校 ………… 372
幡多農業高等学校 ……… 372
春野高等学校 ………… 372
室戸高等学校 ………… 372
明徳義塾高等学校 ……… 372
山田高等学校 ………… 372
梼原高等学校 ………… 373
嶺北高等学校 ………… 373

**福岡県**
　大　学 ……………… 373
　　北九州市立大学 …… 373
　　九州栄養福祉大学 … 373
　　九州共立大学 ……… 373
　　九州工業大学 ……… 373
　　九州国際大学 ……… 373
　　九州産業大学 ……… 373
　　九州歯科大学 ……… 373
　　九州情報大学 ……… 373

九州女子大学 ………… 374
九州大学 ……………… 374
久留米工業大学 ……… 374
久留米大学 …………… 374
産業医科大学 ………… 374
西南学院大学 ………… 374
西南女学院大学 ……… 374
聖マリア学院大学 …… 374
第一経済大学 ………… 374
第一福祉大学 ………… 374
第一薬科大学 ………… 374
筑紫女学園大学 ……… 374
東和大学 ……………… 374
中村学園大学 ………… 374
西日本工業大学 ……… 374
日本赤十字九州国際看
　護大学 ……………… 374
福岡教育大学 ………… 374
福岡県立大学 ………… 374
福岡工業大学 ………… 375
福岡国際大学 ………… 375
福岡歯科大学 ………… 375
福岡女学院大学 ……… 375
福岡女子大学 ………… 375
福岡大学 ……………… 375
短　大 ………………… 375
　折尾愛真短期大学 …… 375
　九州大谷短期大学 …… 375
　九州女子短期大学 …… 375
　九州造形短期大学 …… 375
　近畿大学九州短期大学 375
　久留米信愛女学院短期
　　大学 ……………… 375
　香蘭女子短期大学 …… 375
　純真女子短期大学 …… 375
　精華女子短期大学 …… 375
　西南女学院大学短期大
　　学部 ……………… 375
　第一保育短期大学 …… 375
　筑紫女学園大学短期大
　　学部 ……………… 375
　帝京大学福岡短期大学 376
　東海大学福岡短期大学 376
　中村学園大学短期大学
　　部 ………………… 376
　西日本短期大学 …… 376
　東筑紫短期大学 …… 376
　福岡医療短期大学 … 376
　福岡工業大学短期大学
　　部 ………………… 376
　福岡女学院大学短期大
　　学部 ……………… 376
　福岡女子短期大学 … 376
高　専 ………………… 376
　有明工業高等専門学校 376
　北九州工業高等専門学
　　校 ………………… 376

久留米工業高等専門学
　校 …………………… 376
高　校 ………………… 376
　朝倉高等学校 ……… 376
　朝倉農業高等学校 …… 376
　朝倉東高等学校 …… 376
　朝羽高等学校 ……… 377
　ありあけ新世高等学校 377
　飯塚高等学校 ……… 377
　糸島高等学校 ……… 377
　糸島農業高等学校 …… 377
　稲築志耕館高等学校 ‥ 377
　浮羽究真館高等学校 ‥ 377
　浮羽工業高等学校 …… 377
　浮羽高等学校 ……… 377
　浮羽東高等学校 …… 377
　宇美商業高等学校 …… 377
　大川樟風高等学校 …… 377
　大牟田北高等学校 …… 377
　大牟田高等学校 …… 377
　沖学園高等学校 …… 377
　小郡高等学校 ……… 378
　折尾愛真高等学校 …… 378
　折尾高等学校 ……… 378
　遠賀高等学校 ……… 378
　香椎工業高等学校 …… 378
　香椎高等学校 ……… 378
　春日高等学校 ……… 378
　香住丘高等学校 …… 378
　嘉穂高等学校 ……… 378
　嘉穂総合高等学校 …… 378
　嘉穂東高等学校 …… 378
　苅田工業高等学校 …… 378
　北九州高等学校 …… 378
　希望が丘高等学校 …… 378
　九州国際大学付属高等
　　学校 ……………… 378
　九州産業大学付属九州
　　高等学校 ………… 378
　九州産業大学付属九州
　　産業高等学校 …… 378
　九州女子学園高等学校 378
　九州女子高等学校 …… 379
　近畿大学附属福岡高等
　　学校 ……………… 379
　鞍手高等学校 ……… 379
　鞍手竜徳高等学校 …… 379
　久留米学園高等学校 ‥ 379
　久留米高等学校 …… 379
　久留米商業高等学校 ‥ 379
　久留米信愛女学院高等
　　学校 ……………… 379
　久留米大学附設高等学
　　校 ………………… 379
　久留米筑水高等学校 … 379
　黒木高等学校 ……… 379
　慶成高等学校 ……… 379

佐賀県

| 玄界高等学校 | 379 |
| --- | --- |
| 玄洋高等学校 | 379 |
| 高稜高等学校 | 379 |
| 光陵高等学校 | 380 |
| 古賀高等学校 | 380 |
| 小倉工業高等学校 | 380 |
| 小倉高等学校 | 380 |
| 小倉商業高等学校 | 380 |
| 小倉西高等学校 | 380 |
| 小倉東高等学校 | 380 |
| 小倉南高等学校 | 380 |
| 早良高等学校 | 380 |
| 自由ケ丘高等学校 | 380 |
| 修猷館高等学校 | 380 |
| 城南高等学校 | 380 |
| 新宮高等学校 | 380 |
| 真颯館高等学校 | 380 |
| 須恵高等学校 | 380 |
| 杉森女子高等学校 | 380 |
| 精華女子高等学校 | 381 |
| 誠修高等学校 | 381 |
| 西南学院高等学校 | 381 |
| 西南女学院高等学校 | 381 |
| 青豊高等学校 | 381 |
| 星琳高等学校 | 381 |
| 第一経済大学付属高等学校 | 381 |
| 泰星高等学校 | 381 |
| 大里高等学校 | 381 |
| 田川科学技術高等学校 | 381 |
| 田川高等学校 | 381 |
| 太宰府高等学校 | 381 |
| 立花高等学校 | 381 |
| 筑紫丘高等学校 | 381 |
| 筑紫高等学校 | 381 |
| 筑紫女学園高等学校 | 381 |
| 筑紫台高等学校 | 382 |
| 筑紫中央高等学校 | 382 |
| 築上西高等学校 | 382 |
| 筑前高等学校 | 382 |
| 筑豊高等学校 | 382 |
| 筑陽学園高等学校 | 382 |
| 鎮西敬愛高等学校 | 382 |
| 伝習館高等学校 | 382 |
| 東海大学付属第五高等学校 | 382 |
| 東筑高等学校 | 382 |
| 東鷹高等学校 | 382 |
| 東和大学附属東和高等学校 | 383 |
| 常磐高等学校 | 383 |
| 戸畑工業高等学校 | 383 |
| 戸畑高等学校 | 383 |
| 戸畑商業高等学校 | 383 |
| 豊津高等学校 | 383 |
| 中間高等学校 | 383 |
| 中村学園三陽高等学校 | 383 |
| 中村学園女子高等学校 | 383 |
| 南筑高等学校 | 383 |
| 西田川高等学校 | 383 |
| 西日本短期大学附属高等学校 | 383 |
| 日新館高等学校 | 383 |
| 直方高等学校 | 383 |
| 博多工業高等学校 | 383 |
| 博多高等学校 | 383 |
| 博多女子高等学校 | 384 |
| 博多青松高等学校 | 384 |
| 柏陵高等学校 | 384 |
| 東筑紫学園高等学校 | 384 |
| 東福岡高等学校 | 384 |
| ひびき高等学校 | 384 |
| 福岡魁誠高等学校 | 384 |
| 福岡海星女子学院高等学校 | 384 |
| 福岡県立水産高等学校 | 384 |
| 福岡工業高等学校 | 384 |
| 福岡工業大学附属城東高等学校 | 384 |
| 福岡高等学校 | 384 |
| 福岡講倫館高等学校 | 384 |
| 福岡常葉高等学校 | 384 |
| 福岡女学院高等学校 | 384 |
| 福岡女子高等学校 | 384 |
| 福岡女子商業高等学校 | 385 |
| 福岡西陵高等学校 | 385 |
| 福岡第一高等学校 | 385 |
| 福岡大学附属大濠高等学校 | 385 |
| 福岡中央高等学校 | 385 |
| 福岡農業高等学校 | 385 |
| 福岡雙葉高等学校 | 385 |
| 福岡舞鶴高等学校 | 385 |
| 福島高等学校 | 385 |
| 福翔高等学校 | 385 |
| 福智高等学校 | 385 |
| 豊国学園高等学校 | 385 |
| 北筑高等学校 | 385 |
| 三池工業高等学校 | 385 |
| 三池高等学校 | 385 |
| 三井高等学校 | 385 |
| 三井中央高等学校 | 386 |
| 三潴高等学校 | 386 |
| 美萩野女子高等学校 | 386 |
| 京都高等学校 | 386 |
| 武蔵台高等学校 | 386 |
| 宗像高等学校 | 386 |
| 明光学園高等学校 | 386 |
| 明治学園高等学校 | 386 |
| 明善高等学校 | 386 |
| 門司北高等学校 | 386 |
| 門司高等学校 | 386 |
| 門司商業高等学校 | 386 |
| 門司大翔館高等学校 | 386 |
| 柳川高等学校 | 386 |
| 八幡工業高等学校 | 387 |
| 八幡高等学校 | 387 |
| 八幡中央高等学校 | 387 |
| 八幡南高等学校 | 387 |
| 山門高等学校 | 387 |
| 大和青藍高等学校 | 387 |
| 八女学院高等学校 | 387 |
| 八女工業高等学校 | 387 |
| 八女高等学校 | 387 |
| 八女農業高等学校 | 387 |
| 祐誠高等学校 | 387 |
| 行橋高等学校 | 387 |
| 若松高等学校 | 387 |
| 若松商業高等学校 | 387 |

**佐賀県**

| 大　学 | 388 |
| --- | --- |
| 　佐賀大学 | 388 |
| 　西九州大学 | 388 |
| 短　大 | 388 |
| 　九州龍谷短期大学 | 388 |
| 　佐賀女子短期大学 | 388 |
| 　佐賀短期大学 | 388 |
| 高　校 | 388 |
| 　有田工業高等学校 | 388 |
| 　伊万里高等学校 | 388 |
| 　伊万里商業高等学校 | 389 |
| 　伊万里農林高等学校 | 389 |
| 　牛津高等学校 | 389 |
| 　嬉野高等学校 | 389 |
| 　小城高等学校 | 389 |
| 　鹿島高等学校 | 389 |
| 　鹿島実業高等学校 | 389 |
| 　唐津工業高等学校 | 389 |
| 　唐津商業高等学校 | 389 |
| 　唐津青翔高等学校 | 389 |
| 　唐津西高等学校 | 389 |
| 　唐津東高等学校 | 389 |
| 　唐津南高等学校 | 390 |
| 　神埼高等学校 | 390 |
| 　神埼清明高等学校 | 390 |
| 　杵島商業高等学校 | 390 |
| 　厳木高等学校 | 390 |
| 　敬徳高等学校 | 390 |
| 　弘学館高等学校 | 390 |
| 　高志館高等学校 | 390 |
| 　佐賀学園高等学校 | 390 |
| 　佐賀北高等学校 | 390 |
| 　佐賀工業高等学校 | 390 |
| 　佐賀商業高等学校 | 390 |
| 　佐賀女子短期大学付属佐賀女子高等学校 | 390 |
| 　佐賀清和高等学校 | 391 |
| 　佐賀西高等学校 | 391 |
| 　佐賀農業高等学校 | 391 |
| 　佐賀東高等学校 | 391 |

| | | |
|---|---|---|
| 塩田工業高等学校 …… 391 | 川棚高等学校 ……… 395 | 長崎明誠高等学校 …… 398 |
| 白石高等学校 ……… 391 | 九州文化学園高等学校 395 | 奈留高等学校 ……… 398 |
| 多久高等学校 ……… 391 | 国見高等学校 ……… 395 | 鳴滝高等学校 ……… 398 |
| 武雄高等学校 ……… 391 | 瓊浦高等学校 ……… 395 | 西彼杵高等学校 …… 398 |
| 武雄青陵高等学校 …… 391 | 口加高等学校 ……… 395 | 野母崎高等学校 …… 398 |
| 太良高等学校 ……… 391 | 向陽高等学校 ……… 395 | 波佐見高等学校 …… 398 |
| 致遠館高等学校 …… 391 | 五島海陽高等学校 …… 395 | 久田学園佐世保女子高 |
| 東明館高等学校 …… 391 | 五島高等学校 ……… 395 | 　等学校 ……………… 398 |
| 鳥栖工業高等学校 …… 392 | 五島南高等学校 …… 395 | 平戸高等学校 ……… 398 |
| 鳥栖高等学校 ……… 392 | 西海学園高等学校 …… 395 | 北松西高等学校 …… 398 |
| 鳥栖商業高等学校 …… 392 | 佐世保北高等学校 …… 395 | 北松農業高等学校 …… 399 |
| 北陵高等学校 ……… 392 | 佐世保工業高等学校 ‥ 395 | 松浦高等学校 ……… 399 |
| 三養基高等学校 …… 392 | 佐世保実業高等学校 ‥ 395 | 松浦東高等学校 …… 399 |
| 龍谷高等学校 ……… 392 | 佐世保商業高等学校 ‥ 395 | 猶興館高等学校 …… 399 |
| | 佐世保中央高等学校 ‥ 395 | |
| **長崎県** | 佐世保東翔高等学校 ‥ 395 | **熊本県** |
| 大　学 ……………… 392 | 佐世保西高等学校 …… 396 | 大　学 ……………… 399 |
| 活水女子大学 ……… 392 | 佐世保南高等学校 …… 396 | 九州看護福祉大学 …… 399 |
| 県立長崎シーボルト大 | 鹿町工業高等学校 …… 396 | 九州東海大学 ……… 399 |
| 　学 ………………… 392 | 島原工業高等学校 …… 396 | 九州ルーテル学院大学 399 |
| 長崎ウエスレヤン大学 392 | 島原高等学校 ……… 396 | 熊本学園大学 ……… 399 |
| 長崎外国語大学 …… 392 | 島原商業高等学校 …… 396 | 熊本県立大学 ……… 399 |
| 長崎県立大学 ……… 392 | 島原翔南高等学校 …… 396 | 熊本大学 …………… 399 |
| 長崎国際大学 ……… 392 | 島原中央高等学校 …… 396 | 熊本保健科学大学 …… 400 |
| 長崎純心大学 ……… 392 | 島原農業高等学校 …… 396 | 尚絅大学 …………… 400 |
| 長崎総合科学大学 …… 392 | 純心女子高等学校 …… 396 | 崇城大学 …………… 400 |
| 長崎大学 …………… 393 | 青雲高等学校 ……… 396 | 平成音楽大学 ……… 400 |
| 短　大 ……………… 393 | 西彼農業高等学校 …… 396 | 短　大 ……………… 400 |
| 活水女子短期大学 …… 393 | 清峰高等学校 ……… 396 | 尚絅短期大学 ……… 400 |
| 玉木女子短期大学 …… 393 | 聖母の騎士高等学校 ‥ 396 | 中九州短期大学 …… 400 |
| 長崎外国語短期大学 ‥ 393 | 西陵高等学校 ……… 396 | 高　専 ……………… 400 |
| 長崎純心大学短期大学 | 西陵高等学校東長崎分 | 熊本電波工業高等専門 |
| 　部 ………………… 393 | 　校 ………………… 396 | 　学校 ……………… 400 |
| 長崎女子短期大学 …… 393 | 聖和女子学院高等学校 396 | 八代工業高等専門学校 400 |
| 長崎短期大学 ……… 393 | 創成館高等学校 …… 396 | 高　校 ……………… 400 |
| 高　専 ……………… 393 | 玉木女子高等学校 …… 397 | 芦北高等学校 ……… 400 |
| 佐世保工業高等専門学 | 鎮西学院高等学校 …… 397 | 阿蘇高等学校 ……… 400 |
| 　校 ………………… 393 | 対馬高等学校 ……… 397 | 阿蘇清峰高等学校 …… 400 |
| 高　校 ……………… 393 | 富江高等学校 ……… 397 | 天草工業高等学校 …… 400 |
| 有馬商業高等学校 …… 393 | 豊玉高等学校 ……… 397 | 天草高等学校 ……… 401 |
| 壱岐高等学校 ……… 393 | 中五島高等学校 …… 397 | 天草高等学校天草西校 401 |
| 壱岐商業高等学校 …… 393 | 長崎鶴洋高等学校 …… 397 | 天草東高等学校 …… 401 |
| 諫早高等学校 ……… 393 | 長崎北高等学校 …… 397 | 荒尾高等学校 ……… 401 |
| 諫早高等学校高来分校 394 | 長崎工業高等学校 …… 397 | 有明高等学校 ……… 401 |
| 諫早商業高等学校 …… 394 | 長崎式見高等学校 …… 397 | 牛深高等学校 ……… 401 |
| 諫早農業高等学校 …… 394 | 長崎商業高等学校 …… 397 | 宇土高等学校 ……… 401 |
| 諫早東高等学校 …… 394 | 長崎女子高等学校 …… 397 | 大津高等学校 ……… 401 |
| 宇久高等学校 ……… 394 | 長崎女子商業高等学校 397 | 大矢野高等学校 …… 401 |
| 大崎高等学校 ……… 394 | 長崎総合科学大学附属 | 小川工業高等学校 …… 401 |
| 大村工業高等学校 …… 394 | 　高等学校 ………… 397 | 小国高等学校 ……… 401 |
| 大村高等学校 ……… 394 | 長崎南山高等学校 …… 397 | 開新高等学校 ……… 401 |
| 大村城南高等学校 …… 394 | 長崎西高等学校 …… 398 | 鹿本高等学校 ……… 401 |
| 小浜高等学校 ……… 394 | 長崎日本大学高等学校 398 | 鹿本商工高等学校 …… 402 |
| 海星高等学校 ……… 394 | 長崎東高等学校 …… 398 | 鹿本農業高等学校 …… 402 |
| 活水高等学校 ……… 394 | 長崎北陽台高等学校 ‥ 398 | 河浦高等学校 ……… 402 |
| 上五島高等学校 …… 394 | 長崎南高等学校 …… 398 | 菊池高等学校 ……… 402 |
| 上対馬高等学校 …… 394 | 長崎南商業高等学校 ‥ 398 | 菊池女子高等学校 …… 402 |

(47)

## 大分県

| | |
|---|---|
| 菊池農業高等学校 | 402 |
| 九州学院高等学校 | 402 |
| 球磨工業高等学校 | 402 |
| 球磨商業高等学校 | 402 |
| 熊本学園大学付属高等学校 | 402 |
| 熊本北高等学校 | 402 |
| 熊本県立第一高等学校 | 402 |
| 熊本県立第二高等学校 | 403 |
| 熊本工業高等学校 | 403 |
| 熊本高等学校 | 403 |
| 熊本国府高等学校 | 403 |
| 熊本商業高等学校 | 403 |
| 熊本信愛女学院高等学校 | 403 |
| 熊本中央高等学校 | 403 |
| 熊本西高等学校 | 403 |
| 熊本農業高等学校 | 403 |
| 熊本フェイス学院高等学校 | 403 |
| 熊本マリスト学園高等学校 | 403 |
| 倉岳高等学校 | 403 |
| 慶誠高等学校 | 403 |
| 甲佐高等学校 | 403 |
| 秀岳館高等学校 | 403 |
| 尚絅高等学校 | 404 |
| 城北高等学校 | 404 |
| 翔陽高等学校 | 404 |
| 真和高等学校 | 404 |
| 済々黌高等学校 | 404 |
| 専修大学玉名高等学校 | 404 |
| 蘇陽高等学校 | 404 |
| 高森高等学校 | 404 |
| 玉名工業高等学校 | 404 |
| 玉名高等学校 | 404 |
| 玉名女子高等学校 | 404 |
| 多良木高等学校 | 405 |
| 千原台高等学校 | 405 |
| 鎮西高等学校 | 405 |
| 東海大学付属第二高等学校 | 405 |
| 東稜高等学校 | 405 |
| 南関高等学校 | 405 |
| 南稜高等学校 | 405 |
| 氷川高等学校 | 405 |
| 必由館高等学校 | 405 |
| 人吉高等学校 | 405 |
| 人吉高等学校五木分校 | 405 |
| 文徳高等学校 | 405 |
| 北稜高等学校 | 405 |
| 松島商業高等学校 | 405 |
| 松橋高等学校 | 406 |
| 水俣工業高等学校 | 406 |
| 水俣高等学校 | 406 |
| 御船高等学校 | 406 |
| 八代工業高等学校 | 406 |
| 八代高等学校 | 406 |
| 八代白百合学園高等学校 | 406 |
| 八代農業高等学校 | 406 |
| 八代農業高等学校泉分校 | 406 |
| 八代東高等学校 | 406 |
| 八代南高等学校 | 406 |
| 矢部高等学校 | 406 |
| 湧心館高等学校 | 406 |
| ルーテル学院高等学校 | 406 |
| 苓明高等学校 | 406 |
| 苓洋高等学校 | 407 |

## 大分県

大　学　407
　大分県立看護科学大学　407
　大分大学　407
　日本文理大学　407
　別府大学　407
　立命館アジア太平洋大学　407
短　大　407
　大分県立芸術文化短期大学　407
　大分短期大学　407
　東九州短期大学　407
　別府大学短期大学部　408
　別府溝部学園短期大学　408
高　専　408
　大分工業高等専門学校　408
高　校　408
　安心院高等学校　408
　岩田高等学校　408
　宇佐高等学校　408
　宇佐産業科学高等学校　408
　臼杵高等学校　408
　臼杵商業高等学校　408
　大分上野丘高等学校　408
　大分雄城台高等学校　408
　大分県立海洋科学高等学校　408
　大分県立情報科学高等学校　409
　大分工業高等学校　409
　大分高等学校　409
　大分国際情報高等学校　409
　大分商業高等学校　409
　大分中央高等学校　409
　大分鶴崎高等学校　409
　大分東明高等学校　409
　大分西高等学校　409
　大分東高等学校　409
　大分豊府高等学校　409
　大分舞鶴高等学校　409
　大分南高等学校　409
　杵築高等学校　409
　玖珠農業高等学校　410
　国東高等学校　410
　国東農工高等学校　410
　芸術緑丘高等学校　410
　佐伯鶴城高等学校　410
　佐伯鶴岡高等学校　410
　佐伯豊南高等学校　410
　佐賀関高等学校　410
　昭和学院高等学校　410
　碩信高等学校　410
　双国高等学校　410
　高田高等学校　411
　竹田高等学校　411
　竹田南高等学校　411
　津久見高等学校　411
　鶴崎工業高等学校　411
　藤蔭高等学校　411
　中津北高等学校　411
　中津工業高等学校　411
　中津商業高等学校　411
　中津南高等学校　411
　日本文理大学附属高等学校　411
　野津高等学校　412
　東九州龍谷高等学校　412
　日出暘谷高等学校　412
　日田高等学校　412
　日田三隈高等学校　412
　日田林工高等学校　412
　福徳学院高等学校　412
　別府青山高等学校　412
　別府商業高等学校　412
　別府鶴見丘高等学校　412
　別府羽室台高等学校　412
　別府溝部学園高等学校　412
　三重総合高等学校　412
　三重農業高等学校久住分校　413
　明豊高等学校　413
　森高等学校　413
　柳ケ浦高等学校　413
　耶馬溪高等学校　413
　山香農業高等学校　413
　由布高等学校　413
　楊志館高等学校　413
　四日市高等学校　413

## 宮崎県

大　学　414
　九州保健福祉大学　414
　南九州大学　414
　宮崎県立看護大学　414
　宮崎公立大学　414
　宮崎国際大学　414
　宮崎産業経営大学　414
　宮崎大学　414
短　大　414

聖心ウルスラ学園短期大学 …………… 414
南九州短期大学 …… 414
宮崎女子短期大学 …… 414
**高　専** ………… 414
　都城工業高等専門学校 414
**高　校** ………… 414
　飯野高等学校 …… 414
　えびの高原国際高等学校 …………… 414
　門川高等学校 …… 414
　五ヶ瀬中等教育学校 … 414
　小林工業高等学校 … 414
　小林高等学校 …… 415
　小林商業高等学校 … 415
　小林西高等学校 … 415
　西都商業高等学校 … 415
　佐土原高等学校 … 415
　聖心ウルスラ学園高等学校 …………… 415
　高城高等学校 …… 415
　高千穂高等学校 … 415
　高鍋高等学校 …… 415
　高鍋農業高等学校 … 415
　高原高等学校 …… 415
　都農高等学校 …… 415
　妻高等学校 ……… 415
　富島高等学校 …… 415
　日南学園高等学校 … 416
　日南工業高等学校 … 416
　日南高等学校 …… 416
　日南振徳商業高等学校 416
　日南農林高等学校 … 416
　日章学園高等学校 … 416
　延岡学園高等学校 … 416
　延岡工業高等学校 … 416
　延岡高等学校 …… 416
　延岡商業高等学校 … 416
　延岡星雲高等学校 … 416
　延岡青朋高等学校 … 416
　日向学院高等学校 … 416
　日向工業高等学校 … 417
　日向高等学校 …… 417
　福島高等学校 …… 417
　鵬翔高等学校 …… 417
　本庄高等学校 …… 417
　都城泉ヶ丘高等学校 … 417
　都城工業高等学校 … 417
　都城高等学校 …… 417
　都城商業高等学校 … 417
　都城聖ドミニコ学園高等学校 …………… 417
　都城西高等学校 … 417
　都城農業高等学校 … 417
　都城東高等学校 … 417
　宮崎穎学館 ……… 418
　宮崎大宮高等学校 … 418
　宮崎海洋高等学校 … 418
　宮崎学園高等学校 … 418
　宮崎北高等学校 … 418
　宮崎工業高等学校 … 418
　宮崎商業高等学校 … 418
　宮崎第一高等学校 … 418
　宮崎西高等学校 … 418
　宮崎日本大学高等学校 418
　宮崎農業高等学校 … 418
　宮崎東高等学校 … 418
　宮崎南高等学校 … 419

**鹿児島県**
**大　学** ………… 419
　鹿児島国際大学 … 419
　鹿児島純心女子大学 … 419
　鹿児島大学 ……… 419
　鹿屋体育大学 …… 420
　志學館大学 ……… 420
　第一工業大学 …… 420
**短　大** ………… 420
　鹿児島県立短期大学 … 420
　鹿児島国際大学短期大学部 …………… 420
　鹿児島純心女子短期大学 …………… 420
　鹿児島女子短期大学 … 420
　第一幼児教育短期大学 420
**高　専** ………… 420
　鹿児島工業高等専門学校 …………… 420
**高　校** ………… 420
　奄美高等学校 …… 420
　有明高等学校 …… 420
　池田高等学校 …… 420
　伊佐農林高等学校 … 420
　伊集院高等学校 … 420
　出水工業高等学校 … 420
　出水高等学校 …… 420
　出水商業高等学校 … 421
　出水中央高等学校 … 421
　市来農芸高等学校 … 421
　指宿高等学校 …… 421
　指宿商業高等学校 … 421
　入来商業高等学校 … 421
　岩川高等学校 …… 421
　頴娃高等学校 …… 421
　大口高等学校 …… 421
　大口明光学園高等学校 421
　大島北高等学校 … 421
　大島工業高等学校 … 421
　大島高等学校 …… 421
　沖永良部高等学校 … 421
　開陽高等学校 …… 421
　鶴翔高等学校 …… 421
　鹿児島育英館高等学校 422
　鹿児島学芸高等学校 … 422
　鹿児島玉龍高等学校 … 422
　鹿児島工業高等学校 … 422
　鹿児島高等学校 … 422
　鹿児島実業高等学校 … 422
　鹿児島修学館高等学校 422
　鹿児島純心女子高等学校 …………… 422
　鹿児島城西高等学校 … 422
　鹿児島情報高等学校 … 422
　鹿児島商業高等学校 … 422
　鹿児島女子高等学校 … 423
　鹿児島水産高等学校 … 423
　鹿児島第一高等学校 … 423
　鹿児島中央高等学校 … 423
　鹿児島西高等学校 … 423
　鹿児島東高等学校 … 423
　鹿児島南高等学校 … 423
　加治木工業高等学校 … 423
　加治木高等学校 … 423
　加治木女子高等学校 … 423
　加世田高等学校 … 423
　加世田常潤高等学校 … 423
　鹿屋工業高等学校 … 424
　鹿屋高等学校 …… 424
　鹿屋女子高等学校 … 424
　鹿屋中央高等学校 … 424
　鹿屋農業高等学校 … 424
　神村学園高等部 … 424
　蒲生高等学校 …… 424
　川辺高等学校 …… 424
　喜界高等学校 …… 424
　錦江湾高等学校 … 424
　串木野高等学校 … 424
　串良商業高等学校 … 425
　栗野工業高等学校 … 425
　甲南高等学校 …… 425
　高山高等学校 …… 425
　甲陵高等学校 …… 425
　国分高等学校 …… 425
　国分中央高等学校 … 425
　古仁屋高等学校 … 425
　薩南工業高等学校 … 425
　薩摩中央高等学校 … 425
　志學館高等部 …… 425
　志布志高等学校 … 425
　尚志館高等学校 … 426
　樟南高等学校 …… 426
　樟南第二高等学校 … 426
　松陽高等学校 …… 426
　末吉高等学校 …… 426
　川内高等学校 …… 426
　川内純心女子高等学校 426
　川内商工高等学校 … 426
　財部高等学校 …… 426
　武岡台高等学校 … 426
　種子島高等学校 … 426
　垂水高等学校 …… 426

沖縄県

| | | |
|---|---|---|
| 鶴丸高等学校 ……… 426 | 沖縄工業高等専門学校 429 | 泊高等学校 ………… 430 |
| 徳之島高等学校 …… 427 | 高　校 …………… 429 | 豊見城高等学校 …… 430 |
| 徳之島農業高等学校 ‥ 427 | 石川高等学校 ……… 429 | 豊見城南高等学校 … 430 |
| 中種子高等学校 …… 427 | 糸満高等学校 ……… 429 | 名護高等学校 ……… 430 |
| 野田女子高等学校 … 427 | 伊良部高等学校 …… 429 | 名護商業高等学校 … 430 |
| 隼人工業高等学校 … 427 | 浦添工業高等学校 … 429 | 那覇工業高等学校 … 430 |
| 樋脇高等学校 ……… 427 | 浦添高等学校 ……… 429 | 那覇高等学校 ……… 431 |
| 吹上高等学校 ……… 427 | 浦添商業高等学校 … 429 | 那覇国際高等学校 … 431 |
| 福山高等学校 ……… 427 | 沖縄カトリック高等学 | 那覇商業高等学校 … 431 |
| 鳳凰高等学校 ……… 427 | 　校 ………………… 429 | 那覇西高等学校 …… 431 |
| 牧園高等学校 ……… 427 | 沖縄工業高等学校 … 429 | 南部工業高等学校 … 431 |
| 枕崎高等学校 ……… 427 | 沖縄尚学高等学校 … 429 | 南部商業高等学校 … 431 |
| 南大隅高等学校 …… 427 | 沖縄女子短期大学附属 | 南部農林高等学校 … 431 |
| 南種子高等学校 …… 428 | 　高等学校 ………… 429 | 西原高等学校 ……… 431 |
| 宮之城農業高等学校 ‥ 428 | 沖縄水産高等学校 … 429 | 南風原高等学校 …… 431 |
| 屋久島あおぞら高等学 | 小禄高等学校 ……… 429 | 普天間高等学校 …… 431 |
| 　校 ………………… 428 | 開邦高等学校 ……… 429 | 辺土名高等学校 …… 431 |
| 屋久島高等学校 …… 428 | 嘉手納高等学校 …… 429 | 北山高等学校 ……… 431 |
| 山川高等学校 ……… 428 | 北中城高等学校 …… 429 | 北部工業高等学校 … 431 |
| 与論高等学校 ……… 428 | 宜野座高等学校 …… 429 | 北部農林高等学校 … 431 |
| ラ・サール高等学校 ‥ 428 | 宜野湾高等学校 …… 429 | 前原高等学校 ……… 431 |
| れいめい高等学校 … 428 | 球陽高等学校 ……… 429 | 真和志高等学校 …… 431 |
| | 具志川高等学校 …… 429 | 美里工業高等学校 … 431 |
| 沖縄県 | 具志川商業高等学校 ‥ 429 | 美里高等学校 ……… 431 |
| 大　学 …………… 428 | 久米島高等学校 …… 430 | 宮古工業高等学校 … 431 |
| 沖縄キリスト教学院大 | 興南高等学校 ……… 430 | 宮古高等学校 ……… 432 |
| 　学 ………………… 428 | 向陽高等学校 ……… 430 | 宮古農林高等学校 … 432 |
| 沖縄県立看護大学 … 428 | コザ高等学校 ……… 430 | 美来工科高等学校 … 432 |
| 沖縄県立芸術大学 … 428 | 首里高等学校 ……… 430 | 本部高等学校 ……… 432 |
| 沖縄国際大学 ……… 428 | 首里東高等学校 …… 430 | 八重山高等学校 …… 432 |
| 沖縄大学 …………… 428 | 翔南高等学校 ……… 430 | 八重山商工高等学校 ‥ 432 |
| 名桜大学 …………… 428 | 昭和薬科大学附属高等 | 八重山農林高等学校 ‥ 432 |
| 琉球大学 …………… 428 | 　学校 ……………… 430 | 八洲学園大学国際高等 |
| 短　大 …………… 428 | 知念高等学校 ……… 430 | 　学校 ……………… 432 |
| 沖縄キリスト教短期大 | 北谷高等学校 ……… 430 | 陽明高等学校 ……… 432 |
| 　学 ………………… 428 | 中部商業高等学校 … 430 | 与勝高等学校 ……… 432 |
| 沖縄女子短期大学 … 428 | 中部農林高等学校 … 430 | 読谷高等学校 ……… 432 |
| 高　専 …………… 429 | | |

# 北海道

## 【大学】

◇浅井学園大学
　［学校法人　浅井学園］
　〒069-8511　北海道江別市文京台23
　TEL 011-386-8011
　昭和14年　　　　　北海ドレスメーカー女学園を浅井淑子が創立
　平成9年　　　　　北海道女子大学を開学
　平成12年　　　　　北海道浅井学園大学と改称
　平成17年　　　　　浅井学園大学と改称

◇旭川医科大学
　〒078-8510　北海道旭川市緑が丘東2条1-1-1
　TEL 0166-65-2111
　昭和48年9月29日　旭川医科大学を設置

◇旭川大学
　［学校法人　旭川大学］
　〒079-8501　北海道旭川市永山3条23-1-9
　TEL 0166-48-3121
　昭和43年　　　　　北日本学院大学を設立
　昭和45年　　　　　旭川大学と改称

◇小樽商科大学
　〒047-8501　北海道小樽市緑3-5-21
　TEL 0134-27-5200
　明治43年3月　　　小樽高等商業学校を設置
　昭和19年4月　　　小樽経済専門学校と改称
　昭和24年5月　　　小樽商科大学を設置

◇帯広畜産大学
　〒080-8555　北海道帯広市稲田町西2-11
　TEL 0155-49-5336
　昭和16年4月1日　帯広高等獣医学校を創立
　昭和19年4月1日　帯広獣医畜産専門学校と改称
　昭和21年4月1日　帯広農業専門学校と改称
　昭和24年5月31日　帯広農業専門学校を包括し帯広畜産大学を設置

◇北見工業大学
　〒090-8507　北海道北見市公園町165
　TEL 0157-24-1010
　昭和35年4月1日　北見工業短期大学を設置
　昭和41年4月1日　北見工業大学を設置

◇釧路公立大学
　〒085-8585　北海道釧路市芦野4-1-1
　TEL 0154-37-3211
　昭和63年4月　　　釧路公立大学が開学

◇公立はこだて未来大学
　〒041-8655　北海道函館市亀田中野町116-2
　TEL 0138-34-6448
　平成12年4月　　　公立はこだて未来大学が開学

◇札幌医科大学
　〒060-8556　北海道札幌市中央区南1条西17丁目
　TEL 011-611-2111
　昭和25年4月1日　札幌医科大学が開学

◇札幌学院大学
　［学校法人　札幌学院大学］
　〒069-8555　北海道江別市文京台11
　TEL 011-386-8111
　昭和21年6月　　　札幌文科専門学院を創立
　昭和25年4月　　　札幌短期大学が開学
　昭和43年4月　　　札幌商科大学が開学
　昭和59年4月　　　札幌学院大学と改称

◇札幌国際大学
　［学校法人　札幌国際大学］
　〒004-8602　北海道札幌市清田区清田4-1-4-1
　TEL 011-881-8844
　昭和44年　　　　　札幌静修短期大学を開学
　平成5年　　　　　静修女子大学を開学
　平成9年　　　　　札幌国際大学と改称

◇札幌市立大学
　〒060-8611　北海道札幌市南区芸術の森1丁目
　TEL 011-592-2300
　昭和40年4月　　　札幌市立高等看護学院が開学
　平成3年4月　　　札幌市立高等専門学校が開学
　平成18年4月　　　札幌市立大学が開学

◇札幌大学
　［学校法人　札幌大学］
　〒062-8520　北海道札幌市豊平区西岡3-7-3-1
　TEL 011-852-1181
　昭和42年　　　　　札幌大学が開校

◇星槎大学
　［学校法人　国際学園］
　〒075-0163　北海道芦別市緑泉町5-14
　TEL 01242-4-3830
　平成16年4月　　　星槎大学が開学

◇千歳科学技術大学
　［学校法人　千歳科学技術大学］
　〒066-8655　北海道千歳市美々758-65
　TEL 0123-27-6001
　平成10年　　　　　千歳科学技術大学が開学

◇天使大学
　［学校法人　天使学園］
　〒065-0013　北海道札幌市東区北13条東3-1-30
　TEL 011-741-1051
　昭和22年　　　　　札幌天使女子厚生専門学校を設立
　昭和24年　　　　　天使女子栄養学院を設立
　昭和25年　　　　　天使厚生短期大学を開設
　昭和29年　　　　　天使女子短期大学と改称
　平成12年　　　　　天使女子短期大学を改組転換し天使大学を開設

◇道都大学
　［学校法人　北海道櫻井産業学園］
　〒061-1196　北海道北広島市中の沢149-1
　TEL 011-372-3111
　昭和41年　　　　　北海道産業短期大学を設立
　昭和51年　　　　　道都短期大学（のち：道都大学短期大学部）と改称
　昭和53年　　　　　道都大学を開学

◇苫小牧駒澤大学
　［学校法人　駒澤大学］
　〒059-1292　北海道苫小牧市錦岡521-293
　TEL 0144-61-3111
　昭和40年4月　　　苫小牧駒澤短期大学が開学
　平成元年　　　　　駒澤大学苫小牧短期大学と改称

北海道

　平成10年　　　　　苫小牧駒澤大学に改組開学

◇名寄市立大学
　〒096-8641 北海道名寄市西2条北8丁目1
　TEL 01654-2-4194
　平成18年　　　　　名寄市立大学が開学

◇日本赤十字北海道看護大学
　［学校法人 日本赤十字学園］
　〒090-0011 北海道北見市曙町664-1
　TEL 0157-66-3311
　平成11年4月1日　　日本赤十字北海道看護大学を設立

◇函館大学
　［学校法人 野又学園］
　〒042-0955 北海道函館市高丘町51-1
　TEL 0138-57-1181
　昭和40年　　　　　函館大学を設立

◇藤女子大学
　［学校法人 藤学園］
　〒001-0016 北海道札幌市北区北16条西2-21
　TEL 011-736-0311
　昭和36年　　　　　藤女子大学が開校

◇北星学園大学
　［学校法人 北星学園］
　〒004-8631 北海道札幌市厚別区大谷地西2丁目3-1
　TEL 011-891-2731
　昭和37年　　　　　北星学園大学を設立

◇北海学園大学
　［学校法人 北海学園］
　〒062-8605 北海道札幌市豊平区旭町4-1-40
　TEL 011-841-1161
　昭和27年4月　　　北海学園大学を開校

◇北海商科大学
　［学校法人 北海学園］
　〒062-8605 北海道札幌市豊平区旭町4-1-40
　TEL 011-841-1161
　昭和52年4月　　　北海学園北見大学を開校
　昭和59年4月　　　北海学園北見女子短期大学を開校
　平成3年4月　　　北海学園北見短期大学（のち廃止）と改称
　平成18年4月　　　北海商科大学と改称

◇北海道医療大学
　［学校法人 東日本学園］
　〒061-0293 北海道石狩郡当別町金沢1757
　TEL 0133-23-1211
　昭和49年2月　　　東日本学園大学を設立
　平成6年4月　　　北海道医療大学と改称

◇北海道教育大学
　〒002-8501 北海道札幌市北区あいの里5条3-1-3
　TEL 011-778-0206
〈北海道第一師範学校〉
　明治10年3月　　　小学科授業伝習生徒教場を設立
　明治12年1月　　　教員速成科と改称
　明治15年3月　　　師範速成科と改称
　明治16年5月　　　県立札幌師範学校と改称
　明治19年1月　　　北海道庁立札幌師範学校と改称
　明治19年9月　　　北海道師範学校と改称
　明治20年4月　　　北海道尋常師範学校と改称
　明治31年4月　　　北海道師範学校と改称
　大正3年4月　　　北海道札幌師範学校と改称
　昭和18年4月　　　北海道第一師範学校と改称
〈北海道第二師範学校〉
　明治9年2月　　　小学教科伝習所を設立
　明治13年10月　　　函館師範学校と改称
　明治15年2月　　　県立函館師範学校と改称
　明治19年1月　　　北海道庁立函館師範学校と改称
　明治19年9月　　　北海道師範学校函館分校と改称
　大正3年4月　　　北海道函館師範学校と改称
　昭和18年4月　　　北海道第二師範学校と改称
〈北海道第三師範学校〉
　大正12年4月　　　北海道旭川師範学校を設立
　昭和18年4月　　　北海道第三師範学校と改称
〈北海道青年師範学校〉
　大正12年4月　　　北海道庁立実業補習学校教員養成所を設立
　昭和10年4月　　　北海道庁立青年学校教員養成所と改称
　昭和19年4月　　　北海道青年師範学校と改称
〈統合〉
　昭和24年5月31日　北海道第一師範学校，北海道第二師範学校，北海道第三師範学校，北海道青年師範学校を統合し北海道学芸大学を設置
　昭和41年4月1日　北海道教育大学と改称

◇北海道工業大学
　［学校法人 北海道尚志学園］
　〒006-8585 北海道札幌市手稲区前田7条15-4-1
　TEL 011-681-2161
　大正13年8月　　　自動車運転技能教授所を伏木田隆作が設立
　昭和42年4月　　　北海道工業大学が開学

◇北海道情報大学
　［学校法人 電子開発学園］
　〒069-8585 北海道江別市西野幌59-2
　TEL 011-385-4411
　平成元年　　　　　北海道情報大学を創立

◇北海道大学
　〒060-0808 北海道札幌市北区北8条西5丁目
　TEL 011-716-2111
　明治2年7月　　　開拓使を設置
　明治5年4月　　　開拓使仮学校が開校
　明治8年7月　　　札幌学校と改称
　明治9年8月　　　札幌農学校と改称
　明治40年6月　　　東北帝国大学農科大学と改称
　大正7年4月　　　北海道帝国大学農科大学と改称
　大正8年2月　　　北海道帝国大学農学部と改称
　昭和22年10月　　　北海道大学と改称

◇北海道東海大学
　［学校法人 東海大学］
　〒005-8601 北海道札幌市南区南沢5条1-1-1
　TEL 011-571-5111
　昭和47年4月　　　東海大学工芸短期大学を設立
　昭和52年4月　　　北海道東海大学と改称

◇北海道文教大学
　［学校法人 鶴岡学園］
　〒061-1408 北海道恵庭市黄金町196-1
　TEL 0123-34-0019
　昭和17年6月　　　北海道女子栄養学校を設立

| 昭和22年9月 | 北海道栄養学校と改称 |
| 昭和38年4月 | 北海道栄養短期大学（現:北海道文教大学短期大学部）が開学 |
| 平成11年4月 | 北海道文教大学が開学 |

◇北海道薬科大学
　［学校法人 北海道尚志学園］
　〒047-0264 北海道小樽市桂岡町7-1
　TEL 0134-62-5111

| 昭和49年5月 | 北海道薬科大学が開学 |

◇室蘭工業大学
　〒050-8585 北海道室蘭市水元町27-1
　TEL 0143-46-5000

| 昭和14年5月22日 | 室蘭高等工業学校が開校 |
| 昭和19年4月1日 | 室蘭工業専門学校と改称 |
| 昭和24年5月31日 | 室蘭工業専門学校，北海道帝国大学附属土木専門部を統合し室蘭工業大学が開校 |

◇酪農学園大学
　［学校法人 酪農学園］
　〒069-8501 北海道江別市文京台緑町582
　TEL 011-386-1111

| 昭和8年 | 北海道酪農義塾を開校 |
| 昭和35年 | 酪農学園大学を開校 |

◇稚内北星学園大学
　［学校法人 稚内北星学園］
　〒097-0013 北海道稚内市若葉台1-2290-28
　TEL 0162-32-7511

| 昭和62年 | 稚内北星学園短期大学を設置 |
| 平成12年 | 稚内北星学園大学へ改組 |

## 【短大】

◇浅井学園大学短期大学部
　［学校法人 浅井学園］
　〒069-8511 北海道江別市文京台23
　TEL 011-386-8011

| 昭和14年 | 北海ドレスメーカー女学園を浅井淑子が創立 |
| 昭和38年 | 北海道女子短期大学を開学 |
| 平成9年 | 北海道女子大学短期大学部と改称 |
| 平成12年 | 北海道浅井学園大学短期大学部と改称 |
| 平成17年 | 浅井学園大学短期大学部と改称 |

◇旭川大学女子短期大学部
　［学校法人 旭川大学］
　〒079-8501 北海道旭川市永山3条23-1-9
　TEL 0166-48-3121

| 昭和39年 | 旭川女子短期大学を設立 |
| 昭和43年 | 北日本学院大学女子短期大学部と改称 |
| 昭和45年 | 旭川大学女子短期大学部と改称 |

◇小樽短期大学
　［学校法人 小樽昭和学園］
　〒047-8611 北海道小樽市入船4-9-1
　TEL 0134-32-7171

| 昭和42年4月 | 小樽短期女子短期大学が開学 |
| 平成11年4月 | 小樽短期大学と改称 |

◇帯広大谷短期大学
　［学校法人 帯広大谷学園］
　〒080-0335 北海道河東郡音更町希望が丘3-3
　TEL 0155-42-4444

| 昭和35年4月 | 帯広大谷短期大学が開学 |

◇釧路短期大学
　［学校法人 緑ケ岡学園］
　〒085-0814 北海道釧路市緑ケ岡1-10-42
　TEL 0154-41-0131

| 昭和39年 | 釧路女子短期大学を開設 |
| 昭和48年 | 釧路短期大学と改称 |

◇光塩学園女子短期大学
　［学校法人 光塩学園］
　〒005-0012 北海道札幌市南区真駒内上町3-1-1
　TEL 011-581-0121

| 昭和23年 | 南部服装研究所を設立 |
| 昭和28年 | 光塩学園家政専門学校と改称 |
| 昭和42年 | 光塩学園女子短期大学を開学 |

◇國學院短期大学
　［学校法人 國學院大學］
　〒073-0014 北海道滝川市文京町3-1-1
　TEL 0125-23-4111

| 昭和57年 | 國學院女子短期大学を開設 |
| 平成3年 | 國學院短期大学と改称 |

◇札幌大谷短期大学
　［学校法人 札幌大谷学園］
　〒065-0016 北海道札幌市東区北16条東9-1-1
　TEL 011-742-1651

| 昭和36年 | 札幌大谷短期大学を開学 |

◇札幌国際大学短期大学部
　［学校法人 札幌国際大学］
　〒004-8602 北海道札幌市清田区清田4-1-4-1
　TEL 011-881-8844

| 昭和44年 | 札幌静修短期大学を開学 |
| 昭和50年 | 静修短期大学と改称 |
| 平成9年 | 札幌国際大学短期大学部と改称 |

◇札幌大学女子短期大学部
　［学校法人 札幌大学］
　〒062-8520 北海道札幌市豊平区西岡3-7-3-1
　TEL 011-852-1181

| 昭和43年 | 札幌大学女子短期大学部が開校 |

◇市立名寄短期大学
　〒096-8641 北海道名寄市西2条北8丁目1
　TEL 01654-2-4194

| 昭和35年 | 名寄女子短期大学が開学 |
| 平成2年 | 市立名寄短期大学と改称 |

◇専修大学北海道短期大学
　［学校法人 専修大学］
　〒079-0197 北海道美唄市字美唄1610-1
　TEL 01266-3-4321

| 昭和43年4月 | 専修大学美唄農工短期大学を開学 |
| 昭和48年4月 | 専修大学北海道短期大学と改称 |

◇拓殖大学北海道短期大学
　［学校法人 拓殖大学］
　〒074-8585 北海道深川市深川町メム4558
　TEL 0164-23-4111

| 昭和41年 | 北海道拓殖短期大学を設置 |
| 平成2年 | 拓殖大学北海道短期大学と改称 |

# 北海道

◇函館大谷短期大学
　［学校法人　函館大谷学園］
　〒041-0852　北海道函館市鍛治1-2-3
　TEL 0138-51-1786
　昭和38年4月　　函館大谷女子短期大学が開学
　平成14年4月　　函館大谷短期大学と改称

◇函館短期大学
　［学校法人　野又学園］
　〒042-0955　北海道函館市高丘町52-1
　TEL 0138-57-1800
　昭和28年　　　　函館商科短期大学を設立
　昭和37年10月1日　函館短期大学と改称

◇文化女子大学室蘭短期大学
　［学校法人　文化学園］
　〒050-0072　北海道室蘭市高砂町3-11-50
　TEL 0143-44-0561
　昭和44年　　　　文化女子大学室蘭短期大学を開学

◇北星学園大学短期大学部
　［学校法人　北星学園］
　〒004-8631　北海道札幌市厚別区大谷地西2丁目3-1
　TEL 011-891-2731
　昭和26年　　　　北星学園女子短期大学を設立
　平成14年　　　　北星学園大学短期大学部と改称

◇北海道自動車短期大学
　［学校法人　北海道尚志学園］
　〒062-0922　北海道札幌市豊平区中の島2条6-2-1
　TEL 011-821-0175
　昭和28年4月　　北海道自動車短期大学が開学

◇北海道文教大学短期大学部
　［学校法人　鶴岡学園］
　〒005-0840　北海道札幌市南区藤野400
　TEL 011-591-8531
　昭和17年6月　　北海道女子栄養学校を設立
　昭和22年9月　　北海道栄養学校と改称
　昭和38年4月　　北海道栄養短期大学が開学
　平成6年4月　　　北海道文教短期大学と改称
　平成14年4月　　北海道文教大学短期大学部と改称

◇北海道武蔵女子短期大学
　［学校法人　北海道武蔵女子学園］
　〒001-0022　北海道札幌市北区北22条西13
　TEL 011-726-3141
　昭和42年　　　　北海道武蔵女子短期大学を開学

◇酪農学園大学短期大学部
　［学校法人　酪農学園］
　〒069-8501　北海道江別市文京台緑町582
　TEL 011-386-1111
　昭和25年　　　　酪農学園短期大学酪農科を開校
　昭和60年　　　　北海道文理科短期大学と改称
　平成10年　　　　酪農学園大学短期大学部と改称

【高専】

◇旭川工業高等専門学校
　〒071-8142　北海道旭川市春光堂2条2-1-6
　TEL 0166-55-8000
　昭和37年4月1日　旭川工業高等専門学校を設置

◇釧路工業高等専門学校
　〒084-0916　北海道釧路市大楽毛西2-32-1
　TEL 0154-57-7240
　昭和40年4月　　釧路工業高等専門学校が開校

◇札幌市立高等専門学校
　〒005-0864　北海道札幌市南区芸術の森1丁目
　TEL 011-592-5400
　平成3年4月　　　札幌市立高等専門学校が開校

◇苫小牧工業高等専門学校
　〒059-1275　北海道苫小牧市字錦岡443
　TEL 0144-67-0213
　昭和39年4月1日　苫小牧工業高等専門学校を設置

◇函館工業高等専門学校
　〒042-8501　北海道函館市戸倉町14-1
　TEL 0138-59-6339
　昭和37年4月1日　函館工業高等専門学校を設置

【高校】

◇北海道愛別高等学校
　〒078-1403　北海道上川郡愛別町字南町27
　TEL 01658-6-5221
　昭和24年　　　　北海道立永山農業高等学校愛別分校を設置
　昭和27年　　　　北海道愛別高等学校として独立

◇北海道赤平高等学校
　〒079-1121　北海道赤平市北文京町1丁目2
　TEL 0125-32-2141
　昭和24年5月　　滝川女子高等学校赤平分校として開校
　昭和24年11月　　北海道赤平高等学校として独立

◇北海道阿寒高等学校
　〒085-0213　北海道釧路市阿寒町仲町2丁目7-1
　TEL 0154-66-3333
　昭和25年4月1日　標茶農業高等学校雄別分校が開校
　昭和25年6月1日　釧路市立富士見高等学校雄別分校と改称
　昭和28年3月31日　北海道阿寒高等学校と改称

◇北海道旭川北高等学校
　〒070-0901　北海道旭川市花咲町3丁目
　TEL 0166-51-4620
　昭和15年4月20日　旭川市立中学校が開校
　昭和23年4月1日　旭川市立高等学校と改称
　昭和25年4月1日　北海道旭川北高等学校と改称

◇北海道旭川工業高等学校
　〒078-8804　北海道旭川市緑が丘東4条1丁目1-6
　TEL 0166-65-4115
　昭和16年　　　　北海道庁立旭川工業高等学校が開校
　昭和23年　　　　北海道立旭川工業高等学校と改称
　昭和25年　　　　北海道旭川工業高等学校と改称

◇旭川実業高等学校
　［学校法人　北海道立正学園］
　〒071-8138　北海道旭川市末広8条1丁目
　TEL 0166-51-1246
　昭和35年　　　　旭川実業高等学校を開校

◇北海道旭川商業高等学校
　〒070-0063　北海道旭川市曙3条3丁目
　TEL 0166-22-3556

|  |  |
| --- | --- |
| 大正11年5月5日 | 北海道旭川区旭川商業高等学校が開校 |
| 大正11年8月1日 | 北海道旭川商業学校と改称 |
| 昭和2年4月1日 | 北海道庁立旭川商業高等学校と改称 |
| 昭和23年4月1日 | 北海道旭川商業高等学校と改称 |

◇旭川大学高等学校
　［学校法人　旭川大学］
　〒079-8505　北海道旭川市永山7条16-3-16
　TEL 0166-48-1221

|  |  |
| --- | --- |
| 昭和27年 | 旭川女子高等学校が開校 |
| 昭和39年 | 旭川日本大学高等学校と改称 |
| 昭和43年4月 | 北日本学院大学高等学校と改称 |
| 昭和45年5月 | 旭川大学高等学校と改称 |

◇北海道旭川東栄高等学校
　〒078-8340　北海道旭川市東旭川町共栄15-2
　TEL 0166-33-5566

|  |  |
| --- | --- |
| 昭和58年 | 北海道旭川東栄高等学校が開校 |

◇北海道旭川西高等学校
　〒070-0815　北海道旭川市川端町5条9丁目1-8
　TEL 0166-52-1215

|  |  |
| --- | --- |
| 明治40年3月10日 | 北海道庁立上川高等女学校として認可 |
| 大正4年4月20日 | 北海道庁立旭川高等女学校と改称 |
| 昭和23年4月1日 | 北海道立旭川女子高等学校と改称 |
| 昭和25年4月1日 | 北海道旭川西高等学校と改称 |

◇北海道旭川農業高等学校
　〒079-8431　北海道旭川市永山町14丁目153
　TEL 0166-48-2887

|  |  |
| --- | --- |
| 大正12年5月3日 | 北海道庁立永山農業学校が開校 |
| 昭和22年11月1日 | 北海道立永山農業学校と改称 |
| 昭和23年4月1日 | 北海道立永山農業高等学校と改称 |
| 昭和25年4月1日 | 北海道永山農業高等学校と改称 |
| 昭和36年4月1日 | 北海道旭川農業高等学校と改称 |

◇北海道旭川東高等学校
　〒070-0036　北海道旭川市6条通11丁目左
　TEL 0166-23-2855

|  |  |
| --- | --- |
| 明治36年2月14日 | 北海道庁立上川中学校の設置許可 |
| 大正4年4月19日 | 北海道庁立旭川中学校と改称 |
| 昭和23年4月1日 | 北海道立旭川高等学校と改称 |
| 昭和25年4月1日 | 北海道旭川東高等学校と改称 |

◇旭川藤女子高等学校
　［学校法人　藤学園］
　〒070-0901　北海道旭川市花咲町6
　TEL 0166-51-8125

|  |  |
| --- | --- |
| 昭和28年 | 旭川藤女子高等学校が開校 |

◇北海道旭川北都商業高等学校
　〒070-8072　北海道旭川市台場2条1丁目
　TEL 0166-61-7571

|  |  |
| --- | --- |
| 昭和39年4月12日 | 北海道旭川北都商業高等学校が開校 |

◇北海道旭川南高等学校
　〒078-8803　北海道旭川市緑が丘東3条3丁目1-1
　TEL 0166-65-8770

|  |  |
| --- | --- |
| 昭和49年 | 北海道旭川南高等学校が開校 |

◇旭川明成高等学校
　［学校法人　旭川宝田学園］
　〒070-0823　北海道旭川市緑町14
　TEL 0166-51-3220

|  |  |
| --- | --- |
| 平成9年4月 | 旭川明成高等学校が開校 |

◇旭川竜谷高等学校
　［学校法人　旭川龍谷学園］
　〒078-8235　北海道旭川市豊岡5条4-4-1
　TEL 0166-39-2700

|  |  |
| --- | --- |
| 昭和33年4月 | 旭川高等学校が開校 |
| 昭和36年10月 | 旭川竜谷学園高等学校と改称 |
| 昭和38年3月 | 旭川竜谷高等学校と改称 |

◇北海道旭川凌雲高等学校
　〒079-8508　北海道旭川市永山町3丁目102
　TEL 0166-47-6006

|  |  |
| --- | --- |
| 昭和58年4月8日 | 北海道旭川凌雲高等学校が開校 |

◇北海道芦別高等学校
　〒075-0041　北海道芦別市本町40-13
　TEL 01242-2-2164

|  |  |
| --- | --- |
| 昭和18年4月1日 | 北海道芦別高等女学校を設置 |
| 昭和23年4月1日 | 北海道芦別高等学校と改称 |

◇北海道足寄高等学校
　〒089-3732　北海道足寄郡足寄町里見が丘5-11
　TEL 01562-5-2269

|  |  |
| --- | --- |
| 昭和24年7月31日 | 北海道本別高等学校西足寄分校が開校 |
| 昭和28年4月1日 | 西足寄町立北海道西足寄高等学校と改称 |
| 昭和30年3月21日 | 北海道足寄高等学校と改称 |

◇北海道厚岸潮見高等学校
　〒088-1125　北海道厚岸郡厚岸町字白浜町16-1
　TEL 0153-52-2448

|  |  |
| --- | --- |
| 昭和26年4月1日 | 釧路湖陵高等学校上尾幌分校を認可 |
| 昭和27年 | 釧路江南高等学校上尾幌分校と改称 |
| 昭和35年4月 | 北海道厚岸潮見高等学校と改称 |

◇北海道厚岸水産高等学校
　〒088-1114　北海道厚岸郡厚岸町湾月町1丁目20-1
　TEL 0153-52-3196

〈北海道厚岸女子高等学校〉

|  |  |
| --- | --- |
| 昭和6年4月13日 | 公立厚岸家政女学校を設立 |
| 昭和11年3月29日 | 北海道厚岸実科高等女学校を設立 |
| 昭和18年4月1日 | 北海道厚岸高等女学校と改称 |
| 昭和23年4月1日 | 北海道厚岸女子高等学校と改称 |

〈北海道立厚岸水産高等学校〉

|  |  |
| --- | --- |
| 昭和16年4月21日 | 北海道庁立厚岸水産学校が開校 |
| 昭和22年11月1日 | 北海道立厚岸水産学校と改称 |
| 昭和23年4月1日 | 北海道立厚岸水産高等学校と改称 |

〈統合〉

|  |  |
| --- | --- |
| 昭和24年4月1日 | 北海道厚岸女子高等学校，北海道立厚岸水産高等学校が統合し北海道厚岸高等学校と改称 |
| 昭和40年4月1日 | 北海道厚岸水産高等学校と改称 |

◇北海道厚真高等学校
　〒059-1605　北海道勇払郡厚真町字本郷234-3
　TEL 01452-7-2069

|  |  |
| --- | --- |
| 昭和28年4月20日 | 北海道厚真高等学校が開校 |

◇網走高等学校
　［学校法人　網走学園］

北海道

　　〒093-0006 北海道網走市南六条東3
　　TEL 0152-43-4596
　昭和22年7月1日　　網走女子技芸専門学校として開校
　昭和23年　　　　　網走高等技芸学校として認可を受
　　　　　　　　　　　ける
　昭和34年　　　　　網走女子高等学校と改称
　昭和43年　　　　　網走高等学校と改称

◇北海道網走向陽高等学校
　　〒093-0084 北海道網走市向陽ヶ丘6丁目2-1
　　TEL 0152-43-2930
　大正11年4月24日　　北海道庁立網走高等女学校が開校
　昭和23年4月1日　　北海道立網走女子高等学校と改称
　昭和25年4月1日　　北海道網走向陽高等学校と改称

◇北海道網走南ヶ丘高等学校
　　〒093-0031 北海道網走市台町2丁目13-1
　　TEL 0152-43-2353
　大正11年3月7日　　北海道庁立網走中学校を設立
　昭和23年4月1日　　北海道立網走高等学校と改称
　昭和25年4月1日　　北海道網走南ヶ丘高等学校と改称

◇北海道虻田高等学校
　　〒049-5605 北海道虻田郡洞爺湖町高砂町127-5
　　TEL 0142-76-2540
　昭和24年3月20日　　北海道虻田高等学校が開校

◇遺愛女子高等学校
　　［学校法人 遺愛学院］
　　〒040-8543 北海道函館市杉並町23-11
　　TEL 0138-51-0418
　明治15年2月　　　　カロライン・ライト・メモリアル・
　　　　　　　　　　　スクールを設立
　明治18年　　　　　遺愛女学校と改称
　昭和23年　　　　　遺愛女子高等学校と改称

◇池上学院高等学校
　　［学校法人 池上学園］
　　〒062-0903 北海道札幌市豊平区豊平3条5-1-38
　　TEL 011-811-5297
　平成16年4月　　　　池上学院高等学校が開校

◇北海道池田高等学校
　　〒083-0003 北海道中川郡池田町字清見ヶ丘13
　　TEL 01557-2-2662
　〈北海道立池田女子高等学校〉
　大正7年5月15日　　川合女子実業補習学校が開校
　昭和2年3月23日　　池田実科女学校と改称
　昭和4年4月11日　　池田実科高等女校を設立
　昭和6年4月21日　　池田高等女学校を設立
　昭和8年4月1日　　北海道庁立池田高等女学校と改称
　昭和23年3月31日　　北海道立池田女子高等学校と改称
　〈北海道立池田高等学校〉
　昭和17年7月7日　　町立北海道池田中学校を設立
　昭和23年3月31日　　北海道立池田高等学校と改称
　〈統合〉
　昭和25年4月1日　　北海道立池田女子高等学校，北海
　　　　　　　　　　　道立池田高等学校が統合し
　　　　　　　　　　　北海道池田高等学校と改称

◇北海道石狩翔陽高等学校
　　〒061-3248 北海道石狩市花川東128-31
　　TEL 0133-74-5771
　昭和53年　　　　　北海道石狩高等学校が開校
　平成13年4月　　　　北海道石狩翔陽高等学校と改称

◇北海道石狩南高等学校
　　〒061-3208 北海道石狩市花川南8条5丁目1
　　TEL 0133-73-4181
　昭和58年4月1日　　北海道石狩南高等学校が開校

◇北海道岩内高等学校
　　〒045-0012 北海道岩内郡岩内町字宮園243
　　TEL 0135-62-1445
　昭和15年12月11日　　岩内町立北海道岩内中学校を設置
　昭和20年3月31日　　北海道庁立岩内中学校と改称
　昭和23年4月1日　　北海道立岩内高等学校と改称
　昭和24年4月1日　　北海道立岩内女子高等学校と統合
　　　　　　　　　　　北海道岩内高等学校と改称
　〈北海道立岩内女子高等学校〉
　大正8年5月24日　　岩内町立女子職業学校を設立
　大正15年3月31日　　岩内町立実科高等女学校と改称
　昭和9年4月1日　　北海道庁立岩内高等女学校と改称
　昭和23年4月1日　　北海道立岩内女子高等学校と改称

◇北海道岩見沢西高等学校
　　〒068-0818 北海道岩見沢市並木町30
　　TEL 0126-22-0071
　大正13年3月28日　　北海道庁立岩見沢高等女学校を開
　　　　　　　　　　　校
　昭和23年4月1日　　北海道立岩見沢女子高等学校と改
　　　　　　　　　　　称
　昭和25年4月1日　　北海道岩見沢西高等学校と改称

◇北海道岩見沢農業高等学校
　　〒068-0818 北海道岩見沢市並木町1-5
　　TEL 0126-22-0130
　明治40年5月　　　　空知農業高等学校が開校
　昭和25年4月　　　　北海道岩見沢農業高等学校と改称

◇北海道岩見沢東高等学校
　　〒068-0826 北海道岩見沢市東山町112
　　TEL 0126-22-0175
　大正11年4月14日　　北海道庁立岩見沢中学校を開校
　昭和23年4月1日　　北海道立岩見沢高等学校と改称
　昭和25年4月1日　　岩見沢市立女子高等学校と統合し
　　　　　　　　　　　北海道岩見沢東高等学校と改称
　昭和25年4月1日　　北海道岩見沢鳩ヶ丘高等学校と統
　　　　　　　　　　　合
　昭和37年4月1日　　北海道美流渡高等学校と統合
　〈北海道岩見沢鳩ヶ丘高等学校〉
　昭和15年5月16日　　市立岩見沢夜間中学校が開校
　昭和20年4月1日　　岩見沢市立中学校と改称
　昭和23年4月1日　　岩見沢市立高等学校と改称
　昭和25年4月1日　　北海道岩見沢鳩ヶ丘高等学校と改
　　　　　　　　　　　称
　〈北海道美流渡高等学校〉
　昭和26年4月1日　　北海道岩見沢東高等学校美流渡分
　　　　　　　　　　　校（定時制）を開校
　昭和28年4月1日　　北海道美流渡高等学校と改称

◇北海道岩見沢緑陵高等学校
　　〒068-0835 北海道岩見沢市緑が丘74-2
　　TEL 0126-22-1851
　昭和49年4月10日　　北海道岩見沢緑陵高等学校が開校

◇北海道歌志内高等学校
　　〒073-0407 北海道歌志内市字文珠200
　　TEL 0125-42-3043
　昭和24年10月10日　　北海道歌志内高等学校が開校

◇北海道**浦河**高等学校
　〒057-0006 北海道浦河郡浦河町東町かしわ1丁目5-1
　TEL 01462-2-3041
　昭和7年6月1日　　　町立浦河実践女学校が開校
　昭和11年4月1日　　　町立浦河実科高等女学校が開校
　昭和16年4月20日　　町立浦河高等女学校と改称
　昭和19年3月31日　　北海道庁立浦河高等女学校と改称
　昭和22年11月1日　　北海道立浦河高等女学校と改称
　昭和23年4月1日　　　北海道立浦河高等学校と改称
　昭和25年4月1日　　　北海道浦河高等学校と改称

◇北海道**浦幌**高等学校
　〒089-5634 北海道十勝郡浦幌町字帯富150-2
　TEL 01557-6-2107
　昭和27年5月13日　　北海道池田高等学校浦幌分校が開校
　昭和27年11月1日　　北海道浦幌高等学校と改称

◇北海道**江差**高等学校
　〒043-0022 北海道檜山郡江差町字伏木戸町460-1
　TEL 01395-3-6224
　〈北海道江差高等学校〉
　昭和18年4月1日　　　北海道江差中学校を設立
　昭和23年4月1日　　　北海道立江差高等学校と改称
　昭和24年4月1日　　　北海道立江差高等女学校と統合
　昭和25年4月1日　　　北海道江差高等学校と改称
　〈北海道立江差高等女学校〉
　昭和5年5月　　　　　江差実科女学校を設立
　昭和8年3月29日　　　江差実科高等女学校に昇格
　昭和12年10月1日　　北海道江差高等女学校と改称
　昭和13年4月1日　　　北海道庁立江差高等女学校と改称
　昭和23年4月1日　　　北海道立江差高等女学校と改称

◇北海道**枝幸**高等学校
　〒098-5822 北海道枝幸郡枝幸町北幸町529-2
　TEL 01636-2-1169
　昭和26年5月6日　　　北海道枝幸高等学校が開校

◇北海道**恵山**高等学校
　〒041-0406 北海道函館市女那川町176
　TEL 0138-84-3675
　昭和45年4月　　　　　北海道恵山高等学校が開校

◇北海道**恵庭北**高等学校
　〒061-1375 北海道恵庭市南島松359-1
　TEL 0123-36-8111
　昭和26年6月2日　　　北海道恵庭高等学校が開校
　昭和36年4月1日　　　北海道恵庭北高等学校と改称

◇北海道**恵庭南**高等学校
　〒061-1412 北海道恵庭市白樺町4丁目1-1
　TEL 0123-32-2391
　昭和26年6月　　　　　恵庭町立北海道恵庭高等学校漁分校が開校
　昭和36年4月1日　　　恵庭町立北海道恵庭南高等学校と改称
　昭和39年3月　　　　　北海道恵庭南高等学校と改称

◇北海道**江別**高等学校
　〒067-8564 北海道江別市上江別444-1
　TEL 011-382-2173
　昭和4年　　　　　　　公立江別実科高等女学校が発足
　昭和23年　　　　　　北海道江別高等学校と改称

◇北海道**えりも**高等学校
　〒058-0203 北海道幌泉郡えりも町字新浜208-2
　TEL 01466-2-2405
　昭和24年1月28日　　北海道浦河高等学校幌泉分校を設置
　昭和27年11月1日　　北海道幌泉高等学校と改称
　昭和46年4月1日　　　北海道えりも高等学校と改称

◇北海道**遠軽郁凌**高等学校
　〒099-0428 北海道紋別郡遠軽町西町3丁目
　TEL 01584-2-1121
　昭和30年4月3日　　　北海道遠軽家政高等学校が開校
　平成2年4月1日　　　北海道遠軽郁凌高等学校と改称

◇北海道**遠軽**高等学校
　〒099-0414 北海道紋別郡遠軽町南町1丁目
　TEL 01584-2-2676
　〈北海道立遠軽女子高等学校〉
　昭和3年3月28日　　　北海道遠軽実科高等女学校を設置
　昭和16年3月31日　　北海道遠軽高等女学校に組織変更
　昭和23年4月1日　　　北海道立遠軽女子高等学校を設置
　〈北海道立遠軽高等学校〉
　昭和15年4月22日　　北海道遠軽中学校が開校
　昭和19年4月1日　　　北海道庁立遠軽中学校と改称
　昭和22年10月1日　　北海道遠軽中学校と改称
　昭和23年4月1日　　　北海道立遠軽高等学校と改称
　〈統合〉
　昭和25年4月1日　　　北海道立遠軽女子高等学校，北海道立遠軽高等学校が統合し
　　　　　　　　　　　北海道遠軽高等学校と改称

◇北海道**遠別農業**高等学校
　〒098-3541 北海道天塩郡遠別町字北浜74-1
　TEL 01632-7-2376
　昭和27年4月28日　　北海道天塩高等学校遠別分校が開校
　昭和27年11月1日　　北海道遠別高等学校と改称
　昭和53年4月1日　　　北海道遠別農業高等学校と改称

◇北海道**追分**高等学校
　〒059-1911 北海道勇払郡安平町追分本町7丁目8
　TEL 01452-5-2555
　昭和24年2月4日　　　苫小牧高等学校追分分校が開校
　昭和26年4月1日　　　北海道追分高等学校を設置

◇北海道**雄武**高等学校
　〒098-1702 北海道紋別郡雄武町字雄武1495
　TEL 01588-4-2956
　昭和23年11月20日　　北海道紋別高等学校雄武分校が開校
　昭和26年4月15日　　北海道雄武高等学校として独立

◇北海道**大麻**高等学校
　〒069-0845 北海道江別市大麻147
　TEL 011-387-1661
　昭和59年4月　　　　　北海道大麻高等学校が開校

◇北海道**大野農業**高等学校
　〒041-1231 北海道北斗市向野43-1
　TEL 0138-77-8133
　昭和16年2月25日　　北海道庁立大野農業学校が開校
　昭和22年11月1日　　北海道立大野農業学校と改称
　昭和23年4月1日　　　北海道立大野農業高等学校と改称
　昭和25年4月1日　　　北海道大野農業高等学校と改称

◇北海道**奥尻**高等学校
　〒043-1402 北海道奥尻郡奥尻町字赤石411-2
　TEL 01397-2-2354

北海道

| 昭和50年4月 | 北海道江差高等学校奥尻分校が開校 |
| 昭和52年4月 | 北海道奥尻高等学校と改称 |

◇北海道置戸高等学校
　〒099-1112 北海道常呂郡置戸町字置戸256-8
　TEL 0157-52-3263
| 昭和26年4月16日 | 北海道北見北斗高等学校置戸分校が開校 |
| 昭和27年11月1日 | 北海道置戸高等学校と改称 |

◇北海道興部高等学校
　〒098-1604 北海道紋別郡興部町字興部125
　TEL 01588-2-2316
| 昭和23年10月23日 | 北海道紋別高等学校興部分校が開校 |
| 昭和26年3月8日 | 北海道興部高等学校を設置 |

◇北海道長万部高等学校
　〒049-3516 北海道山越郡長万部町字栄原143-1
　TEL 01377-2-2069
| 昭和25年5月 | 北海道八雲高等学校長万部分校が開校 |
| 昭和26年8月 | 北海道長万部高等学校が開校 |

◇北海道小樽桜陽高等学校
　〒047-0036 北海道小樽市長橋3丁目19-1
　TEL 0134-23-0671
| 明治39年5月 | 北海道庁立小樽高等女学校が開校 |
| 昭和22年11月1日 | 北海道立小樽高等女学校と改称 |
| 昭和23年4月1日 | 北海道立小樽女子高等学校と改称 |
| 昭和25年4月1日 | 北海道小樽桜陽高等学校と改称 |

◇北海道小樽工業高等学校
　〒047-8540 北海道小樽市最上1丁目29-1
　TEL 0134-23-6105
| 昭和14年 | 北海道庁立小樽工業学校が開校 |
| 昭和23年4月 | 北海道立小樽工業高等学校と改称 |
| 昭和25年4月 | 小樽千秋高等学校と改称 |
| 昭和43年4月 | 北海道小樽工業高等学校と改称 |

◇北海道小樽商業高等学校
　〒047-0034 北海道小樽市緑3丁目4-1
　TEL 0134-23-9231
| 大正2年4月 | 北海道庁立小樽商業学校が開校 |
| 昭和19年4月 | 北海道庁立小樽第二工業学校と改称 |
| 昭和21年4月 | 北海道庁立小樽商業学校に復帰 |
| 昭和22年12月 | 北海道立小樽商業学校と改称 |
| 昭和23年4月 | 北海道立小樽商業高等学校と改称 |
| 昭和25年4月 | 北海道小樽緑陵高等学校と改称 |
| 昭和41年4月 | 北海道小樽商業高等学校と改称 |

◇北海道小樽水産高等学校
　〒047-0001 北海道小樽市若竹町9-1
　TEL 0134-23-0670
| 明治38年4月1日 | 北海道庁立水産学校を創立 |
| 明治40年1月16日 | 北海道庁立小樽水産学校を創立 |
| 昭和23年4月1日 | 北海道立小樽水産高等学校と改称 |
| 昭和25年4月1日 | 北海道小樽水産高等学校と改称 |

◇北海道小樽潮陵高等学校
　〒047-0002 北海道小樽市潮見台2丁目1-1
　TEL 0134-22-0754
| 明治35年4月25日 | 北海道庁立小樽中学校が開校 |
| 昭和23年4月1日 | 北海道立小樽高等学校と改称 |
| 昭和25年4月1日 | 北海道小樽潮陵高等学校と改称 |

◇小樽明峰高等学校
　[学校法人 小樽昭和学園]
　〒047-8586 北海道小樽市最上1-14-17
　TEL 0134-22-7755
| 昭和28年4月 | 小樽青峰高等学校を創立 |
| 昭和31年2月 | 小樽昭和高等学校と改称 |
| 平成7年4月 | 小樽明峰高等学校と改称 |

◇北海道おといねっぷ美術工芸高等学校
　〒098-2501 北海道中川郡音威子府村字音威子府181
　TEL 01656-5-3044
| 昭和25年4月1日 | 北海道名寄農業高等学校音威子府分校として創立 |
| 昭和28年2月3日 | 北海道音威子府高等学校と改称 |
| 平成14年4月4日 | 北海道おといねっぷ美術工芸高等学校と改称 |

◇北海道音更高等学校
　〒080-0574 北海道河東郡音更町駒場西1
　TEL 0155-44-2201
| 昭和23年 | 帯広市立商工高等学校音更分校が開校 |
| 昭和24年 | 北海道立帯広商工高等学校音更分校と改称 |
| 昭和25年 | 帯広柏葉高等学校音更分校と改称 |
| 昭和27年 | 音更村立北海道音更高等学校を認可 |
| 昭和49年 | 北海道音更高等学校と改称 |

◇帯広大谷高等学校
　[学校法人 帯広大谷学園]
　〒080-2469 北海道帯広市西十九条南4-35-1
　TEL 0155-33-5813
| 大正12年 | 帯広大谷女学校を設立 |
| 大正14年 | 帯広大谷高等女学校に昇格 |
| 昭和23年 | 帯広大谷高等学校を創立 |

◇帯広北高等学校
　[学校法人 帯広渡辺学園]
　〒080-0833 北海道帯広市稲田町基線8-2
　TEL 0155-47-0121
| 昭和31年2月 | 渡辺女子高等学校を設置 |
| 昭和39年4月 | 帯広北高等学校と改称 |

◇北海道帯広工業高等学校
　〒080-0833 北海道帯広市稲田町基線14-7
　TEL 0155-48-5650
| 昭和39年4月1日 | 北海道帯広工業高等学校が開校 |

◇北海道帯広三条高等学校
　〒080-2473 北海道帯広市西23条南2丁目12
　TEL 0155-37-5501
| 大正4年4月15日 | 十勝姉妹職業学校を開校 |
| 大正9年4月 | 姉妹実科高等女学校と改称 |
| 昭和6年12月 | 帯広町立姉妹高等女学校と改称 |
| 昭和8年4月1日 | 北海道庁立帯広高等女学校と改称 |
| 昭和23年4月1日 | 北海道立帯広女子高等学校と改称 |
| 昭和25年4月1日 | 北海道帯広三条高等学校と改称 |

◇北海道帯広農業高等学校
　〒080-0834 北海道帯広市稲田町西1線9
　TEL 0155-48-3051
| 大正9年4月22日 | 帯広町外12ヶ村組合立十勝農業学校が開校 |

| | | |
|---|---|---|
| 大正11年3月6日 | 北海道庁立十勝農業学校と改称 |
| 昭和23年4月1日 | 北海道立十勝農業高等学校と改称 |
| 昭和25年4月1日 | 北海道川西農業高等学校と改称 |
| 昭和32年4月1日 | 北海道帯広農業高等学校と改称 |

◇北海道帯広柏葉高等学校
　〒080-8503 北海道帯広市東5条南2丁目
　TEL 0155-23-5897
　大正12年4月14日　　北海道庁立帯広中学校が開校
　昭和23年4月1日　　北海道立帯広高等学校と改称
　昭和24年4月1日　　北海道帯広高等学校と改称
　昭和25年4月1日　　北海道帯広商工高等学校と統合し北海道帯広柏葉高等学校と改称

◇北海道帯広南商業高等学校
　〒080-2471 北海道帯広市西21条南5丁目36-1
　TEL 0155-34-5852
　昭和34年4月1日　　北海道帯広南商業高等学校が開校

◇北海道帯広緑陽高等学校
　〒080-0837 北海道帯広市空港南町南9線西34-1
　TEL 0155-48-6603
　昭和55年4月8日　　北海道帯広緑陽高等学校が開校

◇海星学院高等学校
　［学校法人 海星学院］
　〒050-0072 北海道室蘭市高砂町3-7-7
　TEL 0143-44-5292
　昭和36年1月　　聖ベネディクト女子学園をアメリカのベネディクト会修道女が開設
　昭和36年4月　　聖ベネディクト女子高等学校が開校
　平成15年4月　　海星学院高等学校と改称

◇北海道上磯高等学校
　〒049-0156 北海道北斗市中野通3丁目6-1
　TEL 0138-73-2304
　昭和26年4月1日　　北海道函館商業高等学校上磯分校を設立
　昭和27年4月1日　　北海道上磯高等学校として独立

◇北海道上川高等学校
　〒078-1763 北海道上川郡上川町東町148
　TEL 01658-2-1469
　昭和27年4月4日　　北海道旭川東高等学校上川分校として発足
　昭和27年11月1日　　北海道上川高等学校と改称

◇北海道上士幌高等学校
　〒080-1408 北海道河東郡上士幌町東1線227
　TEL 01564-2-2549
　昭和25年5月4日　　北海道川西農業高等学校上士幌分校が開校
　昭和26年1月1日　　北海道上士幌高等学校として独立

◇北海道上ノ国高等学校
　〒049-0695 北海道檜山郡上ノ国町字大留351
　TEL 01395-5-3766
　昭和57年4月1日　　北海道上ノ国高等学校が開校

◇北海道上富良野高等学校
　〒071-0555 北海道空知郡上富良野町東3丁目1-3
　TEL 0167-45-4447
　昭和23年　　北海道立富良野高等学校上富良野分校が開校
　昭和40年　　上富良野高等学校として独立
　昭和51年　　北海道上富良野高等学校と改称

◇北海道木古内高等学校
　〒049-0431 北海道上磯郡木古内町字木古内194-5
　TEL 01392-2-2047
　昭和26年4月　　北海道木古内高等学校を創立

◇北海道北広島高等学校
　〒061-1112 北海道北広島市共栄305-3
　TEL 011-372-2281
　昭和53年4月　　北海道北広島高等学校が開校

◇北海道北広島西高等学校
　〒061-1105 北海道北広島市西の里東3-3-3
　TEL 011-375-2771
　昭和58年4月　　北海道北広島西高等学校が開校

◇北海道北見工業高等学校
　〒099-0878 北海道北見市東相内町602
　TEL 0157-36-5524
　昭和39年4月　　北海道北見工業高等学校が開校

◇北海道北見商業高等学校
　〒099-2198 北海道北見市端野町3区583-1
　TEL 0157-56-3566
　昭和54年4月1日　　北海道北見商業高等学校が開校

◇北海道北見仁頃高等学校
　〒090-0003 北海道北見市仁頃町242
　TEL 0157-33-2333
　昭和27年　　北見北斗高等学校仁頃分校として開校
　昭和27年11月　　北海道北見仁頃高等学校と改称

◇北海道北見柏陽高等学校
　〒090-8533 北海道北見市柏陽町567
　TEL 0157-24-5107
　大正12年5月1日　　北海道常呂郡野付牛町女子職業学校を設立
　昭和9年6月6日　　北海道野付牛町立高等家政女学校と改称
　昭和11年3月4日　　北海道野付牛町立高等女学校と改称
　昭和12年10月1日　　北海道庁立野付牛高等女学校と改称
　昭和17年6月10日　　北海道庁立北見女子高等学校と改称
　昭和23年4月1日　　北海道立北見女子高等学校と改称
　昭和25年4月1日　　北海道北見柏陽高等学校と改称

◇北見藤女子高等学校
　［学校法人 藤学園］
　〒090-8642 北海道北見市三楽町213
　TEL 0157-23-3212
　昭和31年　　北見藤女子高等学校が開校

◇北海道北見北斗高等学校
　〒090-0035 北海道北見市北斗町1丁目1-11
　TEL 0157-24-3195
　大正11年　　北海道庁野付牛中学校が開校
　昭和23年　　北海道北見高等学校と改称
　昭和25年　　北海道北見北斗高等学校と改称

◇北海道北見緑陵高等学校
　〒090-8558 北海道北見市大正255
　TEL 0157-36-4536

## 北海道

昭和58年4月1日　　　北海道北見緑陵高等学校が開校

◇**北海道喜茂別高等学校**
〒044-0201 北海道虻田郡喜茂別町字喜茂別258-1
TEL 0136-33-2201
昭和23年10月　　　倶知安農業高等学校喜茂別分校として開校
昭和27年11月　　　喜茂別高等学校として独立
昭和38年3月　　　北海道喜茂別高等学校と改称

◇**北海道共和高等学校**
〒048-2201 北海道岩内郡共和町前田120-2
TEL 0135-73-2130
昭和32年　　　　　北海道共和高等学校を設置
昭和43年　　　　　北海道共和農業高等学校と改称
昭和51年　　　　　北海道共和高等学校と改称

◇**北海道清里高等学校**
〒099-4405 北海道斜里郡清里町羽衣38
TEL 01522-5-2310
昭和26年4月15日　北海道斜里高等学校上斜里分校を設置
昭和27年11月1日　北海道上斜里高等学校を設置
昭和30年8月1日　　北海道清里高等学校と改称

◇**北海道霧多布高等学校**
〒088-1526 北海道厚岸郡浜中町新川東2丁目41
TEL 0153-62-2688
昭和26年4月1日　　北海道厚岸高等学校霧多布分校を設立
昭和27年11月1日　北海道霧多布高等学校と改称

◇**北海道釧路北高等学校**
〒085-0057 北海道釧路市愛国西1-38-7
TEL 0154-36-5001
昭和55年　　　　　北海道釧路北高等学校が開校

◇**北海道釧路工業高等学校**
〒085-0821 北海道釧路市鶴ヶ岱町3丁目5-1
TEL 0154-41-1285
昭和14年4月22日　北海道庁釧路工業学校が開校
昭和23年4月1日　　北海道立釧路工業高等学校と改称
昭和25年4月1日　　北海道釧路工業高等学校と改称

◇**北海道釧路江南高等学校**
〒085-0051 北海道釧路市光陽町24-17
TEL 0154-22-2760
大正8年　　　　　　釧路高等女学校が開校
昭和23年4月6日　　北海道立釧路女子高等学校と改称
昭和23年4月26日　釧路市立女子高等学校を合併
昭和25年4月　　　　北海道釧路江南高等学校と改称

◇**北海道釧路湖陵高等学校**
〒085-0814 北海道釧路市緑ヶ岡3丁目1-31
TEL 0154-43-3131
大正2年11月　　　　北海道庁立釧路中学校が開校
昭和23年4月　　　　北海道立釧路高等学校と改称
昭和25年4月　　　　北海道釧路湖陵高等学校と改称

◇**北海道釧路商業高等学校**
〒084-0902 北海道釧路市昭和41-154
TEL 0154-52-3331
昭和28年4月　　　　釧路市立北海道釧路商業高等学校が開校
昭和30年3月　　　　北海道釧路商業高等学校と改称

◇**北海道釧路星園高等学校**
〒085-0806 北海道釧路市武佐4丁目28-10
TEL 0154-46-1538
昭和25年4月　　　　釧路市立高等家政学院が開校
昭和27年3月　　　　釧路星園家政専門学校と改称
昭和30年4月　　　　北海道釧路家政高等学校と改称
昭和31年3月　　　　北海道釧路星園高等学校と改称

◇**北海道釧路西高等学校**
〒084-0924 北海道釧路市鶴野58-92
TEL 0154-57-4111
昭和58年4月8日　　北海道釧路西高等学校が開校

◇**北海道釧路東高等学校**
〒088-0618 北海道釧路郡釧路町富原3-1
TEL 0154-36-2852
昭和53年4月11日　北海道釧路東高等学校が開校

◇**北海道釧路北陽高等学校**
〒085-0814 北海道釧路市緑ヶ岡1-11-8
TEL 0154-41-4401
昭和32年4月10日　北海道釧路北陽高等学校が開校

◇**北海道倶知安高等学校**
〒044-0057 北海道虻田郡倶知安町北7条西2丁目
TEL 0136-22-1085
大正11年4月15日　北海道庁立倶知安中学校が開校
昭和22年1月1日　　北海道立倶知安中学校と改称
昭和23年4月1日　　北海道立倶知安高等学校と改称
昭和24年4月1日　　町立倶知安女子高等学校と統合し北海道立倶知安高等学校と改称
昭和25年4月1日　　北海道倶知安高等学校と改称

◇**北海道倶知安農業高等学校**
〒044-0083 北海道虻田郡倶知安町旭15
TEL 0136-22-1148
昭和16年4月21日　北海道倶知安農業高等学校が開校

◇**北海道熊石高等学校**
〒043-0402 北海道二雲郡八雲町熊石鮎川町103-4
TEL 01398-2-3382
昭和24年3月25日　北海道江差高等学校熊石分校が開校
昭和27年11月1日　北海道熊石高等学校と改称

◇**クラーク記念国際高等学校**
［学校法人 創志学園］
〒078-0151 北海道深川市納内町3-2-40
TEL 0164-24-2001
平成4年　　　　　　クラーク記念国際高等学校が開校

◇**北海道栗山高等学校**
〒069-1522 北海道夕張郡栗山町字中里64-18
TEL 01237-2-1343
大正6年4月16日　　私立栗山裁縫学校が開校
大正13年3月31日　私立栗山裁縫学校を廃止
大正13年5月23日　公立栗山高等裁縫学校を設置
昭和4年3月12日　　公立栗山高等裁縫学校を廃止
昭和4年3月31日　　公立栗山実科高等女学校が開校
昭和18年4月1日　　公立栗山高等女学校と改称
昭和23年4月1日　　北海道立栗山高等学校と改称
昭和25年4月1日　　北海道栗山高等学校と改称

◇**北海道訓子府高等学校**
〒099-1403 北海道常呂郡訓子府町東幸町157
TEL 0157-47-2576

| 昭和23年11月5日 | 北海道北見高等学校訓子府分校が開校 |
| 昭和27年11月1日 | 北海道訓子府高等学校と改称 |

◇北海道剣淵高等学校
　〒098-0323 北海道上川郡剣淵町栄町
　TEL 0165-34-2549
| 昭和26年4月1日 | 北海道士別高等学校剣淵分校を開校 |
| 昭和27年11月1日 | 北海道剣淵高等学校と改称 |

◇江陵高等学校
　［学校法人 多田学園］
　〒089-0571 北海道中川郡幕別町依田101-1
　TEL 0155-56-5105
| 昭和21年4月 | 池田服装裁断学院が開校 |
| 昭和24年11月 | 池田服装学院と改称 |
| 昭和31年4月 | 池田女子高等学校が開校 |
| 昭和39年4月 | 池田西高等学校と改称 |
| 昭和60年4月 | 江陵高等学校と改称 |

◇北海道小清水高等学校
　〒099-3631 北海道斜里郡小清水町字小清水693-1
　TEL 0152-62-2853
| 昭和25年4月1日 | 北海道網走南ヶ丘高等学校小清水分校を設置 |
| 昭和27年4月1日 | 北海道網走向陽高等学校小清水分校と改称 |
| 昭和27年11月 | 北海道小清水高等学校と改称 |

◇駒澤大学附属岩見沢高等学校
　［学校法人 駒澤大学］
　〒068-0835 北海道岩見沢市緑が丘5-102
　TEL 0126-31-3171
| 昭和39年 | 駒澤大学附属岩見沢高等学校が開校 |

◇駒澤大学附属苫小牧高等学校
　［学校法人 駒澤大学］
　〒053-8541 北海道苫小牧市美園町1-9-3
　TEL 0144-32-6291
| 昭和39年 | 駒澤大学附属苫小牧高等学校が開校 |

◇北海道札幌旭丘高等学校
　〒064-8535 北海道札幌市中央区旭ヶ丘6丁目5-18
　TEL 011-561-1221
| 昭和33年4月1日 | 北海道札幌旭丘高等学校が開校 |

◇北海道札幌厚別高等学校
　〒004-0069 北海道札幌市厚別区厚別町山本750-15
　TEL 011-892-7661
| 昭和58年4月 | 北海道札幌厚別高等学校が開校 |

◇札幌大谷高等学校
　［学校法人 札幌大谷学園］
　〒065-0016 北海道札幌市東区北16条東9-1-1
　TEL 011-731-2451
| 明治39年 | 北海女学校を創立 |
| 明治43年 | 北海高等女学校に組織変更 |
| 昭和23年 | 札幌大谷高等学校と改称 |

◇北海道札幌丘珠高等学校
　〒007-0881 北海道札幌市東区北丘珠1条2丁目589-1
　TEL 011-782-2911
| 昭和50年4月 | 北海道札幌丘珠高等学校が開校 |

◇北海道札幌開成高等学校
　〒065-8558 北海道札幌市東区北22条東21丁目1-1
　TEL 011-781-8171
| 昭和37年4月7日 | 北海道札幌開成高等学校が開校 |

◇北海道札幌北高等学校
　〒001-0025 北海道札幌市北区北25条西11丁目
　TEL 011-736-3191
| 明治35年4月1日 | 北海道庁立札幌高等女学校を創立 |
| 昭和23年4月1日 | 北海道札幌女子高等学校と改称 |
| 昭和25年4月1日 | 北海道札幌北高等学校と改称 |

◇北海道札幌清田高等学校
　〒004-0863 北海道札幌市清田区北野3条4丁目6-1
　TEL 011-882-1811
| 昭和50年4月1日 | 北海道札幌清田高等学校が開校 |

◇北海道札幌啓成高等学校
　〒004-0004 北海道札幌市厚別区厚別東4条8丁目6-1
　TEL 011-898-2311
| 昭和41年4月1日 | 北海道札幌啓成高等学校が開校 |

◇北海道札幌啓北商業高等学校
　〒005-0841 北海道札幌市南区石山1条2丁目15-1
　TEL 011-591-2021
| 昭和16年4月14日 | 札幌市立商業学校が開校 |
| 昭和23年4月 | 札幌市立商業高等学校と改称 |
| 昭和25年4月1日 | 北海道札幌伏見高等学校と改称 |
| 昭和30年4月1日 | 札幌創成商業高等学校（定時制）と統合し北海道札幌創成商業高等学校と改称 |
| 昭和30年12月23日 | 北海道札幌啓北商業高等学校と改称 |

◇北海道札幌工業高等学校
　〒060-0820 北海道札幌市北区北20条西13丁目
　TEL 011-727-3341
| 大正5年10月20日 | 北海道庁立札幌工芸学校が発足 |
| 大正9年2月12日 | 北海道庁立札幌工業学校と改称 |
| 昭和16年4月1日 | 札幌市立工業学校が夜間課程として発足 |
| 昭和23年4月1日 | 北海道立札幌工業高等学校と改称 |
| 昭和25年4月1日 | 北海道札幌伏見高等学校と改称 |
| 昭和30年4月1日 | 北海道札幌啓北商業高等学校が分離独立して北海道札幌工業高等学校と改称 |

◇札幌光星高等学校
　［学校法人 札幌光星学園］
　〒065-0013 北海道札幌市東区北13条東9-1-1
　TEL 011-711-7161
| 昭和8年7月 | 札幌光星商業学校を設立 |
| 昭和23年4月 | 札幌光星高等学校を設置 |

◇北海道札幌国際情報高等学校
　〒001-0930 北海道札幌市北区新川717-1
　TEL 011-765-2021
| 平成7年 | 北海道札幌国際情報高等学校が開校 |

◇北海道札幌琴似工業高等学校
　〒063-0833 北海道札幌市西区発寒13条11丁目3-1
　TEL 011-661-3251
| 昭和38年4月 | 北海道札幌琴似工業高等学校が開校 |

## 北海道

◇北海道札幌篠路高等学校
　〒002-8053 北海道札幌市北区篠路町篠路372-67
　TEL 011-771-2004
　昭和61年4月　　　北海道札幌篠路高等学校が開校

◇北海道札幌白石高等学校
　〒003-0859 北海道札幌市白石区川北2261
　TEL 011-872-2071
　昭和52年4月1日　　北海道札幌白石高等学校が開校

◇北海道札幌真栄高等学校
　〒004-0839 北海道札幌市清田区真栄236-1
　TEL 011-883-0465
　昭和57年4月1日　　北海道札幌真栄高等学校が開校

◇北海道札幌新川高等学校
　〒001-0925 北海道札幌市北区新川5条14丁目1-1
　TEL 011-761-6111
　昭和25年5月15日　　北海道西高等学校分校が開校
　昭和26年11月1日　　北海道琴似高等学校と改称
　昭和30年3月1日　　北海道札幌琴似高等学校と改称
　昭和54年4月10日　　北海道札幌新川高等学校と改称

◇札幌新陽高等学校
　［学校法人 札幌慈恵学園］
　〒005-0005 北海道札幌市南区澄川5条7-1-1
　TEL 011-821-6161
　昭和33年　　　札幌慈恵女子高等学校を設立
　昭和62年　　　札幌新陽高等学校と改称

◇北海道札幌星園高等学校
　〒064-0808 北海道札幌市中央区南8条西2丁目
　TEL 011-511-4561
　大正14年4月　　　札幌市立実業女学校が開校
　昭和23年4月　　　札幌市立家政高等学校と改称
　昭和25年3月　　　北海道札幌星園高等学校と改称

◇札幌静修高等学校
　［学校法人 札幌静修学園］
　〒064-0916 北海道札幌市中央区南16条西6-2-1
　TEL 011-521-0234
　大正11年4月12日　札幌静修会女学校が開校
　昭和8年　　　　　札幌静修女学校と改称
　昭和21年4月　　　札幌静修高等女学校と改称
　昭和23年　　　　　札幌静修高等学校と改称

◇札幌聖心女子学院高等学校
　［学校法人 聖心女子学院］
　〒064-8540 北海道札幌市中央区宮の森2条16丁目10-1
　TEL 011-611-9231
　昭和38年　　　札幌聖心女子学院高等学校を創立

◇北海道札幌西陵高等学校
　〒063-0023 北海道札幌市西区平和3条4丁目2-1
　TEL 011-663-7121
　昭和52年4月1日　　北海道札幌西陵高等学校が発足

◇札幌創成高等学校
　［学校法人 創成学園］
　〒001-8501 北海道札幌市北区北29条西2-1-1
　TEL 011-726-1578
　昭和39年4月1日　　札幌創成高等学校が開校

◇札幌第一高等学校
　［学校法人 希望学園］
　〒062-0021 北海道札幌市豊平区月寒西1条9-10-15
　TEL 011-851-9261
　昭和33年3月20日　　札幌第一高等学校が発足

◇北海道札幌拓北高等学校
　〒002-8074 北海道札幌市北区あいの里4条7丁目1-1
　TEL 011-778-9131
　昭和63年4月　　　北海道札幌拓北高等学校が開校

◇北海道札幌月寒高等学校
　〒062-0051 北海道札幌市豊平区月寒東1条3丁目
　TEL 011-851-3111
　昭和24年6月　　　札幌市立創成商工高等学校豊平分校として発足
　昭和25年　　　　　豊平町立月寒高等学校として独立
　昭和25年　　　　　札幌月寒高等学校と改称
　昭和28年　　　　　北海道札幌月寒高等学校と改称

◇北海道札幌手稲高等学校
　〒006-0829 北海道札幌市手稲区手稲前田497-2
　TEL 011-683-3311
　昭和49年4月　　　北海道札幌手稲高等学校が開校

◇北海道札幌稲雲高等学校
　〒006-0026 北海道札幌市手稲区手稲本町6条4丁目1-1
　TEL 011-684-0034
　昭和59年4月1日　　北海道札幌稲雲高等学校が発足

◇北海道札幌稲西高等学校
　〒006-0860 北海道札幌市手稲区手稲山口740-1
　TEL 011-694-6287
　昭和58年4月　　　北海道札幌稲西高等学校が開校

◇北海道札幌東豊高等学校
　〒007-0820 北海道札幌市東区東雁来町376-1
　TEL 011-791-4171
　昭和58年4月1日　　北海道札幌東豊高等学校が発足

◇北海道札幌稲北高等学校
　〒006-0860 北海道札幌市手稲区手稲山口254
　TEL 011-694-5033
　昭和58年4月1日　　北海道札幌稲北高等学校が発足

◇北海道札幌東陵高等学校
　〒007-8585 北海道札幌市東区東苗穂10条1丁目2-21
　TEL 011-791-5055
　昭和54年4月1日　　北海道札幌東陵高等学校が開校

◇北海道札幌南陵高等学校
　〒061-2285 北海道札幌市南区藤野5条10丁目478-1
　TEL 011-591-2101
　昭和55年4月　　　北海道札幌南陵高等学校が開校

◇北海道札幌西高等学校
　〒064-8624 北海道札幌市中央区宮の森4条8丁目1
　TEL 011-611-4401
　大正2年　　　　北海道庁立第二中学校が開校
　大正4年　　　　北海道庁立札幌第二中学校と改称
　昭和22年　　　北海道立札幌第二中学校と改称
　昭和23年　　　北海道立札幌第二高等学校と改称
　昭和25年　　　北海道札幌西高等学校と改称

◇札幌日本大学高等学校
　［学校法人 札幌日本大学学園］
　〒061-1103 北海道北広島市虹ケ丘5丁目7-1
　TEL 011-375-2611
　昭和62年4月　　　札幌日本大学高等学校を設立

◇北海道札幌白陵高等学校
　〒003-0876 北海道札幌市白石区東米里2062-10

```
                              TEL 011-871-5500
平成8年4月1日         北海道札幌白陵高等学校が開校
```

◇北海道札幌東高等学校
　〒003-0809 北海道札幌市白石区菊水9条3丁目
　TEL 011-811-1919
　明治40年5月1日　　札幌区立女子職業学校が開校
　大正9年4月14日　　札幌区立実科高等女学校と改称
　大正11年4月1日　　札幌区立高等女学校と改称
　大正12年1月20日　　札幌市立高等女学校と改称
　昭和23年4月1日　　札幌市立第一高等学校と改称
　昭和25年4月1日　　北海道札幌東高等学校と改称

◇北海道札幌東商業高等学校
　〒004-0053 北海道札幌市厚別区厚別中央3条5丁目6-10
　TEL 011-891-2311
　昭和39年4月　　　北海道札幌東商業高等学校が開校

◇北海道札幌平岡高等学校
　〒004-0874 北海道札幌市清田区平岡4-6-13-1
　TEL 011-882-8122
　昭和62年4月　　　北海道札幌平岡高等学校が開校

◇北海道札幌平岸高等学校
　〒062-0935 北海道札幌市豊平区平岸5条18丁目
　TEL 011-812-2010
　昭和25年4月1日　　北海道月寒高等学校石山分校を設置
　昭和28年4月1日　　北海道石山高等学校と改称
　昭和36年5月1日　　北海道札幌石山高等学校と改称
　昭和55年4月　　　札幌石山高等学校を統合し
　　　　　　　　　　北海道札幌平岸高等学校が開校

◇札幌北斗高等学校
　［学校法人 札幌北斗学園］
　〒065-8578 北海道札幌市東区北15条東2-1-10
　TEL 011-711-6121
　昭和3年　　　　　北海道女子高等技芸学校, 札幌女子高等技芸学校が開校
　昭和21年　　　　札幌北斗高等女学校と改称
　昭和23年　　　　札幌北斗高等学校と改称

◇北海道札幌北陵高等学校
　〒001-0857 北海道札幌市北区屯田7条8丁目5-1
　TEL 011-772-3051
　昭和47年4月　　　北海道札幌北陵高等学校が開校

◇北海道札幌南高等学校
　〒064-8611 北海道札幌市中央区南18条西6丁目1-1
　TEL 011-521-2311
　明治28年4月　　　札幌尋常小学校を設立
　明治32年4月　　　札幌中学校と改称
　明治36年4月　　　北海道庁立札幌中学校と改称
　大正4年4月　　　北海道庁立札幌第一中学校と改称
　昭和23年4月　　　北海道立札幌第一高等学校に転換
　昭和25年4月　　　北海道札幌南高等学校と改称

◇北海道札幌藻岩高等学校
　〒005-0803 北海道札幌市南区川沿3条2丁目1-1
　TEL 011-571-7811
　昭和48年　　　　北海道札幌藻岩高等学校が開校

◇札幌山の手高等学校
　［学校法人 西岡学園］
　〒063-0002 北海道札幌市西区山の手2条8-5-12

```
                              TEL 011-611-7301
明治44年4月         小樽女子職業学校を西岡重義、西岡朝代が小樽市緑町に創立
大正8年2月          小樽緑丘高等女学校に昇格
昭和23年1月         小樽緑丘高等学校に転換
昭和27年4月         札幌香蘭女子学園高等学校と改称
昭和63年4月         札幌山の手高等学校と改称
```

◇札幌龍谷学園高等学校
　［学校法人 札幌龍谷学園］
　〒060-0004 北海道札幌市中央区北4条西19丁目1-2
　TEL 011-631-4386
　昭和38年　　　　札幌龍谷学園高等学校が開校

◇北海道様似高等学校
　〒058-0015 北海道様似郡様似町錦町53-5
　TEL 01463-6-3006
　昭和24年4月1日　　北海道浦河高等学校様似分校（定時制課程）を設置
　昭和27年11月1日　　北海道様似高等学校と改称

◇北海道更別農業高等学校
　〒089-1501 北海道河西郡更別村字更別基線95
　TEL 0155-52-2362
　昭和26年5月　　　北海道大樹高等学校更別分校として許可
　昭和27年11月　　　北海道更別高等学校と改称
　昭和61年4月　　　北海道更別農業高等学校と改称

◇北海道佐呂間高等学校
　〒093-0505 北海道常呂郡佐呂間町字北311-1
　TEL 01587-2-3653
　昭和26年11月25日　北海道遠軽高等学校佐呂間分校が開校
　昭和28年4月1日　　町立北海道佐呂間高等学校と改称
　昭和39年4月1日　　北海道佐呂間高等学校と改称

◇北海道鹿追高等学校
　〒081-0213 北海道河東郡鹿追町西町1丁目8
　TEL 01566-3-3011
　昭和25年4月1日　　北海道清水高等学校鹿追分校が開校
　昭和27年11月1日　　北海道鹿追高等学校と改称

◇北海道静内高等学校
　〒056-0023 北海道日高郡新ひだか町静内ときわ町1丁目1-1
　TEL 01464-2-1075
　昭和16年4月21日　　北海道庁立静内農業学校が開校
　昭和22年11月1日　　北海道立静内農業学校と改称
　昭和23年4月1日　　北海道立静内農業高等学校と改称
　昭和25年4月1日　　北海道静内高等学校と改称

◇北海道静内農業高等学校
　〒056-0144 北海道日高郡新ひだか町静内田原797
　TEL 01464-6-2101
　昭和53年4月11日　　北海道静内農業高等学校が開校

◇北海道標茶高等学校
　〒088-2314 北海道川上郡標茶町字標茶819
　TEL 01548-5-2001
　昭和21年5月　　　北海道庁立標茶農業学校が開校
　昭和23年5月　　　北海道標茶農業高等学校と改称
　昭和25年4月　　　北海道標茶高等学校と改称
　昭和47年4月　　　北海道標茶農業高等学校と改称
　昭和55年4月　　　北海道標茶高等学校と改称

## 北海道

◇北海道士別高等学校
　〒095-0055 北海道士別市南士別町1612-47
　TEL 01652-3-2778
　昭和16年4月8日　　北海道士別実科高等女学校が開校
　昭和18年4月1日　　北海道士別高等女学校と改称
　昭和23年4月1日　　北海道立士別高等学校と改称
　昭和25年4月1日　　北海道士別高等学校と改称

◇北海道標津高等学校
　〒086-1652 北海道標津郡標津町南2条西5丁目2-2
　TEL 01538-2-2015
　昭和9年4月9日　　標津村立標津実践女学校が開校
　昭和16年4月1日　　標津村立北海道標津実科高等女学校に昇格し開校
　昭和18年4月1日　　標津村立北海道標津高等女学校と改称
　昭和38年3月31日　北海道標津高等学校と改称

◇北海道士別商業高等学校
　〒095-0006 北海道士別市東6条北6丁目24
　TEL 01652-3-2908
　昭和34年1月　　　北海道士別商業高等学校が開校

◇北海道士別東高等学校
　〒095-0371 北海道士別市上士別町15線南3
　TEL 01652-4-2145
　昭和24年1月21日　北海道士別高等学校上士別分校が開校
　昭和29年7月1日　　士別市立北海道上士別高等学校と改称
　昭和37年11月1日　北海道士別東高等学校と改称

◇北海道士幌高等学校
　〒080-1275 北海道河東郡士幌町字上音更21-15
　TEL 01564-5-3121
　昭和25年5月7日　　北海道川西農業高等学校士幌分校が開校
　昭和27年11月1日　北海道士幌高等学校と改称

◇北海道清水高等学校
　〒089-0123 北海道上川郡清水町北2条西2丁目2
　TEL 01566-2-2156
　昭和9年　　　　　清水実科女学校が開校
　昭和9年　　　　　清水高等女学校に昇格
　昭和25年　　　　　北海道清水高等学校と改称

◇北海道下川商業高等学校
　〒098-1212 北海道上川郡下川町北町137-1
　TEL 01655-4-2545
　昭和23年　　　　　名寄農業高等学校下川分校が開校
　昭和26年　　　　　北海道下川高等学校を設立
　昭和48年　　　　　北海道下川商業高等学校と改称

◇北海道斜里高等学校
　〒099-4116 北海道斜里郡斜里町文光町5-1
　TEL 01522-3-2145
　昭和16年3月12日　斜里実科高等女学校を設置
　昭和18年4月1日　　斜里高等女学校と改称
　昭和23年3月31日　斜里高等学校として昇格認可
　昭和26年3月31日　北海道斜里高等学校と改称

◇北海道白老東高等学校
　〒059-0903 北海道白老郡白老町日の出町5丁目17-3
　TEL 0144-82-4762
　昭和61年　　　　　北海道白老東高等学校が開校

◇白樺学園高等学校
　[学校法人　白樺学園]
　〒082-0072 北海道河西郡芽室町北伏古東7線10-1
　TEL 0155-62-7411
　昭和33年　　　　　白樺学園高等学校を設立

◇北海道白糠高等学校
　〒088-0323 北海道白糠郡白糠町西4条北2丁目2-8
　TEL 01547-2-2826
　昭和24年　　　　　北海道立標茶農業高等学校白糠分校を設立
　昭和26年　　　　　北海道白糠高等学校と改称

◇北海道知内高等学校
　〒049-1103 北海道上磯郡知内町字重内984
　TEL 01392-5-5071
　昭和26年5月17日　知内村立予備高等学校を開設
　昭和27年5月1日　　北海道木古内高等学校知内分校が開校
　昭和28年4月1日　　北海道知内高等学校と改称

◇北海道新得高等学校
　〒081-0032 北海道上川郡新得町西2条南7丁目2
　TEL 01566-4-5332
　昭和23年10月30日　北海道清水高等学校新得分校を設置
　昭和27年4月1日　　北海道新得高等学校と改称

◇北海道新十津川農業高等学校
　〒073-1103 北海道樺戸郡新十津川町字中央13
　TEL 0125-76-2621
　昭和23年10月30日　北海道立滝川女子高等学校新十津川分校を設置
　昭和27年11月1日　北海道新十津川高等学校と改称
　昭和44年4月1日　　北海道新十津川農業高等学校と改称

◇北海道寿都高等学校
　〒048-0401 北海道寿都郡寿都町字新栄町136
　TEL 0136-62-2144
　明治35年　　　　　私立寿都実業女学校を創立
　明治41年　　　　　町立寿都女子職業学校と改称
　昭和9年　　　　　町立寿都高等家政女学校と改称
　昭和23年　　　　　北海道寿都町立寿都高等学校と改称
　昭和24年　　　　　北海道立八雲高等学校寿都分校と改称
　昭和25年　　　　　北海道寿都高等学校として独立

◇北海道砂川高等学校
　〒073-0122 北海道砂川市吉野2条南4丁目1-1
　TEL 0125-52-3168
　平成16年4月　　　　北海道砂川高等学校が開校

◇星槎国際高等学校
　[学校法人　国際学園]
　〒075-0163 北海道芦別市緑泉町5-12
　TEL 01242-5-5001
　平成11年4月　　　　星槎国際高等学校が開校

◇清尚学院高等学校
　[学校法人　清尚学院]
　〒041-0813 北海道函館市亀田本町5-17
　TEL 0138-41-0843
　昭和5年2月　　　　昭和技芸学校として誕生

| 昭和14年4月 | 函館昭和女子高等技芸学校として旧制中等学校に昇格 |
| 昭和23年4月 | 函館昭和技芸高等学校に転換 |
| 昭和44年11月 | 函館昭和女子学園高等学校と改称 |
| 平成15年4月 | 清尚学院高等学校と改称 |

◇北海道瀬棚商業高等学校
　〒049-4805 北海道久遠郡せたな町瀬棚区本町651
　TEL 01378-7-3244
| 昭和23年 | 北海道今金高等学校瀬棚分校が開校 |
| 昭和25年 | 組合立北海道北桧山高等学校瀬棚分校と改称 |
| 昭和27年 | 北海道東瀬棚高等学校瀬棚分校と改称 |
| 昭和27年 | 北海道瀬棚高等学校と改称 |
| 昭和53年 | 北海道瀬棚商業高等学校と改称 |

◇北海道壮瞥高等学校
　〒052-0101 北海道有珠郡壮瞥町字滝之町235-13
　TEL 0142-66-2456
| 昭和23年 | 北海道伊達高等学校壮瞥分校が開校 |
| 昭和27年 | 北海道壮瞥高等学校として独立 |

◇北海道大樹高等学校
　〒089-2155 北海道広尾郡大樹町緑町1
　TEL 01558-6-2063
| 昭和25年 | 大樹村立大樹高等学校を認可 |
| 昭和26年 | 大樹町立大樹高等学校と改称 |
| 昭和28年 | 北海道大樹高等学校と改称 |

◇北海道大成高等学校
　〒043-0504 北海道久遠郡せたな町大成区都421
　TEL 01398-4-5156
| 昭和24年4月 | 北海道今金高等学校久遠分校が開校 |
| 昭和30年12月1日 | 北海道大成高等学校と改称 |

◇北海道鷹栖高等学校
　〒071-1201 北海道上川郡鷹栖町南1条1丁目2-1
　TEL 0166-87-2440
| 昭和27年4月 | 北海道旭川北高等学校鷹栖分校を設置 |
| 昭和30年 | 北海道鷹栖高等学校と改称 |

◇北海道滝川工業高等学校
　〒073-0006 北海道滝川市二の坂町西1丁目1-5
　TEL 0125-22-1601
| 大正9年4月1日 | 北海道庁立滝川中学校を設置 |
| 昭和23年4月1日 | 北海道立滝川高等学校と改称 |
| 昭和25年4月1日 | 北海道滝川西高等学校と改称 |
| 昭和29年4月1日 | 北海道滝川工業高等学校と改称 |

◇北海道滝川高等学校
　〒073-0023 北海道滝川市緑町4丁目5-77
　TEL 0125-23-1114
| 昭和4年5月10日 | 北海道滝川高等女学院が開校 |
| 昭和16年4月1日 | 北海道庁立滝川高等女学校と改称 |
| 昭和23年4月1日 | 北海道滝川女子高等学校と改称 |
| 昭和25年4月1日 | 北海道滝川東高等学校と改称 |
| 昭和29年4月1日 | 北海道滝川高等学校と改称 |

◇北海道滝川西高等学校
　〒073-0044 北海道滝川市西町6丁目3-1
　TEL 0125-24-7341
| 昭和34年4月 | 滝川商業高等学校が開校 |
| 昭和48年4月 | 北海道滝川西高等学校と改称 |

◇北海道滝上高等学校
　〒099-5606 北海道紋別郡滝上町字サクルー原野基線16
　TEL 015829-2372
| 昭和23年10月27日 | 北海道紋別高等学校滝上分校が開校 |
| 昭和27年11月1日 | 北海道滝上高等学校と改称 |

◇北海道伊達高等学校
　〒052-0011 北海道伊達市竹原町44
　TEL 0142-23-2525
〈北海道伊達高等学校〉
| 昭和16年2月28日 | 北海道伊達中学校を設立 |
| 昭和20年3月31日 | 北海道庁立伊達中学校と改称 |
| 昭和23年3月31日 | 北海道伊達高等学校と改称 |
| 昭和24年3月31日 | 北海道伊達女子高等学校と統合 |
〈北海道伊達女子高等学校〉
| 大正11年7月5日 | 有珠郡伊達女子職業学校を設立 |
| 昭和21年3月31日 | 北海道伊達高等女学校と改称 |
| 昭和23年3月31日 | 北海道伊達女子高等学校と改称 |

◇北海道伊達緑丘高等学校
　〒059-0273 北海道伊達市南稀府町180-4
　TEL 0142-24-3021
| 昭和58年4月1日 | 北海道伊達緑丘高等学校が開校 |

◇北海道千歳高等学校
　〒066-8501 北海道千歳市北栄1丁目4-1
　TEL 0123-23-9145
| 昭和23年 | 北海道野幌高等学校千歳分校が開校 |
| 昭和25年 | 豊平町立月寒高等学校千歳分校と改称 |
| 昭和25年 | 北海道千歳高等学校として独立 |

◇北海道千歳北陽高等学校
　〒066-8611 北海道千歳市北陽2丁目10-53
　TEL 0123-24-2818
| 昭和48年4月 | 北海道千歳北陽高等学校が開校 |

◇北海道月形高等学校
　〒061-0518 北海道樺戸郡月形町1056
　TEL 0126-53-2047
| 昭和23年12月 | 北海道空知農業高等学校月形分校が開校 |
| 昭和25年4月 | 北海道月形高等学校と改称 |

◇北海道津別高等学校
　〒092-0225 北海道網走郡津別町字共和32-2
　TEL 01527-6-2608
| 昭和23年12月18日 | 北海道立美幌農業高等学校津別分校が開校 |
| 昭和24年10月21日 | 北海道津別高等学校と改称 |

◇北海道天売高等学校
　〒078-3954 北海道苫前郡羽幌町大字天売字前浜100
　TEL 01648-3-5144
| 昭和29年 | 北海道天売高等学校が開校 |

◇北海道天塩高等学校
　〒098-3393 北海道天塩郡天塩町字川口1464
　TEL 01632-2-1108

北海道

　　昭和23年10月30日　北海道留萌高等学校天塩分校を設置
　　昭和25年3月31日　北海道天塩高等学校と改称

◇北海道弟子屈高等学校
　〒088-3214 北海道川上郡弟子屈町高栄3丁目3-20
　TEL 01548-2-2237
　　昭和23年10月30日　北海道庁立標茶高等学校弟子屈分校を設立
　　昭和26年3月16日　北海道弟子屈高等学校として独立

◇北海道戸井高等学校
　〒041-0311 北海道函館市浜町717
　TEL 0138-82-2300
　　昭和28年4月　北海道戸井高等学校が開校

◇東海大学付属第四高等学校
　［学校法人 東海大学］
　〒005-8602 北海道札幌市南区南沢517-1-1
　TEL 011-571-5175
　　昭和39年4月　東海大学第四高等学校が開校
　　平成16年4月　東海大学付属第四高等学校と改称

◇北海道当別高等学校
　〒061-0296 北海道石狩郡当別町字春日町84-4
　TEL 0133-23-2444
　　昭和24年3月　江別高等学校当別分校として創立
　　昭和25年3月　札幌西高等学校当別分校と改称
　　昭和27年1月　北海道当別高等学校と改称

◇北海道洞爺高等学校
　〒049-5802 北海道虻田郡洞爺湖町洞爺町58-3
　TEL 0142-82-5053
　　昭和27年4月　伊達高等学校洞爺分校として開校
　　昭和27年11月　北海道洞爺高等学校と改称

◇北海道常呂高等学校
　〒093-0210 北海道北見市常呂町字常呂574
　TEL 0152-54-2753
　　昭和23年　網走高等学校常呂分校を設立
　　昭和25年　網走南ヶ丘高等学校常呂分校と改称
　　昭和27年　北海道常呂高等学校と改称

◇北海道苫小牧工業高等学校
　〒053-0035 北海道苫小牧市字高丘6-22
　TEL 0144-36-3161
　　大正12年　北海道庁立苫小牧工業学校が開校
　　昭和23年4月1日　北海道苫小牧工業高等学校と改称

◇北海道苫小牧総合経済高等学校
　〒053-0052 北海道苫小牧市新開町4丁目7-2
　TEL 0144-55-9264
　　平成2年4月　北海道苫小牧総合経済高等学校が開校

◇苫小牧中央高等学校
　［学校法人 原学園］
　〒053-0811 北海道苫小牧市光洋町3-13-2
　TEL 0144-74-4200
　　大正13年　苫小牧婦人技芸教授所を開設
　　昭和21年　原技芸教授所と改称
　　昭和36年　苫小牧女子高等学校を設立
　　昭和48年　苫小牧中央高等学校と改称

◇北海道苫小牧西高等学校
　〒053-0807 北海道苫小牧市青葉町1丁目1-1
　TEL 0144-72-3003
　　大正8年5月1日　苫小牧町立女子実業補習学校が開校
　　大正11年5月31日　苫小牧町立実科高等女学校に昇格許可
　　大正14年11月26日　北海道苫小牧高等女学校と改称
　　昭和2年4月1日　北海道庁立苫小牧高等女学校と改称
　　昭和22年11月1日　北海道立苫小牧高等女学校と改称
　　昭和23年4月1日　北海道立苫小牧女子高等学校と改称
　　昭和25年4月1日　北海道苫小牧高等学校と併合し北海道苫小牧高等学校と改称
　　昭和28年4月1日　北海道苫小牧高等学校を分離し北海道苫小牧西高等学校と改称

◇北海道苫小牧東高等学校
　〒053-8555 北海道苫小牧市清水町2丁目12-20
　TEL 0144-33-4141
　　昭和12年4月22日　苫小牧町立苫小牧中学校が開校
　　昭和16年4月1日　北海道庁立苫小牧中学校と改称
　　昭和23年4月1日　北海道立苫小牧高等学校と改称
　　昭和25年4月1日　北海道苫小牧女子高等学校を併合し
　　　　　　　　　　北海道苫小牧高等学校と改称
　　昭和28年4月1日　北海道苫小牧西高等学校を分離し
　　　　　　　　　　北海道苫小牧東高等学校と改称

◇北海道苫小牧南高等学校
　〒059-1272 北海道苫小牧市のぞみ町2丁目1-2
　TEL 0144-67-2122
　　昭和51年4月1日　北海道苫小牧南高等学校が開校

◇北海道苫前商業高等学校
　〒078-3621 北海道苫前郡苫前町字古丹別273-4
　TEL 01646-5-3441
　　昭和26年4月　北海道羽幌高等学校苫前分校が開校
　　昭和28年2月　北海道苫前高等学校と改称
　　昭和44年4月　北海道苫前商業高等学校と改称

◇北海道富川高等学校
　〒055-0007 北海道沙流郡日高町富川西12丁目69-109
　TEL 01456-2-0411
　　昭和26年9月3日　北海道富川高等学校が開校

◇北海道豊富高等学校
　〒098-4100 北海道天塩郡豊富町字上サロベツ475
　TEL 0162-82-1709
　　昭和25年　北海道稚内高等学校豊富分校が開校
　　昭和26年　北海道豊富高等学校として独立

◇とわの森三愛高等学校
　［学校法人 酪農学園］
　〒069-8533 北海道江別市文京台緑町569-75
　TEL 011-386-3111
　　昭和33年　酪農学園女子高等学校を開校
　　昭和35年　三愛女子高等学校と改称
　　昭和63年　とわの森三愛高等学校と改称

◇北海道奈井江商業高等学校
　〒079-0314 北海道空知郡奈井江町南町二区
　TEL 0125-65-2239

| 昭和26年4月1日 | 北海道砂川南高等学校奈井江分校が開校 |
|---|---|
| 昭和27年4月1日 | 奈井江町立奈井江高等学校と改称 |
| 昭和46年4月1日 | 北海道奈井江商業高等学校と改称 |

◇北海道**中川商業高等学校**
〒098-2802 北海道中川郡中川町字中川217-2
TEL 01656-7-2044

| 昭和25年5月5日 | 北海道名寄農業高等学校が開校 |
|---|---|
| 昭和26年4月1日 | 北海道中川高等学校を設置 |
| 昭和44年4月1日 | 北海道中川商業高等学校と改称 |

◇北海道**中札内高等学校**
〒089-1324 北海道河西郡中札内村東4条北1丁目1
TEL 0155-67-2326

| 昭和30年4月20日 | 北海道中札内高等学校が開校 |
|---|---|

◇北海道**中標津高等学校**
〒086-1106 北海道標津郡中標津町西6条南5丁目1
TEL 01537-2-2059

| 昭和23年8月10日 | 中標津村立中標津高等学校が開校 |
|---|---|
| 昭和24年4月1日 | 北海道立中標津高等学校と改称 |
| 昭和25年4月1日 | 北海道中標津高等学校と改称 |

◇北海道**中標津農業高等学校**
〒088-2682 北海道標津郡中標津町字計根別南2条西1丁目1-1
TEL 01537-8-2053

| 昭和25年 | 北海道中標津高等学校計根別分校が開校 |
|---|---|
| 昭和27年 | 北海道中標津計根別高等学校として独立 |
| 昭和42年 | 北海道中標津農業高等学校と改称 |

◇北海道**中頓別農業高等学校**
〒098-5564 北海道枝幸郡中頓別町字上駒14-1
TEL 01634-6-1353

| 昭和25年6月11日 | 北海道稚内高等学校中頓別分校が開校 |
|---|---|
| 昭和26年4月1日 | 北海道中頓別高等学校として独立 |
| 昭和53年4月1日 | 北海道中頓別農業高等学校と改称 |

◇北海道**長沼高等学校**
〒069-1343 北海道夕張郡長沼町旭町南2丁目11-1
TEL 01238-8-2512

| 昭和33年4月1日 | 長沼町立北海道長沼高等学校が開校 |
|---|---|
| 昭和36年4月1日 | 北海道長沼高等学校と改称 |

◇北海道**七飯高等学校**
〒041-1112 北海道亀田郡七飯町字鳴川町267-3
TEL 0138-65-5093

| 昭和58年4月 | 北海道七飯高等学校が開校 |
|---|---|

◇北海道**名寄高等学校**
〒096-0071 北海道名寄市字徳田204
TEL 01654-3-6841

〈北海道立名寄高等学校〉
| 大正11年 | 北海道庁立名寄中学校を設置 |
|---|---|
| 昭和22年 | 北海道立名寄中学校と改称 |
| 昭和23年 | 北海道立名寄高等学校と改称 |
| 昭和25年 | 北海道立名寄高等女学校と統合し北海道名寄高等学校と改称 |

〈北海道立名寄高等女学校〉
| 昭和2年 | 名寄町立名寄高等女学校を設置 |
|---|---|
| 昭和5年 | 北海道庁立名寄高等女学校と改称 |
| 昭和22年 | 北海道立名寄高等女学校と改称 |

◇北海道**名寄光凌高等学校**
〒096-0035 北海道名寄市西5条北5丁目1
TEL 01654-2-3066

〈名寄市立名寄恵陵高等学校〉
| 大正9年 | 名寄町立名寄女子職業学校が開校 |
|---|---|
| 昭和28年4月1日 | 名寄町立名寄家政高等学校と改称 |
| 昭和35年4月1日 | 名寄女子短期大学附属高等学校と改称 |
| 昭和53年4月1日 | 名寄市立名寄恵陵高等学校と改称 |

〈北海道名寄工業高等学校〉
| 昭和50年4月1日 | 北海道名寄高等学校から分離し北海道名寄工業高等学校が開校 |
|---|---|

〈統合〉
| 平成12年4月12日 | 名寄市立名寄恵陵高等学校,北海道名寄工業高等学校が統合し北海道名寄光凌高等学校が開校 |
|---|---|

◇北海道**名寄農業高等学校**
〒096-0063 北海道名寄市緑丘3-3
TEL 01654-2-4191

〈北海道立名寄高等学校〉
| 大正11年 | 北海道庁立名寄中学校を設置 |
|---|---|
| 昭和22年 | 北海道立名寄中学校と改称 |
| 昭和23年 | 北海道立名寄高等学校と改称 |

〈北海道立名寄女子高等学校〉
| 昭和2年 | 名寄町立名寄高等女学校を設置 |
|---|---|
| 昭和5年 | 北海道庁立名寄高等女学校と改称 |
| 昭和22年 | 北海道立名寄高等女学校と改称 |
| 昭和23年 | 北海道立名寄女子高等学校と改称 |

〈統合〉
| 昭和25年 | 北海道立名寄高等学校,北海道立名寄女子高等学校が統合し北海道名寄農業高等学校と改称 |
|---|---|

◇北海道**南幌高等学校**
〒069-0238 北海道空知郡南幌町元町3丁目2-1
TEL 011-378-2248

| 昭和33年4月6日 | 北海道幌向高等学校が開校 |
|---|---|
| 昭和38年4月1日 | 北海道南幌高等学校と改称 |
| 昭和43年4月1日 | 北海道南幌高等学校と改称 |

◇北海道**仁木商業高等学校**
〒048-2411 北海道余市郡仁木町東町5丁目4
TEL 0135-32-2531

| 昭和25年4月 | 北海道余市高等学校仁木分校が開校 |
|---|---|
| 昭和27年11月1日 | 北海道仁木高等学校と改称 |
| 昭和43年4月1日 | 北海道仁木商業高等学校と改称 |

◇北海道**ニセコ高等学校**
〒048-1501 北海道虻田郡ニセコ町字富士見141-9
TEL 0136-44-2224

| 昭和23年12月23日 | 北海道倶知安農業高等学校狩太分校が開校 |
|---|---|
| 昭和39年10月1日 | 北海道ニセコ高等学校と改称 |

◇北海道**沼田高等学校**
〒078-2204 北海道雨竜郡沼田町西町1-9
TEL 0164-35-2353

| 昭和23年11月1日 | 北海道沼田町立沼田高等学校が開校 |
|---|---|
| 昭和25年4月1日 | 北海道沼田高等学校と改称 |

# 北海道

◇北海道根室高等学校
　〒087-0002 北海道根室市牧の内146
　TEL 01532-4-4675
　〈北海道立根室高等学校〉
　　明治39年2月27日　　北海道庁立根室実業学校を設置
　　大正4年4月1日　　　北海道庁立根室商業高等学校と改称
　　昭和19年4月1日　　　北海道庁立根室高等学校に転換
　　昭和23年4月1日　　　北海道立根室高等学校に移行
　〈北海道立根室女子高等学校〉
　　明治40年4月1日　　　根室町立職業学校を設置
　　大正8年3月31日　　　根室町立女子職業学校を廃止し根室町立実科高等女学校を設置
　　大正9年12月1日　　　根室実科高等女学校と改称
　　大正12年3月1日　　　北海道庁立根室女学校と改称
　　昭和22年11月1日　　 北海道立根室高等女学校と改称
　　昭和23年4月1日　　　北海道立根室女子高等学校に移行
　〈統合〉
　　昭和25年4月15日　　 北海道立根室高等学校，北海道立根室女子高等学校を統合し北海道根室高等学校が開校

◇北海道根室西高等学校
　〒087-0025 北海道根室市西浜町4丁目1
　TEL 01532-4-2901
　　昭和45年4月1日　　　根室西高等学校が開校
　　昭和49年4月1日　　　北海道根室西高等学校と改称

◇北海道野幌高等学校
　〒069-0805 北海道江別市元野幌740
　TEL 011-382-2477
　　昭和23年10月20日　　北海道野幌高等学校が発足

◇登別大谷高等学校
　［学校法人 望洋大谷学園］
　〒059-0023 北海道登別市桜木町2-1
　TEL 0143-85-2970
　　昭和33年4月　　　　 室蘭大谷高等学校が開校
　　昭和38年4月　　　　 室蘭第二大谷高等学校が開校
　　昭和40年10月　　　　登別大谷高等学校と改称

◇北海道登別青嶺高等学校
　〒059-0027 北海道登別市青葉町42-1
　TEL 0143-85-8586
　〈北海道登別高等学校〉
　　昭和23年10月1日　　 北海道室蘭高等学校幌別分校が開校
　　昭和27年11月1日　　 北海道幌別高等学校として独立
　　昭和36年4月1日　　　北海道登別高等学校と改称
　〈北海道登別南高等学校〉
　　昭和54年　　　　　　北海道登別南高等学校が開校
　〈統合〉
　　平成17年4月9日　　　北海道登別高等学校，北海道登別南高等学校が統合し北海道登別青嶺高等学校が開校

◇函館大谷高等学校
　［学校法人 函館大谷学園］
　〒041-0852 北海道函館市鍛治1-2-3
　TEL 0138-52-1834
　　明治21年11月　　　　六和女学校として発足
　　明治35年5月　　　　 函館大谷女学校と改称
　　大正12年1月　　　　 函館大谷高等女学校と改称
　　昭和23年4月　　　　 函館大谷高等学校と改称

◇函館大妻高等学校
　［学校法人 函館大妻学園］
　〒040-0002 北海道函館市柳町14-23
　TEL 0138-52-1890
　　大正13年　　　　　　函館大妻技芸学校を創立
　　昭和7年　　　　　　 函館大妻女子高等技芸学校と改称
　　昭和23年　　　　　　函館大妻技芸高等学校と改称
　　昭和36年　　　　　　函館大妻高等学校と改称

◇北海道函館北高等学校
　〒041-0841 北海道函館市日吉町4丁目19-1
　TEL 0138-51-4475
　　昭和38年　　　　　　北海道函館北高等学校が開校
　　平成19年4月　　　　 北海道函館東高等学校と統合し市立函館高等学校と改称予定

◇北海道函館工業高等学校
　〒041-0844 北海道函館市川原町5-13
　TEL 0138-51-2271
　〈全日制〉
　　大正10年3月25日　　 函館区立工業学校を設立
　　大正11年3月24日　　 北海道庁立函館工業学校と改称
　　昭和22年11月1日　　 北海道立函館工業学校と改称
　　昭和23年4月1日　　　北海道立函館工業高等学校と改称
　　昭和25年4月1日　　　北海道函館工業高等学校と改称
　〈定時制〉
　　明治44年3月25日　　 函館区立函館工業補習学校を設立
　　昭和3年4月6日　　　 函館市立商工実修学校と改称
　　昭和10年4月1日　　　函館市立商工青年学校と改称
　　昭和16年3月14日　　 函館市立工業学校と改称
　　昭和24年4月1日　　　北海道立函館工業高等学校と統合

◇北海道函館商業高等学校
　〒041-0812 北海道函館市昭和1丁目17-1
　TEL 0138-41-4248
　　明治19年9月17日　　 函館商業高等学校が開校
　　昭和25年4月1日　　　北海道函館商業高等学校と改称

◇函館白百合学園高等学校
　［学校法人 白百合学園］
　〒041-0836 北海道函館市山の手2-6-3
　TEL 0138-55-6682
　　明治19年1月1日　　　聖保禄女学校が開校
　　昭和17年10月　　　　元町高等女学校と改称
　　昭和26年　　　　　　函館白百合学園高等学校と改称

◇北海道函館水産高等学校
　〒049-0111 北海道北斗市七重浜2丁目15-3
　TEL 0138-49-2412
　　昭和10年4月1日　　　北海道庁立函館水産學校を創立
　　昭和25年4月1日　　　北海道函館水産高等学校と改称

◇函館大学付属柏稜高等学校
　［学校法人 野又学園］
　〒042-0942 北海道函館市柏木町1-34
　TEL 0138-51-1481
　　昭和32年　　　　　　函館有斗高等学校女子商業部を設立
　　昭和34年　　　　　　函館女子商業高等学校として独立
　　平成2年　　　　　　 函館大学付属女子高等学校と改称
　　平成9年4月　　　　　函館大学付属柏稜高等学校と改称

◇函館大学付属有斗高等学校
　［学校法人 野又学園］
　〒042-8588 北海道函館市湯川町2-43-1

TEL 0138-57-1381
昭和13年　　　　　函館計理学校を設立
昭和23年　　　　　函館有斗高等学校と改称
昭和63年　　　　　函館大学付属有斗高等学校と改称

◇北海道函館中部高等学校
〒040-0012 北海道函館市時任町11-3
TEL 0138-52-0303
明治28年4月1日　　函館尋常中学校が開校
明治32年4月1日　　函館中学校と改称
明治34年6月15日　 北海道庁立函館中学校と改称
昭和23年4月1日　　北海道立函館高等学校
昭和25年4月1日　　北海道函館中部高等学校として再発足

◇北海道函館西高等学校
〒040-0054 北海道函館市元町7-17
TEL 0138-23-8415
明治38年5月　　　　北海道庁立函館高等女学校が開校
昭和23年4月1日　　北海道立函館女子高等学校と改称
昭和25年4月1日　　北海道函館西高等学校と改称

◇北海道函館東高等学校
〒040-0002 北海道函館市柳町11-5
TEL 0138-52-0083
昭和15年4月　　　　函館市立中学校が開校
昭和23年4月1日　　函館市立高等学校と改称
昭和25年4月1日　　北海道函館東高等学校と改称
平成19年4月　　　　北海道函館北高等学校と統合し市立函館高等学校と改称予定

◇函館ラ・サール高等学校
［学校法人 函館ラ・サール学園］
〒041-8765 北海道函館市日吉町1-12-1
TEL 0138-52-0365
昭和35年4月　　　　函館ラ・サール高等学校が開校

◇北海道函館稜北高等学校
〒041-0802 北海道函館市石川町181-8
TEL 0138-46-6235
昭和58年4月1日　　北海道函館稜北高等学校が開校

◇北海道羽幌高等学校
〒078-4194 北海道苫前郡羽幌町南町8-3
TEL 01646-2-1050
昭和22年　　　　　羽幌中学校を創立
昭和25年　　　　　町立羽幌高等学校を設立
昭和26年　　　　　北海道羽幌高等学校と改称

◇北海道浜頓別高等学校
〒098-5738 北海道枝幸郡浜頓別町緑ヶ丘5丁目15
TEL 01634-2-2109
昭和25年　　　　　北海道稚内高等学校浜頓別分校が開校
昭和26年　　　　　北海道浜頓別高等学校として独立

◇北海道浜益高等学校
〒061-3101 北海道石狩市浜益区浜益55-22
TEL 0133-79-3164
昭和26年5月　　　　北海道滝川東高等学校浜益分校が開校
昭和27年11月1日　 北海道浜益村立北海道浜益高等学校と改称
昭和57年4月1日　　北海道浜益高等学校と改称

◇北海道美瑛高等学校
〒071-0212 北海道上川郡美瑛町旭町1丁目9-2
TEL 0166-92-1732
昭和23年10月20日　北海道永山農業高等学校分校として認可
昭和27年11月1日　 北海道美瑛高等学校と改称

◇北海道東川高等学校
〒071-1426 北海道上川郡東川町北町2丁目12-1
TEL 0166-82-2534
昭和24年2月17日　 北海道立永山農業高等学校東川分校が開校
昭和26年4月1日　　北海道東川高等学校として独立設置認可

◇北海道東藻琴高等学校
〒099-3211 北海道網走郡大空町東藻琴79
TEL 0152-66-2061
昭和28年4月　　　　北海道美幌高等学校東藻琴分校が開校
昭和32年2月　　　　北海道東藻琴高等学校として独立

◇北海道日高高等学校
〒079-2307 北海道沙流郡日高町字日高124-2
TEL 01457-6-2626
昭和24年　　　　　北海道日高高等学校が開校

◇北海道美唄工業高等学校
〒072-0031 北海道美唄市西2条北4丁目1-1
TEL 01266-4-2241
昭和16年2月25日　 北海道庁立美唄工業学校を設立
昭和22年11月1日　 北海道美唄工業学校と改称
昭和23年4月1日　　北海道立美唄工業高等学校と改称
昭和25年4月1日　　北海道美唄工業高等学校と改称

◇北海道美唄高等学校
〒072-0024 北海道美唄市西1条南6丁目1-1
TEL 01266-4-2277
平成11年4月1日　　北海道美唄高等学校が開校

◇北海道美唄聖華高等学校
〒072-0811 北海道美唄市東7条南3丁目1-1
TEL 01266-4-2385
昭和44年3月31日　 北海道美唄聖華高等学校が開校

◇北海道美深高等学校
〒098-2252 北海道中川郡美深町字西町40
TEL 01656-2-1681
昭和23年　　　　　北海道名寄農業高等学校美深分校が開校
昭和27年　　　　　北海道美深高等学校として独立

◇北海道美幌高等学校
〒092-0027 北海道網走郡美幌町字稲美130
TEL 01527-3-3115
〈町立美幌高等学校〉
大正7年12月　　　　美幌実業科補習学校が開校
昭和2年6月12日　　美幌町立美幌実科高等女学校と改称
昭和15年4月5日　　美幌実科高等女学校と改称
昭和18年4月1日　　美幌高等女学校と改称
昭和23年4月1日　　町立美幌高等学校と改称
〈北海道立美幌農業高等学校〉
昭和14年3月9日　　北海道庁立美幌農林学校が開校
昭和23年4月1日　　北海道立美幌農業高等学校と改称
〈統合〉

北海道

| 昭和25年4月1日 | 町立美幌高等学校，北海道立美幌農業高等学校が統合し北海道美幌高等学校と改称 |

◇北海道美幌農業高等学校
　〒092-0017 北海道網走郡美幌町字報徳94
　TEL 01527-3-4136
　昭和14年4月25日　　北海道庁立美幌農林学校が開校
　昭和23年4月1日　　　北海道立美幌農業高等学校と改称
　昭和25年4月1日　　　町立美幌高等学校を併合し
　　　　　　　　　　　北海道美幌高等学校と改称
　昭和53年4月1日　　　北海道美幌農業高等学校と改称

◇北海道檜山北高等学校
　〒049-4433 北海道久遠郡せたな町北檜山区丹羽360
　TEL 01378-4-5331
　昭和47年4月　　　　北海道今金高等学校，北海道北檜山高等学校が統合し
　　　　　　　　　　　北海道檜山北高等学校が開校

◇北海道平取高等学校
　〒055-0107 北海道沙流郡平取町本町109-2
　TEL 01457-2-2709
　昭和26年　　　　　　北海道平取高等学校が開校

◇北海道広尾高等学校
　〒089-2624 北海道広尾郡広尾町並木通東1丁目10
　TEL 01558-2-2198
　昭和25年2月21日　　北海道帯広柏葉高等学校広尾分校を設置
　昭和25年3月31日　　北海道広尾高等学校を設置

◇北海道風連高等学校
　〒098-0511 北海道名寄市風連町新生町167-1
　TEL 01655-3-2175
　昭和26年1月5日　　　北海道名寄農業高等学校風連分校が開校
　昭和28年4月1日　　　北海道風連高等学校を設置

◇北海道深川西高等学校
　〒074-0012 北海道深川市西町7-31
　TEL 0164-23-2263
　昭和13年　　　　　　北空知中学校を創立
　昭和16年　　　　　　道庁立深川中学校と改称
　昭和23年　　　　　　北海道立深川高等学校と改称
　昭和25年　　　　　　北海道深川高等学校と改称
　昭和28年　　　　　　北海道深川西高等学校と改称

◇北海道深川農業高等学校
　〒074-0028 北海道深川市一己町字一己633-1
　TEL 0164-23-3043
　昭和21年7月20日　　一已村立北空知農業専修学校が開校
　昭和23年4月1日　　　北海道立一已農業高等学校と改称
　昭和38年4月1日　　　北海道深川農業高等学校と改称

◇北海道深川東高等学校
　〒074-0008 北海道深川市8条5-10
　TEL 0164-23-3561
　昭和4年　　　　　　　北海道深川東高等学校が開校

◇北海道福島商業高等学校
　〒049-1331 北海道松前郡福島町字三岳161-1
　TEL 01394-7-2131
　昭和26年4月1日　　　北海道福島高等学校を設置
　昭和43年4月1日　　　北海道福島商業高等学校と改称

◇藤女子高等学校
　[学校法人　藤学園]
　〒001-0016 北海道札幌市北区北16条西2-21
　TEL 011-707-5001
　大正14年　　　　　　札幌藤高等女学校を設立
　昭和23年　　　　　　藤女子高等学校と改称

◇武修館高等学校
　[学校法人　緑ケ岡学園]
　〒085-0806 北海道釧路市武佐5-9-1
　TEL 0154-41-0131
　昭和39年4月1日　　　釧路女子短期大学附属高等学校を開設
　昭和48年4月1日　　　釧路短期大学附属高等学校と改称
　平成3年4月1日　　　　釧路緑ケ岡高等学校と改称
　平成16年4月1日　　　武修館高等学校と改称

◇双葉高等学校
　[学校法人　北海道龍谷学園]
　〒047-0014 北海道小樽市住ノ江1丁目3-17
　TEL 0134-32-1828
　明治40年9月8日　　　小樽実践女学校として発足
　大正10年2月17日　　小樽実科高等女学校を開校
　昭和23年4月1日　　　小樽双葉女子学園と改称
　平成10年4月1日　　　双葉高等学校と改称

◇北海道富良野高等学校
　〒076-0011 北海道富良野市末広町1-1
　TEL 0167-22-2174
〈北海道立富良野女子高等学校〉
　大正15年5月23日　　富良野実科高等女学校が開校
　昭和7年4月1日　　　富良野高等女学校と改称
　昭和17年4月1日　　　富良野高等女学校と改称
　昭和23年4月1日　　　北海道立富良野女子高等学校に転換
〈北海道立富良野高等学校〉
　昭和16年4月13日　　北海道富良野中学校が開校
　昭和23年4月1日　　　北海道立富良野高等学校に転換
〈統合〉
　昭和25年4月1日　　　北海道立富良野高等学校，北海道立富良野女子高等学校が統合し
　　　　　　　　　　　北海道富良野高等学校と改称

◇北海道富良野緑峰高等学校
　〒076-0037 北海道富良野市西町1-1
　TEL 0167-22-2594
　平成11年4月1日　　　北海道富良野緑峰高等学校が開校

◇北海道古平高等学校
　〒046-0121 北海道古平郡古平町大字浜町893
　TEL 0135-42-2033
　昭和23年10月　　　　北海道余市高等学校古平分校が開校
　昭和27年7月1日　　　北海道余市高等学校より独立し
　　　　　　　　　　　北海道古平高等学校と改称

◇北海道別海高等学校
　〒086-0214 北海道野付郡別海町別海緑町70-1
　TEL 01537-5-2053
　昭和27年　　　　　　別海高等学校が開校
　昭和51年4月1日　　　北海道別海高等学校と改称

◇北照高等学校
　[学校法人　北照高等学校]
　〒047-8558 北海道小樽市最上2-5-1

```
                TEL 0134-32-0331
   明治34年7月18日    私立小樽商業学校を設置
   大正4年2月       私立北海商業学校と改称
   大正8年7月       北海商業学校と改称
   昭和23年3月14日   北海商業学校を廃止し
                   北照高等学校を設立
```

◇北星学園女子高等学校
　［学校法人 北星学園］
　〒064-8523 北海道札幌市中央区南4条西17-2-2
　TEL 011-561-7153
　明治20年1月15日　　スミス塾をサラ・クララ・スミス
　　　　　　　　　　が開塾
　明治22年　　　　　スミス女学校と改称
　明治27年　　　　　北星女学校と改称
　昭和18年　　　　　北星高等女学校と改称
　昭和24年　　　　　北星学園高等学校と改称
　昭和37年　　　　　北星学園女子高等学校と改称

◇北星学園大学附属高等学校
　［学校法人 北星学園］
　〒004-0007 北海道札幌市厚別区厚別町下野幌38
　TEL 011-897-2881
　昭和37年　　　　　北星学園男子高等学校を開校
　昭和62年　　　　　新札幌高等学校と改称
　平成14年　　　　　北星学園大学附属高等学校と改称

◇北星学園余市高等学校
　［学校法人 北星学園］
　〒046-0003 北海道余市郡余市町黒川町96
　TEL 0135-23-2166
　昭和40年　　　　　北星学園余市高等学校を開校

◇北嶺高等学校
　［学校法人 希望学園］
　〒004-0839 北海道札幌市清田区真栄448-1
　TEL 011-883-4651
　平成元年4月1日　　北嶺高等学校が開校

◇北海道栄高等学校
　［学校法人 北海道佐藤栄学園］
　〒059-0908 北海道白老郡白老町緑丘4-676
　TEL 0144-82-2185
　昭和39年　　　　　北海道日大高等学校として開校
　昭和62年　　　　　北海道桜丘高等学校と改称
　平成12年　　　　　北海道栄高等学校と改称

◇北海学園札幌高等学校
　［学校法人 北海学園］
　〒062-8603 北海道札幌市豊平区旭町4-1-42
　TEL 011-841-1161
　大正9年3月　　　　札幌商業学校を開校
　昭和8年7月　　　　苗穂学園と改称
　昭和23年4月　　　　札幌商業高等学校と改称
　平成16年4月　　　　北海学園札幌高等学校と改称

◇北海高等学校
　［学校法人 北海学園］
　〒062-8601 北海道札幌市豊平区旭町4-1-41
　TEL 011-841-1161
　明治18年3月　　　　北海英語学校を創立
　明治34年5月　　　　中学部を開校
　大正3年10月　　　　北海中学校を設立
　昭和23年4月　　　　北海高等学校と改称

◇北海道尚志学園高等学校
　［学校法人 北海道尚志学園］
　〒062-0922 北海道札幌市豊平区中の島2条6-2-3
　TEL 011-821-0173
　昭和31年4月　　　　北海道工業高等学校が開校
　平成13年4月　　　　北海道尚志学園高等学校と改称

◇北海道文教大学明清高等学校
　［学校法人 鶴岡学園］
　〒005-0849 北海道札幌市南区石山531
　TEL 011-591-8534
　昭和34年4月　　　　藤の沢女子高等学校が開校
　昭和41年　　　　　北海道栄養短期大学附属高等学校
　　　　　　　　　　と改称
　昭和63年　　　　　札幌明清高等学校と改称
　平成13年4月　　　　北海道文教大学明清高等学校と改称

◇北海道穂別高等学校
　〒054-0211 北海道勇払郡むかわ町穂別127-3
　TEL 01454-5-3546
　昭和26年4月　　　　北海道穂別高等学校が開校

◇北海道幌加内高等学校
　〒074-0495 北海道雨竜郡幌加内町字平和
　TEL 01653-5-2405
　昭和29年　　　　　北海道幌加内農業高等学校を設立
　昭和63年　　　　　北海道幌加内高等学校と改称

◇北海道本別高等学校
　〒089-3303 北海道中川郡本別町弥生町49
　TEL 01562-2-2052
　昭和17年4月5日　　本別町立本別中学校が開校
　昭和21年3月30日　　北海道庁立本別中学校と改称
　昭和22年11月1日　　北海道立本別中学校と改称
　昭和23年4月1日　　北海道立本別高等学校と改称
　昭和25年4月1日　　北海道本別高等学校と改称

◇北海道幕別高等学校
　〒089-0615 北海道中川郡幕別町南町81
　TEL 0155-54-2977
　昭和23年11月5日　　北海道池田女子高等学校幕別分校
　　　　　　　　　　を設立
　昭和26年4月1日　　北海道幕別高等学校と改称

◇北海道増毛高等学校
　〒077-0297 北海道増毛郡増毛町南暑寒町2丁目38
　TEL 0164-53-1325
　昭和15年4月18日　　北海道増毛町立増毛実科高等女学
　　　　　　　　　　校が開校
　昭和18年4月1日　　北海道増毛高等女学校と改称
　昭和23年4月1日　　北海道増毛高等学校と改称

◇北海道真狩高等学校
　〒048-1611 北海道虻田郡真狩村字光6
　TEL 0136-45-2357
　昭和23年12月24日　　北海道倶知安農業高等学校真狩分
　　　　　　　　　　校が開校
　昭和27年11月1日　　北海道真狩高等学校と改称

◇北海道松前高等学校
　〒049-1501 北海道松前郡松前町字建石216
　TEL 01394-2-2149
　昭和23年　　　　　北海道松前高等学校が開校

北海道

◇北海道三笠高等学校
　〒068-2107　北海道三笠市若草町397
　TEL 01267-2-2185
　昭和20年4月1日　　北海道三笠工業学校が開校
　昭和23年4月1日　　北海道三笠工業高等学校と改称
　昭和26年3月31日　 北海道三笠高等学校と改称

◇北海道南茅部高等学校
　〒041-1611　北海道函館市川汲町1560
　TEL 01372-2-3372
　〈北海道白尻漁業高等学校〉
　昭和24年4月1日　　北海道森高等学校白尻分校として開設
　昭和27年11月1日　　北海道白尻高等学校と改称
　昭和29年3月31日　　北海道白尻漁業高等学校と改称
　〈北海道尾札部漁業高等学校〉
　昭和26年4月1日　　北海道森高等学校尾札部分校として開設
　昭和27年11月1日　　北海道尾札部高等学校と改称
　昭和29年3月31日　　北海道尾札部漁業高等学校と改称
　〈統合〉
　昭和32年4月1日　　北海道尾札部漁業高等学校，北海道白尻漁業高等学校を統合し尾札部村・白尻村組合立北海道南茅部漁業高等学校と改称
　昭和34年5月1日　　南茅部村立北海道南茅部漁業高等学校と改称
　昭和34年9月1日　　南茅部町立北海道南茅部漁業高等学校と改称
　昭和37年4月1日　　北海道南茅部高等学校と改称

◇北海道南富良野高等学校
　〒079-2401　北海道空知郡南富良野町字幾寅
　TEL 0167-52-2022
　昭和24年　　北海道富良野高等学校幾寅分校を創立
　昭和27年　　北海道南富良野高等学校として独立

◇北海道鵡川高等学校
　〒054-0032　北海道勇払郡むかわ町福住4丁目2-1
　TEL 01454-2-2085
　昭和27年4月1日　　北海道苫小牧高等学校鵡川分校を設置
　昭和28年4月1日　　北海道鵡川高等学校と改称
　昭和30年12月13日　北海道勇払郡鵡川高等学校と改称
　昭和31年5月9日　　北海道鵡川高等学校と改称

◇室蘭大谷高等学校
　［学校法人　望洋大谷学園］
　〒050-0061　北海道室蘭市八丁平3-1-1
　TEL 0143-44-5641
　昭和33年4月　　室蘭大谷高等学校が開校

◇北海道室蘭工業高等学校
　〒050-0073　北海道室蘭市宮の森町3丁目1-1
　TEL 0143-44-5712
　昭和16年4月30日　　北海道庁立室蘭工業学校が開校
　昭和22年1月1日　　北海道立室蘭工業学校と改称
　昭和23年4月1日　　北海道立室蘭工業高等学校と改称
　昭和25年4月1日　　北海道室蘭工業高等学校と改称

◇北海道室蘭栄高等学校
　〒050-0083　北海道室蘭市東町3丁目29-5
　TEL 0143-44-3128
　大正6年　　　　　　北海道庁立室蘭中学校が開校
　昭和23年4月1日　　北海道室蘭高等学校と改称
　昭和25年4月1日　　北海道室蘭栄高等学校と改称

◇北海道室蘭清水丘高等学校
　〒051-0034　北海道室蘭市増市町2丁目6-16
　TEL 0143-23-1221
　大正6年3月12日　　北海道室蘭町立実科高等女学校を設置
　大正7年3月25日　　北海道室蘭区立実科高等女学校と改称
　大正8年3月31日　　北海道庁立高等女学校と改称
　昭和23年4月1日　　北海道立室蘭女子高等学校と改称
　昭和24年4月15日　 北海道室蘭清水丘高等学校と改称

◇北海道室蘭商業高等学校
　〒050-0061　北海道室蘭市八丁平5丁目30-7
　TEL 0143-46-2367
　大正12年　　　　　室蘭市立室蘭商業学校として開校
　大正13年　　　　　北海道庁立室蘭商業学校と改称
　昭和19年3月　　　室蘭第二工業学校と改称
　昭和21年　　　　　北海道室蘭商業高等学校と改称

◇北海道室蘭東翔高等学校
　〒050-0072　北海道室蘭市高砂町4丁目35-1
　TEL 0143-44-4783
　平成18年4月　　　室蘭東高等学校，室蘭商業高等学校が統合し北海道室蘭東翔高等学校が開校

◇北海道女満別高等学校
　〒099-2356　北海道網走郡大空町昭和104-1
　TEL 01527-4-2631
　昭和26年4月1日　　北海道美幌高等学校女満別分校が開校
　昭和27年11月1日　　北海道女満別高等学校と改称

◇北海道芽室高等学校
　〒082-0006　北海道河西郡芽室町東芽室南2線33
　TEL 0155-62-2624
　昭和23年11月20日　北海道清水高等学校分校が開校
　昭和24年10月21日　北海道芽室高等学校と改称

◇北海道妹背牛商業高等学校
　〒079-0500　北海道雨竜郡妹背牛町字妹背牛458
　TEL 0164-32-2104
　昭和24年3月　　　　北海道妹背牛高等学校が開校
　昭和44年4月　　　　北海道妹背牛商業高等学校と改称

◇北海道森高等学校
　〒049-2394　北海道茅部郡森町字上台町326-48
　TEL 01374-2-2059
　昭和16年2月28日　　町立森実科高等女学校を設立
　昭和23年4月　　　　北海道森高等学校と改称

◇北海道紋別北高等学校
　〒094-8581　北海道紋別市落石町1丁目3-18
　TEL 01582-4-5285
　〈北海道立紋別女子高等学校〉
　昭和5年4月1日　　紋別町立紋別裁縫女学校が開校
　昭和14年4月1日　　紋別町立紋別実科高等女学校と改称
　昭和21年4月1日　　北海道高等女学校と改称
　昭和23年4月1日　　北海道紋別女子高等学校と改称
　昭和24年4月1日　　北海道立紋別女子高等学校と改称
　〈北海道立紋別高等学校〉

| 昭和18年4月1日 | 北海道紋別中学校を創立 |
| 昭和22年4月1日 | 北海道庁立紋別中学校と改称 |
| 昭和23年4月1日 | 北海道立紋別高等学校と改称 |

〈統合〉
| 昭和25年4月1日 | 北海道立紋別女子高等学校,北海道立紋別高等学校が併合し 北海道紋別高等学校と改称 |
| 昭和41年4月1日 | 北海道紋別南高等学校の設立に伴い工業科を分離し 北海道紋別北高等学校と改称 |

◇北海道紋別南高等学校
〒094-0013 北海道紋別市南が丘町6丁目3-47
TEL 01582-3-3068
| 昭和41年3月 | 北海道紋別南高等学校が開校 |

◇北海道八雲高等学校
〒049-3111 北海道二海郡八雲町住初町88
TEL 0137-63-2105
〈北海道立八雲高等学校〉
| 大正12年3月1日 | 北海道庁立八雲中学校として設立 |
| 昭和23年4月1日 | 北海道立八雲高等学校と改称 |

〈北海道立八雲女子高等学校〉
| 大正15年3月19日 | 八雲町立八雲家政女学校として設立 |
| 昭和11年3月27日 | 北海道八雲実科高等女学校と改称 |
| 昭和17年4月1日 | 北海道庁立八雲高等女学校と改称 |
| 昭和23年4月1日 | 北海道立八雲女子高等学校と改称 |

〈統合〉
| 昭和24年4月1日 | 北海道立八雲高等学校,北海道立八雲高等女学校が統合し 北海道立八雲高等学校と改称 |

◇北海道夕張高等学校
〒068-0536 北海道夕張市南清水沢3丁目49
TEL 01235-9-7808
| 昭和11年4月 | 夕張高等家政女学校が開校 |
| 昭和15年4月 | 夕張町立高等女学校が開校 |
| 昭和18年4月 | 夕張市立女学校と改称 |
| 昭和23年4月 | 夕張市立高等学校と改称 |
| 昭和25年7月 | 夕張東高等学校と改称 |
| 昭和26年12月 | 北海道夕張南高等学校と改称 |
| 平成4年3月 | 北海道夕張南高等学校を閉校 |
| 平成4年4月 | 北海道夕張高等学校が開校 |

◇北海道湧別高等学校
〒099-6324 北海道紋別郡上湧別町字中湧別846-2
TEL 01586-2-2419
| 昭和28年4月 | 北海道湧別高等学校が開校 |

◇北海道有朋高等学校
〒064-8640 北海道札幌市中央区南14条西12丁目
TEL 011-563-1105
| 昭和42年8月 | 北海道札幌南高等学校の通信制が独立し 北海道有朋高等学校が開校 |

◇北海道由仁商業高等学校
〒069-1295 北海道夕張郡由仁町新光50
TEL 01238-3-2024
| 昭和23年12月14日 | 北海道立空知農業高等学校由仁分校が開校 |
| 昭和25年5月1日 | 北海道由仁高等学校として独立 |
| 昭和60年4月1日 | 北海道由仁商業高等学校と改称 |

◇北海道余市高等学校
〒046-0022 北海道余市郡余市町沢町6丁目-1
TEL 0135-23-3191
| 大正13年3月26日 | 北海道余市中学校を設置 |
| 大正14年4月2日 | 北海道庁立余市中学校と改称 |
| 昭和23年4月1日 | 北海道立余市高等学校と改称 |
| 昭和24年4月1日 | 北海道立余市女子高等学校と統合 |
| 昭和25年4月1日 | 北海道余市高等学校と改称 |

〈北海道町立余市高等女学校〉
| 大正12年4月 | 町立実科高女が開校 |
| 昭和3年4月1日 | 北海道余市実科高等女学校と改称 |
| 昭和14年3月28日 | 北海道余市高等女学校と改称 |
| 昭和16年3月9日 | 北海道庁立余市高等女学校と改称 |
| 昭和22年11月1日 | 北海道町立余市高等女学校と改称 |
| 昭和23年4月1日 | 北海道立余市女子高等学校と改称 |

◇北海道羅臼高等学校
〒086-1834 北海道目梨郡羅臼町礼文町9-3
TEL 01538-7-2481
| 昭和38年4月13日 | 北海道標津高等学校羅臼分校が開校 |
| 昭和50年4月1日 | 北海道羅臼高等学校として独立し開校 |

◇北海道蘭越高等学校
〒048-1301 北海道磯谷郡蘭越町蘭越町475-16
TEL 0136-57-6264
| 昭和23年 | 北海道蘭越高等学校を創立 |

◇北海道利尻高等学校
〒097-0401 北海道利尻郡利尻町杏形字神居189-1
TEL 01638-4-2215
| 昭和32年5月1日 | 北海道利尻高等学校が開校 |

◇立命館慶祥高等学校
［学校法人 立命館］
〒069-0832 北海道江別市西野幌640-1
TEL 011-381-8888
| 平成7年 | 立命館慶祥高等学校を設置 |

◇北海道留寿都高等学校
〒048-1731 北海道虻田郡留寿都村字留寿都179-1
TEL 0136-46-3376
| 昭和26年4月 | 北海道倶知安高等学校留寿都分校が開校 |
| 昭和27年11月 | 北海道留寿都高等学校と改称 |

◇北海道留辺蘂高等学校
〒091-0026 北海道北見市留辺蘂町旭公園104-5
TEL 0157-42-2225
| 昭和23年 | 北海道北見高等学校留辺蘂分校が開校 |
| 昭和28年 | 町立留辺蘂高等学校を設立 |
| 昭和31年 | 北海道留辺蘂高等学校と改称 |

◇北海道留萌高等学校
〒077-0011 北海道留萌市東雲町1丁目84
TEL 0164-42-0730
| 大正13年4月29日 | 留萌町立中学校が開校 |
| 大正14年4月1日 | 北海道庁立中学校と改称 |
| 昭和23年4月1日 | 北海道立留萌高等学校と改称 |
| 昭和25年4月1日 | 北海道立留萌女子高等学校を併合し 北海道留萌高等学校と改称 |

◇北海道留萌千望高等学校
　〒077-0024 北海道留萌市千鳥町4丁目91
　TEL 0164-42-1417
　平成10年4月1日　　北海道留萌千望高等学校が開校

◇北海道礼文高等学校
　〒097-1111 北海道礼文郡礼文町大字船泊村字ヲチカフナイ27
　TEL 01638-7-2358
　昭和53年　　　　　北海道稚内高等学校礼文分校が開校
　昭和55年　　　　　北海道礼文高等学校と改称

◇稚内大谷高等学校
　［学校法人 稚内大谷学園］
　〒097-0004 北海道稚内市緑3-14-1
　TEL 0162-23-4378
　昭和38年4月　　　稚内大谷高等学校として開校

◇北海道稚内高等学校
　〒097-0017 北海道稚内市栄1丁目4-1
　TEL 0162-33-4154
　〈北海道立稚内高等学校〉
　大正12年4月　　　北海道庁立稚内中学校が開校
　昭和23年4月　　　北海道立稚内高等学校と改称
　〈北海道立稚内女子高等学校〉
　大正12年4月　　　北海道稚内町立実科高等女学校が開校
　昭和4年12月　　　北海道庁立稚内高等女学校と改称
　昭和24年4月　　　北海道立稚内女子高等学校と改称
　〈統合〉
　昭和25年4月　　　北海道立稚内高等学校，北海道立稚内女子高等学校が統合し北海道稚内高等学校と改称

◇北海道稚内商工高等学校
　〒097-0012 北海道稚内市富岡1丁目1-1
　TEL 0162-34-2297
　昭和28年4月1日　北海道稚内高等学校の商業課程が独立
　　　　　　　　　　北海道稚内商業高等学校を創立
　昭和41年4月1日　北海道稚内商工高等学校と改称

◇北海道和寒高等学校
　〒098-0101 北海道上川郡和寒町字日ノ出11
　TEL 016532-2149
　昭和25年　　　　　北海道和寒高等学校が開校

# 青森県

【大学】

◇青森県立保健大学
　〒030-8505 青森県青森市大字浜館字間瀬58-1
　TEL 017-765-2000
　平成11年　　　　　青森県立保健大学が開校

◇青森公立大学
　〒030-0196 青森県青森市大字合子沢字山崎153-4
　TEL 017-764-1555
　平成5年4月　　　　青森公立大学が開学

◇青森大学
　［学校法人 青森山田学園］
　〒030-0943 青森県青森市幸畑2-3-1
　TEL 017-738-2001
　昭和43年　　　　　青森大学が開学

◇青森中央学院大学
　［学校法人 青森田中学園］
　〒030-0132 青森県青森市横内神田12
　TEL 017-728-0131
　平成10年　　　　　青森中央学院大学が開学

◇東北女子大学
　［学校法人 柴田学園］
　〒036-8530 青森県弘前市豊原1-2-1
　TEL 0172-33-2289
　大正12年4月　　　弘前和洋裁縫女学校を柴田やすが創設
　昭和44年4月　　　東北女子大学が開学

◇八戸工業大学
　［学校法人 八戸工業大学］
　〒031-8501 青森県八戸市大字妙字大開88-1
　TEL 0178-25-3111
　昭和31年2月28日　八戸高等電波学校を設立
　昭和47年4月1日　八戸工業大学を開学

◇八戸大学
　［学校法人 光星学院］
　〒031-8544 青森県八戸市美保野13-98
　TEL 0178-25-2711
　昭和56年　　　　　八戸大学が開学

◇弘前学院大学
　［学校法人 弘前学院］
　〒036-8231 青森県弘前市大字稔町13-1
　TEL 0172-34-5211
　明治19年　　　　　来徳女学校を本多庸一が創設
　昭和25年　　　　　弘前学院短期大学（のち閉学）を設置
　昭和46年　　　　　弘前学院大学を設置

◇弘前大学
　〒036-8560 青森県弘前市文京町1
　TEL 0172-36-2111
　昭和24年　　　　　弘前高等学校，青森師範学校，青森医学専門学校，青森青年師範学校，弘前医科大学を母体として弘前大学が発足

## 【短大】

◇青森明の星短期大学
　［学校法人 明の星学園］
　〒030-0961 青森県青森市浪打2-6-32
　TEL 0177-41-0123
　昭和38年　　　青森明の星短期大学を開学

◇青森短期大学
　［学校法人 青森山田学園］
　〒030-0943 青森県青森市幸畑2-3-1
　TEL 017-728-3001
　昭和37年　　　青森短期大学を開学

◇青森中央短期大学
　［学校法人 青森田中学園］
　〒030-0132 青森県青森市横内神田12
　TEL 017-728-0121
　昭和45年　　　青森中央女子短期大学を設置
　昭和49年　　　青森中央短期大学と改称

◇東北女子短期大学
　［学校法人 柴田学園］
　〒036-8503 青森県弘前市上瓦ケ町25
　TEL 0172-32-6151
　大正12年4月　　弘前和洋裁縫女学校を柴田やすが創設
　昭和25年4月　　東北女子短期大学が開校

◇八戸短期大学
　［学校法人 光星学院］
　〒031-0844 青森県八戸市美保野13-384
　TEL 0178-25-4411
　昭和34年　　　光星学院高等学校をヨゼフ中村由太郎が創立
　昭和46年　　　八戸短期大学を開学

◇弘前福祉短期大学
　［学校法人 城東学園］
　〒036-8102 青森県弘前市大字小比内3-18-1
　TEL 0172-27-1001
　平成14年　　　弘前福祉短期大学が開学

## 【高専】

◇八戸工業高等専門学校
　〒039-1192 青森県八戸市面木字上野平16-1
　TEL 0178-27-7223
　昭和38年4月1日　八戸工業高等専門学校を設置

## 【高校】

◇青森明の星高等学校
　［学校法人 明の星学園］
　〒030-0961 青森県青森市浪打2-6-32
　TEL 0177-41-0121
　昭和12年　　　青森技藝学院を設置
　昭和16年　　　青森高等技藝学院と改称
　昭和19年　　　青森女子商業学校と改称
　昭和21年　　　青森明の星高等女学校と改称
　昭和26年　　　青森明の星高等学校と改称

◇青森県立青森北高等学校
　〒038-0058 青森県青森市大字羽白字富田80-7
　TEL 017-788-2893
　昭和16年4月　　青森市立第一中学校が開校
　昭和23年4月1日　青森市立第一高等学校と改称
　昭和44年4月1日　青森県立青森北高等学校と改称

◇青森県立青森工業高等学校
　〒038-0011 青森県青森市篠田3-16-1
　TEL 017-781-8111
　大正2年　　　青森市立工業徒弟学校を設立
　大正6年　　　青森市工芸学校と改称
　昭和9年　　　青森市立青森工業学校と改称
　昭和13年　　　青森県立青森工業学校と改称
　昭和19年　　　青森県立第一工業学校と改称
　昭和21年　　　青森県立青森工業学校と改称
　昭和23年　　　青森県立青森工業高等学校と改称

◇青森県立青森高等学校
　〒030-0945 青森県青森市桜川8-1-2
　TEL 017-742-2411
　〈青森県立青森高等学校〉
　明治33年　　　青森県第三中学校が開校
　明治44年　　　青森県立第三中学校と改称
　明治42年　　　青森県立青森中学校と改称
　昭和23年　　　青森県立青森高等学校と改称
　昭和25年　　　青森県立青森女子高等学校と統合
　〈青森県立青森女子高等学校〉
　明治40年　　　青森県立第三高等女学校が開校
　明治42年　　　青森県立青森高等女学校と改称
　昭和23年　　　青森県立青森女子高等学校と改称

◇青森県立青森商業高等学校
　〒030-0911 青森県青森市東造道1-6-1
　TEL 017-736-6116
　明治35年10月1日　私立青森商業補習夜学校が開校
　明治38年4月17日　青森市立商業補習夜学校を設立
　大正15年4月1日　青森県立商業学校と改称
　昭和19年2月18日　青森県立第二工業学校と改称
　昭和20年12月5日　青森県立商業学校と改称
　昭和23年4月1日　青森県立青森商業高等学校と改称
　昭和25年4月1日　青森県立実業高等学校と改称
　昭和29年4月1日　青森県立青森商業高等学校と改称

◇青森県立青森中央高等学校
　〒030-0847 青森県青森市東大野1-22-1
　TEL 017-739-5135
　明治37年4月16日　青森市立青森女子実業補習学校を設置
　大正12年4月1日　青森市立女子実業学校と改称
　昭和5年3月31日　青森市立女子実業学校を解消し青森市立実科高等女学校を設立
　昭和9年4月1日　青森市立青森高等女学校と改称
　昭和23年4月1日　青森市立女子高等学校と改称
　昭和27年3月1日　青森市立中央高等学校と改称
　昭和51年4月1日　青森県立青森中央高等学校と改称

◇青森県立青森戸山高等学校
　〒030-0951 青森県青森市大字戸山字安原7-1
　TEL 017-742-2100
　昭和58年4月8日　青森県立青森戸山高等学校が開校

◇青森県立青森西高等学校
　〒038-0042 青森県青森市新城字平岡266-20
　TEL 017-788-0372
　昭和38年4月1日　青森県立青森西高等学校が開校

◇青森県立青森東高等学校
　〒030-0921 青森県青森市原別3丁目1-1

# 青森県

　　　TEL 017-736-2440
　　　昭和39年4月1日　　　青森県立青森東高等学校が開校

◇青森県立**青森南高等学校**
　〒030-0852 青森県青森市大字大野字笹崎6-1
　　　TEL 017-739-3421
　　　昭和50年4月9日　　　青森県立青森南高等学校が開校

◇**青森山田高等学校**
　［学校法人 青森山田学園］
　〒030-8520 青森県青森市青葉3-13-40
　　　TEL 017-739-2001
　　　大正7年　　　　　　山田裁縫教授所を山田きみが創立
　　　大正8年　　　　　　山田高等家政女学校と改称
　　　昭和23年　　　　　山田高等学校と改称
　　　昭和37年　　　　　青森山田高等学校と改称

◇青森県立**鰺ヶ沢高等学校**
　〒038-2761 青森県西津軽郡鰺ヶ沢町大字舞戸町字小夜72
　　　TEL 0173-72-2106
　　　昭和18年4月1日　　青森県鰺ヶ沢女学校を創立
　　　昭和23年4月1日　　青森県鰺ヶ沢高等学校と改称
　　　昭和26年3月1日　　青森県立鰺ヶ沢高等学校と改称

◇青森県立**板柳高等学校**
　〒038-3635 青森県北津軽郡板柳町太田西上林46
　　　TEL 0172-73-2166
　　　昭和13年　　　　　青森県板柳町立実科高等女学校を設置
　　　昭和18年　　　　　青森県板柳町立高等女学校と改称
　　　昭和19年　　　　　青森県板柳高等女学校と改称
　　　昭和23年　　　　　青森県立板柳高等学校が開校

◇青森県立**今別高等学校**
　〒030-1502 青森県東津軽郡今別町大字今別字西田258
　　　TEL 0174-35-2024
　　　昭和23年8月1日　　青森工業高等学校今別分校として発足
　　　昭和27年10月1日　 青森県立今別高等学校として独立

◇青森県立**岩木高等学校**
　〒036-1322 青森県弘前市駒越村元75-1
　　　TEL 0172-32-6459
　　　昭和32年4月　　　　青森県津軽高等学校を設置
　　　昭和53年4月　　　　青森県立岩木高等学校と改称

◇青森県立**大畑高等学校**
　〒039-4401 青森県むつ市大畑町兎沢17-200
　　　TEL 0175-34-3120
　　　昭和23年6月22日　 青森県立田名部高等学校大畑分校が開校
　　　昭和56年4月1日　　青森県立大畑高等学校と改称

◇青森県立**大間高等学校**
　〒039-4601 青森県下北郡大間町大間平20-43
　　　TEL 0175-37-2109
　　　昭和4年4月　　　　青森県立田名部高等学校大間分校を開校
　　　昭和50年4月　　　　青森県立大間高等学校と改称

◇青森県立**大湊高等学校**
　〒035-0096 青森県むつ市大湊大近川44-84
　　　TEL 0175-24-1244
　　　昭和23年5月　　　　青森県大湊高等学校が開校
　　　昭和25年1月　　　　青森県立大湊高等学校と改称

◇青森県立**大鰐高等学校**
　〒038-0221 青森県南津軽郡大鰐町大字虹貝字中熊沢10-4
　　　TEL 0172-47-5038
　　　昭和56年4月　　　　青森県立弘前南高等学校大鰐分校を発足
　　　昭和58年4月　　　　青森県立大鰐高等学校を発足

◇青森県立**尾上総合高等学校**
　〒036-0211 青森県平川市高木松元7-6
　　　TEL 0172-57-3500
　　　平成11年4月　　　　青森県立尾上総合高等学校が開校

◇青森県立**柏木農業高等学校**
　〒036-0112 青森県平川市荒田字上駒田130
　　　TEL 0172-44-3015
　　　大正15年4月8日　　柏木町村他4ヶ村組合立柏木町農学校が開校
　　　昭和3年3月8日　　 青森県立柏木町農学校と改称
　　　昭和12年2月13日　 青森県立柏木農学校と改称
　　　昭和18年8月14日　 青森県立柏木農業学校と改称
　　　昭和23年4月1日　　青森県立柏木農業高等学校と改称

◇青森県立**金木高等学校**
　〒037-0202 青森県五所川原市金木町芦野200-403
　　　TEL 0173-53-2079
　　　昭和23年6月　　　　県立五所川原農林高等学校金木分校として発足
　　　昭和27年10月　　　 組合立金木高等学校として独立
　　　昭和37年4月　　　　青森県立金木高等学校と改称

◇青森県立**金木高等学校市浦分校**
　〒037-0404 青森県五所川原市磯松赤川3-42
　　　TEL 0173-62-3162
　　　昭和28年5月1日　　青森県金木高等学校相内分校が開校
　　　昭和38年3月1日　　青森県立金木高等学校相内分校と改称
　　　平成13年8月10日　 青森県立金木高等学校市浦分校と改称

◇青森県立**金木高等学校小泊分校**
　〒037-0511 青森県北津軽郡中泊町小泊砂山1076
　　　TEL 0173-64-2221
　　　昭和29年4月1日　　青森県金木高等学校小泊分校を設置
　　　昭和38年3月1日　　青森県立金木高等学校小泊分校と改称

◇青森県立**川内高等学校**
　〒039-5201 青森県むつ市川内町川内家ノ上48
　　　TEL 0175-42-2214
　　　昭和53年　　　　　青森県立川内高等学校が開校

◇青森県立**木造高等学校**
　〒038-3193 青森県つがる市木造日向73-2
　　　TEL 0173-42-2066
　　　昭和2年4月1日　　 青森県立木造中学校が開校
　　　昭和23年4月　　　　青森県立木造高等学校と改称

◇青森県立**木造高等学校稲垣分校**
　〒037-0104 青森県つがる市稲垣町豊川宮川145-3
　　　TEL 0173-46-2044
　　　昭和23年6月　　　　青森県立木造高等学校稲垣分校を設置

◇青森県立木造高等学校車力分校
〒038-3302 青森県つがる市豊富町屏風山
TEL 0173-56-2107
昭和23年6月　　　青森県立木造高等学校車力分校を設置

◇青森県立黒石高等学校
〒036-0388 青森県黒石市西ヶ丘65
TEL 0172-52-4321
大正14年　　　　黒石町立黒石実科高等女学校を開校
昭和18年　　　　青森県黒石高等女学校と改称
昭和21年　　　　青森県立黒石高等女学校と改称
昭和23年　　　　青森県立黒石高等学校と改称

◇青森県立黒石商業高等学校
〒036-0321 青森県黒石市あけぼの町97-2
TEL 0172-52-3215
昭和49年4月8日　青森県立黒石商業高等学校が開校

◇光星学院高等学校
[学校法人 光星学院]
〒031-8507 青森県八戸市湊高台6-14-5
TEL 0178-33-4151
昭和34年　　　　光星学院高等学校をヨゼフ中村由太郎が創立

◇光星学院野辺地西高等学校
[学校法人 光星学院]
〒039-3156 青森県上北郡野辺地町枇杷野51-6
TEL 0175-64-4166
昭和34年　　　　光星学院高等学校をヨゼフ中村由太郎が創立
昭和46年　　　　光星学院野辺地工業高等学校が開校
平成9年　　　　　光星学院野辺地西高等学校と改称

◇向陵高等学校
[学校法人 千葉学園]
〒031-0011 青森県八戸市田向字間の田30
TEL 0178-44-3866
明治43年11月　　八戸女塾を千葉クラが創設
大正3年1月　　　私立八戸裁縫講習所と改称
大正12年1月　　 私立千葉裁縫女塾と改称
昭和5年3月　　　八戸千葉裁縫女学校と改称
昭和23年4月　　 千葉学園高等学校と改称
昭和51年11月24日　千葉学園高等学校より普通科が分離独立し
　　　　　　　　向陵高等学校と改称

◇青森県立五所川原工業高等学校
〒037-0063 青森県五所川原市湊船越192
TEL 0173-35-3444
昭和38年　　　　青森県立五所川原工業高等学校が開校

◇青森県立五所川原高等学校
〒037-0066 青森県五所川原市字中平井町3-3
TEL 0173-35-3073
明治42年4月1日　補習科を五所川原女子尋常高等小学校に併置
大正2年4月　　　五所川原女子実業補修学校と改称
大正11年　　　　五所川原実業女学校と改称
昭和2年4月1日　 五所川原実科高等女学校に改組
昭和4年4月1日　 五所川原高等女学校に改組
昭和8年4月1日　 青森県立五所川原高等女学校と改称
昭和23年4月1日　青森県立五所川原女子高等学校と改称
昭和24年3月31日 青森県立五所川原高等学校と改称

◇五所川原商業高等学校
[学校法人 下山学園]
〒037-0004 青森県五所川原市唐笠柳字藤巻80
TEL 0173-35-5151
昭和29年3月　　 五所川原実業高等学院を設置
昭和31年11月　　五所川原商業学校と改称
昭和32年4月　　 五所川原商業高等学校が設置の認可を受ける

◇五所川原第一高等学校
[学校法人 舘田学園]
〒037-0044 青森県五所川原市元町42
TEL 0173-34-2347
昭和23年4月　　 五所川原家庭寮を創設
昭和24年4月　　 五所川原家政学院高等学校と改称
昭和48年2月　　 五所川原第一高等学校と改称

◇青森県立五所川原農林高等学校
〒037-0063 青森県五所川原市一野坪朝日田12-37
TEL 0173-37-2121
明治35年1月31日 北津軽郡立農学校を設立
大正2年4月1日　 南津軽郡立農学校を統合し青森県立農学校と改称
大正8年4月1日　 青森県五所川原農学校と改称
大正18年1月1日　青森県立五所川原農業学校と改称
昭和23年4月1日　青森県立五所川原農林高等学校と改称

◇青森県立五所川原東高等学校
〒037-0641 青森県五所川原市羽野木沢字隈無179
TEL 0173-29-2023
昭和23年7月1日　青森県立五所川原農林高等学校七和分校を設立
昭和27年10月1日 青森県立七和高等学校として独立
昭和31年9月30日 五所川原市立七和高等学校と改称
昭和54年4月1日　青森県立五所川原東高等学校と改称

◇青森県立五戸高等学校
〒039-1569 青森県三戸郡五戸町根岸6
TEL 0178-62-2828
昭和3年4月1日　 五戸町五戸実業公民学校を設立
昭和12年4月1日　公立青年学校五戸女子実業公民学校と改称
昭和23年4月1日　青森県五戸高等学校を設置
昭和26年1月1日　青森県立五戸高等学校と改称

◇青森県立三戸高等学校
〒039-0141 青森県三戸郡三戸町川守田白坂ノ上3
TEL 0179-22-2148
昭和2年4月11日　三戸町立実科高等女学校が開校
昭和18年4月1日　三戸町立高等女学校と改称
昭和23年4月1日　青森県三戸高等学校と改称
昭和28年3月15日 青森県立三戸高等学校と改称

◇青森県立三本木高等学校
〒034-0085 青森県十和田市西五番町7-1
TEL 0176-23-4181
明治43年4月10日 裁縫専修科を三本木小学校に設置

青森県

| 大正12年3月27日 | 三本木町立三本木女子実業学校と改称 |
| 大正15年5月1日 | 三本木町立三本木実科高等女学校が開校 |
| 昭和8年3月22日 | 三本木町立三本木高等女学校に改組 |
| 昭和11年2月15日 | 青森県立三本木高等女学校と改称 |
| 昭和23年4月1日 | 青森県立三本木女子高等学校として新発足 |
| 昭和24年4月1日 | 青森県立三本木高等学校と改称 |

◇青森県立三本木農業高等学校
　〒034-0041 青森県十和田市相坂高清水78-92
　TEL 0176-23-5341

| 明治31年 | 青森県農学校を創立 |
| 明治34年 | 青森県畜産学校と改称 |
| 大正8年 | 青森県立三本木農学校と改称 |
| 昭和18年 | 青森県立三本木農業学校と改称 |
| 昭和23年 | 青森県立三本木農業高等学校と改称 |

◇青森県立七戸高等学校
　〒039-2516 青森県上北郡七戸町舘野47-31
　TEL 0176-62-4111

| 大正15年2月19日 | 七戸町立実科高等女学校を設立 |
| 昭和2年3月18日 | 七戸実科高等女学校と改称 |
| 昭和18年5月1日 | 青森県七戸高等女学校と改称 |
| 昭和23年4月1日 | 青森県立七戸高等学校と改称 |

◇柴田女子高等学校
　［学校法人　柴田学園］
　〒036-8101 青森県弘前市豊原1-2-2
　TEL 0172-32-0135

| 大正12年4月 | 弘前和洋裁縫女学校を柴田やすが創設 |
| 昭和23年4月 | 柴田女子高等学校が開校 |

◇松風塾高等学校
　［学校法人　大和山学園］
　〒039-3351 青森県東津軽郡平内町外童子字滝ノ沢37
　TEL 017-756-2817

| 昭和30年 | 生活学苑大和山松風塾を開塾 |
| 昭和49年4月 | 松風塾高等学校が開校 |

◇青森県立田子高等学校
　〒039-0202 青森県三戸郡田子町相米蝦夷舘1-1
　TEL 0179-32-2134

| 昭和27年4月1日 | 青森県三戸高等学校田子分校を設置 |
| 昭和28年3月15日 | 青森県立三戸高等学校田子分校と改称 |
| 昭和53年4月1日 | 青森県立田子高等学校と改称 |

◇青森県立田名部高等学校
　〒035-0054 青森県むつ市海老川町6-18
　TEL 0175-22-1184

〈青森県立田名部高等学校〉

| 昭和17年4月1日 | 青森県田名部町立中学校が開校 |
| 昭和20年4月11日 | 青森県立田名部中学校と改称 |
| 昭和23年4月1日 | 青森県立田名部高等学校と改称 |
| 昭和24年4月1日 | 青森県立田名部女子高等学校と統合 |

〈青森県立田名部女子高等学校〉

| 大正6年4月1日 | 町立田名部女子実業補習学校を設立 |
| 昭和4年6月1日 | 町立田名部実践女学校と改称 |
| 昭和8年4月1日 | 町立田名部実科高等女学校と改称 |
| 昭和16年4月1日 | 青森県立田名部高等女学校と改称 |
| 昭和23年4月1日 | 青森県立田名部女子高等学校と改称 |

◇千葉学園高等学校
　［学校法人　千葉学園］
　〒031-0001 青森県八戸市類家1-1-11
　TEL 0178-43-4321

| 明治43年11月 | 八戸女塾を千葉クラが創設 |
| 大正3年1月 | 私立八戸裁縫講習所と改称 |
| 大正12年1月 | 私立千葉裁縫女塾と改称 |
| 昭和5年3月 | 八戸千葉裁縫女学校と改称 |
| 昭和23年4月 | 千葉学園高等学校と改称 |

◇青森県立鶴田高等学校
　〒038-3503 青森県北津軽郡鶴田町鶴田小泉369-1
　TEL 0173-22-3251

| 昭和26年10月1日 | 青森県立板柳高等学校六郷分校を設立 |
| 昭和27年6月1日 | 青森県立五所川原高等学校水元分校を設立 |
| 昭和32年4月1日 | 青森県立五所川原高等学校水元分校鶴田分室を設立 |
| 昭和35年4月1日 | 青森県立板柳高等学校六郷分校，青森県立五所川原高等学校水元分校鶴田分室が統合し青森県立板柳高等学校鶴田分校と改称 |
| 昭和38年4月1日 | 青森県立板柳高等学校鶴田分校，青森県立五所川原高等学校水元分校が統合し青森県立五所川原高等学校鶴田分校と改称 |
| 昭和49年4月1日 | 青森県立鶴田高等学校と改称 |

◇東奥学園高等学校
　［学校法人　東奥学園］
　〒030-0821 青森県青森市勝田2-11-1
　TEL 017-775-2121

| 昭和6年4月 | 東奥家政女学校として開校 |
| 昭和23年 | 東奥女子高等学校と改称 |
| 平成6年4月 | 東奥学園高等学校と改称 |

◇東奥義塾高等学校
　［学校法人　東奥義塾］
　〒036-8124 青森県弘前市石川字長者森61-1
　TEL 0172-92-4111

| 寛政8年 | 藩校稽古館を津軽9代藩主寧親が創設 |
| 明治5年 | 私立学校東奥義塾を菊池九郎が有志と開校 |
| 明治34年 | 弘前市立弘前中学校東奥義塾と改称 |
| 明治43年 | 青森県立弘前中学校東奥義塾と改称 |
| 大正11年 | 私立学校東奥義塾が米国メソジスト教会とその関係者の協力により再興 |
| 昭和22年 | 東奥義塾高等学校と改称 |

◇青森県立十和田工業高等学校
　〒034-0001 青森県十和田市三本木下平215-1

　　　　TEL 0176-23-6178
　昭和38年4月1日　　青森県立十和田工業高等学校が開校

◇青森県立十和田西高等学校
　　〒034-0302 青森県十和田市沢田下洗53-3
　　TEL 0176-73-2929
　平成元年　　　　　青森県立十和田西高等学校が開校

◇青森県立中里高等学校
　　〒037-0303 青森県北津軽郡中泊町高根小金石567
　　TEL 0173-58-3149
　昭和51年4月9日　　青森県立中里高等学校が開校

◇青森県立名久井農業高等学校
　　〒039-0502 青森県三戸郡南部町下名久井下諏訪平1
　　TEL 0178-76-2215
　昭和19年4月　　　青森県名久井農業学校が開校
　昭和23年4月1日　　青森県立名久井農業高等学校と改称

◇青森県立浪岡高等学校
　　〒038-1311 青森県青森市浪岡大字浪岡字稲村101-2
　　TEL 0172-62-4051
　昭和5年4月1日　　青森県浪岡女子実務学校を設置
　昭和18年4月1日　　青森県浪岡高等女学校を設置
　昭和23年4月1日　　青森県浪岡高等学校と改称
　昭和28年10月1日　　青森県浪岡町外四カ村学校組合立浪岡高等学校と改称
　昭和30年3月30日　　青森県立浪岡高等学校と改称

◇青森県立南郷高等学校
　　〒031-0111 青森県八戸市南郷区市野沢三合山8
　　TEL 0178-82-2009
　昭和42年4月1日　　青森県立八戸北高等学校南郷分校を設置
　昭和48年4月1日　　青森県立南郷高等学校として独立

◇青森県立南部工業高等学校
　　〒039-0103 青森県三戸郡南部町大向佐野平25
　　TEL 0179-22-0326
　昭和38年4月　　　東洋大学附属南部高等学校を開校
　昭和55年4月　　　青森県立八戸工業高等学校南部分校を開校
　昭和60年4月　　　青森県立南部工業高等学校として独立

◇青森県立野辺地高等学校
　　〒039-3157 青森県上北郡野辺地町松ノ木106-1
　　TEL 0175-64-2266
　大正15年4月　　　青森県立野辺地中学校が開校
　昭和23年4月　　　青森県立野辺地高等学校と改称

◇青森県立野辺地高等学校横浜分校
　　〒039-4142 青森県上北郡横浜町字上イタヤノ木
　　TEL 0175-78-2208
　昭和23年　　　　　青森県立野辺地高等学校横浜分校を開校

◇青森県立八戸北高等学校
　　〒031-0833 青森県八戸市大久保字町道8-3
　　TEL 0178-33-0810
　昭和38年4月7日　　青森県立八戸北高等学校が開校

◇青森県立八戸工業高等学校
　　〒031-0801 青森県八戸市江陽1-2-27
　　TEL 0178-22-7348
　昭和19年4月1日　　八戸市立工業学校を戦時教育令に基づき創立
　昭和21年8月20日　　青森県八戸商業学校にとして分離独立
　昭和23年4月1日　　八戸市立工業高等学校と改称
　昭和31年3月28日　　青森県立八戸工業高等学校と改称

◇八戸工業大学第一高等学校
　　［学校法人　八戸工業大学］
　　〒031-0822 青森県八戸市白銀町字右岩淵通り7-10
　　TEL 0178-33-5121
　昭和31年2月28日　　八戸高等電波学校を設立
　昭和34年2月22日　　八戸電波高等学校を設立
　昭和36年10月1日　　八戸電波工業高等学校と改称
　昭和50年4月1日　　八戸工業大学第一高等学校と改称

◇八戸工業大学第二高等学校
　　［学校法人　八戸工業大学］
　　〒031-8505 青森県八戸市大字妙字大開67
　　TEL 0178-25-4311
　昭和31年2月28日　　八戸高等電波学校を設立
　昭和34年2月22日　　八戸電波高等学校を設立
　昭和36年10月1日　　八戸電波工業高等学校と改称
　昭和50年4月1日　　八戸工業大学第二高等学校と改称

◇青森県立八戸高等学校
　　〒031-0021 青森県八戸市長者4丁目4-1
　　TEL 0178-44-0916
　明治26年7月4日　　青森県尋常中学校八戸分校を創立
　明治28年4月1日　　青森県第二尋常中学校と改称
　明治32年4月1日　　青森県第二中学校と改称
　明治34年6月1日　　青森県立第二中学校と改称
　明治42年4月1日　　青森県立八戸中学校と改称
　昭和23年4月1日　　青森県立八戸高等学校と改称

◇青森県立八戸商業高等学校
　　〒031-0012 青森県八戸市十日市塚ノ下3-1
　　TEL 0178-96-5001
　昭和2年5月27日　　青森県八戸商業学校が開校
　昭和23年4月1日　　八戸市立商業高等学校と改称
　昭和50年3月31日　　青森県立八戸商業高等学校と改称

◇青森県立八戸水産高等学校
　　〒031-0822 青森県八戸市白銀町人形沢6-1
　　TEL 0178-33-0023
　明治42年4月　　　青森県水産試験場伝習部を開校
　大正7年4月　　　　青森県水産講習所と改称
　大正13年4月　　　青森県立水産学校と改称
　昭和23年4月　　　青森県立八戸水産高等学校と改称

◇八戸聖ウルスラ学院高等学校
　　［学校法人　八戸聖ウルスラ学院］
　　〒039-1104 青森県八戸市田面木字上野平53-2
　　TEL 0178-27-2245
　昭和6年5月9日　　八戸和洋裁縫女塾を白石イシミが創立
　昭和21年3月31日　　八戸家政女学校と改称
　昭和23年4月1日　　白菊高等学校と改称
　昭和26年3月31日　　白菊女子学園高等学校と改称
　昭和32年12月7日　　白菊学園高等学校と改称
　平成元年4月1日　　八戸聖ウルスラ学院高等学校と改称

◇青森県立八戸中央高等学校
　　〒031-0803 青森県八戸市諏訪1-2-17

青森県

```
        TEL 0178-22-2751
    昭和23年6月25日    八戸市立第一高等学校が開校
    昭和59年4月1日     青森県立八戸中央高等学校と改称
```

◇青森県立八戸西高等学校
　〒039-1101 青森県八戸市大字尻内町字中根市14
　TEL 0178-27-5365
　昭和50年4月8日　　青森県立八戸西高等学校が開校

◇青森県立八戸東高等学校
　〒031-0001 青森県八戸市類家1丁目4-47
　TEL 0178-43-0262
　明治35年4月1日　　青森県立第二高等女学校が開校
　明治42年4月1日　　青森県立八戸高等女学校と改称
　昭和23年4月1日　　八戸女子高等学校と改称
　昭和25年4月1日　　青森県立八戸東高等学校と改称

◇青森県立八戸南高等学校
　〒031-0841 青森県八戸市鮫町字小舟渡平9-291
　TEL 0178-34-6001
　昭和58年4月8日　　青森県立八戸南高等学校が開校

◇青森県立八甲田高等学校
　〒039-2742 青森県上北郡七戸町船場向川久保243
　TEL 0176-68-2013
　昭和63年4月1日　　青森県立八甲田高等学校が開校

◇青森県立平内高等学校
　〒039-3321 青森県東津軽郡平内町小湊字新道46-26
　TEL 017-755-2333
　昭和23年5月1日　　青森県立青森工業高等学校小湊分校が開校
　昭和23年5月1日　　青森市立女子高等学校小湊分校が開校
　昭和23年7月22日 　青森県立青森工業高等学校小湊分校を
　　　　　　　　　　青森市立女子高等学校小湊分校と改称
　昭和27年3月1日　　青森市立中央高等学校小湊分校と改称
　昭和29年4月1日　　青森県立青森商業高等学校小湊分校と改称
　昭和55年4月1日　　青森県立青森東高等学校平内分校と改称
　昭和58年4月1日　　青森県立平内高等学校と改称

◇弘前学院聖愛高等学校
　［学校法人 弘前学院］
　〒036-8144 青森県弘前市大字原ケ平字山元112-21
　TEL 0172-87-1411
　明治19年　　　　　来徳女学校を本多庸一が創設
　明治20年　　　　　弘前遺愛女学校と改称
　明治22年　　　　　弘前女学校と改称
　昭和21年　　　　　弘前聖愛高等女学校と改称
　昭和25年　　　　　弘前学院聖愛高等学校と改称

◇青森県立弘前工業高等学校
　〒036-8357 青森県弘前市馬屋町6-2
　TEL 0172-32-6241
　明治43年2月　　　青森県立工業学校を開校
　昭和10年4月　　　青森県立弘前工業学校と改称
　昭和23年4月　　　青森県立弘前工業高等学校と改称

◇青森県立弘前高等学校
　〒036-8558 青森県弘前市新寺町1-1
　TEL 0172-32-0251

```
    明治17年8月20日    青森県中学校を創立
    明治19年9月       青森県尋常中学校と改称
    明治28年3月16日    青森県立第一尋常中学校と改称
    明治32年          青森県第一中学校と改称
    明治34年6月1日    青森県立第一中学校と改称
    明治42年4月1日    青森県立弘前中学校と改称
    昭和23年4月1日    青森県立弘前高等学校と改称
```

◇青森県立弘前実業高等学校
　〒036-8155 青森県弘前市中野3-6-10
　TEL 0172-32-7151
　昭和35年　　　　　弘前商業高等学校，弘前市立女子高等学校を統合し
　　　　　　　　　　弘前市立実業高等学校が開校
　昭和44年　　　　　青森県立弘前実業高等学校と改称

◇青森県立弘前中央高等学校
　〒036-8550 青森県弘前市大字蔵主町7-1
　TEL 0172-35-5000
　明治34年4月1日　　青森県第一高等女学校が開校
　明治34年5月15日 　青森県立第一高等女学校と改称
　明治42年4月1日　　青森県立弘前高等女学校と改称
　昭和23年4月1日　　青森県立弘前女子高等学校と改称
　昭和25年4月1日　　青森県立津軽高等学校と改称
　昭和25年5月16日 　青森県立弘前中央高等学校と改称

◇弘前東高等学校
　［学校法人 弘前東高等学校］
　〒036-8103 青森県弘前市大字川先4-4-1
　TEL 0172-27-6487
　昭和40年　　　　　弘前東工業高等学校が開校
　平成17年4月　　　弘前東高等学校と改称

◇青森県立弘前南高等学校
　〒036-8247 青森県弘前市大字大開4丁目1-1
　TEL 0172-88-2231
　昭和38年4月6日　　青森県立弘前南高等学校が開校

◇青森県立深浦高等学校
　〒038-2321 青森県西津軽郡深浦町大字広戸字家野上95-157
　TEL 0173-74-2921
　昭和32年　　　　　青森県立深浦高等学校が開校

◇青森県立藤崎園芸高等学校
　〒038-3802 青森県南津軽郡藤崎町藤崎下袋7-10
　TEL 0172-75-3332
　昭和23年5月15日 　青森県立黒石高等学校藤崎分校を設置
　昭和27年5月1日　　青森県立弘前中央高等学校藤崎分校に配置転換
　昭和32年4月1日　　青森県藤崎高等学校として独立
　昭和37年4月1日　　青森県藤崎農芸高等学校と改称
　昭和47年4月1日　　青森県藤崎農芸高等学校を廃止し
　　　　　　　　　　青森県立五所川原農林高等学校藤崎分校を設立
　昭和49年4月1日　　青森県立藤崎園芸高等学校と改称

◇青森県立北斗高等学校
　〒030-0813 青森県青森市松原2-1-24
　TEL 017-734-4464
　昭和7年4月11日　　私立夜間中学校，青森市立青森商工補習学校を統合し
　　　　　　　　　　青森市立青森青年学校が開校
　昭和18年4月1日　　青森市立第二中学校と改称

| 昭和23年3月31日 | 青森市立高等学校と改称認可 |
| 昭和31年4月1日 | 青森県立北斗高等学校と改称 |

◇青森県立三沢高等学校
　〒033-0037　青森県三沢市松園町1-1
　TEL 0176-53-2168
　昭和27年6月1日　　青森県立三本木高等学校大三沢分校が開校
　昭和29年4月1日　　青森県大三沢高等学校が開校
　昭和32年3月23日　　青森県大三沢高等学校を廃止し青森県立大三沢高等学校を設置
　昭和43年4月1日　　青森県立三沢高等学校と改称

◇青森県立三沢商業高等学校
　〒033-0053　青森県三沢市春日台2-154
　TEL 0176-53-2880
　昭和38年4月1日　　青森県立三沢商業高等学校を開校

◇青森県立むつ工業高等学校
　〒035-0082　青森県むつ市文京町22-7
　TEL 0175-24-2164
　昭和39年4月　　青森県立むつ工業高等学校が開校

◇青森県立百石高等学校
　〒039-2223　青森県上北郡おいらせ町苗平谷地46
　TEL 0178-52-2088
　昭和23年7月1日　　青森県立三本木高等学校百石分校（のち:青森県立三本木農業高等学校百石分校）を設置
　昭和27年5月1日　　青森県立八戸東高等学校百石分校と改称
　昭和32年4月1日　　青森県百石高等学校と改称
　昭和45年4月1日　　青森県立百石高等学校と改称

◇青森県立六戸高等学校
　〒039-2371　青森県上北郡六戸町大字犬落瀬字坪毛沢25-163
　TEL 0176-55-3451
　昭和56年4月　　青森県立六戸高等学校が開校

◇青森県立六ヶ所高等学校
　〒039-3215　青森県上北郡六ヶ所村倉内笹崎305
　TEL 0175-74-2304
　昭和53年　　青森県立六ヶ所高等学校が開校

# 岩手県

## 【大学】

◇岩手医科大学
　[学校法人　岩手医科大学]
　〒020-8505　岩手県盛岡市内丸19-1
　TEL 019-651-5111
　明治34年　　　　私立岩手医学校（のち廃校）を三田俊次郎が設立
　昭和3年2月　　　私立岩手医学専門学校を開校
　昭和22年6月18日　岩手医科大学と改称

◇岩手県立大学
　〒020-0193　岩手県岩手郡滝沢村滝沢字巣子152-52
　TEL 019-694-2000
　平成10年4月1日　　岩手県立大学が開学

◇岩手大学
　〒020-8550　岩手県盛岡市上田3-18-8
　TEL 019-621-6007
　昭和24年5月　　　盛岡師範学校，岩手県立実業補修学校教員養成所，盛岡高等工業学校，盛岡高等農林学校を統合し岩手大学を設置

◇富士大学
　[学校法人　富士大学]
　〒025-8501　岩手県花巻市下根子450-3
　TEL 0198-23-6221
　昭和40年4月　　奥州大学が開学
　昭和51年4月　　富士大学と改称

◇盛岡大学
　[学校法人　盛岡大学]
　〒020-0183　岩手県岩手郡滝沢村滝沢字砂込808
　TEL 019-688-5555
　昭和56年4月1日　盛岡大学が開学

## 【短大】

◇岩手看護短期大学
　[学校法人　岩手女子奨学会]
　〒020-0151　岩手県岩手郡滝沢村大釜字千が窪14-1
　TEL 019-687-3864
　平成2年　　　岩手看護短期大学を開学

◇岩手県立大学宮古短期大学部
　〒027-0039　岩手県宮古市河南1丁目5-1
　TEL 0193-64-2230
　平成2年4月　　岩手県立宮古短期大学が開学
　平成10年4月　　岩手県立大学宮古短期大学部と改称

◇岩手県立大学盛岡短期大学部
　〒020-0193　岩手県岩手郡滝沢村滝沢字巣子152-52
　TEL 019-694-2000
　昭和26年　　　盛岡短期大学が開校
　昭和38年　　　岩手県立盛岡短期大学と改称
　平成10年　　　岩手県立大学盛岡短期大学部と改称

岩手県

◇修紅短期大学
　［学校法人 第一藍野学院］
　〒021-0902 岩手県一関市萩荘字竹際49-1
　TEL 0191-24-2211
　昭和28年　　　　　修紅短期大学を設置

◇盛岡大学短期大学部
　［学校法人 盛岡大学］
　〒020-0183 岩手県岩手郡滝沢村滝沢字砂込808
　TEL 019-688-5570
　昭和27年4月1日　　盛岡生活学園が開校
　昭和33年4月1日　　生活学園高等学校（現:盛岡大学附属高等学校）が開校
　昭和39年4月1日　　生活学園短期大学が開学
　平成2年　　　　　　盛岡大学短期大学部と改称

【高専】
◇一関工業高等専門学校
　〒021-8511 岩手県一関市萩荘字高梨
　TEL 0191-24-4700
　昭和39年4月1日　　一関工業高等専門学校が開校

【高校】
◇岩手県立胆沢高等学校
　〒023-0402 岩手県奥州市胆沢区小山小十文字39
　TEL 0197-46-3740
　昭和23年4月1日　　岩手県立胆沢高等学校を創立

◇一関学院高等学校
　［学校法人 一関学院］
　〒021-0871 岩手県一関市八幡町5-24
　TEL 0191-23-4240
〈関城工業高等学校〉
　昭和13年5月10日　　一関夜間中学校を林頼作、芳川顕雄が創立
　昭和23年4月1日　　関城高等学校と改称
　昭和33年　　　　　関城工業高等学校と改称
〈一関商業高等学校〉
　昭和16年5月10日　　一関商業学校を設置
　昭和26年4月8日　　一関商業高等学校と改称
〈統合〉
　昭和38年4月1日　　関城工業高等学校、一関商業高等学校が統合し
　　　　　　　　　　一関商工高等学校と改称
　平成13年4月1日　　一関学院高等学校と改称

◇岩手県立一関工業高等学校
　〒021-0902 岩手県一関市萩荘釜ヶ渕50
　TEL 0191-24-2331
　昭和34年　　　　　一関市立一関工業高等学校を開校
　昭和49年　　　　　一関市立一関工業高等学校を廃止し
　　　　　　　　　　岩手県立一関工業高等学校を設置

◇一関修紅高等学校
　［学校法人 第一藍野学院］
　〒021-0807 岩手県一関市東花王町6-1
　TEL 0191-23-3271
　明治32年　　　　　裁縫塾を小梨こまが設立
　昭和21年　　　　　一関裁縫修紅女学校と改称
　昭和23年　　　　　一関修紅高等学校を開校

◇岩手県立一関第一高等学校
　〒021-0894 岩手県一関市磐井町9-1
　TEL 0191-23-4311
　明治31年3月　　　　岩手県一関尋常中学校を創立
　明治32年2月　　　　岩手県一関中学校と改称
　明治34年6月　　　　岩手県立一関中学校と改称
　昭和23年4月　　　　岩手県立一関第一高等学校と改称
　昭和24年4月　　　　岩手県立一関第二高等学校、岩手県立一関市立女子高等学校、組合立一関農業高等学校を統合し
　　　　　　　　　　岩手県立一関高等学校と改称
　昭和26年4月　　　　岩手県立一関第二高等学校を分離し
　　　　　　　　　　岩手県立一関第一高等学校と改称

◇岩手県立一関第二高等学校
　〒021-0041 岩手県一関市赤荻野中23
　TEL 0191-25-2241
　明治40年5月15日　　郡立西磐井女子職業学校を創立
　明治44年4月1日　　西磐井郡立西磐井実科高等女学校と改称
　大正8年4月1日　　　岩手県立一関実科高等女学校と改称
　大正11年4月1日　　岩手県一関高等女学校と改称
　昭和23年4月1日　　岩手県立一関高等学校と改称
　昭和24年4月1日　　岩手県立一関第一高等学校、一関市立女子高等学校、一関市立一関農業高等学校と統合し
　　　　　　　　　　岩手県立一関高等学校と改称
　昭和26年4月1日　　岩手県立一関第一高等学校と分離し
　　　　　　　　　　岩手県立一関第二高等学校と改称

◇岩手県立一関農業高等学校
　〒021-0041 岩手県一関市赤荻字清水33
　TEL 0191-25-2331
　昭和19年5月1日　　組合立一関農工学校を創立
　昭和23年4月1日　　一関市立農業高等学校と改称
　昭和24年4月1日　　岩手県立一関高等学校と改称
　昭和26年4月1日　　岩手県立一関高等学校と分離し
　　　　　　　　　　岩手県立一関第二高等学校と改称
　昭和43年4月1日　　岩手県立一関第二高等学校から分離独立し
　　　　　　　　　　岩手県立一関農業高等学校と改称

◇岩手県立一戸高等学校
　〒028-5312 岩手県二戸郡一戸町一戸蒔前60-1
　TEL 0195-33-3042
　明治44年4月4日　　私立二戸実業学校を創立
　大正12年　　　　　県立一戸実科高等女学校と改称
　昭和元年　　　　　県立一戸高等女学校と改称
　昭和23年　　　　　岩手県立一戸高等学校と改称

◇岩手県立伊保内高等学校
　〒028-6502 岩手県九戸郡九戸村伊保内1-61-12
　TEL 0195-42-3121
　昭和48年4月1日　　岩手県立伊保内高等学校を創立

◇岩手県立岩泉高等学校
　〒027-0501 岩手県下閉伊郡岩泉町岩泉字松橋4
　TEL 0194-22-2721
　昭和18年3月31日　　岩泉町立農業学校の設置許可
　昭和20年4月1日　　岩手県立岩泉農業学校と改称
　昭和23年4月1日　　岩手県立岩泉農業高等学校と改称

| 昭和24年4月1日 | 岩手県立岩泉高等学校と改称 |

◇岩手県立**岩泉高等学校田野畑校**
〒028-8407 岩手県下閉伊郡田野畑村菅窪43-4
TEL 0194-34-2052
| 昭和23年5月1日 | 岩手県立岩泉農業高等学校田野畑分校が開校 |
| 昭和24年 | 岩手県立岩泉高等学校田野畑校と改称 |

◇**岩手高等学校**
[学校法人 岩手奨学会]
〒020-0062 岩手県盛岡市長田町7-60
TEL 019-624-4445
| 大正15年4月19日 | 岩手中学校を開校 |
| 昭和23年 | 岩手高等学校の設立が許可される |

◇**岩手女子高等学校**
[学校法人 岩手女子奨学会]
〒020-0025 岩手県盛岡市大沢川原1-5-34
TEL 019-623-6467
| 大正10年 | 盛岡実科高等女学校を三田俊次郎が創設 |
| 大正12年 | 盛岡女子技芸学校(のち廃止)を開設 |
| 昭和2年 | 岩手高等女学校と改称 |
| 昭和23年 | 岩手女子高等学校と改称 |

◇岩手県立**岩谷堂高等学校**
〒023-1122 岩手県奥州市江刺区館山4-47
TEL 0197-35-1911
| 大正7年 | 岩谷堂町立実科高等女学校を創立 |
| 昭和23年 | 岩谷堂高等学校と改称 |
| 昭和24年4月 | 岩手県立岩谷堂高等学校が発足 |

◇岩手県立**岩谷堂農林高等学校**
〒023-1101 岩手県奥州市江刺区岩谷堂根岸116
TEL 0197-35-2018
| 昭和18年 | 岩手県立岩谷堂農林高等学校を創立 |

◇岩手県立**大槌高等学校**
〒028-1131 岩手県上閉伊郡大槌町大槌15-71-1
TEL 0193-42-3025
| 大正8年 | 町立大槌女子職業補習学校を創立 |
| 大正13年 | 大槌実科高等女学校と改称 |
| 昭和18年 | 大槌高等女学校と改称 |
| 昭和23年 | 岩手県立大槌高等学校と改称 |

◇岩手県立**大野高等学校**
〒028-8802 岩手県九戸郡洋野町大野58-12-55
TEL 0194-77-2125
| 昭和23年5月21日 | 岩手県立久慈農業高等学校大野分校を創立 |
| 昭和24年4月1日 | 岩手県立久慈高等学校大野分校と改称 |
| 昭和49年4月1日 | 岩手県立大野高等学校と改称 |

◇岩手県立**大迫高等学校**
〒028-3203 岩手県花巻市大迫町大迫9-19-1
TEL 0198-48-3228
| 昭和23年4月 | 県立花巻第一高等学校大迫分校を設置 |
| 昭和24年4月 | 岩手県立大迫高等学校と改称 |

◇岩手県立**大船渡工業高等学校**
〒022-0006 岩手県大船渡市立根町冷清水1-1
TEL 0192-26-2380
| 昭和37年4月18日 | 岩手県立大船渡工業高等学校が開校 |

◇岩手県立**大船渡高等学校**
〒022-0004 岩手県大船渡市猪川町長洞7-1
TEL 0192-26-4441
| 大正9年 | 岩手県気仙農学校が開校 |
| 大正12年 | 岩手県立盛学校と改称 |
| 昭和13年 | 岩手県立盛農業園芸学校と改称 |
| 昭和19年 | 岩手県立盛農業学校と改称 |
| 昭和23年 | 岩手県立盛農業高等学校と改称 |
| 昭和24年 | 岩手県立盛高等学校と改称 |
| 昭和37年 | 岩手県立大船渡高等学校と改称 |

◇岩手県立**大船渡農業高等学校**
〒022-0006 岩手県大船渡市立根町萱中215-1
TEL 0192-26-2038
| 大正9年3月 | 岩手県気仙農学校を設置 |
| 大正12年4月 | 岩手県立盛農学校と改称 |
| 昭和13年4月 | 岩手県立盛農業園芸学校と改称 |
| 昭和19年4月 | 岩手県立盛農業学校と改称 |
| 昭和23年4月 | 岩手県立盛農業高等学校と改称 |
| 昭和24年4月 | 岩手県立盛高等学校と改称 |
| 昭和37年4月 | 岩手県立大船渡高等学校と改称 |
| 昭和40年4月 | 岩手県立大船渡農業高等学校として分離 |

◇岩手県立**金ヶ崎高等学校**
〒029-4503 岩手県胆沢郡金ヶ崎町西根荒巻43-1
TEL 0197-56-2241
| 昭和23年4月1日 | 岩手県立水沢高等学校金ヶ崎分校(定時制課程)を創設 |
| 昭和43年4月8日 | 岩手県立金ヶ崎高等学校と改称 |

◇岩手県立**釜石北高等学校**
〒026-0301 岩手県釜石市鵜住居町8-13
TEL 0193-28-3007
| 昭和38年4月1日 | 岩手県立釜石北高等学校を創立 |

◇岩手県立**釜石工業高等学校**
〒026-0002 岩手県釜石市大平町3-2-1
TEL 0193-22-3029
| 昭和14年2月27日 | 釜石市立釜石工業高等学校が開校 |
| 昭和19年4月1日 | 県立釜石工業高等学校と改称 |
| 昭和23年4月1日 | 岩手県立釜石工業高等学校と改称 |
| 昭和24年4月1日 | 岩手県立尾崎高等学校と改称 |
| 昭和27年4月1日 | 岩手県立釜石工業高等学校と改称 |

◇岩手県立**釜石商業高等学校**
〒026-0001 岩手県釜石市平田6-1-9
TEL 0193-26-5101
| 昭和8年4月23日 | 釜石町立商業学校が開校 |
| 昭和13年3月31日 | 岩手県立釜石商業高等学校と改称 |
| 昭和23年4月1日 | 釜石市女子商業高等学校を統合し岩手県立釜石商業学校と改称 |
| 昭和24年4月1日 | 岩手県立釜石高等学校と改称 |
| 昭和25年4月1日 | 岩手県立尾崎高等学校と改称 |
| 昭和27年4月1日 | 岩手県立尾崎高等学校より分離独立 |
| | 岩手県立釜石商業高等学校と改称 |

岩手県

◇岩手県立**釜石南高等学校**
　〒026-0055 岩手県釜石市甲子町10-614-1
　TEL 0193-23-5317
〈岩手県立釜石第二高等学校〉
　大正3年4月1日　　釜石町立釜石女子職業補習学校を開校
　大正9年7月3日　　釜石町立実科高等女学校を設立
　昭和14年3月22日　釜石市立釜石高等女学校と改称
　昭和23年4月1日　　岩手県立釜石第二高等学校と改称
〈岩手県立釜石第一高等学校〉
　昭和16年4月5日　　岩手県立釜石中学校が開校
　昭和23年4月1日　　岩手県立釜石第一高等学校と改称
〈統合〉
　昭和24年4月1日　　岩手県立釜石第一高等学校，岩手県立釜石第二高等学校が統合し岩手県立釜石高等学校と改称
　昭和38年4月1日　　岩手県立釜石南高等学校と改称

◇岩手県立**軽米高等学校**
　〒028-6302 岩手県九戸郡軽米町軽米9-34-1
　TEL 0195-46-2751
　昭和23年4月1日　　岩手県立軽米高等学校を創立

◇岩手県立**北上翔南高等学校**
　〒024-0051 岩手県北上市相去町高前檀13
　TEL 0197-71-2122
　大正8年4月12日　　黒沢尻実科高等女子学校を設立
　昭和29年4月1日　　岩手県立黒沢尻南高等学校と改称
　平成16年4月1日　　岩手県立北上翔南高等学校と改称

◇岩手県立**北上農業高等学校**
　〒024-0051 岩手県北上市相去町高前檀13
　TEL 0197-67-2112
　昭和17年5月2日　　黒沢尻町立黒沢尻女子職業学校が開校
　昭和20年2月5日　　黒沢尻町立黒沢尻女子農業学校と改称
　昭和23年4月1日　　黒沢尻町立黒沢尻農業高等学校と改称
　昭和23年11月1日　　岩手県立黒沢尻第一高等学校の農業部となる
　昭和24年4月1日　　岩手県立黒沢尻第二高等学校と統合し岩手県立黒沢尻高等学校の農業部となる
　昭和29年4月1日　　岩手県立黒沢尻高等学校から分離し岩手県立北上農業高等学校として独立

◇岩手県立**久慈工業高等学校**
　〒028-8201 岩手県九戸郡野田村野田26-62-17
　TEL 0194-78-2123
　昭和55年4月1日　　岩手県立久慈工業高等学校を設置

◇岩手県立**久慈高等学校**
　〒028-0033 岩手県久慈市畑田26-96
　TEL 0194-55-2211
　昭和18年　　　　　岩手県立久慈高等女学校が開校
　昭和23年　　　　　岩手県立久慈高等学校と改称

◇岩手県立**久慈高等学校長内校**
　〒028-0051 岩手県久慈市川崎町1-15
　TEL 0194-53-3787
　昭和23年5月21日　岩手県立久慈農業高等学校（定時制中心校）を設置
　昭和24年4月1日　　岩手県立久慈高等学校（定時制中心校）と改称
　昭和37年4月1日　　岩手県立久慈高等学校（定時制本校）と改称
　昭和44年4月1日　　岩手県立久慈高等学校長内分校と改称
　平成3年4月1日　　岩手県立久慈高等学校長内校と改称

◇岩手県立**久慈高等学校山形校**
　〒028-8602 岩手県久慈市山形町川井9-30-1
　TEL 0194-72-2034
　平成3年　　　　　岩手県立久慈高等学校山形校にいくつかの変遷を経て改称

◇岩手県立**久慈商業高等学校**
　〒028-0071 岩手県久慈市小久慈町39-2-2
　TEL 0194-52-2301
　昭和18年4月　　　岩手県立久慈高等女学校を設立
　昭和23年4月　　　岩手県立久慈高等学校と改称
　昭和55年4月　　　岩手県立久慈商業高等学校として分離独立

◇岩手県立**久慈東高等学校**
　〒028-0021 岩手県久慈市門前36-10
　TEL 0194-53-4371
〈岩手県立久慈高等学校〉
　大正9年5月　　　　九戸郡立九戸農林学校が開校
　昭和23年4月　　　岩手県立久慈農業高等学校と改称
　昭和24年4月　　　岩手県立久慈高等学校と改称
〈岩手県立久慈農林高等学校〉
　昭和38年4月　　　岩手県立久慈高等学校を岩手県立久慈農林水産高等学校と分離独立
　昭和45年4月　　　岩手県立久慈農林高等学校と改称
〈岩手県立久慈水産高等学校〉
　昭和38年4月　　　岩手県立久慈高等学校より分離し岩手県立久慈農林水産高等学校と改称
　昭和45年4月　　　岩手県立久慈農林水産高等学校より水産部が分離し岩手県立久慈水産高等学校と改称
〈岩手県立久慈商業高等学校〉
　昭和55年4月　　　岩手県立久慈高等学校から独立し岩手県立久慈商業高等学校を設立
〈統合〉
　平成16年4月　　　岩手県立久慈農林高等学校，岩手県立久慈水産高等学校，岩手県立久慈商業高等学校，岩手県立久慈高等学校が統合し岩手県立久慈東高等学校と改称

◇岩手県立**葛巻高等学校**
　〒028-5102 岩手県岩手郡葛巻町葛巻5-178-1
　TEL 0195-66-2624
　昭和23年4月1日　　岩手県立沼宮内高等学校（定時制）を設置
　昭和45年4月1日　　岩手県立葛巻高等学校を設置

◇岩手県立**黒沢尻北高等学校**
　〒024-0012 岩手県北上市常盤台1-1-69
　TEL 0197-63-2181

| | | |
|---|---|---|
| 大正13年5月1日 | | 岩手県立黒沢尻中学校が開校 |
| 昭和23年4月1日 | | 岩手県立黒沢尻第一高等学校と改称 |
| 昭和24年4月1日 | | 岩手県立第二高等学校を統合し岩手県立黒沢尻高等学校と改称 |
| 昭和29年4月1日 | | 岩手県立黒沢尻北高等学校と改称 |

◇岩手県立**黒沢尻工業**高等学校
〒024-0001 岩手県北上市村崎野24-19
TEL 0197-66-4115

| | |
|---|---|
| 昭和17年10月23日 | 岩手県立黒沢尻工業学校が開校 |
| 昭和23年4月1日 | 岩手県立黒沢尻工業高等学校と改称 |
| 昭和24年4月1日 | 岩手県立和賀高等学校と改称 |
| 昭和27年4月1日 | 岩手県立黒沢尻工業高等学校と改称 |

◇**江南義塾盛岡**高等学校
[学校法人 岩手橘学園]
〒020-0127 岩手県盛岡市前九年3-8-20
TEL 019-646-1866

| | |
|---|---|
| 明治25年 | 育英学舎を創設 |
| 明治33年 | 江南義塾と改称 |
| 昭和25年 | 岩手橘高等学校と改称 |
| 平成7年 | 江南義塾盛岡高等学校と改称 |

◇岩手県立**不来方**高等学校
〒028-3615 岩手県紫波郡矢巾町南矢幅9-1-1
TEL 019-697-8271

| | |
|---|---|
| 昭和63年4月1日 | 岩手県立不来方高等学校が開校 |

◇岩手県立**雫石**高等学校
〒020-0500 岩手県岩手郡雫石町36柿木36-1
TEL 019-692-3254

| | |
|---|---|
| 昭和23年5月2日 | 岩手県立盛岡第一高等学校雫石分校が開校 |
| 昭和38年4月1日 | 岩手県立盛岡第一高等学校分校（全日制）と改称 |
| 昭和43年4月1日 | 岩手県立盛岡第一高等学校より独立し岩手県立雫石高等学校と改称 |

◇岩手県立**浄法寺**高等学校
〒028-6915 岩手県二戸市浄法寺町霜屋敷4-2
TEL 0195-38-2130

| | |
|---|---|
| 昭和23年4月1日 | 岩手県立福岡高等学校浄法寺分校を設置 |
| 昭和50年4月1日 | 岩手県立浄法寺高等学校と改称 |

◇岩手県立**紫波総合**高等学校
〒028-3305 岩手県紫波郡紫波町日詰朝日田1
TEL 019-672-3690

| | |
|---|---|
| 昭和5年4月1日 | 日詰実業補習学校を日詰町立実業専修学校と改称 |
| 昭和10年7月29日 | 日詰町立日詰実業専修青年学校と改称 |
| 昭和15年7月6日 | 日詰町立日詰農学校が開校 |
| 昭和18年4月1日 | 日詰実科高等女学校と改称 |
| 昭和19年4月5日 | 日詰農学校と改称 |
| 昭和23年3月31日 | 日詰町外14ヵ村総合立日詰農業高等学校と改称 |
| 昭和23年11月1日 | 岩手県立日詰高等学校と改称 |
| 昭和30年8月1日 | 岩手県立紫波高等学校と改称 |
| 平成16年 | 岩手県立紫波総合高等学校と改称 |

◇岩手県立**住田**高等学校
〒029-2311 岩手県気仙郡住田町世田米字川口12-1
TEL 0192-46-3142

| | |
|---|---|
| 昭和23年4月 | 岩手県立盛農業高等学校世田米分校（定時制），岩手県立盛農業高等学校上有住分校（定時制）として発足 |
| 昭和39年4月 | 岩手県立高田高等学校住田分校（全日制課程）が開校 |
| 昭和45年4月 | 岩手県立住田高等学校として発足 |

◇**専修大学北上**高等学校
[学校法人 北上学園]
〒024-8508 岩手県北上市新穀町2-4-64
TEL 0197-63-2341

| | |
|---|---|
| 昭和22年4月 | 岩手洋裁専門学院を創設 |
| 昭和26年4月 | 黒沢尻女子高等学校を創立 |
| 昭和32年 | 北上商業高等学校と改称 |
| 昭和36年6月 | 専修大学付属北上商業高等学校と改称 |
| 昭和37年4月 | 専修大学付属北上高等学校と改称 |
| 昭和38年7月 | 専修大学北上高等学校と改称 |

◇岩手県立**千厩**高等学校
〒029-0855 岩手県一関市千厩町千厩石堂45-2
TEL 0191-53-2091

| | |
|---|---|
| 明治35年6月8日 | 郡立東磐井蚕業学校が開校 |
| 大正8年4月1日 | 岩手県立蚕業学校と改称 |
| 昭和11年4月1日 | 岩手県立農蚕学校と改称 |
| 昭和23年4月1日 | 岩手県立千厩高等学校と改称 |

◇岩手県立**大東**高等学校
〒029-0523 岩手県一関市大東町摺沢堀河の沢34-4
TEL 0191-75-3116

| | |
|---|---|
| 大正15年 | 私立摺沢家政女学校を設立 |
| 昭和23年 | 組合立摺沢高等学校と改称 |
| 昭和23年 | 岩手県立摺沢高等学校と改称 |
| 昭和39年 | 岩手県立大東高等学校と改称 |
| 平成18年4月1日 | 岩手県立大原商業高等学校と統合 |

〈大原商業高等学校〉

| | |
|---|---|
| 昭和23年 | 岩手県立摺沢高等学校大原分校を設置 |
| 昭和39年 | 岩手県立大東高等学校大原分校と改称 |
| 昭和48年 | 岩手県立大原商業高等学校が開校 |

◇岩手県立**平舘**高等学校
〒028-7405 岩手県八幡平市平舘25-6
TEL 0195-74-2610

| | |
|---|---|
| 昭和23年 | 岩手県立平舘高等学校を創立 |

◇岩手県立**高田**高等学校
〒029-2205 岩手県陸前高田市高田町長砂6-4
TEL 0192-55-3153

| | |
|---|---|
| 昭和5年4月19日 | 高田町ほか八ヵ町村学校組合立高田実科高等女学校を設立 |
| 昭和23年4月1日 | 岩手県立高田高等学校と改称 |

◇岩手県立**種市**高等学校
〒028-7912 岩手県九戸郡洋野町種市38-94-110
TEL 0194-65-2145

| | |
|---|---|
| 昭和24年4月 | 岩手県立久慈高等学校種市分校を設立 |
| 昭和45年4月 | 岩手県立久慈高等学校より独立し岩手県立種市高等学校と改称 |

岩手県

◇岩手県立**東和高等学校**
　〒028-0115　岩手県花巻市東和町安俵3区1
　TEL 0198-42-4121
　昭和23年4月1日　　岩手県立東和高等学校を創立

◇岩手県立**遠野高等学校**
　〒028-0525　岩手県遠野市六日町3-17
　TEL 0198-62-2823
　明治34年　　　　　岩手県立遠野中学校を設置
　明治41年　　　　　遠野町立女子職業補習学校を設置
　昭和24年4月1日　　岩手県立遠野高等学校と改称

◇岩手県立**遠野高等学校情報ビジネス校**
　〒028-0304　岩手県遠野市宮守町下宮守23-63
　TEL 0198-67-2150
　昭和23年　　　　　岩手県立遠野高等学校宮守分校が開校
　平成3年　　　　　岩手県立遠野高等学校情報ビジネス校と改称

◇岩手県立**遠野緑峰高等学校**
　〒028-0541　岩手県遠野市松崎町白岩21-14-1
　TEL 0198-62-2827
　昭和23年5月2日　　岩手県立遠野第一高等学校土淵分校が開校
　昭和39年4月　　　　岩手県立遠野高等学校より分離独立
　　　　　　　　　　岩手県立遠野農業高等学校と改称
　平成2年4月　　　　岩手県立遠野緑峰高等学校と改称

◇岩手県立**杜陵高等学校**
　〒020-0066　岩手県盛岡市上田2-3-1
　TEL 019-652-1813
　大正13年10月24日　私立盛岡夜間中学校として創立
　昭和18年3月31日　　岩手県立盛岡夜間中学校と改称
　昭和18年11月1日　　岩手県立杜陵中学校と改称
　昭和23年4月1日　　岩手県立杜陵高等学校と改称

◇岩手県立**西和賀高等学校**
　〒029-5500　岩手県和賀郡西和賀町湯田19-25-2
　TEL 0197-84-2809
　昭和23年5月5日　　岩手県立黒沢尻第一高等学校川尻分校が開校
　昭和24年4月1日　　岩手県立黒沢尻高等学校川尻分校と改称
　昭和29年4月1日　　岩手県立黒沢尻南高等学校川尻分校と改称
　昭和47年4月1日　　岩手県立西和賀高等学校として独立

◇岩手県立**沼宮内高等学校**
　〒028-4307　岩手県岩手郡岩手町五日市10-4
　TEL 0195-62-2388
　昭和23年4月1日　　岩手県立沼宮内高等学校を認可

◇岩手県立**花泉高等学校**
　〒029-3101　岩手県一関市花泉町花泉林ノ沢17-9
　TEL 0191-82-3363
　昭和24年4月1日　　岩手県立花泉高等学校が開校

◇岩手県立**花北青雲高等学校**
　〒028-3172　岩手県花巻市石鳥谷町北寺林第11地割1825
　TEL 0198-45-3731
　昭和41年　　　　　岩手県立花巻北高等学校石鳥谷分校を設置
　昭和49年4月8日　　岩手県立花北商業高等学校として分離独立
　平成15年4月　　　　岩手県立花北青雲高等学校と改称

◇岩手県立**花巻北高等学校**
　〒025-0061　岩手県花巻市本館54
　TEL 0198-23-4134
　昭和6年4月　　　　花巻町外17町村学校組合立花巻中学校が開校
　昭和13年4月1日　　岩手県立花巻中学校と改称
　昭和23年4月1日　　岩手県立花巻第一高等学校と改称
　昭和24年4月1日　　岩手県立花巻第二高等学校と統合し岩手県立花巻高等学校と改称
　昭和28年4月1日　　岩手県立花巻南高等学校を分離し岩手県立花巻北高等学校と改称

◇岩手県立**花巻農業高等学校**
　〒025-0004　岩手県花巻市葛1-68
　TEL 0198-26-3131
　明治39年　　　　　蚕業講習所を設置
　大正10年　　　　　稗貫農学校と改称
　大正12年　　　　　岩手県立花巻農学校と改称
　昭和24年　　　　　岩手県立花城高等学校と改称
　昭和27年　　　　　岩手県立花巻農業高等学校と改称

◇**花巻東高等学校**
　［学校法人 花巻学院］
　〒025-0066　岩手県花巻市松園町55-1
　TEL 0198-41-1135
　〈富士短期大学附属花巻高等学校〉
　昭和31年　　　　　花巻商業高等学校として発足
　昭和50年　　　　　富士短期大学附属花巻高等学校と改称
　〈谷村学院高等学校〉
　昭和32年　　　　　谷村学院高等学校が開校
　〈統合〉
　昭和57年　　　　　富士短期大学附属花巻高等学校，谷村学院高等学校が統合し花巻東高等学校を設立

◇岩手県立**花巻南高等学校**
　〒025-0053　岩手県花巻市中北万目288-1
　TEL 0198-23-4236
　明治44年4月1日　　岩手県立花巻高等女学校が開校
　昭和23年4月1日　　岩手県立花巻第二高等学校と改称
　昭和24年4月11日　　岩手県立花巻第一高等学校と統合し岩手県立花巻高等学校と改称
　昭和28年4月1日　　岩手県立花巻北高等学校と分離し岩手県立花巻南高等学校と改称

◇岩手県立**広田水産高等学校**
　〒029-2208　岩手県陸前高田市広田町大久保124
　TEL 0192-56-3500
　昭和15年4月20日　　岩手県広田水産学校が開校
　昭和20年4月1日　　岩手県立広田水産学校と改称
　昭和23年4月1日　　岩手県立広田水産高等学校と改称
　昭和24年4月1日　　岩手県立広田高等学校と改称
　昭和27年4月1日　　岩手県立広田水産高等学校と改称

◇岩手県立**福岡工業高等学校**
　〒028-6103　岩手県二戸市石切所火行塚2-1
　TEL 0195-23-3315
　昭和39年4月1日　　岩手県立福岡工業高等学校を設立

## 岩手県

◇岩手県立**福岡高等学校**
　〒028-6101　岩手県二戸市福岡上平10
　TEL 0195-23-3385
　明治34年4月28日　　岩手県立福岡中学校が開校
　昭和23年4月1日　　岩手県立福岡中学校, 岩手県福岡
　　　　　　　　　　高等女学校が合併し
　　　　　　　　　　岩手県立福岡高等学校が開校

◇岩手県立**藤沢高等学校**
　〒029-3405　岩手県東磐井郡藤沢町藤沢狩野40-3
　TEL 0191-63-2217
　昭和23年4月1日　　岩手県立千厩高等学校藤沢分校を
　　　　　　　　　　設置
　昭和25年4月1日　　岩手県立藤沢高等学校として独立

◇岩手県立**前沢高等学校**
　〒029-4206　岩手県奥州市前沢区狐石36-1
　TEL 0197-56-2241
　大正14年4月1日　　前沢女子職業専修学校が開校
　昭和6年5月1日　　前沢町立実科高等女学校と改称
　昭和18年4月1日　　前沢町立前沢高等女学校と改称
　昭和23年4月1日　　岩手県立前沢高等学校と改称

◇岩手県立**水沢工業高等学校**
　〒023-0003　岩手県奥州市水沢区佐倉河道下100-1
　TEL 0197-24-5155
　昭和43年4月12日　　岩手県立水沢工業高等学校が開校

◇岩手県立**水沢高等学校**
　〒023-0400　岩手県奥州市胆沢区竜ケ馬場5-1
　TEL 0197-24-3151
　明治44年4月1日　　胆沢郡立実科女学校を創立
　大正12年4月　　　岩手県立水沢実科高等女学校と改
　　　　　　　　　　称
　大正15年4月　　　岩手県立水沢高等女学校と改称
　昭和21年4月　　　岩手県立水沢中学校を設置
　昭和23年4月　　　岩手県立水沢中学校, 岩手県立水
　　　　　　　　　　沢高等女学校, 岩手県立水沢商
　　　　　　　　　　業学校を統合し
　　　　　　　　　　岩手県立水沢高等学校と改称

◇岩手県立**水沢商業高等学校**
　〒023-0064　岩手県奥州市水沢区土器田1
　TEL 0197-24-2101
　大正13年4月1日　　町立水沢商業実践学校が開校
　昭和4年4月11日　　町立水沢商業学校が開校
　昭和7年1月1日　　岩手県水沢商業学校と改称
　昭和23年4月1日　　岩手県立水沢高等学校と改称
　昭和29年4月1日　　岩手県立水沢商業高等学校として
　　　　　　　　　　独立

◇**水沢第一高等学校**
　［学校法人 協和学院］
　〒023-0875　岩手県奥州市水沢区字森下20-1
　TEL 0197-24-6171
　大正15年　　　　　清明女学院を設置
　昭和21年　　　　　水沢女子協和塾として開校
　昭和23年　　　　　水沢協和女学院と改称
　昭和31年　　　　　水沢女子高等学校が開校
　昭和35年　　　　　水沢第一高等学校と改称

◇岩手県立**水沢農業高等学校**
　〒023-0402　岩手県奥州市胆沢区小山笹森1
　TEL 0197-47-0311
　明治36年4月　　　胆沢郡立胆沢農業学校が開校
　大正9年4月　　　岩手県胆沢農学校と改称
　大正12年4月　　　岩手県立水沢農学校と改称
　昭和23年4月　　　岩手県立水沢農業高等学校と改称
　昭和24年4月　　　岩手県立胆沢高等学校と改称
　昭和27年4月　　　岩手県立水沢農業高等学校と改称

◇岩手県立**宮古北高等学校**
　〒027-0352　岩手県宮古市田老八幡水神43-2
　TEL 0193-87-3513
　昭和24年　　　　　宮古高等学校（定時制）として開設
　昭和53年4月　　　岩手県立宮古北高等学校が開校

◇岩手県立**宮古工業高等学校**
　〒027-0083　岩手県宮古市大字赤前1横枕81
　TEL 0193-67-2201
　昭和48年4月16日　　岩手県立宮古工業高等学校が開校

◇岩手県立**宮古高等学校**
　〒027-0052　岩手県宮古市宮町2-1-1
　TEL 0193-62-1812
　〈岩手県立宮古高等女学校〉
　大正12年3月23日　　宮古町立宮古実科高等女学校を設
　　　　　　　　　　置
　昭和4年8月15日　　岩手県立宮古高等女学校と改称
　〈岩手県立宮古中学校〉
　昭和18年4月1日　　岩手県立宮古中学校を設立
　〈統合〉
　昭和24年4月1日　　岩手県立宮古高等女学校, 岩手県
　　　　　　　　　　立宮古中学校が統合し
　　　　　　　　　　岩手県立宮古高等学校と改称

◇岩手県立**宮古高等学校川井校**
　〒028-2402　岩手県下閉伊郡川井村川井1上川井60-3
　TEL 0193-76-2019
　昭和23年5月　　　岩手県立宮古第一高等学校川井分
　　　　　　　　　　校（定時制課程）が開校
　平成3年4月　　　岩手県立宮古高等学校川井校と改
　　　　　　　　　　称

◇岩手県立**宮古商業高等学校**
　〒027-0024　岩手県宮古市磯鶏3-5-1
　TEL 0193-62-6856
　大正8年　　　　　町立宮古実業補修学校が開校
　昭和38年　　　　　岩手県立宮古高等学校を
　　　　　　　　　　岩手県立宮古商業高等学校として
　　　　　　　　　　分離独立

◇岩手県立**宮古水産高等学校**
　〒027-0024　岩手県宮古市磯鶏3-9-1
　TEL 0193-62-1430
　明治28年10月15日　　水産補習学校を設置
　明治31年4月1日　　下閉伊郡簡易水産学校と改称
　昭和20年4月1日　　岩手県立宮古水産学校と改称
　昭和23年4月1日　　宮古水産高等学校と改称
　昭和24年4月1日　　岩手県立三陸高等学校と改称
　昭和27年4月1日　　岩手県立宮古水産高等学校と改称

◇岩手県立**盛岡北高等学校**
　〒020-0173　岩手県岩手郡滝沢村滝沢牧野林298-1
　TEL 019-687-2311
　昭和49年4月10日　　岩手県立盛岡北高等学校が開校

◇岩手県立**盛岡工業高等学校**
　〒020-0841　岩手県盛岡市羽場18-11-1
　TEL 019-638-3141
　明治31年　　　　　岩手県実業学校が開校

岩手県

| 明治34年2月 | 岩手県工業学校と改称 |
| 明治34年6月 | 岩手県立工業学校と改称 |
| 昭和14年4月1日 | 岩手県立盛岡工業学校と改称 |
| 昭和23年4月1日 | 岩手県立盛岡工業高等学校と改称 |
| 昭和24年4月1日 | 岩手県立高松高等学校と改称 |
| 昭和28年4月1日 | 岩手県立盛岡工業高等学校と改称 |

◇岩手県立**盛岡商業高等学校**
〒020-0866 岩手県盛岡市本宮大屋敷5
TEL 019-636-1026
明治30年　　私立盛岡商業学校を一戸隆次郎が創立
大正2年2月18日　盛岡市立商業学校を創立
大正15年3月21日　岩手県立盛岡商業学校と改称
昭和23年4月1日　岩手県立盛岡商業高等学校と改称
昭和24年4月1日　盛岡高等学校の商業部となる
昭和26年4月1日　盛岡第三高等学校として独立
昭和27年8月22日　岩手県立盛岡商業高等学校と改称

◇**盛岡女子高等学校**
［学校法人 久保学園］
〒020-0114 岩手県盛岡市高松1-21-14
TEL 019-661-3633
昭和2年　　盛岡裁縫普及会を久保弥生が開設
昭和7年　　盛岡裁縫女学院が開校
昭和23年3月　久保学園高等学校を創立
平成2年4月　盛岡女子高等学校と改称

◇**盛岡白百合学園高等学校**
［学校法人 白百合学園］
〒020-0004 岩手県盛岡市山岸4-29-16
TEL 019-661-6330
昭和23年　　盛岡白百合学園高等学校を設置

◇**盛岡市立高等学校**
〒020-0053 岩手県盛岡市上太田上川原96
TEL 019-658-0491
〈盛岡市立女子商業高等学校〉
大正9年4月1日　盛岡実践女学校を創設
大正14年4月23日　盛岡女子商業学校と改称
昭和23年4月11日　盛岡市立女子商業高等学校と改称
〈盛岡市立女子高等学校〉
昭和15年4月1日　盛岡市立第一高等女学校を創設
昭和23年4月11日　盛岡市立女子高等学校と改称
〈統合〉
昭和24年4月1日　盛岡市立女子商業高等学校，盛岡市立女子高等学校が統合し盛岡市立高等学校と改称

◇**盛岡スコーレ高等学校**
［学校法人 スコーレ］
〒020-0851 岩手県盛岡市向中野字才川2-3
TEL 019-636-0827
昭和8年　　盛岡友の会生活学校として発足
昭和24年　　盛岡生活学校と改称
昭和36年　　向中野学園高等学校を設立
平成10年　　盛岡スコーレ高等学校と改称

◇岩手県立**盛岡第一高等学校**
〒020-8515 岩手県盛岡市上田3-2-1
TEL 019-623-4491
明治13年6月15日　公立岩手中学校が開校
明治19年6月7日　岩手県尋常中学校と改称
明治30年4月1日　岩手県盛岡尋常中学校と改称
明治32年4月1日　岩手県盛岡中学校と改称

| 明治34年3月30日 | 岩手県立盛岡中学校と改称 |
| 昭和23年4月1日 | 岩手県立盛岡第一高等学校と改称 |
| 昭和24年4月1日 | 岩手県立盛岡第二高等学校，岩手県立盛岡商業高等学校を統合し岩手県立盛岡高等学校と改称 |
| 昭和26年4月1日 | 岩手県立盛岡第一高等学校と改称 |

◇岩手県立**盛岡第二高等学校**
〒020-0887 岩手県盛岡市上ノ橋町7-57
TEL 019-622-5101
明治30年4月12日　市立盛岡高等女学校を創立
明治35年4月1日　岩手県立高等女学校と改称
明治44年2月18日　岩手県立盛岡高等女学校と改称
昭和23年4月1日　岩手県立盛岡第二高等学校と改称
昭和24年4月1日　岩手県立盛岡第一高等学校，岩手県立盛岡商業高等学校を統合し岩手県立盛岡高等学校と改称
昭和26年4月1日　岩手県立盛岡高等学校を分離し岩手県立盛岡第二高等学校と改称

◇岩手県立**盛岡第三高等学校**
〒020-0114 岩手県盛岡市高松4-17-16
TEL 019-661-1735
昭和38年4月11日　岩手県立盛岡第三高等学校が開校

◇岩手県立**盛岡第四高等学校**
〒020-0835 岩手県盛岡市津志田26-17-1
TEL 019-636-0742
昭和39年4月12日　岩手県立盛岡第四高等学校が開校

◇**盛岡大学附属高等学校**
［学校法人 盛岡大学］
〒020-0124 岩手県盛岡市厨川5-4-1
TEL 019-641-1121
昭和27年4月1日　盛岡生活学園が開校
昭和33年4月1日　生活学園高等学校が開校
平成2年4月1日　盛岡大学附属高等学校と改称

◇**盛岡中央高等学校**
［学校法人 龍澤学館］
〒020-0122 岩手県盛岡市みたけ4-26-1
TEL 019-641-0458
昭和28年　　進学研究会を設立
昭和33年　　龍澤予備校を設立
昭和38年　　龍澤高等学校を設立
平成4年　　龍澤高等学校を盛岡中央高等学校と改称

◇岩手県立**盛岡農業高等学校**
〒020-0173 岩手県岩手郡滝沢村滝沢砂込1463
TEL 019-688-4211
明治12年8月12日　獣医学舎を創設
明治32年4月　　岩手県農事講習所と統合して岩手県農学校と改称
明治34年6月　　岩手県立農学校と改称
大正12年4月　　岩手県立盛岡農学校と改称
昭和23年4月　　岩手県立盛岡農業高等学校と改称
昭和24年4月1日　岩手県立柏高等学校と改称
昭和27年4月1日　岩手県立盛岡農業高等学校と改称

◇岩手県立**盛岡南高等学校**
〒020-0833 岩手県盛岡市西見前20-113-1
TEL 019-638-9373
昭和58年4月9日　岩手県立盛岡南高等学校が開校

◇岩手県立山田高等学校
　〒028-1361 岩手県下閉伊郡山田町織笠8-6-2
　TEL 0193-82-2637
　大正15年　　　　　山田町立実科高等女学校を設立
　昭和18年　　　　　山田町立高等女学校と改称
　昭和21年　　　　　岩手県立山田高等学校が開校

# 宮城県

## 【大学】

◇石巻専修大学
　[学校法人 専修大学]
　〒986-8580 宮城県石巻市南境字新水戸1
　TEL 0225-22-7711
　平成元年4月　　　石巻専修大学を開学

◇尚絅学院大学
　[学校法人 尚絅学院]
　〒981-1295 宮城県名取市ゆりが丘4-10-1
　TEL 022-381-3300
　平成15年　　　　尚絅学院大学が開学

◇仙台白百合女子大学
　[学校法人 白百合学園]
　〒981-3107 宮城県仙台市泉区本田町6-1
　TEL 022-372-3254
　平成8年　　　　　仙台白百合女子大学が開学

◇仙台大学
　[学校法人 朴沢学園]
　〒989-1693 宮城県柴田郡柴田町船岡南2-2-18
　TEL 0224-55-1121
　昭和42年　　　　仙台大学が開学

◇東北学院大学
　[学校法人 東北学院]
　〒980-8511 宮城県仙台市青葉区土樋1-3-1
　TEL 022-264-6411
　明治19年　　　　仙台神学校を開設
　明治24年　　　　東北学院と改称
　昭和19年　　　　東北学院専門学校を設置
　昭和24年　　　　東北学院大学と改称

◇東北工業大学
　[学校法人 東北工業大学]
　〒982-8577 宮城県仙台市太白区八木山香澄町35-1
　TEL 022-229-1151
　昭和39年4月　　　東北工業大学が開学

◇東北生活文化大学
　[学校法人 三島学園]
　〒981-8585 宮城県仙台市泉区虹の丘1-18-2
　TEL 022-272-7511
　昭和33年1月　　　三島学園女子大学を開設
　昭和62年4月　　　東北生活文化大学と改称

◇東北大学
　〒980-8577 宮城県仙台市青葉区片平2-1-1
　TEL 022-717-7800
　明治40年6月　　　東北帝国大学を創立
　昭和22年10月　　　東北大学と改称
　昭和24年5月　　　宮城県女子専門学校, 第二高等学校, 仙台工業専門学校, 宮城師範学校, 宮城青年師範学校を併合・包括
　〈仙台工業専門学校〉
　明治39年4月　　　仙台高等工業学校を設立
　明治45年4月　　　工学専門部と改称

宮城県

| 大正10年4月 | 仙台高等工業学校として分離独立 |
| --- | --- |
| 昭和19年4月 | 仙台工業専門学校と改称 |

〈第二高等学校〉
| 明治20年4月 | 第二高等中学校を設立 |
| --- | --- |
| 明治27年6月 | 第二高等学校大学予科と改称 |
| 大正8年4月 | 第二高等学校と改称 |

〈宮城師範学校〉
| 明治19年4月 | 宮城県尋常師範学校を設立 |
| --- | --- |
| 明治31年4月 | 宮城県師範学校と改称 |
| 昭和18年4月 | 宮城師範学校と改称 |

〈宮城青年師範学校〉
| 昭和20年4月 | 宮城青年師範学校を設立 |
| --- | --- |

◇東北福祉大学
　　［学校法人　栴檀学園］
　　〒981-8522　宮城県仙台市青葉区国見1-8-1
　　TEL 022-233-3111
| 明治8年 | 曹洞宗専門支校が開校 |
| --- | --- |
| 明治35年 | 曹洞宗第二中学林と改称 |
| 大正15年 | 栴檀中学校と改称 |
| 昭和23年 | 栴檀高等学校を設立 |
| 昭和37年 | 東北福祉大学が開校 |

◇東北文化学園大学
　　［学校法人　東北文化学園大学］
　　〒981-8851　宮城県仙台市青葉区国見6-45-1
　　TEL 022-233-3310
| 平成5年4月 | 東北科学技術短期大学を開学 |
| --- | --- |
| 平成11年4月 | 東北文化学園大学に改組転換 |

◇東北薬科大学
　　［学校法人　東北薬科大学］
　　〒981-8558　宮城県仙台市青葉区小松島4-4-1
　　TEL 022-234-4181
| 昭和14年 | 東北薬学専門学校を高柳義一が創立 |
| --- | --- |
| 昭和24年 | 東北薬科大学が開学 |

◇宮城学院女子大学
　　［学校法人　宮城学院］
　　〒981-8557　宮城県仙台市青葉区桜ケ丘9-1-1
　　TEL 022-279-1311
| 明治19年 | 宮城女学校を押川方義、ウィリアム・E.ホーイが中心となり設立 |
| --- | --- |
| 昭和21年 | 宮城学院女子専門学校と改称 |
| 昭和24年 | 宮城学院女子大学を設置 |

◇宮城教育大学
　　〒980-0845　宮城県仙台市青葉区荒巻字青葉149
　　TEL 022-214-3300
| 昭和40年 | 宮城教育大学が開学 |
| --- | --- |

◇宮城大学
　　〒981-3298　宮城県黒川郡大和町学苑1
　　TEL 022-377-8210
| 平成9年4月 | 宮城大学が開学 |
| --- | --- |

【短大】

◇尚絅学院大学女子短期大学部
　　［学校法人　尚絅学院］
　　〒981-1295　宮城県名取市ゆりが丘4-10-1
　　TEL 022-381-3300
| 昭和25年 | 尚絅女学院短期大学を開設 |
| --- | --- |
| 平成15年 | 尚絅学院大学女子短期大学部と改称 |

◇聖和学園短期大学
　　［学校法人　聖和学園］
　　〒981-3213　宮城県仙台市泉区南中山5-5-2
　　TEL 022-376-3151
| 昭和26年 | 聖和学園短期大学が開学 |
| --- | --- |

◇東北生活文化大学短期大学部
　　［学校法人　三島学園］
　　〒981-8585　宮城県仙台市泉区虹の丘1-18-2
　　TEL 022-272-7511
| 明治33年10月 | 東北法律学校を三島駒治が設立 |
| --- | --- |
| 明治36年10月 | 東北女子職業学校を創立 |
| 昭和22年3月 | 三島学園女子専門学校に昇格 |
| 昭和26年4月 | 三島学園女子短期大学と改称 |
| 平成16年4月 | 東北生活文化大学短期大学部と改称 |

◇宮城誠真短期大学
　　［学校法人　誠真学園］
　　〒989-6105　宮城県大崎市古川福沼1-27-2
　　TEL 0229-23-3220
| 明治14年 | 私塾を祇園寺きくが開設 |
| --- | --- |
| 明治29年 | 私立祇園寺裁縫学校とする |
| 昭和24年 | 祇園寺技芸専門学校と改称 |
| 昭和42年4月 | 祇園寺学園短期大学を開学 |
| 昭和63年4月 | 宮城誠真短期大学と改称 |

【高専】

◇仙台電波工業高等専門学校
　　〒989-3128　宮城県仙台市青葉区愛子中央4丁目16-1
　　TEL 022-391-5508
| 昭和18年1月22日 | 東北無線電信講習所が仙台市木ノ下41番地において開所 |
| --- | --- |
| 昭和18年11月1日 | 無線電信講習所仙台支所となる |
| 昭和20年4月1日 | 仙台無線電信講習所として独立 |
| 昭和24年5月31日 | 仙台電波高等学校と改称 |
| 昭和46年4月1日 | 仙台電波工業高等専門学校と改称 |

◇宮城工業高等専門学校
　　〒981-1239　宮城県名取市愛島塩手字野田山48
　　TEL 022-381-0253
| 昭和38年4月1日 | 宮城工業高等専門学校が開校 |
| --- | --- |

【高校】

◇宮城県飯野川高等学校
　　〒986-0101　宮城県石巻市相野谷字五味前上40
　　TEL 0225-62-3065
| 昭和2年 | 飯野川実科女学校を創立 |
| --- | --- |
| 昭和23年 | 宮城県飯野川高等学校と改称 |

◇宮城県飯野川高等学校十三浜校
　　〒986-0201　宮城県石巻市北上町十三浜字月浜88-2
　　TEL 0225-67-3065
| 昭和26年 | 宮城県飯野川高等学校十三浜校が開校 |
| --- | --- |

◇宮城県伊具高等学校
　　〒981-2153　宮城県伊具郡丸森町字雁歌51
　　TEL 0224-72-2020
| 大正9年4月17日 | 宮城県伊具農蚕学校を創立 |
| --- | --- |
| 昭和23年4月1日 | 宮城県伊具農蚕高等学校と改称 |

| 昭和38年4月1日 | 宮城県伊具高等学校と改称 |

◇宮城県石巻工業高等学校
　〒986-0851 宮城県石巻市貞山5丁目1-1
　TEL 0225-22-6338
| 昭和38年4月1日 | 宮城県石巻工業高等学校を開校 |

◇宮城県石巻高等学校
　〒986-0838 宮城県石巻市大手町3-15
　TEL 0225-93-8022
| 大正12年4月1日 | 宮城県石巻中学校が開校 |
| 昭和23年4月1日 | 宮城県石巻高等学校と改称 |

◇宮城県石巻好文館高等学校
　〒986-0851 宮城県石巻市貞山3丁目4-1
　TEL 0225-22-9161
| 明治44年9月14日 | 石巻町立石巻実科高等女学校を創立 |
| 大正5年4月28日 | 牡鹿郡立石巻実科高等女学校と改称 |
| 大正8年10月21日 | 牡鹿郡石巻実科高等女学校と改称 |
| 大正10年4月1日 | 宮城県石巻高等女学校と改称 |
| 昭和23年4月1日 | 宮城県石巻女子高等学校と改称 |
| 平成18年4月1日 | 宮城県石巻好文館高等学校と改称 |

◇宮城県石巻商業高等学校
　〒986-0031 宮城県石巻市南境字大樋20
　TEL 0225-22-9188
| 明治44年 | 石巻町立商業補習学校を創立 |
| 大正6年 | 石巻町立石巻商業学校が開校 |
| 昭和19年 | 石巻工業学校に転換 |
| 昭和21年 | 石巻商業学校に再転換 |
| 昭和29年 | 宮城県石巻商業高等学校と改称 |

◇石巻市立女子高等学校
　〒986-0833 宮城県石巻市日和が丘2丁目11-8
　TEL 0225-22-4421
| 大正7年3月31日 | 石巻実業補習学校を設置 |
| 大正14年4月27日 | 石巻実業女学校を設置 |
| 昭和19年4月6日 | 宮城県石巻女子商業学校と改称 |
| 昭和21年3月31日 | 宮城県石巻市立高等女学校を設立 |
| 昭和23年4月13日 | 石巻家政高等学校と改称 |
| 昭和37年4月1日 | 石巻市立女子高等学校と改称 |

◇石巻市立女子商業高等学校
　〒986-2135 宮城県石巻市渡波字浜曽根山1
　TEL 0225-24-0677
| 昭和32年4月15日 | 牡鹿郡渡波町立渡波家政専修学校が開校 |
| 昭和34年5月21日 | 石巻市立石巻家政専修学校と改称 |
| 昭和36年4月1日 | 石巻市立石巻家政専修学校を廃止し |
| | 石巻家政高等学校第二校舎とし商業科を設置 |
| 昭和37年4月1日 | 石巻市立女子高等学校第二校舎と改称 |
| 昭和38年4月11日 | 石巻市立女子商業高等学校として独立開校 |

◇宮城県石巻西高等学校
　〒981-0501 宮城県東松島市赤井字七反谷地27
　TEL 0225-83-3311
| 昭和60年4月 | 宮城県石巻西高等学校が開校 |

◇宮城県泉高等学校
　〒981-3132 宮城県仙台市泉区将監10丁目39-1
　TEL 022-372-4111
| 昭和48年4月1日 | 宮城県泉高等学校が開校 |

◇宮城県泉松陵高等学校
　〒981-3109 宮城県仙台市泉区鶴が丘4丁目26-1
　TEL 022-373-4125
| 昭和56年4月8日 | 宮城県泉松陵高等学校が開校 |

◇宮城県泉館山高等学校
　〒981-3211 宮城県仙台市泉区長命ヶ丘東1
　TEL 022-378-0975
| 昭和58年 | 宮城県泉館山高等学校を創立 |

◇宮城県一迫商業高等学校
　〒987-2308 宮城県栗原市一迫真坂字町東133
　TEL 0228-52-4112
| 大正13年4月 | 一迫町立一迫実科女学校を設置 |
| 昭和21年4月 | 一迫高等女学校と改称 |
| 昭和23年7月 | 宮城県築館高等学校一迫分校が開校 |
| 昭和31年4月 | 宮城県築館高等学校一迫町分校と改称 |
| 昭和41年4月 | 宮城県築館高等学校一迫分校と改称 |
| 昭和48年4月 | 宮城県一迫商業高等学校として独立開校 |

◇宮城県岩ヶ崎高等学校
　〒989-5351 宮城県栗原市栗駒中野愛宕下1-3
　TEL 0228-45-2266
| 昭和16年4月1日 | 岩ヶ崎町立岩ヶ崎実科高等女学校が開校 |
| 昭和18年4月1日 | 宮城県岩ヶ崎高等女学校と改称 |
| 昭和23年4月1日 | 宮城県岩ヶ崎高等学校と改称 |

◇宮城県岩出山高等学校
　〒989-6437 宮城県大崎市岩出山字城山2
　TEL 0229-72-1110
| 昭和4年4月8日 | 岩出山町立岩出山実科高等学校が開校 |
| 昭和21年4月1日 | 宮城県岩出山高等学校と改称 |

◇宮城県鶯沢工業高等学校
　〒989-5402 宮城県栗原市鶯沢南郷下新反田1-1
　TEL 0228-55-2051
| 昭和23年4月1日 | 宮城県岩ヶ崎高等学校を設置 |
| 昭和23年7月31日 | 宮城県岩ヶ崎高等学校鶯沢分校(定時制課程)を開校 |
| 昭和39年4月1日 | 宮城県岩ヶ崎高等学校鶯沢分校(全日制課程)を開校 |
| 昭和42年3月2日 | 宮城県岩ヶ崎高等学校鶯沢分校(定時制課程)を閉校 |
| 昭和44年4月1日 | 宮城県鶯沢工業高等学校が開校 |

◇宮城県上沼高等学校
　〒987-0602 宮城県登米市中田町上沼字要害94
　TEL 0220-34-2127
| 大正15年6月10日 | 上沼村立宮城県上沼実業学校が開校 |
| 昭和18年3月31日 | 宮城県上沼農学校と改称 |
| 昭和23年4月1日 | 宮城県上沼農業高等学校と改称 |
| 平成5年4月1日 | 宮城県上沼高等学校と改称 |

◇宮城県大河原商業高等学校
　〒989-1201 宮城県柴田郡大河原町大谷字西原前154-6
　TEL 0224-52-1064

# 宮城県

〈宮城県大河原中学校〉
　昭和17年4月12日　　宮城県大河原中学校が開校
〈宮城県大河原高等女学校〉
　昭和18年4月1日　　　宮城県大河原実科高等女学校を
　　　　　　　　　　　宮城県大河原高等女学校と改称
〈統合〉
　昭和23年4月13日　　宮城県大河原中学校,宮城県大河
　　　　　　　　　　　原高等女学校が合併し
　　　　　　　　　　　宮城県大河原高等学校を設立
　昭和24年10月31日　　宮城県柴田高等学校普通部と改称
　昭和28年4月1日　　　宮城県柴田高等学校より分離独立
　　　　　　　　　　　し
　　　　　　　　　　　宮城県大河原高等学校と改称
　昭和48年4月1日　　　宮城県大河原商業高等学校と改称

◇大崎中央高等学校
　［学校法人 啓誠学園］
　〒989-6105 宮城県大崎市古川福沼1-27-1
　TEL 0229-22-2030
　昭和38年4月　　　　祇園寺学園祇園寺高等学校として
　　　　　　　　　　　創立
　昭和61年4月　　　　大崎中央高等学校と改変

◇宮城県女川高等学校
　〒986-2231 宮城県牡鹿郡女川町浦宿浜字十二神60-3
　TEL 0225-54-2249
　昭和24年9月24日　　宮城県石巻高等学校女川分校（定
　　　　　　　　　　　時制課程）を設置
　昭和48年4月1日　　　宮城県女川高等学校として独立

◇宮城県角田高等学校
　〒981-1505 宮城県角田市角田字牛舘1
　TEL 0224-63-3001
　明治30年5月　　　　宮城県尋常中学校伊具郡立分校を
　　　　　　　　　　　創立
　明治32年　　　　　　宮城県中学校伊具郡立分校と改称
　明治33年　　　　　　宮城県第一中学校伊具郡立分校と
　　　　　　　　　　　改称
　明治34年　　　　　　宮城県第四中学校として独立
　明治37年　　　　　　宮城県立角田中学校と改称
　大正8年　　　　　　宮城県角田中学校と改称
　昭和23年　　　　　　宮城県角田高等学校と改称
　平成17年　　　　　　宮城県角田女子高等学校と統合
〈宮城県角田女子高等学校〉
　明治40年　　　　　　宮城県伊具郡立角田女子実業学校
　　　　　　　　　　　を創立
　明治44年　　　　　　宮城県伊具郡立角田実科高等女学
　　　　　　　　　　　校と改称
　大正8年　　　　　　宮城県伊具郡角田実科高等女学校
　　　　　　　　　　　と改称
　大正9年　　　　　　宮城県伊具郡角田高等女学校と改
　　　　　　　　　　　称
　大正10年　　　　　　宮城県角田高等女学校と改称
　昭和23年　　　　　　宮城県角田女子高等学校と改称

◇宮城県鹿島台商業高等学校
　〒989-4104 宮城県大崎市鹿島台広長字杢師前44
　TEL 0229-56-2664
　昭和25年　　　　　　宮城県南郷農業高等学校（定時制）
　　　　　　　　　　　が開校
　昭和44年4月　　　　宮城県鹿島台商業高等学校と改称

◇宮城県河南高等学校
　〒986-1111 宮城県石巻市鹿又字用水向126
　TEL 0225-74-2211
　大正13年12月28日　　鹿又実科高等女学校を設立
　昭和18年4月1日　　　宮城県鹿又高等女学校と改称
　昭和23年4月1日　　　宮城県鹿又高等学校と改称
　昭和41年4月1日　　　宮城県河南高等学校と改称

◇宮城県加美農業高等学校
　〒981-4111 宮城県加美郡色麻町黒沢字北條152
　TEL 0229-65-3900
　明治33年　　　　　　郡立加美蚕業学校を設立
　大正11年　　　　　　宮城県加美農蚕学校と改称
　昭和23年　　　　　　宮城県加美農業高等学校と改称

◇宮城県黒川高等学校
　〒981-3685 宮城県黒川郡大和町吉岡字東柴崎62
　TEL 022-345-2171
　明治34年4月23日　　黒川農学校が開校
　明治34年5月　　　　郡立黒川農学校と改称
　大正11年3月21日　　宮城県黒川農学校と改称
　昭和23年4月1日　　　宮城県黒川高等学校と改称

◇宮城県黒川高等学校大郷校
　〒981-3521 宮城県黒川郡大郷町中村字東浦18
　TEL 022-359-2113
〈宮城県黒川高等学校大谷分校〉
　昭和23年7月1日　　　宮城県黒川高等学校大谷分校を設
　　　　　　　　　　　置
〈宮城県黒川高等学校大松沢分校〉
　昭和23年7月1日　　　宮城県黒川高等学校大松沢分校を
　　　　　　　　　　　設置
〈統合〉
　昭和31年4月　　　　宮城県黒川高等学校大谷分校,宮
　　　　　　　　　　　城県黒川高等学校大松沢分校が
　　　　　　　　　　　統合し
　　　　　　　　　　　宮城県黒川高等学校大郷分校と改
　　　　　　　　　　　称
　平成7年3月14日　　　宮城県黒川高等学校大郷校と改称

◇宮城県気仙沼高等学校
　〒988-0051 宮城県気仙沼市字常楽130
　TEL 0226-24-3400
　昭和2年4月14日　　　宮城県気仙沼中学校が開校
　昭和23年4月4日　　　宮城県気仙沼高等学校と改称
　平成17年4月　　　　宮城県鼎が浦高等学校と統合
〈宮城県鼎が浦高等学校〉
　大正12年　　　　　　町立気仙沼実科高等女学校を設置
　大正13年10月27日　　宮城県気仙沼実科高等女学校と改
　　　　　　　　　　　称
　昭和18年4月1日　　　宮城県気仙沼高等女学校と改称
　昭和23年4月1日　　　宮城県気仙沼女子高等学校と改称
　昭和26年3月1日　　　宮城県鼎が浦高等学校と改称

◇宮城県気仙沼向洋高等学校
　〒988-0246 宮城県気仙沼市字波路上瀬向9-1
　TEL 0226-27-2311
　明治34年4月　　　　気仙沼町立水産補習学校が開校
　明治35年4月　　　　郡立本吉水産学校に昇格
　大正10年3月　　　　宮城県立水産講習所と改称
　昭和2年3月　　　　　宮城県水産試験場気仙沼分場講習
　　　　　　　　　　　部に改組
　昭和17年1月　　　　宮城県水産講習所に改組
　昭和20年4月　　　　宮城県気仙沼水産学校と改称
　昭和23年4月　　　　宮城県気仙沼水産高等学校と改称
　平成6年4月　　　　　宮城県気仙沼向洋高等学校と改称

宮城県

◇気仙沼女子高等学校
　［学校法人　畠山学園］
　〒988-0083　宮城県気仙沼市入沢4-1
　TEL 0226-22-0853
　昭和23年3月　　　各種学校として創立
　昭和44年4月　　　気仙沼家政高等学校が開校
　昭和51年9月　　　気仙沼女子高等学校と改称

◇宮城県気仙沼西高等学校
　〒988-0171　宮城県気仙沼市字赤岩牧沢155-1
　TEL 0226-24-1414
　昭和60年4月8日　宮城県気仙沼西高等学校が開校

◇宮城県小牛田農林高等学校
　〒987-0004　宮城県遠田郡美里町牛飼字伊勢堂裏30
　TEL 0229-32-3125
　明治15年　　　　 私立養蚕伝習所を設立
　明治21年　　　　 遠田郡立養蚕伝習所と改称
　明治43年　　　　 宮城県立小牛田農林学校と改称
　大正8年　　　　　宮城県小牛田農林学校と改称
　昭和23年　　　　 宮城県小牛田農林高等学校と改称

◇宮城県蔵王高等学校
　〒989-0851　宮城県刈田郡蔵王町大字曲竹字濁川添赤岩1-7
　TEL 0224-33-2005
　昭和23年7月　　　宮城県白石女子高等学校円田分校を開設
　昭和35年4月　　　宮城県白石女子高等学校蔵王分校と改称
　平成8年4月　　　 宮城県蔵王高等学校として独立開校

◇宮城県佐沼高等学校
　〒987-0511　宮城県登米市迫町佐沼字末広1
　TEL 0220-22-2022
　明治35年4月　　　宮城県立第二中学校登米分校を創立
　明治37年4月　　　宮城県立宮城県第六中学校と改称
　明治37年6月　　　宮城県立佐沼中学校と改称
　大正8年10月　　　宮城県佐沼中学校と改称
　昭和23年4月　　　宮城県佐沼高等学校と改称

◇宮城県塩釜高等学校
　〒985-0056　宮城県塩竈市泉ケ岡10-1
　TEL 022-362-1011
　昭和18年4月1日　宮城県塩竈中学校が開校
　昭和23年4月1日　塩釜市立塩釜高等学校と改称
　昭和45年4月1日　宮城県塩釜高等学校と改称

◇宮城県塩釜女子高等学校
　〒985-0056　宮城県塩竈市泉ケ岡7-1
　TEL 022-362-0188
　明治45年　　　　 塩釜女子実業補修学校を設立
　昭和4年　　　　　塩釜実科高等女学校と改称
　昭和23年　　　　 塩釜市立女子高等学校と改称
　昭和45年　　　　 宮城県塩釜女子高等学校と改称

◇宮城県志津川高等学校
　〒986-0775　宮城県本吉郡南三陸町志津川字廻舘92-2
　TEL 0226-46-3643
　大正13年　　　　 志津川実科高等女学校を創立
　昭和6年　　　　　志津川高等女学校と改称
　昭和23年　　　　 宮城県志津川高等学校と改称

◇宮城県柴田高等学校
　〒989-1621　宮城県柴田郡柴田町大字本船迫字十八津入7-3
　TEL 0224-56-3801
　昭和61年4月8日　宮城県柴田高等学校が開校

◇宮城県柴田農林高等学校
　〒989-1233　宮城県柴田郡大河原町字上川原7-2
　TEL 0224-53-1049
　明治41年　　　　 柴田郡立蚕業講習所を創立
　大正12年　　　　 宮城県柴田蚕学校と改称
　大正15年　　　　 宮城県柴田農林学校と改称
　昭和23年　　　　 宮城県柴田農林高等学校と改称

◇宮城県柴田農林高等学校川崎校
　〒989-1501　宮城県柴田郡川崎町前川字北原25
　TEL 0224-84-2049
　昭和23年7月9日　宮城県柴田農林高等学校川崎分校が開校
　昭和25年4月1日　宮城県柴田高等学校川崎分校と改称
　昭和28年4月1日　宮城県柴田農林高等学校川崎分校と改称
　平成7年4月1日　 宮城県柴田農林高等学校川崎校と改称

◇尚絅学院女子高等学校
　［学校法人　尚絅学院］
　〒980-0873　宮城県仙台市青葉区広瀬町9-1
　TEL 022-264-5881
　明治25年　　　　 尚絅女学会が開校
　明治32年　　　　 私立尚絅女学校として設立が許可される
　昭和17年　　　　 仙台尚絅女学校と改称
　昭和18年　　　　 仙台尚絅高等女学校と改称
　昭和23年　　　　 尚絅女学院高等学部と改称
　昭和36年　　　　 尚絅女学院高等学校と改称
　平成15年　　　　 尚絅学院女子高等学校と改称

◇宮城県白石工業高等学校
　〒989-0203　宮城県白石市郡山字鹿野43
　TEL 0224-25-3240
　昭和37年4月1日　宮城県白石工業高等学校が開校

◇宮城県白石高等学校
　〒989-0251　宮城県白石市益岡町2-7
　TEL 0224-25-3154
　明治32年　　　　 私立刈田中学講習会を創立
　明治34年　　　　 私立刈田中学校と改称
　明治36年　　　　 郡立刈田中学校と改称
　明治43年　　　　 宮城県立白石中学校と改称
　大正8年　　　　　宮城県白石中学校と改称
　昭和23年　　　　 宮城県白石高等学校と改称

◇宮城県白石高等学校七ヶ宿校
　〒989-0528　宮城県刈田郡七ケ宿町字沢上山4-2
　TEL 0224-37-2310
　昭和23年　　　　 宮城県白石高等学校関分校が開校
　昭和32年　　　　 宮城県白石高等学校七ヶ宿分校と改称
　平成7年　　　　　宮城県白石高等学校七ヶ宿校と改称

◇宮城県白石女子高等学校
　〒989-0277　宮城県白石市沢端町7-5

## 宮城県

　　　　TEL 0224-25-2181
　　明治44年　　　白石町立白石実科高等女学校が開校
　　大正7年4月　　刈田郡立白石実科高等女学校と改称
　　大正9年3月　　刈田郡白石高等女学校と改称
　　大正10年4月　　宮城県白石高等女学校と改称
　　昭和23年　　　宮城県白石女子高等学校と改称

◇聖ウルスラ学院英智高等学校
　　［学校法人 聖ウルスラ学院］
　　〒984-0828 宮城県仙台市若林区一本杉町1-2
　　TEL 022-286-3557
　　昭和23年4月10日　聖ウルスラ学院家庭学校を創立
　　昭和26年3月11日　聖ウルスラ学院として認可を受ける
　　昭和34年4月1日　聖ウルスラ学院高等学校を創立
　　平成17年4月　　　聖ウルスラ学院英智高等学校と改称

◇聖ドミニコ学院高等学校
　　［学校法人 聖ドミニコ学院］
　　〒980-0874 宮城県仙台市青葉区角五郎2-2-14
　　TEL 022-222-6337
　　昭和8年　　　暁の星学院を設立
　　昭和28年　　聖ドミニコ学院を創立
　　昭和35年　　聖ドミニコ学院高等学校を設立

◇聖和学園高等学校
　　［学校法人 聖和学園］
　　〒984-0047 宮城県仙台市若林区木ノ下3-4-1
　　TEL 022-257-7777
　　昭和5年　　　吉田高等女学校を宮城県仏教会が設立
　　昭和23年　　聖和学園吉田高等学校と改称
　　昭和61年　　聖和学園高等学校と改称

◇仙台育英学園高等学校
　　［学校法人 仙台育英学園］
　　〒983-0045 宮城県仙台市宮城野区宮城野2-4-1
　　TEL 022-256-4141
　　明治38年　　育英塾を加藤利吉が設立
　　大正2年　　　仙台育英学校を設立
　　大正11年　　私立仙台育英中学校が開校
　　昭和23年　　仙台育英学園高等学校が開校

◇仙台市立仙台工業高等学校
　　〒983-8543 宮城県仙台市宮城野区東宮城野3-1
　　TEL 022-237-5341
　　明治29年　　仙台市徒弟実業学校を創立
　　昭和23年　　仙台市立仙台工業高等学校と改称

◇仙台市立仙台高等学校
　　〒981-8502 宮城県仙台市青葉区国見6丁目52-1
　　TEL 022-271-4471
　　昭和15年4月10日　仙台市立仙台中学校が開校
　　昭和23年4月1日　仙台市立仙台高等学校と改称

◇仙台市立仙台商業高等学校
　　〒981-3131 宮城県仙台市泉区七北田字古内75
　　TEL 022-218-3141
　　明治29年9月1日　仙台市簡易商業学校が開校
　　明治32年10月3日　仙台市商業学校と改称
　　明治33年4月26日　市立仙台商業学校と改称
　　大正8年6月21日　仙台商業学校と改称
　　昭和23年5月18日　仙台市立仙台女子商業学校を合併し
　　　　　　　　　　　仙台市立仙台商業高等学校と改称

◇仙台市立仙台女子商業高等学校
　　〒989-3201 宮城県仙台市青葉区国見ヶ丘7丁目144
　　TEL 022-279-8111
　　昭和19年4月1日　仙台女子商業学校を設立
　　昭和23年4月1日　仙台市立女子商業高等学校と改称
　　昭和32年9月1日　仙台市立仙台女子商業高等学校と改称

◇仙台白百合学園高等学校
　　［学校法人 白百合学園］
　　〒981-3205 宮城県仙台市泉区紫山1-2-1
　　TEL 022-777-5777
　　昭和23年　　仙台白百合学園高等学校を設置

◇宮城県仙台第一高等学校
　　〒984-8561 宮城県仙台市若林区元茶畑4
　　TEL 022-257-4501
　　明治25年　　　宮城県尋常中学校が開校
　　明治32年4月1日　中学校と改称
　　明治33年4月1日　宮城県第一中学校と改称
　　明治34年7月1日　県立宮城県第一中学校と改称
　　明治37年6月1日　宮城県立仙台第一中学校と改称
　　大正8年11月1日　宮城県仙台第一中学校と改称
　　昭和23年4月1日　宮城県仙台第一高等学校と改称

◇仙台第二工業高等学校
　　〒983-0042 宮城県仙台市宮城野区東宮城野3-1
　　TEL 022-231-2948
　　大正4年　　　市立仙台工業補習学校が開校
　　昭和40年　　仙台第二工業高等学校と改称

◇宮城県仙台第二高等学校
　　〒980-8631 宮城県仙台市青葉区川内澱橋通1
　　TEL 022-221-5626
　　明治33年4月　宮城県第二中学校を創設
　　明治37年6月　宮城県立第二中学校と改称
　　大正8年11月　宮城県仙台第二中学校と改称
　　昭和23年4月　宮城県仙台第二高等学校と改称

◇宮城県仙台第三高等学校
　　〒983-0824 宮城県仙台市宮城野区鶴ヶ谷1丁目19
　　TEL 022-251-1246
　　昭和38年4月1日　宮城県仙台第三高等学校が開校

◇宮城県仙台西高等学校
　　〒982-0806 宮城県仙台市太白区御堂平5-1
　　TEL 022-244-6151
　　昭和58年4月　宮城県仙台西高等学校が開校

◇宮城県仙台東高等学校
　　〒984-0832 宮城県仙台市若林区下飯田字高野東70
　　TEL 022-289-4140
　　昭和62年　　宮城県仙台東高等学校が開校

◇宮城県仙台南高等学校
　　〒982-0844 宮城県仙台市太白区根岸町14-1
　　TEL 022-246-0131
　　昭和52年4月　宮城県仙台南高等学校が開校

◇宮城県仙台向山高等学校
　　〒982-0832 宮城県仙台市太白区八木山緑町1-1
　　TEL 022-262-4130
　　昭和50年4月　宮城県仙台向山高等学校が開校

宮城県

◇宮城県**多賀城**高等学校
　〒985-0831 宮城県多賀城市笠神2丁目17-1
　TEL 022-366-1225
　昭和51年4月10日　　宮城県多賀城高等学校が開校

◇宮城県**田尻**高等学校
　〒989-4308 宮城県大崎市田尻沼部字中新堀137
　TEL 0229-39-1051
　昭和27年4月1日　　宮城県田尻高等学校が開校

◇宮城県**築館**高等学校
　〒987-2203 宮城県栗原市築館字下宮野町浦22
　TEL 0228-22-3126
　明治34年4月1日　　宮城県立宮城県第三中学校栗原分校を創立
　明治37年4月1日　　宮城県立宮城県第五中学校と改称
　明治37年6月1日　　宮城県立築館中学校と改称
　大正8年11月1日　　宮城県築館中学校と改称
　昭和23年4月1日　　宮城県築館高等学校と改称
　平成17年4月1日　　宮城県築館女子高等学校と統合
〈宮城県築館女子高等学校〉
　昭和11年4月11日　　町立宮城県築館高等家政女学校を創立
　昭和23年4月1日　　宮城県築館女子高等学校と改称

◇宮城県**築館**高等学校瀬峰校
　〒989-4517 宮城県栗原市瀬峰藤沢瀬嶺53-3
　TEL 0228-38-2033
　昭和23年　　宮城県築館女子高等学校藤里分校を創立
　昭和26年　　宮城県築館女子高等学校瀬峰分校と改称
　昭和38年　　宮城県築館高等学校高清水分校，宮城県築館女子高等学校瀬峰分校を統合し宮城県築館高等学校瀬峰校と改称

◇宮城県**貞山**高等学校
　〒985-0841 宮城県多賀城市鶴ケ谷1丁目10-2
　TEL 022-362-5331
　昭和23年7月5日　　宮城県塩竈高等学校（定時制課程），宮城県塩竈高等学校多賀城分校を設置
　昭和53年4月7日　　宮城県塩竈高等学校（定時制中心校），宮城県塩竈高等学校多賀城分校，宮城県塩竈女子高等学校（定時制課程）を統合し宮城県貞山高等学校が開校

◇**東北学院**高等学校
　［学校法人 東北学院］
　〒983-8565 宮城県仙台市宮城野区小鶴字高野123-1
　TEL 022-786-1231
　明治19年　　仙台神学校を開設
　明治24年　　東北学院と改称
　昭和18年　　東北学院中学校と改称
　昭和23年　　東北学院高等学校を設置

◇**東北学院榴ケ岡**高等学校
　［学校法人 東北学院］
　〒981-3105 宮城県仙台市泉区天神沢2-2-1
　TEL 022-372-6611
　昭和47年　　東北学院榴ケ岡高等学校として独立

◇**東北工業大学**高等学校
　［学校法人 東北工業大学］
　〒982-0836 宮城県仙台市太白区八木山松波町5-1
　TEL 022-229-0161
　昭和36年4月　　東北電子工業高等学校が開校
　昭和40年4月　　東北工業大学電子工業高等学校と改称
　平成6年4月　　東北工業大学高等学校と改称

◇**東北**高等学校
　［学校法人 南光学園］
　〒981-8543 宮城県仙台市青葉区小松島4-3-1
　TEL 022-234-6361
　明治27年　　私立東京数学院宮城分院を創設
　明治27年　　仙台数学院と改称
　明治33年　　私立東北中学校を設立
　明治44年　　宮城県私立東北中学校と改称
　大正9年　　東北中学校と改称
　昭和5年　　東北商業学校を設立
　昭和18年　　東北商業学校を転換し東北農業学校を設置
　昭和22年　　東北農業学校を廃止し東北商業学校に転換
　昭和23年　　東北高等学校，東北商業高等学校を設立
　昭和35年　　東北商業高等学校，東北高等学校を統合して東北高等学校を開校

◇**東北生活文化大学**高等学校
　［学校法人 三島学園］
　〒981-8585 宮城県仙台市泉区虹の丘1-18
　TEL 022-272-7511
　昭和23年4月　　三島学園女子高等学校を設立
　平成15年4月　　東北生活文化大学高等学校と改称

◇**東陵**高等学校
　［学校法人 畠山学園］
　〒988-0812 宮城県気仙沼市大峠山1-1
　TEL 0226-23-3100
　昭和58年　　東陵高等学校を設立

◇**常盤木学園**高等学校
　［学校法人 常盤木学園］
　〒980-0003 宮城県仙台市青葉区小田原4-3-20
　TEL 022-263-1751
　昭和3年　　常盤木学園高等女学校を設立
　昭和23年　　常盤木学園高等学校と改称

◇**仙台図南萩陵**高等学校
　〒983-0842 宮城県仙台市宮城野区五輪1丁目4-10
　TEL 022-257-0984
〈仙台市立図南高等学校〉
　大正13年6月　　仙台夜間中学校を開校
　大正14年3月20日　　仙台夜間中学校を閉校
　大正14年6月16日　　仙台明善中学校を開校
　昭和9年5月1日　　仙台明善中学校の設備を継承し仙台市立夜間中学校を開校
　昭和14年3月15日　　仙台市立図南中学校と改称
　昭和18年4月1日　　仙台市立図南中学校が開校
　昭和23年4月1日　　仙台市立図南高等学校と改称
〈仙台市立女子高等学校〉
　昭和11年5月5日　　夜間女学校を創立
　昭和14年3月15日　　仙台市昭和女学校と改称

## 宮城県

| 昭和18年4月1日 | 仙台市立昭和高等女学校と改称 |
| 昭和19年3月31日 | 仙台女子商業学校第2部と改称 |
| 昭和23年5月18日 | 仙台市立女子高等学校と改称 |
| 〈統合〉 | |
| 昭和58年4月1日 | 仙台市立図南高等学校,仙台市立女子高等学校を統合し仙台図南萩陵高等学校が開校 |

◇**宮城県富谷高等学校**
〒981-3341 宮城県黒川郡富谷町成田2丁目1-1
TEL 022-351-5111
平成6年4月8日　宮城県富谷高等学校が開校

◇**宮城県登米高等学校**
〒987-0702 宮城県登米市登米町寺池桜小路3
TEL 0220-52-2670
大正9年4月1日　宮城県登米町立実科高等女学校を設立
昭和2年4月1日　宮城県登米高等女学校と改称
昭和23年4月15日　宮城県登米高等学校と改称

◇**宮城県中新田高等学校**
〒981-4274 宮城県加美郡加美町字一本柳南28
TEL 0229-63-3022
昭和48年4月1日　宮城県加美農業高等学校より普通科・商業科を分離し宮城県中新田高等学校を設立

◇**宮城県名取北高等学校**
〒981-1224 宮城県名取市増田字柳田103
TEL 022-382-1261
昭和54年4月　宮城県名取北高等学校が開校

◇**宮城県名取高等学校**
〒989-2474 宮城県岩沼市字朝日50
TEL 0223-22-3151
大正13年4月1日　岩沼実科高等女学校が開校
大正13年10月16日　宮城県岩沼実科高等学校と改称
昭和18年4月1日　宮城県岩沼高等女学校と改称
昭和23年4月1日　宮城県名取高等学校を設立

◇**宮城県南郷高等学校**
〒989-4204 宮城県遠田郡美里町大柳字天神原7
TEL 0229-58-1122
大正13年　村立国民高等学校を設立
昭和23年　宮城県南郷農業高等学校(のち:宮城県南郷高等学校)と改称

◇**西山学院高等学校**
[学校法人 萠愛学園]
〒989-0533 宮城県刈田郡七ケ宿町字矢立平4-5
TEL 0224-37-2131
昭和63年4月　西山学院高等学校を設立

◇**宮城県迫桜高等学校**
〒989-5502 宮城県栗原市若柳字川南戸ノ西184
TEL 0228-35-1818
平成13年4月9日　宮城県迫桜高等学校が開校

◇**宮城県東松島高等学校**
〒981-0503 宮城県東松島市矢本字上河戸16
TEL 0225-82-9211
平成17年4月　宮城県東松島高等学校が開校

◇**古川学園高等学校**
[学校法人 古川学園]
〒989-6143 宮城県大崎市古川中里6-2-8
TEL 0229-22-2545
昭和29年4月　古川商業専修学校として創立
昭和29年10月　古川高等商業学校と改称
昭和31年4月　古川商業高等学校の設置を許可される
平成15年4月　古川学園高等学校と改称

◇**宮城県古川工業高等学校**
〒989-6171 宮城県大崎市古川北町4丁目7-1
TEL 0229-22-3166
昭和9年4月12日　古川商業専修学校が開校
昭和11年3月31日　私立青年学校古川商業専修学校と改称
昭和11年4月27日　公立青年学校宮城県志田郡古川町商業専修学校と改称
昭和13年3月19日　宮城県古川商業学校と改称
昭和19年3月11日　宮城県古川工業学校と改称
昭和23年4月1日　宮城県古川工業高等学校と改称

◇**宮城県古川高等学校**
〒989-6155 宮城県大崎市古川南町2丁目3-17
TEL 0229-22-3034
明治30年4月1日　宮城県尋常中学校志田立分校を創立
明治32年4月1日　宮城県中学校志田郡立分校と改称
明治34年4月1日　宮城県第三中学校と改称
明治34年7月1日　宮城県立宮城県第三中学校と改称
明治37年6月1日　宮城県立古川中学校と改称
大正8年10月10日　宮城県古川中学校と改称
昭和23年4月1日　宮城県古川高等学校と改称

◇**宮城県古川黎明高等学校**
〒989-6175 宮城県大崎市古川諏訪2丁目7-18
TEL 0229-22-3148
大正9年4月　宮城県志田郡立古川高等女学校が開校
大正10年　宮城県古川高等女学校と改称
昭和23年　宮城県古川女子高等学校と改称
平成17年　宮城県古川黎明高等学校と改称

◇**宮城県米谷工業高等学校**
〒987-0902 宮城県登米市東和町米谷字古舘88
TEL 0220-42-2170
昭和23年　宮城県登米高等学校分校として開校
昭和27年　宮城県米谷高等学校として独立
昭和37年　宮城県米谷工業高等学校と改称

◇**宮城県松島高等学校**
〒981-0215 宮城県宮城郡松島町高城字迎山3-5
TEL 022-354-3307
昭和23年　宮城県塩釜高等学校松島分校(定時制課程)を創立
昭和43年　松島町立宮城県松島高等学校を経て宮城県松島高等学校と改称

◇**宮城県松山高等学校**
〒987-1304 宮城県大崎市松山千石字松山1-1
TEL 0229-55-2313
昭和7年　志田郡松山町立松山女子専修学校を設立
昭和16年3月31日　志田郡松山町立松山実科高等女学校を設立

| 昭和18年4月1日 | 志田郡松山町立松山高等女学校に移行 |
| 昭和23年7月12日 | 宮城県古川女子高等学校松山分校を設置 |
| 昭和55年4月9日 | 宮城県松山高等学校が開校 |

◇宮城学院高等学校
　［学校法人 宮城学院］
　〒981-8557 宮城県仙台市青葉区桜ケ丘9-1-1
　TEL 022-279-1331

| 明治19年 | 宮城女学校を押川方義、ウィリアム・E.ホーイが中心となり設立 |
| 昭和21年 | 宮城学院女子専門学校と改称 |
| 昭和23年 | 宮城学院高等学校を設置 |

◇宮城県工業高等学校
　〒980-0813 宮城県仙台市青葉区米ヶ袋3丁目2-1
　TEL 022-221-5656

| 大正2年2月7日 | 宮城県立工業学校を創立 |
| 大正8年11月1日 | 宮城県工業学校と改称 |
| 昭和23年4月1日 | 宮城県工業高等学校と改称 |

◇宮城県水産高等学校
　〒986-2113 宮城県石巻市宇田川町1-24
　TEL 0225-24-0404

| 明治30年 | 牡鹿郡簡易水産学校が開校 |
| 大正15年 | 宮城県水産高等学校と改称 |

◇宮城県第一女子高等学校
　〒980-0871 宮城県仙台市青葉区八幡1丁目6-2
　TEL 022-227-3211

| 明治30年 | 仙台市高等女学校が開校 |
| 明治33年 | 宮城県高等女学校と改称 |
| 明治34年 | 宮城県立宮城高等女学校と改称 |
| 明治37年 | 宮城県立高等女学校と改称 |
| 大正7年 | 宮城県立第一高等女学校と改称 |
| 大正8年 | 宮城県第一高等女学校と改称 |
| 昭和23年 | 宮城県第一女子高等学校と改称 |

◇宮城県第二工業高等学校
　〒980-0813 宮城県仙台市青葉区米ヶ袋3丁目2-1
　TEL 022-221-5659

| 昭和18年 | 宮城県第二工業高等学校を開校 |

◇宮城県第二女子高等学校
　〒984-0052 宮城県仙台市若林区連坊1丁目4-1
　TEL 022-257-5506

| 大正7年4月1日 | 宮城県第二高等女学校が開校 |
| 昭和23年4月1日 | 宮城県第二女子高等学校と改称 |

◇宮城県第三女子高等学校
　〒982-0845 宮城県仙台市太白区門前町9-2
　TEL 022-248-0158

| 大正13年4月 | 宮城県第三高等女学校が開校 |
| 昭和2年4月 | 宮城県第三女子高等学校と改称 |

◇宮城県農業高等学校
　〒981-1201 宮城県名取市下増田字広浦20-1
　TEL 022-384-2511

| 明治18年7月30日 | 宮城農学校が開校 |
| 明治34年7月5日 | 県立宮城農学校と改称 |
| 明治37年6月1日 | 宮城県立宮城農学校と改称 |
| 大正8年11月1日 | 宮城農学校と改称 |
| 昭和23年4月1日 | 宮城県農業高等学校と改称 |

◇宮城県農業高等学校秋保校
　〒982-0243 宮城県仙台市太白区秋保町長袋字大原44-1
　TEL 022-399-2006

| 昭和23年7月 | 宮城県農業高等学校秋保分校を設置 |
| 平成7年4月 | 宮城県農業高等学校秋保校と改称 |

◇宮城県宮城野高等学校
　〒983-0021 宮城県仙台市宮城野区田子2丁目36-1
　TEL 022-254-7211

| 平成7年4月11日 | 宮城県宮城野高等学校が開校 |

◇宮城県宮城広瀬高等学校
　〒989-3126 宮城県仙台市青葉区落合4丁目4-1
　TEL 022-392-5512

| 昭和58年4月1日 | 宮城県宮城広瀬高等学校が開校 |

◇宮城県村田高等学校
　〒989-1305 宮城県柴田郡村田町大字村田字金谷1
　TEL 0224-83-2275

| 大正13年 | 村田高等女学校を設立 |
| 昭和23年 | 宮城県村田高等学校と改称 |

◇明成高等学校
　［学校法人 朴沢学園］
　〒981-8570 宮城県仙台市青葉区川平2-26-1
　TEL 022-278-6131

| 明治12年 | 松操私塾を朴澤三代治が創設 |
| 明治17年 | 私立裁縫松操学校と改称 |
| 大正15年 | 朴沢松操学校を設置 |
| 昭和6年 | 朴沢松操女学校と改称 |
| 昭和19年 | 朴沢女子実業学校と改称 |
| 昭和23年 | 朴沢女子高等学校を設置 |
| 平成4年 | 明成高等学校と改称 |

◇宮城県本吉響高等学校
　〒988-0341 宮城県本吉郡本吉町津谷桜子2-24
　TEL 0226-42-2627

| 昭和21年 | 宮城県津谷農林学校が開校 |
| 昭和23年 | 宮城県津谷農林高等学校と改称 |
| 昭和48年 | 宮城県津谷高等学校と改称 |
| 平成11年 | 宮城県本吉響高等学校と改称 |

◇宮城県矢本高等学校
　〒981-0503 宮城県東松島市矢本字上河戸16
　TEL 0225-82-2315

| 昭和23年 | 宮城県石巻高等学校矢本分校が開校 |
| 昭和27年 | 矢本町立宮城県矢本高等学校として独立 |
| 昭和46年 | 宮城県矢本高等学校と改称 |

◇宮城県米山高等学校
　〒987-0331 宮城県登米市米山町中津山字筒場埣215
　TEL 0220-55-2221

| 昭和26年4月1日 | 宮城県上沼農業高等学校米山分教場を開校 |
| 昭和35年4月1日 | 宮城県上沼農業高等学校米山町分校と改称 |
| 昭和41年4月1日 | 宮城県上沼高等学校米山分校と改称 |
| 昭和45年4月8日 | 宮城県米山農業高等学校が開校 |
| 昭和58年4月1日 | 宮城県米山高等学校と改称 |

秋田県

◇宮城県利府高等学校
　〒981-0133 宮城県宮城郡利府町青葉台1丁目1-1
　TEL 022-356-3111
　昭和59年4月　　　宮城県利府高等学校が開校

◇宮城県涌谷高等学校
　〒987-0121 宮城県遠田郡涌谷町字八方谷参1
　TEL 0229-42-3331
　大正8年4月20日　　宮城県遠田郡立涌谷実科高等女学校が開校
　大正10年4月1日　　宮城県涌谷高等女学校と改称
　昭和23年4月1日　　宮城県涌谷高等学校と改称

◇宮城県亘理高等学校
　〒989-2361 宮城県亘理郡亘理町字舘南56-2
　TEL 0223-34-1213
　明治31年4月29日　郡立亘理簡易養蚕学校が開校
　明治34年4月1日　　郡立亘理農蚕学校と改称
　大正12年4月1日　　宮城県亘理蚕業学校と改称
　昭和11年4月1日　　宮城県亘理養蚕園芸学校と改称
　昭和13年4月1日　　宮城県亘理農蚕学校と改称
　昭和23年4月1日　　宮城県亘理農業高等学校と改称
　昭和39年4月1日　　宮城県亘理高等学校と改称

# 秋田県

## 【大学】

◇秋田看護福祉大学
　［学校法人 秋田経済法科大学］
　〒017-0046 秋田県大館市清水2-3-4
　TEL 0186-45-1718
　平成8年4月　　　　秋田桂城短期大学が開学
　平成17年4月　　　　秋田看護福祉大学と改称

◇秋田経済法科大学
　［学校法人 秋田経済法科大学］
　〒010-8515 秋田県秋田市下北手桜字守沢46-1
　TEL 018-836-1330
　昭和39年4月　　　　秋田経済大学が開設
　昭和58年4月　　　　秋田経済法科大学と改称

◇秋田県立大学
　〒010-0195 秋田県秋田市下新城中野字街道端西241-7
　TEL 018-872-1500
　平成11年4月　　　　秋田県立大学が開学

◇秋田大学
　〒010-8502 秋田県秋田市手形学園町1-1
　TEL 018-889-2207
　昭和24年5月31日　　秋田師範学校，秋田青年師範学校，秋田鉱山専門学校を母体として秋田大学を設置

◇国際教養大学
　〒010-1211 秋田県秋田市雄和椿川字奥椿岱193-2
　TEL 018-886-5900
　平成16年4月　　　　国際教養大学が開学

## 【短大】

◇秋田栄養短期大学
　［学校法人 秋田経済法科大学］
　〒010-8515 秋田県秋田市下北手桜字守沢46-1
　TEL 018-836-1360
　昭和28年4月　　　　秋田短期大学を古田重二良が創立
　平成9年5月　　　　秋田経済法科大学短期大学部と改称
　平成17年4月　　　　秋田栄養短期大学と改称

◇秋田公立美術工芸短期大学
　〒010-1632 秋田県秋田市新屋大川町12-3
　TEL 018-888-8100
　平成7年4月1日　　　秋田公立美術工芸短期大学が開学

◇聖霊女子短期大学
　［学校法人 聖霊学園］
　〒011-0937 秋田県秋田市寺内高野10-33
　TEL 018-845-4111
　昭和29年　　　　　　聖霊女子短期大学が開学

◇日本赤十字秋田短期大学
　［学校法人 日本赤十字学園］
　〒010-1492 秋田県秋田市上北手猿田字苗代沢17-3
　TEL 018-829-3000
　平成8年4月1日　　　日本赤十字秋田短期大学を設立

◇聖園学園短期大学
　［学校法人　秋田聖心の布教姉妹会］
　〒010-0911　秋田県秋田市保戸野すわ町1-58
　TEL 018-823-1920
　昭和41年　　　　　聖園学園短期大学を設置

## 【高専】

◇秋田工業高等専門学校
　〒011-8511　秋田県秋田市飯島文京町1-1
　TEL 018-847-6055
　昭和39年4月1日　　秋田工業高等専門学校を設置

## 【高校】

◇北秋田市立合川高等学校
　〒018-4221　秋田県北秋田市下杉字中島54-2
　TEL 0186-78-3177
　昭和37年　　　　　秋田短期大学付属合川高等学校が開校
　昭和39年1月25日　 秋田経済大学付属合川高等学校と改称
　昭和47年4月1日　　秋田県公立合川高等学校として開校
　平成17年3月22日　 北秋田市立合川高等学校と改称

◇秋田県立秋田北高等学校
　〒010-0871　秋田県秋田市千秋中島町8-1
　TEL 018-834-1371
　明治34年　　　　　秋田県立秋田高等女学校を設置
　昭和23年4月　　　 秋田県立秋田北高等学校と改称

◇秋田経済法科大学附属高等学校
　［学校法人　秋田経済法科大学］
　〒010-8525　秋田県秋田市下北手桜字守沢8-1
　TEL 018-836-2470
　昭和28年4月　　　 秋田短期大学附属高等学校を古田重二良が創立
　昭和39年4月　　　 秋田経済大学附属高等学校と改称
　昭和58年4月　　　 秋田経済法科大学附属高等学校と改称

◇秋田県立秋田工業高等学校
　〒010-0902　秋田県秋田市保戸野金砂町3-1
　TEL 018-823-7326
　明治37年　　　　　秋田県立秋田工業学校が開校
　昭和23年4月1日　　秋田県立秋田工業高等学校と改称

◇秋田県立秋田高等学校
　〒010-0851　秋田県秋田市手形字中台1
　TEL 018-832-7200
　明治6年9月1日　　 洋学校を設立
　明治7年5月22日　　伝習学校と統合し
　　　　　　　　　　太平学校と改称
　明治11年3月　　　 秋田県師範学校と改称
　明治15年7月1日　　秋田県師範学校の中学師範予備科を廃し
　　　　　　　　　　秋田中学校と改称
　明治19年8月7日　　秋田尋常中学校と改称
　明治31年4月1日　　秋田県第一尋常中学校と改称
　明治32年4月1日　　秋田県第一中学校と改称
　明治34年7月　　　 秋田県立秋田中学校と改称
　昭和23年4月1日　　秋田県立秋田南高等学校と改称
　昭和28年4月1日　　秋田県立秋田高等学校と改称

◇秋田修英高等学校
　［学校法人　杉沢学園］
　〒014-0047　秋田県大仙市大曲須和町1-1-30
　TEL 0187-63-2622
　昭和22年10月　　　杉沢洋裁研究所として開設
　昭和24年4月　　　 杉沢服装学院と改称
　昭和26年6月　　　 杉沢服装専門学校と改称
　昭和34年4月　　　 杉沢女子高等学校と改称
　昭和36年12月　　　大曲東高等学校と改称
　平成2年4月　　　　秋田修英高等学校と改称

◇秋田市立秋田商業高等学校
　〒010-1603　秋田県秋田市新屋勝平台1-1
　TEL 018-823-4308
　大正9年4月25日　　秋田市商業学校が開校
　昭和23年4月1日　　秋田市立商業高等学校と改称
　昭和36年4月1日　　秋田市立秋田商業高等学校と改称

◇秋田県立秋田中央高等学校
　〒011-0943　秋田県秋田市土崎港南3丁目2-78
　TEL 018-845-0921
　〈秋田市土崎女学校〉
　大正9年　　　　　 土崎町立実科高等女学校を設立
　昭和7年　　　　　 秋田県土崎高等女学校と改称
　昭和16年　　　　　秋田市土崎女学校と改称
　〈秋田市立中学校〉
　昭和17年　　　　　秋田市立中学校が開校
　〈統合〉
　昭和23年　　　　　秋田市土崎女学校，秋田市立中学校が統合し
　　　　　　　　　　秋田市立高等学校と改称
　昭和57年　　　　　秋田県立秋田中央高等学校と改称

◇秋田県立秋田西高等学校
　〒010-0101　秋田県潟上市天王字追分西26-1
　TEL 018-873-5251
　昭和54年　　　　　秋田県立秋田西高等学校が開校

◇秋田県立秋田南高等学校
　〒010-1437　秋田県秋田市仁井田緑町4-1
　TEL 018-833-7431
　昭和37年4月　　　 秋田県立秋田南高等学校が開校

◇秋田県立秋田明徳館高等学校
　〒010-0001　秋田県秋田市中通6丁目6-36
　TEL 018-833-1261
　昭和17年4月1日　　私立秋田夜間中学校を設立
　昭和18年4月1日　　秋田県立秋田第二中学校として県移管により創立
　昭和23年4月1日　　秋田県立秋田南高等学校夜間部と改称
　昭和26年4月1日　　夜間部，定時制課程を統合し
　　　　　　　　　　秋田県立秋田南高等学校（定時制課程）と改称
　昭和28年4月1日　　秋田県立秋田高等学校（定時制課程）と改称
　昭和39年4月1日　　秋田県立秋田東高等学校と改称
　平成7年4月1日　　 秋田県立秋田中央高等学校（定時制）と統合し
　　　　　　　　　　秋田県立秋田明徳館高等学校として開学

◇秋田和洋女子高等学校
　［学校法人　和洋学園］
　〒010-0875　秋田県秋田市千秋明徳町2-26

秋田県

```
             TEL 018-833-1353
  大正12年           女子講習部を創設
  昭和3年            秋田愛国女学館と改称
  昭和24年           秋田和洋女子高等学校と改称
```

◇秋田県立**新屋**高等学校
　〒010-1651　秋田県秋田市豊岩石田坂字鎌塚77-3
　TEL 018-828-5859
　昭和59年4月　　　秋田県立新屋高等学校が開校

◇秋田県立**羽後**高等学校
　〒012-1132　秋田県雄勝郡羽後町字大戸1
　TEL 0183-62-2331
　昭和23年　　　　湯沢南高等学校（定時制）が開校
　昭和33年　　　　秋田県立羽後高等学校と改称

◇秋田県立**大館桂**高等学校
　〒017-0876　秋田県大館市餅田2丁目3-1
　TEL 0186-49-1010
　大正2年　　　　　大館町立実科高等女学校が開校
　大正7年7月3日　　大館町立大館実科高等女学校と改称
　大正11年3月23日　秋田県大館高等女学校と改称
　昭和23年4月1日　 秋田県立大館桂高等学校と改称

◇秋田県立**大館工業**高等学校
　〒017-0005　秋田県大館市花岡町字アセ石33
　TEL 0186-46-2833
　昭和28年8月　　　秋田県立花岡工業高等学校を創立
　昭和43年4月　　　秋田県立大館工業高等学校と改称

◇秋田県立**大館**高等学校
　〒017-0804　秋田県大館市柄沢字狐台52-2
　TEL 0186-42-0232
〈秋田県立大館南高等学校〉
　昭和33年4月1日　 秋田県立大館鳳鳴高等学校（定時制課程）より独立し
　　　　　　　　　秋田県立大館桂城高等学校を設立
　昭和41年4月1日　 秋田県立大館南高等学校と改称
〈秋田県立大館東高等学校〉
　昭和49年4月1日　 秋田県立大館東高等学校を設立
〈統合〉
　平成4年4月1日　　秋田県立大館南高等学校，秋田県立大館東高等学校を統合し
　　　　　　　　　秋田県立大館高等学校が開校

◇秋田県立**大館国際情報学院**高等学校
　〒017-0052　秋田県大館市松木字大上25-1
　TEL 0186-50-6090
　平成17年4月1日　 秋田県立大館国際情報学院高等学校を設置

◇秋田県立**大館鳳鳴**高等学校
　〒017-0813　秋田県大館市金坂後6
　TEL 0186-42-0002
　明治31年　　　　秋田県第二尋常中学校が開校
　明治32年4月1日　 秋田県第二中学校と改称
　明治34年7月23日　秋田県立大館中学校と改称
　昭和23年4月1日　 秋田県立大館鳳鳴高等学校と改称

◇秋田県立**大曲工業**高等学校
　〒014-0045　秋田県大仙市大曲若葉町3-17
　TEL 0187-63-4060
　昭和37年4月10日　秋田県立大曲工業高等学校が開校

◇秋田県立**大曲**高等学校
　〒014-0061　秋田県大仙市大曲栄町6-7
　TEL 0187-63-4004
　明治41年9月12日　大曲女子技芸補習学校を創立
　大正2年4月12日　 大曲町立実科高等女学校を創立
　大正9年12月23日　仙北郡立仙北実習高等女学校と改称
　大正12年4月1日　 秋田県立大曲高等女学校と改称
　昭和23年4月1日　 秋田県立大曲高等学校と改称

◇秋田県立**大曲農業**高等学校
　〒014-0054　秋田県大仙市大曲金谷町26-9
　TEL 0187-63-2257
　明治26年4月1日　 秋田県尋常中学校農業専修科を設置
　明治28年4月1日　 秋田県簡易農学校を農業専修科を独立させ設置
　明治32年2月10日　秋田農学校と改称
　明治32年3月20日　秋田県農業学校と改称
　明治34年7月23日　秋田県立秋田農業学校と改称
　大正15年4月1日　 秋田県立大曲農業学校と改称
　昭和23年4月1日　 秋田県立大曲農業高等学校と改称

◇秋田県立**大曲農業**高等学校太田分校
　〒019-1601　秋田県大仙市太田町横沢字窪関南268-1
　TEL 0187-88-1311
　昭和23年6月25日　秋田県立大曲農業高等学校横沢分校が開校
　昭和32年4月1日　 秋田県立大曲農業高等学校太田分校と改称
　昭和37年4月1日　 秋田県立六郷高等学校千屋分校と統合し
　　　　　　　　　秋田県立大曲農業高等学校東仙北分校と改称
　昭和40年4月1日　 秋田県立大曲農業高等学校太田分校と改称

◇秋田県立**男鹿海洋**高等学校
　〒010-0521　秋田県男鹿市船川港南平沢字大畑台42
　TEL 0185-23-2321
　平成16年　　　　秋田県立海洋技術高等学校，秋田県立男鹿高等学校が統合し
　　　　　　　　　秋田県立男鹿海洋高等学校が開校

◇秋田県立**男鹿工業**高等学校
　〒010-0341　秋田県男鹿市船越字内子1-1
　TEL 0185-35-3111
　昭和56年　　　　秋田県立男鹿工業高等学校が開校

◇秋田県立**雄勝**高等学校
　〒019-0112　秋田県湯沢市下院内字小白岩197-2
　TEL 0183-52-4355
　昭和53年　　　　秋田県立雄勝高等学校が開校

◇秋田県立**雄物川**高等学校
　〒013-0205　秋田県横手市雄物川町今宿字まみ袋125
　TEL 0182-22-2103
　昭和23年8月　　　横手工業高等学校（定時制）を開校
　昭和26年9月　　　秋田県立沼舘高等学校（定時制課程）を創設
　昭和50年4月　　　秋田県立雄物川高等学校と改称

◇秋田県立**角館**高等学校
　〒014-0335　秋田県仙北市角館町細越町37
　TEL 0187-54-2560

| | | |
|---|---|---|
| 大正14年4月8日 | | 秋田県立角館中学校が開校 |
| 昭和23年4月1日 | | 秋田県立角館北高等学校と改称 |
| 昭和26年4月1日 | | 秋田県立角館南高等学校を統合し秋田県立角館高等学校と改称 |
| 昭和27年7月1日 | | 秋田県立角館南高等学校と分離し秋田県立角館北高等学校と改称 |
| 昭和29年4月1日 | | 秋田県立角館高等学校と改称 |

◇秋田県立**角館南高等学校**
　〒014-0314　秋田県仙北市角館町岩瀬字小館90
　TEL 0187-54-1166

| | |
|---|---|
| 大正9年4月1日 | 秋田県立角館高等女学校が開校 |
| 昭和3年4月19日 | 秋田県立角館南高等学校と改称 |
| 昭和22年4月1日 | 秋田県立角館南高等学校と改称 |
| 昭和26年4月1日 | 秋田県立角館北高等学校と統合し秋田県立角館高等学校と改称 |
| 昭和27年7月1日 | 秋田県立角館北高等学校と分離し秋田県立角館南高等学校と改称 |

◇秋田県立**金足農業高等学校**
　〒010-0126　秋田県秋田市金足追分字海老穴102-4
　TEL 018-873-3311

| | |
|---|---|
| 昭和3年4月 | 秋田県立金足農業学校が開校 |
| 昭和23年4月 | 秋田県立金足農業高等学校と改称 |

◇**国学館高等学校**
　［学校法人 敬愛学園］
　〒010-0875　秋田県秋田市千秋明徳町3-31
　TEL 018-833-6361

| | |
|---|---|
| 明治40年5月 | 秋田女子技芸学校として開校 |
| 昭和8年5月 | 秋田高等家政女学校と改称 |
| 昭和19年3月 | 秋田女子実業高等学校と改称 |
| 昭和23年10月 | 敬愛学園高等学校中学校と改称 |
| 昭和54年4月 | 国学館高等学校と改称 |

◇秋田県立**小坂高等学校**
　〒017-0201　秋田県鹿角郡小坂町小坂字館平66-1
　TEL 0186-29-3065

| | |
|---|---|
| 大正5年4月10日 | 小坂町立小坂実科高等女学校を創立 |
| 昭和23年4月1日 | 秋田県立小坂高等学校と改称 |

◇秋田県立**五城目高等学校**
　〒018-1732　秋田県南秋田郡五城目町大川西野字田屋下100
　TEL 018-852-2265

| | |
|---|---|
| 昭和17年5月 | 秋田県五城目実科高等女学校が開校 |
| 昭和18年4月1日 | 秋田県立五城目高等女学校と改称 |
| 昭和23年4月1日 | 秋田県立五城目高等学校と改称 |
| 昭和25年7月1日 | 秋田県立五城目高等学校と改称 |

◇秋田市立**御所野学院高等学校**
　〒010-1413　秋田県秋田市御所野地蔵田4-1-1
　TEL 018-889-9150

| | |
|---|---|
| 平成12年4月 | 秋田市立御所野学院高等学校が開校 |

◇**聖霊女子短期大学付属高等学校**
　［学校法人 聖霊学園］
　〒010-8533　秋田県秋田市南通みその町4-82
　TEL 018-833-7311

| | |
|---|---|
| 明治42年4月 | 私立女子職業学校を開校 |
| 大正4年1月 | 私立聖霊学院女子職業学校と改称 |
| 大正12年12月 | 私立聖霊女子学院と改称 |
| 昭和3年3月 | 私立聖霊女高等女学校と改称 |
| 昭和16年9月 | 私立聖霊高等女学校と改称 |
| 昭和23年4月 | 聖霊高等学校と改称 |
| 昭和29年3月 | 聖霊女子短期大学付属高等学校と改称 |

◇秋田県立**鷹巣高等学校**
　〒018-3454　秋田県北秋田市脇神字赤川岱197
　TEL 0186-62-1011

| | |
|---|---|
| 昭和42年4月1日 | 秋田県立鷹巣高等学校が開校 |

◇秋田県立**鷹巣農林高等学校**
　〒018-3314　秋田県北秋田市伊勢町1-1
　TEL 0186-62-0760

| | |
|---|---|
| 明治42年 | 北秋田郡立農林学校を設立 |
| 大正2年 | 秋田県立農林学校を設立 |
| 大正15年 | 秋田県立鷹巣農林学校と改称 |
| 昭和23年 | 秋田県立鷹巣農林高等学校と改称 |

◇秋田県立**十和田高等学校**
　〒018-5334　秋田県鹿角市十和田毛馬内字下寄熊9
　TEL 0186-35-2062

| | |
|---|---|
| 昭和18年4月15日 | 秋田県立鹿角工業学校が開校 |
| 昭和23年4月1日 | 秋田県立鹿角工業高等学校と改称 |
| 昭和26年4月1日 | 秋田県立小坂高等学校と統合し小坂高等学校毛馬内校と改称 |
| 昭和27年7月1日 | 秋田県立小坂高等学校から独立し秋田県立毛馬内高等学校と改称 |
| 昭和34年4月1日 | 秋田県立十和田高等学校と改称 |

◇秋田県立**仁賀保高等学校**
　〒018-0100　秋田県にかほ市象潟町字下浜山3-3
　TEL 0184-43-4791

| | |
|---|---|
| 昭和52年 | 秋田県立仁賀保高等学校を設置 |

◇秋田県立**西仙北高等学校**
　〒019-2112　秋田県大仙市刈和野字北ノ沢嶋山5-1
　TEL 0187-75-1002

| | |
|---|---|
| 昭和23年6月25日 | 秋田県立大曲農業高等学校刈和野分校（定時制課程）を設置 |
| 昭和32年4月1日 | 秋田県立大曲農業高等学校西仙北分校と改称 |
| 昭和40年4月1日 | 秋田県立西仙北高等学校として開校 |

◇秋田県立**西目高等学校**
　〒018-0604　秋田県由利本荘市西目町沼田字新道下2-142
　TEL 0184-33-2203

| | |
|---|---|
| 昭和17年4月 | 秋田県立西目農業学校が開校 |
| 昭和23年4月1日 | 秋田県立西目農業高等学校と改称 |
| 昭和63年4月1日 | 秋田県立西目高等学校と改称 |

◇秋田県立**能代北高等学校**
　〒016-0842　秋田県能代市追分町1-36
　TEL 0185-52-3127

| | |
|---|---|
| 大正3年 | 能代町立能代実科高等女学校を創立 |
| 大正11年 | 町立能代高等女学校と改称 |
| 大正12年 | 秋田県立能代高等女学校と改称 |
| 昭和23年 | 秋田県立能代北高等学校と改称 |

◇秋田県立**能代工業高等学校**
　〒016-0896　秋田県能代市盤若町3-1
　TEL 0185-52-4148

| | |
|---|---|
| 明治39年9月25日 | 能代港町立工業補助学校を設置 |
| 明治45年 | 秋田県工業講習所を設置 |

# 秋田県

| 昭和2年 | 秋田県立能代工業学校を設置 |
| 昭和23年4月1日 | 秋田県立能代工業高等学校と改称 |

◇秋田県立**能代高等学校**
　〒016-0184 秋田県能代市字高塙2-1
　TEL 0185-54-2230
| 大正14年4月 | 秋田県立能代中学校を設立 |
| 昭和23年4月1日 | 秋田県立能代南高等学校と改称 |
| 昭和28年4月1日 | 秋田県立能代高等学校と改称 |

◇能代市立**能代商業高等学校**
　〒016-0851 秋田県能代市緑町4-10
　TEL 0185-52-3231
〈能代商業専修学校〉
| 明治39年 | 能代青年団夜学校を設立 |
| 大正12年 | 能代商業実修学校と改称 |
| 昭和14年 | 能代商業専修学校と改称 |
| 昭和20年 | 能代商業専修学校を戦時非常措置により廃校 |

〈能代女子実業学校〉
| 大正15年 | 能代補習学校を設立 |
| 昭和4年 | 能代家政女学校と改称 |
| 昭和20年 | 能代女子実業学校を設立 |

〈統合〉
| 昭和22年 | 能代商業専修学校，能代女子実業学校が統合し能代実業学校と改称 |
| 昭和23年 | 能代市立高等学校と改称 |
| 昭和27年 | 能代市立商業高等学校と改称 |
| 平成4年 | 能代市立能代商業高等学校と改称 |

◇秋田県立**能代西高等学校**
　〒016-0005 秋田県能代市真壁地字上野193
　TEL 0185-52-3218
| 昭和20年3月 | 能代市立女子実業学校が開校 |
| 昭和22年3月 | 能代市立女子実業学校から農業科が分離独立し秋田県立能代農業学校を設立 |
| 昭和23年4月 | 秋田県立能代農業高等学校と改称 |
| 平成6年4月 | 秋田県立能代西高等学校と改称 |

◇秋田県立**花輪高等学校**
　〒018-5201 秋田県鹿角市花輪字明堂長根12
　TEL 0186-23-2126
| 大正15年3月22日 | 秋田県鹿角郡花輪町立花輪実科高等女学校を設置 |
| 昭和3年4月 | 秋田県花輪高等女学校が開校 |
| 昭和23年4月1日 | 秋田県立花輪高等学校と改称 |

◇秋田県立**二ツ井高等学校**
　〒018-3141 秋田県能代市二ツ井町五千苅20-1
　TEL 0185-73-3511
| 昭和23年6月 | 秋田県立能代南高等学校二ツ井分校（定時制課程）を設置 |
| 昭和39年4月1日 | 秋田県立二ツ井高等学校と改称 |

◇秋田県立**平成高等学校**
　〒013-0101 秋田県横手市平鹿町上吉田間内字角掛60
　TEL 0182-24-1195
| 平成6年4月 | 秋田県立平成高等学校が開校 |

◇秋田県立**本荘高等学校**
　〒015-8585 秋田県由利本荘市陳場岱6
　TEL 0184-22-0832
| 明治35年4月10日 | 秋田県立本荘中学校を創立 |
| 昭和23年4月1日 | 秋田県立本荘高等学校と改称 |

◇秋田県立**増田高等学校**
　〒019-0701 秋田県横手市増田町増田字一本柳137
　TEL 0182-45-2073
| 大正14年4月12日 | 秋田県増田町立実科高等女学校が開校 |
| 昭和18年4月1日 | 増田高等女学校と改称 |
| 昭和21年4月1日 | 増田高等女学校を廃止し秋田県立雄平農蚕学校を設置 |
| 昭和23年4月1日 | 秋田県立増田高等学校と改称 |

◇秋田県立**矢島高等学校**
　〒015-0402 秋田県由利本荘市矢島町矢島33
　TEL 0184-55-3031
| 大正15年4月 | 矢島町立農業専修科を設置 |
| 昭和23年6月 | 秋田県立矢島高等学校を設置 |

◇秋田県立**湯沢北高等学校**
　〒012-0823 秋田県湯沢市湯の原2丁目1-1
　TEL 0183-73-5168
| 大正7年 | 湯沢市立湯沢実科高等女学校を創立 |
| 大正15年 | 秋田県立湯沢高等女学校と改称 |
| 昭和23年 | 秋田県立湯沢北高等学校と改称 |

◇秋田県立**湯沢高等学校**
　〒012-0853 秋田県湯沢市字新町27
　TEL 0183-73-1160
| 昭和18年4月15日 | 秋田県立湯沢中学校が開校 |
| 昭和23年4月1日 | 秋田県立湯沢南高等学校と改称 |
| 昭和34年4月1日 | 秋田県立湯沢高等学校と改称 |

◇秋田県立**湯沢高等学校稲川分校**
　〒012-0161 秋田県湯沢市稲庭町字大森10-1
　TEL 0183-43-2754
| 昭和53年4月 | 秋田県立湯沢高等学校稲川分校が開校 |

◇秋田県立**湯沢商工高等学校**
　〒012-0802 秋田県湯沢市成沢字内森合山44
　TEL 0183-73-0151
| 昭和40年 | 湯沢商業高等学校を創立 |
| 昭和63年 | 湯沢商工高等学校と改称 |

◇秋田県立**由利工業高等学校**
　〒015-8530 秋田県由利本荘市石脇字田尻30
　TEL 0184-22-5520
| 昭和37年5月1日 | 秋田県立由利工業高等学校が開校 |

◇秋田県立**由利高等学校**
　〒015-8543 秋田県由利本荘市川口字太鼓森7
　TEL 0184-22-3219
| 大正9年4月 | 秋田県由利郡本荘町立実科高等女学校が開校 |
| 大正13年3月31日 | 秋田県立本荘高等女学校と改称 |
| 昭和23年4月1日 | 秋田県立由利高等学校と改称 |

◇秋田県立**横手高等学校**
　〒013-0008 秋田県横手市睦成字鶴谷地68
　TEL 0182-32-3020
| 明治31年 | 秋田県第三尋常中学校を創設 |
| 昭和23年 | 秋田県立横手美入野高等学校と改称 |
| 昭和30年 | 秋田県立横手高等学校と改称 |

◇秋田県立**横手城南高等学校**
　〒013-0016　秋田県横手市根岸町2-14
　TEL 0182-32-4007
　大正2年　　　　　　横手町立実科高等女学校を設立
　大正11年4月1日　　秋田県横手高等女学校と改称
　大正12年4月1日　　秋田県立横手高等女学校と改称
　昭和23年4月1日　　秋田県立横手城南高等学校と改称

◇秋田県立**横手清陵学院高等学校**
　〒013-0041　秋田県横手市大沢字前田147-1
　TEL 0182-35-4033
　平成16年4月1日　　秋田県立横手清陵学院高等学校を設置

◇秋田県立**米内沢高等学校**
　〒018-4301　秋田県北秋田市米内沢字長野岱118-1
　TEL 0186-72-4535
　昭和20年5月25日　秋田県立大野岱女子農業学校が開校
　昭和22年4月1日　　秋田県立米内沢農業学校と改称
　昭和23年4月1日　　秋田県立米内沢高等学校と改称

◇秋田県立**六郷高等学校**
　〒019-1404　秋田県仙北郡美郷町六郷字馬場52
　TEL 0187-84-1280
　昭和23年8月5日　　秋田県立大曲農業高等学校六郷分校（定時制課程）が開校
　昭和25年4月1日　　秋田県立六郷高等学校と改称

# 山形県

## 【大学】

◇**東北芸術工科大学**
　［学校法人　東北芸術工科大学］
　〒990-9530　山形県山形市大字上桜田200
　TEL 023-627-2000
　平成4年4月　　　　東北芸術工科大学が開学

◇**東北公益文科大学**
　［学校法人　東北公益文科大学］
　〒998-8580　山形県酒田市飯森山3-5-1
　TEL 0234-41-1111
　平成13年　　　　　東北公益文科大学が開校

◇**山形県立保健医療大学**
　〒990-2212　山形県山形市上柳260
　TEL 023-686-6611
　平成9年　　　　　　山形県立保健医療短期大学が開学
　平成12年　　　　　山形県立保健医療大学と改称

◇**山形大学**
　〒990-8560　山形県山形市小白川町1-4-12
　TEL 023-628-4008
　昭和24年5月　　　　山形高等学校，山形師範学校，山形青年師範学校，米沢工業専門学校，山形県立農林専門学校を母体として
　　　　　　　　　　　山形大学を設置

## 【短大】

◇**羽陽学園短期大学**
　［学校法人　羽陽学園］
　〒994-0065　山形県天童市清池1559
　TEL 023-655-2385
　昭和57年4月　　　　羽陽学園短期大学を開設

◇**山形県立米沢女子短期大学**
　〒992-0025　山形県米沢市通町6-15-1
　TEL 0238-22-7330
　昭和27年4月　　　　山形県立米沢女子短期大学が開学

◇**山形短期大学**
　［学校法人　富澤学園］
　〒990-2316　山形県山形市大字片谷地字谷地515
　TEL 023-688-2298
　昭和41年　　　　　　山形女子短期大学を開学
　平成13年　　　　　　山形短期大学と改称

## 【高専】

◇**鶴岡工業高等専門学校**
　〒997-8511　山形県鶴岡市井岡字沢田104
　TEL 0235-25-9014
　昭和38年4月1日　　鶴岡工業高等専門学校が開校

## 【高校】

◇山形県立**左沢高等学校**
　〒990-1121　山形県西村山郡大江町大字藤田字山中816-3

山形県

```
            TEL 0237-62-2169
    昭和23年4月1日    山形県立高松高等学校を設置
    昭和27年4月1日    山形県立左沢高等学校と改称
```

◇山形県立**荒砥**高等学校
　〒992-0831 山形県西置賜郡白鷹町荒砥甲367
　TEL 0238-85-2171
　昭和23年5月7日　　山形県立荒砥高等学校が開校

◇山形県立**置賜農業**高等学校
　〒999-0121 山形県東置賜郡川西町大字上小松3723
　TEL 0238-42-2101
　明治28年　　　　　南置賜郡立蚕業学校を設立
　昭和28年　　　　　山形県立置賜農業高等学校と改称

◇山形県立**置賜農業**高等学校飯豊分校
　〒999-0604 山形県西置賜郡飯豊町椿2800
　TEL 0238-72-2244
　昭和23年3月　　　山形県立豊原高等学校を設置
　昭和30年　　　　　山形県立飯豊高等学校と改称
　昭和39年　　　　　山形県立置賜農業高等学校飯豊分校と改称

◇山形県立**小国**高等学校
　〒999-1352 山形県西置賜郡小国町大字岩井沢621
　TEL 0238-62-2054
　昭和57年　　　　　山形県立小国高等学校を創立

◇山形県立**霞城学園**高等学校
　〒990-0041 山形県山形市緑町1-5-87
　TEL 023-631-3501
　平成9年4月13日　　山形県立霞城学園高等学校が開校

◇山形県立**金山**高等学校
　〒999-5402 山形県最上郡金山町大字金山248-2
　TEL 0233-52-2887
　昭和23年5月10日　　山形県立金山高等学校が開校

◇山形県立**上山明新館**高等学校
　〒999-3122 山形県上山市仙石650
　TEL 023-672-1701
　平成5年4月　　　　山形県立上山明新館高等学校が開校

◇山形県立**加茂水産**高等学校
　〒997-1204 山形県鶴岡市大字加茂字大崩595
　TEL 0235-33-3031
　昭和21年7月5日　　山形県水産学校を設立
　昭和23年4月1日　　山形県加茂高等学校と改称
　昭和25年3月31日　　山形県立加茂水産高等学校と改称

◇山形県立**北村山**高等学校
　〒999-4221 山形県尾花沢市大字尾花沢1593
　TEL 0237-23-2787
　昭和62年　　　　　山形県立大石田高等学校，山形県立尾花沢高等学校が統合し山形県立北村山高等学校が開校

◇**基督教独立学園**高等学校
　［学校法人　基督教独立学園］
　〒999-1292 山形県西置賜郡小国町叶水826
　TEL 0238-65-2021
　昭和9年9月1日　　　基督教独立学校を鈴木弼美が設立
　昭和23年4月26日　　基督教独立学園高等学校を設立

◇**九里学園**高等学校
　［学校法人　九里学園］
　〒992-0039 山形県米沢市門東町1-1-72
　TEL 0238-22-0091
　明治34年　　　　　九里裁縫女学校を九里とみ子が設立
　明治38年　　　　　実業補修学校と改称
　昭和22年　　　　　九里学園米沢女子高等学校と改称
　平成11年　　　　　九里学園高等学校と改称

◇**蔵王**高等学校
　［学校法人　蔵王高等学校］
　〒990-2332 山形県山形市飯田3-11-10
　TEL 023-631-2099
　昭和36年　　　　　山形自動車工業高等学校を設立
　昭和37年　　　　　蔵王工業高等学校と改称
　平成3年　　　　　蔵王高等学校と改称

◇山形県立**寒河江工業**高等学校
　〒991-0062 山形県寒河江市緑町148
　TEL 0237-86-4278
　昭和38年4月1日　　山形県立寒河江工業高等学校を設置

◇山形県立**寒河江**高等学校
　〒991-0024 山形県寒河江市六供町2丁目3-9
　TEL 0237-86-2195
　大正10年4月　　　　寒河江中学校が開校
　昭和23年4月　　　　山形県立寒河江高等学校と改称

◇山形県立**酒田北**高等学校
　〒998-0005 山形県酒田市大字宮海字明治1
　TEL 0234-34-2232
　昭和23年　　　　　山形県立本楯高等学校が開校
　昭和31年　　　　　山形県立酒田北高等学校と改称

◇山形県立**酒田工業**高等学校
　〒998-0005 山形県酒田市大字宮海字新林400
　TEL 0234-34-3111
　昭和37年　　　　　山形県立酒田商工高等学校より独立し山形県立酒田工業高等学校が開校

◇山形県立**酒田商業**高等学校
　〒998-0042 山形県酒田市上本町7-10
　TEL 0234-22-0444
　明治40年5月9日　　酒田尋常高等小学校附設商業補習学校が開校
　大正3年4月15日　　酒田町立乙種商業学校と改称
　大正6年2月15日　　酒田町立甲種商業高等学校と改称
　大正9年4月2日　　　酒田商業学校と改称
　昭和23年4月1日　　山形県立酒田第二高等学校と改称
　昭和25年4月1日　　山形県立酒田商工高等学校と改称
　昭和37年3月31日　　山形県立酒田商業高等学校と改称

◇酒田市立**酒田中央**高等学校
　〒998-0015 山形県酒田市北千日堂前松境9-1
　TEL 0234-33-0478
　昭和15年4月　　　　酒田市立酒田実科高等女学校を設置
　昭和18年4月　　　　酒田琢成高等女学校と改称
　昭和23年4月　　　　山形県酒田市立高等学校と改称
　昭和41年4月　　　　酒田市立酒田中央高等学校と改称

◇山形県立**酒田西**高等学校
　〒998-0003 山形県酒田市大字酒井新田字北割2-1
　TEL 0234-22-1360
　明治31年5月　　　　酒田町立高等女学校が開校

| | |
|---|---|
| 明治35年4月 | 山形県立酒田高等女学校と改称 |
| 昭和23年4月 | 山形県立酒田第三高等学校と改称 |
| 昭和25年3月 | 山形県立第一高等学校と統合し |
| | 山形県立酒田高等学校と改称 |
| 昭和27年3月 | 山形県立酒田東高等学校と分離し |
| | 山形県立酒田西高等学校と改称 |

◇山形県立**酒田東高等学校**
　〒998-0842 山形県酒田市亀ヶ崎1丁目3-60
　TEL 0234-22-1361

| | |
|---|---|
| 明治12年11月8日 | 酒田中学琢成校が開校 |
| 大正9年4月15日 | 山形県立酒田中学校が開校 |
| 昭和23年4月1日 | 山形県立酒田第一高等学校と改称 |
| 昭和25年3月31日 | 山形県立酒田第三高等学校と統合し |
| | 山形県立酒田高等学校と改称 |
| 昭和27年4月1日 | 山形県立酒田西高等学校を分離し |
| | 山形県立酒田東高等学校と改称 |

◇**酒田南高等学校**
　［学校法人　天真林昌学園］
　〒998-0025 山形県酒田市南千日町4-50
　TEL 0234-26-3111

| | |
|---|---|
| 昭和36年3月 | 酒田南高等学校を設置 |

◇山形県立**庄内総合高等学校**
　〒999-7707 山形県東田川郡庄内町廿六木三ツ車8
　TEL 0234-43-2138

| | |
|---|---|
| 昭和2年 | 山形県余目実科女学校が開校 |
| 昭和23年 | 山形県余目高等学校と改称 |
| 昭和24年 | 山形県立余目高等学校と改称 |
| 平成9年 | 山形県立庄内総合高等学校と改称 |

◇山形県立**庄内農業高等学校**
　〒999-7671 山形県鶴岡市藤島古楯跡221
　TEL 0235-64-2151

| | |
|---|---|
| 明治34年 | 山形県立庄内農業学校を設立 |
| 昭和23年4月1日 | 山形県立藤島高等学校と改称 |
| 昭和25年3月31日 | 山形県藤島農業高等学校と改称 |
| 昭和28年4月1日 | 山形県立庄内農業高等学校と改称 |

◇山形県立**新庄神室産業高等学校**
　〒996-0051 山形県新庄市松本370
　TEL 0233-28-8775
〈山形県立新庄農業高等学校〉

| | |
|---|---|
| 昭和21年3月30日 | 近岡表慶会立山形県最上農林学校が発足 |
| 昭和23年3月5日 | 最上郡町村組合立山形県最上農林学校と改称 |
| 昭和24年4月1日 | 山形県立新荘第一高等学校(農業課程)と改称 |
| 昭和25年4月1日 | 山形県立新庄高等学校(全日制農業課程)と改称 |
| 昭和27年4月1日 | 山形県立新庄北高等学校(全日制農業課程)と改称 |
| 昭和41年4月1日 | 山形県立新庄農業高等学校と改称 |

〈山形県立新庄工業高等学校〉

| | |
|---|---|
| 昭和24年4月1日 | 山形県立新荘第一高等学校(全日制工業課程)を設置 |
| 昭和25年4月1日 | 山形県立新庄高等学校(全日制工業課程)と改称 |
| 昭和27年4月1日 | 山形県立新庄北高等学校(全日制工業課程)と改称 |
| 昭和37年4月1日 | 山形県立新庄工業高等学校と改称 |

〈統合〉

| | |
|---|---|
| 平成15年4月1日 | 山形県立新庄工業高等学校, 山形県立新庄農業高等学校が統合し山形県立新庄神室産業高等学校が開校 |

◇山形県立**新庄北高等学校**
　〒996-0061 山形県新庄市大字飛田字備前川61
　TEL 0233-22-6023

| | |
|---|---|
| 明治33年4月8日 | 山形県山形中学校新庄分校が開校 |
| 明治35年4月 | 山形県立新荘中学校と改称 |
| 昭和23年4月1日 | 山形県立新荘第一高等学校と改称 |
| 昭和25年4月1日 | 新荘第二高等学校と統合し山形県立新庄高等学校と改称 |
| 昭和27年4月1日 | 山形県立新庄北高等学校と改称 |

◇山形県立**新庄北高等学校最上校**
　〒999-6100 山形県最上郡最上町向町水上869-2
　TEL 0233-43-2349

| | |
|---|---|
| 昭和23年 | 最上農林高等学校向町分校を設立 |
| 昭和54年 | 新庄北高等学校向町分校と改称 |
| 平成9年 | 山形県立新庄北高等学校最上校と改称 |

◇**新庄東高等学校**
　［学校法人　新庄学園］
　〒996-0051 山形県新庄市松本596
　TEL 0233-22-1562

| | |
|---|---|
| 昭和40年4月1日 | 新庄東高等学校を創設 |

◇山形県立**新庄南高等学校**
　〒996-0077 山形県新庄市城南町5-5
　TEL 0233-22-1546

| | |
|---|---|
| 大正3年4月 | 新庄町立実科高等女学校が開校 |
| 大正8年4月 | 最上郡立実科高等女学校と改称 |
| 大正10年4月 | 山形県立新荘実科高等女学校と改称 |
| 大正14年4月 | 山形県立新荘高等女学校と改称 |
| 昭和23年4月 | 山形県立新荘第二高等学校と改称 |
| 昭和25年4月 | 山形県立新荘第一高等学校と統合し山形県立新庄高等学校と改称 |
| 昭和27年4月 | 山形県立新庄北高等学校と分離し山形県立新庄南高等学校と改称 |

◇山形県立**高畠高等学校**
　〒992-0351 山形県東置賜郡高畠町高畠3799
　TEL 0238-52-1220

| | |
|---|---|
| 大正11年 | 町立高畠実科高等女学校を設立 |
| 昭和23年 | 山形県立高畠高等学校と改称 |

◇山形県立**楯岡高等学校**
　〒995-0032 山形県村山市楯岡荒町2丁目1-1
　TEL 0237-55-2332

| | |
|---|---|
| 明治37年 | 私立楯岡女学会を創設 |
| 明治42年 | 私立北郡女学校と改称 |
| 大正9年 | 北山村郡立実科高等女学校と改称 |
| 大正10年 | 山形県立楯岡実科高等女学校と改称 |
| 大正14年 | 山形県立楯岡高等女学校と改称 |
| 昭和23年 | 山形県立楯岡第二高等学校と改称 |
| 昭和25年 | 山形県立楯岡高等学校と改称 |

◇山形県立**鶴岡北高等学校**
　〒997-0037 山形県鶴岡市若葉町16-23

山形県

```
            TEL 0235-22-2262
   明治30年4月20日   山形県西田川郡鶴岡高等女学校を
                    創設
   明治35年4月1日    山形県立鶴岡高等女学校と改称
   昭和23年4月1日    山形県立鶴岡第三高等学校と改称
   昭和25年4月1日    山形県立鶴岡第一高等学校と統合
                    し
                    山形県立鶴岡高等学校と改称
   昭和27年4月1日    山形県立鶴岡北高等学校を設置
```

◇山形県立**鶴岡工業高等学校**
　〒997-0036 山形県鶴岡市家中新町8-1
　TEL 0235-22-5505
　明治28年12月28日　鶴岡町立鶴岡染織学校を創立
　明治30年4月1日　　西田川郡立庄内染織学校と改称
　大正5年5月7日　　 西田川郡立庄内工業学校と改称
　大正9年4月1日　　 山形県立鶴岡工業学校が開校
　昭和25年3月31日　 山形県立鶴岡工業高等学校と改称

◇山形県立**鶴岡中央高等学校**
　〒997-0017 山形県鶴岡市大宝寺日本国410
　TEL 0235-25-5723
　平成10年4月1日　　山形県立鶴岡中央高等学校が開校

◇山形県立**鶴岡中央高等学校温海校**
　〒999-7205 山形県鶴岡市温海片渕120
　TEL 0235-43-2143
　昭和23年　　　　　山形県立温海高等学校を設立
　平成14年　　　　　山形県立鶴岡中央高等学校温海校
　　　　　　　　　　と改称

◇**鶴岡東高等学校**
　［学校法人　齋藤学園］
　〒997-0022 山形県鶴岡市切添町22-30
　TEL 0235-23-2465
　昭和43年4月7日　　鶴岡商業高等学校が開校
　昭和52年4月1日　　鶴商学園高等学校と改称
　平成12年4月1日　　鶴岡東高等学校と改称

◇山形県立**鶴岡南高等学校**
　〒997-0037 山形県鶴岡市若葉町26-31
　TEL 0235-22-0061
　昭和23年4月1日　　山形県立鶴岡中学校を
　　　　　　　　　　山形県立鶴岡第一高等学校と改称
　昭和23年4月1日　　山形県立鶴岡高等女学校を
　　　　　　　　　　山形県立鶴岡第三高等学校と改称
　昭和25年　　　　　山形県立鶴岡第一高等学校，山形
　　　　　　　　　　県立鶴岡第三高等学校が統合し
　　　　　　　　　　山形県立鶴岡高等学校と改称
　昭和27年　　　　　山形県立鶴岡南高等学校と改称

◇**天真学園高等学校**
　［学校法人　天真林昌学園］
　〒998-0031 山形県酒田市浜田1-3-47
　TEL 0234-22-4733
　大正12年　　　　　斎藤裁縫塾を斎藤又治、斎藤辰が
　　　　　　　　　　創立
　昭和18年　　　　　酒田家政女学校と改称
　昭和22年　　　　　酒田天真女学校と改称
　昭和23年　　　　　天真高等学校を設立
　昭和26年　　　　　酒田家政高等学校と改称
　昭和33年　　　　　酒田女子高等学校と改称
　昭和51年　　　　　天真学園高等学校と改称

◇山形県立**天童高等学校**
　〒994-0021 山形県天童市山元850
　TEL 023-653-6121
　大正9年3月16日　　山形県天童実科高等女学校を設立
　昭和23年4月1日　　山形県立天童高等学校と改称
　昭和39年4月1日　　山形県立天童商工高等学校と改称
　昭和52年4月1日　　山形県立天童高等学校と改称

◇**東海大学山形高等学校**
　［学校法人　一橋学園］
　〒990-2339 山形県山形市成沢西3-4-5
　TEL 023-688-3022
　昭和40年4月1日　　一橋商業高等学校が発足
　昭和52年4月1日　　一橋高等学校と改称
　昭和53年4月1日　　東海山形高等学校と改称
　昭和57年6月1日　　東海大学山形高等学校と改称

◇山形県立**長井工業高等学校**
　〒993-0051 山形県長井市幸町9-17
　TEL 0238-84-1662
　昭和37年4月1日　　山形県立長井工業高等学校を設立

◇山形県立**長井高等学校**
　〒993-0015 山形県長井市四ツ谷2丁目5-1
　TEL 0238-84-1660
　大正9年　　　　　　山形県立長井中学校を設立
　昭和39年　　　　　山形県立長井高等学校と改称

◇山形県立**南陽高等学校**
　〒992-0472 山形県南陽市宮内4600
　TEL 0238-47-7401
　平成3年4月　　　　山形県立宮内高等学校，山形県立
　　　　　　　　　　赤湯園芸高等学校が統合し
　　　　　　　　　　山形県立南陽高等学校が開校

◇**日本大学山形高等学校**
　［学校法人　日本大学］
　〒990-2433 山形県山形市鳥居ケ丘4-55
　TEL 023-641-6631
　昭和33年3月8日　　山形第一高等学校を設立
　昭和37年11月　　　日本大学山形高等学校と改称

◇**羽黒高等学校**
　［学校法人　羽黒学園］
　〒997-0296 山形県鶴岡市羽黒町手向字薬師沢198
　TEL 0235-62-2105
　昭和37年6月23日　 羽黒工業高等学校を創設
　平成元年3月　　　 羽黒高等学校と改称

◇山形県立**東根工業高等学校**
　〒999-3713 山形県東根市東根丁177-1
　TEL 0237-42-1451
　昭和23年9月1日　　山形県立東根高等学校（定時制）を
　　　　　　　　　　設置
　昭和37年　　　　　山形県立東根工業高等学校と改称

◇山形県立**真室川高等学校**
　〒999-5312 山形県最上郡真室川町新町塩野947
　TEL 0233-62-2028
　昭和23年　　　　　山形県立真室川高等学校が開校

◇山形県立**村山農業高等学校**
　〒995-0011 山形県村山市楯岡北町1丁目3-1
　TEL 0237-55-2537
　明治28年5月9日　　簡易農学校を創立
　明治32年4月1日　　北村山郡立農学校と改称

| 明治33年4月1日 | 山形県農学校と改称 |
| 明治34年3月11日 | 山形県村山農学校と改称 |
| 明治34年4月26日 | 山形県立村山農学校と改称 |
| 昭和23年5月3日 | 山形県立楯岡第一高等学校と改称 |
| 昭和25年3月31日 | 山形県立楯岡農業高等学校と改称 |
| 昭和28年4月1日 | 山形県立村山農業高等学校と改称 |

◇山形県立谷地高等学校
〒999-3511 山形県西村山郡河北町谷地字田中170
TEL 0237-73-3101

| 大正10年 | 西村山郡実科女学校を設立 |
| 昭和23年 | 山形県立谷地高等学校と改称 |

◇山形学院高等学校
［学校法人 山形学院］
〒990-0039 山形県山形市香澄町3-10-8
TEL 023-641-4116

| 明治41年 | 裁縫伝習所を森谷たまが創設 |
| 昭和7年 | 精華女学校と改称 |
| 昭和23年 | 山形精華高等学校と改称 |
| 昭和45年 | 山形女子学院高等学校と改称 |
| 昭和48年 | 山形学院高等学校と改称 |

◇山形県立山形北高等学校
〒990-0041 山形県山形市緑町2丁目2-7
TEL 023-622-3505

| 昭和3年4月 | 山形県立山形第二高等女学校を創立 |
| 昭和25年 | 山形県立山形東高等学校と改称 |
| 昭和27年4月 | 山形県立山形東高等学校より分離し山形県立山形北高等学校と改称 |

◇山形県立山形工業高等学校
〒990-0041 山形県山形市緑町1-5-12
TEL 023-622-4934

| 大正9年 | 山形県立山形工業学校を創設 |
| 昭和25年 | 山形県立山形工業高等学校と改称 |

◇山形城北高等学校
［学校法人 富澤学園］
〒990-0824 山形県山形市肴町1-13
TEL 023-645-3377

| 大正15年 | 山形裁縫女学校が開校 |
| 昭和8年 | 山形女子職業学校と改称 |
| 昭和23年 | 山形城北女子高等学校と改称 |
| 平成14年 | 山形城北高等学校と改称 |

◇山形市立商業高等学校
〒990-2481 山形県山形市あかねヶ丘1丁目9-1
TEL 023-643-4115

| 大正7年4月1日 | 山形市立山形商業学校を設置 |
| 昭和19年3月31日 | 山形市立山形工業学校に転換 |
| 昭和23年3月10日 | 山形市立山形商業高等学校を設置 |
| 昭和26年4月1日 | 山形市立山形商業高等学校, 山形市立山形女子商業高等学校を統合し山形市立商業高等学校を設立 |

◇山形県立山形中央高等学校
〒990-2492 山形県山形市鉄砲町2丁目10-73
TEL 023-641-7311

| 昭和21年 | 山形県山形公民中学校を創立 |
| 昭和25年 | 山形市立山形産業高等学校, 山形県立第六高等学校と校名変遷し山形県立山形中央高等学校と改称 |

◇山形電波工業高等学校
［学校法人 山形電波学園］
〒994-0065 山形県天童市清池556
TEL 023-655-2321

| 昭和28年6月1日 | 山形高等無線通信学校を設立 |
| 昭和31年3月28日 | 山形高等電波学校を設立 |
| 昭和36年3月25日 | 山形電波工業高等学校を設置 |

◇山形県立山形西高等学校
〒990-2492 山形県山形市鉄砲町1丁目15-64
TEL 023-641-3504

| 明治31年 | 山形市高等女学校を創立 |
| 昭和25年4月 | 山形市立高等女学校, 山形県高等女学校, 山形県立山形高等女学校, 山形県立山形第一高等女学校, 山形県立山形第四高等学校と校名変遷し山形県立山形南高等学校と改称 |
| 昭和27年 | 山形県立山形南高等学校と分離し山形県立山形西高等学校と改称 |

◇山形県立山形東高等学校
〒990-0041 山形県山形市緑町1丁目5-87
TEL 023-631-3501

| 明治15年 | 中学師範学予備科を設置 |
| 明治17年 | 山形県中学校を創設 |
| 明治19年 | 山形県尋常中学校と改称 |
| 明治33年 | 山形県山形中学校と改称 |
| 昭和23年 | 山形県立山形第一高等学校と改称 |
| 昭和25年 | 山形県立山形第五高等学校と統合し山形県立山形東高等学校と改称 |

◇山形県立山形南高等学校
〒990-0034 山形県山形市東原町4丁目6-16
TEL 023-622-3502

| 昭和16年4月 | 山形県立山形第二中学校を創立 |
| 昭和23年4月 | 山形県立山形第二高等学校と改称 |
| 昭和25年4月 | 山形県立山形第四高等学校と統合し山形県立山形南高等学校と改称 |

◇山形県立山添高等学校
〒997-0346 山形県鶴岡市上山添文栄38
TEL 0235-57-2100

| 昭和23年5月 | 山形県立鶴岡第一高等学校山添分校を設置 |
| 昭和24年4月 | 山形県立山添高等学校が開校 |

◇山形県立山辺高等学校
〒990-0301 山形県東村山郡山辺町大字山辺3028
TEL 023-664-5132

| 昭和23年5月3日 | 山形県立山辺高等学校が開校 |

◇山本学園高等学校
［学校法人 山本学園］
〒990-0832 山形県山形市城西町3-13-7
TEL 023-643-0321

| 大正8年5月 | 渡利裁縫塾を渡利アイが開設 |
| 大正10年8月 | 竹田裁縫女学校として発足 |
| 昭和37年4月 | 竹田女子高等学校が開校 |
| 昭和62年4月 | 山本学園高等学校と改称 |

福島県

◇山形県立遊佐高等学校
　〒999-8315 山形県飽海郡遊佐町大字遊佐字堅田21-1
　TEL 0234-72-3422
　昭和2年　　　　　遊佐実業公民学校を設立
　昭和23年　　　　 山形県立遊佐高等学校と改称

◇山形県立米沢工業高等学校
　〒992-0117 山形県米沢市川井300
　TEL 0238-23-5072
　明治30年4月　　　市立工業学校が開校
　明治31年4月　　　山形県工業学校と改称
　大正9年2月　　　 山形県立米沢工業学校と改称
　昭和23年4月　　　山形県立米沢第二高等学校と改称
　昭和25年3月　　　山形県立米沢工業高等学校と改称

◇山形県立米沢興譲館高等学校
　〒992-1443 山形県米沢市大字笹野1101
　TEL 0238-38-4741
　元禄10年6月15日　聖堂・学問所を上杉綱憲が建立
　安永5年9月19日　 興譲館と改称
　明治7年　　　　　私立米沢中学校と改称
　明治28年5月2日　 米沢尋常中学興譲館と改称
　明治33年4月　　　山形県米沢中学校と改称
　明治34年9月19日　山形県立米沢中学校と改称
　昭和4年1月29日　 山形県立米沢興譲館中学校と改称
　昭和27年4月1日　 山形県立米沢西高等学校と改称
　昭和31年4月1日　 山形県立米沢興譲館高等学校と改称

◇山形県立米沢商業高等学校
　〒992-0037 山形県米沢市本町3丁目1-12
　TEL 0238-22-8055
　明治35年4月　　　米沢市立商業補習学校を創立
　明治40年4月　　　米沢市立商業学校と改称
　大正13年4月　　　山形県立米沢商業学校と改称
　昭和19年4月　　　山形県立米沢第二工業学校と改称
　昭和23年4月　　　山形県立米沢第三高等学校と改称
　昭和25年4月　　　山形県立米沢商業高等学校と改称

◇米沢中央高等学校
　［学校法人 椎野学園］
　〒992-0045 山形県米沢市中央7-5-70-4
　TEL 0238-22-4223
　大正11年3月23日　米沢女子職業学校を椎野詮が設立
　昭和2年4月1日　　米沢高等家政女学校と改称
　昭和37年4月1日　 米沢中央高等学校と改称

◇山形県立米沢東高等学校
　〒992-0052 山形県米沢市丸の内二2丁目5-63
　TEL 0238-22-3450
　明治31年　　　　　米沢市立高等女学校を創立
　明治35年　　　　　山形県立米沢高等女学校と改称
　昭和23年　　　　　山形県立米沢第四高等学校と改称
　昭和25年　　　　　山形県立米沢第一高等学校と統合し
　　　　　　　　　　山形県立米沢高等学校と改称
　昭和27年　　　　　山形県立米沢東高等学校と改称

◇和順館高等学校
　［学校法人 天真林昌学園］
　〒998-0838 山形県酒田市山居町1-5-38
　TEL 0234-26-1670
　平成15年　　　　　和順館高等学校を設立

# 福島県

## 【大学】

◇会津大学
　〒965-8580 福島県会津若松市一箕町鶴賀字上居合90
　TEL 0242-37-2500
　平成5年4月　　　　会津大学が開学

◇いわき明星大学
　［学校法人 明星学苑］
　〒970-8551 福島県いわき市中央台飯野5-5-1
　TEL 0246-29-5111
　昭和62年　　　　　いわき明星大学を創設

◇奥羽大学
　［学校法人 晴川学舎］
　〒963-8611 福島県郡山市富田町字三角堂31-1
　TEL 024-932-8931
　昭和47年4月　　　 東北歯科大学が開学
　平成元年4月1日　　奥羽大学と改称

◇郡山女子大学
　［学校法人 郡山開成学園］
　〒963-8503 福島県郡山市開成3-25-2
　TEL 024-932-4848
　昭和22年　　　　　郡山女子専門学院を設立
　昭和41年　　　　　郡山女子大学を設置

◇東日本国際大学
　［学校法人 昌平黌］
　〒970-8023 福島県いわき市平鎌田字寿金沢37
　TEL 0246-35-0001
　明治36年　　　　　開成夜学校を設立
　昭和11年　　　　　昌平中学校と改称
　昭和23年　　　　　昌平高等学校（のち廃校）と改称
　昭和41年　　　　　昌平黌短期大学（現:いわき短期大学）を設立
　平成7年　　　　　 東日本国際大学が開学

◇福島学院大学
　［学校法人 福島学院］
　〒960-0181 福島県福島市宮代字乳児池1-1
　TEL 024-553-3221
　平成15年　　　　　福島学院大学を開学

◇福島県立医科大学
　〒960-1295 福島県福島市光が丘1
　TEL 024-547-1111
　昭和19年1月10日　 福島県立女子医学専門学校を設立
　昭和22年6月18日　 福島県立医科大学予科を設置
　昭和25年4月1日　　福島県立医科大学を開設

◇福島大学
　〒960-1296 福島県福島市金谷川1
　TEL 024-548-5151
〈福島師範学校〉
　明治7年9月　　　　福島師範学校講習所を設立
　明治9年1月　　　　福島師範伝習校と改称
　明治10年2月　　　 福島第一号師範学校，福島第二号師範学校，福島第三号師範学校と改称

| | | |
|---|---|---|
| 明治11年3月 | 福島師範学校と改称 |
| 明治19年8月 | 福島尋常師範学校と改称 |
| 明治20年3月 | 福島県尋常師範学校と改称 |
| 明治31年4月 | 福島県師範学校と改称 |
| 昭和18年4月 | 福島県女子師範学校を統合し福島師範学校と改称 |

〈福島経済専門学校〉
| | |
|---|---|
| 大正10年12月 | 福島高等商業学校を設立 |
| 昭和19年4月 | 福島経済専門学校と改称 |

〈福島青年師範学校〉
| | |
|---|---|
| 大正9年10月 | 福島県立実業補習学校教員養成所を設立 |
| 昭和10年4月 | 福島県立青年学校教員養成所と改称 |
| 昭和19年4月 | 福島青年師範学校と改称 |

〈統合〉
| | |
|---|---|
| 昭和24年5月 | 福島青年師範学校,福島経済専門学校,福島師範学校を統合し福島大学を設置 |

## 【短大】

◇会津大学短期大学部
〒965-8570 福島県会津若松市一箕町大字八幡字門田1-1
TEL 0242-37-2301
| | |
|---|---|
| 昭和26年4月1日 | 会津短期大学が開学 |
| 昭和32年4月1日 | 福島県立会津短期大学と改称 |
| 平成5年4月1日 | 会津大学短期大学部と改称 |

◇いわき短期大学
［学校法人 昌平黌］
〒970-8023 福島県いわき市平鎌田字寿金沢37
TEL 0246-25-9185
| | |
|---|---|
| 明治36年 | 開成夜学校を設立 |
| 昭和11年 | 昌平中学校と改称 |
| 昭和23年 | 昌平高等学校(のち廃校)と改称 |
| 昭和41年 | 昌平黌短期大学を設立 |
| 昭和47年 | いわき短期大学と改称 |

◇郡山女子大学短期大学部
［学校法人 郡山開成学園］
〒963-8503 福島県郡山市開成3-25-2
TEL 024-932-4848
| | |
|---|---|
| 昭和22年 | 郡山女子専門学院を設立 |
| 昭和25年 | 郡山女子短期大学を設立 |
| 昭和41年 | 郡山女子大学短期大学部と改称 |

◇桜の聖母短期大学
［学校法人 桜の聖母学院］
〒960-8585 福島県福島市花園町3-6
TEL 024-534-7137
| | |
|---|---|
| 昭和30年 | 桜の聖母短期大学を設立 |

◇福島学院大学短期大学部
［学校法人 福島学院］
〒960-0181 福島県福島市宮代字乳児池1-1
TEL 024-553-3221
| | |
|---|---|
| 昭和16年 | 高等洋裁学院を菅野慶助、八千代が創立 |
| 昭和41年 | 緑ケ丘女子短期大学が開校 |
| 昭和43年 | 福島女子短期大学と改称 |
| 平成12年 | 福島学院短期大学と改称 |
| 平成16年4月 | 福島学院大学短期大学部と改称 |

## 【高専】

◇福島工業高等専門学校
〒970-8034 福島県いわき市平上荒川字長尾30
TEL 0246-46-0700
| | |
|---|---|
| 昭和37年4月 | 平工業高等専門学校を設置 |
| 昭和42年7月 | 福島工業高等専門学校と改称 |

## 【高校】

◇福島県立会津学鳳高等学校
〒965-0873 福島県会津若松市追手町2-41
TEL 0242-27-7021
| | |
|---|---|
| 大正13年4月1日 | 若松実業女学校を設置 |
| 昭和10年7月1日 | 福島県若松市実業女子青年学校と改称 |
| 昭和15年4月15日 | 福島県若松実科高等女学校と改称 |
| 昭和17年4月1日 | 福島県若松高等女学校と改称 |
| 昭和22年4月1日 | 福島県立若松女子高等学校と改称 |
| 昭和23年4月1日 | 福島県立若松女子高等学校と改称 |
| 平成14年4月1日 | 福島県立会津学鳳高等学校と改称 |

◇福島県立会津工業高等学校
〒965-0802 福島県会津若松市徒之町1-37
TEL 0242-27-7456
| | |
|---|---|
| 明治37年4月15日 | 福島県立工業学校が開校 |
| 昭和4年4月 | 福島県立会津工業学校と改称 |
| 昭和23年4月 | 福島県立会津工業高等学校と改称 |

◇福島県立会津高等学校
〒965-0831 福島県会津若松市表町3-1
TEL 0242-28-0211
| | |
|---|---|
| 明治23年 | 私立会津中学校が開校 |
| 明治24年 | 会津尋常中学校と改称 |
| 明治32年 | 会津中学校と改称 |
| 明治34年 | 福島県立会津中学校と改称 |
| 昭和23年 | 福島県立会津高等学校と改称 |

◇福島県立会津第二高等学校
〒965-0802 福島県会津若松市徒之町1-37
TEL 0242-27-3660
| | |
|---|---|
| 昭和18年4月1日 | 福島県立会津第二工業学校が開校 |
| 昭和23年4月1日 | 福島県立会津第二高等学校と改称 |

◇福島県立会津農林高等学校
〒969-6546 福島県河沼郡会津坂下町字曲田1391
TEL 0242-83-4115
| | |
|---|---|
| 明治40年5月20日 | 河沼郡立農業学校が開校 |
| 大正10年4月4日 | 福島県立会津農林学校と改称 |
| 昭和23年4月1日 | 福島県立会津農蚕高等学校と改称 |
| 昭和30年4月1日 | 福島県立会津農林高等学校と改称 |

◇会津若松ザベリオ学園高等学校
［学校法人 ザベリオ学園］
〒965-0877 福島県会津若松市西栄町1-18
TEL 0242-27-1970
| | |
|---|---|
| 昭和33年 | 会津若松ザベリオ学園高等学校が開校 |

◇福島県立葵高等学校
〒965-0877 福島県会津若松市西栄町4-61
TEL 0242-27-5461
| | |
|---|---|
| 明治26年 | 私立会津女学校が開校 |
| 明治38年 | 若松市立会津女子技芸学校と改称 |
| 昭和23年 | 福島県立会津女子高等学校と改称 |
| 平成14年 | 福島県立葵高等学校と改称 |

福島県

◇福島県立**安積高等学校**
　〒963-8851 福島県郡山市開成5丁目25-63
　TEL 024-922-4310
　明治17年　　　　　福島中学校を設置
　明治19年8月25日　福島尋常中学校と改称
　明治20年3月14日　福島県尋常中学校と改称
　明治34年4月27日　福島県立安積中学校と改称
　昭和23年4月1日　福島県立安積高等学校と改称

◇福島県立**安積高等学校御舘分校**
　〒963-0831 福島県郡山市中田町柳橋字広平128
　TEL 024-973-3212
　昭和42年　　　　　福島県立田村高等学校御舘分校を福島県立安積高等学校御舘分校と改称

◇福島県立**安積黎明高等学校**
　〒963-8017 福島県郡山市長者2丁目3-3
　TEL 024-932-0443
　明治45年4月22日　福島県安積郡立安積実科高等女学校が開校
　大正4年4月11日　福島県安積郡立安積高等女学校と改称
　大正9年4月1日　福島県立安積高等女学校と改称
　昭和23年4月1日　福島県立安積女子高等学校と改称
　平成13年4月1日　福島県立安積黎明高等学校と改称

◇福島県立**安達高等学校**
　〒964-0904 福島県二本松市郭内2丁目347
　TEL 0243-22-0016
　大正12年　　　　　福島県立安達中学校を設立
　昭和23年　　　　　福島県立安達高等学校と改称
　昭和25年　　　　　福島県立安達女子高等学校を統合

◇福島県立**安達東高等学校**
　〒964-0316 福島県二本松市下長折字真角13
　TEL 0243-55-2121
　昭和23年4月　　　福島県立安達高等学校針道分校を設置
　昭和48年4月　　　福島県立安達東高等学校として独立

◇**石川高等学校**
　[学校法人 石川高等学校]
　〒963-7853 福島県石川郡石川町字大室502
　TEL 0247-26-5151
　明治25年6月5日　石川義塾を創立
　明治40年　　　　　石川中学校を設置
　昭和23年　　　　　石川高等学校を設立

◇福島県立**石川高等学校**
　〒963-7845 福島県石川郡石川町高田200-1
　TEL 0247-26-1656
　大正12年3月24日　福島県石川実科女学校を設立
　昭和18年4月1日　福島県石川高等女学校と改称
　昭和23年4月1日　福島県立石川女子高等学校と改称
　昭和24年7月1日　福島県立石川高等学校と改称

◇福島県立**猪苗代高等学校**
　〒969-3111 福島県耶麻郡猪苗代町窪南3664
　TEL 0242-62-3125
　〈町立猪苗代高等女学校〉
　昭和15年4月　　　町立猪苗代実科高等女学校を設置
　昭和18年4月　　　町立猪苗代高等女学校と改称
　〈福島県立若松商業高等学校猪苗代分校〉
　昭和23年4月　　　福島県立若松商業高等学校猪苗代分校として開設
　〈統合〉
　昭和23年8月　　　福島県立若松商業高等学校猪苗代分校，町立猪苗代高等女学校が統合し福島県立猪苗代高等学校として独立

◇福島県立**いわき海星高等学校**
　〒970-0316 福島県いわき市小名浜下神白字舘の腰153
　TEL 0246-54-3001
　昭和9年4月1日　福島水産講習所を設置
　昭和18年4月8日　福島県立小名浜水産学校を設立
　昭和23年4月1日　福島県立小名浜水産高等学校と改称
　平成7年4月1日　福島県立いわき海星高等学校と改称

◇福島県立**磐城高等学校**
　〒970-8026 福島県いわき市平字高月7
　TEL 0246-23-2566
　明治29年5月5日　福島県尋常中学校磐城分校が開校
　明治31年　　　　　福島県第二尋常中学校と改称
　明治32年　　　　　福島県第二中学校と改称
　明治34年　　　　　福島県立磐城中学校と改称
　昭和23年4月1日　福島県立磐城高等学校と改称

◇福島県立**いわき光洋高等学校**
　〒970-8047 福島県いわき市中央台高久4丁目1
　TEL 0246-28-0301
　平成5年4月　　　福島県立いわき光洋高等学校が開校

◇福島県立**磐城桜が丘高等学校**
　〒970-8026 福島県いわき市平字桜町5
　TEL 0246-25-9101
　明治37年　　　　　私立磐城女学校を設立
　明治45年　　　　　私立磐城女学校を廃止し福島県立磐城高等女学校が開校
　昭和23年　　　　　福島県立磐城女子高等学校を設置
　平成13年　　　　　福島県立磐城桜が丘高等学校と改称

◇**いわき秀英高等学校**
　[学校法人 いわき秀英学園]
　〒971-8185 福島県いわき市泉町字滝ノ沢3-1
　TEL 0246-75-2111
　平成13年4月　　　いわき秀英高等学校が開校

◇福島県立**いわき総合高等学校**
　〒973-8404 福島県いわき市内郷内町駒谷3-1
　TEL 0246-26-3505
　大正3年1月16日　内郷村立農業補習学校を設置
　大正9年2月4日　高坂実業補習学校と改称
　大正9年2月29日　内郷第三実業補習学校と改称
　大正10年4月19日　内郷実業補習学校と改称
　昭和18年4月1日　内郷町立内郷青年学校と改称
　昭和23年4月1日　福島県立内郷高等学校と改称
　平成16年4月1日　福島県立いわき総合高等学校と改称

◇福島県立**磐城農業高等学校**
　〒974-8261 福島県いわき市植田町小名田60
　TEL 0246-63-3310

| | | |
|---|---|---|
| 昭和19年 | | 福島県立磐城農業学校を設置 |
| 昭和23年 | | 福島県立磐城農業高等学校と改称 |
| 昭和34年 | | 福島県立磐城農工高等学校と改称 |
| 昭和37年 | | 福島県立磐城農業高等学校と改称 |

◇福島県立いわき翠の杜高等学校
　〒973-8403　福島県いわき市内郷綴町板宮2
　TEL 0246-26-2596
　平成16年4月1日　　福島県立いわき光洋高等学校（定時制課程）が独立し
　　　　　　　　　　福島県立いわき翠の杜高等学校を設置

◇福島県立岩瀬農業高等学校
　〒969-0401　福島県岩瀬郡鏡石町桜町207
　TEL 0248-62-3145
　明治41年4月1日　　西白河郡農学校を創立
　大正2年4月1日　　 福島県立農学校と改称
　大正11年4月1日　　福島県立岩瀬農学校と改称
　昭和23年4月1日　　福島県立岩瀬農業高等学校と改称

◇福島県立大沼高等学校
　〒969-6262　福島県大沼郡会津美里町字法憧寺北甲3473
　TEL 0242-54-2151
　大正10年4月1日　　大沼実業補習学校を開校
　大正12年4月1日　　大沼農業補習学校と改称
　昭和3年4月1日　　 大沼実業公民学校と改称
　昭和10年7月1日　　公立青年学校福島県大沼郡高田町大沼実業学校と改称
　昭和22年4月1日　　福島県立大沼農学校と改称
　昭和23年　　　　　福島県立大沼高等学校と改称

◇福島県立小高工業高等学校
　〒979-2157　福島県南相馬市小高区吉名字玉ノ木平78
　TEL 0244-44-3141
　昭和38年4月1日　　福島県立小高工業高等学校を設立

◇福島県立小高商業高等学校
　〒979-2113　福島県南相馬市小高区関場1丁目70
　TEL 0244-44-2161
　明治43年11月7日　 小高裁縫補修学校を創立
　大正12年4月1日　　小高女子実業補修学校と改称
　大正14年6月11日　 小高実践女学校と改称
　昭和3年3月31日　　小高実業専修学校を設置
　昭和10年4月1日　　公立青少年学校小高実業専修学校と改称
　昭和16年2月28日　 福島県小高農学校を設立
　昭和23年4月1日　　福島県立小高農業高等学校と改称
　昭和31年4月1日　　福島県立小高農工高等学校と改称
　昭和39年4月1日　　福島県立小高農業高等学校と改称
　昭和48年4月1日　　福島県立小高高等学校と改称
　昭和57年4月1日　　福島県立小高商業高等学校と改称

◇福島県立小名浜高等学校
　〒970-0316　福島県いわき市小名浜下神白字武城23
　TEL 0246-53-3465
　〈福島県小名浜実業学校〉
　明治40年5月9日　　町立小名浜実業補修学校を設置
　昭和4年7月16日　　福島県小名浜実業学校と改称
　〈町立小名浜高等女学校〉
　昭和15年4月1日　　町立小名浜実科高等女学校を設置
　昭和17年4月1日　　町立小名浜高等女学校と改称
　〈統合〉

| | | |
|---|---|---|
| 昭和23年4月1日 | | 福島県小名浜実業学校，町立小名浜高等女学校を統合し町立小名浜高等学校を設立 |
| 昭和25年3月31日 | | 福島県立小名浜高等学校と改称 |

◇福島県立小野高等学校
　〒963-3401　福島県田村郡小野町大字小野新町字宿ノ後63
　TEL 0247-72-3171
　昭和17年　　　　　小野新町・滝根町・飯豊村・夏井村組合立福島県田村農蚕学校が開校
　昭和22年　　　　　福島県立田村農蚕学校と改称
　昭和23年　　　　　福島県立田村農業高等学校と改称
　昭和27年　　　　　福島県立小野新町高等学校と改称
　昭和30年　　　　　福島県立小野高等学校と改称

◇福島県立小野高等学校平田分校
　〒963-8202　福島県石川郡平田村大字上蓬田字切山27
　TEL 0247-55-2675
　昭和23年12月1日　 福島県立田村農業高等学校蓬田季節学校を設置
　昭和24年4月1日　　福島県立田村農業高等学校（定時制）を設置
　昭和27年4月1日　　福島県立小野新町高等学校蓬田分校と改称
　昭和30年4月1日　　福島県立小野高等学校平田分校と改称

◇福島県立川口高等学校
　〒968-0011　福島県大沼郡金山町大字川口字蛇沢2434-2
　TEL 0241-54-2154
　昭和23年7月31日　 福島県立川口高等学校が開校

◇福島県立川俣高等学校
　〒960-1401　福島県伊達郡川俣町飯坂字諏訪山1
　TEL 024-566-2121
　明治41年　　　　　川俣町立染織補修学校が開校
　大正11年　　　　　福島県立川俣染織学校と改称
　昭和3年　　　　　 福島県立川俣工業学校と改称
　昭和23年　　　　　川俣高等女学校と統合し福島県立川俣高等学校と改称

◇福島県立喜多方工業高等学校
　〒966-0914　福島県喜多方市豊川町米室字高吉4344-5
　TEL 0241-22-1230
　昭和37年4月1日　　福島県立喜多方工業高等学校を創設

◇福島県立喜多方高等学校
　〒966-0802　福島県喜多方市字桜が丘1丁目129
　TEL 0241-22-0174
　大正7年4月1日　　 福島県立喜多方中学校を創立
　昭和23年3月31日　 福島県立喜多方高等学校と改称

◇福島県立喜多方商業高等学校
　〒966-0896　福島県喜多方市字諏訪185
　TEL 0241-22-0322
　大正3年　　　　　 町喜多方商業補修学校を設置
　大正11年　　　　　町立福島県喜多方商業学校を設立
　昭和21年　　　　　福島県喜多方商工学校を設立
　昭和23年　　　　　福島県立喜多方商工高等学校と改称
　昭和39年　　　　　福島県立喜多方商業高等学校と改称

福島県

◇福島県立**喜多方東高等学校**
〒966-0085 福島県喜多方市字江中子4167
TEL 0241-22-2161
| 昭和3年 | 喜多方高等女学校を設立 |
| 昭和23年 | 福島県立喜多方女子高等学校と改称 |
| 平成12年 | 福島県立喜多方東高等学校と改称 |

◇福島県立**光南高等学校**
〒969-0227 福島県西白河郡矢吹町田町532
TEL 0248-42-2205
| 昭和24年4月1日 | 福島県立白河農業高等学校矢吹分校を設置 |
| 昭和25年4月1日 | 福島県立白河高等学校矢吹分校と改称 |
| 昭和52年4月1日 | 福島県立矢吹高等学校として独立 |
| 平成8年4月1日 | 福島県立矢吹高等学校が閉校し福島県立光南高等学校が開校 |

◇福島県立**郡山北工業高等学校**
〒963-8052 福島県郡山市八山田2丁目224
TEL 024-932-1199
〈福島県立郡山工業高等学校〉
| 昭和19年4月 | 郡山市立郡山工業学校が開校 |
| 昭和29年4月 | 福島県立郡山工業高等学校と改称 |
〈福島県立郡山西工業高等学校〉
| 昭和38年4月 | 福島県立郡山西工業高等学校を設立 |
〈統合〉
| 昭和52年4月 | 福島県立郡山工業高等学校，福島県立郡山西工業高等学校が統合し福島県立郡山北工業高等学校が開校 |

◇福島県立**郡山高等学校**
〒963-0201 福島県郡山市大槻町字上篠林3
TEL 024-951-0215
| 昭和52年4月1日 | 福島県立郡山高等学校を開校 |

◇福島県立**郡山商業高等学校**
〒963-8862 福島県郡山市菜根5-6-7
TEL 024-922-0724
| 大正9年 | 郡山実業補習学校を創設 |
| 昭和元年 | 福島県立郡山商工学校と改称 |
| 昭和9年 | 福島県立郡山商業学校と改称 |
| 昭和19年 | 福島県立郡山工業学校と改称 |
| 昭和21年 | 福島県立郡山商工学校と改称 |
| 昭和23年 | 福島県立郡山商業高等学校と改称 |

◇**郡山女子大学附属高等学校**
［学校法人 郡山開成学園］
〒963-8503 福島県郡山市開成3-25-2
TEL 024-932-4848
| 昭和22年 | 郡山女子専門学院を設立 |
| 昭和32年 | 郡山短期大学附属高等学校を設立 |
| 昭和41年 | 郡山女子大学附属高等学校と改称 |

◇福島県立**郡山東高等学校**
〒963-8832 福島県郡山市山根町13-45
TEL 024-932-0898
| 大正12年4月 | 郡山実践女学校を創設 |
| 大正15年5月 | 郡山市立淑徳女学校と改称 |
| 昭和2年3月 | 福島県郡山淑徳女学校と改称 |
| 昭和17年3月 | 福島県郡山高等女学校と改称 |
| 昭和19年4月 | 福島県立郡山高等女学校と改称 |
| 昭和23年4月 | 福島県立郡山女子高等学校と改称 |
| 平成10年4月 | 福島県立郡山東高等学校と改称 |

◇福島県立**郡山萌世高等学校**
〒963-8002 福島県郡山市駅前2丁目11-1
TEL 024-932-1767
| 平成8年 | 福島県立あさか開成高等学校が開校 |
| 平成13年 | 福島県立あさか開成高等学校，福島県立郡山北工業高等学校（定時制普通科）が統合し福島県立郡山萌世高等学校が開校 |

◇福島県立**湖南高等学校**
〒963-1633 福島県郡山市湖南町福良字車ノ上8453-1
TEL 024-983-2126
| 昭和23年 | 福島県立湖南高等学校を創立 |

◇**桜の聖母学院高等学校**
［学校法人 桜の聖母学院］
〒960-8055 福島県福島市野田町7-11-1
TEL 024-535-3141
| 昭和27年 | 桜の聖母学院高等学校を設立 |

◇**松栄高等学校**
［学校法人 松韻学園］
〒975-0007 福島県南相馬市原町区南町4-9
TEL 0244-22-2805
| 昭和32年 | 原町工業高等学校が開校 |
| 平成8年 | 松栄高等学校と改称 |

◇**尚志高等学校**
［学校法人 尚志学園］
〒963-0201 福島県郡山市大槻町字坦ノ腰2
TEL 024-951-3500
| 昭和35年2月 | 福島高等予備校，建設技術学校が開校 |
| 昭和39年4月 | 女子工業高等学校が開校 |
| 昭和40年4月 | 日本女子工業高等学校と改称 |
| 平成2年4月 | 尚志高等学校と改称 |

◇福島県立**白河旭高等学校**
〒961-0912 福島県白河市旭町1丁目3
TEL 0248-22-2535
| 大正3年5月29日 | 白河実科高等女学校を創立 |
| 大正12年1月1日 | 福島県立白河高等女学校と改称 |
| 昭和23年4月1日 | 福島県立白河女子高等学校と改称 |
| 平成9年4月1日 | 福島県立白河旭高等学校と改称 |

◇福島県立**白河高等学校**
〒961-0851 福島県白河市南登町54
TEL 0248-24-1116
| 大正11年 | 福島県立白河中学校を設置 |
| 昭和23年4月1日 | 福島県白河商業学校が県移管により本校に合併し福島県立白河高等学校と改称 |

◇福島県立**白河実業高等学校**
〒961-0822 福島県白河市字瀬戸原6-1
TEL 0248-24-1176
| 昭和2年5月1日 | 白河町立福島県白河商業学校が開校 |
| 昭和19年4月1日 | 白河町立福島県白河農学校と改称 |
| 昭和23年4月1日 | 白河町立福島県白河農業高等学校と改称 |

| 昭和28年4月1日 | 福島県立白河農業高等学校と改称 |
| 昭和34年4月1日 | 福島県立白河農工高等学校と改称 |
| 昭和54年4月1日 | 福島県立白河実業高等学校と改称 |

◇福島県立**白河第二高等学校**
　〒961-0851 福島県白河市南登町54
　TEL 0248-23-2319

| 昭和24年 | 福島県立白河第二高等学校が開校 |

◇**仁愛高等学校**
　［学校法人　温知会］
　〒965-0011 福島県会津若松市鶴賀町1-5
　TEL 0242-25-0581

| 昭和43年 | 会津杏林学園高等学校を設立 |
| 平成15年 | 仁愛高等学校と改称 |

◇福島県立**新地高等学校**
　〒979-2703 福島県相馬郡新地町小川字貝塚西13
　TEL 0244-62-2009

| 明治39年1月10日 | 新地実業補修学校を設置 |
| 大正11年4月15日 | 農業補習学校と改称 |
| 昭和3年3月15日 | 新地実業公民学校と改称 |
| 昭和6年3月18日 | 新地実業学校と改称 |
| 昭和10年7月1日 | 公立青年学校福島県相馬郡新地村実業学校と改称 |
| 昭和23年4月1日 | 福島県立新地高等学校と改称 |
| 昭和26年4月1日 | 福島県立相馬高等学校農業部と改称 |
| 昭和39年4月1日 | 福島県立相馬高等学校より分離独立し福島県立新地高等学校と改称 |

◇福島県立**須賀川高等学校**
　〒962-0863 福島県須賀川市緑町88
　TEL 0248-75-3325

| 明治40年 | 須賀川町立商業補習学校が開校 |
| 大正8年 | 福島県須賀川町立商業学校と改称 |
| 大正9年 | 福島県須賀川商業学校と改称 |
| 昭和23年 | 福島県立須賀川高等女学校を併合し福島県立須賀川高等学校と改称 |

〈須賀川高等女学校〉

| 明治36年 | 裁縫専修学校を設置 |
| 大正8年 | 福島県須賀川実科高等女学校と改称 |
| 昭和18年 | 須賀川高等女学校と改称 |

◇福島県立**須賀川桐陽高等学校**
　〒962-0012 福島県須賀川市陣場町128
　TEL 0248-75-2151

| 昭和38年 | 福島県立須賀川女子高等学校が開校 |
| 平成7年4月1日 | 福島県立須賀川桐陽高等学校と改称 |

◇**聖光学院高等学校**
　［学校法人　聖光学院］
　〒960-0486 福島県伊達市六角3
　TEL 024-583-3325

| 昭和36年10月17日 | 聖光学院工業高等学校を設置 |
| 昭和52年4月1日 | 聖光学院高等学校に改称 |

◇福島県立**清陵情報高等学校**
　〒962-0403 福島県須賀川市滑川字西町179-6
　TEL 0248-72-1515

| 昭和63年4月8日 | 福島県立清陵情報高等学校が開校 |

◇福島県立**相馬高等学校**
　〒976-0042 福島県相馬市中村字大手先57-1
　TEL 0244-36-1331

| 明治31年 | 福島県第四尋常中学校を設立 |
| 明治32年 | 福島県第四中学校と改称 |
| 明治34年 | 福島県立相馬中学校と改称 |
| 昭和23年 | 福島県立相馬高等学校と改称 |

◇福島県立**相馬農業高等学校**
　〒975-0012 福島県南相馬市原町区三島町1丁目65
　TEL 0244-23-5175

| 明治36年6月1日 | 原町他2ヶ村組合立原町実業補修学校を佐藤徳助が創設 |
| 明治40年5月1日 | 郡立相馬農業高等学校と改称 |
| 大正10年4月 | 福島県立相馬農蚕学校と改称 |
| 昭和23年4月1日 | 福島県立相馬農業高等学校と改称 |

◇福島県立**相馬農業高等学校飯舘分校**
　〒960-1802 福島県相馬郡飯舘村深谷字大森25
　TEL 0244-42-0012

| 昭和24年 | 福島県立相馬農業高等学校大舘分校が開校 |
| 昭和31年 | 福島県立相馬農業高等学校飯舘分校と改称 |

◇福島県立**相馬東高等学校**
　〒976-0014 福島県相馬市北飯渕字阿弥陀堂200
　TEL 0244-36-6231

| 明治36年4月 | 四行塾を開校 |
| 明治38年5月 | 中村町立相馬女学校と改称 |
| 明治40年5月 | 相馬郡立相馬女子技芸学校と改称 |
| 明治44年3月 | 福島県相馬実科女学校と改称 |
| 大正9年4月 | 福島県相馬高等女学校と改称 |
| 大正11年4月 | 福島県立相馬高等女学校と改称 |
| 昭和23年4月 | 福島県立相馬女子高等学校と改称 |
| 平成15年4月 | 福島県立相馬東高等学校と改称 |

◇福島県立**平工業高等学校**
　〒970-8032 福島県いわき市平下荒川字中剃1-3
　TEL 0246-28-8281

| 昭和15年5月14日 | 福島県立平工業学校が開校 |
| 昭和23年4月1日 | 福島県立平第二工業学校を併合し福島県立平工業高等学校を設置 |

◇福島県立**平商業高等学校**
　〒970-8016 福島県いわき市平中塩字一水口37-1
　TEL 0246-23-2628

| 大正2年5月 | 平商業補習学校を設立 |
| 大正9年5月10日 | 福島県平商業学校と改称 |
| 昭和21年3月31日 | 福島県立平商業学校と改称 |
| 昭和23年4月1日 | 福島県平女子商業学校を吸収し福島県立平商業高等学校と改称 |

◇福島県立**田島高等学校**
　〒967-0004 福島県南会津郡南会津町田島字田部原260
　TEL 0241-62-0066

| 明治44年4月1日 | 町立田島実業補習学校が開校 |
| 大正12年4月1日 | 町立田島公民実業学校と改称 |
| 昭和7年4月1日 | 町立田島実業公民学校と改称 |
| 昭和9年4月1日 | 福島県立田島高等公民学校と改称 |
| 昭和12年4月1日 | 福島県立田島農林学校と改称 |
| 昭和23年4月1日 | 福島県立田島高等学校と改称 |

福島県

◇福島県立只見高等学校
　〒968-0421　福島県南会津郡只見町大字只見字根岸2358
　TEL 0241-82-2148
　昭和23年7月31日　　福島県立南会津西部高等学校伊北分校を開校
　昭和27年11月3日　　福島県立南会津西部高等学校只見分校と改称
　昭和35年4月1日　　福島県立南会津高等学校只見校舎と改称
　昭和39年4月1日　　福島県立只見高等学校として独立

◇福島県立橘高等学校
　〒960-8011　福島県福島市宮下町7-41
　TEL 024-535-3395
　〈福島県立福島第一女子高等学校〉
　明治30年4月1日　　福島町立福島高等女学校が開校
　明治36年4月10日　福島県立福島高等女学校を開校
　昭和23年4月1日　　福島県立福島第一女子高等学校と改称
　〈福島県立福島第二女子高等学校〉
　昭和16年4月1日　　福島県立福島第二高等女学校を設置
　昭和23年4月1日　　福島県立福島第二女子高等学校と改称
　〈統合〉
　昭和24年3月31日　福島県立福島第一女子高等学校, 福島県立福島第二女子高等学校が統合し福島県立福島女子高等学校と改称
　平成15年4月1日　　福島県立橘高等学校と改称

◇福島県立棚倉高等学校
　〒963-6131　福島県東白川郡棚倉町大字棚倉字堂ノ前14
　TEL 0247-33-2234
　大正13年4月15日　棚倉町立実科高等女学校を創立
　昭和19年3月31日　福島県棚倉高等女学校と改称
　昭和23年2月1日　　福島県立棚倉高等女学校と改称
　昭和23年4月1日　　福島県立棚倉高等学校と改称

◇福島県立田村高等学校
　〒963-7763　福島県田村郡三春町持合畑88-1
　TEL 0247-62-2185
　大正12年　　　　　　福島県立田村中学校を設立
　昭和23年　　　　　　福島県立田村高等学校と改称

◇帝京安積高等学校
　［学校法人　帝京安積学園］
　〒963-0101　福島県郡山市安積町日出山字神明下43
　TEL 024-941-7755
　昭和29年　　　　　　安積商業高等学校を設立
　昭和63年　　　　　　帝京安積高等学校と改称

◇福島県立遠野高等学校
　〒972-0161　福島県いわき市遠野町上遠野字赤坂10-1
　TEL 0246-89-2515
　昭和23年5月4日　　福島県立磐城農業高等学校上遠野分校を開校
　昭和28年3月20日　福島県立磐城農業高等学校上遠野農業部と改称
　昭和38年4月1日　　福島県立遠野高等学校として独立昇格

◇福島県立富岡高等学校
　〒979-1111　福島県双葉郡富岡町大字小浜字中央632
　TEL 0240-22-4141
　昭和25年　　　　　　福島県立浪江高等学校富岡分校を設立
　昭和27年　　　　　　福島県立浪江高等学校第二部と改称
　昭和29年　　　　　　福島県立富岡高等学校と改称

◇福島県立富岡高等学校川内分校
　〒979-1202　福島県双葉郡川内村大字下川内字宮渡31
　TEL 0240-38-2049
　昭和26年　　　　　　福島県立浪江高等学校大野分校川内分室を設立
　昭和33年　　　　　　村立川内高等学校と改称
　昭和40年　　　　　　福島県立富岡高等学校川内分校と改称

◇福島県立長沼高等学校
　〒962-0203　福島県須賀川市長沼字ネッコ橋58
　TEL 0248-67-2185
　昭和23年7月1日　　福島県立岩瀬農業高等学校長沼分校を創立
　昭和47年4月1日　　福島県須賀川高等学校長沼分校と改称
　昭和53年4月1日　　福島県立長沼高等学校として独立

◇福島県立勿来工業高等学校
　〒974-8261　福島県いわき市植田町堂の作10
　TEL 0246-63-5135
　昭和33年4月1日　　磐城農業高等学校機械科を開校
　昭和34年4月7日　　福島県立磐城農工高等学校機械科と改称
　昭和36年4月1日　　福島県立勿来工業高等学校として発足

◇福島県立勿来高等学校
　〒979-0141　福島県いわき市勿来町窪田町通2-1
　TEL 0246-65-2221
　昭和23年7月30日　福島県立磐城農業高等学校勿来分校を設立
　昭和28年4月1日　　福島県立勿来高等学校として独立

◇福島県立浪江高等学校
　〒979-1504　福島県双葉郡浪江町大字酒田東2丁目9-1
　TEL 0240-35-3141
　昭和2年　　　　　　福島県浪江実科高等女学校を創立
　昭和18年　　　　　　福島県浪江高等女学校と改称
　昭和22年　　　　　　福島県立浪江高等女学校と改称
　昭和23年　　　　　　福島県立浪江女子高等学校と改称
　昭和24年　　　　　　福島県立浪江高等学校と改称

◇福島県立浪江高等学校津島分校
　〒979-1756　福島県双葉郡浪江町下津島字大和久56-16
　TEL 0240-36-2009
　昭和23年　　　　　　福島県立小高農業高等学校津島分校を創立
　昭和48年　　　　　　福島県立浪江高等学校津島分校と改称

◇福島県立西会津高等学校
　〒969-4406　福島県耶麻郡西会津町野沢字上條道東甲256
　TEL 0241-45-2231

| 昭和23年5月13日 | 山都高等学校野沢分校（定時制課程）を開校 |
| 昭和28年4月1日 | 山都高等学校第二部に昇格 |
| 昭和32年4月1日 | 福島県立耶麻高等学校野沢校舎と改称 |
| 昭和39年4月1日 | 福島県立西会津高等学校として独立昇格 |

◇日本大学東北高等学校
　［学校法人 日本大学］
　〒963-1165 福島県郡山市田村町徳定字中河原1
　TEL 024-956-8838

| 昭和26年2月 | 日本大学東北工業高等学校を設置 |
| 昭和53年 | 日本大学東北高等学校と改称 |

◇福島県立二本松工業高等学校
　〒964-0937 福島県二本松市榎戸1丁目58-2
　TEL 0243-23-0960

| 昭和37年 | 福島県立二本松工業高等学校が開校 |

◇福島県立塙工業高等学校
　〒963-5341 福島県東白川郡塙町大字台宿字北原121
　TEL 0247-43-2131

| 昭和23年4月1日 | 福島県立東白川農業高等学校塙分校（定時制課程）を設立 |
| 昭和23年7月31日 | 福島県立塙高等学校と改称 |
| 昭和45年4月1日 | 福島県立塙工業高等学校と改称 |

◇福島県立原町高等学校
　〒975-0014 福島県南相馬市原町区西町3丁目380
　TEL 0244-23-6196

| 昭和14年4月 | 相馬商業学校が開校 |
| 昭和23年4月 | 原町高等女学校と統合し福島県立原町高等学校と改称 |

◇福島県立坂下高等学校
　〒969-6571 福島県河沼郡会津坂下町大字白狐字古川甲1090
　TEL 0242-83-2911

| 昭和24年 | 県立会津農業高等学校の普通科として設立 |
| 昭和29年 | 福島県立坂下高等学校と改称 |

◇福島県立東白川農商高等学校
　〒963-6131 福島県東白川郡棚倉町字東中居63
　TEL 0247-33-3214

| 明治41年4月30日 | 東白川郡立農蚕学校が開学 |
| 大正11年4月 | 福島県立東白川農蚕学校と改称 |
| 昭和23年4月 | 福島県立東白川農業高等学校と改称 |
| 昭和25年4月 | 福島県立東白川農商高等学校と改称 |

◇福島県立東白川農商高等学校鮫川分校
　〒963-8401 福島県東白川郡鮫川村大字赤坂中野字宿ノ入83
　TEL 0247-49-2029

| 昭和23年 | 東白川農業高校鮫川分校を設立 |
| 昭和25年 | 福島県立東白川農商高等学校鮫川分校と改称 |

◇東日本国際大学附属昌平高等学校
　［学校法人 昌平黌］
　〒970-8011 福島県いわき市平上片寄字上ノ内152
　TEL 0246-57-1123

| 平成12年 | 東日本国際大学附属昌平高等学校を設置 |

◇福島県立福島北高等学校
　〒960-0201 福島県福島市飯坂町字後畑1
　TEL 024-542-4291

| 昭和23年4月 | 福島県立信夫高等学校飯坂分校が開校 |
| 昭和26年4月 | 福島県立信夫高等学校第二部と改称 |
| 昭和32年4月 | 福島県立福島工業高等学校飯坂第二部と改称 |
| 昭和33年4月 | 福島県立福島高等学校飯坂第二部と改称 |
| 昭和35年4月 | 福島県立飯坂高等学校として独立 |
| 昭和49年4月 | 福島県立福島北高等学校と改称 |

◇福島県磐城第一高等学校
　［学校法人 山崎学園］
　〒973-8402 福島県いわき市内郷御厩町上宿11
　TEL 0246-26-1251

| 昭和33年 | 福島県磐城第一高等学校が開校 |

◇福島県磐城第二高等学校
　［学校法人 山崎学園］
　〒970-8025 福島県いわき市平南白土字勝負田11
　TEL 0246-25-6341

| 昭和38年4月 | 福島県磐城第二高等学校が開校 |

◇福島県立福島工業高等学校
　〒960-8003 福島県福島市森合字小松原1
　TEL 024-557-1395

| 昭和23年4月28日 | 福島県立信夫高等学校が開校 |
| 昭和32年4月 | 福島県立福島工業高等学校と改称 |

◇福島高等学校
　［学校法人 松韻学園］
　〒960-8012 福島県福島市御山町9-1
　TEL 024-534-3480

| 昭和17年 | 福島電気工業学校が開校 |
| 昭和23年 | 福島電気工業高等学校の設立認可を受ける |
| 昭和26年 | 福島工業高等学校と改称 |
| 昭和35年 | 福島第一高等学校を設立 |
| 昭和54年 | 福島工業高等学校，福島第一高等学校の合併により福島高等学校と改称 |

◇福島県立福島高等学校
　〒960-8002 福島県福島市森合町5-72
　TEL 024-535-2391

| 明治31年4月 | 福島県第三尋常中学校が開校 |
| 明治33年4月 | 福島県第三中学校と改称 |
| 明治34年4月 | 福島県立福島中学校と改称 |
| 昭和23年4月 | 福島県立福島高等学校を開校 |

◇福島県立福島商業高等学校
　〒960-0111 福島県福島市丸子字辰之尾1
　TEL 024-553-3451

| 明治30年5月1日 | 福島町立福島商業補習学校が開校 |
| 明治40年3月27日 | 福島市立商業学校と改称 |
| 大正11年4月1日 | 福島県立福島商業学校と改称 |
| 昭和23年4月1日 | 福島県立福島商工高等学校と改称 |
| 昭和24年4月1日 | 福島市立福島女子商業高等学校を統合 |

福島県

| | | |
|---|---|---|
| 昭和25年4月1日 | 福島県立福島商業高等学校と改称 | |

◇福島成蹊高等学校
　［学校法人 福島成蹊学園］
　〒960-8134 福島県福島市上浜町5-10
　TEL 024-522-2049
　大正2年6月16日　　福島成蹊女学校として創立
　昭和19年3月31日　福島成蹊女子商業学校と改称
　昭和21年3月31日　福島成蹊女学校に復元
　昭和23年4月1日　　福島成蹊女学校を廃止し
　　　　　　　　　　福島成蹊女子高等学校を設置
　平成16年4月1日　　福島成蹊高等学校と改称

◇福島県立福島中央高等学校
　〒960-8141 福島県福島市渡利字七社宮17
　TEL 024-523-4740
　昭和25年4月1日　　福島第二高等学校を設置
　昭和44年　　　　　福島県立福島中央高等学校と改称

◇福島東稜高等学校
　［学校法人 東稜学園］
　〒960-8124 福島県福島市山居上3
　TEL 024-535-3316
　昭和34年3月9日　　緑が丘高等学校を設置
　平成9年4月1日　　福島東稜高等学校と改称

◇福島県立福島西高等学校
　〒960-8163 福島県福島市方木田字上原37
　TEL 024-546-3391
　昭和38年4月　　　福島県立福島西女子高等学校を開校
　平成7年4月　　　　福島県立福島西高等学校と改称

◇福島県立福島東高等学校
　〒960-8107 福島県福島市浜田町12-21
　TEL 024-531-1551
　昭和55年　　　　　福島県立福島東高等学校が開校

◇福島県立福島南高等学校
　〒960-8141 福島県福島市渡利字七社宮17
　TEL 024-523-4740
　昭和62年4月　　　福島県立福島南高等学校が開校

◇福島県立福島明成高等学校
　〒960-1102 福島県福島市永井川字北原田1
　TEL 024-546-3381
　明治29年10月16日　福島県蚕業学校を設立
　昭和19年4月1日　　福島県立信夫農学校と統合し
　　　　　　　　　　福島県立福島農学校と改称
　昭和24年4月1日　　福島県立福島農蚕高等学校と改称
　平成9年4月1日　　福島県立福島明成高等学校と改称

◇福島県立双葉高等学校
　〒979-1472 福島県双葉郡双葉町大字新山字広町80
　TEL 0240-33-2131
　大正12年4月1日　　福島県立双葉中学校が開校
　昭和23年4月1日　　福島県立双葉高等学校と改称

◇福島県立双葉翔陽高等学校
　〒979-1308 福島県双葉郡大熊町大字下野上字原1
　TEL 0240-32-2039
　〈福島県立浪江高等学校大野分校〉
　昭和24年10月1日　福島県立浪江高等学校大野分校を設立
　〈福島県立富岡高等学校農業部〉
　昭和24年3月1日　　私立双葉農業高等学校を設立
　昭和27年1月1日　　双葉農林高等学校と改称
　昭和28年3月30日　福島県立浪江高等学校双葉農業部と改称
　昭和29年4月1日　　福島県立富岡高等学校農業部と改称
　〈統合〉
　昭和33年4月1日　　福島県立浪江高等学校大野分校,
　　　　　　　　　　福島県立富岡高等学校農業部を統合し
　　　　　　　　　　福島県立双葉農業高等学校と改称し独立
　平成9年4月1日　　福島県立双葉翔陽高等学校と改称

◇福島県立船引高等学校
　〒963-4312 福島県田村市船引町船引字石崎15-3
　TEL 0247-82-1511
　昭和23年　　　　　福島県立船引高等学校を設立

◇福島県立保原高等学校
　〒960-0604 福島県伊達市保原町字元木23
　TEL 024-575-3207
　大正11年4月15日　福島県立保原中学校を創立
　昭和23年4月1日　　町立保原高等女学校を統合し
　　　　　　　　　　福島県立保原高等学校と改称

◇福島県立南会津高等学校
　〒967-0631 福島県南会津郡南会津町界字向川原2000
　TEL 0241-73-2221
　昭和23年7月　　　福島県立南会西部高等学校を設置
　昭和35年4月　　　福島県立南会津高等学校と改称

◇福島県立本宮高等学校
　〒969-1101 福島県安達郡本宮町大字高木字井戸上45
　TEL 0243-33-2120
　大正4年4月30日　　本宮実科女学校を創立
　昭和23年4月　　　福島県本宮高等学校と改称
　昭和24年7月　　　福島県立本宮高等学校と改称

◇福島県立梁川高等学校
　〒960-0735 福島県伊達市梁川町字鶴ケ岡33
　TEL 024-577-0037
　大正8年　　　　　梁川町立実科高等女学校が開校
　昭和23年　　　　　福島県立梁川高等学校と改称

◇福島県立耶麻農業高等学校
　〒969-4152 福島県喜多方市山都町字上の山平4299-1
　TEL 0241-38-2018
　昭和23年4月28日　福島県立山都高等学校が開校
　昭和32年　　　　　福島県立耶麻高等学校と改称
　昭和45年　　　　　福島県立耶麻農業高等学校と改称

◇福島県立湯本高等学校
　〒972-8322 福島県いわき市常磐上湯長谷町五反田55
　TEL 0246-42-2178
　昭和17年4月20日　福島県湯本実科高等女学校が開校
　昭和18年4月2日　　福島県湯本高等女学校と改称
　昭和23年4月1日　　福島県立湯本高等学校と改称

◇福島県立好間高等学校
　〒970-1153 福島県いわき市好間町上好間字上川原25
　TEL 0246-36-2203
　昭和23年4月　　　福島県立内郷高等学校好間分校が開校
　昭和29年4月　　　福島県立内郷高等学校好間第二部と改称
　昭和38年4月1日　　福島県立好間高等学校として独立

◇福島県立**四倉高等学校**
　〒979-0201 福島県いわき市四倉町字5丁目4
　TEL 0246-32-5111
　昭和23年4月15日　福島県立四倉高等学校が開校

◇福島県立**若松商業高等学校**
　〒965-0875 福島県会津若松市米代1丁目3-31
　TEL 0242-27-0753
　明治45年　　　　市立若松商業学校が開校
　昭和4年　　　　福島県立若松商業学校と改称
　昭和23年　　　　福島県立若松商業高等学校と改称

◇**若松第一高等学校**
　［学校法人 石山学園］
　〒965-0031 福島県会津若松市相生町3-2
　TEL 0242-22-1004
　大正12年　　　　若松裁縫女学校を石山休三、石山
　　　　　　　　　ツ子生が設立
　昭和19年　　　　若松女子商業と改称
　昭和34年　　　　石山女子高等学校を経て
　　　　　　　　　若松第一高等学校と改称

# 茨城県

## 【大学】

◇**茨城キリスト教大学**
　［学校法人 茨城キリスト教学園］
　〒319-1295 茨城県日立市大みか町6-11-1
　TEL 0294-52-3215
　昭和42年1月23日　茨城キリスト教大学を設置

◇**茨城県立医療大学**
　〒300-0394 茨城県稲敷郡阿見町阿見4669-2
　TEL 0298-88-4000
　平成7年　　　　茨城県立医療大学が開学

◇**茨城大学**
　〒310-8512 茨城県水戸市文京2-1-1
　TEL 029-228-8111
　昭和24年5月31日　水戸高等学校, 茨城師範学校, 茨城
　　　　　　　　　青年師範学校, 多賀工業専門学
　　　　　　　　　校を統合し
　　　　　　　　　茨城大学を設置

◇**筑波学院大学**
　［学校法人 東京家政学院］
　〒305-0031 茨城県つくば市吾妻3-1
　TEL 029-858-4811
　平成8年　　　　東京家政学院筑波女子大学を設置
　平成17年4月　　筑波学院大学と改称

◇**筑波技術大学**
　〒305-8520 茨城県つくば市天久保4-3-15
　TEL 029-852-2931
　昭和62年10月　　筑波技術短期大学が開校
　平成17年10月　　筑波技術大学と改組・開学

◇**つくば国際大学**
　［学校法人 霞ケ浦学園］
　〒300-0051 茨城県土浦市真鍋6-20-1
　TEL 029-826-6000
　平成6年4月1日　つくば国際大学を開学

◇**筑波大学**
　〒305-8577 茨城県つくば市天王台1-1-1
　TEL 029-853-2111
　明治32年　　　　東京帝国大学農科大学農業教員養
　　　　　　　　　成所を設立
　昭和12年　　　　東京農業教育専門学校と改称
　昭和24年　　　　東京教育大学と改称
　昭和27年　　　　東京高等師範学校を統合
　昭和28年　　　　東京文理科大学を統合
　昭和53年　　　　筑波大学と改称
　平成14年　　　　図書館情報大学を統合
〈東京高等師範学校〉
　明治5年　　　　師範学校を設立
　明治6年　　　　東京師範学校と改称
　明治19年　　　　高等師範学校と改称
　明治35年　　　　東京高等師範学校と改称
　昭和23年　　　　臨時教員養成所, 特設中等教員養
　　　　　　　　　成所を統合
〈図書館情報大学〉
　大正10年　　　　文部省図書館員教習所を設立
　大正14年　　　　図書館講習所と改称

茨城県

| 昭和22年 | 図書館職員養成所と改称 |
| 昭和39年 | 図書館短期大学と改称 |
| 昭和56年 | 図書館情報大学と改称 |

◇常磐大学
　［学校法人 常磐大学］
　〒310-8585 茨城県水戸市見和1-430-1
　TEL 029-232-2511
　昭和58年4月　　　常磐大学を開学

◇流通経済大学
　［学校法人 日通学園］
　〒301-8555 茨城県龍ケ崎市平畑120
　TEL 0297-64-0001
　昭和40年1月　　　流通経済大学を設置

【短大】

◇茨城キリスト教大学短期大学部
　［学校法人 茨城キリスト教学園］
　〒319-1295 茨城県日立市大みか町6-11-1
　TEL 0294-52-3215
　昭和22年5月15日　シオン学園夜学校が開校
　昭和25年3月14日　茨城キリスト教短期大学を設置
　平成2年4月1日　　シオン短期大学と改称
　平成11年6月30日　茨城キリスト教大学短期大学部と改称

◇茨城女子短期大学
　［学校法人 大成学園］
　〒311-0114 茨城県那珂市東木倉960-2
　TEL 029-298-0596
　昭和42年　　　　　茨城女子短期大学を開学

◇つくば国際短期大学
　［学校法人 霞ケ浦学園］
　〒300-0051 茨城県土浦市真鍋6-7-10
　TEL 029-821-6125
　昭和41年4月　　　土浦短期大学を開学
　平成9年4月　　　　つくば国際短期大学と改称

◇東京家政学院筑波女子大学短期大学部
　［学校法人 東京家政学院］
　〒305-0031 茨城県つくば市吾妻3-1
　TEL 029-858-4811
　平成2年4月　　　東京家政学院筑波短期大学を開学
　平成8年4月　　　東京家政学院筑波女子大学短期大学部と改称

◇常磐短期大学
　［学校法人 常磐大学］
　〒310-8585 茨城県水戸市見和1-430-1
　TEL 029-232-2511
　昭和41年4月　　　常磐学園短期大学を開学
　平成2年4月　　　　常磐大学短期大学部と改称
　平成11年4月　　　常磐短期大学と改称

◇水戸短期大学
　［学校法人 田中学園］
　〒310-0913 茨城県水戸市見川町手負山2582
　TEL 029-241-1411
　昭和39年　　　　　水戸短期大学を設立

【高専】

◇茨城工業高等専門学校
　〒312-8508 茨城県ひたちなか市中根866
　TEL 029-272-5201
　昭和39年3月27日　茨城工業高等専門学校を設置

【高校】

◇愛国学園大学附属龍ケ崎高等学校
　［学校法人 愛国学園］
　〒301-0041 茨城県龍ケ崎市若柴町2746
　TEL 0297-66-0757
　昭和40年2月　　　愛国学園短期大学附属龍ケ崎高等学校を設立
　平成10年　　　　　愛国学園大学附属龍ケ崎高等学校と改称

◇茨城県立明野高等学校
　〒300-4515 茨城県筑西市倉持1176-1
　TEL 0296-52-3121
　昭和52年4月1日　　茨城県立明野高等学校として開校

◇茨城県立麻生高等学校
　〒311-3832 茨城県行方市麻生1806
　TEL 0299-72-0098
　昭和4年3月1日　　茨城県立麻生中学校として創立
　昭和23年4月1日　　茨城県立麻生高等学校と改称

◇茨城県立石岡商業高等学校
　〒315-0033 茨城県石岡市東光台3-4-1
　TEL 0299-26-4138
　昭和39年4月1日　　茨城県立石岡商業高等学校が開校

◇茨城県立石岡第一高等学校
　〒315-0001 茨城県石岡市山王台町3422
　TEL 0299-22-4135
　明治43年　　　　　新治郡立農学校として茨城県石岡町に開校
　大正12年　　　　　茨城県立石岡農学校と改称
　昭和23年　　　　　茨城県立石岡高等学校と改称
　昭和24年　　　　　茨城県立石岡第一高等学校と改称

◇茨城県立石岡第二高等学校
　〒315-0013 茨城県石岡市府中5-14-14
　TEL 0299-23-2101
　明治45年4月20日　　茨城県新治郡石岡町立石岡実科高等女学校として創立
　大正8年11月1日　　茨城県石岡実科高等女学校と改称
　昭和13年4月1日　　茨城県立石岡高等女学校と改称
　昭和23年3月31日　　茨城県立石岡女子高等学校と改称
　昭和24年4月1日　　茨城県立石岡第二高等学校と改称

◇茨城県立石下高等学校
　〒300-2706 茨城県常総市新石下1192-3
　TEL 0297-42-3118
　昭和40年5月9日　　東京音楽学院筑波高等学校を創立
　昭和46年　　　　　石下町立石下高等学校と改称
　昭和51年　　　　　茨城県立石下高等学校と改称

◇茨城県立磯原高等学校
　〒319-1541 茨城県北茨城市磯原町磯原912
　TEL 0293-42-0260
　昭和28年4月　　　茨城県立磯原高等学校を創立

◇茨城県立潮来高等学校
　〒311-2448 茨城県潮来市延方乙3025
　TEL 0299-66-2142

茨城県

| 明治40年7月 | 潮来町立女子技芸学校技芸科として創立 |
| 昭和20年2月 | 茨城県立潮来高等女学校と改称 |
| 昭和23年4月 | 茨城県立潮来高等学校と改称 |

◇茨城県立伊奈高等学校
〒300-2341 茨城県つくばみらい市福田711
TEL 0297-58-6175
昭和62年　　　　　茨城県立伊奈高等学校を創立

◇茨城キリスト教学園高等学校
［学校法人 茨城キリスト教学園］
〒319-1295 茨城県日立市大みか町6-11-1
TEL 0294-52-3215
昭和22年5月15日　　シオン学園夜学校が開校
昭和23年4月19日　　シオン学園高等部が開校
昭和24年11月26日　　茨城キリスト教学園高等学校と改称

◇茨城県立中央高等学校
〒319-0133 茨城県小美玉市張星500
TEL 0299-46-1321
昭和62年　　　　　茨城県立中央高等学校が開校

◇茨城高等学校
［学校法人 茨城］
〒310-0065 茨城県水戸市八幡町16-1
TEL 029-221-4936
昭和2年　　　　　茨城中学校を飯村丈三郎が設立
昭和23年　　　　　茨城高等学校と改称

◇茨城県立茨城東高等学校
〒311-3157 茨城県東茨城郡茨城町小幡2524
TEL 029-292-6245
昭和53年4月1日　　茨城県立茨城東高等学校が開校

◇茨城県立岩井高等学校
〒306-0631 茨城県坂東市岩井4319-1
TEL 0297-35-1667
昭和2年　　　　　岩井実科高等女学校として創立
昭和18年　　　　　岩井高等女学校と改称
昭和24年　　　　　茨城県立岩井高等学校と改称

◇茨城県立岩井西高等学校
〒306-0654 茨城県坂東市上出島1200-1
TEL 0297-34-2036
昭和51年4月　　　　茨城県立岩井西高等学校として創立

◇茨城県立岩瀬高等学校
〒309-1294 茨城県桜川市岩瀬1511-1
TEL 0296-75-2475
昭和39年　　　　　茨城県立岩瀬高等学校を創立

◇岩瀬日本大学高等学校
［学校法人 土浦日本大学学園］
〒309-1453 茨城県桜川市友部1739
TEL 0296-75-2242
平成14年　　　　　岩瀬日本大学高等学校の設置認可を受ける

◇茨城県立牛久栄進高等学校
〒300-1201 茨城県牛久市東猫穴町876
TEL 029-843-3110
昭和62年4月1日　　茨城県立牛久栄進高等学校が開校

◇茨城県立牛久高等学校
〒300-1204 茨城県牛久市岡見町2081-1
TEL 029-873-6220
昭和55年　　　　　茨城県立牛久高等学校を設立

◇江戸川学園取手高等学校
［学校法人 江戸川学園］
〒302-0025 茨城県取手市西1-37-1
TEL 0297-74-8771
昭和53年　　　　　江戸川学園取手高等学校が開校

◇茨城県立江戸崎高等学校
〒300-0504 茨城県稲敷市甲476-2
TEL 029-892-2103
平成17年4月1日　　茨城県立江戸崎高等学校が開校

◇茨城県立江戸崎総合高等学校
〒300-0504 茨城県稲敷市甲476-2
TEL 029-892-2103
平成17年4月1日　　茨城県立江戸崎総合高等学校が開校

◇茨城県立江戸崎西高等学校
〒300-0507 茨城県稲敷市犬塚1570
TEL 029-892-2546
昭和46年　　　　　茨城県立江戸崎西高等学校を創立

◇茨城県立大洗高等学校
〒311-1311 茨城県東茨城郡大洗町大貫町2908
TEL 029-267-6666
昭和49年　　　　　茨城県立大洗高等学校を創立

◇茨城県立太田第一高等学校
〒313-0005 茨城県常陸太田市栄町58
TEL 0294-72-2115
明治33年　　　　　茨城県立水戸中学校太田分校として発足
明治35年　　　　　茨城県立太田中学校として独立
昭和23年　　　　　茨城県立太田高等学校と改称
昭和24年　　　　　茨城県立太田第一高等学校と改称

◇茨城県立太田第二高等学校
〒313-0007 茨城県常陸太田市新宿町210
TEL 0294-72-2136
大正5年4月1日　　太田町立太田実科高等女学校を創立
大正8年9月1日　　久慈郡太田実科高等女学校と改称
大正15年4月1日　　茨城県太田実科高等女学校と改称
昭和2年4月1日　　茨城県立太田高等女学校と改称
昭和23年4月1日　　茨城県立太田女子高等学校と改称
昭和24年4月1日　　茨城県立太田第二高等学校と改称

◇茨城県立太田第二高等学校里美校
〒311-0506 茨城県常陸太田市折橋町27-2
TEL 0294-82-2330
昭和45年4月1日　　茨城県立太田第二高等学校里見分校が開学
昭和47年4月　　　　茨城県立里美高等学校と改称
平成18年4月1日　　茨城県立太田第二高等学校里美校と改称

◇茨城県立大宮高等学校
〒319-2215 茨城県常陸大宮市野中町3257-2
TEL 02955-2-2175
昭和10年4月1日　　大宮町立大宮実践女学校を設置

茨城県

| 昭和23年5月1日 | 茨城県立水戸第二高等学校大宮分校と改称 |
| 昭和35年4月1日 | 茨城県立大宮高等学校として独立 |
| 平成20年3月 | 茨城県立大宮高等学校を閉校予定 |

◇茨城県立**小川**高等学校
〒311-3423 茨城県小美玉市小川650
TEL 0299-58-1403
昭和61年4月　　　茨城県立小川高等学校が開校

◇茨城県立**小瀬**高等学校
〒319-2401 茨城県常陸大宮市上小瀬1881
TEL 02955-6-2204
明治32年　　　　村立小瀬農業補習学校が開校
明治40年　　　　村立小瀬農学校と改称
大正9年　　　　　茨城県小瀬農学校と改称
昭和17年　　　　茨城県立小瀬農学校と改称
昭和23年　　　　茨城県立小瀬高等学校と改称

◇茨城県立**海洋**高等学校
〒311-1214 茨城県ひたちなか市和田町3-1-26
TEL 029-262-2525
昭和9年　　　　　茨城県水産試験場講習部を設立
昭和17年　　　　茨城県立湊水産学校と改称
昭和23年　　　　茨城県立那珂湊水産高等学校と改称
平成5年　　　　　茨城県立海洋高等学校と改称

◇茨城県立**笠間**高等学校
〒309-1611 茨城県笠間市笠間1668
TEL 0296-72-1171
明治42年4月15日　笠間町他5ヶ村組合立農学校が開校
明治44年4月1日　西茨城郡立農学校と改称
大正12年4月1日　茨城県立笠間農学校と改称
昭和23年3月31日　茨城県立笠間高等学校と改称

◇**鹿島学園**高等学校
［学校法人　鹿島学園］
〒314-0042 茨城県鹿嶋市大字田野辺字塩釜141-9
TEL 0299-83-3211
平成元年1月18日　鹿島学園高等学校を設置

◇茨城県立**鹿島**高等学校
〒314-0038 茨城県鹿嶋市城山2-2-19
TEL 0299-82-1903
明治43年4月28日　組合立農学校を創立
大正3年11月20日　鹿島郡立鹿島農学校と改称
大正11年4月1日　茨城県立鹿島農学校と改称
昭和23年4月1日　茨城県立鹿島農業高等学校と改称
昭和24年4月1日　茨城県立鹿島高等学校と改称

◇茨城県立**鹿島灘**高等学校
〒311-2207 茨城県鹿嶋市志崎121
TEL 0299-69-2511
昭和55年4月1日　茨城県立鹿島灘高等学校として開校

◇**霞ケ浦**高等学校
［学校法人　霞ケ浦高等学校］
〒300-0301 茨城県稲敷郡阿見町青宿50
TEL 029-887-0013
昭和21年　　　　霞ケ浦農業学校を設立
昭和24年　　　　霞ケ浦高等学校と改称

◇茨城県立**勝田工業**高等学校
〒312-0016 茨城県ひたちなか市松戸町3-10-1
TEL 029-272-4351
昭和37年4月1日　茨城県立勝田工業高等学校を設置

◇茨城県立**勝田**高等学校
〒312-0003 茨城県ひたちなか市足崎西原1458
TEL 029-273-7411
昭和48年4月　　　茨城県立勝田高等学校が開校

◇茨城県立**上郷**高等学校
〒300-2645 茨城県つくば市上郷2494-3
TEL 029-847-3411
昭和2年4月9日　　上郷村外二ヶ村学校組合立農業実習学校として設立
昭和10年7月27日　茨城県上郷農蚕学校と改称
昭和11年4月1日　茨城県立上郷農蚕学校と改称
昭和23年4月1日　茨城県立上郷農蚕高等学校と改称
昭和24年4月1日　茨城県立上郷高等学校と改称
昭和40年4月1日　茨城県立上郷農業高等学校と改称
昭和59年4月1日　茨城県立上郷高等学校と改称

◇茨城県立**神栖**高等学校
〒314-0125 茨城県神栖市高浜1468
TEL 0299-92-4169
昭和46年　　　　茨城県立神栖高等学校を設立

◇茨城県立**北茨城**高等学校
〒319-1711 茨城県北茨城市関南町関本下1059
TEL 0293-46-0834
昭和41年4月　　　茨城県立北茨城高等学校が開校

◇茨城県立**鬼怒商業**高等学校
〒307-0011 茨城県結城市小森1513-2
TEL 0296-32-3322
昭和47年4月1日　茨城県立鬼怒商業高等学校として開校

◇茨城県立**茎崎**高等学校
〒300-1272 茨城県つくば市茎崎447-8
TEL 029-876-3778
昭和60年　　　　茨城県立茎崎高等学校として開校

◇**晃陽学園**高等学校
［学校法人　晃陽学園］
〒306-0011 茨城県古河市東1-5-26
TEL 0280-31-5455
平成16年4月　　　晃陽学園高等学校が開校

◇茨城県立**古河第一**高等学校
〒306-0012 茨城県古河市旭町2-4-5
TEL 0280-32-0434
大正15年4月18日　茨城県古河商業学校を設立
昭和6年4月1日　　茨城県立古河商業学校と改称
昭和19年4月1日　茨城県立古河工業学校に転換
昭和23年4月1日　茨城県立古河高等学校と改称
昭和24年4月1日　茨城県立古河第一高等学校と改称

◇茨城県立**古河第二**高等学校
〒306-0024 茨城県古河市幸町19-18
TEL 0280-32-0444
大正3年　　　　　古河町立女子技芸学校として開校
大正9年　　　　　古河実科高等女学校と改称
昭和11年　　　　茨城県立古河高等女学校と改称
昭和23年　　　　茨城県立古河女子高等学校と改称
昭和24年　　　　茨城県立古河第二高等学校と改称

◇茨城県立**古河第三**高等学校
〒306-0054 茨城県古河市中田新帳新田神明12-1

```
                                   TEL 0280-48-2755
           昭和44年           茨城県立古河第三高等学校を設立
◇茨城県立境高等学校
   〒306-0433 茨城県猿島郡境町175
   TEL 0280-87-0123
   昭和3年4月12日    茨城県立境中学校が開校
   昭和23年4月1日    茨城県立境高等学校と改称
◇茨城県立境西高等学校
   〒306-0405 茨城県猿島郡境町塚崎2170
   TEL 0280-87-8231
   昭和53年4月1日    茨城県立境西高等学校が開校
◇茨城県立佐竹高等学校
   〒313-0041 茨城県常陸太田市稲木町155
   TEL 0294-72-3333
   昭和48年4月1日    茨城県立佐竹高等学校として開設
◇茨城県立猿島高等学校
   〒306-0501 茨城県坂東市逆井2833-115
   TEL 0280-88-1011
   昭和47年           猿島農芸高等学校として創立
   昭和60年           茨城県立猿島高等学校と改称
◇茨城県立佐和高等学校
   〒312-0061 茨城県ひたちなか市稲田636-1
   TEL 029-285-1819
   昭和60年           茨城県立佐和高等学校が開校
◇茨城県立三和高等学校
   〒306-0123 茨城県古河市下大野54-1
   TEL 0280-76-4959
   昭和61年4月1日    茨城県立三和高等学校が開校
◇茨城県立下館工業高等学校
   〒308-0847 茨城県筑西市玉戸1336-111
   TEL 0296-22-3632
   昭和37年4月1日    茨城県立下館工業高等学校を設立
◇茨城県立下館第一高等学校
   〒308-0825 茨城県筑西市下中山590
   TEL 0296-24-6344
   大正11年           茨城県下館商業学校を創立
   昭和3年            茨城県立下館商業学校と改称
   昭和21年           県立下館中学校と改称
   昭和23年           茨城県立下館高等学校と改称
   昭和24年           茨城県立下館第一高等学校と改称
◇茨城県立下館第二高等学校
   〒308-0051 茨城県筑西市岡芹1119
   TEL 0296-22-5361
   明治33年           下館町立裁縫女学校として大町に
                      創立
   明治43年           下館町立女子技芸学校と改称
   明治45年           真壁郡立実科高等女学校と改称
   大正10年           茨城県下館高等女学校と改称
   大正11年           茨城県立下館高等女学校と改称
   昭和23年           茨城県立下館女子高等学校と改称
   昭和24年           茨城県立下館第二高等学校と改称
◇茨城県立下妻第一高等学校
   〒304-0067 茨城県下妻市下妻乙226-1
   TEL 0296-44-5158
   明治30年4月        茨城県尋常中学校下妻分校を設置
   明治32年4月        茨城県中学校下妻分校と改称
   明治34年4月        茨城県立下妻中学校と改称
   昭和23年4月        茨城県立下妻高等学校を設置
   昭和24年4月        茨城県立下妻第一高等学校と改称
◇茨城県立下妻第二高等学校
   〒304-0067 茨城県下妻市下妻乙347-8
   TEL 0296-44-2549
   明治42年9月9日     女子綱文学校を三浦空成が設立
   大正8年8月10日     下妻町立実科高等女学校と改称
   大正12年11月1日    下妻町外11町村学校組合立下妻町
                      立実科高等女学校と改称
   昭和17年1月1日     茨城県立下妻高等女学校と改称
   昭和24年4月1日     茨城県立下妻第二高等学校と改称
◇常総学院高等学校
   ［学校法人 常総学院］
   〒300-0849 茨城県土浦市中村西根1010
   TEL 029-842-8771
   明治38年10月1日    常総学院を創立
   昭和18年12月28日   常総学院を閉鎖
   昭和58年4月11日    常総学院高等学校が開校
◇茨城県立常北高等学校
   〒311-4392 茨城県東茨城郡城里町春園1634
   TEL 029-288-2028
   昭和25年4月1日     茨城県立水戸農業高等学校石塚分
                      校を設置
   昭和38年4月1日     茨城県立常北高等学校として独立
◇翔洋学園高等学校
   ［学校法人 翔洋学園］
   〒319-1221 茨城県日立市大みか町4-1-3
   TEL 0294-27-1101
   平成12年4月        翔洋学園高等学校が開校
◇水城高等学校
   ［学校法人 水城高等学校］
   〒310-0804 茨城県水戸市白梅2-1-45
   TEL 029-247-6509
   昭和39年           水城高等学校を設立
◇清真学園高等学校
   ［学校法人 清真学園］
   〒314-0031 茨城県鹿嶋市宮中伏見4448-5
   TEL 0299-83-1811
   昭和52年9月12日    清真学園高等学校を設置
◇聖徳大学附属聖徳高等学校
   ［学校法人 東京聖徳学園］
   〒300-1544 茨城県取手市山王1000
   TEL 0297-83-8111
   昭和58年4月        聖徳学園短期大学附属聖徳高等学
                      校が開校
   平成2年4月         聖徳大学附属聖徳高等学校と改称
◇茨城県立総和工業高等学校
   〒306-0211 茨城県古河市葛生1004-1
   TEL 0280-92-0660
   昭和45年4月        茨城県立総和工業高等学校が発足
◇茨城県立総和高等学校
   〒306-0225 茨城県古河市磯部846
   TEL 0280-92-4551
   昭和56年4月1日     茨城県立総和高等学校を創立
◇茨城県立大子清流高等学校
   〒319-3526 茨城県久慈郡大子町大子224
   TEL 02957-2-0079
```

茨城県

| 平成16年4月 | 茨城県立大子第一高等学校，茨城県立大子第二高等学校が統合し茨城県立大子清流高等学校が開校 |

◇大成女子高等学校
　　［学校法人　大成学園］
　　〒310-0063 茨城県水戸市五軒町3-2-61
　　TEL 029-221-6968
| 明治40年12月 | 裁縫塾を長額賀三郎、キヨが開設 |
| 明治42年4月3日 | 大成裁縫女学校と改称 |
| 大正8年9月 | 水戸市大成女学校(のち廃校)と改称 |
| 昭和4年4月 | 大成高等女学校を設立 |
| 昭和23年3月 | 大成女子高等学校と改称 |

◇茨城県立多賀高等学校
　　〒316-0036 茨城県日立市鮎川町3-9-1
　　TEL 0294-33-0044
| 昭和28年4月 | 茨城県立多賀高等学校を創立 |

◇茨城県立高萩高等学校
　　〒318-0034 茨城県高萩市高萩1111
　　TEL 0293-22-3161
| 昭和3年4月16日 | 茨城県松原実科高等女学校が開校 |
| 昭和12年2月1日 | 茨城県高萩実科高等女学校と改称 |
| 昭和17年4月1日 | 茨城県高萩高等女学校と改称 |
| 昭和20年2月1日 | 茨城県立高萩高等女学校と改称 |
| 昭和23年4月1日 | 茨城県立高萩高等学校と改称 |

◇茨城県立高萩清松高等学校
　　〒318-0001 茨城県高萩市赤浜1864
　　TEL 0293-23-4121
　　〈茨城県立松丘高等学校〉
| 昭和50年 | 茨城県立松丘高等学校が開校 |
　　〈茨城県立高萩工業高等学校〉
| 昭和38年4月1日 | 茨城県立高萩工業高等学校を創立 |
　　〈統合〉
| 平成18年4月1日 | 茨城県立松丘高等学校，茨城県立高萩工業高等学校が統合し茨城県立高萩清松高等学校が開校 |

◇茨城県立竹園高等学校
　　〒305-0032 茨城県つくば市竹園3-9-1
　　TEL 029-851-7515
| 昭和54年4月1日 | 茨城県立竹園高等学校が開校 |

◇茨城県立玉造工業高等学校
　　〒311-3501 茨城県行方市芹沢1552
　　TEL 0299-55-0138
| 昭和38年4月1日 | 茨城県立玉造工業高等学校を創立 |

◇つくば開成高等学校
　　［学校法人　つくば開成学園］
　　〒300-1211 茨城県牛久市柏田町字新田3315-10
　　TEL 029-872-5532
| 平成15年 | つくば開成高等学校が開校 |

◇茨城県立つくば工科高等学校
　　〒305-0861 茨城県つくば市谷田部1818
　　TEL 029-836-1441
| 昭和2年4月 | 谷田部町立筑波実習学校として創立 |
| 昭和9年4月 | 茨城県谷田部実業学校と改称 |
| 昭和18年4月 | 茨城県谷田部農学校と改称 |
| 昭和23年4月 | 茨城県立谷田部高等学校と改称 |
| 平成9年4月 | 茨城県立つくば工科高等学校と改称 |

◇茨城県立筑波高等学校
　　〒300-4231 茨城県つくば市北条4387
　　TEL 029-867-0041
| 昭和25年4月10日 | 茨城県立土浦第二高等学校北条分校として開校 |
| 昭和36年4月1日 | 茨城県立筑波高等学校と改称 |

◇つくば国際大学高等学校
　　［学校法人　霞ケ浦学園］
　　〒300-0051 茨城県土浦市真鍋1-3-5
　　TEL 029-821-0670
| 昭和21年4月 | 茨城県土浦第一高等女学校が開校 |
| 昭和27年2月 | 土浦第一女子高等学校と改称 |
| 平成10年4月 | つくば国際大学高等学校と改称 |

◇つくば秀英高等学校
　　［学校法人　温習塾］
　　〒300-2655 茨城県つくば市島名151
　　TEL 029-847-1611
| 平成7年1月24日 | つくば秀英高等学校を設置 |

◇茨城県立土浦工業高等学校
　　〒300-0051 茨城県土浦市真鍋6-11-20
　　TEL 029-821-1953
| 昭和34年4月1日 | 茨城県立土浦工業高等学校が開校 |

◇茨城県立土浦湖北高等学校
　　〒300-0021 茨城県土浦市菅谷町1525-1
　　TEL 029-831-4170
| 昭和58年4月 | 茨城県立土浦湖北高等学校が開校 |

◇茨城県立土浦第一高等学校
　　〒300-0051 茨城県土浦市真鍋4-4-2
　　TEL 029-822-0137
| 明治30年4月7日 | 茨城県尋常中学校土浦分校として開校認可 |
| 明治33年4月1日 | 茨城県立土浦中学校と改称 |
| 昭和23年4月1日 | 茨城県立土浦第一高等学校と改称 |

◇茨城県立土浦第二高等学校
　　〒300-0041 茨城県土浦市立田町9-6
　　TEL 029-822-5027
| 明治36年5月1日 | 茨城県立土浦高等女学校として創立 |
| 昭和23年4月 | 茨城県立土浦第二高等学校と改称 |

◇茨城県立土浦第三高等学校
　　〒300-0835 茨城県土浦市大岩田町1599
　　TEL 029-821-1605
| 昭和21年4月20日 | 土浦市立中学校が開校 |
| 昭和23年4月1日 | 土浦市立高等学校と改称 |
| 昭和27年4月1日 | 茨城県立土浦第三高等学校と改称 |

◇土浦日本大学高等学校
　　［学校法人　土浦日本大学学園］
　　〒300-0826 茨城県土浦市小松ケ丘町4-46
　　TEL 029-822-3382
| 昭和38年2月 | 土浦高等学校を設立 |
| 昭和39年7月 | 土浦日本大学高等学校と改称 |

◇茨城県立東海高等学校
　　〒319-1112 茨城県那珂郡東海村村松771-1
　　TEL 029-282-7501
| 昭和52年4月1日 | 茨城県立東海高等学校を創立 |

茨城県

◇東洋大学附属牛久高等学校
　［学校法人　東洋大学］
　〒300-1211　茨城県牛久市柏田町1360-2
　TEL 0298-72-0350
　昭和39年　　　　　東洋大学附属牛久高等学校が開校

◇常磐大学高等学校
　［学校法人　常磐大学］
　〒310-0036　茨城県水戸市新荘3-2-28
　TEL 029-224-1707
　明治42年11月　　　裁縫伝習所を諸澤みよが開設
　大正11年4月　　　 水戸常磐女学校と改称
　昭和10年3月　　　 常磐高等女学校と改称
　昭和23年3月　　　 常磐女子高等学校と改称
　平成12年4月　　　 常磐大学高等学校と改称

◇茨城県立友部高等学校
　〒309-1738　茨城県笠間市大田町352-15
　TEL 0296-77-7676
　昭和53年4月1日　　茨城県立友部高等学校が開校

◇茨城県立取手松陽高等学校
　〒302-0001　茨城県取手市小文間4770
　TEL 0297-77-8934
　昭和58年10月8日　　茨城県立取手松陽高等学校が開校

◇茨城県立取手第一高等学校
　〒302-0013　茨城県取手市台宿2-4-1
　TEL 0297-72-1348
　大正11年4月15日　　茨城県北相馬郡北総実修学校を設立
　昭和2年4月1日　　 茨城県立取手農学校と改称
　昭和8年4月1日　　 茨城県立取手園芸学校と改称
　昭和17年4月1日　　茨城県立取手農芸学校と改称
　昭和23年4月1日　　茨城県立取手園芸高等学校と改称
　昭和24年4月1日　　茨城県立取手第一高等学校と改称

◇茨城県立取手第二高等学校
　〒302-0005　茨城県取手市東2-5-1
　TEL 0297-73-0048
　大正11年3月　　　　茨城県北相馬郡北総実修学校を設立
　大正14年5月　　　　茨城県取手実科高等女学校を設置
　昭和15年4月　　　　茨城県立高等女学校と改称
　昭和23年4月　　　　茨城県立取手女子高等学校と改称
　昭和24年4月　　　　茨城県立取手第二高等学校と改称

◇茨城県立那珂高等学校
　〒311-0111　茨城県那珂市後台1710-1
　TEL 029-295-2710
　昭和60年　　　　　茨城県立那珂高等学校を創立

◇茨城県立那珂湊第一高等学校
　〒311-1224　茨城県ひたちなか市山ノ上町4-6
　TEL 029-262-2642
　明治34年2月16日　　茨城県湊町立湊商業学校を創立
　大正9年1月1日　　　茨城県湊商業学校と改称
　昭和4年3月31日　　 茨城県立湊水産商業学校と改称
　昭和6年4月1日　　　茨城県立湊商業学校と改称
　昭和19年4月1日　　 茨城県立湊工業学校と改称
　昭和21年4月1日　　 茨城県立湊商業学校と改称
　昭和23年4月1日　　 茨城県立那珂湊高等学校と改称
　昭和24年4月1日　　 茨城県立那珂湊第一高等学校と改称

◇茨城県立那珂湊第二高等学校
　〒311-1213　茨城県ひたちなか市牛久保1-10-18
　TEL 029-263-7125
　昭和16年3月31日　　那珂湊町立那珂湊高等女学校を設置
　昭和20年3月1日　　 茨城県立那珂湊高等女学校と改称
　昭和24年4月1日　　 茨城県立那珂湊第二高等学校と改称

◇茨城県立並木高等学校
　〒305-0044　茨城県つくば市並木4-5-1
　TEL 029-851-1346
　昭和59年　　　　　茨城県立並木高等学校が開校

◇茨城県立波崎高等学校
　〒314-0343　茨城県神栖市土合本町2-9928-1
　TEL 0479-48-0044
　昭和39年　　　　　茨城県立波崎高等学校が開校

◇茨城県立波崎柳川高等学校
　〒314-0252　茨城県神栖市柳川1603-1
　TEL 0479-46-2711
　昭和60年　　　　　茨城県立波崎柳川高等学校を創立

◇茨城県立常陸大宮高等学校
　〒319-2255　茨城県常陸大宮市野中町3257-2
　TEL 0295-52-2175
〈茨城県立大宮高等学校〉
　昭和10年4月1日　　大宮町立大宮実践女学校を設置
　昭和23年5月1日　　茨城県立水戸第二高等学校大宮分校と改称
　昭和35年4月1日　　茨城県立大宮高等学校として独立
　平成20年3月　　　　茨城県立大宮高等学校を閉校予定
〈大宮工業高等学校〉
　昭和49年4月　　　　茨城県立大宮工業高等学校が開校
〈統合〉
　平成18年4月1日　　茨城県立大宮高等学校，茨城県立大宮工業高等学校が統合し茨城県立常陸大宮高等学校が開校

◇茨城県立日立北高等学校
　〒319-1411　茨城県日立市川尻町6-11-1
　TEL 0294-43-2101
　昭和56年　　　　　茨城県立日立北高等学校を創立

◇茨城県立日立工業高等学校
　〒317-0077　茨城県日立市城南町2-12-1
　TEL 0294-22-1049
　昭和17年10月　　　日立市中学校として開校
　昭和23年4月　　　 日立市立高等学校と改称
　昭和24年4月　　　 茨城県立日立第三高等学校と改称
　昭和25年4月　　　 茨城県立日立工業高等学校と改称

◇茨城県立日立商業高等学校
　〒319-1222　茨城県日立市久慈町6-20-1
　TEL 0294-52-4779
　昭和39年6月8日　　茨城県立日立商業高等学校を設置

◇茨城県立日立第一高等学校
　〒317-0063　茨城県日立市若葉町3-15-1
　TEL 0294-22-6488
　昭和2年　　　　　　茨城県立日立中学校が開校
　昭和23年4月1日　　茨城県立日立第一高等学校と改称

◇茨城県立日立第二高等学校
　〒317-0071　茨城県日立市鹿島町3-2-1

# 茨城県

```
              TEL 0294-22-3254
    昭和2年          私立東海高等女学校として創立
    昭和11年         県立助川高等女学校と改称
    昭和14年         県立日立高等女学校と改称
    昭和23年         茨城県立日立第二高等学校と改称
```

◇茨城県立**藤代高等学校**
　〒300-1537 茨城県取手市毛有640
　TEL 0297-82-6283
　昭和48年　　　　茨城県立藤代高等学校が開校

◇茨城県立**藤代紫水高等学校**
　〒300-1507 茨城県取手市浜田660
　TEL 0297-83-6427
　昭和58年4月　　　茨城県立藤代紫水高等学校が開校

◇茨城県立**鉾田第一高等学校**
　〒311-1517 茨城県鉾田市鉾田1090-2
　TEL 0291-33-2161
　大正11年2月16日　茨城県立鉾田中学校を設置
　昭和23年4月1日　茨城県立鉾田高等学校と改称
　昭和24年4月1日　茨城県立鉾田第一高等学校と改称

◇茨城県立**鉾田第二高等学校**
　〒311-1517 茨城県鉾田市鉾田1158
　TEL 0291-33-2171
　大正13年2月23日　組合立実科高等女学校として開校
　大正14年2月23日　茨城県鉾田実科高等女学校と改称
　昭和15年4月1日　茨城県立鉾田高等女学校と改称
　昭和23年4月1日　茨城県立鉾田女子高等学校と改称
　昭和24年4月1日　茨城県立鉾田第二高等学校と改称

◇茨城県立**鉾田農業高等学校**
　〒311-1503 茨城県鉾田市徳宿額相2997-イ
　TEL 0291-36-3329
　昭和44年4月1日　茨城県立鉾田農業高等学校を設立

◇茨城県立**真壁高等学校**
　〒300-4417 茨城県桜川市真壁町飯塚210
　TEL 0296-55-3715
　明治42年　　　　茨城県立真壁高等学校を創立

◇茨城県立**水海道第一高等学校**
　〒303-0025 茨城県常総市水海道亀岡町2543
　TEL 0297-22-0029
　明治33年4月1日　茨城県下妻中学校水海道分校が開校
　明治34年5月30日　茨城県立下妻中学校水海道分校と改称
　明治35年4月1日　茨城県立水海道中学校と改称
　昭和23年4月1日　茨城県立水海道高等学校と改称
　昭和24年4月1日　茨城県立水海道第一高等学校と改称

◇茨城県立**水海道第二高等学校**
　〒303-0003 茨城県常総市水海道橋本町3549-4
　TEL 0297-22-1330
　明治44年3月24日　水海道町外六ケ村組合立実科女学校として創立
　大正4年3月31日　御城高等女学校と改称
　大正11年4月1日　茨城県立水海道高等女学校と改称
　昭和23年3月15日　茨城県立水海道女子高等学校と改称
　昭和24年4月1日　茨城県立水海道第二高等学校と改称

◇**水戸葵陵高等学校**
　［学校法人 田中学園］
　〒310-0851 茨城県水戸市千波町字中山2369-3
　TEL 029-243-7718
　昭和60年　　　　水戸短期大学附属水戸高等学校を設立
　平成8年　　　　水戸葵陵高等学校と改称

◇茨城県立**水戸工業高等学校**
　〒310-0836 茨城県水戸市元吉田町1101
　TEL 029-247-5711
　明治42年2月　　　茨城県立工業学校を設置
　昭和23年3月　　　茨城県立水戸工業高等学校と改称

◇茨城県立**水戸桜ノ牧高等学校**
　〒310-0914 茨城県水戸市小吹町2070
　TEL 029-243-3644
　昭和57年　　　　茨城県立水戸桜ノ牧高等学校が開校

◇茨城県立**水戸商業高等学校**
　〒310-0036 茨城県水戸市新荘3-7-2
　TEL 029-224-4402
　明治35年3月12日　茨城県立商業学校として創立
　昭和3年4月1日　茨城県立水戸商業学校と改称
　昭和23年4月1日　茨城県立水戸商業高等学校と改称

◇**水戸女子高等学校**
　［学校法人 水戸女子商業学園］
　〒310-0041 茨城県水戸市上水戸1-2-1
　TEL 029-224-4124
　昭和6年4月10日　茨城女学校を鈴木米蔵が創立
　昭和10年4月1日　茨城商業女学校と改称
　昭和19年3月25日　水戸女子商業学校と改称
　昭和26年3月6日　水戸女子商業学園高等学校と改称
　昭和51年4月1日　水戸女子高等学校と改称

◇茨城県立**水戸第一高等学校**
　〒310-0011 茨城県水戸市三の丸3-10-1
　TEL 029-224-2254
　明治11年8月12日　茨城師範学校に予備学科設置
　明治13年7月22日　茨城中学校として分離独立
　明治16年8月19日　茨城第一中学校と改称
　明治19年7月2日　茨城中学校と改称
　明治19年10月3日　茨城県尋常中学校と改称
　明治32年4月1日　茨城県中学校と改称
　明治33年3月31日　茨城県水戸中学校と改称
　明治34年5月3日　茨城県立水戸中学校と改称
　昭和23年4月1日　茨城県立水戸第一高等学校を発足

◇茨城県立**水戸第二高等学校**
　〒310-0062 茨城県水戸市大町2-2-14
　TEL 029-224-2543
　明治33年4月1日　茨城県高等女学校を設置
　明治36年4月1日　茨城県立水戸高等女学校と改称
　昭和23年4月1日　茨城県立水戸第二高等学校と改称

◇茨城県立**水戸第三高等学校**
　〒310-0011 茨城県水戸市三の丸2-7-27
　TEL 029-224-2044
　大正15年5月21日　水戸市立高等女学校として開校
　昭和23年3月31日　茨城県立水戸女子高等学校と改称
　昭和24年3月31日　茨城県立水戸第三高等学校と改称

◇**水戸短期大学附属高等学校**
　［学校法人 田中学園］

〒310-0851 茨城県水戸市千波町464
TEL 029-241-1573
| 昭和34年 | 水戸第一商業高等学校を設立 |
| 昭和44年 | 水戸短期大学附属高等学校と改称 |

◇茨城県立**水戸農業高等学校**
〒311-0114 茨城県那珂市東木倉983
TEL 029-298-6266
| 明治28年4月26日 | 茨城県中央農事講習所として創設 |
| 明治29年4月1日 | 茨城県簡易農学校と改称 |
| 明治32年5月27日 | 茨城県農学校と改称 |
| 明治34年5月30日 | 茨城県立農学校と改称 |
| 大正12年4月1日 | 茨城県立水戸農学校と改称 |
| 昭和23年4月1日 | 茨城県立水戸農業高等学校と改称 |

◇茨城県立**緑岡高等学校**
〒310-0852 茨城県水戸市笠原町1284
TEL 029-241-0311
| 昭和37年4月 | 茨城県立緑岡高等学校が開校 |

◇**茗溪学園高等学校**
［学校法人 茗溪学園］
〒305-8502 茨城県つくば市稲荷前1-1
TEL 029-851-6611
| 昭和54年1月26日 | 茗溪学園高等学校を設置 |

◇**明秀学園日立高等学校**
［学校法人 明秀学園］
〒317-0064 茨城県日立市神峰町3-2-26
TEL 0294-21-6328
| 大正14年 | 助川裁縫女学院を設立 |
| 昭和6年 | 助川高等家政女学院を設置 |
| 昭和18年 | 助川高等家政学校を設立 |
| 昭和23年 | 日立女子高等学校と改称 |
| 平成13年 | 明秀学園日立高等学校と改称 |

◇茨城県立**守谷高等学校**
〒302-0107 茨城県守谷市大木70
TEL 0297-48-6409
| 昭和58年 | 茨城県立守谷高等学校が開校 |

◇茨城県立**八郷高等学校**
〒315-0116 茨城県石岡市柿岡1604
TEL 0299-43-0142
| 昭和32年4月 | 茨城県立石岡第一高等学校八郷分校が開校 |
| 昭和38年4月 | 茨城県立八郷高等学校として独立 |

◇茨城県立**八千代高等学校**
〒300-3561 茨城県結城郡八千代町平塚4824-2
TEL 0296-48-1836
| 昭和51年4月1日 | 茨城県立北総高等学校を開校 |
| 平成6年4月1日 | 茨城県立八千代高等学校と改称 |

◇茨城県立**山方商業高等学校**
〒319-3114 茨城県常陸大宮市野上806-2
TEL 02955-7-3131
| 昭和45年4月1日 | 茨城県立山方商業高等学校として開校 |

◇茨城県立**結城第一高等学校**
〒307-0001 茨城県結城市結城1076
TEL 0296-33-2141
| 明治30年4月 | 町立結城蚕業学校を開校 |
| 明治35年 | 町立結城農学校と改称 |
| 昭和4年 | 茨城県立結城農学校と改称 |
| 昭和23年 | 茨城県立結城農業高等学校と改称 |
| 昭和24年 | 茨城県立結城第一高等学校と改称 |

◇茨城県立**結城第二高等学校**
〒307-0001 茨城県結城市結城7355
TEL 0296-33-2195
| 大正2年 | 結城町立女子技芸学校として創立 |
| 大正14年 | 結城郡結城女学校と改称 |
| 昭和6年 | 結城実科高等女学校と改称 |
| 昭和14年 | 結城高等女学校と改称 |
| 昭和17年 | 茨城県立結城高等女学校と改称 |
| 昭和23年 | 茨城県立結城女子高等学校と改称 |
| 昭和24年 | 茨城県立結城第二高等学校と改称 |

◇茨城県立**竜ヶ崎第一高等学校**
〒301-0844 茨城県龍ケ崎市平畑248
TEL 0297-62-2146
| 明治33年4月1日 | 土浦中学校竜ヶ崎分校を創立 |
| 明治35年4月1日 | 茨城県立竜ヶ崎中学校として独立 |
| 昭和23年4月1日 | 茨城県立竜ヶ崎高等学校と改編 |
| 昭和24年4月1日 | 茨城県立竜ヶ崎第一高等学校と改称 |
| 昭和32年3月31日 | 茨城県立竜ヶ崎第一高等学校と改称 |

◇茨城県立**竜ヶ崎第二高等学校**
〒301-0834 茨城県龍ケ崎市古城3087
TEL 0297-62-3078
| 大正5年4月 | 竜ヶ崎町立竜ヶ崎女子技芸学校を創立 |
| 大正12年4月 | 茨城県立竜ヶ崎実科高等女学校と改称 |
| 大正15年4月 | 茨城県立竜ヶ崎高等女学校と改称 |
| 昭和23年4月 | 茨城県立竜ヶ崎女子高等学校と改称 |
| 昭和24年4月 | 茨城県立竜ヶ崎第二高等学校と改称 |

◇茨城県立**竜ヶ崎南高等学校**
〒301-0021 茨城県龍ケ崎市北方町120
TEL 0297-64-2167
| 昭和58年 | 茨城県立竜ヶ崎南高等学校が開校 |

# 栃木県

## 【大学】

◇足利工業大学
　［学校法人 足利工業大学］
　〒326-8558 栃木県足利市大前町268-1
　TEL 0284-62-0605
　昭和42年4月　　　足利工業大学が開学

◇宇都宮大学
　〒321-8505 栃木県宇都宮市峰町350
　TEL 028-649-8649
　〈栃木青年師範学校〉
　大正11年3月25日　栃木県実業補修学校教員養成所を
　　　　　　　　　　設立
　昭和5年3月8日　　栃木県立実業教員養成所と改称
　昭和11年3月30日　栃木県立青年学校教員養成所と改
　　　　　　　　　　称
　昭和19年4月1日　 栃木青年師範学校と改称
　〈栃木師範学校〉
　明治6年4月29日　 類似師範学校を設立
　明治8年8月8日　　栃木師範学校と改称
　明治12年10月13日 栃木県師範学校と改称
　明治19年9月27日　栃木県尋常師範学校と改称
　明治31年4月1日　 栃木県師範学校と改称
　昭和18年4月1日　 栃木県女子師範学校と統合し
　　　　　　　　　　栃木師範学校と改称
　〈宇都宮農林専門学校〉
　大正11年10月21日 宇都宮高等農林学校を設立
　昭和19年4月1日　 宇都宮農林専門学校と改称
　〈統合〉
　昭和24年5月　　　栃木師範学校, 栃木青年師範学校,
　　　　　　　　　　宇都宮農林専門学校を統合し
　　　　　　　　　　宇都宮大学が発足

◇国際医療福祉大学
　［学校法人 国際医療福祉大学］
　〒324-8501 栃木県大田原市北金丸2600-1
　TEL 0287-24-3000
　平成7年4月　　　 国際医療福祉大学が開学

◇作新学院大学
　［学校法人 船田教育会］
　〒321-3295 栃木県宇都宮市竹下町908
　TEL 028-667-7111
　平成元年　　　　　作新学院大学が開学

◇自治医科大学
　［学校法人 自治医科大学］
　〒329-0498 栃木県下野市薬師寺3311-1
　TEL 0285-44-2111
　昭和47年4月13日　自治医科大学が開学

◇獨協医科大学
　［学校法人 獨協学園］
　〒321-0293 栃木県下都賀郡壬生町大字北小林880
　TEL 0282-86-1111
　昭和48年　　　　　獨協医科大学を開学

◇那須大学
　［学校法人 須賀学園］
　〒329-3121 栃木県那須塩原市鹿野崎131
　TEL 0287-67-3111
　平成11年4月1日　　那須大学を創設

◇白鴎大学
　［学校法人 白鴎大学］
　〒323-8585 栃木県小山市大行寺1117
　TEL 0285-22-1111
　昭和61年　　　　　白鴎大学が開学

◇文星芸術大学
　［学校法人 宇都宮学園］
　〒320-0058 栃木県宇都宮市上戸祭4-8-15
　TEL 028-636-6888
　平成11年4月　　　文星芸術大学が開学

## 【短大】

◇足利短期大学
　［学校法人 足利工業大学］
　〒326-0808 栃木県足利市本城3-2120
　TEL 0284-21-8242
　昭和54年4月　　　足利短期大学が開学

◇宇都宮短期大学
　［学校法人 須賀学園］
　〒321-0346 栃木県宇都宮市下荒針町長坂3829
　TEL 028-648-2331
　昭和42年4月1日　　宇都宮短期大学を創設

◇宇都宮文星短期大学
　［学校法人 宇都宮学園］
　〒320-0058 栃木県宇都宮市上戸祭4-8-15
　TEL 028-625-3737
　平成元年4月　　　　宇都宮文星短期大学が開学

◇國學院大學栃木短期大学
　［学校法人 國學院大學栃木学園］
　〒328-8588 栃木県栃木市平井町608
　TEL 0282-22-5511
　昭和41年　　　　　國學院大学栃木短期大学を開設

◇作新学院大学女子短期大学部
　［学校法人 船田教育会］
　〒321-3295 栃木県宇都宮市竹下町908
　TEL 028-667-7111
　昭和42年　　　　　作新学院女子短期大学が開学
　平成11年　　　　　作新学院大学女子短期大学部と改
　　　　　　　　　　称

◇佐野短期大学
　［学校法人 佐野日本大学学園］
　〒327-0821 栃木県佐野市高萩町973
　TEL 0283-21-1200
　平成2年4月　　　　佐野女子短期大学を開学
　平成8年4月　　　　佐野国際情報短期大学と改称
　平成14年4月　　　 佐野短期大学と改称

◇自治医科大学看護短期大学
　［学校法人 自治医科大学］
　〒329-0498 栃木県下野市薬師寺3311-159
　TEL 0285-44-2111
　昭和61年12月23日　自治医科大学看護短期大学を設置

◇白鴎大学女子短期大学部
　［学校法人 白鴎大学］
　〒323-8585 栃木県小山市大行寺1117

TEL 0285-22-8900
昭和49年　　　　白鴎女子短期大学を創立
平成8年4月　　　白鴎大学女子短期大学部と改称

【高専】

◇小山工業高等専門学校
〒323-0806 栃木県小山市大字中久喜771
TEL 0285-20-2100
昭和40年4月1日　小山工業高等専門学校を設置

【高校】

◇栃木県立足利工業高等学校
〒326-0817 栃木県足利市西宮町2908-1
TEL 0284-21-1318
明治28年4月27日　栃木県工業学校が開校
明治34年5月17日　栃木県立工業学校と改称
大正11年11月14日　栃木県立足利工業学校と改称
昭和26年4月1日　栃木県立足利工業高等学校と改称

◇足利工業大学附属高等学校
［学校法人 足利工業大学］
〒326-0397 栃木県足利市福富町2142
TEL 0284-71-1285
昭和43年4月　　　足利工業大学附属高等学校を設立

◇栃木県立足利高等学校
〒326-0808 栃木県足利市本城1-1629
TEL 0284-41-3573
大正10年4月6日　栃木県立足利中学校が開校
昭和23年4月1日　足利高等学校と改称
昭和26年4月1日　栃木県立足利高等学校と改称

◇栃木県立足利商業高等学校
〒326-0846 栃木県足利市山下町2110
TEL 0284-62-2011
昭和38年　　　　栃木県立足利商業高等学校が開校

◇栃木県立足利女子高等学校
〒326-0801 栃木県足利市有楽町836
TEL 0284-41-2171
明治42年3月6日　足利郡立足利高等女学校を設立
大正12年4月1日　栃木県立足利高等女学校と改称
昭和23年4月1日　足利女子高等学校が学制改革により発足
昭和26年4月1日　栃木県立足利女子高等学校と改称

◇足利短期大学附属高等学校
［学校法人 足利工業大学］
〒326-0808 栃木県足利市本城3-2120
TEL 0284-21-7344
大正14年4月　　　実践女学校を足利仏教和合会が設立
昭和19年3月　　　足利女子商業学校と改称
昭和21年3月　　　月見ケ丘高等女学校と改称
昭和23年3月　　　月見ケ丘高等学校と改称
昭和43年4月　　　足利工業大学附属高等学校として男子部が独立
昭和54年4月　　　足利短期大学附属高等学校と改称

◇栃木県立足利西高等学校
〒326-0845 栃木県足利市大前町103-11
TEL 0284-62-2456
昭和44年4月1日　栃木県立足利女子高等学校西分校を設置
昭和47年4月1日　栃木県立足利西高等学校として独立

◇栃木県立足利南高等学校
〒326-0334 栃木県足利市下渋垂町980
TEL 0284-72-3118
昭和51年1月1日　栃木県立足利南高等学校を創立

◇栃木県立粟野高等学校
〒322-0305 栃木県鹿沼市口粟野1730
TEL 0289-85-2309
昭和28年　　　　鹿沼農商高等学校粟野分校に併置開校
昭和42年　　　　栃木県立粟野高等学校として独立

◇栃木県立石橋高等学校
〒329-0511 栃木県下野市石橋845
TEL 0285-53-2517
大正13年3月　　　石橋中学校を創設
昭和23年4月　　　栃木県立石橋高等学校と改称

◇栃木県立今市工業高等学校
〒321-2336 栃木県日光市荊沢615
TEL 0288-21-1127
昭和39年5月21日　栃木県立今市工業高等学校が開校

◇栃木県立今市高等学校
〒321-1277 栃木県日光市千本木432
TEL 0288-22-0148
大正14年3月6日　栃木県立今市中学校を設立
昭和23年4月1日　栃木県立今市高等学校と改称
昭和26年4月1日　栃木県立今市高等学校と改称

◇宇都宮海星女子学院高等学校
［学校法人 宇都宮海星学園］
〒321-3233 栃木県宇都宮市上篭谷町3776
TEL 028-667-0700
昭和29年1月8日　海星女子学院高等部を設置
昭和47年8月1日　宇都宮海星女子学院高等学校と改称

◇栃木県立宇都宮北高等学校
〒321-0973 栃木県宇都宮市岩曽町606
TEL 028-663-1311
昭和55年4月　　　栃木県立宇都宮北高等学校が開校

◇栃木県立宇都宮工業高等学校
〒320-8558 栃木県宇都宮市京町9-25
TEL 028-633-0451
大正12年4月20日　栃木県立宇都宮工業学校を創立
昭和23年4月1日　栃木県立宇都宮第二工業学校（夜間）を合弁し
栃木県立宇都宮工業高等学校と改称

◇栃木県立宇都宮高等学校
〒320-0846 栃木県宇都宮市滝の原3丁目5-70
TEL 028-633-1426
明治12年2月13日　栃木中学校栃木県師範学校付属予備学校を創立
明治12年10月13日　栃木県第一中学校と改称
明治18年10月6日　栃木県中学校と改称
明治19年9月27日　栃木県尋常中学校と改称
明治32年4月1日　栃木県第一中学校と改称
明治34年5月17日　栃木県立宇都宮中学校と改称
昭和23年4月1日　宇都宮高等学校と改称

栃木県

| | | |
|---|---|---|
| 昭和26年4月1日 | 栃木県立宇都宮高等学校と改称 | |

◇栃木県立**宇都宮商業高等学校**
　〒320-0014 栃木県宇都宮市大曽3丁目1-46
　TEL 028-622-0488

| | |
|---|---|
| 明治43年2月 | 栃木県立商業学校を設立 |
| 大正11年11月 | 栃木県立宇都宮商業学校と改称 |
| 昭和19年3月 | 栃木県立宇都宮工業学校に転換 |
| 昭和21年3月 | 栃木県立宇都宮工業学校を廃止 |
| 昭和23年4月 | 宇都宮商業高等学校を設置 |
| 昭和24年3月 | 宇都宮市立商業高等学校を統合 |
| 昭和26年4月 | 栃木県立宇都宮商業高等学校と改称 |

〈宇都宮市立商業高等学校〉

| | |
|---|---|
| 明治35年9月 | 商業補習学校を設置 |
| 明治39年3月 | 栃木県宇都宮市宇都宮商業学校と改称 |
| 昭和2年4月 | 宇都宮市商業学校と改称 |
| 昭和19年3月 | 宇都宮市立宇都宮工業学校に転換 |
| 昭和23年4月 | 宇都宮市立商業高等学校を設置 |

◇栃木県立**宇都宮女子高等学校**
　〒320-0863 栃木県宇都宮市操町5-19
　TEL 028-633-2315

| | |
|---|---|
| 明治8年10月 | 栃木女学校として創設 |
| 明治10年2月 | 栃木模範女学校と改称 |
| 明治12年7月 | 栃木県第一女子中学校と改称 |
| 明治14年5月 | 栃木県第一中学校女学部と改称 |
| 明治19年9月 | 栃木県尋常中学校女学部と改称 |
| 明治26年4月 | 栃木県尋常中学校女学部から分離し栃木県高等女学校と改称 |
| 昭和6年4月 | 栃木県立宇都宮第一高等女学校と改称 |
| 昭和23年4月 | 宇都宮女子高等学校と改称 |
| 昭和24年4月 | 宇都宮市立女子高等学校を統合 |
| 昭和26年4月 | 栃木県立宇都宮女子高等学校と改称 |

◇栃木県立**宇都宮清陵高等学校**
　〒321-3236 栃木県宇都宮市竹下町908-3
　TEL 028-667-6251

| | |
|---|---|
| 昭和60年 | 栃木県立宇都宮清陵高等学校が開校 |

◇**宇都宮短期大学附属高等学校**
　［学校法人 須賀学園］
　〒320-8585 栃木県宇都宮市睦町1-35
　TEL 028-634-4161

| | |
|---|---|
| 明治33年11月3日 | 須賀学園を須賀栄子が創立 |
| 昭和23年4月1日 | 宇都宮須賀高等学校と改称 |
| 昭和43年9月1日 | 宇都宮短期大学附属高等学校と改称 |

◇栃木県立**宇都宮中央女子高等学校**
　〒320-0072 栃木県宇都宮市若草2-2-46
　TEL 028-622-1766

| | |
|---|---|
| 昭和3年4月13日 | 栃木県立宇都宮第二高等女学校開校 |
| 昭和23年4月1日 | 宇都宮松原高等学校を設置 |
| 昭和26年4月1日 | 栃木県立宇都宮松原高等学校と改称 |
| 昭和32年4月1日 | 栃木県立宇都宮中央女子高等学校と改称 |

◇栃木県立**宇都宮白楊高等学校**
　〒321-0962 栃木県宇都宮市今泉町2021
　TEL 028-661-1525

| | |
|---|---|
| 明治28年4月1日 | 栃木県簡易農学校を創設 |
| 明治31年4月1日 | 栃木県農学校と改称 |
| 昭和23年4月1日 | 栃木県宇都宮農業高等学校と改称 |
| 昭和26年4月1日 | 栃木県立宇都宮農業高等学校と改称 |
| 平成3年4月1日 | 栃木県立宇都宮白楊高等学校と改称 |

◇栃木県立**宇都宮東高等学校**
　〒321-0912 栃木県宇都宮市石井町3360-1
　TEL 028-656-1311

| | |
|---|---|
| 昭和38年4月1日 | 栃木県立宇都宮東高等学校が開校 |

◇**宇都宮文星女子高等学校**
　［学校法人 宇都宮学園］
　〒320-0048 栃木県宇都宮市北一の沢町24-35
　TEL 028-621-8156

| | |
|---|---|
| 昭和4年6月 | 宇都宮女子実業学校を創立 |
| 昭和18年11月 | 宇都宮女子商業学校と改称 |
| 昭和19年3月 | 宇都宮第二女子商業学校を創立 |
| 昭和23年1月 | 宇都宮女子商業学校，宇都宮第二女子商業学校が合併し宇都宮学園高等学校女子部と改称 |
| 昭和28年10月 | 宇都宮女子商業高等学校と改称 |
| 平成8年4月 | 宇都宮文星女子高等学校と改称 |

◇栃木県立**宇都宮南高等学校**
　〒321-0123 栃木県宇都宮市東谷町660-1
　TEL 028-653-2081

| | |
|---|---|
| 昭和51年4月1日 | 栃木県立宇都宮南高等学校が開校 |

◇栃木県立**大田原高等学校**
　〒324-0058 栃木県大田原市紫塚3丁目2651
　TEL 0287-22-2042

| | |
|---|---|
| 明治35年4月19日 | 栃木県立大田原中学校が開校 |
| 昭和23年4月1日 | 大田原高等学校と改称 |
| 昭和26年4月1日 | 栃木県立大田原高等学校と改称 |

◇栃木県立**大田原女子高等学校**
　〒324-0053 栃木県大田原市元町1丁目5-43
　TEL 0287-22-2073

| | |
|---|---|
| 明治44年4月26日 | 大田原町立実科高等女学校を創立 |
| 大正元年10月1日 | 郡立那須実科高等女学校と改称 |
| 大正12年4月1日 | 栃木県立大田原高等女学校と改称 |
| 昭和23年4月1日 | 大田原女子高等学校と改称 |
| 昭和26年4月1日 | 栃木県立大田原女子高等学校と改称 |

◇栃木県立**大田原東高等学校**
　〒324-0053 栃木県大田原市元町1-5-43
　TEL 0287-22-2808

| | |
|---|---|
| 昭和41年4月1日 | 栃木県立大田原女子高等学校（定時制）を開校 |
| 昭和46年1月1日 | 栃木県立大田原東高等学校と改称 |

◇栃木県立**小山高等学校**
　〒323-0028 栃木県小山市若木町2-8-51
　TEL 0285-22-0236

| | |
|---|---|
| 大正7年2月8日 | 小山町立小山農商補習学校を創立 |
| 昭和10年8月31日 | 小山実業青年学校と改称 |
| 昭和11年4月1日 | 栃木県小山実業学校と改称 |
| 昭和23年4月1日 | 小山高等学校と改称 |

| 昭和26年4月1日 | 栃木県立小山高等学校と改称 |

◇栃木県立**小山城南**高等学校
〒323-0820 栃木県小山市西城南4丁目26-1
TEL 0285-27-1245
| 大正11年4月1日 | 小山女子実業補習学校を設置 |
| 昭和3年4月1日 | 栃木県小山実践女学校と改称 |
| 昭和8年11月16日 | 栃木県小山高等実践女学校と改称 |
| 昭和22年4月1日 | 栃木県小山高等女学校と改称 |
| 昭和23年4月1日 | 小山女子高等学校と改称 |
| 昭和24年8月10日 | 小山城南高等学校と改称 |
| 昭和26年4月1日 | 栃木県立小山城南高等学校と改称 |

◇栃木県立**小山西**高等学校
〒323-0007 栃木県小山市大字松沼741
TEL 0285-37-1188
| 昭和61年4月1日 | 栃木県立小山西高等学校が開校 |

◇栃木県立**小山北桜**高等学校
〒323-0802 栃木県小山市東山田448-29
TEL 0285-49-2932
| 大正7年2月8日 | 小山町立小山農商補修学校を創立 |
| 昭和2年4月1日 | 小山公民実業学校と改称 |
| 昭和10年4月1日 | 小山実業学校と改称 |
| 昭和21年4月1日 | 栃木県立小山農学校と改称 |
| 昭和26年4月1日 | 栃木県立小山高等学校と改称 |
| 昭和47年4月1日 | 栃木県立小山高等学校より農業に関する学科を分離・独立し栃木県立小山園芸高等学校が開校 |
| 平成8年4月1日 | 栃木県立小山北桜高等学校と改称 |

◇栃木県立**小山南**高等学校
〒329-0205 栃木県小山市間々田23-1
TEL 0285-45-2424
| 昭和54年4月1日 | 栃木県立小山南高等学校が開校 |

◇栃木県立**学悠館**高等学校
〒328-8558 栃木県栃木市河合町12-2
TEL 0282-20-7073
| 平成17年4月 | 栃木県立学悠館高等学校が開校 |

◇栃木県立**鹿沼**高等学校
〒322-0043 栃木県鹿沼市万町960
TEL 0289-62-5115
| 大正14年3月6日 | 栃木県鹿沼高等女学校を設立 |
| 昭和23年4月1日 | 鹿沼高等学校と改称 |
| 昭和26年4月1日 | 栃木県立鹿沼高等学校と改称 |

◇栃木県立**鹿沼商工**高等学校
〒322-0049 栃木県鹿沼市花岡町180-1
TEL 0289-62-4188
| 明治42年4月 | 上都賀郡立農林学校が開校 |
| 大正10年4月 | 栃木県立実業学校として設立 |
| 大正11年11月 | 栃木県立鹿沼農商学校と改称 |
| 昭和23年4月 | 栃木県立鹿沼農商高等学校と改称 |
| 昭和47年4月 | 栃木県立鹿沼農商高等学校を分離し栃木県立鹿沼商工高等学校と改称 |

◇栃木県立**鹿沼農業**高等学校
〒322-0524 栃木県鹿沼市みなみ町8-73
TEL 0289-75-2231
| 明治42年4月 | 栃木県上都賀郡立農林学校が開校 |
| 大正10年4月 | 栃木県立実業学校として設立 |
| 大正11年11月 | 栃木県立鹿沼農商学校と改称 |
| 昭和47年4月 | 栃木県立鹿沼農商高等学校を分離し栃木県立鹿沼農業高等学校として開校 |

◇栃木県立**鹿沼東**高等学校
〒322-0002 栃木県鹿沼市千渡2050
TEL 0289-62-7051
| 昭和58年4月5日 | 栃木県立鹿沼東高等学校を開校 |

◇栃木県立**上三川**高等学校
〒329-0524 栃木県河内郡上三川町大字多功994-4
TEL 0285-53-2367
| 昭和59年4月6日 | 栃木県立上三川高等学校が開校 |

◇栃木県立**烏山**高等学校
〒321-0621 栃木県那須烏山市中央3丁目9-8
TEL 0287-83-2075
| 明治40年4月12日 | 私立烏山学館を創立 |
| 明治44年2月8日 | 私立烏山中学校と改称 |
| 大正13年4月1日 | 栃木県立烏山中学校と改称 |
| 昭和23年3月31日 | 栃木県烏山高等学校と改称 |
| 昭和26年4月1日 | 栃木県立烏山高等学校と改称 |

◇栃木県立**烏山女子**高等学校
〒321-0628 栃木県那須烏山市金井1-4-23
TEL 0287-82-2156
| 大正10年6月1日 | 烏山町立実業女学校が開校 |
| 昭和2年3月8日 | 栃木県烏山町立烏山実践女学校を設立 |
| 昭和18年4月1日 | 栃木県立烏山高等女学校，栃木県立烏山実践女学校と改称 |
| 昭和23年3月22日 | 栃木県烏山女子高等学校と改称 |
| 昭和26年4月1日 | 栃木県立烏山女子高等学校と改称 |

◇栃木県立**黒磯**高等学校
〒325-0051 栃木県那須塩原市豊町6-1
TEL 0287-62-0101
| 大正14年6月 | 黒磯町立実践女学校が開校 |
| 昭和3年3月 | 栃木県黒磯実践女学校と改称 |
| 昭和23年3月 | 黒磯高等学校と改称 |
| 昭和26年4月 | 栃木県立黒磯高等学校と改称 |

◇栃木県立**黒磯南**高等学校
〒325-0026 栃木県那須塩原市上厚崎747-2
TEL 0287-63-0373
| 昭和51年4月1日 | 栃木県立黒磯南高等学校が開校 |

◇栃木県立**黒羽**高等学校
〒324-0234 栃木県大田原市前田780
TEL 0287-54-0179
| 昭和23年5月10日 | 栃木県立那須農業高等学校黒羽分校として開校 |
| 昭和37年4月14日 | 栃木県立黒羽高等学校が開校 |

◇**國學院大學栃木**高等学校
［学校法人 國學院大學栃木学園］
〒328-8588 栃木県栃木市平井町608
TEL 0282-22-5511
| 昭和35年 | 國學院大學栃木高等学校を創設 |

◇**作新学院**高等学校
［学校法人 船田教育会］
〒320-8525 栃木県宇都宮市一の沢1-1-41
TEL 028-648-1811
| 明治18年 | 下野英学校を創立 |

栃木県

| 明治21年 | 私立作新館と改称 |
| 明治28年 | 私立尋常中学作新館と改称 |
| 明治32年 | 私立下野中学校と改称 |
| 大正8年 | 下野中学校と改称 |
| 昭和16年 | 作新館高等女学校を創立 |
| 昭和22年 | 作新館高等女学校，下野中学校を統合し作新学院高等部と改称 |
| 平成15年 | 作新学院高等学校と改称 |

◇栃木県立**さくら清修高等学校**
　〒329-1311 栃木県さくら市氏家2807
　TEL 028-682-4500
〈栃木県立喜連川高等学校〉
| 昭和21年4月1日 | 栃木県喜連川農学校が開校 |
| 昭和24年4月1日 | 喜連川高等学校と改称 |
| 昭和26年4月1日 | 栃木県立喜連川高等学校と改称 |
〈栃木県立氏家高等学校〉
| 大正13年4月15日 | 栃木県立氏家高等女学校を創立 |
| 昭和23年4月1日 | 氏家高等学校と改称 |
| 昭和26年4月1日 | 栃木県立氏家高等学校と改称 |
〈統合〉
| 平成18年4月 | 栃木県立喜連川高等学校，栃木県立氏家高等学校が統合し栃木県立さくら清修高等学校が開校 |

◇**佐野清澄高等学校**
　［学校法人 佐山学園］
　〒327-0843 栃木県佐野市堀米町840
　TEL 0283-23-0841
| 大正11年 | 佐野裁縫女学校が開校 |
| 昭和13年 | 栃木県佐野高等家政女学校と改称 |
| 昭和23年 | 佐野弥生高等学校と改称 |
| 平成2年 | 弥生女学院高等学校と改称 |
| 平成12年 | 佐野清澄高等学校と改称 |

◇栃木県立**佐野高等学校**
　〒327-0847 栃木県佐野市天神町761-1
　TEL 0283-23-0161
〈佐野高等学校〉
| 明治34年4月15日 | 栃木県第四中学校が開校 |
| 明治34年5月 | 栃木県立佐野中学校と改称 |
| 昭和23年4月1日 | 佐野高等学校と改称 |
〈佐野実業高等学校〉
| 大正13年5月1日 | 栃木県佐野商業学校が開校 |
| 昭和23年4月1日 | 佐野商業高等学校と改称 |
| 昭和24年4月1日 | 佐野実業高等学校と改称 |
〈統合〉
| 昭和25年4月1日 | 佐野高等学校，佐野実業高等学校が合併し栃木県立佐野高等学校と改称 |

◇栃木県立**佐野松陽高等学校**
　〒327-0102 栃木県佐野市出流原町643-5
　TEL 0283-25-1313
| 大正13年5月1日 | 佐野町立佐野商業学校が開校 |
| 昭和18年4月1日 | 佐野町立佐野工業学校と改称 |
| 昭和21年4月1日 | 佐野市立佐野商業学校と改称 |
| 昭和23年4月1日 | 佐野市立佐野商業高等学校と改称 |
| 昭和24年4月1日 | 佐野市立佐野実業高等学校と改称 |
| 昭和25年4月1日 | 佐野高等学校と統合し栃木県立佐野高等学校として発足 |
| 昭和49年4月1日 | 栃木県立佐野高等学校の商業科が分離独立し栃木県立佐野商業高等学校が開校 |
| 平成6年4月1日 | 栃木県立佐野松陽高等学校と改称 |

◇栃木県立**佐野女子高等学校**
　〒327-0025 栃木県佐野市金屋下町12
　TEL 0283-23-0239
| 明治40年 | 安蘇郡立佐野高等女学校を創立 |
| 昭和23年 | 栃木県立佐野女子高等学校と改称 |

◇**佐野日本大学高等学校**
　［学校法人 佐野日本大学学園］
　〒327-0192 栃木県佐野市石塚町2555
　TEL 0283-25-0111
| 昭和39年4月 | 佐野日本大学高等学校が開校 |

◇栃木県立**塩谷高等学校**
　〒329-2332 栃木県塩谷郡塩谷町大宮2579-1
　TEL 0287-45-1100
| 昭和25年4月1日 | 栃木県立矢板高等学校大宮分校が開校 |
| 昭和47年4月1日 | 栃木県立塩谷高等学校として独立 |

◇**青藍泰斗高等学校**
　［学校法人 永井学園］
　〒327-0501 栃木県佐野市葛生東2-8-3
　TEL 0283-86-2511
| 明治41年4月 | 葛生中学館を創立 |
| 大正15年4月 | 葛生農商学校と改称 |
| 昭和15年4月 | 葛生商業学校と改称 |
| 昭和23年4月 | 葛生高等学校と改称 |
| 平成17年4月 | 青藍泰斗高等学校と改称 |

◇栃木県立**高根沢高等学校**
　〒329-1204 栃木県塩谷郡高根沢町文挾32-2
　TEL 028-676-0531
| 昭和25年5月10日 | 栃木県立矢板高等学校北高根沢分校を許可 |
| 昭和42年4月1日 | 栃木県立高根沢商業高等学校と改称 |
| 平成18年4月7日 | 栃木県立高根沢高等学校と改称 |

◇栃木県立**田沼高等学校**
　〒327-0312 栃木県佐野市栃本町300-1
　TEL 0283-62-3411
| 昭和52年4月1日 | 栃木県立田沼高等学校が開校 |

◇栃木県立**栃木工業高等学校**
　〒328-0063 栃木県栃木市岩出町129
　TEL 0282-22-4138
| 昭和37年4月 | 栃木県立栃木工業高等学校が開校 |

◇栃木県立**栃木高等学校**
　〒328-0016 栃木県栃木市入舟町12-4
　TEL 0282-22-2595
| 明治29年 | 栃木県尋常中学校栃木分校を創立 |
| 明治32年 | 栃木県第二中学校と改称し独立 |
| 明治34年 | 栃木県立栃木中学校と改称 |
| 昭和23年 | 栃木高等学校と改称 |
| 昭和26年 | 栃木県立栃木高等学校と改称 |

◇栃木県立**栃木商業高等学校**
　〒328-0053 栃木県栃木市片柳町5丁目1-30
　TEL 0282-22-0541
| 大正6年4月1日 | 栃木実業補習学校を設置 |

栃木県

| 大正11年3月31日 | 栃木実業補習学校を閉校 |
| 大正11年4月14日 | 栃木町立商業学校を開校 |
| 昭和19年4月1日 | 栃木工業学校を開校 |
| 昭和21年3月31日 | 栃木工業学校を廃止し栃木商工学校に改組 |
| 昭和23年4月1日 | 栃木商業高等学校と改称 |
| 昭和25年4月1日 | 栃木県立栃木商業高等学校と改称 |

◇栃木県立**栃木翔南高等学校**
〒329-4407 栃木県下都賀郡大平町川連370
TEL 0282-24-4739
〈栃木県立藤岡高等学校〉
昭和50年4月1日　栃木県立藤岡高等学校が開校
〈栃木県立栃木南高等学校〉
昭和59年4月1日　栃木県立栃木南高等学校が開校
〈統合〉
平成18年4月　栃木県立藤岡高等学校, 栃木県立栃木南高等学校が統合し栃木県立栃木翔南高等学校が開校

◇栃木県立**栃木女子高等学校**
〒328-0074 栃木県栃木市薗部町1-2-5
TEL 0282-23-0220
明治34年4月1日　下都賀郡立栃木高等女学校を創立
大正8年8月26日　栃木県栃木高等女学校と改称
大正12年4月1日　栃木県立栃木高等女学校と改称
昭和23年4月1日　栃木女子高等学校と改称
昭和25年4月1日　栃木市立高等学校を統合
昭和26年4月1日　栃木県立栃木女子高等学校と改称
〈栃木市立高等学校〉
大正8年4月7日　栃木女子実業補習学校を設置
大正14年4月24日　栃木女子実業補習学校を廃止し栃木実業女学校を開校
昭和7年2月25日　栃木高等実業女学校と改称
昭和21年4月1日　栃木市立高等女学校と改称
昭和23年4月1日　栃木市立高等学校と改称

◇栃木県立**栃木農業高等学校**
〒328-0054 栃木県栃木市平井町911
TEL 0282-22-0326
明治40年4月30日　栃木県下都賀郡立栃木農学校を創立
大正12年4月1日　栃木県立栃木農学校と改称
昭和23年4月1日　栃木県立栃木農業高等学校と改称

◇**那須高原海城高等学校**
[学校法人 海城学園]
〒329-3224 栃木県那須郡那須町大字豊原乙2944-2
TEL 0287-77-2201
明治24年　海軍予備校を古賀喜三郎が創立
明治32年5月　日比谷中学校を設置
明治33年4月　海城学校と改称
明治39年3月　日比谷中学校が閉鎖し海城中学校が発足
昭和23年3月　海城高等学校が発足
平成7年11月30日　那須高原海城高等学校を設置

◇栃木県立**那須高等学校**
〒329-3215 栃木県那須郡那須町大字寺子乙3932-48
TEL 0287-72-0075
昭和24年4月1日　栃木県立那須農業高等学校黒田原分校を設立
昭和35年4月1日　栃木県立那須高等学校として開校

◇栃木県立**那須清峰高等学校**
〒329-2712 栃木県那須塩原市下永田6丁目4
TEL 0287-36-1155
昭和36年4月1日　栃木県立那須工業高等学校が開校
平成9年4月1日　栃木県立那須清峰高等学校と改称

◇栃木県立**那須拓陽高等学校**
〒329-2712 栃木県那須塩原市下永田4-3-52
TEL 0287-36-1225
昭和20年4月1日　栃木県立那須農学校を創立
昭和23年4月1日　那須農業高等学校と改称
平成元年4月1日　栃木県立那須拓陽高等学校と改称

◇栃木県立**日光明峰高等学校**
〒321-1436 栃木県日光市久次良町104
TEL 0288-53-0264
〈栃木県立日光高等学校〉
大正15年6月19日　栃木県上都賀郡日光町立高等女学校を設立
昭和2年6月6日　栃木県日光高等女学校と改称
昭和26年4月1日　栃木県立日光高等学校と改称
〈栃木県立足尾高等学校〉
昭和23年3月23日　足尾工業学校, 町立足尾高等女学校が合併し町立足尾高等学校として設立
昭和25年4月1日　栃木県立足尾高等学校と改称
〈統合〉
平成17年4月　栃木県立日光高等学校, 栃木県立足尾高等学校が統合し栃木県立日光明峰高等学校が開校

◇**白鴎大学足利高等学校**
[学校法人 白鴎大学]
〒326-0054 栃木県足利市伊勢南町3-2
TEL 0284-41-1251
大正4年　足利裁縫女学校を上岡長四郎が創立
昭和2年2月　足利高等家政女学校と改称
昭和26年　足利学園高等学校が発足
平成6年4月　白鴎大学足利高等学校と改称

◇栃木県立**馬頭高等学校**
〒324-0613 栃木県那須郡那珂川町馬頭1299-2
TEL 0287-92-2009
昭和21年4月　栃木県立馬頭農学校を創立
昭和23年4月　栃木県馬頭農業高等学校と改称
昭和24年4月　栃木県立馬頭高等学校と改称

◇**文星芸術大学附属高等学校**
[学校法人 宇都宮学園]
〒320-0865 栃木県宇都宮市睦町1-4
TEL 028-636-8584
明治44年2月　私立宇都宮実用英語簿記学校を創立
大正4年3月　私立宇都宮実業学校と改称
大正11年3月　栃木県宇都宮実業学校と改称
昭和23年1月　宇都宮学園高等学校と改称
平成15年4月　文星芸術大学附属高等学校と改称

◇栃木県立**益子高等学校**
〒321-4216 栃木県芳賀郡益子町塙2382-1
TEL 0285-72-5525
昭和52年4月1日　栃木県立益子高等学校が開校

栃木県

◇栃木県立**益子芳星高等学校**
　〒321-4216 栃木県芳賀郡益子町塙2382-1
　TEL 0285-72-5525
〈栃木県立芳賀高等学校〉
　昭和38年4月　　　栃木県立芳賀高等学校が開校
〈栃木県立益子高等学校〉
　昭和52年4月　　　栃木県立益子高等学校が開校
〈統合〉
　平成17年4月　　　栃木県立芳賀高等学校，栃木県立
　　　　　　　　　　益子高等学校が統合し
　　　　　　　　　　栃木県立益子芳星高等学校が開校

◇栃木県立**壬生高等学校**
　〒321-0221 栃木県下都賀郡壬生町藤井1194
　TEL 0282-82-0411
　昭和37年　　　　　栃木県立壬生高等学校が開校

◇栃木県立**真岡工業高等学校**
　〒321-4368 栃木県真岡市寺久保1丁目2-9
　TEL 0285-82-3303
　昭和41年1月1日　　栃木県立真岡農業高等学校より分
　　　　　　　　　　離独立し
　　　　　　　　　　栃木県立真岡工業高等学校が開校

◇栃木県立**真岡高等学校**
　〒321-4331 栃木県真岡市白布ヶ丘24-1
　TEL 0285-82-3413
　明治33年4月　　　栃木県第三中学校が開校
　明治34年5月　　　栃木県立真岡中学校と改称
　昭和23年4月　　　栃木県真岡高等学校と改称
　昭和26年4月　　　栃木県立真岡高等学校と改称

◇栃木県立**真岡女子高等学校**
　〒321-4306 栃木県真岡市台町2815
　TEL 0285-82-2525
　明治44年4月6日　　真岡町立実科高等女学校を設置
　大正3年4月1日　　芳賀郡立実科高等女学校と改称
　大正9年4月1日　　栃木県真岡高等女学校と改称
　大正12年4月1日　　栃木県立真岡高等女学校と改称
　昭和23年4月1日　　真岡女子高等学校と改称
　昭和26年4月1日　　栃木県立真岡女子高等学校と改称

◇栃木県立**真岡北陵高等学校**
　〒321-4415 栃木県真岡市下籠谷396
　TEL 0285-82-3415
　明治41年4月30日　芳賀郡立農林学校が開校
　昭和23年4月1日　　栃木県立真岡農業高等学校と改称
　平成7年4月1日　　栃木県立真岡北陵高等学校と改称

◇栃木県立**茂木高等学校**
　〒321-3595 栃木県芳賀郡茂木町大字茂木288
　TEL 0285-63-1201
　大正11年4月12日　町立茂木実業補習学校を創立
　昭和15年10月1日　栃木県立茂木農学校と改称
　昭和23年4月1日　　茂木高等学校と改称
　昭和26年4月1日　　栃木県立茂木高等学校と改称

◇栃木県立**矢板高等学校**
　〒329-2155 栃木県矢板市片俣618-2
　TEL 0287-43-1231
　明治43年4月　　　塩谷郡立農林学校が開校
　大正11年11月　　　栃木県立矢板農学校と改称
　昭和26年　　　　　栃木県立矢板高等学校と改称

◇**矢板中央高等学校**
　［学校法人 矢板中央高等学校］
　〒329-2161 栃木県矢板市扇町2-1519
　TEL 0287-43-0447
　昭和32年　　　　　矢板高等女学院を設置
　昭和39年　　　　　矢板女子高等学校を設置
　昭和45年　　　　　矢板中央高等学校と改称

◇栃木県立**矢板東高等学校**
　〒329-2136 栃木県矢板市東町4-8
　TEL 0287-43-1243
　昭和23年4月1日　　栃木県立矢板農学校の普通科とし
　　　　　　　　　　て設立
　昭和26年4月1日　　栃木県立矢板高等学校と改称
　昭和47年4月1日　　栃木県立矢板高等学校の普通科が
　　　　　　　　　　分離・独立し
　　　　　　　　　　栃木県立矢板東高等学校と改称

# 群馬県

## 【大学】

◇関東学園大学
　［学校法人 関東学園］
　〒373-8515 群馬県太田市藤阿久町200
　TEL 0276-32-7800
　昭和51年　　　　関東学園大学を設立

◇共愛学園前橋国際大学
　［学校法人 共愛学園］
　〒379-2192 群馬県前橋市小屋原町1154-4
　TEL 027-266-7575
　昭和63年　　　　共愛学園女子短期大学を開設
　平成11年　　　　共愛学園前橋国際大学と改組

◇群馬県立県民健康科学大学
　〒371-0052 群馬県前橋市上沖町323-1
　TEL 027-235-1211
　平成17年4月　　　群馬県立県民健康科学大学が開学

◇群馬県立女子大学
　〒370-1193 群馬県佐波郡玉村町上之手1395-1
　TEL 0270-65-8511
　昭和55年4月1日　群馬県立女子大学が開学

◇群馬社会福祉大学
　［学校法人 昌賢学園］
　〒371-0823 群馬県前橋市川曲町191-1
　TEL 027-253-0294
　平成14年　　　　群馬社会福祉大学を開学

◇群馬大学
　〒371-8510 群馬県前橋市荒牧町4-2
　TEL 027-220-7111
　〈群馬師範学校〉
　明治6年2月　　　小学校教員伝習所を設立
　明治6年6月　　　暢発学校と改称
　明治9年9月　　　群馬県師範学校と改称
　明治19年4月　　　群馬尋常師範学校と改称
　明治31年4月　　　群馬県師範学校と改称
　昭和18年4月　　　群馬師範学校と改称
　〈群馬青年師範学校〉
　大正7年3月　　　農業講習所を設立
　大正10年8月　　　群馬県実業補修学校教員養成所と改称
　昭和10年4月　　　群馬県立青年学校教員養成所と改称
　昭和19年4月　　　群馬青年師範学校と改称
　〈前橋医科大学〉
　昭和18年4月　　　前橋医学専門学校を設立
　昭和23年2月　　　前橋医科大学と改称
　〈桐生工業専門学校〉
　大正4年12月　　　桐生高等染織学校を設立
　大正9年4月　　　桐生高等工業学校と改称
　昭和19年3月　　　桐生工業専門学校と改称
　〈統合〉
　昭和24年5月31日　群馬師範学校, 群馬青年師範学校, 前橋医科大学, 桐生工業専門学校を統合し群馬大学が発足

◇群馬パース大学
　［学校法人 群馬パース学園］
　〒377-0702 群馬県吾妻郡高山村大字中山6859-251
　TEL 0279-63-3366
　平成17年4月　　　群馬パース大学を開学

◇上武大学
　［学校法人 学文館］
　〒372-8588 群馬県伊勢崎市戸谷塚町634-1
　TEL 0270-32-1010
　昭和38年4月　　　学文館女子商業高等学校が開校
　昭和39年4月　　　新町高等学校と改称
　昭和43年3月　　　上武大学附属第一高等学校（のち廃校）と改称
　昭和43年4月　　　上武大学が開学

◇創造学園大学
　［学校法人 堀越学園］
　〒370-0861 群馬県高崎市八千代町2-3-6
　TEL 027-328-6111
　昭和56年　　　　高崎短期大学を設立
　平成16年　　　　創造学園大学に改組

◇高崎経済大学
　〒370-0801 群馬県高崎市上並榎町1300
　TEL 027-343-5417
　昭和27年　　　　高崎市立短期大学を創設
　昭和32年　　　　高崎市立短期大学を廃止
　昭和32年　　　　高崎経済大学を発足

◇高崎健康福祉大学
　［学校法人 高崎健康福祉大学］
　〒370-0033 群馬県高崎市中大類町37-1
　TEL 027-352-1290
　平成13年　　　　高崎健康福祉大学を設立

◇高崎商科大学
　［学校法人 高崎佐藤学園］
　〒370-1214 群馬県高崎市根小屋町741
　TEL 027-347-3399
　平成13年4月　　　高崎商科大学が開学

◇東京福祉大学
　［学校法人 東京福祉大学］
　〒372-0831 群馬県伊勢崎市山王町2020-1
　TEL 0270-20-3671
　平成12年　　　　東京福祉大学を開学

◇前橋工科大学
　〒371-0816 群馬県前橋市上佐鳥町460-1
　TEL 027-265-0111
　昭和27年6月1日　前橋市立工業短期大学が開学
　平成9年4月1日　前橋工科大学と改称

## 【短大】

◇育英短期大学
　［学校法人 群馬育英学園］
　〒370-0011 群馬県高崎市京目町1656-1
　TEL 027-352-1981
　昭和45年4月　　　前橋保育専門学校が開校
　昭和52年4月　　　前橋育英学園短期大学を開学
　昭和62年4月　　　育英短期大学と改称

群馬県

◇関東短期大学
　［学校法人 関東学園］
　〒374-8555 群馬県館林市大谷町625
　TEL 0276-74-1212
　大正13年　　　　関東高等女学校を松平濱子が設立
　昭和21年　　　　関東女子専門学校を開設
　昭和25年　　　　関東短期大学を設立

◇桐生短期大学
　［学校法人 桐丘学園］
　〒379-2311 群馬県みどり市笠懸町阿左美606-7
　TEL 0277-76-2400
　明治34年12月　　桐生女子裁縫専門学館を設立
　昭和38年4月　　 桐丘女子短期大学を設立
　昭和46年4月　　 桐丘短期大学と改称
　平成元年4月　　 桐生短期大学と改称

◇群馬社会福祉大学短期大学部
　［学校法人 昌賢学園］
　〒371-0823 群馬県前橋市川曲町191-1
　TEL 027-253-0294
　慶応2年　　　　昌賢学堂を設立
　大正8年　　　　昌賢中学校と改称
　平成8年　　　　群馬社会福祉短期大学を開学
　平成14年　　　 群馬社会福祉大学短期大学部と改称

◇群馬松嶺福祉短期大学
　［学校法人 群馬常磐学園］
　〒373-0813 群馬県太田市内ケ島町1361-4
　TEL 0276-30-2941
　平成11年4月　　 群馬松嶺福祉短期大学が開学

◇群馬パース学園短期大学
　［学校法人 群馬パース学園］
　〒377-0702 群馬県吾妻郡高山村大字中山6859-251
　TEL 0279-63-3366
　平成10年4月　　 群馬パース看護短期大学を設立
　平成14年4月　　 群馬パース学園短期大学と改称

◇高崎健康福祉大学短期大学部
　［学校法人 高崎健康福祉大学］
　〒370-0033 群馬県高崎市中大類町501
　TEL 027-352-1291
　昭和11年　　　　須藤和洋裁女学院を須藤いま子が設立
　昭和29年　　　　須藤高等技芸学校と改称
　昭和41年　　　　群馬女子短期大学を設立
　平成13年　　　　高崎健康福祉大学短期大学部と改称

◇高崎商科大学短期大学部
　［学校法人 高崎佐藤学園］
　〒370-1214 群馬県高崎市根小屋町741
　TEL 027-347-3399
　昭和63年4月　　 高崎商科短期大学が開学
　平成13年4月　　 高崎商科大学短期大学部と改称

◇新島学園短期大学
　［学校法人 新島学園］
　〒370-0068 群馬県高崎市昭和町53
　TEL 027-326-1155
　昭和58年4月　　 新島学園女子短期大学を開学
　平成16年4月　　 新島学園短期大学と改称

◇明和学園短期大学
　［学校法人 平方学園］
　〒371-0034 群馬県前橋市昭和町3-11-19
　TEL 027-231-8286
　昭和40年4月　　 明和女子短期大学を開学
　平成11年4月　　 明和学園短期大学と改称

【高専】

◇群馬工業高等専門学校
　〒371-8530 群馬県前橋市鳥羽町580
　TEL 027-254-9000
　昭和37年4月　　 群馬工業高等専門学校を設置

【高校】

◇群馬県立吾妻高等学校
　〒377-0801 群馬県吾妻郡東吾妻町原町192
　TEL 0279-68-2334
　大正7年10月18日　吾妻郡立実科高等女学校として設立
　大正12年4月1日　 群馬県立吾妻実科高等女学校と改称
　大正13年4月1日　 群馬県立吾妻高等女学校と改称
　昭和23年4月1日　 群馬県立吾妻高等学校と改称

◇群馬県立安中総合学園高等学校
　〒379-0116 群馬県安中市安中1-2-8
　TEL 027-381-0227
　平成18年4月　　 群馬県立安中実業高等学校，群馬県立安中高等学校を再編し
　　　　　　　　　群馬県立安中総合学園高等学校が開校
〈群馬県立安中高等学校〉
　大正10年　　　　群馬県碓氷郡立碓氷高等女学校を設立
　大正12年　　　　群馬県安中高等女学校と改称
　昭和23年　　　　群馬県立安中高等学校と改称

◇群馬県立伊勢崎工業高等学校
　〒370-0042 群馬県伊勢崎市中央町3-8
　TEL 0270-25-3216
　明治19年9月　　 伊勢崎織物業組合立染織講習所を開設
　明治29年4月　　 伊勢崎染織学校と改称
　明治33年4月　　 群馬県伊勢崎染織学校と改称
　明治39年　　　　群馬県伊勢崎染織学校を廃校
　明治43年4月　　 群馬県立工業学校として開校
　昭和9年4月　　　群馬県立伊勢崎工業高等学校と改称

◇群馬県立伊勢崎高等学校
　〒372-0032 群馬県伊勢崎市南千木町1670
　TEL 0270-40-5005
　平成16年11月1日　群馬県立境高等学校，群馬県立伊勢崎東高等学校を統合し
　　　　　　　　　群馬県立伊勢崎高等学校を設置
〈群馬県立境高等学校〉
　明治39年5月16日　境町女子実業補習学校が発足
　大正13年12月1日　境町実践女学校と改称
　大正15年3月31日　境町実践女学校を廃校
　大正15年4月1日　 群馬県境町実科高等女学校が開校
　昭和17年4月1日　 群馬県境高等女学校と改称
　昭和23年3月1日　 群馬県立境高等女学校と改称

| 昭和23年4月10日 | 群馬県立境高等学校を開校 |

〈群馬県立伊勢崎東高等学校〉
| 昭和37年 | 群馬県立伊勢崎東高等学校を設置 |

◇伊勢崎市立**伊勢崎高等学校**
〒372-0013 群馬県伊勢崎市上植木本町1702-1
TEL 0270-25-4458
| 昭和29年 | 伊勢崎市立女子高等学校として開校 |
| 平成5年 | 伊勢崎市立伊勢崎高等学校と改称 |

◇群馬県立**伊勢崎興陽高等学校**
〒372-0045 群馬県伊勢崎市上泉町212
TEL 0270-25-3266
| 大正9年4月 | 郡立佐波農学校が開校 |
| 大正12年4月 | 群馬県立佐波農業学校と改称 |
| 昭和23年4月 | 群馬県立佐波農業高等学校と改称 |
| 平成5年4月 | 群馬県立伊勢崎興陽高等学校と改称 |

◇群馬県立**伊勢崎商業高等学校**
〒372-0001 群馬県伊勢崎市波志江町1116
TEL 0270-25-4551
| 大正6年 | 商工補習学校として創立 |
| 昭和12年 | 群馬県立伊勢崎商業高等学校と改称 |

◇群馬県立**伊勢崎清明高等学校**
〒372-0031 群馬県伊勢崎市今泉町2丁目331-6
TEL 0270-25-5221
| 大正4年3月5日 | 町立伊勢崎実科女学校を設立 |
| 昭和23年4月1日 | 群馬県立伊勢崎女子高等学校と改称 |
| 平成17年4月 | 群馬県立伊勢崎清明高等学校と改称 |

◇群馬県立**板倉高等学校**
〒374-0132 群馬県邑楽郡板倉町板倉2406-2
TEL 0276-82-1258
| 昭和26年4月1日 | 群馬県立館林高等学校伊奈良分校を設置 |
| 昭和30年4月1日 | 群馬県立館林高等学校板倉分校と改称 |
| 昭和43年4月1日 | 群馬県立板倉高等学校と改称 |

◇群馬県立**大泉高等学校**
〒370-0511 群馬県邑楽郡大泉町北小泉2-16-1
TEL 0276-62-3564
| 明治45年1月 | 群馬県立館林農業学校として創立 |
| 大正12年 | 群馬県小泉農業学校と改称 |
| 昭和23年 | 群馬県立小泉農業高等学校と改称 |
| 昭和37年 | 群馬県立大泉農業高等学校と改称 |
| 平成12年 | 群馬県立大泉高等学校と改称 |

◇群馬県立**太田工業高等学校**
〒373-0809 群馬県太田市茂木町380
TEL 0276-45-4742
| 昭和37年4月 | 群馬県立太田工業高等学校が開校 |

◇群馬県立**太田高等学校**
〒373-0033 群馬県太田市西本町12-2
TEL 0276-31-7181
| 明治30年4月11日 | 太田中学校新田分校が開校 |
| 明治33年4月1日 | 群馬県太田中学校と改称・独立 |
| 明治34年6月21日 | 群馬県立太田中学校と改称 |
| 昭和23年4月1日 | 群馬県立太田高等学校と改称 |

◇群馬県立**太田女子高等学校**
〒373-8511 群馬県太田市八幡町16-7
TEL 0276-22-6651
| 大正10年3月10日 | 太田町立太田実科高等女学校を設立 |
| 大正12年4月1日 | 群馬県立太田高等女学校と改称 |
| 昭和23年4月1日 | 群馬県立太田女子高等学校と改称 |

◇太田市立**商業高等学校**
〒373-0842 群馬県太田市細谷町1510
TEL 0276-31-3321
| 昭和39年4月 | 太田市立商業高等学校が開校 |

◇群馬県立**太田東高等学校**
〒373-0801 群馬県太田市台之郷町448
TEL 0276-45-6511
| 昭和58年 | 群馬県立太田東高等学校が開校 |

◇群馬県立**太田フレックス高等学校**
〒373-0844 群馬県太田市下田島町1243-1
TEL 0276-31-8047
| 昭和23年10月1日 | 群馬県立太田女子高等学校尾島分校として開設 |
| 昭和40年4月1日 | 群馬県立尾島女子高等学校として独立 |
| 昭和58年4月 | 群馬県立太田西女子高等学校と改称 |
| 平成17年4月 | 群馬県立太田フレックス高等学校が開校 |

◇群馬県立**大間々高等学校**
〒376-0102 群馬県みどり市大間々町桐原193-1
TEL 0277-73-1611
| 明治33年4月 | 共立普通学校として開校 |
| 明治13年4月 | 町立大間々農学校と改称 |
| 昭和23年4月 | 町立大間々高等実科女学校を併合 |
| 昭和23年4月 | 群馬県立大間々高等学校と改称 |

◇群馬県立**尾瀬高等学校**
〒378-0301 群馬県沼田市利根町平川1406
TEL 0278-56-2310
| 昭和37年 | 沼田高等学校武尊分校として創立 |
| 昭和43年 | 武尊高等学校として独立 |
| 平成8年 | 群馬県立尾瀬高等学校と改称 |

◇**学芸館高等学校**
［学校法人 大成学園］
〒370-0829 群馬県高崎市高松町14-2
TEL 027-310-2240
| 平成16年 | 学芸館高等学校が開校 |

◇**関東学園大学附属高等学校**
［学校法人 関東学園］
〒374-8555 群馬県館林市大谷町625
TEL 0276-74-1213
| 昭和33年 | 関東短期大学附属高等学校を設立 |
| 昭和51年 | 関東学園大学附属高等学校と改称 |

◇**共愛学園高等学校**
［学校法人 共愛学園］
〒379-2185 群馬県前橋市小屋原町1115-3
TEL 027-267-1000
| 明治21年 | 前橋英和女学校を設立 |
| 明治22年 | 上毛共愛女学校と改称 |
| 明治38年 | 共愛女学校と改称 |
| 昭和22年 | 共愛学園高等学校と改称 |

群馬県

◇群馬県立桐生工業高等学校
　〒376-0054 群馬県桐生市西久方町1-1-41
　TEL 0277-22-7141
　昭和9年　　　　　　群馬県立桐生工業学校が開校
　昭和23年4月10日　　群馬県立桐生工業高等学校と改称

◇群馬県立桐生高等学校
　〒376-0025 群馬県桐生市美原町1-39
　TEL 0277-45-2756
　大正6年3月12日　　町立桐生中学校として創立
　大正10年3月1日　　群馬県立桐生中学校と改称
　昭和23年4月　　　　群馬県立桐生高等学校と改称

◇群馬県立桐生女子高等学校
　〒376-0601 群馬県桐生市梅田町1丁目185-1
　TEL 0277-32-2182
　明治41年4月　　　　群馬県山田郡立桐生高等女学校を設立
　大正7年4月　　　　群馬県立桐生高等女学校と改称
　昭和22年4月　　　　群馬県立桐生女子高等学校を設立

◇桐生市立商業高等学校
　〒376-0026 群馬県桐生市清瀬町6-1
　TEL 0277-44-2477
　昭和15年3月31日　　桐生市実践女子青年学校を創立
　昭和16年3月28日　　桐生市立高等実践女学校と改称
　昭和21年3月31日　　桐生市立高等女学院と改称
　昭和23年4月1日　　桐生市立高等学校と改称
　昭和28年3月31日　　桐生市立商業高等学校と改称

◇桐生第一高等学校
　［学校法人　桐丘学園］
　〒376-0043 群馬県桐生市小曽根町1-5
　TEL 0277-22-8131
　明治34年12月　　　　桐生裁縫専門女学館を創設
　明治37年12月　　　　桐生裁縫女学校と改称
　昭和9年2月　　　　　桐生高等家政女学校と改称
　昭和21年4月　　　　桐ヶ丘高等女学校と改称
　昭和23年4月　　　　桐丘高等学校と改称
　平成元年4月　　　　桐生第一高等学校と改称

◇群馬県立桐生西高等学校
　〒376-0011 群馬県桐生市相生町3-551-1
　TEL 0277-52-2455
　昭和55年　　　　　　群馬県立桐生西高等学校を創立

◇群馬県立桐生南高等学校
　〒376-0013 群馬県桐生市広沢町3丁目4193
　TEL 0277-54-1900
　昭和38年1月1日　　群馬県立桐生南高等学校を設置

◇群馬県立中央高等学校
　〒370-0003 群馬県高崎市新保田中町196
　TEL 027-361-7007
　昭和38年　　　　　　群馬県立中央高等学校を創立
　平成21年3月　　　　群馬県立中央高等学校を閉校予定

◇群馬県立渋川工業高等学校
　〒377-0008 群馬県渋川市渋川8-1
　TEL 0279-22-2551
　昭和33年　　　　　　群馬県立渋川工業高等学校が開校

◇群馬県立渋川高等学校
　〒377-0008 群馬県渋川市渋川678-3
　TEL 0279-22-4120
　大正9年4月20日　　群馬県立渋川中学校が開校
　昭和23年4月1日　　群馬県立渋川高等学校と改称

◇群馬県立渋川女子高等学校
　〒377-0008 群馬県渋川市渋川2684
　TEL 0279-22-4148
　大正9年4月　　　　渋川町立実科高等女学校が開校
　昭和23年　　　　　　群馬県立渋川女子高等学校と改称

◇群馬県立渋川青翠高等学校
　〒377-0008 群馬県渋川市渋川3912-1
　TEL 0279-24-2320
　昭和51年11月1日　　群馬県立渋川西高等学校を設置
　平成10年4月1日　　群馬県立渋川青翠高等学校と改称

◇群馬県立下仁田高等学校
　〒370-2601 群馬県甘楽郡下仁田町下仁田550-1
　TEL 0274-82-3124
　昭和12年4月　　　　下仁田高等家政女学校として開校
　昭和23年4月　　　　群馬県下仁田高等学校が開校
　昭和24年11月　　　　群馬県立下仁田高等学校と改称

◇樹徳高等学校
　［学校法人　明照学園］
　〒376-0023 群馬県桐生市錦町1-1-20
　TEL 0277-45-2258
　大正3年　　　　　　裁緒女学校を中山浄運寺住職の野口周善が創立
　昭和16年　　　　　　樹徳高等裁縫女学校と改称
　昭和21年　　　　　　樹徳高等女学校と改称
　昭和25年　　　　　　樹徳高等学校と改称

◇白根開善学校高等部
　［学校法人　白根開善学校］
　〒377-1701 群馬県吾妻郡六合村入山字小倉1-1
　TEL 0279-95-5311
　昭和53年7月1日　　白根開善学校を設置
　昭和54年6月22日　　白根開善学校高等部を設置

◇群馬県立勢多農林高等学校
　〒371-0017 群馬県前橋市日吉町2丁目25-1
　TEL 027-231-2403
　明治41年　　　　　　勢多郡立農林学校として開校
　大正3年　　　　　　群馬県立勢多農林学校と改称
　昭和23年　　　　　　群馬県立勢多農林高等学校と改称

◇群馬県立高崎北高等学校
　〒370-3534 群馬県高崎市井出町1080
　TEL 027-373-1611
　昭和53年11月1日　　群馬県立高崎北高等学校として設立

◇高崎経済大学付属高等学校
　〒370-0081 群馬県高崎市浜川町1650-1
　TEL 027-344-1230
　大正13年4月25日　　高崎実践女学校として設立
　昭和10年4月1日　　高崎高等実践女学校と改称
　昭和18年4月1日　　高崎市立高等女学校と改称
　昭和22年4月1日　　高崎市立女子高等学校と改称
　平成6年4月1日　　　高崎経済大学付属高等学校が開校

◇高崎健康福祉大学高崎高等学校
　［学校法人　高崎健康福祉大学］
　〒370-0033 群馬県高崎市中大類町531
　TEL 027-352-3460
　昭和43年　　　　　　群馬女子短期大学附属高等学校が開校

群馬県

| 平成13年 | 高崎健康福祉大学高崎高等学校と改称 |

◇群馬県立**高崎工業高等学校**
　〒370-0046 群馬県高崎市江木町700
　TEL 027-323-5450
| 昭和15年4月 | 群馬県立高崎工業学校が開校 |
| 昭和23年4月1日 | 群馬県立高崎工業高等学校と改称 |

◇群馬県立**高崎高等学校**
　〒370-0861 群馬県高崎市八千代町2丁目4-1
　TEL 027-324-0074
| 明治30年 | 群馬県尋常中学校群馬分校を創立 |
| 明治33年 | 群馬県高崎中学校として独立 |
| 昭和23年 | 群馬県立高崎高等学校と改称 |

◇**高崎商科大学附属高等学校**
　[学校法人 高崎佐藤学園]
　〒370-0803 群馬県高崎市大橋町237-1
　TEL 027-322-2827
| 明治39年4月 | 私立佐藤裁縫女学校を創立 |
| 昭和23年4月 | 佐藤技芸高等学校と改称 |
| 昭和36年6月 | 佐藤学園高等学校と改称 |
| 昭和63年4月 | 高崎商科短期大学附属高等学校と改称 |
| 平成13年4月 | 高崎商科大学附属高等学校と改称 |

◇群馬県立**高崎商業高等学校**
　〒370-0041 群馬県高崎市東貝沢町3丁目4
　TEL 027-361-7000
| 明治35年11月29日 | 高崎市立商業補習学校が開校 |
| 大正7年4月1日 | 群馬県立高崎商業学校と改称 |
| 昭和23年4月1日 | 群馬県立高崎商業高等学校と改称 |

◇群馬県立**高崎女子高等学校**
　〒370-0062 群馬県高崎市稲荷町20
　TEL 027-362-2585
| 明治32年5月 | 群馬県高等女学校が開校 |
| 明治34年6月 | 群馬県立高等女学校と改称 |
| 明治45年4月 | 群馬県立高崎高等女学校と改称 |
| 昭和23年4月 | 群馬県立高崎女子高等学校と改称 |

◇群馬県立**高崎東高等学校**
　〒370-0014 群馬県高崎市元島名町1510
　TEL 027-352-1251
| 昭和59年 | 群馬県立高崎東高等学校が開校 |

◇群馬県立**館林高等学校**
　〒374-0041 群馬県館林市富士原町1241
　TEL 0276-72-4307
| 大正10年2月18日 | 群馬県立館林中学校として設立 |
| 昭和23年4月 | 群馬県立館林高等学校と改称 |

◇群馬県立**館林商工高等学校**
　〒370-0701 群馬県邑楽郡明和町南大島660
　TEL 0276-84-4731
| 昭和60年4月1日 | 群馬県立館林商工高等学校が開校 |

◇群馬県立**館林女子高等学校**
　〒374-0019 群馬県館林市尾曳町6-1
　TEL 0276-72-0139
| 大正6年4月 | 館林町立実科高等学校として開校 |
| 大正11年4月 | 館林町立高等女学校と改称 |
| 大正12年4月 | 群馬県立館林高等女学校と改称 |
| 昭和23年4月 | 群馬県立館林女子高等学校と改称 |

◇群馬県立**玉村高等学校**
　〒370-1134 群馬県佐波郡玉村町与六分14
　TEL 0270-65-2309
| 大正11年4月1日 | 玉村実業補習学校として開校 |
| 昭和15年6月18日 | 群馬県玉村高等実科女学校と改称 |
| 昭和23年10月1日 | 群馬県立佐波農業高等学校玉村分校として認可される |
| 昭和34年4月1日 | 群馬県立玉村高等学校として認可される |

◇群馬県立**嬬恋高等学校**
　〒377-1526 群馬県吾妻郡嬬恋村大字三原482-1
　TEL 0279-97-3008
| 昭和27年8月13日 | 群馬県立中之条高等学校嬬恋分校を設立 |
| 昭和43年4月1日 | 群馬県立嬬恋高等学校として独立 |

◇**東京農業大学第二高等学校**
　[学校法人 東京農業大学]
　〒370-0864 群馬県高崎市石原町3430
　TEL 027-323-1483
| 昭和37年4月 | 東京農業大学第二高等学校が開校 |

◇**常磐高等学校**
　[学校法人 群馬常磐学園]
　〒373-0817 群馬県太田市飯塚町141-1
　TEL 0276-45-4372
| 大正3年9月 | 常見裁縫伝習所を常見ろくが創立 |
| 大正5年11月 | 太田裁縫女学校を創立 |
| 昭和16年3月 | 太田家政女学校と改称 |
| 昭和17年3月 | 太田高等家政女学校を設立 |
| 昭和21年12月 | 常磐高等女学校を設立 |
| 昭和26年3月 | 常磐高等学校と改称 |

◇群馬県立**利根実業高等学校**
　〒378-0014 群馬県沼田市栄町165-2
　TEL 0278-23-1131
| 大正8年3月27日 | 利根郡立実業学校を設立 |
| 大正8年11月10日 | 利根実業学校と改称 |
| 大正10年3月22日 | 群馬県利根農業学校と改称 |
| 大正12年4月10日 | 群馬県立利根農業学校と改称 |
| 昭和16年4月4日 | 群馬県立利根農林学校と改称 |
| 昭和23年4月1日 | 群馬県立利根農林高等学校と改称 |
| 平成2年4月1日 | 群馬県立利根実業高等学校と改称 |

◇利根沼田学校組合立**利根商業高等学校**
　〒379-1313 群馬県利根郡みなかみ町月夜野591
　TEL 0278-62-2116
| 昭和33年 | 利根沼田学校組合立利根商業高等学校を創立 |

◇群馬県立**富岡高等学校**
　〒370-2343 群馬県富岡市七日市1425-1
　TEL 0274-63-0053
| 明治30年4月1日 | 群馬県尋常中学校甘楽分校として開校 |
| 明治33年4月11日 | 群馬県富岡中学校として独立 |
| 明治34年6月21日 | 群馬県立富岡中学校と改称 |
| 昭和23年4月10日 | 群馬県立富岡高等学校と改称 |

◇群馬県立**富岡実業高等学校**
　〒370-2316 群馬県富岡市富岡451
　TEL 0274-62-0690
| 大正15年4月 | 実業補習学校農学部として設立 |
| 昭和25年4月 | 群馬県立甘楽農業高等学校と改称 |

群馬県

| 昭和61年4月 | 群馬県立富岡実業高等学校と改称 |

◇**群馬県立富岡東高等学校**
〒370-2316 群馬県富岡市富岡118-6
TEL 0274-62-2321

| 明治42年 | 北甘楽郡女子実業講習所を設立 |
| 明治44年 | 北甘楽郡立実科高等女学校と改称 |
| 大正10年 | 北甘楽郡立高等女学校と改称 |
| 大正12年 | 群馬県立富岡高等女学校と改称 |
| 大正12年 | 富岡町立富岡実践女学校を設立 |
| 大正14年 | 富岡町立富岡高等女学校と改称 |
| 昭和23年 | 群馬県立富岡高等女学校，富岡町立富岡高等女学校が合併し群馬県立富岡女子高等学校と改称 |
| 昭和24年 | 群馬県立富岡東高等学校と改称 |

◇**群馬県立中之条高等学校**
〒377-0424 群馬県吾妻郡中之条町大字中之条町1303
TEL 0279-75-3455

| 明治32年2月3日 | 郡立吾妻農学校として設立 |
| 明治33年4月1日 | 群馬県農学校と改称 |
| 明治34年1月21日 | 群馬県立農業学校と改称 |
| 明治45年4月1日 | 群馬県立中之条農業学校と改称 |
| 昭和23年4月1日 | 群馬県立中之条高等学校と改称 |

◇**群馬県立長野原高等学校**
〒377-1305 群馬県吾妻郡長野原町与喜屋21-1
TEL 0279-82-2388

| 昭和27年8月13日 | 群馬県立吾妻高等学校長野原分校として設立 |
| 昭和43年4月1日 | 群馬県立長野原高等学校として独立 |

◇**新島学園高等学校**
［学校法人 新島学園］
〒379-0116 群馬県安中市安中3702
TEL 027-381-0240

| 昭和22年5月 | 新島学園中学校が開校 |
| 昭和23年4月 | 新島学園高等学校に移行 |
| 昭和26年3月 | 新島学園高等学校高等学部と改称 |
| 昭和46年2月 | 新島学園高等学校と改称 |

◇**群馬県立西邑楽高等学校**
〒370-0514 群馬県邑楽郡大泉町朝日2-3-1
TEL 0276-63-5851

| 昭和50年11月1日 | 群馬県立西邑楽高等学校を設置 |

◇**群馬県立新田暁高等学校**
〒370-0347 群馬県太田市新田大根町999
TEL 0276-57-1056

| 大正13年3月1日 | 村立綿打実科女学校として認可 |
| 昭和23年9月1日 | 群馬県立佐波農業高等学校綿打分校と改称 |
| 昭和35年 | 群馬県立新田高等学校と改称 |
| 平成7年 | 群馬県立新田暁高等学校と改称 |

◇**群馬県立沼田高等学校**
〒378-0054 群馬県沼田市西原新町1510
TEL 0278-23-1313

| 明治30年4月1日 | 群馬県尋常中学校利根分校として創立 |
| 明治33年4月1日 | 群馬県立前橋中学校利根分校と改称 |
| 明治45年4月1日 | 群馬県立沼田中学校として独立 |
| 昭和23年4月1日 | 群馬県立沼田高等学校と改称 |

◇**群馬県立沼田女子高等学校**
〒378-0043 群馬県沼田市東倉内町753-3
TEL 0278-22-4495

| 大正10年4月9日 | 沼田町立沼田実科高等女学校が開校 |
| 大正12年4月1日 | 群馬県沼田高等学校女学校と改称 |
| 大正13年4月1日 | 群馬県立沼田高等女学校と改称 |
| 昭和23年4月 | 群馬県立沼田女子高等学校と改称 |

◇**群馬県立榛名高等学校**
〒370-3342 群馬県高崎市下室田町953
TEL 027-374-0053

| 昭和15年 | 室田高等実践女学校を設立 |
| 昭和23年 | 群馬県立室田高等学校と改称 |
| 昭和30年 | 群馬県立榛名高等学校と改称 |

◇**群馬県立藤岡北高等学校**
〒375-0017 群馬県藤岡市篠塚90
TEL 0274-22-2308

| 昭和22年 | 群馬県多野農業学校が開校 |
| 昭和23年4月1日 | 群馬県立藤岡高等学校に合併される |
| 昭和58年4月1日 | 群馬県立藤岡北高等学校として分離独立 |

◇**群馬県立藤岡工業高等学校**
〒375-0012 群馬県藤岡市下戸塚47-2
TEL 0274-22-2153

| 昭和37年5月 | 群馬県立藤岡工業高等学校を設置 |

◇**群馬県立藤岡中央高等学校**
〒375-0024 群馬県藤岡市藤岡787
TEL 0274-24-6660

| 平成17年4月 | 群馬県立藤岡女子高等学校，群馬県立藤岡高等学校を再編し群馬県立藤岡中央高等学校が開校 |

〈群馬県立藤岡女子高等学校〉
| 大正7年 | 藤岡町立実科女学校として設立 |
| 大正12年 | 群馬県立藤岡高等女学校と改称 |
| 昭和23年 | 群馬県立藤岡女子高等学校と改称 |

〈群馬県立藤岡高等学校〉
| 明治30年4月1日 | 群馬県尋常中学校多野分校を創立 |
| 明治34年4月1日 | 県立藤岡中学校として独立 |
| 昭和23年4月1日 | 群馬県立藤岡高等学校と改称 |

◇**前橋育英高等学校**
［学校法人 群馬育英学園］
〒371-0832 群馬県前橋市朝日が丘町13
TEL 027-251-7087

| 昭和38年 | 前橋育英高等学校が開校 |

◇**群馬県立前橋工業高等学校**
〒371-0006 群馬県前橋市石関町137-1
TEL 027-264-7100

| 大正12年4月26日 | 前橋市立前橋工業学校を設立 |
| 昭和12年9月1日 | 群馬県立前橋工業学校と改称 |
| 昭和22年4月1日 | 群馬県立前橋工業高等学校と改称 |

◇**群馬県立前橋高等学校**
〒371-0011 群馬県前橋市下沖町321-1
TEL 027-232-1155

| 明治10年9月 | 第十七番中学利根川学校を創立 |
| 明治12年6月 | 群馬県中学校と改称 |
| 明治19年9月 | 群馬県尋常中学校と改称 |
| 明治32年4月 | 群馬県中学校と改称 |

| 明治33年4月 | 群馬県前橋中学校と改称 |
| 明治34年4月 | 群馬県立前橋中学校と改称 |
| 昭和23年4月 | 群馬県立前橋高等学校と改称 |

◇**前橋市立前橋高等学校**
　〒371-0051 群馬県前橋市上細井町2211-3
　TEL 027-231-2738
| 昭和4年4月1日 | 前橋市立高等家政女学校を創立 |
| 昭和18年4月1日 | 前橋市立高等女学校と改称 |
| 昭和23年4月1日 | 前橋市立女子高等学校と改称 |
| 平成6年4月1日 | 前橋市立前橋高等学校と改称 |

◇**群馬県立前橋商業高等学校**
　〒371-0805 群馬県前橋市南町4丁目35-1
　TEL 027-221-4486
| 大正9年 | 前橋市立商業学校が開校 |
| 昭和9年 | 群馬県立前橋商業学校と改称 |
| 昭和19年 | 前橋第二工業学校を併設 |
| 昭和20年 | 前橋商業学校を廃止 |
| 昭和21年 | 前橋商工学校と改称 |
| 昭和23年 | 群馬県立前橋商業高等学校と改称 |

◇**群馬県立前橋女子高等学校**
　〒371-0025 群馬県前橋市紅雲町2丁目19-1
　TEL 027-221-4188
| 明治43年 | 前橋市立高等女学校として設立 |
| 明治45年 | 群馬県立前橋高等女学校と改称 |
| 昭和23年 | 群馬県立前橋女子高等学校と改称 |

◇**群馬県立前橋清陵高等学校**
　〒371-8573 群馬県前橋市文京町2丁目20-3
　TEL 027-221-3073
| 昭和41年4月11日 | 群馬県立前橋第二高等学校を開校 |
| 平成5年4月 | 群馬県立前橋清陵高等学校と改称 |

◇**群馬県立前橋西高等学校**
　〒370-3574 群馬県前橋市清野町180
　TEL 027-251-8686
| 昭和58年4月 | 群馬県立前橋西高等学校が開校 |

◇**群馬県立前橋東高等学校**
　〒371-0002 群馬県前橋市江木町800
　TEL 027-263-2855
| 昭和55年 | 群馬県立前橋東高等学校が開校 |

◇**群馬県立前橋東商業高等学校**
　〒371-0222 群馬県前橋市上大屋町105
　TEL 027-283-2171
| 昭和25年3月30日 | 前橋商業高等学校大胡分校を設置 |
| 昭和40年4月1日 | 群馬県立前橋東商業高等学校と改称 |

◇**群馬県立前橋南高等学校**
　〒379-2147 群馬県前橋市亀里町1
　TEL 027-265-2811
| 昭和51年5月26日 | 群馬県立前橋南高等学校が開校 |

◇**群馬県立松井田高等学校**
　〒379-0222 群馬県安中市松井田町松井田803-1
　TEL 027-393-1525
| 昭和13年3月31日 | 群馬県松井田高等実践女学校を設立 |
| 昭和21年5月1日 | 群馬県松井田高等女学校と改称 |
| 昭和23年3月1日 | 群馬県立松井田高等女学校と改称 |
| 昭和23年4月1日 | 群馬県立松井田高等学校と改称 |

◇**群馬県立万場高等学校**
　〒370-1503 群馬県多野郡神流町大字生利1549-1
　TEL 0274-57-3119
| 昭和26年 | 群馬県立万場高等学校が開校 |

◇**明和県央高等学校**
　［学校法人 平方学園］
　〒370-3511 群馬県高崎市金古町28
　TEL 027-373-5773
| 昭和58年4月 | 明和県央高等学校を設立 |

◇**明和高等学校**
　［学校法人 平方学園］
　〒371-0033 群馬県前橋市国領町2-200-10
　TEL 027-231-8115
| 昭和8年 | 平方裁縫女学校を平方金七が創設 |
| 昭和16年 | 平方高等裁縫女学校と改称 |
| 昭和18年 | 平方実業女学校と改称 |
| 昭和23年 | 明和家政高等学校と改称 |
| 昭和35年 | 明和高等学校と改称 |

◇**群馬県立吉井高等学校**
　〒370-2104 群馬県多野郡吉井町馬庭1478-1
　TEL 027-388-3511
| 昭和49年11月1日 | 群馬県立吉井高等学校を設置 |

埼玉県

# 埼玉県

## 【大学】

◇跡見学園女子大学
　［学校法人 跡見学園］
　〒352-8501 埼玉県新座市中野1-9-6
　TEL 048-478-3333
　昭和40年　　　跡見学園女子大学を設立

◇浦和大学
　［学校法人 九里学園］
　〒336-0974 埼玉県さいたま市緑区大字大崎3551
　TEL 048-878-3741
　平成15年4月　　浦和大学を開学

◇大宮法科大学院大学
　［学校法人 佐藤栄学園］
　〒330-0854 埼玉県さいたま市大宮区桜木町4-333-13
　TEL 048-658-8101
　平成16年　　　大宮法科大学院大学が開学

◇共栄大学
　［学校法人 共栄学園］
　〒344-0051 埼玉県春日部市内牧字高野4158
　TEL 048-755-2932
　平成13年　　　共栄大学を設立

◇埼玉医科大学
　［学校法人 埼玉医科大学］
　〒350-0495 埼玉県入間郡毛呂山町大字毛呂本郷38
　TEL 049-276-1108
　昭和47年　　　埼玉医科大学が開学

◇埼玉学園大学
　［学校法人 峯徳学園］
　〒333-0831 埼玉県川口市木曽呂1510
　TEL 048-294-1110
　平成13年4月　　埼玉学園大学が開学

◇埼玉県立大学
　〒343-8540 埼玉県越谷市三野宮820
　TEL 0489-71-0500
　平成11年4月　　埼玉県立大学が開学

◇埼玉工業大学
　［学校法人 智香寺学園］
　〒369-0293 埼玉県深谷市普済寺1690
　TEL 048-585-2521
　明治36年2月　　東京商工学校を創立
　明治43年4月　　東京高等商工学校と改称
　昭和13年4月　　聖橋高等工学校と改称
　昭和23年4月　　聖橋高等学校（のち閉校）を設置
　昭和36年4月　　埼玉工業高等学校（のち閉校）が開校
　昭和51年4月　　埼玉工業大学を開設

◇埼玉大学
　〒338-8570 埼玉県さいたま市桜区下大久保255
　TEL 048-858-3005
〈浦和高等学校〉
　大正10年11月　　浦和高等学校を設立
〈埼玉師範学校〉
　明治6年1月　　学校改正局を設立
　明治7年7月　　埼玉県師範学校と改称
　昭和18年4月　　埼玉師範学校と改称
〈埼玉青年師範学校〉
　大正11年2月　　埼玉県実業補修学校教員養成所を設立
　昭和10年4月　　埼玉県立青年学校教員養成所と改称
　昭和19年4月　　埼玉青年師範学校と改称
〈統合〉
　昭和24年5月　　埼玉青年師範学校，埼玉師範学校，浦和高等学校を統合し埼玉大学を設置

◇十文字学園女子大学
　［学校法人 十文字学園］
　〒352-8510 埼玉県新座市菅沢2-1-28
　TEL 048-477-0555
　平成8年　　　十文字学園女子大学が開学

◇城西大学
　［学校法人 城西大学］
　〒350-0295 埼玉県坂戸市けやき台1-1
　TEL 0492-86-2233
　昭和40年4月　　城西大学を開設（創立者:水田三喜男）

◇尚美学園大学
　［学校法人 尚美学園］
　〒350-1110 埼玉県川越市豊田町1-1-1
　TEL 049-246-2700
　大正15年　　　尚美音楽院を赤松直が開設
　昭和56年　　　尚美音楽短期大学を開学
　昭和61年　　　尚美学園短期大学と改称
　平成12年　　　尚美学園大学が開学

◇駿河台大学
　［学校法人 駿河台大学］
　〒357-8555 埼玉県飯能市大字阿須字一の木698
　TEL 042-972-1111
　大正7年　　　東京高等受験講習会を山崎寿春が創立
　昭和62年　　　駿河台大学を開学

◇聖学院大学
　［学校法人 聖学院］
　〒362-8585 埼玉県上尾市戸崎1-1
　TEL 048-781-0925
　昭和42年　　　女子聖学院短期大学を創立
　昭和63年　　　聖学院大学に改組

◇西武文理大学
　［学校法人 文理佐藤学園］
　〒350-1336 埼玉県狭山市柏原新田下河原311-1
　TEL 04-2954-7575
　平成11年　　　西武文理大学を開学

◇東京国際大学
　［学校法人 金子教育団］
　〒350-1197 埼玉県川越市的場北1-13-1
　TEL 049-232-1111
　昭和40年　　　国際商科大学を金子泰藏が創学
　昭和61年　　　東京国際大学と改称

◇東邦音楽大学
　［学校法人 三室戸学園］

〒350-0015 埼玉県川越市今泉84
TEL 049-235-2157
昭和40年4月　　東邦音楽大学を設置

◇獨協大学
　［学校法人　獨協学園］
　〒340-0042 埼玉県草加市学園町1-1
　TEL 048-946-1683
　昭和39年　　　　獨協大学を開学

◇日本工業大学
　［学校法人　日本工業大学］
　〒345-8501 埼玉県南埼玉郡宮代町学園台4-1-1
　TEL 0480-34-4111
　明治41年　　　　東京工科学校（のち:東京高等工科学校）が開校
　昭和6年　　　　東京工業学校を設立
　昭和18年　　　　東京高等工科学校が廃校
　昭和23年　　　　東京工業高等学校が開校
　昭和42年　　　　日本工業大学が開学

◇日本薬科大学
　［学校法人　東京インターナショナル学園］
　〒362-0806 埼玉県北足立郡伊奈町小室10281
　TEL 048-721-1155
　平成15年11月27日　日本薬科大学を設置

◇人間総合科学大学
　［学校法人　早稲田医療学園］
　〒339-8539 埼玉県さいたま市岩槻区馬込1288
　TEL 048-749-6111
　昭和28年　　　　東京カイロプラクティック学院（現:早稲田医療専門学校）を創立
　平成12年　　　　人間総合科学大学を開学

◇文教大学
　［学校法人　文教大学学園］
　〒343-8511 埼玉県越谷市南荻島3337
　TEL 048-974-8811
　昭和41年　　　　立正女子大学を設置
　昭和51年　　　　文教大学と改称

◇平成国際大学
　［学校法人　佐藤栄学園］
　〒347-0022 埼玉県加須市水深大立野2000
　TEL 0480-66-2100
　平成8年　　　　平成国際大学が開校

◇武蔵野学院大学
　［学校法人　武蔵野学院］
　〒350-1321 埼玉県狭山市上広瀬860
　TEL 04-2954-6131
　平成16年4月1日　武蔵野学院大学が開学

◇明海大学
　［学校法人　明海大学］
　〒350-0283 埼玉県坂戸市けやき台1-1
　TEL 049-285-5511
　昭和45年4月　　城西歯科大学を開学
　昭和63年4月　　明海大学と改称

◇ものつくり大学
　［学校法人　国際技能工芸機構］
　〒361-0038 埼玉県行田市前谷333
　TEL 048-564-3200
　平成13年4月　　ものつくり大学が開学

【短大】

◇秋草学園短期大学
　［学校法人　秋草学園］
　〒359-1112 埼玉県所沢市泉町1789
　TEL 04-2925-1111
　昭和54年　　　　秋草学園短期大学を開学

◇浦和大学短期大学部
　［学校法人　九里学園］
　〒336-0974 埼玉県さいたま市緑区大字大崎3551
　TEL 048-878-3741
　昭和62年　　　　浦和短期大学を開学
　平成15年4月　　浦和大学短期大学部と改称

◇川口短期大学
　［学校法人　峯徳学園］
　〒333-0831 埼玉県川口市木曽呂1511
　TEL 048-294-1111
　昭和62年4月　　川口短期大学を開学

◇共栄学園短期大学
　［学校法人　共栄学園］
　〒344-0051 埼玉県春日部市内牧字高野4158
　TEL 048-761-5801
　昭和59年　　　　共栄学園短期大学を設立

◇国際学院埼玉短期大学
　［学校法人　国際学院］
　〒330-8548 埼玉県さいたま市大宮区吉敷町2-5
　TEL 048-641-7468
　昭和58年4月　　国際学院埼玉短期大学が開学

◇埼玉医科大学短期大学
　［学校法人　埼玉医科大学］
　〒350-0495 埼玉県入間郡毛呂山町大字毛呂本郷38
　TEL 049-276-1276
　平成元年　　　　埼玉医科大学短期大学が開学

◇埼玉純真女子短期大学
　［学校法人　福田学園］
　〒348-0045 埼玉県羽生市下岩瀬430
　TEL 0485-62-0711
　昭和58年　　　　埼玉純真女子短期大学を創設

◇埼玉女子短期大学
　［学校法人　川口学園］
　〒350-1227 埼玉県日高市女影1616
　TEL 042-986-1616
　平成元年　　　　埼玉女子短期大学が開学

◇埼玉短期大学
　［学校法人　佐藤栄学園］
　〒347-0032 埼玉県加須市花崎江橋519-5
　TEL 0480-65-5520
　平成元年　　　　埼玉短期大学が開学

◇十文字学園女子大学短期大学部
　［学校法人　十文字学園］
　〒352-8510 埼玉県新座市菅沢2-1-28
　TEL 048-477-0555
　昭和41年　　　　十文字学園女子短期大学が開学
　平成14年　　　　十文字学園女子大学短期大学部と改称

◇城西短期大学
　［学校法人　城西大学］

埼玉県

〒350-0295 埼玉県坂戸市けやき台1-1
TEL 0492-86-2233
昭和58年4月　　　城西大学女子短期大学部を開設
平成17年　　　　城西短期大学と改称

◇武蔵丘短期大学
　［学校法人 後藤学園］
　〒355-0154 埼玉県比企郡吉見町大字南吉見字村上111-1
　TEL 0493-54-5101
　平成3年2月7日　　武蔵丘短期大学を設置

◇武蔵野短期大学
　［学校法人 武蔵野学院］
　〒350-1321 埼玉県狭山市上広瀬860
　TEL 04-2954-6131
　昭和56年4月1日　　武蔵野短期大学が開学

◇山村学園短期大学
　［学校法人 山村学園］
　〒350-0396 埼玉県比企郡鳩山町石坂字大平604
　TEL 049-296-2000
　平成元年　　　　山村女子短期大学が開学
　平成14年　　　　山村学園短期大学と改称

【高校】

◇秋草学園高等学校
　［学校法人 秋草学園］
　〒350-1312 埼玉県狭山市堀兼字上榛2404-1
　TEL 04-2958-4111
　昭和57年　　　　秋草学園高等学校が開校

◇埼玉県立上尾高等学校
　〒362-0073 埼玉県上尾市浅間台1-6-1
　TEL 048-772-3282
　昭和33年　　　　埼玉県立上尾高等学校を創立

◇埼玉県立上尾沼南高等学校
　〒362-0021 埼玉県上尾市大字原市2800
　TEL 048-722-1246
　昭和54年4月　　　埼玉県立上尾沼南高等学校が開校

◇埼玉県立上尾橘高等学校
　〒362-0059 埼玉県上尾市大字平方2-187-1
　TEL 048-725-3725
　昭和58年　　　　埼玉県立上尾橘高等学校が開校

◇埼玉県立上尾東高等学校
　〒362-0011 埼玉県上尾市平塚1281-1
　TEL 048-775-6561
　昭和49年　　　　埼玉県立上尾東高等学校が開校

◇埼玉県立上尾南高等学校
　〒362-0052 埼玉県上尾市中新井585
　TEL 048-781-3355
　昭和52年　　　　埼玉県立上尾南高等学校を創立

◇埼玉県立朝霞高等学校
　〒351-0015 埼玉県朝霞市幸町3-13-65
　TEL 048-465-1010
　昭和38年4月　　　埼玉県立朝霞高等学校を創設

◇埼玉県立朝霞西高等学校
　〒351-0013 埼玉県朝霞市大字膝折字上ノ原2-17
　TEL 048-466-4311
　昭和54年　　　　埼玉県立朝霞西高等学校を創立

◇埼玉県立いずみ高等学校
　〒338-0007 埼玉県さいたま市中央区円阿弥7-4-1
　TEL 048-852-6880
　平成11年　　　　埼玉県立いずみ高等学校を創立

◇埼玉県立伊奈学園総合高等学校
　〒362-0802 埼玉県北足立郡伊奈町羽貫1300-1
　TEL 048-728-2510
　昭和59年4月1日　　埼玉県立伊奈学園総合高等学校が開校

◇埼玉県立入間高等学校
　〒358-0026 埼玉県入間市小谷田745
　TEL 04-2964-2251
　昭和53年　　　　埼玉県立入間高等学校を創立

◇埼玉県立入間向陽高等学校
　〒358-0001 埼玉県入間市向陽台1丁目1-1
　TEL 04-2964-3805
　昭和58年　　　　埼玉県立入間向陽高等学校を創立

◇埼玉県立岩槻高等学校
　〒339-0043 埼玉県さいたま市岩槻区城南1-3-38
　TEL 048-798-7171
　昭和23年　　　　岩槻町他9ヵ町組合立埼玉県春日部高等学校岩槻分校として開校
　昭和30年　　　　岩槻市他2ヵ市町組合立埼玉県春日部高等学校岩槻分校と改称
　昭和37年　　　　埼玉県岩槻高等学校と岩槻市に移管され開校
　昭和41年　　　　埼玉県立岩槻高等学校と埼玉県に移管され開校

◇埼玉県立岩槻商業高等学校
　〒339-0052 埼玉県さいたま市岩槻区太田1-4-1
　TEL 048-756-0100
　大正7年4月10日　　組合立中部実業学校を開校
　昭和18年3月31日　　埼玉県岩槻実業学校と改称
　昭和23年3月31日　　埼玉県岩槻実業高等学校と改称
　昭和26年3月29日　　埼玉県立岩槻実業高等学校と改称
　昭和39年4月1日　　埼玉県立岩槻商業高等学校と改称

◇埼玉県立岩槻北陵高等学校
　〒339-0009 埼玉県さいたま市岩槻区慈恩寺117-2
　TEL 048-794-6060
　昭和56年4月　　　埼玉県立岩槻北陵高等学校を開校

◇浦和明の星女子高等学校
　［学校法人 明の星学園］
　〒336-0926 埼玉県さいたま市緑区東浦和6-4-19
　TEL 048-873-1160
　昭和42年　　　　浦和明の星女子高等学校が開校

◇浦和学院高等学校
　［学校法人 明星学園］
　〒337-0975 埼玉県さいたま市緑区代山172
　TEL 048-878-2101
　昭和52年12月22日　　浦和学院高等学校を設置

◇埼玉県立浦和北高等学校
　〒338-0815 埼玉県さいたま市桜区五関595
　TEL 048-855-1000
　昭和53年　　　　埼玉県立浦和北高等学校を創立

◇埼玉県立浦和工業高等学校
　〒338-0832 埼玉県さいたま市桜区西堀5-1-1
　TEL 048-862-5634

| 昭和36年4月 | 埼玉県立浦和工業高等学校が開校 |

◇埼玉県立**浦和高等学校**
　〒330-9330 埼玉県さいたま市浦和区領家5-3-3
　TEL 048-886-3000
| 明治28年 | 埼玉県第一尋常中学校として創立 |
| 明治32年 | 埼玉県第一中学校と改称 |
| 明治34年 | 埼玉県立浦和中学校と改称 |
| 昭和23年 | 埼玉県立浦和高等学校と改称 |

◇さいたま市立**浦和高等学校**
　〒330-0073 埼玉県さいたま市浦和区元町1-28-17
　TEL 048-886-2151
| 昭和18年4月8日 | 浦和市立中学校が開校 |
| 昭和23年4月1日 | 浦和市立高等学校と改称 |
| 昭和25年4月1日 | 浦和市立女子高等学校と統合 |
| 平成13年5月1日 | さいたま市立浦和高等学校と改称 |
〈浦和市立女子高等学校〉
| 昭和15年4月15日 | 浦和市立高等女学校が開校 |
| 昭和23年4月1日 | 浦和市立女子高等学校と改称 |

◇**浦和実業学園高等学校**
　[学校法人 九里学園]
　〒336-0025 埼玉県さいたま市南区文蔵3-9-1
　TEL 048-861-6131
| 昭和21年 | 私塾を九里總一郎が創設 |
| 昭和38年 | 浦和実業学園商業高等学校を設置 |
| 昭和50年 | 浦和実業学園高等学校と改称 |

◇埼玉県立**浦和商業高等学校**
　〒336-0022 埼玉県さいたま市南区白幡2-19-39
　TEL 048-861-2564
| 昭和2年4月 | 町立浦和商業学校として設立 |
| 昭和13年 | 埼玉県浦和商業学校と改称 |
| 昭和23年 | 埼玉県浦和商業高等学校と校名 |
| 昭和31年 | 埼玉県立浦和商業高等学校と改称 |

◇埼玉県立**浦和第一女子高等学校**
　〒330-0064 埼玉県さいたま市浦和区岸町3-8-45
　TEL 048-829-2031
| 明治33年3月 | 埼玉県高等女学校を設立 |
| 明治34年8月 | 埼玉県立浦和高等女学校と改称 |
| 昭和16年4月 | 埼玉県立浦和第一高等女学校と改称 |
| 昭和23年 | 埼玉県立浦和第一女子高等学校と改称 |

◇埼玉県立**浦和西高等学校**
　〒330-0042 埼玉県さいたま市浦和区木崎3-1-1
　TEL 048-831-4847
| 昭和9年 | 埼玉県立浦和第二高等女学校が開校 |
| 昭和23年 | 埼玉県立浦和第二女子高等学校と改称 |
| 昭和25年 | 埼玉県立浦和西高等学校と改称 |

◇埼玉県立**浦和東高等学校**
　〒336-0976 埼玉県さいたま市緑区寺山365
　TEL 048-878-2113
| 昭和58年4月11日 | 浦和東高等学校が開校 |

◇さいたま市立**浦和南高等学校**
　〒336-0026 埼玉県さいたま市南区辻6-5-31
　TEL 048-862-2568
| 昭和39年4月1日 | 浦和市立浦和南高等学校を設立 |
| 平成13年5月1日 | さいたま市立浦和南高等学校と改称 |

◇**浦和ルーテル学院高等学校**
　[学校法人 浦和ルーテル学院]
　〒330-8563 埼玉県さいたま市浦和区駒場1-22-18
　TEL 048-886-5019
| 昭和45年4月 | 聖望学園浦和高等学校を設置 |
| 昭和49年12月 | 浦和ルーテル学院高等学校と改称 |

◇埼玉県立**大井高等学校**
　〒356-0053 埼玉県ふじみ野市大井1158-1
　TEL 049-264-7801
| 昭和53年4月1日 | 埼玉県立大井高等学校が開校 |

◇**大川学園高等学校**
　[学校法人 大川学園]
　〒357-0038 埼玉県飯能市仲町16-8
　TEL 042-971-1717
| 昭和20年10月 | 飯能ドレスメーカー女学院を設立 |
| 平成17年4月 | 大川学園高等学校が開校 |

◇**大妻嵐山高等学校**
　[学校法人 誠美学園]
　〒355-0221 埼玉県比企郡嵐山町菅谷558
　TEL 0493-62-2281
| 昭和42年3月31日 | 大妻嵐山高等学校を設置 |

◇**大宮開成高等学校**
　[学校法人 開成学園]
　〒330-8567 埼玉県さいたま市大宮区堀の内町1-615
　TEL 048-641-7161
| 昭和17年8月 | 大宮洋裁女学校を創設 |
| 昭和24年11月 | 大宮高等洋裁学校と改称 |
| 昭和34年2月 | 大宮開成高等学校を設立 |

◇さいたま市立**大宮北高等学校**
　〒331-0822 埼玉県さいたま市北区奈良町91-1
　TEL 048-663-2912
| 昭和31年4月20日 | 大宮市立高等学校が開校 |
| 昭和33年7月 | 埼玉県大宮北高等学校と改称 |
| 平成6年4月 | 大宮市立大宮北高等学校と改称 |
| 平成13年5月 | さいたま市立大宮北高等学校と改称 |

◇埼玉県立**大宮工業高等学校**
　〒331-0802 埼玉県さいたま市北区本郷町1970
　TEL 048-651-0445
| 大正14年5月1日 | 大宮町立工業学校と称し授業を開始 |
| 昭和13年8月31日 | 埼玉県大宮工業学校と改称 |
| 昭和23年4月1日 | 埼玉県大宮工業高等学校と改称 |
| 昭和38年1月1日 | 埼玉県立大宮工業高等学校と改称 |

◇埼玉県立**大宮高等学校**
　〒330-0834 埼玉県さいたま市大宮区天沼町2-323
　TEL 048-641-0931
〈埼玉県大宮女子高等学校〉
| 昭和2年 | 成均学園高等女学校を設立 |
| 昭和9年 | 埼玉県大宮高等女学校を設立 |
| 昭和23年 | 埼玉県大宮女子高等学校と改称 |
〈埼玉県大宮第一高等学校〉
| 昭和4年 | 大宮農園学校を設立 |
| 昭和17年 | 大宮実科工業学校を設立 |
| 昭和24年 | 埼玉県大宮第一高等学校と改称 |
〈統合〉

埼玉県

|昭和26年|埼玉県大宮女子高等学校, 埼玉県大宮第一高等学校が統合し埼玉県立大宮高等学校が開校|

◇埼玉県立**大宮光陵高等学校**
〒331-0057 埼玉県さいたま市西区中野林145
TEL 048-622-1277
|昭和61年|埼玉県立大宮光陵高等学校を創立|

◇埼玉県立**大宮商業高等学校**
〒330-0023 埼玉県さいたま市見沼区大和田町1-356
TEL 048-683-0674
|昭和19年|埼玉県大宮女子商業学校を創立|
|昭和23年|埼玉県大宮高等学校を学制改革により設立|
|昭和26年|埼玉県大宮市立高等学校と改称|
|昭和27年|埼玉県大宮商業高等学校と改称|
|昭和31年|埼玉県立大宮商業高等学校と改称|

◇埼玉県立**大宮中央高等学校**
〒331-0051 埼玉県さいたま市北区櫛引町2-499-1
TEL 048-653-1010
|昭和23年|埼玉県立浦和通信制高等学校が発足|
|昭和62年4月|埼玉県立大宮中央高等学校と改称|

◇さいたま市立**大宮西高等学校**
〒331-0052 埼玉県さいたま市大宮区三橋4-96
TEL 048-624-3412
|昭和37年4月|埼玉県大宮市立高等学校が開校|
|昭和38年11月|埼玉県大宮西高等学校と改称|
|平成6年4月|大宮市立大宮西高等学校と改称|
|平成13年5月|さいたま市立大宮西高等学校と改称|

◇埼玉県立**大宮東高等学校**
〒337-0021 埼玉県さいたま市見沼区膝子567
TEL 048-683-0995
|昭和55年|埼玉県立大宮東高等学校を創立|

◇埼玉県立**大宮南高等学校**
〒331-0053 埼玉県さいたま市西区植田谷本793
TEL 048-623-7329
|昭和57年4月|埼玉県立大宮南高等学校を開校|

◇埼玉県立**大宮武蔵野高等学校**
〒331-0061 埼玉県さいたま市西区西遊馬1601
TEL 048-622-0181
|昭和51年4月1日|埼玉県立大宮武蔵野高等学校が開設|

◇埼玉県立**小鹿野高等学校**
〒368-0105 埼玉県秩父郡小鹿野町大字小鹿野962-1
TEL 0494-75-0205
|昭和23年4月1日|埼玉県立秩父農業高等学校小鹿野分校を設立|
|昭和28年4月1日|埼玉県立小鹿野高等学校を設置|

◇埼玉県立**小川高等学校**
〒355-0328 埼玉県比企郡小川町大字大塚1105
TEL 0493-72-1158
|大正14年|小川実修女学校として開校|
|昭和3年|埼玉県立小川高等女学校と改称|
|昭和23年4月|埼玉県立小川女子高等学校と改称|
|昭和24年|埼玉県立小川高等学校と改称|

◇埼玉県立**桶川高等学校**
〒363-0008 埼玉県桶川市坂田945
TEL 048-728-4421
|昭和47年|埼玉県立桶川高等学校を創立|

◇埼玉県立**桶川西高等学校**
〒363-0027 埼玉県桶川市川田谷1531-2
TEL 048-787-0081
|昭和55年4月|埼玉県立桶川西高等学校を創立|

◇埼玉県立**越生高等学校**
〒350-0412 埼玉県入間郡越生町西和田600
TEL 049-292-3651
|昭和47年4月|埼玉県立越生高等学校を開校|

◇**開智高等学校**
［学校法人 開智学園］
〒339-0004 埼玉県さいたま市岩槻区徳力字西186
TEL 048-794-4321
|昭和58年|埼玉第一高等学校を設立|
|平成11年|開智高等学校を新設|

◇**春日部共栄高等学校**
［学校法人 共栄学園］
〒344-0037 埼玉県春日部市上大増新田213
TEL 048-737-7611
|昭和52年|春日部共栄高等学校を設立|

◇埼玉県立**春日部工業高等学校**
〒344-0053 埼玉県春日部市梅田本町1-1-1
TEL 048-761-5235
|昭和39年4月1日|埼玉県立春日部工業高等学校を創立|

◇埼玉県立**春日部高等学校**
〒344-0061 埼玉県春日部市粕壁5539
TEL 048-752-3141
|明治32年|埼玉県第四中学校として開校|
|明治34年|埼玉県立粕壁中学校と改称|
|昭和23年|埼玉県立粕壁高等学校と改称|
|昭和24年|埼玉県立春日部高等学校と改称|

◇埼玉県立**春日部女子高等学校**
〒344-8521 埼玉県春日部市粕壁東6-1-1
TEL 048-752-3591
|明治44年5月16日|粕壁町立実科高等女学校として開校|
|昭和5年1月28日|埼玉県立粕壁高等女学校と改称|
|昭和23年4月1日|埼玉県立春日部女子高等学校と改称|

◇埼玉県立**春日部東高等学校**
〒344-0002 埼玉県春日部市樋篭363
TEL 048-761-0011
|昭和52年4月|埼玉県立春日部東高等学校が開校|

◇**霞ケ関高等学校**
［学校法人 山口学院］
〒350-1101 埼玉県川越市大字的場2797-24
TEL 049-233-3636
|平成14年|霞ケ関高等学校が開校|

◇埼玉県立**川口北高等学校**
〒333-0831 埼玉県川口市木曽呂1477
TEL 048-295-1006
|昭和49年|埼玉県立川口北高等学校を創立|

◇埼玉県立川口工業高等学校
　〒333-0846 埼玉県川口市南前川1-10-1
　TEL 048-251-3081
　昭和12年　　　　　埼玉県立川口工業高等学校を創立

◇埼玉県立川口高等学校
　〒333-0826 埼玉県川口市新井宿諏訪山963
　TEL 048-282-1615
　昭和16年4月1日　　埼玉県川口市立川口中学校として開校
　昭和26年2月15日　 埼玉県立川口高等学校と改称

◇川口市立川口高等学校
　〒332-0001 埼玉県川口市朝日5-9-18
　TEL 048-224-2211
　昭和31年　　　　　埼玉県川口商業高等学校として開校
　昭和40年　　　　　川口市立川口高等学校と改称

◇埼玉県立川口青陵高等学校
　〒333-0832 埼玉県川口市神戸東520-1
　TEL 048-296-1154
　昭和59年4月　　　 埼玉県立川口青陵高等学校が開校

◇川口市立川口総合高等学校
　〒333-0844 埼玉県川口市上青木3-1-40
　TEL 048-265-3315
　昭和4年　　　　　 川口市立川口女子高等学校を創立
　平成9年　　　　　 川口市立川口総合高等学校と改称

◇埼玉県立川口東高等学校
　〒333-0807 埼玉県川口市長蔵3-1-1
　TEL 048-296-7022
　昭和53年　　　　　埼玉県立川口東高等学校を創立

◇埼玉県立川越工業高等学校
　〒350-0035 埼玉県川越市西小仙波町2丁目28-1
　TEL 049-222-0206
　明治40年5月7日　　埼玉県立川越染織学校を設置
　昭和12年4月1日　　埼玉県立川越工業学校と改称
　昭和23年4月1日　　川越工業高等学校と改称

◇埼玉県立川越高等学校
　〒350-0053 埼玉県川越市郭町2-6
　TEL 049-222-0224
　明治31年　　　　　埼玉県第三尋常中学校を創立
　明治32年　　　　　埼玉県第三中学校と改称
　明治34年　　　　　埼玉県立川越中学校と改称
　昭和23年　　　　　埼玉県立川越高等学校と改称

◇川越市立川越高等学校
　〒350-1126 埼玉県川越市旭町2-3-7
　TEL 049-243-0800
　大正15年　　　　　埼玉県川越商業学校を設立
　昭和17年4月　　　 埼玉県川越実科高等女学校が開校
　昭和18年　　　　　埼玉県川越市立高等女学校と改称
　昭和19年　　　　　埼玉県川越市立工業学校に戦時措置により転換
　昭和23年　　　　　埼玉県川越市立高等学校と改称
　昭和25年　　　　　埼玉県川越商業高等学校と改称
　平成14年　　　　　川越市立川越高等学校と改称

◇埼玉県立川越女子高等学校
　〒350-0041 埼玉県川越市六軒町1-23
　TEL 049-222-3511
　明治39年　　　　　町立川越高等女学校として設立
　明治44年　　　　　埼玉県立川越高等女学校と改称
　昭和23年　　　　　埼玉県立川越女子高等学校と改称

◇埼玉県立川越総合高等学校
　〒350-0036 埼玉県川越市小仙波町5丁目14
　TEL 049-222-4148
　大正9年　　　　　 埼玉県立川越蚕業学校を設立
　昭和23年　　　　　埼玉県立川越農業高等学校が新制高校として発足
　平成8年　　　　　 埼玉県立川越総合高等学校と改称

◇埼玉県立川越西高等学校
　〒350-1175 埼玉県川越市笠幡2488-1
　TEL 049-231-2424
　昭和54年　　　　　埼玉県立川越西高等学校を創立

◇埼玉県立川越初雁高等学校
　〒350-1137 埼玉県川越市大字砂新田2564
　TEL 049-244-2171
　昭和58年　　　　　埼玉県立川越初雁高等学校を創立

◇川越東高等学校
　［学校法人 星野学園］
　〒350-0011 埼玉県川越市久下戸6060
　TEL 049-235-4811
　明治30年4月　　　 星野塾を設置
　昭和59年1月　　　 川越東高等学校を設置

◇埼玉県立川越南高等学校
　〒350-1166 埼玉県川越市藤倉522
　TEL 049-244-5223
　昭和50年　　　　　埼玉県立川越南高等学校を創立

◇埼玉県立川本高等学校
　〒369-1105 埼玉県深谷市本田50
　TEL 048-583-5622
　昭和52年4月1日　　埼玉県立川本高等学校が開設

◇埼玉県立騎西高等学校
　〒347-0105 埼玉県北埼玉郡騎西町大字騎西字高道598-1
　TEL 0480-73-5311
　昭和56年4月　　　 埼玉県立騎西高等学校が開校

◇埼玉県立北川辺高等学校
　〒349-1293 埼玉県北埼玉郡北川辺町麦倉1238
　TEL 0280-62-2322
　昭和23年12月21日　埼玉県立不動岡高等学校（定時制）が開校
　昭和49年4月　　　 埼玉県立北川辺高等学校として独立

◇埼玉県立北本高等学校
　〒364-0003 埼玉県北本市古市場1-152
　TEL 048-592-2200
　昭和50年4月　　　 埼玉県立北本高等学校が開校

◇埼玉県立久喜工業高等学校
　〒346-0002 埼玉県久喜市野久喜474
　TEL 0480-21-0761
　昭和38年　　　　　埼玉県立久喜工業高等学校が開校

◇埼玉県立久喜高等学校
　〒346-0005 埼玉県久喜市本町3-12-1
　TEL 0480-21-0038
　大正8年4月　　　　久喜実科高等女学校として開校
　大正10年2月　　　 埼玉県立久喜高等女学校と改称

埼玉県

| 昭和23年4月 | 埼玉県立久喜女子高等学校と改称 |
| 昭和24年6月 | 埼玉県立久喜高等学校と改称 |

◇**埼玉県立久喜北陽高等学校**
〒346-0031 埼玉県久喜市大字久喜本837-1
TEL 0480-21-3334
| 昭和62年 | 埼玉県立久喜北陽高等学校を創立 |

◇**埼玉県立熊谷工業高等学校**
〒360-0832 埼玉県熊谷市小島820
TEL 048-523-3354
| 昭和41年 | 埼玉県立熊谷商工高等学校から分離独立し |
| | 埼玉県立熊谷工業高等学校が開校 |

◇**埼玉県立熊谷高等学校**
〒360-0812 埼玉県熊谷市大原1-9-1
TEL 048-521-0050
| 明治28年6月1日 | 埼玉県第二尋常中学校として創立 |
| 明治34年8月1日 | 埼玉県立熊谷中学校と改称 |
| 昭和23年4月1日 | 埼玉県立熊谷高等学校と改称 |

◇**埼玉県立熊谷商業高等学校**
〒360-0833 埼玉県熊谷市大字広瀬800
TEL 048-523-4545
| 大正9年4月23日 | 熊谷商業学校が開校 |
| 昭和13年8月27日 | 埼玉県熊谷商業学校と改称 |
| 昭和19年3月31日 | 熊谷工業学校と改称 |
| 昭和21年3月15日 | 熊谷商工学校と改称 |
| 昭和23年4月1日 | 熊谷商工高等学校と改称 |
| 昭和32年3月20日 | 埼玉県立熊谷商工高等学校と改称 |
| 昭和41年4月1日 | 埼玉県立熊谷商業高等学校と改称 |

◇**埼玉県立熊谷女子高等学校**
〒360-0031 埼玉県熊谷市末広2-131
TEL 048-521-0015
| 明治44年4月25日 | 埼玉県立熊谷高等女学校が開校 |
| 昭和23年 | 埼玉県立熊谷女子高等学校と改称 |

◇**熊谷市立女子高等学校**
〒360-0811 埼玉県熊谷市原島315
TEL 0485-21-2878
| 昭和38年4月1日 | 熊谷市立女子高等学校が開校 |
| 平成20年3月 | 熊谷市立女子高等学校を閉校予定 |

◇**埼玉県立熊谷西高等学校**
〒360-0843 埼玉県熊谷市三ヶ尻2066
TEL 048-532-8881
| 昭和50年4月1日 | 埼玉県立熊谷西高等学校を開校 |

◇**埼玉県立熊谷農業高等学校**
〒360-0812 埼玉県熊谷市大原3-3-1
TEL 048-521-0051
| 明治35年6月2日 | 埼玉県立甲種熊谷農学校を開校 |
| 明治36年3月26日 | 埼玉県立熊谷農学校と改称 |
| 昭和24年4月1日 | 埼玉県立熊谷農業高等学校と改称 |

◇**埼玉県立栗橋高等学校**
〒349-1121 埼玉県北葛飾郡栗橋町伊坂1
TEL 0480-52-5120
| 昭和50年 | 埼玉県立栗橋高等学校が開校 |

◇**慶應義塾志木高等学校**
［学校法人 慶應義塾］
〒353-0004 埼玉県志木市本町4-14-1
TEL 048-471-1361
| 昭和23年4月1日 | 慶應義塾志木高等学校が開校 |

◇**埼玉県立芸術総合高等学校**
〒359-1164 埼玉県所沢市三ヶ島2-695-1
TEL 04-2949-4052
| 昭和59年 | 埼玉県立所沢緑ヶ丘高等学校を創立 |
| 平成12年4月 | 埼玉県立芸術総合高等学校と改称 |

◇**川口市立県陽高等学校**
〒332-0034 埼玉県川口市並木1-26-1
TEL 048-252-4138
| 昭和48年 | 川口市立県陽高等学校を創立 |

◇**埼玉県立鴻巣高等学校**
〒365-0054 埼玉県鴻巣市大間1020
TEL 048-541-0234
| 大正7年11月15日 | 私立武陽中学校を設立 |
| 大正8年2月15日 | 私立武陽実践学校と改称 |
| 大正12年12月27日 | 鴻巣町外9ヵ村学校組合立武陽実践学校と改称 |
| 昭和24年3月1日 | 埼玉県立鴻巣高等学校と改称 |

◇**埼玉県立鴻巣女子高等学校**
〒365-0036 埼玉県鴻巣市天神1-1-72
TEL 048-541-0669
| 大正5年4月1日 | 鴻巣裁縫専修所を開設 |
| 大正8年10月21日 | 私立裁縫女学校として認可 |
| 大正14年6月6日 | 町立鴻巣実修女学校と改称 |
| 昭和3年4月1日 | 鴻巣実科高等女学校と改称 |
| 昭和15年12月25日 | 埼玉県立鴻巣高等女学校と改称 |
| 昭和23年4月1日 | 組合立武陽実業学校と統合し組合立武陽高等学校と改称 |
| 昭和24年3月1日 | 埼玉県立鴻巣高等学校と改称 |
| 昭和41年3月22日 | 埼玉県立鴻巣女子高等学校として分離独立 |

◇**国際学院高等学校**
［学校法人 国際学院］
〒362-0806 埼玉県北足立郡伊奈町小室10474
TEL 048-721-5931
| 平成10年4月 | 国際学院高等学校が開校 |

◇**埼玉県立越谷北高等学校**
〒343-0044 埼玉県越谷市大泊500-1
TEL 048-974-0793
| 昭和44年4月1日 | 埼玉県立越谷北高等学校を設置 |

◇**埼玉県立越ヶ谷高等学校**
〒343-0024 埼玉県越谷市越ヶ谷2788-1
TEL 048-965-3421
| 大正15年3月25日 | 越ヶ谷町立越ヶ谷実践女学校を設置 |
| 昭和3年4月12日 | 越ヶ谷町立実科女学校と改称 |
| 昭和5年3月6日 | 埼玉県立越ヶ谷高等女学校を設置 |
| 昭和23年4月1日 | 埼玉県立越ヶ谷女子高等学校を設置 |
| 昭和24年4月1日 | 埼玉県立越ヶ谷高等学校と男女共学実施のため改称認可 |

◇**埼玉県立越谷総合技術高等学校**
〒343-0856 埼玉県越谷市谷中町3-100-1
TEL 048-966-4155
| 昭和61年 | 埼玉県立越谷総合技術高等学校を創立 |

◇**埼玉県立越谷西高等学校**
〒343-0801 埼玉県越谷市野島460-1

埼玉県

　　　TEL 048-977-4155
　昭和54年　　　　埼玉県立越谷西高等学校が開校

◇埼玉県立**越谷東高等学校**
　〒343-0011 埼玉県越谷市大字増林字荒川堤外5670-1
　　　TEL 048-966-8566
　昭和57年　　　　埼玉県立越谷東高等学校が開校

◇埼玉県立**越谷南高等学校**
　〒343-0827 埼玉県越谷市川柳町6-220
　　　TEL 048-988-5161
　昭和49年　　　　埼玉県立越谷南高等学校を創立

◇埼玉県立**児玉高等学校**
　〒367-0217 埼玉県本庄市児玉町八幡山410
　　　TEL 0495-72-1591
　大正11年4月　　　埼玉児玉実科高等女学校が開校
　大正14年5月　　　埼玉県児玉高等女学校と改称
　昭和5年4月　　　 埼玉県立児玉高等女学校と改称
　昭和23年4月　　　埼玉県立児玉高等学校と学制改革
　　　　　　　　　により改称

◇埼玉県立**児玉白楊高等学校**
　〒367-0216 埼玉県本庄市児玉町大字金屋980
　　　TEL 0495-72-1566
　明治33年2月1日　 競進社蚕業学校が開校
　大正14年3月19日　競進社実業学校と改称
　昭和12年1月29日　埼玉県児玉農学校と改称
　昭和23年4月1日　 埼玉県児玉農業高等学校と改称
　昭和47年3月30日　埼玉県立児玉農工高等学校と改称
　平成7年4月1日　　埼玉県立児玉白楊高等学校と改称

◇**小松原高等学校**
　［学校法人 小松原学園］
　〒336-0017 埼玉県さいたま市浦和区南浦和3-21-8
　　　TEL 048-885-1488
　昭和34年　　　　小松原高等学校を小松原賢誉が創
　　　　　　　　　立

◇**小松原女子高等学校**
　［学校法人 小松原学園］
　〒330-0054 埼玉県さいたま市浦和区東岸町10-36
　　　TEL 048-885-8625
　昭和34年　　　　小松原女子高等学校を小松原賢誉
　　　　　　　　　が創立

◇**埼玉栄高等学校**
　［学校法人 佐藤栄学園］
　〒331-0047 埼玉県さいたま市西区指扇3838
　　　TEL 048-624-6488
　昭和47年　　　　埼玉栄高等学校が開校

◇**埼玉平成高等学校**
　［学校法人 山口学院］
　〒350-0434 埼玉県入間郡毛呂山町大字市場333-1
　　　TEL 049-295-1212
　昭和59年4月　　　埼玉女子高等学校が開校
　昭和63年4月　　　埼玉高等学校と改称
　平成12年4月　　　埼玉平成高等学校と改称

◇**栄北高等学校**
　［学校法人 佐藤栄学園］
　〒362-0806 埼玉県北足立郡伊奈町大字小室1123
　　　TEL 048-723-7711
　平成12年　　　　栄北高等学校が開校

◇**栄東高等学校**
　［学校法人 佐藤栄学園］
　〒337-0054 埼玉県さいたま市見沼区砂町2-77
　　　TEL 048-651-4050
　昭和53年　　　　栄東高等学校が開校

◇埼玉県立**坂戸高等学校**
　〒350-0271 埼玉県坂戸市上吉田586
　　　TEL 049-281-3535
　昭和46年3月11日　埼玉県立坂戸高等学校を設置

◇埼玉県立**坂戸西高等学校**
　〒350-0245 埼玉県坂戸市四日市場101
　　　TEL 049-286-9473
　昭和54年　　　　埼玉県立坂戸西高等学校が開校

◇埼玉県立**幸手高等学校**
　〒340-0145 埼玉県幸手市平須賀2-555
　　　TEL 0480-48-0951
　昭和55年　　　　埼玉県立幸手高等学校を創立

◇埼玉県立**幸手商業高等学校**
　〒340-0111 埼玉県幸手市北1-17-59
　　　TEL 0480-42-1303
　昭和16年　　　　埼玉県立幸手実業学校が開校
　昭和23年　　　　埼玉県立幸手商業高等学校と改称

◇**狭山ケ丘高等学校**
　［学校法人 狭山ケ丘学園］
　〒358-0011 埼玉県入間市下藤沢981
　　　TEL 04-2962-3844
　昭和16年　　　　洋裁研究所を近藤ちよが開設
　昭和25年4月　　　飯能高等家政女学校が開校
　昭和35年4月　　　狭山ケ丘高等学校と改称

◇埼玉県立**狭山経済高等学校**
　〒350-1324 埼玉県狭山市稲荷山2-6-1
　　　TEL 04-2952-6510
　昭和60年　　　　埼玉県立狭山経済高等学校が開校

◇埼玉県立**狭山工業高等学校**
　〒359-1306 埼玉県狭山市富士見2丁目5-1
　　　TEL 04-2957-3141
　昭和37年3月31日　埼玉県立狭山工業高等学校を設立

◇埼玉県立**狭山高等学校**
　〒350-1321 埼玉県狭山市広瀬東4-3-1
　　　TEL 042-952-5295
　昭和40年　　　　埼玉県立狭山高等学校が開校
　平成20年　　　　埼玉県立狭山新校（正式校名未定）
　　　　　　　　　を開校予定

◇埼玉県立**狭山清陵高等学校**
　〒350-1333 埼玉県狭山市上奥富34
　　　TEL 04-2953-7161
　昭和57年　　　　埼玉県立狭山清陵高等学校が開校

◇埼玉県立**志木高等学校**
　〒353-0001 埼玉県志木市上宗岡1-1-1
　　　TEL 048-473-8111
　昭和49年4月　　　埼玉県立志木高等学校が開校

◇**自由の森学園高等学校**
　［学校法人 自由の森学園］
　〒357-8550 埼玉県飯能市小岩井613
　　　TEL 042-972-3131
　昭和60年4月　　　自由の森学園高等学校が開校

埼玉県

◇秀明英光高等学校
　［学校法人　秀明学園］
　〒362-0058　埼玉県上尾市上野1012
　TEL 048-781-8821
　昭和56年4月　　　秀明英光高等学校が開校

◇秀明高等学校
　［学校法人　秀明学園］
　〒350-1175　埼玉県川越市笠幡字川向4792
　TEL 049-232-6611
　昭和54年4月1日　秀明高等学校が開校

◇淑徳与野高等学校
　［学校法人　大乗淑徳学園］
　〒338-0007　埼玉県さいたま市中央区円阿弥2-11-26
　TEL 048-853-3193
　昭和21年　　　　淑徳高等女学校与野分校として創立
　昭和23年　　　　淑徳与野高等学校と改称

◇彰華学園高等学校
　［学校法人　埼玉彰華学園］
　〒345-0015　埼玉県北葛飾郡杉戸町大字並塚1642
　TEL 0480-38-1810
　昭和24年　　　　遠藤洋裁研究所を開設
　平成14年　　　　彰華学園高等学校が開校

◇城西大学付属川越高等学校
　［学校法人　城西第二学園］
　〒350-0822　埼玉県川越市山田東町1042
　TEL 049-224-5665
　昭和47年4月　　城西大学付属川越高等学校が開校

◇正智深谷高等学校
　［学校法人　智香寺学園］
　〒366-0801　埼玉県深谷市大字上野台369
　TEL 048-571-1065
　昭和27年8月27日　祥苑編物技芸学院を設立
　昭和30年11月30日　深谷高等家政女学校と改称
　昭和32年5月6日　桜ケ丘女子高等学校を創立
　昭和50年4月1日　桜ケ丘高等学校と改称
　昭和51年4月1日　埼玉工業大学深谷高等学校と改称
　平成15年4月　　正智深谷高等学校と改称

◇埼玉県立菖蒲高等学校
　〒346-0106　埼玉県南埼玉郡菖蒲町菖蒲880
　TEL 0480-85-1200
　昭和23年9月18日　埼玉県立不動岡高等学校菖蒲分校として発足
　昭和37年4月　　　埼玉県菖蒲高等学校と改称
　昭和41年4月　　　埼玉県立菖蒲高等学校と改称

◇城北埼玉高等学校
　［学校法人　城北埼玉学園］
　〒350-0014　埼玉県川越市古市場585-1
　TEL 0492-35-3222
　昭和55年　　　　城北埼玉高等学校が開校

◇埼玉県立庄和高等学校
　〒344-0117　埼玉県春日部市金崎583
　TEL 048-746-7111
　昭和55年　　　　埼玉県立庄和高等学校を創立

◇埼玉県立白岡高等学校
　〒349-0213　埼玉県南埼玉郡白岡町岩275-1
　TEL 0480-92-1505
　昭和52年4月1日　埼玉県立白岡高等学校を開校

◇埼玉県立進修館高等学校
　〒361-0023　埼玉県行田市長野1320
　TEL 048-556-6291
〈埼玉県立行田女子高等学校〉
　大正4年　　　　埼玉県北埼玉郡忍町立実科高等女学校を創立
　大正10年　　　　北埼玉郡実科高等女学校と改称
　大正12年　　　　埼玉県立忍実科高等女学校と改称
　昭和23年　　　　埼玉県立忍女子高等学校と改称
　昭和24年　　　　埼玉県立行田女子高等学校と改称
〈埼玉県立行田進修館高等学校〉
　昭和2年　　　　埼玉県北埼玉郡忍町立商業学校を設立
　昭和11年　　　　忍町立忍商業学校と改称
　昭和13年　　　　埼玉県忍商業学校と改称
　昭和19年　　　　埼玉県忍工業高等学校と改称
　昭和21年　　　　埼玉県忍実業学校と改称
　昭和23年　　　　埼玉県忍高等学校と改称
　昭和24年　　　　埼玉県行田高等学校と改称
　昭和26年　　　　埼玉県立行田高等学校と改称
　昭和42年　　　　埼玉県立行田高等学校の商業科が分離独立し
　　　　　　　　　埼玉県立行田工業高等学校が開校
　昭和49年　　　　埼玉県立行田高等学校と改称
　平成10年　　　　埼玉県立行田進修館高等学校と改称
〈埼玉県立行田工業高等学校〉
　昭和42年　　　　埼玉県立行田高等学校の工業科が分離独立し
　　　　　　　　　埼玉県立行田工業高等学校が開校
〈統合〉
　平成17年4月1日　埼玉県立行田女子高等学校，埼玉県立行田進修館高等学校，埼玉県立行田工業高等学校を統合し
　　　　　　　　　埼玉県立進修館高等学校が開校

◇埼玉県立杉戸高等学校
　〒345-0025　埼玉県北葛飾郡杉戸町清地1-1-36
　TEL 0480-34-6074
　昭和52年　　　　埼玉県立杉戸高等学校を創立

◇埼玉県立杉戸農業高等学校
　〒345-0024　埼玉県北葛飾郡杉戸町堤根1684-1
　TEL 0480-32-0029
　大正10年1月14日　埼玉県北葛飾郡立杉戸農業学校が開校
　大正12年4月1日　埼玉県立杉戸農業学校と改称
　昭和23年4月1日　埼玉県立杉戸農業高等学校と改称

◇西武学園文理高等学校
　［学校法人　文理佐藤学園］
　〒350-1336　埼玉県狭山市柏原新田下河原311-1
　TEL 04-2954-4080
　昭和49年　　　　西武学園を佐藤英樹が設立
　昭和56年　　　　西武学園文理高等学校を開設

◇西武台高等学校
　［学校法人　武陽学園］
　〒352-0005　埼玉県新座市中野2-9-1
　TEL 048-481-1701
　昭和56年4月1日　西武台高等学校が開校

◇聖望学園高等学校
　［学校法人　聖望学園］
　〒357-0006 埼玉県飯能市中山292
　TEL 042-973-1500
　大正7年4月　　　寿多館蚕業学校を創立
　大正13年2月　　　飯能実業学校を開校
　昭和26年3月　　　聖望学園高等学校と改称

◇清和学園高等学校
　［学校法人　一川学園］
　〒350-0417 埼玉県入間郡越生町上野東1-3-2
　TEL 049-292-2017
　昭和37年9月　　　越生自動車学校を設立
　昭和40年4月　　　越生自動車技術専門学校と改称
　昭和52年3月　　　越生工業技術専門学校と改称
　平成16年4月1日　 清和学園高等学校に組織変更

◇埼玉県立草加高等学校
　〒340-0002 埼玉県草加市青柳5-3-1
　TEL 048-935-4521
　昭和37年4月1日　 埼玉県立草加高等学校を設置

◇埼玉県立草加西高等学校
　〒340-8524 埼玉県草加市原町2-7-1
　TEL 048-942-6141
　昭和58年　　　　 埼玉県立草加西高等学校を創立

◇埼玉県立草加東高等学校
　〒340-0001 埼玉県草加市柿木町1110-1
　TEL 048-936-3570
　昭和55年4月　　　埼玉県立草加東高等学校が開校

◇埼玉県立草加南高等学校
　〒340-0033 埼玉県草加市柳島町66
　TEL 048-927-7671
　昭和51年4月1日　 埼玉県立草加南高等学校を設置

◇埼玉県立玉川工業高等学校
　〒355-0342 埼玉県比企郡ときがわ町玉川903
　TEL 0493-65-0881
　昭和24年　　　　 埼玉県立小川高等学校玉川分校を設立
　昭和31年　　　　 埼玉県立玉川高等学校が開校
　昭和37年3月31日　埼玉県立玉川工業高等学校と改称

◇埼玉県立秩父高等学校
　〒368-0035 埼玉県秩父市上町2-23-45
　TEL 0494-22-3606
　〈組合立埼玉県秩父高等学校〉
　昭和12年　　　　 秩父町立秩父商業高等学校が開校
　昭和23年　　　　 組合立埼玉県秩父高等学校と改称
　〈埼玉県立秩父女子高等学校〉
　明治40年　　　　 秩父町立裁縫女学校を創立
　大正8年　　　　　実科高等女学校と改称
　昭和5年　　　　　埼玉県立秩父高等女学校と改称
　昭和23年　　　　 埼玉県立秩父女子高等学校と改称
　〈統合〉
　昭和25年　　　　 組合立埼玉県秩父高等学校，埼玉県立秩父女子高等学校を統合し埼玉県立秩父高等学校と改称

◇埼玉県立秩父農工科学高等学校
　〒368-0005 埼玉県秩父市大野原2000
　TEL 0494-22-3017
　明治33年6月7日　 秩父郡立乙種農学校が開校
　明治36年4月2日　 秩父郡立農業学校と改称

　大正8年4月1日　　秩父郡立農林学校と改称
　大正10年4月1日　 埼玉県立農林学校と改称
　昭和23年4月1日　 埼玉県立秩父農業高等学校と改称
　昭和30年1月1日　 埼玉県立秩父農工高等学校と改称
　平成17年4月1日　 埼玉県立秩父農工科学高等学校と改称

◇埼玉県立鶴ヶ島高等学校
　〒350-2223 埼玉県鶴ヶ島市高倉946
　TEL 049-286-7501
　昭和57年　　　　 埼玉県立鶴ヶ島高等学校が開校
　平成20年　　　　 埼玉県立毛呂山高等学校と統合し新校開校予定

◇東京成徳大学深谷高等学校
　［学校法人　東京成徳学園］
　〒366-0810 埼玉県深谷市宿根559
　TEL 048-571-1303
　昭和38年　　　　 東京成徳学園深谷高等学校を設立
　平成5年　　　　　東京成徳大学深谷高等学校と改称

◇東京農業大学第三高等学校
　［学校法人　東京農業大学］
　〒355-0005 埼玉県東松山市大字松山1400-1
　TEL 0493-24-4611
　昭和60年4月1日　 東京農業大学第三高等学校が開校

◇東邦音楽大学附属東邦第二高等学校
　［学校法人　三室戸学園］
　〒350-0015 埼玉県川越市今泉84
　TEL 049-235-2401
　昭和38年4月　　　東邦音楽大学附属東邦第二高等学校を設立

◇東和大学附属昌平高等学校
　［学校法人　福田学園］
　〒345-0044 埼玉県北葛飾郡杉戸町下野851
　TEL 0480-34-3381
　昭和54年　　　　 東和大学附属昌平高等学校を創設

◇埼玉県立常盤高等学校
　〒338-0824 埼玉県さいたま市桜区上大久保519
　TEL 048-852-5711
　昭和45年3月30日　埼玉県立常盤女子高等学校の設立が許可される
　平成15年4月1日　 埼玉県立常盤高等学校と改称

◇埼玉県立所沢北高等学校
　〒359-0042 埼玉県所沢市並木5-4
　TEL 04-2995-5115
　昭和49年4月　　　埼玉県立所沢北高等学校が開校

◇埼玉県立所沢高等学校
　〒359-1131 埼玉県所沢市久米1234
　TEL 04-2922-2185
　〈埼玉県所沢工業学校〉
　明治31年7月1日　 共立英和学舎が開校
　明治32年7月　　　共立和英学舎と改称
　明治32年4月　　　私立和英学舎と改称
　明治34年5月　　　和英学校と改称
　大正4年9月　　　 私立所沢実務学校と改称
　大正12年4月　　　所沢実業学校と改称
　昭和11年4月　　　所沢商業学校と改称
　昭和13年10月　　 埼玉県所沢商業学校と改称
　昭和19年3月　　　埼玉県所沢工業学校と改称
　〈所沢高等女学校〉

埼玉県

| 大正5年4月 | 所沢実科高等女学校が開校 |
| 昭和13年10月15日 | 埼玉県所沢実科高等女学校と改称 |
| 昭和18年4月 | 埼玉県所沢高等女学校と改称 |

〈統合〉
| 昭和23年4月 | 埼玉県所沢工業学校,埼玉県所沢高等女学校を統合し埼玉県所沢高等学校が開校 |
| 昭和28年4月 | 埼玉県立所沢高等学校と改称 |

◇埼玉県立**所沢商業高等学校**
〒359-1167 埼玉県所沢市林2丁目88
TEL 04-2948-0888
昭和44年4月10日　埼玉県立所沢商業高等学校が開校

◇埼玉県立**所沢中央高等学校**
〒359-0042 埼玉県所沢市並木8丁目2
TEL 04-2995-6088
昭和55年4月　埼玉県立所沢中央高等学校が開校

◇埼玉県立**所沢西高等学校**
〒359-1152 埼玉県所沢市北野中砂1649
TEL 04-2949-2411
昭和54年　　埼玉県立所沢西高等学校を創立

◇埼玉県立**所沢東高等学校**
〒359-0011 埼玉県所沢市南永井619-7
TEL 04-2944-5315
昭和44年4月　埼玉県立所沢東高等学校が開校

◇埼玉県立**戸田翔陽高等学校**
〒335-0021 埼玉県戸田市新曽1093
TEL 048-442-4963
平成17年4月　埼玉県立戸田翔陽高等学校が開校

◇**獨協埼玉高等学校**
［学校法人　獨協学園］
〒343-0037 埼玉県越谷市大字恩間新田字寺前316
TEL 048-977-5441
昭和55年　　獨協埼玉高等学校が開校

◇埼玉県立**豊岡高等学校**
〒358-0003 埼玉県入間市豊岡1-15-1
TEL 04-2962-5216
| 大正9年 | 豊岡町他9ヶ村学校組合立豊岡農学校を設立 |
| 昭和16年 | 埼玉県立豊岡実業学校と改称 |
| 昭和23年 | 埼玉県立豊岡実業高等学校と改称 |
| 昭和39年 | 埼玉県立豊岡高等学校と改称 |

◇埼玉県立**滑川総合高等学校**
〒355-0813 埼玉県比企郡滑川町大字月輪1136-2
TEL 0493-62-7000
平成17年4月　埼玉県立滑川高等学校,埼玉県立吉見高等学校が統合し埼玉県立滑川総合高等学校が開校

◇埼玉県立**南稜高等学校**
〒335-0031 埼玉県戸田市美女木4-23-4
TEL 048-421-1211
昭和55年4月1日　埼玉県立南稜高等学校が開校

◇埼玉県立**新座北高等学校**
〒352-0004 埼玉県新座市大和田4丁目12-1
TEL 048-478-5151
昭和54年　　埼玉県立新座北高等学校が開校

◇埼玉県立**新座高等学校**
〒352-0015 埼玉県新座市池田1-1-2
TEL 048-479-5110
昭和48年　　埼玉県立新座高等学校を開校

◇埼玉県立**新座総合技術高等学校**
〒352-0013 埼玉県新座市新塚5067
TEL 048-478-2111
昭和58年4月1日　埼玉県立新座総合技術高等学校を開校

◇埼玉県立**蓮田高等学校**
〒349-0101 埼玉県蓮田市黒浜4088
TEL 048-768-7820
昭和48年　　埼玉県立蓮田高等学校を創立

◇埼玉県立**鳩ヶ谷高等学校**
〒334-0005 埼玉県鳩ヶ谷市大字里225-1
TEL 048-286-0565
昭和63年　　埼玉県立鳩ヶ谷高等学校を創立

◇埼玉県立**鳩山高等学校**
〒350-0313 埼玉県比企郡鳩山町松ヶ丘4-1-2
TEL 049-296-5395
昭和58年　　埼玉県立鳩山高等学校を創立

◇**花咲徳栄高等学校**
［学校法人　佐藤栄学園］
〒347-0032 埼玉県加須市花崎江橋519
TEL 0480-65-7181
昭和57年　　花咲徳栄高等学校が開校

◇埼玉県立**羽生高等学校**
〒348-0031 埼玉県羽生市加羽ヶ崎303-1
TEL 048-561-0718
昭和23年11月8日　埼玉県立不動岡高等学校羽生分校が開校
昭和42年4月1日　埼玉県立羽生高等学校として独立

◇埼玉県立**羽生実業高等学校**
〒348-8502 埼玉県羽生市羽生323
TEL 048-561-0341
| 大正8年9月25日 | 羽生農業学校として開校 |
| 昭和15年4月15日 | 埼玉県羽生実業学校と改称 |
| 昭和23年4月1日 | 埼玉県羽生実業高等学校と改称 |
| 昭和24年2月 | 埼玉県立羽生実業高等学校と改称 |

◇埼玉県立**羽生第一高等学校**
〒348-0045 埼玉県羽生市下岩瀬153
TEL 048-561-6511
昭和51年4月　埼玉県立羽生第一高等学校が開校

◇埼玉県立**飯能高等学校**
〒357-0032 埼玉県飯能市本町17-13
TEL 042-973-4191
| 大正11年4月14日 | 飯能町外9か村学校組合立飯能実科高等女学校が開校 |
| 昭和4年4月11日 | 埼玉県飯能実科高等女学校と改称 |
| 昭和5年4月1日 | 埼玉県立飯能高等女学校と改称 |
| 昭和23年4月1日 | 埼玉県立飯能女子高等学校と改称 |
| 昭和24年4月1日 | 埼玉県立飯能高等学校と改称 |

◇埼玉県立**飯能南高等学校**
〒357-0046 埼玉県飯能市阿須298-2
TEL 042-974-1001
昭和53年4月10日　埼玉県立飯能南高等学校が開校

◇東野高等学校
　［学校法人　盈進学園］
　〒358-8558 埼玉県入間市二本木112-1
　TEL 04-2934-5292
　昭和60年4月　　　東野高等学校が開校

◇埼玉県立日高高等学校
　〒350-1203 埼玉県日高市旭ヶ丘806
　TEL 0429-89-7920
　昭和49年　　　　　埼玉県立日高高等学校を創立

◇埼玉県立深谷高等学校
　〒366-8515 埼玉県深谷市大字宿根315
　TEL 048-572-1215
　昭和49年4月9日　　埼玉県立深谷高等学校が開校

◇埼玉県立深谷商業高等学校
　〒366-0035 埼玉県深谷市原郷80
　TEL 048-571-3321
　大正10年　　　　　深谷町立深谷商業学校が開校
　大正12年　　　　　埼玉県立商業学校と改称
　昭和14年　　　　　埼玉県立深谷商業学校と改称
　昭和23年　　　　　埼玉県立深谷商業高等学校と改称

◇埼玉県立深谷第一高等学校
　〒366-0034 埼玉県深谷市常盤町21-1
　TEL 048-571-3381
　明治41年5月1日　　深谷女子実業補習学校を創立
　大正10年4月1日　　深谷実践女学校と改称
　大正15年4月1日　　深谷実科高等女学校と改称
　昭和15年4月1日　　埼玉県深谷高等女学校と改称
　昭和23年4月1日　　埼玉県深谷女子高等学校と改称
　昭和24年4月1日　　埼玉県立深谷女子高等学校と改称
　昭和51年4月1日　　埼玉県立深谷第一高等学校と改称

◇埼玉県立吹上高等学校
　〒369-0132 埼玉県鴻巣市前砂907-1
　TEL 048-548-5811
　昭和55年　　　　　埼玉県立吹上高等学校を創立

◇埼玉県立福岡高等学校
　〒356-0011 埼玉県ふじみ野市大字福岡5
　TEL 049-252-3842
　昭和48年　　　　　埼玉県立福岡高等学校を創立

◇埼玉県立富士見高等学校
　〒354-0002 埼玉県富士見市上南畑950
　TEL 0492-53-1551
　昭和51年4月1日　　埼玉県立富士見高等学校が開校

◇埼玉県立不動岡高等学校
　〒347-8513 埼玉県加須市不動岡1-7-45
　TEL 0480-61-0140
　明治19年11月　　　私立埼玉英和学校が開校
　明治27年7月　　　 私立埼玉和英学校と改称
　明治30年4月　　　 私立埼玉尋常中学校と改称
　明治32年4月　　　 私立埼玉中学校と改称
　大正10年4月　　　 埼玉県立不動岡中学校と改称
　昭和23年4月　　　 埼玉県立不動岡高等学校と改称

◇埼玉県立不動岡誠和高等学校
　〒348-0024 埼玉県羽生市大字神戸706
　TEL 048-561-6651
　昭和45年4月1日　　埼玉県立不動岡女子高等学校が開校
　平成3年4月1日　　 埼玉県立不動岡誠和高等学校と改称

◇武南高等学校
　［学校法人　武南学園］
　〒335-0002 埼玉県蕨市塚越5-10-21
　TEL 048-441-6948
　昭和37年　　　　　武南高等学校を設置

◇星野高等学校
　［学校法人　星野学園］
　〒350-0064 埼玉県川越市末広町3-9-1
　TEL 049-222-4488
　明治30年4月　　　 星野塾を設置
　昭和39年3月　　　 星野女子高等学校を設置
　平成15年4月　　　 星野高等学校と改称

◇細田学園高等学校
　［学校法人　細田学園］
　〒353-0004 埼玉県志木市本町2-7-1
　TEL 048-471-3255
　大正10年　　　　　細田裁縫女学校を細田洋が創立
　昭和24年　　　　　細田女子高等学校と改称
　昭和44年　　　　　細田学園女子高等学校と改称
　平成11年　　　　　細田学園高等学校と改称

◇埼玉県立本庄北高等学校
　〒367-0002 埼玉県本庄市仁手2167-1
　TEL 0495-24-4424
　昭和52年　　　　　埼玉県立本庄北高等学校を創立

◇埼玉県立本庄高等学校
　〒367-0045 埼玉県本庄市柏1-4-1
　TEL 0495-21-1195
　大正11年4月8日　　埼玉県本庄中学校が開校
　昭和23年4月1日　　埼玉県立本庄高等学校と改称

◇本庄第一高等学校
　［学校法人　塩原学園］
　〒367-0002 埼玉県本庄市仁手1789
　TEL 0495-24-1331
　大正8年　　　　　 塩原裁縫伝習所を創立
　大正14年　　　　　塩原裁縫女学校が開校
　昭和6年　　　　　 塩原高等裁縫女学校と改称
　昭和14年　　　　　本庄高等家政女学校と改称
　昭和29年　　　　　本庄家政高等学校と改称
　昭和32年　　　　　本庄女子高等学校と改称
　平成5年　　　　　 本庄第一高等学校と改称

◇本庄東高等学校
　［学校法人　小林学園］
　〒367-0022 埼玉県本庄市日の出1-4-5
　TEL 0495-22-6351
　昭和22年　　　　　学園を創立
　昭和25年　　　　　本庄高等実践女学校と改称
　昭和35年　　　　　武蔵野女子高等学校と改称
　昭和39年　　　　　本庄東高等学校と改称

◇松栄学園高等学校
　［学校法人　松山学園］
　〒344-0038 埼玉県春日部市大沼2-40
　TEL 048-738-0378
　平成14年　　　　　松栄学園高等学校が開校

◇埼玉県立松伏高等学校
　〒343-0114 埼玉県北葛飾郡松伏町ゆめみ野東2-7-1

埼玉県

　　　TEL 048-992-0121
　昭和56年　　　　　埼玉県立松伏高等学校を創立

◇埼玉県立**松山高等学校**
　〒355-0018 埼玉県東松山市松山町1丁目6-10
　TEL 0493-22-0075
　大正12年　　　　　埼玉県立松山中学校が開校
　昭和23年4月1日　　埼玉県立松山高等学校を設置

◇埼玉県立**松山女子高等学校**
　〒355-0026 埼玉県東松山市和泉町2-22
　TEL 0493-22-0251
　大正15年4月12日　 埼玉県松山実科高等女学校が開校
　昭和17年3月25日　 埼玉県松山高等女学校と改称
　昭和24年3月1日　　埼玉県立松山女子高等学校と改称

◇埼玉県立**三郷北高等学校**
　〒341-0022 埼玉県三郷市大広戸
　TEL 048-952-0151
　昭和55年　　　　　埼玉県立三郷北高等学校を創立

◇埼玉県立**三郷工業技術高等学校**
　〒341-0003 埼玉県三郷市彦成3丁目325
　TEL 048-958-2331
　昭和60年4月1日　　埼玉県立三郷工業技術高等学校を開校

◇埼玉県立**三郷高等学校**
　〒341-0041 埼玉県三郷市花和田620-1
　TEL 048-953-0021
　昭和50年　　　　　埼玉県立三郷高等学校を創立

◇埼玉県立**皆野高等学校**
　〒369-1623 埼玉県秩父郡皆野町大字大渕19-1
　TEL 0494-62-2076
　昭和41年　　　　　組合立秩父東高等学校皆野分校を設置
　昭和43年　　　　　組合立埼玉県皆野高等学校として独立
　昭和44年　　　　　埼玉県立皆野高等学校と改称

◇埼玉県立**宮代高等学校**
　〒345-0814 埼玉県南埼玉郡宮代町字東611
　TEL 0480-32-4288
　昭和57年　　　　　埼玉県立宮代高等学校を創立

◇**武蔵越生高等学校**
　［学校法人 越生学園］
　〒350-0417 埼玉県入間郡越生町上野東1丁目3-10
　TEL 049-292-3245
　昭和27年10月　　　越生木工技能者養成所を設置
　昭和35年6月　　　越生工業高等学校を開校
　昭和40年10月　　　越生高等学校を設置
　平成5年4月　　　　武蔵越生高等学校と改称

◇**武蔵野音楽大学附属高等学校**
　［学校法人 武蔵野音楽学園］
　〒358-8521 埼玉県入間市中神728
　TEL 04-2932-2111
　昭和48年2月7日　　武蔵野高等学校を設立
　平成17年　　　　　武蔵野音楽大学附属高等学校と改称

◇**武蔵野星城高等学校**
　［学校法人 小池学園］
　〒343-0851 埼玉県越谷市七左町3-89-2
　TEL 048-987-1094

　平成14年　　　　　武蔵野星城高等学校が開校

◇埼玉県立**妻沼高等学校**
　〒360-0203 埼玉県熊谷市弥藤吾480
　TEL 048-588-6800
　昭和54年　　　　　埼玉県立妻沼高等学校を創立

◇埼玉県立**毛呂山高等学校**
　〒350-0433 埼玉県入間郡毛呂山町大字西大久保中通525
　TEL 049-294-8020
　昭和53年　　　　　埼玉県立毛呂山高等学校が開校

◇埼玉県立**八潮高等学校**
　〒340-0802 埼玉県八潮市鶴ヶ曽根650
　TEL 048-996-1130
　昭和48年　　　　　埼玉県立八潮高等学校を創立

◇埼玉県立**八潮南高等学校**
　〒340-0814 埼玉県八潮市大字南川崎字根通519-1
　TEL 048-995-5700
　昭和59年　　　　　埼玉県立八潮南高等学校を創立

◇**山村国際高等学校**
　［学校法人 山村学園］
　〒350-0214 埼玉県坂戸市千代田1-2-23
　TEL 049-281-0221
　大正11年9月　　　山村塾を山村婦みよが創設
　昭和26年4月　　　山村女子高等学校を開設
　昭和34年11月　　　山村第二女子高等学校と改称
　平成3年4月　　　　山村国際女子高等学校と改称
　平成11年4月　　　山村国際高等学校と改称

◇**山村女子高等学校**
　［学校法人 山村学園］
　〒350-1113 埼玉県川越市田町16-2
　TEL 049-225-3565
　昭和34年11月　　　山村女子高等学校を設立

◇埼玉県立**吉川高等学校**
　〒342-0035 埼玉県吉川市高久600
　TEL 048-982-3308
　昭和46年　　　　　埼玉県立吉川高等学校を創立

◇埼玉県立**与野高等学校**
　〒338-0004 埼玉県さいたま市中央区本町西2-8-1
　TEL 048-852-4505
　昭和33年　　　　　埼玉県立与野高等学校を設置

◇埼玉県立**寄居高等学校**
　〒369-1202 埼玉県大里郡寄居町桜沢2601
　TEL 0485-81-3111
　昭和23年9月14日　 埼玉県立熊谷高等学校寄居分校が開校
　昭和34年4月1日　　組合立埼玉県寄居高等学校（定時制）を設立
　昭和37年4月16日　 埼玉県立寄居高等学校が開校

◇**立教新座高等学校**
　［学校法人 立教学院］
　〒352-8523 埼玉県新座市北野1-2-25
　TEL 048-471-2323
　昭和23年　　　　　立教高等学校を開設
　平成12年　　　　　立教新座高等学校と改称

◇埼玉県立**和光高等学校**
　〒351-0115 埼玉県和光市新倉3-22-1

TEL 048-463-1207
昭和47年　　　埼玉県立和光高等学校を創立

◇埼玉県立和光国際高等学校
〒351-0106 埼玉県和光市広沢4-1
TEL 048-467-1311
昭和62年4月9日　埼玉県立和光国際高等学校が開校

◇埼玉県立鷲宮高等学校
〒340-0213 埼玉県北葛飾郡鷲宮町中妻
TEL 0480-58-1200
昭和53年　　　埼玉県立鷲宮高等学校を創立

◇早稲田大学本庄高等学院
［学校法人 早稲田大学］
〒367-0035 埼玉県本庄市大字西富田字大久保山1136
TEL 0495-21-2400
昭和57年　　　早稲田大学本庄高等学院が開校

◇埼玉県立蕨高等学校
〒335-0001 埼玉県蕨市北町5丁目3-8
TEL 048-443-2473
昭和32年4月1日　埼玉県立蕨高等学校を創立

# 千葉県

## 【大学】

◇愛国学園大学
［学校法人 愛国学園］
〒284-0005 千葉県四街道市四街道1532
TEL 043-424-4433
平成10年4月　　愛国学園大学が開学

◇江戸川大学
［学校法人 江戸川学園］
〒270-0198 千葉県流山市駒木474
TEL 04-7152-0661
平成2年　　　江戸川大学が開学

◇川村学園女子大学
［学校法人 川村学園］
〒270-1138 千葉県我孫子市下ケ戸字保ケ前1133
TEL 04-7183-0111
昭和63年　　　川村学園女子大学を開設

◇神田外語大学
［学校法人 佐野学園］
〒261-0014 千葉県千葉市美浜区若葉1-4-1
TEL 043-273-1322
昭和62年　　　神田外語大学が開学

◇敬愛大学
［学校法人 千葉敬愛学園］
〒263-8588 千葉県千葉市稲毛区穴川1-5-21
TEL 043-251-6363
昭和41年4月　　千葉敬愛経済大学が開学
昭和62年12月　敬愛大学と改称

◇国際武道大学
［学校法人 国際武道大学］
〒299-5295 千葉県勝浦市新官字物見塚841
TEL 0470-73-4111
昭和59年4月　　国際武道大学が開学

◇秀明大学
［学校法人 秀明大学］
〒276-0003 千葉県八千代市大学町1-1
TEL 047-488-2111
昭和63年　　　八千代国際大学が開学
平成10年　　　秀明大学と改称

◇淑徳大学
［学校法人 大乗淑徳学園］
〒260-8701 千葉県千葉市中央区大巌寺町200
TEL 043-265-7331
昭和40年　　　淑徳大学を創立

◇城西国際大学
［学校法人 城西大学］
〒283-8555 千葉県東金市求名1
TEL 0475-55-8800
平成4年　　　城西国際大学が開学

◇聖徳大学
［学校法人 東京聖徳学園］
〒271-8555 千葉県松戸市岩瀬字向山550

千葉県

　　　　TEL 047-365-1111
　　平成2年4月　　　　聖徳大学を開学
◇清和大学
　　［学校法人 君津学園］
　　〒292-8555 千葉県木更津市東太田3-4-5
　　TEL 0438-30-5555
　　平成6年4月　　　　清和大学を設立
◇千葉科学大学
　　［学校法人 加計学園］
　　〒288-0025 千葉県銚子市潮見町3
　　TEL 0479-30-4500
　　平成16年4月　　　 千葉科学大学が開学
◇千葉経済大学
　　［学校法人 千葉経済学園］
　　〒263-0021 千葉県千葉市稲毛区轟町3-59-5
　　TEL 043-253-9111
　　昭和63年　　　　　千葉経済大学を設立
◇千葉工業大学
　　［学校法人 千葉工業大学］
　　〒275-0016 千葉県習志野市津田沼2-17-1
　　TEL 047-475-2111
　　昭和17年　　　　　興亜工業大学を発足
　　昭和21年　　　　　千葉工業大学と改称
◇千葉商科大学
　　［学校法人 千葉学園］
　　〒272-8512 千葉県市川市国府台1-3-1
　　TEL 047-372-4111
　　昭和13年　　　　　生々示宇を遠藤隆吉が創設
　　昭和3年2月　　　 巣鴨高等商業学校を遠藤隆吉が創立
　　昭和19年3月　　　巣鴨経済専門学校と改称
　　昭和25年4月　　　千葉商科大学と改称
◇千葉大学
　　〒263-8522 千葉県千葉市稲毛区弥生町1-33
　　TEL 043-290-2002
　　昭和24年　　　　　千葉医科大学, 千葉医科大学附属医学専門部, 千葉医科大学附属薬学専門部, 千葉師範学校, 千葉青年師範学校, 東京工業専門学校, 千葉農業専門学校を統合し千葉大学を設置
◇中央学院大学
　　［学校法人 中央学院］
　　〒270-1196 千葉県我孫子市久寺家451
　　TEL 04-7183-6501
　　昭和41年　　　　　中央学院大学を設置
◇帝京平成大学
　　［学校法人 帝京平成大学］
　　〒290-0193 千葉県市原市潤井戸字大谷2289-23
　　TEL 0436-74-5511
　　昭和62年4月　　　帝京技術科学大学が開学
　　平成7年4月　　　 帝京平成大学と改称
◇東京基督教大学
　　［学校法人 東京キリスト教学園］
　　〒270-1347 千葉県印西市内野3-301-5-1
　　TEL 0476-46-1131
　　平成2年　　　　　東京基督教大学を創立

◇東京歯科大学
　　［学校法人 東京歯科大学］
　　〒261-8502 千葉県千葉市美浜区真砂1-2-2
　　TEL 043-279-2222
　　明治23年1月　　　高山歯科医学院を高山紀齋が創立
　　明治33年2月　　　東京歯科医学院と改称
　　明治40年9月　　　東京歯科医学専門学校を設置
　　昭和21年7月　　　東京歯科大学を設置
◇東京情報大学
　　［学校法人 東京農業大学］
　　〒265-8501 千葉県千葉市若葉区谷当町1200-2
　　TEL 043-236-4603
　　昭和63年　　　　　東京情報大学を設立
◇東京成徳大学
　　［学校法人 東京成徳学園］
　　〒276-0013 千葉県八千代市保品字中台谷2014
　　TEL 047-488-7111
　　平成5年　　　　　東京成徳大学を開学
◇東洋学園大学
　　［学校法人 東洋学園］
　　〒270-0161 千葉県流山市鰭ケ崎1660
　　TEL 04-7150-3001
　　平成4年4月　　　 東洋学園大学を開設
◇日本橋学館大学
　　［学校法人 日本橋女学館］
　　〒277-0005 千葉県柏市柏1225-6
　　TEL 04-7167-8655
　　昭和62年　　　　　日本橋女学館短期大学が開学
　　平成12年　　　　　日本橋学館大学と改組開学
◇放送大学
　　［学校法人 放送大学学園］
　　〒261-8586 千葉県千葉市美浜区若葉2-11
　　TEL 043-276-5111
　　昭和58年4月　　　放送大学を設置
◇麗澤大学
　　［学校法人 廣池学園］
　　〒277-8686 千葉県柏市光ケ丘2-1-1
　　TEL 04-7173-3601
　　昭和25年4月8日　 麗澤短期大学を開学
　　昭和34年4月10日　麗澤大学に改組
◇和洋女子大学
　　［学校法人 和洋学園］
　　〒272-8533 千葉県市川市国府台2-3-1
　　TEL 047-371-1111
　　明治30年2月　　　和洋裁縫女学院を堀越千代が設立
　　明治34年9月　　　和洋裁縫女学校と改称
　　昭和3年9月　　　 和洋女子専門学校を設置
　　昭和24年　　　　　和洋女子大学に改組昇格

【短大】

◇植草学園短期大学
　　［学校法人 植草学園］
　　〒264-0007 千葉県千葉市若葉区小倉町1639-3
　　TEL 043-233-9031
　　平成11年　　　　　植草学園短期大学が開学
◇江戸川短期大学
　　［学校法人 江戸川学園］

〒270-0198 千葉県流山市駒木474
TEL 04-7152-0661
昭和60年　　　　　江戸川女子短期大学が開学
平成13年　　　　　江戸川短期大学と改称

◇三育学院短期大学
　［学校法人 三育学院］
　〒298-0297 千葉県夷隅郡大多喜町久我原1500
　TEL 0470-84-0111
　明治31年　　　　芝和英聖書学校をキリスト教宣教師W.C.グレンジャーが開設
　大正3年　　　　　日本伝道学校と改称
　大正8年　　　　　天沼学院と改称
　大正15年　　　　日本三育学院と改称
　昭和46年　　　　三育学院短期大学を設立

◇順天堂医療短期大学
　［学校法人 順天堂］
　〒279-0023 千葉県浦安市高洲2-5-1
　TEL 047-355-3111
　明治29年10月　　順天堂医院看護婦養成所を開設
　昭和27年4月　　順天堂医科大学附属順天堂看護学院を開設
　昭和29年4月　　順天堂大学医学部附属順天堂准看護婦学院を開設
　昭和36年4月　　順天堂大学医学部附属高等看護婦学校を開設
　昭和38年4月　　順天堂高等看護学校と改称
　昭和51年4月　　順天堂看護専門学校と改称
　平成元年4月　　順天堂医療短期大学を開設

◇昭和学院短期大学
　［学校法人 昭和学院］
　〒272-0823 千葉県市川市東菅野2-17-1
　TEL 047-324-7115
　昭和15年4月　　昭和女子商業学校（のち廃止）が開校
　昭和21年4月　　昭和女子専門学校（のち廃止）が開校
　昭和25年4月　　昭和学院短期大学が開学

◇聖徳大学短期大学部
　［学校法人 東京聖徳学園］
　〒271-8555 千葉県松戸市岩瀬字向山550
　TEL 047-365-1111
　昭和8年4月10日　聖徳家政学院を川並香順が設立
　昭和19年3月　　聖徳学園保姆養成所を設立
　昭和22年2月　　聖徳学園高等保育学校と改称
　昭和40年4月　　聖徳学園短期大学と改組開設
　平成2年4月　　聖徳大学短期大学部と改称

◇清和大学短期大学部
　［学校法人 君津学園］
　〒292-8511 千葉県木更津市東太田3-4-2
　TEL 0438-30-5522
　昭和42年4月　　清和女子短期大学を設立
　平成15年4月　　清和大学短期大学部と改称

◇千葉敬愛短期大学
　［学校法人 千葉敬愛学園］
　〒285-0807 千葉県佐倉市山王1-9
　TEL 043-486-7111
　昭和25年4月　　千葉敬愛短期大学を開学

◇千葉経済大学短期大学部
　［学校法人 千葉経済学園］
　〒263-0021 千葉県千葉市稲毛区轟町4-3-30
　TEL 043-255-3451
　昭和43年　　　　千葉経済短期大学を開設
　平成5年　　　　千葉経済大学短期大学部と改称

◇千葉県立衛生短期大学
　〒261-0014 千葉県千葉市美浜区若葉2丁目10-1
　TEL 043-272-1711
　昭和56年　　　　千葉県立衛生短期大学が開学

◇千葉明徳短期大学
　［学校法人 千葉明徳学園］
　〒260-8685 千葉県千葉市中央区南生実町1412
　TEL 043-265-1613
　昭和45年　　　　千葉明徳短期大学が開学

◇帝京平成看護短期大学
　［学校法人 帝京平成大学］
　〒290-0192 千葉県市原市ちはら台西6-19
　TEL 0436-74-8881
　平成5年　　　　帝京平成短期大学を設置
　平成17年　　　　帝京平成看護短期大学と改称

◇東京経営短期大学
　［学校法人 村田学園］
　〒272-0001 千葉県市川市二俣625-1
　TEL 047-328-6161
　平成4年4月　　東京経営短期大学を開学

◇東洋女子短期大学
　［学校法人 東洋学園］
　〒270-0161 千葉県流山市鰭ケ崎1660
　TEL 04-7159-1661
　大正15年9月　　東洋女子歯科医学専門学校（のち閉鎖）を設立
　昭和25年4月　　東洋女子短期大学が開学

◇日本基督教短期大学
　［学校法人 日本ナザレン・カレッジ］
　〒263-0003 千葉県千葉市稲毛区小深町90-3
　TEL 043-422-2234
　昭和26年　　　　聖書農学園短期大学を設置
　昭和33年　　　　日本基督教短期大学と改称

【高専】

◇木更津工業高等専門学校
　〒292-0041 千葉県木更津市清見台東2-11-1
　TEL 0438-30-4000
　昭和42年6月　　木更津工業高等専門学校が発足

【高校】

◇愛国学園大学附属四街道高等学校
　［学校法人 愛国学園］
　〒284-0005 千葉県四街道市四街道1532-16
　TEL 043-421-3533
　昭和55年4月　　愛国学園短期大学附属四街道高等学校が開校
　平成10年　　　　愛国学園大学附属四街道高等学校と改称

◇千葉県立旭農業高等学校
　〒289-2516 千葉県旭市ロ1

千葉県

```
        TEL 0436-62-0601
    明治44年          千葉県海上郡立農学校を設立
    大正12年          千葉県立旭農業高等学校と改称
```

◇あずさ第一高等学校
　　［学校法人　野田鎌田学園］
　　〒278-0037　千葉県野田市野田405-1
　　TEL 04-7122-2400
　　昭和14年10月　　野田ドレスメーカー研究所を創立
　　平成17年4月　　　あずさ第一高等学校が開校

◇千葉県立姉崎高等学校
　　〒299-0111　千葉県市原市姉崎2632
　　TEL 0436-62-0601
　　昭和53年4月13日　千葉県立姉崎高等学校が開校

◇千葉県立我孫子高等学校
　　〒270-1147　千葉県我孫子市若松18-4
　　TEL 04-7182-5181
　　昭和45年4月　　　千葉県立我孫子高等学校が開校

◇我孫子二階堂高等学校
　　［学校法人　二階堂学園］
　　〒270-1163　千葉県我孫子市久寺家479-1
　　TEL 04-7182-0242
　　昭和42年　　　　　我孫子二階堂高等学校を設立

◇千葉県立天羽高等学校
　　〒299-1606　千葉県富津市数馬299
　　TEL 0439-67-0571
　　明治35年9月30日　湊町外10ヶ町村組合立実業補習学校を設立
　　明治39年3月13日　組合立天羽実業補習学校と改称
　　明治43年1月15日　湊町6ヶ村組合立天羽農学校に改組
　　明治44年4月1日　　君津郡立天羽農学校に改組
　　大正12年4月1日　　千葉県立天羽農学校に改組
　　昭和25年4月1日　　千葉県立天羽高等学校と改称

◇千葉県立安房高等学校
　　〒294-0047　千葉県館山市八幡385
　　TEL 0470-22-0130
　　明治34年　　　　　千葉県安房中学校を設置
　　昭和23年4月1日　　千葉県立安房高等学校と改称

◇千葉県立安房水産高等学校
　　〒294-0037　千葉県館山市長須賀155
　　TEL 0470-22-0180
　　大正12年4月27日　千葉県立安房水産学校として設立
　　昭和23年　　　　　千葉県立安房水産高等学校と改称
　　平成20年4月　　　　千葉県立館山高等学校と統合予定

◇千葉県立安房拓心高等学校
　　〒299-2795　千葉県南房総市和田町海発1604
　　TEL 0470-47-2551
　　大正11年　　　　　千葉県安房農業水産学校を創立
　　大正12年　　　　　安房農学校と改称
　　平成16年　　　　　千葉県立安房拓心高等学校と改称

◇千葉県立安房南高等学校
　　〒294-0045　千葉県館山市北条611
　　TEL 0470-22-3201
　　明治40年　　　　　郡立女子技芸学校が開校
　　大正10年4月1日　　千葉県立安房高等女学校と改称
　　昭和23年4月1日　　千葉県立安房女子高等学校と改称
　　昭和25年4月1日　　千葉県立安房第二高等学校と改称
　　昭和36年4月1日　　千葉県立安房南高等学校と改称

◇千葉県立泉高等学校
　　〒265-0061　千葉県千葉市若葉区高根町875-1
　　TEL 043-228-255
　　昭和54年4月　　　千葉県立泉高等学校を創立

◇千葉県立磯辺高等学校
　　〒261-0012　千葉県千葉市美浜区磯辺2丁目7-1
　　TEL 043-277-2211
　　昭和53年　　　　　千葉県立磯辺高等学校を創立

◇千葉県立市川北高等学校
　　〒272-0805　千葉県市川市大野町4-2274
　　TEL 047-337-8880
　　昭和53年4月　　　市川北高等学校を創立

◇千葉県立市川工業高等学校
　　〒272-0031　千葉県市川市平田3-10-10
　　TEL 047-378-4186
　　昭和18年4月25日　千葉県市川市立工業学校が開校
　　昭和23年4月1日　　千葉県立市川工業高等学校と改称

◇市川高等学校
　　［学校法人　市川学園］
　　〒272-0816　千葉県市川市本北方2-38-1
　　TEL 047-339-2681
　　昭和12年4月15日　市川中学校が開校
　　昭和23年3月31日　市川高等学校を設置

◇千葉県立市川西高等学校
　　〒272-0833　千葉県市川市東国分1-1-1
　　TEL 047-371-2841
　　昭和60年　　　　　千葉県立市川西高等学校が開校

◇千葉県立市川東高等学校
　　〒272-0811　千葉県市川市北方町4丁目2191
　　TEL 047-338-6810
　　昭和52年　　　　　千葉県立市川東高等学校を創立

◇千葉県立市川南高等学校
　　〒272-0013　千葉県市川市高谷1509
　　TEL 047-328-6001
　　昭和56年　　　　　千葉県立市川南高等学校を創立

◇千葉県立一宮商業高等学校
　　〒299-4301　千葉県長生郡一宮町一宮3287
　　TEL 0475-42-4520
　　大正14年5月　　　私立一宮実業学校を設立
　　昭和2年4月　　　　一宮実業学校と改称
　　昭和3年7月　　　　一宮町立一宮実業学校と改称
　　昭和11年4月　　　千葉県立一宮実業学校と改称
　　昭和23年4月　　　千葉県立一宮商業高等学校と改称

◇千葉県立市原高等学校
　　〒290-0225　千葉県市原市牛久655
　　TEL 0436-92-1541
　　大正14年3月24日　牛久ほか2町村組合立市原学館を創立
　　昭和23年4月1日　　千葉県立市原高等学校と改称
　　昭和25年4月1日　　千葉県立市原第一高等学校と改称
　　昭和36年4月1日　　千葉県立市原高等学校の旧称に復帰

◇市原中央高等学校
　　［学校法人　君津学園］
　　〒290-0215　千葉県市原市土字1481
　　TEL 0436-36-7131
　　昭和58年4月　　　市原中央高等学校を設立

◇千葉県立**市原緑高等学校**
　〒290-0011　千葉県市原市能満1531
　TEL 0436-75-0600
　昭和48年　　　　　千葉県立市原緑高等学校を創立

◇千葉県立**市原八幡高等学校**
　〒290-0062　千葉県市原市八幡1877-1
　TEL 0436-43-7811
　昭和58年　　　　　千葉県立市原八幡高等学校を創立

◇千葉県立**印旛高等学校**
　〒270-1326　千葉県印西市木下1493
　TEL 0476-42-2311
　明治34年5月9日　　組合立乙種農学校として設立
　大正7年4月1日　　 印旛郡立印西農学校と改称
　大正12年4月1日　　千葉県立印西農学校と改称
　昭和5年3月25日　　八生農学校，千葉県立印西実科女学校と統合し
　　　　　　　　　　千葉県立印旛実業学校と改称
　昭和23年4月1日　　千葉県立印旛高等学校と改称
〈千葉県印西実科女学校〉
　明治34年5月1日　　組合立印西女子工業補習学校として設立
　明治35年6月18日　 印西女子染織学校と改称
　大正12年4月1日　　千葉県印西実科女学校と改称

◇**植草学園文化女子高等学校**
　［学校法人　植草学園］
　〒260-8601　千葉県千葉市中央区弁天2-8-9
　TEL 043-252-3551
　明治37年　　　　　千葉和洋裁縫女学校を設立
　昭和54年　　　　　文化女子高等学校が開校
　昭和60年　　　　　植草学園文化女子高等学校と改称

◇千葉県立**浦安高等学校**
　〒279-0003　千葉県浦安市海楽2-36-2
　TEL 047-351-2135
　昭和48年　　　　　千葉県立浦安高等学校を創立

◇千葉県立**浦安南高等学校**
　〒279-0023　千葉県浦安市高洲9丁目4-1
　TEL 047-352-7621
　昭和59年4月　　　千葉県立浦安南高等学校を創立

◇千葉県立**生浜高等学校**
　〒260-0823　千葉県千葉市中央区塩田町372
　TEL 043-266-4591
　昭和53年　　　　　千葉県立生浜高等学校を創立

◇**桜林高等学校**
　［学校法人　金剛学園］
　〒264-0022　千葉県千葉市若葉区桜木町114-21
　TEL 043-233-8061
　平成元年　　　　　金剛学園高等専修学校が開校
　平成13年　　　　　金剛学園高等学校と改称
　平成17年　　　　　桜林高等学校と改称

◇千葉県立**大多喜高等学校**
　〒298-0216　千葉県夷隅郡大多喜町大多喜481
　TEL 0470-82-2621
　明治33年4月30日　 千葉県大多喜中学校を創設
　昭和23年4月1日　　千葉県立大多喜高等学校と改称

◇千葉県立**大原高等学校**
　〒298-0004　千葉県いすみ市大原7985
　TEL 0470-62-1171
　昭和3年　　　　　 大原実科高等女学校として設立
　昭和23年　　　　　千葉県立大原高等学校と改称

◇千葉県立**小見川高等学校**
　〒289-0313　千葉県香取市小見川4735-1
　TEL 0478-82-2146
　明治17年11月4日　 無逸塾を渡辺操が創設
　明治30年9月21日　 同志中学館と改称
　明治33年6月20日　 村立良文農学校と改称
　明治38年4月1日　　村立良文農学校を廃校とし
　　　　　　　　　　私立良文農学校を設置
　大正11年6月30日　 私立良文農学校を廃校とし
　　　　　　　　　　小見川町立小見川農学校を設立
　昭和3年4月1日　　 千葉県立小見川農業学校と改称
　昭和23年3月31日　 千葉県立小見川実業高等学校と改称
　昭和25年4月1日　　千葉県立小見川農業高等学校と改称
　昭和26年4月1日　　千葉県立小見川高等学校と改称

◇千葉県立**柏井高等学校**
　〒262-0041　千葉県千葉市花見川区柏井町1452
　TEL 047-484-5526
　昭和56年　　　　　千葉県立柏井高等学校を創立

◇千葉県立**柏北高等学校**
　〒277-0803　千葉県柏市小青田257
　TEL 04-7133-6131
　昭和55年4月15日　 千葉県立柏北高等学校が開校
　平成20年　　　　　千葉県立柏西高等学校と統合し
　　　　　　　　　　柏の葉高等学校(仮称)を開校予定

◇千葉県立**柏高等学校**
　〒277-0825　千葉県柏市布施254
　TEL 04-7131-0013
　昭和45年4月17日　 千葉県立柏高等学校として創立

◇千葉県立**柏中央高等学校**
　〒277-0835　千葉県柏市松ヶ崎884-1
　TEL 04-7133-3141
　昭和56年　　　　　千葉県立柏中央高等学校を創立

◇千葉県立**柏西高等学校**
　〒277-0882　千葉県柏市柏の葉6-1
　TEL 04-7132-7521
　昭和61年4月11日　 千葉県立柏西高等学校が開校
　平成20年　　　　　千葉県立柏北高等学校と統合し
　　　　　　　　　　柏の葉高等学校(仮称)を開校予定

◇**柏日体高等学校**
　［学校法人　日本体育会］
　〒277-0008　千葉県柏市戸張944
　TEL 0471-67-1301
　昭和35年　　　　　柏日体高等学校を設立

◇千葉県立**柏南高等学校**
　〒277-0033　千葉県柏市増尾1705
　TEL 04-7173-2101
　昭和50年　　　　　千葉県立柏南高等学校を創設

◇千葉県立**上総高等学校**
　〒299-1107　千葉県君津市上957
　TEL 0439-32-2311
　明治10年3月　　　 中村5か村組合立周准農学校が開校
　明治44年4月　　　 君津郡立周准農学校と改称

千葉県

| 大正13年4月1日 | 中村外9か村組合立周准農学校と改称 |
| --- | --- |
| 昭和3年4月1日 | 千葉県立周准農学校と改称 |
| 昭和23年4月1日 | 千葉県立周准農業高等学校と改称 |
| 昭和31年4月1日 | 千葉県立上総農業高等学校と改称 |
| 昭和44年4月1日 | 千葉県立上総高等学校と改称 |

◇千葉県立**勝浦若潮高等学校**
〒299-5224 千葉県勝浦市新官1380
TEL 0470-73-1133

| 明治34年5月 | 勝浦水産補習学校を開校 |
| --- | --- |
| 明治36年8月 | 勝浦実業補習学校と改称 |
| 昭和4年1月 | 勝浦実科学校と改称 |
| 昭和10年9月 | 千葉県勝浦実業学校と改称 |
| 昭和18年4月 | 千葉県勝浦商業学校と改称 |
| 昭和18年4月 | 千葉県勝浦高等女学校を設立 |
| 昭和19年4月 | 千葉県勝浦工業学校と改称 |
| 昭和23年4月 | 千葉県町立勝浦高等学校と改称 |
| 昭和25年4月 | 千葉県勝浦工業学校，千葉県勝浦高等女学校を統合し千葉県立勝浦高等学校と改称 |
| 昭和41年4月 | 千葉県立勝浦高等学校と改称 |
| 平成17年4月 | 千葉県立御宿高等学校と統合し千葉県立勝浦若潮高等学校と改称 |

◇千葉県立**鎌ケ谷高等学校**
〒273-0115 千葉県鎌ケ谷市東道野辺1丁目4-1
TEL 047-444-2171

| 昭和46年 | 千葉県立鎌ケ谷高等学校を創立 |
| --- | --- |

◇千葉県立**鎌ケ谷西高等学校**
〒273-0121 千葉県鎌ケ谷市初富284-7
TEL 047-446-0051

| 昭和55年 | 千葉県立鎌ケ谷西高等学校を創立 |
| --- | --- |

◇千葉県立**木更津高等学校**
〒292-0804 千葉県木更津市文京4-1-1
TEL 0438-22-6131

| 明治33年 | 千葉県千葉中学校木更津分校を設置 |
| --- | --- |
| 明治34年5月17日 | 千葉県立木更津中学校と改称 |
| 昭和23年4月1日 | 千葉県立木更津高等学校と改称 |
| 昭和25年4月1日 | 周准農校，望陀農校と統合し千葉県立木更津第一高等学校と改称 |
| 昭和36年4月1日 | 千葉県立木更津高等学校と改称 |

◇**木更津総合高等学校**
［学校法人 君津学園］
〒292-8511 千葉県木更津市東太田3-4-1
TEL 0438-30-5511

| 昭和21年4月 | 英語講習所を設立 |
| --- | --- |
| 昭和38年4月 | 木更津中央高等学校を設立 |
| 昭和48年4月 | 清和女子短期大学附属高等学校を設立 |
| 平成15年4月 | 木更津中央高等学校，清和女子短期大学附属高等学校を統合し木更津総合高等学校を設立 |

◇千葉県立**木更津東高等学校**
〒292-0056 千葉県木更津市木更津2-2-45
TEL 0438-23-0538

| 明治43年3月 | 君津郡立木更津高等女学校を設置 |
| --- | --- |
| 大正12年4月 | 千葉県立木更津高等女学校と改称 |
| 昭和23年4月 | 千葉県立木更津女子高等学校と改称 |
| 昭和36年4月 | 千葉県立木更津東高等学校と改称 |

◇千葉県立**君津青葉高等学校**
〒292-0454 千葉県君津市青柳48
TEL 0439-27-2351

| 大正5年12月28日 | 君津郡立小櫃農学校を創立 |
| --- | --- |
| 昭和2年3月31日 | 君津実業中学校と改称 |
| 昭和4年3月30日 | 千葉県立君津農林学校と改称 |
| 昭和23年4月1日 | 千葉県立君津農林高等学校と改称 |
| 平成18年4月 | 千葉県立君津青葉高等学校と改称 |

◇千葉県立**君津高等学校**
〒299-1142 千葉県君津市坂田454
TEL 0439-52-4583

| 昭和46年 | 千葉県立君津高等学校を創立 |
| --- | --- |

◇千葉県立**君津商業高等学校**
〒293-0043 千葉県富津市岩瀬1172
TEL 0439-65-1131

| 昭和21年4月1日 | 千葉県君津郡大貫町立高等女学校を創立 |
| --- | --- |
| 昭和23年7月1日 | 大貫町立大貫高等学校と改称 |
| 昭和23年9月1日 | 千葉県立大貫高等学校と改称 |
| 昭和25年4月1日 | 千葉県立天羽高等学校大貫校舎と改称 |
| 昭和38年4月1日 | 千葉県立君津商業高等学校として独立 |

◇**暁星国際高等学校**
［学校法人 暁星国際学園］
〒292-8565 千葉県木更津市矢那字二重山1083
TEL 0438-52-3291

| 明治21年 | 暁星学園がカトリックの教育団体（マリア会）から派遣された4名の仏人と1名の米人によって開講 |
| --- | --- |
| 昭和54年4月 | 暁星国際高等学校が開校 |

◇千葉県立**行徳高等学校**
〒272-0127 千葉県市川市塩浜4-1-1
TEL 047-395-1040

| 昭和49年 | 千葉県立行徳高等学校を創立 |
| --- | --- |

◇千葉県立**九十九里高等学校**
〒283-0104 千葉県山武郡九十九里町片貝1910
TEL 0475-76-2256

| 昭和48年4月1日 | 千葉県立東金高等学校片貝校舎を千葉県立九十九里高等学校として分離独立 |
| --- | --- |

◇**敬愛学園高等学校**
［学校法人 千葉敬愛学園］
〒263-8588 千葉県千葉市稲毛区穴川1-5-21
TEL 043-251-6361

| 昭和28年4月 | 千葉関東商業高等学校が開学 |
| --- | --- |
| 昭和32年11月 | 千葉工商高等学校と改称 |
| 平成6年6月 | 敬愛学園高等学校と改称 |

◇**敬愛大学八日市場高等学校**
［学校法人 長戸路学園］
〒289-2143 千葉県匝瑳市八日市場ロ-390
TEL 0479-72-1588

| 大正10年4月5日 | 八日市場女学校の設立許可を受ける |
| --- | --- |
| 大正11年4月1日 | 東敬愛実科女学校と改称 |

千葉県

| 大正14年4月1日 | 八日市場敬愛高等女学校と改称 |
| 昭和3年4月1日 | 敬愛家政女学校の設置認可を受ける |
| 昭和21年1月21日 | 敬愛女子専門学校の設置認可を受ける |
| 昭和23年3月5日 | 千葉県敬愛高等学校と改称 |
| 昭和25年3月 | 敬愛短期大学を設置 |
| 昭和50年4月1日 | 千葉県敬愛高等学校を八日市場敬愛高等学校と改称 |
| 平成12年4月1日 | 敬愛大学八日市場高等学校と改称 |

◇千葉県立**京葉工業高等学校**
〒263-0024 千葉県千葉市稲毛区穴川4-11-32
TEL 043-251-4197

| 昭和35年 | 千葉県立京葉工業高等学校を設立 |

◇千葉県立**京葉高等学校**
〒290-0034 千葉県市原市島野222
TEL 0436-22-2196

| 昭和27年4月8日 | 千葉県市原第一高等学校八幡分校（定時制課程）が開校 |
| 昭和32年4月1日 | 千葉県立市原高等学校（定時制）と改称 |
| 昭和37年4月1日 | 千葉県立市原高等学校八幡校舎と改称 |
| 昭和40年4月1日 | 千葉県立市原高等学校八幡校舎を廃止し千葉県立京葉高等学校を設立 |

◇千葉県立**検見川高等学校**
〒261-0011 千葉県千葉市美浜区真砂4-17-1
TEL 043-278-1218

| 昭和49年4月8日 | 千葉県立検見川高等学校が開校 |

◇千葉県立**国府台高等学校**
〒272-0827 千葉県市川市国府台2-4-1
TEL 047-373-2141

| 昭和18年 | 市川市立中学校を創立 |
| 昭和23年 | 市川市立国府台高等学校と改称 |
| 昭和25年 | 千葉県立国府台高等学校と改称 |

◇**国府台女子学院高等部**
［学校法人 平田学園］
〒272-8567 千葉県市川市菅野3-24-1
TEL 047-326-8100

| 大正15年3月6日 | 国府台高等女学校を認可 |
| 昭和22年4月5日 | 国府台女子高等学校と改称 |
| 昭和26年2月13日 | 国府台女子学院高等部と改称 |

◇千葉県立**小金高等学校**
〒270-0032 千葉県松戸市新松戸北2-14-1
TEL 047-341-4155

| 昭和40年3月5日 | 千葉県立小金高等学校を設置 |

◇千葉県立**国分高等学校**
〒272-0831 千葉県市川市稲越町310
TEL 047-371-6100

| 昭和39年4月14日 | 千葉県立国分高等学校が開校 |

◇千葉県立**犢橋高等学校**
〒262-0012 千葉県千葉市花見川区千種町381-1
TEL 043-257-8511

| 昭和60年4月10日 | 千葉県立犢橋高等学校が開校 |

◇千葉県立**湖北高等学校**
〒270-1123 千葉県我孫子市日秀70
TEL 04-7187-1541

| 昭和54年 | 千葉県立湖北高等学校を創立 |

◇千葉県立**佐倉高等学校**
〒285-0033 千葉県佐倉市鍋山町18
TEL 043-484-1021

| 寛政4年 | 学問所を佐倉藩主堀田正順が佐倉宮小路に創設 |
| 天保7年 | 成徳書院と改称 |
| 明治2年 | 成徳館, 博文堂と改称 |
| 明治6年 | 鹿山中学校（鹿山精舎）と改称 |
| 明治20年 | 佐倉英学校と改称 |
| 明治22年 | 佐倉集成学校と改称 |
| 明治29年 | 私立佐倉中学校と改称 |
| 明治32年 | 千葉県佐倉中学校と改称 |
| 明治34年 | 千葉県立佐倉中学校と改称 |
| 昭和23年 | 千葉県立佐倉高等学校と改称 |
| 昭和25年 | 千葉県立佐倉第一高等学校と改称 |
| 昭和36年 | 千葉県立佐倉高等学校と改称 |

◇千葉県立**佐倉西高等学校**
〒285-0841 千葉県佐倉市下志津263
TEL 043-489-5881

| 昭和52年4月16日 | 千葉県立佐倉西高等学校が開校 |

◇千葉県立**佐倉東高等学校**
〒285-0017 千葉県佐倉市城内町278
TEL 043-484-1024

| 明治40年 | 佐倉女子技芸学校が開校 |
| 明治43年 | 町立佐倉実践女学校と改称 |
| 大正7年 | 印旛郡立佐倉実科高等女学校と改称 |
| 大正10年 | 印旛郡立佐倉高等女学校と改称 |
| 大正12年 | 千葉県立佐倉高等女学校と改称 |
| 昭和23年 | 千葉県立佐倉女子高等学校と改称 |
| 昭和36年 | 千葉県立佐倉東高等学校と改称 |

◇千葉県立**佐倉南高等学校**
〒285-0808 千葉県佐倉市太田1956
TEL 043-486-1711

| 昭和58年4月7日 | 千葉県立佐倉南高等学校が開校 |

◇千葉県立**佐原高等学校**
〒287-0003 千葉県香取市佐原イ2685
TEL 0478-52-5131

| 明治33年2月2日 | 千葉県佐原中学校の設置を公示 |
| 明治34年5月17日 | 千葉県立佐原中学校と改称 |
| 昭和23年4月1日 | 千葉県立佐原高等学校と改称 |
| 昭和25年4月 | 小御門農業高等学校と統合し千葉県立佐原第一高等学校と改称 |
| 昭和31年4月1日 | 小御門校舎を分離して下総農業高等学校と改称 |
| 昭和36年4月 | 千葉県立佐原高等学校と改称 |

◇千葉県立**佐原白楊高等学校**
〒287-0003 千葉県香取市佐原イ861
TEL 0478-52-5137

| 明治41年5月 | 町立佐原女学校を開校 |
| 明治43年4月 | 香取郡立高等女学校が開校 |
| 大正12年4月 | 千葉県立佐原高等女学校と改称 |
| 昭和23年4月 | 千葉県立佐原女子高等学校と改称 |
| 昭和25年4月 | 千葉県立佐原第二高等学校と改称 |
| 昭和36年4月 | 千葉県立佐原女子高等学校と改称 |
| 平成15年4月 | 千葉県立佐原白楊高等学校と改称 |

千葉県

◇千葉県立山武農業高等学校
　〒299-3251　千葉県山武郡大網白里町大網435-1
　TEL 0475-72-0003
　大正9年12月1日　　郡立山武農学校を設置
　昭和23年　　　　　千葉県立山武農業高等学校と改称
　平成20年4月　　　　千葉県立白里高等学校と統合予定

◇志学館高等部
　［学校法人　紅陵学院］
　〒292-8568　千葉県木更津市真舟3-29-1
　TEL 0438-37-3131
　昭和58年　　　　　志学館高等学校が開校
　平成13年　　　　　志学館高等部と改称

◇芝浦工業大学柏高等学校
　［学校法人　芝浦工業大学］
　〒277-0033　千葉県柏市増尾700
　TEL 04-7174-3100
　昭和55年　　　　　芝浦工業大学柏高等学校を開設

◇渋谷教育学園幕張高等学校
　［学校法人　渋谷教育学園］
　〒261-0014　千葉県千葉市美浜区若葉1-3
　TEL 043-271-1221
　昭和58年　　　　　渋谷教育学園幕張高等学校が開校

◇千葉県立清水高等学校
　〒278-0043　千葉県野田市清水482
　TEL 04-7122-4581
　大正8年4月2日　　千葉県東葛飾郡立野田農学校を設置
　大正12年4月1日　　千葉県立野田農学校と改称
　昭和14年3月31日　千葉県立野田農工学校と改称
　昭和23年4月1日　　千葉県立野田実業高等学校と改称
　昭和39年4月1日　　千葉県立清水高等学校と改称

◇千葉県立下総高等学校
　〒289-0116　千葉県成田市名古屋247
　TEL 0476-96-1161
　明治33年9月6日　　村立小御門農学校を設置
　大正8年4月1日　　香取郡立小御門学校と改称
　昭和12年4月5日　　千葉県立小御門学校と改称
　昭和23年4月1日　　千葉県立小御門農業高校と改称
　昭和25年4月1日　　千葉県立佐原第一高等学校と統合し
　　　　　　　　　　千葉県立佐原第一高等学校小御門校舎と改称
　昭和31年4月1日　　千葉県立佐原第一高等学校より分離独立し
　　　　　　　　　　千葉県立下総農業高等学校と改称
　平成6年4月1日　　千葉県立下総高等学校と改称

◇秀明大学八千代高等学校
　［学校法人　秀明大学］
　〒276-0007　千葉県八千代市桑橋803
　TEL 047-450-7001
　昭和59年　　　　　秀明八千代高等学校を創立
　平成11年　　　　　秀明大学八千代高等学校と改称

◇千葉県立沼南高等学校
　〒270-1445　千葉県柏市岩井678-3
　TEL 04-7191-8121
　昭和54年　　　　　千葉県立沼南高等学校が開校

◇千葉県立沼南高柳高等学校
　〒277-0941　千葉県柏市高柳995
　TEL 04-7191-5281
　昭和59年4月1日　　千葉県立沼南高柳高等学校が開校

◇昭和学院高等学校
　［学校法人　昭和学院］
　〒272-0823　千葉県市川市東菅野2-17-1
　TEL 047-323-4171
　昭和23年4月　　　　昭和学院高等学校が開校

◇昭和学院秀英高等学校
　［学校法人　昭和学院］
　〒261-0014　千葉県千葉市美浜区若葉1-2
　TEL 043-272-2481
　昭和58年4月　　　　昭和学院秀英高等学校が開校

◇千葉県立白里高等学校
　〒299-3211　千葉県山武郡大網白里町細草新山1398
　TEL 0475-77-2820
　昭和26年4月　　　　千葉県立東金高等学校白里分校が開校
　昭和38年4月1日　　千葉県立東金商業高等学校白里校舎と改称
　昭和46年　　　　　千葉県立白里高等学校として独立

◇千葉県立白井高等学校
　〒270-1425　千葉県白井市池の上1-8-1
　TEL 047-491-1511
　昭和58年　　　　　千葉県立白井高等学校を創立

◇聖徳大学附属高等学校
　［学校法人　東京聖徳学園］
　〒270-2223　千葉県松戸市秋山弁天600
　TEL 047-392-8111
　昭和58年4月　　　　聖徳学園短期大学附属高等学校が開校
　平成2年4月　　　　聖徳大学附属高等学校と改称

◇西武台千葉高等学校
　［学校法人　武陽学園］
　〒270-0235　千葉県野田市尾崎2241-2
　TEL 0471-27-1111
　昭和61年4月1日　　武陽学園高等学校が開校
　昭和64年1月1日　　西武台千葉高等学校と改称

◇千葉県立関宿高等学校
　〒270-0222　千葉県野田市木間ケ瀬4376
　TEL 04-7198-5006
　昭和62年4月1日　　千葉県立関宿高等学校が開校

◇専修大学松戸高等学校
　［学校法人　専修大学松戸高等学校］
　〒271-8585　千葉県松戸市上本郷2-3621
　TEL 047-362-9101
　昭和34年7月17日　専修大学松戸高等学校が開校

◇千葉県立匝瑳高等学校
　〒289-2144　千葉県匝瑳市八日市場イ1630
　TEL 0479-72-1541
　大正13年4月10日　千葉県立匝瑳中学校が開校
　昭和23年3月31日　千葉県立匝瑳高等学校と改称

◇千葉県立袖ヶ浦高等学校
　〒299-0257　千葉県袖ケ浦市神納530
　TEL 0438-62-7531
　昭和51年4月15日　千葉県立袖ヶ浦高等学校が開校

## ◇拓殖大学紅陵高等学校
　［学校法人　紅陵学院］
　〒292-8568　千葉県木更津市桜井1403
　TEL 0438-37-2511

| 昭和53年 | 木更津紅綾高等学校が開校 |
| --- | --- |
| 昭和55年 | 拓殖大学紅陵高等学校と改称 |

## ◇千葉県立多古高等学校
　〒289-2241　千葉県香取郡多古町多古3236
　TEL 0479-76-2557

| 明治40年6月3日 | 多古町立多古農学校が開校 |
| --- | --- |
| 大正8年4月1日 | 郡立多古農学校と改称 |
| 大正12年4月1日 | 千葉県立多古農学校と改称 |
| 昭和23年5月15日 | 千葉県立多古実業高等学校と改称 |
| 昭和24年4月1日 | 千葉県立多古高等学校と改称 |

## ◇千葉県立館山高等学校
　〒294-8505　千葉県館山市北条106
　TEL 0470-22-2242

| 大正15年 | 千葉県北条町立北条実科高等女学校を設置 |
| --- | --- |
| 昭和14年 | 館山市立北条実科高等女学校と改称 |
| 昭和18年 | 館山市立館山高等女学校と改称 |
| 昭和23年 | 館山市立館山高等学校と改称 |
| 昭和40年 | 千葉県立館山高等学校と改称 |

## ◇千葉県立千城台高等学校
　〒264-0004　千葉県千葉市若葉区千城台西2-1-1
　TEL 043-236-0161

| 昭和52年 | 千葉県立千城台高等学校が開校 |
| --- | --- |

## ◇千葉英和高等学校
　［学校法人　聖書学園］
　〒276-0028　千葉県八千代市村上709-1
　TEL 047-484-5141

| 昭和21年 | 千葉英和高等学校が開校 |
| --- | --- |

## ◇千葉県立千葉大宮高等学校
　〒264-0016　千葉県千葉市若葉区大宮町2699-1
　TEL 043-264-1981

| 昭和58年4月11日 | 千葉県立千葉大宮高等学校が開校 |
| --- | --- |

## ◇千葉学芸高等学校
　［学校法人　高橋学園］
　〒283-0005　千葉県東金市田間1999
　TEL 0475-52-1161

| 明治20年2月1日 | 裁縫技芸塾を高橋あいが創立 |
| --- | --- |
| 明治36年7月7日 | 東金裁縫女学校として認可される |
| 昭和6年2月24日 | 東金女子高等職業学校と改称 |
| 昭和17年4月1日 | 東金女子農業学校と改称 |
| 昭和20年10月10日 | 東金女子高等職業学校と改称 |
| 昭和21年5月10日 | 横芝女子高等職業学校と改称 |
| 昭和23年4月1日 | 高橋高等学校と改称 |
| 昭和33年4月1日 | 東金女子高等学校と改称 |
| 平成12年4月1日 | 千葉学芸高等学校と改称 |

## ◇千葉県立千葉北高等学校
　〒263-0005　千葉県千葉市稲毛区長沼町153
　TEL 043-257-2753

| 昭和50年4月15日 | 千葉県立千葉北高等学校が開校 |
| --- | --- |

## ◇千葉敬愛高等学校
　［学校法人　千葉敬愛学園］
　〒284-0005　千葉県四街道市四街道1522
　TEL 043-422-0131

| 大正15年4月 | 関東中学校を設置 |
| --- | --- |
| 昭和6年4月 | 千葉関東商業学校を設置 |
| 昭和23年3月 | 千葉関東高等学校を設置 |
| 昭和33年7月 | 千葉敬愛高等学校と改称 |

## ◇千葉経済大学附属高等学校
　［学校法人　千葉経済学園］
　〒263-8585　千葉県千葉市稲毛区轟町4-3-30
　TEL 043-251-7221

| 昭和9年 | 千葉女子商業学校を佐久間惣治郎が創設 |
| --- | --- |
| 昭和23年 | 千葉女子経済高等学校と改称 |
| 昭和29年 | 千葉経済高等学校と改称 |
| 平成5年 | 千葉経済大学附属高等学校と改称 |

## ◇千葉県安房西高等学校
　［学校法人　安房家政学院］
　〒294-0045　千葉県館山市北条2311-3
　TEL 0470-22-0545

| 明治38年3月30日 | 安房女子裁縫伝習所を三幣貞子が創設 |
| --- | --- |
| 明治39年11月20日 | 私立安房女子校の設立認可を受ける |
| 昭和12年3月31日 | 千葉県安房高等家政女学校に改組 |
| 昭和19年3月31日 | 安房女子商業学校に改組 |
| 昭和23年3月31日 | 千葉県安房女子家政高等学校を設置 |
| 昭和31年4月1日 | 千葉県安房女子高等学校と改称 |
| 昭和56年4月1日 | 千葉県安房西高等学校と改称 |

## ◇千葉県立千葉工業高等学校
　〒260-0815　千葉県千葉市中央区今井町1478
　TEL 043-264-6251

| 昭和11年 | 市立千葉工業学校を設立 |
| --- | --- |
| 昭和14年4月1日 | 千葉県立千葉工業学校と改称 |
| 昭和23年4月1日 | 千葉県立千葉工業高等学校と改称 |

## ◇千葉県立千葉高等学校
　〒260-0853　千葉県千葉市中央区葛城1-5-2
　TEL 043-227-7434

| 明治11年8月 | 千葉中学校を創立 |
| --- | --- |
| 明治19年10月 | 千葉県尋常中学校と改称 |
| 明治32年4月 | 千葉県千葉中学校と改称 |
| 明治34年5月 | 千葉県立千葉中学校と改称 |
| 昭和23年4月 | 千葉県立千葉高等学校と改称 |
| 昭和25年4月 | 千葉県立千葉第一高等学校と改称 |
| 昭和36年4月 | 千葉県立千葉高等学校と改称 |

## ◇千葉国際高等学校
　［学校法人　千葉国際］
　〒299-1172　千葉県君津市三直1348-1
　TEL 0439-55-1200

| 平成4年 | 千葉国際高等学校が開校 |
| --- | --- |

## ◇千葉商科大学付属高等学校
　［学校法人　千葉学園］
　〒272-0835　千葉県市川市中国分2-10-1
　TEL 047-373-2111

| 昭和26年3月 | 千葉商科大学付属高等学校を設立 |
| --- | --- |

## ◇千葉県立千葉商業高等学校
　〒261-0014　千葉県千葉市中央区松波2-22-48
　TEL 043-251-6335

| 明治34年9月2日 | 千葉町立千葉商工補習学校を創設 |
| --- | --- |
| 大正7年4月1日 | 千葉町立千葉商業補習学校と改称 |

千葉県

| 大正10年1月1日 | 千葉市立千葉商業補習学校と改称 |
| 大正12年4月4日 | 千葉県千葉商業学校と改称 |
| 昭和19年4月1日 | 千葉市立航空工業学校と改称 |
| 昭和20年9月1日 | 千葉市立工業学校と改称 |
| 昭和23年3月31日 | 千葉市立商業高等学校と改称 |
| 昭和25年4月1日 | 千葉県立千葉商業高等学校と改称 |

◇千葉県立**千葉女子高等学校**
　〒263-0043　千葉県千葉市稲毛区小仲台5-10-1
　TEL 043-254-1188

| 明治33年4月1日 | 千葉県高等女学校を創設 |
| 明治34年5月10日 | 千葉県立千葉高等女学校と改称 |
| 昭和23年4月1日 | 千葉県立千葉女子高等学校と改称 |
| 昭和25年4月1日 | 千葉県立千葉第二高等学校と改称 |
| 昭和36年4月1日 | 千葉県立千葉女子高等学校と改称 |

◇**千葉聖心高等学校**
　［学校法人　増田学園］
　〒260-0006　千葉県千葉市中央区道場北1-17-6
　TEL 0472-25-4151

| 昭和22年 | 私立千葉洋裁学院を増田うめが創立 |
| 昭和26年 | 千葉洋裁専門学園と改称 |
| 昭和54年 | 千葉聖心高等学校を開校 |

◇千葉県立**千葉西高等学校**
　〒261-0012　千葉県千葉市美浜区磯辺3-30-3
　TEL 043-277-0115

| 昭和59年4月10日 | 千葉県立千葉西高等学校が開校 |

◇**千葉日本大学第一高等学校**
　［学校法人　日本大学第一学園］
　〒274-0063　千葉県船橋市習志野台8-34-1
　TEL 047-466-5155

| 大正2年2月 | 日本大学中学校を創立 |
| 昭和16年6月 | 日本大学第一中学校と改称 |
| 昭和25年1月 | 日本大学第一高等学校と改称 |
| 昭和45年4月 | 千葉日本大学第一高等学校を開校 |

◇千葉県立**千葉東高等学校**
　〒263-0021　千葉県千葉市稲毛区轟町1-18-52
　TEL 043-251-9221

| 昭和16年4月 | 千葉市立千葉高等女学校が開校 |
| 昭和23年4月1日 | 千葉市立女子高等学校と改称 |
| 昭和25年4月1日 | 千葉県立千葉第三高等学校と改称 |
| 昭和36年4月1日 | 千葉県立千葉東高等学校と改称 |

◇**千葉萌陽高等学校**
　［学校法人　井上学園］
　〒287-0003　千葉県香取市佐原イ3371
　TEL 04785-2-2959

| 明治34年 | 佐原淑徳高等学校として開校 |
| 平成13年4月 | 千葉萌陽高等学校と改称 |

◇千葉県立**千葉南高等学校**
　〒260-0803　千葉県千葉市中央区花輪町45-3
　TEL 043-264-1362

| 昭和47年4月14日 | 千葉県立千葉南高等学校が開校 |

◇**千葉未来高等学校**
　［学校法人　鴨川横尾学園］
　〒296-0001　千葉県鴨川市横渚815
　TEL 04-7092-0267

| 昭和4年 | 長狭実践女学校が開校 |
| 昭和18年 | 長狭女学校と改称 |
| 昭和23年 | 南総学園高等学校と改称 |
| 昭和26年 | 鴨川第一高等学校と改称 |
| 平成14年 | 千葉未来高等学校と改称 |

◇**千葉明徳高等学校**
　［学校法人　千葉明徳学園］
　〒260-8685　千葉県千葉市中央区南生実町1412
　TEL 043-265-1612

| 大正14年4月 | 千葉淑徳高等女学校が開校 |
| 昭和22年5月5日 | 千葉明徳高等学校と改称 |

◇**千葉黎明高等学校**
　［学校法人　千葉黎明学園］
　〒289-1115　千葉県八街市八街ほ625
　TEL 043-443-3221

| 大正12年 | 八街農林学園を創立 |
| 昭和24年 | 八街農林学園高等学校として設置許可を受ける |
| 昭和52年 | 八街学園高等学校と改称 |
| 平成7年 | 千葉黎明高等学校と改称 |

◇**中央学院高等学校**
　［学校法人　中央学院］
　〒270-1131　千葉県我孫子市都部字向山765
　TEL 04-7188-1101

| 明治33年 | 日本橋簡易商業夜学校を高楠順次郎らが設立 |
| 明治35年 | 中央商業学校が開校 |
| 昭和23年 | 中央高等学校を設置 |
| 昭和45年 | 中央学院高等学校と改称 |

◇千葉県立**銚子高等学校**
　〒288-0033　千葉県銚子市南小川町943
　TEL 0479-22-6906
〈千葉県立銚子第一高等学校〉

| 明治44年4月10日 | 海上郡立銚子実科高等女学校を創立 |
| 大正12年 | 千葉県立銚子高等女学校と改称 |
| 昭和23年 | 千葉県立銚子女子高等学校と改称 |
| 昭和25年 | 銚子商業高等学校と統合し千葉県立銚子高等学校と改称 |
| 昭和28年 | 千葉県立銚子第一高等学校と改称 |

〈千葉県立銚子第二高等学校〉

| 大正5年 | 町立銚子実科補習学校が開校 |
| 昭和15年 | 市立銚子実科高等女学校と改称 |
| 昭和17年 | 市立銚子高等女学校と改称 |
| 昭和23年 | 銚子市立銚子女子高等学校と改称 |
| 昭和24年 | 銚子市立第二高等学校と改称 |
| 昭和28年 | 千葉県立銚子第二高等学校と改称 |

〈統合〉

| 昭和29年 | 千葉県立銚子第一高等学校，千葉県立銚子第二高等学校が合併し千葉県立銚子高等学校と改称 |

◇千葉県立**銚子商業高等学校**
　〒288-0813　千葉県銚子市台町1781
　TEL 0479-22-5678

| 明治33年4月1日 | 千葉県銚子中学校が開校 |
| 明治34年5月17日 | 千葉県立銚子中学校と改称 |
| 明治39年3月20日 | 組合立銚子中学校を設置 |
| 明治42年4月28日 | 千葉県立銚子商業学校が開校 |
| 昭和19年4月1日 | 千葉県立銚子工業学校に併合 |
| 昭和21年4月1日 | 千葉県立銚子商業学校に復帰 |
| 昭和23年4月1日 | 千葉県立銚子商業高等学校と改称 |
| 昭和25年4月1日 | 千葉県立銚子女子高等学校と改称 |

| 昭和28年4月1日 | 千葉県立銚子商業高等学校として独立復帰 |

◇**千葉県立銚子水産高等学校**
〒288-0837 千葉県銚子市長塚町1-1-12
TEL 0479-22-1348
| 昭和18年4月15日 | 千葉県立銚子水産学校が開校 |
| 昭和23年4月1日 | 千葉県立銚子水産高等学校と改称 |

◇**千葉県立長生高等学校**
〒297-0029 千葉県茂原市高師286
TEL 0475-22-3378
| 明治21年 | 千葉県立長生中学校を創設 |
| 昭和23年 | 千葉県立長生高等学校と改称 |

◇**千葉県立津田沼高等学校**
〒275-0025 千葉県習志野市秋津5-9-1
TEL 047-451-1177
| 昭和53年4月15日 | 千葉県立津田沼高等学校が開校 |

◇**千葉県立鶴舞桜が丘高等学校**
〒290-0512 千葉県市原市鶴舞355
TEL 0436-88-3211
〈千葉県立鶴舞商業高等学校〉
| 明治34年 | 市原郡立市原実科高等女学校が開学 |
| 大正6年 | 市原郡立市原高等女学校と改称 |
| 大正12年 | 市原郡立市原高等女学校と改称 |
| 昭和25年 | 千葉県立市原第二高等学校鶴舞校舎と改称 |
| 昭和36年 | 千葉県立鶴舞高等学校と改称 |
| 昭和55年 | 千葉県立鶴舞商業高等学校と改称 |
〈千葉県立市原園芸高等学校〉
| 昭和21年 | 組合立市原農林学校として開校 |
| 昭和23年 | 千葉県立市原実業高等学校と改称 |
| 昭和55年 | 千葉県立市原園芸高等学校と改称 |
〈統合〉
| 平成17年 | 千葉県立鶴舞商業高等学校,千葉県立市原園芸高等学校が統合し千葉県立鶴舞桜が丘高等学校と改称 |

◇**東海大学付属浦安高等学校**
[学校法人 東海大学]
〒279-0042 千葉県浦安市東野3-11-1
TEL 047-351-2371
| 昭和32年4月 | 東海大学付属高等学校を開校 |
| 昭和50年4月 | 東海大学付属浦安高等学校と改称 |

◇**東海大学付属望洋高等学校**
[学校法人 東海大学]
〒290-0011 千葉県市原市能満1531
TEL 0436-74-4721
| 明治16年4月 | 女子独立学校が開校 |
| 明治43年4月 | 精華高等女学校と改称 |
| 昭和50年4月 | 東海精華女子高等学校と改称 |
| 昭和52年12月 | 東海大学精華女子高等学校と改称 |
| 昭和61年4月 | 東海大学付属望洋高等学校と改称 |

◇**千葉県立東金高等学校**
〒283-0802 千葉県東金市東金1410
TEL 0475-54-1581
| 明治41年4月30日 | 千葉県立東金高等女学校が開校 |
| 昭和23年4月1日 | 千葉県立東金高等学校と改称 |

◇**千葉県立東金商業高等学校**
〒283-0805 千葉県東金市松之郷久我台1641-1
TEL 0475-52-2265
〈東金実業学校〉
| 昭和2年 | 東金町立東金公民学校を設立 |
| 昭和10年 | 東金実業学校と改称 |
〈東金町立千葉県東金女子商業学校〉
| 昭和7年4月 | 農会立東金家政女学校を設立 |
| 昭和12年4月 | 千葉県東金高等家政女学校と改称 |
| 昭和19年4月 | 東金町立千葉県東金女子商業学校と改称 |
〈統合〉
| 昭和23年4月 | 東金町立千葉県東金女子商業学校,東金実業学校を統合し東金町立東金商業高等学校と改称 |
| 昭和24年 | 千葉県立東金商業高等学校と改称 |
| 昭和25年4月1日 | 千葉県立東金高等学校に合併される |
| 昭和28年4月1日 | 千葉県立東金商業高等学校として分離独立 |

◇**東京学館浦安高等学校**
[学校法人 鎌形学園]
〒279-0023 千葉県浦安市高洲1-23-1
TEL 047-353-8821
| 昭和56年3月 | 東京学館浦安高等学校を設立 |

◇**東京学館高等学校**
[学校法人 鎌形学園]
〒285-0902 千葉県印旛郡酒々井町伊篠21
TEL 043-496-3881
| 昭和54年2月21日 | 東京学館高等学校の設立許可を受ける |

◇**東京学館船橋高等学校**
[学校法人 鎌形学園]
〒274-0053 千葉県船橋市豊富町577
TEL 047-457-4611
| 昭和61年4月 | 東京学館総合技術高等学校を設立 |
| 平成18年4月 | 東京学館船橋高等学校と改称 |

◇**千葉県立東総工業高等学校**
〒289-2505 千葉県旭市鎌数川西5146
TEL 0479-62-2522
| 昭和38年4月 | 千葉県立東総工業高等学校が開校 |

◇**東邦大学付属東邦高等学校**
[学校法人 東邦大学]
〒275-8511 千葉県習志野市泉町2-1-37
TEL 047-472-8191
| 昭和31年 | 東邦大学付属高等学校を設置 |

◇**東葉高等学校**
[学校法人 船橋学園]
〒274-0822 千葉県船橋市飯山満町2-665-1
TEL 047-463-2111
| 大正14年4月 | 船橋実科高等学校が開校 |
| 昭和3年3月 | 船橋高等女学校として組織変更の認可を受ける |
| 昭和22年4月 | 船橋女子高等学校と改称 |
| 平成8年4月 | 東葉高等学校と改称 |

◇**時任学園中等教育学校**
[学校法人 時任学園]
〒270-1616 千葉県印旛郡印旛村岩戸3315

千葉県

　　　　TEL 0476-99-0314
　平成4年2月17日　　時任学園女子中学校を開校
　平成13年　　　　　時任学園女子中等教育学校と改称
　平成16年　　　　　時任学園中等教育学校と改称

◇千葉県立土気高等学校
　〒267-0061 千葉県千葉市緑区土気町1807
　　　　TEL 043-294-0014
　昭和58年　　　　　千葉県立土気高等学校が開校

◇千葉県立富里高等学校
　〒286-0221 千葉県富里市七栄181-1
　　　　TEL 0476-92-1441
　昭和61年4月　　　 千葉県立富里高等学校が開校

◇千葉県立長狭高等学校
　〒296-0001 千葉県鴨川市横渚100
　　　　TEL 0470-92-1225
　大正11年　　　　　鴨川町他10ヶ町村組合立長狭中学校を設立
　昭和3年4月1日　　 千葉県立長狭中学校と改称
　昭和23年4月1日　　千葉県立長狭高等学校と改称

◇中山学園高等学校
　［学校法人 中山学園］
　〒273-0005 千葉県船橋市本町3-34-10
　　　　TEL 047-422-4380
　昭和23年　　　　　船橋ドレスメーカー学院として開校
　平成16年4月　　　 中山学園高等学校が開校

◇千葉県立流山北高等学校
　〒270-0116 千葉県流山市中野久木7-1
　　　　TEL 04-7154-2100
　昭和60年4月1日　　千葉県立流山北高等学校が開校

◇千葉県立流山高等学校
　〒270-0114 千葉県流山市東初石2-98
　　　　TEL 04-7153-3161
　昭和42年　　　　　千葉県立東葛飾高等学校流山校舎を設置
　昭和44年　　　　　千葉県立流山高等学校と改称

◇千葉県立流山中央高等学校
　〒270-0122 千葉県流山市大畔275-5
　　　　TEL 04-7154-3551
　昭和51年4月　　　 千葉県立流山中央高等学校を創設

◇千葉県立流山東高等学校
　〒270-0145 千葉県流山市名都借140
　　　　TEL 04-7143-1610
　昭和54年4月13日　 千葉県立流山東高等学校が開校

◇千葉県立流山南高等学校
　〒270-0164 千葉県流山市流山9-800-1
　　　　TEL 04-7159-1231
　昭和58年4月7日　　千葉県立流山南高等学校が開校

◇千葉県立成田北高等学校
　〒286-0011 千葉県成田市玉造5-1
　　　　TEL 0476-27-3411
　昭和55年　　　　　千葉県立成田北高等学校を開校

◇成田高等学校
　［学校法人 成田山教育財団］
　〒286-0023 千葉県成田市成田27
　　　　TEL 0476-22-2131

　明治20年10月3日　 成田英漢義塾を成田山山主三池照鳳大僧正が創立
　明治31年10月7日　 私立成田中学校を設置
　明治41年2月21日　 私立成田山女学校を創立
　明治44年2月13日　 成田山女学校を閉校し
　　　　　　　　　　私立成田高等女学校として設置認可を受ける
　昭和23年3月31日　 成田中学校, 成田山女学校を統合し
　　　　　　　　　　成田高等学校の設置認可を受ける

◇千葉県立成田国際高等学校
　〒286-0036 千葉県成田市加良部3-16
　　　　TEL 0476-27-2610
　昭和50年4月15日　 千葉県立成田西高等学校が開校
　平成4年4月1日　　 千葉県立成田国際高等学校と改称

◇千葉県立成田西陵高等学校
　〒286-0846 千葉県成田市松崎20
　　　　TEL 0476-26-8111
　明治39年4月13日　 八生村立八生実業補習学校を創立
　大正3年4月1日　　 八生農学校と改称
　大正12年4月10日　 千葉県立八生農学校と改称
　昭和5年3月25日　　千葉県立印旛実業学校分校八生農学校と改称
　昭和23年4月1日　　千葉県立八生農業高等学校と改称
　昭和25年4月1日　　千葉県立佐倉第一高等学校八生校舎と改称
　昭和31年4月1日　　千葉県立成田農業高等学校と改称
　昭和50年4月1日　　千葉県立成田園芸高等学校と改称
　平成8年4月1日　　 千葉県立成田西陵高等学校と改称

◇千葉県立成東高等学校
　〒289-1326 千葉県山武市成東3596
　　　　TEL 0475-82-3171
　明治33年　　　　　千葉県佐倉中学校成東分校を設置
　明治34年4月13日　 千葉県成東中学校と改称
　明治34年5月17日　 千葉県立成東中学校と改称
　昭和23年4月1日　　千葉県立成東高等学校と改称

◇二松学舎大学附属沼南高等学校
　［学校法人 二松学舎］
　〒277-0902 千葉県柏市大井字中荻2590
　　　　TEL 04-7191-3179
　昭和44年　　　　　二松学舎大学附属沼南高等学校を開設

◇日本大学習志野高等学校
　［学校法人 日本大学］
　〒274-8504 千葉県船橋市習志野台8-35-1
　　　　TEL 047-469-5252
　昭和4年3月　　　　日本大学工業学校を設置
　昭和41年　　　　　日本大学工業高等学校として開校
　昭和49年　　　　　日本大学習志野高等学校と改称

◇千葉県立野田中央高等学校
　〒278-0046 千葉県野田市谷津713
　　　　TEL 04-7125-4108
〈千葉県立野田北高等学校〉
　昭和52年　　　　　千葉県立野田北高等学校を創立
〈千葉県立野田高等学校〉
　大正14年　　　　　千葉県野田町立野田高等女学校を創立
　昭和23年　　　　　千葉県立野田高等学校と改称
〈統合〉

|平成18年4月1日|千葉県立野田高等学校, 千葉県立野田北高等学校が統合し千葉県立野田中央高等学校と改称|

◇千葉県立**柏陵**高等学校
　〒277-0042　千葉県柏市逆井444-1
　TEL 04-7174-8551
|昭和53年4月15日|千葉県立柏陵高等学校が開校|

◇千葉県立**東葛飾**高等学校
　〒277-0852　千葉県柏市旭町3-2-1
　TEL 04-7143-4271
|大正13年4月10日|千葉県立東葛飾中学校を開校|
|昭和23年4月1日|千葉県立東葛飾高等学校と改称|

◇**日出学園**高等学校
　[学校法人　日出学園]
　〒272-0824　千葉県市川市菅野2-21-12
　TEL 047-324-0071
|昭和25年|日出学園高等学校が開校|

◇千葉県立**布佐**高等学校
　〒270-1104　千葉県我孫子市新々田172
　TEL 04-7189-4051
|昭和59年4月1日|千葉県立布佐高等学校が開校|

◇**不二女子**高等学校
　[学校法人　奥野木学園]
　〒272-0021　千葉県市川市八幡4-5-7
　TEL 047-333-6345
|昭和21年3月|不二洋裁学院を創立|
|昭和53年4月|不二女子高等学校が開校|

◇千葉県立**船橋旭**高等学校
　〒273-0866　千葉県船橋市夏見台5-6-1
　TEL 047-439-5120
|昭和51年4月1日|千葉県立船橋旭高等学校が開校|

◇千葉県立**船橋北**高等学校
　〒274-0056　千葉県船橋市神保町133-1
　TEL 04-7457-3115
|昭和60年|千葉県立船橋北高等学校が開校|

◇千葉県立**船橋**高等学校
　〒273-0002　千葉県船橋市東船橋6-1-1
　TEL 047-422-2188
|大正7年7月|東華学校が賀川宣勝により発足|
|大正9年10月|船橋中学院と改称|
|昭和15年4月|船橋市立船橋中学校と改称|
|昭和19年|千葉県立船橋中学校と改称|
|昭和23年4月|千葉県立船橋高等学校と改称|

◇千葉県立**船橋古和釜**高等学校
　〒274-0061　千葉県船橋市古和釜町586
　TEL 047-466-1141
|昭和55年|千葉県立船橋古和釜高等学校を設立|

◇千葉県立**船橋芝山**高等学校
　〒274-0816　千葉県船橋市芝山7-39-1
　TEL 047-463-5331
|昭和53年4月|千葉県立船橋芝山高等学校が開校|

◇千葉県立**船橋豊富**高等学校
　〒274-0053　千葉県船橋市豊富町656-8
　TEL 047-457-5200
|昭和58年4月7日|千葉県立船橋豊富高等学校が開校|

◇千葉県立**船橋西**高等学校
　〒273-0041　千葉県船橋市旭町333
　TEL 047-438-8428
|昭和50年4月|千葉県立船橋西高等学校が開校|

◇千葉県立**船橋東**高等学校
　〒274-0816　千葉県船橋市芝山2-13-1
　TEL 047-464-1212
|昭和47年4月1日|千葉県立船橋東高等学校を開校|

◇千葉県立**船橋二和**高等学校
　〒274-0806　千葉県船橋市二和西1-3-1
　TEL 047-447-4377
|昭和54年|千葉県立船橋二和高等学校を創設|

◇千葉県立**船橋法典**高等学校
　〒273-0047　千葉県船橋市藤原町4-1-1
　TEL 047-438-0721
|昭和56年|千葉県立船橋法典高等学校を創設|

◇千葉県立**幕張総合**高等学校
　〒261-0014　千葉県千葉市美浜区若葉3-1-6
　TEL 043-211-6311
|昭和55年4月17日|千葉県立幕張東高等学校, 千葉県立幕張西高等学校, 千葉県立幕張北高等学校が開校|
|平成8年4月1日|千葉県立幕張東高等学校, 千葉県立幕張西高等学校, 千葉県立幕張北高等学校を統合し千葉県立幕張総合高等学校を開校|

◇千葉県立**松尾**高等学校
　〒289-1527　千葉県山武市松尾町大堤546
　TEL 0479-86-4311
|明治42年|山武郡立松尾実業学校を設立|
|大正3年|山武郡立女子実業学校と改称|
|大正9年|山武郡立山武実科高等女学校と改称|
|大正13年|千葉県立山武実科高等女学校と改称|
|昭和10年|千葉県立松尾高等女学校と改称|
|昭和23年|千葉県立松尾高等学校と改称|

◇千葉県立**松戸秋山**高等学校
　〒270-2223　千葉県松戸市秋山682
　TEL 047-391-4361
|昭和58年4月7日|千葉県立松戸秋山高等学校が開校|

◇千葉県立**松戸**高等学校
　〒270-0025　千葉県松戸市中和倉590-1
　TEL 047-341-1288
|大正8年4月|千葉県東葛飾郡立松戸実科高等女学校が開校|
|大正10年4月|千葉県東葛飾郡立松戸高等女学校と改称|
|大正12年4月|千葉県立松戸高等女学校と改称|
|昭和23年3月|千葉県立松戸高等学校と改称|

◇千葉県立**松戸国際**高等学校
　〒270-2218　千葉県松戸市初富飛地3-1
　TEL 047-386-0563
|昭和48年4月|千葉県立松戸東高等学校が開校|
|平成6年4月|千葉県立松戸国際高等学校と改称|

◇千葉県立**松戸馬橋**高等学校
　〒271-0043　千葉県松戸市旭町1-7-1

千葉県

```
            TEL 047-345-3002
    昭和55年4月15日    千葉県立松戸馬橋高等学校が開校
```

◇**千葉県立松戸南高等学校**
　〒270-2221 千葉県松戸市紙敷1199
　TEL 047-391-2849
　昭和51年4月14日　　千葉県立松戸南高等学校が開校

◇**千葉県立松戸六実高等学校**
　〒270-2203 千葉県松戸市六高台5-150-1
　TEL 047-385-5791
　昭和53年4月13日　　千葉県立松戸六実高等学校が開校

◇**千葉県立松戸矢切高等学校**
　〒271-0095 千葉県松戸市中矢切54
　TEL 047-368-4741
　昭和54年4月13日　　千葉県立松戸矢切高等学校が開校

◇**千葉県立岬高等学校**
　〒299-4616 千葉県いすみ市岬町長者366
　TEL 0470-87-2411
　大正15年4月　　　組合立高等補習学校を創立
　昭和4年3月　　　長者実科学校と改称
　昭和23年4月　　　千葉県立長者農業高等学校と改称
　昭和25年4月　　　千葉県立大原高等学校長者校舎と改称
　昭和37年4月　　　千葉県立茂原高等学校の園芸科に変更
　昭和48年　　　　千葉県立岬高等学校と改称

◇**千葉県立実籾高等学校**
　〒275-0003 千葉県習志野市実籾本郷22-1
　TEL 047-479-1144
　昭和58年4月7日　　千葉県立実籾高等学校が開校

◇**明聖高等学校**
　［学校法人　花沢学園］
　〒260-0014 千葉県千葉市中央区本千葉町10-23
　TEL 043-204-8117
　平成12年10月　　　明聖高等学校が開校

◇**千葉県立茂原高等学校**
　〒297-0029 千葉県茂原市高師道下1300
　TEL 0475-22-4505
　明治35年4月　　　私立岩川静和女学校を設立
　大正8年4月　　　茂原静和女学校と改称
　昭和11年10月　　　千葉静和高等女学校と改称
　昭和14年4月　　　千葉県立長生高等女学校と改称
　昭和23年4月　　　千葉県立長生女子高等学校と改称
　昭和25年4月　　　千葉県立長生第二高等学校と改称
　昭和36年4月　　　千葉県立茂原高等学校と改称

◇**千葉県立茂原樟陽高等学校**
　〒297-0019 千葉県茂原市上林283
　TEL 0475-22-3315
　平成18年4月　　　千葉県立茂原工業高等学校, 千葉県立茂原農業高等学校が合併し千葉県立茂原樟陽高等学校が開校

◇**茂原北陵高等学校**
　［学校法人　長生学園］
　〒299-4122 千葉県茂原市吉井上128
　TEL 0475-34-3211
　明治32年　　　　長生裁縫女学校を永野たけが創設
　昭和12年　　　　千葉県長生家政女学校と改称
　昭和23年　　　　千葉県長生家政高等学校と改称
　昭和39年　　　　長生女子高等学校と改称
　昭和42年　　　　千葉県長南高等学校と改称
　平成6年　　　　茂原北陵高等学校と改称

◇**千葉県立薬園台高等学校**
　〒274-0077 千葉県船橋市薬円台5-34-1
　TEL 047-464-0011
　昭和38年4月1日　　千葉県立薬園台高等学校が開校

◇**千葉県立八街高等学校**
　〒289-1144 千葉県八街市八街ろ145-3
　TEL 043-444-1523
　昭和21年4月1日　　八街町立八街高等女学校を設立
　昭和24年4月1日　　八街町立八街高等学校に昇格
　昭和25年4月1日　　千葉県立佐倉第二高等学校八街校舎と改称
　昭和33年4月1日　　千葉県立八街高等学校を設置

◇**千葉県立八千代高等学校**
　〒276-0025 千葉県八千代市勝田台南1-1-1
　TEL 047-484-2551
　昭和27年　　　　千葉県立佐倉第二高等学校大和田分校が開校
　昭和36年　　　　千葉県立佐倉東高等学校大和田分校と改称
　昭和37年　　　　千葉県立佐倉東高等学校八千代校舎と改称
　昭和41年　　　　千葉県立八千代高等学校として独立

◇**八千代松陰高等学校**
　［学校法人　八千代松陰学園］
　〒276-0028 千葉県八千代市村上727
　TEL 047-482-1234
　昭和53年　　　　八千代松陰高等学校を山口久太が創立

◇**千葉県立八千代西高等学校**
　〒276-0047 千葉県八千代市吉橋2405-1
　TEL 047-450-2451
　昭和55年4月　　　千葉県立八千代西高等学校が開校

◇**千葉県立八千代東高等学校**
　〒276-0028 千葉県八千代市村上881-1
　TEL 047-482-1751
　昭和52年4月　　　千葉県立八千代東高等学校が開校

◇**横芝敬愛高等学校**
　［学校法人　長戸路学園］
　〒289-1733 千葉県山武郡横芝光町栗山4508
　TEL 0479-82-1239
　大正10年4月5日　　八日市場女学校の設立許可を受ける
　大正11年4月1日　　東敬愛実科女学校と改称
　大正14年4月1日　　八日市場敬愛高等女学校と改称
　昭和3年4月1日　　敬愛家政女学校の設置認可を受ける
　昭和21年1月21日　　敬愛女子専門学校の設置認可を受ける
　昭和23年3月5日　　千葉県敬愛高等学校と改称
　昭和25年3月　　　敬愛短期大学を設置
　昭和50年2月26日　　横芝敬愛高等学校の設置認可を受ける

◇**千葉県立四街道北高等学校**
　〒284-0027 千葉県四街道市栗山1055-4

TEL 043-422-1788
昭和60年4月1日　　千葉県立四街道北高等学校が開校

◇千葉県立四街道高等学校
　〒284-0003 千葉県四街道市鹿渡809-2
　TEL 043-422-6215
昭和26年4月1日　　千葉県立佐倉第二高等学校千代田分校を創立
昭和31年4月1日　　千葉県立佐倉第二高等学校四街道分校と改称
昭和36年4月1日　　千葉県立佐倉東高等学校四街道分校と改称
昭和41年4月1日　　千葉県立四街道高等学校が発足

◇流通経済大学付属柏高等学校
　［学校法人 日通学園］
　〒277-0872 千葉県柏市十余二1-20
　TEL 0471-31-5611
昭和60年4月　　流通経済大学付属柏高等学校が開校

◇麗澤高等学校
　［学校法人 廣池学園］
　〒277-8686 千葉県柏市光ケ丘2-1-1
　TEL 04-7173-3703
昭和10年2月2日　　道徳科学専攻塾を開塾
昭和17年4月15日　　東亜専門学校が開校
昭和18年9月22日　　道徳科学専攻塾を東亜専門学校に移行
昭和19年1月31日　　東亜外事専門学校と改称
昭和22年1月14日　　千葉外事専門学校と改称
昭和23年2月9日　　道徳科学専攻塾高等部が開校
昭和25年11月26日　　麗澤高等学校と改称

◇千葉県立若松高等学校
　〒264-0021 千葉県千葉市若葉区若松町429
　TEL 043-232-5171
昭和51年4月　　千葉県立若松高等学校が開校

◇わせがく高等学校
　［学校法人 早稲田学園］
　〒289-2231 千葉県香取郡多古町飯笹字向台252-2
　TEL 0479-70-7622
平成15年4月1日　　わせがく高等学校を設立

◇和洋国府台女子高等学校
　［学校法人 和洋学園］
　〒272-8533 千葉県市川市国府台2-3-1
　TEL 047-371-1120
明治30年2月　　和洋裁縫女学院を堀越千代が設立
明治34年9月　　和洋裁縫女学校と改称
昭和11年　　和洋女子学院と改称
昭和23年　　和洋国府台女子高等学校を設置
昭和25年　　和洋女子大学付属国府台女子高等学校と改称
平成4年　　和洋国府台女子高等学校と改称

# 東京都

## 【大学】

◇青山学院大学
　［学校法人 青山学院］
　〒150-8366 東京都渋谷区渋谷4-4-25
　TEL 03-3409-8111
明治7年　　女子小学校をドーラ・E.スクーンメーカーが創設
明治8年　　救世学校と改称
明治10年　　海岸女学校と改称
明治27年　　東京英和女学校と改称
明治28年　　青山女学院と改称
昭和2年8月　　青山学院高等女学部と改称
明治11年　　耕教学舎をジュリアス・ソーパーが創設
明治12年　　美曾神学校をロバート・S.マクレイが創設
明治14年　　東京英学校と改称
明治15年　　美曾神学校は東京英学校に合同される
明治16年　　東京英和学校と改称
明治27年　　青山学院と改称
昭和24年　　青山学院大学が開校

◇亜細亜大学
　［学校法人 亜細亜学園］
　〒180-8629 東京都武蔵野市境5-24-10
　TEL 0422-36-3241
昭和16年　　興亜専門学校を設立
昭和20年　　日本経済専門学校と改称
昭和25年　　日本経済短期大学(現:亜細亜大学短期大学部)に改組
昭和30年　　亜細亜大学を設置

◇上野学園大学
　［学校法人 上野学園］
　〒110-8642 東京都台東区東上野4-24-12
　TEL 03-3842-1021
昭和33年4月1日　　上野学園大学を設置

◇桜美林大学
　［学校法人 桜美林学園］
　〒194-0294 東京都町田市常盤町3758
　TEL 042-797-2661
昭和41年4月　　桜美林大学を開設

◇大妻女子大学
　［学校法人 大妻学院］
　〒102-8357 東京都千代田区三番町12
　TEL 03-5275-6021
昭和24年3月　　大妻女子大学を設置

◇お茶の水女子大学
　〒112-8610 東京都文京区大塚2-1-1
　TEL 03-5978-5106
明治8年11月29日　　東京女子師範学校が開校
明治18年8月26日　　東京師範学校と統合し東京師範学校女子部と改称
明治19年4月29日　　高等師範学校と改称

東京都

| 明治23年3月24日 | 女子高等師範学校を創設 |
| 明治41年4月1日 | 東京女子高等師範学校と改称 |
| 昭和24年5月31日 | 東京女子高等師範学校を統合し お茶の水女子大学を設置 |

◇嘉悦大学
　[学校法人 嘉悦学園]
　〒187-8578 東京都小平市花小金井南町2-8-4
　TEL 0424-66-3711
　平成13年　　　　嘉悦大学を開学

◇学習院女子大学
　[学校法人 学習院]
　〒162-8650 東京都新宿区戸山3-20-1
　TEL 03-3203-1906
　昭和25年4月　　学習院短期大学部を設置
　昭和28年6月　　学習院女子短期大学と改称
　平成10年4月　　学習院女子短期大学を改組し
　　　　　　　　　学習院女子大学を開設

◇学習院大学
　[学校法人 学習院]
　〒171-8588 東京都豊島区目白1-5-1
　TEL 03-3986-0221
　昭和24年4月　　学習院大学を開設

◇北里大学
　[学校法人 北里学園]
　〒108-8641 東京都港区白金5-9-1
　TEL 03-3444-6161
　昭和37年　　　　北里大学を設立

◇共立女子大学
　[学校法人 共立女子学園]
　〒101-8437 東京都千代田区一ツ橋2-2-1
　TEL 03-3237-2433
　明治19年3月　　共立女子職業学校を創立
　昭和3年10月　　共立女子専門学校を設置
　昭和24年4月　　共立女子大学を設置

◇共立薬科大学
　[学校法人 共立薬科大学]
　〒105-8512 東京都港区芝公園1-5-30
　TEL 03-3434-6241
　昭和5年11月　　共立女子薬学専門学校を設立
　昭和24年2月　　共立薬科大学として発足

◇杏林大学
　[学校法人 杏林学園]
　〒181-8611 東京都三鷹市新川6-20-2
　TEL 0422-47-5511
　昭和41年4月　　杏林学園短期大学を松田進勇が開設
　昭和45年4月　　杏林大学を開設

◇国立音楽大学
　[学校法人 国立音楽大学]
　〒190-8520 東京都国立市柏町5-5-1
　TEL 042-536-0321
　大正15年4月　　東京高等音楽学院を設立
　昭和22年7月　　国立音楽学校と改称
　昭和25年2月　　国立音楽大学が認可される

◇慶應義塾大学
　[学校法人 慶應義塾]
　〒108-8345 東京都港区三田2-15-45
　TEL 03-3453-4511
　安政5年10月　　一小家塾を福澤諭吉が開く
　慶応4年　　　　慶應義塾と命名
　明治23年1月　　慶應義塾大学部が発足
　昭和14年6月　　藤原工業大学(のち工学部)を開校
　昭和24年4月　　慶應義塾大学が発足

◇恵泉女学園大学
　[学校法人 恵泉女学園]
　〒206-0032 東京都多摩市南野2-10-1
　TEL 042-376-8211
　昭和4年3月　　　恵泉女学園を河井道が創設
　昭和9年4月　　　恵泉女学園高等部を開設
　昭和20年3月　　恵泉女子農芸専門学校を設置
　昭和22年3月　　恵泉女学園専門学校と改称
　昭和63年4月　　恵泉女学園大学が開学

◇工学院大学
　[学校法人 工学院大学]
　〒163-8677 東京都新宿区西新宿1-24-2
　TEL 03-3342-1211
　昭和24年　　　　工学院大学を設置

◇國學院大學
　[学校法人 國學院大學]
　〒150-8440 東京都渋谷区東4-10-28
　TEL 03-5466-0111
　明治23年　　　　國學院を設置
　明治39年　　　　私立國學院大學と改称
　大正8年　　　　　國學院大學と改称

◇国際基督教大学
　[学校法人 国際基督教大学]
　〒181-8585 東京都三鷹市大沢3-10-2
　TEL 0422-33-3016
　昭和24年6月15日　国際基督教大学を創立

◇国際仏教学大学院大学
　[学校法人 国際仏教学院]
　〒105-0001 東京都港区虎ノ門5-3-23
　TEL 03-3434-6953
　平成8年4月　　　国際仏教学大学院大学が開学

◇国士舘大学
　[学校法人 国士舘]
　〒154-8515 東京都世田谷区世田谷4-28-1
　TEL 03-5481-3111
　大正6年　　　　　私塾国士舘を柴田徳次郎が創立
　昭和39年　　　　国士舘大学を設置

◇駒澤女子大学
　[学校法人 駒澤学園]
　〒206-8511 東京都稲城市坂浜238
　TEL 042-331-1911
　昭和2年　　　　　駒澤高等女学校を設立
　平成5年　　　　　駒澤女子大学が開学

◇駒澤大学
　[学校法人 駒澤大学]
　〒154-8525 東京都世田谷区駒沢1-23-1
　TEL 03-3418-9111
　文禄元年　　　　吉祥寺会下学寮を曹洞宗が設立
　明暦3年　　　　　旃檀林と改称
　明治8年　　　　　曹洞宗専門学本校が開校
　明治9年　　　　　曹洞宗専門学本校,旃檀林が合併
　明治15年10月15日　曹洞宗大学林専門学本校が開校

| 明治23年 | 曹洞宗大学林と改称 |
| 明治38年 | 曹洞宗大学と改称 |
| 大正14年 | 駒澤大学と改称 |

◇産業技術大学院大学
〒140-0011 東京都品川区東大井1丁目10-40
TEL 03-3472-7831
| 平成18年4月 | 産業技術大学院大学が開学 |

◇実践女子大学
［学校法人 実践女子学園］
〒191-8510 東京都日野市大坂上4-1-1
TEL 042-585-8817
| 昭和24年 | 実践女子大学を設立 |

◇芝浦工業大学
［学校法人 芝浦工業大学］
〒108-8548 東京都港区芝浦3-9-14
TEL 03-3452-3201
| 昭和2年 | 東京高等工商学校を有元史郎が設立 |
| 昭和5年 | 東京高等工学校付属普通部を設置 |
| 昭和23年 | 芝浦高等学校を設置 |
| 昭和24年 | 芝浦工業大学を設置 |

◇首都大学東京
〒192-0397 東京都八王子市南大沢1-1
TEL 0426-77-1111
| 平成17年4月1日 | 首都大学東京が開学 |

◇順天堂大学
［学校法人 順天堂］
〒113-8421 東京都文京区本郷2-1-1
TEL 03-3813-3111
| 天保9年 | 和田塾を佐藤泰然が開学 |
| 明治6年 | 順天堂醫院を松本良順が開設 |
| 昭和18年 | 順天堂医学専門学校を開設 |
| 昭和21年 | 順天堂医科大学と改称 |
| 昭和26年 | 順天堂大学と改称 |

◇上智大学
［学校法人 上智学院］
〒102-8554 東京都千代田区紀尾井町7-1
TEL 03-3238-3131
| 大正2年 | 上智大学を設立 |

◇昭和女子大学
［学校法人 昭和女子大学］
〒154-8533 東京都世田谷区太子堂1-7-57
TEL 03-3411-5092
| 大正7年 | 文化懇談会を人見圓吉が創設 |
| 大正9年9月 | 日本女子高等学院を創設 |
| 昭和21年4月 | 日本女子専門学校を開設 |
| 昭和24年4月 | 昭和女子大学と改称 |

◇昭和大学
［学校法人 昭和大学］
〒142-8555 東京都品川区旗の台1-5-8
TEL 03-3784-8000
| 昭和3年 | 昭和医学専門学校を上條秀介が開校 |
| 昭和21年 | 昭和医科大学を設置 |
| 昭和39年 | 昭和大学と改称 |

◇昭和薬科大学
［学校法人 昭和薬科大学］
〒194-8543 東京都町田市東玉川学園3-3165
TEL 042-721-1511
| 昭和5年 | 昭和女子薬学専門学校を設立 |
| 昭和24年 | 昭和女子薬科大学を設立 |
| 昭和25年 | 昭和薬科大学と改称 |

◇女子栄養大学
［学校法人 香川栄養学園］
〒170-8481 東京都豊島区駒込3-24-3
TEL 049-283-2133
| 昭和8年 | 家庭食養研究会を香川昇三、香川綾が創設 |
| 昭和15年 | 女子栄養学園と改称 |
| 昭和25年 | 女子栄養短期大学を設置 |
| 昭和36年 | 女子栄養大学を設置 |

◇白梅学園大学
［学校法人 白梅学園］
〒187-8570 東京都小平市小川町1-830
TEL 042-342-2311
| 平成17年 | 白梅学園大学を設立 |

◇白百合女子大学
［学校法人 白百合学園］
〒182-8525 東京都調布市緑ケ丘1-25
TEL 03-3326-5050
| 昭和40年 | 白百合女子大学が開学 |

◇杉野服飾大学
［学校法人 杉野学園］
〒141-8652 東京都品川区上大崎4-6-19
TEL 03-3491-8151
| 大正15年 | ドレスメーカースクールを杉野芳子が創立 |
| 昭和39年 | 杉野学園女子大学を設置 |
| 昭和41年 | 杉野女子大学と改称 |
| 平成14年 | 杉野服飾大学と改称 |

◇成蹊大学
［学校法人 成蹊学園］
〒180-8633 東京都武蔵野市吉祥寺北町3-3-1
TEL 0422-37-3531
| 明治39年 | 学生塾を中村春二が設立 |
| 明治40年 | 成蹊園と命名 |
| 明治45年 | 成蹊実務学校を開設 |
| 大正3年 | 成蹊中学校を開設 |
| 大正6年 | 成蹊実業専門学校，成蹊女学校を開設 |
| 大正14年 | 成蹊高等学校を開設 |
| 昭和24年 | 成蹊大学を開設 |

◇政策研究大学院大学
〒106-8677 東京都港区六本木7-22-1
TEL 03-6439-6000
| 平成9年10月 | 政策研究大学院大学を創設 |

◇成城大学
［学校法人 成城学園］
〒157-8511 東京都世田谷区成城6-1-20
TEL 03-3482-2101
| 大正15年 | 成城高等学校を澤柳政太郎が創設 |
| 昭和2年 | 成城高等女学校を創設 |
| 昭和25年 | 成城大学を創設 |

◇聖心女子大学
［学校法人 聖心女子学院］

東京都

〒150-8938 東京都渋谷区広尾4丁目3-1
TEL 03-3407-5811
| 大正4年 | 聖心女子学院高等専門学校を設置 |
| 昭和19年 | 聖心女子学院専門学校と改称 |
| 昭和23年 | 聖心女子大学を設置 |

◇清泉女子大学
　[学校法人 清泉女子大学]
　〒141-8642 東京都品川区東五反田3-16-21
　TEL 03-3447-5551
| 昭和13年 | 清泉寮学院を創立 |
| 昭和25年 | 清泉女子大学を創立 |

◇聖母大学
　[学校法人 聖母学園]
　〒161-8550 東京都新宿区下落合4-16-11
　TEL 03-3950-0171
| 昭和23年4月 | 聖母厚生女子学院を創立 |
| 昭和25年4月 | 聖母女子短期大学が開学 |
| 平成16年4月 | 聖母大学を設置 |

◇聖路加看護大学
　[学校法人 聖路加看護学園]
　〒104-0044 東京都中央区明石町10-1
　TEL 03-3543-6391
| 大正9年 | 聖路加国際病院付属高等看護婦学校をルドルフ・B.トイスラーが設立 |
| 昭和2年 | 聖路加女子専門学校と改称 |
| 昭和21年 | 東京看護教育模範学院と改称 |
| 昭和29年 | 聖路加短期大学と改称 |
| 昭和39年 | 聖路加看護大学と改組 |

◇専修大学
　[学校法人 専修大学]
　〒101-8425 東京都千代田区神田神保町3-8-1
　TEL 03-3265-6821
| 明治13年9月 | 専修学校を相馬永胤、田尻稲次郎、目賀田種太郎、駒井重格が創立 |
| 大正2年7月 | 私立専修大学と改称 |
| 大正8年9月 | 専修大学と改称 |

◇創価大学
　[学校法人 創価大学]
　〒192-8577 東京都八王子市丹木町1-236
　TEL 0426-91-2211
| 昭和46年4月 | 創価大学を池田大作が創設 |

◇大正大学
　[学校法人 大正大学]
　〒170-8470 東京都豊島区西巣鴨3-20-1
　TEL 03-3918-7311
| 明治18年 | 天台宗大学を設立 |
| 明治20年 | 宗教大学(浄土宗),新義派大学林を設立 |
| 大正3年 | 私立大学智山勧学院(のち:智山専門学校)を設立 |
| 大正11年 | 仏教連合大学を各宗幹部の有志が設立 |
| 大正14年 | 天台宗大学,豊山大学(新義派大学林)を仏教連合大学に編入 |
| 大正15年 | 大正大学を設立 |
| 昭和18年 | 智山専門学校を合併 |

◇大東文化大学
　[学校法人 大東文化学園]
　〒175-8571 東京都板橋区高島平1-9-1
　TEL 03-5399-7333
| 大正12年9月20日 | 大東文化学院を設立 |
| 昭和19年3月 | 大東文化学院専門学校と改称 |
| 昭和24年4月 | 大東文化学院専門学校を廃止 |
| 昭和24年6月 | 東京文政大学を開学 |
| 昭和26年2月 | 文政大学と改称 |
| 昭和28年3月 | 大東文化大学と改称 |

◇高千穂大学
　[学校法人 高千穂学園]
　〒168-8508 東京都杉並区大宮2-19-1
　TEL 03-3313-0141
| 明治42年 | 高千穂中学校が開校 |
| 大正3年 | 高千穂高等商業学校が開校 |
| 昭和25年 | 高千穂商科大学を設置 |
| 平成13年 | 高千穂大学と改称 |

◇拓殖大学
　[学校法人 拓殖大学]
　〒112-8585 東京都文京区小日向3-4-14
　TEL 03-3947-7111
| 明治33年 | 台湾協会学校を設立 |
| 明治40年 | 東洋協会専門学校と改称 |
| 大正7年 | 拓殖大学と改称 |

◇玉川大学
　[学校法人 玉川学園]
　〒194-8610 東京都町田市玉川学園6-1-1
　TEL 042-739-8111
| 昭和4年 | 玉川学園を小原國芳が創立 |
| 昭和22年 | 玉川大学を設置 |

◇多摩大学
　[学校法人 田村学園]
　〒206-0022 東京都多摩市聖ケ丘4-1-1
　TEL 042-337-1111
| 平成元年4月 | 多摩大学を設置 |

◇多摩美術大学
　[学校法人 多摩美術大学]
　〒192-0394 東京都八王子市鑓水2-1723
　TEL 0426-76-8611
| 昭和10年 | 多摩帝国美術学校を創設 |
| 昭和22年 | 多摩造形芸術専門学校と改称 |
| 昭和28年 | 多摩美術大学を設置 |

◇中央大学
　[学校法人 中央大学]
　〒192-0393 東京都八王子市東中野742-1
　TEL 0426-74-2111
| 明治18年7月 | 英吉利法律学校を増島六一郎、高橋一勝、岡山兼吉、高橋健三、岡村輝彦、山田喜之助、菊池武夫、西川鉄次郎、江木衷、磯部醇、藤田隆三郎、土方寧、奥田義人、穂積陳重、合川正道、元田肇、渡辺安積、渋谷慥爾が創設 |
| 明治22年10月 | 東京法学院と改称 |
| 明治36年 | 東京法学院大学と改称 |
| 明治38年 | 中央大学と改称 |

## ◇津田塾大学
[学校法人 津田塾大学]
〒187-8577 東京都小平市津田町2-1-1
TEL 042-342-5111
| 明治33年 | 女子英学塾を津田梅子が開校 |
| --- | --- |
| 昭和8年 | 津田英学塾と改称 |
| 昭和18年 | 津田塾専門学校と改称 |
| 昭和23年 | 津田塾大学を設立 |

## ◇帝京大学
[学校法人 帝京大学]
〒173-8605 東京都板橋区加賀2-11-1
TEL 03-3964-1211
| 昭和41年 | 帝京大学を設立 |
| --- | --- |

## ◇電気通信大学
〒182-8585 東京都調布市調布ケ丘1-5-1
TEL 0424-83-2161
| 昭和17年4月1日 | 無線電信講習所を設置 |
| --- | --- |
| 昭和20年4月1日 | 中央無線電信講習所と改称 |
| 昭和24年5月31日 | 電気通信大学を設置 |

## ◇東京医科歯科大学
〒113-8510 東京都文京区湯島1-5-45
TEL 03-3813-6111
| 昭和3年10月12日 | 東京高等歯科医学校を設立 |
| --- | --- |
| 昭和19年4月 | 東京医学歯学専門学校と改称 |
| 昭和21年8月 | 東京医科歯科大学と改称 |

## ◇東京医科大学
[学校法人 東京医科大学]
〒160-8402 東京都新宿区新宿6-1-1
TEL 03-3351-6141
| 大正5年9月 | 東京医学講習所を開設 |
| --- | --- |
| 大正7年4月 | 東京医学専門学校を設立 |
| 昭和21年5月 | 東京医科大学を設立 |

## ◇東京医療保健大学
[学校法人 青葉学園]
〒154-8568 東京都世田谷区世田谷3-11-3
TEL 03-5799-3711
| 平成16年11月30日 | 東京医療保健大学を設置 |
| --- | --- |

## ◇東京音楽大学
[学校法人 東京音楽大学]
〒171-8540 東京都豊島区南池袋3-4-5
TEL 03-3982-3186
| 明治40年 | 東洋音楽学校を鈴木米次郎が創設 |
| --- | --- |
| 昭和38年 | 東洋音楽大学を設立 |
| 昭和44年 | 東京音楽大学と改称 |

## ◇東京外国語大学
〒183-8534 東京都府中市朝日町3-11-1
TEL 042-330-5111
| 明治6年11月4日 | 東京外国語学校を設置 |
| --- | --- |
| 明治17年3月26日 | 所属高等商業学校を設置 |
| 明治18年9月22日 | 東京商業学校と改称 |
| 明治20年 | 高等商業学校と改称 |
| 明治30年4月22日 | 高等商業学校附属外国語学校を設立 |
| 明治32年4月4日 | 東京外国語学校と改称 |
| 昭和19年4月26日 | 東京外事専門学校と改称 |
| 昭和24年5月31日 | 東京外国語大学と改称 |

## ◇東京海洋大学
〒108-8477 東京都港区港南4-5-7
TEL 03-5463-0400
〈東京商船大学〉
| 明治8年11月 | 私立三菱商船学校を設立 |
| --- | --- |
| 明治15年4月 | 東京商船学校と改称 |
| 大正14年4月 | 東京高等商船学校と改称 |
| 昭和20年4月 | 東京高等商船学校,神戸高等商船学校,清水高等商船学校を統合し高等商船学校を設立 |
| 昭和24年11月 | 商船大学を設置 |
| 昭和32年4月 | 東京商船大学と改称 |

〈東京水産大学〉
| 明治21年11月 | 大日本水産会水産伝習所を設立 |
| --- | --- |
| 明治30年3月 | 水産講習所を開設 |
| 昭和22年4月 | 第一水産講習所,第二水産講習所と改称 |
| 昭和24年5月 | 第一水産講習所を統合し東京水産大学を設置 |

〈統合〉
| 平成15年10月1日 | 東京商船大学,東京水産大学が統合し東京海洋大学を設置 |
| --- | --- |

## ◇東京学芸大学
〒184-8501 東京都小金井市貫井北町4-1-1
TEL 042-329-7111
| 昭和24年5月 | 東京府小学教則講習所,東京府立農業教員養成所などが統合され東京学芸大学を設立 |
| --- | --- |

## ◇東京家政学院大学
[学校法人 東京家政学院]
〒194-0292 東京都町田市相原町2600
TEL 042-782-9811
| 大正12年 | 家政研究所を大江スミが設置 |
| --- | --- |
| 大正14年 | 東京家政学院を設立 |
| 昭和2年 | 東京家政専門学校を設置 |
| 昭和38年 | 東京家政学院大学を設置 |

## ◇東京家政大学
[学校法人 渡辺学園]
〒173-8602 東京都板橋区加賀1-18-1
TEL 03-3961-5226
| 昭和24年 | 東京家政大学を設置 |
| --- | --- |

## ◇東京経済大学
[学校法人 東京経済大学]
〒185-8502 東京都国分寺市南町1-7-34
TEL 042-328-7711
| 明治33年 | 大倉商業学校を大倉喜八郎が創設 |
| --- | --- |
| 大正8年 | 大倉高等商業学校と改称 |
| 昭和19年 | 大倉経済専門学校と改称 |
| 昭和24年 | 東京経済大学と改称 |

## ◇東京芸術大学
〒110-8714 東京都台東区上野公園12-8
TEL 050-5525-2075
| 明治12年 | 音楽取調掛を設置 |
| --- | --- |
| 明治20年 | 東京音楽学校と改称 |
| 明治18年 | 図画取調掛を設置 |
| 明治20年 | 東京美術学校と設置 |
| 昭和24年 | 東京音楽学校,東京美術学校が合併し東京芸術大学と改称 |

東京都

◇東京工科大学
　［学校法人 片柳学園］
　〒192-0982 東京都八王子市片倉町1404-1
　TEL 0426-37-2111
　昭和61年　　　　東京工科大学が開学

◇東京工業大学
　〒152-8550 東京都目黒区大岡山2-12-1
　TEL 03-3726-1111
　明治14年5月26日　東京職工学校を設立
　明治23年3月24日　東京工業学校と改称
　明治34年5月10日　東京高等工業学校と改称
　昭和4年4月1日　　東京工業大学に昇格
　昭和24年5月31日　東京工業大学を設置

◇東京工芸大学
　［学校法人 東京工芸大学］
　〒164-8678 東京都中野区本町2-9-5
　TEL 03-3372-1321
　大正12年4月　　　小西写真専門学校を創立
　大正15年3月　　　東京写真専門学校と改称
　昭和19年4月　　　東京写真工業専門学校と改称
　昭和41年4月　　　東京写真大学を設立
　昭和52年4月　　　東京工芸大学と改称

◇東京慈恵会医科大学
　［学校法人 慈恵大学］
　〒105-8461 東京都港区西新橋3-25-8
　TEL 03-3433-1111
　明治14年5月1日　成医会講習所を高木兼寛が創立
　明治20年　　　　成医学校，東京慈恵院医学校と改称
　明治40年　　　　東京慈恵会医院医学専門学校と改称
　大正10年　　　　東京慈恵会医科大学に昇格

◇東京純心女子大学
　［学校法人 東京純心女子学園］
　〒192-0011 東京都八王子市滝山町2-600
　TEL 0426-92-0326
　平成8年　　　　　東京純心女子大学を開学

◇東京女学館大学
　［学校法人 東京女学館］
　〒194-0004 東京都町田市鶴間1105
　TEL 042-796-1145
　明治21年　　　　東京女学館を設立
　平成14年　　　　東京女学館大学が開学

◇東京女子医科大学
　［学校法人 東京女子医科大学］
　〒162-8666 東京都新宿区河田町8-1
　TEL 03-3353-8111
　明治45年　　　　東京女子医学専門学校を吉岡彌生が設立
　昭和27年　　　　東京女子医科大学を開設

◇東京女子体育大学
　［学校法人 藤村学園］
　〒186-8668 東京都国立市富士見台4-30-1
　TEL 042-572-4131
　昭和37年　　　　東京女子体育大学が開学

◇東京女子大学
　［学校法人 東京女子大学］
　〒167-8585 東京都杉並区善福寺2-6-1
　TEL 03-5382-6340
　大正7年　　　　　東京女子大学を開学

◇東京神学大学
　［学校法人 東京神学大学］
　〒181-0015 東京都三鷹市大沢3-10-30
　TEL 0422-32-4185
　昭和18年5月19日　日本東部神学校，日本西部神学校，日本女子神学校が開校
　昭和19年4月1日　日本東部神学校，日本西部神学校が合併し
　　　　　　　　　日本基督教神学専門学校と改称
　昭和19年4月1日　日本女子神学校を
　　　　　　　　　日本基督教女子神学専門学校と改称
　昭和24年3月25日　東京神学大学を設置

◇東京聖栄大学
　［学校法人 オリムピア学園］
　〒124-8530 東京都葛飾区西新小岩1-4-6
　TEL 03-3692-0211
　平成17年4月　　　東京聖栄大学が開学

◇東京造形大学
　［学校法人 桑沢学園］
　〒192-0992 東京都八王子市宇津貫町1556
　TEL 0426-37-8111
　昭和29年4月　　　桑沢デザイン研究所を桑澤洋子が設立
　昭和41年4月　　　東京造形大学が開学

◇東京大学
　〒113-8654 東京都文京区本郷7-3-1
　TEL 03-3812-2111
　明治10年　　　　東京開成学校，東京医学校が併合し
　　　　　　　　　東京大学を創設
　明治19年　　　　帝国大学と改称
　明治23年　　　　東京農林学校を合併
　明治30年　　　　東京帝国大学と改称
　昭和22年10月　　第一高等学校，東京高等学校を統合し
　　　　　　　　　東京大学と改称

◇東京電機大学
　［学校法人 東京電機大学］
　〒101-8457 東京都千代田区神田錦町2-2
　TEL 03-5280-3555
　明治40年　　　　電機学校を扇本真吉、広田精一が創立
　昭和24年　　　　東京電機大学を開設

◇東京都立科学技術大学
　〒192-0397 東京都八王子市南大沢1-1
　TEL 0426-77-1111
　昭和29年4月　　　東京都立工業短期大学が開学
　昭和35年4月　　　東京都立航空工業短期大学が開学
　昭和47年4月　　　東京都立工業短期大学，東京都立航空工業短期大学を統合し
　　　　　　　　　東京都立工科短期大学が開学
　昭和61年4月　　　東京都立科学技術大学と改称

◇東京都立大学
　〒192-0397 東京都八王子市南大沢1-1
　TEL 0426-77-1111

| | | | | |
|---|---|---|---|---|
| 昭和24年 | 東京都立大学が開校 | | 昭和22年 | 東邦女子医学薬学専門学校と改称 |
| | | | 昭和24年 | 東邦薬科大学を設置 |

◇東京都立保健科学大学
　　〒192-0397　東京都八王子市南大沢1-1
　　TEL 0426-77-1111
　昭和61年4月　　　東京都立医療技術短期大学が開学
　平成10年4月　　　東京都立保健科学大学が開学

◇東京農業大学
　　［学校法人　東京農業大学］
　　〒156-8502　東京都世田谷区桜丘1-1-1
　　TEL 03-5477-2207
　明治24年　　　　育英黌農業科を榎本武揚が創立
　明治26年　　　　東京農学校を設立
　大正14年　　　　東京農業大学を設立

◇東京農工大学
　　〒183-8538　東京都府中市晴見町3-8-1
　　TEL 042-367-5506
　昭和24年　　　　東京農工大学を設置

◇東京富士大学
　　［学校法人　東京富士大学］
　　〒161-8556　東京都新宿区下落合1-7-7
　　TEL 03-3362-7297
　平成13年　　　　東京富士大学を設置

◇東京薬科大学
　　［学校法人　東京薬科大学］
　　〒192-0392　東京都八王子市堀之内1432-1
　　TEL 0426-76-5111
　明治13年　　　　東京薬舗学校を藤田正方が創立
　明治16年　　　　東京薬学校と改称
　明治19年　　　　薬学講習所を創立
　明治21年　　　　東京薬学校, 薬学講習所を統合し
　　　　　　　　　私立薬学校を設立
　大正6年　　　　東京薬学専門学校を設立
　昭和4年　　　　上野女子薬学校を設立
　昭和6年　　　　上野女子薬学校を
　　　　　　　　　東京薬学専門学校女子部と改称
　昭和24年　　　　東京薬学専門学校, 東京薬学専門
　　　　　　　　　学校女子部を併せ
　　　　　　　　　東京薬科大学を設立

◇東京理科大学
　　［学校法人　東京理科大学］
　　〒162-8601　東京都新宿区神楽坂1-3
　　TEL 03-3260-4271
　明治14年　　　　東京物理学講習所を創設
　明治16年9月　　東京物理学校と改称
　昭和24年4月　　東京理科大学と改称

◇桐朋学園大学
　　［学校法人　桐朋学園］
　　〒182-8510　東京都調布市若葉町1-41-1
　　TEL 03-3307-4101
　昭和36年　　　　桐朋学園大学を設立

◇東邦大学
　　［学校法人　東邦大学］
　　〒143-8540　東京都大田区大森西5-21-16
　　TEL 03-3762-4151
　〈東邦薬科大学〉
　大正14年　　　　帝国女子医学専門学校を額田豊、
　　　　　　　　　額田晋が創設
　昭和5年　　　　帝国女子医学薬学専門学校と改称

　昭和22年　　　　東邦女子医学薬学専門学校と改称
　昭和24年　　　　東邦薬科大学を設置
　〈東邦理科大学〉
　昭和8年　　　　帝国女子高等理学校を設置
　昭和16年　　　　帝国女子理学専門学校を設置
　昭和22年　　　　東邦女子理学専門学校と改称
　昭和25年　　　　東邦大学（のち:東邦理科大学）を
　　　　　　　　　設置
　〈東邦医科大学〉
　昭和22年　　　　東邦医科大学を設置
　〈統合〉
　昭和25年　　　　東邦医科大学, 東邦薬科大学, 東邦
　　　　　　　　　理科大学を学則改正により総称
　　　　　　　　　し
　　　　　　　　　東邦大学と改称

◇東洋大学
　　［学校法人　東洋大学］
　　〒112-8606　東京都文京区白山5-28-20
　　TEL 03-3945-7224
　明治20年　　　　私立哲学館を井上円了が創設
　明治36年　　　　私立哲学館大学と改称
　明治39年　　　　私立東洋大学と改称
　昭和3年　　　　東洋大学を設置

◇二松学舎大学
　　［学校法人　二松学舎］
　　〒102-8336　東京都千代田区三番町6-16
　　TEL 03-3261-7407
　明治10年　　　　二松学舎を三島中洲が設立
　昭和3年　　　　二松学舎専門学校を設置
　昭和24年　　　　二松学舎大学に移行

◇日本医科大学
　　［学校法人　日本医科大学］
　　〒113-8602　東京都文京区千駄木1-1-5
　　TEL 03-3822-2131
　明治9年4月　　　済生学舎を長谷川泰が設立
　明治36年8月　　済生学舎を廃校
　明治37年4月　　私立日本医学校を設立
　明治45年7月　　私立日本医学専門学校と改称
　大正8年8月　　日本医学専門学校と改称
　大正15年2月　　日本医科大学に昇格

◇日本歯科大学
　　［学校法人　日本歯科大学］
　　〒102-8159　東京都千代田区富士見1丁目9-20
　　TEL 03-3261-8311
　明治40年6月　　私立共立歯科医学校を中原市五郎
　　　　　　　　　が創立
　明治42年6月　　私立日本歯科医学校と改称
　昭和22年6月　　日本歯科大学と改称

◇日本社会事業大学
　　［学校法人　日本社会事業大学］
　　〒204-8555　東京都清瀬市竹丘3-1-30
　　TEL 0424-96-3000
　昭和21年11月　　日本社会事業学校を創立
　昭和25年3月　　日本社会事業短期大学を設置
　昭和33年4月　　日本社会事業大学に改組開学

◇日本獣医生命科学大学
　　［学校法人　日本医科大学］
　　〒180-8602　東京都武蔵野市境南町1-7-1
　　TEL 0422-31-4151

東京都

| 昭和24年2月25日 | 日本獣医畜産大学を設立 |
| 平成18年 | 日本獣医生命科学大学と改称 |

◇日本女子体育大学
　［学校法人　二階堂学園］
　〒157-8565　東京都世田谷区北烏山8-19-1
　TEL 03-3300-2258
　大正11年4月　　二階堂体操塾を二階堂トクヨが開塾
　大正15年3月　　日本女子体育専門学校を設立
　昭和25年3月　　日本女子体育短期大学と改称
　昭和40年4月　　日本女子体育大学を開学
　平成10年12月　　日本女子体育短期大学を吸収

◇日本女子大学
　［学校法人　日本女子大学］
　〒112-8681　東京都文京区目白台2-8-1
　TEL 03-3943-3131
　明治34年4月20日　日本女子大学校が開校
　昭和22年　　　日本女子大学附属高等学校が開校
　昭和23年　　　日本女子大学が発足

◇日本赤十字看護大学
　［学校法人　日本赤十字学園］
　〒150-0012　東京都渋谷区広尾4-1-3
　TEL 03-3409-0875
　昭和61年4月1日　日本赤十字看護大学を設立
　平成17年4月1日　日本赤十字武蔵野短期大学を統合

◇日本体育大学
　［学校法人　日本体育会］
　〒158-8508　東京都世田谷区深沢7-1-1
　TEL 03-5706-0900
　明治24年8月11日　体育会を日高藤吉郎が創立
　明治25年6月　　日本体育会と改称
　明治26年3月3日　日本体育会体操練習所を設立
　明治33年　　　日本体育会体操学校と改称
　昭和16年　　　日本体育専門学校を設立
　昭和24年　　　日本体育大学を設立

◇日本大学
　［学校法人　日本大学］
　〒102-8275　東京都千代田区九段南4-8-24
　TEL 03-5275-8110
　明治22年10月　日本法律学校を山田顕義が設立
　明治36年8月　　日本大学と改称
　大正10年4月　　東洋歯科医学専門学校を合併
　大正14年3月　　日本大学専門学校（現：近畿大学）を設置
　昭和26年11月　東京獣医畜産大学を吸収合併
　昭和46年2月　　日本大学松戸歯科大学を設置
　昭和50年10月　日本大学松戸歯科大学（現：松戸歯学部）を廃止

◇日本文化大学
　［学校法人　柏樹式胤学園］
　〒192-0986　東京都八王子市片倉町977
　TEL 0426-36-5211
　昭和53年　　　日本文化大学が開学

◇一橋大学
　〒186-8601　東京都国立市中2-1
　TEL 042-580-8000
　明治8年8月　　商業講習所を森有礼が私設
　明治35年　　　東京商業学校と改称

| 大正9年 | 東京商科大学と発展 |
| 昭和24年 | 一橋大学と改称 |

◇文化女子大学
　［学校法人　文化学園］
　〒151-8521　東京都渋谷区代々木3-22-1
　TEL 03-3299-2310
　大正8年　　　並木婦人子供服裁縫教授所を並木伊三郎が開設
　大正11年　　　文化裁縫学院が開校
　大正12年　　　文化裁縫女学校として発足
　昭和11年　　　文化服装学院と改称
　昭和39年　　　文化女子大学を開学

◇文京学院大学
　［学校法人　文京学園］
　〒113-8668　東京都文京区向丘1-19-1
　TEL 03-3814-1661
　平成3年4月　　文京女子大学が開学
　平成14年4月　　文京学院大学と改称

◇法政大学
　［学校法人　法政大学］
　〒102-8160　東京都千代田区富士見2-17-1
　TEL 03-3264-9260
　明治13年　　　東京法学社を金丸鉄、伊藤修らが設立
　明治14年　　　東京法学校と改称
　明治19年　　　東京仏学校を仏学会（日仏協会の前身）が設立
　明治22年　　　東京法学校，東京仏学校とが合併し和仏法律学校と改称
　明治36年　　　法政大学と改称

◇星薬科大学
　［学校法人　星薬科大学］
　〒142-8501　東京都品川区荏原2-4-41
　TEL 03-3786-1011
　大正10年　　　星薬業講習会を星一が開講
　大正11年　　　星製薬商業学校が開校
　昭和16年　　　星薬学専門学校を設立
　昭和25年　　　星薬科大学を設立

◇武蔵工業大学
　［学校法人　五島育英会］
　〒158-8557　東京都世田谷区玉堤1-28-1
　TEL 03-3703-3111
　昭和4年9月12日　武蔵高等工科学校を設置
　昭和16年12月8日　武蔵高等工業学校と改称
　昭和19年3月31日　武蔵工業専門学校と改称
　昭和24年2月21日　武蔵工業大学を設置

◇武蔵大学
　［学校法人　根津育英会］
　〒176-8534　東京都練馬区豊玉上1-26-1
　TEL 03-5984-3713
　昭和24年　　　武蔵大学が開学

◇武蔵野音楽大学
　［学校法人　武蔵野音楽学園］
　〒176-8521　東京都練馬区羽沢1-13-1
　TEL 03-3992-1121
　昭和4年　　　武蔵野音楽学校を福井直秋が設立
　昭和24年　　　武蔵野音楽大学と改称

## ◇武蔵野大学
[学校法人 武蔵野女子学院]
〒202-8585 東京都西東京市新町1-1-20
TEL 0424-68-3111

| 昭和40年 | 武蔵野女子大学を設置 |
| --- | --- |
| 平成15年 | 武蔵野大学と改称 |

## ◇武蔵野美術大学
[学校法人 武蔵野美術大学]
〒187-8505 東京都小平市小川町1-736
TEL 042-342-6021

| 昭和4年 | 帝国美術学校が開校 |
| --- | --- |
| 昭和22年 | 造型美術学園と改称 |
| 昭和23年 | 武蔵野美術学校と改称 |
| 昭和37年 | 武蔵野美術大学を設置 |

## ◇明治学院大学
[学校法人 明治学院]
〒108-8636 東京都港区白金台1-2-37
TEL 03-5421-5111

| 文久3年 | ヘボン塾をJ.C.ヘボン夫妻が開設 |
| --- | --- |
| 明治10年9月 | 東京一致神学校をアメリカ長老教会、アメリカ・オランダ改革教会、スコットランド一致長老教会が設立 |
| 明治19年6月 | 東京一致神学校、東京一致英和校、英和予備校を統合し明治学院と改称 |
| 昭和24年4月 | 明治学院大学を設置 |

## ◇明治大学
[学校法人 明治大学]
〒101-8301 東京都千代田区神田駿河台1-1-1
TEL 03-3296-4545

| 明治14年1月 | 明治法律学校を開校 |
| --- | --- |
| 明治36年8月 | 明治大学と改称 |

## ◇明治薬科大学
[学校法人 明治薬科大学]
〒204-8588 東京都清瀬市野塩2-522-1
TEL 0424-95-8611

| 明治35年4月 | 東京薬学専門学校を恩田重信が設立 |
| --- | --- |
| 明治37年4月 | 神田薬学校と改称 |
| 明治39年3月 | 明治薬学校と改称 |
| 大正12年2月 | 明治薬学専門学校を設立 |
| 昭和24年2月 | 明治薬科大学と改称 |

## ◇明星大学
[学校法人 明星学苑]
〒191-8506 東京都日野市程久保2-1-1
TEL 042-591-5111

| 昭和39年 | 明星大学を創設 |
| --- | --- |

## ◇目白大学
[学校法人 目白学園]
〒161-8539 東京都新宿区中落合4-31-1
TEL 03-5996-3121

| 平成6年 | 目白大学を設置 |
| --- | --- |

## ◇立教大学
[学校法人 立教学院]
〒171-0021 東京都豊島区西池袋3-34-1
TEL 03-3985-2253

| 明治7年 | 私塾をウィリアムズ主教が開校 |
| --- | --- |
| 明治23年 | 立教学校と改称 |
| 明治40年 | 立教大学として発足 |

## ◇立正大学
[学校法人 立正大学学園]
〒141-8602 東京都品川区大崎4-2-16
TEL 03-3492-5262

| 天正8年 | 飯高檀林を創立 |
| --- | --- |
| 明治5年 | 日蓮宗宗教院を設立 |
| 明治37年 | 日蓮宗大学林を設置 |
| 明治40年 | 日蓮宗大学と改称 |
| 大正13年 | 立正大学を設立 |

## ◇ルーテル学院大学
[学校法人 ルーテル学院]
〒181-0015 東京都三鷹市大沢3-10-20
TEL 0422-31-4611

| 明治42年 | 路帖神学校が開校 |
| --- | --- |
| 大正10年 | 九州学院神学部専門学校として認可される |
| 大正14年 | 日本ルーテル神学専門学校と改称 |
| 昭和18年 | 日本基督教団，日本東部神学校と改称 |
| 昭和25年 | 日本ルーテル神学校として再開 |
| 昭和39年 | 日本ルーテル神学大学を設置 |
| 平成8年 | ルーテル学院大学と改称 |

## ◇和光大学
[学校法人 和光学園]
〒195-8555 東京都町田市金井町2160
TEL 044-988-1431

| 昭和41年 | 和光大学が開学 |
| --- | --- |

## ◇早稲田大学
[学校法人 早稲田大学]
〒169-0051 東京都新宿区西早稲田1-6-1
TEL 03-3203-4141

| 明治15年 | 東京専門学校を創設 |
| --- | --- |
| 明治35年 | 早稲田大学と改称 |

## 【短大】

## ◇愛国学園短期大学
[学校法人 愛国学園]
〒133-8585 東京都江戸川区西小岩5-7-1
TEL 03-3658-4114

| 昭和37年2月 | 愛国学園女子短期大学を設立 |
| --- | --- |
| 昭和40年 | 愛国学園短期大学と改称 |

## ◇青山学院女子短期大学
[学校法人 青山学院]
〒150-8366 東京都渋谷区渋谷4-4-25
TEL 03-3409-8111

| 昭和25年 | 青山学院女子短期大学が開校 |
| --- | --- |

## ◇亜細亜大学短期大学部
[学校法人 亜細亜学園]
〒180-8629 東京都武蔵野市境5-24-10
TEL 0422-36-3241

| 昭和16年 | 興亜専門学校を設立 |
| --- | --- |
| 昭和20年 | 日本経済専門学校と改称 |
| 昭和25年 | 日本経済短期大学に改組 |
| 平成5年 | 亜細亜大学短期大学部と改称 |

## ◇跡見学園女子大学短期大学部
[学校法人 跡見学園]

東京都

〒112-8687 東京都文京区大塚1-5-2
TEL 03-3941-5483
昭和25年　　　　跡見学園短期大学を設立
平成7年　　　　跡見学園女子大学短期大学部と改称

◇上野学園大学短期大学部
　［学校法人 上野学園］
　〒110-8642 東京都台東区東上野4-24-12
　TEL 03-3842-1021
　昭和27年4月1日　上野学園短期大学を設置
　昭和60年4月1日　上野学園大学短期大学部と改称

◇桜美林大学短期大学部
　［学校法人 桜美林学園］
　〒194-0294 東京都町田市常盤町3758
　TEL 042-797-2661
　昭和25年4月　　桜美林短期大学を設立
　平成14年4月　　桜美林大学短期大学部と改称

◇大妻女子大学短期大学部
　［学校法人 大妻学院］
　〒102-8357 東京都千代田区三番町12
　TEL 03-5275-6021
　昭和25年3月　　大妻女子大学短期大学部を設置

◇嘉悦大学短期大学部
　［学校法人 嘉悦学園］
　〒187-8578 東京都小平市花小金井南町2-8-4
　TEL 0424-66-3711
　明治36年　　　　私立女子商業学校を嘉悦孝が創立
　大正8年　　　　日本女子商業学校と改称
　昭和4年　　　　日本女子高等商業学校を設置
　昭和19年　　　　日本女子経済専門学校と改称
　昭和25年　　　　日本女子経済短期大学を設置
　昭和57年　　　　嘉悦女子短期大学と改称
　平成13年　　　　嘉悦大学短期大学部と改称

◇川村短期大学
　［学校法人 川村学園］
　〒171-0031 東京都豊島区目白2-22-3
　TEL 03-3984-8321
　昭和27年　　　　川村短期大学を開設

◇共立女子短期大学
　［学校法人 共立女子学園］
　〒101-8437 東京都千代田区一ツ橋2-2-1
　TEL 03-3237-2433
　昭和25年4月　　共立女子短期大学部を設置
　昭和48年4月　　共立女子短期大学と改称

◇攻玉社工科短期大学
　［学校法人 攻玉社学園］
　〒141-0031 東京都品川区西五反田5-14-2
　TEL 03-3493-5671
　文久3年　　　　攻玉社を近藤真琴が開塾
　明治2年　　　　攻玉塾と改称
　明治13年　　　　陸地測量習練所を開設
　明治17年　　　　量地黌と改称
　明治21年　　　　土木科と改称
　明治34年　　　　攻玉社工学校と改称
　昭和25年　　　　攻玉社短期大学を開設
　平成2年　　　　攻玉社工科短期大学と改称

◇国際短期大学
　［学校法人 国際学園］
　〒165-0022 東京都中野区江古田4-15-1
　TEL 03-3385-2225
　昭和8年　　　　中野高等無線電信学校を高木章が創設
　昭和21年　　　　国際外国語学校を設立
　昭和25年　　　　国際短期大学を国際外国語学校を母体として設立

◇駒澤女子短期大学
　［学校法人 駒澤学園］
　〒206-8511 東京都稲城市坂浜238
　TEL 042-331-1911
　昭和40年　　　　駒澤女子短期大学を設置

◇駒澤短期大学
　［学校法人 駒澤大学］
　〒154-8525 東京都世田谷区駒沢1-23-1
　TEL 03-3418-9111
　昭和25年　　　　駒澤短期大学を設置

◇実践女子短期大学
　［学校法人 実践女子学園］
　〒191-0016 東京都日野市神明1-13-1
　TEL 042-584-5000
　昭和25年　　　　実践女子学園短期大学を設立
　昭和43年　　　　実践女子短期大学と改称

◇自由が丘産能短期大学
　［学校法人 産業能率大学］
　〒158-8630 東京都世田谷区等々力6-39-15
　TEL 03-3704-1111
　昭和25年　　　　産業能率短期大学を開設
　平成元年　　　　産能短期大学と改称
　平成18年　　　　自由が丘産能短期大学と改称

◇淑徳短期大学
　［学校法人 大乗淑徳学園］
　〒174-8631 東京都板橋区前野町5-3-7
　TEL 03-3966-7631
　昭和21年　　　　淑徳女子農芸専門学校として創立
　昭和25年　　　　淑徳短期大学に改組

◇昭和女子大学短期大学部
　［学校法人 昭和女子大学］
　〒154-8533 東京都世田谷区太子堂1-7-57
　TEL 03-3411-5092
　昭和25年4月　　昭和女子大学短期大学部を開学

◇女子栄養大学短期大学部
　［学校法人 香川栄養学園］
　〒170-8481 東京都豊島区駒込3-24-3
　TEL 03-3576-2643
　昭和25年　　　　女子栄養短期大学を設置
　平成12年　　　　女子栄養大学短期大学部と改称

◇女子美術大学短期大学部
　［学校法人 女子美術大学］
　〒166-8538 東京都杉並区和田1-49-8
　TEL 03-5340-4500
　昭和25年3月　　女子美術大学短期大学部を開設
　昭和37年4月　　女子美術短期大学と改称
　平成13年4月　　女子美術大学短期大学部と改称

◇白梅学園短期大学
　［学校法人 白梅学園］
　〒187-8570 東京都小平市小川町1-830

東京都

TEL 042-342-2311
昭和17年　　　　　東京家庭学園を小松謙助が発足
昭和28年　　　　　白梅保母学園として発足
昭和30年　　　　　白梅学園保育科と改称
昭和32年　　　　　白梅学園短期大学と改称

◇杉野服飾大学短期大学部
　［学校法人　杉野学園］
　〒141-8652 東京都品川区上大崎4-6-19
　TEL 03-3491-8151
大正15年　　　　　ドレスメーカースクールを杉野芳子が創立
昭和25年　　　　　杉野学園女子短期大学を開学
昭和41年　　　　　杉野女子大学短期大学部と改称
平成14年　　　　　杉野服飾大学短期大学部と改称

◇成城大学短期大学部
　［学校法人　成城学園］
　〒157-8511 東京都世田谷区成城6-1-20
　TEL 03-3482-2101
昭和53年　　　　　成城短期大学と改称
平成6年　　　　　成城大学短期大学部と改称

◇聖徳栄養短期大学
　［学校法人　オリムピア学園］
　〒124-8530 東京都葛飾区西新小岩1-4-6
　TEL 03-3692-0211
昭和38年4月　　　聖徳栄養短期大学が開学

◇星美学園短期大学
　［学校法人　星美学園］
　〒115-8524 東京都北区赤羽台4-2-14
　TEL 03-3906-0056
昭和35年　　　　　星美学園短期大学を設置

◇創価女子短期大学
　［学校法人　創価大学］
　〒192-8577 東京都八王子市丹木町1-236
　TEL 0426-91-2201
昭和60年4月　　　創価女子短期大学が開学

◇鶴川女子短期大学
　［学校法人　明泉学園］
　〒195-0054 東京都町田市三輪町字13-1135
　TEL 044-988-1128
昭和43年4月　　　鶴川女子短期大学を設置

◇帝京大学短期大学
　［学校法人　帝京大学］
　〒192-0395 東京都八王子市大塚359
　TEL 0426-76-8211
昭和19年　　　　　帝京女子工業商業学校を設立
昭和37年　　　　　帝京短期大学と改称
昭和40年　　　　　帝京女子短期大学と改称
平成10年　　　　　帝京大学短期大学と改称

◇帝京短期大学
　［学校法人　冲永学園］
　〒151-0071 東京都渋谷区本町6-31-1
　TEL 03-3376-4321
昭和37年4月　　　帝京短期大学が開学

◇戸板女子短期大学
　［学校法人　戸板学園］
　〒105-0014 東京都港区芝2-21-17
　TEL 03-3452-4161

明治35年2月　　　戸板裁縫学校を戸板関子が設立
昭和22年2月　　　戸板女子専門学校に昇格
昭和25年4月　　　戸板女子短期大学が発足

◇東海大学短期大学部
　［学校法人　東海大学］
　〒108-8619 東京都港区高輪2-3-23
　TEL 03-3441-1171
昭和27年4月　　　東海大学短期大学部を設立

◇東京家政大学短期大学部
　［学校法人　渡辺学園］
　〒173-8602 東京都板橋区加賀1-18-1
　TEL 03-3961-5226
昭和25年　　　　　東京家政大学短期大学部を設置

◇東京交通短期大学
　［学校法人　豊昭学園］
　〒170-0011 東京都豊島区池袋本町2-10-1
　TEL 03-3971-4704
昭和27年4月　　　東京交通短期大学を創設

◇東京女子体育短期大学
　［学校法人　藤村学園］
　〒186-8668 東京都国立市富士見台4-30-1
　TEL 042-572-4131
明治35年5月　　　私立東京女子体操学校を設立
明治35年11月　　 私立東京女子体操音楽学校と改称
昭和19年4月　　　東京女子体育専門学校と改称
昭和25年4月　　　東京女子体育短期大学と改称

◇東京成徳短期大学
　［学校法人　東京成徳学園］
　〒114-0033 東京都北区十条台1-7-13
　TEL 03-3908-4530
昭和40年　　　　　東京成徳短期大学を開学

◇東京田中短期大学
　［学校法人　田中千代学園］
　〒195-0054 東京都町田市三輪町704
　TEL 044-988-5111
昭和7年　　　　　皐会を田中千代を中心に創立
昭和12年　　　　　田中千代服装学園を創立
昭和47年　　　　　田中千代学園短期大学を開学
平成12年　　　　　東京服飾造形短期大学と改称
平成16年　　　　　東京田中短期大学と改称

◇東京農業大学短期大学部
　［学校法人　東京農業大学］
　〒156-8502 東京都世田谷区桜丘1-1-1
　TEL 03-5477-2207
昭和25年　　　　　東京農業大学短期大学を設置
平成2年　　　　　東京農業大学短期大学部と改称

◇東京富士大学短期大学部
　［学校法人　東京富士大学］
　〒161-8556 東京都新宿区下落合1-7-7
　TEL 03-3362-7297
昭和18年　　　　　東亜学院を高田勇道が創立
昭和19年　　　　　大東亜学院と改称
昭和20年　　　　　大東学院と改称
昭和21年　　　　　大世学院と改称
昭和26年　　　　　富士短期大学を設置
平成14年　　　　　東京富士大学短期大学部と改称

東京都

◇東京文化短期大学
　［学校法人　東京文化学園］
　〒164-8638　東京都中野区本町6-38-1
　TEL 03-3381-0197
　昭和2年　　　　　女子文化高等学院を創立
　昭和3年　　　　　女子経済専門学校と改称
　昭和6年　　　　　女子経済専門学校付属高等女学校
　　　　　　　　　　を設立
　昭和19年　　　　 東京女子経済専門学校と改称
　昭和25年　　　　 東京文化短期大学を設置

◇東京立正短期大学
　［学校法人　堀之内学園］
　〒166-0013　東京都杉並区堀ノ内2-41-15
　TEL 03-3313-5101
　昭和41年　　　　 東京立正女子短期大学を設立
　平成17年4月　　　東京立正短期大学と改称

◇東邦音楽短期大学
　［学校法人　三室戸学園］
　〒112-0012　東京都文京区大塚4-46-9
　TEL 03-3946-9667
　昭和26年4月　　　東邦音楽短期大学を開学

◇桐朋学園芸術短期大学
　［学校法人　桐朋学園］
　〒182-8510　東京都調布市若葉町1-41-1
　TEL 03-3300-2111
　昭和30年　　　　 桐朋学園短期大学を設置
　昭和36年　　　　 桐朋学園大学に改組
　昭和39年　　　　 桐朋学園大学短期大学部を設立
　平成16年　　　　 桐朋学園芸術短期大学と改称

◇東横学園女子短期大学
　［学校法人　五島育英会］
　〒158-8586　東京都世田谷区等々力8-9-18
　TEL 03-3702-0111
　昭和31年3月1日　 東横学園女子短期大学を設置

◇日本歯科大学東京短期大学
　［学校法人　日本歯科大学］
　〒102-0071　東京都千代田区富士見2-3-16
　TEL 03-3265-8815
　平成17年4月　　　日本歯科大学東京短期大学を開学

◇日本赤十字武蔵野短期大学
　［学校法人　日本赤十字学園］
　〒180-8618　東京都武蔵野市境南町1-26-33
　TEL 0422-31-0116
　昭和41年4月1日　 日本赤十字武蔵野女子短期大学を
　　　　　　　　　　設立
　平成9年4月1日　　日本赤十字武蔵野短期大学と改称

◇日本体育大学女子短期大学部
　［学校法人　日本体育会］
　〒158-8508　東京都世田谷区深沢7-1-1
　TEL 03-5706-0900
　昭和28年　　　　 日本体育大学女子短期大学を設立
　平成17年　　　　 日本体育大学女子短期大学部と改
　　　　　　　　　　称

◇日本大学短期大学部
　［学校法人　日本大学］
　〒102-8275　東京都千代田区九段南4-8-24
　TEL 03-5275-8110
　昭和25年3月　　　日本大学短期大学部を設置

◇文化女子大学短期大学部
　［学校法人　文化学園］
　〒151-8521　東京都渋谷区代々木3-22-1
　TEL 03-3299-2310
　昭和25年　　　　 文化女子短期大学を開学
　昭和39年　　　　 文化女子大学短期大学部と改称

◇文京学院短期大学
　［学校法人　文京学園］
　〒113-8668　東京都文京区向丘1-19-1
　TEL 03-3814-1661
　昭和39年4月1日　 文京女子大学が開学
　平成16年　　　　 文京学院短期大学と改称

◇宝仙学園短期大学
　［学校法人　宝仙学園］
　〒164-8631　東京都中野区中央2-33-26
　TEL 03-3365-0233
　昭和26年　　　　 宝仙学園短期大学が開学

◇武蔵野女子大学短期大学部
　［学校法人　武蔵野女子学院］
　〒202-8585　東京都西東京市新町1-1-20
　TEL 0424-68-3111
　昭和25年　　　　 武蔵野女子短期大学を設置
　昭和40年　　　　 武蔵野女子大学短期大学部と改称

◇目白大学短期大学部
　［学校法人　目白学園］
　〒161-8539　東京都新宿区中落合4-31-1
　TEL 03-5996-3121
　昭和38年　　　　 目白学園女子短期大学を設置
　平成12年　　　　 目白大学短期大学部と改称

◇ヤマザキ動物看護短期大学
　［学校法人　ヤマザキ学園］
　〒192-0364　東京都八王子市南大沢4-7-2
　TEL 0426-53-0901
　平成16年4月　　　ヤマザキ動物看護短期大学が開学

◇山野美容芸術短期大学
　［学校法人　山野学苑］
　〒192-0396　東京都八王子市鑓水530
　TEL 0426-77-0111
　平成4年4月　　　 山野美容芸術短期大学が開学

◇山脇学園短期大学
　［学校法人　山脇学園］
　〒107-0052　東京都港区赤坂4-10-36
　TEL 03-3585-3911
　昭和25年　　　　 山脇学園短期大学が開校

◇立教女学院短期大学
　［学校法人　立教女学院］
　〒168-8626　東京都杉並区久我山4-29-23
　TEL 03-3334-5104
　昭和42年　　　　 立教女学院短期大学を設置

【高専】

◇サレジオ工業高等専門学校
　〒194-0215　東京都町田市小山ヶ丘4-6-8
　TEL 042-775-3020
　昭和10年　　　　 東京育英工芸学校を開校
　昭和15年　　　　 帝都育英学院と改称
　昭和17年　　　　 帝都育英工業学校と改称

| 昭和23年 | 帝都育英工業高等学校と改称 |
| 昭和35年 | 育英工業高等学校（のち廃校）と改称 |
| 昭和38年 | 育英高等専門学校を開校 |
| 昭和42年 | 育英工業高等専門学校と改称 |
| 平成17年4月 | サレジオ工業高等専門学校と改称 |

◇東京工業高等専門学校
〒193-0997 東京都八王子市椚田町1220-2
TEL 042-668-5111

| 昭和40年4月 | 東京工業高等専門学校を設置 |

◇東京都立産業技術高等専門学校
〒140-0011 東京都品川区東大井1-10-40
TEL 03-3471-6331

| 昭和37年 | 東京都立工業高等専門学校，東京都立航空工業高等専門学校を設置 |
| 平成18年4月 | 東京都立工業高等専門学校，東京都立航空工業高等専門学校を再編し東京都立産業技術高等専門学校を設置 |

## 【高校】

◇愛国高等学校
［学校法人 愛国学園］
〒133-8585 東京都江戸川区西小岩5-7-1
TEL 03-3658-4111

| 昭和13年7月 | 織田教育財団を織田小三郎、織田淑子が創立 |
| 昭和13年12月 | 愛国女子商業学校を設立 |
| 昭和23年4月 | 愛国高等学校を設立 |

◇東京都立青井高等学校
〒120-0012 東京都足立区青井1-7-35
TEL 03-3848-2781

| 昭和51年 | 東京都立青井高等学校を設置 |

◇青山学院高等部
［学校法人 青山学院］
〒150-8366 東京都渋谷区渋谷4-4-25
TEL 03-3409-8111

| 昭和25年 | 青山学院高等部が開校 |

◇東京都立青山高等学校
〒150-0001 東京都渋谷区神宮前2-1-8
TEL 03-3404-7801

〈東京都立第十五中学校〉
| 昭和15年1月18日 | 東京府立第十五中学校が開校 |
| 昭和18年7月1日 | 東京都立第十五中学校と改称 |
〈東京都立多摩中学校〉
| 昭和17年2月6日 | 東京市立多摩中学校が開校 |
| 昭和18年7月1日 | 東京都立多摩中学校と改称 |
〈統合〉
| 昭和21年3月30日 | 東京都立多摩中学校，東京都立第十五中学校を統合し東京都立青山中学校と改称 |
| 昭和23年4月1日 | 東京都立青山高等学校と改称 |

◇東京都立赤坂高等学校
〒107-0062 東京都港区南青山2-33-77
TEL 03-3402-6621

| 昭和8年3月31日 | 東京市赤坂商業学校を設立許可 |
| 昭和18年7月1日 | 東京都立赤坂商業学校と改称 |
| 昭和19年3月31日 | 東京都立赤坂女子商業学校と改称 |
| 昭和23年4月1日 | 東京都立赤坂女子新制高等学校と改称 |
| 昭和25年1月28日 | 東京都立赤坂高等学校と改称 |

◇東京都立赤羽商業高等学校
〒115-0056 東京都北区西が丘3-14-20
TEL 03-3900-0251

| 昭和25年4月1日 | 東京都立城北高等学校赤羽分校を創設 |
| 昭和34年3月31日 | 東京都立城北高等学校赤羽分校を廃止 |
| 昭和34年4月1日 | 東京都立赤羽高等学校と改称 |
| 昭和38年4月1日 | 東京都立赤羽商業高等学校と改称 |

◇東京都立秋留台高等学校
〒197-0812 東京都あきる野市平沢153-4
TEL 042-559-6821

| 昭和52年4月 | 東京都立秋留台高等学校が開校 |

◇東京都立浅草高等学校
〒111-0024 東京都台東区今戸1-8-13
TEL 03-3874-3182

| 平成18年4月 | 東京都立浅草高等学校が開校 |

◇麻布高等学校
［学校法人 麻布学園］
〒106-0046 東京都港区元麻布2-3-29
TEL 03-3446-6541

| 明治28年 | 麻布尋常中学校を創立（創立者：江原素六） |
| 明治33年 | 麻布中学校と改称 |
| 大正13年 | 麻布中等夜学校を設立 |
| 昭和23年 | 麻布高等学校に改組 |

◇東京都立飛鳥高等学校
〒114-8561 東京都北区王子6-8-8
TEL 03-3913-5071

| 平成8年4月 | 東京都立飛鳥高等学校が開校 |

◇足立学園高等学校
［学校法人 足立学園］
〒120-0026 東京都足立区千住旭町40-24
TEL 03-3888-5331

| 昭和4年 | 南足立中学校，南足立商業学校を堀内亮一が創立 |
| 昭和23年 | 足立高等学校を設置 |
| 平成5年 | 足立学園高等学校と改称 |

◇東京都立足立工業高等学校
〒123-0841 東京都足立区西新井4-30-1
TEL 03-3899-1196

| 昭和37年12月1日 | 東京都立足立工業高等学校を設置 |

◇東京都立足立高等学校
〒120-0011 東京都足立区中央本町1-3-9
TEL 03-3889-2204

| 明治44年4月 | 千住町実業補習学校が発足 |
| 大正12年7月 | 千住町女子実業補習学校と改称 |
| 昭和10年9月 | 東京市足立区千住女子実業補習学校と改称 |
| 昭和10年9月 | 東京市足立実科女学校と改称 |
| 昭和17年4月 | 東京市足立高等家政女学校と改称 |
| 昭和18年7月 | 東京都立足立高等家政女学校と改称 |

東京都

| 昭和21年4月 | 東京都立足立高等女学校と改称 |
| 昭和25年1月 | 東京都立足立高等学校と改称 |

◇東京都立足立新田高等学校
〒123-0865 東京都足立区新田2-10-16
TEL 03-3914-4211
| 昭和54年4月 | 東京都立足立新田高等学校が開校 |

◇東京都立足立西高等学校
〒123-0872 東京都足立区江北5-7-1
TEL 03-3898-7020
| 昭和48年12月7日 | 東京都立足立高等学校上沼田分校を設立 |
| 昭和49年4月1日 | 東京都立足立西高等学校と改称し独立 |

◇東京都立足立東高等学校
〒120-0001 東京都足立区大谷田2-3-5
TEL 03-3620-5991
| 昭和50年11月1日 | 東京都立足立東高等学校を開校 |

◇跡見学園高等学校
［学校法人 跡見学園］
〒112-8629 東京都文京区大塚1-5-9
TEL 03-3941-8167
| 明治8年 | 跡見学校を跡見花蹊が創立 |
| 昭和19年 | 跡見高等女学校と改称 |
| 昭和23年 | 跡見学園高等学校を設置 |

◇安部学院高等学校
［学校法人 安部学院］
〒114-0005 東京都北区栄町35-4
TEL 03-3913-2323
| 昭和15年4月 | 滝野川第一商業女学校として発足 |
| 昭和19年4月 | 滝野川女子商業学校と改称 |
| 昭和23年4月 | 滝野川女子商業高等学校を設立 |
| 昭和25年9月 | 安部学院高等学校と改称 |

◇東京都立荒川工業高等学校
〒116-0003 東京都荒川区南千住6-42-1
TEL 03-3802-1178
| 昭和23年 | 東京都立上野高等学校三河島分室を創立 |
| 昭和25年 | 東京都立上野高等学校荒川分校と改称 |
| 昭和35年 | 東京都立上野高等学校荒川分校が廃止され東京都立荒川高等学校を創立 |
| 昭和38年 | 東京都立荒川工業高等学校と改称 |

◇東京都立荒川商業高等学校
〒120-8528 東京都足立区小台2-1-31
TEL 03-3912-9251
| 大正7年 | 東京市立第一商業補習学校を開校 |
| 大正10年 | 東京市立第五実業学校と改称 |
| 昭和10年 | 東京市立荒川商業学校と改称 |
| 昭和18年 | 東京都立荒川商業学校と改称 |
| 昭和19年 | 東京都立荒川女子商業学校と改称 |
| 昭和23年 | 東京都立荒川商業新制高等学校と改称 |
| 昭和25年 | 東京都立荒川商業高等学校と改称 |

◇東京都立井草高等学校
〒177-0044 東京都練馬区上石神井2-2-43
TEL 03-3920-0319
| 昭和16年4月5日 | 東京府立第十八高等女学校が開校 |
| 昭和17年1月31日 | 東京府立井草高等女学校と改称 |
| 昭和18年7月1日 | 東京都立井草高等女学校と改称 |
| 昭和23年3月31日 | 東京都立井草新制高等学校を設置 |
| 昭和25年1月28日 | 東京都立井草高等学校と改称 |

◇郁文館グローバル高等学校
［学校法人 郁文館学園］
〒113-0023 東京都文京区向丘2-19-1
TEL 03-3828-2206
| 明治22年11月13日 | 私立郁文館を棚橋一郎が設立 |
| 大正3年12月15日 | 私立郁文館中学校と改称 |
| 大正7年4月1日 | 郁文館商業学校が開校 |
| 昭和29年4月4日 | 郁文館商業高等学校が復活 |
| 平成5年4月1日 | 郁文館国際高等学校と改称 |
| 平成18年4月 | 郁文館グローバル高等学校と改称 |

◇郁文館高等学校
［学校法人 郁文館学園］
〒113-0023 東京都文京区向丘2-19-1
TEL 03-3828-2206
| 明治22年11月13日 | 私立郁文館を棚橋一郎が設立 |
| 大正3年12月15日 | 私立郁文館中学校と改称 |
| 大正7年4月1日 | 郁文館商業学校が開校 |
| 昭和22年4月1日 | 郁文館高等学校と改称 |

◇東京都立板橋高等学校
〒173-0035 東京都板橋区大谷口1-54-1
TEL 03-3973-3150
〈東京都立板橋高等女学校〉
| 大正12年4月 | 板橋町板橋尋常高等小学校補習科を設置 |
| 大正13年5月6日 | 東京府北豊島郡板橋町立女子実業補習学校を設立 |
| 大正15年3月15日 | 東京府北豊島郡板橋町立商工補習学校と改称 |
| 昭和3年4月 | 東京府北豊島郡板橋町立板橋実科高等女学校が開校 |
| 昭和5年3月20日 | 女子商工補習学校を統合 |
| 昭和7年10月1日 | 東京市立板橋実科高等女学校と改称 |
| 昭和13年3月26日 | 東京市立板橋実科高等女学校を廃止 |
| 昭和18年7月1日 | 東京都立板橋高等家政女学校と改称 |
| 昭和21年3月30日 | 東京都立板橋高等家政女学校を廃し東京都立板橋高等女学校と改称 |
〈板橋青年学校〉
| 昭和10年10月1日 | 男子商工補習学校を前身として板橋青年学校を設置 |
〈統合〉
| 昭和23年4月1日 | 東京都立板橋高等女学校，板橋青年学校を廃し東京都立板橋新制高等学校と改称 |
| 昭和25年1月26日 | 東京都立板橋高等学校と改称 |

◇東京都立市ヶ谷商業高等学校
〒162-0805 東京都新宿区矢来町6
TEL 03-3260-9151
| 昭和9年 | 東京市牛込第一女子商業学校を創立 |
| 昭和18年 | 東京都立牛込女子商業高等学校と改称 |

| 昭和23年 | 東京都立市ヶ谷女子新制商業高等学校と改称 |
| --- | --- |
| 昭和33年 | 東京都立市ヶ谷商業高等学校と改称 |

◇**東京都立五日市高等学校**
〒190-0164 東京都あきる野市五日市894
TEL 042-596-0176

| 昭和23年4月1日 | 東京都立五日市新制高等学校の設置公布 |
| --- | --- |
| 昭和25年1月26日 | 東京都立五日市高等学校と改称 |

◇**岩倉高等学校**
［学校法人 明昭学園］
〒110-0005 東京都台東区上野7-8-8
TEL 03-3841-3086

| 明治30年6月5日 | 私立鉄道学校が開校 |
| --- | --- |
| 明治36年 | 岩倉鉄道学校と改称 |
| 昭和7年 | 泰東商業学校を創立 |
| 昭和23年 | 岩倉鉄道学校，泰東商業学校を統合し岩倉高等学校と改称 |

◇**上野学園高等学校**
［学校法人 上野学園］
〒110-8642 東京都台東区東上野4-24-12
TEL 03-3842-1021

| 明治37年11月21日 | 上野女学校を石橋蔵五郎が創立 |
| --- | --- |
| 明治43年9月26日 | 上野高等女学校が認可される |
| 昭和23年4月1日 | 上野学園高等学校を設置 |

◇**東京都立上野高等学校**
〒110-8717 東京都台東区上野公園10-14
TEL 03-3821-3706

| 大正13年4月14日 | 第二東京市立中学校を設立 |
| --- | --- |
| 昭和18年7月1日 | 東京都立上野中学校と改称 |
| 昭和23年4月1日 | 東京都立上野新制高等学校と改称 |
| 昭和25年1月28日 | 東京都立上野高等学校と改称 |

◇**穎明館高等学校**
［学校法人 堀越学園］
〒193-0944 東京都八王子市館町2600
TEL 0426-64-6000

| 大正12年4月 | 堀越高等女学校として創立 |
| --- | --- |
| 昭和23年3月 | 堀越高等学校と改称 |
| 昭和60年4月 | 穎明館高等学校が開校 |

◇**東京都立江戸川高等学校**
〒132-0031 東京都江戸川区松島2-38-1
TEL 03-3651-0297

| 昭和15年4月 | 東京府立第十六中学校が開校 |
| --- | --- |
| 昭和16年4月1日 | 東京府立江戸川中学校と改称 |
| 昭和18年7月1日 | 東京都立江戸川中学校と改称 |
| 昭和23年4月1日 | 東京都立江戸川新制高等学校を開校 |
| 昭和25年1月26日 | 東京都立江戸川高等学校と改称 |

◇**江戸川女子高等学校**
［学校法人 江戸川学園］
〒133-8552 東京都江戸川区東小岩5-22-1
TEL 03-3659-1241

| 昭和6年 | 城東高等家政女学校を松岡キンが開校 |
| --- | --- |
| 昭和7年 | 江戸川高等家政女学校（のち廃校）と改称 |
| 昭和19年 | 江戸川女子商業学校を設立 |
| 昭和21年 | 江戸川高等女学校と改称 |
| 昭和23年 | 江戸川女子高等学校を創立 |

◇**桜蔭高等学校**
［学校法人 桜蔭学園］
〒113-0033 東京都文京区本郷1-5-25
TEL 03-3811-0147

| 大正13年3月 | 桜蔭女学校の設立許可を受ける |
| --- | --- |
| 昭和5年3月 | 桜蔭高等女学校を設立 |
| 昭和26年1月 | 桜蔭高等学校を設立 |

◇**桜華女学院高等学校**
［学校法人 日本体育会］
〒189-0024 東京都東村山市富士見町2-5-1
TEL 0423-91-4133

| 昭和33年 | 日体桜華女子高等学校を創立 |
| --- | --- |
| 平成6年 | 桜華女学院高等学校と改称 |

◇**東京都立王子工業高等学校**
〒114-0023 東京都北区滝野川3-54-7
TEL 03-3917-9264

| 昭和16年 | 東京市立王子工業学校を設立 |
| --- | --- |
| 昭和18年 | 東京都立王子工業学校と改称 |
| 昭和23年 | 東京都立王子工業新制高等学校と改称 |
| 昭和25年 | 東京都立王子工業高等学校と改称 |

◇**東京都立桜修館中等教育学校**
〒152-0023 東京都目黒区八雲1-1-2
TEL 03-3723-9970

| 平成18年4月 | 東京都立桜修館中等教育学校が開校 |
| --- | --- |

◇**桜美林高等学校**
［学校法人 桜美林学園］
〒194-0294 東京都町田市常盤町3758
TEL 042-797-2661

| 大正10年5月 | 崇貞学園を清水安三が創設 |
| --- | --- |
| 昭和21年5月 | 桜美林学園高等女学校を設立 |
| 昭和23年 | 桜美林高等学校と改称 |

◇**東京都立青梅総合高等学校**
〒198-0041 東京都青梅市勝沼1-60-1
TEL 0428-22-7604

| 平成18年4月 | 東京都立青梅総合高等学校が開校 |
| --- | --- |

◇**鴎友学園女子高等学校**
［学校法人 鴎友学園］
〒156-8551 東京都世田谷区宮坂1-5-30
TEL 03-3420-0136

| 昭和10年 | 鴎友学園高等女学校を創立 |
| --- | --- |
| 昭和26年 | 鴎友学園女子高等学校と改称 |

◇**東京都立大泉高等学校**
〒178-0063 東京都練馬区東大泉5-3-1
TEL 03-3924-0318

| 昭和16年4月7日 | 東京府立第二十中学校を設置 |
| --- | --- |
| 昭和17年1月31日 | 東京府立大泉中学校と改称 |
| 昭和18年7月1日 | 東京都立大泉中学校と改称 |
| 昭和23年4月1日 | 東京都立大泉高等学校と改称 |

◇**東京都立大泉桜高等学校**
〒178-0062 東京都練馬区大泉町3-5-7
TEL 03-3978-1180

| 平成17年4月1日 | 東京都立大泉桜高等学校が開校 |
| --- | --- |

東京都

◇東京都立**大江戸高等学校**
　〒135-0015　東京都江東区千石3-2-11
　TEL 03-5606-9500
　平成16年4月　　東京都立大江戸高等学校が開校

◇東京都立**大崎高等学校**
　〒142-0042　東京都品川区豊町2-1-7
　TEL 03-3786-3355
　明治44年4月　　荏原郡大崎町立大崎女子実業補修
　　　　　　　　　学校を開校
　大正8年11月　　荏原郡大崎女子実業補修学校と改
　　　　　　　　　称
　昭和2年12月　　大崎町立実修女学校と改称
　昭和7年10月　　東京市品川区大崎実修女学校と改
　　　　　　　　　称
　昭和10年10月　東京市大崎高等実践女学校と改称
　昭和17年4月　　東京市立品川高等実践女学校と改
　　　　　　　　　称
　昭和21年4月　　東京都立大崎高等女学校に組織変
　　　　　　　　　更
　昭和23年4月　　東京都立大崎新制高等学校に組織
　　　　　　　　　変更
　昭和25年4月　　東京都立大崎高等学校と改称

◇東京都立**大島海洋国際高等学校**
　〒100-0211　東京都大島町差木地字下原
　TEL 04992-4-0385
　昭和21年4月1日　東京都立大島農林学校（水産科）を
　　　　　　　　　設置
　昭和23年4月1日　東京都立大島新制高等学校と改称
　昭和23年7月10日　東京都立大島新制高等学校第二分
　　　　　　　　　教場（定時制課程）を設置
　昭和24年8月18日　第2分教場を移転・改称し
　　　　　　　　　東京都立大島新制高等学校差木地
　　　　　　　　　分校が開校
　昭和25年1月26日　東京都立大島高等学校差木地分校
　　　　　　　　　と改称
　昭和46年4月1日　東京都立大島高等学校より独立し
　　　　　　　　　東京都立大島南高等学校が開校
　平成18年4月　　東京都立大島海洋国際高等学校と
　　　　　　　　　学科改編により改称

◇東京都立**大島高等学校**
　〒100-0101　東京都大島町元町字八重の水127
　TEL 04992-2-1431
　昭和19年4月10日　東京都大島六ヶ村学校組合立東京
　　　　　　　　　都大島農林学校が開校
　昭和20年6月27日　東京都立大島農林学校と改称
　昭和23年4月1日　東京都立大島新制高等学校と改称
　昭和25年1月26日　東京都立大島高等学校と改称

◇**大妻高等学校**
　［学校法人　大妻学院］
　〒102-8357　東京都千代田区三番町12
　TEL 03-5275-6021
　明治41年9月　　手芸・裁縫の塾を大妻コタカが創設
　昭和23年　　　大妻高等学校を設立

◇**大妻多摩高等学校**
　［学校法人　大妻学院］
　〒206-8540　東京都多摩市唐木田2-7-1
　TEL 042-372-9111
　昭和63年　　　大妻多摩高等学校を設立

◇**大妻中野高等学校**
　［学校法人　誠美学園］
　〒164-0002　東京都中野区上高田2-3-7
　TEL 03-3389-7211
　昭和46年　　　大妻女子大学中野女子高等学校と
　　　　　　　　改称
　平成7年4月　　大妻中野高等学校と改称

◇**大森学園高等学校**
　［学校法人　大森学園］
　〒143-0015　東京都大田区大森西3-2-12
　TEL 03-3762-7336
　昭和14年　　　大森機械工業徒弟学校を創立
　昭和17年　　　大森工業学校と改称
　昭和23年　　　大森工業高等学校と改称
　平成17年　　　大森学園高等学校と改称

◇東京都立**大森高等学校**
　〒144-0051　東京都大田区西蒲田2-2-1
　TEL 03-3753-3161
　昭和18年4月　　東京府立二十三中学校を設置
　昭和19年4月　　東京都立大森中学校と改称
　昭和23年4月　　東京都立大森新制高等学校と改称
　昭和25年4月　　東京都立大森高等学校と改称

◇東京都立**大山高等学校**
　〒173-0037　東京都板橋区小茂根5-18-1
　TEL 03-3958-2121
　昭和34年　　　東京都立大山高等学校を設立

◇東京都立**小笠原高等学校**
　〒100-2101　東京都小笠原村父島字清瀬
　TEL 04998-2-2346
　昭和44年4月24日　東京都立小笠原高等学校を設立

◇東京都立**小川高等学校**
　〒194-0003　東京都町田市小川2-1002-1
　TEL 042-796-9301
　昭和55年4月　　東京都立小川高等学校が開校

◇東京都立**荻窪高等学校**
　〒167-0051　東京都杉並区荻窪5-7-20
　TEL 03-3392-6436
　大正4年　　　　東京府豊多摩郡井荻村立女子実業
　　　　　　　　　補習学校を設置
　大正14年　　　井荻村立女子実業公民学校と改称
　大正15年　　　井荻村立井荻農商公民学校女子部
　　　　　　　　　と改称
　昭和4年　　　　井荻町立井荻実習女学校と改称
　昭和8年　　　　高井戸農商公民学校を併合し
　　　　　　　　　東京市杉並家政女学校と改称
　昭和18年　　　東京都立杉並高等家政女学校と改
　　　　　　　　　称
　昭和23年　　　東京都立荻窪高等学校と改称

◇**小野学園女子高等学校**
　［学校法人　小野学園］
　〒140-0015　東京都品川区西大井1-6-13
　TEL 03-3774-1151
　昭和7年　　　　大井女学校として設立
　昭和32年　　　小野学園女子高等学校と改称

◇東京都立**小山台高等学校**
　〒142-0062　東京都品川区小山3-3-32
　TEL 03-3714-8155
　大正11年8月24日　東京府立第八中学校を設置

| 昭和18年7月1日 | 東京都立第八中学校と改称 |
| 昭和23年4月1日 | 東京都立第八新制高等学校と改称 |
| 昭和25年1月26日 | 東京都立小山台高等学校と改称 |

◇海城高等学校
　［学校法人 海城学園］
　〒169-0072 東京都新宿区大久保3-6-1
　TEL 03-3209-5880
　明治24年　　　海軍予備校を古賀喜三郎が創立
　明治32年5月　日比谷中学校（のち閉鎖）を設置
　明治33年4月　海城学校と改称
　明治39年3月　日比谷中学校が閉鎖し
　　　　　　　海城中学校が発足
　昭和23年3月　海城高等学校が発足

◇開成高等学校
　［学校法人 開成学園］
　〒116-0013 東京都荒川区西日暮里4-2-4
　TEL 03-3822-0741
　明治4年　　　共立学校を佐野鼎が創立
　明治28年　　東京開成中学校と改称
　昭和22年　　開成高等学校と改称

◇かえつ有明高等学校
　［学校法人 嘉悦学園］
　〒135-8711 東京都江東区東雲2-16-1
　TEL 03-3238-8864
　明治36年　　　私立女子商業学校を嘉悦孝が創立
　大正8年　　　日本女子商業学校と改称
　昭和27年4月　嘉悦女子高等学校と改称
　平成18年4月　かえつ有明高等学校と改称

◇科学技術学園高等学校
　［学校法人 科学技術学園］
　〒157-8562 東京都世田谷区成城1-11-1
　TEL 03-5494-7711
　昭和39年4月　科学技術学園工業高等学校が開校
　昭和52年4月　科学技術学園高等学校と改称

◇学習院高等科
　［学校法人 学習院］
　〒171-8588 東京都豊島区目白1-5-1
　TEL 03-3986-0221
　弘化4年3月　　学習院を開講
　明治元年4月　大学寮代と改称
　明治10年10月　学習院が開業
　昭和23年4月　学習院高等科を開設

◇学習院女子高等科
　［学校法人 学習院］
　〒162-8656 東京都新宿区戸山3-20-1
　TEL 03-3203-1901
　明治18年9月　華族女学校を創設
　明治39年4月　学習院女学部と改称
　大正7年9月　　女子学習院と改称
　昭和23年4月　学習院女子高等科を開設

◇東京都立葛西工業高等学校
　〒134-0003 東京都江戸川区春江町4-9
　TEL 03-3653-4111
　昭和38年　　　東京都立葛西工業高等学校が開校

◇東京都立葛西南高等学校
　〒134-8555 東京都江戸川区南葛西1-11-1
　TEL 03-3687-4491
　昭和48年4月　東京都立葛西南高等学校が開校

◇東京都立片倉高等学校
　〒192-0914 東京都八王子市片倉町1643
　TEL 0426-35-3621
　昭和47年4月1日　東京都立片倉高等学校が開校

◇東京都立葛飾商業高等学校
　〒125-0051 東京都葛飾区新宿3-14-1
　TEL 03-3607-5178
　昭和37年4月1日　東京都立金町高等学校に全日制課程商業科が新設され東京都立葛飾商業高等学校が発足

◇東京都立葛飾地区総合学科高等学校
　〒125-0035 東京都葛飾区南水元4-21-1
　TEL 03-3607-3878
〈東京都立本所工業高等学校〉
　昭和10年10月1日　本所区業平工業学校を設立
　昭和14年4月1日　東京市立本所工業学校と改称
　昭和18年7月1日　東京都立本所工業学校と改称
　昭和23年4月1日　東京都立本所工業新制高等学校と改称
　昭和25年1月16日　東京都立本所工業高等学校と改称
〈東京都立水元高等学校〉
　昭和50年　　　　東京都立水元高等学校が開校
〈統合〉
　平成19年　　　　東京都立水元高等学校、東京都立本所工業高等学校を統合し東京都立葛飾総合高等学校（仮称）を開校予定

◇東京都立葛飾野高等学校
　〒125-0061 東京都葛飾区亀有1-7-1
　TEL 03-3602-7131
　昭和15年1月12日　東京府立第十七中学校を設置
　昭和24年2月7日　東京都立葛飾野高等学校と改称

◇東京都立蒲田高等学校
　〒144-0053 東京都大田区蒲田本町1-1-30
　TEL 03-3737-1331
　昭和52年12月23日　東京都立蒲田高等学校を設置

◇蒲田女子高等学校
　［学校法人 簡野育英会］
　〒144-8544 東京都大田区本羽田1-4-1
　TEL 03-3742-1511
　昭和16年　　　蒲田女子高等学校を簡野信衛が設立
　昭和23年　　　蒲田女子高等学校と改称

◇川村高等学校
　［学校法人 川村学園］
　〒171-0031 東京都豊島区目白2-22-3
　TEL 03-3984-8321
　大正13年　　　川村女学院を川村文子が創立
　昭和4年　　　川村女学院高等女学科を開設
　昭和18年　　　川村女学院高等女学校と改称
　昭和23年　　　川村高等学校を開設

◇神田女学園高等学校
　［学校法人 神田女学園］
　〒101-0064 東京都千代田区猿楽町2-3-6
　TEL 03-3291-2447
　明治23年　　　神田高等女学校を松田秀雄、小笠原清務、角田真平が設立
　昭和23年　　　神田女子高等学校を設立

東京都

| 昭和25年 | 神田女学園高等学校と改称 |

◇関東国際高等学校
　［学校法人 関東国際学園］
　〒151-0071 東京都渋谷区本町3-2-2
　TEL 03-3376-2244
| 大正13年4月 | 関東高等女学校を松平濱子が創設 |
| 昭和21年4月 | 関東女学園中等部と改称 |
| 昭和23年4月 | 関東女学園高等部を設置 |
| 昭和30年 | 関東学園女子高等学校と改称 |
| 昭和42年4月 | 関東女子高等学校と改称 |
| 昭和61年4月 | 関東国際高等学校と改称 |

◇関東第一高等学校
　［学校法人 守屋育英学園］
　〒132-0031 東京都江戸川区松島2-10-11
　TEL 03-3653-1541
| 大正14年2月 | 関東商業学校を守屋荒美雄、村上周三郎が設立 |
| 昭和18年4月 | 帝国第一工業学校と改称 |
| 昭和20年9月 | 関東第一商工学校と改称 |
| 昭和23年4月 | 関東総合高等学校と改称 |
| 昭和28年4月 | 関東商工高等学校と改称 |
| 昭和48年4月 | 関東第一高等学校と改称 |

◇東京都立北園高等学校
　〒173-0004 東京都板橋区板橋4-14-1
　TEL 03-3962-7885
| 昭和3年4月 | 東京府立第九中学校として開校 |
| 昭和18年10月 | 東京都立第九中学校と改称 |
| 昭和23年4月 | 東京都立第九新制高等学校と改称 |
| 昭和25年1月 | 東京都立北園高等学校と改称 |

◇東京都立北多摩高等学校
　〒190-0012 東京都立川市曙町3-29-37
　TEL 042-524-2903
| 昭和23年4月 | 立川市立新制高等学校が開校 |
| 昭和25年1月26日 | 立川市立高等学校と改称 |
| 昭和31年4月1日 | 東京都立北多摩高等学校と改称 |

◇東京都立北豊島工業高等学校
　〒174-0062 東京都板橋区富士見町28-1
　TEL 03-3963-4331
| 大正9年4月1日 | 東京都立北豊島郡立商工学校を創立 |
| 大正12年3月31日 | 東京府立滝野川商工学校と改称 |
| 昭和10年4月1日 | 東京府立商工学校と改称 |
| 昭和18年4月1日 | 東京府立北豊島工業学校に組織変更 |
| 昭和18年7月1日 | 東京都立北豊島工業学校と改称 |
| 昭和23年4月1日 | 東京都立北豊島工業高等学校を設置 |

◇北豊島高等学校
　［学校法人 北豊島学園］
　〒116-8555 東京都荒川区東尾久6-34-24
　TEL 03-3895-4490
| 大正15年 | 北豊島女学校として設立 |
| 昭和18年 | 北豊島高等女学校として認可 |
| 昭和23年 | 北豊島高等学校と改称 |

◇吉祥女子高等学校
　［学校法人 守屋教育学園］
　〒180-0002 東京都武蔵野市吉祥寺東町4-12-20
　TEL 0422-22-8117
| 昭和13年 | 帝国第一高等女学校を守屋荒美雄が創設 |
| 昭和23年 | 吉祥女子高等学校が新発足 |

◇東京都立砧工業高等学校
　〒157-0076 東京都世田谷区岡本2-9-1
　TEL 03-3700-5982
| 昭和38年 | 東京都立砧工業高等学校が開校 |

◇共栄学園高等学校
　［学校法人 共栄学園］
　〒124-0003 東京都葛飾区お花茶屋2-6-1
　TEL 03-3601-7136
| 昭和8年 | 和裁塾を岡野弘、岡野さくが設立 |
| 昭和14年 | 本田裁縫女子学校を設立 |
| 昭和17年 | 共栄女子商業学校を設立 |
| 昭和21年 | 共栄高等女学校と改称 |
| 昭和23年 | 共栄学園高等学校を設立 |

◇暁星高等学校
　［学校法人 暁星学園］
　〒102-8133 東京都千代田区富士見1-2-5
　TEL 03-3262-3291
| 明治21年8月 | 私立暁星学校をカトリック・マリア修道会が創立 |
| 明治32年10月 | 私立暁星中学校を設立 |
| 昭和23年3月 | 暁星高等学校の設立の認可がおりる |

◇共立女子高等学校
　［学校法人 共立女子学園］
　〒101-8433 東京都千代田区一ツ橋2-2-1
　TEL 03-3237-2704
| 明治19年 | 共立女子職業学校を設立 |
| 昭和11年 | 共立高等女学校を設置 |
| 昭和23年 | 共立女子高等学校を設置 |

◇共立女子第二高等学校
　［学校法人 共立女子学園］
　〒193-8666 東京都八王子市元八王子町2-786
　TEL 0426-61-9952
| 昭和45年 | 共立女子第二高等学校が開校 |

◇東京都立清瀬高等学校
　〒204-0022 東京都清瀬市松山3-1-56
　TEL 0424-92-3500
| 昭和48年 | 東京都立清瀬高等学校が開校 |

◇東京都立清瀬東高等学校
　〒204-0011 東京都清瀬市下清戸1-212-4
　TEL 0424-93-7611
| 昭和53年 | 東京都立清瀬東高等学校が開校 |

◇東京都立桐ヶ丘高等学校
　〒115-0052 東京都北区赤羽北3-5-22
　TEL 03-3906-2173
| 平成12年 | 東京都立桐ヶ丘高等学校が開校 |

◇錦城学園高等学校
　［学校法人 錦城学園］
　〒101-0054 東京都千代田区神田錦町3-1
　TEL 03-3291-3211
| 明治13年 | 三田予備校を矢野龍渓が創立 |
| 明治14年 | 三田英学校と改称 |
| 明治22年 | 錦城学校と改称 |
| 明治32年 | 錦城中学校と改称 |

| 明治40年 | 錦城商業学校を設立 |
| 昭和47年 | 錦城学園高等学校と改称 |

## ◇錦城高等学校
［学校法人 錦城学園］
〒187-0001 東京都小平市大沼町2-633
TEL 0423-41-0741

| 明治13年 | 三田予備校を矢野龍渓が創立 |
| 明治14年 | 三田英学校と改称 |
| 明治22年 | 錦城学校と改称 |
| 明治32年 | 錦城中学校と改称 |
| 明治40年 | 錦城商業学校を設立 |
| 昭和23年 | 錦城高等学校が発足 |

## ◇東京都立九段高等学校
〒102-0073 東京都千代田区九段北2-2-1
TEL 03-3265-0931

| 大正13年4月 | 第一東京市立中学校が開校 |
| 昭和18年7月1日 | 東京都立九段中学校と改称 |
| 昭和23年4月1日 | 東京都立九段新制高等学校と改称 |
| 昭和25年1月26日 | 東京都立九段高等学校と改称 |

## ◇国立音楽大学附属高等学校
［学校法人 国立音楽大学］
〒186-0005 東京都国立市西2-12-19
TEL 042-572-4111

| 昭和24年4月 | 国立音楽高等学校を設立 |
| 平成16年 | 国立音楽大学附属高等学校と改称 |

## ◇東京都立国立高等学校
〒186-0002 東京都国立市東4-25-1
TEL 042-575-0126

| 昭和15年1月 | 東京府立第十九中学校の開校認可 |
| 昭和23年4月 | 東京都立国立高等学校と改称 |

## ◇国本女子高等学校
［学校法人 国本学園］
〒157-0067 東京都世田谷区喜多見8-15-33
TEL 03-3416-4722

| 昭和17年 | 国本高等女学校を有木春来が設立 |
| 昭和26年 | 国本女子高等学校と改称 |

## ◇東京都立蔵前工業高等学校
〒111-0051 東京都台東区蔵前1-3-57
TEL 03-3862-4488

| 大正13年5月22日 | 東京市立浅草専修学校として創設 |
| 昭和10年9月28日 | 東京市立蔵前工業学校を認可 |
| 昭和18年7月1日 | 東京都立蔵前工業学校と改称 |
| 昭和23年4月1日 | 東京都立蔵前工業新制高等学校と改称 |
| 昭和25年1月28日 | 東京都立蔵前工業高等学校と改称 |

## ◇東京都立久留米高等学校
〒203-0052 東京都東久留米市幸町5-8-46
TEL 0424-71-2510

| 昭和40年1月1日 | 東京都立久留米高等学校を設置 |

## ◇東京都立久留米西高等学校
〒203-0041 東京都東久留米市野火止2-1-44
TEL 0424-74-2661

| 昭和49年 | 東京都立久留米西高等学校が開校 |

## ◇慶應義塾女子高等学校
［学校法人 慶應義塾］
〒108-0073 東京都港区三田2-17-23
TEL 03-5427-1674

| 昭和25年2月10日 | 慶應義塾女子高等学校が開校 |

## ◇京華高等学校
［学校法人 京華学園］
〒112-8612 東京都文京区白山5-6-6
TEL 03-3946-4451

| 明治30年7月 | 京華中学校を磯江潤が創立 |
| 明治34年12月 | 京華商業学校の設立許可を受ける |
| 明治42年12月 | 京華高等女学校の設立許可を受ける |
| 昭和23年 | 京華学園高等学校を設立 |
| 昭和28年4月 | 京華高等学校が独立 |

## ◇京華商業高等学校
［学校法人 京華学園］
〒112-8612 東京都文京区白山5-6-6
TEL 03-3946-4491

| 明治30年7月 | 京華中学校を磯江潤が創立 |
| 明治34年12月 | 京華商業学校の設立許可を受ける |
| 明治42年12月 | 京華高等女学校の設立許可を受ける |
| 昭和23年 | 京華学園高等学校を設立 |
| 昭和28年4月 | 京華商業高等学校と改称 |

## ◇京華女子高等学校
［学校法人 京華学園］
〒112-8613 東京都文京区白山5-13-5
TEL 03-3946-4434

| 明治30年7月 | 京華中学校を磯江潤が創立 |
| 明治34年12月 | 京華商業学校の設立許可を受ける |
| 明治42年12月 | 京華高等女学校の設立許可を受ける |
| 昭和35年4月 | 京華女子高等学校と改称 |

## ◇恵泉女学園高等学校
［学校法人 恵泉女学園］
〒156-0055 東京都世田谷区船橋5-8-1
TEL 03-3303-2115

| 昭和23年4月 | 恵泉女学園高等学校が発足 |

## ◇京北学園白山高等学校
［学校法人 京北学園］
〒112-8607 東京都文京区白山5-28-25
TEL 03-3941-3157

| 明治20年 | 哲学館を井上円了が創立 |
| 明治31年 | 京北学園の設立許可を受ける |
| 明治41年 | 京北実業学校を設立 |
| 昭和22年 | 京北商業高等学校と改称 |
| 平成14年 | 京北学園白山高等学校と改称 |

## ◇京北高等学校
［学校法人 京北学園］
〒112-8607 東京都文京区白山5-28-25
TEL 03-3941-6253

| 明治20年 | 哲学館を井上円了が創立 |
| 明治31年 | 京北尋常中学校の設立許可を受ける |
| 明治32年 | 京北中学校が開校 |
| 昭和22年 | 京北高等学校と改称 |

## ◇啓明学園高等学校
［学校法人 啓明学園］
〒196-0002 東京都昭島市拝島町5-11-15
TEL 042-541-1003

東京都

| 昭和16年4月 | 啓明学園中学部, 啓明学園高等女学部の設置が許可される |
| 昭和26年3月7日 | 啓明学園高等学校を設置 |

◇東京都立小石川工業高等学校
　〒162-0067 東京都新宿区富久町22-1
　TEL 03-3353-8468
| 大正7年6月25日 | 東京市立第四工業補習学校(夜間)が開校 |
| 大正10年4月1日 | 東京市立第四実業学校と改称 |
| 昭和7年4月1日 | 東京市立小石川工業学校と改称 |
| 昭和18年7月1日 | 東京都立小石川工業学校と改称 |
| 昭和21年3月31日 | 東京都立本郷工業学校, 東京都立国立工業学校(建築科)を統合 |
| 昭和23年4月1日 | 東京都立小石川工業高等学校と改称 |
| 昭和26年3月31日 | 東京都立小石川工業学校を廃止 |

◇東京都立小石川高等学校
　〒113-0021 東京都文京区本駒込2-29-29
　TEL 03-3946-7171
| 大正7年10月 | 東京府立第五中学校を創立 |
| 昭和25年 | 東京都立小石川高等学校と改称 |

◇東京都立小石川中等教育学校
　〒113-0021 東京都文京区本駒込2-29-29
　TEL 03-3946-5171
| 平成18年 | 小石川中等教育学校が開校 |

◇東京都立小岩高等学校
　〒133-0044 東京都江戸川区本一色3-10-1
　TEL 03-3651-2250
| 昭和38年4月10日 | 東京都立小岩高等学校が開校 |

◇光塩女子学院高等科
　[学校法人 光塩女子学園]
　〒166-0003 東京都杉並区高円寺南2-33-28
　TEL 03-3315-1911
| 昭和6年2月 | 光塩高等女学校を設立 |
| 昭和6年4月 | 光塩女学校が開校 |
| 昭和22年4月 | 光塩女子学院と改称 |
| 昭和22年4月 | 光塩女子学院高等科を設置 |

◇晃華学園高等学校
　[学校法人 晃華学園]
　〒182-8550 東京都調布市佐須町5-28-1
　TEL 0424-82-8952
| 昭和37年4月 | 晃華学園高等学校の設置が許可される |

◇工学院大学附属高等学校
　[学校法人 工学院大学]
　〒192-0015 東京都八王子市中野町2647-2
　TEL 0426-28-4912
| 明治21年 | 工手学校を帝国大学総長渡辺洪基を中心に設立 |
| 昭和3年 | 工学院と改称 |
| 昭和19年 | 工学院工業学校を開校 |
| 昭和20年 | 工学院第一工業学校と改称 |
| 昭和21年 | 工学院第二工業学校を設置 |
| 昭和23年 | 工学院高等学校と改称 |
| 昭和24年 | 工学院大学高等学校と改称 |
| 平成4年 | 工学院大学附属高等学校と改称 |

◇攻玉社高等学校
　[学校法人 攻玉社学園]
　〒141-0031 東京都品川区西五反田5-14-2
　TEL 03-3493-0331
| 文久3年 | 攻玉社を近藤真琴が開塾 |
| 明治2年 | 攻玉塾と改称 |
| 明治5年 | 攻玉社として開学 |
| 明治8年 | 航海測量習練所(のち廃止)を設置 |
| 昭和23年 | 攻玉社高等学校が発足 |

◇麹町学園女子高等学校
　[学校法人 麹町学園]
　〒102-0083 東京都千代田区麹町3-8
　TEL 03-3263-3014
| 明治38年9月12日 | 麹町女学校を創立 |
| 明治41年 | 麹町高等女学校と改称 |
| 昭和23年 | 麹町学園女子高等学校を設立 |

◇東京都立神津高等学校
　〒100-0601 東京都神津島村1620
　TEL 04992-8-0706
| 昭和47年 | 東京都立神津高等学校が開校 |

◇佼成学園高等学校
　[学校法人 佼成学園]
　〒166-0012 東京都杉並区和田2-6-29
　TEL 03-3381-7227
| 昭和29年9月7日 | 佼成学園高等学校を設置 |

◇佼成学園女子高等学校
　[学校法人 佼成学園]
　〒157-0064 東京都世田谷区給田2-1-1
　TEL 03-3300-2351
| 昭和30年 | 佼成学園女子高等学校を設置 |

◇東京都立江東商業高等学校
　〒136-0071 東京都江東区亀戸4-50-1
　TEL 03-3685-1711
| 明治38年6月10日 | 南葛飾郡立亀戸実業補習学校を設立 |
| 大正7年 | 第三亀戸尋常高等小学校に男子生徒を分離し |
| | 女子亀戸実業補習学校と改称 |
| 昭和7年4月1日 | 東京府南葛飾郡立亀戸実業専修学校と改称 |
| 昭和8年5月31日 | 東京市城東区立亀戸実業専修女学校と改称 |
| 昭和10年10月1日 | 東京市城東区立城東実業専修女学校と改称 |
| 昭和18年4月1日 | 東京市立城東実業女学校と改称 |
| 昭和18年7月1日 | 東京都立城東実業女学校と改称 |
| 昭和19年3月31日 | 東京都立城東女子商業学校と改称 |
| 昭和23年4月1日 | 東京都立江東女子商業新制高等学校と改称 |
| 昭和25年1月26日 | 東京都立江東商業高等学校と改称 |

◇東京都立江北高等学校
　〒120-0014 東京都足立区西綾瀬4-14-30
　TEL 03-3880-3411
| 昭和13年1月22日 | 東京府立第十一中学校を設置 |
| 昭和16年4月1日 | 東京府立江北中学校と改称 |
| 昭和18年7月1日 | 東京都立江北中学校と改称 |
| 昭和23年4月1日 | 東京都立第十一新制高等学校と組織変更 |
| 昭和25年1月28日 | 東京都立江北高等学校と改称 |

◇香蘭女学校高等学校
　［学校法人 香蘭女学校］
　〒142-0064 東京都品川区旗の台6-22-21
　TEL 03-3786-1136
　明治20年11月　　　香蘭女学校を設置
　昭和22年　　　　　香蘭女学校高等部と改称
　昭和40年9月　　　香蘭女学校高等学校と改称

◇東京都立小金井北高等学校
　〒184-0003 東京都小金井市緑町4-1-1
　TEL 042-385-2611
　昭和54年12月19日　東京都立小金井北高等学校が発足

◇東京都立小金井工業高等学校
　〒184-8581 東京都小金井市本町6-8-9
　TEL 042-381-4141
　昭和14年2月15日　東京府立機械工業学校を創立
　昭和18年7月1日　東京都立機械工業学校と改称
　昭和23年4月1日　東京都立小金井新制高等学校と改称
　昭和25年1月26日　東京都立小金井高等学校と改称
　昭和33年4月1日　東京都立小金井工業高等学校と改称

◇國學院高等学校
　［学校法人 國學院大學］
　〒150-0001 東京都渋谷区神宮前2-2-3
　TEL 03-3403-2331
　昭和23年　　　　　國學院高等学校を開設

◇國學院大學久我山高等学校
　［学校法人 國學院大學］
　〒168-0082 東京都杉並区久我山1-9-1
　TEL 03-3334-1151
　昭和23年4月　　　久我山高等学校が開校
　昭和27年9月　　　國學院大學と統合し
　　　　　　　　　　國學院大學久我山高等学校と改称

◇国際基督教大学高等学校
　［学校法人 国際基督教大学］
　〒184-8503 東京都小金井市東町1-1-1
　TEL 0422-33-3401
　昭和53年4月1日　国際基督教大学高等学校を開設

◇国士舘高等学校
　［学校法人 国士舘］
　〒154-8553 東京都世田谷区若林4-32-1
　TEL 03-5481-3137
　大正6年　　　　　私塾国士舘を柴田徳次郎が創立
　昭和23年　　　　　至徳高等学校を設置
　昭和28年　　　　　国士舘高等学校と改称

◇東京都立国分寺高等学校
　〒185-0004 東京都国分寺市新町3-2-5
　TEL 042-323-3371
　昭和44年　　　　　東京都立国分寺高等学校が開校

◇東京都立小平高等学校
　〒187-0042 東京都小平市仲町112
　TEL 042-341-5410
　昭和38年4月　　　東京都立小平高等学校が開校

◇東京都立小平西高等学校
　〒187-0032 東京都小平市小川町1-502-95
　TEL 042-345-1411
　昭和52年　　　　　東京都立小平西高等学校が開校

◇東京都立小平南高等学校
　〒187-0022 東京都小平市上水本町6-21-1
　TEL 042-325-9331
　昭和58年　　　　　東京都立小平南高等学校を創立

◇東京都立狛江高等学校
　〒201-8501 東京都狛江市元和泉3-9-1
　TEL 03-3489-2241
　昭和47年10月26日　東京都立狛江高等学校を設置

◇駒込高等学校
　［学校法人 駒込学園］
　〒113-0022 東京都文京区千駄木5-6-25
　TEL 03-3828-4141
　天和2年　　　　　勧学講院を了翁が設立
　明治6年　　　　　天台宗東部総こうと改称
　明治18年　　　　　天台宗東部大中総こうと改称
　明治37年　　　　　天台宗中学,天台宗大学と改称
　大正14年12月12日　駒込中学校として認可される
　昭和22年　　　　　駒込高等学校と改組

◇駒澤学園女子高等学校
　［学校法人 駒澤学園］
　〒206-8511 東京都稲城市坂浜238
　TEL 042-331-1911
　昭和3年　　　　　駒澤高等女学校を設立
　昭和23年　　　　　駒澤学園女子高等学校と改称

◇駒澤大学高等学校
　［学校法人 駒澤大学］
　〒158-8577 東京都世田谷区上用賀1-17-12
　TEL 03-3700-6131
　昭和23年　　　　　駒澤大学高等学校を設置

◇東京都立小松川高等学校
　〒132-0035 東京都江戸川区平井1-27-10
　TEL 03-3685-1010
　大正5年4月1日　南葛飾郡立実科高等女学校を創立
　大正12年4月1日　東京府立小松川高等女学校と改称
　昭和2年7月15日　東京府立第七高等女学校と改称
　昭和18年7月1日　東京都立第七高等女学校と改称
　昭和25年1月26日　東京都立小松川高等学校と改称

◇駒場学園高等学校
　［学校法人 駒場学園］
　〒155-0032 東京都世田谷区代沢1-23-8
　TEL 03-3413-5561
　昭和22年5月　　　日本装蹄学校が開校
　昭和23年3月　　　日本装蹄高等学校と改称
　昭和26年3月　　　日本装蹄畜産高等学校と改称
　昭和31年4月　　　駒場学園高等学校と改称

◇東京都立駒場高等学校
　〒153-0044 東京都目黒区大橋2-18-1
　TEL 03-3466-2481
　明治35年4月24日　東京府立第三高等女学校が開校
　昭和25年1月　　　東京都立駒場高等学校と改称

◇駒場東邦高等学校
　［学校法人 東邦大学］
　〒154-0001 東京都世田谷区池尻4-5-1
　TEL 03-3466-8221
　昭和27年　　　　　東邦大学付属東邦高等学校を設置
　昭和31年　　　　　駒場東邦高等学校と改称

東京都

◇東京都立鷺宮高等学校
〒165-0033 東京都中野区若宮3-46-8
TEL 03-3330-0101
| 明治45年7月4日 | 豊多摩郡立農業学校の附設実業女学校として創立 |
| 大正12年4月1日 | 東京府立中野実業女学校と改称 |
| 大正15年4月1日 | 東京府立中野家政女学校と改称 |
| 昭和4年4月1日 | 東京府立高等家政女学校と改称 |
| 昭和18年7月1日 | 東京都立中野高等家政女学校と改称 |
| 昭和21年3月30日 | 東京都立中野高等家政女学校を廃止し
東京都立鷺宮高等女学校を設置 |
| 昭和25年 | 東京都立鷺宮高等学校と改称 |

◇桜丘高等学校
［学校法人 桜丘］
〒114-8554 東京都北区滝野川1-51-12
TEL 03-3910-6161
| 平成16年 | 桜丘女子高等学校を
桜丘高等学校と改称 |

◇東京都立桜町高等学校
〒158-0097 東京都世田谷区用賀2-4-1
TEL 03-3700-4330
| 昭和13年1月22日 | 東京府立第十一高等女学校を設立 |
| 昭和16年4月1日 | 東京府立桜町高等女学校と改称 |
| 昭和18年7月1日 | 東京都立桜町高等女学校と改称 |
| 昭和23年4月1日 | 東京都立桜町新制高等学校と改称 |
| 昭和25年1月26日 | 東京都立桜町高等学校と改称 |

◇東京都立鮫洲工業高等学校
〒140-0011 東京都品川区東大井1-10-40
TEL 03-3471-1471
| 昭和9年2月27日 | 東京府立電機工業学校を設立 |
| 昭和18年7月1日 | 東京都立電機工業学校と改称 |
| 昭和23年4月1日 | 東京都立鮫洲高等学校と改称 |
| 昭和25年1月26日 | 東京都立大学附属工業高等学校と改称 |
| 昭和42年4月1日 | 東京都立鮫洲工業高等学校と改称 |

◇実践学園高等学校
［学校法人 実践学園］
〒164-0011 東京都中野区中央2-34-2
TEL 03-3371-5268
| 昭和2年 | 東京堂教習所を設立 |
| 昭和10年 | 実践商業学校として認可を受ける |
| 昭和23年 | 実践学園高等学校と改称 |
| 昭和29年 | 実践商業高等学校と改称 |
| 平成2年 | 実践学園高等学校と改称 |

◇実践女子学園高等学校
［学校法人 実践女子学園］
〒150-0011 東京都渋谷区東1-1-11
TEL 03-3409-1771
| 明治32年 | 私立実践女学校, 女子工芸学校を下田歌子が創設 |
| 明治41年 | 実践女学校, 女子工芸学校を統合し
私立実践女学校と改称 |
| 昭和7年 | 実践女子専門学校, 実践高等女学校, 実践実科高等女学校と改称 |
| 昭和9年 | 実践実科高等女学校を
実践第二高等女学校と改称 |
| 昭和23年 | 実践女子学園高等学校を設置 |

◇品川エトワール女子高等学校
［学校法人 町田学園］
〒140-0004 東京都品川区南品川5-12-4
TEL 03-3474-2231
| 昭和9年9月19日 | 町田報徳学舎を町田徳之助が設立 |
| 昭和25年4月 | 町田学園女子高等学校と改称 |
| 平成12年4月 | 品川エトワール女子高等学校と改称 |

◇品川女子学院高等部
［学校法人 品川女子学院］
〒140-8707 東京都品川区北品川3-3-12
TEL 03-3474-4048
| 大正14年 | 荏原女子技芸伝習所を開設 |
| 大正15年 | 荏原女学校を設立 |
| 昭和4年 | 品川高等女学校が開校 |
| 昭和23年 | 品川高等学校を設置 |
| 平成3年 | 品川女子学院高等部と改称 |

◇東京都立篠崎高等学校
〒133-0063 東京都江戸川区東篠崎1-10-1
TEL 03-3678-9331
| 昭和52年4月 | 東京都立篠崎高等学校が開校 |

◇東京都立忍岡高等学校
〒111-0053 東京都台東区浅草橋5-1-24
TEL 03-3863-3131
| 明治36年4月 | 私立日本女子美術学校として創設 |
| 明治42年6月 | 私立日本女子技芸学校と改称 |
| 明治44年3月25日 | 東京市立第一女子技芸学校と改称 |
| 明治45年3月28日 | 東京市立第一実科高等女学校と改称 |
| 昭和4年7月1日 | 東京市立忍岡高等女学校と改称 |
| 昭和18年7月1日 | 東京都立忍岡高等女学校と改称 |
| 昭和23年4月1日 | 東京都立忍岡新制高等学校と改称 |
| 昭和25年1月28日 | 東京都立忍岡高等学校と改称 |

◇芝浦工業大学高等学校
［学校法人 芝浦工業大学］
〒174-8524 東京都板橋区坂下2-2-1
TEL 03-5994-0721
| 昭和28年 | 学校法人鉄道育英会を吸収合併し
東京育英高等学校の経営を継承 |
| 昭和29年 | 芝浦工業大学高等学校と改称 |

◇芝高等学校
［学校法人 芝学園］
〒105-0011 東京都港区芝公園3-5-37
TEL 03-3431-2629
| 明治39年3月 | 芝中学校として発足 |
| 昭和23年3月 | 芝高等学校と改称 |

◇東京都立芝商業高等学校
〒105-0022 東京都港区海岸1-8-25
TEL 03-3431-0760
| 大正13年 | 東京市立京橋商業学校と改称 |
| 昭和14年 | 東京市立芝商業学校と改称 |
| 昭和18年 | 東京都立芝商業学校と改称 |
| 昭和23年 | 東京都立芝商業新制高等学校と改称 |
| 昭和25年 | 東京都立芝商業高等学校と改称 |

◇渋谷教育学園渋谷高等学校
［学校法人 渋谷教育学園］

〒150-0002 東京都渋谷区渋谷1-21-18
TEL 03-3400-6363
平成8年4月　　　　渋谷教育学園渋谷高等学校が開校

◇東京都立志村高等学校
〒174-0045 東京都板橋区西台1-41-10
TEL 03-3933-7121
昭和30年　　　　　東京都立志村高等学校が開校

◇下北沢成徳高等学校
［学校法人 成徳学園］
〒155-8668 東京都世田谷区代田6-12-39
TEL 03-3468-1551
昭和2年　　　　　成徳女子商業学校を武中武二が設立
昭和23年　　　　　成徳高等学校と改称
昭和26年　　　　　成徳学園高等学校と改称
平成15年　　　　　下北沢成徳高等学校と改称

◇東京都立石神井高等学校
〒177-0051 東京都練馬区関町北4-32-48
TEL 03-3929-0831
昭和15年1月12日　　東京府立第十四中学校を設置
昭和16年4月1日　　東京府立石神井中学校と改称
昭和18年7月1日　　東京都立石神井中学校と改称
昭和23年4月1日　　東京都立石神井新制高等学校と改称
昭和25年1月　　　　東京都立石神井高等学校と改称

◇自由ケ丘学園高等学校
［学校法人 自由ケ丘学園］
〒152-0035 東京都目黒区自由が丘2-21-1
TEL 03-3718-2502
昭和5年　　　　　自由ケ丘学園を手塚岸衛が創立
昭和34年　　　　　自由ケ丘学園高等学校と改称

◇自由学園高等科
［学校法人 自由学園］
〒203-8521 東京都東久留米市学園町1-8-15
TEL 0424-22-3111
大正10年　　　　　自由学園女子部，自由学園高等科を羽仁もと子，吉一が創立

◇修徳高等学校
［学校法人 修徳学園］
〒125-8507 東京都葛飾区青戸8-10-1
TEL 03-3601-0116
昭和6年　　　　　修徳商業学校を設置
昭和13年　　　　　修徳高等女学校と改称
昭和23年　　　　　修徳高等学校と改称

◇十文字高等学校
［学校法人 十文字学園］
〒170-0004 東京都豊島区北大塚1-10-33
TEL 03-3918-0511
大正11年　　　　　文華高等女学校を十文字こと、戸野みちゑ、欺波安が創設
昭和12年　　　　　十文字高等女学校と改称
昭和23年　　　　　十文字高等学校と改称

◇淑徳学園高等学校
［学校法人 淑徳学園］
〒112-0002 東京都文京区小石川3-14-3
TEL 03-3811-3049
明治25年9月2日　　淑徳女学校を輪島聞声が創設
明治38年5月　　　　私立女子清韓語学講習所を附設
明治39年12月　　　淑徳高等女学校と改称
明治40年2月　　　　淑徳家政女学校を設置
昭和23年4月　　　　淑徳学園高等学校を設置

◇淑徳高等学校
［学校法人 大乗淑徳学園］
〒174-8643 東京都板橋区前野町5-14-1
TEL 03-3969-7411
明治25年　　　　　淑徳女学校として創立
昭和23年　　　　　淑徳高等学校と改称

◇淑徳巣鴨高等学校
［学校法人 大乗淑徳学園］
〒170-0001 東京都豊島区西巣鴨2-22-16
TEL 03-3918-6451
大正8年　　　　　マハヤナ学園として設立
昭和6年　　　　　巣鴨女子商業学校と改称
昭和60年　　　　　淑徳巣鴨高等学校と改称

◇順心女子学園高等学校
［学校法人 順心女子学園］
〒106-0047 東京都港区南麻布5-1-14
TEL 03-3444-7271
大正6年　　　　　大日本婦人慈善会（のち:大日本婦人共愛会）を設置
大正7年　　　　　順心女学校を創立
大正13年　　　　　順心高等女学校を設立
昭和23年　　　　　順心女子高等学校を設立
平成19年　　　　　広尾学園高等学校と改称予定

◇順天高等学校
［学校法人 順天学園］
〒114-0022 東京都北区王子本町1-17-13
TEL 03-3908-2966
天保5年　　　　　順天堂塾を福田理軒が創立
明治4年　　　　　順天求合社と改称
明治27年　　　　　尋常中学順天求合社を設置
明治32年　　　　　順天求合社中学校と改称
明治33年　　　　　順天中学校と改称
昭和23年　　　　　順天高等学校と改称

◇潤徳女子高等学校
［学校法人 潤徳学園］
〒120-0034 東京都足立区千住2-11
TEL 03-3881-7161
大正13年2月　　　潤徳高等女学校を堀内亮一らが創立
昭和23年3月　　　潤徳女子高等学校と改称

◇松蔭高等学校
［学校法人 松蔭学園］
〒155-8611 東京都世田谷区北沢1-16-10
TEL 03-3467-1511
昭和16年4月　　　松蔭女学校を松浦昇平が設立
昭和22年4月　　　松蔭高等学校と改称

◇頌栄女子学院高等学校
［学校法人 頌栄女子学院］
〒108-0071 東京都港区白金台2-26-5
TEL 03-3441-2005
明治17年12月8日　頌栄学校が開校
大正9年　　　　　頌栄高等女学校に昇格
昭和39年　　　　　頌栄女子学院高等学校と改称

◇城西大学附属城西高等学校
［学校法人 城西学園］

東京都

〒171-0044 東京都豊島区千早1-10-26
TEL 03-3973-6331
| 大正7年 | 城西実務学校を中嶋久万吉が創立 |
| 大正14年 | 城西学園と改称 |
| 昭和2年 | 城西学園中学校と改称 |
| 昭和23年 | 城西高等学校と改称 |
| 昭和48年 | 城西大学附属城西高等学校と改称 |

◇東京都立上水高等学校
〒208-0013 東京都武蔵村山市大南4-62-1
TEL 042-590-4580
| 平成16年 | 東京都立上水高等学校が開校 |

◇東京都立城東高等学校
〒136-0072 東京都江東区大島3-22-1
TEL 03-3637-3561
| 昭和52年 | 東京都立城東高等学校を設置 |

◇聖徳学園高等学校
［学校法人 聖徳学園］
〒180-8601 東京都武蔵野市境南町2-11-8
TEL 0422-31-5121
| 昭和2年 | 関東中学校を和田幽玄が創立 |
| 昭和23年 | 関東高等学校が発足 |
| 平成3年 | 聖徳学園高等学校と改称 |

◇城北高等学校
［学校法人 城北学園］
〒174-8711 東京都板橋区東新町2-28-1
TEL 03-3956-3157
| 昭和16年 | 城北中学校を深井鑑一郎、井上源之丞が創立 |
| 昭和23年 | 城北高等学校を設置 |

◇東京都立翔陽高等学校
〒193-0824 東京都八王子市館町1097-136
TEL 0426-63-3318
| 平成17年4月 | 東京都立翔陽高等学校が開校 |

◇東京都立昭和高等学校
〒196-0033 東京都昭島市東町2-3-21
TEL 042-541-0222
| 昭和24年1月 | 東京都北多摩郡昭和町立昭和高等学校として開校 |
| 昭和28年4月 | 東京都立昭和高等学校と改称 |

◇昭和女子大学附属昭和高等学校
［学校法人 昭和女子大学］
〒154-8533 東京都世田谷区太子堂1-7-57
TEL 03-3424-9128
| 大正11年4月 | 日本女子高等学院附属高等女学部が開校 |
| 昭和2年7月 | 昭和高等女学校と改称 |
| 昭和23年4月 | 昭和高等学校と改称 |
| 昭和38年4月 | 昭和女子大学附属昭和高等学校と改称 |

◇昭和第一学園高等学校
［学校法人 昭和第一学園］
〒190-0003 東京都立川市栄町2-45-8
TEL 042-536-1611
| 昭和15年3月31日 | 昭和第一工業学校を設立 |
| 昭和21年8月7日 | 昭和第一実業学校と改称 |
| 昭和23年4月1日 | 昭和第一高等学校，昭和第二高等学校と改称 |
| 昭和32年4月1日 | 昭和第一工業高等学校と改称 |
| 昭和55年4月1日 | 昭和第一高等学校が分離 |
| 平成元年4月1日 | 昭和第一学園高等学校と改称 |

◇昭和第一高等学校
［学校法人 昭和一高学園］
〒113-0033 東京都文京区本郷1-2-15
TEL 03-3811-0636
| 昭和4年 | 昭和第一商業学校を創立 |
| 昭和23年 | 昭和第一高等学校を設立 |

◇昭和鉄道高等学校
［学校法人 豊昭学園］
〒170-0011 東京都豊島区池袋本町2-10-1
TEL 03-3988-5511
| 昭和3年7月18日 | 昭和鉄道学校を設立 |
| 昭和7年 | 昭和高等鉄道学校と改称 |
| 昭和23年 | 昭和鉄道高等学校と改称 |

◇女子学院高等学校
［学校法人 女子学院］
〒102-0082 東京都千代田区一番町22-10
TEL 03-3263-1711
| 明治3年 | A六番女学校をジュリア・カロゾルスが設立 |
| 明治23年 | 桜井女学校，新栄女学校が合併し女子学院と改称し現在に至る |

◇女子聖学院高等学校
［学校法人 聖学院］
〒114-8574 東京都北区中里3-12-2
TEL 03-3917-2277
| 明治38年 | 女子聖学院を創立 |
| 昭和23年 | 女子聖学院高等部を設立 |
| 昭和41年 | 女子聖学院高等学校と改称 |

◇女子美術大学付属高等学校
［学校法人 女子美術大学］
〒166-8538 東京都杉並区和田1-49-8
TEL 03-5340-4541
| 大正4年4月 | 女子美術学校付属高等女学校が開校 |
| 大正5年2月 | 私立佐藤高等女学校と改称 |
| 昭和23年4月 | 佐藤高等学校が発足 |
| 昭和26年7月 | 女子美術大学付属高等学校と改称 |

◇白梅学園高等学校
［学校法人 白梅学園］
〒187-8570 東京都小平市小川町1-830
TEL 042-342-2311
| 昭和39年 | 白梅学園高等学校を開設 |

◇白百合学園高等学校
［学校法人 白百合学園］
〒102-8185 東京都千代田区九段北2-4-1
TEL 03-3234-6661
| 明治14年 | 学校を設立 |
| 明治17年 | 女子仏学校と改称 |
| 明治43年 | 仏英和高等女学校と改称 |
| 昭和10年 | 白百合高等女学校と改称 |
| 昭和21年 | 白百合女子専門学校を設置 |
| 昭和23年 | 白百合学園高等学校を設置 |

◇東京都立新宿高等学校
〒160-0014 東京都新宿区内藤町11-4
TEL 03-3354-7411
| 大正10年 | 東京府立第六中学校として創立 |

| 昭和18年 | 東京都立第六中学校と改称 |
| 昭和23年 | 東京都立第六新制高等学校と改称 |
| 昭和25年 | 東京都立新宿高等学校と改称 |

◇東京都立**新宿山吹**高等学校
〒162-8612 東京都新宿区山吹町81
TEL 03-5261-9771
| 平成3年4月1日 | 東京都立新宿山吹高等学校が開校 |

◇東京都立**神代**高等学校
〒182-0003 東京都調布市若葉町1-46-1
TEL 03-3300-8261
| 昭和15年 | 東京府立第十五高等女学校を創立 |
| 昭和16年 | 東京府立神代女学校と改称 |
| 昭和18年 | 東京都立神代高等女学校と改称 |
| 昭和23年 | 東京都立神代新制高等学校を設置 |
| 昭和25年 | 東京都立神代高等学校と改称 |

◇**巣鴨**高等学校
［学校法人 巣鴨学園］
〒170-0012 東京都豊島区上池袋1-21-1
TEL 03-3918-5311
| 明治43年 | 巣園学舎を遠藤隆吉が創立 |
| 大正11年 | 巣鴨中学校を創立 |
| 昭和24年 | 巣鴨高等学校を設立 |

◇**杉並学院**高等学校
［学校法人 杉並学院］
〒166-0004 東京都杉並区阿佐谷南2-30-17
TEL 03-3316-3311
| 大正12年4月22日 | 前田高等女学校が開校 |
| 昭和22年 | 菊華高等学校と改称 |
| 平成12年 | 杉並学院高等学校と改称 |

◇東京都立**杉並工業**高等学校
〒167-0023 東京都杉並区上井草4-13-31
TEL 03-3394-2471
| 昭和37年 | 東京都立杉並工業高等学校が開校 |

◇東京都立**杉並**高等学校
〒166-0016 東京都杉並区成田西4-15-15
TEL 03-3391-6530
| 昭和28年4月1日 | 東京都立杉並高等学校が開校 |

◇東京都立**杉並総合**高等学校
〒168-0073 東京都杉並区下高井戸5-17-1
TEL 03-3303-1003
| 平成16年4月 | 東京都立杉並総合高等学校が開校 |

◇東京都立**砂川**高等学校
〒190-8583 東京都立川市泉町935-4
TEL 042-537-4611
| 昭和54年4月 | 東京都立砂川高等学校が開校 |

◇東京都立**墨田川**高等学校
〒131-0032 東京都墨田区東向島3-34-14
TEL 03-3611-2125
| 大正10年10月4日 | 東京府立第七中学校を設立 |
| 昭和18年7月1日 | 東京都立第七中学校と改称 |
| 昭和23年4月1日 | 東京都立第七新制高等学校と改称 |
| 昭和25年1月26日 | 東京都立墨田川高等学校と改称 |

◇東京都立**墨田工業**高等学校
〒135-0004 東京都江東区森下5-1-7
TEL 03-3631-4928
| 明治33年2月18日 | 東京府職工学校を設立 |
| 明治34年6月22日 | 東京府立職工学校と改称 |
| 大正9年4月15日 | 東京府立実科工業学校と改称 |
| 昭和18年7月1日 | 東京都立墨田工業学校と改称 |
| 昭和23年4月1日 | 東京都立墨田工業新制高等学校と改称 |
| 昭和25年1月26日 | 東京都立墨田工業高等学校と改称 |

◇**駿台学園**高等学校
［学校法人 駿台学園］
〒114-0002 東京都北区王子6-1-10
TEL 03-3913-5735
| 昭和7年2月23日 | 駿台学園を神田駿河台に創立 |
| 昭和22年4月 | 駿台学園高等学校を設置 |

◇**聖学院**高等学校
［学校法人 聖学院］
〒114-8502 東京都北区中里3-12-1
TEL 03-3917-1121
| 明治39年 | 聖学院中学校をガイ博士が創立 |
| 昭和23年 | 聖学院高等学校を設立 |

◇**成蹊**高等学校
［学校法人 成蹊学園］
〒180-8633 東京都武蔵野市吉祥寺北町3-10-13
TEL 0422-37-3818
| 昭和23年 | 成蹊高等学校を開設 |

◇**成城学園**高等学校
［学校法人 成城学園］
〒157-8511 東京都世田谷区成城6-1-20
TEL 03-3482-2104
| 大正15年 | 成城高等学校を創設 |
| 昭和2年 | 成城高等女学校を創設 |
| 昭和23年 | 成城学園高等学校を開設 |

◇**成城**高等学校
［学校法人 成城学園］
〒162-8670 東京都新宿区原町3-87
TEL 03-3341-6141
| 明治18年1月 | 文武講習館として創立 |
| 明治19年8月 | 成城学校と改称 |
| 大正6年1月 | 私立成城中学校と改称 |
| 大正11年4月 | 成城第二中学校(のち:成城学園)を設置 |
| 昭和23年4月 | 成城高等学校と改称 |

◇**成女**高等学校
［学校法人 成女学園］
〒162-0067 東京都新宿区富久町7-30
TEL 03-3351-2330
| 明治32年 | 成女学校を創設 |
| 明治41年 | 成女高等女学校と改称 |
| 昭和22年 | 成女高等学校と改称 |

◇**聖心女子学院**高等科
［学校法人 聖心女子学院］
〒108-0072 東京都港区白金4丁目11-1
TEL 03-3444-7671
| 明治41年 | 聖心女子学院を設置 |
| 明治43年 | 聖心女子学院高等女学校を設置 |
| 大正4年 | 聖心女子学院高等専門学校を設置 |
| 昭和23年 | 聖心女子学院高等科を設置 |

◇**正則学園**高等学校
［学校法人 正則学園］
〒101-0054 東京都千代田区神田錦町3-1
TEL 03-3295-3011

東京都

| 明治29年10月16日 | 正則英語学校を斎藤秀三郎が創立 |
| --- | --- |
| 明治35年10月6日 | 正則予備学校を設置 |
| 明治39年10月 | 正則英語学校小川町分校が開校 |
| 明治40年8月22日 | 正則英語学校芝分校が開校 |
| 昭和8年4月8日 | 正則商業学校が開校 |
| 昭和16年4月1日 | 正則学園中学校を設置 |
| 昭和23年4月1日 | 正則学園高等学校が認可される |
| 昭和26年4月1日 | 正則商業高等学校と改称 |
| 昭和48年4月1日 | 正則学園高等学校と改称 |

◇正則高等学校
　［学校法人 正則学院］
　〒105-0011 東京都港区芝公園3-1-36
　TEL 03-3431-0913

| 明治22年 | 正則予備校を外山正一、元良勇次郎、神田乃武が創立 |
| --- | --- |
| 昭和26年 | 正則高等学校を設置 |

◇聖ドミニコ学園高等学校
　［学校法人 聖ドミニコ学園］
　〒157-0076 東京都世田谷区岡本1-10-1
　TEL 03-3700-0017

| 昭和37年4月 | 聖ドミニコ学園高等学校を開校 |
| --- | --- |

◇聖パウロ学園高等学校
　［学校法人 聖パウロ学園］
　〒192-0154 東京都八王子市恩方町2727
　TEL 0426-51-3893

| 昭和23年4月2日 | 聖パウロ学園を設置 |
| --- | --- |
| 昭和24年4月1日 | 聖パウロ学園工芸高等学校の設置に関する認可を申請 |
| 昭和29年10月27日 | 聖パウロ学園高等学校と改称 |

◇星美学園高等学校
　［学校法人 星美学園］
　〒115-8524 東京都北区赤羽台4-2-14
　TEL 03-3906-0054

| 昭和14年 | 星美学園を創設 |
| --- | --- |
| 昭和22年 | 星美学園高等学校を設立 |

◇成立学園高等学校
　［学校法人 成立学園］
　〒114-0001 東京都北区東十条6-9-13
　TEL 03-3902-5494

| 大正14年 | 成立商業学校を創立 |
| --- | --- |
| 昭和47年 | 成立高等学校と改称 |
| 平成16年4月 | 成立学園高等学校と改称 |

◇青稜高等学校
　［学校法人 青蘭学院］
　〒142-0043 東京都品川区二葉1-6-6
　TEL 03-3782-1502

| 昭和13年 | 青蘭商業女学校を創立 |
| --- | --- |
| 昭和23年 | 青蘭学院高等学校と改称 |
| 平成7年 | 青稜高等学校と改称 |

◇東京都立世田谷泉高等学校
　〒157-0061 東京都世田谷区北烏山9-22-1
　TEL 03-3300-6131

| 平成13年 | 東京都立世田谷泉高等学校が開校 |
| --- | --- |

◇世田谷学園高等学校
　［学校法人 世田谷学園］
　〒154-0005 東京都世田谷区三宿1-16-31
　TEL 03-3411-8661

| 文禄元年 | 曹洞宗吉祥寺の学寮として創始 |
| --- | --- |
| 明治35年 | 曹洞宗第一中学林として創立 |
| 大正13年 | 世田谷中学校と改称 |
| 昭和23年 | 世田谷高等学校を開設 |
| 昭和58年 | 世田谷学園高等学校と改称 |

◇専修大学附属高等学校
　［学校法人 専修大学附属高等学校］
　〒168-0063 東京都杉並区和泉4-4-1
　TEL 03-3322-7171

| 昭和7年6月 | 京王商業学校を設立 |
| --- | --- |
| 昭和26年2月 | 京王高等学校と改称 |
| 昭和44年4月 | 専修大学の付属校となり専修大学附属京王高等学校と改称 |
| 昭和54年5月 | 専修大学附属高等学校と改称 |

◇創価高等学校
　［学校法人 創価学園］
　〒187-0024 東京都小平市たかの台2-1
　TEL 042-342-2611

| 昭和42年 | 創価高等学校を設立 |
| --- | --- |

◇大成高等学校
　［学校法人 大成学園］
　〒181-0012 東京都三鷹市上連雀6-7-5
　TEL 0422-43-3196

| 明治30年 | 大成学館尋常中学校として開校 |
| --- | --- |
| 昭和23年 | 大成高等学校と改称 |

◇大東学園高等学校
　［学校法人 大東学園］
　〒156-0055 東京都世田谷区船橋7-22-1
　TEL 03-3483-1901

| 昭和7年 | クリュッペルハイム東星学園を守屋東が創設 |
| --- | --- |
| 昭和17年 | 大東高等女学校と改称 |
| 昭和23年 | 大東学園高等学校と改称 |

◇東京都立台東商業高等学校
　〒111-0024 東京都台東区今戸1-8-13
　TEL 03-3874-3185

| 昭和23年 | 東京都立隅田女子商業学校, 東京都立浅草高等女学校を合併し東京都立台東新制高等学校が発足 |
| --- | --- |
| 昭和31年 | 東京都立台東商業高等学校と改称 |

◇大東文化大学第一高等学校
　［学校法人 大東文化学園］
　〒175-8571 東京都板橋区高島平1-9-1
　TEL 03-5399-7888

| 昭和37年4月 | 大東文化大学第一高等学校が開校 |
| --- | --- |

◇東京都立高島高等学校
　〒175-0082 東京都板橋区高島平3-7-1
　TEL 03-3938-3125

| 昭和49年4月 | 東京都立高島高等学校が開校 |
| --- | --- |

◇高輪高等学校
　［学校法人 高輪学園］
　〒108-0074 東京都港区高輪2-1-32
　TEL 03-3441-7201

| 明治18年4月 | 普通教校を京都西本願寺が創立 |
| --- | --- |
| 明治21年10月 | 文学寮と改称 |
| 明治33年4月 | 模範仏教中学校と改称 |
| 明治35年4月 | 第一仏教中学校と改称 |
| 明治39年4月 | 高輪中学校と改称 |
| 大正9年4月 | 高輪商業学校を開校 |

| 昭和23年4月 | 高輪高等学校を発足 |
| 昭和30年11月 | 高輪商業高等学校を高輪高等学校の商業科から分離し設立 |

◇東京都立**田柄**高等学校
〒179-0072 東京都練馬区光が丘2-3-1
TEL 03-3977-2555
| 昭和55年12月25日 | 東京都立田柄高等学校を創立 |

◇**瀧野川女子学園**高等学校
［学校法人 瀧野川女子学園］
〒114-0016 東京都北区上中里1-27-7
TEL 03-3910-6315
| 大正15年4月 | 瀧野川実科女学院を山口さとるが創立 |
| 昭和6年12月 | 瀧野川高等実科女学校と改称 |
| 昭和18年5月 | 瀧野川高等実科女学校を設立 |
| 昭和21年10月 | 瀧野川高等女学校と改称 |
| 昭和33年3月 | 瀧野川女子学園高等学校と改称 |

◇**拓殖大学第一**高等学校
［学校法人 拓殖大学］
〒208-0013 東京都武蔵村山市大南4-64-5
TEL 042-590-3211
| 昭和23年3月 | 紅陵高等学校が開校 |
| 昭和25年4月 | 正明高等学校を吸収合併し正明高等学校と改称 |
| 昭和35年1月 | 拓殖大学第一高等学校と改称 |

◇東京都立**竹台**高等学校
〒116-0014 東京都荒川区東日暮里5-14-1
TEL 03-3891-1515
| 昭和15年4月 | 東京市立第四高等女学校として設立 |
| 昭和18年7月 | 東京都立竹台高等女学校と改称 |
| 昭和23年4月 | 東京都立竹台女子新制高等学校と改称 |
| 昭和25年1月 | 東京都立竹台高等学校と改称 |

◇東京都立**竹早**高等学校
〒112-0002 東京都文京区小石川4-2-1
TEL 03-3811-6961
| 明治33年2月 | 東京府第二高等女学校を設立 |
| 明治34年7月 | 東京府立第二高等女学校と改称 |
| 昭和23年4月 | 東京都立第二女子新制高等学校と改称 |
| 昭和25年 | 東京都立竹早高等学校と改称 |

◇東京都立**忠生**高等学校
〒194-0033 東京都町田市木曽町18-2276
TEL 042-791-1631
| 昭和46年1月 | 東京都立町田高等学校山崎分校を設置 |
| 昭和46年4月 | 東京都立忠生高等学校として発足 |

◇東京都立**立川**高等学校
〒190-0022 東京都立川市錦町2-13-5
TEL 042-524-8195
| 明治34年5月 | 東京府第二中学校が開校 |
| 昭和18年7月 | 東京都立第二中学校と改称 |
| 昭和23年4月 | 東京都立第二新制高等学校と改称 |
| 昭和25年1月 | 東京都立立川高等学校と改称 |

◇**立川女子**高等学校
［学校法人 村井学園］
〒190-0011 東京都立川市高松町3-12-1
TEL 042-524-5188
| 大正14年 | 立川高等女学校として創立 |
| 昭和26年 | 立川女子高等学校と改称 |

◇東京都立**田無工業**高等学校
〒188-0013 東京都西東京市向台町1-9-1
TEL 0424-64-2225
| 昭和38年4月10日 | 東京都立田無工業高等学校が開校 |
| 昭和38年12月1日 | 東京都立田無工業高等学校を設置 |

◇東京都立**田無**高等学校
〒188-0013 東京都西東京市向台町5-4-34
TEL 0424-63-8511
| 昭和58年 | 東京都立田無高等学校を創立 |

◇**玉川学園**高等部
［学校法人 玉川学園］
〒194-8610 東京都町田市玉川学園6-1-1
TEL 042-739-8111
| 昭和23年 | 玉川学園高等部を設置 |

◇東京都立**玉川**高等学校
〒158-0094 東京都世田谷区玉川1-20-1
TEL 03-3700-4110
| 昭和30年4月1日 | 東京都立玉川高等学校が開校 |

◇**玉川聖学院**高等部
［学校法人 玉川聖学院］
〒158-0083 東京都世田谷区奥沢7-11-22
TEL 03-3702-4141
| 昭和25年9月 | 玉川聖学院を発足 |
| 昭和26年3月6日 | 玉川聖学院高等部を設置 |

◇東京都立**多摩工業**高等学校
〒197-0003 東京都福生市熊川215
TEL 042-551-3435
| 昭和38年 | 東京都立多摩工業高等学校が開校 |

◇東京都立**多摩**高等学校
〒198-0088 東京都青梅市裏宿町580
TEL 0428-23-2151
| 大正12年4月23日 | 青梅町ほか六か村組合立実科高等女学校が開校 |
| 大正14年4月1日 | 東京府立青梅実科高等女学校と改称 |
| 昭和8年4月1日 | 東京府立第九高等女学校と改称 |
| 昭和18年7月1日 | 東京都立第九高等女学校と改称 |
| 昭和23年4月1日 | 東京都立第九女子新制高等学校と改称 |
| 昭和25年1月25日 | 東京都立多摩高等学校と改称 |

◇**多摩大学附属聖ケ丘**高等学校
［学校法人 田村学園］
〒206-0022 東京都多摩市聖ケ丘4-1-1
TEL 042-372-9393
| 昭和63年4月 | 聖ケ丘高等学校を設置 |
| 平成元年 | 多摩大学附属聖ケ丘高等学校と改称 |

◇**多摩大学目黒**高等学校
［学校法人 田村学園］
〒153-0064 東京都目黒区下目黒4-10-24
TEL 03-3714-2661
| 昭和12年10月 | 目黒商業女学校を田村國雄が設立 |
| 昭和18年3月 | 目黒女子商業学校と改称 |
| 昭和22年4月 | 目黒学園女子商業高等学校と改称 |

東京都

| 平成2年4月 | 目黒学園女子高等学校と改称 |
| 平成7年9月 | 多摩大学目黒高等学校と改称 |

◇東京都立千歳丘高等学校
　〒156-0055 東京都世田谷区船橋3-18-1
　TEL 03-3429-7271
| 昭和17年 | 東京府立第十九高等女学校を創立 |
| 昭和21年 | 東京都立芝高等家政女学校を統合 |
| 昭和23年 | 東京都立千歳女子新制高等学校と改称 |
| 昭和25年 | 東京都立千歳丘高等学校と改称 |

◇東京都立千早高等学校
　〒171-0044 東京都豊島区千早3-46-21
　TEL 03-5964-1721
| 平成16年4月 | 東京都立千早高等学校が開校 |

◇中央学院大学中央高等学校
　［学校法人 中央学院］
　〒136-0071 東京都江東区亀戸7-65-12
　TEL 03-5836-7020
| 昭和30年 | 中央商業高等学校を設置 |
| 平成10年 | 中央学院大学中央高等学校と改称 |

◇中央大学高等学校
　［学校法人 中央大学］
　〒112-8551 東京都文京区春日1-13-27
　TEL 03-3814-5275
| 昭和3年 | 中央大学商業学校が開校 |
| 昭和23年 | 中央大学高等学校と改称 |

◇中央大学杉並高等学校
　［学校法人 中央大学］
　〒167-0035 東京都杉並区今川2-7-1
　TEL 03-3390-3175
| 昭和38年 | 中央大学杉並高等学校が開校 |

◇中央大学附属高等学校
　［学校法人 中央大学］
　〒184-8575 東京都小金井市貫井北町3-22-1
　TEL 042-381-5413
| 明治42年3月 | 目白中学校を設置 |
| 昭和10年4月 | 杉並中学校と改称 |
| 昭和23年4月 | 杉並高等学校と改称 |
| 昭和27年5月 | 中央大学杉並高等学校と改称 |
| 昭和38年4月 | 中央大学附属高等学校と改称 |

◇東京都立調布北高等学校
　〒182-0011 東京都調布市深大寺北町5-39-1
　TEL 0424-87-1860
| 昭和48年10月20日 | 東京都立調布北高等学校の設立が許可される |

◇東京都立調布南高等学校
　〒182-0025 東京都調布市多摩川6-2-1
　TEL 0424-83-0765
| 昭和52年 | 東京都立調布南高等学校を創立 |

◇千代田女学園高等学校
　［学校法人 千代田女学園］
　〒102-0081 東京都千代田区四番町11
　TEL 03-3263-6551
| 明治21年 | 女子文芸学舎を島地黙雷が創立 |
| 明治43年 | 千代田高等女学校と改称 |
| 昭和22年 | 千代田女学園高等学校と改称 |

◇東京都立つばさ総合高等学校
　〒144-8533 東京都大田区本羽田3-11-5
　TEL 03-5737-0151
〈東京都立羽田高等学校〉
| 昭和23年6月1日 | 東京都立雪谷高等学校森ヶ崎分校が開校 |
| 昭和29年11月1日 | 東京都立雪谷高等学校糀谷分校と改称 |
| 昭和42年4月1日 | 東京都立雪谷高等学校糀谷分校を廃止し |
| | 東京都立羽田高等学校として発足 |
〈東京都立羽田工業高等学校〉
| 昭和16年4月 | 東京府立第二化学工業学校が開校 |
| 昭和18年7月1日 | 東京都立三鷹化学工業学校と改称 |
| 昭和22年1月1日 | 京橋化学工業学校と改称 |
| 昭和23年4月1日 | 京橋化学高等学校と改称 |
| 昭和34年4月1日 | 東京都立一橋高等学校の機械科を受け入れ |
| | 東京都立羽田工業高等学校と改称 |
| 平成20年 | 東京都立羽田工業高等学校を閉校予定 |
〈東京都立一橋高等学校〉
| 昭和15年4月 | 東京市立蒲田工業学校が開校 |
| 昭和18年7月1日 | 東京都立蒲田工業学校と改称 |
| 昭和22年4月1日 | 一橋工業学校と改称 |
| 昭和23年4月1日 | 神田高等学校と改称 |
| 昭和25年4月1日 | 今川高等学校と統合し |
| | 東京都立一橋高等学校と改称 |
| 昭和34年4月1日 | 京橋化学高等学校に合併 |
〈統合〉
| 平成14年4月 | 東京都立羽田高等学校, 東京都立羽田工業高等学校の全日制を合併し |
| | 東京都立つばさ総合高等学校が開校 |

◇鶴川高等学校
　［学校法人 明泉学園］
　〒195-0054 東京都町田市三輪町字2-122
　TEL 044-988-1126
| 昭和36年4月 | 鶴川高等学校を百瀬泰男が創立 |

◇帝京大学系属帝京高等学校
　［学校法人 帝京学園］
　〒173-8555 東京都板橋区稲荷台27-1
　TEL 03-3963-4711
| 昭和18年4月26日 | 帝京中学校を冲永荘兵衛が創立 |
| 昭和23年4月 | 帝京高等学校と改称 |
| 平成13年12月 | 帝京大学系属帝京高等学校と改称 |

◇帝京大学高等学校
　［学校法人 帝京大学］
　〒192-0361 東京都八王子市越野322
　TEL 0426-76-9511
| 昭和6年 | 帝京商業学校を冲永荘兵衛が創立 |
| 昭和23年 | 帝京商業高等学校と改称 |
| 昭和36年 | 帝京商工高等学校と改称 |
| 昭和46年 | 帝京大学高等学校と改称 |

◇帝京八王子高等学校
　［学校法人 冲永学園］
　〒192-0151 東京都八王子市上川町3766
　TEL 0426-54-6141
| 昭和34年 | 帝京女子高等学校が開校 |

| 昭和54年 | 帝京八王子高等学校と改称 |

◇貞静学園高等学校
　［学校法人 貞静学園］
　〒112-8625 東京都文京区大塚1-2-10
　TEL 03-3943-3711
| 昭和5年5月 | 貞静学園を創設 |
| 昭和16年 | 貞静学園女子商業学校を設立 |
| 昭和26年 | 貞静学園高等学校に組織変更 |

◇田園調布学園高等部
　［学校法人 調布学園］
　〒158-8512 東京都世田谷区東玉川2-21-8
　TEL 03-3727-6123
| 大正15年7月3日 | 調布女学校を設立 |
| 昭和2年2月5日 | 調布高等女学校を設立 |
| 昭和23年3月10日 | 調布高等学校を設置 |
| 平成16年4月1日 | 田園調布学園高等部と改称 |

◇東京都立田園調布高等学校
　〒145-0076 東京都大田区田園調布南27-1
　TEL 03-3750-4346
| 昭和25年4月1日 | 東京都大田高等学校が開校 |
| 昭和28年2月19日 | 東京都立田園調布高等学校と改称 |

◇田園調布雙葉高等学校
　［学校法人 田園調布雙葉学園］
　〒158-8511 東京都世田谷区玉川田園調布1-20-9
　TEL 03-3721-1772
| 昭和27年4月 | 雙葉第二高等学校が開校 |
| 昭和39年6月 | 田園調布雙葉高等学校と改称 |

◇戸板女子高等学校
　［学校法人 戸板学園］
　〒158-0097 東京都世田谷区用賀2-16-1
　TEL 03-3707-5676
| 大正5年4月 | 三田高等女学校を開設 |
| 大正15年4月 | 大森高等女学校を開設 |
| 昭和12年4月 | 戸板高等女学校と改称 |
| 昭和22年3月 | 戸板女子高等学校に改組 |
| 昭和23年3月 | 大森高等女学校を併合 |

◇東亜学園高等学校
　［学校法人 東亜学園高等学校］
　〒164-0002 東京都中野区上高田5-44-3
　TEL 03-3387-6331
| 大正12年 | 東亜商業学校として創立 |
| 昭和22年 | 東亜商業高等学校と改称 |
| 昭和26年 | 野方学園高等学校と改称 |
| 昭和28年 | 東亜商業高等学校に復する |
| 昭和50年 | 東亜学園高等学校と改称 |

◇東海大学菅生高等学校
　［学校法人 菅生学園］
　〒197-0801 東京都あきる野市菅生1817
　TEL 042-559-2200
| 昭和58年4月 | 東京菅生高等学校が開校 |
| 平成元年4月 | 東海大学菅生高等学校と改称 |

◇東海大学付属望星高等学校
　［学校法人 東海大学］
　〒151-8677 東京都渋谷区富ケ谷2-10-1
　TEL 03-3467-8111
| 昭和34年4月 | 東海大学付属高等学校通信教育部が開校 |
| 昭和38年4月 | 東海大学付属望星高等学校として独立 |

◇東海大学付属高輪台高等学校
　［学校法人 東海大学］
　〒108-8587 東京都港区高輪2-2-16
　TEL 03-3448-4011
| 昭和19年4月 | 電気通信工業学校，電波工業学校が開校 |
| 昭和20年8月 | 電気通信工業学校，電波工業学校が合併し東海工業学校と改称 |
| 昭和23年4月 | 東海高等学校と改称 |
| 昭和27年4月 | 東海電波高等学校と改称 |
| 昭和43年4月 | 東海大学高輪台高等学校と改称 |
| 平成2年4月 | 東海大学付属高輪台高等学校と改称 |

◇東京都立第五商業高等学校
　〒186-0004 東京都国立市中3-4
　TEL 042-572-0132
| 昭和16年2月7日 | 東京府立第五商業学校を設置 |
| 昭和23年4月1日 | 東京都立第五商業高等学校と改称 |

◇東京音楽大学付属高等学校
　［学校法人 東京音楽大学］
　〒112-0014 東京都文京区関口3-12-1
　TEL 03-3945-6214
| 昭和7年 | 東洋音楽学校を設立 |
| 昭和44年 | 東京音楽大学付属高等学校と改称 |

◇東京学園高等学校
　［学校法人 東京学園高等学校］
　〒153-0064 東京都目黒区下目黒6-12-25
　TEL 03-3711-6641
| 明治22年 | 商業学校を下村房次郎、浜田健次郎が設立 |
| 昭和23年 | 東京商業学校と改称 |
| 昭和48年 | 東京学園高等学校と改称 |

◇東京家政学院高等学校
　［学校法人 東京家政学院］
　〒102-8341 東京都千代田区三番町22
　TEL 03-3262-2256
| 昭和14年 | 東京家政学院高等女学校を設置 |
| 昭和23年4月 | 東京家政学院高等学校と改称 |

◇東京家政大学附属女子高等学校
　［学校法人 渡辺学園］
　〒173-8602 東京都板橋区加賀1-18-1
　TEL 03-3961-2447
| 明治14年 | 和洋裁縫伝習所を渡邉辰五郎が開設 |
| 明治25年 | 東京裁縫女学校と改称 |
| 昭和6年 | 渡辺女学校と改称 |
| 昭和16年 | 渡辺高等女学校を設立 |
| 昭和23年 | 渡辺学園女子高等学校を設立 |
| 昭和24年 | 東京家政大学附属女子高等学校と改称 |

◇東京高等学校
　［学校法人 上野塾］
　〒146-0091 東京都大田区鵜の木2-39-1
　TEL 03-3750-2635
| 明治5年8月 | 上野塾を開校 |

東京都

| 明治21年7月 | 東京数理学校と改称 |
| 明治23年2月 | 東京数理学校を解消し東京数学院が開校 |
| 明治26年12月 | 尋常中学部を設立 |
| 明治27年9月 | 東京数学院宮城分院（のち：東北高等学校）を設立 |
| 明治29年12月 | 尋常中等部を東京数学院尋常中学校と改称 |
| 明治32年3月 | 東京数学院尋常中学校を東京中学校と改称 |
| 大正11年4月 | 東京実業学校（のち：東京実業高等学校）を設置 |
| 昭和23年4月 | 東都高等学校が発足 |
| 昭和25年11月 | 東京実業高等学校が分離独立 |
| 昭和29年10月 | 東京高等学校と改称 |

◇東京実業高等学校
［学校法人 上野塾］
〒144-0051 東京都大田区西蒲田8-18-1
TEL 03-3732-4481

| 明治5年8月 | 上野塾を上野清が開設 |
| 明治21年7月 | 東京数理学校と改称 |
| 明治23年2月 | 東京数理学校を解消し東京数学院が開校 |
| 明治26年12月 | 尋常中学部を設立 |
| 明治29年12月 | 尋常中等部を東京数学院尋常中学校と改称 |
| 明治32年3月 | 東京数学院尋常中学校を東京中学校と改称 |
| 大正11年4月 | 東京実業学校（のち：東京実業高等学校）を設置 |
| 昭和23年4月 | 東都高等学校が発足 |
| 昭和25年11月 | 東京実業高等学校として分離独立 |

◇東京純心女子高等学校
［学校法人 東京純心女子学園］
〒192-0011 東京都八王子市滝山町2-600
TEL 0426-91-1345

| 昭和38年 | 東京純心女子学園を創立 |
| 昭和39年 | 東京純心女子高等学校が開校 |

◇東京女学館高等学校
［学校法人 東京女学館］
〒150-0012 東京都渋谷区広尾3-7-16
TEL 03-3400-0879

| 明治21年 | 東京女学館を設立 |
| 昭和23年 | 東京女学館高等学校を設置 |

◇東京女子学院高等学校
［学校法人 東京女子学院］
〒177-0051 東京都練馬区関町北4-16-11
TEL 03-3920-5151

| 昭和11年 | 芙蓉女学校を酒井尭が創立 |
| 昭和21年 | 芙蓉高等女学校が認可される |
| 昭和24年 | 東京女子学院高等学校と改称 |

◇東京女子学園高等学校
［学校法人 東京女子学園］
〒108-0014 東京都港区芝4-1-30
TEL 03-3451-0912

| 明治36年4月 | 私立東京高等女学校を創立 |
| 大正11年4月 | 東京高等女学校と改称 |
| 昭和23年3月 | 東京女子高等学校と改称 |
| 平成3年4月 | 東京女子学園高等学校と改称 |

◇東京成徳大学高等学校
［学校法人 東京成徳学園］
〒114-8526 東京都北区豊島8-26-9
TEL 03-3911-2786

| 大正15年 | 王子高等女学校を設立 |
| 昭和6年 | 東京成徳高等女学校と改称 |
| 昭和23年 | 東京成徳高等学校を設立 |
| 平成5年 | 東京成徳大学高等学校と改称 |

◇東京電機大学高等学校
［学校法人 東京電機大学］
〒184-8555 東京都小金井市梶野町4-8-1
TEL 0422-37-6441

| 明治40年 | 電機学校を扇本真吉、広田精一が創立 |
| 昭和14年4月 | 東京電機高等工業学校を設置 |
| 昭和19年4月 | 電機第一工業学校と改称 |
| 昭和19年4月 | 電機第二工業学校を設置 |
| 昭和23年4月 | 電機第一工業学校，電機第二工業学校を併合し電機学園高等学校を開学 |
| 昭和31年2月 | 東京電機大学高等学校と改称 |

◇東京都立園芸高等学校
〒158-8566 東京都世田谷区深沢5-38-1
TEL 03-3705-2154

| 明治41年4月27日 | 東京府立園芸学校が開設 |
| 昭和23年4月1日 | 東京都立園芸高等学校と改称 |

◇東京都立科学技術高等学校
〒136-0072 東京都江東区大島1-2-31
TEL 03-5609-0227

| 平成13年 | 東京都立科学技術高等学校が開校 |

◇東京都立芸術高等学校
〒153-0044 東京都目黒区大橋2-18-58
TEL 03-3467-9494

| 昭和25年4月1日 | 東京都立駒場高等学校に芸術科設置 |
| 昭和47年4月1日 | 東京都立駒場高等学校から芸術科が独立し東京都立芸術高等学校として発足 |

◇東京都立工芸高等学校
〒113-0033 東京都文京区本郷1-3-9
TEL 03-3814-8755

| 明治40年4月 | 東京府立工芸学校が開設 |
| 昭和18年 | 東京都立工芸学校と改称 |
| 昭和23年 | 東京都立工芸新制高等学校と改称 |
| 昭和25年 | 東京都立工芸高等学校と改称 |

◇東京都立国際高等学校
〒153-0041 東京都目黒区駒場2-19-59
TEL 03-3468-6811

| 平成元年 | 東京都立国際高等学校が開校 |

◇東京都立総合工科高等学校
〒157-0066 東京都世田谷区成城9-25-1
TEL 03-3483-0204

| 平成18年4月 | 東京都立世田谷工業高等学校（全日制）を母体として東京都立総合工科高等学校が開校 |

◇東京都立第一商業高等学校
〒150-0035 東京都渋谷区鉢山町8-1
TEL 03-3463-2606

| 大正8年4月10日 | 東京府立商業学校が開校 |
| 大正9年2月19日 | 東京府立第一商業学校と改称 |
| 昭和23年4月8日 | 東京都立第一商業新制高等学校と改称 |
| 昭和25年1月28日 | 東京都立第一商業高等学校と改称 |

◇東京都立第二商業高等学校
〒193-0931 東京都八王子市台町3-25-1
TEL 0426-22-6231

| 大正9年 | 東京府立第二商業学校として創設 |
| 昭和25年 | 東京都立第二商業高等学校と改称 |
| 平成19年 | 東京都立八王子工業高等学校と統合し 東京都立八王子地区産業高等学校（仮称）を開校予定 |

◇東京都立第三商業高等学校
〒135-0044 東京都江東区越中島3-3-1
TEL 03-3641-0380

| 昭和3年1月 | 東京府立第三商業学校を設立 |
| 昭和18年7月 | 東京府立第三商業学校と改称 |
| 昭和23年7月 | 東京都立第三商業高等学校と改称 |

◇東京都立第四商業高等学校
〒176-0021 東京都練馬区貫井3-45-19
TEL 03-3990-4221

| 昭和15年1月23日 | 東京府立第四商業学校を設立 |
| 昭和18年7月1日 | 東京府立第四商業学校と改称 |
| 昭和23年4月1日 | 東京都立第四商業高等学校と改称 |

◇東京都立大学附属高等学校
〒152-0023 東京都目黒区八雲1-1-2
TEL 03-3723-9966

| 昭和4年 | 東京府立高等学校が開校 |
| 昭和18年 | 東京都立高等学校と改称 |
| 昭和23年 | 東京都立新制高等学校と改称 |
| 昭和25年 | 東京都立大学附置学校と改称 |
| 昭和25年 | 東京都立大学附属高等学校と改称 |

◇東京都立西高等学校
〒168-0081 東京都杉並区宮前4-21-32
TEL 03-3333-7771

| 昭和12年 | 東京府立第十中学校を創立 |
| 昭和21年 | 玉泉中学校を統合 |
| 昭和23年 | 東京都立第十新制高等学校と改称 |
| 昭和25年 | 東京都立西高等学校と改称 |

◇東京都立農業高等学校
〒183-0056 東京都府中市寿町1-10-2
TEL 042-362-2211

| 明治42年 | 東京府北多摩郡立農業学校が開校 |
| 明治43年 | 東京府北多摩郡立農蚕学校と改称 |
| 大正12年 | 東京府立府中農蚕学校と改称 |
| 昭和18年 | 東京府立府中農業学校と改称 |
| 昭和23年 | 東京都立新制農業高等学校と改称 |
| 昭和25年 | 東京都立農業高等学校と改称 |

◇東京都立農芸高等学校
〒167-0035 東京都杉並区今川3-25-1
TEL 03-3399-0191

| 明治33年 | 中野町外13ヶ村組合立農業補習学校を創立 |
| 明治34年 | 豊多摩郡立農業補習学校と改称 |
| 昭和42年 | 豊多摩郡立農業学校と改称 |
| 大正12年 | 東京府立中野農業学校と改称 |
| 昭和3年 | 東京府立農芸学校と改称 |
| 昭和18年 | 東京都立農芸学校と改称 |
| 昭和23年 | 東京都立農芸新制高等学校と改称 |
| 昭和25年 | 東京都立農芸高等学校と改称 |

◇東京都立農産高等学校
〒124-0002 東京都葛飾区西亀有1-28-1
TEL 03-3602-2865

| 昭和23年4月1日 | 公立青年学校葛飾区南綾瀬農工学校の学制改革による廃止に伴い東京都立農芸新制高等学校下千葉分校と改称 |
| 昭和25年1月1日 | 東京都立農芸高等学校下千葉分校と改称 |
| 昭和32年10月1日 | 東京都立農芸高等学校下千葉分校を廃止し東京都立農産高等学校として独立 |

◇東京都立農林高等学校
〒198-0041 東京都青梅市勝沼1-60
TEL 0428-22-6135

| 明治42年10月31日 | 東京府立農林学校を設置 |
| 昭和18年7月1日 | 東京都立農林学校と改称 |
| 昭和25年1月26日 | 東京都立農林高等学校と改称 |

◇東京都立東高等学校
〒136-0074 東京都江東区東砂7-19-24
TEL 03-3644-7176

| 昭和40年 | 東京都立東高等学校が開校 |

◇東京農業大学第一高等学校
［学校法人 東京農業大学］
〒156-0053 東京都世田谷区桜3-33-1
TEL 03-3425-4481

| 昭和24年 | 東京農業大学第一高等学校を設立 |

◇東京文化高等学校
［学校法人 東京文化学園］
〒164-8638 東京都中野区本町6-38-1
TEL 03-3381-0408

| 昭和22年 | 東京経専高等学校を開設 |
| 昭和25年 | 東京文化高等学校と改称 |

◇東京立正高等学校
［学校法人 堀之内学園］
〒166-0013 東京都杉並区堀ノ内2-41-15
TEL 03-3312-1111

| 昭和2年4月 | 立正高等女学校が開校（創立者:岡田日帰上人） |
| 昭和23年4月 | 東京立正高等学校と改称 |

◇東星学園高等学校
［学校法人 東星学園］
〒204-0024 東京都清瀬市梅園3-14-47
TEL 0424-93-3201

| 昭和5年 | ベタニアの家を創立者ヨゼフ・フロジャク神父が創設 |
| 昭和7年 | ナザレトの家を建設 |
| 昭和8年 | ベトレヘムの園を建設 |
| 昭和9年 | 東星学園（のち:ベトレヘム学園）を建設 |
| 昭和40年 | 東星学園高等学校を設立 |

◇東邦音楽大学附属東邦高等学校
［学校法人 三室戸学園］
〒112-0012 東京都文京区大塚4-46-9

東京都

| | TEL 03-3946-9668 | |
| --- | --- | --- |
| 昭和9年11月 | 東京高等音楽学院大塚分教場の開設認可を受ける | |
| 昭和13年2月 | 東邦音楽学校と改称し三室戸為光が発足させる | |
| 昭和15年8月 | 東邦女学校を設立 | |
| 昭和22年2月 | 東邦高等女学校と改称 | |
| 昭和23年3月 | 東邦高等学校を設置 | |
| 昭和40年 | 東邦音楽大学附属東邦高等学校と改称 | |

◇桐朋高等学校
　［学校法人　桐朋学園］
　〒186-0004 東京都国立市中3-1-10
　TEL 042-577-2171

| 昭和15年11月 | 山水育英会を山下汽船株式会社社長山下亀三郎の献金を基に設立 |
| --- | --- |
| 昭和16年3月 | 山水高等女学校を山水育英会を母体に設立 |
| 昭和23年4月 | 桐朋高等学校に改編 |

◇桐朋女子高等学校
　［学校法人　桐朋学園］
　〒182-8510 東京都調布市若葉町1-41-1
　TEL 03-3300-2111

| 昭和15年11月 | 山水育英会を山下汽船株式会社社長山下亀三郎の献金を基に設立 |
| --- | --- |
| 昭和16年3月 | 山水高等女学校を山水育英会を母体に設立 |
| 昭和22年 | 桐朋高等女学校と改称 |
| 昭和23年 | 桐朋女子高等学校を設置 |

◇東洋英和女学院高等部
　［学校法人　東洋英和女学院］
　〒106-8507 東京都港区六本木5-14-40
　TEL 03-3583-0696

| 明治17年 | 東洋英和女学校をマーサ・J.カートメルが設立 |
| --- | --- |
| 大正8年 | 東洋英和女学校付属保姆伝習所を開設 |
| 昭和21年 | 東洋英和女学院と改称 |
| 昭和22年 | 東洋英和女学院高等部と改称 |

◇東洋高等学校
　［学校法人　東商学園］
　〒101-0061 東京都千代田区三崎町1-4-16
　TEL 03-3291-3824

| 明治37年9月 | 東洋商業専門学校を杉浦鋼太郎が創立 |
| --- | --- |
| 昭和26年 | 東洋商業高等学校と改称 |
| 昭和47年 | 東洋高等学校と改称 |

◇東洋女子高等学校
　［学校法人　東洋女子学園］
　〒112-0011 東京都文京区千石3-29-8
　TEL 03-3941-2680

| 明治38年 | 東洋女学校を村上専精が創立 |
| --- | --- |
| 明治40年 | 東洋高等女学校と改称 |
| 昭和23年 | 東洋女子高等学校と改称 |

◇東横学園高等学校
　［学校法人　五島育英会］
　〒158-0082 東京都世田谷区等々力8-10-1
　TEL 03-3701-2191

| 昭和13年12月17日 | 東横商業女学校を設置 |
| --- | --- |
| 昭和15年3月25日 | 東横女子商業学校と改称 |
| 昭和23年3月10日 | 東横学園高等学校を設置 |

◇トキワ松学園高等学校
　［学校法人　トキワ松学園］
　〒152-0003 東京都目黒区碑文谷4-17-16
　TEL 03-3713-8161

| 大正5年 | 常磐松女学校を三角錫子が設立 |
| --- | --- |
| 昭和23年 | 常磐松高等学校を設立 |
| 昭和26年 | トキワ松学園高等学校と改称 |

◇豊島岡女子学園高等学校
　［学校法人　豊島岡女子学園］
　〒170-0013 東京都豊島区東池袋1-25-22
　TEL 03-3983-8261

| 明治25年5月1日 | 女子裁縫専門学校を河村常が設立 |
| --- | --- |
| 明治37年 | 東京家政女学校と改称 |
| 大正13年4月 | 牛込高等女学校を設置 |
| 昭和23年4月 | 豊島岡女子学園高等学校と改称 |

◇豊島学院高等学校
　［学校法人　豊昭学園］
　〒170-0011 東京都豊島区池袋本町2-10-1
　TEL 03-3988-5511

| 昭和7年 | 神田商業学校を設立 |
| --- | --- |
| 昭和15年 | 豊島商業学校と改称 |
| 昭和19年 | 豊島工業学校を設置 |
| 昭和23年 | 豊島商業学校，豊島工業学校が合併し豊島実業高等学校と改称 |
| 平成4年 | 豊島学院高等学校と改称 |

◇東京都立豊島高等学校
　〒171-0044 東京都豊島区千早4-9-21
　TEL 03-3958-0121
〈東京府立第二十二高等女学校〉

| 昭和18年 | 東京府立第二十二高等女学校を設立 |
| --- | --- |

〈東京都立第十女子新制高等学校〉

| 昭和11年 | 東京府立第十高等女学校を設立 |
| --- | --- |
| 昭和18年 | 東京都立第十高等女学校と改称 |
| 昭和23年 | 東京都立第十女子新制高等学校と改称 |
| 昭和21年 | 東京府立第二十二高等女学校を併合 |
| 昭和25年 | 東京都立豊島高等学校と改称 |

◇獨協高等学校
　［学校法人　獨協学園］
　〒112-0014 東京都文京区関口3-8-1
　TEL 03-3943-3651

| 明治14年 | 獨逸学協会を西周、桂太郎、加藤弘之らが設立 |
| --- | --- |
| 明治16年 | 獨逸学協会学校を設立 |
| 昭和23年 | 獨協高等学校が発足 |

◇東京都立戸山高等学校
　〒162-0052 東京都新宿区戸山3-19-1
　TEL 03-3202-4301

| 明治21年 | 補充中学校を創立 |
| --- | --- |
| 明治24年 | 共立中学校と改称 |
| 明治27年 | 東京府城北尋常中学校と改称 |
| 明治34年 | 東京府立第四中学校と改称 |
| 昭和18年 | 東京都立第四中学校と改称 |
| 昭和23年 | 東京都立第四高等学校と改称 |

| | | | | |
|---|---|---|---|---|
| 昭和25年 | 東京都立戸山高等学校と改称 | | 昭和25年 | 日本音楽高等学校が開校 |

◇東京都立**豊多摩**高等学校
　〒166-0016 東京都杉並区成田西2-6-18
　TEL 03-3393-1331
　昭和15年　　　　東京府立第十三中学校を設立
　昭和16年　　　　東京府立豊多摩中学校と改称
　昭和17年　　　　東京都立豊多摩中学校と改称
　昭和24年　　　　東京都立第十三高等学校と改称
　昭和24年　　　　東京都立豊多摩高等学校と改称

◇東京都立**中野工業**高等学校
　〒165-0027 東京都中野区野方3-5-5
　TEL 03-3385-7445
　昭和21年4月1日　東京都立農産化学工業学校, 東京
　　　　　　　　　都立杉並工業学校を合併統合し
　　　　　　　　　東京都立農産工業学校を設置
　昭和23年4月1日　東京都立中野工業新制高等学校と
　　　　　　　　　改称
　昭和25年1月28日 東京都立中野工業高等学校と改称

◇**中村**高等学校
　[学校法人 中村学園]
　〒135-8404 東京都江東区清澄2-3-15
　TEL 03-3642-8041
　明治36年　　　　深川女子技芸学校を中村清蔵が創
　　　　　　　　　立
　明治42年　　　　中村高等女学校と改称
　昭和22年4月　　 中村高等学校を設置

◇東京都立**永山**高等学校
　〒206-0025 東京都多摩市永山5-22
　TEL 042-374-9891
　昭和47年1月1日　東京都立永山高等学校を設置

◇東京都立**成瀬**高等学校
　〒194-0044 東京都町田市成瀬1222-1
　TEL 042-725-1533
　昭和52年12月23日 東京都立成瀬高等学校を設置

◇東京都立**新島**高等学校
　〒100-0402 東京都新島村本村4-10-1
　TEL 04992-5-0091
　昭和24年4月1日　東京都立大島高等学校新島分校を
　　　　　　　　　設立
　昭和46年4月1日　東京都立新島高等学校として開校

◇**二松学舎大学附属**高等学校
　[学校法人 二松学舎]
　〒102-0074 東京都千代田区九段南2-1-32
　TEL 03-3263-5014
　昭和23年　　　　二松学舎高等学校を設置
　昭和24年　　　　二松学舎大学附属高等学校と改称

◇**日体荏原**高等学校
　[学校法人 日本体育会]
　〒146-8588 東京都大田区池上8-26-1
　TEL 03-3759-3291
　明治37年　　　　荏原中学校を加納久宣が設立
　昭和24年　　　　日体荏原高等学校と改称

◇**日本音楽**高等学校
　[学校法人 三浦学園]
　〒142-0042 東京都品川区豊町2-16-12
　TEL 03-3786-1711
　明治36年　　　　日本音楽学校を山田源一郎が創設

◇**日本学園**高等学校
　[学校法人 日本学園]
　〒156-0043 東京都世田谷区松原2-7-34
　TEL 03-3322-6331
　明治18年　　　　東京英語学校を創立
　明治25年　　　　日本中学校と改称
　昭和23年4月　　 日本学園高等学校と改称

◇**日本工業大学付属東京工業**高等学校
　[学校法人 日本工業大学]
　〒153-8508 東京都目黒区駒場1-35-32
　TEL 03-3467-2130
　明治41年　　　　東京工科学校（のち:東京高等工科
　　　　　　　　　学校）が開校
　昭和6年　　　　 東京工業学校を設立
　昭和18年　　　　東京高等工科学校が廃校
　昭和23年　　　　東京工業高等学校が開校
　昭和42年　　　　日本工業大学が開学
　平成2年4月　　　日本工業大学付属東京工業高等学
　　　　　　　　　校と改称

◇**日本女子体育大学附属二階堂**高等学校
　[学校法人 二階堂学園]
　〒156-0043 東京都世田谷区松原2-17-22
　TEL 03-3322-9151
　大正11年4月　　 二階堂体操塾を二階堂トクヨが開
　　　　　　　　　塾
　昭和23年4月　　 二階堂高等学校が開校
　平成18年4月　　 日本女子体育大学附属二階堂高等
　　　　　　　　　学校と改称

◇**日本大学櫻丘**高等学校
　[学校法人 日本大学]
　〒154-0045 東京都世田谷区桜上水3-24-22
　TEL 03-3304-4301
　昭和25年2月　　 日本大学世田谷高等学校を設置
　昭和36年4月　　 日本大学櫻丘高等学校と改称

◇**日本大学第一**高等学校
　[学校法人 日本大学第一学園]
　〒130-0015 東京都墨田区横網1-5-2
　TEL 03-3625-0026
　大正2年2月　　　日本大学中学校を創立
　昭和16年6月　　 日本大学第一中学校と改称
　昭和25年1月　　 日本大学第一高等学校と改称

◇**日本大学第二**高等学校
　[学校法人 日本大学第二学園]
　〒167-0032 東京都杉並区天沼1-45-33
　TEL 03-3391-9700
　昭和2年　　　　 日本大学付属中学校として開校
　昭和22年　　　　日本大学第二高等学校と改称

◇**日本大学第三**高等学校
　[学校法人 日本大学第三学園]
　〒194-0203 東京都町田市図師町11-2375
　TEL 042-793-2123
　昭和4年　　　　 日本大学付属赤坂中学校を創立
　昭和5年　　　　 日本大学第三中学校と改称
　昭和23年　　　　日本大学第三高等学校を開校

◇**日本大学鶴ケ丘**高等学校
　[学校法人 日本大学]
　〒168-0063 東京都杉並区和泉2-26-12

東京都

TEL 03-3322-7521
昭和26年10月　　　日本大学鶴ケ丘高等学校を設立

◇日本大学豊山高等学校
　［学校法人　日本大学］
　〒112-0012　東京都文京区大塚5-40-10
　TEL 03-3943-2161
　明治36年11月　　　私立豊山中学校を創立
　昭和29年8月　　　日本大学豊山高等学校と改称

◇日本大学豊山女子高等学校
　［学校法人　日本大学］
　〒174-0064　東京都板橋区中台3-15-1
　TEL 03-3934-2341
　明治36年11月　　　私立豊山中学校を創立
　昭和29年8月　　　日本大学豊山高等学校と改称
　昭和57年3月　　　日本大学豊山女子高等学校として分離独立

◇東京都立日本橋高等学校
　〒103-0015　東京都中央区日本橋箱崎町18-14
　TEL 03-3666-5900
　昭和15年1月12日　東京府立第十七中学校を設置
　昭和元年1月31日　東京府立葛飾中学校と改称
　昭和18年7月1日　東京都立葛飾中学校と改称
　昭和22年4月1日　東京都立日本橋中学校が開校
　昭和23年4月1日　東京都立日本橋新制高等学校と改称
　昭和25年1月28日　東京都立日本橋高等学校と改称

◇日本橋女学館高等学校
　［学校法人　日本橋女学館］
　〒103-8384　東京都中央区日本橋馬喰町2-7-6
　TEL 03-3662-2507
　明治38年　　　　　日本橋女学校が開校
　明治39年　　　　　日本橋高等女学校と改称
　大正4年　　　　　日本橋女学館高等女学校と改称
　昭和23年　　　　　日本橋女学館高等学校と改称

◇日本放送協会学園高等学校
　［学校法人　日本放送協会学園］
　〒186-8001　東京都国立市富士見台2-36-2
　TEL 042-572-3151
　昭和38年4月　　　日本放送協会学園高等学校が開校

◇東京都立練馬工業高等学校
　〒179-8909　東京都練馬区早宮2-9-18
　TEL 03-3932-9251
　昭和37年12月1日　東京都立練馬工業高等学校を設置

◇東京都立練馬高等学校
　〒179-8908　東京都練馬区春日町4-28-25
　TEL 03-3990-8643
　昭和38年　　　　　東京都立練馬高等学校を創立

◇東京都立野津田高等学校
　〒195-0063　東京都町田市野津田町2001
　TEL 042-734-2311
　昭和49年12月20日　東京都立野津田高等学校を設置

◇東京都立拝島高等学校
　〒196-0002　東京都昭島市拝島町4-13-1
　TEL 042-543-1772
　昭和52年12月23日　東京都立拝島高等学校を設置

◇東京都立白鴎高等学校
　〒111-0041　東京都台東区元浅草1-6-22
　TEL 03-3843-5678
　明治21年　　　　　東京府高等女学校を創立
　明治33年4月　　　東京府第一高等女学校と改称
　明治34年4月　　　東京府立第一高等女学校と改称
　昭和18年7月　　　東京都立第一女学校と改称
　昭和23年4月　　　東京都立第一女子新制高等学校と改称
　昭和23年10月　　　東京都立第一女子高等学校と改称
　昭和25年1月　　　東京都立白鴎高等学校と改称

◇東京都立八王子北高等学校
　〒193-0803　東京都八王子市楢原町601
　TEL 0426-26-3787
　昭和52年12月23日　東京都立八王子北高等学校を設置

◇東京都立八王子工業高等学校
　〒193-0835　東京都八王子市千人町4-8-1
　TEL 0426-61-4161
　明治20年3月6日　織物染色講習所を設置
　明治28年4月1日　私立八王子織染学校と改称
　昭和16年4月1日　東京府立八王子工業学校と改称
　昭和18年10月1日　東京都立八王子工業学校と改称
　昭和23年4月1日　東京都立八王子工業新制高等学校と改称
　昭和25年1月28日　東京都立八王子工業高等学校と改称

◇八王子高等学校
　［学校法人　八王子学園］
　〒193-0931　東京都八王子市台町4-35-1
　TEL 0426-23-3461
　昭和3年4月10日　多摩勤労中学校を市川英作が創設
　昭和8年4月　　　八王子中学校と改称
　昭和23年4月　　　八王子高等学校が発足

◇八王子実践高等学校
　［学校法人　矢野学園］
　〒193-0931　東京都八王子市台町1-6-15
　TEL 0426-22-0654
　大正15年4月　　　八王子和洋裁縫女学院を矢野明が設立
　昭和9年4月　　　八王子実践女学院と改称
　昭和23年3月　　　八王子女子高等学校と改称
　昭和36年4月　　　八王子実践高等学校と改称

◇東京都立八王子東高等学校
　〒192-8568　東京都八王子市高倉町68-1
　TEL 0426-44-6996
　昭和51年4月1日　東京都立八王子東高等学校として開校

◇東京都立八丈高等学校
　〒100-1401　東京都八丈町大賀郷3020
　TEL 04996-2-1181
　昭和23年4月1日　東京都立園芸新制高等学校八丈分校を設立
　昭和25年8月31日　東京都立園芸高等学校八丈分校を廃止
　昭和25年9月1日　東京都立八丈高等学校を設立

◇東京都立羽田工業高等学校
　〒144-8506　東京都大田区東六郷2-18-2
　TEL 03-3737-6565
　〈一橋高等学校〉
　昭和15年4月6日　東京市立蒲田工業学校が開校

| | | |
|---|---|---|
| 昭和18年7月1日 | | 東京都立蒲田工業学校と改称 |
| 昭和22年4月1日 | | 一橋工業学校と改称 |
| 昭和23年4月1日 | | 神田高等学校と改称 |
| 昭和25年4月1日 | | 東京都立今川高等学校と統合し東京都立一橋高等学校と改称 |

〈京橋化学高等学校〉
| | | |
|---|---|---|
| 昭和16年4月5日 | | 東京府立第二化学工業学校が開校 |
| 昭和18年7月1日 | | 東京都立三鷹化学工業学校と改称 |
| 昭和22年1月1日 | | 京橋化学工業学校と改称 |
| 昭和23年4月1日 | | 京橋化学高等学校と改称 |

〈統合〉
| | | |
|---|---|---|
| 昭和34年4月1日 | | 京橋化学高等学校, 東京都立一橋高等学校(機械科)が合併し羽田工業高等学校を設置 |
| 平成14年4月1日 | | 羽田工業高等学校(全日制)は閉校しつばさ総合高等学校の校舎に移転 |

◇東京都立**羽田高等学校**
〒144-8506 東京都大田区東六郷2-18-2
TEL 03-3737-6565
| | | |
|---|---|---|
| 昭和23年4月1日 | | 東京都立雪谷高等学校森ヶ崎分校を設置 |
| 昭和29年11月1日 | | 東京都立雪谷高等学校糀谷分校と改称 |
| 昭和42年3月31日 | | 東京都立雪谷高等学校糀谷分校が廃止 |
| 昭和42年4月1日 | | 東京都立羽田高等学校(定時制)として新発足 |

◇東京都立**羽村高等学校**
〒205-0012 東京都羽村市羽4152-1
TEL 042-555-6631
昭和51年12月27日　東京都立羽村高等学校を設置

◇東京都立**晴海総合高等学校**
〒104-0053 東京都中央区晴海1-2-1
TEL 03-3531-5021
平成8年　　　　　東京都立晴海総合高等学校が開校

◇東京都立**東村山高等学校**
〒189-0011 東京都東村山市恩多町4-26-1
TEL 042-392-1235
昭和43年1月1日　東京都立東村山高等学校を設置

◇東京都立**東村山西高等学校**
〒189-0024 東京都東村山市富士見町5-4-41
TEL 042-395-9121
昭和58年12月10日　東京都立東村山西高等学校を設置

◇東京都立**東大和高等学校**
〒207-0015 東京都東大和市中央3-945
TEL 042-563-1741
昭和45年12月1日　東京都立東大和高等学校を設置

◇東京都立**東大和南高等学校**
〒207-0022 東京都東大和市桜が丘3-44-8
TEL 042-565-7117
昭和59年4月　　　東京都立東大和南高等学校が開校

◇東京都立**光丘高等学校**
〒179-0071 東京都練馬区旭町2-1-35
TEL 03-3977-1501
昭和50年11月1日　東京都立光丘高等学校を設置

◇東京都立**一橋高等学校**
〒101-0031 東京都千代田区東神田1-12-13
TEL 03-3862-6061
〈東京都立今川高等学校〉
| | | |
|---|---|---|
| 明治41年 | | 今川裁縫補修所を創設 |
| 大正14年 | | 神田区立今川女子実業補修学校と改称 |
| 昭和2年 | | 神田区立今川専修学校と改称 |
| 昭和9年 | | 神田区立今川家政学校と改称 |
| 昭和18年 | | 東京都立今川家政女学校と改称 |
| 昭和19年 | | 東京都立神田等家政女学校と改称 |
| 昭和21年 | | 東京都立麹町高等実践女学校と統合し東京都立今川高等女学校と改称 |
| 昭和23年 | | 東京都立今川新制高等学校と改称 |

〈東京都立神田高等学校〉
| | | |
|---|---|---|
| 昭和15年4月6日 | | 東京市立蒲田工業学校が開校 |
| 昭和18年7月1日 | | 東京都立蒲田工業学校と改称 |
| 昭和22年4月1日 | | 東京都立一橋工業学校と改称 |
| 昭和23年4月1日 | | 東京都立新制神田高等学校と改称 |
| 昭和25年1月 | | 東京都立神田高等学校と改称 |

〈統合〉
| | | |
|---|---|---|
| 昭和25年4月1日 | | 東京都立今川高等学校, 東京都立神田高等学校が統合し東京都立一橋高等学校と改称 |

◇東京都立**日野高等学校**
〒191-0021 東京都日野市石田1-190-1
TEL 042-581-7123
昭和41年1月1日　東京都立日野高等学校を設置

◇東京都立**日野台高等学校**
〒191-0061 東京都日野市大坂上4-16-1
TEL 042-582-2511
昭和54年12月19日　東京都立日野台高等学校を設置

◇**日出高等学校**
［学校法人 日出学園］
〒153-0063 東京都目黒区目黒1-6-15
TEL 03-3492-3388
| | | |
|---|---|---|
| 明治36年 | | 高輪裁縫女学校(のち:高輪淑女学校)を小林芳次郎、雛子が設立 |
| 大正10年 | | 日出高等女学校と改称 |
| 昭和23年 | | 日出女子学園高等学校と改称 |
| 平成17年 | | 日出高等学校と改称 |

◇東京都立**日比谷高等学校**
〒100-0014 東京都千代田区永田町2-16-1
TEL 03-3581-0808
| | | |
|---|---|---|
| 明治11年9月26日 | | 東京府第一中学校を創立 |
| 明治14年7月1日 | | 第二中学校と統合し東京府中学校と改称 |
| 明治34年6月 | | 東京府立第一中学校と改称 |
| 昭和18年7月1日 | | 東京都立第一中学校と改称 |
| 昭和23年4月1日 | | 東京都立新制第一高等学校と改称 |
| 昭和25年1月26日 | | 東京都立日比谷高等学校と改称 |

◇東京都立**広尾高等学校**
〒150-0011 東京都渋谷区東4-14-14
TEL 03-3400-1761
昭和25年2月11日　東京都立広尾高等学校を設置

◇東京都立**深川高等学校**
〒135-0016 東京都江東区東陽5-32-19

東京都

```
            TEL 03-3649-2101
  大正13年4月11日    第一東京市立高等女学校を創立
  昭和23年4月1日    東京都立深川女子新制高等学校を
                設置
  昭和25年1月28日   東京都立深川高等学校と改称
```

◇東京都立深川商業高等学校
　〒130-0003 東京都墨田区横川4-8-8
　TEL 03-3623-6002
```
  昭和23年5月1日    東京都立第三商業高等学校毛利分
                校が開校
  昭和34年4月1日    東京都立深川商業高等学校と改称
```

◇東京都立深沢高等学校
　〒158-0081 東京都世田谷区深沢7-3-14
　TEL 03-3702-4145
```
  昭和38年4月1日    東京都立深沢高等学校が開校
```

◇東京都立富士高等学校
　〒164-0013 東京都中野区弥生町5-21-1
　TEL 03-3382-0601
```
  大正9年         東京府立第五高等女学校が開校
  昭和23年        東京府立第五女子新制高等学校と
                改称
  昭和25年        東京都立富士高等学校と改称
```

◇富士見丘高等学校
　[学校法人 富士見丘学園]
　〒151-0073 東京都渋谷区笹塚3-19-9
　TEL 03-3376-1481
```
  昭和15年3月      昭和商業実践女学校を創立
  昭和23年4月      富士見丘高等学校と改称
```

◇富士見高等学校
　[学校法人 山崎学園]
　〒176-0023 東京都練馬区中村北4-8-26
　TEL 03-3999-2136
```
  大正13年4月      富士見高等女学校を本間丈助が創
                立
  大正14年10月     富士見女子高等学院(のち廃校)が
                開校
  昭和23年4月      富士見高等学校を開校
```

◇藤村女子高等学校
　[学校法人 井之頭学園]
　〒180-8505 東京都武蔵野市吉祥寺本町2-16-3
　TEL 0422-22-1266
```
  昭和8年         井之頭学園高等女子高等学校を藤
                村トヨが創立
  昭和13年        藤村高等女学校と改称
  昭和22年        藤村女子高等学校と改称
```

◇東京都立富士森高等学校
　〒193-0824 東京都八王子市長房町420-2
　TEL 0426-61-0444
```
  昭和16年4月1日   東京府八王子市立高等女学校が開
                校
  昭和23年4月1日   八王子市立新制女子高等学校と改
                称
  昭和25年4月1日   八王子市立富士森高等学校と改称
  昭和29年4月1日   東京都立富士森高等学校と改称
```

◇雙葉高等学校
　[学校法人 雙葉学園]
　〒102-8470 東京都千代田区六番町14-1
　TEL 03-3261-0821

```
  明治8年         築地語学校が開校
  明治42年        雙葉高等女学校を創立
  昭和23年        雙葉高等学校と改称
```

◇東京都立淵江高等学校
　〒121-0063 東京都足立区東保木間2-10-1
　TEL 03-3885-6971
```
  昭和46年1月     東京都立淵江高等学校を設置
```

◇東京都立府中工業高等学校
　〒183-0005 東京都府中市若松町2-19
　TEL 042-362-7237
```
  昭和37年12月1日  東京都立府中工業高等学校を設置
```

◇東京都立府中高等学校
　〒183-0051 東京都府中市栄町3-3
　TEL 042-364-8411
```
  大正6年         私立東光学園専修商業学校を設立
  昭和23年        赤松女子高等学校と改称
  昭和35年        府中市立赤松高等学校と改称
  昭和36年        東京都立府中高等学校と改称
```

◇東京都立府中西高等学校
　〒183-0036 東京都府中市日新町4-6-7
　TEL 042-365-5933
```
  昭和49年12月10日 東京都立府中西高等学校を設置
```

◇東京都立府中東高等学校
　〒183-0012 東京都府中市押立町4-21
　TEL 042-365-7611
```
  昭和46年12月7日  東京都立府中東高等学校を設置
```

◇東京都立福生高等学校
　〒197-0005 東京都福生市北田園2-11-3
　TEL 042-552-5601
```
  昭和46年1月1日   東京都立福生高等学校を設置
```

◇普連土学園高等学校
　[学校法人 普連土学園]
　〒108-0073 東京都港区三田4-14-16
　TEL 03-3451-4616
```
  明治20年        普連土学園をアメリカ・フィラデ
                ルフィアのフレンド派(クエーカ
                ー)に属する婦人伝道会の人々が
                設立
  昭和22年        普連土学園高等学校と改称
```

◇文華女子高等学校
　[学校法人 日本文華学園]
　〒188-0004 東京都西東京市西原町4-5-85
　TEL 0424-63-2664
```
  大正5年         家事裁縫研究所を河口アイが創設
  大正12年        小石川高等女学校を設立
  昭和23年        文華女子高等学校と改称
```

◇文化女子大学附属杉並高等学校
　[学校法人 文化杉並学園]
　〒166-0004 東京都杉並区阿佐谷南3-48-16
　TEL 03-3392-6636
```
  大正15年4月     城右高等女学校を設立
  昭和49年4月     文化女子大学附属杉並高等学校と
                文化女子大学の附属となり改称
```

◇文京学院大学女子高等学校
　[学校法人 文京学園]
　〒113-8667 東京都文京区本駒込6-18-3
　TEL 03-3946-5301

| 大正13年4月 | 本郷女学院を島田依史子が開設 |
| 昭和2年2月16日 | 本郷家政女学校と改称 |
| 昭和10年9月 | 本郷商業家政女学校と改称 |
| 昭和22年2月27日 | 文京女学校と改称 |
| 昭和7年4月 | 十佳女子高等職業学校（のち廃校）が開校 |
| 昭和23年4月 | 文学園女子高等学校を設置 |
| 平成3年4月 | 文京女子大学高等学校と改称 |
| 平成14年4月 | 文京学院大学女子高等学校と改称 |

◇東京都立**文京高等学校**
　〒170-0001 東京都豊島区西巣鴨1-1-5
　TEL 03-3910-8231
| 昭和15年4月5日 | 第三東京市立中学校を創立 |
| 昭和25年 | 東京都立豊島中学校を経て東京都立文京高等学校と改称 |

◇**文教大学付属高等学校**
　［学校法人 文教大学学園］
　〒142-0064 東京都品川区旗の台3-2-17
　TEL 03-3783-5511
| 昭和2年 | 立正裁縫女学校を馬田行啓、小野光洋が創立 |
| 昭和3年 | 立正女子職業学校を開設 |
| 昭和4年 | 立正学園女学校と改称 |
| 昭和7年 | 立正学園高等女学校を設立 |
| 昭和17年 | 立正女子高等学院を設立 |
| 昭和23年 | 立正学園女子高等学校を設立 |
| 昭和51年 | 文教大学付属高等学校と改称 |

◇**法政大学第一高等学校**
　［学校法人 法政大学］
　〒180-0002 東京都武蔵野市吉祥寺東町3-5-7
　TEL 0422-20-8125
| 昭和11年 | 法政中学校を創立 |
| 昭和23年 | 法政大学第一高等学校を開設 |

◇**宝仙学園高等学校**
　［学校法人 宝仙学園］
　〒164-8628 東京都中野区中央2-28-3
　TEL 03-3371-7103
| 昭和3年 | 中野高等女学校を創設 |
| 昭和29年 | 宝仙学園高等学校と改称 |

◇**豊南高等学校**
　［学校法人 豊南学園］
　〒171-0042 東京都豊島区高松3-6-7
　TEL 03-3959-5511
| 昭和17年 | 豊南商業高等学校を設置 |
| 昭和19年 | 豊南工業学校を設置 |
| 昭和23年 | 豊南商業学校，豊南工業学校を改組し豊南高等学校と改称 |

◇東京都立**保谷高等学校**
　〒202-0005 東京都西東京市住吉町5-8-23
　TEL 0424-22-3223
| 昭和46年12月27日 | 東京都立保谷高等学校を設置 |

◇**朋優学院高等学校**
　［学校法人 中延学園］
　〒140-8608 東京都品川区西大井6-1-23
　TEL 03-3784-2131
| 昭和21年4月 | 中延学園高等女学校として発足 |
| 平成13年4月 | 朋優学院高等学校と改称 |

◇**保善高等学校**
　［学校法人 保隣教育財団］
　〒169-0072 東京都新宿区大久保3-6-2
　TEL 03-3209-8756
| 大正12年3月 | 東京保善商業学校として創立 |
| 昭和23年4月 | 東京保善高等学校と改称 |
| 昭和47年4月 | 保善高等学校と改称 |

◇**堀越高等学校**
　［学校法人 堀越学園］
　〒164-0011 東京都中野区中央2-56-2
　TEL 03-3363-7661
| 大正12年4月 | 堀越高等女学校として創立 |
| 昭和23年3月 | 堀越高等学校と改称 |

◇**本郷高等学校**
　［学校法人 本郷学園］
　〒170-0003 東京都豊島区駒込4-11-1
　TEL 03-3917-1456
| 大正12年 | 本郷中学校を松平頼壽が設立 |
| 昭和23年 | 本郷高等学校と改称 |

◇東京都立**本所高等学校**
　〒131-0033 東京都墨田区向島3-37-25
　TEL 03-3622-0344
| 昭和6年 | 東京市本所区第一実業女学校が開校 |
| 昭和11年 | 東京市本所高等実践女学校と改称 |
| 昭和21年 | 東京都立本所高等女学校と改称 |
| 昭和23年 | 東京都立本所新制高等学校が発足 |
| 昭和25年 | 東京都立本所高等学校と改称 |

◇東京都立**町田工業高等学校**
　〒194-0035 東京都町田市忠生1-20-2
　TEL 042-791-1035
| 昭和37年 | 東京都立町田工業高等学校を開校 |

◇東京都立**町田高等学校**
　〒194-0021 東京都町田市中町4-25-3
　TEL 042-722-2201
| 昭和4年4月 | 私立町田女学校が開校 |
| 昭和5年5月 | 町田高等女学校と改称 |
| 昭和22年3月 | 町田町立町田高等女学校と改称 |
| 昭和23年 | 東京都立町田高等学校と改称 |

◇東京都立**松が谷高等学校**
　〒192-0354 東京都八王子市松が谷1772
　TEL 0426-76-1231
| 昭和55年12月25日 | 東京都立松が谷高等学校を設置 |

◇東京都立**松原高等学校**
　〒156-0045 東京都世田谷区桜上水4-3-5
　TEL 03-3303-5381
| 昭和23年3月 | 東京都立第五女子新制高等学校高井戸分校を設置 |
| 昭和24年1月 | 東京都立富士高等学校高井戸分校と改称 |
| 昭和25年 | 東京都立松原高等学校と改称 |

◇東京都立**瑞穂農芸高等学校**
　〒190-1211 東京都西多摩郡瑞穂町石畑2027
　TEL 042-557-0142
| 昭和24年1月 | 東京都立農林高等学校瑞穂分校（定時制課程）が開校 |
| 昭和40年 | 東京都立瑞穂農芸高等学校と改称 |

東京都

◇東京都立三鷹高等学校
〒181-0004 東京都三鷹市新川6-21-21
TEL 0422-46-3311
| 昭和23年12月8日 | 三鷹町立三鷹新制高等学校を設立 |
| 昭和30年4月1日 | 東京都立三鷹高等学校と改称 |

◇東京都立三田高等学校
〒108-0073 東京都港区三田1-4-46
TEL 03-3453-1991
| 大正12年 | 東京府立第六高等女学校が開校 |
| 昭和25年 | 東京都立三田高等学校と改称 |

◇東京都立南葛飾高等学校
〒124-0012 東京都葛飾区立石6-4-1
TEL 03-3691-8476
| 昭和15年 | 東京府立第十六高等女学校を創立 |
| 昭和16年 | 東京府立葛飾高等女学校と改称 |
| 昭和18年 | 東京都立葛飾高等女学校と改称 |
| 昭和23年 | 東京都立葛飾女子新制高等学校と改称 |
| 昭和25年 | 東京都立南葛飾高等学校と改称 |

◇東京都立南平高等学校
〒191-0041 東京都日野市南平8-2-3
TEL 042-593-5121
| 昭和60年 | 東京都立南平高等学校が開校 |

◇東京都立南多摩高等学校
〒192-8562 東京都八王子市明神町4-20-1
TEL 0426-42-2431
| 明治45年5月1日 | 東京府立第四高等女学校が開校 |
| 昭和23年4月1日 | 東京都立第四女子新制高等学校と改称 |
| 昭和25年1月28日 | 東京都立南多摩高等学校と改称 |

◇東京都立美原高等学校
〒143-0012 東京都大田区大森東1-33-1
TEL 03-3764-3883
| 平成17年 | 東京都立美原高等学校が開校 |

◇東京都立三宅高等学校
〒100-1211 東京都三宅村坪田4586
TEL 04994-6-1136
| 昭和23年5月1日 | 東京都立農芸新制高等学校三宅分校が開設許可 |
| 昭和25年9月1日 | 東京都立三宅高等学校と改称 |

◇明星学園高等学校
［学校法人 明星学園］
〒181-0002 東京都三鷹市牟礼4-15-22
TEL 0422-48-6221
| 昭和3年 | 明星学園中学部，明星学園女学部が開設される |
| 昭和22年 | 明星学園高等学校と改称 |

◇三輪田学園高等学校
［学校法人 三輪田学園］
〒102-0073 東京都千代田区九段北3-3-15
TEL 03-3263-7801
| 明治13年 | 明倫学舎を漢学者の三輪田眞佐子が開く |
| 明治20年 | 翠松学舎が開校 |
| 明治36年 | 三輪田高等女学校が開校 |
| 明治36年 | 三輪田高等女学校と改称 |
| 昭和23年 | 三輪田学園高等学校と改称 |

◇東京都立向丘高等学校
〒113-0023 東京都文京区向丘1-11-18
TEL 03-3811-2022
〈東京都立本郷女子商業学校〉
| 大正7年 | 本郷区第一女子実業補習学校を創立 |
| 昭和7年 | 本郷区実科女学校と改称 |
| 昭和10年 | 本郷区高等家政女学校と改称 |
| 昭和18年 | 東京都立本郷高等家政女学校と改称 |
| 昭和19年 | 東京都立本郷女子商業学校と改称 |
〈東京都立向丘高等女学校〉
| 昭和10年 | 豊島区実科女学校を創立 |
| 昭和11年 | 東京市立豊島区実科女学校と改称 |
| 昭和13年 | 東京市立豊島区高等女学校と改称 |
| 昭和17年 | 東京市立豊島高等実践女学校と改称 |
| 昭和18年 | 東京都立豊島高等実践女学校と改称 |
| 昭和21年 | 東京都立浅草高等実践女学校，東京都立京橋高等家政女学校と統合し 東京都立向丘高等女学校を新設 |
〈統合〉
| 昭和23年 | 東京都立向丘高等女学校，東京都立本郷女子商業学校を統合して 東京都立向丘本郷新制高等学校が開校 |
| 昭和25年 | 東京都立向丘高等学校と改称 |

◇東京都立向島工業高等学校
〒131-0043 東京都墨田区立花4-29-7
TEL 03-3617-8311
| 昭和13年5月1日 | 東京市立向島工業学校が開校 |
| 昭和18年7月1日 | 東京都立向島工業学校と改称 |
| 昭和23年4月1日 | 東京都立向島工業高等学校と改称 |

◇東京都立向島商業高等学校
〒131-0041 東京都墨田区八広1-28-21
TEL 03-3617-1811
| 昭和10年4月20日 | 東京市向島女子商業学校として開校 |
| 昭和17年4月8日 | 東京市立向島女子商業学校と改称 |
| 昭和18年7月1日 | 東京都立向島女子商業学校と改称 |
| 昭和23年4月1日 | 東京都立向島女子商業新制学校と改称 |
| 昭和25年1月26日 | 東京都立向島高等学校と改称 |
| 昭和27年4月 | 東京都立向島商業高等学校と改称 |

◇東京都立武蔵丘高等学校
〒165-0031 東京都中野区上鷺宮2-14-1
TEL 03-3999-9308
| 昭和16年2月3日 | 東京府立第二十一中学校を設置 |
| 昭和18年7月1日 | 東京都立武蔵中学校と改称 |
| 昭和23年4月1日 | 武蔵丘新制高等学校と改称 |
| 昭和25年1月26日 | 東京都立武蔵丘高等学校と改称 |

◇武蔵工業大学付属高等学校
［学校法人 五島育英会］
〒157-0066 東京都世田谷区成城1-13-1
TEL 03-3416-4161
| 昭和26年3月1日 | 武蔵工業学園高等学校を設置 |
| 昭和28年12月4日 | 武蔵工業大学付属高等学校と改称 |

◇武蔵高等学校
　［学校法人 根津育英会］
　〒176-8535 東京都練馬区豊玉上1-26-1
　TEL 03-5984-3741
　大正11年　　　　武蔵高等学校（旧制）を根津嘉一郎が設立
　昭和23年　　　　武蔵高等学校が発足

◇東京都立武蔵高等学校
　〒180-0022 東京都武蔵野市境4-13-28
　TEL 0422-51-4554
　昭和15年　　　　東京府立第十三高等女学校として開校
　昭和16年　　　　東京府立武蔵高等女学校と改称
　昭和24年　　　　東京都立武蔵女子高等学校と改称
　昭和25年　　　　東京都立武蔵高等学校と改称

◇東京都立武蔵野北高等学校
　〒180-0011 東京都武蔵野市八幡町2-3-10
　TEL 0422-55-2071
　昭和54年　　　　東京都立武蔵野北高等学校が開校

◇武蔵野高等学校
　［学校法人 武蔵野学院］
　〒114-0024 東京都北区西ケ原4-56-20
　TEL 03-3910-0151
　大正9年3月9日　　大橋家政女学校（のち:武蔵野家政女学校）を発足
　大正11年9月6日　　武蔵野高等女学校を設立
　昭和23年4月1日　　武蔵野高等学校と改称

◇武蔵野女子学院高等学校
　［学校法人 武蔵野女子学院］
　〒202-8585 東京都西東京市新町1-1-20
　TEL 0424-68-3256
　大正13年　　　　武蔵野女子学院を高楠順次郎が創設
　昭和2年　　　　 武蔵野女子学院高等女学校が認可される
　昭和22年　　　　武蔵野女子学院高等学校と改称

◇東京都立武蔵村山高等学校
　〒208-0035 東京都武蔵村山市中原1-7-1
　TEL 042-560-1271
　昭和50年4月　　　東京都立武蔵村山高等学校が開校

◇村田女子高等学校
　［学校法人 村田学園］
　〒113-8665 東京都文京区本駒込2-29-1
　TEL 03-5940-4455
　明治42年　　　　村田銀行会社事務員養成所（のち:村田簿記学校）を村田謙造が創立
　昭和6年　　　　 村田女子計理学校を設立
　昭和18年　　　　村田女子商業学校と改称
　昭和23年　　　　村田学園高等学校と改称
　昭和26年　　　　村田女子商業高等学校と改称
　平成8年　　　　 東京経営短大付属村田女子高等学校と改称
　平成19年　　　　村田女子高等学校と改称予定

◇明治学院高等学校
　［学校法人 明治学院］
　〒108-0071 東京都港区白金台1-2-37
　TEL 03-5421-5011
　昭和23年4月　　　明治学院高等学校を設置

◇明治学院東村山高等学校
　［学校法人 明治学院］
　〒189-0024 東京都東村山市富士見町1-12-3
　TEL 042-391-2142
　昭和38年　　　　明治学院東村山高等学校が開校

◇明治大学付属中野高等学校
　［学校法人 中野学園］
　〒164-0003 東京都中野区東中野3-3-4
　TEL 03-3362-8704
　昭和4年　　　　 中野中学校を御木徳一が創立
　昭和23年　　　　中野高等学校を設置
　昭和24年4月　　　明治大学付属中野高等学校と改称

◇明治大学付属中野八王子高等学校
　［学校法人 中野学園］
　〒192-0001 東京都八王子市戸吹町1100
　TEL 0426-91-0321
　昭和59年4月　　　明治大学付属中野八王子高等学校が開校

◇明治大学付属明治高等学校
　［学校法人 明治大学］
　〒101-0064 東京都千代田区猿楽町2-4-1
　TEL 03-3296-4551
　昭和23年3月10日　明治大学付属明治高等学校を設立

◇明星高等学校
　［学校法人 明星学苑］
　〒183-8531 東京都府中市栄町1-1-6
　TEL 042-368-5115
　大正12年　　　　明星実務学校を設立
　昭和2年　　　　 明星中学校に改組
　昭和23年　　　　明星高等学校が開校

◇明法高等学校
　［学校法人 明法学院］
　〒189-0024 東京都東村山市富士見町2-4-12
　TEL 042-393-5611
　昭和39年　　　　明法高等学校を創立

◇目黒学院高等学校
　［学校法人 目黒学院］
　〒153-8631 東京都目黒区中目黒1-1-50
　TEL 03-3711-6556
　昭和15年　　　　東京機械工科学校を関口安五郎が創立
　昭和17年　　　　目黒工業学校として認可される
　昭和23年　　　　目黒高等学校と改称
　平成10年　　　　目黒学院高等学校と改称

◇東京都立目黒高等学校
　〒153-0052 東京都目黒区祐天寺2-7-15
　TEL 03-3792-5541
　大正8年4月16日　東京府荏原郡目黒村立目黒実科高等女学校を設立
　大正11年12月1日　目黒町立目黒実科高等女学校と改称
　昭和4年4月1日　　目黒町立目黒高等女学校と改称
　昭和18年7月1日　 東京都立目黒高等女学校と改称
　昭和23年4月1日　 東京都立目黒女子新制高等学校と改称
　昭和25年2月28日　東京都立目黒高等学校と改称

東京都

◇目黒星美学園高等学校
　［学校法人 目黒星美学園］
　〒157-0074 東京都世田谷区大蔵2-8-1
　TEL 03-3416-1150
　昭和38年4月　　　目黒星美学園高等学校が開校

◇目白学園高等学校
　［学校法人 目白学園］
　〒161-8539 東京都新宿区中落合4-31-1
　TEL 03-5996-3131
　大正12年　　　　研心学園を佐藤重遠、フユが創設
　昭和4年　　　　目白商業学校を設置
　昭和19年　　　　目白女子商業学校を設置
　昭和23年　　　　目白学園高等学校と改称

◇東京都立紅葉川高等学校
　〒134-8573 東京都江戸川区臨海町2-1-1
　TEL 03-3878-3021
　昭和3年4月20日　東京市日本橋区楓川専修女学校を創立
　昭和6年3月16日　東京市日本橋家政女学校と改称
　昭和15年3月30日　東京市立日本橋高等家政女学校と改称
　昭和18年7月1日　東京都立日本橋高等家政女学校と改称
　昭和21年4月1日　東京都立紅葉川高等女学校と改称
　昭和23年4月1日　東京都立紅葉川高等学校と改称

◇八雲学園高等学校
　［学校法人 八雲学園］
　〒152-0023 東京都目黒区八雲2-14-1
　TEL 03-3717-1196
　昭和13年　　　　八雲高等女学校を創立
　昭和22年　　　　八雲学園高等学校と改称

◇東京都立八潮高等学校
　〒140-0002 東京都品川区東品川3-27-22
　TEL 03-3471-7384
　大正7年　　　　東京府荏原郡実科女学校が開校
　大正11年　　　荏原郡立高等女学校と改称
　大正12年　　　東京府立品川高等女学校と改称
　昭和2年　　　　東京府立第八高等女学校と改称
　昭和23年　　　東京都立第八女子新制高等学校と改称
　昭和24年　　　東京都立八潮高等学校と改称

◇安田学園高等学校
　［学校法人 安田商工教育会］
　〒130-8615 東京都墨田区横網2-2-25
　TEL 03-3624-2666
　大正12年3月　　東京保善商業学校を設立
　大正14年3月　　東京保善工業学校を設立
　昭和11年3月　　安田商業学校，安田工業学校と改称
　昭和23年4月　　安田学園高等学校が開校
　昭和29年4月　　安田商業高等学校，安田工業高等学校と改称
　昭和40年4月　　安田商業高等学校，安田工業高等学校を一本化し安田学園高等学校と改称

◇東京都立山崎高等学校
　〒195-0074 東京都町田市山崎町1453-1
　TEL 042-792-2891
　昭和57年12月22日　東京都立山崎高等学校を設置

◇山脇学園高等学校
　［学校法人 山脇学園］
　〒107-0052 東京都港区赤坂4-10-36
　TEL 03-3585-3911
　明治36年　　　山脇女子実修学校を山脇玄が創設
　明治41年　　　山脇高等女学校と改称
　昭和22年　　　山脇学園高等学校を開設

◇東京都立雪谷高等学校
　〒146-0085 東京都大田区久が原1-14-1
　TEL 03-3753-0115
　大正2年4月1日　東京府荏原郡調布村立調布女子実業補習学校を設置
　大正15年4月1日　東京府荏原郡調布村立調布女子公民学校と改称
　昭和3年4月1日　東京府荏原郡調布女子実業補習学校と改称
　昭和7年10月1日　東京市大森区東調布女子公民学校と改称
　昭和9年4月1日　東京市大森区東調布実科学校と改称
　昭和9年10月10日　東京市東調布高等家政女学校と改称
　昭和16年5月31日　東京市大森高等家政女学校と改称
　昭和18年7月1日　東京都立大森高等家政女学校と改称
　昭和21年4月1日　東京都立雪谷高等女学校と改称
　昭和23年4月1日　東京都立雪谷新制高等学校と改称
　昭和25年1月26日　東京都立雪谷高等学校と改称

◇東京都立四谷商業高等学校
　〒165-0031 東京都中野区上鷺宮5-11-1
　TEL 03-3990-4226
　大正13年1月19日　東京市立四谷商業実務学校を設立
　昭和10年3月30日　東京市立四谷商業実務学校を廃し東京市立四谷商業学校を開校
　昭和18年7月1日　東京都立四谷商業高等学校と改称
　昭和19年3月30日　東京都立四谷女子商業学校を設立
　昭和21年3月30日　東京都立四谷女子商業学校，東京都立牛込女子商業学校が統合し東京都立四谷商業学校が復校
　昭和23年3月30日　東京都立四谷商業高等学校に昇格

◇立教池袋高等学校
　［学校法人 立教学院］
　〒171-0021 東京都豊島区西池袋5-16-5
　TEL 03-3985-2707
　平成12年　　　立教池袋高等学校を開設

◇立教女学院高等学校
　［学校法人 立教女学院］
　〒168-8616 東京都杉並区久我山4-29-60
　TEL 03-3334-5103
　明治10年　　　立教女学校を設立
　明治32年　　　私立立教女学校と改称
　明治41年　　　私立立教高等女学校と改称
　昭和23年　　　立教女学院高等学校を設立

◇立志舎高等学校
　［学校法人 立志舎］
　〒130-8565 東京都墨田区錦糸1-2-1
　TEL 03-5608-1033
　平成11年4月　　立志舎高等学校が開校

◇立正高等学校
　［学校法人　立正大学学園］
　〒141-8602　東京都品川区大崎4-2-16
　TEL 03-3492-4416
　明治37年　　　　　日蓮宗大学林中等科を開設
　明治40年　　　　　日蓮宗大学中等科と改称
　大正9年　　　　　 日蓮宗大学中等部と改称
　大正13年　　　　　立正大学中等部と改称
　大正14年　　　　　立正中学と改称
　昭和13年　　　　　立正中学校と改称
　昭和23年　　　　　立正高等学校に改編

◇東京都立両国高等学校
　〒130-0022　東京都墨田区江東橋1-7-14
　TEL 03-3631-1815
　明治34年4月1日　 東京府第三中学校と改称
　明治34年7月1日　 東京府立第三中学校と改称
　昭和18年7月1日　 東京都立第三中学校と改称
　昭和23年4月1日　 東京都立第三新制高等学校と改称
　昭和25年1月26日　東京都立両国高等学校と改称

◇東京都立芦花高等学校
　〒157-0063　東京都世田谷区粕谷3-8-1
　TEL 03-5315-3322
　平成15年4月1日　 東京都立芦花高等学校が開校

◇東京都立六郷工科高等学校
　〒144-8506　東京都大田区東六郷2-18-2
　TEL 03-3737-6565
　平成16年4月　　　東京都立六郷工科高等学校が開校

◇東京都立六本木高等学校
　〒106-0032　東京都港区六本木6-16-36
　TEL 03-5411-7327
　平成17年4月1日　 東京都立六本木高等学校が開校

◇東京都立若葉総合高等学校
　〒206-0822　東京都稲城市坂浜1434-3
　TEL 042-350-0300
　平成17年4月　　　東京都立若葉総合高等学校が開校

◇和光高等学校
　［学校法人　和光学園］
　〒195-0051　東京都町田市真光寺町1291
　TEL 042-734-3403
　昭和25年　　　　　和光高等学校が開校

◇早稲田高等学校
　［学校法人　早稲田高等学校］
　〒162-8654　東京都新宿区馬場下町62
　TEL 03-3202-7674
　明治28年11月3日　早稲田中学校を創立
　昭和23年4月　　　早稲田高等学校を開校

◇早稲田大学系属早稲田実業学校高等部
　［学校法人　早稲田実業学校］
　〒185-8505　東京都国分寺市本町1-2-1
　TEL 042-300-2121
　明治34年4月　　　早稲田実業中学校を大隈重信が創立
　明治35年4月　　　早稲田実業学校と改称
　大正15年4月　　　早稲田商科学校（のち廃止）を設置
　昭和19年3月　　　早実工業学校（のち廃止）を設置
　昭和23年4月　　　早稲田実業学校高等部が発足
　昭和38年12月　　 早稲田大学系属早稲田実業学校高等部と改称

◇早稲田大学高等学院
　［学校法人　早稲田大学］
　〒177-0044　東京都練馬区上石神井3-31-1
　TEL 03-5991-4151
　大正9年4月　　　 早稲田大学附属早稲田高等学院が発足
　大正11年　　　　　早稲田大学附属早稲田第一高等学院、早稲田大学附属早稲田第二高等学院として独立
　昭和24年4月　　　早稲田大学附属早稲田第一高等学院を土台に
　　　　　　　　　　早稲田大学附属早稲田高等学院が発足
　昭和25年9月　　　早稲田大学高等学院と改称

◇和洋九段女子高等学校
　［学校法人　和洋学園］
　〒102-0073　東京都千代田区九段北1-12-12
　TEL 03-3262-4161
　昭和23年　　　　　和洋九段女子高等学校を設置
　昭和24年　　　　　和洋女子大学付属九段女子高等学校と改称
　平成4年　　　　　 和洋九段女子高等学校と改称

神奈川県

# 神奈川県

## 【大学】

◇麻布大学
　［学校法人　麻布獣医学園］
　〒229-8501　神奈川県相模原市淵野辺1-17-71
　TEL 042-754-7111
　明治23年9月　　　　東京獣医講習所を興倉東隆が開設
　明治27年1月　　　　麻布獣医学校と改称
　明治45年3月　　　　麻布獣医畜産学校と改称
　昭和9年4月　　　　麻布獣医専門学校と改称
　昭和19年12月　　　　麻布獣医畜産専門学校と改称
　昭和25年4月　　　　麻布獣医科大学として開学
　昭和55年4月　　　　麻布大学と改称

◇神奈川県立保健福祉大学
　〒238-8522　神奈川県横須賀市平成町1丁目10-1
　TEL 046-828-2500
　平成15年4月1日　　神奈川県立保健福祉大学が開学

◇神奈川工科大学
　［学校法人　幾徳学園］
　〒243-0292　神奈川県厚木市下荻野1030
　TEL 046-241-1214
　昭和37年12月15日　幾徳学園を大洋漁業、中部家などが設立
　昭和38年4月1日　　幾徳工業高等専門学校（のち廃校）が開校
　昭和50年4月1日　　幾徳工業大学を開学
　昭和63年4月1日　　神奈川工科大学と改称

◇神奈川歯科大学
　［学校法人　神奈川歯科大学］
　〒238-8580　神奈川県横須賀市稲岡町82
　TEL 046-825-1500
　昭和39年4月　　　　神奈川歯科大学を開設

◇神奈川大学
　［学校法人　神奈川大学］
　〒221-8686　神奈川県横浜市神奈川区六角橋3-27-1
　TEL 045-481-5661
　昭和3年　　　　　　横浜学院を米田吉盛が開設
　昭和4年　　　　　　横浜専門学校と改称
　昭和24年　　　　　　神奈川大学に移行

◇鎌倉女子大学
　［学校法人　鎌倉女子大学］
　〒247-8512　神奈川県鎌倉市大船6-1-3
　TEL 0467-44-2111
　昭和34年　　　　　　京浜女子大学を設立
　平成元年　　　　　　鎌倉女子大学と改称

◇関東学院大学
　［学校法人　関東学院］
　〒236-8501　神奈川県横浜市金沢区六浦東1-50-1
　TEL 045-786-7002
　明治17年　　　　　　横浜バプテスト神学校を創立
　明治28年　　　　　　東京中学院（のち：東京学院）を設立
　大正8年　　　　　　私立中学関東学院を設立
　昭和24年　　　　　　関東学院大学を設置

◇相模女子大学
　［学校法人　相模女子大学］
　〒228-8533　神奈川県相模原市文京2-1-1
　TEL 042-742-1411
　明治33年　　　　　　日本女学校を西澤之助が設立
　明治42年　　　　　　日本高等女学校と改称
　大正4年　　　　　　静修実科女学校を設置
　昭和24年　　　　　　相模女子大学を開設

◇産業能率大学
　［学校法人　産業能率大学］
　〒259-1197　神奈川県伊勢原市上粕屋1573
　TEL 0463-92-2211
　昭和54年　　　　　　産業能率大学を開設
　平成元年　　　　　　産能大学と改称
　平成18年　　　　　　産業能率大学と改称

◇松蔭大学
　［学校法人　松蔭学園］
　〒243-0124　神奈川県厚木市森の里若宮9-1
　TEL 046-247-1511
　平成12年4月　　　　松蔭女子大学を開学
　平成16年4月　　　　松蔭大学と改称

◇湘南工科大学
　［学校法人　湘南工科大学］
　〒251-8511　神奈川県藤沢市辻堂西海岸1-1-25
　TEL 0466-34-4111
　昭和38年　　　　　　相模工業大学が開学
　平成2年　　　　　　湘南工科大学と改称

◇情報セキュリティ大学院大学
　［学校法人　岩崎学園］
　〒221-0835　神奈川県横浜市神奈川区鶴屋町2-14-1
　TEL 045-311-7784
　平成16年　　　　　　情報セキュリティ大学院大学を開学

◇昭和音楽大学
　［学校法人　東成学園］
　〒243-8521　神奈川県厚木市関口808
　TEL 046-245-1055
　昭和59年4月　　　　昭和音楽大学を開学

◇女子美術大学
　［学校法人　女子美術大学］
　〒228-8538　神奈川県相模原市麻溝台1900
　TEL 042-778-6111
　明治33年10月　　　　私立女子美術学校が横井玉子、藤田文蔵、谷口鉄太郎、田中晋により設立を許可される
　大正8年9月　　　　女子美術学校と改称
　昭和4年6月　　　　女子美術専門学校と改称
　昭和24年2月　　　　女子美術大学が発足

◇聖マリアンナ医科大学
　［学校法人　聖マリアンナ医科大学］
　〒216-8511　神奈川県川崎市宮前区菅生2-16-1
　TEL 044-977-8111
　昭和46年4月　　　　東洋医科大学を明石嘉聞が創設
　昭和48年4月　　　　聖マリアンナ医科大学と改称

◇洗足学園音楽大学
　［学校法人　洗足学園］
　〒213-8580　神奈川県川崎市高津区久本2-3-1
　TEL 044-856-2727

神奈川県

| | | |
|---|---|---|
| 昭和42年4月1日 | | 洗足学園大学を設置 |
| 平成15年4月1日 | | 洗足学園音楽大学と改称 |

◇総合研究大学院大学
　〒240-0193 神奈川県三浦郡葉山町
　TEL 046-858-1500
　昭和62年10月　　総合研究大学院大学が開学

◇鶴見大学
　［学校法人 總持学園］
　〒230-8501 神奈川県横浜市鶴見区鶴見2-1-3
　TEL 045-581-1001
　昭和38年　　　　鶴見女子大学を開設
　昭和48年4月　　鶴見大学と改称

◇田園調布学園大学
　［学校法人 調布学園］
　〒215-8542 神奈川県川崎市麻生区東百合丘3-4-1
　TEL 044-966-9211
　平成13年12月20日　田園調布学園大学を設立

◇桐蔭横浜大学
　［学校法人 桐蔭学園］
　〒225-8502 神奈川県横浜市青葉区鉄町1614
　TEL 045-972-5881
　昭和63年4月　　桐蔭学園横浜大学が開学
　平成10年4月　　桐蔭横浜大学と改称

◇東海大学
　［学校法人 東海大学］
　〒259-1292 神奈川県平塚市北金目1117
　TEL 0463-58-1211
　昭和18年　　　　航空科学専門学校を開設
　昭和19年3月　　電波科学専門学校, 電波工業学校を設置
　昭和20年8月　　航空科学専門学校, 電波科学専門学校を統合し東海科学専門学校と改称
　昭和21年4月　　東海大学を設立

◇東洋英和女学院大学
　［学校法人 東洋英和女学院］
　〒226-0015 神奈川県横浜市緑区三保町32
　TEL 045-922-5511
　平成元年　　　　東洋英和女学院大学を設立

◇フェリス女学院大学
　［学校法人 フェリス女学院］
　〒245-8650 神奈川県横浜市泉区緑園4-5-3
　TEL 045-812-8211
　昭和40年　　　　フェリス女学院大学を開学

◇八洲学園大学
　［学校法人 八洲学園］
　〒220-0021 神奈川県横浜市西区桜木町7-42
　TEL 045-313-5454
　平成16年　　　　八洲学園大学が開学

◇横浜国立大学
　〒240-8501 神奈川県横浜市保土ケ谷区常盤台79-1
　TEL 045-339-3014
〈神奈川師範学校〉
　明治9年4月　　　横浜師範学校を設立
　明治12年5月　　神奈川県師範学校と改称
　明治20年4月　　神奈川県尋常師範学校と改称
　明治31年4月　　神奈川師範学校と改称

〈神奈川青年師範学校〉
　大正9年4月　　　神奈川県立実業補修学校教員養成所を設立
　昭和10年4月　　神奈川県立青年学校教員養成所と改称
　昭和19年4月　　神奈川青年師範学校と改称
〈横浜経済専門学校〉
　大正12年12月　　横浜高等商業学校を設立
　昭和19年4月　　横浜経済専門学校と改称
〈横浜工業専門学校〉
　大正9年1月　　　横浜高等工業学校を設立
　昭和19年4月　　横浜工業専門学校と改称
〈統合〉
　昭和24年5月31日　神奈川師範学校, 神奈川青年師範学校, 横浜経済専門学校, 横浜工業専門学校を統合し横浜国立大学を設置

◇横浜商科大学
　［学校法人 横浜商科大学］
　〒230-8577 神奈川県横浜市鶴見区東寺尾4-11-1
　TEL 045-571-3901
　昭和16年1月　　横浜第一商業学校（現:横浜商科大学高等学校）を設立
　昭和41年4月　　横浜商科短期大学（のち廃校）を設立
　昭和43年4月　　横浜商科大学を開学

◇横浜市立大学
　〒236-0027 神奈川県横浜市金沢区瀬戸22-2
　TEL 045-787-2311
　明治15年　　　　横浜商法学校が開校
　明治21年　　　　横浜商業学校と改称
　大正6年　　　　 横浜市立横浜商業学校と改称
　昭和3年　　　　 横浜市立横浜商業専門学校と改称
　昭和19年　　　　横浜市立経済専門学校と改称
　昭和24年　　　　横浜市立大学が開学
　昭和27年　　　　横浜医科大学を統合
〈横浜医科大学〉
　昭和19年　　　　横浜市立医学専門学校を設立
　昭和22年　　　　横浜医科大学と改称

【短大】

◇和泉短期大学
　［学校法人 クラーク学園］
　〒229-8522 神奈川県相模原市青葉2-2-1
　TEL 042-754-1133
　昭和31年5月　　パット博士記念養成所を開設
　昭和35年5月　　玉川保母専門学院を創設
　昭和40年4月　　和泉短期大学と改組

◇小田原女子短期大学
　［学校法人 小田原女子短期大学］
　〒250-0045 神奈川県小田原市城山4-5-1
　TEL 0465-22-0285
　昭和32年　　　　小田原女子短期大学が開学

◇神奈川県立外語短期大学
　〒235-0021 神奈川県横浜市磯子区岡村4-15-1
　TEL 045-741-9941
　昭和43年2月　　神奈川県立外語短期大学を設立

◇鎌倉女子大学短期大学部
　［学校法人 鎌倉女子大学］

# 神奈川県

〒247-8512 神奈川県鎌倉市大船6-1-3
TEL 0467-44-2111
| 昭和18年 | 京浜女子家政理学専門学校を設立 |
| 昭和25年 | 京浜女子短期大学を設立 |
| 平成元年 | 鎌倉女子大学短期大学部と改称 |

◇カリタス女子短期大学
　［学校法人 カリタス学園］
　〒225-0011 神奈川県横浜市青葉区あざみ野2-29-1
　TEL 045-901-5133
| 昭和41年 | カリタス女子短期大学が開校 |

◇恵泉女学園園芸短期大学
　［学校法人 恵泉女学園］
　〒259-1103 神奈川県伊勢原市三ノ宮1436
　TEL 0463-95-1010
| 昭和25年4月 | 恵泉女学園短期大学が開学 |
| 平成13年4月 | 恵泉女学園園芸短期大学と改称 |

◇相模女子大学短期大学部
　［学校法人 相模女子大学］
　〒228-8533 神奈川県相模原市文京2-1-1
　TEL 042-742-1411
| 昭和26年 | 相模女子大学短期大学部を開設 |

◇上智短期大学
　［学校法人 上智学院］
　〒257-0005 神奈川県秦野市上大槻山王台999
　TEL 0463-83-9333
| 昭和48年 | 上智短期大学を創立 |

◇湘南国際女子短期大学
　［学校法人 北鎌倉女子学園］
　〒252-0805 神奈川県藤沢市円行802
　TEL 0466-82-3331
| 平成3年4月 | 湘南国際女子短期大学が開学 |

◇湘南短期大学
　［学校法人 神奈川歯科大学］
　〒238-8580 神奈川県横須賀市稲岡町82
　TEL 046-825-1500
| 大正11年7月 | 東京女子歯科医学専門学校を設立 |
| 昭和9年2月 | 日本女子歯科医学専門学校（のち廃校）を設置 |
| 昭和24年8月 | 日本女子歯科厚生学校を開学 |
| 昭和27年4月 | 日本女子衛生短期大学を創設 |
| 平成元年4月 | 湘南短期大学と改称 |

◇湘北短期大学
　［学校法人 ソニー学園］
　〒243-8501 神奈川県厚木市温水字長久保428
　TEL 046-247-3131
| 昭和49年 | 湘北短期大学が開学 |

◇昭和音楽大学短期大学部
　［学校法人 東成学園］
　〒243-8521 神奈川県厚木市関口808
　TEL 046-245-1055
| 昭和5年 | 声楽研究所を下八川圭祐が創立 |
| 昭和15年 | 東京声専音楽学校（現:昭和音楽芸術学院）を設立 |
| 昭和44年4月 | 昭和音楽短期大学を開学 |
| 昭和59年 | 昭和音楽大学短期大学部と改称 |

◇昭和大学医療短期大学
　［学校法人 昭和大学］
　〒226-8555 神奈川県横浜市緑区十日市場町1865
　TEL 045-985-6500
| 平成9年 | 昭和大学医療短期大学を創設 |

◇聖セシリア女子短期大学
　［学校法人 大和学園］
　〒242-0006 神奈川県大和市南林間3-10-1
　TEL 046-274-3234
| 昭和20年3月 | 大和女子農芸専門学校を設置 |
| 昭和25年 | 大和農芸家政短期大学と改組 |
| 昭和48年4月 | 大和学園女子短期大学と改称 |
| 昭和59年4月 | 大和学園聖セシリア女子短期大学と改称 |
| 平成16年4月 | 聖セシリア女子短期大学と改称 |

◇洗足学園短期大学
　［学校法人 洗足学園］
　〒213-8580 神奈川県川崎市高津区久本2-3-1
　TEL 044-856-2727
| 昭和37年4月1日 | 洗足学園短期大学を設置 |

◇鶴見大学短期大学部
　［学校法人 総持学園］
　〒230-8501 神奈川県横浜市鶴見区鶴見2-1-3
　TEL 045-581-1001
| 昭和28年 | 鶴見女子短期大学を設立 |
| 昭和48年4月 | 鶴見大学短期大学部と改称 |

◇田園調布学園大学短期大学部
　［学校法人 調布学園］
　〒215-8542 神奈川県川崎市麻生区東百合丘3-4-1
　TEL 044-966-9211
| 昭和42年2月7日 | 調布学園女子短期大学を設置 |
| 平成14年 | 田園調布学園大学短期大学部と改称 |

◇東海大学医療技術短期大学
　［学校法人 東海大学］
　〒259-1201 神奈川県平塚市南金目143
　TEL 0463-58-1211
| 昭和49年4月 | 東海大学医療技術短期大学が開学 |

◇東京工芸大学女子短期大学部
　［学校法人 東京工芸大学］
　〒243-0213 神奈川県厚木市飯山字台の上2183-1
　TEL 046-241-1731
| 昭和57年4月 | 東京工芸大学女子短期大学部を開設 |

◇文教大学女子短期大学部
　［学校法人 文教大学学園］
　〒253-8550 神奈川県茅ヶ崎市行谷1100
　TEL 0467-53-2111
| 昭和28年 | 立正学園女子短期大学を設立 |
| 昭和43年 | 立正女子大学短期大学部と改称 |
| 昭和51年 | 文教大学女子短期大学部と改称 |

◇横浜女子短期大学
　［学校法人 白峰学園］
　〒234-0054 神奈川県横浜市港南区港南台4-4-5
　TEL 045-833-7100
| 昭和15年12月 | 横浜保姆学院を平野恒が創立 |
| 昭和23年12月 | 横浜保育専門学院と改称 |
| 昭和24年4月 | 横浜女子短期大学を設置 |

神奈川県

◇横浜市立大学看護短期大学部
　〒236-0004 神奈川県横浜市金沢区福浦3-9
　TEL 045-787-2525
　平成7年4月　　　　横浜市立大学看護短期大学部を開設

◇横浜創英短期大学
　［学校法人 堀井学園］
　〒226-0015 神奈川県横浜市緑区三保町1
　TEL 045-922-5641
　平成元年4月　　　　横浜創英短期大学を開学

◇横浜美術短期大学
　［学校法人 トキワ松学園］
　〒227-0033 神奈川県横浜市青葉区鴨志田町1204
　TEL 045-962-2221
　昭和41年　　　　トキワ松学園女子短期大学を創立
　平成13年　　　　横浜美術短期大学と改称

【高校】

◇神奈川県立愛川高等学校
　〒243-0308 神奈川県愛甲郡愛川町三増822-1
　TEL 046-286-2871
　昭和58年　　　　神奈川県立愛川高等学校が開校

◇神奈川県立相原高等学校
　〒229-1103 神奈川県相模原市橋本2-1-58
　TEL 042-772-0331
　大正12年4月16日　神奈川県立農蚕学校が開校
　昭和5年4月1日　　神奈川県立相原農蚕学校と改称
　昭和23年4月1日　 神奈川県立相原農蚕高等学校と改称
　昭和29年2月1日　 神奈川県立相原高等学校と改称

◇神奈川県立麻生高等学校
　〒215-0006 神奈川県川崎市麻生区金程3-4-1
　TEL 044-966-7766
　昭和59年　　　　神奈川県立麻生高等学校が開校

◇神奈川県立麻生総合高等学校
　〒215-0023 神奈川県川崎市麻生区片平1778
　TEL 044-987-1750
　平成16年4月1日　 神奈川県立柿生高等学校，神奈川県立柿生西高等学校を統合し神奈川県立麻生総合高等学校が開校

◇浅野高等学校
　［学校法人 浅野学園］
　〒221-0012 神奈川県横浜市神奈川区子安台1-3-1
　TEL 045-421-3281
　大正9年1月　　　 浅野綜合中学校を設置
　昭和23年3月　　　浅野高等学校と改称

◇旭丘高等学校
　［学校法人 新名学園］
　〒250-0014 神奈川県小田原市城内1-13
　TEL 0465-24-2227
　明治35年　　　　裁縫手芸編物伝習所を創立
　昭和34年　　　　旭丘高等学校と改称

◇神奈川県立旭高等学校
　〒241-0806 神奈川県横浜市旭区下川井町2247
　TEL 045-953-3301
　昭和48年　　　　神奈川県立旭高等学校が開校

◇麻布大学附属渕野辺高等学校
　［学校法人 麻布獣医学園］
　〒229-0006 神奈川県相模原市淵野辺1-17-50
　TEL 042-757-2403
　昭和36年4月　　　渕野辺高等学校が開校
　昭和60年10月　　 麻布大学附属渕野辺高等学校と改称

◇神奈川県立麻溝台高等学校
　〒228-0829 神奈川県相模原市北里2-11-1
　TEL 042-778-2731
　昭和49年　　　　神奈川県立麻溝台高等学校を創立

◇神奈川県立足柄高等学校
　〒250-0106 神奈川県南足柄市怒田860
　TEL 0465-73-0010
　昭和52年　　　　神奈川県立足柄高等学校が開校

◇神奈川県立厚木北高等学校
　〒243-0203 神奈川県厚木市下荻野886
　TEL 046-241-8001
　昭和53年　　　　神奈川県立厚木北高等学校が開校

◇神奈川県立厚木高等学校
　〒243-0031 神奈川県厚木市戸室2-24-1
　TEL 046-221-4078
　明治35年　　　　神奈川県第三中学校を創立
　大正2年　　　　 神奈川県立厚木中学校と改称
　昭和23年　　　　神奈川県立厚木高等学校と改称

◇神奈川県立厚木商業高等学校
　〒243-0817 神奈川県厚木市王子3-1-1
　TEL 046-223-6669
　昭和47年4月　　　神奈川県立厚木商業高等学校を設立

◇神奈川県立厚木清南高等学校
　〒243-0021 神奈川県厚木市岡田1-12-1
　TEL 046-228-2015
　平成17年4月1日　 神奈川県立厚木南高等学校を再編し神奈川県立厚木清南高等学校が開校

◇神奈川県立厚木西高等学校
　〒243-0123 神奈川県厚木市森の里青山12-1
　TEL 046-248-1705
　昭和59年　　　　神奈川県立厚木西高等学校を設立

◇神奈川県立厚木東高等学校
　〒243-0817 神奈川県厚木市王子1-1-1
　TEL 046-221-3158
　明治39年2月20日　愛甲郡立女子実業補習学校を設置
　明治44年4月1日　 愛甲郡立実業女学校を認可
　大正12年4月1日　 神奈川県立厚木実科高等女学校と改称
　昭和2年4月1日　　神奈川県立厚木高等女学校と改称
　昭和23年4月1日　 神奈川県立厚木女子高等学校と改称
　昭和25年　　　　神奈川県立厚木東高等学校と改称

◇神奈川県立綾瀬高等学校
　〒252-1134 神奈川県綾瀬市寺尾南1-4-1
　TEL 0467-76-1400
　昭和52年4月1日　 神奈川県立綾瀬高等学校が開校

神奈川県

◇神奈川県立綾瀬西高等学校
　〒252-1123 神奈川県綾瀬市早川1485-1
　TEL 0467-77-5121
　昭和58年　　　　　神奈川県立綾瀬西高等学校を創立

◇神奈川県立新磯高等学校
　〒228-0826 神奈川県相模原市新戸2607-2
　TEL 046-256-6711
　昭和61年　　　　　神奈川県立新磯高等学校が開校

◇神奈川県立有馬高等学校
　〒243-0424 神奈川県海老名市社家240
　TEL 046-238-1333
　昭和58年　　　　　神奈川県立有馬高等学校を創立

◇アレセイア湘南高等学校
　［学校法人 平和学園］
　〒253-0031 神奈川県茅ヶ崎市富士見町5-2
　TEL 0467-87-0132
　大正6年　　　　　白十字会林間学校をキリスト教奉仕団体が設立
　昭和21年4月　　　平和女学校が開校
　昭和22年　　　　　平和学園高等学校と改称
　平成11年　　　　　アレセイア湘南高等学校と改称

◇神奈川県立生田高等学校
　〒214-0035 神奈川県川崎市多摩区長沢3-17-1
　TEL 044-977-3800
　昭和44年4月　　　神奈川県立生田高等学校が開校

◇神奈川県立生田東高等学校
　〒214-0038 神奈川県川崎市多摩区生田4-32-1
　TEL 044-932-1211
　昭和52年　　　　　神奈川県立生田東高等学校を創立

◇神奈川県立伊志田高等学校
　〒259-1116 神奈川県伊勢原市石田1356-1
　TEL 0463-93-5613
　昭和51年　　　　　神奈川県立伊志田高等学校を設立

◇神奈川県立和泉高等学校
　〒245-8553 神奈川県横浜市泉区和泉町2563
　TEL 045-801-1411
　昭和55年　　　　　神奈川県立和泉高等学校を創立
　平成20年　　　　　神奈川県立岡津高等学校と統合予定

◇神奈川県立伊勢原高等学校
　〒259-1142 神奈川県伊勢原市田中1008-3
　TEL 0463-95-2578
　昭和3年5月21日　　私立伊勢原実科女学校が開校
　昭和4年4月13日　　伊勢原高等女学校として開校
　昭和23年4月1日　　伊勢原高等学校と改称
　昭和24年4月1日　　神奈川県立伊勢原高等学校と改称

◇神奈川県立磯子工業高等学校
　〒235-0023 神奈川県横浜市磯子区森5-24-1
　TEL 045-761-0251
　昭和37年4月　　　神奈川県立磯子工業高等学校が開校

◇神奈川県立磯子高等学校
　〒235-0042 神奈川県横浜市磯子区上中里町444
　TEL 045-772-0166
　昭和52年　　　　　神奈川県立磯子高等学校が開校

◇神奈川県立市ヶ尾高等学校
　〒225-0024 神奈川県横浜市青葉区市ヶ尾町1854
　TEL 045-971-2041
　昭和49年4月　　　神奈川県立市ヶ尾高等学校が開校

◇神奈川県立岩戸高等学校
　〒239-0844 神奈川県横須賀市岩戸5-6-5
　TEL 046-848-1810
　昭和61年　　　　　神奈川県立岩戸高等学校を創立

◇栄光学園高等学校
　［学校法人 栄光学園］
　〒247-0071 神奈川県鎌倉市玉縄4-1-1
　TEL 0467-46-7711
　昭和22年　　　　　栄光中学校（のち:栄光学園中学校）として発足
　昭和24年　　　　　栄光学園高等学校を設立

◇神奈川県立荏田高等学校
　〒224-0007 神奈川県横浜市都筑区荏田南3-9-1
　TEL 045-941-3111
　昭和54年　　　　　神奈川県立荏田高等学校を創立

◇神奈川県立海老名高等学校
　〒243-0422 神奈川県海老名市中新田589
　TEL 046-232-2231
　昭和54年4月　　　神奈川県立海老名高等学校が開校

◇神奈川県立大井高等学校
　〒258-0017 神奈川県足柄上郡大井町西大井984-1
　TEL 0465-83-4101
　昭和58年4月1日　　神奈川県立大井高等学校が開校

◇神奈川県立大磯高等学校
　〒255-0002 神奈川県中郡大磯町東町2-9-1
　TEL 0463-61-0058
　昭和2年4月10日　　大磯町立大磯実科高等女学校が開校
　昭和18年4月　　　大磯町立大磯高等女学校と改称
　昭和23年4月1日　　大磯町立大磯女子高等学校と改称
　昭和25年4月　　　大磯町立大磯高等学校と改称
　昭和26年3月　　　神奈川県立大磯高等学校と改称

◇神奈川県立大楠高等学校
　〒240-0102 神奈川県横須賀市荻野14-1
　TEL 046-856-0024
　昭和55年　　　　　神奈川県立大楠高等学校を創立

◇神奈川県立大清水高等学校
　〒251-0002 神奈川県藤沢市大鋸1450
　TEL 0466-82-8111
　昭和54年　　　　　神奈川県立大清水高等学校が開校

◇大西学園高等学校
　［学校法人 大西学園］
　〒211-0063 神奈川県川崎市中原区小杉町2-284
　TEL 044-722-9201
　昭和3年4月28　　　中原高等女学校を大西浩太が設立
　昭和23年3月20日　大西学園高等学校を設置

◇神奈川県立大秦野高等学校
　〒257-8522 神奈川県秦野市桜町2-1-7
　TEL 0463-81-1148
　大正15年4月10日　神奈川県秦野町立実家高等女学校が開校
　昭和6年4月1日　　秦野町立秦野高等女学校と改称
　昭和15年3月1日　　神奈川県立秦野高等女学校と改称

昭和25年4月1日　　神奈川県立大秦野高等学校と改称
◇神奈川県立**大原高等学校**
　〒254-0074 神奈川県平塚市大原1-13
　TEL 0463-34-0370
　昭和59年4月1日　　神奈川県立大原高等学校が開校

◇神奈川県立**大船高等学校**
　〒247-0054 神奈川県鎌倉市高野8-1
　TEL 0467-47-1811
　昭和58年4月　　　神奈川県立大船高等学校が開校

◇神奈川県立**岡津高等学校**
　〒245-0003 神奈川県横浜市泉区岡津町2667
　TEL 045-812-3371
　昭和52年4月1日　　神奈川県立岡津高等学校が開校

◇神奈川県立**小田原高等学校**
　〒250-0045 神奈川県小田原市城山3-26-1
　TEL 0465-23-1201
　〈神奈川県立小田原高等学校〉
　明治33年　　　　　神奈川県第二中学校を創立
　昭和24年　　　　　神奈川県立小田原高等学校と改称
　〈神奈川県立小田原城内高等学校〉
　明治36年4月　　　神奈川県小田原高等女学校が開校
　昭和23年　　　　　神奈川県立小田原女子高等学校と改称
　昭和25年　　　　　神奈川県立小田原城内高等学校と改称
　〈統合〉
　平成16年　　　　　神奈川県立小田原高等学校，神奈川県立小田原城内高等学校が統合し
　　　　　　　　　　神奈川県立小田原高等学校が開校

◇神奈川県立**小田原城東高等学校**
　〒250-0003 神奈川県小田原市東町4-12-1
　TEL 0465-34-2847
　昭和26年4月　　　村立足柄実科高等女学校，私立小田原商業学校が統合し
　　　　　　　　　　神奈川県立小田原城東高等学校と改称

◇神奈川県立**小田原城北工業高等学校**
　〒250-0852 神奈川県小田原市栢山200
　TEL 0465-36-0111
　昭和36年　　　　　神奈川県立小田原城北工業高等学校を創設

◇神奈川県立**追浜高等学校**
　〒237-0061 神奈川県横須賀市夏島町13
　TEL 046-865-4174
　昭和37年10月1日　神奈川県立追浜高等学校が開校

◇神奈川県立**金井高等学校**
　〒244-0845 神奈川県横浜市栄区金井町100
　TEL 045-852-4721
　昭和50年　　　　　神奈川県立金井高等学校が開校

◇**神奈川学園高等学校**
　［学校法人 神奈川学園］
　〒221-0844 神奈川県横浜市神奈川区沢渡18
　TEL 045-311-2961
　大正3年　　　　　横浜実科女学校を佐藤善治郎が創立
　平成2年　　　　　神奈川学園高等学校と改称

◇神奈川県立**外語短期大学付属高等学校**
　〒235-0021 神奈川県横浜市磯子区岡村4-15-1
　TEL 045-741-4162
　昭和40年　　　　　神奈川県立外語短期大学付属高等学校を創設

◇神奈川県立**商工高等学校**
　〒240-0035 神奈川県横浜市保土ケ谷区今井町743
　TEL 045-353-0591
　大正9年3月20日　神奈川県立商工実習学校を設立
　昭和23年4月1日　神奈川県立商工高等学校と改称

◇神奈川県立**神奈川工業高等学校**
　〒221-0812 神奈川県横浜市神奈川区平川町19-1
　TEL 045-491-9461
　明治45年　　　　　神奈川県立工業学校が開校
　昭和23年4月1日　神奈川県立神奈川工業高等学校と改称

◇神奈川県立**神奈川総合高等学校**
　〒221-0812 神奈川県横浜市神奈川区平川町19-2
　TEL 045-491-2000
　平成7年4月1日　　神奈川県立神奈川総合高等学校が開校

◇神奈川県立**神奈川総合産業高等学校**
　〒228-0807 神奈川県相模原市文京1-11-1
　TEL 042-742-6111
　平成17年　　　　　神奈川県立相模台工業高等学校，神奈川県立相模原工業技術高等学校を再編し
　　　　　　　　　　神奈川県立神奈川総合産業高等学校が開校

◇**神奈川大学附属高等学校**
　［学校法人 神奈川大学］
　〒226-0014 神奈川県横浜市緑区台村町800
　TEL 045-934-6211
　昭和60年4月1日　神奈川大学附属高等学校が開校

◇横浜市立**金沢高等学校**
　〒236-0027 神奈川県横浜市金沢区瀬戸22-1
　TEL 045-781-5713
　昭和26年　　　　　横浜市立金沢高等学校が開校

◇神奈川県立**金沢総合高等学校**
　〒236-0051 神奈川県横浜市金沢区富岡東6-34-1
　TEL 045-773-6771
　平成16年　　　　　神奈川県立富岡高等学校，神奈川県立東金沢高等学校が統合し
　　　　　　　　　　神奈川県立金沢総合高等学校が開校

◇**鎌倉学園高等学校**
　［学校法人 鎌倉学園］
　〒247-0062 神奈川県鎌倉市山ノ内110
　TEL 0467-22-0994
　明治19年　　　　　宗学林を建長寺が設立
　大正11年4月　　　鎌倉中学校を発足
　昭和22年　　　　　鎌倉高等学校を設置
　昭和50年11月　　　鎌倉学園高等学校と改称

◇神奈川県立**鎌倉高等学校**
　〒248-0026 神奈川県鎌倉市七里ガ浜2-21-1
　TEL 0467-32-4851

神奈川県

| | | |
|---|---|---|
| 昭和3年 | | 鎌倉町立鎌倉実科高等女学校が開校 |
| 昭和18年 | | 鎌倉市立高等女学校と改称 |
| 昭和26年 | | 神奈川県立鎌倉高等学校と改称 |

◇鎌倉女学院高等学校
　[学校法人 鎌倉女学院]
　〒248-0014 神奈川県鎌倉市由比ガ浜2-10-4
　TEL 0467-25-2100
| 明治37年 | 鎌倉女学校を設立 |
| 昭和26年2月26日 | 鎌倉女学院高等学校を設置 |

◇鎌倉女子大学高等部
　[学校法人 鎌倉女子大学]
　〒247-8511 神奈川県鎌倉市岩瀬1420
　TEL 0467-44-2113
| 昭和25年 | 京浜女子短期大学附属高等学校を設立 |
| 昭和34年 | 京浜女子大学高等部と改称 |
| 平成元年 | 鎌倉女子大学高等部と改称 |

◇神奈川県立釜利谷高等学校
　〒236-0042 神奈川県横浜市金沢区釜利谷東4-58-1
　TEL 045-785-1670
| 昭和59年 | 神奈川県立釜利谷高等学校を創立 |

◇神奈川県立上郷高等学校
　〒247-0013 神奈川県横浜市栄区上郷町555
　TEL 045-891-5581
| 昭和58年 | 神奈川県立上郷高等学校を創立 |

◇神奈川県立上鶴間高等学校
　〒228-0818 神奈川県相模原市上鶴間本町9-31-1
　TEL 042-743-5622
| 昭和52年 | 神奈川県立上鶴間高等学校が開校 |

◇神奈川県立上溝高等学校
　〒229-1123 神奈川県相模原市上溝6-5-1
　TEL 042-762-0008
| 明治44年4月 | 鳩川農業学校を設立 |
| 大正5年 | 鳩川実業学校と改称 |
| 大正12年 | 鳩川実科高等女学校と改称 |
| 昭和3年 | 鳩川実科高等女学校と改称 |
| 昭和8年 | 神奈川県立上溝高等女学校と改称 |
| 昭和23年 | 神奈川県立上溝女子高等学校を設置 |
| 昭和25年 | 神奈川県立上溝高等学校と改称 |

◇神奈川県立上溝南高等学校
　〒229-1123 神奈川県相模原市上溝269
　TEL 042-778-1981
| 昭和51年4月 | 神奈川県立上溝南高等学校が開校 |

◇神奈川県立上矢部高等学校
　〒245-0053 神奈川県横浜市戸塚区上矢部町3230
　TEL 045-861-3500
| 昭和58年 | 神奈川県立上矢部高等学校が開校 |

◇カリタス女子高等学校
　[学校法人 カリタス学園]
　〒214-0012 神奈川県川崎市多摩区中野島4-6-1
　TEL 044-911-4656
| 昭和36年 | カリタス女子高等学校が開校 |

◇神奈川県立川崎北高等学校
　〒216-0003 神奈川県川崎市宮前区有馬3-22-1
　TEL 044-855-2631

| 昭和49年 | | 神奈川県立川崎北高等学校が開校 |

◇神奈川県立川崎工業高等学校
　〒211-0013 神奈川県川崎市中原区上平間1700-7
　TEL 044-511-0114
| 昭和16年 | 神奈川県立川崎工業学校が開校 |
| 昭和23年 | 神奈川県立川崎工業高等学校と改称 |

◇神奈川県立川崎高等学校
　〒210-0845 神奈川県川崎市川崎区渡田山王町22-6
　TEL 044-344-5821
| 昭和2年 | 神奈川県立川崎中学校が開校 |
| 昭和23年4月1日 | 神奈川県立川崎高等学校と改称 |
| 平成16年 | 神奈川県立川崎南高等学校と統合 |

◇川崎市立川崎高等学校
　〒201-0806 神奈川県川崎市川崎区中島3-3-1
　TEL 044-244-4981
| 明治44年 | 川崎町立女子技芸補習学校を設立 |
| 大正12年 | 川崎町立実科高等女学校と改称 |
| 大正13年 | 川崎町立川崎実科高等女学校と改称 |
| 大正14年 | 川崎高等女学校と改称 |
| 昭和17年 | 川崎市立川崎高等女学校と改称 |
| 昭和23年 | 川崎市立川崎高等学校と改称 |

◇川崎市立商業高等学校
　〒212-0023 神奈川県川崎市幸区戸手本町1-150
　TEL 044-522-0125
| 大正14年 | 橘樹郡田島町商工実務学校を設立 |
| 昭和10年 | 川崎市立実務女学校と改称 |
| 昭和17年 | 川崎市立女子商業学校と改称 |
| 昭和23年 | 川崎市立商業高等学校と改称 |
| 昭和24年5月 | 川崎市立川崎高等学校と改称 |
| 昭和28年4月 | 川崎市立商業高等学校として分離独立 |

◇川崎市立川崎総合科学高等学校
　〒212-0002 神奈川県川崎市幸区小向仲野町5-1
　TEL 044-511-7336
| 昭和38年4月1日 | 川崎市立工業高等学校を創立 |
| 平成5年4月1日 | 川崎市立川崎総合科学高等学校と改称 |

◇神奈川県立川和高等学校
　〒224-0057 神奈川県横浜市都筑区川和町2226-1
　TEL 045-941-2436
| 昭和37年 | 神奈川県立川和高等学校を創立 |

◇神奈川県立神田高等学校
　〒254-0013 神奈川県平塚市田村3-13-1
　TEL 0463-55-1532
| 昭和55年 | 神奈川県立神田高等学校を創立 |

◇関東学院高等学校
　[学校法人 関東学院]
　〒232-0002 神奈川県横浜市南区三春台4
　TEL 045-231-1001
| 明治17年 | 横浜バプテスト神学校を創立 |
| 明治28年 | 東京中学院(のち:東京学院)を設立 |
| 大正8年 | 私立中学関東学院を設立 |
| 昭和23年 | 関東学院高等学校を設置 |

◇函嶺白百合学園高等学校
　[学校法人 函嶺白百合学園]

〒250-0408 神奈川県足柄下郡箱根町強羅1320
TEL 0460-7-6611
昭和19年　　　　　箱根強羅疎開学園を建設
昭和21年　　　　　湘南白百合学園分校と改称
昭和24年　　　　　函嶺白百合学園高等学校として独立し発足

◇神奈川県立岸根高等学校
〒222-0034 神奈川県横浜市港北区岸根町370
TEL 045-401-7872
昭和58年　　　　　神奈川県立岸根高等学校を設置

◇北鎌倉女子学園高等学校
［学校法人 北鎌倉女子学園］
〒247-0062 神奈川県鎌倉市山ノ内913
TEL 0467-22-6900
昭和15年3月　　　北鎌倉高等女学校を額田豊が創立
昭和23年4月　　　北鎌倉高等学校と改称
昭和53年9月　　　北鎌倉女子学園高等学校と改称

◇神奈川県立希望ケ丘高等学校
〒241-0824 神奈川県横浜市旭区南希望が丘79-1
TEL 045-391-0061
明治30年　　　　　神奈川県尋常中学校を設置
明治32年2月6日　　神奈川県中学校と改称
明治33年4月1日　　神奈川県第一中学校と改称
明治34年5月7日　　神奈川県立第一中学校と改称
大正2年4月1日　　神奈川県立第一横浜中学校と改称
大正12年4月1日　　神奈川県立横浜第一中学校と改称
昭和23年4月1日　　神奈川県立横浜第一高等学校と改称
昭和25年4月1日　　神奈川県立希望ケ丘高等学校と改称

◇神奈川県立霧が丘高等学校
〒226-0016 神奈川県横浜市緑区霧が丘6-16-1
TEL 045-921-6911
昭和50年　　　　　神奈川県立霧が丘高等学校を創立

◇鵠沼高等学校
［学校法人 藤嶺学園］
〒251-0031 神奈川県藤沢市鵠沼藤が谷4-9-10
TEL 0466-22-4783
大正14年4月　　　家政女塾を創立
大正15年3月　　　平塚高等家政女学校と改称
昭和19年4月　　　相模女子商業学校と改称
昭和23年4月　　　藤嶺学園女子中高等学校と改称
昭和36年4月　　　鵠沼女子高等学校と改称
平成16年4月　　　鵠沼高等学校と改称

◇公文国際学園高等部
［学校法人 公文学園］
〒244-0004 神奈川県横浜市戸塚区小雀町777
TEL 045-853-8200
平成8年　　　　　公文国際学園高等部が開校

◇神奈川県立久里浜高等学校
〒239-0835 神奈川県横須賀市佐原4-20-1
TEL 046-834-5671
昭和59年4月2日　　神奈川県立久里浜高等学校が開校

◇神奈川県立栗原高等学校
〒228-0013 神奈川県座間市栗原2487
TEL 046-253-2920
昭和56年4月1日　　神奈川県立栗原高等学校を創立

◇慶應義塾高等学校
［学校法人 慶應義塾］
〒223-8524 神奈川県横浜市港北区日吉4-1-2
TEL 045-566-1381
昭和23年3月10日　　慶應義塾高等学校が開校

◇慶應義塾湘南藤沢高等部
［学校法人 慶應義塾］
〒252-0816 神奈川県藤沢市遠藤5466
TEL 0466-47-5111
平成4年　　　　　慶應義塾湘南藤沢高等部が開校

◇向上高等学校
［学校法人 向上学園］
〒259-1185 神奈川県伊勢原市見附島411
TEL 0463-96-0411
明治40年　　　　　自修学会を組織
明治43年　　　　　自修学校と改称
昭和16年　　　　　湘北中学校を設立
昭和23年　　　　　湘北高等学校を設立
昭和40年　　　　　向上高等学校と改称

◇神奈川県立港南台高等学校
〒234-0054 神奈川県横浜市港南区港南台9-18-1
TEL 045-832-1261
昭和48年　　　　　神奈川県立港南台高等学校を創立

◇神奈川県立港北高等学校
〒222-0031 神奈川県横浜市港北区太尾町1895
TEL 045-541-6251
昭和44年4月　　　神奈川県立港北高等学校が開校

◇神奈川県立光陵高等学校
〒240-0026 神奈川県横浜市保土ケ谷区権太坂1-7-1
TEL 045-712-5577
昭和41年4月　　　神奈川県立横浜立野高等学校山手分校を設置
昭和43年　　　　　神奈川県立光陵高等学校として分離独立

◇神奈川県立五領ヶ台高等学校
〒259-1213 神奈川県平塚市片岡991-1
TEL 0463-59-1021
昭和52年4月5日　　神奈川県立五領ヶ台高等学校が開校

◇神奈川県立相模大野高等学校
〒228-0803 神奈川県相模原市相模大野4-1-1
TEL 042-749-1155
昭和60年　　　　　神奈川県立相模大野高等学校が開校

◇相模女子大学高等部
［学校法人 相模女子大学］
〒228-8533 神奈川県相模原市文京2-1-1
TEL 042-742-1411
明治33年　　　　　日本女学校を西澤之助が設立
明治42年　　　　　日本高等女学校と改称
大正4年　　　　　静修実科女学校を設置
昭和25年　　　　　相模女子大学高等学校と改称
昭和26年　　　　　相模女子大学高等部と改称

◇神奈川県立相模田名高等学校
〒229-1124 神奈川県相模原市田名6786-1
TEL 042-761-3339

神奈川県

| 昭和62年4月1日 | 神奈川県立相模田名高等学校が開校 |

◇**相模原高等学校**
　［学校法人 光明学園］
　〒229-0016 神奈川県相模原市当麻856
　TEL 042-778-3333
| 大正8年4月 | 光明学園を時宗大本山無量光寺第61世山崎弁栄が創立 |
| 昭和26年3月 | 相模原高等学校を設置 |

◇神奈川県立**相模原高等学校**
　〒229-1122 神奈川県相模原市横山1-7-20
　TEL 042-752-4133
| 昭和39年 | 神奈川県立相模原高等学校が開校 |

◇神奈川県立**相模原総合高等学校**
　〒229-1135 神奈川県相模原市大島1226
　TEL 042-761-5055
| 昭和55年 | 神奈川県立大沢高等学校が開校 |
| 平成15年 | 神奈川県立相模原総合高等学校と改称 |

◇横浜市立**桜丘高等学校**
　〒240-0011 神奈川県横浜市保土ケ谷区桜ヶ丘2-15-1
　TEL 045-331-5021
| 大正15年11月 | 程谷町立実科高等女学校を設立 |
| 昭和2年5月 | 横浜市立実科高等女学校と改称 |
| 昭和9年4月 | 横浜市立高等女学校と改称 |
| 昭和23年4月 | 横浜市立桜丘高等学校と改称 |

◇神奈川県立**座間高等学校**
　〒228-0024 神奈川県座間市入谷2-262
　TEL 046-253-2011
| 昭和47年 | 神奈川県立座間高等学校が開校 |

◇神奈川県立**寒川高等学校**
　〒253-0111 神奈川県高座郡寒川町一之宮9-30-1
　TEL 0467-74-2312
| 昭和53年 | 神奈川県立寒川高等学校が開校 |

◇**サレジオ学院高等学校**
　［学校法人 サレジオ学院］
　〒224-0029 神奈川県横浜市都筑区南山田3-43-1
　TEL 045-591-8222
| 昭和38年4月 | サレジオ高等学校を創立 |
| 平成元年4月 | サレジオ学院高等学校と改称 |

◇神奈川県立**七里ガ浜高等学校**
　〒248-0025 神奈川県鎌倉市七里ガ浜東2-3-1
　TEL 0467-32-5457
| 昭和51年4月1日 | 神奈川県立七里ガ浜高等学校が開校 |

◇**秀英高等学校**
　［学校法人 大谷学園］
　〒245-0016 神奈川県横浜市泉区和泉町7865
　TEL 045-806-2100
| 昭和60年 | 秀英高等学校が開校 |

◇**湘南学院高等学校**
　［学校法人 湘南学院］
　〒238-0006 神奈川県横須賀市日の出町3-3
　TEL 046-823-3433
| 昭和7年4月 | 軍港裁縫女学院を白戸光久が創立 |
| 昭和11年3月 | 湘南女学校と改称 |
| 昭和14年8月 | 高等湘南女学院と改称 |
| 昭和16年3月 | 湘南女学校と改称 |
| 昭和23年3月 | 湘南女子高等学校と改称 |
| 平成12年4月 | 湘南学院高等学校と改称 |

◇**湘南学園高等学校**
　［学校法人 湘南学園］
　〒251-8505 神奈川県藤沢市鵠沼松が岡3-4-27
　TEL 0466-23-6614
| 昭和8年 | 湘南学園が発足 |
| 昭和25年 | 湘南学園高等学校が開校 |

◇**湘南工科大学附属高等学校**
　［学校法人 湘南工科大学］
　〒251-8511 神奈川県藤沢市辻堂西海岸1-1-25
　TEL 0466-34-4114
| 昭和36年 | 相模工業高等学校が開校 |
| 平成2年 | 湘南工科大学附属高等学校と改称 |

◇神奈川県立**湘南高等学校**
　〒251-0021 神奈川県藤沢市鵠沼神明5-6-10
　TEL 0466-26-4151
| 大正9年 | 神奈川県立湘南中学校を創立 |
| 昭和23年4月 | 神奈川県立湘南高等学校と改称 |

◇**湘南白百合学園高等学校**
　［学校法人 湘南白百合学園］
　〒251-0034 神奈川県藤沢市片瀬目白山4-1
　TEL 0466-27-6211
| 昭和13年 | 乃木高等女学校の設置が認可を受ける |
| 昭和21年 | 湘南白百合高等女学校と改称 |
| 昭和23年 | 湘南白百合学園高等女学校と改称 |
| 昭和23年 | 湘南白百合学園高等学校と改称 |

◇神奈川県立**湘南台高等学校**
　〒252-0805 神奈川県藤沢市円行1986
　TEL 0466-45-6600
| 昭和60年 | 神奈川県立湘南台高等学校が開校 |

◇神奈川県立**松陽高等学校**
　〒245-0016 神奈川県横浜市泉区和泉町7713
　TEL 045-803-3036
| 昭和47年4月1日 | 神奈川県立松陽高等学校が開校 |

◇神奈川県立**城郷高等学校**
　〒221-0862 神奈川県横浜市神奈川区三枚町364-1
　TEL 045-382-5254
| 昭和62年 | 神奈川県立城郷高等学校が開校 |

◇神奈川県立**城山高等学校**
　〒220-0116 神奈川県津久井郡城山町城山1-26-1
　TEL 042-782-6565
| 昭和50年4月1日 | 神奈川県立城山高等学校が開校 |

◇神奈川県立**新栄高等学校**
　〒224-0035 神奈川県横浜市都筑区新栄町1-1
　TEL 045-593-0307
| 昭和58年 | 神奈川県立新栄高等学校が開校 |

◇神奈川県立**新城高等学校**
　〒211-0042 神奈川県川崎市中原区下新城1-14-1
　TEL 044-766-7456
| 昭和38年 | 神奈川県立新城高等学校を創立 |

◇神奈川県立**菅高等学校**
　〒214-0004 神奈川県川崎市多摩区菅馬場4-2-1
　TEL 044-944-4141

神奈川県

昭和58年4月1日　　　神奈川県立菅高等学校が開校

◇逗子開成高等学校
　［学校法人 逗子開成学園］
　〒249-8510 神奈川県逗子市新宿2-5-1
　TEL 046-871-2062
　明治36年4月18日　　私立第二開成学校を開校
　明治42年7月27日　　私立逗子開成中学校と改称
　昭和23年4月　　　　逗子開成高等学校を設置

◇神奈川県立逗子高等学校
　〒249-0003 神奈川県逗子市池子4-1025
　TEL 046-871-3218
　大正11年　　　　　　町立逗子実科高等女学校が開校
　昭和30年　　　　　　神奈川県立逗子高等学校が開校

◇神奈川県立住吉高等学校
　〒211-0021 神奈川県川崎市中原区木月住吉町34-1
　TEL 044-433-8555
　昭和55年4月1日　　　神奈川県立住吉高等学校が開校

◇神奈川県立逗葉高等学校
　〒249-0005 神奈川県逗子市桜山5-24-1
　TEL 046-873-7322
　昭和53年　　　　　　神奈川県立逗葉高等学校が開校

◇聖光学院高等学校
　［学校法人 聖マリア学園］
　〒231-0837 神奈川県横浜市中区滝之上100
　TEL 045-621-2051
　文化14年　　　　　　カトリック・キリスト教教育修士会を創立
　昭和36年4月10日　　聖光学院高等学校を設置

◇神奈川県立西湘高等学校
　〒256-0816 神奈川県小田原市酒匂1-3-1
　TEL 0465-47-2171
　昭和32年　　　　　　神奈川県立西湘高等学校が開校

◇清心女子高等学校
　［学校法人 大谷学園］
　〒222-0024 神奈川県横浜市港北区篠原台町36-37
　TEL 045-421-8864
　昭和22年　　　　　　家政学院を発足
　昭和43年　　　　　　清心女子高等学校を創立

◇聖セシリア女子高等学校
　［学校法人 大和学園］
　〒242-0006 神奈川県大和市南林間3-10-1
　TEL 046-274-3234
　昭和4年5月　　　　　大和学園女学校を創立
　昭和5年3月　　　　　大和学園高等女学校を創立
　昭和23年3月　　　　　大和学園女子高等学校と改称
　昭和55年5月　　　　　聖セシリア女子高等学校と改称

◇清泉女学院高等学校
　［学校法人 清泉女学院］
　〒247-0074 神奈川県鎌倉市城廻字打越200-1
　TEL 0467-46-3171
　昭和23年　　　　　　清泉女学院高等学校が開校

◇聖ヨゼフ学園高等学校
　［学校法人 アトンメント会］
　〒230-0016 神奈川県横浜市鶴見区東寺尾北台11-1
　TEL 045-581-8808
　昭和35年　　　　　　聖ヨゼフ学園高等学校を開校

◇聖和学院高等学校
　［学校法人 聖和学院］
　〒249-0001 神奈川県逗子市久木2-2-1
　TEL 046-871-2670
　昭和17年　　　　　　湘南女学塾を創立
　昭和24年　　　　　　聖和学院高等学校と改称

◇神奈川県立瀬谷高等学校
　〒246-0011 神奈川県横浜市瀬谷区東野台29-1
　TEL 045-301-6747
　昭和49年　　　　　　神奈川県立瀬谷高等学校が開校

◇神奈川県立瀬谷西高等学校
　〒246-0004 神奈川県横浜市瀬谷区中屋敷2-2-5
　TEL 045-302-3535
　昭和53年4月　　　　　神奈川県立瀬谷西高等学校を創立

◇洗足学園高等学校
　［学校法人 洗足学園］
　〒213-8580 神奈川県川崎市高津区久本2-3-1
　TEL 044-856-2777
　大正13年6月2日　　　平塚裁縫女学校を設立
　昭和5年10月13日　　洗足高等女学校を設置
　昭和23年4月1日　　　洗足学園女子高等学校を設置
　昭和28年4月1日　　　洗足学園第二高等学校と改称
　昭和51年11月22日　　洗足学園大学附属高等学校と改称
　平成12年　　　　　　洗足学園高等学校と改称

◇捜真女学校高等学部
　［学校法人 捜真学院］
　〒221-8720 神奈川県横浜市神奈川区中丸8
　TEL 045-491-3686
　明治19年　　　　　　英和女学校をブラウン夫人が創立
　明治25年　　　　　　捜真女学校高等学部と改称

◇神奈川県立相武台高等学校
　〒228-0825 神奈川県相模原市新磯野468
　TEL 042-747-0531
　昭和55年　　　　　　神奈川県立相武台高等学校が開校

◇相洋高等学校
　［学校法人 明徳学園］
　〒250-0045 神奈川県小田原市城山4-13-33
　TEL 0465-22-0211
　昭和13年4月26日　　小田原夜間中学校を開校
　昭和14年1月20日　　相洋中学校と改称
　昭和23年3月30日　　相洋高等学校と改称

◇神奈川県立大師高等学校
　〒210-0827 神奈川県川崎市川崎区四谷下町25-1
　TEL 044-276-1201
　昭和58年　　　　　　神奈川県立大師高等学校が開校

◇高木学園女子高等学校
　［学校法人 高木学園］
　〒222-0011 神奈川県横浜市港北区菊名7-6-43
　TEL 045-431-8188
　明治38年4月　　　　　高木女塾を創立
　明治41年9月16日　　神奈川裁縫女学校と改称
　昭和3年3月　　　　　高木高等女学校と改称
　昭和19年3月　　　　　高木女子商業学校と改称
　昭和23年3月　　　　　高木高等学校と改称
　昭和26年9月　　　　　高木女子商業高等学校と改称
　平成5年4月　　　　　高木学園女子高等学校と改称

神奈川県

◇川崎市立高津高等学校
　〒213-0011 神奈川県川崎市高津区久本3-11-1
　TEL 044-811-2555
　昭和3年4月17日　　高津町立高津実科高等女学校が開校
　昭和10年4月1日　　高津町立高津高等女学校と改称
　昭和12年4月1日　　川崎市立高津高等女学校と改称
　昭和23年3月31日　 川崎市立高津高等学校と改称

◇神奈川県立高浜高等学校
　〒254-0805 神奈川県平塚市高浜台8-1
　TEL 0463-21-0418
　昭和9年　　　平塚市立実科高等女学校が開校
　昭和18年　　平塚市立高等女学校と改称
　昭和23年　　平塚市立高浜女子高等学校と改称
　昭和25年　　平塚市立高浜高等学校と改称
　昭和34年　　神奈川県立高浜高等学校と改称

◇立花学園高等学校
　［学校法人 立花学園］
　〒258-0003 神奈川県足柄上郡松田町松田惣領307-2
　TEL 0465-83-1081
　昭和3年　　松田和洋裁縫学校が開校
　昭和17年　　松田高等家政女学校と改称
　昭和19年　　松田女子商業学校と改称
　昭和23年　　松田高等実業学校と改称
　昭和23年　　松田女子高等学校と改称
　昭和37年　　立花学園松田高等学校と改称
　平成4年　　 立花学園高等学校と改称

◇橘学苑高等学校
　［学校法人 橘学苑］
　〒230-0073 神奈川県横浜市鶴見区獅子ケ谷1-10-35
　TEL 045-581-0263
　昭和17年4月　　橘女学校を創立
　昭和21年3月　　橘高等女学校に組織変更
　昭和23年3月　　橘女子高等学校へ昇格
　平成16年4月　　橘学苑高等学校と改称

◇川崎市立橘高等学校
　〒211-0012 神奈川県川崎市中原区中丸子562
　TEL 044-411-2640
　昭和17年　　川崎市立橘中学校を設立
　昭和23年　　川崎市立橘高等学校と改称

◇神奈川県立田奈高等学校
　〒227-0034 神奈川県横浜市青葉区桂台2-39-2
　TEL 045-962-3135
　昭和53年　　神奈川県立田奈高等学校が開校

◇神奈川県立多摩高等学校
　〒214-0021 神奈川県川崎市多摩区宿河原5-14-1
　TEL 044-911-7267
　昭和31年　　神奈川県立多摩高等学校が開校

◇神奈川県立茅ヶ崎高等学校
　〒253-0042 神奈川県茅ヶ崎市本村3-4-1
　TEL 0467-52-2225
　昭和23年　　茅ヶ崎市立茅ヶ崎高等学校が開校
　昭和26年　　神奈川県立茅ヶ崎高等学校と改称

◇神奈川県立茅ヶ崎西浜高等学校
　〒253-0061 神奈川県茅ヶ崎市南湖7-12869-11
　TEL 0467-85-0008
　昭和55年　　神奈川県立茅ヶ崎西浜高等学校が開校

◇神奈川県立茅ヶ崎北陵高等学校
　〒253-0081 神奈川県茅ヶ崎市下寺尾515
　TEL 0467-51-0311
　昭和39年　　神奈川県立茅ヶ崎北陵高等学校が開校

◇神奈川県立中央農業高等学校
　〒243-0422 神奈川県海老名市中新田1163
　TEL 046-231-5202
　明治39年4月1日　　愛甲郡立農業補習学校が開校
　明治40年4月1日　　愛甲郡立第一実業補習学校と改称
　明治42年4月1日　　愛甲郡実業補習学校と改称
　明治43年4月1日　　愛甲郡高等実業補習学校と改称
　明治44年4月1日　　愛甲郡実業学校と改称
　大正6年4月1日　　 愛甲郡農業学校と改称
　大正12年4月1日　　愛甲農業学校と改称
　大正12年6月4日　　愛甲農蚕学校と改称
　昭和11年4月1日　　神奈川県立愛甲農業学校と改称
　昭和23年4月1日　　神奈川県立愛甲農業高等学校と改称
　昭和40年4月1日　　神奈川県立愛甲農業高等学校を廃止
　　　　　　　　　　神奈川県立中央農業高等学校が開校

◇神奈川県立津久井高等学校
　〒220-0209 神奈川県相模原市津久井町三ケ木272-1
　TEL 042-784-1053
　明治35年5月　　　　津久井郡立乙種蚕業学校を創立
　昭和4年3月　　　　 津久井郡立乙種蚕業学校を廃校
　昭和18年4月1日　　中野町外2ヶ村学校組合立中央青年学校が独立
　昭和21年4月24日　 中野町外2ヶ村学校組合立津久井高等女学校が開校
　昭和23年11月1日　 神奈川県立津久井高等学校と改称

◇神奈川県立津久井浜高等学校
　〒239-0843 神奈川県横須賀市津久井4-4-1
　TEL 046-848-2121
　昭和51年　　神奈川県立津久井浜高等学校が開校

◇横浜市立鶴見工業高等学校
　〒230-0047 神奈川県横浜市鶴見区下野谷町4-146
　TEL 045-501-2055
　昭和11年　　　　横浜市立鶴見工業実習学校が開校
　昭和15年4月1日　横浜市立鶴見工業学校と改称
　昭和23年4月1日　横浜市立鶴見工業高等学校と改称

◇神奈川県立鶴見高等学校
　〒230-0012 神奈川県横浜市鶴見区下末吉6-2-1
　TEL 045-581-4692
　昭和16年4月8日　　神奈川県立鶴見中学校が開校
　昭和23年4月1日　　神奈川県立鶴見高等学校と改称

◇鶴見女子高等学校
　［学校法人 総持学園］
　〒230-0063 神奈川県横浜市鶴見区鶴見2-2-1
　TEL 045-581-6325
　大正13年　　光華女学校を創立
　大正14年　　鶴見高等女学校を設立
　昭和22年　　鶴見女子高等学校と改称
　平成19年　　鶴見大学附属鶴見女子高等学校と改称予定

◇神奈川県立**鶴見総合**高等学校
　〒230-0031 神奈川県横浜市鶴見区平安町2-28-8
　TEL 045-504-1251
　平成16年4月　　　　神奈川県立平安高等学校,神奈川
　　　　　　　　　　県立寛政高等学校が統合し
　　　　　　　　　　神奈川県立鶴見総合高等学校が開
　　　　　　　　　　校

◇神奈川県立**鶴嶺**高等学校
　〒253-0084 神奈川県茅ヶ崎市円蔵1-16-1
　TEL 0467-52-6601
　昭和50年　　　　　神奈川県立鶴嶺高等学校を創立

◇**桐蔭学園**高等学校
　［学校法人 桐蔭学園］
　〒225-8502 神奈川県横浜市青葉区鉄町1614
　TEL 045-971-1411
　昭和39年4月　　　桐蔭学園高等学校を設立

◇**桐蔭学園中等教育**学校
　［学校法人 桐蔭学園］
　〒225-8502 神奈川県横浜市青葉区鉄町1614
　TEL 045-971-1411
　平成13年4月　　　桐蔭学園中等教育学校が開学

◇**東海大学付属相模**高等学校
　［学校法人 東海大学］
　〒228-8515 神奈川県相模原市相南3-33-1
　TEL 042-742-1251
　昭和38年4月　　　東海大学付属相模高等学校が開校

◇**桐光学園**高等学校
　［学校法人 桐光学園］
　〒215-8555 神奈川県川崎市麻生区栗木3-12-1
　TEL 044-987-0519
　昭和52年12月15日　桐光学園高等学校を設置

◇**東横学園大倉山**高等学校
　［学校法人 五島育英会］
　〒222-0031 神奈川県横浜市港北区太尾町12
　TEL 045-542-2012
　昭和15年2月19日　大倉山女学校を設置
　昭和18年4月1日　 大倉山高等女学校と改称
　昭和23年3月20日　大倉山女子高等学校を設置
　昭和31年9月1日　 東横学園大倉山高等学校と改称

◇**藤嶺学園藤沢**高等学校
　［学校法人 藤嶺学園］
　〒251-0001 神奈川県藤沢市西富1-7-1
　TEL 0466-23-3150
　大正5年4月　　　　私立藤嶺中学校が開校
　大正7年6月　　　　私立藤沢中学校と改称
　大正10年3月　　　藤沢中学校と改称
　昭和23年3月　　　藤沢高等学校を設立
　昭和25年7月　　　藤沢高等学校,藤沢商業高等学校,
　　　　　　　　　　藤嶺女子高等学校を統合
　平成7年5月　　　　藤嶺学園藤沢高等学校と改称

◇横浜市立**戸塚**高等学校
　〒245-0061 神奈川県横浜市戸塚区汲沢2-27-1
　TEL 045-871-0301
　昭和3年4月8日　　鎌倉郡戸塚町立実科高等女学校が
　　　　　　　　　　開校
　昭和14年　　　　　横浜市立戸塚実科高等女学校と改
　　　　　　　　　　称
　昭和23年　　　　　横浜市立戸塚高等学校と改称

◇神奈川県立**永谷**高等学校
　〒233-0016 神奈川県横浜市港南区下永谷1-28-1
　TEL 045-824-2126
　昭和61年4月　　　神奈川県立永谷高等学校が開校

◇神奈川県立**新羽**高等学校
　〒223-0057 神奈川県横浜市港北区新羽町1348
　TEL 045-543-8631
　昭和52年　　　　　神奈川県立新羽高等学校を創立

◇神奈川県立**二宮**高等学校
　〒259-0134 神奈川県中郡二宮町一色1363
　TEL 0463-71-3215
　昭和55年4月　　　神奈川県立二宮高等学校が開校

◇**日本女子大学附属**高等学校
　［学校法人 日本女子大学］
　〒214-8565 神奈川県川崎市多摩区西生田1-1-1
　TEL 044-952-6711
　昭和22年　　　　　日本女子大学附属高等学校が開校

◇**日本大学**高等学校
　［学校法人 日本大学］
　〒223-8566 神奈川県横浜市港北区箕輪町2-9-1
　TEL 045-560-2600
　昭和5年3月　　　　日本大学第四中学校,日本大学第
　　　　　　　　　　四商業学校を設置
　昭和19年4月　　　日本大学第四工業学校を統合し改
　　　　　　　　　　称
　昭和21年4月1日　 日本大学第四商業学校と改称
　昭和23年4月1日　 日本大学高等学校を統合し発足

◇**日本大学藤沢**高等学校
　［学校法人 日本大学］
　〒252-8505 神奈川県藤沢市亀井野1866
　TEL 0466-81-0123
　昭和24年3月　　　日本大学農林高等学校を設置
　昭和25年　　　　　日本大学藤沢高等学校と改称

◇神奈川県立**白山**高等学校
　〒226-0006 神奈川県横浜市緑区白山4-71-1
　TEL 045-933-2231
　昭和51年　　　　　神奈川県立白山高等学校が開校

◇**白鵬女子**高等学校
　［学校法人 白鵬女子学院］
　〒230-0074 神奈川県横浜市鶴見区北寺尾4-10-13
　TEL 045-581-6721
　昭和11年4月　　　京浜女子商業学校を創立
　昭和23年4月　　　京浜女子商業高等学校と改称
　昭和63年4月　　　白鵬女子高等学校と改称

◇神奈川県立**柏陽**高等学校
　〒247-0004 神奈川県横浜市栄区柏陽1-1
　TEL 045-892-2105
　昭和42年　　　　　神奈川県立柏陽高等学校が開校

◇神奈川県立**橋本**高等学校
　〒229-1103 神奈川県相模原市橋本8-8-1
　TEL 042-774-0611
　昭和53年　　　　　神奈川県立橋本高等学校が開校

◇神奈川県立**秦野**高等学校
　〒257-0004 神奈川県秦野市下大槻113
　TEL 0463-77-1422
　明治19年5月　　　三郡共立学校が開校
　明治29年4月　　　中郡共立学校と改称

神奈川県

| 大正15年3月 | 組合立奈珂中学校を創立 |
| 昭和4年3月 | 神奈川県奈珂中学校と改称 |
| 昭和10年11月 | 神奈川県立秦野中学校と改称 |
| 昭和23年4月 | 神奈川県立秦野高等学校と改称 |

◇神奈川県立**秦野曽屋高等学校**
〒257-0031 神奈川県秦野市曽屋3613-1
TEL 0463-82-4000
| 昭和62年 | 神奈川県立秦野曽屋高等学校が開校 |

◇神奈川県立**秦野南が丘高等学校**
〒257-0013 神奈川県秦野市南が丘1-4-1
TEL 0463-82-1400
| 昭和56年4月1日 | 神奈川県立秦野南が丘高等学校が開校 |

◇神奈川県立**氷取沢高等学校**
〒226-0006 神奈川県横浜市緑区白山4-71-1
TEL 045-772-0606
| 昭和58年4月 | 神奈川県立氷取沢高等学校を創立 |

◇神奈川県立**ひばりが丘高等学校**
〒228-0003 神奈川県座間市ひばりが丘3-58-1
TEL 046-255-2555
| 昭和62年 | 神奈川県立ひばりが丘高等学校を創立 |

◇**平塚学園高等学校**
[学校法人 平塚学園]
〒254-0805 神奈川県平塚市高浜台31-19
TEL 0463-22-0137
| 昭和17年4月18日 | 平塚女子商業学校を大澤辰治が創立 |
| 昭和23年3月 | 平塚女子高等実業学校を設置 |
| 昭和24年3月 | 平塚学園商業高等学校と改称 |
| 昭和38年4月 | 平塚学園高等学校と改称 |

◇神奈川県立**平塚工科高等学校**
〒254-0821 神奈川県平塚市黒部丘12-7
TEL 0463-31-0417
| 平成15年4月 | 神奈川県立平塚工業高等学校、神奈川県立平塚西工業技術高等学校が統合し 神奈川県立平塚工科高等学校が開校 |

◇神奈川県立**平塚江南高等学校**
〒254-0063 神奈川県平塚市諏訪町5-1
TEL 0463-31-2066
| 大正10年4月 | 神奈川県立平塚高等女学校を創立 |
| 昭和25年 | 神奈川県立平塚江南高等学校と改称 |

◇神奈川県立**平塚商業高等学校**
〒254-0054 神奈川県平塚市中里50-1
TEL 0463-31-2385
| 昭和37年 | 神奈川県立平塚商業高等学校を設置 |

◇神奈川県立**平塚農業高等学校**
〒254-0064 神奈川県平塚市達上ケ丘10-10
TEL 0463-31-0944
| 明治19年5月 | 三郡共立学校が開校 |
| 明治41年5月1日 | 神奈川県立農業学校と改称 |
| 昭和23年 | 神奈川県立平塚農業高等学校と改称 |

◇神奈川県立**平塚農業高等学校初声分校**
〒238-0114 神奈川県三浦市初声町和田3023-1
TEL 046-888-1036
| 昭和25年4月1日 | 神奈川県立平塚農業高等学校初声分校を開校 |

◇**フェリス女学院高等学校**
[学校法人 フェリス女学院]
〒231-8660 神奈川県横浜市中区山手町178
TEL 045-641-0242
| 明治3年 | キダー塾をメアリー・E.キダーが創設 |
| 明治8年 | フェリス・セミナリーと命名 |
| 明治22年 | フェリス和英女学校と改称 |
| 昭和16年 | 横浜山手女学院と改称 |
| 昭和25年 | フェリス女学院高等学校と改称 |

◇神奈川県立**深沢高等学校**
〒248-0036 神奈川県鎌倉市手広1118-8
TEL 0467-31-6600
| 昭和61年 | 神奈川県立深沢高等学校が開校 |

◇神奈川県立**藤沢工科高等学校**
〒252-0803 神奈川県藤沢市今田744
TEL 0466-43-3402
| 平成14年 | 神奈川県立藤沢工業高等学校、神奈川県立大船工業技術高等学校が合併し 神奈川県立藤沢工科高等学校が開校 |

◇神奈川県立**藤沢高等学校**
〒251-0053 神奈川県藤沢市本町4-8-50
TEL 0466-26-2200
| 大正14年4月4日 | 藤沢町立実科高等女学校が開校 |
| 昭和3年3月23日 | 藤沢高等女学校と改称 |
| 昭和16年1月17日 | 藤沢市立藤沢高等女学校と改称 |
| 昭和26年3月10日 | 神奈川県立藤沢高等学校と改称 |

◇**藤沢翔陵高等学校**
[学校法人 藤嶺学園]
〒251-0871 神奈川県藤沢市善行7-1-3
TEL 0466-81-3456
| 昭和6年3月 | 藤沢商業学校が開校 |
| 昭和18年11月 | 藤沢商業学校を廃止し 藤沢工業学校を創立 |
| 昭和20年12月 | 藤沢商業学校を復校 |
| 平成10年 | 藤沢翔陵高等学校と改称 |

◇神奈川県立**藤沢総合高等学校**
〒252-0801 神奈川県藤沢市長後1909
TEL 0466-45-5200
| 平成16年4月1日 | 神奈川県立長後高等学校、神奈川県立藤沢北高等学校を統合し 神奈川県立藤沢総合高等学校が開校 |

◇神奈川県立**藤沢西高等学校**
〒251-0861 神奈川県藤沢市大庭3608-2
TEL 0466-87-2150
| 昭和49年 | 神奈川県立藤沢西高等学校を創立 |

◇富士見丘高等学校
　［学校法人　富士見丘学園］
　〒220-0062　神奈川県横浜市西区東久保町27-20
　TEL 045-231-0131
　大正12年4月　　　日の出女学校を創立
　大正14年5月　　　児崎高等女学校と改称
　昭和7年11月　　　富士見丘高等女学校と改称
　昭和23年3月　　　富士見丘高等学校と改称
　平成19年　　　　 横浜富士見丘高等学校と改称予定

◇武相高等学校
　［学校法人　武相学園］
　〒222-0023　神奈川県横浜市港北区仲手原2-34-1
　TEL 045-401-9042
　昭和17年6月24日　武相中学校を設置
　昭和23年3月20日　武相高等学校を設置

◇神奈川県立二俣川看護福祉高等学校
　〒241-0815　神奈川県横浜市旭区中尾1-5-1
　TEL 045-391-6165
　昭和38年　　　　 神奈川県立二俣川高等学校が開校
　昭和42年4月1日　神奈川県立衛生短期大学付属二俣川高等学校と改称
　平成15年4月1日　神奈川県立二俣川看護福祉高等学校と改称

◇法政大学女子高等学校
　［学校法人　法政大学］
　〒230-0078　神奈川県横浜市鶴見区岸谷1-13-1
　TEL 045-571-4482
　昭和8年　　　　　潤光女学校を創立
　昭和14年　　　　 潤光高等女学校と改称
　昭和24年　　　　 法政大学潤光女子高等学校と改称
　昭和28年　　　　 法政大学女子高等学校と改称

◇法政大学第二高等学校
　［学校法人　法政大学］
　〒211-0031　神奈川県川崎市中原区木月大町6-1
　TEL 044-711-4321
　昭和14年4月　　　法政第二中学校を創立
　昭和23年4月　　　法政大学第二高等学校として発足

◇神奈川県立保土ケ谷高等学校
　〒240-0045　神奈川県横浜市保土ケ谷区川島町1557
　TEL 045-371-7781
　昭和54年　　　　 神奈川県立保土ケ谷高等学校が開校

◇神奈川県立舞岡高等学校
　〒224-0814　神奈川県横浜市戸塚区南舞岡3-36-1
　TEL 045-823-8761
　昭和51年4月　　　神奈川県立舞岡高等学校が開校

◇三浦高等学校
　［学校法人　三浦学苑］
　〒238-0031　神奈川県横須賀市衣笠栄町3-80
　TEL 046-852-0284
　昭和4年　　　　　三浦中学校が開校
　昭和23年　　　　 三浦高等学校と改称

◇神奈川県立三浦臨海高等学校
　〒238-0113　神奈川県三浦市初声町入江274-2
　TEL 046-889-1771
　平成16年4月　　　神奈川県立初声高等学校,神奈川県立三崎高等学校を統合し神奈川県立三浦臨海高等学校が開校

◇神奈川県立三崎水産高等学校
　〒240-0101　神奈川県横須賀市長坂1-2-1
　TEL 046-856-3128
　昭和15年4月2日　神奈川県水産講習所を設立
　昭和19年4月1日　神奈川県立水産学校が開校
　昭和23年4月1日　神奈川県立三崎水産高等学校と改称

◇聖園女学院高等学校
　［学校法人　神奈川聖心の布教姉妹会］
　〒251-0873　神奈川県藤沢市みその台1-4
　TEL 0466-81-3333
　昭和21年　　　　 高等女学校を聖心の布教姉妹会が創立
　昭和22年　　　　 聖園女学院高等学校と改称

◇緑ケ丘女子高等学校
　［学校法人　緑ケ丘学院］
　〒238-0018　神奈川県横須賀市緑が丘39
　TEL 046-822-1651
　昭和22年　　　　 横須賀女子商業高等学校を設立
　平成13年　　　　 緑ケ丘女子高等学校と改称

◇横浜市立みなと総合高等学校
　〒231-0023　神奈川県横浜市中区山下町231
　TEL 045-662-3710
　平成14年4月　　　横浜市立港高等学校を横浜市立みなと総合高等学校を開校

◇神奈川県立向の岡工業高等学校
　〒214-0022　神奈川県川崎市多摩区堰1-28-1
　TEL 044-833-5221
　昭和37年4月　　　神奈川県立向の岡工業高等学校が開校

◇関東学院六浦高等学校
　［学校法人　関東学院］
　〒236-8501　神奈川県横浜市金沢区六浦東1-50-1
　TEL 045-781-2525
　昭和28年　　　　 関東学院六浦高等学校を設置

◇神奈川県立六ツ川高等学校
　〒232-0066　神奈川県横浜市南区六ッ川1-731
　TEL 045-721-1434
　昭和62年　　　　 神奈川県立六ツ川高等学校が開校

◇神奈川県立元石川高等学校
　〒225-0004　神奈川県横浜市青葉区元石川町4116
　TEL 045-902-2692
　昭和59年　　　　 神奈川県立元石川高等学校が開校

◇森村学園高等部
　［学校法人　森村学園］
　〒226-0026　神奈川県横浜市緑区長津田町深田2695
　TEL 045-984-2505
　昭和16年　　　　 森村高等女学校が発足
　昭和23年　　　　 森村学園高等部と改称

◇神奈川県立弥栄西高等学校
　〒229-0029　神奈川県相模原市弥栄3-1-8
　TEL 042-758-4695
　昭和58年　　　　 神奈川県立弥栄西高等学校が開校

神奈川県

◇神奈川県立**弥栄東高等学校**
　〒229-0029　神奈川県相模原市弥栄3-1-9
　TEL 042-758-4694
　昭和58年　　　　神奈川県立弥栄東高等学校が開校
　平成20年4月　　　神奈川県立弥栄西高等学校と統合予定

◇神奈川県立**山北高等学校**
　〒258-0111　神奈川県足柄上郡山北町向原2370
　TEL 0465-75-0828
　昭和17年　　　　山北町立山北実科高等女学校が開校
　昭和21年　　　　神奈川県立山北高等女学校と改称
　昭和25年　　　　神奈川県立山北高等学校と改称

◇**山手学院高等学校**
　［学校法人　山手英学院］
　〒247-0013　神奈川県横浜市栄区上郷町460
　TEL 045-891-2111
　昭和44年4月　　　山手学院高等学校が開校

◇神奈川県立**大和高等学校**
　〒242-0002　神奈川県大和市つきみ野3-4
　TEL 046-274-0026
　昭和37年10月1日　神奈川県立大和高等学校が開校

◇神奈川県立**大和西高等学校**
　〒242-0006　神奈川県大和市南林間9-5-1
　TEL 046-276-1155
　昭和62年　　　　神奈川県立大和西高等学校を創立

◇神奈川県立**大和東高等学校**
　〒242-0011　神奈川県大和市深見1760
　TEL 046-264-1515
　昭和56年　　　　神奈川県立大和東高等学校が開校

◇神奈川県立**大和南高等学校**
　〒242-0014　神奈川県大和市上和田2557
　TEL 046-269-5050
　昭和52年　　　　神奈川県立大和南高等学校を創立

◇神奈川県立**湯河原高等学校**
　〒259-0312　神奈川県足柄下郡湯河原町吉浜1576-31
　TEL 0465-63-1281
　昭和55年4月1日　神奈川県立湯河原高等学校が開校

◇神奈川県立**百合丘高等学校**
　〒214-0036　神奈川県川崎市多摩区南生田4-2-1
　TEL 044-977-8955
　昭和50年4月　　　神奈川県立百合丘高等学校が開校

◇神奈川県立**横須賀大津高等学校**
　〒239-0808　神奈川県横須賀市大津町4-17-1
　TEL 046-836-0281
　明治39年4月　　　横須賀町豊島町組合立横須賀高等女学校が開校
　明治40年10月　　 横須賀市立横須賀高等女学校と改称
　昭和5年1月　　　 神奈川県立横須賀高等女学校と改称
　昭和23年4月　　　神奈川県立横須賀女子高等学校と改称
　昭和25年4月　　　神奈川県立横須賀大津高等学校と改称

◇**横須賀学院高等学校**
　［学校法人　横須賀学院］
　〒238-8511　神奈川県横須賀市稲岡町82
　TEL 046-822-3218
　昭和25年4月　　　横須賀学院高等学校が開校

◇神奈川県立**横須賀工業高等学校**
　〒238-0022　神奈川県横須賀市公郷町4-10
　TEL 046-851-2122
　昭和16年　　　　神奈川県立横須賀工業学校を創立
　昭和23年　　　　神奈川県立横須賀工業高等学校と改称

◇神奈川県立**横須賀高等学校**
　〒238-0022　神奈川県横須賀市公郷町3-109
　TEL 046-851-0120
　明治41年　　　　神奈川県立第四中学校が開校
　大正2年3月　　　神奈川県立横須賀中学校と改称
　昭和23年4月　　 神奈川県立横須賀高等学校と改称

◇横須賀市立**横須賀総合高等学校**
　〒239-0831　神奈川県横須賀市久里浜6-1-1
　TEL 046-833-4111
　平成15年4月　　　横須賀市立横須賀高等学校，横須賀市立工業高等学校，横須賀市立商業高等学校を統合し横須賀市立横須賀総合高等学校が開校

◇**横浜英和女学院高等学校**
　［学校法人　横浜英和学院］
　〒232-8580　神奈川県横浜市南区蒔田町124
　TEL 045-731-2861
　明治13年　　　　ブリテン女学校をH.G.ブリテンが創立
　明治19年　　　　横浜英和女学校と改称
　昭和23年　　　　成美学園女子高等学校を設立
　平成8年　　　　 横浜英和女学院高等学校と改称

◇神奈川県立**横浜桜陽高等学校**
　〒245-0062　神奈川県横浜市戸塚区汲沢町973
　TEL 045-862-9343
　平成15年4月1日　神奈川県立汲沢高等学校，神奈川県立豊田高等学校を統合し神奈川県立横浜桜陽高等学校が開校

◇**横浜学園高等学校**
　［学校法人　横浜学園］
　〒235-0021　神奈川県横浜市磯子区岡村2-4-1
　TEL 045-751-6941
　明治32年2月　　　横浜女学校を田沼太右衛門が創立
　明治38年4月　　　神奈川県私立横浜高等女学校として許可される
　昭和22年3月　　　横浜学園高等学校を設立

◇**横浜共立学園高等学校**
　［学校法人　横浜共立学園］
　〒231-8662　神奈川県横浜市中区山手町212
　TEL 045-641-3785
　明治4年8月28日　亜米利加婦人教授所を設立
　明治5年12月　　　日本婦女英学校と改称
　明治8年4月　　　共立女学校と改称
　昭和23年4月1日　横浜共立学園女子高等部と改称
　昭和26年3月10日　横浜共立学園高等学校と改称

◇神奈川県立**横浜旭陵高等学校**
　〒241-0001　神奈川県横浜市旭区上白根町1161-7

```
                        TEL 045-953-1004
        平成16年4月        神奈川県立都岡高等学校, 神奈川
                        県立中沢高等学校が統合し
                        神奈川県立横浜旭陵高等学校が開
                        校
```

◇横浜高等学校
　　[学校法人 徳心学園]
　　〒236-0053 神奈川県横浜市金沢区能見台通46-1
　　TEL 045-781-3396
　　昭和17年3月　　　　横浜中学校を黒土四郎が創立
　　昭和23年3月　　　　横浜高等学校を設立

◇横浜国際女学院翠陵高等学校
　　[学校法人 堀井学園]
　　〒226-0015 神奈川県横浜市緑区三保町1
　　TEL 045-921-0301
　　昭和61年4月　　　　横浜国際女学院翠陵高等学校が開
　　　　　　　　　　　校

◇横浜商科大学高等学校
　　[学校法人 横浜商科大学高等学校]
　　〒241-0005 神奈川県横浜市旭区白根7-1-1
　　TEL 045-951-2246
　　昭和16年4月17日　　横浜第一商業学校が開校
　　昭和23年4月　　　　横浜第一商業高等学校と改称
　　昭和50年4月　　　　横浜商科大学高等学校と改称

◇横浜市立横浜商業高等学校
　　〒232-0006 神奈川県横浜市南区南太田町2-30-1
　　TEL 045-713-2323
　　明治15年3月20日　　横浜商法学校を設立
　　明治21年2月14日　　横浜商業学校と改称
　　昭和23年　　　　　　横浜市立横浜商業高等学校と改称

◇横浜女学院高等学校
　　[学校法人 横浜学院]
　　〒231-8661 神奈川県横浜市中区山手町203
　　TEL 045-681-7767
　　大正10年11月　　　　横浜千歳裁縫女学校を設立
　　昭和8年4月　　　　　横浜千歳女学校と改称
　　昭和11年4月　　　　千歳高等家政女学校と改称
　　昭和19年3月　　　　神奈川女子商業学校が開校
　　昭和19年3月　　　　横浜千歳女子商業学校と改称
　　昭和22年9月　　　　横浜千歳女子商業学校, 神奈川女
　　　　　　　　　　　子商業学校が合併し
　　　　　　　　　　　横浜学院女子商業学校と改称
　　昭和23年3月　　　　横浜女子高等学校を設立
　　昭和58年4月　　　　横浜学院女子高等学校と改称
　　平成11年4月　　　　横浜女学院高等学校と改称

◇横浜市立東高等学校
　　〒230-0076 神奈川県横浜市鶴見区馬場3-5-1
　　TEL 045-571-0851
　　昭和38年4月6日　　　横浜市立東高等学校が開校

◇横浜市立南高等学校
　　〒233-0011 神奈川県横浜市港南区東永谷2-1-1
　　TEL 045-822-1910
　　昭和29年4月1日　　　横浜市立港高等学校を創立
　　昭和29年5月1日　　　横浜市立南高等学校と改称

◇神奈川県立横浜翠嵐高等学校
　　〒221-0854 神奈川県横浜市神奈川区三ッ沢南町1-1
　　TEL 045-311-4621
　　大正3年　　　　　　神奈川県立第二横浜中学校が開校

```
        大正12年4月1日      神奈川県立横浜第二中学校と改称
        昭和23年4月1日      神奈川県立横浜第二高等学校と改
                        称
        昭和25年4月1日      神奈川県立横浜翠嵐高等学校と改
                        称
```

◇横浜清風高等学校
　　[学校法人 明倫学園]
　　〒240-0023 神奈川県横浜市保土ケ谷区岩井町447
　　TEL 045-731-4361
　　大正12年　　　　　　横浜家政女学校として設立
　　昭和2年　　　　　　 明倫高等女学校と改称
　　昭和23年　　　　　　明倫高等学校と改称
　　平成13年　　　　　　横浜清風高等学校と改称

◇神奈川県立横浜清陵総合高等学校
　　〒232-0007 神奈川県横浜市南区清水ケ丘41
　　TEL 045-242-1926
　　平成16年4月1日　　神奈川県立清水ヶ丘高等学校, 神
　　　　　　　　　　　奈川県立大岡高等学校が統合し
　　　　　　　　　　　神奈川県立横浜清陵総合高等学校
　　　　　　　　　　　が開校

◇横浜創英高等学校
　　[学校法人 堀井学園]
　　〒221-0004 神奈川県横浜市神奈川区西大口28
　　TEL 045-421-3121
　　昭和15年　　　　　　京浜高等女学校を創立
　　昭和23年　　　　　　京浜女子高等学校と改称
　　昭和26年　　　　　　京浜女子短期大学横浜高等学校と
　　　　　　　　　　　改称
　　昭和34年　　　　　　京浜女子大学横浜高等学校と改称
　　昭和62年　　　　　　京浜横浜高等学校と改称
　　平成2年　　　　　　 横浜創英短期大学女子高等学校と
　　　　　　　　　　　改称
　　平成14年　　　　　　横浜創英高等学校と改称

◇横浜創学館高等学校
　　[学校法人 翔光学園]
　　〒236-0037 神奈川県横浜市金沢区六浦東1-43-1
　　TEL 045-781-0631
　　昭和14年3月15日　　東亜高等女学校を設立
　　昭和26年　　　　　　東亜高等学校と改称
　　昭和33年4月　　　　横浜商工高等学校と改称
　　平成15年4月　　　　横浜創学館高等学校と改称

◇横浜市立横浜総合高等学校
　　〒231-0028 神奈川県横浜市中区翁町2-9-10
　　TEL 045-641-1725
　　平成14年4月　　　　横浜市立横浜総合高等学校が開校

◇神奈川県立横浜立野高等学校
　　〒231-0825 神奈川県横浜市中区本牧間門40-1
　　TEL 045-621-0261
　　昭和11年　　　　　　神奈川県立横浜第二高等女学校が
　　　　　　　　　　　開校
　　昭和25年　　　　　　神奈川県立横浜立野高等学校と改
　　　　　　　　　　　称

◇神奈川県立横浜南陵高等学校
　　〒234-0053 神奈川県横浜市港南区日野中央2-26-1
　　TEL 045-842-3764
　　平成15年4月1日　　神奈川県立横浜南陵高等学校が開
　　　　　　　　　　　校

◇横浜隼人高等学校
　［学校法人　大谷学園］
　〒246-0026　神奈川県横浜市瀬谷区阿久和南1-3-1
　TEL 045-364-5101
　昭和52年4月　　　隼人高等学校を創立
　平成5年4月　　　　横浜隼人高等学校と改称

◇神奈川県立横浜平沼高等学校
　〒220-0073　神奈川県横浜市西区岡野1-5-8
　TEL 045-313-9200
　明治34年5月5日　　神奈川高等女学校が開校
　明治34年5月7日　　神奈川県立高等女学校と改称
　昭和5年4月1日　　　神奈川県立横浜第一高等女学校と改称
　昭和23年4月1日　　神奈川県立横浜第一女子高等学校と改称
　昭和25年4月1日　　神奈川県立横浜平沼高等学校と改称

◇横浜雙葉高等学校
　［学校法人　横浜雙葉学園］
　〒231-8653　神奈川県横浜市中区山手町88
　TEL 045-641-1004
　明治33年　　　　　横浜紅蘭女学校が開校
　明治35年　　　　　菫女学校を設立
　昭和8年　　　　　 横浜高等女学校を設立
　昭和33年　　　　　横浜雙葉高等学校と改称

◇神奈川県立横浜緑ヶ丘高等学校
　〒231-0832　神奈川県横浜市中区本牧緑ケ丘37
　TEL 045-621-8641
　大正12年　　　　　神奈川県立横浜第三中学校が開校
　昭和23年　　　　　神奈川県立横浜第三高等学校と改称
　昭和25年　　　　　神奈川県立横浜緑ヶ丘高等学校と改称

◇横浜山手女子高等学校
　［学校法人　横浜山手女子学園］
　〒231-8650　神奈川県横浜市中区山手町27
　TEL 045-641-0061
　明治41年3月　　　横浜女子商業補習学校を渡邊たまが創立
　大正14年2月　　　横浜女子商業学校を設立
　昭和23年4月　　　横浜女子商業学園高等学校と改称
　平成6年4月　　　　横浜山手女子高等学校と改称

◇神奈川県立吉田島農林高等学校
　〒258-0021　神奈川県足柄上郡開成町吉田島281
　TEL 0465-82-0151
　明治40年4月　　　足柄上郡農業補習学校を創立
　明治42年2月　　　足柄上郡立農林学校として認可
　大正12年4月　　　神奈川県立農林学校と改称
　昭和5年4月　　　　神奈川県立吉田島農林学校と改称
　昭和23年4月　　　神奈川県立吉田島農林高等学校と改称

# 新潟県

## 【大学】

◇敬和学園大学
　［学校法人　敬和学園］
　〒957-8585　新潟県新発田市大字富塚字三賀境1270
　TEL 0254-26-3636
　平成3年4月　　　　敬和学園大学が開学

◇国際大学
　［学校法人　国際大学］
　〒949-7277　新潟県南魚沼市国際町777
　TEL 025-779-1111
　昭和57年　　　　　国際大学を設置

◇上越教育大学
　〒943-8512　新潟県上越市山屋敷町1
　TEL 025-522-2411
　昭和53年10月1日　上越教育大学が開学

◇長岡技術科学大学
　〒940-2188　新潟県長岡市上富岡町1603-1
　TEL 0258-46-6000
　昭和49年10月1日　長岡技術科学大学が開学

◇長岡造形大学
　［学校法人　長岡造形大学］
　〒940-2088　新潟県長岡市宮関町197
　TEL 0258-21-3311
　平成6年4月　　　　長岡造形大学を開学

◇長岡大学
　［学校法人　中越学園］
　〒940-0828　新潟県長岡市御山町80-8
　TEL 0258-39-1600
　昭和46年4月　　　長岡女子短期大学が開校
　昭和48年3月　　　長岡短期大学（のち廃校）と改称
　平成13年4月　　　長岡大学が開学

◇新潟医療福祉大学
　［学校法人　新潟総合学園］
　〒950-3198　新潟県新潟市島見町1398
　TEL 025-257-4455
　平成12年12月21日　新潟医療福祉大学を設置

◇新潟経営大学
　［学校法人　加茂暁星学園］
　〒959-1321　新潟県加茂市希望ケ丘2909-2
　TEL 0256-53-3000
　平成6年4月1日　　新潟経営大学を開学

◇新潟県立看護大学
　〒943-0147　新潟県上越市新南町240
　TEL 0255-26-2811
　平成14年4月　　　新潟県立看護大学を開設

◇新潟工科大学
　［学校法人　新潟工科大学］
　〒945-1195　新潟県柏崎市大字藤橋1719
　TEL 0257-22-8111
　平成7年4月　　　　新潟工科大学が開学

◇新潟国際情報大学
　［学校法人　新潟平成学院］

〒950-2292 新潟県新潟市みずき野3-1-1
TEL 025-239-3111
平成6年4月　　　　新潟国際情報大学を開学

◇新潟産業大学
［学校法人 柏専学院］
〒945-1393 新潟県柏崎市大字軽井川4730
TEL 0257-24-6655
昭和22年6月　　　　柏崎専門学校が開学（創立者：下條恭兵）
昭和25年4月　　　　柏崎短期大学が開学
昭和33年4月　　　　新潟短期大学と改称
昭和63年4月　　　　新潟産業大学に改組開学

◇新潟青陵大学
［学校法人 新潟青陵学園］
〒951-8121 新潟県新潟市水道町1-5939-27
TEL 025-266-0127
平成12年　　　　　　新潟青陵大学が開学

◇新潟大学
〒950-2181 新潟県新潟市五十嵐2の町8050
TEL 025-223-6161
〈新潟第一師範学校〉
明治7年2月　　　　　新潟師範学校を設立
明治10年2月　　　　 新潟学校師範科と改称
明治19年12月　　　　新潟県尋常師範学校と改称
明治31年4月　　　　 新潟県師範学校と改称
明治32年4月　　　　 新潟県第一師範学校と改称
明治34年3月　　　　 新潟県新潟師範学校と改称
昭和18年4月　　　　 新潟県長岡女子師範学校を統合し新潟第一師範学校と改称
〈新潟青年師範学校〉
大正11年4月　　　　 新潟県立農業補修学校教員養成所と改称
昭和10年4月　　　　 新潟県立青年学校教員養成所と改称
昭和19年4月　　　　 新潟青年師範学校と改称
〈新潟第二師範学校〉
明治32年4月　　　　 新潟県第二師範学校を設立
明治34年3月　　　　 新潟県高田師範学校と改称
昭和18年4月　　　　 新潟第二師範学校と改称
〈新潟高等学校〉
大正8年4月　　　　　新潟高等学校を設立
〈新潟医科大学〉
明治12年7月　　　　 新潟医学校を設立
明治43年4月　　　　 新潟医学専門学校と改称
大正11年4月　　　　 新潟医科大学と改称
〈長岡工業学校〉
大正12年12月　　　　長岡高等工業学校を設立
昭和19年4月　　　　 長岡工業専門学校と改称
〈新潟県立農林専門学校〉
昭和20年2月　　　　 新潟県立農林専門学校を設立
〈統合〉
昭和24年5月　　　　 新潟第一師範学校，新潟青年師範学校，新潟第二師範学校，新潟高等学校，新潟医科大学，長岡専門工業学校，新潟県立農林専門学校を統合し新潟大学を設置

◇新潟薬科大学
［学校法人 新潟科学技術学園］
〒950-2076 新潟県新潟市上新栄町5-13-2
TEL 025-269-3170
昭和52年　　　　　　新潟薬科大学が開学

【短大】

◇県立新潟女子短期大学
〒950-8680 新潟県新潟市海老ケ瀬471
TEL 025-270-1300
昭和38年4月1日　　　県立新潟女子短期大学が開学

◇新潟工業短期大学
［学校法人 新潟科学技術学園］
〒950-2076 新潟県新潟市上新栄町5-13-7
TEL 025-269-3174
昭和43年4月　　　　 北都工業短期大学が開学
昭和57年4月　　　　 新潟工業短期大学と改称

◇新潟青陵大学短期大学部
［学校法人 新潟青陵学園］
〒951-8121 新潟県新潟市水道町1-5939-27
TEL 025-266-0127
昭和40年　　　　　　新潟青陵女子短期大学を設置
平成16年4月　　　　 新潟青陵大学短期大学部と改称

◇新潟中央短期大学
［学校法人 加茂暁星学園］
〒959-1513 新潟県南蒲原郡田上町大字川船河字白クラ甲1568
TEL 0256-52-2120
昭和43年4月1日　　　暁星商業短期大学を設立
昭和56年4月1日　　　加茂暁星短期大学と改称
昭和61年4月1日　　　新潟中央短期大学と改称

◇日本歯科大学新潟短期大学
［学校法人 日本歯科大学］
〒951-8580 新潟県新潟市浜浦町1-8
TEL 025-267-1500
昭和58年4月　　　　 日本歯科大学附属新潟専門学校を設立
昭和62年4月　　　　 日本歯科大学新潟短期大学に昇格

◇明倫短期大学
［学校法人 明倫学園］
〒950-2086 新潟県新潟市真砂3-16-10
TEL 025-232-6351
昭和28年　　　　　　歯科技工士施設付属歯科補綴研究所として発足
昭和34年　　　　　　歯友会歯科技工士養成所，歯友会歯科衛生士養成所を木暮山人が創設
昭和41年　　　　　　歯友歯科高等専修学校と改称
昭和51年　　　　　　歯友会歯科技術専門学校と改称
平成9年4月　　　　　明倫短期大学を開学

【高専】

◇長岡工業高等専門学校
〒940-8532 新潟県長岡市西片貝町888
TEL 0258-32-6435
昭和37年4月1日　　　長岡工業高等専門学校を設置

【高校】

◇新潟県立相川高等学校
〒952-1501 新潟県佐渡市下相川162
TEL 0259-74-3257

学校名変遷総覧　大学・高校編　175

新潟県

| 大正12年5月 | 相川町立相川中学校を設立 |
| 昭和23年 | 相川町立相川高等女学校と統合し相川町立相川高等学校と改称 |
| 昭和29年 | 新潟県立相川高等学校と改称 |

◇新潟県立**阿賀野高等学校**
　〒959-2032　新潟県阿賀野市学校町3-9
　TEL 0250-62-2049
〈新潟県立水原高等学校〉
| 明治44年4月10日 | 北蒲原郡水原農学校が開校 |
| 昭和23年4月1日 | 新潟県立水原農業高等学校と改称 |
| 昭和24年4月1日 | 新潟県立水原高等学校と改称 |
〈新潟県立安田高等学校〉
| 昭和23年5月1日 | 新潟県立水原農業高等学校の定時制課程として安田分校を設置 |
| 昭和24年4月1日 | 新潟県立水原高等学校安田分校と改称 |
| 昭和52年4月1日 | 新潟県立安田高等学校が開校 |
〈統合〉
| 平成17年4月 | 新潟県立水原高等学校，新潟県立安田高等学校が統合し新潟県立阿賀野高等学校が開校 |

◇新潟県立**阿賀黎明高等学校**
　〒959-4402　新潟県東蒲原郡阿賀町津川361-1
　TEL 02549-2-2650
| 明治34年5月20日 | 東蒲原郡組合立実業補習学校を創立 |
| 明治35年4月1日 | 東蒲原郡立実業補習学校が開校 |
| 明治39年5月27日 | 東蒲原郡立農林学校実業学校と実業学校乙種に改組し改称 |
| 大正11年4月1日 | 新潟県立津川農林学校と改称 |
| 昭和23年4月1日 | 新潟県立津川農業高等学校と改称 |
| 昭和24年4月1日 | 新潟県立津川高等学校と改称 |
| 平成14年4月1日 | 新潟県立阿賀黎明高等学校と改称 |

◇新潟県立**新井高等学校**
　〒944-0031　新潟県妙高市田町1-10-1
　TEL 0255-72-4151
〈郡立新井農商学校〉
| 明治44年 | 郡立新井農商学校が開校 |
〈町立新井実科女学校〉
| 大正13年3月26日 | 町立新井実科女学校を設立 |
〈統合〉
| 昭和23年4月1日 | 郡立新井農商学校，町立新井実科女学校が統合し新潟県立新井高等学校と改称 |

◇新潟県立**荒川高等学校**
　〒959-3132　新潟県岩船郡荒川町坂町字申明2616-4
　TEL 0254-62-2503
| 昭和58年4月 | 新潟県立荒川高等学校が開校 |

◇新潟県立**出雲崎高等学校**
　〒949-4532　新潟県三島郡出雲崎町大門71
　TEL 0258-78-3125
| 昭和23年6月1日 | 三島郡西越村立新潟県西越高等学校が開校 |
| 昭和27年4月1日 | 新潟県立西越高等学校と改称 |
| 平成14年4月1日 | 新潟県立出雲崎高等学校と改称 |

◇新潟県立**糸魚川高等学校**
　〒941-0047　新潟県糸魚川市平牛248-2
　TEL 0255-52-0004
| 明治36年8月20日 | 新潟県立高田中学校糸魚川分校を設置許可 |
| 明治40年3月15日 | 新潟県立糸魚川中学校と改称 |
| 大正2年4月1日 | 新潟県西頸城郡立糸魚川中学校と改称 |
| 大正3年3月25日 | 新潟県立糸魚川中学校と改称 |
| 昭和23年4月1日 | 新潟県立糸魚川高等学校と改称 |
| 昭和25年4月1日 | 新潟県立糸魚川女子高等学校と統合し新潟県立糸魚川高等学校と改称 |

◇新潟県立**糸魚川白嶺高等学校**
　〒941-0063　新潟県糸魚川市清崎9-1
　TEL 0255-52-0046
| 昭和36年4月1日 | 新潟県立糸魚川高等学校より分離独立し新潟県立糸魚川商工高等学校が開校 |
| 平成10年4月1日 | 新潟県立糸魚川白嶺高等学校と改称 |

◇新潟県立**小千谷高等学校**
　〒947-0005　新潟県小千谷市旭町7-1
　TEL 0258-83-2262
| 明治34年3月6日 | 新潟県立小千谷中学校として開校 |
| 昭和23年4月1日 | 新潟県立小千谷高等学校と改称 |

◇新潟県立**小千谷西高等学校**
　〒947-0028　新潟県小千谷市城内3-3-11
　TEL 0258-82-4335
| 昭和39年4月1日 | 新潟県立小千谷西高等学校が開校 |

◇**開志学園高等学校**
　[学校法人　大彦学園]
　〒950-0925　新潟県新潟市弁天橋通1-4-1
　TEL 025-287-3390
| 平成13年8月31日 | 開志学園高等学校を設置 |

◇新潟県立**柏崎工業高等学校**
　〒945-0061　新潟県柏崎市栄町5-16
　TEL 0257-22-5178
| 昭和14年4月12日 | 新潟県立柏崎工業学校が開校 |
| 昭和23年4月1日 | 新潟県立柏崎工業高等学校と改称 |

◇新潟県立**柏崎高等学校**
　〒945-0065　新潟県柏崎市学校町4-1
　TEL 0257-22-4195
| 明治33年3月30日 | 新潟県立高田中学校柏崎分校が開校 |
| 明治35年2月26日 | 新潟県立柏崎中学校と改称 |
| 昭和23年4月1日 | 新潟県立柏崎高等学校と改称 |

◇新潟県立**柏崎高等学校小国分校**
　〒949-5215　新潟県長岡市小国町新町里畑304
　TEL 0258-95-2266
| 昭和23年6月1日 | 新潟県立柏崎高等学校小国分校を設立 |

◇新潟県立**柏崎翔洋中等教育学校**
　〒945-0072　新潟県柏崎市北園町18-88
　TEL 0257-22-5320
| 平成15年4月1日 | 新潟県立柏崎翔洋中等教育学校が開校 |

◇新潟県立**柏崎総合高等学校**
　〒945-0826　新潟県柏崎市元城町1-1

TEL 0257-22-5288
　　明治44年3月10日　刈羽郡立農業学校を設置
　　大正11年4月1日　　新潟県立柏崎農学校と改称
　　昭和23年4月1日　　新潟県立柏崎農業高等学校と改称
　　平成14年4月1日　　新潟県立柏崎商業高等学校と統合し
　　　　　　　　　　　新潟県立柏崎総合高等学校が開校

◇**新潟県立柏崎常盤高等学校**
　　〒945-0047　新潟県柏崎市比角1-5-57
　　TEL 0257-23-6205
　　明治36年4月30日　新潟県刈羽郡立高等女学校を設置
　　明治40年4月1日　　新潟県立柏崎高等女学校と改称
　　昭和23年4月1日　　新潟県立柏崎女子高等学校と改称
　　昭和25年4月1日　　新潟県立柏崎常盤高等学校と改称

◇**加茂暁星高等学校**
　　[学校法人 加茂暁星学園]
　　〒959-1322　新潟県加茂市学校町16-18
　　TEL 0256-52-2000
　　大正9年　　　　　　加茂朝学校を曹洞宗大昌寺住職の
　　　　　　　　　　　西村大串が創立
　　昭和23年4月1日　　加茂暁星高等学校を設立

◇**新潟県立加茂高等学校**
　　〒959-1313　新潟県加茂市幸町1-17-13
　　TEL 0256-52-2030
　　大正12年4月　　　　加茂町立加茂実科高等女学校とし
　　　　　　　　　　　て開校
　　昭和3年4月　　　　新潟県加茂高等女学校と改称
　　昭和17年1月　　　　新潟県立加茂高等女学校と改称
　　昭和23年4月　　　　新潟県立加茂女子高等学校と改称
　　昭和24年4月　　　　新潟県立加茂高等学校と改称

◇**新潟県立加茂農林高等学校**
　　〒959-1325　新潟県加茂市神明町2-15-5
　　TEL 0256-52-3115
　　明治36年5月11日　　新潟県立農林学校が開校
　　明治39年3月8日　　新潟県立加茂農林学校と改称
　　昭和23年4月1日　　新潟県立加茂農林高等学校と改称

◇**新潟県立川西高等学校**
　　〒948-0131　新潟県十日町市伊勢平治711-2
　　TEL 0257-68-3386
　　昭和48年12月22日　新潟県立十日町高等学校千手分校
　　　　　　　　　　　（定時制）より移行し
　　　　　　　　　　　新潟県立十日町高等学校川西分校
　　　　　　　　　　　を開校
　　昭和51年12月28日　新潟県立川西高等学校と改称
　　昭和52年4月1日　　新潟県立川西高等学校が開校

◇**新潟県立久比岐高等学校**
　　〒949-3216　新潟県上越市柿崎区柿崎7075
　　TEL 025-536-2379
　　〈新潟県立柿崎高等学校〉
　　昭和23年6月1日　　新潟県立柿崎高等学校が開校
　　〈新潟県立吉川高等学校〉
　　明治43年5月　　　　中頸城郡立吉川農学校として創立
　　　　　　　　　　　開校
　　大正8年4月　　　　中頸城郡立吉川農林学校と改称
　　大正11年4月　　　　新潟県立吉川農林学校と改称
　　昭和23年4月　　　　新潟県立吉川農業高等学校と改称
　　昭和25年4月　　　　新潟県立吉川高等学校と改称
　　〈統合〉

　　平成18年4月1日　　新潟県立吉川高等学校，新潟県立
　　　　　　　　　　　柿崎高等学校が統合し
　　　　　　　　　　　新潟県立久比岐高等学校が発足

◇**敬和学園高等学校**
　　[学校法人 敬和学園]
　　〒950-3112　新潟県新潟市太夫浜325
　　TEL 025-259-2391
　　昭和43年4月　　　　敬和学園高等学校が開校

◇**新潟県立小出高等学校**
　　〒946-0043　新潟県魚沼市青島810-4
　　TEL 02579-2-0220
　　昭和23年6月2日　　新潟県立小千谷高等学校小出分校
　　　　　　　　　　　として創立
　　昭和27年3月31日　　新潟県小出町立小出高等学校と改
　　　　　　　　　　　称
　　昭和30年1月18日　　新潟県組合立小出高等学校と改称
　　昭和34年3月31日　　新潟県立小出高等学校と改称

◇**新潟市立高志高等学校**
　　〒950-0926　新潟県新潟市高志1-15-1
　　TEL 025-286-6911
　　昭和54年　　　　　　新潟市立白山高等学校，新潟市立
　　　　　　　　　　　工業高等学校が統合し
　　　　　　　　　　　新潟市立高志高等学校が開校

◇**新潟県立五泉高等学校**
　　〒959-1861　新潟県五泉市粟島1-23
　　TEL 0250-43-3314
　　大正10年4月　　　　五泉尋常高等小学校に併設して
　　　　　　　　　　　五泉農商補習学校を創立
　　大正14年5月　　　　五泉実業公民学校と改称
　　昭和4年4月　　　　五泉町立五泉実業公民学校と改称
　　昭和10年8月　　　　新潟県五泉実業学校と改称
　　昭和23年4月　　　　新潟県五泉実業高等学校と改称
　　昭和29年11月　　　　五泉市立五泉実業高等学校と改称
　　昭和38年3月　　　　新潟県立五泉商業高等学校を創立
　　昭和50年4月　　　　新潟県立五泉高等学校と改称

◇**新潟県立佐渡高等学校**
　　〒952-1322　新潟県佐渡市石田567
　　TEL 0259-57-2155
　　明治29年10月21日　　佐渡郡全町村組合立佐渡中学校を
　　　　　　　　　　　創立
　　明治33年4月1日　　新潟県立佐渡中学校と改称
　　昭和23年4月1日　　新潟県立佐渡高等学校と改称
　　昭和25年4月1日　　新潟県立河原田女子高等学校と統
　　　　　　　　　　　合
　　〈新潟県立河原田女子高等学校〉
　　明治44年12月28日　　佐渡郡相川町立実科高等女学校を
　　　　　　　　　　　創立
　　大正12年4月6日　　新潟県立河原田高等女学校と改称
　　昭和23年4月1日　　新潟県立河原田女子高等学校と改
　　　　　　　　　　　称

◇**新潟県立佐渡総合高等学校**
　　〒952-0202　新潟県佐渡市栗野江377-1
　　TEL 0259-66-3158
　　明治43年5月　　　　佐渡郡新穂村・畑野村組合立佐渡
　　　　　　　　　　　農学校が開校
　　明治45年4月　　　　郡立佐渡農学校と改称
　　大正11年4月　　　　新潟県立佐渡農学校と改称
　　昭和23年4月　　　　新潟県立佐渡農業高等学校と改称
　　平成13年4月　　　　新潟県立佐渡総合高等学校と改称

新潟県

◇新潟県立三条高等学校
　〒955-0803 新潟県三条市月岡1丁目2-1
　TEL 0256-35-5500
　明治35年　　　　新潟県立新潟中学校三条分校を設置
　明治37年　　　　新潟県立三条中学校と改称
　昭和23年　　　　新潟県立三条高等学校と改称

◇新潟県立三条商業高等学校
　〒955-0044 新潟県三条市田島2-24-8
　TEL 0256-33-2631
　明治44年4月15日　南蒲原郡三条商工学校が開校
　大正11年4月1日　新潟県立三条商工学校と改称
　昭和23年4月1日　新潟県立三条実業高等学校と改称
　昭和40年4月1日　新潟県立三条商業高等学校と改称

◇新潟県立三条東高等学校
　〒955-0053 新潟県三条市北入蔵2-9-36
　TEL 0256-38-6461
　明治43年　　　　三条町立三条女子工芸学校を創立
　明治45年　　　　町立三条実科高等女学校と改称
　大正14年　　　　新潟県立三条高等女学校と改称
　昭和25年　　　　新潟県立三条東高等学校と改称

◇新潟県立塩沢商工高等学校
　〒949-6433 新潟県南魚沼市泉盛寺701-1
　TEL 025-782-1111
　昭和38年　　　　新潟県立塩沢商工高等学校を設立

◇新潟県立新発田高等学校
　〒957-8555 新潟県新発田市豊町3-7-6
　TEL 0254-22-2008
　明治29年10月21日　新発田町外67ヵ町村組合立北蒲原尋常中学校を設立
　明治33年4月1日　新潟県新発田中学校と改称
　明治34年8月　　新潟県立新発田中学校と改称
　昭和23年4月1日　新潟県立新発田高等学校と改称

◇新潟県立新発田商工高等学校
　〒957-8558 新潟県新発田市板敷字中郷521-1
　TEL 0254-26-1388
　大正6年4月14日　新潟県北蒲原郡新発田町新発田商業学校を設立
　昭和3年4月1日　新潟県立新発田商業高等学校と改称
　昭和19年4月1日　新潟県立新発田工業学校と改称
　昭和23年4月1日　新潟県立新発田商工高等学校と改称

◇新潟県立新発田農業高等学校
　〒957-8502 新潟県新発田市大栄町6-4-23
　TEL 0254-22-2303
　明治43年3月28日　北蒲原郡立新発田農学校を設立
　大正11年4月1日　新潟県立新発田農学校と改称
　昭和23年4月1日　新潟県立新発田農業高等学校と改称

◇新潟県立新発田南高等学校
　〒957-0056 新潟県新発田市大栄町3-6-6
　TEL 0254-22-2178
　大正6年4月14日　新潟県北蒲原郡新発田町立新発田商業学校を設立
　昭和3年4月1日　新潟県立新発田商業学校と改称
　昭和19年4月1日　新潟県立新発田工業学校と改称
　昭和23年4月1日　新潟県立新発田商工高等学校と改称
　昭和58年4月1日　新潟県立新発田商業高等学校を分離し
　　　　　　　　　新潟県立新発田南高等学校を新設

◇新潟県立新発田南高等学校豊浦分校
　〒959-2331 新潟県新発田市大字下飯塚字木倉下139-3
　TEL 0254-22-3896
　昭和31年4月1日　水原高等学校本田分校，新発田商工高等学校中浦分校を統合し新発田商工高等学校豊浦分校として発足
　昭和58年4月1日　新発田南高等学校豊浦分校と改称

◇新潟県立上越総合技術高等学校
　〒943-0835 新潟県上越市本城町3-1
　TEL 025-525-1160
〈新潟県立高田工業高等学校〉
　大正5年　　　　新潟県高田市立商工学校が開校
　大正15年　　　　新潟県立高田商工学校と改称
　昭和19年　　　　新潟県立高田工業学校と改称
　昭和23年　　　　新潟県立高田工業高等学校と改称
〈新潟県立直江津工業高等学校〉
　昭和39年　　　　新潟県立直江津工業高等学校が開校
〈統合〉
　平成15年　　　　新潟県立高田工業高等学校，新潟県立直江津工業高等学校が統合し
　　　　　　　　　新潟県立上越総合技術高等学校が開校

◇新潟県立正徳館高等学校
　〒940-2401 新潟県長岡市与板町東与板173
　TEL 0258-72-3121
〈新潟県立与板高等学校〉
　昭和17年11月17日　与板実科高等女学校を設置
　昭和18年4月1日　新潟県与板高等女学校と改称
　昭和23年4月1日　新潟県立与板高等学校と改称
〈新潟県立寺泊高等学校〉
　昭和61年4月　　新潟県立寺泊高等学校を創立
〈統合〉
　平成17年1月1日　新潟県立与板高等学校，新潟県立寺泊高等学校を統合し
　　　　　　　　　新潟県立正徳館高等学校を設置

◇新潟県立白根高等学校
　〒950-1214 新潟県新潟市上下諏訪ノ木字焼野1183
　TEL 025-372-2185
　昭和38年4月1日　新潟県立白根高等学校が開校

◇新潟県立高田北城高等学校
　〒943-0824 新潟県上越市北城町2-8-1
　TEL 025-522-1164
　明治33年　　　　中頸城郡立高田高等女学校が開校
　明治40年　　　　新潟県立高田高等女学校と改称
　昭和23年　　　　新潟県立高田女子高等学校と改称
　昭和25年　　　　新潟県立高田北城高等学校と改称

◇新潟県立高田高等学校
　〒943-0837 新潟県上越市南城町3-5-5
　TEL 025-522-1151
　明治7年5月　　　藩校修道館を改め
　　　　　　　　　公立新潟学校第四分校が開校

| 明治9年9月 | 公立新潟第四分校が県令により廃校し |
| --- | --- |
| | 高田学校と改称 |
| 明治26年10月 | 中頚城郡町村組合立中頚城尋常中学校と改称 |
| 明治30年4月 | 中頚城郡立中学校と改称 |
| 明治33年4月 | 新潟県高田中学校と改称 |
| 明治34年8月 | 新潟県立高田中学校と改称 |
| 昭和23年4月 | 新潟県立高田高等学校と改称 |

◇新潟県立**高田商業**高等学校
〒943-0882 新潟県上越市中田原90-1
TEL 025-523-2271

| 大正5年4月20日 | 新潟県高田商工学校と文部大臣が設立許可 |
| --- | --- |
| 大正15年4月1日 | 新潟県立高田商工学校と改称 |
| 昭和23年4月1日 | 新潟県立高田商業高等学校と改称 |

◇新潟県立**高田南城**高等学校
〒943-0837 新潟県上越市南城町3-3-8
TEL 025-523-7672

| 昭和43年4月 | 新潟県立高田南城高等学校が開校 |
| --- | --- |

◇新潟県立**高田農業**高等学校
〒943-0836 新潟県上越市東城町1-4-41
TEL 025-524-2260

| 明治32年4月 | 中頚城郡立高田農学校が開校 |
| --- | --- |
| 昭和23年4月1日 | 新潟県立高田農業高等学校と改称 |

◇**中越**高等学校
[学校法人 中越学園]
〒940-8585 新潟県長岡市新保町1371-1
TEL 0258-24-0203

| 明治38年12月 | 斎藤女学館を斉藤由松が創設 |
| --- | --- |
| 昭和3年11月 | 長岡高等家政女学校と改称 |
| 昭和19年3月 | 長岡女子商業学校と改称 |
| 昭和20年4月 | 長岡高等家政女学校と改称 |
| 昭和23年4月 | 長岡家政学園高等学校と改称 |
| 昭和31年4月 | 中越高等学校と改称 |

◇新潟県立**津南**高等学校
〒949-8201 新潟県中魚沼郡津南町下船渡戊298-1
TEL 0257-65-2062

| 昭和28年 | 新潟県組合津南高等学校として独立許可 |
| --- | --- |
| 昭和29年 | 新潟県立津南高等学校と改称 |

◇新潟県立**津南中等教育**学校
〒949-8201 新潟県中魚沼郡津南町下船渡戊298-1
TEL 025-765-2062

| 平成17年11月1日 | 新潟県立津南中等教育学校を開校 |
| --- | --- |

◇新潟県立**燕**高等学校
〒959-1201 新潟県燕市灰方815
TEL 0256-63-9301

| 昭和50年4月1日 | 新潟県立燕工業高等学校小中川分校が開校 |
| --- | --- |
| 昭和52年4月1日 | 新潟県立燕高等学校として独立 |

◇新潟県立**燕中等教育**学校
〒959-1201 新潟県燕市灰方815
TEL 0256-63-9301

| 平成17年4月 | 新潟県立燕中等教育学校が開校 |
| --- | --- |

◇**東京学館新潟**高等学校
[学校法人 鎌形学園]
〒950-1141 新潟県新潟市鐘木185-1
TEL 025-283-8857

| 昭和54年2月21日 | 東京学館高等学校の設立許可を受ける |
| --- | --- |
| 昭和58年2月 | 東京学館新潟高等学校を設立 |

◇新潟県立**十日町**高等学校
〒948-0083 新潟県十日町市本町西1
TEL 0257-52-3575

| 大正15年4月 | 十日町尋常高等小学校が開校 |
| --- | --- |
| 昭和23年 | 新潟県立十日町高等学校と改称 |
| 昭和25年 | 新潟県立十日町女子高等学校を統合し |
| | 新潟県立十日町高等学校となる |
| 昭和37年 | 新潟県立十日町実業高等学校を分離し |
| | 新潟県立十日町高等学校が独立 |

◇新潟県立**十日町総合**高等学校
〒948-0055 新潟県十日町市高山461
TEL 0257-52-3186

| 昭和23年4月 | 新潟県立十日町中学校が学制改革により |
| --- | --- |
| | 新潟県立十日町高等学校と改称 |
| 昭和37年1月 | 新潟県立十日町高等学校の農業科・染織科・被服科を分離独立し |
| | 新潟県立十日町実業高等学校を設立する |
| 平成7年4月 | 新潟県立十日町総合高等学校と改称 |

◇新潟県立**栃尾**高等学校
〒940-0135 新潟県長岡市金沢1-2-1
TEL 0258-52-4155

| 明治41年 | 新潟県古志郡立栃尾実業補修学校が開校 |
| --- | --- |
| 昭和24年 | 新潟県立栃尾高等学校と改称 |

◇新潟県立**豊栄**高等学校
〒950-3343 新潟県新潟市上土地亀大曲761
TEL 025-387-2761

| 昭和42年 | 新潟県立豊栄高等学校を創立 |
| --- | --- |

◇新潟県立**直江津**高等学校
〒942-0004 新潟県上越市西本町4-20-1
TEL 025-543-2325

〈新潟県立直江津女子高等学校〉

| 大正13年4月 | 直江津町立実科高等女学校を設立 |
| --- | --- |
| 昭和8年5月 | 直江津町立高等女学校と改称 |
| 昭和17年1月 | 新潟県立直江津高等女学校と改称 |
| 昭和23年4月 | 新潟県立直江津女子高等学校と改称 |

〈新潟県立直江津実業高等学校〉

| 明治43年6月 | 中頚城郡立直江津農商学校を設立 |
| --- | --- |
| 大正11年4月 | 新潟県立直江津農商学校と改称 |
| 昭和19年4月 | 新潟県立農工学校と改称 |
| 昭和23年4月 | 新潟県立直江津実業高等学校と改称 |

〈統合〉

| 昭和25年4月 | 新潟県立直江津女子高等学校，新潟県立直江津実業高等学校が統合し |
| --- | --- |
| | 新潟県立直江津高等学校と改称 |

新潟県

◇新潟県立**長岡大手高等学校**
　〒940-0865 新潟県長岡市四郎丸町沖田357
　TEL 0258-32-0096
　明治36年5月1日　　古志郡立長岡高等女学校が開校
　明治40年3月8日　　長岡市立長岡高等女学校と改称
　明治40年4月1日　　新潟県立長岡高等女学校と改称
　昭和23年4月1日　　新潟県立長岡女子高等学校と改称
　昭和25年6月25日　新潟県立第二長岡高等学校と改称
　昭和42年4月1日　　新潟県立長岡大手高等学校と改称

◇新潟県立**長岡工業高等学校**
　〒940-0084 新潟県長岡市幸町2-7-70
　TEL 0258-35-1976
　明治34年9月27日　新潟県立工業学校を設立
　明治39年4月1日　　新潟県立村松工業学校と改称
　明治42年2月25日　新潟県立工業学校を設立
　明治42年4月1日　　新潟県立村松工業学校を募集停止
　大正10年4月1日　　新潟県立長岡工業学校と改称
　昭和23年4月1日　　新潟県立長岡工業高等学校と改称

◇新潟県立**長岡高等学校**
　〒940-0041 新潟県長岡市学校町3-14-1
　TEL 0258-32-0072
　明治5年11月23日　長岡洋学校を設立
　明治6年6月　　　　新潟学校第一分校となる
　明治9年7月14日　　私立長岡仮学校と改称
　明治19年5月1日　　私立長岡学校と改称
　明治25年10月1日　古志郡町立長岡尋常中学校と改称
　明治26年8月26日　古志郡長岡尋常中学校と改称
　明治32年4月1日　　新潟県古志郡立長岡中学校と改称
　明治33年4月1日　　新潟県立長岡中学校と改称
　昭和23年4月1日　　新潟県立長岡高等学校と改称

◇新潟県立**長岡向陵高等学校**
　〒940-2121 新潟県長岡市喜多町字川原1030-1
　TEL 0258-29-1300
　昭和58年3月31日　新潟県立長岡向陵高等学校が開校

◇新潟県立**長岡商業高等学校**
　〒940-0817 新潟県長岡市西片貝町字大木1726
　TEL 0258-35-1502
　明治43年　　　　　長岡市立商業学校を設立
　昭和23年　　　　　新潟県立長岡商業高等学校と改称

◇新潟県立**長岡農業高等学校**
　〒940-1103 新潟県長岡市曲新町3-13-1
　TEL 0258-37-2266
　明治40年　　　　　古志郡立上組農学校を設立
　大正11年　　　　　新潟県立上組農学校と改称
　昭和23年　　　　　新潟県立上組農業高等学校と改称
　昭和29年　　　　　新潟県立長岡農業高等学校と改称

◇新潟県立**長岡明徳高等学校**
　〒940-0093 新潟県長岡市水道町3-5-1
　TEL 0258-33-5821
　昭和42年4月1日　　新潟県立長岡西高等学校が開校
　平成9年4月1日　　 新潟県立長岡明徳高等学校と改称

◇新潟県立**中条工業高等学校**
　〒959-3132 新潟県岩船郡荒川町坂町2779-1
　TEL 0254-62-3131
　昭和43年4月　　　新潟県立中条工業高等学校が開校

◇新潟県立**中条高等学校**
　〒959-2643 新潟県胎内市東本町19-1
　TEL 0254-43-2047

　明治43年　　　　　新潟県北蒲原郡立中条農学校が開校
　昭和24年　　　　　新潟県立中条高等学校と改称

◇新潟県立**新潟北高等学校**
　〒950-0804 新潟県新潟市本所847-1
　TEL 025-271-1281
　昭和58年4月1日　　新潟県立新潟北高等学校が開校

◇新潟県立**新潟県央工業高等学校**
　〒955-0823 新潟県三条市東本成寺13-1
　TEL 0256-32-5251
〈新潟県立三条工業高等学校〉
　明治44年4月15日　郡立三条商工学校が開校
　大正11年4月1日　　新潟県立三条商工学校と改称
　昭和19年4月1日　　新潟県立三条工業学校と改称
　昭和23年4月1日　　新潟県立三条実業高等学校と改称
　昭和37年11月1日　新潟県立三条工業高等学校を設置
〈新潟県立燕工業高等学校〉
　昭和37年1月1日　　新潟県立燕工業高等学校の設立告示
〈統合〉
　平成16年4月1日　　新潟県立三条工業高等学校，新潟県立燕工業高等学校が統合し新潟県立新潟県央工業高等学校を設置

◇新潟県立**海洋高等学校**
　〒949-1352 新潟県糸魚川市大字能生3040
　TEL 0255-66-3155
　明治32年　　　　　能生町立能生水産補修学校が開校
　明治37年　　　　　西頸城郡立能生水産補修学校と改称
　明治38年　　　　　西頸城郡立能生水産学校と改称
　明治41年　　　　　新潟県立能生水産学校と改称
　昭和23年　　　　　新潟県立能生水産高等学校と改称
　平成5年　　　　　 新潟県立海洋高等学校と改称

◇新潟県立**国際情報高等学校**
　〒949-7302 新潟県南魚沼市浦佐5664-1
　TEL 025-777-5355
　平成4年4月1日　　 新潟県立国際情報高等学校を創設

◇新潟県立**新潟工業高等学校**
　〒950-2024 新潟県新潟市小新西1-5-1
　TEL 025-266-1101
　昭和14年3月7日　　新潟県立新潟工業学校として開校認可
　昭和23年4月1日　　新潟県立新潟工業高等学校と改称

◇新潟県立**新潟高等学校**
　〒951-8127 新潟県新潟市関屋下川原町2-635
　TEL 025-266-2131
　明治25年7月1日　　新潟県尋常中学校として創立
　明治32年4月　　　　新潟中学校と改称
　明治33年4月　　　　新潟県新潟中学校と改称
　明治34年8月　　　　新潟県立新潟中学校と改称
　昭和23年4月1日　　新潟県立新潟高等学校と改称

◇新潟県立**新潟江南高等学校**
　〒950-0941 新潟県新潟市女池南3丁目6-1
　TEL 025-283-0326
　昭和38年4月1日　　新潟県立新潟女子高等学校が開校
　昭和49年3月29日　新潟県立新潟江南高等学校と改称

◇新潟県立**新潟向陽高等学校**
〒950-0121 新潟県新潟市亀田向陽4-3-1
TEL 025-382-3221
昭和49年4月1日　新潟県立新潟向陽高等学校が開校

◇**新潟産業大学附属高等学校**
［学校法人 柏専学院］
〒945-1397 新潟県柏崎市大字安田2510-2
TEL 0257-24-6644
昭和33年4月　新潟短期大学附属高等学校を設立
昭和63年4月　新潟産業大学附属高等学校と改称

◇新潟県立**新潟商業高等学校**
〒951-8131 新潟県新潟市白山浦2-68-2
TEL 025-266-0101
明治16年11月　北越興商会付属新潟商業学校を開校
明治20年3月　新潟区立商業学校と改称
明治22年4月　新潟市立商業学校と改称
明治39年4月　新潟県立新潟商業学校と改称
明治43年4月　新潟県立新潟商業商船学校と改称
大正4年4月　新潟県立新潟商業学校と改称
昭和19年4月　新潟県立第二新潟工業学校と改称
昭和21年4月　新潟県立新潟商業学校と改称
昭和23年4月　新潟県立新潟商業高等学校と改称

◇新潟県立**新潟翠江高等学校**
〒950-1112 新潟県新潟市金巻字須上1657
TEL 025-377-2175
平成16年1月1日　新潟県立新潟翠江高等学校が開校

◇**新潟清心女子高等学校**
［学校法人 ノートルダム清心学園］
〒950-2101 新潟県新潟市五十嵐一の町6370
TEL 025-269-2041
昭和39年4月1日　新潟清心女子高等学校が開校

◇**新潟青陵高等学校**
［学校法人 新潟青陵学園］
〒951-8121 新潟県新潟市水道町1-5932
TEL 025-266-8131
明治33年4月　帝国婦人協会新潟支会附属裁縫講習所を下田歌子が創立
明治33年7月　私立新潟女子工芸学校と改称
昭和23年　新潟女子工芸高等学校と改称
昭和40年　新潟青陵高等学校と改称

◇新潟県立**新潟中央高等学校**
〒951-8126 新潟県新潟市学校町通2-5317-1
TEL 025-229-2191
明治33年4月1日　新潟県高等女学校を創設
明治39年　新潟県立新潟高等女学校と改称
昭和25年　新潟県立新潟中央高等学校と改称

◇新潟県立**新潟西高等学校**
〒950-2156 新潟県新潟市内野関場4699
TEL 025-262-1561
昭和50年　新潟県立新潟西高等学校が開校

◇新潟県立**新潟東工業高等学校**
〒950-0862 新潟県新潟市竹尾2-2-1
TEL 025-274-6236
昭和37年4月1日　新潟県立新潟東工業高等学校が開校

◇新潟県立**新潟東高等学校**
〒950-8639 新潟県新潟市小金町2丁目6-1
TEL 025-271-7055
昭和55年4月8日　新潟県立新潟東高等学校が開校

◇新潟県立**新潟南高等学校**
〒950-0994 新潟県新潟市上所1-3-1
TEL 025-247-3331
昭和14年　新潟市立中学校として創設
昭和23年　市立新潟高等学校と改称
昭和28年　新潟県立新潟南高等学校と改称

◇新潟県立**新津工業高等学校**
〒956-0816 新潟県新潟市新津東町1-12-9
TEL 0250-22-3441
昭和38年4月14日　新潟県立新津工業高等学校が開校

◇新潟県立**新津高等学校**
〒956-0832 新潟県新潟市新津秋葉1-19-1
TEL 0250-22-1920
大正10年　新潟県立新津高等女学校を設立
昭和23年　新潟県立新津高等学校と改称

◇新潟県立**新津南高等学校**
〒956-0113 新潟県新潟市矢代田字西山3200-1
TEL 0250-38-2912
昭和55年　新潟県立新津南高等学校を創設

◇新潟県立**西川竹園高等学校**
〒959-0421 新潟県新潟市鱸2-1
TEL 0256-88-3131
昭和42年1月　新潟県立西川竹園高等学校が開校

◇新潟県立**西新発田高等学校**
〒957-0058 新潟県新発田市西園町3-1-2
TEL 0254-22-2009
明治36年　新発田高等女学校が開校
昭和23年　新発田女子高等学校と改称
昭和25年　西新発田高等学校と改称

◇**日本海聖高等学校**
［学校法人 中央学園］
〒954-0051 新潟県見附市本所2-2-21
TEL 2058-62-0703
平成8年3月29日　日本海聖高等学校を設置

◇**日本文理高等学校**
［学校法人 日本文理学園］
〒950-2035 新潟県新潟市新通1072
TEL 025-260-1000
昭和59年4月　新潟文理高等学校として開校
昭和61年12月　日本文理高等学校と改称

◇新潟県立**八海高等学校**
〒949-6632 新潟県南魚沼市余川1276
TEL 025-772-3281
昭和44年　新潟県立六日町女子高等学校として設立
平成7年　新潟県立八海高等学校に改組

◇新潟県立**羽茂高等学校**
〒952-0504 新潟県佐渡市羽茂本郷410
TEL 0259-88-3155
昭和9年10月30日　羽茂実業補習学校を羽茂専修農学校と改称
昭和11年3月25日　新潟県羽茂農学校を設置
昭和23年3月1日　新潟県立羽茂農業高等学校と改称
昭和24年4月1日　新潟県立羽茂高等学校と改称

新潟県

◇新潟市立万代高等学校
　〒950-8666 新潟県新潟市沼垂東6丁目8-1
　TEL 025-247-1236
　大正10年5月2日　　新潟市実科高等女学校を設置
　大正14年4月1日　　新潟市立高等女学校と改称
　昭和23年4月1日　　新潟市立沼垂高等学校と改称
　平成15年4月1日　　新潟市立万代高等学校に改組

◇新潟県立船江高等学校
　〒951-8131 新潟県新潟市白山浦2丁目68-2
　TEL 025-266-0807
　昭和42年4月1日　　新潟県立新潟中央高等学校（定時制），新潟県立新潟南高等学校（定時制），新潟県立新潟商業高等学校（定時制）を統合し新潟県立船江高等学校を開校

◇新潟県立分水高等学校
　〒959-0113 新潟県燕市笈ヶ島字笹曲104-4
　TEL 0256-98-2191
　昭和58年4月1日　　新潟県立分水高等学校が開校

◇新潟県立堀之内高等学校
　〒949-7413 新潟県魚沼市堀之内3720
　TEL 02579-4-3317
　昭和48年4月1日　　新潟県立堀之内高等学校を創立

◇新潟県立巻高等学校
　〒953-0044 新潟県新潟市巻乙30-1
　TEL 0256-72-2351
　明治39年6月23日　　新潟県立新潟中学校巻分校として創立
　大正2年2月14日　　西蒲原郡立巻中学校と改称
　昭和25年4月1日　　新潟県立巻女子高等学校と統合し新潟県立巻高等学校と改称

◇新潟県立巻総合高等学校
　〒953-0041 新潟県新潟市巻甲4295-1
　TEL 0256-72-3261
　昭和21年3月　　　　新潟県立巻農学校を設置
　昭和23年4月　　　　新潟県立巻農業高等学校と改称
　平成15年4月　　　　新潟県立巻工業高等学校と統合し新潟県立巻総合高等学校と改称

◇新潟県立松代高等学校
　〒942-1526 新潟県十日町市松代4003-1
　TEL 02559-7-2064
　昭和23年　　　　　新潟県立安塚高等学校松代分校を設立
　昭和26年　　　　　村立松代高等学校と改称
　昭和29年　　　　　新潟県立松代高等学校と改称

◇新潟県立見附高等学校
　〒954-0051 新潟県見附市本所1-20-6
　TEL 0258-62-0080
　昭和37年11月1日　新潟県立見附高等学校を創立

◇新潟県立六日町高等学校
　〒949-6633 新潟県南魚沼市余川1380-2
　TEL 0255-772-3224
　大正13年5月4日　　新潟県立六日町中学校を創設
　昭和23年　　　　　新潟県立六日町高等女学校と統合し新潟県立六日町高等学校と改称

◇新潟県立村上高等学校
　〒958-0854 新潟県村上市田端町7-12
　TEL 0254-53-2109
　明治33年4月1日　　新潟県立新発田中学校村上分校として開校
　明治35年4月1日　　新潟県立村上中学校と独立して称する
　昭和23年4月1日　　新潟県立村上高等学校と改称

◇新潟県立村上桜ヶ丘高等学校
　〒958-0856 新潟県村上市飯野桜ヶ丘10-25
　TEL 0254-52-5201
　大正2年4月　　　　新潟県岩船郡立村上実科高等女学校が開校
　大正11年4月　　　　新潟県立村上高等女学校と改称
　昭和23年4月　　　　新潟県立村上女子高等学校と改称
　昭和24年4月　　　　新潟県立村上桜ヶ丘高等学校と改称

◇新潟県立村上中等教育学校
　〒958-0031 新潟県村上市学校町6-8
　TEL 0254-52-5101
　平成14年　　　　　新潟県立村上中等教育学校を設置

◇新潟県立村松高等学校
　〒959-1704 新潟県五泉市村松甲5545
　TEL 0250-58-6003
　明治44年3月21日　新潟県立村松中学校を設立
　大正2年3月31日　　新発田中学校村松分校と改称
　大正3年4月1日　　新潟県立村松中学校と改称
　昭和23年4月1日　　新潟県立村松高等学校と改称

◇新潟市立明鏡高等学校
　〒950-0075 新潟県新潟市沼垂東6-11-1
　TEL 025-246-3535
　昭和23年6月　　　新潟市立沼垂高等学校（定時制課程）として発足
　昭和39年7月　　　新潟市立鏡ヶ岡高等学校と定時制課程が独立し開校
　昭和56年4月　　　新潟市立鏡ヶ岡高等学校，新潟市立白山高等学校（定時制課程）が統合し新潟市立明鏡高等学校として発足

◇新潟県立安塚高等学校
　〒942-0411 新潟県上越市安塚区下方129
　TEL 02559-2-2027
　明治44年4月14日　東頚城郡立安塚農学校を創設
　昭和23年4月1日　　新潟県立安塚農業高等学校と改称
　昭和24年　　　　　新潟県立安塚高等学校と改称

◇新潟県立安塚高等学校松之山分校
　〒942-1405 新潟県十日町市松之山町光間39-1
　TEL 02559-6-2025
　昭和23年6月1日　　新潟県立安塚高等学校松之山分校を創設

◇新潟県立有恒高等学校
　〒944-0131 新潟県上越市板倉区針583-3
　TEL 0255-78-2003
　明治29年4月10日　私立有恒学舎が開校
　昭和26年4月1日　　私立有恒高等学校（定時制）を吸収して板倉村立有恒高等学校（定時制）が開校

| 昭和39年4月1日 | 私立有恒高等学校, 町立有恒高等学校を新潟県に移管として新潟県立有恒高等学校を設置 |

◇新潟県立**湯沢高等学校**
　〒949-6102 新潟県南魚沼郡湯沢町神立1589
　TEL 0257-84-2306
　昭和53年4月　　新潟県立六日町高等学校湯沢分校より独立して新潟県立湯沢高等学校を創設

◇新潟県立**両津高等学校**
　〒952-0005 新潟県佐渡市梅津1750
　TEL 0259-27-3138
　昭和21年3月28日　新潟県町立両津高等女学校を設立
　昭和23年4月1日　両津町加茂村組合立両津高等学校と改称
　昭和28年4月1日　新潟県立両津高等学校と改称

# 富山県

## 【大学】

◇**高岡法科大学**
　［学校法人 高岡第一学園］
　〒939-1113 富山県高岡市戸出石代307-3
　TEL 0766-63-3388
　平成元年4月　　高岡法科大学を設立

◇**富山県立大学**
　〒939-0398 富山県射水市黒河5180
　TEL 0766-56-7500
　平成2年4月1日　富山県立大学が開学

◇**富山国際大学**
　［学校法人 富山国際学園］
　〒930-1292 富山県富山市東黒牧65-1
　TEL 076-483-8000
　平成2年　　　　富山国際大学が開学

◇**富山大学**
　〒930-8555 富山県富山市五福3190
　TEL 076-445-6011
〈富山師範学校〉
　明治8年12月　　新川県師範学校を設立
　明治31年4月　　富山県師範学校と改称
　昭和18年4月　　富山師範学校と改称
〈富山薬学専門学校〉
　明治26年7月　　共立富山学校（私立）を設立
　明治42年7月　　富山県立薬学専門学校と改称
　大正9年12月　　富山薬学専門学校と改称
〈富山高等学校〉
　大正12年10月　　県立富山高等学校と改称
　昭和18年3月　　富山高等学校と改称
〈高岡工業専門学校〉
　大正13年9月　　高岡高等商業学校を設立
　昭和19年3月　　高岡経済専門学校を設立
　昭和19年4月　　高岡工業専門学校と改称
〈富山青年師範学校〉
　昭和11年4月　　富山県立青年学校教員養成所を設立
　昭和19年4月　　富山青年師範学校と改称
〈統合〉
　昭和24年5月　　富山青年師範学校, 高岡工業専門学校, 富山高等学校, 富山薬学専門学校, 富山師範学校を統合し富山大学を設置
　平成17年10月1日　富山薬科大学, 高岡短期大学と統合

## 【短大】

◇**富山県立大学短期大学部**
　〒939-0398 富山県射水市黒河5180
　TEL 0766-56-7500
　昭和37年4月1日　富山県立大谷技術短期大学が開学
　昭和47年4月1日　富山県立技術短期大学と改称
　平成2年4月1日　富山県立大学短期大学部と改称

富山県

◇富山短期大学
　［学校法人　富山国際学園］
　〒930-0193　富山県富山市願海寺水口444
　　TEL 076-436-5146
　昭和38年　　　　　富山女子短期大学が開学
　平成12年　　　　　富山短期大学と改称

◇富山福祉短期大学
　［学校法人　浦山学園］
　〒939-0341　富山県射水市三ケ579　TEL 0766-55-5567
　平成9年4月　　　　富山福祉短期大学が開学

【高専】

◇富山工業高等専門学校
　〒939-8630　富山県富山市本郷町13
　　TEL 076-493-5402
　昭和39年4月1日　　富山工業高等専門学校を設置

◇富山商船高等専門学校
　〒933-0293　富山県射水市海老江練合1-2
　　TEL 0766-86-5100
　明治39年7月3日　　新湊町立新湊甲種商船学校を設立
　明治42年4月1日　　富山県立商船学校と改称
　昭和14年8月19日　 富山商船学校と改称
　昭和26年4月1日　　富山商船高等学校と改称
　昭和42年6月1日　　富山商船高等専門学校を設置
　昭和46年10月11日　富山商船高等学校を国立学校設置
　　　　　　　　　　法の一部改正により廃止

【高校】

◇富山県立有磯高等学校
　〒935-0025　富山県氷見市鞍川1056
　　TEL 0766-74-0229
　昭和26年4月1日　　富山県立氷見高等学校を
　　　　　　　　　　富山県立有磯高等学校として独立

◇富山県立石動高等学校
　〒932-8540　富山県小矢部市西町6-33
　　TEL 0766-67-0222
　大正13年3月　　　　町立石動実科高等女学校を設立
　大正13年5月　　　　石動実科高等女学校が開校
　昭和4年2月　　　　 富山県立石動高等女学校と改称
　昭和23年4月　　　　富山県立石動高等学校と改称

◇富山県立魚津工業高等学校
　〒937-0001　富山県魚津市浜経田3338
　　TEL 0765-22-2577
　昭和37年4月1日　　富山県立魚津工業高等学校を創設

◇富山県立魚津高等学校
　〒937-0041　富山県魚津市吉島945
　　TEL 0765-22-0221
　明治32年4月1日　　富山県第三中学校が開校
　明治34年10月4日　 富山県魚津中学校と改称
　昭和23年4月1日　　町立魚津実業学校を統合し
　　　　　　　　　　富山県立魚津高等学校として発足
　昭和23年9月1日　　富山県立魚津高等女学校と統合
〈町立富山県魚津実業学校〉
　昭和11年4月1日　　町立富山県魚津実業学校を創設
〈富山県立魚津高等女学校〉
　大正2年4月1日　　 町立魚津実科高等女学校を創設
　大正10年4月1日　　富山県立魚津高等女学校を創設

◇富山県立大沢野工業高等学校
　〒939-2206　富山県富山市坂本2600
　　TEL 076-467-2271
　昭和34年4月　　　　富山県立富山工業高等学校大沢野
　　　　　　　　　　分校として開校
　昭和36年4月　　　　富山県立大沢野工業高等学校とし
　　　　　　　　　　て独立

◇富山県立小矢部園芸高等学校
　〒932-0805　富山県小矢部市西中210
　　TEL 0766-67-1802
　昭和26年　　　　　富山県立出町高等学校若林分校を
　　　　　　　　　　設置
　平成14年　　　　　富山県立小矢部園芸高等学校と改
　　　　　　　　　　称

◇富山県立雄山高等学校
　〒930-0221　富山県中新川郡立山町前沢1437-1
　　TEL 076-463-0680
　昭和23年　　　　　富山県立雄山高等学校が開校

◇富山県立上市高等学校
　〒930-0424　富山県中新川郡上市町斉神新444
　　TEL 076-472-2345
〈富山県立上市農林学校〉
　大正9年4月　　　　中新川郡立富山県中新農業学校を
　　　　　　　　　　設立
　昭和15年4月　　　　富山県立上市農林学校と改称
〈富山県上市高等女学校〉
　大正13年4月　　　　町立上市実科高等女学校を設立
　昭和18年9月　　　　富山県上市高等女学校と改称
〈統合〉
　昭和23年4月　　　　富山県立上市農林学校，富山県上
　　　　　　　　　　市高等女学校を学制改革により
　　　　　　　　　　統合し
　　　　　　　　　　富山県立上市高等学校を創設

◇富山県立呉羽高等学校
　〒930-0138　富山県富山市呉羽町2070-5
　　TEL 076-836-1056
　昭和58年4月7日　　富山県立呉羽高等学校が開校

◇高朋高等学校
　［学校法人　神通学館］
　〒931-8452　富山県富山市東富山寿町1-1-39
　　TEL 076-437-9950
　昭和36年4月1日　　北日本電波高等学校が開校
　昭和44年9月1日　　北日本高等学校と改称
　昭和53年4月1日　　高朋高等学校と改称

◇富山県立小杉高等学校
　〒939-0341　富山県射水市三ケ1520-1
　　TEL 0766-55-0043
　大正8年2月18日　　射水郡立農業公民学校を設立
　大正11年4月1日　　富山県立小杉農業公民学校と改称
　昭和13年4月1日　　富山県立小杉農学校と改称
　昭和23年3月21日　 富山県立小杉高等学校と改称

◇富山県立桜井高等学校
　〒938-8505　富山県黒部市三日市1334
　　TEL 0765-52-0120
　明治42年4月2日　　富山県下新川郡立農業学校を設立
　大正11年3月29日　 富山県下新川郡三日市町外23か町
　　　　　　　　　　村学校組合立農業学校と改称
　昭和16年3月31日　 富山県桜井農学校と改称

| 昭和23年3月26日 | 富山県桜井農学校を廃校し県に移管 |
| 昭和23年4月1日 | 富山県立桜井高等学校と改称 |

◇富山県立**志貴野高等学校**
〒933-0023 富山県高岡市末広町1-7ウイング・ウイング高岡内
TEL 0766-22-3113
| 昭和36年4月1日 | 富山県立高岡産業高等学校が開校 |
| 昭和43年4月1日 | 富山県立志貴野高等学校と改称 |

◇富山県立**新湊高等学校**
〒934-8585 富山県射水市西新湊21-10
TEL 0766-84-2330
〈富山県立射水高等学校〉
| 昭和2年3月 | 富山県立射水中学校を設立 |
| 昭和23年4月 | 富山県立射水高等学校と改称 |
〈富山県立新湊女子高等学校〉
| 昭和15年2月 | 富山県立新湊高等女学校を創立 |
| 昭和23年4月 | 富山県立新湊女子高等学校と改称 |
〈統合〉
| 昭和23年9月 | 富山県立射水高等学校, 富山県立新湊女子高等学校を統合し富山県立高岡東部高等学校と改称 |
| 昭和26年1月 | 富山県立新湊高等学校と改称 |

◇富山県立**大門高等学校**
〒939-0234 富山県射水市二口1-2
TEL 0766-52-5572
| 昭和61年4月7日 | 富山県立大門高等学校が開校 |

◇富山県立**高岡工芸高等学校**
〒933-8518 富山県高岡市中川1-1-20
TEL 0766-21-1630
| 明治27年10月 | 富山県工芸学校を開校 |
| 明治34年10月 | 富山県立工芸学校と改称 |
| 昭和16年4月 | 富山県立高岡工芸学校と改称 |
| 昭和23年4月 | 富山県立高岡工芸高等学校と改称 |
| 昭和23年9月 | 富山県立高岡中部高等学校と改称 |
| 昭和25年4月 | 富山県立高岡工芸高等学校に再び分離独立 |

◇富山県立**高岡高等学校**
〒933-8520 富山県高岡市中川園町1-1
TEL 0766-22-0166
| 明治31年 | 富山県高岡尋常中学校を創立 |
| 明治32年 | 富山県第二中学校と改称 |
| 明治34年 | 富山県立高岡中学校と改称 |
| 昭和23年 | 富山県立高岡高等学校と改称 |
| 昭和23年 | 富山県立高岡中部高等学校と改称 |
| 昭和28年 | 富山県立高岡高等学校と改称 |

◇**高岡向陵高等学校**
[学校法人 荒井学園]
〒933-8538 富山県高岡市石瀬281-1
TEL 0766-23-0762
| 昭和37年4月1日 | 高岡東高等学校として発足 |
| 昭和45年11月7日 | 高岡日本大学高等学校と改称 |
| 昭和56年4月1日 | 高岡向陵高等学校と改称 |

◇富山県立**高岡商業高等学校**
〒933-8510 富山県高岡市横田286
TEL 0766-21-4319
| 明治30年6月7日 | 高岡市立高岡簡易商業学校として創立 |
| 明治34年3月 | 高岡市立高岡商業学校と改称 |
| 大正11年4月1日 | 富山県立高岡商業学校となる |
| 昭和23年4月1日 | 富山県立高岡商業高等学校と改称 |
| 昭和23年9月1日 | 富山県立高岡西部高等学校と改称 |
| 昭和32年4月1日 | 富山県立高岡商業高等学校として再発足 |

◇**高岡第一高等学校**
[学校法人 高岡第一学園]
〒933-8508 富山県高岡市本郷2-1-1
TEL 0766-22-6336
| 昭和34年4月 | 高岡第一高等学校を設立 |

◇富山県立**高岡西高等学校**
〒933-8506 富山県高岡市横田町3-4-1
TEL 0766-22-0164
| 明治40年4月30日 | 富山県立高岡高等女学校を開校 |
| 昭和23年4月1日 | 富山県立高岡女子高等学校と改称 |
| 昭和23年9月1日 | 高岡女子高等学校, 高岡商業高等学校を統合し富山県立高岡西部高等学校と改称 |
| 昭和32年4月1日 | 富山県立高岡女子高等学校を開校 |
| 平成9年4月 | 富山県立高岡西高等学校と改称 |

◇富山県立**高岡南高等学校**
〒939-1104 富山県高岡市戸出町3-4-2
TEL 0766-63-0261
| 昭和49年 | 富山県立高岡南高等学校を創立 |

◇**高岡龍谷高等学校**
[学校法人 清光学園]
〒933-8517 富山県高岡市古定塚4-1
TEL 0766-22-5141
| 昭和38年 | 清光女子高等学校を設立 |
| 昭和58年 | 高岡龍谷高等学校と改称 |

◇富山県立**砺波工業高等学校**
〒939-1335 富山県砺波市鷹栖285-1
TEL 0763-33-2047
| 昭和37年4月1日 | 富山県立砺波高等学校から分離し富山県立砺波工業高等学校を設置 |

◇富山県立**砺波高等学校**
〒939-1385 富山県砺波市東幸町3-36
TEL 0763-32-2447
| 明治41年11月6日 | 富山県立砺波中学校を設立 |
| 昭和23年4月1日 | 富山県立砺波高等学校と改称 |
| 昭和23年9月1日 | 富山県立出町高等学校と改称 |
| 昭和27年4月1日 | 富山県立砺波高等学校と改称 |

◇富山県立**となみ野高等学校**
〒932-0114 富山県小矢部市清水95-1
TEL 0766-61-2040
| 大正12年4月 | 富山県立砺波高等女学校が開学 |
| 昭和23年4月 | 富山県立砺波女子高等学校と改称 |
| 昭和23年9月 | 富山県立津沢高等学校と改称 |
| 昭和30年4月 | 富山県立砺波女子高等学校と改称 |
| 平成13年4月 | 富山県立となみ野高等学校と改称 |

◇富山県立**泊高等学校**
〒939-0743 富山県下新川郡朝日町道下603
TEL 0765-82-1191
| 昭和15年4月 | 泊町立泊実科高等女学校を設立 |
| 昭和18年4月 | 富山県下新川郡泊町立泊高等女学校と改称 |
| 昭和18年4月 | 富山県泊高等女学校と改称 |

## 富山県

| | | |
|---|---|---|
| 昭和23年4月 | | 富山県立泊高等学校と改称 |

◇富山県立**富山いずみ高等学校**
〒939-8081 富山県富山市堀川小泉町1-21-1
TEL 076-424-4274

| | |
|---|---|
| 明治34年5月16日 | 富山県高等女学校が開校 |
| 明治40年4月1日 | 富山県立富山高等女学校と改称 |
| 昭和23年4月1日 | 富山県立富山女子高等学校と改称 |
| 昭和23年8月31日 | 富山県立富山女子高等学校が閉校 |
| 昭和31年4月1日 | 富山県立富山女子高等学校を開校 |
| 平成14年4月1日 | 富山県立富山いずみ高等学校と改称 |

◇富山県立**海洋高等学校**
〒936-0078 富山県滑川市高月町129
TEL 076-475-3175

| | |
|---|---|
| 明治33年4月 | 富山県水産講習所を設立 |
| 昭和16年4月 | 富山県立水産学校と改称 |
| 昭和23年4月 | 富山県立水産高等学校と改称 |
| 平成12年4月 | 富山県立海洋高等学校と改称 |

◇富山県立**中央農業高等学校**
〒930-1281 富山県富山市東福沢2
TEL 076-483-1911

| | |
|---|---|
| 昭和33年 | 富山通信産業高等学校を設立 |
| 昭和44年 | 富山県立中央農業高等学校と改称 |

◇富山県立**富山工業高等学校**
〒930-0887 富山県富山市五福2238
TEL 076-441-1971

| | |
|---|---|
| 昭和23年 | 富山県立富山工業学校が |
| | 富山県立富山工業高等学校と改称 |
| 昭和23年 | 富山県立富山工業高等学校,市立富山工業学校,富山県立婦負高等学校,富山県立西部女子高等学校を統合し |
| | 富山県立富山西部高等学校と改称 |
| 昭和26年 | 富山県立婦負農業高等学校を分離し |
| | 富山県立富山工業高等学校を再設立 |

◇富山県立**富山高等学校**
〒939-8076 富山県富山市太郎丸1
TEL 076-421-2925

| | |
|---|---|
| 明治18年 | 富山県中学校を創設 |
| 明治34年 | 富山県立富山中学校と改称 |
| 昭和23年 | 富山県立富山南部高等学校と改称 |
| 昭和28年 | 富山県立富山高等学校と改称 |

◇**富山国際大学付属高等学校**
［学校法人 富山国際学園］
〒930-0175 富山県富山市願海寺水口444
TEL 076-434-0577

| | |
|---|---|
| 昭和39年 | 富山女子短期大学付属高等学校が開校 |
| 平成4年 | 富山国際大学付属高等学校と改称 |

◇富山県立**富山商業高等学校**
〒930-8540 富山県富山市庄高田413
TEL 076-441-3438

| | |
|---|---|
| 明治30年 | 富山市立富山簡易商業学校を創立 |
| 明治32年 | 富山商業学校と改称 |
| 昭和23年 | 富山県立富山商業高等学校と改称 |
| 昭和23年9月 | 富山南部高等学校に統合 |

| | |
|---|---|
| 昭和28年 | 富山県立富山商業高等学校と改称 |

◇**富山第一高等学校**
［学校法人 富山第一高等学校］
〒930-0916 富山県富山市向新庄町5-1-54
TEL 076-451-3396

| | |
|---|---|
| 昭和34年 | 富山第一高等学校を河合陽徳が創立 |

◇**富山中央学院**
［学校法人 浦山学園］
〒933-0871 富山県高岡市駅南5-202-2
TEL 0766-32-0810

| | |
|---|---|
| 平成14年4月 | 富山中央学院が開校 |

◇富山県立**富山中部高等学校**
〒930-0097 富山県富山市芝園町3-1-26
TEL 076-441-3541

| | |
|---|---|
| 大正9年4月 | 富山県立神通中学校が開校 |
| 昭和23年4月 | 富山県立神通高等学校と改称 |
| 昭和23年9月 | 富山県立富山中部高等学校と改称 |

◇富山県立**富山西高等学校**
〒939-2706 富山県富山市婦中町速星926
TEL 076-466-2156

| | |
|---|---|
| 大正12年9月1日 | 富山県立婦負農学校を設置 |
| 昭和23年4月1日 | 富山県立婦負高等学校を設置 |
| 昭和23年8月21日 | 富山県立富山西部高等学校に統合される |
| 昭和26年4月1日 | 富山県立婦負農業高等学校として独立 |
| 昭和45年3月31日 | 富山県立婦負高等学校と改称 |
| 昭和51年4月1日 | 富山県立富山西高等学校と改称 |

◇富山県立**富山東高等学校**
〒931-8502 富山県富山市下飯野荒田6-1
TEL 076437-9018

| | |
|---|---|
| 昭和37年4月1日 | 富山県立富山東高等学校が開校 |

◇富山県立**富山北部高等学校**
〒931-8558 富山県富山市蓮町4丁目3-20
TEL 076-437-7188

| | |
|---|---|
| 大正5年4月1日 | 東岩瀬町立東岩瀬実業補習学校として創立 |
| 昭和23年4月1日 | 富山市立岩瀬女子高等学校を統合し |
| | 富山県立富山北部高等学校を設立 |
| 昭和23年9月1日 | 富山県立富山薬業高等学校を統合 |

〈富山県立富山薬業高等学校〉

| | |
|---|---|
| 昭和2年4月1日 | 富山薬学校として開校 |
| 昭和23年4月1日 | 富山県立富山薬業高等学校に昇格 |

◇富山県立**富山南高等学校**
〒939-8191 富山県富山市布市98
TEL 076-429-1822

| | |
|---|---|
| 昭和49年4月1日 | 富山県立富山南高等学校が開校 |

◇富山県立**滑川高等学校**
〒936-8507 富山県滑川市加島町45
TEL 076-475-0164

| | |
|---|---|
| 大正2年3月 | 滑川町立実科女学校を創立 |
| 大正12年 | 富山県立滑川高等女学校と改称 |
| 大正13年 | 滑川町立滑川商業学校を創立 |
| 昭和10年10月 | 水橋町立東水橋実業学校を創立 |
| 昭和17年4月 | 水橋町立水橋商業学校と改称 |
| 昭和19年4月 | 富山県立滑川工業学校が開校 |

| 昭和21年4月 | 富山県立滑川工業学校を廃止し富山県立滑川中学校を新設 |
| 昭和23年9月 | 富山県立滑川高等学校として発足 |

### ◇富山県立**南砺総合高等学校井波高等学校**
〒932-0226 富山県南砺市北川166-1
TEL 0763-82-0771

| 昭和23年 | 富山県立井波高等学校が開学 |
| 平成17年 | 富山県立南砺総合高等学校井波高等学校と改称 |

### ◇富山県立**南砺総合高等学校平高等学校**
〒939-1929 富山県南砺市1203
TEL 0763-66-2146

| 昭和25年5月19日 | 福野高等学校平分校を設立 |
| 平成7年4月1日 | 福野高等学校平高等学校と改称 |
| 平成17年 | 富山県立南砺総合高等学校平高等学校と改称 |

### ◇富山県立**南砺総合高等学校福野高等学校**
〒939-1521 富山県南砺市苗島443
TEL 0763-22-2014

| 明治27年 | 富山県立簡易農学校を創立 |
| 明治31年 | 富山県農学校と改称 |
| 明治34年 | 富山県立農学校と改称 |
| 大正10年 | 富山県立福野農学校と改称 |
| 昭和23年 | 富山県立福野高等学校と改称 |
| 平成17年 | 富山県立南砺総合高等学校福野高等学校と改称 |

### ◇富山県立**南砺総合高等学校福光高等学校**
〒939-1654 富山県南砺市福光710
TEL 0763-52-2222

| 昭和33年4月 | 富山県立福野高等学校福光分校を創立 |
| 昭和35年4月 | 富山県立福光高等学校と改称 |
| 平成17年 | 富山県立南砺総合高等学校福光高等学校と改称 |

### ◇**新川高等学校**
[学校法人 荒井学園]
〒937-0041 富山県魚津市吉島1350
TEL 0765-24-2015

| 昭和48年4月 | 高岡日本大学高等学校魚津校舎が開設 |
| 昭和55年1月 | 新川高等学校として独立 |

### ◇富山県立**新川みどり野高等学校**
〒937-0011 富山県魚津市木下新144
TEL 0765-22-3535

| 平成13年1月1日 | 富山県立新川みどり野高等学校を設置 |

### ◇富山県立**入善高等学校**
〒939-0626 富山県下新川郡入善町入膳3963
TEL 0765-72-1145

| 大正11年4月1日 | 富山県立入善学校が開校 |
| 昭和23年4月1日 | 富山県立入善高等学校と改称 |

### ◇富山県立**氷見高等学校**
〒935-0021 富山県氷見市幸町17-1
TEL 0766-74-0335

| 昭和2年4月 | 県立氷見中学校が開校 |
| 昭和23年4月 | 県立氷見高等学校を設立 |
| 昭和23年9月1日 | 県立氷見女子高等学校, 県立氷見農業水産高等学校, 県立氷見高等学校を統合し富山県立氷見高等学校と新たに呼称 |

### ◇富山県立**福岡高等学校**
〒939-0127 富山県高岡市福岡町上蓑561
TEL 0766-64-5275

| 昭和58年4月7日 | 富山県立福岡高等学校が開校 |

### ◇富山県立**伏木高等学校**
〒933-0116 富山県高岡市伏木一宮2-11-1
TEL 0766-44-0366

| 昭和2年4月 | 伏木町立伏木商業学校を創立 |
| 昭和17年7月 | 高岡市立伏木商業学校と改称 |
| 昭和23年4月 | 富山県立伏木高等学校と改称 |
| 昭和23年9月 | 富山県立高岡北部高等学校と改称 |
| 昭和32年4月 | 富山県立伏木高等学校と改称 |

### ◇**不二越工業高等学校**
[学校法人 不二越工業高等学校]
〒930-0964 富山県富山市東石金町7-5
TEL 076-425-8304

| 昭和12年4月 | 不二越工科学校として創立開校 |
| 昭和14年3月 | 不二越工業学校を設置 |
| 昭和23年3月 | 不二越工業高等学校と改称 |

### ◇富山県立**二上工業高等学校**
〒933-8530 富山県高岡市東海老坂950
TEL 0766-22-5121

| 昭和37年 | 高岡工芸高等学校二上分校を設立 |
| 昭和38年 | 富山県立二上工業高等学校と改称 |

### ◇富山県立**水橋高等学校**
〒939-3551 富山県富山市水橋中村24
TEL 076-479-1077

| 昭和58年4月7日 | 富山県立水橋高等学校が開校 |

### ◇富山県立**八尾高等学校**
〒939-2376 富山県富山市八尾町福島213
TEL 076-454-2205

| 大正11年4月 | 八尾町立八尾女子技芸学校を設立 |
| 大正13年4月 | 八尾町立八尾実科高等女学校と改称 |
| 昭和19年4月 | 八尾町立八尾高等女学校と改称 |
| 昭和23年4月 | 富山県立八尾高等学校と改称 |

### ◇富山県立**雄峰高等学校**
〒930-0855 富山県富山市赤江町1-45
TEL 076-441-4951

| 昭和4年4月15日 | 私立富山中等夜学校が開校 |
| 昭和12年3月15日 | 富山県立夜間中学校として創立 |
| 昭和18年4月1日 | 富山県立雄中学校と改称 |
| 昭和23年4月1日 | 富山県立雄峰高等学校と改称 |

### ◇**龍谷富山高等学校**
[学校法人 藤園学園]
〒930-0855 富山県富山市赤江町2-10
TEL 076-441-3141

| 昭和26年4月 | 藤園女子高等学校を設立 |
| 平成5年4月 | 龍谷富山高等学校と改称 |

# 石川県

## 【大学】

◇石川県立看護大学
〒929-1212 石川県かほく市中沼ツ7-1
TEL 076-281-8300
平成12年4月　　石川県立看護大学が開学

◇石川県立大学
〒921-8836 石川県石川郡野々市町末松1丁目308
TEL 076-227-7220
昭和46年　　　石川県農業短期大学を創立
平成17年4月　　石川県立大学と改称

◇金沢医科大学
［学校法人 金沢医科大学］
〒920-0293 石川県河北郡内灘町字大学1-1
TEL 076-286-2211
昭和47年　　　金沢医科大学が開学

◇金沢学院大学
［学校法人 金沢学院］
〒920-1392 石川県金沢市末町10-5
TEL 076-229-1181
昭和62年4月　　金沢女子大学が開学
平成7年4月　　金沢学院大学と改称

◇金沢工業大学
［学校法人 金沢工業大学］
〒921-8501 石川県石川郡野々市町扇が丘7-1
TEL 076-248-1100
昭和40年4月1日　金沢工業大学を開学

◇金沢星稜大学
［学校法人 稲置学園］
〒920-8620 石川県金沢市御所町丑10-1
TEL 076-253-3924
昭和42年4月　　金沢経済大学が開校
平成14年4月　　金沢星稜大学と改称

◇金沢大学
〒920-1192 石川県金沢市角間町
TEL 076-264-5111
〈第四高等学校〉
明治20年10月　　第四高等中学校が開校
明治27年9月　　第四高等学校と改称
〈石川師範学校〉
明治7年7月　　石川県師範学校を設立
昭和18年4月　　石川師範学校と改称
〈石川青年師範学校〉
昭和19年4月　　石川青年師範学校が開学
〈金沢高等師範学校〉
昭和19年3月　　金沢高等師範学校を設置
〈金沢医科大学〉
大正12年3月　　金沢医科大学を設置
〈金沢工業専門学校〉
大正10年4月　　金沢高等工業学校が開校
昭和19年4月　　金沢工業専門学校と改称
〈統合〉
昭和24年5月31日　第四高等学校, 石川師範学校, 石川青年師範学校, 金沢高等師範学校, 金沢医科大学, 金沢工業専門学校を統合し金沢大学を設置

◇金沢美術工芸大学
〒920-8656 石川県金沢市小立野5丁目11-1
TEL 076-262-3531
昭和21年　　　金沢美術工芸専門学校を設立
昭和25年　　　金沢美術工芸短期大学を設立
昭和30年　　　金沢美術工芸大学と改称

◇金城大学
［学校法人 金城学園］
〒924-8511 石川県白山市笠間町1200
TEL 076-276-4400
平成12年　　　金城大学が開学

◇日本航空大学校
［学校法人 日本航空学園］
〒929-2372 石川県輪島市三井町州衛9-27-7
TEL 0768-26-2255
昭和45年10月　　日本航空専門学校の設置認可を受ける
昭和49年1月　　日本航空大学校と改称

◇北陸先端科学技術大学院大学
〒923-1292 石川県能美市旭台1-1
TEL 0761-51-1111
平成元年10月　　北陸先端科学技術大学院大学が開学

◇北陸大学
［学校法人 北陸大学］
〒920-1180 石川県金沢市太陽が丘1-1
TEL 076-229-1161
昭和50年4月　　北陸大学が開学

## 【短大】

◇金沢学院短期大学
［学校法人 金沢学院］
〒920-1392 石川県金沢市末町10
TEL 076-229-1181
昭和21年5月　　私立金沢女子専門学園を設立
昭和25年3月　　金沢女子短期大学を設置
平成10年4月　　金沢学院短期大学と改称

◇金城大学短期大学部
［学校法人 金城学園］
〒924-8511 石川県白山市笠間町1200
TEL 076-276-4411
昭和51年　　　金城短期大学を開学
平成12年　　　金城大学短期大学部と改称

◇小松短期大学
［学校法人 小松短期大学］
〒923-8511 石川県小松市四丁町ヌ1-3
TEL 0761-44-3500
昭和63年　　　小松短期大学が開学

◇星稜女子短期大学
［学校法人 稲置学園］
〒920-0813 石川県金沢市御所町酉1
TEL 076-253-5900
昭和54年4月　　星稜女子短期大学を設立

◇北陸学院短期大学
　［学校法人 北陸学院］
　〒920-1396 石川県金沢市三小牛町イ11
　TEL 076-280-3850
　昭和25年　　　　　北陸学院保育短期大学を設立
　昭和38年　　　　　北陸学院短期大学と改称

## 【高専】

◇石川工業高等専門学校
　〒929-0392 石川県河北郡津幡町字北中条タ1
　TEL 076-288-8000
　昭和40年　　　　　石川工業高等専門学校を設置

◇金沢工業高等専門学校
　〒921-8601 石川県金沢市久安2-270
　TEL 076-248-1080
　昭和32年6月1日　　北陸電波学校が開校
　昭和33年4月1日　　北陸電波専門学校が開校
　昭和34年4月1日　　北陸電波高等学校が開校
　昭和37年4月1日　　金沢工業高等専門学校が開校

## 【高校】

◇石川県立飯田高等学校
　〒927-1213 石川県珠洲市野々江町1字1
　TEL 0768-82-0693
　〈県立飯田高等女学校〉
　明治45年4月24日　　珠洲郡立実科高等女学校が開校
　大正13年4月1日　　県立飯田高等女学校と改称
　〈石川県立飯田中学校〉
　昭和4年5月1日　　　飯田町外6ヶ町村学校組合立石川県
　　　　　　　　　　　飯田中学校が開校
　昭和9年2月1日　　　石川県立飯田中学校と県移管により改称
　〈統合〉
　昭和23年4月1日　　石川県立飯田中学校，県立飯田高等女学校を統合して
　　　　　　　　　　　石川県立飯田高等学校を設置

◇石川県立工業高等学校
　〒920-0964 石川県金沢市本多町2-3-6
　TEL 076-261-7156
　明治20年　　　　　金沢区工業学校を創立
　昭和33年　　　　　石川県立工業高等学校と改称

◇石川県立羽松高等学校
　〒925-0021 石川県羽咋市吉崎町ラ1-2
　TEL 0767-22-0086
　昭和23年9月　　　　石川県立羽咋高等学校（定時制）を設置
　昭和47年4月1日　　石川県立羽松高等学校として独立

◇鵬学園高等学校
　［学校法人 七尾鵬学園］
　〒926-0022 石川県七尾市天神川原町ハ32
　TEL 0767-53-2184
　昭和36年4月　　　　七尾女子高等学院が開校
　平成2年　　　　　　鵬学園高等学校と改称

◇石川県立加賀高等学校
　〒922-0331 石川県加賀市動橋町ム53
　TEL 0761-74-5044
　昭和48年1月1日　　石川県立加賀高等学校を設置

◇石川県立加賀聖城高等学校
　〒922-0048 石川県加賀市大聖寺馬場町28
　TEL 0761-72-0297
　昭和23年7月　　　　石川県立大聖寺高等学校（定時制課程）を設置
　昭和41年4月　　　　石川県立加賀聖城高等学校として独立

◇石川県立金沢泉丘高等学校
　〒921-8517 石川県金沢市泉野出町3-10-10
　TEL 076-241-6117
　明治26年7月　　　　石川県尋常中学校を設置
　明治40年3月　　　　石川県立金沢第一中学校と改称
　昭和23年4月　　　　石川県立金沢第一高等学校と改称
　昭和24年4月　　　　石川県立金沢泉丘高等学校と改称

◇金沢学院東高等学校
　［学校法人 金沢学院］
　〒920-1393 石川県金沢市末町3
　TEL 076-229-1180
　昭和27年4月　　　　金沢女子短期大学高等学校を設立
　昭和62年4月　　　　金沢女子大学附属高等学校と改称
　平成5年4月　　　　金沢女子大学附属金沢東高等学校と改称
　平成7年4月　　　　金沢学院大学附属金沢東高等学校と改称
　平成17年4月　　　　金沢学院東高等学校と改称

◇金沢高等学校
　［学校法人 金沢高等学校］
　〒921-8515 石川県金沢市泉本町3-111
　TEL 076-242-3321
　昭和3年4月　　　　　金沢中学校が開校
　昭和23年4月　　　　金沢高等学校と改称

◇石川県立金沢向陽高等学校
　〒920-3121 石川県金沢市大場町東590
　TEL 076-258-2355
　昭和45年1月1日　　石川県立金沢向陽高等学校を新設

◇石川県立金沢桜丘高等学校
　〒920-0818 石川県金沢市大樋町16-1
　TEL 076-252-1225
　大正10年3月　　　　石川県立金沢第三中学校を河北郡小坂村に創設
　昭和23年4月　　　　石川県立金沢第二高等学校併設中学校と改称
　昭和24年4月　　　　石川県立金沢桜丘高等学校と改称

◇石川県立金沢商業高等学校
　〒920-0942 石川県金沢市小立野5-4-1
　TEL 076-262-8281
　明治33年4月　　　　金沢市立金沢商業学校が開校
　明治40年4月　　　　石川県立金沢商業学校と改称
　大正7年4月　　　　石川県立商業学校と改称
　大正10年4月　　　　石川県立金沢商業学校と改称
　昭和23年4月　　　　石川県立金沢商業高等学校と改称
　昭和24年4月　　　　石川県立金沢菫台高等学校と改称
　昭和34年4月　　　　石川県立金沢商業高等学校と改称

◇金沢市立工業高等学校
　〒920-0344 石川県金沢市畝田東1-1-1
　TEL 076-267-3101
　昭和3年4月1日　　　金沢市立工業学校を開校
　昭和19年4月1日　　金沢市立第一工業学校と改称

石川県

| | | |
|---|---|---|
| 昭和23年4月1日 | | 金沢市立工業高等学校を設置 |

◇石川県立**金沢辰巳丘高等学校**
〒920-1397 石川県金沢市末町ニ18
TEL 076-229-2552
昭和60年10月1日　石川県立金沢辰巳丘高等学校を設置

◇石川県立**金沢中央高等学校**
〒921-8042 石川県金沢市泉本町6丁目105
TEL 076-243-2166
昭和23年9月1日　県立金沢第二高等学校（定時制課程）を設置
昭和24年4月1日　県立金沢二水高等学校（定時制）と改称
昭和27年4月1日　県立金沢二水高等学校（定時制普通科），県立金沢董台高等学校（定時制商業科）が合併し石川県立金沢中央高等学校として独立校になる

◇石川県立**金沢西高等学校**
〒920-0344 石川県金沢市畝田東3丁目526
TEL 076-268-4321
昭和49年1月　石川県立金沢西高等学校を設立

◇石川県立**金沢二水高等学校**
〒921-8117 石川県金沢市緑が丘20-15
TEL 076-241-3167
昭和23年4月　石川県立金沢第二高等学校を学制改革により新設
昭和24年4月　石川県立金沢二水高等学校を創設

◇石川県立**金沢伏見高等学校**
〒921-8044 石川県金沢市米泉町5-85
TEL 076-242-6175
昭和41年3月28日　石川県立金沢女子高等学校を設立
平成7年4月1日　石川県立金沢伏見高等学校と改称

◇石川県立**金沢北陵高等学校**
〒911-3114 石川県金沢市吉原町ワ21
TEL 076-258-1100
昭和37年12月28日　石川県立第二工業高等学校が開校
昭和39年4月1日　石川県立金沢松陵工業高等学校と改称
平成7年4月1日　石川県立金沢北陵高等学校と改称

◇石川県立**小松北高等学校**
〒923-8531 石川県小松市島田町イ85-1
TEL 0761-21-5321
平成12年　石川県立小松北高等学校を設置

◇石川県立**小松工業高等学校**
〒923-8567 石川県小松市打越町丙67
TEL 0761-22-5481
昭和14年4月　石川県立小松工業学校を開校
昭和23年4月　小松商業学校と統合し石川県立小松実業高等学校を設立
昭和24年4月　石川県立小松高等学校を設置
昭和27年4月　石川県立小松実業高等学校と独立分離
昭和40年4月　石川県立小松工業高等学校と改称

◇石川県立**小松高等学校**
〒923-8646 石川県小松市丸内町二の丸15
TEL 0761-22-3250

〈石川県立小松中学校〉
明治32年4月　石川県第四中学校が開校
大正10年3月　石川県立第四中学校と改称
明治40年4月　石川県立小松中学校と改称
〈石川県立小松高等女学校〉
明治44年4月　能美郡立実科高等女学校を開校
大正10年3月　石川県能美郡高等女学校と改称
大正12年4月　石川県立小松高等女学校と改称
〈石川県小松市立高等女学校〉
大正14年6月　小松実科高等女学校を設立
昭和18年1月　石川県小松市立高等女学校と改称
〈統合〉
昭和23年4月　石川県立小松中学校，石川県立小松高等女学校，石川県小松市立高等女学校が統合し石川県立小松高等学校を設置

◇石川県立**小松商業高等学校**
〒923-8555 石川県小松市希望が丘10
TEL 0761-47-3221
大正10年4月　小松町立商業学校が開校
昭和3年3月　石川県立小松商業学校と改称
昭和19年4月　石川県立小松農学校に転換
昭和21年4月　石川県立小松商業学校を設置
昭和23年4月　石川県立小松実業高等学校と改称
昭和24年4月　石川県立小松高等学校，小松農業高等学校，小松実業高等学校を統合して
　　　　　　石川県立小松高等学校と改称
昭和27年3月　石川県立小松高等学校より分離し石川県立小松実業高等学校と改称
昭和38年1月　石川県立小松実業高等学校の募集を停止し
　　　　　　石川県立小松商業高等学校を設置

◇**小松市立高等学校**
〒923-8501 石川県小松市八幡ト1
TEL 0761-47-2910
昭和35年4月1日　小松市立高等学校を設立
昭和38年1月1日　小松市立女子高等学校と改称
平成7年12月21日　小松市立高等学校と改称

◇石川県立**小松明峰高等学校**
〒923-8545 石川県小松市平面町ヘ72
TEL 0761-21-8545
昭和53年1月1日　石川県立小松明峰高等学校を設置

◇石川県立**翠星高等学校**
〒924-8544 石川県白山市三浦町500-1
TEL 076-275-1144
〈石川県立松任農学校〉
明治9年4月　石川県金沢区方勧業場で農書講義開始
明治9年12月　石川県勧業場と改称
明治10年1月　石川県農業講習所を農学科分立して設立
明治19年4月　石川県農学校と改称
明治34年5月　石川県立農学校と改称
大正15年4月　石川県立松任農学校と改称
〈石川県立松任高等女学校〉
大正12年4月　松任女子実業学校が開校
昭和2年4月　松任女子実業学校を県に移管し石川県立松任高等女学校と改称
〈統合〉

| | | |
|---|---|---|
| 昭和23年4月 | | 石川県立松任農学校, 石川県立松任高等女学校を併せて石川県立松任高等学校を設置 |
| 昭和28年7月1日 | | 県立松任高等学校の生徒募集を停止し石川県立松任農業高等学校が開校 |
| 平成12年4月 | | 石川県立翠星高等学校と改称 |

◇石川県立**珠洲実業高等学校**
〒927-1222 石川県珠洲市宝立町鵜飼6-20
TEL 0768-84-1911
- 昭和38年　石川県立珠洲実業高等学校が開校

◇**星稜高等学校**
［学校法人　稲置学園］
〒920-0811 石川県金沢市小坂町南206
TEL 076-252-2237
- 昭和37年4月　実践第二高等学校が開校
- 昭和38年9月　星稜高等学校と改称
- 昭和42年4月　金沢経済大学付属星稜高等学校と改称
- 昭和46年8月　金沢経済大学星稜高等学校と改称
- 昭和58年4月　星稜高等学校と改称

◇石川県立**大聖寺高等学校**
〒922-0024 石川県加賀市大聖寺永町33-1
TEL 0761-72-0054
〈石川県立大聖寺高等女学校〉
- 明治44年4月　江沼郡立実科高等女学校を設置
- 大正10年4月　石川県江沼郡高等女学校と改称
- 大正12年4月　石川県立大聖寺高等女学校と改称
〈石川県立大聖寺中学校〉
- 大正12年4月　石川県立大聖寺中学校を設置
〈統合〉
- 昭和23年4月　石川県立大聖寺中学校, 石川県立大聖寺高等女学校が統合し石川県立大聖寺高等学校を設置

◇石川県立**大聖寺実業高等学校**
〒922-8525 石川県加賀市熊坂町ヲ77
TEL 0761-72-0715
- 昭和40年11月　石川県立大聖寺高等学校より商業科を分離独立して石川県立大聖寺実業高等学校が開校

◇石川県立**高浜高等学校**
〒925-0141 石川県羽咋郡志賀町高浜町ノ170
TEL 0767-32-1166
- 昭和24年4月　石川県立羽咋高等学校（定時制）を設置
- 昭和40年4月　石川県立高浜高等学校が発足

◇石川県立**田鶴浜高等学校**
〒929-2195 石川県七尾市上野ヶ丘町59
TEL 0767-68-3116
- 昭和42年　県立田鶴浜女子高等学校として発足
- 平成6年　石川県立田鶴浜高等学校と改称

◇石川県立**津幡高等学校**
〒929-0325 石川県河北郡津幡町字加賀爪ヲ45
TEL 076-289-4111
〈石川県立津幡農学校〉
- 大正13年4月　津幡町ほか13町村組合立河北農蚕学校が開校
- 大正15年4月　石川県立津幡農蚕学校と改称
- 昭和11年3月　石川県立津幡農学校と改称
〈石川県立津幡高等女学校〉
- 昭和2年4月　津幡町ほか5町村組合立津幡高等女学校が開校
- 昭和4年4月　石川県立津幡高等女学校と改称
〈統合〉
- 昭和23年4月　石川県立津幡農学校, 石川県立津幡高等女学校が統合し石川県立津幡高等学校と改称

◇石川県立**鶴来高等学校**
〒920-2104 石川県白山市月橋町710
TEL 0761-92-0044
- 昭和18年　鶴来高等女学校として発足
- 昭和23年　元鶴来町外13ヶ村組合立高等学校が開校
- 昭和27年　石川県立鶴来高等学校と改称

◇石川県立**寺井高等学校**
〒923-1123 石川県能美市吉光町ト90
TEL 0761-58-5855
- 昭和38年1月　石川県立小松高等学校寺井分校を設置
- 昭和40年3月　石川県立寺井高等学校として独立

◇**藤花学園尾山台高等学校**
［学校法人　藤花学園］
〒920-0374 石川県金沢市上安原町169-1
TEL 076-240-7777
- 大正11年10月21日　金沢高等予備学校を設立
- 大正14年2月28日　金沢女子学院を設立
- 昭和元年12月28日　藤花高等女学校と改称
- 昭和23年3月25日　藤花高等学校, 尾山高等学校を設置
- 昭和52年4月1日　藤花高等学校, 尾山高等学校を統合し藤花学園尾山台高等学校と改称

◇石川県立**富来高等学校**
〒925-0447 石川県羽咋郡志賀町富来領家町ハ-1
TEL 0767-42-0034
- 昭和16年12月21日　富来町立実科高等女学校を設立
- 昭和18年4月　富来町立高等女学校と改称
- 昭和19年3月11日　石川県公立富来農業学校を設立
- 昭和23年4月1日　石川県富来高等学校を設置
- 昭和25年4月　石川県立富来高等学校と改称

◇石川県立**中島高等学校**
〒925-0447 石川県七尾市中島町字浜田イ部25-1
TEL 0767-66-0064
- 昭和38年4月1日　石川県立七尾高等学校中島分校が開校
- 昭和44年4月1日　石川県立中島高等学校と改称

◇石川県立**七尾高等学校**
〒926-0817 石川県七尾市西藤橋町エ-1-1
TEL 0767-52-3187
〈石川県立七尾中学校〉
- 明治32年4月　石川県第三尋常中学校を設置
- 明治34年5月　石川県立第三中学校と改称
- 明治40年5月　石川県立七尾中学校と改称
〈石川県立七尾高等女学校〉

石川県

| 明治44年5月 | 鹿島郡立実科高等女学校を設立 |
| --- | --- |
| 大正9年7月 | 石川県鹿島郡高等女学校と改称 |
| 大正12年4月 | 石川県立七尾高等女学校と改称 |
| 〈統合〉 | |
| 昭和23年4月 | 石川県立七尾中学校, 石川県立七尾高等女学校を学制改革により統合し石川県立七尾高等学校を設立 |

◇石川県立**七尾東雲高等学校**
　〒926-8555 石川県七尾市下町戌部12-1
　TEL 0767-57-1411
| 平成16年4月 | 石川県立七尾東雲高等学校, 石川県立七尾農業高等学校を統合し石川県立七尾東雲高等学校が開校 |
| --- | --- |

◇石川県立**七尾城北高等学校**
　〒920-0817 石川県七尾市西藤橋町エ1-1
　TEL 0767-53-1897
| 昭和23年 | 石川県立七尾実業高等学校（定時制課程）が発足 |
| --- | --- |
| 昭和27年 | 石川県立七尾城北高等学校として分離独立 |

◇**日本航空第二高等学校**
　［学校法人 日本航空学園］
　〒929-2372 石川県輪島市三井町州衛9-27-7
　TEL 0768-26-2255
| 平成15年4月 | 日本航空第二高等学校を設立 |
| --- | --- |

◇石川県立**能登青翔高等学校**
　〒928-0331 石川県鳳珠郡能登町字柳田イ部3
　TEL 0768-76-1211
| 平成14年4月1日 | 石川県立能登青翔高等学校が開校 |
| --- | --- |

◇石川県立**能都北辰高等学校**
　〒927-0433 石川県鳳珠郡能登町宇出津マ字106-7
　TEL 0768-62-0544
| 平成12年4月1日 | 石川県立水産高等学校, 石川県立宇出津高等学校を統合し石川県立能都北辰高等学校として発足 |
| --- | --- |

◇石川県立**能都北辰高等学校小木分校**
　〒927-0553 石川県鳳珠郡能登町小木8-48
　TEL 0768-74-0260
| 昭和42年4月 | 石川県立水産高等学校小木分校を設置 |
| --- | --- |
| 平成12年4月1日 | 石川県立能都北辰高等学校小木分校と改称 |

◇石川県立**野々市明倫高等学校**
　〒921-8831 石川県石川郡野々市町下林3丁目309
　TEL 076-246-3191
| 昭和57年10月15日 | 石川県立野々市明倫高等学校を設置 |
| --- | --- |

◇石川県立**羽咋工業高等学校**
　〒925-8521 石川県羽咋市西釜屋町ク-21
　TEL 0767-22-1193
| 昭和37年4月1日 | 石川県立羽咋工業高等学校を設置 |
| --- | --- |

◇石川県立**羽咋高等学校**
　〒925-8550 石川県羽咋市柳橋町1
　TEL 0767-22-1166
| 大正12年2月28日 | 石川県立羽咋中学校を設立 |
| --- | --- |
| 大正15年3月31日 | 羽咋町立羽咋高等女学校を設立 |
| 昭和3年4月1日 | 石川県立高等女学校と改称 |
| 昭和23年4月1日 | 石川県立羽咋高等女学校, 石川県立羽咋中学校を統合し石川県立羽咋高等学校を設立 |

◇**北陸大谷高等学校**
　［学校法人 北陸大谷学園］
　〒923-0313 石川県小松市津波倉町チ1
　TEL 0761-44-2551
| 昭和38年4月 | 北陸大谷高等学校が開校 |
| --- | --- |

◇**北陸学院高等学校**
　［学校法人 北陸学院］
　〒920-8563 石川県金沢市飛梅町1-10
　TEL 076-221-1944
| 明治18年 | 金沢女学校を創設 |
| --- | --- |
| 昭和23年 | 北陸学院高等学校が発足 |

◇石川県立**松任高等学校**
　〒924-0864 石川県白山市馬場1丁目100
　TEL 076-275-2242
| 昭和38年1月 | 石川県立松任高等学校が発足 |
| --- | --- |

◇石川県立**門前高等学校**
　〒927-2193 石川県輪島市門前町広岡5-3
　TEL 0768-42-1161
| 昭和23年9月28日 | 石川県立輪島高等学校門前分校（定時制課程）として開校する |
| --- | --- |
| 昭和37年4月1日 | 石川県立門前高等学校として独立 |

◇**遊学館高等学校**
　［学校法人 金城学園］
　〒920-0964 石川県金沢市本多町2-2-3
　TEL 076-262-8484
| 明治37年 | 金城遊学館を加藤広吉, 加藤せむが創立 |
| --- | --- |
| 明治38年 | 金城女学校を設立 |
| 大正13年 | 金城高等女学校を設立 |
| 昭和23年 | 金城高等女学校を設置 |
| 平成8年 | 遊学館高等学校と改称 |

◇石川県立**輪島高等学校**
　〒928-0001 石川県輪島市河井町18部42-2
　TEL 0768-22-2105
〈石川県立輪島中学校〉
| 大正12年4月1日 | 石川県立輪島中学校を創立 |
| --- | --- |
〈石川県立輪島高等女学校〉
| 大正15年4月1日 | 輪島町立高等女学校を創立 |
| --- | --- |
| 昭和3年4月1日 | 石川県立輪島高等女学校と改称 |
〈統合〉
| 昭和23年4月1日 | 石川県立輪島中学校, 石川県立輪島高等女学校を統合し石川県立輪島高等学校を設置 |
| --- | --- |

◇石川県立**輪島実業高等学校**
　〒928-0004 石川県輪島市稲舟町字上野50
　TEL 0768-22-1220
| 昭和45年1月1日 | 石川県立輪島実業高等学校を設立 |
| --- | --- |

# 福井県

## 【大学】

◇仁愛大学
　[学校法人 福井仁愛学園]
　〒915-8586 福井県越前市大手町3-1-1
　TEL 0778-27-2010
　平成12年12月21日　仁愛大学を設置

◇福井県立大学
　〒910-1195 福井県吉田郡永平寺町松岡兼定島4-1-1
　TEL 0776-61-6000
　平成4年　　　　　　福井県立大学が開学

◇福井工業大学
　[学校法人 金井学園]
　〒910-8505 福井県福井市学園3-6-1
　TEL 0776-22-8111
　昭和40年4月　　　　福井工業大学が開学

◇福井大学
　〒910-8507 福井県福井市文京3-9-1
　TEL 0776-23-0500
　昭和24年5月31日　　福井師範学校, 福井青年師範学校, 福井工業専門学校を統合し福井大学が発足
　平成15年10月1日　　福井医科大学と統合

## 【短大】

◇仁愛女子短期大学
　[学校法人 福井仁愛学園]
　〒910-0124 福井県福井市天池町43字1-1
　TEL 0776-56-1133
　昭和40年4月　　　　仁愛女子短期大学が開学

◇敦賀短期大学
　[学校法人 敦賀学園]
　〒914-0814 福井県敦賀市木崎78-2-1
　TEL 0770-24-2130
　昭和61年4月　　　　敦賀女子短期大学が開学
　平成10年4月　　　　敦賀短期大学と改称

## 【高専】

◇福井工業高等専門学校
　〒916-8507 福井県鯖江市下司町
　TEL 0778-62-1111
　昭和40年4月1日　　 福井工業高等専門学校を設置

## 【高校】

◇福井県立足羽高等学校
　〒918-8155 福井県福井市杉谷町44
　TEL 0776-38-2225
　昭和51年4月7日　　 福井県立足羽高等学校が開校

◇福井県立羽水高等学校
　〒918-8114 福井県福井市羽水1-302
　TEL 0776-36-1678
　昭和38年4月　　　　福井県立羽水高等学校を開校

◇福井県立大野高等学校
　〒912-0085 福井県大野市新庄10-28
　TEL 0779-66-3411
　〈福井県立大野中学校〉
　明治34年4月　　　　福井県立福井中学校大野分校を開校
　明治38年4月　　　　福井県立大野中学校として独立
　〈福井県立大野高等女学校〉
　明治44年7月　　　　大野郡立実業女学校を開校
　大正5年5月　　　　 大野郡立実業女学校の廃止により福井県大野郡立実科高等女学校が発足
　大正10年4月　　　　福井県大野高等女学校と改称
　大正12年4月　　　　福井県立大野高等女学校と改称
　〈福井県立大野農林学校〉
　大正7年7月　　　　 下庄村立農業補習学校が下庄尋常高等小学校に附設
　昭和5年4月　　　　 下庄村立農業補習学校が廃止　下庄村立公民学校が下庄尋常高等小学校に附設
　昭和10年4月　　　　下庄村立実業青年学校と改称
　昭和17年4月　　　　下庄村立大野農学校と改称
　昭和19年4月　　　　福井県立大野農林学校と改称
　〈統合〉
　昭和23年4月　　　　福井県立大野中学校, 福井県立大野高等女学校, 福井県立大野農林学校が学制改革により統合し福井県立大野高等学校が開校

◇福井県立大野東高等学校
　〒912-0016 福井県大野市友江9-10
　TEL 0779-66-4610
　昭和40年1月　　　　福井県立大野工業高等学校を福井県大野市友江に創立
　平成3年4月　　　　 福井県立大野東高等学校と改称

◇福井県立小浜水産高等学校
　〒917-8555 福井県小浜市堀屋敷2号西堀5-2
　TEL 0770-52-1950
　明治28年　　　　　　福井県簡易農学校(水産科)を設置
　明治32年　　　　　　福井県水産学校が独立開校
　明治34年　　　　　　福井県立小浜水産学校と改称
　昭和23年　　　　　　福井県立小浜高等学校(水産科)と改称
　昭和24年　　　　　　福井県若狭高等学校(水産科)と改称
　昭和28年　　　　　　福井県小浜水産高等学校として分離独立
　昭和32年　　　　　　福井県立小浜水産高等学校と改称

◇福井県立勝山高等学校
　〒911-8540 福井県勝山市昭和町2丁目3-1
　TEL 0779-88-0200
　昭和11年　　　　　　町立実科高等女学校を設立
　昭和22年　　　　　　町立勝山高等女学校と改称
　昭和23年　　　　　　福井県立勝山高等学校と改称

◇福井県立勝山南高等学校
　〒911-0802 福井県勝山市昭和町3丁目1-69
　TEL 0779-88-0162
　昭和16年5月　　　　私立勝山精華女学校が勝山兄弟合資会社の一部を仮校舎として開校
　昭和18年4月　　　　福井県勝山精華高等女学校と改称

福井県

| 昭和23年4月 | 福井県勝山精華高等学校と改称 |
| 昭和29年7月 | 福井県立勝山精華高等学校と改称 |
| 平成元年4月 | 福井県立勝山南高等学校と改称 |

◇福井県立**金津高等学校**
〒919-0621 福井県あわら市市姫4-5-1
TEL 0776-73-1255
昭和57年　　　　福井県立金津高等学校を創設

◇**啓新高等学校**
［学校法人 福井精華学園］
〒910-0017 福井県福井市文京4-15-1
TEL 0776-23-3489
昭和2年9月　　　福井精華女子学園を荻原得髄が創立
昭和37年4月　　　福井女子高等学校が開校
平成10年4月　　　啓新高等学校と改称

◇福井県立**高志高等学校**
〒910-0854 福井県福井市御幸2-25-8
TEL 0776-24-5175
昭和23年4月　　　福井県立第二高等学校を設置
昭和24年4月　　　福井県高志高等学校と改称

◇福井県立**坂井農業高等学校**
〒919-0512 福井県坂井市坂井町宮領57-5
TEL 0776-66-0268
大正6年12月　　　坂井郡立農学校を設立
大正12年4月　　　福井県立坂井農学校と改称
昭和23年4月　　　福井県丸岡高等学校を設置
昭和28年4月　　　福井県坂井農業高等学校として独立開校
昭和32年3月　　　福井県立坂井農業高等学校と改称

◇福井県立**鯖江高等学校**
〒916-8510 福井県鯖江市舟津町2丁目5-42
TEL 0778-51-0001
大正4年4月　　　今立郡今立農学校を開校
大正12年3月　　　福井県今立農学校と改称
昭和23年4月　　　鯖江高等女学校，今立農学校を統合し
　　　　　　　　　福井県立鯖江高等学校を設置
昭和24年4月　　　福井県鯖江高等学校と改称
昭和32年4月　　　福井県立鯖江高等学校と改称

◇**昭英高等学校**
［学校法人 湖海学園］
〒914-0198 福井県敦賀市長谷65-98
TEL 0770-23-7221
昭和49年4月1日　昭英高等学校を設置

◇**仁愛女子高等学校**
［学校法人 福井仁愛学園］
〒910-0004 福井県福井市宝永4-9-24
TEL 0776-24-0493
明治31年　　　　婦人仁愛会教園を設立
明治32年　　　　仁愛女学館と改称
明治38年　　　　仁愛女学校と改称
大正13年　　　　仁愛高等女学校に昇格
昭和23年　　　　仁愛女子高等学校に組織変更

◇福井県立**武生工業高等学校**
〒915-0841 福井県越前市文京1丁目14-16
TEL 0778-22-2730
昭和34年4月　　　福井県立武生工業高等学校を創立

◇福井県立**武生高等学校**
〒915-0085 福井県越前市八幡1丁目25-15
TEL 0778-22-0690
〈武生町立高等女学校〉
昭和16年　　　　武生町立実科高等女学校が開校
昭和18年　　　　武生町立高等女学校と改称
〈福井県立武生高等女学校〉
明治39年　　　　武生町立武生女子実業高等学校が開校
大正2年　　　　武生町立実科高等女学校と改称
大正9年　　　　福井県武生高等女学校と改称
大正12年　　　　福井県立武生高等女学校と改称
〈福井県立武生中学校〉
明治31年　　　　福井県武生尋常中学校が開校
明治32年　　　　福井県武生中学校と改称
明治34年　　　　福井県立武生中学校と改称
〈統合〉
昭和23年　　　　武生町立高等女学校，福井県立武生高等女学校，福井県立武生中学校が統合し
　　　　　　　　　福井県立武生高等学校が開校

◇福井県立**武生高等学校池田分校**
〒910-2513 福井県今立郡池田町寺島21-41-1
TEL 0778-44-6107
昭和23年6月20日　福井県立武生高等学校上池田分校が開校
昭和30年5月1日　福井県立武生高等学校池田分校と改称

◇福井県立**武生商業高等学校**
〒915-0801 福井県越前市家久町24
TEL 0778-22-2630
昭和40年4月　　　福井県立武生商業高等学校が開校

◇福井県立**武生東高等学校**
〒915-0004 福井県越前市北町89-10
TEL 0778-22-2253
昭和62年4月7日　福井県立武生東高等学校が開校

◇福井県立**丹南高等学校**
〒916-0062 福井県鯖江市熊田町10-7
TEL 0778-62-2112
昭和54年10月1日　福井県立丹南高等学校を設置

◇**敦賀気比高等学校**
［学校法人 嶺南学園］
〒914-8558 福井県敦賀市沓見164-1
TEL 0770-24-2150
昭和61年　　　　敦賀気比高等学校を創立

◇福井県立**敦賀工業高等学校**
〒914-0035 福井県敦賀市山泉13-1
TEL 0770-25-1533
昭和37年4月　　　福井県立敦賀工業高等学校が創設

◇福井県立**敦賀高等学校**
〒914-0807 福井県敦賀市松葉町2-1
TEL 0770-25-1521
〈福井県立敦賀高等女学校〉
明治34年4月1日　敦賀裁縫学校を敦賀高等小学校に附設
明治37年6月21日　敦賀町立裁縫学校として独立
明治38年4月1日　敦賀町立手芸学校と改称
明治41年6月25日　敦賀町立敦賀女学校と改称

福井県

| 大正8年5月27日 | 敦賀町立敦賀実科高等女学校と改称 |
| 大正15年4月1日 | 福井県立敦賀高等女学校と改称 |

〈福井県立敦賀商業学校〉
| 明治34年7月1日 | 敦賀商業補習学校を設置 |
| 大正7年4月1日 | 福井県立敦賀商業学校と改称 |

〈統合〉
| 昭和23年4月1日 | 福井県立敦賀高等女学校,福井県立敦賀商業学校が統合し福井県立敦賀高等学校を創立 |

◇福井県立**丹生高等学校**
〒916-0147 福井県丹生郡越前町内郡41-18-1
TEL 0778-34-0027
| 大正14年3月 | 福井県丹生郡朝日村立丹生実科高等女学校が開校 |
| 昭和16年2月 | 福井県立丹生高等女学校と改称 |
| 昭和23年4月 | 福井県立丹生高等学校として学制改革により開校 |

◇福井県立**春江工業高等学校**
〒919-0461 福井県坂井市春江町江留上緑8-1
TEL 0776-51-0178
| 昭和38年1月 | 福井県立春江工業高等学校を創立 |

◇福井県立**科学技術高等学校**
〒918-8037 福井県福井市下江守町28
TEL 0776-36-1856
| 明治40年 | 福井県工業講習所を創立 |
| 大正4年 | 福井県立工業学校と改称 |
| 昭和32年 | 福井県立福井工業高等学校と改称 |
| 昭和49年 | 福井県立科学技術高等学校と改称 |

◇**福井工業大学附属福井高等学校**
［学校法人 金井学園］
〒910-8505 福井県福井市学園3-6-1
TEL 0776-22-8111
| 昭和34年4月 | 福井実業高等学校として発足 |
| 昭和40年10月 | 福井高等学校と改称 |
| 昭和53年2月 | 福井工業大学附属福井高等学校と改称 |

◇福井県立**福井商業高等学校**
〒910-0021 福井県福井市乾徳4-8-19
TEL 0776-24-5180
| 明治41年4月23日 | 福井市立商業学校を設置 |
| 昭和23年4月1日 | 福井市立福井商業学校,福井市立高等女学校が合併し福井市立福井高等学校と改称 |
| 昭和24年4月1日 | 福井県乾徳高等学校と改称 |
| 昭和25年4月1日 | 福井県立乾徳高等学校と改称 |
| 昭和33年4月1日 | 福井県立福井商業高等学校と改称 |

◇福井県立**福井農林高等学校**
〒910-0832 福井県福井市新保町49-1
TEL 0776-54-5187
| 明治26年 | 農事講習所を設置 |
| 明治32年 | 福井県立福井農学校と改称 |
| 明治41年 | 福井県立福井農林学校と改称 |
| 昭和23年 | 福井県立第二農林学校と改称 |
| 昭和24年 | 福井県立高志高等学校と改称 |
| 昭和28年 | 福井県立高志高等学校より分離し福井県福井農林高等学校と改称 |
| 昭和32年 | 福井県立福井農林高等学校と改称 |

◇**福井南高等学校**
［学校法人 福井学園］
〒919-0328 福井県福井市新開町15字12
TEL 0776-38-7711
| 平成7年 | 福井南高等学校を設立 |

◇福井県立**藤島高等学校**
〒910-0017 福井県福井市文京2-8-30
TEL 0776-24-5171

〈福井県立福井中学校〉
| 安政2年 | 福井藩校明道館を創設 |
| 明治2年 | 明新館と改称 |
| 明治6年 | 福井私立中学校と改称 |
| 明治7年 | 福井明新中学校と改称 |
| 明治15年 | 福井県福井中学校と改称 |
| 明治22年 | 福井県尋常中学校と改称 |
| 明治30年 | 福井県福井尋常中学校と改称 |
| 明治32年 | 福井県福井中学校と改称 |
| 明治34年 | 福井県立福井中学校と改称 |

〈福井県立福井高等女学校〉
| 明治25年 | 福井県尋常中学校の女子部が独立し福井県高等女学校が開校 |
| 明治34年 | 福井県立福井高等女学校と改称 |

〈統合〉
| 昭和23年 | 福井県立福井中学校,福井県立福井高等女学校が統合し福井県立福井第一高等学校を学制改革により発足 |
| 昭和24年 | 福井県立福井第二高等学校の工業課程を統合し福井県立藤島高等学校と改称 |

◇**北陸高等学校**
［学校法人 北陸学園］
〒910-0017 福井県福井市文京1-8-1
TEL 0776-23-0321
| 明治13年 | 羽水教校を設立 |
| 明治33年 | 福井仏教中学校と改称 |
| 明治35年 | 私立第二仏教中学校と改称 |
| 明治43年 | 北陸中学校と改称 |
| 明治43年 | 北陸専修学院（のち廃止）を設置 |
| 昭和23年 | 北陸高等学校と改称 |

◇福井県立**丸岡高等学校**
〒910-0293 福井県坂井市丸岡町篠岡23-11-1
TEL 0776-66-0160
| 大正2年 | 町立女子裁縫高等学校を設立 |
| 昭和23年 | 福井県立丸岡高等学校と改称 |

◇福井県立**丸岡高等学校城東分校**
〒910-0313 福井県坂井市丸岡町内田13-6
TEL 0776-66-0324
| 昭和39年 | 福井県立丸岡高等学校城東分校が開校 |

◇福井県立**美方高等学校**
〒919-1395 福井県三方上中郡若狭町気山114
TEL 0770-45-0793
| 昭和44年4月8日 | 福井県立美方高等学校が開校 |

◇福井県立**三国高等学校**
〒913-8555 福井県坂井市三国町緑ケ丘2-1-3
TEL 0776-81-3255

〈福井県立三国高等女学校〉

| 明治42年4月 | 坂井郡立女子実業学校を創設 |
| 大正12年4月 | 福井県立三国実業女子校と改称 |
| 大正15年4月 | 福井県立三国女子校(のち:福井県立三国高等女学校)と改称 |

〈福井県立三国中学校〉
| 大正11年4月 | 福井県立三国中学校を創設 |

〈統合〉
| 昭和23年4月 | 福井県立三国中学校,福井県立三国高等女学校を学制改革により統合し福井県立三国高等学校を設立 |

◇福井県立**若狭高等学校**
〒917-8507 福井県小浜市千種1丁目6-13
TEL 0770-52-0007

〈福井県小浜中学校〉
| 明治14年 | 藩学順造館を発足 |
| 明治19年 | 順造館を廃止 |
| 明治27年 | 福井尋常中学校小浜分校として設立 |
| 明治30年 | 福井県小浜尋常中学校として独立 |
| 明治31年 | 福井県小浜中学校と改称 |

〈福井県立小浜高等女学校〉
| 明治38年 | 私立稚桜女学校を設立 |
| 明治39年 | 組合立小浜女子技芸女学校と改称 |
| 大正12年 | 福井県立小浜高等女学校と改称 |

〈統合〉
| 昭和23年 | 福井県小浜中学校,福井県立小浜高等女学校,福井県立小浜水産学校が合併し福井県立小浜高等学校と改称 |
| 昭和24年 | 福井県立遠敷高等学校を統合し福井県立若狭高等学校と改称 |

◇福井県立**若狭東高等学校**
〒917-0293 福井県小浜市金屋48-2
TEL 0770-56-0400

| 大正9年 | 遠敷郡立遠敷農林学校を創立 |
| 大正12年 | 福井県立遠敷農林学校と改称 |
| 昭和23年 | 福井県立遠敷農高等学校と改称 |
| 昭和24年 | 福井県立若狭高等学校遠敷郡校舎と改称 |
| 昭和33年 | 福井県立若狭農林高等学校として独立開校 |
| 昭和62年 | 福井県立若狭東高等学校と改称 |

# 山梨県

【大学】

◇**健康科学大学**
[学校法人 第一藍野学院]
〒401-0380 山梨県南都留郡富士河口湖町小立7187
TEL 0555-83-5200
| 平成15年4月 | 健康科学大学が開校 |

◇**都留文科大学**
〒402-8555 山梨県都留市田原3丁目8-1
TEL 0554-43-4341
| 昭和28年4月1日 | 山梨県立臨時教員養成所として設立 |
| 昭和30年4月1日 | 都留市立短期大学を創立 |
| 昭和35年4月1日 | 都留文科大学と改称 |

◇**帝京科学大学**
[学校法人 帝京科学大学]
〒409-0193 山梨県上野原市八ツ沢字乙越2525
TEL 0554-63-4411
| 平成2年4月 | 西東京科学大学を開学 |
| 平成8年4月 | 帝京科学大学と改称 |

◇**身延山大学**
[学校法人 身延山学園]
〒409-2597 山梨県南巨摩郡身延町身延3567
TEL 0556-62-0107
| 平成7年 | 身延山大学を開学 |

◇**山梨英和大学**
[学校法人 山梨英和学院]
〒400-8508 山梨県甲府市横根町888
TEL 055-223-6020
| 平成14年 | 山梨英和大学を開学 |

◇**山梨学院大学**
[学校法人 山梨学院]
〒400-8575 山梨県甲府市酒折2-4-5
TEL 055-233-1111
| 昭和37年 | 山梨学院大学が開学 |

◇**山梨県立大学**
〒400-0035 山梨県甲府市飯田5丁目11-1
TEL 055-224-5261
| 昭和41年4月 | 山梨県立女子短期大学が開学 |
| 平成7年4月 | 山梨県立看護短期大学(のち:山梨県立看護大学短期大学部)が開学 |
| 平成10年4月 | 山梨県立看護大学が開学 |
| 平成17年4月 | 山梨県立女子短期大学,山梨県立看護大学を改組・統合し山梨県立大学が開学 |

◇**山梨大学**
〒400-8510 山梨県甲府市武田4-4-37
TEL 055-220-8000
| 寛政7年12月 | 甲府学問所徽典館(江戸昌平黌の分校)を設立 |
| 明治6年5月 | 開智学校と改称 |
| 明治7年3月 | 師範講習学校と改称 |

| 明治8年3月 | 山梨県師範学校と改称 |
| 明治14年8月 | 山梨学校と改称 |
| 明治15年10月 | 徽典館と改称 |
| 明治19年12月 | 山梨県尋常師範学校と改称 |
| 明治31年4月 | 山梨県師範学校と改称 |
| 大正10年4月 | 山梨県実業補習学校教員養成所を設立 |
| 大正13年9月 | 山梨高等工業学校と改称 |
| 昭和2年3月 | 実業学校教員養成所と改称 |
| 昭和10年4月 | 山梨県青年学校教員養成所と改称 |
| 昭和13年9月 | 山梨高等工業学校を設立 |
| 昭和18年4月 | 山梨師範学校と改称 |
| 昭和19年4月 | 山梨青年師範学校と改称 |
| 昭和19年4月 | 山梨工業専門学校と改称 |
| 昭和24年5月 | 山梨大学を設置 |
| 平成14年10月 | 山梨医科大学を統合 |

## 【短大】

### ◇大月短期大学
〒401-0012 山梨県大月市御太刀1-16-2
TEL 0554-22-5611
昭和30年2月　　大月短期大学を設立

### ◇帝京学園短期大学
［学校法人 帝京学園］
〒408-0044 山梨県北杜市小淵沢町473-2
TEL 0551-36-2249
昭和42年　　　山梨帝京短期大学が開学
平成元年　　　帝京学園短期大学と改称

### ◇山梨学院短期大学
［学校法人 山梨学院］
〒400-8575 山梨県甲府市酒折2-4-5
TEL 055-224-1400
昭和26年　　　山梨学院短期大学を設立

## 【高校】

### ◇山梨県立石和高等学校
〒406-0031 山梨県笛吹市石和町市部3
TEL 055-262-2135
明治28年4月11日　山梨県養蚕教習所を設置
明治29年3月19日　東八代郡立山梨蚕業学校と改称
大正11年4月1日　山梨県立蚕業学校と改称
昭和19年3月15日　山梨県立農蚕学校と改称
昭和23年4月1日　山梨県立農蚕高等学校と改称
昭和25年4月1日　山梨県立石和高等学校と改称

### ◇山梨県立市川高等学校
〒409-3601 山梨県西八代郡市川三郷町市川大門1733-2
TEL 055-272-1161
大正3年　　　市川大門町立女子実業補修学校として設立
昭和25年　　　山梨県立市川高等学校と改称

### ◇山梨県立上野原高等学校
〒409-0133 山梨県上野原市八ツ沢555
TEL 0554-62-4510
昭和54年4月5日　山梨県立上野原高等学校が開校

### ◇山梨県立塩山高等学校
〒404-0047 山梨県甲州市塩山三日市場440-1
TEL 0553-33-2542

昭和31年4月15日　山梨県立塩山高等学校が開校
昭和38年4月1日　山梨県立塩山商業高等学校と改称
平成元年4月　　山梨県立塩山高等学校と改称

### ◇大月市立大月短期大学附属高等学校
〒401-0012 山梨県大月市御太刀1-16-2
TEL 0554-22-6255
昭和31年2月　　大月市立大月短期大学附属高等学校を開校

### ◇山梨県立桂高等学校
〒402-0005 山梨県都留市四日市場909
TEL 0554-43-4375
昭和41年4月1日　山梨県立桂高等学校を開校

### ◇山梨県立峡南高等学校
〒409-3117 山梨県南巨摩郡身延町三沢2417
TEL 0556-37-0686
大正12年4月25日　久那土村外7ヶ月村組合立峡南農工学校を創立
昭和23年4月　　山梨県立峡南農工高等学校と改称
昭和32年4月　　山梨県立峡南高等学校と改称

### ◇山梨県立甲府工業高等学校
〒400-0026 山梨県甲府市塩部2-7-1
TEL 055-252-4896
大正6年4月28日　市立甲府工芸学校を創立
昭和11年3月3日　市立甲府工業学校と改称
昭和16年3月31日　山梨県立甲府工業学校と改称
昭和23年3月31日　山梨県立甲府工業高等学校と改称

### ◇甲府市立甲府商業高等学校
〒400-0845 山梨県甲府市上今井町300
TEL 055-241-7511
明治34年4月23日　市立甲府商業学校が開校
昭和23年4月1日　市立甲府第二商業学校を統合し市立甲府商業高等学校と改称
昭和39年4月1日　甲府市立商業高等学校と改称
昭和45年12月23日　甲府市立甲府商業高等学校と改称

### ◇山梨県立甲府城西高等学校
〒400-0064 山梨県甲府市下飯田1-9-1
TEL 055-223-3101
平成9年4月8日　第一商業高等学校，機山工業高等学校を統合し山梨県立甲府城西高等学校が開校

### ◇山梨県立甲府昭和高等学校
〒409-3866 山梨県中巨摩郡昭和町西条3000
TEL 055-275-6177
昭和58年　　　山梨県立甲府昭和高等学校の設置条例を制定

### ◇山梨県立甲府第一高等学校
〒400-0007 山梨県甲府市美咲2丁目13-44
TEL 055-253-3525
寛政年間　　　官学徽典館を設置
明治6年5月　　開智学校と改称
明治7年3月　　師範講習学校と改称
明治8年3月　　山梨県師範学校と改称
明治14年8月　　山梨県師範学校，山梨県中学校が合併し
　　　　　　　山梨学校と改称
明治39年6月　　山梨県立甲府中学校と改称
昭和23年4月　　山梨県立甲府第一高等学校と改称

## 山梨県

◇山梨県立**甲府西高等学校**
　〒400-0064 山梨県甲府市下飯田4丁目1-1
　TEL 055-228-5161
　明治35年　　　　　山梨県立山梨県高等女学校が開校
　明治38年　　　　　山梨県立高等女学校と改称
　大正11年　　　　　山梨県立第一高等女学校と改称
　大正13年　　　　　山梨県立甲府高等女学校と改称
　昭和23年　　　　　山梨県立甲府第二高等学校と改称
　昭和52年　　　　　山梨県立甲府西高等学校と改称

◇山梨県立**甲府東高等学校**
　〒400-0805 山梨県甲府市酒折1-17-1
　TEL 055-237-6931
　昭和52年4月4日　　山梨県立甲府東高等学校が開校

◇山梨県立**甲府南高等学校**
　〒400-0854 山梨県甲府市中小河原町222
　TEL 055-241-3191
　昭和38年4月1日　　山梨県立甲府南高等学校が開校

◇**甲府湯田高等学校**
　［学校法人　伊藤学園］
　〒400-0867 山梨県甲府市青沼3-10-1
　TEL 055-233-0127
　明治33年　　　　　山梨裁縫学校を設立
　大正7年　　　　　　山梨実科高等女学校を設立
　昭和2年　　　　　　甲府女子商業学校を設立
　昭和23年　　　　　甲府湯田高等学校と改称

◇北杜市立**甲陵高等学校**
　〒408-0021 山梨県北杜市長坂町長坂上条2003
　TEL 0551-32-3050
　昭和32年　　　　　私立長坂高等学校として開校
　昭和43年　　　　　長坂町外三町村学校組合立長坂高
　　　　　　　　　　等学校として公立に移管
　昭和57年　　　　　長坂町外三町村学校組合立甲陵高
　　　　　　　　　　等学校と改称
　平成16年　　　　　北杜市・小淵沢町学校組合立甲陵
　　　　　　　　　　高等学校と改称
　平成18年　　　　　北杜市立甲陵高等学校と改称

◇山梨県立**巨摩高等学校**
　〒400-0306 山梨県南アルプス市小笠原1500-2
　TEL 055-282-1163
　大正11年　　　　　山梨県立第三高等女学校を設立
　大正13年　　　　　山梨県立巨摩高等女学校と改称
　昭和23年　　　　　山梨県立巨摩高等学校と改称

◇**自然学園高等学校**
　［学校法人　自然学園］
　〒408-0101 山梨県北杜市須玉町小尾6896
　TEL 0551-45-0510
　平成5年　　　　　　自然学園高等学校を西條隆繁が創
　　　　　　　　　　立

◇山梨県立**白根高等学校**
　〒400-0211 山梨県南アルプス市上今諏訪1180
　TEL 055-284-3031
　昭和59年4月3日　　山梨県立白根高等学校が開校

◇**駿台甲府高等学校**
　［学校法人　駿河台西学園］
　〒400-0026 山梨県甲府市塩部2-8-1
　TEL 055-253-6211
　昭和55年　　　　　駿台甲府高等学校を創立

◇山梨県立**都留高等学校**
　〒401-0013 山梨県大月市大月2-11-20
　TEL 0554-22-3125
　〈山梨県立都留第一高等学校〉
　明治33年5月17日　　山梨県中学校都留分校が開校
　明治34年4月1日　　山梨県第一中学校都留分校を設置
　明治36年4月1日　　山梨県第二中学校都留分校と改称
　明治38年3月31日　　山梨県第二中学校都留分校を廃止
　明治43年5月10日　　山梨県立都留中学校が開校
　昭和23年4月1日　　山梨県立都留第一高等学校と改称
　〈山梨県立都留第二高等学校〉
　大正12年2月17日　　山梨県立第四高等女学校を設置
　大正13年4月18日　　山梨県立都留高等女学校と改称
　昭和23年4月1日　　山梨県立都留第二高等学校と改称
　〈統合〉
　昭和25年4月1日　　山梨県立都留第一高等学校，山梨
　　　　　　　　　　県立都留第二高等学校が統合し
　　　　　　　　　　山梨県立都留高等学校を設置

◇**帝京第三高等学校**
　［学校法人　帝京学園］
　〒408-0044 山梨県北杜市小渕沢町2148
　TEL 0551-36-2411
　昭和37年　　　　　帝京第三高等学校が開校

◇**東海大学甲府高等学校**
　［学校法人　東海大学甲府学園］
　〒400-0063 山梨県甲府市金竹町1-1
　TEL 055-227-1111
　昭和21年4月1日　　山梨高等経理学園が開校
　昭和39年2月8日　　東洋大学第三高等学校と改称
　昭和49年4月1日　　東海甲府高等学校と改称
　昭和52年4月1日　　東海大学甲府高等学校と改称

◇**日本航空高等学校**
　［学校法人　日本航空学園］
　〒407-0108 山梨県甲斐市双葉町宇津谷445
　TEL 0551-28-3355
　昭和7年10月　　　　航空発動機練習所を甲府在郷軍人
　　　　　　　　　　航空研究会が母体となり開設
　昭和14年7月　　　　山梨航空技術学校を設置
　昭和15年4月　　　　熊谷陸軍飛行学校甲府分校を設立
　昭和17年1月　　　　山梨航空機関学校と改称
　昭和35年3月　　　　山梨航空工業高等学校の設置認可
　　　　　　　　　　を受ける
　昭和39年6月　　　　日本航空工業高等学校と改称
　昭和54年8月　　　　日本航空高等学校と改称

◇**日本大学明誠高等学校**
　［学校法人　日本大学］
　〒409-0195 山梨県上野原市上野原3200
　TEL 0554-62-5161
　昭和35年4月　　　　日本大学明誠高等学校を設置

◇山梨県立**韮崎工業高等学校**
　〒407-0031 山梨県韮崎市竜岡町若尾新田50-1
　TEL 0551-22-1531
　昭和38年4月1日　　山梨県立韮崎工業高等学校が開校

◇山梨県立**韮崎高等学校**
　〒407-0015 山梨県韮崎市若宮3丁目2-1
　TEL 0551-22-2415
　〈山梨県立韮崎第一高等学校〉
　大正12年4月4日　　山梨県立韮崎中学校が開校
　昭和23年4月1日　　山梨県立韮崎第一高等学校と改称

〈山梨県立韮崎第二高等学校〉
　昭和2年2月25日　　町村組合立韮崎実科高等女学校の設置許可
　昭和3年3月13日　　山梨県韮崎実科高等女学校と改称
　昭和21年3月1日　　山梨県立韮崎高等女学校と改称
　昭和23年4月1日　　山梨県立韮崎第二高等学校と改称
〈統合〉
　昭和25年4月1日　　山梨県立韮崎第一高等学校, 山梨県立韮崎第二高等学校を統合し山梨県立韮崎高等学校と改称

◇山梨県立日川高等学校
　〒405-0025 山梨県山梨市一町田中1062
　TEL 0553-22-2321
　明治34年4月1日　　山梨県第二中学校を創立
　明治34年4月22日　　山梨県立山梨第二中学校と改称
　明治39年6月1日　　山梨県立日川中学校と改称
　昭和23年4月1日　　山梨県立日川高等学校と改称

◇山梨県立ひばりが丘高等学校
　〒403-0005 山梨県富士吉田市上吉田3531
　TEL 0555-22-8015
　平成16年4月7日　　山梨県立ひばりが丘高等学校が開校

◇富士学苑高等学校
　［学校法人 月江寺学園］
　〒403-0013 山梨県富士吉田市緑ケ丘1-1-1
　TEL 0555-22-0696
　昭和32年2月　　　　富士商業学校を開校
　昭和37年12月　　　富士商業高等学校が開校
　昭和38年10月　　　富士学苑高等学校と改称

◇山梨県立富士河口湖高等学校
　〒401-0301 山梨県南都留郡富士河口湖町船津6663-1
　TEL 0555-73-2511
　昭和52年4月4日　　山梨県立富士河口湖高等学校が開校

◇山梨県立富士北稜高等学校
　〒403-0017 山梨県富士吉田市新西原1-23-1
　TEL 0555-22-4161
〈北富士工業高等学校〉
　昭和38年4月10日　　山梨県立北富士工業高等学校が開校
〈山梨県立吉田商業高等学校〉
　昭和37年　　　　　山梨県富士吉田市他5ヶ村組合立吉田商業高等学校が開校
　昭和41年　　　　　山梨県立吉田商業高等学校と改称
〈統合〉
　平成16年4月　　　北富士工業高等学校, 吉田商業高等学校が合併し山梨県立富士北稜高等学校を設置

◇山梨県立北杜高等学校
　〒408-0023 山梨県北杜市長坂町渋沢1007-19
　TEL 0551-20-4025
〈山梨県立峡北高等学校〉
　大正5年　　　　　北巨摩郡立農学校が開校
　大正11年4月1日　　山梨県立峡北農学校と改称
　昭和23年4月1日　　山梨県立峡北農林高等学校と改称
　昭和25年4月1日　　山梨県立峡北高等学校と改称
〈山梨県立須玉商業高等学校〉
　昭和38年　　　　　山梨県立須玉商業高等学校が開校
〈統合〉
　平成13年4月1日　　山梨県立峡北高等学校, 山梨県立峡北農業高等学校, 山梨県立須玉商業高等学校が統合し山梨県立北杜高等学校が開校

◇山梨県立増穂商業高等学校
　〒400-0502 山梨県南巨摩郡増穂町最勝寺1372
　TEL 0556-22-3185
　昭和31年2月22日　　山梨県立増穂高等学校が開校
　昭和38年4月1日　　山梨県立増穂商業高等学校と改称

◇山梨県立身延高等学校
　〒409-2531 山梨県南巨摩郡身延町梅平1201-2
　TEL 05566-2-1045
〈山梨県立身延第一高等学校〉
　大正12年4月1日　　山梨県立身延中学校が開校
　昭和23年4月1日　　山梨県立身延第一高等学校と改称
〈山梨県立身延第二高等学校〉
　昭和3年3月12日　　身延実科高等女学校を開校
　昭和19年4月1日　　山梨県立身延高等女学校と改称
　昭和22年4月1日　　山梨県立身延第二高等学校と改称
〈統合〉
　昭和25年4月1日　　山梨県立身延第一高等学校, 山梨県立第二高等学校が統合し山梨県立身延高等学校と改称

◇身延山高等学校
　［学校法人 身延山学園］
　〒409-2597 山梨県南巨摩郡身延町身延3567
　TEL 0556-62-3500
　弘治2年　　　　　善学院を開設
　慶長9年　　　　　西谷檀林を開設
　明治7年　　　　　身延檀林（のち:中教院、大檀支林、宗義専門学校、小檀林）と改称
　明治35年　　　　　小学林に変遷
　明治26年　　　　　祖山大学院を創設
　明治38年　　　　　祖山学院と改称
　明治45年　　　　　祖山学院, 小学林を統合し祖山学院高等部, 祖山学院中等部と改称
　昭和11年　　　　　祖山学院高等部を祖山学院と改称
　昭和11年　　　　　祖山学院中等部を祖山中学林と改称
　昭和16年　　　　　祖山学院を身延山専門学校に昇格
　昭和16年　　　　　祖山中学林を祖山中学校へ昇格
　昭和23年　　　　　祖山中学校を身延山高等学校へ昇格

◇山梨英和高等学校
　［学校法人 山梨英和学院］
　〒400-8507 山梨県甲府市愛宕町112
　TEL 055-252-6187
　明治22年　　　　　私立山梨英和女学校が開校
　昭和16年　　　　　山梨英和女学校と改称
　昭和23年　　　　　山梨英和高等学校を設立

◇山梨県立山梨園芸高等学校
　〒406-0026 山梨県笛吹市石和町中川1400
　TEL 055-262-4135
　昭和36年4月1日　　山梨県立石和高等学校の農業課程を分離独立し

山梨県

　　　　　　　　　　　山梨県立山梨園芸高等学校が開校

◇山梨学院大学附属高等学校
　［学校法人 山梨学院］
　〒400-0805 山梨県甲府市酒折3-3-1
　TEL 055-224-1600
　昭和21年　　　　　山梨実践女子高等学院を古屋眞
　　　　　　　　　　一、喜代子夫妻が設立
　昭和21年　　　　　山梨女子高等学院と改称
　昭和23年　　　　　山梨高等学院と改称
　昭和37年　　　　　山梨学院大学附属高等学校と改称

◇山梨県立中央高等学校
　〒400-0035 山梨県甲府市飯田5-6-23
　TEL 055-226-4411
　昭和46年　　　　　山梨県立中央高等学校が開校

◇山梨県立農林高等学校
　〒400-0117 山梨県甲斐市西八幡4533
　TEL 055-276-2611
　明治37年4月　　　 山梨県立山梨県農林学校を創立
　昭和23年4月　　　 山梨県立農林高等学校と改称

◇山梨県立山梨高等学校
　〒405-0018 山梨県山梨市上神内川194
　TEL 0553-22-1621
　大正6年4月　　　　東山梨郡立実科高等女学校が開校
　大正9年4月　　　　東山梨郡立東山梨高等女学校と改
　　　　　　　　　　称
　大正11年4月　　　 山梨県立第二高等女学校と改称
　大正13年4月　　　 山梨県立山梨高等女学校と改称
　昭和23年4月　　　 山梨県立山梨高等学校と改称

◇山梨県立谷村工業高等学校
　〒402-0053 山梨県都留市上谷5-7-1
　TEL 0554-43-2101
　〈山梨県立谷村南高等学校〉
　明治29年3月19日　 山梨県南都留郡染織学校を谷村町
　　　　　　　　　　に設置する
　明治34年5月1日　　南都留郡立山梨県立工業学校と改
　　　　　　　　　　称
　明治34年5月1日　　南都留郡立南都留染織学校と改称
　明治34年10月1日　 南都留郡組合立都留染織学校と改
　　　　　　　　　　称
　明治38年4月1日　　山梨県立工業学校と改称
　大正12年4月1日　　南都留郡立実業学校を統合し
　　　　　　　　　　山梨県立工商学校と改称
　昭和16年4月1日　　山梨県立谷村工商学校と改称
　昭和23年4月1日　　山梨県立谷村南高等学校を設置
　〈山梨県立谷村東高等学校〉
　大正4年4月1日　　 谷村尋常高等小学校補修科を設置
　大正5年4月1日　　 谷村実科女学校と変更
　大正6年4月1日　　 町立谷村実科高等女学校と改称
　大正15年4月1日　　町立谷村高等女学校と改称
　昭和16年4月1日　　山梨県立谷村工商学校と改称
　昭和6年3月31日　　山梨県立谷村高等女学校と改称
　昭和23年4月1日　　山梨県立谷村東高等学校を設置
　〈統合〉
　昭和25年4月1日　　山梨県立谷村南高等学校, 山梨県
　　　　　　　　　　立谷村東高等学校を統合し
　　　　　　　　　　山梨県立谷村高等学校と改称
　昭和45年4月1日　　山梨県立谷村工業高等学校と改称

◇山梨県立吉田高等学校
　〒403-0004 山梨県富士吉田市下吉田2075-2
　TEL 0555-22-2540
　〈岳麓農工高等学校〉
　昭和12年　　　　　岳麓農工学校が開校
　昭和23年　　　　　岳麓農工高等学校と改称
　〈岳麓高等学校〉
　昭和17年　　　　　岳麓高等女学校が開校
　昭和23年　　　　　岳麓高等学校と改称
　〈統合〉
　昭和25年　　　　　岳麓農工高等学校, 岳麓高等学校
　　　　　　　　　　が合併し
　　　　　　　　　　山梨県立吉田高等学校が開校

# 長野県

## 【大学】

◇信州大学
〒390-8621 長野県松本市旭3丁目1-1
TEL 0263-35-4600
〈松本医科大学〉
昭和23年2月　　松本医科大学を設立
〈松本高等学校〉
大正8年4月　　松本高等学校を設立
〈長野師範学校〉
明治6年8月　　長野県師範講習所を設立
明治8年12月　　筑摩師範学校を統合し
　　　　　　　長野県師範学校と改称
昭和18年4月　　長野師範学校と改称
〈長野青年師範学校〉
大正7年4月　　長野県実業補習学校教員養成所を設立
昭和10年4月　　長野県立青年学校教員養成所と改称
昭和19年4月　　長野青年師範学校と改称
〈松本医学専門学校〉
昭和19年3月　　松本医学専門学校を設立
〈長野工業専門学校〉
昭和18年3月　　長野高等工業学校を設立
昭和19年4月　　長野工業専門学校と改称
〈上田繊維専門学校〉
明治43年3月　　上田蚕糸専門学校を設立
昭和19年4月　　上田繊維専門学校と改称
〈長野県立農林専門学校〉
昭和20年2月　　長野県立農林専門学校を設立
〈統合〉
昭和24年　　　松本医科大学, 松本高等学校, 長野師範学校, 長野青年師範学校, 松本医学専門学校, 長野工業専門学校, 上田繊維専門学校, 長野県立農林専門学校を統合し信州大学を設置

◇諏訪東京理科大学
［学校法人 東京理科大学］
〒391-0292 長野県茅野市豊平5000-1
TEL 0266-73-1201
平成2年4月　　東京理科大学諏訪短期大学を設置
平成14年4月　　諏訪東京理科大学に改組転換

◇清泉女学院大学
［学校法人 清泉女学院］
〒381-0085 長野県長野市上野2-120-8
TEL 026-295-5665
平成15年4月　　清泉女学院大学が開学

◇長野県看護大学
〒399-4117 長野県駒ヶ根市赤穂1694
TEL 0265-81-5100
平成7年4月　　長野県看護大学を創立

◇長野大学
［学校法人 長野学園］
〒386-1298 長野県上田市下之郷658-1
TEL 0268-39-0001
昭和41年4月　　本州大学を開学
昭和49年4月　　長野大学と改称

◇松本歯科大学
［学校法人 松本歯科大学］
〒399-0781 長野県塩尻市広丘郷原1780
TEL 0263-52-3100
昭和47年　　　松本歯科大学を開学

◇松本大学
［学校法人 松商学園］
〒390-1295 長野県松本市新村2095-1
TEL 0263-48-7200
平成14年4月　　松本大学が開学

## 【短大】

◇飯田女子短期大学
［学校法人 高松学園］
〒395-8567 長野県飯田市松尾代田610
TEL 0265-22-4460
昭和42年4月　　飯田女子短期大学が開学

◇上田女子短期大学
［学校法人 北野学園］
〒386-1214 長野県上田市下之郷三郎山乙620
TEL 0268-38-2352
昭和42年5月　　本州女子短期大学が開学
昭和48年4月　　上田女子短期大学と改称

◇信州短期大学
［学校法人 佐久学園］
〒385-0022 長野県佐久市岩村田2384
TEL 0267-68-6088
昭和63年4月1日　信州短期大学が開学

◇信州豊南短期大学
［学校法人 豊南学園］
〒399-0498 長野県上伊那郡辰野町中山72
TEL 0266-41-4411
昭和58年　　　信州豊南女子短期大学を開学
平成12年　　　信州豊南短期大学と改称

◇清泉女学院短期大学
［学校法人 清泉女学院］
〒381-0085 長野県長野市上野2-120-8
TEL 026-295-5665
昭和56年4月　　清泉女学院短期大学を開学

◇長野経済短期大学
［学校法人 長野日本大学学園］
〒381-0038 長野県長野市東和田字中道261-1
TEL 026-243-1909
昭和42年　　　長野経済短期大学が開学

◇長野県短期大学
〒380-8525 長野県長野市三輪8-49-71
TEL 026-234-1221
昭和4年　　　長野県女子専門学校を設立
昭和25年　　　長野県短期大学を設立

◇長野女子短期大学
［学校法人 長野家政学園］
〒380-0803 長野県長野市三輪9-11-29
TEL 026-241-0308
昭和42年　　　長野女子短期大学が開学

長野県

◇松本大学松商短期大学部
　　［学校法人　松商学園］
　　〒390-1295　長野県松本市新村2095-1
　　TEL 0263-48-7200
　　昭和28年1月　　　松商学園短期大学の設置認可を受ける
　　平成13年10月　　 松本大学松商短期大学部と改称

◇松本短期大学
　　［学校法人　松本学園］
　　〒399-0033　長野県松本市笹賀3118
　　TEL 0263-58-4417
　　昭和47年4月　　　松本短期大学が開学

【高専】

◇長野工業高等専門学校
　　〒381-8550　長野県長野市徳間716
　　TEL 026-295-7003
　　昭和38年4月　　　長野工業高等専門学校が開校

【高校】

◇長野県明科高等学校
　　〒399-7101　長野県安曇野市明科東川手100
　　TEL 0263-62-4388
　　昭和61年4月1日　 長野県明科高等学校が開校

◇長野県赤穂高等学校
　　〒399-4191　長野県駒ヶ根市赤穂11041-4
　　TEL 0265-82-3221
　〈長野県赤穂高等女学校〉
　　明治35年7月22日　村立赤穂染織学校を設置
　　大正2年4月1日　　赤穂女子実業学校と改称
　　昭和18年4月1日　 長野県赤穂高等女学校と改称
　〈長野県赤穂農商学校〉
　　大正6年7月15日　 赤穂村立公民実業学校を設立
　　昭和7年7月14日　 長野県赤穂公民実業学校と改称
　　昭和15年2月22日　長野県赤穂農商学校と改称
　〈統合〉
　　昭和23年3月31日　長野県赤穂農商学校，長野県赤穂高等女学校を統合し
　　　　　　　　　　　長野県赤穂高等学校を設置

◇長野県梓川高等学校
　　〒390-1401　長野県東筑摩郡波田町10000-1
　　TEL 0263-92-2119
　〈長野県梓農業高等学校〉
　　明治43年2月21日　長野県組合立南安南部農蚕学校を創立
　　昭和15年3月31日　長野県南安曇農蚕学校と改称
　　昭和23年4月1日　 長野県梓農業高等学校と改称
　〈長野県東筑摩西部農業高等学校〉
　　明治37年5月　　　農工補習学校を設置
　　昭和9年3月　　　 公立青年学校長野県東筑摩郡波田実科中等学校と改称
　　昭和16年3月12日　長野県東筑摩西部農業学校と改称
　　昭和23年4月1日　 長野県東筑摩西部農業高等学校と改称
　〈統合〉
　　昭和24年4月1日　 長野県梓農業高等学校，長野県東筑摩西部農業高等学校を統合し
　　　　　　　　　　　長野県梓川高等学校と改称

◇長野県阿智高等学校
　　〒395-0301　長野県下伊那郡阿智村春日2840
　　TEL 0265-43-2242
　　昭和26年3月16日　長野県下伊那郡会地村他7ヶ村組合立定時制独立高等学校を設立
　　昭和27年4月1日　 長野県阿智高等学校と改称

◇長野県阿南高等学校
　　〒399-1501　長野県下伊那郡阿南町北条2237
　　TEL 0260-22-2052
　　昭和25年3月3日　 下伊那阿南高等学校を設置
　　昭和33年4月1日　 長野県阿南高等学校と改称

◇長野県飯田長姫高等学校
　　〒395-0804　長野県飯田市鼎名古熊2535-2
　　TEL 0265-22-7117
　　大正10年5月　　　飯田町立長野県飯田職業学校が開校
　　大正11年4月　　　飯田町立飯田商業学校と改称
　　昭和12年4月　　　飯田市立飯田商業学校と改称
　　昭和14年4月　　　長野県飯田商業学校と改称
　　昭和19年4月　　　長野県商工高等学校と改称
　　昭和23年4月　　　長野県実業高等学校と改称
　　昭和25年5月　　　長野県飯田長姫高等学校と改称

◇長野県飯田工業高等学校
　　〒395-0001　長野県飯田市座光寺3349-1
　　TEL 0265-22-1118
　　昭和21年12月24日　下伊那郡上郷村立上郷農工技術学校を創立
　　昭和23年4月30日　上郷村立農工技術学校を設置
　　昭和31年2月1日　 組合立長野県飯田工業高等学校を設置
　　昭和34年4月1日　 長野県飯田工業高等学校と改称

◇長野県飯田高等学校
　　〒395-0004　長野県飯田市上郷黒田450
　　TEL 0265-22-4500
　　明治15年6月　　　郡立下伊那郡中学校が開校
　　明治17年8月　　　長野県中学校飯田支校と改称
　　明治32年4月　　　長野県松本中学校飯田支校と改称
　　明治33年4月　　　長野県飯田中学校と改称
　　昭和23年4月　　　長野県飯田東高等学校と改称
　　昭和24年5月　　　長野県飯田高松高等学校と改称
　　昭和33年4月　　　長野県飯田高等学校と改称

◇飯田女子高等学校
　　［学校法人　高松学園］
　　〒395-8528　長野県飯田市上郷飯沼3135-3
　　TEL 0265-22-1386
　　昭和34年　　　　　飯田女子高等学校が開校

◇長野県飯田風越高等学校
　　〒395-8543　長野県飯田市上郷黒田6462
　　TEL 0265-22-1515
　〈長野県飯田西高等学校〉
　　明治34年4月　　　下伊那郡立下伊那高等女学校として開校
　　明治42年4月　　　長野県立飯田高等女学校と改称
　　大正9年4月　　　 長野県飯田高等女学校と改称
　　昭和23年4月　　　長野県飯田西高等学校と改称
　〈長野県飯田北高等学校〉
　　大正10年4月　　　飯田町立飯田職業学校として開校
　　大正11年4月　　　飯田町立飯田実科高等女学校が女子部独立により発足

| | | | | |
|---|---|---|---|---|
| 昭和18年4月 | 飯田市立高等女学校と改称 | | 大正9年 | 長野県伊那高等女学校と改称 |
| 昭和23年4月 | 飯田市立高等学校と改称 | | 昭和23年 | 長野県伊那南高等学校と改称 |
| 昭和24年4月 | 長野県飯田北高等学校と改称 | | 〈長野県伊那東高等学校〉 | |
| 〈統合〉 | | | 昭和17年 | 長野県町立伊那高等家政女学校を設立 |
| 昭和24年4月 | 長野県飯田西高等学校, 長野県飯田北高等学校を統合し長野県飯田風越高等学校を発足 | | 昭和18年 | 長野県伊那町立高等女学校と改称 |
| | | | 昭和23年 | 長野県伊那東高等学校と改称 |

◇長野県**飯山北**高等学校
　〒389-2253　長野県飯山市飯山2610
　TEL 0269-62-4175

| | |
|---|---|
| 明治36年4月 | 長野県立長野中学校飯山分校が開校 |
| 明治39年4月 | 長野県立飯山中学校として独立 |
| 大正9年4月1日 | 長野県飯山中学校と改称 |
| 昭和23年4月1日 | 長野県飯山北高等学校と改称 |

◇長野県**飯山照丘**高等学校
　〒389-2413　長野県飯山市照里808
　TEL 0269-65-2058

| | |
|---|---|
| 昭和36年4月1日 | 長野県飯山南高等学校照丘分校（定時制課程）を設置 |
| 昭和37年4月1日 | 長野県飯山南高等学校豊田分校を統合 |
| 昭和49年1月1日 | 長野県飯山南高等学校照丘分校が独立し長野県飯山照丘高等学校を設置 |

◇長野県**飯山南**高等学校
　〒389-2255　長野県飯山市静間1088
　TEL 0269-62-4125

| | |
|---|---|
| 大正10年 | 郡立下水内高等女学校として開校 |
| 大正11年 | 県立飯山高等女学校と改称 |
| 昭和23年 | 長野県立飯山南高等学校と改称 |

◇長野県**池田工業**高等学校
　〒399-8601　長野県北安曇郡池田町池田2524
　TEL 0261-62-3124

| | |
|---|---|
| 大正10年 | 池田実業補習学校を創立 |
| 大正14年 | 組合立池田実科中等学校と改称 |
| 昭和15年 | 北安曇農学校と改称 |
| 昭和23年 | 北安曇農業高等学校と改称 |
| 昭和38年4月1日 | 長野県池田工業高等学校と改称 |

◇長野県**伊那北**高等学校
　〒396-8558　長野県伊那市伊那2165
　TEL 0265-72-2221

| | |
|---|---|
| 大正8年12月 | 長野県伊那中学校を設置 |
| 昭和23年4月 | 長野県伊那北高等学校が開校 |

◇**伊那西**高等学校
　［学校法人 高松学園］
　〒399-4493　長野県伊那市西春近4851
　TEL 0265-72-4091

| | |
|---|---|
| 昭和41年 | 伊那女子高等学校を学校法人信州学園が設立 |
| 昭和59年9月 | 伊那女子高等学校が閉校 |
| 昭和60年4月 | 伊那西高等学校を学校法人高松学園が設立 |

◇長野県**伊那弥生ヶ丘**高等学校
　〒396-0021　長野県伊那市伊那5703
　TEL 0265-72-6118
〈長野県伊那南高等学校〉

| | |
|---|---|
| 明治44年 | 長野県町立実科女学校を設置 |

| | |
|---|---|
| 〈統合〉 | |
| 昭和24年 | 長野県伊那南高等学校, 長野県伊那東高等学校が統合し長野県伊那弥生ヶ丘高等学校と改称 |

◇長野県**岩村田**高等学校
　〒385-0022　長野県佐久市岩村田1248-1
　TEL 0267-67-2439
〈長野県岩村田城戸ヶ丘高等学校〉

| | |
|---|---|
| 大正8年4月 | 岩村田町立岩村田実科女学校を設立 |
| 昭和4年4月 | 岩村田町立岩村田高等女学校と改称 |
| 昭和23年4月 | 長野県岩村田城戸ヶ丘高等学校と改称 |

〈長野県岩村田高等学校〉

| | |
|---|---|
| 大正13年4月 | 岩村田町立岩村田中学校を設立 |
| 昭和23年4月 | 長野県岩村田高等学校と改称 |

〈統合〉

| | |
|---|---|
| 昭和24年4月 | 長野県岩村田高等学校, 長野県城戸ヶ丘高等学校と統合し長野県岩村田高等学校と改称 |

◇長野県**上田**高等学校
　〒386-8715　長野県上田市大手1-4-32
　TEL 0268-22-0002

| | |
|---|---|
| 明治8年7月 | 第十六中学区予科学校を設立 |
| 明治11年6月 | 上田町立上田変則中学校を設立 |
| 明治15年4月 | 郡立小県中学校を設立 |
| 明治17年8月 | 郡立小県中学校を廃校 |
| 明治17年9月 | 長野県立長野中学校を設立 |
| 明治19年7月 | 長野県立長野中学校を長野県尋常中学校に合併 |
| 明治26年4月 | 長野県尋常中学校上田支校を開校 |
| 明治32年4月 | 長野県中学校上田支校と改称 |
| 明治33年4月 | 長野県上田中学校として独立 |
| 昭和23年4月 | 長野県上田松尾高等学校として学制改革により発足 |
| 昭和33年4月 | 長野県上田高等学校と改称 |

◇長野県**上田染谷丘**高等学校
　〒386-8685　長野県上田市西丘1710
　TEL 0268-22-0435

| | |
|---|---|
| 明治34年7月 | 小県郡立上田高等女学校として開校 |
| 大正9年4月 | 長野県上田高等女学校と改称 |
| 昭和23年4月 | 長野県上田染谷丘高等学校と改称 |

◇長野県**上田千曲**高等学校
　〒386-8585　長野県上田市中之条626
　TEL 0268-22-7070
〈長野県上田市立高等女学校〉

| | |
|---|---|
| 大正6年 | 町立上田女子実業補習学校を創立 |
| 大正9年 | 長野県上田実科高等女学校と改称 |
| 昭和18年 | 長野県上田市立高等女学校と改称 |

〈上田市立商工学校〉

長野県

| 昭和17年 | 上田市立商工学校を設置 |
|---|---|
| 〈統合〉 | |
| 昭和23年 | 長野県上田市立高等女学校、上田市立商工学校を統合し上田市立高等学校と改称 |
| 昭和24年 | 長野県上田千曲高等学校と改称 |

◇上田西高等学校
　[学校法人 上田学園]
　〒386-8624 長野県上田市下塩尻868
　TEL 0268-22-0412

| 昭和35年2月 | 上田城南高等学校を設置 |
|---|---|
| 昭和61年11月 | 上田西高等学校と改称 |

◇長野県上田東高等学校
　〒386-8683 長野県上田市常田3-5-68
　TEL 0268-22-0101

| 明治25年5月10日 | 小県蚕業学校が上田町丸堀の民家を校舎にして開校 |
|---|---|
| 明治34年4月1日 | 長野県甲種小県蚕業学校と改称 |
| 大正11年4月1日 | 長野県小県蚕業学校と改称 |
| 昭和21年4月1日 | 長野県上田農学校と改称 |
| 昭和23年4月1日 | 長野県小県蚕業高等学校を設置 |
| 昭和37年4月1日 | 長野県上田東高等学校と改称 |

◇長野県臼田高等学校
　〒384-0301 長野県佐久市臼田751
　TEL 0267-82-2035

| 昭和24年4月 | 臼田実科高等女学校を長野県臼田高等学校と改称 |
|---|---|
| 昭和24年4月 | 長野県南佐久農業高等学校と統合 |

〈長野県南佐久農業高等学校〉
| 明治40年4月 | 南佐久郡立乙種農業学校が開校 |
|---|---|
| 昭和23年4月 | 南佐久郡立農学校、長野県南佐久農学校、長野県南佐久農蚕学校を経て長野県南佐久農業高等学校と改称 |

◇エクセラン高等学校
　[学校法人 松本昭和学園]
　〒390-0221 長野県松本市里山辺4202
　TEL 0263-32-3701

| 昭和27年4月15日 | 長野県公認文化華道学院を創立 |
|---|---|
| 昭和28年6月2日 | 松本高等家政学校と改称 |
| 昭和35年4月1日 | 昭和高等実業学校と改称 |
| 昭和43年12月6日 | 昭和園芸高等学校を設置 |
| 平成11年4月1日 | エクセラン高等学校と改称 |

◇長野県大町北高等学校
　〒398-0002 長野県大町市大町4330
　TEL 0261-22-0149

| 明治45年4月8日 | 長野県町立大町実科高等女学校が開校 |
|---|---|
| 大正9年4月8日 | 長野県北安曇郡大町高等女学校と改称 |
| 大正11年4月1日 | 長野県大町高等女学校と改称 |
| 昭和23年4月1日 | 長野県大町北高等学校と改称 |

◇長野県大町高等学校
　〒398-0002 長野県大町市大町3691-2
　TEL 0261-22-0024

| 明治34年 | 長野県立松本中学校大町分校として開校 |
|---|---|
| 明治37年4月1日 | 長野県立大町中学校として独立 |
| 大正9年4月1日 | 長野県大町中学校と改称 |
| 昭和23年4月1日 | 長野県大町南高等学校と改称 |
| 昭和34年4月1日 | 長野県大町高等学校と改称 |

◇長野県岡谷工業高等学校
　〒394-0004 長野県岡谷市神明町2-10-3
　TEL 0266-22-2847

| 明治45年3月 | 平野農蚕学校が開校 |
|---|---|
| 大正8年3月 | 平野蚕糸学校と改称 |
| 大正9年3月 | 諏訪蚕糸学校と改称 |
| 大正11年4月 | 長野県諏訪蚕糸学校と改称 |
| 昭和13年4月 | 長野県岡谷工業学校と改称 |
| 昭和23年4月 | 長野県岡谷工業高等学校と改称 |

◇長野県岡谷東高等学校
　〒394-0033 長野県岡谷市南宮2-1-17
　TEL 0266-23-3161

| 明治45年4月11日 | 諏訪郡平野村立農蚕学校が開校 |
|---|---|
| 大正4年10月25日 | 平野農蚕学校女子部を廃止し諏訪郡村立平野実科高等女学校を設立 |
| 大正9年6月21日 | 諏訪郡平野高等女学校と改称 |
| 大正15年4月 | 長野県平野高等女学校と改称 |
| 昭和4年4月 | 長野県諏訪第二高等女学校と改称 |
| 昭和11年8月 | 長野県岡谷高等女学校と改称 |
| 昭和23年4月 | 長野県岡谷東高等学校と改称 |

◇長野県岡谷南高等学校
　〒394-0034 長野県岡谷市湖畔3-3-30
　TEL 0266-23-2355

| 昭和16年4月 | 岡谷市立岡谷中学校が開校 |
|---|---|
| 昭和23年4月 | 長野県岡谷南高等学校と改称 |

◇長野県上伊那農業高等学校
　〒399-4594 長野県上伊那郡南箕輪村9110
　TEL 0265-72-5281

| 明治28年3月19日 | 郡立上伊那簡易農学校を設置 |
|---|---|
| 明治32年4月1日 | 郡立上伊那甲種農学校と改称 |
| 明治44年11月17日 | 長野県立上伊那農学校と改称 |
| 昭和23年4月9日 | 長野県上伊那農業高等学校と改称 |

◇長野県軽井沢高等学校
　〒389-0102 長野県北佐久郡軽井沢町軽井沢1323-43
　TEL 0267-42-2390

| 昭和18年4月 | 軽井沢町立軽井沢高等女学校が開校 |
|---|---|
| 昭和19年4月 | 長野県軽井沢高等女学校と改称 |
| 昭和23年4月 | 長野県軽井沢高等学校と改称 |

◇長野県木曽高等学校
　〒397-5871 長野県木曽郡木曽町福島1827-2
　TEL 0264-22-2119

〈長野県木曽東高等学校〉
| 大正12年 | 福島町立木曽福島実科高等女学校を創立 |
|---|---|
| 大正14年4月 | 長野県木曽高等女学校と改称 |
| 昭和23年4月1日 | 長野県木曽東高等学校と改称 |

〈長野県木曽西高等学校〉
| 大正12年4月1日 | 長野県木曽中学校が開校 |
|---|---|
| 昭和23年4月1日 | 長野県木曽西高等学校と改称 |

〈統合〉
| 昭和57年4月5日 | 長野県木曽西高等学校、長野県木曽東高等学校が統合し長野県木曽高等学校と改称 |
|---|---|
| 平成19年 | 長野県木曽山林高等学校と統合し新校開校予定 |

◇長野県木曽山林高等学校
　〒397-8567 長野県木曽郡木曽町新開4236
　TEL 0264-22-2007
　明治34年5月15日　　郡立木曽山林学校が開校
　明治44年11月　　　　長野県立木曽山林学校と改称
　大正9年4月23日　　　長野県木曽山林学校と改称
　昭和23年4月1日　　　長野県木曽山林高等学校と改称
　平成19年　　　　　　長野県木曽高等学校と統合し新校開校予定

◇長野県北佐久農業高等学校
　〒385-0022 長野県佐久市岩村田991
　TEL 0267-67-4010
　明治34年3月1日　　　岩村田実業補修学校が開校
　明治35年8月5日　　　岩村田町立乙種農業学校を設立
　明治44年4月1日　　　長野県北佐久郡立岩村田農学校と改称
　大正9年1月16日　　　長野県北佐久農学校と改称
　昭和23年4月1日　　　長野県北佐久農業高等学校を設置

◇長野県小海高等学校
　〒384-1105 長野県南佐久郡小海町千代里1006-2
　TEL 0267-92-2063
　明治40年4月4日　　　南佐久郡農学校臼南分校を設置
　明治44年4月1日　　　南佐久郡立農学校小海分校と改称
　大正7年9月20日　　　南佐久郡立農学校北牧分校と改称
　大正12年3月31日　　長野県南佐久農林学校と改称
　昭和23年4月1日　　　長野県南佐久実業高等学校と改称
　昭和50年4月1日　　　長野県小海高等学校と改称

◇長野県駒ヶ根工業高等学校
　〒399-4117 長野県駒ヶ根市赤穂14-2
　TEL 0265-82-5251
　昭和17年　　　　　　赤穂農商学校福岡農場として発足
　昭和23年3月　　　　 長野県赤穂高等学校を設置
　昭和39年3月　　　　 長野県赤穂高等学校から独立し長野県駒ヶ根工業高等学校と改称

◇長野県小諸高等学校
　〒384-0801 長野県小諸市甲大畑4081-4
　TEL 0267-22-0216
　明治39年4月　　　　 町立小諸商工学校を設置
　明治44年4月1日　　　北佐久郡商工学校と改称
　大正15年3月31日　　長野県小諸高等女学校と改称
　昭和23年4月1日　　　長野県小諸高等学校と改称

◇長野県小諸商業高等学校
　〒384-0802 長野県小諸市乙上野323-2
　TEL 0267-22-0103
　明治39年4月10日　　長野県小諸町立小諸商工学校が開校
　明治44年4月　　　　 北佐久郡小諸商工学校と改称
　大正8年12月　　　　 長野県北佐久郡立小諸商業学校と改称
　大正9年3月　　　　　長野県小諸商業学校と改称
　昭和19年4月　　　　 長野県小諸工業学校と改称
　昭和23年4月　　　　 長野県小諸実業高等学校と改称
　昭和30年4月　　　　 長野県小諸商業高等学校と改称

◇長野県犀峡高等学校
　〒381-2413 長野県上水内郡信州新町下市場70
　TEL 026-262-2044
　大正10年　　　　　　牧郷教員養成所として創立
　昭和24年　　　　　　長野県犀峡高等学校と改称

◇長野県坂城高等学校
　〒389-0601 長野県埴科郡坂城町坂城6727
　TEL 0268-82-2112
　明治43年4月　　　　 長野県組合立埴南農蚕学校を設立
　昭和23年　　　　　　長野県坂城農業高等学校と改称
　昭和26年　　　　　　長野県坂城高等学校と改称

◇佐久長聖高等学校
　［学校法人 聖啓学園］
　〒385-8588 長野県佐久市岩村田951
　TEL 0267-68-5588
　昭和39年　　　　　　佐久高等学校が開校
　平成7年　　　　　　 佐久長聖高等学校と改称

◇長野市立皐月高等学校
　〒381-0041 長野県長野市徳間1133
　TEL 026-296-1241
　〈長野市立高等学校〉
　大正8年3月31日　　　市立長野実科高等女学校として開校
　大正12年3月31日　　長野県長野実科高等女学校と改称
　昭和18年4月1日　　　長野市立高等女学校と改称
　昭和23年4月1日　　　市立中学校と統合し長野市立高等学校と改称
　〈長野市立第二高等学校〉
　昭和39年6月24日　　長野市立第二高等学校が開校
　〈統合〉
　昭和43年4月1日　　　長野市立高等学校，長野市立第二高等学校と統合し長野市立皐月高等学校と改称

◇長野県更級農業高等学校
　〒388-8007 長野県長野市篠ノ井布施高田200
　TEL 026-292-0037
　明治40年4月1日　　　更級郡立農学校が開校
　大正9年4月1日　　　 長野県更級農学校と改称
　昭和11年4月1日　　　長野県更級農業拓殖学校と改称
　昭和21年4月1日　　　長野県更級農業学校と変更
　昭和23年4月1日　　　長野県更級農業高等学校と改称

◇長野県塩尻志学館高等学校
　〒399-0703 長野県塩尻市広丘高出4-4
　TEL 0263-52-0015
　〈長野県東筑摩農業高等学校〉
　明治43年　　　　　　東筑摩郡立南部乙種農学校を設置
　明治44年　　　　　　東筑摩郡立南部農学校と改称
　大正3年　　　　　　 東筑摩郡立農学校と改称
　大正11年　　　　　　長野県東筑摩農学校と改称
　昭和23年　　　　　　長野県東筑摩農業高等学校と改称
　〈長野県塩尻高等学校〉
　昭和3年　　　　　　 町立長野県塩尻実科女学校が開校
　昭和23年　　　　　　長野県塩尻高等学校に統合される
　〈統合〉
　昭和24年　　　　　　長野県塩尻高等学校，長野県東筑摩農業高等学校が統合し長野県桔梗ヶ原高等学校と改称
　昭和40年　　　　　　長野県塩尻高等学校と改称
　平成12年　　　　　　長野県塩尻志学館高等学校と改称

◇信濃むつみ高等学校
　［学校法人 外語学園］
　〒390-0832 長野県松本市南松本1-13-26
　TEL 0263-27-3700
　平成14年10月31日　　信濃むつみ高等学校が開校

長野県

◇長野県**篠ノ井**高等学校
　〒388-8007 長野県長野市篠ノ井布施高田1161-2
　TEL 026-292-0066
　大正12年4月8日　　長野県更級高等女学校が開校
　大正14年4月1日　　長野県篠ノ井高等女学校と改称
　昭和23年3月31日　　長野県篠ノ井高等女学校を自然廃校
　昭和23年4月1日　　長野県篠ノ井高等学校を設置

◇長野県**下伊那農業**高等学校
　〒395-0804 長野県飯田市鼎名古熊2366-4
　TEL 0265-22-5550
　大正9年5月22日　　郡立長野県下伊那農学校が開校
　昭和23年4月　　長野県下伊那農業高等学校と改称

◇長野県**下諏訪向陽**高等学校
　〒393-0021 長野県諏訪郡下諏訪町7401
　TEL 0266-28-7582
　昭和55年5月　　長野県下諏訪向陽高等学校が開校

◇長野県**下高井農林**高等学校
　〒389-2301 長野県下高井郡木島平村穂高2975
　TEL 0269-82-3115
　明治39年　　郡立乙種農林学校を設置
　大正9年　　長野県下高井農林学校と改称
　昭和23年　　長野県下高井農林高等学校と改称

◇長野県**須坂園芸**高等学校
　〒382-0097 長野県須坂市須坂1616
　TEL 026-245-0130
　大正9年5月22日　　長野県上高井郡農学校と改称
　昭和2年3月26日　　長野県上高井郡蚕業学校と改称
　昭和15年4月1日　　長野県上高井農学校と改称
　昭和23年4月1日　　長野県須坂農業高等学校と改称
　昭和33年4月1日　　長野県須坂園芸高等学校と改称

◇長野県**須坂**高等学校
　〒382-0091 長野県須坂市須坂1518-2
　TEL 026-245-0334
　大正11年10月6日　　長野県上高井中学校が開設認可
　大正14年4月1日　　長野県須坂中学校と改称
　昭和23年4月1日　　長野県須坂西高等学校を設置
　昭和40年4月1日　　長野県須坂高等学校と改称

◇長野県**須坂商業**高等学校
　〒382-0076 長野県須坂市須坂六角堂1150
　TEL 026-245-0421
　大正15年4月　　私立須坂商業学校が開校
　昭和4年12月　　須坂町立須坂商業学校と改称
　昭和19年　　須坂工業学校を併設
　昭和24年4月　　長野県須坂商工高等学校と改称
　昭和26年6月　　長野県須坂商業高等学校と改称

◇長野県**須坂東**高等学校
　〒382-0013 長野県須坂市日滝4-4
　TEL 026-245-0331
　大正7年4月13日　　町立須坂実科高等女学校が開校
　大正9年4月1日　　長野県須坂実科高等女学校と改称
　大正11年4月1日　　長野県須坂高等女学校と改称
　昭和23年4月1日　　長野県須坂東高等学校と改称

◇長野県**諏訪実業**高等学校
　〒392-0007 長野県諏訪市清水3-3663-3
　TEL 0266-52-0359
　昭和23年　　長野県諏訪商業学校, 長野県諏訪女子商業学校, 長野県諏訪市立高等学校が統合し諏訪市立長野県諏訪実業高等学校を設置
　昭和24年　　長野県諏訪実業高等学校と改称

◇長野県**諏訪清陵**高等学校
　〒392-8548 長野県諏訪市清水1-10-1
　TEL 0266-52-0201
　明治28年4月　　諏訪郡立実科中学校が創設
　明治34年4月　　長野県立諏訪中学校と改称
　大正9年4月　　長野県諏訪中学校と改称
　昭和23年　　長野県諏訪清陵高等学校と改称

◇長野県**諏訪二葉**高等学校
　〒392-8549 長野県諏訪市岡村2-13-28
　TEL 0266-52-4628
　明治34年　　諏訪補習女学校が開設
　明治41年　　長野県上諏訪町立諏訪高等女学校と改称
　大正6年　　長野県立諏訪高等女学校と改称
　大正9年　　長野県諏訪高等女学校と改称
　昭和23年　　長野県諏訪二葉高等学校が発足

◇**創造学園大学附属**高等学校
　［学校法人 創造学園］
　〒390-0847 長野県松本市笹部2-1-6
　TEL 0263-25-4113
　昭和20年8月　　白菊高等洋裁学校を塚原善兵衛が設立
　昭和30年2月　　松本女専高等学校と改称
　昭和33年11月　　塚原高等学校と改称
　昭和59年4月　　青雲高等学校と改称
　昭和63年4月　　塚原青雲高等学校と改称
　平成17年1月　　創造学園大学附属高等学校と改称

◇長野県**蘇南**高等学校
　〒399-5301 長野県木曽郡南木曽町読書2937-45
　TEL 0264-57-2063
　昭和28年4月15日　　長野県蘇南高等学校が開校

◇長野県**高遠**高等学校
　〒396-0293 長野県伊那市高遠町小原824
　TEL 0265-94-2130
　大正15年4月　　町立高遠実業補習学校本科を開校
　昭和10年9月　　町立高遠拓殖青年学校と改称
　昭和23年4月　　町立高遠高等学校を開校
　昭和23年12月　　組合立高遠高等学校と改称
　昭和24年4月　　長野県高遠高等学校と改称

◇長野県**田川**高等学校
　〒399-0701 長野県塩尻市広丘吉田2645
　TEL 0263-86-3000
　昭和57年11月　　長野県田川高等学校が開校

◇長野県**辰野**高等学校
　〒399-0428 長野県上伊那郡辰野町伊那富3644-2
　TEL 0266-41-0770
〈長野県辰野実業高等学校〉
　大正元年9月27日　　長野県上伊那郡組合立伊北農蚕学校の設立が認可
　大正10年5月6日　　長野県上伊那郡伊北農商学校と改称
　昭和23年3月27日　　長野県辰野実業高等学校と改称
〈長野県辰野町立辰野高等学校〉

| | | |
|---|---|---|
| 昭和14年4月1日 | | 長野県伊那富実科高等女学校が開校 |
| 昭和18年3月31日 | | 長野県伊那富高等女学校と改称 |
| 昭和22年3月31日 | | 長野県辰野高等女学校と改称 |
| 昭和23年3月31日 | | 長野県辰野町立辰野高等学校と改称 |
| 〈統合〉 | | |
| 昭和24年3月31日 | | 長野県辰野実業高等学校, 長野県辰野町立辰野高等学校と合併 |
| 昭和24年5月19日 | | 長野県辰野高等学校と改称 |

◇長野県**蓼科**高等学校
〒384-2305 長野県北佐久郡立科町芦田3652
TEL 0267-56-1015

| | |
|---|---|
| 明治33年10月16日 | 芦田村ほか2か村学校組合立蓼科実業補習学校が開校 |
| 明治44年4月1日 | 北佐久郡立蓼科乙種農学校と改称 |
| 大正6年10月16日 | 長野県北佐久郡立蓼科農学校と改称 |
| 大正11年4月27日 | 長野県蓼科農学校と改称 |
| 昭和23年3月31日 | 長野県蓼科高等学校が開校 |

◇**地球環境**高等学校
［学校法人 吉沢学園］
〒385-0051 長野県佐久市大字中込平尾道2923-1
TEL 0267-63-1411

| | |
|---|---|
| 平成14年4月1日 | 地球環境高等学校が開校 |

◇長野県**茅野**高等学校
〒391-8511 長野県茅野市宮川11395
TEL 0266-72-3175

| | |
|---|---|
| 昭和17年4月1日 | 永明村立長野県永明高等家政女学校が開校 |
| 昭和18年4月1日 | 長野県永明高等女学校と改称 |
| 昭和23年4月1日 | 永明村外7か村学校組合立長野県永明高等学校が開設 |
| 昭和34年4月1日 | 長野県茅野高等学校と改称 |

◇**東海大学付属第三**高等学校
［学校法人 東海大学］
〒391-8512 長野県茅野市玉川675
TEL 0266-72-3147

| | |
|---|---|
| 昭和38年4月 | 東海大学第三高等学校が開校 |
| 平成16年4月 | 東海大学付属第三高等学校と改称 |

◇長野県**豊科**高等学校
〒399-8205 長野県安曇野市豊科2341
TEL 0263-72-2151

| | |
|---|---|
| 大正12年 | 長野県豊科高等女学校を創立 |
| 昭和23年 | 長野県豊科高等学校と改称 |

◇長野県**中条**高等学校
〒381-3203 長野県上水内郡中条村中条2378-1
TEL 026-268-3026

| | |
|---|---|
| 明治41年 | 上水内郡栄村外6カ村学校組合立西部農学校を設立 |
| 大正9年 | 長野県上水内郡西部農学校と改称 |
| 昭和18年 | 長野県中条農学校と改称 |
| 昭和23年 | 長野県中条高等学校と改称 |

◇長野県**東部**高等学校
〒389-0517 長野県東御市県276
TEL 0268-62-0014

| | |
|---|---|
| 大正12年4月16日 | 小県郡東部実科中等学校が開校 |
| 昭和15年3月30日 | 長野県小県農学校と改称 |
| 昭和24年4月1日 | 長野県小県農業高等学校と改称 |
| 昭和59年4月1日 | 長野県東部高等学校と改称 |

◇長野県**北部**高等学校
〒389-1206 長野県上水内郡飯綱町普光寺156
TEL 026-253-2030

| | |
|---|---|
| 明治42年5月11日 | 上水内郡組合立北部農学校が開校 |
| 昭和11年 | 長野県上水内郡北部農学校と改称 |
| 昭和23年4月1日 | 長野県上水内郡北部農業高等学校と改称 |
| 昭和26年 | 長野県上水内郡北部高等学校と改称 |
| 昭和62年4月1日 | 長野県北部高等学校と改称 |

◇長野県**長野工業**高等学校
〒380-0948 長野県長野市差出南3-9-1
TEL 026-227-8555

| | |
|---|---|
| 大正7年4月 | 長野県立工業学校を開校 |
| 大正9年4月 | 長野県長野工業学校と改称 |
| 昭和23年4月 | 長野県長野工業高等学校と改称 |

◇長野県**中野**高等学校
〒383-8506 長野県中野市小舘6　TEL 0269-22-2197

| | |
|---|---|
| 明治44年4月 | 町立中野実科高等女学校を設置 |
| 大正12年4月 | 下高井郡町村組合立長野県下高井高等女学校と改称 |
| 大正15年4月 | 長野県中野高等女学校と改称 |
| 昭和23年4月 | 長野県中野高等学校を設置 |

◇長野県**長野**高等学校
〒380-8515 長野県長野市上松1-16-12
TEL 026-234-1215

| | |
|---|---|
| 明治17年7月 | 長野県中学校を設置 |
| 明治19年 | 長野県尋常中学校と改称 |
| 明治32年4月 | 長野県立長野中学校と改称 |
| 大正9年4月 | 長野県長野中学校と改称 |
| 昭和23年4月 | 長野県長野北高等学校を設置 |
| 昭和32年4月 | 長野県長野高等学校と改称 |

◇長野県**中野実業**高等学校
〒383-8567 長野県中野市三好町2-1-53
TEL 0269-22-2141

| | |
|---|---|
| 明治39年4月26日 | 長野県下高井郡立乙種農蚕学校を設置 |
| 明治42年4月 | 下高井農蚕学校と改称 |
| 明治44年4月 | 下高井郡立農商学校と改称 |
| 大正9年5月 | 長野県下高井農商学校と改称 |
| 大正13年4月 | 長野県下高井農学校と改称 |
| 昭和16年4月 | 長野県下高井農学校, 長野県立中野商業学校を統合し長野県中野農商学校と改称 |
| 昭和23年4月 | 長野県中野実業高等学校と改称 |

◇**長野俊英**高等学校
［学校法人 篠ノ井学園］
〒388-8006 長野県長野市篠ノ井御弊川1045
TEL 026-292-0726

| | |
|---|---|
| 昭和35年 | 篠ノ井旭高等学校が開校 |
| 平成15年 | 長野俊英高等学校と改称 |

◇長野県**長野商業**高等学校
〒380-0872 長野県長野市妻科243
TEL 026-234-1265

| | |
|---|---|
| 明治33年6月11日 | 長野市立乙種商業学校が開校 |
| 明治34年9月10日 | 長野市立甲種商業学校と改称 |

長野県

| 大正2年3月26日 | 市立長野商業学校と改称 |
| 大正11年4月1日 | 長野県長野商業学校と改称 |
| 昭和23年4月1日 | 長野女子商業学校を併合し長野県長野商業高等学校と改称 |

〈長野女子商業学校〉
| 昭和19年4月6日 | 長野女子商業学校が開校 |

◇**長野女子高等学校**
　［学校法人 長野家政学園］
　〒380-0803 長野県長野市三輪9-11-3
　TEL 026-241-6800
| 大正14年 | 長野和洋裁縫女学校を創設 |
| 昭和23年4月 | 長野高等家政学校と改称 |
| 昭和32年 | 長野女子高等学校と改称 |

◇**長野清泉女学院高等学校**
　［学校法人 清泉女学院］
　〒380-0801 長野県長野市箱清水1-9-19
　TEL 026-234-2301
| 昭和21年 | 清泉寮学院を設立 |
| 昭和24年 | 長野清泉女学院高等学校と改称 |

◇長野県**中野西高等学校**
　〒383-8511 長野県中野市西条544-1
　TEL 0269-22-7611
| 昭和59年5月17日 | 長野県中野西高等学校が開校 |

◇長野県**長野西高等学校**
　〒380-8530 長野県長野市箱清水3-8-5
　TEL 026-234-2261
| 明治29年 | 長野町立長野高等女学校として開校 |
| 明治42年 | 長野県長野高等女学校と改称 |
| 昭和48年 | 長野県長野西高等学校と改称 |

◇**長野日本大学高等学校**
　［学校法人 長野日本大学学園］
　〒381-0038 長野県長野市東和田字中道253-3
　TEL 026-243-1079
| 昭和34年 | 長野中央高等学校が開校 |
| 昭和63年4月1日 | 長野日本大学高等学校と改称 |

◇長野県**長野東高等学校**
　〒381-0022 長野県長野市大豆島2743-1
　TEL 026-221-8111
| 昭和48年12月20日 | 長野県長野東高等学校を設置 |

◇長野県**長野南高等学校**
　〒381-2214 長野県長野市稲里町田牧大北236-2
　TEL 026-284-8850
| 昭和58年5月4日 | 長野県長野南高等学校が開校 |

◇長野県**長野吉田高等学校**
　〒381-8570 長野県長野市吉田2-12-9
　TEL 026-241-6161
| 明治41年4月22日 | 上水内郡組合立東部農学校として設立 |
| 大正12年3月9日 | 長野県上水内農学校と改称 |
| 昭和23年4月1日 | 長野農業高等学校と改称 |
| 昭和31年4月1日 | 長野県長野吉田高等学校と改称 |

◇長野県**野沢北高等学校**
　〒385-0053 長野県佐久市野沢449-2
　TEL 0267-62-0020
| 明治34年4月1日 | 長野県立上田中学校野沢分校として創立 |
| 明治37年4月1日 | 長野県立野沢中学校と改称 |
| 大正9年4月1日 | 長野県野沢中学校と改称 |
| 昭和23年4月1日 | 長野県野沢北高等学校と改称 |

◇長野県**野沢南高等学校**
　〒385-0052 長野県佐久市原86-1
　TEL 0267-62-0064
| 明治44年 | 長野県町立野沢実科高等女学校として開校 |
| 大正7年 | 長野県郡立野沢高等女学校と改称 |
| 大正9年 | 長野県南佐久高等女学校と改称 |
| 大正14年 | 長野県野沢高等女学校と改称 |
| 昭和23年 | 長野県野沢南高等学校と改称 |

◇長野県**白馬高等学校**
　〒399-9301 長野県北安曇郡白馬村北城8800
　TEL 0261-72-2034
| 昭和26年4月 | 組合立独立定時制高等学校として開校 |
| 昭和38年4月1日 | 長野県白馬高等学校と改称 |

◇長野県**富士見高等学校**
　〒399-0211 長野県諏訪郡富士見町富士見3330
　TEL 0266-62-2282
| 昭和2年3月31日 | 長野県諏訪郡南部実科中等学校を設立 |
| 昭和23年4月1日 | 長野県諏訪農業高等学校と改称 |
| 昭和26年4月1日 | 長野県富士見高等学校と改称 |

◇**文化女子大学附属長野高等学校**
　［学校法人 文化長野学園］
　〒380-0915 長野県長野市上千田141
　TEL 026-226-8386
| 昭和6年4月15日 | 長野文化学院を尾崎はつが創立 |
| 昭和33年4月7日 | 長野文化高等学校を設置 |
| 昭和61年2月20日 | 文化女子大学附属長野高等学校と改称 |

◇長野県**穂高商業高等学校**
　〒399-8303 長野県安曇野市穂高6839
　TEL 0263-82-2162
| 大正3年7月 | 長野県学校組合立南安北部農学校を設置 |
| 昭和19年2月 | 長野県穂高農学校と改称 |
| 昭和23年3月 | 長野県穂高農業高等学校を設置 |
| 昭和25年7月 | 長野県穂高高等学校と改称 |
| 昭和46年4月 | 長野県穂高商業高等学校と改称 |

◇長野県**松川高等学校**
　〒399-3301 長野県下伊那郡松川町上片桐919-1
　TEL 0265-37-2011
| 昭和34年 | 塚原学園天竜高等学校が開校 |
| 昭和53年4月1日 | 私立天竜光洋高等学校と改称 |
| 昭和60年4月1日 | 組合立長野県松川高等学校と改称 |
| 昭和62年4月1日 | 長野県松川高等学校と改称 |

◇**松商学園高等学校**
　［学校法人 松商学園］
　〒390-8515 長野県松本市県3-6-1
　TEL 0263-33-1210
| 明治31年8月 | 私立戊戌学会を木沢鶴人が創立 |
| 明治44年10月 | 松本商業学校と改称 |
| 昭和23年3月 | 松商学園高等学校に改称 |

◇長野県**松代高等学校**
　〒381-1232 長野県長野市松代町西条4065

　　　　TEL 026-278-2044
〈長野県松代商業学校〉
　明治39年5月　　　長野県松代町立乙種農業学校を設置
　明治41年4月　　　松代町立乙種農商学校と改称
　大正6年8月　　　　松代実業学校と改称
　大正14年3月　　　甲種松代商業学校（のち：長野県松代商業学校）と改称
〈長野県松代高等女学校〉
　大正9年4月　　　松代実科高等女学校を設置
　昭和3年4月　　　長野県松代高等女学校と改称
　昭和16年5月　　　松代町外6ケ村学校組合立長野県松代高等女学校と改称
　昭和19年2月　　　長野県松代女子商業学校（のち廃止）を設置
〈統合〉
　昭和23年3月　　　長野県松代商業学校，長野県松代高等女学校を統合し
　　　　　　　　　長野県松代高等学校を設置

◇長野県**松本県ヶ丘高等学校**
　〒390-8543　長野県松本市県2-1-1
　TEL 0263-32-1142
　大正12年4月17日　長野県松本第二中学校が開校
　昭和23年4月1日　長野県松本県ヶ丘高等学校と改称

◇長野県**松本蟻ヶ崎高等学校**
　〒390-8605　長野県松本市蟻ケ崎1-1-54
　TEL 0263-32-0005
　明治34年4月13日　松本高等女学校が開校
　明治34年7月26日　長野県立代用松本町立高等女学校と改称
　明治40年5月8日　長野県市立松本高等女学校と改称
　明治42年4月1日　長野県立高等女学校と改称
　大正9年4月1日　長野県松本高等女学校と改称
　昭和23年4月1日　長野県松本蟻ヶ崎高等学校と改称
　昭和24年4月1日　長野県松本真澄高等学校が統合
〈長野県松本真澄高等学校〉
　昭和4年4月1日　長野県松本第二高等女学校が開校
　昭和23年4月1日　長野県松本真澄高等学校と改称

◇長野県**松本工業高等学校**
　〒390-8525　長野県松本市筑摩4-1-11
　TEL 0263-25-1184
　昭和14年2月14日　長野県立松本工業学校を設置
　昭和23年4月1日　長野県松本工業高等学校と改称

◇**松本松南高等学校**
　［学校法人 松本松南高等学校］
　〒390-0813　長野県松本市埋橋2-1-1
　TEL 0263-32-0685
　昭和16年　　　　松本女子実業学校を片倉兼太郎が設立
　昭和23年　　　　松本松南高等学校と改称

◇**松本第一高等学校**
　［学校法人 外語学園］
　〒390-0303　長野県松本市浅間温泉1-4-17
　TEL 0263-46-0555
　昭和35年2月12日　外語学院本郷高等学校を設置
　昭和35年4月1日　本郷高等学校が開校
　昭和59年4月1日　松本第一高等学校と改称

◇長野県**松本筑摩高等学校**
　〒390-8531　長野県松本市島立2237
　TEL 0263-47-1351
　昭和45年4月　　　長野県松本美須々ヶ丘高等学校より定時制課程が独立し
　　　　　　　　　長野県松本筑摩高等学校が発足

◇長野県**松本深志高等学校**
　〒390-8603　長野県松本市蟻ケ崎3-8-1
　TEL 0263-32-0003
　明治9年7月10日　開智学校英学課，松本医学校英学科を前身として
　　　　　　　　　第十七番中学変則学校を設置
　明治10年8月　　　第十七番中学校と改称
　明治13年1月　　　公立松本中学校と改称
　明治16年12月　　　東筑摩中学校と改称
　明治17年9月1日　長野県中学校松本支校と改称
　明治19年9月　　　長野県尋常中学校と改称
　明治32年4月　　　長野県松本中学校と改称
　昭和23年4月　　　長野県松本中学校を廃し
　　　　　　　　　長野県松本深志高等学校が発足

◇長野県**松本美須々ヶ丘高等学校**
　〒390-8602　長野県松本市美須々2-1
　TEL 0263-33-3690
〈長野県松本市立高等女学校〉
　明治42年　　　　長野県市立松本女子職業学校が開校
　昭和15年　　　　長野県松本高等家政女学校と改称
　昭和18年　　　　長野県松本市立高等女学校と改称
〈長野県松本市立中学校〉
　昭和16年　　　　長野県松本市立中学校が開校
〈長野県松本市立女子商業学校〉
　昭和19年　　　　長野県松本市立女子商業学校が開校
〈統合〉
　昭和23年　　　　長野県松本市立高等女学校，長野県松本市立中学校，長野県松本市立女子商業学校を学制改革により合併し
　　　　　　　　　長野県松本市立高等学校として発足
　昭和29年　　　　長野県松本美須々ヶ丘高等学校と改称

◇長野県**丸子実業高等学校**
　〒386-0405　長野県上田市中丸子810-2
　TEL 0268-42-2827
　明治45年4月　　　長野県小県郡組合立丸子農商学校が開校
　大正11年4月1日　長野県丸子農商学校と改称
　昭和23年4月1日　長野県丸子実業高等学校と改称
　昭和24年4月1日　長野県丸子高等学校と統合
〈長野県丸子高等学校〉
　大正14年4月　　　丸子実科高等女学校が開校
　昭和18年4月1日　長野県丸子高等女学校と改称
　昭和23年4月1日　長野県丸子高等学校と改称

◇長野県**南安曇農業高等学校**
　〒399-8205　長野県安曇野市豊科4537
　TEL 0263-72-2139
　大正9年4月15日　長野県南安曇農学校が開校
　昭和23年4月1日　長野県南安曇農業高等学校と改称

◇長野県**箕輪工業高等学校**
　〒399-4601　長野県上伊那郡箕輪町中箕輪13238

# 岐阜県

## 【大学】

◇朝日大学
　［学校法人 朝日大学］
　〒501-0296 岐阜県瑞穂市穂積1851-1
　TEL 058-329-1111
　昭和46年4月　　岐阜歯科大学が開設
　昭和60年4月　　朝日大学と改称

◇岐阜経済大学
　［学校法人 岐阜経済大学］
　〒503-8550 岐阜県大垣市北方町5-50
　TEL 0584-77-3511
　昭和42年4月　　岐阜経済大学が開学

◇岐阜県立看護大学
　〒501-6295 岐阜県羽島市江吉良町3047-1
　TEL 058-397-2300
　平成12年　　　岐阜県立看護大学が開学

◇岐阜聖徳学園大学
　［学校法人 聖徳学園］
　〒501-6194 岐阜県岐阜市柳津町高桑西1-1
　TEL 058-279-0804
　昭和47年4月　　聖徳学園岐阜教育大学を開学
　平成10年4月　　岐阜聖徳学園大学と改称

◇岐阜女子大学
　［学校法人 杉山女子学園］
　〒501-2592 岐阜県岐阜市太郎丸80
　TEL 058-229-2211
　昭和43年　　　岐阜女子大学を開学

◇岐阜大学
　〒501-1193 岐阜県岐阜市柳戸1-1
　TEL 058-230-1111
〈岐阜県師範学校〉
　明治6年12月　　師範研修学校を設立
　明治8年　　　　岐阜県師範学校と改称
　明治13年9月　　岐阜県華陽学校と改称
　明治19年12月　 岐阜県尋常師範学校と改称
　明治31年4月　　岐阜県師範学校と改称
　明治44年4月　　岐阜県女子師範学校と改称
　昭和18年　　　 岐阜県師範学校と改称
〈岐阜青年師範学校〉
　大正11年4月　　岐阜県実業補習学校教員養成所を設立
　昭和4年4月　　 岐阜県実業学校教員養成所と改称
　昭和10年1月　　岐阜県青年学校教員養成所と改称
　昭和19年4月　　岐阜青年師範学校と改称
〈岐阜県立医科大学〉
　明治8年8月　　 岐阜県公立病院附属医学校を設立
　明治13年3月　　岐阜県医学校と改称
　明治19年7月　　岐阜県医学校を廃校
　明治33年4月　　私立医学講習所を設立
　明治36年3月　　私立医学講習所を廃校
　昭和19年4月　　岐阜県立女子医学専門学校を設立
　昭和22年6月　　岐阜県立医科大学と改称
　昭和24年4月　　岐阜医工科大学医学部と改称
　昭和25年4月　　岐阜県立大学医学部と改称
　昭和29年5月　　岐阜県立医科大学と改称

---

　TEL 0265-79-2140
〈中箕輪青年学校〉
　明治35年12月1日　補習学校を設置
　明治41年4月1日　 中箕輪農工補習学校を設置
　大正9年4月1日　　中箕輪実業補習学校と改称
　昭和10年9月1日　 中箕輪青年学校と改称
〈長野県中箕輪高等女学校〉
　昭和17年2月9日　 中箕輪青年学校の女子部が独立し中箕輪実科女学校を設置
　昭和18年4月1日　 長野県中箕輪高等女学校と改称
〈統合〉
　昭和23年3月31日　中箕輪青年学校，長野県中箕輪高等女学校が統合し
　　　　　　　　　　中箕輪・東箕輪・箕輪・西箕輪・南箕輪5ヵ村学校組合長野県中箕輪高等学校を設立
　昭和35年4月1日　 長野県箕輪高等学校と改称
　昭和39年3月11日　長野県箕輪工業高等学校と改称

◇武蔵工業大学第二高等学校
　［学校法人 五島育英会］
　〒399-0703 長野県塩尻市広丘高出2081
　TEL 0263-52-0645
　昭和31年9月17日　信州電波専門学校を設置
　昭和36年4月15日　武蔵工業大学付属信州工業高等学校を設置
　平成13年4月1日　 武蔵工業大学第二高等学校と改称

◇長野県望月高等学校
　〒384-2202 長野県佐久市望月276-1
　TEL 0267-53-2100
〈長野県望月高等学校〉
　大正15年　　　　長野県望月実科高等女学校を設置
　昭和6年　　　　 長野県望月高等女学校と改称
　昭和23年　　　　長野県望月高等学校を設置
　昭和24年　　　　長野県川西高等学校と統合
〈長野県川西高等学校〉
　昭和23年　　　　長野県川西高等学校を設置

◇長野県屋代高等学校
　〒387-8501 長野県千曲市屋代1000
　TEL 026-272-0069
　大正12年4月　　 長野県埴科中学校が開校
　大正14年　　　　長野県屋代中学校と改称
　昭和23年　　　　長野県屋代東高等学校と改称
　昭和38年4月　　 長野県屋代高等学校と改称

◇長野県屋代南高等学校
　〒387-8502 長野県千曲市屋代2104
　TEL 026-272-2800
　明治42年4月　　 長野県組合立埴科農蚕学校を創立
　昭和5年　　　　 長野県屋代高等女学校と改称
　昭和23年　　　　長野県屋代南高等学校と改称

〈岐阜県立大学工学部〉
- 昭和17年12月　　岐阜県立高等工業学校を設立
- 昭和20年2月　　岐阜県立工業専門学校と改称
- 昭和22年2月　　岐阜工業専門学校と改称
- 昭和24年4月　　岐阜医工科大学工学部と改称
- 昭和25年4月　　岐阜県立大学工学部と改称

〈岐阜農林専門学校〉
- 大正12年12月　　岐阜高等農林学校を設立
- 昭和19年4月　　岐阜農林専門学校と改称

〈統合〉
- 昭和24年5月　　岐阜県師範学校, 岐阜青年師範学校, 岐阜県立医科大学, 岐阜県立大学工学部, 岐阜農林専門学校を統合し岐阜大学を設置

◇岐阜薬科大学
　〒502-8585　岐阜県岐阜市三田洞東5丁目6-1
　TEL 058-237-3931
- 昭和7年4月　　岐阜薬学専門学校を創立
- 昭和24年3月　　岐阜薬科大学として発足

◇情報科学芸術大学院大学
　〒503-0014　岐阜県大垣市領家町3丁目95
　TEL 0584-75-6600
- 平成13年　　情報科学芸術大学院大学が開学

◇中京学院大学
　［学校法人 安達学園］
　〒509-9195　岐阜県中津川市千旦林1-104
　TEL 0573-66-3121
- 平成5年4月　　中京学院大学を開設

◇中部学院大学
　［学校法人 岐阜済美学院］
　〒501-3993　岐阜県関市倉知4909-3
　TEL 0575-24-2211
- 平成9年4月　　中部学院大学を開設

◇東海女子大学
　［学校法人 神谷学園］
　〒504-8511　岐阜県各務原市那加桐野町5-68
　TEL 0583-89-2200
- 昭和56年1月16日　　東海女子大学を設置
- 平成19年　　東海学院大学と改称予定

## 【短大】

◇大垣女子短期大学
　［学校法人 大垣女子短期大学］
　〒503-8554　岐阜県大垣市西之川町1-109
　TEL 0584-81-6811
- 昭和44年4月　　大垣女子短期大学が開学

◇岐阜医療技術短期大学
　［学校法人 神野学園］
　〒501-3892　岐阜県関市市平賀字長峰795-1
　TEL 0575-22-9401
- 昭和48年4月　　国際医学総合技術学院が開校
- 昭和58年4月　　岐阜医療技術短期大学に改組開校

◇岐阜聖徳学園大学短期大学部
　［学校法人 聖徳学園］
　〒500-8288　岐阜県岐阜市中鶉1-38
　TEL 058-278-0711
- 昭和41年1月　　岐阜南女子短期大学を設置
- 昭和41年11月　　聖徳学園女子短期大学と改称
- 平成10年4月　　岐阜聖徳学園大学短期大学部と改称

◇岐阜市立女子短期大学
　〒501-0192　岐阜県岐阜市一日市場北町7-1
　TEL 058-296-3131
- 昭和21年　　岐阜女子専門学校を設置
- 昭和24年　　岐阜専門学校と改称
- 昭和25年　　岐阜短期大学に移行
- 昭和29年　　岐阜女子短期大学と改称
- 昭和63年　　岐阜市立女子短期大学と改称

◇正眼短期大学
　［学校法人 正眼短期大学］
　〒505-0008　岐阜県美濃加茂市伊深町876-10
　TEL 0574-29-1372
- 昭和30年4月1日　　正眼短期大学が開学（創立者:梶浦逸外）

◇高山自動車短期大学
　［学校法人 高山短期大学］
　〒506-8577　岐阜県高山市下林町1155
　TEL 0577-32-4440
- 昭和36年4月　　高山自動車高等整備学校を設立
- 昭和50年4月　　高山短期大学が開学
- 平成18年4月　　高山自動車短期大学と改称

◇中京短期大学
　［学校法人 安達学園］
　〒509-6192　岐阜県瑞浪市土岐町2216
　TEL 0572-68-4555
- 昭和41年4月　　中京短期大学を開学

◇中部学院大学短期大学部
　［学校法人 岐阜済美学院］
　〒501-3993　岐阜県関市倉知4909-3
　TEL 0575-24-2211
- 昭和42年1月　　岐阜済美学院短期大学の設置認可を受ける
- 昭和45年4月　　中部女子短期大学と改称
- 平成11年4月　　中部学院大学短期大学部と改称

◇東海女子短期大学
　［学校法人 神谷学園］
　〒504-8504　岐阜県各務原市那加桐野町2-43
　TEL 058-246-0490
- 昭和20年9月　　岐阜高等服飾女学校を神谷みえ子が設立
- 昭和48年　　東海女子短期大学を開学

◇中日本自動車短期大学
　［学校法人 神野学園］
　〒505-0077　岐阜県加茂郡坂祝町深萱1301
　TEL 0574-26-7121
- 昭和42年4月　　中日本自動車短期大学が開学

## 【高専】

◇岐阜工業高等専門学校
　〒501-0495　岐阜県本巣市上真桑2236-2
　TEL 058-320-1211
- 昭和38年1月　　岐阜工業高等専門学校を設置

## 【高校】

岐阜県

◇中津川市立**阿木高等学校**
　〒509-7321 岐阜県中津川市阿木119
　TEL 0573-63-2243
　昭和24年　　　　　村立阿木高等学校が開校
　昭和32年　　　　　中津市立阿木高等学校と改称

◇岐阜県立**明智商業高等学校**
　〒509-7793 岐阜県恵那市明智町大庭41-2
　TEL 0573-54-2537
　昭和23年　　　　　岐阜県立恵那南高等学校を設立
　昭和42年　　　　　岐阜県立明智商業高等学校と改称

◇岐阜県立**池田高等学校**
　〒503-2495 岐阜県揖斐郡池田町六之井下向242-1
　TEL 0585-45-7755
　昭和59年　　　　　岐阜県立池田高等学校が開校

◇岐阜県立**揖斐高等学校**
　〒501-0619 岐阜県揖斐郡揖斐川町三輪1852
　TEL 0585-22-1261
　大正8年3月21日　　揖斐郡立揖斐農林学校を設立
　大正12年4月1日　　岐阜県立揖斐農林学校と改称
　大正13年4月1日　　岐阜県揖斐実業学校と改称
　昭和21年4月1日　　岐阜県立揖斐農林学校と改称
　昭和23年4月1日　　岐阜県立揖斐農林高等学校と改称
　昭和23年8月18日　　岐阜県立揖斐高等学校と改称
　大正8年4月7日　　揖斐郡立揖斐農林学校が開校
　大正12年4月1日　　岐阜県立揖斐農林学校と改称
　大正13年4月1日　　岐阜県揖斐実業学校と改称
　昭和21年4月1日　　岐阜県立揖斐農林学校と改称
　昭和23年4月1日　　岐阜県立揖斐農林高等学校と改称
　昭和23年8月18日　　岐阜県立揖斐高等学校と改称

◇岐阜県立**岩村高等学校**
　〒509-7403 岐阜県恵那市岩村町133-3
　TEL 0573-43-2100
　昭和2年　　　　　岐阜県立恵南実科女学校を設立
　昭和23年　　　　　岐阜県立岩村高等学校と改称
　平成19年　　　　　岐阜県立明智商業高等学校と統合し
　　　　　　　　　　岐阜県立恵那南高等学校を創設予定

◇**鶯谷高等学校**
　［学校法人 佐々木学園］
　〒500-8053 岐阜県岐阜市鶯谷町7
　TEL 058-265-7571
　〈佐々木女学校〉
　明治36年　　　　　佐々木裁縫女学校が開校
　大正3年　　　　　佐々木実科女学校と改称
　大正13年　　　　　佐々木女学校と改称
　〈佐々木高等女学校〉
　大正13年　　　　　佐々木高等女学校を設立
　〈統合〉
　大正14年　　　　　佐々木女学校, 佐々木高等女学校が統合し
　　　　　　　　　　佐々木高等女学校となる
　昭和21年　　　　　鶯谷高等女学校と改称
　昭和23年　　　　　鶯谷女子高等学校と改称
　平成2年　　　　　鶯谷高等学校と改称

◇岐阜県立**恵那北高等学校**
　〒508-0201 岐阜県中津川市田瀬125-3
　TEL 0573-72-3050
　昭和46年4月1日　　岐阜県立恵那北高等学校を設置

◇岐阜県立**恵那高等学校**
　〒509-7201 岐阜県恵那市大井町1023-1
　TEL 0573-26-1311
　〈恵那女子高等学校〉
　大正14年4月　　　　恵那実科女学校組合を設立
　昭和12年4月　　　　恵那高等実科女学校と改称
　昭和23年4月　　　　岐阜県立恵那女子高等学校と改称
　〈恵那高等学校〉
　大正11年4月　　　　岐阜県立恵那中学校の設立認可
　大正12年4月　　　　岐阜県恵那中学校と改称
　昭和23年4月　　　　岐阜県立恵那高等学校と改称
　〈統合〉
　昭和23年8月　　　　岐阜県立恵那女子高等学校を統合し
　　　　　　　　　　岐阜県立恵那高等学校を設置

◇岐阜県立**恵那農業高等学校**
　〒509-7201 岐阜県恵那市大井町2625-17
　TEL 0573-26-1251
　昭和41年3月22日　　岐阜県立恵那農業高等学校を設置

◇岐阜県立**大垣北高等学校**
　〒503-0017 岐阜県大垣市中川町4-110-1
　TEL 0584-81-2244
　〈岐阜県大垣高等学校〉
　明治27年　　　　　岐阜県尋常中学校大垣分校を開校
　明治29年　　　　　岐阜県大垣尋常中学校と改称
　明治32年　　　　　岐阜県大垣中学校と改称
　昭和23年　　　　　岐阜県大垣高等学校と改称
　〈岐阜県大垣女子高等学校〉
　明治33年　　　　　岐阜県安八郡大垣高等女学校を開校
　明治34年　　　　　岐阜県大垣町立高等女学校と改称
　明治36年　　　　　岐阜県立大垣高等女学校と改称
　大正12年　　　　　大垣高等女学校と改称
　昭和23年　　　　　岐阜県大垣女子高等学校と改称
　〈統合〉
　昭和23年　　　　　岐阜県大垣高等学校, 岐阜県大垣女子高等学校を統合し
　　　　　　　　　　岐阜県立大垣高等学校を設立
　昭和24年　　　　　岐阜県立大垣北高等学校と改称

◇岐阜県立**大垣工業高等学校**
　〒503-8521 岐阜県大垣市南若森町301-1
　TEL 0584-81-1280
　大正15年10月25日　岐阜県第二工業学校が開校
　昭和23年4月1日　　岐阜県大垣工業高等学校と改称
　昭和23年8月25日　　大垣市立工業高等学校と統合し
　　　　　　　　　　岐阜県立大垣工業高等学校と改称

◇岐阜県立**大垣桜高等学校**
　〒503-0103 岐阜県大垣市墨俣町上宿465-1
　TEL 0584-62-6131
　昭和23年9月15日　　岐阜県立大垣実業高等学校稲葉分校を設置
　昭和24年4月1日　　岐阜県立大垣南高等学校稲葉分校と改称
　昭和26年4月8日　　岐阜県立大垣南高等学校墨俣分校と改称
　昭和33年8月1日　　岐阜県安八郡墨俣町他一市四ヶ町村組合立墨俣高等学校として独立
　昭和33年10月20日　　組合立岐阜県大垣東高等学校と改称

| | | | | |
|---|---|---|---|---|
| 昭和38年5月17日 | 岐阜県立大垣女子高等学校が開校 | | 昭和38年 | 岐阜県立養老女子商業高等学校を設置 |
| 平成7年4月1日 | 岐阜県立大垣桜高等学校と改称 | | 〈統合〉 | |
| | | | 平成17年4月 | 岐阜県立大垣農業高等学校，岐阜県立養老女子商業高等学校を統合し<br>岐阜県立大垣養老高等学校が開校 |

◇岐阜県立**大垣商業高等学校**
　〒503-0002 岐阜県大垣市開発町4丁目
　TEL 0584-81-4483
〈岐阜県大垣商業学校〉
| 明治35年10月7日 | 岐阜県大垣町立商業学校を設立 |
|---|---|
| 明治36年4月1日 | 大垣町立商業学校と改称 |
| 大正7年4月1日 | 大垣市立大垣商業学校と改称 |
| 大正8年9月1日 | 大垣商業学校と改称 |
| 昭和3年4月1日 | 岐阜県大垣商業学校となる |

〈岐阜県大垣女子商業学校〉
| 昭和17年4月15日 | 大垣市立女子商業学校を設立 |
|---|---|
| 昭和19年4月1日 | 岐阜県大垣女子商業学校と改称 |

〈統合〉
| 昭和23年4月1日 | 岐阜県大垣商業学校，岐阜県大垣女子商業学校が学制改革により統合し<br>岐阜県大垣商業高等学校と改称 |
|---|---|
| 昭和23年8月18日 | 岐阜県大垣商業高等学校，岐阜県大垣農業高等学校，大垣市立女子高等学校と共に<br>岐阜県立大垣実業高等学校として統合される |
| 昭和24年4月1日 | 岐阜県立大垣南高等学校，岐阜県立大垣北高等学校（商業科）へ学区制実施により分轄 |
| 昭和26年4月9日 | 岐阜県立大垣商業高等学校を設置 |

◇岐阜県立**大垣西高等学校**
　〒503-0986 岐阜県大垣市中曽根
　TEL 0584-91-5611
| 昭和55年 | 岐阜県立大垣西高等学校が開校 |
|---|---|

◇**大垣日本大学高等学校**
　［学校法人 大垣日本大学学園］
　〒503-0015 岐阜県大垣市林町6-5-2
　TEL 0584-81-7323
| 昭和38年 | 日本大学準付属大垣高等学校が開校 |
|---|---|
| 平成元年 | 大垣日本大学高等学校と改称 |

◇岐阜県立**大垣東高等学校**
　〒503-0857 岐阜県大垣市美和町1784
　TEL 0584-81-2331
| 昭和49年4月 | 岐阜県立大垣東高等学校が開校 |
|---|---|

◇岐阜県立**大垣南高等学校**
　〒503-8522 岐阜県大垣市浅中2丁目69
　TEL 0584-89-2331
| 昭和24年 | 岐阜県立大垣南高等学校を設立 |
|---|---|

◇岐阜県立**大垣養老高等学校**
　〒503-1305 岐阜県養老郡養老町祖父江向野1418-4
　TEL 0584-32-3161
〈大垣農業高等学校〉
| 大正10年 | 安八郡立農学校を創立 |
|---|---|
| 昭和23年 | 岐阜県立大垣農業高等学校と改称 |

〈岐阜県立養老女子商業高等学校〉
| 昭和23年 | 学校組合立高田女子高等学校が開校 |
|---|---|
| 昭和24年 | 学校組合立高田高等学校と改称 |
| 昭和29年 | 岐阜県立高田高等学校と改称 |

◇岐阜県立**海津明誠高等学校**
　〒503-0653 岐阜県海津市海津町高須町11-1
　TEL 0584-53-1155
〈岐阜県立海津高等学校〉
| 大正12年4月24日 | 岐阜県立海津中学校が開校 |
|---|---|
| 昭和23年4月1日 | 岐阜県立海津高等学校を設置 |

〈岐阜県立海津女子高等学校〉
| 大正10年2月9日 | 岐阜県立海津高等女学校を海津郡高須町に設置認可 |
|---|---|
| 昭和23年4月1日 | 岐阜県立海津女子高等学校を設置 |

〈統合〉
| 昭和23年8月23日 | 岐阜県立海津高等学校，岐阜県立海津女子高等学校を統合し<br>岐阜県立海津高等学校を設置 |
|---|---|
| 昭和58年4月1日 | 岐阜県立海津北高等学校が家政科分離により独立 |
| 平成17年4月1日 | 岐阜県立海津高等学校，岐阜県立海津北高等学校を統合し<br>岐阜県立海津明誠高等学校を設置 |

◇岐阜県立**各務原西高等学校**
　〒504-8545 岐阜県各務原市那加東亜町24-1
　TEL 058-371-0123
| 昭和58年4月8日 | 岐阜県立各務原西高等学校が開校 |
|---|---|

◇岐阜県立**各務原高等学校**
　〒504-8585 岐阜県各務原市蘇原新生町2-63
　TEL 058-383-1015
| 昭和46年4月8日 | 岐阜県立各務原高等学校が開校 |
|---|---|

◇岐阜県立**可児工業高等学校**
　〒509-0202 岐阜県可児市中恵土2358-1
　TEL 0574-62-1185
| 昭和38年4月8日 | 岐阜県立可児工業高等学校が開校 |
|---|---|

◇岐阜県立**可児高等学校**
　〒509-0241 岐阜県可児市坂戸987-2
　TEL 0574-62-1000
| 昭和55年4月 | 岐阜県立可児高等学校が開校 |
|---|---|

◇岐阜県立**加納高等学校**
　〒500-8276 岐阜県岐阜市加納南陽町3丁目
　TEL 058-271-0431
〈岐阜県加納女子高等学校〉
| 大正5年 | 岐阜県立加納高等女学校が開校 |
|---|---|
| 大正12年 | 岐阜県加納高等女学校と改称 |
| 昭和23年 | 岐阜県加納女子高等学校と改称 |

〈岐阜県立岐阜第二高等学校〉
| 昭和3年 | 岐阜県岐阜第二中学校を設置 |
|---|---|
| 昭和23年 | 岐阜県岐阜第二高等学校と改称 |

〈統合〉
| 昭和23年8月18日 | 岐阜県岐阜第二高等学校，岐阜県加納女子高等学校が統合し<br>岐阜県立加納高等学校が発足 |
|---|---|

◇岐阜県立**加茂高等学校**
　〒505-0027 岐阜県美濃加茂市本郷町2-6-78

岐阜県

|  |  |
|---|---|
| TEL 0574-25-2133 | |
| 明治44年10月 | 加茂郡立農林学校を設立 |
| 大正12年4月 | 岐阜県加茂農林学校と改称 |
| 昭和23年4月 | 岐阜県立加茂農林高等学校と改称 |
| 昭和23年8月 | 岐阜県立加茂高等学校と改称 |

◇岐阜県立**加茂農林高等学校**
〒505-0027 岐阜県美濃加茂市本郷町3丁目
TEL 0574-26-1238

| 明治44年10月 | 加茂郡立農林学校を設立 |
|---|---|
| 大正12年4月 | 岐阜県加茂農林学校と改称 |
| 昭和23年4月 | 岐阜県立加茂農林高等学校と改称 |

◇岐阜県立**華陽フロンティア高等学校**
〒500-8286 岐阜県岐阜市西鶉6-69
TEL 058-275-7185

| 昭和6年 | 岐阜県立岐阜夜間中学校を設置 |
|---|---|
| 昭和18年 | 岐阜県岐阜第三中学校と改称 |
| 昭和23年4月1日 | 岐阜県立岐阜第三高等学校と改称 |
| 昭和23年11月9日 | 岐阜県立華陽高等学校と改称 |
| 平成12年4月1日 | 岐阜県立華陽フロンティア高等学校と改称 |

◇岐阜県立**岐山高等学校**
〒502-0071 岐阜県岐阜市長良小山田2587
TEL 058-231-2905

| 昭和33年11月8日 | 岐阜県立岐山高等学校を開校 |
|---|---|

◇岐阜県立**岐南工業高等学校**
〒500-8389 岐阜県岐阜市本荘3456-19
TEL 058-271-3151

| 昭和18年 | 岐阜市工業学校が開校 |
|---|---|
| 昭和22年 | 岐阜県立岐南工業高等学校と改称 |

◇岐阜県立**岐阜各務野高等学校**
〒509-0141 岐阜県各務原市鵜沼各務原町8-7-2
TEL 058-370-4001

| 昭和38年4月8日 | 岐阜県立稲葉女子商業高等学校が開校 |
|---|---|
| 昭和40年4月1日 | 岐阜県立岐阜女子商業高等学校と改称 |
| 平成17年4月7日 | 岐阜県立各務原東高等学校と統合し岐阜県立岐阜各務野高等学校が開校 |

◇岐阜県立**岐阜北高等学校**
〒502-0931 岐阜県岐阜市則武清水1841-11
TEL 058-231-6628

| 昭和23年9月1日 | 岐阜市立高等学校,岐阜市立女子高等学校,岐阜市立農業高等学校が統合し岐阜市立高等学校が発足 |
|---|---|
| 昭和31年4月1日 | 岐阜県立岐阜北高等学校と改称 |

◇岐阜県立**岐阜工業高等学校**
〒501-6083 岐阜県羽島郡笠松町常磐町1700
TEL 058-387-4141

| 大正15年4月11日 | 岐阜県第一工業学校が開校 |
|---|---|
| 昭和23年4月1日 | 岐阜県立岐阜工業高等学校と改称 |

◇岐阜県立**岐阜高等学校**
〒500-8889 岐阜県岐阜市大縄場3-1
TEL 058-251-1234

〈岐阜県岐阜第一高等学校〉

| 明治6年2月 | 仮中学校を岐阜米屋町尾張藩支庁跡に創立 |
|---|---|
| 明治7年5月30日 | 遷喬館と改称 |
| 明治10年5月11日 | 岐阜県第一中学校と改称 |
| 明治13年10月5日 | 師範学校を統合し華陽学校と改称 |
| 明治30年3月17日 | 岐阜県岐阜尋常中学校と改称 |
| 明治32年4月1日 | 岐阜県岐阜中学校と改称 |
| 明治34年6月20日 | 岐阜県立岐阜中学校と改称 |
| 大正12年3月14日 | 岐阜県岐阜中学校と改称 |
| 昭和18年4月1日 | 岐阜県立岐阜第一中学校と改称 |
| 昭和23年4月1日 | 岐阜県岐阜第一中学校を廃止し岐阜県岐阜第一高等学校を設置 |

〈岐阜県岐阜女子高等学校〉

| 明治33年4月 | 岐阜市立高等女学校を設置 |
|---|---|
| 明治36年4月1日 | 岐阜県立岐阜高等女学校が開校 |
| 大正12年3月14日 | 岐阜県岐阜高等女学校と改称 |
| 昭和23年4月1日 | 岐阜県岐阜高等女学校を廃し岐阜県岐阜女子高等学校を設置 |

〈統合〉

| 昭和23年8月18日 | 岐阜県岐阜第一高等学校,岐阜県岐阜女子高等学校が統合し岐阜県立岐阜高等学校を設置 |
|---|---|

◇岐阜県立**岐阜商業高等学校**
〒502-0931 岐阜県岐阜市則武新屋敷1816-6
TEL 058-231-6161

| 明治37年4月1日 | 岐阜市立岐阜商業学校が開校 |
|---|---|
| 昭和23年4月1日 | 岐阜市立岐阜商業高等学校と改称 |
| 昭和23年8月18日 | 岐阜市立女子商業学校を統合 |
| 昭和24年4月1日 | 岐阜市立岐阜商業高等学校が消滅し岐阜県立長良高等学校,岐阜県立岐阜高等学校,岐阜県立加納高等学校に生徒を配置 |
| 昭和26年4月1日 | 岐阜県立長良高等学校,岐阜県立岐阜高等学校,岐阜県立加納高等学校の生徒を編入し岐阜県立岐阜商業高等学校が開校 |

〈岐阜市立女子商業学校〉

| 昭和10年4月1日 | 岐阜市立女子商業学校が開校 |
|---|---|
| 昭和23年4月1日 | 岐阜市立女子商業高等学校と改称 |

◇岐阜市立**岐阜商業高等学校**
〒501-0115 岐阜県岐阜市南鏡島2-37
TEL 058-251-0165

| 昭和44年4月 | 岐阜市立岐阜商業高等学校が開校 |
|---|---|

◇**岐阜聖徳学園大学附属高等学校**
［学校法人 聖徳学園］
〒501-6122 岐阜県岐阜市柳津町高桑西1-1
TEL 058-279-0845

| 昭和51年4月 | 聖徳学園岐阜教育大学附属高等学校が開校 |
|---|---|
| 平成10年4月 | 岐阜聖徳学園大学附属高等学校と改称 |

◇岐阜県立**岐阜城北高等学校**
〒502-0004 岐阜県岐阜市三田洞465-1
TEL 058-237-5331

| 平成16年 | 岐阜県立岐阜三田高等学校,岐阜県立岐阜藍川高等学校が合併し岐阜県立岐阜城北高等学校を設立 |
|---|---|

◇岐阜女子高等学校
　［学校法人 松翠学園］
　〒501-6002 岐阜県羽島郡岐南町三宅1-130
　TEL 058-245-2670
　昭和15年3月　　　岐阜県郡上高等実科女学校を設置
　昭和18年4月　　　岐阜県郡上高等女学校を設置
　昭和23年4月　　　郡上女子高等学校を設置
　昭和24年4月　　　岐阜県八幡高等学校と改称
　昭和33年4月　　　岐阜短期大学附属八幡高等学校と改称
　昭和37年4月　　　岐阜女子高等学校と改称

◇岐阜県立岐阜総合学園高等学校
　〒500-8289 岐阜県岐阜市須賀2-7-25
　TEL 058-271-5548
〈岐阜県立岐阜西工業高等学校〉
　昭和37年4月　　　岐阜県立岐阜西工業高等学校が開校
〈岐阜県立岐阜第一女子高等学校〉
　昭和38年4月　　　岐阜県立岐阜第一女子高等学校が開校
〈統合〉
　平成9年4月　　　岐阜県立岐阜西工業高等学校，岐阜県立岐阜第一女子高等学校を統合し
　　　　　　　　　岐阜県立岐阜総合学園高等学校が開校

◇岐阜第一高等学校
　［学校法人 松翠学園］
　〒501-0407 岐阜県本巣市仏生寺糸貫川通り884-7
　TEL 058-324-2161
　昭和33年4月　　　岐阜短期大学付属岐阜高等学校を創立
　昭和50年4月　　　岐阜第一高等学校と改称

◇岐阜県立岐阜農林高等学校
　〒501-0431 岐阜県本巣郡北方町北方150
　TEL 058-324-1145
　明治11年11月　　　岐阜県農事講習場を設置
　明治13年4月　　　岐阜県農学校と改称
　明治34年6月　　　岐阜県立農学校と改称
　明治40年4月　　　岐阜県立農林学校と改称
　大正12年4月　　　岐阜県立岐阜農学校と改称
　昭和23年3月　　　岐阜県立岐阜農林高等学校と改称
　昭和24年4月　　　岐阜県立北方高等学校と改称
　昭和26年4月　　　岐阜県立岐阜農業高等学校と改称
　昭和27年3月　　　岐阜県立岐阜農林高等学校と改称

◇岐阜東高等学校
　［学校法人 富田学園］
　〒500-8765 岐阜県岐阜市野一色4-17-1
　TEL 058-246-2956
　昭和32年4月　　　岐阜東高等学校を設立

◇岐阜県立郡上北高等学校
　〒501-5122 岐阜県郡上市白鳥町為真1265-2
　TEL 0575-82-2073
　昭和23年　　　　岐阜県立郡上北高等学校が開校

◇岐阜県立郡上高等学校
　〒501-4221 岐阜県郡上市八幡町小野970
　TEL 0575-65-3178
〈岐阜県郡上農林高等学校〉
　大正11年4月8日　岐阜県郡上郡立農林学校が開校
　大正12年4月1日　岐阜県郡上農林学校と改称
　昭和23年3月31日　岐阜県郡上農林学校を廃止
　昭和23年4月1日　岐阜県郡上農林高等学校を設置
〈岐阜県八幡高等学校〉
　大正7年4月13日　岐阜県郡上郡八幡町立八幡実科高等女学校が開校
　大正12年4月21日　岐阜県八幡高等女学校と改称
　昭和23年3月31日　岐阜県八幡高等女学校を学制改革により廃止
　昭和23年4月1日　岐阜県八幡高等学校を設置
〈統合〉
　昭和23年8月18日　岐阜県郡上農林高等学校，岐阜県八幡高等学校が統合され
　　　　　　　　　岐阜県立郡上高等学校を設置

◇岐阜県立坂下高等学校
　〒509-9232 岐阜県中津川市坂下624-1
　TEL 0573-75-2163
　昭和23年11月　　坂下町立坂下実業高等学校が開校
　昭和28年4月　　 岐阜県立坂下高等学校と改称
　昭和39年3月　　 岐阜県立坂下女子高等学校と改称
　平成15年4月　　 岐阜県立坂下高等学校と改称

◇岐阜県立白川高等学校
　〒509-1105 岐阜県加茂郡白川町河岐1480
　TEL 0574-72-2161
　昭和51年4月8日　岐阜県立白川高等学校が開校

◇清翔高等学校
　［学校法人 聖徳学園］
　〒500-8288 岐阜県岐阜市中鶉1-50
　TEL 058-271-5451
　昭和37年　　　　岐阜南高等学校を設立
　平成13年4月　　 清翔高等学校と改称

◇済美高等学校
　［学校法人 岐阜済美学院］
　〒500-8741 岐阜県岐阜市正法寺町33
　TEL 058-271-0345
　大正7年9月　　　岐阜裁縫女学校の設置認可を受ける（創立者片桐竜子）
　大正14年2月　　 岐阜実科高等女学校の設置認可を受ける
　昭和15年4月　　 片桐高等女学校と改称
　昭和17年10月　　岐阜済美高等女学校と改称
　昭和23年4月　　 済美女子高等学校と改称
　平成16年4月　　 済美高等学校と改称

◇聖マリア女学院高等学校
　［学校法人 聖マリアの無原罪学園］
　〒501-2565 岐阜県岐阜市福富201
　TEL 058-229-1102
　昭和38年4月　　 聖マリア女学院高等学校を創立

◇岐阜県立関有知高等学校
　〒501-3217 岐阜県関市下有知松ヶ洞6191-3
　TEL 0575-23-1675
　平成16年4月　　 岐阜県立関有知高等学校を創設

◇岐阜県立関高等学校
　〒501-3903 岐阜県関市桜ヶ丘2-1-1
　TEL 0575-22-5688
　大正11年　　　　岐阜県武儀高等女学校として発足
　昭和23年　　　　岐阜県立関高等学校と改称

岐阜県

◇関市立関商工高等学校
　〒501-3936 岐阜県関市倉知4909-45
　TEL 0575-22-4221
　昭和18年5月1日　　関工業学校が開校
　昭和26年4月1日　　関工業高等学校と改称
　昭和27年1月10日　　岐阜県関第一高等学校と改称
　昭和30年4月1日　　関市立関商工高等学校と改称

◇岐阜県立高山工業高等学校
　〒506-0032 岐阜県高山市千島町291
　TEL 0577-32-0418
　昭和19年4月1日　　岐阜県高山航空工業学校として創立
　昭和20年11月9日　　岐阜県高山工業学校と改称
　昭和23年4月1日　　岐阜県高山工業高等学校に昇格
　昭和23年8月18日　　岐阜県立斐太高等学校へ統合
　昭和32年4月1日　　岐阜県立斐太実業高等学校を創立
　昭和48年3月31日　　岐阜県立斐太実業高等学校が廃校
　昭和48年4月1日　　岐阜県立高山工業高等学校を創立

◇高山西高等学校
　［学校法人　飛騨学園］
　〒506-0059 岐阜県高山市下林町353
　TEL 0577-32-2591
　昭和38年　　　　　高山西高等学校を設立

◇岐阜県立多治見北高等学校
　〒507-0022 岐阜県多治見市上山町
　TEL 0572-22-3361
　昭和33年4月1日　　岐阜県立多治見北高等学校を創立

◇岐阜県立多治見工業高等学校
　〒507-8605 岐阜県多治見市陶元町207
　TEL 0572-22-2351
　明治31年　　　　　岐阜県陶磁器講習所として開設
　明治41年　　　　　岐阜県土岐郡立陶器工業学校と改称
　大正12年　　　　　岐阜県土岐窯業学校と改称
　大正13年　　　　　岐阜県多治見工業学校と改称
　昭和23年　　　　　岐阜県立多治見工業高等学校と改称

◇岐阜県立多治見高等学校
　〒507-0804 岐阜県多治見市坂上町9-141
　TEL 0572-22-4155
〈岐阜県多治見女子高等学校〉
　大正12年　　　　　多治見町立高等女学校を創設
　昭和2年　　　　　岐阜県多治見高等女学校と改称
　昭和23年4月　　　岐阜県多治見女子高等学校と改称
〈多治見市立多治見女子高等学校〉
　大正15年　　　　　豊岡裁縫女学校を創設
　昭和4年　　　　　可児郡豊岡実践女学校と改称
　昭和10年　　　　　土岐郡多治見実践女学校と改称
　昭和15年　　　　　多治見高等実践女学校と改称
　昭和22年　　　　　多治見市立多治見高等女学校と改称
　昭和23年4月　　　多治見市立多治見女子高等学校と改称
〈岐阜県多治見高等学校〉
　昭和15年　　　　　多治見市立多治見中学校を設立
　昭和18年　　　　　岐阜県多治見中学校と改称
　昭和23年4月　　　岐阜県多治見高等学校と改称
〈統合〉
　昭和23年9月　　　岐阜県多治見女子高等学校，多治見市立女子高等学校，岐阜県多治見高等学校が学校再配置により統合し
　　　　　　　　　　岐阜県立多治見高等学校を創設
　昭和35年　　　　　岐阜県立多治見女子高等学校と改称
　昭和55年　　　　　岐阜県立多治見高等学校と改称

◇中京高等学校
　［学校法人　安達学園］
　〒509-6101 岐阜県瑞浪市土岐町7074-1
　TEL 0572-68-4501
　昭和38年4月　　　中京高等学校が開校
　昭和42年6月　　　中京商業高等学校と改称
　平成13年4月　　　中京高等学校と改称

◇帝京大学可児高等学校
　［学校法人　帝京大学］
　〒509-0237 岐阜県可児市桂ケ丘1-1
　TEL 0574-64-3211
　昭和63年　　　　　帝京大学可児高等学校を設置

◇岐阜県立東濃高等学校
　〒505-0116 岐阜県可児郡御嵩町御嵩2854-1
　TEL 0574-67-2136
　明治29年　　　　　岐阜県尋常中学校東濃分校として創立
　明治32年　　　　　岐阜県立東濃中学校と改称
　昭和23年　　　　　岐阜県立東濃高等学校として発足

◇岐阜県立東濃実業高等学校
　〒505-0125 岐阜県可児郡御嵩町伏見西町891
　TEL 0574-67-0504
　大正10年　　　　　可児郡立可児実業学校が開学
　昭和23年　　　　　岐阜県東濃高等学校と統合し岐阜県立東濃高等学校と改称
　昭和35年　　　　　岐阜県立東濃高等学校から分離独立し
　　　　　　　　　　岐阜県立東濃実業高等学校と改称

◇岐阜県立東濃フロンティア高等学校
　〒509-5101 岐阜県土岐市泉町河合根の上1127-8
　TEL 0572-55-4151
　平成16年4月8日　　岐阜県立東濃フロンティア高等学校が開校

◇岐阜県立土岐紅陵高等学校
　〒509-5202 岐阜県土岐市下石町1795-12
　TEL 0572-57-7131
　昭和37年4月　　　土岐市立土岐高等学校が開校
　昭和49年4月1日　　岐阜県立土岐高等学校と改称
　平成9年4月　　　　岐阜県立土岐紅陵高等学校と改称

◇岐阜県立土岐商業高等学校
　〒509-5122 岐阜県土岐市土岐津町土岐口
　TEL 0572-54-1291
　昭和24年8月15日　　岐阜県土岐郡泉町、土岐津町、肥田村、三か町村学校組合立土岐郡中央高等学校を開校
　昭和28年3月31日　　岐阜県土岐郡泉町、土岐津町、肥田村、三か町村学校組合立土岐郡中央高等学校を廃止
　昭和28年4月1日　　岐阜県立土岐商業高等学校を設置

## ◇富田高等学校
[学校法人 富田学園]
〒500-8765 岐阜県岐阜市野一色4-17-1
TEL 058-245-3621
| | |
|---|---|
| 明治39年 | 私立富田女学校を富田かねが創立 |
| 昭和23年 | 富田高等学校と改称 |

## ◇岐阜県立中津川工業高等学校
〒509-9131 岐阜県中津川市千旦林1521-3
TEL 0573-68-2115
| | |
|---|---|
| 昭和19年2月 | 岐阜県中津工業学校を創立 |
| 昭和23年4月 | 岐阜県立中津工業高等学校と改称 |
| 昭和23年8月 | 岐阜県立中津高等学校に統合 |
| 昭和38年1月 | 岐阜県立中津高等学校より独立し岐阜県立中津川工業高等学校を設置 |

## ◇岐阜県立中津高等学校
〒508-0001 岐阜県中津川市中津川1088-2
TEL 0573-66-1361
| | |
|---|---|
| 明治39年 | 中津町立中津高等女学校を設立 |
| 昭和23年 | 岐阜県立中津高等学校と改称 |

## ◇岐阜県立中津商業高等学校
〒508-0011 岐阜県中津川市駒場大岩1646
TEL 0573-66-1358
| | |
|---|---|
| 大正11年4月29日 | 岐阜県中津商業学校が開校 |
| 昭和23年4月1日 | 岐阜県中津商業高等学校と改称 |
| 昭和23年8月18日 | 岐阜県中津商業高等学校、岐阜県中津農林高等学校が統合し岐阜県立中津実業高等学校を設置 |
| 昭和24年4月1日 | 岐阜県中津実業高等学校、岐阜県立中津高等学校が統合し岐阜県立中津高等学校を設置 |
| 昭和31年4月1日 | 岐阜県立中津高等学校より分離し岐阜県立中津商業高等学校が独立 |

## ◇岐阜県立長良高等学校
〒502-0071 岐阜県岐阜市長良西後町1716-1
TEL 058-231-1186
| | |
|---|---|
| 昭和24年 | 岐阜市立岐阜商業高等学校が公立高等学校学区制実施により岐阜市立長良高等学校と改称 |
| 昭和31年 | 岐阜県立長良高等学校と改称 |

## ◇岐阜県立羽島北高等学校
〒501-6112 岐阜県岐阜市柳津町北塚3-110
TEL 058-388-3611
| | |
|---|---|
| 昭和53年 | 岐阜県立羽島北高等学校を創立 |

## ◇岐阜県立羽島高等学校
〒501-6241 岐阜県羽島市竹鼻町梅ヶ枝町200-2
TEL 058-392-2500
| | |
|---|---|
| 大正10年 | 羽島郡実科高等女学校として設置認可 |
| 大正11年 | 岐阜県羽島高等女学校と改称 |
| 昭和23年 | 岐阜県立羽島高等学校と改称 |

## ◇岐阜県立飛騨神岡高等学校
〒506-1143 岐阜県飛騨市神岡町小萱2138-2
TEL 0578-2-1147
〈岐阜県立船津高等学校〉
| | |
|---|---|
| 昭和14年4月8日 | 岐阜県吉城郡船津実科高等女学校が開校 |
| 昭和18年4月1日 | 岐阜県立船津高等女学校と改称 |
| 昭和23年3月31日 | 岐阜県船津高等女学校を廃止 |
| 昭和23年4月1日 | 岐阜県船津高等学校を設置 |
| 昭和23年8月18日 | 岐阜県立船津高等学校と改称 |

〈神岡町立神岡工業高等学校〉
| | |
|---|---|
| 昭和23年4月1日 | 神岡高等鉱山学校を創立 |
| 昭和24年1月4日 | 私立神岡鉱業高等学校と改称 |
| 昭和37年8月18日 | 神岡工業高等学校と改称 |
| 昭和42年4月1日 | 神岡町立神岡工業高等学校と改称 |

〈統合〉
| | |
|---|---|
| 平成9年4月1日 | 岐阜県立船津高等学校、神岡町立神岡工業高等学校が統合し岐阜県立飛騨神岡高等学校が開校 |

## ◇岐阜県立斐太高等学校
〒506-0807 岐阜県高山市三福寺町736
TEL 0577-32-0075
| | |
|---|---|
| 明治19年5月17日 | 高山中学校を開校 |
| 明治19年7月7日 | 斐太学校と改称 |
| 明治21年10月26日 | 岐阜県斐太尋常中学校と改称 |
| 明治32年4月1日 | 岐阜県斐太中学校と改称 |
| 昭和23年4月1日 | 岐阜県斐太高等学校と改称 |
| 昭和23年8月18日 | 岐阜県立斐太高等学校と改称 |

## ◇岐阜県立飛騨高山高等学校
〒506-0052 岐阜県高山市下岡本町2000-30
TEL 0577-32-5320
| | |
|---|---|
| 大正6年 | 高山町立実科高等女学校が開校 |
| 大正9年 | 高山高等女学校と改称 |
| 昭和23年 | 岐阜県立高山高等学校と改称 |
| 平成17年 | 岐阜県立斐太農林高等学校と統合し岐阜県立飛騨高山高等学校と改称 |

## ◇岐阜県立不破高等学校
〒503-2124 岐阜県不破郡垂井町宮代1919-1
TEL 0584-22-1002
| | |
|---|---|
| 昭和25年 | 岐阜県立不破高等学校を創立 |

## ◇岐阜県立益田清風高等学校
〒509-2517 岐阜県下呂市萩原町萩原326
TEL 05765-2-1021
〈岐阜県立益田高等学校〉
| | |
|---|---|
| 大正13年 | 岐阜県益田農林学校が開校 |
| 昭和23年 | 岐阜県立益田高等学校と改称 |

〈岐阜県立益田南高等学校〉
| | |
|---|---|
| 昭和48年11月14日 | 岐阜県立益田南高等学校の設置決定 |

〈統合〉
| | |
|---|---|
| 平成17年4月1日 | 岐阜県立益田高等学校、岐阜県立益田南高等学校が合併し岐阜県立益田清風高等学校を設置 |

## ◇岐阜県立瑞浪高等学校
〒509-6196 岐阜県瑞浪市土岐町益見
TEL 0572-68-4161
| | |
|---|---|
| 明治32年 | 土岐郡蚕業講習所を開設 |
| 大正12年 | 土岐郡実業高等学校を創立 |
| 昭和23年 | 岐阜県立土岐高等学校と改称 |
| 昭和30年 | 岐阜県立瑞浪高等学校と改称 |

## ◇美濃加茂高等学校
[学校法人 美濃加茂学園]
〒505-0027 岐阜県美濃加茂市本郷町7-6-60
TEL 0574-26-7181
| | |
|---|---|
| 昭和48年4月 | 美濃加茂高等学校が開校 |

◇岐阜県立**武義高等学校**
　〒501-3729 岐阜県美濃市泉町2-3
　TEL 0575-33-1133
　大正9年　　　　　　武義中学校として創立
　昭和23年　　　　　 岐阜県立武義高等学校と改称

◇岐阜県立**本巣松陽高等学校**
　〒501-0407 岐阜県本巣市仏生寺859-1
　TEL 058-324-1201
　〈本巣高等学校〉
　大正12年4月1日　　岐阜県本巣中学校と改称
　昭和23年4月1日　　岐阜県本巣高等学校となる
　〈岐阜県本巣女子高等学校〉
　大正10年3月10日　　岐阜県本巣郡本巣高等女学校の設立認可
　大正12年4月1日　　岐阜県本巣高等女学校と改称
　昭和23年4月1日　　岐阜県本巣女子高等学校となる
　〈岐阜県立本巣高等学校〉
　昭和23年8月18日　　岐阜県立本巣高等学校, 岐阜県立本巣女子高等学校を統合し岐阜県立本巣高等学校を設置
　〈岐阜県立岐陽高等学校〉
　昭和51年4月1日　　岐阜県立岐陽高等学校が開校
　〈統合〉
　平成16年4月1日　　岐阜県立本巣高等学校, 岐阜県立岐陽高等学校を統合し岐阜県立本巣松陽高等学校が開校

◇岐阜県立**八百津高等学校**
　〒505-0303 岐阜県加茂郡八百津町伊岐津志2803-6
　TEL 0574-43-1231
　昭和18年　　　　　八百津高等女学校が開校
　昭和23年　　　　　岐阜県立八百津高等学校と改称

◇岐阜県立**山県高等学校**
　〒501-2258 岐阜県山県市中洞44-1
　TEL 0581-52-1551
　昭和27年4月21日　　岐阜市立長良高等学校山県分校が開校
　昭和31年4月1日　　岐阜県立長良高等学校山県分校と改称
　昭和33年4月1日　　岐阜県立岐阜商業高等学校に移管され岐阜県立岐阜商業高等学校山県分校と改称
　昭和42年4月1日　　岐阜県立山県高等学校として独立

◇岐阜県立**吉城高等学校**
　〒509-4212 岐阜県飛騨市古川町上気多1987-2
　TEL 0577-73-4555
　昭和23年11月　　　吉城高等学校を開校
　昭和28年4月　　　 岐阜県立吉城高等学校と改称

◇**麗澤瑞浪高等学校**
　［学校法人 廣池学園］
　〒509-6102 岐阜県瑞浪市稲津町萩原1661
　TEL 0572-66-3107
　昭和35年2月1日　　麗澤高等学校瑞浪分校が開校
　昭和37年2月1日　　麗澤瑞浪高等学校が開校

# 静岡県

## 【大学】

◇**静岡英和学院大学**
　［学校法人 静岡英和女学院］
　〒422-8545 静岡県静岡市駿河区池田1769
　TEL 054-261-9201
　平成14年　　　　　静岡英和学院大学が開学

◇**静岡県立大学**
　〒422-8526 静岡県静岡市駿河区谷田52-1
　TEL 054-264-5102
　昭和62年4月　　　静岡薬科大学, 静岡女子大学, 静岡女子短期大学を改組・統合し静岡県立大学が開学

◇**静岡産業大学**
　［学校法人 第二静岡学園］
　〒438-0043 静岡県磐田市大原1572-1
　TEL 0538-37-0191
　平成6年4月　　　　静岡産業大学が開学

◇**静岡大学**
　〒422-8529 静岡県静岡市駿河区大谷836
　TEL 054-237-1111
　〈静岡高等学校〉
　大正11年8月　　　 静岡高等学校を創設
　〈静岡第一師範学校〉
　明治8年1月　　　　静岡師範学校を創設
　明治20年6月　　　 静岡県尋常師範学校と改称
　大正3年12月　　　 静岡県静岡師範学校と改称
　昭和18年4月　　　 静岡県女子師範学校と統合し静岡第一師範学校と改称
　〈静岡第二師範学校〉
　大正3年3月　　　　静岡県浜松師範学校を創設
　昭和18年3月　　　 静岡第二師範学校と改称
　〈静岡青年師範学校〉
　大正15年2月　　　 静岡県立農業補習学校を創設
　昭和10年4月　　　 静岡県立青年学校教員養成所と改称
　昭和19年4月　　　 静岡青年師範学校と改称
　〈浜松工業専門学校〉
　大正11年10月　　　浜松高等工業学校を創設
　昭和19年4月　　　 浜松工業専門学校と改称
　〈統合〉
　昭和25年6月1日　　静岡高等学校, 静岡第一師範学校, 静岡第二師範学校, 静岡青年師範学校, 浜松工業専門学校を統合し静岡大学が発足

◇**静岡福祉大学**
　［学校法人 静岡精華学園］
　〒425-8611 静岡県焼津市本中根549-1
　TEL 054-623-7000
　平成16年4月　　　静岡福祉大学が開学

◇**静岡文化芸術大学**
　［学校法人 静岡文化芸術大学］
　〒430-8533 静岡県浜松市野口町1794-1

TEL 053-457-6111
平成12年4月　　　　静岡文化芸術大学が開学

◇静岡理工科大学
　[学校法人 静岡理工科大学]
　〒437-8555 静岡県袋井市豊沢2200-2
　TEL 0538-45-0111
平成3年4月　　　　静岡理工科大学が開学

◇聖隷クリストファー大学
　[学校法人 聖隷学園]
　〒433-8558 静岡県浜松市三方原町3453
　TEL 053-439-1400
平成4年　　　　　　聖隷クリストファー看護大学を設置
平成14年　　　　　聖隷クリストファー大学と改称

◇常葉学園大学
　[学校法人 常葉学園]
　〒420-0911 静岡県静岡市葵区瀬名1-22-1
　TEL 054-263-1125
昭和55年4月1日　　常葉学園大学が開学

◇浜松医科大学
　〒431-3192 静岡県浜松市半田山1-20-1
　TEL 053-435-2111
昭和49年6月　　　浜松医科大学を設置

◇浜松学院大学
　[学校法人 興誠学園]
　〒432-8012 静岡県浜松市布橋3-2-3
　TEL 053-450-7000
平成15年11月　　　浜松学院大学の設置認可を受ける

◇浜松大学
　[学校法人 常葉学園]
　〒431-2102 静岡県浜松市都田町1230
　TEL 053-428-3511
昭和63年4月1日　　常葉学園浜松大学が開学
平成10年4月1日　　浜松大学と改称

◇光産業創成大学院大学
　[学校法人 光産業創成大学院大学]
　〒431-1202 静岡県浜松市呉松町1955-1
　TEL 053-456-8165
平成16年11月30日　光産業創成大学院大学を設置

◇富士常葉大学
　[学校法人 常葉学園]
　〒417-0801 静岡県富士市大渕325
　TEL 0545-36-1133
平成12年　　　　　富士常葉大学が開学

【短大】

◇静岡英和学院大学短期大学部
　[学校法人 静岡英和女学院]
　〒422-8545 静岡県静岡市駿河区池田1769
　TEL 054-261-9201
昭和41年　　　　　静岡英和女学院短期大学が開学
平成14年　　　　　静岡英和学院大学短期大学部と改称

◇静岡県立大学短期大学部
　〒422-8021 静岡県静岡市駿河区小鹿2丁目2-1
　TEL 054-202-2610
昭和26年　　　　　静岡女子短期大学を設立

平成13年　　　　　静岡県立大学短期大学部と改称

◇静岡福祉大学短期大学部
　[学校法人 静岡精華学園]
　〒425-8611 静岡県焼津市本中根549-1
　TEL 054-623-7000
平成3年　　　　　静岡精華短期大学を設置
平成14年　　　　　静岡福祉情報短期大学と改称
平成16年4月　　　静岡福祉大学短期大学部と改称

◇聖隷クリストファー大学看護短期大学部
　[学校法人 聖隷学園]
　〒433-8558 静岡県浜松市三方原町3453
　TEL 053-439-1400
昭和44年　　　　　聖隷学園浜松衛生短期大学を設置
平成14年　　　　　聖隷クリストファー大学看護短期大学部と改称

◇常葉学園短期大学
　[学校法人 常葉学園]
　〒420-0911 静岡県静岡市葵区瀬名2-2-1
　TEL 054-261-1313
昭和41年4月1日　　常葉女子短期大学を開学
昭和53年4月　　　常葉学園短期大学と改称

◇浜松学院大学短期大学部
　[学校法人 興誠学園]
　〒430-0906 静岡県浜松市住吉2-3-1
　TEL 053-473-6100
昭和26年4月　　　浜松短期大学が開学
昭和27年7月　　　浜松商科短期大学と改称
昭和42年4月　　　浜松短期大学と改称
平成16年　　　　　浜松学院大学短期大学部と改称

【高専】

◇沼津工業高等専門学校
　〒410-0022 静岡県沼津市大岡3600
　TEL 055-921-2700
昭和37年3月29日　沼津工業高等専門学校を設置

【高校】

◇芥田学園高等学校
　[学校法人 芥田学園]
　〒430-0851 静岡県浜松市向宿2-20-1
　TEL 053-461-7356
昭和4年11月27日　浜松女子商業学校を設置
昭和23年4月1日　　浜松女子商業高等学校を設置
平成2年4月1日　　浜松女子高等学校と改称
平成9年4月1日　　芥田学園高等学校と改称

◇静岡県立熱海高等学校
　〒413-0102 静岡県熱海市下多賀字向山1484-22
　TEL 0557-68-3291
昭和17年4月18日　熱海市立熱海高等女学校が開校
昭和23年4月1日　　静岡県立熱海高等学校と改称

◇静岡県立新居高等学校
　〒431-0304 静岡県浜名郡新居町内山2036
　TEL 053-594-1515
昭和3年　　　　　町立新居実科高等学校を設立
昭和23年　　　　　静岡県新居高等学校と改称
昭和24年　　　　　静岡県立新居高等学校と改称

# 静岡県

◇静岡県立**池新田**高等学校
〒437-1612 静岡県御前崎市池新田2907-1
TEL 0537-86-2460
| | |
|---|---|
| 大正8年4月1日 | 笠南農業補習学校の設立認可を受ける |
| 大正15年9月10日 | 笠南公民実業学校と改称 |
| 昭和3年3月30日 | 笠南公民実業学校を廃止し池新田村外9か村組合立池新田農学校の設立認可を受ける |
| 昭和15年1月18日 | 池新田村外22か町村組合立池新田農学校と改組 |
| 昭和22年4月1日 | 静岡県立池新田農学校と改称 |
| 昭和23年4月1日 | 静岡県立池新田高等学校と改称 |

◇静岡県立**伊豆中央**高等学校
〒410-2122 静岡県伊豆の国市寺家970-1
TEL 055-949-4771
| | |
|---|---|
| 昭和54年4月1日 | 静岡県立伊豆中央高等学校が開校 |

◇静岡県立**伊東**高等学校
〒414-0055 静岡県伊東市岡入の道1229-3
TEL 0557-37-8811
| | |
|---|---|
| 昭和8年4月4日 | 静岡県伊東高等女学校が開校 |
| 昭和22年9月5日 | 静岡県伊東市立伊東高等女学校と改称 |
| 昭和23年4月1日 | 静岡県立伊東高等学校と改称 |

◇静岡県立**伊東城ケ崎**高等学校
〒413-0232 静岡県伊東市八幡野1120
TEL 0557-54-1914
| | |
|---|---|
| 昭和58年4月6日 | 静岡県立伊東城ケ崎高等学校が開校 |

◇静岡県立**伊東商業**高等学校
〒414-0051 静岡県伊東市吉田748-1
TEL 0557-45-0350
| | |
|---|---|
| 昭和38年 | 静岡県立伊東商業高等学校が開校 |

◇静岡県立**引佐**高等学校
〒431-2213 静岡県浜松市引佐町金指1428
TEL 053-542-0016
| | |
|---|---|
| 明治35年3月 | 組合立引佐農業学校の設立認可を受ける |
| 大正7年3月 | 静岡県引佐郡立引佐農林学校と改称 |
| 大正11年4月 | 静岡県立引佐農林学校と改称 |
| 大正15年3月 | 静岡県立引佐農学校と改称 |
| 昭和23年4月 | 静岡県立引佐農学校, 気賀高等女学校が合併 静岡県立引佐高等学校と改称 |
| 昭和26年4月 | 静岡県立引佐農業学校と改称 |
| 昭和38年4月 | 静岡県立引佐高等学校と改称 |

◇静岡県立**稲取**高等学校
〒413-0411 静岡県賀茂郡東伊豆町稲取3012-2
TEL 0557-95-0175
| | |
|---|---|
| 大正8年11月15日 | 稲取村立稲取実業補習学校が開校 |
| 昭和10年7月30日 | 稲取町立稲取青年学校を開校 |
| 昭和11年6月1日 | 稲取町立実業学校の設置認可を受ける |
| 昭和22年4月1日 | 静岡県立稲取実業学校と改称 |
| 昭和23年4月1日 | 静岡県立稲取高等学校と改称 |

◇静岡県立**庵原**高等学校
〒421-3203 静岡県静岡市清水区蒲原5300-5
TEL 0543-88-2155
| | |
|---|---|
| 昭和56年 | 静岡県立庵原高等学校を設立 |

◇静岡県立**磐田北**高等学校
〒438-0086 静岡県磐田市見付2031-2
TEL 0538-32-2181
| | |
|---|---|
| 明治42年4月 | 磐田郡立実践高等女学校が開校 |
| 明治44年5月 | 磐田郡立高等女学校と改称 |
| 大正8年9月 | 静岡県磐田高等女学校と改称 |
| 大正11年4月 | 静岡県立見付高等女学校と改称 |
| 昭和23年4月 | 静岡県立磐田第二高等学校と改称 |
| 昭和24年4月 | 静岡県立磐田北高等学校と改称 |
| 昭和27年4月 | 磐田商業高等学校として商業科が独立 |

◇静岡県立**磐田西**高等学校
〒438-0078 静岡県磐田市中泉2680-1
TEL 0538-34-5217
| | |
|---|---|
| 昭和14年3月 | 中泉町立中泉商業学校の設立許可を受ける |
| 昭和17年4月 | 静岡県磐田商業学校と改称 |
| 昭和19年4月 | 静岡県磐田工業学校と転換 |
| 昭和21年3月 | 静岡県磐田工業学校を廃止 |
| 昭和21年4月 | 静岡県磐田商業学校と復元 |
| 昭和23年4月 | 静岡県立磐田実業高等学校と改称 |
| 昭和24年4月 | 静岡県立磐田北高等学校と改称 |
| 昭和27年4月 | 静岡県立磐田商業高等学校と改称 |
| 平成3年4月 | 静岡県立磐田西高等学校と改称 |

◇静岡県立**磐田農業**高等学校
〒438-8718 静岡県磐田市中泉168
TEL 0538-32-2161
| | |
|---|---|
| 明治29年4月 | 磐田、豊田、山名三郡組合立中遠簡易農学校が開校 |
| 明治32年4月 | 中遠農学校と改称 |
| 明治33年3月 | 静岡県農学校と改称 |
| 明治34年4月 | 静岡県立農学校と改称 |
| 大正8年4月 | 静岡県立中泉農学校と改称 |
| 昭和23年4月 | 静岡県立磐田農業高等学校と改称 |

◇**磐田東**高等学校
［学校法人 磐田東学園］
〒438-0086 静岡県磐田市見付180-5
TEL 0538-32-6118
| | |
|---|---|
| 昭和34年4月 | 磐田東高等学校を設立 |

◇静岡県立**磐田南**高等学校
〒438-8686 静岡県磐田市見付3084
TEL 0538-32-7286
| | |
|---|---|
| 大正11年4月 | 静岡県立見付中学校が開校 |
| 昭和23年4月 | 静岡県立磐田第一高等学校と改称 |
| 昭和24年4月 | 静岡県立磐田南高等学校と改称 |

◇**オイスカ**高等学校
［学校法人 中野学園］
〒431-1115 静岡県浜松市和地町5835
TEL 053-486-3011
| | |
|---|---|
| 昭和42年 | 天文地学専門学校（のち:オイスカ開発教育専門学校）を中野與之助が設立 |
| 昭和58年 | オイスカ高等学校が開校 |

◇静岡県立**大井川**高等学校
〒421-0206 静岡県志太郡大井川町上新田292-1
TEL 054-622-3411
| | |
|---|---|
| 昭和59年4月1日 | 静岡県立大井川高等学校が開校 |

静岡県

◇静岡県立**大仁高等学校**
　〒410-2395 静岡県伊豆の国市大仁334
　TEL 0558-76-1069
　大正8年4月21日　　田方郡田中村外9か村学校組合立大仁実科女学校が開校
　大正11年4月14日　　田方郡田中村外9か村学校組合立大仁高等女学校に組織変更
　大正12年4月1日　　田方郡田中村外16か町村学校組合立大仁高等女学校に組織変更
　昭和3年4月1日　　静岡県立大仁高等女学校と改称
　昭和23年4月1日　　静岡県立大仁高等学校と改称

◇静岡県立**小笠高等学校**
　〒439-0022 静岡県菊川市東横地1222-3
　TEL 0537-35-3181
　大正2年　　　　　　小笠郡立静岡県小笠農学校が開校
　大正11年　　　　　静岡県立小笠農学校と改称
　昭和19年　　　　　静岡県堀之内高等家政女学校を統合し女子部を設置
　昭和23年　　　　　静岡県立小笠農業高等学校と改称
　平成7年　　　　　　静岡県立小笠高等学校と改称

◇静岡県立**小山高等学校**
　〒410-1313 静岡県駿東郡小山町竹之下369
　TEL 0550-76-1188
　昭和60年4月1日　　静岡県立御殿場高等学校小山分校を統合併設
　昭和60年4月8日　　静岡県立小山高等学校が開校

◇静岡県立**掛川工業高等学校**
　〒436-0018 静岡県掛川市葵町15-1
　TEL 0537-22-7255
　昭和38年4月1日　　静岡県立中遠工業高等学校が開校
　昭和53年4月1日　　静岡県立掛川工業高等学校と改称

◇静岡県立**掛川西高等学校**
　〒436-0054 静岡県掛川市城西1丁目1-6
　TEL 0537-22-7165
　明治13年8月30日　　静岡県立掛川中学校を設置
　明治15年10月14日　　佐野城東郡立掛川中学校と改称
　明治19年3月10日　　浜松中学校に合併される
　明治34年4月1日　　静岡県立掛川中学校を設置
　昭和23年4月1日　　静岡県立掛川第一高等学校と改称
　昭和24年4月1日　　静岡県立掛川西高等学校と改称

◇静岡県立**掛川東高等学校**
　〒436-0024 静岡県掛川市南西郷1357
　TEL 0537-22-3155
　明治36年9月1日　　掛川女学校が開校
　明治41年4月24日　　女子技芸学校と改称
　大正2年4月　　　　掛川町立掛川実科高等女学校として開校
　大正12年2月28日　　静岡県立掛川高等女学校と改称
　昭和23年4月1日　　静岡県立掛川第二高等学校と改称
　昭和24年4月1日　　静岡県立掛川東高等学校と改称

◇**加藤学園暁秀高等学校**
　［学校法人 加藤学園］
　〒410-0011 静岡県沼津市岡宮字中見代1361-1
　TEL 055-924-1900
　昭和58年　　　　　加藤学園暁秀高等学校が開校

◇**加藤学園高等学校**
　［学校法人 加藤学園］
　〒410-0022 静岡県沼津市大岡自由ケ丘1979
　TEL 055-921-0347
　大正15年4月　　　　沼津淑徳女学院を設立（創立者:加藤ふぢ）
　昭和9年1月　　　　沼津女子商業学校と改称
　昭和23年4月　　　　沼津女子高等学校と改称
　昭和29年4月　　　　沼津女子商業高等学校と改称
　昭和49年4月　　　　沼津女子高等学校と改称
　昭和58年4月　　　　加藤学園高等学校と改称

◇静岡県立**金谷高等学校**
　〒428-0021 静岡県島田市金谷河原35
　TEL 0547-45-4155
　昭和24年　　　　　島田商業高等学校金谷分校が開校
　昭和25年　　　　　小笠農業高等学校五和分校が開校
　昭和34年　　　　　島田商業高等学校金谷分校, 小笠農業高等学校五和分校を統合し島田高等学校金谷分校と改称
　昭和42年　　　　　静岡県立金谷高等学校と改称

◇静岡県立**川根高等学校**
　〒428-0301 静岡県榛原郡川根本町徳山1644-1
　TEL 0547-57-2221
　昭和38年4月　　　　静岡県立藤枝東高等学校川根分校が開校
　昭和41年　　　　　静岡県立川根高等学校と改称

◇静岡県立**気賀高等学校**
　〒431-1302 静岡県浜松市細江町広岡1
　TEL 053-523-1035
　大正3年　　　　　　気賀町立女子技芸学校が開校
　大正7年　　　　　　気賀町立気賀実科高等女学校と改称
　昭和3年　　　　　　静岡県気賀実科高等女学校と改称
　昭和18年　　　　　静岡県気賀高等女学校と改称
　昭和23年4月　　　　静岡県立引佐農学校と統合し静岡県立引佐高等学校と改称
　昭和26年4月　　　　静岡県立気賀高等学校と改称

◇**興誠高等学校**
　［学校法人 興誠学園］
　〒430-0907 静岡県浜松市高林1-17-2
　TEL 053-471-4136
　昭和8年11月　　　　静岡県興誠商業学校を設置
　昭和19年2月　　　　興誠航空工業学校と改称
　昭和20年11月　　　興誠中学校と改称
　昭和23年4月　　　　興誠高等学校と改称
　昭和27年4月　　　　興誠商業高等学校と改称
　昭和48年4月　　　　興誠高等学校と改称

◇**国際開洋第一高等学校**
　［学校法人 国際開洋学園］
　〒437-1506 静岡県菊川市河東5442-5
　TEL 0537-73-5141
　昭和60年4月　　　　国際開洋第一高等学校を井脇ノブ子が設立

◇静岡県立**湖西高等学校**
　〒431-0431 静岡県湖西市鷲津1510-2
　TEL 053-575-0511
　昭和54年4月5日　　静岡県立湖西高等学校が開校

◇静岡県立**御殿場高等学校**
　〒412-0028 静岡県御殿場市御殿場192-1
　TEL 0550-82-0111

静岡県

| 明治35年4月 | 御厨町外10ヶ所町村学校組合立御殿場農学校が開校 |
| 大正3年4月1日 | 御殿場実業学校と改称 |
| 大正12年4月1日 | 静岡県立御殿場実業学校と改称 |
| 昭和23年4月1日 | 静岡県立御殿場高等学校と改称 |
| 昭和23年9月1日 | 静岡県立御殿場高等学校小山分校（のち：静岡県立小山高校（定時制課程））を設立 |

◇御殿場西高等学校
　［学校法人 東駿学園］
　〒412-0041 静岡県御殿場市茱萸沢644-1
　TEL 0550-89-2466
| 昭和42年1月 | 御殿場西高等学校を設立 |

◇静岡県立御殿場南高等学校
　〒412-0043 静岡県御殿場市新橋1450
　TEL 0550-82-1272
| 昭和38年4月1日 | 静岡県立御殿場南高等学校が開校 |

◇静岡県立相良高等学校
　〒421-0596 静岡県牧之原市波津1700-3
　TEL 0548-52-1133
| 昭和2年4月11日 | 町立相良家政女学校が開校 |
| 昭和21年 | 静岡県相良高等女学校と改称 |
| 昭和23年 | 静岡県立相良高等学校と改称 |

◇静岡県立佐久間高等学校
　〒431-3908 静岡県浜松市佐久間町中部683-1
　TEL 0539-65-0065
| 昭和32年4月8日 | 佐久間町他三ヶ町村組合立佐久間高等学校が開校 |
| 昭和34年4月1日 | 静岡県立佐久間高等学校と改称 |
| 昭和42年3月7日 | 静岡県立佐久間高等学校水窪分校（旧：静岡県立二俣高等学校水窪分校）が閉校 |

◇静岡英和女学院高等学校
　［学校法人 静岡英和女学院］
　〒420-0866 静岡県静岡市葵区西草深町8-1
　TEL 054-254-7401
| 明治20年 | 静岡女学校を平岩愃保が関口隆吉らとともに開校 |
| 明治36年 | 静岡英和女学校と改称 |
| 昭和23年 | 静岡英和女学院高等学校が発足 |

◇静岡学園高等学校
　［学校法人 第二静岡学園］
　〒422-8007 静岡県静岡市駿河区聖一色226-3
　TEL 054-262-0191
| 昭和40年12月 | 静岡学園高等学校を設置 |

◇静岡北高等学校
　［学校法人 静岡理工科大学］
　〒420-0911 静岡県静岡市葵区瀬名5-14-1
　TEL 054-261-5801
| 昭和38年4月 | 静岡県自動車工業高等学校が開校 |
| 昭和55年4月 | 静岡北高等学校と改称 |

◇静岡県西遠女子学園高等学校
　［学校法人 静岡県西遠女子学園］
　〒430-0807 静岡県浜松市佐藤3-20-1
　TEL 053-461-0374
| 明治39年10月 | 私立女子高等技芸学校を岡本巌が創立 |
| 明治44年4月 | 私立浜松実科高等女学校と改称 |
| 大正8年11月 | 浜松淑徳女学校と改称 |
| 大正9年2月 | 西遠高等女学校を開校 |
| 昭和23年4月 | 浜松淑徳女学校，西遠高等女学校を合併吸収し静岡県西遠女子学園高等学校と改称 |

◇静岡県富士見高等学校
　［学校法人 富士学園］
　〒416-8555 静岡県富士市平垣町1-1
　TEL 0545-61-0250
| 昭和3年 | 静岡県富士見高等女学校を設立 |
| 昭和6年 | 静岡県富士高等実践女学校（のち廃校）を設置 |
| 昭和12年 | 静岡県富士商業学校（のち廃校）が開校 |
| 昭和23年 | 静岡県富士見高等学校と改称 |

◇静岡県立静岡工業高等学校
　〒420-0845 静岡県静岡市葵区太田町24
　TEL 054-245-4178
| 大正7年 | 静岡工業学校が開校 |
| 大正15年3月 | 専修工業学校（夜間）（のち：工業青年学校）を併設 |
| 昭和23年4月 | 静岡県立静岡工業高等学校に学制改革により移行 |
| 昭和24年3月 | 静岡県立静岡工業学校を自然廃止 |
| 昭和24年4月 | 静岡県立静岡工業高等学校に移行 |

◇静岡県立静岡高等学校
　〒420-8608 静岡県静岡市葵区長谷町66
　TEL 054-245-0567
| 明治11年8月 | 静岡師範学校中学課を開校 |
| 明治12年6月 | 静岡中学校と分離独立 |
| 明治19年7月29日 | 県立静岡中学校，浜松中学校，沼津中学校が合併し県立静岡中学校が開校 |
| 明治20年6月 | 静岡尋常中学校と改称 |
| 明治34年4月26日 | 静岡県立静岡中学校と改称 |
| 明治23年4月1日 | 静岡県立静岡第一高等学校と改称 |
| 明治24年4月1日 | 静岡県立静岡城内高等学校と改称 |
| 明治28年9月1日 | 静岡県立静岡高等学校と改称 |

◇静岡サレジオ高等学校
　［学校法人 星美学園］
　〒424-8624 静岡県静岡市清水区中之郷3-2-1
　TEL 0543-45-2296
| 昭和23年9月 | 静岡星美高等学校を設置 |
| 平成15年4月 | 静岡サレジオ高等学校と改称 |

◇静岡県立静岡商業高等学校
　〒420-0068 静岡県静岡市葵区田町7丁目90
　TEL 054-255-6241
| 明治32年 | 静岡市立静岡商業学校が開校 |
| 大正8年 | 静岡県静岡商業学校と改称 |
| 大正11年 | 静岡県立静岡商業学校と改称 |
| 昭和17年 | 静岡県立静岡第二商業学校（のち：静岡商業高校定時制課程）を設立 |
| 昭和23年 | 静岡県立静岡商業高等学校と改称 |

◇静岡県立静岡城北高等学校
　〒420-0881 静岡県静岡市葵区北安東2丁目3-1
　TEL 054-245-5466

| 明治36年2月4日 | 静岡県立高等女学校の設立認可を受ける |
| 大正11年4月1日 | 静岡県立静岡高等女学校と改称 |
| 昭和23年4月1日 | 静岡県立第二高等学校と改称 |
| 昭和24年4月1日 | 静岡県立静岡城北高等学校と改称 |

◇静岡女子高等学校
　［学校法人 静岡和洋学園］
　〒422-8076 静岡県静岡市駿河区八幡3-6-1
　TEL 054-285-2274

| 大正8年4月 | 静岡和洋女学校を設立 |
| 昭和8年 | 静岡和洋女子職業学校と改称 |
| 昭和24年 | 静岡和洋高等学校と改称 |
| 昭和29年 | 静岡女子高等学校と改称 |

◇静岡市立高等学校
　〒420-0803 静岡県静岡市葵区千代田3丁目1-1
　TEL 054-245-0417

| 昭和23年4月1日 | 静岡市立第一中学校，静岡市立第二中学校を合併し静岡市立高等学校を設置 |

◇静岡市立商業高等学校
　〒422-8032 静岡県静岡市駿河区有東3-4-17
　TEL 054-285-2271

| 昭和28年9月10日 | 静岡市立商業高等学校が開校 |

◇静岡聖光学院高等学校
　［学校法人 静岡聖光学院］
　〒422-8021 静岡県静岡市駿河区小鹿1440
　TEL 054-285-9136

| 昭和52年3月25日 | 静岡聖光学院高等学校を設置 |

◇静岡大成高等学校
　［学校法人 静岡精華学園］
　〒420-0839 静岡県静岡市葵区鷹匠2丁目4-18
　TEL 054-254-7334

| 明治36年 | 私立静岡高等女学校を継承し私立静岡精華女学校を創立 |
| 大正8年 | 静岡精華高等女学校と改称 |
| 昭和23年 | 静岡精華高等学校を設置 |
| 平成16年 | 静岡大成高等学校と改称 |

◇静岡県立静岡中央高等学校
　〒420-8502 静岡県静岡市葵区城北2丁目29-1
　TEL 054-209-2431

| 平成5年 | 静岡県立静岡中央高等学校が開校 |

◇静岡県立静岡西高等学校
　〒421-1221 静岡県静岡市葵区牧ヶ谷680-1
　TEL 0543-52-2225

| 昭和52年4月7日 | 静岡県立静岡西高等学校が開校 |

◇静岡県立静岡農業高等学校
　〒420-0812 静岡県静岡市葵区古庄3丁目1-1
　TEL 054-261-0111

| 大正4年4月1日 | 安倍郡立農学校が開校 |
| 昭和6年2月6日 | 静岡県立静岡農学校と改称 |
| 昭和23年4月1日 | 静岡県立静岡農業高等学校と改称 |

◇静岡県立静岡東高等学校
　〒420-0923 静岡県静岡市葵区川合3丁目24-1
　TEL 054-261-6636

| 昭和38年4月1日 | 静岡県立静岡東高等学校が開校 |

◇静岡雙葉高等学校
　［学校法人 静岡雙葉学園］
　〒420-8628 静岡県静岡市葵区追手町10-71
　TEL 054-255-0305

| 明治36年 | 仏英女学校を設立 |
| 明治39年 | サンモール学院を設立 |
| 明治40年 | 私立和仏英女学校と改称 |
| 明治45年 | 不二高等女学校と改称 |
| 昭和23年 | 不二高等学校を設置 |
| 昭和26年 | 静岡雙葉高等学校と改称 |

◇静岡県立静岡南高等学校
　〒422-8017 静岡県静岡市駿河区大谷5762
　TEL 054-237-5781

| 昭和58年4月8日 | 静岡県立静岡南高等学校が開校 |
| 平成16年4月1日 | 静岡県立静岡北養護学校南の丘分校を併置 |

◇島田学園高等学校
　［学校法人 島田学園］
　〒427-0034 静岡県島田市伊太2075-1
　TEL 0547-37-3116

| 大正15年 | 静岡県島田高等裁縫女学校を設立 |
| 昭和3年 | 静岡県島田実践女学校と改称 |
| 昭和10年 | 島田女子商業青年学校と改称 |
| 昭和16年 | 島田女子商業学校と改称 |
| 昭和19年 | 静岡県大井女子商業学校と改称 |
| 昭和19年 | 大井実業高等学校と改称 |
| 昭和37年 | 島田学園高等学校と改称 |

◇静岡県立島田工業高等学校
　〒427-8541 静岡県島田市阿知ヶ谷201
　TEL 0547-37-4194

| 昭和38年4月1日 | 静岡県立島田工業高等学校が開校 |

◇静岡県立島田高等学校
　〒427-8588 静岡県島田市稲荷1丁目7-1
　TEL 0547-37-2188

| 大正8年 | 島田高等女学校を設立 |
| 昭和24年 | 静岡県立島田高等学校と改称 |

◇静岡県立島田商業高等学校
　〒427-0058 静岡県島田市祇園町8707
　TEL 0547-37-4167

| 昭和3年4月4日 | 島田商業高等学校が開校 |
| 昭和23年4月4日 | 静岡県立島田商業高等学校と改称 |

◇静岡県立清水工業高等学校
　〒424-0024 静岡県静岡市清水区八坂東1丁目16-1
　TEL 0543-66-5471

| 昭和36年 | 静岡県立清水工業高等学校が開校 |

◇清水国際高等学校
　［学校法人 清水国際学園］
　〒424-0809 静岡県静岡市清水区天神1-4-1
　TEL 0543-66-4155

| 昭和8年 | 清水商業女学校を市毛金太郎が創立 |
| 昭和10年 | 清水女子商業高等学校と改称 |
| 昭和23年 | 清水女子高等学校を設立 |
| 平成6年 | 清水国際高等学校と改称 |

◇静岡市立清水商業高等学校
　〒424-8752 静岡県静岡市清水区桜が丘町7-15
　TEL 0543-53-5388

| 大正11年4月1日 | 静岡県清見潟商業学校が開校 |
| 大正13年2月11日 | 清水市立清見潟商業学校と改称 |
| 昭和7年2月11日 | 静岡県清水商業学校と改称 |

静岡県

| 昭和19年4月1日 | 静岡県清水工業学校を併設 |
| 昭和23年4月1日 | 清水市立商業高等学校を設置 |
| 平成15年4月1日 | 静岡市立清水商業高等学校と改称 |

◇静岡県立清水西高等学校
〒424-8637 静岡県静岡市清水区青葉町5-1
TEL 0543-52-2225
| 明治40年4月 | 巴女子技芸学校が開校 |
| 明治44年3月 | 巴実科高等女学校として独立 |
| 大正7年3月16日 | 巴高等女学校と改称 |
| 大正11年4月1日 | 静岡県立巴高等女学校と改称 |
| 昭和6年2月1日 | 静岡県立清水高等女学校と改称 |
| 昭和21年4月 | 静岡県立清水第二高等学校と改称 |
| 昭和24年4月 | 静岡県立清水西高等学校と改称 |

◇静岡県立清水東高等学校
〒424-8550 静岡県静岡市清水区秋吉町5-10
TEL 0543-66-7030
| 大正12年11月20日 | 静岡県立庵原中学校の設立認可を受ける |
| 昭和14年1月1日 | 静岡県立清水中学校と改称 |
| 昭和23年4月1日 | 静岡県立清水第一高等学校と改称 |
| 昭和24年4月1日 | 静岡県立清水東高等学校と改称 |

◇静岡県立清水南高等学校
〒424-8622 静岡県静岡市清水区折戸3丁目2-1
TEL 0543-34-0291
| 昭和38年 | 静岡県立清水東高等学校分校として開校 |
| 昭和39年 | 静岡県立清水南高等学校として独立 |

◇静岡県立下田北高等学校
〒415-8527 静岡県下田市蓮台寺152
TEL 0558-22-3164
| 明治12年1月15日 | 私立豆陽学校が開校 |
| 明治15年9月1日 | 県立豆陽学校と改称 |
| 明治32年8月1日 | 郡立豆陽学校と改称 |
| 大正8年4月1日 | 県立豆陽中学校と改称 |
| 昭和24年4月 | 静岡県立下田北高等学校と改称 |

◇静岡県立下田南高等学校
〒415-8526 静岡県下田市6丁目4-1
TEL 0558-22-0150
| 大正9年 | 賀茂郡立賀茂高等女学校が開校 |
| 大正11年 | 静岡県立下田高等女学校と改称 |
| 昭和24年 | 静岡県立下田南高等学校と改称 |

◇静岡県立下田南高等学校南伊豆分校
〒415-0306 静岡県賀茂郡南伊豆町石井58
TEL 0558-62-0103
| 昭和23年9月 | 南賀分校が開校 |
| 昭和31年4月 | 静岡県立下田南高等学校南伊豆分校と改称 |

◇静岡県立周智高等学校
〒437-0215 静岡県周智郡森町森92-1
TEL 0538-85-3104
| 明治39年4月 | 私立周智農林学校が開校 |
| 大正11年4月 | 県立周智農林学校と改称 |
| 昭和24年 | 静岡県立森高等学校と合併 |
| 昭和43年4月 | 静岡県立周智高等学校と改称 |

◇静岡県立修善寺工業高等学校
〒410-2401 静岡県伊豆市牧之郷892
TEL 0558-72-3322

| 昭和10年4月 | 北狩野村立中堅農民学校が開校 |
| 昭和10年9月 | 北狩野村立中堅農民青年学校と改称 |
| 昭和16年4月 | 組合立中豆農学校と改称 |
| 昭和23年4月 | 静岡県立中豆農業高等学校と改称 |
| 昭和30年4月 | 静岡県立修善寺農林高等学校と改称 |
| 昭和32年4月 | 静岡県立修善寺高等学校と改称 |
| 昭和36年4月 | 静岡県立修善寺工業高等学校と改称 |

◇城南静岡高等学校
[学校法人 長嶋学園]
〒422-8074 静岡県静岡市駿河区南八幡町1-1
TEL 054-285-6156
| 大正15年4月 | 静岡女子商業高等学校が開校 |
| 平成15年4月 | 城南静岡高等学校に改称 |

◇静岡県立裾野高等学校
〒410-1118 静岡県裾野市佐野900-1
TEL 055-992-1125
| 明治36年4月 | 小泉村外3ヶ村学校組合立佐野農業補修学校が開校 |
| 大正10年4月 | 静岡県佐野実業学校と改称 |
| 昭和23年4月 | 静岡県立沼津農業高等学校佐野教場と改称 |
| 昭和28年4月 | 静岡県立裾野高等学校として独立 |

◇誠恵高等学校
[学校法人 誠恵学院]
〒410-0058 静岡県沼津市沼北町2-9-12
TEL 055-921-5088
| 昭和25年9月1日 | 富士服装学院（のち:沼津女子高等学院）を開校 |
| 昭和35年4月1日 | 沼津北高等学校が開校 |
| 平成11年4月1日 | 誠恵高等学校と改称 |

◇静清工業高等学校
[学校法人 相川学園]
〒426-0007 静岡県藤枝市潮87
TEL 054-641-6693
| 昭和16年5月 | 静清工業学校が開校 |
| 昭和25年12月7日 | 静清工業高等学校と改称 |

◇星陵高等学校
[学校法人 静岡理工科大学]
〒418-0035 静岡県富士宮市星山1068
TEL 0544-24-4811
| 昭和50年 | 星陵高等学校を設立 |

◇聖隷クリストファー高等学校
[学校法人 聖隷学園]
〒433-8558 静岡県浜松市三方原町3453
TEL 053-436-5313
| 昭和24年 | 各種学校遠州キリスト学園を開設 |
| 昭和27年 | 聖隷准看護婦養成所を開設 |
| 昭和41年 | 聖隷学園高等学校を設置 |
| 平成13年 | 聖隷クリストファー高等学校と改称 |

◇静岡県立田方農業高等学校
〒419-0124 静岡県田方郡函南町塚本961
TEL 055-978-2265
| 明治35年 | 田方郡立田方農林学校を設立 |
| 大正11年 | 静岡県立田方農学校と改称 |

静岡県

| | | | | |
|---|---|---|---|---|
|昭和23年|　|静岡県立田方農業高等学校と改称|昭和32年12月|日本大学三島高等学校を設置|

◇静岡県立**天竜林業高等学校**
　〒431-3314　静岡県浜松市二俣町二俣601
　TEL 0539-25-3139
　大正13年4月　　　二俣町立二俣実業補習学校が開校
　昭和18年4月　　　静岡県二俣商業学校と改称
　昭和19年4月　　　静岡県二俣林業学校が開校
　昭和23年4月　　　静岡県立天竜林業高等学校と改称
　昭和24年4月　　　静岡県立二俣高等学校と統合
　昭和26年4月　　　静岡県立二俣高等学校から分離し
　　　　　　　　　　静岡県立天竜林業高等学校と改称

◇静岡県立**土肥高等学校**
　〒410-3302　静岡県伊豆市土肥870-1
　TEL 0558-98-0211
　昭和41年3月31日　静岡県立松崎高等学校より独立し
　　　　　　　　　　静岡県立土肥高等学校を設置

◇**東海大学付属翔洋高等学校**
　［学校法人　東海大学］
　〒424-8611　静岡県静岡市清水区折戸3-20-1
　TEL 0543-34-0726
　昭和26年4月　　　東海大学第一高等学校が開校
　昭和34年4月　　　東海大学工業高等学校が開校
　平成11年4月　　　東海大学第一高等学校, 東海大学
　　　　　　　　　　工業高等学校を統合し
　　　　　　　　　　東海大学付属翔洋高等学校が開校

◇**桐陽高等学校**
　［学校法人　沼津学園］
　〒410-0055　静岡県沼津市高島本町8-52
　TEL 0559-21-0096
　昭和57年12月20日　桐陽高等学校を設置

◇**常葉学園菊川高等学校**
　［学校法人　常葉学園］
　〒439-0019　静岡県菊川市半済1550
　TEL 0537-35-3171
　昭和47年4月1日　　常葉学園菊川高等学校が開校

◇**常葉学園高等学校**
　［学校法人　常葉学園］
　〒420-0831　静岡県静岡市葵区水落町1-30
　TEL 054-245-5401
　昭和21年6月8日　　静岡女子高等学院を開校（創立者：
　　　　　　　　　　木宮泰彦）
　昭和26年10月1日　　常葉高等学校と改称
　昭和53年4月　　　　常葉学園高等学校と改称

◇**常葉学園橘高等学校**
　［学校法人　常葉学園］
　〒420-0911　静岡県静岡市葵区瀬名2-1-1
　TEL 054-261-2256
　昭和38年4月1日　　橘高等学校が開校
　昭和53年4月　　　　常葉学園橘高等学校と改称

◇静岡県立**長泉高等学校**
　〒411-0934　静岡県駿東郡長泉町下長窪1002
　TEL 055-986-2000
　昭和60年4月6日　　静岡県立長泉高等学校が開校

◇**日本大学三島高等学校**
　［学校法人　日本大学］
　〒411-0033　静岡県三島市文教町2-31-145
　TEL 055-988-3500

◇静岡県立**韮山高等学校**
　〒410-2143　静岡県伊豆の国市韮山韮山229
　TEL 055-949-1009
　明治6年3月　　　　仮研究所を開設
　明治7年11月　　　　韮山講習所対岳学校と改称
　明治9年5月　　　　韮山師範分校と改称
　明治10年6月　　　　韮山変則中学校と改称
　明治11年5月　　　　韮山中学校と改称
　明治11年5月　　　　県立韮山中学校と改称
　明治15年12月　　　町村立伊豆学校と改称
　明治17年7月　　　　県立豆陽学校と改称
　明治19年4月　　　　町村立伊豆学校と改称
　明治20年11月　　　私立伊豆学校と改称
　明治28年3月　　　　静岡県尋常中学校韮山分校と改称
　明治29年4月　　　　静岡県韮山尋常中学校と改称
　明治31年4月　　　　静岡県立韮山尋常中学校と改称
　明治32年4月　　　　静岡県韮山中学校と改称
　明治34年4月　　　　静岡県立韮山中学校と改称
　昭和23年4月　　　　静岡県立韮山高等学校と改称

◇静岡県立**沼津工業高等学校**
　〒410-0822　静岡県沼津市下香貫八重129-1
　TEL 055-931-0343
　昭和14年3月23日　　静岡県立沼津工業学校を設置
　昭和23年4月1日　　静岡県立沼津工業高等学校と改称

◇沼津市立**沼津高等学校**
　〒410-0031　静岡県沼津市三枚橋字鐘突免673
　TEL 055-921-0805
　昭和21年4月20日　　沼津市立沼津第一中学校が開校
　昭和25年4月1日　　沼津高等学校を設立
　昭和27年4月1日　　沼津市立沼津高等学校と改称

◇静岡県立**沼津商業高等学校**
　〒411-0917　静岡県駿東郡清水町徳倉1205
　TEL 055-931-7080
　昭和17年　　　　　沼津第二商業学校として開校
　昭和23年　　　　　静岡県立沼津商業高等学校と改称

◇静岡県立**沼津城北高等学校**
　〒410-0012　静岡県沼津市岡一色875
　TEL 055-921-0344
　明治35年　　　　　駿東農林水産学校が開校
　昭和23年　　　　　静岡県立沼津農業高等学校と改称
　昭和38年　　　　　静岡県立沼津北部高等学校と改称
　昭和61年　　　　　静岡県立沼津城北高等学校と改称

◇**沼津中央高等学校**
　［学校法人　沼津精華学園］
　〒410-0033　静岡県沼津市杉崎町11-20
　TEL 0559-21-0346
　大正13年　　　　　沼津精華女学校を秋鹿見橘が設立
　昭和25年　　　　　沼津精華高等学校と改称
　平成6年　　　　　沼津中央高等学校と改称

◇静岡県立**沼津西高等学校**
　〒410-0867　静岡県沼津市本字千本1910-9
　TEL 055-962-0345
　明治34年4月20日　　私立駿東高等女学院が開校
　大正8年5月1日　　駿東郡立駿東高等女学校と改称
　大正11年4月1日　　静岡県立沼津高等女学校と改称
　昭和23年4月1日　　静岡県立沼津第二高等学校と改称
　昭和24年4月1日　　静岡県立沼津西高等学校と改称

## 静岡県

◇静岡県立**沼津東高等学校**
〒410-0011 静岡県沼津市岡宮812
TEL 055-921-0341
| 明治34年4月1日 | 静岡県沼津中学校が開校 |
| --- | --- |
| 昭和23年4月1日 | 静岡県立沼津第一高等学校と改称 |
| 昭和24年4月1日 | 静岡県立沼津東高等学校と改称 |

◇静岡県立**榛原高等学校**
〒421-0422 静岡県牧之原市静波850
TEL 0548-22-0380
〈榛原第一高等学校〉
| 明治33年7月 | 吉田村堰南学校が開校 |
| --- | --- |
| 明治34年3月27日 | 榛原郡榛原中学校が開校 |
| 大正6年4月1日 | 静岡県立榛原中学校が開校 |
| 昭和23年4月1日 | 榛原第一高等学校に移行 |
〈榛原第二高等学校〉
| 明治42年4月1日 | 川崎町立榛原女学校が開校 |
| --- | --- |
| 大正6年4月1日 | 川崎町外3カ村組合立榛原実科高等女学校が開校 |
| 大正8年4月1日 | 川崎町外10カ村組合立榛原高等女学校が開校 |
| 昭和2年4月1日 | 静岡県立榛原高等女学校が開校 |
| 昭和23年4月1日 | 榛原第二高等学校に移行 |
〈統合〉
| 昭和24年4月1日 | 榛原第一高等学校，榛原第二高等学校を統合して静岡県立榛原高等学校が開校 |
| --- | --- |

◇静岡県立**浜北西高等学校**
〒434-0003 静岡県浜松市新原4175-1
TEL 053-587-1135
| 昭和54年4月6日 | 静岡県立浜北西高等学校が開校 |
| --- | --- |

◇静岡県立**浜名高等学校**
〒434-0033 静岡県浜松市西美薗2939-1
TEL 053-586-3155
〈北浜高等女学校〉
| 大正2年4月12日 | 北浜裁縫女塾が開校 |
| --- | --- |
| 大正3年4月10日 | 北浜実科女学校の設置認可を受ける |
| 大正8年3月26日 | 北浜実科高等女学校の設置認可を受ける |
| 大正15年3月3日 | 北浜村外八ケ町村学校組合認可北浜高等女学校と改称 |
〈笠井高等女学校〉
| 大正14年3月26日 | 笠井職業女学校の設置認可を受ける |
| --- | --- |
| 昭和21年4月1日 | 笠井高等女学校に転換 |
〈統合〉
| 昭和22年7月10日 | 北浜高等女学校，笠井高等女学校が合併し静岡県立浜名高等女学校と改称 |
| --- | --- |
| 昭和23年4月1日 | 静岡県立浜名高等学校と改称 |

◇**浜松海の星高等学校**
［学校法人 浜松海の星女学院］
〒432-8018 静岡県浜松市蜆塚3-14-1
TEL 053-454-5376
| 昭和31年4月 | 浜松海の星高等学校を聖ベルナルド女子修道会が創立 |
| --- | --- |

◇静岡県立**浜松江之島高等学校**
〒430-0844 静岡県浜松市江之島町630-1
TEL 053-425-6020

| 昭和59年 | 静岡県立浜松江之島高等学校を設置 |
| --- | --- |

◇静岡県立**浜松大平台高等学校**
〒432-8686 静岡県浜松市大平台4丁目25-1
TEL 053-482-1011
| 平成18年4月 | 農業経営高等学校，静岡県立浜松城南高等学校を再編統合し静岡県立浜松大平台高等学校が開校 |
| --- | --- |

◇**浜松開誠館高等学校**
［学校法人 誠心学園］
〒430-0947 静岡県浜松市松城町207-2
TEL 053-456-7111
| 大正13年 | 誠心高等女学校が開校 |
| --- | --- |
| 昭和23年 | 誠心高等学校と改称 |
| 平成10年 | 浜松開誠館高等学校と改称 |

◇**浜松学芸高等学校**
［学校法人 信愛学園］
〒430-0905 静岡県浜松市下池川町34-3
TEL 053-471-5336
| 明治26年 | 不如学舎を中村万吉、みつ夫妻が設立 |
| --- | --- |
| 明治35年10月 | 浜松裁縫女学校を設立 |
| 昭和16年 | 浜松信愛女学校と改称 |
| 昭和21年 | 信愛高等学校と改称 |
| 昭和37年 | 信愛学園高等学校と改称 |
| 平成8年 | 浜松学芸高等学校と改称 |

◇静岡県立**浜松北高等学校**
〒432-8013 静岡県浜松市広沢1丁目30-1
TEL 053-454-5548
| 明治27年4月17日 | 静岡県尋常中学校浜松分校が開校 |
| --- | --- |
| 明治34年4月26日 | 静岡県立浜松中学校と改称 |
| 大正13年4月1日 | 静岡県立浜松第一中学校と改称 |
| 昭和23年4月1日 | 静岡県立浜松第一高等学校と改称 |
| 昭和24年4月1日 | 静岡県立浜松北高等学校と改称 |

◇静岡県立**浜松工業高等学校**
〒433-8567 静岡県浜松市初生町1150
TEL 053-436-1101
| 大正4年 | 静岡県染色講習所が開設 |
| --- | --- |
| 大正7年 | 静岡県立浜松工業学校と改称 |
| 昭和23年 | 静岡県立浜松工業高等学校と改称 |

◇静岡県立**浜松湖東高等学校**
〒431-1112 静岡県浜松市大人見町3600
TEL 053-485-0215
| 昭和25年4月 | 静岡県立引佐高等学校北庄内分校が開校 |
| --- | --- |
| 昭和26年4月 | 静岡県立引佐農業高等学校北庄内分校と改称 |
| 昭和31年4月 | 静岡県立引佐農業高等学校庄内分校と改称 |
| 昭和38年4月 | 静岡県立引佐高等学校庄内分校と改称 |
| 昭和42年4月 | 静岡県立浜松湖東高等学校と改称 |

◇静岡県立**浜松湖南高等学校**
〒431-0203 静岡県浜松市馬郡町3791-1
TEL 053-592-1625
| 昭和58年 | 静岡県立浜松湖南高等学校が開校 |
| --- | --- |

◇静岡県立**浜松商業**高等学校
　〒432-8004 静岡県浜松市文丘町4-11
　TEL 053-471-3351
　明治32年4月12日　　浜松町立商業学校が開校
　明治44年9月7日　　浜松市立商業学校と改称
　大正11年4月1日　　静岡県立浜松商業学校と改称
　昭和4年4月1日　　静岡県立浜松第二商業学校を併設
　昭和19年3月31日　　静岡県立浜松第二工業学校と戦時非常措置令によって転換
　昭和21年3月22日　　静岡県立浜松商業学校に復帰
　昭和23年4月1日　　静岡県立浜松商業高等学校と改称

◇静岡県立**浜松城北工業**高等学校
　〒430-0906 静岡県浜松市住吉5丁目16-1
　TEL 053-471-8341
　明治30年7月　　静岡県浜名郡蚕業学校が開校
　明治35年3月　　静岡県浜名郡立蚕業学校と改称
　大正8年4月　　静岡県立蚕業学校と改称
　昭和9年6月　　静岡県立浜松農蚕学校と改称
　昭和23年4月　　静岡県立浜松農業高等学校と改称
　昭和32年4月　　静岡県立浜松農工高等学校と改称
　昭和39年4月　　静岡県立農業経営高等学校と分離し
　　　　　　　　　静岡県立浜松城北工業高等学校と改称

◇浜松市立高等学校
　〒432-8013 静岡県浜松市広沢1丁目21-1
　TEL 053-453-1105
　明治34年3月30日　　静岡県浜松高等学校が開校
　明治34年7月15日　　静岡県浜松町立浜松高等女学校と改称
　明治44年7月1日　　浜松市立浜松高等女学校と改称
　昭和23年4月1日　　浜松市立高等学校と改称

◇静岡県立**浜松西**高等学校
　〒432-8038 静岡県浜松市西伊場町3-1
　TEL 053-454-4471
　大正13年4月4日　　静岡県立浜松第二中学校が開校
　昭和23年4月1日　　静岡県立浜松第二高等学校と改称
　昭和24年4月5日　　静岡県立浜松西高等学校と改称

◇浜松日体高等学校
　[学校法人 日本体育会]
　〒431-3124 静岡県浜松市半田山3-30-1
　TEL 0534-34-0632
　昭和37年　　浜松日体高等学校を設立

◇静岡県立**浜松東**高等学校
　〒431-3105 静岡県浜松市笠井新田町1442
　TEL 053-434-4401
　昭和46年4月1日　　静岡県立浜松東高等学校が開校

◇静岡県立**浜松南**高等学校
　〒432-8056 静岡県浜松市米津町961
　TEL 053-441-1486
　昭和38年4月　　静岡県立浜松南高等学校が開校

◇静岡県立**春野**高等学校
　〒437-0625 静岡県浜松市春野町堀ノ内284
　TEL 0539-85-0306
　昭和24年1月13日　　町立周智農業高等学校犬居分校が開校
　昭和24年4月1日　　静岡県立周智農業高等学校, 静岡県立森高等学校の合併を受けて町立静岡県周智高等学校犬居分校と改称
　昭和28年4月1日　　町立静岡県周知農林高等学校犬居分校と改称
　昭和42年4月1日　　静岡県立周知農林高等学校春野分校と改称
　昭和43年4月1日　　静岡県立周智高等学校春野分校と改称
　昭和55年4月1日　　静岡県立春野高等学校と改称

◇飛龍高等学校
　[学校法人 沼津学園]
　〒410-0013 静岡県沼津市東熊堂字柳ケ坪491
　TEL 0559-21-7942
　昭和17年　　沼津学園高等女学校が開校
　昭和25年12月7日　　沼津学園高等学校と改称
　平成15年4月　　飛龍高等学校と改称

◇静岡県立**富岳館**高等学校
　〒418-0073 静岡県富士宮市弓沢町732
　TEL 0544-27-3205
　明治33年5月31日　　静岡県富士郡立富士農林学校（乙種程度）の設立認可を受ける
　大正7年3月15日　　静岡県富士郡立富士農林学校（甲種程度）と改称
　大正8年3月7日　　静岡県立大宮農学校と改称
　昭和17年6月1日　　静岡県立富士宮農学校と改称
　昭和23年4月1日　　静岡県立富士宮農業高等学校と改称
　平成14年4月1日　　静岡県立富岳館高等学校と改称

◇静岡県立**袋井**高等学校
　〒437-0031 静岡県袋井市愛野2446-1
　TEL 0538-42-0191
　昭和51年4月1日　　静岡県立袋井高等学校が開校

◇静岡県立**袋井商業**高等学校
　〒437-0061 静岡県袋井市久能2350
　TEL 0538-42-2285
　大正12年2月26日　　静岡県袋井商業学校として設立認可を受ける
　昭和4年4月1日　　静岡県立袋井商業学校と改称
　昭和19年4月1日　　静岡県立袋井工業学校と教育に関する戦時非常措置令により転換
　昭和21年4月1日　　静岡県立袋井商業学校を設置
　昭和23年4月1日　　静岡県立袋井実業高等学校と改称
　昭和24年4月1日　　静岡県立袋井高等学校と改称
　昭和34年4月1日　　静岡県立袋井商業高等学校と改称

◇静岡県立**藤枝北**高等学校
　〒426-0016 静岡県藤枝市郡970
　TEL 054-641-2400
　明治36年3月5日　　静岡県志太郡立農学校が開校
　大正8年4月1日　　静岡県藤枝農学校と改称
　昭和23年4月1日　　静岡県立藤枝農業高等学校と改称
　昭和36年4月1日　　静岡県立藤枝北高等学校と改称

◇藤枝順心高等学校
　[学校法人 藤枝学園]
　〒426-0067 静岡県藤枝市前島2-3-1
　TEL 054-635-1311
　大正元年9月10日　　仲田裁縫教授所を仲田順光が創設
　大正12年4月1日　　青島高等裁縫女学校を設立
　昭和19年4月1日　　静岡県青島女子商業学校に昇格
　昭和23年1月1日　　静岡県青島家庭高等学校に昇格

静岡県

| 昭和29年4月1日 | 藤枝南女子高等学校と改称 |
| 平成15年4月1日 | 藤枝順心高等学校と改称 |

◇静岡県立**藤枝西高等学校**
　〒426-0021 静岡県藤枝市城南2丁目4-6
　TEL 054-641-0207

| 大正7年 | 学校組合立志太実科高等女学校が開校 |
| 大正8年 | 志太郡志太高等女学校と改称 |
| 大正11年 | 静岡県立藤枝高等女学校と改称 |
| 昭和23年 | 静岡県立藤枝高等学校と統合 |
| 昭和24年 | 静岡県立志太高等学校と統合 |
| 昭和27年 | 静岡県立藤枝西高等学校として分離独立 |

◇静岡県立**藤枝東高等学校**
　〒426-8577 静岡県藤枝市天王町1丁目7-1
　TEL 054-641-1680

| 大正13年4月7日 | 静岡県立志太中学校が開校 |
| 昭和23年4月10日 | 静岡県立志太高等学校と改称 |
| 昭和24年4月1日 | 静岡県立藤枝高等学校と改称 |
| 昭和27年4月1日 | 静岡県立藤枝東高等学校として分離独立 |

◇**藤枝明誠高等学校**
　［学校法人 藤枝学園］
　〒426-0051 静岡県藤枝市大洲2-2-1
　TEL 054-635-8155

| 昭和58年4月 | 藤枝明誠高等学校が開校 |

◇静岡県立**富士高等学校**
　〒416-0903 静岡県富士市松本17
　TEL 0545-61-0100

| 大正12年 | 静岡県立中学校が開校 |
| 昭和23年 | 静岡県立富士高等学校として新制高校に移管 |

◇**不二聖心女子学院高等学校**
　［学校法人 聖心女子学院］
　〒410-1126 静岡県裾野市桃園198
　TEL 0559-92-0213

| 大正9年 | 温情舎（小学校）を岩下清周が創立 |
| 昭和32年 | 不二聖心女子学院と改称 |
| 昭和48年 | 不二聖心女子学院高等学校と改称 |

◇静岡県立**富士宮北高等学校**
　〒418-0053 静岡県富士宮市宮北町230
　TEL 0544-27-2533

〈富士宮商業学校〉

| 昭和12年11月17日 | 静岡県大宮商業学校を設立 |
| 昭和17年12月3日 | 富士宮商業学校と改称 |
| 昭和19年3月7日 | 富士宮商業学校が廃止 |
| 昭和21年4月1日 | 富士宮商業学校を再設置 |

〈富士宮工業学校〉

| 昭和12年11月17日 | 静岡県大宮工業学校を設立 |
| 昭和17年12月3日 | 富士宮工業学校と改称 |

〈統合〉

| 昭和23年4月1日 | 富士宮商業学校，富士宮工業学校が統合し富士宮実業高等学校と改称 |
| 昭和28年4月1日 | 静岡県立富士宮北高等学校と改称 |

◇静岡県立**富士宮西高等学校**
　〒418-0051 静岡県富士宮市淀師1550
　TEL 0544-23-1124

| 昭和56年 | 静岡県立富士宮西高等学校が開校 |

◇静岡県立**富士宮東高等学校**
　〒418-0022 静岡県富士宮市小泉1234
　TEL 0544-26-4177

| 明治39年 | 大宮町立女子技芸学校が開校 |
| 昭和28年 | 静岡県立富士宮東高等学校と改称 |

◇静岡県立**富士東高等学校**
　〒417-8571 静岡県富士市今泉2921
　TEL 0545-21-4371

| 昭和53年4月6日 | 静岡県立富士東高等学校が開校 |

◇静岡県立**二俣高等学校**
　〒431-3314 静岡県浜松市二俣町二俣196-2
　TEL 0539-26-1221

| 大正4年4月1日 | 静岡県磐田郡二俣町立実科高等女学校が開校 |
| 大正8年6月12日 | 静岡県磐田郡二俣実科高等女学校と改称 |
| 大正11年11月30日 | 静岡県磐田郡二俣町ほか12ヶ村組合立実科高等女学校と改称 |
| 大正12年4月1日 | 静岡県二俣高等女学校と改称 |
| 昭和2年4月1日 | 静岡県立二俣高等女学校と改称 |
| 昭和23年4月1日 | 静岡県立二俣高等学校と改称 |
| 昭和24年4月1日 | 静岡県立天竜林業高等学校と高等学校再配置により統合し静岡県立二俣高等学校と改称 |

◇静岡県立**松崎高等学校**
　〒410-3693 静岡県賀茂郡松崎町桜田188
　TEL 0558-42-0131

〈静岡県立松崎高等女学校〉

| 大正12年4月1日 | 松崎町立女子技芸学校が開校 |
| 大正13年3月13日 | 静岡県松崎実科高等女学校と改称 |
| 昭和18年4月1日 | 静岡県立松崎高等女学校と改称 |

〈松崎実業学校〉

| 昭和21年3月31日 | 松崎町他6ヶ村組合立松崎実業学校を設立 |

〈統合〉

| 昭和23年4月1日 | 静岡県立松崎高等女学校，松崎町他6ヶ村組合立松崎実業学校が合併し静岡県松崎高等学校を設置 |
| 昭和24年10月1日 | 静岡県立松崎高等学校と改称 |

◇静岡県立**三島北高等学校**
　〒411-0033 静岡県三島市文教町1-3-18
　TEL 055-986-0107

| 明治34年 | 田方郡立三島高等女学校を設立 |
| 大正11年 | 静岡県立三島高等女学校と改称 |
| 昭和23年 | 静岡県立三島第一高等学校と改称 |
| 昭和24年 | 静岡県立三島北高等学校と改称 |

◇**三島高等学校**
　［学校法人 三島学園］
　〒411-0944 静岡県駿東郡長泉町竹原354
　TEL 0559-75-0080

| 昭和9年 | 三島実科高等女学校を設立 |
| 昭和18年 | 北豆高等女学校と改称 |
| 昭和19年 | 三島商業学校と改組 |
| 昭和23年 | 三島女子高等学校と改称 |
| 昭和30年 | 三島高等学校と改称 |

静岡県

◇静岡県立三島南高等学校
　〒411-0803　静岡県三島市大場608
　TEL 055-977-8333
　大正8年5月　　　町立三島商業学校が開校
　昭和19年4月　　　三島工業学校と戦時非常措置により転換
　昭和21年4月　　　三島商業学校として復元
　昭和23年4月　　　静岡県立三島第二高等学校と改称
　昭和24年4月　　　静岡県立三島南高等学校と改称

◇静岡県立三ヶ日高等学校
　〒431-1416　静岡県浜松市三ヶ日町釣78-1
　TEL 053-525-0103
　大正11年4月22日　三ヶ日自彊学校を設置
　大正12年2月26日　三ヶ日町立女子技芸学校を廃止し三ヶ日実科高等女学校の設置認可を受ける
　昭和12年4月1日　　三ヶ日町立自彊青年学校を廃止し三ヶ日実業学校の設置認可を受ける
　昭和15年3月25日　三ヶ日実科高等女学校を廃止し実業学校に女学部併置
　昭和23年4月1日　　静岡県立三ヶ日高等学校と改称

◇静岡県立森高等学校
　〒437-0215　静岡県周智郡森町森2000
　TEL 0538-85-3151
　大正8年3月28日　　町立森町実科高等女学校の設置認可を受ける
　大正8年9月19日　　森町実科高等学校と改称
　昭和11年4月1日　　森町森町高等女学校と改称
　昭和20年4月1日　　森町外19ヵ町村高等女学校組合立高等女学校に変更認可を受ける
　昭和22年4月1日　　静岡県立森高等女学校と改称
　昭和23年4月1日　　静岡県立森高等学校と改称
　昭和24年4月1日　　静岡県立周智農業高等学校と統合し静岡県立周智高等学校と改称
　昭和28年4月1日　　静岡県立周智農業高等学校と分離し静岡県立森高等学校として独立

◇焼津高等学校
　［学校法人 松薫学園］
　〒425-0021　静岡県焼津市中港1-1-8
　TEL 054-628-7235
　明治35年　　　　松永裁縫教授所を松永いしが創立
　大正13年　　　　焼津高等裁縫女学校と改称
　昭和19年　　　　焼津女子商業学校と改称
　昭和23年　　　　焼津高等学校と改称

◇静岡県立焼津水産高等学校
　〒425-0026　静岡県焼津市焼津5-5-2
　TEL 054-628-6148
　大正11年3月10日　静岡県志太郡焼津町立焼津水産学校の設立許可を受ける
　大正14年4月1日　　静岡県立焼津水産学校と改称
　昭和23年4月1日　　静岡県立焼津水産高等学校と改称

◇静岡県立焼津中央高等学校
　〒425-0086　静岡県焼津市小土157-1
　TEL 054-628-6000
　昭和38年　　　　静岡県立焼津中央高等学校が開校

◇静岡県立横須賀高等学校
　〒437-1395　静岡県掛川市横須賀1491-1
　TEL 0537-48-3421
　昭和23年9月1日　　静岡県立池新田高等学校横須賀分校（定時制課程）の設置認可を受ける
　昭和25年3月1日　　静岡県立池新田高等学校横須賀分校（定時制課程）を廃止
　昭和25年4月1日　　横須賀町外2ヶ村組合立静岡県横須賀高等学校（定時制課程）の設置認可を受ける
　昭和26年3月21日　横須賀町外2ヶ村組合立静岡県横須賀高等学校（定時制課程）を廃止
　昭和26年4月1日　　静岡県立横須賀高等学校の設置認可を受ける

◇静岡県立吉田高等学校
　〒421-0303　静岡県榛原郡吉田町片岡2130
　TEL 0548-32-1241
　昭和47年　　　　静岡県立吉田高等学校が開校

◇静岡県立吉原工業高等学校
　〒417-0847　静岡県富士市比奈2300
　TEL 0545-34-1045
　昭和13年4月9日　　私立東海工業学舎が開校
　昭和14年3月3日　　田子浦工業学校と改称
　昭和32年1月1日　　静岡県立吉原工業高等学校が開校

◇静岡県立吉原高等学校
　〒417-0001　静岡県富士市今泉2160
　TEL 0545-52-1440
　明治42年4月1日　　静岡県富士郡吉原町外七ヶ村学校組合立高等小学校に併置し女子技芸学校が開校
　大正4年4月1日　　静岡県富士郡吉原町外七ヶ村学校組合立富士実科高等女学校と改称
　大正8年4月1日　　静岡県富士郡吉原町外七ヶ村学校組合立富士高等女学校と改称
　昭和2年4月1日　　静岡県立富士高等女学校と改称
　昭和23年4月1日　　静岡県立吉原高等学校と改称

◇富士市立吉原商業高等学校
　〒417-0847　静岡県富士市比奈1654
　TEL 0545-34-1024
　昭和37年4月10日　吉原市立商業高等学校が開校
　昭和41年11月1日　富士市立吉原商業高等学校と改称

# 愛知県

## 【大学】

◇愛知医科大学
　[学校法人 愛知医科大学]
　〒480-1195 愛知県愛知郡長久手町岩作雁又21
　TEL 052-264-4811
　昭和46年12月25日　愛知医科大学を設置

◇愛知学院大学
　[学校法人 愛知学院]
　〒470-0195 愛知県日進市岩崎町阿良池12
　TEL 0561-73-1111
　昭和28年4月　　　愛知学院大学を設立

◇愛知学泉大学
　[学校法人 安城学園]
　〒471-8532 愛知県豊田市大池町汐取1
　TEL 0565-35-1313
　昭和41年6月　　　愛知女子大学を設立
　昭和43年4月　　　安城学園大学と改称
　昭和57年4月　　　愛知学泉大学と改称

◇愛知教育大学
　〒448-8542 愛知県刈谷市井ケ谷町広沢1
　TEL 0566-26-2111
　〈愛知県第一師範学校〉
　明治6年12月　　　愛知県養成学校が開学
　明治9年8月　　　 愛知県師範学校と改称
　明治19年8月　　　愛知県尋常師範学校と改称
　明治31年4月　　　愛知県師範学校と改称
　明治32年4月　　　愛知県第一師範学校と改称
　〈愛知第二師範学校〉
　明治32年4月　　　愛知県第二師範学校が開学
　大正12年4月　　　愛知県岡崎師範学校と改称
　昭和18年4月　　　愛知第二師範学校と改称
　〈愛知青年師範学校〉
　大正7年3月　　　 愛知県農業補習学校教員養成所が開学
　大正10年4月　　　愛知県実業教員養成所と改称
　昭和10年4月　　　愛知県立青年学校教員養成所と改称
　昭和19年4月　　　愛知青年師範学校と改称
　〈統合〉
　昭和24年5月　　　愛知第一師範学校, 愛知第二師範学校, 愛知青年師範学校を統合し
　　　　　　　　　 愛知学芸大学を設置
　昭和41年　　　　 愛知教育大学と改称

◇愛知県立看護大学
　〒463-8502 愛知県名古屋市守山区大字上志段味字東谷
　TEL 052-736-1401
　平成7年　　　　　愛知県立看護大学が開学

◇愛知県立芸術大学
　〒480-1194 愛知県愛知郡長久手町大字岩作字三ケ峰1-1
　TEL 0561-62-1180
　昭和41年4月1日　 愛知県立芸術大学を開設

◇愛知県立大学
　〒480-1198 愛知県愛知郡長久手町大字熊張字茨ケ廻間1522-3
　TEL 0561-64-1111
　昭和22年　　　　 愛知県立女子専門学校を設置
　昭和25年　　　　 愛知女子短期大学を設置
　昭和28年　　　　 愛知県立女子短期大学と改称
　昭和32年　　　　 愛知県立女子大学が発足
　昭和41年　　　　 愛知県立大学と改称

◇愛知工科大学
　[学校法人 電波学園]
　〒443-0047 愛知県蒲郡市西迫町馬乗50-2
　TEL 0533-68-1135
　平成12年　　　　 愛知工科大学を開学

◇愛知工業大学
　[学校法人 名古屋電気学園]
　〒470-0392 愛知県豊田市八草町八千草1247
　TEL 0565-48-8121
　昭和34年4月　　　名古屋電気大学を開学
　昭和35年4月　　　愛知工業大学と改称

◇愛知産業大学
　[学校法人 愛知産業大学]
　〒444-0005 愛知県岡崎市岡町字原山12-5
　TEL 0564-48-4511
　平成4年4月　　　 愛知産業大学を開学

◇愛知淑徳大学
　[学校法人 愛知淑徳学園]
　〒480-1197 愛知県愛知郡長久手町長湫片平9
　TEL 0561-62-4111
　昭和50年　　　　 愛知淑徳大学を開学

◇愛知新城大谷大学
　[学校法人 尾張学園]
　〒441-1306 愛知県新城市川路字萩平1-125
　TEL 0536-23-3311
　平成16年　　　　 愛知新城大谷大学を開設

◇愛知大学
　[学校法人 愛知大学]
　〒441-8522 愛知県豊橋市町畑町字町畑1-1
　TEL 0532-47-4111
　明治34年5月　　　東亜同文書院を近衛篤麿が設立
　昭和14年12月　　 東亜同文書院大学（のち:敗戦により廃校）に昇格
　昭和21年1月　　　愛知大学を設立

◇愛知文教大学
　[学校法人 足立学園]
　〒485-8565 愛知県小牧市大字大草字年上坂5969-3
　TEL 0568-78-2211
　平成10年　　　　 愛知文教大学が開学

◇愛知みずほ大学
　[学校法人 瀬木学園]
　〒470-0394 愛知県豊田市平戸橋町波岩86-1
　TEL 0565-43-0111
　平成9年6月　　　 愛知みずほ大学を創設

◇桜花学園大学
　[学校法人 桜花学園]
　〒471-0057 愛知県豊田市太平町七曲12-1

```
                              TEL 0565-35-3131
        平成10年            桜花学園大学を設置
◇金城学院大学
    ［学校法人 金城学院］
    〒463-8521 愛知県名古屋市守山区大森2-1723
    TEL 052-798-0180
    昭和2年             金城女子専門学校を設立
    昭和24年            金城学院大学を設置
◇椙山女学園大学
    ［学校法人 椙山女学園］
    〒464-8662 愛知県名古屋市千種区星が丘元町17-3
    TEL 052-781-1186
    昭和24年            椙山女学園大学が開学
    昭和44年            椙山女学園大学短期大学部（のち
                        閉学）が開学
◇星城大学
    ［学校法人 名古屋石田学園］
    〒476-8588 愛知県東海市富貴ノ台2-172
    TEL 052-601-6000
    平成元年            名古屋明徳短期大学を設立
    平成15年            星城大学へ改組転換
◇大同工業大学
    ［学校法人 大同学園］
    〒457-8530 愛知県名古屋市南区滝春町10-3
    TEL 052-612-6111
    昭和39年4月         大同工業大学を設置
◇中京女子大学
    ［学校法人 中京女子大学］
    〒474-0011 愛知県大府市横根町名高山55
    TEL 0562-46-1291
    昭和38年            中京女子大学を設立
◇中京大学
    ［学校法人 梅村学園］
    〒466-8666 愛知県名古屋市昭和区八事本町101-2
    TEL 052-835-7111
    昭和30年12月17日    中京大学を設置
◇中部大学
    ［学校法人 中部大学］
    〒487-8501 愛知県春日井市松本町1200
    TEL 0568-51-1111
    昭和13年            名古屋第一工学校を三浦幸平が創
                        立
    昭和39年            中部工業大学が開学
    昭和59年            中部大学と改称
◇東海学園大学
    ［学校法人 東海学園］
    〒470-0207 愛知県西加茂郡三好町大字福谷字西ノ洞
                21-233
    TEL 0561-36-5555
    平成7年             東海学園大学を設立
◇東邦学園大学
    ［学校法人 東邦学園］
    〒465-8515 愛知県名古屋市名東区平和が丘3-11
    TEL 052-782-1241
    平成13年            東邦学園大学を開学
◇同朋大学
    ［学校法人 同朋学園］
    〒453-8540 愛知県名古屋市中村区稲葉地町7-1
    TEL 052-411-1113
    文政9年             閲蔵長屋を開設
    明治41年            尾張中学校と改称
    大正10年            真宗専門学校を住田智見が設立
    昭和25年            東海同朋大学と改称
    昭和34年            同朋大学と改称
◇豊田工業大学
    ［学校法人 トヨタ学園］
    〒468-8511 愛知県名古屋市天白区久方2-12-1
    TEL 052-802-1111
    昭和56年4月         豊田工業大学が開学
◇豊橋技術科学大学
    〒441-8580 愛知県豊橋市天伯町雲雀ケ丘1-1
    TEL 0532-44-6504
    昭和51年10月1日     豊橋技術科学大学が開学
◇豊橋創造大学
    ［学校法人 藤ノ花学園］
    〒440-8511 愛知県豊橋市牛川町字松下20-1
    TEL 0532-54-2111
    平成8年4月          豊橋創造大学が開学
◇名古屋音楽大学
    ［学校法人 同朋学園］
    〒453-8540 愛知県名古屋市中村区稲葉地町7-1
    TEL 052-411-1115
    昭和40年            名古屋音楽短期大学（のち廃校）を
                        開学
    昭和51年            名古屋音楽大学を開学
◇名古屋外国語大学
    ［学校法人 中西学園］
    〒470-0197 愛知県日進市岩崎町竹ノ山57
    TEL 0561-74-1111
    昭和63年4月         名古屋外国語大学が開校
◇名古屋学院大学
    ［学校法人 名古屋学院大学］
    〒480-1298 愛知県瀬戸市上品野町1350
    TEL 0561-42-0333
    明治20年7月         私立愛知英語学校をフレデリック・
                        チャールズ・クラインが創立
    明治20年9月         名古屋英和学校と改称
    昭和39年4月         名古屋学院大学が開学
◇名古屋学芸大学
    ［学校法人 中西学園］
    〒470-0197 愛知県日進市岩崎町竹ノ山57
    TEL 0561-75-7111
    平成14年4月         名古屋学芸大学が開校
◇名古屋経済大学
    ［学校法人 市邨学園］
    〒484-8504 愛知県犬山市内久保61-1
    TEL 0568-67-0511
    昭和54年            市邨学園大学を開学
    昭和58年            名古屋経済大学と改称
◇名古屋芸術大学
    ［学校法人 名古屋自由学院］
    〒481-8503 愛知県北名古屋市熊之庄古井281
    TEL 0568-24-0315
    昭和45年            名古屋芸術大学を設立
```

愛知県

◇名古屋工業大学
　〒466-8555 愛知県名古屋市昭和区御器所町
　TEL 052-732-2111
〈名古屋工業専門学校〉
　明治38年3月28日　　名古屋高等工業学校を設立
　昭和19年4月1日　　名古屋工業専門学校と改称
〈愛知県立工業専門学校〉
　昭和18年2月16日　　愛知県立高等工業学校を設立
　昭和19年6月1日　　愛知県立工業専門学校と改称
〈統合〉
　昭和24年5月31日　　愛知県立工業専門学校, 名古屋工業専門学校を統合し
　　　　　　　　　　名古屋工業大学を設置

◇名古屋産業大学
　[学校法人 菊武学園]
　〒488-8711 愛知県尾張旭市新居町山の田3255-5
　TEL 0561-55-5101
　平成12年　　　　　名古屋産業大学が開学

◇名古屋商科大学
　[学校法人 栗本学園]
　〒470-0193 愛知県日進市米野木町三ケ峯4-4
　TEL 0561-73-2111
　昭和10年　　　　　名古屋鉄道学校を栗本祐一が創立
　昭和28年　　　　　名古屋商科大学を開学

◇名古屋女子大学
　[学校法人 名古屋女子大学]
　〒467-8610 愛知県名古屋市瑞穂区汐路町3-40
　TEL 052-852-1111
　昭和39年　　　　　名古屋女子大学を開設

◇名古屋市立大学
　〒467-8601 愛知県名古屋市瑞穂区瑞穂町字川澄1
　TEL 052-851-5511
　昭和25年4月1日　　名古屋女子医科大学, 名古屋薬科大学を統合して
　　　　　　　　　　名古屋市立大学を設置

◇名古屋造形芸術大学
　[学校法人 同朋学園]
　〒485-8563 愛知県小牧市大字大草字年上坂6004
　TEL 0568-79-1111
　平成2年　　　　　 名古屋造形芸術大学を開学

◇名古屋大学
　〒464-8601 愛知県名古屋市千種区不老町
　TEL 052-789-5111
〈名古屋大学〉
　明治4年　　　　　 仮病院・仮医学校を設立
　明治9年　　　　　 公立医学所と改称
　明治11年　　　　　公立医学校と改称
　明治14年　　　　　愛知医学校と改称
　明治34年　　　　　愛知県立医学校と改称
　明治36年　　　　　愛知県立医学専門学校と改称
　大正9年　　　　　 愛知医科大学と改称
　昭和6年　　　　　 名古屋医科大学と改称
　昭和14年　　　　　名古屋帝国大学と改称
　昭和22年　　　　　名古屋大学と改称
〈第八高等学校〉
　明治41年　　　　　第八高等学校が開校
〈名古屋経済専門学校〉
　大正9年　　　　　 名古屋高等商業学校が開校

　昭和19年　　　　　名古屋工業経営専門学校, 名古屋経済専門学校に分離
　昭和21年　　　　　名古屋工業経営専門学校, 名古屋経済専門学校を統合し
　　　　　　　　　　名古屋経済専門学校と改称
〈岡崎高等師範学校〉
　昭和20年　　　　　岡崎高等師範学校が開校
〈統合〉
　昭和24年　　　　　名古屋大学, 第八高等学校, 名古屋経済専門学校, 岡崎高等師範学校を統合し
　　　　　　　　　　名古屋大学を設置

◇名古屋文理大学
　[学校法人 滝川学園]
　〒492-8520 愛知県稲沢市稲沢町前田365
　TEL 0587-23-2400
　平成11年4月　　　名古屋文理大学を開学

◇南山大学
　[学校法人 南山学園]
　〒466-8673 愛知県名古屋市昭和区山里町18
　TEL 052-832-3111
　昭和24年4月　　　南山大学を設立

◇日本赤十字豊田看護大学
　[学校法人 日本赤十字学園]
　〒471-8565 愛知県豊田市白山町七曲12-33
　TEL 0565-36-5111
　平成16年4月1日　日本赤十字豊田看護大学を設立

◇日本福祉大学
　[学校法人 日本福祉大学]
　〒470-3295 愛知県知多郡美浜町大字奥田字会下前35-6
　TEL 0569-87-2211
　昭和28年　　　　　中部社会事業短期大学が開学
　昭和32年　　　　　日本福祉大学に改組

◇人間環境大学
　[学校法人 岡崎学園]
　〒444-3505 愛知県岡崎市本宿町字上三本松6-2
　TEL 0564-48-7811
　平成12年　　　　　人間環境大学が開学

◇藤田保健衛生大学
　[学校法人 藤田学園]
　〒470-1192 愛知県豊明市沓掛町田楽ケ窪1-98
　TEL 0562-93-2000
　昭和43年5月　　　名古屋保健衛生大学が開学
　昭和59年6月　　　藤田保健衛生大学と改称

◇名城大学
　[学校法人 名城大学]
　〒468-8502 愛知県名古屋市天白区塩釜口1-501
　TEL 052-832-1151
　大正15年5月　　　名古屋高等理工科講習所を田中壽一が開設
　昭和3年4月　　　 名古屋高等理工科学校が開校
　昭和22年9月　　　名古屋専門学校を設置
　昭和24年4月　　　名城大学を開学

【短大】

◇愛知学院大学短期大学部
　[学校法人 愛知学院]

〒464-8650 愛知県名古屋市千種区楠元町1-100
TEL 052-751-2561
昭和25年4月　　　愛知学院短期大学を設置
平成11年4月　　　愛知学院大学短期大学部と改称

◇愛知学泉短期大学
　[学校法人 安城学園]
　〒444-8520 愛知県岡崎市舳越町字上川成28
　TEL 0564-34-1212
昭和41年6月　　　愛知女子短期大学部を設立
昭和43年　　　　　安城学園女子短期大学と改称
昭和57年　　　　　愛知学泉女子短期大学と改称
平成12年　　　　　愛知学泉短期大学と改称

◇愛知きわみ看護短期大学
　[学校法人 研伸学園]
　〒491-0063 愛知県一宮市常願通5-4-1
　TEL 0586-28-8110
平成15年11月27日　愛知きわみ看護短期大学を設置

◇愛知工科大学短期大学部
　[学校法人 電波学園]
　〒443-0047 愛知県蒲郡市西迫町馬乗50-2
　TEL 0533-68-1135
昭和62年　　　　　愛知技術短期大学を開学
平成12年　　　　　愛知工科大学短期大学部と改称

◇愛知江南短期大学
　[学校法人 愛知江南学園]
　〒483-8086 愛知県江南市高屋町大松原172
　TEL 0587-55-6165
昭和45年4月　　　林学園女子短期大学を開学
昭和55年4月　　　江南女子短期大学と改称
平成10年4月　　　愛知江南短期大学と改称

◇愛知新城大谷大学短期大学部
　[学校法人 尾張学園]
　〒441-1306 愛知県新城市川路字萩平1-125
　TEL 0536-23-3311
平成11年　　　　　愛知新城大谷短期大学を開設
平成16年　　　　　愛知新城大谷大学短期大学部と改称

◇愛知大学短期大学部
　[学校法人 愛知大学]
　〒441-8522 愛知県豊橋市町畑町字町畑1-1
　TEL 0532-47-4111
昭和25年4月　　　愛知大学短期大学部を設置

◇愛知文教女子短期大学
　[学校法人 足立学園]
　〒492-8529 愛知県稲沢市西町1-1-41
　TEL 0587-32-5169
昭和26年3月　　　稲沢女子短期大学を設置
平成5年4月　　　　愛知文教女子短期大学と改称

◇愛知みずほ大学短期大学部
　[学校法人 瀬木学園]
　〒467-8521 愛知県名古屋市瑞穂区春敲町2-13
　TEL 052-882-1815
昭和25年4月　　　瑞穂短期大学を創設
平成6年4月　　　　愛知みずほ大学短期大学部と改称

◇一宮女子短期大学
　[学校法人 一宮女学園]
　〒491-0938 愛知県一宮市日光町6
　TEL 0586-45-2101
昭和30年4月　　　一宮女子短期大学を設立

◇岡崎女子短期大学
　[学校法人 清光学園]
　〒444-0015 愛知県岡崎市中町1-8-4
　TEL 0564-22-1295
昭和40年　　　　　岡崎女子短期大学を設立

◇光陵女子短期大学
　[学校法人 栗本学園]
　〒470-0193 愛知県日進市米野木町三ケ峯4-4
　TEL 0561-73-8181
昭和57年　　　　　光陵女子短期大学を設立

◇中京女子大学短期大学部
　[学校法人 中京女子大学]
　〒474-0011 愛知県大府市横根町名高山55
　TEL 0562-46-1291
明治38年　　　　　中京裁縫女学校を創立
昭和19年　　　　　中京実業学校と改称
昭和25年　　　　　中京女子短期大学を設立
昭和39年　　　　　中京女子大学短期大学部と改称

◇東邦学園短期大学
　[学校法人 東邦学園]
　〒465-8515 愛知県名古屋市名東区平和が丘3-11
　TEL 052-782-1241
昭和40年　　　　　東邦学園短期大学を開学

◇豊橋創造大学短期大学部
　[学校法人 藤ノ花学園]
　〒440-8512 愛知県豊橋市牛川町字松下20-1
　TEL 0532-54-2111
昭和58年4月　　　豊橋短期大学が開学
平成8年4月　　　　豊橋創造大学短期大学部と改称

◇名古屋学芸大学短期大学部
　[学校法人 中西学園]
　〒470-0197 愛知県日進市岩崎町竹ノ山57
　TEL 0561-73-4111
昭和20年12月　　　すみれ洋裁学院を創立
昭和38年4月　　　すみれ女子短期大学が開校
昭和52年4月　　　愛知女子短期大学と改称
平成16年4月　　　名古屋学芸大学短期大学部と改称

◇名古屋経営短期大学
　[学校法人 菊武学園]
　〒488-8711 愛知県尾張旭市新居町山の田3255-5
　TEL 0561-54-9611
昭和40年　　　　　名古屋女子商科短期大学を設置
平成12年　　　　　名古屋経営短期大学と改称

◇名古屋経済大学短期大学部
　[学校法人 市邨学園]
　〒484-8503 愛知県犬山市内久保61-1
　TEL 0568-67-0616
昭和40年　　　　　市邨学園短期大学を開学
平成14年　　　　　名古屋経済大学短期大学部と改称

◇名古屋芸術大学短期大学部
　[学校法人 名古屋自由学院]
　〒481-8504 愛知県北名古屋市熊之庄古井281
　TEL 0568-24-0315
昭和38年4月　　　名古屋自由学院短期大学を設立
平成13年4月　　　名古屋芸術大学短期大学部と改称

愛知県

◇名古屋女子大学短期大学部
　［学校法人 名古屋女子大学］
　〒467-8610 愛知県名古屋市瑞穂区汐路町3-40
　TEL 052-852-1111
　昭和25年　　　　　名古屋女学院短期大学を開設
　昭和39年　　　　　名古屋女子大学短期大学部と改称

◇名古屋造形芸術大学短期大学部
　［学校法人 同朋学園］
　〒485-8563 愛知県小牧市大字大草字年上坂6004
　TEL 0568-79-1111
　昭和42年　　　　　名古屋造形芸術短期大学を開学
　平成15年　　　　　名古屋造形芸術大学短期大学部と改称

◇名古屋短期大学
　［学校法人 桜花学園］
　〒470-1193 愛知県豊明市栄町武侍48
　TEL 0562-97-1306
　昭和30年　　　　　名古屋短期大学を設置

◇名古屋文化短期大学
　［学校法人 山田学園］
　〒461-8610 愛知県名古屋市東区葵1-17-8
　TEL 052-931-7112
　昭和8年9月　　　　山田和服裁縫所を創設
　昭和25年4月　　　 山田家政短期大学を開学
　昭和62年4月　　　 名古屋女子文化短期大学と改称
　平成16年　　　　　名古屋文化短期大学と改称

◇名古屋文理大学短期大学部
　［学校法人 滝川学園］
　〒451-0077 愛知県名古屋市西区笹塚町2-1
　TEL 052-531-1888
　昭和41年4月　　　 名古屋栄養短期大学を開学（創立者：滝川一益）
　昭和63年4月　　　 名古屋文理短期大学と改称
　平成17年4月　　　 名古屋文理大学短期大学部と改称

◇名古屋柳城短期大学
　［学校法人 柳城学院］
　〒466-0034 愛知県名古屋市昭和区明月町2-54
　TEL 052-841-2635
　昭和28年　　　　　柳城女子短期大学を開学
　平成8年　　　　　 名古屋柳城短期大学と改称

◇南山短期大学
　［学校法人 南山学園］
　〒466-0833 愛知県名古屋市昭和区隼人町19
　TEL 052-832-6211
　昭和43年4月　　　 南山短期大学を設立

◇日本赤十字愛知短期大学
　［学校法人 日本赤十字学園］
　〒471-8565 愛知県豊田市白山町七曲12-33
　TEL 0565-36-5111
　平成元年　　　　　日本赤十字愛知女子短期大学を設立
　平成9年4月1日　　 日本赤十字愛知短期大学と改称

◇藤田保健衛生大学短期大学
　［学校法人 藤田学園］
　〒470-1192 愛知県豊明市沓掛町田楽ケ窪1-98
　TEL 0562-93-2561
　昭和41年4月　　　 名古屋衛生技術短期大学が開学
　昭和59年6月　　　 藤田学園衛生技術短期大学と改称

　平成3年4月　　　　藤田保健衛生大学短期大学と改称

◇名城大学短期大学部
　［学校法人 名城大学］
　〒468-8502 愛知県名古屋市天白区塩釜口1-501
　TEL 052-832-1151
　昭和25年4月　　　 名城大学短期大学部を設立

【高専】

◇豊田工業高等専門学校
　〒471-8525 愛知県豊田市栄生町2-1
　TEL 0565-32-8811
　昭和38年4月　　　 豊田工業高等専門学校を設置

【高校】

◇愛知啓成高等学校
　［学校法人 足立学園］
　〒492-8529 愛知県稲沢市西町1-1-41
　TEL 0587-32-5141
　昭和2年3月　　　　稲沢高等女学校を足立闇励が設立
　昭和23年3月　　　 稲沢女子高等学校と改称
　平成13年4月　　　 愛知啓成高等学校と改称

◇愛知県立愛知工業高等学校
　〒462-0052 愛知県名古屋市北区福徳町広瀬島350-4
　TEL 052-911-4421
　明治34年10月　　　愛知県立工業学校が開校
　昭和10年10月　　　愛知県工業実務学校（のち廃止）が開校
　昭和14年2月　　　 愛知県中川工業学校が開校
　昭和23年4月　　　 愛知県立愛知工業高等学校と改称

◇愛知工業大学名電高等学校
　［学校法人 名古屋電気学園］
　〒464-8540 愛知県名古屋市千種区若水3-2-12
　TEL 052-721-0311
　明治45年7月　　　 名古屋電気学講習所を後藤喬三郎が創立
　大正元年12月　　　私立名古屋電気学校を設置
　大正9年1月　　　　名古屋電気学校（のち廃校）と改称
　昭和24年4月　　　 名古屋電気高等学校が開校
　昭和35年4月　　　 名古屋電気工業高等学校と改称
　昭和51年4月　　　 名古屋電気高等学校と改称
　昭和59年4月　　　 愛知工業大学名電高等学校と改称

◇愛知高等学校
　［学校法人 愛知学院］
　〒464-8520 愛知県名古屋市千種区光が丘2-11-41
　TEL 052-721-1521
　明治9年5月　　　　曹洞宗専門支校を開設
　明治35年9月　　　 曹洞宗第三中学林と改称
　大正14年2月　　　 愛知中学校と改称
　昭和23年4月　　　 愛知高等学校を設置

◇愛知産業大学工業高等学校
　［学校法人 愛知産業大学］
　〒460-0016 愛知県名古屋市中区橘2-6-15
　TEL 052-322-1911
　昭和23年3月　　　 愛知女子工芸高等学校が開校
　昭和37年6月　　　 東海工業高等学校と改称
　平成13年4月　　　 愛知産業大学工業高等学校と改称

◇愛知産業大学三河高等学校
　［学校法人 愛知産業大学］

〒444-0005 愛知県岡崎市岡町字原山12-10
TEL 0564-48-5211
昭和58年4月　　　三河高等学校が開校
平成7年　　　　　愛知産業大学三河高等学校と改称

◇愛知淑徳高等学校
　［学校法人　愛知淑徳学園］
　〒464-8671 愛知県名古屋市千種区桜が丘23
　TEL 052-781-1151
明治38年　　　　愛知淑徳女学校が開校
大正8年　　　　　愛知淑徳高等女学校と改称
昭和23年　　　　愛知淑徳高等学校を設置

◇愛知県立愛知商業高等学校
　〒461-0025 愛知県名古屋市東区徳川1丁目12-1
　TEL 052-935-3480
大正8年3月14日　愛知県立商業学校として創立
大正11年4月30日　愛知県商業学校と改称
昭和23年4月1日　愛知県立愛知商業高等学校と改称
昭和23年10月1日　愛知県立愛知商業高等学校，愛知県立貿易商業高等学校，愛知県立名南高等学校，愛知県立熱田高等学校の4校が合併し愛知県立瑞陵高等学校と改称
昭和26年3月1日　愛知県立愛知商業高等学校として復活

◇愛知女子高等学校
　［学校法人　愛美学園］
　〒451-0043 愛知県名古屋市西区新道1-23-15
　TEL 052-571-2561
大正13年　　　　乙種商業学校を設立
大正15年　　　　甲種商業学校と改称
昭和23年　　　　愛知女子商業学園高等学校と改称
昭和63年　　　　愛知女子高等学校と改称

◇愛知みずほ大学瑞穂高等学校
　［学校法人　瀬木学園］
　〒467-8521 愛知県名古屋市瑞穂区春敲町2-13
　TEL 052-882-1811
昭和15年4月　　　瑞穂高等女学校を瀬木本雄、瀬木本立が設立
昭和23年4月　　　瑞穂高等学校と改称
平成12年4月　　　愛知みずほ大学瑞穂高等学校と改称

◇愛知県立阿久比高等学校
　〒470-2213 愛知県知多郡阿久比町阿久比尾社2-1
　TEL 0569-48-7111
昭和54年4月　　　愛知県立阿久比高等学校を創立

◇愛知県立旭丘高等学校
　〒461-0032 愛知県名古屋市東区出来町3丁目6-15
　TEL 052-721-5351
〈愛知県立第一高等学校〉
明治3年6月　　　藩立洋学校を開校
明治5年　　　　　愛知県立洋学校と改称
明治6年　　　　　成美学校と改称
明治7年9月　　　愛知外国語学校（のち：愛知英語学校）を開校
明治10年2月　　　愛知県中学校を開校
明治19年9月　　　愛知県尋常中学校と改称
明治29年4月　　　愛知県第一尋常中学校と改称
明治32年4月　　　愛知県第一中学校と改称
明治34年8月　　　愛知県立第一中学校と改称
大正11年5月　　　愛知県第一中学校と改称
昭和23年4月　　　愛知県立第一高等学校と改称
〈名古屋市立第三高等学校〉
大正13年4月　　　名古屋市立第三高等女学校が開校
昭和23年4月　　　名古屋市立第三高等学校と改称
〈統合〉
昭和23年10月　　愛知県立第一高等学校，名古屋市立第三高等学校を統合し愛知県立旭丘高等学校を発足

◇愛知県立旭野高等学校
　〒488-0831 愛知県尾張旭市東印場町越水3446
　TEL 0561-53-5200
昭和47年　　　　愛知県立旭野高等学校が開校

◇愛知県立足助高等学校
　〒444-2451 愛知県豊田市岩神町川原5
　TEL 0565-62-1661
昭和24年2月　　　愛知県立加茂高等学校足助分校が開校
昭和24年4月　　　愛知県立猿投高等学校足助分校と改称
昭和25年4月　　　愛知県立猿投農林高等学校足助分校と改称
昭和26年4月　　　愛知県立足助高等学校として独立

◇愛知県立熱田高等学校
　〒456-0054 愛知県名古屋市熱田区千年1丁目17-71
　TEL 052-652-5858
昭和28年4月　　　愛知県立熱田高等学校が開校

◇愛知県立渥美農業高等学校
　〒441-3427 愛知県田原市加治町奥恩中1-1
　TEL 0531-22-0406
昭和26年4月1日　愛知県立渥美農業高等学校が開校

◇安城学園高等学校
　［学校法人　安城学園］
　〒446-0036 愛知県安城市小堤町4-25
　TEL 0566-76-5105
明治39年　　　　安城裁縫塾を寺部三蔵、だいが開設
明治45年4月　　　安城裁縫女学校が認可される
大正6年11月　　　安城女子職業学校と改称
昭和5年4月　　　安城女子専門学校を設立
昭和23年4月　　　安城学園女子高等学校を開設
昭和33年4月　　　安城学園女子短期大学附属高等学校と改称
昭和57年4月　　　安城学園高等学校と改称

◇愛知県立安城高等学校
　〒446-0046 愛知県安城市赤松町大北103
　TEL 0566-76-6218
大正10年2月25日　安城町立安城高等女学校を設置
昭和23年4月1日　愛知県立安城高等学校と改称

◇愛知県立安城農林高等学校
　〒446-0066 愛知県安城市池浦町茶筅木1
　TEL 0566-76-6144
明治34年9月1日　愛知県立農林学校が開校
大正11年5月1日　愛知県安城農林学校と改称
昭和23年4月1日　愛知県立安城農林高等学校と改称

◇愛知県立安城東高等学校
　〒446-0011 愛知県安城市北山崎町大土塚10
　TEL 0566-74-1231

愛知県

| 昭和51年 | 愛知県立安城東高等学校が開校 |

◇愛知県立**安城南高等学校**
　〒444-1154 愛知県安城市桜井町門原1
　TEL 0566-99-2000
| 昭和58年4月 | 愛知県立安城南高等学校が開校 |

◇愛知県立**惟信高等学校**
　〒455-0823 愛知県名古屋市港区惟信町2-262
　TEL 052-382-1355
| 大正14年3月 | 愛知県立惟信中学校が開校 |
| 昭和23年4月 | 愛知県立惟信高等学校と改称 |
| 昭和23年9月 | 中川高等学校と学校統合により松蔭高等学校の一分校となる |
| 昭和24年4月 | 愛知県立惟信高等学校として再発足 |

◇愛知県立**一宮北高等学校**
　〒491-0131 愛知県一宮市笹野字氏神東1
　TEL 0586-51-1171
| 昭和50年 | 愛知県立一宮北高等学校が開校 |

◇愛知県立**一宮工業高等学校**
　〒491-0804 愛知県一宮市千秋町佐野字辻田2112
　TEL 0586-76-2255
| 昭和38年4月 | 愛知県立一宮工業高等学校が開校 |

◇愛知県立**一宮高等学校**
　〒491-8533 愛知県一宮市北園通6-9
　TEL 0586-72-0191
| 昭和23年3月31日 | 愛知県立一宮高等学校を設置 |
| 昭和23年10月1日 | 愛知県立一宮高等学校，一宮市立高等学校を併せ愛知県立一宮高等学校を設置 |

◇愛知県立**一宮興道高等学校**
　〒491-0924 愛知県一宮市大和町於保十二1-1
　TEL 0586-46-0221
| 昭和58年4月1日 | 愛知県立一宮興道高等学校が開校 |

◇愛知県立**一宮商業高等学校**
　〒491-0041 愛知県一宮市文京2丁目1-7
　TEL 0586-73-7191
| 昭和13年3月 | 愛知県一宮商業学校を創立 |
| 昭和19年4月 | 愛知県一宮工業学校と改称 |
| 昭和21年4月 | 愛知県一宮商業学校に再転換 |
| 昭和23年4月 | 愛知県立一宮商業高等学校と改称 |
| 昭和24年4月 | 一宮高等学校に併呑 |
| 昭和26年4月 | 愛知県立一宮商業高等学校として独立 |

◇**一宮女子高等学校**
　［学校法人 一宮女学園］
　〒491-0938 愛知県一宮市日光町6
　TEL 0586-45-2102
| 昭和16年 | 一宮女子商業学校が開校 |
| 昭和23年 | 桃陵女子高等学校と改称 |
| 昭和30年 | 一宮女子高等学校と改称 |

◇愛知県立**一宮西高等学校**
　〒491-0376 愛知県一宮市萩原町串作字河田1
　TEL 0586-68-1191
| 昭和39年4月1日 | 愛知県立一宮高等学校西分校を設置 |
| 昭和41年4月1日 | 愛知県立一宮西高等学校として独立 |

◇愛知県立**一宮南高等学校**
　〒491-0813 愛知県一宮市千秋町町屋字平松6-1
　TEL 0586-76-1400
| 昭和54年4月16日 | 愛知県立一宮南高等学校が開校 |

◇愛知県立**一色高等学校**
　〒444-0496 愛知県幡豆郡一色町大字赤羽字上郷中14
　TEL 0563-72-8165
| 昭和27年4月 | 愛知県立一色高等学校が開校 |

◇愛知県立**稲沢高等学校**
　〒492-8264 愛知県稲沢市平野町加世11
　TEL 0587-32-3168
| 大正3年 | 稲沢町立園芸学校が開校 |
| 大正12年 | 愛知県立農学校と改称 |
| 昭和23年 | 愛知県立稲沢農業学校と改称 |
| 昭和24年 | 愛知県立稲沢高等学校と改称 |

◇愛知県立**稲沢東高等学校**
　〒492-8214 愛知県稲沢市大塚南6丁目33
　TEL 0587-21-2631
| 昭和46年6月5日 | 愛知県立稲沢東高等学校が開校 |

◇愛知県立**犬山高等学校**
　〒484-0081 愛知県犬山市大字犬山字北首塚2
　TEL 0568-61-0236
| 明治44年5月2日 | 犬山実科高等学校として設立の認可を受ける |
| 大正8年4月21日 | 犬山町立高等女学校と改称 |
| 昭和4年4月1日 | 愛知県犬山高等女学校と改称 |
| 昭和23年4月1日 | 愛知県立犬山高等学校と改称 |

◇愛知県立**犬山南高等学校**
　〒484-0835 愛知県犬山市字蓮池2-21
　TEL 0568-67-5211
| 昭和53年4月1日 | 愛知県立犬山南高等学校が開校 |

◇愛知県立**岩倉総合高等学校**
　〒482-8555 愛知県岩倉市北島町川田1
　TEL 0587-37-4141
| 昭和46年4月1日 | 愛知県立岩倉商業高等学校が開校 |
| 昭和49年4月1日 | 愛知県立岩倉高等学校と改称 |
| 平成13年4月1日 | 愛知県立岩倉総合高等学校と改称 |

◇愛知県立**岩津高等学校**
　〒444-2146 愛知県岡崎市東蔵前町馬場5
　TEL 0564-45-2005
| 昭和10年4月17日 | 愛知県岩津農商学校が開校 |
| 昭和19年3月1日 | 愛知県立岩津農学校と改称 |
| 昭和23年4月1日 | 愛知県立岩津農業高等学校と改称 |
| 昭和23年10月1日 | 愛知県立岡崎高等学校岩津分校と改称 |
| 昭和24年4月1日 | 愛知県立岩津高等学校と改称 |

◇愛知県立**内海高等学校**
　〒470-3321 愛知県知多郡南知多町大字内海字奥鈴ヶ谷1-1
　TEL 0569-62-0139
| 昭和14年4月11日 | 町立愛知県内海高等裁縫女学校が開校 |
| 昭和19年3月31日 | 愛知県知多郡内海町立内海女子実業学校と改称 |
| 昭和23年4月1日 | 町立愛知県内海高等学校と改称 |
| 昭和24年4月1日 | 愛知県立半田高等学校内海分校と改称 |
| 昭和32年4月1日 | 愛知県立内海高等学校と改称 |

## 愛知県

◇栄徳高等学校
　　[学校法人 享栄学園]
　　〒480-1103 愛知県愛知郡長久手町岩作字三ケ峯1-32
　　TEL 0561-62-5000
　昭和58年4月　　　享栄高等学校栄徳分校が開校
　昭和60年4月　　　栄徳高等学校として独立

◇桜花学園高等学校
　　[学校法人 桜花学園]
　　〒466-0013 愛知県名古屋市昭和区緑町1-7
　　TEL 052-741-1221
　明治36年　　　　桜花義会看病婦学校を大溪専が創設
　大正12年　　　　桜花高等女学校を創立
　昭和13年　　　　名古屋商業実践女学校を設立
　昭和21年　　　　名古屋商業実践女学校を合併
　昭和23年　　　　桜花女子学園高等学校を設置
　昭和30年　　　　名古屋短期大学付属高等高等学校と改称
　平成11年　　　　桜花学園高等学校と改称

◇愛知県立大府高等学校
　　〒474-0036 愛知県大府市月見町6丁目180
　　TEL 0562-46-5101
　昭和24年3月　　　愛知県立大府高等学校を創立

◇愛知県立大府東高等学校
　　〒474-0011 愛知県大府市横根町膝折1-4
　　TEL 0562-48-5811
　昭和58年4月1日　愛知県立大府東高等学校が開校

◇愛知県立岡崎北高等学校
　　〒444-0079 愛知県岡崎市石神町17-1
　　TEL 0564-22-2536
　明治40年　　　　岡崎町立高等女学校として開設
　大正5年　　　　　岡崎市立高等女学校と改称
　昭和23年　　　　岡崎市立高等学校と改称
　昭和27年　　　　愛知県立岡崎北高等学校と改称

◇愛知県立岡崎工業高等学校
　　〒444-8555 愛知県岡崎市羽根町字陣場47
　　TEL 0564-51-1646
　明治45年2月　　　私立愛知工芸学校を設立
　大正9年3月　　　私立岡崎工芸学校と改称
　大正13年11月16日　私立岡崎工業学校と改称
　昭和13年3月12日　愛知県岡崎工業学校と改称
　昭和23年4月1日　愛知県立岡崎工業高等学校と改称

◇愛知県立岡崎高等学校
　　〒444-0864 愛知県岡崎市明大寺町伝馬1
　　TEL 0564-51-0202
　明治29年4月17日　愛知県第二尋常中学校が開校
　明治32年4月1日　愛知県第二中学校と改称
　明治34年8月19日　愛知県立第二中学校と改称
　大正11年5月1日　愛知県岡崎中学校と改称
　昭和23年4月1日　愛知県立岡崎高等学校と改称

◇愛知県立岡崎商業高等学校
　　〒444-0012 愛知県岡崎市栄町3丁目76
　　TEL 0564-21-3599
　明治35年7月1日　岡崎町立商業補習学校として創立
　明治43年4月1日　岡崎町立商業学校と改称
　大正5年10月1日　岡崎市立商業学校と改称
　昭和23年4月1日　岡崎市立商業高等学校と改称
　昭和23年10月1日　岡崎市立高等学校に統合

　昭和27年4月1日　愛知県立岡崎北高等学校と県立に移管され改称
　昭和30年4月1日　愛知県立岡崎商業高等学校が発足

◇岡崎城西高等学校
　　[学校法人 安城学園]
　　〒444-0942 愛知県岡崎市中園町字川成98
　　TEL 0564-31-4165
　昭和37年4月　　　岡崎城西高等学校を設立

◇愛知県立岡崎西高等学校
　　〒444-0915 愛知県岡崎市日名南町7
　　TEL 0564-25-0751
　昭和59年　　　　愛知県立岡崎西高等学校が開校

◇愛知県立岡崎東高等学校
　　〒444-3524 愛知県岡崎市竜泉寺町後山27
　　TEL 0564-52-8911
　昭和50年4月5日　愛知県立岡崎東高等学校が開校

◇愛知県立起工業高等学校
　　〒494-0007 愛知県一宮市小信中島字郷南2
　　TEL 0586-61-1188
　大正4年　　　　　起町立織染学校を創立
　大正9年　　　　　愛知県起工業学校と改称
　昭和23年　　　　愛知県立起工業高等学校と改称

◇尾関学園高等学校
　　[学校法人 尾関学園]
　　〒485-0821 愛知県小牧市本庄字郷浦2613-2
　　TEL 0568-79-7700
　昭和51年2月　　　尾関学園を尾関種雄が設立
　昭和58年4月　　　尾関学園高等学校が開校

◇愛知県立海翔高等学校
　　〒490-1401 愛知県弥富市六條町大崎22
　　TEL 0567-52-3061
　平成17年4月　　　愛知県立海南高等学校,愛知県立蟹江高等学校を統合し愛知県立海翔高等学校と改称

◇愛知県立鶴城丘高等学校
　　〒445-0847 愛知県西尾市亀沢町300
　　TEL 0563-57-5165
　明治42年3月24日　愛知県幡豆郡立農蚕学校として創立
　大正8年4月1日　愛知県立蚕糸学校として設立
　昭和17年4月1日　愛知県立西尾実業学校と改称
　昭和23年4月1日　愛知県立西尾実業高等学校となり定時制課程農業科を併設
　平成16年4月1日　愛知県立鶴城丘高等学校と改称

◇愛知県立春日井工業高等学校
　　〒486-0822 愛知県春日井市熊野町五反田1180-1
　　TEL 0568-84-1115
　昭和58年4月　　　愛知県立春日井工業高等学校が開校

◇愛知県立春日井高等学校
　　〒455-0823 愛知県名古屋市港区惟信町2-262
　　TEL 052-382-1355
　昭和20年　　　　春日井市立工業学校を設置
　昭和23年　　　　春日井市立高等学校と改称
　昭和27年　　　　愛知県立旭丘高等学校春日井分校となる

愛知県

| 昭和38年 | 愛知県立春日井高等学校として独立 |

◇愛知県立**春日井商業高等学校**
〒486-0812 愛知県春日井市大泉寺町1059-1
TEL 0568-81-1885
| 昭和58年4月 | 愛知県立春日井商業高等学校が開校 |

◇愛知県立**春日井西高等学校**
〒486-0808 愛知県春日井市田楽町1320
TEL 0568-32-9631
| 昭和50年 | 愛知県立春日井西高等学校が開校 |

◇愛知県立**春日井東高等学校**
〒487-0031 愛知県春日井市廻間町字神屋洞703-73
TEL 0568-88-4801
| 昭和53年4月 | 愛知県立春日井東高等学校が開校 |

◇愛知県立**春日井南高等学校**
〒486-0918 愛知県春日井市如意申町3丁目5-1
TEL 0568-32-7688
| 昭和61年 | 愛知県立春日井南高等学校が開校 |

◇愛知県立**蒲郡高等学校**
〒443-0058 愛知県蒲郡市上本町8-9
TEL 0533-68-2074
〈愛知県蒲郡高等学校〉
| 明治45年5月 | 蒲郡町立裁縫女学校が開校 |
| 昭和5年5月 | 愛知県蒲郡実科高等女学校を設置 |
| 昭和18年4月 | 愛知県蒲郡高等女学校と改称 |
| 昭和23年3月 | 愛知県蒲郡高等学校と改称 |
〈愛知県蒲郡農業高等学校〉
| 大正2年5月 | 宝飯郡立西部農学校を設立 |
| 大正4年4月 | 愛知県宝飯郡立西部実業学校と改称 |
| 大正9年4月 | 愛知県宝飯郡実業学校と改称 |
| 大正12年4月 | 愛知県蒲郡農学校と改称 |
| 昭和23年3月 | 愛知県立蒲郡農業高等学校と改称 |
〈統合〉
| 昭和23年9月 | 愛知県立蒲郡農業高等学校, 愛知県蒲郡高等学校を統合して愛知県立蒲郡高等学校と称する |

◇愛知県立**蒲郡東高等学校**
〒443-0013 愛知県蒲郡市大塚町上千尾12-2
TEL 0533-59-8621
| 昭和43年4月 | 愛知県立蒲郡東高等学校を設立 |

◇愛知県立**加茂丘高等学校**
〒470-0451 愛知県豊田市藤岡飯野町太田代1137-30
TEL 0565-76-2241
| 昭和47年4月1日 | 愛知県立加茂丘高等学校が開校 |

◇愛知県立**刈谷北高等学校**
〒448-0846 愛知県刈谷市寺横町1丁目67
TEL 0566-21-5107
| 大正10年4月 | 刈谷町立刈谷高等女学校が開校 |
| 昭和23年4月 | 愛知県立刈谷北高等学校と改称 |
| 昭和23年10月 | 愛知県立刈谷南高等学校と統合し愛知県立刈谷高等学校北校舎と改称 |
| 昭和26年4月 | 愛知県立刈谷商業家庭科高等学校と改称 |
| 昭和43年4月 | 愛知県立刈谷北高等学校と改称 |

◇愛知県立**刈谷工業高等学校**
〒448-0035 愛知県刈谷市矢場町2丁目210
TEL 0566-21-2227
| 昭和38年4月 | 愛知県立刈谷工業高等学校が開校 |

◇愛知県立**刈谷高等学校**
〒448-8504 愛知県刈谷市寿町5丁目101
TEL 0566-21-3171
| 大正8年4月 | 愛知県立第八中学校(のち:刈谷中学校)として創立 |
| 昭和23年 | 愛知県立刈谷南高等学校と改称 |
| 昭和23年10月 | 愛知県立刈谷高等学校と改称 |

◇愛知県立**刈谷東高等学校**
〒448-8653 愛知県刈谷市半城土町三ツ又20
TEL 0566-21-3347
| 昭和44年4月 | 愛知県立刈谷東高等学校が開校 |

◇名古屋市立**菊里高等学校**
〒464-0802 愛知県名古屋市千種区星が丘元町13-7
TEL 052-781-0445
| 明治29年 | 愛知県名古屋高等女学校として創立 |
| 明治45年 | 名古屋市立第一高等女学校と改称 |
| 昭和23年 | 名古屋市立菊里高等学校として発足 |

◇愛知県立**木曽川高等学校**
〒494-0001 愛知県一宮市開明字樋西11-1
TEL 0586-62-6155
| 昭和33年4月 | 愛知県立木曽川高等学校を設立 |

◇**菊華高等学校**
[学校法人 菊武学園]
〒463-0011 愛知県名古屋市守山区小幡5-8-13
TEL 052-791-8261
| 昭和37年 | 守山女子高等学校を設置 |
| 平成4年 | 菊華高等学校と改称 |

◇**享栄高等学校**
[学校法人 享栄学園]
〒467-0003 愛知県名古屋市瑞穂区汐路町1-26
TEL 052-841-8151
| 大正2年6月 | 英習字簿記学会を堀栄二が創立 |
| 大正4年4月 | 享栄学校が認可される |
| 大正7年10月 | 享栄貿易学校と改称 |
| 大正14年4月 | 享栄商業と改称 |
| 昭和19年4月 | 享栄女子商業高等学校と改称 |
| 昭和23年4月 | 享栄商業高等学校として発足 |
| 昭和42年10月 | 享栄高等学校と改称 |

◇愛知県立**杏和高等学校**
〒495-8505 愛知県稲沢市祖父江町二俣宮西1-1
TEL 0587-97-1311
| 平成17年4月 | 愛知県立祖父江高等学校, 愛知県立平和高等学校を統合し愛知県立杏和高等学校が開校 |

◇愛知県立**旭陵高等学校**
〒461-8654 愛知県名古屋市東区出来町3丁目6-23
TEL 052-721-5371
| 昭和23年 | 愛知県第一中学校通信教育部として設立 |
| 昭和46年 | 愛知県立旭陵高等学校として独立 |

◇愛知県立**吉良**高等学校
　〒444-0514 愛知県幡豆郡吉良町大字白浜新田字南切1-4
　TEL 0563-32-2231
　昭和39年4月1日　　愛知県立吉良高等学校が開校

◇**金城学院**高等学校
　[学校法人 金城学院]
　〒461-0011 愛知県名古屋市東区白壁4-64
　TEL 052-931-6236
　明治22年　　　　女子専門翼望館をアニー・E.ランドルフが創立
　明治23年　　　　私立金城女学校と改称
　昭和4年　　　　金城女子専門学校付属高等女学部と改称
　昭和23年　　　　金城学院高等学校を設置

◇愛知県立**高蔵寺**高等学校
　〒487-0035 愛知県春日井市藤山台1丁目3-2
　TEL 0568-92-9000
　昭和55年　　　　愛知県立高蔵寺高等学校が開校

◇愛知県立**幸田**高等学校
　〒444-0111 愛知県額田郡幸田町大字高力字神山78
　TEL 0564-62-1445
　昭和47年4月1日　　愛知県立幸田高等学校が開校

◇愛知県立**江南**高等学校
　〒483-8177 愛知県江南市北野町川石25-2
　TEL 0587-56-3511
　昭和55年　　　　愛知県立江南高等学校が開校

◇愛知県立**国府**高等学校
　〒442-8586 愛知県豊川市国府町下坊入10-1
　TEL 0533-87-3141
　大正9年3月　　　宝飯郡立高等女学校を設立
　大正12年3月　　　愛知県国府高等女学校と改称
　昭和23年4月　　　愛知県立国府高等学校と改称

◇名古屋市立**向陽**高等学校
　〒466-0042 愛知県名古屋市昭和区広池町47
　TEL 052-841-7138
　昭和23年10月　　　名古屋市立向陽高等学校が開校

◇愛知県立**小坂井**高等学校
　〒441-0103 愛知県宝飯郡小坂井町大字小坂井字欠田100-1
　TEL 0533-72-2211
　昭和51年4月1日　　愛知県立小坂井高等学校が開校

◇愛知県立**五条**高等学校
　〒490-1104 愛知県海部郡甚目寺町西今宿字阿弥陀寺56
　TEL 052-442-1515
　昭和47年4月5日　　愛知県立五条高等学校を開校

◇愛知県立**古知野**高等学校
　〒483-8331 愛知県江南市古知野町高瀬1
　TEL 0587-56-2508
　昭和24年　　　　小牧高等学校古知野分校として出発
　昭和27年　　　　愛知県立古知野高等学校と改称

◇愛知県立**小牧工業**高等学校
　〒485-0003 愛知県小牧市久保一色3737-1
　TEL 0568-77-6275
　昭和44年4月　　　愛知県立小牧工業高等学校が開校

◇愛知県立**小牧**高等学校
　〒485-0041 愛知県小牧市小牧1丁目321
　TEL 0568-77-1231
　〈愛知県立小牧高等学校〉
　大正13年4月　　　愛知県小牧中学校が開校
　昭和23年10月　　　愛知県立小牧高等学校と改称
　〈愛知県立小牧南高等学校〉
　昭和17年4月　　　小牧町立小牧高等女学校が開校
　昭和23年4月　　　愛知県立小牧南高等学校と改称
　〈統合〉
　昭和24年4月　　　愛知県立小牧高等学校，愛知県立小牧南高等学校を統合
　昭和28年11月　　　愛知県立小牧高等学校として発足

◇愛知県立**小牧南**高等学校
　〒485-0059 愛知県小牧市小木東2丁目183
　TEL 0568-73-1911
　昭和55年4月1日　　愛知県立小牧南高等学校が開校

◇愛知県立**衣台**高等学校
　〒471-0057 愛知県豊田市太平町平山5
　TEL 0565-33-1080
　昭和49年4月1日　　愛知県立衣台高等学校が開校

◇愛知県立**佐織工業**高等学校
　〒496-8018 愛知県愛西市渕高町蔭島1
　TEL 0567-37-1288
　昭和51年4月1日　　愛知県立佐織工業高等学校が開校

◇**桜丘**高等学校
　[学校法人 桜丘学園]
　〒440-0014 愛知県豊橋市南牛川2-1-11
　TEL 0532-61-6421
　明治42年1月　　　裁縫塾を満田樹吉、オリガ夫妻が開く
　大正13年4月　　　豊橋裁縫実習女学院と改称
　大正15年1月　　　豊橋実践女学校を創立
　昭和5年4月　　　豊橋高等実践女学校と改称
　昭和17年3月　　　豊橋桜ケ丘高等女学校と改称
　昭和23年4月　　　桜ケ丘高等学校を設置
　昭和46年10月　　　桜丘高等学校と改称

◇名古屋市立**桜台**高等学校
　〒457-0033 愛知県名古屋市南区霞町21
　TEL 052-821-0186
　大正13年　　　　名古屋市立第三商業学校が開校
　昭和23年　　　　名古屋市立第四高等女学校と統合し
　　　　　　　　名古屋市立桜台高等学校と改称

◇愛知県立**猿投農林**高等学校
　〒470-0372 愛知県豊田市井上町12-179
　TEL 0565-45-0621
　明治39年　　　　西加茂郡立農学校を設立
　大正12年　　　　愛知県猿投学校と改称
　昭和21年　　　　愛知県猿投農林学校と改称
　昭和23年　　　　愛知県立猿投農林高等学校と改称
　昭和23年10月　　　愛知県立加茂高等学校猿投分校と改称
　昭和24年　　　　愛知県立猿投農林高等学校として独立

◇愛知県立**佐屋**高等学校
　〒496-0914 愛知県愛西市東条町高田39
　TEL 0567-31-0579

愛知県

| | | |
|---|---|---|
| 昭和31年4月1日 | 愛知県立稲沢高等学校佐屋分校を設立 |
| 昭和40年3月24日 | 愛知県立佐屋高等学校として独立 |

◇至学館高等学校
　［学校法人 中京女子大学］
　〒461-0047 愛知県名古屋市東区大幸南2-1-10
　TEL 052-723-0851
　大正10年　　　中京高等女学校を設立
　昭和23年　　　中京女子高等学校を開設
　昭和53年　　　中京女子大学附属高等学校と改称
　平成17年　　　至学館高等学校と改称

◇愛知県立時習館高等学校
　〒441-8064 愛知県豊橋市富本町
　TEL 0532-45-3171
　明治26年4月　 時習館を三浦碧水、杉田権次郎、児嶋徳、遊佐発らが設立
　明治28年5月　 豊橋尋常中学校と改称
　明治33年4月　 愛知県第四中学校と改称
　明治34年8月　 愛知県立第四中学校と改称
　大正11年5月　 愛知県立豊橋中学校と改称
　昭和23年4月　 愛知県立豊橋高等学校と改称
　昭和23年10月　愛知県立豊橋時習館高等学校と改称
　昭和31年4月　 愛知県立時習館高等学校と改称

◇愛知県立松蔭高等学校
　〒453-0855 愛知県名古屋市中村区烏森町2-2
　TEL 052-481-9471
　昭和15年　　　愛知県中川中學校として開校
　昭和23年4月　 愛知県立中川高等学校と改称
　昭和23年10月　愛知県立惟信高等学校と統合され愛知県立松蔭高等学校と改称
　昭和24年　　　愛知県立惟信高等学校を分離

◇愛知県立昭和高等学校
　〒467-8639 愛知県名古屋市瑞穂区玉水町1-18
　TEL 052-831-6326
　昭和16年4月4日 愛知県昭和中学校が開校
　昭和23年4月1日 愛知県立昭和高等学校と改称

◇愛知県立新川高等学校
　〒452-0901 愛知県清須市阿原北野18
　TEL 052-400-1108
　昭和61年4月1日 愛知県立新川高等学校が開校

◇愛知県立新城高等学校
　〒441-1328 愛知県新城市桜淵・中野合併地
　TEL 0536-22-1176
　明治45年4月13日 新城町立実科高等女学校が開校
　大正8年4月15日 愛知県新城蚕業学校が開校
　昭和23年10月1日 愛知県立新城高等学校と改称

◇愛知県立新城東高等学校
　〒441-1301 愛知県新城市矢部字広見100
　TEL 0536-22-2725
　昭和47年4月1日 愛知県立新城東高等学校が開校

◇愛知県立瑞陵高等学校
　〒467-0811 愛知県名古屋市瑞穂区北原町2-1
　TEL 052-851-7141
　明治40年　　　愛知県立第五中学校を設立
　大正11年　　　愛知県熱田中学校と改称
　昭和23年　　　愛知県立熱田高等学校，愛知県立愛知商業高等学校，愛知県立貿易商業高等学校，愛知県立名南高等学校の4校が統合し愛知県立瑞陵高等学校を設置

◇椙山女学園高等学校
　［学校法人 椙山女学園］
　〒464-0832 愛知県名古屋市千種区山添町2-2
　TEL 052-751-8131
　明治38年　　　名古屋裁縫女学校を椙山正式、いまが創立
　大正6年　　　椙山高等女学校が開校
　昭和5年　　　椙山女子専門学校が開校
　昭和12年　　　椙山女子商業学校が開校
　昭和23年　　　椙山女学園高等学校が開校

◇聖カピタニオ女子高等学校
　［学校法人 幼き聖マリア女子学園］
　〒489-0929 愛知県瀬戸市西長根町137
　TEL 0561-82-7711
　昭和37年12月24日 聖カピタニオ女子高等学校を設置

◇愛知県立成章高等学校
　〒441-3421 愛知県田原市田原町池ノ原1
　TEL 0531-22-0141
　文化7年　　　成章館を田原藩主の三宅康和が藩校として設立
　明治42年5月　 田原町立成章館として設立
　大正5年4月　 田原町立中学成章館と改称
　大正9年4月　 渥美郡立成章中学校と改称
　大正12年4月　愛知県成章中学校と改称
　昭和23年4月　愛知県立成章高等学校と改称

◇星城高等学校
　［学校法人 名古屋石田学園］
　〒470-1161 愛知県豊明市栄町新左山20
　TEL 0562-97-3111
　昭和16年9月　 明徳学館を開設
　昭和20年12月　名古屋英学塾を創設
　昭和38年　　　星城高等学校を設立

◇誠信高等学校
　［学校法人 愛知江南学園］
　〒480-0104 愛知県丹羽郡扶桑町大字斉藤字本新須1
　TEL 0587-93-8172
　昭和47年　　　林第二高等学校が開校
　昭和56年　　　誠信高等学校と改称

◇名古屋市立西陵高等学校
　〒451-0066 愛知県名古屋市西区児玉2-20-65
　TEL 052-521-5551
　平成17年4月　名古屋市立西陵商業高等学校を名古屋市立西陵高等学校と改称

◇清林館高等学校
　［学校法人 平山学園］
　〒496-0805 愛知県津島市本町5-2
　TEL 0567-28-3010
　平成13年　　　津島女子高等学校を清林館高等学校と改称

◇聖霊高等学校
　［学校法人 南山学園］
　〒489-0863 愛知県瀬戸市せいれい町2
　TEL 0561-21-3121
　昭和27年　　　聖霊高等学校を開設

◇愛知県立**瀬戸北高等学校**
　〒489-0906 愛知県瀬戸市本郷町260
　TEL 0561-48-1500
　昭和58年　　　　　愛知県立瀬戸北高等学校が開校

◇愛知県立**瀬戸高等学校**
　〒489-0988 愛知県瀬戸市東山町1丁目5
　TEL 0561-82-7710
　大正13年3月29日　　瀬戸町立愛知県瀬戸高等女学校を設置
　昭和4年4月1日　　　愛知県瀬戸高等女学校と改称
　昭和23年4月1日　　 愛知県立瀬戸高等学校と改称

◇愛知県立**瀬戸西高等学校**
　〒489-0875 愛知県瀬戸市緑町1丁目140
　TEL 0561-84-7400
　昭和53年4月　　　　愛知県立瀬戸西高等学校が開校

◇愛知県立**瀬戸窯業高等学校**
　〒489-0883 愛知県瀬戸市東権現町22-1
　TEL 0561-82-2003
　明治28年　　　　　瀬戸陶器学校が開校
　明治34年　　　　　瀬戸町立瀬戸陶器学校と改称
　明治44年　　　　　愛知県立瀬戸陶器学校と改称
　大正9年　　　　　 愛知県立瀬戸窯業学校と改称
　昭和23年　　　　　愛知県立瀬戸窯業高等学校と改称

◇**大成高等学校**
　［学校法人 足立学園］
　〒491-0814 愛知県一宮市千秋町小山字大福田1878-2
　TEL 0586-77-9900
　昭和63年3月　　　　大成高等学校を設置

◇**大同工業大学大同高等学校**
　［学校法人 大同学園］
　〒457-8531 愛知県名古屋市南区大同町2-21
　TEL 052-611-0511
　昭和23年3月　　　　大同工業高等学校を開設
　昭和51年3月　　　　大同高等学校と改称
　平成14年4月　　　　大同工業大学大同高等学校と改称

◇愛知県立**高浜高等学校**
　〒444-1311 愛知県高浜市本郷町1丁目6-1
　TEL 0566-52-2100
　昭和29年4月1日　　 愛知県立刈谷商業家庭高等学校高浜分校として開設
　昭和43年4月1日　　 愛知県立高浜高等学校と改称

◇**滝高等学校**
　［学校法人 滝学園］
　〒483-8418 愛知県江南市東野町米野1
　TEL 0587-56-2127
　大正15年4月　　　　滝実業学校を滝信四郎が創設
　昭和23年4月　　　　滝実業高等学校と改称
　昭和39年4月　　　　滝高等学校と改称

◇愛知県立**田口高等学校**
　〒441-2302 愛知県北設楽郡設楽町清崎字林ノ後5-2
　TEL 0536-62-0575
　昭和16年4月　　　　田口農林学校を創立
　昭和23年4月1日　　 愛知県立田口高等学校が発足

◇愛知県立**武豊高等学校**
　〒470-2366 愛知県知多郡武豊町ヲヲガケ8
　TEL 0569-72-0706
　昭和51年4月1日　　 愛知県立半田高等学校から独立し愛知県立武豊高等学校が開校

◇愛知県立**千種高等学校**
　〒465-8507 愛知県名古屋市名東区社台2丁目206
　TEL 052-771-2121
　昭和38年4月　　　　愛知県立千種高等学校が開校

◇愛知県立**知多翔洋高等学校**
　〒478-0001 愛知県知多市八幡字堂ケ島50-1
　TEL 0562-33-2100
　〈愛知県立知多高等学校〉
　昭和49年4月1日　　 愛知県立知多高等学校が開校
　〈愛知県立知多東高等学校〉
　昭和58年4月1日　　 愛知県立知多東高等学校が開校
　〈統合〉
　平成17年4月　　　　愛知県立知多高等学校，愛知県立知多東高等学校が統合され愛知県立知多翔洋高等学校を設立

◇**中京大学附属中京高等学校**
　［学校法人 梅村学園］
　〒466-8525 愛知県名古屋市昭和区川名山町122
　TEL 052-761-5311
　大正12年　　　　　中京商業学校を創立
　昭和23年4月　　　　中京商業高等学校を設立
　昭和42年5月　　　　中京高等学校と改称
　平成10年4月　　　　中京大学附属中京高等学校と改称

◇**中部大学第一高等学校**
　［学校法人 中部大学］
　〒470-0101 愛知県日進市三本木町細廻間425
　TEL 0561-73-8111
　昭和13年12月　　　 名古屋第一工学校を設置（創立者：三浦幸平）
　昭和24年3月　　　　名古屋第一工学校が休校
　昭和25年3月　　　　愛知常磐女子商業学校を統合し常磐高等学校を設置
　昭和32年4月　　　　名古屋第一工業高等学校と改称
　昭和51年4月　　　　名古屋第一高等学校と改称
　平成15年4月　　　　中部大学第一高等学校と改称

◇愛知県立**知立高等学校**
　〒472-8585 愛知県知立市弘法町丁凪56
　TEL 0566-81-0319
　昭和24年　　　　　愛知県立知立高等学校が開校

◇愛知県立**知立東高等学校**
　〒472-8639 愛知県知立市長篠町大山18-6
　TEL 0566-82-0568
　昭和61年4月1日　　 愛知県立知立東高等学校が開校

◇愛知県立**作手高等学校**
　〒441-1423 愛知県新城市作手高里字木戸口1-2
　TEL 0536-37-2119
　明治31年　　　　　作手農林補習学校が開校
　大正11年　　　　　愛知県立作手農林学校と改称
　昭和24年　　　　　愛知県立新城高等学校作手分校と改称
　昭和53年　　　　　愛知県立作手高等学校を開校

◇**黄柳野高等学校**
　［学校法人 黄柳野学園］
　〒441-1623 愛知県新城市黄柳野字池田663-1
　TEL 0536-34-0330
　平成7年4月　　　　黄柳野高等学校が開校

# 愛知県

◇愛知県立**津島北高等学校**
〒496-0819 愛知県津島市又吉町4
TEL 0567-28-3414
昭和26年3月1日　　愛知県立津島工業高等学校を設置
昭和28年2月10日　　愛知県立津島商工高等学校と改称
昭和51年4月1日　　愛知県立津島北高等学校と改称

◇愛知県立**津島高等学校**
〒496-0853 愛知県津島市宮川町3-80
TEL 0567-28-4158
明治33年　　　　　愛知県立第三中学校として開校
大正4年　　　　　津島町立津島高等女学校が開校
昭和23年　　　　　愛知県立第三中学，津島町立津島高等女学校が合併し
　　　　　　　　　愛知県立津島高等学校が発足

◇愛知県立**津島東高等学校**
〒496-0004 愛知県津島市蛭間町字弁日1
TEL 0567-24-6001
大正4年4月　　　　津島町立高等女学校が開校
大正11年3月　　　愛知県津島高等女学校と改称
昭和23年4月　　　愛知県立津島東高等学校と改称

◇愛知県立**天白高等学校**
〒468-0006 愛知県名古屋市天白区植田東1丁目601
TEL 052-801-1145
昭和52年　　　　　愛知県立天白高等学校が開校

◇**東海学園高等学校**
［学校法人　東海学園］
〒468-0014 愛知県名古屋市天白区中平2-901
TEL 052-801-6222
昭和37年　　　　　東海女子高等学校を設立
平成12年　　　　　東海学園高等学校と改称

◇**東海高等学校**
［学校法人　東海学園］
〒461-0003 愛知県名古屋市東区筒井1-2-35
TEL 052-936-5111
明治21年　　　　　浄土宗学愛知支校として創立
明治42年　　　　　東海中学校と改称
昭和23年　　　　　東海高等学校が発足

◇愛知県立**東海商業高等学校**
〒477-0031 愛知県東海市大田町曽根1
TEL 0562-32-5158
昭和46年4月　　　愛知県立東海商業高等学校が開校

◇愛知県立**東海南高等学校**
〒477-0032 愛知県東海市加木屋町社山55
TEL 0562-34-3811
昭和52年4月　　　愛知県立東海南高等学校が開校

◇愛知県立**東郷高等学校**
〒470-0162 愛知県愛知郡東郷町大字春木字狐塚3801-2
TEL 0561-39-1515
昭和43年　　　　　愛知県立東郷高等学校が開校

◇**同朋高等学校**
［学校法人　同朋学園］
〒453-8540 愛知県名古屋市中村区稲葉地町7-1
TEL 052-411-1117
昭和33年4月8日　　東同朋大学附属高等学校が開校
昭和34年2月1日　　同朋高等学校と改称

◇**東邦高等学校**
［学校法人　東邦学園］
〒465-8516 愛知県名古屋市名東区平和が丘3-11
TEL 052-782-1171
大正12年　　　　　東邦商業学校を下出民義が設立
昭和21年　　　　　東邦中学校が開校
昭和23年　　　　　東邦高等学校を設立

◇愛知県立**桃陵高等学校**
〒474-0025 愛知県大府市中央町5丁目15
TEL 0562-46-5351
昭和43年　　　　　愛知県立大府高等学校から独立し愛知県立桃陵高等学校が開校

◇愛知県立**常滑高等学校**
〒479-0003 愛知県常滑市金山字四井池10
TEL 0569-43-1151
〈愛知県立常滑工業高等学校〉
明治29年　　　　　常滑工業補習学校として開校
明治34年　　　　　常滑陶器学校と改称
明治35年　　　　　常滑町立陶器学校と改称
昭和10年　　　　　愛知県常滑工業学校と改称
昭和23年　　　　　愛知県立常滑工業高等学校と改称
〈愛知県常滑高等女学校〉
昭和11年　　　　　常滑町立常滑実家高等女学校として開校
昭和17年　　　　　愛知県常滑高等女学校と改称
昭和23年　　　　　愛知県常滑高等学校と改称
〈統合〉
昭和23年　　　　　愛知県立常滑工業高等学校, 愛知県常滑高等学校が統合し愛知県立常滑高等学校と改称
平成18年4月　　　愛知県立常滑北高等学校と統合

◇**杜若高等学校**
［学校法人　名鉄学園］
〒470-0331 愛知県豊田市平戸橋町波岩87-1
TEL 0565-45-5000
昭和31年9月21日　杜若高等学校を設置

◇名古屋市立**富田高等学校**
〒454-0953 愛知県名古屋市中川区富田町榎津上鵜垂111
TEL 052-301-1975
昭和49年4月1日　　名古屋市立富田高等学校が開校

◇愛知県立**豊明高等学校**
〒470-1101 愛知県豊明市沓掛町海老池10
TEL 0562-93-1166
昭和51年4月1日　　愛知県立豊明高等学校が開校

◇愛知県立**豊川工業高等学校**
〒442-8573 愛知県豊川市新道町1丁目3
TEL 0533-85-4425
昭和20年4月1日　　豊川市立工業学校が開校
昭和23年4月1日　　豊川市立工業高等学校と改称
昭和31年4月1日　　愛知県立豊川工業高等学校と改称

◇**豊川高等学校**
［学校法人　豊川閣妙厳寺豊川学園］
〒442-0029 愛知県豊川市末広通1-37
TEL 0533-86-4121
明治15年　　　　　豊川閣家庭学校を設立
昭和3年　　　　　豊川学堂と改称
昭和18年　　　　　豊川中学校と改称

| 昭和23年 | 豊川高等学校と改称 |

◇豊田大谷高等学校
　［学校法人　尾張学園］
　〒470-0344 愛知県豊田市保見町南山1
　TEL 0565-48-3511
| 昭和59年 | 豊田大谷分校を開設 |
| 昭和61年 | 豊田大谷高等学校を開設 |

◇愛知県立豊田北高等学校
　〒471-0016 愛知県豊田市千石町2丁目100-1
　TEL 0565-80-5111
| 昭和54年4月 | 愛知県立豊田北高等学校が開校 |

◇愛知県立豊田工業高等学校
　〒473-0913 愛知県豊田市竹元町南細畔3
　TEL 0565-52-4311
| 昭和46年4月1日 | 愛知県立豊田工業高等学校が開校 |

◇愛知県立豊田高等学校
　〒470-0374 愛知県豊田市伊保町三本松1
　TEL 0565-45-8622
| 昭和58年4月 | 愛知県立豊田高等学校が開校 |

◇愛知県立豊田西高等学校
　〒471-0037 愛知県豊田市小坂町14丁目65
　TEL 0565-31-0313
| 昭和15年 | 愛知県挙母中学校として開校 |
| 昭和23年 | 愛知県立挙母西高等学校と改称 |
| 昭和23年10月 | 愛知県立加茂高等学校と改称 |
| 昭和25年 | 愛知県立挙母高等学校と改称 |
| 昭和34年 | 愛知県立豊田西高等学校と改称 |

◇愛知県立豊田東高等学校
　〒471-0034 愛知県豊田市小坂本町5-80
　TEL 0565-32-0145
| 昭和15年 | 挙母町立挙母女学校が開校 |
| 昭和23年4月 | 愛知県立挙母東高等学校と改称 |
| 昭和23年10月 | 愛知県立加茂高等学校と改称 |
| 昭和25年 | 愛知県立挙母高等学校と改称 |
| 昭和34年 | 愛知県立豊田東高等学校と改称 |

◇愛知県立豊田南高等学校
　〒473-0915 愛知県豊田市若林東町中外根1-1
　TEL 0565-53-1011
| 昭和55年4月 | 愛知県立豊田南高等学校が開校 |

◇愛知県立豊橋工業高等学校
　〒441-8141 愛知県豊橋市草間町官有地
　TEL 0532-45-5635
| 昭和19年4月 | 豊橋市立工業学校が開校 |
| 昭和23年4月 | 豊橋市立工業高等学校と改称 |
| 昭和27年4月 | 愛知県立豊橋工業高等学校と改称 |

◇愛知県立豊橋商業高等学校
　〒440-0864 愛知県豊橋市向山町官有地
　TEL 0532-52-2256
| 昭和26年4月1日 | 愛知県立豊橋商業高等学校が開校 |

◇豊橋中央高等学校
　［学校法人　高倉学園］
　〒440-0856 愛知県豊橋市鍵田町106
　TEL 0532-54-1301
| 大正13年10月 | 愛知和洋製縫女学校を設立 |
| 昭和2年3月 | 愛知高等和洋女学校と改称 |
| 昭和6年3月 | 愛知高等実集修女学校と改称 |
| 昭和23年3月 | 愛知実修女子高等学校と改称 |
| 昭和32年11月 | 豊橋女子高等学校と改称 |
| 平成9年10月 | 豊橋中央高等学校と改称 |

◇愛知県立豊橋西高等学校
　〒441-8087 愛知県豊橋市牟呂町西明治新右前4
　TEL 0532-31-8800
| 昭和58年4月1日 | 愛知県立豊橋西高等学校が開校 |

◇愛知県立豊橋東高等学校
　〒440-0864 愛知県豊橋市向山町字西猿22
　TEL 0532-61-3146
〈豊橋市立高等学校〉
| 明治35年 | 豊橋町立高等女学校が開校 |
| 明治40年2月23日 | 豊橋市立高等女学校と改称 |
| 昭和23年4月1日 | 豊橋市立高等学校と改称 |
〈愛知県立青陵高等学校〉
| 大正15年4月30日 | 愛知県豊橋第二中学校が開校 |
| 昭和23年4月1日 | 愛知県立青陵高等学校と改称 |
〈統合〉
| 昭和23年4月1日 | 愛知県立青陵高等学校, 豊橋市立高等学校を統合し愛知県立豊橋東高等学校と改称 |

◇愛知県立豊橋南高等学校
　〒441-8132 愛知県豊橋市南大清水町字元町450
　TEL 0532-25-1476
| 昭和47年 | 愛知県立時習館高等学校高豊分校, 愛知県立時習館高等学校二川分校を統合し愛知県立豊橋南高等学校が発足 |

◇愛知県立中川商業高等学校
　〒454-0912 愛知県名古屋市中川区野田3-280
　TEL 052-361-7457
| 昭和38年4月1日 | 愛知県立中川商業高等学校が開校 |

◇愛知県立長久手高等学校
　〒480-1103 愛知県愛知郡長久手町岩作高山38
　TEL 0561-62-0016
| 昭和26年 | 愛知県立猿投農林高等学校長久手分校が開校 |
| 昭和30年 | 愛知県立長久手高等学校と改称 |

◇愛知県立中村高等学校
　〒453-0068 愛知県名古屋市中村区菊水町1丁目2-18
　TEL 052-411-7760
| 昭和28年 | 愛知県立中村高等学校を開校 |

◇名古屋大谷高等学校
　［学校法人　尾張学園］
　〒467-8511 愛知県名古屋市瑞穂区高田町4-19
　TEL 052-852-1121
| 文政10年 | 閲蔵長屋を創設 |
| 明治5年 | 講研所と改称 |
| 明治9年 | 尾張小教校と改称 |
| 明治16年 | 尾張教校と改称 |
| 明治20年 | 大谷派普通学校と改称 |
| 明治27年 | 尾張中学寮と改称 |
| 明治29年 | 真宗尾張中学校と改称 |
| 明治41年 | 私立尾張中学校として認可を受ける |
| 昭和23年 | 尾張高等学校を設置 |
| 昭和59年 | 名古屋大谷高等学校と改称 |

◇名古屋経済大学市邨高等学校
　［学校法人　市邨学園］

〒464-8533 愛知県名古屋市千種区北千種3-1-37
TEL 052-721-0161
| 明治40年 | 名古屋女子商業学校を市邨芳樹が創立 |
| 昭和23年 | 呉竹商業高等学校を開学 |
| 昭和23年 | 名古屋女子商業高等学校と改称 |
| 昭和47年 | 市邨学園高等学校と改称 |
| 平成14年 | 名古屋経済大学市邨高等学校と改称 |

◇名古屋経済大学高蔵高等学校
[学校法人 市邨学園]
〒456-8577 愛知県名古屋市熱田区横田1-1-56
TEL 052-681-0331
| 大正12年 | 名古屋第二女子商業学校を開学 |
| 昭和23年 | 若竹商業高等学校を開学 |
| 昭和23年 | 高蔵女子商業高等学校と改称 |
| 昭和47年 | 市邨学園高蔵高等学校と改称 |
| 昭和61年 | 高蔵高等学校と改称 |
| 平成14年 | 名古屋経済大学高蔵高等学校と改称 |

◇名古屋工業高等学校
[学校法人 名工学園]
〒466-0054 愛知県名古屋市昭和区円上町22-38
TEL 052-871-2681
| 大正9年4月 | 名古屋工科学院を林聖叡が創立 |
| 大正10年11月 | 名古屋工科学校と改称 |
| 昭和4年6月 | 名古屋工業学校と改称 |
| 昭和23年4月 | 名古屋工業高等学校と改称 |

◇名古屋高等学校
[学校法人 名古屋学院]
〒461-8676 愛知県名古屋市東区砂田橋2-1-58
TEL 052-721-5271
| 明治20年 | 名古屋英和学校をフレデリック・チャールズ・クラインが創立 |
| 明治39年 | 私立名古屋中学校と改称 |
| 昭和23年 | 名古屋高等学校が発足 |
| 昭和39年 | 名古屋学院大学を設立 |
| 昭和43年 | 名古屋学院高等学校と改称 |
| 平成12年 | 名古屋高等学校に戻す |

◇名古屋国際高等学校
[学校法人 栗本学園]
〒466-0841 愛知県名古屋市昭和区広路本町1-16
TEL 052-853-5151
| 昭和28年4月1日 | 名古屋商科大学附属高等学校を設置 |
| 平成6年 | 名古屋国際高等学校と改称 |

◇名古屋市立名古屋商業高等学校
〒464-0044 愛知県名古屋市千種区自由ヶ丘2-11-48
TEL 052-751-6111
| 明治17年6月28日 | 愛知県名古屋商業学校が開校 |
| 明治34年6月18日 | 名古屋市立名古屋商業学校と改称 |
| 昭和23年4月1日 | 名古屋市立名古屋商業高等学校と改称 |

◇名古屋女子大学高等学校
[学校法人 越原学園]
〒467-0003 愛知県名古屋市瑞穂区汐路町4-21
TEL 052-841-8181
| 大正4年2月 | 私立名古屋女学校を越原春子、越原和が創立 |
| 大正10年4月 | 名古屋高等女学校と改称 |
| 昭和15年4月 | 緑ケ丘高等女学校を創立 |
| 昭和23年4月 | 名古屋高等女学校, 緑ケ丘高等女学校が合併し名古屋女学院高等学校と改称 |
| 昭和42年4月 | 名古屋女子大学高等学校と改称 |

◇名古屋市立北高等学校
〒462-0008 愛知県名古屋市北区如来町50
TEL 052-901-0338
| 昭和38年4月5日 | 名古屋市立北高等学校が開校 |

◇名古屋市立工業高等学校
〒454-0851 愛知県名古屋市中川区北江町3-13
TEL 052-361-3116
| 昭和11年 | 名古屋市立機械専修学校(のち:名古屋市立八剱工業高等学校)が開校 |
| 昭和11年 | 名古屋市立航空工学学校が開校 |
| 昭和23年 | 名古屋市立八剱工業高等学校, 名古屋市立航空工学学校を統合し名古屋市立工業高等学校と改称 |

◇名古屋市立工芸高等学校
〒461-0027 愛知県名古屋市東区芳野2-7-51
TEL 052-931-7541
| 大正6年2月20日 | 名古屋市立工芸学校を設置 |
| 昭和21年3月31日 | 名古屋市立工芸学校と改称 |
| 昭和23年9月30日 | 名古屋市立西陵高等学校に統合 |
| 昭和26年3月1日 | 名古屋市立工芸高等学校として発足 |

◇名古屋市立中央高等学校
〒460-0007 愛知県名古屋市中区新栄3-15-45
TEL 052-241-6538
| 昭和16年4月 | 名古屋市立前津商業学校(夜間)が開校 |
| 昭和23年4月 | 名古屋市立中央商業高等学校が開校 |
| 昭和24年4月 | 名古屋市立中央高等学校と改称 |

◇愛知県立名古屋西高等学校
〒451-8561 愛知県名古屋市西区天神山町4-7
TEL 052-522-2451
| 大正4年 | 愛知県立第二高等女学校を設置 |
| 昭和23年 | 愛知県立第二女子高等学校を設置 |
| 昭和23年10月 | 愛知県立名古屋西高等学校と改称 |

◇愛知県立名古屋南高等学校
〒457-0833 愛知県名古屋市南区東又兵ヱ町5丁目1-11
TEL 052-613-0001
| 昭和59年4月 | 愛知県立名古屋南高等学校が開校 |

◇愛知県立鳴海高等学校
〒458-0825 愛知県名古屋市緑区左京山801
TEL 052-623-3001
| 昭和51年4月 | 愛知県立鳴海高等学校として開校 |

◇南山高等学校
[学校法人 南山学園]
〒466-0838 愛知県名古屋市昭和区五軒家町6
TEL 052-831-6455
| 昭和7年1月 | 南山中学校を設立 |
| 昭和23年4月 | 南山高等学校を設立 |

◇南山国際高等学校
　［学校法人　南山学園］
　〒470-0375　愛知県豊田市亀首町八ツ口洞13-45
　TEL 0565-46-5300
　平成5年4月　　　　南山国際高等学校を設立

◇愛知県立南陽高等学校
　〒455-0861　愛知県名古屋市港区大西2丁目99
　TEL 052-301-1973
　昭和48年　　　　　愛知県立南陽高等学校が開校

◇愛知県立西尾高等学校
　〒445-0803　愛知県西尾市桜町奥新田2-2
　TEL 0563-57-2270
　〈愛知県立幡豆高等学校〉
　大正7年2月22日　　西尾町立西尾高等女学校を設立
　大正12年4月1日　　愛知県西尾高等女学校と改称
　昭和23年4月1日　　愛知県立幡豆高等学校と改称
　〈愛知県立西尾高等学校〉
　大正15年4月7日　　愛知県立西尾中学校を設立
　昭和23年4月1日　　愛知県立西尾高等学校と改称
　〈統合〉
　昭和23年10月1日　 愛知県立幡豆高等学校，愛知県立
　　　　　　　　　　西尾高等学校が合併し
　　　　　　　　　　愛知県立西尾高等学校と改称
　昭和24年4月1日　　愛知県立西尾実業高等学校を合併

◇愛知県立西尾東高等学校
　〒445-0006　愛知県西尾市小島町大郷1-4
　TEL 0563-56-1911
　昭和51年　　　　　愛知県立西尾東高等学校が開校

◇愛知県立西春高等学校
　〒481-0032　愛知県北名古屋市弥勒寺西2丁目1
　TEL 0568-23-6166
　昭和53年4月1日　　愛知県立西春高等学校が開校

◇愛知県立日進高等学校
　〒470-0111　愛知県日進市米野木町三ケ峰4-18
　TEL 0561-73-6221
　昭和53年4月　　　 愛知県立日進高等学校が開校

◇愛知県立日進西高等学校
　〒470-0124　愛知県日進市浅田町上小深田8-4
　TEL 052-804-2131
　昭和58年　　　　　愛知県立日進西高等学校が開校

◇日本福祉大学付属高等学校
　［学校法人　日本福祉大学］
　〒470-3233　愛知県知多郡美浜町大字奥田字中之谷2-1
　TEL 0569-87-2311
　昭和33年　　　　　日本福祉大学附属立花高等学校が
　　　　　　　　　　開校
　昭和55年　　　　　日本福祉大学付属高等学校と改称

◇愛知県立丹羽高等学校
　〒480-0102　愛知県丹羽郡扶桑町大字高雄字柳前95
　TEL 0587-93-7575
　昭和49年4月　　　 愛知県立丹羽高等学校が開校

◇人間環境大学岡崎学園高等学校
　［学校法人　岡崎学園］
　〒444-0071　愛知県岡崎市稲熊町3-110
　TEL 0564-22-0274
　明治39年　　　　　岡崎裁縫女学校を設立
　昭和6年　　　　　 岡崎高等家政女学校と改称
　昭和23年　　　　　岡崎家政高等学校と改称
　昭和29年　　　　　岡崎女子高等学校と改称
　平成4年　　　　　 岡崎学園高等学校と改称
　平成13年　　　　　人間環境大学岡崎学園高等学校と
　　　　　　　　　　改称

◇春日丘高等学校
　［学校法人　中部大学］
　〒487-8501　愛知県春日井市松本町1105
　TEL 0568-51-1131
　昭和38年4月　　　 名古屋第一工業高等学校春日井分
　　　　　　　　　　校が開校
　昭和58年4月1日　　中部工業大学附属春日丘高等学校
　　　　　　　　　　と改称
　昭和59年4月1日　　中部大学附属春日丘高等学校と改
　　　　　　　　　　称
　平成2年4月1日　　 春日丘高等学校と改称

◇愛知県立半田工業高等学校
　〒475-0916　愛知県半田市柊町3丁目1
　TEL 0569-21-2164
　昭和38年4月　　　 愛知県立半田工業高等学校が開校

◇愛知県立半田高等学校
　〒475-0903　愛知県半田市出口町1-30
　TEL 0569-21-0272
　〈愛知県立知多高等学校〉
　明治43年4月1日　　愛知県知多郡立高等女学校が開校
　大正12年4月1日　　愛知県知多高等女学校と改称
　昭和13年2月15日　　愛知県立半田高等女学校と改称
　昭和23年4月1日　　愛知県立知多高等学校と改称
　〈愛知県立半田高等学校〉
　大正8年4月1日　　 愛知県立第七中学校が開校
　大正11年5月1日　　愛知県半田中学校と改称
　昭和23年4月1日　　愛知県立半田高等学校と改称
　昭和23年10月1日　 愛知県立半田高等学校，愛知県立
　　　　　　　　　　知多高等学校を統合し
　　　　　　　　　　愛知県立半田高等学校を設置
　〈愛知県半田南高等学校〉
　昭和15年　　　　　半田市立高等家政女学校が開校
　昭和23年4月1日　　半田市高等学校と改称
　昭和23年10月1日　 半田市高等学校，愛知県半田商工
　　　　　　　　　　高等学校を統合し
　　　　　　　　　　愛知県半田南高等学校を設置
　〈統合〉
　昭和24年4月1日　　愛知県立半田高等学校，愛知県半
　　　　　　　　　　田南高等学校，愛知県立半田農
　　　　　　　　　　業高等学校の三校を統合し
　　　　　　　　　　愛知県立半田高等学校を設置

◇愛知県立半田商業高等学校
　〒475-0912　愛知県半田市白山町2-30
　TEL 0569-21-0251
　大正15年3月　　　 愛知県半田商業専修学校（のち廃
　　　　　　　　　　校）を創立
　昭和8年4月　　　　愛知県半田商業学校が開校
　昭和19年3月　　　 愛知県半田工業学校を併置
　昭和21年4月　　　 愛知県半田商業学校，愛知県半田
　　　　　　　　　　工業高等学校を廃止して
　　　　　　　　　　愛知県半田商工学校を設置
　昭和23年4月　　　 愛知県半田商工高等学校と改称
　昭和23年10月　　　愛知県半田商工高等学校，半田市
　　　　　　　　　　立高等学校を廃して
　　　　　　　　　　愛知県半田南高等学校を設置

愛知県

| 昭和26年3月 | 愛知県立半田高等学校の商業課程が |
| | 愛知県立半田商業高等学校として分離独立 |

◇愛知県立**半田農業**高等学校
〒475-0916 愛知県半田市柊町1丁目1
TEL 0569-21-0247
| 明治29年 | 農業講習所を開設 |
| 明治32年 | 知多郡簡易農学校と改め創立 |
| 明治32年 | 知多郡農学校と改称 |
| 大正12年 | 愛知県半田農業学校と改称 |
| 昭和23年 | 愛知県立半田農業高等学校と改称 |

◇愛知県立**半田東**高等学校
〒475-0016 愛知県半田市西生見町30
TEL 0569-29-1122
| 昭和55年 | 愛知県立半田東高等学校が開校 |

◇愛知県立**東浦**高等学校
〒470-2104 愛知県知多郡東浦町大字生路字冨士塚20
TEL 0562-83-0111
| 昭和48年4月1日 | 愛知県立東浦高等学校が開校 |

◇愛知県立**東山工業**高等学校
〒464-0808 愛知県名古屋市千種区星が丘山手107
TEL 052-781-1126
| 昭和34年4月1日 | 愛知県立東山工業高等学校が開校 |

◇**光ケ丘女子**高等学校
［学校法人 聖カタリナ学園］
〒444-0811 愛知県岡崎市大西町奥長入52
TEL 0564-51-5651
| 昭和38年4月 | 光ケ丘女子高等学校が開校 |

◇愛知県立**尾西**高等学校
〒494-0014 愛知県一宮市上祖父江字小稲葉18
TEL 0586-69-6161
| 昭和52年 | 愛知県立尾西高等学校が開校 |

◇愛知県立**尾北**高等学校
〒483-8157 愛知県江南市北山町西4
TEL 0587-56-3038
〈愛知県丹羽高等学校〉
| 大正10年4月 | 愛知県丹羽郡高等女学校が開校 |
| 大正12年4月1日 | 愛知県丹羽高等女学校と改称 |
| 昭和23年4月1日 | 愛知県立丹羽高等学校と改称 |
〈愛知県立古知野高等学校〉
| 昭和16年3月28日 | 古知野町立古知野高等実践女学校が開校 |
| 昭和23年4月1日 | 愛知県立古知野高等学校と改称 |
〈統合〉
| 昭和23年10月1日 | 愛知県立丹羽高等学校，愛知県立古知野高等学校を統合し |
| | 愛知県立尾北高等学校と改称 |

◇愛知県立**福江**高等学校
〒441-3613 愛知県田原市古田町岡ノ越6
TEL 0531-32-0132
| 昭和23年4月 | 愛知県立福江高等学校が開校 |

◇**藤ノ花女子**高等学校
［学校法人 藤ノ花学園］
〒440-0053 愛知県豊橋市老松町109
TEL 0532-61-5468
| 明治35年4月8日 | 豊橋裁縫女学校を伊藤卯一が創立 |

| 昭和6年9月4日 | 豊橋高等裁縫女学校と改称 |
| 昭和10年11月5日 | 豊橋藤花高等女学校と改称 |
| 昭和23年3月31日 | 藤ノ花女子高等学校と改称 |

◇愛知県立**碧南工業**高等学校
〒447-0066 愛知県碧南市丸山町3丁目10
TEL 0566-42-2500
| 昭和48年4月 | 愛知県立碧南工業高等学校が開校 |

◇愛知県立**碧南**高等学校
〒447-0871 愛知県碧南市向陽町4丁目12
TEL 0566-41-2564
| 大正15年 | 碧南国民学校として創設 |
| 昭和12年 | 愛知県碧南商業学校を開校 |
| 昭和19年 | 愛知県立碧南工業学校と改称 |
| 昭和23年 | 愛知県立碧南商工高等学校と改称 |
| 昭和23年10月 | 愛知県立碧南高等学校と改称 |

◇愛知県立**鳳来寺**高等学校
〒441-1944 愛知県新城市門谷字宮下35
TEL 0536-35-1005
| 昭和10年 | 鳳来寺女子高等学園が開校 |
| 昭和19年 | 愛知県立鳳来寺女子農学校と改称 |
| 昭和23年 | 愛知県立鳳来寺高等学校と改称 |

◇愛知県立**宝陵**高等学校
〒441-1205 愛知県豊川市大木町鑓水445
TEL 0533-93-2041
| 昭和45年4月 | 愛知県立宝陵高等学校が開校 |

◇愛知県立**松平**高等学校
〒444-2204 愛知県豊田市鵜ケ瀬町桐山1
TEL 0565-58-1144
| 昭和24年4月1日 | 愛知県立加茂高等学校松平分校を創立 |
| 昭和25年4月1日 | 愛知県立猿投農林高等学校松平分校と改称 |
| 昭和41年4月1日 | 愛知県立足助高等学校松平分校と改称 |
| 昭和44年4月1日 | 愛知県立松平高等学校として独立 |

◇愛知県立**三谷水産**高等学校
〒443-0021 愛知県蒲郡市三谷町水神町通2-1
TEL 0533-69-2265
| 昭和15年4月 | 愛知県水産試験場附設講習所が開設 |
| 昭和18年4月 | 愛知県立三谷水産学校が開校 |
| 昭和23年4月 | 愛知県立三谷水産高等学校と改称 |

◇愛知県立**御津**高等学校
〒441-0322 愛知県宝飯郡御津町大字豊沢字松ノ下1
TEL 0533-75-4155
| 昭和61年 | 愛知県立御津高等学校が開校 |

◇愛知県立**緑丘商業**高等学校
〒463-8511 愛知県名古屋市守山区緑ヶ丘1008
TEL 052-791-8226
| 昭和35年4月1日 | 愛知県立緑丘商業高等学校が開校 |

◇名古屋市立**緑**高等学校
〒458-0031 愛知県名古屋市緑区旭出1-1104
TEL 052-895-0461
| 昭和44年4月1日 | 名古屋市立緑高等学校が開校 |

◇愛知県立**三好**高等学校
〒470-0224 愛知県西加茂郡三好町大字三好字東山110-1

TEL 0561-34-4881
昭和50年4月1日　　愛知県立三好高等学校を開校

◇愛知県立**美和高等学校**
〒490-1295 愛知県海部郡美和町大字篠田字五ッ藤1
TEL 052-443-1700
昭和58年　　　　愛知県立美和高等学校が開校

◇**名城大学附属高等学校**
［学校法人 名城大学］
〒453-0031 愛知県名古屋市中村区新富町1-3-16
TEL 052-481-7436
大正15年　　　　名古屋高等理工科講習所を田中寿一が開設
昭和3年　　　　　名古屋高等理工科学校と改称
昭和23年　　　　名古屋文理高校として開校
昭和26年　　　　名城大学附属高等学校と改称

◇名古屋市立**名東高等学校**
〒465-0064 愛知県名古屋市名東区大針1-351
TEL 052-703-3313
昭和59年4月1日　　名古屋市立名東高等学校が開校

◇愛知県立**名南工業高等学校**
〒457-0063 愛知県名古屋市南区阿原町1
TEL 052-822-0242
昭和37年　　　　愛知県立名南工業高等学校が開校

◇愛知県立**明和高等学校**
〒461-0011 愛知県名古屋市東区白壁2丁目32-6
TEL 052-961-2551
〈愛知県立明倫高等学校〉
天明3年5月1日　　明倫堂を開校
明治32年　　　　私立明倫中学校を設立
明治33年4月1日　　私立明倫中学校が開校
昭和8年　　　　　愛知県立明倫中学校と改称
昭和23年　　　　愛知県立明倫高等学校と改称
〈愛知県立第一女子高等学校〉
明治36年　　　　愛知県立高等女学校が開校
大正4年　　　　　愛知県立第一高等女学校と改称
大正11年5月　　　愛知県第一高等女学校と改称
昭和23年4月　　　愛知県立第一女子高等学校と改称
〈統合〉
昭和23年10月1日　愛知県立明倫高等学校, 愛知県立第一高等女学校が統合し
　　　　　　　　　愛知県立明和高等学校を設立

◇愛知県立**守山高等学校**
〒463-8503 愛知県名古屋市守山区中志段味字元屋敷1267
TEL 052-736-3500
昭和49年　　　　愛知県立守山高等学校が開校

◇**弥富高等学校**
［学校法人 愛西学園］
〒498-0048 愛知県弥富市稲吉2-52
TEL 0567-68-2233
昭和51年4月1日　　弥富高等学校を設置

◇名古屋市立**山田高等学校**
〒452-0817 愛知県名古屋市西区二方町19-1
TEL 052-501-7800
昭和53年　　　　名古屋市立山田高等学校が開校

◇愛知県立**豊丘高等学校**
〒440-0034 愛知県豊橋市豊岡町74
TEL 0532-62-3281
昭和38年4月11日　愛知県立豊丘高等学校が開校

◇愛知県立**豊野高等学校**
〒470-1202 愛知県豊田市渡刈町3丁目3-1
TEL 0565-28-8800
昭和61年4月1日　　愛知県立豊野高等学校が開校

◇愛知県立**横須賀高等学校**
〒477-0037 愛知県東海市高横須賀町広脇1
TEL 0562-32-1278
大正12年4月　　　愛知県横須賀町立横須賀高等女学校を創立
昭和23年　　　　愛知県立横須賀高等学校と改称

◇名古屋市立**若宮商業高等学校**
〒468-0046 愛知県名古屋市天白区古川町76
TEL 052-891-2176
昭和38年2月1日　　名古屋市立若宮商業高等学校が開校

# 三重県

## 【大学】

◇皇學館大学
　［学校法人 皇學館］
　〒516-8555 三重県伊勢市神田久志本町1704
　TEL 0596-22-0201
　明治16年　　　　　皇學館（のち廃学）が開館
　昭和37年4月　　　　皇學館大學が開学
　平成13年4月　　　　皇學館大学と改称

◇鈴鹿医療科学大学
　［学校法人 鈴鹿医療科学大学］
　〒510-0293 三重県鈴鹿市岸岡町1001-1
　TEL 0593-83-8991
　平成3年　　　　　　鈴鹿医療科学技術大学として開学
　平成10年　　　　　　鈴鹿医療科学大学と改称

◇鈴鹿国際大学
　［学校法人 享栄学園］
　〒510-0298 三重県鈴鹿市郡山町663-222
　TEL 0593-72-2121
　平成6年4月　　　　鈴鹿国際大学が開学

◇三重県立看護大学
　〒514-0116 三重県津市夢が丘1丁目1-1
　TEL 059-233-5600
　昭和52年　　　　　三重県立看護短期大学が開学
　平成11年　　　　　三重県立看護大学と改称

◇三重大学
　〒514-8507 三重県津市栗真町屋町1577
　TEL 059-232-1211
　昭和24年5月31日　　三重師範学校，三重青年師範学校，
　　　　　　　　　　三重農林専門学校を統合し
　　　　　　　　　　三重大学を設置

◇三重中京大学
　［学校法人 梅村学園］
　〒515-8511 三重県松阪市久保町1846
　TEL 0598-29-1122
　昭和57年1月16日　　松阪大学を設置
　平成17年4月　　　　三重中京大学と改称

◇四日市大学
　［学校法人 暁学園］
　〒512-8512 三重県四日市市萱生町1200
　TEL 0593-65-6588
　昭和63年4月1日　　四日市大学が開学

## 【短大】

◇鈴鹿短期大学
　［学校法人 享栄学園］
　〒513-8520 三重県鈴鹿市庄野町1250
　TEL 0593-78-1020
　昭和41年4月　　　　鈴鹿短期大学が開学
　平成10年4月　　　　鈴鹿国際大学短期大学部と改称
　平成18年4月　　　　鈴鹿短期大学と改称

◇高田短期大学
　［学校法人 高田学苑］
　〒514-0115 三重県津市一身田豊野195
　TEL 059-232-2310
　昭和41年　　　　　高田短期大学を設置

◇三重短期大学
　〒514-0112 三重県津市一身田中野157
　TEL 059-232-2341
　昭和27年　　　　　三重短期大学が開学

◇三重中京大学短期大学部
　［学校法人 梅村学園］
　〒515-8522 三重県松阪市久保町1846
　TEL 0598-29-1122
　昭和38年12月17日　　松阪女子短期大学を設置
　平成17年4月　　　　三重中京大学短期大学部と改称

## 【高専】

◇近畿大学工業高等専門学校
　〒519-4395 三重県熊野市有馬町2800
　TEL 0597-89-2011
　昭和37年2月10日　　熊野高等専門学校を設置
　昭和42年3月1日　　熊野工業高等専門学校と改称
　平成12年4月1日　　近畿大学工業高等専門学校と改称

◇鈴鹿工業高等専門学校
　〒510-0294 三重県鈴鹿市白子町
　TEL 059-368-1711
　昭和37年4月1日　　鈴鹿工業高等専門学校が開校

◇鳥羽商船高等専門学校
　〒517-8501 三重県鳥羽市池上町1-1
　TEL 0599-25-8404
　明治14年8月20日　　東京攻玉社分校鳥羽商船黌が開校
　明治28年10月4日　　東海商船学校と改称
　明治32年8月17日　　鳥羽町立鳥羽商船学校となる
　明治44年4月1日　　三重県立鳥羽商船学校となる
　昭和14年8月19日　　鳥羽商船学校となる
　昭和26年4月1日　　文部省所轄鳥羽商船高等学校となる
　昭和42年6月1日　　鳥羽商船高等専門学校となる

## 【高校】

◇愛農学園農業高等学校
　［学校法人 愛農学園］
　〒518-0221 三重県伊賀市別府690
　TEL 0595-52-0327
　昭和29年12月　　　　愛農塾を小谷純一らが開く
　昭和39年4月　　　　愛農学園農業高等学校が開校

◇暁高等学校
　［学校法人 暁学園］
　〒512-8538 三重県四日市市萱生町238
　TEL 0593-37-2345
　昭和21年3月30日　　暁学園を宗村佐信が創立
　昭和24年4月1日　　暁高等学校が開校

◇三重県立明野高等学校
　〒519-0501 三重県伊勢市小俣町明野1481
　TEL 0596-37-4125
　明治12年7月　　　　三重県勧業試験場を創立
　明治29年　　　　　明野高等養蚕伝習所と改称
　明治32年12月　　　　三重県農事講習所と改称
　大正15年2月26日　　三重県立養蚕学校と改称
　昭和9年3月5日　　　三重県立明野養蚕学校と改称

| | | | |
|---|---|---|---|
| 昭和23年5月23日 | 三重県立明野養蚕学校, 三重県立田丸実業女学校を統合し三重県明野高等学校と改称 | | 三重県宇治山田実業高等学校を設置 |
| 昭和24年3月31日 | 三重県明野高等学校, 三重県宇治山田高等学校, 三重県宇治山田実業高等学校の3校を学区制実施に伴い統合し三重県山田高等学校を設立 | 昭和25年4月1日 | 三重県宇治山田商工高等学校と改称 |
| | | 昭和33年4月1日 | 三重県宇治山田商工高等学校より分離し三重県立伊勢工業高等学校と改称 |
| 昭和25年4月1日 | 三重県明野高等学校と改称 | | |
| 昭和30年4月1日 | 三重県立明野高等学校と改称 | | |

◇三重県立**伊勢高等学校**
　〒516-8515 三重県伊勢市神田久志本町1703-1
　TEL 0596-22-0281
　昭和31年4月1日　　　三重県立伊勢高等学校として発足

◇三重県立**あけぼの学園高等学校**
　〒519-1424 三重県伊賀市川東412
　TEL 0595-45-3050
　昭和23年9月3日　　　三重県上野南高等学校西柘植分校が開校
　昭和24年4月1日　　　三重県上野高等学校西柘植分校と改称
　昭和30年4月1日　　　三重県上野高等学校春日分校と改称
　昭和43年4月1日　　　三重県立伊賀高等学校として独立開校
　平成10年4月1日　　　三重県立あけぼの学園高等学校と改称

◇**伊勢女子高等学校**
　［学校法人 伊勢学園］
　〒516-0018 三重県伊勢市黒瀬町562-13
　TEL 0596-22-4155
　大正2年　　　　　　　三重百日算簿記学校を中西宇助が開く
　昭和29年8月27日　　　伊勢女子高等学校を設置

◇三重県立**伊勢まなび高等学校**
　〒516-0016 三重県伊勢市神田久志本町1560
　TEL 0596-25-3690
　昭和23年　　　　　　　三重県宇治山田実業高等学校夜間部（定時制課程）が開校
　昭和33年4月1日　　　三重県立伊勢実業高等学校として分離独立
　平成16年　　　　　　　三重県立伊勢まなび高等学校と改称

◇三重県立**朝明高等学校**
　〒512-1304 三重県四日市市中野町2216
　TEL 059-339-0212
　昭和53年4月　　　　　三重県立朝明高等学校が開校

◇三重県立**飯南高等学校**
　〒515-1411 三重県松阪市飯南町粥見5480-1
　TEL 0598-32-2203
　昭和23年8月30日　　　三重県松阪北高等学校粥見分校が開校
　昭和24年3月31日　　　三重県松阪高等学校粥見分校と改称
　昭和25年3月31日　　　三重県粥見高等学校と改称
　昭和30年4月1日　　　三重県立粥見高等学校と改称
　昭和33年4月1日　　　三重県立飯南高等学校と改称

◇三重県立**いなべ総合学園高等学校**
　〒511-0222 三重県いなべ市員弁町御薗632
　TEL 0594-74-2006
　大正11年3月　　　　　三重県立員弁農学校を設立
　昭和7年3月　　　　　三重県立員弁実業学校と改称
　昭和8年3月　　　　　三重県立員弁実業女学校と改称
　昭和23年5月　　　　　三重県立員弁高等学校と改称
　平成13年4月　　　　　三重県立いなべ総合学園高等学校と改称

◇三重県立**飯野高等学校**
　〒513-0803 三重県鈴鹿市三日市町字東新田場1695
　TEL 059-383-3011
　昭和49年4月　　　　　三重県立飯野高等学校を設立

◇三重県立**稲生高等学校**
　〒510-0201 三重県鈴鹿市稲生町8232-1
　TEL 059-368-3900
　昭和58年4月　　　　　三重県立稲生高等学校が開校

◇三重県立**石薬師高等学校**
　〒513-0012 三重県鈴鹿市石薬師町字寺東452
　TEL 059-374-3101
　昭和53年4月　　　　　三重県立石薬師高等学校が開校

◇三重県立**上野工業高等学校**
　〒518-0837 三重県伊賀市緑ケ丘西町2270-1
　TEL 0595-21-2111
　昭和19年4月　　　　　三重県上野工業学校が開校
　昭和23年5月23日　　　三重県上野工業学校, 上野市立高等女学校, 上野市立農学校を統合し三重県上野南高等学校が開校
　昭和24年4月1日　　　三重県上野高等学校と改称
　昭和26年4月1日　　　三重県上野商工高等学校として新発足
　昭和30年4月1日　　　三重県立上野商工高等学校と改称
　昭和39年4月1日　　　三重県立上野工業高等学校と改称

◇三重県立**伊勢工業高等学校**
　〒516-0017 三重県伊勢市神久2丁目7-18
　TEL 0596-23-2234
　明治29年5月22日　　　大湊工業補修学校を設立
　明治32年4月1日　　　大湊造船徒弟学校を設置
　明治34年5月3日　　　町立大湊造船徒弟学校と改称
　明治35年4月1日　　　大湊町立造船徒弟学校と改称
　昭和3年4月12日　　　大湊町工業学校と改称
　昭和18年12月22日　　　宇治山田市立大湊工業学校と改称
　昭和21年4月1日　　　宇治山田市立工業学校と改称
　昭和23年5月23日　　　宇治山田市立工業高等学校, 三重県立宇治山田商業高等学校, 宇治山田市立女子商業高等学校が統合し

◇三重県立**上野高等学校**
　〒518-0873 三重県伊賀市上野丸之内107
　TEL 0595-21-2550
　〈三重県立上野中学校〉
　明治32年3月14日　　　三重県第三尋常中学校が開校

## 三重県

| 明治34年5月21日 | 三重県第三中学校と改称 |
| --- | --- |
| 大正8年8月4日 | 三重県立上野中学校と改称 |

〈三重県立阿山高等女学校〉
| 明治42年4月1日 | 阿山郡立女子実業補習学校を創立 |
| --- | --- |
| 明治42年7月13日 | 阿山郡立女子技芸学校（のち廃校）と改称 |
| 明治44年4月1日 | 阿山郡立伊賀実科高等女学校を創立 |
| 大正7年3月16日 | 阿山郡立高等女学校と改称 |
| 大正11年4月1日 | 三重県立阿山高等女学校と改称 |

〈上野市立高等女学校〉
| 大正12年5月1日 | 上野町立実科女学校が開校 |
| --- | --- |
| 昭和16年9月10日 | 上野市立実科高等女学校と改称 |
| 昭和18年4月1日 | 上野市立高等女学校と改称 |

〈統合〉
| 昭和23年5月23日 | 三重県立上野中学校，上野市立高等女学校，三重県立阿山高等女学校，上野工業学校，上野農学校が統合し |
| --- | --- |
| | 三重県上野南高等学校として発足 |
| 昭和24年4月1日 | 上野北高等学校と統合し |
| | 三重県上野高等学校と改称 |
| 昭和30年4月1日 | 三重県立上野高等学校と改称 |

◇三重県立**上野商業高等学校**
〒518-0833 三重県伊賀市緑ヶ丘東町920
TEL 0595-21-1900
| 昭和8年4月7日 | 市立三重県上野商業学校を開校 |
| --- | --- |
| 昭和23年5月23日 | 三重県上野工業学校，上野市立高等女学校，上野市立農学校と統合し |
| | 三重県上野南高等学校を開校 |
| 昭和24年4月1日 | 三重県立上野高等学校南校舎を学区制実施により統合 |
| 昭和26年4月1日 | 三重県立上野商工高等学校として新発足 |
| 昭和30年4月1日 | 三重県立上野商工学校と改称 |
| 昭和39年4月1日 | 三重県立上野商業高等学校と改称 |

◇三重県立**上野農業高等学校**
〒518-0818 三重県伊賀市荒木1856
TEL 0595-24-0123
| 昭和48年4月 | 三重県立上野農業高等学校が開校 |
| --- | --- |

◇三重県立**宇治山田高等学校**
〒516-0062 三重県伊勢市浦口3丁目13-1
TEL 0596-28-7158

〈三重県立宇治山田中学校〉
| 明治32年4月 | 三重県立第四尋常中学校を創立 |
| --- | --- |
| 明治34年5月 | 三重県立第四中学校と改称 |
| 大正8年8月 | 三重県立宇治山田中学校と改称 |

〈三重県宇治山田高等女学校〉
| 明治30年10月 | 私立淑徳学舎を創立 |
| --- | --- |
| 明治36年2月 | 山田町立淑徳女学校と改称 |
| 明治45年2月 | 宇治山田市立実科高等女学校を創立 |
| 大正4年4月 | 宇治山田市立高等女学校と改称 |
| 大正8年9月 | 三重県宇治山田高等女学校と改称 |

〈統合〉
| 昭和23年5月 | 三重県立宇治山田中学校，三重県宇治山田高等女学校が統合し |
| --- | --- |
| | 三重県宇治山田高等学校が発足 |
| 昭和24年3月31日 | 三重県立明野高等学校，三重県立宇治山田実業高等学校，三重県宇治山田高等学校が統合し |
| | 三重県山田高等学校を設立 |
| 昭和25年3月31日 | 三重県宇治山田高等学校として独立 |
| 昭和30年4月1日 | 三重県立宇治山田高等学校と改称 |

◇三重県立**宇治山田商業高等学校**
〒516-0018 三重県伊勢市黒瀬町札ノ木1193
TEL 0596-22-1101
| 明治41年4月1日 | 宇治山田市立商業補習学校を創立 |
| --- | --- |
| 明治41年10月1日 | 宇治山田市立商業学校を設置 |
| 大正9年4月1日 | 三重県宇治山田商業学校と改称 |
| 昭和6年4月1日 | 三重県立宇治山田商業学校と改称 |
| 昭和23年5月23日 | 宇治山田市立工業学校，宇治山田市立女子商業学校が統合し |
| | 三重県宇治山田実業高等学校と改称 |
| 昭和24年4月1日 | 三重県山田高等学校高倉校舎と改称 |
| 昭和25年4月1日 | 三重県宇治山田商工高等学校と改称 |
| 昭和30年4月1日 | 三重県立宇治山田商工高等学校と改称 |
| 昭和33年4月1日 | 三重県立宇治山田商業高等学校と改称 |

◇三重県立**相可高等学校**
〒519-2181 三重県多気郡多気町相可50
TEL 0598-38-2811
| 明治40年4月4日 | 相可村外三ケ村組合農業学校附設相可村外三ケ村組合立実業女学校を設立 |
| --- | --- |
| 大正11年3月4日 | 三重県立多気実業学校を設立 |
| 昭和23年5月20日 | 三重県立相可高等学校を設立 |

◇**大橋学園高等学校**
［学校法人 大橋学園］
〒510-0066 三重県四日市市南浜田町4-21
TEL 0593-54-1941
| 平成7年 | 大橋学園高等学校を設立 |
| --- | --- |

◇三重県立**尾鷲高等学校**
〒519-3659 三重県尾鷲市古戸野町3-12
TEL 0597-22-2115

〈三重県立尾鷲高等女学校〉
| 大正11年1月 | 三重県立尾鷲高等女学校を設立 |
| --- | --- |

〈三重県立尾鷲中学校〉
| 大正11年 | 三重県尾鷲町立中学校を設立 |
| --- | --- |
| 大正15年 | 三重県立尾鷲中学校と改称 |

〈統合〉
| 昭和23年 | 三重県立尾鷲高等女学校，三重県立尾鷲中学校を統合し |
| --- | --- |
| | 三重県尾鷲高等学校と改称 |
| 昭和30年 | 三重県立尾鷲高等学校と改称 |
| 平成15年4月 | 三重県立尾鷲工業高等学校と統合 |

◇三重県立**尾鷲高等学校長島校**
〒519-3204 三重県北牟婁郡紀北町紀伊長島区東長島769
TEL 05974-7-1055
| 昭和23年8月1日 | 三重県立尾鷲高等学校長島分校として発足 |
| --- | --- |

三重県

| 昭和25年4月1日 | 三重県立長島高等学校を設立 |
| 平成17年 | 三重県立尾鷲高等学校長島校と改称 |

◇海星高等学校
　[学校法人 エスコラピオス学園]
　〒510-0882 三重県四日市市追分1-9-34
　TEL 0593-45-0036
| 昭和20年 | 桑名英学塾を開塾 |
| 昭和21年 | 民生学園を設立 |
| 昭和22年 | 海星学園と改称 |
| 昭和25年 | 南山大学附属第二高等学校と改称 |
| 昭和30年 | 海星高等学校と改称 |

◇学法津田学園高等学校
　[学校法人 津田学園]
　〒511-0904 三重県桑名市野田5-3-12
　TEL 0594-31-6311
| 昭和61年8月13日 | 学法津田学園高等学校を設置 |

◇三重県立亀山高等学校
　〒519-0116 三重県亀山市本町1丁目10-1
　TEL 0595-83-4560
| 昭和28年 | 三重県立亀山高等学校が開校 |

◇三重県立川越高等学校
　〒510-8566 三重県三重郡川越町豊田2302-1
　TEL 059-364-5800
| 昭和61年4月 | 三重県立川越高等学校が開校 |

◇三重県立神戸高等学校
　〒513-0801 三重県鈴鹿市神戸4丁目1-80
　TEL 059-382-0071
| 大正9年 | 三重県立神戸中学校が開校 |
| 昭和23年 | 三重県立河芸高等女学校，鈴鹿市立高等女学校，鈴鹿市立工業学校と統合し三重県神戸高等学校と改称 |
| 昭和24年 | 三重県鈴鹿高等学校と改称 |
| 昭和25年 | 三重県立神戸高等学校と改称 |

◇三重県立紀南高等学校
　〒519-5204 三重県南牟婁郡御浜町阿田和1960
　TEL 05979-2-1351
| 昭和37年3月27日 | 三重県立紀南高等学校を設置 |

◇三重県立木本高等学校
　〒519-4394 三重県熊野市木本町1101-4
　TEL 0597-85-3811
| 大正8年 | 三重県木本中学校が開校 |
| 大正9年 | 南牟婁郡立高等女学校が開校 |
| 昭和23年 | 三重県木本中学校，南牟婁郡立高等女学校と統合し三重県木本高等学校と改称 |
| 昭和30年 | 三重県立木本高等学校と改称 |

◇三重県立桑名北高等学校
　〒511-0808 三重県桑名市大字下深谷部字山王2527
　TEL 0594-29-3610
| 昭和55年 | 三重県立桑名北高等学校が開校 |

◇三重県立桑名工業高等学校
　〒511-0944 三重県桑名市芳ヶ崎1330-1
　TEL 0594-31-5231
| 昭和36年3月3日 | 三重県立桑名工業高等学校を設置 |

◇三重県立桑名高等学校
　〒511-0811 三重県桑名市大字東方1795
　TEL 0594-22-5221
〈三重県立桑名中学校〉
| 大正12年2月 | 桑名町立桑名中学校を設立 |
| 大正15年4月 | 三重県立桑名中学校と改称 |
〈三重県立桑名高等女学校〉
| 明治43年3月 | 桑名郡立高等女学校を設立 |
| 大正11年4月 | 三重県立桑名高等女学校と改称 |
〈桑名市立高等女学校〉
| 大正10年4月 | 桑名町立裁縫女学校が開校 |
| 大正13年4月 | 桑名町立実業女学校を設立 |
| 昭和10年7月 | 桑名町立青年学校女子部と改称 |
| 昭和13年3月 | 桑名市立実科高等女学校を設立 |
| 昭和18年4月 | 桑名市立高等女学校と改称 |
〈統合〉
| 昭和23年5月12日 | 三重県立桑名中学校，三重県立桑名高等女学校，桑名市立高等女学校を統合し三重県立桑名高等学校を設立 |

◇三重県立桑名西高等学校
　〒511-0937 三重県桑名市大字志知東山2839
　TEL 0594-31-2521
| 昭和47年4月 | 三重県立桑名西高等学校が開校 |

◇皇學館高等学校
　[学校法人 皇學館]
　〒516-8577 三重県伊勢市楠部町138
　TEL 0596-22-0205
| 昭和38年4月 | 皇學館高等学校が開校 |

◇三重県立菰野高等学校
　〒510-1234 三重県三重郡菰野町大字福村870
　TEL 059-393-1131
| 昭和23年 | 三重県四日市実業高等学校菰野分校を設立 |
| 昭和25年 | 三重県立菰野高等学校と改称 |

◇三重県立志摩高等学校
　〒517-0209 三重県志摩市磯部町恵利原1308
　TEL 0599-55-1166
| 昭和23年8月1日 | 三重県鵜方高等学校を創立 |
| 昭和24年4月1日 | 三重県志摩高等学校磯部校舎を創立 |
| 昭和30年4月1日 | 三重県鵜方高等学校を統合し三重県志摩高等学校を創立 |
| 昭和31年4月1日 | 三重県立志摩高等学校と改称 |

◇三重県立白子高等学校
　〒510-0243 三重県鈴鹿市白子4丁目17-1
　TEL 059-386-0017
| 大正9年 | 河芸郡立高等女学校が開校 |
| 大正10年 | 三重県河芸高等女学校と改称 |
| 大正13年 | 三重県立河芸高等女学校と改称 |
| 昭和23年 | 神戸中学校，鈴鹿市立高等女学校，鈴鹿市立工業学校と統合し三重県神戸高等学校と改称 |
| 昭和24年 | 三重県鈴鹿高等学校と改称 |
| 昭和25年 | 三重県立白子高等学校と改称 |

◇鈴鹿高等学校
　[学校法人 享栄学園]
　〒513-0831 三重県鈴鹿市庄野町1260
　TEL 0593-78-0469

# 三重県

|  | 昭和38年4月 | 鈴鹿高等学校が開校 |

## ◇三重県立昴学園高等学校
〒519-2593 三重県多気郡大台町茂原48
TEL 0598-76-0040
平成7年　　　　　三重県立昴学園高等学校が開校

## ◇セントヨゼフ女子学園高等学校
［学校法人 セントヨゼフ女子学園］
〒514-0823 三重県津市大字半田1330
TEL 059-227-6465
昭和34年　　　　　セントヨゼフ女子学園高等学校を
　　　　　　　　　アーミナが創立

## ◇高田高等学校
［学校法人 高田学苑］
〒514-0114 三重県津市一身田町2843
TEL 059-232-2004
寛政8年　　　　　勧学堂を創立
明治4年　　　　　貫練場を創立
明治9年　　　　　貫練教校と改称
明治28年　　　　　真宗勧学院と改称
昭和9年　　　　　高田中学校と改称
昭和23年　　　　　高田高等学校を設置

## ◇三重県立津工業高等学校
〒514-0823 三重県津市半田534
TEL 059-226-1285
大正6年4月14日　　津市立工芸学校が開校
昭和30年　　　　　三重県立津工業高等学校と改称

## ◇三重県立津高等学校
〒514-0042 三重県津市新町3丁目1-1
TEL 059-228-0256
〈三重県第一中学校〉
明治13年　　　　　津中学校が開校
明治32年　　　　　三重県第一中学校と改称
〈三重県立津高等女学校〉
明治34年　　　　　三重県立高等女学校が開校
大正11年　　　　　三重県立津高等女学校と改称
〈統合〉
昭和23年　　　　　三重県第一中学校, 三重県立津高
　　　　　　　　　等女学校が統合し
　　　　　　　　　三重県津高等学校が開校
昭和30年　　　　　三重県立津高等学校と改称

## ◇三重県立津商業高等学校
〒514-0063 三重県津市渋見町699
TEL 059-227-0271
昭和29年4月　　　三重県立津商業高等学校として三
　　　　　　　　　重県立津高等学校商業課程が独
　　　　　　　　　立

## ◇三重県立津西高等学校
〒514-0065 三重県津市河辺町2210-2
TEL 059-225-1361
昭和49年4月1日　　三重県立津西高等学校が開校

## ◇三重県立津東高等学校
〒514-0061 三重県津市一身田上津部田1470
TEL 059-227-0166
昭和29年4月1日　　三重県津女子高等学校を設立
昭和30年4月1日　　三重県立津女子高等学校と改称
昭和58年4月1日　　三重県立津東高等学校と改称

## ◇徳風高等学校
［学校法人 三重徳風学園］
〒519-0145 三重県亀山市和賀町1789-4
TEL 0595-82-3561
平成7年12月18日　　徳風高等学校を設置

## ◇三重県立鳥羽高等学校
〒517-0021 三重県鳥羽市安楽島1459
TEL 0599-25-2935
明治44年5月18日　　三重県鳥羽町立高等女学校を創立
昭和23年5月　　　　鳥羽町立三重県鳥羽高等学校を設
　　　　　　　　　置
昭和24年4月　　　　三重県志摩高等学校（鳥羽校舎）と
　　　　　　　　　改称
昭和25年4月　　　　三重県鳥羽高等学校と改称
昭和30年4月　　　　三重県立鳥羽高等学校と改称

## ◇三重県立名張桔梗丘高等学校
〒518-0627 三重県名張市桔梗が丘7番町1街区1926-1
TEL 0595-65-1721
昭和48年　　　　　三重県立名張桔梗丘高等学校が開
　　　　　　　　　校

## ◇三重県立名張高等学校
〒518-0711 三重県名張市東町2067-2
TEL 0595-63-2131
〈三重県立名賀農学校〉
大正5年4月　　　　名賀農学校として発足
大正11年3月　　　　三重県立名賀農学校と改称
〈三重県立名張高等女学校〉
大正11年5月　　　　名張町立実科高等女学校が開校
昭和2年3月　　　　三重県立名張高等女学校と改称
〈統合〉
昭和23年5月　　　　県立名賀農学校, 県立名張高等女
　　　　　　　　　学校が学制改革により統合され
　　　　　　　　　て
　　　　　　　　　三重県名張高等学校と改称
昭和30年4月　　　　三重県立名張高等学校と改称

## ◇三重県立名張西高等学校
〒518-0476 三重県名張市百合が丘東6番町1
TEL 0595-64-1500
昭和61年4月　　　　三重県立名張西高等学校が開校

## ◇日生学園第一高等学校
［学校法人 日生学園］
〒518-0192 三重県伊賀市下神戸2756
TEL 0595-38-1201
昭和41年　　　　　日生学園高等学校を青田強が設立
昭和55年　　　　　日生学園第一高等学校と改称

## ◇日生学園第二高等学校
［学校法人 日生学園］
〒515-2692 三重県津市白山町八対野2739
TEL 059-262-4321
昭和55年　　　　　日生学園第二高等学校が開校

## ◇三重県立久居高等学校
〒514-1138 三重県津市戸木町3569-1
TEL 059-256-0002
昭和58年　　　　　三重県立久居高等学校が開校

## ◇三重県立久居農林高等学校
〒514-1136 三重県津市東鷹跡町105
TEL 059-255-2013

| 昭和23年5月23日 | 三重県立農林学校, 三重県立一志実業女学校を統合して三重県立久居高等学校と改称 |
| 昭和30年4月1日 | 三重県立久居農林高等学校と改称 |

## ◇三重県立北星高等学校
〒510-8027 三重県四日市市大字茂福字横座668-1
TEL 059-363-8110

| 平成18年4月 | 三重県立四日市北高等学校, 三重県立四日市高等学校通信制課程を統合し三重県立北星高等学校が開校 |

## ◇三重県立松阪工業高等学校
〒515-0073 三重県松阪市殿町1417
TEL 0598-21-5313

| 明治35年 | 三重県立工業学校が開校 |
| 昭和23年 | 三重県松阪北高等学校と改称 |
| 昭和27年 | 三重県松阪工業高等学校と改称 |
| 昭和30年 | 三重県立松阪工業高等学校と改称 |

## ◇三重県立松阪高等学校
〒515-0033 三重県松阪市垣鼻町1664
TEL 0598-21-3511

| 明治43年4月1日 | 飯南郡立飯南女学校を創立 |
| 大正12年4月1日 | 三重県立飯南高等女学校と改称 |
| 昭和21年3月8日 | 三重県松阪中学校を創立 |
| 昭和23年5月23日 | 三重県立松阪中学校, 三重県立飯南高等女学校を統合し三重県立松阪南高等学校として発足 |
| 昭和24年4月10日 | 三重県松阪高等学校と改称 |
| 昭和25年4月1日 | 三重県松阪高等学校を分離し三重県松阪南高等学校と改称 |
| 昭和27年4月1日 | 三重県松阪高等学校と改称 |
| 昭和30年4月1日 | 三重県立松阪高等学校と改称 |

## ◇三重県立松阪商業高等学校
〒515-0205 三重県松阪市豊原町1600
TEL 0598-28-3011

| 大正9年4月 | 三重県立松阪商業学校が開校 |
| 昭和23年4月 | 三重県松阪商業高等学校と改称 |
| 昭和30年4月 | 三重県立松阪商業高等学校と改称 |

## ◇三重県立水産高等学校
〒517-0703 三重県志摩市志摩町和具2578
TEL 0599-85-0021

| 明治35年 | 和具村外三ケ村学校組合立崎島水産補習学校を設立 |
| 明治40年 | 崎島水産学校と改称 |
| 大正9年4月 | 三重県志摩郡立水産学校を設立 |
| 大正11年 | 三重県立志摩水産学校と改称 |
| 昭和23年 | 三重県和具高等学校と改称 |
| 昭和24年3月31日 | 三重県水産高等学校と改称 |
| 昭和30年4月1日 | 三重県立水産高等学校と改称 |

## ◇三重高等学校
[学校法人 梅村学園]
〒515-8533 三重県松阪市久保町1232
TEL 0598-29-2959

| 昭和36年3月 | 三重高等学校を設置 |
| 昭和37年4月 | 松阪女子高等学校を設置 |
| 平成6年4月 | 三重高等学校, 松阪女子高等学校が統合し三重高等学校として発足 |

## ◇三重県立みえ夢学園高等学校
〒514-0803 三重県津市柳山津興1239
TEL 059-226-6317

| 平成9年4月 | 三重県立津実業高等学校を三重県立みえ夢学園高等学校と改称 |

## ◇三重県立南伊勢高等学校
〒516-0109 三重県度会郡南伊勢町船越2926-1
TEL 0599-66-0034

| 昭和23年8月 | 五ヶ所町立三重県五ヶ所高等学校と改称 |
| 昭和24年7月1日 | 三重県立三重県五ヶ所高等学校と改称 |
| 昭和30年4月1日 | 三重県立南伊勢高等学校と改称 |

## ◇三重県立宮川高等学校
〒519-2403 三重県多気郡大台町上三瀬663
TEL 0598-82-1044

| 昭和24年 | 三重県宮川高等学校が開校 |
| 昭和30年4月 | 三重県立宮川高等学校と改称 |

## ◇メリノール女子学院高等学校
[学校法人 メリノール女子学院]
〒512-1205 三重県四日市市平尾町2800
TEL 0593-26-0067

| 昭和38年4月 | メリノール女子学院高等学校をメリノール女子修道会が設立 |

## ◇八木学園高等学校
[学校法人 八木学園]
〒516-0009 三重県伊勢市河崎1-3-25
TEL 0596-28-2077

| 平成15年 | 八木学園高等学校を設置 |

## ◇三重県立四日市工業高等学校
〒510-0886 三重県四日市市日永東3丁目4-63
TEL 059-346-2331

| 大正11年4月1日 | 四日市商工補修学校を創設 |
| 大正15年4月1日 | 四日市市立商工専修学校と改称 |
| 昭和10年4月1日 | 四日市市立商工学校が開校 |
| 昭和23年5月23日 | 三重県四日市実業高等学校と改称 |
| 昭和24年4月1日 | 三重県四日市高等学校浜田部と改称 |
| 昭和25年4月1日 | 三重県四日市工業高等学校と改称 |
| 昭和30年4月1日 | 三重県立四日市工業高等学校と改称 |

## ◇三重県立四日市高等学校
〒510-8014 三重県四日市市富田4丁目1-43
TEL 059-365-8221

| 明治32年4月1日 | 三重県第二中学校として創立 |
| 明治32年4月1日 | 四日市市立四日市裁縫学校として創立 |
| 大正15年4月1日 | 三重県富州原町立実科高等女学校として創立 |
| 昭和23年5月23日 | 三重県立富田中学校, 四日市高等女学校, 四日市市立北高等女学校を統合し三重県四日市高等学校を創立 |
| 昭和24年3月31日 | 三重県四日市実業高等学校, 三重県河原田高等学校を統合 |
| 昭和30年4月1日 | 三重県立四日市高等学校と改称 |

◇三重県立**四日市商業高等学校**
　〒512-0921　三重県四日市市尾平町字永代寺
　TEL 059-331-8324
　明治29年6月20日　　　私立四日市商業学校が開校
　明治29年12月24日　　　町立四日市商業学校と改称
　明治30年8月1日　　　　市立四日市商業学校と改称
　明治37年4月1日　　　　三重県立四日市商業学校と改称
　昭和30年4月1日　　　　三重県立四日市商業高等学校と改称

◇三重県立**四日市中央工業高等学校**
　〒512-0925　三重県四日市市菅原町678
　TEL 059-326-3100
　昭和37年4月1日　　　　三重県立四日市南工業高等学校が開校
　昭和38年4月8日　　　　三重県立四日市中央工業高等学校と改称

◇三重県立**四日市西高等学校**
　〒512-1211　三重県四日市市桜町6100
　TEL 059-326-2010
　昭和50年4月　　　　　三重県立四日市西高等学校が開校

◇三重県立**四日市農芸高等学校**
　〒510-0874　三重県四日市市河原田町2847
　TEL 0593-45-5021
　〈鈴鹿農学校〉
　明治45年　　　　　　　鈴鹿農学校を創立
　〈三重農学校〉
　大正4年　　　　　　　三重農学校を創立
　〈統合〉
　昭和4年　　　　　　　鈴鹿農学校，三重農学校の両学校の生徒を編入して
　　　　　　　　　　　　三重県立河原田農学校が開校
　昭和23年　　　　　　　三重県立河原田高等学校を発足
　昭和30年　　　　　　　三重県立四日市農芸高等学校と改称

◇三重県立**四日市南高等学校**
　〒510-8562　三重県四日市市大字日永字岡山4917
　TEL 059-345-3177
　昭和34年4月　　　　　三重県立四日市南高等学校を設立

◇三重県立**四日市四郷高等学校**
　〒510-0947　三重県四日市市八王子町字高花1654
　TEL 059-322-1145
　昭和58年4月　　　　　三重県立四日市四郷高等学校が開校

# 滋賀県

【大学】

◇**滋賀医科大学**
　〒520-2192　滋賀県大津市瀬田月輪町
　TEL 077-548-2111
　昭和49年10月1日　　　滋賀医科大学が開学

◇**滋賀県立大学**
　〒522-8533　滋賀県彦根市八坂町2500
　TEL 0749-28-8200
　昭和25年4月　　　　　滋賀県立短期大学が開学
　平成7年4月　　　　　　滋賀県立大学が開学

◇**滋賀大学**
　〒522-8522　滋賀県彦根市馬場1-1-1
　TEL 0749-27-1005
　〈滋賀師範学校〉
　明治8年6月1日　　　　小学校教員伝習所を設置
　明治8年10月26日　　　滋賀県師範学校と改称
　明治9年8月22日　　　　滋賀県大津師範学校と改称
　明治18年4月27日　　　滋賀県師範学校と改称
　明治19年9月11日　　　滋賀県尋常師範学校と改称
　明治31年4月1日　　　　滋賀県師範学校と改称
　昭和18年4月1日　　　　滋賀県女子師範学校を統合し滋賀師範学校と改称
　〈彦根経済専門学校〉
　大正11年10月20日　　　彦根高等商業学校を設置
　昭和19年4月1日　　　　彦根経済専門学校を設置
　昭和19年4月1日　　　　彦根工業専門学校に転換
　昭和21年4月1日　　　　彦根経済専門学校に転換
　〈滋賀青年師範学校〉
　大正4年4月1日　　　　滋賀県立農業教員養成所を設置
　大正10年4月1日　　　　滋賀県実業補習学校教員養成所を設置
　昭和8年4月9日　　　　滋賀県立青年学校教員養成所と改称
　昭和19年4月1日　　　　滋賀青年師範学校と改称
　〈統合〉
　昭和24年5月　　　　　滋賀師範学校，彦根経済専門学校，滋賀青年師範学校を統合し滋賀大学を設置

◇**成安造形大学**
　［学校法人　京都成安学園］
　〒520-0248　滋賀県大津市仰木の里東4-3-1
　TEL 077-574-2111
　平成5年　　　　　　　成安造形大学を開学

◇**聖泉大学**
　［学校法人　聖ペトロ学園］
　〒521-1123　滋賀県彦根市肥田町720
　TEL 0749-43-3600
　平成15年　　　　　　　聖泉大学を開学

◇**長浜バイオ大学**
　［学校法人　関西文理総合学園］
　〒526-0829　滋賀県長浜市田村町1266
　TEL 0749-64-8100
　平成14年12月19日　　　長浜バイオ大学が開校

◇びわこ成蹊スポーツ大学
　［学校法人 大阪成蹊学園］
　〒520-0503 滋賀県大津市北比良1204
　TEL 077-596-8410
　平成15年　　　　　びわこ成蹊スポーツ大学を設立

## 【短大】

◇滋賀女子短期大学
　［学校法人 純美礼学園］
　〒520-0803 滋賀県大津市竜が丘24-4
　TEL 077-524-3605
　昭和45年　　　　　滋賀女子短期大学が開学

◇滋賀文化短期大学
　［学校法人 滋賀学園］
　〒527-8533 滋賀県東近江市布施町29
　TEL 0748-22-3388
　平成2年4月　　　　滋賀文化短期大学が開学

◇滋賀文教短期大学
　［学校法人 松翠学園］
　〒526-0829 滋賀県長浜市田村町神ノ木555
　TEL 0749-63-5815
　昭和27年　　　　　岐阜県濃北短期大学が開学
　昭和32年12月25日　岐阜短期大学と改称
　昭和50年　　　　　滋賀文教短期大学と改称

◇聖泉大学短期大学部
　［学校法人 聖ペトロ学園］
　〒521-1123 滋賀県彦根市肥田町720
　TEL 0749-43-3600
　昭和60年　　　　　聖隷学園聖泉短期大学が開校
　平成4年　　　　　 聖泉短期大学と改称
　平成15年　　　　　聖泉大学短期大学部と改称

## 【高校】

◇滋賀県立**安曇川高等学校**
　〒520-1212 滋賀県高島市安曇川町西万木1168
　TEL 0740-32-0477
　昭和41年　　　　　滋賀県立高島高等学校安曇川分校
　　　　　　　　　　として開校
　昭和48年　　　　　滋賀県立安曇川高等学校が開校

◇綾羽高等学校
　［学校法人 綾羽育英会］
　〒525-0025 滋賀県草津市西渋川1-18-1
　TEL 077-563-3435
　昭和40年3月30日　綾羽高等学校を設置

◇滋賀県立**伊香高等学校**
　〒529-0425 滋賀県伊香郡木之本町木之本251
　TEL 0749-82-4141
〈県立伊香農学校〉
　明治29年5月5日　　木之本村外10カ村組合立伊香農業
　　　　　　　　　　補修学校が開校
　明治33年4月1日　　郡立伊香農業補修学校と改称
　明治35年5月5日　　郡立伊香農学校を設立
　大正11年4月1日　　県立伊香農学校が開校
〈滋賀県立木之本女学校〉
　明治33年6月28日　 木之本裁縫専修学校を設立
　大正8年6月27日　　木之本町立実科高等女学校と改称
　大正10年7月4日　　滋賀県伊香郡木之本実科高等女
　　　　　　　　　　学校と改称
　昭和3年1月26日　　滋賀県木之本実科高等女学校と改
　　　　　　　　　　称
　昭和18年4月1日　　滋賀県木之本高等女学校と改称
　昭和21年4月8日　　滋賀県立木之本高等女学校と改称
〈統合〉
　昭和23年4月1日　　滋賀県立木之本高等女学校,県立
　　　　　　　　　　伊香農学校を統合し
　　　　　　　　　　滋賀県立伊香高等学校を設立
　昭和24年4月1日　　滋賀県立湖北高等学校と改称
　昭和26年4月1日　　滋賀県立伊香高等学校と改称

◇滋賀県立**石部高等学校**
　〒520-3112 滋賀県湖南市丸山2丁目3-1
　TEL 0748-77-0311
　平成8年4月　　　　滋賀県立石部高等学校が開校

◇滋賀県立**石山高等学校**
　〒520-0844 滋賀県大津市国分1丁目15-1
　TEL 077-537-3371
　昭和38年　　　　　滋賀県立石山高等学校が開校

◇滋賀県立**伊吹高等学校**
　〒521-0226 滋賀県米原市朝日302
　TEL 0749-55-2350
　昭和58年　　　　　滋賀県立伊吹高等学校が開校

◇滋賀県立**愛知高等学校**
　〒529-1331 滋賀県愛知郡愛荘町102
　TEL 0749-42-2150
　明治43年4月10日　 愛知郡立愛知実業学校女子部を創
　　　　　　　　　　立
　大正11年2月2日　　滋賀県立愛知高等女学校が開校
　昭和23年4月1日　　滋賀県立愛知高等学校を設置
　昭和24年4月1日　　滋賀県立神愛高等学校愛知校舎と
　　　　　　　　　　改称
　昭和26年4月1日　　滋賀県立愛知高等学校と改称

◇近江兄弟社高等学校
　［学校法人 近江兄弟社学園］
　〒523-0851 滋賀県近江八幡市市井町177
　TEL 0748-32-2657
　昭和8年　　　　　 近江勤労女学校を一柳満喜子が創
　　　　　　　　　　立
　昭和23年　　　　　近江兄弟社高等学校を開校

◇近江高等学校
　［学校法人 近江育英会］
　〒522-0002 滋賀県彦根市松原町3511-1
　TEL 0749-22-2323
　昭和13年4月1日　　近江実修工業学校を夏川嘉久次が
　　　　　　　　　　創立
　昭和16年12月5日　 近江高等女学校を創立
　昭和23年3月20日　 近江実修工業学校,近江高等女
　　　　　　　　　　学校を併合し
　　　　　　　　　　近江高等学校を創立

◇滋賀県立**大津高等学校**
　〒520-0802 滋賀県大津市馬場1丁目1-1
　TEL 077-523-0386
　昭和23年4月1日　　滋賀県立大津高等学校を設立
　昭和27年4月1日　　滋賀県立大津高等学校を廃止し
　　　　　　　　　　滋賀県立大津西高等学校を設立
　昭和31年4月1日　　滋賀県立大津高等学校と改称

◇滋賀県立**大津商業高等学校**
　〒520-0037 滋賀県大津市御陵町2-1

滋賀県

| | TEL 077-524-4284 | |
|---|---|---|
| 明治38年4月 | | 大津市立大津実業補習学校を創立 |
| 明治45年4月 | | 大津市立大津商業学校を開校 |
| 大正9年4月 | | 滋賀県立大津商業学校と改称 |
| 昭和19年4月 | | 滋賀県立大津工業学校を併設 |
| 昭和20年3月 | | 滋賀県立大津商業学校を廃止 |
| 昭和21年4月 | | 滋賀県立大津商業学校として復活 |
| 昭和23年4月 | | 滋賀県立志賀高等学校を設置 |
| 昭和23年4月 | | 滋賀県立大津高等学校を設置 |
| 昭和24年4月 | | 滋賀県立大津西高等学校を設置 |
| 昭和31年4月 | | 滋賀県立大津高等学校と改称 |
| 昭和33年4月 | | 滋賀県立大津商業高等学校を開校 |

◇滋賀県立**大津清陵**高等学校
　〒520-0867 滋賀県大津市大平1丁目14-1
　TEL 077-537-5004
　平成4年4月1日　　滋賀県立大津清陵高等学校が開校

◇滋賀県立**堅田**高等学校
　〒520-0242 滋賀県大津市本堅田3丁目9-1
　TEL 077-572-1206
　昭和23年11月5日　滋賀県立堅田高等学校が開校

◇滋賀県立**河瀬**高等学校
　〒522-0223 滋賀県彦根市川瀬馬場町975
　TEL 0749-25-2200
　昭和58年4月　　　滋賀県立河瀬高等学校が開校

◇滋賀県立**北大津**高等学校
　〒520-0246 滋賀県大津市仰木の里1丁目23-1
　TEL 077-573-5881
　昭和59年4月　　　滋賀県立北大津高等学校が開校

◇滋賀県立**草津**高等学校
　〒525-0051 滋賀県草津市木川町955-1
　TEL 077-562-1220
　〈滋賀県立草津高等女学校〉
　大正11年　　　　　草津町立草津実科高等女学校が開校
　大正14年　　　　　草津町立草津高等女学校と改称
　昭和14年　　　　　滋賀県立草津高等女学校が開校
　〈滋賀県立栗太農学校〉
　大正11年　　　　　滋賀県立栗太農学校が開校
　〈統合〉
　昭和23年　　　　　滋賀県立栗太農学校, 滋賀県立草津高等女学校が学制改革により合併し
　　　　　　　　　　滋賀県立草津高等学校が開校
　昭和24年　　　　　滋賀県立瀬田高等学校と統合し滋賀県立湖南高等学校草津校舎と改称
　昭和26年　　　　　滋賀県立草津高等学校と改称

◇滋賀県立**草津東**高等学校
　〒525-0025 滋賀県草津市西渋川2丁目8-65
　TEL 077-564-4681
　昭和53年4月　　　滋賀県立草津東高等学校が開校

◇滋賀県立**甲西**高等学校
　〒520-3231 滋賀県湖南市針1
　TEL 0748-72-3611
　昭和58年4月　　　滋賀県立甲西高等学校が開校

◇**光泉**高等学校
　［学校法人 聖パウロ学園］
　〒525-8566 滋賀県草津市野路町178
　TEL 077-564-5600
　昭和63年4月　　　光泉高等学校として開校

◇滋賀県立**甲南**高等学校
　〒520-3301 滋賀県甲賀市甲南町寺庄427
　TEL 0748-86-4145
　明治21年10月　　　寺庄高等小学校を創設
　大正4年4月　　　　寺庄実科高等女学校と改称
　大正11年5月　　　寺庄高等女学校と改称
　昭和7年3月　　　　塩原学園近江高等技芸女学校を設立
　昭和18年2月　　　甲南町立高等技芸女学校を設立
　昭和19年4月　　　甲南町立甲南女子農学校と改称
　昭和20年4月　　　滋賀県立甲南女子農学校を設立
　昭和23年4月　　　滋賀県立甲賀高等学校甲南校舎と改称
　昭和27年4月　　　滋賀県立甲南高等学校と改称

◇滋賀県立**湖南農業**高等学校
　〒525-0036 滋賀県草津市草津町1839
　TEL 077-564-5255
　昭和56年　　　　　滋賀県立湖南農業高等学校が開校

◇**滋賀学園**高等学校
　［学校法人 滋賀学園］
　〒527-0003 滋賀県東近江市建部北町520-1
　TEL 0748-23-0858
　昭和8年1月　　　　和服裁縫研究所を森はなが開設
　昭和59年4月　　　八日市女子高等学校が開校
　平成11年4月　　　滋賀学園高等学校と改称

◇**司学館**高等学校
　［学校法人 司学館］
　〒527-0026 滋賀県東近江市八日市野々宮町2-30
　TEL 0748-22-1176
　平成8年3月27日　　司学館高等学校を設置

◇滋賀県立**国際情報**高等学校
　〒520-3016 滋賀県栗東市小野36
　TEL 077-554-0600
　昭和62年4月1日　　滋賀県立国際情報高等学校が開校

◇**滋賀女子**高等学校
　［学校法人 純美礼学園］
　〒520-0052 滋賀県大津市朝日が丘1-18-1
　TEL 077-522-3465
　大正7年4月　　　　松村裁縫速進教授所を中野富美が開設
　大正8年4月　　　　大津裁縫速進教授所と改称
　昭和3年4月　　　　大津裁縫女学校が開校
　昭和6年4月　　　　大津高等裁縫女学校に改組
　昭和19年4月　　　滋賀高等女子実業学校と改称
　昭和23年4月　　　大津家庭高等学校と改称
　昭和36年4月　　　滋賀女子高等学校と改称

◇滋賀県立**信楽**高等学校
　〒529-1851 滋賀県甲賀市信楽町長野317-1
　TEL 0748-82-0167
　昭和23年9月　　　滋賀県立甲賀高等学校信楽校舎として創立
　昭和27年4月　　　滋賀県立甲南高等学校信楽分校と改称
　昭和48年4月　　　滋賀県立信楽工業高等学校と改称
　昭和57年4月　　　滋賀県立信楽高等学校と改称

# 滋賀県

◇滋賀県立**膳所**高等学校
　〒520-0815 滋賀県大津市膳所2丁目11-1
　TEL 077-523-2304
　〈滋賀県立第二中学校〉
　　明治31年4月1日　　滋賀県第二尋常中学校を設立
　　明治32年4月1日　　滋賀県第二中学校と改称
　　明治34年6月8日　　滋賀県立第二中学校と改称
　〈滋賀県立膳所中学校〉
　　明治35年4月1日　　滋賀県立大津高等女学校を設立
　　明治41年4月1日　　滋賀県立膳所中学校と改称
　〈滋賀県立大津商業学校〉
　　明治45年4月1日　　滋賀県立大津商業学校を設立
　〈滋賀県大津市高等女学校〉
　　明治45年4月1日　　滋賀県大津市高等女学校を設立
　〈滋賀県大津市女子商業学校〉
　　昭和2年4月1日　　 滋賀県大津市女子商業学校を設立
　〈統合〉
　　昭和23年4月1日　　滋賀県立第二中学校,滋賀県立膳
　　　　　　　　　　　所中学校,滋賀県立大津商業学
　　　　　　　　　　　校,滋賀県大津市高等女学校,滋
　　　　　　　　　　　賀県大津市女子商業学校を廃し
　　　　　　　　　　　滋賀県立膳所高等学校,滋賀県立
　　　　　　　　　　　大津高等学校,滋賀県立志賀高
　　　　　　　　　　　等学校を設立
　　昭和24年4月1日　　滋賀県立膳所高等学校,滋賀県立
　　　　　　　　　　　大津高等学校,滋賀県立志賀
　　　　　　　　　　　等学校を廃止し
　　　　　　　　　　　滋賀県立大津高等学校を設立
　　昭和27年4月1日　　滋賀県立大津高等学校を廃止し
　　　　　　　　　　　滋賀県立大津東高等学校を設立
　　昭和31年4月1日　　滋賀県立膳所高等学校と改称

◇滋賀県立**瀬田工業**高等学校
　〒520-2132 滋賀県大津市神領3丁目18-1
　TEL 077-545-2510
　　昭和14年4月1日　　滋賀県立瀬田工業学校が開校
　　昭和19年4月1日　　滋賀県立第二瀬田工業学校が開校
　　昭和23年4月1日　　大津工業学校を統合し
　　　　　　　　　　　滋賀県立瀬田高等学校と改称
　　昭和24年4月1日　　滋賀県立湖南高等学校瀬田校舎と
　　　　　　　　　　　改称
　　昭和26年4月1日　　滋賀県立瀬田高等学校と改称
　　昭和30年4月1日　　滋賀県立瀬田工業高等学校と改称

◇滋賀県立**瀬田**高等学校
　〒520-2132 滋賀県大津市神領3丁目18-1
　TEL 077-545-5315
　　昭和13年12月13日　滋賀県立瀬田工業学校を設立
　　昭和23年4月1日　　滋賀県立瀬田高等学校と改称
　　昭和24年4月1日　　滋賀県立草津高等学校と統合し
　　　　　　　　　　　滋賀県立湖南高等学校（瀬田校舎）
　　　　　　　　　　　と改称
　　昭和26年4月1日　　滋賀県立瀬田高等学校と改称
　　昭和30年4月1日　　滋賀県立瀬田工業高等学校と改称
　　昭和45年1月1日　　滋賀県立瀬田高等学校と改称

◇滋賀県立**高島**高等学校
　〒520-1621 滋賀県高島市今津町今津1936
　TEL 0740-22-2002
　　大正9年4月8日　　 滋賀県立今津中学校が開校
　　昭和23年4月1日　　滋賀県立藤樹高等女学校を学制改
　　　　　　　　　　　革により統合し
　　　　　　　　　　　滋賀県立高島高等学校を開校

◇滋賀県立**玉川**高等学校
　〒525-0058 滋賀県草津市野路東3丁目2-1
　TEL 077-565-1581
　　昭和58年4月　　　 滋賀県立玉川高等学校が開校

◇滋賀県立**虎姫**高等学校
　〒529-0112 滋賀県東浅井郡虎姫町宮部2410
　TEL 0749-73-3055
　　大正9年　　　　　 滋賀県立虎姫中学校を創立
　　昭和23年4月26日　 滋賀県立虎姫高等学校が開校

◇滋賀県立**長浜北**高等学校
　〒526-0847 滋賀県長浜市山階町352
　TEL 0749-62-0238
　　明治44年4月1日　　長浜町立長浜実科高等女学校が開
　　　　　　　　　　　校
　　大正9年4月1日　　 長浜町立長浜高等女学校と改称
　　大正11年4月1日　　滋賀県立長浜高等女学校が開校
　　昭和23年4月1日　　滋賀県立長浜北高等学校と改称
　　昭和24年4月1日　　滋賀県立長浜高等学校と統合し
　　　　　　　　　　　滋賀県立長浜高等学校と改称
　　昭和27年4月1日　　滋賀県立長浜北高等学校と改称

◇滋賀県立**長浜**高等学校
　〒526-0033 滋賀県長浜市平方町270
　TEL 0749-62-0896
　　昭和51年4月　　　 滋賀県立長浜高等学校が開校

◇滋賀県立**長浜農業**高等学校
　〒526-0824 滋賀県長浜市名越町600
　TEL 0749-62-0876
　　明治29年4月　　　 滋賀県蚕糸業組合立簡易蚕業学校
　　　　　　　　　　　が開校
　　明治31年4月　　　 滋賀県蚕業学校と改称
　　明治32年4月　　　 滋賀県立滋賀県農学校が開校
　　明治41年4月　　　 滋賀県立長浜農学校と改称
　　昭和23年4月　　　 滋賀県立長浜南高等学校と改称
　　昭和24年4月　　　 滋賀県立長浜高等学校南校舎と改
　　　　　　　　　　　称
　　昭和27年4月　　　 滋賀県立長浜南高等学校と改称
　　昭和30年4月　　　 滋賀県立長浜農業高等学校と改称

◇滋賀県立**長浜北星**高等学校
　〒526-0036 滋賀県長浜市地福寺町3-72
　TEL 0749-62-3370
　　大正13年4月10日　 滋賀県長浜町立長浜商業学校を開
　　　　　　　　　　　校
　　昭和5年4月1日　　 滋賀県立長浜商業学校と改称
　　昭和23年4月1日　　滋賀県立長浜商業学校を学制改革
　　　　　　　　　　　により廃止し
　　　　　　　　　　　滋賀県立長浜南高等学校を設置
　　昭和24年4月1日　　滋賀県立長浜北高等学校と統合し
　　　　　　　　　　　滋賀県立長浜高等学校南校舎と改
　　　　　　　　　　　称
　　昭和27年4月1日　　滋賀県立長浜中高等学校と改称
　　昭和27年11月15日　滋賀県立長浜西高等学校と改称
　　昭和36年4月1日　　滋賀県立長浜商工高等学校と改称
　　平成10年4月1日　　滋賀県立長浜北星高等学校と改称

◇滋賀県立**能登川**高等学校
　〒521-1235 滋賀県東近江市伊庭町13
　TEL 0748-42-1305
　　昭和38年　　　　　滋賀県立能登川高等学校を創立

## 滋賀県

◇滋賀県立**八幡工業高等学校**
　〒523-0816 滋賀県近江八幡市西庄町5
　TEL 0748-37-7227
| 昭和36年4月 | 滋賀県立八幡工業高等学校が開校 |

◇滋賀県立**八幡高等学校**
　〒523-0031 滋賀県近江八幡市堀上町105
　TEL 0748-33-2302
| 昭和30年4月1日 | 滋賀県立八幡高等学校が開校 |

◇滋賀県立**八幡商業高等学校**
　〒523-0895 滋賀県近江八幡市宇津呂町10
　TEL 0748-32-2072
| 明治19年3月4日 | 滋賀県商業学校として創立 |
| 明治34年6月8日 | 滋賀県立商業学校と改称 |
| 明治41年4月1日 | 滋賀県立八幡商業学校と改称 |
| 昭和23年4月1日 | 滋賀県立八幡高等学校を設立 |
| 昭和24年4月1日 | 滋賀県立中央高等学校と改称 |
| 昭和26年4月1日 | 滋賀県立八幡高等学校に復帰 |
| 昭和30年4月1日 | 滋賀県立八幡商業高等学校と改称 |

◇**比叡山高等学校**
　［学校法人 延暦寺学園］
　〒520-0113 滋賀県大津市坂本4-3-1
　TEL 077-578-0091
| 明治6年 | 天台総黌として創立 |
| 昭和23年 | 比叡山高等学校が開校 |

◇滋賀県立**東大津高等学校**
　〒520-2122 滋賀県大津市瀬田南大萱町1732-2
　TEL 077-545-8025
| 昭和50年4月1日 | 滋賀県立東大津高等学校が開校 |

◇滋賀県立**彦根工業高等学校**
　〒522-0222 滋賀県彦根市南川瀬町1310
　TEL 0749-28-2201
| 大正9年4月1日 | 滋賀県立彦根工業学校が開校 |
| 昭和23年4月1日 | 滋賀県立彦根南高等学校と改称 |
| 昭和24年4月1日 | 滋賀県立彦根高等学校南校舎と改称 |
| 昭和27年4月1日 | 滋賀県立短期大学附属工業高等学校と改称 |
| 昭和35年4月1日 | 滋賀県立短期大学附属彦根工業高等学校と改称 |
| 昭和42年4月1日 | 滋賀県立彦根工業高等学校と改称 |

◇滋賀県立**彦根翔陽高等学校**
　〒522-0033 滋賀県彦根市芹川町580
　TEL 0749-23-1491
| 昭和49年 | 滋賀県彦根南高等学校を設置 |
| 昭和59年 | 滋賀県立彦根商業高等学校と改称 |
| 平成10年 | 滋賀県立彦根翔陽高等学校と改称 |

◇**彦根総合高等学校**
　［学校法人 学校法人松風学園］
　〒522-0033 滋賀県彦根市芹川町328
　TEL 0749-26-0016
| 昭和23年 | 白鳩洋裁研究所を設立 |
| 平成10年 | 彦根女子高等学校を設立 |
| 平成18年 | 彦根総合高等学校と改称 |

◇滋賀県立**彦根西高等学校**
　〒522-0065 滋賀県彦根市池洲町9-73
　TEL 0749-22-4890
| 明治20年5月13日 | 私立淡海女学校が開校 |
| 明治24年4月1日 | 町立彦根女学校と改称 |
| 明治28年7月1日 | 彦根町立高等女学校と改称 |
| 明治35年4月1日 | 滋賀県県立彦根高等女学校と改称 |
| 明治41年3月21日 | 滋賀県立彦根高等女学校と改称 |
| 昭和23年4月1日 | 滋賀県立彦根高等女学校を学制改革により廃し |
| | 滋賀県立彦根西高等学校を設置 |
| 昭和24年4月1日 | 滋賀県立彦根高等学校西校舎と改称 |
| 昭和27年4月1日 | 滋賀県立彦根西高等学校を設置 |

◇滋賀県立**彦根東高等学校**
　〒522-0061 滋賀県彦根市金亀町4-7
　TEL 0749-22-4800
| 寛政11年7月 | 稽古館を藩校として創立 |
| 天保元年6月 | 弘道館と改称 |
| 明治2年10月 | 文武館と改称 |
| 明治3年4月 | 学館と改称 |
| 明治3年11月 | 学校と改称 |
| 明治5年 | 学校の廃止 |
| 明治9年8月 | 共立第三大学区第十一番中学区彦根学校が開校 |
| 明治10年7月 | 県立彦根伝習学校と改称 |
| 明治12年2月 | 県立彦根初等師範学校と改称 |
| 明治13年4月 | 彦根中学校と改称 |
| 明治13年11月 | 彦根公立中学校と改称 |
| 明治20年5月 | 滋賀県尋常中学校が開校 |
| 明治31年2月 | 滋賀県第一尋常中学校と改称 |
| 明治32年4月 | 滋賀県第一中学校と改称 |
| 明治34年6月 | 滋賀県立第一中学校と改称 |
| 明治41年4月 | 滋賀県立彦根中学校と改称 |
| 昭和23年4月 | 滋賀県立彦根東高等学校，滋賀県立彦根西高等学校，滋賀県立彦根南高等学校を設置 |
| 昭和24年4月 | 滋賀県立彦根東高等学校，滋賀県立彦根西高等学校，滋賀県立彦根南高等学校の三校を統合し滋賀県立彦根高等学校を設置 |
| 昭和27年4月 | 滋賀県立彦根東高等学校と改称 |

◇滋賀県立**日野高等学校**
　〒529-1642 滋賀県蒲生郡日野町上野田150
　TEL 0748-52-1200
| 明治38年 | 日野町立裁縫学校を設立 |
| 昭和23年 | 滋賀県立日野高等学校と改称 |

◇滋賀県立**米原高等学校**
　〒521-0092 滋賀県米原市西円寺1200
　TEL 0749-52-1601
| 昭和38年4月 | 滋賀県立米原高等学校を設置 |

◇滋賀県立**水口高等学校**
　〒528-0022 滋賀県甲賀市水口町梅が丘3-1
　TEL 0748-62-4104
| 明治41年4月1日 | 滋賀県立水口農林学校を創立 |
| 大正8年4月1日 | 滋賀県立水口中学校を設立（農林学校と併設） |
| 昭和23年4月1日 | 滋賀県立水口高等女学校，滋賀県立甲南女子農学校を学制改革により統合し |
| | 滋賀県立甲賀高等学校と改称 |
| 昭和50年4月1日 | 滋賀県立水口高等学校と改称 |

◇滋賀県立**水口東高等学校**
　〒528-0073 滋賀県甲賀市水口町古城が丘7-1

TEL 0748-62-6745
昭和50年4月1日　　　滋賀県立水口東高等学校が開校

◇滋賀県立**守山北高等学校**
〒524-0004 滋賀県守山市笠原町1263
TEL 077-585-0431
昭和58年4月　　　滋賀県立守山北高等学校が開校

◇滋賀県立**守山高等学校**
〒524-0022 滋賀県守山市守山3丁目12-34
TEL 077-582-2289
昭和38年4月　　　滋賀県立守山高等学校が開校

◇滋賀県立**野洲高等学校**
〒520-2341 滋賀県野洲市行畑2丁目9-1
TEL 077-587-0059
昭和19年　　　滋賀県野洲郡立女子農芸学校が開校
昭和23年　　　滋賀県立野洲高等学校と改称

◇滋賀県立**八日市高等学校**
〒527-0022 滋賀県東近江市八日市上之町1-25
TEL 0748-22-1515
〈滋賀県八日市中学校〉
明治40年　　　滋賀県八日市中学校が開校
〈滋賀県立神崎農学校〉
明治40年　　　神崎郡立神崎実業学校が開校
明治43年　　　神崎郡立神崎商業学校と改称
大正11年　　　滋賀県立神崎商業学校が開校
昭和15年　　　滋賀県立神崎農学校に移行
〈統合〉
昭和23年4月　　　滋賀県立神崎農学校, 滋賀県八日市中学校を統合し
　　　　　　　滋賀県立神崎高等学校と改称
昭和24年　　　滋賀県立神愛高等学校八日市校舎を設置
昭和26年　　　滋賀県立八日市高等学校と改称

◇滋賀県立**八日市南高等学校**
〒527-0032 滋賀県東近江市春日町1-15
TEL 0748-22-1513
明治40年4月　　　郡立神崎実業学校が開校
明治43年4月　　　郡立神崎商業学校と改称
昭和19年4月　　　滋賀県立神崎農学校と改称
昭和23年4月　　　滋賀県立神崎農学校, 滋賀県立八日市中学校を統合し
　　　　　　　滋賀県立神崎高等学校と改称
昭和24年4月　　　滋賀県立神崎高等学校, 滋賀県立愛知高等学校を統合し
　　　　　　　滋賀県立神愛高等学校（八日市市校舎）を設置
昭和26年4月　　　滋賀県立神愛高等学校を分離し
　　　　　　　滋賀県立八日市高等学校と改称
昭和49年4月　　　滋賀県立八日市高等学校より分離独立し
　　　　　　　滋賀県立八日市南高等学校が開校

◇滋賀県立**栗東高等学校**
〒520-3016 滋賀県栗東市小野618
TEL 077-553-3350
昭和49年　　　滋賀県立栗東高等学校を設立

◇**立命館守山高等学校**
［学校法人 立命館］
〒524-0041 滋賀県守山市勝部3丁目9-1
TEL 077-582-8000
昭和6年　　　南井裁縫教室を設立
昭和26年　　　守山町立守山高等裁縫学校と改称
昭和34年　　　守山町立守山女子高等学校が開校
昭和45年　　　守山市立守山女子高等学校と改称
平成18年　　　立命館守山高等学校として開校

# 京都府

## 【大学】

◇大谷大学
　［学校法人 真宗大谷学園］
　〒603-8143 京都府京都市北区小山上総町20
　TEL 075-432-3131
| 寛文5年 | 学寮を創設 |
| 宝暦5年 | 高倉学寮と改称 |
| 慶応4年 | 護法場を設置 |
| 明治6年 | 高倉学寮，護法場を貫練場と改称 |
| 明治12年 | 貫練教校と改称 |
| 明治15年 | 真宗大学寮と改称 |
| 明治29年 | 真宗大学を設置 |
| 明治29年 | 真宗高倉大学寮を設置 |
| 明治40年 | 高倉大学寮と改称 |
| 明治44年 | 真宗大学，高倉大学寮を併合して真宗大谷大学と改称 |
| 大正12年 | 大谷大学を開設 |

◇京都外国語大学
　［学校法人 京都外国語大学］
　〒615-8558 京都府京都市右京区西院笠目町6
　TEL 075-322-6012
| 昭和22年5月 | 京都外国語学校を創立 |
| 昭和34年4月 | 京都外国語大学を設置 |

◇京都学園大学
　［学校法人 京都学園］
　〒621-8555 京都府亀岡市曽我部町南条大谷1-1
　TEL 0771-22-2001
| 昭和44年4月 | 京都学園大学が開学 |

◇京都教育大学
　〒612-8522 京都府京都市伏見区深草藤森町1
　TEL 075-644-8100
| 明治9年5月 | 京都府師範学校を創立 |
| 昭和19年4月 | 京都青年師範学校を設立 |
| 昭和24年5月31日 | 京都師範学校，京都青年師範学校を統合し京都学芸大学を設置 |
| 昭和41年4月1日 | 京都教育大学と改称 |

◇京都光華女子大学
　［学校法人 光華女子学園］
　〒615-0882 京都府京都市右京区西京極葛野町38
　TEL 075-325-5209
| 昭和39年4月1日 | 光華女子大学を開学 |
| 平成13年4月1日 | 京都光華女子大学と改称 |

◇京都工芸繊維大学
　〒606-8585 京都府京都市左京区松ケ崎橋上町
　TEL 075-724-7014
| 明治32年 | 京都蚕業講習所を開設 |
| 明治35年 | 京都高等工芸学校と改称 |
| 大正3年 | 京都高等蚕業学校と改称 |
| 昭和6年 | 京都高等蚕糸学校と改称 |
| 昭和19年 | 京都工業専門学校，京都繊維専門学校と改称 |
| 昭和24年 | 京都工業専門学校，京都繊維専門学校を統合し京都工芸繊維大学を設立 |

◇京都嵯峨芸術大学
　［学校法人 大覚寺学園］
　〒616-8362 京都府京都市右京区嵯峨五島町1
　TEL 075-864-7858
| 平成13年4月 | 京都嵯峨芸術大学が開学 |

◇京都産業大学
　［学校法人 京都産業大学］
　〒603-8555 京都府京都市北区上賀茂本山
　TEL 075-705-1408
| 昭和40年1月25日 | 京都産業大学を設立 |

◇京都情報大学院大学
　［学校法人 京都情報学園］
　〒606-8225 京都府京都市左京区田中門前町7
　TEL 075-711-0161
| 平成16年1月30日 | 京都情報大学院大学を設置 |

◇京都女子大学
　［学校法人 京都女子学園］
　〒605-8501 京都府京都市東山区今熊野北日吉町35
　TEL 075-531-7042
| 昭和24年 | 京都女子大学を設置 |

◇京都市立芸術大学
　〒610-1197 京都府京都市西京区大枝沓掛町13-6
　TEL 075-332-0701
| 明治13年 | 京都府画学校を創立 |
| 明治22年 | 京都市画学校と改称 |
| 明治24年 | 京都市美術学校と改称 |
| 明治27年 | 京都市美術工芸学校と改称 |
| 明治42年 | 京都市立絵画専門学校と改称 |
| 昭和20年 | 京都市立美術専門学校と改称 |
| 昭和25年 | 京都市立美術大学と改称 |
| 昭和27年 | 京都市立音楽短期大学を創立 |
| 昭和44年 | 京都市立音楽短期大学，京都市立美術大学が統合し京都市立芸術大学が開学 |

◇京都精華大学
　［学校法人 京都精華大学］
　〒606-8588 京都府京都市左京区岩倉木野町137
　TEL 075-702-5200
| 昭和43年 | 京都精華短期大学（のち廃止）を開設 |
| 昭和54年 | 京都精華大学を開設 |

◇京都造形芸術大学
　［学校法人 瓜生山学園］
　〒606-8271 京都府京都市左京区北白川瓜生山2-116
　TEL 075-791-9122
| 昭和52年 | 京都芸術短期大学（のち廃止）を設立 |
| 平成3年 | 京都造形芸術大学を設置 |

◇京都創成大学
　［学校法人 成美学苑］
　〒620-0886 京都府福知山市字堀3370
　TEL 0773-24-7100
| 平成12年 | 京都創成大学を開学 |

## 京都府

### ◇京都大学
〒606-8501 京都府京都市左京区吉田本町
TEL 075-753-7531

| | |
|---|---|
| 明治2年5月 | 舎密局が開校 |
| 明治2年9月 | 洋学校が開校 |
| 明治3年10月 | 理学所（舎密局の後身），洋学校と統合し開成所と改称 |
| 明治13年12月 | 大阪専門学校，大阪中学校と改称 |
| 明治18年7月 | 大阪中学校大学分校と改称 |
| 明治19年4月 | 第三高等中学校と改称 |
| 明治27年9月 | 第三高等学校と改称 |
| 明治30年6月 | 京都帝国大学を創設 |
| 昭和22年10月 | 京都大学と改称 |
| 昭和24年5月 | 第三高等学校を統合し京都大学を設置 |

### ◇京都橘大学
［学校法人 京都橘学園］
〒607-8175 京都府京都市山科区大宅山田町34
TEL 075-571-1111

| | |
|---|---|
| 昭和42年 | 橘女子大学を開学 |
| 昭和63年 | 京都橘女子大学と改称 |
| 平成17年 | 京都橘大学と改称 |

### ◇京都ノートルダム女子大学
［学校法人 ノートルダム女学院］
〒606-0847 京都府京都市左京区下鴨南野々神町1
TEL 075-781-1173

| | |
|---|---|
| 昭和36年 | ノートルダム女子大学を創立 |
| 平成11年 | 京都ノートルダム女子大学と改称 |

### ◇京都府立医科大学
〒602-8566 京都府京都市上京区河原町通広小路上る梶井町465
TEL 075-251-5111

| | |
|---|---|
| 明治5年11月 | 仮療病院を設立 |
| 明治15年11月 | 甲種医学校と改称 |
| 明治36年6月 | 京都府立医学専門学校と改称 |
| 大正10年10月 | 京都府立医科大学を設置 |
| 昭和27年2月 | 京都府立医科大学を設置 |

### ◇京都府立大学
〒606-8522 京都府京都市左京区下鴨半木町1-5
TEL 075-703-5101

| | |
|---|---|
| 明治28年4月1日 | 京都府簡易農学校を設置 |
| 明治31年4月1日 | 京都府農学校と改称 |
| 明治34年9月25日 | 京都府立農学校と改称 |
| 明治37年4月1日 | 京都府立農林学校と改称 |
| 大正12年4月1日 | 京都府立京都農林学校と改称 |
| 昭和19年2月22日 | 京都府立高等農林学校と改称 |
| 昭和19年7月1日 | 京都府立農林専門学校と改称 |
| 昭和24年4月1日 | 西京大学と改称 |
| 昭和34年5月1日 | 京都府立大学と改称 |

### ◇京都文教大学
［学校法人 京都文教学園］
〒611-0041 京都府宇治市槇島町千足80
TEL 0774-25-2400

| | |
|---|---|
| 平成8年 | 京都文教大学が開学 |

### ◇京都薬科大学
［学校法人 京都薬科大学］
〒607-8414 京都府京都市山科区御陵中内町5
TEL 075-595-4600

| | |
|---|---|
| 明治17年 | 京都私立独逸学校を創立 |
| 明治25年 | 私立京都薬学校を設立 |
| 大正8年 | 私立京都薬学校を廃止し京都薬学専門学校を設立 |
| 昭和24年 | 京都薬科大学を設置 |
| 昭和27年 | 京都薬学専門学校を廃止 |

### ◇種智院大学
［学校法人 真言宗京都学園］
〒612-8156 京都府京都市伏見区向島西定請70
TEL 075-604-5600

| | |
|---|---|
| 天長5年 | 綜藝種智院を弘法大師が創設 |
| 明治14年 | 総黌を雲照律師が開設 |
| 明治35年 | 私立古義真言宗聯合高等学校と改称 |
| 大正6年 | 真言宗京都大学と改称 |
| 昭和4年 | 京都専門学校と改称 |
| 昭和24年 | 種智院大学を設立 |

### ◇同志社女子大学
［学校法人 同志社］
〒610-0395 京都府田辺市興戸南鉾立97-1
TEL 0774-65-8411

| | |
|---|---|
| 昭和24年4月 | 同志社女子大学を設置 |

### ◇同志社大学
［学校法人 同志社］
〒602-8580 京都府京都市上京区今出川通烏丸東入玄武町601
TEL 075-251-3110

| | |
|---|---|
| 明治8年11月29日 | 同志社英学校が開校 |
| 明治9年10月 | 女子塾を開設 |
| 明治10年4月 | 同志社分校女紅場を開設 |
| 明治10年9月 | 同志社女学校と改称 |
| 明治23年9月 | ハリス理化学校が開校 |
| 明治24年9月 | 政法学校が開校 |
| 明治37年4月 | 政法学校，ハリス理化学校を廃止・統合し専門学校を設立 |
| 明治45年4月 | 同志社大学が開校 |

### ◇花園大学
［学校法人 花園学園］
〒604-8456 京都府京都市中京区西ノ京壺ノ内町8-1
TEL 075-811-5181

| | |
|---|---|
| 明治5年 | 般若林を設置 |
| 明治7年 | 連合総学を設置 |
| 明治16年 | 大衆寮を設置 |
| 明治19年 | 普通大教校と改称 |
| 明治27年 | 普通学林と改称 |
| 明治36年 | 花園学林と改称 |
| 明治40年 | 花園学院と改称 |
| 明治44年 | 臨済宗大学と改称 |
| 昭和9年 | 臨済学院専門学校と改称 |
| 昭和24年 | 花園大学に昇格 |

### ◇佛教大学
［学校法人 浄土宗教育資団］
〒603-8301 京都府京都市北区紫野北花ノ坊町96
TEL 075-491-2141

| | |
|---|---|
| 明治3年 | 仮勧学場を設置 |
| 明治31年 | 浄土宗専門学院と改称 |
| 明治37年 | 浄土宗大学院と改称 |
| 明治38年 | 浄土宗大学と改称 |

京都府

| 明治40年 | 宗教大学分校と改称 |
| 大正元年 | 宗教大学と分離し高等学院を設置 |
| 大正2年 | 佛教専門学校と改称 |
| 昭和24年 | 佛教大学を設立 |
| 昭和26年 | 佛教専門学校を廃止 |

◇平安女学院大学
　[学校法人 平安女学院]
　〒602-8013 京都府京都市上京区下立売通烏丸西入五町目町172-2
　TEL 075-414-8290

| 平成12年 | 平安女学院大学を開学 |

◇明治鍼灸大学
　[学校法人 明治東洋医学院]
　〒629-0392 京都府南丹市日吉町字保野田小字ヒノ谷6-1
　TEL 0771-72-1181

| 昭和58年 | 明治鍼灸大学が開学 |

◇立命館大学
　[学校法人 立命館]
　〒603-8577 京都府京都市北区等持院北町56-1
　TEL 075-465-1111

| 明治2年 | 立命館を西園寺公望が創始 |
| 明治33年 | 私立京都法政学校を中川小十郎が創立 |
| 明治36年 | 私立京都法政専門学校に組織変更 |
| 明治37年 | 私立京都法政大学を設立 |
| 大正2年 | 私立立命館大学と改称 |
| 大正11年 | 立命館大学と改称 |

◇龍谷大学
　[学校法人 龍谷大学]
　〒612-8577 京都府京都市伏見区深草塚本町67
　TEL 075-642-1111

| 寛永16年 | 学寮を設立 |
| 明暦元年 | 学林と改称 |
| 明治9年 | 大教校と改称 |
| 明治18年 | 普通教校を開講 |
| 明治21年 | 大学林,文学寮の二院一寮制を採用 |
| 明治24年 | 大学林,文学寮に分立 |
| 明治33年 | 仏教高等中学,仏教中学校を分離し仏教大学と改称 |
| 明治35年 | 仏教専門大学,高輪仏教大学に分立 |
| 明治37年 | 仏教専門大学,高輪仏教大学を統合し仏教大学に統合 |
| 大正11年 | 龍谷大学と改称 |

【短大】

◇池坊短期大学
　[学校法人 池坊学園]
　〒600-8491 京都府京都市下京区室町通四条下ル鶏鉾町491
　TEL 075-351-8581

| 昭和27年3月5日 | 池坊学園短期大学を設置 |
| 昭和41年 | 池坊短期大学と改称 |

◇大谷大学短期大学部
　[学校法人 真宗大谷学園]
　〒603-8143 京都府京都市北区小山上総町20
　TEL 075-432-3131

| 昭和25年 | 大谷大学短期大学部を開設 |

◇華頂短期大学
　[学校法人 浄土宗教育資団]
　〒605-0062 京都府京都市東山区林下町3-456
　TEL 075-551-1188

| 昭和28年 | 華頂短期大学を創設 |

◇京都医療技術短期大学
　[学校法人 島津学園]
　〒622-0041 京都府南丹市園部町小山東町今北1-3
　TEL 0771-63-0066

| 平成元年 | 京都医療技術専門学校を改組し京都医療技術短期大学を開学 |

◇京都外国語短期大学
　[学校法人 京都外国語大学]
　〒615-8558 京都府京都市右京区西院笠目町6
　TEL 075-322-6012

| 昭和25年4月 | 京都外国語短期大学を設置 |

◇京都経済短期大学
　[学校法人 明徳学園]
　〒610-1195 京都府京都市西京区大枝東長町3-1
　TEL 075-331-3159

| 平成5年4月 | 京都経済短期大学が開学 |

◇京都光華女子大学短期大学部
　[学校法人 光華女子学園]
　〒615-0882 京都府京都市右京区西京極葛野町38
　TEL 075-325-5209

| 昭和19年3月11日 | 光華女子専門学校を設立 |
| 昭和25年4月1日 | 光華女子短期大学に移行 |
| 平成12年4月1日 | 光華女子大学短期大学部と改称 |
| 平成13年4月1日 | 京都光華女子大学短期大学部と改称 |

◇京都嵯峨芸術大学短期大学部
　[学校法人 大覚寺学園]
　〒616-8362 京都府京都市右京区嵯峨五島町1
　TEL 075-864-7858

| 昭和46年1月27日 | 嵯峨美術短期大学を設置 |
| 平成13年4月 | 京都嵯峨芸術大学短期大学部と改称 |

◇京都女子大学短期大学部
　[学校法人 京都女子学園]
　〒605-8501 京都府京都市東山区今熊野北日吉町35
　TEL 075-531-7042

| 昭和25年 | 京都女子大学短期大学部を設置 |

◇京都市立看護短期大学
　〒604-8845 京都府京都市中京区壬生東高田町1-2
　TEL 075-311-0123

| 昭和25年4月1日 | 京都市高等看護学院を開設 |
| 昭和29年4月1日 | 京都市立看護短期大学を開学 |

◇京都短期大学
　[学校法人 成美学苑]
　〒620-0886 京都府福知山市字堀3370
　TEL 0773-22-5852

| 昭和16年 | 福知山高等商業学校を創立 |

| 昭和19年 | 福知山工業専門学校に改組 |
| 昭和25年 | 山陰短期大学に昇格 |
| 昭和31年 | 京都短期大学と改称 |

◇**京都西山短期大学**
　［学校法人 京都西山学園］
　〒617-0811 京都府長岡京市粟生西条26
　TEL 075-951-0023
| 昭和25年 | 西山短期大学が開学 |
| 平成16年 | 京都西山短期大学と改称 |

◇**京都文教短期大学**
　［学校法人 京都文教学園］
　〒611-0041 京都府宇治市槇島町千足80
　TEL 0774-25-2405
| 昭和38年 | 京都家政短期大学を設置 |
| 昭和55年 | 京都文教短期大学と改称 |

◇**成安造形短期大学**
　［学校法人 大阪成蹊学園］
　〒617-0844 京都府長岡京市調子1-25-1
　TEL 075-953-1111
| 昭和25年 | 成安女子短期大学を開設 |
| 平成5年 | 成安造形短期大学と改称 |

◇**聖母女学院短期大学**
　［学校法人 聖母女学院］
　〒612-0878 京都府京都市伏見区深草田谷町1
　TEL 075-643-6781
| 昭和37年 | 聖母女学院短期大学を開学 |

◇**平安女学院大学短期大学部**
　［学校法人 平安女学院］
　〒602-8013 京都府京都市上京区下立売通烏丸西入五町目町172-2
　TEL 075-414-8290
| 昭和25年 | 平安女学院短期大学を開学 |
| 平成14年 | 平安女学院大学短期大学部と改称 |

◇**明治鍼灸大学医療技術短期大学部**
　［学校法人 明治東洋医学院］
　〒629-0392 京都府南丹市日吉町字保野田小字ヒノ谷6-1
　TEL 0771-72-1181
| 昭和53年 | 明治鍼灸短期大学（のち廃止）が開学 |
| 平成13年12月 | 明治鍼灸大学医療技術短期大学部を設置 |

◇**龍谷大学短期大学部**
　［学校法人 龍谷大学］
　〒612-8577 京都府京都市伏見区深草塚本町67
　TEL 075-642-1111
| 昭和25年 | 龍谷大学短期大学部を開設 |

【高専】

◇**舞鶴工業高等専門学校**
　〒625-8511 京都府舞鶴市字白屋234
　TEL 0773-62-8861
| 昭和40年4月 | 舞鶴工業高等専門学校を設立 |

【高校】

◇京都府立**網野**高等学校
　〒629-3101 京都府京丹後市網野町字網野2820
　TEL 0772-72-0379
| 昭和23年5月15日 | 京都府立網野高等学校が開校 |

◇京都府立**網野**高等学校間人分校
　〒627-0201 京都府京丹後市丹後町間人337
　TEL 0772-75-0142
| 昭和23年 | 京都府立網野高等学校間人分校が開校 |

◇京都府立**綾部**高等学校
　〒623-0042 京都府綾部市岡町長田18
　TEL 0773-42-0451
〈京都府立城丹農業高等学校〉
| 明治26年4月 | 京都府蚕糸業組合立高等養蚕伝習所を設立 |
| 明治31年 | 京都府蚕糸業組合立京都蚕業講習所と改称 |
| 明治32年4月 | 京都府蚕糸業組合立城丹蚕業講習所と改称 |
| 大正7年4月 | 京都府立城丹蚕業講習所と改称 |
| 大正8年4月 | 京都府立城丹農事講習所と改称 |
| 大正13年4月 | 京都府立城丹蚕業学校と改称 |
| 昭和17年 | 京都府立城丹実業学校と改称 |
| 昭和23年4月 | 京都府立城丹農業高等学校と改称 |
〈京都府立綾部高等学校〉
| 明治40年4月 | 何鹿郡立女子実業学校を設立 |
| 大正9年4月 | 京都府何鹿高等女学校を設立 |
| 大正12年1月 | 京都府立綾部高等女学校と改称 |
| 昭和23年4月 | 京都府立綾部高等学校と改称 |
〈京都府立綾部工業高等学校〉
| 昭和18年4月 | 京都府立綾部工業学校を設立 |
| 昭和23年4月 | 京都府立綾部工業高等学校と改称 |
〈統合〉
| 昭和23年10月 | 京都府立城丹農業高等学校，京都府立綾部高等学校，京都府立綾部工業高等学校の3校を統合し京都府立綾部高等学校を設立 |

◇京都府立**綾部**高等学校東分校
　〒623-0012 京都府綾部市川糸町堀の内18
　TEL 0773-42-0453
| 昭和55年4月 | 京都府立綾部高等学校東分校として独立 |

◇**一燈園**高等学校
　［学校法人 燈影学園］
　〒607-8025 京都府京都市山科区四ノ宮柳山町29-13
　TEL 075-595-3711
| 大正13年 | 燈影塾を西田天香が創設 |
| 昭和27年 | 一燈園高等学校として認可される |

◇京都府立**大江**高等学校
　〒620-0303 京都府福知山市大江町金屋578
　TEL 0773-56-0033
| 明治41年5月2日 | 加佐郡立河守蚕業学校を開校 |
| 大正12年1月1日 | 京都府立河守蚕業学校と改称 |
| 昭和15年4月1日 | 京都府立河守農蚕業学校と改称 |
| 昭和18年4月1日 | 京都府立河守農業学校と改称 |
| 昭和23年4月1日 | 京都府立河守農業高等学校と改称 |
| 昭和23年10月1日 | 京都府立河守高等学校と改称 |
| 昭和34年4月1日 | 京都府立大江高等学校と改称 |

◇京都府立**鴨沂**高等学校
　〒602-0867 京都府京都市上京区寺町通荒神口下ル松蔭町131

京都府

```
          TEL 075-231-1512
   明治5年         新英学校および女紅場を設立
   大正12年        京都府立京都第一高等女学校と改
                 称
   昭和23年        京都府立鴨沂高等学校と改称
```

◇大谷高等学校
　　[学校法人　真宗大谷学園]
　　〒605-0965　京都府京都市東山区今熊野池田町12
　　TEL 075-541-1312
　　明治8年　　　　京都府下小教校として開校
　　明治10年　　　 京都小教校を設立
　　明治14年　　　 京都教校と改称
　　明治19年　　　 大学寮兼学部初等科と改称
　　明治26年　　　 大谷尋常中学校と改称
　　明治27年　　　 真宗第一中学寮と改称
　　明治29年　　　 真宗京都中学校と改称
　　大正12年　　　 大谷中学校と改称
　　昭和23年　　　 大谷高等学校と改称

◇京都府立乙訓高等学校
　　〒617-0843　京都府長岡京市友岡1-1-1
　　TEL 075-951-1008
　　昭和39年4月7日　京都府立乙訓高等学校が開校

◇華頂女子高等学校
　　[学校法人　浄土宗教育資団]
　　〒605-0062　京都府京都市東山区林下町3-456
　　TEL 075-541-0391
　　明治44年　　　 華頂女学院を浄土宗総本山知恩院
　　　　　　　　　が創立
　　大正4年　　　　華頂実科高等女学校と改称
　　大正8年　　　　華頂高等女学校と改称
　　昭和23年　　　 華頂女子高等学校と改称

◇京都府立桂高等学校
　　〒615-8102　京都府京都市西京区川島松ノ木本町27
　　TEL 075-391-2151
　　昭和23年　　　 京都府立桂高等学校を創立

◇京都府立亀岡高等学校
　　〒621-0812　京都府亀岡市横町23
　　TEL 0771-22-0103
　　明治37年3月　　南桑田郡立女学校が開校
　　大正8年11月　　南桑田郡立実業学校が開校
　　大正12年1月　　京都府立亀岡高等女学校と改称
　　大正12年1月　　京都府立亀岡農学校と改称
　　昭和23年4月　　京都府立亀岡農業高等学校と改称
　　昭和23年10月　 京都府立亀岡高等学校と改称

◇京都府立加悦谷高等学校
　　〒629-2313　京都府与謝郡与謝野町三河内810
　　TEL 0772-42-2171
　　昭和23年9月1日　京都府立加悦谷高等学校が開校

◇京都府立木津高等学校
　　〒619-0214　京都府相楽郡木津町木津内田山34
　　TEL 0774-72-0031
　　明治34年5月　　相楽郡立農学校が開校
　　明治34年6月　　相楽郡立農林学校と改称
　　大正11年1月　　京都府立木津農学校と改称
　　昭和23年4月　　京都府立木津農業高等学校を設立
　　昭和23年10月　 京都府立木津高等学校と改称

◇京都府立北桑田高等学校
　　〒601-0534　京都府京都市右京区京北下弓削町沢の奥
　　TEL 0771-54-0022
　　昭和19年4月　　京都府立北桑田農林学校を設立
　　昭和23年　　　 京都府立北桑田高等学校と改称

◇京都府立北桑田高等学校美山分校
　　〒601-0721　京都府南丹市美山町上平屋
　　TEL 0771-75-1129
　　昭和50年　　　 京都府立北桑田高等学校美山分校
　　　　　　　　　が開校

◇京都府立北嵯峨高等学校
　　〒616-8353　京都府京都市右京区嵯峨大沢柳井手町
　　TEL 075-872-1700
　　昭和50年4月　　京都府立北嵯峨高等学校が開校

◇京都外大西高等学校
　　[学校法人　京都外国語大学]
　　〒615-0074　京都府京都市右京区山ノ内苗町37
　　TEL 075-321-0712
　　昭和31年　　　 京都西高等学校を創立
　　平成13年　　　 京都外大西高等学校と改称

◇京都学園高等学校
　　[学校法人　京都学園]
　　〒616-8036　京都府京都市右京区花園寺ノ中町8
　　TEL 075-461-5105
　　大正14年4月　　京都商業学校が開校
　　昭和19年3月　　京都工業学校に転換
　　昭和21年5月　　京都商業学校の復元が認可される
　　昭和23年4月　　京都商業高等学校に転換
　　平成2年　　　　京都学園高等学校と改称

◇京都共栄学園高等学校
　　[学校法人　共栄学園]
　　〒620-0933　京都府福知山市篠尾62-5
　　TEL 0773-22-6241
　　昭和23年　　　 福知山珠算塾を小野山利雄が創設
　　昭和35年　　　 共栄高等学校が開校
　　昭和55年4月　　京都共栄学園高等学校と改称

◇京都暁星高等学校
　　[学校法人　聖ヨゼフ学園]
　　〒624-0065　京都府宮津市字獅子崎小字峠濱30
　　TEL 0772-22-2560
　　明治40年11月　 宮津裁縫伝習所をルイ・ルラーブ
　　　　　　　　　が創設
　　昭和2年2月　　 宮津暁星女学院と改称
　　昭和6年9月　　 宮津暁星実科女学院と改称
　　昭和17年3月　　宮津暁星高等実科女学校として設
　　　　　　　　　立認可される
　　昭和19年2月　　暁星女子商業学校と改称
　　昭和21年3月　　暁星高等女学校と改称
　　昭和22年2月　　暁星技芸学校を設置
　　昭和23年4月　　暁星高等学校と改称
　　昭和36年4月　　暁星女子高等学校と改称
　　平成15年3月　　京都暁星高等学校と改称

◇京都芸術高等学校
　　[学校法人　京都黎明学院]
　　〒611-0011　京都府宇治市五ケ庄西浦6-2
　　TEL 0774-32-7012
　　昭和4年4月　　 城南技芸女塾を創立
　　昭和11年4月　　洛南報徳技芸女学校を設置
　　昭和22年4月　　洛南高等技芸学校と改称
　　平成13年4月　　京都芸術高等学校を設立

◇京都光華高等学校
　［学校法人　光華女子学園］
　〒615-0861　京都府京都市右京区西京極野田町39
　TEL 075-325-5209
　昭和15年4月1日　　光華高等女学校を設立
　昭和23年4月1日　　光華高等学校と改称
　平成13年4月1日　　京都光華高等学校と改称

◇京都国際高等学校
　［学校法人　京都国際学園］
　〒605-0978　京都府京都市東山区今熊野本多山町1
　TEL 075-525-3535
　昭和21年9月20日　　京都朝鮮人教育会を創立
　昭和22年5月13日　　京都朝鮮中学校が開校
　昭和38年4月16日　　京都韓国中学高等科を開校
　平成15年12月12日　京都国際高等学校と改称

◇京都翔英高等学校
　［学校法人　明珠学園］
　〒611-0013　京都府宇治市菟道大垣内33-10
　TEL 0774-23-2238
　平成6年4月1日　　京都翔英高等学校が開校

◇京都女子高等学校
　［学校法人　京都女子学園］
　〒605-8501　京都府京都市東山区今熊野北日吉町17
　TEL 075-531-7331
　明治32年　　　　顕道女学院を甲斐和里子（旧姓:足利）が設立
　明治33年　　　　文中女学校と改称
　明治43年　　　　京都高等女学校を統合し京都高等女学校と改称
　明治44年　　　　京都裁縫女学校を設置
　大正9年　　　　京都女子高等専門学校を設置
　昭和23年　　　　京都女子高等学校を開校

◇京都市立音楽高等学校
　〒610-1106　京都府京都市西京区大枝沓掛町14-26
　TEL 075-332-0680
　昭和23年　　　　京都市立堀川高等学校（音楽課程）として設立
　平成9年　　　　京都市立音楽高等学校として独立

◇京都府立京都すばる高等学校
　〒612-8156　京都府京都市伏見区向島西定請
　TEL 075-621-4788
　昭和60年　　　　京都府立商業高等学校が開校
　平成15年　　　　京都府立京都すばる高等学校と改称

◇京都成安高等学校
　［学校法人　京都成安学園］
　〒602-0898　京都府京都市上京区烏丸通今出川上ル東入相国寺門前町
　TEL 075-231-2165
　大正9年　　　　成安裁縫学校を瀬尾チカが設立
　大正12年　　　　京都成安女子学院と改称
　昭和15年　　　　京都成安高等女学校を設立
　昭和23年　　　　成安女子高等学校を開設
　平成12年　　　　京都成安高等学校と改称

◇京都精華女子高等学校
　［学校法人　京都精華学園］
　〒606-8305　京都府京都市左京区吉田河原町5-1
　TEL 075-771-4181

　明治38年　　　　精華女学校を創立
　明治41年　　　　精華高等女学校と改称
　昭和23年　　　　精華女子高等学校と改称
　昭和43年　　　　京都精華女子高等学校と改称

◇京都聖カタリナ高等学校
　［学校法人　聖カタリナ学園］
　〒622-0002　京都府南丹市園部町美園町1-78
　TEL 0771-62-0163
　昭和26年　　　　聖家族女子高等学校を創立
　平成13年　　　　京都聖カタリナ女子高等学校と改称
　平成18年　　　　京都聖カタリナ高等学校と改称

◇京都成章高等学校
　［学校法人　明徳学園］
　〒610-1106　京都府京都市西京区大枝沓掛町26
　TEL 075-332-4830
　昭和61年4月　　京都成章高等学校が開校

◇京都橘高等学校
　［学校法人　京都橘学園］
　〒612-8026　京都府京都市伏見区桃山町伊賀50
　TEL 075-623-0066
　明治35年　　　　京都手芸女学校を中森孟夫が創立
　明治43年　　　　京都高等手芸女学校と改称
　昭和22年　　　　京都手芸高等学校と改称
　昭和32年　　　　京都橘女子高等学校と改称
　平成15年　　　　京都橘高等学校と改称

◇京都西山高等学校
　［学校法人　京都西山学園］
　〒617-0002　京都府向日市寺戸町西野辺25
　TEL 075-934-2480
　昭和2年4月　　　西山高等女学校を設立
　昭和23年4月　　西山高等学校と改称
　平成16年4月　　京都西山高等学校と改称

◇京都府立海洋高等学校
　〒626-0074　京都府宮津市字上司1567-1
　TEL 0772-25-0331
　明治31年11月26日　京都府水産講習所を設立
　昭和17年3月12日　京都府立宮津水産学校が開校
　平成元年10月12日　京都府立海洋高等学校と改称
　平成2年4月1日　　京都府立海洋高等学校と改称

◇京都府立工業高等学校
　〒620-0804　京都府福知山市石原上野45
　TEL 0773-27-5161
　昭和48年　　　　京都府立石原高等学校を設立
　平成2年4月1日　　京都府立工業高等学校と改称

◇京都府立農芸高等学校
　〒622-0059　京都府南丹市園部町南大谷
　TEL 07716-5-0013
　昭和58年　　　　京都府立農芸高等学校が開校

◇京都文教高等学校
　［学校法人　京都文教学園］
　〒606-8344　京都府京都市左京区岡崎円勝寺町5
　TEL 075-771-6155
　明治37年　　　　高等家政女学校を設立
　大正13年　　　　家政高等女学校と改称
　昭和27年　　　　家政学園高等学校を設立
　平成7年　　　　京都文教女子高等学校と改称
　平成15年　　　　京都文教高等学校と改称

京都府

◇京都美山高等学校
　［学校法人　美山学園］
　〒601-0705 京都府南丹市美山町佐々里村下6
　TEL 0771-77-0234
　平成15年　　　　　京都美山高等学校が開校

◇京都明徳高等学校
　［学校法人　明徳学園］
　〒610-1111 京都府京都市西京区大枝東長町3-8
　TEL 075-331-3361
　大正10年4月　　　明徳女学校を創立
　昭和23年4月　　　明徳女子高等学校と改称
　昭和27年4月　　　明徳女子商業高等学校を設置
　昭和29年1月　　　明徳商業高等学校と改称
　平成9年4月　　　京都明徳高等学校と改称

◇京都両洋高等学校
　［学校法人　両洋学園］
　〒604-8851 京都府京都市中京区壬生上大竹町13
　TEL 075-841-2025
　大正4年5月5日　　京都正則予備校を創設
　大正14年4月　　　両洋中学校が認可される
　昭和27年4月　　　両洋高等学校を開校
　昭和62年4月　　　京都両洋高等学校と改称

◇京都府立久美浜高等学校
　〒629-3444 京都府京丹後市久美浜町橋爪65
　TEL 0772-82-0069
　明治35年　　　　　熊野郡立農林学校に始まる
　明治35年　　　　　京都府立久美浜農学校と改称
　昭和23年　　　　　京都府立久美浜高等学校が開校

◇京都府立久御山高等学校
　〒613-0033 京都府久世郡久御山町林
　TEL 0774-43-9611
　昭和55年　　　　　京都府立久御山高等学校が開校

◇京都府立向陽高等学校
　〒617-0006 京都府向日市上植野町西大田
　TEL 075-922-4500
　昭和51年　　　　　京都府立向陽高等学校が開校

◇京都市立西京高等学校
　〒604-8437 京都府京都市中京区西ノ京東中合町1
　TEL 075-841-0010
　明治19年5月1日　　京都府商業学校として創立
　明治43年4月1日　　京都市立第一商業学校と改称
　昭和23年4月1日　　京都市立西京商業高等学校と改称
　昭和23年10月31日　京都市立西京高等学校と改称
　昭和38年4月1日　　京都市立西京商業高等学校と改称
　平成15年4月1日　　京都市立西京高等学校と改称

◇京都府立嵯峨野高等学校
　〒616-8226 京都府京都市右京区常盤段ノ上町15
　TEL 075-871-0723
　昭和16年　　　　　京都府立嵯峨野高等女学校として開校
　昭和25年　　　　　京都府立嵯峨野高等学校と改称

◇京都府立須知高等学校
　〒622-0231 京都府船井郡京丹波町豊田下川原166-1
　TEL 0771-82-1171
　明治9年10月　　　京都府農牧学校を創設
　明治40年12月28日　船井郡立実業学校を設置
　大正12年1月1日　　京都府立須知農学校と改称
　昭和7年4月1日　　京都府立須知農林学校と改称
　昭和23年4月1日　　京都府立須知農業高等学校を設置
　昭和23年10月31日　京都府立須知高等学校を設置

◇京都府立城南高等学校
　〒611-0031 京都府宇治市広野町丸山10
　TEL 0774-41-6165
　昭和18年4月1日　　京都府城南高等女学校を設立
　昭和23年4月15日　京都府城南高等学校と改称

◇京都府立城陽高等学校
　〒610-0121 京都府城陽市寺田宮平1
　TEL 0774-52-6811
　昭和47年4月　　　京都府立城陽高等学校が開校

◇京都府立朱雀高等学校
　〒604-8384 京都府京都市中京区西ノ京式部町1
　TEL 075-841-0127
　明治37年2月　　　京都府立第二高等女学校として発足
　昭和23年4月　　　京都府立朱雀高等学校を設立

◇聖母学院高等学校
　［学校法人　聖母女学院］
　〒612-0878 京都府京都市伏見区深草田谷町一
　TEL 075-641-0507
　昭和27年　　　　　聖母学院高等学校を設立

◇京都府立園部高等学校
　〒622-0004 京都府南丹市園部町小桜町97
　TEL 0771-62-0051
　明治20年7月1日　　船井郡高等小学校を設立
　明治41年4月1日　　船井郡立高等女学校が開校
　大正15年4月1日　　京都府立園部中学校を設置
　昭和23年4月1日　　京都府立園部高等学校を設置

◇京都府立田辺高等学校
　〒610-0361 京都府京田辺市河原神谷24
　TEL 0774-62-0572
　昭和38年4月1日　　京都府立田辺高等学校が開校

◇同志社高等学校
　［学校法人　同志社］
　〒606-8558 京都府京都市左京区岩倉大鷺町89
　TEL 075-781-7121
　昭和23年4月　　　同志社高等学校を設立

◇同志社国際高等学校
　［学校法人　同志社］
　〒610-0321 京都府京田辺市多々羅都谷60-1
　TEL 0774-65-8911
　昭和55年4月　　　同志社国際高等学校が開校

◇同志社女子高等学校
　［学校法人　同志社］
　〒602-0893 京都府京都市上京区今出川通寺町西入玄武町602-1
　TEL 075-251-4305
　明治8年11月29日　同志社英学校が開校
　明治9年10月　　　女子塾を開設
　明治10年4月　　　同志社分校女紅場を開設
　明治10年9月　　　同志社女学校と改称
　昭和23年4月　　　同志社女子高等学校を設立

◇京都市立銅駝美術工芸高等学校
　〒604-0902 京都府京都市中京区土手町通竹屋町下がる鉾田町542
　TEL 075-211-4984

| 明治13年 | 京都府画学校が開校 |
| --- | --- |
| 明治22年 | 京都市画学校と改称 |
| 明治24年 | 京都市美術学校と改称 |
| 明治27年 | 京都市美術工芸学校と改称 |
| 明治34年 | 京都市美術工芸学校と改称 |
| 明治45年 | 京都市立絵画専門学校（のち:京都市立芸術大学）が開校 |
| 昭和23年 | 京都市立伏見高等学校, 京都市立日吉が丘高等学校に分割 |
| | 京都市立美術高等学校と改称 |
| 昭和55年 | 京都市立銅駝美術工芸高等学校を開校 |

◇京都市立**塔南高等学校**
　〒601-8348 京都府京都市南区吉祥院観音堂町41
　TEL 075-681-0701
　昭和38年4月　　京都市立塔南高等学校が開校

◇京都府立**東稜高等学校**
　〒601-1326 京都府京都市伏見区醍醐新町裏町25-1
　TEL 075-572-2323
　昭和51年4月　　京都府立東稜高等学校が開校

◇京都府立**菟道高等学校**
　〒611-0011 京都府宇治市五ケ庄五雲峰4-1
　TEL 0774-33-1691
　昭和60年4月1日　京都府立菟道高等学校が開校

◇京都府立**鳥羽高等学校**
　〒601-8449 京都府京都市南区西九条大国町1
　TEL 075-672-6788
　明治33年4月　　京都府立京都第二中学校を創立
　明治33年4月　　京都府立洛南高等学校と改称
　昭和23年4月1日　京都府立朱雀高等学校鳥羽分校と改称
　昭和23年10月15日
　昭和58年12月1日　京都府立鳥羽高等学校を設置

◇京都府立**南丹高等学校**
　〒621-0008 京都府亀岡市馬路町中島1
　TEL 0771-24-1821
　昭和54年4月　　京都府立南丹高等学校を開校

◇京都府立**南陽高等学校**
　〒619-0224 京都府相楽郡木津町兜台6-2
　TEL 0774-72-8730
　昭和61年4月1日　京都府立南陽高等学校が開校

◇京都府立**西宇治高等学校**
　〒611-0042 京都府宇治市小倉町南堀池
　TEL 0774-23-5030
　昭和52年4月　　京都府立西宇治高等学校が開校

◇京都府立**西乙訓高等学校**
　〒617-0845 京都府長岡京市下海印寺西明寺41
　TEL 075-955-2210
　昭和59年4月1日　京都府立西乙訓高等学校が開校

◇京都府立**西城陽高等学校**
　〒610-0117 京都府城陽市枇杷庄京縄手46-1
　TEL 0774-53-5455
　昭和58年　　　京都府立西城陽高等学校が開校

◇京都府立**西舞鶴高等学校**
　〒624-0841 京都府舞鶴市引土145
　TEL 0773-75-3131
　〈京都府立西舞鶴高等学校〉
　大正11年4月13日　京都府立舞鶴中学校が開校
　昭和18年6月1日　京都府立舞鶴第一中学校と改称
　昭和23年4月1日　京都府立西舞鶴高等学校と改称
　〈京都府立西舞鶴女子高等学校〉
　明治40年4月20日　京都府立加佐郡立高等女学校が開校
　大正12年1月1日　京都府立舞鶴高等女学校と改称
　昭和18年6月1日　京都府立舞鶴第一高等女学校と改称
　昭和23年4月1日　京都府立西舞鶴女子高等学校と改称
　〈統合〉
　昭和23年10月20日　京都府立西舞鶴高等学校, 京都府立西舞鶴女子高等学校を統合し京都府立西舞鶴高等学校が開校

◇**日星高等学校**
　[学校法人 聖ヨゼフ学園]
　〒624-0913 京都府舞鶴市字上安久381
　TEL 0773-75-0452
　昭和4年　　　舞鶴裁縫女学校をアノージュ神父が創立
　昭和23年　　　日星高等学校と改称

◇**ノートルダム女学院高等学校**
　[学校法人 ノートルダム女学院]
　〒606-8423 京都府京都市左京区鹿ケ谷桜谷町110
　TEL 075-771-0570
　昭和28年　　　ノートルダム女学院高等学校を設立

◇**花園高等学校**
　[学校法人 花園学園]
　〒616-8034 京都府京都市右京区花園木辻北町1
　TEL 075-463-5221
　大正8年　　　私立花園中学校を設立
　昭和9年　　　臨済学院中学部を創設
　昭和23年　　　花園高等学校と改称

◇京都府立**東宇治高等学校**
　〒611-0002 京都府宇治市木幡平尾43-2
　TEL 0774-32-6390
　昭和49年4月　　京都府立東宇治高等学校が開校

◇京都府立**東舞鶴高等学校**
　〒625-0026 京都府舞鶴市泉源寺766
　TEL 0773-62-5510
　昭和15年　　　京都府立東舞鶴中学校が開校
　昭和23年　　　京都府立東舞鶴高等学校と改称

◇京都府立**東舞鶴高等学校浮島分校**
　〒625-0035 京都府舞鶴市溝尻150-13
　TEL 0773-62-0536
　昭和29年　　　京都府立東舞鶴高等学校浮島分校を設立

◇**東山高等学校**
　[学校法人 東山学園]
　〒606-8445 京都府京都市左京区永観堂町51
　TEL 075-771-9121
　明治元年10月　勧学院を設立
　明治45年4月　東山中学校を設立
　昭和23年4月　東山高等学校を設立

◇京都市立**日吉ヶ丘高等学校**
　〒605-0000 京都府京都市東山区今熊野悲田院山町5-22

京都府

  TEL 075-561-4142
 昭和24年4月　　京都市立日吉ヶ丘高等学校を創立

◇京都府立**福知山高等学校**
 〒620-0857 京都府福知山市土師650
 TEL 0773-27-2151
〈京都府立福知山高等学校〉
 明治33年7月　　京都府第三中学校と称する
 明治34年7月　　京都府立第三中学校が開校
 大正7年4月　　京都府立福知山中学校と改称
 昭和23年4月　　京都府立福知山高等学校と改称
〈京都府立福知山女子高等学校〉
 明治42年5月　　京都府天田郡立高等女学校を創立
 大正12年1月　　京都府立福知山高等女学校と改称
 昭和23年4月　　京都府立福知山女子高等学校と改称
〈福知山市立農業高等学校〉
 昭和19年4月　　福知山市立農学校を創立
 昭和23年4月　　福知山市立農業高等学校と改称
〈統合〉
 昭和23年10月15日　京都府立福知山中学校，京都府立福知山高等女学校，福知山市立農学校の3校を統合し京都府立福知山高等学校として発足

◇京都府立**福知山高等学校三和分校**
 〒620-1442 京都府福知山市三和町千束橋の谷35-1
 TEL 0773-58-2049
 昭和24年4月　　京都府立福知山高等学校細見分校（現:京都府立福知山高等学校三和分校）を設置

◇**福知山淑徳高等学校**
 ［学校法人 淑徳学林］
 〒620-0936 京都府福知山市字正明寺36-10
 TEL 0773-22-3763
 大正13年　　　福知山淑徳技芸学舎を山口加米之助が創立
 大正14年　　　淑徳高等家政女学校と改称
 昭和23年　　　福知山淑徳高等学校と改称

◇**福知山女子高等学校**
 ［学校法人 成美学苑］
 〒620-0886 京都府福知山市字堀3385-10
 TEL 0773-22-6227
 昭和32年　　　福知山女子高等学校を創立

◇**福知山成美高等学校**
 ［学校法人 成美学苑］
 〒620-0876 京都府福知山市字堀3471-1
 TEL 0773-22-6224
 明治4年　　　愛花草舎を西垣堯民が創設
 明治10年　　　西垣成美塾と改称
 明治43年　　　西垣成美學と改称
 大正13年　　　福知山商業学校を創立
 昭和23年　　　福知山商業高等学校を設置
 平成12年　　　福知山成美高等学校と改称

◇**平安高等学校**
 ［学校法人 平安学園］
 〒600-8267 京都府京都市下京区北小路通大宮西入御器屋町30
 TEL 075-361-4231
 明治9年　　　金亀教行を創設

 明治35年　　　第三仏教中学校と改称
 明治43年　　　平安中学校と改称
 昭和23年　　　平安高等学校と改称

◇**平安女学院高等学校**
 ［学校法人 平安女学院］
 〒602-8013 京都府京都市上京区下立売通烏丸西入五町目町172-2
 TEL 075-414-8111
 明治8年　　　エディの学校をミス・エレン・G.エディが始める
 明治13年　　　照暗女学校
 明治28年　　　平安女学院と改称
 大正4年　　　平安高等女学校を設立
 昭和23年　　　平安女学院高等学校を設置

◇京都府立**北稜高等学校**
 〒606-0015 京都府京都市左京区岩倉幡枝町154
 TEL 075-701-2900
 昭和55年　　　京都府立北稜高等学校が開校

◇京都市立**堀川高等学校**
 〒604-8254 京都府京都市中京区東堀川通錦小路上ル四坊堀川町622-2
 TEL 075-211-5351
 昭和23年　　　京都市立堀川高等学校が開校

◇**南京都高等学校**
 ［学校法人 南京都学園］
 〒619-0245 京都府相楽郡精華町大字下狛小字中垣内48
 TEL 0774-93-0518
 昭和59年4月　　南京都高等学校が開校

◇京都府立**南八幡高等学校**
 〒614-8236 京都府八幡市内里柿谷16-1
 TEL 075-982-5666
 昭和58年4月1日　京都府立南八幡高等学校が開校

◇京都府立**峰山高等学校**
 〒627-8688 京都府京丹後市峰山町古殿1185
 TEL 0772-62-1012
〈京都府立峰山工業高等学校〉
 大正11年4月18日　京都府立工業学校を創立
 昭和17年4月1日　京都府立峰山工業学校と改称
 昭和23年4月1日　京都府立峰山工業高等学校が開校
〈京都府立峰山高等学校〉
 大正3年4月15日　町立峰山女学校を創立
 大正15年3月2日　峰山実科高等女学校と改称
 昭和18年4月1日　峰山高等女学校と改称
 昭和23年4月1日　京都府立峰山高等学校が開校
〈統合〉
 昭和23年10月31日　京都府立峰山工業高等学校，京都府立峰山高等学校を統合し京都府立峰山高等学校を開校

◇京都府立**峰山高等学校弥栄分校**
 〒627-0142 京都府京丹後市弥栄町黒部奈具380
 TEL 0772-65-3850
 昭和23年　　　京都府立峰山高等学校弥栄分校を設立

◇京都府立**宮津高等学校**
 〒626-0034 京都府宮津市滝馬23
 TEL 0772-22-2116
〈京都府立宮津中学校〉

| | | | | |
|---|---|---|---|---|
| 明治39年4月 | 京都府立第四中学校が開校 | | 明治34年 | 京都真言宗中学林と改称 |
| 大正7年4月 | 京都府立宮津中学校と改称 | | 明治38年 | 私立古義真言宗聯合中学校と改称 |

〈京都府立宮津高等女学校〉
　明治39年4月　　　与謝郡立高等女学校が開校
　大正12年1月　　　京都府立宮津高等女学校と改称
〈統合〉
　昭和23年4月　　　京都府立宮津中学校, 京都府立宮
　　　　　　　　　　津高等女学校を統合し
　　　　　　　　　　京都府立宮津高等学校と改称

◇京都府立**宮津高等学校伊根分校**
　〒626-0425 京都府与謝郡伊根町日出252
　TEL 0772-32-0052
　昭和23年　　　　　京都府立宮津高等学校伊根分校を
　　　　　　　　　　設立

◇京都市立**紫野高等学校**
　〒603-8231 京都府京都市北区紫野大徳寺町22
　TEL 075-491-0221
　昭和27年　　　　　京都市立紫野高等学校を設立

◇京都府立**桃山高等学校**
　〒612-0063 京都府京都市伏見区桃山毛利長門東町8
　TEL 075-601-8387
　昭和23年10月　　　京都府立桃山高等学校が開校

◇京都府立**山城高等学校**
　〒603-8335 京都府京都市北区大将軍坂田町29
　TEL 075-463-8261
　明治40年3月　　　京都府立第五中学校を設立
　大正7年4月　　　京都府立京都第三中学校と改称
　昭和23年4月　　　京都府立山城高等学校と改称

◇京都府立**八幡高等学校**
　〒614-8363 京都府八幡市男山吉井7
　TEL 075-981-3508
　昭和46年4月1日　　京都府立八幡高等学校が開校

◇京都府立**洛水高等学校**
　〒612-8283 京都府京都市伏見区横大路向ヒ18
　TEL 075-621-6330
　昭和53年　　　　　京都府立洛水高等学校が開校

◇**洛星高等学校**
　[学校法人 ヴィアトール学園]
　〒603-8342 京都府京都市北区小松原南町33
　TEL 075-466-0001
　昭和30年4月　　　洛星高等学校が開校

◇京都府立**洛西高等学校**
　〒610-1146 京都府京都市西京区大原野西境谷町1-12-
　1-2
　TEL 075-332-0555
　昭和55年　　　　　京都府立洛西高等学校が開校

◇京都府立**洛東高等学校**
　〒607-8017 京都府京都市山科区安朱川向町10
　TEL 075-581-1124
　昭和29年4月1日　　京都府立洛東高等学校が開校

◇**洛南高等学校**
　[学校法人 真言宗京都学園]
　〒601-8478 京都府京都市南区壬生通八条下る東寺町
　559
　TEL 075-681-6511
　明治14年　　　　　真言宗総黌を開設
　明治31年　　　　　京都真言宗中学林予備校と改称
　明治34年　　　　　京都真言宗中学林と改称
　明治38年　　　　　私立古義真言宗聯合中学校と改称
　大正6年　　　　　真言宗京都中学校と改称
　大正15年　　　　　東寺中学校と改称
　昭和23年　　　　　東寺高等学校と改称
　昭和37年　　　　　洛南高等学校と改称

◇京都府立**洛北高等学校**
　〒606-0851 京都府京都市左京区下鴨梅ノ木町59
　TEL 075-781-0020
　明治3年12月7日　　京都府中学校が開校
　明治32年4月　　　京都府第一中学校と改称
　明治34年9月　　　京都府立第一中学校と改称
　大正7年4月　　　京都府立京都第一中学校と改称
　昭和23年4月1日　　京都府立洛北高等学校を創立

◇京都市立**洛陽工業高等学校**
　〒601-8467 京都府京都市南区唐橋大宮尻町22
　TEL 075-691-3161
　明治19年9月　　　京都染工講習所として創立
　明治27年10月　　　京都市染織学校を設立
　大正8年4月　　　京都市立工業学校と改称
　大正14年4月　　　京都市立第一工業学校と改称
　昭和23年10月　　　京都市立洛陽高等学校と改称
　昭和38年4月　　　京都市立洛陽工業高等学校と改称

◇**洛陽総合高等学校**
　[学校法人 洛陽総合学院]
　〒604-8453 京都府京都市中京区西ノ京春日町8
　TEL 075-802-0394
　大正13年4月　　　洛陽高等技芸女学院を土屋せいが
　　　　　　　　　　創立
　昭和2年4月　　　洛陽高等技芸女学校を設置
　昭和18年3月　　　洛陽高等技芸女学校を設置
　昭和23年4月　　　洛陽技芸高等学校と改称
　昭和27年6月　　　洛陽技芸女子高等学校と改称
　昭和38年4月　　　洛陽女子高等学校と改称
　平成11年4月1日　　洛陽総合高等学校と改称

◇**立命館宇治高等学校**
　[学校法人 立命館]
　〒611-0031 京都府宇治市広野町八軒屋谷33-1
　TEL 0774-41-3000
　昭和40年　　　　　宇治高等学校を設立
　平成7年　　　　　立命館宇治高等学校と改称

◇**立命館高等学校**
　[学校法人 立命館]
　〒612-0884 京都府京都市伏見区深草西出山町23
　TEL 075-645-1051
　明治38年　　　　　私立清和普通学校を創立
　大正2年　　　　　私立立命館中学校と改称
　昭和13年　　　　　立命館高等工科学校を開設
　昭和14年　　　　　立命館日満高等工科学校と改称
　昭和23年　　　　　立命館高等学校を設置

大阪府

## 【大学】

◇藍野大学
　［学校法人 藍野学院］
　〒567-0012 大阪府茨木市東太田4-5-4
　TEL 072-627-1711
　平成16年　　　　藍野大学が開学

◇追手門学院大学
　［学校法人 追手門学院］
　〒567-8502 大阪府茨木市西安威2-1-15
　TEL 072-641-9608
　昭和41年4月　　　追手門学院大学を創立

◇大阪青山大学
　［学校法人 大阪青山学園］
　〒562-8580 大阪府箕面市新稲2-11-1
　TEL 072-722-4165
　平成17年4月　　　大阪青山大学を開設

◇大阪医科大学
　［学校法人 大阪医科大学］
　〒569-8686 大阪府高槻市大学町2-7
　TEL 072-683-1221
　昭和2年2月　　　大阪高等医学専門学校を設置（創立者：吉津度）
　昭和21年　　　　大阪医科大学を設置

◇大阪大谷大学
　［学校法人 大谷学園］
　〒584-8540 大阪府富田林市錦織北3-11-1
　TEL 0721-24-0381
　昭和41年　　　　大谷女子大学を開学
　平成18年　　　　大阪大谷大学と改称

◇大阪音楽大学
　［学校法人 大阪音楽大学］
　〒561-8555 大阪府豊中市庄内幸町1-1-8
　TEL 06-6334-2131
　昭和33年　　　　大阪音楽大学が開学

◇大阪外国語大学
　〒562-8558 大阪府箕面市粟生間谷東8-1-1
　TEL 072-730-5111
　大正10年12月　　大阪外国語学校を創設
　昭和19年4月　　　大阪外事専門学校と改称
　昭和24年5月　　　大阪外国語大学を設置

◇大阪学院大学
　［学校法人 大阪学院大学］
　〒564-8511 大阪府吹田市岸部南2-36-1
　TEL 06-6381-8434
　昭和38年　　　　大阪学院大学を設置

◇大阪教育大学
　〒582-8582 大阪府柏原市旭ケ丘4-698-1
　TEL 0729-78-3213
　昭和24年3月　　　大阪第一師範学校，大阪第二師範学校を統合し
　　　　　　　　　大阪学芸大学を設置
　昭和42年6月　　　大阪教育大学と改称

◇大阪経済大学
　［学校法人 大阪経済大学］
　〒533-8533 大阪府大阪市東淀川区大隅2-2-8
　TEL 06-6328-2431
　昭和7年　　　　　浪華高等商業学校を開設
　昭和10年　　　　昭和高等商業学校として発足
　昭和19年　　　　大阪女子経済専門学校（のち廃止）を設立
　昭和21年　　　　大阪経済専門学校と改称
　昭和24年　　　　大阪経済大学を設立
　昭和26年　　　　大阪経済専門学校を廃止

◇大阪経済法科大学
　［学校法人 大阪経済法律学園］
　〒581-8511 大阪府八尾市楽音寺6-10
　TEL 0729-41-8211
　昭和45年4月　　　大阪経済法科大学が開学（創立者：金澤尚淑）

◇大阪芸術大学
　［学校法人 塚本学院］
　〒585-8555 大阪府南河内郡河南町東山469
　TEL 0721-93-3781
　昭和20年　　　　平野英学塾を塚本英世が創設
　昭和21年　　　　平野英学塾を解消し浪速外国語学校を創立
　昭和39年　　　　浪速芸術大学を設立
　昭和41年　　　　大阪芸術大学と改称

◇大阪工業大学
　［学校法人 大阪工大摂南大学］
　〒535-8585 大阪府大阪市旭区大宮5-16-1
　TEL 06-6954-4097
　大正11年　　　　関西工学専修学校を創設
　昭和15年　　　　関西高等工業学校を開設
　昭和17年　　　　摂南高等工業学校と改称
　昭和19年　　　　摂南工業専門学校（のち廃止）と改称
　昭和24年　　　　摂南工業大学を開設
　昭和24年　　　　大阪工業大学と改称

◇大阪国際女子大学
　［学校法人 大阪国際学園］
　〒570-8555 大阪府守口市藤田町6-21-57
　TEL 06-6902-0791
　昭和40年　　　　帝国女子大学を設立
　平成4年　　　　 大阪国際女子大学と改称

◇大阪国際大学
　［学校法人 大阪国際学園］
　〒573-0192 大阪府枚方市杉3-50-1
　TEL 072-858-1616
　昭和63年　　　　大阪国際大学を設立

◇大阪産業大学
　［学校法人 大阪産業大学］
　〒574-8530 大阪府大東市中垣内3-1-1
　TEL 072-875-3001
　昭和40年4月　　　大阪交通大学を設立
　昭和40年10月　　 大阪産業大学と改称

◇大阪歯科大学
　［学校法人 大阪歯科大學］
　〒573-1121 大阪府枚方市楠葉花園町8-1
　TEL 072-864-3111

| 明治44年12月 | 大阪歯科医学校を設立 |
| 明治45年1月 | 大阪歯科医学校が開校 |
| 昭和22年6月 | 大阪歯科大学を設立 |

◇大阪樟蔭女子大学
　［学校法人 樟蔭学園］
　〒577-8550 大阪府東大阪市菱屋西4-2-26
　TEL 06-6723-8181
| 昭和24年 | 大阪樟蔭女子大学を設置 |

◇大阪商業大学
　［学校法人 谷岡学園］
　〒577-8505 大阪府東大阪市御厨栄町4-1-10
　TEL 06-6781-0381
| 昭和3年 | 大阪城東商業学校を谷岡登が開学 |
| 昭和24年 | 大阪城東大学を開学 |
| 昭和27年 | 大阪商業大学と改称 |

◇大阪女学院大学
　［学校法人 大阪女学院］
　〒540-0004 大阪府大阪市中央区玉造2-26-54
　TEL 06-6761-9371
| 平成16年4月 | 大阪女学院大学が開学 |

◇大阪市立大学
　〒558-8585 大阪府大阪市住吉区杉本3丁目3-138
　TEL 06-6605-2011
| 明治13年 | 大阪商業講習所を創設 |
| 明治22年 | 市立大阪商業学校と改称 |
| 明治34年 | 市立大阪高等商業学校と改称 |
| 昭和3年 | 大阪商科大学と改称 |
| 昭和24年 | 大阪商科大学,大阪市立都島工業専門学校,大阪市立女子専門学校を統合し大阪市立大学が発足 |

◇大阪成蹊大学
　［学校法人 大阪成蹊学園］
　〒533-0007 大阪府大阪市東淀川区相川3-10-62
　TEL 06-6829-2600
| 平成15年 | 大阪成蹊大学を設立 |

◇大阪総合保育大学
　［学校法人 城南学園］
　〒546-0013 大阪府大阪市東住吉区湯里6-4-26
　TEL 06-6702-0334
| 平成18年4月 | 大阪総合保育大学が開学 |

◇大阪体育大学
　［学校法人 浪商学園］
　〒590-0496 大阪府泉南郡熊取町朝代台1-1
　TEL 0724-53-7022
| 昭和40年 | 大阪体育大学を設立 |

◇大阪大学
　〒565-0871 大阪府吹田市山田丘1-1
　TEL 06-6877-5111
| 天保9年 | 適塾を緒方洪庵が開く |
| 明治13年 | 府立大阪医学校を設立 |
| 大正4年 | 府立大阪医科大学と改称 |
| 大正8年 | 大阪医科大学と改称 |
| 昭和6年 | 大阪帝国大学と改称 |
| 昭和8年 | 大阪工業学校を合併 |
| 昭和24年 | 大阪高等学校,大阪薬学専門学校などを統合し大阪大学が発足 |

◇大阪電気通信大学
　［学校法人 大阪電気通信大学］
　〒572-8530 大阪府寝屋川市初町18-8
　TEL 072-824-1131
| 大正13年 | 大阪無線電気学校を設立 |
| 昭和34年 | 大阪電気通信大学が開学 |

◇大阪人間科学大学
　［学校法人 薫英学園］
　〒566-8501 大阪府摂津市正雀1-4-1
　TEL 06-6381-3000
| 平成13年4月 | 大阪人間科学大学が開学 |

◇大阪府立大学
　〒599-8531 大阪府堺市中区学園町1-1
　TEL 072-254-9900
| 昭和24年 | 浪速大学を設置 |
| 昭和30年 | 大阪府立大学と改称 |
| 平成17年4月 | 大阪女子大学,大阪府立看護大学と統合 |

〈大阪女子大学〉
| 昭和24年 | 大阪府女子専門学校を母体に大阪女子大学を設置 |

〈大阪府立看護大学〉
| 平成6年 | 大阪府立看護大学を設置 |

◇大阪明浄大学
　［学校法人 明浄学院］
　〒590-0493 大阪府泉南郡熊取町大久保南5-3-1
　TEL 0724-53-8222
| 平成12年4月 | 大阪明浄大学を開学 |

◇大阪薬科大学
　［学校法人 大阪薬科大学］
　〒569-1094 大阪府高槻市奈佐原4-20-1
　TEL 072-690-1000
| 明治37年 | 大阪道修薬学校を設立 |
| 大正14年 | 道修女子薬学専門学校を設立 |
| 大正14年 | 帝国女子薬学専門学校と改称 |
| 昭和24年 | 帝国薬学専門学校と改称 |
| 昭和25年 | 大阪薬科大学を設置 |

◇関西医科大学
　［学校法人 関西医科大学］
　〒570-8506 大阪府守口市文園町10-15
　TEL 06-6992-1001
| 昭和3年6月30日 | 大阪女子高等医学専門学校が開校 |
| 昭和22年6月18日 | 大阪女子医科大学の設置が認可される |
| 昭和29年12月1日 | 関西医科大学と改称 |

◇関西外国語大学
　［学校法人 関西外国語大学］
　〒573-1001 大阪府枚方市中宮東之町16-1
　TEL 072-805-2801
| 昭和41年4月 | 関西外国語大学を設立 |

◇関西鍼灸大学
　［学校法人 関西医療学園］
　〒590-0482 大阪府泉南郡熊取町若葉2-11-1
　TEL 0724-53-8251
| 平成15年4月 | 関西鍼灸大学が開学 |

◇関西大学
　［学校法人 関西大学］
　〒564-8680 大阪府吹田市山手町3-3-35

大阪府

```
       TEL 06-6368-1121
   明治19年11月      関西法律学校が開校
   明治34年7月       私立関西法律学校と改称
   明治38年1月       関西大学と改称
◇関西福祉科学大学
   ［学校法人 玉手山学園］
   〒582-0026 大阪府柏原市旭ケ丘3-11-1
   TEL 0729-78-0088
   平成9年          関西福祉科学大学を設立
◇近畿大学
   ［学校法人 近畿大学］
   〒577-8502 大阪府東大阪市小若江3-4-1
   TEL 06-6721-2332
   大正14年         大阪専門学校を設立
   昭和18年         大阪理工科大学を設立
   昭和24年         大阪理工科大学，大阪専門学校が
                    合併し
                    近畿大学を設立
◇四條畷学園大学
   ［学校法人 四條畷学園］
   〒574-0011 大阪府大東市北条5-11-10
   TEL 072-863-5022
   平成17年         四條畷学園大学が開学
◇四天王寺国際仏教大学
   ［学校法人 四天王寺学園］
   〒583-8501 大阪府羽曳野市学園前3-2-1
   TEL 0729-56-3181
   昭和42年         四天王寺女子大学を設立
   昭和56年         四天王寺国際仏教大学と改称
◇摂南大学
   ［学校法人 大阪工大摂南大学］
   〒572-8508 大阪府寝屋川市池田中町17-8
   TEL 072-839-9102
   昭和50年         摂南大学を開設
◇千里金蘭大学
   ［学校法人 金蘭会学園］
   〒565-0873 大阪府吹田市藤白台5-25-1
   TEL 06-6872-0673
   平成15年4月      千里金蘭大学を開学
◇相愛大学
   ［学校法人 相愛学園］
   〒559-0033 大阪府大阪市住之江区南港中4-4-1
   TEL 06-6612-5900
   明治21年         私立相愛女学校を設立
   明治39年         相愛女子音楽学校を設立
   昭和3年          相愛女子専門学校を設立
   昭和25年         相愛女子短期大学(現:相愛大学)を
                    設立
   昭和33年         相愛女子大学を設立
   昭和57年         相愛大学と改称
◇太成学院大学
   ［学校法人 天満学園］
   〒587-8555 大阪府堺市美原区平尾1060-1
   TEL 072-362-3731
   昭和10年         天満学園を足立喜三郎が創立
   昭和62年         大阪短期大学を設立
   平成10年         南大阪大学を設立
   平成15年         太成学院大学と改称
```

```
◇帝塚山学院大学
   ［学校法人 帝塚山学院］
   〒589-8585 大阪府大阪狭山市今熊2-1823
   TEL 072-365-0865
   昭和41年4月      帝塚山学院大学が開学
◇常磐会学園大学
   ［学校法人 常磐会学園］
   〒547-0021 大阪府大阪市平野区喜連東1-4-12
   TEL 06-4302-8880
   平成11年         常磐会学園大学を開学
◇梅花女子大学
   ［学校法人 梅花学園］
   〒567-8578 大阪府茨木市宿久庄2-19-5
   TEL 072-643-6221
   昭和39年         梅花女子大学が開設
◇羽衣国際大学
   ［学校法人 羽衣学園］
   〒592-8344 大阪府堺市西区浜寺南町1-89-1
   TEL 072-265-7000
   平成14年4月      羽衣国際大学を開学
◇阪南大学
   ［学校法人 阪南大学］
   〒580-8502 大阪府松原市天美東5-4-33
   TEL 072-332-1224
   昭和40年4月      阪南大学が開学
◇東大阪大学
   ［学校法人 村上学園］
   〒577-8567 大阪府東大阪市西堤学園町3-1-1
   TEL 06-6782-2824
   平成15年         東大阪大学が開学
◇プール学院大学
   ［学校法人 プール学院］
   〒590-0114 大阪府堺市南区槇塚台4-5-1
   TEL 072-292-7201
   平成8年          プール学院大学を設立
◇桃山学院大学
   ［学校法人 桃山学院］
   〒594-1198 大阪府和泉市まなび野1-1
   TEL 0725-54-3131
   昭和34年         桃山学院大学が開学

【短大】
◇藍野学院短期大学
   ［学校法人 藍野学院］
   〒567-0018 大阪府茨木市太田3-9-25
   TEL 072-626-2361
   昭和60年         藍野学院短期大学を創設
◇大阪青山短期大学
   ［学校法人 大阪青山学園］
   〒562-8580 大阪府箕面市新稲2-11-1
   TEL 072-722-4165
   昭和42年1月      大阪青山女子短期大学を設置
   昭和48年4月      大阪青山短期大学と改称
◇大阪大谷大学短期大学部
   ［学校法人 大谷学園］
   〒584-8522 大阪府富田林市錦織北3-11-31
   TEL 0721-24-0282
```

| 昭和5年 | 大谷女子専門学校を設立 |
| 昭和25年 | 大谷女子短期大学と改称 |
| 平成17年 | 大谷女子大学短期大学部と改称 |
| 平成18年 | 大阪大谷大学短期大学部と改称 |

◇**大阪音楽大学短期大学部**
　［学校法人　大阪音楽大学］
　〒561-8555　大阪府豊中市庄内幸町1-1-8
　TEL 06-6334-2131

| 大正4年 | 大阪音楽学校を永井幸次が開校 |
| 昭和26年 | 大阪音楽短期大学が開学 |
| 昭和34年 | 大阪音楽大学短期大学部と改称 |

◇**大阪学院短期大学**
　［学校法人　大阪学院大学］
　〒564-8511　大阪府吹田市岸部南2-37-1
　TEL 06-6381-8434

| 昭和37年 | 大阪学院短期大学を設置 |

◇**大阪キリスト教短期大学**
　［学校法人　大阪キリスト教学院］
　〒545-0042　大阪府大阪市阿倍野区丸山通1-3-61
　TEL 06-6652-2091

| 明治38年 | 大阪伝道学館を河辺貞吉が創立 |
| 大正11年 | 自由メソヂスト神学校と改称 |
| 昭和17年 | 日本聖化神学校に併合 |
| 昭和27年 | 大阪基督教短期大学を開設 |
| 昭和63年 | 大阪キリスト教短期大学と改称 |

◇**大阪薫英女子短期大学**
　［学校法人　薫英学園］
　〒566-8501　大阪府摂津市正雀1-4-1
　TEL 06-6383-6441

| 昭和41年4月 | 大阪薫英女子短期大学を開学 |

◇**大阪芸術大学短期大学部**
　［学校法人　塚本学院］
　〒546-0023　大阪府大阪市東住吉区矢田2-14-19
　TEL 06-6691-7341

| 昭和26年 | 浪速外国語短期大学を創立 |
| 昭和29年 | 浪速短期大学と改称 |
| 平成12年4月 | 大阪芸術大学短期大学部と改称 |

◇**大阪健康福祉短期大学**
　［学校法人　みどり学園］
　〒590-0014　大阪府堺市堺区田出井町2-8
　TEL 072-226-6625

| 平成13年12月20日 | 大阪健康福祉短期大学を設置 |

◇**大阪工業大学短期大学部**
　［学校法人　大阪工大摂南大学］
　〒535-8585　大阪府大阪市旭区大宮5-16-1
　TEL 06-6954-4398

| 昭和25年 | 大阪工業大学短期大学部を開設 |

◇**大阪国際大学短期大学部**
　［学校法人　大阪国際学園］
　〒570-8555　大阪府守口市藤田町6-21-57
　TEL 06-6902-0791

| 昭和37年 | 帝国女子短期大学を設立 |
| 平成4年 | 大阪国際女子短期大学と改称 |
| 平成14年 | 大阪国際大学短期大学部と改称 |

◇**大阪産業大学短期大学部**
　［学校法人　大阪産業大学］
　〒574-8530　大阪府大東市中垣内3-1-1
　TEL 072-875-3001

| 昭和3年11月 | 大阪鉄道学校を瀬島源三郎が設立 |
| 昭和25年4月 | 大阪交通短期大学（のち廃止）を設立 |
| 昭和41年4月 | 大阪産業大学短期大学部を設立 |

◇**大阪城南女子短期大学**
　［学校法人　城南学園］
　〒546-0013　大阪府大阪市東住吉区湯里6-4-26
　TEL 06-6702-9783

| 昭和40年1月 | 大阪城南女子短期大学を設置 |

◇**大阪女学院短期大学**
　［学校法人　大阪女学院］
　〒540-0004　大阪府大阪市中央区玉造2-26-54
　TEL 06-6761-9371

| 昭和43年4月 | 大阪女学院短期大学が開学 |

◇**大阪女子短期大学**
　［学校法人　谷岡学園］
　〒583-8558　大阪府藤井寺市春日丘3-8-1
　TEL 0729-55-0733

| 昭和30年 | 大阪女子短期大学が開学 |

◇**大阪信愛女学院短期大学**
　［学校法人　大阪信愛女学院］
　〒536-8585　大阪府大阪市城東区古市2-7-30
　TEL 06-6939-4391

| 昭和34年 | 大阪信愛女学院短期大学を設立 |

◇**大阪成蹊短期大学**
　［学校法人　大阪成蹊学園］
　〒533-0007　大阪府大阪市東淀川区相川3-10-62
　TEL 06-6829-2600

| 昭和26年4月 | 大阪成蹊女子短期大学を設立 |
| 平成15年 | 大阪成蹊短期大学と改称 |

◇**大阪体育大学短期大学部**
　［学校法人　浪商学園］
　〒590-0496　大阪府泉南郡熊取町朝代台1-1
　TEL 0724-53-8800

| 平成12年 | 大阪体育大学短期大学部を開設 |

◇**大阪千代田短期大学**
　［学校法人　千代田学園］
　〒586-8511　大阪府河内長野市小山田町1685
　TEL 0721-52-4141

| 昭和40年 | 大阪千代田短期大学を設立 |

◇**大阪電気通信大学短期大学部**
　［学校法人　大阪電気通信大学］
　〒572-8530　大阪府寝屋川市初町18-8
　TEL 072-824-1131

| 昭和26年 | 大阪電気通信短期大学を設置 |
| 昭和36年 | 大阪電気通信大学短期大学部と改称 |

◇**大阪明浄女子短期大学**
　［学校法人　明浄学院］
　〒590-0493　大阪府泉南郡熊取町大久保南5-3-1
　TEL 0724-53-8222

| 昭和60年4月 | 大阪明浄女子短期大学が開校 |

◇**大阪夕陽丘学園短期大学**
　［学校法人　大阪夕陽丘学園］
　〒543-0073　大阪府大阪市天王寺区生玉寺町7-72
　TEL 06-6771-5183

大阪府

| 昭和25年 | 大阪女子学園短期大学を設立 |
| 平成17年 | 大阪夕陽丘学園短期大学と改称 |

◇関西外国語大学短期大学部
［学校法人 関西外国語大学］
〒573-1001 大阪府枚方市中宮東之町16-1
TEL 072-805-2801

| 昭和20年11月 | 谷本英学院を谷本昇、多加子夫妻が創立 |
| 昭和22年4月 | 関西外国語学校を開設 |
| 昭和28年4月 | 関西外国語短期大学を設立 |
| 平成4年4月 | 関西外国語大学短期大学部と改称 |

◇関西女子短期大学
［学校法人 玉手山学園］
〒582-0026 大阪府柏原市旭ケ丘3-11-1
TEL 0729-77-6561

| 昭和40年 | 関西女子短期大学を設立 |

◇関西鍼灸短期大学
［学校法人 関西医療学園］
〒590-0482 大阪府泉南郡熊取町若葉2-11-1
TEL 0724-53-8251

| 昭和60年4月 | 関西鍼灸短期大学が開学 |

◇近畿大学短期大学部
［学校法人 近畿大学］
〒577-8502 大阪府東大阪市小若江3-4-1
TEL 06-6721-2332

| 昭和25年 | 近畿大学短期大学部を設置 |

◇堺女子短期大学
［学校法人 愛泉学園］
〒590-0012 大阪府堺市堺区浅香山町1-2-20
TEL 072-227-8814

| 昭和40年 | 愛泉女子短期大学を開学 |
| 昭和54年 | 堺女子短期大学と改称 |

◇四條畷学園短期大学
［学校法人 四條畷学園］
〒574-0001 大阪府大東市学園町6-45
TEL 072-876-1321

| 昭和39年 | 四條畷学園女子短期大学を設置 |
| 平成12年 | 四條畷学園短期大学と改称 |

◇四天王寺国際仏教大学短期大学部
［学校法人 四天王寺学園］
〒583-8501 大阪府羽曳野市学園前3-2-1
TEL 0729-56-3181

| 大正11年 | 天王寺高等女学校として発足 |
| 昭和32年 | 四天王寺学園女子短期大学を開設 |
| 昭和42年 | 四天王寺女子短期大学と改称 |
| 昭和56年 | 四天王寺国際仏教大学短期大学部と改称 |

◇樟蔭東女子短期大学
［学校法人 樟蔭東学園］
〒578-0944 大阪府東大阪市若江西新町3-1-8
TEL 06-6723-5511

| 昭和41年 | 樟蔭東女子短期大学を伊賀節郎が創立 |

◇聖母被昇天学院女子短期大学
［学校法人 聖母被昇天学院］
〒562-8543 大阪府箕面市如意谷1-13-23
TEL 072-723-5854

| 昭和42年1月23日 | 聖母被昇天学院女子短期大学を設置 |

◇千里金蘭大学短期大学部
［学校法人 金蘭会学園］
〒565-0873 大阪府吹田市藤白台5-25-1
TEL 06-6872-0673

| 昭和38年 | 金蘭短期大学が開学 |
| 平成16年 | 千里金蘭大学短期大学部と改称 |

◇常磐会短期大学
［学校法人 常磐会学園］
〒547-0031 大阪府大阪市平野区平野南4-6-7
TEL 06-6709-3170

| 昭和39年 | 常磐会短期大学を開設 |

◇梅花女子大学短期大学部
［学校法人 梅花学園］
〒567-8578 大阪府茨木市宿久庄2-19-5
TEL 072-643-6221

| 明治11年11月 | 梅花女学校を澤山保羅が開校 |
| 大正11年 | 梅花女子専門学校に昇格 |
| 昭和25年 | 梅花短期大学として発足 |
| 平成16年4月 | 梅花女子大学短期大学部と改称 |

◇羽衣学園短期大学
［学校法人 羽衣学園］
〒592-8344 大阪府堺市西区浜寺南町1-89-1
TEL 072-265-7000

| 昭和39年4月 | 羽衣学園短期大学を開学 |

◇東大阪大学短期大学部
［学校法人 村上学園］
〒577-8567 大阪府東大阪市西堤学園町3-1-1
TEL 06-6782-2824

| 昭和40年 | 布施女子短期大学を設置 |
| 昭和42年 | 東大阪短期大学と改称 |
| 平成15年 | 東大阪大学短期大学部と改称 |

◇プール学院大学短期大学部
［学校法人 プール学院］
〒590-0114 大阪府堺市南区槇塚台4-5-1
TEL 072-292-7201

| 昭和25年 | プール学院短期大学を開学 |
| 平成8年 | プール学院大学短期大学部と改称 |

【高専】

◇大阪府立工業高等専門学校
〒572-8572 大阪府寝屋川市幸町26-12
TEL 072-821-6401

| 昭和38年 | 大阪府立工業高等専門学校が開校 |

【高校】

◇大阪府立芥川高等学校
〒569-1027 大阪府高槻市浦堂1-12-1
TEL 0726-89-0109

| 昭和55年 | 大阪府立芥川高等学校が開校 |

◇大阪府立旭高等学校
〒535-0031 大阪府大阪市旭区高殿5-6-41
TEL 06-6951-3133

| 昭和27年3月31日 | 大阪府立第四十八高等学校を設立 |
| 昭和28年4月1日 | 大阪府立旭高等学校と改称 |

## 大阪府

◇大阪府立芦間高等学校
〒570-0096 大阪府守口市外島町1-43
TEL 06-6993-7687
平成14年　　　　　大阪府立守口高等学校, 大阪府立
　　　　　　　　　守口北高等学校を再編し
　　　　　　　　　大阪府立芦間高等学校が開校

◇大阪府立阿武野高等学校
〒569-1141 大阪府高槻市氷室町3-38-1
TEL 0726-93-4670
昭和57年　　　　　大阪府立阿武野高等学校が開校

◇大阪府立阿倍野高等学校
〒545-0021 大阪府大阪市阿倍野区阪南町1-30-34
TEL 06-6628-1461
大正11年　　　　　大阪府立第十一高等女学校として
　　　　　　　　　設立
大正12年4月　　　 大阪府立阿部野高等女学校と改称
昭和23年4月　　　 大阪府立阿部野高等学校と改称
昭和29年7月　　　 大阪府立阿倍野高等学校と改称

◇大阪市立生野工業高等学校
〒544-0025 大阪府大阪市生野区生野東2-3-66
TEL 06-6731-5551
昭和15年　　　　　大阪市立第六工業高等学校が開校
昭和16年4月　　　 大阪市立生野工業学校と改称
昭和23年4月　　　 大阪市立生野工業高等学校と改称

◇大阪府立生野高等学校
〒580-0015 大阪府松原市新堂1-552
TEL 0723-32-0531
大正9年4月　　　　大阪府立第十二中学校が開校
大正10年4月1日　　大阪府立生野中学校と改称
昭和23年4月1日　　大阪府立生野高等学校と学制改革
　　　　　　　　　により改称

◇大阪府立池島高等学校
〒579-8064 大阪府東大阪市池島町6-3-9
TEL 072-987-3302
昭和49年　　　　　大阪府立池島高等学校が開校

◇大阪府立池田北高等学校
〒563-0017 大阪府池田市伏尾台2-12
TEL 0727-52-8240
昭和55年　　　　　大阪府立池田北高等学校を設立

◇大阪府立池田高等学校
〒563-0022 大阪府池田市旭丘2-2-1
TEL 0727-61-1131
昭和15年4月　　　 大阪府立第十六中学校を開校
昭和16年4月　　　 大阪府立池田中学校と改称
昭和23年4月　　　 大阪府立池田高等学校と改称

◇大阪市立泉尾工業高等学校
〒551-0031 大阪府大阪市大正区泉尾5-16-7
TEL 06-6552-2221
大正11年　　　　　大阪市立泉尾工業学校を創立
昭和23年　　　　　大阪市立泉尾工業高等学校と改称

◇大阪府立泉尾高等学校
〒551-0031 大阪府大阪市大正区泉尾3-19-50
TEL 06-6552-0026
大正10年　　　　　大阪府立第七高等女学校が開校
大正11年　　　　　大阪府立泉尾高等女学校と改称
昭和23年　　　　　大阪府立泉尾高等学校と改称

◇大阪府立泉大津高等学校
〒595-0012 大阪府泉大津市北豊中町1-1-1
TEL 0725-32-2876
昭和16年2月　　　 大阪府立第十五高等女学校を設立
昭和16年3月　　　 大阪府立大津高等女学校と改称
昭和23年3月　　　 大阪府立大津高等学校と改称
昭和25年10月　　　大阪府立泉大津高等学校と改称

◇大阪府立和泉高等学校
〒596-0825 大阪府岸和田市土生町2222
TEL 0724-23-1926
明治34年　　　　　郡立泉南高等女学校が開校
大正4年　　　　　 大阪府立泉南高等女学校と改称
昭和3年　　　　　 大阪府立岸和田高等女学校と改称
昭和23年　　　　　大阪府立和泉高等学校と改称

◇大阪府立和泉総合高等学校
〒594-0082 大阪府和泉市富秋町33
TEL 0725-41-1250
平成17年　　　　　大阪府立和泉工業高等学校を
　　　　　　　　　大阪府立和泉総合高等学校と改称

◇大阪府立泉鳥取高等学校
〒599-0212 大阪府阪南市自然田854-1
TEL 0724-71-2921
昭和51年4月1日　　大阪府立泉鳥取高等学校が開校

◇大阪府立市岡高等学校
〒552-0002 大阪府大阪市港区市岡元町2-12-12
TEL 06-6582-0330
明治34年2月　　　 大阪府立第七中学校として創設
明治34年6月12日　 大阪府立市岡中学校と改称
昭和23年　　　　　大阪府立市岡高等学校と改称

◇大阪市立市岡商業高等学校
〒552-0007 大阪府大阪市港区弁天1-5-23
TEL 06-6571-5301
大正8年1月21日　　大阪市立第二商業学校を設立
大正10年6月1日　　大阪市立市岡商業学校と改称
昭和19年4月1日　　大阪市立市岡工業学校と改称
昭和21年3月30日　 大阪市立市岡商業学校と改称
昭和23年4月1日　　大阪市立市岡商業高等学校と改称

◇大阪府立茨木工科高等学校
〒567-0031 大阪府茨木市春日5-6-41
TEL 0726-23-1331
昭和38年4月　　　 大阪府立茨木工業高等学校が開校
平成17年4月　　　 大阪府立茨木工科高等学校と改称

◇大阪府立茨木高等学校
〒567-0884 大阪府茨木市新庄町12-1
TEL 0726-22-3423
明治28年2月21日　 大阪府第四尋常中学校として創立
明治28年4月25日　 大阪府第四尋常中学校が開校
明治32年4月1日　　大阪府第四中学校と改称
明治34年6月3日　　大阪府茨木中学校と改称
昭和23年4月1日　　大阪府三島野高等学校と改称
昭和30年4月1日　　大阪府立茨木高等学校と改称

◇大阪府立茨木西高等学校
〒567-0045 大阪府茨木市紫明園10-68
TEL 0726-25-5711
昭和51年　　　　　大阪府立茨木西高等学校を設立

◇大阪府立茨木東高等学校
〒567-0848 大阪府茨木市玉島台2-15

## 大阪府

```
        TEL 0726-33-2000
   昭和54年        大阪府立茨木東高等学校が開校
```

◇大阪府立**今宮工科高等学校**
　〒557-0024 大阪府大阪市西成区出城1-1-6
　TEL 06-6631-0055
　大正3年　　　　大阪府立職工学校分校が開設
　平成17年　　　　大阪府立今宮工業高等学校を
　　　　　　　　大阪府立今宮工科高等学校として
　　　　　　　　発足

◇大阪府立**今宮高等学校**
　〒556-0013 大阪府大阪市浪速区戎本町2-7-39
　TEL 06-6641-2612
　明治39年　　　　大阪府立今宮中学校が開校
　昭和23年　　　　大阪府立今宮高等学校と改称

◇**上宮高等学校**
　［学校法人 上宮學園］
　〒543-0037 大阪府大阪市天王寺区上之宮町3-16
　TEL 06-6771-5701
　明治23年　　　　浄土宗学大阪支校を設立
　明治45年　　　　上宮中学校と改称
　昭和23年　　　　上宮高等学校と改称

◇**上宮太子高等学校**
　［学校法人 上宮學園］
　〒583-0995 大阪府南河内郡太子町太子字太子
　TEL 0721-98-3611
　昭和63年　　　　上宮高等学校太子町学舎を開校
　平成3年　　　　上宮太子高等学校として独立

◇**英真学園高等学校**
　［学校法人 英真学園］
　〒532-0023 大阪府大阪市淀川区十三東5-4-38
　TEL 06-6303-2181
　昭和2年　　　　大阪高等女子職業学校を創立
　昭和18年　　　　淀川女子商業学校と改称
　昭和23年　　　　淀川高等学校と改称
　昭和28年　　　　淀川女子高等学校と改称
　平成12年　　　　英真学園高等学校と改称

◇大阪市立**扇町高等学校**
　〒530-0005 大阪府大阪市北区中之島5-3-96
　TEL 06-6441-0345
　大正10年4月　　 大阪市立実践高等女学校が開校
　大正12年4月2日　大阪市立高等女学校と改称
　昭和9年4月1日　 大阪市立扇町高等女学校と改称
　昭和23年4月1日　扇町高等学校と改称
　昭和25年4月1日　中之島高等学校と併合して
　　　　　　　　大阪市立扇町高等学校と改称

◇大阪市立**扇町総合高等学校**
　〒530-0037 大阪府大阪市北区松ケ枝町1-38
　TEL 06-6351-0036
　大正12年4月10日 大阪市立扇町商業学校が開校
　昭和23年4月　　 大阪市立中之島女子商業学校を統
　　　　　　　　合し
　　　　　　　　大阪市立扇町商業高等学校を設立
　平成13年4月　　 大阪市立扇町総合高等学校と改称

◇**追手門学院高等学校**
　［学校法人 追手門学院］
　〒567-0008 大阪府茨木市西安威2-1-15
　TEL 072-643-1333
　昭和25年　　　　追手門学院高等学校を開設

◇**追手門学院大手前高等学校**
　［学校法人 追手門学院］
　〒540-0008 大阪府大阪市中央区大手前1-3-20
　TEL 06-6942-2235
　昭和15年4月　　 偕行社中学校が開校
　昭和25年4月　　 追手門学院高等学部が発足
　昭和42年4月　　 追手門学院高等学部大手前学舎と
　　　　　　　　改称
　昭和46年4月　　 追手門学院高等学校大手前学舎と
　　　　　　　　改称
　昭和55年4月　　 追手門学院大手前高等学校と改称

◇大阪府立**大冠高等学校**
　〒569-0034 大阪府高槻市大塚町4-50-1
　TEL 0726-72-3450
　昭和26年4月1日　大阪府立島上高等学校が開校
　昭和61年4月1日　大阪府立島上高等学校大冠校が開
　　　　　　　　校
　平成7年4月1日　 大阪府立大冠高等学校として独立

◇**大阪学院大学高等学校**
　［学校法人 大阪学院大学］
　〒564-0012 大阪府吹田市南正雀3-12-1
　TEL 06-6381-6661
　昭和34年4月　　 関西経済学院商業高等学校が開校
　昭和37年4月　　 関西経済学院高等学校と改称
　昭和38年4月　　 大阪学院大学高等学校と改称

◇**大阪学芸高等学校**
　［学校法人 大阪学芸］
　〒558-0003 大阪府大阪市住吉区長居1-4-15
　TEL 06-6693-6301
　明治36年　　　　成器商業学校を遠藤三吉が創設
　昭和23年　　　　成器商業高等学校を設置
　昭和49年　　　　成器高等学校と改称
　平成8年　　　　大阪学芸高等学校と改称

◇**大阪薫英女学院高等学校**
　［学校法人 薫英学園］
　〒566-8501 大阪府摂津市正雀1-4-1
　TEL 06-6381-5381
　昭和6年6月　　　薫英女子学院を小川高光が創立
　昭和16年7月　　 薫英高等女学校を設立
　昭和23年3月　　 薫英高等学校と改称
　平成9年4月　　　大阪薫英女学院高等学校と改称

◇**大阪工業大学高等学校**
　［学校法人 大阪工大摂南大学］
　〒535-8585 大阪府大阪市旭区大宮5-16-1
　TEL 06-6954-4435
　昭和8年　　　　関西工業学校を開設
　昭和17年　　　　摂南重機工業学校を開設
　昭和19年　　　　摂南工業学校と改称
　昭和23年　　　　関西工業学校，摂南工業学校を統
　　　　　　　　合し
　　　　　　　　摂南学園高等学校を開設
　昭和25年　　　　大阪工業大学高等学校と改称

◇**大阪高等学校**
　［学校法人 大阪学園］
　〒533-0007 大阪府大阪市東淀川区相川2-18-51
　TEL 06-6340-3031
　昭和2年　　　　日本大学大阪中学校の設立が認可
　　　　　　　　される（創立者:深川重義）
　昭和23年　　　　大阪学園大阪高等学校と改称

| 昭和25年 | 大阪高等学校と改称 |

◇大阪国際大和田高等学校
　［学校法人　大阪国際学園］
　〒570-8555　大阪府守口市藤田町6-21-57
　TEL 06-6904-1118
| 昭和37年 | 帝国女子高等学校大和田校が開校 |
| 昭和53年 | 帝国女子大学大和田高等学校として独立 |
| 平成4年 | 大阪国際大和田高等学校と改称 |

◇大阪国際滝井高等学校
　［学校法人　大阪国際学園］
　〒570-0062　大阪府守口市馬場町2-8-24
　TEL 06-6996-5691
| 昭和4年 | 帝国高等女学校を設立 |
| 昭和23年 | 帝国女子高等学校と改称 |
| 平成4年 | 大阪国際滝井高等学校と改称 |

◇大阪産業大学附属高等学校
　［学校法人　大阪産業大学］
　〒536-0001　大阪府大阪市城東区古市1-20-26
　TEL 06-6939-1491
| 昭和3年11月 | 大阪鉄道学校を瀬島源三郎が設立 |
| 昭和20年4月 | 大阪第一鉄道学校に合併 |
| 昭和24年12月 | 大阪鉄道高等学校と改称 |
| 昭和50年4月 | 大阪産業大学高等学校と改称 |
| 平成8年4月 | 大阪産業大学附属高等学校と改称 |

◇大阪商業大学高等学校
　［学校法人　谷岡学園］
　〒577-8505　大阪府東大阪市御厨栄町4-1-10
　TEL 06-6781-3050
| 昭和3年4月 | 大阪城東商業学校が開校 |
| 昭和24年3月 | 大阪城東大学附属高等学校と改称 |
| 昭和27年3月 | 大阪商業大学附属高等学校と改称 |
| 平成3年7月 | 大阪商業大学高等学校と改称 |

◇大阪商業大学堺高等学校
　［学校法人　清陵学園］
　〒599-8261　大阪府堺市中区堀上町358
　TEL 072-278-2252
| 昭和48年4月 | 大阪商業大学附属堺高等学校を設立 |
| 平成4年4月 | 大阪商業大学堺高等学校と改称 |

◇大阪女学院高等学校
　［学校法人　大阪女学院］
　〒540-0004　大阪府大阪市中央区玉造2-26-54
　TEL 06-6761-4113
| 明治17年1月7日 | ウイルミナ女学校が開校 |
| 明治19年9月 | 大阪一致女学校が開校 |
| 明治25年4月 | 浪華女学校と改称 |
| 明治37年4月 | 浪華女学校を合併 |
| 昭和15年10月22日 | 大阪女学院と改称 |
| 昭和23年4月 | 大阪女学院高等学校が発足 |

◇大阪女子高等学校
　［学校法人　朝陽学院］
　〒545-0002　大阪府大阪市阿倍野区天王寺町南2-8-19
　TEL 06-6719-2801
| 昭和4年5月 | 大阪女子商業学校が開校 |
| 昭和23年4月 | 朝陽高等学校と改称 |
| 昭和27年12月 | 大阪女子商業高等学校と改称 |
| 平成7年4月 | 大阪女子高等学校と改称 |

◇大阪女子短期大学高等学校
　［学校法人　谷岡学園］
　〒583-8558　大阪府藤井寺市春日丘3-8-1
　TEL 0729-55-0718
| 昭和29年8月 | 相愛第二高等学校を統合し大阪商業大学附属女子高等学校と改称 |
| 昭和30年 | 大阪女子短期大学附属高等学校と改称 |
| 平成4年 | 大阪女子短期大学高等学校と改称 |

◇大阪市立工芸高等学校
　〒545-0004　大阪府大阪市阿倍野区文の里1-7-2
　TEL 06-6623-0485
| 大正11年6月29日 | 大阪市立工芸学校を設置 |
| 昭和23年4月1日 | 大阪市立工芸高等学校と改称 |

◇大阪市立高等学校
　〒573-0064　大阪府枚方市北中振2-8-1
　TEL 072-833-0101
| 昭和16年 | 大阪市立中学校として設立 |
| 昭和23年 | 大阪市立高等学校と改称 |

◇大阪市立第二工芸高等学校
　〒545-0004　大阪府大阪市阿倍野区文の里1-7-2
　TEL 06-6623-0150
| 昭和16年3月13日 | 大阪市立工芸学校第二本科を創立 |
| 昭和23年4月1日 | 大阪市立工芸高等学校（夜間課程）と改称 |
| 昭和28年4月1日 | 大阪市立第二工芸高等学校と改称 |

◇大阪市立中央高等学校
　〒540-0035　大阪府大阪市中央区釣鐘町1-1-5
　TEL 06-6944-4401
| 平成4年 | 大阪市立中央高等学校が開校 |

◇大阪市立西高等学校
　〒550-0014　大阪府大阪市西区北堀江4-7-1
　TEL 06-6531-0505
| 大正10年5月2日 | 大阪市立西区商業学校が開校 |
| 昭和18年4月1日 | 大阪市立西商業学校と改称 |
| 昭和23年4月1日 | 大阪市立西商業高等学校と改称 |
| 昭和25年4月1日 | 大阪市立西高等学校と改称 |
| 昭和33年4月1日 | 大阪市立西商業高等学校と改称 |
| 平成6年4月1日 | 大阪市立西高等学校と改称 |

◇大阪市立東高等学校
　〒534-0024　大阪府大阪市都島区東野田町4-15-14
　TEL 06-6354-1251
| 大正12年5月12日 | 大阪市立東区女学校が開校 |
| 大正15年7月15日 | 大阪市立高等東女学校と改称 |
| 昭和16年3月12日 | 大阪市立東高等女学校と改称 |
| 昭和23年4月1日 | 大阪市立東高等学校と改称 |

◇大阪市立南高等学校
　〒540-0012　大阪府大阪市中央区谷町6-17-32
　TEL 06-6762-0105
| 昭和12年 | 大阪市立大阪南高等女学校が開校 |
| 昭和23年 | 大阪市立南高等学校と改称 |

◇大阪信愛女学院高等学校
　［学校法人　大阪信愛女学院］
　〒536-8585　大阪府大阪市城東区古市2-7-30
　TEL 06-6939-4391
| 明治17年 | 信愛女学校を設立 |
| 明治41年 | 大阪信愛高等女学校を設立 |

大阪府

| 昭和31年 | 大阪信愛女学院高等学校と改称 |

◇大阪成蹊女子高等学校
　［学校法人　大阪成蹊学園］
　〒533-0007　大阪府大阪市東淀川区相川3-10-62
　TEL 06-6829-2510
| 昭和8年4月 | 高等成蹊女学校を中伊兵衛が設立 |
| 昭和12年3月 | 大阪成蹊女学校と改称 |
| 昭和13年4月 | 大阪成蹊高等女学校と改称 |
| 昭和23年4月 | 大阪成蹊女子高等学校と改称 |

◇大阪星光学院高等学校
　［学校法人　大阪星光学院］
　〒543-0061　大阪府大阪市天王寺区伶人町1-6
　TEL 06-6771-0737
| 昭和25年 | 大阪星光学院高等学校をサレジオ会のマルジャリア神父が創立 |

◇大阪青凌高等学校
　［学校法人　浪商学園］
　〒569-0021　大阪府高槻市前島3-2-1
　TEL 072-669-4111
| 昭和58年 | 浪商高等学校高槻学舎を開設 |
| 昭和60年 | 大阪青凌高等学校と改称 |

◇大阪体育大学浪商高等学校
　［学校法人　浪商学園］
　〒590-0496　大阪府泉南郡熊取町朝代台1-1
　TEL 0724-53-7001
| 大正10年 | 浪華商業実修学校を創立 |
| 大正12年 | 浪華商業学校と改称 |
| 昭和18年 | 淡路工業学校と改称 |
| 昭和21年 | 浪華商業学校と改称 |
| 昭和23年 | 浪華商業高等学校を設立 |
| 昭和34年 | 浪商高等学校と改称 |
| 平成元年 | 大阪体育大学浪商高等学校と改称 |

◇大阪電気通信大学高等学校
　［学校法人　大阪電気通信大学］
　〒570-0039　大阪府守口市橋波西之町1-5-18
　TEL 06-6992-6261
| 昭和16年 | 大阪電気通信高等学校を設置 |
| 昭和48年9月 | 大阪電気通信大学高等学校と改称 |

◇大阪桐蔭高等学校
　［学校法人　大阪産業大学］
　〒574-0013　大阪府大東市中垣内3-1-1
　TEL 072-870-1001
| 昭和58年 | 大阪産業大学高等学校大東校舎を設立 |
| 昭和63年 | 大阪桐蔭高等学校と改称 |

◇大阪福島女子高等学校
　［学校法人　大阪福島学園］
　〒555-0013　大阪府大阪市西淀川区千舟3-8-22
　TEL 06-6472-2281
| 昭和12年2月 | 大阪商科女学校を設立 |
| 昭和35年4月 | 大阪福島女子高等学校と改称 |

◇大阪府立園芸高等学校
　〒563-0037　大阪府池田市八王寺2-5-1
　TEL 0727-61-8830
| 大正4年 | 豊能郡立農林学校が開校 |
| 大正13年 | 大阪府立園芸学校と改称 |
| 昭和23年 | 大阪府立園芸高等学校と改称 |

◇大阪府立農芸高等学校
　〒587-0051　大阪府堺市美原区北余部595-1
　TEL 0723-61-0581
| 大正6年 | 大阪府南河内郡黒山村他6カ村学校組合立大阪府黒山実業学校が開校 |
| 昭和4年 | 大阪府立黒山農学校と改称 |
| 昭和15年 | 大阪府立農芸学校と改称 |
| 昭和23年 | 大阪府立農芸高等学校と改称 |

◇大阪夕陽丘学園高等学校
　［学校法人　大阪夕陽丘学園］
　〒543-0073　大阪府大阪市天王寺区生玉寺町7-72
　TEL 06-6771-9510
| 昭和14年 | 大丸洋裁研究所を設立 |
| 昭和23年 | 大阪女子厚生学園高等学校を設立 |
| 昭和25年 | 大阪女子学園高等学校と改称 |
| 平成17年 | 大阪夕陽丘学園高等学校と改称 |

◇大谷高等学校
　［学校法人　大谷学園］
　〒545-0041　大阪府大阪市阿倍野区共立通2-8-4
　TEL 06-6661-8400
| 大正13年 | 大谷高等女学校を設立 |
| 昭和23年 | 大谷高等学校と改称 |

◇大阪府立大塚高等学校
　〒580-0011　大阪府松原市西大塚2-1005
　TEL 0723-32-7515
| 昭和58年4月1日 | 大阪府立大塚高等学校が開校 |

◇大阪府立大手前高等学校
　〒540-0008　大阪府大阪市中央区大手前2-1-11
　TEL 06-6941-0051
| 明治19年 | 大阪府師範学校女学科より独立し大阪府女学校を創立 |
| 明治20年 | 大阪府立高等女学校と改称 |
| 明治22年 | 市立大阪高等女学校と改称 |
| 明治33年 | 市立大阪第一高等女学校と改称 |
| 明治34年 | 大阪府中之島高等女学校と改称 |
| 明治35年 | 大阪府立堂島高等女学校と改称 |
| 明治43年 | 大阪府立梅田高等女学校と改称 |
| 大正12年 | 大阪府立大手前高等女学校と改称 |
| 昭和23年 | 大阪府立大手前高等学校と改称 |

◇大阪府立鳳高等学校
　〒593-8317　大阪府堺市西区原田150
　TEL 072-271-5151
| 大正11年 | 大阪府立第十四中学校が開校 |
| 大正12年 | 鳳中学校と改称 |
| 昭和23年 | 大阪府立鳳高等学校と改称 |

◇大阪府立貝塚高等学校
　〒597-0106　大阪府貝塚市畠中1-1-1
　TEL 0724-23-1401
| 昭和14年 | 貝塚実業専修学校を創設 |
| 平成16年 | 大阪府立貝塚高等学校が開校 |

◇大阪府立貝塚南高等学校
　〒597-0043　大阪府貝塚市橋本620
　TEL 0724-32-2004
| 昭和49年 | 大阪府立貝塚南高等学校が開校 |

◇開明高等学校
　［学校法人　大阪貿易学院］
　〒536-0006　大阪府大阪市城東区野江1-9-9

|  | TEL 06-6932-4461 |  |
| --- | --- | --- |
| 大正3年 |  | 大阪貿易語学校を大阪商業会議所が設立 |
| 昭和23年 |  | 大阪貿易学院高等学校と改称 |
| 平成7年 |  | 開明高等学校と改称 |

◇大阪府立**柏原東**高等学校
 〒582-0015 大阪府柏原市大字高井田1015
 TEL 072-976-0501
 昭和52年4月1日　　大阪府立柏原東高等学校が開校

◇大阪府立**春日丘**高等学校
 〒567-0031 大阪府茨木市春日2-1-2
 TEL 0726-23-2061
 明治44年1月24日　　大阪府三島郡茨木町外8ケ村学校組合立三島女子技芸学校を設置
 大正2年5月1日　　茨木町外8ケ村学校組合立三島実科高等女学校が開校
 大正6年5月9日　　大阪府三島郡立実科高等女学校と改称
 大正7年4月23日　　大阪府三島郡立三島高等女学校と改称
 大正9年1月1日　　大阪府三島高等女学校と改称
 大正10年4月4日　　大阪府立三島高等女学校と改称
 昭和3年4月5日　　大阪府立茨木高等女学校と改称
 昭和23年4月1日　　大阪府立春日丘高等学校と改称

◇大阪府立**交野**高等学校
 〒576-0064 大阪府交野市寺南野10-1
 TEL 072-891-9251
 昭和49年4月1日　　大阪府立交野高等学校が開校

◇大阪府立**勝山**高等学校
 〒544-0014 大阪府大阪市生野区巽東3-10-75
 TEL 06-6757-9171
 大正11年4月　　大阪府立第十二高等女学校が開校
 大正12年4月1日　　大阪府立生野高等女学校と改称
 昭和23年4月1日　　大阪府立勝山高等学校と改称

◇大阪府立**門真なみはや**高等学校
 〒571-0004 大阪府門真市大字上島頭560
 TEL 072-881-8175
 平成13年4月　　門真南高等学校, 門真高等学校を統合し
 　　　　　　　　大阪府立門真なみはや高等学校とが開校

◇大阪府立**門真西**高等学校
 〒571-0038 大阪府門真市柳田町29-1
 TEL 06-6909-0318
 昭和52年4月　　大阪府立門真西高等学校が開校

◇大阪府立**河南**高等学校
 〒584-0024 大阪府富田林市錦ケ丘町1-15
 TEL 0721-23-2081
 明治39年　　富田林高等小学校付設裁縫女学校を開校
 昭和3年　　大阪府立富田林高等女学校と改称
 昭和23年　　大阪府立河南高等学校と改称

◇大阪府立**金岡**高等学校
 〒591-8022 大阪府堺市北区金岡町2651
 TEL 072-257-1431
 昭和49年　　大阪府立金岡高等学校が開校

◇大阪府立**かわち野**高等学校
 〒578-0963 大阪府東大阪市新庄880
 TEL 072-963-7002
 昭和55年4月　　大阪府立加納高等学校が開校
 平成16年1月1日　　大阪府立盾津高等学校との統合整備により
 　　　　　　　　大阪府立かわち野高等学校を設置
〈大阪府立盾津高等学校〉
 昭和49年　　大阪府立盾津高等学校が開校

◇**関西大倉**高等学校
 ［学校法人 関西大倉学園］
 〒567-0052 大阪府茨木市室山2-14-1
 TEL 072-643-6321
 明治35年　　関西商工学校(のち:関西実業高等学校)を平賀義美が創立
 明治40年　　大阪大倉商業学校(のち:大阪大倉商業高等学校)を大倉喜八郎が創立
 昭和23年　　関西実業高等学校, 大阪大倉商業高等学校が合併し
 　　　　　　関西大倉高等学校と改称

◇**関西創価**高等学校
 ［学校法人 創価学園］
 〒576-0063 大阪府交野市寺3-20-1
 TEL 072-891-0011
 昭和48年　　関西創価高等学校が開学

◇**関西大学第一**高等学校
 ［学校法人 関西大学］
 〒564-0073 大阪府吹田市山手町3-3-24
 TEL 06-6337-7750
 大正11年4月　　関西甲種商業学校が開校
 昭和19年4月　　関西工業専門学校を設立
 大正13年4月　　関西大学第二商業学校(のち廃校)が開校
 昭和23年4月　　関西大学付属第一高等学校を設立
 昭和27年9月　　関西大学第一高等学校と改称

◇**関西福祉科学大学**高等学校
 ［学校法人 玉手山学園］
 〒582-0026 大阪府柏原市旭ケ丘3-11-1
 TEL 0729-76-1112
 昭和17年　　玉手山高等女学校を設立
 昭和22年　　玉手山女子専門学校を設立
 昭和23年　　玉手山高等学校と改称
 昭和49年　　関西女子短期大学附属高等学校と改称
 平成10年　　関西福祉科学大学高等学校と改称

◇大阪府立**岸和田**高等学校
 〒596-0073 大阪府岸和田市岸城町10-1
 TEL 0724-22-3691
 明治30年4月1日　　大阪府第六尋常中学校として創立
 明治32年4月1日　　大阪府第六中学校と改称
 明治34年4月1日　　大阪府岸和田中学校と改称
 明治34年6月3日　　大阪府立岸和田中学校と改称
 昭和23年4月1日　　大阪府立岸和田高等学校と改称

◇**岸和田市立産業**高等学校
 〒596-0045 大阪府岸和田市別所町3-33-1
 TEL 0724-22-4861
 明治40年　　思成会付属岸和田実業補習学校として創立される

大阪府

|  | 大正12年 | 岸和田市実業補習学校と改称 |
|---|---|---|
|  | 昭和9年 | 岸和田市立商業専修学校と改称 |
|  | 昭和10年 | 岸和田市立商業学校を開校 |
|  | 昭和19年 | 私立南海商業学校を併合 |
|  | 昭和23年 | 岸和田市立産業高等学校を設立 |

◇大阪府立北千里高等学校
　〒565-0873 大阪府吹田市藤白台5-6-1
　TEL 06-6872-0535
　昭和53年4月7日　　大阪府立北千里高等学校が開校

◇大阪府立北野高等学校
　〒532-0025 大阪府大阪市淀川区新北野2-5-13
　TEL 06-6303-5661
　明治6年4月　　欧学校として創立
　明治10年8月　　大阪府第一番中学校が発足
　明治35年4月　　大阪府立北野中学校と改称
　昭和23年4月　　大阪府立北野高等学校と改称

◇大阪府立北淀高等学校
　〒533-0013 大阪府大阪市東淀川区豊里2-11-35
　TEL 06-6328-2181
　昭和38年　　大阪府立北淀高等学校が開校

◇近畿大学附属高等学校
　[学校法人 近畿大学]
　〒578-0944 大阪府東大阪市若江西新町5-3-1
　TEL 06-6722-1261
　昭和14年4月　　日本工業学校を設立
　昭和23年4月　　大阪理工科大学附属高等学校と改称
　昭和24年4月　　近畿大学附属高等学校と改称

◇金蘭会高等学校
　[学校法人 金蘭会学園]
　〒531-0075 大阪府大阪市北区大淀南3-3-7
　TEL 06-6453-0281
　明治38年　　金蘭会女学校を設立
　明治41年　　金蘭会高等女学校を設立
　昭和23年　　金蘭会高等学校が発足

◇金蘭千里高等学校
　[学校法人 金蘭千里学園]
　〒565-0873 大阪府吹田市藤白台5-25-2
　TEL 06-6872-0263
　明治38年　　金蘭会高等女学校を大阪府立堂島高等女学校(現在の大手前高校)同窓会である金蘭会が創立
　昭和23年　　金蘭会高等学校に改組
　昭和40年　　金蘭千里高等学校を創設

◇大阪府立柴島高等学校
　〒533-0024 大阪府大阪市東淀川区柴島1-7-106
　TEL 06-6323-8351
　昭和50年　　大阪府立柴島高等学校が開校

◇大阪府立久米田高等学校
　〒596-0822 大阪府岸和田市額原町13
　TEL 0724-43-6651
　昭和51年　　大阪府立久米田高等学校が開校

◇啓光学園高等学校
　[学校法人 啓光学園]
　〒573-1197 大阪府枚方市禁野本町1-13-21
　TEL 072-848-0521
　昭和35年　　啓光学園高等学校が開校

◇建国高等学校
　[学校法人 白頭学院]
　〒558-0032 大阪府大阪市住吉区遠里小野2-3-13
　TEL 06-6691-1231
　昭和21年3月　　建国工業学校,建国高等女学校を設立
　昭和23年4月　　建国高等学校と改称

◇賢明学院高等学校
　[学校法人 賢明学院]
　〒590-0812 大阪府堺市堺区霞ヶ丘町4-3-30
　TEL 072-241-1679
　昭和44年4月　　賢明学院高等学校を設立

◇興國高等学校
　[学校法人 興國学園]
　〒543-0045 大阪府大阪市天王寺区寺田町1-4-26
　TEL 06-6779-8121
　大正15年　　興國商業学校を創立
　昭和23年　　興國商業高等学校と改称
　昭和38年　　興國高等学校と改称

◇大阪府立高津高等学校
　〒543-0016 大阪府大阪市天王寺区餌差町10-47
　TEL 06-6761-0336
　大正7年　　大阪府立第十一中学校として発足
　大正8年　　大阪府立高津中学校と改称
　昭和23年　　大阪府立高津高等学校と改称

◇大阪府立港南造形高等学校
　〒559-0031 大阪府大阪市住之江区南港東2-5-72
　TEL 06-6613-1000
　昭和59年4月1日　　大阪府立港南高等学校が開校
　平成15年4月1日　　大阪府立港南造形高等学校と改称

◇向陽台高等学校
　[学校法人 大阪繊維学園]
　〒567-0051 大阪府茨木市宿久庄7-20-1
　TEL 072-643-6365
　昭和37年4月　　大阪繊維工業高等学校が開校
　昭和42年4月　　向陽台高等学校と改称

◇大阪府立香里丘高等学校
　〒573-0093 大阪府枚方市東中振2-18-1
　TEL 072-832-3421
　昭和55年4月1日　　大阪府立香里丘高等学校が開校

◇此花学院高等学校
　[学校法人 此花学院]
　〒544-0021 大阪府大阪市生野区勝山南2-6-38
　TEL 06-6716-0003
　昭和4年2月19日　　此花商業学校を設立
　昭和20年4月1日　　此花工業学校と改称
　昭和20年9月1日　　此花商業学校と改称
　昭和24年4月1日　　此花商業高等学校と改称
　昭和48年4月1日　　此花学院高等学校と改称

◇大阪市立此花総合高等学校
　〒554-0012 大阪府大阪市此花区西島2-3-16
　TEL 06-6462-0015
　昭和38年4月1日　　大阪市立此花工業高等学校が開校
　平成10年4月1日　　大阪市立此花総合高等学校と学科改編により改称

◇金光大阪高等学校
　[学校法人 関西金光学園]

〒569-8575 大阪府高槻市東上牧1-3-1
TEL 072-669-5211
昭和57年4月1日　　金光第一高等学校が開校
平成11年4月1日　　金光大阪高等学校と改称

◇金剛学園高等学校
　[学校法人 金剛学園]
　〒557-0033 大阪府大阪市西成区梅南2-5-20
　TEL 06-6661-2898
　昭和35年　　　　金剛高等学校が開校
　昭和43年　　　　大阪高等学校と改称
　昭和60年　　　　金剛学園高等学校と改称

◇大阪府立金剛高等学校
　〒584-0071 大阪府富田林市藤沢台2丁目1-1
　TEL 0721-28-3811
　昭和55年4月1日　大阪府立金剛高等学校が開校

◇金光藤蔭高等学校
　[学校法人 関西金光学園]
　〒544-0003 大阪府大阪市生野区小路東4-1-26
　TEL 06-6751-2461
　大正15年2月　　　私立静徳高等女学校を創立
　昭和7年6月　　　浪花高等女学校と改称
　昭和23年4月　　　進修高等女学校, 大軌高等女学校,
　　　　　　　　　　浪花高等女学校を統合し
　　　　　　　　　　浪花女子高等学校と改称
　平成11年4月　　　金光藤蔭高等学校と改称

◇金光八尾高等学校
　[学校法人 関西金光学園]
　〒581-0022 大阪府八尾市柏村町1-63
　TEL 0729-22-9162
　昭和60年4月1日　金光第一高等学校八尾学舎が開校
　昭和62年4月1日　金光八尾高等学校として独立

◇大阪府立堺上高等学校
　〒599-8244 大阪府堺市中区上61
　TEL 072-271-0808
　昭和59年4月　　　大阪府立堺上高等学校が開校

◇大阪府立堺工科高等学校
　〒590-0801 大阪府堺市堺区大仙中町12-1
　TEL 072-241-1401
　昭和11年4月1日　大阪府立第五職工学校が開校
　昭和12年3月17日　大阪府立堺職工学校と改称
　昭和16年9月1日　大阪府立堺工業学校と改称
　平成17年4月　　　大阪府立堺工科高等学校が開校

◇堺女子高等学校
　[学校法人 愛泉学園]
　〒590-0012 大阪府堺市堺区浅香山町1-2-20
　TEL 072-238-7881
　大正11年　　　　堺愛泉女学校を創立
　昭和15年　　　　愛泉高等女学校が認可される
　平成3年　　　　堺女子高等学校と改称

◇大阪府立堺西高等学校
　〒590-0141 大阪府堺市南区桃山台4-16
　TEL 072-298-4410
　明治40年　　　　堺市立堺女子手芸学校を創立
　昭和26年　　　　堺市立堺高等学校と改称
　昭和54年1月1日　大阪府立堺西高等学校と改称

◇大阪府立堺東高等学校
　〒590-0113 大阪府堺市南区晴美台1-1-2

TEL 072-291-5510
昭和47年　　　　大阪府立堺東高等学校が開校

◇大阪府立咲洲高等学校
　〒559-0033 大阪府大阪市住之江区南港中4丁目6-43
　TEL 06-6612-4688
　昭和52年4月　　　大阪府立住之江高等学校が開校
　平成15年　　　　大阪府立住之江高等学校を再編し
　　　　　　　　　大阪府立咲洲高等学校が開校

◇大阪府立桜塚高等学校
　〒560-0881 大阪府豊中市中桜塚4-1-1
　TEL 06-6853-2244
　昭和12年1月22日　大阪府立第十四高等女学校として
　　　　　　　　　　設置を認可
　昭和12年4月1日　大阪府立桜塚高等学校が開校
　昭和13年4月1日　大阪府立豊中高等女学校と改称
　昭和23年4月1日　大阪府立桜塚高等学校と改称

◇大阪市立桜宮高等学校
　〒534-0001 大阪府大阪市都島区毛馬町5-22-28
　TEL 06-6921-5231
　大正5年4月1日　　北区実科女学校が開校
　昭和2年4月1日　　大阪市立実科高等女学校と改称
　昭和19年4月1日　大阪市立桜宮高等女学校と改称
　昭和23年4月1日　大阪市立桜宮高等学校と新学制に
　　　　　　　　　　より改称

◇大阪府立佐野工科高等学校
　〒598-0012 大阪府泉佐野市高松東1-3-50
　TEL 0724-62-2772
　大正14年　　　　大阪府立佐野職工学校が開校
　昭和16年　　　　大阪府立佐野工業学校と改称
　昭和23年　　　　大阪府立佐野工業高等学校と改称
　平成17年　　　　大阪府立佐野工科高等学校と改称

◇大阪府立佐野高等学校
　〒598-0005 大阪府泉佐野市市場東2-398
　TEL 0724-62-3825
　明治36年5月　　　佐野村立裁縫学校が開校
　大正10年4月　　　佐野女子実業学校と改称
　大正12年4月　　　町立佐野家政女学校と改称
　昭和4年4月　　　大阪府佐野実科高等女学校と改称
　昭和9年4月　　　大阪府立佐野高等実践女学校と改
　　　　　　　　　　称
　昭和16年4月　　　大阪府立佐野高等女学校と改称
　昭和23年4月　　　大阪府立佐野高等学校と改称

◇大阪府立狭山高等学校
　〒589-0011 大阪府大阪狭山市半田4-1510
　TEL 072-366-8400
　昭和55年　　　　大阪府立狭山高等学校が開校

◇四條畷学園高等学校
　[学校法人 四條畷学園]
　〒574-0001 大阪府大東市学園町6-45
　TEL 072-876-1321
　大正15年4月　　　四條畷高等女学校として創設
　昭和23年4月　　　四條畷学園高等学校と改称

◇大阪府立四條畷北高等学校
　〒575-0001 大阪府四條畷市大字砂510
　TEL 072-879-7311
　昭和58年4月　　　大阪府立四條畷北高等学校が開校

大阪府

◇大阪府立四條畷高等学校
　〒575-0035 大阪府四條畷市雁屋北町1-1
　TEL 072-877-0004
　明治34年7月6日　　大阪府立四條畷中学校を設置
　昭和23年4月1日　　大阪府立四條畷高等学校が発足

◇四天王寺高等学校
　［学校法人 四天王寺学園］
　〒543-0051 大阪府大阪市天王寺区四天王寺1-11-73
　TEL 06-6772-6201
　大正11年4月　　　天王寺高等女学校が発足（創立者：
　　　　　　　　　　吉田源應）
　昭和23年4月　　　四天王寺高等学校と改称

◇四天王寺羽曳丘高等学校
　［学校法人 四天王寺学園］
　〒583-0868 大阪府羽曳野市学園前3-1-1
　TEL 0729-56-6000
　昭和59年　　　　　四天王寺国際仏教高等学校を設立
　平成2年4月　　　　四天王寺羽曳丘高等学校と改称

◇大阪府立信太高等学校
　〒594-0081 大阪府和泉市葛の葉町387-2
　TEL 0725-23-3631
　昭和58年　　　　　大阪府立信太高等学校が開校

◇大阪府立渋谷高等学校
　〒563-0021 大阪府池田市畑4-1-1
　TEL 0727-51-2895
　大正6年　　　　　手芸女学校が開校
　大正13年　　　　　池田技芸女学校と改称
　昭和23年　　　　　池田市立高等学校が開校
　昭和25年　　　　　池田市立渋谷高等学校と改称
　昭和50年　　　　　大阪府立渋谷高等学校と改称

◇大阪府立島本高等学校
　〒618-0023 大阪府三島郡島本町桜井台15-1
　TEL 075-962-3265
　昭和49年　　　　　大阪府立島本高等学校が開校

◇大阪府立清水谷高等学校
　〒543-0011 大阪府大阪市天王寺区清水谷町2-44
　TEL 06-6762-0185
　明治33年　　　　　大阪市立第二高等女学校を設立
　明治34年4月　　　　大阪市第一高等女学校が開校
　明治34年　　　　　大阪府立清水谷高等女学校と改称
　昭和23年　　　　　大阪府立清水谷高等学校を設置

◇秋桜高等学校
　［学校法人 池田学園］
　〒597-0074 大阪府貝塚市加治北作10-1
　TEL 0724-32-6007
　平成14年　　　　　秋桜高等学校が開校

◇樟蔭高等学校
　［学校法人 樟蔭学園］
　〒577-8550 大阪府東大阪市菱屋西4-2-26
　TEL 06-6723-8185
　大正6年　　　　　樟蔭高等女学校を設立
　大正14年　　　　　樟蔭女子専門学校を設置
　昭和23年　　　　　樟蔭高等学校を設置

◇樟蔭東高等学校
　［学校法人 樟蔭東学園］
　〒578-0944 大阪府東大阪市若江西新町3-1-8
　TEL 06-6723-5511

　昭和12年4月　　　　樟蔭東高等女学校が開校
　昭和23年4月　　　　樟蔭東高等学校と改称

◇大阪府立少路高等学校
　〒560-0004 大阪府豊中市少路2丁目3-1
　TEL 06-6852-2532
　昭和58年4月　　　　大阪府立少路高等学校が開校

◇城星学園高等学校
　［学校法人 城星学園］
　〒540-0004 大阪府大阪市中央区玉造2-23-26
　TEL 06-6941-5977
　昭和37年1月　　　　城星学園高等学校を設置

◇大阪府立城東工科高等学校
　〒578-0976 大阪府東大阪市西鴻池町2-5-33
　TEL 06-6745-0051
　平成17年4月　　　　大阪府立城東工業高等学校を
　　　　　　　　　　大阪府立城東工科高等学校と改称

◇城南学園高等学校
　［学校法人 城南学園］
　〒546-0021 大阪府大阪市東住吉区照ケ丘矢田2-14-10
　TEL 06-6702-9784
　昭和10年3月　　　　城南女子商業専修学校を設立
　昭和21年4月　　　　城南高等学校と改称
　昭和43年2月　　　　城南学園高等学校と改称

◇大阪府立城山高等学校
　〒563-0219 大阪府豊能郡豊能町余野77
　TEL 0727-39-0006
　昭和23年11月24日　　大阪府立園芸高等学校東能勢分校
　　　　　　　　　　を開校
　昭和51年4月1日　　大阪府立城山高等学校として独立

◇大阪府立吹田高等学校
　〒564-0004 大阪府吹田市原町4-24-14
　TEL 06-6387-6651
　昭和25年4月　　　　大阪府立吹田高等学校が開校

◇大阪府立吹田東高等学校
　〒565-0802 大阪府吹田市青葉丘南16-1
　TEL 06-6877-6715
　昭和49年　　　　　大阪府立吹田東高等学校が開校

◇大阪府立砂川高等学校
　〒590-0522 大阪府泉南市信達牧野40-1
　TEL 0724-84-4031
　昭和58年　　　　　大阪府立砂川高等学校が開校

◇大阪府立住吉高等学校
　〒545-0035 大阪府大阪市阿倍野区北畠2-4-1
　TEL 06-6651-0525
　大正11年4月1日　　大阪府立第十五中学校として創立
　昭和23年　　　　　大阪府立住吉高等学校と改称

◇大阪市立住吉商業高等学校
　〒559-0013 大阪府大阪市住之江区御崎7-12-55
　TEL 06-6681-0577
　昭和15年　　　　　大阪市立住吉商業学校を開校
　昭和19年　　　　　大阪市立芦池女子商業学校を開校
　昭和25年　　　　　大阪市立住吉商業高等学校と改称

◇精華高等学校
　［学校法人 精華学園］
　〒599-8245 大阪府堺市中区辻之1517
　TEL 072-234-3391

| 大正15年 | 精華実践女学校を設立 |
|---|---|
| 昭和18年 | 精華高等女学校と改称 |
| 昭和23年 | 精華技芸高等学校と改称 |
| 昭和24年 | 精華女子高等学校と改称 |
| 平成8年 | 精華高等学校と改称 |

◇清教学園高等学校
　［学校法人 清教学園］
　〒586-8585 大阪府河内長野市末広町623
　TEL 0721-62-6828

| 昭和43年 | 清教学園高等学校が開校 |
|---|---|

◇大阪府立成城工業高等学校
　〒536-0021 大阪府大阪市城東区諏訪3-11-41
　TEL 06-6962-2801

| 昭和34年4月 | 大阪府立成城工業高等学校として開設 |
|---|---|

◇星翔高等学校
　［学校法人 中山浪工学園］
　〒566-0022 大阪府摂津市三島3-5-36
　TEL 06-6381-0220

| 昭和13年 | 浪速学園, 浪速工学校が開校 |
|---|---|
| 昭和15年 | 浪速工業学校を創設 |
| 昭和23年 | 浪速工業高等学校と改称 |
| 平成7年 | 星翔高等学校と改称 |

◇大阪府立成城高等学校
　〒536-0021 大阪府大阪市城東区諏訪3丁目11-41
　TEL 06-6962-2801

| 平成17年4月 | 大阪府立成城工業高等学校を大阪府立成城高等学校が開校 |
|---|---|

◇大阪府立成美高等学校
　〒590-0137 大阪府堺市南区城山台4-1-1
　TEL 072-299-9000

| 平成15年4月 | 大阪府立上神谷高等学校, 大阪府立美木多高等学校を統合して大阪府立成美高等学校を開校 |
|---|---|

◇清風高等学校
　［学校法人 清風学園］
　〒543-0031 大阪府大阪市天王寺区石ケ辻町12-16
　TEL 06-6771-5757

| 昭和7年7月 | 大阪電気学校を平岡宕峯が創立 |
|---|---|
| 昭和12年4月 | 大阪電気学校堺分校が開校 |
| 昭和20年2月 | 浅香山電気工業学校を設立 |
| 昭和23年4月 | 浅香山高等学校と改称 |
| 昭和24年1月 | 清風高等学校と改称 |

◇清風南海高等学校
　［学校法人 清風南海学園］
　〒592-0014 大阪府高石市綾園5-7-64
　TEL 072-261-7761

| 昭和38年4月 | 清風南海高等学校が開校 |
|---|---|

◇聖母女学院高等学校
　［学校法人 聖母女学院］
　〒572-8531 大阪府寝屋川市美井町18-10
　TEL 072-831-1381

| 大正12年 | 聖母女学院を創立 |
|---|---|
| 大正14年 | 聖母女学院高等女学校が開校 |
| 昭和23年 | 聖母女学院高等学校と改称 |

◇聖母被昇天学院高等学校
　［学校法人 聖母被昇天学院］
　〒562-8543 大阪府箕面市如意谷1-13-23
　TEL 072-721-3080

| 昭和38年 | 聖母被昇天学院高等学校を設立 |
|---|---|

◇清明学院高等学校
　［学校法人 住吉学園］
　〒558-0043 大阪府大阪市住吉区墨江2-4-4
　TEL 06-6673-8181

| 昭和16年4月 | 大阪住吉女学校を天野正儀が創立 |
|---|---|
| 昭和19年4月 | 大阪住吉女子商業学校と改称 |
| 昭和21年4月 | 住吉高等女学校と改称 |
| 昭和23年4月 | 住吉学園高等学校に改組 |
| 平成12年4月 | 清明学院高等学校と改称 |

◇大阪府立清友高等学校
　〒581-0862 大阪府八尾市大字千塚2-96
　TEL 072-941-3456

| 昭和16年4月1日 | 清友学園高等女学校が開校 |
|---|---|
| 昭和23年4月1日 | 清友学園高等学校と改称 |
| 昭和31年9月1日 | 八尾市立清友高等学校と改称 |
| 昭和54年4月1日 | 大阪府立清友高等学校と改称 |

◇大阪府立摂津高等学校
　〒566-0033 大阪府摂津市学園町1-5-1
　TEL 0726-35-1441

| 昭和47年4月 | 大阪府立摂津高等学校が開校 |
|---|---|

◇摂陵高等学校
　［学校法人 大阪繊維学園］
　〒567-0051 大阪府茨木市宿久庄7-20-1
　TEL 072-643-6363

| 昭和37年4月 | 大阪繊維工業高等学校を日本紡績協会が設立 |
|---|---|
| 昭和39年4月 | 向陽台高等学校を設置 |
| 昭和49年4月 | 摂陵高等学校と改称 |

◇宣真高等学校
　［学校法人 宣真学園］
　〒563-0038 大阪府池田市荘園2-3-12
　TEL 072-761-8801

| 大正10年4月 | 宣真高等女学校が開校 |
|---|---|
| 昭和23年4月 | 宣真高等学校と改称 |

◇大阪府立泉南高等学校
　〒590-0521 大阪府泉南市樽井2-35-54
　TEL 0724-83-4474

| 昭和25年4月 | 大阪府立泉南高等学校を創設 |
|---|---|

◇大阪府立泉北高等学校
　〒590-0116 大阪府堺市南区若松台3-2-2
　TEL 072-297-1065

| 昭和44年4月 | 大阪府立泉北高等学校が開校 |
|---|---|

◇大阪府立泉陽高等学校
　〒590-0943 大阪府堺市堺区車之町東3-2-1
　TEL 072-233-0588

| 明治7年5月 | 女紅場を開校 |
|---|---|
| 明治21年1月 | 堺区立堺女学校と改称 |
| 明治33年4月1日 | 堺市立堺高等女学校と改称 |
| 明治45年4月1日 | 大阪府立堺高等女学校と改称 |
| 昭和23年4月 | 大阪府立堺高等女学校, 大阪府立堺中学校, 堺市立堺高等女学校の3校交流により大阪府立泉陽高等学校と改称 |

大阪府

◇大阪府立千里高等学校
　〒565-0861　大阪府吹田市高野台2-17-1
　　TEL 06-6871-0050
　昭和42年4月　　　大阪府立千里高等学校が開校

◇千里国際学園高等部
　［学校法人　千里国際学園］
　〒562-0032　大阪府箕面市小野原西4-4-16
　　TEL 072-727-5050
　平成3年3月28日　　千里国際学園高等部が開校

◇相愛高等学校
　［学校法人　相愛学園］
　〒541-0053　大阪府大阪市中央区本町4-1-23
　　TEL 06-6262-0621
　明治21年　　　　　私立相愛女学校を設立
　明治39年　　　　　相愛女子音楽学校を設立
　昭和3年　　　　　相愛女子専門学校を設立
　昭和23年　　　　　相愛高等学校を設立

◇大阪府立大正高等学校
　〒551-0031　大阪府大阪市大正区泉尾7-11-20
　　TEL 06-6554-3100
　昭和53年4月　　　大阪府立大正高等学校が開校

◇大商学園高等学校
　［学校法人　大商学園］
　〒561-8577　大阪府豊中市利倉東1-2-1
　　TEL 06-6862-5223
　明治20年3月　　　私立商業学校仮創立所及び仮教場
　　　　　　　　　　を設置
　昭和23年4月　　　大阪商業高等学校を設置
　平成2年10月　　　大商学園高等学校と改称

◇太成学院大学高等学校
　［学校法人　天満学園］
　〒574-0044　大阪府大東市諸福7-2-23
　　TEL 072-871-1921
　昭和10年4月　　　大阪工学校を創立
　昭和23年4月　　　大阪天満高等学校と改称
　昭和37年10月　　　太成高等学校と改称
　平成15年　　　　　太成学院大学高等学校と改称

◇大阪府立高石高等学校
　〒592-0005　大阪府高石市千代田6-12-1
　　TEL 072-265-1941
　昭和52年　　　　　大阪府立高石高等学校が開校

◇大阪府立高槻北高等学校
　〒569-1112　大阪府高槻市別所本町36-3
　　TEL 0726-83-8739
　昭和52年　　　　　大阪府立高槻北高等学校が開校

◇高槻高等学校
　［学校法人　高槻高等学校］
　〒569-8505　大阪府高槻市沢良木町2-5
　　TEL 072-671-0001
　昭和15年10月　　　高槻中学校を藤堂献三が創設
　昭和23年　　　　　高槻高等学校と改称

◇千代田高等学校
　［学校法人　千代田学園］
　〒586-8577　大阪府河内長野市楠町西1211
　　TEL 0721-53-5281
　昭和25年　　　　　千代田高等学校を創立

◇大阪府立槻の木高等学校
　〒569-0075　大阪府高槻市城内町2-13
　　TEL 072-675-2600
　平成15年　　　　　大阪府立島上高等学校，大阪府立
　　　　　　　　　　高槻南高等学校を再編し
　　　　　　　　　　大阪府立槻の木高等学校が開校

◇大阪市立鶴見商業高等学校
　〒538-0054　大阪府大阪市鶴見区緑2-10-9
　　TEL 06-6911-0415
　昭和38年4月1日　　大阪市立鶴見商業高等学校が開校

◇大阪府立豊島高等学校
　〒560-0001　大阪府豊中市北緑丘3-2-1
　　TEL 06-6849-7651
　平成15年　　　　　大阪府立豊島高等学校が開校

◇帝塚山学院泉ヶ丘高等学校
　［学校法人　帝塚山学院］
　〒590-0113　大阪府堺市南区晴美台4-2-1
　　TEL 072-293-1221
　昭和58年4月　　　帝塚山学院泉ヶ丘高等学校が開校

◇帝塚山学院高等学校
　［学校法人　帝塚山学院］
　〒558-0053　大阪府大阪市住吉区帝塚山中3-10-51
　　TEL 06-6672-1151
　大正5年12月　　　帝塚山学院を設立
　大正15年4月　　　帝塚山学院高等女学校が開校
　昭和23年4月　　　帝塚山学院高等学校を設置

◇天王寺学館高等学校
　［学校法人　天王寺学館］
　〒545-0053　大阪府大阪市阿倍野区松崎町2-9-36
　　TEL 06-6621-1860
　平成14年　　　　　天王寺学館高等学校が開校

◇大阪府立天王寺高等学校
　〒545-0005　大阪府大阪市阿倍野区三明町2-4-23
　　TEL 06-6629-6801
　明治29年4月　　　大阪府第五尋常中学校が開校
　明治32年4月1日　　大阪府第五中学校と改称
　明治34年6月3日　　大阪府立天王寺中学校と改称
　昭和23年4月1日　　大阪府立天王寺高等学校と改称

◇大阪市立天王寺商業高等学校
　〒543-0042　大阪府大阪市天王寺区烏ケ辻2-9-37
　　TEL 06-6772-0031
　明治13年11月　　　私立大坂商業講習所を五代友厚ほ
　　　　　　　　　　か有志が創立
　明治18年3月　　　府立大阪商業学校が開校
　明治22年10月　　　市立大阪商業学校と改称
　明治34年4月　　　市立大阪高等商業学校を設置
　明治45年4月　　　市立大阪甲種商業学校が開校
　大正8年4月　　　大阪市立第一商業学校と改称
　大正10年6月　　　大阪市立天王寺商業学校と改称
　昭和23年3月　　　大阪市立天王寺商業高等学校を設
　　　　　　　　　　立

◇東海大学付属仰星高等学校
　［学校法人　東海大学］
　〒573-0018　大阪府枚方市桜丘町60-1
　　TEL 072-849-7211
　昭和58年4月　　　東海大学付属仰星高等学校が開校

◇同志社香里高等学校
　[学校法人 同志社]
　〒572-8585 大阪府寝屋川市三井南町15-1
　TEL 072-831-0285
　昭和26年7月　　　　同志社香里高等学校を開設

◇大阪府立刀根山高等学校
　〒560-0045 大阪府豊中市刀根山6-9-1
　TEL 06-6843-3781
　昭和51年　　　　　大阪府立刀根山高等学校が開校

◇大阪府立登美丘高等学校
　〒599-8125 大阪府堺市東区西野51
　TEL 072-236-5041
　大正13年7月7日　　組合立大阪府黒山実践女学校を設立
　昭和4年4月1日　　大阪府立黒山高等実践女学校と改称
　昭和16年6月8日　　大阪府立黒山高等女学校と改称
　昭和23年4月1日　　大阪府立黒山高等学校と改称
　昭和27年4月1日　　大阪府立登美丘高等学校と改称

◇大阪府立豊中高等学校
　〒560-0011 大阪府豊中市上野西2-5-12
　TEL 06-6854-1207
　大正10年4月　　　　大阪府立第十三中学校が開校
　昭和23年4月　　　　大阪府立豊中高等学校を設置

◇大阪府立鳥飼高等学校
　〒566-0062 大阪府摂津市鳥飼上1-1-15
　TEL 0726-54-8811
　昭和55年4月1日　　大阪府立鳥飼高等学校が開校

◇大阪府立富田林高等学校
　〒584-0035 大阪府富田林市谷川町4-30
　TEL 0721-23-2281
　明治34年　　　　　大阪府第八中学校が開校
　明治34年4月　　　　大阪府富田林中学校と改称
　明治34年6月　　　　大阪府立富田林中学校と改称
　昭和23年　　　　　大阪府立富田林高等学校が学制改革により発足

◇大阪府立長尾高等学校
　〒573-0102 大阪府枚方市長尾家具町5-1-1
　TEL 072-855-1700
　昭和48年　　　　　大阪府立長尾高等学校が開校

◇長尾谷高等学校
　[学校法人 東洋学園]
　〒573-0163 大阪府枚方市長尾元町2-29-27
　TEL 072-850-9111
　平成5年　　　　　長尾谷高等学校を設置

◇大阪府立長野北高等学校
　〒586-0001 大阪府河内長野市木戸町677-8
　TEL 0721-54-2781
　昭和49年4月1日　　大阪府立長野北高等学校が開校

◇大阪府立長野高等学校
　〒586-0021 大阪府河内長野市原町533
　TEL 0721-53-7371
　昭和48年　　　　　大阪府立長野高等学校を創立

◇大阪府立長吉高等学校
　〒547-0015 大阪府大阪市平野区長吉長原西3-11-33
　TEL 06-6790-0700
　平成13年　　　　　大阪府立長吉高等学校が開校

◇浪速高等学校
　[学校法人 大阪国学院]
　〒558-0023 大阪府大阪市住吉区山之内2-13-57
　TEL 06-6693-4031
　大正12年　　　　　浪速中学校を大阪国学院が設立
　昭和23年　　　　　浪速高等学校と改称

◇大阪府立西浦高等学校
　〒583-0861 大阪府羽曳野市西浦2
　TEL 072-958-0333
　昭和53年4月1日　　大阪府立西浦高等学校を創立

◇大阪府立西成高等学校
　〒557-0062 大阪府大阪市西成区津守1-13-10
　TEL 06-6562-5751
　昭和49年4月1日　　大阪府立西成高等学校を設立

◇大阪府立西寝屋川高等学校
　〒572-0075 大阪府寝屋川市葛原2-19-1
　TEL 072-828-6700
　昭和55年　　　　　大阪府立西寝屋川高等学校が開校

◇大阪府立西野田工科高等学校
　〒553-0007 大阪府大阪市福島区大開2-17-62
　TEL 06-6461-0023
　明治41年4月20日　　大阪府立職工学校が開校
　大正5年4月1日　　大阪府立西野田職工学校と改称
　昭和16年9月1日　　大阪府立西野田工業学校と改称
　昭和23年4月1日　　大阪府立西野田工業高等学校と改称
　平成17年4月1日　　大阪府立西野田工科高等学校と改称

◇大阪府立西淀川高等学校
　〒555-0031 大阪府大阪市西淀川区出来島3-3-6
　TEL 06-6471-7211
　昭和53年4月1日　　大阪府立西淀川高等学校が開校

◇東大阪市立日新高等学校
　〒579-8003 大阪府東大阪市日下町7-9-11
　TEL 072-985-5551
　大正10年6月　　　　私立大正学校として創立される
　大正12年3月　　　　日新商業学校と改称
　昭和19年3月　　　　日新工業と改称
　昭和21年4月　　　　日新商業学校と改称
　昭和23年9月　　　　布施市立日新高等学校と改称
　昭和42年2月　　　　東大阪市立日新高等学校と改称

◇大阪府立寝屋川高等学校
　〒572-0832 大阪府寝屋川市本町15-64
　TEL 072-821-0546
　明治42年12月6日　　組合立河北高等女学校を設置
　大正10年　　　　　大阪府立河北高等女学校と改称
　昭和3年　　　　　大阪府立寝屋川高等女学校と改称
　昭和23年　　　　　大阪府立寝屋川高等学校と改称

◇大阪府立野崎高等学校
　〒574-0014 大阪府大東市寺川1-2-1
　TEL 072-874-0911
　昭和51年4月　　　　大阪府立野崎高等学校を創立

◇大阪府立能勢高等学校
　〒563-0122 大阪府豊能郡能勢町上田尻580
　TEL 0727-37-0666
　昭和29年　　　　　大阪府立能勢高等学校が開校

大阪府

◇梅花高等学校
　［学校法人 梅花学園］
　〒560-0011 大阪府豊中市上野西1-5-30
　TEL 06-6852-0001
　大正2年　　　　　梅花高等女学校を設立
　昭和25年　　　　梅花高等学校と改称

◇大阪府立伯太高等学校
　〒594-0023 大阪府和泉市伯太町2-4-11
　TEL 0725-45-9321
　昭和53年4月1日　大阪府立伯太高等学校が開校

◇羽衣学園高等学校
　［学校法人 羽衣学園］
　〒592-0003 大阪府高石市東羽衣1-11-57
　TEL 072-265-7561
　大正12年3月　　　羽衣高等女学校を設立
　昭和23年4月　　　羽衣学園高等学校を発足

◇初芝高等学校
　［学校法人 大阪初芝学園］
　〒599-8114 大阪府堺市東区日置荘西町2丁40-1
　TEL 072-285-0128
　昭和12年4月30日　大阪初芝商業学校を設置
　昭和23年4月2日　初芝高等学校と改称

◇初芝富田林高等学校
　［学校法人 大阪初芝学園］
　〒584-0058 大阪府富田林市彼方1801
　TEL 0721-34-1010
　昭和12年4月30日　大阪初芝商業学校を設置
　昭和23年4月2日　初芝高等学校と改称
　昭和59年4月1日　初芝高等学校富田林学舎を開校
　昭和60年4月1日　初芝富田林高等学校として設立

◇大阪府立花園高等学校
　〒578-0931 大阪府東大阪市花園東町3-1-25
　TEL 072-961-4925
　昭和36年2月　　　大阪府立花園高等学校を設置決定

◇大阪府立羽曳野高等学校
　〒583-0847 大阪府羽曳野市大黒776
　TEL 072-957-0001
　昭和46年4月　　　大阪府立羽曳野高等学校が開校

◇大阪市立汎愛高等学校
　〒538-0042 大阪府大阪市鶴見区今津中2-1-52
　TEL 06-6961-0431
　昭和17年　　　　大阪市立汎愛中学校を設置
　昭和23年　　　　大阪市立汎愛高等学校と改称
　昭和25年　　　　大阪市立天華高等学校北校舎と改称
　昭和27年　　　　大阪市立汎愛高等学校と改称

◇大阪府立阪南高等学校
　〒558-0012 大阪府大阪市住吉区庭井2-18-81
　TEL 06-6692-0356
　昭和34年　　　　大阪府立阪南高等学校が開校

◇阪南大学高等学校
　［学校法人 阪南大学］
　〒580-0022 大阪府松原市河合2-10-65
　TEL 072-332-1221
　昭和14年1月　　　大鉄工学校を創立（創立者：小林菊
　　　　　　　　　　　治郎、奥田政三）
　昭和16年3月　　　大鉄工業学校を創立
　昭和23年4月　　　大鉄高等学校と改称

　昭和61年4月　　　阪南大学高等学校と改称

◇PL学園高等学校
　［学校法人 PL学園］
　〒584-8555 大阪府富田林市喜志2055
　TEL 0721-24-5132
　昭和30年3月12日　PL学園高等学校を設置

◇東大阪大学柏原高等学校
　［学校法人 村上学園］
　〒582-8585 大阪府柏原市本郷5-993
　TEL 0729-72-1565
　昭和15年　　　　布施高等女学校を村上平一郎が設
　　　　　　　　　　　立
　昭和38年　　　　柏原女子高等学校を設立
　昭和39年　　　　柏原高等学校と改称
　平成18年　　　　東大阪大学柏原高等学校と改称

◇東大阪大学敬愛高等学校
　［学校法人 村上学園］
　〒577-8567 大阪府東大阪市西堤学園町3-1-1
　TEL 06-6782-2881
　昭和15年12月　　布施高等女学校を村上平一郎が設
　　　　　　　　　　　立
　昭和24年12月　　布施女子高等学校と改称
　昭和42年4月　　東大阪高等学校と改称
　平成14年4月　　敬愛女子高等学校と改称
　平成18年4月　　東大阪大学敬愛高等学校と改称

◇東大谷高等学校
　［学校法人 大谷学園］
　〒545-0041 大阪府大阪市阿倍野区共立通2-8-4
　TEL 06-6661-0384
　明治42年　　　　大谷裁縫女学校を左藤了秀が設立
　明治44年　　　　大谷女学校と改称
　昭和11年　　　　第二大谷高等女学校と改称
　昭和23年　　　　東大谷高等学校と改称

◇大阪市立東商業高等学校
　〒541-0056 大阪府大阪市中央区久太郎町1-7-12
　TEL 06-6261-4100
　大正9年　　　　東区甲種商業学校を創立
　昭和19年　　　　浪華女子商業学校を設立
　昭和23年　　　　浪華女子商業学校を統合し
　　　　　　　　　　　大阪市立浪華商業高等学校と改称
　昭和25年　　　　大阪市立東商業高等学校と改称

◇大阪府立東住吉高等学校
　〒547-0033 大阪府大阪市平野区平野西2-3-77
　TEL 06-6702-3838
　昭和30年4月　　大阪府立東住吉高等学校が開校

◇大阪府立東住吉総合高等学校
　〒547-0026 大阪府大阪市平野区喜連西2-11-66
　TEL 06-6702-1231
　平成17年4月　　大阪府立東住吉工業高等学校を
　　　　　　　　　　　大阪府立東住吉総合高等学校と改
　　　　　　　　　　　称

◇大阪府立東豊中高等学校
　〒565-0084 大阪府豊中市新千里南町1-5-1
　TEL 06-6831-3045
　昭和46年4月1日　大阪府立東豊中高等学校が開校

◇大阪府立東寝屋川高等学校
　〒572-0801 大阪府寝屋川市大字寝屋

## 大阪府

　　TEL 072-822-2241
　　昭和53年4月　　　大阪府立東寝屋川高等学校が開校

◇大阪府立**東百舌鳥**高等学校
　〒599-8234 大阪府堺市中区土塔町2377-5
　　TEL 072-235-3781
　　昭和51年4月　　　大阪府立東百舌鳥高等学校が開校

◇大阪府立**東淀川**高等学校
　〒532-0003 大阪府大阪市淀川区宮原4-4-5
　　TEL 06-6391-2427
　　昭和30年　　　　　大阪府立東淀川高等学校を創立

◇大阪市立**東淀工業**高等学校
　〒532-0031 大阪府大阪市淀川区加島1-52-81
　　TEL 06-6302-1035
　　昭和35年4月1日　　大阪市立東淀工業高等学校が開校

◇**飛翔館**高等学校
　　［学校法人 泉州学園］
　〒596-0105 大阪府岸和田市内畑町3558
　　TEL 0724-79-1231
　　昭和48年　　　　　泉州高等学校を佐佐木勇蔵が創立
　　平成11年　　　　　飛翔館高等学校と改称

◇大阪府立**日根野**高等学校
　〒598-0021 大阪府泉佐野市日根野2372-1
　　TEL 0724-67-1555
　　昭和62年　　　　　佐野高等学校日根野校が開校
　　平成7年　　　　　大阪府立日根野高等学校として独立

◇大阪府立**枚岡樟風**高等学校
　〒579-8036 大阪府東大阪市鷹殿町18-1
　　TEL 072-982-5431
　　昭和43年　　　　　大阪府立食品産業高等学校が開校
　　昭和59年　　　　　大阪府立玉川高等学校が開校
　　平成13年4月　　　大阪府立食品産業高等学校，大阪府立玉川高等学校を再編し大阪府立枚岡樟風高等学校が開校

◇大阪府立**枚方**高等学校
　〒573-0027 大阪府枚方市大垣内町3-16-1
　　TEL 072-843-3081
　　昭和38年4月1日　　大阪府立枚方高等学校が開校

◇大阪府立**枚方津田**高等学校
　〒573-0121 大阪府枚方市津田北町2-50-1
　　TEL 072-858-7003
　　昭和61年4月1日　　大阪府立枚方高等学校津田校が開校
　　平成6年12月21日　 大阪府立枚方津田高等学校に改称

◇大阪府立**枚方なぎさ**高等学校
　〒573-1187 大阪府枚方市磯島元町20-1
　　TEL 072-847-1001
　　平成16年　　　　　大阪府立磯島高等学校を統合し大阪府立枚方なぎさ高等学校が開校

◇大阪府立**枚方西**高等学校
　〒573-0066 大阪府枚方市伊加賀西町53-2
　　TEL 072-846-8123
　　昭和54年4月1日　　大阪府立枚方西高等学校が開校

◇大阪府立**平野**高等学校
　〒547-0014 大阪府大阪市平野区長吉川辺4-2-11

　　TEL 0723-34-7400
　　昭和55年1月　　　大阪府立平野高等学校を設立

◇大阪府立**福井**高等学校
　〒567-0067 大阪府茨木市西福井3-33-11
　　TEL 0726-41-4361
　　平成13年　　　　　大阪府立福井高等学校が開校

◇大阪府立**福泉**高等学校
　〒590-0158 大阪府堺市南区太平寺323
　　TEL 072-299-9500
　　昭和58年　　　　　大阪府立福泉高等学校が開校

◇大阪府立**藤井寺工科**高等学校
　〒583-0021 大阪府藤井寺市御舟町10-1
　　TEL 072-955-0281
　　平成17年　　　　　大阪府立藤井寺工業高等学校を大阪府立藤井寺工科高等学校と改称

◇大阪府立**藤井寺**高等学校
　〒583-0037 大阪府藤井寺市津堂3516
　　TEL 072-955-0281
　　昭和49年4月1日　　大阪府立藤井寺高等学校が開校

◇大阪府立**布施北**高等学校
　〒577-0024 大阪府東大阪市荒本西1-28
　　TEL 06-6787-2666
　　昭和53年1月1日　　大阪府立布施北高等学校を創立

◇大阪府立**布施工科**高等学校
　〒577-0805 大阪府東大阪市宝持3-7-5
　　TEL 06-6722-0221
　　昭和14年4月　　　大阪府立航空工業学校が開校
　　昭和20年12月1日　 大阪府立布施工業学校と改称
　　昭和23年4月1日　　大阪府立布施工業高等学校と改称
　　平成17年4月1日　　大阪府立布施工科高等学校と改称

◇大阪府立**布施**高等学校
　〒577-0803 大阪府東大阪市下小阪3-14-21
　　TEL 06-6723-7500
　　昭和17年　　　　　大阪府立第十七中学校として設立
　　昭和18年　　　　　大阪府立布施中学校と改称
　　昭和23年　　　　　大阪府立布施高等学校と改称

◇**プール学院**高等学校
　　［学校法人 プール学院］
　〒544-0033 大阪府大阪市生野区勝山北1-19-31
　　TEL 06-6741-7005
　　明治12年　　　　　永生学校を創立
　　明治23年　　　　　プール女学校と改称
　　昭和22年　　　　　プール学院高等学校を設置

◇**北陽**高等学校
　　［学校法人 福武学園］
　〒533-0006 大阪府大阪市東淀川区上新庄1-3-26
　　TEL 06-6328-5964
　　大正14年4月　　　北陽商業学校が開校
　　昭和19年3月　　　北陽工業学校と改称
　　昭和21年3月　　　北陽商業学校と改称
　　昭和24年3月　　　北陽高等学校と改称

◇大阪府立**牧野**高等学校
　〒573-1123 大阪府枚方市南船橋1-11-1
　　TEL 072-851-1050
　　昭和51年4月1日　　大阪府立牧野高等学校が開校

大阪府

◇大阪府立茨田高等学校
　〒538-0032 大阪府大阪市鶴見区安田1-5-49
　TEL 06-6911-0001
　昭和50年　　　　　　大阪府立茨田高等学校が開校

◇大阪府立松原高等学校
　〒580-0041 大阪府松原市三宅東3-4-1
　TEL 0723-34-8008
　昭和49年4月1日　　　大阪府立松原高等学校が開校

◇大阪府立三国丘高等学校
　〒590-0023 大阪府堺市堺区南三国ヶ丘町2-2-36
　TEL 072-233-6005
　明治28年1月20日　　大阪府第二尋常中学校を創設
　明治34年4月1日　　　大阪府堺中学校と改称
　明治36年6月1日　　　大阪府立堺中学校と改称
　昭和23年4月1日　　　大阪府立三国ケ丘高等学校を学制
　　　　　　　　　　　　改革により創設
　平成13年1月1日　　　大阪府立三国丘高等学校と改称

◇大阪府立岬高等学校
　〒599-0301 大阪府泉南郡岬町淡輪3246
　TEL 0724-94-0301
　昭和54年　　　　　　大阪府立岬高等学校が開校

◇大阪府立三島高等学校
　〒569-1135 大阪府高槻市今城町27-1
　TEL 0726-82-5884
　昭和45年　　　　　　大阪府立三島高等学校を創立

◇大阪府立港高等学校
　〒552-0001 大阪府大阪市港区波除2-3-1
　TEL 06-6583-1401
　明治44年3月21日　　大阪府江戸堀高等女学校が開校
　大正3年9月9日　　　大阪府立市岡高等女学校と改称
　昭和23年4月1日　　　大阪府立港高等学校と改称

◇箕面学園高等学校
　［学校法人 箕面学園］
　〒562-0001 大阪府箕面市箕面7-7-31
　TEL 072-723-6551
　昭和23年4月　　　　　箕面学園高等学校を開校

◇大阪府立箕面高等学校
　〒562-0004 大阪府箕面市牧落4-8-66
　TEL 0727-21-7091
　昭和38年4月　　　　　大阪府立箕面高等学校が開校

◇箕面自由学園高等学校
　［学校法人 箕面自由学園］
　〒560-0056 大阪府豊中市宮山町4-21-1
　TEL 06-6852-7595
　昭和26年4月　　　　　箕面自由学園高等学校を設立

◇大阪府立箕面東高等学校
　〒562-0025 大阪府箕面市粟生外院5-4-63
　TEL 0727-29-4008
　昭和49年1月1日　　　大阪府立箕面東高等学校を開校

◇大阪府立美原高等学校
　〒587-0022 大阪府堺市美原区平尾234-1
　TEL 0723-62-3100
　昭和51年4月1日　　　大阪府立美原高等学校が開校

◇大阪市立都島工業高等学校
　〒534-0015 大阪府大阪市都島区善源寺町1-5-64
　TEL 06-6921-0231
　明治40年5月　　　　　市立大阪工業学校を創立
　大正9年4月　　　　　大阪市立工業学校と改称
　大正15年4月　　　　　大阪市立都島工業学校と改称
　昭和18年4月　　　　　大阪市立都島高等工業学校を設立
　昭和23年4月　　　　　大阪市立都島工業高等学校と改称

◇大阪市立都島第二工業高等学校
　〒534-0015 大阪府大阪市都島区善源寺町1-5-64
　TEL 06-6921-4236
　昭和23年　　　　　　大阪市立都島第二工業高等学校を
　　　　　　　　　　　設立

◇明浄学院高等学校
　［学校法人 明浄学院］
　〒545-0004 大阪府大阪市阿倍野区文の里3-15-7
　TEL 06-6623-0016
　大正10年4月　　　　　明浄高等女学校を大阪市内日蓮宗
　　　　　　　　　　　寺院が設立
　昭和23年4月　　　　　明浄高等学校と改称
　昭和24年4月　　　　　明浄学院高等学校と改称

◇明星高等学校
　［学校法人 大阪明星学園］
　〒543-0016 大阪府大阪市天王寺区餌差町5-44
　TEL 06-6761-5606
　明治31年　　　　　　明星学校をウォルフが創立
　明治36年　　　　　　明星商業と改称
　昭和22年　　　　　　明星高等学校と改称

◇大阪府立桃谷高等学校
　〒544-0021 大阪府大阪市生野区勝山南3-1-4
　TEL 06-6712-0371
　昭和23年　　　　　　大阪府立大手前高等学校通信教育
　　　　　　　　　　　部として発足
　昭和41年　　　　　　桃谷高等学校通信制として独立
　平成4年　　　　　　　大阪府立桃谷高等学校と改称

◇桃山学院高等学校
　［学校法人 桃山学院］
　〒545-0011 大阪府大阪市阿倍野区昭和町3-1-64
　TEL 06-6621-1181
　明治17年　　　　　　三一男子校を開設
　明治23年　　　　　　高等英学校を設立
　明治28年　　　　　　桃山学院と改称
　明治35年　　　　　　桃山中学校が開校
　昭和23年　　　　　　桃山学院高等学校が発足

◇大阪府立守口東高等学校
　〒570-0005 大阪府守口市八雲中町2-1-32
　TEL 06-6906-8211
　昭和58年4月1日　　　大阪府立守口東高等学校が開校

◇大阪府立八尾北高等学校
　〒581-0834 大阪府八尾市萱振町7-42
　TEL 072-998-2100
　昭和58年4月1日　　　大阪府立八尾北高等学校が開校

◇大阪府立八尾高等学校
　〒581-0073 大阪府八尾市高町1-74
　TEL 072-923-4261
　明治28年4月　　　　　大阪府第三尋常中学校が開校
　明治32年4月　　　　　大阪府第三中学校と改称
　明治34年4月　　　　　大阪府八尾中学校と改称
　明治34年6月　　　　　大阪府立八尾中学校と改称
　昭和23年4月　　　　　大阪府立八尾高等学校と改称

◇大阪府立八尾翠翔高等学校
　〒581-0885　大阪府八尾市神宮寺3-107
　TEL 072-943-8107
　平成14年　　　　　大阪府立八尾翠翔高等学校が開校

◇八洲学園高等学校
　［学校法人　八洲学園］
　〒593-8327　大阪府堺市西区鳳中町7-225-3
　TEL 072-262-8281
　平成4年　　　　　八洲学園高等学校が開校

◇大阪府立山田高等学校
　〒565-0821　大阪府吹田市山田東3-28-1
　TEL 06-6875-5010
　昭和59年　　　　　大阪府立山田高等学校が開校

◇大阪府立大和川高等学校
　〒558-0011　大阪府大阪市住吉区苅田4-1-72
　TEL 06-6692-0006
　昭和38年4月1日　　大阪府立大和川高等学校が開校

◇大阪府立山本高等学校
　〒581-0831　大阪府八尾市山本町北1-1-44
　TEL 072-999-0552
　昭和2年　　　　　大阪府立第十三高等女学校として
　　　　　　　　　　設立
　昭和2年　　　　　大阪府立八尾高等女学校と改称
　昭和23年　　　　　大阪府立山本高等学校を新学制に
　　　　　　　　　　より設立

◇大阪府立夕陽丘高等学校
　〒543-0035　大阪府大阪市天王寺区北山町10-10
　TEL 06-6771-0665
　明治39年　　　　　大阪府立島之内高等女学校として
　　　　　　　　　　設立
　明治42年　　　　　大阪府立夕陽丘高等女学校と改称
　昭和23年　　　　　大阪府立夕陽丘高等学校と改称

◇大阪府立横山高等学校
　〒594-1121　大阪府和泉市下宮町160
　TEL 0725-92-0551
　昭和23年　　　　　大阪府立横山高等学校が開校

◇大阪府立淀川工科高等学校
　〒535-0001　大阪府大阪市旭区太子橋3-1-32
　TEL 06-6952-0001
　昭和12年4月　　　大阪府立第六職工学校が開校
　昭和16年9月　　　大阪府立淀川工業学校と改称
　昭和23年4月　　　淀川工業学校，淀川第二工業学校
　　　　　　　　　　を統合し
　　　　　　　　　　大阪府立淀川工業高等学校と改称
　平成17年4月　　　大阪府立淀川工科高等学校と改称

◇大阪市立淀商業高等学校
　〒555-0024　大阪府大阪市西淀川区野里3-3-15
　TEL 06-6474-2221
　昭和15年4月1日　　大阪市立第七商業学校が開校
　昭和23年4月1日　　大阪市立第七商業高等学校と改称
　昭和25年4月1日　　大阪市立淀高等学校と改称
　昭和38年4月1日　　大阪市立淀商業高等学校と改称

◇淀之水高等学校
　［学校法人　淀之水学院］
　〒554-0011　大阪府大阪市此花区朝日1-1-9
　TEL 06-6461-0091
　大正13年　　　　　淀之水高等女学校が開校
　昭和26年　　　　　淀之水高等学校と改称

◇履正社高等学校
　［学校法人　履正社］
　〒560-0874　大阪府豊中市長興寺南4-3-19
　TEL 06-6864-0456
　大正11年　　　　　大阪福島商業学校を創設
　昭和26年　　　　　大阪福島商業高等学校と改称
　昭和58年　　　　　履正社高等学校と改称

◇大阪府立緑風冠高等学校
　〒574-0072　大阪府大東市深野4-12-1
　TEL 072-871-5473
　平成18年4月　　　大阪府立南寝屋川高等学校を
　　　　　　　　　　大阪府立緑風冠高等学校が開校

◇YMCA学院高等学校
　［学校法人　大阪キリスト教青年会］
　〒543-0054　大阪府大阪市天王寺区南河堀町9-52
　TEL 06-6779-5690
　平成14年　　　　　YMCA学院高等学校が開校

# 兵庫県

## 【大学】

◇芦屋大学
　［学校法人 芦屋学園］
　〒659-8511 兵庫県芦屋市六麓荘町13-22
　TEL 0797-23-0661
　昭和39年4月　　　芦屋大学を創立

◇英知大学
　［学校法人 英知学院］
　〒661-8530 兵庫県尼崎市若王寺2-18-1
　TEL 06-6491-5000
　昭和37年4月　　　英知短期大学（のち廃止）を設立
　昭和38年4月　　　英知大学を創設

◇大手前大学
　［学校法人 大手前学園］
　〒662-8552 兵庫県西宮市御茶家所町6-42
　TEL 0798-34-6331
　昭和41年4月　　　大手前女子大学が開学
　平成12年　　　　大手前大学と改称

◇関西国際大学
　［学校法人 濱名学院］
　〒673-0521 兵庫県三木市志染町青山1-18
　TEL 0794-85-2288
　昭和62年　　　　関西女学院短期大学（現:募集停止）を開学
　平成10年4月　　　関西国際大学を開学

◇関西福祉大学
　［学校法人 関西金光学園］
　〒678-0255 兵庫県赤穂市新田380-3
　TEL 0791-46-2525
　平成9年4月1日　　関西福祉大学を開学

◇関西学院大学
　［学校法人 関西学院］
　〒662-8501 兵庫県西宮市上ケ原一番町1-155
　TEL 0798-54-6100
　明治22年　　　　関西学院をW.R.ランバスが創立
　昭和7年　　　　　関西学院大学を設立

◇近畿福祉大学
　［学校法人 姫路学院］
　〒679-2217 兵庫県神崎郡福崎町高岡字塩田1966-5
　TEL 0790-22-2620
　昭和48年　　　　姫路学院女子短期大学を開学
　平成12年　　　　近畿福祉大学と改組開学

◇甲子園大学
　［学校法人 甲子園学院］
　〒665-0006 兵庫県宝塚市紅葉ガ丘10-1
　TEL 0797-87-5111
　昭和42年1月　　　甲子園大学を設置

◇甲南女子大学
　［学校法人 甲南女子学園］
　〒658-0001 兵庫県神戸市東灘区森北町6-2-23
　TEL 078-431-0391
　昭和39年　　　　甲南女子大学が開学

◇甲南大学
　［学校法人 甲南学園］
　〒658-8501 兵庫県神戸市東灘区岡本8-9-1
　TEL 078-431-4341
　昭和26年　　　　甲南大学が開学

◇神戸海星女子学院大学
　［学校法人 海星女子学院］
　〒657-0805 兵庫県神戸市灘区青谷町2-7-1
　TEL 078-801-2277
　昭和40年　　　　神戸海星女子学院大学を設立

◇神戸学院大学
　［学校法人 神戸学院］
　〒651-2180 兵庫県神戸市西区伊川谷町有瀬518
　TEL 078-974-1551
　昭和41年　　　　神戸学院大学を設置

◇神戸芸術工科大学
　［学校法人 谷岡学園］
　〒651-2196 兵庫県神戸市西区学園西町8-1-1
　TEL 078-794-2112
　平成元年4月　　　神戸芸術工科大学が開学

◇神戸国際大学
　［学校法人 八代学院］
　〒658-0032 兵庫県神戸市東灘区向洋町中9-1-6
　TEL 078-845-3111
　昭和43年　　　　八代学院大学が開学
　平成4年　　　　　神戸国際大学と改称

◇神戸市外国語大学
　〒651-2187 兵庫県神戸市西区学園東町9丁目1
　TEL 078-794-8121
　昭和21年　　　　神戸市立外事専門学校を設立
　昭和24年　　　　神戸市外国語大学と改称

◇神戸市看護大学
　〒651-2103 兵庫県神戸市西区学園西町3丁目4
　TEL 078-794-8080
　昭和56年4月　　　神戸市立看護短期大学が開学
　平成8年4月　　　　神戸市看護大学と改称

◇神戸松蔭女子学院大学
　［学校法人 松蔭女子学院］
　〒657-0015 兵庫県神戸市灘区篠原伯母野山町1-2-1
　TEL 078-882-6122
　昭和41年　　　　松蔭女子学院大学を設置
　平成7年　　　　　神戸松蔭女子学院大学と改称

◇神戸情報大学院大学
　［学校法人 コンピュータ総合学園］
　〒650-0001 兵庫県神戸市中央区加納町2-2-7
　TEL 078-262-7715
　平成17年4月　　　神戸情報大学院大学が開学

◇神戸女学院大学
　［学校法人 神戸女学院］
　〒662-8505 兵庫県西宮市岡田山4-1
　TEL 0798-51-8536
　明治6年　　　　　私塾をタルカット、ダッドレーが開設
　明治8年　　　　　女学校（通称:神戸ホーム）を設立
　明治12年　　　　神戸英和女学校と改称
　明治27年　　　　神戸女学院と改称
　昭和23年　　　　神戸女学院大学と改称

◇神戸女子大学
　[学校法人 行吉学園]
　〒654-8585 兵庫県神戸市須磨区東須磨青山2-1
　TEL 078-731-4416
　昭和41年3月　　　　神戸女子大学を設置

◇神戸親和女子大学
　[学校法人 親和学園]
　〒651-1111 兵庫県神戸市北区鈴蘭台北町7-13-1
　TEL 078-591-1651
　昭和41年　　　　　親和女子大学が開学
　平成6年　　　　　　神戸親和女子大学と改称

◇神戸大学
　〒657-8501 兵庫県神戸市灘区六甲台町1-1
　TEL 078-881-1212
　明治35年3月　　　　神戸高等商業学校を設置
　昭和4年4月　　　　神戸商業大学に昇格
　昭和19年10月　　　神戸経済大学と改称
　昭和24年5月　　　　兵庫師範学校，神戸工業専門学校，
　　　　　　　　　　　兵庫青年師範学校，兵庫県立医
　　　　　　　　　　　学専門学校，兵庫県立医科大学
　　　　　　　　　　　予科，神戸経済大学予科，姫路高
　　　　　　　　　　　等学校を統合し
　　　　　　　　　　　神戸大学を設置
　昭和39年4月　　　　兵庫県立神戸医科大学を統合
　昭和41年4月　　　　兵庫県立兵庫農科大学を統合
　平成15年10月　　　神戸商船大学と統合
〈兵庫師範学校〉
　明治7年10月　　　　兵庫県師範伝習所を創設
　明治10年1月　　　　神戸師範学校と改称
　明治19年4月　　　　兵庫県尋常師範学校と改称
　明治31年4月　　　　兵庫県師範学校と改称
　明治33年2月　　　　兵庫県第二師範学校(のち:兵庫県
　　　　　　　　　　　姫路師範学校)を設置
　明治33年4月　　　　兵庫県第一師範学校と改称
　明治34年4月　　　　兵庫県御影師範学校と改称
　明治35年2月　　　　兵庫県明石女子師範学校を設置
　昭和11年4月　　　　兵庫県御影師範学校，兵庫県姫路
　　　　　　　　　　　師範学校を廃止し
　　　　　　　　　　　兵庫県師範学校を設置
　昭和18年4月　　　　兵庫県師範学校，兵庫県明石女子
　　　　　　　　　　　師範学校を廃止し
　　　　　　　　　　　兵庫師範学校を設置
〈神戸工業専門学校〉
　大正10年12月　　　神戸高等工業学校を設置
　昭和19年4月　　　　神戸工業専門学校と改称
〈兵庫青年師範学校〉
　大正8年4月　　　　兵庫県立農学校別科を設置
　大正12年3月　　　　兵庫県立農学校甲種別科が独立し
　　　　　　　　　　　兵庫県立農業補習学校教員養成所
　　　　　　　　　　　を設置
　昭和10年6月　　　　兵庫県立青年学校教員養成所と改
　　　　　　　　　　　称
　昭和19年4月　　　　兵庫県立青年学校教員養成所を廃
　　　　　　　　　　　止し
　　　　　　　　　　　兵庫青年師範学校を設置
〈兵庫県立医学専門学校〉
　昭和19年1月　　　　兵庫県立医学専門学校を設置
〈兵庫県立医科大学〉
　昭和21年4月　　　　兵庫県立医科大学を設置
〈姫路高等学校〉
　大正12年12月　　　姫路高等学校を設置

〈神戸経済大学予科〉
　昭和15年5月　　　　神戸商業大学予科(のち:神戸経済
　　　　　　　　　　　大学予科)を設置
〈神戸商船大学〉
　大正6年9月　　　　私立川崎商船学校を設置
　大正9年8月　　　　私立川崎商船学校を廃止し
　　　　　　　　　　　神戸高等商船学校を設置
　昭和20年4月　　　　東京高等商船学校，清水高等商船
　　　　　　　　　　　学校を統合し
　　　　　　　　　　　高等商船学校を設置
　昭和27年5月　　　　神戸商船大学を設置

◇神戸ファッション造形大学
　[学校法人 福冨学園]
　〒673-0001 兵庫県明石市明南町2-1-50
　TEL 078-927-0771
　平成17年4月　　　　神戸ファッション造形大学が開学

◇神戸薬科大学
　[学校法人 神戸薬科大学]
　〒658-8558 兵庫県神戸市東灘区本山北町4-19-1
　TEL 078-453-0031
　昭和5年　　　　　　神戸女子薬学校を設立
　昭和7年　　　　　　神戸女子薬学専門学校(のち廃校)
　　　　　　　　　　　を設立
　昭和24年　　　　　　神戸女子薬科大学を設置
　平成6年　　　　　　神戸薬科大学と改称

◇神戸山手大学
　[学校法人 神戸山手学園]
　〒650-0004 兵庫県神戸市中央区中山手通6-5-2
　TEL 078-371-8000
　平成11年　　　　　神戸山手大学を設立

◇聖和大学
　[学校法人 聖和大学]
　〒662-0827 兵庫県西宮市岡田山7-54
　TEL 0798-52-0724
　昭和39年　　　　　聖和女子大学を開設
　昭和56年　　　　　聖和大学と改称

◇園田学園女子大学
　[学校法人 園田学園]
　〒661-8520 兵庫県尼崎市南塚口町7-29-1
　TEL 06-6429-1201
　昭和41年　　　　　園田学園女子大学を開学

◇宝塚造形芸術大学
　[学校法人 関西女子学園]
　〒665-0803 兵庫県宝塚市花屋敷つつじガ丘7-27
　TEL 072-756-1231
　昭和62年4月　　　　宝塚造形芸術大学を開設

◇姫路獨協大学
　[学校法人 獨協学園]
　〒670-8524 兵庫県姫路市上大野7-2-1
　TEL 0792-23-2211
　昭和62年　　　　　姫路獨協大学を開学

◇兵庫医科大学
　[学校法人 兵庫医科大学]
　〒663-8501 兵庫県西宮市武庫川町1-1
　TEL 0798-45-6111
　昭和47年4月　　　　兵庫医科大学が開学

兵庫県

◇兵庫教育大学
　〒673-1494 兵庫県加東市下久米942-1
　TEL 0795-44-1101
　昭和53年10月1日　　兵庫教育大学を設置

◇兵庫県立大学
　〒650-0044 兵庫県神戸市中央区東川崎町1丁目3-3
　TEL 078-367-8600
〈神戸商科大学〉
　昭和4年　　　　　兵庫県立神戸高等商業学校として
　　　　　　　　　　開校
　昭和23年　　　　　神戸商科大学と改称
〈姫路工業大学〉
　昭和19年　　　　　兵庫県立高等工業高等学校として
　　　　　　　　　　開校
　昭和24年　　　　　姫路工業大学と改称
〈兵庫県立看護大学〉
　平成5年　　　　　兵庫県立看護大学が開学
〈統合〉
　平成16年　　　　　神戸商科大学, 姫路工業大学, 兵庫
　　　　　　　　　　県立看護大学が統合し
　　　　　　　　　　兵庫県立大学と改称

◇兵庫大学
　［学校法人 睦学園］
　〒675-0195 兵庫県加古川市平岡町新在家2301
　TEL 0794-27-5111
　平成7年　　　　　兵庫大学を設置

◇武庫川女子大学
　［学校法人 武庫川学院］
　〒663-8558 兵庫県西宮市池開町6-46
　TEL 0798-47-1212
　昭和14年2月25日　武庫川学院を公江喜市郎が創設
　昭和21年4月1日　　武庫川女子専門学校が開校
　昭和24年4月1日　　武庫川学院女子大学が開学
　昭和33年　　　　　武庫川女子大学と改称

◇流通科学大学
　［学校法人 中内学園］
　〒651-2188 兵庫県神戸市西区学園西町3-1
　TEL 078-794-3555
　昭和63年4月　　　流通科学大学が開学

【短大】

◇芦屋女子短期大学
　［学校法人 芦屋学園］
　〒659-8511 兵庫県芦屋市六麓荘町14-10
　TEL 0797-23-0661
　昭和36年11月　　　芦屋女子短期大学が開学

◇大手前短期大学
　［学校法人 大手前学園］
　〒664-0861 兵庫県伊丹市稲野町2-2-2
　TEL 072-770-6334
　昭和21年4月　　　大手前文化学院を藤井健造が設立
　昭和26年4月　　　大手前女子短期大学を開学
　平成16年　　　　　大手前短期大学と改称

◇近畿大学豊岡短期大学
　［学校法人 近畿大学弘徳学園］
　〒668-8580 兵庫県豊岡市戸牧160
　TEL 0796-22-6361
　昭和42年　　　　　近畿大学豊岡女子短期大学が開学
　平成元年　　　　　近畿大学豊岡短期大学と改称

◇賢明女子学院短期大学
　［学校法人 賢明女子学院］
　〒671-0101 兵庫県姫路市大塩町2042-2
　TEL 0792-54-5711
　昭和32年4月　　　賢明女子学院短期大学が開学

◇甲子園短期大学
　［学校法人 甲子園学院］
　〒663-8107 兵庫県西宮市瓦林町4-25
　TEL 0798-65-3300
　昭和39年1月　　　甲子園短期大学を設置

◇神戸松蔭女子学院大学短期大学部
　［学校法人 松蔭女子学院］
　〒657-0015 兵庫県神戸市灘区篠原伯母野山町1-2-1
　TEL 078-882-6122
　明治25年　　　　　松蔭女学校を創立
　昭和22年　　　　　松蔭女子専門学校を設立
　昭和25年　　　　　松蔭短期大学として発足
　平成7年　　　　　神戸松蔭女子学院短期大学と改称
　平成17年　　　　　神戸松蔭女子学院大学短期大学部
　　　　　　　　　　と改称

◇神戸女子短期大学
　［学校法人 行吉学園］
　〒650-0046 兵庫県神戸市中央区港島中町4-7-2
　TEL 078-303-4700
　昭和15年11月　　　新装女学院を設置
　昭和25年3月　　　神戸女子短期大学を設置

◇神戸常盤短期大学
　［学校法人 玉田学園］
　〒653-0838 兵庫県神戸市長田区大谷町2-6-2
　TEL 078-611-1821
　昭和42年　　　　　神戸常盤短期大学を開設

◇神戸文化短期大学
　［学校法人 福冨学園］
　〒673-0001 兵庫県明石市明南町2-1-50
　TEL 078-927-0771
　昭和12年3月　　　神戸ドレスメーカー女学院を創立
　昭和42年3月　　　明石女子短期大学を設置
　昭和44年4月　　　明石短期大学と改称
　平成2年4月　　　神戸文化短期大学と改称

◇神戸山手短期大学
　［学校法人 神戸山手学園］
　〒650-0006 兵庫県神戸市中央区諏訪山町3-1
　TEL 078-341-6060
　昭和25年　　　　　神戸山手女子短期大学が開学
　平成16年　　　　　神戸山手短期大学と改称

◇産業技術短期大学
　［学校法人 鉄鋼学園］
　〒661-0047 兵庫県尼崎市西昆陽1-27-1
　TEL 06-6431-7561
　昭和37年　　　　　関西鉄鋼短期大学が開学
　昭和63年　　　　　産業技術短期大学と改称

◇夙川学院短期大学
　［学校法人 夙川学院］
　〒662-8555 兵庫県西宮市甑岩町6-58
　TEL 0798-73-3755
　昭和40年4月　　　夙川学院短期大学を開学

◇頌栄短期大学
　［学校法人　頌榮保育学院］
　〒658-0065　兵庫県神戸市東灘区御影山手1-18-1
　TEL 078-842-2541
　昭和25年　　　　　　頌栄短期大学が開学

◇聖和大学短期大学部
　［学校法人　聖和大学］
　〒662-0827　兵庫県西宮市岡田山7-54
　TEL 0798-52-0724
　明治13年　　　　　　神戸女子神学校をジュリア・E.ダッドレーとマーサ・J.バローズが設立
　明治21年　　　　　　ランバス記念伝道女学校をメアリー・I.ランバスが設立
　明治28年　　　　　　広島女学校保母師範科をナニー・B.ゲーンスが設立
　大正10年　　　　　　ランバス記念伝道女学校，広島女学校保母師範科が統合しランバス女学院と改称
　昭和16年　　　　　　ランバス女学院，神戸女子神学校が統合し
　　　　　　　　　　　聖和女子学院と改称
　昭和25年　　　　　　聖和女子短期大学と改称
　昭和56年　　　　　　聖和短期大学と改称
　昭和63年　　　　　　聖和大学短期大学部と改称

◇園田学園女子大学短期大学部
　［学校法人　園田学園］
　〒661-8520　兵庫県尼崎市南塚口町7-29-1
　TEL 06-6429-1201
　昭和38年　　　　　　園田学園女子短期大学を開学
　平成6年　　　　　　 園田学園女子大学短期大学部と改称

◇東洋食品工業短期大学
　［学校法人　東洋食品工業短期大学］
　〒666-0026　兵庫県川西市南花屋敷4-23-2
　TEL 072-759-4221
　昭和13年4月　　　　 東洋罐詰専修学校を高碕達之助が創設
　昭和36年4月　　　　 東洋食品工業短期大学と改称

◇姫路日ノ本短期大学
　［学校法人　日ノ本学園］
　〒679-2151　兵庫県姫路市香寺町香呂890
　TEL 0792-32-4140
　昭和49年4月　　　　 日ノ本学園短期大学が開学
　平成9年4月　　　　　姫路日ノ本短期大学と改称

◇兵庫大学短期大学部
　［学校法人　睦学園］
　〒675-0195　兵庫県加古川市平岡町新在家2301
　TEL 0794-24-0052
　昭和30年　　　　　　睦学園女子短期大学を設置
　昭和41年　　　　　　兵庫女子短期大学と改称
　平成10年　　　　　　兵庫大学短期大学部と改称

◇湊川短期大学
　［学校法人　湊川相野学園］
　〒669-1342　兵庫県三田市四ツ辻1430
　TEL 079-567-1381
　昭和27年　　　　　　湊川家政短期大学を設立
　昭和33年　　　　　　湊川女子短期大学と改称
　平成15年4月　　　　 湊川短期大学と改称

◇武庫川女子大学短期大学部
　［学校法人　武庫川学院］
　〒663-8558　兵庫県西宮市池開町6-46
　TEL 0798-47-1212
　昭和14年2月25日　　 武庫川学院を公江喜市郎が創設
　昭和21年4月1日　　　武庫川女子専門学校が開校
　昭和25年4月1日　　　武庫川学院女子短期大学が開学
　昭和60年　　　　　　武庫川女子大学短期大学部と改称

【高専】

◇明石工業高等専門学校
　〒674-8501　兵庫県明石市魚住町西岡679-3
　TEL 078-946-6017
　昭和37年4月1日　　　明石工業高等専門学校を創設

◇神戸市立工業高等専門学校
　〒651-2194　兵庫県神戸市西区学園東町8-3
　TEL 078-795-3311
　昭和37年12月15日　　神戸市立六甲工業高等専門学校を設立
　昭和41年4月1日　　　神戸市立工業高等専門学校と改称

【高校】

◇兵庫県立相生高等学校
　〒678-0001　兵庫県相生市山手1-722-10
　TEL 0791-23-0800
　昭和52年4月1日　　　兵庫県立相生高等学校を開校

◇兵庫県立相生産業高等学校
　〒678-0062　兵庫県相生市千尋町10-50
　TEL 0791-22-0595
　昭和19年2月11日　　 相生市立相生造船工業学校を設立
　昭和20年4月1日　　　兵庫県立相生造船工業学校と改称
　昭和23年4月1日　　　兵庫県立相生工業高等学校と改称
　昭和34年4月1日　　　兵庫県立相生産業高等学校と改称

◇愛徳学園高等学校
　［学校法人　愛徳学園］
　〒655-0037　兵庫県神戸市垂水区歌敷山3-6-49
　TEL 078-708-5353
　昭和37年　　　　　　愛徳学園高等学校を創立

◇兵庫県立明石北高等学校
　〒674-0053　兵庫県明石市大久保町松陰364-1
　TEL 078-936-9100
　昭和47年4月1日　　　兵庫県立明石北高等学校が開校

◇兵庫県立明石高等学校
　〒673-8585　兵庫県明石市荷山町1744
　TEL 078-911-4376
　大正10年　　　　　　市立明石中学校の設立を議決
　大正12年　　　　　　明石市立明石中学校が開校
　昭和3年　　　　　　 兵庫県立明石中学校と改称
　昭和23年　　　　　　兵庫県立明石高等学校と改称

◇兵庫県立明石清水高等学校
　〒674-0074　兵庫県明石市魚住町清水630-1
　TEL 078-947-1182
　昭和55年4月1日　　　兵庫県立明石清水高等学校が開校

◇明石市立明石商業高等学校
　〒674-0072　兵庫県明石市魚住町長坂寺1250
　TEL 078-946-1321
　昭和28年4月1日　　　明石市立明石商業高等学校を設置

学校名変遷総覧　大学・高校編　293

# 兵庫県

◇兵庫県立**明石城西高等学校**
　〒674-0062　兵庫県明石市大久保町谷八木字奥北野1190-7
　TEL 078-936-8495
　昭和59年4月1日　　兵庫県立明石城西高等学校が開校

◇兵庫県立**明石西高等学校**
　〒674-0094　兵庫県明石市二見町西二見1642-1
　TEL 078-943-3350
　昭和51年　　兵庫県立明石西高等学校が開校

◇兵庫県立**明石南高等学校**
　〒673-0001　兵庫県明石市明南町3-2-1
　TEL 078-923-3617
　大正10年4月　　兵庫県明石高等女学校を創立
　昭和23年9月　　明石市立明南高等学校と改称
　昭和31年4月　　兵庫県立明石南高等学校と改称

◇兵庫県立**赤穂高等学校**
　〒678-0225　兵庫県赤穂市海浜町139
　TEL 07914-3-2151
　〈兵庫県立赤穂北高等学校〉
　明治45年4月1日　　赤穂郡南部6カ町村組合立赤穂実科女学校が開校
　大正10年4月1日　　組合立赤穂実科高等女学校と改称
　大正15年4月1日　　組合立赤穂高等女学校と改称
　昭和17年4月1日　　兵庫県立赤穂高等女学校と改称
　昭和23年4月1日　　兵庫県立赤穂北高等学校と改称
　〈兵庫県立赤穂南高等学校〉
　昭和2年4月1日　　兵庫県立赤穂中学校を建学
　昭和23年4月1日　　兵庫県立赤穂南高等学校と改称
　〈統合〉
　昭和23年9月1日　　兵庫県立赤穂北高等学校，兵庫県立赤穂南高等学校を統合し兵庫県立赤穂高等学校と改称

◇兵庫県立**芦屋高等学校**
　〒659-0063　兵庫県芦屋市宮川町6-3
　TEL 0797-32-2325
　昭和15年4月　　兵庫県立芦屋中学校を創設
　昭和23年　　兵庫県立芦屋高等学校と改称

◇芦屋市立**芦屋高等学校**
　〒659-0001　兵庫県芦屋市剣谷9
　TEL 0797-32-1131
　昭和37年　　芦屋市立芦屋高等学校が開校

◇**芦屋大学附属高等学校**
　［学校法人　芦屋学園］
　〒659-0011　兵庫県芦屋市六麓荘町16-18
　TEL 0797-31-0666
　昭和12年4月　　芦屋高等女学校を設立
　昭和22年4月　　芦屋女子高等学校が発足
　昭和61年4月　　芦屋大学附属高等学校と改称

◇兵庫県立**網干高等学校**
　〒671-1286　兵庫県姫路市網干区新在家259-1
　TEL 0792-74-2012
　昭和54年　　兵庫県立網干高等学校が開校

◇兵庫県立**尼崎稲園高等学校**
　〒661-0981　兵庫県尼崎市猪名寺3-1-1
　TEL 06-6422-0271
　昭和53年4月1日　　兵庫県立尼崎稲園高等学校が開校

◇兵庫県立**尼崎小田高等学校**
　〒660-0802　兵庫県尼崎市長洲中通2-17-46
　TEL 06-6488-5335
　昭和47年4月1日　　兵庫県立尼崎小田高等学校が開校

◇兵庫県立**尼崎北高等学校**
　〒661-0002　兵庫県尼崎市塚口町5-40-1
　TEL 06-6421-0132
　大正11年3月31日　　中外商業学校（のち:中外商業高等学校）を設立
　大正11年4月1日　　琴浦女学校（のち:琴浦女子高等学校）を設立
　〈統合〉
　昭和26年4月1日　　中外商業高等学校，琴浦女子高等学校を統合し尼崎市立北高等学校として設立
　昭和26年10月1日　　兵庫県立尼崎北高等学校と改称

◇兵庫県立**尼崎工業高等学校**
　〒660-0802　兵庫県尼崎市長州中通1-13-1
　TEL 06-6481-4841
　昭和13年4月　　兵庫県立尼崎工業学校が開校
　昭和23年4月　　兵庫県立尼崎工業高等学校と改称

◇尼崎市立**尼崎工業高等学校**
　〒660-0892　兵庫県尼崎市東難波町2-17-64
　TEL 06-6481-7700
　昭和26年4月1日　　住友工業高等学校を開校
　昭和31年4月1日　　尼崎市立尼崎商業高等学校，住友工業高等学校が合併し尼崎市立尼崎産業高等学校が開校
　昭和47年4月1日　　尼崎市立尼崎工業高等学校と改称

◇兵庫県立**尼崎高等学校**
　〒660-0804　兵庫県尼崎市北大物町18-1
　TEL 06-6401-0643
　大正12年　　尼崎市立中学校が開校
　昭和5年4月1日　　兵庫県立尼崎中学校と改称
　昭和23年4月1日　　兵庫県立尼崎高等学校と改称
　昭和43年4月1日　　兵庫県立尼崎南高等学校として定時制課程が独立

◇尼崎市立**尼崎高等学校**
　〒661-0014　兵庫県尼崎市上之島町1-38-1
　TEL 06-6429-0169
　大正2年　　尼崎町立実科高等女学校を創立
　大正8年　　尼崎市立高等女学校と改称
　昭和23年　　尼崎市立尼崎高等学校と改称

◇尼崎市立**尼崎産業高等学校**
　〒660-0892　兵庫県尼崎市東難波町2-17-64
　TEL 06-6481-1431
　大正5年4月1日　　住友私立職工養成所が開設
　昭和17年3月31日　　住友工業学校と改称
　昭和23年4月1日　　住友工業高等学校と改称
　昭和29年2月26日　　尼崎市立尼崎商業高等学校を設立
　昭和29年4月1日　　尼崎市立尼崎商業高等学校が開校
　昭和31年3月7日　　尼崎市立尼崎商業高等学校と合併し尼崎市立尼崎産業高等学校が開校

◇兵庫県立**尼崎西高等学校**
　〒660-0076　兵庫県尼崎市大島2-34-1
　TEL 06-6417-5021
　昭和38年4月1日　　尼崎市立尼崎西高等学校として設立

| 昭和41年1月 | 兵庫県立尼崎西高等学校と改称 |

◇尼崎市立**尼崎東高等学校**
〒661-0982 兵庫県尼崎市食満5-22-1
TEL 06-6491-7000
| 昭和38年4月 | 尼崎市立尼崎東高等学校が開校 |

◇兵庫県立**有馬高等学校**
〒669-1531 兵庫県三田市天神2-1-50
TEL 079-563-2881
〈兵庫県立三田農業高等学校〉
| 明治29年9月9日 | 三田町1ヶ町村組合立有馬農林学校を設立 |
| 明治33年10月2日 | 有馬郡立農林学校と改称 |
| 大正11年4月1日 | 兵庫県立三田農林学校と改称 |
| 昭和23年4月1日 | 兵庫県立三田農業高等学校と改称 |

〈兵庫県立三田高等学校〉
| 明治40年5月1日 | 三田裁縫女学校を設立 |
| 大正9年4月1日 | 三田実科女学校と改称 |
| 昭和23年4月1日 | 兵庫県立三田高等学校と改称 |

〈統合〉
| 昭和23年9月1日 | 兵庫県立三田農業高等学校, 兵庫県立三田高等学校が統合し兵庫県立有馬高等学校を設置 |

◇兵庫県立**淡路高等学校**
〒656-1711 兵庫県淡路市富島171-2
TEL 0799-82-1137
| 大正12年3月31日 | 組合立津名郡北淡実業学校が開校 |
| 大正14年4月1日 | 兵庫県淡路実業学校と改称 |
| 昭和6年4月1日 | 兵庫県立淡路実業学校と改称 |
| 昭和23年4月1日 | 兵庫県立淡路農業高等学校と改称 |
| 平成10年4月1日 | 兵庫県立淡路高等学校と改称 |

◇兵庫県立**淡路高等学校一宮校**
〒656-1511 兵庫県淡路市郡家649-1
TEL 0799-85-1183
| 昭和23年10月25日 | 兵庫県立淡路高等学校一宮分校を設立 |
| 平成13年4月1日 | 兵庫県立淡路高等学校一宮校と改称 |

◇兵庫県立**家島高等学校**
〒672-0102 兵庫県姫路市家島町宮1759-1
TEL 07932-5-0165
| 昭和27年 | 兵庫県立姫路東高等学校家島分校が開校 |
| 昭和59年 | 兵庫県立家島高等学校として独立 |

◇兵庫県立**伊川谷北高等学校**
〒651-2103 兵庫県神戸市西区学園西町6-1
TEL 078-792-6902
| 昭和61年4月1日 | 兵庫県立伊川谷北高等学校が開校 |

◇兵庫県立**伊川谷高等学校**
〒651-2104 兵庫県神戸市西区伊川谷町長坂910-5
TEL 078-974-5630
| 昭和51年4月1日 | 兵庫県立伊川谷高等学校が開校 |

◇**育英高等学校**
[学校法人 武井育英会]
〒653-0855 兵庫県神戸市長田区長尾町2-1-15
TEL 078-611-6001
| 明治32年10月 | 数英漢学会を庄野一英が創立 |
| 明治33年1月 | 育英会と改称 |
| 明治35年6月 | 私立神戸育英塾と改称 |
| 大正4年7月 | 私立甲種育英商業学校を設立 |
| 大正9年6月 | 育英商業学校と改称 |
| 昭和23年7月 | 育英高等学校と改称 |

◇**生野学園高等学校**
[学校法人 生野学園]
〒679-3331 兵庫県朝来市生野町栃原字西桝渕28-2
TEL 079-679-3451
| 平成元年3月3日 | 生野学園高等学校を設置 |

◇兵庫県立**生野高等学校**
〒679-3311 兵庫県朝来市生野町真弓字坂巻432-1
TEL 079-679-3123
〈兵庫県立生野北高等学校〉
| 大正2年 | 生野町立生野実科女学校が開校 |
| 大正8年 | 兵庫県生野実科高等女学校と改称 |
| 昭和3年 | 兵庫県生野高等女学校と改称 |
| 昭和5年 | 兵庫県立生野高等女学校と改称 |
| 昭和22年 | 兵庫県立生野しろがね高等学校と改称 |
| 昭和23年 | 兵庫県立生野北高等学校と改称 |

〈兵庫県立生野南高等学校〉
| 昭和18年 | 兵庫県立生野中学校が開校 |
| 昭和22年 | 兵庫県立生野南嶺高等学校と改称 |
| 昭和23年 | 兵庫県立生野南高等学校と改称 |

〈統合〉
| 昭和23年9月18日 | 兵庫県立生野北高等学校, 兵庫県立生野南高等学校が統合し兵庫県立生野高等学校と改称 |

◇兵庫県立**出石高等学校**
〒668-0211 兵庫県豊岡市出石町下谷35-1
TEL 0796-52-3131
| 明治40年3月 | 出石町立女子技芸学校を設置 |
| 大正11年4月 | 出石町立実科高等女学校と改称 |
| 昭和8年4月 | 兵庫県立出石高等女学校と改称 |
| 昭和23年4月 | 兵庫県立出石高等学校と改称 |

◇兵庫県立**伊丹北高等学校**
〒664-0006 兵庫県伊丹市鴻池字西池1
TEL 072-779-4651
| 昭和48年4月 | 兵庫県立伊丹北高等学校が開校 |

◇兵庫県立**伊丹高等学校**
〒664-0012 兵庫県伊丹市緑ケ丘7-31-1
TEL 072-782-2065
〈兵庫県立伊丹中学校〉
| 明治35年 | 兵庫県立伊丹中学校が開校 |

〈兵庫県立伊丹高等女学校〉
| 大正10年 | 川辺郡立高等女学校が開校 |
| 大正11年 | 兵庫県立伊丹高等女学校と改称 |

〈統合〉
| 昭和23年 | 兵庫県立伊丹中学校, 兵庫県立伊丹高等女学校を統合し兵庫県立伊丹高等学校が発足 |

◇伊丹市立**伊丹高等学校**
〒664-0857 兵庫県伊丹市行基町4-1
TEL 072-772-2040
| 明治40年3月30日 | 伊丹町立裁縫学校を設置 |
| 昭和16年3月31日 | 伊丹市立高等学校家政女学校の設立を認可 |
| 昭和21年3月14日 | 伊丹市立高等女学校に組織変更が認可される |
| 昭和23年3月31日 | 伊丹市立高等学校と改称 |

兵庫県

| | |
|---|---|
| 昭和42年4月1日 | 伊丹市立伊丹高等学校と改称 |

◇兵庫県立**伊丹西**高等学校
　〒664-0025 兵庫県伊丹市奥畑3-5
　TEL 072-777-3711
　昭和54年　　　　兵庫県立伊丹西高等学校が開校

◇**市川**高等学校
　［学校法人 市川学院］
　〒679-2395 兵庫県神崎郡市川町東川辺776-18
　TEL 0790-26-0751
　昭和12年4月15日　市川中学校を古賀米吉が創立
　昭和23年3月31日　市川高等学校を設置

◇兵庫県立**猪名川**高等学校
　〒666-0233 兵庫県川辺郡猪名川町柴合字新林4-4
　TEL 072-766-0101
　昭和50年　　　　兵庫県立猪名川高等学校が開校

◇兵庫県立**伊和**高等学校
　〒671-4131 兵庫県宍粟市一宮町安積616-2
　TEL 0790-72-0240
　昭和23年10月1日　兵庫県立山崎高等学校神戸分校,
　　　　　　　　　　兵庫県立山崎高等学校西谷分校
　　　　　　　　　　を設置
　昭和26年4月1日　兵庫県立山崎高等学校三方分校
　　　　　　　　　　（定時制課程）を設置
　昭和32年4月1日　兵庫県立山崎高等学校西谷分校を
　　　　　　　　　　兵庫県立山崎高等学校波賀分校と
　　　　　　　　　　改称
　昭和36年4月1日　兵庫県立山崎高等学校神戸分校,
　　　　　　　　　　兵庫県立山崎高等学校波賀分校,
　　　　　　　　　　兵庫県立山崎高等学校三方分校
　　　　　　　　　　の3分校を統合し
　　　　　　　　　　兵庫県立山崎高等学校伊和分校を
　　　　　　　　　　設置
　昭和39年4月1日　兵庫県立伊和高等学校として独立

◇兵庫県立**小野工業**高等学校
　〒675-1335 兵庫県小野市片山町1034-1
　TEL 0794-63-1941
　昭和14年4月28日　兵庫県小野工業学校を設置
　昭和19年4月1日　兵庫県立小野工業学校と改称
　昭和23年4月1日　兵庫県立小野工業高等学校を設置

◇兵庫県立**小野**高等学校
　〒675-1375 兵庫県小野市西本町518
　TEL 0794-63-2007
　明治35年4月　　　兵庫県立小野中学校が開校
　昭和23年4月1日　兵庫県立小野高等学校と改称
　昭和24年4月1日　兵庫県立柳桜高等学校と統合し
　　　　　　　　　　兵庫県立小野高等学校と改称

◇兵庫県立**柏原**高等学校
　〒669-3302 兵庫県丹波市柏原町東奥50
　TEL 0795-72-1166
　明治30年4月　　　兵庫県柏原尋常中学校として創立
　明治32年4月　　　兵庫県柏原中学校と改称
　明治34年4月　　　兵庫県立柏原中学校と改称
　昭和23年4月　　　兵庫県立柏原高等学校と改称
　昭和23年9月　　　兵庫県立氷上高等学校を合併
〈兵庫県立氷上高等学校〉
　明治36年4月　　　柏原町立柏原女学校を設置
　明治41年4月　　　氷上郡立柏原高等女学校と改称
　大正3年3月　　　氷上郡立実科高等女学校と改称
　大正11年4月　　　兵庫県立柏原高等女学校と改称
　昭和23年4月　　　兵庫県立氷上高等学校と改称

◇兵庫県立**加古川北**高等学校
　〒675-0019 兵庫県加古川市野口町水足字下代867-1
　TEL 0794-26-6511
　昭和53年4月1日　兵庫県立加古川北高等学校が開校

◇兵庫県立**加古川西**高等学校
　〒675-0037 兵庫県加古川市加古川町本町118
　TEL 0794-24-2400
　明治45年5月19日　加古郡立高等女学校が開校
　大正11年4月8日　兵庫県立加古川高等女学校と改称
　昭和23年4月1日　兵庫県立加古川西高等学校と改称

◇兵庫県立**加古川東**高等学校
　〒675-0039 兵庫県加古川市加古川町粟津232-2
　TEL 0794-24-2726
　大正13年4月1日　兵庫県立加古川中学校が開校
　昭和23年4月1日　兵庫県立加古川東高等学校と改称

◇兵庫県立**加古川南**高等学校
　〒675-0035 兵庫県加古川市加古川町友沢65-1
　TEL 0794-21-2373
　昭和58年4月8日　兵庫県立加古川南高等学校が開校

◇兵庫県立**香住**高等学校
　〒669-6563 兵庫県美方郡香美町香住区矢田40-1
　TEL 0796-36-1181
　昭和21年4月1日　兵庫県立香住水産学校が開校
　昭和23年4月1日　兵庫県立香住水産高等学校と改称
　昭和24年4月1日　兵庫県立水産高等学校と改称
　昭和27年2月7日　兵庫県立香住高等学校と改称

◇兵庫県立**上郡**高等学校
　〒678-1233 兵庫県赤穂郡上郡町大持207-1
　TEL 0791-52-0069
　明治35年6月18日　私立村尾裁縫女学校を村尾よしが
　　　　　　　　　　設立
　昭和6年3月13日　兵庫県立上郡高等女学校と改称
　昭和23年4月1日　兵庫県立上郡高等学校と改称
　昭和23年9月1日　兵庫県立上郡農業高等学校と統合
〈兵庫県立上郡農業高等学校〉
　明治39年6月18日　赤穂郡上郡町外5ヶ村組合立上郡農
　　　　　　　　　　業学校を設置
　大正11年4月1日　兵庫県立上郡農学校と改称
　昭和23年4月1日　兵庫県立上郡農業高等学校と改称

◇兵庫県立**川西**高等学校
　〒666-0025 兵庫県川西市加茂3-15-1
　TEL 072-759-3394
　昭和36年10月15日　兵庫県立川西高等学校が開校

◇兵庫県立**川西**高等学校宝塚良元校
　〒655-0034 兵庫県宝塚市小林5-8-72
　TEL 0797-72-6514
　昭和24年　　　　兵庫県立尼崎高等学校良元分校が
　　　　　　　　　　開校
　昭和43年　　　　兵庫県立尼崎南高等学校良元分校
　　　　　　　　　　として新発足
　平成13年　　　　兵庫県立川西高等学校宝塚良元校
　　　　　　　　　　として新発足する

◇兵庫県立**川西北陵**高等学校
　〒666-0157 兵庫県川西市緑が丘2-14-1
　TEL 072-794-7411

兵庫県

昭和58年4月1日　　兵庫県立川西北陵高等学校が開校

◇兵庫県立川西緑台高等学校
　〒666-0115　兵庫県川西市向陽台1-8
　TEL 072-793-0361
　昭和44年4月　　　兵庫県立川西緑台高等学校が開校

◇兵庫県立川西明峰高等学校
　〒666-0006　兵庫県川西市萩原台西2-324
　TEL 072-757-8826
　昭和51年4月　　　兵庫県立川西明峰高等学校が開校

◇兵庫県立神崎工業高等学校
　〒660-0802　兵庫県尼崎市長洲中通1-13-1
　TEL 06-6481-5503
　昭和18年4月　　　兵庫県立第二尼崎工業学校が開校
　昭和23年4月1日　　兵庫県立神崎工業高等学校と改称

◇兵庫県立神崎高等学校
　〒679-2415　兵庫県神崎郡神河町福本488-1
　TEL 0790-32-0209
　昭和24年4月13日　兵庫県立福崎高等学校粟賀分校が
　　　　　　　　　　開校
　昭和52年4月1日　　兵庫県立神崎高等学校として独立

◇関西学院高等部
　［学校法人 関西学院］
　〒662-8501　兵庫県西宮市上ケ原一番町1-155
　TEL 0798-51-0975
　昭和23年　　　　　関西学院高等部を開設

◇兵庫県立北須磨高等学校
　〒654-0142　兵庫県神戸市須磨区友が丘9-23
　TEL 078-792-7661
　昭和47年　　　　　兵庫県立北須磨高等学校が開校

◇近畿大学附属豊岡高等学校
　［学校法人 近畿大学］
　〒668-0065　兵庫県豊岡市戸牧100
　TEL 0796-22-4305
　昭和39年　　　　　近畿大学附属豊岡高等学校を設立

◇兵庫県立錦城高等学校
　〒673-0001　兵庫県明石市明南町3-2-1
　TEL 078-928-3749
　昭和26年4月　　　明石市立東高等学校が開校
　昭和40年4月　　　兵庫県立松陽高等学校大久保分校
　　　　　　　　　　を統合し
　　　　　　　　　　兵庫県立錦城高等学校と改称

◇神戸市立楠高等学校
　〒652-0045　兵庫県神戸市兵庫区松本通1-1-1
　TEL 078-521-4700
　昭和18年6月22日　神戸市立第二女子商業学校として
　　　　　　　　　　独立
　昭和23年4月1日　　神戸市立楠商業高等学校と改称
　昭和24年4月1日　　神戸市立楠高等学校と改称

◇啓明学院高等学校
　［学校法人 啓明学院］
　〒654-0131　兵庫県神戸市須磨区横尾9-5-1
　TEL 078-741-1501
　大正12年　　　　　パルモア学院女子部を開学
　大正14年　　　　　パルモア女子英学院と改称
　昭和15年　　　　　啓明女学院と改称
　昭和23年　　　　　啓明女学院高等学校が認可される
　平成14年　　　　　啓明学院高等学校と改称

◇賢明女子学院高等学校
　［学校法人 賢明女子学院］
　〒670-0012　兵庫県姫路市本町68
　TEL 0792-23-8456
　昭和26年4月　　　賢明女子学院高等学校が開校

◇甲子園学院高等学校
　［学校法人 甲子園学院］
　〒663-8107　兵庫県西宮市瓦林町4-25
　TEL 0798-65-6100
　昭和16年3月　　　甲子園高等女学校を設置（創立者：
　　　　　　　　　　久米長八）
　昭和26年3月　　　甲子園学院高等学校と改称

◇兵庫県立香寺高等学校
　〒679-2163　兵庫県姫路市香寺町土師547
　TEL 0792-32-0048
　昭和24年5月4日　　兵庫県立福崎高等学校神南分校が
　　　　　　　　　　開校
　昭和49年4月1日　　兵庫県立香寺高等学校として独立

◇甲南高等学校
　［学校法人 甲南学園］
　〒659-0096　兵庫県芦屋市山手町31-3
　TEL 0797-31-0551
　大正8年　　　　　甲南中学校が開校
　大正12年　　　　　甲南高等学校と改称

◇甲南女子高等学校
　［学校法人 甲南女子学園］
　〒658-0001　兵庫県神戸市東灘区森北町5-6-1
　TEL 078-411-2531
　大正9年　　　　　甲南高等女学校が開校
　昭和23年　　　　　甲南女子高等学校と改称

◇神戸海星女子学院高等学校
　［学校法人 海星女子学院］
　〒657-0805　兵庫県神戸市灘区青谷町2-7-1
　TEL 078-801-5601
　昭和22年　　　　　高等聖家族女学校の経営を引き継
　　　　　　　　　　ぐ
　昭和26年　　　　　神戸海星女子学院高等学校が開設

◇神戸学院大学附属高等学校
　［学校法人 神戸学院］
　〒652-0043　兵庫県神戸市兵庫区会下山町1-7-1
　TEL 078-511-6004
　明治45年　　　　　私立森女学校を森わさが創立
　昭和23年　　　　　神戸森高等学校に移行
　昭和41年　　　　　神戸学院女子高等学校と改称
　平成13年　　　　　神戸学院大学附属高等学校と改称

◇兵庫県立神戸北高等学校
　〒651-1332　兵庫県神戸市北区唐櫃台2-41-1
　TEL 078-981-0131
　昭和48年4月1日　　兵庫県立神戸北高等学校を設置

◇神戸市立神戸工科高等学校
　〒651-0072　兵庫県神戸市中央区脇浜町1丁目4-70
　TEL 078-272-9910
　平成19年4月　　　神戸市立長田工業高等学校を閉校
　　　　　　　　　　して
　　　　　　　　　　神戸市立神戸工科高等学校が開校
　　　　　　　　　　の予定

兵庫県

◇兵庫県立**神戸工業高等学校**
　〒652-0863　兵庫県神戸市兵庫区和田宮通2-1-63
　TEL 078-651-2811
　明治45年3月　　　兵庫県立工業学校夜間部を設立
　昭和18年3月　　　兵庫県立第三神戸工業学校として
　　　　　　　　　　分離独立
　昭和23年3月　　　兵庫県立神戸工業高等学校と改称

◇兵庫県立**神戸高等学校**
　〒657-0804　兵庫県神戸市灘区城の下通1-5-1
　TEL 078-861-0434
　〈兵庫県立第一神戸高等学校〉
　明治29年4月1日　兵庫県神戸尋常中学校が開校
　明治32年4月1日　兵庫県神戸中学校と改称
　明治34年4月1日　兵庫県立神戸中学校と改称
　明治40年4月1日　兵庫県立第一神戸中学校と改称
　昭和23年4月1日　兵庫県立第一神戸高等学校と改称
　〈兵庫県立神戸欽松高等学校〉
　明治34年2月15日　兵庫県高等女学校が開校
　明治34年4月1日　兵庫県立高等女学校と改称
　明治43年4月1日　兵庫県立神戸高等女学校と改称
　大正14年3月13日　兵庫県立第一神戸高等女学校と改
　　　　　　　　　　称
　昭和23年4月1日　兵庫県立第一神戸女子高等学校と
　　　　　　　　　　改称
　昭和23年8月　　　兵庫県立神戸欽松高等学校と改称
　〈統合〉
　昭和23年9月1日　兵庫県立第一神戸高等学校，兵庫
　　　　　　　　　　県立神戸欽松高等学校を統合し
　　　　　　　　　　兵庫県立神戸高等学校と改称

◇兵庫県立**神戸甲北高等学校**
　〒651-1144　兵庫県神戸市北区大脇台9-1
　TEL 078-593-7291
　昭和49年4月　　　兵庫県立神戸甲北高等学校が開校

◇**神戸弘陵学園高等学校**
　[学校法人　神戸弘陵学園]
　〒651-1101　兵庫県神戸市北区山田町小部字妙賀山10-4
　TEL 078-593-3535
　昭和58年4月　　　神戸弘陵学園高等学校が開学

◇**神戸国際高等学校**
　[学校法人　睦学園]
　〒654-0081　兵庫県神戸市須磨区高倉台7-21-1
　TEL 078-731-4665
　平成6年　　　　　神戸国際高等学校を設置

◇**神戸国際大学附属高等学校**
　[学校法人　八代学院]
　〒655-0004　兵庫県神戸市垂水区学が丘5-1-1
　TEL 078-707-1001
　昭和38年4月　　　八代学院高等学校を八代斌助が開設
　平成4年　　　　　神戸国際大学附属高等学校と改称

◇兵庫県立**神戸商業高等学校**
　〒655-0038　兵庫県神戸市垂水区星陵台4-3-1
　TEL 078-707-6464
　明治11年　　　　神戸商業講習所が開設
　明治19年　　　　兵庫県立神戸商業学校と改称
　昭和3年　　　　　兵庫県立第一神戸商業学校と改称
　昭和23年　　　　兵庫県神戸第四中学校と学制改革
　　　　　　　　　　により統合し
　　　　　　　　　　兵庫県立星陵高等学校と改称
　昭和37年　　　　兵庫県立神戸商業高等学校と改称

◇**神戸女学院高等学部**
　[学校法人　神戸女学院]
　〒662-8505　兵庫県西宮市岡田山4-1
　TEL 0798-51-8570
　昭和23年　　　　神戸女学院高等学部と改称

◇**神戸市立科学技術高等学校**
　〒651-0072　兵庫県神戸市中央区脇浜1-4-70
　TEL 078-272-9900
　〈神戸市立神戸工業高等学校〉
　昭和13年4月　　　神戸市立松野実業学校が開校
　昭和18年4月　　　神戸市立第一工業学校と改称
　昭和19年4月　　　神戸市立第一機械工業学校，神戸
　　　　　　　　　　市立第二電気工業学校に分割
　昭和21年4月　　　神戸市立第二電気工業学校を
　　　　　　　　　　神戸市立第一工業学校と改称
　昭和23年4月　　　神戸市立第一機械工業学校を
　　　　　　　　　　神戸市立神戸工業高等学校と改称
　昭和23年4月　　　神戸市立第一工業学校を
　　　　　　　　　　神戸市立兵庫工業高等学校と改称
　昭和23年9月　　　神戸市立兵庫工業高等学校を統合
　〈神戸市立御影工業高等学校〉
　昭和38年　　　　神戸市立神戸工業高等学校より分
　　　　　　　　　　離独立し
　　　　　　　　　　神戸市立御影工業高等学校を設立
　〈統合〉
　平成16年4月　　　神戸市立神戸工業高等学校，神戸
　　　　　　　　　　市立御影工業高等学校が統合し
　　　　　　　　　　神戸市立科学技術高等学校と改称

◇**神戸星城高等学校**
　[学校法人　熊見学園]
　〒654-0113　兵庫県神戸市須磨区緑が丘1-12-1
　TEL 078-741-1860
　昭和4年1月30日　神戸実践女学校を熊見直太郎が設立
　昭和19年1月29日　神戸実践女子商業学校と改称
　昭和30年2月1日　熊見学園女子商業高等学校を設立
　昭和35年6月1日　神戸女子商業高等学校と改称
　平成10年4月1日　神戸星城高等学校と改称

◇**神戸第一高等学校**
　[学校法人　スバルが丘学園]
　〒651-0058　兵庫県神戸市中央区葺合町寺ケ谷1
　TEL 078-242-4811
　大正2年　　　　　私立神戸女子高等技芸学校を設立
　昭和19年　　　　塩原学園神戸女子商業学校と改称
　昭和29年　　　　塩原女子家庭高等学校が再発足
　平成10年　　　　塩原女子高等学校と改称
　平成12年　　　　神戸第一高等学校と改称

◇兵庫県立**神戸高塚高等学校**
　〒651-2277　兵庫県神戸市西区美賀多台9-1
　TEL 078-992-7000
　昭和59年　　　　兵庫県立神戸高塚高等学校が開校

◇**神戸常盤女子高等学校**
　[学校法人　玉田学園]
　〒653-0824　兵庫県神戸市長田区池田上町92
　TEL 078-691-0561
　明治41年　　　　私立家政女学校を玉田貞也が創立
　大正4年　　　　　私立神戸高等家政女学校と改称

| 大正10年 | 神戸家政女学校と改称 |
| 昭和4年 | 神戸高等家政女学校と改称 |
| 昭和19年 | 神戸女子商業学校と改称 |
| 昭和21年 | 神戸高等女学校と改称 |
| 昭和23年 | 神戸常盤女子高等学校と改称 |

◇神戸市立神戸西高等学校
〒651-2255 兵庫県神戸市西区平野町慶明字宮山183-
TEL 078-961-0321
| 昭和23年 | 神戸市立西神高等学校が開校 |
| 昭和38年 | 神戸市立神戸西高等学校と改称 |

◇神戸野田高等学校
［学校法人 神戸野田学園］
〒653-0052 兵庫県神戸市長田区海運町6-1-7
TEL 078-731-8015
| 大正15年9月 | 神戸野田高等女学校を設置 |
| 昭和23年7月 | 神戸野田高等学校を設置 |

◇神戸村野工業高等学校
［学校法人 神戸村野工業高等学校］
〒653-0003 兵庫県神戸市長田区五番町8-5
TEL 078-575-0230
| 大正9年 | 村野徒弟学校を村野山人が設立 |
| 大正10年 | 神戸村野工業学校として創立 |
| 昭和23年 | 神戸村野工業高等学校と改称 |

◇神戸山手女子高等学校
［学校法人 神戸山手学園］
〒650-0006 兵庫県神戸市中央区諏訪山町6-1
TEL 078-341-2133
| 大正13年5月9日 | 山手学習院を設立 |
| 昭和23年 | 神戸山手女子高等学校を発足 |

◇神戸龍谷高等学校
［学校法人 成徳学園］
〒651-0052 兵庫県神戸市中央区中島通5-3-1
TEL 078-241-0076
| 大正10年 | 成徳実践女学校が開校 |
| 大正13年 | 神戸成徳高等女学校と改称 |
| 昭和23年 | 成徳学園高等学校と改称 |
| 平成14年 | 神戸龍谷高等学校と改称 |

◇甲陽学院高等学校
［学校法人 辰馬育英会］
〒662-0096 兵庫県西宮市角石町3-138
TEL 0798-73-3011
| 大正9年3月 | 甲陽中学校を辰馬吉左衛門が創設 |
| 昭和25年11月 | 甲陽学院高等学校と改称 |

◇姫路市立琴丘高等学校
〒670-0052 兵庫県姫路市今宿668
TEL 0792-92-4925
| 大正2年4月1日 | 姫路市立実科女学校を創設 |
| 大正4年4月1日 | 姫路市立女子技芸学校に組織変更 |
| 大正14年3月13日 | 姫路市立高等女学校と改称 |
| 昭和21年4月1日 | 姫路市立第一高等女学校と改称 |
| 昭和23年4月1日 | 姫路市立琴丘高等学校と改称 |

◇小林聖心女子学院高等学校
［学校法人 聖心女子学院］
〒665-0073 兵庫県宝塚市塔の町3-113
TEL 0797-71-7321
| 大正12年 | 住吉聖心女子学院を設立 |
| 大正15年 | 小林聖心女子学院と改称 |
| 昭和23年 | 小林聖心女子学院高等学校が発足 |

◇兵庫県立篠山産業高等学校
〒669-2341 兵庫県篠山市郡家403-1
TEL 079-552-1194
| 昭和8年5月 | 多紀実業高等公民学校を設立 |
| 昭和10年8月 | 兵庫県実業高等公民学校と改称 |
| 昭和13年3月 | 多紀実業学校と改称 |
| 昭和21年3月 | 兵庫県篠山農学校と改称 |
| 昭和22年4月 | 兵庫県立篠山農学校と改称 |
| 昭和38年4月 | 兵庫県立篠山産業高等学校と改称 |

◇兵庫県立篠山産業高等学校東雲校
〒669-2513 兵庫県篠山市福住1260
TEL 079-557-0039
| 昭和23年10月 | 兵庫県立篠山農業高等学校（定時制課程）が開校 |
| 昭和38年4月 | 兵庫県立篠山産業高等学校東雲分校と改称 |
| 平成13年4月 | 兵庫県立篠山産業高等学校東雲校と改称 |

◇兵庫県立篠山産業高等学校丹南校
〒669-2102 兵庫県篠山市南矢代602
TEL 079-595-0007
| 昭和25年4月 | 兵庫県立篠山農業高等学校古市分校を設立 |
| 昭和31年7月 | 兵庫県立篠山農業高等学校丹南分校と改称 |
| 昭和38年4月 | 兵庫県立篠山産業高等学校丹南分校と改称 |
| 平成13年4月 | 兵庫県立篠山産業高等学校丹南校と改称 |

◇兵庫県立篠山鳳鳴高等学校
〒669-2318 兵庫県篠山市大熊369
TEL 079-552-0047
〈兵庫県立鳳鳴高等学校〉
| 明和3年 | 振徳堂を藩主青山忠高公が創建 |
| 明治9年 | 私立篠山中年学舎と改称 |
| 明治11年 | 公立篠山中学校と改称 |
| 明治17年 | 私立鳳鳴義塾と改称 |
| 明治32年 | 私立尋常中学鳳鳴義塾と改称 |
| 大正9年 | 兵庫県立鳳鳴中学校と県立に移管し改称する |
| 昭和23年 | 兵庫県立鳳鳴高等学校と改称 |
〈兵庫県立篠山女子高等学校〉
| 明治45年 | 多紀郡立高等女学校が開校 |
| 大正3年 | 多紀郡実科高等女学校と改称 |
| 大正11年 | 兵庫県立篠山高等女学校と改称 |
| 昭和23年 | 兵庫県立篠山女子高等学校と改称 |
〈統合〉
| 昭和23年 | 兵庫県立鳳鳴高等学校，兵庫県立篠山女子高等学校を統合し兵庫県立篠山高等学校と改称 |
| 昭和30年 | 兵庫県立篠山鳳鳴高等学校と改称 |

◇兵庫県立佐用高等学校
〒679-5301 兵庫県佐用郡佐用町佐用260
TEL 0790-82-2434
| 明治39年4月20日 | 佐用郡蚕糸伝習所として設立 |
| 明治42年4月20日 | 佐用郡立農蚕学校（乙種）が開校 |
| 大正10年3月26日 | 佐用郡立農蚕学校（甲種）と改称 |
| 大正11年4月1日 | 兵庫県立佐用農蚕学校と改称 |
| 昭和23年4月1日 | 兵庫県立佐用高等学校と改称 |

兵庫県

◇三田学園高等学校
　［学校法人　三田學園］
　〒669-1535　兵庫県三田市南が丘2-13-65
　TEL 079-564-2291
　明治45年5月　　　私立三田中学校が開校
　大正9年9月　　　三田中学校と改称
　昭和23年4月　　　三田高等学校と改称
　昭和42年4月　　　三田学園高等学校と改称

◇兵庫県立三田祥雲館高等学校
　〒669-1337　兵庫県三田市学園1丁目1
　TEL 079-560-6080
　平成14年4月1日　兵庫県立三田祥雲館高等学校が開校

◇三田松聖高等学校
　［学校法人　湊川相野学園］
　〒669-1342　兵庫県三田市四ツ辻1430
　TEL 079-568-1001
　大正8年2月　　　裁縫女塾を幸田たまが開設
　大正9年　　　　　湊川裁縫女塾と改称
　大正10年3月　　　湊川裁縫女学校と改称
　昭和3年　　　　　湊川高等女子職業高等学校と改称
　昭和5年　　　　　湊川高等実業女学校と改称
　昭和17年3月　　　湊川高等女学校と改称
　昭和29年　　　　　湊川家政高等学校を設置
　昭和33年　　　　　湊川女子高等学校と改称
　平成16年4月　　　三田松聖高等学校と改称

◇兵庫県立三田西陵高等学校
　〒669-1324　兵庫県三田市ゆりのき台3丁目4
　TEL 079-565-5287
　平成5年4月1日　兵庫県立三田西陵高等学校が開校

◇兵庫県立飾磨工業高等学校
　〒672-8064　兵庫県姫路市飾磨区細江319
　TEL 0792-35-1951
　昭和10年4月20日　飾磨町立兵庫県飾磨商業実務学校を設立
　昭和10年5月1日　飾磨尋常高等小学校が開校
　昭和11年4月1日　兵庫県飾磨商業学校と改称
　昭和19年4月1日　兵庫県立飾磨工業学校を併設
　昭和21年3月31日　兵庫県立飾磨商業学校を閉校
　昭和23年4月1日　兵庫県立飾磨工業高等学校と改称

◇姫路市立飾磨高等学校
　〒672-8031　兵庫県姫路市飾磨区妻鹿672
　TEL 0792-45-1121
　昭和17年4月8日　兵庫県飾磨高等女学校が開校
　昭和23年4月1日　飾磨女子高等学校と改称
　昭和23年9月1日　姫路市立飾磨高等学校と改称

◇兵庫県立志知高等学校
　〒656-0321　兵庫県南あわじ市志知佐礼尾370-1
　TEL 0799-42-4433
　昭和23年10月15日　兵庫県立洲本高等学校緑分校（定時制），兵庫県立洲本高等学校西淡分校（定時制），兵庫県立洲本高等学校南淡分校（定時制）を開校
　昭和44年4月1日　兵庫県立洲本高等学校緑分校（定時制），兵庫県立洲本高等学校西淡分校（定時制），兵庫県立洲本高等学校南淡分校（定時制）が統合し兵庫県立洲本高等学校三原西分校と改称
　昭和48年4月1日　兵庫県立志知高等学校として独立

◇夙川学院高等学校
　［学校法人　夙川学院］
　〒662-0027　兵庫県西宮市神園町2-20
　TEL 0798-74-5061
　明治13年4月　　　裁縫塾を増谷かめが開設
　明治34年11月　　　増谷裁縫女学校を設立
　大正4年7月　　　増谷女学校と改称
　昭和2年5月　　　増谷高等家政女学校と改称
　昭和11年10月　　　増谷高等女学校を設立
　昭和23年3月　　　夙川学院高等学校と改称

◇淳心学院高等学校
　［学校法人　淳心学院］
　〒670-8691　兵庫県姫路市本町68
　TEL 0792-22-3581
　昭和32年4月　　　淳心学院高等学校を設置

◇松蔭高等学校
　［学校法人　松蔭女子学院］
　〒657-0805　兵庫県神戸市灘区青谷町3-4-47
　TEL 078-861-1105
　明治25年　　　　　松蔭女学校を英国聖公会の伝道機関が創立
　大正4年　　　　　松蔭高等女学校を設立
　昭和23年　　　　　松蔭高等学校を設置

◇尼崎市立城内高等学校
　〒660-0826　兵庫県尼崎市北城内47-1
　TEL 06-6481-8460
　昭和9年3月　　　尼崎市立商業高等学校を設置
　昭和23年4月　　　尼崎市立第二商業高等学校を創設
　昭和18年4月　　　尼崎市立第二高等女学校を創設
　昭和23年4月　　　尼崎市立城内高等学校と改称
　昭和24年4月　　　尼崎市立琴城高等学校と統合し尼崎市立城内高等学校と改称

◇兵庫県立松陽高等学校
　〒676-0082　兵庫県高砂市曽根町中浜2794-1
　TEL 0794-47-4021
　昭和23年10月　　　兵庫県立伊保高等学校を設置
　昭和24年4月　　　兵庫県立松陽高等学校と改称

◇兵庫県立新宮高等学校
　〒679-4313　兵庫県たつの市新宮町新宮27-1
　TEL 0791-75-0018
　昭和23年　　　　　兵庫県立龍野工業高等学校新宮分校が開校
　昭和24年　　　　　兵庫県立龍野実業高等学校と改称
　昭和40年　　　　　兵庫県立新宮高等学校と改称

◇神港学園神港高等学校
　［学校法人　神港学園］
　〒650-0003　兵庫県神戸市中央区山本通4-19-20
　TEL 078-241-3135
　大正14年3月　　　私立神港中学校の設立が許可される
　昭和3年4月　　　神港中学校と改称
　昭和23年7月　　　神港高等学校に改編
　昭和59年5月　　　神港学園神港高等学校と改称

◇神戸市立神港高等学校
　〒652-0043　兵庫県神戸市兵庫区会下山町3-88

TEL 078-579-2000
〈神戸市立湊商業高等学校〉
 大正6年4月　　　　神戸市立女子商業学校が開校
 昭和18年4月　　　　神戸市立第一女子商業学校と改称
 昭和23年4月　　　　神戸市立湊商業高等学校と改称
〈神戸市立神港商業高等学校〉
 明治40年4月　　　　私立神港商業学校が開校
 明治43年4月　　　　神戸市立神港商業学校と改称
 大正10年4月　　　　神戸市立第一神港商業学校と改称
 昭和23年　　　　　　神戸市立神港商業高等学校と改称
〈統合〉
 昭和23年7月　　　　神戸市立神港商業高等学校，神戸市立湊商業高等学校が統合し神戸市立神港高等学校と改称

◇**親和女子高等学校**
　［学校法人　親和学園］
　〒657-0022　兵庫県神戸市灘区土山町6-1
　TEL 078-854-3800
 明治20年　　　　　　親和女学校が開校
 明治41年　　　　　　親和高等女学校と改称
 昭和23年　　　　　　親和女子高等学校と改称

◇兵庫県立**鈴蘭台西高等学校**
　〒651-1133　兵庫県神戸市北区鳴子3-1
　TEL 078-593-2424
 昭和55年4月1日　　兵庫県立鈴蘭台西高等学校が開校

◇兵庫県立**鈴蘭台高等学校**
　〒651-1102　兵庫県神戸市北区山田町下谷上字中一里山9-107
　TEL 078-591-1331
 昭和38年4月　　　　兵庫県立鈴蘭台高等学校を創立

◇**須磨学園高等学校**
　［学校法人　須磨学園］
　〒654-0009　兵庫県神戸市須磨区板宿町3-15-14
　TEL 078-732-1968
 大正11年　　　　　　須磨裁縫女学校を西田のぶが創立
 昭和13年　　　　　　須磨女学校と改称
 昭和19年　　　　　　須磨女子商業学校と改称
 昭和21年　　　　　　須磨高等女学校と改称
 昭和24年　　　　　　須磨女子高等学校と改称
 平成11年　　　　　　須磨学園高等学校と改称

◇**神戸市立須磨高等学校**
　〒654-0014　兵庫県神戸市須磨区若木町4-3-1
　TEL 078-731-2803
 大正11年　　　　　　神戸市立第二高等女学校を設立
 昭和23年　　　　　　神戸市立楠ヶ丘高等学校と改称
 昭和24年　　　　　　神戸市立須磨高等学校と改称

◇兵庫県立**須磨友が丘高等学校**
　〒654-0142　兵庫県神戸市須磨区友が丘1-1-5
　TEL 078-791-7881
 昭和58年4月8日　　兵庫県立須磨友が丘高等学校が開校

◇**須磨ノ浦女子高等学校**
　［学校法人　睦学園］
　〒654-0052　兵庫県神戸市須磨区行幸町2-7-3
　TEL 078-735-7111
 大正8年　　　　　　須磨太子館日曜学校を始める
 大正12年　　　　　　須磨睦高等技芸塾を発足
 昭和12年　　　　　　須磨睦高等実践女学校と改称
 昭和21年4月　　　　須磨ノ浦高等女学校と改称
 昭和23年　　　　　　須磨ノ浦女子高等学校と改称

◇兵庫県立**須磨東高等学校**
　〒654-0152　兵庫県神戸市須磨区東落合1-1-1
　TEL 078-793-1616
 昭和53年4月1日　　兵庫県立須磨東高等学校を開校

◇兵庫県立**洲本高等学校**
　〒656-0053　兵庫県洲本市上物部2-8-5
　TEL 0799-22-1550
 明治30年4月1日　　兵庫県洲本尋常中学校が開校
 明治34年4月30日　　兵庫県立洲本中学校と改称
 昭和23年4月1日　　兵庫県立洲本高等学校と改称
 昭和23年9月1日　　兵庫県立淡路高等学校を統合
〈兵庫県立淡路高等学校〉
 明治36年4月21日　　兵庫県津名郡・三原郡組合立淡路高等女学校が開校
 大正11年4月1日　　兵庫県立淡路高等女学校と改称
 昭和23年4月1日　　兵庫県立淡路高等学校と改称

◇兵庫県立**洲本実業高等学校**
　〒656-0012　兵庫県洲本市宇山2-8-65
　TEL 0799-22-1240
 昭和4年3月16日　　町立洲本商業学校の設置認可
 昭和15年2月11日　　洲本市立洲本商業学校と改称
 昭和17年4月1日　　兵庫県立洲本商業学校と改称
 昭和19年2月11日　　兵庫県立洲本工業学校の開校を許可される
 昭和23年4月1日　　兵庫県立洲本工業高等学校と改称
 昭和24年4月1日　　兵庫県立洲本実業高等学校と改称

◇兵庫県立**洲本実業高等学校東浦校**
　〒656-2304　兵庫県淡路市浜1-48
　TEL 0799-74-2179
 昭和23年10月25日　兵庫県立淡路農業高等学校（定時制）を開校
 昭和38年4月1日　　兵庫県立洲本実業高等学校東浦分校と改称
 平成13年4月1日　　兵庫県立洲本実業高等学校東浦校と改称

◇兵庫県立**青雲高等学校**
　〒653-0821　兵庫県神戸市長田区池田谷町2-5
　TEL 078-641-4200
 昭和40年4月1日　　兵庫県立青雲高等学校を創設

◇兵庫県立**星陵高等学校**
　〒655-0038　兵庫県神戸市垂水区星陵台4-3-2
　TEL 078-707-6565
 昭和16年4月　　　　兵庫県立第四神戸中学校を創立
 昭和23年4月1日　　兵庫県立垂水高等学校と改称
 昭和23年9月　　　　兵庫県立第一商業高等学校と統合し兵庫県立星陵高等学校が開校

◇**園田学園高等学校**
　［学校法人　園田学園］
　〒661-0012　兵庫県尼崎市南塚口町1-24-16
　TEL 06-6428-2242
 昭和13年　　　　　　園田高等女学校が開校
 昭和23年4月8日　　園田学園高等学校が開校

◇兵庫県立**太子高等学校**
　〒671-1532　兵庫県揖保郡太子町糸井字糸井池19
　TEL 0792-77-0123

兵庫県

| | | |
|---|---|---|
| 昭和45年4月1日 | 県立龍野実業高等学校太子分校を吸収し | |
| | 兵庫県立太子高等学校が発足 | |

◇兵庫県立**多可高等学校**
〒679-1105 兵庫県多可郡多可町中区東山553
TEL 0795-32-3214
昭和51年4月8日　　兵庫県立多可高等学校が開校

◇兵庫県立**高砂高等学校**
〒676-0021 兵庫県高砂市高砂町朝日町2-5-1
TEL 0794-42-2371
大正12年4月　　高砂町立高砂実科高等女学校が開校
昭和23年　　兵庫県高砂町立高砂高等学校と改称
昭和25年　　兵庫県立高砂高等学校と改称

◇兵庫県立**高砂南高等学校**
〒676-0025 兵庫県高砂市高砂町西畑2-1-12
TEL 0794-43-5900
昭和54年4月1日　　兵庫県立高砂南高等学校が開校

◇兵庫県立**宝塚北高等学校**
〒665-0847 兵庫県宝塚市すみれが丘4-1-1
TEL 0797-86-3291
昭和60年4月1日　　兵庫県立宝塚北高等学校が開校

◇兵庫県立**宝塚高等学校**
〒665-0024 兵庫県宝塚市逆瀬台2-2-1
TEL 0797-71-0345
昭和38年4月　　兵庫県立宝塚高等学校が開校

◇兵庫県立**宝塚西高等学校**
〒665-0025 兵庫県宝塚市ゆずり葉台1-1-1
TEL 0797-73-4035
昭和52年4月　　兵庫県立宝塚西高等学校が開校

◇兵庫県立**宝塚東高等学校**
〒665-0871 兵庫県宝塚市中山五月台1-12-1
TEL 0797-89-3751
昭和49年4月　　兵庫県立宝塚東高等学校が開校

◇**滝川高等学校**
［学校法人　瀧川学園］
〒654-0007 兵庫県神戸市須磨区宝田町2-1-1
TEL 078-732-1625
大正7年1月11日　　私立兵庫中学校を瀧川辨三が設立
大正8年8月15日　　兵庫県瀧川中学校と改称
昭和23年4月1日　　滝川高等学校を設置
昭和59年4月1日　　滝川第二高等学校を新設

◇**滝川第二高等学校**
［学校法人　瀧川学園］
〒651-2276 兵庫県神戸市西区春日台6-23
TEL 078-961-2381
昭和59年4月1日　　滝川第二高等学校を設立

◇兵庫県立**但馬農業高等学校**
〒667-0043 兵庫県養父市八鹿町高柳300-1
TEL 0796-62-6107
昭和51年4月1日　　兵庫県立但馬農業高等学校を設置

◇兵庫県立**龍野高等学校**
〒679-4161 兵庫県たつの市龍野町日山554
TEL 0791-62-0886
〈兵庫県立龍野南高等学校〉

| | |
|---|---|
| 明治30年 | 兵庫県龍野尋常中学校を設立 |
| 明治32年 | 兵庫県龍野中学校と改称 |
| 明治34年 | 兵庫県立龍野中学校と改称 |
| 昭和23年 | 兵庫県立龍野南高等学校と改称 |

〈兵庫県立龍野北高等学校〉
| | |
|---|---|
| 明治39年 | 龍野町立技芸専修女学校を設立 |
| 明治41年 | 揖保郡立技芸女学校と改称 |
| 明治45年 | 揖保郡立実科高等女学校と改称 |
| 大正7年 | 揖保郡立高等女学校と改称 |
| 大正11年 | 兵庫県立龍野高等女学校と改称 |
| 昭和23年 | 兵庫県立龍野北高等学校と改称 |

〈統合〉
| | |
|---|---|
| 昭和23年 | 兵庫県立龍野南高等学校,兵庫県立龍野北高等学校を統合し兵庫県立龍野高等学校と改称 |

◇兵庫県立**龍野実業高等学校**
〒679-4171 兵庫県たつの市龍野町北龍野268-1
TEL 0791-62-1181
大正10年4月　　揖保郡龍野町立商業補習学校が開校
昭和18年4月　　兵庫県立龍野商業学校と改称
昭和19年2月　　兵庫県立龍野工業と改称
昭和23年4月　　兵庫県立龍野工業高等学校と改称
昭和24年4月　　兵庫県立龍野実業高等学校と改称

◇兵庫県立**千種高等学校**
〒671-3201 兵庫県宍粟市千種町千草727-2
TEL 0790-76-2033
昭和23年10月1日　　兵庫県立山崎高等学校千種分校（定時制課程）として開設
昭和50年4月1日　　兵庫県立千種高等学校として独立

◇兵庫県立**津名高等学校**
〒656-2131 兵庫県淡路市志筑249-1
TEL 0799-62-0071
大正9年1月1日　　志筑町立志筑技芸女学校を創立
昭和2年4月1日　　町立志筑実科高等女学校と改称
昭和12年4月1日　　町立志筑高等女学校と改称
昭和23年4月1日　　兵庫県立津名高等学校と改称

◇兵庫県立**東播工業高等学校**
〒675-0057 兵庫県加古川市東神吉町神吉字山の下1748-1
TEL 0794-32-6861
昭和39年4月　　兵庫県立東播工業高等学校が開校

◇**東洋大学附属姫路高等学校**
［学校法人　東洋大学］
〒671-2201 兵庫県姫路市書写木ノ下1699
TEL 0792-66-2626
昭和38年4月　　東洋大学附属姫路高等学校が開校

◇兵庫県立**豊岡高等学校**
〒668-0042 兵庫県豊岡市京町12-91
TEL 0796-22-2111
〈兵庫県立豊岡東高等学校〉
| | |
|---|---|
| 明治29年4月1日 | 兵庫県豊岡尋常中学校を設立 |
| 明治32年4月1日 | 兵庫県豊岡中学校と改称 |
| 明治34年4月30日 | 兵庫県立豊岡中学校と改称 |
| 明治23年4月1日 | 兵庫県立豊岡東高等学校と改称 |

〈兵庫県立豊岡西高等学校〉
| | |
|---|---|
| 明治42年3月29日 | 兵庫県城崎郡立高等女学校を設立 |
| 大正11年4月1日 | 兵庫県立高等女学校と改称 |
| 昭和23年4月1日 | 兵庫県立豊岡西高等学校と改称 |

〈統合〉
　昭和23年9月1日　　　兵庫県立豊岡東高等学校，兵庫県
　　　　　　　　　　　　立豊岡西高等学校を統合し
　　　　　　　　　　　　兵庫県立豊岡高等学校と改称

◇兵庫県立**豊岡総合高等学校**
　〒668-0023 兵庫県豊岡市加広町6-68
　TEL 0796-22-7177
　大正7年3月27日　　　町立豊岡商業補修学校を設置
　大正13年4月1日　　　豊岡町立商工実修学校と改称
　昭和10年3月31日　　 豊岡町立商工実修学校を廃止し
　　　　　　　　　　　　兵庫県豊岡商業学校を設置
　昭和19年4月1日　　　兵庫県立豊岡商業学校と改称
　昭和19年4月1日　　　兵庫県立豊岡工業学校が開校
　昭和19年4月1日　　　兵庫県立豊岡女子商業学校が開校
　昭和21年3月31日　　 兵庫県立豊岡商業学校を廃止
　昭和23年4月1日　　　兵庫県立豊岡工業学校を
　　　　　　　　　　　　兵庫県立豊岡工業高等学校と改称
　昭和23年4月1日　　　兵庫県立豊岡女子商業学校を学制
　　　　　　　　　　　　改革により
　　　　　　　　　　　　兵庫県立豊岡女子商業高等学校と
　　　　　　　　　　　　改称
　昭和24年4月1日　　　兵庫県立豊岡女子商業高等学校，
　　　　　　　　　　　　組合立豊岡工業高等学校を統合
　　　　　　　　　　　　し
　　　　　　　　　　　　兵庫県立豊岡実業高等学校と改称
　平成15年4月1日　　　兵庫県立豊岡南高等学校と統合し
　　　　　　　　　　　　兵庫県立豊岡総合高等学校が開校

◇兵庫県立**長田高等学校**
　〒653-0821 兵庫県神戸市長田区池田谷町2-5
　TEL 078-621-4101
　大正9年4月　　　　　兵庫県立第三神戸中学校が開校
　昭和23年4月1日　　　兵庫県立長田高等学校と改称

◇兵庫県立**長田商業高等学校**
　〒653-0821 兵庫県神戸市長田区池田谷町2-5-1
　TEL 078-631-0616
　昭和3年　　　　　　　兵庫県立第二神戸商業学校が開校
　昭和23年　　　　　　兵庫県立長田商業高等学校と改称

◇**灘高等学校**
　[学校法人 灘育英会]
　〒658-0082 兵庫県神戸市東灘区魚崎北町8-5-1
　TEL 078-411-7234
　昭和3年4月1日　　　灘中学校が開校
　昭和23年4月1日　　　灘高等学校が開校

◇兵庫県立**鳴尾高等学校**
　〒663-8182 兵庫県西宮市学文殿町2-1-60
　TEL 0798-47-1324
　昭和18年　　　　　　村立鳴尾中学校を創立
　昭和25年　　　　　　兵庫県立鳴尾高等学校と改称

◇**仁川学院高等学校**
　[学校法人 仁川学院]
　〒662-0812 兵庫県西宮市甲東園2-13-9
　TEL 0798-51-3621
　昭和37年　　　　　　仁川学院高等学校を設立

◇兵庫県立**西宮今津高等学校**
　〒663-8154 兵庫県西宮市浜甲子園4-1-5
　TEL 0798-45-1941
　昭和52年4月　　　　 兵庫県立西宮今津高等学校が開校

◇兵庫県立**西宮甲山高等学校**
　〒662-0004 兵庫県西宮市鷲林寺字剣谷10
　TEL 0798-74-2460
　昭和58年4月1日　　　兵庫県立西宮甲山高等学校が開校

◇兵庫県立**西宮北高等学校**
　〒662-0082 兵庫県西宮市苦楽園二番町16-80
　TEL 0798-71-1301
　昭和46年　　　　　　兵庫県立西宮北高等学校を創立

◇兵庫県立**西宮高等学校**
　〒662-0813 兵庫県西宮市上甲東園2-4-32
　TEL 0798-52-0185
　大正8年4月1日　　　兵庫県武庫郡町立西宮商業補習学
　　　　　　　　　　　　校が開校
　大正11年7月1日　　　西宮町立商業実習学校と改称
　大正14年4月1日　　　西宮市立商業実習学校と改称
　昭和8年4月1日　　　 西宮市立西宮商業実習学校と改称
　昭和10年3月31日　　 西宮商業実習学校を廃止し
　　　　　　　　　　　　西宮市立商業学校を設立
　昭和23年4月1日　　　西宮市立商業高等学校と改称
　昭和23年10月30日　　西宮市山手高等学校と改称
　昭和25年4月1日　　　兵庫県立西宮高等学校と改称

◇西宮市立**西宮高等学校**
　〒662-0872 兵庫県西宮市高座町14-117
　TEL 0798-74-6711
　明治41年5月1日　　　私立西宮女子技芸学校が開校
　大正7年10月4日　　　西宮町立西宮実科女学校と改称
　大正9年　　　　　　　西宮町立西宮高等女学校が開校
　大正14年4月1日　　　西宮市立西宮高等女学校と改称
　昭和23年4月1日　　　西宮市立西宮高等学校と改称
　昭和23年10月30日　　西宮市立建石高等学校と改称
　昭和25年4月1日　　　西宮市立西宮高等学校と改称

◇兵庫県立**西宮香風高等学校**
　〒662-0943 兵庫県西宮市建石町7-43
　TEL 0798-39-1017
　平成13年4月1日　　　兵庫県立西宮香風高等学校が開校

◇西宮市立**西宮東高等学校**
　〒663-8185 兵庫県西宮市古川町1-12
　TEL 0798-47-6013
　昭和38年4月　　　　 西宮市立西宮東高等学校が開校

◇兵庫県立**西宮南高等学校**
　〒663-8141 兵庫県西宮市高須町2-1-43
　TEL 0798-45-2043
　昭和50年4月1日　　　兵庫県立西宮南高等学校が開校

◇兵庫県立**西脇北高等学校**
　〒677-0014 兵庫県西脇市郷瀬町669-32
　TEL 0795-22-5850
　昭和43年4月1日　　　兵庫県立西脇北高等学校として兵
　　　　　　　　　　　　庫県立西脇高等学校より分離独
　　　　　　　　　　　　立

◇兵庫県立**西脇工業高等学校**
　〒677-0054 兵庫県西脇市野村町1790
　TEL 0795-22-5506
　昭和38年　　　　　　兵庫県立西脇工業高等学校を設立

◇兵庫県立**西脇高等学校**
　〒677-0054 兵庫県西脇市野村町1794-60
　TEL 0795-22-3566
　昭和15年　　　　　　兵庫県立西脇工業学校を設置

兵庫県

| 昭和23年 | 兵庫県立西脇工業高等学校と改称 |
| 昭和24年 | 兵庫県立西脇高等学校と改称 |

◇日生学園第三高等学校
　［学校法人 日生学園］
　〒671-2193 兵庫県姫路市夢前町戸倉566
　TEL 07933-6-3333
| 昭和58年 | 日生学園第三高等学校が開校 |

◇白陵高等学校
　［学校法人 三木学園］
　〒676-0827 兵庫県高砂市阿弥陀町阿弥陀2260
　TEL 0794-47-1675
| 昭和38年3月30日 | 白陵高等学校を設置 |

◇兵庫県立浜坂高等学校
　〒669-6701 兵庫県美方郡新温泉町芦屋853-2
　TEL 0796-82-3174
| 昭和23年 | 兵庫県立浜坂高等学校が開校 |

◇兵庫県立播磨農業高等学校
　〒675-2321 兵庫県加西市北条町東高室1236-1
　TEL 0790-42-1050
| 昭和40年4月1日 | 兵庫県立播磨農業高等学校を創立 |

◇兵庫県立播磨南高等学校
　〒675-0163 兵庫県加古郡播磨町古宮167-1
　TEL 078-944-1157
| 昭和59年 | 兵庫県立播磨南高等学校が開校 |

◇兵庫県立東灘高等学校
　〒658-0023 兵庫県神戸市東灘区深江浜町50
　TEL 078-452-9600
| 昭和51年 | 兵庫県立東灘高等学校が開校 |

◇兵庫県立東播磨高等学校
　〒675-1127 兵庫県加古郡稲美町中一色594-2
　TEL 0794-92-3111
| 昭和49年4月1日 | 東播二市三町組合立東播磨高等学校を開校 |
| 昭和52年1月1日 | 兵庫県立東播磨高等学校と改称 |

◇兵庫県立氷上高等学校
　〒669-4141 兵庫県丹波市春日町黒井77
　TEL 0795-74-0104
| 昭和23年 | 篠山農業高等学校氷上分校を創立 |
| 昭和60年 | 兵庫県立氷上高等学校と改称 |

◇兵庫県立氷上西高等学校
　〒669-3811 兵庫県丹波市青垣町佐治378-3
　TEL 0795-87-0146
| 昭和23年10月 | 兵庫県立柏原高等学校佐治分校を開校 |
| 昭和37年4月 | 兵庫県立柏原高等学校青垣分校と改称 |
| 昭和51年4月 | 兵庫県立柏原高等学校青垣分校より分離独立し兵庫県立氷上西高等学校と改称 |

◇兵庫県立日高高等学校
　〒669-5395 兵庫県豊岡市日高町岩中1
　TEL 0796-42-1133
| 昭和25年 | 兵庫県立豊岡高等学校日高分校を設置 |
| 昭和44年 | 兵庫県立日高高等学校として独立 |

◇日ノ本学園高等学校
　［学校法人 日ノ本学園］
　〒679-2151 兵庫県姫路市香寺町香呂890
　TEL 0792-32-5578
| 明治26年2月 | 日の本女学校が開校 |
| 昭和23年3月 | 日ノ本学園高等学校と改称 |

◇雲雀丘学園高等学校
　［学校法人 雲雀丘学園］
　〒665-0805 兵庫県宝塚市雲雀丘4-2-1
　TEL 072-759-1300
| 昭和25年8月24日 | 雲雀丘学園高等学校を設置 |

◇兵庫県立姫路北高等学校
　〒670-0012 兵庫県姫路市本町68-70
　TEL 0792-81-0118
| 昭和43年4月1日 | 兵庫県立鷺山高等学校が開校 |
| 平成6年 | 兵庫県立姫路北高等学校と改称 |

◇兵庫県立姫路工業高等学校
　〒670-0871 兵庫県姫路市伊伝居600-1
　TEL 0792-84-0111
| 昭和11年2月22日 | 兵庫県立姫路工業学校を設置 |
| 昭和23年4月1日 | 兵庫県立姫路工業高等学校と改称 |
| 昭和25年4月1日 | 兵庫県立姫路工業大学附属高等学校と改称 |
| 昭和40年4月1日 | 兵庫県立姫路工業高等学校と改称 |

◇姫路市立姫路高等学校
　〒670-0083 兵庫県姫路市辻井9-1-10
　TEL 0792-97-2753
| 昭和14年 | 姫路市立鷺城中学校と改称 |
| 昭和23年4月1日 | 鷺城中学姫路市立新制高等学校と改称 |
| 昭和25年 | 姫路市立姫路高等学校と改称 |

◇兵庫県立姫路産業技術高等学校
　〒672-8064 兵庫県姫路市飾磨区細江319
　TEL 0792-35-4681
| 昭和41年4月1日 | 兵庫県立姫路産業技術高等学校を設置 |

◇兵庫県立姫路飾西高等学校
　〒671-2216 兵庫県姫路市飾西字側町148-2
　TEL 0792-66-5355
| 昭和60年 | 兵庫県立姫路飾西高等学校を創立 |

◇兵庫県立姫路商業高等学校
　〒670-0983 兵庫県姫路市井ノ口468
　TEL 0792-98-0437
| 明治44年 | 姫路商業学校が開校 |
| 昭和23年4月 | 兵庫県立姫路商業高等学校と改称 |

◇兵庫県立姫路西高等学校
　〒670-0877 兵庫県姫路市北八代2-1-33
　TEL 0792-81-6621
| 明治11年8月8日 | 6郡組合立姫路中学校として開校 |
| 明治19年1月25日 | 播磨14郡組合立姫路中学校と改称 |
| 明治29年4月1日 | 兵庫県姫路尋常中学校と改称 |
| 明治32年4月1日 | 兵庫県姫路中学校と改称 |
| 明治34年5月6日 | 兵庫県立姫路中学校と改称 |
| 昭和23年4月1日 | 兵庫県立姫路西高等学校と改称 |

◇兵庫県立姫路東高等学校
　〒670-0012 兵庫県姫路市本町68-70
　TEL 0792-85-1166

明治43年4月1日　　　姫路高等女学校が開校
昭和23年4月1日　　　兵庫県立姫路東高等学校と改称

◇**兵庫県立姫路別所高等学校**
〒671-0223 兵庫県姫路市別所町北宿字新畑303
TEL 0792-53-0755
昭和50年4月1日　　　兵庫県立姫路東高等学校御国野校舎を開校
昭和51年4月1日　　　兵庫県立姫路別所高等学校が開校

◇**兵庫県立姫路南高等学校**
〒671-1143 兵庫県姫路市大津区天満191-5
TEL 0792-36-1835
大正14年　　　　　　姫路市立商業補習学校が開校
昭和26年　　　　　　兵庫県立姫路南高等学校を設立

◇**兵庫県播磨高等学校**
［学校法人 摺河学園］
〒670-0964 兵庫県姫路市豊沢町83
TEL 0792-24-1711
大正10年4月　　　　共愛裁縫女学校を摺河静男が設立
昭和2年4月　　　　　姫路女子職業学校を設立
昭和2年10月　　　　姫路高等女子職業学校と改称
昭和6年4月　　　　　甲種女子商業を設置
昭和19年4月　　　　兵庫県播磨高等女子商業学校と改称
昭和21年4月　　　　兵庫県播磨高等女学校と改称
昭和23年7月　　　　兵庫県播磨高等学校と改称

◇**兵庫県立国際高等学校**
〒659-0031 兵庫県芦屋市新浜町1-2
TEL 0797-34-1531
平成15年4月　　　　兵庫県立国際高等学校が開校

◇**兵庫県立大学附属高等学校**
〒678-1205 兵庫県赤穂郡上郡町光都3丁目11-1
TEL 07915-8-0722
平成6年4月　　　　　兵庫県立姫路工業大学附属高等学校が開校
平成16年4月　　　　兵庫県立大学附属高等学校と改称

◇**兵庫県立農業高等学校**
〒675-0101 兵庫県加古川市平岡町新在家902-4
TEL 0794-24-3341
明治30年4月1日　　　兵庫県簡易農学校を創立
明治34年4月30日　　 兵庫県立農学校と改称
昭和23年4月1日　　　兵庫県立農業高等学校と改称

◇**兵庫県立兵庫工業高等学校**
〒652-0863 兵庫県神戸市兵庫区和田宮通2-1-63
TEL 078-671-1431
〈兵庫県立第一神戸工業学校〉
明治35年11月8日　　 兵庫県立工業学校が開校
昭和16年　　　　　　兵庫県立第一神戸工業学校と改称
〈兵庫県立第二神戸工業学校〉
昭和16年　　　　　　兵庫県立第二神戸工業学校を設立
〈兵庫県立機械工業学校〉
昭和17年　　　　　　兵庫県立航空工業学校を設置
昭和20年　　　　　　兵庫県立機械工業学校と改称
〈統合〉
昭和23年　　　　　　兵庫県立第一神戸工業学校，兵庫県立第二神戸工業学校，兵庫県立機械工業学校を統合し兵庫県立兵庫工業高等学校と改称

◇**兵庫県立兵庫高等学校**
〒653-0804 兵庫県神戸市長田区寺池町1-4-1
TEL 078-691-1135
明治41年　　　　　　兵庫県立第二神戸中学校が開校
昭和17年　　　　　　兵庫県立第四神戸高等女学校が開校
昭和23年　　　　　　兵庫県立第二神戸中学校，兵庫県立第四神戸高等女学校を合併し兵庫県立兵庫高等学校として発足

◇神戸市立**兵庫商業高等学校**
〒651-1111 兵庫県神戸市北区鈴蘭台北町1-24-1
TEL 078-591-1121
昭和3年1月28日　　　私立北神商業学校の設立が認可される
昭和19年4月1日　　　北神工業学校と改称
昭和21年4月1日　　　北神商業学校と改称
昭和22年3月28日　　 神戸市立第一北神商業学校と改称
昭和23年4月1日　　　神戸市立北神高等学校と改称
昭和24年4月1日　　　神戸市立鈴蘭台高等学校と改称
昭和30年4月1日　　　神戸市立兵庫商業高等学校を設置
昭和32年3月31日　　 神戸市立鈴蘭台高等学校を廃止

◇神戸市立**葺合高等学校**
〒651-0054 兵庫県神戸市中央区野崎通1-1
TEL 078-291-0771
昭和14年4月1日　　　神戸市立神戸中学校が開校
昭和18年4月1日　　　神戸市立第一中学校と改称
昭和23年4月1日　　　神戸市立神戸高等学校と改称
昭和23年5月25日　　 兵庫県立第二神戸高等女学校と合併
昭和23年9月1日　　　兵庫県立夢野台高等学校と改称
昭和25年7月1日　　　神戸市立神戸夢野台高等学校と改称
昭和26年4月1日　　　神戸市立葺合高等学校と改称

◇兵庫県立**福崎高等学校**
〒679-2212 兵庫県神崎郡福崎町福田234
TEL 0790-22-1200
大正3年　　　　　　　福崎村立実科女学校を創立
大正7年　　　　　　　神崎郡立福崎実業学校と改称
大正11年　　　　　　兵庫県立福崎実業学校と改称
大正12年　　　　　　兵庫県立福崎高等女学校と改称
昭和23年　　　　　　兵庫県立福崎高等学校と改称

◇兵庫県立**北条高等学校**
〒675-2241 兵庫県加西市段下町847-5
TEL 0790-48-2311
大正12年5月　　　　北条町立北条実科高等女学が開校
昭和5年4月　　　　　兵庫県立北条高等女学校と改称
昭和23年4月　　　　兵庫県立北条高等学校と改称
昭和9年1月　　　　　兵庫県立国民高等学校を設立
昭和18年4月　　　　兵庫県立北条農学校に組織変更
昭和23年4月　　　　兵庫県立北条農業高等学校と改称
昭和23年9月　　　　県立北条高等学校，県立北条農業高等学校とが統合され兵庫県立北条高等学校と改称

◇**報徳学園高等学校**
［学校法人 報徳学園］
〒663-8003 兵庫県西宮市上大市5-28-19
TEL 0798-51-3021
明治44年4月　　　　報徳実業学校を大江市松が創立
大正13年3月　　　　私立報徳商業学校と改称
昭和23年6月　　　　報徳商業学校を設置
昭和27年12月　　　　報徳学園高等学校と改称

兵庫県

◇兵庫県立北摂三田高等学校
　〒669-1545　兵庫県三田市狭間が丘1-1-1
　TEL 079-563-6711
　昭和61年4月8日　　兵庫県立北摂三田高等学校が開校

◇兵庫県立舞子高等学校
　〒655-0004　兵庫県神戸市垂水区学が丘3-2
　TEL 078-783-5151
　昭和49年4月8日　　兵庫県立舞子高等学校が開校

◇神戸市立摩耶兵庫高等学校
　〒650-0044　兵庫県神戸市中央区東川崎町1-3-8
　TEL 078-331-4317
　昭和45年　　　　　神戸市立摩耶兵庫高等学校を設置

◇兵庫県立御影高等学校
　〒658-0045　兵庫県神戸市東灘区御影石町4-1-1
　TEL 078-841-1501
　昭和16年2月6日　　兵庫県立第三神戸高等女学校を設置
　昭和23年4月1日　　兵庫県立御影高等学校と改称

◇兵庫県立三木北高等学校
　〒673-0521　兵庫県三木市志染町青山6-25
　TEL 0794-85-6781
　昭和58年　　　　　兵庫県立三木北高等学校が開校

◇兵庫県立三木高等学校
　〒673-0402　兵庫県三木市加佐931
　TEL 0794-82-5001
　大正13年　　　　　三木町立実科高等女学校として認可
　昭和5年　　　　　兵庫県立三木高等女学校と改称
　昭和23年　　　　　兵庫県立三木高等学校と改称

◇兵庫県立三木東高等学校
　〒673-0434　兵庫県三木市別所町小林625-2
　TEL 0794-85-8000
　昭和50年4月1日　　兵庫県立三木東高等学校が開校

◇兵庫県立湊川高等学校
　〒653-0804　兵庫県神戸市長田区寺池町1-4-1
　TEL 078-691-7406
　昭和4年4月1日　　兵庫県立第二神戸中学校講習所を開設
　昭和7年6月27日　　兵庫県立第二神戸夜間中学校と改称
　昭和18年4月1日　　兵庫県立湊川中学校と改称
　昭和23年4月1日　　兵庫県立湊川高等学校と改称

◇兵庫県立三原高等学校
　〒656-0401　兵庫県南あわじ市市円行寺345-1
　TEL 0799-42-0048
　大正8年3月　　　　不動りつ裁縫塾を開校
　大正10年4月　　　　真如裁縫女学校を設立
　昭和9年10月　　　　真如実家高等女学校と改称
　昭和18年3月　　　　真如高等女学校と改称
　昭和19年3月　　　　兵庫県三原高等女学校と改称
　昭和22年4月　　　　兵庫県立三原高等女学校と改称
　昭和23年4月　　　　兵庫県立三原高等学校と改称

◇武庫川女子大学附属高等学校
　［学校法人　武庫川学院］
　〒663-8143　兵庫県西宮市枝川町4-16
　TEL 0798-47-6336
　昭和14年2月25日　　武庫川学院を公江喜市郎が創設
　昭和14年4月1日　　武庫川高等女学校が開校
　昭和23年4月1日　　武庫川学院高等学校が開校
　平成7年　　　　　　武庫川女子大学附属高等学校と改称

◇兵庫県立武庫荘総合高等学校
　〒661-0035　兵庫県尼崎市武庫之荘8-31-1
　TEL 06-6431-5520
　平成17年　　　　　兵庫県立武庫工業高等学校，兵庫県立武庫荘高等学校を統合し兵庫県立武庫荘総合高等学校が開校

◇兵庫県立村岡高等学校
　〒667-1311　兵庫県美方郡香美町村岡区村岡2931
　TEL 0796-94-0201
　昭和24年4月15日　　兵庫県立農蚕高等学校村岡分校が開校
　昭和37年4月1日　　兵庫県立八鹿高等学校より分離独立し兵庫県立村岡高等学校と改称

◇兵庫県立社高等学校
　〒673-1461　兵庫県加東市木梨1356-1
　TEL 0795-42-2055
　大正2年3月22日　　小野村外三か村組合立小野実科高等女学校を設置
　大正9年4月1日　　兵庫県加東郡立小野実科高等女学校と改称
　大正10年5月1日　　兵庫県加東郡立小野高等女学校と改称
　大正11年4月1日　　兵庫県立社高等女学校と改称
　昭和23年4月1日　　兵庫県立社高等学校と改称

◇柳学園高等学校
　［学校法人　柳学園］
　〒656-0013　兵庫県洲本市下加茂1-9-48
　TEL 0799-22-2552
　大正2年　　　　　柳裁縫女学校を柳利三郎が創立
　大正13年　　　　　柳実科高等女学校と改称
　昭和18年　　　　　柳高等女学校と改称
　昭和23年　　　　　柳学園高等学校と改称

◇兵庫県立山崎高等学校
　〒671-2570　兵庫県宍粟市山崎町加生340
　TEL 0790-62-1730
　明治40年4月　　　　山崎町立技芸専修女学校として創立
　大正8年　　　　　宍粟郡立宍粟実業学校と改称
　大正12年　　　　　兵庫県立山崎高等女学校と改称
　昭和23年4月　　　　兵庫県立山崎高等学校と改称

◇兵庫県立夢前高等学校
　〒671-2103　兵庫県姫路市夢前町前之庄643
　TEL 07933-6-0039
　昭和23年11月1日　　兵庫県立福崎高等学校鹿谷分校（定時制課程）として発足
　昭和30年7月1日　　兵庫県立福崎高等学校夢前分校と改称
　昭和49年4月1日　　兵庫県立夢前高等学校として独立

◇兵庫県立夢野台高等学校
　〒653-0801　兵庫県神戸市長田区房王寺町2-1-1
　TEL 078-691-1546

| | | |
|---|---|---|
| 大正14年 | | 兵庫県立第二神戸高等女学校が開校 |
| 昭和23年4月1日 | | 兵庫県立第二神戸女子新制高等学校と改称 |
| 昭和23年9月1日 | | 兵庫県立夢野台高等学校と改称 |
| 昭和25年7月1日 | | 神戸市立神戸夢野台高等学校と改称 |
| 昭和26年4月1日 | | 神戸市立葺合高等学校と改称 |
| 昭和27年2月7日 | | 兵庫県立夢野台高等学校と改称 |

◇百合学院高等学校
［学校法人 百合学院］
〒661-0974 兵庫県尼崎市若王寺2-18-2
TEL 06-6491-6298
昭和30年　　百合学院高等学校を設立

◇兵庫県立八鹿高等学校
〒667-0031 兵庫県養父市八鹿町九鹿85
TEL 0796-62-2176
明治30年4月　　兵庫県立簡易蚕業学校が開校
昭和24年7月　　兵庫県立八鹿高等学校と改称

◇兵庫県立八鹿高等学校大屋校
〒667-0315 兵庫県養父市大屋町加保7
TEL 0796-69-0027
昭和24年5月10日　兵庫県立八鹿高等学校大屋分校が開校
昭和50年4月1日　兵庫県立大屋高等学校として独立
昭和56年1月16日　兵庫県立八鹿高等学校大屋分校を設置
昭和58年3月31日　兵庫県立大屋高等学校を廃止
平成13年4月1日　兵庫県立八鹿高等学校大屋校と改称

◇兵庫県立吉川高等学校
〒673-1129 兵庫県三木市吉川町渡瀬300-12
TEL 0794-73-0068
昭和23年10月11日　兵庫県立有馬高等学校農業科吉川分校（定時制課程）を設置
昭和49年4月1日　兵庫県立吉川高等学校として独立

◇神戸市立六甲アイランド高等学校
〒658-0032 兵庫県神戸市東灘区向洋町中4-4
TEL 078-858-4000
平成10年　　神戸市立六甲アイランド高等学校を創立

◇六甲高等学校
［学校法人 六甲学院］
〒657-0015 兵庫県神戸市灘区篠原伯母野山町2-4-1
TEL 078-871-4161
昭和12年11月　　六甲中学校を設置
昭和23年7月　　六甲高等学校を設置

◇兵庫県立和田山高等学校
〒669-5200 兵庫県朝来市和田山町牧田岡字縄手376-1
TEL 0796-72-3269
昭和23年9月1日　兵庫県立農蚕高等学校和田山分校を設立
昭和24年7月　　兵庫県立八鹿高等学校和田山分校と改称
昭和37年4月1日　豊岡実業高等学校和田山分校と改称
昭和40年　　和田山商業高等学校と改称
平成11年　　兵庫県立和田山高等学校と改称

# 奈良県

## 【大学】

◇畿央大学
［学校法人 冬木学園］
〒635-0832 奈良県北葛城郡広陵町馬見中4丁目2-2
TEL 0745-54-1601
平成15年4月　　畿央大学を開学

◇帝塚山大学
［学校法人 帝塚山学園］
〒631-8501 奈良県奈良市帝塚山7-1-1
TEL 0742-48-9122
昭和39年　　帝塚山大学が開学

◇天理大学
［学校法人 天理大学］
〒632-8510 奈良県天理市杣之内町1050
TEL 0743-63-9001
大正14年4月　　天理外国語専門学校が開校
昭和19年4月　　天理語学専門学校と改称
昭和22年4月　　天理女子語学専門学校を統合
昭和24年2月　　天理大学と改称
〈天理女子語学専門学校〉
昭和2年12月　　天理外国語専門学校を設立
昭和3年1月　　天理女子学院と改称
昭和15年3月　　天理女子専門学校と改称
昭和19年4月　　天理女子語学専門学校と改称

◇奈良教育大学
〒630-8528 奈良県奈良市高畑町
TEL 0742-27-9105
明治7年6月4日　寧楽書院を創設
明治8年3月1日　奈良師範学校（小学）と改称
明治21年7月31日　奈良県尋常師範学校を創設
明治31年4月1日　奈良県師範学校と改称
明治38年4月1日　奈良県女子師範学校を創設（奈良県師範学校女子部を廃止）
昭和18年4月1日　奈良県師範学校，奈良県女子師範学校が統合し奈良師範学校と改称
昭和19年4月1日　奈良県青年師範学校教員養成所，青年学校教員養成所臨時養成科が統合し奈良青年師範学校と改称
昭和24年5月31日　奈良師範学校，奈良青年師範学校を統合し奈良学芸大学を設置
昭和41年4月1日　奈良教育大学と改称

◇奈良県立医科大学
〒634-8521 奈良県橿原市四条町840
TEL 0744-22-3051
昭和20年4月　　奈良県立医学専門学校を設立
昭和22年7月　　奈良県立医科大学予科が開学
昭和27年4月　　奈良県立医科大学を開設

◇奈良県立大学
〒630-8258 奈良県奈良市船橋町10
TEL 0742-22-4978

# 奈良県

| 昭和28年4月 | 奈良県立短期大学が開学 |
| 平成2年4月 | 奈良県立商科大学が開学 |
| 平成13年4月 | 奈良県立大学と改称 |

### ◇奈良産業大学
[学校法人 奈良学園]
〒636-8503 奈良県生駒郡三郷町立野北3-12-1
TEL 0745-73-7800

| 昭和59年 | 奈良産業大学が開学 |

### ◇奈良女子大学
〒630-8506 奈良県奈良市北魚屋東町
TEL 0742-20-3204

| 明治41年3月31日 | 奈良女子高等師範学校を設置 |
| 昭和24年5月31日 | 奈良女子高等師範学校を包括し奈良女子大学を設置 |

### ◇奈良先端科学技術大学院大学
〒630-0192 奈良県生駒市高山町8916-5
TEL 0743-72-5111

| 平成3年10月 | 奈良先端科学技術大学院大学を設置 |

### ◇奈良大学
[学校法人 奈良大学]
〒631-8502 奈良県奈良市山陵町1500
TEL 0742-44-1251

| 昭和44年4月 | 奈良大学が開学 |

## 【短大】

### ◇大阪樟蔭女子大学短期大学部
[学校法人 樟蔭学園]
〒639-0298 奈良県香芝市関屋958
TEL 0745-71-3151

| 昭和61年 | 樟蔭女子短期大学を設立 |
| 平成12年 | 大阪樟蔭女子大学短期大学部と改称 |

### ◇畿央大学短期大学部
[学校法人 冬木学園]
〒635-0832 奈良県北葛城郡広陵町馬見中4丁目2-2
TEL 0745-54-1601

| 昭和41年4月 | 桜井女子短期大学が開校 |
| 平成15年4月 | 畿央大学短期大学部と改称 |

### ◇奈良芸術短期大学
[学校法人 聖心学園]
〒634-0063 奈良県橿原市久米町222
TEL 0744-27-0742

| 昭和41年 | 橿原学院短期大学を開設 |
| 昭和49年 | 奈良芸術短期大学と改称 |

### ◇奈良佐保短期大学
[学校法人 佐保会学園]
〒630-8425 奈良県奈良市鹿野園町806
TEL 0742-61-3858

| 昭和6年 | 佐保女学院を開設 |
| 昭和40年 | 佐保女学院短期大学に昇格 |
| 昭和43年 | 奈良佐保女学院短期大学と改称 |
| 平成13年 | 奈良佐保短期大学と改称 |

### ◇奈良文化女子短期大学
[学校法人 奈良学園]
〒635-8530 奈良県大和高田市東中127
TEL 0745-52-0451

| 昭和40年 | 奈良文化女子短期大学が開学 |

### ◇白鳳女子短期大学
[学校法人 西大和学園]
〒636-0011 奈良県北葛城郡王寺町葛下1-7-17
TEL 0745-32-7890

| 平成10年4月 | 白鳳女子短期大学が開学 |

## 【高専】

### ◇奈良工業高等専門学校
〒639-1080 奈良県大和郡山市矢田町22
TEL 0743-55-6000

| 昭和39年4月1日 | 奈良工業高等専門学校を設置 |

## 【高校】

### ◇育英西高等学校
[学校法人 奈良育英学園]
〒631-0074 奈良県奈良市三松4-637-1
TEL 0742-47-0688

| 昭和58年 | 育英西高等学校を設置 |

### ◇奈良県立生駒高等学校
〒630-0222 奈良県生駒市一分町532-1
TEL 0743-77-8084

| 昭和38年4月1日 | 奈良県立生駒高等学校が開校 |

### ◇奈良市立一条高等学校
〒630-8001 奈良県奈良市法華寺町1351
TEL 0742-33-7075

| 昭和25年4月 | 奈良市立一条高等学校を開校 |

### ◇奈良県立畝傍高等学校
〒634-0078 奈良県橿原市八木町3丁目13-2
TEL 0744-22-5321

| 明治29年 | 奈良県尋常中学校畝傍分校が開校 |
| 明治32年4月1日 | 奈良県畝傍中学校と称する |
| 明治34年6月21日 | 奈良県立畝傍中学校と改称 |
| 昭和23年4月1日 | 奈良県立畝傍高等学校と改称 |
| 平成16年4月1日 | 奈良県立耳成高等学校を統合 |

### ◇奈良県立王寺工業高等学校
〒636-0012 奈良県北葛城郡王寺町本町3-6-1
TEL 0745-72-4081

| 昭和37年4月1日 | 奈良県立王寺工業高等学校が開校 |

### ◇奈良県立大宇陀高等学校
〒633-2166 奈良県宇陀市大宇陀区迫間63-2
TEL 0745-83-1053

| 大正12年4月10日 | 奈良県立宇陀中学校が開校 |
| 昭和23年4月 | 奈良県立宇陀高等学校を設置 |
| 昭和23年9月 | 奈良県立大宇陀高等学校と改称 |

### ◇奈良県立大宇陀高等学校菟田野分校
〒633-2222 奈良県宇陀市菟田野区駒帰101
TEL 0745-84-2502

| 昭和23年12月1日 | 宇賀志村立奈良県立大宇陀高等学校宇賀志分校を設立 |
| 昭和31年8月1日 | 奈良県立大宇陀高等学校菟田野分校と改称 |
| 平成17年 | 奈良県立大宇陀高等学校菟田野分校と改称 |

### ◇奈良県立大淀高等学校
〒638-0821 奈良県吉野郡大淀町下渕983
TEL 0747-52-4171

| 大正12年4月 | 奈良県立吉野高等女学校が開校 |
| 昭和23年4月 | 奈良県立吉野高等学校と改称 |
| 昭和23年8月 | 奈良県立大淀高等学校と改称 |

◇**奈良県立香芝高等学校**
〒639-0223 奈良県香芝市真美ヶ丘5-1-53
TEL 0745-76-6772

| 昭和55年4月1日 | 奈良県立香芝高等学校が開校 |

◇**橿原学院高等学校**
[学校法人 聖心学園]
〒634-0063 奈良県橿原市久米町222
TEL 0744-27-0742

| 昭和39年 | 橿原学院高等学校を開設 |

◇**奈良県立橿原高等学校**
〒634-0823 奈良県橿原市北越智町282
TEL 0744-27-8282

| 昭和50年4月1日 | 奈良県立橿原高等学校が開校 |

◇**関西中央高等学校**
[学校法人 冬木学園]
〒633-0091 奈良県桜井市桜井502
TEL 0744-43-1001

| 昭和21年5月 | 冬木文化服装学院を開設 |
| 昭和39年4月 | 桜井女子高等学校が開校 |
| 平成11年4月 | 関西中央高等学校と改称 |

◇**奈良県立郡山高等学校**
〒639-1011 奈良県大和郡山市城内町1-26
TEL 0743-52-0001

| 明治9年8月 | 郡山予備校が開校 |
| 明治9年10月 | 堺県師範学校分局郡山学校と改称 |
| 明治14年3月 | 大阪府立堺師範学校分校郡山学校と改称 |
| 明治14年10月 | 大阪府立郡山中学校と改称 |
| 明治20年11月 | 奈良県郡山尋常中学校と改称 |
| 明治26年10月 | 奈良県尋常中学校を設置 |
| 明治34年6月 | 奈良県立郡山中学校と改称 |
| 明治39年4月 | 奈良県生駒郡立農業学校を創立 |
| 明治44年4月 | 郡山町立実科高等女学校を創立 |
| 大正9年4月 | 奈良県郡山高等女学校と改称 |
| 昭和23年4月 | 奈良県立郡山高等学校を学制改革により発足 |
| 昭和23年9月 | 奈良県立郡山高等学校,奈良県立郡山農業高等学校,町立郡山城東高等学校を統合し奈良県立郡山高等学校と改称 |
| 平成16年4月 | 奈良県立城内高等学校を統合 |

◇**奈良県立五條高等学校**
〒637-0092 奈良県五條市岡町1428
TEL 07472-2-4116

| 明治29年4月 | 奈良県尋常中学校五條分校が開校 |
| 明治32年4月 | 奈良県郡山中学校五條分校と改称 |
| 明治32年7月 | 奈良県五條中学校と改称 |
| 明治34年6月 | 奈良県立五條中学校と改称 |
| 昭和23年4月 | 奈良県立五條高等学校と改称 |
| 昭和23年8月 | 宇智高等学校を合併 |
〈宇智高等学校〉
| 明治36年4月 | 奈良県宇智郡五條町外八ヶ村組合立宇智郡女子手芸学校が開校 |
| 明治39年6月 | 奈良県宇智郡五條町外八ヶ村組合立五條実業学校と改称 |
| 明治40年4月 | 五條町立五條実業学校と改称 |
| 大正2年4月 | 五條町立五條実科高等女学校と改称 |
| 大正5年4月 | 五條町立五條高等女学校と改称 |
| 大正9年4月 | 宇智郡立五條高等女学校と改称 |
| 大正12年4月 | 奈良県立五條高等女学校と改称 |
| 昭和23年4月 | 宇智高等学校と改称 |

◇**奈良県立五條高等学校賀名生分校**
〒637-0113 奈良県五條市西吉野町黒渕888
TEL 07473-2-0043

| 昭和25年 | 奈良県立五條高等学校賀名生分校を設置 |

◇**奈良県立御所工業高等学校**
〒639-2247 奈良県御所市玉手300
TEL 0745-62-2085

| 明治29年5月23日 | 奈良県短期染色講習所を開設 |
| 明治32年10月1日 | 奈良県染色講習所を創立 |
| 明治33年4月20日 | 奈良県染織講習所と改称 |
| 明治34年4月1日 | 奈良県工業学校を開校 |
| 明治34年6月21日 | 奈良県立工業学校と改称 |
| 大正13年4月1日 | 奈良県立御所工業学校と改称 |
| 昭和23年4月1日 | 奈良県立御所工業高等学校と改称 |
| 昭和23年9月1日 | 奈良県立御所高等学校,奈良県立御所農業高等学校を統合し奈良県立御所高等学校を開校 |
| 昭和27年4月1日 | 奈良県立御所実業高等学校と改称 |
| 昭和33年4月1日 | 奈良県立御所工業高等学校と改称 |

◇**奈良県立御所東高等学校**
〒639-2204 奈良県御所市南十三15-1
TEL 0745-62-5705

| 明治31年 | 南葛城郡実業補習学校を設立 |
| 明治33年 | 南葛城郡南葛城農学校と改称 |
| 大正12年 | 奈良県立南葛城農学校と改称 |
| 昭和23年 | 奈良県立御所高等学校と改称 |
| 昭和27年 | 奈良県立御所実業高等学校と改称 |
| 昭和33年 | 御所市立御所農業高等学校と改称 |
| 昭和36年 | 奈良県立御所農業高等学校と改称 |
| 昭和46年 | 奈良県立御所東高等学校と改称 |

◇**奈良県立桜井高等学校**
〒633-0091 奈良県桜井市桜井95
TEL 0744-45-2041

| 明治37年4月11日 | 奈良県立桜井高等女学校が開校 |
| 昭和23年4月1日 | 奈良県立桜井高等学校が開校 |
| 昭和23年9月1日 | 奈良県立桜井高等学校が開校 |

◇**奈良県立磯城野高等学校**
〒636-0300 奈良県磯城郡田原本町258
TEL 07443-2-2281

| 明治35年4月1日 | 奈良県立農林学校が開校 |
| 大正10年4月1日 | 奈良県立実業補修学校教員養成所を併設 |
| 大正12年4月1日 | 奈良県立磯城農学校が開校 |
| 昭和23年4月1日 | 奈良県立磯城農業高等学校と改称 |
| 昭和23年9月1日 | 奈良県立田原本高等学校と改称 |
| 昭和33年4月1日 | 奈良県立田原本農業高等学校と改称 |
| 平成19年4月 | 奈良県立北和女子高等学校,奈良県立田原本農業高等学校を統合し奈良県立磯城野高等学校と改称予定 |

奈良県

◇奈良県立榛生昇陽高等学校
　〒633-0241 奈良県宇陀市榛原区下井足210
　TEL 0745-82-0525
〈奈良県立榛原高等学校〉
　大正12年4月　　　宇陀高等女学校が開校
　昭和23年4月1日　 奈良県立榛原高等学校と改称
〈奈良県立室生高等学校〉
　昭和61年4月1日　 奈良県立室生高等学校が開校
〈統合〉
　平成16年4月1日　 奈良県立榛原高等学校, 奈良県立
　　　　　　　　　　室生高等学校が統合し
　　　　　　　　　　奈良県立榛生昇陽高等学校が開校

◇奈良県立青翔高等学校
　〒639-2271 奈良県御所市525
　TEL 0745-62-3951
〈御所女子技芸学校〉
　明治37年4月12日　南葛城郡御所町外11ヵ村組合立御
　　　　　　　　　　所女子技芸学校を設立
　大正4年4月21日　 南葛城郡御所町外4ヵ村学校組合立
　　　　　　　　　　御所女子技芸学校と改称
〈御所高等女学校〉
　大正10年4月1日　 南葛城郡立御所高等女学校と改称
　大正12年4月1日　 奈良県立御所高等女学校と改称
〈統合〉
　昭和23年8月30日　奈良県立御所高等学校, 奈良県立
　　　　　　　　　　御所工業高等学校, 奈良県立御
　　　　　　　　　　所農業高等学校の3校が合併し
　　　　　　　　　　奈良県立御所高等学校を設立
　平成16年4月1日　 奈良県立青翔高等学校と改称

◇奈良県立西和清陵高等学校
　〒636-0813 奈良県生駒郡三郷町信貴ケ丘4-7-1
　TEL 0745-72-4101
　平成16年4月1日　 奈良県立信貴ケ丘高等学校, 奈良
　　　　　　　　　　県立牧高等学校を統合し
　　　　　　　　　　奈良県立西和清陵高等学校が開校

◇奈良県立添上高等学校
　〒632-0004 奈良県天理市櫟本町1532-2
　TEL 0743-65-0558
　明治39年3月23日　添上郡立農林学校本校, 添上郡立
　　　　　　　　　　農林学校分校を設立
　明治42年4月1日　 添上郡立第一農林学校, 添上郡立
　　　　　　　　　　第二農林学校と改称
　大正10年3月19日　添上郡立第一農林学校, 添上郡立
　　　　　　　　　　第二農林学校を統合し
　　　　　　　　　　奈良県添上農学校を設置する
　大正12年4月1日　 奈良県立添上農学校と改称
　昭和23年4月1日　 奈良県立添上農業高等学校を設置
　　　　　　　　　　する
　昭和23年9月1日　 奈良県立添上高等学校を設置

◇奈良県立高田高等学校
　〒635-0061 奈良県大和高田市礒野東町6-6
　TEL 0745-22-0123
　大正9年7月31日　 北葛城郡立奈良県高田高等女学校
　　　　　　　　　　を設立
　大正10年4月8日　 葛城郡立奈良県高田高等女学校が
　　　　　　　　　　開校
　大正12年4月1日　 奈良県立高田高等女学校と改称
　昭和23年4月1日　 奈良県立高田高等学校と改称

◇大和高田市立高田商業高等学校
　〒635-0011 奈良県大和高田市材木町8-3
　TEL 0745-22-2251
　昭和29年4月1日　 大和高田市立商業高等学校が開校
　昭和33年4月1日　 大和高田市立高田商業高等学校と
　　　　　　　　　　改称

◇奈良県立高取国際高等学校
　〒635-0131 奈良県高市郡高取町佐田4552
　TEL 0744-52-4552
　昭和59年4月1日　 奈良県立高取高等学校が開校
　平成17年4月1日　 奈良県立高取国際高等学校に改称

◇奈良県立高円高等学校
　〒630-8302 奈良県奈良市白毫寺町633
　TEL 0742-22-5838
　昭和58年4月1日　 奈良県立高円高等学校が開校

◇奈良県立田原本農業高等学校
　〒636-0300 奈良県磯城郡田原本町258
　TEL 07443-2-2281
　明治35年4月1日　 奈良県立農林学校が開校
　大正10年4月1日　 奈良県立実業補修学校教員養成所
　　　　　　　　　　を併設
　大正12年4月1日　 奈良県立磯城農学校が開校
　昭和23年4月1日　 奈良県立磯城農業高等学校と改称
　昭和23年9月1日　 奈良県立田原本高等学校と改称
　昭和33年4月1日　 奈良県立田原本農業高等学校と改
　　　　　　　　　　称
　平成19年4月　　　奈良県立磯城野高等学校と改称予
　　　　　　　　　　定

◇智辯学園高等学校
　［学校法人　智辯学園］
　〒637-0037 奈良県五條市野原中4丁目1-51
　TEL 07472-2-3191
　昭和40年4月　　　智辯学園高等学校を辯天宗が開校

◇帝塚山高等学校
　［学校法人　帝塚山学園］
　〒631-0034 奈良県奈良市学園南3-1-3
　TEL 0742-41-4685
　昭和16年　　　　　帝塚山中学校が開校（創立者:森磯
　　　　　　　　　　吉）
　昭和23年　　　　　帝塚山高等学校を設置

◇天理教校学園高等学校
　［学校法人　天理教校学園］
　〒632-0015 奈良県天理市三島町70
　TEL 0743-63-1511
　昭和49年4月　　　天理教校附属高等学校が開校
　平成元年4月　　　天理教校親里高等学校が開校
　平成17年4月　　　天理教校附属高等学校, 天理教校
　　　　　　　　　　親里高等学校が合併し
　　　　　　　　　　天理教校学園高等学校と改称

◇天理高等学校
　［学校法人　天理大学］
　〒632-8585 奈良県天理市杣之内町1260
　TEL 0743-63-7691
　明治33年　　　　　天理教校を創設
　明治41年　　　　　天理中学校を設立
　昭和18年　　　　　天理第二中学校を統合
　大正9年　　　　　　天理女学校を開設
　大正12年　　　　　天理高等女学校と改称

| 昭和19年 | 天理夜間女学校を統合 |
| 昭和23年4月 | 天理中学校，天理高等女学校が統合し天理高等学校を発足 |

### ◇東大寺学園高等学校
［学校法人 東大寺学園］
〒631-0803 奈良県奈良市山陵町1375
TEL 0742-47-5511
| 大正15年5月4日 | 金鐘中等学校を設置 |
| 昭和18年4月28日 | 金鐘中学校と改称 |
| 昭和23年3月3日 | 金鐘高等学校と改称 |
| 昭和38年4月1日 | 東大寺学園高等学校と改称 |

### ◇奈良県立十津川高等学校
〒637-1445 奈良県吉野郡十津川村込之上58
TEL 07466-4-0241
| 元治元年5月 | 文武館を開校 |
| 明治33年11月 | 私立中学文武館と改称 |
| 大正9年10月 | 十津川中学文武館と改称 |
| 昭和17年3月 | 奈良県立十津川中学文武館と改称 |
| 昭和23年9月 | 奈良県立十津川高等学校と改称 |

### ◇奈良県立登美ケ丘高等学校
〒631-0008 奈良県奈良市二名町1944-12
TEL 0742-46-0017
| 昭和62年4月 | 奈良県立登美ケ丘高等学校が開校 |

### ◇奈良育英高等学校
［学校法人 奈良育英学園］
〒630-8558 奈良県奈良市法蓮町1000
TEL 0742-26-2845
| 大正5年 | 私立育英女学校を藤井高蔵、ショウが創立 |
| 大正12年 | 奈良育英高等女学校を設立 |
| 昭和23年 | 奈良育英高等学校と改称 |

### ◇奈良学園高等学校
［学校法人 奈良学園］
〒639-1093 奈良県大和郡山市山田町430
TEL 0743-54-0351
| 昭和54年 | 奈良学園高等学校が開校 |

### ◇奈良県立奈良北高等学校
〒630-0131 奈良県生駒市上町4600
TEL 0743-78-3081
〈奈良県立富雄高等学校〉
| 昭和59年4月1日 | 奈良県立富雄高等学校が開校 |
〈奈良県立北大和高等学校〉
| 昭和49年4月 | 奈良県立北大和高等学校が開校 |
〈統合〉
| 平成17年 | 奈良県立富雄高等学校，奈良県立北大和高等学校を統合し奈良県立奈良北高等学校が開校 |

### ◇奈良県立奈良工業高等学校
〒631-0811 奈良県奈良市秋篠町1277-1
TEL 0742-45-4051
| 昭和36年 | 奈良県立奈良工業高等学校が開校 |
| 平成19年 | 奈良県立奈良商業高等学校と統合し奈良県立奈良朱雀高等学校と改称予定 |

### ◇奈良県立奈良高等学校
〒630-8113 奈良県奈良市法蓮町836
TEL 0742-23-2855
| 大正13年4月 | 奈良県立奈良中学校が開校 |
| 昭和23年9月1日 | 奈良県立奈良商工高等学校，奈良市立高等学校を統合し奈良県立奈良高等学校を設置する |

### ◇奈良県立奈良商業高等学校
〒630-8031 奈良県奈良市柏木町248
TEL 0742-33-0293
| 大正10年4月8日 | 奈良県立奈良商業学校を開校 |
| 昭和19年4月1日 | 奈良県立奈良工業学校が開校 |
| 昭和21年4月1日 | 奈良県立奈良商業学校，奈良県立奈良工業学校を廃止し奈良県立奈良商工学校を開校 |
| 昭和23年4月1日 | 奈良県立奈良商工高等学校と改称 |
| 昭和23年9月1日 | 奈良県立奈良高等学校，奈良県立奈良商工高等学校，奈良市立高等学校を統合し奈良県立奈良高等学校を設置する |
| 昭和27年4月1日 | 奈良県立奈良高等学校を統合し奈良県立奈良商工高等学校が開校 |
| 昭和42年4月1日 | 奈良県立奈良商業高等学校と改称 |
| 平成19年 | 奈良県立奈良工業高等学校と統合し奈良県立奈良朱雀高等学校と改称予定 |

### ◇奈良県立奈良情報商業高等学校
〒633-0051 奈良県桜井市河西770
TEL 0744-42-4014
〈奈良県立桜井商業高等学校〉
| 昭和38年4月10日 | 奈良県立桜井商業高等学校が開校 |
〈奈良県立志貴高等学校〉
| 昭和58年4月 | 奈良県立志貴高等学校が開校 |
〈統合〉
| 平成17年4月 | 奈良県立桜井商業高等学校，奈良県立志貴高等学校が統合し奈良県立奈良情報商業高等学校が開校 |

### ◇奈良女子高等学校
［学校法人 白藤学園］
〒630-8121 奈良県奈良市三条宮前町3-6
TEL 0742-33-3603
| 明治26年10月 | 正気書院を越智宜哲が開設 |
| 昭和5年3月 | 正気書院商業学校を設立 |
| 昭和19年4月 | 正気女子商業学校と改称 |
| 昭和21年4月 | 奈良女子商業学校と改称 |
| 昭和25年4月 | 白藤女子高等学校と改称 |
| 平成9年4月 | 奈良女子高等学校と改称 |

### ◇奈良大学附属高等学校
［学校法人 奈良大学］
〒631-8555 奈良県奈良市秋篠町50
TEL 0742-41-8840
| 大正14年 | 南都正強中学校を薮内敬治郎が設立 |
| 昭和18年4月 | 奈良県正強中学校と改称 |
| 昭和23年4月 | 奈良県正強高等学校を開設 |
| 昭和45年4月 | 正強高等学校と改称 |
| 平成8年4月 | 奈良大学附属高等学校と改称 |

### ◇奈良文化女子短期大学付属高等学校
［学校法人 奈良学園］

奈良県

　〒635-8530 奈良県大和高田市東中127
　TEL 0745-22-8267
　昭和40年　　　　奈良文化女子短期大学付属高等学校が開校

◇奈良県立二階堂高等学校
　〒632-0082 奈良県天理市荒蒔町100-1
　TEL 0743-64-2201
　昭和52年4月1日　奈良県立二階堂高等学校が開校

◇奈良県立西の京高等学校
　〒630-8044 奈良県奈良市六条西3丁目24-1
　TEL 0742-46-7501
　昭和53年4月1日　奈良県立西の京高等学校が開校

◇西大和学園高等学校
　［学校法人　西大和学園］
　〒636-0082 奈良県北葛城郡河合町大字薬井295
　TEL 0745-73-6565
　昭和61年4月　　西大和学園高等学校が開校

◇奈良県立平城高等学校
　〒631-0806 奈良県奈良市朱雀2丁目11
　TEL 0742-71-5174
　昭和55年4月1日　奈良県立平城高等学校が開校

◇奈良県立法隆寺国際高等学校
　〒636-0104 奈良県生駒郡斑鳩町高安2丁目1-1
　TEL 0745-74-3630
　昭和53年4月　　　奈良県立斑鳩高等学校が開校
　昭和58年4月11日　奈良県立片桐高等学校が開校
　平成18年4月　　　奈良県立斑鳩高等学校，奈良県立片桐高等学校が統合し
　　　　　　　　　　奈良県立法隆寺国際高等学校が開校

◇奈良県立大和広陵高等学校
　〒635-0802 奈良県北葛城郡広陵町的場401
　TEL 0745-57-0300
〈奈良県立広陵高等学校〉
　昭和49年4月10日　奈良県立広陵高等学校が開校
〈奈良県立高田東高等学校〉
　昭和51年1月1日　奈良県立高田東高等学校が開校
〈統合〉
　平成17年4月1日　奈良県立広陵高等学校，奈良県立高田東高等学校を再編統合し
　　　　　　　　　奈良県立大和広陵高等学校を設置

◇奈良県立山辺高等学校
　〒632-0246 奈良県奈良市都祁友田町937
　TEL 0743-82-0222
　昭和10年4月2日　　豊農塾を開校
　昭和21年4月16日　組合立山辺農学校が開校
　昭和23年4月1日　　奈良県立山辺農業高等学校と改称
　昭和23年9月1日　　奈良県立山辺高等学校と改称

◇奈良県立山辺高等学校山添分校
　〒630-2344 奈良県山辺郡山添村大西45-1
　TEL 0743-85-0214
　昭和10年4月2日　　豊農塾を開校
　昭和21年4月16日　組合立山辺農学校が開校
　昭和23年4月1日　　県立山辺農業高等学校と改称
　昭和23年9月1日　　県立山辺高等学校と改称
　昭和24年2月1日　　奈良県立山辺高等学校波多野分校が開校

　昭和31年3月31日　奈良県立山辺高等学校山添分校と改称

◇奈良県立吉野高等学校
　〒639-3113 奈良県吉野郡吉野町飯貝
　TEL 07463-2-5151
　昭和53年　　　　奈良県立吉野林業高等学校，奈良県立吉野工業高等学校を統合し奈良県立吉野高等学校を設立

# 和歌山県

## 【大学】

◇高野山大学
　［学校法人 高野山学園］
　〒648-0280 和歌山県伊都郡高野町高野山385
　TEL 0736-56-2921
　明治19年　　　　　高野山古義大学林を創立
　昭和24年　　　　　高野山大学が開学

◇和歌山県立医科大学
　〒641-8509 和歌山県和歌山市紀三井寺811-1
　TEL 0734-47-2300
　昭和20年2月8日　　和歌山県立医学専門学校を設置
　昭和22年6月18日　和歌山県立医科大学予科を設置
　昭和23年2月20日　和歌山県立医科大学を設置
　昭和26年3月31日　和歌山県立医学専門学校, 和歌山県立医科大学予科の廃止が認可される
　昭和27年2月20日　和歌山県立医科大学を設置

◇和歌山大学
　〒640-8510 和歌山県和歌山市栄谷930
　TEL 073-457-7007
　昭和24年5月　　　和歌山師範学校, 和歌山青年師範学校, 和歌山経済専門学校を統合し和歌山大学を設置

## 【短大】

◇和歌山県立医科大学看護短期大学部
　〒641-0011 和歌山県和歌山市三葛580
　TEL 073-446-6700
　平成8年4月　　　和歌山県立医科大学看護短期大学部が開学

◇和歌山信愛女子短期大学
　［学校法人 和歌山信愛女子短期大学］
　〒640-0341 和歌山県和歌山市相坂702-2
　TEL 073-479-3330
　昭和22年　　　　和歌山女子専門学校を設立
　昭和30年　　　　和歌山信愛女子短期大学と改称

## 【高専】

◇和歌山工業高等専門学校
　〒644-0023 和歌山県御坊市名田町野島77
　TEL 0738-29-2301
　昭和39年4月1日　和歌山工業高等専門学校が発足

## 【高校】

◇和歌山県立有田中央高等学校
　〒643-0021 和歌山県有田郡有田川町下津野459
　TEL 0737-52-4340
　明治40年4月　　　藤並、田殿、御霊三村組合立吉備実業学校として創立
　昭和19年10月　　　組合立和歌山県吉備農業学校と改称
　昭和22年3月　　　和歌山県立吉備農業学校と改称
　昭和23年4月　　　和歌山県立吉備高等学校として学制改革により創立
　平成9年4月　　　和歌山県立有田中央高等学校と改称

◇和歌山県立有田中央高等学校清水分校
　〒643-0521 和歌山県有田郡有田川町清水1028
　TEL 0737-25-0055
　昭和21年　　　　組合立東有田農林学校が開校
　昭和24年　　　　組合立東有田農林学校を閉校
　昭和24年5月　　和歌山県立吉備高等学校八幡分校が開校
　昭和40年　　　　和歌山県立吉備高等学校清水分校と改称
　平成9年4月　　　和歌山県立有田中央高等学校清水分校と改称

◇和歌山県立伊都高等学校
　〒649-7203 和歌山県橋本市高野口町名古曽558
　TEL 0736-42-2056
　大正11年　　　　和歌山県立伊都中学校が開校
　昭和19年　　　　伊都郡学校組合立伊都農業学校が開校
　昭和23年　　　　和歌山県立伊都高等学校が開校

◇開智学園高等部
　［学校法人 開智学園］
　〒640-8481 和歌山県和歌山市直川113-2
　TEL 073-461-8080
　平成12年　　　　修徳高等学校を開智学園高等部と改称

◇和歌山県立海南高等学校
　〒642-0022 和歌山県海南市大野中651
　TEL 073-482-3363
　大正11年4月　　和歌山県立海南中学校を設立
　昭和23年　　　　和歌山県立日方実科高等女学校, 海南市立高等家政女学校を統合し和歌山県立海南高等学校と改称

◇和歌山県立海南高等学校下津分校
　〒649-0121 和歌山県海南市下津町丸田87
　TEL 073-492-4857
　昭和33年　　　　和歌山県立海南高等学校鴨谷分校を和歌山県立海南高等学校下津分校と改称

◇海南市立海南市高等学校
　〒642-0002 和歌山県海南市日方1274
　TEL 073-482-1119
　昭和31年　　　　海南市立海南市高等学校を設置

◇和歌山県立神島高等学校
　〒646-0023 和歌山県田辺市文里2-33-12
　TEL 0739-22-2550
　昭和31年3月5日　和歌山県立田辺商業高等学校が開校
　平成18年4月　　和歌山県立神島高等学校と改称

◇和歌山県立笠田高等学校
　〒649-7161 和歌山県伊都郡かつらぎ町笠田東825
　TEL 0736-22-1029
　昭和2年4月11日　町立笠田高等女学校が開校

学校名変遷総覧　大学・高校編　313

和歌山県

| 昭和23年4月1日 | 和歌山県立笠田高等学校に学制改革により移行 |

◇和歌山県立**紀央館**高等学校
　〒644-0012 和歌山県御坊市湯川町小松原43-1
　TEL 0738-22-4011
| 大正3年4月18日 | 日高郡立実科高等女学校が開校 |
| 大正8年4月1日 | 和歌山県立日高高等女学校と改称 |
| 大正11年10月1日 | 和歌山県立日高中学校が開校 |
| 昭和10年8月31日 | 御坊町立御坊商業学校が開校 |
| 昭和19年4月1日 | 和歌山県立御坊商業学校と改称 |
| 昭和19年4月5日 | 和歌山県立日高工業学校が開校 |
| 昭和22年3月31日 | 和歌山県立日高商業学校閉校し和歌山県立日高工業学校に切替 |
| 昭和23年4月1日 | 和歌山県立日高高等女学校、和歌山県立日高中学校、和歌山県立日高工業学校の三校が統合され和歌山県立日高高等学校を設置 |
| 昭和33年4月1日 | 和歌山県立御坊商工高等学校が開校 |
| 平成15年4月1日 | 和歌山県立紀央館高等学校と改称 |

◇和歌山県立**貴志川**高等学校
　〒640-0415 和歌山県紀の川市貴志川町長原400
　TEL 0736-64-2500
| 昭和23年 | 和歌山県立那賀高等学校貴志分校として発足 |
| 昭和35年 | 和歌山県立貴和高等学校と呼称 |
| 昭和58年 | 和歌山県立貴志川高等学校と改称 |

◇和歌山県立**紀の川**高等学校
　〒649-7122 和歌山県伊都郡かつらぎ町新田120
　TEL 0736-22-0619
| 昭和42年4月 | 和歌山県立橋本高等学校、和歌山県立伊都高等学校、和歌山県立笠田高等学校の定時制課程を統合し和歌山県立紀の川高等学校として発足 |

◇和歌山県立**紀北工業**高等学校
　〒648-0086 和歌山県橋本市神野々809
　TEL 0736-32-1240
| 昭和38年4月 | 和歌山県立紀北工業高等学校を設置 |

◇和歌山県立**紀北農芸**高等学校
　〒649-7113 和歌山県伊都郡かつらぎ町妙寺1781
　TEL 0736-22-1500
| 昭和62年 | 和歌山県立紀北農芸高等学校を設置 |

◇**近畿大学附属新宮**高等学校
　［学校法人 近畿大学］
　〒647-0081 和歌山県新宮市新宮4966
　TEL 0735-22-2005
| 昭和38年4月1日 | 近畿大学附属新宮女子高等学校を設置 |
| 昭和55年4月1日 | 近畿大学附属新宮高等学校と改称 |

◇**近畿大学附属和歌山**高等学校
　［学校法人 近畿大学］
　〒640-8471 和歌山県和歌山市善明寺516
　TEL 073-452-1161

| 昭和58年4月1日 | 近畿大学附属和歌山高等学校が開校 |

◇和歌山県立**串本**高等学校
　〒649-3503 和歌山県東牟婁郡串本町串本1522
　TEL 0735-62-0004
| 大正7年4月1日 | 和歌山県西牟婁郡串本町立串本実業学校が開校 |
| 大正15年5月4日 | 串本商業学校と改称 |
| 昭和10年4月1日 | 和歌山県立串本商業学校と改称 |
| 昭和23年4月 | 和歌山県立串本高等学校と改称 |

◇和歌山県立**熊野**高等学校
　〒649-2195 和歌山県西牟婁郡上富田町朝来670
　TEL 0739-47-1004
| 大正12年4月 | 和歌山県立西牟婁農学校が開校 |
| 大正13年4月 | 和歌山県立熊野農林学校と改称 |
| 大正15年2月 | 和歌山県立熊野林業学校と改称 |
| 昭和20年3月 | 和歌山県立熊野高等学校と改称 |

◇**慶風**高等学校
　［学校法人 田原学園］
　〒640-1363 和歌山県海草郡紀美野町田64
　TEL 073-498-0100
| 平成17年4月 | 慶風高等学校が開校 |

◇**高野山**高等学校
　［学校法人 高野山学園］
　〒648-0211 和歌山県伊都郡高野町高野山212
　TEL 0736-56-2204
| 明治19年 | 古義真言宗中学林を創立 |
| 明治41年 | 高野中学林と改称 |
| 昭和23年 | 高野山高等学校と改称 |

◇和歌山県立**向陽**高等学校
　〒640-8323 和歌山県和歌山市太田127
　TEL 073-471-0621
| 明治37年4月 | 県立海草農林学校が開校 |
| 大正4年3月 | 県立海草農林学校を廃止とする |
| 大正4年4月 | 県立海草中学校が開校 |
| 昭和23年4月 | 和歌山県立向陽高等学校と改称 |

◇和歌山県立**粉河**高等学校
　〒649-6595 和歌山県紀の川市粉河4632
　TEL 0736-73-3411
| 明治34年 | 粉河中学校を創設 |
| 大正2年 | 粉河高等女学校を創設 |
| 昭和23年4月 | 和歌山県立粉河高等学校を設置 |

◇**国際開洋第二**高等学校
　［学校法人 国際開洋学園］
　〒649-1443 和歌山県日高郡日高川町和佐2223-5
　TEL 0738-53-0316
| 平成2年4月 | 国際開洋第二高等学校を設立 |

◇和歌山県立**古座**高等学校
　〒649-4116 和歌山県東牟婁郡串本町中湊370
　TEL 0735-72-0008
| 大正7年 | 古座実業学校が開校 |
| 昭和4年 | 古座高等女学校と改称 |
| 昭和23年 | 和歌山県立古座高等学校と改称 |

◇海南市立**下津女子**高等学校
　〒649-0121 和歌山県海南市下津町丸田87
　TEL 073-492-2136
| 昭和33年3月4日 | 下津町立下津高等学校を設立 |

| 昭和41年1月1日 | 下津町立下津女子高等学校と改称 |
| 平成17年4月1日 | 海南市立下津女子高等学校と改称 |

◇和歌山県立**新宮高等学校**
　〒647-0044 和歌山県新宮市神倉3-2-39
　TEL 0735-22-8101
　明治34年　　　　　新宮中学校が開校
　昭和23年　　　　　和歌山県立新宮高等学校を設置

◇和歌山県立**新宮商業高等学校**
　〒647-0071 和歌山県新宮市佐野1005
　TEL 0735-31-7087
　昭和38年　　　　　和歌山県立新宮商業高等学校を設置

◇和歌山県立**青陵高等学校**
　〒640-8137 和歌山県和歌山市吹上5-6-8
　TEL 073-422-5660
　昭和29年4月1日　　和歌山県立青陵高等学校として開校

◇和歌山県立**星林高等学校**
　〒641-0036 和歌山県和歌山市西浜2丁目9-9
　TEL 073-444-6332
　昭和23年4月1日　　和歌山県立星林高等学校が開校

◇和歌山県立**耐久高等学校**
　〒643-0004 和歌山県有田郡湯浅町湯浅1985
　TEL 0737-62-4148
〈和歌山県立耐久中学校〉
　嘉永5年　　　　　耐久社を創設
　明治25年3月　　　耐久学舎と改称
　明治41年1月　　　私立耐久中学校と改称
　大正9年4月　　　和歌山県立耐久中学校と改称
〈和歌山県立有田高等女学校〉
　大正8年5月　　　有田郡立高等女学校が開校
　大正11年4月　　　和歌山県立有田高等女学校と改称
〈統合〉
　昭和23年4月　　　和歌山県立耐久中学校, 和歌山県立有田高等女学校を学制改革により統合し和歌山県立耐久高等学校が開校

◇和歌山県立**大成高等学校**
　〒640-1131 和歌山県海草郡紀美野町動木1515
　TEL 073-489-2069
　大正13年　　　　　野上高等女学校が開校
　昭和23年　　　　　和歌山県立大成高等学校を設置

◇和歌山県立**大成高等学校美里分校**
　〒640-1474 和歌山県海草郡紀美野町毛原中689
　TEL 073-499-0034
　昭和32年　　　　　和歌山県立大成高等学校美里分校を設置

◇和歌山県立**田辺工業高等学校**
　〒646-0021 和歌山県田辺市あけぼの51-1
　TEL 0739-22-3983
　昭和38年4月　　　和歌山県立田辺工業高等学校が開校

◇和歌山県立**田辺高等学校**
　〒646-0024 和歌山県田辺市学園1-71
　TEL 0739-22-1880
　明治29年　　　　　和歌山県立田辺中学校を創立
　明治39年　　　　　和歌山県立田辺高等女学校を創立
　大正5年　　　　　和歌山県立田辺商業学校を創立
　昭和2年　　　　　和歌山市立田辺高等家政女学校を創立
　昭和23年4月　　　和歌山県立田辺中学校, 和歌山県立田辺高等女学校, 和歌山県立田辺商業学校, 和歌山市立田辺高等家政女学校を統合し和歌山県立田辺高等学校を創立

◇**智辯学園和歌山高等学校**
　［学校法人　智辯学園］
　〒640-0332 和歌山県和歌山市冬野2066-1
　TEL 073-479-2811
　昭和53年4月　　　智辯学園和歌山高等学校が開校

◇和歌山県立**桐蔭高等学校**
　〒640-8137 和歌山県和歌山市吹上5-6-18
　TEL 073-436-1366
　明治12年3月1日　　和歌山中学校を開校
　明治13年　　　　　和歌山尋常中学校と改称
　大正3年　　　　　和歌山県立中学校と改称
　昭和23年　　　　　和歌山県立桐蔭高等学校を設置

◇和歌山県立**那賀高等学校**
　〒649-6223 和歌山県岩出市高塚115
　TEL 0736-62-2117
　大正12年　　　　　和歌山県立那賀農業学校が開校
　昭和23年　　　　　和歌山県立那賀高等学校と改称

◇和歌山県立**南紀高等学校**
　〒646-0024 和歌山県田辺市学園1-88
　TEL 0739-22-3776
　昭和38年4月　　　和歌山県立南紀高等学校が開校

◇和歌山県立**南紀高等学校周参見分校**
　〒649-2621 和歌山県西牟婁郡すさみ町周参見3685
　TEL 0739-55-3364
　昭和38年4月1日　　和歌山県立南紀高等学校周参見分校が開校

◇和歌山県立**橋本高等学校**
　〒648-0065 和歌山県橋本市古佐田4丁目10-1
　TEL 0736-32-0049
　明治44年2月　　　橋本高等女学校が開校
　昭和23年　　　　　和歌山県立橋本高等学校を設置

◇**初芝橋本高等学校**
　［学校法人　大阪初芝学園］
　〒648-0005 和歌山県橋本市小峰台2-6-1
　TEL 0736-37-5600
　昭和12年4月30日　　大阪初芝商業学校を設置
　昭和23年4月2日　　初芝高等学校と改称
　平成3年4月1日　　初芝橋本高等学校が開校

◇和歌山県立**日高高等学校**
　〒644-0003 和歌山県御坊市島45
　TEL 0738-22-3151
〈和歌山県立日高高等女学校〉
　大正3年　　　　　和歌山県立日高高等女学校を創立
〈和歌山県立日高中学校〉
　大正11年　　　　　和歌山県立日高中学校を創立
〈和歌山県立日高工業学校〉
　昭和19年　　　　　和歌山県立日高工業学校を創立
〈統合〉
　昭和23年4月　　　和歌山県立日高中学校, 和歌山県立日高高等女学校, 和歌山県立

和歌山県

|  |  |
|---|---|
| | 日高工業学校の3校を併合し和歌山県立日高高等学校として発足 |

◇和歌山県立日高高等学校中津分校
　〒644-1121　和歌山県日高郡日高川町西原357
　TEL 0738-54-0226
　昭和24年3月　　　和歌山県立日高高等学校（定時制）を設立
　昭和31年9月　　　和歌山県立日高高等学校中津分校と改称

◇和歌山県立南部高等学校
　〒645-0002　和歌山県日高郡みなべ町芝407
　TEL 0739-72-2056
〈和歌山県立紀南農業学校〉
　大正3年　　　　　和歌山県立日高農林学校を設立
　大正4年　　　　　和歌山県立農林学校と改称
　大正13年　　　　和歌山県立紀南農業学校と改称
〈南部町立紀南高等女学校〉
　大正14年　　　　南部町立紀南実修女学校を創立
　昭和4年　　　　　南部町立紀南高等女学校と改称
〈統合〉
　昭和23年　　　　南部町立紀南高等女学校，和歌山県立紀南農業学校を統合し和歌山県立南部高等学校と改称

◇和歌山県立南部高等学校龍神分校
　〒645-0416　和歌山県田辺市龍神村安井469
　TEL 0739-78-0155
　昭和25年3月21日　和歌山県立日高高等学校（定時制）として設立
　昭和31年10月1日　和歌山県立南部高等学校龍神分校と改称

◇和歌山県立箕島高等学校
　〒649-0304　和歌山県有田市箕島55
　TEL 0737-83-2155
〈和歌山県立箕島商業学校〉
　明治40年3月21日　箕島町立箕島実業学校が開校
　大正8年4月1日　　箕島町立箕島商業学校と改称
　昭和2年1月20日　　和歌山県箕島商業学校と改称
　昭和17年3月31日　和歌山県立箕島商業学校と改称
〈和歌山県立箕島高等女学校〉
　明治40年3月21日　箕島町立箕島実業学校が開校
　大正8年4月1日　　箕島町立箕島技芸女学校と改称
　大正15年2月19日　和歌山県箕島高等家政女学校と改称
　昭和15年3月1日　　和歌山県立箕島高等家政女学校と改称
　昭和17年4月1日　和歌山県立箕島高等女学校と改称
〈和歌山県立箕島工業学校〉
　昭和19年4月1日　和歌山県立箕島工業学校を設置
〈統合〉
　昭和21年2月2日　和歌山県立箕島商業学校，和歌山県立箕島工業学校を統合し和歌山県立箕島商工業学校と改称
　昭和23年4月1日　和歌山県立箕島高等学校を設置

◇和歌山県立陵雲高等学校
　〒640-8137　和歌山県和歌山市吹上5丁目6-8
　TEL 073-422-8402
　昭和23年4月　　　和歌山県立桐蔭高等学校通信教育部を設置

　昭和39年4月　　　和歌山県立和歌山通信制高等学校と改称
　昭和43年4月　　　和歌山県立陵雲高等学校と改称

◇和歌山県立和歌山北高等学校
　〒640-8464　和歌山県和歌山市市小路388
　TEL 073-455-3528
　昭和38年4月　　　和歌山県立和歌山北高等学校を開校

◇和歌山県立和歌山工業高等学校
　〒641-0036　和歌山県和歌山市西浜3-6-1
　TEL 073-444-0158
〈和歌山県立和歌山工業学校〉
　大正3年　　　　　和歌山県立工業学校が開校
　昭和17年　　　　和歌山県立和歌山工業学校と改称
〈和歌山県立西浜工業学校〉
　昭和14年　　　　和歌山県立第二工業学校が開校
　昭和15年　　　　和歌山県立西浜工業学校と改称
〈統合〉
　昭和23年　　　　和歌山県立和歌山工業学校，和歌山県立西浜工業学校が合併し和歌山県光風工業高等学校と改称
　昭和28年4月　　　和歌山県立和歌山工業高等学校と改称

◇和歌山県立和歌山高等学校
　〒649-6264　和歌山県和歌山市新庄188
　TEL 073-477-3933
　昭和53年4月1日　和歌山県立和歌山高等学校が開校

◇和歌山県立和歌山商業高等学校
　〒640-8272　和歌山県和歌山市砂山南3丁目3-94
　TEL 073-424-2446
　明治37年4月9日　　和歌山市立和歌山商業学校が開校
　大正11年4月1日　　和歌山県立商業学校と改称
　昭和2年1月21日　　和歌山県立和歌山商業学校と改称
　昭和23年3月31日　和歌山県立和歌山商業学校を廃校
　昭和26年　　　　　和歌山県立和歌山商業高等学校が開校

◇和歌山市立和歌山商業高等学校
　〒640-8482　和歌山県和歌山市六十谷45
　TEL 073-461-3690
　昭和32年　　　　　和歌山市立和歌山商業高等学校を設置

◇和歌山信愛女子短期大学附属高等学校
　［学校法人 和歌山信愛女子短期大学］
　〒640-8151　和歌山県和歌山市屋形町2-22
　TEL 073-424-1141
　昭和21年4月4日　　桜映女学校を設立
　昭和22年3月31日　和歌山女子専門学校を設立
　昭和24年3月31日　和歌山女子専門学校高等学校を設立
　昭和30年2月24日　和歌山信愛女子短期大学附属高等学校と改称

◇和歌山県立和歌山西高等学校
　〒640-0112　和歌山県和歌山市西庄1148-1
　TEL 073-453-1281
　昭和59年4月1日　和歌山県立和歌山西高等学校が開校

◇和歌山県立和歌山東高等学校
　〒640-8312　和歌山県和歌山市森小手穂136

TEL 073-472-5620
昭和49年4月1日　和歌山県立和歌山東高等学校が開校

# 鳥取県

## 【大学】

◇**鳥取環境大学**
　［学校法人　鳥取環境大学］
　〒689-1111 鳥取県鳥取市若葉台北1-1-1
　TEL 0857-38-6700
　平成13年4月　　　鳥取環境大学が開学

◇**鳥取大学**
　〒680-8550 鳥取県鳥取市湖山町南4-101
　TEL 0857-31-5007
　昭和24年　　　　米子医科大学，米子医学専門学校，鳥取農林専門学校，鳥取師範学校，鳥取青年師範学校を統合し鳥取大学を設置

## 【短大】

◇**鳥取短期大学**
　［学校法人　藤田学院］
　〒682-8555 鳥取県倉吉市福庭854
　TEL 0858-26-1811
　昭和46年　　　　鳥取女子短期大学が開学
　平成13年　　　　鳥取短期大学と改称

## 【高専】

◇**米子工業高等専門学校**
　〒683-8502 鳥取県米子市彦名町4448
　TEL 0859-24-5000
　昭和39年4月1日　米子工業高等専門学校が発足

## 【高校】

◇**鳥取県立青谷高等学校**
　〒689-0595 鳥取県鳥取市青谷町青谷2912
　TEL 0857-85-0511
　昭和23年4月27日　鳥取県立青谷高等学校を設置
　昭和26年4月1日　鳥取県立気高高等学校と改称
　昭和28年4月1日　鳥取県立青谷高等学校と改称

◇**鳥取県立岩美高等学校**
　〒681-0003 鳥取県岩美郡岩美町浦富708-2
　TEL 0857-72-0474
　昭和23年4月　　　鳥取県立岩美実業高等学校を設立
　昭和29年4月　　　鳥取県立岩美農業高等学校として独立
　昭和36年4月　　　鳥取県立岩美高等学校と改称

◇**倉吉北高等学校**
　［学校法人　松柏学院］
　〒682-0018 鳥取県倉吉市福庭町1-180
　TEL 0858-26-1351
　昭和36年4月　　　倉吉北高等学校が開校

◇**鳥取県立倉吉総合産業高等学校**
　〒682-0044 鳥取県倉吉市小田204-5
　TEL 0858-26-2851
　平成15年4月1日　鳥取県立倉吉工業高等学校，鳥取県立倉吉産業高等学校を統合し鳥取県立倉吉総合産業高等学校が開校

鳥取県

◇鳥取県立**倉吉西高等学校**
〒682-0925 鳥取県倉吉市秋喜20
TEL 0858-28-1811
| 昭和28年4月 | 鳥取県立倉吉高等学校より東西分離し |
| | 鳥取県立倉吉西高等学校を開校 |

◇鳥取県立**倉吉農業高等学校**
〒682-0941 鳥取県倉吉市大谷166
TEL 0858-28-1341
| 明治14年 | 公立久米河村農学校を開校 |
| 明治18年 | 鳥取県立倉吉農学校と改称 |
| 明治23年 | 鳥取県立農学校と改称 |
| 明治28年 | 鳥取県立農学校は廃校となり |
| | 鳥取県立簡易農学校として再興する |
| 明治32年 | 鳥取県農業学校と改称 |
| 明治34年 | 鳥取県立農学校の校名に戻る |
| 昭和9年 | 鳥取県立倉吉農学校と改称 |
| 昭和23年 | 鳥取県立倉吉農業高等学校と改称 |

◇鳥取県立**倉吉東高等学校**
〒682-0812 鳥取県倉吉市下田中町801
TEL 0858-22-5205
| 明治42年4月 | 鳥取県立倉吉中学校として創立 |
| 昭和23年4月 | 鳥取県立倉吉第一高等学校と新制により改称 |
| 昭和24年4月 | 鳥取県立倉吉第一高等学校，鳥取県立倉吉第二高等学校，鳥取県立倉吉実業高等学校を統合し |
| | 鳥取県立倉吉高等学校と改称 |
| 昭和28年4月 | 鳥取県立倉吉東高等学校と改称 |

◇鳥取県立**境高等学校**
〒684-8601 鳥取県境港市上道町3030
TEL 0859-44-0441
| 昭和24年4月1日 | 境高等学校，余子水産高等学校が合併し |
| | 鳥取県立境高等学校となる |

◇鳥取県立**境港総合技術高等学校**
〒684-0043 鳥取県境港市竹内町925
TEL 0859-45-0411
| 平成15年4月1日 | 鳥取県立境港工業高等学校，鳥取県立境水産高等学校を統合し |
| | 鳥取県立境港総合技術高等学校が開校 |

◇鳥取県立**智頭農林高等学校**
〒689-1402 鳥取県八頭郡智頭町智頭711-1
TEL 0858-75-0655
| 昭和14年4月 | 智頭実業専修学校を創設 |
| 昭和16年 | 鳥取県立智頭農林学校が開校 |
| 昭和23年4月 | 鳥取県立智頭農林高等学校と改称 |
| 昭和24年4月 | 鳥取県立八頭高等学校農林部と改称 |
| 昭和28年4月 | 鳥取県立八頭高等学校より分離独立し |
| | 鳥取県立智頭農林高等学校と改称 |

◇**鳥取敬愛高等学校**
[学校法人 鳥取家政学園]
〒680-0022 鳥取県鳥取市西町1-111
TEL 0857-22-8397
| 明治38年5月1日 | 私立鳥取裁縫女学校を古田貞が設立 |
| 明治44年3月 | 鳥取技芸女学校と改称 |
| 昭和12年4月 | 鳥取高等家政女学校と改称 |
| 昭和19年3月31日 | 鳥取女子商業学校と改称 |
| 昭和21年3月31日 | 鳥取高等家政女学校への再転換が認可される |
| 昭和23年4月1日 | 鳥取家政高等学校を設置 |
| 昭和59年9月18日 | 鳥取女子高等学校と改称 |
| 平成15年4月1日 | 鳥取敬愛高等学校と改称 |

◇鳥取県立**鳥取工業高等学校**
〒689-1103 鳥取県鳥取市生山111
TEL 0857-51-8011
| 昭和14年 | 鳥取県立鳥取工業学校を設立 |
| 昭和31年 | 鳥取県立鳥取工業高等学校といくつかの変遷を経て改称 |

◇鳥取県立**鳥取湖陵高等学校**
〒680-0941 鳥取県鳥取市湖山町北3-250
TEL 0857-28-0250
| 平成13年4月 | 鳥取県立鳥取西工業高等学校，鳥取県立鳥取農業高等学校，鳥取県立鳥取西高等学校家庭学科が再編成され |
| | 鳥取県立鳥取湖陵高等学校が開校 |

◇鳥取県立**鳥取商業高等学校**
〒680-0941 鳥取県鳥取市湖山町北2-401
TEL 0857-28-0156
| 明治43年 | 鳥取県立商業学校が開校 |
| 昭和9年 | 鳥取県立鳥取商業学校と改称 |
| 昭和23年 | 鳥取県立鳥取商業高等学校と改称 |
| 昭和24年 | 鳥取県立鳥取西高等学校商業科と学制統合により改称 |
| 昭和32年 | 鳥取県立鳥取西高等学校から分離し |
| | 鳥取県立鳥取商業高等学校を設置 |

◇**鳥取城北高等学校**
[学校法人 矢谷学園]
〒680-0811 鳥取県鳥取市西品治848
TEL 0857-23-3502
| 昭和24年 | 鳥取ドレスメーカー女学院を矢谷允之が創設 |
| 昭和38年 | 鳥取城北高等学校を創設 |

◇鳥取県立**鳥取中央育英高等学校**
〒689-2295 鳥取県東伯郡北栄町由良宿291-1
TEL 0858-37-3211
| 平成15年4月1日 | 鳥取県立由良育英高等学校，鳥取県立赤碕高等学校を統合し |
| | 鳥取県立鳥取中央育英高等学校が開校 |

◇鳥取県立**鳥取西高等学校**
〒680-0011 鳥取県鳥取市東町2-112
TEL 0857-22-8281
| 明治6年10月28日 | 鳥取第四大学区第十五番変則中学校が開校 |
| 昭和24年4月 | 鳥取中学校，鳥取第一中学校を経て |
| | 鳥取県立鳥取西高等学校と改称 |

# 鳥取県

◇鳥取県立**鳥取東高等学校**
〒680-0061 鳥取県鳥取市立川町5-210
TEL 0857-22-8495
| | |
|---|---|
| 大正12年4月5日 | 鳥取県立鳥取第二中学校が開校 |
| 昭和23年4月1日 | 鳥取県立鳥取第二高等学校と改称 |
| 昭和24年4月1日 | 鳥取工業高等学校，鳥取実業高等学校を統合し鳥取県立鳥取東高等学校と改称 |

◇鳥取県立**鳥取緑風高等学校**
〒680-0945 鳥取県鳥取市湖山町南3-848
TEL 0857-37-3100
| | |
|---|---|
| 平成16年 | 鳥取県立鳥取緑風高等学校が開校 |

◇鳥取県立**日野高等学校**
〒689-4503 鳥取県日野郡日野町根雨310
TEL 0859-72-0365
| | |
|---|---|
| 平成12年4月1日 | 鳥取県立日野産業高等学校，鳥取県立根雨高等学校が合併し鳥取県立日野高等学校が開校 |

◇鳥取県立**八頭高等学校**
〒680-0492 鳥取県八頭郡八頭町久能寺725
TEL 0858-72-0022
| | |
|---|---|
| 大正15年3月15日 | 鳥取県立八頭高等女学校を設立 |
| 昭和24年4月1日 | 鳥取県立智頭農林高等学校を統合し鳥取県立八頭高等学校を設置 |

◇**米子北高等学校**
［学校法人 翔英学園］
〒683-0804 鳥取県米子市米原6-14-1
TEL 0859-22-9371
| | |
|---|---|
| 昭和33年4月 | 米子北高等学校が開校 |

◇鳥取県立**米子工業高等学校**
〒683-0052 鳥取県米子市博労町4-220
TEL 0859-22-9211
| | |
|---|---|
| 昭和28年4月1日 | 鳥取県立米子西高等学校より分離独立し鳥取県立米子工業高等学校が開校 |

◇鳥取県立**米子高等学校**
〒683-0023 鳥取県米子市橋本30-1
TEL 0859-26-1311
| | |
|---|---|
| 昭和48年4月1日 | 鳥取県立法勝寺高等学校，米子市立米子高等学校との統合により鳥取県立米子高等学校が開校 |

◇鳥取県立**米子西高等学校**
〒683-8512 鳥取県米子市大谷町200
TEL 0859-22-7421
| | |
|---|---|
| 明治39年4月1日 | 私立米子女学校が開校 |
| 明治40年5月1日 | 郡立西伯高等女学校に改編 |
| 明治42年4月1日 | 鳥取県立米子高等女学校と改称 |
| 昭和23年4月1日 | 鳥取県立米子西高等学校と改称 |

◇**米子松蔭高等学校**
［学校法人 米子永島学園］
〒689-3541 鳥取県米子市二本木316-1
TEL 0859-27-0421
| | |
|---|---|
| 昭和30年 | 米子高等経理学校として開校 |
| 昭和37年 | 米子商業高等学校に改組 |
| 平成13年 | 米子松蔭高等学校と改称 |

◇鳥取県立**米子白鳳高等学校**
〒689-3411 鳥取県米子市淀江町福岡24
TEL 0859-37-4020
| | |
|---|---|
| 平成17年4月 | 鳥取県立米子東高等学校（定時制・通信制）を分離し鳥取県立米子白鳳高等学校が開校 |

◇鳥取県立**米子東高等学校**
〒683-0051 鳥取県米子市勝田町1
TEL 0859-22-2178
| | |
|---|---|
| 明治32年4月1日 | 鳥取県第二中学校を創立 |
| 明治34年6月12日 | 鳥取県立第二中学校と改称 |
| 明治42年4月1日 | 鳥取県立米子中学校と改称 |
| 昭和23年4月1日 | 鳥取県立米子第一高等学校と改称 |
| 昭和24年4月1日 | 鳥取県立米子第一高等学校，鳥取県立米子実業高等学校，鳥取県立法勝寺実業高等学校が合併し鳥取県立米子東高等学校と改称 |

◇**米子北斗高等学校**
［学校法人 翔英学園］
〒683-0851 鳥取県米子市夜見町50
TEL 0859-29-6000
| | |
|---|---|
| 昭和63年4月 | 米子北斗高等学校が開校 |

◇鳥取県立**米子南高等学校**
〒683-0033 鳥取県米子市長砂町216
TEL 0859-33-1641
| | |
|---|---|
| 昭和2年3月 | 鳥取県立蚕業学校を創立 |
| 昭和3年4月1日 | 鳥取県立米子商蚕学校を創立 |
| 昭和19年3月12日 | 鳥取県立米子農工学校と改称 |
| 昭和21年4月1日 | 鳥取県立米子農商学校と改称 |
| 昭和23年4月1日 | 鳥取県立米子実業高等学校と改称 |
| 昭和24年4月1日 | 鳥取県立米子東高等学校に改組（長砂校舎と呼称） |
| 昭和28年4月1日 | 鳥取県立米子南高等学校として独立 |

# 島根県

## 【大学】

◇島根県立大学
〒697-0016 島根県浜田市野原町2433-2
TEL 0855-24-2200
| 平成5年4月 | 島根県立国際短期大学が開学 |
| 平成12年4月 | 島根県立大学と改称 |

◇島根大学
〒690-8504 島根県松江市西川津町1060
TEL 0852-32-6100
〈松江高等学校〉
| 大正9年11月 | 松江高等学校を設立 |
〈島根師範学校〉
| 明治8年4月 | 島根県小学校教員伝習所を設立 |
| 明治9年10月 | 松江師範学校と改称 |
| 明治11年8月 | 松江女子師範学校と改称 |
| 明治14年8月 | 松江女子師範学校を閉校 |
| 明治17年7月 | 島根県師範学校を設立 |
| 明治19年8月 | 島根県尋常師範学校と改称 |
| 明治31年4月 | 島根県師範学校と改称 |
| 明治36年4月 | 島根県女子師範学校と改称 |
| 昭和18年4月 | 島根県師範学校と改称 |
〈島根青年師範学校〉
| 昭和8年4月 | 島根県立実業公民学校教員養成所を設立 |
| 昭和9年4月 | 島根県立青年学校教員養成所と改称 |
| 昭和19年4月 | 島根青年師範学校と改称 |
〈統合〉
| 昭和24年5月 | 松江高等学校,島根師範学校,島根青年師範学校を統合し島根大学が発足 |
| 平成15年10月 | 島根医科大学を統合 |

## 【短大】

◇島根県立看護短期大学
〒693-8550 島根県出雲市西林木町151
TEL 0853-20-0200
| 平成7年4月1日 | 島根県立看護短期大学が開学 |

◇島根県立島根女子短期大学
〒690-0044 島根県松江市浜乃木7丁目24-2
TEL 0852-26-5525
| 昭和28年 | 島根農科大学女子家政短期大学部が開学 |
| 昭和36年 | 島根女子短期大学と改称 |
| 昭和39年 | 島根県立島根女子短期大学と改称 |

## 【高専】

◇松江工業高等専門学校
〒690-8518 島根県松江市西生馬町14-4
TEL 0852-36-5111
| 昭和39年4月20日 | 松江工業高等専門学校が開校 |

## 【高校】

◇島根県立飯南高等学校
〒690-3401 島根県飯石郡飯南町野萱800
TEL 0854-76-2333
| 昭和23年7月15日 | 島根県立川本農林高等学校赤名分校を設立 |
| 昭和23年7月15日 | 島根県立三刀屋高等学校頓原分校を設立 |
| 昭和24年4月1日 | 島根県立川本高等学校赤名分校と改称 |
| 昭和33年4月1日 | 島根県立川本高等学校赤来分校と改称 |
| 昭和38年4月1日 | 島根県立飯南高等学校として独立 |

◇島根県立出雲工業高等学校
〒693-0022 島根県出雲市上塩冶町420
TEL 0853-21-3131
| 昭和19年4月1日 | 島根県立今市工業学校を設立 |
| 昭和23年4月1日 | 島根県立出雲商工高等学校と改称 |
| 昭和24年4月1日 | 島根県立出雲産業高等学校と改称 |
| 昭和37年4月1日 | 島根県立出雲工業高等学校と改称 |

◇島根県立出雲高等学校
〒693-0001 島根県出雲市今市町1800
TEL 0853-21-0008
| 明治36年4月 | 島根県女子師範学校を設置 |
| 明治40年 | 島根県今市高等女学校が開校 |
| 昭和23年4月 | 島根県立出雲高等学校として発足 |

◇島根県立出雲商業高等学校
〒693-0011 島根県出雲市大津町2525
TEL 0853-21-0016
| 大正7年 | 今市町外五村学校組合立実業学校が開校 |
| 大正8年 | 簸川郡今市実業学校と改称 |
| 大正9年 | 簸川郡立今市実業学校と改称 |
| 大正12年 | 島根県立今市実業学校と改称 |
| 昭和4年 | 島根県立今市農商学校と改称 |
| 昭和8年 | 島根県立今市商業学校と改称 |
| 昭和23年 | 島根県立出雲商工高等学校と改称 |
| 昭和24年 | 島根県立出雲産業高等学校と改称 |
| 昭和38年 | 島根県立出雲商業高等学校と改称 |

◇出雲西高等学校
［学校法人 永島学園］
〒693-0032 島根県出雲市下古志町1163
TEL 0853-21-1183
| 昭和29年4月1日 | 出雲高等経理学校が開校 |
| 昭和37年4月 | 出雲商業高等学校と改称 |
| 昭和44年4月 | 出雲西高等学校と改称 |

◇島根県立出雲農林高等学校
〒693-0046 島根県出雲市下横町950
TEL 0853-28-0321
| 昭和28年 | 島根県立出雲農林高等学校が開校 |

◇出雲北陵高等学校
［学校法人 水谷学園］
〒693-0073 島根県出雲市西林木町3
TEL 0853-21-1871
| 明治42年 | 今市縫製女学校を水谷キワが創立 |
| 昭和20年 | 今市家政女学校と改称 |
| 昭和23年 | 今市家政高等学校と改称 |
| 昭和30年 | 出雲女子高等学校と改称 |
| 昭和58年 | 出雲北陵高等学校と改称 |

## 島根県

◇島根県立**大田高等学校**
〒694-0064 島根県大田市大田町大田イ568
TEL 0854-82-0750
| | |
|---|---|
| 大正10年4月1日 | 島根県立大田中学校が開校 |
| 昭和23年4月1日 | 島根県立大田高等学校と改称 |
| 昭和24年4月1日 | 島根県立大田女子高等学校を統合 |

〈島根県立大田女子高等学校〉
| | |
|---|---|
| 大正5年5月13日 | 大田町立女子技芸学校を設置 |
| 昭和5年2月3日 | 大田町立大田高等実科女学校と改称 |
| 昭和12年4月1日 | 島根県立大田高等家政女学校と改称 |
| 昭和16年4月1日 | 島根県立大田高等女学校と改称 |
| 昭和23年4月1日 | 島根県立大田女子高等学校と改称 |

◇島根県立**邑智高等学校**
〒699-4621 島根県邑智郡美郷町粕渕117
TEL 0855-75-0055
| | |
|---|---|
| 昭和23年 | 島根県立川本農林高等学校粕淵分校として設立 |
| 昭和24年 | 島根県立川本高等学校粕淵分校と改称 |
| 昭和31年 | 島根県立邑智高等学校として独立 |
| 平成19年 | 島根県立川本高等学校と統合し島根県立島根中央高等学校と改称予定 |

◇島根県立**隠岐高等学校**
〒685-8512 島根県隠岐郡隠岐の島町有木尼寺原1
TEL 08512-2-1181
| | |
|---|---|
| 大正2年4月16日 | 西郷町外11村組合立隠岐女子技芸学校が開校 |
| 大正10年4月1日 | 組合立隠岐実科高等女学校と組織変更し昇格する |
| 大正12年4月1日 | 組合立隠岐高等女学校と組織変更し昇格する |
| 大正15年4月1日 | 島根県立隠岐高等女学校と改称 |
| 昭和23年4月1日 | 島根県立隠岐高等学校と改称 |
| 昭和24年4月1日 | 島根県立隠岐水産高等学校を統合 |

◇島根県立**隠岐水産高等学校**
〒685-0005 島根県隠岐郡隠岐の島町東郷吉津2
TEL 08512-2-1526
| | |
|---|---|
| 明治40年 | 島根県立水産学校を設立 |
| 昭和23年 | 水産講習所, 商船水産学校, 水産学校を経て島根県立隠岐水産高等学校と改称 |
| 昭和24年 | 島根県立隠岐高等学校と統合し同校の水産科となる |
| 昭和29年 | 島根県立隠岐水産高等学校として独立 |

◇島根県立**隠岐島前高等学校**
〒684-0404 島根県隠岐郡海士町福井1403
TEL 08514-2-0731
| | |
|---|---|
| 昭和30年4月1日 | 島根県立隠岐高等学校島前分校を設置 |
| 昭和40年4月1日 | 島根県立隠岐島前高等学校と改称 |

◇**開星高等学校**
[学校法人 大多和学園]
〒690-0017 島根県松江市西津田9-11-1
TEL 0852-21-4915
| | |
|---|---|
| 大正13年4月 | 松江ミシン裁縫女学院を大多和音吉、大多和タカが創立 |
| 昭和3年2月 | 松江洋裁女学校と改称 |
| 昭和20年2月 | 松江被服専修女学校を設立 |
| 昭和21年3月 | 松江高等実践女学校と改称 |
| 昭和23年4月 | 松江家政高等学校と改称 |
| 昭和52年9月 | 松江第一高等学校と改称 |
| 平成6年3月 | 開星高等学校と改称 |

◇島根県立**川本高等学校**
〒696-0001 島根県邑智郡川本町川本222
TEL 0855-72-0355
| | |
|---|---|
| 昭和17年4月1日 | 島根県立高等女学校が開校 |
| 昭和23年4月1日 | 島根県立川本高等学校と改称 |
| 昭和24年4月1日 | 島根県立川本農林高等学校を統合 |
| 平成19年 | 島根県立邑智高等学校と統合し島根県立島根中央高等学校と改称予定 |

◇**キリスト教愛真高等学校**
[学校法人 キリスト教愛真高等学校]
〒695-0002 島根県江津市浅利町1826-1
TEL 0855-52-5795
| | |
|---|---|
| 昭和63年4月 | キリスト教愛真高等学校を設立 |

◇島根県立**江津工業高等学校**
〒695-0011 島根県江津市江津町1477
TEL 0855-52-2120
| | |
|---|---|
| 明治35年4月 | 講習所を開設 |
| 大正元年 | 島根県那賀郡立農事講習所と改称 |
| 大正10年4月1日 | 島根県那賀郡立女子農学校として組織変更 |
| 昭和4年3月29日 | 島根県立江津高等実業女学校と改称 |
| 昭和9年4月1日 | 島根県立江津工芸学校が開校 |
| 昭和15年3月18日 | 島根県立江津工業学校と改称 |
| 昭和23年4月1日 | 島根県立江津工業高等学校と改称 |

◇島根県立**江津高等学校**
〒695-0021 島根県江津市都野津町293
TEL 0855-53-0553
| | |
|---|---|
| 昭和33年4月1日 | 島根県立江津高等学校を設置 |

◇**江の川高等学校**
[学校法人 江の川学園]
〒695-8502 島根県江津市渡津町1904-1
TEL 0855-52-2457
| | |
|---|---|
| 明治40年4月 | 川本女学館を三上アイが創設 |
| 昭和23年3月 | 川本家政高等学校を設置 |
| 昭和34年3月 | 江津女子高等学校を設置 |
| 昭和36年4月 | 江津女子高等学校を統合合併 |
| 昭和38年1月 | 江の川高等学校と改称 |

◇島根県立**情報科学高等学校**
〒692-8500 島根県安来市能義町310
TEL 0854-23-2700
| | |
|---|---|
| 昭和61年4月 | 島根県立情報科学高等学校が開校 |

◇**松徳学院高等学校**
[学校法人 松徳学院]
〒690-0015 島根県松江市上乃木1-14-51
TEL 0852-21-5478
| | |
|---|---|
| 昭和34年4月 | 松徳女学院高等学校を設立 |
| 平成17年4月 | 松徳学院高等学校と改称 |

島根県

◇島根県立**大社高等学校**
　〒699-0722 島根県出雲市大社町北荒木1473
　TEL 0853-53-2002
〈島根県立大社第一高等学校〉
　明治31年　　　　島根県籏川尋常中学校が開校
　明治33年　　　　島根県立第三中学校と改称
　明治40年　　　　島根県立杵築中学校と改称
　大正15年　　　　島根県立大社中学校と改称
　昭和23年　　　　島根県立大社第一高等学校と改称
〈島根県立大社第二高等学校〉
　大正9年　　　　　島根県籏川郡立杵築実業学校が開校
　大正15年　　　　島根県立大社実業学校と改称
　昭和4年　　　　　島根県立大社高等実業女学校と改称
　昭和11年　　　　島根県立大社高等家政女学校と改称
　昭和16年　　　　島根県立大社高等女学校と改称
　昭和23年　　　　島根県立大社第二高等学校と改称
〈統合〉
　昭和24年　　　　島根県立大社第一高等学校，島根県立大社第二高等学校を統合し島根県立大社高等学校と改称

◇島根県立**大社高等学校佐田分校**
　〒693-0506 島根県出雲市佐田町反辺1938
　TEL 0853-84-0300
　昭和23年8月4日　島根県立出雲農業高等学校西須佐分校（定時制課程）が開校
　昭和24年4月1日　島根県立出雲産業高等学校西須佐分校（定時制課程）と改称
　昭和28年4月1日　島根県立出雲農林高等学校西須佐分校と改称
　昭和29年4月1日　島根県立出雲農林高等学校須佐分校と改称
　昭和32年4月1日　島根県立出雲農林高等学校佐田分校と改称
　昭和58年4月1日　島根県立大社高等学校佐田分校と改称

◇島根県立**大東高等学校**
　〒699-1251 島根県雲南市大東町大東637
　TEL 0854-43-2511
　大正8年4月19日　島根県大原郡立大東農業学校を設立
　大正12年3月31日　島根県立大東農学校と改称
　昭和4年4月1日　島根県立大東高等実業女学校が開校
　昭和5年3月31日　島根県立大東農学校を廃校とす
　昭和16年3月31日　島根県立大東高等実業女学校を廃校とす
　昭和16年4月1日　島根県立大東高等女学校が開校
　昭和23年4月1日　島根県立大東高等学校と改称

◇島根県立**津和野高等学校**
　〒699-5605 島根県鹿足郡津和野町後田ハ12-3
　TEL 0856-72-0106
　天明6年　　　　養老館を津和野藩八代亀井矩賢が藩校として創立
　明治41年　　　　鹿足郡立高等女学校を設立
　大正11年　　　　島根県立津和野高等女学校と改称
　昭和23年　　　　島根県立津和野第二高等学校と改称

　大正14年　　　　島根県立津和野中学校を設立
　昭和23年　　　　島根県立津和野第一高等学校と改称
　昭和24年　　　　島根県立津和野第一高等学校，島根県立津和野第二高等学校を統合し島根県立津和野高等学校を開校

◇島根県立**邇摩高等学校**
　〒699-2301 島根県大田市仁摩町仁万907
　TEL 0854-88-2220
　明治36年　　　　邇摩郡立石東農学校を設立
　昭和12年　　　　島根県立石東農学校として発足
　昭和16年　　　　島根県立仁万農林学校と改称
　昭和23年　　　　島根県立仁万農林高等学校として発足
　昭和24年　　　　島根県立邇摩高等学校として発足

◇島根県立**浜田高等学校**
　〒697-0024 島根県浜田市黒川町3749
　TEL 0855-22-0042
　明治13年7月　　　浜田中学校を設置
　明治17年4月　　　島根県第二中学校と改称
　昭和24年　　　　島根県立浜田第一高等学校，島根県立浜田第二高等学校，浜田市立家政高等学校を統合し島根県立浜田高等学校を設置
〈島根県立浜田第一高等学校〉
　明治26年4月1日　島根県第二尋常中学校が開校
　明治32年4月1日　島根県第二中学校と改称
　明治34年6月　　　島根県立第二中学校と改称
　明治40年4月　　　島根県立浜田中学校と改称
　昭和23年4月1日　島根県立浜田第一高等学校と改称
〈島根県立浜田第二高等学校〉
　明治33年5月　　　島根県高等女学校を設置
　明治34年6月1日　島根県立高等女学校と改称
　明治40年4月　　　島根県立浜田高等女学校と改称
　昭和23年4月1日　島根県立浜田第二高等学校と改称
〈浜田市立家政高等学校〉
　大正9年4月23日　浜田町立女子技芸学校を設置
　昭和3年7月1日　浜田町立実践女学校を設置
　昭和15年4月1日　浜田高等実践女学校と改称
　昭和16年4月1日　浜田実践高等女学校と改称
　昭和23年4月1日　浜田市立家政高等学校と改称

◇島根県立**浜田高等学校今市分校**
　〒697-0426 島根県浜田市旭町丸原46
　TEL 0855-45-0015
　昭和29年4月1日　島根県立矢上高等学校今市分校を設置
　昭和35年3月29日　島根県立浜田高等学校今市分校と改称

◇島根県立**浜田商業高等学校**
　〒697-0062 島根県浜田市熱田町675
　TEL 0855-27-0064
　昭和40年　　　　島根県立浜田商業高等学校を設置

◇島根県立**浜田水産高等学校**
　〒697-0051 島根県浜田市瀬戸ヶ島町25-3
　TEL 0855-22-3098
　昭和23年　　　　島根県立浜田水産高等学校を設立

◇島根県立**平田高等学校**
　〒690-3401 島根県飯石郡飯南町野萱800

TEL 0854-76-2333
昭和23年　　　　　島根県立平田高等学校を設置

◇島根県立**益田高等学校**
〒698-0017 島根県益田市七尾町1-17
TEL 0856-22-0044
明治45年4月1日　　益田町立女子技芸学校を設立
昭和23年3月3日　　島根県立益田高等学校を設置
昭和24年4月1日　　島根県立益田農林高等学校を統合

◇島根県立**益田翔陽高等学校**
〒698-0041 島根県益田市高津3丁目21-1
TEL 0856-22-0642
〈島根県立益田産業高等学校〉
大正10年　　　　　益田農林学校が開校
昭和23年4月1日　　益田農林高等学校と改称
昭和24年4月1日　　島根県立益田高等学校に統合
昭和28年4月1日　　島根県立益田産業高等学校として分離独立
昭和42年4月1日　　島根県立益田農林高等学校と改称
平成6年4月1日　　 島根県立益田産業高等学校と改称
〈島根県立益田工業高等学校〉
昭和38年4月1日　　島根県立益田工業高等学校が開校
〈統合〉
平成18年　　　　　島根県立益田工業高等学校，島根県立益田産業高等学校の統合により島根県立益田翔陽高等学校が開校

◇**益田東高等学校**
［学校法人　七尾学園］
〒698-0011 島根県益田市染羽町1-24
TEL 0856-23-3435
昭和53年9月1日　　益田学園高等学校，益田工業高等学校が統合し益田東高等学校が開校

◇島根県立**松江北高等学校**
〒690-0871 島根県松江市奥谷町164
TEL 0852-21-4888
〈島根県立松江第一高等学校〉
明治9年3月　　　　変則中学科を教員伝習校内に創設
明治10年11月　　　松江中学校として独立
明治19年8月　　　 島根県尋常中学校と改称
明治40年4月　　　 島根県立松江中学校と改称
昭和23年4月　　　 島根県立松江第一高等学校が開校
〈島根県立松江第二高等学校〉
明治30年5月　　　 松江市立高等女学校として創立
明治40年4月　　　 島根県立松江高等女学校に昇格
大正12年7月　　　 私立松操高等女学校を創立
昭和23年4月　　　 島根県立松江第二高等学校が開校
昭和23年4月　　　 私立松操高等女学校を統合
〈松江市立高等学校〉
明治44年4月　　　 松江市立女子技芸学校として創立
昭和2年5月　　　　松江市立家政高等女学校と改称
昭和16年4月　　　 松江市立高等女学校に昇格
昭和23年4月　　　 松江市立高等学校が開校
〈統合〉
昭和24年4月1日　　島根県立松江第一高等学校，島根県立松江第二高等学校，松江市立高等学校の三校を統合し島根県立松江高等学校として創設
昭和36年4月1日　　島根県立松江北高等学校と改称

◇島根県立**松江工業高等学校**
〒690-8528 島根県松江市古志原4-1-10
TEL 0852-21-4164
明治40年4月　　　 松江市立工業学校修道館として創立
明治41年4月　　　 島根県立工業学校修道館と改称
昭和19年4月　　　 島根県立松江第一工業学校と改称
昭和21年4月　　　 島根県立松江工業学校と改称
昭和23年4月　　　 島根県立松江工業高等学校と改称
昭和24年4月　　　 島根県立松江産業高等学校と改称
昭和28年4月　　　 島根県立松江工業高等学校と改称

◇島根県立**松江商業高等学校**
〒690-8525 島根県松江市浜乃木8-1-1
TEL 0852-21-3261
明治33年5月　　　 島根県商業学校が開校
明治34年6月　　　 島根県立商業学校と改称
昭和8年4月　　　　島根県立松江商業学校と改称
昭和23年4月　　　 島根県立松江商業高等学校と改称
昭和24年4月　　　 島根県立松江工業高等学校と統合して
　　　　　　　　　島根県立松江産業高等学校と改称
昭和28年4月　　　 島根県立松江商業高等学校と改称

◇**松江市立女子高等学校**
〒690-0835 島根県松江市西尾町540-1
TEL 0852-39-0217
昭和29年4月　　　 松江市立女子高等学校を開校

◇**松江西高等学校**
［学校法人　永島学園］
〒690-0015 島根県松江市上乃木3-21-10
TEL 0852-21-2925
大正13年　　　　　松江簿記学校が開校
昭和21年　　　　　松江高等経理学校と改称
昭和39年　　　　　島根商業高等学校と改称
昭和51年　　　　　松江西高等学校と改称

◇島根県立**松江農林高等学校**
〒690-8507 島根県松江市乃木福富町51
TEL 0852-21-6772
明治33年　　　　　島根県農林学校が開校
明治34年6月5日　　島根県立農林学校と改称
大正9年12月28日　 島根県立松江農林学校と改称
昭和23年4月1日　　島根県立松江農林高等学校と改称
昭和26年4月1日　　島根農科大学附属農林高等学校と改称
昭和43年4月1日　　島根県立松江農林高等学校と改称

◇島根県立**松江東高等学校**
〒690-0823 島根県松江市西川津町510
TEL 0852-27-3700
昭和58年　　　　　島根県立松江東高等学校を創立

◇島根県立**松江南高等学校**
〒690-8519 島根県松江市八雲台1-1-1
TEL 0852-21-6329
昭和36年4月1日　　島根県立松江高等学校を二分化し島根県立松江南高等学校を開校

◇島根県立**松江南高等学校宍道分校**
〒699-0401 島根県松江市宍道町宍道1178-4
TEL 0852-66-0234
昭和36年1月　　　 島根県立松江南高等学校宍道分校を設置

島根県

◇島根県立三刀屋高等学校
　〒690-2404 島根県雲南市三刀屋町三刀屋912-2
　TEL 0854-45-2721
　大正12年12月29日　島根県立三刀屋中学校を設立
　大正13年4月17日　島根県立三刀屋中学校が開校
　昭和23年4月1日　島根県立三刀屋高等学校と改称

◇島根県立三刀屋高等学校掛合分校
　〒690-2701 島根県雲南市掛合町掛合3601
　TEL 0854-62-0084
　昭和28年4月1日　島根県立三刀屋高等学校掛合分校を設立

◇明誠高等学校
　［学校法人 永島学園］
　〒698-0006 島根県益田市三宅町7-37
　TEL 0856-22-1052
　昭和36年4月　益田高等経理学校として開校
　昭和40年4月　益田高等経理学校，石見商業高等学校を統合し益田商業高等学校と改称
　平成7年4月　明誠高等学校と改称

◇島根県立矢上高等学校
　〒696-0103 島根県邑智郡邑南町矢上3921
　TEL 0855-95-1105
　大正3年　矢上村立実業補習学校が開校
　昭和23年　島根県立矢上高等学校と改称

◇島根県立安来高等学校
　〒692-0031 島根県安来市佐久保町115
　TEL 0854-22-2840
　大正5年5月12日　能義郡安来町立女子技芸学校を設置
　大正14年4月1日　能義郡安来町立実科高等女学校と改称
　昭和9年2月16日　島根県立安来実業学校女学部に移管
　昭和16年3月14日　島根県立安来高等女学校として独立
　昭和23年4月1日　島根県立安来高等学校と改称
　昭和24年4月1日　島根県立安来農林高等学校を統合
〈島根県立安来農林高等学校〉
　明治34年4月2日　島根県能義郡立農業学校を設置
　大正12年3月31日　島根県立安来農学校と改称
　昭和9年2月22日　島根県立安来実業学校と改称
　昭和9年4月1日　安来町立実科高等女学校と合併
　昭和16年4月1日　島根県立安来農業学校と改称
　昭和23年4月1日　島根県立安来農林高等学校と改称

◇島根県立横田高等学校
　〒699-1821 島根県仁多郡奥出雲町稲原2178-1
　TEL 0854-52-1511
　大正8年　仁多郡立農学校として創立
　昭和23年　島根県立横田高等学校と改称

◇島根県立吉賀高等学校
　〒699-5522 島根県鹿足郡吉賀町七日市937
　TEL 0856-78-0029
　昭和38年　益田産業高等学校七日市分校が独立し島根県立吉賀高等学校を設立

◇立正大学淞南高等学校
　［学校法人 淞南学園］
　〒690-8517 島根県松江市大庭町1794-2
　TEL 0852-21-9634
　昭和36年4月1日　淞南高等学校を設立
　昭和45年4月1日　松江日本大学高等学校と改称
　平成4年4月1日　淞南学園高等学校と改称
　平成13年4月1日　立正大学淞南高等学校と改称

# 岡山県

## 【大学】

◇岡山学院大学
　［学校法人 原田学園］
　〒710-8511 岡山県倉敷市有城787
　TEL 086-428-2651
　平成13年　　　　　岡山学院大学を設置

◇岡山県立大学
　〒719-1197 岡山県総社市窪木111
　TEL 0866-94-2111
　平成5年　　　　　岡山県立大学を設置

◇岡山商科大学
　［学校法人 吉備学園］
　〒700-8601 岡山県岡山市津島京町2-10-1
　TEL 086-252-0642
　昭和30年3月　　　吉備商科短期大学を設立
　昭和32年1月　　　岡山商科短期大学（のち廃止）と改称
　昭和40年4月　　　岡山商科大学を開学

◇岡山大学
　〒700-8530 岡山県岡山市津島中1-1-1
　TEL 086-252-1111
　〈岡山医科大学〉
　明治3年4月　　　岡山藩医学館を創立
　明治5年1月　　　医学所と改称
　明治5年7月　　　医学教場と改称
　明治13年9月　　　岡山県医学校と改称
　明治21年3月　　　第三高等中学校医学部と改称
　明治27年9月　　　第三高等学校医学部と改称
　明治34年4月　　　岡山医学専門学校と改称
　大正11年4月　　　岡山医科大学と改称
　〈岡山師範学校〉
　明治7年6月　　　温知学校を創立
　明治9年3月　　　岡山県師範学校と改称
　明治18年3月　　　岡山学校と改称
　明治19年8月　　　岡山県尋常師範学校と改称
　明治31年4月　　　岡山県師範学校と改称
　昭和18年4月　　　岡山師範学校と改称
　〈第六高等学校〉
　明治33年3月　　　第六高等学校を創立
　〈岡山師範学校〉
　明治35年4月　　　岡山県女子師範学校を創立
　昭和18年4月　　　岡山師範学校と改称
　〈岡山青年師範学校〉
　大正11年4月　　　岡山県実業補習学校教員養成所を創立
　昭和10年4月　　　岡山青年学校教員養成所と改称
　昭和19年4月　　　岡山県女子青年学校教員養成所を統合し
　　　　　　　　　岡山青年師範学校と改称
　〈岡山農業専門学校〉
　昭和21年4月　　　岡山農業専門学校を創立
　〈統合〉
　昭和24年5月　　　岡山医科大学, 第六高等学校, 岡山師範学校, 岡山青年師範学校, 岡山農業専門学校を統合し
　　　　　　　　　岡山大学を設置

◇岡山理科大学
　［学校法人 加計学園］
　〒700-0005 岡山県岡山市理大町1-1
　TEL 086-252-3161
　昭和39年　　　　　岡山理科大学を設置

◇川崎医科大学
　［学校法人 川崎学園］
　〒701-0192 岡山県倉敷市松島577
　TEL 086-462-1111
　昭和45年4月1日　　川崎医科大学が開学

◇川崎医療福祉大学
　［学校法人 川崎学園］
　〒701-0193 岡山県倉敷市松島288
　TEL 086-462-1111
　平成3年4月1日　　川崎医療福祉大学が開学

◇吉備国際大学
　［学校法人 高梁学園］
　〒716-8508 岡山県高梁市伊賀町8
　TEL 0866-22-9454
　平成7年12月　　　吉備国際大学を設置

◇倉敷芸術科学大学
　［学校法人 加計学園］
　〒712-8001 岡山県倉敷市連島町西之浦2640
　TEL 086-440-1111
　平成7年4月　　　　倉敷芸術科学大学が開学

◇くらしき作陽大学
　［学校法人 作陽学園］
　〒710-0292 岡山県倉敷市玉島長尾3515
　TEL 086-523-0888
　昭和41年4月　　　作陽学園大学を設立
　昭和43年4月　　　作陽音楽大学と改称
　平成9年4月　　　　くらしき作陽大学と改称

◇山陽学園大学
　［学校法人 山陽学園］
　〒703-8501 岡山県岡山市平井1-14-1
　TEL 086-272-6254
　平成6年　　　　　山陽学園大学が開学

◇就実大学
　［学校法人 就実学園］
　〒703-8516 岡山県岡山市西川原1-6-1
　TEL 086-271-8111
　昭和54年4月　　　就実女子大学が開学
　平成15年4月　　　就実大学と改称

◇中国学園大学
　［学校法人 中国学園］
　〒701-0197 岡山県岡山市庭瀬83
　TEL 086-293-1100
　平成14年4月　　　中国学園大学を開学

◇ノートルダム清心女子大学
　［学校法人 ノートルダム清心学園］
　〒700-8516 岡山県岡山市伊福町2-16-9
　TEL 086-252-1155
　昭和24年　　　　　ノートルダム清心女子大学を創立

岡山県

◇美作大学
　［学校法人　美作学園］
　〒708-8511　岡山県津山市北園町50
　TEL 0868-22-7718
　昭和42年　　　　美作女子大学を創設
　平成15年　　　　美作大学と改称

【短大】

◇岡山短期大学
　［学校法人　原田学園］
　〒710-8511　岡山県倉敷市有城787
　TEL 086-428-2651
　昭和26年　　　　岡山女子短期大学を開設
　平成12年　　　　岡山短期大学と改称

◇川崎医療短期大学
　［学校法人　川崎学園］
　〒701-0194　岡山県倉敷市松島316
　TEL 086-462-1111
　昭和48年2月14日　川崎医療短期大学を設置

◇倉敷市立短期大学
　〒711-0937　岡山県倉敷市児島稗田町160
　TEL 086-473-1860
　昭和43年　　　　倉敷市立倉敷保育専門学院として設立
　昭和49年　　　　倉敷市立短期大学と改称

◇作陽短期大学
　［学校法人　作陽学園］
　〒710-0292　岡山県倉敷市玉島長尾3524
　TEL 086-523-0888
　昭和5年4月　　　津山女子高等技術学院を松田藤子が創立
　昭和26年4月　　　作陽短期大学を開学

◇山陽学園短期大学
　［学校法人　山陽学園］
　〒703-8501　岡山県岡山市平井1-14-1
　TEL 086-272-6254
　昭和44年　　　　山陽学園短期大学が開学

◇就実短期大学
　［学校法人　就実学園］
　〒703-8516　岡山県岡山市西川原1-6-1
　TEL 086-271-8111
　昭和28年4月　　　岡山就実短期大学が開学
　昭和56年4月1日　就実短期大学と改称

◇順正短期大学
　［学校法人　高梁学園］
　〒716-8508　岡山県高梁市伊賀町8
　TEL 0866-22-3517
　昭和42年4月　　　順正短期大学を開設

◇中国短期大学
　［学校法人　中国学園］
　〒701-0197　岡山県岡山市庭瀬83
　TEL 086-293-1100
　昭和37年4月　　　中国女子短期大学を設置
　昭和41年　　　　中国短期大学と改称

◇新見公立短期大学
　〒718-8585　岡山県新見市西方1263-2
　TEL 0867-72-0634
　昭和55年　　　　新見女子短期大学が開学
　平成11年　　　　新見公立短期大学と改称

◇美作大学短期大学部
　［学校法人　美作学園］
　〒708-8511　岡山県津山市北園町50
　TEL 0868-22-7718
　大正4年　　　　　津山高等裁縫学校を苫田教育会が創設
　大正10年　　　　津山実科高等女学校に昇格
　昭和26年　　　　美作短期大学を創設
　昭和53年　　　　美作女子大学短期大学部と改称
　平成15年　　　　美作大学短期大学部と改称

【高専】

◇津山工業高等専門学校
　〒708-8509　岡山県津山市沼624-1
　TEL 0868-24-8200
　昭和38年4月20日　津山工業高等専門学校が開校

【高校】

◇岡山県立井原高等学校
　〒715-0019　岡山県井原市井原1802
　TEL 0866-62-0057
　明治35年5月8日　補習科（専修科）を井原女子尋常高等小学校に付設
　明治36年12月12日　後月郡井原町立井原女学校を設置
　明治45年4月1日　岡山県井原町立高等女学校と改称
　昭和4年4月1日　岡山県井原高等女学校と改称
　昭和23年4月1日　岡山県立井原高等学校と改称

◇井原市立高等学校
　〒715-0019　岡山県井原市井原町1876
　TEL 0866-62-1205
　昭和39年4月1日　井原市立高等学校が開校

◇高梁市立宇治高等学校
　〒719-2232　岡山県高梁市宇治町宇治1686
　TEL 0866-29-2004
　昭和23年　　　　岡山県立成羽高等学校宇治分校が開校
　昭和27年12月4日　岡山県川上郡成羽町外12ヶ町村高等学校組合立岡山県成羽高等学校宇治分校と改称
　昭和29年5月1日　高梁市立岡山県成羽高等学校宇治分校と改称
　昭和29年11月1日　高梁市立岡山県宇治高等学校として独立
　昭和55年4月1日　高梁市立宇治高等学校と改称

◇岡山県立烏城高等学校
　〒700-0016　岡山県岡山市伊島町3-1-1
　TEL 086-251-9755
　昭和17年3月31日　岡山県立岡山夜間中学校を設立
　昭和18年4月1日　岡山県烏城中学校と改称
　昭和23年4月1日　岡山県立烏城高等学校が開校

◇岡山県立江見商業高等学校
　〒709-4234　岡山県美作市江見520
　TEL 0868-75-0020
　昭和23年4月1日　岡山県立林野高等学校江見分校が開校
　昭和27年10月31日　岡山県江見高等学校と改称

| 昭和38年4月1日 | 岡山県立江見商業高等学校と改称 |

◇岡山県立**岡山朝日高等学校**
　〒703-8278 岡山県岡山市古京町2丁目2-21
　TEL 086-272-1271

| 寛文6年 | 仮学館を池田光政が設立 |
| 寛文9年 | 岡山藩学校と改称 |
| 明治4年 | 普通学校と改称 |
| 明治6年 | 岡山県第一中学区一番小学兼教員養成所と改称 |
| 明治7年 | 温知学校が開設 |
| 明治9年4月 | 岡山県師範学校変則中学科と改称 |
| 明治12年2月 | 岡山中学校として独立 |
| 明治18年3月 | 岡山学校と称する（師範学校と合併） |
| 明治19年8月 | 師範学校と分離し岡山県尋常中学校と称する |
| 明治32年4月 | 岡山県岡山中学校と改称 |
| 大正10年4月 | 岡山県第一岡山中学校と改称 |
| 大正11年4月 | 岡山県第二岡山高等女学校を創設 |
| 昭和23年4月 | 岡山県立岡山第一高等学校、岡山県立岡山第二女子高等学校と改称 |
| 昭和24年8月 | 岡山県立岡山第一高等学校、岡山県立岡山第二女子高等学校が統合し岡山県立岡山朝日高等学校と改称 |

◇岡山県立**岡山一宮高等学校**
　〒701-1202 岡山県岡山市楢津221
　TEL 086-284-2241

| 昭和55年4月 | 岡山県立岡山一宮高等学校が開校 |

◇**岡山学芸館高等学校**
　［学校法人　森教育学園］
　〒704-8502 岡山県岡山市西大寺上1-19-19
　TEL 086-942-3864

| 昭和35年 | 岡山学芸館高等学校が開校 |

◇**岡山県共生高等学校**
　［学校法人　天真学園］
　〒718-0011 岡山県新見市新見2032-4
　TEL 0867-72-0526

| 昭和26年 | 阿哲高等技芸学校を設立 |
| 昭和44年 | 新見女子高等学校を設置 |
| 平成7年6月 | 岡山県共生高等学校と改称 |

◇**岡山県作陽高等学校**
　［学校法人　作陽学園］
　〒708-8518 岡山県津山市八出1320
　TEL 0868-23-2188

| 昭和5年4月 | 津山女子高等技芸学院を設立 |
| 昭和6年4月 | 津山女子技芸学校と改称 |
| 昭和11年3月 | 津山女子高等技芸学校と改称 |
| 昭和19年4月 | 岡山県作陽女子商業学校と改称 |
| 昭和23年4月 | 岡山県作陽女子高等学校と改称 |
| 昭和38年4月 | 岡山県作陽高等学校と改称 |

◇**岡山県高梁日新高等学校**
　［学校法人　金岡学園］
　〒716-0004 岡山県高梁市内山下150
　TEL 0866-22-2205

| 明治37年7月 | 岡山県有漢准教員養成所を設置 |
| 大正13年2月 | 岡山県高梁正教員養成所と改称 |
| 大正15年1月 | 岡山県高梁高等技芸女学校を設置 |
| 昭和5年3月 | 岡山県高梁商業学校を設置 |
| 昭和7年4月 | 岡山県高梁実科高等女学校を設置 |
| 昭和18年3月 | 岡山県備中高等女学校と改称 |
| 昭和19年3月 | 岡山県高梁農林学校、岡山県高梁女子商業学校を設置 |
| 昭和23年4月 | 岡山県高梁実業高等学校に移行 |
| 昭和24年10月 | 岡山県高梁日新高等学校と改称 |

◇**岡山県美作高等学校**
　［学校法人　美作学園］
　〒708-0004 岡山県津山市山北500
　TEL 0868-22-2422

| 大正4年 | 津山高等裁縫女学校を設立 |
| 大正10年 | 津山実科高等女学校と改称 |
| 昭和23年 | 岡山県美作高等学校と改称 |

◇岡山県立**岡山工業高等学校**
　〒700-0013 岡山県岡山市伊福町4-3-92
　TEL 086-252-5231

| 明治34年10月10日 | 岡山県立工業学校を設置 |
| 昭和19年 | 岡山県第一工業学校と改称 |
| 昭和23年 | 岡山県立岡山工業高等学校と改称 |
| 昭和24年 | 岡山市立工業高等学校を統合し岡山県立岡山西高等学校と改称 |
| 昭和28年 | 岡山県立岡山工業高等学校と改称 |

◇**岡山高等学校**
　［学校法人　関西学園］
　〒701-0206 岡山県岡山市箕島1500
　TEL 086-282-6336

| 昭和60年 | 岡山高等学校が開校 |

◇岡山市立**岡山後楽館高等学校**
　〒700-0814 岡山県岡山市天神町9-24
　TEL 086-226-7100

| 平成11年4月1日 | 岡山市立岡山後楽館高等学校が開校 |

◇**おかやま山陽高等学校**
　［学校法人　第一原田学園］
　〒719-0252 岡山県浅口市鴨方町六条院中2069
　TEL 0865-44-3100

| 大正13年3月19日 | 岡山県生石高等女学校を設立 |
| 昭和12年6月14日 | 山陽工業学校を設置 |
| 昭和19年3月20日 | 岡山県生石女子商業学校を設立 |
| 昭和21年3月20日 | 岡山県生石女子高等技芸学校を設立 |
| 昭和23年4月1日 | 山陽工業学校、岡山県生石高等女学校、岡山県生石高等技芸学校を統合し岡山県生石高等学校を設立 |
| 昭和28年9月1日 | 岡山県山陽高等学校と改称 |
| 平成14年4月1日 | おかやま山陽高等学校と改称 |

◇**岡山商科大学附属高等学校**
　［学校法人　吉備学園］
　〒700-0807 岡山県岡山市南方5-2-45
　TEL 086-252-3407

| 明治44年3月 | 吉備商業学校を設立 |
| 昭和23年4月 | 吉備高等学校を設立 |
| 平成6年4月 | 岡山商科大学附属高等学校と改称 |

◇岡山県立**岡山城東高等学校**
　〒703-8222 岡山県岡山市下110
　TEL 086-279-2005

岡山県

| | 昭和62年4月 | 岡山県立岡山城東高等学校が開校 |

◇岡山県立**岡山操山高等学校**
　〒703-8573　岡山県岡山市浜412
　TEL 086-272-1241
| 明治33年 | 岡山県高等女学校が開校 |
| 大正10年 | 岡山県第二岡山中学校が開校 |
| 昭和24年 | 岡山県立岡山操山高等学校が開校 |

◇岡山県立**岡山大安寺高等学校**
　〒700-0961　岡山県岡山市北長瀬本町19-34
　TEL 086-252-5225
| 昭和38年4月1日 | 岡山県立岡山大安寺高等学校が開校 |

◇**岡山白陵高等学校**
　［学校法人　三木学園］
　〒709-0715　岡山県赤磐市勢力588
　TEL 08699-5-1255
| 昭和51年2月10日 | 岡山白陵高等学校を設置 |

◇岡山県立**岡山東商業高等学校**
　〒703-8281　岡山県岡山市東山3丁目1-6
　TEL 086-272-1237
| 明治31年5月12日 | 岡山県商業学校を設立 |
| 明治34年4月1日 | 岡山県立商業学校と改称 |
| 大正9年4月10日 | 岡山県商業学校と改称 |
| 大正10年4月1日 | 岡山県岡山商業学校と改称 |
| 昭和3年4月1日 | 岡山県第一岡山商業学校と改称 |
| 昭和23年4月1日 | 岡山県立岡山商業学校と改称 |
| 昭和24年8月31日 | 岡山県立岡山産業高等学校を統合し |
| | 岡山県立岡山東高等学校と改称 |
| 昭和28年4月1日 | 岡山県立岡山東商業高等学校と改称 |

◇岡山県立**岡山芳泉高等学校**
　〒700-8527　岡山県岡山市当新田51-1
　TEL 086-264-2801
| 昭和49年4月 | 岡山県立岡山芳泉高等学校が開校 |

◇岡山県立**岡山南高等学校**
　〒700-0933　岡山県岡山市奥田2丁目4-7
　TEL 086-224-2226
| 明治35年5月 | 岡山市立商業学校を創立 |
| 昭和24年10月 | 岡山県立岡山南高等学校として学制改革により発足 |

◇**岡山龍谷高等学校**
　［学校法人　淳和学園］
　〒714-0081　岡山県笠岡市笠岡874
　TEL 0865-63-2525
| 明治33年1月1日 | 甘露育児院を津田明導が開院 |
| 大正12年4月1日 | 私立淳和女学校を創立 |
| 大正14年4月15日 | 岡山県淳和実科高等女学校を創立 |
| 昭和18年4月1日 | 岡山県淳和高等女学校と改称 |
| 昭和19年4月1日 | 淳和女子職業学校を |
| | 淳和女子商業学校と改称 |
| 昭和23年3月31日 | 岡山県淳和高等女学校, 淳和女子商業学校を統合し |
| | 淳和女子高等学校と改称 |
| 平成9年4月1日 | 黎明高等学校に改称 |
| 平成19年 | 岡山龍谷高等学校と改称予定 |

◇岡山県立**邑久高等学校**
　〒701-4221　岡山県瀬戸内市邑久町尾張404
　TEL 0869-22-0017
| 大正10年4月 | 岡山県邑久実科高等女学校が開校 |
| 大正15年4月 | 岡山県邑久高等女学校と改称 |
| 昭和23年4月 | 岡山県立邑久高等学校と改称 |
| 昭和24年8月 | 岡山県立牛窓高等学校を統合 |

◇岡山県立**落合高等学校**
　〒719-3144　岡山県真庭市落合垂水448-1
　TEL 0867-52-0056
| 大正13年 | 落合町他4カ村組合立落合実科高等女学校として設立 |
| 大正15年 | 岡山県立落合高等女学校と改称 |
| 昭和23年 | 岡山県立落合高等学校と改称 |
| 平成15年 | 岡山県立至道高等学校を統合 |

◇岡山県立**笠岡工業高等学校**
　〒714-0043　岡山県笠岡市横島808
　TEL 0865-67-0311
| 昭和36年4月1日 | 岡山県立笠岡工業高等学校を設置 |

◇岡山県立**笠岡高等学校**
　〒714-0081　岡山県笠岡市笠岡3073-2
　TEL 0865-62-5128
| 明治35年 | 笠岡町立笠岡女学校として創立 |
| 大正2年 | 笠岡町立実科高等女学校と改称 |
| 大正6年 | 笠岡町立高等女学校と改称 |
| 大正8年 | 岡山県笠岡高等女学校と改称 |
| 昭和23年 | 岡山県立笠岡第二高等学校として発足 |
| 昭和24年 | 岡山県立笠岡第一高等学校と統合し |
| | 岡山県立笠岡高等学校千鳥校舎と改称 |
| 昭和28年 | 岡山県立笠岡高等学校と改称 |

◇岡山県立**笠岡商業高等学校**
　〒714-0081　岡山県笠岡市笠岡3203
　TEL 0865-62-5245
| 明治35年5月5日 | 笠岡町立商業学校を創立 |
| 大正8年11月28日 | 岡山県笠岡商業学校と改称 |
| 昭和21年4月1日 | 岡山県笠岡工業学校と改称 |
| 昭和23年4月1日 | 岡山県立笠岡第一高等学校と改称 |
| 昭和24年9月1日 | 笠岡第二高等学校と統合し |
| | 岡山県立笠岡高等学校と改称 |
| 昭和28年4月1日 | 岡山県立笠岡商工高等学校と改称 |
| 昭和36年4月1日 | 岡山県立笠岡商業高等学校と改称 |

◇岡山県立**勝間田高等学校**
　〒709-4316　岡山県勝田郡勝央町勝間田47
　TEL 0868-38-3168
| 明治12年 | 有功学舎を安達清風が創設 |
| 明治23年 | 林園書院と改称 |
| 明治32年 | 作東義塾と改称 |
| 明治34年 | 勝田郡立農林学校を設立 |
| 大正10年 | 岡山県立勝間田農林学校と改称 |
| 昭和23年 | 岡山県立勝間田農林高等学校と改称 |
| 昭和24年 | 岡山県立勝間田高等学校と改称 |
| 昭和31年 | 岡山県立勝間田農林高等学校と改称 |
| 昭和56年 | 岡山県立勝間田高等学校と改称 |
| 平成17年 | 岡山県立日本原高等学校を統合 |
〈岡山県立日本原高等学校〉

| | | |
|---|---|---|
| 昭和23年5月 | | 岡山県立勝間田農林高等学校日本原分校が開校 |
| 昭和24年5月4日 | | 岡山県日本原高等学校として独立認可 |
| 昭和29年3月12日 | | 岡山県立日本原高等学校と改称 |

◇岡山県立**勝山高等学校**
〒717-0013 岡山県真庭市勝山481
TEL 0867-44-2628
〈岡山県立勝山第二高等学校〉
| | | |
|---|---|---|
| 明治44年 | | 勝山町立勝山実科高等女学校が開校 |
| 大正8年7月 | | 勝山町立勝山高等女学校と改称 |
| 昭和17年4月 | | 岡山県勝山高等女学校と改称 |
| 昭和23年4月 | | 岡山県立勝山第二高等学校と改称 |

〈岡山県立勝山第一高等学校〉
| | | |
|---|---|---|
| 大正12年4月 | | 岡山県勝山中学校が開校 |
| 昭和23年4月 | | 岡山県立勝山第一高等学校と改称 |

〈統合〉
| | | |
|---|---|---|
| 昭和24年9月 | | 岡山県立勝山第二高等学校，岡山県立勝山第一高等学校が統合し岡山県立勝山高等学校と改称 |

◇岡山県立**鴨方高等学校**
〒719-0243 岡山県浅口市鴨方町鴨方819
TEL 0865-44-2158
| | | |
|---|---|---|
| 明治41年4月20日 | | 村立觀生女学校を創立 |
| 明治44年4月6日 | | 觀生実科高等女学校と改称 |
| 大正9年3月31日 | | 觀生高等女学校と改称 |
| 昭和18年4月20日 | | 岡山県鴨方高等女学校と改称 |
| 昭和23年4月1日 | | 岡山県立鴨方高等学校と改称 |

◇**川崎医科大学附属高等学校**
［学校法人 川崎学園］
〒710-0002 岡山県倉敷市生坂1661
TEL 086-462-3666
| | | |
|---|---|---|
| 昭和45年4月1日 | | 川崎医科大学附属高等学校が開校 |

◇**関西高等学校**
［学校法人 関西学園］
〒700-0056 岡山県岡山市西崎本町16-1
TEL 086-252-5121
| | | |
|---|---|---|
| 明治20年 | | 私立岡山薬学校を中川横太郎らが設立 |
| 明治27年 | | 私立関西尋常中学校と改称 |
| 明治39年 | | 分校（のち：倉敷天城高校）を設立 |
| 昭和23年 | | 関西高等学校と改称 |

◇**吉備高原学園高等学校**
［学校法人 吉備高原学園］
〒709-2393 岡山県加賀郡吉備中央町上野2400
TEL 0866-56-8211
| | | |
|---|---|---|
| 平成3年4月 | | 吉備高原学園高等学校が開校 |

◇岡山県立**吉備北陵高等学校**
〒716-1112 岡山県加賀郡吉備中央町湯山1028
TEL 0866-54-1033
| | | |
|---|---|---|
| 昭和62年 | | 岡山県立吉備北陵高等学校が開校 |

◇岡山県立**久世高等学校**
〒719-3202 岡山県真庭市中島143
TEL 0867-42-0625
| | | |
|---|---|---|
| 昭和21年5月 | | 久世農林学院が開校 |
| 昭和21年10月23日 | | 岡山県久世農林学校への設置変更が認可される |
| 昭和23年4月1日 | | 岡山県久世農業高等学校の設置が認可 |
| 昭和25年3月1日 | | 岡山県久世高等学校と改称 |
| 昭和38年4月1日 | | 岡山県立久世高等学校と改称 |

◇岡山県立**倉敷天城高等学校**
〒710-0132 岡山県倉敷市藤戸町天城269
TEL 086-428-1251
| | | |
|---|---|---|
| 明治39年4月 | | 私立関西中学校天城分校として開設 |
| 明治41年6月 | | 私立天城中学校として独立 |
| 大正10年4月 | | 岡山県天城中学校と改称 |
| 昭和23年4月 | | 岡山県立倉敷天城高等学校と改称 |

◇岡山県立**倉敷工業高等学校**
〒710-0826 岡山県倉敷市老松町4-9-1
TEL 086-422-0476
| | | |
|---|---|---|
| 昭和14年3月 | | 岡山県倉敷工業学校を設置 |
| 昭和24年8月16日 | | 岡山県立倉敷工業高等学校と改称 |

◇**倉敷高等学校**
［学校法人 岡山瀬戸内学園］
〒710-0012 岡山県倉敷市鳥羽283
TEL 086-462-9000
| | | |
|---|---|---|
| 昭和35年 | | 中国商業高等学校を設立 |
| 昭和37年 | | 岡山女子商業高等学校と改称 |
| 昭和40年 | | 岡山日本大学高等学校と改称 |
| 昭和58年 | | 倉敷高等学校と改称 |

◇岡山県立**倉敷古城池高等学校**
〒712-8046 岡山県倉敷市福田町古新田116-1
TEL 086-455-5811
| | | |
|---|---|---|
| 昭和55年 | | 岡山県立倉敷古城池高等学校が開校 |

◇岡山県立**倉敷商業高等学校**
〒710-0824 岡山県倉敷市白楽町545
TEL 086-422-5577
| | | |
|---|---|---|
| 明治45年4月1日 | | 倉敷町立倉敷商業学校が開校 |
| 大正8年12月22日 | | 倉敷商業学校と改称 |
| 昭和3年4月1日 | | 岡山県倉敷商業学校と改称 |
| 昭和21年1月22日 | | 倉敷商業学校として復活を告示される |
| 昭和22年3月31日 | | 岡山県倉敷女子商業学校と合併する |
| 昭和23年4月1日 | | 岡山県立倉敷商業高等学校と改称 |
| 昭和24年8月31日 | | 岡山県立倉敷至誠高等学校と改称 |
| 昭和28年4月1日 | | 岡山県立倉敷商業高等学校と改称 |

◇**倉敷市立工業高等学校**
〒710-0831 岡山県倉敷市田ノ上716-1
TEL 086-422-4100
| | | |
|---|---|---|
| 昭和24年4月 | | 倉敷市立工業高等学校が開校 |

◇**倉敷翠松高等学校**
［学校法人 片山学園］
〒710-0003 岡山県倉敷市平田155
TEL 086-422-3565
| | | |
|---|---|---|
| 明治17年 | | 和裁塾翠松舎を設立 |
| 大正13年 | | 片山女子高等技芸学校と改称 |
| 昭和23年 | | 片山技芸高等学校を設置 |
| 昭和25年 | | 片山女子高等学校と改称 |
| 昭和48年 | | 倉敷翠松高等学校と改称 |

◇岡山県立**倉敷青陵高等学校**
〒710-0043 岡山県倉敷市羽島1046-2

岡山県

```
            TEL 086-422-8001
〈岡山県立倉敷精思高等学校〉
  明治41年4月1日      精思女学校を設立
  明治42年3月31日     精思高等女学校と改称
  大正9年2月26日      倉敷高等女学校と改称
  昭和3年4月1日       岡山県倉敷高等女学校と改称
  昭和23年4月1日      岡山県立倉敷精思高等学校と改称
〈岡山県倉敷中学校〉
  昭和19年3月25日     岡山県倉敷中学校（のち：岡山県立
                      倉敷高等学校）を設立
〈統合〉
  昭和24年8月31日     岡山県立倉敷精思高等学校，岡山
                      県立倉敷高等学校が再編成によ
                      り統合し
                      岡山県立倉敷青陵高等学校と称す
                      る
```

◇岡山県立**倉敷中央**高等学校
　〒710-0845 岡山県倉敷市西富井1384
　TEL 086-465-2559
　昭和23年4月1日　　　岡山県青年師範学校付属高等学校を設立
　昭和23年4月1日　　　岡山県立倉敷至誠高等学校日吉分校が開校
　昭和26年4月1日　　　岡山県立倉敷至誠高等学校日吉分校を統合し
　　　　　　　　　　　倉敷市立精思高等学校と改称
　昭和38年4月1日　　　岡山県立倉敷精思高等学校と改称
　昭和40年4月1日　　　岡山県立倉敷中央高等学校と改称

◇岡山県立**倉敷南**高等学校
　〒710-0842 岡山県倉敷市吉岡330
　TEL 086-423-0600
　昭和49年　　　　　　岡山県立倉敷南高等学校が開校

◇岡山県立**倉敷鷲羽**高等学校
　〒711-0915 岡山県倉敷市児島味野山田町2301
　TEL 086-472-2888
〈岡山県立児島高等学校〉
　大正8年4月30日　　　竜王実科高等女学校が開校
　大正11年3月1日　　　竜王高等女学校と改称
　昭和3年4月1日　　　 岡山県味野高等女学校と改称
　昭和23年4月1日　　　岡山県立児島高等学校と改称
　昭和24年5月20日　　 岡山県立琴浦高等学校を統合し
　　　　　　　　　　　岡山県立南海高等学校と改称
　昭和28年4月1日　　　岡山県立児島高等学校と改称
〈岡山県立琴浦高等学校〉
　昭和11年3月10日　　 岡山県児島商業学校を設立
　昭和18年4月1日　　　岡山県琴浦商業学校と改称
　昭和23年4月1日　　　岡山県立琴浦高等学校と改称
　昭和24年9月1日　　　岡山県立児島高等学校と統合し
　　　　　　　　　　　岡山県立南海高等学校と改称
　昭和28年4月1日　　　岡山県立琴浦高等学校と改称
〈統合〉
　平成17年4月　　　　 岡山県立児島高等学校，岡山県立琴浦高等学校を統合し
　　　　　　　　　　　岡山県立倉敷鷲羽高等学校が開校

◇**興譲館**高等学校
　［学校法人　興譲館］
　〒715-0006 岡山県井原市西江原町2257-1
　TEL 0866-62-0124
　嘉永6年　　　　　　 興譲館を創設
　昭和23年　　　　　　興譲館高等学校を設置

◇岡山県立**興陽**高等学校
　〒701-0297 岡山県岡山市藤田1500
　TEL 086-296-2268
　大正6年4月1日　　　 村立興陽実業学校を設置
　昭和21年4月1日　　　岡山県立興陽高等学校と改称

◇**金光学園**高等学校
　［学校法人　金光学園］
　〒719-0104 岡山県浅口市金光町占見新田1350
　TEL 0865-42-3131
　明治27年　　　　　　神道金光教会学問所を設立
　明治30年　　　　　　神道金光教会学問所中学部と改称
　明治31年　　　　　　金光中学校と改称
　明治38年　　　　　　私立金光中学校と改称
　昭和23年　　　　　　金光高等学校を設立
　昭和24年　　　　　　金光学園高等学校と改称

◇岡山県立**西大寺**高等学校
　〒704-8112 岡山県岡山市西大寺上2丁目1-17
　TEL 086-942-4150
　昭和16年1月31日　　 岡山県西大寺中学校を設立
　昭和23年4月1日　　　岡山県立西大寺高等学校と改称
　昭和24年8月31日　　 岡山県立西大寺女子高等学校を統合
〈岡山県立西大寺女子高等学校〉
　明治34年4月1日　　　町立西大寺女学校を設置
　明治39年1月18日　　 西大寺高等女学校を設立
　大正9年4月1日　　　 岡山県西大寺高等女学校と改称
　昭和23年4月1日　　　岡山県立西大寺女子高等学校と改称

◇**山陽女子**高等学校
　［学校法人　山陽学園］
　〒703-8275 岡山県岡山市門田屋敷2-2-16
　TEL 086-272-1181
　明治19年　　　　　　山陽英和女学校が開校
　明治31年　　　　　　山陽高等女学校と改称
　昭和23年　　　　　　山陽女子高等学校と改称

◇**就実**高等学校
　［学校法人　就実学園］
　〒700-0817 岡山県岡山市弓之町14-23
　TEL 086-225-1326
　明治37年4月　　　　 私立岡山実科女学校を白阪栄彦ほか21名が設立
　明治44年10月　　　　就実高等女学校と改称
　昭和17年6月　　　　 岡山県就実高等女学校と改称
　昭和23年4月　　　　 岡山県就実高等学校と改称
　昭和56年4月　　　　 就実高等学校と改称

◇岡山県立**精研**高等学校
　〒715-0019 岡山県井原市井原町1875
　TEL 0866-62-0203
　昭和10年4月1日　　　井原町立岡山県井原実業学校が開校
　昭和15年4月1日　　　後月郡芳井町外3ケ村組合立岡山県後月実業学校が開校
　昭和21年3月1日　　　岡山県後月農学校と改称
　昭和24年3月30日　　 岡山県井原実業高等学校として分離独立
　昭和25年2月1日　　　岡山県精研高等学校と改称
　昭和27年4月1日　　　岡山県立精研高等学校と改称

◇倉敷市立**精思**高等学校
　〒710-0816 岡山県倉敷市八王寺町199-3

TEL 086-422-0387
　昭和23年4月1日　　岡山青年師範学校附属高等学校が
　　　　　　　　　　　開校
　昭和25年3月16日　　岡山県立倉敷至誠高等学校日吉分
　　　　　　　　　　　校，岡山県立倉敷至誠高等学校
　　　　　　　　　　　（夜間部定時制課程）を設置
　昭和26年3月16日　　岡山県立倉敷至誠高等学校日吉分
　　　　　　　　　　　校，岡山県立倉敷至誠高等学校
　　　　　　　　　　　（夜間部定時制課程）を統合し
　　　　　　　　　　　倉敷市立精思高等学校を設置

◇清心女子高等学校
　　［学校法人 ノートルダム清心学園］
　　〒701-0195 岡山県倉敷市二子1200
　　TEL 086-462-1661
　明治19年　　　　　私立岡山女学校を設立
　明治22年1月　　　まいかい女学校と改称
　明治44年8月　　　清心高等女学校と改称
　昭和23年4月　　　清心女子高等学校と改称

◇岡山県立瀬戸高等学校
　　〒709-0876 岡山県赤磐郡瀬戸町光明谷316-1
　　TEL 086-952-1031
　明治42年4月　　　瀬戸実科女学校を創設
　昭和23年　　　　岡山県立瀬戸高等学校と改称

◇岡山県立瀬戸南高等学校
　　〒709-0855 岡山県赤磐郡瀬戸町沖88
　　TEL 086-952-0831
〈岡山県立瀬戸農芸高等学校〉
　大正15年4月　　　組合立岡山県瀬戸実業学校を設置
　昭和10年9月　　　組合立岡山県瀬戸農芸学校と改称
　昭和19年4月　　　岡山県瀬戸農芸学校と改称
　昭和23年4月　　　岡山県瀬戸農芸高等学校と改称
〈組合立瀬戸農業専修学校〉
　大正15年7月　　　組合立瀬戸青年訓練所を併設
　昭和10年7月　　　組合立瀬戸青年学校と改称
　昭和12年4月　　　組合立瀬戸農業専修学校と改称
〈統合〉
　昭和24年8月　　　組合立瀬戸農業専修学校，岡山県
　　　　　　　　　　立瀬戸農芸学校を統合し
　　　　　　　　　　岡山県立瀬戸高等学校を設置
　昭和28年4月　　　岡山県立瀬戸農業高等学校を設置
　昭和59年4月　　　岡山県立瀬戸南高等学校と改称

◇岡山県立総社高等学校
　　〒719-1126 岡山県総社市総社3-9-1
　　TEL 0866-93-0891
　明治24年3月5日　私塾春靄学舎を二松学舎塾頭板野
　　　　　　　　　　常太郎が創立
　明治33年1月31日　私立春靄学舎と改称
　明治35年2月24日　私立春靄学校と改称
　明治38年4月4日　私立春靄女学校と改称
　大正6年　　　　　吉備郡総社町外13ケ町村学校組合
　　　　　　　　　　立春靄実科高等女学校が開校
　大正8年5月24日　総社町外14ケ町村学校組合立春靄
　　　　　　　　　　高等女学校と改称
　昭和3年4月1日　　岡山県総社高等女学校と改称
　昭和23年4月1日　岡山県立総社高等学校と改称

◇岡山県立総社南高等学校
　　〒719-1132 岡山県総社市三輪626-1
　　TEL 0866-93-6811
　昭和61年4月　　　岡山県立総社南高等学校が開校

◇岡山県立高梁高等学校
　　〒716-0004 岡山県高梁市内山下38
　　TEL 0866-22-3047
〈順正高等女学校〉
　明治14年12月10日　私立順正女学校を設立
　大正10年4月10日　順正高等女学校と改称
〈岡山県高梁尋常中学校〉
　明治28年8月3日　岡山県高梁尋常中学校を創立
〈統合〉
　昭和24年8月16日　順正高等女学校，岡山県高梁尋常
　　　　　　　　　　中学校が統合し
　　　　　　　　　　岡山県立高梁高等学校と改称

◇岡山県立高梁城南高等学校
　　〒716-0043 岡山県高梁市原田北町1216-1
　　TEL 0866-22-2237
　平成16年4月　　　岡山県立高梁工業高等学校，岡山
　　　　　　　　　　県立川上農業高等学校，岡山県
　　　　　　　　　　立成羽高等学校の3校を再編し
　　　　　　　　　　岡山県立高梁城南高等学校が開校

◇岡山県立高松農業高等学校
　　〒701-1334 岡山県岡山市高松原古才336-2
　　TEL 086-287-3711
　明治30年4月　　　岡山県農事講習所を開設
　明治32年4月　　　岡山県農学校を創立
　大正10年4月　　　岡山県高松農学校と改称
　昭和23年4月　　　岡山県立高松農業高等学校と改称
　昭和24年8月　　　岡山県立高松高等学校と改称
　昭和28年4月　　　岡山県立高松農業高等学校と改称

◇岡山県立玉島高等学校
　　〒713-8668 岡山県倉敷市玉島阿賀崎3-1-1
　　TEL 086-522-2972
　明治37年4月25日　玉島女学校を設立
　明治44年4月6日　玉島町立実科高等女学校と改称
　昭和13年3月31日　岡山県玉島高等女学校と改称
　昭和23年4月1日　岡山県立玉島高等学校と改称
　昭和23年10月1日　岡山県立玉島第一高等学校と改称
　昭和24年8月31日　岡山県立玉島高等学校と改称

◇倉敷市立玉島高等学校
　　〒713-8102 岡山県倉敷市玉島1丁目15-60
　　TEL 086-526-0114
　昭和26年4月1日　岡山県玉島白華高等学校が発足
　昭和29年1月10日　組合立岡山県玉島高等学校と改称
　昭和35年4月1日　岡山県玉島市立玉島商業高等学校
　　　　　　　　　　と改称
　昭和42年2月21日　岡山県倉敷市立玉島商業高等学校
　　　　　　　　　　と改称
　昭和45年4月1日　倉敷市立玉島高等学校と改称

◇岡山県立玉島商業高等学校
　　〒713-8122 岡山県倉敷市玉島中央町2-9-30
　　TEL 086-522-3044
　大正15年4月9日　町立玉島商業高等学校が開校
　昭和4年7月1日　　岡山県玉島商業学校と改称
　昭和19年4月1日　岡山県玉島工業学校と改称
　昭和21年4月1日　岡山県玉島商業学校と改称
　昭和23年4月1日　岡山県玉島高等学校と改称
　昭和23年10月1日　岡山県立玉島高等学校と改称
　昭和24年8月31日　岡山県立第一玉島高等学校と統合
　　　　　　　　　　し
　　　　　　　　　　岡山県立玉島高等学校と改称

岡山県

| 昭和33年4月1日 | 岡山県立玉島商業高等学校と改称 |

◇岡山県立**玉野高等学校**
　〒706-8555 岡山県玉野市築港3丁目11-1
　TEL 0863-31-4321
〈岡山県立玉野高等学校宇野校舎〉
　昭和16年4月1日　　岡山県玉野中学校が開校
　昭和23年10月1日　 岡山県立玉野第一高等学校と改称
　昭和24年8月31日　 岡山県立玉野高等学校宇野校舎と改称
〈岡山県立玉野高等学校玉校舎〉
　昭和14年4月1日　　岡山県日比高等女学校が開校
　昭和23年10月1日　 岡山県立玉野第二高等学校と改称
　昭和24年8月31日　 岡山県立玉野高等学校玉校舎と改称
〈統合〉
　昭和25年1月12日　 岡山県立玉野高等学校宇野校舎，岡山県立玉野高等学校玉校舎を統合し
　　　　　　　　　　岡山県立玉野高等学校と改称

◇岡山県立**玉野光南高等学校**
　〒706-0226 岡山県玉野市東七区244
　TEL 0863-51-2311
　昭和59年1月1日　　岡山県立玉野光南高等学校を設置

◇玉野市立**玉野商業高等学校**
　〒706-0012 岡山県玉野市玉6-1-1
　TEL 0863-31-5341
　昭和32年4月　　　　玉野市立玉野商業高等学校が開校

◇玉野市立**玉野備南高等学校**
　〒706-0021 岡山県玉野市和田4丁目7-1
　TEL 0863-83-9100
　昭和23年3月　　　　岡山県玉野市立高等学校定時部が開校
　昭和26年9月　　　　玉野市立玉野備南高等学校と改称

◇岡山県立**津山工業高等学校**
　〒708-0004 岡山県津山市山北411-1
　TEL 0868-22-4174
　昭和16年2月21日　 岡山県立津山工業学校が開校
　昭和23年4月1日　　岡山県立津山工業高等学校と改称

◇岡山県立**津山高等学校**
　〒708-0051 岡山県津山市椿高下62
　TEL 0868-22-2204
〈岡山県立津山高等学校〉
　明治28年8月　　　　岡山県津山尋常中学校を創立
　明治32年4月　　　　岡山津山中学校と改称
　昭和23年4月　　　　岡山県立津山高等学校と改称
〈岡山県立津山女子高等学校〉
　明治35年1月　　　　岡山県津山高等女学校を創立
　昭和23年4月　　　　岡山県立津山女子高等学校と改称
〈統合〉
　昭和24年8月　　　　岡山県立津山高等学校，岡山県立津山女子高等学校を統合し
　　　　　　　　　　岡山県立成美高等学校と改称
　昭和28年4月　　　　岡山県立津山高等学校と改称

◇岡山県立**津山商業高等学校**
　〒708-0004 岡山県津山市山北531
　TEL 0868-22-2421
　大正9年3月27日　　津山町立津山商業学校を設立
　昭和3年4月1日　　 岡山県津山商業学校と改称
　昭和23年4月1日　　岡山県立津山商業高等学校に移行
　昭和24年8月31日　 岡山県立津山北園高等学校と改称
　昭和28年4月1日　　岡山県立津山商業高等学校と改称

◇岡山県立**津山東高等学校**
　〒708-0822 岡山県津山市林田1200
　TEL 0868-22-9307
　昭和23年4月1日　　岡山県苫田郡一宮村外三ヵ村学校組合立岡山県津山高等学校中山分校，岡山県苫田郡高野村外三ヵ村学校組合立岡山県白鷺高等学校を設置
　昭和29年7月1日　　岡山県苫田郡一宮村外三ヵ村学校組合立岡山県津山高等学校中山分校，岡山県苫田郡高野村外三ヵ村学校組合立岡山県白鷺高等学校を統合し
　　　　　　　　　　岡山県津山市立高等学校を設置
　昭和41年3月31日　 岡山県立津山東高等学校と改称

◇岡山県立**新見高等学校**
　〒718-0011 岡山県新見市新見1394
　TEL 0867-72-2260
　大正7年　　　　　　新見町立新見実科高等女学校を設置
　大正12年　　　　　 岡山県新見高等女学校と改称
　昭和23年　　　　　 岡山県立新見高等学校と改称
　平成17年4月　　　 岡山県立新見北高等学校と統合
〈岡山県立新見北高等学校〉
　大正15年11月22日　組合立岡山県新見農林学校を設立
　昭和3年3月13日　　岡山県新見農林学校を設置
　昭和23年4月1日　　岡山県新見農業高等学校と改称
　昭和24年9月1日　　岡山県立新見高等学校と統合し
　　　　　　　　　　岡山県立新見高等学校北校舎と改称
　昭和28年4月1日　　岡山県立新見農業高等学校と改称
　昭和37年4月1日　　岡山県立新見農工高等学校と改称
　昭和52年4月1日　　岡山県立新見北高等学校と改称

◇岡山県立**林野高等学校**
　〒707-0046 岡山県美作市三倉田58-1
　TEL 0868-72-0030
　明治41年4月18日　 倉敷女学校を設置
　大正6年4月1日　　 町立倉敷女学校を設置
　大正7年4月　　　　林野実科女学校と改称
　大正9年　　　　　　町立林野実科高等女学校が開校
　昭和3年4月1日　　 岡山県林野高等女学校と改称
　昭和23年4月1日　　岡山県立林野高等学校と改称
　平成15年　　　　　 岡山県立大原高等学校を統合

◇岡山県立**東岡山工業高等学校**
　〒703-8217 岡山県岡山市土田290-1
　TEL 086-279-0565
　昭和37年4月1日　　岡山県立東岡山工業高等学校を設立

◇岡山県立**備前緑陽高等学校**
　〒705-8507 岡山県備前市西片上91-1
　TEL 0869-63-0315
　平成15年4月　　　 岡山県立備前東高等学校，岡山県立備前高等学校を統合し
　　　　　　　　　　岡山県立備前緑陽高等学校が開校

◇岡山県立**蒜山高等学校**
　〒717-0505 岡山県真庭市蒜山上長田4

TEL 0867-66-2016
昭和23年4月1日　岡山県立勝山第一高等学校蒜山分校を設立
昭和24年9月1日　岡山県立勝山高等学校蒜山分校と改称
昭和33年4月1日　岡山県蒜山高等学校と改称
昭和38年4月1日　岡山県立蒜山高等学校と改称

◇ベル学園高等学校
［学校法人　ベル学園］
〒700-0054 岡山県岡山市下伊福西町7-38
TEL 086-252-2101
明治17年4月　　志信裁縫黌を佐藤伎具能が設立
昭和4年10月　　岡山高等女子職業学校と改称
昭和37年1月　　岡山県岡山女子高等学校と改称
平成10年4月　　ベル学園高等学校と改称

◇高梁市立松山高等学校
〒716-0043 岡山県高梁市原田北町1216-1
TEL 0866-22-3618
昭和24年　　岡山県立高梁第二高等学校（夜間部）を設置
昭和24年　　岡山県立高梁高等学校（夜間部）と改称
昭和28年　　岡山県松山高等学校（夜間部）と改称
昭和41年　　岡山県松山高等学校と改称
昭和47年　　高梁市立岡山県松山高等学校と改称
昭和55年　　高梁市立松山高等学校と改称

◇岡山県公立真備陵南高等学校
〒710-1301 岡山県倉敷市真備町箭田1769-1
TEL 0866-98-1171
昭和23年4月1日　吉備郡箭田高等学校を設立
平成4年4月1日　岡山県公立真備陵南高等学校と改称

◇岡山県立水島工業高等学校
〒710-0807 岡山県倉敷市西阿知町1230
TEL 086-465-2504
昭和37年4月　　岡山県立水島工業高等学校が開校

◇岡山県立御津高等学校
〒709-2133 岡山県岡山市御津金川940
TEL 0867-24-0831
〈岡山県立金川高等学校〉
明治17年　　私立普通予備校を創設
明治21年　　私立岡山普通学校と改称
明治37年　　私立金川中学校と改称
昭和23年　　岡山県金川高等学校と改称
昭和27年　　岡山県立金川高等学校と改称
〈岡山県立福渡高等学校〉
大正14年　　岡山県学校組合立福渡実科高等女学校を開校
昭和3年4月1日　岡山県福渡高等女学校と改称
昭和23年4月1日　岡山県立福渡高等学校と改称
〈統合〉
平成17年4月　　岡山県立福渡高等学校，岡山県立金川高等学校が統合し岡山県立御津高等学校が開学

◇明誠学院高等学校
［学校法人　真備学園］
〒700-0086 岡山県岡山市津島西坂3-5-1
TEL 086-252-5247
大正14年　　岡山県真備高等学校女学校を設立
昭和23年　　岡山県真備高等学校と改称
平成9年　　明誠学院高等学校と改称

◇岡山県立矢掛高等学校
〒714-1201 岡山県小田郡矢掛町矢掛1776-2
TEL 0866-82-0045
〈岡山県立矢掛第一高等学校〉
明治35年4月2日　岡山県立矢掛中学校が開校
大正9年4月　　岡山県矢掛中学校と改称
昭和23年4月11日　岡山県立矢掛第一高等学校と改称
〈岡山県立矢掛第二高等学校〉
大正2年4月1日　矢掛女学校を設立
大正9年5月11日　岡山県矢掛高等女学校と改称
昭和23年4月11日　岡山県立矢掛第二高等学校と改称
〈統合〉
昭和24年8月31日　岡山県立矢掛第一高等学校，岡山県立矢掛第二高等学校を統合し岡山県立矢掛高等学校と改称
平成15年　　岡山県立矢掛商業高等学校を統合

◇岡山県立弓削高等学校
〒709-3612 岡山県久米郡久米南町上弓削1657-1
TEL 0867-28-2828
昭和23年　　久米郡弓削町、稲岡南村、竜山村、神目町、吉岡村学校組合立弓削高等学校が開校
昭和27年4月1日　岡山県立弓削高等学校と改称

◇岡山理科大学附属高等学校
［学校法人　加計学園］
〒700-0005 岡山県岡山市理大町1-1
TEL 086-252-3161
昭和37年4月　　岡山電機工業高等学校が開校
昭和39年2月　　岡山理科大学附属高等学校と改称

◇岡山県立和気閑谷高等学校
〒709-0422 岡山県和気郡和気町尺所15
TEL 0869-93-1188
昭和40年　　岡山県立和気閑谷高等学校が開校
平成16年　　岡山県立備作高等学校を統合
〈岡山県立備作高等学校〉
昭和23年6月30日　岡山県立林野高等学校備作分校福本校舎を設置
昭和23年9月1日　岡山県立瀬戸農芸高等学校備作分校周匝校舎を設置
昭和24年8月31日　岡山県立瀬戸高等学校備作分校周匝校舎と改称
昭和26年4月1日　岡山県立和気高等学校備作分校と改称
昭和27年10月31日　周匝村外8ヶ村高等学校組合立岡山県備作高等学校を創立
昭和37年4月1日　岡山県立備作高等学校と改称

広島県

# 広島県

## 【大学】

◇エリザベト音楽大学
　［学校法人 エリザベト音楽大学］
　〒730-0016 広島県広島市中区幟町4-15
　TEL 082-221-0918
　昭和27年　　　　エリザベト音楽短期大学を開設
　昭和34年　　　　エリザベト短期大学（のち廃止）と改称
　昭和38年　　　　エリザベト音楽大学を開設

◇尾道大学
　〒722-8506 広島県尾道市久山田町1600
　TEL 0848-22-8311
　昭和21年3月　　　尾道市立女子専門学校を設置
　昭和25年3月　　　尾道短期大学と改称
　平成13年4月　　　尾道大学と改称

◇呉大学
　［学校法人 広島文化学園］
　〒737-0182 広島県呉市郷原学びの丘1-1-1
　TEL 0823-70-3300
　平成7年4月1日　　呉大学が開学

◇県立広島大学
　〒734-8558 広島県広島市南区宇品東1丁目1-71
　TEL 082-251-5178
　平成元年4月　　　広島県立大学が開学
　平成7年4月　　　広島県立保健福祉短期大学が開学
　平成17年4月　　　広島県立大学，県立広島女子大学，広島県立保健福祉大学を統合・再編し
　　　　　　　　　県立広島大学が開学

　〈県立広島女子大学〉
　大正9年4月　　　広島県立広島高等女学校に専攻科設置
　昭和3年3月　　　広島女子専門学校が開学
　昭和25年4月　　　広島女子短期大学が開学
　昭和40年4月　　　広島女子大学が開学
　平成12年4月　　　県立広島女子大学と改称

◇日本赤十字広島看護大学
　［学校法人 日本赤十字学園］
　〒738-0052 広島県廿日市市阿品台東1-2
　TEL 0829-20-2800
　平成12年4月1日　　日本赤十字広島看護大学を設立

◇比治山大学
　［学校法人 比治山学園］
　〒732-8509 広島県広島市東区牛田新町4-1-1
　TEL 082-229-0121
　平成6年4月　　　比治山大学を開設

◇広島経済大学
　［学校法人 石田学園］
　〒731-0192 広島県広島市安佐南区祇園5-37-1
　TEL 082-871-1000
　昭和42年　　　　広島経済大学を設立

◇広島工業大学
　［学校法人 鶴学園］
　〒731-5193 広島県広島市佐伯区三宅2-1-1
　TEL 082-921-3121
　昭和36年4月1日　　広島工業短期大学（のち廃校）が開学
　昭和38年4月1日　　広島工業大学が開学

◇広島国際学院大学
　［学校法人 広島国際学院］
　〒739-0321 広島県広島市安芸区中野6-20-1
　TEL 082-820-2345
　昭和2年　　　　　広島高等予備校を鶴虎太郎が創立
　昭和13年　　　　広島電気学校を設置
　昭和23年　　　　広島電機専門学校と改称
　昭和42年　　　　広島電機大学を設置
　平成11年　　　　広島国際学院大学と改称

◇広島国際大学
　［学校法人 大阪工大摂南大学］
　〒724-0695 広島県東広島市黒瀬学園台555-36
　TEL 0823-70-4503
　平成10年　　　　広島国際大学を開設

◇広島修道大学
　［学校法人 修道学園］
　〒731-3195 広島県広島市安佐南区大塚東1-1-1
　TEL 082-848-2121
　昭和35年4月　　　広島商科大学を設立
　昭和48年4月　　　広島修道大学と改称

◇広島女学院大学
　［学校法人 広島女学院］
　〒732-0063 広島県広島市東区牛田東4-13-1
　TEL 082-228-0386
　明治19年10月　　　広島女学会を砂本貞吉が開く
　昭和7年2月　　　　広島女学院専門学校が認可
　昭和24年4月　　　広島女学院大学を開学

◇広島市立大学
　〒731-3194 広島県広島市安佐南区大塚東3-4-1
　TEL 082-830-1500
　平成6年　　　　　広島市立大学が開学

◇広島大学
　〒739-8511 広島県東広島市鏡山1-3-2
　TEL 082-422-7111
　昭和24年5月31日　　広島文理科大学，広島高等学校，広島工業専門学校，広島高等師範学校，広島女子高等師範学校，広島師範学校，広島青年師範学校，広島市立工業専門学校を包括併合して
　　　　　　　　　広島大学を設置

◇広島文教女子大学
　［学校法人 武田学園］
　〒731-0295 広島県広島市安佐北区可部東1-2-1
　TEL 082-814-3191
　昭和41年　　　　広島文教女子大学を設置

◇福山大学
　［学校法人 福山大学］
　〒729-0292 広島県福山市東村町字三蔵985-1
　TEL 084-936-2111
　昭和50年4月　　　福山大学が開学

広島県

◇福山平成大学
　［学校法人 福山大学］
　〒720-0001 広島県福山市御幸町大字上岩成正戸117-1
　TEL 084-972-5001
　平成6年4月　　　福山平成大学が開学

◇安田女子大学
　［学校法人 安田学園］
　〒731-0153 広島県広島市安佐南区安東6-13-1
　TEL 082-878-8111
　昭和41年4月　　　安田女子大学が開学

【短大】

◇呉大学短期大学部
　［学校法人 広島文化学園］
　〒737-0004 広島県呉市阿賀南2-10-3
　TEL 0823-74-5511
　昭和61年2月3日　　呉女子短期大学を設置
　平成8年9月13日　　呉大学短期大学部と改称

◇山陽女子短期大学
　［学校法人 山陽女学園］
　〒738-8504 広島県廿日市市佐方本町1-1
　TEL 0829-32-0909
　昭和38年　　　　山陽女子短期大学が開校

◇鈴峯女子短期大学
　［学校法人 鈴峯学園］
　〒733-8623 広島県広島市西区井口4-6-18
　TEL 082-278-1103
　昭和16年4月　　　広島商業実践女学校が開校
　昭和18年4月　　　広島実践高等女学校と改称
　昭和22年4月　　　鈴峯女子専門学校と改称
　昭和25年4月　　　鈴峯女子短期大学を設置

◇比治山大学短期大学部
　［学校法人 比治山学園］
　〒732-8509 広島県広島市東区牛田新町4-1-1
　TEL 082-229-0121
　昭和41年4月　　　比治山女子短期大学を開設
　平成10年4月　　　比治山大学短期大学部と改称

◇広島国際学院大学自動車短期大学部
　［学校法人 広島国際学院］
　〒739-0302 広島県広島市安芸区上瀬野町517-1
　TEL 082-820-2345
　昭和2年　　　　広島高等予備校を鶴虎太郎が創立
　昭和13年　　　広島電気学校を設置
　昭和23年　　　広島電機専門学校と改称
　昭和39年　　　広島電機学園短期大学を設置
　昭和63年　　　広島自動車工業短期大学と改称
　平成11年　　　広島国際学院大学自動車短期大学部と改称

◇広島文化短期大学
　［学校法人 広島文化学園］
　〒731-0136 広島県広島市安佐南区長束西3-5-1
　TEL 082-239-5171
　昭和39年1月　　　広島文化女子短期大学を設置
　平成11年4月　　　広島文化短期大学と改称

◇広島文教女子大学短期大学部
　［学校法人 武田学園］
　〒731-0295 広島県広島市安佐北区可部東1-2-1
　TEL 082-814-3191
　昭和23年　　　可部女子専門学校を設立
　昭和37年　　　可部女子短期大学を設置
　昭和41年　　　広島文教女子大学短期大学部と改称

◇福山市立女子短期大学
　〒720-0074 広島県福山市北本庄4-5-2
　TEL 084-925-2511
　昭和38年4月　　　私立福山女子短期大学を開学
　昭和49年4月　　　福山市立女子短期大学と改称

◇安田女子短期大学
　［学校法人 安田学園］
　〒731-0153 広島県広島市安佐南区安東6-13-1
　TEL 082-878-8111
　昭和30年4月　　　安田女子短期大学が開学

【高専】

◇呉工業高等専門学校
　〒737-0004 広島県呉市阿賀南2-2-11
　TEL 0823-73-8400
　昭和39年4月1日　　呉工業高等専門学校が開校

◇広島商船高等専門学校
　〒725-0231 広島県豊田郡大崎上島町東野4272-1
　TEL 0846-67-3000
　明治31年5月10日　豊田郡東野村外12か町村組合立芸陽海員学校を創立
　明治32年5月17日　芸陽商船学校と改称
　明治34年4月1日　　広島県商船学校と改称
　明治34年6月12日　広島県立商船学校と改称
　昭和15年7月1日　　広島商船学校と改称
　昭和26年4月1日　　広島商船高等学校と改称
　昭和42年6月1日　　広島商船高等専門学校と改称

【高校】

◇広島県立安芸高等学校
　〒732-0032 広島県広島市東区上温品4丁目65-1
　TEL 082-289-3101
　昭和49年4月1日　　広島県立安芸高等学校が開校

◇広島県立安芸府中高等学校
　〒731-0142 広島県広島市安佐南区高取南2丁目52-1
　TEL 082-872-1321
　昭和55年　　　　広島県立安芸府中高等学校が開校

◇広島県立安芸南高等学校
　〒736-0085 広島県広島市安芸区矢野西2丁目15-1
　TEL 082-885-2341
　昭和61年　　　　広島県立安芸南高等学校が開校

◇広島市立安佐北高等学校
　〒731-0212 広島県広島市安佐北区三入東1丁目14-1
　TEL 082-818-0600
　昭和59年　　　　広島市立安佐北高等学校が開校

◇広島県立芦品まなび学園高等学校
　〒729-3101 広島県福山市新市町戸手1330
　TEL 0847-52-5353
　平成12年4月　　　広島県立芦品まなび学園高等学校が開校

◇広島県立五日市高等学校
　〒731-5157 広島県広島市佐伯区観音台3丁目15-1
　TEL 082-923-4181

広島県

| 昭和49年4月 | 広島県立五日市高等学校が開校 |

◇広島県立**因島高等学校**
　〒722-2194 広島県尾道市因島重井町5574
　TEL 0845-24-1281
| 大正9年4月1日 | 御調郡土生町女子実業補習学校が開校 |
| 大正10年4月1日 | 御調郡土生町立広島県土生実科高等女学校と改称 |
| 昭和11年3月26日 | 広島県土生高等女学校と改称 |
| 昭和13年4月1日 | 広島県立土生高等女学校と改称 |
| 昭和23年5月3日 | 広島県立土生高等学校と改称 |
| 昭和33年4月1日 | 広島県立因島高等学校と改称 |
| 昭和41年4月1日 | 広島県立因島高等学校（定時制）を広島県立因島北高等学校として独立 |
| 平成11年4月1日 | 広島県立因島北高等学校を統合 |

◇**AICJ高等学校**
　［学校法人 AICJ鴎州学園］
　〒731-0138 広島県広島市安佐南区祇園2-33-16
　TEL 082-874-3081
| 平成19年 | 大下学園祇園高等学校の経営権を承継し AICJ高等学校を開校の予定 |

◇**盈進高等学校**
　［学校法人 盈進学園］
　〒720-8504 広島県福山市千田町千田487-4
　TEL 084-955-2333
| 明治37年4月 | 盈進商業実務学校を藤井曹太郎が創立 |
| 大正11年5月 | 私立盈進商業学校と改称 |
| 昭和37年2月 | 盈進高等学校と改称 |

◇**英数学館高等学校**
　［学校法人 広島加計学園］
　〒721-8502 広島県福山市引野町字日和980-1
　TEL 084-941-4117
| 昭和58年4月 | 英数学館高等学校が開校 |

◇広島県立**江田島高等学校**
　〒737-2121 広島県江田島市江田島町小用1丁目14-22
　TEL 0823-42-0159
| 昭和23年7月25日 | 広島県呉竹高等学校江田島分校が開校 |
| 昭和24年5月9日 | 広島県呉三津田高等学校江田島分校と改称 |
| 昭和43年10月1日 | 広島県立呉三津田高等学校江田島分校と改称 |
| 昭和47年4月1日 | 広島県立江田島高等学校と改称 |

◇広島県立**大柿高等学校**
　〒737-2213 広島県江田島市大柿町大原1118-1
　TEL 0823-57-2055
| 昭和43年 | 広島県立大柿高等学校と改称 |

◇広島県立**大柿高等学校大君分校**
　〒737-2212 広島県江田島市大柿町大君913-4
　TEL 0823-57-2525
| 昭和39年4月 | 広島県立大柿高等学校大君分校が開校 |
| 平成20年 | 広島県立大柿高等学校大君分校を閉校予定 |

◇広島県立**大崎海星高等学校**
　〒725-0301 広島県豊田郡大崎上島町中野3989-1
　TEL 0846-64-3535
| 大正8年6月13日 | 広島県豊田郡立造船徒弟学校として設立 |
| 大正10年1月18日 | 広島県豊田郡木江造船工手学校と改称 |
| 大正12年4月1日 | 広島県立商船学校分校木江造船工手学校と改称 |
| 昭和9年3月6日 | 広島県立木江造船学校と改称 |
| 昭和18年7月16日 | 広島県立木江工業学校と改称 |
| 昭和23年5月3日 | 広島県木江工業高等学校と改称 |
| 昭和23年9月1日 | 中野村立芸陽高等学校を吸収して広島県甲陽高等学校と改称 |
| 昭和24年4月30日 | 広島県大崎高等学校と改称 |
| 昭和43年10月1日 | 広島県立大崎高等学校と改称 |
| 昭和44年4月1日 | 広島県立大崎高等学校より独立し広島県立木江工業高等学校が開校 |
| 平成10年4月1日 | 広島県立大崎高等学校、広島県立木江工業高等学校を統合し広島県立大崎海星高等学校と改称 |

◇広島県立**大竹高等学校**
　〒739-0614 広島県大竹市白石1丁目3-1
　TEL 08275-2-4325
| 大正10年4月27日 | 大竹女子実業補修学校を創設 |
| 大正15年4月27日 | 大竹実科女学校と改称 |
| 昭和11年3月27日 | 広島県大竹実科高等女学校を設立 |
| 昭和18年4月1日 | 広島県大竹高等学校女学校と改称 |
| 昭和23年5月3日 | 広島県大竹高等学校と改称 |
| 昭和43年10月1日 | 広島県立大竹高等学校と改称 |

◇広島市立**大手町商業高等学校**
　〒730-0051 広島県広島市中区大手町4-4-4
　TEL 082-241-1692
| 大正8年6月1日 | 広島市商業補修学校として創設 |
| 大正13年4月1日 | 広島市商業専修学校と改称 |
| 昭和10年3月31日 | 広島市立商業補修青年学校と改称 |
| 昭和12年3月31日 | 広島市第二商業学校と改称 |
| 昭和23年5月3日 | 広島市商業高等学校（定時制）と改称 |
| 昭和24年4月30日 | 広島県広島基町商業高等学校（定時制）と改称 |
| 昭和29年9月1日 | 広島県広島基町商業高等学校より分離し広島県広島市商業高等学校を設置 |
| 昭和34年4月1日 | 広島県広島大手町商業高等学校と改称 |
| 昭和55年4月1日 | 広島市立大手町商業高等学校と改称 |

◇広島県立**尾道北高等学校**
　〒722-0046 広島県尾道市長江3丁目7-1
　TEL 0848-37-6106
| 大正14年 | 広島県尾道中学校が開校 |
| 昭和8年3月20日 | 広島県立尾道中学校と改称 |
| 昭和23年5月3日 | 広島県尾道高等学校と改称 |
| 昭和43年10月1日 | 広島県立尾道北高等学校と改称 |

◇広島県立**尾道商業高等学校**
　〒722-0002 広島県尾道市古浜町20-1
　TEL 0848-25-2115
| 明治20年10月20日 | 私立尾道商法講習所が開設 |
| 明治21年10月20日 | 公立尾道商業学校が開校 |

| 明治28年4月 | 尾道簡易商業学校と改称 |
| --- | --- |
| 明治31年8月1日 | 広島県商業学校と改称 |
| 明治34年4月1日 | 広島県尾道商業学校と改称 |
| 明治34年6月12日 | 広島県立尾道商業学校と改称 |
| 昭和23年5月3日 | 広島県尾道商業高等学校と改称 |
| 昭和24年4月30日 | 広島県尾道西高等学校と改称 |
| 昭和28年4月1日 | 広島県尾道商業高等学校と改称 |
| 昭和43年10月1日 | 広島県立尾道商業高等学校と改称 |

◇広島県立**尾道東高等学校**
　〒722-0043 広島県尾道市東久保町12-1
　TEL 0848-37-7137

| 明治42年4月20日 | 尾道市立高等女学校が開校 |
| --- | --- |
| 大正10年 | 広島県立尾道高等女学校と改称 |
| 昭和23年 | 広島県尾道東高等学校と改称 |
| 昭和43年 | 広島県立尾道東高等学校と改称 |

◇尾道市立**尾道南高等学校**
　〒722-0046 広島県尾道市長江2丁目10-34
　TEL 0848-37-4945

| 大正9年4月8日 | 尾道市立実業補習学校が開校 |
| --- | --- |
| 大正11年4月2日 | 尾道商業実務学校と改称 |
| 昭和21年5月9日 | 尾道市立商業学校と改称 |
| 昭和23年5月3日 | 尾道市立明徳高等学校と改称 |
| 昭和24年4月30日 | 尾道市立尾道南高等学校と改称 |

◇広島県立**音戸高等学校**
　〒737-1204 広島県呉市音戸町北隠渡1丁目1-1
　TEL 0823-51-2235

| 昭和15年 | 広島県安芸郡音戸町立音戸実科女学校を設立 |
| --- | --- |
| 昭和19年 | 広島県立安芸郡音戸町立音戸高等女学校を設立 |
| 昭和23年 | 広島県安芸郡音戸町音戸高等学校を設立 |
| 昭和23年 | 広島県立音戸高等学校と改称 |

◇広島県立**海田高等学校**
　〒736-0051 広島県安芸郡海田町つくも町1-60
　TEL 082-822-3030

| 昭和17年 | 広島県立海田高等女学校を設立 |
| --- | --- |
| 昭和23年 | 広島県海田高等学校と改称 |
| 昭和24年 | 広島県海田市高等学校を設置 |
| 昭和32年 | 広島県海田高等学校と改称 |
| 昭和43年 | 広島県立海田高等学校と改称 |

◇広島県立**加計高等学校**
　〒731-3501 広島県山県郡安芸太田町大字加計3780-1
　TEL 0826-22-0488

| 大正12年 | 八重実業学校として設立 |
| --- | --- |
| 昭和3年 | 広島県立加計実業学校と改称 |
| 昭和23年 | 広島県立加計高等学校と改称 |

◇広島県立**加計高等学校芸北分校**
　〒731-2203 広島県山県郡北広島町小田75
　TEL 0826-35-0726

| 昭和23年 | 広島県加計高等学校中野分校を設置 |
| --- | --- |
| 昭和33年 | 広島県加計高等学校芸北分校と改称 |
| 昭和43年 | 広島県立加計高等学校芸北分校と改称 |

◇広島県立**可部高等学校**
　〒731-0221 広島県広島市安佐北区可部3丁目15-26
　TEL 082-814-2032

| 明治45年 | 可部町立実科高等女学校を設立 |
| --- | --- |
| 大正12年 | 安佐郡可部町外八か村組合立可部実科高等女学校と改称 |
| 大正15年 | 広島県立可部高等女学校と改称 |
| 昭和23年 | 広島県可部高等学校と改称 |
| 昭和24年 | 広島県可部高等学校と改称 |
| 昭和43年 | 広島県立可部高等学校と改称 |

◇広島県立**賀茂北高等学校**
　〒724-0301 広島県東広島市豊栄町乃美632
　TEL 082-432-2224

| 大正3年9月10日 | 私立乃美学舎を創立 |
| --- | --- |
| 大正9年4月1日 | 私立乃美中学校と改称 |
| 昭和16年3月31日 | 広島県乃美中学校と改称 |
| 昭和23年5月3日 | 乃美高等学校と改称 |
| 昭和37年4月1日 | 広島県乃美高等学校と改称 |
| 昭和40年4月1日 | 広島県賀茂北高等学校と改称 |
| 昭和43年10月1日 | 広島県立賀茂北高等学校と改称 |

◇広島県立**賀茂高等学校**
　〒739-0043 広島県東広島市西条西本町16-22
　TEL 082-423-2559

| 明治39年6月 | 私立西条女学校を設立 |
| --- | --- |
| 明治44年2月 | 私立西条実科高等女学校と改称 |
| 大正12年3月31日 | 町村組合立広島県賀茂高等女学校と改称 |
| 大正15年4月1日 | 広島県立賀茂高等女学校と改称 |
| 昭和23年4月1日 | 広島県立賀茂高等女学校と改称 |
| 昭和24年4月30日 | 広島県西条農業高等学校と統合し広島県西条高等学校と改称 |
| 昭和28年4月1日 | 広島県賀茂高等学校と改称 |
| 昭和43年10月1日 | 広島県立賀茂高等学校と改称 |

◇広島県立**神辺旭高等学校**
　〒720-2126 広島県福山市神辺町徳田75-1
　TEL 084-963-3383

| 昭和55年 | 広島県立神辺旭高等学校が開校 |
| --- | --- |

◇広島県立**神辺高等学校**
　〒720-2123 広島県福山市神辺町川北375-1
　TEL 084-963-0081

| 大正5年12月1日 | 広島県深安郡立農事講習所を設立 |
| --- | --- |
| 大正12年3月15日 | 広島県深安郡高等実業補習学校と改称 |
| 大正13年6月1日 | 広島県深安実業学校と改称 |
| 昭和3年4月1日 | 広島県立深安実業学校と改称 |
| 昭和19年4月1日 | 広島県立神辺農学校と改称 |
| 昭和23年5月3日 | 広島県神辺高等学校と改称 |
| 昭和24年4月30日 | 広島県神辺商業学校を統合 |
| 昭和40年4月1日 | 広島県神辺工業高等学校と改称 |
| 昭和43年10月1日 | 広島県立神辺工業高等学校と改称 |
| 平成10年4月1日 | 広島県立神辺高等学校と改称 |

〈広島県神辺商業学校〉

| 昭和19年4月1日 | 広島県神辺女子商業学校を設立 |
| --- | --- |
| 昭和21年4月1日 | 広島県神辺商業学校と改称 |

◇広島県立**祇園北高等学校**
　〒731-0138 広島県広島市安佐南区祇園8丁目25-1
　TEL 082-875-4607

| 昭和58年 | 広島県立祇園北高等学校を創設 |
| --- | --- |

◇**銀河学院高等学校**
　［学校法人 福山学園］
　〒721-0921 広島県福山市大門町大門119-8

広島県

TEL 084-941-9292
昭和55年4月8日　　福山女子高等学校が開校
平成10年4月1日　　銀河学院高等学校と改称

◇近畿大学附属東広島高等学校
　［学校法人 近畿大学］
　〒739-2116 広島県東広島市高屋うめの辺2
　TEL 082-434-7111
平成8年4月1日　　近畿大学附属福山高等学校東広島校舎が開設
平成11年4月1日　　近畿大学附属東広島高等学校と改称

◇近畿大学附属福山高等学校
　［学校法人 近畿大学］
　〒720-0835 広島県福山市佐波町389
　TEL 084-951-2695
昭和35年2月1日　　福山電波工業専門学校を藤井正男が創立
昭和36年4月1日　　福山電波工業高等学校を開設
昭和47年4月1日　　近畿大学附属福山高等学校と改称
平成8年4月1日　　近畿大学附属福山高等学校東広島校舎（のち:近畿大学附属東広島高等学校）を開設

◇広島県立久井高等学校
　〒722-1413 広島県三原市久井町羽倉264
　TEL 0847-32-6306
昭和8年3月27日　　私立公民中学校を創設
昭和19年3月1日　　三か村組合立久羽坂青年学校が開校
昭和23年6月1日　　広島県御調農業高等学校久羽坂分校が開校
昭和24年3月31日　　広島県高等学校久羽坂分校と改称
昭和30年4月1日　　広島県御調高等学校久羽坂分校と改称
昭和53年4月1日　　広島県立久井高等学校として独立

◇広島県立熊野高等学校
　〒731-4223 広島県安芸郡熊野町川角128-1
　TEL 082-854-4155
昭和52年　　　　　広島県立熊野高等学校が開校

◇呉青山高等学校
　［学校法人 清水ケ丘学園］
　〒737-0023 広島県呉市青山町2-1
　TEL 0823-32-1721
平成15年4月　　　呉青山高等学校が開校

◇呉市立呉高等学校
　〒737-0003 広島県呉市阿賀中央5丁目13-56
　TEL 0823-72-5577
昭和34年4月1日　　広島県呉豊栄高等学校として発足
平成10年4月1日　　呉市立呉高等学校と改称

◇広島県立呉商業高等学校
　〒737-0112 広島県呉市広古新開4丁目1-1
　TEL 0823-72-2525
昭和32年4月1日　　広島県呉商業高等学校が開校
昭和43年10月1日　　広島県立呉商業高等学校と改称

◇広島県立呉昭和高等学校
　〒737-0905 広島県呉市焼山町山の神
　TEL 0823-33-9557
昭和58年4月1日　　広島県立呉昭和高等学校が開校

◇広島県立呉三津田高等学校
　〒737-0814 広島県呉市山手1丁目5-1
　TEL 0823-22-7788
明治40年　　　　　呉市立呉中学校を設立
明治44年　　　　　広島県立呉中学校と改称
昭和4年　　　　　広島県立呉第一中学校と改称
昭和23年　　　　　広島県呉竹高等学校と改称
昭和43年　　　　　広島県立呉三津田高等学校と改称

◇広島県立呉宮原高等学校
　〒737-0024 広島県呉市宮原3丁目1-1
　TEL 0823-21-9306
大正13年4月　　　呉市立中学校を創立
昭和4年　　　　　広島県立第二中学校と改称
昭和24年　　　　　広島県呉宮原高等学校と改称
昭和43年　　　　　広島県立呉宮原高等学校と改称

◇広島県立黒瀬高等学校
　〒724-0622 広島県東広島市黒瀬町乃美尾1
　TEL 0823-82-2525
昭和23年9月1日　　広島県西条農業高等学校黒瀬分校を設置
昭和24年9月30日　　広島県西条高等学校黒瀬分校と改称
昭和28年4月1日　　広島県賀茂高等学校黒瀬分校と改称
昭和46年4月1日　　広島県立黒瀬高等学校と改称

◇広島県立河内高等学校
　〒729-1102 広島県東広島市河内町下河内194-2
　TEL 082-437-1151
明治42年4月15日　　私立白市実科女学校が開校
大正12年6月18日　　白市高等女学校を設立
大正14年4月1日　　広島県河内高等女学校と改称
昭和2年7月25日　　広島県河内高等女学校と改称
昭和23年5月2日　　河内高等学校を設置
昭和43年10月1日　　広島県河内町立河内高等学校と改称
昭和49年4月1日　　広島県河内高等学校と改称

◇広島県立高陽高等学校
　〒739-1741 広島県広島市安佐北区真亀3丁目22-1
　TEL 082-842-7781
昭和52年　　　　　広島県立高陽高等学校が開校

◇広島県立高陽東高等学校
　〒739-1732 広島県広島市安佐北区落合南8丁目12-1
　TEL 082-843-1167
昭和58年　　　　　広島県立高陽東高等学校が開校

◇広陵高等学校
　［学校法人 広陵学園］
　〒731-3161 広島県広島市安佐南区沼田町伴4754
　TEL 082-848-1321
明治29年2月　　　数理学会を鶴虎太郎が設立
明治31年4月　　　究数学院と改称
明治34年5月　　　私立広陵中学校と改称
大正10年3月　　　広陵中学校を設立
昭和23年5月　　　広陵高等学校を開校

◇呉港高等学校
　［学校法人 呉武田学園］
　〒737-0141 広島県呉市広大新開3-3-4
　TEL 0823-71-9163
文政元年　　　　　稽古屋敷を武田宗左衛門が設立

| 明治5年 | 欽明路校を設立 |
| 大正2年 | 大正学校を設立 |
| 大正6年 | 大正中等学校と改称 |
| 大正12年 | 大正中学校と改称 |
| 昭和8年 | 呉港中学校と改称 |
| 昭和23年 | 呉港高等学校と改称 |

◇広島県立**佐伯高等学校**
　〒738-0222 広島県廿日市市津田850
　TEL 0829-72-1185

| 昭和21年 | 広島県立津田農学校を創立 |
| 昭和23年 | 広島県津田農林高等学校と改称 |
| 昭和24年 | 広島県津田高等学校と改称 |
| 昭和43年 | 広島県立佐伯高等学校と改称 |

◇広島県立**西城紫水高等学校**
　〒729-5731 広島県庄原市西城町西城345
　TEL 0824-82-2511

| 昭和3年3月 | 広島県西城町立実科高等女学校を創立 |
| 昭和18年4月 | 広島県町立西城高等女学校と改称 |
| 昭和23年5月 | 町立西城高等学校と改称 |
| 昭和24年5月 | 広島県立比婆西高等学校西城分校と改称 |
| 昭和27年4月 | 町立西城高等学校と改称 |
| 昭和29年4月 | 広島県立西城高等学校と改称 |
| 平成10年4月 | 広島県立西城紫水高等学校と改称 |

◇広島県立**西条農業高等学校**
　〒739-0046 広島県東広島市鏡山3丁目16-1
　TEL 082-423-2921

| 明治43年 | 広島県立西条農学校が開校 |
| 昭和23年 | 広島県西条農業高等学校と改称 |
| 昭和24年 | 広島県賀茂高等学校と統合し広島県西条高等学校と改称 |
| 昭和28年 | 広島県西条農業高等学校と改称 |
| 昭和43年 | 広島県立西条農業高等学校と改称 |

◇**山陽高等学校**
　［学校法人 広島山陽学園］
　〒733-8551 広島県広島市西区観音新町4-12-5
　TEL 082-232-9156

| 明治40年4月8日 | 中学校を石田米助が創立 |
| 昭和8年1月27日 | 山陽商業学校を創設 |
| 昭和23年5月3日 | 山陽高等学校と改称 |

◇**山陽女学園高等部**
　［学校法人 山陽女学園］
　〒738-8504 広島県廿日市市佐方本町1-1
　TEL 0829-32-2222

| 昭和5年 | 山陽高等女学校が開校 |
| 昭和23年 | 山陽女学園高等部と改称 |

◇広島県立**自彊高等学校**
　〒724-2412 広島県福山市加茂町下加茂6
　TEL 084-972-3232

| 昭和23年9月1日 | 広島県立神辺高等学校広瀬分校を設置 |
| 昭和40年4月1日 | 神辺工業高等学校自彊分校と改称 |
| 昭和47年4月1日 | 広島県立自彊高等学校と改称 |

◇**清水ケ丘高等学校**
　［学校法人 清水ケ丘学園］
　〒737-0023 広島県呉市青山町2-1
　TEL 0823-23-1520

| 昭和27年4月 | 清水ケ丘高等学校が開校 |

◇**修道高等学校**
　［学校法人 修道学園］
　〒730-0055 広島県広島市中区南千田西町8-1
　TEL 082-241-8291

| 享保10年11月4日 | 講学所を広島藩主浅野吉長が創始 |
| 享保19年12月 | 講学館と改称 |
| 天明2年2月 | 学問所と改称 |
| 明治3年8月 | 修道館と改称 |
| 明治11年6月 | 私立浅野学校を浅野長勲が設立 |
| 明治14年11月 | 修道学校と改称 |
| 明治38年4月 | 私立修道中学校が水山烈を設立者として発足 |
| 昭和23年5月 | 修道高等学校を設置 |

◇広島県立**上下高等学校**
　〒729-3431 広島県府中市上下町上下566
　TEL 0847-62-2171

| 大正9年6月28日 | 広島県甲奴郡実科高等女学校を設置 |
| 大正12年4月1日 | 広島県立上下高等女学校と改称 |
| 昭和23年5月3日 | 広島県立上下高等学校を設置 |
| 昭和24年4月30日 | 広島県上下農林高等学校を統合 |

〈広島県上下農林高等学校〉

| 大正9年11月16日 | 広島県甲奴郡立第一高等実業補修学校として設置認可 |
| 大正12年2月23日 | 広島県上下町他五ヵ村組合立甲奴農業専修学校と改称 |
| 大正15年7月1日 | 広島県上下農学校と改称 |
| 昭和2年4月1日 | 広島県立上下農学校と改称 |
| 昭和23年5月3日 | 広島県上下農林高等学校と改称 |

◇広島県立**沼南高等学校**
　〒720-0403 広島県福山市沼隈町下山南4
　TEL 084-988-0311

| 明治43年4月 | 沼隈郡立実業補修学校として発足 |
| 大正10年4月 | 沼隈郡立高等実業補修学校と改称 |
| 大正15年10月 | 広島県立沼南実業学校と改称 |
| 昭和23年5月 | 広島県沼南高等学校を設置 |
| 昭和43年10月 | 広島県立沼南高等学校と改称 |

◇広島県立**庄原格致高等学校**
　〒727-0021 広島県庄原市三日市町515
　TEL 0824-72-219

| 明治30年11月1日 | 私立格致学院を小田源吉が設立 |
| 昭和2年3月15日 | 広島県格致中学校と改称 |
| 昭和13年4月1日 | 広島県立格致中学校と改称 |
| 昭和23年5月3日 | 広島県格致高等学校と改称 |
| 昭和24年4月30日 | 広島県比婆西高等学校と改称 |
| 昭和29年5月1日 | 広島県庄原高等学校と改称 |
| 昭和36年4月1日 | 広島県庄原格致高等学校として分離独立 |
| 昭和43年10月1日 | 広島県立庄原格致高等学校と改称 |

◇広島県立**庄原格致高等学校高野山分校**
　〒727-0402 広島県庄原市高野町新市1314-1
　TEL 0824-86-2207

| 昭和27年 | 広島県比婆西高等学校高野山分校として開校 |
| 昭和29年 | 広島県庄原高等学校高野山分校と改称 |
| 昭和36年 | 広島県立庄原格致高等学校高野山分校と改称 |

広島県

| 昭和43年 | 広島県立庄原格致高等学校高野山分校と改称 |

◇広島県立**庄原実業**高等学校
〒727-0006 広島県庄原市西本町1-24-34
TEL 08247-2-2151

| 明治41年4月27日 | 比婆郡立庄原実業高等学校が開校 |
| 大正12年4月10日 | 広島県立庄原実業高等学校と改称 |
| 昭和23年5月3日 | 広島県庄原高等学校と改称 |
| 昭和23年4月30日 | 広島県庄原高等学校, 広島県格致高等学校, 広島県西城高等学校を統合し |
| | 広島県比婆西高等学校を設置 |
| 昭和29年5月1日 | 広島県庄原高等学校と改称 |
| 昭和43年10月1日 | 広島県立庄原実業高等学校と改称 |

◇**如水館**高等学校
[学校法人 山中学園]
〒723-8501 広島県三原市深町1183
TEL 0848-63-2423

| 昭和15年 | 広島県三原工業が開校 |
| 昭和23年 | 広島県三原工業高等学校を設置 |
| 昭和26年 | 広島県三原工業高等学校と組織変更 |
| 昭和41年 | 緑ケ丘女子商業高等学校を設置 |
| 平成6年 | 三原工業高等学校, 緑ケ丘女子商業高等学校が統合し如水館高等学校が開校 |

◇広島県立**白木**高等学校
〒739-1414 広島県広島市安佐北区白木町秋山1210-1
TEL 082-828-1241

| 昭和2年3月23日 | 広島県高田中学院を設立 |
| 昭和23年5月3日 | 広島県高田高等学校と改称 |
| 昭和24年4月30日 | 広島県高南高等学校と改称 |
| 昭和36年9月1日 | 広島県白木高等学校と改称 |
| 昭和43年10月1日 | 広島県立白木高等学校と改称 |

◇**進徳女子**高等学校
[学校法人 進徳学園]
〒734-0007 広島県広島市南区皆実町1-1-58
TEL 082-251-6431

| 明治41年 | 進徳女学校を永井龍潤が創立 |
| 明治44年 | 実科高等女学校と改称 |
| 大正10年 | 進徳高等女学校と改称 |
| 昭和23年 | 進徳女子高等学校を設立 |

◇**鈴峯女子**高等学校
[学校法人 鈴峯学園]
〒733-8623 広島県広島市西区井口4-7-1
TEL 082-278-1101

| 昭和16年4月 | 広島商業実践女学校が開校 |
| 昭和18年4月 | 広島実践高等女学校と改称 |
| 昭和23年4月1日 | 鈴峯女子高等学校を設置 |

◇広島県立**瀬戸田**高等学校
〒722-2417 広島県尾道市瀬戸田町名荷1110-2
TEL 0845-27-0054

| 大正14年 | 豊田郡瀬戸田町立瀬戸田実科高等女学校として開校 |
| 昭和6年 | 瀬戸田町立広島県瀬戸田高等女学校と改称 |
| 昭和23年 | 瀬戸田学園瀬戸田高等学校と改称 |
| 昭和24年 | 瀬戸田町立広島県瀬戸田高等学校と改称 |
| 昭和25年 | 広島県瀬戸田高等学校と改称 |
| 昭和43年 | 広島県立瀬戸田高等学校と改称 |

◇広島県立**世羅**高等学校
〒722-1112 広島県世羅郡世羅町本郷870
TEL 0847-22-1118

| 明治29年 | 私塾甲西会を千葉三郎氏が創設 |
| 大正12年 | 世羅郡13カ町村組合立世羅中学校と改称 |
| 大正15年 | 広島県立世羅中学校と改称 |
| 昭和23年 | 広島県立世羅高等学校と改称 |
| 昭和24年 | 広島県立甲山高等女学校を統合 |
| 昭和43年 | 広島県立世羅高等学校と改称 |

〈広島県立甲山高等学校〉

| 明治30年 | 私立裁縫所を創設 |
| 明治37年 | 世羅郡女子実業学校と改称 |
| 明治44年 | 世羅郡世羅女学校と改称 |
| 大正10年 | 広島県立甲山高等女学校と改称 |
| 昭和23年 | 広島県立甲山高等学校と改称 |

◇**崇徳**高等学校
[学校法人 崇徳学園]
〒733-8511 広島県広島市西区楠木町4-15-13
TEL 082-237-9331

| 明治8年 | 学仏場を浄土真宗篤信者達が設立 |
| 明治10年 | 進徳教校と改称 |
| 明治15年 | 進徳教校(のち:崇徳教社)を浄土真宗安芸門徒が創立 |
| 明治33年4月 | 仏教中学校と改称 |
| 明治34年4月 | 広島仏教中学校と改称 |
| 明治35年4月 | 第四仏教中学校と改称 |
| 明治45年4月 | 武庫中学校へ併合される |
| 大正2年4月 | 崇徳中学校が開校 |
| 昭和23年4月 | 崇徳高等学校が開校 |

◇広島県立**大門**高等学校
〒721-0913 広島県福山市幕山台3丁目1-1
TEL 084-947-7363

| 昭和50年1月 | 広島県立大門高等学校が開校 |

◇広島県立**大和**高等学校
〒729-1323 広島県三原市大和町大具2362
TEL 0847-34-1311

〈広島県本郷高等学校豊田分校〉

| 昭和23年5月3日 | 広島県豊田高等学校を設置 |
| 昭和24年4月30日 | 広島県本郷高等学校豊田分校と改称 |
| 昭和37年4月1日 | 広島県世羅高等学校豊田分校と改称 |

〈広島県世羅高等学校神田分校〉

| 昭和23年7月6日 | 広島県世羅高等学校神田分校(定時制課程)を設置 |
| 昭和24年4月30日 | 広島県世羅高等学校神田分校と改称 |

〈統合〉

| 昭和38年4月1日 | 広島県世羅高等学校豊田分校, 広島県世羅高等学校神田分校が統合し |
| | 広島県世羅高等学校大和分校と改称 |
| 昭和43年10月1日 | 広島県立世羅高等学校大和分校と改称 |
| 昭和56年4月1日 | 広島県立大和高等学校と改称 |

◇広島県立高宮高等学校
　〒739-1802 広島県安芸高田市高宮町佐々部165-4
　TEL 0826-57-0004
　昭和58年　　　　　広島県立高宮高等学校を設置

◇武田高等学校
　［学校法人　呉武田学園］
　〒724-0611 広島県東広島市黒瀬町大多田443-5
　TEL 0823-82-2331
　昭和46年3月　　　　呉高等学校を設置
　平成2年4月　　　　武田高等学校と改称

◇広島県立竹原高等学校
　〒725-0021 広島県竹原市竹原町3444-1
　TEL 0846-22-0745
　明治39年　　　　　私立竹原高等女学校が開校
　昭和3年4月1日　　　広島県立竹原高等女学校と改称
　昭和17年2月20日　　広島県立竹原商業学校を設立
　昭和23年5月3日　　 広島県立竹原工業学校，広島県立
　　　　　　　　　　　竹原高等女学校を学制改革によ
　　　　　　　　　　　り合併し
　　　　　　　　　　　広島県竹原高等学校と改称
　昭和43年10月1日　　広島県立竹原高等学校と改称

◇広島県立忠海高等学校
　〒729-2314 広島県竹原市忠海床浦4丁目4-1
　TEL 0846-26-0800
　明治19年4月　　　　副学科を豊田郡置豊田小学校に創
　　　　　　　　　　　立
　明治20年4月　　　　豊田高等小学校と改称
　明治29年4月　　　　豊田郡各町村組合立豊田学校を創
　　　　　　　　　　　立
　明治30年5月　　　　豊田尋常中学校が開校
　明治33年4月　　　　広島県第四中学校と改称
　明治34年6月　　　　広島県立忠海中学校と改称
　昭和23年5月　　　　広島県忠海西高等学校と改称
　明治36年5月　　　　豊田郡立女子技芸学校が開校
　大正9年4月　　　　 豊田郡立豊田高等女学校が開校
　大正12年4月　　　　広島県立忠海高等女学校と改称
　昭和23年5月　　　　広島県忠海東高等学校と改称
　昭和24年4月　　　　広島県忠海高等学校と改称
　昭和43年10月　　　 広島県立忠海高等学校と改称

◇広島県立千代田高等学校
　〒731-1503 広島県山県郡北広島町有間600-1
　TEL 0826-72-3121
　大正11年　　　　　山県郡立実業学校が開校
　大正12年　　　　　広島県立八重実業学校と改称
　昭和23年　　　　　広島県八重高等学校と改称
　昭和31年　　　　　広島県立千代田高等学校と改称
　昭和43年　　　　　広島県立千代田高等学校と改称

◇デネブ高等学校
　［学校法人　鶴学園］
　〒730-0811 広島県広島市中区中島町5-4
　TEL 082-544-1220
　平成12年4月1日　　デネブ高等学校が開校

◇広島県立東城高等学校
　〒729-5125 広島県庄原市東城町川西476-2
　TEL 08477-2-2155
　大正8年5月3日　　 東城町立実科高等女学校が開校
　大正9年6月1日　　 広島県東城高等女学校と改称
　大正15年4月1日　　広島県立東城高等女学校と改称
　昭和23年5月10日　　広島県東城高等学校と改称

　昭和43年10月1日　　広島県立東城高等学校と改称

◇東林館高等学校
　［学校法人　喜田学園］
　〒720-1602 広島県神石郡神石高原町井関2696
　TEL 08478-5-2041
　平成12年3月31日　　東林館高等学校を設置

◇広島県立戸手高等学校
　〒729-3102 広島県福山市新市町相方200
　TEL 0847-52-2002
　大正6年4月　　　　郡立蚕業講習所を設置
　大正9年3月　　　　郡立広島県実業学校を設立
　大正12年4月　　　　広島県立戸手実業学校と改称
　昭和23年5月　　　　広島県戸手高等学校と改称
　昭和40年4月　　　　広島県立戸手商業高等学校と改称
　昭和43年10月　　　広島県立戸手商業高等学校と改称
　平成10年4月　　　　広島県立至誠高等学校を統合し
　　　　　　　　　　　広島県立戸出高等学校と改称
〈広島県立至誠高等学校〉
　昭和9年4月　　　　至誠塾を設立
　昭和15年4月　　　　至誠塾青年学校と改称
　昭和18年4月　　　　至誠興亜女子学校を設置
　昭和21年4月　　　　至誠高等女学校を設置
　昭和24年4月　　　　至誠女子高等学校を設立
　昭和50年4月　　　　広島県立至誠高等学校が開校

◇広島県立豊田高等学校
　〒729-2405 広島県東広島市安芸津町小松原1202-4
　TEL 0846-45-4023
〈広島県竹原高等学校安芸津分校〉
　昭和15年4月1日　　広島県三津実科高等女学校が開校
　昭和43年10月1日　　広島県立竹原高等学校安芸津分校
　　　　　　　　　　　と改称
〈広島県竹原高等学校安浦分校〉
　昭和15年4月1日　　広島県内海実科高等女学校が開校
　昭和43年10月1日　　広島県立竹原高等学校安浦分校と
　　　　　　　　　　　改称
〈統合〉
　昭和53年4月1日　　広島県立竹原高等学校安芸津分校，
　　　　　　　　　　　広島県立竹原高等学校安浦分校
　　　　　　　　　　　を統合し
　　　　　　　　　　　広島県立豊田高等学校と改称

◇並木学院高等学校
　［学校法人　英数学館］
　〒730-0041 広島県広島市中区小町8-32
　TEL 082-241-9066
　平成16年4月　　　　並木学院高等学校が開校

◇広島県立日彰館高等学校
　〒729-4211 広島県三次市吉舎町吉舎293-2
　TEL 0824-43-3135
　明治27年4月27日　　私立中学日彰館を創立
　明治34年6月　　　　日彰館（女子部）を設立
　明治35年2月15日　　日彰館中学校を設立
　明治45年4月1日　　日彰館実科高等女学校を設立
　大正8年4月1日　　 日彰館高等女学校に昇格
　昭和23年4月1日　　日彰館中学校，日彰館高等女学校
　　　　　　　　　　　を廃して
　　　　　　　　　　　日彰館高等学校，日彰館女子高等
　　　　　　　　　　　学校を設置
　昭和25年4月1日　　日彰館高等学校，日彰館女子高等
　　　　　　　　　　　学校を統合して

広島県

　　　　　　　　　　　　日彰館高等学校とする
　昭和44年4月1日　　広島県立日彰館高等学校を設置

◇広島市立**沼田高等学校**
　〒731-3164 広島県広島市安佐南区伴東6丁目1-1
　TEL 082-848-4168
　昭和60年　　　　　広島市立沼田高等学校が開校

◇**ノートルダム清心高等学校**
　[学校法人 ノートルダム清心学園]
　〒733-0811 広島県広島市西区己斐東1-10-1
　TEL 082-271-1724
　昭和28年4月　　　ノートルダム清心高等学校が開校

◇**広島県立廿日市高等学校**
　〒738-0004 広島県廿日市市桜尾3丁目3-1
　TEL 0829-32-1125
　大正4年　　　　　佐伯郡立工業徒弟学校が開校
　大正11年　　　　 広島県佐伯工業学校と改称
　大正12年　　　　 広島県廿日市工業学校と改称
　昭和23年　　　　 広島県廿日市工業高等学校と改称
　昭和24年　　　　 広島県廿日市高等学校と改称
　昭和43年　　　　 広島県立廿日市高等学校と改称

◇**広島県立廿日市西高等学校**
　〒738-0055 広島県廿日市市阿品台西6-1
　TEL 0829-39-1571
　昭和55年　　　　 広島県立廿日市西高等学校を創立

◇**比治山女子高等学校**
　[学校法人 比治山学園]
　〒734-0044 広島県広島市南区西霞町5-16
　TEL 082-251-4478
　昭和14年4月　　　広島昭和高等女学校として開校
　昭和18年6月　　　比治山高等女学校と改称
　昭和23年5月　　　比治山女子高等学校を設立

◇**広島県立広高等学校**
　〒737-0141 広島県呉市広大新開3丁目6-44
　TEL 0823-72-6211
　昭和17年4月　　　広島県立呉第三中学校（のち：広
　　　　　　　　　　島県立広津高等学校）を開校
　昭和18年4月　　　広島県立呉第二高等女学校（のち：
　　　　　　　　　　広島県緑丘高等学校）を開校
　昭和24年4月　　　広島県立広高等学校，広島県緑
　　　　　　　　　　丘高等学校を統合し
　　　　　　　　　　広島県広高等学校として発足
　昭和43年10月　　 広島県立広高等学校と改称

◇**広島県立広島井口高等学校**
　〒733-0841 広島県広島市西区井口明神2-11-1
　TEL 082-277-1003
　昭和53年4月6日　 広島県立広島井口高等学校が開校

◇**広島音楽高等学校**
　[学校法人 見真学園]
　〒733-0811 広島県広島市西区己斐東1-13-1
　TEL 082-272-6911
　昭和24年　　　　 広島音楽高等学校を創設

◇**広島学院高等学校**
　[学校法人 広島学院]
　〒733-0875 広島県広島市西区古江上1-630
　TEL 082-271-0241
　昭和34年4月　　　広島学院高等学校が開校

◇**広島県立広島観音高等学校**
　〒733-0034 広島県広島市西区南観音町4-10
　TEL 082-232-1371
　大正11年　　　　 広島県立広島第二中学校が開校
　昭和23年　　　　 広島県芸陽高等学校と改称
　昭和24年　　　　 広島県広島観音高等学校と改称
　昭和43年　　　　 広島県立広島観音高等学校と改称

◇**広島県尾道高等学校**
　[学校法人 尾道学園]
　〒722-0022 広島県尾道市栗原町1268-1
　TEL 0848-23-2311
　昭和32年5月　　　広島県尾道高等学校が開校

◇**広島県新庄高等学校**
　[学校法人 広島県新庄学園]
　〒731-2198 広島県山県郡北広島町新庄848
　TEL 0826-82-2323
　明治42年5月　　　新庄女学校を設立
　大正11年4月　　　新庄高等女学校を設置
　昭和23年4月　　　広島県新庄高等学校が発足

◇**広島県瀬戸内高等学校**
　[学校法人 瀬戸内学園]
　〒732-0047 広島県広島市東区長尾西2-12-1
　TEL 082-261-1296
　明治34年4月15日　私立松本学校を松本隆則が創設
　大正3年4月1日　　松本商業実務学校を開校
　大正12年4月1日　 広島県松本商業学校に改組
　大正13年2月13日　広島県松本中学校を設立
　昭和19年4月1日　 広島県松本工業学校に改組
　昭和21年4月1日　 広島県松本商業学校に改組
　昭和23年5月3日　 広島県松本商業高等学校に移行
　昭和38年4月10日　松本商業高等学校女子部（のち：広
　　　　　　　　　　島第一女子商業高等学校）を開
　　　　　　　　　　校
　昭和47年9月1日　 広島県瀬戸内高等学校と改称

◇**広島県立総合技術高等学校**
　〒729-0412 広島県三原市本郷町本郷1443-3
　TEL 0848-86-4314
　昭和38年　　　　 広島県尾道工業高等学校が開校
　昭和43年　　　　 広島県立尾道工業高等学校と改称
　平成17年3月　　　広島県立本郷工業高等学校と統合
　　　　　　　　　　し
　　　　　　　　　　広島県立総合技術高等学校と改称
〈広島県立本郷工業高等学校〉
　昭和40年　　　　 広島県立本郷工業高等学校が開校

◇**広島県立西高等学校**
　〒730-0042 広島県広島市中区国泰寺町1-2-49
　TEL 082-241-8966
　平成3年4月　　　 広島県立広島国泰寺高等学校より
　　　　　　　　　　独立し
　　　　　　　　　　広島県立西高等学校が開校

◇**広島県立東高等学校**
　〒720-0082 広島県福山市木之庄町6-11-2
　TEL 0849-22-0810
　平成3年　　　　　広島県立福山誠之館高等学校より
　　　　　　　　　　独立し
　　　　　　　　　　広島県立東高等学校が開校

◇**広島県立広島工業高等学校**
　〒734-0001 広島県広島市南区出汐2丁目4-75

```
            TEL 082-254-1421
    明治30年              広島県職工学校として開校
    明治34年              広島県立職工学校と改称
    大正5年               広島県立工業学校と改称
    大正12年              広島県立広島工業学校と改称
    昭和23年              広島県広島工業高等学校と改称
    昭和24年              広島県広島皆実高等学校に統合
    昭和28年              広島県広島工業高等学校として独
                         立
    昭和43年              広島県立広島工業高等学校と改称
```

◇広島市立**広島工業高等学校**
　〒734-0025 広島県広島市南区東本浦町1-18
　TEL 082-282-2216
```
    大正13年              広島市工業専修学校が開校
    昭和10年4月1日         広島県広島市工業専修青年学校と
                         改称
    昭和12年3月31日        広島市工業学校と改称
    昭和16年3月31日        広島市立第二工業学校と改称
    昭和23年5月1日         広島市中央工業高等学校と改称
    昭和24年4月30日        広島県広島千田高等学校と改称
    昭和29年4月1日         広島県広島市工業高等学校と改称
    昭和55年4月1日         広島市立広島工業高等学校と改称
```

◇**広島工業大学高等学校**
　［学校法人 鶴学園］
　〒733-0842 広島県広島市西区井口5-34-1
　TEL 082-277-9205
```
    昭和31年2月23日        広島高等電波学校（のち廃校）を設
                         置
    昭和33年4月1日         広島電波工業高等学校が開校
    昭和36年4月1日         広島工業短期大学附属工業高等学
                         校と改称
    昭和38年4月1日         広島工業大学附属工業高等学校と
                         改称
    平成6年4月1日          広島工業大学高等学校と改称
```

◇**広島工業大学附属広島高等学校**
　［学校法人 鶴学園］
　〒731-5143 広島県広島市佐伯区三宅1-6-25
　TEL 082-921-2137
```
    昭和40年4月1日         広島高等学校が開校
    昭和41年10月1日        広島工業大学附属広島高等学校と
                         改称
```

◇**広島国際学院高等学校**
　［学校法人 広島国際学院］
　〒736-0022 広島県安芸郡海田町蟹原2-8-1
　TEL 082-823-3401
```
    昭和2年               広島高等予備校を鶴虎太郎が創立
    昭和13年              広島電気学校を設置
    昭和23年              広島電機高等学校に移行開設
    昭和42年              広島電機大学附属高等学校と改称
    平成11年              広島国際学院高等学校と改称
```

◇広島県立**広島国泰寺高等学校**
　〒730-0042 広島県広島市中区国泰寺町1丁目2-49
　TEL 082-241-1537
```
    明治7年               広島外国語学校を設立
    明治10年              広島県中学校と改称
    明治34年              広島県立広島中学校と改称
    大正11年              広島県立広島第一中学校と改称
    昭和23年              広島県鯉城高等学校と改称
    昭和24年              広島県広島国泰寺高等学校と改称
    昭和43年              広島県立広島国泰寺高等学校と改
                         称
```

◇**広島桜が丘高等学校**
　［学校法人 瀬戸内学園］
　〒732-0048 広島県広島市東区山根町36-1
　TEL 082-262-0128
```
    昭和38年4月10日        松本商業高等学校女子部を開校
    昭和43年4月1日         広島第一女子商業高等学校と改称
    平成9年4月1日          広島桜が丘高等学校と改称
```

◇**広島三育学院高等学校**
　［学校法人 広島三育学院］
　〒729-1493 広島県三原市大和町下徳良296-2
　TEL 0847-33-0311
```
    明治31年              和英聖書学校をW.C.グレンジャー
                         が創立
    大正15年              日本三育学院を設立
    昭和52年              広島三育学院高等学校を設立
```

◇広島県立**広島商業高等学校**
　〒730-0847 広島県広島市中区舟入南6丁目7-11
　TEL 082-231-9315
```
    明治32年11月1日        広島商業学校を設立
    明治34年4月1日         広島県広島商業学校と改称
    明治34年6月21日        広島県立広島商業学校と改称
    昭和23年5月3日         広島県広島商業高等学校と改称
    昭和43年10月1日        広島県立広島商業高等学校と改称
```

◇広島市立**広島商業高等学校**
　〒732-0068 広島県広島市東区牛田新町1-1-1
　TEL 082-228-2481
```
    大正10年4月1日         広島市商業学校を創立
    昭和19年3月20日        広島市造船工業学校と改称
    昭和34年4月6日         広島県広島市商業高等学校と改称
    昭和55年4月1日         広島市立広島商業高等学校と改称
```

◇**広島城北高等学校**
　［学校法人 広島城北学園］
　〒732-0015 広島県広島市東区戸坂城山町1-3
　TEL 082-229-0111
```
    昭和35年              広島鯉城学園を設置
    昭和38年              鯉城高等学校（のち:広島鯉城高等
                         学校）が開校
    昭和42年              広島城北高等学校と改称
```

◇**広島女学院高等学校**
　［学校法人 広島女学院］
　〒730-0014 広島県広島市中区上幟町11-32
　TEL 082-228-4131
```
    明治19年10月          広島女学会を砂本貞吉が開く
    昭和7年               広島女学院高等女学部と改称
    昭和23年4月           広島女学院高等学校が発足
```

◇**広島女子商学園高等学校**
　［学校法人 広島女子商学園］
　〒731-4312 広島県安芸郡坂町平成ケ浜3-3-16
　TEL 082-884-1616
```
    大正14年11月          広島女子商業学校を創立
    昭和22年3月           広島女子商業学校に改組
    昭和23年5月           広島女子商業高等学校を設置
    平成12年4月           広島安芸女子大学高等学校と改称
    平成14年4月           立志館広島高等学校と改称
    平成16年4月           広島女子商学園高等学校と改称
```

広島県

◇広島文教女子大学附属高等学校
　［学校法人 武田学園］
　〒731-0295 広島県広島市安佐北区可部東1-2-3
　TEL 082-814-3192
　昭和32年　　　広島県可部女子高等学校を設置
　昭和41年　　　広島文教女子大学附属高等学校と改称

◇広島県立広島皆実高等学校
　〒734-0001 広島県広島市南区出汐2丁目4-76
　TEL 082-251-6441
　明治34年　　　広島県立広島高等女学校を設立
　昭和16年　　　広島県立広島第一高等女学校と改称
　昭和23年　　　広島県広島有朋高等学校と改称
　昭和24年　　　広島県広南高等学校, 広島県広島工業高等学校, 広島市工業高等学校を統合し
　　　　　　　　　広島県広島皆実高等学校と改称
　昭和43年　　　広島県立広島皆実高等学校と改称

◇福山暁の星女子高等学校
　［学校法人 福山暁の星学院］
　〒721-8545 広島県福山市西深津町3-4-1
　TEL 084-922-1682
　昭和29年　　　福山暁の星女子高等学校が開校

◇広島県立福山葦陽高等学校
　〒720-0083 広島県福山市久松台3丁目1-1
　TEL 084-923-0400
　明治39年　　　広島県深安郡福山町立福山女学校として創立
　大正2年　　　広島県立福山高等女学校と改称
　昭和24年　　　広島県福山南高等学校と改称
　昭和28年　　　広島県立福山葦陽高等学校と改称

◇広島県立福山工業高等学校
　〒720-0815 広島県福山市野上町3丁目9-2
　TEL 084-922-0261
　昭和7年4月15日　広島県立福山工業学校が開校
　昭和23年5月3日　広島県福山工業高等学校と改称
　昭和24年4月30日　広島県福山工業高等学校, 広島県福山葦陽高等学校とを統合し広島県福山南高等学校と改称
　昭和28年4月1日　広島県福山南高等学校から分離独立し広島県福山工業高等学校と改称
　昭和43年10月1日　広島県立福山工業高等学校と改称

◇福山市立福山高等学校
　〒720-0843 広島県福山市赤坂町赤坂910
　TEL 084-951-5978
　明治32年　　　私立女学校を創設
　明治32年　　　私立福山女学校, 私立福山女徳学校, 福山女学校と改称
　明治41年　　　女徳福山女学校と改称
　大正2年　　　福山家政女学校を設立
　大正10年　　　私立門田女学校と改称
　大正14年　　　門田高等女学校と改称
　昭和17年　　　私立広島県門田高等女学校と改称
　昭和23年　　　私立広島県門田女子高等学校と改称
　昭和40年　　　広島県福山女子高等学校と改称
　昭和44年　　　福山市立福山高等学校と改称

◇広島県立福山商業高等学校
　〒720-0832 広島県福山市水呑町3535
　TEL 0849-56-1511
　昭和39年　　　広島県立福山商業高等学校を設置

◇広島県立福山誠之館高等学校
　〒720-0082 広島県福山市木之庄町6丁目11-1
　TEL 084-922-0085
　天明6年7月　　弘道館を福山藩主阿部正倫が創設
　嘉永6年　　　新学館として福山藩主阿部正弘が創設
　安政元年　　　誠之館と命名
　安政2年1月16日　福山誠之館が開校
　明治12年7月　広島県福山中学校を開校
　明治20年4月　尋常中学福山誠之館と改称
　明治26年4月　広島県福山尋常中学校と改称
　明治30年4月　広島県第二尋常中学校と改称
　明治32年4月　広島県第二中学校と改称
　明治34年6月　広島県福山中学校と改称
　昭和2年9月　広島県立福山誠之館中学校と改称
　昭和23年5月　広島県福山誠之館高等学校と改称
　昭和24年4月　広島県福山東高等学校と改称
　昭和28年4月　広島県福山誠之館高等学校と改称
　昭和43年10月　広島県立福山誠之館高等学校と改称

◇広島県立福山明王台高等学校
　〒720-8502 広島県福山市明王台2丁目4-1
　TEL 084-952-1110
　明治29年　　　私立翠栄舎を創立
　大正15年　　　広島県増川高等学校を設立
　昭和50年　　　広島県立北陽高等学校と改称
　昭和63年　　　広島県立福山明王台高等学校と改称

◇広島県立府中高等学校
　〒726-0032 広島県府中市出口町898
　TEL 0847-41-4223
　大正10年9月22日　広島県立芦品中学校を設置
　大正12年3月26日　広島県立府中中学校と改称
　昭和23年5月3日　広島県府中高等学校と改称
　昭和24年4月30日　広島県府中東高等学校を統合
　昭和43年10月1日　広島県立府中高等学校と改称
〈広島県府中東高等学校〉
　明治45年4月22日　芦品郡立実科高等女学校が開校
　大正11年4月1日　芦品郡立芦品高等女学校と改称
　大正12年4月1日　広島県立府中高等女学校と改称
　昭和23年5月3日　広島県府中東高等学校と改称

◇広島県立府中東高等学校
　〒726-0021 広島県府中市土生町梶屋町399-1
　TEL 0847-41-3300
　昭和36年4月1日　広島県北川工業学校が開校
　昭和37年4月1日　広島県北川工業高等学校を開校
　昭和49年4月1日　広島県府中市立府中東高等学校と改称
　昭和55年4月1日　広島県立府中東高等学校と改称

◇広島市立舟入高等学校
　〒730-0847 広島県広島市中区舟入南1-4-4
　TEL 082-232-1261
　大正10年4月　広島市高等女学校として創立
　昭和23年4月　広島市二葉高等学校と改称
　昭和24年5月　広島県広島舟入高等学校と改称

| 昭和55年4月 | 広島市立舟入高等学校と改称 |

◇広島県立**松永高等学校**
〒729-0112 広島県福山市神村町113
TEL 084-933-5141
| 大正10年 | 沼隈郡立実科高等女学校が開校 |
| 大正10年4月1日 | 広島県立松永高等女学校と改称 |
| 昭和23年5月3日 | 広島県松永高等女学校と改称 |
| 昭和24年4月30日 | 広島県松永高等学校と改称 |
| 昭和43年10月1日 | 広島県立松永高等学校と改称 |

◇広島市立**美鈴が丘高等学校**
〒731-5113 広島県広島市佐伯区美鈴が丘緑2丁目13-1
TEL 082-927-2249
| 昭和63年4月 | 広島市立美鈴が丘高等学校が開校 |

◇広島県立**御調高等学校**
〒722-0341 広島県尾道市御調町神204-2
TEL 08487-6-2121
| 大正11年 | 広島県御調郡立御調農学校を設立 |
| 昭和30年 | 広島県御調高等学校と改称 |
| 昭和43年 | 広島県立御調高等学校と改称 |

◇広島県立**三原高等学校**
〒723-0016 広島県三原市宮沖4丁目11-1
TEL 0848-62-2151
〈広島県浮城高等学校〉
| 昭和18年4月1日 | 広島県立三原中学校を設置 |
| 昭和23年5月3日 | 広島県浮城高等学校と改称 |
〈広島県三原桜南高等学校〉
| 大正9年6月10日 | 広島県三原実科高等女学校を設置 |
| 大正10年3月26日 | 広島県御調郡立三原実科高等女学校と改称 |
| 大正12年3月26日 | 広島県立三原高等女学校と改称 |
| 昭和23年5月3日 | 広島県三原桜南高等学校と改称 |
〈三原市立明善高等学校〉
| 昭和3年4月1日 | 三原町家政女学校を設置 |
| 昭和10年9月28日 | 広島県三原実科高等女学校と改称 |
| 昭和18年4月1日 | 三原市立高等女学校と改称 |
| 昭和23年 | 三原市立明善高等学校と改称 |
〈統合〉
| 昭和24年4月30日 | 広島県浮城高等学校，広島県三原桜南高等学校，三原市立明善高等学校を統合し広島県三原高等学校を設置 |
| 昭和43年10月1日 | 広島県立三原高等学校と改称 |

◇広島県立**三原東高等学校**
〒723-0003 広島県三原市中之町2丁目7-1
TEL 0848-62-7271
| 昭和32年11月29日 | 広島県三原市立三原東高等学校を設置 |
| 昭和36年1月1日 | 広島県三原東高等学校と改称 |
| 昭和43年10月1日 | 広島県立三原東高等学校と改称 |

◇広島県立**宮島工業高等学校**
〒739-0425 広島県廿日市市物見西2丁目6-1
TEL 0829-55-0143
| 昭和37年 | 広島県宮島工業高等学校が開校 |
| 昭和43年 | 広島県立宮島工業高等学校と改称 |

◇広島県立**三次高等学校**
〒728-0017 広島県三次市南畑敷町155
TEL 0824-63-4104
| 明治31年4月20日 | 広島県第三尋常中学校を創立 |
| 明治32年4月1日 | 広島県立第三中学校と改称 |
| 明治34年6月11日 | 広島県立三次中学校と改称 |
| 昭和24年4月 | 広島県三次西高等学校を統合し広島県三次高等学校と改称 |
| 昭和43年10月1日 | 広島県立三次高等学校と改称 |
〈広島県三次西高等学校〉
| 明治41年4月15日 | 双三郡技芸女学校を創立 |
| 大正9年4月1日 | 双三郡立高等女学校と改称 |
| 大正10年4月1日 | 広島県立三次高等女学校と改称 |
| 昭和23年5月3日 | 広島県三次西高等学校と改称 |

◇広島県立**三次青陵高等学校**
〒729-6211 広島県三次市大田幸町656
TEL 0824-66-1212
| 昭和36年 | 広島県三次工業高等学校が開校 |
| 昭和43年 | 広島県立三次工業高等学校と改称 |
| 平成8年4月 | 広島県立三次青陵高等学校と改称 |

◇広島県立**三和高等学校**
〒729-6711 広島県世羅郡世羅町黒川262
TEL 0847-37-2155
| 昭和37年4月 | 広島県世羅高等学校三和分校を設置 |
| 昭和48年4月 | 広島県立三和高等学校と改称 |

◇広島県立**向原高等学校**
〒739-1201 広島県安芸高田市向原町坂丸山6-1
TEL 0826-46-2322
| 大正8年8月20日 | 高田郡坂,長田,戸島,3か村組合立技芸女学校を設立 |
| 大正12年3月31日 | 高田郡坂村外2か村学校組合立高等女学校を設立 |
| 昭和23年5月10日 | 広島県向原高等学校と改称 |
| 昭和23年11月1日 | 広島県向原高等学校と改称 |
| 昭和43年10月1日 | 広島県立向原高等学校と改称 |

◇広島市立**基町高等学校**
〒730-0005 広島県広島市中区西白島町25-1
TEL 082-221-1510
| 昭和17年 | 広島市立中学校が開校 |
| 昭和23年 | 広島市立城北高等学校と改称 |
| 昭和24年 | 広島県広島市基町高等学校と改称 |
| 昭和55年 | 広島市立基町高等学校と改称 |

◇**安田女子高等学校**
［学校法人 安田学園］
〒730-0001 広島県広島市中区白島北町1-41
TEL 082-221-3304
| 大正4年1月 | 広島技芸女学校を安田リョウ、安田五一が創設 |
| 大正9年4月 | 広島実科高等女学校が開校 |
| 大正11年4月 | 安田高等女学校が開校 |
| 昭和2年8月 | 広島高等家政女学校(のち廃止)が開校 |
| 昭和23年5月 | 安田女子高等学校が開校 |

◇広島県立**安西高等学校**
〒731-0142 広島県広島市安佐南区高取南2丁目52-1
TEL 082-872-1321
| 昭和54年 | 広島県立安西高等学校を設立 |

◇広島県立**安古市高等学校**
〒731-0152 広島県広島市安佐南区毘沙門台3-3-1
TEL 082-879-4511
| 昭和50年 | 広島県立安古市高等学校が開校 |

◇広島県立油木高等学校
　〒720-1812 広島県神石郡神石高原町油木乙1965
　TEL 08478-2-0006
　大正11年5月15日　　神石郡立農学校が開校
　大正12年4月1日　　　広島県立油木農学校と改称
　昭和23年5月3日　　　広島県油木高等学校と改称
　昭和43年10月1日　　広島県立油木高等学校と改称

◇広島県立湯来南高等学校
　〒738-0513 広島県広島市佐伯区湯来町伏谷1198
　TEL 0829-86-0402
　昭和60年4月　　　　広島県立湯来南高等学校が開校

◇広島県立吉田高等学校
　〒731-0501 広島県安芸高田市吉田町吉田719-3
　TEL 0826-42-0031
　明治40年7月25日　　吉田町外六ケ村組合立高田農学校
　　　　　　　　　　　を創立
　大正8年5月22日　　 高田郡立吉田農学校と改称
　大正12年4月1日　　 広島県吉田農学校と改称
　昭和23年5月3日　　 広島県吉田農業高等学校，広島県
　　　　　　　　　　　吉田高等学校を設置
　昭和43年10月1日　　広島県立吉田高等学校と改称

# 山口県

【大学】

◇宇部フロンティア大学
　［学校法人 香川学園］
　〒755-0805 山口県宇部市文京台2-1-1
　TEL 0836-38-0500
　平成14年4月　　　　宇部フロンティア大学を開設

◇下関市立大学
　〒751-8510 山口県下関市大学町2丁目1-1
　TEL 0832-52-0288
　昭和31年4月　　　　下関商業短期大学を設立
　昭和37年4月　　　　下関市立大学を設立

◇東亜大学
　［学校法人 東亜大学学園］
　〒751-8503 山口県下関市一の宮学園町2-1
　TEL 0832-56-1111
　昭和49年2月　　　　東亜大学を設置

◇徳山大学
　［学校法人 徳山教育財団］
　〒745-8566 山口県周南市久米栗ケ迫843-4-2
　TEL 0834-28-0411
　昭和46年　　　　　　徳山大学を設置

◇梅光学院大学
　［学校法人 梅光学院］
　〒750-8511 山口県下関市向洋町1-1-1
　TEL 0832-27-1020
　昭和39年　　　　　　梅光女学院短期大学が開学
　平成13年　　　　　　梅光学院大学女子短期大学部（の
　　　　　　　　　　　ち閉学）と改称
　昭和42年　　　　　　梅光女学院大学が開学
　平成13年　　　　　　梅光学院大学と改称

◇萩国際大学
　［学校法人 萩学園］
　〒758-8585 山口県萩市大字椿東字浦田5000
　TEL 0838-24-4000
　平成10年12月　　　　萩国際大学を設置

◇山口県立大学
　〒753-8502 山口県山口市桜畠3丁目2-1
　TEL 0839-28-0211
　昭和16年　　　　　　山口県立女子専門学校を設置
　昭和25年　　　　　　山口女子短期大学を設置
　昭和50年　　　　　　山口女子大学を設置
　平成8年　　　　　　 山口県立大学と改称

◇山口大学
　〒753-8511 山口県山口市吉田1677-1
　TEL 083-933-5000
〈山口高等学校〉
　文化12年4月　　　　山口講堂を設立
　弘化2年1月　　　　 山口講習堂と改称
　文久3年11月　　　　山口明倫館と改称
　明治3年11月　　　　山口中学校と改称
　明治19年11月　　　　山口高等中学校と改称
　明治27年9月　　　　山口高等学校と改称

| | | | |
|---|---|---|---|
| 大正8年4月 | 山口高等学校を中絶ののち設立 | TEL 083-972-2880 | |
| 〈山口師範学校〉 | | 昭和43年2月3日 | 山口芸術短期大学を設置 |
| 明治7年4月 | 教員試験所を設立 | ◇山口短期大学 | |
| 明治7年10月 | 山口県教員養成所と改称 | ［学校法人 第二麻生学園］ | |
| 明治10年3月 | 山口県師範学校と改称 | 〒747-1232 山口県防府市大字台道字大繁枝1346-2 | |
| 明治19年3月 | 山口県尋常師範学校と改称 | TEL 0835-32-0138 | |
| 大正3年4月 | 山口県山口師範学校と改称 | 昭和42年1月 | 山口工業短期大学を設置 |
| 昭和18年4月 | 山口県女子師範学校と統合し山口師範学校を設立 | 昭和53年2月 | 山口短期大学と改称 |

## 【高専】

◇宇部工業高等専門学校
　〒755-8555 山口県宇部市常盤台2-14-1
　TEL 0836-31-6111
　昭和37年4月1日　　宇部工業高等専門学校が開校

◇大島商船高等専門学校
　〒742-2193 山口県大島郡周防大島町大字小松1091-1
　TEL 0820-74-5440
　明治30年10月1日　山口県大島郡立大島海員学校を創設
　明治34年4月1日　　山口県立大島商船学校と改称
　昭和26年4月1日　　大島商船高等学校と改称
　昭和42年6月1日　　大島商船高等専門学校を設置

◇徳山工業高等専門学校
　〒745-8585 山口県周南市久米高城3538
　TEL 0834-29-6200
　昭和49年6月7日　　徳山工業高等専門学校が開校

## 【高校】

◇山口県立安下庄高等学校
　〒742-2806 山口県大島郡周防大島町西安下庄
　TEL 0820-77-1048
　大正12年　　　　　山口県安下庄中学校が開校
　昭和8年4月1日　　山口県立安下庄中学校と改称
　昭和23年4月1日　　山口県立安下庄高等学校と改称

◇山口県立厚狭高等学校
　〒757-0001 山口県山陽小野田市大字厚狭字束の原1660
　TEL 0836-72-0204
　昭和16年4月　　　　県立厚狭中学校を創立
　昭和23年4月　　　　山口県立厚狭高等学校と改称
　昭和24年4月　　　　山口県立厚狭女子高等学校と統合
〈山口県立厚狭女子高等学校〉
　明治6年4月　　　　船木女児小学を創立
　大正12年4月　　　　山口県立厚狭高等女学校と改称
　昭和23年4月　　　　山口県立厚狭女子高等学校と改称

◇山口県立岩国工業高等学校
　〒741-0061 山口県岩国市錦見2丁目4-85
　TEL 0827-41-1105
　昭和10年7月10日　　岩国町立山口県岩国商工学校を設立
　昭和28年4月1日　　山口県立岩国工業高等学校と改称

◇山口県立岩国高等学校
　〒741-0082 山口県岩国市川西4-6-1
　TEL 0827-43-1141
　弘化4年5月10日　　藩学養老館を設立
　明治13年8月15日　　岩国中学校を創立
　明治30年9月1日　　山口県尋常中学岩国分校と改称
　明治33年4月1日　　山口県岩国中学校と改称

〈山口青年師範学校〉
　大正9年4月　　　　山口県農業教員養成所を設立
　大正10年4月　　　　山口県立実業補習学校農業科教員養成所と改称
　昭和10年4月　　　　山口県立青年学校教員養成所と改称
　昭和16年4月　　　　山口県立女子青年学校教員養成所と統合し山口県立青年学校教員養成所を設立
　昭和19年4月　　　　山口青年師範学校と改称
〈山口経済専門学校〉
　明治38年4月　　　　山口高等商業学校を設立
　昭和19年4月　　　　山口経済専門学校と改称
〈統合〉
　昭和24年5月　　　　山口高等学校, 山口師範学校, 山口青年師範学校, 山口経済専門学校, 山口県立医科大学, 宇部工業専門学校, 山口獣医畜産専門学校を統合し山口大学を設立

◇山口東京理科大学
　［学校法人 東京理科大学］
　〒756-0884 山口県山陽小野田市大学通1-1-1
　TEL 0836-88-3500
　昭和62年4月　　　　東京理科大学山口短期大学を設置
　平成7年4月　　　　山口東京理科大学に改組

## 【短大】

◇岩国短期大学
　［学校法人 高水学園］
　〒740-0032 山口県岩国市尾津町2-24-18
　TEL 0827-31-8141
　昭和46年　　　　　岩国短期大学を設立

◇宇部フロンティア大学短期大学部
　［学校法人 香川学園］
　〒755-8550 山口県宇部市文京町5-40
　TEL 0836-35-9511
　昭和35年4月　　　　宇部短期大学が開学
　平成16年4月　　　　宇部フロンティア大学短期大学部と改称

◇下関短期大学
　［学校法人 河野学園］
　〒750-8508 山口県下関市桜山町1-1
　TEL 0832-23-0339
　昭和37年　　　　　下関女子短期大学が開学
　平成13年　　　　　下関短期大学と改称

◇山口芸術短期大学
　［学校法人 宇部学園］
　〒754-0001 山口県山口市小郡上郷

山口県

| 明治34年5月11日 | 山口県立岩国中学校と改称 |
| 昭和23年4月1日 | 山口県立岩国高等学校と改称 |
| 昭和24年4月21日 | 山口県立岩国第一女子高等学校と統合し |
| | 山口県立岩国西高等学校と改称 |
| 昭和25年4月1日 | 山口県立岩国東高等学校を統合し |
| | 山口県立岩国高等学校と改称 |

〈山口県立岩国第一女子高等学校〉

| 明治35年4月1日 | 山口県玖珂郡立実業補修女学校を創立 |
| 明治40年4月1日 | 山口県玖珂郡立岩国女学校と改称 |
| 明治42年4月1日 | 山口県玖珂郡立岩国高等女学校と改称 |
| 大正12年4月1日 | 山口県立岩国高等女学校と改称 |
| 昭和23年4月1日 | 山口県立岩国第一女子高等学校と改称 |

◇山口県立**岩国商業高等学校**
　〒741-0072 山口県岩国市平田5丁目52-10
　TEL 0827-31-4133

| 大正7年4月 | 補修学校として岩国小学校に併設 |
| 昭和4年4月 | 岩国町立岩国実業公民学校と改称 |
| 昭和10年7月 | 岩国町立岩国商工学校を設立 |
| 昭和16年4月 | 岩国市立山口県岩国商業学校と改称 |
| 昭和19年4月 | 山口県岩国商業学校と改称 |
| 昭和21年1月 | 山口県立岩国商業学校と改称 |
| 昭和23年4月 | 山口県立岩国商業高等学校と改称 |
| 昭和24年4月 | 山口県立岩国第二女子高等学校を統合し |
| | 山口県立岩国東高等学校と改称 |
| 昭和25年4月 | 山口県立岩国工業高等学校と統合し |
| | 山口県立岩国商工高等学校と改称 |
| 昭和28年4月 | 山口県立岩国商業高等学校として工業科と分離し発足 |

◇山口県立**岩国商業高等学校東分校**
　〒740-0014 山口県岩国市日の出町1-60
　TEL 0827-21-4311

| 昭和23年5月15日 | 山口県立岩国商業高等学校（定時制課程）を設置 |
| 昭和37年4月1日 | 山口県立岩国商業高等学校東分校と改称 |

◇山口県立**岩国総合高等学校**
　〒740-0036 山口県岩国市藤生町4丁目41-1
　TEL 0827-31-6155

| 昭和51年4月8日 | 山口県立岩陽高等学校が開校 |
| 平成12年4月1日 | 山口県立岩国総合高等学校と改称 |

◇山口県立**宇部工業高等学校**
　〒755-0036 山口県宇部市北琴芝1-1-1
　TEL 0836-31-0258

| 大正10年 | 山口県立宇部工業学校が開校 |
| 昭和23年 | 山口県立宇部工業高等学校と改称 |

◇**宇部鴻城高等学校**
　［学校法人　鴻城義塾］
　〒759-0207 山口県宇部市大字際波字的場370
　TEL 0836-41-8109

| 昭和31年 | 宇部鴻城高等学校が開校 |

◇山口県立**宇部高等学校**
　〒755-0078 山口県宇部市寺の前町3-1
　TEL 0836-31-1055

| 大正8年11月13日 | 宇部村立宇部中学校として創立 |
| 大正10年 | 宇部市立宇部中学校と改称 |
| 大正12年 | 山口県立宇部中学校と改称 |
| 昭和24年 | 山口県立宇部高等学校と改称 |

◇山口県立**宇部商業高等学校**
　〒759-0207 山口県宇部市大字際波字岡の原220
　TEL 0836-41-8233

| 昭和2年 | 宇部市立宇部商業実践学校が開校 |
| 昭和19年4月1日 | 山口県立宇部商業学校と改称 |
| 昭和24年4月1日 | 山口県立農商高等学校と改称 |
| 昭和28年3月31日 | 山口県立宇部商業高等学校と改称 |

◇山口県立**宇部中央高等学校**
　〒755-0391 山口県宇部市東梶返4丁目10-30
　TEL 0836-21-7266

| 昭和16年4月1日 | 市立宇部中央夜間中学校として創立 |
| 昭和23年4月1日 | 宇部市立高等学校と改称 |
| 昭和37年4月1日 | 山口県立宇部中央高等学校と改称 |

◇山口県立**宇部西高等学校**
　〒759-0202 山口県宇部市大字沖の旦
　TEL 0836-31-1035

| 大正7年4月6日 | 宇部村立宇部実業補習学校を設置 |
| 大正12年7月24日 | 宇部市立宇部農業補習学校と改称 |
| 大正14年5月15日 | 宇部市立宇部農業実践学校と改称 |
| 昭和10年10月1日 | 宇部市立宇部農業学校と改称 |
| 昭和13年3月14日 | 宇部市立宇部農芸学校と改称 |
| 昭和19年4月1日 | 山口県立宇部農芸学校と改称 |
| 昭和23年4月1日 | 山口県立宇部農業高等学校と改称 |
| 昭和24年4月21日 | 山口県立宇部農商高等学校と改称 |
| 昭和28年3月31日 | 山口県立宇部農芸高等学校と改称 |
| 昭和55年4月1日 | 山口県立宇部西高等学校と改称 |

◇**宇部フロンティア大学付属香川高等学校**
　［学校法人　香川学園］
　〒755-8560 山口県宇部市文京町1-25
　TEL 0836-35-9574

| 明治36年4月 | 香川学園を創立 |
| 大正15年2月 | 香川実科高等女学校を設置 |
| 昭和23年 | 香川高等学校と改称 |
| 平成16年4月 | 宇部フロンティア大学付属香川高等学校と改称 |

◇山口県立**大津高等学校**
　〒759-4101 山口県長門市東深川427-2
　TEL 0837-26-0500

| 大正13年 | 深川村外八か町村組合立大津中学校が開校 |
| 昭和8年4月1日 | 山口県立大津中学校と改称 |
| 昭和23年4月1日 | 山口県立大津高等学校と改称 |
| 昭和24年4月1日 | 山口県立深川女子高等学校と統合 |

〈山口県立深川高等女学校〉

| 明治36年4月 | 補習科を設置 |
| 明治41年4月 | 深川女子実業補習学校と改称 |
| 明治42年4月 | 大津女学校と改称 |
| 明治44年4月1日 | 大津郡立大津高等女学校が開校 |
| 大正12年4月1日 | 山口県立深川高等女学校と改称 |
| 昭和23年4月1日 | 山口県立深川女子高等学校と改称 |

◇山口県立**大嶺高等学校**
　〒759-2212 山口県美祢市大嶺町東分字山下1189-1
　TEL 0837-52-0035

| | | | | |
|---|---|---|---|---|
| 昭和27年4月1日 | 山口県立大嶺高等学校が開校 | | 大正10年 | 山口県立下松工業学校が開校 |

◇山口県立**小野田工業高等学校**
　〒756-0824 山口県山陽小野田市中央2丁目6-1
　TEL 0836-83-2153
| | |
|---|---|
| 大正15年4月 | 小野田町外二箇村学校組合立小野田実業実践学校を設置 |
| 昭和6年4月 | 小野田町外二箇村学校組合立小野田実業専修学校と改称 |
| 昭和15年4月 | 小野田町外二箇村学校組合立山口県小野田実業学校と改称 |
| 昭和18年4月 | 小野田市立小野田工業学校と改称 |
| 昭和19年4月 | 山口県立小野田工業学校と改称 |
| 昭和23年4月 | 山口県立小野田工業高等学校と改称 |

◇山口県立**小野田高等学校**
　〒756-0080 山口県山陽小野田市くし山1丁目26-1
　TEL 0836-83-2373
| | |
|---|---|
| 明治17年4月10日 | 如不乃堂を粟屋活輔が創立 |
| 明治26年4月 | 有為学会を粟屋活輔が中心となり設立 |
| 明治27年4月1日 | 興成義塾を開校 |
| 明治36年9月10日 | 長門興風学校と改称 |
| 明治39年9月10日 | 私立興風中学校が中学校令により発足 |
| 大正8年12月15日 | 興風中学校と改称 |
| 昭和4年7月2日 | 山口県興風中学校と改称 |
| 昭和16年4月1日 | 小野田市立興風中学校と改称 |
| 昭和19年9月1日 | 山口県立興風中学校と改称 |
| 昭和23年4月1日 | 山口県立小野田高等学校と改称 |
| 昭和24年4月1日 | 山口県立小野田女子高等学校と統合 |

〈山口県立小野田女子高等学校〉
| | |
|---|---|
| 昭和19年4月1日 | 山口県立小野田女子商業学校が開校 |
| 昭和21年4月1日 | 山口県立小野田高等女学校と改称 |
| 昭和23年4月1日 | 山口県立小野田女子高等学校と改称 |

◇山口県立**鹿野高等学校**
　〒745-0304 山口県周南市大字鹿野下字木引原
　TEL 0834-68-2054
| | |
|---|---|
| 昭和51年4月 | 山口県立都濃高等学校より分離独立し山口県立鹿野高等学校として発足 |

◇山口県立**華陵高等学校**
　〒744-0024 山口県下松市大字末武上217-2
　TEL 0833-44-1285
| | |
|---|---|
| 昭和61年4月 | 山口県立華陵高等学校が開校 |

◇山口県立**久賀高等学校**
　〒742-2301 山口県大島郡周防大島町大字久賀4851-2
　TEL 0820-72-0024
| | |
|---|---|
| 大正8年4月 | 山口県大島郡立実科高等女学校を開校 |
| 大正11年4月 | 山口県大島郡立大島高等女学校と改称 |
| 大正12年4月 | 山口県立久賀高等女学校と改称 |
| 昭和23年4月 | 山口県立久賀高等学校と改称 |

◇山口県立**下松工業高等学校**
　〒744-0073 山口県下松市美里町4-13-1
　TEL 0833-41-1430
| | |
|---|---|
| 大正10年 | 山口県立下松工業学校が開校 |
| 昭和19年4日 | 山口県立下松第二工業学校を設置 |
| 昭和24年4月 | 山口県立下松第二工業高等学校を統合し山口県立下松工業高等学校と改称 |

◇山口県立**下松高等学校**
　〒744-0063 山口県下松市若宮町12-1
　TEL 0833-41-0157
| | |
|---|---|
| 昭和19年2月11日 | 山口県立下松女子商業学校を設置 |
| 昭和21年4月1日 | 山口県立下松高等女学校と改称 |
| 昭和23年4月1日 | 山口県立下松高等学校と改称 |

◇山口県立**熊毛北高等学校**
　〒745-0631 山口県周南市大字安田字追迫1-2
　TEL 0833-91-0658
| | |
|---|---|
| 文化6年 | 宍戸就年徳修館を三丘領主（萩藩筆頭家老職）が創立 |
| 大正5年 | 三丘村立徳修実科高等女学校を設立 |
| 昭和6年 | 山口県徳修実科高等女学校と改称 |
| 昭和18年 | 山口県徳修高等女学校と改称 |
| 昭和23年 | 山口県立徳修女子高等学校と改称 |
| 昭和24年 | 山口県立熊毛北高等学校と改称 |

◇山口県立**熊毛南高等学校**
　〒742-1103 山口県熊毛郡平生町竪ヶ浜666
　TEL 0820-56-3017
〈田布施町立山口県田布施高等女学校〉
| | |
|---|---|
| 明治22年4月 | 私立吉田裁縫所を設立 |
| 明治32年4月 | 私立嫻雅女学校と改称 |
| 明治37年4月 | 私立田布施実業女学校と改称 |
| 大正11年3月 | 田布施町立山口県田布施実科高等女学校と改称 |
| 大正14年2月 | 田布施町立山口県田布施高等女学校と改称 |

〈平生町立山口県平生高等女学校〉
| | |
|---|---|
| 明治36年7月 | 私立精華女学校を設立 |
| 大正10年4月 | 平生精華実科高等女学校と改称 |
| 大正11年4月 | 平生精華高等女学校と改称 |
| 大正14年3月 | 平生町立山口県平生高等女学校と改称 |

〈統合〉
| | |
|---|---|
| 昭和13年4月 | 田布施町立山口県田布施高等女学校，平生町立山口県平生高等女学校を廃止して山口県立熊毛高等女学校を設立 |
| 昭和23年4月 | 山口県立熊毛女子高等学校と改称 |
| 昭和24年4月 | 山口県立熊毛南高等学校と改称 |

◇山口県立**熊毛南高等学校上関分校**
　〒742-1402 山口県熊毛郡上関町長島629
　TEL 0820-62-0049
| | |
|---|---|
| 昭和23年 | 山口県立田布施農業高等学校上関分校が開校 |
| 昭和26年 | 山口県立熊毛南高等学校上関分校と改称 |

◇**慶進高等学校**
　［学校法人 宇部学園］
　〒755-0035 山口県宇部市西琴芝2-12-18
　TEL 0836-34-1111
| | |
|---|---|
| 昭和23年 | 宇部学園女子高等学校を設置 |
| 昭和40年4月 | 宇部女子高等学校と改称 |

山口県

| 平成14年4月 | 慶進高等学校と改称 |

◇山口県立**西京高等学校**
　〒753-0851　山口県山口市黒川2580-1
　TEL 083-923-8508
| 昭和61年4月8日 | 山口県立西京高等学校が開校 |

◇山口県立**坂上高等学校**
　〒740-1225　山口県岩国市美和町渋前1275
　TEL 0827-96-0059
| 昭和23年4月1日 | 山口県立広瀬高等学校坂上分校を設置 |
| 昭和27年4月1日 | 山口県立坂上高等学校として独立認可 |

◇山口県立**佐波高等学校**
　〒747-0231　山口県山口市徳地堀2429
　TEL 0835-52-1311
| 昭和20年4月13日 | 山口県立佐波農林学校が開校 |
| 昭和23年4月1日 | 山口県立佐波農業高等学校と改称 |
| 昭和24年4月20日 | 山口県立佐波高等学校と改称 |

◇**サビエル高等学校**
　［学校法人　サビエル学園］
　〒756-0080　山口県山陽小野田市栴山3-5-1
　TEL 0836-83-3587
| 昭和37年4月 | 小野田女子学院高等学校として発足 |
| 昭和39年10月 | サビエル高等学校と改称 |

◇山口県立**下関工業高等学校**
　〒759-6613　山口県下関市富任町4丁目1-1
　TEL 0832-58-0065
| 昭和14年 | 山口県立下関工業学校として創立 |
| 昭和29年 | 山口県立下関安岡工業高等学校と改称 |
| 昭和39年 | 山口県立下関工業高等学校と改称 |

◇**下関国際高等学校**
　［学校法人　下関学園］
　〒751-0862　山口県下関市伊倉字四方山7
　TEL 0832-56-2321
| 昭和39年6月1日 | 下関電子工業高等学校を設置 |
| 昭和42年4月1日 | 下関高等学校と改称 |
| 平成5年4月1日 | 下関国際高等学校と改称 |

◇**下関市立下関商業高等学校**
　〒751-0826　山口県下関市後田町4丁目11-1
　TEL 0832-23-4278
| 明治17年 | 赤間関商業講習所が開設 |
| 明治35年 | 市立下関商業学校と改称 |
| 昭和23年 | 下関市立下関商業高等学校と改称 |

◇**下関短期大学付属高等学校**
　［学校法人　河野学園］
　〒750-8508　山口県下関市桜山町1-1
　TEL 0832-32-3785
| 大正15年 | 河野高等技芸院を河野タカが創立 |
| 昭和15年 | 下関河野高等家政女学校と改称 |
| 昭和23年 | 下関河野学園高等学校を設置 |
| 昭和37年 | 下関女子短期大学付属高等学校と改称 |
| 平成13年 | 下関短期大学付属高等学校と改称 |

◇山口県立**下関中央工業高等学校**
　〒751-0826　山口県下関市後田町4丁目25-1
　TEL 0832-23-4117
| 明治43年 | 市立下関実業補習学校を開校 |
| 大正14年 | 市立下関商業実践学校と改称 |
| 昭和3年 | 下関工業実践学校を統合し市立下関商工実践学校と改称 |
| 昭和10年 | 市立下関商工学校が開校 |
| 昭和19年 | 山口県立下関第二工業学校が開校 |
| 昭和23年 | 山口県立下関実業高等学校に移行 |
| 昭和24年 | 山口県立下関工業高等学校と改称 |
| 昭和29年 | 山口県立下関幡生工業高等学校と改称 |
| 昭和40年 | 山口県立下関中央工業高等学校と改称 |

◇山口県立**下関西高等学校**
　〒751-0826　山口県下関市後田町4丁目10-1
　TEL 0832-22-0892
| 大正9年 | 下関市立下関中学校が開校 |
| 大正12年4月1日 | 山口県立下関中学校と改称 |
| 昭和23年4月1日 | 山口県立下関高等学校と改称 |
| 昭和25年4月1日 | 山口県立下関西高等学校，山口県立下関南高等学校を統合し山口県立下関西高等学校と改称 |

◇山口県立**下関南高等学校**
　〒751-0826　山口県下関市後田町1丁目8-1
　TEL 0832-22-4039
| 明治38年4月28日 | 下関市立下関高等女学校を設立 |
| 昭和3年4月1日 | 山口県立下関高等女学校と改称 |
| 昭和23年4月1日 | 山口県立下関女子高等学校と改称 |
| 昭和24年4月21日 | 山口県立下関南高等学校と改称 |
| 昭和25年4月1日 | 山口県立下関西高等学校と統合し山口県立下関西高等学校と改称 |
| 昭和29年4月1日 | 山口県立下関西高等学校と分離し山口県立下関南高等学校として独立 |

◇山口県立**新南陽高等学校**
　〒746-0011　山口県周南市土井1丁目8-1
　TEL 0834-63-5555
| 昭和55年4月1日 | 山口県立新南陽高等学校が開校 |

◇**誠英高等学校**
　［学校法人　三田尻学園］
　〒747-0813　山口県防府市東三田尻1-2-14
　TEL 0835-38-5252
| 大正15年 | 三田尻高等女学校として創立 |
| 昭和23年 | 三田尻女子高等学校と改称 |
| 平成15年 | 誠英高等学校と改称 |

◇**聖光高等学校**
　［学校法人　橿蔭学園］
　〒743-0011　山口県光市光井9-22-1
　TEL 0833-72-1187
| 昭和4年 | 山口県下松高等女子学校として開校 |
| 昭和23年 | 聖光高等学校と改称 |

◇**高川学園高等学校**
　［学校法人　山口高川学園］
　〒747-1292　山口県防府市大字台道3635
　TEL 0835-33-0101
| 明治11年2月 | 曹洞宗専門学支校を創立 |
| 明治29年2月 | 曹洞宗第十六中学林と改称 |
| 明治35年7月 | 曹洞宗第四中学林と改称 |

| | | |
|---|---|---|
| 昭和3年1月 | 多々良中学校と改称 | |
| 昭和23年4月 | 多々良学園高等学校と改称 | |
| 平成18年9月 | 高川学園高等学校と改称 | |

### ◇高水高等学校
[学校法人 高水学園]
〒740-0032 山口県岩国市尾津町2-24-18
TEL 0827-31-7191

| | |
|---|---|
| 明治31年 | 高水村塾を設立 |
| 昭和23年4月1日 | 高水高等学校を設置 |

### ◇山口県立高森高等学校
〒742-0333 山口県岩国市玖珂町筏1253
TEL 0827-82-3234

| | |
|---|---|
| 大正8年4月1日 | 玖珂郡内5村学校組合立女子技芸学校を開校 |
| 昭和3年4月1日 | 組合立山口県玖西高等実業女学校へ改組 |
| 昭和19年4月1日 | 山口県立高森女子農業高等学校を設置 |
| 昭和23年4月1日 | 山口県立高森高等学校を設置 |

### ◇山口県立田布施工業高等学校
〒742-1512 山口県熊毛郡田布施町麻郷奥127
TEL 0820-52-2306

| | |
|---|---|
| 昭和37年4月 | 山口県立下松工業高等学校田布施分校が開校 |
| 昭和59年4月 | 山口県立田布施工業高等学校が開校 |

### ◇山口県立田布施農業高等学校
〒742-1502 山口県熊毛郡田布施町大字波野195
TEL 0820-52-2157

| | |
|---|---|
| 昭和10年4月 | 山口県立田布施農業学校が開校 |
| 昭和23年4月1日 | 山口県立田布施農業高等学校を学制改革により設立 |

### ◇山口県立田布施農業高等学校大島分校
〒742-2106 山口県大島郡周防大島町大字小松91-4
TEL 0820-74-2133

| | |
|---|---|
| 昭和36年4月 | 山口県立田布施農業高等学校大島分校が開校 |

### ◇山口県立田部高等学校
〒750-0313 山口県下関市菊川町田部
TEL 0832-87-1212

| | |
|---|---|
| 明治40年9月 | 豊東村立女子実業補習学校を設立 |
| 大正12年 | 豊東村立田部実科高等女子学校が開校 |
| 昭和4年4月1日 | 山口県田部高等女学校と改称 |
| 昭和13年4月1日 | 山口県立田部高等女学校と改称 |
| 昭和23年4月1日 | 山口県立田部女子高等学校と改称 |
| 昭和24年4月1日 | 西市農業高等学校と学校再編成により統合し山口県立豊浦東高等学校と改称 |
| 昭和27年4月1日 | 山口県立田部高等学校と改称 |

### ◇山口県立長府高等学校
〒752-0966 山口県下関市長府亀の甲2-3-1
TEL 0832-45-0108

| | |
|---|---|
| 昭和23年4月 | 山口県立長府女子高等学校を設置 |
| 昭和24年4月 | 山口県立豊浦高等学校と統合し山口県立下関東高等学校と改称 |
| 昭和29年4月 | 豊浦高等学校と分離し山口県立長府高等学校と改称 |

### ◇山口県立徳佐高等学校
〒759-1512 山口県阿武郡阿東町徳佐中1033-1
TEL 083-957-0121

| | |
|---|---|
| 昭和23年 | 山口県立生雲高等学校が開校 |
| 昭和24年 | 山口県立徳佐高等学校と改称 |

### ◇山口県立徳佐高等学校高俣分校
〒758-0303 山口県萩市高佐下2402-1
TEL 08388-8-0028

| | |
|---|---|
| 昭和23年7月 | 山口県立生雲高等学校高俣分校が開校 |
| 昭和24年4月 | 山口県立徳佐高等学校高俣分校と改称 |

### ◇山口県立徳山北高等学校
〒745-0121 山口県周南市大字須々万奥430-1
TEL 0834-88-1010

| | |
|---|---|
| 昭和19年 | 山口県立都濃農林学校が開校 |
| 昭和22年 | 山口県立都濃高等学校と改称 |
| 昭和51年 | 山口県立徳山北高等学校と改称 |

### ◇山口県立徳山高等学校
〒745-0061 山口県周南市鐘楼町2-50
TEL 0834-21-0099

| | |
|---|---|
| 明治13年 | 徳山中学校(のち:山口県立徳山西高等学校)が開校 |
| 明治45年 | 徳山高等女学校(のち:山口県立徳山東高等学校)が開校 |
| 昭和25年 | 山口県立徳山西高等学校,山口県立徳山東高等学校を統合し山口県立徳山高等学校と改称 |

### ◇山口県立徳山商工高等学校
〒745-0823 山口県周南市周陽3丁目1-1
TEL 0834-28-0026

〈山口県立徳山工業高等学校〉

| | |
|---|---|
| 昭和4年4月1日 | 徳山町立実業実践学校を設立 |
| 昭和15年4月1日 | 徳山市立山口県徳山実業学校と改称 |
| 昭和18年3月31日 | 山口県徳山女子商業学校として女子部を分離し男子部(工業科)が山口県徳山工業高等学校と改称 |
| 昭和19年4月1日 | 徳山商業学校とともに県立移管し山口県立徳山工業学校を設立 |
| 昭和23年4月1日 | 山口県立徳山工業高等学校と改称 |
| 昭和24年4月20日 | 徳山市立高等学校の商業科を統合し山口県立徳山商工高等学校と改称 |
| 昭和42年4月1日 | 山口県立徳山商業高等学校として商業科を分離し工業科が山口県立徳山商工高等学校と改称 |

〈山口県立徳山商業高等学校〉

| | |
|---|---|
| 昭和19年4月1日 | 徳山市立山口県徳山実業学校より女子部が分離し山口県徳山女子商業学校を設立 |
| 昭和23年4月1日 | 徳山市立高等学校と改称 |
| 昭和24年4月20日 | 山口県立徳山工業高等学校に商業科が統合し山口県立徳山商工高等学校と改称 |
| 昭和42年4月1日 | 山口県立徳山商工高等学校より商業科が分離し山口県立徳山商業高等学校を設立 |

〈統合〉

山口県

| 平成18年4月 | 山口県立徳山工業高等学校, 山口県立徳山商業高等学校が統合し山口県立徳山商工高等学校を開校 |

◇山口県立**豊浦高等学校**
　〒752-0984 山口県下関市宮崎町1-1
　TEL 0832-45-2161

| 寛政4年5月 | 藩校敬業館を長府藩毛利匡芳が設立 |
| 明治5年2月 | 小学と改称 |
| 明治8年 | 私立豊浦学舎を長府侍町元御客屋敷に創設 |
| 明治13年6月 | 県立豊浦中学校と改称 |
| 明治17年2月 | 山口中学校豊浦分校と改称 |
| 明治20年12月 | 豊浦学校と改称 |
| 明治23年4月 | 私立豊浦学校と改称 |
| 明治30年9月 | 山口県尋常中学校豊浦分校と改称 |
| 明治32年9月 | 山口県豊浦中学校として独立 |
| 明治34年5月 | 山口県立豊浦中学校と改称 |
| 大正12年4月 | 山口県立長府中学校と改称 |
| 昭和6年7月 | 山口県立豊浦中学校に校名が復旧する |
| 昭和23年4月 | 山口県立豊浦高等学校と改称 |
| 昭和24年4月 | 長府女子高等学校と統合し山口県立下関東高等学校と改称 |
| 昭和29年4月 | 山口県立下関東高等学校, 山口県立長府高等学校を分離し山口県立豊浦高等学校と改称 |

◇**長門高等学校**
　［学校法人 長門高等学校］
　〒759-4101 山口県長門市東深川1621
　TEL 0837-22-2944

| 昭和31年4月 | 長門高等学校が開校 |

◇**中村女子高等学校**
　［学校法人 山口中村学園］
　〒753-8530 山口県山口市駅通り1-1-1
　TEL 083-922-0418

| 慶応3年 | 中村裁縫伝習所を中村ユスが創立 |
| 明治14年 | 裁縫塾と改称 |
| 明治22年 | 中村裁縫女学校と改称 |
| 大正9年 | 中村高等女学校と改称 |
| 昭和23年 | 中村女子高等学校と改称 |

◇山口県立**奈古高等学校**
　〒759-3622 山口県阿武郡阿武町奈古柳2968-1
　TEL 08388-2-2333

| 昭和23年7月20日 | 山口県立奈古高等学校として発足 |

◇山口県立**奈古高等学校須佐分校**
　〒759-3411 山口県萩市大字須佐5200-4
　TEL 08387-6-2320

| 昭和23年7月20日 | 山口県立奈古高等学校須佐分校を設立 |

◇山口県立**南陽工業高等学校**
　〒746-0036 山口県周南市温田1丁目1-1
　TEL 0834-62-4168

| 昭和37年4月 | 山口県立南陽工業高等学校が開校 |

◇山口県立**西市高等学校**
　〒750-0421 山口県下関市豊田町殿敷834-5
　TEL 0837-66-0002

| 昭和20年 | 山口県立西市高等学校が開校 |

◇**野田学園高等学校**
　［学校法人 野田学園］
　〒753-0094 山口県山口市野田56
　TEL 083-922-5000

| 明治10年 | 私塾を村尾マツが創立 |
| 明治45年 | 村尾裁縫女学校と改称 |
| 大正9年 | 野田女学校と改称 |
| 昭和2年 | 野田高等女学校と改称 |
| 昭和26年 | 野田学園高等学校と改称 |

◇**梅光女学院高等学校**
　［学校法人 梅光学院］
　〒750-0019 山口県下関市丸山町2-9-1
　TEL 0832-27-1200
〈梅香崎女学校〉

| 明治5年 | 聖書および英語塾をヘンリー・スタウト夫妻が開設 |
| 明治23年 | 梅香崎女学校と改称 |

〈光城女学院〉

| 明治12年 | 光塩学校を服部章蔵が開設 |
| 明治20年 | 広陵女学校を米国北長老教会が創立 |
| 明治24年 | 光塩学校, 広陵女学校を統合し山口英和女学校と改称 |
| 明治25年 | 光城女学院と改称 |

〈統合〉

| 大正3年 | 梅香崎女学校, 光城女学院の合同校として下関梅光女学院が開校 |
| 昭和26年 | 梅光女学院高等学校と改称 |

◇**萩光塩学院高等学校**
　［学校法人 学校法人萩光塩学院］
　〒758-0047 山口県萩市東田町15
　TEL 0838-22-0782

| 昭和27年2月 | 萩光塩学院高等学校が開校 |

◇山口県立**萩高等学校**
　〒758-0057 山口県萩市堀内132
　TEL 0838-22-0076

| 明治3年 | 萩中学校が開校 |
| 明治32年 | 山口県萩中学校と改称 |
| 昭和23年 | 山口県立萩高等学校と改称 |
| 昭和25年 | 山口県立萩女子高等学校と統合 |

〈山口県立萩女子高等学校〉

| 明治34年 | 女子補修科を設立 |
| 大正9年 | 山口県萩高等女学校と改称 |
| 昭和23年 | 山口県立萩女子高等学校と改称 |

◇山口県立**萩商工高等学校**
　〒759-1512 山口県阿武郡阿東町徳佐中1033-1
　TEL 083-957-0121
〈山口県立萩商業高等学校〉

| 明治44年4月 | 萩町立明倫商業補修学校を創立 |
| 大正6年4月 | 萩町立萩商業高等学校を設立 |
| 昭和40年4月 | 山口県立萩商業高等学校に移行 |

〈山口県立萩工業高等学校〉

| 明治44年4月 | 萩町立明倫商業補習学校を創立 |
| 昭和15年4月 | 山口県立萩商業学校と県移管により改称 |
| 昭和19年4月 | 山口県立萩工業学校に転換 |
| 昭和23年4月 | 山口県立萩工業高等学校と改称 |
| 昭和40年4月 | 山口県立萩商工高等学校が廃止され商工が分離して |

山口県

|  |  | 山口県立萩工業高等学校と改称 |
| --- | --- | --- |

〈統合〉
　平成18年4月　　　　山口県立萩工業高等学校，山口県
　　　　　　　　　　　立萩商業高等学校が統合し
　　　　　　　　　　　山口県立萩商工高等学校が開校

◇早鞆高等学校
　［学校法人　早鞆学園］
　〒750-8524　山口県下関市上田中町8-3-1
　TEL 0832-31-0080
　明治33年4月　　　　家塾を阿部ヤスが開設
　明治45年4月　　　　下関阿部裁縫女学校を創設
　大正13年3月　　　　下関阿部高等技芸女学校と改称
　昭和21年4月　　　　早鞆高等女学校と改称
　昭和23年4月　　　　早鞆高等学校を設立

◇山口県立光丘高等学校
　〒743-0021　山口県光市浅江光丘1660
　TEL 0833-71-2261
　昭和58年4月　　　　山口県立光丘高等学校が開校

◇山口県立光高等学校
　〒743-0011　山口県光市光井6丁目10-1
　TEL 0833-72-0340
　昭和17年2月　　　　山口県立光中学校を設立
　昭和23年4月　　　　山口県立光高等学校と改称
　昭和24年4月　　　　山口県立光女子高等学校と統合
〈山口県立光女子高等学校〉
　昭和11年3月　　　　山口県立室積高等女学校を設立
　昭和23年4月　　　　山口県立光女子高等学校と改称

◇山口県立響高等学校
　〒759-6302　山口県下関市豊浦町小串新宮15
　TEL 0837-74-0131
　昭和23年6月9日　　山口県立下関女子高等学校併設黒
　　　　　　　　　　　井分校を設置
　昭和25年4月1日　　山口県立下関西高等学校黒井分校
　　　　　　　　　　　と改称
　昭和47年11月1日　 山口県立下関西高等学校響分校と
　　　　　　　　　　　改称
　昭和55年4月1日　　下関西高等学校から分離し
　　　　　　　　　　　山口県立響高等学校が独立

◇山口県立広瀬高等学校
　〒740-0724　山口県岩国市錦町広瀬87
　TEL 0827-72-2302
　昭和16年1月27日　 山口県立農林学校を設立
　昭和23年4月1日　　山口県立広瀬高等学校と改称

◇山口県立日置農業高等学校
　〒759-4401　山口県長門市日置上401-2
　TEL 0837-37-2511
　明治39年4月　　　　日置村立日置農業補習学校を創立
　大正2年2月　　　　大津郡立大津農林学校と改称
　大正12年4月　　　　山口県立日置農林学校と改称
　昭和23年4月　　　　山口県立日置農業高等学校と改称

◇山口県立防府高等学校
　〒747-0803　山口県防府市岡村町2-1
　TEL 0835-22-0136
〈山口県立防府南高等学校〉
　明治10年3月18日　 私立周陽学舎を創設
　明治31年4月6日　　佐波郡立周陽学校と改称
　明治41年4月1日　　学校組合立周陽中学校が開校
　大正4年4月1日　　 山口県立周陽中学校と改称

　大正12年4月1日　　山口県立防府中学校と改称
　昭和23年4月1日　　山口県立防府高等学校と改称
　昭和24年4月21日　 山口県立防府高等学校，山口県立
　　　　　　　　　　　防府商工高等学校を統合し
　　　　　　　　　　　山口県立防府南高等学校と改称
〈山口県立防府北高等学校〉
　明治42年4月1日　　佐波郡立高等女学校を創立
　大正9年5月28日　　佐波郡立山口県佐波高等女学校と
　　　　　　　　　　　改称
　大正12年4月1日　　山口県立防府高等女学校と改称
　昭和23年4月1日　　山口県立防府女子高等学校と改称
　昭和24年4月21日　 山口県立防府北高等学校と改称
〈統合〉
　昭和25年4月1日　　山口県立防府南高等学校，山口県
　　　　　　　　　　　立防府北高等学校が統合し
　　　　　　　　　　　山口県立防府高等学校と改称

◇山口県立防府商業高等学校
　〒747-0802　山口県防府市中央町3-1
　TEL 0835-22-3790
　昭和4年　　　　　　防府商業学校が開校
　昭和19年4月1日　　山口県立防府工業学校と改称
　昭和21年4月1日　　山口県立防府商業学校と改称
　昭和23年4月1日　　山口県立防府工業学校と統合し
　　　　　　　　　　　山口県立防府商工高等学校と改称
　昭和24年4月1日　　山口県立防府高等学校と統合し
　　　　　　　　　　　山口県立防府南高等学校と改称
　昭和25年4月1日　　山口県立防府北高等学校と統合し
　　　　　　　　　　　山口県立防府高等学校と改称
　昭和28年4月1日　　山口県立防府高等学校より分離し
　　　　　　　　　　　山口県立防府商業高等学校と改称

◇山口県立防府西高等学校
　〒747-1232　山口県防府市大字台道36-1
　TEL 0835-32-1905
　昭和54年4月　　　　山口県立防府西高等学校が開校

◇山口県立豊北高等学校
　〒759-5511　山口県下関市豊北町滝部
　TEL 0837-82-0023
　昭和20年4月1日　　山口県立滝部女子農業学校を創立
　昭和23年4月1日　　山口県立滝部農業高等学校と改称
　昭和24年4月1日　　山口県立豊浦北高等学校と改称
　昭和31年4月1日　　山口県立豊北高等学校と改称

◇山口県立美祢工業高等学校
　〒759-2212　山口県美祢市大嶺町東分299-1
　TEL 0837-52-0735
　昭和37年4月1日　　山口県立美祢工業高等学校が開校

◇山口県立美祢高等学校
　〒754-0511　山口県美祢郡秋芳町秋吉
　TEL 0837-62-0144
　昭和17年4月1日　　山口県立美祢農林学校が開校
　昭和23年4月1日　　山口県立美祢農業高等学校と改称
　昭和24年4月1日　　山口県立美祢高等学校と改称

◇美祢中央高等学校
　［学校法人　宇部学園］
　〒759-2212　山口県美祢市大嶺町東分字東原3294
　TEL 0837-52-1350
　昭和51年4月　　　　宇部女子高等学校美祢分校が分離
　　　　　　　　　　　独立し
　　　　　　　　　　　美祢中央高等学校が開校

山口県

◇柳井学園高等学校
　［学校法人 柳井学園］
　〒742-0032 山口県柳井市古開作410
　TEL 0820-22-0214
　大正8年9月　　　周東中学校を創立
　大正9年6月　　　周東實用中学校と改称
　昭和11年9月　　 柳井女子商業専修学校と改称
　昭和32年4月　　 柳井学園高等学校と改称

◇山口県立柳井高等学校
　〒742-0032 山口県柳井市古開作611-1
　TEL 0820-22-2721
　大正10年4月　　山口県立周東中学校を開校
　大正12年4月　　山口県立柳井中学校と改称
　昭和23年4月　　山口県立柳井高等学校を設置
　昭和24年4月　　山口県立柳井女子高等学校と統合
〈山口県立柳井女子高等学校〉
　明治40年4月　　山口県玖珂郡柳井町立柳井女学校
　　　　　　　　　を開校
　大正12年4月　　山口県立柳井高等女学校と改称
　昭和23年4月　　山口県立柳井女子高等学校を設置

◇山口県立柳井商工高等学校
　〒742-1352 山口県柳井市伊保庄田布路木2658
　TEL 0820-22-5533
　大正9年7月31日　柳井町立柳井商業学校を設置
　昭和19年4月1日　柳井商工学校と改称
　昭和23年4月1日　柳井商工高等学校と改称
　昭和47年4月1日　柳井工業高等学校，柳井商業高等
　　　　　　　　　学校に分離・設置
　平成18年4月1日　柳井工業高等学校，柳井商業高等
　　　　　　　　　学校が統合し
　　　　　　　　　柳井商工高等学校と改称

◇山口県鴻城高等学校
　［学校法人 鴻城義塾］
　〒754-0002 山口県山口市小郡下郷258-2
　TEL 083-972-0307
　明治22年　　　　鴻城義塾を創立
　明治39年　　　　私立鴻城中学校と改称
　昭和23年　　　　山口県鴻城高等学校を発足

◇山口県桜ケ丘高等学校
　［学校法人 山口県桜ケ丘学園］
　〒745-0874 山口県周南市徳山5626-1
　TEL 0834-21-0331
　昭和15年　　　　山口県桜ケ丘高等女学校を創立
　昭和23年　　　　山口県桜ケ丘高等学校と改称

◇山口県立水産高等学校
　〒759-4106 山口県長門市仙崎1002
　TEL 0837-26-0911
　昭和14年　　　　山口県立水産養成所が開設
　昭和24年　　　　山口県立水産高等学校と改称

◇山口県立山口高等学校
　〒753-8508 山口県山口市糸米1丁目9-1
　TEL 083-922-8511
〈山口県立山口東高等学校〉
　文化12年　　　　山口講堂を上田鳳陽が創立
　弘化2年　　　　 山口講習堂と改称
　文久3年　　　　 山口明倫館と改称
　明治3年　　　　 山口中学校と改称
　明治28年　　　　山口県尋常中学校と改称
　明治34年　　　　山口県立山口中学校と改称
　昭和23年　　　　山口県立山口高等学校と改称
　昭和24年　　　　山口県立山口第二高等学校と統合
　　　　　　　　　して
　　　　　　　　　山口県立山口東高等学校と改称
〈山口西高等学校〉
　明治33年　　　　私立毛利高等女学校を
　　　　　　　　　県立山口高等女学校と改称
　昭和23年　　　　山口県立山口女子高等学校と改称
　昭和24年　　　　山口県立山口西高等学校と改称
〈統合〉
　昭和25年　　　　山口東高等学校，山口西高等学校
　　　　　　　　　を統合し
　　　　　　　　　山口県立山口高等学校と改称

◇山口県立山口中央高等学校
　〒753-0043 山口県山口市宮島町6-1
　TEL 083-922-0032
　明治20年9月15日　私立山口女学校（のち:私立山口高
　　　　　　　　　等女学校）を設立
　明治30年12月8日　私立毛利高等女学校と改称
　明治33年11月1日　山口県立山口高等女学校と改称
　昭和23年4月1日　山口県立山口女子高等学校と改称
　昭和24年4月1日　山口県立山口西高等学校と改称
　昭和25年4月1日　山口県立山口東高等学校，山口県
　　　　　　　　　立山口西高等学校を統合し
　　　　　　　　　山口県立山口高等学校と改称
　昭和30年4月1日　山口県立山口高等学校より分離し
　　　　　　　　　山口県立山口中央高等学校を発足

◇山口県立山口農業高等学校
　〒754-0001 山口県山口市小郡上郷980-1
　TEL 083-972-0950
　明治18年　　　　山口県山口農学校が開校
　昭和23年　　　　山口県立山口農業高等学校と改称

# 徳島県

## 【大学】

◇四国大学
　［学校法人　四国大学］
　〒771-1192　徳島県徳島市応神町古川字戎子野123-1
　TEL 088-665-1300
　昭和41年　　　　　四国女子大学を設置
　平成4年　　　　　四国大学と改称

◇徳島大学
　〒770-8501　徳島県徳島市新蔵町2-24
　TEL 088-656-7000
　昭和24年5月31日　徳島師範学校，徳島青年師範学校，徳島医科大学，徳島医学専門学校，徳島高等学校，徳島工業専門学校を統合して徳島大学を設置

◇徳島文理大学
　［学校法人　村崎学園］
　〒770-8514　徳島県徳島市山城町西浜傍示180
　TEL 088-622-9611
　昭和41年　　　　　徳島女子大学を開設
　昭和47年　　　　　徳島文理大学と改称

◇鳴門教育大学
　〒772-8502　徳島県鳴門市鳴門町高島字中島748
　TEL 088-687-6000
　昭和56年10月1日　鳴門教育大学を開学

## 【短大】

◇四国大学短期大学部
　［学校法人　四国大学］
　〒771-1192　徳島県徳島市応神町古川字戎子野123-1
　TEL 088-665-1300
　大正14年　　　　　徳島洋服学校を佐藤カツが創設
　昭和36年　　　　　徳島家政短期大学を設立
　昭和38年3月　　　四国女子短期大学と改称
　昭和53年4月　　　四国女子大学短期大学部と改称
　平成4年4月　　　四国大学短期大学部と改称

◇徳島工業短期大学
　［学校法人　徳島城南学園］
　〒779-0108　徳島県板野郡板野町犬伏字蓮花谷100
　TEL 088-672-2311
　昭和48年　　　　　徳島工業短期大学を設置

◇徳島文理大学短期大学部
　［学校法人　村崎学園］
　〒770-8514　徳島県徳島市山城町西浜傍示180
　TEL 088-622-9611
　昭和36年　　　　　徳島女子短期大学を開設
　昭和55年　　　　　徳島文理大学短期大学部と改称

## 【高専】

◇阿南工業高等専門学校
　〒774-0017　徳島県阿南市見能林町青木265
　TEL 0884-23-7100
　昭和38年4月1日　阿南工業高等専門学校を設置

## 【高校】

◇徳島県立穴吹高等学校
　〒777-0005　徳島県美馬市穴吹町穴吹字岡33
　TEL 0883-52-2108
　大正12年4月1日　徳島県立美馬高等女学校が開校
　昭和23年4月1日　徳島県美馬高等学校と改称
　昭和24年4月1日　徳島県穴吹高等学校と改称
　昭和31年4月1日　徳島県立穴吹高等学校と改称

◇徳島県立阿南工業高等学校
　〒774-0045　徳島県阿南市宝田町今市中新開10-6
　TEL 0884-22-1408
　昭和36年10月13日　徳島県立阿南工業高等学校を発足

◇徳島県立新野高等学校
　〒779-1510　徳島県阿南市新野町室の久保12
　TEL 0884-36-3215
　昭和18年3月31日　徳島県立新野高等学校を創立

◇徳島県立阿波高等学校
　〒771-1493　徳島県阿波市柿原字ヒロナカ180
　TEL 088-696-3131
〈阿波第一高等学校〉
　大正12年9月20日　徳島県立阿波中学校を設立
　大正13年4月　　　徳島県立阿波中学校が開校
　昭和23年4月1日　阿波第一高等学校と改称
〈阿波第二高等学校〉
　昭和21年3月31日　徳島県立阿波高等女学校を設立
　昭和23年4月1日　阿波第二高等学校と改称
〈統合〉
　昭和24年4月1日　阿波第一高等学校，阿波第二高等学校の統合により柿島高等学校が開校
　昭和24年7月1日　徳島県阿波高等学校と改称
　昭和31年4月1日　徳島県立阿波高等学校と改称

◇徳島県立阿波西高等学校
　〒771-1701　徳島県阿波市下喜来南228-1
　TEL 0883-35-3131
　昭和33年4月1日　徳島県立川島高等学校阿波分教室を設置
　昭和37年3月5日　徳島県立阿波商業高等学校として独立
　平成9年4月1日　徳島県立阿波西高等学校と改称

◇徳島県立阿波農業高等学校
　〒771-1504　徳島県阿波市成当515-1
　TEL 088-695-3031
　昭和20年11月19日　徳島県立名西高等女学校阿波分校が開校
　昭和21年3月30日　徳島県立阿波高等女学校を設置
　昭和23年4月1日　徳島県阿波第二高等学校と改称
　昭和24年4月1日　徳島県阿波第一高等学校，徳島県阿波第二高等学校を統合し柿島高等学校と改称
　昭和26年4月1日　徳島県立阿北高等学校（定時制）と改称
　昭和31年4月1日　徳島県立阿北高等学校（全日制）と改称
　平成10年4月1日　徳島県立阿波農業高等学校と改称

◇徳島県立池田高等学校
　〒778-8506　徳島県三好市池田町ウエノ2834
　TEL 0883-72-1280

徳島県

| 大正11年4月 | 徳島県立池田中学校が開校 |
| 昭和23年4月 | 徳島県立池田高等学校と改称 |

◇徳島県立**板野高等学校**
　〒779-0102 徳島県板野郡板野町川端字関ノ本47
　TEL 088-672-1101
　〈徳島県立板西農業高等学校〉
　明治39年5月17日　蚕業学校の設立認可を受ける
　大正2年3月26日　板野郡立農蚕学校と改称
　大正12年4月10日　徳島県立板西農蚕学校と改称
　昭和23年4月1日　徳島県立板西農業高等学校と改称
　〈徳島県立板西高等学校〉
　大正2年4月21日　実科女学校を設置
　大正12年4月10日　徳島県立板西農蚕学校付設実業女学校と改称
　大正14年3月9日　徳島県立板西高等実業女学校として独立
　昭和22年3月31日　徳島県立板西高等女学校と改称
　昭和23年4月1日　徳島県立板西高等学校と改称
　〈統合〉
　昭和24年4月1日　徳島県立板西高等学校, 徳島県立板西農業高等学校を統合し板野高等学校を設置

◇徳島県立**海部高等学校**
　〒775-0203 徳島県海部郡海陽町大里字古畑58-2
　TEL 0884-73-1371
　平成16年4月8日　徳島県立海部高等学校が開校

◇徳島県立**勝浦高等学校**
　〒771-4305 徳島県勝浦郡勝浦町大字久国字屋原1
　TEL 08854-2-2526
　大正15年4月　勝浦郡生比奈村横瀬町組合立高等農業補習学校が開校
　昭和23年4月　小松島農業高等学校園芸科教室と改称
　昭和24年3月　小松島高等学校園芸科教室と改称
　昭和32年4月　徳島農業高等学校園芸科教室と改称
　昭和35年4月　徳島県立徳島農業高等学校勝浦分校と改称
　昭和39年4月　徳島県立勝浦園芸高等学校に独立昇格
　平成6年4月　徳島県立勝浦高等学校と改称

◇徳島県立**鴨島商業高等学校**
　〒776-0005 徳島県吉野川市鴨島町喜来681-9
　TEL 0883-24-2117
　昭和32年3月30日　鴨島町立鴨島商業高等学校の設置が認可
　昭和32年4月　鴨島町立鴨島商業高等学校が開校
　昭和37年3月1日　徳島県立鴨島商業高等学校と改称

◇徳島県立**川島高等学校**
　〒779-3303 徳島県吉野川市川島町桑村字岡山367-3
　TEL 0883-25-2824
　明治13年4月　徳島県川島中学校を設立
　明治18年2月　徳島師範学校に統廃合
　大正14年4月　徳島県立麻植中学校が開校
　昭和23年4月1日　徳島県立麻植高等学校として学制改革により発足
　昭和24年4月1日　徳島県川島高等学校として発足
　昭和31年4月1日　徳島県立川島高等学校と改称

◇**香蘭高等学校**
　［学校法人 徳島佐香学園］
　〒770-0806 徳島県徳島市北前川町2-8
　TEL 088-652-5044
　明治36年11月1日　私立和洋裁専門女学校を佐香ハルが創設
　昭和5年3月6日　徳島香蘭高等女学校を設置
　昭和19年4月1日　徳島佐香女子商設業学校を設置
　昭和23年5月4日　香蘭高等学校を設置

◇徳島県立**小松島高等学校**
　〒773-0010 徳島県小松島市日開野町字高須47-1
　TEL 08853-2-2166
　昭和6年4月　徳島県立小松島高等女学校が開校
　昭和9年5月　小松島町立小松島実業学校が開校
　昭和19年3月　徳島県立小松島農学校と改正
　昭和23年4月　徳島県小松島高等学校, 徳島県小松島農業高等学校と改称
　昭和24年3月　徳島県立小松島高等学校を設置
　昭和31年4月　徳島県立小松島高等学校と改称

◇徳島県立**小松島西高等学校**
　〒773-0015 徳島県小松島市中田町原ノ下28-1
　TEL 08853-2-0129
　昭和26年4月　徳島県中央高等学校として発足
　昭和31年4月　徳島県立小松島西高等学校と改称

◇徳島県立**貞光工業高等学校**
　〒779-4101 徳島県美馬郡つるぎ町貞光字馬出63-2
　TEL 0883-62-3135
　昭和33年4月　徳島県立美馬商業高等学校に工業課程を併設
　昭和33年4月　徳島県立美馬商工高等学校と改称
　昭和42年4月　徳島県立美馬商工高等学校が分離独立し
　　　　　　　徳島県立貞光工業高等学校と改称

◇徳島県立**城西高等学校**
　〒770-0046 徳島県徳島市鮎喰町2丁目1
　TEL 088-631-5138
　明治37年4月30日　徳島県立農業学校が開校
　昭和23年4月1日　徳島県立農業学校を廃止し
　　　　　　　　徳島県徳島農業高等学校と改称
　昭和24年4月1日　徳島県城西高等学校と改称
　昭和31年4月1日　徳島県立徳島農業高等学校と改称
　平成9年4月1日　徳島県立城西高等学校と改称

◇徳島県立**城西高等学校神山分校**
　〒771-3311 徳島県名西郡神山町神領字北399
　TEL 088-676-0029
　昭和23年4月1日　徳島県徳島農業高等学校神山分校を創設
　昭和31年4月1日　徳島県立徳島農業高等学校神山分校と改称
　平成9年4月1日　徳島県立城西高等学校神山分校と改称

◇徳島県立**城東高等学校**
　〒770-0853 徳島県徳島市中徳島町1-5
　TEL 088-653-9111
　明治35年4月1日　徳島県立高等女学校が開校
　明治41年4月1日　徳島女子師範学校が開校
　大正10年4月1日　徳島県立徳島高等女学校と改称
　昭和23年4月1日　徳島県立徳島女子高等学校と改称
　昭和24年4月1日　徳島県城東高等学校を設置

| | | | | |
|---|---|---|---|---|
| 昭和31年4月1日 | 徳島県立城東高等学校と改称 | | | 徳島県立日和佐高等学校と改称 |
| | | 昭和27年 | | 徳島県立水産高等学校と改称 |

◇徳島県立**城南高等学校**
　〒770-8064 徳島県徳島市城南町2-2-88
　TEL 088-652-8151
| 明治8年 | 名東県師範学校附属変則中学校を設立 |
|---|---|
| 明治11年 | 徳島師範学校附属変則中学校を廃止し<br>徳島中学校を開校 |
| 明治26年 | 徳島県尋常中学校と改称 |
| 明治32年 | 徳島県徳島中学校と改称 |
| 明治34年 | 徳島県立徳島中学校と改称 |
| 昭和23年 | 徳島県徳島第一高等学校を開校 |
| 昭和24年 | 徳島県城南高等学校を創設 |
| 昭和31年 | 徳島県立城南高等学校と改称 |

◇徳島県立**城ノ内高等学校**
　〒770-0003 徳島県徳島市北田宮1丁目9-30
　TEL 088-632-3711
| 昭和55年4月 | 徳島県立城ノ内高等学校が開校 |
|---|---|

◇徳島県立**城北高等学校**
　〒770-0003 徳島県徳島市北田宮4丁目13-6
　TEL 088-631-8105
| 昭和16年 | 徳島県立渭城中学校が開校 |
|---|---|
| 昭和23年4月 | 徳島県徳島第二高等学校と改称 |
| 昭和24年4月 | 徳島県城北高等学校と改称 |
| 昭和31年4月 | 徳島県立城北高等学校と改称 |

◇**生光学園高等学校**
　［学校法人 生光学園］
　〒771-1152 徳島県徳島市応神町中原字宮ノ前38
　TEL 088-641-1032
| 昭和22年3月 | 生光商業専門学校を設立 |
|---|---|
| 昭和54年4月 | 生光高等学校が開校 |
| 昭和59年4月 | 生光学園高等学校と改称 |

◇**成徳高等学校**
　［学校法人 成徳高等学校］
　〒772-0002 徳島県鳴門市撫養町斉田字浜端南125-1
　TEL 088-686-3358
| 明治43年 | 成徳女学校を設立 |
|---|---|
| 昭和15年 | 撫養実業女学校と改称 |
| 昭和19年 | 成徳女子商業と改称 |
| 昭和23年 | 成徳高等学校と改称 |

◇徳島県立**辻高等学校**
　〒779-4802 徳島県三好市井川町御領田61-1
　TEL 0883-78-2331
| 昭和23年 | 三好高等女学校を<br>徳島県立三好高等学校と改称 |
|---|---|
| 昭和24年 | 徳島県辻高等学校と改称 |
| 昭和31年 | 徳島県立辻高等学校と改称 |

◇徳島県立**徳島北高等学校**
　〒771-1153 徳島県徳島市応神町吉成字中ノ瀬40-6
　TEL 088-698-8004
| 平成9年4月 | 徳島県立徳島北高等学校が開校 |
|---|---|

◇徳島県立**水産高等学校**
　〒779-2305 徳島県海部郡美波町奥河内字弁才天23-1
　TEL 0884-77-1271
| 昭和11年 | 徳島県立水産学校を創立 |
|---|---|
| 昭和23年 | 徳島県立水産高等学校と改称 |
| 昭和24年 | 海部第一高等学校と統合し |

◇徳島県立**徳島工業高等学校**
　〒770-0006 徳島県徳島市北矢三町2丁目1-1
　TEL 088-631-4185
| 明治37年4月16日 | 徳島県立工業学校が開校 |
|---|---|
| 昭和23年4月1日 | 徳島県立工業学校を廃し<br>徳島県徳島工業高等学校を開校 |
| 昭和31年4月1日 | 徳島県立徳島工業高等学校と改称 |

◇徳島県立**徳島商業高等学校**
　〒770-0941 徳島県徳島市城東町1丁目4-1
　TEL 088-623-0461
| 明治42年4月1日 | 徳島県立商業学校が開校 |
|---|---|
| 昭和23年4月1日 | 徳島県徳島商業高等学校と改称 |
| 昭和24年4月1日 | 徳島県城東高等学校と改称 |
| 昭和25年4月1日 | 城北高等高等学校（商業課程）と改称 |
| 昭和27年10月1日 | 徳島県徳島商業高等学校と改称 |
| 昭和31年4月1日 | 徳島県立徳島商業高等学校と改称 |

◇**徳島市立高等学校**
　〒770-0872 徳島県徳島市北沖ノ洲町1丁目15-60
　TEL 088-664-0111
| 昭和37年4月 | 徳島市立高等学校が開校 |
|---|---|

◇徳島県立**徳島中央高等学校**
　〒770-0006 徳島県徳島市北矢三町1丁目3-8
　TEL 088-631-1332
| 昭和53年4月 | 徳島県立徳島中央高等学校が開校 |
|---|---|

◇徳島県立**徳島東工業高等学校**
　〒770-0864 徳島県徳島市大和町2丁目2-15
　TEL 088-653-3274
| 昭和12年 | 徳島市立工芸青年学校を設立 |
|---|---|
| 昭和16年 | 徳島市立工業学校と改称 |
| 昭和23年 | 徳島市立工業高等学校と改称 |
| 昭和31年 | 徳島県立徳島東工業高等学校と改称 |

◇**徳島文理高等学校**
　［学校法人 村崎学園］
　〒770-8054 徳島県徳島市山城西4-20
　TEL 088-626-1225
| 明治28年 | 私立裁縫専修学校を村崎サイが創立 |
|---|---|
| 大正13年 | 徳島女子職業学校を設置 |
| 昭和19年 | 村崎女子商業学校が認可される |
| 昭和23年 | 村崎女子高等学校と改称 |
| 昭和33年 | 徳島女子高等学校と改称 |
| 昭和51年 | 徳島文理高等学校と改称 |

◇徳島県立**富岡西高等学校**
　〒774-0030 徳島県阿南市富岡町小山18-3
　TEL 0884-22-0041
| 明治29年4月 | 徳島県尋常中学校第二分校を設置 |
|---|---|
| 明治32年4月 | 徳島県富岡中学校と改称 |
| 明治34年7月 | 徳島県立富岡中学校と改称 |
| 昭和23年4月 | 徳島県富岡第一高等学校を設置 |
| 昭和24年4月 | 徳島県富岡西高等学校と改称 |
| 昭和31年4月 | 徳島県立富岡西高等学校と改称 |

◇徳島県立**富岡東高等学校**
　〒774-0011 徳島県阿南市領家町走寄102-2
　TEL 0884-22-2120

徳島県

| 明治45年3月19日 | 徳島県那賀郡立那賀実科高等女学校を設置 |
| --- | --- |
| 大正10年4月13日 | 徳島県立富岡高等女学校と改称 |
| 昭和23年4月31日 | 徳島県立富岡高等女学校を廃し徳島県富岡第二高等学校を開校 |
| 昭和24年3月31日 | 徳島県富岡東高等学校と改称 |
| 昭和31年4月1日 | 徳島県立富岡東高等学校と改称 |

◇徳島県立**富岡東高等学校羽ノ浦分校**
〒779-1101 徳島県阿南市羽ノ浦町中庄50-1
TEL 0884-44-2054

| 昭和23年4月31日 | 徳島県富岡第二高等学校羽ノ浦分校を開校 |
| --- | --- |
| 昭和24年3月31日 | 徳島県富岡東高等学校羽ノ浦分校と改称 |
| 昭和31年4月1日 | 徳島県立富岡東高等学校羽ノ浦分校と改称 |

◇徳島県立**那賀高等学校**
〒771-5209 徳島県那賀郡那賀町小仁宇大坪179-1
TEL 0884-62-1151

| 昭和23年4月1日 | 徳島県那賀農業高等学校鷲敷分校，徳島県那賀農業高等学校延野分校として設立許可 |
| --- | --- |
| 昭和24年4月1日 | 徳島県新野高等学校と改称 |
| 昭和27年9月1日 | 徳島県立那賀高等学校として独立 |
| 昭和31年4月1日 | 徳島県立那賀高等学校と改称 |

◇鳴門市立**鳴門工業高等学校**
〒772-0032 徳島県鳴門市大津町吉永595
TEL 088-686-4565

| 昭和38年4月1日 | 鳴門市立鳴門工業高等学校が発足 |
| --- | --- |

◇徳島県立**鳴門高等学校**
〒772-0002 徳島県鳴門市撫養町斎田字岩崎135-1
TEL 088-685-3217

| 明治42年4月 | 徳島県立撫養中学校が開校 |
| --- | --- |
| 昭和24年4月 | 徳島県立撫養中学校より引継ぎ徳島県鳴門高等学校を開校 |
| 昭和31年4月 | 徳島県立鳴門高等学校と改称 |

◇徳島県立**鳴門第一高等学校**
〒772-0003 徳島県鳴門市撫養町南浜字馬目木58
TEL 088-685-1107

〈徳島県立撫養高等学校〉

| 大正2年 | 板野郡立実科高等女学校の設置が認可 |
| --- | --- |
| 大正8年 | 板野実科高等女学校と改称 |
| 大正10年 | 徳島県立撫養高等女学校と改称 |
| 昭和23年 | 徳島県立撫養高等学校と改称 |
| 昭和24年 | 徳島県撫養高等学校を設置 |
| 昭和31年 | 徳島県立撫養高等学校と改称 |

〈徳島県鳴門商業高等学校〉

| 大正12年 | 徳島県板野郡撫養商業補習学校を撫養小学校内に併設 |
| --- | --- |
| 大正15年 | 徳島県撫養町立撫養商業補習学校と改称 |
| 昭和8年 | 徳島県板野郡撫養商業実務学校と改称 |
| 昭和10年 | 徳島県撫養商業学校を設置 |
| 昭和21年 | 徳島県立撫養商業学校と改称 |
| 昭和23年 | 徳島県鳴門商業高等学校と改称 |

〈統合〉

| 昭和46年 | 徳島県鳴門商業高等学校，徳島県立撫養高等学校が合併し徳島県立鳴門商業高等学校と改称 |
| --- | --- |
| 平成5年 | 徳島県立鳴門第一高等学校と改称 |

◇徳島県立**美馬商業高等学校**
〒771-2106 徳島県美馬市美馬町字大宮西100-4
TEL 0883-63-3131

| 昭和31年4月 | 徳島県立美馬商業高等学校が開校 |
| --- | --- |

◇徳島県立**名西高等学校**
〒779-3233 徳島県名西郡石井町石井字石井21-11
TEL 088-674-2151

| 大正12年4月 | 徳島県立名西高等女学校が開校 |
| --- | --- |
| 昭和24年7月 | 徳島県立名西高等学校と改称 |

◇徳島県立**三好高等学校**
〒778-0020 徳島県三好市池田町州津大深田720
TEL 0883-72-0805

| 昭和21年2月27日 | 三好郡町村学校組合立徳島県三好農林学校を設立 |
| --- | --- |
| 昭和23年4月1日 | 三好農業高等学校と改称 |
| 昭和24年4月1日 | 徳島県池田高等学校と改称 |
| 昭和27年4月1日 | 徳島県三好農林高等学校として独立再発足 |
| 昭和31年4月1日 | 徳島県立三好農林高等学校と改称 |
| 平成8年4月1日 | 徳島県立三好高等学校と改称 |

◇徳島県立**脇町高等学校**
〒779-3610 徳島県美馬市脇町大字脇町1270-2
TEL 0883-52-2208

| 明治12年 | 徳島県立脇町中学校が開校 |
| --- | --- |
| 明治13年 | 徳島県立脇町中学校と改称 |
| 明治18年 | 徳島中学校に統合する |
| 明治29年 | 徳島県立尋常中学校第一分校が開校 |
| 明治32年 | 徳島県立脇町中学校として独立 |
| 明治34年 | 徳島県立脇町中学校と改称 |
| 昭和23年 | 徳島県脇町高等学校を設置 |
| 昭和31年 | 徳島県立脇町高等学校と改称 |

# 香川県

## 【大学】

◇香川県立保健医療大学
〒761-0123 香川県高松市牟礼町原281-1
TEL 087-870-1212
平成11年4月　　　　香川県立医療短期大学が開学
平成16年4月　　　　香川県立保健医療大学と改称

◇香川大学
〒760-8521 香川県高松市幸町1-1
TEL 087-832-1000
昭和24年5月31日　　香川師範学校,香川青年師範学校を統合し
　　　　　　　　　香川大学を設置
平成15年10月1日　　香川医科大学を統合
〈香川医科大学〉
昭和53年10月1日　　香川医科大学が開学

◇四国学院大学
［学校法人 四国学院］
〒765-8505 香川県善通寺市文京町3-2-1
TEL 0877-62-2111
昭和24年　　　　　リベラル・アーツ・カレッジ四国基督教学園を設立
昭和34年　　　　　四国学院短期大学（のち閉学）を設立
昭和37年　　　　　四国学院大学を設立

◇高松大学
［学校法人 四国高松学園］
〒761-0194 香川県高松市春日町960
TEL 087-841-3255
平成8年4月　　　　高松大学を開学

## 【短大】

◇香川短期大学
［学校法人 尽誠学園］
〒769-0201 香川県綾歌郡宇多津町浜一番10
TEL 0877-49-5500
昭和42年　　　　　香川短期大学を開設

◇瀬戸内短期大学
［学校法人 上戸学園］
〒767-8511 香川県三豊市高瀬町大学通り
TEL 0875-72-5191
昭和42年3月25日　 上戸学園女子短期大学を設置
昭和62年4月1日　　瀬戸内短期大学と改称

◇高松短期大学
［学校法人 四国高松学園］
〒761-0194 香川県高松市春日町960
TEL 087-841-3255
昭和44年4月　　　　高松短期大学を開学

## 【高専】

◇高松工業高等専門学校
〒761-8058 香川県高松市勅使町355
TEL 087-869-3811
昭和37年4月1日　　高松工業高等専門学校を創設

◇詫間電波工業高等専門学校
〒769-1192 香川県三豊市詫間町香田551
TEL 0875-83-8506
昭和18年10月　　　無線電信講習所大阪支所を開設
昭和20年4月　　　　大阪無線電信講習所と改称
昭和24年5月　　　　詫間電波高等学校と改称
昭和46年4月　　　　詫間電波工業高等専門学校を設置

## 【高校】

◇香川県立石田高等学校
〒769-2321 香川県さぬき市寒川町石田東甲1065
TEL 0879-43-2530
昭和23年　　　　　香川県立大川農業学校を前身とする
　　　　　　　　　香川県立大川農業高等学校を創立
昭和24年　　　　　香川県立石田高等学校と改称

◇英明高等学校
［学校法人 香川県明善学園］
〒760-0006 香川県高松市亀岡町1-10
TEL 087-833-3737
大正6年4月　　　　私立明善高等女学校を山川波次が創立
昭和23年4月　　　　香川県明善高等学校と改称
平成13年4月　　　　英明高等学校と改称

◇香川県立大川東高等学校
〒769-2901 香川県東かがわ市引田町引田545
TEL 0879-33-3631
昭和23年4月1日　　香川県立大川高等学校引田分校として発足
昭和24年4月20日　 香川県立三本松高等学校引田分校と改称
昭和59年4月1日　　香川県立大川東高等学校が開校

◇香川県大手前高等学校
［学校法人 倉田学園］
〒763-0034 香川県丸亀市大手町1-6-1
TEL 0877-23-3161
明治39年4月　　　　丸亀和洋裁縫女学校を設立
昭和23年4月　　　　香川県大手前高等学校と改称

◇香川県大手前高松高等学校
［学校法人 倉田学園］
〒761-8062 香川県高松市室新町1166
TEL 0878-67-5970
昭和32年　　　　　香川県大手前高等学校高松分校として開校
昭和48年　　　　　香川県大手前高松高等学校と改称

◇香川県藤井高等学校
［学校法人 藤井学園］
〒763-0063 香川県丸亀市新浜町1-3-1
TEL 0877-23-8412
大正13年　　　　　丸亀女子教員養成学校を藤井和市が創立
大正14年　　　　　藤井高等女学校が開校
大正15年　　　　　藤井女子商業学校が開校
昭和23年　　　　　香川県藤井高等学校と改称

◇香川県立農業経営高等学校
〒761-2306 香川県綾歌郡綾川町北1023-1
TEL 087-876-1161

香川県

| 昭和43年 | 主基高等学校を母体に香川県立農業経営高等学校を創立 |

◇香川誠陵高等学校
　[学校法人 尽誠学園]
　〒761-8022 香川県高松市鬼無町佐料469-1
　TEL 0878-81-7800

| 平成7年 | 香川誠陵高等学校を開設 |

◇香川県立香川中央高等学校
　〒761-1701 香川県高松市香川町大野2001
　TEL 087-886-7151

| 昭和62年4月 | 香川県立香川中央高等学校が開校 |

◇香川西高等学校
　[学校法人 上戸学園]
　〒767-8511 香川県三豊市高瀬町下勝間2351-2
　TEL 0875-72-5193

| 昭和35年 | 上戸学園高等学校が開校 |
| 昭和62年 | 香川西高等学校と改称 |

◇香川県立笠田高等学校
　〒769-1503 香川県三豊市豊中町笠田竹田251
　TEL 0875-62-3345

| 昭和3年 | 香川県立三豊農業学校が開校 |
| 昭和23年4月1日 | 香川県立三豊農業高等学校として学制改革により設置認可 |
| 昭和24年4月20日 | 香川県立笠田高等学校と改称 |

◇香川県立観音寺第一高等学校
　〒768-0060 香川県観音寺市観音寺町甲648-1
　TEL 0875-25-4155
　〈三豊高等学校〉

| 明治33年4月1日 | 香川県立丸亀中学校三豊分校が開校 |
| 明治36年4月1日 | 香川県立三豊中学校として独立 |
| 昭和23年4月1日 | 三豊高等学校が学制改革により発足 |

　〈香川県立三豊高等女学校〉

| 明治40年5月10日 | 三豊郡立三豊実業女学校が開校 |
| 明治44年4月1日 | 三豊郡立三豊実科高等女子校と改称 |
| 大正10年4月1日 | 三豊郡立三豊高等女学校と改称 |
| 大正11年4月1日 | 香川県立三豊高等女学校と改称 |

　〈統合〉

| 昭和24年4月20日 | 香川県立三豊高等学校，香川県立三豊女子高等学校を高等学校再統合により統合　香川県立観音寺第一高等学校を設置 |

◇香川県立観音寺中央高等学校
　〒768-0068 香川県観音寺市天神町1-1-15
　TEL 0875-25-3168

| 大正14年 | 観音寺商業学校が開校 |
| 昭和23年 | 香川県立観音寺商業高等学校と改称 |
| 平成6年 | 香川県立観音寺中央高等学校と改称 |

◇香川県立琴平高等学校
　〒766-0000 香川県仲多度郡琴平町142-2
　TEL 0877-73-2261

| 昭和12年4月 | 香川県琴平実科高等女学校を創立 |
| 昭和18年4月 | 香川県琴平町立琴平高等女学校と改称 |
| 昭和23年4月 | 香川県立琴平高等学校と改称 |

◇香川県立坂出工業高等学校
　〒762-0051 香川県坂出市御供所町1-1-2
　TEL 0877-46-5191

| 昭和13年3月16日 | 香川県立坂出工業学校を設立 |
| 昭和23年4月1日 | 香川県立坂出工業高等学校の設置が認可 |
| 昭和24年4月20日 | 坂出高等学校商業科と統合し香川県立坂出商工高等学校と改称 |
| 昭和28年4月1日 | 香川県立坂出工業高等学校と改称 |

◇香川県立坂出高等学校
　〒762-0031 香川県坂出市文京町2丁目1-5
　TEL 0877-46-5125

| 大正6年4月1日 | 香川県立女子師範学校が開校 |
| 昭和18年4月1日 | 女子師範学校官立専門学校に昇格 |
| 昭和23年4月1日 | 香川県立坂出女子高等学校と改称 |
| 昭和24年4月20日 | 香川県立坂出高等学校と改称 |

◇香川県立坂出商業高等学校
　〒762-0037 香川県坂出市青葉町1-13
　TEL 0877-46-5671

| 大正3年3月27日 | 綾歌郡立綾歌商業学校として設立を許可 |
| 大正11年4月1日 | 香川県立坂出商業学校と改称 |
| 昭和23年4月1日 | 香川県立坂出高等学校と改称 |
| 昭和24年4月20日 | 香川県立坂出商工高等学校を設立 |
| 昭和28年4月1日 | 香川県立坂出商業高等学校として復活新設 |

◇坂出第一高等学校
　[学校法人 花岡学園]
　〒762-0032 香川県坂出市駒止町2-1-3
　TEL 0877-46-2157

| 明治40年5月 | 私立坂出和洋裁縫女学校を花岡タネが創設 |
| 明治40年9月 | 私立香川県坂出実修女学校と改称 |
| 昭和19年4月 | 坂出女子実業学校と改称 |
| 昭和23年4月 | 坂出実修高等学校と改称 |
| 昭和44年4月 | 坂出女子高等学校と改称 |
| 昭和49年7月 | 坂出第一高等学校と改称 |

◇香川県立三本松高等学校
　〒769-2521 香川県東かがわ市大内町三本松1500-1
　TEL 0879-25-4147

| 明治33年4月1日 | 香川県立高松中学校大川分校を創立 |
| 明治36年4月1日 | 香川県立大川中学校と改称 |
| 昭和23年4月1日 | 香川県立大川高等学校と改称 |
| 昭和24年4月20日 | 香川県立三本松高等学校と改称 |

◇香川県立志度高等学校
　〒769-2101 香川県さぬき市志度366-5
　TEL 087-894-1101

| 大正13年 | 香川県立志度商業学校が開校 |
| 昭和19年3月31日 | 香川県立志度拓殖学校と改称 |
| 昭和21年3月31日 | 香川県立志度商業学校と改称 |
| 昭和23年3月31日 | 香川県立志度商業高等学校と改称 |
| 昭和25年4月1日 | 香川県立志度高等学校と改称 |
| 昭和28年4月1日 | 香川県立志度商業高等学校と改称 |
| 平成4年4月1日 | 香川県立志度高等学校と改称 |

## 香川県

◇香川県立**小豆島高等学校**
　〒761-4432 香川県小豆郡小豆島町草壁本町57
　TEL 0879-82-2131
〈香川県立小豆島女子高等学校〉
　大正9年5月7日　　草壁町外4カ村組合立香川県小豆
　　　　　　　　　　島高等女学校として発足
　大正11年4月1日　　香川県立小豆島高等女学校と改称
　昭和23年4月1日　　香川県立小豆島女子高等学校と改
　　　　　　　　　　称
〈香川県立小豆島高等学校〉
　大正12年3月31日　 草壁町外4カ村組合立香川県小豆
　　　　　　　　　　島中学校を発足
　昭和3年4月1日　　 香川県立小豆島中学校と改称
　昭和23年4月1日　　香川県立小豆島高等学校と改称
〈統合〉
　昭和24年4月20日　 香川県立小豆島女子高等学校，香
　　　　　　　　　　川県立小豆島高等学校を統合し
　　　　　　　　　　香川県立小豆島高等学校を設置

◇**尽誠学園高等学校**
　［学校法人 尽誠学園］
　〒765-0053 香川県善通寺市生野町855-1
　TEL 0877-62-1515
　明治17年　　　　　忠誠塾を創立
　明治20年　　　　　尽誠舎を開塾
　明治43年　　　　　尽誠中学校と改称
　昭和23年　　　　　尽誠学園高等学校と改称

◇香川県立**善通寺第一高等学校**
　〒765-0013 香川県善通寺市文京町1-1-5
　TEL 0877-62-1456
　明治39年5月　　　 私立静修女学校を設立
　明治44年3月　　　 私立善通寺実科高等女学校と改称
　大正9年4月　　　　私立善通寺高等女学校と改称
　昭和19年4月　　　 香川県立善通寺高等女学校と改称
　昭和23年4月　　　 香川県立善通寺高等学校と改称
　昭和23年6月　　　 香川県立善通寺女子高等学校と改
　　　　　　　　　　称
　昭和24年4月　　　 香川県立善通寺第一高等学校と改
　　　　　　　　　　称

◇香川県立**善通寺西高等学校**
　〒765-0013 香川県善通寺市文京町4-1-2
　TEL 0877-62-0242
　昭和23年6月1日　　香川県仲多度郡善通寺町立善通
　　　　　　　　　　寺高等学校として設置認可
　昭和23年6月1日　　香川県立善通寺高等学校と改称
　昭和24年4月20日　 香川県立善通寺第二高等学校と改
　　　　　　　　　　称
　昭和54年1月1日　　香川県立善通寺西高等学校と改称

◇香川県立**高瀬高等学校**
　〒767-0011 香川県三豊郡高瀬町下勝間2093
　TEL 0875-72-5100
　昭和23年4月1日　　香川県立高瀬高等学校を設立

◇香川県立**高松北高等学校**
　〒761-0121 香川県高松市牟礼町牟礼1583-1
　TEL 0878-45-2155
　昭和58年　　　　　香川県立高松北高等学校が開校

◇香川県立**高松工芸高等学校**
　〒760-0017 香川県高松市番町2-9-30
　TEL 087-851-4144
　明治31年2月　　　 香川県工芸学校を創立
　明治34年5月　　　 香川県立工芸学校と改称
　昭和18年4月　　　 香川県立高松工業学校と改称
　昭和21年4月　　　 香川県立高松工芸学校と改称
　昭和22年4月　　　 香川県立工芸高等学校を設立
　昭和24年4月　　　 香川県立高松工芸高等学校と改称

◇香川県立**高松高等学校**
　〒760-0017 香川県高松市番町3-1-1
　TEL 087-831-7251
　明治26年5月8日　　香川県尋常中学校を設立
　明治31年4月　　　 香川県立高松尋常中学校と改称
　明治32年4月　　　 香川県立高松中学校と改称
　昭和23年4月　　　 香川県立高松高等学校と改称
　昭和24年4月　　　 香川県立高松女子高等学校と統合
〈香川県立高松女子高等学校〉
　明治24年10月25日　進徳女学校を設立
　明治26年5月　　　 香川県高等女学校と改称
　明治35年4月1日　　香川県立高松高等女学校と改称
　明治23年4月　　　 香川県立高松女子高等学校と改称

◇香川県立**高松桜井高等学校**
　〒761-8076 香川県高松市多肥上町1250
　TEL 087-869-1010
　平成7年4月　　　　香川県立高松桜井高等学校が開校

◇香川県立**高松商業高等学校**
　〒760-0068 香川県高松市松島町1-18-54
　TEL 087-833-1971
　明治33年　　　　　高松市立高松商業学校として創立
　昭和23年　　　　　香川県立高松商業高等学校と改称

◇高松市立**高松第一高等学校**
　〒760-0074 香川県高松市桜町2-5-10
　TEL 087-861-0244
　昭和3年2月17日　　高松市立第一中学校を設立
　昭和4年4月1日　　 香川県高松第一中学校と改称
　昭和23年4月1日　　高松市立高松第一高等学校と改称
　昭和24年4月20日　 高松第二高等学校を統合
〈高松第二高等学校〉
　大正4年8月28日　　高松市立実科高等女学校を設立
　昭和4年4月1日　　 香川県高松実科高等女学校と改称
　昭和15年4月1日　　香川県高松実科高等女学校を廃止
　　　　　　　　　　し
　　　　　　　　　　高松市立高等女学校が開校
　昭和23年4月1日　　高松第二高等学校と改称

◇**高松中央高等学校**
　［学校法人 高松中央高等学校］
　〒760-0068 香川県高松市松島町1-14-8
　TEL 087-831-1291
　明治32年5月　　　 高松和洋技芸女学校を創立
　昭和2年4月　　　　高松和洋高等女学校に改制
　昭和22年4月　　　 高松女子商業高等学校が発足
　昭和49年4月　　　 高松中央高等学校と改称

◇香川県立**高松西高等学校**
　〒761-8025 香川県高松市鬼無町山口257-1
　TEL 087-882-6411
　昭和52年4月　　　 香川県立高松西高等学校が開校

◇香川県立**高松東高等学校**
　〒761-0322 香川県高松市前田東町690-1
　TEL 087-847-6221
　明治41年4月1日　　木田郡下高岡村外四箇村学校組合
　　　　　　　　　　立白山女学校を設立

香川県

| 明治43年4月1日 | 木田郡下高岡村外四箇村組合立白山高等女学校と改称 |
| 大正2年4月1日 | 木田郡立木田実科高等女学校と改称 |
| 大正10年4月1日 | 香川県木田高等女学校と改称 |
| 大正11年4月1日 | 香川県立木田高等女学校と改称 |
| 昭和23年4月1日 | 香川県立木田高等学校と改称 |
| 昭和44年4月1日 | 香川県立高松東高等学校と改称 |

◇香川県立**高松南高等学校**
〒761-8084 香川県高松市一宮町531
TEL 087-885-1131
〈香川県立香川農業高等学校〉
| 明治44年 | 香川郡立香川実業学校を創立 |
| 大正11年 | 香川県立香川農業学校と改称 |
| 昭和23年 | 香川県立香川農業高等学校と改称 |
〈香川県立香川高等女学校〉
| 昭和16年 | 香川郡町村組合立香川高等女学校を設置 |
| 昭和17年 | 香川県立香川高等女学校と改称 |
| 昭和23年 | 香川県立香川女子高等学校と改称 |
〈統合〉
| 昭和24年 | 香川県立香川農業高等学校,香川県立香川女子高等学校を統合し香川県立香川高等学校と改称 |
| 昭和44年 | 香川県立高松南高等学校と改称 |

◇香川県立**多度津工業高等学校**
〒764-0011 香川県仲多度郡多度津町栄町1-1-82
TEL 0877-33-2131
| 大正11年3月 | 香川県立多度津中学校を設立 |
| 昭和23年4月 | 香川県立多度津工業高等学校を設立 |
| 昭和24年4月 | 香川県立多度津工業高等学校,香川県立水産高等学校,香川県立丸亀商工高等学校工業科を統合し香川県立多度津高等学校を設立 |
| 昭和28年10月 | 香川県立多度津工業高等学校と改称 |

◇香川県立**多度津水産高等学校**
〒764-0021 香川県仲多度郡多度津町堀江1丁目2-1
TEL 0877-32-3168
| 昭和24年 | 香川県立多度津工業高等学校,香川県立水産高等学校,香川県立丸亀商工高等学校工業科を統合し香川県立多度津高等学校を設立 |
| 昭和28年 | 香川県立多度津高等学校から水産科が独立し香川県立多度津水産高等学校を設置 |

◇香川県立**津田高等学校**
〒769-2401 香川県さぬき市津田町津田1632-1
TEL 0879-42-3125
| 昭和4年 | 津田町立津田高等女学校を創立 |
| 昭和24年 | 香川県立津田高等学校と改称 |

◇香川県立**土庄高等学校**
〒761-4103 香川県小豆郡土庄町甲282-1
TEL 0879-62-1388
| 昭和4年4月7日 | 香川県土庄商業学校が開校 |

| 昭和17年5月1日 | 香川県小豆島商業学校と改称 |
| 昭和18年 | 香川県立小豆島実業学校が開校 |
| 昭和19年4月1日 | 香川県立小豆島商業学校と改称 |
| 昭和23年4月1日 | 香川県立土庄高等学校を学制改革に伴い設置 |

◇香川県立**飯山高等学校**
〒762-0083 香川県丸亀市飯山町下法軍寺664-1
TEL 0877-98-2525
| 大正3年4月16日 | 香川県綾歌郡立綾歌農業学校の創立記念式を行う |
| 大正11年4月1日 | 香川県立飯山農業学校と改称 |
| 昭和23年4月1日 | 香川県立飯山高等学校を設置 |

◇**藤井学園寒川高等学校**
[学校法人 藤井学園]
〒769-2322 香川県さぬき市寒川町石田西280-1
TEL 0879-43-2571
| 昭和49年4月 | 藤井学園寒川高等学校が開校 |

◇香川県立**丸亀高等学校**
〒763-0026 香川県丸亀市六番丁1
TEL 0877-23-5248
| 明治26年 | 香川県尋常中学校丸亀分校が開校 |
| 明治31年 | 丸亀尋常中学校として独立 |
| 明治34年 | 県立丸亀中学校と改称 |
| 昭和23年 | 香川県立丸亀高等学校と改称 |
| 昭和24年 | 香川県立丸亀女子高等学校と統合し香川県立丸亀第一高等学校と改称 |
| 昭和28年 | 香川県立丸亀高等学校と改称 |

◇香川県立**丸亀城西高等学校**
〒763-0052 香川県丸亀市津森町位267
TEL 0877-23-5138
| 大正7年2月28日 | 香川県丸亀市立丸亀商業学校の設置認可 |
| 昭和6年2月19日 | 香川県丸亀商業学校と改称 |
| 昭和19年2月1日 | 香川県立丸亀商業学校と改称 |
| 昭和19年2月1日 | 香川県立丸亀電気通信工業学校を設立 |
| 昭和21年2月1日 | 香川県立丸亀商工学校と改称 |
| 昭和23年2月1日 | 香川県立丸亀商工高等学校と改称 |
| 昭和24年2月20日 | 香川県立丸亀第二高等学校と改称 |
| 昭和28年2月1日 | 香川県立丸亀商業高等学校と改称 |
| 平成5年4月1日 | 香川県立丸亀城西高等学校と改称 |

◇香川県立**三木高等学校**
〒761-0702 香川県木田郡三木町平木750
TEL 087-891-1100
| 平成8年4月 | 香川県立三木高等学校が開校 |

◇香川県立**三豊工業高等学校**
〒769-1600 香川県観音寺市大野原町大野原5537
TEL 0875-52-3011
| 昭和37年4月 | 香川県立三豊工業高等学校を創立 |

# 愛媛県

## 【大学】

◇愛媛県立医療技術大学
〒791-2101 愛媛県伊予郡砥部町高尾田543
TEL 089-958-2111
昭和63年4月　　愛媛県立医療技術短期大学が開学
平成16年4月　　愛媛県立医療技術大学と改称

◇愛媛大学
〒790-8577 愛媛県松山市道後樋又10-13
TEL 089-927-9000
昭和24年5月　　松山高等学校, 愛媛師範学校, 愛媛青年師範学校, 新居浜工業専門学校, 愛媛県立農林専門学校を統合し
　　　　　　　愛媛大学を設置

◇聖カタリナ大学
［学校法人 聖カタリナ学園］
〒799-2496 愛媛県松山市北条660
TEL 089-993-0702
昭和63年4月　　聖カタリナ女子大学を開学
平成16年4月　　聖カタリナ大学と改称

◇松山東雲女子大学
［学校法人 松山東雲学園］
〒790-8531 愛媛県松山市桑原3-2-1
TEL 089-931-6211
平成4年4月1日　松山東雲女子大学を開設

◇松山大学
［学校法人 松山大学］
〒790-8578 愛媛県松山市文京町4-2
TEL 089-925-7111
大正12年　　　松山高等商業学校を新田長次郎が創立
昭和19年　　　松山経済専門学校と改称
昭和24年　　　松山商科大学に昇格
平成元年　　　松山大学と改称

## 【短大】

◇今治明徳短期大学
［学校法人 今治明徳学園］
〒794-0073 愛媛県今治市矢田甲688
TEL 0898-22-7279
昭和41年4月　　今治明徳短期大学を開設

◇愛媛女子短期大学
［学校法人 創志学園］
〒798-0025 愛媛県宇和島市伊吹町421
TEL 0895-22-0156
昭和41年4月　　愛媛女子短期大学を開学
昭和53年4月　　大和女子短期大学と改称
昭和58年4月　　愛媛女子短期大学と改称

◇聖カタリナ大学短期大学部
［学校法人 聖カタリナ学園］
〒799-2496 愛媛県松山市北条660
TEL 089-993-0702
昭和41年4月　　聖カタリナ女子短期大学を開学
平成16年4月　　聖カタリナ大学短期大学部と改称

◇松山東雲短期大学
［学校法人 松山東雲学園］
〒790-8531 愛媛県松山市桑原3-2-1
TEL 089-931-6211
昭和39年4月1日　松山東雲短期大学を開設

◇松山短期大学
［学校法人 松山大学］
〒790-8578 愛媛県松山市文京町4-2
TEL 089-925-7111
昭和27年　　　松山商科大学短期大学部を設立
平成元年　　　松山短期大学と改称

## 【高専】

◇新居浜工業高等専門学校
〒792-8580 愛媛県新居浜市八雲町7-1
TEL 0897-37-7700
昭和37年4月1日　新居浜工業高等専門学校を設置

◇弓削商船高等専門学校
〒794-2593 愛媛県越智郡上島町弓削下弓削1000
TEL 0897-77-3000
明治34年1月11日　愛媛県越智郡弓削村外1ヶ村学校組合立弓削海員学校を設置
明治35年3月26日　弓削村外5ヶ村学校組合立弓削甲種商船学校と改称
明治41年4月1日　愛媛県立弓削商船学校と改称
昭和26年4月1日　弓削商船高等学校と改称
昭和42年6月1日　弓削商船高等専門学校を設置

## 【高校】

◇愛光高等学校
［学校法人 愛光学園］
〒791-8501 愛媛県松山市衣山5-1610-1
TEL 089-922-8980
昭和31年4月　　愛光高等学校が開校

◇愛媛県立今治北高等学校
〒794-0052 愛媛県今治市宮下町2丁目2-14
TEL 0898-32-2200
明治32年6月1日　今治町立今治高等女学校を創立
昭和23年4月1日　今治第二高等学校として学制改革により発足
昭和24年9月1日　愛媛県立今治北高等学校が開校

◇愛媛県立今治北高等学校大三島分校
〒794-1304 愛媛県今治市大三島町宮浦5297-2
TEL 0897-82-0030
昭和23年9月30日　愛媛県立大三島高等学校を設立
平成17年4月1日　愛媛県立今治北高等学校大三島分校と改称

◇愛媛県立今治工業高等学校
〒794-0822 愛媛県今治市河南町1丁目1-36
TEL 0898-22-0342
昭和17年4月1日　今治市立工業学校として新設
昭和23年4月1日　愛媛県立今治工業高等学校と改称
昭和24年9月1日　今治第一高等学校と統合し今治西高等学校が開校
昭和27年4月1日　今治西高等学校より分離し愛媛県立今治工業高等学校と改称

愛媛県

◇今治精華高等学校
　［学校法人　今治精華学園］
　〒794-0055　愛媛県今治市中日吉町2-1-34
　TEL 0898-32-7100
　大正15年4月　　　今治精華高等女学校を創立
　昭和25年4月　　　今治精華高等学校と改称

◇愛媛県立今治西高等学校
　〒794-0055　愛媛県今治市中日吉町3丁目5-47
　TEL 0898-32-5030
　明治34年3月　　　愛媛県立西条中学校今治分校を設立
　明治38年4月　　　愛媛県立今治中学校と改称
　昭和23年4月　　　愛媛県立今治第一高等学校が開校
　昭和24年9月　　　愛媛県立今治西高等学校が開校

◇愛媛県立今治東高等学校
　〒799-1596　愛媛県今治市桜井2丁目9-1
　TEL 0898-47-3630
　昭和58年4月8日　　愛媛県立今治東高等学校が開校

◇愛媛県立今治南高等学校
　〒794-0015　愛媛県今治市常盤町7丁目2-17
　TEL 0898-22-0017
　大正15年4月1日　　越智中学校として開校
　昭和19年4月1日　　愛媛県立越智中学校と改称
　昭和23年4月1日　　愛媛県立越智高等学校と改称
　昭和24年4月1日　　愛媛県立今治南高等学校と改称

◇愛媛県立今治南高等学校大島分校
　〒794-2103　愛媛県今治市吉海町福田2254
　TEL 0897-84-2707
　昭和23年9月30日　愛媛県立大島高等学校（定時制課程）を設立
　平成17年4月1日　　愛媛県立今治南高等学校大島分校と改称

◇今治明徳高等学校
　［学校法人　今治明徳学園］
　〒794-0054　愛媛県今治市北日吉町1-4-47
　TEL 0898-22-6767
　明治39年5月1日　　私立今治技芸女子学校が開校
　大正8年5月　　　　私立今治実科高等学校を設置
　昭和15年4月　　　今治明徳高等女学校を設立
　昭和23年4月　　　今治明徳高等学校と改称

◇愛媛県立伊予高等学校
　〒791-3102　愛媛県伊予郡松前町北黒田119-2
　TEL 089-984-9311
　昭和58年4月1日　　愛媛県立伊予高等学校が開校

◇愛媛県立伊予農業高等学校
　〒799-3111　愛媛県伊予市下吾川1433
　TEL 089-982-1225
　大正7年　　　　　伊予郡立実業学校が開校
　大正11年4月1日　　愛媛県立伊予実業学校と改称
　昭和19年4月1日　　愛媛県立伊予農業学校と改称
　昭和23年4月1日　　愛媛県立伊予農業高等学校と改称
　昭和24年9月1日　　愛媛県立松山南高等学校伊予分校と改称
　昭和27年4月1日　　愛媛県立伊予農業高等学校として独立

◇愛媛県立内子高等学校
　〒791-3301　愛媛県喜多郡内子町大字内子3397
　TEL 0893-44-2105
　大正9年4月1日　　内子町立実科女学校を創立
　昭和16年2月8日　　内子至徳女学校と改称
　昭和17年4月1日　　愛媛県内子高等実科女学校を設立
　昭和21年4月1日　　愛媛県立内子高等女学校を設立
　昭和23年4月1日　　愛媛県立内子高等学校を設立

◇愛媛県立宇和高等学校
　〒797-0015　愛媛県西予市宇和町卯之町4丁目190-1
　TEL 0894-62-1321
　昭和24年　　　　　宇和農業高等学校，東宇和高等学校が合併し愛媛県立宇和高等学校が発足

◇愛媛県立宇和島水産高等学校
　〒798-0068　愛媛県宇和島市明倫町1-39
　TEL 0895-22-6575
　昭和20年　　　　　愛媛県立水産学校を設置
　昭和23年　　　　　愛媛県立水産高等学校と改称
　昭和24年　　　　　愛媛県立宇和島南高等学校（水産課程）と改称
　昭和31年　　　　　愛媛県立宇和島水産高等学校として独立

◇愛媛県立宇和島東高等学校
　〒798-0066　愛媛県宇和島市文京町1-1
　TEL 0895-22-0261
〈愛媛県立宇和島中学校〉
　明治29年4月　　　愛媛県立尋常中学校南予分校が開校
　明治32年4月1日　　愛媛県立宇和島中学校と改称
〈愛媛県立宇和島商業高等学校〉
　明治35年1月14日　宇和島町立商業学校の設立
　大正11年4月1日　　宇和島市立宇和島商業学校と改称
　昭和19年4月1日　　愛媛県立宇和島工業学校を設置
　昭和21年4月1日　　愛媛県立宇和島商工学校と改称
　昭和23年4月1日　　愛媛県立宇和島商業高等学校と改称
〈統合〉
　昭和24年9月1日　　愛媛県立宇和島第一高等学校，愛媛県立宇和島商業高等学校を統合し愛媛県立宇和島東高等学校を設置

◇愛媛県立宇和島南高等学校
　〒798-0066　愛媛県宇和島市文京町5-1
　TEL 0895-22-0262
〈宇和島第二高等学校〉
　明治32年6月　　　町立宇和島高等女学校が開校
　明治34年3月　　　愛媛県立宇和島高等女学校と改称
　昭和23年4月　　　宇和島第二高等学校と改称
〈愛媛県立鶴島高等学校〉
　明治42年5月　　　私立宇和島実科女学校が開校
　大正6年4月　　　　宇和島町立宇和島実科女学校と改称
　大正8年7月　　　　北宇和郡立宇和島実科女学校と改称
　大正11年4月　　　愛媛県立宇和島実科女学校と改称
　昭和3年4月　　　　宇和島高等家政女学校と改称
　昭和18年4月　　　鶴島高等女学校と改称
　昭和23年4月　　　愛媛県立鶴島高等学校と改称
〈統合〉
　昭和24年9月　　　愛媛県立宇和島第二高等学校，愛媛県立鶴島高等学校が統合し愛媛県立宇和島南高等学校が発足

◇愛媛大学農学部附属農業高等学校
　〒790-8566 愛媛県松山市樽味3丁目2-40
　TEL 089-946-9911
　明治33年4月　　　愛媛県農業学校を設立
　明治34年9月　　　愛媛県立農業学校と改称
　大正7年4月　　　愛媛県立松山農業学校と改称
　昭和20年1月　　　愛媛県立農林専門学校と改称
　昭和24年6月　　　愛媛県立松山農科大学と改称
　昭和24年5月31日　愛媛大学と改称
　昭和29年4月　　　愛媛大学農学部と改称
　昭和31年4月　　　愛媛大学農学部附属農業高等学校を創設

◇愛媛県立大洲高等学校
　〒795-8502 愛媛県大洲市大洲737
　TEL 0893-24-4115
〈愛媛県立大洲第一高等学校〉
　明治11年　　　共済中学校が開校
　明治15年　　　大洲中学校と改称
　明治34年　　　愛媛県立宇和島中学校大洲分校と改称
　明治37年　　　愛媛県立大洲中学校と改称
　昭和23年　　　愛媛県立大洲第一高等学校と改称
〈愛媛県立大洲第二高等学校〉
　明治36年　　　私立大洲女学校の設置が認可
　明治39年　　　大洲町立大洲高等女学校と改称
　大正11年　　　愛媛県立大洲高等女学校と改称
　昭和23年　　　愛媛県立大洲第二高等学校と改称
〈統合〉
　昭和24年　　　愛媛県立大洲第一高等学校、愛媛県立大洲第二高等学校を統合し愛媛県立大洲高等学校と改称

◇愛媛県立大洲高等学校肱川分校
　〒797-1503 愛媛県大洲市肱川町宇和川3395
　TEL 0893-34-2501
　昭和23年9月　　　愛媛県立大洲農業高等学校肱川分校を設置
　昭和24年9月　　　愛媛県立大洲高等学校肱川分校と改称

◇愛媛県立大洲農業高等学校
　〒795-8509 愛媛県大洲市東大洲15-1
　TEL 0893-24-3101
　大正14年　　　大洲村外10ヵ町村学校組合立大洲高等農業補習学校が開校
　昭和15年　　　愛媛県立大洲農業学校と改称
　昭和23年　　　愛媛県立大洲農業高等学校と改称

◇愛媛県立小田高等学校
　〒791-3502 愛媛県喜多郡内子町寺村978
　TEL 0892-52-2042
　昭和23年　　　愛媛県立小田高等学校を設立

◇愛媛県立上浮穴高等学校
　〒791-1206 愛媛県上浮穴郡久万高原町上野尻甲486
　TEL 0892-21-1205
　昭和15年10月14日　愛媛県立上浮穴農林学校を設立
　昭和16年4月7日　　愛媛県立上浮穴農林学校が開校
　昭和23年4月1日　　愛媛県立上浮穴高等学校と改称

◇愛媛県立川之石高等学校
　〒796-0201 愛媛県八幡浜市保内町川之石1-112
　TEL 0894-36-0550
〈愛媛県伊方農業学校〉
　大正3年4月　　私立実践農業学校を設立
　昭和19年4月　愛媛県伊方農業学校と改称
〈愛媛県立川之石高等女学校〉
　大正5年6月　　補習科を設置
　昭和2年4月　　町立川之石女子実践学校を設置
　昭和17年4月　愛媛県立川之石高等実科女学校と改称
　昭和18年4月　愛媛県立川之石高等女学校と改称
〈統合〉
　昭和23年4月　愛媛県伊方農業学校、愛媛県立川之石高等女学校を統合し愛媛県立川之石高等学校を設置

◇愛媛県立川之江高等学校
　〒799-0101 愛媛県四国中央市川之江町2257
　TEL 0896-58-2061
　明治41年9月16日　組合立三島女学校が開校
　大正元年9月27日　組合立宇摩実科高等女学校と改称
　大正10年4月1日　　宇摩郡立宇摩高等女学校と改称
　大正11年4月1日　　愛媛県立宇摩高等女学校と改称
　昭和10年4月1日　　愛媛県立川之江高等女学校と改称
　昭和23年4月1日　　愛媛県立川之江高等学校と改称

◇愛媛県立北宇和高等学校
　〒798-1397 愛媛県北宇和郡鬼北町近永942
　TEL 0895-45-1241
　昭和13年4月　愛媛県立北宇和農業学校が開校
　昭和23年4月　愛媛県立北宇和高等学校と改称

◇愛媛県立北宇和高等学校日吉分校
　〒798-1503 愛媛県北宇和郡鬼北町上大野405
　TEL 0895-44-2230
　昭和23年9月　愛媛県立北宇和高等学校日吉分校を開校

◇愛媛県立小松高等学校
　〒799-1101 愛媛県西条市小松町新屋敷乙42-1
　TEL 0898-72-2731
　明治40年9月12日　小松町立実用女学校が開校
　昭和16年4月20日　私立子安中学校が開校
　昭和23年4月1日　　私立子安中学校、小松実用女学校を統合し愛媛県立子安高等学校と改称
　昭和24年9月1日　　愛媛県立小松高等学校と改称

◇愛媛県立西条高等学校
　〒793-8509 愛媛県西条市明屋敷234
　TEL 0897-56-2030
〈愛媛県立西条第一高等学校〉
　明治29年4月20日　愛媛県尋常中学東予分校が開校
　明治32年3月30日　愛媛県西条中学校として独立
　明治34年9月14日　愛媛県立西条中学校と改称
　昭和23年　　　　　愛媛県立西条第一高等学校と改称
〈愛媛県立西条第二高等学校〉
　明治39年　　　　　組合立西条実業女学校の設置認可
　明治41年4月1日　　新居浜郡立実業高等女学校と改称
　大正13年　　　　　愛媛県立西条高等女学校と改称
　昭和23年　　　　　愛媛県立西条第二高等学校と改称
〈統合〉
　昭和24年9月1日　　愛媛県立西条第一高等学校、愛媛県立西条第二高等学校を統合し愛媛県立西条北高等学校と改称
　昭和30年　　　　　愛媛県立西条南高等学校を統合し愛媛県立西条高等学校と改称

愛媛県

◇愛媛県立**西条農業高等学校**
　〒793-0035　愛媛県西条市福武甲2093
　TEL 0897-56-3611
　大正7年6月19日　　愛媛県立西条農業学校を設立許可
　大正8年4月7日　　　愛媛県立西条農業学校が開校
　昭和23年4月1日　　愛媛県立西条農業高等学校と改称
　昭和24年9月1日　　愛媛県立西条南高等学校と改称
　昭和30年4月1日　　愛媛県立西条農業高等学校と改称

◇**済美高等学校**
　［学校法人 済美学園］
　〒790-8560　愛媛県松山市湊町7-9-1
　TEL 089-943-4185
　明治34年4月20日　　松山裁縫傳習所を開設
　明治34年9月1日　　 松山女子裁縫研究会（のち：勝山女学校高等女学校）を設立
　明治35年9月24日　　澤田裁縫学校が開校
　明治38年9月12日　　勝山女学校（のち：勝山女学校高等女学校）を創設
　明治40年4月4日　　 家政女学会を設立
　明治41年7月1日　　 澤田裁縫女学校，家政女学会が合併し
　　　　　　　　　　　愛媛実科女学校を設立
　明治44年4月14日　　愛媛実科女学校，勝山高等女学校とを合併し
　　　　　　　　　　　済美高等女学校，済美女学校が開校
　昭和24年　　　　　　済美高等学校と改称

◇愛媛県立**三瓶高等学校**
　〒796-0908　愛媛県西予市三瓶町津布理3463
　TEL 0894-33-0033
　大正9年　　　　　　 第二山下実科高等女学校が開校
　大正13年　　　　　　第二山下高等女学校と改称
　昭和23年　　　　　　愛媛県立三瓶高等学校として発足
　昭和24年　　　　　　愛媛県立三瓶高等学校が開校

◇**聖カタリナ女子高等学校**
　［学校法人 聖カタリナ学園］
　〒790-8557　愛媛県松山市永代町10-1
　TEL 089-933-3291
　大正14年　　　　　　松山美善女学校を開設
　昭和6年　　　　　　 松山商業女学校と改称
　昭和17年　　　　　　松山女子商業学校と改称
　昭和23年　　　　　　松山女子商業高等学校と改称
　昭和43年　　　　　　聖カタリナ女子高等学校と改称

◇愛媛県立**丹原高等学校**
　〒791-0502　愛媛県西条市丹原町願連寺163
　TEL 0898-68-7325
　明治34年4月1日　　周桑郡立農業補習学校を創立
　明治36年4月1日　　周桑郡立周桑農業学校を設立
　明治40年3月31日　　周桑郡立周桑農蚕学校と改称
　大正9年3月5日　　　周桑郡立周桑高等女学校を創立
　大正11年4月1日　　 愛媛県立周桑高等女学校と改称
　昭和21年4月1日　　 壬生川町外15町村組合立周桑農業学校を創立
　昭和23年4月1日　　 周桑高等女学校，周桑農業学校を学制改革により合併して
　　　　　　　　　　　愛媛県立周桑高等学校と改称
　昭和24年9月1日　　 愛媛県立丹原高等学校と改称

◇愛媛県立**津島高等学校**
　〒798-3302　愛媛県宇和島市津島町高田2469-1
　TEL 0895-32-2304
　昭和23年　　　　　　愛媛県立津島高等学校を設立

◇**帝京第五高等学校**
　［学校法人 帝京科学大学］
　〒795-0072　愛媛県大洲市新谷甲233
　TEL 0893-25-0511
　昭和38年　　　　　　帝京第五高等学校を設立

◇**帝京第五高等学校冨士校**
　［学校法人 帝京科学大学］
　〒795-0011　愛媛県大洲市柚木947
　TEL 0893-24-6335
　昭和55年4月　　　　帝京第五高等学校冨士校を設立

◇愛媛県立**土居高等学校**
　〒799-0701　愛媛県四国中央市土居町中村892
　TEL 0896-74-2017
　明治34年5月2日　　 宇摩郡立農業学校として創立
　明治39年3月31日　　宇摩郡立農林学校と改称
　大正12年3月31日　　愛媛県立宇摩実業学校と改称
　昭和19年4月1日　　 愛媛県立宇摩農業学校と改称
　昭和23年4月1日　　 愛媛県立宇摩農業高等学校と改称
　昭和24年9月1日　　 愛媛県立小富士高等学校が開校
　昭和30年4月1日　　 愛媛県立土居高等学校と改称

◇愛媛県立**東温高等学校**
　〒791-0204　愛媛県東温市志津川960
　TEL 089-964-2400
　昭和23年12月1日　　愛媛県立東温高等学校を創立

◇愛媛県立**東予高等学校**
　〒799-1371　愛媛県西条市周布650
　TEL 0898-64-2119
　昭和37年2月1日　　 愛媛県立壬生川工業高等学校を設立
　昭和48年3月23日　　愛媛県立東予工業高等学校と改称
　平成13年3月23日　　愛媛県立東予高等学校と改称

◇愛媛県立**長浜高等学校**
　〒799-3422　愛媛県大洲市長浜町大越甲480-1
　TEL 0893-52-1251
　昭和15年2月　　　　長浜家政女学校を設置
　昭和20年4月　　　　愛媛県立長浜高等家政女学校と改称
　昭和21年4月　　　　愛媛県立長浜高等女学校と改称
　昭和23年4月　　　　愛媛県立長浜高等学校を設置

◇愛媛県立**中山高等学校**
　〒791-3204　愛媛県伊予市中山町出渕2-105-10
　TEL 089-967-0033
　昭和23年　　　　　　愛媛県立中山高等学校が開校

◇愛媛県立**新居浜工業高等学校**
　〒792-0004　愛媛県新居浜市北新町8-1
　TEL 0897-37-2029
　昭和12年4月1日　　 愛媛県立新居浜農学校に乙種機械科を併設し
　　　　　　　　　　　愛媛県立新居浜農工学校と改称
　昭和13年4月1日　　 愛媛県立新居浜工業学校として独立
　昭和23年4月1日　　 愛媛県立新居浜工業高等学校と改称
　昭和23年6月5日　　 市立定時制新居浜工業高等学校を設置

| 昭和24年9月1日 | 愛媛県立新居浜西高等学校工業部と改称 |
| 昭和27年4月1日 | 愛媛県立新居浜工業高等学校と改称 |

### ◇愛媛県立新居浜商業高等学校
〒792-0821 愛媛県新居浜市瀬戸町2-16
TEL 0897-43-6736

| 昭和35年 | 愛媛県立新居浜東高等学校の商業科が独立し愛媛県立新居浜商業高等学校が開校 |

### ◇愛媛県立新居浜西高等学校
〒792-0024 愛媛県新居浜市宮西町4-46
TEL 0897-37-2735

| 大正6年 | 新居浜町立新居浜女学校として創立 |
| 大正8年 | 新居浜町立実科高等女学校と改称 |
| 昭和2年 | 新居浜町立新居浜高等女学校と改称 |
| 昭和12年 | 新居浜市立新居浜高等女学校と改称 |
| 昭和15年 | 愛媛県立新居浜高等女学校と改称 |
| 昭和23年 | 愛媛県立新居浜第二高等学校と改称 |
| 昭和24年 | 愛媛県立新居浜西高等学校と改称 |

### ◇愛媛県立新居浜東高等学校
〒792-0864 愛媛県新居浜市東雲町2-9-1
TEL 0897-37-0149

| 昭和15年3月27日 | 新居浜市立新居浜中学校を設立 |
| 昭和16年3月7日 | 愛媛県立新居浜中学校と改称 |
| 昭和22年4月1日 | 新居浜中学校併設中学校と改称 |
| 昭和23年4月1日 | 愛媛県立新居浜第一高等学校と改称 |
| 昭和24年9月7日 | 愛媛県立新居浜第一高等学校, 愛媛県立新居浜商業高等学校, 愛媛県立農業高等学校を新制高等学校の再編成により統合し愛媛県立新居浜東高等学校と改称 |

### ◇愛媛県立新居浜南高等学校
〒792-0836 愛媛県新居浜市篠場町1-32
TEL 0897-43-6191

| 昭和25年 | 愛媛県立新居浜西高等学校中萩分校を設立 |
| 昭和32年 | 愛媛県立新居浜西高等学校角野分校と改称 |
| 昭和39年 | 愛媛県立新居浜南高等学校と改称 |

### ◇新田高等学校
[学校法人 新田学園]
〒791-8064 愛媛県松山市山西町663
TEL 089-951-0188

| 昭和13年6月18日 | 新田中学校を設置 |
| 昭和23年3月31日 | 新田高等学校を設置 |

### ◇愛媛県立野村高等学校
〒797-1211 愛媛県西予市野村町阿下6-2
TEL 0894-72-0102

| 昭和21年5月 | 東宇和郡東部10カ町村組合立野村農業学校を設立 |
| 昭和23年4月 | 愛媛県立農業高等学校と改称 |
| 昭和24年9月 | 愛媛県立野村高等学校が発足 |

### ◇愛媛県立野村高等学校土居分校
〒797-1702 愛媛県西予市城川町古市2128-2
TEL 0894-83-0203

| 昭和23年10月 | 愛媛県立野村高等学校土居分校を創立 |

### ◇愛媛県立伯方高等学校
〒794-2301 愛媛県今治市伯方町有津甲2358
TEL 0897-72-0034

| 昭和23年 | 愛媛県立伯方高等学校を創設 |

### ◇愛媛県立伯方高等学校岩城分校
〒794-2410 愛媛県越智郡上島町岩城5751
TEL 0897-75-2044

| 昭和23年11月11日 | 愛媛県立弓削高等学校岩城島分校が開校 |
| 昭和32年4月 | 愛媛県立今治西高等学校(定時制)と改称 |
| 昭和33年4月 | 愛媛県立伯方高等学校岩城分校と改称 |

### ◇愛媛県立北条高等学校
〒799-2430 愛媛県松山市北条辻600-1
TEL 089-993-0333

| 昭和22年 | 愛媛県立松山農業高等学校を設立 |
| 昭和24年 | 愛媛県立松山高等学校に統合され農業科となる |
| 昭和28年 | 愛媛県立松山北高等学校北条分校と改称 |
| 昭和39年 | 愛媛県立北条高等学校と改称 |

### ◇愛媛県立松山北高等学校
〒790-0826 愛媛県松山市文京町4-1
TEL 089-925-2161

〈愛媛県立北予高等学校〉
| 明治33年4月1日 | 北予中学校が開校 |
| 昭和13年4月1日 | 愛媛県立北予中学校と改称 |
| 昭和23年4月1日 | 愛媛県立北予高等学校が発足 |

〈愛媛県立松山城北高等学校〉
| 昭和23年4月1日 | 愛媛県立松山城北高等学校が発足 |

〈統合〉
| 昭和24年9月1日 | 北予高等学校, 松山城北高等学校, 松山農業高等学校が統合され愛媛県立松山北高等学校として発足 |

### ◇愛媛県立松山北高等学校中島分校
〒791-4500 愛媛県松山市中島町大浦3100-1
TEL 089-997-0031

| 明治33年4月1日 | 北予中学校が開校 |
| 昭和13年4月1日 | 愛媛県立北予中学校と改称 |
| 昭和23年4月1日 | 愛媛県立北予高等学校を発足 |
| 昭和23年4月1日 | 愛媛県立松山城北高等学校を発足 |
| 昭和23年10月15日 | 愛媛県立松山農業高等学校中島分校を設置 |
| 昭和24年9月1日 | 愛媛県立松山北高等学校中島分校と改称 |

### ◇愛媛県立松山工業高等学校
〒790-0021 愛媛県松山市真砂町1
TEL 089-931-8195

| 明治42年7月 | 松山市立工業徒弟学校を開校 |
| 明治42年9月 | 松山市立工業徒弟学校が開校 |
| 大正7年6月 | 松山市立工業学校と改称 |
| 大正11年4月 | 愛媛県松山工業学校と改称 |

愛媛県

| 昭和9年4月 | 愛媛県立松山工業学校と改称 |
| 昭和23年4月 | 愛媛県立松山工業高等学校と改称 |
| 昭和24年9月 | 愛媛県立松山南高等学校工業部と改称 |
| 昭和29年3月 | 愛媛県立松山工業高等学校として独立 |

◇松山東雲高等学校
　[学校法人 松山東雲学園]
　〒790-8541 愛媛県松山市大街道3-2-24
　TEL 089-941-4136

| 明治19年9月16日 | 私立松山女学校を二宮邦次郎が創立 |
| 昭和7年2月10日 | 松山東雲高等女学校と改称 |
| 昭和23年4月1日 | 松山東雲高等学校を設置 |

◇愛媛県立**松山商業高等学校**
　〒790-8530 愛媛県松山市旭町71
　TEL 089-941-3751

| 明治35年4月15日 | 愛媛県立商業学校が開校 |
| 明治39年4月1日 | 愛媛県立松山商業学校と改称 |
| 昭和23年4月1日 | 愛媛県立松山商業高等学校と改称 |
| 昭和24年9月1日 | 愛媛県立松山第一高等学校と学制改革により統合し愛媛県立松山東高等学校の商業科となる |
| 昭和27年1月25日 | 愛媛県立松山東高等学校より分離独立して愛媛県立松山商業高等学校と復活改称する |

◇**松山城南高等学校**
　[学校法人 松山学院]
　〒790-8550 愛媛県松山市北久米町815
　TEL 089-976-4343

| 明治24年1月 | 普通夜学会をコーネリア・ジャジソンが創立 |
| 明治27年11月 | 松山夜学校と改称 |
| 昭和18年4月 | 松山城南中学校と改称 |
| 昭和23年4月 | 松山城南高等学校と改称 |

◇**松山聖陵高等学校**
　[学校法人 松山聖陵学園]
　〒791-8016 愛媛県松山市久万ノ台1112
　TEL 089-924-8783

| 昭和36年4月 | 松山聖陵高等学校が開校 |

◇愛媛県立**松山中央高等学校**
　〒791-1114 愛媛県松山市井門町1220
　TEL 089-957-1022

| 昭和62年4月1日 | 愛媛県立松山中央高等学校を設置 |

◇愛媛県立**松山西高等学校**
　〒791-8016 愛媛県松山市久万ノ台1485-4
　TEL 089-922-8931

| 昭和49年4月1日 | 愛媛県立松山西高等学校が開校 |

◇愛媛県立**松山東高等学校**
　〒790-8521 愛媛県松山市持田町2丁目2-12
　TEL 089-943-0187

| 文政11年2月3日 | 明教館を藩主松平定通が設立 |
| 明治5年4月19日 | 松山県学校を開校 |
| 明治6年3月15日 | 英学舎と改称 |
| 明治8年8月20日 | 県立英学所と改称 |
| 明治9年8月17日 | 愛媛県変則中学校と改称 |
| 明治11年6月15日 | 愛媛県松山中学校と改称 |
| 明治17年5月23日 | 愛媛県第一中学校と改称 |
| 明治20年5月23日 | 愛媛県第一中学校を廃校 |
| 明治21年9月20日 | 私立伊予尋常中学校が開校 |
| 明治25年4月30日 | 私立伊予尋常中学校を廃校 |
| 明治25年5月16日 | 愛媛県尋常中学校が開校 |
| 明治32年3月30日 | 愛媛県松山中学校と改称 |
| 明治34年9月1日 | 愛媛県立松山中学校と改称 |
| 昭和23年4月1日 | 愛媛県松山第一高等学校と改称 |
| 昭和24年9月1日 | 愛媛県立松山東高等学校と改称 |

◇愛媛県立**松山南高等学校**
　〒790-8506 愛媛県松山市末広町11-1
　TEL 089-941-5431

| 明治24年 | 私立愛媛県高等女学校として設立 |
| 明治29年 | 私立愛媛実業女学校と改称 |
| 明治34年 | 愛媛県立松山高等女学校と改称 |
| 昭和23年 | 愛媛県立松山第二高等学校と改称 |
| 昭和24年 | 愛媛県立松山南高等学校が開校 |

◇愛媛県立**松山南高等学校砥部分校**
　〒791-2141 愛媛県伊予郡砥部町岩谷口7
　TEL 089-962-4040

| 昭和23年 | 愛媛県立砥部高等学校が開校 |
| 昭和37年 | 愛媛県立松山南高等学校砥部分校と改称 |

◇愛媛県立**三崎高等学校**
　〒796-0801 愛媛県西宇和郡伊方町三崎511
　TEL 0894-54-0550

| 昭和26年1月 | 愛媛県立三崎高等学校を創立 |

◇愛媛県立**三島高等学校**
　〒799-0405 愛媛県四国中央市三島中央5丁目11-30
　TEL 0896-23-2136

| 大正12年4月1日 | 愛媛県立三島中学校が開校 |
| 昭和18年4月1日 | 愛媛県立三島高等女学校を開校 |
| 昭和23年4月1日 | 愛媛県立三島第一高等学校と改称 |
| 昭和24年9月1日 | 愛媛県立三島高等学校と改称 |

◇愛媛県立**南宇和高等学校**
　〒798-4192 愛媛県南宇和郡愛南町御荘平城3269
　TEL 0895-72-1241

| 明治40年 | 南宇和郡立水産農業学校として創立 |
| 大正10年 | 南宇和郡立実業学校と改称 |
| 大正11年 | 南宇和郡立実業女子学校と統合し愛媛県立南宇和実業学校と改称 |
| 昭和2年 | 愛媛県立南宇和農業学校と改称 |
| 昭和23年 | 愛媛県立南宇和高等学校と改称 |

◇愛媛県立**三間高等学校**
　〒798-1115 愛媛県宇和島市三間町戸雁764-3
　TEL 0895-58-2031

| 昭和23年 | 愛媛県立三間高等学校を設立 |

◇愛媛県立**八幡浜工業高等学校**
　〒796-8003 愛媛県八幡浜市古町2丁目3-1
　TEL 0894-22-2515

| 昭和37年4月1日 | 愛媛県立八幡浜工業高等学校が開校 |

◇愛媛県立**八幡浜高等学校**
　〒796-0010 愛媛県八幡浜市松柏丙654
　TEL 0894-22-2570
〈愛媛県立商業高等学校〉

| | | |
|---|---|---|
| 明治34年3月13日 | | 西宇和郡立甲種商業学校を設立許可 |
| 明治39年4月1日 | | 愛媛県立八幡浜商業学校と改称 |
| 昭和19年4月1日 | | 愛媛県立八幡浜工業学校に転換 |
| 昭和21年4月1日 | | 愛媛県立八幡浜商業学校に復帰 |
| 昭和23年4月1日 | | 愛媛県立商業高等学校と改称 |

〈愛媛県立八幡浜第一高等学校〉
| | | |
|---|---|---|
| 昭和18年4月1日 | | 西宇和郡各町村組合立八幡浜中学校を設立 |
| 昭和19年4月1日 | | 愛媛県立八幡浜中学校と改称 |
| 昭和23年4月1日 | | 愛媛県立八幡浜第一高等学校と改称 |

〈愛媛県立八幡浜第二高等学校〉
| | | |
|---|---|---|
| 大正元年9月30日 | | 八幡浜町立八幡浜実科高等女学校を開校 |
| 大正10年4月1日 | | 八幡浜町立八幡浜高等女学校と改称 |
| 大正11年4月1日 | | 愛媛県立八幡浜高等女学校と改称 |
| 昭和23年4月1日 | | 愛媛県立八幡浜第二高等学校と改称 |

〈統合〉
| | | |
|---|---|---|
| 昭和24年9月1日 | | 愛媛県立商業高等学校，愛媛県立八幡浜第一高等学校，愛媛県立八幡浜第二高等学校の3校が統合され愛媛県立八幡浜高等学校と改称 |

◇愛媛県立**弓削高等学校**
〒794-2505 愛媛県越智郡上島町弓削明神305
TEL 0897-77-2021
| | | |
|---|---|---|
| 昭和23年9月30日 | | 愛媛県立弓削高等学校（定時制課程）が開校 |
| 昭和32年4月1日 | | 愛媛県立今治西高等学校弓削分校と改称 |
| 昭和33年4月1日 | | 今治西高等学校から分離独立し愛媛県立弓削高等学校に改制 |

◇愛媛県立**吉田高等学校**
〒799-3794 愛媛県宇和島市吉田町北小路甲10
TEL 0895-52-0565
| | | |
|---|---|---|
| 大正12年4月 | | 吉田町立吉田中学校が開校 |
| 昭和13年8月 | | 愛媛県立吉田工業学校と改称 |
| 昭和23年 | | 愛媛県立吉田工業高等学校と改称 |
| 昭和24年 | | 愛媛県立吉田高等学校と改称 |
| 昭和25年 | | 私立山下高等学校を併合 |

〈私立山下高等学校〉
| | | |
|---|---|---|
| 大正6年3月 | | 私立山下実科女学校を創設 |
| 昭和23年4月 | | 私立山下高等学校と改称 |

# 高知県

## 【大学】

◇**高知工科大学**
［学校法人 高知工科大学］
〒782-8502 高知県香美市土佐山田町宮ノ口185
TEL 0887-53-1111
| | | |
|---|---|---|
| 平成9年4月1日 | | 高知工科大学が開学 |

◇**高知女子大学**
〒780-8515 高知県高知市永国寺町5-15
TEL 088-873-2156
| | | |
|---|---|---|
| 昭和19年12月29日 | | 高知県立女子医学専門学校を設立 |
| 昭和22年3月31日 | | 高知県立女子専門学校を設立 |
| 昭和24年2月21日 | | 高知県立女子専門学校を母体に高知女子大学を設立 |

◇**高知大学**
〒780-8520 高知県高知市曙町2-5-1
TEL 088-844-0111
| | | |
|---|---|---|
| 昭和24年 | | 高知高等学校，高知師範学校，高知青年師範学校などを統合し高知大学を設置 |
| 平成15年10月1日 | | 高知医科大学を統合 |

〈高知医科大学〉
| | | |
|---|---|---|
| 昭和51年10月1日 | | 高知医科大学が開学 |

## 【短大】

◇**高知学園短期大学**
［学校法人 高知学園］
〒780-0955 高知県高知市旭天神町292-26
TEL 088-840-1121
| | | |
|---|---|---|
| 昭和42年4月 | | 高知学園短期大学を開学 |

◇**高知短期大学**
〒780-8516 高知県高知市永国寺町5-15
TEL 088-873-2159
| | | |
|---|---|---|
| 昭和28年4月27日 | | 高知短期大学が開学 |

## 【高専】

◇**高知工業高等専門学校**
〒783-8508 高知県南国市物部乙200-1
TEL 088-864-5500
| | | |
|---|---|---|
| 昭和38年4月1日 | | 高知工業高等専門学校が開設 |

## 【高校】

◇高知県立**安芸高等学校**
〒784-8505 高知県安芸市清和町1-54
TEL 0887-34-1145

〈高知県立安芸中学校〉
| | | |
|---|---|---|
| 明治33年4月1日 | | 高知県立第一中学校分校が開校 |
| 明治36年4月1日 | | 高知県立第三中学校として独立 |
| 明治45年4月1日 | | 高知県立第二中学校と改称 |
| 大正11年4月1日 | | 高知県立安芸中学校と改称 |

〈高知県立安芸女子高等学校〉
| | | |
|---|---|---|
| 大正9年4月8日 | | 郡立高等女学校を設置 |
| 大正11年3月20日 | | 高知県立安芸高等女学校と改称 |
| 昭和22年4月1日 | | 高知県立安芸高等女学校と改称 |

## 高知県

| | | |
|---|---|---|
| 昭和23年4月1日 | | 高知県立安芸女子高等学校と改称 |
| 〈統合〉 | | |
| 昭和24年9月1日 | | 高知県立安芸高等学校, 高知県立安芸女子高等学校を廃して高知県立安芸高等学校を創立 |

### ◇高知県立安芸桜ケ丘高等学校
〒784-0026 高知県安芸市桜ケ丘町784
TEL 0887-35-2020

| | |
|---|---|
| 昭和38年4月 | 高知県立安芸高等学校工業科を併設し発足 |
| 昭和41年3月 | 高知県立安芸工業高等学校を開校 |
| 平成14年4月 | 高知県立安芸桜ケ丘高等学校と改称 |

### ◇高知県立伊野商業高等学校
〒781-2110 高知県吾川郡いの町332-1
TEL 088-892-0548

| | |
|---|---|
| 昭和36年4月8日 | 高知県立伊野商業高等学校が開校 |

### ◇高知県立大栃高等学校
〒781-4401 高知県香美市物部町大栃1926
TEL 0887-58-2204

| | |
|---|---|
| 昭和35年4月1日 | 高知県立高知農業高等学校香北分校(定時制)を設立 |
| 昭和39年1月1日 | 高知県立大栃高等学校として独立 |

### ◇高知県立大方高等学校
〒789-1931 高知県幡多郡黒潮町入野5507
TEL 0880-43-1079

| | |
|---|---|
| 昭和23年 | 高知県立中村女子高等学校大方分校が開校 |
| 昭和24年 | 高知県立中村高等学校大方分校と改称 |
| 昭和40年 | 高知県立大方商業高等学校として独立 |
| 平成17年 | 高知県立大方高等学校が開校 |

### ◇高知県立岡豊高等学校
〒783-0049 高知県南国市岡豊町中島511-1
TEL 088-866-1313

| | |
|---|---|
| 昭和58年11月1日 | 高知県立岡豊高等学校として開設 |

### ◇高知県立窪川高等学校
〒786-0012 高知県高岡郡四万十町北琴平町6-1
TEL 0880-22-1215

| | |
|---|---|
| 昭和17年4月1日 | 高知県立窪川農業学校を開設 |
| 昭和23年4月1日 | 高知県立窪川農業高等学校と学制改革により改称 |
| 昭和24年4月1日 | 高知県立窪川高等学校と改称 |

### ◇高知県立高知追手前高等学校
〒780-0842 高知県高知市追手筋2-2-10
TEL 088-873-6141

| | |
|---|---|
| 明治11年11月19日 | 高知県師範学校附属変則中学校が高知中学校として独立 |
| 明治19年9月 | 高知県尋常中学校と改称 |
| 明治32年4月 | 高知県中学校と改称 |
| 明治32年9月 | 高知県第一中学校と改称 |
| 大正11年4月 | 高知県立高知城東中学校と改称 |
| 昭和23年4月 | 高知県立高知新制高等学校と改称 |
| 昭和24年8月 | 高知県立高知追手前高等学校と改称 |

### ◇高知県立高知追手前高等学校吾北分校
〒781-2401 高知県吾川郡いの町上八川甲2075-1
TEL 088-867-2811

| | |
|---|---|
| 昭和26年5月11日 | 高知県立高知追手前高等学校上八川分校を設置 |
| 昭和33年9月5日 | 高知県立高知追手前高等学校吾北分校と改称 |

### ◇高知県立高知小津高等学校
〒780-0916 高知県高知市城北町1-14
TEL 088-822-5270

| | |
|---|---|
| 明治6年8月 | 海南私塾を創立 |
| 明治15年6月 | 海南学校と改称 |
| 明治21年9月 | 高知県私立中学海南学校と改称 |
| 明治21年9月 | 高知県尋常中学海南学校と改称 |
| 明治32年9月 | 高知県立第二中学校を設置 |
| 明治34年1月 | 高知県立中学海南学校と改称 |
| 大正11年4月 | 高知県立城北中学校が開校 |
| 昭和7年10月 | 高知県立海南中学校と改称 |
| 昭和23年4月 | 高知県立海南高等学校と改称 |
| 昭和24年7月 | 高知県立城北高等学校と学校再編成により命名 |
| 昭和24年12月 | 高知県立高知小津高等学校と改称 |

### ◇高知県立高知海洋高等学校
〒781-1163 高知県土佐市宇佐町福島1
TEL 088-856-0202

| | |
|---|---|
| 平成8年9月1日 | 高知県立高知海洋高等学校を開校 |

### ◇高知学芸高等学校
[学校法人 高知学芸高等学校]
〒780-8084 高知県高知市槙山町11-12
TEL 088-844-1831

| | |
|---|---|
| 昭和32年2月 | 高知学芸高等学校を創立 |

### ◇高知県立高知北高等学校
〒780-8039 高知県高知市東石立町160
TEL 088-832-2182

| | |
|---|---|
| 昭和47年4月1日 | 高知県立高知追手前高等学校(定時制課程), 高知県立高知小津高等学校(通信制課程)が統合され高知県立高知北高等学校として発足 |

### ◇高知県立高知工業高等学校
〒780-8010 高知県高知市桟橋通2丁目11-6
TEL 088-831-9171

| | |
|---|---|
| 明治45年5月 | 私立高知工業学校が開校 |
| 大正9年3月 | 高知工業学校と改称 |
| 大正12年4月 | 高知県立高知工業学校と改称 |
| 昭和23年6月 | 高知県立高知工業高等学校と改称 |
| 昭和24年9月 | 高知市立工芸高等学校を統合し高知県立高知工業高等学校と改称 |

### ◇高知高等学校
[学校法人 高知学園]
〒780-0956 高知県高知市北端町100
TEL 088-840-1111

| | |
|---|---|
| 明治32年4月 | 江陽学舎を創立 |
| 大正8年4月 | 城東商業学校を設立 |
| 昭和23年4月 | 城東高等学校を設立 |
| 昭和31年5月 | 高知高等学校と改称 |

### ◇高知中央高等学校
[学校法人 高知中央高等学校]
〒781-5103 高知県高知市大津乙324-1
TEL 088-866-3166

| 昭和38年 | 高知中央高等学校が開校 |

◇高知県立**高知西高等学校**
〒780-8052 高知県高知市鴨部2丁目5-70
TEL 088-844-1221
| 昭和32年4月8日 | 高知県立高知東高等学校が開校 |
| 昭和33年7月10日 | 高知県立高知西高等学校と改称 |

◇高知県立**高知農業高等学校**
〒783-0024 高知県南国市東崎957-1
TEL 088-863-3155
| 明治23年9月9日 | 高知県農業学校が開校 |
| 昭和23年4月1日 | 高知県立高知農業高等学校と改称 |

◇高知県立**高知東工業高等学校**
〒783-0006 高知県南国市篠原1590
TEL 088-863-2188
| 昭和37年4月10日 | 高知県立高知東工業高等学校を設立 |

◇高知県立**高知東高等学校**
〒781-8133 高知県高知市一宮徳谷23-1
TEL 088-845-5751
| 昭和51年4月7日 | 高知県立高知東高等学校が開校 |

◇高知県立**高知丸の内高等学校**
〒780-0850 高知県高知市丸ノ内2-2-40
TEL 088-873-4291
| 明治20年9月 | 高知県尋常中学校女子部が開校 |
| 明治26年4月 | 高知県高等女学校を設立 |
| 明治34年6月 | 高知県立高等女学校と改称 |
| 大正11年4月 | 高知県立高知高等女学校と改称 |
| 大正15年4月 | 高知県立高知第一高等女学校と改称 |
| 昭和21年4月 | 高知県立高知高等女学校と改称 |
| 昭和23年4月 | 高知県立高知女子高等学校と改称 |
| 昭和24年9月 | 高知県立高知丸の内高等学校と改称 |

◇高知県立**高知南高等学校**
〒780-8010 高知県高知市桟橋通6丁目2-1
TEL 088-831-2811
| 昭和62年 | 高知県立高知南高等学校を創立 |

◇高知県立**佐川高等学校**
〒789-1202 高知県高岡郡佐川町乙1789-5
TEL 0889-22-1243
| 大正11年4月8日 | 高知県立佐川高等女学校として開校 |
| 昭和23年4月1日 | 高知県立佐川高等学校を設置 |

◇高知県立**四万十高等学校**
〒786-0301 高知県高岡郡四万十町大正590-1
TEL 0880-27-0034
| 昭和29年 | 高知県立窪川高等学校大正分校を設立 |
| 昭和41年 | 高知県立大正高等学校と改称 |
| 平成11年4月1日 | 高知県立四万十高等学校と改称 |

◇高知県立**清水高等学校**
〒787-0336 高知県土佐清水市加久見893-1
TEL 0880-82-1236
| 昭和22年2月1日 | 高知県立中村中学校, 高知県立中村高等女学校清水分教場が開校 |
| 昭和23年4月1日 | 中村高等学校分教場と改称 |
| 昭和24年9月1日 | 高知県立清水高等学校として独立 |

◇高知県立**城山高等学校**
〒781-5310 高知県香南市赤岡町1612
TEL 0887-55-2126
| 明治14年2月1日 | 赤岡中学校が開校 |
| 明治20年2月 | 香美郡第一高等小学校を設立 |
| 明治21年3月 | 香美郡城山高等小学校と改称 |
| 昭和21年4月 | 高知県立城山中学校, 高知県立城山高等女学校を設置 |
| 昭和24年9月 | 高知県立城山高等学校を設置 |

◇高知県立**宿毛工業高等学校**
〒788-0783 高知県宿毛市平田町戸内2272-2
TEL 0880-66-0346
| 昭和29年5月 | 高知県立幡多農業高等学校山奈分校として設置認可 |
| 昭和38年1月 | 高知県立宿毛農工高等学校を認可 |
| 昭和44年4月 | 幡多農工高等学校と統合し高知県立宿毛工業高等学校と改称 |

◇高知県立**宿毛高等学校**
〒788-0008 高知県宿毛市与市明5-82
TEL 0880-63-2164
〈高知県立宿毛高等学校〉
| 昭和19年4月8日 | 高知県立宿毛中学校が開校 |
| 昭和22年3月 | 高知県立宿毛中学校併設中学校を設置 |
| 昭和23年4月 | 高知県立宿毛高等学校として発足 |
〈高知県立宿毛女子高等学校〉
| 昭和21年5月 | 高知県立中村高等女学校宿毛分教場が開校 |
| 昭和23年4月 | 高知県立宿毛女子高等学校と改称 |
〈統合〉
| 昭和24年4月 | 高知県立宿毛高等学校として発足 |

◇高知県立**宿毛高等学校大月分校**
〒788-0302 高知県幡多郡大月町弘見4098
TEL 0880-73-0122
| 昭和49年4月 | 高知県立宿毛高等学校大月分校を開校 |

◇高知県立**須崎工業高等学校**
〒785-8533 高知県須崎市多ノ郷和佐田甲4167-3
TEL 0889-42-1861
| 昭和16年4月 | 高知県立須崎工業学校を創立 |
| 昭和23年4月 | 高知県立須崎工業高等学校と改称 |

◇高知県立**須崎高等学校**
〒785-0022 高知県須崎市下分甲391-2
TEL 0889-42-1744
| 昭和21年3月 | 須崎中学校, 須崎女学校として創立 |
| 昭和23年4月 | 高知県立須崎高等学校と改称 |

◇高知県立**須崎高等学校久礼分校**
〒789-1301 高知県高岡郡中土佐町久礼岡の前52-2
TEL 0889-52-2880
| 昭和23年6月12日 | 高知県立須崎高等学校久礼分校を設置許可 |

◇**清和女子高等学校**
［学校法人 清和学園］
〒783-0007 高知県南国市明見98
TEL 088-863-1200
| 明治40年 | 高知女学会を設立 |
| 昭和11年 | 清和女学校と改称 |

高知県

| | | |
|---|---|---|
|昭和28年||清和女子高等学校と改称|

◇太平洋学園高等学校
　［学校法人　太平洋学園］
　〒780-0061　高知県高知市栄田町1-10-3
　TEL 088-822-3584
| | | |
|---|---|---|
|平成13年||太平洋学園高等学校を設置|

◇高知県立高岡高等学校
　〒781-1101　高知県土佐市高岡町甲2200
　TEL 088-852-1168
| | | |
|---|---|---|
|昭和21年3月31日||高岡町外6ヶ村組合立高岡高等小学校同組合青年学校を解散して高知県立高岡中学校，高知県立高等女学校を設立|
|昭和23年3月31日||高知県立高岡高等学校と改称|

◇高知県立中芸高等学校
　〒781-6410　高知県安芸郡田野町1203-4
　TEL 0887-38-2914
| | | |
|---|---|---|
|昭和23年5月24日||高知県安芸郡中芸高等学校を田野町外五ヶ村組合立として設置認可|
|昭和23年7月1日||高知県中芸高等学校と改称|
|昭和25年3月31日||高知県立中芸高等学校と改称|

◇土佐高等学校
　［学校法人　土佐高等学校］
　〒780-8014　高知県高知市塩屋崎町1-1-10
　TEL 088-833-4394
| | | |
|---|---|---|
|大正9年2月24日||土佐中学校を設立|
|昭和23年4月1日||土佐高等学校と改称|

◇土佐塾高等学校
　［学校法人　土佐塾高等学校］
　〒780-8026　高知県高知市北中山85
　TEL 088-831-1717
| | | |
|---|---|---|
|昭和62年4月||土佐塾高等学校が開校|

◇土佐女子高等学校
　［学校法人　土佐女子学園］
　〒780-0842　高知県高知市追手筋2-3-1
　TEL 088-875-3111
| | | |
|---|---|---|
|明治35年||私立高知女学校を前田松壽が設立|
|明治35年||成女学舎と統合し私立土佐女学校と改称|
|明治36年||高知共立学校と合同|
|明治37年||私立土佐高等女学校を設立|
|大正15年||土佐高等女学校と改称|
|昭和23年||土佐第一高等学校と改称|
|昭和26年||土佐女子高等学校と改称|

◇高知県立中村高等学校
　〒787-0003　高知県四万十市中村丸の内24
　TEL 0880-34-2141
| | | |
|---|---|---|
|明治33年||高知県立第二中学校分校として創立|
|明治36年||高知県立第四中学校として独立|
|明治45年||高知県立第三中学校と改称|
|大正11年||高知県立中村中学校と改称|
|昭和22年||高知県立中村中学併設中学校を設置|
|昭和23年||高知県立中村高等学校として発足|
|昭和24年||高知県立中村女子高等学校を統合|

〈高知県立中村女子高等学校〉
| | | |
|---|---|---|
|明治41年||私立幡多郡実業女学校が開校|
|明治42年||幡多郡立実業女学校と改称|
|明治45年||幡多郡立実科高等女学校と改称|
|大正7年||幡多郡立高等女学校を設置|
|大正9年||幡多郡高等女学校と改称|
|大正11年||高知県立中村高等女学校と改称|
|昭和22年||高知県立中村女子高等学校と改称|
|昭和23年||高知県立中村女子高等学校として発足|

◇高知県立中村高等学校西土佐分校
　〒787-1612　高知県四万十市西土佐津野川223
　TEL 0880-52-1186
| | | |
|---|---|---|
|昭和26年||高知県中村高等学校津大分校（昼間定時制）として設立|
|昭和33年||高知県立中村高等学校西土佐分校と改称|

◇高知県立仁淀高等学校
　〒781-1751　高知県吾川郡仁淀川町大渡183
　TEL 0889-36-0023
| | | |
|---|---|---|
|昭和23年8月||高知県立佐川高等学校仁淀分校を設置|
|昭和31年4月||高知県立仁淀高等学校として独立|

◇高知県立幡多農業高等学校
　〒787-0010　高知県四万十市古津賀3711
　TEL 0880-34-2166
| | | |
|---|---|---|
|昭和16年||高知県立幡多農林学校として認可|
|昭和23年||高知県立幡多農業高等学校として学制改革により発足|
|昭和38年||高知県立幡多農工高等学校と改称|
|昭和44年||高知県立幡多農業高等学校と改称|

◇高知県立春野高等学校
　〒781-0303　高知県吾川郡春野町弘岡下3860
　TEL 088-894-2308
| | | |
|---|---|---|
|明治41年||弘岡実業女学校が開校|
|昭和23年||高知県立弘岡農業高等学校と改称|
|昭和46年||高知園芸高等学校と改称|
|平成18年||高知県立春野高等学校に改編|

◇高知県立室戸高等学校
　〒781-7102　高知県室戸市室津221
　TEL 08872-2-1155
| | | |
|---|---|---|
|昭和21年3月30日||高知県立室戸中学校，高知県立室戸高等女学校として創立|
|昭和23年4月15日||高知県立室戸中学校，高知県立室戸高等女学校を統合し高知県立高知室戸高等学校と改称|
|昭和24年8月31日||高知県立室戸高等学校と改称|

◇明徳義塾高等学校
　［学校法人　明徳義塾］
　〒785-0195　高知県須崎市浦ノ内下中山160
　TEL 088-856-1211
| | | |
|---|---|---|
|昭和51年4月1日||明徳高等学校が開校|
|昭和59年4月1日||明徳義塾高等学校と改称|

◇高知県立山田高等学校
　〒782-0033　高知県香美市土佐山田町旭町3-1-3
　TEL 0887-52-3151
| | | |
|---|---|---|
|昭和16年2月||高知県立山田高等女学校を設立|
|昭和23年4月||高知県立山田高等学校と改称|

◇高知県立**梼原高等学校**
　〒785-0610 高知県高岡郡梼原町梼原1262
　TEL 0889-65-0181
　昭和9年11月21日　　梼原村立孝山塾青年学校が開校
　昭和17年1月29日　　梼原村立梼原農林学校の設置が認可
　昭和22年3月31日　　高知県立梼原農林学校と改称
　昭和23年4月1日　　 高知県立梼原農業高等学校と改称
　昭和24年9月1日　　 高知県立梼原高等学校と改称

◇高知県立**嶺北高等学校**
　〒781-3601 高知県長岡郡本山町本山727
　TEL 0887-76-2074
　昭和23年6月　　　　高知県立高知農業高等学校本山分校の設置認可
　昭和23年9月　　　　高知県立高知農業高等学校森分校の設置認可
　昭和28年4月　　　　高知県立高知農業高等学校本山分校，高知県立高知農業高等学校森分校を統合し
　　　　　　　　　　　高知県立嶺北高等学校を開校

# 福岡県

## 【大学】

◇**北九州市立大学**
　〒802-8577 福岡県北九州市小倉南区北方4丁目2-1
　TEL 093-964-4004
　昭和21年7月　　　　小倉外事専門学校を創立
　昭和25年4月　　　　北九州外国語大学と改称
　昭和26年4月　　　　北九州外国語大学短期大学部を設置
　昭和28年4月　　　　北九州大学と改称
　平成13年4月　　　　北九州市立大学と改称

◇**九州栄養福祉大学**
　［学校法人 東筑紫学園］
　〒803-8511 福岡県北九州市小倉北区下到津5-1-1
　TEL 093-561-2136
　平成13年4月　　　　九州栄養福祉大学が開学

◇**九州共立大学**
　［学校法人 福原学園］
　〒807-8585 福岡県北九州市八幡西区自由ケ丘1-8
　TEL 093-693-3005
　昭和40年　　　　　　九州共立大学を開学

◇**九州工業大学**
　〒804-8550 福岡県北九州市戸畑区仙水町1-1
　TEL 093-884-3000
　明治42年4月1日　　 私立明治専門学校が開学
　大正10年3月30日　　明治専門学校に移管
　昭和19年4月1日　　 明治工業専門学校と改称
　昭和24年5月31日　　明治工業専門学校を統合し九州工業大学を設置
　平成15年10月　　　 九州芸術工科大学を統合

◇**九州国際大学**
　［学校法人 九州国際大学］
　〒805-8512 福岡県北九州市八幡東区平野1-6-1
　TEL 093-671-8910
　昭和22年3月　　　　戸畑専門学校を創立
　昭和24年3月　　　　八幡専門学校と改称
　昭和25年2月　　　　八幡大学を設立
　昭和28年4月　　　　八幡短期大学（のち廃止）を設立
　平成元年4月　　　　九州国際大学と改称

◇**九州産業大学**
　［学校法人 中村産業学園］
　〒813-8503 福岡県福岡市東区松香台2-3-1
　TEL 092-673-5050
　昭和35年4月　　　　九州商科大学を開学
　昭和38年1月　　　　九州産業大学と改称

◇**九州歯科大学**
　〒803-8580 福岡県北九州市小倉北区真鶴2丁目6-1
　TEL 093-582-1121
　大正3年4月　　　　 私立九州歯科医学校を開設
　大正10年7月　　　　九州歯科医学専門学校に昇格
　昭和19年4月　　　　福岡県立医学歯学専門学校と改称
　昭和22年4月　　　　福岡県立歯科医学専門学校と改称
　昭和24年4月　　　　九州歯科大学と改称

◇**九州情報大学**
　［学校法人 九州情報大学］

福岡県

〒818-0117 福岡県太宰府市宰府6-3-1
TEL 092-928-4000
平成10年　　　　　九州情報大学が開学

◇九州女子大学
　［学校法人　九原学園］
　〒807-8586 福岡県北九州市八幡西区自由ケ丘1-1
　TEL 093-693-3116
　昭和37年　　　　九州女子大学を開設

◇九州大学
　〒812-8581 福岡県福岡市東区箱崎6-10-1
　TEL 092-642-2111
　慶応3年　　　　　賛生館を黒田藩が設立
　明治12年　　　　福岡県立福岡医学校を設立
　明治36年　　　　京都帝国大学福岡医科大学を設立
　明治44年　　　　九州帝国大学を設立
　昭和22年　　　　九州大学と改称
　昭和24年　　　　福岡高等学校，久留米工業専門学
　　　　　　　　　校，九州大学を統合し
　　　　　　　　　九州大学を設立
　平成15年　　　　九州芸術工科大学と統合

◇久留米工業大学
　［学校法人　久留米工業大学］
　〒830-0052 福岡県久留米市上津町2228-66
　TEL 0942-22-2345
　昭和41年4月　　　久留米工業学園短期大学（のち廃
　　　　　　　　　止）を設置
　昭和51年4月　　　久留米工業大学を設置

◇久留米大学
　［学校法人　久留米大学］
　〒830-0011 福岡県久留米市旭町67
　TEL 0942-35-3311
　昭和3年2月　　　九州医学専門学校を設置
　昭和18年2月　　　九州高等医学専門学校と改称
　昭和25年2月　　　久留米大学を設置

◇産業医科大学
　［学校法人　産業医科大学］
　〒807-8555 福岡県北九州市八幡西区医生ケ丘1-1
　TEL 093-603-1611
　昭和53年4月　　　産業医科大学が開設

◇西南学院大学
　［学校法人　西南学院］
　〒814-8511 福岡県福岡市早良区西新6-2-92
　TEL 092-823-3208
　昭和24年　　　　西南学院大学を開設

◇西南女学院大学
　［学校法人　西南女学院］
　〒803-0835 福岡県北九州市小倉北区井堀1-3-5
　TEL 093-583-5130
　平成6年4月　　　西南女学院大学が開学

◇聖マリア学院大学
　［学校法人　聖マリア学院］
　〒830-8558 福岡県久留米市津福本町422
　TEL 0942-35-7271
　昭和48年　　　　聖マリア高等看護学院が開校
　昭和51年6月　　　聖マリア看護専門学校と改称
　昭和61年　　　　聖マリア学院短期大学に改組・開学
　平成18年4月　　　聖マリア学院大学に改組・開学

◇第一経済大学
　［学校法人　都築育英学園］
　〒818-0197 福岡県太宰府市五条3-11-25
　TEL 092-922-5131
　昭和43年　　　　第一経済大学を開学

◇第一福祉大学
　［学校法人　俊英学園］
　〒818-0194 福岡県太宰府市五条3-10-10
　TEL 092-918-6511
　平成13年12月20日　第一福祉大学を設置

◇第一薬科大学
　［学校法人　都築学園］
　〒815-0037 福岡県福岡市南区玉川町22-1
　TEL 092-541-0161
　昭和35年　　　　第一薬科大学を都築貞枝が創設

◇筑紫女学園大学
　［学校法人　筑紫女学園］
　〒818-0192 福岡県太宰府市石坂2-12-1
　TEL 092-925-3511
　昭和63年　　　　筑紫女学園大学が開学

◇東和大学
　［学校法人　福田学園］
　〒815-8510 福岡県福岡市南区筑紫丘1-1-1
　TEL 092-541-1512
　昭和42年　　　　東和大学を創設

◇中村学園大学
　［学校法人　中村学園］
　〒814-0198 福岡県福岡市城南区別府5-7-1
　TEL 092-851-2531
　昭和40年4月　　　中村学園大学が開学

◇西日本工業大学
　［学校法人　西日本工業学園］
　〒800-0394 福岡県京都郡苅田町新津1-11-1
　TEL 0930-23-1491
　昭和11年5月　　　九州工学校を設立（設立者：小堺秀
　　　　　　　　　次）
　昭和23年7月　　　九州高等工科学校と改称
　昭和42年4月　　　西日本工業大学が開学

◇日本赤十字九州国際看護大学
　［学校法人　日本赤十字学園］
　〒811-4157 福岡県宗像市アスティ1-1
　TEL 0940-35-7001
　平成13年4月1日　 日本赤十字九州国際看護大学を設
　　　　　　　　　立

◇福岡教育大学
　〒811-4192 福岡県宗像市赤間文教町1-1
　TEL 0940-35-1200
　昭和24年5月31日　福岡第一師範学校，福岡第二師範
　　　　　　　　　学校，福岡青年師範学校を統合
　　　　　　　　　し
　　　　　　　　　福岡学芸大学が発足
　昭和41年4月1日　 福岡教育大学と改称

◇福岡県立大学
　〒825-8585 福岡県田川市伊田4395
　TEL 0947-42-2118
　〈福岡県立公衆衛生看護学校〉
　昭和20年4月　　　福岡県立保健婦学校を設置

| 昭和27年9月 | 福岡県立保健婦養成所に再編 |
| 昭和37年4月 | 福岡県立公衆衛生看護学校と改称 |

〈福岡県立保母養成所〉
| 昭和27年7月 | 福岡県立保育専門学院を設置 |
| 昭和29年4月 | 福岡県立保母養成所と改称 |

〈統合〉
| 昭和42年4月 | 福岡県立保母養成所,福岡県立公衆衛生看護学校を統合し福岡県社会保育短期大学を開学 |
| 平成4年4月 | 福岡県立大学が開学 |

◇福岡工業大学
　[学校法人 福岡工業大学]
　〒811-0295 福岡県福岡市東区和白東3-30-1
　TEL 092-606-3131
| 昭和38年4月 | 福岡電波学園電子工業大学を開設 |
| 昭和41年4月 | 福岡工業大学と改称 |

◇福岡国際大学
　[学校法人 九州学園]
　〒818-0193 福岡県太宰府市五条4-16-1
　TEL 092-922-4034
| 平成10年 | 福岡国際大学が開学 |

◇福岡歯科大学
　[学校法人 福岡歯科学園]
　〒814-0193 福岡県福岡市早良区田村2-15-1
　TEL 092-801-0411
| 昭和48年 | 福岡歯科大学が開学 |

◇福岡女学院大学
　[学校法人 福岡女学院]
　〒811-1313 福岡県福岡市南区日佐3-42-1
　TEL 092-581-1492
| 平成2年 | 福岡女学院大学が開学 |

◇福岡女子大学
　〒813-8529 福岡県福岡市東区香住ケ丘1丁目1-1
　TEL 092-661-2411
| 大正12年4月17日 | 福岡県立女子専門学校が開学 |
| 大正14年 | 福岡県女子専門学校と改称 |
| 昭和25年4月 | 福岡女子大学が開学 |

◇福岡大学
　[学校法人 福岡大学]
　〒814-0180 福岡県福岡市城南区七隈8-19-1
　TEL 092-871-6631
| 昭和9年4月 | 福岡高等商業学校を創立 |
| 昭和19年4月 | 九州専門学校を統合し九州経済専門学校と改称 |
| 昭和21年4月 | 福岡経済専門学校と改称 |
| 昭和24年4月 | 福岡外事専門学校を統合し福岡商科大学を設立 |
| 昭和31年4月 | 福岡大学と改称 |

【短大】

◇折尾愛真短期大学
　[学校法人 折尾愛真学園]
　〒807-0861 福岡県北九州市八幡西区堀川町11-1
　TEL 093-602-2105
| 昭和41年 | 折尾女子経済短期大学が開学 |
| 平成16年 | 折尾愛真短期大学と改称 |

◇九州大谷短期大学
　[学校法人 真宗大谷学園]
　〒833-0054 福岡県筑後市蔵数495-1
　TEL 0942-53-9900
| 昭和45年 | 九州大谷短期大学が開学 |

◇九州女子短期大学
　[学校法人 福原学園]
　〒807-8586 福岡県北九州市八幡西区自由ケ丘1-1
　TEL 093-693-3116
| 昭和22年 | 福原高等学院(女子部)を創設 |
| 昭和24年 | 福原高等学校と改称 |
| 昭和28年 | 福原女子学院と改称 |
| 昭和28年 | 八幡女子専門学校と改称 |
| 昭和35年 | 九州女子短期大学を開設 |

◇九州造形短期大学
　[学校法人 中村産業学園]
　〒813-0004 福岡県福岡市東区松香台2-3-2
　TEL 092-673-5151
| 昭和40年4月 | 九州芸術学院を設立 |
| 昭和43年4月 | 九州造形短期大学が開学 |

◇近畿大学九州短期大学
　[学校法人 近畿大学]
　〒820-8513 福岡県飯塚市菰田東1-5-30
　TEL 0948-22-5726
| 昭和41年 | 近畿大学女子短期大学が開学 |
| 平成元年 | 近畿大学九州短期大学と改称 |

◇久留米信愛女学院短期大学
　[学校法人 久留米信愛女学院]
　〒839-8508 福岡県久留米市御井町2278-1
　TEL 0942-43-4531
| 昭和43年 | 久留米信愛女学院短期大学を設置 |

◇香蘭女子短期大学
　[学校法人 山内学園]
　〒811-1311 福岡県福岡市南区横手1-2-1
　TEL 092-581-1538
| 昭和33年 | 香蘭女子短期大学が開学 |

◇純真女子短期大学
　[学校法人 福田学園]
　〒815-8510 福岡県福岡市南区筑紫丘1-1-1
　TEL 092-541-1513
| 昭和32年 | 純真女子短期大学を創設 |

◇精華女子短期大学
　[学校法人 精華学園]
　〒816-8540 福岡県福岡市博多区南八幡町2-12-1
　TEL 092-591-6331
| 昭和42年4月 | 精華女子短期大学が開学 |

◇西南女学院大学短期大学部
　[学校法人 西南女学院]
　〒803-0835 福岡県北九州市小倉北区井堀1-3-2
　TEL 093-583-5600
| 昭和25年3月 | 西南女学院短期大学を設立 |
| 平成16年4月 | 西南女学院大学短期大学部と改称 |

◇第一保育短期大学
　[学校法人 都築育英学園]
　〒818-0197 福岡県太宰府市五条3-11-25
　TEL 092-922-7231
| 昭和50年 | 第一保育短期大学を開学 |

◇筑紫女学園大学短期大学部
　[学校法人 筑紫女学園]

# 福岡県

〒818-0192 福岡県太宰府市石坂2-12-1
TEL 092-925-3511
昭和40年　　　　　筑紫女学園短期大学が開学
平成17年　　　　　筑紫女学園大学短期大学部と改称

◇帝京大学福岡短期大学
［学校法人 帝京大学］
〒836-8505 福岡県大牟田市新勝立町4-3-124
TEL 0944-57-8333
昭和62年　　　　　九州帝京短期大学が開学
平成11年　　　　　帝京大学福岡短期大学と改称

◇東海大学福岡短期大学
［学校法人 東海大学］
〒811-4198 福岡県宗像市田久1-9-1
TEL 0940-33-1177
平成2年4月　　　　東海大学福岡短期大学を開学

◇中村学園大学短期大学部
［学校法人 中村学園］
〒814-0198 福岡県福岡市城南区別府5-7-1
TEL 092-851-2531
昭和29年4月　　　福岡高等栄養学校(のち廃止)が開校
昭和32年4月　　　中村栄養短期大学を開学
昭和42年4月　　　中村学園短期大学と改称
平成10年4月　　　中村学園大学短期大学部と改称

◇西日本短期大学
［学校法人 西日本短期大学］
〒810-0066 福岡県福岡市中央区福浜1-3-1
TEL 092-721-1141
昭和32年　　　　　九州労働短期大学が開学
昭和34年　　　　　西日本短期大学と改称

◇東筑紫短期大学
［学校法人 東筑紫学園］
〒803-8511 福岡県北九州市小倉北区下到津5-1-1
TEL 093-561-2136
昭和25年　　　　　東筑紫短期大学が開学

◇福岡医療短期大学
［学校法人 福岡歯科学園］
〒814-0193 福岡県福岡市早良区田村2-15-1
TEL 092-801-0439
平成9年4月1日　　福岡医療短期大学が開学

◇福岡工業大学短期大学部
［学校法人 福岡工業大学］
〒811-0295 福岡県福岡市東区和白東3-30-1
TEL 092-606-3131
昭和35年4月　　　福岡電子工業短期大学を開設
昭和41年4月　　　福岡工業短期大学と改称
平成14年4月　　　福岡工業大学短期大学部と改称

◇福岡女学院大学短期大学部
［学校法人 福岡女学院］
〒811-1313 福岡県福岡市南区曰佐3-42-1
TEL 092-581-1492
昭和39年　　　　　福岡女学院短期大学が開学
平成11年4月　　　福岡女学院大学短期大学部と改称

◇福岡女子短期大学
［学校法人 九州学園］
〒818-0193 福岡県太宰府市五条4-16-1
TEL 092-922-4034

昭和41年　　　　　福岡女子短期大学が開学

【高専】

◇有明工業高等専門学校
〒836-8585 福岡県大牟田市東萩尾町150
TEL 0944-53-8611
昭和38年4月1日　　有明工業高等専門学校を設置

◇北九州工業高等専門学校
〒802-0985 福岡県北九州市小倉南区志井5-20-1
TEL 093-964-7200
昭和40年4月1日　　北九州工業高等専門学校を設置

◇久留米工業高等専門学校
〒830-8555 福岡県久留米市小森野1-1-1
TEL 0942-35-9300
昭和14年5月　　　久留米高等工業学校を設置
昭和19年4月　　　久留米工業専門学校と改称
昭和24年5月　　　九州大学久留米工業専門学校となる
昭和26年3月　　　九州大学久留米工業専門学校が閉校
昭和33年4月　　　久留米工業短期大学を設立
昭和36年4月　　　久留米工業短期大学附属工業高等学校を設立
昭和39年3月　　　久留米工業短期大学附属工業高等学校を廃止
昭和39年4月　　　久留米工業高等専門学校を設立

【高校】

◇福岡県立朝倉高等学校
〒838-0068 福岡県朝倉市甘木876
TEL 0946-22-2043
〈朝倉中学校〉
明治41年　　　　　朝倉中学校が開校
〈朝倉高等女学校〉
明治43年　　　　　朝倉高等女学校が開校
〈甘木高等女学校〉
大正13年　　　　　甘木高等女学校が開校
〈甘木中学校〉
昭和18年　　　　　甘木中学校が開校
〈統合〉
昭和24年　　　　　朝倉中学校, 朝倉高等女学校, 甘木高等女学校, 甘木中学校4校を統合し
　　　　　　　　　福岡県立朝倉高等学校が開校

◇福岡県立朝倉農業高等学校
〒838-0023 福岡県朝倉市大字三奈木30702
TEL 0946-22-2178
明治34年4月12日　朝倉郡立実業補修学校を開校
明治39年4月1日　　朝倉郡立朝倉農学校を設立
大正12年4月1日　　福岡県立朝倉農学校と改称
昭和3年4月1日　　福岡県朝倉農蚕学校と改称
昭和23年4月1日　　福岡県立朝倉農業高等学校と改称

◇福岡県立朝倉東高等学校
〒838-0068 福岡県朝倉市甘木116-2
TEL 0946-22-2114
昭和32年　　　　　福岡県立朝倉高等学校の職業課程（商業科・家庭科）を分離し
　　　　　　　　　福岡県立朝倉東高等学校を設立

## 福岡県

◇福岡県立**朝羽高等学校**
〒838-1513 福岡県朝倉市杷木古賀1765
TEL 0946-62-1040
| | |
|---|---|
| 明治25年 | 組合立久喜宮小学校を創立 |
| 昭和24年 | 久喜宮農業補修学校, 昭和専修農学校, 福岡県立朝倉実業学校を経て |
| | 福岡県立朝羽高等学校と改称 |

◇福岡県立**ありあけ新世高等学校**
〒837-0904 福岡県大牟田市大字吉野1389-1
TEL 0944-59-9688
| | |
|---|---|
| 平成15年4月 | 福岡県立三池農業高等学校, 福岡県立大牟田南高等学校, 福岡県立大牟田商業高等学校を再編し |
| | 福岡県立ありあけ新世高等学校が開校 |

◇**飯塚高等学校**
［学校法人 嶋田学園］
〒820-0003 福岡県飯塚市立岩1224
TEL 0948-22-6571
| | |
|---|---|
| 昭和37年4月 | 飯塚高等学校が開校 |

◇福岡県立**糸島高等学校**
〒819-1139 福岡県前原市前原南2-21-1
TEL 092-322-2604
| | |
|---|---|
| 大正11年4月3日 | 福岡県立糸島中学校を設置 |
| 大正14年4月1日 | 福岡県糸島中学校と改称 |
| 昭和23年4月1日 | 福岡県立糸島高等学校と改称 |
| 昭和24年8月31日 | 福岡県立糸島女子高等学校と統合 |

〈福岡県立糸島女子高等学校〉
| | |
|---|---|
| 明治35年7月5日 | 前原女子実業補習学校を創立 |
| 明治42年9月1日 | 前原町外三ヶ村組合立前原女子技芸学校と改称 |
| 明治44年4月1日 | 糸島郡立女子技芸学校と改称 |
| 大正10年4月1日 | 福岡県糸島実科高等女学校を創立 |
| 大正12年4月1日 | 福岡県立糸島実科高等女学校と改称 |
| 大正14年4月1日 | 福岡県立糸島高等女学校と改称 |
| 昭和23年4月1日 | 福岡県立糸島女子高等学校と改称 |

◇福岡県立**糸島農業高等学校**
〒819-1117 福岡県前原市前原西3-2-1
TEL 092-322-2654
| | |
|---|---|
| 明治35年4月1日 | 福岡県糸島郡立農業補修学校の組織を変更し |
| | 糸島郡立農学校と改称 |
| 大正12年4月1日 | 福岡県立糸島農学校と改称 |
| 昭和23年3月31日 | 福岡県立糸島農業高等学校と改称 |
| 昭和24年8月31日 | 福岡県立安貞高等学校と改称 |
| 昭和30年4月1日 | 福岡県立糸島農業高等学校と改称 |

◇福岡県立**稲築志耕館高等学校**
〒820-0205 福岡県嘉麻市岩崎1318-1
TEL 0948-42-1313
| | |
|---|---|
| 大正12年 | 稲築村立実業補修学校を設置 |
| 昭和16年 | 町立稲築高等実業女学校と改称 |
| 昭和23年4月1日 | 福岡県稲築高等学校となる |
| 昭和24年5月1日 | 福岡県立稲築高等学校と改称 |
| 平成9年4月1日 | 福岡県立稲築志耕館高等学校が開校 |

◇福岡県立**浮羽究真館高等学校**
〒839-1342 福岡県うきは市吉井町大字生葉658
TEL 0943-75-3899
| | |
|---|---|
| 平成17年 | 福岡県立浮羽高等学校, 福岡県立浮羽東高等学校が統合し |
| | 福岡県立浮羽究真館高等学校が開校 |

◇福岡県立**浮羽工業高等学校**
〒839-1233 福岡県久留米市田主丸町大字田主丸395-2
TEL 0943-72-3111
| | |
|---|---|
| 明治39年6月 | 浮羽郡立浮羽工業徒弟学校が開校 |
| 大正7年5月22日 | 浮羽郡立浮羽工業学校と改称 |
| 大正8年9月1日 | 浮羽工業学校と改称 |
| 大正12年4月1日 | 福岡県立浮羽工業学校と改称 |
| 大正14年4月1日 | 福岡県浮羽工業学校と改称 |
| 昭和23年4月1日 | 福岡県立浮羽工業高等学校と改称 |
| 昭和24年8月31日 | 福岡県立筑陵高等学校と改称 |
| 昭和28年4月1日 | 福岡県立浮羽工業高等学校と改称 |

◇福岡県立**浮羽高等学校**
〒839-1342 福岡県うきは市吉井町大字生葉658
TEL 0943-75-4141
| | |
|---|---|
| 昭和23年4月 | 郡立浮羽高等女学校, 県立浮羽中学校を母体として |
| | 福岡県立浮羽高等学校と改称 |

◇福岡県立**浮羽東高等学校**
〒839-1321 福岡県うきは市吉井町499-1
TEL 0943-75-2138
| | |
|---|---|
| 昭和40年4月 | 福岡県立浮羽高等学校を分離新設し |
| | 福岡県立浮羽東高等学校が開校 |

◇福岡県立**宇美商業高等学校**
〒811-2104 福岡県糟屋郡宇美町井野52-1
TEL 092-932-0135
| | |
|---|---|
| 昭和37年4月 | 福岡県立宇美商業高等学校を創立 |

◇福岡県立**大川樟風高等学校**
〒831-0015 福岡県大川市大字向島1382
TEL 0944-87-2247
| | |
|---|---|
| 平成15年4月 | 福岡県立大川樟風高等学校が開校 |

◇福岡県立**大牟田北高等学校**
〒837-0905 福岡県大牟田市大字甘木109
TEL 0944-58-0011
| | |
|---|---|
| 大正元年 | 三池郡立実科高等女学校が開校 |
| 大正5年 | 三池郡立三池高等女学校と改称 |
| 大正6年 | 大牟田市立高等女学校と改称 |
| 大正7年 | 福岡県立大牟田高等女学校と改称 |
| 昭和24年 | 福岡県立大牟田北高等学校と改称 |

◇**大牟田高等学校**
［学校法人 大牟田学園］
〒837-0917 福岡県大牟田市草木字羽山852
TEL 0944-53-5011
| | |
|---|---|
| 大正8年10月 | 大牟田職業学校を創立 |
| 大正9年11月 | 大牟田工芸学校と改称 |
| 昭和18年4月 | 大牟田工業学校と改称 |
| 昭和23年3月 | 大牟田工業高等学校を設置 |
| 昭和28年4月 | 大牟田高等学校と改称 |

◇**沖学園高等学校**
［学校法人 沖学園］
〒816-0095 福岡県福岡市博多区竹下2-1-33

## 福岡県

　　　　TEL 092-431-1868
　昭和33年　　　　博多商業高等学校が開校
　昭和62年　　　　沖学園高等学校と改称

◇福岡県立小郡高等学校
　〒838-0106 福岡県小郡市三沢5128-1
　TEL 0942-75-1211
　昭和59年4月5日　福岡県立小郡高等学校が開校

◇折尾愛真高等学校
　［学校法人 折尾愛真学園］
　〒807-0861 福岡県北九州市八幡西区堀川町12-10
　TEL 093-602-2100
　昭和10年　　　　折尾高等簿記学校を増田孝が創立
　昭和19年　　　　折尾女子商業学校と改称
　昭和23年　　　　折尾女子商業高等学校を設置
　平成14年　　　　折尾愛真高等学校と改称

◇福岡県立折尾高等学校
　〒807-0863 福岡県北九州市八幡西区大膳2丁目23-1
　TEL 093-691-3561
　昭和31年　　　　福岡県立折尾高等学校が開校

◇福岡県立遠賀高等学校
　〒811-4332 福岡県遠賀郡遠賀町大字上別府2110
　TEL 093-293-1225
　明治44年4月1日　遠賀郡立遠賀農学校が開校
　大正8年10月1日　福岡県遠賀農学校と改称
　昭和23年4月1日　福岡県立遠賀農業高等学校と改称
　昭和24年8月31日　福岡県立遠賀農芸高等学校と改称
　昭和30年4月1日　福岡県立遠賀農芸高等学校と改称
　昭和50年4月1日　福岡県立遠賀高等学校と改称

◇福岡県立香椎工業高等学校
　〒813-0012 福岡県福岡市東区香椎駅東2丁目23-1
　TEL 092-681-2131
　昭和37年　　　　福岡県立香椎工業高等学校を創立

◇福岡県立香椎高等学校
　〒813-0011 福岡県福岡市東区香椎2丁目9-1
　TEL 092-681-1061
　〈福岡県立香椎高等女学校〉
　大正10年　　　　粕屋郡立粕屋実業女学校が開校
　大正11年4月　　福岡県立粕屋高等女学校と改称
　大正11年7月　　福岡県立香椎高等女学校と改称
　〈香椎中学校〉
　昭和16年　　　　香椎中学校を設立
　〈統合〉
　昭和23年　　　　香椎中学，福岡県立香椎高等女
　　　　　　　　　校の両校が統合し
　　　　　　　　　福岡県立香椎高等学校と改称

◇福岡県立春日高等学校
　〒816-0811 福岡県春日市春日公園5丁目17
　TEL 092-574-1511
　昭和53年4月10日　福岡県立春日高等学校が開校

◇福岡県立香住丘高等学校
　〒813-0003 福岡県福岡市東区香住ヶ丘1-26-1
　TEL 092-661-2171
　昭和60年4月　　 福岡県立香住丘高等学校が開校

◇福岡県立嘉穂高等学校
　〒820-0021 福岡県飯塚市大字潤野字登々樹8-12
　TEL 0948-22-0231
　明治35年3月　　 福岡県嘉穂郡立嘉穂中学校を創立

　明治41年4月　　 福岡県立嘉穂中学校と改称
　昭和23年4月　　 福岡県立嘉穂高等学校と改称

◇福岡県立嘉穂総合高等学校
　〒802-0004 福岡県飯塚市鶴三緒1518
　TEL 0948-28-9470
　平成17年4月7日　福岡県立山田高等学校，福岡県立
　　　　　　　　　嘉穂工業高等学校，福岡県立嘉
　　　　　　　　　穂中央高等学校が統合され
　　　　　　　　　福岡県立嘉穂総合高等学校が開校

◇福岡県立嘉穂東高等学校
　〒802-0003 福岡県飯塚市立岩1730-5
　TEL 0948-22-0071
　明治43年4月　　 嘉穂郡立技芸女学校として設立
　大正8年3月　　　福岡県立嘉穂高等女学校と改称
　昭和23年4月　　 福岡県立嘉穂女子高等学校と改称
　昭和24年8月　　 福岡県立嘉穂東高等学校と改称

◇福岡県立苅田工業高等学校
　〒800-0354 福岡県京都郡苅田町大字集2569
　TEL 093-436-0988
　昭和17年4月　　 苅田中学校が開校
　昭和19年2月　　 苅田工業高等学校を併設
　昭和23年4月　　 私立苅田高等学校として設立
　昭和37年3月　　 私立苅田高等学校を閉校
　昭和37年11月1日　福岡県立苅田工業高等学校を新設

◇福岡県立北九州高等学校
　〒802-0816 福岡県北九州市小倉南区若園5丁目1-1
　TEL 093-931-3554
　昭和41年　　　　福岡県立北九州高等学校が開校

◇希望が丘高等学校
　［学校法人 九州電機工業学園］
　〒809-0033 福岡県中間市土手ノ内3-19-1
　TEL 093-245-0481
　昭和43年　　　　九州電気学園高等学校を開校
　平成10年　　　　希望が丘高等学校と改称

◇九州国際大学付属高等学校
　［学校法人 九州国際大学］
　〒805-0002 福岡県北九州市八幡東区枝光5-9-1
　TEL 093-671-8443
　昭和33年4月　　 八幡大学付属高等学校を設立
　平成元年4月　　 九州国際大学付属高等学校と改称

◇九州産業大学付属九州高等学校
　［学校法人 九州中村高等学園］
　〒813-0012 福岡県福岡市東区香椎駅東2-22-1
　TEL 092-681-0461
　昭和38年4月　　 九州産業大学付属九州高等学校を
　　　　　　　　　中村治四郎が設立

◇九州産業大学付属九州産業高等学校
　［学校法人 九州産業工学園］
　〒818-8585 福岡県筑紫野市紫2-5-1
　TEL 092-923-3031
　昭和36年4月　　 日本電波工業高等学校を創設
　昭和42年4月　　 九州産業大学付属九州産業高等学
　　　　　　　　　校と改称

◇九州女子学園高等学校
　［学校法人 九州女子学園］
　〒800-0037 福岡県北九州市門司区原町別院15-3
　TEL 093-372-2723

福岡県

| 昭和8年3月 | 九州女子商業専修学校を近藤佐五郎が設立 |
| 昭和17年4月 | 九州女子商業学校を設立 |
| 昭和23年4月 | 九州女子商業高等学校と改称 |
| 昭和55年5月 | 九州女子学園高等学校と改称 |
| 平成19年 | 啓知高等学校と改称予定 |

◇九州女子高等学校
　[学校法人　九州女子高等学校]
　〒810-0062 福岡県福岡市中央区荒戸3-4-62
　TEL 092-771-1981
| 明治40年 | 私立九州高等女学校を釜瀬新平が創立 |
| 昭和23年 | 九州女子高等学校と改称 |

◇近畿大学附属福岡高等学校
　[学校法人　近畿大学]
　〒820-8510 福岡県飯塚市柏の森11-6
　TEL 0948-22-2597
| 昭和39年 | 近畿大学附属福岡高等学校を設立 |

◇福岡県立鞍手高等学校
　〒822-0034 福岡県直方市大字山部810-7
　TEL 0949-22-0369
| 大正7年 | 鞍手中学校が開校 |
| 昭和23年4月1日 | 福岡県立鞍手高等学校と改称 |

◇福岡県立鞍手竜徳高等学校
　〒823-0001 福岡県宮若市龍徳161
　TEL 0949-24-3799
| 平成15年 | 福岡県立筑豊工業高等学校，福岡県立西鞍手高等学校，福岡県立鞍手農業高等学校，福岡県立鞍手商業高等学校が統合し福岡県立鞍手竜徳高等学校が開校 |

◇久留米学園高等学校
　[学校法人　久留米学園]
　〒830-0032 福岡県久留米市東町272-4
　TEL 0942-34-4535
| 昭和3年4月1日 | 久留米淑徳女学校を熊谷弘士が設立 |
| 昭和18年3月6日 | 久留米高等淑徳女学校を設立 |
| 昭和21年2月28日 | 久留米淑徳高等女学校を設立 |
| 昭和23年3月31日 | 筑邦女子高等学校と改称 |
| 昭和57年1月 | 筑邦高等学校と統合し久留米学園高等学校と改称 |

◇福岡県立久留米高等学校
　〒830-0038 福岡県久留米市西町鞍打482
　TEL 0942-33-1288
〈久留米市立女子高等学校〉
| 明治41年 | 私立久留米女子職業学校を設立 |
| 大正5年 | 私立久留米家政女学校と改称 |
| 昭和20年 | 久留米市立家政女学校と改称 |
| 昭和23年 | 久留米市立女子高等学校と改称 |
〈久留米昭和女学校〉
| 昭和3年 | 昭和高等女学校を設立 |
| 昭和23年 | 久留米昭和女学校と改称 |
〈統合〉
| 昭和23年 | 久留米市立女子高等学校，久留米昭和女子高等学校を統合し久留米市立久留米高等学校と改称 |
| 昭和24年 | 福岡県立久留米高等学校と改称 |

◇久留米市立久留米商業高等学校
　〒830-0051 福岡県久留米市南町441-2
　TEL 0942-33-1285
| 明治29年 | 久留米簡易商業学校として創立 |
| 明治30年 | 市立久留米商業高等学校と改称 |
| 昭和23年 | 久留米市立久留米商業高等学校と改称 |

◇久留米信愛女学院高等学校
　[学校法人　久留米信愛女学院]
　〒839-8508 福岡県久留米市御井町2278-1
　TEL 0942-43-4531
| 昭和36年 | 久留米信愛女学院高等学校を設立 |

◇久留米大学附設高等学校
　[学校法人　久留米大学]
　〒839-0862 福岡県久留米市野中町20-2
　TEL 0942-44-2222
| 昭和25年3月 | 久留米大学附設高等学校を設置 |

◇福岡県立久留米筑水高等学校
　〒839-0817 福岡県久留米市山川町1493
　TEL 0942-43-0461
| 明治40年9月30日 | 三井郡立三井農学校を創立 |
| 大正12年4月1日 | 福岡県三井農学校と改称 |
| 昭和24年8月31日 | 福岡県立筑水高等学校と改称 |
| 昭和30年4月1日 | 福岡県立久留米農芸高等学校と改称 |
| 平成3年4月1日 | 福岡県立久留米筑水高等学校と改称 |

◇福岡県立黒木高等学校
　〒834-1216 福岡県八女郡黒木町大字桑原10-2
　TEL 0943-42-1150
| 大正14年6月10日 | 福岡県八女郡黒木町外6ヵ村立実業女学校を設立 |
| 昭和2年4月12日 | 福岡県黒木女学校と改称 |
| 昭和14年4月1日 | 福岡県黒木高等女学校と改称 |
| 昭和23年4月1日 | 福岡県立黒木高等学校と改称 |

◇慶成高等学校
　[学校法人　専修学園]
　〒803-0854 福岡県北九州市小倉北区皿山町15-1
　TEL 093-561-1331
| 大正11年 | 専修高等簿記学校を設立 |
| 昭和34年 | 小倉女子商業高等学校を設立 |
| 平成7年 | 慶成高等学校と改称 |

◇福岡県立玄界高等学校
　〒811-3114 福岡県古賀市舞の里3丁目6-1
　TEL 092-944-2735
| 昭和62年4月4日 | 福岡県立玄界高等学校が開校 |

◇福岡県立玄洋高等学校
　〒819-0383 福岡県福岡市西区田尻字2490
　TEL 092-806-3001
| 昭和58年4月 | 福岡県立玄洋高等学校が開校 |

◇高稜高等学校
　[学校法人　若松学園]
　〒808-0103 福岡県北九州市若松区二島1-3-60
　TEL 093-791-3911
| 明治35年 | 裁縫教習所を開設 |
| 昭和19年 | 若松商業女学校と改称 |
| 昭和23年 | 青葉ケ丘女子高等学校を設置 |
| 昭和58年 | 高稜高等学校と改称 |

福岡県

◇福岡県立光陵高等学校
　〒811-3223 福岡県福津市光陽台5丁目
　TEL 0940-43-5301
　昭和55年4月5日　　福岡県立光陵高等学校が開校

◇福岡県公立古賀高等学校
　〒811-3103 福岡県古賀市中央2丁目12-1
　TEL 092-942-2161
　昭和26年4月　　　福岡県立粕屋農業高等学校古賀分校が開校
　昭和37年4月13日　福岡県公立古賀高等学校が開校

◇福岡県立小倉工業高等学校
　〒803-0825 福岡県北九州市小倉北区白萩町6-1
　TEL 093-571-1738
　明治32年2月　　　福岡県立福岡工業学校小倉分校が開校
　明治35年4月　　　福岡県立小倉工業学校が開校
　大正14年4月　　　福岡県小倉工業学校と改称
　昭和23年4月　　　福岡県立小倉工業高等学校と改称

◇福岡県立小倉高等学校
　〒803-0828 福岡県北九州市小倉北区愛宕2丁目8-1
　TEL 093-592-3901
　明治40年3月18日　福岡県立小倉中学校を設立
　大正14年4月1日　 福岡県小倉中学校と改称
　昭和23年4月1日　 福岡県立小倉高等学校と改称

◇福岡県立小倉商業高等学校
　〒802-0801 福岡県北九州市小倉南区富士見3丁目5-1
　TEL 093-921-2245
　大正5年4月10日　 小倉商業学校が開校
　昭和23年3月31日　小倉商業高等学校と改称
　昭和24年5月1日　 福岡県立小倉高等学校と学制改革により統合
　昭和35年4月1日　 福岡県立小倉高等学校から分離独立し
　　　　　　　　　 福岡県立小倉商業高等学校を創立

◇福岡県立小倉西高等学校
　〒803-0846 福岡県北九州市小倉北区下到津5丁目7-1
　TEL 093-561-0444
　明治31年6月15日　小倉高等女学校として開校
　明治31年6月15日　福岡県立小倉高等女学校と改称
　大正14年4月1日　 福岡県小倉高等女学校と改称
　昭和23年4月1日　 福岡県立小倉女子高等学校と改称
　昭和25年4月1日　 福岡県立小倉西高等学校と改称

◇福岡県立小倉東高等学校
　〒800-0225 福岡県北九州市小倉南区田原5丁目2-1
　TEL 093-473-4466
　昭和54年4月5日　 福岡県立小倉東高等学校が開校

◇福岡県立小倉南高等学校
　〒802-0801 福岡県北九州市小倉南区富士見1丁目9-1
　TEL 093-921-2293
　明治39年4月1日　 福岡県企救郡企救農学校が開校
　大正12年4月1日　 福岡県立企救農学校と改称
　大正14年4月1日　 福岡県企救農学校と改称
　昭和13年1月1日　 福岡県小倉園芸学校と改称
　昭和19年12月1日　福岡県小倉農学校と改称
　昭和23年4月1日　 福岡県立小倉園芸高等学校と改称
　昭和24年5月1日　 福岡県立小倉南高等学校と改称

◇福岡県立早良高等学校
　〒811-1112 福岡県福岡市早良区大字小笠木403
　TEL 092-804-6600
　昭和61年4月　　　福岡県立早良高等学校が開校

◇自由ケ丘高等学校
　［学校法人 福原学園］
　〒807-0867 福岡県北九州市八幡西区自由ケ丘1-3
　TEL 093-693-3090
　昭和22年　　　　　福原高等学院を設立
　昭和25年　　　　　八幡西高等学校が開校
　昭和39年　　　　　九州共立大学八幡西高等学校と改称
　昭和37年　　　　　八幡西高等学校の女子部を分離し九州女子大学附属高等学校を開設
　平成14年　　　　　九州共立大学八幡西高等学校，九州女子大学附属高等学校が統合し
　　　　　　　　　　自由ケ丘高等学校と改称

◇福岡県立修猷館高等学校
　〒814-8510 福岡県福岡市早良区西新6丁目1-10
　TEL 092-821-0733
　天明4年2月6日　　修猷館が福岡藩の藩校として開館
　明治4年　　　　　修猷館を廃止
　明治18年9月10日　福岡県立修猷館を開校
　明治22年3月　　　福岡県立尋常中学修猷館と改称
　明治32年4月　　　福岡県中学修猷館と改称
　明治34年4月　　　福岡県立中学修猷館と改称
　大正14年3月　　　福岡県中学修猷館と改称
　昭和23年4月　　　福岡県立高等学校修猷館と改称
　昭和24年8月　　　福岡県立修猷館高等学校と改称

◇福岡県立城南高等学校
　〒814-0111 福岡県福岡市城南区茶山6丁目21-1
　TEL 092-831-0986
　昭和39年　　　　　福岡県立城南高等学校が開校

◇福岡県立新宮高等学校
　〒811-0119 福岡県糟屋郡新宮町緑ケ浜1-12-1
　TEL 092-962-2935
　昭和51年4月5日　 福岡県立新宮高等学校が開校

◇真颯館高等学校
　［学校法人 真颯館］
　〒803-0837 福岡県北九州市小倉北区中井口5-1
　TEL 093-561-1231
　昭和11年　　　　　九州工学校を小堺秀次が設立
　昭和23年　　　　　九州高等工科学校と改称
　昭和28年　　　　　九州工業高等学校と改称
　昭和32年　　　　　九州工業高等学校筑紫分校（のち：筑紫工業高等学校）を設置
　昭和53年　　　　　九州工業高等学校と改称
　平成11年　　　　　真颯館高等学校と改称

◇福岡県立須恵高等学校
　〒811-2221 福岡県糟屋郡須恵町大字旅石72-3
　TEL 092-936-5566
　昭和58年4月　　　福岡県立須恵高等学校が開校

◇杉森女子高等学校
　［学校法人 杉森女子学園］
　〒832-0046 福岡県柳川市奥州町3
　TEL 0944-72-5216
　明治28年　　　　　杉森女紅会を杉森シカが設立
　明治41年　　　　　杉森女芸学校と改称
　大正15年　　　　　杉森女学校と改称

| 昭和19年 | 柳河高等技芸女学校と改称 |
| 昭和23年 | 杉森女子高等学校を設置 |

## ◇精華女子高等学校
［学校法人 精華学園］
〒812-0018 福岡県福岡市博多区住吉4-19-1
TEL 092-431-1434

| 明治42年4月 | 福岡高等裁縫研究所を下澤マツ（吉田マツ）が創設 |
| 大正14年11月 | 吉田裁縫女学校と改称 |
| 昭和3年12月 | 精華高等裁縫学校と改称 |
| 昭和23年4月 | 精華女子高等学校を設置 |

## ◇誠修高等学校
［学校法人 不知火学園］
〒837-0916 福岡県大牟田市大字田隈956
TEL 0944-55-2344

| 大正3年 | 大牟田家政学館を倉田トリが創立 |
| 大正5年 | 大牟田家政女学校と改称 |
| 昭和5年 | 大牟田高等家政女学校と改称 |
| 昭和10年 | 福岡県不知火高等女学校を加設 |
| 昭和23年 | 不知火女子高等学校を設置 |
| 平成11年 | 誠修高等学校と改称 |

## ◇西南学院高等学校
［学校法人 西南学院］
〒814-8512 福岡県福岡市早良区百道浜1-1-1
TEL 092-841-1317

| 大正5年 | 私立西南学院をC.K.ドージャーが創立 |
| 大正10年 | 西南学院高等学部を開設 |
| 昭和23年 | 西南学院高等学校を開設 |

## ◇西南女学院高等学校
［学校法人 西南女学院］
〒803-0845 福岡県北九州市小倉北区上到津1-10-1
TEL 093-583-5800

| 大正11年3月 | 西南女学院をJ.H.ロウが設立 |
| 昭和10年3月 | 西南家政学院を設立 |
| 昭和21年3月 | 西南女学院専門学校を設立 |
| 昭和23年3月 | 西南女学院高等学校を設置 |

## ◇福岡県立青豊高等学校
〒828-0051 福岡県豊前市大字今市83-1
TEL 0979-82-2105

| 平成15年4月 | 福岡県立筑上東高等学校，福岡県立筑上中部高等学校，福岡県立筑上北高等学校を再編し福岡県立青豊高等学校が開校 |

## ◇星琳高等学校
［学校法人 能美学園］
〒806-8558 福岡県北九州市八幡西区青山3-3-1
TEL 093-631-5350

| 平成14年 | 青山女子高等学校を星琳高等学校と改称 |

## ◇第一経済大学付属高等学校
［学校法人 都築学園］
〒815-0037 福岡県福岡市南区玉川町22-1
TEL 092-541-0167

| 昭和41年 | 福岡第一商業高等学校を設立 |
| 平成7年 | 第一経済大学付属高等学校と改称 |

## ◇泰星高等学校
［学校法人 泰星学園］
〒810-0032 福岡県福岡市中央区輝国1-10-10
TEL 092-712-7181

| 昭和7年4月 | 福岡カトリック神学校が開校 |
| 昭和11年3月 | 泰星中学校と改称 |
| 昭和23年4月 | 泰星高等学校と改称 |

## ◇福岡県立大里高等学校
〒800-0047 福岡県北九州市門司区藤松2丁目7-1
TEL 093-381-2479

| 昭和38年4月 | 福岡県立大里高等学校が開校 |
| 平成19年3月 | 福岡県立大里高等学校を閉校の予定 |

## ◇福岡県立田川科学技術高等学校
〒825-0005 福岡県田川市糒1900
TEL 0947-44-1048

〈福岡県立田川農林高等学校〉
| 明治42年 | 郡立農林学校として創立 |
| 昭和30年 | 福岡県立田川農林高等学校と改称 |

〈福岡県立田川商業高等学校〉
| 昭和37年11月1日 | 福岡県立田川商業高等学校を創設 |

〈統合〉
| 平成17年 | 福岡県立田川農林高等学校，福岡県立田川工業高等学校，福岡県立田川商業高等学校を統合し福岡県立田川科学技術高等学校を設置 |

## ◇福岡県立田川高等学校
〒822-1405 福岡県田川郡香春町中津原2055-1
TEL 0947-44-1131

| 大正6年2月 | 田川郡立田川中学校を創立 |
| 大正6年4月 | 田川郡立田川中学校が開校 |
| 昭和23年4月 | 福岡県立田川高等学校が発足 |

## ◇福岡県立太宰府高等学校
〒810-0122 福岡県太宰府市高雄3丁目4114
TEL 092-921-4001

| 昭和61年4月 | 福岡県立太宰府高等学校が開校 |

## ◇立花高等学校
［学校法人 立花学園］
〒811-0213 福岡県福岡市東区和白丘2-24-43
TEL 092-606-2792

| 昭和40年 | 立花高等学校を設立 |

## ◇福岡県立筑紫丘高等学校
〒815-0041 福岡県福岡市南区野間2丁目13-1
TEL 092-541-4061

| 昭和2年4月 | 福岡県筑紫中学校を開校 |
| 昭和23年4月1日 | 福岡県立筑紫高等学校と改称 |
| 昭和24年8月31日 | 福岡県立筑紫丘高等学校と改称 |

## ◇福岡県立筑紫高等学校
〒818-0081 福岡県筑紫野市大字針摺605
TEL 092-924-1511

| 昭和48年4月5日 | 福岡県立筑紫高等学校が開校 |

## ◇筑紫女学園高等学校
［学校法人 筑紫女学園］
〒810-0023 福岡県福岡市中央区警固2-8-1
TEL 092-771-3066

| 明治40年 | 私立筑紫高等女学校を開校（創設者：水月哲英） |
| 大正8年 | 筑紫高等女学校と改称 |
| 昭和23年 | 筑紫女子高等学校が開校 |

福岡県

| 昭和26年 | 筑紫女学園高等学校と改称 |

◇筑紫台高等学校
　[学校法人 筑紫台学園]
　〒818-0119 福岡県太宰府市連歌屋1-1-1
　TEL 092-923-0010
| 昭和32年 | 九州工業高等学校筑紫分校を設立 |
| 昭和33年 | 筑紫工業高等学校と改称 |
| 平成4年 | 筑紫台高等学校と改称 |

◇福岡県立**筑紫中央**高等学校
　〒816-0942 福岡県大野城市中央2丁目12-1
　TEL 092-581-1470
| 大正6年4月6日 | 筑紫実業女学校が開校 |
| 大正9年4月1日 | 筑紫郡立筑紫実業女学校と改称 |
| 大正12年4月 | 福岡県立筑紫実業女学校と改称 |
| 昭和3年4月1日 | 福岡県立筑紫高等女学校と改称 |
| 昭和23年4月 | 福岡県立筑紫女子高等学校と改称 |
| 昭和24年4月 | 福岡県立筑紫中央高等学校と改称 |

◇福岡県立**築上西**高等学校
　〒829-0301 福岡県築上郡築上町椎田764
　TEL 0930-56-0049
| 大正2年 | 郡立椎田実業女学校が開校 |
| 大正12年4月1日 | 福岡県立椎田女学校と改称 |
| 昭和5年3月1日 | 福岡県椎田高等実業女学校と改称 |
| 昭和14年4月1日 | 福岡県椎田高等女学校と改称 |
| 昭和23年4月 | 福岡県立椎田高等学校と改称 |
| 昭和24年8月 | 福岡県立築上西高等学校と改称 |

◇福岡県立**筑前**高等学校
　〒819-0374 福岡県福岡市西区大字千里111-1
　TEL 092-807-0611
| 昭和55年4月 | 福岡県立筑前高等学校が開校 |

◇福岡県立**筑豊**高等学校
　〒822-0031 福岡県直方市植木杉山100
　TEL 0949-28-0001
〈直方市立直方商業学校〉
| 大正9年11月 | 筑豊高等簿記学校を創立 |
| 大正14年9月 | 福岡県直方経理学校と改称 |
| 昭和2年3月3日 | 福岡県直方商業専修学校を設立 |
| 昭和7年1月25日 | 福岡県直方商業学校と改称 |
| 昭和23年4月1日 | 直方市立直方商業高等学校と改称 |
〈福岡県直方東陵高等学校〉
| 明治41年4月12日 | 直方商業学校が開校 |
| 大正9年4月1日 | 直方町立実業女学校を設立 |
| 大正13年4月7日 | 福岡県立直方実業女学校と改称 |
| 大正14年4月1日 | 福岡県直方実業女学校と改称 |
| 昭和5年3月1日 | 福岡県直方高等実業女学校と改称 |
| 昭和14年4月1日 | 福岡直方南高等女学校を設立 |
| 昭和23年4月1日 | 福岡県直方東陵高等学校と改称 |
〈統合〉
| 昭和24年5月30日 | 直方市立直方商業高等学校, 福岡県直方東陵高等学校を統合し直方東陵高等学校と改称 |
| 昭和24年8月31日 | 福岡県立筑豊高等学校と改称 |

◇筑陽学園高等学校
　[学校法人 筑陽学園]
　〒818-0103 福岡県太宰府市朱雀5-6-1
　TEL 092-922-7361
| 大正12年 | 九州家政女学校を創立 |
| 昭和10年 | 筑陽女学校と改称 |
| 昭和19年 | 筑陽女子商業学校を設立 |
| 昭和23年 | 筑陽女子高等学校を設置 |
| 昭和33年 | 太宰府高等学校を設置 |
| 昭和40年 | 筑陽女子高等学校, 太宰府高等学校を統合し筑陽学園高等学校と改称 |

◇鎮西敬愛高等学校
　[学校法人 鎮西敬愛学園]
　〒800-0035 福岡県北九州市門司区別院6-1
　TEL 093-381-3537
| 大正14年3月20日 | 鎮西高等女学校を藤井玄瀛、岡橋角之助が設立 |
| 昭和23年4月1日 | 鎮西女子高等学校を設置 |
| 平成2年4月1日 | 鎮西敬愛高等学校が発足 |

◇福岡県立**伝習館**高等学校
　〒832-0045 福岡県柳川市本町142
　TEL 0944-73-3116
〈福岡県高等学校伝習館〉
| 明治12年 | 福岡県立柳河中学校を設立 |
| 明治19年 | 福岡県立柳河中学校を廃止 |
| 明治19年 | 山門郡町村連合中学伝習館を設立 |
| 明治20年 | 尋常中学橘蔭学館と改称 |
| 明治25年 | 尋常中学伝習館と改称 |
| 明治27年 | 福岡県尋常中学伝習館と改称 |
| 明治33年 | 福岡県立中学伝習館と改称 |
| 大正14年 | 福岡県中学伝習館と改称 |
| 昭和23年 | 福岡県高等学校伝習館と改称 |
〈福岡県立柳河女子高等学校〉
| 明治33年 | 柳河高等女学校を設立 |
| 明治41年 | 福岡県立柳河高等女学校と改称 |
| 昭和23年 | 福岡県立柳河女子高等学校と改称 |
〈統合〉
| 昭和24年8月31日 | 福岡県高等学校伝習館, 福岡県立柳河女子高等学校を統合し福岡県立伝習館高等学校を新設 |

◇東海大学付属第五高等学校
　[学校法人 東海大学]
　〒811-4193 福岡県宗像市田久1-9-2
　TEL 0940-32-3311
| 昭和41年4月 | 東海大学第五高等学校が開校 |
| 平成16年4月 | 東海大学付属第五高等学校と改称 |

◇福岡県立**東筑**高等学校
　〒807-0832 福岡県北九州市八幡西区東筑1丁目1-1
　TEL 093-691-0050
| 明治31年6月1日 | 福岡県東筑尋常中学校を新設 |
| 明治32年4月1日 | 福岡県東筑中学校と改称 |
| 明治34年5月4日 | 福岡県東筑中学校と改称 |
| 大正14年4月1日 | 福岡県東筑中学校と改称 |
| 昭和23年4月 | 福岡県東筑高等学校と改称 |
| 昭和24年5月 | 福岡県立折尾高等学校, 八幡市立八幡商業高等学校を統合 |
〈福岡県立折尾高等学校〉
| 大正7年 | 私立折尾高等女学校を三好炭坑（日本炭礦の前身）の坑主三好徳松夫人セキが創立 |
| 大正15年 | 福岡県立折尾高等女学校と改称 |
| 昭和23年 | 福岡県立折尾高等学校と改称 |

◇福岡県立**東鷹**高等学校
　〒825-0002 福岡県田川市大字伊田2362-3
　TEL 0947-44-3015

福岡県

| 大正15年 | 鷹羽学館の女子部を母体に福岡県田川実業女学校が発足 |
| --- | --- |
| 昭和23年 | 福岡県立田川東高等学校と改称 |
| 平成6年 | 福岡県立東鷹高等学校と改称 |

◇**東和大学附属東和高等学校**
　[学校法人 福田学園]
　〒815-8510 福岡県福岡市南区筑紫丘1-1-1
　TEL 092-541-9710

| 昭和31年 | 純真女子高等学校を創設 |
| --- | --- |
| 昭和43年 | 東和大学附属東和高等学校と改称 |

◇**常磐高等学校**
　[学校法人 常磐学園]
　〒802-0985 福岡県北九州市小倉南区志井1937
　TEL 093-961-2334

| 昭和4年3月 | 常磐中学校を創立 |
| --- | --- |
| 昭和23年4月 | 常磐高等学校を設置 |

◇**福岡県立戸畑工業高等学校**
　〒804-0052 福岡県北九州市戸畑区丸町3丁目10-1
　TEL 093-881-3868

| 昭和14年4月1日 | 福岡県戸畑市立機械工業学校が開校 |
| --- | --- |
| 昭和16年3月31日 | 戸畑工業学校と改称 |
| 昭和23年4月1日 | 福岡県立戸畑工業高等学校と改称 |

◇**福岡県立戸畑高等学校**
　〒804-0042 福岡県北九州市戸畑区夜宮3丁目1-1
　TEL 093-871-0928

| 昭和11年4月 | 福岡県立戸畑中学校が開校 |
| --- | --- |
| 昭和23年4月1日 | 福岡県立戸畑高等学校と改称 |

◇**北九州市立戸畑商業高等学校**
　〒804-0062 福岡県北九州市戸畑区浅生1-10-1
　TEL 093-881-5440

| 昭和38年2月 | 戸畑市立戸畑商業高等学校を設置 |
| --- | --- |
| 昭和38年2月 | 北九州市立戸畑商業高等学校と改称 |
| 平成19年4月 | 北九州市立高等学校と改称予定 |

◇**福岡県立豊津高等学校**
　〒824-0121 福岡県京都郡みやこ町豊津973
　TEL 0930-33-2003

| 宝暦8年5月1日 | 思永斎を藩校として藩主小笠原忠が設置 |
| --- | --- |
| 天明9年1月22日 | 思永館を興す |
| 慶応3年5月1日 | 香春思永館として文武所取建 |
| 明治2年1月4日 | 育徳館と改称 |
| 明治3年1月11日 | 育徳館が開校 |
| 明治3年10月20日 | 洋学校を開校 |
| 明治7年6月 | 第三十五番中学育徳学校として再興 |
| 明治12年9月9日 | 豊津中学校と改称 |
| 明治15年8月23日 | 香春中学校, 小倉中学校と改称 |
| 明治20年5月5日 | 福岡県立豊津尋常中学校として再建許可 |
| 明治34年5月4日 | 福岡県立豊津中学校と改称 |
| 大正14年4月1日 | 福岡県豊津中学校と改称 |
| 昭和23年4月1日 | 福岡県立豊津高等学校と改称 |
| 昭和24年8月31日 | 福岡県立豊津女子高等学校と統合 |

〈福岡県立豊津女子高等学校〉

| 明治45年4月 | 郡立豊津実業女学校を創立 |
| --- | --- |
| 大正12年4月 | 福岡県立京都実業女学校と改称 |
| 昭和14年4月1日 | 福岡県立豊津高等女学校と改称 |
| 昭和23年4月 | 福岡県立豊津女子高等学校と改称 |

◇**福岡県立中間高等学校**
　〒809-0021 福岡県中間市朝霧5丁目1-1
　TEL 093-246-0120

| 昭和58年4月 | 福岡県立中間高等学校が開校 |
| --- | --- |

◇**中村学園三陽高等学校**
　[学校法人 中村学園]
　〒819-0162 福岡県福岡市西区今宿青木1042-33
　TEL 092-882-6611

| 昭和61年4月 | 中村学園三陽高等学校が開校 |
| --- | --- |

◇**中村学園女子高等学校**
　[学校法人 中村学園]
　〒814-0103 福岡県福岡市城南区鳥飼7-10-38
　TEL 092-831-0981

| 昭和35年4月 | 中村学園女子高等学校が開校 |
| --- | --- |

◇**久留米市立南筑高等学校**
　〒839-0851 福岡県久留米市御井町1360-5
　TEL 0942-43-1295

| 大正11年4月27日 | 私立南筑中学校が開校 |
| --- | --- |
| 昭和23年4月1日 | 私立南筑高等学校が発足 |
| 昭和27年4月1日 | 久留米市立南筑高等学校と改称 |

◇**福岡県立西田川高等学校**
　〒826-0023 福岡県田川市上本町7-11
　TEL 0947-44-0313

| 大正6年 | 田川郡立田川高等女学校が開校 |
| --- | --- |
| 大正10年 | 福岡県立田川高等女学校と改称 |
| 大正14年 | 福岡県田川高等女学校と改称 |
| 昭和23年 | 福岡県立田川女子高等学校と改称 |
| 昭和24年8月31日 | 福岡県立西田川高等学校と改称 |

◇**西日本短期大学附属高等学校**
　[学校法人 西日本短期大学]
　〒834-0065 福岡県八女市大字亀甲61
　TEL 0943-23-5662

| 昭和37年3月31日 | 西日本短期大学附属高等学校を設置 |
| --- | --- |

◇**日新館高等学校**
　[学校法人 飯塚学園]
　〒820-0011 福岡県飯塚市柏ノ森56-9
　TEL 0948-22-0370

| 昭和53年 | 日新館高等学校が開校 |
| --- | --- |

◇**福岡県立直方高等学校**
　〒822-0002 福岡県直方市頓野伐菰3459-2
　TEL 0949-22-0006

| 明治42年 | 福岡県立直方高等女学校として創立 |
| --- | --- |
| 昭和23年 | 福岡県立直方女子高等学校と改称 |
| 昭和24年 | 福岡県立直方高等学校と改称 |

◇**福岡市立博多工業高等学校**
　〒815-0036 福岡県福岡市南区東油山4-20-1
　TEL 092-541-2668

| 昭和15年 | 福岡市立第二工業学校, 福岡市立第一工業学校として創立 |
| --- | --- |
| 昭和23年 | 福岡市立博多工業高等学校と改称 |

◇**博多高等学校**
　[学校法人 博多学園]
　〒813-0041 福岡県福岡市東区水谷1-21-1
　TEL 092-681-0331

学校名変遷総覧　大学・高校編　383

福岡県

| 昭和16年12月 | 和洋文化女学校が開校 |
| 昭和27年3月 | 博多高等学校が開校 |
| 昭和37年3月 | 博多高等学校香椎校が開校 |
| 昭和38年3月 | 博多高等学校と改称 |

◇博多女子高等学校
　［学校法人 福岡文化学園］
　〒812-0054 福岡県福岡市東区馬出1-14-18
　TEL 092-651-1465

| 昭和16年12月 | 和洋文化女学校を永末光雄、永末ミツエが創立 |
| 昭和27年1月 | 博多高等学校と改称 |
| 昭和38年3月 | 博多女子高等学校として分離独立 |
| 昭和44年4月 | 博多女子商業高等学校と改称 |
| 昭和63年4月 | 博多女子高等学校と改称 |

◇福岡県立博多青松高等学校
　〒812-0044 福岡県福岡市博多区千代1-2-21
　TEL 092-632-4193

| 平成9年4月 | 福岡県立博多青松高等学校を創設 |

◇福岡県立柏陵高等学校
　〒811-1353 福岡県福岡市南区柏原4丁目47-1
　TEL 092-566-3232

| 昭和57年11月 | 福岡県立柏陵高等学校を創立 |

◇東筑紫学園高等学校
　［学校法人 東筑紫学園］
　〒803-0841 福岡県北九州市小倉北区清水4-10-1
　TEL 093-571-0488

| 昭和11年 | 筑紫洋裁女学院を設立 |
| 昭和18年 | 東筑紫技芸学校と改称 |
| 昭和23年 | 東筑紫高等学校を設立 |
| 平成4年 | 東筑紫学園高等学校と改称 |

◇東福岡高等学校
　［学校法人 東福岡学園］
　〒812-0007 福岡県福岡市博多区東比恵2-24-1
　TEL 092-411-3702

| 昭和20年11月10日 | 福岡米語義塾を設立 |
| 昭和30年4月10日 | 東福岡高等学校が開校 |

◇福岡県立ひびき高等学校
　〒804-0041 福岡県北九州市戸畑区天籟寺1丁目2-1
　TEL 093-881-2355

| 昭和3年3月24日 | 戸畑実科女学校を創立 |
| 昭和4年4月2日 | 福岡県立戸畑高等女学校と改称 |
| 昭和23年4月1日 | 福岡県立戸畑女子高等学校と改称 |
| 昭和24年3月31日 | 福岡県立戸畑中央高等学校と改称 |
| 平成15年4月1日 | 福岡県立ひびき高等学校と改称 |

◇福岡県立福岡魁誠高等学校
　〒811-2311 福岡県糟屋郡粕屋町長者原122
　TEL 092-938-2021

| 大正元年 | 糟屋郡立農学校として開校 |
| 昭和23年 | 粕屋農業高等学校と改称 |
| 昭和48年 | 福岡県立粕屋高等学校と改称 |
| 平成15年4月 | 福岡県立福岡魁誠高等学校と改称 |

◇福岡海星女子学院高等学校
　［学校法人 福岡海星女子学院］
　〒811-1346 福岡県福岡市南区老司5-29
　TEL 092-565-4950

| 昭和39年 | 福岡海星女子学院高等学校を開校 |

◇福岡県立水産高等学校
　〒811-3304 福岡県福津市津屋崎2507-1
　TEL 0940-52-0158

| 昭和28年4月1日 | 福岡県立筑紫中央高等学校に水産課程を創設 |
| 昭和29年4月1日 | 福岡県立水産高等学校を創設 |

◇福岡県立福岡工業高等学校
　〒814-8520 福岡県福岡市早良区荒江2丁目19-1
　TEL 092-821-5831

| 明治29年3月 | 福岡県福岡工業学校を創設 |
| 明治34年5月 | 福岡県立福岡工業学校と改称 |
| 昭和23年4月 | 福岡県筑紫工業学校を統合し福岡県立福岡工業高等学校と改称 |
| 昭和24年8月 | 福岡県立福陵高等学校と改称 |
| 昭和28年4月 | 福岡県立福岡工業高等学校と改称 |

◇福岡工業大学附属城東高等学校
　［学校法人 福岡工業大学］
　〒811-0295 福岡県福岡市東区和白東3-30-1
　TEL 092-606-3131

| 昭和29年11月 | 福岡高等無線電信学校を創設 |
| 昭和33年4月 | 福岡電波高等学校を開設 |
| 昭和49年 | 福岡工業大学附属高等学校と改称 |
| 平成14年 | 福岡工業大学附属城東高等学校と改称 |

◇福岡県立福岡高等学校
　〒812-0043 福岡県福岡市博多区堅粕1丁目29-1
　TEL 092-651-4265

| 大正6年4月1日 | 福岡県立福岡中学校が開校 |
| 大正14年4月1日 | 福岡県福岡中学校と改称 |
| 昭和23年4月1日 | 福岡県立福岡高等学校と改称 |

◇福岡県立福岡講倫館高等学校
　〒814-0033 福岡県福岡市早良区有田3丁目9-1
　TEL 092-871-2710

| 昭和2年4月1日 | 福岡県早良高等女学校が開校 |
| 昭和13年9月1日 | 福岡県西福岡高等女学校と改称 |
| 昭和23年4月1日 | 福岡県立西福岡高等学校と改称 |
| 平成17年4月1日 | 福岡県立福岡講倫館高等学校と改称 |

◇福岡常葉高等学校
　［学校法人 橘学園］
　〒818-0025 福岡県筑紫野市大字筑紫901
　TEL 092-926-0731

| 平成18年4月 | 福岡南女子高等学校を福岡常葉高等学校と改称 |

◇福岡女学院高等学校
　［学校法人 福岡女学院］
　〒811-1313 福岡県福岡市南区日佐3-42-1
　TEL 092-581-1492

| 明治18年 | 英和女学校をジェニー・ギールが創立 |
| 大正8年 | 福岡女学院と改称 |
| 昭和23年 | 福岡女学院高等学校と改称 |

◇福岡市立福岡女子高等学校
　〒819-0013 福岡県福岡市西区愛宕浜3-2-2
　TEL 092-881-7344

| 大正14年5月15日 | 福岡市立第一女学校を設立 |
| 昭和17年3月24日 | 福岡市第一高等女学校を設立 |
| 昭和23年4月1日 | 福岡市立第一女子高等学校と改称 |

福岡県

| 昭和26年1月1日 | 福岡市立福岡女子高等学校と改称 |

◇那珂川町立**福岡女子商業高等学校**
　〒811-1203 福岡県筑紫郡那珂川町片縄北1丁目4-1
　TEL 092-952-2231
| 昭和25年4月 | 南畑・岩戸・安徳三ヶ村組合立筑紫野高等学校岩戸分校として開校 |
| 昭和30年4月 | 福岡県立福岡農業高等学校岩戸分校と改称 |
| 昭和36年4月 | 那珂川町立南福岡高等学校が開校 |
| 昭和39年2月 | 那珂川町立福岡女子商業高等学校と改称 |

◇福岡市立**福岡西陵高等学校**
　〒819-0041 福岡県福岡市西区拾六町広石
　TEL 092-881-8175
| 昭和50年10月18日 | 福岡市立福岡西陵高等学校を設立 |

◇**福岡第一高等学校**
　［学校法人 都築学園］
　〒815-0037 福岡県福岡市南区玉川町22-1
　TEL 092-541-0165
| 昭和31年 | 福岡第一高等学校を設立 |

◇**福岡大学附属大濠高等学校**
　［学校法人 福岡大学］
　〒810-0044 福岡県福岡市中央区六本松1-12-1
　TEL 092-771-0731
| 昭和26年4月13日 | 福岡商科大学附属大濠高等学校を設立 |
| 昭和31年3月 | 福岡大学附属大濠高等学校と改称 |

◇福岡県立**福岡中央高等学校**
　〒810-0014 福岡県福岡市中央区平尾3丁目20-57
　TEL 092-521-1831
| 明治31年6月6日 | 福岡市立福岡高等女学校が開校 |
| 明治41年4月1日 | 福岡県立福岡高等女学校と改称 |
| 昭和24年4月1日 | 福岡県立福岡中央高等学校と改称 |

◇福岡県立**福岡農業高等学校**
　〒818-0134 福岡県太宰府市大佐野250
　TEL 092-924-5031
| 明治12年7月3日 | 勧業試験場を開校 |
| 明治12年9月 | 農学所を設置 |
| 明治13年7月 | 農学校兼試験場と改称 |
| 明治13年11月30日 | 農学校として独立 |
| 明治20年3月31日 | 農学校を廃止 |
| 明治34年4月23日 | 福岡農学校が開校 |
| 昭和23年4月 | 福岡農業高等学校と改称 |
| 昭和24年5月1日 | 筑紫野高等学校と改称 |
| 昭和30年4月 | 福岡県立福岡農業高等学校と改称 |

◇**福岡雙葉高等学校**
　［学校法人 福岡雙葉学園］
　〒810-0027 福岡県福岡市中央区御所ケ谷1
　TEL 092-531-0438
| 昭和8年2月 | 福岡女子商業学校を財団法人サン・モール修道会が設立 |
| 昭和21年2月 | 福岡雙葉高等女学校と改称 |
| 昭和23年4月 | 福岡雙葉高等学校を設立 |

◇**福岡舞鶴高等学校**
　［学校法人 川島学園］
　〒819-0375 福岡県福岡市西区大字徳永1110-2
　TEL 092-806-3334
| 大正11年4月 | 川島裁縫女学校を創設 |
| 昭和36年2月 | 川島学園室見丘女子高等学校を設立 |
| 昭和47年12月 | 川島学園高等学校と改称 |
| 昭和55年12月 | 福岡舞鶴高等学校と改称 |

◇福岡県立**福島高等学校**
　〒834-0006 福岡県八女市大字吉田1581-2
　TEL 0943-22-5148
| 明治43年6月5日 | 福島技芸女学校が開校 |
| 大正10年4月 | 福岡県立八女高等女学校と改称 |
| 昭和24年8月 | 福岡県立福島高等学校と改称 |

◇福岡市立**福翔高等学校**
　〒811-1347 福岡県福岡市南区野多目5丁目31-1
　TEL 092-565-1670
| 明治20年10月 | 福岡商業学校が開校 |
| 明治23年4月 | 私立博多商業学校を設置 |
| 明治23年10月 | 市立博多商業学校と改称 |
| 明治32年7月 | 福岡市商業学校を設立 |
| 明治34年5月 | 福岡市立福岡商業学校と改称 |
| 大正8年12月 | 福岡商業学校と改称 |
| 昭和23年4月 | 福岡市立福岡商業高等学校が開校 |
| 平成12年4月 | 福岡市立福翔高等学校と改称 |

◇**福智高等学校**
　［学校法人 福智学園］
　〒825-0002 福岡県田川市大字伊田3934
　TEL 0947-42-4711
| 昭和36年3月 | 福智高等学校を創立 |
| 昭和43年4月 | 九州商業高等学校と改称 |
| 昭和63年4月 | 福智高等学校と改称 |

◇**豊国学園高等学校**
　［学校法人 豊国学園］
　〒800-0025 福岡県北九州市門司区柳町4-5-1
　TEL 093-371-3037
| 明治45年 | 豊国学園中学校を創立 |
| 昭和23年 | 豊国学園高等学校と改称 |
| 昭和28年 | 豊国学園高等学校小倉分校（のち：小倉豊国高等学校、小倉中央高等学校）を設置 |
| 昭和39年 | 門司工業高等学校と改称 |
| 昭和41年 | 小倉中央高等学校を合併 |
| 昭和56年 | 豊国学園高等学校と改称 |

◇福岡県立**北筑高等学校**
　〒807-0857 福岡県北九州市八幡西区北筑1丁目1-1
　TEL 093-603-6221
| 昭和53年 | 福岡県立北筑高等学校が開校 |

◇福岡県立**三池工業高等学校**
　〒836-5877 福岡県大牟田市上官町4丁目77
　TEL 0944-53-3036
| 明治41年 | 三井工業学校を創設 |
| 昭和23年 | 私学三池工業高等学校と改称 |
| 昭和25年 | 福岡県立三池南高等学校と改称 |
| 昭和28年 | 福岡県立三池工業高等学校と改称 |

◇福岡県立**三池高等学校**
　〒837-0917 福岡県大牟田市大字草木245
　TEL 0944-53-2172
| 大正6年 | 福岡県立三池中学校が開校 |
| 昭和23年 | 福岡県立三池高等学校と改称 |

◇福岡県立**三井高等学校**
　〒838-0122 福岡県小郡市松崎650

福岡県

| | |
|---|---|
|TEL 0942-72-2161| |
|大正3年4月1日|三井郡立石村外4か村組合立松崎実業女学校を創立|
|大正10年4月1日|三井郡立三井女学校と改称|
|大正12年4月1日|福岡県立三井実業女学校と改称|
|大正14年4月1日|福岡県三井実業女学校と改称|
|昭和5年3月1日|福岡県三井高等実業女学校と改称|
|昭和14年4月1日|福岡県三井高等女学校と改称|
|昭和23年4月1日|福岡県立三井高等学校と改称|

◇福岡県公立三井中央高等学校
〒830-1113 福岡県久留米市北野町中3050-1
TEL 0942-78-2121
| | |
|---|---|
|昭和38年|福岡県公立三井中央高等学校を設立|

◇福岡県立三潴高等学校
〒830-0207 福岡県久留米市城島町城島59-1
TEL 0942-62-3146
| | |
|---|---|
|大正12年3月24日|福岡県立三潴中学校を設置|
|昭和23年4月1日|福岡県立三潴高等学校と改称|

◇美萩野女子高等学校
[学校法人 美萩野学園]
〒802-0062 福岡県北九州市小倉北区片野新町1-3-1
TEL 093-921-1331
| | |
|---|---|
|明治41年11月6日|私立勝山女学館を設置|
|大正12年2月6日|私立勝山高等女学館を設置|
|昭和2年4月1日|私立勝山高等女学校を設置|
|昭和18年3月23日|小倉女子商業学校を設置|
|昭和23年3月31日|美萩野女子高等学校を設置|

◇福岡県立京都高等学校
〒824-0032 福岡県行橋市南大橋4丁目5-1
TEL 0930-23-0036
| | |
|---|---|
|明治45年|京都郡立行事実業女学校が開校|
|大正6年|京都郡立京都高等女学校が開校|
|大正7年|福岡県立京都高等女学校と改称|
|昭和22年|福岡県立京都高等学校と改称|

◇福岡県立武蔵台高等学校
〒818-0055 福岡県筑紫野市天拝坂5丁目2-1
TEL 092-925-6441
| | |
|---|---|
|昭和55年4月|福岡県立武蔵台高等学校が開校|

◇福岡県立宗像高等学校
〒811-3436 福岡県宗像市大字東郷856
TEL 0940-36-2019
〈福岡県立宗像高等学校〉
| | |
|---|---|
|大正8年3月27日|福岡県立宗像中学校を設立|
|昭和23年4月1日|福岡県立宗像高等学校を創立|
|昭和24年8月31日|福岡県立宗像女子高等学校を統合|

〈福岡県立宗像女子高等学校〉
| | |
|---|---|
|大正15年3月30日|福岡県宗像実業女学校を設立|
|昭和5年3月1日|高等実業女学校と改称|
|昭和6年4月1日|福岡県宗像高等女学校を創設|
|昭和23年4月1日|福岡県立宗像女子高等学校を創立|

◇明光学園高等学校
[学校法人 明光学園]
〒837-0906 福岡県大牟田市倉永170
TEL 0944-58-0907
| | |
|---|---|
|昭和27年4月|明光学園高等学校が開校|

◇明治学園高等学校
[学校法人 明治学園]
〒804-0015 福岡県北九州市戸畑区仙水町5-1
TEL 093-881-2861
| | |
|---|---|
|昭和25年|明治学園高等学校を設立|

◇福岡県立明善高等学校
〒830-0022 福岡県久留米市城南町9-1
TEL 0942-32-5241
| | |
|---|---|
|天明3年2月6日|学問所を高山畏斎が設置|
|寛政8年12月9日|明善堂と改称|
|明治5年11月2日|明善小学と改称|
|明治8年8月22日|小学校教師伝習学校と改称|
|明治9年6月21日|久留米師範学校と改称|
|明治12年6月25日|久留米師範学校を廃止|
|明治12年10月1日|福岡県立久留米中学校が開校|
|明治21年6月1日|私立久留米尋常中学校と改称|
|明治22年|福岡県立久留米尋常中学明善校が開校|
|明治32年5月5日|福岡県立中学明善校と改称|
|大正14年4月1日|福岡県中学明善校と改称|
|昭和23年4月1日|福岡県立明善高等学校と改称|
|昭和24年8月31日|福岡県立久留米高等学校と統合|

〈福岡県立久留米高等学校〉
| | |
|---|---|
|明治30年7月1日|福岡県久留米高等女学校を創立|
|明治41年4月1日|福岡県立久留米高等女学校と改称|
|大正14年4月1日|福岡県久留米高等女学校と改称|
|昭和23年4月1日|福岡県立久留米高等学校と改称|

◇福岡県立門司北高等学校
〒800-0102 福岡県北九州市門司区大字猿喰1462-2
TEL 093-481-4673
| | |
|---|---|
|明治40年5月|門司市立門司高等女学校として設立|
|大正4年7月|福岡県立門司高等女学校と改称|
|大正14年4月|福岡県門司高等女学校と改称|
|昭和23年4月1日|福岡県立門司女子高等学校と改称|
|昭和24年8月31日|福岡県立門司北高等学校と改称|

◇福岡県立門司高等学校
〒801-0831 福岡県北九州市門司区丸山3丁目1-1
TEL 093-321-1726
| | |
|---|---|
|大正12年|福岡県立門司中学校が開校|
|昭和23年|福岡県立門司高等学校と改称|
|昭和24年|福岡県立門司東高等学校と改称|
|昭和39年|福岡県立門司高等学校と改称|

◇福岡県立門司商業高等学校
〒800-0006 福岡県北九州市門司区矢筈町13-1
TEL 093-381-4738
| | |
|---|---|
|大正7年4月4日|門司市立商業学校として創立|
|昭和24年|福岡県立門司南高等学校と改称|
|昭和40年|福岡県立門司商業高等学校と改称|

◇福岡県立門司大翔館高等学校
〒800-0047 福岡県北九州市門司区藤松2丁目7-1
TEL 093-372-1304
| | |
|---|---|
|平成17年4月1日|福岡県立門司商業高等学校,福岡県立大里高等学校を統合再編し福岡県立門司大翔館高等学校が開校|

◇柳川高等学校
[学校法人 柳商学園]
〒832-0061 福岡県柳川市本城町125
TEL 0944-73-3333
| | |
|---|---|
|昭和16年4月|福岡県柳河商業高等学校を設置|

| 昭和19年2月 | 福岡県柳河工業高等学校に転換 |
| 昭和21年2月 | 福岡県柳河商業高等学校に復帰 |
| 昭和26年4月 | 柳川商業高等学校と改称 |
| 昭和55年1月 | 柳川高等学校と改称 |

◇福岡県立**八幡工業高等学校**
〒806-0068 福岡県北九州市八幡西区別所町1-1
TEL 093-641-6611

| 昭和8年4月 | 八幡市立花尾職業学校が開校 |
| 昭和10年10月 | 福岡県立八幡工業学校と改称 |
| 昭和23年4月 | 福岡県立八幡工業高等学校と改称 |
| 昭和24年8月 | 福岡県立洞南高等学校と改称 |
| 昭和28年4月 | 福岡県立八幡工業高等学校と改称 |

◇福岡県立**八幡高等学校**
〒805-0034 福岡県北九州市八幡東区清田3丁目1-1
TEL 093-651-0035

| 大正8年4月 | 福岡県立八幡中学校が開校 |
| 昭和23年4月 | 福岡県立八幡高等学校と改称 |

◇福岡県立**八幡中央高等学校**
〒806-0015 福岡県北九州市八幡西区元城町1-1
TEL 093-681-2335

| 大正5年6月1日 | 八幡町立実科高等女学校が開校 |
| 大正6年3月1日 | 八幡市立実科高等女学校と改称 |
| 大正12年4月1日 | 福岡県立八幡高等女学校と改称 |
| 大正14年4月1日 | 福岡県立八幡高等女学校と改称 |
| 昭和2年4月1日 | 福岡県立八幡女子高等学校と改称 |
| 昭和24年4月1日 | 市立八幡高等学校と統合 |
| 昭和24年8月3日 | 福岡県立八幡中央高等学校と改称 |

◇福岡県立**八幡南高等学校**
〒807-0841 福岡県北九州市八幡西区的場町6-1
TEL 093-611-1881

| 昭和37年4月5日 | 福岡県立八幡南高等学校が開校 |

◇福岡県立**山門高等学校**
〒835-0025 福岡県山門郡瀬高町大字上庄1740
TEL 0944-62-4105

| 明治41年4月 | 瀬高実業補習学校を設置 |
| 大正2年 | 瀬高技芸女学校と改称 |
| 大正10年 | 山門高等技芸女学校と改称 |
| 大正12年 | 山門実業女学校と改称 |
| 昭和5年 | 福岡県立山門高等実業女学校と改称 |
| 昭和14年 | 福岡県立山門高等女学校と改称 |
| 昭和23年 | 福岡県立山門高等学校と改称 |

◇**大和青藍高等学校**
［学校法人 大和学園］
〒822-0025 福岡県直方市日吉町10-12
TEL 0949-22-0533

| 明治40年8月 | 大和裁縫女学校を大和クニが設立 |
| 昭和18年12月 | 大和女学校と改称 |
| 昭和34年4月 | 大和高等学校と改称 |
| 昭和37年3月 | 直方女子高等学校と改称 |
| 平成14年4月 | 大和青藍高等学校と改称 |

◇**八女学院高等学校**
［学校法人 八女学院］
〒834-0063 福岡県八女市本村425
TEL 0943-23-5111

| 大正12年4月 | 私立八女技芸女学校を創立 |
| 昭和23年4月 | 八女津女子高等学校と改称 |
| 平成4年4月 | 八女学院高等学校と改称 |

◇福岡県立**八女工業高等学校**
〒833-0003 福岡県筑後市大字羽犬塚301-4
TEL 0942-53-2044

| 大正9年4月 | 福岡県立八女工業学校を設置 |
| 昭和23年 | 福岡県立八女工業高等学校と改称 |
| 昭和23年4月1日 | 福岡県立八女工業高等学校と改称 |
| 昭和24年8月31日 | 福岡県立筑後高等学校と改称 |
| 昭和28年4月1日 | 福岡県立八女工業高等学校と改称 |

◇福岡県立**八女高等学校**
〒833-0041 福岡県筑後市大字和泉251
TEL 0942-53-4184

| 明治41年3月18日 | 福岡県立八女中学校が開校 |
| 大正14年4月1日 | 福岡県八女中学校と改称 |
| 昭和23年4月1日 | 福岡県立八女高等学校と改称 |

◇福岡県立**八女農業高等学校**
〒834-0031 福岡県八女市大字本町2-160
TEL 0943-23-3175

| 明治35年4月 | 八女郡立福島農学校として設立 |
| 昭和30年4月 | 福岡県立八女農業高等学校と改称 |

◇**祐誠高等学校**
［学校法人 久留米工業大学］
〒830-0052 福岡県久留米市上津町2192
TEL 0942-22-1238

| 昭和37年4月 | 久留米工業高等学校を設立 |
| 昭和51年1月 | 久留米工業大学附属高等学校と改称 |
| 平成17年4月 | 祐誠高等学校と改称 |

◇福岡県立**行橋高等学校**
〒824-0036 福岡県行橋市泉中央1丁目17-1
TEL 0930-23-0164

| 明治35年 | 乙種農学校を設置許可 |
| 明治36年8月 | 行事農学校、豊津農学校を設置 |
| 明治40年6月 | 京都郡立農学校を設置 |
| 大正12年4月 | 福岡県立京都農学校と改称 |
| 昭和23年4月 | 福岡県立京都農業高等学校と改称 |
| 昭和24年5月 | 福岡県立豊前高等学校と改称 |
| 昭和30年4月 | 福岡県立豊前農業高等学校と改称 |
| 平成3年4月 | 福岡県立行橋高等学校と改称 |

◇福岡県立**若松高等学校**
〒808-0015 福岡県北九州市若松区上原町15-13
TEL 093-751-1911

| 大正7年3月27日 | 若松市立若松中学校として設立許可 |
| 大正9年4月1日 | 福岡県立若松中学校と改称 |
| 大正14年4月1日 | 福岡県若松中学校と改称 |
| 昭和23年4月1日 | 福岡県立若松高等学校と改称 |
| 昭和24年5月1日 | 福岡県立若松女子高等学校を統合 |

〈福岡県立若松女子高等学校〉
| 明治45年4月6日 | 福岡県遠賀郡若松町立若松実科高等女学校を設立 |
| 大正6年3月25日 | 若松市立若松高等女学校と改称 |
| 大正13年4月1日 | 福岡県立若松高等女学校と改称 |
| 大正14年4月1日 | 福岡県若松高等女学校と改称 |
| 昭和23年4月1日 | 福岡県立若松女子高等学校と改称 |

◇福岡県立**若松商業高等学校**
〒808-0106 福岡県北九州市若松区片山3丁目2-1
TEL 093-791-0700

| 昭和24年4月1日 | 福岡県立若松高等学校に商業課程を併設 |

昭和35年4月1日　　福岡県立若松商業高等学校を設立

# 佐賀県

## 【大学】

◇佐賀大学
　〒840-8502 佐賀県佐賀市本庄町1
　TEL 0952-28-8113
　昭和24年5月31日　　佐賀高等学校, 佐賀師範学校, 佐賀
　　　　　　　　　　青年師範学校を統合し
　　　　　　　　　　佐賀大学を設置
　平成15年10月　　　佐賀医科大学を統合

◇西九州大学
　［学校法人 永原学園］
　〒842-0015 佐賀県神埼市神埼町尾崎4490-9
　TEL 0952-52-4191
　昭和43年　　　　　佐賀家政大学が開学
　昭和49年　　　　　西九州大学と改称

## 【短大】

◇九州龍谷短期大学
　［学校法人 佐賀龍谷学園］
　〒841-0072 佐賀県鳥栖市村田町字岩井手1350
　TEL 0942-85-1121
　昭和27年　　　　　佐賀龍谷短期大学が開学
　昭和60年　　　　　九州龍谷短期大学と改称

◇佐賀女子短期大学
　［学校法人 旭学園］
　〒840-8550 佐賀県佐賀市本庄町大字本庄1313
　TEL 0952-23-5145
　昭和41年3月18日　佐賀女子短期大学を設置

◇佐賀短期大学
　［学校法人 永原学園］
　〒840-0806 佐賀県佐賀市神園3-18-15
　TEL 0952-31-3001
　昭和38年　　　　　佐賀短期大学が開学

## 【高校】

◇佐賀県立有田工業高等学校
　〒844-0012 佐賀県西松浦郡有田町桑古場乙2902
　TEL 0955-42-3136
　明治33年4月　　　佐賀県立工業学校有田分校を創立
　明治36年4月　　　佐賀県立有田工業学校が開校
　昭和23年4月　　　佐賀県立有田工業高等学校と改称

◇佐賀県立伊万里高等学校
　〒848-0032 佐賀県伊万里市二里町大里甲2600
　TEL 0955-23-3101
　大正5年　　　　　伊万里町立伊万里実科女学校が開
　　　　　　　　　校
　大正14年　　　　　伊万里町外4ヵ村組合立伊万里実科
　　　　　　　　　女学校と改称
　昭和3年　　　　　伊万里高等女学校と改称
　昭和4年　　　　　佐賀県立伊万里高等女学校と改称
　昭和23年　　　　　佐賀県立伊万里中学校, 佐賀県立
　　　　　　　　　伊万里高等女学校を学制改革に
　　　　　　　　　より

|  | 昭和24年 | 佐賀県立伊万里第一高等学校, 佐賀県立第二高等学校と改称<br>佐賀県立伊万里第一高等学校, 佐賀県立伊万里第二高等学校を統合し<br>佐賀県立伊万里高等学校と改称 |

◇佐賀県立**伊万里商業高等学校**
　〒848-0028　佐賀県伊万里市脇田町1376
　TEL 0955-23-5191
| 明治33年4月 | 組合立伊万里商業補習学校が開校 |
| 昭和20年4月 | 佐賀県立伊万里中学校と改称 |
| 昭和23年4月 | 佐賀県立伊万里第一高等学校と改称 |
| 昭和28年4月 | 佐賀県立伊万里商業高等学校と改称 |

◇佐賀県立**伊万里農林高等学校**
　〒848-0035　佐賀県伊万里市二里町大里乙1414
　TEL 0955-23-4138
| 大正6年 | 西松浦農学校として創立 |
| 昭和27年 | 佐賀県立伊万里農林高等学校と改称 |

◇佐賀県立**牛津高等学校**
　〒849-0303　佐賀県小城市牛津町牛津274
　TEL 0952-66-1811
| 昭和38年 | 佐賀県立牛津高等学校が開校 |

◇佐賀県立**嬉野高等学校**
　〒843-0301　佐賀県嬉野市嬉野町大字下宿甲700
　TEL 0954-43-0107
| 昭和28年4月 | 佐賀県立鹿島高等学校嬉野分校が開校 |
| 昭和31年4月 | 佐賀県立嬉野商業高等学校として独立 |
| 平成12年4月 | 佐賀県立嬉野高等学校と改称 |

◇佐賀県立**小城高等学校**
　〒854-0001　佐賀県小城市小城町176
　TEL 0952-73-2295
〈佐賀県立小城中学校〉
| 明治32年4月1日 | 佐賀県立第一中学校小城分校として創立 |
| 明治34年6月 | 佐賀県立佐賀中学校小城分校と改称 |
| 明治35年4月1日 | 佐賀県立佐賀中学校から独立し佐賀県立小城中学校と改称 |
〈佐賀県立小城高等女学校〉
| 明治41年1月4日 | 小城町四ヵ村組合立小城女学校が開校 |
| 大正3年4月 | 小城町外5ヵ村学校組合立小城実科女学校と改組 |
| 大正10年4月 | 組合立小城高等女学校と改称 |
| 大正13年4月 | 佐賀県立小城高等女学校と改称 |
〈統合〉
| 昭和23年4月 | 佐賀県立小城中学校, 佐賀県立小城高等女学校を統合し<br>佐賀県立小城高等学校が開校 |

◇佐賀県立**鹿島高等学校**
　〒849-1311　佐賀県鹿島市大字高津原462
　TEL 09546-2-4136
〈佐賀県立鹿島中学校〉
| 明治29年 | 佐賀県尋常中学校鹿島分校が開校 |
| 明治34年 | 佐賀県立鹿島中学校と改称 |
〈佐賀県立鹿島高等女学校〉
| 明治39年 | 佐賀県立鹿島高等女学校が開校 |
〈統合〉
| 昭和23年 | 佐賀県立鹿島中学校, 佐賀県立鹿島高等女学校, 佐賀県立鹿島農商学校の3校が統合され<br>佐賀県立鹿島高等学校と改称 |

◇佐賀県立**鹿島実業高等学校**
　〒849-1311　佐賀県鹿島市大字高津原539
　TEL 0954-63-3126
| 大正15年 | 鹿島立教公民学校として創立 |
| 昭和30年 | 鹿島高等学校より分離独立し佐賀県立鹿島実業高等学校と改称 |

◇佐賀県立**唐津工業高等学校**
　〒847-0832　佐賀県唐津市石志中ノ尾3072
　TEL 0955-78-1155
| 昭和19年4月1日 | 佐賀県立唐津工業学校が開校 |
| 昭和21年4月1日 | 唐津商工学校と改称 |
| 昭和23年4月1日 | 佐賀県立唐津実業高等学校と改称 |
| 昭和37年3月31日 | 佐賀県立唐津実業高等学校を閉校 |
| 昭和37年4月1日 | 佐賀県立唐津実業高等学校の工業科を引き継ぎ<br>佐賀県立唐津工業高等学校が開校 |

◇佐賀県立**唐津商業高等学校**
　〒847-0064　佐賀県唐津市元石町235-2
　TEL 0955-72-7196
| 大正6年8月15日 | 私立唐津商業補習学校を創立 |
| 大正7年3月22日 | 唐津町立商業補習学校と改称 |
| 昭和4年4月1日 | 佐賀県立唐津商業学校と改称 |
| 昭和19年4月1日 | 佐賀県立唐津商業学校の商業科を廃止し工業科を設置し<br>佐賀県立唐津工業学校と改称 |
| 昭和21年4月1日 | 佐賀県立唐津工業学校に商業科を復活し<br>佐賀県立唐津商工学校と改称 |
| 昭和23年4月1日 | 佐賀県立唐津実業高等学校と改称 |
| 昭和37年3月31日 | 佐賀県立唐津実業高等学校を閉校 |
| 昭和37年4月1日 | 佐賀県立唐津実業高等学校の商業科を引き継ぎ<br>佐賀県立唐津商業高等学校と改称 |

◇佐賀県立**唐津青翔高等学校**
　〒847-1422　佐賀県東松浦郡玄海町大字新田1809-11
　TEL 0955-52-2347
| 平成17年4月 | 佐賀県立唐津北高等学校, 佐賀県立松浦高等学校を統合し<br>佐賀県立唐津青翔高等学校が開校 |

◇佐賀県立**唐津西高等学校**
　〒847-0821　佐賀県唐津市町田字大山田1922
　TEL 0955-72-7184
| 明治40年 | 町立唐津女学校を設立 |
| 大正9年 | 唐津高等女学校と改称 |
| 昭和24年 | 佐賀県立唐津高等学校と改称 |
| 昭和31年 | 佐賀県立唐津西高等学校と改称 |

◇佐賀県立**唐津東高等学校**
　〒847-0016　佐賀県唐津市東城内7-1
　TEL 0955-73-3138
| 文政年間 | 志道館を藩校として設立 |
| 明治3年 | 耐恒寮を設立 |

佐賀県

| 明治32年 | 佐賀県立第三中学校となる |
| 明治34年6月 | 佐賀県立唐津中学校と改称 |
| 昭和23年4月 | 佐賀県立唐津第一高等学校と改称 |
| 昭和24年4月 | 佐賀県立唐津高等学校と改称 |
| 昭和31年4月 | 佐賀県立唐津東高等学校と改称 |

◇佐賀県立**唐津南高等学校**
　〒847-0824 佐賀県唐津市神田堤2629-1
　TEL 0955-72-4123

| 昭和23年4月1日 | 佐賀県立唐津実業高等学校（定時制）に農業科を設置 |
| 昭和37年3月31日 | 佐賀県立唐津実業高等学校を閉校 |
| 昭和37年4月1日 | 佐賀県立唐津実業高等学校を農・工・商の3校に分離し佐賀県立唐津農業高等学校が開校 |
| 平成8年4月1日 | 佐賀県立唐津南高等学校と改称 |

◇佐賀県立**神埼高等学校**
　〒842-0002 佐賀県神埼市神埼町田道ヶ里2213
　TEL 0952-52-3118

| 昭和4年 | 佐賀県立神埼高等女学校が開校 |
| 昭和23年 | 佐賀県立神埼高等学校と改称 |

◇佐賀県立**神埼清明高等学校**
　〒842-0012 佐賀県神埼市神埼町横武2
　TEL 0952-52-3191

| 大正2年4月1日 | 神埼郡地主農産学校を開校 |
| 大正7年4月1日 | 神埼郡立神埼農学校と改称 |
| 大正12年4月1日 | 佐賀県立神埼農学校と改称 |
| 昭和23年4月1日 | 佐賀県立神埼農業高等学校と改称 |
| 平成8年4月1日 | 佐賀県立神埼清明高等学校と改称 |

◇佐賀県立**杵島商業高等学校**
　〒849-2101 佐賀県杵島郡大町町大字大町2039
　TEL 0952-82-3241

| 昭和28年4月1日 | 佐賀県立武雄高等学校大町分校, 佐賀県立白石高等学校江北分校を設置 |
| 昭和34年9月1日 | 佐賀県立佐賀商業高等学校杵島分校大町校舎, 佐賀県立佐賀商業高等学校江北校舎と改称 |
| 昭和35年4月21日 | 佐賀県立佐賀商業高等学校杵島分校大町校舎, 佐賀県立佐賀商業高等学校江北校舎を閉鎖 |
| 昭和36年4月1日 | 佐賀県立杵島商業高等学校として独立 |

◇佐賀県立**厳木高等学校**
　〒849-3193 佐賀県唐津市厳木町厳木727
　TEL 0955-63-2535

| 昭和26年 | 佐賀県立唐津高等学校厳木分校が開校 |
| 昭和31年 | 佐賀県立唐津西高等学校厳木分校が発足 |
| 昭和36年 | 佐賀県立厳木高等学校と改称 |

◇**敬徳高等学校**
　［学校法人 伊万里学園］
　〒848-0027 佐賀県伊万里市立花町86
　TEL 0955-22-6191

| 昭和39年 | 伊万里女子高等学校が開校 |
| 昭和43年 | 伊万里学園高等学校と改称 |
| 平成7年 | 敬徳高等学校と改称 |

◇**弘学館高等学校**
　［学校法人 松尾学園］
　〒849-0906 佐賀県佐賀市金立町大字金立1544-1
　TEL 0952-98-2161

| 昭和62年4月1日 | 弘学館高等学校が開校 |

◇佐賀県立**高志館高等学校**
　〒840-0201 佐賀県佐賀市大和町大字尼寺1698
　TEL 0952-62-1331

| 昭和9年4月10日 | 農芸学校が開校 |
| 昭和23年4月1日 | 佐賀県立佐賀農芸高等学校と改称 |
| 平成6年4月1日 | 佐賀県立高志館高等学校と改称 |

◇**佐賀学園高等学校**
　［学校法人 佐賀学園］
　〒840-0801 佐賀県佐賀市駅前中央2-9-10
　TEL 0952-30-4281

| 昭和33年4月 | 佐賀実業高等学校を創立 |
| 昭和48年4月 | 佐賀学園高等学校と改称 |

◇佐賀県立**佐賀北高等学校**
　〒840-0851 佐賀県佐賀市天祐2-6-1
　TEL 0952-26-3211

〈佐賀県立佐賀第一高等学校〉
| 明治9年 | 佐賀変則中学校が開校 |
| 明治16年 | 佐賀県佐賀中学校と改称 |
| 明治34年 | 佐賀県立佐賀中学校と改称 |
| 昭和23年 | 佐賀県立佐賀第一高等学校と改称 |

〈佐賀県立佐賀第二高等学校〉
| 明治34年 | 佐賀県立佐賀高等女学校が開校 |
| 昭和23年 | 佐賀県立佐賀第二高等学校と改称 |

〈佐賀市立成美高等学校〉
| 明治34年 | 私立成美高等女学校が開校 |
| 大正9年 | 佐賀市立成美高等女学校と改称 |
| 昭和23年 | 佐賀市立成美高等学校と改称 |

〈統合〉
| 昭和24年 | 佐賀第一高等学校, 佐賀第二高等学校, 佐賀市立成美高等学校の3校が統合し佐賀県立佐賀高等学校と改称 |
| 昭和38年4月 | 佐賀県立佐賀高等学校より分離し佐賀県立佐賀北高等学校が開校 |

◇佐賀県立**佐賀工業高等学校**
　〒840-0841 佐賀県佐賀市緑小路1-1
　TEL 0952-24-4356

| 明治31年3月4日 | 佐賀県工業学校が開校 |
| 明治35年4月1日 | 佐賀県立佐賀工業高等学校と改称 |
| 明治39年4月1日 | 佐賀県立商船工業学校分校と改称 |
| 明治43年4月1日 | 佐賀県立商船工業学校より独立し佐賀県立工業学校に復す |
| 昭和23年4月1日 | 佐賀県立佐賀工業高等学校と改称 |

◇佐賀県立**佐賀商業高等学校**
　〒840-0804 佐賀県佐賀市神野東4丁目12-40
　TEL 0952-30-8571

| 明治40年2月25日 | 佐賀市立佐賀商業学校を設立 |
| 大正11年4月1日 | 佐賀県立佐賀商業学校と改称 |
| 昭和19年1月6日 | 佐賀県立栄城工業学校と改称 |
| 昭和21年3月31日 | 佐賀県立佐賀商業学校と改称 |
| 昭和23年4月1日 | 佐賀県立佐賀商業高等学校と改称 |

◇**佐賀女子短期大学付属佐賀女子高等学校**
　［学校法人 旭学園］
　〒840-0047 佐賀県佐賀市与賀町153-1

| | TEL 0952-24-5341 | |
|---|---|---|
| 明治30年4月 | 家塾を中島ヤスが創立 |
| 大正12年4月 | 佐賀裁縫女学校を設置 |
| 昭和4年2月 | 佐賀高等裁縫女学校を設置 |
| 昭和18年3月 | 佐賀高等実業女学校と改称 |
| 昭和21年3月 | 佐賀旭高等女学校と改称 |
| 昭和23年4月 | 佐賀旭高等学校と改称 |
| 昭和41年4月 | 佐賀女子高等学校と改称 |
| 昭和53年4月 | 佐賀女子短期大学付属佐賀女子高等学校と改称 |

◇**佐賀清和高等学校**
　　［学校法人 佐賀清和学園］
　　〒840-0047 佐賀県佐賀市与賀町78
　　TEL 0952-24-5291
| 明治44年4月1日 | 私立実科女学校を内田清一が設立 |
| 大正13年4月24日 | 清和高等学校と改称 |
| 昭和23年4月 | 佐賀清和高等学校と改称 |

◇佐賀県立**佐賀西高等学校**
　　〒840-0041 佐賀県佐賀市城内1丁目4-25
　　TEL 0952-24-4331
〈佐賀県立佐賀第一高等学校〉
| 明治9年 | 佐賀変則中学校が開校 |
| 明治16年 | 佐賀県佐賀中学校と改称 |
| 明治34年 | 佐賀県立佐賀中学校と改称 |
| 昭和23年 | 佐賀県立佐賀第一高等学校と改称 |
〈佐賀県立佐賀第二高等学校〉
| 明治34年 | 佐賀県立佐賀高等女学校が開校 |
| 昭和23年 | 佐賀県立佐賀第二高等学校と改称 |
〈佐賀市立成美高等学校〉
| 明治34年 | 私立成美高等女学校が開校 |
| 大正9年 | 佐賀市立成美高等女学校と改称 |
| 昭和23年 | 佐賀市立成美高等学校と改称 |
〈統合〉
| 昭和24年 | 佐賀第一高等学校,佐賀第二高等学校,佐賀市立成美高等学校の3校が統合し佐賀県立佐賀高等学校と改称 |
| 昭和38年4月 | 佐賀県立佐賀高等学校より分離し佐賀県立佐賀西高等学校が開校 |

◇佐賀県立**佐賀農業高等学校**
　　〒849-1112 佐賀県杵島郡白石町大字福田1660
　　TEL 0952-84-2611
| 明治28年4月23日 | 佐賀県簡易農学校が開校 |
| 明治34年6月1日 | 佐賀県立農学校と改称 |
| 昭和23年4月1日 | 佐賀県立佐賀農業高等学校と改称 |

◇佐賀県立**佐賀東高等学校**
　　〒840-0016 佐賀県佐賀市南佐賀3丁目11-15
　　TEL 0952-24-0141
〈佐賀県立佐賀第一高等学校〉
| 明治9年 | 佐賀変則中学校が開校 |
| 明治16年 | 佐賀県佐賀中学校と改称 |
| 明治34年 | 佐賀県立佐賀中学校と改称 |
| 昭和23年 | 佐賀県立佐賀第一高等学校と改称 |
〈佐賀県立佐賀第二高等学校〉
| 明治34年 | 佐賀県立佐賀高等女学校が開校 |
| 昭和23年 | 佐賀県立佐賀第二高等学校と改称 |
〈佐賀市立成美高等学校〉
| 明治34年 | 私立成美高等女学校が開校 |
| 大正9年 | 佐賀市立成美高等女学校と改称 |
| 昭和23年 | 佐賀市立成美高等学校と改称 |
〈統合〉
| 昭和24年 | 佐賀第一高等学校,佐賀第二高等学校,佐賀市立成美高等学校の3校が統合し佐賀県立佐賀高等学校と改称 |
| 昭和38年4月 | 佐賀県立佐賀高等学校より分離し佐賀県立佐賀東高等学校が開校 |

◇佐賀県立**塩田工業高等学校**
　　〒849-1411 佐賀県嬉野市塩田町大字馬場下甲1418
　　TEL 0954-66-2044
| 昭和39年4月 | 佐賀県立塩田工業高等学校が開校 |

◇佐賀県立**白石高等学校**
　　〒849-1101 佐賀県杵島郡白石町大字今泉138
　　TEL 0952-84-2131
| 大正6年4月1日 | 六角村立六角実科女学校を創設 |
| 大正12年4月1日 | 六角村外七ヶ村組合立白石実科女学校を設立 |
| 昭和2年5月18日 | 白石実業女学校と改称 |
| 昭和6年2月4日 | 白石高等実業女学校と改称 |
| 昭和12年4月1日 | 佐賀県立白石高等実業女学校と改称 |
| 昭和21年4月20日 | 佐賀県立白石高等女学校と改称 |
| 昭和23年 | 佐賀県立白石高等学校と改称 |

◇佐賀県立**多久高等学校**
　　〒846-0002 佐賀県多久市北多久町大字小侍23
　　TEL 0952-75-3191
| 昭和38年4月10日 | 佐賀県立多久工業高等学校が開校 |
| 平成14年 | 佐賀県立多久高等学校と改称 |

◇佐賀県立**武雄高等学校**
　　〒843-0023 佐賀県武雄市武雄町大字武雄5540-2
　　TEL 0954-22-3219
| 明治41年 | 武雄高等女学校を創立 |
| 昭和2年 | 武雄中学校を創立 |
| 昭和23年 | 佐賀県立武雄高等学校が発足 |
| 平成19年4月 | 佐賀県立武雄青陵高等学校と統合し佐賀県立武雄高等学校を開校予定 |

◇佐賀県立**武雄青陵高等学校**
　　〒843-0021 佐賀県武雄市武雄町大字永島13233-2
　　TEL 0954-22-3177
| 昭和57年4月 | 佐賀県立武雄青陵高等学校が開校 |
| 平成19年4月 | 佐賀県立武雄高等学校と統合予定 |

◇佐賀県立**太良高等学校**
　　〒849-1602 佐賀県藤津郡太良町大字多良4212-6
　　TEL 095467-1811
| 昭和52年 | 佐賀県立太良高等学校を創立 |

◇佐賀県立**致遠館高等学校**
　　〒849-0915 佐賀県佐賀市兵庫町大字藤木1092-1
　　TEL 0952-33-0401
| 昭和63年4月1日 | 佐賀県立致遠館高等学校が開校 |

◇**東明館高等学校**
　　［学校法人 東明館学園］
　　〒841-0204 佐賀県三養基郡基山町大字宮浦字車路683-イ
　　TEL 0942-92-5775
| 昭和63年 | 東明館高等学校が開校 |

◇佐賀県立**鳥栖工業高等学校**
　〒841-0051 佐賀県鳥栖市元町1918
　TEL 0942-83-4134
　昭和14年4月　　　佐賀県立鳥栖工業学校が開校
　昭和23年4月　　　佐賀県立鳥栖工業高等学校と改称

◇佐賀県立**鳥栖高等学校**
　〒841-0038 佐賀県鳥栖市古野町600-1
　TEL 0942-83-2211
　昭和2年　　　　　鳥栖高等女学校が開校
　昭和23年　　　　　佐賀県立鳥栖高等学校と改称

◇佐賀県立**鳥栖商業高等学校**
　〒841-0076 佐賀県鳥栖市平田町1110-8
　TEL 0942-83-2153
　昭和2年3月31日　4か町村組合立高等女学校を設立
　昭和4年4月1日　　佐賀県立鳥栖高等女学校と改称
　昭和23年4月1日　 佐賀県立鳥栖高等学校と改称
　昭和46年4月1日　 佐賀県立鳥栖高等学校から商業科が分離独立し
　　　　　　　　　　佐賀県立鳥栖商業高等学校が開校

◇**北陵高等学校**
　［学校法人 江楠学園］
　〒849-0921 佐賀県佐賀市高木瀬西3-7-1
　TEL 0952-30-8676
　昭和30年4月　　　佐賀高等無線電信学校を江口九郎次が設立
　昭和37年4月　　　佐賀電波工業高等学校を設置
　昭和42年4月　　　佐賀中央工業高等学校と改称
　平成12年4月　　　北陵高等学校と改称

◇佐賀県立**三養基高等学校**
　〒849-0101 佐賀県三養基郡みやき町原古賀300
　TEL 0942-94-2345
　大正8年10月27日　佐賀県立佐賀中学校三養基分校を設置
　大正9年4月10日　 佐賀県立三養基中学校が開校
　昭和23年4月1日　 佐賀県立三養基高等学校と改称

◇**龍谷高等学校**
　［学校法人 佐賀龍谷学園］
　〒840-0054 佐賀県佐賀市水ケ江3-1-25
　TEL 0952-24-2244
　明治11年　　　　　振風教校が開校
　明治33年　　　　　西肥仏教中学校と改称
　明治35年　　　　　第五仏教中学校と改称
　明治41年　　　　　龍谷中学校と改称
　昭和23年　　　　　龍谷高等学校と改称

# 長崎県

## 【大学】

◇**活水女子大学**
　［学校法人 活水学院］
　〒850-8515 長崎県長崎市東山手町1-50
　TEL 095-822-4107
　昭和56年　　　　　活水女子大学を設立

◇県立**長崎シーボルト大学**
　〒851-2195 長崎県西彼杵郡長与町まなび野1-1-1
　TEL 095-813-5500
　平成11年4月　　　県立長崎シーボルト大学が開学

◇**長崎ウエスレヤン大学**
　［学校法人 鎮西学院］
　〒854-0081 長崎県諫早市栄田町1057
　TEL 0957-26-1234
　昭和41年　　　　　鎮西学院短期大学を設置
　昭和49年　　　　　諫早女学院を合併
　昭和55年　　　　　長崎ウエスレヤン短期大学と改称
　平成14年　　　　　長崎ウエスレヤン大学と改称

◇**長崎外国語大学**
　［学校法人 長崎学院］
　〒851-2196 長崎県西彼杵郡時津町元村郷1010-1
　TEL 095-840-2000
　平成13年4月　　　長崎外国語大学が開学

◇**長崎県立大学**
　〒858-8580 長崎県佐世保市川下町123
　TEL 0956-47-2191
　昭和26年4月　　　長崎県立佐世保商科短期大学を創設
　昭和32年4月　　　長崎県立女子短期大学と統合し長崎県立短期大学と改称
　昭和42年4月　　　長崎県立国際経済大学と改称
　平成3年4月　　　　長崎県立大学と改称

◇**長崎国際大学**
　［学校法人 九州文化学園］
　〒859-3243 長崎県佐世保市ハウステンボス町2825-7
　TEL 0956-39-2020
　平成12年4月11日　長崎国際大学が開学

◇**長崎純心大学**
　［学校法人 純心女子学園］
　〒852-8142 長崎県長崎市三ツ山町235
　TEL 095-846-0084
　平成6年4月　　　　長崎純心大学が開学

◇**長崎総合科学大学**
　［学校法人 長崎総合科学大学］
　〒851-0193 長崎県長崎市網場町536
　TEL 095-839-3111
　昭和18年4月1日　 川南高等造船学校が開校
　昭和19年10月1日　川南造船専門学校と改称
　昭和20年3月1日　 長崎造船専門学校と改称
　昭和25年4月1日　 長崎造船短期大学が開学
　昭和40年4月1日　 長崎造船大学が開学
　昭和53年7月5日　 長崎総合科学大学と改称

◇長崎大学
　〒852-8521　長崎県長崎市文教町1-14
　TEL 095-819-2016
　昭和24年5月31日　　長崎医科大学，長崎医科大学附属薬学専門部，長崎経済専門学校，長崎師範学校，長崎青年師範学校，長崎高等学校を統合し長崎大学を設置

## 【短大】

◇活水女子短期大学
　［学校法人 活水学院］
　〒850-8515　長崎県長崎市東山手町1-50
　TEL 095-822-4107
　明治12年　　活水女学校をエリザベス・ラッセルが設立
　大正8年　　活水女子専門学校を設置
　昭和25年　　活水短期大学を設置

◇玉木女子短期大学
　［学校法人 玉木女子学園］
　〒850-0803　長崎県長崎市風頭町1-33
　TEL 095-822-8694
　昭和28年　　玉木女子短期大学を設立

◇長崎外国語短期大学
　［学校法人 長崎学院］
　〒851-2196　長崎県西彼杵郡時津町元村郷1010-1
　TEL 095-840-2000
　昭和25年4月　　長崎外国語短期大学が開学

◇長崎純心大学短期大学部
　［学校法人 純心女子学園］
　〒852-8142　長崎県長崎市三ツ山町235
　TEL 095-846-0084
　昭和10年4月　　純心女学院を創立（創立者：早坂久之助）
　昭和15年5月　　純心保母養成所を開設
　昭和22年5月　　純心女子専門学校を開設
　昭和26年4月　　純心女子短期大学を開学
　平成12年4月　　長崎純心大学短期大学部と改称

◇長崎女子短期大学
　［学校法人 鶴鳴学園］
　〒850-0823　長崎県長崎市弥生町666
　TEL 095-826-5344
　昭和41年4月　　鶴鳴女子短期大学が開学
　昭和44年4月　　長崎女子短期大学と改称

◇長崎短期大学
　［学校法人 九州文化学園］
　〒858-0925　長崎県佐世保市椎木町600
　TEL 0956-47-5566
　昭和41年3月18日　　九州文化学園短期大学を設置
　昭和60年4月　　長崎短期大学と改称

## 【高専】

◇佐世保工業高等専門学校
　〒857-1193　長崎県佐世保市沖新町1-1
　TEL 0956-34-8419
　昭和37年4月1日　　佐世保工業高等専門学校が開設

## 【高校】

◇長崎県立有馬商業高等学校
　〒859-2414　長崎県南島原市南有馬町丁513
　TEL 0957-85-3121
　昭和24年5月　　長崎県立口加高等学校北有馬分校として開設
　昭和30年4月　　長崎県立島原南高等学校分校となる
　昭和49年　　長崎県立島原南高等学校分校から独立し
　　　　　　　長崎県立有馬商業高等学校と改称
　平成19年3月3日　　長崎県立有馬商業高等学校を閉校予定

◇長崎県立壱岐高等学校
　〒811-5136　長崎県壱岐市郷ノ浦町片原触88
　TEL 0920-47-0082
〈長崎県立壱岐第一高等学校〉
　明治42年4月　　長崎県立中学猶興館壱岐分校が開校
　明治45年4月　　長崎県立壱岐中学校と改称
　昭和23年4月　　長崎県立壱岐第一高等学校と改称
〈長崎県立壱岐第二高等学校〉
　大正9年4月　　長崎県壱岐郡立壱岐高等女学校が開校
　大正11年3月　　長崎県立壱岐高等女学校と改称
　昭和23年4月　　長崎県立壱岐第二高等学校と改称
〈統合〉
　昭和23年11月　　長崎県立壱岐第一高等学校，長崎県立壱岐第二高等学校を統廃合し
　　　　　　　長崎県立壱岐高等学校が開校

◇長崎県立壱岐商業高等学校
　〒811-5533　長崎県壱岐市勝本町新城西触282
　TEL 0920-42-0033
〈長崎県立壱岐高等学校勝本分校〉
　昭和24年5月　　長崎県立壱岐高等学校勝本分校が開校
〈長崎県立壱岐高等学校田河分校〉
　昭和24年12月　　長崎県立壱岐高等学校田河分校が開校
〈統合〉
　昭和31年4月　　長崎県立壱岐高等学校勝本分校，長崎県立壱岐高等学校田河分校を統合し
　　　　　　　長崎県立勝本高等学校が開校
　昭和31年7月　　長崎県立壱岐北高等学校と改称
　昭和34年4月　　長崎県立壱岐商業高等学校と改称

◇長崎県立諫早高等学校
　〒854-0014　長崎県諫早市東小路町1-7
　TEL 0957-22-0204
　大正11年4月12日　　長崎県立大村中学校分校が開校
　大正12年4月1日　　長崎県立大村中学校から独立し
　　　　　　　長崎県立諫早中学校と改称
　昭和23年4月1日　　長崎県立諫早高等学校と改称
　昭和23年11月1日　　長崎県立諫早女子高等学校，長崎県立諫早商業高等学校と統合
〈長崎県立諫早女子高等学校〉
　明治44年4月1日　　北高来郡立諫早実科高等女学校を設立
　大正9年4月1日　　長崎県立諫早高等女学校と改称
　昭和23年4月1日　　長崎県立諫早女子高等学校と改称

長崎県

〈長崎県立諫早商業高等学校〉
昭和16年4月　　　長崎県立諫早商業学校となる
昭和23年4月　　　長崎県立諫早商業高等学校と改称

◇長崎県立**諫早高等学校高来分校**
　〒859-0141 長崎県諫早市高来町汲水388
　TEL 0957-32-2153
昭和24年5月　　　長崎県立諫早農業高等学校湯江分校が開校
昭和31年9月20日　長崎県立諫早農業高等学校高来分校と改称
昭和51年4月1日　長崎県立諫早高等学校高来分校が開校

◇長崎県立**諫早商業高等学校**
　〒854-0061 長崎県諫早市宇都町8-26
　TEL 0957-26-1303
昭和31年4月　　　長崎県立諫早高等学校から分離独立し
　　　　　　　　　長崎県立諫早商業高等学校が開校

◇長崎県立**諫早農業高等学校**
　〒854-0043 長崎県諫早市立石町1003
　TEL 0957-22-0050
明治40年4月　　　長崎県立農学校が開校
昭和23年4月1日　長崎県立諫早農業高等学校と改称

◇長崎県立**諫早東高等学校**
　〒854-0205 長崎県諫早市森山町杉谷317
　TEL 0957-36-1010
昭和58年　　　　　長崎県立諫早東高等学校が開校

◇長崎県立**宇久高等学校**
　〒857-4901 長崎県佐世保市宇久町平郷1042
　TEL 0959-57-3155
昭和30年4月1日　長崎県立北松西高等学校宇久分校を設置
昭和36年2月3日　長崎県立北松西高等学校宇久校舎として発足
昭和41年4月1日　長崎県立宇久高等学校として分離独立

◇長崎県立**大崎高等学校**
　〒857-2421 長崎県西海市大島町3468-1
　TEL 0959-34-2301
昭和27年4月1日　長崎県立佐世保工業高等学校崎戸分校，長崎県立西彼杵高等学校大島分校の統合により長崎県立大崎高等学校が開校

◇長崎県立**大村工業高等学校**
　〒856-0815 長崎県大村市森園町1079-3
　TEL 0957-52-3772
昭和37年4月9日　長崎県立大村工業高等学校が開校

◇長崎県立**大村高等学校**
　〒856-0835 長崎県大村市久原1-591
　TEL 0957-52-2660
〈五教館〉
寛文10年　　　　　集義館を設立
寛政2年　　　　　五教館を建設
明治5年11月　　　五教館を廃校
〈長崎県立大村高等学校〉
明治17年11月　　 私立大村中学校を創立
明治19年9月　　　私立尋常大村中学校と改称
明治29年5月　　　私立尋常中学玖島学館と改称

明治31年4月　　　長崎県尋常中学玖島学館と改称
明治34年4月　　　長崎県立中学玖島学館と改称
大正8年4月　　　　長崎県立大村中学校と改称
昭和23年4月　　　長崎県立大村高等学校と改称
〈長崎県立大村女子高等学校〉
明治44年8月　　　東彼杵郡立大村実科高等女学校を設立
大正8年4月　　　　東彼杵郡立大村高等女学校と改称
大正11年4月　　　長崎県立大村高専女学校と改称
昭和23年4月　　　長崎県立大村女子高等学校と改称
〈統合〉
昭和23年11月　　　長崎県立大村高等学校，長崎県立大村女子高等学校，長崎県立大村農業高等学校を統合し長崎県立大村高等学校と改称

◇長崎県立**大村城南高等学校**
　〒856-0835 長崎県大村市久原1-416
　TEL 0957-54-3121
昭和16年3月23日　大村市竹松実業学校を設立許可
昭和19年6月9日　長崎県大村市立農業学校と改称
昭和23年4月1日　長崎県大村農業高等学校と改称
昭和23年11月30日 長崎県立大村高等学校の農業部となる
昭和26年3月31日　長崎県立大村高等学校から分離し長崎県立大村農業高等学校として独立
昭和30年4月1日　長崎県立大村園芸高等学校と改称
平成10年4月1日　長崎県立大村城南高等学校と改称

◇長崎県立**小浜高等学校**
　〒854-0595 長崎県雲仙市小浜町北野623
　TEL 0957-74-4114
昭和24年6月21日　長崎県立口加高等学校小浜分校が開校
昭和35年4月1日　長崎県立口加高等学校から独立し長崎県立小浜高等学校が発足

◇**海星高等学校**
　［学校法人 海星学園］
　〒850-8586 長崎県長崎市東山手町5-3
　TEL 095-826-7321
明治25年　　　　　海星学校をジャック・パルツが創立
明治36年　　　　　海星商業学校と改称
明治44年　　　　　海星中学校と改称
昭和23年　　　　　海星高等学校と改称

◇**活水高等学校**
　［学校法人 活水学院］
　〒852-8566 長崎県長崎市宝栄町15-11
　TEL 095-861-5176
明治12年　　　　　活水女学校をエリザベス・ラッセルが設立
昭和23年　　　　　活水高等学校を設立

◇長崎県立**上五島高等学校**
　〒857-4511 長崎県南松浦郡新上五島町浦桑郷306
　TEL 0959-54-1155
昭和27年　　　　　長崎県立上五島高等学校が開校

◇長崎県立**上対馬高等学校**
　〒817-1722 長崎県対馬市上対馬町大浦230
　TEL 0920-86-2111
昭和39年4月1日　長崎県立対馬高等学校から分離独立し

長崎県立上対馬高等学校が開校

◇長崎県立川棚高等学校
　〒859-3616 長崎県東彼杵郡川棚町白石郷64-1
　TEL 0956-82-2801
　昭和16年　　　　　組合立川棚農学校を設立
　昭和23年　　　　　長崎県立川棚高等学校と改称

◇九州文化学園高等学校
　［学校法人 九州文化学園］
　〒857-8570 長崎県佐世保市矢岳町1-8
　TEL 0956-24-8724
　昭和20年12月15日　九州文化学院が開院
　昭和22年2月28日　　九州女子専門学校に昇格
　昭和26年4月10日　　九州文化学園高等学校が開校

◇長崎県立国見高等学校
　〒859-1321 長崎県雲仙市国見町多比良甲1020
　TEL 0957-78-2125
　〈島原高等学校神代分校〉
　昭和24年7月　　　　島原高等学校神代分校が開校
　〈島原高等学校国見分校〉
　昭和24年8月　　　　島原高等学校多比良分校が開校
　昭和31年11月1日　　島原高等学校国見分校と改称
　〈統合〉
　昭和39年4月1日　　 島原高等学校神代分校, 島原高等学校国見分校を移転し
　　　　　　　　　　　島原高等学校国見分校と改称
　昭和42年4月1日　　 島原高等学校から独立し
　　　　　　　　　　　長崎県立国見高等学校が発足

◇瓊浦高等学校
　［学校法人 瓊浦学園］
　〒850-0802 長崎県長崎市伊良林2-13-4
　TEL 095-826-1261
　大正14年　　　　　瓊浦女学校を中村安太郎氏が設立
　昭和3年　　　　　 瓊浦高等女学校と改称
　昭和23年　　　　　瓊浦女子高等学校と改称
　昭和24年　　　　　瓊浦高等学校と改称

◇長崎県立口加高等学校
　〒859-2502 長崎県南島原市口之津町甲3272
　TEL 0957-86-2180
　明治35年　　　　　口之津女子手芸学校が開校
　昭和5年　　　　　 長崎県立口加高等女学校と改称
　昭和23年　　　　　長崎県立口加高等学校と改称

◇向陽高等学校
　［学校法人 向陽学園］
　〒856-0825 長崎県大村市西三城町16
　TEL 0957-53-1110
　大正13年1月　　　 私立大村裁縫女学校を設立
　大正14年5月　　　 大村女子職業学校と改称
　昭和23年4月　　　 大村女子職業高等学校と改称
　昭和23年10月　　　向陽高等学校と改称

◇長崎県立五島海陽高等学校
　〒853-0065 長崎県五島市坂の上1-6-1
　TEL 0959-72-1917
　昭和51年4月　　　 長崎県立五島商業高等学校が開校
　平成17年4月　　　 長崎県立五島海陽高等学校と改称

◇長崎県立五島高等学校
　〒853-0018 長崎県五島市池田町1-1
　TEL 0959-72-3505
　明治33年　　　　　五島中学校が開校

　昭和23年　　　　　長崎県立五島高等学校と改称

◇長崎県立五島南高等学校
　〒853-0702 長崎県五島市岐宿町川原3487
　TEL 0959-82-0038
　昭和25年5月　　　 長崎県立五島高等学校岐宿分校が開校
　昭和42年4月　　　 長崎県立五島高等学校岐宿分校から独立し
　　　　　　　　　　 長崎県立五島南高等学校と改称

◇西海学園高等学校
　［学校法人 西海学園］
　〒857-0011 長崎県佐世保市春日町29-22
　TEL 0956-23-6161
　大正14年5月　　　 西海中学校を菅沼周次郎が創立
　昭和23年　　　　　西海学園高等学校と改称

◇長崎県立佐世保北高等学校
　〒857-0028 長崎県佐世保市八幡町6-31
　TEL 0956-22-5520
　昭和24年2月1日　　長崎県立佐世保第一中学校, 長崎県立佐世保第二中学校, 長崎県立佐世保高等女学校, 佐世保市立成徳高等女学校, 佐世保市立東和中学校を統合し
　　　　　　　　　　 長崎県立佐世保北高等学校が開校

◇長崎県立佐世保工業高等学校
　〒857-0134 長崎県佐世保市瀬戸越3-3-30
　TEL 0956-49-5684
　昭和12年4月29日　 長崎県立佐世保工業学校が開校
　昭和26年4月1日　　長崎県立佐世保工業高等学校を設立

◇佐世保実業高等学校
　［学校法人 佐世保実業学園］
　〒858-8588 長崎県佐世保市母ケ浦町888-1
　TEL 0956-48-8881
　昭和41年3月　　　 佐世保実業高等学校が開校

◇長崎県立佐世保商業高等学校
　〒857-0143 長崎県佐世保市吉岡町863-3
　TEL 0956-49-3988
　大正12年　　　　　長崎県立商業学校を設立
　昭和23年　　　　　佐世保商業高等学校と改称
　昭和34年　　　　　佐世保商工高等学校を経て
　　　　　　　　　　 長崎県立佐世保商業高等学校と改称

◇長崎県立佐世保中央高等学校
　〒857-0017 長崎県佐世保市梅田町10-14
　TEL 0956-22-7719
　昭和52年　　　　　長崎県立佐世保中央高等学校が開校

◇長崎県立佐世保東翔高等学校
　〒859-3224 長崎県佐世保市重尾町425-3
　TEL 0956-38-2196
　昭和30年4月1日　　長崎県立早岐高等学校を設立
　昭和37年4月1日　　長崎県立佐世保東商業高等学校が開校
　平成10年4月1日　　長崎県立佐世保東翔高等学校と改称

長崎県

◇長崎県立佐世保西高等学校
　〒857-0136 長崎県佐世保市田原町130-1
　TEL 0956-49-2301
　昭和39年4月1日　　　佐世保市立西高等学校が開校
　昭和47年　　　　　　長崎県立佐世保西高等学校と改称

◇長崎県立佐世保南高等学校
　〒857-1151 長崎県佐世保市日宇町2526
　TEL 0956-31-4373
　明治41年　　　　　　長崎県立佐世保中学校を創立
　昭和24年　　　　　　長崎県立佐世保第一中学校，長崎県立佐世保第二中学校，長崎県立佐世保高等女学校，佐世保市立成徳高等女学校，佐世保市立東和中学校を統合し長崎県立佐世保南高等学校が開校

◇長崎県立鹿町工業高等学校
　〒859-6145 長崎県北松浦郡鹿町町土肥ノ浦免110
　TEL 0956-65-2539
　昭和37年4月1日　　　長崎県立鹿町工業高等学校が開校

◇長崎県立島原工業高等学校
　〒855-0073 長崎県島原市本光寺町4353
　TEL 0957-62-2768
　昭和38年4月1日　　　長崎県立島原工業高等学校が開校

◇長崎県立島原高等学校
　〒855-0036 長崎県島原市城内2-1130
　TEL 0957-62-4155
　明治33年　　　　　　島原中学校が開校
　昭和23年4月　　　　長崎県立島原高等学校と改称
　昭和24年11月　　　　長崎県立島原女子高等学校，長崎県立島原商業高等学校と統合
〈長崎県立島原女子高等学校〉
　明治34年　　　　　　女子手芸学校を清水作次郎が設立
　明治45年　　　　　　私立島原実科高等女学校と改称
　大正3年2月　　　　　郡立島原実科高等女学校と改称
　大正11年　　　　　　長崎県立島原高等女学校と改称
　昭和23年4月　　　　長崎県立島原女子高等学校と改称
〈島原商業高等学校〉
　昭和16年4月　　　　島原商業学校が開校
　昭和19年　　　　　　島原工業学校と改称
　昭和23年4月　　　　長崎県立島原商業高等学校と改称

◇長崎県立島原商業高等学校
　〒855-0036 長崎県島原市城内1-1213
　TEL 0957-62-4059
　昭和31年4月1日　　　長崎県立島原高等学校から分離し長崎県立島原商業高等学校が開校

◇長崎県立島原翔南高等学校
　〒859-2212 長崎県南島原市西有家町須川810
　TEL 0957-82-2216
　平成17年4月　　　　長崎県立島原南高等学校，長崎県立有馬商業高等学校を再編し長崎県立島原翔南高等学校が開校

◇島原中央高等学校
　［学校法人 有明学園］
　〒855-0865 長崎県島原市船泊町3415
　TEL 0957-62-2485
　昭和39年　　　　　　島原中央高等学校を古瀬弥津治が設立

◇長崎県立島原農業高等学校
　〒855-0075 長崎県島原市下折橋町4520
　TEL 0957-62-5125
　昭和27年　　　　　　長崎県立島原農業高等学校を設置

◇純心女子高等学校
　［学校法人 純心女子学園］
　〒852-8131 長崎県長崎市文教町13-15
　TEL 095-844-1175
　昭和10年4月　　　　純心女学院を創立（創立者：早坂久之助）
　昭和11年4月　　　　長崎純心高等女学校と改称
　昭和23年4月　　　　純心女子高等学校を開設

◇青雲高等学校
　［学校法人 青雲学園］
　〒851-2197 長崎県西彼杵郡時津町左底郷245-2
　TEL 095-882-0678
　昭和49年　　　　　　青雲高等学校を設立

◇長崎県立西彼農業高等学校
　〒851-3304 長崎県西海市西彼町上岳郷323
　TEL 0959-27-0032
　昭和24年5月31日　　長崎県立大村高等学校亀岳分校を設置
　昭和26年4月1日　　長崎県立大村農業高等学校分校と改称
　昭和30年4月1日　　長崎県立大村園芸高等学校琴海分校亀岳教室と改称
　昭和38年4月1日　　長崎県立西彼農業高等学校と改称

◇長崎県立清峰高等学校
　〒857-0333 長崎県北松浦郡佐々町中川原免111
　TEL 0956-62-2131
　昭和27年　　　　　　長崎県立北松南高等学校が開校
　平成15年4月1日　　長崎県立清峰高等学校と改称

◇聖母の騎士高等学校
　［学校法人 聖母の騎士学園］
　〒850-0012 長崎県長崎市本河内2-2-2
　TEL 095-823-4523
　昭和6年4月　　　　　本河内小神学校が開校
　昭和24年4月　　　　聖母の騎士高等学校を設置

◇長崎県立西陵高等学校
　〒859-0401 長崎県諫早市多良見町化屋1387-2
　TEL 0957-43-4155
　昭和61年4月8日　　長崎県立西陵高等学校が開校

◇長崎県立西陵高等学校東長崎分校
　〒851-0101 長崎県長崎市古賀町949
　TEL 095-838-2765
　平成6年4月8日　　　長崎県立西陵高等学校東長崎分校が開校

◇聖和女子学院高等学校
　［学校法人 聖和女子学院］
　〒857-0015 長崎県佐世保市松山町495
　TEL 0956-22-7380
　昭和28年　　　　　　聖和女子学院高等学校を設立

◇創成館高等学校
　［学校法人 奥田学園］
　〒854-0063 長崎県諫早市貝津町621
　TEL 0957-25-1225
　昭和63年　　　　　　創成館高等学校が開校

## 長崎県

◇玉木女子高等学校
　［学校法人 玉木女子学園］
　〒850-0822 長崎県長崎市愛宕1-21-6
　TEL 095-826-6322
　明治25年　　　　長崎女子裁縫学校を玉木リツが設立
　昭和23年　　　　玉木女子高等学校を設立

◇鎮西学院高等学校
　［学校法人 鎮西学院］
　〒854-0081 長崎県諫早市栄田町1057
　TEL 0957-25-1234
　明治14年　　　　カブリー英和学校をC.S.ロングが設立
　明治22年　　　　鎮西学館と改称
　明治39年　　　　鎮西学院と改称
　昭和23年　　　　鎮西学院高等学校を設置

◇長崎県立対馬高等学校
　〒817-0016 長崎県対馬市厳原町東里120
　TEL 0920-52-1114
　明治38年6月　　　総町村立対馬中学校が開校
　明治41年4月　　　長崎県立対馬中学校と改称
　昭和23年4月　　　長崎県立対馬高等学校と改称
　昭和23年12月　　長崎県立対馬女子高等学校を統合
〈長崎県立対馬女子高等学校〉
　明治41年6月　　　私立対馬女学校を設立
　明治42年　　　　私立対馬女学校を廃校
　明治42年　　　　上下県郡総町村組合立対馬女学校を設立
　明治44年　　　　上下県郡総町村組合立対馬女学校を廃校
　明治44年　　　　上下県郡総町村組合立実科高等学校を設立
　大正10年　　　　組合立長崎県対馬高等女学校と改称
　大正12年4月　　長崎県立対馬高等女学校と改称
　昭和23年4月　　長崎県立対馬女子高等学校と改称

◇長崎県立富江高等学校
　〒853-0205 長崎県五島市富江町狩立363-1
　TEL 0959-86-2159
　昭和24年　　　　長崎県立五島高等学校富江分校が開校
　昭和42年　　　　長崎県立富江高等学校として独立

◇長崎県立豊玉高等学校
　〒817-1201 長崎県対馬市豊玉町仁位1331-2
　TEL 0920-58-0399
　昭和48年　　　　長崎県立豊玉高等学校が開校

◇長崎県立中五島高等学校
　〒853-2303 長崎県南松浦郡新上五島町宿ノ浦郷162-1
　TEL 0959-44-0265
　昭和40年4月1日　長崎県立上五島高等学校奈良尾分校, 長崎県立上五島高等学校若松分校を設立
　昭和48年4月1日　長崎県立上五島高等学校奈良尾分校, 長崎県立上五島高等学校若松分校を廃止し長崎県立中五島高等学校を設立

◇長崎県立**長崎鶴洋高等学校**
　〒850-0991 長崎県長崎市末石町157-1
　TEL 095-871-5677
　明治41年9月　　　長崎県水産講習所を設立
　昭和10年3月　　　長崎県水産講習所を廃止
　昭和10年4月　　　長崎県立水産学校を設立
　昭和23年4月　　　長崎県立長崎水産高等学校と改称
　平成18年4月　　　長崎県立長崎鶴洋高等学校と改称

◇長崎県立**長崎北高等学校**
　〒851-1132 長崎県長崎市小江原1-1-1
　TEL 095-844-4411
　昭和39年4月1日　長崎県立長崎北高等学校が開校

◇長崎県立**長崎工業高等学校**
　〒852-8052 長崎県長崎市岩屋町41-22
　TEL 095-856-0115
　昭和12年4月29日　長崎県立長崎工業学校が開校
　昭和23年4月1日　長崎県立長崎工業高等学校と改称

◇長崎県立**長崎式見高等学校**
　〒851-1123 長崎県長崎市四杖町363
　TEL 095-841-0125
　昭和26年　　　　長崎県立長崎西高等学校式見分校が開校
　昭和45年4月1日　長崎県立長崎北高等学校式見分校と改称
　昭和59年4月9日　長崎県立長崎式見高等学校が開校

◇長崎市立**長崎商業高等学校**
　〒852-8157 長崎県長崎市泉町1125
　TEL 095-887-1511
　明治18年11月　　長崎区立公立商業高等学校が開校
　明治19年12月　　長崎商業学校と改称
　明治34年5月　　　市立長崎商業学校と改称
　大正8年11月　　　長崎商業学校と改称
　大正14年6月　　　長崎市立商業学校と改称
　昭和23年4月　　　長崎市立長崎商業高等学校と改称

◇**長崎女子高等学校**
　［学校法人 鶴鳴学園］
　〒850-0834 長崎県長崎市上小島1-11-8
　TEL 095-826-4321
　明治29年10月　　長崎女学院を笠原田鶴子が創立
　明治34年4月　　　私立鶴鳴女学校と改称
　明治45年4月　　　鶴鳴実科高等学校と改称
　大正9年5月　　　鶴鳴高等女学校と改称
　昭和23年4月　　　鶴鳴女子高等学校と改称
　平成9年4月　　　長崎女子高等学校と改称

◇長崎女子商業高等学校
　［学校法人 長崎女子商業学園］
　〒850-0875 長崎県長崎市栄町2-10
　TEL 095-824-2701
　大正14年　　　　長崎商業女学校を田口成能が創立
　昭和23年　　　　長崎女子商業高等学校と改称

◇長崎総合科学大学附属高等学校
　［学校法人 長崎総合科学大学］
　〒851-0193 長崎県長崎市網場町536
　TEL 095-839-3111
　昭和24年6月　　　長崎造船高等学校が開校
　昭和53年　　　　長崎総合科学大学附属高等学校と改称

◇長崎南山高等学校
　［学校法人 長崎南山学園］
　〒852-8544 長崎県長崎市上野町25-1
　TEL 095-844-1572

長崎県

| 昭和27年 | 長崎南山高等学校を創立 |

◇長崎県立**長崎西高等学校**
　〒852-8014 長崎県長崎市竹の久保町12-9
　TEL 095-861-5106
〈長崎県立長崎中学校〉
　明治17年4月　　　長崎県立長崎中学校が開校
〈長崎県立長崎高等女学院〉
　明治35年5月　　　長崎県立長崎高等女学校が開校
〈長崎県立瓊浦崎中学校、長崎市立高等女学校〉
　大正11年4月　　　長崎県立瓊浦崎中学校，長崎市立高等女学校が開校
〈統合〉
　昭和23年11月　　 長崎県立長崎中学校，長崎県立長崎高等女学校，長崎県立瓊浦崎中学校，長崎市立高等女学校の4校を東西2校に統廃合し長崎県立長崎西高等学校が開校

◇**長崎日本大学高等学校**
　［学校法人 長崎日本大学学園］
　〒854-0063 長崎県諫早市貝津町1555
　TEL 0957-26-0061
　昭和42年4月　　　長崎日本大学高等学校が開校

◇長崎県立**長崎東高等学校**
　〒850-0007 長崎県長崎市立山5-13-1
　TEL 095-826-5281
〈長崎県立長崎中学校〉
　明治17年4月　　　長崎県立長崎中学校が開校
〈長崎県立長崎高等女学院〉
　明治35年5月　　　長崎県立長崎高等女学校が開校
〈長崎県立瓊浦崎中学校;長崎市立高等女学校〉
　大正11年4月　　　長崎県立瓊浦崎中学校，長崎市立高等女学校が開校
〈統合〉
　昭和23年11月　　 長崎県立長崎中学校，長崎県立長崎高等女学校，長崎県立瓊浦崎中学校，長崎市立高等女学校の4校を東西2校に統廃合し長崎県立長崎東高等学校が開校

◇長崎県立**長崎北陽台高等学校**
　〒851-2127 長崎県西彼杵郡長与町高田郷3672
　TEL 095-883-6844
　昭和54年4月9日　 長崎県立長崎北陽台高等学校が開校

◇長崎県立**長崎南高等学校**
　〒850-0834 長崎県長崎市上小島4-13-1
　TEL 095-824-3134
　昭和36年　　　　 長崎県立長崎南高等学校が開校

◇長崎県立**長崎南商業高等学校**
　〒851-0242 長崎県長崎市北浦町2885-1
　TEL 095-836-3021
　昭和52年　　　　 長崎県立長崎東高等学校，長崎県立長崎南高等学校から独立し長崎県立長崎南商業高等学校が開校

◇長崎県立**長崎明誠高等学校**
　〒851-3101 長崎県長崎市西海町1854
　TEL 095-884-2034

| 昭和24年4月30日 | 長崎県立大村高等学校村松分校を設置 |
| 昭和24年5月31日 | 長崎県立大村農業高等学校と改称 |
| 昭和30年4月1日 | 長崎県立大村園芸高等学校と改称 |
| 昭和31年4月1日 | 長崎県立大村農業高等学校と改称 |
| 昭和43年4月1日 | 長崎県立長崎西高等学校琴海分校へ移管 |
| 昭和49年4月1日 | 長崎県立琴海高等学校として独立 |
| 平成10年4月1日 | 長崎県立長崎明誠高等学校と改称 |

◇長崎県立**奈留高等学校**
　〒853-2201 長崎県五島市奈留町浦1246-2
　TEL 0959-64-2210
　昭和40年4月　　　長崎県立五島高等学校奈留分校が開校
　昭和51年4月　　　長崎県立五島高等学校から独立し長崎県立奈留高等学校と改称

◇長崎県立**鳴滝高等学校**
　〒850-0011 長崎県長崎市鳴滝1-4-1
　TEL 095-820-0056
　平成12年4月　　　長崎県立鳴滝高等学校が開校

◇長崎県立**西彼杵高等学校**
　〒857-2303 長崎県西海市大瀬戸町瀬戸西浜郷663
　TEL 0959-22-0041
　昭和21年3月28日　長崎県立西彼杵中学校を設立
　昭和24年4月1日　 長崎県立西彼杵高等学校が開校

◇長崎県立**野母崎高等学校**
　〒851-0503 長崎県長崎市高浜町1995
　TEL 095-894-2121
　昭和40年2月5日　 長崎県立長崎南高等学校野母分校を設置
　昭和47年4月1日　 長崎県立野母崎高等学校として独立

◇長崎県立**波佐見高等学校**
　〒859-3725 長崎県東彼杵郡波佐見町長野郷312-5
　TEL 0956-85-3440
　昭和52年4月　　　長崎県立波佐見高等学校が開校

◇**久田学園佐世保女子高等学校**
　［学校法人 久田学園］
　〒857-0040 長崎県佐世保市比良町21-1
　TEL 0956-22-4349
　明治36年　　　　 佐世保裁縫女学校を久田ワキが創立
　昭和2年　　　　　佐世保高等裁縫女学校と改称
　昭和23年　　　　 佐世保裁縫高等学校と改称
　昭和28年　　　　 久田学園佐世保女子高等学校と改称

◇長崎県立**平戸高等学校**
　〒859-5392 長崎県平戸市草積町261
　TEL 0950-28-0744
　昭和50年10月9日　長崎県立平戸高等学校が開校

◇長崎県立**北松西高等学校**
　〒857-4701 長崎県北松浦郡小値賀町笛吹郷2657-3
　TEL 0959-56-3155
　昭和24年8月14日　長崎県立平戸高等学校小値賀分校が開校
　昭和25年4月14日　長崎県立佐世保南高等学校小値賀分校と改称

| | |
|---|---|
| 昭和30年4月1日 | 長崎県立佐世保南高等学校から独立し |
| | 長崎県立北松西高等学校と改称 |

◇長崎県立**北松農業高等学校**
　〒859-4824 長崎県平戸市田平町小手田免54-1
　TEL 0950-57-0511

| | |
|---|---|
| 昭和20年4月20日 | 長崎県立北松浦農学校が開校 |
| 昭和23年4月1日 | 長崎県立北松高等学校と改称 |
| 昭和30年4月1日 | 長崎県立北松農業高等学校と改称 |

◇長崎県立**松浦高等学校**
　〒859-4501 長崎県松浦市志佐町浦免738-1
　TEL 0956-72-0141

| | |
|---|---|
| 昭和37年4月1日 | 長崎県立松浦高等学校が開校 |

◇長崎県立**松浦東高等学校**
　〒859-4521 長崎県松浦市今福町北免1659
　TEL 0956-74-0253

| | |
|---|---|
| 昭和24年7月24日 | 長崎県立北松高等学校今福分校が開校 |
| 昭和30年4月1日 | 長崎県立北松農業高等学校今福分校と改称 |
| 昭和41年4月1日 | 長崎県立松浦園芸高等学校として独立 |
| 平成4年4月1日 | 長崎県立松浦東高等学校と改称 |

◇長崎県立**猶興館高等学校**
　〒859-5121 長崎県平戸市岩の上町1443
　TEL 0950-22-3117

〈長崎県立平戸高等学校猶興館〉

| | |
|---|---|
| 明治13年 | 猶興書院を設立 |
| 明治20年 | 私立尋常中学猶興館と改称 |
| 明治34年 | 長崎県立中学猶興館と改称 |
| 昭和23年 | 長崎県立平戸高等学校猶興館と改称 |

〈長崎県立平戸女子高等学校〉

| | |
|---|---|
| 明治36年 | 私立平戸女学校を設立 |
| 大正2年 | 私立平戸高等女学校を設立 |
| 大正8年 | 長崎県北松浦郡立平戸高等女学校と改称 |
| 大正9年 | 長崎県平戸高等女学校と改称 |
| 大正11年 | 長崎県立平戸高等女学校と改称 |
| 昭和23年 | 長崎県立平戸女子高等学校と改称 |

〈統合〉

| | |
|---|---|
| 昭和23年 | 長崎県立平戸高等学校猶興館, 長崎県立平戸女子高等学校を統合し |
| | 長崎県立平戸高等学校を創立 |
| 昭和28年 | 長崎県立猶興館高等学校と改称 |

# 熊本県

## 【大学】

◇**九州看護福祉大学**
　〔学校法人 熊本城北学園〕
　〒865-0062 熊本県玉名市富尾888
　TEL 0968-75-1800

| | |
|---|---|
| 平成10年 | 九州看護福祉大学が開学 |

◇**九州東海大学**
　〔学校法人 東海大学〕
　〒862-8652 熊本県熊本市渡鹿9-1-1
　TEL 096-382-1141

| | |
|---|---|
| 昭和48年 | 九州東海大学が開学 |

◇**九州ルーテル学院大学**
　〔学校法人 九州ルーテル学院〕
　〒860-8520 熊本県熊本市黒髪3-12-16
　TEL 096-343-1600

| | |
|---|---|
| 昭和50年4月 | 九州女学院短期大学(のち廃止)が開学 |
| 平成9年4月 | 九州ルーテル学院大学が開学 |

◇**熊本学園大学**
　〔学校法人 君が淵学園〕
　〒862-8680 熊本県熊本市大江2-5-1
　TEL 096-364-5161

| | |
|---|---|
| 昭和17年4月 | 東洋語学専門学校を創立 |
| 昭和20年11月 | 熊本語学専門学校と改称 |
| 昭和25年4月 | 熊本短期大学を設立 |
| 昭和29年4月 | 熊本商科大学を設立 |
| 平成6年4月 | 熊本学園大学と改称 |

◇**熊本県立大学**
　〒862-8502 熊本県熊本市月出3丁目1-100
　TEL 096-383-2929

| | |
|---|---|
| 昭和22年4月 | 熊本県立女子専門学校を創立 |
| 昭和24年4月 | 熊本女子大学が開学 |
| 平成6年4月 | 熊本県立大学と改称 |

◇**熊本大学**
　〒860-8555 熊本県熊本市黒髪2-39-1
　TEL 096-344-2111

〈第五高等学校〉

| | |
|---|---|
| 明治20年5月 | 第五高等中学校を設立 |
| 明治27年9月 | 第五高等学校と改称 |

〈熊本工業専門学校〉

| | |
|---|---|
| 明治30年4月 | 第五高等学校工学部を設置 |
| 明治39年3月 | 熊本高等工業学校と改称 |
| 昭和19年4月 | 熊本工業専門学校と改称 |

〈熊本薬学専門学校〉

| | |
|---|---|
| 宝暦6年7月 | 蕃滋園を設立 |
| 明治18年3月 | 私立熊本薬学校と改称 |
| 明治43年4月 | 九州薬学専門学校と改称 |
| 大正14年1月 | 熊本薬学専門学校と改称 |

〈熊本医科大学〉

| | |
|---|---|
| 宝暦6年9月 | 再春館を設立 |
| 明治4年7月 | 熊本県立医学校と改称 |
| 明治29年2月 | 私立熊本医学校と改称 |
| 明治37年2月 | 私立熊本医学専門学校と改称 |

熊本県

| | | |
|---|---|---|
| 大正10年4月 | 熊本県立熊本医学専門学校と改称 | |
| 大正11年5月 | 熊本県立熊本医科大学と改称 | |
| 昭和4年5月 | 熊本医科大学と改称 | |

〈熊本師範学校〉

| | | |
|---|---|---|
| 明治7年5月 | 熊本県立仮熊本師範学校を設立 |
| 明治11年5月 | 熊本県立熊本師範学校と改称 |
| 明治20年4月 | 熊本県立熊本県尋常師範学校と改称 |
| 明治31年4月 | 熊本県立熊本県師範学校と改称 |
| 大正3年4月 | 熊本県立熊本県第一師範学校と改称 |
| 昭和6年4月 | 熊本県立熊本県第二師範学校を統合し |
| | 熊本県立熊本県師範学校と改称 |
| 昭和18年4月 | 熊本県立熊本県女子師範学校を統合し |
| | 熊本師範学校と改称 |

〈熊本青年師範学校〉

| | | |
|---|---|---|
| 大正9年4月 | 熊本県立農業教員養成所を設立 |
| 昭和10年11月 | 熊本県立青年学校教員養成所と改称 |
| 昭和19年4月 | 熊本青年師範学校と改称 |

〈統合〉

| | | |
|---|---|---|
| 昭和24年5月 | 第五高等学校, 熊本工業専門学校, 熊本薬学専門学校, 熊本医科大学, 熊本師範学校, 熊本青年師範学校を統合し 熊本大学を設置 |

◇熊本保健科学大学
　［学校法人　銀杏学園］
　〒861-5598 熊本県熊本市和泉町亀の甲325
　TEL 096-275-2111

| | | |
|---|---|---|
| 昭和43年4月 | 銀杏学園短期大学（のち閉学）を設立 |
| 平成15年4月 | 熊本保健科学大学が開学 |

◇尚絅大学
　［学校法人　尚絅学園］
　〒861-8538 熊本県熊本市楡木6-5-1
　TEL 096-338-8840

| | | |
|---|---|---|
| 昭和50年4月 | 尚絅大学が開学 |

◇崇城大学
　［学校法人　君が淵学園］
　〒860-0082 熊本県熊本市池田4-22-1
　TEL 096-326-3111

| | | |
|---|---|---|
| 昭和24年4月 | 電気・電波学校を創設 |
| 昭和36年4月 | 君が淵電波工業高等学校を設置 |
| 昭和40年4月 | 熊本工業短期大学（のち廃止）を設立 |
| 昭和42年4月 | 熊本工業大学が開学 |
| 平成12年4月 | 崇城大学と改称 |

◇平成音楽大学
　［学校法人　御船学園］
　〒861-3205 熊本県上益城郡御船町滝川1658
　TEL 096-282-0506

| | | |
|---|---|---|
| 昭和47年 | 熊本音楽短期大学（のち閉学）が開学 |
| 平成13年 | 平成音楽大学が開学 |

【短大】

◇尚絅短期大学
　［学校法人　尚絅学園］
　〒862-8678 熊本県熊本市九品寺2-6-78
　TEL 096-362-2011

| | | |
|---|---|---|
| 昭和27年 | 熊本女子短期大学を開設 |
| 昭和50年4月 | 尚絅短期大学と改称 |

◇中九州短期大学
　［学校法人　八商学園］
　〒866-0074 熊本県八代市平山新町4438
　TEL 0965-34-7651

| | | |
|---|---|---|
| 昭和49年4月1日 | 中九州短期大学が開学 |

【高専】

◇熊本電波工業高等専門学校
　〒861-1102 熊本県合志市須屋2659-2
　TEL 096-242-2121

| | | |
|---|---|---|
| 昭和18年10月5日 | 熊本無線電信講習所として設立 |
| 昭和18年11月1日 | 無線電信講習所熊本支所と改称 |
| 昭和20年4月1日 | 熊本無線電信講習所として独立 |
| 昭和24年5月31日 | 熊本電波高等学校と改称 |
| 昭和46年4月1日 | 熊本電波工業高等専門学校と改称 |

◇八代工業高等専門学校
　〒866-8501 熊本県八代市平山新町2627
　TEL 0965-53-1211

| | | |
|---|---|---|
| 昭和49年6月7日 | 八代工業高等専門学校を設置 |

【高校】

◇熊本県立芦北高等学校
　〒869-5431 熊本県葦北郡芦北町乙千屋20-2
　TEL 0966-82-2034

〈熊本県立芦北農林学校〉

| | | |
|---|---|---|
| 大正10年5月 | 熊本県芦北郡立芦北農林学校を創立 |
| 大正12年4月 | 熊本県立芦北農林学校と改称 |

〈熊本県立芦北高等女学校〉

| | | |
|---|---|---|
| 昭和2年6月 | 熊本県芦北実科高等女学校を創立 |
| 昭和18年4月 | 熊本県立芦北高等女学校と改称 |

〈統合〉

| | | |
|---|---|---|
| 昭和23年4月 | 熊本県立芦北農林学校, 熊本県立芦北高等女学校を統合し 熊本県立芦北農林高等学校と改称 |
| 昭和57年4月 | 熊本県立芦北高等学校と改称 |

◇熊本県立阿蘇高等学校
　〒869-2612 熊本県阿蘇市一の宮町宮地2460
　TEL 0967-22-0070

| | | |
|---|---|---|
| 大正11年 | 組合立阿蘇高等女学校を創立 |
| 昭和23年 | 熊本県立阿蘇高等学校と改称 |

◇熊本県立阿蘇清峰高等学校
　〒869-2612 熊本県阿蘇市一の宮町宮地4131
　TEL 0967-22-0045

| | | |
|---|---|---|
| 昭和32年8月 | 熊本第二農業学校として認可 |
| 明治34年5月 | 熊本県立阿蘇農業学校が開校 |
| 昭和23年4月 | 熊本県立阿蘇農業高等学校と改称 |
| 平成9年4月 | 熊本県立阿蘇清峰高等学校と改称 |

◇熊本県立天草工業高等学校
　〒863-0043 熊本県天草市亀場町亀川38-36
　TEL 0969-23-2330

| | | |
|---|---|---|
| 昭和37年 | 熊本県立天草工業高等学校を設立 |

## 熊本県

◇熊本県立**天草高等学校**
〒863-0003 熊本県天草市本渡町本渡557
TEL 0969-23-5533

| 明治29年4月 | 熊本県尋常中学校済々黌天草分黌を創設 |
| --- | --- |
| 明治33年12月 | 熊本県中学済々黌天草分黌と改称 |
| 明治34年6月 | 熊本県立中学済々黌天草分黌と改称 |
| 明治42年4月 | 熊本県立中学済々黌から独立し熊本県立天草中学校と改称 |
| 昭和23年4月 | 熊本県立天草高等学校と改称 |
| 昭和24年4月 | 熊本県立天草女子高等学校を併合 |

〈熊本県立天草女子高等学校〉

| 大正元年10月 | 私立天草養正女学校を設立 |
| --- | --- |
| 大正4年4月 | 私立天草養正実科高等女学校と改称 |
| 大正9年4月 | 私立天草養正実科高等女学校を廃止し |
| | 天草郡立養正実科高等女学校と改称 |
| 大正10年4月 | 熊本県立天草高等女学校と改称 |
| 大正12年4月 | 熊本県立本渡高等女学校と改称 |
| 昭和23年4月 | 熊本県立天草女子高等学校と改称 |

◇熊本県立**天草高等学校天草西校**
〒863-2805 熊本県天草市天草町高浜甲第2658
TEL 0969-42-0261

| 昭和47年 | 熊本県立天草高等学校高浜分校が開校 |
| --- | --- |
| 昭和49年4月1日 | 熊本県立天草高等学校から独立し熊本県立天草西高等学校と改称 |
| 平成12年8月7日 | 熊本県立天草高等学校天草西校と改称 |

◇熊本県立**天草東高等学校**
〒861-7203 熊本県天草市有明町大浦1806
TEL 0969-54-0101

| 昭和47年4月 | 熊本県立天草高等学校有明分校が開校 |
| --- | --- |
| 昭和49年4月 | 熊本県立天草高等学校から独立し熊本県立天草東高等学校と改称 |

◇熊本県立**荒尾高等学校**
〒864-0041 熊本県荒尾市荒尾2620-1
TEL 0968-63-0384

〈荒尾市立高等女学校〉

| 昭和19年4月 | 荒尾市立女子実業学校を設立 |
| --- | --- |
| 昭和21年4月 | 荒尾市立高等女学校と改称 |

〈熊本県立玉名中学校荒尾分教場〉

| 昭和21年4月 | 熊本県立玉名中学校荒尾分教場を開校 |
| --- | --- |

〈統合〉

| 昭和23年4月 | 熊本県立玉名中学校荒尾分教場、荒尾市立高等女学校が包括され熊本県立荒尾高等学校を創立 |
| --- | --- |

◇**有明高等学校**
［学校法人 有明学園］
〒864-0032 熊本県荒尾市増永2200
TEL 0968-63-0545

| 昭和36年4月 | 有明商業高等学校が開校 |
| --- | --- |
| 昭和46年4月 | 有明高等学校と改称 |

◇熊本県立**牛深高等学校**
〒863-1902 熊本県天草市久玉町1216-5
TEL 0969-73-3105

| 大正14年4月24日 | 牛深町立熊本県牛深実科高等女学校が発足 |
| --- | --- |
| 昭和18年4月1日 | 牛深町立熊本県牛深高等女学校と改称 |
| 昭和23年4月1日 | 熊本県立天草女子高等学校牛深分校と改称 |
| 昭和24年4月1日 | 熊本県立天草高等学校牛深分校と改称 |
| 昭和26年4月1日 | 熊本県立天草高等学校から独立し熊本県立牛深高等学校と改称 |

◇熊本県立**宇土高等学校**
〒869-0454 熊本県宇土市古城町63
TEL 0964-22-0043

| 大正10年 | 熊本県立宇土中学校が開校 |
| --- | --- |
| 昭和23年4月 | 熊本県立宇土高等学校と改称 |

◇熊本県立**大津高等学校**
〒869-1233 熊本県菊池郡大津町大津1340
TEL 096-293-2751

| 大正12年4月 | 熊本県立大津中学校を創立 |
| --- | --- |
| 昭和23年4月 | 熊本県立大津高等学校と改称 |

◇熊本県立**大矢野高等学校**
〒869-3603 熊本県上天草市大矢野町中5424
TEL 0964-56-0007

| 昭和26年 | 熊本県立天草農業高等学校大矢野分校を設立 |
| --- | --- |
| 昭和45年 | 熊本県立天草農業高等学校から独立し |
| | 熊本県立大矢野高等学校と改称 |

◇熊本県立**小川工業高等学校**
〒869-0631 熊本県宇城市小川町北新田770
TEL 0964-43-1151

| 昭和49年4月1日 | 熊本県立小川工業高等学校を創立 |
| --- | --- |

◇熊本県立**小国高等学校**
〒869-2593 熊本県阿蘇郡小国町宮原1887-1
TEL 0967-46-2425

| 大正11年5月 | 小国実業学校を改組し南小国・北小国村組合立実科高等女学校を設立 |
| --- | --- |
| 大正12年4月 | 阿蘇北部実科女学校として独立 |
| 昭和6年4月 | 熊本小国実科高等女学校と改称 |
| 昭和18年4月 | 熊本県立小国高等女学校と改称 |
| 昭和23年4月 | 熊本県立阿蘇高等学校小国分校と改称 |
| 昭和26年3月 | 熊本県立阿蘇高等学校から独立し熊本県立小国高等学校と改称 |

◇**開新高等学校**
［学校法人 開新学園］
〒862-0971 熊本県熊本市大江6-1-33
TEL 096-366-1201

| 明治37年 | 東亜鉄道学院を創立 |
| --- | --- |
| 昭和23年 | 熊本鉄道高等学校と改称 |
| 昭和37年 | 熊本第一工業高等学校と改称 |
| 平成7年 | 開新高等学校と改称 |

◇熊本県立**鹿本高等学校**
〒861-0532 熊本県山鹿市鹿校通3丁目5-1

# 熊本県

　　　　TEL 0968-44-5101
　　明治29年　　　熊本県尋常中学済々黌山鹿分黌を
　　　　　　　　　設立
　　明治42年　　　熊本県立鹿本中学校と改称
　　昭和23年　　　熊本県立鹿本高等学校を発足

◇**熊本県立鹿本商工高等学校**
　〒861-0304 熊本県山鹿市鹿本町御宇田312
　　TEL 0968-46-3191
　　昭和43年4月1日　熊本県立山鹿高等学校商業科，熊
　　　　　　　　　　本県立鹿本高等学校工業科が統
　　　　　　　　　　合され
　　　　　　　　　　熊本県立鹿本商工高等学校を創立

◇**熊本県立鹿本農業高等学校**
　〒861-0331 熊本県山鹿市鹿本町来民2055
　　TEL 0968-46-3101
　　大正3年4月　　　組合立鹿本農業学校を創立
　　昭和19年　　　　鹿本農工学校と改称
　　昭和23年　　　　熊本県立鹿本実業高等学校と改称
　　昭和24年　　　　熊本県立鹿本高等学校に統合され
　　　　　　　　　　る
　　昭和33年　　　　熊本県立鹿本農業高等学校と改称

◇**熊本県立河浦高等学校**
　〒863-1202 熊本県天草市河浦町河浦2233
　　TEL 0969-76-1141
　　昭和25年10月　　天草郡元一町田他3ヵ村学校組合
　　　　　　　　　　立一町田農業高等学校が開校
　　昭和26年4月　　 熊本県立天草農業高等学校一町田
　　　　　　　　　　分校と改称
　　昭和33年4月　　 熊本県立一町田農業高等学校と改
　　　　　　　　　　称
　　昭和48年4月　　 熊本県立河浦高等学校と改称

◇**熊本県立菊池高等学校**
　〒861-1331 熊本県菊池市隈府1332-1
　　TEL 0968-25-3175
　　明治41年9月23日　隈府町外11ヵ村組合立菊池女学校
　　　　　　　　　　を設立
　　明治44年3月27日　隈府町外11ヵ村組合立菊池実科高
　　　　　　　　　　等女学校を設立
　　大正9年3月31日　 熊本県菊池高等女学校と改称
　　昭和8年4月1日　　熊本県立菊池高等女学校と改称
　　昭和23年4月1日　 熊本県立菊池高等学校と改称

◇**菊池女子高等学校**
　［学校法人 菊池女子学園］
　〒861-1331 熊本県菊池市隈府1081
　　TEL 0968-25-3032
　　大正14年3月　　　隈府女子技芸学校を荒木民次郎が
　　　　　　　　　　創立
　　昭和39年4月　　　菊池女子高等学校が開校

◇**熊本県立菊池農業高等学校**
　〒861-1201 熊本県菊池市泗水町吉富250
　　TEL 0968-38-2621
　〈熊本県立菊池農蚕高等学校〉
　　明治36年7月16日　郡立菊池北部農業学校を設立
　　明治41年4月8日　 組合立菊池農業学校と改称
　　大正10年12月10日 熊本県立菊池蚕学校を設立
　　大正11年4月1日　 熊本県立菊池蚕業学校が開校
　　昭和3年4月1日　　熊本県立菊池農蚕学校と改称
　　昭和23年4月1日　 熊本県立菊池農蚕高等学校と改称
　　昭和24年4月1日　 熊本県立菊池高等学校と統合し

　　　　　　　　　　熊本県立菊池綜合高等学校と改称
　　昭和28年4月1日　 熊本県立菊池綜合高等学校から分
　　　　　　　　　　離独立し
　　　　　　　　　　熊本県立菊池農蚕高等学校と改称
　〈熊本県立菊池西農業高等学校〉
　　明治39年5月　　　農業補習学校を設置
　　大正2年4月　　　 菊池西部実習補習学校と改称
　　大正14年7月7日　 組合立菊池西部実業学校が開校
　　昭和19年7月　　　熊本県菊池西部農業学校と改称
　　昭和23年4月1日　 熊本県立菊池西部高等学校と改称
　　昭和28年4月1日　 熊本県立菊池西農業高等学校と改
　　　　　　　　　　称
　〈統合〉
　　昭和39年4月1日　 熊本県立菊池農蚕高等学校，熊本
　　　　　　　　　　県立菊池西農業高等学校を統合
　　　　　　　　　　し
　　　　　　　　　　熊本県立菊池農業高等学校と改称

◇**九州学院高等学校**
　［学校法人 九州学院］
　〒862-8676 熊本県熊本市大江5-2-1
　　TEL 096-364-6134
　　明治43年1月19日　九州学院をチャールズ・L.ブラウ
　　　　　　　　　　ンが設立
　　昭和18年　　　　九州中学校と改称
　　昭和21年　　　　九州学院中学校と改称
　　昭和23年　　　　九州学院高等学校を設置

◇**熊本県立球磨工業高等学校**
　〒868-8515 熊本県人吉市城本町800
　　TEL 0966-22-4189
　　昭和38年4月　　　熊本県立球磨工業高等学校が開校

◇**熊本県立球磨商業高等学校**
　〒868-0303 熊本県球磨郡錦町西192
　　TEL 0966-38-2052
　　昭和47年　　　　熊本県立球磨商業高等学校が開校

◇**熊本学園大学付属高等学校**
　［学校法人 君が淵学園］
　〒862-8680 熊本県熊本市大江2-5-1
　　TEL 096-371-2551
　　昭和33年11月　　熊本商科大学付属高等学校を設立
　　平成6年4月　　　熊本学園大学付属高等学校と改称

◇**熊本県立熊本北高等学校**
　〒861-8082 熊本県熊本市兎谷3丁目5-1
　　TEL 096-338-1110
　　昭和58年4月1日　 熊本県立熊本北高等学校が開校

◇**熊本県立第一高等学校**
　〒860-0003 熊本県熊本市古城町3-1
　　TEL 096-354-4933
　〈熊本県立第一高等女学校〉
　　明治36年4月1日　 熊本県立高等女学校が開校
　　大正10年3月25日 熊本県立第一高等女学校と改称
　〈熊本県立第二高等女学校〉
　　大正10年3月25日 熊本県立第二高等女学校を設置
　〈統合〉
　　昭和23年4月1日　 熊本県立第一高等女学校，熊本
　　　　　　　　　　県立第二高等女学校を統合し
　　　　　　　　　　熊本県立女子高等学校として開設
　　昭和24年4月1日　 熊本県立第一高等学校と改称

## 熊本県

◇熊本県立第二高等学校
　〒862-0901 熊本県熊本市東町3丁目13-1
　TEL 096-368-4125
　昭和37年4月1日　　熊本県立第二高等学校が開校

◇熊本県立熊本工業高等学校
　〒862-0953 熊本県熊本市上京塚町5-1
　TEL 096-383-2105
　明治31年4月　　　熊本県工業学校として創立
　明治34年6月　　　熊本県立工業学校と改称
　昭和23年4月　　　熊本県立工業高等学校と改称
　昭和26年4月　　　熊本県立熊本工業高等学校と改称

◇熊本県立熊本高等学校
　〒862-0972 熊本県熊本市新大江1丁目8
　TEL 096-371-3611
　明治33年4月　　　熊本県中学済々黌を二分し
　　　　　　　　　　熊本県中学第二済々黌と改称
　明治33年12月　　 熊本県立熊本中学校と改称
　明治34年6月　　　熊本県立熊本中学校と改称
　昭和23年4月　　　熊本県立熊本高等学校と改称

◇熊本国府高等学校
　［学校法人 泉心学園］
　〒862-0949 熊本県熊本市国府2-15-1
　TEL 096-366-1276
　昭和16年　　　　　熊本女子商業学校を熊本商工会議
　　　　　　　　　　が創立
　昭和23年　　　　　熊本女子商業高等学校と改称
　平成6年　　　　　 熊本国府高等学校と改称

◇熊本県立熊本商業高等学校
　〒862-0954 熊本県熊本市神水1丁目1-2
　TEL 096-384-1551
　明治28年4月　　　熊本簡易商業学校が開校
　明治29年4月　　　熊本商業学校と改称
　明治34年6月　　　熊本市立商業学校と改称
　明治36年4月　　　熊本県立商業学校と改称
　昭和19年4月　　　熊本県立工商学校と改称
　昭和21年10月　　 熊本県立商業学校と改称
　昭和23年4月　　　熊本県立商業高等学校と改称
　昭和42年4月　　　熊本県立熊本商業高等学校と改称

◇熊本信愛女学院高等学校
　［学校法人 熊本信愛女学院］
　〒860-0847 熊本県熊本市上林町3-18
　TEL 096-354-5355
　明治33年　　　　　熊本静瑰女学校をメール・ボルジ
　　　　　　　　　　アが創立
　大正9年　　　　　 熊本中央実科高等女学校を設立
　大正11年　　　　　上林高等女学校と改称
　昭和7年　　　　　 上林女子商業学校が開校
　昭和23年　　　　　熊本信愛女学院高等学校が発足

◇熊本中央高等学校
　［学校法人 加寿美学園］
　〒860-8558 熊本県熊本市内坪井町4-8
　TEL 096-354-2333
　明治36年10月　　 坪井女子工芸学校を佐々布遠が設立
　大正5年11月　　　九州実科女学校と改称
　大正7年4月　　　 九州実科高等学校女学校と改称
　大正10年1月　　　九州中央高等女学校と改称
　昭和8年9月　　　 熊本県中央高等女学校と改称
　昭和23年4月　　　熊本県中央女子高等学校と改称
　昭和34年12月　　 熊本中央女子高等学校と改称
　平成14年4月　　　熊本中央高等学校と改称

◇熊本県立熊本西高等学校
　〒860-0067 熊本県熊本市城山大塘町645
　TEL 096-329-3711
　昭和50年4月1日　　熊本県立熊本西高等学校が開校

◇熊本県立熊本農業高等学校
　〒861-4105 熊本県熊本市元三町5丁目1-1
　TEL 096-357-8800
　明治32年4月1日　　熊本農業学校を創設
　明治33年4月1日　　熊本第一農業学校と改称
　明治33年10月20日　熊本県熊本農業学校と改称
　明治34年6月1日　　熊本県立熊本農業学校と改称
　昭和23年4月1日　　熊本県立熊本農業高等学校と改称

◇熊本フェイス学院高等学校
　［学校法人 順心学園］
　〒861-4106 熊本県熊本市南高江7-3-1
　TEL 096-357-7151
　明治20年5月　　　熊本女学会を徳富久子らが創設
　明治21年9月　　　熊本英学校附属女学校と改称
　明治22年11月　　 熊本女学校と改称
　大正10年3月　　　大江高等女学校と改称
　昭和23年4月　　　大江女子高等学校と改称
　昭和63年5月　　　熊本フェイス学院高等学校と改称

◇熊本マリスト学園高等学校
　［学校法人 熊本マリスト学園］
　〒862-0911 熊本県熊本市健軍2-11-54
　TEL 096-368-2131
　昭和36年1月12日　熊本マリスト学園高等学校を設置

◇熊本県立倉岳高等学校
　〒861-6402 熊本県天草市倉岳町棚底2680-2
　TEL 0969-64-3121
　昭和39年4月　　　熊本県立天草高等学校倉岳分校が
　　　　　　　　　　開校
　昭和46年4月　　　熊本県立天草高等学校から独立し
　　　　　　　　　　熊本県立倉岳高等学校と改称

◇慶誠高等学校
　［学校法人 慶誠学園］
　〒862-0971 熊本県熊本市大江4-9-58
　TEL 096-366-0128
　大正11年3月3日　　熊本女子職業学校を古閑功が設立
　昭和11年4月1日　　熊本高等家政女学校と改称
　昭和23年4月1日　　熊本高等家政女学校を設立
　昭和25年4月1日　　熊本家政女学園高等学校と改称
　昭和39年11月1日　 熊本女子高等学校と改称
　平成9年4月1日　　 慶誠高等学校と改称

◇熊本県立甲佐高等学校
　〒861-4606 熊本県上益城郡甲佐町横田327
　TEL 096-234-0041
　大正8年6月1日　　 町立御船実業補習学校を昇格し
　　　　　　　　　　町立御船実科高等女学校を設置
　大正9年4月1日　　 上益城郡立実科高等女学校が開校
　大正11年4月1日　　熊本県上益城高等女学校と改称
　昭和23年4月1日　　熊本県立甲佐高等女学校を昇格
　　　　　　　　　　熊本県立甲佐高等学校を設置

◇秀岳館高等学校
　［学校法人 八商学園］
　〒866-0881 熊本県八代市興国町1-5

熊本県

| | TEL 0965-33-5134 | |
|---|---|---|
| 大正12年4月1日 | | 八代町立代陽実業補習学校が開校 |
| 昭和26年4月1日 | | 八代商業専修学校を創設 |
| 昭和27年5月1日 | | 八代商業学校と改称 |
| 昭和31年4月1日 | | 私立八代商業高等学校を設置 |
| 昭和38年4月1日 | | 八代第一高等学校と改称 |
| 平成13年4月1日 | | 秀岳館高等学校と改称 |

◇尚絅高等学校
　［学校法人 尚絅学園］
　〒862-8678 熊本県熊本市九品寺2-6-78
　TEL 096-366-0295
| 明治21年 | 済々黌附属女子学校として創立 |
| 明治24年 | 済々黌より独立し尚絅女学校と改称 |
| 明治29年 | 尚絅高等女学校と改称 |
| 昭和23年 | 尚絅高等学校を発足 |

◇城北高等学校
　［学校法人 松浦学園］
　〒861-0598 熊本県山鹿市志々岐798
　TEL 0968-44-8111
| 昭和25年11月 | 松浦洋裁教習所を開設 |
| 昭和27年10月 | 松浦洋裁学院と改称 |
| 昭和36年4月 | 城北高等家政学校と改称 |
| 昭和41年4月 | 城北高等実業学校と改称 |
| 昭和43年4月 | 城北高等学校を開校 |

◇熊本県立翔陽高等学校
　〒869-1235 熊本県菊池郡大津町室1782
　TEL 096-293-2055
| 明治39年4月1日 | 合志東部農業補習学校を設置 |
| 大正3年4月1日 | 大津町外7ヵ村立菊池東部農業学校を設立許可 |
| 大正11年4月1日 | 菊池東部実業学校と改称 |
| 昭和23年4月1日 | 熊本県立大津高等学校と改称 |
| 昭和24年4月1日 | 熊本県立大津高等学校農業部と改称 |
| 昭和35年4月1日 | 熊本県立大津高等学校から独立し熊本県立大津農業高等学校となる |
| 昭和47年4月1日 | 熊本県立大津産業高等学校と改称 |
| 平成8年4月1日 | 熊本県立翔陽高等学校と改称 |

◇真和高等学校
　［学校法人 鎮西学園］
　〒862-0976 熊本県熊本市九品寺3-1-1
　TEL 096-366-6177
| 昭和38年 | 真和高等学校が開校 |

◇熊本県立済々黌高等学校
　〒860-0862 熊本県熊本市黒髪2丁目22-1
　TEL 096-343-6195
| 明治12年12月 | 同心学舎を創設 |
| 明治15年2月 | 済々黌を創設 |
| 明治20年1月 | 附属女子部を開校 |
| 明治24年10月 | 済々黌ほか三校合併し九州学院を創立 |
| 明治27年4月 | 九州学院より分離し熊本県尋常中学校と改称 |
| 明治32年1月 | 熊本県中学済々黌と改称 |
| 明治33年4月 | 熊本県中学済々黌を二分し熊本県中学第一済々黌と改称 |
| 明治33年12月 | 熊本県中学済々黌と改称 |
| 明治34年6月 | 熊本県立中学済々黌と改称 |
| 昭和23年4月 | 熊本県立済々黌高等学校と改称 |

◇専修大学玉名高等学校
　［学校法人 玉名学園］
　〒869-0293 熊本県玉名市岱明町野口1046
　TEL 0968-72-4151
| 昭和24年9月 | 玉名英学院を元田繁実が創立 |
| 昭和28年3月 | 玉名商業高等学校と改称 |
| 昭和41年5月 | 専修大学附属玉名商業高等学校と改称 |
| 昭和43年4月 | 専修大学玉名高等学校と改称 |

◇熊本県立蘇陽高等学校
　〒861-3902 熊本県上益城郡山都町滝上223
　TEL 0967-83-0072
| 昭和26年4月 | 熊本県立矢部農林高等学校馬見原分校が開校 |
| 昭和40年4月1日 | 熊本県立矢部高等学校馬見原分校と改称 |
| 昭和49年4月1日 | 熊本県立矢部高等学校から独立し熊本県立蘇陽高等学校と改称 |

◇熊本県立高森高等学校
　〒869-1602 熊本県阿蘇郡高森町高森1557
　TEL 0967-62-0185
| 昭和23年4月 | 熊本県立阿蘇高等学校高森分校,熊本県立阿蘇高等学校白水分校が発足 |
| 昭和24年4月 | 熊本県立阿蘇高等学校高森分校,熊本県立阿蘇高等学校白水分校を統合し熊本県立阿蘇高等学校高森分校となる |
| 昭和28年4月 | 熊本県立高森高等学校と改称 |

◇熊本県立玉名工業高等学校
　〒869-0295 熊本県玉名市岱明町下前原368
　TEL 0968-73-2215
| 昭和38年4月11日 | 熊本県立玉名工業高等学校が開校 |

◇熊本県立玉名高等学校
　〒865-0064 熊本県玉名市中1853
　TEL 0968-73-2101
| 明治36年 | 熊本県立熊本中学校玉名分校が開校 |
| 明治39年4月 | 熊本県立玉名中学校と改称 |
| 昭和23年 | 熊本県立玉名高等学校と改称 |
| 昭和23年 | 熊本県立玉名中学校,熊本県立高瀬高等女学校,三十六ヶ町村組合立熊本県玉名農業学校を統合 |

〈熊本県立高瀬高等女学校〉
| 明治45年 | 玉名郡立実科高等女学校が開校 |
| 大正12年 | 熊本県立高瀬高等女学校と改称 |
| 昭和20年 | 三十六ヶ町村組合立熊本県玉名農業学校を設立 |

◇玉名女子高等学校
　［学校法人 玉名白梅学園］
　〒865-0016 熊本県玉名市岩崎1061
　TEL 0968-72-5161
| 大正14年4月 | 玉名実践女学院を新穂登免が設立 |
| 昭和2年3月 | 玉名実践女学校と改称 |
| 昭和4年12月 | 玉名女子職業学校と改称 |
| 昭和17年4月 | 熊本県玉名高等家政女学院と改称 |
| 昭和23年4月 | 玉名家政高等学校を設立 |

熊本県

| | |
|---|---|
|昭和38年4月|玉名女子高等学校と改称|

◇熊本県立**多良木高等学校**
　〒868-0501 熊本県球磨郡多良木町多良木1212
　TEL 0966-42-2102

| | |
|---|---|
|大正11年4月|多良木他8ヶ村学校組合立多良木実科高等女学校を設置|
|昭和6年4月|熊本県立多良木実科高等女学校と改称|
|昭和18年4月|熊本県立球磨農業高等学校第二部と改称|
|昭和24年4月|熊本県立球磨農業高等学校（普通課程）と改称|
|昭和26年4月|熊本県立球磨農業高等学校から独立し<br>熊本県立多良木高等学校と改称|

◇熊本市立**千原台高等学校**
　〒860-0073 熊本県熊本市島崎2丁目37-1
　TEL 096-355-7261

| | |
|---|---|
|昭和32年|熊本市立高等学校商業科を設置|
|昭和34年|熊本市立高等学校から独立し<br>熊本市立商業高等学校と改称|
|平成12年|熊本市立千原台高等学校と改称|

◇**鎮西高等学校**
　［学校法人 鎮西学園］
　〒862-0976 熊本県熊本市九品寺3-1-1
　TEL 096-364-8176

| | |
|---|---|
|明治21年10月|浄土宗学鎮西支校を創設|
|明治38年4月|鎮西中学校と改称|
|昭和23年4月|鎮西高等学校と改称|

◇**東海大学付属第二高等学校**
　［学校法人 東海大学］
　〒862-0970 熊本県熊本市渡鹿9-1-1
　TEL 096-382-1146

| | |
|---|---|
|昭和36年4月|東海大学第二高等学校が開校|
|平成16年4月|東海大学付属第二高等学校と改称|

◇熊本県立**東稜高等学校**
　〒862-0933 熊本県熊本市小峯4丁目5-10
　TEL 096-369-1008

| | |
|---|---|
|昭和63年4月1日|熊本県立東稜高等学校が開校|

◇熊本県立**南関高等学校**
　〒861-0892 熊本県玉名郡南関町関町64
　TEL 0968-53-0004

| | |
|---|---|
|大正15年7月|淑徳女塾を創立|
|昭和3年4月|熊本県南関女学校と改称|
|昭和4年4月|熊本県南関実科高等女学校と改称|
|昭和19年3月|熊本県立南関高等女学校と改称|
|昭和23年4月|熊本県立南関高等学校と改称|

◇熊本県立**南稜高等学校**
　〒868-0422 熊本県球磨郡あさぎり町上北310
　TEL 0966-45-1131

| | |
|---|---|
|明治36年4月|熊本県立熊本農業学校球磨分校が開校|
|明治38年4月|熊本県立球磨農業学校と改称|
|昭和23年4月|熊本県立球磨農業高等学校と改称|
|平成10年4月|熊本県立南稜高等学校と改称|

◇熊本県立**氷川高等学校**
　〒869-4201 熊本県八代市鏡町鏡村937
　TEL 0965-52-3611

| | |
|---|---|
|昭和50年|熊本県立氷川高等学校が開校|

◇熊本市立**必由館高等学校**
　〒860-0863 熊本県熊本市坪井4丁目15-1
　TEL 096-343-0236

| | |
|---|---|
|明治44年4月|熊本市立実科高等女学校が開校|
|大正11年4月|熊本市立高等女学校と改称|
|昭和24年4月|熊本市立高等学校と改称|
|平成13年4月|熊本市立必由館高等学校と改称|

◇熊本県立**人吉高等学校**
　〒868-8511 熊本県人吉市北泉田町350
　TEL 0966-22-2261
　〈熊本県立人吉中学校〉

| | |
|---|---|
|大正13年|熊本県立人吉中学校を創立|

　〈熊本県立人吉高等女学校〉

| | |
|---|---|
|大正5年4月|球磨郡立実科女学校を創立|
|大正7年4月|球磨郡立実科高等女学校と改称|
|大正12年4月|熊本県立人吉高等女学校と改称|

　〈統合〉

| | |
|---|---|
|昭和23年4月|熊本県立人吉中学校, 熊本県立人吉高等女学校を統合し<br>熊本県立人吉高等学校と改称|

◇熊本県立**人吉高等学校五木分校**
　〒868-0203 熊本県球磨郡五木村丙788-2
　TEL 0966-37-7303

| | |
|---|---|
|昭和47年1月1日|熊本県立人吉高等学校五木分校を創立|

◇**文徳高等学校**
　［学校法人 文徳学園］
　〒860-0082 熊本県熊本市池田4-22-2
　TEL 096-354-6416

| | |
|---|---|
|昭和24年3月|君が淵電波塾を中山義崇が創立|
|昭和25年4月|君が淵電波学院と改称|
|昭和27年6月|君が淵電波専門学校として認可|
|昭和36年4月|君が淵電波工業高等学校が開校|
|昭和40年4月|君が淵工業高等学校と改称|
|昭和40年4月|熊本工業短期大学を開学|
|昭和42年4月|熊本工業大学が開学|
|昭和42年4月|熊本工業大学高等学校と改称|
|昭和54年4月|熊本工大高等学校と改称|
|平成8年4月|文徳高等学校と改称|

◇熊本県立**北稜高等学校**
　〒865-0061 熊本県玉名市立願寺247
　TEL 0968-73-2123

| | |
|---|---|
|昭和20年3月31日|三十六ヶ町村組合立熊本県玉名農業学校を設立|
|昭和23年4月1日|熊本県立玉名高等学校と改称|
|昭和27年4月1日|熊本県立玉名農業高等学校として独立|
|平成3年4月1日|熊本県立北稜高等学校と改称|

◇熊本県立**松島商業高等学校**
　〒861-6105 熊本県上天草市松島町教良木2971-5
　TEL 0969-57-0131

| | |
|---|---|
|昭和29年4月|熊本県立商業高等学校別科今津分室を創設|
|昭和31年4月|熊本県立商業高等学校別科松島分室と改称|
|昭和38年4月|熊本県立商業高等学校松島分校が発足|

熊本県

| 昭和42年4月 | 熊本県立熊本商業高等学校松島分校と改称 |
| 昭和49年4月 | 熊本県立松島商業高等学校として独立 |

◇熊本県立**松橋高等学校**
　〒869-0532 熊本県宇城市松橋町久具300
　TEL 0964-32-0511
　大正7年4月　　　下益城郡立実科女学校が開校
　大正10年4月　　 下益城高等女学校と改称
　大正12年4月　　 熊本県立松橋高等女学校と改称
　昭和23年4月　　 熊本県立松橋高等学校と改称

◇熊本県立**水俣工業高等学校**
　〒867-0063 熊本県水俣市洗切町11-1
　TEL 0966-63-1285
　昭和10年4月1日　熊本県水俣実務学校を設立
　昭和20年9月1日　熊本県立水俣農工学校と改称
　昭和23年4月1日　熊本県立水俣高等女学校，熊本県水俣農工学校を統合し熊本県立水俣高等学校が発足
　昭和36年4月1日　熊本県立水俣工業高等学校を設立

◇熊本県立**水俣高等学校**
　〒867-0023 熊本県水俣市南福寺6-1
　TEL 0966-63-1261
　〈熊本県立水俣高等女学校〉
　明治44年4月　　 水俣女子実業補習学校を設立
　大正6年4月　　　水俣実科女学校と改称
　大正12年4月　　 熊本県水俣実科高等女学校と改称
　昭和13年4月　　 熊本県水俣高等女学校と改称
　昭和16年4月　　 熊本県立水俣高等女学校と改称
　〈熊本県立水俣農工学校〉
　昭和10年4月　　 熊本県水俣実務学校を設立
　昭和20年5月　　 熊本県立水俣農工学校と改称
　〈統合〉
　昭和23年4月　　 熊本県立水俣高等女学校，熊本県立水俣農工学校を統合し熊本県立水俣高等学校が発足

◇熊本県立**御船高等学校**
　〒861-3204 熊本県上益城郡御船町木倉1253
　TEL 096-282-0056
　大正11年4月1日　熊本県立御船中学校が開校
　昭和23年4月1日　御船高等女学校を併合し熊本県立御船高等学校と改称

◇熊本県立**八代工業高等学校**
　〒866-0082 熊本県八代市大福寺町473
　TEL 0965-33-2663
　昭和19年4月　　 八代市立八代工業学校を創立
　昭和23年4月　　 熊本県立八代高等学校第二部と改称
　昭和26年4月　　 熊本県立八代工業高等学校が発足

◇熊本県立**八代高等学校**
　〒866-0885 熊本県八代市永碇町856
　TEL 0965-33-4138
　明治29年4月　　 熊本県尋常中学済々黌八代分黌を創立
　明治31年4月　　 熊本県尋常中学済々黌城南分黌と改称
　明治33年4月　　 熊本県尋常中学済々黌より独立し熊本県第一中学校と改称
　明治34年6月　　 熊本県立八代中学校と改称

| 昭和23年4月 | 熊本県立八代高等学校と改称 |
| 昭和24年4月 | 熊本県立八代女子高等学校と統合 |

〈熊本県立八代女子高等学校〉
　明治35年5月　　 八代郡立高等女学校が開校
　大正12年4月　　 熊本県立八代高等女学校と改称
　昭和23年4月　　 熊本県立八代女子高等学校と改称

◇**八代白百合学園高等学校**
　［学校法人 白百合学園］
　〒866-0856 熊本県八代市通町10-32
　TEL 0965-32-2354
　昭和23年　　　　八代白百合学園高等学校を設置

◇熊本県立**八代農業高等学校**
　〒869-4201 熊本県八代市鏡町鏡村129
　TEL 0965-52-0076
　大正9年6月9日　 八代農業学校を設立
　昭和23年4月　　 熊本県立八代農業高等学校と改称

◇熊本県立**八代農業高等学校泉分校**
　〒869-4401 熊本県八代市泉町柿迫3636
　TEL 0965-67-2012
　昭和30年4月　　 熊本県立八代農業高等学校泉分校を発足

◇熊本県立**八代東高等学校**
　〒866-0866 熊本県八代市鷹辻町4-2
　TEL 0965-33-1600
　昭和26年4月1日　熊本県立城南高等学校を創立
　昭和29年4月1日　熊本県立八代東高等学校と改称

◇熊本県立**八代南高等学校**
　〒866-0061 熊本県八代市渡町松上1576
　TEL 0965-35-5455
　昭和53年　　　　熊本県立八代南高等学校が開校

◇熊本県立**矢部高等学校**
　〒861-3515 熊本県上益城郡山都町城平954
　TEL 0967-72-0024
　明治29年7月8日　浜町村外6カ村組合立矢部実業補習学校が開校
　明治44年4月1日　浜町村外6カ村組合立乙種農業学校に昇格
　昭和12年4月1日　熊本県立矢部農業学校と改称
　昭和23年4月1日　熊本県立矢部農林高等学校と改称
　昭和40年4月1日　熊本県立矢部高等学校と改称

◇熊本県立**湧心館高等学校**
　〒862-8603 熊本県熊本市出水4丁目1-2
　TEL 096-372-5311
　昭和54年　　　　熊本県立江津高等学校が開校
　平成4年　　　　 熊本県立湧心館高等学校と改称

◇**ルーテル学院高等学校**
　［学校法人 九州ルーテル学院］
　〒860-8520 熊本県熊本市黒髪3-12-16
　TEL 096-343-3246
　大正15年4月　　 九州女学院が開校
　昭和18年4月　　 清水高等女学校と改称
　昭和21年11月　　九州女学院高等学校と改称
　平成13年　　　　ルーテル学院高等学校と改称

◇熊本県立**苓明高等学校**
　〒863-0002 熊本県天草市本渡町本戸馬場495
　TEL 0969-23-2141
　大正9年　　　　 熊本県立天草実業学校を創立

| | |
|---|---|
| 大正12年 | 熊本県立天草農業学校と改称 |
| 昭和23年 | 熊本県立天草農業高等学校と改称 |
| 平成5年 | 熊本県立苓明高等学校と改称 |

◇熊本県立**苓洋高等学校**
　〒863-2507 熊本県天草郡苓北町富岡3757
　TEL 0969-35-1155

| | |
|---|---|
| 昭和23年 | 天草農業高等学校富岡分室を設立 |
| 昭和29年 | 天草水産高等学校と改称 |
| 平成4年 | 熊本県立苓洋高等学校と改称 |

# 大分県

## 【大学】

◇**大分県立看護科学大学**
　〒870-1201 大分県大分市廻栖野2944-9
　TEL 097-586-4300

| | |
|---|---|
| 平成10年4月 | 大分県立看護科学大学が開学 |

◇**大分大学**
　〒870-1192 大分県大分市大字旦野原700
　TEL 097-569-3311

| | |
|---|---|
| 昭和24年5月 | 大分経済専門学校, 大分師範学校, 大分青年師範学校, 大分医科大学を統合し大分大学を設置 |
| 平成15年10月 | 大分医科大学を統合 |

◇**日本文理大学**
　［学校法人 文理学園］
　〒870-0397 大分県大分市大字一木1727-162
　TEL 097-592-1600

| | |
|---|---|
| 昭和42年4月 | 大分工業大学が開学 |
| 昭和57年4月 | 日本文理大学と改称 |

◇**別府大学**
　［学校法人 別府大学］
　〒874-8501 大分県別府市北石垣82
　TEL 0977-67-0101

| | |
|---|---|
| 明治41年 | 豊州女学校を設立 |
| 昭和20年 | 別府女学院を開設 |
| 昭和21年 | 別府女子専門学校が認可される |
| 昭和25年 | 別府女子大学を設置 |
| 昭和29年 | 別府大学と改称 |

◇**立命館アジア太平洋大学**
　［学校法人 立命館］
　〒874-8577 大分県別府市十文字原1-1
　TEL 0977-78-1112

| | |
|---|---|
| 平成12年 | 立命館アジア太平洋大学が開学 |

## 【短大】

◇**大分県立芸術文化短期大学**
　〒870-0833 大分県大分市上野丘東1-11
　TEL 097-545-0542

| | |
|---|---|
| 昭和36年4月1日 | 大分県立芸術短期大学が開学 |
| 平成4年4月1日 | 大分県立芸術文化短期大学と改称 |

◇**大分短期大学**
　［学校法人 平松学園］
　〒870-8658 大分県大分市千代町3-3-8
　TEL 097-535-0201

| | |
|---|---|
| 昭和39年 | 大分短期大学を開設 |

◇**東九州短期大学**
　［学校法人 扇城学園］
　〒871-0014 大分県中津市大字一ツ松211
　TEL 0979-22-2425

| | |
|---|---|
| 昭和42年1月23日 | 中津女子短期大学を設置 |
| 平成3年 | 東九州女子短期大学と改称 |
| 平成14年 | 東九州短期大学と改称 |

大分県

◇別府大学短期大学部
　［学校法人　別府大学］
　〒874-8501　大分県別府市北石垣82
　TEL 0977-67-0101
　昭和29年　　　　別府大学短期大学部を設置

◇別府溝部学園短期大学
　［学校法人　溝部学園］
　〒874-8567　大分県別府市大字野田字通山78
　TEL 0977-66-0224
　昭和39年4月　　別府女子短期大学を設置
　平成15年4月　　別府溝部学園短期大学と改称

【高専】

◇大分工業高等専門学校
　〒870-0152　大分県大分市大字牧1666
　TEL 097-552-6075
　昭和38年4月1日　大分工業高等専門学校を設置

【高校】

◇大分県立安心院高等学校
　〒872-0593　大分県宇佐市安心院町大字折敷田64
　TEL 0978-44-0008
　昭和21年　　　　大分県立四日市農学校安心院分教場を創立
　昭和24年　　　　大分県立四日市高等学校安心院分校と改称
　昭和26年　　　　大分県立安心院高等学校と改称

◇岩田高等学校
　［学校法人　岩田学園］
　〒870-0936　大分県大分市岩田町1-1-1
　TEL 097-558-3007
　明治33年7月　　　大分裁縫伝習所を開設
　明治44年4月　　　岩田実科高等女学校を設立
　昭和14年4月　　　岩田高等女学校と改称
　昭和23年5月　　　岩田高等学校と改称

◇大分県立宇佐高等学校
　〒872-0102　大分県宇佐市大字南宇佐1544-2
　TEL 0978-37-0117
　明治30年4月1日　大分県中津尋常中学校宇佐分校を設置
　明治33年4月1日　大分県宇佐中学校と改称
　明治34年9月1日　大分県立宇佐中学校と改称
　昭和23年4月1日　大分県立宇佐高等学校と改称

◇大分県立宇佐産業科学高等学校
　〒879-0471　大分県宇佐市大字四日市292
　TEL 0978-32-0044
　明治34年5月　　　宇佐郡立農学校を設立許可
　明治35年6月24日　宇佐郡立農業学校と改称
　大正12年4月　　　大分県立四日市農学校と改称
　昭和23年4月1日　大分県立四日市高等学校第二部と改称
　昭和26年4月1日　大分県立四日市北高等学校と改称
　昭和28年4月1日　大分県立四日市農業高等学校と改称
　昭和45年4月1日　大分県立宇佐農業高等学校と改称
　平成5年4月1日　　大分県立宇佐産業科学高等学校と改称

◇大分県立臼杵高等学校
　〒875-0042　大分県臼杵市大字海添2521
　TEL 0972-62-5145
〈大分県立臼杵中学校〉
　明治30年4月　　　大分県立大分尋常中学校分校を創立
　明治34年5月　　　大分県立臼杵中学校と改称
〈大分県立臼杵高等女学校〉
　明治44年4月　　　臼杵町立臼杵実科高等女学校を設立
　大正12年4月　　　大分県立臼杵高等女学校と改称
〈統合〉
　昭和23年4月　　　大分県立臼杵中学校, 大分県立臼杵高等女学校を統合し大分県立臼杵高等学校と改称

◇大分県立臼杵商業高等学校
　〒875-0065　大分県臼杵市大字家野1445-2
　TEL 0972-63-3319
　明治41年7月　　　私立夜間商業高等学校を創設
　明治44年7月　　　臼杵町立商業高等学校を設立
　昭和7年4月　　　大分県立臼杵商業高等学校と改称

◇大分県立大分上野丘高等学校
　〒870-0835　大分県大分市上野丘2丁目10-1
　TEL 097-543-6249
〈大分県立大分中学校〉
　明治18年6月5日　大分中学校が開校
　明治19年10月　　　大分県尋常中学校と改称
　明治30年4月　　　大分県大分尋常中学校と改称
　明治34年9月　　　大分県立大分中学校と改称
〈大分県立第一高等女学校〉
　明治33年6月　　　大分高等女学校を開校
　明治40年2月　　　大分県立大分高等女学校と改称
　昭和5年4月1日　　大分県立第一高等女学校と改称
〈大分県立第二高等女学校〉
　昭和5年4月1日　　大分県立第二高等女学校が開校
〈大分県立碩南中学校〉
　昭和16年4月　　　大分県夜間中学校を併設
　昭和18年11月7日　大分県立碩南中学校と改称
〈統合〉
　昭和23年4月1日　　大分県立大分中学校, 大分県立第一高等女学校, 大分県立第二高等女学校, 大分県立碩南中学校を統廃合し大分県立大分第一高等学校を設置
　昭和26年4月1日　　大分県立大分上野丘高等学校と改称

◇大分県立大分雄城台高等学校
　〒870-1155　大分県大分市大字玉沢1250
　TEL 097-541-0123
　昭和47年9月　　　大分県立大分雄城台高等学校が開校

◇大分県立海洋科学高等学校
　〒875-0011　大分県臼杵市大字諏訪254-1-2
　TEL 0972-63-3678
　昭和19年4月8日　大分県立臼杵農水産学校が発足
　昭和21年2月28日　大分県立臼杵水産学校を設立
　昭和23年4月1日　大分県立臼杵高等学校第四部と改称
　昭和24年4月10日　大分県立臼杵高等学校港町校舎と改称

| 昭和26年4月1日 | 大分県立海部高等学校と改称 |
| 昭和28年4月1日 | 大分県立水産高等学校と改称 |
| 平成5年4月1日 | 大分県立海洋科学高等学校と改称 |

◇**大分県立情報科学高等学校**
〒870-0126 大分県大分市大字横尾1605
TEL 097-553-1212

| 昭和63年4月 | 大分県立情報科学高等学校が開校 |

◇**大分県立大分工業高等学校**
〒870-0948 大分県大分市芳河原台12-1
TEL 097-568-7322

| 明治35年2月26日 | 別府町及び浜脇町学校組合立工業徒弟学校を設立 |
| 明治39年4月1日 | 別府町立工業徒弟学校と改称 |
| 明治43年4月1日 | 大分県別府工業徒弟学校と改称 |
| 大正7年4月1日 | 大分県立工業学校と改称 |
| 昭和6年3月31日 | 大分県立大分工業学校と改称 |
| 昭和23年4月1日 | 大分県立大分商業学校と統合し大分県立大分第二高等学校と改称 |
| 昭和26年4月1日 | 大分県立大分商業高等学校と分離し大分県立大分春日高等学校と改称 |
| 昭和28年4月1日 | 大分県立大分工業高等学校と改称 |

◇**大分高等学校**
［学校法人 大分高等学校］
〒870-0162 大分県大分市明野高尾1-6-1
TEL 097-551-1101

| 昭和23年4月 | 大分外国語専門学校を開校 |
| 昭和26年4月 | 大分外事専門学校と改称 |
| 昭和27年5月 | 大分高等学校と改称 |

◇**大分国際情報高等学校**
［学校法人 渡辺学園］
〒870-0911 大分県大分市新貝11-40
TEL 097-558-3734

| 昭和31年 | 九州電波学校が開校 |
| 昭和41年 | 大分電波高等学校と改称 |
| 平成10年4月 | 大分国際情報高等学校と改称 |

◇**大分県立大分商業高等学校**
〒870-0931 大分県大分市西浜4-2
TEL 097-558-2611

| 大正6年3月 | 大分市立大分商業学校が開校 |
| 昭和7年 | 大分県立大分商業学校と改称 |
| 昭和23年4月1日 | 大分県立大分工業学校と統合し大分県立大分第二高等学校と改称 |
| 昭和26年 | 大分県立大分工業高等学校と分離し大分県立大分城崎高等学校と改称 |
| 昭和28年 | 大分県立大分商業高等学校と改称 |

◇**大分県立大分中央高等学校**
〒870-0931 大分県大分市西浜4-1
TEL 097-558-1895

| 昭和37年 | 大分県立大分上野丘高等学校（定時制），大分県立大分商業高等学校（定時制）を統合し大分県立大分中央高等学校が発足 |

◇**大分県立大分鶴崎高等学校**
〒870-0104 大分県大分市南鶴崎3丁目5-1
TEL 097-527-2166
〈大分県鶴崎高等女学校〉

| 明治43年4月 | 附近6ヶ町村立鶴崎女子技芸補習学校を設置 |
| 明治44年4月 | 鶴崎町他5ヶ町村学校組合立鶴崎実科高等女学校と改称 |
| 明治45年4月 | 鶴崎町立鶴崎実科高等女学校と改称 |
| 大正10年3月 | 鶴崎町立鶴崎実科高等女子学校を廃校 |
| 大正10年4月 | 鶴崎町立実業補習学校を設置 |
| 昭和6年5月 | 大分鶴崎女子家政学校と改称 |
| 昭和10年4月 | 大分鶴崎実科高等学校と改称 |
| 昭和19年4月 | 大分県鶴崎高等女学校と改称 |

〈大分県立鶴崎中学校〉

| 昭和17年3月 | 鶴崎町立鶴崎中学校を設置 |
| 昭和17年6月 | 大分県鶴崎中学校と改称 |
| 昭和23年3月 | 大分県立鶴崎中学校と改称 |

〈統合〉

| 昭和23年4月 | 大分県立鶴崎中学校，大分県鶴崎高等女学校を廃止し大分県立鶴崎高等学校が発足 |
| 昭和39年4月 | 大分県立大分鶴崎高等学校と改称 |

◇**大分東明高等学校**
［学校法人 平松学園］
〒870-8658 大分県大分市千代町2-4-4
TEL 097-535-0204

| 昭和29年3月16日 | 大分東明高等学校を設置 |

◇**大分県立大分西高等学校**
〒870-8560 大分県大分市新春日町2-1-1
TEL 097-543-1551

| 昭和37年4月1日 | 大分県立大分女子高等学校を創立 |
| 平成15年4月1日 | 大分県立大分西高等学校と改称 |

◇**大分県立大分東高等学校**
〒870-0313 大分県大分市大字屋山2009
TEL 097-592-1064

| 大正9年 | 北部実業補修学校が開校 |
| 大正12年 | 北部実業女学校と改称 |
| 昭和18年 | 坂ノ市高等女学校と改称 |
| 昭和23年 | 大分県立臼杵高等学校第五部と改称 |
| 昭和25年 | 大分県立東豊高等学校と改称 |
| 昭和39年 | 大分県立大分東高等学校と改称 |

◇**大分県立大分豊府高等学校**
〒870-0854 大分県大分市大字羽屋600-1
TEL 097-546-2222

| 昭和61年4月 | 大分県立大分豊府高等学校を創立 |

◇**大分県立大分舞鶴高等学校**
〒870-0938 大分県大分市今津留1丁目19-1
TEL 097-558-2268

| 昭和26年4月1日 | 大分県立大分舞鶴高等学校を創立 |

◇**大分県立大分南高等学校**
〒870-1113 大分県大分市大字中判田2373-1
TEL 097-597-6001

| 昭和58年 | 大分県立大分南高等学校が開校 |

◇**大分県立杵築高等学校**
〒873-0014 大分県杵築市大字本庄2379
TEL 09786-2-2037
〈大分県立杵築中学校〉

大分県

| 明治30年4月1日 | 大分尋常中学校杵築分校として創立 |
| 明治33年4月1日 | 大分尋常中学校から独立し大分県立杵築中学校と改称 |

〈大分県立杵築高等女学校〉
| 明治41年4月1日 | 杵築町4ケ村組合立女子実業補習学校として創立 |
| 大正10年4月1日 | 大分県立杵築高等女学校と改称 |

〈統合〉
| 昭和23年4月1日 | 大分県立杵築中学校, 大分県立高等女学校を統合し大分県立杵築高等学校が発足 |

◇大分県立**玖珠農業高等学校**
〒879-4403 大分県玖珠郡玖珠町大字帆足160
TEL 0973-72-1148
| 明治44年4月27日 | 玖珠郡立実業学校が開校 |
| 大正12年3月31日 | 玖珠農学校と改称 |
| 昭和2年4月1日 | 大分県立玖珠農学校と改称 |
| 昭和23年4月1日 | 大分県立森高等女学校と統合し大分県立玖珠高等学校と改称 |
| 昭和24年 | 大分県立玖珠高等学校西校舎と改称 |
| 昭和26年4月1日 | 大分県立玖珠高等学校と改称 |
| 昭和28年4月1日 | 大分県立玖珠農業高等学校と改称 |

◇大分県立**国東高等学校**
〒873-0502 大分県国東市国東町田深1422
TEL 0978-72-1311
| 大正11年4月12日 | 大分県立国東中学校が開校 |
| 大正11年4月25日 | 大分県東国東郡立高等女学校が開校 |
| 昭和23年4月1日 | 大分県立国東中学校, 大分県立国東高等女学校, 大分県立国東農学校の3校を合併し大分県立国東高等学校が発足 |

◇大分県立**国東農工高等学校**
〒873-0503 大分県国東市国東町鶴川1974
TEL 0978-72-1325
| 明治35年11月 | 大分県東国東郡立実業学校として設立 |
| 昭和2年4月 | 大分県国東農学校と改称 |
| 昭和28年4月 | 大分県立国東農業高等学校と改称 |
| 昭和58年4月 | 大分県立国東農工高等学校と改称 |

◇大分県立**芸術緑丘高等学校**
〒870-0833 大分県大分市上野丘東1-11
TEL 097-543-2981
| 昭和23年 | 大分県立大分第二高等学校を設立 |
| 昭和26年 | 大分県立別府緑丘高等学校と改称 |
| 平成4年 | 大分県立芸術文化短期大学附属緑丘高等学校と改称 |
| 平成17年 | 大分県立芸術緑丘高等学校と改称 |

◇大分県立**佐伯鶴城高等学校**
〒876-0848 大分県佐伯市城下東町7-1
TEL 0972-22-3101

〈大分県立佐伯中学校〉
| 明治44年4月 | 南海部郡立佐伯中学校が開校 |
| 大正5年4月 | 大分県立佐伯中学校と改称 |

〈大分県立佐伯高等女学校〉
| 明治44年6月 | 佐伯町立佐伯実科女学校が開校 |
| 大正7年4月 | 南海部郡立佐伯実科高等女学校と改称 |
| 大正10年4月 | 大分県立佐伯高等女学校と改称 |

〈統合〉
| 昭和23年4月 | 大分県立佐伯中学校, 大分県立佐伯高等女学校を統合し大分県立佐伯第一高等学校が発足 |
| 昭和26年4月 | 大分県立佐伯鶴城高等学校と改称 |

◇大分県立**佐伯鶴岡高等学校**
〒876-0012 大分県佐伯市大字鶴望2851-1
TEL 0972-22-2361
| 昭和23年4月 | 大分県立佐伯第二高等学校として創設 |
| 昭和26年4月 | 大分県立佐伯豊南高等学校と改称 |
| 昭和36年4月 | 大分県立佐伯豊南高等学校から分離独立し大分県立佐伯農業高等学校が発足 |
| 昭和50年4月 | 大分県立佐伯鶴岡高等学校と改称 |

◇大分県立**佐伯豊南高等学校**
〒876-0835 大分県佐伯市鶴岡町2-2-1
TEL 0972-22-1900
| 昭和23年 | 大分県立佐伯第二高等学校を創立 |
| 昭和26年4月 | 大分県立佐伯豊南高等学校と改称 |

◇大分県立**佐賀関高等学校**
〒879-2201 大分県大分市大字関1001
TEL 097-575-0456
| 昭和23年6月15日 | 大分県立臼杵高等学校佐賀関分校が開校 |
| 昭和39年4月1日 | 大分県立東豊高等学校から独立し大分県立佐賀関高等学校と改称 |

◇**昭和学園高等学校**
［学校法人 岩尾昭和学園］
〒877-0082 大分県日田市日ノ出町14
TEL 0973-22-7420
| 昭和14年4月 | 日田家政女学校を岩尾昭太郎が創立 |
| 昭和19年2月 | 昭和女子農業学校に改編 |
| 昭和23年5月 | 昭和女子高等学校と改称 |
| 平成14年4月 | 昭和学園高等学校に改編 |

◇大分県立**碩信高等学校**
〒870-8505 大分県大分市上野丘2丁目10-2
TEL 097-543-9339
| 昭和36年 | 大分県立大分上野丘高等学校（通信制課程）を設置 |
| 昭和43年 | 大分県立大分上野丘高等学校から分離独立し大分県立碩信高等学校と改称 |

◇大分県立**双国高等学校**
〒872-1402 大分県国東市国見町中1350
TEL 0978-82-1131
| 昭和23年 | 大分県立高田高等学校香々地分校, 大分県立国東高等学校伊美分校が開校 |
| 昭和38年4月 | 大分県立高田高等学校香々地分校, 大分県立国東高等学校伊美分校の2つの分校を統合し大分県立双国高等学校が発足 |

## ◇大分県立高田高等学校
〒879-0606 大分県豊後高田市玉津1834-1
TEL 0978-22-3145
〈大分県立高田高等女学校〉
| 明治43年3月11日 | 大分県西国東郡実業女学校を設立 |
| --- | --- |
| 大正5年4月1日 | 大分県西国東郡立実業女学校を廃し |
| | 大分県西国東郡立実科高等女学校を創立 |
| 大正9年4月1日 | 大分県西国東高等女学校と改称 |
| 大正11年4月1日 | 大分県立高田高等女学校と改称 |

〈大分県立高田中学校〉
| 昭和18年4月1日 | 高田町外1町13村組合立高田中学校を設立 |
| --- | --- |
| 昭和21年4月1日 | 大分県立高田中学校と改称 |

〈統合〉
| 昭和23年4月1日 | 大分県立高田中学校, 大分県立高田高等女学校を統合し |
| --- | --- |
| | 大分県立高田高等学校と改称 |

## ◇大分県立竹田高等学校
〒878-0013 大分県竹田市大字竹田2642
TEL 0974-63-3401
〈大分県立竹田中学校〉
| 明治30年 | 大分県大分尋常中学校竹田分校が開校 |
| --- | --- |
| 明治33年 | 大分県大分尋常中学校から独立し大分県竹田中学校と改称 |
| 明治34年 | 大分県立竹田中学校と改称 |

〈大分県立竹田高等女学校〉
| 明治41年 | 大分県直入郡女子実践補習学校が開校 |
| --- | --- |
| 大正12年 | 大分県立竹田高等女学校と改称 |

〈統合〉
| 昭和23年 | 大分県立竹田中学校, 大分県立竹田高等女学校を統合し |
| --- | --- |
| | 大分県立竹田高等学校と改称 |

## ◇竹田南高等学校
［学校法人 稲葉学園］
〒878-0013 大分県竹田市竹田2509
TEL 0974-63-3223
| 大正5年 | 私立竹田女学校として開校 |
| --- | --- |
| 昭和44年 | 竹田南高等学校と改称 |

## ◇大分県立津久見高等学校
〒879-2421 大分県津久見市大字津久見3485-1
TEL 0972-82-4126
| 昭和14年5月10日 | 津久見町立工業学校を創立 |
| --- | --- |
| 昭和19年4月1日 | 大分県立津久見工業学校と改称 |
| 昭和23年4月1日 | 大分県立津久見高等学校と改称 |

## ◇大分県立鶴崎工業高等学校
〒870-0133 大分県大分市大字葛木509
TEL 097-527-5261
| 明治39年 | 私立工業徒弟養成所を設立 |
| --- | --- |
| 大正4年 | 大分郡立工業徒弟養成所と改称 |
| 大正12年 | 大分県立工業学校鶴崎分校と改称 |
| 昭和6年 | 大分県立工業学校から独立し大分県立鶴崎工業学校と改称 |
| 昭和23年 | 大分県立鶴崎高等学校を設置 |
| 昭和25年 | 大分県立東豊高等学校と改称 |
| 昭和28年 | 大分県立鶴崎高等学校と改称 |
| 昭和36年 | 大分県立鶴崎高等学校から独立し大分県立鶴崎工業高等学校と改称 |

## ◇藤蔭高等学校
［学校法人 日田佐藤学園］
〒877-0026 大分県日田市田島本町5-41
TEL 0973-24-2737
| 昭和25年5月6日 | 日田高等経理学校を佐藤藤義が開校 |
| --- | --- |
| 昭和29年9月1日 | 日田商業高等学校が開校 |
| 昭和60年1月1日 | 藤蔭高等学校と改称 |

## ◇大分県立中津北高等学校
〒871-0024 大分県中津市中央町1丁目6-83
TEL 0979-22-0244
| 明治44年4月 | 下毛郡立高等女学校として創立 |
| --- | --- |
| 昭和4年1月 | 大分県立中津高等女学校と改称 |
| 昭和23年4月 | 大分県立中津第一高等学校と改称 |
| 昭和24年4月 | 大分県立中津第一高等学校北校舎と改称 |
| 昭和26年4月 | 大分県立中津西高等学校北校舎と改称 |
| 昭和28年4月 | 大分県立中津北高等学校と改称 |

## ◇大分県立中津工業高等学校
〒871-0004 大分県中津市上如水145-3
TEL 0979-32-2222
| 昭和19年3月 | 大分県立中津工業学校を設置 |
| --- | --- |
| 昭和23年3月 | 大分県立中津第二高等学校と改称 |
| 昭和26年4月 | 大分県立中津東高等学校と改称 |
| 昭和38年1月 | 大分県立中津工業高等学校を設置 |

## ◇大分県立中津商業高等学校
〒871-0008 大分県中津市大塚1
TEL 0979-22-0300
| 大正5年 | 中津町立中津商業学校が開校 |
| --- | --- |
| 昭和19年 | 大分県立中津工業学校と改称 |
| 昭和23年 | 大分県立中津第二高等学校と改称 |
| 昭和26年 | 大分県立中津東高等学校と改称 |
| 昭和40年 | 大分県立中津商業高等学校と改称 |

## ◇大分県立中津南高等学校
〒871-0043 大分県中津市大字高畑2093
TEL 0979-22-0224
〈大分県立中津中学校〉
| 明治26年9月 | 私立中津尋常中学校を創設 |
| --- | --- |
| 明治27年4月 | 大分県尋常中学校の分校となる |
| 明治30年4月 | 大分県立中津尋常中学校と改称 |
| 明治33年4月 | 大分県立中津中学校と改称 |

〈大分県立中津高等女学校〉
| 明治44年3月 | 下毛郡立高等女学校が開校 |
| --- | --- |
| 大正4年4月 | 大分県立中津高等女学校と改称 |

〈統合〉
| 昭和23年4月 | 大分県立中津中学校, 大分県立中津高等女学校を統合し |
| --- | --- |
| | 大分県立中津第一高等学校と改称 |
| 昭和26年4月 | 大分県立中津西高等学校と改称 |
| 昭和28年4月 | 大分県立中津南高等学校と改称 |

## ◇日本文理大学附属高等学校
［学校法人 文理学園］
〒876-0811 大分県佐伯市鶴谷町2-1-10
TEL 0972-22-3501
| 昭和30年3月 | 佐伯産業高等学校を設立 |
| --- | --- |
| 昭和31年4月 | 佐伯高等学校と改称 |
| 昭和57年4月 | 日本文理大学附属高等学校と改称 |

大分県

◇大分県立野津高等学校
　〒875-0201　大分県臼杵市野津町大字野津市537-1
　TEL 0974-32-2031
　昭和24年　　　　　大分県立三重高等学校野津分校を設立
　昭和41年　　　　　大分県立野津高等学校と改称

◇東九州龍谷高等学校
　［学校法人　扇城学園］
　〒871-0031　大分県中津市大字中殿527
　TEL 0979-22-0416
　明治32年2月6日　扇城女学校を梅高秀山が創立
　大正12年3月31日　扇城高等女学校と改称
　昭和6年7月22日　扇城家政女学校と改称
　昭和23年5月26日　扇城高等学校と改称
　平成9年4月1日　東九州龍谷高等学校と改称

◇大分県立日出暘谷高等学校
　〒879-1504　大分県速見郡日出町大神1396-43
　TEL 0977-72-2855
　明治42年　　　　　日出町外組合立女子実業補習学校として創立
　大正10年　　　　　大分県日出高等女学校と改称
　昭和23年　　　　　大分県立日出高等学校と改称
　平成9年　　　　　大分県立日出暘谷高等学校と改称

◇大分県立日田高等学校
　〒877-0025　大分県日田市田島2丁目9-30
　TEL 0973-23-0166
　〈大分県立日田高等女学校〉
　大正4年4月15日　日田郡立実科女学校を設立
　大正9年4月1日　大分県立日田高等女学校と改称
　〈大分県立日田中学校〉
　大正10年4月4日　大分県立日田中学校が開校
　〈統合〉
　昭和23年4月1日　大分県立日田中学校，大分県立日田高等女学校を統合し大分県立日田第一高等学校と改称
　昭和26年4月1日　大分県立日田城内高等学校と改称
　昭和28年4月1日　大分県立日田高等学校と改称

◇大分県立日田三隈高等学校
　〒877-0000　大分県日田市大字友田1546-1
　TEL 0973-23-3130
　昭和39年1月10日　大分県立日田三隈商業高等学校を設置
　昭和58年4月1日　大分県立日田三隈高等学校と改称

◇大分県立日田林工高等学校
　〒877-8691　大分県日田市吹上町30
　TEL 0973-22-5171
　明治34年10月1日　大分県立農林学校を創立
　大正14年3月28日　大分県立日田山林学校と改称
　昭和5年3月31日　大分県立日田林工学校と改称
　昭和23年4月1日　大分県立日田第二高等学校と改称
　昭和28年4月1日　大分県立日田林工高等学校と改称

◇福徳学院高等学校
　［学校法人　城南学園］
　〒870-0883　大分県大分市永興550
　TEL 097-544-3551
　昭和2年　　　　　城南女学校を幸フクが創立
　昭和23年　　　　　大分市城南高等学校と改称
　平成13年4月　　　福徳学院高等学校と改称

◇大分県立別府青山高等学校
　〒874-0903　大分県別府市野口原3088-91
　TEL 0977-22-3141
　昭和39年4月　　　大分県立別府青山高等学校が開校

◇別府市立別府商業高等学校
　〒874-0903　大分県別府市野口原3088-44
　TEL 0977-24-1441
　昭和32年4月　　　別府市立別府商業高等学校が開校

◇大分県立別府鶴見丘高等学校
　〒874-0836　大分県別府市大字鶴見字横打4433-2
　TEL 0977-21-0118
　〈大分県立別府高等女学校〉
　明治43年3月15日　私立別府女学校を設立
　明治44年4月1日　町立別府女子実業補修学校と改称
　大正3年6月1日　町立別府女子実業学校と改称
　大正7年3月8日　別府実業女学校と改称
　大正9年2月17日　町立別府高等女学校と認可
　大正13年4月1日　市立別府高等女学校と改称
　昭和5年4月1日　大分県立別府高等女学校と改称
　〈大分県立別府中学校〉
　昭和8年7月21日　別府市立別府中学校を設立
　昭和16年4月1日　大分県立別府中学校と改称
　〈統合〉
　昭和23年4月1日　大分県立別府中学校，大分県立別府高等女学校と統合し大分県立別府第一高等学校が発足
　昭和26年4月1日　大分県立別府鶴見丘高等学校と改称

◇大分県立別府羽室台高等学校
　〒874-0016　大分県別府市大字野田565
　TEL 0977-66-5067
　昭和57年　　　　　大分県立別府羽室台高等学校を設立

◇別府溝部学園高等学校
　［学校法人　溝部学園］
　〒874-8567　大分県別府市大字野田字通山78
　TEL 0977-66-0224
　昭和21年4月8日　別府高等技芸学校を設立
　昭和31年4月1日　別府女子高等学校を設立
　昭和61年4月1日　別府女子短期大学付属高等学校と改称
　平成15年4月1日　別府溝部学園高等学校と改称

◇大分県立三重総合高等学校
　〒879-7141　大分県豊後大野市三重町秋葉1010
　TEL 0974-22-5500
　〈大分県立三重高等学校〉
　明治35年4月13日　大野郡立農学校を創立
　大正6年4月　　　大分県大野実業女学校と改称
　大正10年4月1日　大分県立三重高等女学校と改称
　昭和23年4月1日　大分県立三重高等学校第一部と改称
　昭和24年4月1日　大分県立三重高等学校東校舎と改称
　昭和26年4月1日　大分県立三重東高等学校内田校舎と改称
　昭和28年4月1日　大分県立三重高等学校内田校舎と改称
　昭和29年4月23日　大分県立三重高等学校三重校舎と改称

| 昭和36年4月1日 | 大分県立三重高等学校本校と改称 |
| 昭和45年4月1日 | 大分県立三重高等学校と改称 |

〈大分県立三重農業高等学校〉
| 明治26年 | 大分県農学校が開校 |
| 明治34年 | 大分県立農学校と改称 |
| 大正12年 | 大分県立三重農学校と改称 |
| 昭和23年 | 大分県立三重高等学校第二部と改称 |
| 昭和26年 | 大分県立三重西高等学校と改称 |
| 昭和28年 | 大分県立三重農業高等学校と改称 |

〈大分県立緒方工業高等学校〉
| 昭和38年4月 | 大分県立緒方工業高等学校が開校 |

〈統合〉
| 平成18年4月12日 | 大分県立三重高等学校，大分県立三重農業高等学校，大分県立緒方工業高等学校，大分県立竹田商業高等学校を統合し大分県立三重総合高等学校が開校 |

◇大分県立**三重農業高等学校久住分校**
〒878-0204 大分県竹田市久住町大字栢木5801-19
TEL 0974-77-2200
| 昭和45年 | 大分県立竹田高等学校久住分校を大分県立三重農業高等学校久住分校と改称 |

◇**明豊高等学校**
［学校法人 別府大学］
〒874-0903 大分県別府市野口原3088
TEL 0977-21-2090

〈別府大学附属高等学校〉
| 明治41年4月12日 | 豊州女学校を開設 |
| 昭和2年1月26日 | 豊州女学校が廃校となり昭和女学院が継承 |
| 昭和4年3月25日 | 昭和実践女学校と改称 |
| 昭和13年4月1日 | 豊州女学校と改称 |
| 昭和14年4月1日 | 豊州高等女学校と改称 |
| 昭和23年4月 | 大分女子高等学校と改称 |
| 昭和25年4月 | 自由ケ丘高等学校と改称 |
| 昭和33年4月1日 | 別府大学附属高等学校と改称 |
| 平成13年3月31日 | 別府大学附属高等学校が閉校 |

〈明星高等学校〉
| 昭和29年 | 明星高等学校が開校 |
| 平成10年 | 明星高等学校が閉校 |

〈統合〉
| 平成13年4月 | 学校法人別府大学，学校法人明星学園が合併し明豊高等学校を設立 |

◇大分県立**森高等学校**
〒879-4403 大分県玖珠郡玖珠町大字帆足505
TEL 0973-72-1129
| 大正11年 | 玖珠郡立森高等女学校を設立 |
| 大正12年 | 大分県立森高等女学校と改称 |
| 昭和23年 | 大分県立玖珠農学校と統合し大分県立玖珠高等学校と改称 |
| 昭和24年 | 大分県立玖珠高等学校東校舎と改称 |
| 昭和26年 | 大分県立森高等学校と改称 |

◇**柳ケ浦高等学校**
［学校法人 吉用学園］
〒872-0032 大分県宇佐市江須賀939
TEL 0978-38-0033
| 明治43年 | 柳ケ浦裁縫女学校を創立 |
| 大正13年 | 柳ケ浦高等技芸学校と改称 |
| 昭和16年 | 柳ケ浦高等女学校と改称 |
| 昭和23年 | 柳ケ浦女子高等学校として復興 |
| 昭和41年 | 柳ケ浦高等学校と改称 |

◇大分県立**耶馬溪高等学校**
〒871-0404 大分県中津市耶馬溪町大字戸原1663-1
TEL 0979-54-2011
| 昭和23年 | 大分県立中津第一高等学校柿坂分校，大分県立中津第一高等学校上津分校が開校 |
| 昭和37年 | 大分県立中津南高等学校柿坂分校，大分県立中津南高等学校上津分校を統合し大分県立中津南高等学校下毛分校（定時制課程）と改称 |
| 昭和40年4月 | 大分県立耶馬溪高等学校として独立 |

◇大分県立**山香農業高等学校**
〒879-1306 大分県杵築市山香町大字広瀬4706
TEL 0977-75-1166
| 昭和23年4月1日 | 大分県立日出高等学校山香分校として創立 |
| 昭和39年4月1日 | 大分県立山香高等学校として独立 |
| 昭和41年 | 大分県立山香農業高等学校と改称 |

◇大分県立**由布高等学校**
〒879-5413 大分県由布市庄内町大竜2674-1
TEL 097-582-0244
| 昭和16年4月11日 | 私立庄内実科高等女学院が開校 |
| 昭和30年4月1日 | 大分県立碩南高等学校（定時制）が発足 |
| 昭和37年4月1日 | 大分県立碩南高等学校と改称 |
| 平成18年4月1日 | 大分県立由布高等学校と改称 |

◇**楊志館高等学校**
［学校法人 後藤学園］
〒870-0838 大分県大分市桜ケ丘7-8
TEL 097-543-6711
| 昭和22年 | 後藤簿記珠算塾を後藤松夫が設立 |
| 昭和28年 | 大分桜丘高等学校を設立 |
| 平成8年 | 楊志館高等学校と改称 |

◇大分県立**四日市高等学校**
〒879-0471 大分県宇佐市大字四日市3315
TEL 0978-32-0040
| 明治44年4月 | 宇佐郡実科高等女学校を創設 |
| 大正12年4月 | 大分県立四日市高等女学校と改称 |
| 昭和23年4月 | 大分県立四日市高等学校第一部と改称 |
| 昭和28年4月 | 大分県立四日市高等学校と改称 |

# 宮崎県

## 【大学】

◇九州保健福祉大学
　　［学校法人　高梁学園］
　　〒882-8508　宮崎県延岡市吉野町1714-1
　　TEL 0982-23-5555
　平成13年4月　　　九州保健福祉大学を開学

◇南九州大学
　　［学校法人　南九州学園］
　　〒880-0032　宮崎県宮崎市霧島5-1-2
　　TEL 0985-83-2111
　昭和42年　　　　南九州大学を開学

◇宮崎県立看護大学
　　〒880-0929　宮崎県宮崎市まなび野3丁目5-1
　　TEL 0985-59-7700
　平成9年4月　　　宮崎県立看護大学が開学

◇宮崎公立大学
　　〒880-8520　宮崎県宮崎市船塚1丁目1-2
　　TEL 0985-20-2000
　平成5年　　　　宮崎公立大学が開学

◇宮崎国際大学
　　［学校法人　宮崎学園］
　　〒889-1605　宮崎県宮崎郡清武町加納丙1405
　　TEL 0985-85-5931
　平成6年　　　　宮崎国際大学が開学

◇宮崎産業経営大学
　　［学校法人　大淀学園］
　　〒880-0931　宮崎県宮崎市古城町丸尾100
　　TEL 0985-52-3111
　昭和62年4月　　　宮崎産業経営大学を開学

◇宮崎大学
　　〒889-2192　宮崎県宮崎市学園木花台西1-1
　　TEL 0985-58-7111
　〈宮崎師範学校〉
　明治17年11月17日　宮崎県尋常師範学校を設立
　明治31年4月1日　　宮崎師範学校と改称
　昭和18年4月1日　　宮崎県女子師範学校を統合し
　　　　　　　　　　宮崎師範学校と改称
　〈宮崎青年師範学校〉
　大正11年3月10日　宮崎県実業補習学校教員養成所を
　　　　　　　　　　設立
　昭和10年4月1日　　宮崎県青年学校教員養成所と改称
　昭和19年4月1日　　宮崎青年師範学校と改称
　〈宮崎農林専門学校〉
　大正13年9月25日　宮崎高等農林学校を設立
　昭和19年4月1日　　宮崎農林専門学校と改称
　〈宮崎県工業専門学校〉
　昭和19年2月26日　宮崎県高等工業学校を設立
　昭和19年8月29日　宮崎県工業専門学校と改称
　〈統合〉
　昭和24年5月　　　宮崎師範学校，宮崎青年師範学校，
　　　　　　　　　　宮崎農林専門学校，宮崎県工業
　　　　　　　　　　専門学校を統合し
　　　　　　　　　　宮崎大学を設置

　平成15年10月　　　宮崎医科大学と統合

## 【短大】

◇聖心ウルスラ学園短期大学
　　［学校法人　聖心ウルスラ学園］
　　〒882-0863　宮崎県延岡市緑ケ丘5-1-12
　　TEL 0982-33-3203
　昭和42年3月　　　緑ヶ丘学園短期大学を設置
　昭和47年4月　　　緑ヶ丘学園延岡短期大学と改称
　平成2年4月　　　聖心ウルスラ学園短期大学と改称

◇南九州短期大学
　　［学校法人　南九州学園］
　　〒880-0032　宮崎県宮崎市霧島5-1-2
　　TEL 0985-83-2100
　昭和40年　　　　南九州短期大学を開設

◇宮崎女子短期大学
　　［学校法人　宮崎学園］
　　〒889-1605　宮崎県宮崎郡清武町加納丙1415
　　TEL 0985-85-0146
　昭和40年　　　　宮崎女子短期大学が開学

## 【高専】

◇都城工業高等専門学校
　　〒885-8567　宮崎県都城市吉尾町473-1
　　TEL 0986-47-1107
　昭和39年3月27日　都城工業高等専門学校を設置

## 【高校】

◇宮崎県立飯野高等学校
　　〒889-4301　宮崎県えびの市大字原田3068
　　TEL 0984-33-0300
　昭和40年　　　　宮崎県立飯野高等学校が開校

◇えびの高原国際高等学校
　　［学校法人　日章学園］
　　〒889-4243　宮崎県えびの市大字榎田字園田363
　　TEL 0984-35-3500
　平成6年　　　　えびの高原国際高等学校を設置

◇宮崎県立門川高等学校
　　〒889-0611　宮崎県東臼杵郡門川町大字門川尾末2680
　　TEL 0982-63-1336
　大正5年　　　　東臼杵郡立農学校として設立
　大正11年　　　　宮崎県立宮島農学校と改称
　昭和4年　　　　宮崎県立宮島実業学校と改称
　昭和23年　　　　宮崎県立宮島高等学校と改称
　昭和39年　　　　宮崎県立門川農業高等学校と改称
　平成17年　　　　宮崎県立門川高等学校と改称

◇宮崎県立五ヶ瀬中等教育学校
　　〒882-1203　宮崎県西臼杵郡五ヶ瀬町三ヶ所9468-30
　　TEL 0982-82-1255
　平成6年4月1日　　宮崎県立五ヶ瀬中学校，宮崎県立
　　　　　　　　　　五ヶ瀬高等学校を設立
　平成11年　　　　宮崎県立五ヶ瀬中学校，宮崎県立
　　　　　　　　　　五ヶ瀬高等学校が合併し
　　　　　　　　　　宮崎県立五ヶ瀬中等教育学校と改
　　　　　　　　　　称

◇宮崎県立小林工業高等学校
　　〒886-0002　宮崎県小林市大字水流迫664-2

TEL 0984-23-2252
　　昭和36年4月1日　　宮崎県立小林工業高等学校として
　　　　　　　　　　　　創立

◇宮崎県立小林高等学校
　　〒886-0007 宮崎県小林市大字真方124
　　　TEL 0984-23-4164
　〈宮崎県立小林中学校〉
　　大正10年4月　　　宮崎県立小林中学校が開校
　〈宮崎県立小林高等女学校〉
　　大正8年6月18日　小林町立実科高等女学校を創立
　　大正13年4月1日　宮崎県立小林高等女学校と改称
　〈統合〉
　　昭和23年4月1日　宮崎県立小林中学校, 宮崎県立小
　　　　　　　　　　　林高等女学校を統合し
　　　　　　　　　　　宮崎県立小林高等学校を設置

◇宮崎県立小林商業高等学校
　　〒886-0003 宮崎県小林市大字堤108-1
　　　TEL 0984-23-4174
　　昭和39年　　　　　宮崎県立小林商業高等学校が開校

◇小林西高等学校
　　［学校法人 高千穂学園］
　　〒886-8588 宮崎県小林市細野588
　　　TEL 0984-22-5155
　　昭和28年2月14日　小林高等経理学校を開校
　　昭和34年9月1日　小林高等商業学校と改称
　　昭和41年4月　　　小林西高等学校と改称

◇宮崎県立西都商業高等学校
　　〒881-0023 宮崎県西都市大字調殿880
　　　TEL 0983-43-0079
　　昭和38年4月1日　宮崎県立妻高等学校から商業科が
　　　　　　　　　　　分離独立し
　　　　　　　　　　　宮崎県立西都商業高等学校を新設

◇宮崎県立佐土原高等学校
　　〒880-0211 宮崎県宮崎市佐土原町下田島21567
　　　TEL 0985-73-5657
　　昭和63年4月11日　宮崎県立佐土原高等学校が開校

◇聖心ウルスラ学園高等学校
　　［学校法人 聖心ウルスラ学園］
　　〒882-0863 宮崎県延岡市緑ヶ丘3-7-21
　　　TEL 0982-33-3472
　　昭和30年4月　　　緑ヶ丘学園高等学校が開学
　　平成2年4月　　　聖心ウルスラ学園高等学校と改称

◇宮崎県立高城高等学校
　　〒885-1298 宮崎県都城市高城町穂満坊156
　　　TEL 0986-58-2330
　　昭和4年4月　　　宮崎県高城実科高等女学校として
　　　　　　　　　　　創立
　　昭和18年4月　　　宮崎県高城高等女学校と改称
　　昭和23年4月　　　宮崎県高城町立高城高等学校と改
　　　　　　　　　　　称
　　昭和23年7月　　　宮崎県立都城泉ヶ丘高等学校高城
　　　　　　　　　　　校舎と改称
　　昭和25年4月　　　宮崎県立都城都島高等学校の所属
　　　　　　　　　　　となる
　　昭和30年2月　　　宮崎県立都城都島高等学校から独
　　　　　　　　　　　立し
　　　　　　　　　　　宮崎県立高城高等学校と改称

◇宮崎県立高千穂高等学校
　　〒882-1101 宮崎県西臼杵郡高千穂町大字三田井1234
　　　TEL 0982-72-3111
　　大正6年　　　　　西臼杵郡立農学校を創立
　　昭和3年　　　　　宮崎県立高千穂農学校と改称
　　昭和4年　　　　　宮崎県立高千穂実業高等学校と改
　　　　　　　　　　　称
　　昭和20年　　　　　宮崎県立高千穂農学校と改称
　　昭和23年　　　　　宮崎県立高千穂高等学校が発足

◇宮崎県立高鍋高等学校
　　〒884-0002 宮崎県児湯郡高鍋町大字北高鍋4262
　　　TEL 0983-23-0005
　〈宮崎県立高鍋中学校〉
　　大正12年4月　　　高鍋中学校が開校
　　昭和18年4月　　　宮崎県立高鍋中学校と改称
　〈宮崎県立高鍋高等女学校〉
　　明治45年4月　　　高鍋町立高鍋高等女学校が開校
　　昭和4年2月　　　宮崎県立高鍋高等女学校と改称
　〈統合〉
　　昭和23年4月　　　宮崎県立高鍋中学校, 宮崎県立高
　　　　　　　　　　　鍋高等女学校, 宮崎県立高鍋農
　　　　　　　　　　　業学校を統合して
　　　　　　　　　　　宮崎県立高鍋高等学校を設置

◇宮崎県立高鍋農業高等学校
　　〒884-0006 宮崎県児湯郡高鍋町大字上江1339-2
　　　TEL 0983-23-0002
　　明治36年4月　　　児湯郡立高鍋農学校が開校
　　大正7年4月　　　宮崎県立高鍋農学校と改称
　　昭和23年4月　　　宮崎県立高鍋高等学校農業部と改
　　　　　　　　　　　称
　　昭和27年5月　　　宮崎県立高鍋高等学校から独立し
　　　　　　　　　　　宮崎県立高鍋農業高等学校と改称

◇宮崎県立高原高等学校
　　〒889-4411 宮崎県西諸県郡高原町大字広原4981-2
　　　TEL 0984-42-1010
　　昭和27年　　　　　宮崎県立高原高等学校が開校

◇宮崎県立都農高等学校
　　〒889-1201 宮崎県児湯郡都農町4661
　　　TEL 0983-25-0104
　　昭和27年6月13日　宮崎県立高鍋高等学校都農校舎が
　　　　　　　　　　　発足
　　昭和30年2月11日　宮崎県立高鍋高等学校から独立し
　　　　　　　　　　　宮崎県立都農高等学校と改称

◇宮崎県立妻高等学校
　　〒881-0003 宮崎県西都市大字右松2330
　　　TEL 0983-43-0005
　〈宮崎県立妻中学校〉
　　大正11年　　　　　宮崎県立妻中学校が開校
　〈宮崎県立妻高等女学校〉
　　大正14年　　　　　組合立妻実科高等女学校が開校
　　昭和3年　　　　　宮崎県立妻高等女学校と改称
　〈統合〉
　　昭和23年　　　　　宮崎県立妻中学校, 宮崎県立妻高
　　　　　　　　　　　等女学校を統合し
　　　　　　　　　　　宮崎県立妻高等学校が発足

◇宮崎県立富島高等学校
　　〒883-0052 宮崎県日向市鶴町3丁目1-43
　　　TEL 0982-52-2158
　　大正5年3月31日　東臼杵郡農業学校を設立

宮崎県

| 大正11年4月1日 | 宮崎県立富島農学校と改称 |
| 昭和4年4月1日 | 宮崎県立富島実業学校と改称 |
| 昭和23年4月1日 | 宮崎県立富島高等学校と改称 |

◇日南学園高等学校
　［学校法人 日南学園］
　〒887-0041 宮崎県日南市吾田東3丁目5-1
　TEL 0987-23-1311
| 昭和41年3月 | 日南商業高等学校を設立 |
| 昭和50年4月 | 日南学園高等学校田野分校(のち:宮崎穎学館)を設立 |
| 昭和57年4月 | 日南学園高等学校と改称 |

◇宮崎県立日南工業高等学校
　〒889-2532 宮崎県日南市大字板敷410
　TEL 0987-25-1107
| 昭和38年 | 宮崎県立日南工業高等学校を設立 |

◇宮崎県立日南高等学校
　〒889-2533 宮崎県日南市大字星倉5800
　TEL 0987-25-1669
| 大正10年 | 宮崎県立飫肥中学校が開校 |
| 昭和23年 | 宮崎県立飫肥中学校，宮崎県立飫肥高等女学校を統合し宮崎県立飫肥高等学校となる |
| 昭和25年 | 宮崎県立飫肥高等学校を分離し宮崎県立日南高等学校と改称 |

◇宮崎県立日南振徳商業高等学校
　〒889-2524 宮崎県日南市大字殿所2064
　TEL 0987-23-8844
| 昭和45年4月1日 | 宮崎県立日南振徳商業高等学校を設立 |

◇宮崎県立日南農林高等学校
　〒889-3202 宮崎県南那珂郡南郷町大字中村甲3543
　TEL 0987-64-1177
| 明治30年10月 | 組合立飫肥農業補修学校が開校 |
| 明治33年9月 | 飫肥農学校と改称 |
| 昭和42年4月 | 宮崎県立日南農林高等学校，宮崎県立南郷園芸高等学校を統廃合し宮崎県立日南農林高等学校が発足 |

◇日章学園高等学校
　［学校法人 日章学園］
　〒880-0125 宮崎県宮崎市大字広原836
　TEL 0985-39-1321
| 昭和25年4月 | 宮崎会計専門学校を後藤章が創立 |
| 昭和28年 | 宮崎高等商業学校と改称 |
| 昭和31年1月 | 宮崎高等実業学校と改称 |
| 昭和40年1月 | 宮崎実業高等学校と改称 |
| 昭和62年4月 | 日章学園高等学校と改称 |

◇延岡学園高等学校
　［学校法人 延岡学園］
　〒882-0001 宮崎県延岡市大峡町7820
　TEL 0982-33-3227
| 昭和40年 | 延岡学園高等学校を創立 |

◇宮崎県立延岡工業高等学校
　〒882-0863 宮崎県延岡市緑ヶ丘1-8-1
　TEL 0982-33-3323
| 昭和19年 | 宮崎県立延岡工業学校を設立 |
| 昭和25年 | 宮崎県立向洋高等学校を設立 |
| 昭和40年 | 宮崎県立延岡工業高等学校と改称 |

◇宮崎県立延岡高等学校
　〒882-0837 宮崎県延岡市古城町3丁目233
　TEL 0982-32-5331
〈宮崎県立延岡高等女学校〉
| 明治6年1月6日 | 延岡社学が開校 |
| 明治6年1月22日 | 亮天社と改称 |
| 明治9年3月1日 | 亮天社付属女児教舎が開校 |
| 明治11年2月1日 | 亮天社から独立し女児教舎と改称 |
| 明治34年4月1日 | 私立延岡女学校と改称 |
| 明治39年8月27日 | 私立延岡高等女学校と改称 |
| 昭和4年4月1日 | 宮崎県立延岡高等女学校と改称 |
〈宮崎県立延岡中学校〉
| 明治32年4月1日 | 宮崎県立延岡中学校が開校 |
〈統合〉
| 昭和23年4月 | 宮崎県立延岡中学校，宮崎県立延岡高等女学校がそれぞれ宮崎県立延岡恒富高等学校，宮崎県立延岡岡富高等学校となる |
| 昭和24年4月 | 宮崎県立延岡岡富高等学校が廃止され宮崎県立延岡恒富高等学校に併合 |
| 昭和34年4月1日 | 宮崎県立延岡高等学校と改称 |

◇宮崎県立延岡商業高等学校
　〒882-0007 宮崎県延岡市桜ヶ丘3丁目7122
　TEL 0982-32-6348
| 大正10年 | 東臼杵郡立延岡商業学校として創立 |
| 大正12年 | 宮崎県立延岡商業高等学校と改称 |
| 昭和23年 | 宮崎県立富島高等学校に統合 |
| 昭和24年 | 宮崎県立富島高等学校が廃校になり宮崎県立恒富高等学校に統合 |
| 昭和25年 | 宮崎県立向洋高等学校に統合 |
| 昭和33年 | 宮崎県立向洋高等学校から独立し宮崎県立延岡商業高等学校と改称 |

◇宮崎県立延岡星雲高等学校
　〒882-0023 宮崎県延岡市牧町4722
　TEL 0982-31-2491
| 昭和38年 | 宮崎県立延岡西高等学校が開校 |
| 昭和52年4月 | 宮崎県立延岡東高等学校が開校 |
| 平成17年4月 | 宮崎県立延岡西高等学校，宮崎県立延岡東高等学校が統合されて宮崎県立延岡星雲高等学校を開校 |

◇宮崎県立延岡青朋高等学校
　〒882-0866 宮崎県延岡市平原町2丁目2618-2
　TEL 0982-33-4980
| 昭和22年7月15日 | 宮崎県立延岡中学校に定時制夜間部の設置認可 |
| 昭和23年4月1日 | 宮崎県立延岡恒富高等学校を創立 |
| 昭和24年4月1日 | 宮崎県立延岡岡富高等学校と併合 |
| 昭和34年4月1日 | 宮崎県立延岡高等学校と改称 |
| 昭和44年4月1日 | 宮崎県立延岡第二高等学校と改称 |
| 平成18年4月1日 | 宮崎県立延岡青朋高等学校と改称 |

◇日向学院高等学校
　［学校法人 日向学院］
　〒880-0878 宮崎県宮崎市大和町110
　TEL 0985-22-8296
| 昭和8年 | 宮崎神学校が開校 |
| 昭和23年 | 日向高等学校を創立 |

| 昭和26年 | 日向学院高等学校と改称 |

◇宮崎県立**日向工業高等学校**
　〒883-0022 宮崎県日向市大字平岩8750
　TEL 0982-57-1411
| 昭和36年4月1日 | 宮崎県立日向工業高等学校を創立 |

◇宮崎県立**日向高等学校**
　〒883-0061 宮崎県日向市大字財光寺6265
　TEL 0982-54-3400
| 昭和50年 | 宮崎県立日向高等学校を創立 |

◇宮崎県立**福島高等学校**
　〒888-0001 宮崎県串間市大字西方4015
　TEL 0987-72-0049
| 大正12年 | 都井村組合立福島高等女学校を設置 |
| 昭和18年 | 宮崎県立福島高等女学校と改称 |
| 昭和23年 | 宮崎県立福島高等学校を開校 |

◇**鵬翔高等学校**
　［学校法人 大淀学園］
　〒880-0916 宮崎県宮崎市大字恒久4336
　TEL 0985-52-2020
| 大正11年4月 | 日州高等簿記学校を田代光雄が設立 |
| 昭和6年4月 | 宮崎市高等経理学校と改称 |
| 昭和19年4月 | 宮崎女子高等経理学校と改称 |
| 昭和21年4月 | 宮崎高等経理学校と改称 |
| 昭和40年4月 | 宮崎中央高等学校が開校 |
| 平成元年 | 鵬翔高等学校と改称 |

◇宮崎県立**本庄高等学校**
　〒880-1101 宮崎県東諸県郡国富町本庄5071
　TEL 0985-75-2049
| 大正2年3月 | 東諸県郡立乙種農学校を設立許可 |
| 大正12年4月 | 宮崎県本庄農学校と改称 |
| 昭和3年4月 | 宮崎県立本庄農学校と改称 |
| 昭和23年4月 | 宮崎県立本庄高等学校と改称 |

◇宮崎県立**都城泉ヶ丘高等学校**
　〒885-0033 宮崎県都城市妻ヶ丘町27街区15
　TEL 0986-23-0223
| 明治32年5月 | 宮崎県立都城中学校が開校 |
| 大正3年4月4日 | 郡立都城高等女学校が開校 |
| 大正7年3月31日 | 宮崎県立都城高等女学校と改称 |
| 昭和23年4月1日 | 宮崎県立都城中学校，宮崎県立都城高等女学校，宮崎県立都城商業学校，宮崎県立都城農学校を統合し宮崎県立都城泉ヶ丘高等学校となる |

◇宮崎県立**都城工業高等学校**
　〒885-0084 宮崎県都城市五十町2400
　TEL 0986-22-4349
| 昭和19年4月1日 | 宮崎県立都城工業学校を創立 |
| 昭和23年4月1日 | 宮崎県立都城都島高等学校が発足 |
| 昭和36年4月1日 | 宮崎県立都城都島高等学校から独立し宮崎県立都城工業高等学校と改称 |

◇**都城高等学校**
　［学校法人 久保学園］
　〒885-8502 宮崎県都城市蓑原町7916
　TEL 0986-23-2477
| 昭和35年4月 | 都城高等電波学校が開校 |
| 昭和39年11月 | 都城高等電子工業学校を設置 |
| 昭和40年4月 | 都城電子工業高等学校を設置 |
| 昭和42年4月 | 都城高等学校と改称 |

◇宮崎県立**都城商業高等学校**
　〒885-0053 宮崎県都城市上東町31-25
　TEL 0986-22-1758
| 明治31年2月7日 | 実業補習学校が開校 |
| 明治34年9月 | 都城町立商業補習学校と改称 |
| 明治37年6月13日 | 都城商業学校と改称 |
| 明治41年4月1日 | 北諸県郡立都城商業学校と改称 |
| 大正10年4月1日 | 宮崎県立都城商業学校と改称 |
| 昭和23年4月1日 | 宮崎県立都城中学校，宮崎県立都城高等女学校，宮崎県立都城商業高等学校，宮崎県立都城農学校を統合し宮崎県立都城泉ヶ丘高等学校となる |
| 昭和32年4月1日 | 宮崎県立都城泉ヶ丘高等学校から独立し宮崎県立都城商業高等学校を新設 |

◇**都城聖ドミニコ学園高等学校**
　［学校法人 宮崎カリタス学院］
　〒885-0061 宮崎県都城市下長飯町881
　TEL 0986-39-1303
| 昭和44年4月 | 都城聖ドミニコ学園高等学校を設立 |

◇宮崎県立**都城西高等学校**
　〒885-0094 宮崎県都城市都原町3405
　TEL 0986-23-1904
| 昭和23年4月1日 | 宮崎県立都城都島高等学校が発足 |
| 昭和37年 | 宮崎県立都城都島高等学校から独立し宮崎県立都城都島第二高等学校となる |
| 昭和37年 | 宮崎県立都城西高等学校と改称 |

◇宮崎県立**都城農業高等学校**
　〒885-0014 宮崎県都城市祝吉町5117
　TEL 0986-22-4280
| 大正5年 | 北諸県郡立農学校が発足 |
| 大正11年 | 宮崎県都城農学校と改称 |
| 昭和3年 | 宮崎県立宮崎県都城農学校と改称 |
| 昭和23年 | 宮崎県立都城中学校，宮崎県立都城高等女学校，宮崎県立都城商業高等学校，宮崎県立都城農学校を統合し宮崎県立都城泉ヶ丘高等学校となる |
| 昭和25年 | 宮崎県立都城高等学校北校舎と改称 |
| 昭和40年 | 宮崎県立都城農業高等学校と改称 |

◇**都城東高等学校**
　［学校法人 玉城学園］
　〒889-1996 宮崎県北諸県郡三股町樺山1996
　TEL 0986-52-1010
| 昭和40年4月 | 霧島東高等学校を設立 |
| 昭和43年4月 | 都城女子高等学校と改称 |
| 昭和43年8月 | 都城東高等学校と改称 |

宮崎県

◇宮崎頴学館
　［学校法人　日南学園］
　〒889-1702 宮崎県宮崎市田野町乙10905
　TEL 0985-86-1021
　昭和50年4月　　　　日南学園高等学校田野分校を設立
　平成元年4月　　　　宮崎頴学館と改称

◇宮崎県立**宮崎大宮高等学校**
　〒880-0056 宮崎県宮崎市神宮東1丁目3-10
　TEL 0985-22-5191
　〈宮崎県立宮崎中学校〉
　明治21年　　　　　宮崎県会尋常中学校の設置が許可
　　　　　　　　　　される
　明治32年　　　　　宮崎県宮崎中学校と改称
　明治34年　　　　　宮崎県立宮崎中学校と改称
　〈宮崎県立宮崎高等女学校〉
　明治32年　　　　　宮崎県高等女学校を設置
　大正7年　　　　　宮崎県立宮崎高等女学校と改称
　〈統合〉
　昭和23年4月1日　　宮崎県立宮崎中学校，宮崎県立宮
　　　　　　　　　　崎第一高等女学院，宮崎県立宮
　　　　　　　　　　崎商業高等学校，宮崎県立宮崎
　　　　　　　　　　女子商業学校の4校を統合し
　　　　　　　　　　宮崎県立宮崎大宮高等学校となる

◇宮崎県立**宮崎海洋高等学校**
　〒880-0856 宮崎県宮崎市日の出町1
　TEL 0985-22-4115
　明治33年4月　　　　飫肥農業補習学校水産科を設置
　大正6年12月　　　　南那珂郡立飫肥農学校水産補習科
　　　　　　　　　　と改称
　昭和10年　　　　　宮崎県立水産学校と改称
　昭和13年4月19日　　宮崎水産講習所を設置
　昭和20年3月6日　　宮崎県立油津水産学校を設置
　昭和23年4月26日　　宮崎県立吾田高等学校水産科と改
　　　　　　　　　　称
　昭和24年4月1日　　宮崎県立吾田高等学校を廃し
　　　　　　　　　　宮崎県立飫肥高等学校と合併
　昭和25年1月1日　　宮崎県立日南高等学校と改称
　昭和25年4月1日　　宮崎県立水産高等学校を設立
　昭和27年4月10日　　宮崎県立宮崎水産高等学校と改称
　平成6年4月1日　　　宮崎県立宮崎海洋高等学校と改称

◇**宮崎学園高等学校**
　［学校法人　宮崎学園］
　〒880-8503 宮崎県宮崎市昭和町3
　TEL 0985-23-5318
　昭和14年　　　　　宮崎女子商業学院を設立
　昭和14年　　　　　宮崎女子高等裁縫女学校を設立
　昭和27年　　　　　宮崎学園高等学校と改称

◇宮崎県立**宮崎北高等学校**
　〒880-0124 宮崎県宮崎市大字新名爪4567
　TEL 0985-39-1288
　昭和59年　　　　　宮崎県立宮崎北高等学校を創立

◇宮崎県立**宮崎工業高等学校**
　〒880-0935 宮崎県宮崎市天満町9-1
　TEL 0985-51-7231
　明治38年5月　　　　宮崎郡立職業学校が開校
　大正7年5月　　　　郡立工業学校と改称
　大正10年3月　　　　宮崎県立工業講習所と改称
　大正12年5月　　　　宮崎県宮崎工業学校と改称
　昭和3年3月　　　　宮崎県立宮崎工業学校と改称
　昭和23年4月　　　　宮崎県立宮崎第二高等女学校，宮
　　　　　　　　　　崎県立宮崎工業学校，宮崎県立
　　　　　　　　　　宮崎農学校の3校を統合し
　　　　　　　　　　宮崎県立宮崎大淀高等学校と改称
　昭和40年4月　　　　宮崎県立宮崎大淀高等学校から独
　　　　　　　　　　立し
　　　　　　　　　　宮崎県立宮崎工業高等学校と改称

◇宮崎県立**宮崎商業高等学校**
　〒880-0023 宮崎県宮崎市和知川原3丁目24
　TEL 0985-22-8218
　大正8年　　　　　宮崎町立商業学校を設立
　昭和19年　　　　　宮崎県立宮崎商業学校と改称
　昭和23年4月1日　　宮崎県立宮崎中学校，宮崎県立宮
　　　　　　　　　　崎第一高等女学院，宮崎県立宮
　　　　　　　　　　崎商業高等学校，宮崎県立宮崎
　　　　　　　　　　女子商業学校の4校を統合し
　　　　　　　　　　宮崎県立宮崎大宮高等学校となる
　昭和32年　　　　　宮崎県立宮崎大宮高等学校から独
　　　　　　　　　　立し
　　　　　　　　　　宮崎県立宮崎商業高等学校と改称

◇**宮崎第一高等学校**
　［学校法人　旭進学園］
　〒880-0924 宮崎県宮崎市大字郡司分字平田迫甲767
　TEL 0985-56-2626
　昭和30年11月1日　　宮崎高等無線電信講習所を開設
　昭和40年4月1日　　宮崎電子工業高等学校が開校
　昭和53年4月1日　　宮崎第一高等学校と改称

◇宮崎県立**宮崎西高等学校**
　〒880-0951 宮崎県宮崎市大塚町3975-2
　TEL 0985-48-1021
　昭和49年　　　　　宮崎県立宮崎西高等学校を創立

◇**宮崎日本大学高等学校**
　［学校法人　宮崎日本大学学園］
　〒880-0121 宮崎県宮崎市島ノ内字塚廻6822-2
　TEL 0985-39-1121
　昭和38年　　　　　宮崎日本大学高等学校を設立

◇宮崎県立**宮崎農業高等学校**
　〒880-0913 宮崎県宮崎市恒久春日田1061
　TEL 0985-51-2814
　明治26年4月1日　　宮崎県獣医学校が開校
　明治33年4月1日　　宮崎県立農学校が発足
　大正7年4月1日　　宮崎県立宮崎農学校と改称
　昭和23年4月　　　　宮崎県立宮崎農学校，宮崎県立宮
　　　　　　　　　　崎工業学校，宮崎県立宮崎第二
　　　　　　　　　　高等女学校の3校を統合し
　　　　　　　　　　宮崎県立宮崎大淀高等学校と改称
　昭和34年4月1日　　宮崎県立宮崎大淀高等学校から独
　　　　　　　　　　立し
　　　　　　　　　　宮崎県立宮崎農業高等学校と改称

◇宮崎県立**宮崎東高等学校**
　〒880-0056 宮崎県宮崎市神宮東1-2-42
　TEL 0985-24-3405
　昭和22年7月1日　　宮崎県立宮崎中学校夜間部を設置
　昭和23年4月1日　　宮崎県立宮崎中学校，宮崎県立宮
　　　　　　　　　　崎第一高等女学院，宮崎県立宮
　　　　　　　　　　崎商業高等学校，宮崎県立宮崎
　　　　　　　　　　女子商業学校の4校を統合し
　　　　　　　　　　宮崎県立宮崎大宮高等学校を創立

| 昭和44年4月1日 | 宮崎県立宮崎大宮高等学校から独立し |
| --- | --- |
| | 宮崎県立大宮第二高等学校と改称 |
| 昭和49年4月1日 | 宮崎県立宮崎東高等学校を設置 |

◇宮崎県立**宮崎南高等学校**
　〒880-0926 宮崎県宮崎市月見ヶ丘5丁目2-1
　TEL 0985-51-2314

| 昭和37年4月1日 | 宮崎県立宮崎大淀第二高等学校を創立 |
| --- | --- |
| 昭和37年12月25日 | 宮崎県立宮崎南高等学校と改称 |

# 鹿児島県

## 【大学】

◇**鹿児島国際大学**
　［学校法人　津曲学園］
　〒891-0191 鹿児島県鹿児島市下福元町8850
　TEL 099-261-3211

| 昭和7年3月 | 鹿児島高等商業学校を創立 |
| --- | --- |
| 昭和19年4月 | 鹿児島経済専門学校と改称 |
| 昭和25年4月 | 鹿児島商科短期大学に昇格 |
| 昭和35年1月 | 鹿児島経済大学と改称 |
| 平成12年4月 | 鹿児島国際大学と改称 |

◇**鹿児島純心女子大学**
　［学校法人 鹿児島純心女子学園］
　〒895-0011 鹿児島県薩摩川内市天辰町2365
　TEL 0996-23-5311

| 平成6年4月 | 鹿児島純心女子大学を開学 |
| --- | --- |

◇**鹿児島大学**
　〒890-8580 鹿児島県鹿児島市郡元1-21-24
　TEL 099-285-7111

〈第七高等学校〉

| 安永2年 | 造志館を藩学として設立 |
| --- | --- |
| 明治4年 | 造志館を廃止 |
| 明治17年12月 | 鹿児島県立中学校造志館を設立 |
| 明治20年12月 | 鹿児島高等中学校造志館と改称 |
| 明治29年9月 | 鹿児島高等中学校造志館を廃校とし |
| | 鹿児島県尋常中学校造志館を設置 |
| 明治34年3月 | 第七高等学校造志館を設置 |
| 昭和21年3月 | 第七高等学校と改称 |

〈鹿児島農林専門学校〉

| 明治41年3月 | 鹿児島高等農林学校を設立 |
| --- | --- |
| 昭和19年4月 | 鹿児島農林専門学校と改称 |

〈鹿児島師範学校〉

| 明治8年 | 小学校授業講習所を設立 |
| --- | --- |
| 明治9年 | 鹿児島師範学校と改称 |
| 明治13年11月 | 鹿児島女子師範学校を統合 |
| 明治20年3月 | 鹿児島県尋常師範学校と改称 |
| 明治31年4月 | 鹿児島県師範学校と改称 |
| 大正9年4月 | 鹿児島県第一師範学校と改称 |
| 昭和9年3月 | 鹿児島第二師範学校を統合し |
| | 鹿児島県師範学校と改称 |
| 昭和18年4月 | 鹿児島師範学校と改称 |

〈鹿児島青年師範学校〉

| 大正13年4月 | 鹿児島県立実業補習学校教員養成所を設立 |
| --- | --- |
| 昭和10年4月 | 鹿児島県立青年学校教員養成所と改称 |
| 昭和19年4月 | 鹿児島青年師範学校と改称 |

〈鹿児島水産専門学校〉

| 明治41年5月 | 鹿児島県立商船学校を設立 |
| --- | --- |
| 昭和14年8月 | 鹿児島商船学校と改称 |
| 昭和21年2月 | 鹿児島商船学校を廃校 |
| 昭和21年4月 | 鹿児島水産専門学校を設置 |

〈統合〉

| 昭和24年5月 | 第七高等学校, 鹿児島農林専門学校, 鹿児島師範学校, 鹿児島青年 |
| --- | --- |

鹿児島県

師範学校, 鹿児島水産専門学校を統合し
鹿児島大学を設置

◇鹿屋体育大学
〒891-2393 鹿児島県鹿屋市白水町1
TEL 0994-46-4111
昭和56年10月1日　鹿屋体育大学を設置

◇志學館大学
［学校法人 志學館学園］
〒899-5194 鹿児島県霧島市隼人町内1904-1
TEL 0995-43-1111
昭和52年4月1日　鹿児島女子大学が開学
平成11年4月1日　志學館大学と改称

◇第一工業大学
［学校法人 都築教育学園］
〒899-4395 鹿児島県霧島市国分中央1-10-2
TEL 0995-45-0640
昭和30年　南日本飛行学校を開学
昭和43年　九州学院大学を設置
昭和60年　第一工業大学と改称

## 【短大】

◇鹿児島県立短期大学
〒890-0005 鹿児島県鹿児島市下伊敷1丁目52-1
TEL 099-220-1111
昭和25年　鹿児島県立大学短期大学部が開学
昭和33年　鹿児島県立短期大学と改称

◇鹿児島国際大学短期大学部
［学校法人 津曲学園］
〒891-0191 鹿児島県鹿児島市下福元町8850
TEL 099-261-3211
昭和42年　鹿児島短期大学を設立
平成13年4月　鹿児島国際大学短期大学部と改称

◇鹿児島純心女子短期大学
［学校法人 鹿児島純心女子学園］
〒890-8525 鹿児島県鹿児島市唐湊4-22-1
TEL 099-253-2677
昭和35年4月　鹿児島純心女子短期大学を開学

◇鹿児島女子短期大学
［学校法人 志學館学園］
〒890-8565 鹿児島県鹿児島市紫原1-59-1
TEL 099-254-9191
昭和40年4月1日　鹿児島女子短期大学が開学

◇第一幼児教育短期大学
［学校法人 都築教育学園］
〒899-4332 鹿児島県霧島市国分中央1-12-42
TEL 0995-45-0640
昭和41年　九州工業短期大学を開学
昭和42年　九州短期大学と改称
昭和44年　九州学院大学短期大学部と改称
昭和51年　霧島女子短期大学と改称
昭和60年　第一幼児教育短期大学と改称

## 【高専】

◇鹿児島工業高等専門学校
〒899-5193 鹿児島県霧島市隼人町真孝1460-1
TEL 0995-42-9000

昭和38年4月1日　鹿児島工業高等専門学校を設置

## 【高校】

◇鹿児島県立奄美高等学校
〒894-0016 鹿児島県奄美市名瀬古田町1-1
TEL 0997-52-6121
〈大島女子高等学校〉
大正6年6月2日　名瀬村立名瀬実科高等女学校が開校
昭和5年4月1日　鹿児島県奄美高等女学校と改称
昭和6年4月1日　鹿児島県立奄美高等女学校と改称
昭和24年4月18日　大島高等学校第二部と改称
昭和26年8月31日　大島女子高等学校と改称
〈名瀬市立名瀬高等学校〉
昭和26年6月21日　名瀬市立名瀬高等学校が開校
〈統合〉
昭和29年4月1日　大島女子高等学校, 名瀬市立名瀬高等学校, 大島農業高等学校の3校を統合し
鹿児島県立大島実業高等学校が発足
昭和45年4月1日　鹿児島県立奄美高等学校と改称

◇鹿児島県立有明高等学校
〒899-7301 鹿児島県曽於郡大崎町菱田1441
TEL 0968-63-0545
昭和38年4月1日　鹿児島県大崎高等学校, 鹿児島県立有明高等学校を統合し
鹿児島県立有明高等学校と改称

◇池田高等学校
［学校法人 池田学園］
〒890-0033 鹿児島県鹿児島市西別府町1680
TEL 099-282-7888
平成3年4月1日　池田高等学校が開校

◇鹿児島県立伊佐農林高等学校
〒895-2506 鹿児島県大口市原田574
TEL 09952-2-1445
大正3年　鹿児島県伊佐農林学校を設立許可
昭和24年　鹿児島県伊佐農林高等学校と改称
昭和31年　鹿児島県立伊佐農林高等学校と改称

◇鹿児島県立伊集院高等学校
〒899-2504 鹿児島県日置市伊集院町郡1984
TEL 0992-73-2195
大正13年　鹿児島県立伊集院中学校を創設
昭和23年　鹿児島県立伊集院高等学校と改称

◇鹿児島県立出水工業高等学校
〒899-0214 鹿児島県出水市五万石町10057
TEL 0996-62-0010
昭和4年6月1日　鹿児島県出水実業学校を設置
昭和22年4月1日　鹿児島県立出水実業学校と改称
昭和23年4月1日　鹿児島県立出水高等学校第一部と改称
昭和24年4月1日　鹿児島県立出水実業高等学校と改称
昭和38年4月1日　鹿児島県立出水工業高等学校と改称

◇鹿児島県立出水高等学校
〒899-0213 鹿児島県出水市西出水町1700

TEL 0996-62-0281
〈鹿児島県立出水中学校〉
　大正9年4月1日　　鹿児島県立出水中学校が開校
〈鹿児島県立出水高等女学校〉
　大正11年4月10日　郡立出水高等女学校が開校
　大正12年4月1日　　鹿児島県立出水高等女学校と改称
〈統合〉
　昭和23年4月　　　鹿児島県立出水中学校，鹿児島県
　　　　　　　　　　立出水高等女学校を統合し
　　　　　　　　　　鹿児島県出水高等学校が開校
　昭和24年　　　　　鹿児島県立出水高等学校と改称

◇出水市立**出水商業高等学校**
　〒899-0131 鹿児島県出水市明神町200
　TEL 0996-67-1069
　昭和23年　　　　　鹿児島県米ノ津町立米ノ津高等専
　　　　　　　　　　修学院が開校
　昭和29年　　　　　出水市立出水商業高等学校と改称

◇**出水中央高等学校**
　［学校法人 出水学園］
　〒899-0213 鹿児島県出水市西出水町448
　TEL 0996-62-0500
　昭和25年　　　　　出水簿記洋裁学校を設立
　昭和42年　　　　　出水学園高等学校と改称
　昭和60年4月　　　出水中央高等学校と改称

◇鹿児島県立**市来農芸高等学校**
　〒899-2101 鹿児島県いちき串木野市湊町160
　TEL 099-636-2341
　昭和9年　　　　　鹿児島県立市来農芸学校として創
　　　　　　　　　　立
　昭和25年　　　　　鹿児島県市来農芸高等学校と改称
　昭和31年　　　　　鹿児島県立市来農芸高等学校と改
　　　　　　　　　　称

◇鹿児島県立**指宿高等学校**
　〒891-0402 鹿児島県指宿市十町236
　TEL 0993-22-3535
　大正11年　　　　　鹿児島県立指宿中学校を創立
　昭和23年　　　　　鹿児島県立指宿高等学校と改称

◇指宿市立**指宿商業高等学校**
　〒891-0315 鹿児島県指宿市岩本2748
　TEL 0993-25-2204
　昭和23年　　　　　指宿市立指宿商業高等学校を創立

◇鹿児島県立**入来商業高等学校**
　〒895-1401 鹿児島県薩摩川内市入来町副田5961
　TEL 0996-44-2005
　昭和23年4月19日　入来町立入来高等学校が開校
　昭和26年4月　　　鹿児島県立入来高等学校と改称
　昭和40年4月　　　鹿児島県立入来商業高等学校と改
　　　　　　　　　　称

◇鹿児島県立**岩川高等学校**
　〒899-8102 鹿児島県曽於市大隅町岩川69
　TEL 0994-82-0615
　昭和16年3月　　　岩川町立鹿児島県岩川工業高等学
　　　　　　　　　　校を認可
　昭和19年4月　　　鹿児島県立岩川工業学校と改称
　昭和23年4月　　　鹿児島県立岩川高等学校と改称

◇鹿児島県立**頴娃高等学校**
　〒891-0702 鹿児島県揖宿郡頴娃町牧之内2000
　TEL 0993-36-1141

　昭和6年5月5日　　鹿児島県頴娃村立高等公民学校を
　　　　　　　　　　創立
　昭和10年4月1日　　鹿児島県頴娃村立頴娃青年学校と
　　　　　　　　　　改称
　昭和19年4月1日　　鹿児島県立頴娃工業学校と改称
　昭和31年10月1日　鹿児島県立頴娃高等学校と改称

◇鹿児島県立**大口高等学校**
　〒895-2511 鹿児島県大口市里2670
　TEL 09952-2-1441
　大正11年　　　　　大口中学校が開校
　昭和23年　　　　　大口中学校，大口高等学校が統合
　　　　　　　　　　され
　　　　　　　　　　鹿児島県立大口高等学校を設立

◇**大口明光学園高等学校**
　［学校法人 大口明光学園］
　〒895-2511 鹿児島県大口市里1830
　TEL 0995-22-0609
　昭和36年　　　　　大口明光学園高等学校を設立

◇鹿児島県立**大島北高等学校**
　〒894-0512 鹿児島県奄美市笠利町中金久356
　TEL 0997-63-0005
　昭和24年　　　　　笠利村立実業高等学校を設立
　昭和27年　　　　　琉球政府立大島実業高等学校笠利
　　　　　　　　　　分校と改称
　昭和44年　　　　　鹿児島県立大島北高等学校と改称

◇鹿児島県立**大島工業高等学校**
　〒894-0108 鹿児島県奄美市名瀬浦上1393
　TEL 0997-52-4301
　昭和34年4月1日　　鹿児島県立大島実業高等学校工業
　　　　　　　　　　部を創設
　昭和43年4月1日　　鹿児島県立大島工業高等学校を新
　　　　　　　　　　設

◇鹿児島県立**大島高等学校**
　〒894-0011 鹿児島県奄美市名瀬安勝町7-1
　TEL 0997-52-4451
〈鹿児島県立大島農学校〉
　明治34年4月　　　鹿児島県立大島農学校が開校
〈鹿児島県立大島中学校〉
　大正5年4月　　　鹿児島県立大島中学校が開校
〈統合〉
　昭和24年4月　　　鹿児島県立大島農学校，鹿児島県
　　　　　　　　　　立大島中学校を統合し
　　　　　　　　　　大島高等学校が発足
　昭和28年12月　　　鹿児島県大島高等学校と改称
　昭和31年4月　　　鹿児島県立大島高等学校と改称

◇鹿児島県立**沖永良部高等学校**
　〒891-9201 鹿児島県大島郡知名町余多241
　TEL 0997-93-2014
　昭和24年　　　　　組合立沖永良部学校を創立
　昭和28年　　　　　鹿児島県立沖永良部高等学校と改
　　　　　　　　　　称

◇鹿児島県立**開陽高等学校**
　〒891-0198 鹿児島県鹿児島市上福元町5296-1
　TEL 099-263-3733
　平成12年4月　　　鹿児島県立開陽高等学校が開校

◇鹿児島県立**鶴翔高等学校**
　〒899-1611 鹿児島県阿久根市赤瀬川1800
　TEL 0996-72-7310

鹿児島県

| 平成17年4月1日 | 鹿児島県立阿久根高等学校, 鹿児島県立阿久根農業高等学校, 鹿児島県立長島高等学校を統合し鹿児島県立鶴翔高等学校が開校 |

◇鹿児島育英館高等学校
　［学校法人 日章学園］
　〒899-2505 鹿児島県日置市伊集院町猪鹿倉550
　TEL 099-273-1407

| 平成4年 | 鹿児島育英館高等学校を設置 |

◇鹿児島学芸高等学校
　［学校法人 志學館学園］
　〒890-0051 鹿児島県鹿児島市高麗町6-9
　TEL 099-254-4141

| 明治40年8月3日 | 鹿児島女子手藝伝習所を開設 |
| 明治41年2月22日 | 鹿児島女子技藝學校を設置 |
| 大正15年6月15日 | 鹿児島高等實踐女學校と改称 |
| 昭和5年4月1日 | 鹿児島女子實踐商業學校（のち廃止）を開設 |
| 昭和23年4月1日 | 鹿児島実践女子高等学校と改称 |
| 昭和57年12月3日 | 鹿児島女子大学附属高等学校と改称 |
| 平成11年4月1日 | 鹿児島学芸高等学校と改称 |

◇鹿児島市立鹿児島玉龍高等学校
　〒892-0806 鹿児島県鹿児島市池之上町20-57
　TEL 099-247-7161

| 昭和15年 | 鹿児島市立鹿児島中学校, 鹿児島市立鹿児島高等女学校を開校 |
| 昭和23年 | 鹿児島市立鹿児島中学校, 鹿児島市立鹿児島高等女学校, 鹿児島商業高等学校を統合し鹿児島市高等学校と改称 |
| 昭和25年 | 鹿児島県玉龍高等学校と改称 |
| 昭和32年 | 鹿児島市立鹿児島玉龍高等学校と改称 |

◇鹿児島県立鹿児島工業高等学校
　〒890-0014 鹿児島県鹿児島市草牟田2丁目57-1
　TEL 099-222-9205

| 明治41年 | 鹿児島郡立工業徒弟学校を設立 |
| 大正8年 | 鹿児島県立工業学校と改称 |
| 昭和2年 | 鹿児島県立鹿児島工業学校と改称 |
| 昭和23年 | 鹿児島県鹿児島高等学校第一部と改称 |
| 昭和24年 | 鹿児島県鹿児島高等学校から独立し鹿児島県鹿児島工業高等学校と改称 |
| 昭和31年 | 鹿児島県立鹿児島工業高等学校と改称 |

◇鹿児島高等学校
　［学校法人 津曲学園］
　〒890-0042 鹿児島県鹿児島市薬師1-21-9
　TEL 099-255-3211

| 大正12年4月 | 鹿児島高等女学校が開校（創立者：津曲貞助） |
| 昭和3年11月6日 | 鹿児島中学校を設立 |
| 昭和4年2月5日 | 鹿児島高等家政女学校を設立 |
| 昭和23年4月1日 | 鹿児島中学校, 鹿児島高等女学校が合併し津曲学園高等学校と改称 |
| 昭和25年4月1日 | 鹿児島高等学校と改称 |

◇鹿児島実業高等学校
　［学校法人 川島学園］
　〒891-0180 鹿児島県鹿児島市五ケ別府町3591-3
　TEL 099-286-1313

| 大正5年10月19日 | 私立鹿児島実業中学館を川島隼彦が創立 |
| 大正6年2月24日 | 私立鹿児島実業学校を設立 |
| 昭和6年4月 | 鹿児島高等学校実業学校を設立 |
| 昭和23年4月1日 | 鹿児島実業高等学校と改称 |

◇鹿児島修学館高等学校
　［学校法人 津曲学園］
　〒890-0023 鹿児島県鹿児島市永吉2-9-1
　TEL 099-258-2211

| 平成2年 | 鹿児島高等学校修学館を設置 |
| 平成14年2月 | 鹿児島修学館高等学校を発足 |

◇鹿児島純心女子高等学校
　［学校法人 鹿児島純心女子学園］
　〒890-8522 鹿児島県鹿児島市唐湊4-22-2
　TEL 099-254-4121

| 昭和8年12月 | 聖名高等女学校をカナダのホーリーネームズ修道会が創立 |
| 昭和15年10月 | 鹿児島純心高等女学校を設立 |
| 昭和23年4月 | 鹿児島純心女子高等学校と改称 |

◇鹿児島城西高等学校
　［学校法人 日章学園］
　〒899-2593 鹿児島県日置市伊集院町清藤1938
　TEL 099-273-1234

| 昭和2年3月 | 鹿児島和洋裁縫女学校（のち：鹿児島和洋裁縫専門学校）を吉永市之助、ヤスが設立 |
| 昭和5年4月 | 鹿児島女子商業学校（のち：鹿児島高等商業学校）が開校 |
| 昭和28年4月 | 鹿児島和洋裁縫専門学校, 鹿児島高等商業学校を照国商業高等学校と改称 |
| 昭和35年4月 | 鹿児島照国高等学校と改称 |
| 昭和54年4月 | 鹿児島城西高等学校と改称 |

◇鹿児島情報高等学校
　［学校法人 原田学園］
　〒891-0141 鹿児島県鹿児島市谷山中央2-4118
　TEL 099-268-3101

| 平成5年 | 鹿児島電子工業高等学校を鹿児島情報高等学校と改称 |

◇鹿児島市立鹿児島商業高等学校
　〒892-0863 鹿児島県鹿児島市西坂元町58-1
　TEL 099-247-7171

| 明治27年10月 | 鹿児島簡易商業学校を創立 |
| 明治37年4月 | 鹿児島県立商業高等学校と改称 |
| 大正9年5月 | 鹿児島商業高等学校と改称 |
| 昭和19年4月 | 鹿児島市立工業高等学校と改称 |
| 昭和21年4月 | 鹿児島商業高等学校と改称 |
| 昭和23年4月 | 鹿児島市高等学校第三部と改称 |
| 昭和25年4月 | 鹿児島県鹿児島商業高等学校と改称 |
| 昭和32年4月 | 鹿児島市立鹿児島商業高等学校と改称 |

◇鹿児島市立**鹿児島女子高等学校**
　〒890-0012 鹿児島県鹿児島市玉里町27-1
　TEL 099-223-8341
　明治27年10月　　　鹿児島女子実業補習学校を創設
　明治29年4月　　　鹿児島女子徒弟興業学校と改称
　明治36年5月　　　鹿児島市立女子興業学校と改称
　昭和23年4月　　　鹿児島市高等学校第二部と改称
　昭和25年4月　　　鹿児島県鹿児島商業高等学校と改称
　昭和31年4月　　　鹿児島県鹿児島女子高等学校と改称
　昭和32年4月　　　鹿児島市立鹿児島女子高等学校と改称

◇鹿児島県立**鹿児島水産高等学校**
　〒898-0032 鹿児島県枕崎市別府3500
　TEL 0993-76-2111
　明治43年4月　　　鹿児島県立商船学校に水産科を設置
　明治44年2月25日　鹿児島県立商船水産学校と改称
　昭和4年4月1日　　鹿児島県立商船水産学校水産科，鹿児島県立薩摩工業学校枕崎分校造船科と統合し鹿児島県立枕崎造船水産学校が発足
　昭和6年4月1日　　鹿児島県立枕崎水産学校と改称
　昭和23年4月1日　 鹿児島県枕崎高等学校と改称
　昭和24年4月1日　 鹿児島県枕崎水産高等学校と改称
　昭和36年4月1日　 鹿児島県立鹿児島水産高等学校と改称

◇**鹿児島第一高等学校**
　［学校法人　都築教育学園］
　〒899-4345 鹿児島県霧島市府中字平田214-1
　TEL 0995-45-0640
　昭和61年　　　　　鹿児島第一高等学校が開校

◇鹿児島県立**鹿児島中央高等学校**
　〒892-0846 鹿児島県鹿児島市加治屋町10-1
　TEL 099-226-1574
　昭和38年4月　　　鹿児島県立鹿児島中央高等学校が開校

◇鹿児島県立**鹿児島西高等学校**
　〒890-0004 鹿児島県鹿児島市下伊敷1-10-3
　TEL 099-229-3744
　昭和18年4月　　　鹿児島県立履正中学校が開校
　昭和39年4月　　　鹿児島県立日新高等学校が開校
　昭和43年4月　　　鹿児島県立鹿児島西高等学校と改称

◇鹿児島県立**鹿児島東高等学校**
　〒892-0861 鹿児島県鹿児島市東坂元3丁目28-1
　TEL 099-247-2000
　昭和23年　　　　　鹿児島市立高等学校第一部吉野教場，鹿児島市立高等学校第三部柴原教場，鹿児島青年師範学校付属高等学校を設立
　昭和40年　　　　　鹿児島市立鹿児島園芸高等学校と改称
　昭和40年　　　　　鹿児島県立鹿児島農業高等学校と改称
　昭和44年　　　　　鹿児島県立鹿児島東高等学校と改称

◇鹿児島県立**鹿児島南高等学校**
　〒891-0116 鹿児島県鹿児島市上福元町5255
　TEL 099-268-2255
　昭和23年3月31日　谷山町立谷山高等学校を設立
　昭和31年4月1日　 鹿児島県谷山高等学校と改称
　昭和43年4月1日　 鹿児島県立鹿児島南高等学校と改称

◇鹿児島県立**加治木工業高等学校**
　〒899-5211 鹿児島県姶良郡加治木町新富町131
　TEL 0995-62-3166
　明治43年5月10日　姶良郡立工業徒弟学校が開校
　大正9年　　　　　姶良郡立工業学校と改称
　大正12年3月31日　鹿児島県加治木工業学校と改称
　昭和2年4月1日　　鹿児島県立加治木工業学校と改称
　昭和23年4月1日　 加治木工業学校，加治木中学校，加治木高等女学校を統合し鹿児島県加治木高等学校となる
　昭和24年　　　　　鹿児島県加治木高等学校から分離独立し鹿児島県加治木工業高等学校と改称
　昭和31年　　　　　鹿児島県立加治木工業高等学校と改称

◇鹿児島県立**加治木高等学校**
　〒899-5214 鹿児島県姶良郡加治木町仮屋町211
　TEL 0995-63-2052
　昭和23年　　　　　加治木中学校，加治木高等女学校が統合し鹿児島県加治木高等学校が開校
　昭和24年　　　　　鹿児島県立加治木高等学校と改称

◇**加治木女子高等学校**
　［学校法人　鹿児島学園］
　〒899-5241 鹿児島県姶良郡加治木町木田5348
　TEL 0995-63-3001
　昭和42年　　　　　正心女子短期大学付属高等学校が開校
　昭和51年　　　　　加治木女子高等学校と改称

◇鹿児島県立**加世田高等学校**
　〒897-0003 鹿児島県南さつま市加世田川畑3200
　TEL 0993-53-2049
　明治45年6月　　　加世田村立女子技芸学校として創立
　大正3年4月　　　村立実科高等女学校と改称
　大正7年4月　　　川辺郡立実科高等女学校と改称
　大正9年3月　　　鹿児島県成淑高等女学校と改称
　大正12年3月　　　鹿児島県立加世田高等女学校と改称
　昭和23年　　　　　鹿児島県加世田高等学校が発足し鹿児島県加世田高等学校第二部と改称
　昭和24年3月　　　鹿児島県加世田高等学校と改称
　昭和31年　　　　　鹿児島県立加世田高等学校と改称

◇鹿児島県立**加世田常潤高等学校**
　〒897-0002 鹿児島県南さつま市加世田武田14863
　TEL 0993-53-3600
　大正15年　　　　　鹿児島県加田農業学校を設立
　昭和31年　　　　　鹿児島県立加世田農業高等学校と改称

鹿児島県

| 平成6年 | 鹿児島県立加世田常潤高等学校と改称 |

### ◇鹿児島県立鹿屋工業高等学校
〒893-0032 鹿児島県鹿屋市川西町4490
TEL 0994-42-2165

| 昭和19年4月 | 鹿児島県立鹿屋工業学校を設置 |
| 昭和25年4月 | 鹿児島県立鹿屋工業高等学校と改称 |

### ◇鹿児島県立鹿屋高等学校
〒893-0016 鹿児島県鹿屋市白崎町13-1
TEL 0994-42-4145
〈鹿児島県立鹿屋中学校〉

| 大正12年4月 | 鹿児島県立鹿屋中学校が開校 |

〈鹿児島県立鹿屋高等女学校〉

| 大正14年2月 | 鹿児島県鹿屋実科高等女学校を設立 |
| 昭和5年4月1日 | 鹿児島県鹿屋高等女学校と改称 |
| 昭和18年4月 | 鹿児島県立鹿屋高等女学校と改称 |

〈統合〉

| 昭和23年4月 | 鹿児島県立鹿屋農学校, 鹿児島県立鹿屋中学校, 鹿児島県立高等女学校をそれぞれ第一部・第二部・第三部として統合し鹿児島県鹿屋高等学校となる |
| 昭和26年 | 鹿児島県立鹿屋高等学校と改称 |

### ◇鹿屋市立鹿屋女子高等学校
〒893-0064 鹿児島県鹿屋市西原1-24-35
TEL 0994-43-2584

| 昭和33年4月 | 鹿屋市立鹿屋女子高等学校を創立 |

### ◇鹿屋中央高等学校
[学校法人 前田学園]
〒893-0014 鹿児島県鹿屋市寿8-12-26
TEL 0994-43-3310

| 昭和43年 | 鹿屋商業高等学校を設立 |
| 昭和58年 | 鹿屋中央高等学校と改称 |

### ◇鹿児島県立鹿屋農業高等学校
〒893-0014 鹿児島県鹿屋市寿2丁目17-5
TEL 0994-42-5191

| 明治28年 | 鹿児島県尋常師範学校付属専科農業講習所を創立 |
| 明治29年 | 鹿児島県簡易農学校と改称 |
| 明治31年 | 鹿児島県農学校と改称 |
| 昭和23年4月 | 鹿児島県立鹿屋農学校, 鹿児島県立鹿屋中学校, 鹿児島県立高等女学校をそれぞれ第一部・第二部・第三部として統合し鹿児島県鹿屋高等学校となる |
| 昭和24年 | 鹿児島県鹿屋高等学校の第一部が独立し鹿児島県鹿屋農業高等学校と改称 |
| 昭和31年 | 鹿児島県立鹿屋農業高等学校と改称 |

### ◇神村学園高等部
[学校法人 神村学園]
〒896-8686 鹿児島県いちき串木野市下名4460
TEL 0996-32-3232

| 昭和31年4月 | 串木野経理専門学校を神村勲が創設 |
| 昭和40年4月 | 串木野商業女子高等学校が開校 |
| 昭和42年4月 | 串木野女子高等学校と改称 |
| 平成2年4月 | 神村学園高等部と改称 |

### ◇鹿児島県立蒲生高等学校
〒899-5304 鹿児島県姶良郡蒲生町下久徳848
TEL 0995-52-1155

| 明治38年 | 村立蒲生女子実業補修学校を設立 |
| 大正5年 | 村立蒲生女子職業学校を設立 |
| 昭和7年 | 鹿児島県蒲生女子職業学校と改称 |
| 昭和12年 | 鹿児島県蒲生女子実業女学校と改称 |
| 昭和19年 | 鹿児島県蒲生農林学校と改称 |
| 昭和23年 | 鹿児島県蒲生高等学校と改称 |
| 昭和31年 | 鹿児島県立蒲生高等学校と改称 |

### ◇鹿児島県立川辺高等学校
〒897-0221 鹿児島県川辺郡川辺町田部田4150
TEL 0993-56-1151
〈鹿児島県立川辺中学校〉

| 明治33年4月26日 | 鹿児島県第四中学校が開校 |
| 明治34年9月2日 | 鹿児島県立川辺中学校と改称 |

〈鹿児島県立川辺高等女学校〉

| 大正4年 | 鹿児島県川辺村立実科高等女学校が開校 |
| 昭和5年9月19日 | 鹿児島県川辺実科高等女学校と改称 |
| 昭和18年3月31日 | 鹿児島県川辺町立川辺高等女学校と改称 |
| 昭和20年3月6日 | 鹿児島県立川辺高等女学校と改称 |

〈統合〉

| 昭和23年4月1日 | 鹿児島県立川辺中学校, 鹿児島県立川辺高等女学校をそれぞれ鹿児島県川辺高等学校第一部, 鹿児島県川辺高等学校第二部と改称 |
| 昭和24年4月1日 | 鹿児島県川辺高等学校第一部, 鹿児島県川辺高等学校第二部を統合し鹿児島県川辺高等学校と改称 |
| 昭和31年4月1日 | 鹿児島県立川辺高等学校と改称 |

### ◇鹿児島県立喜界高等学校
〒891-6201 鹿児島県大島郡喜界町赤連2536
TEL 0997-65-0024

| 昭和24年3月31日 | 組合立喜界高等学校として創設 |
| 昭和28年12月25日 | 鹿児島県立喜界高等学校と改称 |

### ◇鹿児島県立錦江湾高等学校
〒891-0133 鹿児島県鹿児島市平川町4047
TEL 099-261-2121

| 昭和46年4月 | 鹿児島県立錦江湾高等学校が開校 |

### ◇鹿児島県立串木野高等学校
〒896-0024 鹿児島県いちき串木野市美住町65
TEL 0996-32-2064

| 昭和3年4月1日 | 鹿児島県串木野公民学校を設立 |
| 昭和4年3月31日 | 鹿児島県串木野家政女学校と改称 |
| 昭和10年8月9日 | 鹿児島県公立青年学校日置郡串木野家政女学校と改称 |
| 昭和12年3月31日 | 鹿児島県串木野実科高等女学校を設立 |
| 昭和23年3月31日 | 鹿児島県串木野高等学校を設立 |
| 昭和23年4月20日 | 鹿児島県串木野高等学校が開校 |
| 昭和25年4月1日 | 鹿児島県立串木野高等学校と改称 |

◇鹿児島県立**串良商業高等学校**
　〒893-1603　鹿児島県鹿屋市串良町岡崎2496-1
　TEL 0994-63-2533
　明治36年4月10日　　西串良村立農業補習学校が開校
　大正12年7月18日　　串良実業女学校と改称
　昭和23年3月31日　　鹿児島県串良高等学校と改称
　昭和25年4月1日　　鹿児島県立串良商業高等学校と改称

◇鹿児島県立**栗野工業高等学校**
　〒899-6201　鹿児島県姶良郡湧水町木場3102
　TEL 0995-74-2021
　昭和23年　　　　　　鹿児島県立栗野高等学校を開校
　昭和37年　　　　　　鹿児島県立栗野工業高等学校と改称

◇鹿児島県立**甲南高等学校**
　〒890-0052　鹿児島県鹿児島市上之園町23-1
　TEL 099-254-0175
〈鹿児島県鹿児島高等学校第四部〉
　明治17年12月　　　　鹿児島県立中学造士館を設立
　明治21年4月　　　　鹿児島高等中学造士館と改称
　明治29年9月　　　　鹿児島県立尋常中学造士館と改称
　明治32年4月　　　　鹿児島県中学造士館と改称
　明治34年5月　　　　鹿児島県立第一中学校分校を設立
　明治34年9月　　　　鹿児島県立鹿児島中学校分校と改称
　明治39年4月1日　　鹿児島県立第二鹿児島中学校と改称
　昭和23年4月1日　　鹿児島県鹿児島高等学校第四部と改称
〈鹿児島県鹿児島高等学校第二部〉
　明治43年4月16日　　鹿児島県立第二高等女学校を設置
　昭和23年4月1日　　鹿児島県鹿児島高等学校第二部と改称
〈統合〉
　昭和24年4月20日　　鹿児島県鹿児島高等学校第二部，鹿児島県鹿児島高等学校第四部を統合し
　　　　　　　　　　　鹿児島県甲南高等学校が発足
　昭和31年4月1日　　鹿児島県立甲南高等学校と改称

◇鹿児島県立**高山高等学校**
　〒893-1206　鹿児島県肝属郡肝付町前田5025
　TEL 0994-65-2591
　明治28年10月15日　　高山村立女子実業補習学校を創立
　大正10年4月21日　　肝付郡立肝付高等女学校と改称
　大正12年4月1日　　鹿児島県立高山高等女学校と改称
　昭和23年4月1日　　鹿児島県高山高等学校と改称
　昭和31年4月1日　　鹿児島県立高山高等学校と改称

◇鹿児島県立**甲陵高等学校**
　〒891-1105　鹿児島県鹿児島市郡山町100
　TEL 099-298-2548
　昭和51年　　　　　　鹿児島県立甲陵高等学校が開校

◇鹿児島県立**国分高等学校**
　〒899-4332　鹿児島県霧島市国分中央2-8-1
　TEL 0995-46-0001
　大正2年3月14日　　姶良郡立国分実科高等女学校を設置
　大正9年9月4日　　姶良郡高等女学校と改称
　大正12年4月10日　　鹿児島県立国分高等女学校と改称
　昭和23年3月　　　　鹿児島県立国分高等学校を認可

◇霧島市立**国分中央高等学校**
　〒899-4332　鹿児島県霧島市国分中央1-10-1
　TEL 0995-46-1535
　明治39年2月　　　　私立精華学校を設立
　昭和19年　　　　　　精華商業学校，国分商業学校を経て
　　　　　　　　　　　国分農業学校と改称
　昭和23年　　　　　　国分実業高等学校と改称
　昭和30年　　　　　　国分市立国分実業高等学校と改称
　平成5年　　　　　　国分市立国分中央高等学校と改称
　平成17年　　　　　　霧島市立国分中央高等学校と改称

◇鹿児島県立**古仁屋高等学校**
　〒894-1508　鹿児島県大島郡瀬戸内町古仁屋399-1
　TEL 09977-2-0034
　昭和5年6月5日　　大島郡東方村立古仁屋家政女学院を設立許可
　昭和14年4月10日　　鹿児島県古仁屋実科高等女学校を設立許可
　昭和18年3月31日　　鹿児島県古仁屋高等女学校と改称
　昭和22年4月11日　　鹿児島県古仁屋高等女学校，古仁屋青年学校を統合し
　　　　　　　　　　　古仁屋町実業高等学校を設立
　昭和24年3月31日　　古仁屋実業高等学校を廃止し
　　　　　　　　　　　瀬戸内学校組合立古仁屋高等学校と改称
　昭和25年4月10日　　臨時北部南西諸島政庁立古仁屋高等学校と改称
　昭和28年12月25日　　鹿児島県立古仁屋高等学校と改称

◇鹿児島県立**薩南工業高等学校**
　〒897-0302　鹿児島県川辺郡知覧町郡5232
　TEL 0993-83-2214
　明治42年　　　　　　知覧村立工業徒弟学校が開校
　大正15年　　　　　　鹿児島県立薩南工業学校と改称
　昭和23年　　　　　　鹿児島県立知覧高等学校と改称
　昭和25年　　　　　　鹿児島県立薩南高等学校と改称
　昭和34年　　　　　　鹿児島県立薩南工業高等学校と改称

◇鹿児島県立**薩摩中央高等学校**
　〒895-1811　鹿児島県薩摩郡さつま町虎居1900
　TEL 0996-53-1207
　平成17年4月1日　　鹿児島県立薩摩中央高等学校が開校

◇**志學館高等部**
　［学校法人 志學館学園］
　〒890-0069　鹿児島県鹿児島市南郡元町32-1
　TEL 099-252-1038
　平成2年4月1日　　志學館高等部を開設

◇鹿児島県立**志布志高等学校**
　〒899-7104　鹿児島県志布志市志布志町安楽178
　TEL 0994-72-0200
〈鹿児島県立志布志中学校〉
　明治42年　　　　　　鹿児島県立志布志中学校が発足
〈鹿児島県立志布志高等女学校〉
　大正9年　　　　　　鹿児島県志布志実科高等女学校を創立
　昭和10年　　　　　　鹿児島県立志布志高等女学校と改称
〈統合〉

鹿児島県

| 昭和24年 | 鹿児島県立志布志中学校，鹿児島県立志布志高等女学校を統合し鹿児島県立志布志高等学校が発足 |

◇尚志館高等学校
　［学校法人 川島学園］
　〒899-7104 鹿児島県志布志市志布志町安楽6200-1
　TEL 0994-72-1318
| 昭和46年4月1日 | 志布志実業高等学校を設立 |
| 平成9年4月1日 | 尚志館高等学校と改称 |

◇樟南高等学校
　［学校法人 時任学園］
　〒890-0044 鹿児島県鹿児島市常盤町440-6
　TEL 099-281-2900
| 明治16年 | 博約義塾を安藤令三郎が創立 |
| 大正5年4月 | 博約鉄道学校と改称 |
| 大正14年3月 | 鹿児島鉄道学校と改称 |
| 昭和25年4月 | 鹿児島鉄道高等学校と改称 |
| 昭和35年4月 | 鹿児島商工高等学校と改称 |
| 平成6年4月 | 樟南高等学校と改称 |

◇樟南第二高等学校
　［学校法人 時任学園］
　〒891-7611 鹿児島県大島郡天城町天城297
　TEL 0997-85-2511
| 昭和41年 | 第二鹿児島商工が開校 |
| 昭和53年 | 徳之島商工高等学校と改称 |
| 平成13年 | 樟南第二高等学校と改称 |

◇鹿児島県立松陽高等学校
　〒899-2702 鹿児島県鹿児島市福山町573
　TEL 099-278-3986
| 昭和58年4月 | 鹿児島県立松陽高等学校が開校 |

◇鹿児島県立末吉高等学校
　〒899-8605 鹿児島県曽於市末吉町二之方6080
　TEL 0986-76-1130
| 大正13年 | 末吉高等女学校が開校 |
| 昭和23年 | 鹿児島県立末吉高等学校と改称 |

◇鹿児島県立川内高等学校
　〒895-0061 鹿児島県薩摩川内市御陵下町6-3
　TEL 0996-23-7274
〈鹿児島県川内高等学校第一部〉
| 明治30年 | 鹿児島県尋常中学校第一分校が開校 |
| 明治32年 | 鹿児島県第二中学校と改称 |
| 明治34年 | 鹿児島県立川内中学校と改称 |
| 昭和23年 | 鹿児島県川内高等学校第一部と改称 |
〈鹿児島県川内高等学校第二部〉
| 大正2年 | 薩摩郡立実科高等女学校が開校 |
| 大正7年 | 薩摩郡立高等女学校と改称 |
| 大正8年 | 鹿児島県川内高等女学校と改称 |
| 大正12年 | 鹿児島県立川内高等女学校と改称 |
| 昭和23年 | 鹿児島県川内高等学校第二部と改称 |
〈統合〉
| 昭和23年 | 鹿児島県川内高等学校第一部，鹿児島県川内高等学校第二部を統合し鹿児島県川内高等学校が発足 |
| 昭和31年 | 鹿児島県立川内高等学校と改称 |

◇川内純心女子高等学校
　［学校法人 川内純心女子学園］
　〒895-8515 鹿児島県薩摩川内市隈之城町1001
　TEL 0996-23-6168
| 昭和35年 | 鹿児島純心女子高等学校川内分校を設立 |
| 昭和37年 | 川内純心女子高等学校として独立 |

◇鹿児島県立川内商工高等学校
　〒895-0012 鹿児島県薩摩川内市平佐町1835
　TEL 0996-25-2554
〈川内市立川内工業学校〉
| 昭和3年 | 私立川内商業学校を設立 |
| 昭和17年 | 私立川内工業学校と改称 |
| 昭和18年 | 川内市立川内工業学校と改称 |
〈川内市立川内商業学校〉
| 昭和3年 | 私立川内商業学校を設立 |
| 昭和18年 | 川内市立川内商業学校と改称 |
〈川内市立女子商業学校〉
| 昭和13年 | 私立薩摩商工学校を設立 |
| 昭和18年 | 川内市立薩摩商工学校と改称 |
| 昭和19年 | 川内市立女子商業学校と改称 |
〈統合〉
| 昭和23年 | 川内市立川内工業学校，川内市立川内商業学校，川内市立女子商業学校を統合し川内市立高等学校となる |
| 昭和25年 | 鹿児島県川内商工高等学校と改称 |
| 昭和31年 | 鹿児島県立川内商工高等学校と改称 |

◇鹿児島県立財部高等学校
　〒899-4101 鹿児島県曽於市財部町南俣1343
　TEL 0986-72-2525
| 昭和23年3月31日 | 鹿児島県立末吉高等学校財部分校を設置 |
| 昭和25年9月1日 | 鹿児島県立財部高等学校と改称 |

◇鹿児島県立武岡台高等学校
　〒891-1222 鹿児島県鹿児島市小野町3175
　TEL 099-281-5233
| 昭和62年4月 | 鹿児島県立武岡台高等学校が開校 |

◇鹿児島県立種子島高等学校
　〒891-3196 鹿児島県西之表市西之表9607-1
　TEL 0997-22-1270
| 平成18年4月 | 種子島高等学校，種子島実業高等学校の統合により鹿児島県立種子島高等学校が開校 |

◇鹿児島県立垂水高等学校
　〒891-2106 鹿児島県垂水市中央町14
　TEL 0994-32-0062
| 大正14年 | 実科高等女学校が開校 |
| 昭和31年4月 | 鹿児島県立垂水高等学校と改称 |

◇鹿児島県立鶴丸高等学校
　〒890-8502 鹿児島県鹿児島市薬師2-1-1
　TEL 099-251-7387
〈鹿児島県鹿児島高等学校第五部〉
| 明治27年4月19日 | 鹿児島県尋常中学校が開校 |
| 明治31年4月 | 鹿児島県第一尋常中学校と改称 |
| 明治32年2月 | 鹿児島県第一中学校と改称 |
| 明治34年9月 | 鹿児島県立鹿児島中学校と改称 |

| 明治39年4月 | 鹿児島県立第一鹿児島中学校と改称 |
| --- | --- |
| 昭和18年4月 | 鹿児島県立履正中学校を併設 |
| 昭和23年4月19日 | 鹿児島県鹿児島高等学校第五部と改称 |

〈鹿児島県鹿児島高等学校第三部〉
| 明治35年4月 | 鹿児島県立高等女学校が開校 |
| --- | --- |
| 明治43年3月 | 鹿児島県立第一高等女学校と改称 |
| 昭和22年3月 | 鹿児島県女子専門学校を設立 |
| 昭和23年 | 鹿児島県鹿児島高等学校第三部と改称 |

〈統合〉
| 昭和24年4月1日 | 鹿児島県鹿児島高等学校第三部，鹿児島県鹿児島高等学校第五部を統合して鹿児島県鶴丸高等学校が発足 |
| --- | --- |
| 昭和31年4月1日 | 鹿児島県立鶴丸高等学校と改称 |

◇鹿児島県立**徳之島高等学校**
〒891-7101 鹿児島県大島郡徳之島町亀津784
TEL 0997-82-1611
| 昭和10年8月31日 | 亀津町立青年学校を設立 |
| --- | --- |
| 昭和21年3月31日 | 亀津町立高等女学校を併設 |
| 昭和22年3月31日 | 亀津町立実業学校を設立 |
| 昭和24年4月10日 | 亀津町・東天城村・天城村組合立徳之島高等学校を創立 |
| 昭和28年12月25日 | 鹿児島県立徳之島高等学校と改称 |

◇鹿児島県立**徳之島農業高等学校**
〒891-8201 鹿児島県大島郡伊仙町伊仙2638
TEL 0997-86-3300
| 昭和21年 | 伊仙町立農芸学校を創設 |
| --- | --- |
| 昭和24年 | 伊仙町立農業高等学校と改称 |
| 昭和29年 | 鹿児島県徳之島高等学校と合併 |
| 昭和39年 | 鹿児島県立徳之島高等学校伊仙分校と改称 |
| 昭和42年 | 鹿児島県立徳之島高等学校から独立し鹿児島県立徳之島農業高等学校と改称 |

◇鹿児島県立**中種子高等学校**
〒891-3604 鹿児島県熊毛郡中種子町野間4277
TEL 09972-7-1271
| 昭和23年4月26日 | 鹿児島県中種子高等学校が開校 |
| --- | --- |
| 昭和31年4月1日 | 鹿児島県立中種子高等学校と改称 |

◇鹿児島県立**野田女子高等学校**
〒899-0502 鹿児島県出水市野田町下名5454
TEL 0996-84-2074
| 昭和23年 | 鹿児島県西長島高等学校分校が開校 |
| --- | --- |
| 昭和24年 | 鹿児島県野田高等学校と改称 |
| 昭和41年 | 鹿児島県立野田女子高等学校と改称 |

◇鹿児島県立**隼人工業高等学校**
〒899-5106 鹿児島県霧島市隼人町内山田町160
TEL 0995-42-0023
| 昭和23年3月31日 | 町立鹿児島県隼人高等学校が発足 |
| --- | --- |
| 昭和31年4月1日 | 鹿児島県立隼人高等学校と改称 |
| 昭和37年4月1日 | 鹿児島県立隼人工業高等学校と改称 |

◇鹿児島県立**樋脇高等学校**
〒895-1202 鹿児島県薩摩川内市樋脇町塔之原8658
TEL 0996-37-2014
| 昭和23年4月 | 東郷高等学校樋脇教場を設立 |
| --- | --- |
| 昭和25年4月 | 町立樋脇高等学校を創立 |
| 昭和26年4月 | 鹿児島県立樋脇高等学校と改称 |

◇鹿児島県立**吹上高等学校**
〒899-3305 鹿児島県日置市吹上町今田1003
TEL 099-296-2411
| 大正13年12月8日 | 鹿児島県立伊作高等女学校を設立 |
| --- | --- |
| 昭和23年4月1日 | 鹿児島県立伊作高等学校と改称 |
| 昭和31年9月1日 | 鹿児島県立吹上高等学校と改称 |

◇鹿児島県立**福山高等学校**
〒899-4501 鹿児島県霧島市福山町福山5399-1
TEL 0849-51-5978
| 昭和60年4月 | 鹿児島県立牧之原高等学校が開校 |
| --- | --- |
| 昭和62年4月1日 | 鹿児島県立福山高等学校と改称 |

◇**鳳凰高等学校**
[学校法人 希望が丘学園]
〒897-1121 鹿児島県南さつま市加世田唐仁原1202
TEL 0993-53-3633
| 昭和40年4月 | 加世田女子高等学校が開校 |
| --- | --- |
| 平成8年4月 | 鳳凰高等学校と改称 |

◇鹿児島県立**牧園高等学校**
〒899-6507 鹿児島県霧島市牧園町宿窪田330-5
TEL 0995-76-0023
| 昭和20年 | 加治木中学校，加治木高等女学校の分校として加治木中学校分校，加治木高等学校女学校分校を設置 |
| --- | --- |
| 昭和23年 | 鹿児島県立加治木高等学校牧園分校と改称 |
| 昭和24年 | 鹿児島県立牧園高等学校と改称 |

◇鹿児島県立**枕崎高等学校**
〒898-0052 鹿児島県枕崎市岩崎町3
TEL 0993-72-0217
| 大正14年3月31日 | 鹿児島県枕崎実科高等女学校を設置 |
| --- | --- |
| 昭和2年3月10日 | 鹿児島県枕崎高等女学校と改称 |
| 昭和18年4月1日 | 鹿児島県立枕崎高等女学校と改称 |
| 昭和23年4月1日 | 鹿児島県立枕崎高等学校を設置 |

◇鹿児島県立**南大隅高等学校**
〒893-2501 鹿児島県肝属郡南大隅町根占町川北413
TEL 0994-24-3155

〈鹿児島県根占高等学校〉
| 大正15年4月 | 鹿児島県小根占実科高等女学校を創立 |
| --- | --- |
| 昭和6年6月 | 鹿児島県小根占村立小根占実業学校を設立 |
| 昭和16年4月 | 鹿児島県根占実業学校と改称 |
| 昭和18年4月 | 鹿児島県根占実業学校と改称 |
| 昭和21年3月 | 鹿児島県立根占農林学校と改称 |
| 昭和23年4月 | 鹿児島県立根占高等学校と改称 |

〈大根占町立鹿児島県大根占高等学校〉
| 昭和23年4月 | 大根占町立鹿児島県大根占高等学校が開校 |
| --- | --- |

〈統合〉
| 昭和29年4月 | 鹿児島県根占高等学校，大根占町立鹿児島県大根占高等学校を統 |
| --- | --- |

## 沖縄県

### 鹿児島県
　　　　　　　　　　合し
　　　　　　　　　　鹿児島県南大隅高等学校と改称
　昭和31年4月　　　鹿児島県立南大隅高等学校と改称

◇鹿児島県立**南種子高等学校**
　〒891-3701 鹿児島県熊毛郡南種子町中之上2420
　TEL 0997-26-1255
　昭和23年　　　　　村立南種子高等学校を設立
　昭和26年　　　　　鹿児島県立南種子高等学校と改称

◇鹿児島県立**宮之城農業高等学校**
　〒895-1811 鹿児島県薩摩郡さつま町虎居1900
　TEL 0996-53-0020
　明治45年4月20日　薩摩郡蚕業学校が開校
　大正10年4月25日　薩摩郡宮之城蚕業学校と改称
　大正12年4月1日　鹿児島県立宮之城蚕業学校と改称
　大正14年4月1日　鹿児島県立宮之城農蚕業学校と改称
　昭和23年4月1日　鹿児島県宮之城高等学校と改称
　昭和38年4月1日　鹿児島県立宮之城農業高等学校と改称
　平成19年3月　　　鹿児島県立宮之城農業高等学校を閉校予定

◇**屋久島あおぞら高等学校**
　［学校法人 KTC学園］
　〒891-4406 鹿児島県熊毛郡屋久町平内34-2
　TEL 0120-43-8940
　平成17年4月　　　屋久島あおぞら高等学校が開校

◇鹿児島県立**屋久島高等学校**
　〒891-4205 鹿児島県熊毛郡上屋久町宮之浦2479-1
　TEL 09974-2-0013
　昭和23年　　　　　種子島高等学校分校を創立
　昭和26年　　　　　鹿児島県立屋久島高等学校と改称

◇鹿児島県立**山川高等学校**
　〒891-0516 鹿児島県指宿市山川成川3423
　TEL 0993-34-0141
　昭和23年4月20日　鹿児島県山川高等学校を設置
　昭和36年4月1日　鹿児島県立山川高等学校と改称

◇鹿児島県立**与論高等学校**
　〒891-9301 鹿児島県大島郡与論町茶花1234
　TEL 0997-97-2064
　昭和42年4月　　　鹿児島県立大島高等学校与論分校として設立
　昭和46年4月　　　鹿児島県立大島高等学校から独立し
　　　　　　　　　　鹿児島県立与論高等学校と改称

◇**ラ・サール高等学校**
　［学校法人 ラ・サール学園］
　〒891-0192 鹿児島県鹿児島市小松原2-10-1
　TEL 099-268-3121
　昭和25年　　　　　ラ・サール高等学校をカトリックの教育修道会ラ・サール会が設立

◇**れいめい高等学校**
　［学校法人 川島学園］
　〒895-0041 鹿児島県薩摩川内市隈之城町2205
　TEL 0996-23-3178
　昭和39年　　　　　鹿児島実業高等学校川内分校を設立
　昭和43年　　　　　川内実業高等学校と改称
　平成元年　　　　　れいめい高等学校と改称

## 沖縄県

### 【大学】

◇**沖縄キリスト教学院大学**
　［学校法人 沖縄キリスト教学院］
　〒903-0207 沖縄県中頭郡西原町字翁長777
　TEL 098-946-1231
　平成15年11月27日　沖縄キリスト教学院大学を設置

◇**沖縄県立看護大学**
　〒902-0076 沖縄県那覇市与儀1丁目24-1
　TEL 098-833-8800
　平成11年4月　　　沖縄県立看護大学が開学

◇**沖縄県立芸術大学**
　〒903-8602 沖縄県那覇市首里当蔵町1丁目4
　TEL 098-882-5000
　昭和61年4月1日　沖縄県立芸術大学が開学

◇**沖縄国際大学**
　［学校法人 沖縄国際大学］
　〒901-2701 沖縄県宜野湾市宜野湾2-6-1
　TEL 098-892-1111
　昭和47年4月1日　沖縄国際大学が開学

◇**沖縄大学**
　［学校法人 嘉数学園］
　〒902-8521 沖縄県那覇市字国場555
　TEL 098-832-7367
　昭和33年6月　　　沖縄短期大学（のち廃止）が開学
　昭和36年4月　　　沖縄大学が開学

◇**名桜大学**
　［学校法人 名護総合学園］
　〒905-8585 沖縄県名護市字為又1220-1
　TEL 0980-51-1100
　平成6年4月　　　名桜大学が開学

◇**琉球大学**
　〒903-0213 沖縄県中頭郡西原町字千原1
　TEL 098-895-8175
　昭和21年　　　　　沖縄文教学校が開学
　昭和25年5月22日　琉球大学が開学

### 【短大】

◇**沖縄キリスト教短期大学**
　［学校法人 沖縄キリスト教学院］
　〒903-0207 沖縄県中頭郡西原町字翁長777
　TEL 098-946-1231
　昭和32年4月9日　沖縄キリスト教学院を沖縄キリスト教団が創設
　昭和34年　　　　　沖縄キリスト教学院短期大学を設置
　昭和45年　　　　　沖縄キリスト教短期大学と改称

◇**沖縄女子短期大学**
　［学校法人 嘉数女子学園］
　〒902-0077 沖縄県那覇市長田2-2-21
　TEL 098-833-0716
　昭和41年　　　　　沖縄女子短期大学を設立

## 【高専】

◇**沖縄工業高等専門学校**
〒905-2192 沖縄県名護市辺野古905
TEL 0980-55-4003
平成14年　　　　　　沖縄工業高等専門学校を設置

## 【高校】

◇**沖縄県立石川高等学校**
〒904-1115 沖縄県うるま市石川伊波861
TEL 098-964-2006
昭和20年7月30日　　石川学園が開校
昭和23年4月1日　　　石川高等学校が発足
昭和35年4月1日　　　琉球政府立石川高等学校と改称
昭和47年5月15日　　沖縄県立石川高等学校と改称

◇**沖縄県立糸満高等学校**
〒901-0361 沖縄県糸満市字糸満1696-1
TEL 098-994-2012
昭和21年1月　　　　　沖縄県立糸満高等学校を設立

◇**沖縄県立伊良部高等学校**
〒906-0501 沖縄県宮古島市伊良部字前里添1079-1
TEL 09807-8-6118
昭和59年4月　　　　　沖縄県立宮古高等学校伊良部分校を設置
昭和61年4月　　　　　沖縄県立伊良部高等学校が開校

◇**沖縄県立浦添工業高等学校**
〒901-2111 沖縄県浦添市字経塚55
TEL 098-879-5992
昭和58年4月　　　　　沖縄県立浦添工業高等学校が開校

◇**沖縄県立浦添高等学校**
〒901-2121 沖縄県浦添市内間3-26-1
TEL 098-877-4970
昭和39年　　　　　　　沖縄県立浦添高等学校が開校

◇**沖縄県立浦添商業高等学校**
〒901-1232 沖縄県浦添市伊祖3-11-1
TEL 098-877-5844
昭和46年　　　　　　　琉球政府立浦添商業高等学校が開校
昭和47年　　　　　　　沖縄県立浦添商業高等学校と改称

◇**沖縄カトリック高等学校**
［学校法人 カトリック沖縄学園］
〒901-2215 沖縄県宜野湾市真栄原3-16-1
TEL 098-897-3300
平成16年4月　　　　　沖縄カトリック高等学校が開校

◇**沖縄県立沖縄工業高等学校**
〒902-0062 沖縄県那覇市松川3-20-1
TEL 098-832-3831
明治35年6月15日　　首里区立工業徒弟学校を設立
大正3年4月1日　　　沖縄県立工業徒弟学校と改称
大正10年6月13日　　沖縄県立工業学校と改称
昭和23年4月1日　　　沖縄民政府立工業高等学校が開校
昭和27年4月1日　　　琉球政府立工業高等学校と改称
昭和39年4月1日　　　琉球政府立沖縄工業高等学校と改称
昭和47年5月15日　　沖縄県立沖縄工業高等学校と改称

◇**沖縄尚学高等学校**
［学校法人 尚学学園］
〒902-0075 沖縄県那覇市字国場747
TEL 098-832-1767
昭和32年4月　　　　　沖縄高等学校が開校
昭和58年3月30日　　沖縄尚学高等学校と改称

◇**沖縄女子短期大学附属高等学校**
［学校法人 嘉数女子学園］
〒902-0075 沖縄県那覇市国場393
TEL 098-833-0715
昭和41年　　　　　　　沖縄女子短期大学附属高等学校を設立

◇**沖縄県立沖縄水産高等学校**
〒901-0305 沖縄県糸満市西崎町1-1-1
TEL 098-994-3483
明治37年6月　　　　　村立水産補修学校を設立
明治43年4月　　　　　沖縄県立水産学校と改称
昭和21年5月　　　　　沖縄開洋高等学校を設立
昭和30年3月　　　　　琉球政府立沖縄水産高等学校と改称
昭和47年2月　　　　　沖縄県立沖縄水産高等学校と改称

◇**沖縄県立小禄高等学校**
〒901-0151 沖縄県那覇市鏡原町22-1
TEL 098-857-0481
昭和38年4月6日　　　沖縄県立小禄高等学校が開校

◇**沖縄県立開邦高等学校**
〒901-1105 沖縄県島尻郡南風原町字新川646
TEL 098-889-1715
昭和61年4月　　　　　沖縄県立開邦高等学校が開校

◇**沖縄県立嘉手納高等学校**
〒904-0202 沖縄県中頭郡嘉手納町字屋良806
TEL 098-956-3336
昭和59年4月1日　　　沖縄県立嘉手納高等学校が開校

◇**沖縄県立北中城高等学校**
〒901-2302 沖縄県中頭郡北中城村字渡口1997-13
TEL 098-935-3377
昭和58年4月　　　　　沖縄県立北中城高等学校が開校

◇**沖縄県立宜野座高等学校**
〒904-1302 沖縄県国頭郡宜野座村字宜野座1
TEL 098-968-8311
昭和21年　　　　　　　沖縄県立宜野座高等学校を創設

◇**沖縄県立宜野湾高等学校**
〒901-2224 沖縄県宜野湾市真志喜2-25-1
TEL 098-897-1020
昭和56年　　　　　　　沖縄県立宜野湾高等学校が開校

◇**沖縄県立球陽高等学校**
〒904-0035 沖縄県沖縄市南桃原1-10-1
TEL 098-933-9301
平成元年4月　　　　　沖縄県立球陽高等学校が開校

◇**沖縄県立具志川高等学校**
〒904-2225 沖縄県うるま市喜仲3-28-1
TEL 098-973-1213
昭和58年　　　　　　　沖縄県立具志川高等学校が開校

◇**沖縄県立具志川商業高等学校**
〒904-2215 沖縄県うるま市みどり町6-10-1
TEL 098-972-3287
昭和51年　　　　　　　沖縄県立具志川商業高等学校が開校

沖縄県

◇沖縄県立久米島高等学校
　〒901-3121 沖縄県島尻郡久米島町字嘉手苅727
　TEL 098-985-2233
　昭和21年4月1日　　糸満高等学校久米島分校を設立
　昭和23年4月1日　　久米島高等学校として独立
　昭和35年4月26日　　琉球政府立久米島高等学校と改称
　昭和47年5月15日　　沖縄県立久米島高等学校と改称

◇興南高等学校
　［学校法人 興南学園］
　〒902-0061 沖縄県那覇市古島1-7-1
　TEL 098-884-3293
　昭和37年4月23日　　興南高等学校が開校

◇沖縄県立向陽高等学校
　〒901-0511 沖縄県島尻郡八重瀬町字港川150
　TEL 098-998-9324
　平成6年4月　　　　沖縄県立向陽高等学校が開校

◇沖縄県立コザ高等学校
　〒904-0011 沖縄県沖縄市照屋5-5-1
　TEL 098-937-3563
　昭和20年10月7日　　コザ地区中等学院を創立
　昭和20年10月18日　　コザ高等学校と改称
　昭和35年4月22日　　琉球政府立コザ高等学校と改称
　昭和47年5月15日　　沖縄県立コザ高等学校と改称

◇沖縄県立首里高等学校
　〒903-0816 沖縄県那覇市首里真和志町2-43
　TEL 098-885-0028
　寛政10年　　　　　　国学を尚温王が公学所を創立
　明治13年12月9日　　首里中学校と改称
　明治19年12月　　　　沖縄尋常中学校と改称
　明治20年3月　　　　沖縄県尋常中学校と改称
　明治32年4月　　　　沖縄県中学校と改称
　明治44年4月　　　　沖縄県立第一中学校と改称
　昭和21年1月27日　　糸満高等学校首里分校が発足
　昭和21年3月31日　　首里高等学校として独立認可
　昭和35年4月1日　　那覇連合教育委員会立首里高等学校を廃し
　　　　　　　　　　　琉球政府立首里高等学校と改称
　昭和47年5月15日　　沖縄県立首里高等学校と改称

◇沖縄県立首里東高等学校
　〒903-0804 沖縄県那覇市首里石嶺町3-178
　TEL 098-886-1578
　昭和59年　　　　　沖縄県立首里東高等学校を創立

◇沖縄県立翔南高等学校
　〒906-0013 沖縄県宮古島市平良字下里288
　TEL 09807-2-3123
　昭和21年4月1日　　宮古群島政府立宮古中学校に開洋科設置
　昭和22年4月1日　　宮古群島政府立宮古高等学校水産部と改称
　昭和23年4月1日　　宮古水産高等学校と改称
　昭和23年7月31日　　宮古群島政府立宮古水産高等学校として独立
　昭和27年4月1日　　琉球政府立宮古水産高等学校と改称
　昭和47年5月15日　　沖縄県立宮古水産高等学校と改称
　平成4年4月　　　　沖縄県立宮古高等学校より商業科が移設され
　　　　　　　　　　　沖縄県立翔南高等学校と改称

◇昭和薬科大学附属高等学校
　［学校法人 昭和薬科大学］
　〒901-2112 沖縄県浦添市沢岻450
　TEL 098-870-1852
　昭和49年　　　　　昭和薬科大学附属高等学校が開校

◇沖縄県立知念高等学校
　〒901-1303 沖縄県島尻郡与那原町字与那原11
　TEL 098-946-2207
　昭和20年　　　　　知念高等学校が開校
　昭和47年5月15日　　沖縄県立知念高等学校と改称

◇沖縄県立北谷高等学校
　〒904-0103 沖縄県中頭郡北谷町字桑江414
　TEL 098-936-1010
　昭和50年4月　　　沖縄県立北谷高等学校が開校

◇沖縄県立中部商業高等学校
　〒901-2214 沖縄県宜野湾市我如古2-2-1
　TEL 098-898-4888
　昭和40年4月8日　　琉球政府立中部商業高等学校が開校
　昭和47年　　　　　沖縄県立中部商業高等学校と改称

◇沖縄県立中部農林高等学校
　〒904-2213 沖縄県うるま市字田場1570
　TEL 098-973-3578
　昭和21年1月10日　　沖縄文教学校農学部を創設
　昭和21年4月1日　　沖縄文教学校より独立し中部農林高等学校として創立
　昭和27年　　　　　琉球政府立中部農林高等学校と改称

◇沖縄県立泊高等学校
　〒900-0012 沖縄県那覇市泊3-19-2
　TEL 098-868-8246
　昭和43年4月1日　　琉球政府立小禄高等学校（定時制）を設置
　昭和52年4月1日　　沖縄県立泊高等学校として独立

◇沖縄県立豊見城高等学校
　〒901-0201 沖縄県豊見城市字真玉橋217
　TEL 098-850-5551
　昭和41年4月　　　沖縄県立豊見城高等学校が開校

◇沖縄県立豊見城南高等学校
　〒901-0223 沖縄県豊見城市字翁長520
　TEL 098-850-1950
　昭和56年4月8日　　沖縄県立豊見城南高等学校が開校

◇沖縄県立名護高等学校
　〒905-0018 沖縄県名護市大西5-17-1
　TEL 0980-52-2615
　昭和21年1月24日　　沖縄県立田井等高等学校が開校
　昭和23年8月3日　　沖縄県立名護高等学校と改称

◇沖縄県立名護商業高等学校
　〒905-0012 沖縄県名護市大西4-18-5
　TEL 0980-52-4388
　昭和57年4月　　　沖縄県立名護商業高等学校が開校

◇沖縄県立那覇工業高等学校
　〒901-2122 沖縄県浦添市勢理客4-22-1
　TEL 098-877-6144
　昭和41年4月　　　琉球政府立那覇産業技術学校が開校

| 昭和45年4月 | 琉球政府立那覇工業高等学校と改称 |
| 昭和47年5月 | 沖縄県立那覇工業高等学校と改称 |

◇沖縄県立**那覇高等学校**
　〒900-0014 沖縄県那覇市松尾1-21-44
　TEL 098-867-1623
| 明治43年4月1日 | 沖縄県立中学校分校を創立 |
| 明治44年4月1日 | 沖縄県立第二中学校として独立 |
| 昭和24年4月1日 | 沖縄県立那覇高等学校が発足 |

◇沖縄県立**那覇国際高等学校**
　〒900-0005 沖縄県那覇市天久1-29-1
　TEL 098-860-5931
| 平成9年4月 | 沖縄県立那覇国際高等学校が発足 |

◇沖縄県立**那覇商業高等学校**
　〒900-0032 沖縄県那覇市松山1-16-1
　TEL 098-866-6555
| 明治38年9月11日 | 那覇区立商業学校が開校 |
| 大正11年5月20日 | 那覇市立商業学校と改称 |
| 昭和15年5月 | 那覇市立第二商業学校を創立 |
| 昭和19年 | 那覇市立第二商業学校を廃止し那覇市立商工学校が開校 |
| 昭和27年 | 琉球政府立商業高等学校と改称 |
| 昭和37年 | 琉球政府立那覇商業高等学校と改称 |
| 昭和47年5月15日 | 沖縄県立那覇商業高等学校と改称 |

◇沖縄県立**那覇西高等学校**
　〒901-0155 沖縄県那覇市金城3-5-1
　TEL 098-858-8274
| 昭和62年4月10日 | 沖縄県立那覇西高等学校が開校 |

◇沖縄県立**南部工業高等学校**
　〒901-0402 沖縄県島尻郡八重瀬町字富盛1338
　TEL 098-998-2313
| 昭和44年 | 南部産業技術学校を設立 |
| 昭和45年 | 琉球政府立南部工業高等学校と改称 |
| 昭和47年 | 沖縄県立南部工業高等学校と改称 |

◇沖縄県立**南部商業高等学校**
　〒901-0411 沖縄県島尻郡八重瀬町字友寄850
　TEL 098-998-2401
| 昭和46年4月8日 | 沖縄県立南部商業高等学校が開校 |

◇沖縄県立**南部農林高等学校**
　〒901-0203 沖縄県豊見城市字長堂182
　TEL 098-850-6006
| 昭和23年10月1日 | 南部農林高等学校が開校 |
| 昭和27年4月1日 | 琉球政府立南部農林高等学校と改称 |
| 昭和47年5月15日 | 沖縄県立南部農林高等学校と改称 |

◇沖縄県立**西原高等学校**
　〒903-0117 沖縄県中頭郡西原町字翁長610
　TEL 098-945-5418
| 昭和50年4月 | 沖縄県立西原高等学校が開校 |

◇沖縄県立**南風原高等学校**
　〒901-1117 沖縄県島尻郡南風原町字津嘉山1140
　TEL 098-889-4618
| 昭和51年4月 | 沖縄県立南風原高等学校が開校 |

◇沖縄県立**普天間高等学校**
　〒901-2202 沖縄県宜野湾市普天間1-24-1
　TEL 098-892-3354
| 昭和21年3月28日 | コザ高等学校野嵩分校が認可される |
| 昭和23年4月1日 | コザ高等学校から独立し野嵩高等学校となる |
| 昭和32年7月1日 | 普天間連合区立普天間高等学校と改称 |
| 昭和35年4月1日 | 琉球政府立普天間高等学校と改称 |
| 昭和47年5月15日 | 沖縄県立普天間高等学校と改称 |

◇沖縄県立**辺土名高等学校**
　〒905-1304 沖縄県国頭郡大宜味村字饒波2015
　TEL 0980-44-3103
| 昭和21年 | 沖縄県立辺土名高等学校が開校 |

◇沖縄県立**北山高等学校**
　〒905-0424 沖縄県国頭郡今帰仁村字仲尾次540-1
　TEL 0980-56-2401
| 昭和23年 | 沖縄県立北山高等学校が開校 |

◇沖縄県立**北部工業高等学校**
　〒905-0012 沖縄県名護市大北4-1-23
　TEL 0980-52-3278
| 昭和44年4月8日 | 沖縄県立北部工業高等学校が開校 |

◇沖縄県立**北部農林高等学校**
　〒905-0006 沖縄県名護市字茂佐13
　TEL 0980-52-2634
| 明治35年 | 国頭郡各間切島組合立農学校が開校 |
| 明治44年 | 沖縄県立農学校と改称 |
| 大正12年 | 沖縄県立農林学校と改称 |
| 昭和20年 | 沖縄県立農学校を廃校 |
| 昭和21年 | 沖縄県立北部農林高等学校が開校 |
| 昭和27年 | 琉球政府立北部農林高等学校と改称 |
| 昭和47年 | 沖縄県立北部農林高等学校と改称 |

◇沖縄県立**前原高等学校**
　〒094-2213 沖縄県うるま市字田場1827
　TEL 098-973-3249
| 昭和20年11月12日 | 前原高等学校が開校 |
| 昭和35年4月1日 | 琉球政府立前原高等学校と改称 |
| 昭和47年5月15日 | 沖縄県立前原高等学校と改称 |

◇沖縄県立**真和志高等学校**
　〒902-0072 沖縄県那覇市字真地248
　TEL 098-833-0810
| 昭和42年 | 沖縄県立真和志高等学校を創立 |

◇沖縄県立**美里工業高等学校**
　〒904-2172 沖縄県沖縄市泡瀬5-42-2
　TEL 098-937-5848
| 昭和42年 | 中部産業技術学校として創立 |
| 昭和45年 | 琉球政府立美里工業高等学校と改称 |
| 昭和47年 | 沖縄県立美里工業高等学校と改称 |

◇沖縄県立**美里高等学校**
　〒904-2151 沖縄県沖縄市松本2-5-1
　TEL 098-938-5145
| 昭和53年 | 沖縄県立美里高等学校が開校 |

◇沖縄県立**宮古工業高等学校**
　〒906-0007 沖縄県宮古島市平良字東仲宗根968-4
　TEL 09807-2-3185

沖縄県

| 昭和43年4月 | 琉球政府立宮古産業技術学校が開校 |
| 昭和45年4月1日 | 琉球政府立宮古工業高等学校を設置 |
| 昭和46年5月15日 | 沖縄県立宮古工業高等学校と改称 |

◇沖縄県立**宮古高等学校**
　〒906-0012 沖縄県宮古島市平良字西里718-1
　TEL 09807-2-2118

| 昭和3年4月4日 | 沖縄県立第二中学校分校が開校 |
| 昭和4年3月16日 | 宮古中学校と改称 |
| 昭和21年6月6日 | 宮古男子高等学校と改称 |
| 昭和23年4月1日 | 宮古高等学校と改称 |
| 昭和35年4月11日 | 琉球政府立宮古高等学校と改称 |
| 昭和47年5月15日 | 沖縄県立宮古高等学校と改称 |

◇沖縄県立**宮古農林高等学校**
　〒906-0013 沖縄県宮古島市平良字下里280
　TEL 09807-2-2249

| 昭和22年4月1日 | 宮古男子高等学校農林部を設立 |
| 昭和23年 | 宮古農林高等学校と改称 |
| 昭和27年4月1日 | 琉球政府立宮古農林高等学校と改称 |
| 昭和47年5月15日 | 沖縄県立宮古農林高等学校と改称 |

◇沖縄県立**美来工科高等学校**
　〒904-0001 沖縄県沖縄市越来3-17-1
　TEL 098-937-5451

| 昭和39年4月 | 沖縄県立美来工科高等学校が開校 |

◇沖縄県立**本部高等学校**
　〒905-0214 沖縄県国頭郡本部町字渡久地377
　TEL 0980-47-2418

| 昭和42年4月 | 沖縄県立本部高等学校が開校 |

◇沖縄県立**八重山高等学校**
　〒907-0004 沖縄県石垣市字登野城275
　TEL 09808-2-3972

| 昭和17年 | 沖縄県立八重山中学校、沖縄県立八重山高等女学校を創立 |
| 昭和22年4月1日 | 沖縄県立八重山高等学校を創立 |

◇沖縄県立**八重山商工高等学校**
　〒907-0002 沖縄県石垣市字真栄里180
　TEL 09808-2-3892

| 昭和42年4月10日 | 琉球政府立八重山商工高等学校が開校 |

◇沖縄県立**八重山農林高等学校**
　〒907-0022 沖縄県石垣市字大川477-1
　TEL 09808-2-3955

| 昭和12年4月 | 沖縄県立八重山農学校が開校 |
| 昭和20年12月31日 | 公立八重山農学校と改称 |
| 昭和21年8月1日 | 公立八重山農林高等学校と改称 |
| 昭和27年 | 琉球政府立八重山農林高等学校と改称 |
| 昭和47年5月15日 | 沖縄県立八重山農林高等学校と改称 |

◇**八洲学園大学国際高等学校**
　［学校法人 八洲学園］
　〒905-0211 沖縄県国頭郡本部町備瀬1249
　TEL 0980-51-7711

| 平成12年4月 | 八洲学園国際高等学校が開校 |
| 平成18年 | 八洲学園大学国際高等学校と改称 |

◇沖縄県立**陽明高等学校**
　〒901-2113 沖縄県浦添市字大平488
　TEL 098-879-3062

| 平成7年 | 沖縄県立陽明高等学校が開校 |

◇沖縄県立**与勝高等学校**
　〒904-2312 沖縄県うるま市勝連平安名3248
　TEL 098-978-5230

| 昭和54年11月 | 沖縄県立与勝高等学校が開校 |

◇沖縄県立**読谷高等学校**
　〒904-0303 沖縄県中頭郡読谷村字伊良皆198
　TEL 098-956-2157

| 昭和23年 | 沖縄県立コザ高等学校喜名分校が開校 |
| 昭和25年4月 | 沖縄県立読谷高等学校として独立 |

# 学校種別一覧

## 大学

| 学校名 | 頁 |
|---|---|
| 愛国学園大学 | 103 |
| 会津大学 | 58 |
| 愛知医科大学 | 230 |
| 愛知学院大学 | 230 |
| 愛知学泉大学 | 230 |
| 愛知教育大学 | 230 |
| 愛知県立看護大学 | 230 |
| 愛知県立芸術大学 | 230 |
| 愛知県立大学 | 230 |
| 愛知工科大学 | 230 |
| 愛知工業大学 | 230 |
| 愛知産業大学 | 230 |
| 愛知淑徳大学 | 230 |
| 愛知新城大谷大学 | 230 |
| 愛知大学 | 230 |
| 愛知文教大学 | 230 |
| 愛知みずほ大学 | 230 |
| 藍野大学 | 270 |
| 青森県立保健大学 | 24 |
| 青森公立大学 | 24 |
| 青森大学 | 24 |
| 青森中央学院大学 | 24 |
| 青山学院大学 | 117 |
| 秋田看護福祉大学 | 48 |
| 秋田経済法科大学 | 48 |
| 秋田県立大学 | 48 |
| 秋田大学 | 48 |
| 浅井学園大学 | 1 |
| 旭川医科大学 | 1 |
| 旭川大学 | 1 |
| 朝日大学 | 210 |
| 麻布大学 | 158 |
| 亜細亜大学 | 117 |
| 足利工業大学 | 76 |
| 芦屋大学 | 290 |
| 跡見学園女子大学 | 90 |
| 石川県立看護大学 | 188 |
| 石川県立大学 | 188 |
| 石巻専修大学 | 39 |
| 茨城キリスト教大学 | 67 |
| 茨城県立医療大学 | 67 |
| 茨城大学 | 67 |
| いわき明星大学 | 58 |
| 岩手医科大学 | 31 |
| 岩手県立大学 | 31 |
| 岩手大学 | 31 |
| 上野学園大学 | 117 |
| 宇都宮大学 | 76 |
| 宇部フロンティア大学 | 346 |
| 浦和大学 | 90 |
| 英知大学 | 290 |
| 江戸川大学 | 103 |
| 愛媛県立医療技術大学 | 363 |
| 愛媛大学 | 363 |
| エリザベト音楽大学 | 334 |
| 奥羽大学 | 58 |
| 桜花学園大学 | 230 |
| 追手門学院大学 | 270 |
| 桜美林大学 | 117 |
| 大分県立看護科学大学 | 407 |
| 大分大学 | 407 |
| 大阪青山大学 | 270 |
| 大阪医科大学 | 270 |
| 大阪大谷大学 | 270 |
| 大阪音楽大学 | 270 |
| 大阪外国語大学 | 270 |
| 大阪学院大学 | 270 |
| 大阪教育大学 | 270 |
| 大阪経済大学 | 270 |
| 大阪経済法科大学 | 270 |
| 大阪芸術大学 | 270 |
| 大阪工業大学 | 270 |
| 大阪国際女子大学 | 270 |
| 大阪国際大学 | 270 |
| 大阪産業大学 | 270 |
| 大阪歯科大学 | 270 |
| 大阪樟蔭女子大学 | 271 |
| 大阪商業大学 | 271 |
| 大阪女学院大学 | 271 |
| 大阪市立大学 | 271 |
| 大阪成蹊大学 | 271 |
| 大阪総合保育大学 | 271 |
| 大阪体育大学 | 271 |
| 大阪大学 | 271 |
| 大阪電気通信大学 | 271 |
| 大阪人間科学大学 | 271 |
| 大阪府立大学 | 271 |
| 大阪明浄大学 | 271 |
| 大阪薬科大学 | 271 |
| 大谷大学 | 260 |
| 大妻女子大学 | 117 |
| 大手前大学 | 290 |
| 大宮法科大学院大学 | 90 |
| 岡山学院大学 | 325 |
| 岡山県立大学 | 325 |
| 岡山商科大学 | 325 |
| 岡山大学 | 325 |
| 岡山理科大学 | 325 |
| 沖縄キリスト教学院大学 | 428 |
| 沖縄県立看護大学 | 428 |
| 沖縄県立芸術大学 | 428 |
| 沖縄国際大学 | 428 |
| 沖縄大学 | 428 |
| 小樽商科大学 | 1 |
| お茶の水女子大学 | 117 |
| 尾道大学 | 334 |
| 帯広畜産大学 | 1 |
| 嘉悦大学 | 118 |
| 香川県立保健医療大学 | 359 |
| 香川大学 | 359 |
| 学習院女子大学 | 118 |
| 学習院大学 | 118 |
| 鹿児島国際大学 | 419 |

大学

| 校名 | 頁 |
|---|---|
| 鹿児島純心女子大学 | 419 |
| 鹿児島大学 | 419 |
| 活水女子大学 | 392 |
| 神奈川県立保健福祉大学 | 158 |
| 神奈川工科大学 | 158 |
| 神奈川歯科大学 | 158 |
| 神奈川大学 | 158 |
| 金沢医科大学 | 188 |
| 金沢学院大学 | 188 |
| 金沢工業大学 | 188 |
| 金沢星稜大学 | 188 |
| 金沢大学 | 188 |
| 金沢美術工芸大学 | 188 |
| 鹿屋体育大学 | 420 |
| 鎌倉女子大学 | 158 |
| 川崎医科大学 | 325 |
| 川崎医療福祉大学 | 325 |
| 川村学園女子大学 | 103 |
| 関西医科大学 | 271 |
| 関西外国語大学 | 271 |
| 関西国際大学 | 290 |
| 関西鍼灸大学 | 271 |
| 関西大学 | 271 |
| 関西福祉科学大学 | 272 |
| 関西福祉大学 | 290 |
| 関西学院大学 | 290 |
| 神田外語大学 | 103 |
| 関東学院大学 | 158 |
| 関東学園大学 | 83 |
| 畿央大学 | 307 |
| 北九州市立大学 | 373 |
| 北里大学 | 118 |
| 北見工業大学 | 1 |
| 吉備国際大学 | 325 |
| 岐阜経済大学 | 210 |
| 岐阜県立看護大学 | 210 |
| 岐阜聖徳学園大学 | 210 |
| 岐阜女子大学 | 210 |
| 岐阜大学 | 210 |
| 岐阜薬科大学 | 211 |
| 九州栄養福祉大学 | 373 |
| 九州看護福祉大学 | 399 |
| 九州共立大学 | 373 |
| 九州工業大学 | 373 |
| 九州国際大学 | 373 |
| 九州産業大学 | 373 |
| 九州歯科大学 | 373 |
| 九州情報大学 | 373 |
| 九州女子大学 | 374 |
| 九州大学 | 374 |
| 九州東海大学 | 399 |
| 九州保健福祉大学 | 414 |
| 九州ルーテル学院大学 | 399 |
| 共愛学園前橋国際大学 | 83 |
| 共栄大学 | 90 |
| 京都外国語大学 | 260 |
| 京都学園大学 | 260 |
| 京都教育大学 | 260 |
| 京都光華女子大学 | 260 |
| 京都工芸繊維大学 | 260 |
| 京都嵯峨芸術大学 | 260 |
| 京都産業大学 | 260 |
| 京都情報大学院大学 | 260 |
| 京都女子大学 | 260 |
| 京都市立芸術大学 | 260 |
| 京都精華大学 | 260 |
| 京都造形芸術大学 | 260 |
| 京都創成大学 | 260 |
| 京都大学 | 261 |
| 京都橘大学 | 261 |
| 京都ノートルダム女子大学 | 261 |
| 京都府立医科大学 | 261 |
| 京都府立大学 | 261 |
| 京都文教大学 | 261 |
| 京都薬科大学 | 261 |
| 共立女子大学 | 118 |
| 共立薬科大学 | 118 |
| 杏林大学 | 118 |
| 近畿大学 | 272 |
| 近畿福祉大学 | 290 |
| 金城学院大学 | 231 |
| 金城大学 | 188 |
| 釧路公立大学 | 1 |
| 国立音楽大学 | 118 |
| 熊本学園大学 | 399 |
| 熊本県立大学 | 399 |
| 熊本大学 | 399 |
| 熊本保健科学大学 | 400 |
| 倉敷芸術科学大学 | 325 |
| くらしき作陽大学 | 325 |
| 久留米工業大学 | 374 |
| 久留米大学 | 374 |
| 呉大学 | 334 |
| 群馬県立県民健康科学大学 | 83 |
| 群馬県立女子大学 | 83 |
| 群馬社会福祉大学 | 83 |
| 群馬大学 | 83 |
| 群馬パース大学 | 83 |
| 敬愛大学 | 103 |
| 慶應義塾大学 | 118 |
| 恵泉女学園大学 | 118 |
| 敬和学園大学 | 174 |
| 健康科学大学 | 196 |
| 県立長崎シーボルト大学 | 392 |
| 県立広島大学 | 334 |
| 工学院大学 | 118 |
| 皇學館大学 | 248 |
| 甲子園大学 | 290 |
| 高知工科大学 | 369 |
| 高知女子大学 | 369 |
| 高知大学 | 369 |
| 甲南女子大学 | 290 |
| 甲南大学 | 290 |
| 神戸海星女子学院大学 | 290 |

| 学校名 | 頁 | 学校名 | 頁 |
|---|---|---|---|
| 神戸学院大学 | 290 | 静岡理工科大学 | 219 |
| 神戸芸術工科大学 | 290 | 自治医科大学 | 76 |
| 神戸国際大学 | 290 | 実践女子大学 | 119 |
| 神戸市外国語大学 | 290 | 四天王寺国際仏教大学 | 272 |
| 神戸市看護大学 | 290 | 芝浦工業大学 | 119 |
| 神戸松蔭女子学院大学 | 290 | 島根県立大学 | 320 |
| 神戸情報大学院大学 | 290 | 島根大学 | 320 |
| 神戸女学院大学 | 290 | 下関市立大学 | 346 |
| 神戸女子大学 | 291 | 就実大学 | 325 |
| 神戸親和女子大学 | 291 | 秀明大学 | 103 |
| 神戸大学 | 291 | 十文字学園女子大学 | 90 |
| 神戸ファッション造形大学 | 291 | 淑徳大学 | 103 |
| 神戸薬科大学 | 291 | 種智院大学 | 261 |
| 神戸山手大学 | 291 | 首都大学東京 | 119 |
| 高野山大学 | 313 | 順天堂大学 | 119 |
| 公立はこだて未来大学 | 1 | 松蔭大学 | 158 |
| 郡山女子大学 | 58 | 上越教育大学 | 174 |
| 國學院大學 | 118 | 尚絅学院大学 | 39 |
| 国際医療福祉大学 | 76 | 尚絅大学 | 400 |
| 国際教養大学 | 48 | 城西国際大学 | 103 |
| 国際基督教大学 | 118 | 城西大学 | 90 |
| 国際大学 | 174 | 上智大学 | 119 |
| 国際仏教学大学院大学 | 118 | 湘南工科大学 | 158 |
| 国際武道大学 | 103 | 尚美学園大学 | 90 |
| 国士舘大学 | 118 | 上武大学 | 83 |
| 駒澤女子大学 | 118 | 情報科学芸術大学院大学 | 211 |
| 駒澤大学 | 118 | 情報セキュリティ大学院大学 | 158 |
| 埼玉医科大学 | 90 | 昭和音楽大学 | 158 |
| 埼玉学園大学 | 90 | 昭和女子大学 | 119 |
| 埼玉県立大学 | 90 | 昭和大学 | 119 |
| 埼玉工業大学 | 90 | 昭和薬科大学 | 119 |
| 埼玉大学 | 90 | 女子栄養大学 | 119 |
| 佐賀大学 | 388 | 女子美術大学 | 158 |
| 相模女子大学 | 158 | 白梅学園大学 | 119 |
| 作新学院大学 | 76 | 白百合女子大学 | 119 |
| 札幌医科大学 | 1 | 仁愛大学 | 193 |
| 札幌学院大学 | 1 | 信州大学 | 201 |
| 札幌国際大学 | 1 | 杉野服飾大学 | 119 |
| 札幌市立大学 | 1 | 椙山女学園大学 | 231 |
| 札幌大学 | 1 | 鈴鹿医療科学大学 | 248 |
| 産業医科大学 | 374 | 鈴鹿国際大学 | 248 |
| 産業技術大学院大学 | 119 | 駿河台大学 | 90 |
| 産業能率大学 | 158 | 諏訪東京理科大学 | 201 |
| 山陽学園大学 | 325 | 成安造形大学 | 254 |
| 滋賀医科大学 | 254 | 聖学院大学 | 90 |
| 志學館大学 | 420 | 聖カタリナ大学 | 363 |
| 滋賀県立大学 | 254 | 成蹊大学 | 119 |
| 滋賀大学 | 254 | 政策研究大学院大学 | 119 |
| 四国学院大学 | 359 | 星槎大学 | 1 |
| 四国大学 | 355 | 成城大学 | 119 |
| 四條畷学園大学 | 272 | 星城大学 | 231 |
| 静岡英和学院大学 | 218 | 聖心女子大学 | 119 |
| 静岡県立大学 | 218 | 清泉女学院大学 | 201 |
| 静岡産業大学 | 218 | 清泉女子大学 | 120 |
| 静岡大学 | 218 | 聖泉大学 | 254 |
| 静岡福祉大学 | 218 | 聖徳大学 | 103 |
| 静岡文化芸術大学 | 218 | 西南学院大学 | 374 |

| 大学 | 頁 | 大学 | 頁 |
|---|---|---|---|
| 西南女学院大学 | 374 | つくば国際大学 | 67 |
| 西武文理大学 | 90 | 筑波大学 | 67 |
| 聖母大学 | 120 | 津田塾大学 | 121 |
| 聖マリア学院大学 | 374 | 都留文科大学 | 196 |
| 聖マリアンナ医科大学 | 158 | 鶴見大学 | 159 |
| 聖路加看護大学 | 120 | 帝京科学大学 | 196 |
| 聖隷クリストファー大学 | 219 | 帝京大学 | 121 |
| 清和大学 | 104 | 帝京平成大学 | 104 |
| 聖和大学 | 291 | 帝塚山学院大学 | 272 |
| 摂南大学 | 272 | 帝塚山大学 | 307 |
| 専修大学 | 120 | 田園調布学園大学 | 159 |
| 洗足学園音楽大学 | 158 | 電気通信大学 | 121 |
| 仙台白百合女子大学 | 39 | 天使大学 | 1 |
| 仙台大学 | 39 | 天理大学 | 307 |
| 千里金蘭大学 | 272 | 東亜大学 | 346 |
| 相愛大学 | 272 | 桐蔭横浜大学 | 159 |
| 創価大学 | 120 | 東海学園大学 | 231 |
| 総合研究大学院大学 | 159 | 東海女子大学 | 211 |
| 崇城大学 | 400 | 東海大学 | 159 |
| 創造学園大学 | 83 | 東京医科歯科大学 | 121 |
| 園田学園女子大学 | 291 | 東京医科大学 | 121 |
| 第一経済大学 | 374 | 東京医療保健大学 | 121 |
| 第一工業大学 | 420 | 東京音楽大学 | 121 |
| 第一福祉大学 | 374 | 東京外国語大学 | 121 |
| 第一薬科大学 | 374 | 東京海洋大学 | 121 |
| 大正大学 | 120 | 東京学芸大学 | 121 |
| 太成学院大学 | 272 | 東京家政学院大学 | 121 |
| 大同工業大学 | 231 | 東京家政大学 | 121 |
| 大東文化大学 | 120 | 東京基督教大学 | 104 |
| 高岡法科大学 | 183 | 東京経済大学 | 121 |
| 高崎経済大学 | 83 | 東京芸術大学 | 121 |
| 高崎健康福祉大学 | 83 | 東京工科大学 | 122 |
| 高崎商科大学 | 83 | 東京工業大学 | 122 |
| 高千穂大学 | 120 | 東京工芸大学 | 122 |
| 高松大学 | 359 | 東京国際大学 | 90 |
| 宝塚造形芸術大学 | 291 | 東京歯科大学 | 104 |
| 拓殖大学 | 120 | 東京慈恵会医科大学 | 122 |
| 玉川大学 | 120 | 東京純心女子大学 | 122 |
| 多摩大学 | 120 | 東京情報大学 | 104 |
| 多摩美術大学 | 120 | 東京女学館大学 | 122 |
| 筑紫女学園大学 | 374 | 東京女子医科大学 | 122 |
| 千歳科学技術大学 | 1 | 東京女子体育大学 | 122 |
| 千葉科学大学 | 104 | 東京女子大学 | 122 |
| 千葉経済大学 | 104 | 東京神学大学 | 122 |
| 千葉工業大学 | 104 | 東京聖栄大学 | 122 |
| 千葉商科大学 | 104 | 東京成徳大学 | 104 |
| 千葉大学 | 104 | 東京造形大学 | 122 |
| 中央学院大学 | 104 | 東京大学 | 122 |
| 中央大学 | 120 | 東京電機大学 | 122 |
| 中京学院大学 | 211 | 東京都立科学技術大学 | 122 |
| 中京女子大学 | 231 | 東京都立大学 | 122 |
| 中京大学 | 231 | 東京都立保健科学大学 | 123 |
| 中国学園大学 | 325 | 東京農業大学 | 123 |
| 中部学院大学 | 211 | 東京農工大学 | 123 |
| 中部大学 | 231 | 東京福祉大学 | 83 |
| 筑波学院大学 | 67 | 東京富士大学 | 123 |
| 筑波技術大学 | 67 | 東京薬科大学 | 123 |

| 東京理科大学 | 123 |
| 同志社女子大学 | 261 |
| 同志社大学 | 261 |
| 道都大学 | 1 |
| 東邦音楽大学 | 90 |
| 桐朋学園大学 | 123 |
| 東邦学園大学 | 231 |
| 東邦大学 | 123 |
| 同朋大学 | 231 |
| 東北学院大学 | 39 |
| 東北芸術工科大学 | 53 |
| 東北公益文科大学 | 53 |
| 東北工業大学 | 39 |
| 東北女子大学 | 24 |
| 東北生活文化大学 | 39 |
| 東北大学 | 39 |
| 東北福祉大学 | 40 |
| 東北文化学園大学 | 40 |
| 東北薬科大学 | 40 |
| 東洋英和女学院大学 | 159 |
| 東洋学園大学 | 104 |
| 東洋大学 | 123 |
| 東和大学 | 374 |
| 常磐会学園大学 | 272 |
| 常磐大学 | 68 |
| 徳島大学 | 355 |
| 徳島文理大学 | 355 |
| 徳山大学 | 346 |
| 常葉学園大学 | 219 |
| 獨協医科大学 | 76 |
| 獨協大学 | 91 |
| 鳥取環境大学 | 317 |
| 鳥取大学 | 317 |
| 苫小牧駒澤大学 | 1 |
| 富山県立大学 | 183 |
| 富山国際大学 | 183 |
| 富山大学 | 183 |
| 豊田工業大学 | 231 |
| 豊橋技術科学大学 | 231 |
| 豊橋創造大学 | 231 |
| 長岡技術科学大学 | 174 |
| 長岡造形大学 | 174 |
| 長岡大学 | 174 |
| 長崎ウエスレヤン大学 | 392 |
| 長崎外国語大学 | 392 |
| 長崎県立大学 | 392 |
| 長崎国際大学 | 392 |
| 長崎純心大学 | 392 |
| 長崎総合科学大学 | 392 |
| 長崎大学 | 393 |
| 長野県看護大学 | 201 |
| 長野大学 | 201 |
| 長浜バイオ大学 | 254 |
| 中村学園大学 | 374 |
| 名古屋音楽大学 | 231 |
| 名古屋外国語大学 | 231 |
| 名古屋学院大学 | 231 |

| 名古屋学芸大学 | 231 |
| 名古屋経済大学 | 231 |
| 名古屋芸術大学 | 231 |
| 名古屋工業大学 | 232 |
| 名古屋産業大学 | 232 |
| 名古屋商科大学 | 232 |
| 名古屋女子大学 | 232 |
| 名古屋市立大学 | 232 |
| 名古屋造形芸術大学 | 232 |
| 名古屋大学 | 232 |
| 名古屋文理大学 | 232 |
| 那須大学 | 76 |
| 名寄市立大学 | 2 |
| 奈良教育大学 | 307 |
| 奈良県立医科大学 | 307 |
| 奈良県立大学 | 307 |
| 奈良産業大学 | 308 |
| 奈良女子大学 | 308 |
| 奈良先端科学技術大学院大学 | 308 |
| 奈良大学 | 308 |
| 鳴門教育大学 | 355 |
| 南山大学 | 232 |
| 新潟医療福祉大学 | 174 |
| 新潟経営大学 | 174 |
| 新潟県立看護大学 | 174 |
| 新潟工科大学 | 174 |
| 新潟国際情報大学 | 174 |
| 新潟産業大学 | 175 |
| 新潟青陵大学 | 175 |
| 新潟大学 | 175 |
| 新潟薬科大学 | 175 |
| 西九州大学 | 388 |
| 西日本工業大学 | 374 |
| 二松学舎大学 | 123 |
| 日本医科大学 | 123 |
| 日本工業大学 | 91 |
| 日本航空大学校 | 188 |
| 日本歯科大学 | 123 |
| 日本社会事業大学 | 123 |
| 日本獣医生命科学大学 | 123 |
| 日本女子体育大学 | 124 |
| 日本女子大学 | 124 |
| 日本赤十字看護大学 | 124 |
| 日本赤十字九州国際看護大学 | 374 |
| 日本赤十字豊田看護大学 | 232 |
| 日本赤十字広島看護大学 | 334 |
| 日本赤十字北海道看護大学 | 2 |
| 日本体育大学 | 124 |
| 日本大学 | 124 |
| 日本橋学館大学 | 104 |
| 日本福祉大学 | 232 |
| 日本文化大学 | 124 |
| 日本文理大学 | 407 |
| 日本薬科大学 | 91 |
| 人間環境大学 | 232 |
| 人間総合科学大学 | 91 |
| ノートルダム清心女子大学 | 325 |

| 大学名 | 頁 | 大学名 | 頁 |
|---|---|---|---|
| 梅花女子大学 | 272 | プール学院大学 | 272 |
| 梅光学院大学 | 346 | 文化女子大学 | 124 |
| 萩国際大学 | 346 | 文京学院大学 | 124 |
| 白鴎大学 | 76 | 文教大学 | 91 |
| 函館大学 | 2 | 文星芸術大学 | 76 |
| 羽衣国際大学 | 272 | 平安女学院大学 | 262 |
| 八戸工業大学 | 24 | 平成音楽大学 | 400 |
| 八戸大学 | 24 | 平成国際大学 | 91 |
| 花園大学 | 261 | 別府大学 | 407 |
| 浜松医科大学 | 219 | 法政大学 | 124 |
| 浜松学院大学 | 219 | 放送大学 | 104 |
| 浜松大学 | 219 | 北星学園大学 | 2 |
| 阪南大学 | 272 | 北陸先端科学技術大学院大学 | 188 |
| 東大阪大学 | 272 | 北陸大学 | 188 |
| 東日本国際大学 | 58 | 星薬科大学 | 124 |
| 光産業創成大学院大学 | 219 | 北海学園大学 | 2 |
| 比治山大学 | 334 | 北海商科大学 | 2 |
| 一橋大学 | 124 | 北海道医療大学 | 2 |
| 姫路獨協大学 | 291 | 北海道教育大学 | 2 |
| 兵庫医科大学 | 291 | 北海道工業大学 | 2 |
| 兵庫教育大学 | 292 | 北海道情報大学 | 2 |
| 兵庫県立大学 | 292 | 北海道大学 | 2 |
| 兵庫大学 | 292 | 北海道東海大学 | 2 |
| 弘前学院大学 | 24 | 北海道文教大学 | 2 |
| 弘前大学 | 24 | 北海道薬科大学 | 3 |
| 広島経済大学 | 334 | 前橋工科大学 | 83 |
| 広島工業大学 | 334 | 松本歯科大学 | 201 |
| 広島国際学院大学 | 334 | 松本大学 | 201 |
| 広島国際大学 | 334 | 松山東雲女子大学 | 363 |
| 広島修道大学 | 334 | 松山大学 | 363 |
| 広島女学院大学 | 334 | 三重県立看護大学 | 248 |
| 広島市立大学 | 334 | 三重大学 | 248 |
| 広島大学 | 334 | 三重中京大学 | 248 |
| 広島文教女子大学 | 334 | 南九州大学 | 414 |
| びわこ成蹊スポーツ大学 | 255 | 身延山大学 | 196 |
| フェリス女学院大学 | 159 | 美作大学 | 326 |
| 福井県立大学 | 193 | 宮城学院女子大学 | 40 |
| 福井工業大学 | 193 | 宮城教育大学 | 40 |
| 福井大学 | 193 | 宮城大学 | 40 |
| 福岡教育大学 | 374 | 宮崎県立看護大学 | 414 |
| 福岡県立大学 | 374 | 宮崎公立大学 | 414 |
| 福岡工業大学 | 375 | 宮崎国際大学 | 414 |
| 福岡国際大学 | 375 | 宮崎産業経営大学 | 414 |
| 福岡歯科大学 | 375 | 宮崎大学 | 414 |
| 福岡女学院大学 | 375 | 武庫川女子大学 | 292 |
| 福岡女子大学 | 375 | 武蔵工業大学 | 124 |
| 福岡大学 | 375 | 武蔵大学 | 124 |
| 福島学院大学 | 58 | 武蔵野音楽大学 | 124 |
| 福島県立医科大学 | 58 | 武蔵野学院大学 | 91 |
| 福島大学 | 58 | 武蔵野大学 | 125 |
| 福山大学 | 334 | 武蔵野美術大学 | 125 |
| 福山平成大学 | 335 | 室蘭工業大学 | 3 |
| 藤女子大学 | 2 | 名桜大学 | 428 |
| 富士大学 | 31 | 明海大学 | 91 |
| 藤田保健衛生大学 | 232 | 明治学院大学 | 125 |
| 富士常葉大学 | 219 | 明治鍼灸大学 | 262 |
| 佛教大学 | 261 | 明治大学 | 125 |

| 学校名 | 頁 | 学校名 | 頁 |
|---|---|---|---|
| 明治薬科大学 | 125 | 秋田栄養短期大学 | 48 |
| 名城大学 | 232 | 秋田公立美術工芸短期大学 | 48 |
| 明星大学 | 125 | 浅井学園大学短期大学部 | 3 |
| 目白大学 | 125 | 旭川大学女子短期大学部 | 3 |
| ものつくり大学 | 91 | 亜細亜大学短期大学部 | 125 |
| 桃山学院大学 | 272 | 足利短期大学 | 76 |
| 盛岡大学 | 31 | 芦屋女子短期大学 | 292 |
| 八洲学園大学 | 159 | 跡見学園女子大学短期大学部 | 125 |
| 安田女子大学 | 335 | 飯田女子短期大学 | 201 |
| 山形県立保健医療大学 | 53 | 育英短期大学 | 83 |
| 山形大学 | 53 | 池坊短期大学 | 262 |
| 山口県立大学 | 346 | 和泉短期大学 | 159 |
| 山口大学 | 346 | 一宮女子短期大学 | 233 |
| 山口東京理科大学 | 347 | 茨城キリスト教大学短期大学部 | 68 |
| 山梨英和大学 | 196 | 茨城女子短期大学 | 68 |
| 山梨学院大学 | 196 | 今治明徳短期大学 | 363 |
| 山梨県立大学 | 196 | いわき短期大学 | 59 |
| 山梨大学 | 196 | 岩国短期大学 | 347 |
| 横浜国立大学 | 159 | 岩手看護短期大学 | 31 |
| 横浜商科大学 | 159 | 岩手県立大学宮古短期大学部 | 31 |
| 横浜市立大学 | 159 | 岩手県立大学盛岡短期大学部 | 31 |
| 四日市大学 | 248 | 植草学園短期大学 | 104 |
| 酪農学園大学 | 3 | 上田女子短期大学 | 201 |
| 立教大学 | 125 | 上野学園大学短期大学部 | 126 |
| 立正大学 | 125 | 宇都宮短期大学 | 76 |
| 立命館アジア太平洋大学 | 407 | 宇都宮文星短期大学 | 76 |
| 立命館大学 | 262 | 宇部フロンティア大学短期大学部 | 347 |
| 琉球大学 | 428 | 羽陽学園短期大学 | 53 |
| 龍谷大学 | 262 | 浦和大学短期大学部 | 91 |
| 流通科学大学 | 292 | 江戸川短期大学 | 104 |
| 流通経済大学 | 68 | 愛媛女子短期大学 | 363 |
| ルーテル学院大学 | 125 | 桜美林大学短期大学部 | 126 |
| 麗澤大学 | 104 | 大分県立芸術文化短期大学 | 407 |
| 和歌山県立医科大学 | 313 | 大分短期大学 | 407 |
| 和歌山大学 | 313 | 大垣女子短期大学 | 211 |
| 和光大学 | 125 | 大阪青山短期大学 | 272 |
| 早稲田大学 | 125 | 大阪大谷大学短期大学部 | 272 |
| 稚内北星学園大学 | 3 | 大阪音楽大学短期大学部 | 273 |
| 和洋女子大学 | 104 | 大阪学院短期大学 | 273 |

**短大**

| 学校名 | 頁 | 学校名 | 頁 |
|---|---|---|---|
| 愛国学園短期大学 | 125 | 大阪キリスト教短期大学 | 273 |
| 会津大学短期大学部 | 59 | 大阪薫英女子短期大学 | 273 |
| 愛知学院大学短期大学部 | 232 | 大阪芸術大学短期大学部 | 273 |
| 愛知学泉短期大学 | 233 | 大阪健康福祉短期大学 | 273 |
| 愛知きわみ看護短期大学 | 233 | 大阪工業大学短期大学部 | 273 |
| 愛知工科大学短期大学部 | 233 | 大阪国際大学短期大学部 | 273 |
| 愛知江南短期大学 | 233 | 大阪産業大学短期大学部 | 273 |
| 愛知新城大谷大学短期大学部 | 233 | 大阪樟蔭女子大学短期大学部 | 308 |
| 愛知大学短期大学部 | 233 | 大阪城南女子短期大学 | 273 |
| 愛知文教女子短期大学 | 233 | 大阪女学院短期大学 | 273 |
| 愛知みずほ大学短期大学部 | 233 | 大阪女子短期大学 | 273 |
| 藍野学院短期大学 | 272 | 大阪信愛女学院短期大学 | 273 |
| 青森明の星短期大学 | 25 | 大阪成蹊短期大学 | 273 |
| 青森短期大学 | 25 | 大阪体育大学短期大学部 | 273 |
| 青森中央短期大学 | 25 | 大阪千代田短期大学 | 273 |
| 青山学院女子短期大学 | 125 | 大阪電気通信大学短期大学部 | 273 |
| 秋草学園短期大学 | 91 | 大阪明浄女子短期大学 | 273 |
| | | 大阪夕陽丘学園短期大学 | 273 |

短大　　　　　　　　　　　　　　　　　　　　　　　　　　　　　　　　　　　　学校種別一覧

| 校名 | 頁 |
|---|---|
| 大谷大学短期大学部 | 262 |
| 大月短期大学 | 197 |
| 大妻女子大学短期大学部 | 126 |
| 大手前短期大学 | 292 |
| 岡崎女子短期大学 | 233 |
| 岡山短期大学 | 326 |
| 沖縄キリスト教短期大学 | 428 |
| 沖縄女子短期大学 | 428 |
| 小樽短期大学 | 3 |
| 小田原女子短期大学 | 159 |
| 帯広大谷短期大学 | 3 |
| 折尾愛真短期大学 | 375 |
| 嘉悦大学短期大学部 | 126 |
| 香川短期大学 | 359 |
| 鹿児島県立短期大学 | 420 |
| 鹿児島国際大学短期大学部 | 420 |
| 鹿児島純心女子短期大学 | 420 |
| 鹿児島女子短期大学 | 420 |
| 華頂短期大学 | 262 |
| 活水女子短期大学 | 393 |
| 神奈川県立外語短期大学 | 159 |
| 金沢学院短期大学 | 188 |
| 鎌倉女子大学短期大学部 | 159 |
| カリタス女子短期大学 | 160 |
| 川口短期大学 | 91 |
| 川崎医療短期大学 | 326 |
| 川村短期大学 | 126 |
| 関西外国語大学短期大学部 | 274 |
| 関西女子短期大学 | 274 |
| 関西鍼灸短期大学 | 274 |
| 関東短期大学 | 84 |
| 畿央大学短期大学部 | 308 |
| 岐阜医療技術短期大学 | 211 |
| 岐阜聖徳学園大学短期大学部 | 211 |
| 岐阜市立女子短期大学 | 211 |
| 九州大谷短期大学 | 375 |
| 九州女子短期大学 | 375 |
| 九州造形短期大学 | 375 |
| 九州龍谷短期大学 | 388 |
| 共栄学園短期大学 | 91 |
| 京都医療技術短期大学 | 262 |
| 京都外国語短期大学 | 262 |
| 京都経済短期大学 | 262 |
| 京都光華女子大学短期大学部 | 262 |
| 京都嵯峨芸術大学短期大学部 | 262 |
| 京都女子大学短期大学部 | 262 |
| 京都市立看護短期大学 | 262 |
| 京都短期大学 | 262 |
| 京都西山短期大学 | 263 |
| 京都文教短期大学 | 263 |
| 共立女子短期大学 | 126 |
| 桐生短期大学 | 84 |
| 近畿大学九州短期大学 | 375 |
| 近畿大学短期大学部 | 274 |
| 近畿大学豊岡短期大学 | 292 |
| 金城大学短期大学部 | 188 |
| 釧路短期大学 | 3 |

| 校名 | 頁 |
|---|---|
| 倉敷市立短期大学 | 326 |
| 久留米信愛女学院短期大学 | 375 |
| 呉大学短期大学部 | 335 |
| 群馬社会福祉大学短期大学部 | 84 |
| 群馬松嶺福祉短期大学 | 84 |
| 群馬パース学園短期大学 | 84 |
| 恵泉女学園園芸短期大学 | 160 |
| 賢明女子学院短期大学 | 292 |
| 県立新潟女子短期大学 | 175 |
| 光塩学園女子短期大学 | 3 |
| 攻玉社工科短期大学 | 126 |
| 甲子園短期大学 | 292 |
| 高知学園短期大学 | 369 |
| 高知短期大学 | 369 |
| 神戸松蔭女子学院大学短期大学部 | 292 |
| 神戸女子短期大学 | 292 |
| 神戸常盤短期大学 | 292 |
| 神戸文化短期大学 | 292 |
| 神戸山手短期大学 | 292 |
| 香蘭女子短期大学 | 375 |
| 光陵女子短期大学 | 233 |
| 郡山女子大学短期大学部 | 59 |
| 國學院大學栃木短期大学 | 76 |
| 國學院短期大学 | 3 |
| 国際学院埼玉短期大学 | 91 |
| 国際短期大学 | 126 |
| 駒澤女子短期大学 | 126 |
| 駒澤短期大学 | 126 |
| 小松短期大学 | 188 |
| 埼玉医科大学短期大学 | 91 |
| 埼玉純真女子短期大学 | 91 |
| 埼玉女子短期大学 | 91 |
| 埼玉短期大学 | 91 |
| 堺女子短期大学 | 274 |
| 佐賀女子短期大学 | 388 |
| 佐賀短期大学 | 388 |
| 相模女子大学短期大学部 | 160 |
| 作新学院大学女子短期大学部 | 76 |
| 作陽短期大学 | 326 |
| 桜の聖母短期大学 | 59 |
| 札幌大谷短期大学 | 3 |
| 札幌国際大学短期大学部 | 3 |
| 札幌大学女子短期大学部 | 3 |
| 佐野短期大学 | 76 |
| 三育学院短期大学 | 105 |
| 産業技術短期大学 | 292 |
| 山陽学園短期大学 | 326 |
| 山陽女子短期大学 | 335 |
| 滋賀女子短期大学 | 255 |
| 滋賀文化短期大学 | 255 |
| 滋賀文教短期大学 | 255 |
| 四国大学短期大学部 | 355 |
| 四條畷学園短期大学 | 274 |
| 静岡英和学院大学短期大学部 | 219 |
| 静岡県立大学短期大学部 | 219 |
| 静岡福祉大学短期大学部 | 219 |
| 自治医科大学看護短期大学 | 76 |

| 校名 | 頁 |
|---|---|
| 実践女子短期大学 | 126 |
| 四天王寺国際仏教大学短期大学部 | 274 |
| 島根県立看護短期大学 | 320 |
| 島根県立島根女子短期大学 | 320 |
| 下関短期大学 | 347 |
| 自由が丘産能短期大学 | 126 |
| 修紅短期大学 | 32 |
| 就実短期大学 | 326 |
| 十文字学園女子大学短期大学部 | 91 |
| 夙川学院短期大学 | 292 |
| 淑徳短期大学 | 126 |
| 純真女子短期大学 | 375 |
| 順正短期大学 | 326 |
| 順天堂医療短期大学 | 105 |
| 樟蔭東女子短期大学 | 274 |
| 頌栄短期大学 | 293 |
| 尚絅学院大学女子短期大学部 | 40 |
| 尚絅短期大学 | 400 |
| 正眼短期大学 | 211 |
| 城西短期大学 | 91 |
| 上智短期大学 | 160 |
| 湘南国際女子短期大学 | 160 |
| 湘南短期大学 | 160 |
| 湘北短期大学 | 160 |
| 昭和音楽大学短期大学部 | 160 |
| 昭和学院短期大学 | 105 |
| 昭和女子大学短期大学部 | 126 |
| 昭和大学医療短期大学 | 160 |
| 女子栄養大学短期大学部 | 126 |
| 女子美術大学短期大学部 | 126 |
| 白梅学園短期大学 | 126 |
| 市立名寄短期大学 | 3 |
| 仁愛女子短期大学 | 193 |
| 信州短期大学 | 201 |
| 信州豊南短期大学 | 201 |
| 杉野服飾大学短期大学部 | 127 |
| 鈴鹿短期大学 | 248 |
| 鈴峯女子短期大学 | 335 |
| 成安造形短期大学 | 263 |
| 精華女子短期大学 | 375 |
| 聖カタリナ大学短期大学部 | 363 |
| 成城大学短期大学部 | 127 |
| 聖心ウルスラ学園短期大学 | 414 |
| 聖セシリア女子短期大学 | 160 |
| 清泉女学院短期大学 | 201 |
| 聖泉大学短期大学部 | 255 |
| 聖徳栄養短期大学 | 127 |
| 聖徳大学短期大学部 | 105 |
| 西南女学院大学短期大学部 | 375 |
| 星美学園短期大学 | 127 |
| 聖母学院短期大学 | 263 |
| 聖母被昇天学院女子短期大学 | 274 |
| 星稜女子短期大学 | 188 |
| 聖隷クリストファー大学看護短期大学部 | 219 |
| 聖霊女子短期大学 | 48 |
| 聖和学園短期大学 | 40 |
| 清和大学短期大学部 | 105 |
| 聖和大学短期大学部 | 293 |
| 瀬戸内短期大学 | 359 |
| 専修大学北海道短期大学 | 3 |
| 洗足学園短期大学 | 160 |
| 千里金蘭大学短期大学部 | 274 |
| 創価女子短期大学 | 127 |
| 園田学園女子大学短期大学部 | 293 |
| 第一保育短期大学 | 375 |
| 第一幼児教育短期大学 | 420 |
| 高崎健康福祉大学短期大学部 | 84 |
| 高崎商科大学短期大学部 | 84 |
| 高田短期大学 | 248 |
| 高松短期大学 | 359 |
| 高山自動車短期大学 | 211 |
| 拓殖大学北海道短期大学 | 3 |
| 玉木女子短期大学 | 393 |
| 筑紫女学園大学短期大学部 | 375 |
| 千葉敬愛短期大学 | 105 |
| 千葉経済大学短期大学部 | 105 |
| 千葉県立衛生短期大学 | 105 |
| 千葉明徳短期大学 | 105 |
| 中京女子大学短期大学部 | 233 |
| 中京短期大学 | 211 |
| 中国短期大学 | 326 |
| 中部学院大学短期大学部 | 211 |
| つくば国際短期大学 | 68 |
| 敦賀短期大学 | 193 |
| 鶴川女子短期大学 | 127 |
| 鶴見大学短期大学部 | 160 |
| 帝京学園短期大学 | 197 |
| 帝京大学短期大学 | 127 |
| 帝京大学福岡短期大学 | 376 |
| 帝京短期大学 | 127 |
| 帝京平成看護短期大学 | 105 |
| 田園調布学園大学短期大学部 | 160 |
| 戸板女子短期大学 | 127 |
| 東海女子短期大学 | 211 |
| 東海大学医療技術短期大学 | 160 |
| 東海大学短期大学部 | 127 |
| 東海大学福岡短期大学 | 376 |
| 東京家政学院筑波女子大学短期大学部 | 68 |
| 東京家政大学短期大学部 | 127 |
| 東京経営短期大学 | 105 |
| 東京工芸大学女子短期大学部 | 160 |
| 東京交通短期大学 | 127 |
| 東京女子体育短期大学 | 127 |
| 東京成徳短期大学 | 127 |
| 東京田中短期大学 | 127 |
| 東京農業大学短期大学部 | 127 |
| 東京富士大学短期大学部 | 127 |
| 東京文化短期大学 | 128 |
| 東京立正短期大学 | 128 |
| 東邦音楽短期大学 | 128 |
| 桐朋学園芸術短期大学 | 128 |
| 東邦学園短期大学 | 233 |
| 東北女子短期大学 | 25 |
| 東北生活文化大学短期大学部 | 40 |

| 短大 | | 学校種別一覧 | |
|---|---|---|---|
| 東洋食品工業短期大学 | 293 | 八戸短期大学 | 25 |
| 東洋女子短期大学 | 105 | 浜松学院大学短期大学部 | 219 |
| 東横学園女子短期大学 | 128 | 東大阪大学短期大学部 | 274 |
| 常磐会短期大学 | 274 | 東九州短期大学 | 407 |
| 常磐短期大学 | 68 | 東筑紫短期大学 | 376 |
| 徳島工業短期大学 | 355 | 比治山大学短期大学部 | 335 |
| 徳島文理大学短期大学部 | 355 | 姫路日ノ本短期大学 | 293 |
| 常葉学園短期大学 | 219 | 兵庫大学短期大学部 | 293 |
| 鳥取短期大学 | 317 | 弘前福祉短期大学 | 25 |
| 富山県立大学短期大学部 | 183 | 広島国際学院大学自動車短期大学部 | 335 |
| 富山短期大学 | 184 | 広島文化短期大学 | 335 |
| 富山福祉短期大学 | 184 | 広島文教女子大学短期大学部 | 335 |
| 豊橋創造大学短期大学部 | 233 | 福岡医療短期大学 | 376 |
| 中九州短期大学 | 400 | 福岡工業大学短期大学部 | 376 |
| 長崎外国語短期大学 | 393 | 福岡女学院大学短期大学部 | 376 |
| 長崎純心大学短期大学部 | 393 | 福岡女子短期大学 | 376 |
| 長崎女子短期大学 | 393 | 福島学院大学短期大学部 | 59 |
| 長崎短期大学 | 393 | 福山市立女子短期大学 | 335 |
| 中日本自動車短期大学 | 211 | 藤田保健衛生大学短期大学 | 234 |
| 長野経済短期大学 | 201 | プール学院大学短期大学部 | 274 |
| 長野県短期大学 | 201 | 文化女子大学短期大学部 | 128 |
| 長野女子短期大学 | 201 | 文化女子大学室蘭短期大学 | 4 |
| 中村学園大学短期大学部 | 376 | 文京学院短期大学 | 128 |
| 名古屋学芸大学短期大学部 | 233 | 文教大学女子短期大学部 | 160 |
| 名古屋経営短期大学 | 233 | 平安女学院大学短期大学部 | 263 |
| 名古屋経済大学短期大学部 | 233 | 別府大学短期大学部 | 408 |
| 名古屋芸術大学短期大学部 | 233 | 別府溝部学園短期大学 | 408 |
| 名古屋女子大学短期大学部 | 234 | 宝仙学園短期大学 | 128 |
| 名古屋造形芸術大学短期大学部 | 234 | 北星学園大学短期大学部 | 4 |
| 名古屋短期大学 | 234 | 北陸学院短期大学 | 189 |
| 名古屋文化短期大学 | 234 | 北海道自動車短期大学 | 4 |
| 名古屋文理大学短期大学部 | 234 | 北海道文教大学短期大学部 | 4 |
| 名古屋柳城短期大学 | 234 | 北海道武蔵女子短期大学 | 4 |
| 奈良芸術短期大学 | 308 | 松本大学松商短期大学部 | 202 |
| 奈良佐保短期大学 | 308 | 松本短期大学 | 202 |
| 奈良文化女子短期大学 | 308 | 松山東雲短期大学 | 363 |
| 南山短期大学 | 234 | 松山短期大学 | 363 |
| 新潟工業短期大学 | 175 | 三重短期大学 | 248 |
| 新潟青陵大学短期大学部 | 175 | 三重中京大学短期大学部 | 248 |
| 新潟中央短期大学 | 175 | 聖園学園短期大学 | 49 |
| 新島学園短期大学 | 84 | 水戸短期大学 | 68 |
| 新見公立短期大学 | 326 | 湊川短期大学 | 293 |
| 西日本短期大学 | 376 | 南九州短期大学 | 414 |
| 日本基督教短期大学 | 105 | 美作大学短期大学部 | 326 |
| 日本歯科大学東京短期大学 | 128 | 宮城誠真短期大学 | 40 |
| 日本歯科大学新潟短期大学 | 175 | 宮崎女子短期大学 | 414 |
| 日本赤十字愛知短期大学 | 234 | 武庫川女子大学短期大学部 | 293 |
| 日本赤十字秋田短期大学 | 48 | 武蔵丘短期大学 | 92 |
| 日本赤十字武蔵野短期大学 | 128 | 武蔵野女子大学短期大学部 | 128 |
| 日本体育大学女子短期大学部 | 128 | 武蔵野短期大学 | 92 |
| 日本大学短期大学部 | 128 | 明治鍼灸大学医療技術短期大学部 | 263 |
| 梅花女子大学短期大学部 | 274 | 名城大学短期大学部 | 234 |
| 白鴎大学女子短期大学部 | 76 | 明倫短期大学 | 175 |
| 白鳳女子短期大学 | 308 | 明和学園短期大学 | 84 |
| 函館大谷短期大学 | 4 | 目白大学短期大学部 | 128 |
| 函館短期大学 | 4 | 盛岡大学短期大学部 | 32 |
| 羽衣学園短期大学 | 274 | 安田女子短期大学 | 335 |

| 山形県立米沢女子短期大学 | 53 |
| --- | --- |
| 山形短期大学 | 53 |
| 山口芸術短期大学 | 347 |
| 山口短期大学 | 347 |
| ヤマザキ動物看護短期大学 | 128 |
| 山梨学院短期大学 | 197 |
| 山野美容芸術短期大学 | 128 |
| 山村学園短期大学 | 92 |
| 山脇学園短期大学 | 128 |
| 横浜女子短期大学 | 160 |
| 横浜市立大学看護短期大学部 | 161 |
| 横浜創英短期大学 | 161 |
| 横浜美術短期大学 | 161 |
| 酪農学園大学短期大学部 | 4 |
| 立教女学院短期大学 | 128 |
| 龍谷大学短期大学部 | 263 |
| 和歌山県立医科大学看護短期大学部 | 313 |
| 和歌山信愛女子短期大学 | 313 |

## 高専

| 明石工業高等専門学校 | 293 |
| --- | --- |
| 秋田工業高等専門学校 | 49 |
| 旭川工業高等専門学校 | 4 |
| 阿南工業高等専門学校 | 355 |
| 有明工業高等専門学校 | 376 |
| 石川工業高等専門学校 | 189 |
| 一関工業高等専門学校 | 32 |
| 茨城工業高等専門学校 | 68 |
| 宇部工業高等専門学校 | 347 |
| 大分工業高等専門学校 | 408 |
| 大阪府立工業高等専門学校 | 274 |
| 大島商船高等専門学校 | 347 |
| 沖縄工業高等専門学校 | 429 |
| 小山工業高等専門学校 | 77 |
| 鹿児島工業高等専門学校 | 420 |
| 金沢工業高等専門学校 | 189 |
| 木更津工業高等専門学校 | 105 |
| 北九州工業高等専門学校 | 376 |
| 岐阜工業高等専門学校 | 211 |
| 近畿大学工業高等専門学校 | 248 |
| 釧路工業高等専門学校 | 4 |
| 熊本電波工業高等専門学校 | 400 |
| 久留米工業高等専門学校 | 376 |
| 呉工業高等専門学校 | 335 |
| 群馬工業高等専門学校 | 84 |
| 高知工業高等専門学校 | 369 |
| 神戸市立工業高等専門学校 | 293 |
| 佐世保工業高等専門学校 | 393 |
| 札幌市立高等専門学校 | 4 |
| サレジオ工業高等専門学校 | 128 |
| 鈴鹿工業高等専門学校 | 248 |
| 仙台電波工業高等専門学校 | 40 |
| 高松工業高等専門学校 | 359 |
| 詫間電波工業高等専門学校 | 359 |
| 津山工業高等専門学校 | 326 |
| 鶴岡工業高等専門学校 | 53 |
| 東京工業高等専門学校 | 129 |
| 東京都立産業技術高等専門学校 | 129 |

| 徳山工業高等専門学校 | 347 |
| --- | --- |
| 鳥羽商船高等専門学校 | 248 |
| 苫小牧工業高等専門学校 | 4 |
| 富山工業高等専門学校 | 184 |
| 富山商船高等専門学校 | 184 |
| 豊田工業高等専門学校 | 234 |
| 長岡工業高等専門学校 | 175 |
| 長野工業高等専門学校 | 202 |
| 奈良工業高等専門学校 | 308 |
| 新居浜工業高等専門学校 | 363 |
| 沼津工業高等専門学校 | 219 |
| 函館工業高等専門学校 | 4 |
| 八戸工業高等専門学校 | 25 |
| 広島商船高等専門学校 | 335 |
| 福井工業高等専門学校 | 193 |
| 福島工業高等専門学校 | 59 |
| 舞鶴工業高等専門学校 | 263 |
| 松江工業高等専門学校 | 320 |
| 宮城工業高等専門学校 | 40 |
| 都城工業高等専門学校 | 414 |
| 八代工業高等専門学校 | 400 |
| 弓削商船高等専門学校 | 363 |
| 米子工業高等専門学校 | 317 |
| 和歌山工業高等専門学校 | 313 |

## 高校

| 相生高等学校 | 293 |
| --- | --- |
| 相生産業高等学校 | 293 |
| 合川高等学校 | 49 |
| 愛川高等学校 | 161 |
| 相川高等学校 | 175 |
| 愛光高等学校 | 363 |
| 愛国学園大学附属四街道高等学校 | 105 |
| 愛国学園大学附属龍ケ崎高等学校 | 68 |
| 愛国高等学校 | 129 |
| 会津学鳳高等学校 | 59 |
| 会津工業高等学校 | 59 |
| 会津高等学校 | 59 |
| 会津第二高等学校 | 59 |
| 会津農林高等学校 | 59 |
| 会津若松ザベリオ学園高等学校 | 59 |
| 愛知啓成高等学校 | 234 |
| 愛知工業高等学校 | 234 |
| 愛知工業大学名電高等学校 | 234 |
| 愛知高等学校 | 234 |
| 愛知産業大学工業高等学校 | 234 |
| 愛知産業大学三河高等学校 | 234 |
| 愛知淑徳高等学校 | 235 |
| 愛知商業高等学校 | 235 |
| 愛知女子高等学校 | 235 |
| 愛知みずほ大学瑞穂高等学校 | 235 |
| 愛徳学園高等学校 | 293 |
| 愛農学園農業高等学校 | 248 |
| 相原高等学校 | 161 |
| 愛別高等学校 | 4 |
| 葵高等学校 | 59 |
| 青井高等学校 | 129 |
| 青森明の星高等学校 | 25 |

# 高校 学校種別一覧

| 校名 | ページ |
|---|---|
| 青森北高等学校 | 25 |
| 青森工業高等学校 | 25 |
| 青森高等学校 | 25 |
| 青森商業高等学校 | 25 |
| 青森中央高等学校 | 25 |
| 青森戸山高等学校 | 25 |
| 青森西高等学校 | 25 |
| 青森東高等学校 | 25 |
| 青森南高等学校 | 26 |
| 青森山田高等学校 | 26 |
| 青谷高等学校 | 317 |
| 青山学院高等部 | 129 |
| 青山高等学校 | 129 |
| 赤坂高等学校 | 129 |
| 明石北高等学校 | 293 |
| 明石高等学校 | 293 |
| 明石清水高等学校 | 293 |
| 明石商業高等学校 | 293 |
| 明石城西高等学校 | 294 |
| 明科高等学校 | 202 |
| 明石西高等学校 | 294 |
| 明石南高等学校 | 294 |
| 暁高等学校 | 248 |
| 吾妻高等学校 | 84 |
| 阿賀野高等学校 | 176 |
| 赤羽商業高等学校 | 129 |
| 赤平高等学校 | 4 |
| 阿賀黎明高等学校 | 176 |
| 阿寒高等学校 | 4 |
| 秋草学園高等学校 | 92 |
| 阿木高等学校 | 212 |
| 安芸高等学校 | 335 |
| 安芸高等学校 | 369 |
| 安芸桜ケ丘高等学校 | 370 |
| 秋田北高等学校 | 49 |
| 秋田経済法科大学附属高等学校 | 49 |
| 秋田工業高等学校 | 49 |
| 秋田高等学校 | 49 |
| 秋田修英高等学校 | 49 |
| 秋田商業高等学校 | 49 |
| 秋田中央高等学校 | 49 |
| 秋田西高等学校 | 49 |
| 秋田南高等学校 | 49 |
| 秋田明徳館高等学校 | 49 |
| 秋田和洋女子高等学校 | 49 |
| 安芸府中高等学校 | 335 |
| 安芸南高等学校 | 335 |
| 秋留台高等学校 | 129 |
| 阿久比高等学校 | 235 |
| 芥田学園高等学校 | 219 |
| 芥川高等学校 | 274 |
| 上尾高等学校 | 92 |
| 上尾沼南高等学校 | 92 |
| 上尾橘高等学校 | 92 |
| 上尾東高等学校 | 92 |
| 上尾南高等学校 | 92 |
| 明智商業高等学校 | 212 |
| 明野高等学校 | 68 |
| 明野高等学校 | 248 |
| 安下庄高等学校 | 347 |
| あけぼの学園高等学校 | 249 |
| 赤穂高等学校 | 202 |
| 赤穂高等学校 | 294 |
| 麻生高等学校 | 161 |
| 麻生総合高等学校 | 161 |
| 安積高等学校 | 60 |
| 朝霞高等学校 | 92 |
| 安積高等学校御舘分校 | 60 |
| 朝霞西高等学校 | 92 |
| 安積黎明高等学校 | 60 |
| 安佐北高等学校 | 335 |
| 浅草高等学校 | 129 |
| 朝倉高等学校 | 376 |
| 朝倉農業高等学校 | 376 |
| 朝倉東高等学校 | 376 |
| 朝明高等学校 | 249 |
| 厚狭高等学校 | 347 |
| 浅野高等学校 | 161 |
| 朝羽高等学校 | 377 |
| 旭丘高等学校 | 161 |
| 旭丘高等学校 | 235 |
| 旭川北高等学校 | 4 |
| 旭川工業高等学校 | 4 |
| 旭川実業高等学校 | 4 |
| 旭川商業高等学校 | 4 |
| 旭川大学高等学校 | 5 |
| 旭川東栄高等学校 | 5 |
| 旭川西高等学校 | 5 |
| 旭川農業高等学校 | 5 |
| 旭川東高等学校 | 5 |
| 旭川藤女子高等学校 | 5 |
| 旭川北都商業高等学校 | 5 |
| 旭川南高等学校 | 5 |
| 旭川明成高等学校 | 5 |
| 旭川竜谷高等学校 | 5 |
| 旭川凌雲高等学校 | 5 |
| 旭高等学校 | 161 |
| 旭高等学校 | 274 |
| 旭農業高等学校 | 105 |
| 旭野高等学校 | 235 |
| 麻布高等学校 | 129 |
| 麻布大学附属渕野辺高等学校 | 161 |
| 麻溝台高等学校 | 161 |
| 足利工業高等学校 | 77 |
| 足利工業大学附属高等学校 | 77 |
| 足利高等学校 | 77 |
| 足利商業高等学校 | 77 |
| 足利女子高等学校 | 77 |
| 足利短期大学附属高等学校 | 77 |
| 足利西高等学校 | 77 |
| 足利南高等学校 | 77 |
| 鰺ヶ沢高等学校 | 26 |
| 足柄高等学校 | 161 |
| 芦北高等学校 | 400 |

| 校名 | 頁 |
|---|---|
| 芦品まなび学園高等学校 | 335 |
| 芦別高等学校 | 5 |
| 芦間高等学校 | 275 |
| 安心院高等学校 | 408 |
| 芦屋高等学校 | 294 |
| 芦屋高等学校 | 294 |
| 芦屋大学附属高等学校 | 294 |
| 足寄高等学校 | 5 |
| 飛鳥高等学校 | 129 |
| 足助高等学校 | 235 |
| 梓川高等学校 | 202 |
| あずさ第一高等学校 | 106 |
| 安曇川高等学校 | 255 |
| 足羽高等学校 | 193 |
| 麻生高等学校 | 68 |
| 阿蘇高等学校 | 400 |
| 阿蘇清峰高等学校 | 400 |
| 足立学園高等学校 | 129 |
| 足立工業高等学校 | 129 |
| 安達高等学校 | 60 |
| 足立高等学校 | 129 |
| 足立新田高等学校 | 130 |
| 足立西高等学校 | 130 |
| 足立東高等学校 | 130 |
| 安達東高等学校 | 60 |
| 熱海高等学校 | 219 |
| 阿智高等学校 | 202 |
| 厚木北高等学校 | 161 |
| 厚木高等学校 | 161 |
| 厚木商業高等学校 | 161 |
| 厚木清南高等学校 | 161 |
| 厚木西高等学校 | 161 |
| 厚木東高等学校 | 161 |
| 厚岸潮見高等学校 | 5 |
| 厚岸水産高等学校 | 5 |
| 熱田高等学校 | 235 |
| 厚真高等学校 | 5 |
| 渥美農業高等学校 | 235 |
| 左沢高等学校 | 53 |
| 跡見学園高等学校 | 130 |
| 穴吹高等学校 | 355 |
| 阿南工業高等学校 | 355 |
| 阿南高等学校 | 202 |
| 姉崎高等学校 | 106 |
| 網走高等学校 | 5 |
| 網走向陽高等学校 | 6 |
| 網走南ヶ丘高等学校 | 6 |
| 我孫子高等学校 | 106 |
| 我孫子二階堂高等学校 | 106 |
| 虻田高等学校 | 6 |
| 阿武野高等学校 | 275 |
| 安部学院高等学校 | 130 |
| 阿倍野高等学校 | 275 |
| 網干高等学校 | 294 |
| 尼崎稲園高等学校 | 294 |
| 尼崎小田高等学校 | 294 |
| 尼崎北高等学校 | 294 |
| 尼崎工業高等学校 | 294 |
| 尼崎工業高等学校 | 294 |
| 尼崎高等学校 | 294 |
| 尼崎高等学校 | 294 |
| 尼崎産業高等学校 | 294 |
| 尼崎西高等学校 | 294 |
| 尼崎東高等学校 | 295 |
| 天草工業高等学校 | 400 |
| 天草高等学校 | 401 |
| 天草高等学校天草西校 | 401 |
| 天草東高等学校 | 401 |
| 天羽高等学校 | 106 |
| 奄美高等学校 | 420 |
| 網野高等学校 | 263 |
| 網野高等学校間人分校 | 263 |
| 綾瀬高等学校 | 161 |
| 綾瀬西高等学校 | 162 |
| 綾羽高等学校 | 255 |
| 綾部高等学校 | 263 |
| 綾部高等学校東分校 | 263 |
| 新井高等学校 | 176 |
| 新居高等学校 | 219 |
| 新磯高等学校 | 162 |
| 荒尾高等学校 | 401 |
| 荒川工業高等学校 | 130 |
| 荒川高等学校 | 176 |
| 荒川商業高等学校 | 130 |
| 新野高等学校 | 355 |
| 荒砥高等学校 | 54 |
| 新屋高等学校 | 50 |
| 有明高等学校 | 401 |
| 有明高等学校 | 420 |
| ありあけ新世高等学校 | 377 |
| 有磯高等学校 | 184 |
| 有田工業高等学校 | 388 |
| 有田中央高等学校 | 313 |
| 有田中央高等学校清水分校 | 313 |
| 有馬高等学校 | 162 |
| 有馬高等学校 | 295 |
| 有馬商業高等学校 | 393 |
| アレセイア湘南高等学校 | 162 |
| 安房高等学校 | 106 |
| 阿波高等学校 | 355 |
| 淡路高等学校 | 295 |
| 淡路高等学校一宮校 | 295 |
| 安房水産高等学校 | 106 |
| 安房拓心高等学校 | 106 |
| 阿波西高等学校 | 355 |
| 阿波農業高等学校 | 355 |
| 粟野高等学校 | 77 |
| 安房南高等学校 | 106 |
| 安城学園高等学校 | 235 |
| 安城高等学校 | 235 |
| 安城農林高等学校 | 235 |
| 安城東高等学校 | 235 |
| 安城南高等学校 | 236 |
| 安中総合学園高等学校 | 84 |

高校　学校種別一覧

| 校名 | 頁 | 校名 | 頁 |
|---|---|---|---|
| 遺愛女子高等学校 | 6 | 石狩翔陽高等学校 | 6 |
| 飯塚高等学校 | 377 | 石狩南高等学校 | 6 |
| 飯田長姫高等学校 | 202 | 石川県立工業高等学校 | 189 |
| 飯田工業高等学校 | 202 | 石川高等学校 | 60 |
| 飯田高等学校 | 189 | 石川高等学校 | 60 |
| 飯田高等学校 | 202 | 石川高等学校 | 429 |
| 飯田女子高等学校 | 202 | 石下高等学校 | 68 |
| 飯田風越高等学校 | 202 | 伊志田高等学校 | 162 |
| 飯南高等学校 | 249 | 石田高等学校 | 359 |
| 飯南高等学校 | 320 | 石巻工業高等学校 | 41 |
| 飯野川高等学校 | 40 | 石巻高等学校 | 41 |
| 飯野川高等学校十三浜校 | 40 | 石巻好文館高等学校 | 41 |
| 飯野高等学校 | 249 | 石巻商業高等学校 | 41 |
| 飯野高等学校 | 414 | 石巻市立女子高等学校 | 41 |
| 飯山北高等学校 | 203 | 石巻市立女子商業高等学校 | 41 |
| 飯山照丘高等学校 | 203 | 石巻西高等学校 | 41 |
| 飯山南高等学校 | 203 | 石橋高等学校 | 77 |
| 家島高等学校 | 295 | 石部高等学校 | 255 |
| 伊香高等学校 | 255 | 石薬師高等学校 | 249 |
| 伊川谷北高等学校 | 295 | 石山高等学校 | 255 |
| 伊川谷高等学校 | 295 | 伊集院高等学校 | 420 |
| 壱岐高等学校 | 393 | 惟信高等学校 | 236 |
| 壱岐商業高等学校 | 393 | 泉尾工業高等学校 | 275 |
| 育英高等学校 | 295 | 泉尾高等学校 | 275 |
| 育英西高等学校 | 308 | 出石高等学校 | 295 |
| 伊具高等学校 | 40 | 伊豆中央高等学校 | 220 |
| 井草高等学校 | 130 | 泉大津高等学校 | 275 |
| 生田高等学校 | 162 | 出水工業高等学校 | 420 |
| 生田東高等学校 | 162 | 泉高等学校 | 41 |
| 生野学園高等学校 | 295 | いずみ高等学校 | 92 |
| 生野工業高等学校 | 275 | 泉高等学校 | 106 |
| 生野高等学校 | 275 | 和泉高等学校 | 162 |
| 生野高等学校 | 295 | 和泉高等学校 | 275 |
| 郁文館グローバル高等学校 | 130 | 出水高等学校 | 420 |
| 郁文館高等学校 | 130 | 出水商業高等学校 | 421 |
| 池上学院高等学校 | 6 | 泉松陵高等学校 | 41 |
| 池島高等学校 | 275 | 和泉総合高等学校 | 275 |
| 池新田高等学校 | 220 | 泉館山高等学校 | 41 |
| 池田北高等学校 | 275 | 出水中央高等学校 | 421 |
| 池田工業高等学校 | 203 | 泉鳥取高等学校 | 275 |
| 池田高等学校 | 6 | 出雲工業高等学校 | 320 |
| 池田高等学校 | 212 | 出雲高等学校 | 320 |
| 池田高等学校 | 275 | 出雲崎高等学校 | 176 |
| 池田高等学校 | 355 | 出雲商業高等学校 | 320 |
| 池田高等学校 | 420 | 出雲西高等学校 | 320 |
| 生駒高等学校 | 308 | 出雲農林高等学校 | 320 |
| 伊佐農林高等学校 | 420 | 出雲北陵高等学校 | 320 |
| 諫早高等学校 | 393 | 石動高等学校 | 184 |
| 諫早高等学校高来分校 | 394 | 伊勢工業高等学校 | 249 |
| 諫早商業高等学校 | 394 | 伊勢高等学校 | 249 |
| 諫早農業高等学校 | 394 | 伊勢崎工業高等学校 | 84 |
| 諫早東高等学校 | 394 | 伊勢崎高等学校 | 84 |
| 胆沢高等学校 | 32 | 伊勢崎高等学校 | 85 |
| 石和高等学校 | 197 | 伊勢崎興陽高等学校 | 85 |
| 石岡商業高等学校 | 68 | 伊勢崎商業高等学校 | 85 |
| 石岡第一高等学校 | 68 | 伊勢崎清明高等学校 | 85 |
| 石岡第二高等学校 | 68 | 伊勢女子高等学校 | 249 |

| 学校名 | ページ |
|---|---|
| 伊勢原高等学校 | 162 |
| 伊勢まなび高等学校 | 249 |
| 磯子工業高等学校 | 162 |
| 磯子高等学校 | 162 |
| 磯原高等学校 | 68 |
| 磯辺高等学校 | 106 |
| 板倉高等学校 | 85 |
| 潮来高等学校 | 68 |
| 板野高等学校 | 356 |
| 板橋高等学校 | 130 |
| 伊丹北高等学校 | 295 |
| 伊丹高等学校 | 295 |
| 伊丹高等学校 | 295 |
| 伊丹西高等学校 | 296 |
| 板柳高等学校 | 26 |
| 市岡高等学校 | 275 |
| 市岡商業高等学校 | 275 |
| 市ヶ尾高等学校 | 162 |
| 市ヶ谷商業高等学校 | 130 |
| 市川北高等学校 | 106 |
| 市川工業高等学校 | 106 |
| 市川高等学校 | 106 |
| 市川高等学校 | 197 |
| 市川高等学校 | 296 |
| 市川西高等学校 | 106 |
| 市川東高等学校 | 106 |
| 市川南高等学校 | 106 |
| 市来農芸高等学校 | 421 |
| 一条高等学校 | 308 |
| 一関学院高等学校 | 32 |
| 一関工業高等学校 | 32 |
| 一関修紅高等学校 | 32 |
| 一関第一高等学校 | 32 |
| 一関第二高等学校 | 32 |
| 一関農業高等学校 | 32 |
| 一戸高等学校 | 32 |
| 一宮北高等学校 | 236 |
| 一宮工業高等学校 | 236 |
| 一宮高等学校 | 236 |
| 一宮興道高等学校 | 236 |
| 一宮商業高等学校 | 106 |
| 一宮商業高等学校 | 236 |
| 一宮女子高等学校 | 236 |
| 一宮西高等学校 | 236 |
| 一宮南高等学校 | 236 |
| 一迫商業高等学校 | 41 |
| 市原高等学校 | 106 |
| 市原中央高等学校 | 106 |
| 市原緑高等学校 | 107 |
| 市原八幡高等学校 | 107 |
| 五日市高等学校 | 131 |
| 五日市高等学校 | 335 |
| 一色高等学校 | 236 |
| 一燈園高等学校 | 263 |
| 糸魚川高等学校 | 176 |
| 糸魚川白嶺高等学校 | 176 |
| 伊東高等学校 | 220 |
| 伊東城ケ崎高等学校 | 220 |
| 伊東商業高等学校 | 220 |
| 伊都高等学校 | 313 |
| 糸島高等学校 | 377 |
| 糸島農業高等学校 | 377 |
| 糸満高等学校 | 429 |
| 伊奈学園総合高等学校 | 92 |
| 猪名川高等学校 | 296 |
| 伊那北高等学校 | 203 |
| 伊奈高等学校 | 69 |
| 引佐高等学校 | 220 |
| 稲沢高等学校 | 236 |
| 稲沢東高等学校 | 236 |
| 稲築志耕館高等学校 | 377 |
| 稲取高等学校 | 220 |
| 伊那西高等学校 | 203 |
| いなべ総合学園高等学校 | 249 |
| 伊那弥生ヶ丘高等学校 | 203 |
| 猪苗代高等学校 | 60 |
| 犬山高等学校 | 236 |
| 犬山南高等学校 | 236 |
| 稲生高等学校 | 249 |
| 伊野商業高等学校 | 370 |
| 茨城キリスト教学園高等学校 | 69 |
| 茨城県立中央高等学校 | 69 |
| 茨木工科高等学校 | 275 |
| 茨城高等学校 | 69 |
| 茨木高等学校 | 275 |
| 茨木西高等学校 | 275 |
| 茨城東高等学校 | 69 |
| 茨木東高等学校 | 275 |
| 庵原高等学校 | 220 |
| 井原高等学校 | 326 |
| 井原市立高等学校 | 326 |
| 揖斐高等学校 | 212 |
| 伊吹高等学校 | 255 |
| 指宿高等学校 | 421 |
| 指宿商業高等学校 | 421 |
| 伊保内高等学校 | 32 |
| 今市工業高等学校 | 77 |
| 今市高等学校 | 77 |
| 今治北高等学校 | 363 |
| 今治北高等学校大三島分校 | 363 |
| 今治工業高等学校 | 363 |
| 今治精華高等学校 | 364 |
| 今治西高等学校 | 364 |
| 今治東高等学校 | 364 |
| 今治南高等学校 | 364 |
| 今治南高等学校大島分校 | 364 |
| 今治明徳高等学校 | 364 |
| 今別高等学校 | 26 |
| 今宮工科高等学校 | 276 |
| 今宮高等学校 | 276 |
| 伊万里高等学校 | 388 |
| 伊万里商業高等学校 | 389 |
| 伊万里農林高等学校 | 389 |
| 伊予高等学校 | 364 |

| 校名 | 頁 | 校名 | 頁 |
|---|---|---|---|
| 伊予農業高等学校 | 364 | 植草学園文化女子高等学校 | 107 |
| 伊良部高等学校 | 429 | 上田高等学校 | 203 |
| 入来商業高等学校 | 421 | 上田染谷丘高等学校 | 203 |
| 入間高等学校 | 92 | 上田千曲高等学校 | 203 |
| 入間向陽高等学校 | 92 | 上田西高等学校 | 204 |
| 岩井高等学校 | 69 | 上田東高等学校 | 204 |
| 岩泉高等学校 | 32 | 上野学園高等学校 | 131 |
| 岩泉高等学校田野畑校 | 33 | 上野工業高等学校 | 249 |
| 岩井西高等学校 | 69 | 上野高等学校 | 131 |
| 岩ヶ崎高等学校 | 41 | 上野高等学校 | 249 |
| 岩川高等学校 | 421 | 上野商業高等学校 | 250 |
| いわき海星高等学校 | 60 | 上野農業高等学校 | 250 |
| 岩木高等学校 | 26 | 上野原高等学校 | 197 |
| 磐城高等学校 | 60 | 上宮高等学校 | 276 |
| いわき光洋高等学校 | 60 | 上宮太子高等学校 | 276 |
| 磐城桜が丘高等学校 | 60 | 魚津工業高等学校 | 184 |
| いわき秀英高等学校 | 60 | 魚津高等学校 | 184 |
| いわき総合高等学校 | 60 | 浮羽究真館高等学校 | 377 |
| 磐城農業高等学校 | 60 | 浮羽工業高等学校 | 377 |
| いわき翠の杜高等学校 | 61 | 浮羽高等学校 | 377 |
| 岩国工業高等学校 | 347 | 浮羽東高等学校 | 377 |
| 岩国高等学校 | 347 | 鶯沢工業高等学校 | 41 |
| 岩国商業高等学校 | 348 | 鶯谷高等学校 | 212 |
| 岩国商業高等学校東分校 | 348 | 宇久高等学校 | 394 |
| 岩国総合高等学校 | 348 | 羽後高等学校 | 50 |
| 岩倉高等学校 | 131 | 宇佐高等学校 | 408 |
| 岩倉総合高等学校 | 236 | 宇佐産業科学高等学校 | 408 |
| 伊和高等学校 | 296 | 牛久栄進高等学校 | 69 |
| 岩瀬高等学校 | 69 | 牛久高等学校 | 69 |
| 岩瀬日本大学高等学校 | 69 | 宇治高等学校 | 326 |
| 岩瀬農業高等学校 | 61 | 牛津高等学校 | 389 |
| 磐田北高等学校 | 220 | 牛深高等学校 | 401 |
| 岩田高等学校 | 408 | 宇治山田高等学校 | 250 |
| 磐田西高等学校 | 220 | 宇治山田商業高等学校 | 250 |
| 磐田農業高等学校 | 220 | 羽松高等学校 | 189 |
| 磐田東高等学校 | 220 | 烏城高等学校 | 326 |
| 磐田南高等学校 | 220 | 羽水高等学校 | 193 |
| 岩槻高等学校 | 92 | 臼杵高等学校 | 408 |
| 岩槻商業高等学校 | 92 | 臼杵商業高等学校 | 408 |
| 岩槻北陵高等学校 | 92 | 臼田高等学校 | 204 |
| 岩津高等学校 | 236 | 歌志内高等学校 | 6 |
| 岩手高等学校 | 33 | 内子高等学校 | 364 |
| 岩手女子高等学校 | 33 | 宇都宮海星女子学院高等学校 | 77 |
| 岩出山高等学校 | 41 | 宇都宮北高等学校 | 77 |
| 岩戸高等学校 | 162 | 宇都宮工業高等学校 | 77 |
| 岩内高等学校 | 6 | 宇都宮高等学校 | 77 |
| 岩美高等学校 | 317 | 宇都宮商業高等学校 | 78 |
| 岩見沢西高等学校 | 6 | 宇都宮女子高等学校 | 78 |
| 岩見沢農業高等学校 | 6 | 宇都宮清陵高等学校 | 78 |
| 岩見沢東高等学校 | 6 | 宇都宮短期大学附属高等学校 | 78 |
| 岩見沢緑陵高等学校 | 6 | 宇都宮中央女子高等学校 | 78 |
| 岩村高等学校 | 212 | 宇都宮白楊高等学校 | 78 |
| 岩村田高等学校 | 203 | 宇都宮東高等学校 | 78 |
| 岩谷堂高等学校 | 33 | 宇都宮文星女子高等学校 | 78 |
| 岩谷堂農林高等学校 | 33 | 宇都宮南高等学校 | 78 |
| 因島高等学校 | 336 | 内海高等学校 | 236 |
| 印旛高等学校 | 107 | 宇土高等学校 | 401 |

| 学校種別一覧 | | 高校 | |
|---|---|---|---|
| 畝傍高等学校 | 308 | 恵那北高等学校 | 212 |
| 宇部工業高等学校 | 348 | 恵那高等学校 | 212 |
| 宇部鴻城高等学校 | 348 | 恵那農業高等学校 | 212 |
| 宇部高等学校 | 348 | 恵庭北高等学校 | 7 |
| 宇部商業高等学校 | 348 | 恵庭南高等学校 | 7 |
| 宇部中央高等学校 | 348 | 海老名高等学校 | 162 |
| 宇部西高等学校 | 348 | えびの高原国際高等学校 | 414 |
| 宇部フロンティア大学付属香川高等学校 | 348 | 愛媛大学農学部附属農業高等学校 | 365 |
| 宇美商業高等学校 | 377 | 江別高等学校 | 7 |
| 浦河高等学校 | 7 | 江見商業高等学校 | 326 |
| 浦添工業高等学校 | 429 | えりも高等学校 | 7 |
| 浦添高等学校 | 429 | 遠軽郁凌高等学校 | 7 |
| 浦添商業高等学校 | 429 | 遠軽高等学校 | 7 |
| 浦幌高等学校 | 7 | 塩山高等学校 | 197 |
| 浦安高等学校 | 107 | 遠別農業高等学校 | 7 |
| 浦安南高等学校 | 107 | オイスカ高等学校 | 220 |
| 浦和明の星女子高等学校 | 92 | 生浜高等学校 | 107 |
| 浦和学院高等学校 | 92 | 追分高等学校 | 7 |
| 浦和北高等学校 | 92 | 桜蔭高等学校 | 131 |
| 浦和工業高等学校 | 92 | 桜花学園高等学校 | 237 |
| 浦和高等学校 | 93 | 相可高等学校 | 250 |
| 浦和高等学校 | 93 | 桜華女学院高等学校 | 131 |
| 浦和実業学園高等学校 | 93 | 扇町高等学校 | 276 |
| 浦和第一女子高等学校 | 93 | 扇町総合高等学校 | 276 |
| 浦和西高等学校 | 93 | 王子工業高等学校 | 131 |
| 浦和東高等学校 | 93 | 王寺工業高等学校 | 308 |
| 浦和南高等学校 | 93 | 桜修館中等教育学校 | 131 |
| 浦和ルーテル学院高等学校 | 93 | 追手門学院高等学校 | 276 |
| 嬉野高等学校 | 389 | 追手門学院大手前高等学校 | 276 |
| 浦和商業高等学校 | 93 | 桜美林高等学校 | 131 |
| 宇和高等学校 | 364 | 近江兄弟社高等学校 | 255 |
| 宇和島水産高等学校 | 364 | 近江高等学校 | 255 |
| 宇和島東高等学校 | 364 | 雄武高等学校 | 7 |
| 宇和島南高等学校 | 364 | 青梅総合高等学校 | 131 |
| 上沼高等学校 | 41 | 鴎友学園女子高等学校 | 131 |
| AICJ高等学校 | 336 | 桜林高等学校 | 107 |
| 栄光学園高等学校 | 162 | 大麻高等学校 | 7 |
| 頴娃高等学校 | 421 | 大洗高等学校 | 69 |
| 英真学園高等学校 | 276 | 大井川高等学校 | 220 |
| 盈進高等学校 | 336 | 大井高等学校 | 93 |
| 英数学館高等学校 | 336 | 大井高等学校 | 162 |
| 栄徳高等学校 | 237 | 大泉高等学校 | 85 |
| 穎明館高等学校 | 131 | 大泉高等学校 | 131 |
| 英明高等学校 | 359 | 大泉桜高等学校 | 131 |
| エクセラン高等学校 | 204 | 大磯高等学校 | 162 |
| 枝幸高等学校 | 7 | 大分上野丘高等学校 | 408 |
| 枝幸高等学校 | 7 | 大分雄城台高等学校 | 408 |
| 恵山高等学校 | 7 | 大分県立海洋科学高等学校 | 408 |
| 荏田高等学校 | 162 | 大分県立情報科学高等学校 | 409 |
| 江田島高等学校 | 336 | 大分工業高等学校 | 409 |
| 愛知高等学校 | 255 | 大分高等学校 | 409 |
| 江戸川学園取手高等学校 | 69 | 大分国際情報高等学校 | 409 |
| 江戸川高等学校 | 131 | 大分商業高等学校 | 409 |
| 江戸川女子高等学校 | 131 | 大分中央高等学校 | 409 |
| 江戸崎高等学校 | 69 | 大分鶴崎高等学校 | 409 |
| 江戸崎総合高等学校 | 69 | 大分東明高等学校 | 409 |
| 江戸崎西高等学校 | 69 | 大分西高等学校 | 409 |

学校名変遷総覧　大学・高校編　451

| 校名 | 頁 | 校名 | 頁 |
|---|---|---|---|
| 大分東高等学校 | 409 | 大阪府立農芸高等学校 | 278 |
| 大分豊府高等学校 | 409 | 大阪夕陽丘学園高等学校 | 278 |
| 大分舞鶴高等学校 | 409 | 大崎海星高等学校 | 336 |
| 大分南高等学校 | 409 | 大崎高等学校 | 132 |
| 大宇陀高等学校 | 308 | 大崎高等学校 | 394 |
| 大宇陀高等学校菟田野分校 | 308 | 大崎中央高等学校 | 42 |
| 大江高等学校 | 263 | 大沢野工業高等学校 | 184 |
| 大江戸高等学校 | 132 | 大島海洋国際高等学校 | 132 |
| 大垣北高等学校 | 212 | 大島北高等学校 | 421 |
| 大垣工業高等学校 | 212 | 大島工業高等学校 | 421 |
| 大柿高等学校 | 336 | 大島高等学校 | 132 |
| 大柿高等学校大君分校 | 336 | 大島高等学校 | 421 |
| 大垣桜高等学校 | 212 | 大清水高等学校 | 162 |
| 大垣商業高等学校 | 213 | 大洲高等学校 | 365 |
| 大垣西高等学校 | 213 | 大津高等学校 | 401 |
| 大垣日本大学高等学校 | 213 | 大洲高等学校肱川分校 | 365 |
| 大垣東高等学校 | 213 | 大洲農業高等学校 | 365 |
| 大垣南高等学校 | 213 | 大多喜高等学校 | 107 |
| 大垣養老高等学校 | 213 | 大竹高等学校 | 336 |
| 大川学園高等学校 | 93 | 太田工業高等学校 | 85 |
| 大川樟風高等学校 | 377 | 太田高等学校 | 85 |
| 大川東高等学校 | 359 | 大田高等学校 | 321 |
| 大河原商業高等学校 | 41 | 太田女子高等学校 | 85 |
| 大冠高等学校 | 276 | 太田市立商業高等学校 | 85 |
| 鴨沂高等学校 | 263 | 太田第一高等学校 | 69 |
| 大楠高等学校 | 162 | 太田第二高等学校 | 69 |
| 大口高等学校 | 421 | 太田第二高等学校里美校 | 69 |
| 大口明光学園高等学校 | 421 | 大館桂高等学校 | 50 |
| 大阪学院大学高等学校 | 276 | 大館工業高等学校 | 50 |
| 大阪学芸高等学校 | 276 | 大館高等学校 | 50 |
| 大阪薫英女学院高等学校 | 276 | 大館国際情報学院高等学校 | 50 |
| 大阪工業大学高等学校 | 276 | 大館鳳鳴高等学校 | 50 |
| 大阪高等学校 | 276 | 大谷高等学校 | 264 |
| 大阪国際大和田高等学校 | 277 | 大谷高等学校 | 278 |
| 大阪国際滝井高等学校 | 277 | 太田東高等学校 | 85 |
| 大阪産業大学附属高等学校 | 277 | 太田フレックス高等学校 | 85 |
| 大阪商業大学高等学校 | 277 | 大田原高等学校 | 78 |
| 大阪商業大学堺高等学校 | 277 | 大田原女子高等学校 | 78 |
| 大阪女学院高等学校 | 277 | 大田原東高等学校 | 78 |
| 大阪女子高等学校 | 277 | 邑智高等学校 | 321 |
| 大阪女子短期大学高等学校 | 277 | 大塚高等学校 | 278 |
| 大阪市立工芸高等学校 | 277 | 大月短期大学附属高等学校 | 197 |
| 大阪市立高等学校 | 277 | 大津高等学校 | 255 |
| 大阪市立第二工芸高等学校 | 277 | 大津高等学校 | 348 |
| 大阪市立中央高等学校 | 277 | 大津商業高等学校 | 255 |
| 大阪市立西高等学校 | 277 | 大津清陵高等学校 | 256 |
| 大阪市立東高等学校 | 277 | 大槌高等学校 | 33 |
| 大阪市立南高等学校 | 277 | 大妻高等学校 | 132 |
| 大阪信愛女学院高等学校 | 277 | 大妻多摩高等学校 | 132 |
| 大阪成蹊女子高等学校 | 278 | 大妻中野高等学校 | 132 |
| 大阪星光学院高等学校 | 278 | 大妻嵐山高等学校 | 93 |
| 大阪青凌高等学校 | 278 | 大手前高等学校 | 278 |
| 大阪体育大学浪商高等学校 | 278 | 大手町商業高等学校 | 336 |
| 大阪電気通信大学高等学校 | 278 | 大栃高等学校 | 370 |
| 大阪桐蔭高等学校 | 278 | 鵬学園高等学校 | 189 |
| 大阪福島女子高等学校 | 278 | 鳳高等学校 | 278 |
| 大阪府立園芸高等学校 | 278 | 大西学園高等学校 | 162 |

## 学校種別一覧　　　　　　　　　　　　　　　　　　　　　　　　　　　高校

| 校名 | 頁 | 校名 | 頁 |
|---|---|---|---|
| 大沼高等学校 | 61 | 岡崎城西高等学校 | 237 |
| 大野高等学校 | 33 | 岡崎西高等学校 | 237 |
| 大野高等学校 | 193 | 岡崎東高等学校 | 237 |
| 大野農業高等学校 | 7 | 小笠高等学校 | 221 |
| 大野東高等学校 | 193 | 小笠原高等学校 | 132 |
| 大迫高等学校 | 33 | 大方高等学校 | 370 |
| 大橋学園高等学校 | 250 | 雄勝高等学校 | 50 |
| 大畑高等学校 | 26 | 岡津高等学校 | 163 |
| 大秦野高等学校 | 162 | 小鹿野高等学校 | 94 |
| 大原高等学校 | 107 | 岡谷工業高等学校 | 204 |
| 大原高等学校 | 163 | 岡谷東高等学校 | 204 |
| 大仁高等学校 | 221 | 岡山朝日高等学校 | 327 |
| 大府高等学校 | 237 | 岡山一宮高等学校 | 327 |
| 大船高等学校 | 163 | 岡山学芸館高等学校 | 327 |
| 大船渡工業高等学校 | 33 | 岡山県共生高等学校 | 327 |
| 大船渡高等学校 | 33 | 岡山県作陽高等学校 | 327 |
| 大船渡農業高等学校 | 33 | 岡山県高梁日新高等学校 | 327 |
| 大府東高等学校 | 237 | 岡山県美作高等学校 | 327 |
| 大曲工業高等学校 | 50 | 岡山工業高等学校 | 327 |
| 大曲高等学校 | 50 | 岡山高等学校 | 327 |
| 大曲農業高等学校 | 50 | 岡山後楽館高等学校 | 327 |
| 大曲農業高等学校太田分校 | 50 | おかやま山陽高等学校 | 327 |
| 大間高等学校 | 26 | 岡山商科大学附属高等学校 | 327 |
| 大町北高等学校 | 204 | 岡山城東高等学校 | 327 |
| 大町高等学校 | 204 | 岡山操山高等学校 | 328 |
| 大間々高等学校 | 85 | 岡山大安寺高等学校 | 328 |
| 大湊高等学校 | 26 | 岡山白陵高等学校 | 328 |
| 大嶺高等学校 | 348 | 岡山東商業高等学校 | 328 |
| 大宮開成高等学校 | 93 | 岡山芳泉高等学校 | 328 |
| 大宮北高等学校 | 93 | 岡山南高等学校 | 328 |
| 大宮工業高等学校 | 93 | 岡山理科大学附属高等学校 | 333 |
| 大宮高等学校 | 69 | 岡山龍谷高等学校 | 328 |
| 大宮高等学校 | 93 | 岡谷南高等学校 | 204 |
| 大宮光陵高等学校 | 94 | 小川工業高等学校 | 401 |
| 大宮商業高等学校 | 94 | 小川高等学校 | 70 |
| 大宮中央高等学校 | 94 | 小川高等学校 | 94 |
| 大宮西高等学校 | 94 | 小川高等学校 | 132 |
| 大宮東高等学校 | 94 | 沖学園高等学校 | 377 |
| 大宮南高等学校 | 94 | 荻窪高等学校 | 132 |
| 大宮武蔵野高等学校 | 94 | 隠岐高等学校 | 321 |
| 大牟田北高等学校 | 377 | 小城高等学校 | 389 |
| 大牟田高等学校 | 377 | 隠岐水産高等学校 | 321 |
| 大村工業高等学校 | 394 | 置賜農業高等学校 | 54 |
| 大村高等学校 | 394 | 置賜農業高等学校飯豊分校 | 54 |
| 大村城南高等学校 | 394 | 隠岐島前高等学校 | 321 |
| 大森学園高等学校 | 132 | 沖縄カトリック高等学校 | 429 |
| 大森高等学校 | 132 | 沖縄工業高等学校 | 429 |
| 大矢野高等学校 | 401 | 沖縄尚学高等学校 | 429 |
| 大山高等学校 | 132 | 沖縄女子短期大学附属高等学校 | 429 |
| 大淀高等学校 | 308 | 沖縄水産高等学校 | 429 |
| 大鰐高等学校 | 26 | 沖永良部高等学校 | 421 |
| 男鹿海洋高等学校 | 50 | 邑久高等学校 | 328 |
| 男鹿工業高等学校 | 50 | 奥尻高等学校 | 7 |
| 岡崎北高等学校 | 237 | 小国高等学校 | 54 |
| 岡崎工業高等学校 | 237 | 小国高等学校 | 401 |
| 岡崎高等学校 | 237 | 桶川高等学校 | 94 |
| 岡崎商業高等学校 | 237 | 桶川西高等学校 | 94 |

## 高校

| 校名 | 頁 |
|---|---|
| 置戸高等学校 | 8 |
| 岡豊高等学校 | 370 |
| 小郡高等学校 | 378 |
| 起工業高等学校 | 237 |
| 越生高等学校 | 94 |
| 興部高等学校 | 8 |
| 小千谷高等学校 | 176 |
| 小千谷西高等学校 | 176 |
| 長万部高等学校 | 8 |
| 尾関学園高等学校 | 237 |
| 小瀬高等学校 | 70 |
| 尾瀬高等学校 | 85 |
| 小高工業高等学校 | 61 |
| 小高商業高等学校 | 61 |
| 小田高等学校 | 365 |
| 小樽桜陽高等学校 | 8 |
| 小樽工業高等学校 | 8 |
| 小樽商業高等学校 | 8 |
| 小樽水産高等学校 | 8 |
| 小樽潮陵高等学校 | 8 |
| 小樽明峰高等学校 | 8 |
| 小田原高等学校 | 163 |
| 小田原城東高等学校 | 163 |
| 小田原城北工業高等学校 | 163 |
| 落合高等学校 | 328 |
| 追浜高等学校 | 163 |
| おといねっぷ美術工芸高等学校 | 8 |
| 乙訓高等学校 | 264 |
| 音更高等学校 | 8 |
| 女川高等学校 | 42 |
| 小名浜高等学校 | 61 |
| 尾上総合高等学校 | 26 |
| 小野学園女子高等学校 | 132 |
| 小野工業高等学校 | 296 |
| 小野高等学校 | 61 |
| 小野高等学校 | 296 |
| 小野高等学校平田分校 | 61 |
| 小野田工業高等学校 | 349 |
| 小野田高等学校 | 349 |
| 尾道北高等学校 | 336 |
| 尾道商業高等学校 | 336 |
| 尾道東高等学校 | 337 |
| 尾道南高等学校 | 337 |
| 小浜高等学校 | 394 |
| 小浜水産高等学校 | 193 |
| 帯広大谷高等学校 | 8 |
| 帯広北高等学校 | 8 |
| 帯広工業高等学校 | 8 |
| 帯広三条高等学校 | 8 |
| 帯広農業高等学校 | 8 |
| 帯広柏葉高等学校 | 9 |
| 帯広南商業高等学校 | 9 |
| 帯広緑陽高等学校 | 9 |
| 小見川高等学校 | 107 |
| 雄物川高等学校 | 50 |
| 小矢部園芸高等学校 | 184 |
| 小山高等学校 | 78 |

| 校名 | 頁 |
|---|---|
| 雄山高等学校 | 184 |
| 小山高等学校 | 221 |
| 小山城南高等学校 | 79 |
| 小山台高等学校 | 132 |
| 小山西高等学校 | 79 |
| 小山北桜高等学校 | 79 |
| 小山南高等学校 | 79 |
| 折尾愛真高等学校 | 378 |
| 折尾高等学校 | 378 |
| 小禄高等学校 | 429 |
| 尾鷲高等学校 | 250 |
| 尾鷲高等学校長島校 | 250 |
| 遠賀高等学校 | 378 |
| 音戸高等学校 | 337 |
| 開志学園高等学校 | 176 |
| 海城高等学校 | 133 |
| 海翔高等学校 | 237 |
| 開新高等学校 | 401 |
| 貝塚高等学校 | 278 |
| 貝塚南高等学校 | 278 |
| 海津明誠高等学校 | 213 |
| 海星学院高等学校 | 9 |
| 開成高等学校 | 133 |
| 海星高等学校 | 251 |
| 開星高等学校 | 321 |
| 海星高等学校 | 394 |
| 海田高等学校 | 337 |
| 開智高等学校 | 94 |
| 開智学園高等部 | 313 |
| 海南高等学校 | 313 |
| 海南高等学校下津分校 | 313 |
| 海南市高等学校 | 313 |
| 柏原高等学校 | 296 |
| 海部高等学校 | 356 |
| 開邦高等学校 | 429 |
| 開明高等学校 | 278 |
| 海洋高等学校 | 70 |
| 開陽高等学校 | 421 |
| かえつ有明高等学校 | 133 |
| 科学技術学園高等学校 | 133 |
| 加賀高等学校 | 189 |
| 加賀聖城高等学校 | 189 |
| 各務原西高等学校 | 213 |
| 各務原高等学校 | 213 |
| 香川県大手前高等学校 | 359 |
| 香川県大手前高松高等学校 | 359 |
| 香川県藤井高等学校 | 359 |
| 香川県立農業経営高等学校 | 359 |
| 香川誠陵高等学校 | 360 |
| 香川中央高等学校 | 360 |
| 香川西高等学校 | 360 |
| 学芸館高等学校 | 85 |
| 学習院高等科 | 133 |
| 学習院女子高等科 | 133 |
| 鶴城丘高等学校 | 237 |
| 鶴翔高等学校 | 421 |
| 角田高等学校 | 42 |

| 学校名 | 頁 | 学校名 | 頁 |
|---|---|---|---|
| 角館高等学校 | 50 | 柏高等学校 | 107 |
| 角館南高等学校 | 51 | 柏崎工業高等学校 | 176 |
| 学法津田学園高等学校 | 251 | 柏崎高等学校 | 176 |
| 学悠館高等学校 | 79 | 柏崎高等学校小国分校 | 176 |
| 掛川工業高等学校 | 221 | 柏崎翔洋中等教育学校 | 176 |
| 掛川西高等学校 | 221 | 柏崎総合高等学校 | 176 |
| 掛川東高等学校 | 221 | 柏崎常盤高等学校 | 177 |
| 加計高等学校 | 337 | 柏中央高等学校 | 107 |
| 加計高等学校芸北分校 | 337 | 柏西高等学校 | 107 |
| 加古川北高等学校 | 296 | 柏日体高等学校 | 107 |
| 加古川西高等学校 | 296 | 柏南高等学校 | 107 |
| 加古川東高等学校 | 296 | 柏原東高等学校 | 279 |
| 加古川南高等学校 | 296 | 春日井工業高等学校 | 237 |
| 鹿児島育英館高等学校 | 422 | 春日井高等学校 | 237 |
| 鹿児島学芸高等学校 | 422 | 春日井商業高等学校 | 238 |
| 鹿児島玉龍高等学校 | 422 | 春日井西高等学校 | 238 |
| 鹿児島工業高等学校 | 422 | 春日井東高等学校 | 238 |
| 鹿児島高等学校 | 422 | 春日井南高等学校 | 238 |
| 鹿児島実業高等学校 | 422 | 春日丘高等学校 | 279 |
| 鹿児島修学館高等学校 | 422 | 春日高等学校 | 378 |
| 鹿児島純心女子高等学校 | 422 | 春日部共栄高等学校 | 94 |
| 鹿児島城西高等学校 | 422 | 春日部工業高等学校 | 94 |
| 鹿児島情報高等学校 | 422 | 春日部高等学校 | 94 |
| 鹿児島商業高等学校 | 422 | 春日部女子高等学校 | 94 |
| 鹿児島女子高等学校 | 423 | 春日部東高等学校 | 94 |
| 鹿児島水産高等学校 | 423 | 上総高等学校 | 107 |
| 鹿児島第一高等学校 | 423 | 霞ケ浦高等学校 | 70 |
| 鹿児島中央高等学校 | 423 | 香住丘高等学校 | 378 |
| 鹿児島西高等学校 | 423 | 霞ケ関高等学校 | 94 |
| 鹿児島東高等学校 | 423 | 香住高等学校 | 296 |
| 鹿児島南高等学校 | 423 | 笠田高等学校 | 313 |
| 葛西工業高等学校 | 133 | 加世田高等学校 | 423 |
| 葛西南高等学校 | 133 | 加世田常潤高等学校 | 423 |
| 笠岡工業高等学校 | 328 | 片倉高等学校 | 133 |
| 笠岡高等学校 | 328 | 堅田高等学校 | 256 |
| 笠岡商業高等学校 | 328 | 交野高等学校 | 279 |
| 笠田高等学校 | 360 | 華頂女子高等学校 | 264 |
| 笠間高等学校 | 70 | 勝浦高等学校 | 356 |
| 香椎工業高等学校 | 378 | 勝浦若潮高等学校 | 108 |
| 香椎高等学校 | 378 | 葛飾商業高等学校 | 133 |
| 加治木工業高等学校 | 423 | 葛飾地区総合学科高等学校 | 133 |
| 加治木高等学校 | 423 | 葛飾野高等学校 | 133 |
| 加治木女子高等学校 | 423 | 活水高等学校 | 394 |
| 香芝高等学校 | 309 | 勝田工業高等学校 | 70 |
| 橿原学院高等学校 | 309 | 勝田高等学校 | 70 |
| 橿原高等学校 | 309 | 勝間田高等学校 | 328 |
| 鹿島学園高等学校 | 70 | 勝山高等学校 | 193 |
| 鹿島高等学校 | 70 | 勝山高等学校 | 279 |
| 神島高等学校 | 313 | 勝山高等学校 | 329 |
| 鹿島高等学校 | 389 | 勝山南高等学校 | 193 |
| 鹿島実業高等学校 | 389 | 桂高等学校 | 197 |
| 鹿島台商業高等学校 | 42 | 桂高等学校 | 264 |
| 鹿島灘高等学校 | 70 | 嘉手納高等学校 | 429 |
| 霞城学園高等学校 | 54 | 加藤学園暁秀高等学校 | 221 |
| 柏井高等学校 | 107 | 加藤学園高等学校 | 221 |
| 柏北高等学校 | 107 | 門川高等学校 | 414 |
| 柏木農業高等学校 | 26 | 門真なみはや高等学校 | 279 |

高校

| 学校名 | 頁 |
|---|---|
| 門真西高等学校 | 279 |
| 金足農業高等学校 | 51 |
| 金井高等学校 | 163 |
| 神奈川学園高等学校 | 163 |
| 神奈川県立外語短期大学付属高等学校 | 163 |
| 神奈川県立商工高等学校 | 163 |
| 神奈川工業高等学校 | 163 |
| 神奈川総合高等学校 | 163 |
| 神奈川総合産業高等学校 | 163 |
| 神奈川大学附属高等学校 | 163 |
| 金木高等学校 | 26 |
| 金木高等学校市浦分校 | 26 |
| 金木高等学校小泊分校 | 26 |
| 金沢泉丘高等学校 | 189 |
| 金沢学院東高等学校 | 189 |
| 金沢高等学校 | 163 |
| 金沢高等学校 | 189 |
| 金沢向陽高等学校 | 189 |
| 金沢桜丘高等学校 | 189 |
| 金沢商業高等学校 | 189 |
| 金沢市立工業高等学校 | 189 |
| 金沢総合高等学校 | 163 |
| 金沢辰巳丘高等学校 | 190 |
| 金沢中央高等学校 | 190 |
| 金沢西高等学校 | 190 |
| 金沢二水高等学校 | 190 |
| 金沢伏見高等学校 | 190 |
| 金沢北陵高等学校 | 190 |
| 金津高等学校 | 194 |
| 金谷高等学校 | 221 |
| 河南高等学校 | 42 |
| 河南高等学校 | 279 |
| 可児工業高等学校 | 213 |
| 可児高等学校 | 213 |
| 鹿沼高等学校 | 79 |
| 鹿沼商工高等学校 | 79 |
| 鹿沼農業高等学校 | 79 |
| 鹿沼東高等学校 | 79 |
| 金岡高等学校 | 279 |
| 金ヶ崎高等学校 | 33 |
| 金山高等学校 | 54 |
| 加納高等学校 | 213 |
| 鹿野高等学校 | 349 |
| 鹿屋工業高等学校 | 424 |
| 鹿屋高等学校 | 424 |
| 鹿屋女子高等学校 | 424 |
| 鹿屋中央高等学校 | 424 |
| 鹿屋農業高等学校 | 424 |
| 可部高等学校 | 337 |
| 嘉穂高等学校 | 378 |
| 嘉穂総合高等学校 | 378 |
| 嘉穂東高等学校 | 378 |
| 釜石北高等学校 | 33 |
| 釜石工業高等学校 | 33 |
| 釜石商業高等学校 | 33 |
| 釜石南高等学校 | 34 |
| 鎌ケ谷高等学校 | 108 |
| 鎌ケ谷西高等学校 | 108 |
| 鎌倉学園高等学校 | 163 |
| 鎌倉高等学校 | 163 |
| 鎌倉女学院高等学校 | 164 |
| 鎌倉女子大学高等部 | 164 |
| 蒲郡高等学校 | 238 |
| 蒲郡東高等学校 | 238 |
| 蒲田高等学校 | 133 |
| 蒲田女子高等学校 | 133 |
| 釜利谷高等学校 | 164 |
| 上磯高等学校 | 9 |
| 上市高等学校 | 184 |
| 上伊那農業高等学校 | 204 |
| 上浮穴高等学校 | 365 |
| 上川高等学校 | 9 |
| 上郷高等学校 | 70 |
| 上郷高等学校 | 164 |
| 上郡高等学校 | 296 |
| 上五島高等学校 | 394 |
| 上士幌高等学校 | 9 |
| 神栖高等学校 | 70 |
| 上対馬高等学校 | 394 |
| 上鶴間高等学校 | 164 |
| 加美農業高等学校 | 42 |
| 上三川高等学校 | 79 |
| 上ノ国高等学校 | 9 |
| 上山明新館高等学校 | 54 |
| 上富良野高等学校 | 9 |
| 上溝高等学校 | 164 |
| 上溝南高等学校 | 164 |
| 神村学園高等部 | 424 |
| 上矢部高等学校 | 164 |
| 亀岡高等学校 | 264 |
| 亀山高等学校 | 251 |
| 蒲生高等学校 | 424 |
| 加茂丘高等学校 | 238 |
| 鴨方高等学校 | 329 |
| 賀茂北高等学校 | 337 |
| 加茂暁星高等学校 | 177 |
| 加茂高等学校 | 177 |
| 加茂高等学校 | 213 |
| 賀茂高等学校 | 337 |
| 加茂水産高等学校 | 54 |
| 鹿本高等学校 | 401 |
| 鹿本商工高等学校 | 402 |
| 鹿本農業高等学校 | 402 |
| 加茂農林高等学校 | 177 |
| 加茂農林高等学校 | 214 |
| 鴨島商業高等学校 | 356 |
| 加悦谷高等学校 | 264 |
| 華陽フロンティア高等学校 | 214 |
| 烏山高等学校 | 79 |
| 烏山女子高等学校 | 79 |
| 唐津工業高等学校 | 389 |
| 唐津商業高等学校 | 389 |
| 唐津青翔高等学校 | 389 |
| 唐津西高等学校 | 389 |

| 学校名 | 頁 | 学校名 | 頁 |
|---|---|---|---|
| 唐津東高等学校 | 389 | 観音寺中央高等学校 | 360 |
| 唐津南高等学校 | 390 | 関西大倉高等学校 | 279 |
| カリタス女子高等学校 | 164 | 関西創価高等学校 | 279 |
| 刈谷北高等学校 | 238 | 関西大学第一高等学校 | 279 |
| 刈谷工業高等学校 | 238 | 関西中央高等学校 | 309 |
| 刈谷高等学校 | 238 | 関西福祉科学大学高等学校 | 279 |
| 刈谷東高等学校 | 238 | 神崎工業高等学校 | 297 |
| 華陵高等学校 | 349 | 神崎高等学校 | 297 |
| 軽井沢高等学校 | 204 | 神埼高等学校 | 390 |
| 軽米高等学校 | 34 | 神埼清明高等学校 | 390 |
| 川内高等学校 | 26 | 関西学院高等部 | 297 |
| 河浦高等学校 | 402 | 関西高等学校 | 329 |
| 川口北高等学校 | 94 | 苅田工業高等学校 | 378 |
| 川口工業高等学校 | 95 | 神田高等学校 | 164 |
| 川口高等学校 | 61 | 神田女学園高等学校 | 133 |
| 川口高等学校 | 95 | 関東学院高等学校 | 164 |
| 川口高等学校 | 95 | 関東学院六浦高等学校 | 171 |
| 川口青陵高等学校 | 95 | 関東学園大学附属高等学校 | 85 |
| 川口総合高等学校 | 95 | 関東国際高等学校 | 134 |
| 川口東高等学校 | 95 | 関東第一高等学校 | 134 |
| 川越工業高等学校 | 95 | 神辺旭高等学校 | 337 |
| 川越高等学校 | 95 | 神辺高等学校 | 337 |
| 川越高等学校 | 95 | 神戸高等学校 | 251 |
| 川越高等学校 | 251 | 函嶺白百合学園高等学校 | 164 |
| 川越女子高等学校 | 95 | 紀央館高等学校 | 314 |
| 川越総合高等学校 | 95 | 祇園北高等学校 | 337 |
| 川越西高等学校 | 95 | 喜界高等学校 | 424 |
| 川越初雁高等学校 | 95 | 気賀高等学校 | 221 |
| 川越東高等学校 | 95 | 菊里高等学校 | 238 |
| 川越南高等学校 | 95 | 菊池高等学校 | 402 |
| 川崎医科大学附属高等学校 | 329 | 菊池女子高等学校 | 402 |
| 川崎北高等学校 | 164 | 菊池農業高等学校 | 402 |
| 川崎工業高等学校 | 164 | 木古内高等学校 | 9 |
| 川崎高等学校 | 164 | 騎西高等学校 | 95 |
| 川崎高等学校 | 164 | 木更津高等学校 | 108 |
| 川崎市立商業高等学校 | 164 | 木更津総合高等学校 | 108 |
| 川崎総合科学高等学校 | 164 | 木更津東高等学校 | 108 |
| 川島高等学校 | 356 | 岐山高等学校 | 214 |
| 河瀬高等学校 | 256 | 貴志川高等学校 | 314 |
| 川棚高等学校 | 395 | 岸根高等学校 | 165 |
| かわち野高等学校 | 279 | 杵島商業高等学校 | 390 |
| 川西高等学校 | 177 | 岸和田高等学校 | 279 |
| 川西高等学校 | 296 | 岸和田市立産業高等学校 | 279 |
| 川西高等学校宝塚良元校 | 296 | 木造高等学校 | 26 |
| 川西北陵高等学校 | 296 | 木造高等学校稲垣分校 | 26 |
| 川西緑台高等学校 | 297 | 木造高等学校車力分校 | 27 |
| 川西明峰高等学校 | 297 | 木津高等学校 | 264 |
| 川根高等学校 | 221 | 木曽川高等学校 | 238 |
| 川之石高等学校 | 365 | 木曽高等学校 | 204 |
| 川之江高等学校 | 365 | 木曽山林高等学校 | 205 |
| 川辺高等学校 | 424 | 北茨城高等学校 | 70 |
| 川俣高等学校 | 61 | 北宇和高等学校 | 365 |
| 川村高等学校 | 133 | 北宇和高等学校日吉分校 | 365 |
| 川本高等学校 | 95 | 北大津高等学校 | 256 |
| 川本高等学校 | 321 | 喜多方工業高等学校 | 61 |
| 川和高等学校 | 164 | 喜多方高等学校 | 61 |
| 観音寺第一高等学校 | 360 | 喜多方商業高等学校 | 61 |

| | | | |
|---|---:|---|---:|
| 喜多方東高等学校 | 62 | 紀北工業高等学校 | 314 |
| 北鎌倉女子学園高等学校 | 165 | 紀北農芸高等学校 | 314 |
| 北上翔南高等学校 | 34 | 君津青葉高等学校 | 108 |
| 北上農業高等学校 | 34 | 君津高等学校 | 108 |
| 北川辺高等学校 | 95 | 君津商業高等学校 | 108 |
| 北九州高等学校 | 378 | 木本高等学校 | 251 |
| 北桑田高等学校 | 264 | 喜茂別高等学校 | 10 |
| 北桑田高等学校美山分校 | 264 | 九州学院高等学校 | 402 |
| 北嵯峨高等学校 | 264 | 九州国際大学付属高等学校 | 378 |
| 北佐久農業高等学校 | 205 | 九州産業大学付属九州高等学校 | 378 |
| 北須磨高等学校 | 297 | 九州産業大学付属九州産業高等学校 | 378 |
| 北千里高等学校 | 280 | 九州女子学園高等学校 | 378 |
| 北園高等学校 | 134 | 九州女子高等学校 | 379 |
| 北多摩高等学校 | 134 | 九州文化学園高等学校 | 395 |
| 北豊島工業高等学校 | 134 | 球陽高等学校 | 429 |
| 北豊島高等学校 | 134 | 厳木高等学校 | 390 |
| 北中城高等学校 | 429 | 共愛学園高等学校 | 85 |
| 北野高等学校 | 280 | 共栄学園高等学校 | 134 |
| 北広島高等学校 | 9 | 享栄高等学校 | 238 |
| 北広島西高等学校 | 9 | 暁星高等学校 | 134 |
| 北見工業高等学校 | 9 | 暁星国際高等学校 | 108 |
| 北見商業高等学校 | 9 | 京都外大西高等学校 | 264 |
| 北見仁頃高等学校 | 9 | 京都学園高等学校 | 264 |
| 北見柏陽高等学校 | 9 | 京都共栄学園高等学校 | 264 |
| 北見藤女子高等学校 | 9 | 京都暁星高等学校 | 264 |
| 北見北斗高等学校 | 9 | 行徳高等学校 | 108 |
| 北見緑陵高等学校 | 9 | 京都芸術高等学校 | 264 |
| 北村山高等学校 | 54 | 京都光華高等学校 | 265 |
| 北本高等学校 | 95 | 京都国際高等学校 | 265 |
| 北淀高等学校 | 280 | 京都翔英高等学校 | 265 |
| 菊華高等学校 | 238 | 京都女子高等学校 | 265 |
| 杵築高等学校 | 409 | 京都市立音楽高等学校 | 265 |
| 吉祥女子高等学校 | 134 | 京都すばる高等学校 | 265 |
| 岐南工業高等学校 | 214 | 京都成安高等学校 | 265 |
| 紀南高等学校 | 251 | 京都精華女子高等学校 | 265 |
| 鬼怒商業高等学校 | 70 | 京都聖カタリナ高等学校 | 265 |
| 砧工業高等学校 | 134 | 京都成章高等学校 | 265 |
| 紀の川高等学校 | 314 | 京都橘高等学校 | 265 |
| 宜野座高等学校 | 429 | 京都西山高等学校 | 265 |
| 宜野湾高等学校 | 429 | 京都府立海洋高等学校 | 265 |
| 吉備高原学園高等学校 | 329 | 京都府立工業高等学校 | 265 |
| 吉備北陵高等学校 | 329 | 京都府立農芸高等学校 | 265 |
| 岐阜各務野高等学校 | 214 | 京都文教高等学校 | 265 |
| 岐阜北高等学校 | 214 | 京都美山高等学校 | 266 |
| 岐阜工業高等学校 | 214 | 京都明徳高等学校 | 266 |
| 岐阜高等学校 | 214 | 京都両洋高等学校 | 266 |
| 岐阜商業高等学校 | 214 | 峡南高等学校 | 197 |
| 岐阜商業高等学校 | 214 | 共立女子高等学校 | 134 |
| 岐阜聖徳学園大学附属高等学校 | 214 | 共立女子第二高等学校 | 134 |
| 岐阜城北高等学校 | 214 | 共和高等学校 | 10 |
| 岐阜女子高等学校 | 215 | 杏和高等学校 | 238 |
| 岐阜総合学園高等学校 | 215 | 旭陵高等学校 | 238 |
| 岐阜第一高等学校 | 215 | 清里高等学校 | 10 |
| 岐阜農林高等学校 | 215 | 清瀬高等学校 | 134 |
| 岐阜東高等学校 | 215 | 清瀬東高等学校 | 134 |
| 希望ケ丘高等学校 | 165 | 吉良高等学校 | 239 |
| 希望が丘高等学校 | 378 | 桐ヶ丘高等学校 | 134 |

| 校名 | 頁 | 校名 | 頁 |
|---|---|---|---|
| 霧が丘高等学校 | 165 | 釧路北陽高等学校 | 10 |
| キリスト教愛真高等学校 | 321 | 玖珠農業高等学校 | 410 |
| 基督教独立学園高等学校 | 54 | 楠高等学校 | 297 |
| 霧多布高等学校 | 10 | 葛巻高等学校 | 34 |
| 桐生工業高等学校 | 86 | 久世高等学校 | 329 |
| 桐生高等学校 | 86 | 下松工業高等学校 | 349 |
| 桐生女子高等学校 | 86 | 下松高等学校 | 349 |
| 桐生市立商業高等学校 | 86 | 九段高等学校 | 135 |
| 桐生第一高等学校 | 86 | 倶知安高等学校 | 10 |
| 桐生西高等学校 | 86 | 倶知安農業高等学校 | 10 |
| 桐生南高等学校 | 86 | 国東高等学校 | 410 |
| 銀河学院高等学校 | 337 | 国東農工高等学校 | 410 |
| 近畿大学附属高等学校 | 280 | 柴島高等学校 | 280 |
| 近畿大学附属新宮高等学校 | 314 | 国立音楽大学附属高等学校 | 135 |
| 近畿大学附属豊岡高等学校 | 297 | 国立高等学校 | 135 |
| 近畿大学附属東広島高等学校 | 338 | 国見高等学校 | 395 |
| 近畿大学附属福岡高等学校 | 379 | 国本女子高等学校 | 135 |
| 近畿大学附属福山高等学校 | 338 | 九里学園高等学校 | 54 |
| 近畿大学附属和歌山高等学校 | 314 | 久比岐高等学校 | 177 |
| 錦江湾高等学校 | 424 | 窪川高等学校 | 370 |
| 金城学院高等学校 | 239 | 熊石高等学校 | 10 |
| 錦城学園高等学校 | 134 | 熊谷工業高等学校 | 96 |
| 錦城高等学校 | 135 | 熊谷高等学校 | 96 |
| 錦城高等学校 | 297 | 熊谷商業高等学校 | 96 |
| 金蘭会高等学校 | 280 | 熊谷女子高等学校 | 96 |
| 金蘭千里高等学校 | 280 | 熊谷市立女子高等学校 | 96 |
| 久井高等学校 | 338 | 熊谷西高等学校 | 96 |
| 久賀高等学校 | 349 | 熊谷農業高等学校 | 96 |
| 久喜工業高等学校 | 95 | 熊毛北高等学校 | 349 |
| 久喜高等学校 | 95 | 熊毛南高等学校 | 349 |
| 茎崎高等学校 | 70 | 熊毛南高等学校上関分校 | 349 |
| 久喜北陽高等学校 | 96 | 球磨工業高等学校 | 402 |
| 鵠沼高等学校 | 165 | 球磨商業高等学校 | 402 |
| 草津高等学校 | 256 | 熊野高等学校 | 314 |
| 草津東高等学校 | 256 | 熊野高等学校 | 338 |
| 具志川高等学校 | 429 | 熊本学園大学付属高等学校 | 402 |
| 具志川商業高等学校 | 429 | 熊本北高等学校 | 402 |
| 串木野高等学校 | 424 | 熊本県立第一高等学校 | 402 |
| 久慈工業高等学校 | 34 | 熊本県立第二高等学校 | 403 |
| 久慈高等学校 | 34 | 熊本工業高等学校 | 403 |
| 久慈高等学校長内校 | 34 | 熊本高等学校 | 403 |
| 久慈高等学校山形校 | 34 | 熊本国府高等学校 | 403 |
| 久慈商業高等学校 | 34 | 熊本商業高等学校 | 403 |
| 久慈東高等学校 | 34 | 熊本信愛女学院高等学校 | 403 |
| 串本高等学校 | 314 | 熊本中央高等学校 | 403 |
| 九十九里高等学校 | 108 | 熊本西高等学校 | 403 |
| 郡上北高等学校 | 215 | 熊本農業高等学校 | 403 |
| 郡上高等学校 | 215 | 熊本フェイス学院高等学校 | 403 |
| 串良商業高等学校 | 425 | 熊本マリスト学園高等学校 | 403 |
| 釧路北高等学校 | 10 | 久美浜高等学校 | 266 |
| 釧路工業高等学校 | 10 | 久御山高等学校 | 266 |
| 釧路江南高等学校 | 10 | 久米島高等学校 | 430 |
| 釧路湖陵高等学校 | 10 | 久米田高等学校 | 280 |
| 釧路商業高等学校 | 10 | 公文国際学園高等部 | 165 |
| 釧路星園高等学校 | 10 | クラーク記念国際高等学校 | 10 |
| 釧路西高等学校 | 10 | 倉敷天城高等学校 | 329 |
| 釧路東高等学校 | 10 | 倉敷工業高等学校 | 329 |

| 校名 | 頁 | 校名 | 頁 |
|---|---|---|---|
| 倉敷高等学校 | 329 | 慶應義塾高等学校 | 165 |
| 倉敷古城池高等学校 | 329 | 慶應義塾志木高等学校 | 96 |
| 倉敷商業高等学校 | 329 | 慶應義塾湘南藤沢高等部 | 165 |
| 倉敷市立工業高等学校 | 329 | 慶應義塾女子高等学校 | 135 |
| 倉敷翠松高等学校 | 329 | 京華高等学校 | 135 |
| 倉敷青陵高等学校 | 329 | 京華商業高等学校 | 135 |
| 倉敷中央高等学校 | 330 | 京華女子高等学校 | 135 |
| 倉敷南高等学校 | 330 | 啓光学園高等学校 | 280 |
| 倉敷鷲羽高等学校 | 330 | 芸術総合高等学校 | 96 |
| 倉岳高等学校 | 403 | 芸術緑丘高等学校 | 410 |
| 鞍手高等学校 | 379 | 啓新高等学校 | 194 |
| 鞍手竜徳高等学校 | 379 | 慶進高等学校 | 349 |
| 蔵前工業高等学校 | 135 | 慶成高等学校 | 379 |
| 倉吉北高等学校 | 317 | 慶誠高等学校 | 403 |
| 倉吉総合産業高等学校 | 317 | 恵泉女学園高等学校 | 135 |
| 倉吉西高等学校 | 318 | 敬徳高等学校 | 390 |
| 倉吉農業高等学校 | 318 | 慶風高等学校 | 314 |
| 倉吉東高等学校 | 318 | 京北学園白山高等学校 | 135 |
| 栗野工業高等学校 | 425 | 京北高等学校 | 135 |
| 栗橋高等学校 | 96 | 瓊浦高等学校 | 395 |
| 久里浜高等学校 | 165 | 啓明学院高等学校 | 297 |
| 栗原高等学校 | 165 | 啓明学園高等学校 | 135 |
| 栗山高等学校 | 10 | 京葉工業高等学校 | 109 |
| 久留米学園高等学校 | 379 | 京葉高等学校 | 109 |
| 久留米高等学校 | 135 | 敬和学園高等学校 | 177 |
| 久留米高等学校 | 379 | 気仙沼高等学校 | 42 |
| 久留米商業高等学校 | 379 | 気仙沼向洋高等学校 | 42 |
| 久留米信愛女学院高等学校 | 379 | 気仙沼女子高等学校 | 43 |
| 久留米大学附設高等学校 | 379 | 気仙沼西高等学校 | 43 |
| 久留米筑水高等学校 | 379 | 検見川高等学校 | 109 |
| 久留米西高等学校 | 135 | 玄界高等学校 | 379 |
| 呉青山高等学校 | 338 | 建国高等学校 | 280 |
| 呉高等学校 | 338 | 剣淵高等学校 | 11 |
| 呉商業高等学校 | 338 | 賢明学院高等学校 | 280 |
| 呉昭和高等学校 | 338 | 賢明女子学院高等学校 | 297 |
| 呉羽高等学校 | 184 | 県陽高等学校 | 96 |
| 呉三津田高等学校 | 338 | 玄洋高等学校 | 379 |
| 呉宮原高等学校 | 338 | 小石川工業高等学校 | 136 |
| 黒石高等学校 | 27 | 小石川高等学校 | 136 |
| 黒石商業高等学校 | 27 | 小石川中等教育学校 | 136 |
| 黒磯高等学校 | 79 | 小出高等学校 | 177 |
| 黒磯南高等学校 | 79 | 小岩高等学校 | 136 |
| 黒川高等学校 | 42 | 光塩女子学院高等科 | 136 |
| 黒川高等学校大郷校 | 42 | 晃華学園高等学校 | 136 |
| 黒木高等学校 | 379 | 工学院大学附属高等学校 | 136 |
| 黒沢尻北高等学校 | 34 | 弘学館高等学校 | 390 |
| 黒沢尻工業高等学校 | 35 | 口加高等学校 | 395 |
| 黒瀬高等学校 | 338 | 皇學館高等学校 | 251 |
| 黒羽高等学校 | 79 | 攻玉社高等学校 | 136 |
| 桑名北高等学校 | 251 | 興國高等学校 | 280 |
| 桑名工業高等学校 | 251 | 甲佐高等学校 | 403 |
| 桑名高等学校 | 251 | 甲子園学院高等学校 | 297 |
| 桑名西高等学校 | 251 | 高志館高等学校 | 390 |
| 訓子府高等学校 | 10 | 高志高等学校 | 177 |
| 群馬県立中央高等学校 | 86 | 高志高等学校 | 194 |
| 敬愛学園高等学校 | 108 | 麹町学園女子高等学校 | 136 |
| 敬愛大学八日市場高等学校 | 108 | 興讓館高等学校 | 330 |

| 校名 | 頁 | 校名 | 頁 |
|---|---|---|---|
| 向上高等学校 | 165 | 神戸海星女子学院高等学校 | 297 |
| 神津高等学校 | 136 | 神戸学院大学附属高等学校 | 297 |
| 光星学院高等学校 | 27 | 神戸北高等学校 | 297 |
| 光星学院野辺地西高等学校 | 27 | 神戸工科高等学校 | 297 |
| 佼成学園高等学校 | 136 | 神戸工業高等学校 | 298 |
| 佼成学園女子高等学校 | 136 | 神戸高等学校 | 298 |
| 興誠高等学校 | 221 | 神戸甲北高等学校 | 298 |
| 甲西高等学校 | 256 | 神戸弘陵学園高等学校 | 298 |
| 光泉高等学校 | 256 | 神戸国際高等学校 | 298 |
| 高蔵寺高等学校 | 239 | 神戸国際大学附属高等学校 | 298 |
| 幸田高等学校 | 239 | 神戸商業高等学校 | 298 |
| 高知追手前高等学校 | 370 | 神戸女学院高等学部 | 298 |
| 高知追手前高等学校吾北分校 | 370 | 神戸市立科学技術高等学校 | 298 |
| 高知小津高等学校 | 370 | 神戸星城高等学校 | 298 |
| 高知海洋高等学校 | 370 | 神戸第一高等学校 | 298 |
| 高知学芸高等学校 | 370 | 神戸高塚高等学校 | 298 |
| 高知北高等学校 | 370 | 神戸常盤女子高等学校 | 298 |
| 高知工業高等学校 | 370 | 神戸西高等学校 | 299 |
| 河内高等学校 | 338 | 神戸野田高等学校 | 299 |
| 高知高等学校 | 370 | 神戸村野工業高等学校 | 299 |
| 高知中央高等学校 | 370 | 神戸山手女子高等学校 | 299 |
| 高知西高等学校 | 371 | 神戸龍谷高等学校 | 299 |
| 高知農業高等学校 | 371 | 高朋高等学校 | 184 |
| 高知東工業高等学校 | 371 | 江北高等学校 | 136 |
| 高知東高等学校 | 371 | 港北高等学校 | 165 |
| 高知丸の内高等学校 | 371 | 小海高等学校 | 205 |
| 高知南高等学校 | 371 | 高野山高等学校 | 314 |
| 江津工業高等学校 | 321 | 高山高等学校 | 425 |
| 高津高等学校 | 280 | 甲陽学院高等学校 | 299 |
| 江津高等学校 | 321 | 晃陽学園高等学校 | 70 |
| 香寺高等学校 | 297 | 向陽高等学校 | 239 |
| 江東商業高等学校 | 136 | 向陽高等学校 | 266 |
| 江南義塾盛岡高等学校 | 35 | 向陽高等学校 | 314 |
| 光南高等学校 | 62 | 興陽高等学校 | 330 |
| 江南高等学校 | 239 | 高陽高等学校 | 338 |
| 甲南高等学校 | 256 | 向陽高等学校 | 395 |
| 甲南高等学校 | 297 | 向陽高等学校 | 430 |
| 甲南高等学校 | 425 | 向陽台高等学校 | 280 |
| 興南高等学校 | 430 | 高陽東高等学校 | 338 |
| 甲南女子高等学校 | 297 | 香蘭高等学校 | 356 |
| 港南造形高等学校 | 280 | 香蘭女学校高等科 | 137 |
| 港南台高等学校 | 165 | 香里丘高等学校 | 280 |
| 江の川高等学校 | 321 | 江陵高等学校 | 11 |
| 鴻巣高等学校 | 96 | 向陵高等学校 | 27 |
| 鴻巣女子高等学校 | 96 | 光陵高等学校 | 165 |
| 国府台高等学校 | 109 | 甲陵高等学校 | 198 |
| 国府台女子学院高等部 | 109 | 広陵高等学校 | 338 |
| 甲府工業高等学校 | 197 | 高稜高等学校 | 379 |
| 国府高等学校 | 239 | 光陵高等学校 | 380 |
| 甲府商業高等学校 | 197 | 甲陵高等学校 | 425 |
| 甲府城西高等学校 | 197 | 郡山北工業高等学校 | 62 |
| 甲府昭和高等学校 | 197 | 郡山高等学校 | 62 |
| 甲府第一高等学校 | 197 | 郡山高等学校 | 309 |
| 甲府西高等学校 | 198 | 郡山商業高等学校 | 62 |
| 甲府東高等学校 | 198 | 郡山女子大学附属高等学校 | 62 |
| 甲府南高等学校 | 198 | 郡山東高等学校 | 62 |
| 甲府湯田高等学校 | 198 | 郡山萌世高等学校 | 62 |

| 校名 | 頁 | 校名 | 頁 |
|---|---|---|---|
| 古賀高等学校 | 380 | 五泉高等学校 | 177 |
| 五ヶ瀬中等教育学校 | 414 | 小平高等学校 | 137 |
| 古河第一高等学校 | 70 | 小平西高等学校 | 137 |
| 古河第二高等学校 | 70 | 小平南高等学校 | 137 |
| 古河第三高等学校 | 70 | 児玉高等学校 | 97 |
| 小金井北高等学校 | 137 | 児玉白楊高等学校 | 97 |
| 小金井工業高等学校 | 137 | 古知野高等学校 | 239 |
| 小金高等学校 | 109 | 犢橋高等学校 | 109 |
| 粉河高等学校 | 314 | 御殿場高等学校 | 221 |
| 國學院高等学校 | 137 | 御殿場西高等学校 | 222 |
| 國學院大學久我山高等学校 | 137 | 御殿場南高等学校 | 222 |
| 國學院大學栃木高等学校 | 79 | 五島海陽高等学校 | 395 |
| 国学館高等学校 | 51 | 五島高等学校 | 395 |
| 国際開洋第一高等学校 | 221 | 五島南高等学校 | 395 |
| 国際開洋第二高等学校 | 314 | 琴丘高等学校 | 299 |
| 国際学院高等学校 | 96 | 琴平高等学校 | 360 |
| 国際基督教大学高等学校 | 137 | 湖南高等学校 | 62 |
| 国士舘高等学校 | 137 | 湖南農業高等学校 | 256 |
| 国分高等学校 | 425 | 古仁屋高等学校 | 425 |
| 国分中央高等学校 | 425 | 此花学院高等学校 | 280 |
| 国分高等学校 | 109 | 此花総合高等学校 | 280 |
| 国分寺高等学校 | 137 | 五戸高等学校 | 27 |
| 小倉工業高等学校 | 380 | 小林工業高等学校 | 414 |
| 小倉高等学校 | 380 | 小林高等学校 | 415 |
| 小倉商業高等学校 | 380 | 小林商業高等学校 | 415 |
| 小倉西高等学校 | 380 | 小林聖心女子学院高等学校 | 299 |
| 小倉東高等学校 | 380 | 小林西高等学校 | 415 |
| 小倉南高等学校 | 380 | 湖北高等学校 | 109 |
| 呉港高等学校 | 338 | 狛江高等学校 | 137 |
| 小牛田農林高等学校 | 43 | 駒ヶ根工業高等学校 | 205 |
| 湖西高等学校 | 221 | 小牧工業高等学校 | 239 |
| 小坂井高等学校 | 239 | 小牧高等学校 | 239 |
| 小坂高等学校 | 51 | 小牧南高等学校 | 239 |
| 古座高等学校 | 314 | 巨摩高等学校 | 198 |
| コザ高等学校 | 430 | 駒込高等学校 | 137 |
| 越谷北高等学校 | 96 | 駒澤学園女子高等学校 | 137 |
| 越ヶ谷高等学校 | 96 | 駒澤大学高等学校 | 137 |
| 越谷総合技術高等学校 | 96 | 駒澤大学附属岩見沢高等学校 | 11 |
| 越谷西高等学校 | 96 | 駒澤大学附属苫小牧高等学校 | 11 |
| 越谷東高等学校 | 97 | 小松川高等学校 | 137 |
| 越谷南高等学校 | 97 | 小松北高等学校 | 190 |
| 小清水高等学校 | 11 | 小松工業高等学校 | 190 |
| 五条高等学校 | 239 | 小松高等学校 | 190 |
| 五條高等学校 | 309 | 小松高等学校 | 365 |
| 五條高等学校賀名生分校 | 309 | 小松島高等学校 | 356 |
| 五城目高等学校 | 51 | 小松島西高等学校 | 356 |
| 五所川原工業高等学校 | 27 | 小松商業高等学校 | 190 |
| 五所川原高等学校 | 27 | 小松市立高等学校 | 190 |
| 五所川原商業高等学校 | 27 | 小松原高等学校 | 97 |
| 五所川原第一高等学校 | 27 | 小松原女子高等学校 | 97 |
| 五所川原農林高等学校 | 27 | 小松明峰高等学校 | 190 |
| 五所川原東高等学校 | 27 | 駒場学園高等学校 | 137 |
| 御所野学院高等学校 | 51 | 駒場高等学校 | 137 |
| 不来方高等学校 | 35 | 駒場東邦高等学校 | 137 |
| 小杉高等学校 | 184 | 菰野高等学校 | 251 |
| 御所工業高等学校 | 309 | 小諸高等学校 | 205 |
| 御所東高等学校 | 309 | 小諸商業高等学校 | 205 |

| 校名 | 頁 | 校名 | 頁 |
|---|---|---|---|
| 五領ヶ台高等学校 | 165 | 酒田商業高等学校 | 54 |
| 衣台高等学校 | 239 | 酒田中央高等学校 | 54 |
| 金光大阪高等学校 | 280 | 酒田西高等学校 | 54 |
| 金剛学園高等学校 | 281 | 酒田東高等学校 | 55 |
| 金光学園高等学校 | 330 | 酒田南高等学校 | 55 |
| 金剛高等学校 | 281 | 坂戸高等学校 | 97 |
| 金光藤蔭高等学校 | 281 | 坂戸西高等学校 | 97 |
| 金光八尾高等学校 | 281 | 佐賀西高等学校 | 391 |
| 西海学園高等学校 | 395 | 佐賀農業高等学校 | 391 |
| 佐伯鶴城高等学校 | 410 | 嵯峨野高等学校 | 266 |
| 佐伯高等学校 | 339 | 佐賀関高等学校 | 410 |
| 佐伯鶴岡高等学校 | 410 | 佐賀東高等学校 | 391 |
| 佐伯豊南高等学校 | 410 | 相模大野高等学校 | 165 |
| 犀峡高等学校 | 205 | 相模女子大学高等部 | 165 |
| 西京高等学校 | 266 | 相模田名高等学校 | 165 |
| 西京高等学校 | 350 | 相模原高等学校 | 166 |
| 西条高等学校 | 365 | 相模原高等学校 | 166 |
| 西城紫水高等学校 | 339 | 相模原総合高等学校 | 166 |
| 西条農業高等学校 | 339 | 相良高等学校 | 222 |
| 西条農業高等学校 | 366 | 佐川高等学校 | 371 |
| 西大寺高等学校 | 330 | 咲洲高等学校 | 281 |
| 埼玉栄高等学校 | 97 | 鷺宮高等学校 | 138 |
| 埼玉平成高等学校 | 97 | 作新学院高等学校 | 79 |
| 西都商業高等学校 | 415 | 佐久長聖高等学校 | 205 |
| 済美高等学校 | 366 | 佐久間高等学校 | 222 |
| 蔵王高等学校 | 43 | 桜井高等学校 | 184 |
| 蔵王高等学校 | 54 | 桜井高等学校 | 309 |
| 佐織工業高等学校 | 239 | 桜丘高等学校 | 138 |
| 堺上高等学校 | 281 | 桜丘高等学校 | 166 |
| 堺工科高等学校 | 281 | 桜丘高等学校 | 239 |
| 境高等学校 | 71 | 佐倉高等学校 | 109 |
| 境高等学校 | 318 | 桜塚高等学校 | 281 |
| 堺女子高等学校 | 281 | さくら清修高等学校 | 80 |
| 坂出工業高等学校 | 360 | 桜台高等学校 | 239 |
| 坂出高等学校 | 360 | 佐倉西高等学校 | 109 |
| 坂出商業高等学校 | 360 | 桜の聖母学院高等学校 | 62 |
| 坂出第一高等学校 | 360 | 桜宮高等学校 | 281 |
| 境西高等学校 | 71 | 佐倉東高等学校 | 109 |
| 堺西高等学校 | 281 | 桜町高等学校 | 138 |
| 坂井農業高等学校 | 194 | 佐倉南高等学校 | 109 |
| 堺東高等学校 | 281 | 篠山産業高等学校 | 299 |
| 境港総合技術高等学校 | 318 | 篠山産業高等学校東雲校 | 299 |
| 坂上高等学校 | 350 | 篠山産業高等学校丹南校 | 299 |
| 栄北高等学校 | 97 | 篠山鳳鳴高等学校 | 299 |
| 寒河江工業高等学校 | 54 | 佐世保北高等学校 | 395 |
| 寒河江高等学校 | 54 | 佐世保工業高等学校 | 395 |
| 栄東高等学校 | 97 | 佐世保実業高等学校 | 395 |
| 佐賀学園高等学校 | 390 | 佐世保商業高等学校 | 395 |
| 坂城高等学校 | 205 | 佐世保中央高等学校 | 395 |
| 佐賀北高等学校 | 390 | 佐世保東翔高等学校 | 395 |
| 佐賀工業高等学校 | 390 | 佐世保西高等学校 | 396 |
| 坂下高等学校 | 215 | 佐世保南高等学校 | 396 |
| 佐賀商業高等学校 | 390 | 佐竹高等学校 | 71 |
| 佐賀女子短期大学付属佐賀女子高等学校 | 390 | 貞光工業高等学校 | 356 |
| 佐賀清和高等学校 | 391 | 皐月高等学校 | 205 |
| 酒田北高等学校 | 54 | 幸手高等学校 | 97 |
| 酒田工業高等学校 | 54 | 幸手商業高等学校 | 97 |

| 薩南工業高等学校 | 425 |
| --- | --- |
| 札幌旭丘高等学校 | 11 |
| 札幌厚別高等学校 | 11 |
| 札幌大谷高等学校 | 11 |
| 札幌丘珠高等学校 | 11 |
| 札幌開成高等学校 | 11 |
| 札幌北高等学校 | 11 |
| 札幌清田高等学校 | 11 |
| 札幌啓成高等学校 | 11 |
| 札幌啓北商業高等学校 | 11 |
| 札幌工業高等学校 | 11 |
| 札幌光星高等学校 | 11 |
| 札幌国際情報高等学校 | 11 |
| 札幌琴似工業高等学校 | 11 |
| 札幌篠路高等学校 | 12 |
| 札幌白石高等学校 | 12 |
| 札幌真栄高等学校 | 12 |
| 札幌新川高等学校 | 12 |
| 札幌新陽高等学校 | 12 |
| 札幌星園高等学校 | 12 |
| 札幌静修高等学校 | 12 |
| 札幌聖心女子学院高等学校 | 12 |
| 札幌西陵高等学校 | 12 |
| 札幌創成高等学校 | 12 |
| 札幌第一高等学校 | 12 |
| 札幌拓北高等学校 | 12 |
| 札幌月寒高等学校 | 12 |
| 札幌手稲高等学校 | 12 |
| 札幌稲雲高等学校 | 12 |
| 札幌稲西高等学校 | 12 |
| 札幌東豊高等学校 | 12 |
| 札幌稲北高等学校 | 12 |
| 札幌東陵高等学校 | 12 |
| 札幌南陵高等学校 | 12 |
| 札幌西高等学校 | 12 |
| 札幌日本大学高等学校 | 12 |
| 札幌白陵高等学校 | 12 |
| 札幌東高等学校 | 13 |
| 札幌東商業高等学校 | 13 |
| 札幌平岡高等学校 | 13 |
| 札幌平岸高等学校 | 13 |
| 札幌北斗高等学校 | 13 |
| 札幌北陵高等学校 | 13 |
| 札幌南高等学校 | 13 |
| 札幌藻岩高等学校 | 13 |
| 札幌山の手高等学校 | 13 |
| 札幌龍谷学園高等学校 | 13 |
| 薩摩中央高等学校 | 425 |
| 佐渡高等学校 | 177 |
| 佐渡総合高等学校 | 177 |
| 佐土原高等学校 | 415 |
| 猿投農林高等学校 | 239 |
| 佐沼高等学校 | 43 |
| 佐野清澄高等学校 | 80 |
| 佐野工科高等学校 | 281 |
| 佐野高等学校 | 80 |
| 佐野高等学校 | 281 |

| 佐野松陽高等学校 | 80 |
| --- | --- |
| 佐野女子高等学校 | 80 |
| 佐野日本大学高等学校 | 80 |
| 鯖江高等学校 | 194 |
| 佐波高等学校 | 350 |
| サビエル高等学校 | 350 |
| 座間高等学校 | 166 |
| 様似高等学校 | 13 |
| 寒川高等学校 | 166 |
| 鮫洲工業高等学校 | 138 |
| 佐屋高等学校 | 239 |
| 狭山ケ丘高等学校 | 97 |
| 狭山経済高等学校 | 97 |
| 狭山工業高等学校 | 97 |
| 狭山高等学校 | 97 |
| 狭山高等学校 | 281 |
| 狭山清陵高等学校 | 97 |
| 佐用高等学校 | 299 |
| 更級農業高等学校 | 205 |
| 更別農業高等学校 | 13 |
| 猿島高等学校 | 71 |
| サレジオ学院高等学校 | 166 |
| 佐呂間高等学校 | 13 |
| 佐和高等学校 | 71 |
| 佐原高等学校 | 109 |
| 早良高等学校 | 380 |
| 佐原白楊高等学校 | 109 |
| 三条高等学校 | 178 |
| 三条商業高等学校 | 178 |
| 三条東高等学校 | 178 |
| 三田学園高等学校 | 300 |
| 三田祥雲館高等学校 | 300 |
| 三田松聖高等学校 | 300 |
| 三田西陵高等学校 | 300 |
| 三戸高等学校 | 27 |
| 山武農業高等学校 | 110 |
| 三瓶高等学校 | 366 |
| 三本木高等学校 | 27 |
| 三本木農業高等学校 | 28 |
| 三本松高等学校 | 360 |
| 山陽高等学校 | 339 |
| 山陽女学園高等部 | 339 |
| 山陽女子高等学校 | 330 |
| 三和高等学校 | 71 |
| 塩釜高等学校 | 43 |
| 塩釜女子高等学校 | 43 |
| 塩沢商工高等学校 | 178 |
| 塩尻志学館高等学校 | 205 |
| 塩田工業高等学校 | 391 |
| 塩谷高等学校 | 80 |
| 鹿追高等学校 | 13 |
| 滋賀学園高等学校 | 256 |
| 至学館高等学校 | 240 |
| 司学館高等学校 | 256 |
| 志学館高等部 | 110 |
| 志學館高等部 | 425 |
| 滋賀県立国際情報高等学校 | 256 |

| 校名 | 頁 | 校名 | 頁 |
|---|---|---|---|
| 滋賀女子高等学校 | 256 | 芝商業高等学校 | 138 |
| 飾磨工業高等学校 | 300 | 柴田高等学校 | 43 |
| 飾磨高等学校 | 300 | 新発田高等学校 | 178 |
| 鹿町工業高等学校 | 396 | 新発田商工高等学校 | 178 |
| 信楽高等学校 | 256 | 柴田女子高等学校 | 28 |
| 志木高等学校 | 97 | 新発田農業高等学校 | 178 |
| 志貴野高等学校 | 185 | 柴田農林高等学校 | 43 |
| 磯城野高等学校 | 309 | 柴田農林高等学校川崎校 | 43 |
| 自彊高等学校 | 339 | 新発田南高等学校 | 178 |
| 時習館高等学校 | 240 | 新発田南高等学校豊浦分校 | 178 |
| 四條畷学園高等学校 | 281 | 渋川工業高等学校 | 86 |
| 四條畷北高等学校 | 281 | 渋川高等学校 | 86 |
| 四條畷高等学校 | 282 | 渋川女子高等学校 | 86 |
| 静岡英和女学院高等学校 | 222 | 渋川青翠高等学校 | 86 |
| 静岡学園高等学校 | 222 | 志布志高等学校 | 425 |
| 静岡北高等学校 | 222 | 渋谷高等学校 | 282 |
| 静岡県西遠女子学園高等学校 | 222 | 渋谷教育学園渋谷高等学校 | 138 |
| 静岡県富士見高等学校 | 222 | 渋谷教育学園幕張高等学校 | 110 |
| 静岡工業高等学校 | 222 | 標茶高等学校 | 13 |
| 静岡高等学校 | 222 | 標津高等学校 | 14 |
| 静岡サレジオ高等学校 | 222 | 標津高等学校 | 14 |
| 静岡商業高等学校 | 222 | 士別商業高等学校 | 14 |
| 静岡城北高等学校 | 222 | 士別東高等学校 | 14 |
| 静岡女子高等学校 | 223 | 士幌高等学校 | 14 |
| 静岡市立高等学校 | 223 | 志摩高等学校 | 251 |
| 静岡市立商業高等学校 | 223 | 島田学園高等学校 | 223 |
| 静岡聖光学院高等学校 | 223 | 島田工業高等学校 | 223 |
| 静岡大成高等学校 | 223 | 島田高等学校 | 223 |
| 静岡中央高等学校 | 223 | 島田商業高等学校 | 223 |
| 静岡西高等学校 | 223 | 島根県立情報科学高等学校 | 321 |
| 静岡農業高等学校 | 223 | 島原工業高等学校 | 396 |
| 静岡東高等学校 | 223 | 島原高等学校 | 396 |
| 静岡雙葉高等学校 | 223 | 島原商業高等学校 | 396 |
| 静岡南高等学校 | 223 | 島原翔南高等学校 | 396 |
| 志津川高等学校 | 43 | 島原中央高等学校 | 396 |
| 雫石高等学校 | 35 | 島原農業高等学校 | 396 |
| 静内高等学校 | 13 | 島本高等学校 | 282 |
| 静内農業高等学校 | 13 | 四万十高等学校 | 371 |
| 自然学園高等学校 | 198 | 清水ケ丘高等学校 | 339 |
| 志知高等学校 | 300 | 清水工業高等学校 | 223 |
| 七戸高等学校 | 28 | 清水高等学校 | 14 |
| 七里ガ浜高等学校 | 166 | 清水高等学校 | 110 |
| 実践学園高等学校 | 138 | 清水高等学校 | 371 |
| 実践女子学園高等学校 | 138 | 清水国際高等学校 | 223 |
| 四天王寺高等学校 | 282 | 清水商業高等学校 | 223 |
| 四天王寺羽曳丘高等学校 | 282 | 清水谷高等学校 | 282 |
| 志度高等学校 | 360 | 清水西高等学校 | 224 |
| 品川エトワール女子高等学校 | 138 | 清水東高等学校 | 224 |
| 品川女子学院高等部 | 138 | 清水南高等学校 | 224 |
| 信濃むつみ高等学校 | 205 | 志村高等学校 | 139 |
| 篠崎高等学校 | 138 | 下伊那農業高等学校 | 206 |
| 信太高等学校 | 282 | 下総高等学校 | 110 |
| 篠ノ井高等学校 | 206 | 下川商業高等学校 | 14 |
| 忍岡高等学校 | 138 | 下北沢成徳高等学校 | 139 |
| 芝浦工業大学柏高等学校 | 110 | 下諏訪向陽高等学校 | 206 |
| 芝浦工業大学高等学校 | 138 | 下高井農林高等学校 | 206 |
| 芝高等学校 | 138 | 下田北高等学校 | 224 |

| 学校名 | 頁 | 学校名 | 頁 |
|---|---|---|---|
| 下館工業高等学校 | 71 | 上越総合技術高等学校 | 178 |
| 下館第一高等学校 | 71 | 彰華学園高等学校 | 98 |
| 下館第二高等学校 | 71 | 尚絅学院女子高等学校 | 43 |
| 下田南高等学校 | 224 | 尚絅高等学校 | 404 |
| 下田南高等学校南伊豆分校 | 224 | 上下高等学校 | 339 |
| 下津女子高等学校 | 314 | 城西大学付属川越高等学校 | 98 |
| 下妻第一高等学校 | 71 | 城西大学附属城西高等学校 | 139 |
| 下妻第二高等学校 | 71 | 尚志館高等学校 | 426 |
| 下仁田高等学校 | 86 | 尚志高等学校 | 62 |
| 下関工業高等学校 | 350 | 少路高等学校 | 282 |
| 下関国際高等学校 | 350 | 上水高等学校 | 140 |
| 下関商業高等学校 | 350 | 城星学園高等学校 | 282 |
| 下関短期大学付属高等学校 | 350 | 城西高等学校 | 356 |
| 下関中央工業高等学校 | 350 | 城西高等学校神山分校 | 356 |
| 下関西高等学校 | 350 | 常総学院高等学校 | 71 |
| 下関南高等学校 | 350 | 正智深谷高等学校 | 98 |
| 石神井高等学校 | 139 | 城東工科高等学校 | 282 |
| 斜里高等学校 | 14 | 城東高等学校 | 140 |
| 秀英高等学校 | 166 | 城東高等学校 | 356 |
| 秋桜高等学校 | 282 | 松徳学院高等学校 | 321 |
| 自由ケ丘学園高等学校 | 139 | 正徳館高等学校 | 178 |
| 自由ケ丘高等学校 | 380 | 聖徳学園高等学校 | 140 |
| 自由学園高等科 | 139 | 小豆島高等学校 | 361 |
| 秀岳館高等学校 | 403 | 城内高等学校 | 300 |
| 就実高等学校 | 330 | 庄内総合高等学校 | 55 |
| 周智高等学校 | 224 | 庄内農業高等学校 | 55 |
| 須知高等学校 | 266 | 湘南学院高等学校 | 166 |
| 修道高等学校 | 339 | 湘南学園高等学校 | 166 |
| 修徳高等学校 | 139 | 城南学園高等学校 | 282 |
| 自由の森学園高等学校 | 97 | 湘南工科大学附属高等学校 | 166 |
| 秀明英光高等学校 | 98 | 沼南高等学校 | 110 |
| 秀明高等学校 | 98 | 湘南高等学校 | 166 |
| 秀明大学八千代高等学校 | 110 | 城南高等学校 | 266 |
| 十文字高等学校 | 139 | 沼南高等学校 | 339 |
| 修猷館高等学校 | 380 | 城南高等学校 | 357 |
| 夙川学院高等学校 | 300 | 城南高等学校 | 380 |
| 淑徳学園高等学校 | 139 | 樟南高等学校 | 426 |
| 淑徳高等学校 | 139 | 翔南高等学校 | 430 |
| 淑徳巣鴨高等学校 | 139 | 城南静岡高等学校 | 224 |
| 淑徳与野高等学校 | 98 | 湘南白百合学園高等学校 | 166 |
| 修善寺工業高等学校 | 224 | 樟南第二高等学校 | 426 |
| 樹徳高等学校 | 86 | 湘南台高等学校 | 166 |
| 首里高等学校 | 430 | 沼南高柳高等学校 | 110 |
| 首里東高等学校 | 430 | 城ノ内高等学校 | 357 |
| 淳心学院高等学校 | 300 | 庄原格致高等学校 | 339 |
| 順心女子学園高等学校 | 139 | 庄原格致高等学校高野山分校 | 339 |
| 純心女子高等学校 | 396 | 庄原実業高等学校 | 340 |
| 順天高等学校 | 139 | 松風塾高等学校 | 28 |
| 潤徳女子高等学校 | 139 | 菖蒲高等学校 | 98 |
| 松蔭高等学校 | 139 | 浄法寺高等学校 | 35 |
| 松蔭高等学校 | 240 | 常北高等学校 | 71 |
| 樟蔭高等学校 | 282 | 城北高等学校 | 140 |
| 松蔭高等学校 | 300 | 城北高等学校 | 357 |
| 樟蔭東高等学校 | 282 | 城北高等学校 | 404 |
| 松栄高等学校 | 62 | 城北埼玉高等学校 | 98 |
| 昭英高等学校 | 194 | 翔洋学園高等学校 | 71 |
| 頌栄女子学院高等学校 | 139 | 翔陽高等学校 | 140 |

| 校名 | 頁 | 校名 | 頁 |
|---|---|---|---|
| 松陽高等学校 | 166 | 神港学園神港高等学校 | 300 |
| 城陽高等学校 | 266 | 神港高等学校 | 300 |
| 松陽高等学校 | 300 | 進修館高等学校 | 98 |
| 翔陽高等学校 | 404 | 新宿高等学校 | 140 |
| 松陽高等学校 | 426 | 新宿山吹高等学校 | 141 |
| 昭和学院高等学校 | 110 | 新庄神室産業高等学校 | 55 |
| 昭和学院秀英高等学校 | 110 | 新庄北高等学校 | 55 |
| 昭和学園高等学校 | 410 | 新庄北高等学校最上校 | 55 |
| 庄和高等学校 | 98 | 新城高等学校 | 166 |
| 昭和高等学校 | 140 | 新庄東高等学校 | 55 |
| 昭和高等学校 | 240 | 新庄南高等学校 | 55 |
| 昭和女子大学附属昭和高等学校 | 140 | 新城高等学校 | 240 |
| 昭和第一学園高等学校 | 140 | 新城東高等学校 | 240 |
| 昭和第一高等学校 | 140 | 尽誠学園高等学校 | 361 |
| 昭和鉄道高等学校 | 140 | 榛生昇陽高等学校 | 310 |
| 昭和薬科大学附属高等学校 | 430 | 真颯館高等学校 | 380 |
| 女子学院高等学校 | 140 | 神代高等学校 | 141 |
| 女子聖学院高等学校 | 140 | 新地高等学校 | 63 |
| 女子美術大学付属高等学校 | 140 | 新得高等学校 | 14 |
| 如水館高等学校 | 340 | 進徳女子高等学校 | 340 |
| 白梅学園高等学校 | 140 | 新十津川農業高等学校 | 14 |
| 白老東高等学校 | 14 | 新南陽高等学校 | 350 |
| 白岡高等学校 | 98 | 新湊高等学校 | 185 |
| 白樺学園高等学校 | 14 | 真和高等学校 | 404 |
| 白河旭高等学校 | 62 | 親和女子高等学校 | 301 |
| 白河高等学校 | 62 | 水城高等学校 | 71 |
| 白川高等学校 | 215 | 翠星高等学校 | 190 |
| 白河実業高等学校 | 62 | 吹田高等学校 | 282 |
| 白河第二高等学校 | 63 | 吹田東高等学校 | 282 |
| 白木高等学校 | 340 | 瑞陵高等学校 | 240 |
| 白里高等学校 | 110 | 須恵高等学校 | 380 |
| 白糠高等学校 | 14 | 末吉高等学校 | 426 |
| 白根開善学校高等部 | 86 | 須賀川高等学校 | 63 |
| 白根高等学校 | 198 | 須賀川桐陽高等学校 | 63 |
| 白百合学園高等学校 | 140 | 巣鴨高等学校 | 141 |
| 知内高等学校 | 14 | 杉戸高等学校 | 98 |
| 白井高等学校 | 110 | 杉戸農業高等学校 | 98 |
| 白石工業高等学校 | 43 | 杉並学院高等学校 | 141 |
| 白石工業高等学校 | 43 | 杉並工業高等学校 | 141 |
| 白石高等学校 | 391 | 杉並高等学校 | 141 |
| 白石高等学校七ヶ宿校 | 43 | 杉並総合高等学校 | 141 |
| 白石女子高等学校 | 43 | 杉森女子高等学校 | 380 |
| 白子高等学校 | 251 | 椙山女学園高等学校 | 240 |
| 城郷高等学校 | 166 | 宿毛工業高等学校 | 371 |
| 白根高等学校 | 178 | 宿毛高等学校 | 371 |
| 城山高等学校 | 166 | 宿毛高等学校大月分校 | 371 |
| 城山高等学校 | 282 | 菅高等学校 | 166 |
| 城山高等学校 | 371 | 須坂園芸高等学校 | 206 |
| 紫波総合高等学校 | 35 | 須坂高等学校 | 206 |
| 仁愛高等学校 | 63 | 須坂商業高等学校 | 206 |
| 仁愛女子高等学校 | 194 | 須坂東高等学校 | 206 |
| 新栄高等学校 | 166 | 須崎工業高等学校 | 371 |
| 新川高等学校 | 240 | 須崎高等学校 | 371 |
| 新宮高等学校 | 300 | 須崎高等学校久礼分校 | 371 |
| 新宮高等学校 | 315 | 朱雀高等学校 | 266 |
| 新宮高等学校 | 380 | 逗子開成高等学校 | 167 |
| 新宮商業高等学校 | 315 | 逗子高等学校 | 167 |

| 校名 | 頁 | 校名 | 頁 |
|---|---|---|---|
| 鈴鹿高等学校 | 251 | 星城高等学校 | 240 |
| 鈴峯女子高等学校 | 340 | 星城高等学校 | 240 |
| 珠洲実業高等学校 | 191 | 星翔高等学校 | 283 |
| 鈴蘭台西高等学校 | 301 | 星翔高等学校 | 283 |
| 鈴蘭台高等学校 | 301 | 青翔高等学校 | 310 |
| 裾野高等学校 | 224 | 成女高等学校 | 141 |
| 寿都高等学校 | 14 | 聖心ウルスラ学園高等学校 | 415 |
| 砂川高等学校 | 14 | 清真学園高等学校 | 71 |
| 砂川高等学校 | 141 | 誠信高等学校 | 240 |
| 砂川高等学校 | 282 | 聖心女子学院高等科 | 141 |
| 昴学園高等学校 | 252 | 清心女子高等学校 | 167 |
| 須磨学園高等学校 | 301 | 清心女子高等学校 | 331 |
| 須磨高等学校 | 301 | 静清工業高等学校 | 224 |
| 須磨友が丘高等学校 | 301 | 済々黌高等学校 | 404 |
| 須磨ノ浦女子高等学校 | 301 | 聖セシリア女子高等学校 | 167 |
| 須磨東高等学校 | 301 | 清泉女学院高等学校 | 167 |
| 墨田川高等学校 | 141 | 正則学園高等学校 | 141 |
| 墨田工業高等学校 | 141 | 正則高等学校 | 142 |
| 住田高等学校 | 35 | 成徳高等学校 | 357 |
| 住吉高等学校 | 167 | 聖徳大学附属高等学校 | 110 |
| 住吉高等学校 | 282 | 聖徳大学附属聖徳高等学校 | 71 |
| 住吉商業高等学校 | 282 | 聖ドミニコ学院高等学校 | 44 |
| 洲本高等学校 | 301 | 聖ドミニコ学園高等学校 | 142 |
| 洲本実業高等学校 | 301 | 西南学院高等学校 | 381 |
| 洲本実業高等学校東浦校 | 301 | 西南女学院高等学校 | 381 |
| 逗葉高等学校 | 167 | 聖パウロ学園高等学校 | 142 |
| 諏訪実業高等学校 | 206 | 星美学園高等学校 | 142 |
| 諏訪清陵高等学校 | 206 | 済美高等学校 | 215 |
| 諏訪二葉高等学校 | 206 | 成美高等学校 | 283 |
| 駿台学園高等学校 | 141 | 西彼農業高等学校 | 396 |
| 駿台甲府高等学校 | 198 | 清風高等学校 | 283 |
| 聖ウルスラ学院英智高等学校 | 44 | 清風南海高等学校 | 283 |
| 青雲高等学校 | 301 | 西武学園文理高等学校 | 98 |
| 青雲高等学校 | 396 | 西武台高等学校 | 98 |
| 誠英高等学校 | 350 | 西武台千葉高等学校 | 110 |
| 聖学院高等学校 | 141 | 聖望学園高等学校 | 99 |
| 精華高等学校 | 282 | 青豊高等学校 | 381 |
| 精華女子高等学校 | 381 | 清峰高等学校 | 396 |
| 聖カタリナ女子高等学校 | 366 | 聖母学院高等学校 | 266 |
| 聖カピタニオ女子高等学校 | 240 | 聖母女学院高等学校 | 283 |
| 清教学園高等学校 | 283 | 聖母の騎士高等学校 | 396 |
| 成蹊高等学校 | 141 | 聖母被昇天学院高等学校 | 283 |
| 誠恵高等学校 | 224 | 聖マリア女学院高等学校 | 215 |
| 精研高等学校 | 330 | 清明学院高等学校 | 283 |
| 聖光学院高等学校 | 63 | 清友高等学校 | 283 |
| 聖光学院高等学校 | 167 | 聖ヨゼフ学園高等学校 | 167 |
| 生光学園高等学校 | 357 | 青藍泰斗高等学校 | 80 |
| 聖光高等学校 | 350 | 成立学園高等学校 | 142 |
| 星槎国際高等学校 | 14 | 青稜高等学校 | 142 |
| 精思高等学校 | 330 | 星稜高等学校 | 191 |
| 誠修高等学校 | 381 | 星陵高等学校 | 224 |
| 清尚学院高等学校 | 14 | 西陵高等学校 | 240 |
| 成城学園高等学校 | 141 | 星陵高等学校 | 301 |
| 成城工業高等学校 | 283 | 青陵高等学校 | 315 |
| 成城高等学校 | 141 | 西陵高等学校 | 396 |
| 西湘高等学校 | 167 | 西陵高等学校東長崎分校 | 396 |
| 清翔高等学校 | 215 | 清陵情報高等学校 | 63 |

| 校名 | 頁 | 校名 | 頁 |
|---|---|---|---|
| 清林館高等学校 | 240 | 仙台南高等学校 | 44 |
| 星林高等学校 | 315 | 仙台向山高等学校 | 44 |
| 星琳高等学校 | 381 | 善通寺第一高等学校 | 361 |
| 聖隷クリストファー高等学校 | 224 | 善通寺西高等学校 | 361 |
| 聖霊高等学校 | 240 | セントヨゼフ女子学園高等学校 | 252 |
| 聖霊女子短期大学付属高等学校 | 51 | 泉南高等学校 | 283 |
| 聖和学院高等学校 | 167 | 泉北高等学校 | 283 |
| 聖和学園高等学校 | 44 | 千厩高等学校 | 35 |
| 清和学園高等学校 | 99 | 泉陽高等学校 | 283 |
| 聖和女子学院高等学校 | 396 | 千里高等学校 | 284 |
| 清和女子高等学校 | 371 | 千里国際学園高等部 | 284 |
| 西和清陵高等学校 | 310 | 相愛高等学校 | 284 |
| 関有知高等学校 | 215 | 草加高等学校 | 99 |
| 関高等学校 | 215 | 創価高等学校 | 142 |
| 関商工高等学校 | 216 | 草加西高等学校 | 99 |
| 碩信高等学校 | 410 | 草加東高等学校 | 99 |
| 関宿高等学校 | 110 | 草加南高等学校 | 99 |
| 膳所高等学校 | 257 | 双国高等学校 | 410 |
| 世田谷泉高等学校 | 142 | 匝瑳高等学校 | 110 |
| 世田谷学園高等学校 | 142 | 総社高等学校 | 331 |
| 瀬田工業高等学校 | 257 | 総社南高等学校 | 331 |
| 瀬田高等学校 | 257 | 捜真女学校高等学部 | 167 |
| 瀬棚商業高等学校 | 15 | 創成館高等学校 | 396 |
| 勢多農林高等学校 | 86 | 創造学園大学附属高等学校 | 206 |
| 摂津高等学校 | 283 | 崇徳高等学校 | 340 |
| 摂陵高等学校 | 283 | 相武台高等学校 | 167 |
| 瀬戸北高等学校 | 241 | 壮瞥高等学校 | 15 |
| 瀬戸高等学校 | 241 | 相馬高等学校 | 63 |
| 瀬戸高等学校 | 331 | 相馬農業高等学校 | 63 |
| 瀬戸田高等学校 | 340 | 相馬農業高等学校飯舘分校 | 63 |
| 瀬戸西高等学校 | 241 | 相馬東高等学校 | 63 |
| 瀬戸南高等学校 | 331 | 相洋高等学校 | 167 |
| 瀬戸窯業高等学校 | 241 | 総和工業高等学校 | 71 |
| 瀬谷高等学校 | 167 | 総和高等学校 | 71 |
| 瀬谷西高等学校 | 167 | 添上高等学校 | 310 |
| 世羅高等学校 | 340 | 袖ヶ浦高等学校 | 110 |
| 専修大学北上高等学校 | 35 | 蘇南高等学校 | 206 |
| 専修大学玉名高等学校 | 404 | 園田学園高等学校 | 301 |
| 専修大学附属高等学校 | 142 | 園部高等学校 | 266 |
| 専修大学松戸高等学校 | 110 | 蘇陽高等学校 | 404 |
| 宣真高等学校 | 283 | 第一経済大学付属高等学校 | 381 |
| 洗足学園高等学校 | 167 | 大樹高等学校 | 15 |
| 仙台育英学園高等学校 | 44 | 耐久高等学校 | 315 |
| 仙台工業高等学校 | 44 | 大子清流高等学校 | 71 |
| 仙台高等学校 | 44 | 大師高等学校 | 167 |
| 川内高等学校 | 426 | 太子高等学校 | 301 |
| 川内純心女子高等学校 | 426 | 大社高等学校 | 322 |
| 仙台商業高等学校 | 44 | 大社高等学校佐田分校 | 322 |
| 川内商工高等学校 | 426 | 大正高等学校 | 284 |
| 仙台女子商業高等学校 | 44 | 大聖寺高等学校 | 191 |
| 仙台白百合学園高等学校 | 44 | 大聖寺実業高等学校 | 191 |
| 仙台第一高等学校 | 44 | 大商学園高等学校 | 284 |
| 仙台第二工業高等学校 | 44 | 太成学院大学高等学校 | 284 |
| 仙台第二高等学校 | 44 | 大成高等学校 | 15 |
| 仙台第三高等学校 | 44 | 大成高等学校 | 142 |
| 仙台西高等学校 | 44 | 大成高等学校 | 241 |
| 仙台東高等学校 | 44 | 大成高等学校 | 315 |

| 高校 | | | |
|---|---|---|---|
| 泰星高等学校 | 381 | 高田農業高等学校 | 179 |
| 大成高等学校美里分校 | 315 | 田方農業高等学校 | 224 |
| 大成女子高等学校 | 72 | 高千穂高等学校 | 415 |
| 大東学園高等学校 | 142 | 高槻北高等学校 | 284 |
| 大同工業大学大同高等学校 | 241 | 高槻高等学校 | 284 |
| 大東高等学校 | 35 | 高津高等学校 | 168 |
| 大東高等学校 | 322 | 高遠高等学校 | 206 |
| 台東商業高等学校 | 142 | 高取国際高等学校 | 310 |
| 大東文化大学第一高等学校 | 142 | 高鍋高等学校 | 415 |
| 太平洋学園高等学校 | 372 | 高鍋農業高等学校 | 415 |
| 大門高等学校 | 185 | 高輪高等学校 | 142 |
| 大門高等学校 | 340 | 高根沢高等学校 | 80 |
| 平工業高等学校 | 63 | 鷹巣高等学校 | 51 |
| 平商業高等学校 | 63 | 鷹巣農林高等学校 | 51 |
| 平舘高等学校 | 35 | 高萩高等学校 | 72 |
| 大里高等学校 | 381 | 高萩清松高等学校 | 72 |
| 大和高等学校 | 340 | 高梁高等学校 | 331 |
| 高石高等学校 | 284 | 高梁城南高等学校 | 331 |
| 高岡工芸高等学校 | 185 | 高畠高等学校 | 55 |
| 高岡高等学校 | 185 | 高浜高等学校 | 168 |
| 高岡高等学校 | 372 | 高浜高等学校 | 191 |
| 高岡向陵高等学校 | 185 | 高浜高等学校 | 241 |
| 高岡商業高等学校 | 185 | 高原高等学校 | 415 |
| 高岡第一高等学校 | 185 | 高松北高等学校 | 361 |
| 高岡西高等学校 | 185 | 高松工芸高等学校 | 361 |
| 高岡南高等学校 | 185 | 高松高等学校 | 361 |
| 高岡龍谷高等学校 | 185 | 高松桜井高等学校 | 361 |
| 高川学園高等学校 | 350 | 高松商業高等学校 | 361 |
| 高木学園女子高等学校 | 167 | 高松第一高等学校 | 361 |
| 多賀高等学校 | 72 | 高松中央高等学校 | 361 |
| 多可高等学校 | 302 | 高松西高等学校 | 361 |
| 高崎北高等学校 | 86 | 高松農業高等学校 | 331 |
| 高崎経済大学付属高等学校 | 86 | 高松東高等学校 | 361 |
| 高崎健康福祉大学高崎高等学校 | 86 | 高松南高等学校 | 362 |
| 高崎工業高等学校 | 87 | 高円高等学校 | 310 |
| 高崎高等学校 | 87 | 高水高等学校 | 351 |
| 高崎商科大学附属高等学校 | 87 | 高宮高等学校 | 341 |
| 高崎商業高等学校 | 87 | 高森高等学校 | 351 |
| 高崎女子高等学校 | 87 | 高森高等学校 | 404 |
| 高崎東高等学校 | 87 | 高山工業高等学校 | 216 |
| 高砂高等学校 | 302 | 高山西高等学校 | 216 |
| 高砂南高等学校 | 302 | 田柄高等学校 | 143 |
| 高島高等学校 | 142 | 宝塚北高等学校 | 302 |
| 高島高等学校 | 257 | 宝塚高等学校 | 302 |
| 多賀城高等学校 | 45 | 宝塚西高等学校 | 302 |
| 高城高等学校 | 415 | 宝塚東高等学校 | 302 |
| 鷹栖高等学校 | 15 | 財部高等学校 | 426 |
| 高瀬高等学校 | 361 | 田川科学技術高等学校 | 381 |
| 高田北城高等学校 | 178 | 田川高等学校 | 206 |
| 高田高等学校 | 35 | 田川高等学校 | 381 |
| 高田高等学校 | 178 | 滝川工業高等学校 | 15 |
| 高田高等学校 | 252 | 滝川高等学校 | 15 |
| 高田高等学校 | 310 | 滝川高等学校 | 302 |
| 高田高等学校 | 411 | 滝川第二高等学校 | 302 |
| 高田商業高等学校 | 179 | 滝川西高等学校 | 15 |
| 高田商業高等学校 | 310 | 滝高等学校 | 241 |
| 高田南城高等学校 | 179 | 滝上高等学校 | 15 |

| 学校名 | 頁 | 学校名 | 頁 |
|---|---|---|---|
| 瀧野川女子学園高等学校 | 143 | 田無高等学校 | 143 |
| 多久高等学校 | 391 | 田辺工業高等学校 | 315 |
| 拓殖大学紅陵高等学校 | 111 | 田名部高等学校 | 28 |
| 拓殖大学第一高等学校 | 143 | 田辺高等学校 | 266 |
| 田口高等学校 | 241 | 田辺高等学校 | 315 |
| 武岡台高等学校 | 426 | 田沼高等学校 | 80 |
| 武雄高等学校 | 391 | 種市高等学校 | 35 |
| 武雄青陵高等学校 | 391 | 種子島高等学校 | 426 |
| 竹園高等学校 | 72 | 田布施工業高等学校 | 351 |
| 武田高等学校 | 341 | 田布施農業高等学校 | 351 |
| 竹田高等学校 | 411 | 田布施農業高等学校大島分校 | 351 |
| 竹田南高等学校 | 411 | 田部高等学校 | 351 |
| 武豊高等学校 | 241 | 玉川学園高等部 | 143 |
| 竹台高等学校 | 143 | 玉川工業高等学校 | 99 |
| 竹早高等学校 | 143 | 玉川高等学校 | 143 |
| 竹原高等学校 | 341 | 玉川高等学校 | 257 |
| 武生工業高等学校 | 194 | 玉川聖学院高等部 | 143 |
| 武生高等学校 | 194 | 玉木女子高等学校 | 397 |
| 武生高等学校池田分校 | 194 | 多摩工業高等学校 | 143 |
| 武生商業高等学校 | 194 | 多摩高等学校 | 143 |
| 武生東高等学校 | 194 | 多摩高等学校 | 168 |
| 多古高等学校 | 111 | 玉島高等学校 | 331 |
| 太宰府高等学校 | 381 | 玉島高等学校 | 331 |
| 田島高等学校 | 63 | 玉島商業高等学校 | 331 |
| 但馬農業高等学校 | 302 | 多摩大学附属聖ケ丘高等学校 | 143 |
| 多治見北高等学校 | 216 | 多摩大学目黒高等学校 | 143 |
| 多治見工業高等学校 | 216 | 玉造工業高等学校 | 72 |
| 多治見高等学校 | 216 | 玉名工業高等学校 | 404 |
| 田尻高等学校 | 45 | 玉名高等学校 | 404 |
| 忠生高等学校 | 143 | 玉名女子高等学校 | 404 |
| 忠海高等学校 | 341 | 玉野高等学校 | 332 |
| 只見高等学校 | 64 | 玉野光南高等学校 | 332 |
| 立川高等学校 | 143 | 玉野商業高等学校 | 332 |
| 立川女子高等学校 | 143 | 玉野備南高等学校 | 332 |
| 立花学園高等学校 | 168 | 玉村高等学校 | 87 |
| 立花学園高等学校 | 168 | 田村高等学校 | 64 |
| 橘高等学校 | 64 | 多良木高等学校 | 405 |
| 橘高等学校 | 168 | 太良高等学校 | 391 |
| 立花高等学校 | 381 | 垂水高等学校 | 426 |
| 田子高等学校 | 28 | 田原本農業高等学校 | 310 |
| 辰野高等学校 | 206 | 丹南高等学校 | 194 |
| 龍野高等学校 | 302 | 丹原高等学校 | 366 |
| 龍野実業高等学校 | 302 | 致遠館高等学校 | 391 |
| 田鶴浜高等学校 | 191 | 茅ヶ崎高等学校 | 168 |
| 楯岡高等学校 | 55 | 茅ヶ崎西浜高等学校 | 168 |
| 伊達高等学校 | 15 | 茅ヶ崎北陵高等学校 | 168 |
| 蓼科高等学校 | 207 | 地球環境高等学校 | 207 |
| 館林高等学校 | 87 | 千種高等学校 | 241 |
| 館林商工高等学校 | 87 | 千種高等学校 | 302 |
| 館林女子高等学校 | 87 | 筑紫丘高等学校 | 381 |
| 伊達緑丘高等学校 | 15 | 筑紫高等学校 | 381 |
| 館山高等学校 | 111 | 筑紫女学園高等学校 | 381 |
| 多度津工業高等学校 | 362 | 筑紫台高等学校 | 382 |
| 多度津水産高等学校 | 362 | 筑紫中央高等学校 | 382 |
| 棚倉高等学校 | 64 | 築上西高等学校 | 382 |
| 田奈高等学校 | 168 | 筑前高等学校 | 382 |
| 田無工業高等学校 | 143 | 筑豊高等学校 | 382 |

| 校名 | 頁 | 校名 | 頁 |
|---|---|---|---|
| 筑陽学園高等学校 | 382 | 長府高等学校 | 351 |
| 千城台高等学校 | 111 | 調布南高等学校 | 144 |
| 智頭農林高等学校 | 318 | 千代田高等学校 | 284 |
| 知多翔洋高等学校 | 241 | 千代田高等学校 | 341 |
| 秩父高等学校 | 99 | 千代田女学園高等学校 | 144 |
| 秩父農工科学高等学校 | 99 | 知立高等学校 | 241 |
| 千歳丘高等学校 | 144 | 知立東高等学校 | 241 |
| 千歳高等学校 | 15 | 鎮西学院高等学校 | 397 |
| 千歳北陽高等学校 | 15 | 鎮西敬愛高等学校 | 382 |
| 知念高等学校 | 430 | 鎮西高等学校 | 405 |
| 茅野高等学校 | 207 | 月形高等学校 | 15 |
| 千葉英和高等学校 | 111 | 築館高等学校 | 45 |
| 千葉大宮高等学校 | 111 | 築館高等学校瀬峰校 | 45 |
| 千葉学園高等学校 | 28 | 槻の木高等学校 | 284 |
| 千葉学芸高等学校 | 111 | 津久井高等学校 | 168 |
| 千葉北高等学校 | 111 | 津久井浜高等学校 | 168 |
| 千葉敬愛高等学校 | 111 | 作手高等学校 | 241 |
| 千葉経済大学附属高等学校 | 111 | つくば開成高等学校 | 72 |
| 千葉県安房西高等学校 | 111 | つくば工科高等学校 | 72 |
| 千葉工業高等学校 | 111 | 筑波高等学校 | 72 |
| 千葉高等学校 | 111 | つくば国際大学高等学校 | 72 |
| 千葉国際高等学校 | 111 | つくば秀英高等学校 | 72 |
| 千葉商科大学付属高等学校 | 111 | 津久見高等学校 | 411 |
| 千葉商業高等学校 | 111 | 黄柳野高等学校 | 241 |
| 千葉女子高等学校 | 112 | 津工業高等学校 | 252 |
| 千葉聖心高等学校 | 112 | 津高等学校 | 252 |
| 千葉西高等学校 | 112 | 辻高等学校 | 357 |
| 千葉日本大学第一高等学校 | 112 | 津島北高等学校 | 242 |
| 千葉東高等学校 | 112 | 津島高等学校 | 242 |
| 千葉萌陽高等学校 | 112 | 津島高等学校 | 366 |
| 千葉南高等学校 | 112 | 対馬高等学校 | 397 |
| 千葉未来高等学校 | 112 | 津島東高等学校 | 242 |
| 千葉明徳高等学校 | 112 | 津商業高等学校 | 252 |
| 千早高等学校 | 144 | 津田高等学校 | 362 |
| 千原台高等学校 | 405 | 津田沼高等学校 | 113 |
| 千葉黎明高等学校 | 112 | 土浦工業高等学校 | 72 |
| 智辯学園高等学校 | 310 | 土浦湖北高等学校 | 72 |
| 智辯学園和歌山高等学校 | 315 | 土浦第一高等学校 | 72 |
| 北谷高等学校 | 430 | 土浦第二高等学校 | 72 |
| 中越高等学校 | 179 | 土浦第三高等学校 | 72 |
| 中央学院高等学校 | 112 | 土浦日本大学高等学校 | 72 |
| 中央学院大学中央高等学校 | 144 | 津名高等学校 | 302 |
| 中央大学高等学校 | 144 | 津南高等学校 | 179 |
| 中央大学杉並高等学校 | 144 | 津南中等教育学校 | 179 |
| 中央大学附属高等学校 | 144 | 津西高等学校 | 252 |
| 中央農業高等学校 | 168 | 都農高等学校 | 415 |
| 中京高等学校 | 216 | つばさ総合高等学校 | 144 |
| 中京大学附属中京高等学校 | 241 | 津幡高等学校 | 191 |
| 中芸高等学校 | 372 | 燕高等学校 | 179 |
| 中部商業高等学校 | 430 | 燕中等教育学校 | 179 |
| 中部大学第一高等学校 | 241 | 津東高等学校 | 252 |
| 中部農林高等学校 | 430 | 津別高等学校 | 15 |
| 銚子高等学校 | 112 | 嬬恋高等学校 | 87 |
| 銚子商業高等学校 | 112 | 妻高等学校 | 415 |
| 銚子水産高等学校 | 113 | 津山工業高等学校 | 332 |
| 長生高等学校 | 113 | 津山高等学校 | 332 |
| 調布北高等学校 | 144 | 津山商業高等学校 | 332 |

## 学校種別一覧 高校

| 学校名 | 頁 |
|---|---|
| 津山東高等学校 | 332 |
| 鶴岡北高等学校 | 55 |
| 鶴岡工業高等学校 | 56 |
| 鶴岡中央高等学校 | 56 |
| 鶴岡中央高等学校温海校 | 56 |
| 鶴岡東高等学校 | 56 |
| 鶴岡南高等学校 | 56 |
| 敦賀気比高等学校 | 194 |
| 敦賀工業高等学校 | 194 |
| 敦賀高等学校 | 194 |
| 鶴ヶ島高等学校 | 99 |
| 鶴川高等学校 | 144 |
| 鶴来高等学校 | 191 |
| 都留高等学校 | 198 |
| 鶴崎工業高等学校 | 411 |
| 鶴田高等学校 | 28 |
| 鶴舞桜が丘高等学校 | 113 |
| 鶴丸高等学校 | 426 |
| 鶴見工業高等学校 | 168 |
| 鶴見高等学校 | 168 |
| 鶴見商業高等学校 | 284 |
| 鶴見女子高等学校 | 168 |
| 鶴見総合高等学校 | 169 |
| 鶴嶺高等学校 | 169 |
| 津和野高等学校 | 322 |
| 帝京安積高等学校 | 64 |
| 帝京第三高等学校 | 198 |
| 帝京第五高等学校 | 366 |
| 帝京第五高等学校冨士校 | 366 |
| 帝京大学可児高等学校 | 216 |
| 帝京大学系属帝京高等学校 | 144 |
| 帝京大学高等学校 | 144 |
| 帝京八王子高等学校 | 144 |
| 貞山高等学校 | 45 |
| 貞静学園高等学校 | 145 |
| 天売高等学校 | 15 |
| 天塩高等学校 | 15 |
| 弟子屈高等学校 | 16 |
| 豊島高等学校 | 284 |
| 帝塚山学院泉ヶ丘高等学校 | 284 |
| 帝塚山学院高等学校 | 284 |
| 帝塚山高等学校 | 310 |
| デネブ高等学校 | 341 |
| 寺井高等学校 | 191 |
| 田園調布学園高等部 | 145 |
| 田園調布高等学校 | 145 |
| 田園調布雙葉高等学校 | 145 |
| 伝習館高等学校 | 382 |
| 天真学園高等学校 | 56 |
| 天童高等学校 | 56 |
| 天王寺学館高等学校 | 284 |
| 天王寺高等学校 | 284 |
| 天王寺商業高等学校 | 284 |
| 天白高等学校 | 242 |
| 天理教校学園高等学校 | 310 |
| 天理高等学校 | 310 |
| 天竜林業高等学校 | 225 |
| 戸井高等学校 | 16 |
| 土肥高等学校 | 225 |
| 土居高等学校 | 366 |
| 戸板女子高等学校 | 145 |
| 東亜学園高等学校 | 145 |
| 桐蔭学園高等学校 | 169 |
| 桐蔭学園中等教育学校 | 169 |
| 桐蔭高等学校 | 315 |
| 藤蔭高等学校 | 411 |
| 東奥学園高等学校 | 28 |
| 東奥義塾高等学校 | 28 |
| 東温高等学校 | 366 |
| 東海学園高等学校 | 242 |
| 東海高等学校 | 72 |
| 東海高等学校 | 242 |
| 東海商業高等学校 | 242 |
| 東海大学甲府高等学校 | 198 |
| 東海大学菅生高等学校 | 145 |
| 東海大学付属浦安高等学校 | 113 |
| 東海大学付属仰星高等学校 | 284 |
| 東海大学付属相模高等学校 | 169 |
| 東海大学付属翔洋高等学校 | 225 |
| 東海大学付属第二高等学校 | 405 |
| 東海大学付属第三高等学校 | 207 |
| 東海大学付属第四高等学校 | 16 |
| 東海大学付属第五高等学校 | 382 |
| 東海大学付属望星高等学校 | 145 |
| 東海大学付属望洋高等学校 | 113 |
| 東海大学山形高等学校 | 56 |
| 東海大学付属高輪台高等学校 | 145 |
| 東海南高等学校 | 242 |
| 藤花学園尾山台高等学校 | 191 |
| 東金高等学校 | 113 |
| 東金商業高等学校 | 113 |
| 東京都立第五商業高等学校 | 145 |
| 東京音楽大学付属高等学校 | 145 |
| 東京学園高等学校 | 145 |
| 東京家政学院高等学校 | 145 |
| 東京家政大学附属女子高等学校 | 145 |
| 東京学館浦安高等学校 | 113 |
| 東京学館高等学校 | 113 |
| 東京学館新潟高等学校 | 179 |
| 東京学館船橋高等学校 | 113 |
| 東京高等学校 | 145 |
| 東京実業高等学校 | 146 |
| 東京純心女子高等学校 | 146 |
| 東京女学館高等学校 | 146 |
| 東京女子学院高等学校 | 146 |
| 東京女子学園高等学校 | 146 |
| 東京成徳大学高等学校 | 146 |
| 東京成徳大学深谷高等学校 | 99 |
| 東京電機大学高等学校 | 146 |
| 東京都立園芸高等学校 | 146 |
| 東京都立科学技術高等学校 | 146 |
| 東京都立芸術高等学校 | 146 |
| 東京都立工芸高等学校 | 146 |
| 東京都立国際高等学校 | 146 |

学校名変遷総覧 大学・高校編 473

| | | | |
|---|---|---|---|
| 東京都立総合工科高等学校 | 146 | 東予高等学校 | 366 |
| 東京都立第一商業高等学校 | 146 | 東横学園大倉山高等学校 | 169 |
| 東京都立第二商業高等学校 | 147 | 東横学園高等学校 | 148 |
| 東京都立第三商業高等学校 | 147 | 東陵高等学校 | 45 |
| 東京都立第四商業高等学校 | 147 | 桃陵高等学校 | 242 |
| 東京都立大学附属高等学校 | 147 | 東稜高等学校 | 267 |
| 東京都立西高等学校 | 147 | 東稜高等学校 | 405 |
| 東京都立農業高等学校 | 147 | 東林館高等学校 | 341 |
| 東京都立農芸高等学校 | 147 | 藤嶺学園藤沢高等学校 | 169 |
| 東京都立農産高等学校 | 147 | 東和高等学校 | 36 |
| 東京都立農林高等学校 | 147 | 東和大学附属昌平高等学校 | 99 |
| 東京都立東高等学校 | 147 | 東和大学附属東和高等学校 | 383 |
| 東京農業大学第一高等学校 | 147 | 十日町高等学校 | 179 |
| 東京農業大学第二高等学校 | 87 | 十日町総合高等学校 | 179 |
| 東京農業大学第三高等学校 | 99 | 遠野高等学校 | 36 |
| 東京文化高等学校 | 147 | 遠野高等学校 | 64 |
| 東京立正高等学校 | 147 | 遠野高等学校情報ビジネス校 | 36 |
| 桐光学園高等学校 | 169 | 遠野緑峰高等学校 | 36 |
| 東郷高等学校 | 242 | 富来高等学校 | 191 |
| 同志社高等学校 | 266 | 土岐紅陵高等学校 | 216 |
| 同志社香里高等学校 | 285 | 土岐商業高等学校 | 216 |
| 同志社国際高等学校 | 266 | 時任学園中等教育学校 | 113 |
| 同志社女子高等学校 | 266 | 常盤木学園高等学校 | 45 |
| 東城高等学校 | 341 | 常磐高等学校 | 87 |
| 東星学園高等学校 | 147 | 常盤高等学校 | 99 |
| 東総工業高等学校 | 113 | 常磐高等学校 | 383 |
| 東大寺学園高等学校 | 311 | 常磐大学高等学校 | 73 |
| 銅駝美術工芸高等学校 | 266 | トキワ松学園高等学校 | 148 |
| 東筑高等学校 | 382 | 徳佐高等学校 | 351 |
| 塔南高等学校 | 267 | 徳佐高等学校高俣分校 | 351 |
| 東濃高等学校 | 216 | 徳島北高等学校 | 357 |
| 東濃実業高等学校 | 216 | 徳島県立水産高等学校 | 357 |
| 東濃フロンティア高等学校 | 216 | 徳島工業高等学校 | 357 |
| 東播工業高等学校 | 302 | 徳島商業高等学校 | 357 |
| 当別高等学校 | 16 | 徳島市立高等学校 | 357 |
| 東邦音楽大学附属東邦高等学校 | 147 | 徳島中央高等学校 | 357 |
| 東邦音楽大学附属東邦第二高等学校 | 99 | 徳島東工業高等学校 | 357 |
| 桐朋高等学校 | 148 | 徳島文理高等学校 | 357 |
| 同朋高等学校 | 242 | 徳之島高等学校 | 427 |
| 同朋高等学校 | 242 | 徳之島農業高等学校 | 427 |
| 桐朋女子高等学校 | 148 | 徳風高等学校 | 252 |
| 東邦大学付属東邦高等学校 | 113 | 徳山北高等学校 | 351 |
| 東北学院高等学校 | 45 | 徳山高等学校 | 351 |
| 東北学院榴ケ岡高等学校 | 45 | 徳山商工高等学校 | 351 |
| 東北工業大学高等学校 | 45 | 土気高等学校 | 114 |
| 東北高等学校 | 45 | 常滑高等学校 | 242 |
| 東北生活文化大学高等学校 | 45 | 常葉学園菊川高等学校 | 225 |
| 東明館高等学校 | 391 | 常葉学園高等学校 | 225 |
| 洞爺高等学校 | 16 | 常葉学園橘高等学校 | 225 |
| 東洋英和女学院高等部 | 148 | 常呂高等学校 | 16 |
| 東葉高等学校 | 113 | 所沢北高等学校 | 99 |
| 東洋高等学校 | 148 | 所沢高等学校 | 99 |
| 桐陽高等学校 | 225 | 所沢商業高等学校 | 100 |
| 東鷹高等学校 | 382 | 所沢中央高等学校 | 100 |
| 東洋女子高等学校 | 148 | 所沢西高等学校 | 100 |
| 東洋大学附属牛久高等学校 | 73 | 所沢東高等学校 | 100 |
| 東洋大学附属姫路高等学校 | 302 | 土佐高等学校 | 372 |

| 校名 | 頁 | 校名 | 頁 |
|---|---|---|---|
| 土佐塾高等学校 | 372 | 登美丘高等学校 | 285 |
| 土佐女子高等学校 | 372 | 富岡高等学校川内分校 | 64 |
| 豊島岡女子学園高等学校 | 148 | 富岡実業高等学校 | 87 |
| 豊島学院高等学校 | 148 | 富岡西高等学校 | 357 |
| 豊島高等学校 | 148 | 富岡東高等学校 | 88 |
| 杜若高等学校 | 242 | 富岡東高等学校 | 357 |
| 鳥栖工業高等学校 | 392 | 富岡東高等学校羽ノ浦分校 | 358 |
| 鳥栖高等学校 | 392 | 登美ケ丘高等学校 | 311 |
| 鳥栖商業高等学校 | 392 | 富川高等学校 | 16 |
| 戸田翔陽高等学校 | 100 | 富里高等学校 | 114 |
| 栃尾高等学校 | 179 | 富島高等学校 | 415 |
| 栃木工業高等学校 | 80 | 豊見城高等学校 | 430 |
| 栃木高等学校 | 80 | 豊見城南高等学校 | 430 |
| 栃木商業高等学校 | 80 | 富田高等学校 | 217 |
| 栃木翔南高等学校 | 81 | 富田高等学校 | 242 |
| 栃木女子高等学校 | 81 | 富谷高等学校 | 46 |
| 栃木農業高等学校 | 81 | 登米高等学校 | 46 |
| 戸塚高等学校 | 169 | 友部高等学校 | 73 |
| 十津川高等学校 | 311 | 富山いずみ高等学校 | 186 |
| 獨協高等学校 | 148 | 富山県立海洋高等学校 | 186 |
| 獨協埼玉高等学校 | 100 | 富山県立中央農業高等学校 | 186 |
| 鳥取敬愛高等学校 | 318 | 富山工業高等学校 | 186 |
| 鳥取工業高等学校 | 318 | 戸山高等学校 | 148 |
| 鳥取湖陵高等学校 | 318 | 富山高等学校 | 186 |
| 鳥取商業高等学校 | 318 | 富山国際大学付属高等学校 | 186 |
| 鳥取城北高等学校 | 318 | 富山商業高等学校 | 186 |
| 鳥取中央育英高等学校 | 318 | 富山第一高等学校 | 186 |
| 鳥取西高等学校 | 318 | 富山中央学院 | 186 |
| 鳥取東高等学校 | 319 | 富山中部高等学校 | 186 |
| 鳥取緑風高等学校 | 319 | 富山西高等学校 | 186 |
| 戸手高等学校 | 341 | 富山東高等学校 | 186 |
| 菟道高等学校 | 267 | 富山北部高等学校 | 186 |
| 砺波工業高等学校 | 185 | 富山南高等学校 | 186 |
| 砺波高等学校 | 185 | 豊明高等学校 | 242 |
| となみ野高等学校 | 185 | 豊岡高等学校 | 100 |
| 図南萩陵高等学校 | 45 | 豊岡高等学校 | 302 |
| 利根実業高等学校 | 87 | 豊岡総合高等学校 | 303 |
| 利根商業高等学校 | 87 | 豊川工業高等学校 | 242 |
| 刀根山高等学校 | 285 | 豊川高等学校 | 242 |
| 土庄高等学校 | 362 | 豊栄高等学校 | 179 |
| 鳥羽高等学校 | 252 | 豊科高等学校 | 207 |
| 鳥羽高等学校 | 267 | 豊田大谷高等学校 | 243 |
| 戸畑工業高等学校 | 383 | 豊田北高等学校 | 243 |
| 戸畑高等学校 | 383 | 豊田工業高等学校 | 243 |
| 戸畑商業高等学校 | 383 | 豊田高等学校 | 243 |
| 苫小牧工業高等学校 | 16 | 豊田高等学校 | 341 |
| 苫小牧総合経済高等学校 | 16 | 豊田西高等学校 | 243 |
| 苫小牧中央高等学校 | 16 | 豊田東高等学校 | 243 |
| 苫小牧西高等学校 | 16 | 豊多摩高等学校 | 149 |
| 苫小牧東高等学校 | 16 | 豊玉高等学校 | 397 |
| 苫小牧南高等学校 | 16 | 豊田南高等学校 | 243 |
| 苫前商業高等学校 | 16 | 豊津高等学校 | 383 |
| 泊高等学校 | 185 | 豊富高等学校 | 16 |
| 泊高等学校 | 430 | 豊中高等学校 | 285 |
| 富江高等学校 | 397 | 豊橋工業高等学校 | 243 |
| 富岡高等学校 | 64 | 豊橋商業高等学校 | 243 |
| 富岡高等学校 | 87 | 豊橋中央高等学校 | 243 |

高校　　　　　　　　　　　　　　　　　　　　　　　　　　　　　　　　　　　　　　学校種別一覧

| 校名 | 頁 | 校名 | 頁 |
|---|---|---|---|
| 豊橋西高等学校 | 243 | 中島高等学校 | 191 |
| 豊橋東高等学校 | 243 | 中条工業高等学校 | 180 |
| 豊橋南高等学校 | 243 | 中条高等学校 | 180 |
| 豊浦高等学校 | 352 | 中条高等学校 | 207 |
| 虎姫高等学校 | 257 | 長田高等学校 | 303 |
| 鳥飼高等学校 | 285 | 長田商業高等学校 | 303 |
| 取手松陽高等学校 | 73 | 中種子高等学校 | 427 |
| 取手第一高等学校 | 73 | 中津川工業高等学校 | 217 |
| 取手第二高等学校 | 73 | 中津北高等学校 | 411 |
| 杜陵高等学校 | 36 | 中津工業高等学校 | 411 |
| 十和田工業高等学校 | 28 | 中津高等学校 | 217 |
| 十和田高等学校 | 51 | 中津商業高等学校 | 217 |
| 十和田西高等学校 | 29 | 中津商業高等学校 | 411 |
| とわの森三愛高等学校 | 16 | 中津南高等学校 | 411 |
| 富田林高等学校 | 285 | 長門高等学校 | 352 |
| 奈井江商業高等学校 | 16 | 中頓別農業高等学校 | 17 |
| 直江津高等学校 | 179 | 中新田高等学校 | 46 |
| 長井工業高等学校 | 56 | 長沼高等学校 | 17 |
| 長井高等学校 | 56 | 長沼高等学校 | 64 |
| 長泉高等学校 | 225 | 長野北高等学校 | 285 |
| 長岡大手高等学校 | 180 | 長野県東部高等学校 | 207 |
| 長岡工業高等学校 | 180 | 長野県北部高等学校 | 207 |
| 長岡高等学校 | 180 | 中野工業高等学校 | 149 |
| 長岡向陵高等学校 | 180 | 長野工業高等学校 | 207 |
| 長岡商業高等学校 | 180 | 長野高等学校 | 207 |
| 長岡農業高等学校 | 180 | 長野高等学校 | 207 |
| 長岡明徳高等学校 | 180 | 長野高等学校 | 285 |
| 長尾高等学校 | 285 | 中野実業高等学校 | 207 |
| 長尾谷高等学校 | 285 | 長野俊英高等学校 | 207 |
| 中川商業高等学校 | 17 | 長野商業高等学校 | 207 |
| 中川商業高等学校 | 243 | 中之条高等学校 | 88 |
| 長久手高等学校 | 243 | 長野女子高等学校 | 208 |
| 那珂高等学校 | 73 | 長野清泉女学院高等学校 | 208 |
| 那賀高等学校 | 315 | 長野西高等学校 | 208 |
| 那賀高等学校 | 358 | 長野西高等学校 | 208 |
| 中五島高等学校 | 397 | 長野日本大学高等学校 | 208 |
| 長崎鶴洋高等学校 | 397 | 長野原高等学校 | 88 |
| 長崎北高等学校 | 397 | 長野東高等学校 | 208 |
| 長崎工業高等学校 | 397 | 長野南高等学校 | 208 |
| 長崎式見高等学校 | 397 | 長野吉田高等学校 | 208 |
| 長崎商業高等学校 | 397 | 長浜北高等学校 | 257 |
| 長崎女子高等学校 | 397 | 長浜高等学校 | 257 |
| 長崎女子商業高等学校 | 397 | 長浜高等学校 | 366 |
| 長崎総合科学大学附属高等学校 | 397 | 長浜農業高等学校 | 257 |
| 長崎南山高等学校 | 397 | 長浜北星高等学校 | 257 |
| 長崎西高等学校 | 398 | 中間高等学校 | 383 |
| 長崎日本大学高等学校 | 398 | 那珂湊第一高等学校 | 73 |
| 長崎東高等学校 | 398 | 那珂湊第二高等学校 | 73 |
| 長崎北陽台高等学校 | 398 | 中村学園三陽高等学校 | 383 |
| 長崎南高等学校 | 398 | 中村学園女子高等学校 | 383 |
| 長崎南商業高等学校 | 398 | 中村高等学校 | 149 |
| 長崎明誠高等学校 | 398 | 中村高等学校 | 243 |
| 長狭高等学校 | 114 | 中村高等学校 | 372 |
| 中札内高等学校 | 17 | 中村高等学校西土佐分校 | 372 |
| 中里高等学校 | 29 | 中村女子高等学校 | 352 |
| 中標津高等学校 | 17 | 永谷高等学校 | 169 |
| 中標津農業高等学校 | 17 | 中山学園高等学校 | 114 |

476　学校名変遷総覧　大学・高校編

| 学校名 | 頁 | 学校名 | 頁 |
|---|---|---|---|
| 永山高等学校 | 149 | 名寄高等学校 | 17 |
| 中山高等学校 | 366 | 名寄光凌高等学校 | 17 |
| 長吉高等学校 | 285 | 名寄農業高等学校 | 17 |
| 長良高等学校 | 217 | 奈良育英高等学校 | 311 |
| 流山北高等学校 | 114 | 奈良学園高等学校 | 311 |
| 流山高等学校 | 114 | 奈良北高等学校 | 311 |
| 流山中央高等学校 | 114 | 奈良工業高等学校 | 311 |
| 流山東高等学校 | 114 | 奈良高等学校 | 311 |
| 流山南高等学校 | 114 | 奈良商業高等学校 | 311 |
| 名久井農業高等学校 | 29 | 奈良情報商業高等学校 | 311 |
| 奈古高等学校 | 352 | 奈良女子高等学校 | 311 |
| 名護高等学校 | 430 | 奈良大学附属高等学校 | 311 |
| 奈古高等学校須佐分校 | 352 | 奈良文化女子短期大学付属高等学校 | 311 |
| 名護商業高等学校 | 430 | 成田北高等学校 | 114 |
| 勿来工業高等学校 | 64 | 成田高等学校 | 114 |
| 勿来高等学校 | 64 | 成田国際高等学校 | 114 |
| 名古屋大谷高等学校 | 243 | 成田西陵高等学校 | 114 |
| 名古屋経済大学市邨高等学校 | 243 | 鳴尾高等学校 | 303 |
| 名古屋経済大学高蔵高等学校 | 244 | 奈留高等学校 | 398 |
| 名古屋工業高等学校 | 244 | 成瀬高等学校 | 149 |
| 名古屋高等学校 | 244 | 鳴滝高等学校 | 398 |
| 名古屋国際高等学校 | 244 | 成東高等学校 | 114 |
| 名古屋商業高等学校 | 244 | 鳴門工業高等学校 | 358 |
| 名古屋女子大学高等学校 | 244 | 鳴門高等学校 | 358 |
| 名古屋市立北高等学校 | 244 | 鳴門第一高等学校 | 358 |
| 名古屋市立工業高等学校 | 244 | 鳴海高等学校 | 244 |
| 名古屋市立工芸高等学校 | 244 | 南関高等学校 | 405 |
| 名古屋市立中央高等学校 | 244 | 南紀高等学校 | 315 |
| 名古屋西高等学校 | 244 | 南紀高等学校周参見分校 | 315 |
| 名古屋南高等学校 | 244 | 南郷高等学校 | 29 |
| 那須高原海城高等学校 | 81 | 南郷高等学校 | 46 |
| 那須高等学校 | 81 | 南山高等学校 | 244 |
| 那須清峰高等学校 | 81 | 南山国際高等学校 | 245 |
| 那須拓陽高等学校 | 81 | 南丹高等学校 | 267 |
| 灘高等学校 | 303 | 南筑高等学校 | 383 |
| 名取北高等学校 | 46 | 南砺総合高等学校井波高等学校 | 187 |
| 名取高等学校 | 46 | 南砺総合高等学校平高等学校 | 187 |
| 七飯高等学校 | 17 | 南砺総合高等学校福野高等学校 | 187 |
| 七尾高等学校 | 191 | 南砺総合高等学校福光高等学校 | 187 |
| 七尾東雲高等学校 | 192 | 南部工業高等学校 | 29 |
| 七尾城北高等学校 | 192 | 南部工業高等学校 | 431 |
| 浪速高等学校 | 285 | 南部商業高等学校 | 431 |
| 那覇工業高等学校 | 430 | 南部農林高等学校 | 431 |
| 那覇高等学校 | 431 | 南幌高等学校 | 17 |
| 那覇国際高等学校 | 431 | 南陽工業高等学校 | 352 |
| 那覇商業高等学校 | 431 | 南陽高等学校 | 56 |
| 那覇西高等学校 | 431 | 南陽高等学校 | 245 |
| 名張桔梗丘高等学校 | 252 | 南陽高等学校 | 267 |
| 名張高等学校 | 252 | 南稜高等学校 | 100 |
| 名張西高等学校 | 252 | 南稜高等学校 | 405 |
| 浪江高等学校 | 64 | 新潟北高等学校 | 180 |
| 浪江高等学校津島分校 | 64 | 新潟県央工業高等学校 | 180 |
| 浪岡高等学校 | 29 | 新潟県立海洋高等学校 | 180 |
| 並木学院高等学校 | 341 | 新潟県立国際情報高等学校 | 180 |
| 並木高等学校 | 73 | 新潟工業高等学校 | 180 |
| 滑川総合高等学校 | 100 | 新潟高等学校 | 180 |
| 滑川高等学校 | 186 | 新潟江南高等学校 | 180 |

| 校名 | 頁 | 校名 | 頁 |
|---|---|---|---|
| 新潟向陽高等学校 | 181 | 西宮南高等学校 | 303 |
| 新潟産業大学附属高等学校 | 181 | 西原高等学校 | 431 |
| 新潟商業高等学校 | 181 | 西春高等学校 | 245 |
| 新潟翠江高等学校 | 181 | 西舞鶴高等学校 | 267 |
| 新潟清心女子高等学校 | 181 | 西目高等学校 | 51 |
| 新潟青陵高等学校 | 181 | 西山学院高等学校 | 46 |
| 新潟中央高等学校 | 181 | 西大和学園高等学校 | 312 |
| 新潟西高等学校 | 181 | 二松学舎大学附属沼南高等学校 | 114 |
| 新潟東工業高等学校 | 181 | 二松学舎大学附属高等学校 | 149 |
| 新潟東高等学校 | 181 | 西淀川高等学校 | 285 |
| 新潟南高等学校 | 181 | 西和賀高等学校 | 36 |
| 新川高等学校 | 187 | 西脇北高等学校 | 303 |
| 新川みどり野高等学校 | 187 | 西脇工業高等学校 | 303 |
| 新座北高等学校 | 100 | 西脇高等学校 | 303 |
| 新座高等学校 | 100 | ニセコ高等学校 | 17 |
| 新座総合技術高等学校 | 100 | 日南学園高等学校 | 416 |
| 新島学園高等学校 | 88 | 日南工業高等学校 | 416 |
| 新島高等学校 | 149 | 日南高等学校 | 416 |
| 新津工業高等学校 | 181 | 日南振徳商業高等学校 | 416 |
| 新津高等学校 | 181 | 日南農林高等学校 | 416 |
| 新津南高等学校 | 181 | 日光明峰高等学校 | 81 |
| 新居浜工業高等学校 | 366 | 日章学園高等学校 | 416 |
| 新居浜商業高等学校 | 367 | 日彰館高等学校 | 341 |
| 新居浜西高等学校 | 367 | 日新館高等学校 | 383 |
| 新居浜東高等学校 | 367 | 日進高等学校 | 245 |
| 新居浜南高等学校 | 367 | 日新高等学校 | 285 |
| 新見高等学校 | 332 | 日進西高等学校 | 245 |
| 二階堂高等学校 | 312 | 日生学園第一高等学校 | 252 |
| 仁賀保高等学校 | 51 | 日生学園第二高等学校 | 252 |
| 仁川学院高等学校 | 303 | 日生学園第三高等学校 | 304 |
| 仁木商業高等学校 | 17 | 日星高等学校 | 267 |
| 西会津高等学校 | 64 | 新田暁高等学校 | 88 |
| 西市高等学校 | 352 | 日体荏原高等学校 | 149 |
| 西宇治高等学校 | 267 | 新田高等学校 | 367 |
| 西浦高等学校 | 285 | 新羽高等学校 | 169 |
| 西邑楽高等学校 | 88 | 二宮高等学校 | 169 |
| 西尾高等学校 | 245 | 日本音楽高等学校 | 149 |
| 西乙訓高等学校 | 267 | 日本海聖高等学校 | 181 |
| 西尾東高等学校 | 245 | 日本学園高等学校 | 149 |
| 西川竹園高等学校 | 181 | 日本工業大学付属東京工業高等学校 | 149 |
| 西新発田高等学校 | 181 | 日本航空高等学校 | 198 |
| 西城陽高等学校 | 267 | 日本航空第二高等学校 | 192 |
| 西仙北高等学校 | 51 | 日本女子体育大学附属二階堂高等学校 | 149 |
| 西彼杵高等学校 | 398 | 日本女子大学附属高等学校 | 169 |
| 西田川高等学校 | 383 | 日本大学高等学校 | 169 |
| 西成高等学校 | 285 | 日本大学櫻丘高等学校 | 149 |
| 西日本短期大学附属高等学校 | 383 | 日本大学第一高等学校 | 149 |
| 西寝屋川高等学校 | 285 | 日本大学第二高等学校 | 149 |
| 西の京高等学校 | 312 | 日本大学第三高等学校 | 149 |
| 西野田工科高等学校 | 285 | 日本大学鶴ケ丘高等学校 | 149 |
| 西宮今津高等学校 | 303 | 日本大学東北高等学校 | 65 |
| 西宮甲山高等学校 | 303 | 日本大学習志野高等学校 | 114 |
| 西宮北高等学校 | 303 | 日本大学豊山高等学校 | 150 |
| 西宮高等学校 | 303 | 日本大学豊山女子高等学校 | 150 |
| 西宮高等学校 | 303 | 日本大学藤沢高等学校 | 169 |
| 西宮香風高等学校 | 303 | 日本大学三島高等学校 | 225 |
| 西宮東高等学校 | 303 | 日本大学明誠高等学校 | 198 |

| | | | |
|---|---|---|---|
| 日本大学山形高等学校 | 56 | 延岡学園高等学校 | 416 |
| 日本橋高等学校 | 150 | 延岡工業高等学校 | 416 |
| 日本橋女学館高等学校 | 150 | 延岡高等学校 | 416 |
| 日本福祉大学付属高等学校 | 245 | 延岡商業高等学校 | 416 |
| 日本文理高等学校 | 181 | 延岡星雲高等学校 | 416 |
| 日本文理大学附属高等学校 | 411 | 延岡青朋高等学校 | 416 |
| 日本放送協会学園高等学校 | 150 | 野辺地高等学校 | 29 |
| 二本松工業高等学校 | 65 | 野辺地高等学校横浜分校 | 29 |
| 邇摩高等学校 | 322 | 登別大谷高等学校 | 18 |
| 丹生高等学校 | 195 | 登別青嶺高等学校 | 18 |
| 入善高等学校 | 187 | 野村高等学校 | 367 |
| 仁淀高等学校 | 372 | 野村高等学校土居分校 | 367 |
| 韮崎工業高等学校 | 198 | 野母崎高等学校 | 398 |
| 韮崎高等学校 | 198 | 梅花高等学校 | 286 |
| 韮山高等学校 | 225 | 梅光女学院高等学校 | 352 |
| 丹羽高等学校 | 245 | 拝島高等学校 | 150 |
| 人間環境大学岡崎学園高等学校 | 245 | 榛原高等学校 | 226 |
| 沼宮内高等学校 | 36 | 南風原高等学校 | 431 |
| 沼津工業高等学校 | 225 | 博多工業高等学校 | 383 |
| 沼津高等学校 | 225 | 伯太高等学校 | 286 |
| 沼津商業高等学校 | 225 | 伯方高等学校 | 367 |
| 沼津城北高等学校 | 225 | 博多高等学校 | 383 |
| 沼津中央高等学校 | 225 | 伯方高等学校岩城分校 | 367 |
| 沼津西高等学校 | 225 | 博多女子高等学校 | 384 |
| 沼津東高等学校 | 226 | 博多青松高等学校 | 384 |
| 沼田高等学校 | 17 | 萩光塩学院高等学校 | 352 |
| 沼田高等学校 | 88 | 萩高等学校 | 352 |
| 沼田高等学校 | 342 | 萩商工高等学校 | 352 |
| 沼田女子高等学校 | 88 | 羽咋工業高等学校 | 192 |
| 根室高等学校 | 18 | 羽咋高等学校 | 192 |
| 根室西高等学校 | 18 | 迫桜高等学校 | 46 |
| 寝屋川高等学校 | 285 | 白鴎高等学校 | 150 |
| 練馬工業高等学校 | 150 | 白鴎大学足利高等学校 | 81 |
| 練馬高等学校 | 150 | 白山高等学校 | 169 |
| 直方高等学校 | 383 | 白馬高等学校 | 208 |
| 野崎高等学校 | 285 | 白鵬女子高等学校 | 169 |
| 野沢北高等学校 | 208 | 柏陽高等学校 | 169 |
| 野沢南高等学校 | 208 | 柏陵高等学校 | 115 |
| 能代北高等学校 | 51 | 白陵高等学校 | 304 |
| 能代工業高等学校 | 51 | 柏陵高等学校 | 384 |
| 能代高等学校 | 52 | 羽黒高等学校 | 56 |
| 能代商業高等学校 | 52 | 函館大谷高等学校 | 18 |
| 能代西高等学校 | 52 | 函館大妻高等学校 | 18 |
| 野津田高等学校 | 150 | 函館北高等学校 | 18 |
| 能勢高等学校 | 285 | 函館工業高等学校 | 18 |
| 野田学園高等学校 | 352 | 函館商業高等学校 | 18 |
| 野田女子高等学校 | 427 | 函館白百合学園高等学校 | 18 |
| 野田中央高等学校 | 114 | 函館水産高等学校 | 18 |
| 野津高等学校 | 412 | 函館大学付属柏稜高等学校 | 18 |
| 野幌高等学校 | 18 | 函館大学付属有斗高等学校 | 18 |
| 能登川高等学校 | 257 | 函館中部高等学校 | 19 |
| 能登青翔高等学校 | 192 | 函館西高等学校 | 19 |
| 能都北辰高等学校 | 192 | 函館東高等学校 | 19 |
| 能都北辰高等学校小木分校 | 192 | 函館ラ・サール高等学校 | 19 |
| ノートルダム女学院高等学校 | 267 | 函館稜北高等学校 | 19 |
| ノートルダム清心高等学校 | 342 | 羽衣学園高等学校 | 286 |
| 野々市明倫高等学校 | 192 | 波崎高等学校 | 73 |

| 校名 | 頁 | 校名 | 頁 |
|---|---|---|---|
| 波崎柳川高等学校 | 73 | 羽田高等学校 | 151 |
| 波佐見高等学校 | 398 | 羽曳野高等学校 | 286 |
| 羽島北高等学校 | 217 | 羽幌高等学校 | 19 |
| 羽島高等学校 | 217 | 浜北西高等学校 | 226 |
| 橋本高等学校 | 169 | 浜坂高等学校 | 304 |
| 橋本高等学校 | 315 | 浜田高等学校 | 322 |
| 蓮田高等学校 | 100 | 浜田高等学校今市分校 | 322 |
| 幡多農業高等学校 | 372 | 浜田商業高等学校 | 322 |
| 秦野高等学校 | 169 | 浜田水産高等学校 | 322 |
| 秦野曽屋高等学校 | 170 | 浜頓別高等学校 | 19 |
| 秦野南が丘高等学校 | 170 | 浜名高等学校 | 226 |
| 八王子北高等学校 | 150 | 浜益高等学校 | 19 |
| 八王子工業高等学校 | 150 | 浜松海の星高等学校 | 226 |
| 八王子高等学校 | 150 | 浜松江之島高等学校 | 226 |
| 八王子実践高等学校 | 150 | 浜松大平台高等学校 | 226 |
| 八王子東高等学校 | 150 | 浜松開誠館高等学校 | 226 |
| 八丈高等学校 | 150 | 浜松学芸高等学校 | 226 |
| 八戸北高等学校 | 29 | 浜松北高等学校 | 226 |
| 八戸工業高等学校 | 29 | 浜松工業高等学校 | 226 |
| 八戸工業大学第一高等学校 | 29 | 浜松湖東高等学校 | 226 |
| 八戸工業大学第二高等学校 | 29 | 浜松湖南高等学校 | 226 |
| 八戸高等学校 | 29 | 浜松商業高等学校 | 227 |
| 八戸商業高等学校 | 29 | 浜松城北工業高等学校 | 227 |
| 八戸水産高等学校 | 29 | 浜松市立高等学校 | 227 |
| 八戸聖ウルスラ学院高等学校 | 29 | 浜松西高等学校 | 227 |
| 八戸中央高等学校 | 29 | 浜松日体高等学校 | 227 |
| 八戸西高等学校 | 30 | 浜松東高等学校 | 227 |
| 八戸東高等学校 | 30 | 浜松南高等学校 | 227 |
| 八戸南高等学校 | 30 | 羽村高等学校 | 151 |
| 八幡工業高等学校 | 258 | 羽茂高等学校 | 181 |
| 八幡高等学校 | 258 | 林野高等学校 | 332 |
| 八幡商業高等学校 | 258 | 隼人工業高等学校 | 427 |
| 八海高等学校 | 181 | 早鞆高等学校 | 353 |
| 廿日市高等学校 | 342 | 原町高等学校 | 65 |
| 廿日市西高等学校 | 342 | 播磨農業高等学校 | 304 |
| 八甲田高等学校 | 30 | 播磨南高等学校 | 304 |
| 初芝高等学校 | 286 | 春江工業高等学校 | 195 |
| 初芝富田林高等学校 | 286 | 榛名高等学校 | 88 |
| 初芝橋本高等学校 | 315 | 春野高等学校 | 227 |
| 馬頭高等学校 | 81 | 春野高等学校 | 372 |
| 鳩ヶ谷高等学校 | 100 | 春日丘高等学校 | 245 |
| 鳩山高等学校 | 100 | 晴海総合高等学校 | 151 |
| 花泉高等学校 | 36 | 汎愛高等学校 | 286 |
| 花北青雲高等学校 | 36 | 坂下高等学校 | 65 |
| 花咲徳栄高等学校 | 100 | 飯山高等学校 | 362 |
| 花園高等学校 | 267 | 万代高等学校 | 182 |
| 花園高等学校 | 286 | 半田工業高等学校 | 245 |
| 花巻北高等学校 | 36 | 半田高等学校 | 245 |
| 花巻農業高等学校 | 36 | 半田商業高等学校 | 245 |
| 花巻東高等学校 | 36 | 半田農業高等学校 | 246 |
| 花巻南高等学校 | 36 | 半田東高等学校 | 246 |
| 塙工業高等学校 | 65 | 阪南高等学校 | 286 |
| 花輪高等学校 | 52 | 阪南大学高等学校 | 286 |
| 羽生高等学校 | 100 | 飯能高等学校 | 100 |
| 羽生実業高等学校 | 100 | 飯能南高等学校 | 100 |
| 羽生第一高等学校 | 100 | 美瑛高等学校 | 19 |
| 羽田工業高等学校 | 150 | 比叡山高等学校 | 258 |

| 学校名 | ページ |
|---|---|
| PL学園高等学校 | 286 |
| 東宇治高等学校 | 267 |
| 東浦高等学校 | 246 |
| 東大阪大学柏原高等学校 | 286 |
| 東大阪大学敬愛高等学校 | 286 |
| 東大谷高等学校 | 286 |
| 東大津高等学校 | 258 |
| 東岡山工業高等学校 | 332 |
| 東葛飾高等学校 | 115 |
| 東川高等学校 | 19 |
| 東九州龍谷高等学校 | 412 |
| 東商業高等学校 | 286 |
| 東白川農商高等学校 | 65 |
| 東白川農商高等学校鮫川分校 | 65 |
| 東住吉高等学校 | 286 |
| 東住吉総合高等学校 | 286 |
| 東筑紫学園高等学校 | 384 |
| 東豊中高等学校 | 286 |
| 東灘高等学校 | 304 |
| 東日本国際大学附属昌平高等学校 | 65 |
| 東根工業高等学校 | 56 |
| 東寝屋川高等学校 | 286 |
| 東野高等学校 | 101 |
| 東播磨高等学校 | 304 |
| 東福岡高等学校 | 384 |
| 東舞鶴高等学校 | 267 |
| 東舞鶴高等学校浮島分校 | 267 |
| 東松島高等学校 | 46 |
| 東村山高等学校 | 151 |
| 東村山西高等学校 | 151 |
| 東藻琴高等学校 | 19 |
| 東百舌鳥高等学校 | 287 |
| 東山工業高等学校 | 246 |
| 東山高等学校 | 267 |
| 東大和高等学校 | 151 |
| 東大和南高等学校 | 151 |
| 東淀川高等学校 | 287 |
| 東淀工業高等学校 | 287 |
| 氷上高等学校 | 304 |
| 氷上西高等学校 | 304 |
| 光丘高等学校 | 151 |
| 光ケ丘女子高等学校 | 246 |
| 光丘高等学校 | 353 |
| 光高等学校 | 353 |
| 日川高等学校 | 199 |
| 氷川高等学校 | 405 |
| 彦根工業高等学校 | 258 |
| 彦根翔陽高等学校 | 258 |
| 彦根総合高等学校 | 258 |
| 彦根西高等学校 | 258 |
| 彦根東高等学校 | 258 |
| 尾西高等学校 | 246 |
| 久居高等学校 | 252 |
| 久居農林高等学校 | 252 |
| 久田学園佐世保女子高等学校 | 398 |
| 比治山女子高等学校 | 342 |
| 飛翔館高等学校 | 287 |
| 日出暘谷高等学校 | 412 |
| 備前緑陽高等学校 | 332 |
| 日高高等学校 | 19 |
| 日高高等学校 | 101 |
| 日高高等学校 | 304 |
| 日高高等学校 | 315 |
| 日高高等学校中津分校 | 316 |
| 飛騨神岡高等学校 | 217 |
| 斐太高等学校 | 217 |
| 日田高等学校 | 412 |
| 飛騨高山高等学校 | 217 |
| 常陸大宮高等学校 | 73 |
| 日立北高等学校 | 73 |
| 日立工業高等学校 | 73 |
| 日立商業高等学校 | 73 |
| 日立第一高等学校 | 73 |
| 日立第二高等学校 | 73 |
| 日田三隈高等学校 | 412 |
| 日田林工高等学校 | 412 |
| 必由館高等学校 | 405 |
| 一橋高等学校 | 151 |
| 人吉高等学校 | 405 |
| 人吉高等学校五木分校 | 405 |
| 氷取沢高等学校 | 170 |
| 日根野高等学校 | 287 |
| 日野高等学校 | 151 |
| 日野高等学校 | 258 |
| 日野高等学校 | 319 |
| 日野台高等学校 | 151 |
| 日出学園高等学校 | 115 |
| 日出高等学校 | 151 |
| 日ノ本学園高等学校 | 304 |
| 美唄工業高等学校 | 19 |
| 美唄高等学校 | 19 |
| 美唄聖華高等学校 | 19 |
| 雲雀丘学園高等学校 | 304 |
| ひばりが丘高等学校 | 170 |
| ひばりが丘高等学校 | 199 |
| 響高等学校 | 353 |
| ひびき高等学校 | 384 |
| 日比谷高等学校 | 151 |
| 美深高等学校 | 19 |
| 尾北高等学校 | 246 |
| 美幌高等学校 | 19 |
| 美幌農業高等学校 | 20 |
| 氷見高等学校 | 187 |
| 姫路北高等学校 | 304 |
| 姫路工業高等学校 | 304 |
| 姫路高等学校 | 304 |
| 姫路産業技術高等学校 | 304 |
| 姫路飾西高等学校 | 304 |
| 姫路商業高等学校 | 304 |
| 姫路西高等学校 | 304 |
| 姫路東高等学校 | 304 |
| 姫路別所高等学校 | 305 |
| 姫路南高等学校 | 305 |
| 檜山北高等学校 | 20 |

| 校名 | 頁 | 校名 | 頁 |
|---|---|---|---|
| 日向学院高等学校 | 416 | 広島商業高等学校 | 343 |
| 日向工業高等学校 | 417 | 広島商業高等学校 | 343 |
| 日向高等学校 | 417 | 広島城北高等学校 | 343 |
| 兵庫県播磨高等学校 | 305 | 広島女学院高等学校 | 343 |
| 兵庫県立国際高等学校 | 305 | 広島女子商学園高等学校 | 343 |
| 兵庫県立大学附属高等学校 | 305 | 広島文教女子大学附属高等学校 | 344 |
| 兵庫県立農業高等学校 | 305 | 広島皆実高等学校 | 344 |
| 兵庫工業高等学校 | 305 | 広瀬高等学校 | 353 |
| 兵庫高等学校 | 305 | 広田水産高等学校 | 36 |
| 兵庫商業高等学校 | 305 | 樋脇高等学校 | 427 |
| 日吉ヶ丘高等学校 | 267 | 風連高等学校 | 20 |
| 枚岡樟風高等学校 | 287 | フェリス女学院高等学校 | 170 |
| 枚方高等学校 | 287 | 深浦高等学校 | 30 |
| 枚方津田高等学校 | 287 | 深川高等学校 | 151 |
| 枚方なぎさ高等学校 | 287 | 深川商業高等学校 | 152 |
| 枚方西高等学校 | 287 | 深川西高等学校 | 20 |
| 平田高等学校 | 322 | 深川農業高等学校 | 20 |
| 平塚学園高等学校 | 170 | 深川東高等学校 | 20 |
| 平塚工科高等学校 | 170 | 富岳館高等学校 | 227 |
| 平塚江南高等学校 | 170 | 深沢高等学校 | 152 |
| 平塚商業高等学校 | 170 | 深沢高等学校 | 170 |
| 平塚農業高等学校 | 170 | 深谷高等学校 | 101 |
| 平塚農業高等学校初声分校 | 170 | 深谷商業高等学校 | 101 |
| 平戸高等学校 | 398 | 深谷第一高等学校 | 101 |
| 平取高等学校 | 20 | 葺合高等学校 | 305 |
| 平内高等学校 | 30 | 吹上高等学校 | 101 |
| 平野高等学校 | 287 | 吹上高等学校 | 427 |
| 飛龍高等学校 | 227 | 福井県立科学技術高等学校 | 195 |
| 蒜山高等学校 | 332 | 福井工業大学附属福井高等学校 | 195 |
| 広尾高等学校 | 20 | 福井高等学校 | 287 |
| 広尾高等学校 | 151 | 福井商業高等学校 | 195 |
| 広高等学校 | 342 | 福泉高等学校 | 287 |
| 弘前学院聖愛高等学校 | 30 | 福井農林高等学校 | 195 |
| 弘前工業高等学校 | 30 | 福井南高等学校 | 195 |
| 弘前高等学校 | 30 | 福江高等学校 | 246 |
| 弘前実業高等学校 | 30 | 福岡魁誠高等学校 | 384 |
| 弘前中央高等学校 | 30 | 福岡海星女子学院高等学校 | 384 |
| 弘前東高等学校 | 30 | 福岡県立水産高等学校 | 384 |
| 弘前南高等学校 | 30 | 福岡工業高等学校 | 36 |
| 広島井口高等学校 | 342 | 福岡工業高等学校 | 384 |
| 広島音楽高等学校 | 342 | 福岡工業大学附属城東高等学校 | 384 |
| 広島学院高等学校 | 342 | 福岡高等学校 | 37 |
| 広島観音高等学校 | 342 | 福岡高等学校 | 101 |
| 広島県尾道高等学校 | 342 | 福岡高等学校 | 187 |
| 広島県新庄高等学校 | 342 | 福岡高等学校 | 384 |
| 広島県瀬戸内高等学校 | 342 | 福岡講倫館高等学校 | 384 |
| 広島県立総合技術高等学校 | 342 | 福岡常葉高等学校 | 384 |
| 広島県立西高等学校 | 342 | 福岡女学院高等学校 | 384 |
| 広島県立東高等学校 | 342 | 福岡女子高等学校 | 384 |
| 広島工業高等学校 | 342 | 福岡女子商業高等学校 | 385 |
| 広島工業高等学校 | 343 | 福岡西陵高等学校 | 385 |
| 広島工業大学高等学校 | 343 | 福岡第一高等学校 | 385 |
| 広島工業大学附属広島高等学校 | 343 | 福岡大学附属大濠高等学校 | 385 |
| 広島国際学院高等学校 | 343 | 福岡中央高等学校 | 385 |
| 広島国泰寺高等学校 | 343 | 福岡農業高等学校 | 385 |
| 広島桜が丘高等学校 | 343 | 福岡雙葉高等学校 | 385 |
| 広島三育学院高等学校 | 343 | 福岡舞鶴高等学校 | 385 |

| 校名 | 頁 |
|---|---|
| 福崎高等学校 | 305 |
| 福島北高等学校 | 65 |
| 福島県磐城第一高等学校 | 65 |
| 福島県磐城第二高等学校 | 65 |
| 福島工業高等学校 | 65 |
| 福島高等学校 | 65 |
| 福島高等学校 | 65 |
| 福島高等学校 | 385 |
| 福島高等学校 | 417 |
| 福島商業高等学校 | 20 |
| 福島商業高等学校 | 65 |
| 福島成蹊高等学校 | 66 |
| 福島中央高等学校 | 66 |
| 福島東稜高等学校 | 66 |
| 福島西高等学校 | 66 |
| 福島東高等学校 | 66 |
| 福島南高等学校 | 66 |
| 福島明成高等学校 | 66 |
| 福翔高等学校 | 385 |
| 福智高等学校 | 385 |
| 福知山高等学校 | 268 |
| 福知山高等学校三和分校 | 268 |
| 福知山淑徳高等学校 | 268 |
| 福知山女子高等学校 | 268 |
| 福知山成美高等学校 | 268 |
| 福徳学院高等学校 | 412 |
| 福山暁の星女子高等学校 | 344 |
| 福山葦陽高等学校 | 344 |
| 福山工業高等学校 | 344 |
| 福山高等学校 | 344 |
| 福山高等学校 | 427 |
| 福山商業高等学校 | 344 |
| 福山誠之館高等学校 | 344 |
| 福山明王台高等学校 | 344 |
| 袋井高等学校 | 227 |
| 袋井商業高等学校 | 227 |
| 布佐高等学校 | 115 |
| 藤井学園寒川高等学校 | 362 |
| 藤井寺工科高等学校 | 287 |
| 藤井寺高等学校 | 287 |
| 藤枝北高等学校 | 227 |
| 藤枝順心高等学校 | 227 |
| 藤枝西高等学校 | 228 |
| 藤枝東高等学校 | 228 |
| 藤枝明誠高等学校 | 228 |
| 藤岡北高等学校 | 88 |
| 藤岡工業高等学校 | 88 |
| 藤岡中央高等学校 | 88 |
| 富士宮高等学校 | 199 |
| 富士河口湖高等学校 | 199 |
| 伏木高等学校 | 187 |
| 富士高等学校 | 152 |
| 富士高等学校 | 228 |
| 不二越工業高等学校 | 187 |
| 藤崎園芸高等学校 | 30 |
| 藤沢工科高等学校 | 170 |
| 藤沢高等学校 | 37 |
| 藤沢高等学校 | 170 |
| 藤沢翔陵高等学校 | 170 |
| 藤沢総合高等学校 | 170 |
| 藤沢西高等学校 | 170 |
| 藤島高等学校 | 195 |
| 藤女子高等学校 | 20 |
| 不二女子高等学校 | 115 |
| 藤代高等学校 | 74 |
| 藤代紫水高等学校 | 74 |
| 不二聖心女子学院高等学校 | 228 |
| 藤ノ花女子高等学校 | 246 |
| 富士宮北高等学校 | 228 |
| 富士宮西高等学校 | 228 |
| 富士宮東高等学校 | 228 |
| 富士東高等学校 | 228 |
| 富士北稜高等学校 | 199 |
| 富士見丘高等学校 | 152 |
| 富士見丘高等学校 | 171 |
| 富士見高等学校 | 101 |
| 富士見高等学校 | 152 |
| 富士見高等学校 | 208 |
| 藤村女子高等学校 | 152 |
| 富士森高等学校 | 152 |
| 武修館高等学校 | 20 |
| 布施北高等学校 | 287 |
| 布施工科高等学校 | 287 |
| 布施高等学校 | 287 |
| 武相高等学校 | 171 |
| 二上工業高等学校 | 187 |
| 二ツ井高等学校 | 52 |
| 双葉高等学校 | 20 |
| 双葉高等学校 | 66 |
| 雙葉高等学校 | 152 |
| 双葉翔陽高等学校 | 66 |
| 二俣川看護福祉高等学校 | 171 |
| 二俣高等学校 | 228 |
| 淵江高等学校 | 152 |
| 府中工業高等学校 | 152 |
| 府中高等学校 | 152 |
| 府中高等学校 | 344 |
| 府中西高等学校 | 152 |
| 府中東高等学校 | 152 |
| 府中東高等学校 | 344 |
| 福生高等学校 | 152 |
| 普天間高等学校 | 431 |
| 不動岡高等学校 | 101 |
| 不動岡誠和高等学校 | 101 |
| 舟入高等学校 | 344 |
| 船江高等学校 | 182 |
| 船橋旭高等学校 | 115 |
| 船橋北高等学校 | 115 |
| 船橋高等学校 | 115 |
| 船橋古和釜高等学校 | 115 |
| 船橋芝山高等学校 | 115 |
| 船橋豊富高等学校 | 115 |
| 船橋西高等学校 | 115 |
| 船橋東高等学校 | 115 |

# 高校

| 校名 | 頁 |
|---|---|
| 船橋二和高等学校 | 115 |
| 船橋法典高等学校 | 115 |
| 武南高等学校 | 101 |
| 船引高等学校 | 66 |
| 富良野高等学校 | 20 |
| 富良野緑峰高等学校 | 20 |
| プール学院高等学校 | 287 |
| 古川学園高等学校 | 46 |
| 古川工業高等学校 | 46 |
| 古川高等学校 | 46 |
| 古川黎明高等学校 | 46 |
| 古平高等学校 | 20 |
| 普連土学園高等学校 | 152 |
| 不破高等学校 | 217 |
| 文華女子高等学校 | 152 |
| 文化女子大学附属杉並高等学校 | 152 |
| 文化女子大学附属長野高等学校 | 208 |
| 文京学院大学女子高等学校 | 152 |
| 文京高等学校 | 153 |
| 文教大学付属高等学校 | 153 |
| 分水高等学校 | 182 |
| 文星芸術大学附属高等学校 | 81 |
| 文徳高等学校 | 405 |
| 平安高等学校 | 268 |
| 平安女学院高等学校 | 268 |
| 平成高等学校 | 52 |
| 平城高等学校 | 312 |
| 碧南工業高等学校 | 246 |
| 碧南高等学校 | 246 |
| 日置農業高等学校 | 353 |
| 別海高等学校 | 20 |
| 別府青山高等学校 | 412 |
| 別府商業高等学校 | 412 |
| 別府鶴見丘高等学校 | 412 |
| 別府羽室台高等学校 | 412 |
| 別府溝部学園高等学校 | 412 |
| ベル学園高等学校 | 333 |
| 辺土名高等学校 | 431 |
| 鳳凰高等学校 | 427 |
| 豊国学園高等学校 | 385 |
| 北条高等学校 | 305 |
| 北条高等学校 | 367 |
| 鵬翔高等学校 | 417 |
| 法政大学女子高等学校 | 171 |
| 法政大学第一高等学校 | 153 |
| 法政大学第二高等学校 | 171 |
| 宝仙学園高等学校 | 153 |
| 報徳学園高等学校 | 305 |
| 豊南高等学校 | 153 |
| 防府高等学校 | 353 |
| 防府商業高等学校 | 353 |
| 防府西高等学校 | 353 |
| 豊北高等学校 | 353 |
| 保谷高等学校 | 153 |
| 朋優学院高等学校 | 153 |
| 鳳来寺高等学校 | 246 |
| 法隆寺国際高等学校 | 312 |
| 宝陵高等学校 | 246 |
| 北山高等学校 | 431 |
| 北照高等学校 | 20 |
| 北松西高等学校 | 398 |
| 北松農業高等学校 | 399 |
| 北星学園女子高等学校 | 21 |
| 北星学園大学附属高等学校 | 21 |
| 北星学園余市高等学校 | 21 |
| 北星高等学校 | 253 |
| 北摂三田高等学校 | 306 |
| 北筑高等学校 | 385 |
| 北斗高等学校 | 30 |
| 北杜高等学校 | 199 |
| 北部工業高等学校 | 431 |
| 北部農林高等学校 | 431 |
| 北陽高等学校 | 287 |
| 北陸大谷高等学校 | 192 |
| 北陸学院高等学校 | 192 |
| 北陸高等学校 | 195 |
| 北稜高等学校 | 268 |
| 北陵高等学校 | 392 |
| 北稜高等学校 | 405 |
| 北嶺高等学校 | 21 |
| 鉾田第一高等学校 | 74 |
| 鉾田第二高等学校 | 74 |
| 鉾田農業高等学校 | 74 |
| 星野高等学校 | 101 |
| 保善高等学校 | 153 |
| 細田学園高等学校 | 101 |
| 穂高商業高等学校 | 208 |
| 北海道栄高等学校 | 21 |
| 北海学園札幌高等学校 | 21 |
| 北海高等学校 | 21 |
| 北海道尚志学園高等学校 | 21 |
| 北海道文教大学明清高等学校 | 21 |
| 保土ケ谷高等学校 | 171 |
| 保原高等学校 | 66 |
| 穂別高等学校 | 21 |
| 堀川高等学校 | 268 |
| 堀越高等学校 | 153 |
| 堀之内高等学校 | 182 |
| 幌加内高等学校 | 21 |
| 本郷高等学校 | 153 |
| 本庄北高等学校 | 101 |
| 本荘高等学校 | 52 |
| 本庄高等学校 | 101 |
| 本庄高等学校 | 417 |
| 本庄第一高等学校 | 101 |
| 本庄東高等学校 | 101 |
| 本所高等学校 | 153 |
| 本別高等学校 | 21 |
| 舞岡高等学校 | 171 |
| 舞子高等学校 | 306 |
| 米原高等学校 | 258 |
| 米谷工業高等学校 | 46 |
| 前沢高等学校 | 37 |
| 前橋育英高等学校 | 88 |

| 前橋工業高等学校 | 88 |
| --- | --- |
| 前橋高等学校 | 88 |
| 前橋高等学校 | 89 |
| 前橋商業高等学校 | 89 |
| 前橋女子高等学校 | 89 |
| 前橋清陵高等学校 | 89 |
| 前橋西高等学校 | 89 |
| 前橋東高等学校 | 89 |
| 前橋東商業高等学校 | 89 |
| 前橋南高等学校 | 89 |
| 前原高等学校 | 431 |
| 真壁高等学校 | 74 |
| 巻高等学校 | 182 |
| 巻総合高等学校 | 182 |
| 牧園高等学校 | 427 |
| 牧野高等学校 | 287 |
| 幕張総合高等学校 | 115 |
| 幕別高等学校 | 21 |
| 枕崎高等学校 | 427 |
| 増毛高等学校 | 21 |
| 益子高等学校 | 81 |
| 益子芳星高等学校 | 82 |
| 益田清風高等学校 | 217 |
| 増田高等学校 | 52 |
| 益田高等学校 | 323 |
| 益田翔陽高等学校 | 323 |
| 益田東高等学校 | 323 |
| 増穂商業高等学校 | 199 |
| 町田工業高等学校 | 153 |
| 町田高等学校 | 153 |
| 松井田高等学校 | 89 |
| 松浦高等学校 | 399 |
| 松浦東高等学校 | 399 |
| 松栄学園高等学校 | 101 |
| 松江北高等学校 | 323 |
| 松江工業高等学校 | 323 |
| 松江商業高等学校 | 323 |
| 松江市立女子高等学校 | 323 |
| 松江西高等学校 | 323 |
| 松江農林高等学校 | 323 |
| 松江東高等学校 | 323 |
| 松江南高等学校 | 323 |
| 松江南高等学校宍道分校 | 323 |
| 松尾高等学校 | 115 |
| 松が谷高等学校 | 153 |
| 真狩高等学校 | 21 |
| 松川高等学校 | 208 |
| 松阪工業高等学校 | 253 |
| 松阪高等学校 | 253 |
| 松阪商業高等学校 | 253 |
| 松崎高等学校 | 228 |
| 松島高等学校 | 46 |
| 松島商業高等学校 | 405 |
| 松商学園高等学校 | 208 |
| 松代高等学校 | 182 |
| 松代高等学校 | 208 |
| 松平高等学校 | 246 |

| 茨田高等学校 | 288 |
| --- | --- |
| 松戸秋山高等学校 | 115 |
| 松任高等学校 | 192 |
| 松戸高等学校 | 115 |
| 松戸国際高等学校 | 115 |
| 松戸馬橋高等学校 | 115 |
| 松戸南高等学校 | 116 |
| 松戸六実高等学校 | 116 |
| 松戸矢切高等学校 | 116 |
| 松永高等学校 | 345 |
| 松橋高等学校 | 406 |
| 松原高等学校 | 153 |
| 松原高等学校 | 288 |
| 松伏高等学校 | 101 |
| 松前高等学校 | 21 |
| 松本県ヶ丘高等学校 | 209 |
| 松本蟻ヶ崎高等学校 | 209 |
| 松本工業高等学校 | 209 |
| 松本松南高等学校 | 209 |
| 松本第一高等学校 | 209 |
| 松本筑摩高等学校 | 209 |
| 松本深志高等学校 | 209 |
| 松本美須々ヶ丘高等学校 | 209 |
| 松山北高等学校 | 367 |
| 松山北高等学校中島分校 | 367 |
| 松山工業高等学校 | 367 |
| 松山高等学校 | 46 |
| 松山高等学校 | 102 |
| 松山高等学校 | 333 |
| 松山東雲高等学校 | 368 |
| 松山商業高等学校 | 368 |
| 松山城南高等学校 | 368 |
| 松山女子高等学校 | 102 |
| 松山聖陵高等学校 | 368 |
| 松山中央高等学校 | 368 |
| 松山西高等学校 | 368 |
| 松山東高等学校 | 368 |
| 松山南高等学校 | 368 |
| 松山南高等学校砥部分校 | 368 |
| 真備陵南高等学校 | 333 |
| 真室川高等学校 | 56 |
| 摩耶兵庫高等学校 | 306 |
| 丸岡高等学校 | 195 |
| 丸岡高等学校城東分校 | 195 |
| 丸亀高等学校 | 362 |
| 丸亀城西高等学校 | 362 |
| 丸子実業高等学校 | 209 |
| 真和志高等学校 | 431 |
| 万場高等学校 | 89 |
| 三池工業高等学校 | 385 |
| 三池高等学校 | 385 |
| 三井高等学校 | 385 |
| 三井中央高等学校 | 386 |
| 三浦高等学校 | 171 |
| 三浦臨海高等学校 | 171 |
| 三重県立水産高等学校 | 253 |
| 三重高等学校 | 253 |

高校

| 校名 | 頁 |
|---|---|
| 三重総合高等学校 | 412 |
| 三重農業高等学校久住分校 | 413 |
| みえ夢学園高等学校 | 253 |
| 御影高等学校 | 306 |
| 三笠高等学校 | 22 |
| 美方高等学校 | 195 |
| 三木北高等学校 | 306 |
| 三木高等学校 | 306 |
| 三木高等学校 | 362 |
| 三木東高等学校 | 306 |
| 三国丘高等学校 | 288 |
| 三国高等学校 | 195 |
| 岬高等学校 | 116 |
| 岬高等学校 | 288 |
| 三崎高等学校 | 368 |
| 三崎水産高等学校 | 171 |
| 三郷北高等学校 | 102 |
| 三郷工業技術高等学校 | 102 |
| 美里工業高等学校 | 431 |
| 三郷高等学校 | 102 |
| 美里高等学校 | 431 |
| 三沢高等学校 | 31 |
| 三沢商業高等学校 | 31 |
| 三島北高等学校 | 228 |
| 三島高等学校 | 228 |
| 三島高等学校 | 288 |
| 三島高等学校 | 368 |
| 三島南高等学校 | 229 |
| 水口高等学校 | 258 |
| 水口東高等学校 | 258 |
| 水沢工業高等学校 | 37 |
| 水沢高等学校 | 37 |
| 水沢商業高等学校 | 37 |
| 水沢第一高等学校 | 37 |
| 水沢農業高等学校 | 37 |
| 水島工業高等学校 | 333 |
| 美鈴が丘高等学校 | 345 |
| 瑞浪高等学校 | 217 |
| 水橋高等学校 | 187 |
| 瑞穂農芸高等学校 | 153 |
| 三潴高等学校 | 386 |
| 聖園女学院高等学校 | 171 |
| 三鷹高等学校 | 154 |
| 三田高等学校 | 154 |
| 三谷水産高等学校 | 246 |
| 水海道第一高等学校 | 74 |
| 水海道第二高等学校 | 74 |
| 三ヶ日高等学校 | 229 |
| 御調高等学校 | 345 |
| 見附高等学校 | 182 |
| 御津高等学校 | 333 |
| 水戸葵陵高等学校 | 74 |
| 水戸工業高等学校 | 74 |
| 御津高等学校 | 246 |
| 水戸桜ノ牧高等学校 | 74 |
| 水戸商業高等学校 | 74 |
| 水戸女子高等学校 | 74 |

| 校名 | 頁 |
|---|---|
| 水戸第一高等学校 | 74 |
| 水戸第二高等学校 | 74 |
| 水戸第三高等学校 | 74 |
| 水戸短期大学附属高等学校 | 74 |
| 水戸農業高等学校 | 75 |
| 三刀屋高等学校 | 324 |
| 三刀屋高等学校掛合分校 | 324 |
| 三豊工業高等学校 | 362 |
| 緑岡高等学校 | 75 |
| 緑ケ丘女子高等学校 | 171 |
| 緑丘商業高等学校 | 246 |
| 緑高等学校 | 246 |
| 湊川高等学校 | 306 |
| 港高等学校 | 288 |
| みなと総合高等学校 | 171 |
| 皆野高等学校 | 102 |
| 南部高等学校 | 316 |
| 南部高等学校龍神分校 | 316 |
| 水俣工業高等学校 | 406 |
| 水俣高等学校 | 406 |
| 南会津高等学校 | 66 |
| 南安曇農業高等学校 | 209 |
| 南伊勢高等学校 | 253 |
| 南宇和高等学校 | 368 |
| 南大隅高等学校 | 427 |
| 南葛飾高等学校 | 154 |
| 南茅部高等学校 | 22 |
| 南京都高等学校 | 268 |
| 南平高等学校 | 154 |
| 南種子高等学校 | 428 |
| 南多摩高等学校 | 154 |
| 南富良野高等学校 | 22 |
| 南八幡高等学校 | 268 |
| 美祢工業高等学校 | 353 |
| 美祢高等学校 | 353 |
| 美祢中央高等学校 | 353 |
| 峰山高等学校 | 268 |
| 峰山高等学校弥栄分校 | 268 |
| 箕面学園高等学校 | 288 |
| 箕面高等学校 | 288 |
| 箕面自由学園高等学校 | 288 |
| 箕面東高等学校 | 288 |
| 美濃加茂高等学校 | 217 |
| 箕島高等学校 | 316 |
| 身延高等学校 | 199 |
| 身延山高等学校 | 199 |
| 箕輪工業高等学校 | 209 |
| 美萩野女子高等学校 | 386 |
| 美原高等学校 | 154 |
| 美原高等学校 | 288 |
| 三原高等学校 | 306 |
| 三原高等学校 | 345 |
| 三原東高等学校 | 345 |
| 壬生高等学校 | 82 |
| 御船高等学校 | 406 |
| 三間高等学校 | 368 |
| 美馬商業高等学校 | 358 |

| 学校名 | 頁 | 学校名 | 頁 |
|---|---|---|---|
| 実籾高等学校 | 116 | 三好高等学校 | 358 |
| 宮川高等学校 | 253 | 三次青陵高等学校 | 345 |
| 宮城学院高等学校 | 47 | 美来工科高等学校 | 432 |
| 宮城県工業高等学校 | 47 | 美和高等学校 | 247 |
| 宮城県水産高等学校 | 47 | 三和高等学校 | 345 |
| 宮城県第一女子高等学校 | 47 | 三輪田学園高等学校 | 154 |
| 宮城県第二工業高等学校 | 47 | 六日町高等学校 | 182 |
| 宮城県第二女子高等学校 | 47 | 向の岡工業高等学校 | 171 |
| 宮城県第三女子高等学校 | 47 | 向原高等学校 | 345 |
| 宮城県農業高等学校 | 47 | 鵡川高等学校 | 22 |
| 宮城県農業高等学校秋保校 | 47 | 武義高等学校 | 218 |
| 三養基高等学校 | 392 | 向丘高等学校 | 154 |
| 宮城野高等学校 | 47 | 向島工業高等学校 | 154 |
| 宮城広瀬高等学校 | 47 | 向島商業高等学校 | 154 |
| 三宅高等学校 | 154 | 武庫川女子大学附属高等学校 | 306 |
| 宮古北高等学校 | 37 | 武庫荘総合高等学校 | 306 |
| 宮古工業高等学校 | 37 | 武蔵越生高等学校 | 102 |
| 宮古工業高等学校 | 431 | 武蔵丘高等学校 | 154 |
| 宮古高等学校 | 37 | 武蔵工業大学第二高等学校 | 210 |
| 京都高等学校 | 386 | 武蔵工業大学付属高等学校 | 154 |
| 宮古高等学校 | 432 | 武蔵高等学校 | 155 |
| 宮古高等学校川井校 | 37 | 武蔵高等学校 | 155 |
| 都島工業高等学校 | 288 | 武蔵台高等学校 | 386 |
| 都島第二工業高等学校 | 288 | 武蔵野音楽大学附属高等学校 | 102 |
| 宮古商業高等学校 | 37 | 武蔵野北高等学校 | 155 |
| 宮古水産高等学校 | 37 | 武蔵野高等学校 | 155 |
| 宮古農林高等学校 | 432 | 武蔵野女子学院高等学校 | 155 |
| 都城泉ヶ丘高等学校 | 417 | 武蔵野星城高等学校 | 102 |
| 都城工業高等学校 | 417 | 武蔵村山高等学校 | 155 |
| 都城高等学校 | 417 | 六ツ川高等学校 | 171 |
| 都城商業高等学校 | 417 | むつ工業高等学校 | 31 |
| 都城聖ドミニコ学園高等学校 | 417 | 宗像高等学校 | 386 |
| 都城西高等学校 | 417 | 村岡高等学校 | 306 |
| 都城農業高等学校 | 417 | 村上高等学校 | 182 |
| 都城東高等学校 | 417 | 村上桜ヶ丘高等学校 | 182 |
| 宮崎穎学館 | 418 | 村上中等教育学校 | 182 |
| 宮崎大宮高等学校 | 418 | 紫野高等学校 | 269 |
| 宮崎海洋高等学校 | 418 | 村田高等学校 | 47 |
| 宮崎学園高等学校 | 418 | 村田女子高等学校 | 155 |
| 宮崎北高等学校 | 418 | 村松高等学校 | 182 |
| 宮崎工業高等学校 | 418 | 村山農業高等学校 | 56 |
| 宮崎商業高等学校 | 418 | 室戸高等学校 | 372 |
| 宮崎第一高等学校 | 418 | 室蘭大谷高等学校 | 22 |
| 宮崎西高等学校 | 418 | 室蘭工業高等学校 | 22 |
| 宮崎日本大学高等学校 | 418 | 室蘭栄高等学校 | 22 |
| 宮崎農業高等学校 | 418 | 室蘭清水丘高等学校 | 22 |
| 宮崎東高等学校 | 418 | 室蘭商業高等学校 | 22 |
| 宮崎南高等学校 | 419 | 室蘭東翔高等学校 | 22 |
| 宮島工業高等学校 | 345 | 明鏡高等学校 | 182 |
| 宮代高等学校 | 102 | 茗溪学園高等学校 | 75 |
| 宮津高等学校 | 268 | 明光学園高等学校 | 386 |
| 宮津高等学校伊根分校 | 269 | 明治学院高等学校 | 155 |
| 宮之城農業高等学校 | 428 | 明治学院東村山高等学校 | 155 |
| 名西高等学校 | 358 | 明治学園高等学校 | 386 |
| 明星学園高等学校 | 154 | 明治大学付属中野高等学校 | 155 |
| 三好高等学校 | 246 | 明治大学付属中野八王子高等学校 | 155 |
| 三次高等学校 | 345 | 明治大学付属明治高等学校 | 155 |

| 校名 | 頁 | 校名 | 頁 |
|---|---|---|---|
| 明秀学園日立高等学校 | 75 | 盛岡スコーレ高等学校 | 38 |
| 明浄学院高等学校 | 288 | 盛岡第一高等学校 | 38 |
| 名城大学附属高等学校 | 247 | 盛岡第二高等学校 | 38 |
| 明誠学院高等学校 | 333 | 盛岡第三高等学校 | 38 |
| 明成高等学校 | 47 | 盛岡第四高等学校 | 38 |
| 明聖高等学校 | 116 | 盛岡大学附属高等学校 | 38 |
| 明星高等学校 | 155 | 盛岡中央高等学校 | 38 |
| 明星高等学校 | 288 | 盛岡農業高等学校 | 38 |
| 明誠高等学校 | 324 | 盛岡南高等学校 | 38 |
| 明善高等学校 | 386 | 守口東高等学校 | 288 |
| 名東高等学校 | 247 | 森高等学校 | 22 |
| 明徳義塾高等学校 | 372 | 森高等学校 | 229 |
| 名南工業高等学校 | 247 | 森高等学校 | 413 |
| 明法高等学校 | 155 | 森村学園高等部 | 171 |
| 明豊高等学校 | 413 | 守谷高等学校 | 75 |
| 明和県央高等学校 | 89 | 守山北高等学校 | 259 |
| 明和高等学校 | 89 | 守山高等学校 | 247 |
| 明和高等学校 | 247 | 守山高等学校 | 259 |
| 目黒学院高等学校 | 155 | 毛呂山高等学校 | 102 |
| 目黒高等学校 | 155 | 門前高等学校 | 192 |
| 目黒星美学園高等学校 | 156 | 紋別北高等学校 | 22 |
| 目白学園高等学校 | 156 | 紋別南高等学校 | 23 |
| 妻沼高等学校 | 102 | 焼津高等学校 | 229 |
| 女満別高等学校 | 22 | 焼津水産高等学校 | 229 |
| 芽室高等学校 | 22 | 焼津中央高等学校 | 229 |
| メリノール女子学院高等学校 | 253 | 矢板高等学校 | 82 |
| 真岡工業高等学校 | 82 | 矢板中央高等学校 | 82 |
| 真岡高等学校 | 82 | 矢板東高等学校 | 82 |
| 真岡女子高等学校 | 82 | 弥栄西高等学校 | 171 |
| 真岡北陵高等学校 | 82 | 弥栄東高等学校 | 172 |
| 門司北高等学校 | 386 | 八重山高等学校 | 432 |
| 門司高等学校 | 386 | 八重山商工高等学校 | 432 |
| 門司商業高等学校 | 386 | 八重山農林高等学校 | 432 |
| 門司大翔館高等学校 | 386 | 八尾北高等学校 | 288 |
| 妹背牛商業高等学校 | 22 | 八尾高等学校 | 288 |
| 望月高等学校 | 210 | 八尾翠翔高等学校 | 289 |
| 茂木高等学校 | 82 | 八百津高等学校 | 218 |
| 元石川高等学校 | 171 | 矢掛高等学校 | 333 |
| 本巣松陽高等学校 | 218 | 矢上高等学校 | 324 |
| 本部高等学校 | 432 | 八木学園高等学校 | 253 |
| 基町高等学校 | 345 | 薬園台高等学校 | 116 |
| 本宮高等学校 | 66 | 屋久島あおぞら高等学校 | 428 |
| 本吉響高等学校 | 47 | 屋久島高等学校 | 428 |
| 茂原高等学校 | 116 | 八雲学園高等学校 | 156 |
| 茂原樟陽高等学校 | 116 | 八雲高等学校 | 23 |
| 茂原北陵高等学校 | 116 | 八郷高等学校 | 75 |
| 紅葉川高等学校 | 156 | 八潮高等学校 | 102 |
| 百石高等学校 | 31 | 八潮高等学校 | 156 |
| 桃谷高等学校 | 288 | 八潮南高等学校 | 102 |
| 桃山学院高等学校 | 288 | 八洲学園高等学校 | 289 |
| 桃山高等学校 | 269 | 八洲学園大学国際高等学校 | 432 |
| 盛岡北高等学校 | 37 | 矢島高等学校 | 52 |
| 盛岡工業高等学校 | 37 | 屋代高等学校 | 210 |
| 盛岡商業高等学校 | 38 | 社高等学校 | 306 |
| 盛岡女子高等学校 | 38 | 屋代南高等学校 | 210 |
| 盛岡白百合学園高等学校 | 38 | 安来高等学校 | 324 |
| 盛岡市立高等学校 | 38 | 野洲高等学校 | 259 |

| 学校名 | 頁 | 学校名 | 頁 |
|---|---|---|---|
| 八頭高等学校 | 319 | 山崎高等学校 | 156 |
| 安塚高等学校 | 182 | 山崎高等学校 | 306 |
| 安塚高等学校松之山分校 | 182 | 山城高等学校 | 269 |
| 安田学園高等学校 | 156 | 山添高等学校 | 57 |
| 安田女子高等学校 | 345 | 山田高等学校 | 39 |
| 安西高等学校 | 345 | 山田高等学校 | 247 |
| 安古市高等学校 | 345 | 山田高等学校 | 289 |
| 谷地高等学校 | 57 | 山田高等学校 | 372 |
| 八街高等学校 | 116 | 山手学院高等学校 | 172 |
| 八千代高等学校 | 75 | 大和川高等学校 | 289 |
| 八千代高等学校 | 116 | 大和高等学校 | 172 |
| 八千代松陰高等学校 | 116 | 山門高等学校 | 387 |
| 八千代西高等学校 | 116 | 大和広陵高等学校 | 312 |
| 八千代東高等学校 | 116 | 大和青藍高等学校 | 387 |
| 八尾高等学校 | 187 | 大和西高等学校 | 172 |
| 八代工業高等学校 | 406 | 大和東高等学校 | 172 |
| 八代高等学校 | 406 | 大和南高等学校 | 172 |
| 八代白百合学園高等学校 | 406 | 山梨英和高等学校 | 199 |
| 八代農業高等学校 | 406 | 山梨園芸高等学校 | 199 |
| 八代農業高等学校泉分校 | 406 | 山梨学院大学附属高等学校 | 200 |
| 八代東高等学校 | 406 | 山梨県立中央高等学校 | 200 |
| 八代南高等学校 | 406 | 山梨県立農林高等学校 | 200 |
| 弥富高等学校 | 247 | 山梨高等学校 | 200 |
| 柳井学園高等学校 | 354 | 耶麻農業高等学校 | 66 |
| 柳井高等学校 | 354 | 山辺高等学校 | 57 |
| 柳井商工高等学校 | 354 | 山辺高等学校 | 312 |
| 梁川高等学校 | 66 | 山辺高等学校山添分校 | 312 |
| 柳川高等学校 | 386 | 山村国際高等学校 | 102 |
| 柳ケ浦高等学校 | 413 | 山村女子高等学校 | 102 |
| 柳学園高等学校 | 306 | 山本学園高等学校 | 57 |
| 耶馬溪高等学校 | 413 | 山本高等学校 | 289 |
| 八幡工業高等学校 | 387 | 山脇学園高等学校 | 156 |
| 八幡高等学校 | 387 | 谷村工業高等学校 | 200 |
| 八幡中央高等学校 | 387 | 八女学院高等学校 | 387 |
| 八幡南高等学校 | 387 | 八女工業高等学校 | 387 |
| 矢部高等学校 | 406 | 八女高等学校 | 387 |
| 山形学院高等学校 | 57 | 八女農業高等学校 | 387 |
| 山形北高等学校 | 57 | 矢本高等学校 | 47 |
| 山形工業高等学校 | 57 | 八幡高等学校 | 269 |
| 山県高等学校 | 218 | 八幡浜工業高等学校 | 368 |
| 山方商業高等学校 | 75 | 八幡浜高等学校 | 368 |
| 山形城北高等学校 | 57 | 遊学館高等学校 | 192 |
| 山形市立商業高等学校 | 57 | 結城第一高等学校 | 75 |
| 山形中央高等学校 | 57 | 結城第二高等学校 | 75 |
| 山形電波工業高等学校 | 57 | 猶興館高等学校 | 399 |
| 山形西高等学校 | 57 | 有恒高等学校 | 182 |
| 山形東高等学校 | 57 | 湧心館高等学校 | 406 |
| 山形南高等学校 | 57 | 祐誠高等学校 | 387 |
| 山香農業高等学校 | 413 | 夕張高等学校 | 23 |
| 山川高等学校 | 428 | 夕陽丘高等学校 | 289 |
| 山北高等学校 | 172 | 湧別高等学校 | 23 |
| 山口県鴻城高等学校 | 354 | 有朋高等学校 | 23 |
| 山口県桜ケ丘高等学校 | 354 | 雄峰高等学校 | 187 |
| 山口県立水産高等学校 | 354 | 湯河原高等学校 | 172 |
| 山口高等学校 | 354 | 雪谷高等学校 | 156 |
| 山口中央高等学校 | 354 | 油木高等学校 | 346 |
| 山口農業高等学校 | 354 | 湯来南高等学校 | 346 |

| 校名 | 頁 | 校名 | 頁 |
|---|---|---|---|
| 行橋高等学校 | 387 | 横浜創英高等学校 | 173 |
| 弓削高等学校 | 333 | 横浜創学館高等学校 | 173 |
| 弓削高等学校 | 369 | 横浜総合高等学校 | 173 |
| 遊佐高等学校 | 58 | 横浜立野高等学校 | 173 |
| 湯沢北高等学校 | 52 | 横浜南陵高等学校 | 173 |
| 湯沢高等学校 | 52 | 横浜隼人高等学校 | 174 |
| 湯沢高等学校 | 183 | 横浜平沼高等学校 | 174 |
| 湯沢高等学校稲川分校 | 52 | 横浜雙葉高等学校 | 174 |
| 湯沢商工高等学校 | 52 | 横浜緑ヶ丘高等学校 | 174 |
| 梼原高等学校 | 373 | 横浜山手女子高等学校 | 174 |
| 豊丘高等学校 | 247 | 横山高等学校 | 289 |
| 豊野高等学校 | 247 | 吉井高等学校 | 89 |
| 由仁商業高等学校 | 23 | 吉賀高等学校 | 324 |
| 由布高等学校 | 413 | 吉川高等学校 | 102 |
| 夢前高等学校 | 306 | 吉城高等学校 | 218 |
| 夢野台高等学校 | 306 | 吉田高等学校 | 200 |
| 湯本高等学校 | 66 | 吉田高等学校 | 229 |
| 百合丘高等学校 | 172 | 吉田高等学校 | 346 |
| 百合学院高等学校 | 307 | 吉田高等学校 | 369 |
| 由利工業高等学校 | 52 | 吉田島農林高等学校 | 174 |
| 由利高等学校 | 52 | 吉野高等学校 | 312 |
| 余市高等学校 | 23 | 好間高等学校 | 66 |
| 八日市高等学校 | 259 | 吉原工業高等学校 | 229 |
| 八日市南高等学校 | 259 | 吉原高等学校 | 229 |
| 八鹿高等学校 | 307 | 吉原商業高等学校 | 229 |
| 八鹿高等学校大屋校 | 307 | 四日市工業高等学校 | 253 |
| 楊志館高等学校 | 413 | 四日市高等学校 | 253 |
| 陽明高等学校 | 432 | 四日市高等学校 | 413 |
| 与勝高等学校 | 432 | 四日市商業高等学校 | 254 |
| 吉川高等学校 | 307 | 四日市中央工業高等学校 | 254 |
| 横芝敬愛高等学校 | 116 | 四日市西高等学校 | 254 |
| 横須賀大津高等学校 | 172 | 四日市農芸高等学校 | 254 |
| 横須賀学院高等学校 | 172 | 四日市南高等学校 | 254 |
| 横須賀工業高等学校 | 172 | 四日市四郷高等学校 | 254 |
| 横須賀高等学校 | 172 | 四街道北高等学校 | 116 |
| 横須賀高等学校 | 229 | 四街道高等学校 | 117 |
| 横須賀高等学校 | 247 | 四倉高等学校 | 67 |
| 横須賀総合高等学校 | 172 | 四谷商業高等学校 | 156 |
| 横田高等学校 | 324 | 淀川工科高等学校 | 289 |
| 横手高等学校 | 52 | 淀商業高等学校 | 289 |
| 横手城南高等学校 | 53 | 淀之水高等学校 | 289 |
| 横手清陵学院高等学校 | 53 | 米内沢高等学校 | 53 |
| 横浜英和女学院高等学校 | 172 | 米子北高等学校 | 319 |
| 横浜桜陽高等学校 | 172 | 米子工業高等学校 | 319 |
| 横浜学園高等学校 | 172 | 米子高等学校 | 319 |
| 横浜共立学園高等学校 | 172 | 米子西高等学校 | 319 |
| 横浜旭陵高等学校 | 172 | 米子松蔭高等学校 | 319 |
| 横浜高等学校 | 173 | 米子白鳳高等学校 | 319 |
| 横浜国際女学院翠陵高等学校 | 173 | 米子東高等学校 | 319 |
| 横浜商科大学高等学校 | 173 | 米子北斗高等学校 | 319 |
| 横浜商業高等学校 | 173 | 米子南高等学校 | 319 |
| 横浜女学院高等学校 | 173 | 米沢工業高等学校 | 58 |
| 横浜市立東高等学校 | 173 | 米沢興譲館高等学校 | 58 |
| 横浜市立南高等学校 | 173 | 米沢商業高等学校 | 58 |
| 横浜翠嵐高等学校 | 173 | 米沢中央高等学校 | 58 |
| 横浜清風高等学校 | 173 | 米沢東高等学校 | 58 |
| 横浜清陵総合高等学校 | 173 | 米山高等学校 | 47 |

| 校名 | 頁 | 校名 | 頁 |
|---|---|---|---|
| 与野高等学校 | 102 | 六甲高等学校 | 307 |
| 読谷高等学校 | 432 | 六本木高等学校 | 157 |
| 寄居高等学校 | 102 | YMCA学院高等学校 | 289 |
| 与論高等学校 | 428 | 若狭高等学校 | 196 |
| 羅臼高等学校 | 23 | 若狭東高等学校 | 196 |
| 洛水高等学校 | 269 | 若葉総合高等学校 | 157 |
| 洛西高等学校 | 269 | 若松高等学校 | 117 |
| 洛西高等学校 | 269 | 若松高等学校 | 387 |
| 洛東高等学校 | 269 | 若松商業高等学校 | 67 |
| 洛南高等学校 | 269 | 若松商業高等学校 | 387 |
| 洛北高等学校 | 269 | 若松第一高等学校 | 67 |
| 洛陽工業高等学校 | 269 | 若宮商業高等学校 | 247 |
| 洛陽総合高等学校 | 269 | 和歌山北高等学校 | 316 |
| ラ・サール高等学校 | 428 | 和歌山工業高等学校 | 316 |
| 蘭越高等学校 | 23 | 和歌山高等学校 | 316 |
| 利尻高等学校 | 23 | 和歌山商業高等学校 | 316 |
| 履正社高等学校 | 289 | 和歌山商業高等学校 | 316 |
| 立教池袋高等学校 | 156 | 和歌山信愛女子短期大学附属高等学校 | 316 |
| 立教女学院高等学校 | 156 | 和歌山西高等学校 | 316 |
| 立教新座高等学校 | 102 | 和歌山東高等学校 | 316 |
| 立志舎高等学校 | 156 | 脇町高等学校 | 358 |
| 立正高等学校 | 157 | 涌谷高等学校 | 48 |
| 立正大学淞南高等学校 | 324 | 和気閑谷高等学校 | 333 |
| 栗東高等学校 | 259 | 和光高等学校 | 102 |
| 立命館宇治高等学校 | 269 | 和光高等学校 | 157 |
| 立命館慶祥高等学校 | 23 | 和光国際高等学校 | 103 |
| 立命館高等学校 | 269 | 輪島高等学校 | 192 |
| 立命館守山高等学校 | 259 | 輪島実業高等学校 | 192 |
| 利府高等学校 | 48 | 鷺宮高等学校 | 103 |
| 竜ヶ崎第一高等学校 | 75 | 和順館高等学校 | 58 |
| 竜ヶ崎第二高等学校 | 75 | わせがく高等学校 | 117 |
| 竜ヶ崎南高等学校 | 75 | 早稲田高等学校 | 157 |
| 龍谷高等学校 | 392 | 早稲田大学系属早稲田実業学校高等部 | 157 |
| 龍谷富山高等学校 | 187 | 早稲田大学高等学院 | 157 |
| 流通経済大学付属柏高等学校 | 117 | 早稲田大学本庄高等学院 | 103 |
| 陵雲高等学校 | 316 | 和田山高等学校 | 307 |
| 両国高等学校 | 157 | 亘理高等学校 | 48 |
| 両津高等学校 | 183 | 稚内大谷高等学校 | 24 |
| 緑風冠高等学校 | 289 | 稚内高等学校 | 24 |
| 留寿都高等学校 | 23 | 稚内商工高等学校 | 24 |
| ルーテル学院高等学校 | 406 | 和寒高等学校 | 24 |
| 留辺蘂高等学校 | 23 | 和洋九段女子高等学校 | 157 |
| 留萌高等学校 | 23 | 和洋国府台女子高等学校 | 117 |
| 留萌千望高等学校 | 24 | 蕨高等学校 | 103 |
| 麗澤高等学校 | 117 | | |
| 麗澤瑞浪高等学校 | 218 | | |
| 嶺北高等学校 | 373 | | |
| 苓明高等学校 | 406 | | |
| れいめい高等学校 | 428 | | |
| 苓洋高等学校 | 407 | | |
| 礼文高等学校 | 24 | | |
| 芦花高等学校 | 157 | | |
| 六郷工科高等学校 | 157 | | |
| 六郷高等学校 | 53 | | |
| 六戸高等学校 | 31 | | |
| 六ヶ所高等学校 | 31 | | |
| 六甲アイランド高等学校 | 307 | | |

# 学校法人別一覧

## 学校法人別一覧

**学校法人 相川学園**
- 静清工業高等学校 …… 224

**学校法人 愛光学園**
- 愛光高等学校 …… 363

**学校法人 愛国学園**
- 愛国学園大学 …… 103
- 愛国学園短期大学 …… 125
- 愛国学園大学附属四街道高等学校 …… 105
- 愛国学園大学附属龍ケ崎高等学校 …… 68
- 愛国高等学校 …… 129

**学校法人 愛西学園**
- 弥富高等学校 …… 247

**学校法人 愛泉学園**
- 堺女子短期大学 …… 274
- 堺女子高等学校 …… 281

**学校法人 愛知医科大学**
- 愛知医科大学 …… 230

**学校法人 愛知学院**
- 愛知学院大学 …… 230
- 愛知学院大学短期大学部 …… 232
- 愛知高等学校 …… 234

**学校法人 愛知江南学園**
- 愛知江南短期大学 …… 233
- 誠信高等学校 …… 240

**学校法人 愛知産業大学**
- 愛知産業大学 …… 230
- 愛知産業大学工業高等学校 …… 234
- 愛知産業大学三河高等学校 …… 234

**学校法人 愛知淑徳学園**
- 愛知淑徳大学 …… 230
- 愛知淑徳高等学校 …… 235

**学校法人 愛知大学**
- 愛知大学 …… 230
- 愛知大学短期大学部 …… 233

**学校法人 愛徳学園**
- 愛徳学園高等学校 …… 293

**学校法人 愛農学園**
- 愛農学園農業高等学校 …… 248

**学校法人 藍野学院**
- 藍野大学 …… 270
- 藍野学院短期大学 …… 272

**学校法人 愛美学園**
- 愛知女子高等学校 …… 235

**学校法人 青葉学園**
- 東京医療保健大学 …… 121

**学校法人 青森田中学園**
- 青森中央学院大学 …… 24
- 青森中央短期大学 …… 25

**学校法人 青森山田学園**
- 青森大学 …… 24
- 青森短期大学 …… 25
- 青森山田高等学校 …… 26

**学校法人 青山学院**
- 青山学院大学 …… 117
- 青山学院女子短期大学 …… 125
- 青山学院高等部 …… 129

**学校法人 暁学園**
- 四日市大学 …… 248
- 暁高等学校 …… 248

**学校法人 秋草学園**
- 秋草学園短期大学 …… 91
- 秋草学園高等学校 …… 92

**学校法人 秋田経済法科大学**
- 秋田看護福祉大学 …… 48
- 秋田経済法科大学 …… 48
- 秋田栄養短期大学 …… 48
- 秋田経済法科大学附属高等学校 …… 49

**学校法人 秋田聖心の布教姉妹会**
- 聖園学園短期大学 …… 49

**学校法人 芥田学園**
- 芥田学園高等学校 …… 219

**学校法人 明の星学園**
- 青森明の星短期大学 …… 25
- 青森明の星高等学校 …… 25
- 浦和明の星女子高等学校 …… 92

**学校法人 浅井学園**
- 浅井学園大学 …… 1
- 浅井学園大学短期大学部 …… 3

**学校法人 浅野学園**
- 浅野高等学校 …… 161

**学校法人 旭学園**
- 佐賀女子短期大学 …… 388
- 佐賀女子短期大学付属佐賀女子高等学校 …… 390

**学校法人 旭川大学**
- 旭川大学 …… 1
- 旭川大学女子短期大学部 …… 3
- 旭川大学高等学校 …… 5

**学校法人 旭川宝田学園**
- 旭川明成高等学校 …… 5

**学校法人 旭川龍谷学園**
- 旭川竜谷高等学校 …… 5

**学校法人 朝日大学**
- 朝日大学 …… 210

**学校法人 麻布学園**
- 麻布高等学校 …… 129

**学校法人 麻布獣医学園**
- 麻布大学 …… 158
- 麻布大学附属渕野辺高等学校 …… 161

**学校法人 亜細亜学園**
- 亜細亜大学 …… 117
- 亜細亜大学短期大学部 …… 125

**学校法人 足利工業大学**
- 足利工業大学 …… 76
- 足利短期大学 …… 76
- 足利工業大学附属高等学校 …… 77
- 足利短期大学附属高等学校 …… 77

**学校法人 芦屋学園**
- 芦屋大学 …… 290
- 芦屋女子短期大学 …… 292
- 芦屋大学附属高等学校 …… 294

**学校法人 安達学園**
- 中京学院大学 …… 211
- 中京短期大学 …… 211
- 中京高等学校 …… 216

## 学校法人 足立学園
- 愛知文教大学 …………………………… 230
- 愛知文教女子短期大学 ………………… 233
- 愛知啓成高等学校 ……………………… 234
- 足立学園高等学校 ……………………… 129
- 大成高等学校 …………………………… 241

## 学校法人 跡見学園
- 跡見学園女子大学 ……………………… 90
- 跡見学園女子大学短期大学部 ………… 125
- 跡見学園高等学校 ……………………… 130

## 学校法人 アトンメント会
- 聖ヨゼフ学園高等学校 ………………… 167

## 学校法人 網走学園
- 網走高等学校 …………………………… 5

## 学校法人 安部学院
- 安部学院高等学校 ……………………… 130

## 学校法人 綾羽育英会
- 綾羽高等学校 …………………………… 255

## 学校法人 荒井学園
- 高岡向陵高等学校 ……………………… 185
- 新川高等学校 …………………………… 187

## 学校法人 有明学園
- 有明高等学校 …………………………… 401
- 島原中央高等学校 ……………………… 396

## 学校法人 安房家政学院
- 千葉県安房西高等学校 ………………… 111

## 学校法人 安城学園
- 愛知学泉大学 …………………………… 230
- 愛知学泉短期大学 ……………………… 233
- 安城学園高等学校 ……………………… 235
- 岡崎城西高等学校 ……………………… 237

## 学校法人 遺愛学院
- 遺愛女子高等学校 ……………………… 6

## 学校法人 飯塚学園
- 日新館高等学校 ………………………… 383

## 学校法人 幾徳学園
- 神奈川工科大学 ………………………… 158

## 学校法人 生野学園
- 生野学園高等学校 ……………………… 295

## 学校法人 郁文館学園
- 郁文館グローバル高等学校 …………… 130
- 郁文館高等学校 ………………………… 130

## 学校法人 池上学園
- 池上学院高等学校 ……………………… 6

## 学校法人 池田学園
- 池田高等学校 …………………………… 420
- 秋桜高等学校 …………………………… 282

## 学校法人 池坊学園
- 池坊短期大学 …………………………… 262

## 学校法人 石川高等学校
- 石川高等学校 …………………………… 60

## 学校法人 石田学園
- 広島経済大学 …………………………… 334

## 学校法人 石山学園
- 若松第一高等学校 ……………………… 67

## 学校法人 出水学園
- 出水中央高等学校 ……………………… 421

## 学校法人 伊勢学園
- 伊勢女子高等学校 ……………………… 249

## 学校法人 市川学院
- 市川高等学校 …………………………… 296

## 学校法人 一川学園
- 清和学園高等学校 ……………………… 99

## 学校法人 市川学園
- 市川高等学校 …………………………… 106

## 学校法人 一関学院
- 一関学院高等学校 ……………………… 32

## 学校法人 一宮女学園
- 一宮女子短期大学 ……………………… 233
- 一宮女子高等学校 ……………………… 236

## 学校法人 市邨学園
- 名古屋経済大学 ………………………… 231
- 名古屋経済大学短期大学部 …………… 233
- 名古屋経済大学市邨高等学校 ………… 243
- 名古屋経済大学高蔵高等学校 ………… 244

## 学校法人 伊藤学園
- 甲府湯田高等学校 ……………………… 198

## 学校法人 稲置学園
- 金沢星稜大学 …………………………… 188
- 星稜女子短期大学 ……………………… 188
- 星稜高等学校 …………………………… 191

## 学校法人 稲葉学園
- 竹田南高等学校 ………………………… 411

## 学校法人 井上学園
- 千葉萌陽高等学校 ……………………… 112

## 学校法人 井之頭学園
- 藤村女子高等学校 ……………………… 152

## 学校法人 茨城
- 茨城高等学校 …………………………… 69

## 学校法人 茨城キリスト教学園
- 茨城キリスト教大学 …………………… 67
- 茨城キリスト教大学短期大学部 ……… 68
- 茨城キリスト教学園高等学校 ………… 69

## 学校法人 今治精華学園
- 今治精華高等学校 ……………………… 364

## 学校法人 今治明徳学園
- 今治明徳短期大学 ……………………… 363
- 今治明徳高等学校 ……………………… 364

## 学校法人 伊万里学園
- 敬徳高等学校 …………………………… 390

## 学校法人 岩尾昭和学園
- 昭和学園高等学校 ……………………… 410

## 学校法人 いわき秀英学園
- いわき秀英高等学校 …………………… 60

## 学校法人 岩崎学園
- 情報セキュリティ大学院大学 ………… 158

## 学校法人 岩田学園
- 岩田高等学校 …………………………… 408

## 学校法人 磐田東学園
- 磐田東高等学校 ………………………… 220

## 学校法人 岩手医科大学
- 岩手医科大学 …………………………… 31

## 学校法人 岩手奨学会
- 岩手高等学校 …………………………… 33

## 学校法人 岩手女子奨学会
- 岩手看護短期大学 …………………… 31
- 岩手女子高等学校 …………………… 33

## 学校法人 岩手橘学園
- 江南義塾盛岡高等学校 ……………… 35

## 学校法人 植草学園
- 植草学園短期大学 …………………… 104
- 植草学園文化女子高等学校 ………… 107

## 学校法人 上田学園
- 上田西高等学校 ……………………… 204

## 学校法人 上野学園
- 上野学園大学 ………………………… 117
- 上野学園大学短期大学部 …………… 126
- 上野学園高等学校 …………………… 131

## 学校法人 上野塾
- 東京高等学校 ………………………… 145
- 東京実業高等学校 …………………… 146

## 学校法人 上宮學園
- 上宮高等学校 ………………………… 276
- 上宮太子高等学校 …………………… 276

## 学校法人 宇都宮海星学園
- 宇都宮海星女子学院高等学校 ……… 77

## 学校法人 宇都宮学園
- 文星芸術大学 ………………………… 76
- 宇都宮文星短期大学 ………………… 76
- 宇都宮文星女子高等学校 …………… 78
- 文星芸術大学附属高等学校 ………… 81

## 学校法人 宇部学園
- 山口芸術短期大学 …………………… 347
- 慶進高等学校 ………………………… 349
- 美祢中央高等学校 …………………… 353

## 学校法人 梅村学園
- 中京大学 ……………………………… 231
- 三重中京大学 ………………………… 248
- 三重中京大学短期大学部 …………… 248
- 中京大学附属中京高等学校 ………… 241
- 三重高等学校 ………………………… 253

## 学校法人 羽陽学園
- 羽陽学園短期大学 …………………… 53

## 学校法人 浦山学園
- 富山福祉短期大学 …………………… 184
- 富山中央学院 ………………………… 186

## 学校法人 浦和ルーテル学院
- 浦和ルーテル学院高等学校 ………… 93

## 学校法人 瓜生山学園
- 京都造形芸術大学 …………………… 260

## 学校法人 AICJ鴎州学園
- AICJ高等学校 ………………………… 336

## 学校法人 栄光学園
- 栄光学園高等学校 …………………… 162

## 学校法人 盈進学園
- 盈進高等学校 ………………………… 336
- 東野高等学校 ………………………… 101

## 学校法人 英真学園
- 英真学園高等学校 …………………… 276

## 学校法人 英数学館
- 並木学院高等学校 …………………… 341

## 学校法人 英知学院
- 英知大学 ……………………………… 290

## 学校法人 エスコラピオス学園
- 海星高等学校 ………………………… 251

## 学校法人 江戸川学園
- 江戸川大学 …………………………… 103
- 江戸川短期大学 ……………………… 104
- 江戸川学園取手高等学校 …………… 69
- 江戸川女子高等学校 ………………… 131

## 学校法人 エリザベト音楽大学
- エリザベト音楽大学 ………………… 334

## 学校法人 延暦寺学園
- 比叡山高等学校 ……………………… 258

## 学校法人 桜蔭学園
- 桜蔭高等学校 ………………………… 131

## 学校法人 桜花学園
- 桜花学園大学 ………………………… 230
- 名古屋短期大学 ……………………… 234
- 桜花学園高等学校 …………………… 237

## 学校法人 追手門学院
- 追手門学院大学 ……………………… 270
- 追手門学院高等学校 ………………… 276
- 追手門学院大手前高等学校 ………… 276

## 学校法人 桜美林学園
- 桜美林大学 …………………………… 117
- 桜美林大学短期大学部 ……………… 126
- 桜美林高等学校 ……………………… 131

## 学校法人 近江育英会
- 近江高等学校 ………………………… 255

## 学校法人 近江兄弟社学園
- 近江兄弟社高等学校 ………………… 255

## 学校法人 鴎友学園
- 鴎友学園女子高等学校 ……………… 131

## 学校法人 大分高等学校
- 大分高等学校 ………………………… 409

## 学校法人 大垣女子短期大学
- 大垣女子短期大学 …………………… 211

## 学校法人 大垣日本大学学園
- 大垣日本大学高等学校 ……………… 213

## 学校法人 大川学園
- 大川学園高等学校 …………………… 93

## 学校法人 大口明光学園
- 大口明光学園高等学校 ……………… 421

## 学校法人 大阪青山学園
- 大阪青山大学 ………………………… 270
- 大阪青山短期大学 …………………… 272

## 学校法人 大阪医科大学
- 大阪医科大学 ………………………… 270

## 学校法人 大阪音楽大学
- 大阪音楽大学 ………………………… 270
- 大阪音楽大学短期大学部 …………… 273

## 学校法人 大阪学院大学
- 大阪学院大学 ………………………… 270
- 大阪学院短期大学 …………………… 273
- 大阪学院大学高等学校 ……………… 276

## 学校法人 大阪学園
- 大阪高等学校 ………………………… 276

## 学校法人 大阪学芸
　大阪学芸高等学校 ……………………… 276
## 学校法人 大阪キリスト教学院
　大阪キリスト教短期大学 ……………… 273
## 学校法人 大阪キリスト教青年会
　YMCA学院高等学校 …………………… 289
## 学校法人 大阪経済大学
　大阪経済大学 …………………………… 270
## 学校法人 大阪経済法律学園
　大阪経済法科大学 ……………………… 270
## 学校法人 大阪工大摂南大学
　大阪工業大学 …………………………… 270
　摂南大学 ………………………………… 272
　広島国際大学 …………………………… 334
　大阪工業大学短期大学部 ……………… 273
　大阪工業大学高等学校 ………………… 276
## 学校法人 大阪国学院
　浪速高等学校 …………………………… 285
## 学校法人 大阪国際学園
　大阪国際女子大学 ……………………… 270
　大阪国際大学 …………………………… 270
　大阪国際大学短期大学部 ……………… 273
　大阪国際大和田高等学校 ……………… 277
　大阪国際滝井高等学校 ………………… 277
## 学校法人 大阪産業大学
　大阪産業大学 …………………………… 270
　大阪産業大学短期大学部 ……………… 273
　大阪産業大学附属高等学校 …………… 277
　大阪桐蔭高等学校 ……………………… 278
## 学校法人 大阪歯科大學
　大阪歯科大学 …………………………… 270
## 学校法人 大阪女学院
　大阪女学院大学 ………………………… 271
　大阪女学院短期大学 …………………… 273
　大阪女学院高等学校 …………………… 277
## 学校法人 大阪信愛女学院
　大阪信愛女学院短期大学 ……………… 273
　大阪信愛女学院高等学校 ……………… 277
## 学校法人 大阪成蹊学園
　大阪成蹊大学 …………………………… 271
　びわこ成蹊スポーツ大学 ……………… 255
　大阪成蹊短期大学 ……………………… 273
　成安造形短期大学 ……………………… 263
　大阪成蹊女子高等学校 ………………… 278
## 学校法人 大阪星光学院
　大阪星光学院高等学校 ………………… 278
## 学校法人 大阪繊維学園
　向陽台高等学校 ………………………… 280
　摂陵高等学校 …………………………… 283
## 学校法人 大阪電気通信大学
　大阪電気通信大学 ……………………… 271
　大阪電気通信大学短期大学部 ………… 273
　大阪電気通信大学高等学校 …………… 278
## 学校法人 大阪初芝学園
　初芝高等学校 …………………………… 286
　初芝富田林高等学校 …………………… 286
　初芝橋本高等学校 ……………………… 315

## 学校法人 大阪福島学園
　大阪福島女子高等学校 ………………… 278
## 学校法人 大阪貿易学院
　開明高等学校 …………………………… 278
## 学校法人 大阪明星学園
　明星高等学校 …………………………… 288
## 学校法人 大阪薬科大学
　大阪薬科大学 …………………………… 271
## 学校法人 大阪夕陽丘学園
　大阪夕陽丘学園短期大学 ……………… 273
　大阪夕陽丘学園高等学校 ……………… 278
## 学校法人 大谷学園
　大阪大谷大学 …………………………… 270
　大阪大谷大学短期大学部 ……………… 272
　大谷高等学校 …………………………… 278
　秀英高等学校 …………………………… 166
　清心女子高等学校 ……………………… 167
　東大谷高等学校 ………………………… 286
　横浜隼人高等学校 ……………………… 174
## 学校法人 大多和学園
　開星高等学校 …………………………… 321
## 学校法人 大妻学院
　大妻女子大学 …………………………… 117
　大妻女子大学短期大学部 ……………… 126
　大妻高等学校 …………………………… 132
　大妻多摩高等学校 ……………………… 132
## 学校法人 大手前学園
　大手前大学 ……………………………… 290
　大手前短期大学 ………………………… 292
## 学校法人 大西学園
　大西学園高等学校 ……………………… 162
## 学校法人 大橋学園
　大橋学園高等学校 ……………………… 250
## 学校法人 大彦学園
　開志学園高等学校 ……………………… 176
## 学校法人 大牟田学園
　大牟田高等学校 ………………………… 377
## 学校法人 大森学園
　大森学園高等学校 ……………………… 132
## 学校法人 大淀学園
　宮崎産業経営大学 ……………………… 414
　鵬翔高等学校 …………………………… 417
## 学校法人 岡崎学園
　人間環境大学 …………………………… 232
　人間環境大学岡崎学園高等学校 ……… 245
## 学校法人 岡山瀬戸内学園
　倉敷高等学校 …………………………… 329
## 学校法人 沖学園
　沖学園高等学校 ………………………… 377
## 学校法人 沖永学園
　帝京短期大学 …………………………… 127
　帝京八王子高等学校 …………………… 144
## 学校法人 沖縄キリスト教学院
　沖縄キリスト教学院大学 ……………… 428
　沖縄キリスト教短期大学 ……………… 428
## 学校法人 沖縄国際大学
　沖縄国際大学 …………………………… 428

学校法人 奥田学園
　創成館高等学校 …………………………… 396
学校法人 奥野木学園
　不二女子高等学校 ………………………… 115
学校法人 越生学園
　武蔵越生高等学校 ………………………… 102
学校法人 幼き聖マリア女子学園
　聖カピタニオ女子高等学校 ……………… 240
学校法人 尾関学園
　尾関学園高等学校 ………………………… 237
学校法人 小樽昭和学園
　小樽短期大学 ………………………………… 3
　小樽明峰高等学校 …………………………… 8
学校法人 小田原女子短期大学
　小田原女子短期大学 ……………………… 159
学校法人 小野学園
　小野学園女子高等学校 …………………… 132
学校法人 尾道学園
　広島県尾道高等学校 ……………………… 342
学校法人 帯広大谷学園
　帯広大谷短期大学 …………………………… 3
　帯広大谷高等学校 …………………………… 8
学校法人 帯広渡辺学園
　帯広北高等学校 ……………………………… 8
学校法人 折尾愛真学園
　折尾愛真短期大学 ………………………… 375
　折尾愛真高等学校 ………………………… 378
学校法人 オリムピア学園
　東京聖栄大学 ……………………………… 122
　聖徳栄養短期大学 ………………………… 127
学校法人 尾張学園
　愛知新城大谷大学 ………………………… 230
　愛知新城大谷大学短期大学部 …………… 233
　豊田大谷高等学校 ………………………… 243
　名古屋大谷高等学校 ……………………… 243
学校法人 温習塾
　つくば秀英高等学校 ……………………… 72
学校法人 温知会
　仁愛高等学校 ……………………………… 63
学校法人 外語学園
　信濃むつみ高等学校 ……………………… 205
　松本第一高等学校 ………………………… 209
学校法人 海城学園
　海城高等学校 ……………………………… 133
　那須高原海城高等学校 …………………… 81
学校法人 開新学園
　開新高等学校 ……………………………… 401
学校法人 海星学院
　海星学院高等学校 …………………………… 9
学校法人 海星学園
　海星高等学校 ……………………………… 394
学校法人 開成学園
　大宮開成高等学校 ………………………… 93
　開成高等学校 ……………………………… 133
学校法人 海星女子学院
　神戸海星女子学院大学 …………………… 290
　神戸海星女子学院高等学校 ……………… 297

学校法人 開智学園
　開智学園高等部 …………………………… 313
　開智高等学校 ……………………………… 94
学校法人 嘉悦学園
　嘉悦大学 …………………………………… 118
　嘉悦大学短期大学部 ……………………… 126
　かえつ有明高等学校 ……………………… 133
学校法人 科学技術学園
　科学技術学園高等学校 …………………… 133
学校法人 嘉数学園
　沖縄大学 …………………………………… 428
学校法人 嘉数女子学園
　沖縄女子短期大学 ………………………… 428
　沖縄女子短期大学附属高等学校 ………… 429
学校法人 香川栄養学園
　女子栄養大学 ……………………………… 119
　女子栄養大学短期大学部 ………………… 126
学校法人 香川学園
　宇部フロンティア大学 …………………… 346
　宇部フロンティア大学短期大学部 ……… 347
　宇部フロンティア大学付属香川高等学校 … 348
学校法人 香川県明善学園
　英明高等学校 ……………………………… 359
学校法人 学習院
　学習院女子大学 …………………………… 118
　学習院大学 ………………………………… 118
　学習院高等科 ……………………………… 133
　学習院女子高等科 ………………………… 133
学校法人 学文館
　上武大学 …………………………………… 83
学校法人 鶴鳴学園
　長崎女子短期大学 ………………………… 393
　長崎女子高等学校 ………………………… 397
学校法人 加計学園
　岡山理科大学 ……………………………… 325
　倉敷芸術科学大学 ………………………… 325
　千葉科学大学 ……………………………… 104
　岡山理科大学附属高等学校 ……………… 333
学校法人 鹿児島学園
　加治木女子高等学校 ……………………… 423
学校法人 鹿児島純心女子学園
　鹿児島純心女子大学 ……………………… 419
　鹿児島純心女子短期大学 ………………… 420
　鹿児島純心女子高等学校 ………………… 422
学校法人 鹿島学園
　鹿島学園高等学校 ………………………… 70
学校法人 霞ケ浦学園
　つくば国際大学 …………………………… 67
　つくば国際短期大学 ……………………… 68
　つくば国際大学高等学校 ………………… 72
学校法人 霞ケ浦高等学校
　霞ケ浦高等学校 …………………………… 70
学校法人 加寿美学園
　熊本中央高等学校 ………………………… 403
学校法人 片柳学園
　東京工科大学 ……………………………… 122
学校法人 片山学園

| | |
|---|---|
| 倉敷翠松高等学校 | 329 |
| **学校法人 活水学院** | |
| 活水女子大学 | 392 |
| 活水女子短期大学 | 393 |
| 活水高等学校 | 394 |
| **学校法人 加藤学園** | |
| 加藤学園暁秀高等学校 | 221 |
| 加藤学園高等学校 | 221 |
| **学校法人 カトリック沖縄学園** | |
| 沖縄カトリック高等学校 | 429 |
| **学校法人 金井学園** | |
| 福井工業大学 | 193 |
| 福井工業大学附属福井高等学校 | 195 |
| **学校法人 神奈川学園** | |
| 神奈川学園高等学校 | 163 |
| **学校法人 神奈川歯科大学** | |
| 神奈川歯科大学 | 158 |
| 湘南短期大学 | 160 |
| **学校法人 神奈川大学** | |
| 神奈川大学 | 158 |
| 神奈川大学附属高等学校 | 163 |
| **学校法人 神奈川聖心の布教姉妹会** | |
| 聖園女学院高等学校 | 171 |
| **学校法人 金沢医科大学** | |
| 金沢医科大学 | 188 |
| **学校法人 金沢学院** | |
| 金沢学院大学 | 188 |
| 金沢学院短期大学 | 188 |
| 金沢学院東高等学校 | 189 |
| **学校法人 金沢工業大学** | |
| 金沢工業大学 | 188 |
| **学校法人 金沢高等学校** | |
| 金沢高等学校 | 189 |
| **学校法人 金岡学園** | |
| 岡山県高梁日新高等学校 | 327 |
| **学校法人 金子教育団** | |
| 東京国際大学 | 90 |
| **学校法人 鎌形学園** | |
| 東京学館浦安高等学校 | 113 |
| 東京学館高等学校 | 113 |
| 東京学館新潟高等学校 | 179 |
| 東京学館船橋高等学校 | 113 |
| **学校法人 鎌倉学園** | |
| 鎌倉学園高等学校 | 163 |
| **学校法人 鎌倉女学院** | |
| 鎌倉女学院高等学校 | 164 |
| **学校法人 鎌倉女子大学** | |
| 鎌倉女子大学 | 158 |
| 鎌倉女子大学短期大学部 | 159 |
| 鎌倉女子大学高等部 | 164 |
| **学校法人 神村学園** | |
| 神村学園高等部 | 424 |
| **学校法人 神谷学園** | |
| 東海女子大学 | 211 |
| 東海女子短期大学 | 211 |
| **学校法人 鴨川横尾学園** | |
| 千葉未来高等学校 | 112 |

| | |
|---|---|
| **学校法人 加茂暁星学園** | |
| 新潟経営大学 | 174 |
| 新潟中央短期大学 | 175 |
| 加茂暁星高等学校 | 177 |
| **学校法人 カリタス学園** | |
| カリタス女子短期大学 | 160 |
| カリタス女子高等学校 | 164 |
| **学校法人 川口学園** | |
| 埼玉女子短期大学 | 91 |
| **学校法人 川崎学園** | |
| 川崎医科大学 | 325 |
| 川崎医療福祉大学 | 325 |
| 川崎医療短期大学 | 326 |
| 川崎医科大学附属高等学校 | 329 |
| **学校法人 川島学園** | |
| 鹿児島実業高等学校 | 422 |
| 尚志館高等学校 | 426 |
| 福岡舞鶴高等学校 | 385 |
| れいめい高等学校 | 428 |
| **学校法人 川村学園** | |
| 川村学園女子大学 | 103 |
| 川村短期大学 | 126 |
| 川村高等学校 | 133 |
| **学校法人 関西医科大学** | |
| 関西医科大学 | 271 |
| **学校法人 関西医療学園** | |
| 関西鍼灸大学 | 271 |
| 関西鍼灸短期大学 | 274 |
| **学校法人 関西大倉学園** | |
| 関西大倉高等学校 | 279 |
| **学校法人 関西外国語大学** | |
| 関西外国語大学 | 271 |
| 関西外国語大学短期大学部 | 274 |
| **学校法人 関西金光学園** | |
| 関西福祉大学 | 290 |
| 金光大阪高等学校 | 280 |
| 金光藤蔭高等学校 | 281 |
| 金光八尾高等学校 | 281 |
| **学校法人 関西女子学園** | |
| 宝塚造形芸術大学 | 291 |
| **学校法人 関西大学** | |
| 関西大学 | 271 |
| 関西大学第一高等学校 | 279 |
| **学校法人 関西文理総合学園** | |
| 長浜バイオ大学 | 254 |
| **学校法人 関西学院** | |
| 関西学院大学 | 290 |
| 関西学院高等部 | 297 |
| **学校法人 関西学園** | |
| 岡山高等学校 | 327 |
| 関西高等学校 | 329 |
| **学校法人 神田女学園** | |
| 神田女学園高等学校 | 133 |
| **学校法人 関東学院** | |
| 関東学院大学 | 158 |
| 関東学院高等学校 | 164 |
| 関東学院六浦高等学校 | 171 |

学校法人 関東学園
　関東学園大学 ……………………… 83
　関東短期大学 ……………………… 84
　関東学園大学附属高等学校 ……… 85
学校法人 関東国際学園
　関東国際高等学校 ………………… 134
学校法人 簡野育英会
　蒲田女子高等学校 ………………… 133
学校法人 函嶺白百合学園
　函嶺白百合学園高等学校 ………… 164
学校法人 菊武学園
　名古屋産業大学 …………………… 232
　名古屋経営短期大学 ……………… 233
　菊華高等学校 ……………………… 238
学校法人 菊池女子学園
　菊池女子高等学校 ………………… 402
学校法人 喜田学園
　東林館高等学校 …………………… 341
学校法人 北鎌倉女子学園
　湘南国際女子短期大学 …………… 160
　北鎌倉女子学園高等学校 ………… 165
学校法人 北上学園
　専修大学北上高等学校 …………… 35
学校法人 北里学園
　北里大学 …………………………… 118
学校法人 北豊島学園
　北豊島高等学校 …………………… 134
学校法人 北野学園
　上田女子短期大学 ………………… 201
学校法人 吉備学園
　岡山商科大学 ……………………… 325
　岡山商科大学附属高等学校 ……… 327
学校法人 吉備高原学園
　吉備高原学園高等学校 …………… 329
学校法人 岐阜経済大学
　岐阜経済大学 ……………………… 210
学校法人 岐阜済美学院
　中部学院大学 ……………………… 211
　中部学院大学短期大学部 ………… 211
　済美高等学校 ……………………… 215
学校法人 希望が丘学園
　鳳凰高等学校 ……………………… 427
学校法人 希望学園
　札幌第一高等学校 ………………… 12
　北嶺高等学校 ……………………… 21
学校法人 君が淵学園
　熊本学園大学 ……………………… 399
　崇城大学 …………………………… 400
　熊本学園大学付属高等学校 ……… 402
学校法人 君津学園
　清和大学 …………………………… 104
　清和大学短期大学部 ……………… 105
　市原中央高等学校 ………………… 106
　木更津総合高等学校 ……………… 108
学校法人 九州学院
　九州学院高等学校 ………………… 402
学校法人 九州学園

　福岡国際大学 ……………………… 375
　福岡女子短期大学 ………………… 376
学校法人 九州国際大学
　九州国際大学 ……………………… 373
　九州国際大学付属高等学校 ……… 378
学校法人 九州産業工学園
　九州産業大学付属九州産業高等学校 … 378
学校法人 九州情報大学
　九州情報大学 ……………………… 373
学校法人 九州女子学園
　九州女子学園高等学校 …………… 378
学校法人 九州女子高等学校
　九州女子高等学校 ………………… 379
学校法人 九州電機工業学園
　希望が丘高等学校 ………………… 378
学校法人 九州中村高等学園
　九州産業大学付属九州高等学校 … 378
学校法人 九州文化学園
　長崎国際大学 ……………………… 392
　長崎短期大学 ……………………… 393
　九州文化学園高等学校 …………… 395
学校法人 九州ルーテル学院
　九州ルーテル学院大学 …………… 399
　ルーテル学院高等学校 …………… 406
学校法人 共愛学園
　共愛学園前橋国際大学 …………… 83
　共愛学園高等学校 ………………… 85
学校法人 享栄学園
　鈴鹿国際大学 ……………………… 248
　鈴鹿短期大学 ……………………… 248
　栄徳高等学校 ……………………… 237
　享栄高等学校 ……………………… 238
　鈴鹿高等学校 ……………………… 251
学校法人 共栄学園
　共栄大学 …………………………… 90
　共栄学園短期大学 ………………… 91
　春日部共栄高等学校 ……………… 94
　共栄学園高等学校 ………………… 134
　京都共栄学園高等学校 …………… 264
学校法人 暁星学園
　暁星高等学校 ……………………… 134
学校法人 暁星国際学園
　暁星国際高等学校 ………………… 108
学校法人 京都外国語大学
　京都外国語大学 …………………… 260
　京都外国語短期大学 ……………… 262
　京都外大西高等学校 ……………… 264
学校法人 京都学園
　京都学園大学 ……………………… 260
　京都学園高等学校 ………………… 264
学校法人 京都国際学園
　京都国際高等学校 ………………… 265
学校法人 京都産業大学
　京都産業大学 ……………………… 260
学校法人 京都情報学園
　京都情報大学院大学 ……………… 260
学校法人 京都女子学園

| | | | |
|---|---|---|---|
| 京都女子大学 | 260 | 学校法人 近畿大学弘徳学園 | |
| 京都女子大学短期大学部 | 262 | 近畿大学豊岡短期大学 | 292 |
| 京都女子高等学校 | 265 | 学校法人 銀杏学園 | |
| 学校法人 京都成安学園 | | 熊本保健科学大学 | 400 |
| 成安造形大学 | 254 | 学校法人 金城学院 | |
| 京都成安高等学校 | 265 | 金城学院大学 | 231 |
| 学校法人 京都精華学園 | | 金城学院高等学校 | 239 |
| 京都精華女子高等学校 | 265 | 学校法人 錦城学園 | |
| 学校法人 京都精華大学 | | 錦城学園高等学校 | 134 |
| 京都精華大学 | 260 | 錦城高等学校 | 135 |
| 学校法人 京都西山学園 | | 学校法人 金城学園 | |
| 京都西山短期大学 | 263 | 金城大学 | 188 |
| 京都西山高等学校 | 265 | 金城大学短期大学部 | 188 |
| 学校法人 京都橘学園 | | 遊学館高等学校 | 192 |
| 京都橘大学 | 261 | 学校法人 金蘭会学園 | |
| 京都橘高等学校 | 265 | 千里金蘭大学 | 272 |
| 学校法人 京都文教学園 | | 千里金蘭大学短期大学部 | 274 |
| 京都文教大学 | 261 | 金蘭会高等学校 | 280 |
| 京都文教短期大学 | 263 | 学校法人 金蘭千里学園 | |
| 京都文教高等学校 | 265 | 金蘭千里高等学校 | 280 |
| 学校法人 京都薬科大学 | | 学校法人 国立音楽大学 | |
| 京都薬科大学 | 261 | 国立音楽大学 | 118 |
| 学校法人 京都黎明学院 | | 国立音楽大学附属高等学校 | 135 |
| 京都芸術高等学校 | 264 | 学校法人 国本学園 | |
| 学校法人 共立女子学園 | | 国本女子高等学校 | 135 |
| 共立女子大学 | 118 | 学校法人 九里学園 | |
| 共立女子短期大学 | 126 | 浦和大学 | 90 |
| 共立女子高等学校 | 134 | 浦和大学短期大学部 | 91 |
| 共立女子第二高等学校 | 134 | 浦和実業学園高等学校 | 93 |
| 学校法人 共立薬科大学 | | 九里学園高等学校 | 54 |
| 共立薬科大学 | 118 | 学校法人 久保学園 | |
| 学校法人 杏林学園 | | 都城高等学校 | 417 |
| 杏林大学 | 118 | 盛岡女子高等学校 | 38 |
| 学校法人 協和学院 | | 学校法人 熊見学園 | |
| 水沢第一高等学校 | 37 | 神戸星城高等学校 | 298 |
| 学校法人 玉城学園 | | 学校法人 熊本城北学園 | |
| 都城東高等学校 | 417 | 九州看護福祉大学 | 399 |
| 学校法人 旭進学園 | | 学校法人 熊本信愛女学院 | |
| 宮崎第一高等学校 | 418 | 熊本信愛女学院高等学校 | 403 |
| 学校法人 桐丘学園 | | 学校法人 熊本マリスト学園 | |
| 桐生短期大学 | 84 | 熊本マリスト学園高等学校 | 403 |
| 桐生第一高等学校 | 86 | 学校法人 公文学園 | |
| 学校法人 基督教独立学園 | | 公文国際学園高等部 | 165 |
| 基督教独立学園高等学校 | 54 | 学校法人 クラーク学園 | |
| 学校法人 キリスト教愛真高等学校 | | 和泉短期大学 | 159 |
| キリスト教愛真高等学校 | 321 | 学校法人 倉田学園 | |
| 学校法人 近畿大学 | | 香川県大手前高等学校 | 359 |
| 近畿大学 | 272 | 香川県大手前高松高等学校 | 359 |
| 近畿大学九州短期大学 | 375 | 学校法人 栗本学園 | |
| 近畿大学短期大学部 | 274 | 名古屋商科大学 | 232 |
| 近畿大学附属高等学校 | 280 | 光陵女子短期大学 | 233 |
| 近畿大学附属新宮高等学校 | 314 | 名古屋国際高等学校 | 244 |
| 近畿大学附属豊岡高等学校 | 297 | 学校法人 久留米学園 | |
| 近畿大学附属東広島高等学校 | 338 | 久留米学園高等学校 | 379 |
| 近畿大学附属福岡高等学校 | 379 | 学校法人 久留米工業大学 | |
| 近畿大学附属福山高等学校 | 338 | 久留米工業大学 | 374 |
| 近畿大学附属和歌山高等学校 | 314 | 祐誠高等学校 | 387 |

| 学校法人 久留米信愛女学院 | | 敬和学園高等学校 …………………… | 177 |
|---|---|---|---|
| 　久留米信愛女学院短期大学 ………… | 375 | 学校法人 月江寺学園 | |
| 　久留米信愛女学院高等学校 ………… | 379 | 　富士学苑高等学校 …………………… | 199 |
| 学校法人 久留米大学 | | 学校法人 KTC学園 | |
| 　久留米大学 …………………………… | 374 | 　屋久島あおぞら高等学校 …………… | 428 |
| 　久留米大学附設高等学校 …………… | 379 | 学校法人 研伸学園 | |
| 学校法人 呉武田学園 | | 　愛知きわみ看護短期大学 …………… | 233 |
| 　呉港高等学校 ………………………… | 338 | 学校法人 見真学園 | |
| 　武田高等学校 ………………………… | 341 | 　広島音楽高等学校 …………………… | 342 |
| 学校法人 桑沢学園 | | 学校法人 賢明学院 | |
| 　東京造形大学 ………………………… | 122 | 　賢明学院高等学校 …………………… | 280 |
| 学校法人 薫英学園 | | 学校法人 賢明女子学院 | |
| 　大阪人間科学大学 …………………… | 271 | 　賢明女子学院短期大学 ……………… | 292 |
| 　大阪薫英女子短期大学 ……………… | 273 | 　賢明女子学院高等学校 ……………… | 297 |
| 　大阪薫英女学院高等学校 …………… | 276 | 学校法人 小池学園 | |
| 学校法人 群馬育英学園 | | 　武蔵野星城高等学校 ………………… | 102 |
| 　育英短期大学 ………………………… | 83 | 学校法人 光塩学園 | |
| 　前橋育英高等学校 …………………… | 88 | 　光塩学園女子短期大学 ……………… | 3 |
| 学校法人 群馬常磐学園 | | 学校法人 光塩女子学園 | |
| 　群馬松嶺福祉短期大学 ……………… | 84 | 　光塩女子学院高等科 ………………… | 136 |
| 　常磐高等学校 ………………………… | 87 | 学校法人 晃華学園 | |
| 学校法人 群馬パース学園 | | 　晃華学園高等学校 …………………… | 136 |
| 　群馬パース大学 ……………………… | 83 | 学校法人 工学院大学 | |
| 　群馬パース学園短期大学 …………… | 84 | 　工学院大学 …………………………… | 118 |
| 学校法人 敬愛学園 | | 　工学院大学附属高等学校 …………… | 136 |
| 　国学館高等学校 ……………………… | 51 | 学校法人 光華女子学園 | |
| 学校法人 慶應義塾 | | 　京都光華女子大学 …………………… | 260 |
| 　慶應義塾大学 ………………………… | 118 | 　京都光華女子大学短期大学部 ……… | 262 |
| 　慶應義塾高等学校 …………………… | 165 | 　京都光華高等学校 …………………… | 265 |
| 　慶應義塾志木高等学校 ……………… | 96 | 学校法人 皇學館 | |
| 　慶應義塾湘南藤沢高等部 …………… | 165 | 　皇學館大学 …………………………… | 248 |
| 　慶應義塾女子高等学校 ……………… | 135 | 　皇學館高等学校 ……………………… | 251 |
| 学校法人 京華学園 | | 学校法人 攻玉社学園 | |
| 　京華高等学校 ………………………… | 135 | 　攻玉社工科短期大学 ………………… | 126 |
| 　京華商業高等学校 …………………… | 135 | 　攻玉社高等学校 ……………………… | 136 |
| 　京華女子高等学校 …………………… | 135 | 学校法人 興國学園 | |
| 学校法人 啓光学園 | | 　興國高等学校 ………………………… | 280 |
| 　啓光学園高等学校 …………………… | 280 | 学校法人 甲子園学院 | |
| 学校法人 啓誠学園 | | 　甲子園大学 …………………………… | 290 |
| 　大崎中央高等学校 …………………… | 42 | 　甲子園短期大学 ……………………… | 292 |
| 学校法人 慶誠学園 | | 　甲子園学院高等学校 ………………… | 297 |
| 　慶誠高等学校 ………………………… | 403 | 学校法人 麹町学園 | |
| 学校法人 恵泉女学園 | | 　麹町学園女子高等学校 ……………… | 136 |
| 　恵泉女学園大学 ……………………… | 118 | 学校法人 向上学園 | |
| 　恵泉女学園園芸短期大学 …………… | 160 | 　向上高等学校 ………………………… | 165 |
| 　恵泉女学園高等学校 ………………… | 135 | 学校法人 興譲館 | |
| 学校法人 瓊浦学園 | | 　興譲館高等学校 ……………………… | 330 |
| 　瓊浦高等学校 ………………………… | 395 | 学校法人 鴻城義塾 | |
| 学校法人 京北学園 | | 　宇部鴻城高等学校 …………………… | 348 |
| 　京北学園白山高等学校 ……………… | 135 | 　山口県鴻城高等学校 ………………… | 354 |
| 　京北高等学校 ………………………… | 135 | 学校法人 光星学院 | |
| 学校法人 啓明学院 | | 　八戸大学 ……………………………… | 24 |
| 　啓明学院高等学校 …………………… | 297 | 　八戸短期大学 ………………………… | 25 |
| 学校法人 啓明学園 | | 　光星学院高等学校 …………………… | 27 |
| 　啓明学園高等学校 …………………… | 135 | 　光星学院野辺地西高等学校 ………… | 27 |
| 学校法人 敬和学園 | | 学校法人 興誠学園 | |
| 　敬和学園大学 ………………………… | 174 | 　浜松学院大学 ………………………… | 219 |

| | |
|---|---|
| 浜松学院大学短期大学部 …………… | 219 |
| 興誠高等学校 ……………………… | 221 |
| **学校法人 佼成学園** | |
| 佼成学園高等学校 ………………… | 136 |
| 佼成学園女子高等学校 …………… | 136 |
| **学校法人 高知学園** | |
| 高知学園短期大学 ………………… | 369 |
| 高知高等学校 ……………………… | 370 |
| **学校法人 高知学芸高等学校** | |
| 高知学芸高等学校 ………………… | 370 |
| **学校法人 高知工科大学** | |
| 高知工科大学 ……………………… | 369 |
| **学校法人 高知中央高等学校** | |
| 高知中央高等学校 ………………… | 370 |
| **学校法人 興南学園** | |
| 興南高等学校 ……………………… | 430 |
| **学校法人 江楠学園** | |
| 北陵高等学校 ……………………… | 392 |
| **学校法人 甲南学園** | |
| 甲南大学 …………………………… | 290 |
| 甲南高等学校 ……………………… | 297 |
| **学校法人 甲南女子学園** | |
| 甲南女子大学 ……………………… | 290 |
| 甲南女子高等学校 ………………… | 297 |
| **学校法人 河野学園** | |
| 下関短期大学 ……………………… | 347 |
| 下関短期大学付属高等学校 ……… | 350 |
| **学校法人 江の川学園** | |
| 江の川高等学校 …………………… | 321 |
| **学校法人 神戸学院** | |
| 神戸学院大学 ……………………… | 290 |
| 神戸学院大学附属高等学校 ……… | 297 |
| **学校法人 神戸弘陵学園** | |
| 神戸弘陵学園高等学校 …………… | 298 |
| **学校法人 神戸女学院** | |
| 神戸女学院大学 …………………… | 290 |
| 神戸女学院高等学部 ……………… | 298 |
| **学校法人 神戸野田学園** | |
| 神戸野田高等学校 ………………… | 299 |
| **学校法人 神戸村野工業高等学校** | |
| 神戸村野工業高等学校 …………… | 299 |
| **学校法人 神戸薬科大学** | |
| 神戸薬科大学 ……………………… | 291 |
| **学校法人 神戸山手学園** | |
| 神戸山手大学 ……………………… | 291 |
| 神戸山手短期大学 ………………… | 292 |
| 神戸山手女子高等学校 …………… | 299 |
| **学校法人 光明学園** | |
| 相模原高等学校 …………………… | 166 |
| **学校法人 高野山学園** | |
| 高野山大学 ………………………… | 313 |
| 高野山高等学校 …………………… | 314 |
| **学校法人 向陽学園** | |
| 向陽高等学校 ……………………… | 395 |
| **学校法人 晃陽学園** | |
| 晃陽学園高等学校 ………………… | 70 |
| **学校法人 香蘭女学校** | |
| 香蘭女学校高等学校 ……………… | 137 |
| **学校法人 紅陵学院** | |
| 志学館高等部 ……………………… | 110 |
| 拓殖大学紅陵高等学校 …………… | 111 |
| **学校法人 広陵学園** | |
| 広陵高等学校 ……………………… | 338 |
| **学校法人 郡山開成学園** | |
| 郡山女子大学 ……………………… | 58 |
| 郡山女子大学短期大学部 ………… | 59 |
| 郡山女子大学附属高等学校 ……… | 62 |
| **学校法人 湖海学園** | |
| 昭英高等学校 ……………………… | 194 |
| **学校法人 國學院大學** | |
| 國學院大學 ………………………… | 118 |
| 國學院短期大学 …………………… | 3 |
| 國學院高等学校 …………………… | 137 |
| 國學院大學久我山高等学校 ……… | 137 |
| **学校法人 國學院大學栃木学園** | |
| 國學院大學栃木短期大学 ………… | 76 |
| 國學院大學栃木高等学校 ………… | 79 |
| **学校法人 国際医療福祉大学** | |
| 国際医療福祉大学 ………………… | 76 |
| **学校法人 国際開洋学園** | |
| 国際開洋第一高等学校 …………… | 221 |
| 国際開洋第二高等学校 …………… | 314 |
| **学校法人 国際学院** | |
| 国際学院埼玉短期大学 …………… | 91 |
| 国際学院高等学校 ………………… | 96 |
| **学校法人 国際学園** | |
| 星槎大学 …………………………… | 1 |
| 国際短期大学 ……………………… | 126 |
| 星槎国際高等学校 ………………… | 14 |
| **学校法人 国際技能工芸機構** | |
| ものつくり大学 …………………… | 91 |
| **学校法人 国際基督教大学** | |
| 国際基督教大学 …………………… | 118 |
| 国際基督教大学高等学校 ………… | 137 |
| **学校法人 国際大学** | |
| 国際大学 …………………………… | 174 |
| **学校法人 国際仏教院** | |
| 国際仏教学大学院大学 …………… | 118 |
| **学校法人 国際武道大学** | |
| 国際武道大学 ……………………… | 103 |
| **学校法人 国士舘** | |
| 国士舘大学 ………………………… | 118 |
| 国士舘高等学校 …………………… | 137 |
| **学校法人 越原学園** | |
| 名古屋女子大学高等学校 ………… | 244 |
| **学校法人 五島育英会** | |
| 武蔵工業大学 ……………………… | 124 |
| 東横学園女子短期大学 …………… | 128 |
| 東横学園大倉山高等学校 ………… | 169 |
| 東横学園高等学校 ………………… | 148 |
| 武蔵工業大学第二高等学校 ……… | 210 |
| 武蔵工業大学付属高等学校 ……… | 154 |
| **学校法人 後藤学園** | |
| 武蔵丘短期大学 …………………… | 92 |

| 学校法人別一覧 | | 佐保会学園 |
|---|---|---|

楊志館高等学校 …………………… 413
**学校法人 此花学院**
　此花学院高等学校 ………………… 280
**学校法人 小林学園**
　本庄東高等学校 …………………… 101
**学校法人 駒込学園**
　駒込高等学校 ……………………… 137
**学校法人 駒澤学園**
　駒澤女子大学 ……………………… 118
　駒澤女子短期大学 ………………… 126
　駒澤学園女子高等学校 …………… 137
**学校法人 駒澤大学**
　駒澤大学 …………………………… 118
　苫小牧駒澤大学 ……………………… 1
　駒澤短期大学 ……………………… 126
　駒澤大学高等学校 ………………… 137
　駒澤大学附属岩見沢高等学校 ……… 11
　駒澤大学附属苫小牧高等学校 ……… 11
**学校法人 小松短期大学**
　小松短期大学 ……………………… 188
**学校法人 小松原学園**
　小松原高等学校 ……………………… 97
　小松原女子高等学校 ………………… 97
**学校法人 駒場学園**
　駒場学園高等学校 ………………… 137
**学校法人 金光学園**
　金光学園高等学校 ………………… 330
**学校法人 金剛学園**
　桜林高等学校 ……………………… 107
　金剛学園高等学校 ………………… 281
**学校法人 コンピュータ総合学園**
　神戸情報大学院大学 ……………… 290
**学校法人 西海学園**
　西海学園高等学校 ………………… 395
**学校法人 埼玉医科大学**
　埼玉医科大学 ……………………… 90
　埼玉医科大学短期大学 …………… 91
**学校法人 埼玉彰華学園**
　彰華学園高等学校 ………………… 98
**学校法人 齋藤学園**
　鶴岡東高等学校 …………………… 56
**学校法人 済美学園**
　済美高等学校 ……………………… 366
**学校法人 蔵王高等学校**
　蔵王高等学校 ……………………… 54
**学校法人 佐賀学園**
　佐賀学園高等学校 ………………… 390
**学校法人 佐賀清和学園**
　佐賀清和高等学校 ………………… 391
**学校法人 相模女子大学**
　相模女子大学 ……………………… 158
　相模女子大学短期大学部 ………… 160
　相模女子大学高等部 ……………… 165
**学校法人 佐賀龍谷学園**
　九州龍谷短期大学 ………………… 388
　龍谷高等学校 ……………………… 392
**学校法人 佐久学園**

信州短期大学 ………………………… 201
**学校法人 作陽学園**
　くらしき作陽大学 ………………… 325
　作陽短期大学 ……………………… 326
　岡山県作陽高等学校 ……………… 327
**学校法人 桜丘**
　桜丘高等学校 ……………………… 138
**学校法人 桜丘学園**
　桜丘高等学校 ……………………… 239
**学校法人 桜の聖母学院**
　桜の聖母短期大学 …………………… 59
　桜の聖母学院高等学校 ……………… 62
**学校法人 佐々木学園**
　鶯谷高等学校 ……………………… 212
**学校法人 佐世保実業学園**
　佐世保実業高等学校 ……………… 395
**学校法人 札幌大谷学園**
　札幌大谷短期大学 …………………… 3
　札幌大谷高等学校 ………………… 11
**学校法人 札幌学院大学**
　札幌学院大学 ………………………… 1
**学校法人 札幌光星学園**
　札幌光星高等学校 ………………… 11
**学校法人 札幌国際大学**
　札幌国際大学 ………………………… 1
　札幌国際大学短期大学部 …………… 3
**学校法人 札幌慈恵学園**
　札幌新陽高等学校 ………………… 12
**学校法人 札幌静修学園**
　札幌静修高等学校 ………………… 12
**学校法人 札幌大学**
　札幌大学 ……………………………… 1
　札幌大学女子短期大学部 …………… 3
**学校法人 札幌日本大学学園**
　札幌日本大学高等学校 …………… 12
**学校法人 札幌北斗学園**
　札幌北斗高等学校 ………………… 13
**学校法人 札幌龍谷学園**
　札幌龍谷学園高等学校 …………… 13
**学校法人 佐藤栄学園**
　大宮法科大学院大学 ……………… 90
　平成国際大学 ……………………… 91
　埼玉短期大学 ……………………… 91
　埼玉栄高等学校 …………………… 97
　栄北高等学校 ……………………… 97
　栄東高等学校 ……………………… 97
　花咲徳栄高等学校 ………………… 100
**学校法人 佐野学園**
　神田外語大学 ……………………… 103
**学校法人 佐野日本大学学園**
　佐野短期大学 ……………………… 76
　佐野日本大学高等学校 …………… 80
**学校法人 サビエル学園**
　サビエル高等学校 ………………… 350
**学校法人 ザベリオ学園**
　会津若松ザベリオ学園高等学校 …… 59
**学校法人 佐保会学園**

学校名変遷総覧　大学・高校編　**505**

| | | | |
|---|---|---|---|
| 奈良佐保短期大学 | 308 | 学校法人 静岡精華学園 | |
| 学校法人 狭山ケ丘学園 | | 静岡福祉大学 | 218 |
| 狭山ケ丘高等学校 | 97 | 静岡福祉大学短期大学部 | 219 |
| 学校法人 佐山学園 | | 静岡大成高等学校 | 223 |
| 佐野清澄高等学校 | 80 | 学校法人 静岡聖光学院 | |
| 学校法人 サレジオ学院 | | 静岡聖光学院高等学校 | 223 |
| サレジオ学院高等学校 | 166 | 学校法人 静岡雙葉学園 | |
| 学校法人 三育学院 | | 静岡雙葉高等学校 | 223 |
| 三育学院短期大学 | 105 | 学校法人 静岡文化芸術大学 | |
| 学校法人 産業医科大学 | | 静岡文化芸術大学 | 218 |
| 産業医科大学 | 374 | 学校法人 静岡理工科大学 | |
| 学校法人 産業能率大学 | | 静岡理工科大学 | 219 |
| 産業能率大学 | 158 | 静岡北高等学校 | 222 |
| 自由が丘産能短期大学 | 126 | 星陵高等学校 | 224 |
| 学校法人 三田學園 | | 学校法人 静岡和洋学園 | |
| 三田学園高等学校 | 300 | 静岡女子高等学校 | 223 |
| 学校法人 山陽学園 | | 学校法人 自然学園 | |
| 山陽学園大学 | 325 | 自然学園高等学校 | 198 |
| 山陽学園短期大学 | 326 | 学校法人 自治医科大学 | |
| 山陽女子高等学校 | 330 | 自治医科大学 | 76 |
| 学校法人 山陽女学園 | | 自治医科大学看護短期大学 | 76 |
| 山陽女子短期大学 | 335 | 学校法人 実践学園 | |
| 山陽女学園高等部 | 339 | 実践学園高等学校 | 138 |
| 学校法人 椎野学園 | | 学校法人 実践女子学園 | |
| 米沢中央高等学校 | 58 | 実践女子大学 | 119 |
| 学校法人 塩原学園 | | 実践女子短期大学 | 126 |
| 本庄第一高等学校 | 101 | 実践女子学園高等学校 | 138 |
| 学校法人 滋賀学園 | | 学校法人 四天王寺学園 | |
| 滋賀文化短期大学 | 255 | 四天王寺国際仏教大学 | 272 |
| 滋賀学園高等学校 | 256 | 四天王寺国際仏教大学短期大学部 | 274 |
| 学校法人 司学館 | | 四天王寺高等学校 | 282 |
| 司学館高等学校 | 256 | 四天王寺羽曳丘高等学校 | 282 |
| 学校法人 志學館学園 | | 学校法人 品川女子学院 | |
| 志學館大学 | 420 | 品川女子学院高等部 | 138 |
| 鹿児島女子短期大学 | 420 | 学校法人 篠ノ井学園 | |
| 鹿児島学芸高等学校 | 422 | 長野俊英高等学校 | 207 |
| 志學館高等部 | 425 | 学校法人 芝浦工業大学 | |
| 学校法人 慈恵大学 | | 芝浦工業大学 | 119 |
| 東京慈恵会医科大学 | 122 | 芝浦工業大学柏高等学校 | 110 |
| 学校法人 四国学院 | | 芝浦工業大学高等学校 | 138 |
| 四国学院大学 | 359 | 学校法人 芝学園 | |
| 学校法人 四国大学 | | 芝高等学校 | 138 |
| 四国大学 | 355 | 学校法人 柴田学園 | |
| 四国大学短期大学部 | 355 | 東北女子大学 | 24 |
| 学校法人 四国高松学園 | | 東北女子短期大学 | 25 |
| 高松大学 | 359 | 柴田女子高等学校 | 28 |
| 高松短期大学 | 359 | 学校法人 渋谷教育学園 | |
| 学校法人 四條畷学園 | | 渋谷教育学園渋谷高等学校 | 138 |
| 四條畷学園大学 | 272 | 渋谷教育学園幕張高等学校 | 110 |
| 四條畷学園短期大学 | 274 | 学校法人 島津学園 | |
| 四條畷学園高等学校 | 281 | 京都医療技術短期大学 | 262 |
| 学校法人 静岡英和女学院 | | 学校法人 島田学園 | |
| 静岡英和学院大学 | 218 | 島田学園高等学校 | 223 |
| 静岡英和学院大学短期大学部 | 219 | 学校法人 嶋田学園 | |
| 静岡英和女学院高等学校 | 222 | 飯塚高等学校 | 377 |
| 学校法人 静岡県西遠女子学園 | | 学校法人 清水ケ丘学園 | |
| 静岡県西遠女子学園高等学校 | 222 | 呉青山高等学校 | 338 |

| | |
|---|---|
| 清水ケ丘高等学校 ……………………… | 339 |
| **学校法人 清水国際学園** | |
| 清水国際高等学校 ……………………… | 223 |
| **学校法人 下関学園** | |
| 下関国際高等学校 ……………………… | 350 |
| **学校法人 下山学園** | |
| 五所川原商業高等学校 ………………… | 27 |
| **学校法人 自由ケ丘学園** | |
| 自由ケ丘学園高等学校 ………………… | 139 |
| **学校法人 自由学園** | |
| 自由学園高等科 ………………………… | 139 |
| **学校法人 就実学園** | |
| 就実大学 ………………………………… | 325 |
| 就実短期大学 …………………………… | 326 |
| 就実高等学校 …………………………… | 330 |
| **学校法人 修道学園** | |
| 広島修道大学 …………………………… | 334 |
| 修道高等学校 …………………………… | 339 |
| **学校法人 修徳学園** | |
| 修徳高等学校 …………………………… | 139 |
| **学校法人 自由の森学園** | |
| 自由の森学園高等学校 ………………… | 97 |
| **学校法人 秀明学園** | |
| 秀明英光高等学校 ……………………… | 98 |
| 秀明高等学校 …………………………… | 98 |
| **学校法人 秀明大学** | |
| 秀明大学 ………………………………… | 103 |
| 秀明大学八千代高等学校 ……………… | 110 |
| **学校法人 十文字学園** | |
| 十文字学園女子大学 …………………… | 90 |
| 十文字学園女子大学短期大学部 ……… | 91 |
| 十文字高等学校 ………………………… | 139 |
| **学校法人 夙川学院** | |
| 夙川学院短期大学 ……………………… | 292 |
| 夙川学院高等学校 ……………………… | 300 |
| **学校法人 淑徳学園** | |
| 淑徳学園高等学校 ……………………… | 139 |
| **学校法人 淑徳学林** | |
| 福知山淑徳高等学校 …………………… | 268 |
| **学校法人 俊英学園** | |
| 第一福祉大学 …………………………… | 374 |
| **学校法人 淳心学院** | |
| 淳心学院高等学校 ……………………… | 300 |
| **学校法人 順心学園** | |
| 熊本フェイス学院高等学校 …………… | 403 |
| **学校法人 純心女子学園** | |
| 長崎純心大学 …………………………… | 392 |
| 長崎純心大学短期大学部 ……………… | 393 |
| 純心女子高等学校 ……………………… | 396 |
| **学校法人 順心女子学園** | |
| 順心女子学園高等学校 ………………… | 139 |
| **学校法人 順天学園** | |
| 順天高等学校 …………………………… | 139 |
| **学校法人 順天堂** | |
| 順天堂大学 ……………………………… | 119 |
| 順天堂医療短期大学 …………………… | 105 |
| **学校法人 潤徳学園** | |

| | |
|---|---|
| 潤徳女子高等学校 ……………………… | 139 |
| **学校法人 淳和学園** | |
| 岡山龍谷高等学校 ……………………… | 328 |
| **学校法人 松蔭学園** | |
| 松蔭大学 ………………………………… | 158 |
| 松蔭高等学校 …………………………… | 139 |
| **学校法人 松韻学園** | |
| 松栄高等学校 …………………………… | 62 |
| 福島高等学校 …………………………… | 65 |
| **学校法人 樟蔭学園** | |
| 大阪樟蔭女子大学 ……………………… | 271 |
| 大阪樟蔭女子大学短期大学部 ………… | 308 |
| 樟蔭高等学校 …………………………… | 282 |
| **学校法人 松蔭女子学院** | |
| 神戸松蔭女子学院大学 ………………… | 290 |
| 神戸松蔭女子学院大学短期大学部 …… | 292 |
| 松蔭高等学校 …………………………… | 300 |
| **学校法人 樟蔭東学園** | |
| 樟蔭東女子短期大学 …………………… | 274 |
| 樟蔭東高等学校 ………………………… | 282 |
| **学校法人 翔英学園** | |
| 米子北高等学校 ………………………… | 319 |
| 米子北斗高等学校 ……………………… | 319 |
| **学校法人 頌栄女子学院** | |
| 頌栄女子学院高等学校 ………………… | 139 |
| **学校法人 頌榮保育学院** | |
| 頌榮短期大学 …………………………… | 293 |
| **学校法人 尚学学園** | |
| 沖縄尚学高等学校 ……………………… | 429 |
| **学校法人 松薫学園** | |
| 焼津高等学校 …………………………… | 229 |
| **学校法人 尚絅学院** | |
| 尚絅学院大学 …………………………… | 39 |
| 尚絅学院大学女子短期大学部 ………… | 40 |
| 尚絅学院女子高等学校 ………………… | 43 |
| **学校法人 尚絅学園** | |
| 尚絅大学 ………………………………… | 400 |
| 尚絅短期大学 …………………………… | 400 |
| 尚絅高等学校 …………………………… | 404 |
| **学校法人 昌賢学園** | |
| 群馬社会福祉大学 ……………………… | 83 |
| 群馬社会福祉大学短期大学部 ………… | 84 |
| **学校法人 正眼短期大学** | |
| 正眼短期大学 …………………………… | 211 |
| **学校法人 翔光学園** | |
| 横浜創英館高等学校 …………………… | 173 |
| **学校法人 城西学園** | |
| 城西大学附属城西高等学校 …………… | 139 |
| **学校法人 城西第二学園** | |
| 城西大学付属川越高等学校 …………… | 98 |
| **学校法人 城西大学** | |
| 城西国際大学 …………………………… | 103 |
| 城西大学 ………………………………… | 90 |
| 城西短期大学 …………………………… | 91 |
| **学校法人 尚志学園** | |
| 尚志高等学校 …………………………… | 62 |
| **学校法人 松翠学園** | |

| 城星学園 | | 学校法人別一覧 | |
|---|---|---|---|
| 滋賀文教短期大学 | 255 | 学校法人 昭和一高学園 | |
| 岐阜女子高等学校 | 215 | 昭和第一高等学校 | 140 |
| 岐阜第一高等学校 | 215 | 学校法人 昭和学院 | |
| 学校法人 城星学園 | | 昭和学院短期大学 | 105 |
| 城星学園高等学校 | 282 | 昭和学院高等学校 | 110 |
| 学校法人 常総学院 | | 昭和学院秀英高等学校 | 110 |
| 常総学院高等学校 | 71 | 学校法人 昭和女子大学 | |
| 学校法人 上智学院 | | 昭和女子大学 | 119 |
| 上智大学 | 119 | 昭和女子大学短期大学部 | 126 |
| 上智短期大学 | 160 | 昭和女子大学附属昭和高等学校 | 140 |
| 学校法人 城東学園 | | 学校法人 昭和第一学園 | |
| 弘前福祉短期大学 | 25 | 昭和第一学園高等学校 | 140 |
| 学校法人 上戸学園 | | 学校法人 昭和大学 | |
| 瀬戸内短期大学 | 359 | 昭和大学 | 119 |
| 香川西高等学校 | 360 | 昭和大学医療短期大学 | 160 |
| 学校法人 松徳学院 | | 学校法人 昭和薬科大学 | |
| 松徳学院高等学校 | 321 | 昭和薬科大学 | 119 |
| 学校法人 聖徳学園 | | 昭和薬科大学附属高等学校 | 430 |
| 岐阜聖徳学園大学 | 210 | 学校法人 女子学院 | |
| 岐阜聖徳学園大学短期大学部 | 211 | 女子学院高等学校 | 140 |
| 岐阜聖徳学園大学附属高等学校 | 214 | 学校法人 女子美術大学 | |
| 聖徳学園高等学校 | 140 | 女子美術大学 | 158 |
| 清翔高等学校 | 215 | 女子美術大学短期大学部 | 126 |
| 学校法人 浄土宗教育資団 | | 女子美術大学付属高等学校 | 140 |
| 佛教大学 | 261 | 学校法人 白梅学園 | |
| 華頂短期大学 | 262 | 白梅学園大学 | 119 |
| 華頂女子高等学校 | 264 | 白梅学園短期大学 | 126 |
| 学校法人 湘南学院 | | 白梅学園高等学校 | 140 |
| 湘南学院高等学校 | 166 | 学校法人 白樺学園 | |
| 学校法人 湘南学園 | | 白樺学園高等学校 | 14 |
| 湘南学園高等学校 | 166 | 学校法人 不知火学園 | |
| 学校法人 城南学園 | | 誠修高等学校 | 381 |
| 大阪総合保育大学 | 271 | 学校法人 白根開善学校 | |
| 大阪城南女子短期大学 | 273 | 白根開善学校高等部 | 86 |
| 城南学園高等学校 | 282 | 学校法人 白藤学園 | |
| 福徳学院高等学校 | 412 | 奈良女子高等学校 | 311 |
| 学校法人 淞南学園 | | 学校法人 白百合学園 | |
| 立正大学淞南高等学校 | 324 | 白百合女子大学 | 119 |
| 学校法人 湘南工科大学 | | 仙台白百合女子大学 | 39 |
| 湘南工科大学 | 158 | 白百合学園高等学校 | 140 |
| 湘南工科大学附属高等学校 | 166 | 仙台白百合学園高等学校 | 44 |
| 学校法人 湘南白百合学園 | | 函館白百合学園高等学校 | 18 |
| 湘南白百合学園高等学校 | 166 | 盛岡白百合学園高等学校 | 38 |
| 学校法人 松柏学院 | | 八代白百合学園高等学校 | 406 |
| 倉吉北高等学校 | 317 | 学校法人 信愛学園 | |
| 学校法人 尚美学園 | | 浜松学芸高等学校 | 226 |
| 尚美学園大学 | 90 | 学校法人 神港学園 | |
| 学校法人 昌平黌 | | 神港学園神港高等学校 | 300 |
| 東日本国際大学 | 58 | 学校法人 真言宗京都学園 | |
| いわき短期大学 | 59 | 種智院大学 | 261 |
| 東日本国際大学附属昌平高等学校 | 65 | 洛南高等学校 | 269 |
| 学校法人 城北学園 | | 学校法人 真宗大谷学園 | |
| 城北高等学校 | 140 | 大谷大学 | 260 |
| 学校法人 城北埼玉学園 | | 大谷大学短期大学部 | 262 |
| 城北埼玉高等学校 | 98 | 九州大谷短期大学 | 375 |
| 学校法人 翔洋学園 | | 大谷高等学校 | 264 |
| 翔洋学園高等学校 | 71 | 学校法人 新庄学園 | |

新庄東高等学校 …………………………… 55
**学校法人　神通学館**
　高朋高等学校 ……………………………… 184
**学校法人　尽誠学園**
　香川短期大学 ……………………………… 359
　香川誠陵高等学校 ………………………… 360
　尽誠学園高等学校 ………………………… 361
**学校法人　真颯館**
　真颯館高等学校 …………………………… 380
**学校法人　進徳学園**
　進徳女子高等学校 ………………………… 340
**学校法人　神野学園**
　岐阜医療技術短期大学 …………………… 211
　中日本自動車短期大学 …………………… 211
**学校法人　真備学園**
　明誠学院高等学校 ………………………… 333
**学校法人　親和学園**
　神戸親和女子大学 ………………………… 291
　親和女子高等学校 ………………………… 301
**学校法人　水城高等学校**
　水城高等学校 ……………………………… 71
**学校法人　菅生学園**
　東海大学菅生高等学校 …………………… 145
**学校法人　須賀学園**
　那須大学 …………………………………… 76
　宇都宮短期大学 …………………………… 76
　宇都宮短期大学附属高等学校 …………… 78
**学校法人　巣鴨学園**
　巣鴨高等学校 ……………………………… 141
**学校法人　杉沢学園**
　秋田修英高等学校 ………………………… 49
**学校法人　杉並学院**
　杉並学院高等学校 ………………………… 141
**学校法人　杉野学園**
　杉野服飾大学 ……………………………… 119
　杉野服飾大学短期大学部 ………………… 127
**学校法人　杉森女子学園**
　杉森女子高等学校 ………………………… 380
**学校法人　椙山女学園**
　椙山女学園大学 …………………………… 231
　椙山女学園高等学校 ……………………… 240
**学校法人　杉山女子学園**
　岐阜女子大学 ……………………………… 210
**学校法人　スコーレ**
　盛岡スコーレ高等学校 …………………… 38
**学校法人　逗子開成学園**
　逗子開成高等学校 ………………………… 167
**学校法人　鈴鹿医療科学大学**
　鈴鹿医療科学大学 ………………………… 248
**学校法人　鈴峯学園**
　鈴峯女子短期大学 ………………………… 335
　鈴峯女子高等学校 ………………………… 340
**学校法人　スバルが丘学園**
　神戸第一高等学校 ………………………… 298
**学校法人　須磨学園**
　須磨学園高等学校 ………………………… 301
**学校法人　住吉学園**

　清明学院高等学校 ………………………… 283
**学校法人　純美礼学園**
　滋賀女子短期大学 ………………………… 255
　滋賀女子高等学校 ………………………… 256
**学校法人　摺河学園**
　兵庫県播磨高等学校 ……………………… 305
**学校法人　駿河台西学園**
　駿台甲府高等学校 ………………………… 198
**学校法人　駿河台大学**
　駿河台大学 ………………………………… 90
**学校法人　駿台学園**
　駿台学園高等学校 ………………………… 141
**学校法人　聖ウルスラ学院**
　聖ウルスラ学院英智高等学校 …………… 44
**学校法人　青雲学園**
　青雲高等学校 ……………………………… 396
**学校法人　精華学園**
　精華女子短期大学 ………………………… 375
　精華高等学校 ……………………………… 282
　精華女子高等学校 ………………………… 381
**学校法人　聖学院**
　聖学院大学 ………………………………… 90
　女子聖学院高等学校 ……………………… 140
　聖学院高等学校 …………………………… 141
**学校法人　聖カタリナ学園**
　聖カタリナ大学 …………………………… 363
　聖カタリナ大学短期大学部 ……………… 363
　京都聖カタリナ高等学校 ………………… 265
　聖カタリナ女子高等学校 ………………… 366
　光ケ丘女子高等学校 ……………………… 246
**学校法人　清教学園**
　清教学園高等学校 ………………………… 283
**学校法人　誠恵学院**
　誠恵高等学校 ……………………………… 224
**学校法人　成蹊学園**
　成蹊大学 …………………………………… 119
　成蹊高等学校 ……………………………… 141
**学校法人　聖啓学園**
　佐久長聖高等学校 ………………………… 205
**学校法人　聖光学院**
　聖光学院高等学校 ………………………… 63
**学校法人　清光学園**
　岡崎女子短期大学 ………………………… 233
　高岡龍谷高等学校 ………………………… 185
**学校法人　生光学園**
　生光学園高等学校 ………………………… 357
**学校法人　清尚学院**
　清尚学院高等学校 ………………………… 14
**学校法人　成城学園**
　成城大学 …………………………………… 119
　成城大学短期大学部 ……………………… 127
　成城学園高等学校 ………………………… 141
**学校法人　成城学校**
　成城高等学校 ……………………………… 141
**学校法人　成女学園**
　成女高等学校 ……………………………… 141
**学校法人　聖書学園**

| | |
|---|---|
| 千葉英和高等学校 | 111 |
| **学校法人 聖心ウルスラ学園** | |
| 聖心ウルスラ学園短期大学 | 414 |
| 聖心ウルスラ学園高等学校 | 415 |
| **学校法人 清真学園** | |
| 清真学園高等学校 | 71 |
| **学校法人 聖心学園** | |
| 奈良芸術短期大学 | 308 |
| 橿原学院高等学校 | 309 |
| **学校法人 誠心学園** | |
| 浜松開誠館高等学校 | 226 |
| **学校法人 誠真学園** | |
| 宮城誠真短期大学 | 40 |
| **学校法人 聖心女子学院** | |
| 聖心女子大学 | 119 |
| 小林聖心女子学院高等学校 | 299 |
| 札幌聖心女子学院高等学校 | 12 |
| 聖心女子学院高等科 | 141 |
| 不二聖心女子学院高等学校 | 228 |
| **学校法人 晴川学舎** | |
| 奥羽大学 | 58 |
| **学校法人 清泉女学院** | |
| 清泉女学院大学 | 201 |
| 清泉女学院短期大学 | 201 |
| 清泉女学院高等学校 | 167 |
| 長野清泉女学院高等学校 | 208 |
| **学校法人 清泉女子大学** | |
| 清泉女子大学 | 120 |
| **学校法人 正則学院** | |
| 正則高等学校 | 142 |
| **学校法人 正則学園** | |
| 正則学園高等学校 | 141 |
| **学校法人 成徳学園** | |
| 神戸龍谷高等学校 | 299 |
| 下北沢成徳高等学校 | 139 |
| **学校法人 成徳高等学校** | |
| 成徳高等学校 | 357 |
| **学校法人 聖ドミニコ学院** | |
| 聖ドミニコ学院高等学校 | 44 |
| **学校法人 聖ドミニコ学園** | |
| 聖ドミニコ学園高等学校 | 142 |
| **学校法人 西南学院** | |
| 西南学院大学 | 374 |
| 西南学院高等学校 | 381 |
| **学校法人 西南女学院** | |
| 西南女学院大学 | 374 |
| 西南女学院大学短期大学部 | 375 |
| 西南女学院高等学校 | 381 |
| **学校法人 聖パウロ学園** | |
| 光泉高等学校 | 256 |
| 聖パウロ学園高等学校 | 142 |
| **学校法人 成美学苑** | |
| 京都創成大学 | 260 |
| 京都短期大学 | 262 |
| 福知山女子高等学校 | 268 |
| 福知山成美高等学校 | 268 |
| **学校法人 星美学園** | |

| | |
|---|---|
| 星美学園短期大学 | 127 |
| 静岡サレジオ高等学校 | 222 |
| 星美学園高等学校 | 142 |
| **学校法人 誠美学園** | |
| 大妻中野高等学校 | 132 |
| 大妻嵐山高等学校 | 93 |
| **学校法人 清風学園** | |
| 清風高等学校 | 283 |
| **学校法人 清風南海学園** | |
| 清風南海高等学校 | 283 |
| **学校法人 聖ペトロ学園** | |
| 聖泉大学 | 254 |
| 聖泉大学短期大学部 | 255 |
| **学校法人 聖望学園** | |
| 聖望学園高等学校 | 99 |
| **学校法人 聖母学園** | |
| 聖母大学 | 120 |
| **学校法人 聖母女学院** | |
| 聖母女学院短期大学 | 263 |
| 聖母学院高等学校 | 266 |
| 聖母女学院高等学校 | 283 |
| **学校法人 聖母の騎士学園** | |
| 聖母の騎士高等学校 | 396 |
| **学校法人 聖母被昇天学院** | |
| 聖母被昇天学院女子短期大学 | 274 |
| 聖母被昇天学院高等学校 | 283 |
| **学校法人 聖マリア学院** | |
| 聖マリア学院大学 | 374 |
| **学校法人 聖マリア学園** | |
| 聖光学院高等学校 | 167 |
| **学校法人 聖マリアの無原罪学園** | |
| 聖マリア女学院高等学校 | 215 |
| **学校法人 聖マリアンナ医科大学** | |
| 聖マリアンナ医科大学 | 158 |
| **学校法人 聖ヨゼフ学園** | |
| 京都暁星高等学校 | 264 |
| 日星高等学校 | 267 |
| **学校法人 青蘭学院** | |
| 青稜高等学校 | 142 |
| **学校法人 成立学園** | |
| 成立学園高等学校 | 142 |
| **学校法人 清陵学園** | |
| 大阪商業大学堺高等学校 | 277 |
| **学校法人 聖路加看護学園** | |
| 聖路加看護大学 | 120 |
| **学校法人 聖隷学園** | |
| 聖隷クリストファー大学 | 219 |
| 聖隷クリストファー大学看護短期大学部 | 219 |
| 聖隷クリストファー高等学校 | 224 |
| **学校法人 聖霊学園** | |
| 聖霊女子短期大学 | 48 |
| 聖霊女子短期大学付属高等学校 | 51 |
| **学校法人 聖和学院** | |
| 聖和学院高等学校 | 167 |
| **学校法人 清和学園** | |
| 清和女子高等学校 | 371 |
| **学校法人 聖和学園** | |

## 学校法人別一覧

聖和学園短期大学 …… 40
聖和学園高等学校 …… 44
**学校法人 聖和女子学院**
聖和女子学院高等学校 …… 396
**学校法人 聖和大学**
聖和大学 …… 291
聖和大学短期大学部 …… 293
**学校法人 瀬木学園**
愛知みずほ大学 …… 230
愛知みずほ大学短期大学部 …… 233
愛知みずほ大学瑞穂高等学校 …… 235
**学校法人 世田谷学園**
世田谷学園高等学校 …… 142
**学校法人 瀬戸内学園**
広島県瀬戸内高等学校 …… 342
広島桜が丘高等学校 …… 343
**学校法人 専修学園**
慶成高等学校 …… 379
**学校法人 泉州学園**
飛翔館高等学校 …… 287
**学校法人 専修大学**
石巻専修大学 …… 39
専修大学 …… 120
専修大学北海道短期大学 …… 3
**学校法人 専修大学附属高等学校**
専修大学附属高等学校 …… 142
**学校法人 専修大学松戸高等学校**
専修大学松戸高等学校 …… 110
**学校法人 扇城学園**
東九州短期大学 …… 407
東九州龍谷高等学校 …… 412
**学校法人 宣真学園**
宣真高等学校 …… 283
**学校法人 泉心学園**
熊本国府高等学校 …… 403
**学校法人 洗足学園**
洗足学園音楽大学 …… 158
洗足学園短期大学 …… 160
洗足学園高等学校 …… 167
**学校法人 仙台育英学園**
仙台育英学園高等学校 …… 44
**学校法人 川内純心女子学園**
川内純心女子高等学校 …… 426
**学校法人 栴檀学園**
東北福祉大学 …… 40
**学校法人 セントヨゼフ女子学園**
セントヨゼフ女子学園高等学校 …… 252
**学校法人 千里国際学園**
千里国際学園高等部 …… 284
**学校法人 相愛学園**
相愛大学 …… 272
相愛高等学校 …… 284
**学校法人 創価学園**
関西創価高等学校 …… 279
創価高等学校 …… 142
**学校法人 創価大学**
創価大学 …… 120

創価女子短期大学 …… 127
**学校法人 創志学園**
愛媛女子短期大学 …… 363
クラーク記念国際高等学校 …… 10
**学校法人 総持学園**
鶴見大学 …… 159
鶴見大学短期大学部 …… 160
鶴見女子高等学校 …… 168
**学校法人 捜真学院**
捜真女学校高等学部 …… 167
**学校法人 創成学園**
札幌創成高等学校 …… 12
**学校法人 創造学園**
創造学園大学附属高等学校 …… 206
**学校法人 崇徳学園**
崇徳高等学校 …… 340
**学校法人 ソニー学園**
湘北短期大学 …… 160
**学校法人 園田学園**
園田学園女子大学 …… 291
園田学園女子大学短期大学部 …… 293
園田学園高等学校 …… 301
**学校法人 第一藍野学院**
修紅短期大学 …… 32
一関修紅高等学校 …… 32
**学校法人 第二静岡学園**
静岡産業大学 …… 218
静岡学園高等学校 …… 222
**学校法人 第一藍野学院**
健康科学大学 …… 196
**学校法人 第一原田学園**
おかやま山陽高等学校 …… 327
**学校法人 第二麻生学園**
山口短期大学 …… 347
**学校法人 大覚寺学園**
京都嵯峨芸術大学 …… 260
京都嵯峨芸術大学短期大学部 …… 262
**学校法人 大商学園**
大商学園高等学校 …… 284
**学校法人 大乗淑徳学園**
淑徳大学 …… 103
淑徳短期大学 …… 126
淑徳高等学校 …… 139
淑徳巣鴨高等学校 …… 139
淑徳与野高等学校 …… 98
**学校法人 大正大学**
大正大学 …… 120
**学校法人 泰星学園**
泰星高等学校 …… 381
**学校法人 大成学園**
茨城女子短期大学 …… 68
学芸館高等学校 …… 85
大成高等学校 …… 142
大成女子高等学校 …… 72
**学校法人 大東学園**
大東学園高等学校 …… 142
**学校法人 大同学園**

大同工業大学 …………………………… 231
　　大同工業大学大同高等学校 …………… 241
学校法人　大東文化学園
　　大東文化大学 …………………………… 120
　　大東文化大学第一高等学校 …………… 142
学校法人　太平洋学園
　　太平洋学園高等学校 …………………… 372
学校法人　高岡第一学園
　　高岡法科大学 …………………………… 183
　　高岡第一高等学校 ……………………… 185
学校法人　高木学園
　　高木学園女子高等学校 ………………… 167
学校法人　高倉学園
　　豊橋中央高等学校 ……………………… 243
学校法人　高崎健康福祉大学
　　高崎健康福祉大学 ……………………… 83
　　高崎健康福祉大学短期大学部 ………… 84
　　高崎健康福祉大学高崎高等学校 ……… 86
学校法人　高崎佐藤学園
　　高崎商科大学 …………………………… 83
　　高崎商科大学短期大学部 ……………… 84
　　高崎商科大学附属高等学校 …………… 87
学校法人　高田学苑
　　高田短期大学 …………………………… 248
　　高田高等学校 …………………………… 252
学校法人　高千穂学園
　　高千穂大学 ……………………………… 120
　　小林西高等学校 ………………………… 415
学校法人　高槻高等学校
　　高槻高等学校 …………………………… 284
学校法人　高輪学園
　　高輪高等学校 …………………………… 142
学校法人　高橋学園
　　千葉学芸高等学校 ……………………… 111
学校法人　高梁学園
　　吉備国際大学 …………………………… 325
　　九州保健福祉大学 ……………………… 414
　　順正短期大学 …………………………… 326
学校法人　高松学園
　　飯田女子短期大学 ……………………… 201
　　飯田女子高等学校 ……………………… 202
　　伊那西高等学校 ………………………… 203
学校法人　高松中央高等学校
　　高松中央高等学校 ……………………… 361
学校法人　高水学園
　　岩国短期大学 …………………………… 347
　　高水高等学校 …………………………… 351
学校法人　高山短期大学
　　高山自動車短期大学 …………………… 211
学校法人　滝学園
　　滝高等学校 ……………………………… 241
学校法人　滝川学園
　　名古屋文理大学 ………………………… 232
　　名古屋文理大学短期大学部 …………… 234
学校法人　瀧川学園
　　滝川高等学校 …………………………… 302
　　滝川第二高等学校 ……………………… 302

学校法人　瀧野川女子学園
　　瀧野川女子学園高等学校 ……………… 143
学校法人　拓殖大学
　　拓殖大学 ………………………………… 120
　　拓殖大学北海道短期大学 ……………… 3
　　拓殖大学第一高等学校 ………………… 143
学校法人　武井育英会
　　育英高等学校 …………………………… 295
学校法人　武田学園
　　広島文教女子大学 ……………………… 334
　　広島文教女子大学短期大学部 ………… 335
　　広島文教女子大学附属高等学校 ……… 344
学校法人　多田学園
　　江陵高等学校 …………………………… 11
学校法人　橘学園
　　福岡常葉高等学校 ……………………… 384
学校法人　橘学苑
　　橘学苑高等学校 ………………………… 168
学校法人　立花学園
　　立花学園高等学校 ……………………… 168
　　立花高等学校 …………………………… 381
学校法人　辰馬育英会
　　甲陽学院高等学校 ……………………… 299
学校法人　龍澤学館
　　盛岡中央高等学校 ……………………… 38
学校法人　舘田学園
　　五所川原第一高等学校 ………………… 27
学校法人　田中学園
　　水戸短期大学 …………………………… 68
　　水戸葵陵高等学校 ……………………… 74
　　水戸短期大学附属高等学校 …………… 74
学校法人　田中千代学園
　　東京田中短期大学 ……………………… 127
学校法人　谷岡学園
　　大阪商業大学 …………………………… 271
　　神戸芸術工科大学 ……………………… 290
　　大阪女子短期大学 ……………………… 273
　　大阪商業大学高等学校 ………………… 277
　　大阪女子短期大学高等学校 …………… 277
学校法人　田原学園
　　慶風高等学校 …………………………… 314
学校法人　玉川学園
　　玉川大学 ………………………………… 120
　　玉川学園高等部 ………………………… 143
学校法人　玉川聖学院
　　玉川聖学院高等部 ……………………… 143
学校法人　玉木女子学園
　　玉木女子短期大学 ……………………… 393
　　玉木女子高等学校 ……………………… 397
学校法人　玉田学園
　　神戸常盤短期大学 ……………………… 292
　　神戸常盤女子高等学校 ………………… 298
学校法人　玉手山学園
　　関西福祉科学大学 ……………………… 272
　　関西女子短期大学 ……………………… 274
　　関西福祉科学大学高等学校 …………… 279
学校法人　玉名学園

専修大学玉名高等学校 …… 404
学校法人 玉名白梅学園
　玉名女子高等学校 …… 404
学校法人 多摩美術大学
　多摩美術大学 …… 120
学校法人 田村学園
　多摩大学 …… 120
　多摩大学附属聖ケ丘高等学校 …… 143
　多摩大学目黒高等学校 …… 143
学校法人 筑紫女学園
　筑紫女学園大学 …… 374
　筑紫女学園大学短期大学部 …… 375
　筑紫女学園高等学校 …… 381
学校法人 筑紫台学園
　筑紫台高等学校 …… 382
学校法人 筑陽学園
　筑陽学園高等学校 …… 382
学校法人 智香寺学園
　埼玉工業大学 …… 90
　正智深谷高等学校 …… 98
学校法人 千歳科学技術大学
　千歳科学技術大学 …… 1
学校法人 千葉学園
　千葉商科大学 …… 104
　向陵高等学校 …… 27
　千葉学園高等学校 …… 28
　千葉商科大学付属高等学校 …… 111
学校法人 千葉敬愛学園
　敬愛大学 …… 103
　千葉敬愛短期大学 …… 105
　敬愛学園高等学校 …… 108
　千葉敬愛高等学校 …… 111
学校法人 千葉経済学園
　千葉経済大学 …… 104
　千葉経済大学短期大学部 …… 105
　千葉経済大学附属高等学校 …… 111
学校法人 千葉工業大学
　千葉工業大学 …… 104
学校法人 千葉国際
　千葉国際高等学校 …… 111
学校法人 千葉明徳学園
　千葉明徳短期大学 …… 105
　千葉明徳高等学校 …… 112
学校法人 千葉黎明学園
　千葉黎明高等学校 …… 112
学校法人 智辯学園
　智辯学園高等学校 …… 310
　智辯学園和歌山高等学校 …… 315
学校法人 中越学園
　長岡大学 …… 174
　中越高等学校 …… 179
学校法人 中央学院
　中央学院大学 …… 104
　中央学院高等学校 …… 112
　中央学院大学中央高等学校 …… 144
学校法人 中央学園
　日本海聖高等学校 …… 181

学校法人 中央大学
　中央大学 …… 120
　中央大学高等学校 …… 144
　中央大学杉並高等学校 …… 144
　中央大学附属高等学校 …… 144
学校法人 中京女子大学
　中京女子大学 …… 231
　中京女子大学短期大学部 …… 233
　至学館高等学校 …… 240
学校法人 中国学園
　中国学園大学 …… 325
　中国短期大学 …… 326
学校法人 中部大学
　中部大学 …… 231
　中部大学第一高等学校 …… 241
　春日丘高等学校 …… 245
学校法人 長生学園
　茂原北陵高等学校 …… 116
学校法人 調布学園
　田園調布学園大学 …… 159
　田園調布学園大学短期大学部 …… 160
　田園調布学園高等部 …… 145
学校法人 朝陽学院
　大阪女子高等学校 …… 277
学校法人 千代田学園
　大阪千代田短期大学 …… 273
　千代田高等学校 …… 284
学校法人 千代田女学園
　千代田女学園高等学校 …… 144
学校法人 鎮西学院
　長崎ウエスレヤン大学 …… 392
　鎮西学院高等学校 …… 397
学校法人 鎮西学園
　真和高等学校 …… 404
　鎮西高等学校 …… 405
学校法人 鎮西敬愛学園
　鎮西敬愛高等学校 …… 382
学校法人 塚本学院
　大阪芸術大学 …… 270
　大阪芸術大学短期大学部 …… 273
学校法人 つくば開成学園
　つくば開成高等学校 …… 72
学校法人 黄柳野学園
　黄柳野高等学校 …… 241
学校法人 都築育英学園
　第一経済大学 …… 374
　第一保育短期大学 …… 375
学校法人 都築学園
　第一薬科大学 …… 374
　第一経済大学付属高等学校 …… 381
　福岡第一高等学校 …… 385
学校法人 都築教育学園
　第一工業大学 …… 420
　第一幼児教育短期大学 …… 420
　鹿児島第一高等学校 …… 423
学校法人 津田学園
　学法津田学園高等学校 …… 251

## 学校法人 津田塾大学
- 津田塾大学 …………………………… 121

## 学校法人 土浦日本大学学園
- 岩瀬日本大学高等学校 ………………… 69
- 土浦日本大学高等学校 ………………… 72

## 学校法人 津曲学園
- 鹿児島国際大学 ………………………… 419
- 鹿児島国際大学短期大学部 …………… 420
- 鹿児島高等学校 ………………………… 422
- 鹿児島修学館高等学校 ………………… 422

## 学校法人 鶴岡学園
- 北海道文教大学 ………………………… 2
- 北海道文教大学短期大学部 …………… 4
- 北海道文教大学明清高等学校 ………… 21

## 学校法人 敦賀学園
- 敦賀短期大学 …………………………… 193

## 学校法人 鶴学園
- 広島工業大学 …………………………… 334
- デネブ高等学校 ………………………… 341
- 広島工業大学高等学校 ………………… 343
- 広島工業大学附属広島高等学校 ……… 343

## 学校法人 帝京安積学園
- 帝京安積高等学校 ……………………… 64

## 学校法人 帝京科学大学
- 帝京科学大学 …………………………… 196
- 帝京第五高等学校 ……………………… 366
- 帝京第五高等学校冨士校 ……………… 366

## 学校法人 帝京学園
- 帝京学園短期大学 ……………………… 197
- 帝京第三高等学校 ……………………… 198
- 帝京大学系属帝京高等学校 …………… 144

## 学校法人 帝京大学
- 帝京大学 ………………………………… 121
- 帝京大学短期大学 ……………………… 127
- 帝京大学福岡短期大学 ………………… 376
- 帝京大学可児高等学校 ………………… 216
- 帝京大学高等学校 ……………………… 144

## 学校法人 帝京平成大学
- 帝京平成大学 …………………………… 104
- 帝京平成看護短期大学 ………………… 105

## 学校法人 貞静学園
- 貞静学園高等学校 ……………………… 145

## 学校法人 帝塚山学院
- 帝塚山学院大学 ………………………… 272
- 帝塚山学院泉ヶ丘高等学校 …………… 284
- 帝塚山学院高等学校 …………………… 284

## 学校法人 帝塚山学園
- 帝塚山大学 ……………………………… 307
- 帝塚山高等学校 ………………………… 310

## 学校法人 鉄鋼学園
- 産業技術短期大学 ……………………… 292

## 学校法人 田園調布雙葉学園
- 田園調布雙葉高等学校 ………………… 145

## 学校法人 電子開発学園
- 北海道情報大学 ………………………… 2

## 学校法人 天使学園
- 天使大学 ………………………………… 1

## 学校法人 天真学園
- 岡山県共生高等学校 …………………… 327

## 学校法人 天真林昌学園
- 酒田南高等学校 ………………………… 55
- 天真学園高等学校 ……………………… 56
- 和順館高等学校 ………………………… 58

## 学校法人 天王寺学館
- 天王寺学館高等学校 …………………… 284

## 学校法人 電波学園
- 愛知工科大学 …………………………… 230
- 愛知工科大学短期大学部 ……………… 233

## 学校法人 天満学園
- 太成学院大学 …………………………… 272
- 太成学院大学高等学校 ………………… 284

## 学校法人 天理教校学園
- 天理教校学園高等学校 ………………… 310

## 学校法人 天理大学
- 天理大学 ………………………………… 307
- 天理高等学校 …………………………… 310

## 学校法人 戸板学園
- 戸板女子短期大学 ……………………… 127
- 戸板女子高等学校 ……………………… 145

## 学校法人 東亜学園高等学校
- 東亜学園高等学校 ……………………… 145

## 学校法人 東亜大学学園
- 東亜大学 ………………………………… 346

## 学校法人 桐蔭学園
- 桐蔭横浜大学 …………………………… 159
- 桐蔭学園高等学校 ……………………… 169
- 桐蔭学園中等教育学校 ………………… 169

## 学校法人 燈影学園
- 一燈園高等学校 ………………………… 263

## 学校法人 藤園学園
- 龍谷富山高等学校 ……………………… 187

## 学校法人 東奥学園
- 東奥学園高等学校 ……………………… 28

## 学校法人 東奥義塾
- 東奥義塾高等学校 ……………………… 28

## 学校法人 東海学園
- 東海学園大学 …………………………… 231
- 東海学園高等学校 ……………………… 242
- 東海高等学校 …………………………… 242

## 学校法人 東海大学
- 九州東海大学 …………………………… 399
- 東海大学 ………………………………… 159
- 北海道東海大学 ………………………… 2
- 東海大学医療技術短期大学 …………… 160
- 東海大学短期大学部 …………………… 127
- 東海大学福岡短期大学 ………………… 376
- 東海大学付属浦安高等学校 …………… 113
- 東海大学付属仰星高等学校 …………… 284
- 東海大学付属相模高等学校 …………… 169
- 東海大学付属翔洋高等学校 …………… 225
- 東海大学付属第二高等学校 …………… 405
- 東海大学付属第三高等学校 …………… 207
- 東海大学付属第四高等学校 …………… 16
- 東海大学付属第五高等学校 …………… 382

|  |  |
|---|---|
| 東海大学付属望星高等学校 …………… 145 | 東京電機大学 …………………………… 122 |
| 東海大学付属望洋高等学校 …………… 113 | 東京電機大学高等学校 ………………… 146 |
| 東海大学付属高輪台高等学校 ………… 145 | **学校法人 東京農業大学** |
| **学校法人 東海大学甲府学園** | 東京情報大学 …………………………… 104 |
| 東海大学甲府高等学校 ………………… 198 | 東京農業大学 …………………………… 123 |
| **学校法人 藤花学園** | 東京農業大学短期大学部 ……………… 127 |
| 藤花学園尾山台高等学校 ……………… 191 | 東京農業大学第一高等学校 …………… 147 |
| **学校法人 東京医科大学** | 東京農業大学第二高等学校 …………… 87 |
| 東京医科大学 …………………………… 121 | 東京農業大学第三高等学校 …………… 99 |
| **学校法人 東京インターナショナル学園** | **学校法人 東京福祉大学** |
| 日本薬科大学 …………………………… 91 | 東京福祉大学 …………………………… 83 |
| **学校法人 東京音楽大学** | **学校法人 東京富士大学** |
| 東京音楽大学 …………………………… 121 | 東京富士大学 …………………………… 123 |
| 東京音楽大学付属高等学校 …………… 145 | 東京富士大学短期大学部 ……………… 127 |
| **学校法人 東京学園高等学校** | **学校法人 東京文化学園** |
| 東京学園高等学校 ……………………… 145 | 東京文化短期大学 ……………………… 128 |
| **学校法人 東京家政学院** | 東京文化高等学校 ……………………… 147 |
| 筑波学院大学 …………………………… 67 | **学校法人 東京薬科大学** |
| 東京家政学院大学 ……………………… 121 | 東京薬科大学 …………………………… 123 |
| 東京家政学院筑波女子大学短期大学部 … 68 | **学校法人 東京理科大学** |
| 東京家政学院高等学校 ………………… 145 | 諏訪東京理科大学 ……………………… 201 |
| **学校法人 東京キリスト教学園** | 東京理科大学 …………………………… 123 |
| 東京基督教大学 ………………………… 104 | 山口東京理科大学 ……………………… 347 |
| **学校法人 東京経済大学** | **学校法人 桐光学園** |
| 東京経済大学 …………………………… 121 | 桐光学園高等学校 ……………………… 169 |
| **学校法人 東京工芸大学** | **学校法人 同志社** |
| 東京工芸大学 …………………………… 122 | 同志社女子大学 ………………………… 261 |
| 東京工芸大学女子短期大学部 ………… 160 | 同志社大学 ……………………………… 261 |
| **学校法人 東京歯科大学** | 同志社高等学校 ………………………… 266 |
| 東京歯科大学 …………………………… 104 | 同志社香里高等学校 …………………… 285 |
| **学校法人 東京純心女子学園** | 同志社国際高等学校 …………………… 266 |
| 東京純心女子大学 ……………………… 122 | 同志社女子高等学校 …………………… 266 |
| 東京純心女子高等学校 ………………… 146 | **学校法人 東商学園** |
| **学校法人 東京女学館** | 東洋高等学校 …………………………… 148 |
| 東京女学館大学 ………………………… 122 | **学校法人 東駿学園** |
| 東京女学館高等学校 …………………… 146 | 御殿場西高等学校 ……………………… 222 |
| **学校法人 東京女子医科大学** | **学校法人 東成学園** |
| 東京女子医科大学 ……………………… 122 | 昭和音楽大学 …………………………… 158 |
| **学校法人 東京女子学院** | 昭和音楽大学短期大学部 ……………… 160 |
| 東京女子学院高等学校 ………………… 146 | **学校法人 東星学園** |
| **学校法人 東京女子学園** | 東星学園高等学校 ……………………… 147 |
| 東京女子学園高等学校 ………………… 146 | **学校法人 東大寺学園** |
| **学校法人 東京女子大学** | 東大寺学園高等学校 …………………… 311 |
| 東京女子大学 …………………………… 122 | **学校法人 桐朋学園** |
| **学校法人 東京神学大学** | 桐朋学園大学 …………………………… 123 |
| 東京神学大学 …………………………… 122 | 桐朋学園芸術短期大学 ………………… 128 |
| **学校法人 東京成徳学園** | 桐朋高等学校 …………………………… 148 |
| 東京成徳大学 …………………………… 104 | 桐朋女子高等学校 ……………………… 148 |
| 東京成徳短期大学 ……………………… 127 | **学校法人 東邦学園** |
| 東京成徳大学高等学校 ………………… 146 | 東邦学園大学 …………………………… 231 |
| 東京成徳大学深谷高等学校 …………… 99 | 東邦学園短期大学 ……………………… 233 |
| **学校法人 東京聖徳学園** | 東邦高等学校 …………………………… 242 |
| 聖徳大学 ………………………………… 103 | **学校法人 同朋学園** |
| 聖徳大学短期大学部 …………………… 105 | 同朋大学 ………………………………… 231 |
| 聖徳大学附属高等学校 ………………… 110 | 名古屋音楽大学 ………………………… 231 |
| 聖徳大学附属聖徳高等学校 …………… 71 | 名古屋造形芸術大学 …………………… 232 |
| **学校法人 東京電機大学** | 名古屋造形芸術大学短期大学部 ……… 234 |

|     |     |
| --- | --- |
| 同朋高等学校 …………………… 242 | 常磐大学高等学校 …………………… 73 |
| **学校法人 東邦大学** | **学校法人 トキワ松学園** |
| 東邦大学 …………………… 123 | 横浜美術短期大学 …………………… 161 |
| 駒場東邦高等学校 …………………… 137 | トキワ松学園高等学校 …………………… 148 |
| 東邦大学付属東邦高等学校 …………………… 113 | **学校法人 徳島佐香学園** |
| **学校法人 東北学院** | 香蘭高等学校 …………………… 356 |
| 東北学院大学 …………………… 39 | **学校法人 徳島城南学園** |
| 東北学院高等学校 …………………… 45 | 徳島工業短期大学 …………………… 355 |
| 東北学院榴ケ岡高等学校 …………………… 45 | **学校法人 徳心学園** |
| **学校法人 東北芸術工科大学** | 横浜高等学校 …………………… 173 |
| 東北芸術工科大学 …………………… 53 | **学校法人 徳山教育財団** |
| **学校法人 東北公益文科大学** | 徳山大学 …………………… 346 |
| 東北公益文科大学 …………………… 53 | **学校法人 常葉学園** |
| **学校法人 東北工業大学** | 常葉学園大学 …………………… 219 |
| 東北工業大学 …………………… 39 | 浜松大学 …………………… 219 |
| 東北工業大学高等学校 …………………… 45 | 富士常葉大学 …………………… 219 |
| **学校法人 東北文化学園大学** | 常葉学園短期大学 …………………… 219 |
| 東北文化学園大学 …………………… 40 | 常葉学園菊川高等学校 …………………… 225 |
| **学校法人 東北薬科大学** | 常葉学園高等学校 …………………… 225 |
| 東北薬科大学 …………………… 40 | 常葉学園橘高等学校 …………………… 225 |
| **学校法人 東明館学園** | **学校法人 土佐高等学校** |
| 東明館高等学校 …………………… 391 | 土佐高等学校 …………………… 372 |
| **学校法人 東洋英和女学院** | **学校法人 土佐塾高等学校** |
| 東洋英和女学院大学 …………………… 159 | 土佐塾高等学校 …………………… 372 |
| 東洋英和女学院高等部 …………………… 148 | **学校法人 土佐女子学園** |
| **学校法人 東洋学園** | 土佐女子高等学校 …………………… 372 |
| 東洋学園大学 …………………… 104 | **学校法人 豊島岡女子学園** |
| 東洋女子短期大学 …………………… 105 | 豊島岡女子学園高等学校 …………………… 148 |
| 長尾谷高等学校 …………………… 285 | **学校法人 獨協学園** |
| **学校法人 東洋食品工業短期大学** | 獨協医科大学 …………………… 76 |
| 東洋食品工業短期大学 …………………… 293 | 獨協大学 …………………… 91 |
| **学校法人 東洋女子学園** | 姫路獨協大学 …………………… 291 |
| 東洋女子高等学校 …………………… 148 | 獨協高等学校 …………………… 148 |
| **学校法人 東洋大学** | 獨協埼玉高等学校 …………………… 100 |
| 東洋大学 …………………… 123 | **学校法人 鳥取家政学園** |
| 東洋大学附属牛久高等学校 …………………… 73 | 鳥取敬愛高等学校 …………………… 318 |
| 東洋大学附属姫路高等学校 …………………… 302 | **学校法人 鳥取環境大学** |
| **学校法人 東稜学園** | 鳥取環境大学 …………………… 317 |
| 福島東稜高等学校 …………………… 66 | **学校法人 富澤学園** |
| **学校法人 藤嶺学園** | 山形短期大学 …………………… 53 |
| 鵠沼高等学校 …………………… 165 | 山形城北高等学校 …………………… 57 |
| 藤嶺学園藤沢高等学校 …………………… 169 | **学校法人 富田学園** |
| 藤沢翔陵高等学校 …………………… 170 | 岐阜東高等学校 …………………… 215 |
| **学校法人 時任学園** | 富田高等学校 …………………… 217 |
| 樟南高等学校 …………………… 426 | **学校法人 富山国際学園** |
| 樟南第二高等学校 …………………… 426 | 富山国際大学 …………………… 183 |
| 時任学園中等教育学校 …………………… 113 | 富山短期大学 …………………… 184 |
| **学校法人 常磐会学園** | 富山国際大学付属高等学校 …………………… 186 |
| 常磐会学園大学 …………………… 272 | **学校法人 富山第一高等学校** |
| 常磐会短期大学 …………………… 274 | 富山第一高等学校 …………………… 186 |
| **学校法人 常磐学園** | **学校法人 豊川閣妙厳寺豊川学園** |
| 常磐高等学校 …………………… 383 | 豊川高等学校 …………………… 242 |
| **学校法人 常盤木学園** | **学校法人 トヨタ学園** |
| 常盤木学園高等学校 …………………… 45 | 豊田工業大学 …………………… 231 |
| **学校法人 常磐大学** | **学校法人 永井学園** |
| 常磐大学 …………………… 68 | 青藍泰斗高等学校 …………………… 80 |
| 常磐短期大学 …………………… 68 | **学校法人 中内学園** |

| | |
|---|---|
| 流通科学大学 …………………………………… | 292 |
| **学校法人 長岡造形大学** | |
| 長岡造形大学 ……………………………………… | 174 |
| **学校法人 長崎学院** | |
| 長崎外国語大学 …………………………………… | 392 |
| 長崎外国語短期大学 ……………………………… | 393 |
| **学校法人 長崎女子商業学園** | |
| 長崎女子商業高等学校 …………………………… | 397 |
| **学校法人 長崎総合科学大学** | |
| 長崎総合科学大学 ………………………………… | 392 |
| 長崎総合科学大学附属高等学校 ………………… | 397 |
| **学校法人 長崎南山学園** | |
| 長崎南山高等学校 ………………………………… | 397 |
| **学校法人 長崎日本大学学園** | |
| 長崎日本大学高等学校 …………………………… | 398 |
| **学校法人 永島学園** | |
| 出雲西高等学校 …………………………………… | 320 |
| 松江西高等学校 …………………………………… | 323 |
| 明誠高等学校 ……………………………………… | 324 |
| **学校法人 長嶋学園** | |
| 城南静岡高等学校 ………………………………… | 224 |
| **学校法人 長門高等学校** | |
| 長門高等学校 ……………………………………… | 352 |
| **学校法人 長戸路学園** | |
| 敬愛大学八日市場高等学校 ……………………… | 108 |
| 横芝敬愛高等学校 ………………………………… | 116 |
| **学校法人 中西学園** | |
| 名古屋外国語大学 ………………………………… | 231 |
| 名古屋学芸大学 …………………………………… | 231 |
| 名古屋学芸大学短期大学部 ……………………… | 233 |
| **学校法人 中野学園** | |
| オイスカ高等学校 ………………………………… | 220 |
| 明治大学付属中野高等学校 ……………………… | 155 |
| 明治大学付属中野八王子高等学校 ……………… | 155 |
| **学校法人 長野学園** | |
| 長野大学 …………………………………………… | 201 |
| **学校法人 長野家政学園** | |
| 長野女子短期大学 ………………………………… | 201 |
| 長野女子高等学校 ………………………………… | 208 |
| **学校法人 長野日本大学学園** | |
| 長野経済短期大学 ………………………………… | 201 |
| 長野日本大学高等学校 …………………………… | 208 |
| **学校法人 中延学園** | |
| 朋優学院高等学校 ………………………………… | 153 |
| **学校法人 永原学園** | |
| 西九州大学 ………………………………………… | 388 |
| 佐賀短期大学 ……………………………………… | 388 |
| **学校法人 中村学園** | |
| 中村学園大学 ……………………………………… | 374 |
| 中村学園大学短期大学部 ………………………… | 376 |
| 中村学園三陽高等学校 …………………………… | 383 |
| 中村学園女子高等学校 …………………………… | 383 |
| 中村高等学校 ……………………………………… | 149 |
| **学校法人 中村産業学園** | |
| 九州産業大学 ……………………………………… | 373 |
| 九州造形短期大学 ………………………………… | 375 |
| **学校法人 中山学園** | |
| 中山学園高等学校 ………………………………… | 114 |
| **学校法人 中山浪工学園** | |
| 星翔高等学校 ……………………………………… | 283 |
| **学校法人 名護総合学園** | |
| 名桜大学 …………………………………………… | 428 |
| **学校法人 名古屋石田学園** | |
| 星城大学 …………………………………………… | 231 |
| 星城高等学校 ……………………………………… | 240 |
| **学校法人 名古屋学院** | |
| 名古屋高等学校 …………………………………… | 244 |
| **学校法人 名古屋学院大学** | |
| 名古屋学院大学 …………………………………… | 231 |
| **学校法人 名古屋自由学院** | |
| 名古屋芸術大学 …………………………………… | 231 |
| 名古屋芸術大学短期大学部 ……………………… | 233 |
| **学校法人 名古屋女子大学** | |
| 名古屋女子大学 …………………………………… | 232 |
| 名古屋女子大学短期大学部 ……………………… | 234 |
| **学校法人 名古屋電気学園** | |
| 愛知工業大学 ……………………………………… | 230 |
| 愛知工業大学名電高等学校 ……………………… | 234 |
| **学校法人 灘育英会** | |
| 灘高等学校 ………………………………………… | 303 |
| **学校法人 七尾鵬学園** | |
| 鵬学園高等学校 …………………………………… | 189 |
| **学校法人 七尾学園** | |
| 益田東高等学校 …………………………………… | 323 |
| **学校法人 浪商学園** | |
| 大阪体育大学 ……………………………………… | 271 |
| 大阪体育大学短期大学部 ………………………… | 273 |
| 大阪青凌高等学校 ………………………………… | 278 |
| 大阪体育大学浪商高等学校 ……………………… | 278 |
| **学校法人 奈良育英学園** | |
| 育英西高等学校 …………………………………… | 308 |
| 奈良育英高等学校 ………………………………… | 311 |
| **学校法人 奈良学園** | |
| 奈良産業大学 ……………………………………… | 308 |
| 奈良文化女子短期大学 …………………………… | 308 |
| 奈良学園高等学校 ………………………………… | 311 |
| 奈良文化女子短期大学付属高等学校 …………… | 311 |
| **学校法人 奈良大学** | |
| 奈良大学 …………………………………………… | 308 |
| 奈良大学附属高等学校 …………………………… | 311 |
| **学校法人 成田山教育財団** | |
| 成田高等学校 ……………………………………… | 114 |
| **学校法人 南光学園** | |
| 東北高等学校 ……………………………………… | 45 |
| **学校法人 南山学園** | |
| 南山大学 …………………………………………… | 232 |
| 南山短期大学 ……………………………………… | 234 |
| 聖霊高等学校 ……………………………………… | 240 |
| 南山高等学校 ……………………………………… | 244 |
| 南山国際高等学校 ………………………………… | 245 |
| **学校法人 新潟科学技術学園** | |
| 新潟薬科大学 ……………………………………… | 175 |
| 新潟工業短期大学 ………………………………… | 175 |
| **学校法人 新潟工科大学** | |

| | |
|---|---|
| 新潟工科大学 | 174 |
| **学校法人 新潟青陵学園** | |
| 新潟青陵大学 | 175 |
| 新潟青陵大学短期大学部 | 175 |
| 新潟青陵高等学校 | 181 |
| **学校法人 新潟総合学園** | |
| 新潟医療福祉大学 | 174 |
| **学校法人 新潟平成学院** | |
| 新潟国際情報大学 | 174 |
| **学校法人 新島学園** | |
| 新島学園短期大学 | 84 |
| 新島学園高等学校 | 88 |
| **学校法人 新名学園** | |
| 旭丘高等学校 | 161 |
| **学校法人 二階堂学園** | |
| 日本女子体育大学 | 124 |
| 我孫子二階堂高等学校 | 106 |
| 日本女子体育大学附属二階堂高等学校 | 149 |
| **学校法人 仁川学院** | |
| 仁川学院高等学校 | 303 |
| **学校法人 西岡学園** | |
| 札幌山の手高等学校 | 13 |
| **学校法人 西日本工業学園** | |
| 西日本工業大学 | 374 |
| **学校法人 西日本短期大学** | |
| 西日本短期大学 | 376 |
| 西日本短期大学附属高等学校 | 383 |
| **学校法人 西大和学園** | |
| 白鳳女子短期大学 | 308 |
| 西大和学園高等学校 | 312 |
| **学校法人 二松学舎** | |
| 二松学舎大学 | 123 |
| 二松学舎大学附属沼南高等学校 | 114 |
| 二松学舎大学附属高等学校 | 149 |
| **学校法人 日南学園** | |
| 日南学園高等学校 | 416 |
| 宮崎穎学館 | 418 |
| **学校法人 日章学園** | |
| えびの高原国際高等学校 | 414 |
| 鹿児島育英館高等学校 | 422 |
| 鹿児島城西高等学校 | 422 |
| 日章学園高等学校 | 416 |
| **学校法人 日生学園** | |
| 日生学園第一高等学校 | 252 |
| 日生学園第二高等学校 | 252 |
| 日生学園第三高等学校 | 304 |
| **学校法人 新田学園** | |
| 新田高等学校 | 367 |
| **学校法人 日通学園** | |
| 流通経済大学 | 68 |
| 流通経済大学付属柏高等学校 | 117 |
| **学校法人 日本工業大学** | |
| 日本工業大学 | 91 |
| 日本工業大学付属東京工業高等学校 | 149 |
| **学校法人 日本医科大学** | |
| 日本医科大学 | 123 |
| 日本獣医生命科学大学 | 123 |

| | |
|---|---|
| **学校法人 日本学園** | |
| 日本学園高等学校 | 149 |
| **学校法人 日本航空学園** | |
| 日本航空大学校 | 188 |
| 日本航空高等学校 | 198 |
| 日本航空第二高等学校 | 192 |
| **学校法人 日本歯科大学** | |
| 日本歯科大学 | 123 |
| 日本歯科大学東京短期大学 | 128 |
| 日本歯科大学新潟短期大学 | 175 |
| **学校法人 日本社会事業大学** | |
| 日本社会事業大学 | 123 |
| **学校法人 日本女子大学** | |
| 日本女子大学 | 124 |
| 日本女子大学附属高等学校 | 169 |
| **学校法人 日本赤十字学園** | |
| 日本赤十字看護大学 | 124 |
| 日本赤十字九州国際看護大学 | 374 |
| 日本赤十字豊田看護大学 | 232 |
| 日本赤十字広島看護大学 | 334 |
| 日本赤十字北海道看護大学 | 2 |
| 日本赤十字愛知短期大学 | 234 |
| 日本赤十字秋田短期大学 | 48 |
| 日本赤十字武蔵野短期大学 | 128 |
| **学校法人 日本体育会** | |
| 日本体育大学 | 124 |
| 日本体育大学女子短期大学部 | 128 |
| 桜華女学院高等学校 | 131 |
| 柏日体高等学校 | 107 |
| 日体荏原高等学校 | 149 |
| 浜松日体高等学校 | 227 |
| **学校法人 日本大学** | |
| 日本大学 | 124 |
| 日本大学短期大学部 | 128 |
| 日本大学高等学校 | 169 |
| 日本大学櫻丘高等学校 | 149 |
| 日本大学鶴ケ丘高等学校 | 149 |
| 日本大学東北高等学校 | 65 |
| 日本大学習志野高等学校 | 114 |
| 日本大学豊山高等学校 | 150 |
| 日本大学豊山女子高等学校 | 150 |
| 日本大学藤沢高等学校 | 169 |
| 日本大学三島高等学校 | 225 |
| 日本大学明誠高等学校 | 198 |
| 日本大学山形高等学校 | 56 |
| **学校法人 日本大学第一学園** | |
| 千葉日本大学第一高等学校 | 112 |
| 日本大学第一高等学校 | 149 |
| **学校法人 日本大学第二学園** | |
| 日本大学第二高等学校 | 149 |
| **学校法人 日本大学第三学園** | |
| 日本大学第三高等学校 | 149 |
| **学校法人 日本ナザレン・カレッジ** | |
| 日本基督教短期大学 | 105 |
| **学校法人 日本橋女学館** | |
| 日本橋学館大学 | 104 |
| 日本橋女学館高等学校 | 150 |

## 学校法人別一覧

学校法人 日本福祉大学
　日本福祉大学 ……………………………… 232
　日本福祉大学付属高等学校 ……………… 245

学校法人 日本文華学園
　文華女子高等学校 ………………………… 152

学校法人 日本文理学園
　日本文理高等学校 ………………………… 181

学校法人 日本放送協会学園
　日本放送協会学園高等学校 ……………… 150

学校法人 沼津学園
　桐陽高等学校 ……………………………… 225
　飛龍高等学校 ……………………………… 227

学校法人 沼津精華学園
　沼津中央高等学校 ………………………… 225

学校法人 根津育英会
　武蔵大学 …………………………………… 124
　武蔵高等学校 ……………………………… 155

学校法人 能美学園
　星琳高等学校 ……………………………… 381

学校法人 野田学園
　野田学園高等学校 ………………………… 352

学校法人 野田鎌田学園
　あずさ第一高等学校 ……………………… 106

学校法人 ノートルダム女学院
　京都ノートルダム女子大学 ……………… 261
　ノートルダム女学院高等学校 …………… 267

学校法人 ノートルダム清心学園
　ノートルダム清心女子大学 ……………… 325
　清心女子高等学校 ………………………… 331
　新潟清心女子高等学校 …………………… 181
　ノートルダム清心高等学校 ……………… 342

学校法人 延岡学園
　延岡学園高等学校 ………………………… 416

学校法人 野又学園
　函館大学 …………………………………… 2
　函館短期大学 ……………………………… 4
　函館大学付属柏稜高等学校 ……………… 18
　函館大学付属有斗高等学校 ……………… 18

学校法人 梅花学園
　梅花女子大学 ……………………………… 272
　梅花女子大学短期大学部 ………………… 274
　梅花高等学校 ……………………………… 286

学校法人 梅光学院
　梅光学院大学 ……………………………… 346
　梅光女学院高等学校 ……………………… 352

学校法人 博多学園
　博多高等学校 ……………………………… 383

学校法人 萩学園
　萩国際大学 ………………………………… 346

学校法人 学校法人萩光塩学院
　萩光塩学院高等学校 ……………………… 352

学校法人 白鷗大学
　白鷗大学 …………………………………… 76
　白鷗大学女子短期大学部 ………………… 76
　白鷗大学足利高等学校 …………………… 81

学校法人 柏樹式胤学園
　日本文化大学 ……………………………… 124

学校法人 柏専学院
　新潟産業大学 ……………………………… 175
　新潟産業大学附属高等学校 ……………… 181

学校法人 白頭学院
　建国高等学校 ……………………………… 280

学校法人 白峰学園
　横浜女子短期大学 ………………………… 160

学校法人 白鵬女子学院
　白鵬女子高等学校 ………………………… 169

学校法人 羽黒学園
　羽黒高等学校 ……………………………… 56

学校法人 函館大谷学園
　函館大谷短期大学 ………………………… 4
　函館大谷高等学校 ………………………… 18

学校法人 函館大妻学園
　函館大妻高等学校 ………………………… 18

学校法人 函館ラ・サール学園
　函館ラ・サール高等学校 ………………… 19

学校法人 羽衣学園
　羽衣国際大学 ……………………………… 272
　羽衣学園短期大学 ………………………… 274
　羽衣学園高等学校 ………………………… 286

学校法人 畠山学園
　気仙沼女子高等学校 ……………………… 43
　東陵高等学校 ……………………………… 45

学校法人 八王子学園
　八王子高等学校 …………………………… 150

学校法人 八戸工業大学
　八戸工業大学 ……………………………… 24
　八戸工業大学第一高等学校 ……………… 29
　八戸工業大学第二高等学校 ……………… 29

学校法人 八戸聖ウルスラ学院
　八戸聖ウルスラ学院高等学校 …………… 29

学校法人 八商学園
　中九州短期大学 …………………………… 400
　秀岳館高等学校 …………………………… 403

学校法人 花岡学園
　坂出第一高等学校 ………………………… 360

学校法人 花沢学園
　明聖高等学校 ……………………………… 116

学校法人 花園学園
　花園大学 …………………………………… 261
　花園高等学校 ……………………………… 267

学校法人 花巻学院
　花巻東高等学校 …………………………… 36

学校法人 濱名学院
　関西国際大学 ……………………………… 290

学校法人 浜松海の星女学院
　浜松海の星高等学校 ……………………… 226

学校法人 早鞆学園
　早鞆高等学校 ……………………………… 353

学校法人 原学園
　苫小牧中央高等学校 ……………………… 16

学校法人 原田学園
　岡山学院大学 ……………………………… 325
　岡山短期大学 ……………………………… 326
　鹿児島情報高等学校 ……………………… 422

| 学校法人 阪南大学 | |
|---|---|
| 阪南大学 | 272 |
| 阪南大学高等学校 | 286 |

| 学校法人 ヴィアトール学園 | |
|---|---|
| 洛星高等学校 | 269 |

| 学校法人 PL学園 | |
|---|---|
| PL学園高等学校 | 286 |

| 学校法人 東筑紫学園 | |
|---|---|
| 九州栄養福祉大学 | 373 |
| 東筑紫短期大学 | 376 |
| 東筑紫学園高等学校 | 384 |

| 学校法人 東日本学園 | |
|---|---|
| 北海道医療大学 | 2 |

| 学校法人 東福岡学園 | |
|---|---|
| 東福岡高等学校 | 384 |

| 学校法人 東山学園 | |
|---|---|
| 東山高等学校 | 267 |

| 学校法人 光産業創成大学院大学 | |
|---|---|
| 光産業創成大学院大学 | 219 |

| 学校法人 久田学園 | |
|---|---|
| 久田学園佐世保女子高等学校 | 398 |

| 学校法人 比治山学園 | |
|---|---|
| 比治山大学 | 334 |
| 比治山大学短期大学部 | 335 |
| 比治山女子高等学校 | 342 |

| 学校法人 飛騨学園 | |
|---|---|
| 高山西高等学校 | 216 |

| 学校法人 日田佐藤学園 | |
|---|---|
| 藤蔭高等学校 | 411 |

| 学校法人 一橋学園 | |
|---|---|
| 東海大学山形高等学校 | 56 |

| 学校法人 日出学園 | |
|---|---|
| 日出学園高等学校 | 115 |
| 日出高等学校 | 151 |

| 学校法人 日ノ本学園 | |
|---|---|
| 姫路日ノ本短期大学 | 293 |
| 日ノ本学園高等学校 | 304 |

| 学校法人 雲雀丘学園 | |
|---|---|
| 雲雀丘学園高等学校 | 304 |

| 学校法人 姫路学院 | |
|---|---|
| 近畿福祉大学 | 290 |

| 学校法人 日向学院 | |
|---|---|
| 日向学院高等学校 | 416 |

| 学校法人 兵庫医科大学 | |
|---|---|
| 兵庫医科大学 | 291 |

| 学校法人 平方学園 | |
|---|---|
| 明和学園短期大学 | 84 |
| 明和県央高等学校 | 89 |
| 明和高等学校 | 89 |

| 学校法人 平田学園 | |
|---|---|
| 国府台女子学院高等部 | 109 |

| 学校法人 平塚学園 | |
|---|---|
| 平塚学園高等学校 | 170 |

| 学校法人 平松学園 | |
|---|---|
| 大分短期大学 | 407 |
| 大分東明高等学校 | 409 |

| 学校法人 平山学園 | |

| 清林館高等学校 | 240 |
|---|---|

| 学校法人 廣池学園 | |
|---|---|
| 麗澤大学 | 104 |
| 麗澤高等学校 | 117 |
| 麗澤瑞浪高等学校 | 218 |

| 学校法人 弘前学院 | |
|---|---|
| 弘前学院大学 | 24 |
| 弘前学院聖愛高等学校 | 30 |

| 学校法人 弘前東高等学校 | |
|---|---|
| 弘前東高等学校 | 30 |

| 学校法人 広島学院 | |
|---|---|
| 広島学院高等学校 | 342 |

| 学校法人 広島加計学園 | |
|---|---|
| 英数学館高等学校 | 336 |

| 学校法人 広島県新庄学園 | |
|---|---|
| 広島県新庄高等学校 | 342 |

| 学校法人 広島国際学院 | |
|---|---|
| 広島国際学院大学 | 334 |
| 広島国際学院大学自動車短期大学部 | 335 |
| 広島国際学院高等学校 | 343 |

| 学校法人 広島三育学院 | |
|---|---|
| 広島三育学院高等学校 | 343 |

| 学校法人 広島山陽学園 | |
|---|---|
| 山陽高等学校 | 339 |

| 学校法人 広島城北学園 | |
|---|---|
| 広島城北高等学校 | 343 |

| 学校法人 広島女学院 | |
|---|---|
| 広島女学院大学 | 334 |
| 広島女学院高等学校 | 343 |

| 学校法人 広島女子商学園 | |
|---|---|
| 広島女子商学園高等学校 | 343 |

| 学校法人 広島文化学園 | |
|---|---|
| 呉大学 | 334 |
| 呉大学短期大学部 | 335 |
| 広島文化短期大学 | 335 |

| 学校法人 フェリス女学院 | |
|---|---|
| フェリス女学院大学 | 159 |
| フェリス女学院高等学校 | 170 |

| 学校法人 福井学園 | |
|---|---|
| 福井南高等学校 | 195 |

| 学校法人 福井仁愛学園 | |
|---|---|
| 仁愛大学 | 193 |
| 仁愛女子短期大学 | 193 |
| 仁愛女子高等学校 | 194 |

| 学校法人 福井精華学園 | |
|---|---|
| 啓新高等学校 | 194 |

| 学校法人 福岡海星女子学院 | |
|---|---|
| 福岡海星女子学院高等学校 | 384 |

| 学校法人 福岡工業大学 | |
|---|---|
| 福岡工業大学 | 375 |
| 福岡工業大学短期大学部 | 376 |
| 福岡工業大学附属城東高等学校 | 384 |

| 学校法人 福岡歯科学園 | |
|---|---|
| 福岡歯科大学 | 375 |
| 福岡医療短期大学 | 376 |

| 学校法人 福岡女学院 | |
|---|---|
| 福岡女学院大学 | 375 |

| 学校法人 | 頁 | 学校法人 | 頁 |
|---|---|---|---|
| 福岡女学院大学短期大学部 | 376 | 鳥取短期大学 | 317 |
| 福岡女学院高等学校 | 384 | **学校法人 藤田学園** | |
| **学校法人 福岡大学** | | 藤田保健衛生大学 | 232 |
| 福岡大学 | 375 | 藤田保健衛生大学短期大学 | 234 |
| 福岡大学附属大濠高等学校 | 385 | **学校法人 藤ノ花学園** | |
| **学校法人 福岡雙葉学園** | | 豊橋創造大学 | 231 |
| 福岡雙葉高等学校 | 385 | 豊橋創造大学短期大学部 | 233 |
| **学校法人 福岡文化学園** | | 藤ノ花女子高等学校 | 246 |
| 博多女子高等学校 | 384 | **学校法人 富士見丘学園** | |
| **学校法人 福島学院** | | 富士見丘高等学校 | 152 |
| 福島学院大学 | 58 | 富士見丘高等学校 | 171 |
| 福島学院大学短期大学部 | 59 | **学校法人 藤村学園** | |
| **学校法人 福島成蹊学園** | | 東京女子体育大学 | 122 |
| 福島成蹊高等学校 | 66 | 東京女子体育短期大学 | 127 |
| **学校法人 福田学園** | | **学校法人 武相学園** | |
| 東和大学 | 374 | 武相高等学校 | 171 |
| 埼玉純真女子短期大学 | 91 | **学校法人 雙葉学園** | |
| 純真女子短期大学 | 375 | 雙葉高等学校 | 152 |
| 東和大学附属昌平高等学校 | 99 | **学校法人 船田教育会** | |
| 東和大学附属東和高等学校 | 383 | 作新学院大学 | 76 |
| **学校法人 福武学園** | | 作新学院大学女子短期大学部 | 76 |
| 北陽高等学校 | 287 | 作新学院高等学校 | 79 |
| **学校法人 福智学園** | | **学校法人 船橋学園** | |
| 福智高等学校 | 385 | 東葉高等学校 | 113 |
| **学校法人 福冨学園** | | **学校法人 武南学園** | |
| 神戸ファッション造形大学 | 291 | 武南高等学校 | 101 |
| 神戸文化短期大学 | 292 | **学校法人 冬木学園** | |
| **学校法人 福原学園** | | 畿央大学 | 307 |
| 九州共立大学 | 373 | 畿央大学短期大学部 | 308 |
| 九州女子大学 | 374 | 関西中央高等学校 | 309 |
| 九州女子短期大学 | 375 | **学校法人 武陽学園** | |
| 自由ケ丘高等学校 | 380 | 西武台高等学校 | 98 |
| **学校法人 福山暁の星学院** | | 西武台千葉高等学校 | 110 |
| 福山暁の星女子高等学校 | 344 | **学校法人 プール学院** | |
| **学校法人 福山学園** | | プール学院大学 | 272 |
| 銀河学院高等学校 | 337 | プール学院大学短期大学部 | 274 |
| **学校法人 福山大学** | | プール学院高等学校 | 287 |
| 福山大学 | 334 | **学校法人 古川学園** | |
| 福山平成大学 | 335 | 古川学園高等学校 | 46 |
| **学校法人 藤井学園** | | **学校法人 普連土学園** | |
| 香川県藤井高等学校 | 359 | 普連土学園高等学校 | 152 |
| 藤井学園寒川高等学校 | 362 | **学校法人 文化学園** | |
| **学校法人 藤枝学園** | | 文化女子大学 | 124 |
| 藤枝順心高等学校 | 227 | 文化女子大学短期大学部 | 128 |
| 藤枝明誠高等学校 | 228 | 文化女子大学室蘭短期大学 | 4 |
| **学校法人 藤学園** | | **学校法人 文化杉並学園** | |
| 藤女子大学 | 2 | 文化女子大学附属杉並高等学校 | 152 |
| 旭川藤女子高等学校 | 5 | **学校法人 文化長野学園** | |
| 北見藤女子高等学校 | 9 | 文化女子大学附属長野高等学校 | 208 |
| 藤女子高等学校 | 20 | **学校法人 文京学園** | |
| **学校法人 富士学園** | | 文京学院大学 | 124 |
| 静岡県富士見高等学校 | 222 | 文京学院短期大学 | 128 |
| **学校法人 不二越工業高等学校** | | 文京学院大学女子高等学校 | 152 |
| 不二越工業高等学校 | 187 | **学校法人 文教大学学園** | |
| **学校法人 富士大学** | | 文教大学 | 91 |
| 富士大学 | 31 | 文教大学女子短期大学部 | 160 |
| **学校法人 藤田学院** | | 文教大学付属高等学校 | 153 |

学校法人 文徳学園
　文徳高等学校 ………………………………… 405
学校法人 文理学園
　日本文理大学 ………………………………… 407
　日本文理大学附属高等学校 ………………… 411
学校法人 文理佐藤学園
　西武文理大学 …………………………………… 90
　西武学園文理高等学校 ………………………… 98
学校法人 平安学園
　平安高等学校 ………………………………… 268
学校法人 平安女学院
　平安女学院大学 ……………………………… 262
　平安女学院大学短期大学部 ………………… 263
　平安女学院高等学校 ………………………… 268
学校法人 平和学園
　アレセイア湘南高等学校 …………………… 162
学校法人 別府大学
　別府大学 ……………………………………… 407
　別府大学短期大学部 ………………………… 408
　明豊高等学校 ………………………………… 413
学校法人 ベル学園
　ベル学園高等学校 …………………………… 333
学校法人 萠愛学園
　西山学院高等学校 …………………………… 46
学校法人 豊国学園
　豊国学園高等学校 …………………………… 385
学校法人 朴沢学園
　仙台大学 ……………………………………… 39
　明成高等学校 ………………………………… 47
学校法人 豊昭学園
　東京交通短期大学 …………………………… 127
　昭和鉄道高等学校 …………………………… 140
　豊島学院高等学校 …………………………… 148
学校法人 法政大学
　法政大学 ……………………………………… 124
　法政大学女子高等学校 ……………………… 171
　法政大学第一高等学校 ……………………… 153
　法政大学第二高等学校 ……………………… 171
学校法人 宝仙学園
　宝仙学園短期大学 …………………………… 128
　宝仙学園高等学校 …………………………… 153
学校法人 放送大学学園
　放送大学 ……………………………………… 104
学校法人 報徳学園
　報徳学園高等学校 …………………………… 305
学校法人 峯徳学園
　埼玉学園大学 ………………………………… 90
　川口短期大学 ………………………………… 91
学校法人 豊南学園
　信州豊南短期大学 …………………………… 201
　豊南高等学校 ………………………………… 153
学校法人 望洋大谷学園
　登別大谷高等学校 …………………………… 18
　室蘭大谷高等学校 …………………………… 22
学校法人 北照高等学校
　北照高等学校 ………………………………… 20
学校法人 北星学園
　北星学園大学 ………………………………… 2
　北星学園大学短期大学部 …………………… 4
　北星学園女子高等学校 ……………………… 21
　北星学園大学附属高等学校 ………………… 21
　北星学園余市高等学校 ……………………… 21
学校法人 北陸大谷学園
　北陸大谷高等学校 …………………………… 192
学校法人 北陸学院
　北陸学院短期大学 …………………………… 189
　北陸学院高等学校 …………………………… 192
学校法人 北陸学園
　北陸高等学校 ………………………………… 195
学校法人 北陸大学
　北陸大学 ……………………………………… 188
学校法人 星野学園
　川越東高等学校 ……………………………… 95
　星野高等学校 ………………………………… 101
学校法人 星薬科大学
　星薬科大学 …………………………………… 124
学校法人 細田学園
　細田学園高等学校 …………………………… 101
学校法人 北海学園
　北海学園大学 ………………………………… 2
　北海商科大学 ………………………………… 2
　北海学園札幌高等学校 ……………………… 21
　北海高等学校 ………………………………… 21
学校法人 北海道櫻井産業学園
　道都大学 ……………………………………… 1
学校法人 北海道佐藤栄学園
　北海道栄高等学校 …………………………… 21
学校法人 北海道尚志学園
　北海道工業大学 ……………………………… 2
　北海道薬科大学 ……………………………… 3
　北海道自動車短期大学 ……………………… 4
　北海道尚志学園高等学校 …………………… 21
学校法人 北海道武蔵女子学園
　北海道武蔵女子短期大学 …………………… 4
学校法人 北海道立正学園
　旭川実業高等学校 …………………………… 4
学校法人 北海道龍谷学園
　双葉高等学校 ………………………………… 20
学校法人 学校法人松風学園
　彦根総合高等学校 …………………………… 258
学校法人 堀井学園
　横浜創英短期大学 …………………………… 161
　横浜国際女学院翠陵高等学校 ……………… 173
　横浜創英高等学校 …………………………… 173
学校法人 堀越学園
　創造学園大学 ………………………………… 83
　穎明館高等学校 ……………………………… 131
　堀越高等学校 ………………………………… 153
学校法人 堀之内学園
　東京立正短期大学 …………………………… 128
　東京立正高等学校 …………………………… 147
学校法人 保隣教育財団
　保善高等学校 ………………………………… 153
学校法人 本郷学園

| | |
|---|---|
| 本郷高等学校 | 153 |
| **学校法人 前田学園** | |
| 鹿屋中央高等学校 | 424 |
| **学校法人 増田学園** | |
| 千葉聖心高等学校 | 112 |
| **学校法人 町田学園** | |
| 品川エトワール女子高等学校 | 138 |
| **学校法人 松浦学園** | |
| 城北高等学校 | 404 |
| **学校法人 松尾学園** | |
| 弘学館高等学校 | 390 |
| **学校法人 松商学園** | |
| 松本大学 | 201 |
| 松本大学松商短期大学部 | 202 |
| 松商学園高等学校 | 208 |
| **学校法人 松本学園** | |
| 松本短期大学 | 202 |
| **学校法人 松本歯科大学** | |
| 松本歯科大学 | 201 |
| **学校法人 松本松南高等学校** | |
| 松本松南高等学校 | 209 |
| **学校法人 松本昭和学園** | |
| エクセラン高等学校 | 204 |
| **学校法人 松山学院** | |
| 松山城南高等学校 | 368 |
| **学校法人 松山学園** | |
| 松栄学園高等学校 | 101 |
| **学校法人 松山東雲学園** | |
| 松山東雲女子大学 | 363 |
| 松山東雲短期大学 | 363 |
| 松山東雲高等学校 | 368 |
| **学校法人 松山聖陵学園** | |
| 松山聖陵高等学校 | 368 |
| **学校法人 松山大学** | |
| 松山大学 | 363 |
| 松山短期大学 | 363 |
| **学校法人 三浦学園** | |
| 日本音楽高等学校 | 149 |
| **学校法人 三浦学苑** | |
| 三浦高等学校 | 171 |
| **学校法人 三重徳風学園** | |
| 徳風高等学校 | 252 |
| **学校法人 三木学園** | |
| 岡山白陵高等学校 | 328 |
| 白陵高等学校 | 304 |
| **学校法人 三島学園** | |
| 東北生活文化大学 | 39 |
| 東北生活文化大学短期大学部 | 40 |
| 東北生活文化大学高等学校 | 45 |
| 三島高等学校 | 228 |
| **学校法人 水谷学園** | |
| 出雲北陵高等学校 | 320 |
| **学校法人 溝部学園** | |
| 別府溝部学園短期大学 | 408 |
| 別府溝部学園高等学校 | 412 |
| **学校法人 三田尻学園** | |
| 誠英高等学校 | 350 |

| | |
|---|---|
| **学校法人 水戸女子商業学園** | |
| 水戸女子高等学校 | 74 |
| **学校法人 緑ケ丘学院** | |
| 緑ケ丘女子高等学校 | 171 |
| **学校法人 緑ケ岡学園** | |
| 釧路短期大学 | 3 |
| 武修館高等学校 | 20 |
| **学校法人 みどり学園** | |
| 大阪健康福祉短期大学 | 273 |
| **学校法人 湊川相野学園** | |
| 湊川短期大学 | 293 |
| 三田松聖高等学校 | 300 |
| **学校法人 南九州学園** | |
| 南九州大学 | 414 |
| 南九州短期大学 | 414 |
| **学校法人 南京都学園** | |
| 南京都高等学校 | 268 |
| **学校法人 箕面学園** | |
| 箕面学園高等学校 | 288 |
| **学校法人 箕面自由学園** | |
| 箕面自由学園高等学校 | 288 |
| **学校法人 美濃加茂学園** | |
| 美濃加茂高等学校 | 217 |
| **学校法人 身延山学園** | |
| 身延山大学 | 196 |
| 身延山高等学校 | 199 |
| **学校法人 美萩野学園** | |
| 美萩野女子高等学校 | 386 |
| **学校法人 御船学園** | |
| 平成音楽大学 | 400 |
| **学校法人 美作学園** | |
| 美作大学 | 326 |
| 美作大学短期大学部 | 326 |
| 岡山県美作高等学校 | 327 |
| **学校法人 三室戸学園** | |
| 東邦音楽大学 | 90 |
| 東邦音楽短期大学 | 128 |
| 東邦音楽大学附属東邦高等学校 | 147 |
| 東邦音楽大学附属東邦第二高等学校 | 99 |
| **学校法人 宮城学院** | |
| 宮城学院女子大学 | 40 |
| 宮城学院高等学校 | 47 |
| **学校法人 宮崎学園** | |
| 宮崎国際大学 | 414 |
| 宮崎女子短期大学 | 414 |
| 宮崎学園高等学校 | 418 |
| **学校法人 宮崎カリタス学院** | |
| 都城聖ドミニコ学園高等学校 | 417 |
| **学校法人 宮崎日本大学学園** | |
| 宮崎日本大学高等学校 | 418 |
| **学校法人 美山学園** | |
| 京都美山高等学校 | 266 |
| **学校法人 明星学園** | |
| 浦和学院高等学校 | 92 |
| 明星学園高等学校 | 154 |
| **学校法人 三輪田学園** | |
| 三輪田学園高等学校 | 154 |

## 学校法人 武庫川学院
- 武庫川女子大学 …………………… 292
- 武庫川女子大学短期大学部 ……… 293
- 武庫川女子大学附属高等学校 …… 306

## 学校法人 武蔵野音楽学園
- 武蔵野音楽大学 …………………… 124
- 武蔵野音楽大学附属高等学校 …… 102

## 学校法人 武蔵野学院
- 武蔵野学院大学 …………………… 91
- 武蔵野短期大学 …………………… 92
- 武蔵野高等学校 …………………… 155

## 学校法人 武蔵野女子学院
- 武蔵野大学 ………………………… 125
- 武蔵野女子大学短期大学部 ……… 128
- 武蔵野女子学院高等学校 ………… 155

## 学校法人 武蔵野美術大学
- 武蔵野美術大学 …………………… 125

## 学校法人 睦学園
- 兵庫大学 …………………………… 292
- 兵庫大学短期大学部 ……………… 293
- 神戸国際高等学校 ………………… 298
- 須磨ノ浦女子高等学校 …………… 301

## 学校法人 村井学園
- 立川女子高等学校 ………………… 143

## 学校法人 村上学園
- 東大阪大学 ………………………… 272
- 東大阪大学短期大学部 …………… 274
- 東大阪大学柏原高等学校 ………… 286
- 東大阪大学敬愛高等学校 ………… 286

## 学校法人 村崎学園
- 徳島文理大学 ……………………… 355
- 徳島文理大学短期大学部 ………… 355
- 徳島文理高等学校 ………………… 357

## 学校法人 村田学園
- 東京経営短期大学 ………………… 105
- 村田女子高等学校 ………………… 155

## 学校法人 明海大学
- 明海大学 …………………………… 91

## 学校法人 茗溪学園
- 茗溪学園高等学校 ………………… 75

## 学校法人 名工学園
- 名古屋工業高等学校 ……………… 244

## 学校法人 明光学園
- 明光学園高等学校 ………………… 386

## 学校法人 明治学院
- 明治学院大学 ……………………… 125
- 明治学院高等学校 ………………… 155
- 明治学院東村山高等学校 ………… 155

## 学校法人 明治学園
- 明治学園高等学校 ………………… 386

## 学校法人 明治大学
- 明治大学 …………………………… 125
- 明治大学付属明治高等学校 ……… 155

## 学校法人 明治東洋医学院
- 明治鍼灸大学 ……………………… 262
- 明治鍼灸大学医療技術短期大学部 … 263

## 学校法人 明治薬科大学
- 明治薬科大学 ……………………… 125

## 学校法人 明秀学園
- 明秀学園日立高等学校 …………… 75

## 学校法人 明珠学園
- 京都翔英高等学校 ………………… 265

## 学校法人 明浄学院
- 大阪明浄大学 ……………………… 271
- 大阪明浄女子短期大学 …………… 273
- 明浄学院高等学校 ………………… 288

## 学校法人 明昭学園
- 岩倉高等学校 ……………………… 131

## 学校法人 明照学園
- 樹徳高等学校 ……………………… 86

## 学校法人 名城大学
- 名城大学 …………………………… 232
- 名城大学短期大学部 ……………… 234
- 名城大学附属高等学校 …………… 247

## 学校法人 明星学苑
- いわき明星大学 …………………… 58
- 明星大学 …………………………… 125
- 明星高等学校 ……………………… 155

## 学校法人 明泉学園
- 鶴川女子短期大学 ………………… 127
- 鶴川高等学校 ……………………… 144

## 学校法人 名鉄学園
- 杜若高等学校 ……………………… 242

## 学校法人 明徳学園
- 京都経済短期大学 ………………… 262
- 京都成章高等学校 ………………… 265
- 京都明徳高等学校 ………………… 266
- 相洋高等学校 ……………………… 167

## 学校法人 明徳義塾
- 明徳義塾高等学校 ………………… 372

## 学校法人 明法学院
- 明法高等学校 ……………………… 155

## 学校法人 明倫学園
- 明倫短期大学 ……………………… 175
- 横浜清風高等学校 ………………… 173

## 学校法人 目黒学院
- 目黒学院高等学校 ………………… 155

## 学校法人 目黒星美学園
- 目黒星美学園高等学校 …………… 156

## 学校法人 目白学園
- 目白大学 …………………………… 125
- 目白大学短期大学部 ……………… 128
- 目白学園高等学校 ………………… 156

## 学校法人 メリノール女子学院
- メリノール女子学院高等学校 …… 253

## 学校法人 桃山学院
- 桃山学院大学 ……………………… 272
- 桃山学院高等学校 ………………… 288

## 学校法人 盛岡大学
- 盛岡大学 …………………………… 31
- 盛岡大学短期大学部 ……………… 32
- 盛岡大学附属高等学校 …………… 38

## 学校法人 森教育学園
- 岡山学芸館高等学校 ……………… 327

| 学校法人 森村学園 | |
|---|---|
| 　森村学園高等部 | 171 |
| 学校法人 守屋育英学園 | |
| 　関東第一高等学校 | 134 |
| 学校法人 守屋教育学園 | |
| 　吉祥女子高等学校 | 134 |
| 学校法人 矢板中央高等学校 | |
| 　矢板中央高等学校 | 82 |
| 学校法人 八木学園 | |
| 　八木学園高等学校 | 253 |
| 学校法人 八雲学園 | |
| 　八雲学園高等学校 | 156 |
| 学校法人 八洲学園 | |
| 　八洲学園大学 | 159 |
| 　八洲学園高等学校 | 289 |
| 　八洲学園大学国際高等学校 | 432 |
| 学校法人 八代学院 | |
| 　神戸国際大学 | 290 |
| 　神戸国際大学附属高等学校 | 298 |
| 学校法人 安田学園 | |
| 　安田女子大学 | 335 |
| 　安田女子短期大学 | 335 |
| 　安田女子高等学校 | 345 |
| 学校法人 安田商工教育会 | |
| 　安田学園高等学校 | 156 |
| 学校法人 矢谷学園 | |
| 　鳥取城北高等学校 | 318 |
| 学校法人 八千代松陰学園 | |
| 　八千代松陰高等学校 | 116 |
| 学校法人 柳井学園 | |
| 　柳井学園高等学校 | 354 |
| 学校法人 柳学園 | |
| 　柳学園高等学校 | 306 |
| 学校法人 柳商学園 | |
| 　柳川高等学校 | 386 |
| 学校法人 矢野学園 | |
| 　八王子実践高等学校 | 150 |
| 学校法人 山内学園 | |
| 　香蘭女子短期大学 | 375 |
| 学校法人 山形学院 | |
| 　山形学院高等学校 | 57 |
| 学校法人 山形電波学園 | |
| 　山形電波工業高等学校 | 57 |
| 学校法人 山口学院 | |
| 　霞ケ関高等学校 | 94 |
| 　埼玉平成高等学校 | 97 |
| 学校法人 山口県桜ケ丘学園 | |
| 　山口県桜ケ丘高等学校 | 354 |
| 学校法人 山口高川学園 | |
| 　高川学園高等学校 | 350 |
| 学校法人 山口中村学園 | |
| 　中村女子高等学校 | 352 |
| 学校法人 ヤマザキ学園 | |
| 　ヤマザキ動物看護短期大学 | 128 |
| 学校法人 山崎学園 | |
| 　福島県磐城第一高等学校 | 65 |
| 　福島県磐城第二高等学校 | 65 |
| 　富士見高等学校 | 152 |
| 学校法人 山田学園 | |
| 　名古屋文化短期大学 | 234 |
| 学校法人 山手英学院 | |
| 　山手学院高等学校 | 172 |
| 学校法人 大和学園 | |
| 　聖セシリア女子短期大学 | 160 |
| 　聖セシリア女子高等学校 | 167 |
| 　大和青藍高等学校 | 387 |
| 学校法人 大和山学園 | |
| 　松風塾高等学校 | 28 |
| 学校法人 山中学園 | |
| 　如水館高等学校 | 340 |
| 学校法人 山梨英和学院 | |
| 　山梨英和大学 | 196 |
| 　山梨英和高等学校 | 199 |
| 学校法人 山梨学院 | |
| 　山梨学院大学 | 196 |
| 　山梨学院短期大学 | 197 |
| 　山梨学院大学附属高等学校 | 200 |
| 学校法人 山野学苑 | |
| 　山野美容芸術短期大学 | 128 |
| 学校法人 山村学園 | |
| 　山村学園短期大学 | 92 |
| 　山村国際高等学校 | 102 |
| 　山村女子高等学校 | 102 |
| 学校法人 山本学園 | |
| 　山本学園高等学校 | 57 |
| 学校法人 山脇学園 | |
| 　山脇学園短期大学 | 128 |
| 　山脇学園高等学校 | 156 |
| 学校法人 八女学院 | |
| 　八女学院高等学校 | 387 |
| 学校法人 行吉学園 | |
| 　神戸女子大学 | 291 |
| 　神戸女子短期大学 | 292 |
| 学校法人 百合学院 | |
| 　百合学院高等学校 | 307 |
| 学校法人 横須賀学院 | |
| 　横須賀学院高等学校 | 172 |
| 学校法人 横浜英和学院 | |
| 　横浜英和女学院高等学校 | 172 |
| 学校法人 横浜学院 | |
| 　横浜女学院高等学校 | 173 |
| 学校法人 横浜学園 | |
| 　横浜学園高等学校 | 172 |
| 学校法人 横浜共立学園 | |
| 　横浜共立学園高等学校 | 172 |
| 学校法人 横浜商科大学 | |
| 　横浜商科大学 | 159 |
| 学校法人 横浜商科大学高等学校 | |
| 　横浜商科大学高等学校 | 173 |
| 学校法人 横浜雙葉学園 | |
| 　横浜雙葉高等学校 | 174 |
| 学校法人 横浜山手女子学園 | |
| 　横浜山手女子高等学校 | 174 |
| 学校法人 吉沢学園 | |

| 吉用学園 | 学校法人別一覧 |

| | | |
|---|---|---|
| 　地球環境高等学校 | ……………………… | 207 |
| **学校法人 吉用学園** | | |
| 　柳ケ浦高等学校 | ……………………… | 413 |
| **学校法人 淀之水学院** | | |
| 　淀之水高等学校 | ……………………… | 289 |
| **学校法人 米子永島学園** | | |
| 　米子松蔭高等学校 | …………………… | 319 |
| **学校法人 酪農学園** | | |
| 　酪農学園大学 | …………………………… | 3 |
| 　酪農学園大学短期大学部 | ………… | 4 |
| 　とわの森三愛高等学校 | …………… | 16 |
| **学校法人 洛陽総合学院** | | |
| 　洛陽総合高等学校 | ………………… | 269 |
| **学校法人 ラ・サール学園** | | |
| 　ラ・サール高等学校 | ……………… | 428 |
| **学校法人 履正社** | | |
| 　履正社高等学校 | …………………… | 289 |
| **学校法人 立教学院** | | |
| 　立教大学 | …………………………… | 125 |
| 　立教池袋高等学校 | ………………… | 156 |
| 　立教新座高等学校 | ………………… | 102 |
| **学校法人 立教女学院** | | |
| 　立教女学院短期大学 | ……………… | 128 |
| 　立教女学院高等学校 | ……………… | 156 |
| **学校法人 立志舎** | | |
| 　立志舎高等学校 | …………………… | 156 |
| **学校法人 立正大学学園** | | |
| 　立正大学 | …………………………… | 125 |
| 　立正高等学校 | ……………………… | 157 |
| **学校法人 立命館** | | |
| 　立命館アジア太平洋大学 | ………… | 407 |
| 　立命館大学 | ………………………… | 262 |
| 　立命館宇治高等学校 | ……………… | 269 |
| 　立命館慶祥高等学校 | ……………… | 23 |
| 　立命館高等学校 | …………………… | 269 |
| 　立命館守山高等学校 | ……………… | 259 |
| **学校法人 龍谷大学** | | |
| 　龍谷大学 | …………………………… | 262 |
| 　龍谷大学短期大学部 | ……………… | 263 |
| **学校法人 柳城学院** | | |
| 　名古屋柳城短期大学 | ……………… | 234 |
| **学校法人 両洋学園** | | |
| 　京都両洋高等学校 | ………………… | 266 |
| **学校法人 ルーテル学院** | | |
| 　ルーテル学院大学 | ………………… | 125 |
| **学校法人 嶺南学園** | | |
| 　敦賀気比高等学校 | ………………… | 194 |
| **学校法人 櫔蔭学園** | | |
| 　聖光高等学校 | ……………………… | 350 |
| **学校法人 六甲学院** | | |
| 　六甲高等学校 | ……………………… | 307 |
| **学校法人 若松学園** | | |
| 　高稜高等学校 | ……………………… | 379 |
| **学校法人 和歌山信愛女子短期大学** | | |
| 　和歌山信愛女子短期大学 | ………… | 313 |
| 　和歌山信愛女子短期大学附属高等学校 …… | | 316 |
| **学校法人 和光学園** | | |

| | | |
|---|---|---|
| 　和光大学 | …………………………… | 125 |
| 　和光高等学校 | ……………………… | 157 |
| **学校法人 早稲田医療学園** | | |
| 　人間総合科学大学 | ………………… | 91 |
| **学校法人 早稲田学園** | | |
| 　わせがく高等学校 | ………………… | 117 |
| **学校法人 早稲田高等学校** | | |
| 　早稲田高等学校 | …………………… | 157 |
| **学校法人 早稲田実業学校** | | |
| 　早稲田大学系属早稲田実業学校高等部 …… | | 157 |
| **学校法人 早稲田大学** | | |
| 　早稲田大学 | ………………………… | 125 |
| 　早稲田大学高等学院 | ……………… | 157 |
| 　早稲田大学本庄高等学院 | ………… | 103 |
| **学校法人 渡辺学園** | | |
| 　東京家政大学 | ……………………… | 121 |
| 　東京家政大学短期大学部 | ………… | 127 |
| 　大分国際情報高等学校 | …………… | 409 |
| 　東京家政大学附属女子高等学校 | … | 145 |
| **学校法人 稚内大谷学園** | | |
| 　稚内大谷高等学校 | ………………… | 24 |
| **学校法人 稚内北星学園** | | |
| 　稚内北星学園大学 | ………………… | 3 |
| **学校法人 和洋学園** | | |
| 　和洋女子大学 | ……………………… | 104 |
| 　秋田和洋女子高等学校 | …………… | 49 |
| 　和洋九段女子高等学校 | …………… | 157 |
| 　和洋国府台女子高等学校 | ………… | 117 |

校 名 索 引

## 【あ】

相生工業高等学校 … 293
**相生高等学校** … 293
相生高等学校 … 293
**相生産業高等学校** … 293
相生産業高等学校 … 293
相生造船工業学校 … 293
愛花草舎 … 268
**愛川高等学校** … 161
愛川高等学校 … 161
**合川高等学校** … 49
合川高等学校 … 49
**相川高等学校** … 175
相川高等学校 … 176
相川高等女学校 … 176
相川中学校 … 176
愛甲郡高等実業補習学校 … 168
愛甲郡実業学校 … 168
愛甲郡実業補習学校 … 168
愛甲郡農業学校 … 168
愛甲郡立実業女学校 … 161
愛甲郡立女子実業補習学校 … 161
愛甲郡立第一実業補習学校 … 168
愛甲郡立農業補習学校 … 168
**愛光高等学校** … 363
愛光高等学校 … 363
愛甲農業学校 … 168
愛甲農業高等学校 … 168
愛甲農蚕学校 … 168
愛国学園女子短期大学 … 125
**愛国学園大学** … 103
愛国学園大学 … 103
**愛国学園大学附属四街道高等学校** … 105
愛国学園大学附属四街道高等学校 … 105
**愛国学園大学附属龍ケ崎高等学校** … 68
愛国学園大学附属龍ケ崎高等学校 … 68
**愛国学園短期大学** … 125
愛国学園短期大学 … 125
愛国学園短期大学附属四街道高等学校 … 105
愛国学園短期大学附属龍ケ崎高等学校 … 68
**愛国高等学校** … 129
愛国高等学校 … 129
愛国女子商業学校 … 129
**会津学鳳高等学校** … 59
会津学鳳高等学校 … 59
会津工業学校 … 59
**会津工業高等学校** … 59
会津工業高等学校 … 59
**会津高等学校** … 59
会津高等学校 … 59
会津女学校 … 59
会津女子技芸学校 … 59
会津女子高等学校 … 59

会津尋常中学校 … 59
会津第二工業学校 … 59
**会津第二高等学校** … 59
会津第二高等学校 … 59
**会津大学** … 58
会津大学 … 58
**会津大学短期大学部** … 59
会津大学短期大学部 … 59
会津短期大学 … 59
会津中学校 … 59
会津農業高等学校 … 59
会津農業高等学校 … 65
会津農林学校 … 59
**会津農林高等学校** … 59
会津農林高等学校 … 59
**会津若松ザベリオ学園高等学校** … 59
会津若松ザベリオ学園高等学校 … 59
愛泉高等女学校 … 281
愛泉女子短期大学 … 274
**愛知医科大学** … 230
愛知医科大学 … 230
愛知医科大学 … 232
愛知医学校 … 232
愛知英語学校 … 231
愛知県起工業学校 … 237
愛知外国語学校 … 235
**愛知学院大学** … 230
愛知学院大学 … 230
**愛知学院大学短期大学部** … 232
愛知学院大学短期大学部 … 233
愛知学院短期大学 … 233
愛知学芸大学 … 230
愛知学泉女子短期大学 … 233
**愛知学泉大学** … 230
愛知学泉大学 … 230
**愛知学泉短期大学** … 233
愛知学泉短期大学 … 233
愛知技術短期大学 … 233
**愛知教育大学** … 230
愛知教育大学 … 230
**愛知きわみ看護短期大学** … 233
愛知きわみ看護短期大学 … 233
**愛知啓成高等学校** … 234
愛知啓成高等学校 … 234
愛知県熱田中学校 … 240
愛知県安城農林学校 … 235
愛知県一宮工業学校 … 236
愛知県一宮商業学校 … 236
愛知県犬山高等女学校 … 236
愛知県岩津農商学校 … 236
愛知県内海高等学校 … 236
愛知県内海高等裁縫女学校 … 236
愛知県岡崎工業学校 … 237
愛知県岡崎師範学校 … 230
愛知県岡崎中学校 … 237
愛知県蒲郡高等学校 … 238
愛知県蒲郡高等女学校 … 238

あいちけん　校名索引

| 校名 | 頁 |
|---|---|
| 愛知県蒲郡実科高等女学校 | 238 |
| 愛知県蒲郡農学校 | 238 |
| 愛知県工業実務学校 | 234 |
| 愛知県国府高等女学校 | 239 |
| 愛知県小牧中学校 | 239 |
| 愛知県挙母中学校 | 243 |
| 愛知県猿投農学校 | 239 |
| 愛知県猿投農林学校 | 239 |
| 愛知県実業教員養成所 | 230 |
| 愛知県師範学校 | 230 |
| 愛知県商業学校 | 235 |
| 愛知県昭和中学校 | 240 |
| 愛知県尋常師範学校 | 230 |
| 愛知県尋常中学校 | 235 |
| 愛知県新城農蚕学校 | 240 |
| 愛知県水産試験場附設講習所 | 246 |
| 愛知県成章中学校 | 240 |
| 愛知県瀬戸高等女学校 | 241 |
| 愛知県第一高等女学校 | 247 |
| 愛知県第一師範学校 | 230 |
| 愛知県第一尋常中学校 | 235 |
| 愛知県第一中学校 | 235 |
| 愛知県第一中学校通信教育部 | 238 |
| 愛知県第二師範学校 | 230 |
| 愛知県第二尋常中学校 | 237 |
| 愛知県第二中学校 | 237 |
| 愛知県第四中学校 | 240 |
| 愛知県知多郡立高等女学校 | 245 |
| 愛知県知多高等女学校 | 245 |
| 愛知県中学校 | 235 |
| 愛知県津島高等女学校 | 242 |
| 愛知県常滑工業学校 | 242 |
| 愛知県常滑高等学校 | 242 |
| 愛知県常滑高等女学校 | 242 |
| 愛知県豊橋第二中学校 | 243 |
| 愛知県豊橋中学校 | 240 |
| 愛知県中川工業学校 | 234 |
| 愛知県中川中學校 | 240 |
| 愛知県名古屋高等女学校 | 238 |
| 愛知県名古屋商業学校 | 244 |
| 愛知県西尾高等女学校 | 245 |
| 愛知県丹羽郡高等女学校 | 246 |
| 愛知県丹羽高等女学校 | 246 |
| 愛知県農業補習学校教員養成所 | 230 |
| 愛知県幡豆郡立蚕学校 | 237 |
| 愛知県半田工業学校 | 245 |
| 愛知県半田工業高等学校 | 245 |
| 愛知県半田高等女学校 | 245 |
| 愛知県半田商業学校 | 245 |
| 愛知県半田商業専修学校 | 245 |
| 愛知県半田商工学校 | 245 |
| 愛知県半田商工高等学校 | 245 |
| 愛知県半田中学校 | 245 |
| 愛知県半田農業学校 | 246 |
| 愛知県半田南高等学校 | 245 |
| 愛知県碧南商業学校 | 246 |
| 愛知県碧南商工高等学校 | 246 |
| 愛知県宝飯郡実業学校 | 238 |
| 愛知県洋学校 | 235 |
| 愛知県養成学校 | 230 |
| 愛知県立医学専門学校 | 232 |
| 愛知県立医学校 | 232 |
| **愛知県立看護大学** | 230 |
| 愛知県立看護大学 | 230 |
| **愛知県立芸術大学** | 230 |
| 愛知県立芸術大学 | 230 |
| 愛知県立工業学校 | 234 |
| 愛知県立工業専門学校 | 232 |
| 愛知県立高等工業学校 | 232 |
| 愛知県立高等女学校 | 247 |
| 愛知県立蚕糸学校 | 237 |
| 愛知県立商業学校 | 235 |
| 愛知県立女子専門学校 | 230 |
| 愛知県立女子大学 | 230 |
| 愛知県立女子短期大学 | 230 |
| 愛知県立青年学校教員養成所 | 230 |
| 愛知県立第一高等学校 | 235 |
| 愛知県立第一高等女学校 | 247 |
| 愛知県立第一女子高等学校 | 247 |
| 愛知県立第一中学校 | 235 |
| 愛知県立第二高等女学校 | 244 |
| 愛知県立第二女子高等学校 | 244 |
| 愛知県立第二中学校 | 237 |
| 愛知県立第三中学 | 242 |
| 愛知県立第三中学校 | 242 |
| 愛知県立第四中学校 | 240 |
| 愛知県立第五中学校 | 240 |
| 愛知県立第七中学校 | 245 |
| 愛知県立第八中学校 | 238 |
| **愛知県立大学** | 230 |
| 愛知県立大学 | 230 |
| 愛知県立農学校 | 236 |
| 愛知県立農林学校 | 235 |
| **愛知工科大学** | 230 |
| 愛知工科大学 | 230 |
| **愛知工科大学短期大学部** | 233 |
| 愛知工科大学短期大学部 | 233 |
| **愛知工業高等学校** | 234 |
| 愛知工業高等学校 | 234 |
| **愛知工業大学** | 230 |
| 愛知工業大学 | 230 |
| **愛知工業大学名電高等学校** | 234 |
| 愛知工業大学名電高等学校 | 234 |
| 愛知工芸学校 | 237 |
| **愛知高等学校（愛知・私）** | 234 |
| 愛知高等学校 | 234 |
| 愛知高等実集修女学校 | 243 |
| 愛知高等和洋女学校 | 243 |
| **愛知江南短期大学** | 233 |
| 愛知江南短期大学 | 233 |
| **愛知産業大学** | 230 |
| 愛知産業大学 | 230 |
| **愛知産業大学工業高等学校** | 234 |
| 愛知産業大学工業高等学校 | 234 |

| 校名 | 頁 |
|---|---|
| **愛知産業大学三河高等学校** | 234 |
| 愛知産業大学三河高等学校 | 235 |
| 愛知実修女子高等学校 | 243 |
| **愛知淑徳高等学校** | 235 |
| 愛知淑徳高等学校 | 235 |
| 愛知淑徳高等女学校 | 235 |
| 愛知淑徳女学校 | 235 |
| **愛知淑徳大学** | 230 |
| 愛知淑徳大学 | 230 |
| **愛知商業高等学校** | 235 |
| 愛知商業高等学校 | 235 |
| 愛知商業高等学校 | 240 |
| 愛知女子工芸高等学校 | 234 |
| **愛知女子高等学校** | 235 |
| 愛知女子高等学校 | 235 |
| 愛知女子商業学園高等学校 | 235 |
| 愛知女子大学 | 230 |
| 愛知女子短期大学 | 230 |
| 愛知女子短期大学 | 233 |
| 愛知女子短期大学部 | 233 |
| **愛知新城大谷大学** | 230 |
| 愛知新城大谷大学 | 230 |
| **愛知新城大谷大学短期大学部** | 233 |
| 愛知新城大谷大学短期大学部 | 233 |
| 愛知新城大谷短期大学 | 233 |
| 愛知青年師範学校 | 230 |
| 愛知第一師範学校 | 230 |
| 愛知第二師範学校 | 230 |
| **愛知大学** | 230 |
| 愛知大学 | 230 |
| **愛知大学短期大学部** | 233 |
| 愛知大学短期大学部 | 233 |
| 愛知中学校 | 234 |
| 愛知常磐女子商業学校 | 241 |
| **愛知文教女子短期大学** | 233 |
| 愛知文教女子短期大学 | 233 |
| **愛知文教大学** | 230 |
| 愛知文教大学 | 230 |
| **愛知みずほ大学** | 230 |
| 愛知みずほ大学 | 230 |
| **愛知みずほ大学短期大学部** | 233 |
| 愛知みずほ大学短期大学部 | 233 |
| **愛知みずほ大学瑞穂高等学校** | 235 |
| 愛知みずほ大学瑞穂高等学校 | 235 |
| 愛知和洋製縫女学校 | 243 |
| 会津杏林学園高等学校 | 63 |
| **愛徳学園高等学校** | 293 |
| 愛徳学園高等学校 | 293 |
| **愛農学園農業高等学校** | 248 |
| 愛農学園農業高等学校 | 248 |
| 愛農塾 | 248 |
| **藍野学院短期大学** | 272 |
| 藍野学院短期大学 | 272 |
| **藍野大学** | 270 |
| 藍野大学 | 270 |
| **相原高等学校** | 161 |
| 相原高等学校 | 161 |
| 相原農蚕学校 | 161 |
| 相原農蚕高等学校 | 161 |
| **愛別高等学校** | 4 |
| 愛別高等学校 | 4 |
| 姶良郡高等女学校 | 425 |
| 姶良郡立工業学校 | 423 |
| 姶良郡立工業徒弟学校 | 423 |
| **葵高等学校** | 59 |
| 葵高等学校 | 59 |
| **青井高等学校** | 129 |
| 青井高等学校 | 129 |
| 青島高等裁縫女学校 | 227 |
| 青葉ケ丘女子高等学校 | 379 |
| **青森明の星高等学校** | 25 |
| 青森明の星高等学校 | 25 |
| 青森明の星高等女学校 | 25 |
| **青森明の星短期大学** | 25 |
| 青森明の星短期大学 | 25 |
| 青森医学専門学校 | 24 |
| 青森技藝学院 | 25 |
| **青森北高等学校** | 25 |
| 青森北高等学校 | 25 |
| 青森県鰺ヶ沢高等学校 | 26 |
| 青森県鰺ヶ沢女学校 | 26 |
| 青森県板柳高等女学校 | 26 |
| 青森県板柳町立高等女学校 | 26 |
| 青森県板柳町立実科高等女学校 | 26 |
| 青森県大三沢高等学校 | 31 |
| 青森県大三沢高等学校 | 31 |
| 青森県大湊高等学校 | 26 |
| 青森県金木高等学校相内分校 | 26 |
| 青森県金木高等学校小泊分校 | 26 |
| 青森県黒石高等女学校 | 27 |
| 青森県五所川原農学校 | 27 |
| 青森県五戸高等学校 | 27 |
| 青森県三戸高等学校 | 27 |
| 青森県三戸高等学校田子分校 | 28 |
| 青森県七戸高等女学校 | 28 |
| 青森県尋常中学校 | 30 |
| 青森県尋常中学校八戸分校 | 29 |
| 青森県水産講習所 | 29 |
| 青森県水産試験場伝習部 | 29 |
| 青森県第一高等女学校 | 30 |
| 青森県第一中学校 | 30 |
| 青森県第二尋常中学校 | 29 |
| 青森県第二中学校 | 29 |
| 青森県第三中学校 | 25 |
| 青森県田名部町立中学校 | 28 |
| 青森県畜産学校 | 28 |
| 青森県中学校 | 30 |
| 青森県津軽高等学校 | 26 |
| 青森県名久井農業学校 | 29 |
| 青森県七和高等学校 | 27 |
| 青森県浪岡高等学校 | 29 |
| 青森県浪岡高等女学校 | 29 |
| 青森県浪岡女子実務学校 | 29 |
| 青森県農学校 | 28 |

| 校名 | 頁 |
|---|---|
| 青森県八戸商業学校 | 29 |
| 青森県藤崎高等学校 | 30 |
| 青森県藤崎農芸高等学校 | 30 |
| 青森県百石高等学校 | 31 |
| 青森県立工業学校 | 30 |
| 青森県立実業高等学校 | 25 |
| 青森県立商業学校 | 25 |
| 青森県立水産学校 | 29 |
| 青森県立第一工業学校 | 25 |
| 青森県立第一高等女学校 | 30 |
| 青森県立第一尋常中学校 | 30 |
| 青森県立第一中学校 | 30 |
| 青森県立第二工業学校 | 25 |
| 青森県立第二高等女学校 | 30 |
| 青森県立第二中学校 | 29 |
| 青森県立第三高等女学校 | 25 |
| 青森県立第三中学校 | 25 |
| 青森県立農学校 | 27 |
| **青森県立保健大学** | 24 |
| 青森県立保健大学 | 24 |
| 青森工業学校 | 25 |
| **青森工業高等学校** | 25 |
| 青森工業高等学校 | 25 |
| 青森工業高等学校今別分校 | 26 |
| 青森工業高等学校小湊分校 | 30 |
| **青森高等学校** | 25 |
| 青森高等学校 | 25 |
| 青森高等技藝学院 | 25 |
| 青森高等女学校 | 25 |
| **青森公立大学** | 24 |
| 青森公立大学 | 24 |
| 青森市工芸学校 | 25 |
| 青森師範学校 | 24 |
| **青森商業高等学校** | 25 |
| 青森商業高等学校 | 25 |
| 青森商業高等学校小湊分校 | 30 |
| 青森商業補習夜学校 | 25 |
| 青森商工補習学校 | 30 |
| 青森女子高等学校 | 25 |
| 青森女子実業補習学校 | 25 |
| 青森女子商業学校 | 25 |
| 青森市立工業徒弟学校 | 25 |
| 青森市立高等学校 | 31 |
| 青森市立実科高等女学校 | 25 |
| 青森市立商業補習夜学校 | 25 |
| 青森市立女子高等学校 | 25 |
| 青森市立女子高等学校小湊分校 | 30 |
| 青森市立女子実業学校 | 25 |
| 青森市立第一高等学校 | 25 |
| 青森市立第一中学校 | 25 |
| 青森市立第二中学校 | 30 |
| 青森市立中央高等学校 | 25 |
| 青森市立中央高等学校小湊分校 | 30 |
| 青森青年学校 | 30 |
| 青森青年師範学校 | 24 |
| **青森大学** | 24 |
| 青森大学 | 24 |
| 青森短期大学 | 25 |
| 青森短期大学 | 25 |
| **青森中央学院大学** | 24 |
| 青森中央学院大学 | 24 |
| **青森中央高等学校** | 25 |
| 青森中央高等学校 | 25 |
| 青森中央女子短期大学 | 25 |
| **青森中央短期大学** | 25 |
| 青森中央短期大学 | 25 |
| 青森中学校 | 25 |
| **青森戸山高等学校** | 25 |
| 青森戸山高等学校 | 25 |
| **青森西高等学校** | 25 |
| 青森西高等学校 | 25 |
| **青森東高等学校** | 25 |
| 青森東高等学校 | 26 |
| 青森東高等学校平内分校 | 30 |
| **青森南高等学校** | 26 |
| 青森南高等学校 | 26 |
| **青森山田高等学校** | 26 |
| 青森山田高等学校 | 26 |
| **青谷高等学校** | 317 |
| 青谷高等学校 | 317 |
| 青山学院 | 117 |
| 青山学院高等女学部 | 117 |
| **青山学院高等部** | 129 |
| 青山学院高等部 | 129 |
| **青山学院女子短期大学** | 125 |
| 青山学院女子短期大学 | 125 |
| **青山学院大学** | 117 |
| 青山学院大学 | 117 |
| **青山高等学校** | 129 |
| 青山高等学校 | 129 |
| 青山女学院 | 117 |
| 青山女子高等学校 | 381 |
| 青山中学校 | 129 |
| 赤岡中学校 | 371 |
| **赤坂高等学校** | 129 |
| 赤坂高等学校 | 129 |
| 赤坂商業学校 | 129 |
| 赤坂女子商業学校 | 129 |
| 赤坂女子新制高等学校 | 129 |
| 赤碕高等学校 | 318 |
| **明石北高等学校** | 293 |
| 明石北高等学校 | 293 |
| **明石工業高等専門学校** | 293 |
| 明石工業高等専門学校 | 293 |
| **明石高等学校** | 293 |
| 明石高等学校 | 293 |
| **明石清水高等学校** | 293 |
| 明石清水高等学校 | 293 |
| **明石商業高等学校** | 293 |
| 明石商業高等学校 | 293 |
| **明石城西高等学校** | 294 |
| 明石城西高等学校 | 294 |
| 明石女子短期大学 | 292 |
| 明石市立東高等学校 | 297 |

| 校名 | ページ |
|---|---|
| 明石短期大学 | 292 |
| 明石中学校 | 293 |
| **明科高等学校** | 202 |
| 明科高等学校 | 202 |
| **明石西高等学校** | 294 |
| 明石西高等学校 | 294 |
| **明石南高等学校** | 294 |
| 明石南高等学校 | 294 |
| 吾田高等学校 | 418 |
| 吾田高等学校水産科 | 418 |
| 暁学園 | 248 |
| **暁高等学校** | 248 |
| 暁高等学校 | 248 |
| 暁の星学院 | 44 |
| 吾妻郡立実科高等女学校 | 84 |
| **吾妻高等学校** | 84 |
| 吾妻高等学校 | 84 |
| 吾妻高等学校長野原分校 | 88 |
| 吾妻高等女学校 | 84 |
| 吾妻実科高等女学校 | 84 |
| 吾妻農学校 | 88 |
| **阿賀野高等学校** | 176 |
| 阿賀野高等学校 | 176 |
| 赤羽高等学校 | 129 |
| **赤羽商業高等学校** | 129 |
| 赤羽商業高等学校 | 129 |
| **赤平高等学校** | 4 |
| 赤平高等学校 | 4 |
| 赤間関商業講習所 | 350 |
| 赤松高等学校 | 152 |
| 赤松女子高等学校 | 152 |
| 赤湯園芸高等学校 | 56 |
| **阿賀黎明高等学校** | 176 |
| 阿賀黎明高等学校 | 176 |
| **阿寒高等学校** | 4 |
| 阿寒高等学校 | 4 |
| **秋草学園短期大学** | 91 |
| 秋草学園短期大学 | 91 |
| **秋草学園高等学校** | 92 |
| 秋草学園高等学校 | 92 |
| 安芸工業高等学校 | 370 |
| **阿木高等学校** | 212 |
| 阿木高等学校 | 212 |
| **安芸高等学校（広島・県）** | 335 |
| 安芸高等学校 | 335 |
| **安芸高等学校（高知・県）** | 369 |
| 安芸高等学校 | 370 |
| 安芸高等学校工業科 | 370 |
| 安芸高等女学校 | 369 |
| **安芸桜ケ丘高等学校** | 370 |
| 安芸桜ケ丘高等学校 | 370 |
| 安芸女子高等学校 | 370 |
| 秋田愛国女学館 | 50 |
| **秋田栄養短期大学** | 48 |
| 秋田栄養短期大学 | 48 |
| **秋田看護福祉大学** | 48 |
| 秋田看護福祉大学 | 48 |
| 秋田北高等学校 | 49 |
| 秋田北高等学校 | 49 |
| 秋田経済大学 | 48 |
| 秋田経済大学付属合川高等学校 | 49 |
| 秋田経済大学附属高等学校 | 49 |
| **秋田経済法科大学** | 48 |
| 秋田経済法科大学 | 48 |
| 秋田経済法科大学短期大学部 | 48 |
| **秋田経済法科大学附属高等学校** | 49 |
| 秋田経済法科大学附属高等学校 | 49 |
| 秋田桂城短期大学 | 48 |
| 秋田県大館高等女学校 | 50 |
| 秋田県簡易農学校 | 50 |
| 秋田県工業講習所 | 51 |
| 秋田県五城目高等学校 | 51 |
| 秋田県五城目高等女学校 | 51 |
| 秋田県五城目実科高等女学校 | 51 |
| 秋田県師範学校 | 49 |
| 秋田県尋常中学校農業専修科 | 50 |
| 秋田県第一尋常中学校 | 49 |
| 秋田県第一中学校 | 49 |
| 秋田県第二尋常中学校 | 50 |
| 秋田県第二中学校 | 50 |
| 秋田県第三尋常中学校 | 52 |
| 秋田県土崎高等女学校 | 49 |
| 秋田県農業学校 | 50 |
| 秋田県増田町立実科高等女学校 | 52 |
| 秋田県由利郡本荘町立実科高等女学校 | 52 |
| 秋田県横手高等女学校 | 53 |
| 秋田県立海洋技術高等学校 | 50 |
| **秋田県立大学** | 48 |
| 秋田県立大学 | 48 |
| 秋田県立農林学校 | 51 |
| 秋田工業学校 | 49 |
| **秋田工業高等学校** | 49 |
| 秋田工業高等学校 | 49 |
| **秋田工業高等専門学校** | 49 |
| 秋田工業高等専門学校 | 49 |
| 秋田鉱山専門学校 | 48 |
| 秋田高等家政女学校 | 51 |
| **秋田高等学校** | 49 |
| 秋田高等学校 | 49 |
| 秋田高等学校（定時制課程） | 49 |
| 秋田高等女学校 | 49 |
| **秋田公立美術工芸短期大学** | 48 |
| 秋田公立美術工芸短期大学 | 48 |
| 秋田市商業学校 | 49 |
| 秋田市土崎女学校 | 49 |
| 秋田師範学校 | 48 |
| **秋田修英高等学校** | 49 |
| 秋田修英高等学校 | 49 |
| **秋田商業高等学校** | 49 |
| 秋田商業高等学校 | 49 |
| 秋田女子技芸学校 | 51 |
| 秋田女子実業高等学校 | 51 |
| 秋田市立高等学校 | 49 |
| 秋田市立商業高等学校 | 49 |

| 校名 | 頁 | 校名 | 頁 |
|---|---|---|---|
| **秋田市立中学校** | 49 | 明野高等学校 | 249 |
| 秋田尋常中学校 | 49 | 明野高等学校 | 250 |
| 秋田青年師範学校 | 48 | 明野高等養蚕伝習所 | 248 |
| 秋田第二中学校 | 49 | **安下庄高等学校** | 347 |
| **秋田大学** | 48 | 安下庄高等学校 | 347 |
| 秋田大学 | 48 | 安下庄中学校 | 347 |
| 秋田短期大学 | 48 | 明野養蚕学校 | 248 |
| 秋田短期大学付属合川高等学校 | 49 | 明野養蚕学校 | 249 |
| 秋田短期大学附属高等学校 | 49 | **あけぼの学園高等学校** | 249 |
| **秋田中央高等学校** | 49 | あけぼの学園高等学校 | 249 |
| 秋田中央高等学校 | 49 | 赤穂北高等学校 | 294 |
| 秋田中央高等学校（定時制） | 49 | **赤穂高等学校（長野・県）** | 202 |
| 秋田中学校 | 49 | 赤穂高等学校 | 202 |
| **秋田西高等学校** | 49 | 赤穂高等学校 | 205 |
| 秋田西高等学校 | 49 | **赤穂高等学校（兵庫・県）** | 294 |
| 秋田南高等学校夜間部 | 49 | 赤穂高等学校 | 294 |
| 秋田農学校 | 50 | 赤穂高等女学校 | 202 |
| 秋田農業学校 | 50 | 赤穂高等女学校 | 294 |
| 秋田東高等学校 | 49 | 赤穂公民実業学校 | 202 |
| **秋田南高等学校** | 49 | 赤穂実科高等女学校 | 294 |
| 秋田南高等学校 | 49 | 赤穂実科女学校 | 294 |
| 秋田南高等学校（定時制課程） | 49 | 赤穂女子実業学校 | 202 |
| **秋田明徳館高等学校** | 49 | 赤穂染織学校 | 202 |
| 秋田明徳館高等学校 | 49 | 赤穂村立公民実業学校 | 202 |
| 秋田夜間中学校 | 49 | 赤穂中学校 | 294 |
| **秋田和洋女子高等学校** | 49 | 赤穂農商学校 | 202 |
| 秋田和洋女子高等学校 | 50 | 赤穂農商学校福岡農場 | 205 |
| 安芸中学校 | 369 | 赤穂南高等学校 | 294 |
| **安芸府中高等学校** | 335 | **浅井学園大学** | 1 |
| 安芸府中高等学校 | 335 | 浅井学園大学 | 1 |
| **安芸南高等学校** | 335 | **浅井学園大学短期大学部** | 3 |
| 安芸南高等学校 | 335 | 浅井学園大学短期大学部 | 3 |
| **秋留台高等学校** | 129 | **麻生高等学校（神奈川・県）** | 161 |
| 秋留台高等学校 | 129 | 麻生高等学校 | 161 |
| **阿久比高等学校** | 235 | **麻生総合高等学校** | 161 |
| 阿久比高等学校 | 235 | 麻生総合高等学校 | 161 |
| **芥田学園高等学校** | 219 | あさか開成高等学校 | 62 |
| 芥田学園高等学校 | 219 | **安積高等学校** | 60 |
| **芥川高等学校** | 274 | 安積高等学校 | 60 |
| 芥川高等学校 | 274 | **朝霞高等学校** | 92 |
| 阿久根高等学校 | 422 | 朝霞高等学校 | 92 |
| 阿久根農業高等学校 | 422 | **安積高等学校御舘分校** | 60 |
| **上尾高等学校** | 92 | 安積高等学校御舘分校 | 60 |
| 上尾高等学校 | 92 | 安積高等女学校 | 60 |
| **上尾沼南高等学校** | 92 | 安積実科高等女学校 | 60 |
| 上尾沼南高等学校 | 92 | 安積商業高等学校 | 64 |
| **上尾橘高等学校** | 92 | 安積女子高等学校 | 60 |
| 上尾橘高等学校 | 92 | 安積中学校 | 60 |
| **上尾東高等学校** | 92 | **朝霞西高等学校** | 92 |
| 上尾東高等学校 | 92 | 朝霞西高等学校 | 92 |
| **上尾南高等学校** | 92 | 浅香山高等学校 | 283 |
| 上尾南高等学校 | 92 | 浅香山電気工業学校 | 283 |
| **明智商業高等学校** | 212 | **安積黎明高等学校** | 60 |
| 明智商業高等学校 | 212 | 安積黎明高等学校 | 60 |
| **明野高等学校（茨城・県）** | 68 | **安佐北高等学校** | 335 |
| 明野高等学校 | 68 | 安佐北高等学校 | 335 |
| **明野高等学校（三重・県）** | 248 | 浅草高等学校 | 129 |

| 校名 | 頁 |
|---|---|
| 浅草高等学校 | 129 |
| 浅草高等実践女学校 | 154 |
| 浅草高等女学校 | 142 |
| 浅草専修学校 | 135 |
| 朝倉郡立実業補修学校 | 376 |
| **朝倉高等学校** | 376 |
| 朝倉高等学校 | 376 |
| 朝倉高等女学校 | 376 |
| 朝倉実業学校 | 377 |
| 朝倉中学校 | 376 |
| 朝倉農学校 | 376 |
| **朝倉農業高等学校** | 376 |
| 朝倉農業高等学校 | 376 |
| **朝倉東高等学校** | 376 |
| 朝倉東高等学校 | 376 |
| **朝明高等学校** | 249 |
| 朝明高等学校 | 249 |
| **厚狭高等学校** | 347 |
| 厚狭高等学校 | 347 |
| 厚狭高等女学校 | 347 |
| 厚狭女子高等学校 | 347 |
| 厚狭中学校 | 347 |
| 浅野学校 | 339 |
| **浅野高等学校** | 161 |
| 浅野高等学校 | 161 |
| 浅野綜合中学校 | 161 |
| **朝羽高等学校** | 377 |
| 朝羽高等学校 | 377 |
| **旭丘高等学校（神奈川・私）** | 161 |
| 旭丘高等学校 | 161 |
| **旭丘高等学校（愛知・県）** | 235 |
| 旭丘高等学校 | 235 |
| 旭丘高等学校春日井分校 | 237 |
| **旭川医科大学** | 1 |
| 旭川医科大学 | 1 |
| **旭川北高等学校** | 4 |
| 旭川北高等学校 | 4 |
| 旭川北高等学校鷹栖分校 | 15 |
| **旭川工業高等学校** | 4 |
| 旭川工業高等学校 | 4 |
| **旭川工業高等専門学校** | 4 |
| 旭川工業高等専門学校 | 4 |
| 旭川高等学校 | 5 |
| 旭川高等女学校 | 5 |
| **旭川実業高等学校** | 4 |
| 旭川実業高等学校 | 4 |
| 旭川商業学校 | 5 |
| **旭川商業高等学校** | 4 |
| 旭川商業高等学校 | 5 |
| 旭川女子高等学校 | 5 |
| 旭川女子短期大学 | 3 |
| 旭川市立高等学校 | 4 |
| 旭川市立中学校 | 4 |
| **旭川大学** | 1 |
| 旭川大学 | 1 |
| **旭川大学高等学校** | 5 |
| 旭川大学高等学校 | 5 |
| 旭川大学女子短期大学部 | 3 |
| 旭川大学女子短期大学部 | 3 |
| 旭川中学校 | 5 |
| **旭川東栄高等学校** | 5 |
| 旭川東栄高等学校 | 5 |
| **旭川西高等学校** | 5 |
| 旭川西高等学校 | 5 |
| 旭川日本大学高等学校 | 5 |
| **旭川農業高等学校** | 5 |
| 旭川農業高等学校 | 5 |
| **旭川東高等学校** | 5 |
| 旭川東高等学校 | 5 |
| 旭川東高等学校上川分校 | 9 |
| **旭川藤女子高等学校** | 5 |
| 旭川藤女子高等学校 | 5 |
| **旭川北都商業高等学校** | 5 |
| 旭川北都商業高等学校 | 5 |
| **旭川南高等学校** | 5 |
| 旭川南高等学校 | 5 |
| **旭川明成高等学校** | 5 |
| 旭川明成高等学校 | 5 |
| 旭川竜谷学園高等学校 | 5 |
| **旭川竜谷高等学校** | 5 |
| 旭川竜谷高等学校 | 5 |
| **旭川凌雲高等学校** | 5 |
| 旭川凌雲高等学校 | 5 |
| **旭高等学校（神奈川・県）** | 161 |
| 旭高等学校 | 161 |
| **旭高等学校（大阪・県）** | 274 |
| 旭高等学校 | 274 |
| **朝日大学** | 210 |
| 朝日大学 | 210 |
| **旭農業高等学校** | 105 |
| 旭農業高等学校 | 106 |
| **旭野高等学校** | 235 |
| 旭野高等学校 | 235 |
| **麻布高等学校** | 129 |
| 麻布高等学校 | 129 |
| 麻布獣医学校 | 158 |
| 麻布獣医科大学 | 158 |
| 麻布獣医専門学校 | 158 |
| 麻布獣医畜産学校 | 158 |
| 麻布獣医畜産専門学校 | 158 |
| 麻布尋常中学校 | 129 |
| **麻布大学** | 158 |
| 麻布大学 | 158 |
| **麻布大学附属渕野辺高等学校** | 161 |
| 麻布大学附属渕野辺高等学校 | 161 |
| 麻布中学校 | 129 |
| 麻布中等夜学校 | 129 |
| **麻溝台高等学校** | 161 |
| 麻溝台高等学校 | 161 |
| **亜細亜大学** | 117 |
| 亜細亜大学 | 117 |
| **亜細亜大学短期大学部** | 125 |
| 亜細亜大学短期大学部 | 125 |
| 足尾工業学校 | 81 |

| | | | |
|---|---|---|---|
| 足尾高等学校 | 81 | 芦屋高等女学校 | 294 |
| 足尾高等女学校 | 81 | 芦屋女子高等学校 | 294 |
| 足利学園高等学校 | 81 | 芦屋女子短期大学 | 292 |
| 足利工業学校 | 77 | 芦屋女子短期大学 | 292 |
| 足利工業高等学校 | 77 | 芦屋大学 | 290 |
| 足利工業高等学校 | 77 | 芦屋大学 | 290 |
| 足利工業大学 | 76 | 芦屋大学附属高等学校 | 294 |
| 足利工業大学 | 76 | 芦屋大学附属高等学校 | 294 |
| 足利工業大学附属高等学校 | 77 | 芦屋中学校 | 294 |
| 足利工業大学附属高等学校 | 77 | 足寄高等学校 | 5 |
| 足利高等家政女学校 | 81 | 足寄高等学校 | 5 |
| 足利高等学校 | 77 | 飛鳥高等学校 | 129 |
| 足利高等学校 | 77 | 飛鳥高等学校 | 129 |
| 足利高等女学校 | 77 | 足助高等学校 | 235 |
| 足利裁縫女学校 | 81 | 足助高等学校 | 235 |
| 足利商業高等学校 | 77 | 足助高等学校松平分校 | 246 |
| 足利商業高等学校 | 77 | 梓川高等学校 | 202 |
| 足利女子高等学校 | 77 | 梓川高等学校 | 202 |
| 足利女子高等学校 | 77 | あずさ第一高等学校 | 106 |
| 足利女子高等学校西分校 | 77 | あずさ第一高等学校 | 106 |
| 足利女子商業学校 | 77 | 梓農業高等学校 | 202 |
| 足利短期大学 | 76 | 安曇川高等学校 | 255 |
| 足利短期大学 | 76 | 安曇川高等学校 | 255 |
| 足利短期大学附属高等学校 | 77 | 足羽高等学校 | 193 |
| 足利短期大学附属高等学校 | 77 | 足羽高等学校 | 193 |
| 足利中学校 | 77 | 麻生高等学校（茨城・県） | 68 |
| 足利西高等学校 | 77 | 麻生高等学校 | 68 |
| 足利西高等学校 | 77 | 麻生中学校 | 68 |
| 足利南高等学校 | 77 | 阿蘇高等学校 | 400 |
| 足利南高等学校 | 77 | 阿蘇高等学校 | 400 |
| 鰺ヶ沢高等学校 | 26 | 阿蘇高等学校 | 401 |
| 鰺ヶ沢高等学校 | 26 | 阿蘇高等学校小国分校 | 401 |
| 足柄上郡農業補習学校 | 174 | 阿蘇高等学校白水分校 | 404 |
| 足柄上郡立農林学校 | 174 | 阿蘇高等学校高森分校 | 404 |
| 足柄高等学校 | 161 | 阿蘇高等女学校 | 400 |
| 足柄高等学校 | 161 | 阿蘇清峰高等学校 | 400 |
| 足柄実科高等女学校 | 163 | 阿蘇清峰高等学校 | 400 |
| 芦北高等学校 | 400 | 阿蘇農業学校 | 400 |
| 芦北高等学校 | 400 | 阿蘇農業高等学校 | 400 |
| 芦北高等女学校 | 400 | 阿蘇北部実科女学校 | 401 |
| 芦北農林学校 | 400 | 足立学園高等学校 | 129 |
| 芦北農林高等学校 | 400 | 足立学園高等学校 | 129 |
| 芦品郡立実科高等女学校 | 344 | 足立工業高等学校 | 129 |
| 芦品高等女学校 | 344 | 足立工業高等学校 | 129 |
| 芦品中学校 | 344 | 足立高等家政女学校 | 129 |
| 芦品まなび学園高等学校 | 335 | 安達高等学校 | 60 |
| 芦品まなび学園高等学校 | 335 | 安達高等学校 | 60 |
| 芦別高等学校 | 5 | 足立高等学校 | 129 |
| 芦別高等学校 | 5 | 足立高等学校 | 129 |
| 芦別高等女学校 | 5 | 足立高等学校 | 130 |
| 芦間高等学校 | 275 | 足立高等学校上沼田分校 | 130 |
| 芦間高等学校 | 275 | 安達高等学校針道分校 | 60 |
| 安心院高等学校 | 408 | 足立高等女学校 | 130 |
| 安心院高等学校 | 408 | 安達女子高等学校 | 60 |
| 芦屋高等学校（兵庫・県） | 294 | 足立新田高等学校 | 130 |
| 芦屋高等学校（尼崎・市） | 294 | 足立新田高等学校 | 130 |
| 芦屋高等学校 | 294 | 安達中学校 | 60 |

| 校名 | 頁 | 校名 | 頁 |
|---|---|---|---|
| **足立西高等学校** | 130 | **跡見学校** | 130 |
| 足立西高等学校 | 130 | 跡見高等女学校 | 130 |
| **足立東高等学校** | 130 | **穴吹高等学校** | 355 |
| 足立東高等学校 | 130 | 穴吹高等学校 | 355 |
| **安達東高等学校** | 60 | **阿南工業高等学校** | 355 |
| 安達東高等学校 | 60 | 阿南工業高等学校 | 355 |
| **熱海高等学校** | 219 | **阿南工業高等専門学校** | 355 |
| 熱海高等学校 | 219 | 阿南工業高等専門学校 | 355 |
| 熱海高等女学校 | 219 | **阿南高等学校** | 202 |
| **阿智高等学校** | 202 | 阿南高等学校 | 202 |
| 阿智高等学校 | 202 | **姉崎高等学校** | 106 |
| **厚木北高等学校** | 161 | 姉崎高等学校 | 106 |
| 厚木北高等学校 | 161 | **網走高等学校** | 5 |
| **厚木高等学校** | 161 | 網走高等学校 | 6 |
| 厚木高等学校 | 161 | 網走高等学校常呂分校 | 16 |
| 厚木高等女学校 | 161 | 網走高等技芸学校 | 6 |
| 厚木実科高等女学校 | 161 | 網走高等女学校 | 6 |
| **厚木商業高等学校** | 161 | **網走向陽高等学校** | 6 |
| 厚木商業高等学校 | 161 | 網走向陽高等学校 | 6 |
| 厚木女子高等学校 | 161 | 網走向陽高等学校小清水分校 | 11 |
| **厚木清南高等学校** | 161 | 網走女子技芸専門学校 | 6 |
| 厚木清南高等学校 | 161 | 網走女子高等学校 | 6 |
| 厚木中学校 | 161 | 網走中学校 | 6 |
| **厚木西高等学校** | 161 | **網走南ヶ丘高等学校** | 6 |
| 厚木西高等学校 | 161 | 網走南ヶ丘高等学校 | 6 |
| **厚木東高等学校** | 161 | 網走南ヶ丘高等学校小清水分校 | 11 |
| 厚木東高等学校 | 161 | 網走南ヶ丘高等学校常呂分校 | 16 |
| 厚木南高等学校 | 161 | **我孫子高等学校** | 106 |
| 厚岸家政女学校 | 5 | 我孫子高等学校 | 106 |
| 厚岸高等学校 | 5 | **我孫子二階堂高等学校** | 106 |
| 厚岸高等学校霧多布分校 | 10 | 我孫子二階堂高等学校 | 106 |
| 厚岸高等女学校 | 5 | **虻田高等学校** | 6 |
| **厚岸潮見高等学校** | 5 | 虻田高等学校 | 6 |
| 厚岸潮見高等学校 | 5 | **阿武野高等学校** | 275 |
| 厚岸実科高等女学校 | 5 | 阿武野高等学校 | 275 |
| 厚岸女子高等学校 | 5 | 油津水産学校 | 418 |
| 厚岸水産学校 | 5 | **安部学院高等学校** | 130 |
| **厚岸水産高等学校** | 5 | 安部学院高等学校 | 130 |
| 厚岸水産高等学校 | 5 | 安倍郡立農学校 | 223 |
| **熱田高等学校** | 235 | **阿倍野高等学校** | 275 |
| 熱田高等学校 | 235 | 阿倍野高等学校 | 275 |
| 熱田高等学校 | 240 | 阿部野高等学校 | 275 |
| **厚真高等学校** | 5 | 阿部野高等女学校 | 275 |
| 厚真高等学校 | 5 | 阿北高等学校(全日制) | 355 |
| 温海高等学校 | 56 | 阿北高等学校(定時制) | 355 |
| **渥美農業高等学校** | 235 | **網干高等学校** | 294 |
| 渥美農業高等学校 | 235 | 網干高等学校 | 294 |
| 阿哲高等技芸学校 | 327 | **尼崎稲園高等学校** | 294 |
| **左沢高等学校** | 53 | 尼崎稲園高等学校 | 294 |
| 左沢高等学校 | 54 | **尼崎小田高等学校** | 294 |
| **跡見学園高等学校** | 130 | 尼崎小田高等学校 | 294 |
| 跡見学園高等学校 | 130 | **尼崎北高等学校** | 294 |
| **跡見学園女子大学** | 90 | 尼崎北高等学校 | 294 |
| 跡見学園女子大学 | 90 | 尼崎工業学校 | 294 |
| **跡見学園女子大学短期大学部** | 125 | **尼崎工業高等学校(兵庫・県)** | 294 |
| 跡見学園女子大学短期大学部 | 126 | **尼崎工業高等学校(尼崎・市)** | 294 |
| 跡見学園短期大学 | 126 | 尼崎工業高等学校 | 294 |

| 校名 | 頁 |
|---|---|
| **尼崎高等学校（兵庫・県）** | 294 |
| **尼崎高等学校（尼崎・市）** | 294 |
| 尼崎高等学校 | 294 |
| 尼崎高等学校良元分校 | 296 |
| **尼崎産業高等学校** | 294 |
| 尼崎産業高等学校 | 294 |
| 尼崎商業高等学校 | 294 |
| 尼崎市立北高等学校 | 294 |
| 尼崎市立高等女学校 | 294 |
| 尼崎市立商業高等学校 | 300 |
| 尼崎市立第二高等女学校 | 300 |
| 尼崎市立第二商業高等学校 | 300 |
| 尼崎市立中学校 | 294 |
| 尼崎中学校 | 294 |
| 尼崎町立実科高等女学校 | 294 |
| **尼崎西高等学校** | 294 |
| 尼崎西高等学校 | 294 |
| 尼崎西高等学校 | 295 |
| **尼崎東高等学校** | 295 |
| 尼崎東高等学校 | 295 |
| 尼崎南高等学校 | 294 |
| 尼崎南高等学校良元分校 | 296 |
| 甘木高等女学校 | 376 |
| 甘木中学校 | 376 |
| 天城中学校 | 329 |
| **天草工業高等学校** | 400 |
| 天草工業高等学校 | 400 |
| **天草高等学校** | 401 |
| 天草高等学校 | 401 |
| 天草高等学校 | 403 |
| **天草高等学校天草西校** | 401 |
| 天草高等学校天草西校 | 401 |
| 天草高等学校有明分校 | 401 |
| 天草高等学校牛深分校 | 401 |
| 天草高等学校倉岳分校 | 403 |
| 天草高等学校高浜分校 | 401 |
| 天草高等女学校 | 401 |
| 天草実業学校 | 406 |
| 天草女子高等学校 | 401 |
| 天草女子高等学校牛深分校 | 401 |
| 天草水産高等学校 | 407 |
| 天草中学校 | 401 |
| 天草西高等学校 | 401 |
| 天草農業学校 | 407 |
| 天草農業高等学校 | 401 |
| 天草農業高等学校 | 407 |
| 天草農業高等学校一町田分校 | 402 |
| 天草農業高等学校大矢野分校 | 401 |
| 天草農業高等学校富岡分室 | 407 |
| **天草東高等学校** | 401 |
| 天草東高等学校 | 401 |
| 天草養正実科高等女学校 | 401 |
| 天草養正女学校 | 401 |
| 天沼学院 | 105 |
| **天羽高等学校** | 106 |
| 天羽高等学校 | 106 |
| 天羽高等学校大貫校舎 | 108 |
| 天羽実業補習学校 | 106 |
| 天羽農学校 | 106 |
| **奄美高等学校** | 420 |
| 奄美高等学校 | 420 |
| 奄美高等女学校 | 420 |
| 余目高等学校 | 55 |
| **網野高等学校** | 263 |
| 網野高等学校 | 263 |
| **網野高等学校間人分校** | 263 |
| 網野高等学校間人分校 | 263 |
| 亜米利加婦人教授所 | 172 |
| 綾歌商業学校 | 360 |
| 綾歌農業学校 | 362 |
| **綾瀬高等学校** | 161 |
| 綾瀬高等学校 | 161 |
| **綾瀬西高等学校** | 162 |
| 綾瀬西高等学校 | 162 |
| **綾羽高等学校** | 255 |
| 綾羽高等学校 | 255 |
| 綾部工業学校 | 263 |
| 綾部工業高等学校 | 263 |
| **綾部高等学校** | 263 |
| 綾部高等学校 | 263 |
| **綾部高等学校東分校** | 263 |
| 綾部高等学校東分校 | 263 |
| 綾部高等女学校 | 263 |
| 阿山郡立高等女学校 | 250 |
| 阿山郡立女子技芸学校 | 250 |
| 阿山郡立女子実業補習学校 | 250 |
| 阿山高等女学校 | 250 |
| **新井高等学校** | 176 |
| 新井高等学校 | 176 |
| **新居高等学校** | 219 |
| 新居高等学校 | 219 |
| 新居実科高等学校 | 219 |
| 新井実科女学校 | 176 |
| **新磯高等学校** | 162 |
| 新磯高等学校 | 162 |
| 新井農商学校 | 176 |
| **荒尾高等学校** | 401 |
| 荒尾高等学校 | 401 |
| 荒尾市立高等女学校 | 401 |
| 荒尾市立女子実業学校 | 401 |
| **荒川工業高等学校** | 130 |
| 荒川工業高等学校 | 130 |
| 荒川高等学校 | 130 |
| **荒川高等学校** | 176 |
| 荒川高等学校 | 176 |
| 荒川商業学校 | 130 |
| **荒川商業高等学校** | 130 |
| 荒川商業高等学校 | 130 |
| 荒川商業新制高等学校 | 130 |
| 荒川女子商業学校 | 130 |
| **新野高等学校** | 355 |
| 新野高等学校 | 355 |
| **荒砥高等学校** | 54 |
| 荒砥高等学校 | 54 |

| 新屋高等学校 | 50 |
| --- | --- |
| 新屋高等学校 | 50 |
| **有明工業高等専門学校** | 376 |
| 有明工業高等専門学校 | 376 |
| **有明高等学校（熊本・私）** | 401 |
| 有明高等学校 | 401 |
| **有明高等学校（鹿児島・県）** | 420 |
| 有明高等学校 | 420 |
| 有明商業高等学校 | 401 |
| **ありあけ新世高等学校** | 377 |
| ありあけ新世高等学校 | 377 |
| **有磯高等学校** | 184 |
| 有磯高等学校 | 184 |
| 有田郡立高等女学校 | 315 |
| 有田工業学校 | 388 |
| **有田工業高等学校** | 388 |
| 有田工業高等学校 | 388 |
| 有田高等女学校 | 315 |
| **有田中央高等学校** | 313 |
| 有田中央高等学校 | 313 |
| **有田中央高等学校清水分校** | 313 |
| 有田中央高等学校清水分校 | 313 |
| 有馬郡立農林学校 | 295 |
| **有馬高等学校（神奈川・県）** | 162 |
| 有馬高等学校 | 162 |
| **有馬高等学校（兵庫・県）** | 295 |
| 有馬高等学校 | 295 |
| 有馬高等学校農業科吉川分校（定時制課程） | 307 |
| **有馬商業高等学校** | 393 |
| 有馬商業高等学校 | 393 |
| 有馬商業高等学校 | 396 |
| 有馬農林学校 | 295 |
| **アレセイア湘南高等学校** | 162 |
| アレセイア湘南高等学校 | 162 |
| 淡海女学校 | 258 |
| **阿波高等学校** | 355 |
| 阿波高等学校 | 355 |
| **安房高等学校** | 106 |
| 安房高等学校 | 106 |
| 阿波高等女学校 | 355 |
| 安房高等女学校 | 106 |
| 淡路工業学校 | 278 |
| **淡路高等学校** | 295 |
| 淡路高等学校 | 295 |
| 淡路高等学校 | 301 |
| **淡路高等学校一宮校** | 295 |
| 淡路高等学校一宮校 | 295 |
| 淡路高等学校一宮分校 | 295 |
| 淡路高等女学校 | 301 |
| 淡路実業学校 | 295 |
| 淡路農業高等学校 | 295 |
| 淡路農業高等学校（定時制） | 301 |
| 阿波商業高等学校 | 355 |
| 安房女子校 | 111 |
| 安房女子高等学校 | 106 |
| 安房女子裁縫伝習所 | 111 |
| 安房女子商業学校 | 111 |

| 安房水産学校 | 106 |
| --- | --- |
| **安房水産高等学校** | 106 |
| 安房水産高等学校 | 106 |
| 阿波第一高等学校 | 355 |
| 阿波第二高等学校 | 355 |
| 安房第二高等学校 | 106 |
| **安房拓心高等学校** | 106 |
| 安房拓心高等学校 | 106 |
| 阿波中学校 | 355 |
| **阿波西高等学校** | 355 |
| 阿波西高等学校 | 355 |
| 安房農学校 | 106 |
| **阿波農業高等学校** | 355 |
| 阿波農業高等学校 | 355 |
| **粟野高等学校** | 77 |
| 粟野高等学校 | 77 |
| **安房南高等学校** | 106 |
| 安房南高等学校 | 106 |
| **安城学園高等学校** | 235 |
| 安城学園高等学校 | 235 |
| 安城学園女子高等学校 | 235 |
| 安城学園女子短期大学 | 233 |
| 安城学園女子短期大学附属高等学校 | 235 |
| 安城学園大学 | 230 |
| **安城高等学校** | 235 |
| 安城高等学校 | 235 |
| 安城高等女学校 | 235 |
| 安城裁縫塾 | 235 |
| 安城裁縫女学校 | 235 |
| 安城女子職業学校 | 235 |
| 安城女子専門学校 | 235 |
| **安城農林高等学校** | 235 |
| 安城農林高等学校 | 235 |
| **安城東高等学校** | 235 |
| 安城東高等学校 | 236 |
| **安城南高等学校** | 236 |
| 安城南高等学校 | 236 |
| 安中高等学校 | 84 |
| 安中実業高等学校 | 84 |
| **安中総合学園高等学校** | 84 |
| 安中総合学園高等学校 | 84 |
| 安八郡立農学校 | 213 |

【い】

| 遺愛女学校 | 6 |
| --- | --- |
| **遺愛女子高等学校** | 6 |
| 遺愛女子高等学校 | 6 |
| 飯坂高等学校 | 65 |
| **飯塚高等学校** | 377 |
| 飯塚高等学校 | 377 |
| **飯田長姫高等学校** | 202 |
| 飯田長姫高等学校 | 202 |
| 飯高檀林 | 125 |

いいたきた　　　　　　　　　　　　　　　　　　　　　　　　　　校名索引

| 校名 | 頁 |
|---|---|
| **飯田北高等学校** | 203 |
| **飯田工業高等学校** | 202 |
| 飯田工業高等学校 | 202 |
| **飯田高等学校（石川・県）** | 189 |
| 飯田高等学校 | 189 |
| **飯田高等学校（長野・県）** | 202 |
| 飯田高等学校 | 202 |
| 飯田高等女学校 | 189 |
| 飯田高等女学校 | 202 |
| 飯田実科高等女学校 | 202 |
| 飯田商業学校 | 202 |
| 飯田職業学校 | 202 |
| **飯田女子高等学校** | 202 |
| 飯田女子高等学校 | 202 |
| **飯田女子短期大学** | 201 |
| 飯田女子短期大学 | 201 |
| 飯田市立高等学校 | 203 |
| 飯田市立高等女学校 | 203 |
| 飯田高松高等学校 | 202 |
| 飯田中学校 | 189 |
| 飯田中学校 | 202 |
| 飯田西高等学校 | 202 |
| 飯田西高等学校 | 203 |
| 飯田東高等学校 | 202 |
| **飯田風越高等学校** | 202 |
| 飯田風越高等学校 | 203 |
| 飯豊高等学校 | 54 |
| **飯南高等学校（三重・県）** | 249 |
| 飯南高等学校 | 249 |
| **飯南高等学校（島根・県）** | 320 |
| 飯南高等学校 | 320 |
| 飯南高等女学校 | 253 |
| 飯南女学校 | 253 |
| **飯野川高等学校** | 40 |
| 飯野川高等学校 | 40 |
| **飯野川高等学校十三浜校** | 40 |
| 飯野川高等学校十三浜校 | 40 |
| 飯野川実科女学校 | 40 |
| **飯野高等学校（三重・県）** | 249 |
| 飯野高等学校 | 249 |
| **飯野高等学校（宮崎・県）** | 414 |
| 飯野高等学校 | 414 |
| **飯山北高等学校** | 203 |
| 飯山北高等学校 | 203 |
| 飯山高等女学校 | 203 |
| 飯山中学校 | 203 |
| **飯山照丘高等学校** | 203 |
| 飯山照丘高等学校 | 203 |
| **飯山南高等学校** | 203 |
| 飯山南高等学校 | 203 |
| 飯山南高等学校照丘分校 | 203 |
| 飯山南高等学校照丘分校（定時制課程） | 203 |
| 飯山南高等学校豊田分校 | 203 |
| **家島高等学校** | 295 |
| 家島高等学校 | 295 |
| 井荻実習女学校 | 132 |
| 井荻村立女子実業公民学校 | 132 |
| 井荻農商公民学校女子部 | 132 |
| 医学教場 | 325 |
| 伊賀高等学校 | 249 |
| **伊香高等学校** | 255 |
| 伊香高等学校 | 255 |
| 伊賀実科高等女学校 | 250 |
| 伊香農学校 | 255 |
| 伊香農業補修学校 | 255 |
| 斑鳩高等学校 | 312 |
| 何鹿郡立女子実業学校 | 263 |
| **伊川谷北高等学校** | 295 |
| 伊川谷北高等学校 | 295 |
| **伊川谷高等学校** | 295 |
| 伊川谷高等学校 | 295 |
| 壱岐北高等学校 | 393 |
| **壱岐高等学校** | 393 |
| 壱岐高等学校 | 393 |
| 壱岐高等学校勝本分校 | 393 |
| 壱岐高等学校田河分校 | 393 |
| 壱岐高等女学校 | 393 |
| **壱岐商業高等学校** | 393 |
| 壱岐商業高等学校 | 393 |
| 壱岐第一高等学校 | 393 |
| 壱岐第二高等学校 | 393 |
| 壱岐中学校 | 393 |
| 英吉利法律学校 | 120 |
| 育英学舎 | 35 |
| 育英義会 | 295 |
| 育英工業高等学校 | 129 |
| 育英工業高等専門学校 | 129 |
| **育英高等学校** | 295 |
| 育英高等学校 | 295 |
| 育英高等専門学校 | 129 |
| 育英黌農業科 | 123 |
| 育英塾 | 44 |
| 育英商業学校 | 295 |
| 育英女学校 | 311 |
| **育英短期大学** | 83 |
| 育英短期大学 | 83 |
| **育英西高等学校** | 308 |
| 育英西高等学校 | 308 |
| 伊具郡角田高等女学校 | 42 |
| 伊具郡角田実科高等女学校 | 42 |
| **伊具高等学校** | 40 |
| 伊具高等学校 | 41 |
| **井草高等学校** | 130 |
| 井草高等学校 | 130 |
| 井草高等女学校 | 130 |
| 井草新制高等学校 | 130 |
| **生田高等学校** | 162 |
| 生田高等学校 | 162 |
| **生田東高等学校** | 162 |
| 生田東高等学校 | 162 |
| 幾徳学園 | 158 |
| 育徳館 | 383 |
| 幾徳工業高等専門学校 | 158 |
| 幾徳工業大学 | 158 |

| 校名 | 頁 | 校名 | 頁 |
|---|---|---|---|
| 伊具農蚕学校 | 40 | 池田実科高等女校 | 6 |
| 伊具農蚕高等学校 | 40 | 池田実科女学校 | 6 |
| **生野学園高等学校** | 295 | 池田実科中等学校 | 203 |
| 生野学園高等学校 | 295 | 池田実業補習学校 | 203 |
| 生野北高等学校 | 295 | 池田女子高等学校 | 6 |
| 生野工業学校 | 275 | 池田女子高等学校 | 11 |
| **生野工業高等学校** | 275 | 池田女子高等学校幕別分校 | 21 |
| 生野工業高等学校 | 275 | 池田市立高等学校 | 282 |
| **生野高等学校（大阪・府）** | 275 | 池田中学校 | 275 |
| 生野高等学校 | 275 | 池田中学校 | 356 |
| **生野高等学校（兵庫・県）** | 295 | 池田西高等学校 | 11 |
| 生野高等学校 | 295 | 池田服装学院 | 11 |
| 生野高等女学校 | 279 | 池田服装裁断学院 | 11 |
| 生野高等女学校 | 295 | 池坊学園短期大学 | 262 |
| 生野実科女学校 | 295 | **池坊短期大学** | 262 |
| 生野しろがね高等学校 | 295 | 池坊短期大学 | 262 |
| 生野中学校 | 275 | **生駒高等学校** | 308 |
| 生野中学校 | 295 | 生駒高等学校 | 308 |
| 生野南嶺高等学校 | 295 | 伊作高等学校 | 427 |
| 生野南高等学校 | 295 | 伊作高等女学校 | 427 |
| 郁文館 | 130 | **伊佐農林高等学校** | 420 |
| **郁文館グローバル高等学校** | 130 | 伊佐農林高等学校 | 420 |
| 郁文館グローバル高等学校 | 130 | **諫早高等学校** | 393 |
| **郁文館高等学校** | 130 | 諫早高等学校 | 393 |
| 郁文館高等学校 | 130 | 諫早高等学校 | 394 |
| 郁文館国際高等学校 | 130 | **諫早高等学校高来分校** | 394 |
| 郁文館商業学校 | 130 | 諫早高等学校高来分校 | 394 |
| 郁文館商業高等学校 | 130 | 諫早高等女学校 | 393 |
| 郁文館中学校 | 130 | 諫早実科高等女学校 | 393 |
| 生雲高等学校 | 351 | 諫早商業学校 | 394 |
| 生雲高等学校高俣分校 | 351 | 諫早商業高等学校 | 393 |
| **池上学院高等学校** | 6 | **諫早商業高等学校** | 394 |
| 池上学院高等学校 | 6 | 諫早商業高等学校 | 394 |
| **池島高等学校** | 275 | 諫早女学院 | 392 |
| 池島高等学校 | 275 | 諫早女子高等学校 | 393 |
| **池新田高等学校** | 220 | 諫早中学校 | 393 |
| 池新田高等学校 | 220 | **諫早農業高等学校** | 394 |
| 池新田高等学校横須賀分校（定時制課程） | 229 | 諫早農業高等学校 | 394 |
| 池新田農学校 | 220 | 諫早農業高等学校高来分校 | 394 |
| 池田技芸女学校 | 282 | 諫早農業高等学校湯江分校 | 394 |
| **池田北高等学校** | 275 | **諫早東高等学校** | 394 |
| 池田北高等学校 | 275 | 諫早東高等学校 | 394 |
| **池田工業高等学校** | 203 | 胆沢郡立実科女学校 | 37 |
| 池田工業高等学校 | 203 | **石和高等学校** | 197 |
| **池田高等学校（北海・道）** | 6 | 石和高等学校 | 197 |
| 池田高等学校 | 6 | 石和高等学校 | 199 |
| **池田高等学校（岐阜・県）** | 212 | **胆沢高等学校** | 32 |
| 池田高等学校 | 212 | 胆沢高等学校 | 32 |
| **池田高等学校（大阪・府）** | 275 | 胆沢高等学校 | 37 |
| 池田高等学校 | 275 | 胆沢農業学校 | 37 |
| **池田高等学校（徳島・県）** | 355 | 石岡高等学校 | 68 |
| 池田高等学校 | 356 | 石岡高等女学校 | 68 |
| **池田高等学校（鹿児島・私）** | 420 | 石岡実科高等女学校 | 68 |
| 池田高等学校 | 420 | **石岡商業高等学校** | 68 |
| 池田高等学校浦幌分校 | 7 | 石岡商業高等学校 | 68 |
| 池田高等女学校 | 6 | 石岡女子高等学校 | 68 |
| | | **石岡第一高等学校** | 68 |

いしおかた　　　　　　　　　　　　　　　　　　　　　　　　　　　　　　　　　　校名索引

| 校名 | 頁 |
|---|---|
| 石岡第一高等学校 | 68 |
| 石岡第一高等学校八郷分校 | 75 |
| 石岡第二高等学校 | 68 |
| 石岡第二高等学校 | 68 |
| 石岡農学校 | 68 |
| 石狩高等学校 | 6 |
| 石狩翔陽高等学校 | 6 |
| 石狩翔陽高等学校 | 6 |
| 石狩南高等学校 | 6 |
| 石狩南高等学校 | 6 |
| 石川学園 | 429 |
| 石川義塾 | 60 |
| 石川県飯田中学校 | 189 |
| 石川県江沼郡高等女学校 | 191 |
| 石川県鹿島郡高等女学校 | 192 |
| 石川県金沢区方勧業場 | 190 |
| 石川県勧業場 | 190 |
| 石川県小松市立高等女学校 | 190 |
| 石川県師範学校 | 188 |
| 石川県尋常中学校 | 189 |
| 石川県第三尋常中学校 | 191 |
| 石川県第四中学校 | 190 |
| 石川県富来高等学校 | 191 |
| 石川県農学校 | 190 |
| 石川県農業講習所 | 190 |
| 石川県農業短期大学 | 188 |
| 石川県能美郡高等女学校 | 190 |
| 石川県立看護大学 | 188 |
| 石川県立看護大学 | 188 |
| 石川県立工業高等学校 | 189 |
| 石川県立工業高等学校 | 189 |
| 石川県立高等女学校 | 192 |
| 石川県立商業学校 | 189 |
| 石川県立水産高等学校 | 192 |
| 石川県立水産高等学校小木分校 | 192 |
| 石川県立第二工業高等学校 | 190 |
| 石川県立第三中学校 | 191 |
| 石川県立第四中学校 | 190 |
| 石川県立大学 | 188 |
| 石川県立大学 | 188 |
| 石川県立農学校 | 190 |
| 石川工業高等専門学校 | 189 |
| 石川工業高等専門学校 | 189 |
| 石川高等学校（福島・私） | 60 |
| 石川高等学校（福島・県） | 60 |
| 石川高等学校 | 60 |
| 石川高等学校（沖縄・県） | 429 |
| 石川高等学校 | 429 |
| 石川師範学校 | 188 |
| 石川女子高等学校 | 60 |
| 石川青年師範学校 | 188 |
| 石川中学校 | 60 |
| 石下高等学校 | 68 |
| 石下高等学校 | 68 |
| 伊志田高等学校 | 162 |
| 伊志田高等学校 | 162 |
| 石田高等学校 | 359 |
| 石田高等学校 | 359 |
| 石東農学校 | 322 |
| 石巻家政高等学校 | 41 |
| 石巻家政高等学校第二校舎 | 41 |
| 石巻家政専修学校 | 41 |
| 石巻工業学校 | 41 |
| 石巻工業高等学校 | 41 |
| 石巻工業高等学校 | 41 |
| 石巻高等学校 | 41 |
| 石巻高等学校 | 41 |
| 石巻高等学校女川分校（定時制課程） | 42 |
| 石巻高等学校矢本分校 | 47 |
| 石巻高等女学校 | 41 |
| 石巻好文館高等学校 | 41 |
| 石巻好文館高等学校 | 41 |
| 石巻実科高等女学校 | 41 |
| 石巻実業女学校 | 41 |
| 石巻実業補習学校 | 41 |
| 石巻商業学校 | 41 |
| 石巻商業高等学校 | 41 |
| 石巻商業高等学校 | 41 |
| 石巻女子高等学校 | 41 |
| 石巻女子商業学校 | 41 |
| 石巻市立高等女学校 | 41 |
| 石巻市立女子高等学校 | 41 |
| 石巻市立女子高等学校 | 41 |
| 石巻市立女子高等学校第二校舎 | 41 |
| 石巻市立女子商業高等学校 | 41 |
| 石巻市立女子商業高等学校 | 41 |
| 石巻専修大学 | 39 |
| 石巻専修大学 | 39 |
| 石巻中学校 | 41 |
| 石巻町立商業補習学校 | 41 |
| 石巻西高等学校 | 41 |
| 石巻西高等学校 | 41 |
| 石橋高等学校 | 77 |
| 石橋高等学校 | 77 |
| 石橋中学校 | 77 |
| 石原高等学校 | 265 |
| 石部高等学校 | 255 |
| 石部高等学校 | 255 |
| 石薬師高等学校 | 249 |
| 石薬師高等学校 | 249 |
| 石山高等学校 | 13 |
| 石山高等学校 | 255 |
| 石山高等学校 | 255 |
| 石山女子高等学校 | 67 |
| 伊集院高等学校 | 420 |
| 伊集院高等学校 | 420 |
| 伊集院中学校 | 420 |
| 渭城中学校 | 357 |
| 惟信高等学校 | 236 |
| 惟信高等学校 | 236 |
| 惟信高等学校 | 240 |
| 惟信中学校 | 236 |
| 泉尾工業学校 | 275 |
| 泉尾工業高等学校 | 275 |

| 泉尾工業高等学校 | 275 |
| --- | --- |
| **泉尾高等学校** | 275 |
| 泉尾高等学校 | 275 |
| 泉尾高等女学校 | 275 |
| 伊豆学校 | 225 |
| **出石高等学校** | 295 |
| 出石高等学校 | 295 |
| 出石高等女学校 | 295 |
| 出石町立実科高等女学校 | 295 |
| 出石町立女子技芸学校 | 295 |
| **伊豆中央高等学校** | 220 |
| 伊豆中央高等学校 | 220 |
| **泉大津高等学校** | 275 |
| 泉大津高等学校 | 275 |
| 出水学園高等学校 | 421 |
| **出水工業高等学校** | 420 |
| 出水工業高等学校 | 420 |
| 和泉工業高等学校 | 275 |
| **いずみ高等学校** | 92 |
| いずみ高等学校 | 92 |
| **出水高等学校** | 420 |
| 出水高等学校 | 421 |
| **泉高等学校（宮城・県）** | 41 |
| 泉高等学校 | 41 |
| **泉高等学校（千葉・県）** | 106 |
| 泉高等学校 | 106 |
| **和泉高等学校（神奈川・県）** | 162 |
| 和泉高等学校 | 162 |
| **和泉高等学校（大阪・府）** | 275 |
| 和泉高等学校 | 275 |
| 出水高等学校第一部 | 420 |
| 出水高等女学校 | 421 |
| 出水実業学校 | 420 |
| 出水実業高等学校 | 420 |
| **出水商業高等学校** | 421 |
| 出水商業高等学校 | 421 |
| **泉松陵高等学校** | 41 |
| 泉松陵高等学校 | 41 |
| **和泉総合高等学校** | 275 |
| 和泉総合高等学校 | 275 |
| **泉館山高等学校** | 41 |
| 泉館山高等学校 | 41 |
| **和泉短期大学** | 159 |
| 和泉短期大学 | 159 |
| **出水中央高等学校** | 421 |
| 出水中央高等学校 | 421 |
| 出水中学校 | 421 |
| **泉鳥取高等学校** | 275 |
| 泉鳥取高等学校 | 275 |
| 出水簿記洋裁学校 | 421 |
| **出雲工業高等学校** | 320 |
| 出雲工業高等学校 | 320 |
| **出雲高等学校** | 320 |
| 出雲高等学校 | 320 |
| 出雲高等経理学校 | 320 |
| **出雲崎高等学校** | 176 |
| 出雲崎高等学校 | 176 |

| 出雲産業高等学校 | 320 |
| --- | --- |
| 出雲産業高等学校西須佐分校（定時制課程） | 322 |
| **出雲商業高等学校** | 320 |
| 出雲商業高等学校 | 320 |
| 出雲商工高等学校 | 320 |
| 出雲女子高等学校 | 320 |
| **出雲西高等学校** | 320 |
| 出雲西高等学校 | 320 |
| 出雲農業高等学校西須佐分校（定時制課程） | 322 |
| **出雲農林高等学校** | 320 |
| 出雲農林高等学校 | 320 |
| 出雲農林高等学校佐田分校 | 322 |
| 出雲農林高等学校須佐分校 | 322 |
| 出雲農林高等学校西須佐分校 | 322 |
| **出雲北陵高等学校** | 320 |
| 出雲北陵高等学校 | 320 |
| **石動高等学校** | 184 |
| 石動高等学校 | 184 |
| 石動高等女学校 | 184 |
| 石動実科高等女学校 | 184 |
| **伊勢工業高等学校** | 249 |
| 伊勢工業高等学校 | 249 |
| **伊勢高等学校** | 249 |
| 伊勢高等学校 | 249 |
| **伊勢崎工業高等学校** | 84 |
| 伊勢崎工業高等学校 | 84 |
| **伊勢崎高等学校（群馬・県）** | 84 |
| 伊勢崎高等学校 | 84 |
| **伊勢崎高等学校（伊勢崎・市）** | 85 |
| 伊勢崎高等学校 | 85 |
| **伊勢崎興陽高等学校** | 85 |
| 伊勢崎興陽高等学校 | 85 |
| 伊勢崎実科女学校 | 85 |
| **伊勢崎商業高等学校** | 85 |
| 伊勢崎商業高等学校 | 85 |
| 伊勢崎女子高等学校 | 85 |
| 伊勢崎市立女子高等学校 | 85 |
| **伊勢崎清明高等学校** | 85 |
| 伊勢崎清明高等学校 | 85 |
| 伊勢崎染織学校 | 84 |
| **伊勢崎東高等学校** | 84 |
| 伊勢崎東高等学校 | 85 |
| 伊勢実業高等学校 | 249 |
| **伊勢女子高等学校** | 249 |
| 伊勢女子高等学校 | 249 |
| **伊勢原高等学校** | 162 |
| 伊勢原高等学校 | 162 |
| 伊勢原高等女学校 | 162 |
| 伊勢原実科女学校 | 162 |
| **伊勢まなび高等学校** | 249 |
| 伊勢まなび高等学校 | 249 |
| 伊仙町立農業高等学校 | 427 |
| 伊仙町立農芸学校 | 427 |
| **磯子工業高等学校** | 162 |
| 磯子工業高等学校 | 162 |
| **磯子高等学校** | 162 |
| 磯子高等学校 | 162 |

| | | | |
|---|---:|---|---:|
| 磯島高等学校 | 287 | 市川工業高等学校 | 106 |
| 磯原高等学校 | 68 | 市川工業高等学校 | 106 |
| 磯原高等学校 | 68 | **市川高等学校（千葉・私）** | 106 |
| 磯辺高等学校 | 106 | 市川高等学校 | 106 |
| 磯辺高等学校 | 106 | **市川高等学校（山梨・県）** | 197 |
| **板倉高等学校** | 85 | 市川高等学校 | 197 |
| 板倉高等学校 | 85 | **市川高等学校（兵庫・私）** | 296 |
| **潮来高等学校** | 68 | 市川高等学校 | 296 |
| 潮来高等学校 | 69 | 市川市立中学校 | 109 |
| 潮来高等女学校 | 69 | 市川大門町立女子実業補修学校 | 197 |
| 潮来町立女子技芸学校技芸科 | 69 | 市川中学校 | 106 |
| 板野郡立実科高等女学校 | 358 | 市川中学校 | 296 |
| 板野郡立農蚕学校 | 356 | **市川西高等学校** | 106 |
| **板野高等学校** | 356 | 市川西高等学校 | 106 |
| 板野高等学校 | 356 | **市川東高等学校** | 106 |
| 板野実科高等女学校 | 358 | 市川東高等学校 | 106 |
| 板橋高等家政女学校 | 130 | **市川南高等学校** | 106 |
| **板橋高等学校** | 130 | 市川南高等学校 | 106 |
| 板橋高等学校 | 130 | 市来農芸学校 | 421 |
| 板橋高等女学校 | 130 | **市来農芸高等学校** | 421 |
| 板橋実科高等女学校 | 130 | 市来農芸高等学校 | 421 |
| 板橋新制高等学校 | 130 | 一志実業女学校 | 253 |
| 板橋青年学校 | 130 | **一条高等学校** | 308 |
| 板橋町板橋尋常高等小学校補習科 | 130 | 一条高等学校 | 308 |
| **伊丹北高等学校** | 295 | **一関学院高等学校** | 32 |
| 伊丹北高等学校 | 295 | 一関学院高等学校 | 32 |
| **伊丹高等学校（兵庫・県）** | 295 | **一関工業高等学校** | 32 |
| **伊丹高等学校（伊丹・市）** | 295 | 一関工業高等学校 | 32 |
| 伊丹高等学校 | 295 | **一関工業高等専門学校** | 32 |
| 伊丹高等学校 | 296 | 一関工業高等専門学校 | 32 |
| 伊丹高等女学校 | 295 | 一関高等学校 | 32 |
| 伊丹市立高等学校 | 295 | 一関裁縫修紅女学校 | 32 |
| 伊丹市立高等学校家政女学校 | 295 | 一関実科高等女学校 | 32 |
| 伊丹市立高等女学校 | 295 | **一関修紅高等学校** | 32 |
| 伊丹中学校 | 295 | 一関修紅高等学校 | 32 |
| 伊丹町立裁縫学校 | 295 | 一関商業学校 | 32 |
| **伊丹西高等学校** | 296 | 一関商業高等学校 | 32 |
| 伊丹西高等学校 | 296 | 一関商工高等学校 | 32 |
| **板柳高等学校** | 26 | 一関市立女子高等学校 | 32 |
| 板柳高等学校 | 26 | 一関市立農業高等学校 | 32 |
| 板柳高等学校鶴田分校 | 28 | **一関第一高等学校** | 32 |
| 板柳高等学校六郷分校 | 28 | 一関第一高等学校 | 32 |
| 市岡工業学校 | 275 | **一関第二高等学校** | 32 |
| **市岡高等学校** | 275 | 一関第二高等学校 | 32 |
| 市岡高等学校 | 275 | 一関中学校 | 32 |
| 市岡高等女学校 | 288 | **一関農業高等学校** | 32 |
| 市岡商業学校 | 275 | 一関農業高等学校 | 32 |
| **市岡商業高等学校** | 275 | 一関農工学校 | 32 |
| 市岡商業高等学校 | 275 | 一関夜間中学校 | 32 |
| 市岡中学校 | 275 | **一戸高等学校** | 32 |
| **市ヶ尾高等学校** | 162 | 一戸高等学校 | 32 |
| 市ヶ尾高等学校 | 162 | 一戸高等女学校 | 32 |
| **市ヶ谷商業高等学校** | 130 | 一戸実科高等女学校 | 32 |
| 市ヶ谷商業高等学校 | 131 | **一宮北高等学校** | 236 |
| 市ヶ谷女子新制商業高等学校 | 131 | 一宮北高等学校 | 236 |
| **市川北高等学校** | 106 | **一宮工業高等学校** | 236 |
| 市川北高等学校 | 106 | 一宮工業高等学校 | 236 |

| 校名 | 頁 |
|---|---|
| **一宮高等学校** | 236 |
| 一宮高等学校 | 236 |
| 一宮高等学校西分校 | 236 |
| **一宮興道高等学校** | 236 |
| 一宮興道高等学校 | 236 |
| 一宮実業学校 | 106 |
| **一宮商業高等学校（千葉・県）** | 106 |
| 一宮商業高等学校 | 106 |
| **一宮商業高等学校（愛知・県）** | 236 |
| 一宮商業高等学校 | 236 |
| **一宮女子高等学校** | 236 |
| 一宮女子高等学校 | 236 |
| 一宮女子商業学校 | 236 |
| **一宮女子短期大学** | 233 |
| 一宮女子短期大学 | 233 |
| 一宮市立高等学校 | 236 |
| **一宮西高等学校** | 236 |
| 一宮西高等学校 | 236 |
| **一宮南高等学校** | 236 |
| 一宮南高等学校 | 236 |
| 一迫高等女学校 | 41 |
| 一迫実科女学校 | 41 |
| **一迫商業高等学校** | 41 |
| 一迫商業高等学校 | 41 |
| 市原園芸高等学校 | 113 |
| 市原学館 | 106 |
| **市原高等学校** | 106 |
| 市原高等学校 | 106 |
| 市原高等学校（定時制） | 109 |
| 市原高等学校八幡校舎 | 109 |
| 市原高等女学校 | 113 |
| 市原実科高等女学校 | 113 |
| 市原実業高等学校 | 113 |
| 市原第一高等学校 | 106 |
| 市原第二高等学校鶴舞校舎 | 113 |
| **市原中央高等学校** | 106 |
| 市原中央高等学校 | 106 |
| 市原農林学校 | 113 |
| **市原緑高等学校** | 107 |
| 市原緑高等学校 | 107 |
| **市原八幡高等学校** | 107 |
| 市原八幡高等学校 | 107 |
| 市邨学園高等学校 | 244 |
| 市邨学園大学 | 231 |
| 市邨学園高蔵高等学校 | 244 |
| 市邨学園短期大学 | 233 |
| 一已農業高等学校 | 20 |
| **五日市高等学校（東京・都）** | 131 |
| 五日市高等学校 | 131 |
| **五日市高等学校（広島・県）** | 335 |
| 五日市高等学校 | 336 |
| 五日市新制高等学校 | 131 |
| **一色高等学校** | 236 |
| 一色高等学校 | 236 |
| 一町田農業高等学校 | 402 |
| **一燈園高等学校** | 263 |
| 一燈園高等学校 | 263 |
| **糸魚川高等学校** | 176 |
| 糸魚川高等学校 | 176 |
| 糸魚川商工高等学校 | 176 |
| 糸魚川女子高等学校 | 176 |
| 糸魚川中学校 | 176 |
| **糸魚川白嶺高等学校** | 176 |
| 糸魚川白嶺高等学校 | 176 |
| **伊東高等学校** | 220 |
| 伊東高等学校 | 220 |
| 伊東高等女学校 | 220 |
| **伊東城ケ崎高等学校** | 220 |
| 伊東城ケ崎高等学校 | 220 |
| **伊東商業高等学校** | 220 |
| 伊東商業高等学校 | 220 |
| **伊都高等学校** | 313 |
| 伊都高等学校 | 313 |
| 伊都高等学校 | 314 |
| 糸島郡立女子技芸学校 | 377 |
| 糸島郡立農学校 | 377 |
| **糸島高等学校** | 377 |
| 糸島高等学校 | 377 |
| 糸島高等女学校 | 377 |
| 糸島実科高等女学校 | 377 |
| 糸島女子高等学校 | 377 |
| 糸島中学校 | 377 |
| 糸島農学校 | 377 |
| **糸島農業高等学校** | 377 |
| 糸島農業高等学校 | 377 |
| 伊都中学校 | 313 |
| 伊都農業学校 | 313 |
| **糸満高等学校** | 429 |
| 糸満高等学校 | 429 |
| 糸満高等学校久米島分校 | 430 |
| 糸満高等学校首里分校 | 430 |
| **伊奈学園総合高等学校** | 92 |
| 伊奈学園総合高等学校 | 92 |
| **猪名川高等学校** | 296 |
| 猪名川高等学校 | 296 |
| **伊那北高等学校** | 203 |
| 伊那北高等学校 | 203 |
| 伊那高等家政女学校 | 203 |
| **伊奈高等学校** | 69 |
| 伊奈高等学校 | 69 |
| 伊那高等女学校 | 203 |
| **引佐高等学校** | 220 |
| 引佐高等学校 | 220 |
| 引佐高等学校 | 221 |
| 引佐高等学校庄内分校 | 226 |
| 引佐高等学校北庄内分校 | 226 |
| 引佐農学校 | 220 |
| 引佐農学校 | 221 |
| 引佐農業学校 | 220 |
| 引佐農業高等学校庄内分校 | 226 |
| 引佐農業高等学校北庄内分校 | 226 |
| 引佐農林学校 | 220 |
| **稲沢高等学校** | 236 |
| 稲沢高等学校 | 236 |

| 校名 | 頁 |
|---|---|
| 稲沢高等学校佐屋分校 | 240 |
| 稲沢高等女学校 | 234 |
| 稲沢女子高等学校 | 234 |
| 稲沢女子短期大学 | 233 |
| 稲沢町立園芸学校 | 236 |
| 稲沢農業学校 | 236 |
| **稲沢東高等学校** | 236 |
| 稲沢東高等学校 | 236 |
| 伊那女子高等学校 | 203 |
| 伊那中学校 | 203 |
| 伊那町立高等女学校 | 203 |
| 稲築高等学校 | 377 |
| 稲築高等実業女学校 | 377 |
| **稲築志耕館高等学校** | 377 |
| 稲築志耕館高等学校 | 377 |
| 稲築村立実業補修学校 | 377 |
| 伊那富高等女学校 | 207 |
| 伊那富実科高等女学校 | 207 |
| **稲取高等学校** | 220 |
| 稲取高等学校 | 220 |
| 稲取実業学校 | 220 |
| 稲取実業補習学校 | 220 |
| 稲取青年学校 | 220 |
| 稲取町立実業学校 | 220 |
| **伊那西高等学校** | 203 |
| 伊那西高等学校 | 203 |
| 稲葉女子商業高等学校 | 214 |
| 伊那東高等学校 | 203 |
| 員弁高等学校 | 249 |
| 員弁実業学校 | 249 |
| 員弁実業女学校 | 249 |
| **いなべ総合学園高等学校** | 249 |
| いなべ総合学園高等学校 | 249 |
| 員弁農学校 | 249 |
| 井波高等学校 | 187 |
| 伊那南高等学校 | 203 |
| **伊那弥生ヶ丘高等学校** | 203 |
| 伊那弥生ヶ丘高等学校 | 203 |
| **猪苗代高等学校** | 60 |
| 猪苗代高等学校 | 60 |
| 猪苗代高等女学校 | 60 |
| 猪苗代実科高等女学校 | 60 |
| **犬山高等学校** | 236 |
| 犬山高等学校 | 236 |
| 犬山実科高等女学校 | 236 |
| 犬山町立高等女学校 | 236 |
| **犬山南高等学校** | 236 |
| 犬山南高等学校 | 236 |
| **稲生高等学校** | 249 |
| 稲生高等学校 | 249 |
| 井之頭学園高等女子高等学校 | 152 |
| **伊野商業高等学校** | 370 |
| 伊野商業高等学校 | 370 |
| 井原女学校 | 326 |
| **茨城キリスト教学園高等学校** | 69 |
| 茨城キリスト教学園高等学校 | 69 |
| 茨城キリスト教大学 | 67 |
| 茨城キリスト教大学 | 67 |
| **茨城キリスト教大学短期大学部** | 68 |
| 茨城キリスト教大学短期大学部 | 68 |
| 茨城キリスト教短期大学 | 68 |
| 茨城県石岡実科高等女学校 | 68 |
| 茨城県太田実科高等女学校 | 69 |
| 茨城県小瀬農学校 | 70 |
| 茨城県上郷農蚕学校 | 70 |
| 茨城県簡易農学校 | 75 |
| 茨城県北相馬郡北総実修学校 | 73 |
| 茨城県高等女学校 | 74 |
| 茨城県古河商業学校 | 70 |
| 茨城県下館高等女学校 | 71 |
| 茨城県下妻中学校水海道分校 | 74 |
| 茨城県尋常中学校 | 74 |
| 茨城県尋常中学校下妻分校 | 71 |
| 茨城県尋常中学校土浦分校 | 72 |
| 茨城県水産試験場講習部 | 70 |
| 茨城県高萩高等女学校 | 72 |
| 茨城県高萩実科高等女学校 | 72 |
| 茨城県中央農事講習所 | 75 |
| 茨城県中学校 | 74 |
| 茨城県中学校下妻分校 | 71 |
| 茨城県土浦第一高等女学校 | 72 |
| 茨城県取手実科高等女学校 | 73 |
| 茨城県農学校 | 75 |
| 茨城県鉾田実科高等女学校 | 74 |
| 茨城県松原実科高等女学校 | 72 |
| 茨城県水戸中学校 | 74 |
| 茨城県湊商業学校 | 73 |
| 茨城県谷田部実業学校 | 72 |
| 茨城県谷田部農学校 | 72 |
| **茨城県立医療大学** | 67 |
| 茨城県立医療大学 | 67 |
| 茨城県立工業学校 | 74 |
| 茨城県立高等女学校 | 73 |
| 茨城県立商業学校 | 74 |
| **茨城県立中央高等学校** | 69 |
| 茨城県立中央高等学校 | 69 |
| 茨城県立農学校 | 75 |
| **茨木工科高等学校** | 275 |
| 茨木工科高等学校 | 275 |
| 茨木工業高等学校 | 275 |
| **茨城工業高等専門学校** | 68 |
| 茨城工業高等専門学校 | 68 |
| **茨城高等学校** | 69 |
| 茨城高等学校 | 69 |
| **茨木高等学校** | 275 |
| 茨木高等学校 | 275 |
| 茨木高等女学校 | 279 |
| 茨城師範学校 | 67 |
| 茨城師範学校 | 74 |
| 茨城商業女学校 | 74 |
| 茨城女学校 | 74 |
| **茨城女子短期大学** | 68 |
| 茨城女子短期大学 | 68 |
| 茨城青年師範学校 | 67 |

| 茨城第一中学校 | 74 |
|---|---|
| **茨城大学** | 67 |
| 茨城大学 | 67 |
| 茨城中学校 | 69 |
| 茨城中学校 | 74 |
| **茨木西高等学校** | 275 |
| 茨木西高等学校 | 275 |
| **茨城東高等学校** | 69 |
| 茨城東高等学校 | 69 |
| **茨木東高等学校** | 275 |
| 茨木東高等学校 | 276 |
| **庵原高等学校** | 220 |
| 庵原高等学校 | 220 |
| **井原高等学校** | 326 |
| 井原高等学校 | 326 |
| **井原市立高等学校** | 326 |
| 井原市立高等学校 | 326 |
| 庵原中学校 | 224 |
| **揖斐高等学校** | 212 |
| 揖斐高等学校 | 212 |
| 揖斐実業学校 | 212 |
| 揖斐農林学校 | 212 |
| 揖斐農林高等学校 | 212 |
| **伊吹高等学校** | 255 |
| 伊吹高等学校 | 255 |
| **指宿高等学校** | 421 |
| 指宿高等学校 | 421 |
| **指宿商業高等学校** | 421 |
| 指宿商業高等学校 | 421 |
| 指宿中学校 | 421 |
| 伊北農蚕学校 | 206 |
| 揖保郡立技芸女学校 | 302 |
| 揖保郡龍野町立商業補習学校 | 302 |
| 揖保郡立高等女学校 | 302 |
| 揖保郡立実科高等女学校 | 302 |
| 伊保高等学校 | 300 |
| **伊保内高等学校** | 32 |
| 伊保内高等学校 | 32 |
| 今市家政高等学校 | 320 |
| 今市家政女学校 | 320 |
| 今市工業学校 | 320 |
| **今市工業高等学校** | 77 |
| 今市工業高等学校 | 77 |
| **今市高等学校** | 77 |
| 今市高等学校 | 77 |
| 今市高等女学校 | 320 |
| 今市実業学校 | 320 |
| 今市商業学校 | 320 |
| 今市中学校 | 77 |
| 今市農商学校 | 320 |
| 今市縫製女学校 | 320 |
| 今金高等学校 | 20 |
| 今金高等学校久遠分校 | 15 |
| 今金高等学校瀬棚分校 | 15 |
| 今川家政学校 | 151 |
| 今川家政女学校 | 151 |
| 今川高等学校 | 144 |

| 今川高等学校 | 151 |
|---|---|
| 今川高等女学校 | 151 |
| 今川裁縫補修所 | 151 |
| 今川女子実業補修学校 | 151 |
| 今川新制高等学校 | 151 |
| 今川専修学校 | 151 |
| 今津中学校 | 257 |
| 今立郡今立農学校 | 194 |
| 今立農学校 | 194 |
| 今治技芸女子学校 | 364 |
| **今治北高等学校** | 363 |
| 今治北高等学校 | 363 |
| **今治北高等学校大三島分校** | 363 |
| 今治北高等学校大三島分校 | 363 |
| **今治工業高等学校** | 363 |
| 今治工業高等学校 | 363 |
| 今治高等女学校 | 363 |
| 今治実科高等学校 | 364 |
| 今治市立工業学校 | 363 |
| **今治精華高等学校** | 364 |
| 今治精華高等学校 | 364 |
| 今治精華高等女学校 | 364 |
| 今治第一高等学校 | 363 |
| 今治第一高等学校 | 364 |
| 今治第二高等学校 | 363 |
| 今治中学校 | 364 |
| 今治西高等学校 | 363 |
| **今治西高等学校** | 364 |
| 今治西高等学校 | 364 |
| 今治西高等学校 | 369 |
| 今治西高等学校（定時制） | 367 |
| 今治西高等学校弓削分校 | 369 |
| **今治東高等学校** | 364 |
| 今治東高等学校 | 364 |
| **今治南高等学校** | 364 |
| 今治南高等学校 | 364 |
| **今治南高等学校大島分校** | 364 |
| 今治南高等学校大島分校 | 364 |
| **今治明徳高等学校** | 364 |
| 今治明徳高等学校 | 364 |
| 今治明徳高等女学校 | 364 |
| **今治明徳短期大学** | 363 |
| 今治明徳短期大学 | 363 |
| **今別高等学校** | 26 |
| 今別高等学校 | 26 |
| **今宮工科高等学校** | 276 |
| 今宮工科高等学校 | 276 |
| 今宮工業高等学校 | 276 |
| **今宮高等学校** | 276 |
| 今宮高等学校 | 276 |
| 今宮中学校 | 276 |
| 伊万里学園高等学校 | 390 |
| **伊万里高等学校** | 388 |
| 伊万里高等学校 | 389 |
| 伊万里高等女学校 | 388 |
| 伊万里実科女学校 | 388 |
| **伊万里商業高等学校** | 389 |

いまりしよ　　　　　　　　　　　　　　　　　　　　　　　　　　　　　　　　　　　　校名索引

| | |
|---|---|
| 伊万里商業高等学校 | 389 |
| 伊万里商業補習学校 | 389 |
| 伊万里女子高等学校 | 390 |
| 伊万里第一高等学校 | 389 |
| 伊万里第二高等学校 | 389 |
| 伊万里中学校 | 388 |
| 伊万里中学校 | 389 |
| **伊万里農林高等学校** | 389 |
| 伊万里農林高等学校 | 389 |
| 射水郡立農業公民学校 | 184 |
| 射水高等学校 | 185 |
| 射水中学校 | 185 |
| 伊予郡立実業学校 | 364 |
| **伊予高等学校** | 364 |
| 伊予高等学校 | 364 |
| 伊予実業学校 | 364 |
| 伊予尋常中学校 | 368 |
| 伊予農業学校 | 364 |
| **伊予農業高等学校** | 364 |
| 伊予農業高等学校 | 364 |
| **伊良部高等学校** | 429 |
| 伊良部高等学校 | 429 |
| 入来高等学校 | 421 |
| **入来商業高等学校** | 421 |
| 入来商業高等学校 | 421 |
| **入間高等学校** | 92 |
| 入間高等学校 | 92 |
| **入間向陽高等学校** | 92 |
| 入間向陽高等学校 | 92 |
| **岩井高等学校** | 69 |
| 岩井高等学校 | 69 |
| 岩井高等女学校 | 69 |
| 岩井実科高等女学校 | 69 |
| **岩泉高等学校** | 32 |
| 岩泉高等学校 | 33 |
| **岩泉高等学校田野畑校** | 33 |
| 岩泉高等学校田野畑校 | 33 |
| 岩泉町立農業学校 | 32 |
| 岩泉農業学校 | 32 |
| 岩泉農業高等学校 | 32 |
| 岩泉農業高等学校田野畑分校 | 33 |
| **岩井西高等学校** | 69 |
| 岩井西高等学校 | 69 |
| **岩ヶ崎高等学校** | 41 |
| 岩ヶ崎高等学校 | 41 |
| 岩ヶ崎高等学校鶯沢分校（全日制課程） | 41 |
| 岩ヶ崎高等学校鶯沢分校（定時制課程） | 41 |
| 岩ヶ崎高等女学校 | 41 |
| 岩ヶ崎実科高等女学校 | 41 |
| 岩川工業学校 | 421 |
| **岩川高等学校** | 421 |
| 岩川高等学校 | 421 |
| 岩川静和女学校 | 116 |
| **いわき海星高等学校** | 60 |
| いわき海星高等学校 | 60 |
| **岩木高等学校** | 26 |
| 岩木高等学校 | 26 |

| | |
|---|---|
| **磐城高等学校** | 60 |
| 磐城高等学校 | 60 |
| 磐城高等女学校 | 60 |
| **いわき光洋高等学校** | 60 |
| いわき光洋高等学校 | 60 |
| いわき光洋高等学校（定時制課程） | 61 |
| **磐城桜が丘高等学校** | 60 |
| 磐城桜が丘高等学校 | 60 |
| **いわき秀英高等学校** | 60 |
| いわき秀英高等学校 | 60 |
| 磐城女学校 | 60 |
| 磐城女子高等学校 | 60 |
| **いわき総合高等学校** | 60 |
| いわき総合高等学校 | 60 |
| **いわき短期大学** | 59 |
| いわき短期大学 | 59 |
| 磐城中学校 | 60 |
| 磐城農業学校 | 61 |
| **磐城農業高等学校** | 60 |
| 磐城農業高等学校 | 61 |
| 磐城農業高等学校上遠野農業部 | 64 |
| 磐城農業高等学校上遠野分校 | 64 |
| 磐城農業高等学校機械科 | 64 |
| 磐城農業高等学校勿来分校 | 64 |
| 磐城農工高等学校 | 61 |
| 磐城農工高等学校機械科 | 64 |
| **いわき翠の杜高等学校** | 61 |
| いわき翠の杜高等学校 | 61 |
| **いわき明星大学** | 58 |
| いわき明星大学 | 58 |
| **岩国工業高等学校** | 347 |
| 岩国工業高等学校 | 347 |
| 岩国工業高等学校 | 348 |
| **岩国高等学校** | 347 |
| 岩国高等学校 | 348 |
| 岩国高等女学校 | 348 |
| 岩国実業公民学校 | 348 |
| 岩国商業学校 | 348 |
| **岩国商業高等学校** | 348 |
| 岩国商業高等学校 | 348 |
| 岩国商業高等学校（定時制課程） | 348 |
| **岩国商業高等学校東分校** | 348 |
| 岩国商業高等学校東分校 | 348 |
| 岩国商工学校 | 348 |
| 岩国商工高等学校 | 348 |
| 岩国女学校 | 348 |
| **岩国総合高等学校** | 348 |
| 岩国総合高等学校 | 348 |
| 岩国第一女子高等学校 | 348 |
| 岩国第二女子高等学校 | 348 |
| **岩国短期大学** | 347 |
| 岩国短期大学 | 347 |
| 岩国中学校 | 347 |
| 岩国中学校 | 348 |
| 岩国西高等学校 | 348 |
| 岩国東高等学校 | 348 |
| **岩倉高等学校** | 131 |

| 校名 | 頁 | 校名 | 頁 |
|---|---|---|---|
| 岩倉高等学校 | 131 | 岩手県一関中学校 | 32 |
| 岩倉高等学校 | 236 | 岩手県気仙農学校 | 33 |
| 岩倉商業高等学校 | 236 | 岩手県工業学校 | 38 |
| **岩倉総合高等学校** | 236 | 岩手県実業学校 | 37 |
| 岩倉総合高等学校 | 236 | 岩手県尋常中学校 | 38 |
| 岩倉鉄道学校 | 131 | 岩手県農学校 | 38 |
| **伊和高等学校** | 296 | 岩手県農事講習所 | 38 |
| 伊和高等学校 | 296 | 岩手県広田水産学校 | 36 |
| **岩瀬高等学校** | 69 | 岩手県福岡高等女学校 | 37 |
| 岩瀬高等学校 | 69 | 岩手県水沢商業学校 | 37 |
| 岩瀬女子高等学校 | 186 | 岩手県盛岡尋常中学校 | 38 |
| **岩瀬日本大学高等学校** | 69 | 岩手県盛岡中学校 | 38 |
| 岩瀬日本大学高等学校 | 69 | 岩手県立工業学校 | 38 |
| 岩瀬農学校 | 61 | 岩手県立高等女学校 | 38 |
| **岩瀬農業高等学校** | 61 | 岩手県立蚕業学校 | 35 |
| 岩瀬農業高等学校 | 61 | 岩手県立実業補修学校教員養成所 | 31 |
| 岩瀬農業高等学校長沼分校 | 64 | 岩手県立第二高等学校 | 35 |
| **磐田北高等学校** | 220 | **岩手県立大学** | 31 |
| 磐田北高等学校 | 220 | 岩手県立大学 | 31 |
| 磐田郡立高等女学校 | 220 | **岩手県立大学宮古短期大学部** | 31 |
| 磐田郡立実践高等女学校 | 220 | 岩手県立大学宮古短期大学部 | 31 |
| **岩田高等学校** | 408 | **岩手県立大学盛岡短期大学部** | 31 |
| 岩田高等学校 | 408 | 岩手県立大学盛岡短期大学部 | 31 |
| 岩田高等女学校 | 408 | 岩手県立農学校 | 38 |
| 岩田実科高等女学校 | 408 | 岩手県立農蚕学校 | 35 |
| 磐田実業高等学校 | 220 | 岩手県立宮古短期大学 | 31 |
| 磐田商業高等学校 | 220 | 岩手県立盛岡短期大学 | 31 |
| 磐田第一高等学校 | 220 | **岩手高等学校** | 33 |
| 磐田第二高等学校 | 220 | 岩手高等学校 | 33 |
| **磐田西高等学校** | 220 | 岩手高等女学校 | 33 |
| 磐田西高等学校 | 220 | **岩手女子高等学校** | 33 |
| **磐田農業高等学校** | 220 | 岩手女子高等学校 | 33 |
| 磐田農業高等学校 | 220 | **岩手大学** | 31 |
| **磐田東高等学校** | 220 | 岩手大学 | 31 |
| 磐田東高等学校 | 220 | 岩手橘高等学校 | 35 |
| **磐田南高等学校** | 220 | 岩手中学校 | 33 |
| 磐田南高等学校 | 220 | 岩手中学校 | 38 |
| **岩槻高等学校** | 92 | **岩出山高等学校** | 41 |
| 岩槻高等学校 | 92 | 岩出山高等学校 | 41 |
| 岩槻実業高等学校 | 92 | 岩出山実科高等学校 | 41 |
| **岩槻商業高等学校** | 92 | 岩手洋裁専門学院 | 35 |
| 岩槻商業高等学校 | 92 | **岩戸高等学校** | 162 |
| **岩槻北陵高等学校** | 92 | 岩戸高等学校 | 162 |
| 岩槻北陵高等学校 | 92 | **岩内高等学校** | 6 |
| **岩津高等学校** | 236 | 岩内高等学校 | 6 |
| 岩津高等学校 | 236 | 岩内高等女学校 | 6 |
| 岩津農学校 | 236 | 岩内女子高等学校 | 6 |
| 岩津農業高等学校 | 236 | 岩内中学校 | 6 |
| 岩手医学専門学校 | 31 | 岩内町立実科高等女学校 | 6 |
| **岩手医科大学** | 31 | 岩内町立女子職業学校 | 6 |
| 岩手医科大学 | 31 | 岩沼高等女学校 | 46 |
| 岩手医学校 | 31 | 岩沼実科高等学校 | 46 |
| **岩手看護短期大学** | 31 | 岩沼実科高等女学校 | 46 |
| 岩手看護短期大学 | 31 | **岩美高等学校** | 317 |
| 岩手県胆沢農学校 | 37 | 岩美高等学校 | 317 |
| 岩手県一関高等女学校 | 32 | 岩見沢高等学校 | 6 |
| 岩手県一関尋常中学校 | 32 | 岩見沢高等女学校 | 6 |

| 岩見沢女子高等学校 | 6 | 上田高等学校 | 203 |
| --- | --- | --- | --- |
| 岩見沢市立高等学校 | 6 | 上田高等学校 | 203 |
| 岩見沢市立女子高等学校 | 6 | 上田高等女学校 | 203 |
| 岩見沢市立中学校 | 6 | 上田蚕糸専門学校 | 201 |
| 岩見沢中学校 | 6 | 上田実科高等女学校 | 203 |
| **岩見沢西高等学校** | 6 | 上田城南高等学校 | 204 |
| 岩見沢西高等学校 | 6 | 上田女子実業補習学校 | 203 |
| **岩見沢農業高等学校** | 6 | **上田女子短期大学** | 201 |
| 岩見沢農業高等学校 | 6 | 上田女子短期大学 | 201 |
| 岩見沢鳩ヶ丘高等学校 | 6 | 上田市立高等学校 | 204 |
| **岩見沢東高等学校** | 6 | 上田市立高等女学校 | 203 |
| 岩見沢東高等学校 | 6 | 上田市立高等女学校 | 204 |
| 岩見沢東高等学校美流渡分校（定時制） | 6 | 上田市立商工学校 | 204 |
| 岩見沢夜間中学校 | 6 | 上田繊維専門学校 | 201 |
| **岩見沢緑陵高等学校** | 6 | **上田染谷丘高等学校** | 203 |
| 岩見沢緑陵高等学校 | 6 | 上田染谷丘高等学校 | 203 |
| 岩美実業高等学校 | 317 | **上田千曲高等学校** | 203 |
| 石見商業高等学校 | 324 | 上田千曲高等学校 | 204 |
| 岩美農業高等学校 | 317 | 上田中学校野沢分校 | 208 |
| **岩村高等学校** | 212 | **上田西高等学校** | 204 |
| 岩村高等学校 | 212 | 上田西高等学校 | 204 |
| 岩村田城戸ヶ丘高等学校 | 203 | 上田農学校 | 204 |
| **岩村田高等学校** | 203 | **上田東高等学校** | 204 |
| 岩村田高等学校 | 203 | 上田東高等学校 | 204 |
| 岩村田高等女学校 | 203 | 上田変則中学校 | 203 |
| 岩村田実科女学校 | 203 | 上田松尾高等学校 | 203 |
| 岩村田実業補修学校 | 205 | **上野学園高等学校** | 131 |
| 岩村田中学校 | 203 | 上野学園高等学校 | 131 |
| 岩村田町立乙種農業学校 | 205 | **上野学園大学** | 117 |
| 岩村田農学校 | 205 | 上野学園大学 | 117 |
| **岩谷堂高等学校** | 33 | **上野学園大学短期大学部** | 126 |
| 岩谷堂高等学校 | 33 | 上野学園大学短期大学部 | 126 |
| 岩谷堂町立実科高等女学校 | 33 | 上野学園短期大学 | 126 |
| **岩谷堂農林高等学校** | 33 | 上野北高等学校 | 250 |
| 岩谷堂農林高等学校 | 33 | 上野工業学校 | 250 |
| 印西女子工業補習学校 | 107 | **上野工業高等学校** | 249 |
| 印西女子染織学校 | 107 | 上野工業高等学校 | 249 |
| 印西農学校 | 107 | **上野高等学校（東京・都）** | 131 |
| 因島北高等学校 | 336 | 上野高等学校 | 131 |
| **因島高等学校** | 336 | **上野高等学校（三重・県）** | 249 |
| 因島高等学校 | 336 | 上野高等学校 | 250 |
| **印旛高等学校** | 107 | 上野高等学校荒川分校 | 130 |
| 印旛高等学校 | 107 | 上野高等学校三河島分室 | 130 |
| 印旛実業学校 | 107 | 上野高等学校南校舎 | 250 |
| 印旛実業学校分校八生農学校 | 114 | 上野高等女学校 | 131 |
|  |  | 上野塾 | 145 |
|  |  | 上野塾 | 146 |
| 【う】 |  | **上野商業高等学校** | 250 |
|  |  | 上野商業高等学校 | 250 |
|  |  | 上野商工学校 | 250 |
| 有為学会 | 349 | 上野商工高等学校 | 249 |
| ウイルミナ女学校 | 277 | 上野商工高等学校 | 250 |
| **植草学園短期大学** | 104 | 上野女学校 | 131 |
| 植草学園短期大学 | 104 | 上野女子薬学校 | 123 |
| **植草学園文化女子高等学校** | 107 | 上野市立高等女学校 | 249 |
| 植草学園文化女子高等学校 | 107 | 上野市立高等女学校 | 250 |
|  |  | 上野市立実科高等女学校 | 250 |

| 校名 | 頁 | 校名 | 頁 |
|---|---|---|---|
| 上野市立農学校 | 249 | 牛久栄進高等学校 | 69 |
| 上野市立農学校 | 250 | 牛久栄進高等学校 | 69 |
| 上野新制高等学校 | 131 | **牛久高等学校** | 69 |
| 上野中学校 | 131 | 牛久高等学校 | 69 |
| 上野中学校 | 250 | 宇治高等学校 | 269 |
| 上野町立実科女学校 | 250 | **宇治高等学校** | 326 |
| 上野農学校 | 250 | 宇治高等学校 | 326 |
| **上野農業高等学校** | 250 | 牛込高等女学校 | 148 |
| 上野農業高等学校 | 250 | 牛込女子商業学校 | 156 |
| **上野原高等学校** | 197 | 牛込女子商業高等学校 | 130 |
| 上野原高等学校 | 197 | **牛津高等学校** | 389 |
| **上宮高等学校** | 276 | 牛津高等学校 | 389 |
| 上宮高等学校 | 276 | **牛深高等学校** | 401 |
| 上宮高等学校太子町学舎 | 276 | 牛深高等学校 | 401 |
| **上宮太子高等学校** | 276 | 牛窓高等学校 | 328 |
| 上宮太子高等学校 | 276 | **宇治山田高等学校** | 250 |
| 上宮中学校 | 276 | 宇治山田高等学校 | 250 |
| **魚津工業高等学校** | 184 | 宇治山田実業高等学校 | 250 |
| 魚津工業高等学校 | 184 | 宇治山田商業学校 | 250 |
| **魚津高等学校** | 184 | 宇治山田商業高等学校 | 249 |
| 魚津高等学校 | 184 | **宇治山田商業高等学校** | 250 |
| 魚津高等女学校 | 184 | 宇治山田商業高等学校 | 250 |
| 魚津実科高等女学校 | 184 | 宇治山田商工高等学校 | 249 |
| 魚津実業学校 | 184 | 宇治山田商工高等学校 | 250 |
| **浮羽究真館高等学校** | 377 | 宇治山田市立工業学校 | 249 |
| 浮羽究真館高等学校 | 377 | 宇治山田市立工業学校 | 250 |
| 浮羽工業学校 | 377 | 宇治山田市立工業高等学校 | 249 |
| **浮羽工業高等学校** | 377 | 宇治山田市立高等女学校 | 250 |
| 浮羽工業高等学校 | 377 | 宇治山田市立実科高等女学校 | 250 |
| 浮羽工業徒弟学校 | 377 | 宇治山田市立商業学校 | 250 |
| **浮羽高等学校** | 377 | 宇治山田市立商業補習学校 | 250 |
| 浮羽高等学校 | 377 | 宇治山田市立女子商業学校 | 250 |
| 浮羽高等女学校 | 377 | 宇治山田市立女子商業高等学校 | 249 |
| 浮羽中学校 | 377 | 宇治山田中学校 | 250 |
| **浮羽東高等学校** | 377 | 宇治山田中学校 | 250 |
| 浮羽東高等学校 | 377 | **烏城高等学校** | 326 |
| **鷲沢工業高等学校** | 41 | 烏城高等学校 | 326 |
| 鷲沢工業高等学校 | 41 | **羽松高等学校** | 189 |
| 鶯谷高等学校 | 212 | 羽松高等学校 | 189 |
| **鶯谷高等学校** | 212 | 羽水教校 | 195 |
| 鶯谷高等女学校 | 212 | **羽水高等学校** | 193 |
| 鶯谷女子高等学校 | 212 | 羽水高等学校 | 193 |
| **宇久高等学校** | 394 | 碓氷高等女学校 | 84 |
| 宇久高等学校 | 394 | **臼杵高等学校** | 408 |
| **羽後高等学校** | 50 | 臼杵高等学校 | 408 |
| 羽後高等学校 | 50 | 臼杵高等学校佐賀関分校 | 410 |
| 宇佐郡実科高等女学校 | 413 | 臼杵高等学校第四部 | 408 |
| 宇佐郡立農学校 | 408 | 臼杵高等学校第五部 | 409 |
| 宇佐郡立農業学校 | 408 | 臼杵高等学校港町校舎 | 408 |
| **宇佐高等学校** | 408 | 臼杵高等女学校 | 408 |
| 宇佐高等学校 | 408 | 臼杵実科高等女学校 | 408 |
| **宇佐産業科学高等学校** | 408 | **臼杵商業高等学校** | 408 |
| 宇佐産業科学高等学校 | 408 | 臼杵商業高等学校 | 408 |
| 宇佐中学校 | 408 | 臼杵水産学校 | 408 |
| 宇佐農業高等学校 | 408 | 臼杵中学校 | 408 |
| 氏家高等学校 | 80 | 臼杵町立商業高等学校 | 408 |
| 氏家高等女学校 | 80 | 臼杵農水産学校 | 408 |

| 校名 | 頁 | 校名 | 頁 |
|---|---|---|---|
| 有珠郡伊達女子職業学校 | 15 | 宇都宮第二女子商業学校 | 78 |
| 臼尻漁業高等学校 | 22 | **宇都宮大学** | 76 |
| 臼尻高等学校 | 22 | 宇都宮大学 | 76 |
| **臼田高等学校** | 204 | **宇都宮短期大学** | 76 |
| 臼田高等学校 | 204 | 宇都宮短期大学 | 76 |
| 臼田実科高等女学校 | 204 | **宇都宮短期大学附属高等学校** | 78 |
| 宇陀高等学校 | 308 | 宇都宮短期大学附属高等学校 | 78 |
| 宇陀高等女学校 | 310 | **宇都宮中央女子高等学校** | 78 |
| **歌志内高等学校** | 6 | 宇都宮中央女子高等学校 | 78 |
| 歌志内高等学校 | 6 | 宇都宮中学校 | 77 |
| 宇陀中学校 | 308 | 宇都宮農業高等学校 | 78 |
| 宇智郡女子手芸学校 | 309 | 宇都宮農林専門学校 | 76 |
| 内郷高等学校 | 60 | **宇都宮白楊高等学校** | 78 |
| 内郷高等学校好間第二部 | 66 | 宇都宮白楊高等学校 | 78 |
| 内郷高等学校好間分校 | 66 | **宇都宮東高等学校** | 78 |
| 内郷実業補習学校 | 60 | 宇都宮東高等学校 | 78 |
| 内郷青年学校 | 60 | **宇都宮文星女子高等学校** | 78 |
| 内郷村立農業補習学校 | 60 | 宇都宮文星女子高等学校 | 78 |
| 内郷第三実業補習学校 | 60 | **宇都宮文星短期大学** | 76 |
| 宇智高等学校 | 309 | 宇都宮文星短期大学 | 76 |
| **内子高等学校** | 364 | 宇都宮松原高等学校 | 78 |
| 内子高等学校 | 364 | **宇都宮南高等学校** | 78 |
| 内子至徳女学校 | 364 | 宇都宮南高等学校 | 78 |
| 内子町立実科女学校 | 364 | **内海高等学校** | 236 |
| **宇都宮海星女子学院高等学校** | 77 | 内海高等学校 | 236 |
| 宇都宮海星女子学院高等学校 | 77 | 内海女子実業学校 | 236 |
| 宇都宮学園高等学校 | 81 | 宇出津高等学校 | 192 |
| 宇都宮学園高等学校女子部 | 78 | **宇土高等学校** | 401 |
| **宇都宮北高等学校** | 77 | 宇土高等学校 | 401 |
| 宇都宮北高等学校 | 77 | 宇土中学校 | 401 |
| 宇都宮工業学校 | 77 | **畝傍高等学校** | 308 |
| 宇都宮工業学校 | 78 | 畝傍高等学校 | 308 |
| **宇都宮工業高等学校** | 77 | 畝傍中学校 | 308 |
| 宇都宮工業高等学校 | 77 | 宇部学園女子高等学校 | 349 |
| **宇都宮高等学校** | 77 | 宇部工業学校 | 348 |
| 宇都宮高等学校 | 77 | **宇部工業高等学校** | 348 |
| 宇都宮高等学校 | 78 | 宇部工業高等学校 | 348 |
| 宇都宮高等農林学校 | 76 | **宇部工業高等専門学校** | 347 |
| 宇都宮市商業学校 | 78 | 宇部工業高等専門学校 | 347 |
| 宇都宮実業学校 | 81 | 宇部工業専門学校 | 347 |
| 宇都宮実用英語簿記学校 | 81 | **宇部鴻城高等学校** | 348 |
| 宇都宮商業学校 | 78 | 宇部鴻城高等学校 | 348 |
| **宇都宮商業高等学校** | 78 | **宇部高等学校** | 348 |
| 宇都宮商業高等学校 | 78 | 宇部高等学校 | 348 |
| **宇都宮女子高等学校** | 78 | 宇部実業補習学校 | 348 |
| 宇都宮女子高等学校 | 78 | 宇部商業学校 | 348 |
| 宇都宮女子実業学校 | 78 | **宇部商業高等学校** | 348 |
| 宇都宮女子商業学校 | 78 | 宇部商業高等学校 | 348 |
| 宇都宮女子商業高等学校 | 78 | 宇部商業実践学校 | 348 |
| 宇都宮市立商業高等学校 | 78 | 宇部女子高等学校 | 349 |
| 宇都宮市立女子高等学校 | 78 | 宇部女子高等学校美祢分校 | 353 |
| 宇都宮須賀高等学校 | 78 | 宇部市立高等学校 | 348 |
| **宇都宮清陵高等学校** | 78 | 宇部短期大学 | 347 |
| 宇都宮清陵高等学校 | 78 | **宇部中央高等学校** | 348 |
| 宇都宮第一高等女学校 | 78 | 宇部中央高等学校 | 348 |
| 宇都宮第二工業学校(夜間) | 77 | 宇部中央夜間中学校 | 348 |
| 宇都宮第二高等女学校 | 78 | 宇部中学校 | 348 |

| | | | |
|---|---|---|---|
| 宇部西高等学校 | 348 | 浦和高等学校（さいたま・市） | 93 |
| 宇部西高等学校 | 348 | 浦和高等学校 | 93 |
| 宇部農業学校 | 348 | 浦和高等女学校 | 93 |
| 宇部農業高等学校 | 348 | 浦和実業学園高等学校 | 93 |
| 宇部農業実践学校 | 348 | 浦和実業学園高等学校 | 93 |
| 宇部農業補習学校 | 348 | 浦和実業学園商業高等学校 | 93 |
| 宇部農芸学校 | 348 | 浦和商業学校 | 93 |
| 宇部農芸高等学校 | 348 | 浦和商業高等学校 | 93 |
| 宇部農商高等学校 | 348 | 浦和商業高等学校 | 93 |
| 宇部フロンティア大学 | 346 | 浦和市立高等学校 | 93 |
| 宇部フロンティア大学 | 346 | 浦和市立高等女学校 | 93 |
| 宇部フロンティア大学短期大学部 | 347 | 浦和市立女子高等学校 | 93 |
| 宇部フロンティア大学短期大学部 | 347 | 浦和市立中学校 | 93 |
| 宇部フロンティア大学付属香川高等学校 | 348 | 浦和第一高等女学校 | 93 |
| 宇部フロンティア大学付属香川高等学校 | 348 | 浦和第一女子高等学校 | 93 |
| 宇摩郡立農業学校 | 366 | 浦和第一女子高等学校 | 93 |
| 宇摩郡立農林学校 | 366 | 浦和第二高等女学校 | 93 |
| 宇摩高等女学校 | 365 | 浦和第二女子高等学校 | 93 |
| 宇摩実科高等女学校 | 365 | 浦和大学 | 90 |
| 宇摩実業学校 | 366 | 浦和大学 | 90 |
| 宇摩農業学校 | 366 | 浦和大学短期大学部 | 91 |
| 宇摩農業高等学校 | 366 | 浦和大学短期大学部 | 91 |
| 宇美商業高等学校 | 377 | 浦和短期大学 | 91 |
| 宇美商業高等学校 | 377 | 浦和中学校 | 93 |
| 梅香崎女学校 | 352 | 浦和通信制高等学校 | 94 |
| 梅田高等女学校 | 278 | 浦和西高等学校 | 93 |
| 羽陽学園短期大学 | 53 | 浦和西高等学校 | 93 |
| 羽陽学園短期大学 | 53 | 浦和東高等学校 | 93 |
| 浦河高等学校 | 7 | 浦和東高等学校 | 93 |
| 浦河高等学校 | 7 | 浦和南高等学校 | 93 |
| 浦河高等学校様似分校（定時制課程） | 13 | 浦和南高等学校 | 93 |
| 浦河高等学校幌泉分校 | 7 | 浦和ルーテル学院高等学校 | 93 |
| 浦河高等女学校 | 7 | 浦和ルーテル学院高等学校 | 93 |
| 浦河実科高等女学校 | 7 | 嬉野高等学校 | 389 |
| 浦河実践女学校 | 7 | 嬉野高等学校 | 389 |
| 浦添工業高等学校 | 429 | 嬉野商業高等学校 | 389 |
| 浦添工業高等学校 | 429 | 宇和高等学校 | 364 |
| 浦添高等学校 | 429 | 宇和高等学校 | 364 |
| 浦添高等学校 | 429 | 宇和島工業学校 | 364 |
| 浦添商業高等学校 | 429 | 宇和島高等家政女学校 | 364 |
| 浦添商業高等学校 | 429 | 宇和島高等女学校 | 364 |
| 浦幌高等学校 | 7 | 宇和島実科女学校 | 364 |
| 浦幌高等学校 | 7 | 宇和島商業学校 | 364 |
| 浦安高等学校 | 107 | 宇和島商業高等学校 | 364 |
| 浦安高等学校 | 107 | 宇和島商工学校 | 364 |
| 浦安南高等学校 | 107 | 宇和島水産高等学校 | 364 |
| 浦安南高等学校 | 107 | 宇和島水産高等学校 | 364 |
| 浦和明の星女子高等学校 | 92 | 宇和島第一高等学校 | 364 |
| 浦和明の星女子高等学校 | 92 | 宇和島第二高等学校 | 364 |
| 浦和学院高等学校 | 92 | 宇和島中学校 | 364 |
| 浦和学院高等学校 | 92 | 宇和島中学校大洲分校 | 365 |
| 浦和北高等学校 | 92 | 宇和島町立商業学校 | 364 |
| 浦和北高等学校 | 92 | 宇和島東高等学校 | 364 |
| 浦和工業高等学校 | 92 | 宇和島東高等学校 | 364 |
| 浦和工業高等学校 | 93 | 宇和島南高等学校 | 364 |
| 浦和高等学校 | 90 | 宇和島南高等学校 | 364 |
| 浦和高等学校（埼玉・県） | 93 | 宇和島南高等学校（水産課程） | 364 |

| 上沼高等学校 | 41 |
| --- | --- |
| 上沼高等学校 | 41 |
| 上沼高等学校米山分校 | 47 |
| 上沼農学校 | 41 |
| 上沼農業高等学校 | 41 |
| 上沼農業高等学校米山町分校 | 47 |
| 上沼農業高等学校米山分教場 | 47 |
| 宇和農業高等学校 | 364 |

## 【え】

| **AICJ高等学校** | 336 |
| --- | --- |
| AICJ高等学校 | 336 |
| 英学舎 | 368 |
| 英学所 | 368 |
| 栄城工業学校 | 390 |
| **栄光学園高等学校** | 162 |
| 栄光学園高等学校 | 162 |
| 頴娃工業学校 | 421 |
| 栄光中学校 | 162 |
| **頴娃高等学校** | 421 |
| 頴娃高等学校 | 421 |
| 英習字簿記学会 | 238 |
| **英真学園高等学校** | 276 |
| 英真学園高等学校 | 276 |
| **盈進高等学校** | 336 |
| 盈進高等学校 | 336 |
| 盈進商業学校 | 336 |
| 盈進商業実務学校 | 336 |
| **英数学館高等学校** | 336 |
| 英数学館高等学校 | 336 |
| 永生学校 | 287 |
| 衛生短期大学付属二俣川高等学校 | 171 |
| 頴娃青年学校 | 421 |
| **英知大学** | 290 |
| 英知大学 | 290 |
| 英知短期大学 | 290 |
| **栄徳高等学校** | 237 |
| 栄徳高等学校 | 237 |
| **頴明館高等学校** | 131 |
| 頴明館高等学校 | 131 |
| **英明高等学校** | 359 |
| 英明高等学校 | 359 |
| 永明高等女学校 | 207 |
| 英和女学校 | 167 |
| 英和女学校 | 384 |
| 英和予備校 | 125 |
| **エクセラン高等学校** | 204 |
| エクセラン高等学校 | 204 |
| **江差高等学校** | 7 |
| 江差高等学校 | 7 |
| **枝幸高等学校** | 7 |
| 枝幸高等学校 | 7 |
| 江差高等学校奥尻分校 | 8 |

| 江差高等学校熊石分校 | 10 |
| --- | --- |
| 江差高等女学校 | 7 |
| 江差実科高等女学校 | 7 |
| 江差実科女学校 | 7 |
| 江差女学校 | 7 |
| 江差中学校 | 7 |
| **恵山高等学校** | 7 |
| 恵山高等学校 | 7 |
| **荏田高等学校** | 162 |
| 荏田高等学校 | 162 |
| **江田島高等学校** | 336 |
| 江田島高等学校 | 336 |
| **愛知高等学校（滋賀・県）** | 255 |
| 愛知高等学校 | 255 |
| 愛知高等学校 | 259 |
| 愛知高等女学校 | 255 |
| 愛知実業学校女子部 | 255 |
| 閲蔵長屋 | 231 |
| 閲蔵長屋 | 243 |
| エディの学校 | 268 |
| **江戸川学園取手高等学校** | 69 |
| 江戸川学園取手高等学校 | 69 |
| 江戸川高等家政女学校 | 131 |
| **江戸川高等学校** | 131 |
| 江戸川高等学校 | 131 |
| 江戸川高等女学校 | 131 |
| **江戸川女子高等学校** | 131 |
| 江戸川女子高等学校 | 131 |
| 江戸川女子商業学校 | 131 |
| **江戸川女子短期大学** | 105 |
| 江戸川新制高等学校 | 131 |
| **江戸川大学** | 103 |
| 江戸川大学 | 103 |
| **江戸川短期大学** | 104 |
| 江戸川短期大学 | 105 |
| 江戸川中学校 | 131 |
| **江戸崎高等学校** | 69 |
| 江戸崎高等学校 | 69 |
| **江戸崎総合高等学校** | 69 |
| 江戸崎総合高等学校 | 69 |
| **江戸崎西高等学校** | 69 |
| 江戸崎西高等学校 | 69 |
| **恵那北高等学校** | 212 |
| 恵那北高等学校 | 212 |
| **恵那高等学校** | 212 |
| 恵那高等学校 | 212 |
| 恵那高等実科女学校 | 212 |
| 恵那実科女学校組合 | 212 |
| 恵那女子高等学校 | 212 |
| 恵那中学校 | 212 |
| **恵那農業高等学校** | 212 |
| 恵那農業高等学校 | 212 |
| 恵南実科女学校 | 212 |
| 恵那南高等学校 | 212 |
| **恵庭北高等学校** | 7 |
| 恵庭北高等学校 | 7 |
| 恵庭高等学校 | 7 |

| 校名 | 頁 |
|---|---|
| **恵庭南高等学校** | 7 |
| 恵庭南高等学校 | 7 |
| 江沼郡立実科高等女学校 | 191 |
| 荏原郡大崎女子実業補修学校 | 132 |
| 荏原郡立高等女学校 | 156 |
| 荏原女学校 | 138 |
| 荏原女子技芸伝習所 | 138 |
| 荏原中学校 | 149 |
| **海老名高等学校** | 162 |
| 海老名高等学校 | 162 |
| **えびの高原国際高等学校** | 414 |
| えびの高原国際高等学校 | 414 |
| 愛媛県伊方農業学校 | 365 |
| 愛媛県内子高等実科女学校 | 364 |
| 愛媛県内子高等女学校 | 364 |
| 愛媛県高等女学校 | 368 |
| 愛媛県西条中学校 | 365 |
| 愛媛県尋常中学東予分校 | 365 |
| 愛媛県尋常中学校 | 368 |
| 愛媛県第一中学校 | 368 |
| 愛媛県農業学校 | 365 |
| 愛媛県変則中学校 | 368 |
| 愛媛県松山工業学校 | 367 |
| 愛媛県松山第一高等学校 | 368 |
| 愛媛県松山中学校 | 368 |
| **愛媛県立医療技術大学** | 363 |
| 愛媛県立医療技術大学 | 363 |
| 愛媛県立医療技術短期大学 | 363 |
| 愛媛県立商業学校 | 368 |
| 愛媛県立商業高等学校 | 369 |
| 愛媛県立尋常中学校南予分校 | 364 |
| 愛媛県立水産学校 | 364 |
| 愛媛県立水産高等学校 | 364 |
| 愛媛県立農業学校 | 365 |
| 愛媛県立農業高等学校 | 367 |
| 愛媛県立農林専門学校 | 363 |
| 愛媛県立農林専門学校 | 365 |
| 愛媛県立松山農科大学 | 365 |
| 愛媛実科女学校 | 366 |
| 愛媛実業女学校 | 368 |
| 愛媛師範学校 | 363 |
| **愛媛女子短期大学** | 363 |
| 愛媛女子短期大学 | 363 |
| 愛媛青年師範学校 | 363 |
| **愛媛大学** | 363 |
| 愛媛大学 | 363 |
| 愛媛大学 | 365 |
| 愛媛大学農学部 | 365 |
| **愛媛大学農学部附属農業高等学校** | 365 |
| 愛媛大学農学部附属農業高等学校 | 365 |
| **江別高等学校** | 7 |
| 江別高等学校 | 7 |
| 江別高等学校当別分校 | 16 |
| 江別実科高等女学校 | 7 |
| **江見商業高等学校** | 326 |
| 江見商業高等学校 | 327 |
| **エリザベト音楽大学** | 334 |
| エリザベト音楽大学 | 334 |
| エリザベト音楽短期大学 | 334 |
| エリザベト短期大学 | 334 |
| **えりも高等学校** | 7 |
| えりも高等学校 | 7 |
| A六番女学校 | 140 |
| **遠軽郁凌高等学校** | 7 |
| 遠軽郁凌高等学校 | 7 |
| 遠軽家政高等学校 | 7 |
| **遠軽高等学校** | 7 |
| 遠軽高等学校 | 7 |
| 遠軽高等学校佐呂間分校 | 13 |
| 遠軽高等女学校 | 7 |
| 遠軽実科高等女学校 | 7 |
| 遠軽女子高等学校 | 7 |
| 遠軽中学校 | 7 |
| **塩山高等学校** | 197 |
| 塩山高等学校 | 197 |
| 塩山商業高等学校 | 197 |
| 遠州キリスト学園 | 224 |
| 遠藤洋裁研究所 | 98 |
| 遠別高等学校 | 7 |
| **遠別農業高等学校** | 7 |
| 遠別農業高等学校 | 7 |

【 お 】

| 校名 | 頁 |
|---|---|
| **オイスカ高等学校** | 220 |
| オイスカ高等学校 | 220 |
| 追手門学院高等学部 | 276 |
| 追手門学院高等学部大手前学舎 | 276 |
| 追手門学院高等学校大手前学舎 | 276 |
| **生浜高等学校** | 107 |
| 生浜高等学校 | 107 |
| **追分高等学校** | 7 |
| 追分高等学校 | 7 |
| **桜蔭高等学校** | 131 |
| 桜蔭高等学校 | 131 |
| 桜蔭高等女学校 | 131 |
| 桜蔭女学校 | 131 |
| **奥羽大学** | 58 |
| 奥羽大学 | 58 |
| 桜映女学校 | 316 |
| **桜花学園高等学校** | 237 |
| 桜花学園高等学校 | 237 |
| **桜花学園大学** | 230 |
| 桜花学園大学 | 231 |
| 桜花義会看病婦学校 | 237 |
| **相可高等学校** | 250 |
| 相可高等学校 | 250 |
| 桜花高等女学校 | 237 |
| **桜華女学院高等学校** | 131 |
| 桜華女学院高等学校 | 131 |
| 桜花女子学園高等学校 | 237 |

| 校名 | 頁 |
|---|---|
| 欧学校 | 280 |
| **扇町高等学校** | 276 |
| 扇町高等学校 | 276 |
| 扇町高等女学校 | 276 |
| 扇町商業学校 | 276 |
| 扇町商業高等学校 | 276 |
| **扇町総合高等学校** | 276 |
| 扇町総合高等学校 | 276 |
| 王子工業学校 | 131 |
| **王子工業高等学校** | 131 |
| 王子工業高等学校 | 131 |
| **王寺工業高等学校** | 308 |
| 王寺工業高等学校 | 308 |
| 王子工業新制高等学校 | 131 |
| 王子高等女学校 | 146 |
| **桜修館中等教育学校** | 131 |
| 桜修館中等教育学校 | 131 |
| 奥州大学 | 31 |
| 大宇陀高等学校苑野分校 | 308 |
| **追手門学院高等学校** | 276 |
| 追手門学院高等学校 | 276 |
| **追手門学院大学** | 270 |
| 追手門学院大学 | 270 |
| **追手門学院大手前高等学校** | 276 |
| 追手門学院大手前高等学校 | 276 |
| 桜美林学園高等女学校 | 131 |
| **桜美林高等学校** | 131 |
| 桜美林高等学校 | 131 |
| **桜美林大学** | 117 |
| 桜美林大学 | 117 |
| **桜美林大学短期大学部** | 126 |
| 桜美林大学短期大学部 | 126 |
| 桜美林短期大学 | 126 |
| **近江兄弟社高等学校** | 255 |
| 近江兄弟社高等学校 | 255 |
| 近江勤労女学校 | 255 |
| **近江高等学校** | 255 |
| 近江高等学校 | 255 |
| 近江高等女学校 | 255 |
| 近江実修工業学校 | 255 |
| **雄武高等学校** | 7 |
| 雄武高等学校 | 7 |
| 青梅実科高等女学校 | 143 |
| **青梅総合高等学校** | 131 |
| 青梅総合高等学校 | 131 |
| 鴎友学園高等女学校 | 131 |
| **鴎友学園女子高等学校** | 131 |
| 鴎友学園女子高等学校 | 131 |
| **桜林高等学校** | 107 |
| 桜林高等学校 | 107 |
| 麻植高等学校 | 356 |
| 麻植中学校 | 356 |
| **大麻高等学校** | 7 |
| 大麻高等学校 | 7 |
| **大洗高等学校** | 69 |
| 大洗高等学校 | 69 |
| **大井川高等学校** | 220 |

| 校名 | 頁 |
|---|---|
| 大井川高等学校 | 220 |
| **大井高等学校（埼玉・県）** | 93 |
| 大井高等学校 | 93 |
| **大井高等学校（神奈川・県）** | 162 |
| 大井高等学校 | 162 |
| 大石田高等学校 | 54 |
| 大井実業高等学校 | 223 |
| 大井女学校 | 132 |
| **大泉高等学校（群馬・県）** | 85 |
| 大泉高等学校 | 85 |
| **大泉高等学校（東京・都）** | 131 |
| 大泉高等学校 | 131 |
| **大泉桜高等学校** | 131 |
| 大泉桜高等学校 | 131 |
| 大泉中学校 | 131 |
| 大泉農業高等学校 | 85 |
| **大磯高等学校** | 162 |
| 大磯高等学校 | 162 |
| 大磯高等女学校 | 162 |
| 大磯実科高等女学校 | 162 |
| 大磯女子高等学校 | 162 |
| 大分医科大学 | 407 |
| **大分上野丘高等学校** | 408 |
| 大分上野丘高等学校 | 408 |
| 大分上野丘高等学校 | 410 |
| 大分上野丘高等学校（通信制課程） | 410 |
| 大分上野丘高等学校（定時制） | 409 |
| **大分雄城台高等学校** | 408 |
| 大分雄城台高等学校 | 408 |
| 大分外国語専門学校 | 409 |
| 大分外事専門学校 | 409 |
| 大分春日高等学校 | 409 |
| 大分城崎高等学校 | 409 |
| 大分郡立工業徒弟養成所 | 411 |
| 大分経済専門学校 | 407 |
| 大分県宇佐中学校 | 408 |
| 大分県大分尋常中学校 | 408 |
| 大分県大分尋常中学校 | 411 |
| 大分県大分尋常中学校竹田分校 | 411 |
| 大分県大野実業女学校 | 412 |
| 大分県国東農学校 | 410 |
| 大分県尋常中学校 | 408 |
| 大分県尋常中学校 | 411 |
| 大分県竹田中学校 | 411 |
| 大分県鶴崎高等女学校 | 409 |
| 大分県鶴崎中学校 | 409 |
| 大分県直入郡女子実践補習学校 | 411 |
| 大分県中津尋常中学校宇佐分校 | 408 |
| 大分県西国東郡実業女学校 | 411 |
| 大分県西国東郡立実科高等女学校 | 411 |
| 大分県西国東郡立実業女学校 | 410 |
| 大分県西国東高等女学校 | 411 |
| 大分県農学校 | 413 |
| 大分県東国東郡立高等女学校 | 410 |
| 大分県東国東郡立実業学校 | 410 |
| 大分県日出高等女学校 | 412 |
| 大分県別府工業徒弟学校 | 409 |

| 校名 | 頁 |
|---|---|
| **大分県立海洋科学高等学校** | 408 |
| 大分県立海洋科学高等学校 | 409 |
| **大分県立看護科学大学** | 407 |
| 大分県立看護科学大学 | 407 |
| 大分県立芸術短期大学 | 407 |
| **大分県立芸術文化短期大学** | 407 |
| 大分県立芸術文化短期大学 | 407 |
| 大分県立芸術文化短期大学附属緑丘高等学校 | 410 |
| 大分県立工業学校 | 409 |
| 大分県立工業学校 | 411 |
| 大分県立工業学校鶴崎分校 | 411 |
| 大分県立高等女学校 | 410 |
| 大分県立情報科学高等学校 | 409 |
| **大分県立情報科学高等学校** | 409 |
| 大分県立水産高等学校 | 409 |
| 大分県立第一高等女学校 | 408 |
| 大分県立第二高等女学校 | 408 |
| 大分県立農学校 | 413 |
| 大分県立農林学校 | 412 |
| 大分県立夜間中学校 | 408 |
| 大分工業学校 | 409 |
| **大分工業高等学校** | 409 |
| 大分工業高等学校 | 409 |
| **大分工業高等専門学校** | 408 |
| 大分工業高等専門学校 | 408 |
| 大分工業大学 | 407 |
| **大分高等学校** | 409 |
| 大分高等学校 | 409 |
| 大分高等女学校 | 408 |
| **大分国際情報高等学校** | 409 |
| 大分国際情報高等学校 | 409 |
| 大分裁縫伝習所 | 408 |
| 大分桜丘高等学校 | 413 |
| 大分市城南高等学校 | 412 |
| 大分師範学校 | 407 |
| 大分商業学校 | 409 |
| **大分商業高等学校** | 409 |
| 大分商業高等学校 | 409 |
| 大分商業高等学校（定時制） | 409 |
| 大分女子高等学校 | 409 |
| 大分女子高等学校 | 413 |
| 大分尋常中学校 | 410 |
| 大分尋常中学校杵築分校 | 410 |
| 大分尋常中学校分校 | 408 |
| 大分青年師範学校 | 407 |
| 大分第一高等学校 | 408 |
| 大分第二高等学校 | 409 |
| 大分第二高等学校 | 410 |
| **大分大学** | 407 |
| 大分大学 | 407 |
| **大分短期大学** | 407 |
| 大分短期大学 | 407 |
| **大分中央高等学校** | 409 |
| 大分中央高等学校 | 409 |
| 大分中学校 | 408 |
| **大分鶴崎高等学校** | 409 |
| 大分鶴崎高等学校 | 409 |
| 大分鶴崎実科高等学校 | 409 |
| 大分鶴崎女子家政学校 | 409 |
| 大分電波高等学校 | 409 |
| **大分東明高等学校** | 409 |
| 大分東明高等学校 | 409 |
| **大分西高等学校** | 409 |
| 大分西高等学校 | 409 |
| **大分東高等学校** | 409 |
| 大分東高等学校 | 409 |
| **大分豊府高等学校** | 409 |
| 大分豊府高等学校 | 409 |
| **大分舞鶴高等学校** | 409 |
| 大分舞鶴高等学校 | 409 |
| **大分南高等学校** | 409 |
| 大分南高等学校 | 409 |
| **大宇陀高等学校** | 308 |
| 大宇陀高等学校 | 308 |
| 大宇陀高等学校宇賀志分校 | 308 |
| **大宇陀高等学校菟田野分校** | 308 |
| 大宇陀高等学校菟田野分校 | 308 |
| **大江高等学校** | 263 |
| 大江高等学校 | 263 |
| 大江高等女学校 | 403 |
| 大江女子高等学校 | 403 |
| **大江戸高等学校** | 132 |
| 大江戸高等学校 | 132 |
| 大岡高等学校 | 173 |
| **大垣北高等学校** | 212 |
| 大垣北高等学校 | 212 |
| **大垣工業高等学校** | 212 |
| 大垣工業高等学校 | 212 |
| 大垣高等学校 | 212 |
| **大柿高等学校** | 336 |
| 大柿高等学校 | 336 |
| **大柿高等学校大君分校** | 336 |
| 大柿高等学校大君分校 | 336 |
| 大垣高等女学校 | 212 |
| **大垣桜高等学校** | 212 |
| 大垣桜高等学校 | 213 |
| 大垣実業高等学校 | 213 |
| 大垣実業高等学校稲葉分校 | 212 |
| 大垣商業学校 | 213 |
| **大垣商業高等学校** | 213 |
| 大垣商業高等学校 | 213 |
| 大垣女子高等学校 | 213 |
| **大垣女子短期大学** | 211 |
| 大垣女子短期大学 | 211 |
| 大垣市立工業高等学校 | 212 |
| 大垣市立女子高等学校 | 213 |
| 大垣市立女子商業学校 | 213 |
| 大垣町立商業学校 | 213 |
| **大垣西高等学校** | 213 |
| 大垣西高等学校 | 213 |
| **大垣日本大学高等学校** | 213 |
| 大垣日本大学高等学校 | 213 |
| 大垣農業高等学校 | 213 |
| **大垣東高等学校** | 213 |

おおかきひ　　　　　　　　　　　　　　　　　　　　　　　　校名索引

| 校名 | 頁 |
|---|---|
| **大垣東高等学校** | 213 |
| **大垣南高等学校** | 213 |
| 大垣南高等学校 | 213 |
| 大垣北高等学校（商業科） | 213 |
| 大垣南高等学校稲葉分校 | 212 |
| 大垣南高等学校墨俣分校 | 212 |
| **大垣養老高等学校** | 213 |
| 大垣養老高等学校 | 213 |
| 大方商業高等学校 | 370 |
| **大川学園高等学校** | 93 |
| 大川学園高等学校 | 93 |
| 大川高等学校 | 360 |
| 大川高等学校引田分校 | 359 |
| **大川樟風高等学校** | 377 |
| 大川樟風高等学校 | 377 |
| 大川中学校 | 360 |
| 大川農業学校 | 359 |
| 大川農業高等学校 | 359 |
| **大川東高等学校** | 359 |
| 大川東高等学校 | 359 |
| 大河原高等学校 | 42 |
| 大河原高等女学校 | 42 |
| 大河原実科高等女学校 | 42 |
| **大河原商業高等学校** | 41 |
| 大河原商業高等学校 | 42 |
| 大河原中学校 | 42 |
| **大冠高等学校** | 276 |
| 大冠高等学校 | 276 |
| **鴨沂高等学校** | 263 |
| 鴨沂高等学校 | 264 |
| **大楠高等学校** | 162 |
| 大楠高等学校 | 162 |
| **大口高等学校** | 421 |
| 大口高等学校 | 421 |
| 大口中学校 | 421 |
| **大口明光学園高等学校** | 421 |
| 大口明光学園高等学校 | 421 |
| 大倉経済専門学校 | 121 |
| 大倉高等商業学校 | 121 |
| 大倉商業学校 | 121 |
| 大倉山女学校 | 169 |
| 大倉山女子高等学校 | 169 |
| 大倉山高等女学校 | 169 |
| 大阪青山女子短期大学 | 272 |
| **大阪青山大学** | 270 |
| 大阪青山大学 | 270 |
| **大阪青山短期大学** | 272 |
| 大阪青山短期大学 | 272 |
| **大阪医科大学** | 270 |
| 大阪医科大学 | 270 |
| 大阪医科大学 | 271 |
| 大阪医学校 | 271 |
| 大阪一致女学校 | 277 |
| 大阪大倉商業学校 | 279 |
| 大阪大倉商業高等学校 | 279 |
| **大阪大谷大学** | 270 |
| 大阪大谷大学 | 270 |

| 校名 | 頁 |
|---|---|
| **大阪大谷大学短期大学部** | 272 |
| 大阪大谷大学短期大学部 | 273 |
| 大阪音楽学校 | 273 |
| **大阪音楽大学** | 270 |
| 大阪音楽大学 | 270 |
| **大阪音楽大学短期大学部** | 273 |
| 大阪音楽大学短期大学部 | 273 |
| 大阪音楽短期大学 | 273 |
| 大阪外国語学校 | 270 |
| **大阪外国語大学** | 270 |
| 大阪外国語大学 | 270 |
| 大阪外事専門学校 | 270 |
| **大阪学院大学** | 270 |
| 大阪学院大学 | 270 |
| **大阪学院大学高等学校** | 276 |
| 大阪学院大学高等学校 | 276 |
| **大阪学院短期大学** | 273 |
| 大阪学院短期大学 | 273 |
| 大阪学園大阪高等学校 | 276 |
| **大阪学芸高等学校** | 276 |
| 大阪学芸高等学校 | 276 |
| 大阪学芸大学 | 270 |
| **大阪教育大学** | 270 |
| 大阪教育大学 | 270 |
| **大阪キリスト教短期大学** | 273 |
| 大阪キリスト教短期大学 | 273 |
| 大阪基督教短期大学 | 273 |
| **大阪薫英女学院高等学校** | 276 |
| 大阪薫英女学院高等学校 | 276 |
| **大阪薫英女子短期大学** | 273 |
| 大阪薫英女子短期大学 | 273 |
| 大阪経済専門学校 | 270 |
| **大阪経済大学** | 270 |
| 大阪経済大学 | 270 |
| **大阪経済法科大学** | 270 |
| 大阪経済法科大学 | 270 |
| **大阪芸術大学** | 270 |
| 大阪芸術大学 | 270 |
| **大阪芸術大学短期大学部** | 273 |
| 大阪芸術大学短期大学部 | 273 |
| **大阪健康福祉短期大学** | 273 |
| 大阪健康福祉短期大学 | 273 |
| 大阪工学校 | 284 |
| 大阪工業学校 | 271 |
| 大阪工業学校 | 288 |
| **大阪工業大学** | 270 |
| 大阪工業大学 | 270 |
| **大阪工業大学高等学校** | 276 |
| 大阪工業大学高等学校 | 276 |
| **大阪工業大学短期大学部** | 273 |
| 大阪工業大学短期大学部 | 273 |
| 大阪甲種商業学校 | 284 |
| 大阪交通大学 | 270 |
| 大阪交通短期大学 | 273 |
| 大阪高等医学専門学校 | 270 |
| 大阪高等学校 | 271 |
| **大阪高等学校** | 276 |

558　学校名変遷総覧　大学・高校編

| 校名 | 頁 |
|---|---|
| 大阪高等学校 | 277 |
| 大阪高等学校 | 281 |
| 大阪高等商業学校 | 271 |
| 大阪高等商業学校 | 284 |
| 大阪高等女学校 | 278 |
| 大阪高等女子職業学校 | 276 |
| **大阪国際大和田高等学校** | 277 |
| 大阪国際大和田高等学校 | 277 |
| **大阪国際女子大学** | 270 |
| 大阪国際女子大学 | 270 |
| 大阪国際女子短期大学 | 273 |
| **大阪国際大学** | 270 |
| 大阪国際大学 | 270 |
| **大阪国際大学短期大学部** | 273 |
| 大阪国際大学短期大学部 | 273 |
| **大阪国際滝井高等学校** | 277 |
| 大阪国際滝井高等学校 | 277 |
| **大阪産業大学** | 270 |
| 大阪産業大学 | 270 |
| 大阪産業大学高等学校 | 277 |
| 大阪産業大学高等学校大東校舎 | 278 |
| **大阪産業大学短期大学部** | 273 |
| 大阪産業大学短期大学部 | 273 |
| **大阪産業大学附属高等学校** | 277 |
| 大阪産業大学附属高等学校 | 277 |
| 大阪歯科医学校 | 271 |
| **大阪歯科大学** | 270 |
| 大阪歯科大学 | 271 |
| **大阪樟蔭女子大学** | 271 |
| 大阪樟蔭女子大学 | 271 |
| **大阪樟蔭女子大学短期大学部** | 308 |
| 大阪樟蔭女子大学短期大学部 | 308 |
| 大阪商科女学校 | 278 |
| 大阪商科大学 | 271 |
| 大阪商業学校 | 271 |
| 大阪商業学校 | 284 |
| 大坂商業講習所 | 284 |
| 大阪商業講習所 | 271 |
| 大阪商業高等学校 | 284 |
| **大阪商業大学** | 271 |
| 大阪商業大学 | 271 |
| **大阪商業大学高等学校** | 277 |
| 大阪商業大学高等学校 | 277 |
| **大阪商業大学堺高等学校** | 277 |
| 大阪商業大学堺高等学校 | 277 |
| 大阪商業大学附属堺高等学校 | 277 |
| 大阪商業大学附属高等学校 | 277 |
| 大阪商業大学附属女子高等学校 | 277 |
| 大阪城東商業学校 | 271 |
| 大阪城東商業学校 | 277 |
| 大阪城東大学 | 271 |
| 大阪城東大学附属高等学校 | 277 |
| **大阪城南女子短期大学** | 273 |
| 大阪城南女子短期大学 | 273 |
| 大阪女学院 | 277 |
| **大阪女学院高等学校** | 277 |
| 大阪女学院高等学校 | 277 |

| 校名 | 頁 |
|---|---|
| 大阪女学院大学 | 271 |
| 大阪女学院大学 | 271 |
| **大阪女学院短期大学** | 273 |
| 大阪女学院短期大学 | 273 |
| 大阪女子医科大学 | 271 |
| 大阪女子学園高等学校 | 278 |
| 大阪女子学園短期大学 | 274 |
| 大阪女子経済専門学校 | 270 |
| 大阪女子厚生学園高等学校 | 278 |
| 大阪女子高等医学専門学校 | 271 |
| **大阪女子高等学校** | 277 |
| 大阪女子高等学校 | 277 |
| 大阪女子商業学校 | 277 |
| 大阪女子商業高等学校 | 277 |
| 大阪女子大学 | 271 |
| **大阪女子短期大学** | 273 |
| 大阪女子短期大学 | 273 |
| **大阪女子短期大学高等学校** | 277 |
| 大阪女子短期大学高等学校 | 277 |
| 大阪女子短期大学附属高等学校 | 277 |
| 大阪市立工業学校 | 288 |
| 大阪市立工芸学校 | 277 |
| 大阪市立工芸学校第二本科 | 277 |
| **大阪市立工芸高等学校** | 277 |
| 大阪市立工芸高等学校 | 277 |
| 大阪市立工芸高等学校（夜間課程） | 277 |
| **大阪市立高等学校** | 277 |
| 大阪市立高等学校 | 277 |
| 大阪市立高等女学校 | 276 |
| 大阪市立実科高等女学校 | 281 |
| 大阪市立実践高等女学校 | 276 |
| 大阪市立女子専門学校 | 271 |
| 大阪市立第一商業学校 | 284 |
| **大阪市立第二工芸高等学校** | 277 |
| 大阪市立第二工芸高等学校 | 277 |
| 大阪市立第二高等女学校 | 282 |
| 大阪市立第二商業学校 | 275 |
| 大阪市立第六工業高等学校 | 275 |
| 大阪市立第七商業高等学校 | 289 |
| **大阪市立大学** | 271 |
| 大阪市立大学 | 271 |
| **大阪市立中央高等学校** | 277 |
| 大阪市立中央高等学校 | 277 |
| 大阪市立中学校 | 277 |
| 大阪市立東高等女学校 | 277 |
| **大阪市立西高等学校** | 277 |
| 大阪市立西高等学校 | 277 |
| 大阪市立西商業学校 | 277 |
| 大阪市立西商業高等学校 | 277 |
| 大阪市立東区女学校 | 277 |
| **大阪市立東高等学校** | 277 |
| 大阪市立東高等学校 | 277 |
| 大阪市立東高等学校北校舎 | 286 |
| **大阪市立南高等学校** | 277 |
| 大阪市立南高等学校 | 277 |
| 大阪市立都島工業専門学校 | 271 |
| 大阪信愛高等女学校 | 277 |

おおさかし

| 校名 | 頁 |
|---|---|
| **大阪信愛女学院高等学校** | 277 |
| 大阪信愛女学院高等学校 | 278 |
| **大阪信愛女学院短期大学** | 273 |
| 大阪信愛女学院短期大学 | 273 |
| 大阪住吉女学校 | 283 |
| 大阪住吉女子商業学校 | 283 |
| 大阪成蹊高等女学校 | 278 |
| 大阪成蹊女学校 | 278 |
| **大阪成蹊女子高等学校** | 278 |
| 大阪成蹊女子高等学校 | 278 |
| 大阪成蹊女子短期大学 | 273 |
| **大阪成蹊大学** | 271 |
| 大阪成蹊大学 | 271 |
| **大阪成蹊短期大学** | 273 |
| 大阪成蹊短期大学 | 273 |
| **大阪星光学院高等学校** | 278 |
| 大阪星光学院高等学校 | 278 |
| **大阪青凌高等学校** | 278 |
| 大阪青凌高等学校 | 278 |
| 大阪繊維工業高等学校 | 280 |
| 大阪繊維工業高等学校 | 283 |
| 大阪専門学校 | 261 |
| 大阪専門学校 | 272 |
| **大阪総合保育大学** | 271 |
| 大阪総合保育大学 | 271 |
| 大阪第一高等女学校 | 278 |
| 大阪第一師範学校 | 270 |
| 大阪第一鉄道学校 | 277 |
| 大阪第二師範学校 | 270 |
| **大阪体育大学** | 271 |
| 大阪体育大学 | 271 |
| **大阪体育大学短期大学部** | 273 |
| 大阪体育大学短期大学部 | 273 |
| **大阪体育大学浪商高等学校** | 278 |
| 大阪体育大学浪商高等学校 | 278 |
| **大阪大学** | 271 |
| 大阪大学 | 271 |
| 大阪短期大学 | 272 |
| 大阪中学校 | 261 |
| 大阪中学校大学分校 | 261 |
| **大阪千代田短期大学** | 273 |
| 大阪千代田短期大学 | 273 |
| 大阪帝国大学 | 271 |
| 大阪鉄道学校 | 273 |
| 大阪鉄道学校 | 277 |
| 大阪鉄道高等学校 | 277 |
| 大阪電気学校 | 283 |
| 大阪電気学校堺分校 | 283 |
| 大阪電気通信高等学校 | 278 |
| **大阪電気通信大学** | 271 |
| 大阪電気通信大学 | 271 |
| **大阪電気通信大学高等学校** | 278 |
| 大阪電気通信大学高等学校 | 278 |
| **大阪電気通信大学短期大学部** | 273 |
| 大阪電気通信大学短期大学部 | 273 |
| 大阪電気通信短期大学 | 273 |
| 大阪伝道学館 | 273 |

| 校名 | 頁 |
|---|---|
| 大阪天満高等学校 | 284 |
| **大阪桐蔭高等学校** | 278 |
| 大阪桐蔭高等学校 | 278 |
| 大阪道修薬学校 | 271 |
| **大阪人間科学大学** | 271 |
| 大阪人間科学大学 | 271 |
| 大阪初芝商業学校 | 286 |
| 大阪初芝商業学校 | 315 |
| 大阪府茨木中学校 | 275 |
| 大阪府江戸堀高等女学校 | 288 |
| 大阪府岸和田中学校 | 279 |
| 大阪福島商業学校 | 289 |
| 大阪福島商業高等学校 | 289 |
| **大阪福島女子高等学校** | 278 |
| 大阪福島女子高等学校 | 278 |
| 大阪府黒山実業学校 | 278 |
| 大阪府黒山実践女学校 | 285 |
| 大阪府堺中学校 | 288 |
| 大阪府佐野実科高等女学校 | 281 |
| 大阪府師範学校女学科 | 278 |
| 大阪府女学校 | 278 |
| 大阪府女子専門学校 | 271 |
| 大阪府第一高等女学校 | 282 |
| 大阪府第一番中学校 | 280 |
| 大阪府第二尋常中学校 | 288 |
| 大阪府第三尋常中学校 | 288 |
| 大阪府第三中学校 | 288 |
| 大阪府第四尋常中学校 | 275 |
| 大阪府第四中学校 | 275 |
| 大阪府第五尋常中学校 | 284 |
| 大阪府第五中学校 | 284 |
| 大阪府第六尋常中学校 | 279 |
| 大阪府第六中学校 | 279 |
| 大阪府第八中学校 | 285 |
| 大阪府富田林中学校 | 285 |
| 大阪府中之島高等女学校 | 278 |
| 大阪府三島郡立実科高等女学校 | 279 |
| 大阪府三島高等女学校 | 279 |
| 大阪府三島野高等学校 | 275 |
| 大阪府八尾中学校 | 288 |
| 大阪府立園芸学校 | 278 |
| **大阪府立園芸高等学校** | 278 |
| 大阪府立園芸高等学校 | 278 |
| 大阪府立園芸高等学校東能勢分校 | 282 |
| 大阪府立看護大学 | 271 |
| **大阪府立工業高等専門学校** | 274 |
| 大阪府立工業高等専門学校 | 274 |
| 大阪府立高等女学校 | 278 |
| 大阪府立職工学校 | 285 |
| 大阪府立第五職工学校 | 281 |
| 大阪府立第六職工学校 | 289 |
| 大阪府立第七高等女学校 | 275 |
| 大阪市立第七商業学校 | 289 |
| 大阪府立第七中学校 | 275 |
| 大阪府立第十一高等女学校 | 275 |
| 大阪府立第十一中学校 | 280 |
| 大阪府立第十二高等女学校 | 279 |

| 校名 | ページ |
|---|---|
| 大阪府立第十二中学校 | 275 |
| 大阪府立第十三高等女学校 | 289 |
| 大阪府立第十三中学校 | 285 |
| 大阪府立第十四高等女学校 | 281 |
| 大阪府立第十四中学校 | 278 |
| 大阪府立第十五高等女学校 | 275 |
| 大阪府立第十五中学校 | 282 |
| 大阪府立第十六中学校 | 275 |
| 大阪府立第十七中学校 | 287 |
| 大阪府立第四十八高等学校 | 274 |
| **大阪府立大学** | 271 |
| 大阪府立大学 | 271 |
| 大阪府立農芸学校 | 278 |
| **大阪府立農芸高等学校** | 278 |
| 大阪府立農芸高等学校 | 278 |
| 大阪貿易学院高等学校 | 279 |
| 大阪貿易語学校 | 279 |
| 大阪南高等女学校 | 277 |
| 大阪無線電気学校 | 271 |
| 大阪無線電信講習所 | 359 |
| **大阪明浄女子短期大学** | 273 |
| 大阪明浄女子短期大学 | 273 |
| **大阪明浄大学** | 271 |
| 大阪明浄大学 | 271 |
| 大阪薬学専門学校 | 271 |
| **大阪薬科大学** | 271 |
| 大阪薬科大学 | 271 |
| **大阪夕陽丘学園高等学校** | 278 |
| 大阪夕陽丘学園高等学校 | 278 |
| **大阪夕陽丘学園短期大学** | 273 |
| 大阪夕陽丘学園短期大学 | 274 |
| 大阪理工科大学 | 272 |
| 大阪理工科大学附属高等学校 | 280 |
| **大崎海星高等学校** | 336 |
| 大崎海星高等学校 | 336 |
| **大崎高等学校（東京・都）** | 132 |
| 大崎高等学校 | 132 |
| 大崎高等学校 | 336 |
| **大崎高等学校（長崎・県）** | 394 |
| 大崎高等学校 | 394 |
| 大崎高等女学校 | 132 |
| 大崎女子実業補修学校 | 132 |
| 大崎新制高等学校 | 132 |
| **大崎中央高等学校** | 42 |
| 大崎中央高等学校 | 42 |
| 大崎町立実修女学校 | 132 |
| 大沢高等学校 | 166 |
| **大沢野工業高等学校** | 184 |
| 大沢野工業高等学校 | 184 |
| 大下学園祇園高等学校 | 336 |
| 大島海員学校 | 347 |
| **大島海洋国際高等学校** | 132 |
| 大島海洋国際高等学校 | 132 |
| **大島北高等学校** | 421 |
| 大島北高等学校 | 421 |
| **大島工業高等学校** | 421 |
| 大島工業高等学校 | 421 |
| **大島高等学校（東京・都）** | 132 |
| 大島高等学校 | 132 |
| **大島高等学校（鹿児島・県）** | 421 |
| 大島高等学校 | 421 |
| 大島高等学校 | 428 |
| 大島高等学校（定時制課程） | 364 |
| 大島高等学校差木地分校 | 132 |
| 大島高等学校第二部 | 420 |
| 大島高等学校新島分校 | 149 |
| 大島高等学校与論分校 | 428 |
| 大島高等女学校 | 349 |
| 大島実業高等学校 | 420 |
| 大島実業高等学校笠利分校 | 421 |
| 大島実業高等学校工業部 | 421 |
| 大島商船学校 | 347 |
| 大島商船高等学校 | 347 |
| **大島商船高等専門学校** | 347 |
| 大島商船高等専門学校 | 347 |
| 大島女子高等学校 | 420 |
| 大島新制高等学校 | 132 |
| 大島新制高等学校差木地分校 | 132 |
| 大島新制高等学校第二分教場（定時制課程） | 132 |
| 大島中学校 | 421 |
| 大島農学校 | 421 |
| 大島農業高等学校 | 420 |
| 大島農林学校 | 132 |
| 大島農林学校（水産科） | 132 |
| 大島南高等学校 | 132 |
| **大清水高等学校** | 162 |
| 大清水高等学校 | 162 |
| **大洲高等学校** | 365 |
| 大洲高等学校 | 365 |
| **大津高等学校（熊本・県）** | 401 |
| 大津高等学校 | 404 |
| 大津高等学校農業部 | 404 |
| **大洲高等学校肱川分校** | 365 |
| 大洲高等学校肱川分校 | 365 |
| 大洲高等女学校 | 365 |
| 大洲高等農業補習学校 | 365 |
| 大津産業高等学校 | 404 |
| 大洲女学校 | 365 |
| 大洲第一高等学校 | 365 |
| 大洲第二高等学校 | 365 |
| 大洲中学校 | 365 |
| 大津中学校 | 401 |
| 大洲農業学校 | 365 |
| **大洲農業高等学校** | 365 |
| 大洲農業高等学校 | 365 |
| 大津農業高等学校 | 404 |
| 大洲農業高等学校肱川分校 | 365 |
| 太田家政女学校 | 87 |
| **大多喜高等学校** | 107 |
| 大多喜高等学校 | 107 |
| **大竹高等学校** | 336 |
| 大竹高等学校 | 336 |
| 大竹実科女学校 | 336 |
| 大竹女子実業補修学校 | 336 |

| 校名 | 頁 | 校名 | 頁 |
|---|---|---|---|
| **太田工業高等学校** | 85 | 大谷高等女学校 | 278 |
| 太田工業高等学校 | 85 | 大谷裁縫女学校 | 286 |
| 太田高等家政女学校 | 87 | 大谷女学校 | 286 |
| 太田高等家政女学校 | 321 | 大谷女子専門学校 | 273 |
| 太田高等学校 | 69 | 大谷女子大学 | 270 |
| **太田高等学校** | 85 | 大谷女子大学短期大学部 | 273 |
| 太田高等学校 | 85 | 大谷女子短期大学 | 273 |
| **太田高等学校** | 321 | 大谷尋常中学校 | 264 |
| 太田高等学校 | 321 | **大谷大学** | 260 |
| 太田高等実科女学校 | 321 | 大谷大学 | 260 |
| 太田高等女学校 | 69 | **大谷大学短期大学部** | 262 |
| 太田高等女学校 | 85 | 大谷大学短期大学部 | 262 |
| 太田高等女学校 | 321 | 大谷中学校 | 264 |
| 太田裁縫女学校 | 87 | 大谷派普通学校 | 243 |
| 太田実科高等女学校 | 69 | **太田東高等学校** | 85 |
| 太田実科高等女学校 | 85 | 太田東高等学校 | 85 |
| 太田女子高等学校 | 69 | **太田フレックス高等学校** | 85 |
| **太田女子高等学校** | 85 | 太田フレックス高等学校 | 85 |
| 太田女子高等学校 | 85 | **大田原高等学校** | 78 |
| 太田女子高等学校 | 321 | 大田原高等学校 | 78 |
| 太田女子高等学校尾島分校 | 85 | 大田原高等女学校 | 78 |
| **太田市立商業高等学校** | 85 | **大田原女子高等学校** | 78 |
| 太田市立商業高等学校 | 85 | 大田原女子高等学校 | 78 |
| 太田西女子高等学校 | 85 | 大田原女子高等学校（定時制） | 78 |
| **太田第一高等学校** | 69 | 大田原中学校 | 78 |
| 太田第一高等学校 | 69 | 大田原町立実科高等女学校 | 78 |
| **太田第二高等学校** | 69 | **大田原東高等学校** | 78 |
| 太田第二高等学校 | 69 | 大田原東高等学校 | 78 |
| **太田第二高等学校里美校** | 69 | **邑智高等学校** | 321 |
| 太田第二高等学校里美校 | 69 | 邑智高等学校 | 321 |
| 太田第二高等学校里見分校 | 69 | **大塚高等学校** | 278 |
| 太田中学校 | 69 | 大塚高等学校 | 278 |
| 太田中学校 | 85 | 大津家庭高等学校 | 256 |
| 太田中学校 | 321 | **大月短期大学** | 197 |
| 太田中学校新田分校 | 85 | 大月短期大学 | 197 |
| 太田町立女子技芸学校 | 321 | **大月短期大学附属高等学校** | 197 |
| **大館桂高等学校** | 50 | 大月短期大学附属高等学校 | 197 |
| 大館桂高等学校 | 50 | 大津工業学校 | 256 |
| 大館桂城高等学校 | 50 | 大津工業学校 | 257 |
| **大館工業高等学校** | 50 | **大津高等学校（滋賀・県）** | 255 |
| 大館工業高等学校 | 50 | 大津高等学校 | 255 |
| **大館高等学校** | 50 | 大津高等学校 | 256 |
| 大館高等学校 | 50 | 大津高等学校 | 257 |
| **大館国際情報学院高等学校** | 50 | 大津高等学校 | 275 |
| 大館国際情報学院高等学校 | 50 | **大津高等学校（山口・県）** | 348 |
| 大館実科高等女学校 | 50 | 大津高等学校 | 348 |
| 大館中学校 | 50 | 大津高等学校 | 401 |
| 大館町立実科高等女学校 | 50 | 大津高等学校 | 404 |
| 大館東高等学校 | 50 | 大津高等裁縫女学校 | 256 |
| **大館鳳鳴高等学校** | 50 | 大津高等女学校 | 257 |
| 大館鳳鳴高等学校 | 50 | 大津高等女学校 | 275 |
| 大館鳳鳴高等学校（定時制課程） | 50 | 大津高等女学校 | 348 |
| 大館南高等学校 | 50 | 大津裁縫女学校 | 256 |
| **大谷高等学校（京都・私）** | 264 | 大津裁縫速進教授所 | 256 |
| 大谷高等学校 | 264 | 大津実業補習学校 | 256 |
| **大谷高等学校（大阪・私）** | 278 | 大津商業学校 | 256 |
| 大谷高等学校 | 278 | 大津商業学校 | 257 |

| 校名 | 頁 |
|---|---|
| 大津商業高等学校 | 255 |
| 大津商業高等学校 | 256 |
| 大津女学校 | 348 |
| 大津清陵高等学校 | 256 |
| 大津清陵高等学校 | 256 |
| 大槌高等学校 | 33 |
| 大槌高等学校 | 33 |
| 大槌高等女学校 | 33 |
| 大槌実科高等女学校 | 33 |
| 大槌女子職業補習学校 | 33 |
| 大津中学校 | 348 |
| 大津西高等学校 | 255 |
| 大津西高等学校 | 256 |
| 大津農林学校 | 353 |
| 大津東高等学校 | 257 |
| 大妻高等学校 | 132 |
| 大妻高等学校 | 132 |
| 大妻女子大学 | 117 |
| 大妻女子大学 | 117 |
| 大妻女子大学短期大学部 | 126 |
| 大妻女子大学短期大学部 | 126 |
| 大妻女子大学中野女子高等学校 | 132 |
| 大妻多摩高等学校 | 132 |
| 大妻多摩高等学校 | 132 |
| 大妻中野高等学校 | 132 |
| 大妻中野高等学校 | 132 |
| 大妻嵐山高等学校 | 93 |
| 大妻嵐山高等学校 | 93 |
| 大手前高等学校 | 278 |
| 大手前高等学校 | 278 |
| 大手前高等学校通信教育部 | 288 |
| 大手前高等女学校 | 278 |
| 大手前女子大学 | 290 |
| 大手前女子短期大学 | 292 |
| 大手前大学 | 290 |
| 大手前大学 | 290 |
| 大手前短期大学 | 292 |
| 大手前短期大学 | 292 |
| 大手前文化学院 | 292 |
| 大手町商業高等学校 | 336 |
| 大手町商業高等学校 | 336 |
| 大栃高等学校 | 370 |
| 大栃高等学校 | 370 |
| 鵬学園高等学校 | 189 |
| 鵬学園高等学校 | 189 |
| 鳳高等学校 | 278 |
| 鳳高等学校 | 278 |
| 鳳中学校 | 278 |
| 大西学園高等学校 | 162 |
| 大西学園高等学校 | 162 |
| 大貫高等学校 | 108 |
| 大沼高等学校 | 61 |
| 大沼高等学校 | 61 |
| 大沼実業公民学校 | 61 |
| 大沼実業補習学校 | 61 |
| 大沼農学校 | 61 |
| 大沼農業補習学校 | 61 |
| 大野郡立実業女学校 | 193 |
| 大野郡立農学校 | 412 |
| 大野工業高等学校 | 193 |
| 大野高等学校（岩手・県） | 33 |
| 大野高等学校 | 33 |
| 大野高等学校（福井・県） | 193 |
| 大野高等学校 | 193 |
| 大野高等学校 | 193 |
| 大野高等女学校 | 193 |
| 大野岱女子農業学校 | 53 |
| 大野中学校 | 193 |
| 大野農学校 | 193 |
| 大野農業学校 | 7 |
| 大野農業高等学校 | 7 |
| 大野農業高等学校 | 7 |
| 大野農林学校 | 193 |
| 大野東高等学校 | 193 |
| 大野東高等学校 | 193 |
| 大迫高等学校 | 33 |
| 大迫高等学校 | 33 |
| 大橋学園高等学校 | 250 |
| 大橋学園高等学校 | 250 |
| 大橋家政女学校 | 155 |
| 大畑高等学校 | 26 |
| 大畑高等学校 | 26 |
| 大秦野高等学校 | 162 |
| 大秦野高等学校 | 163 |
| 大原高等学校（千葉・県） | 107 |
| 大原高等学校 | 107 |
| 大原高等学校（神奈川・県） | 163 |
| 大原高等学校 | 163 |
| 大原高等学校 | 332 |
| 大原高等学校長者校舎 | 116 |
| 大原実科高等女学校 | 107 |
| 大原商業高等学校 | 35 |
| 大仁高等学校 | 221 |
| 大仁高等学校 | 221 |
| 大仁高等女学校 | 221 |
| 大仁実科女学校 | 221 |
| 大府高等学校 | 237 |
| 大府高等学校 | 237 |
| 大府高等学校 | 242 |
| 大船工業技術高等学校 | 170 |
| 大船高等学校 | 163 |
| 大船高等学校 | 163 |
| 大船渡工業高等学校 | 33 |
| 大船渡工業高等学校 | 33 |
| 大船渡高等学校 | 33 |
| 大船渡高等学校 | 33 |
| 大船渡農業高等学校 | 33 |
| 大船渡農業高等学校 | 33 |
| 大府東高等学校 | 237 |
| 大府東高等学校 | 237 |
| 大曲工業高等学校 | 50 |
| 大曲工業高等学校 | 50 |
| 大曲高等学校 | 50 |
| 大曲高等学校 | 50 |
| 大曲高等女学校 | 50 |

| | | | |
|---|---|---|---|
| 大曲女子技芸補習学校 | 50 | 大宮商業高等学校 | 94 |
| 大曲町立実科高等女学校 | 50 | 大宮市立高等学校 | 93 |
| 大曲農業学校 | 50 | 大宮第二高等学校 | 419 |
| **大曲農業高等学校** | 50 | **大宮中央高等学校** | 94 |
| 大曲農業高等学校 | 50 | 大宮中央高等学校 | 94 |
| **大曲農業高等学校太田分校** | 50 | 大宮町立工業学校 | 93 |
| 大曲農業高等学校太田分校 | 50 | 大宮町立女子技芸学校 | 228 |
| 大曲農業高等学校刈和野分校（定時制課程） | 51 | **大宮西高等学校** | 94 |
| 大曲農業高等学校西仙北分校 | 51 | 大宮西高等学校 | 94 |
| 大曲農業高等学校東仙北分校 | 50 | 大宮農園学校 | 93 |
| 大曲農業高等学校横沢分校 | 50 | 大宮農学校 | 227 |
| 大曲農業高等学校六郷分校（定時制課程） | 53 | **大宮東高等学校** | 94 |
| 大曲東高等学校 | 49 | 大宮東高等学校 | 94 |
| **大間高等学校** | 26 | **大宮法科大学院大学** | 90 |
| 大間高等学校 | 26 | 大宮法科大学院大学 | 90 |
| **大町北高等学校** | 204 | **大宮南高等学校** | 94 |
| 大町北高等学校 | 204 | 大宮南高等学校 | 94 |
| **大町高等学校** | 204 | **大宮武蔵野高等学校** | 94 |
| 大町高等学校 | 204 | 大宮武蔵野高等学校 | 94 |
| 大町高等女学校 | 204 | 大宮洋裁女学校 | 93 |
| 大町実科高等女学校 | 204 | 大牟田家政学館 | 381 |
| 大町中学校 | 204 | 大牟田家政女学校 | 381 |
| 大町南高等学校 | 204 | **大牟田北高等学校** | 377 |
| **大間々高等学校** | 85 | 大牟田北高等学校 | 377 |
| 大間々高等学校 | 85 | 大牟田工業学校 | 377 |
| 大間々高等実科女学校 | 85 | 大牟田工業高等学校 | 377 |
| 大間々農学校 | 85 | 大牟田工芸学校 | 377 |
| 大丸洋裁研究所 | 278 | 大牟田高等家政女学校 | 381 |
| 大三沢高等学校 | 31 | **大牟田高等学校** | 377 |
| 大三島高等学校 | 363 | 大牟田高等学校 | 377 |
| 大湊工業学校 | 249 | 大牟田高等女学校 | 377 |
| 大湊工業補修学校 | 249 | 大牟田商業高等学校 | 377 |
| **大湊高等学校** | 26 | 大牟田職業学校 | 377 |
| 大湊高等学校 | 26 | 大牟田市立高等女学校 | 377 |
| 大湊造船徒弟学校 | 249 | 大牟田南高等学校 | 377 |
| 大湊町立工業学校 | 249 | 大村園芸高等学校 | 394 |
| **大嶺高等学校** | 348 | 大村園芸高等学校 | 398 |
| 大嶺高等学校 | 349 | 大村園芸高等学校琴海分校亀岳教室 | 396 |
| **大宮開成高等学校** | 93 | **大村工業高等学校** | 394 |
| 大宮開成高等学校 | 93 | 大村工業高等学校 | 394 |
| **大宮北高等学校** | 93 | 大村高専女学校 | 394 |
| 大宮北高等学校 | 93 | **大村高等学校** | 394 |
| 大宮工業高等学校 | 73 | 大村高等学校 | 394 |
| **大宮工業高等学校** | 93 | 大村高等学校亀岳分校 | 396 |
| 大宮工業高等学校 | 93 | 大村高等学校村松分校 | 398 |
| **大宮高等学校（茨城・県）** | 69 | 大村高等女学校 | 394 |
| 大宮高等学校 | 70 | 大村裁縫女学校 | 395 |
| 大宮高等学校 | 73 | 大村市竹松実業学校 | 394 |
| **大宮高等学校（埼玉・県）** | 93 | 大村実科高等女学校 | 394 |
| 大宮高等学校 | 94 | **大村城南高等学校** | 394 |
| 大宮高等洋裁学校 | 93 | 大村城南高等学校 | 394 |
| **大宮光陵高等学校** | 94 | 大村女子高等学校 | 394 |
| 大宮光陵高等学校 | 94 | 大村女子職業学校 | 395 |
| 大宮実科工業学校 | 93 | 大村女子職業高等学校 | 395 |
| 大宮実践女学校 | 69 | 大村中学校 | 393 |
| 大宮実践女学校 | 73 | 大村中学校 | 394 |
| **大宮商業高等学校** | 94 | 大村中学校分校 | 393 |

| 校名 | 頁 |
|---|---|
| 大村農業高等学校 | 394 |
| 大村農業高等学校 | 398 |
| 大村農業高等学校分校 | 396 |
| **大森学園高等学校** | 132 |
| 大森学園高等学校 | 132 |
| 大森機械工業徒弟学校 | 132 |
| 大森工業学校 | 132 |
| 大森工業高等学校 | 132 |
| 大森高等家政女学校 | 156 |
| **大森高等学校** | 132 |
| 大森高等学校 | 132 |
| 大森高等女学校 | 145 |
| 大森新制高等学校 | 132 |
| 大森中学校 | 132 |
| 大屋高等学校 | 307 |
| **大矢野高等学校** | 401 |
| 大矢野高等学校 | 401 |
| **大山高等学校** | 132 |
| 大山高等学校 | 132 |
| **大淀高等学校** | 308 |
| 大淀高等学校 | 309 |
| **大鰐高等学校** | 26 |
| 大鰐高等学校 | 26 |
| **男鹿海洋高等学校** | 50 |
| 男鹿海洋高等学校 | 50 |
| **男鹿工業高等学校** | 50 |
| 男鹿工業高等学校 | 50 |
| 男鹿高等学校 | 50 |
| 岡崎学園高等学校 | 245 |
| 岡崎家政高等学校 | 245 |
| **岡崎北高等学校** | 237 |
| 岡崎北高等学校 | 237 |
| 岡崎工業学校 | 237 |
| **岡崎工業高等学校** | 237 |
| 岡崎工業高等学校 | 237 |
| 岡崎工芸学校 | 237 |
| 岡崎高等家政女学校 | 245 |
| **岡崎高等学校** | 237 |
| 岡崎高等学校 | 237 |
| 岡崎高等学校岩津分校 | 236 |
| 岡崎高等師範学校 | 232 |
| 岡崎裁縫女学校 | 245 |
| **岡崎商業高等学校** | 237 |
| 岡崎商業高等学校 | 237 |
| **岡崎城西高等学校** | 237 |
| 岡崎城西高等学校 | 237 |
| 岡崎女子高等学校 | 245 |
| **岡崎女子短期大学** | 233 |
| 岡崎女子短期大学 | 233 |
| 岡崎市立高等学校 | 237 |
| 岡崎市立高等女学校 | 237 |
| 岡崎市立商業学校 | 237 |
| 岡崎市立商業高等学校 | 237 |
| 岡崎町立高等女学校 | 237 |
| 岡崎町立商業学校 | 237 |
| 岡崎町立商業補習学校 | 237 |
| **岡崎西高等学校** | 237 |
| 岡崎西高等学校 | 237 |
| **岡崎東高等学校** | 237 |
| 岡崎東高等学校 | 237 |
| **小笠高等学校** | 221 |
| 小笠高等学校 | 221 |
| 小笠農学校 | 221 |
| 小笠農業高等学校 | 221 |
| 小笠農業高等学校五和分校 | 221 |
| 小笠農業高等学校五和分校 | 221 |
| **小笠原高等学校** | 132 |
| 小笠原高等学校 | 132 |
| 緒方工業高等学校 | 413 |
| **大方高等学校** | 370 |
| 大方高等学校 | 370 |
| **雄勝高等学校** | 50 |
| 雄勝高等学校 | 50 |
| 岡津高等学校 | 162 |
| **岡津高等学校** | 163 |
| 岡津高等学校 | 163 |
| **小鹿野高等学校** | 94 |
| 小鹿野高等学校 | 94 |
| 岡谷工業学校 | 204 |
| **岡谷工業高等学校** | 204 |
| 岡谷工業高等学校 | 204 |
| 岡谷高等女学校 | 204 |
| 岡谷中学校 | 204 |
| **岡谷東高等学校** | 204 |
| 岡谷東高等学校 | 204 |
| **岡山朝日高等学校** | 327 |
| 岡山朝日高等学校 | 327 |
| 岡山医学専門学校 | 325 |
| 岡山医科大学 | 325 |
| **岡山一宮高等学校** | 327 |
| 岡山一宮高等学校 | 327 |
| **岡山学院大学** | 325 |
| 岡山学院大学 | 325 |
| **岡山学芸館高等学校** | 327 |
| 岡山学芸館高等学校 | 327 |
| 岡山学校 | 325 |
| 岡山学校 | 327 |
| 岡山県味野高等女学校 | 330 |
| 岡山県後月実業学校 | 330 |
| 岡山県後月農学校 | 330 |
| 岡山県天城中学校 | 329 |
| 岡山県医学校 | 325 |
| 岡山県井原高等女子学校 | 326 |
| 岡山県井原実業学校 | 330 |
| 岡山県井原実業高等学校 | 330 |
| 岡山県井原町立高等女学校 | 326 |
| 岡山県有漢准教員養成所 | 327 |
| 岡山県宇治高等学校 | 326 |
| 岡山県烏城中学校 | 326 |
| 岡山県江見高等学校 | 326 |
| 岡山県生石高等学校 | 327 |
| 岡山県生石高等技芸学校 | 327 |
| 岡山県生石高等女学校 | 327 |
| 岡山県生石女子高等技芸学校 | 327 |

おかやまけ　　　　　　　　　　　　　　　　　　　　　　　　　　　　　　　　校名索引

| 校名 | 頁 |
|---|---|
| 岡山県生石女子商業学校 | 327 |
| 岡山県岡山商業学校 | 328 |
| 岡山県岡山女子高等学校 | 333 |
| 岡山県岡山中学校 | 327 |
| 岡山県邑久高等女学校 | 328 |
| 岡山県邑久実科高等女学校 | 328 |
| 岡山県笠岡工業学校 | 328 |
| 岡山県笠岡高等女学校 | 328 |
| 岡山県笠岡商業学校 | 328 |
| 岡山県勝山高等女学校 | 329 |
| 岡山県勝山中学校 | 329 |
| 岡山県金川高等学校 | 333 |
| 岡山県鴨方高等女学校 | 329 |
| **岡山県共生高等学校** | 327 |
| 岡山県共生高等学校 | 327 |
| 岡山県久世高等学校 | 329 |
| 岡山県久世農業高等学校 | 329 |
| 岡山県久世農林高等学校 | 329 |
| 岡山県倉敷工業学校 | 329 |
| 岡山県倉敷高等女学校 | 330 |
| 岡山県倉敷商業学校 | 329 |
| 岡山県倉敷女子商業学校 | 329 |
| 岡山県倉敷中学校 | 330 |
| 岡山県高等女学校 | 328 |
| 岡山県児島商業学校 | 330 |
| 岡山県琴浦商業学校 | 330 |
| 岡山県西大寺中学校 | 330 |
| 岡山県西大寺高等女学校 | 330 |
| **岡山県作陽高等学校** | 327 |
| 岡山県作陽高等学校 | 327 |
| 岡山県作陽女子高等学校 | 327 |
| 岡山県作陽女子商業学校 | 327 |
| 岡山県山陽高等学校 | 327 |
| 岡山県実業補修学校教員養成所 | 325 |
| 岡山県師範学校 | 325 |
| 岡山県師範学校変則中学科 | 327 |
| 岡山県就実就実高等女学校 | 330 |
| 岡山県就実高等学校 | 330 |
| 岡山県淳和高等女学校 | 328 |
| 岡山県淳和実科高等女学校 | 328 |
| 岡山県商業学校 | 328 |
| 岡山県女子師範学校 | 325 |
| 岡山県女子青年学校教員養成所 | 325 |
| 岡山県白鷺高等学校 | 332 |
| 岡山県尋常師範学校 | 325 |
| 岡山県尋常中学校 | 327 |
| 岡山県精研高等学校 | 330 |
| 岡山県青年師範学校付属高等学校 | 330 |
| 岡山県瀬戸実業学校 | 331 |
| 岡山県瀬戸農芸学校 | 331 |
| 岡山県総社高等女学校 | 331 |
| 岡山県第一岡山商業学校 | 328 |
| 岡山県第一岡山中学校 | 327 |
| 岡山県第一工業学校 | 327 |
| 岡山県第一中学区一番小学兼教員養成所 | 327 |
| 岡山県第二岡山高等女学校 | 327 |
| 岡山県第二岡山中学校 | 328 |
| 岡山県高梁高等技芸女学校 | 327 |
| 岡山県高梁実科高等女学校 | 327 |
| 岡山県高梁実業高等学校 | 327 |
| 岡山県高梁商業学校 | 327 |
| 岡山県高梁女子商業学校 | 327 |
| 岡山県高梁尋常中学校 | 331 |
| 岡山県高梁正教員養成所 | 327 |
| **岡山県高梁日新高等学校** | 327 |
| 岡山県高梁農林学校 | 327 |
| 岡山県高松農学校 | 331 |
| 岡山県玉島工業学校 | 331 |
| 岡山県玉島高等学校 | 331 |
| 岡山県玉島高等女学校 | 331 |
| 岡山県玉島商業学校 | 331 |
| 岡山県玉島白華高等学校 | 331 |
| 岡山県玉野市立高等学校定時部 | 332 |
| 岡山県玉野中学校 | 332 |
| 岡山県津山高等学校中山分校 | 332 |
| 岡山県津山高等女学校 | 332 |
| 岡山県津山商業学校 | 332 |
| 岡山県津山市立高等学校 | 332 |
| 岡山県津山尋常中学校 | 332 |
| 岡山県成羽高等学校宇治分校 | 326 |
| 岡山県新見高等女学校 | 332 |
| 岡山県新見農林学校 | 332 |
| 岡山県日本原高等学校 | 329 |
| 岡山県農学校 | 331 |
| 岡山県農事講習所 | 331 |
| 岡山県林野高等女学校 | 332 |
| 岡山県備作高等学校 | 333 |
| 岡山県備中高等女学校 | 327 |
| 岡山県日比高等女学校 | 332 |
| 岡山県蒜山高等学校 | 333 |
| 岡山県福渡高等女学校 | 333 |
| 岡山県松山高等学校 | 333 |
| 岡山県松山高等学校（夜間部） | 333 |
| 岡山県真備高等学校 | 333 |
| 岡山県真備高等学校女学校 | 333 |
| **岡山県美作高等学校** | 327 |
| 岡山県矢掛高等女学校 | 333 |
| 岡山県矢掛中学校 | 333 |
| 岡山県立工業学校 | 327 |
| 岡山県立商業学校 | 328 |
| 岡山県立第一玉島高等学校 | 331 |
| **岡山県立大学** | 325 |
| 岡山県立大学 | 325 |
| **岡山工業高等学校** | 327 |
| 岡山工業高等学校 | 327 |
| **岡山高等学校** | 327 |
| 岡山高等学校 | 327 |
| 岡山高等女子職業学校 | 333 |
| **岡山後楽館高等学校** | 327 |
| 岡山後楽館高等学校 | 327 |
| 岡山産業高等学校 | 328 |
| **おかやま山陽高等学校** | 327 |
| おかやま山陽高等学校 | 327 |
| 岡山実科女学校 | 330 |

| 校名 | 頁 |
|---|---|
| 岡山師範学校 | 325 |
| 岡山就実短期大学 | 326 |
| **岡山商科大学** | 325 |
| 岡山商科大学 | 325 |
| **岡山商科大学附属高等学校** | 327 |
| 岡山商科大学附属高等学校 | 327 |
| 岡山商科短期大学 | 325 |
| 岡山商業高等学校 | 328 |
| **岡山城東高等学校** | 327 |
| 岡山城東高等学校 | 328 |
| 岡山女学校 | 331 |
| 岡山女子商業高等学校 | 329 |
| 岡山女子短期大学 | 326 |
| 岡山市立工業高等学校 | 327 |
| 岡山市立商業学校 | 328 |
| 岡山青年学校教員養成所 | 325 |
| 岡山青年師範学校 | 325 |
| 岡山青年師範学校附属高等学校 | 331 |
| **岡山操山高等学校** | 328 |
| 岡山操山高等学校 | 328 |
| 岡山第一高等学校 | 327 |
| 岡山第二女子高等学校 | 327 |
| **岡山大安寺高等学校** | 328 |
| 岡山大安寺高等学校 | 328 |
| **岡山大学** | 325 |
| 岡山大学 | 325 |
| **岡山短期大学** | 326 |
| 岡山短期大学 | 326 |
| 岡山中学校 | 327 |
| 岡山津山中学校 | 332 |
| 岡山電機工業高等学校 | 333 |
| 岡山西高等学校 | 327 |
| 岡山日本大学高等学校 | 329 |
| 岡山農業専門学校 | 325 |
| **岡山白陵高等学校** | 328 |
| 岡山白陵高等学校 | 328 |
| 岡山藩医学館 | 325 |
| 岡山藩学校 | 327 |
| 岡山東高等学校 | 328 |
| **岡山東商業高等学校** | 328 |
| 岡山東商業高等学校 | 328 |
| 岡山普通学校 | 333 |
| **岡山芳泉高等学校** | 328 |
| 岡山芳泉高等学校 | 328 |
| **岡山南高等学校** | 328 |
| 岡山南高等学校 | 328 |
| 岡山夜間中学校 | 326 |
| 岡山薬学校 | 329 |
| **岡山理科大学** | 325 |
| 岡山理科大学 | 325 |
| **岡山理科大学附属高等学校** | 333 |
| 岡山理科大学附属高等学校 | 333 |
| **岡山龍谷高等学校** | 328 |
| 岡山龍谷高等学校 | 328 |
| **岡谷南高等学校** | 204 |
| 岡谷南高等学校 | 204 |
| **小川工業高等学校** | 401 |
| 小川工業高等学校 | 401 |
| **小川高等学校（茨城・県）** | 70 |
| 小川高等学校 | 70 |
| **小川高等学校（埼玉・県）** | 94 |
| 小川高等学校 | 94 |
| **小川高等学校（東京・都）** | 132 |
| 小川高等学校 | 132 |
| 小川高等学校玉川分校 | 99 |
| 小川高等女学校 | 94 |
| 小川実修女学校 | 94 |
| 小川女子高等学校 | 94 |
| **沖学園高等学校** | 377 |
| 沖学園高等学校 | 378 |
| **荻窪高等学校** | 132 |
| 荻窪高等学校 | 132 |
| **隠岐高等学校** | 321 |
| 隠岐高等学校 | 321 |
| **小城高等学校** | 389 |
| 小城高等学校 | 389 |
| 隠岐高等学校島前分校 | 321 |
| 隠岐高等女学校 | 321 |
| 小城高等女学校 | 389 |
| 隠岐実科高等女学校 | 321 |
| 小城実科女学校 | 389 |
| 小城女学校 | 389 |
| 隠岐女子技芸学校 | 321 |
| **隠岐水産高等学校** | 321 |
| 隠岐水産高等学校 | 321 |
| **置賜農業高等学校** | 54 |
| 置賜農業高等学校 | 54 |
| **置賜農業高等学校飯豊分校** | 54 |
| 置賜農業高等学校飯豊分校 | 54 |
| 小城中学校 | 389 |
| **隠岐島前高等学校** | 321 |
| 隠岐島前高等学校 | 321 |
| 沖縄開洋高等学校 | 429 |
| **沖縄カトリック高等学校** | 429 |
| 沖縄カトリック高等学校 | 429 |
| 沖縄キリスト教学院 | 428 |
| **沖縄キリスト教学院大学** | 428 |
| 沖縄キリスト教学院大学 | 428 |
| 沖縄キリスト教学院短期大学 | 428 |
| **沖縄キリスト教短期大学** | 428 |
| 沖縄キリスト教短期大学 | 428 |
| 沖縄県尋常中学校 | 430 |
| 沖縄県中学校 | 430 |
| **沖縄県立看護大学** | 428 |
| 沖縄県立看護大学 | 428 |
| **沖縄県立芸術大学** | 428 |
| 沖縄県立芸術大学 | 428 |
| 沖縄県立工業学校 | 429 |
| 沖縄県立工業徒弟学校 | 429 |
| 沖縄県立水産学校 | 429 |
| 沖縄県立第一中学校 | 430 |
| 沖縄県立第二中学校 | 431 |
| 沖縄県立第二中学校分校 | 432 |
| 沖縄県立中学校分校 | 431 |

| | | | |
|---|---|---|---|
| 沖縄県立農学校 | 431 | 越生自動車技術専門学校 | 99 |
| 沖縄県立農林学校 | 431 | 越生木工技能者養成所 | 102 |
| **沖縄工業高等学校** | 429 | **興部高等学校** | 8 |
| 沖縄工業高等学校 | 429 | 興部高等学校 | 8 |
| **沖縄工業高等専門学校** | 429 | 尾崎高等学校 | 33 |
| 沖縄工業高等専門学校 | 429 | 長島高等学校 | 251 |
| 沖縄高等学校 | 429 | 長田工業高等学校 | 297 |
| **沖縄国際大学** | 428 | 尾札部漁業高等学校 | 22 |
| 沖縄国際大学 | 428 | 尾札部高等学校 | 22 |
| **沖縄尚学高等学校** | 429 | 牡鹿郡石巻実科高等女学校 | 41 |
| 沖縄尚学高等学校 | 429 | 牡鹿郡簡易水産学校 | 47 |
| **沖縄女子短期大学** | 428 | 忍実科高等女学校 | 98 |
| 沖縄女子短期大学 | 428 | 忍商業学校 | 98 |
| **沖縄女子短期大学附属高等学校** | 429 | 忍女子高等学校 | 98 |
| 沖縄女子短期大学附属高等学校 | 429 | 尾島女子高等学校 | 85 |
| 沖縄尋常中学校 | 430 | **小千谷高等学校** | 176 |
| **沖縄水産高等学校** | 429 | 小千谷高等学校 | 176 |
| 沖縄水産高等学校 | 429 | 小千谷高等学校小出分校 | 177 |
| **沖縄大学** | 428 | 小千谷中学校 | 176 |
| 沖縄大学 | 428 | **小千谷西高等学校** | 176 |
| 沖縄短期大学 | 428 | 小千谷西高等学校 | 176 |
| 沖縄文教学校 | 428 | **長万部高等学校** | 8 |
| 沖縄文教学校 | 430 | 長万部高等学校 | 8 |
| 沖縄文教学校農学部 | 430 | 尾関学園 | 237 |
| 沖縄民政府立工業高等学校 | 429 | **尾関学園高等学校** | 237 |
| 沖永良部学校 | 421 | 尾関学園高等学校 | 237 |
| **沖永良部高等学校** | 421 | **小瀬高等学校** | 70 |
| 沖永良部高等学校 | 421 | 小瀬高等学校 | 70 |
| **邑久高等学校** | 328 | **尾瀬高等学校** | 85 |
| 邑久高等学校 | 328 | 尾瀬高等学校 | 85 |
| **奥尻高等学校** | 7 | 小瀬農学校 | 70 |
| 奥尻高等学校 | 8 | 小瀬農業補習学校 | 70 |
| **小国高等学校（山形・県）** | 54 | **小高工業高等学校** | 61 |
| 小国高等学校 | 54 | 小高工業高等学校 | 61 |
| **小国高等学校（熊本・県）** | 401 | 小高高等学校 | 61 |
| 小国高等学校 | 401 | 小高裁縫補修学校 | 61 |
| 小国高等女学校 | 401 | 小高実業専修学校 | 61 |
| 小国実業学校 | 401 | 小高実践女学校 | 61 |
| **桶川高等学校** | 94 | **小高商業高等学校** | 61 |
| 桶川高等学校 | 94 | 小高商業高等学校 | 61 |
| **桶川西高等学校** | 94 | 小高女子実業補修学校 | 61 |
| 桶川西高等学校 | 94 | 小高農業高等学校 | 61 |
| **置戸高等学校** | 8 | 小高農業高等学校津島分校 | 64 |
| 置戸高等学校 | 8 | 小高農工高等学校 | 61 |
| **岡豊高等学校** | 370 | 織田教育財団 | 129 |
| 岡豊高等学校 | 370 | **小田高等学校** | 365 |
| **小郡高等学校** | 378 | 小田高等学校 | 365 |
| 小郡高等学校 | 378 | **小樽桜陽高等学校** | 8 |
| **起工業高等学校** | 237 | 小樽桜陽高等学校 | 8 |
| 起工業高等学校 | 237 | 小樽経済専門学校 | 1 |
| 起町立織染学校 | 237 | 小樽工業学校 | 8 |
| 越生工業技術専門学校 | 99 | **小樽工業高等学校** | 8 |
| 越生工業高等学校 | 102 | 小樽工業高等学校 | 8 |
| **越生高等学校** | 94 | 小樽高等学校 | 8 |
| 越生高等学校 | 94 | 小樽高等商業学校 | 1 |
| 越生高等学校 | 102 | 小樽高等女学校 | 8 |
| 越生自動車学校 | 99 | 小樽実科高等女学校 | 20 |

| 校名 | 頁 |
|---|---|
| 小樽実践女学校 | 20 |
| **小樽商科大学** | 1 |
| 小樽商科大学 | 1 |
| 小樽商業学校 | 8 |
| 小樽商業学校 | 21 |
| **小樽商業高等学校** | 8 |
| 小樽商業高等学校 | 8 |
| 小樽昭和高等学校 | 8 |
| 小樽女子高等学校 | 8 |
| 小樽女子職業学校 | 13 |
| 小樽水産学校 | 8 |
| **小樽水産高等学校** | 8 |
| 小樽水産高等学校 | 8 |
| 小樽青峰高等学校 | 8 |
| 小樽千秋高等学校 | 8 |
| 小樽第二工業学校 | 8 |
| 小樽短期女子短期大学 | 3 |
| **小樽短期大学** | 3 |
| 小樽短期大学 | 3 |
| 小樽中学校 | 8 |
| **小樽潮陵高等学校** | 8 |
| 小樽潮陵高等学校 | 8 |
| 小樽双葉女子学園 | 20 |
| 小樽緑丘高等学校 | 13 |
| 小樽緑丘高等女学校 | 13 |
| **小樽明峰高等学校** | 8 |
| 小樽明峰高等学校 | 8 |
| 小樽緑陵高等学校 | 8 |
| 小田原高等学校 | 163 |
| 小田原高等学校 | 163 |
| 小田原商業学校 | 163 |
| 小田原城内高等学校 | 163 |
| **小田原城東高等学校** | 163 |
| 小田原城東高等学校 | 163 |
| **小田原城北工業高等学校** | 163 |
| 小田原城北工業高等学校 | 163 |
| 小田原女子高等学校 | 163 |
| **小田原女子短期大学** | 159 |
| 小田原女子短期大学 | 159 |
| 小田原夜間中学校 | 167 |
| **落合高等学校** | 328 |
| 落合高等学校 | 328 |
| 落合高等女学校 | 328 |
| 落合実科高等女学校 | 328 |
| 越智高等学校 | 364 |
| 越智中学校 | 364 |
| **お茶の水女子大学** | 117 |
| お茶の水女子大学 | 118 |
| **追浜高等学校** | 163 |
| 追浜高等学校 | 163 |
| 音威子府高等学校 | 8 |
| **おといねっぷ美術工芸高等学校** | 8 |
| おといねっぷ美術工芸高等学校 | 8 |
| **乙訓高等学校** | 264 |
| 乙訓高等学校 | 264 |
| **音更高等学校** | 8 |
| 音更高等学校 | 8 |
| 女川高等学校 | 42 |
| 女川高等学校 | 42 |
| **小名浜高等学校** | 61 |
| 小名浜高等学校 | 61 |
| 小名浜高等女学校 | 61 |
| 小名浜実科高等女学校 | 61 |
| 小名浜実業補修学校 | 61 |
| 小名浜水産学校 | 60 |
| 小名浜水産高等学校 | 60 |
| 遠敷高等学校 | 196 |
| 遠敷農林学校 | 196 |
| **尾上総合高等学校** | 26 |
| 尾上総合高等学校 | 26 |
| **小野学園女子高等学校** | 132 |
| 小野学園女子高等学校 | 132 |
| 小野工業学校 | 296 |
| **小野工業高等学校** | 296 |
| 小野工業高等学校 | 296 |
| **小野高等学校（福島・県）** | 61 |
| 小野高等学校 | 61 |
| **小野高等学校（兵庫・県）** | 296 |
| 小野高等学校 | 296 |
| **小野高等学校平田分校** | 61 |
| 小野高等学校平田分校 | 61 |
| 小野高等女学校 | 306 |
| 小野実科高等女学校 | 306 |
| 小野田工業学校 | 349 |
| **小野田工業高等学校** | 349 |
| 小野田工業高等学校 | 349 |
| **小野田高等学校** | 349 |
| 小野田高等学校 | 349 |
| 小野田高等女学校 | 349 |
| 小野田実業実践学校 | 349 |
| 小野田実業専修学校 | 349 |
| 小野田女子学院高等学校 | 350 |
| 小野田女子高等学校 | 349 |
| 小野田女子商業学校 | 349 |
| 小野中学校 | 296 |
| 小野新町高等学校 | 61 |
| 小野新町高等学校蓬田分校 | 61 |
| 尾道簡易商業学校 | 337 |
| **尾道北高等学校** | 336 |
| 尾道北高等学校 | 336 |
| 尾道工業高等学校 | 342 |
| 尾道高等女学校 | 337 |
| 尾道商業学校 | 336 |
| 尾道商業学校 | 337 |
| **尾道商業高等学校** | 336 |
| 尾道商業高等学校 | 337 |
| 尾道商業実務学校 | 337 |
| 尾道商法講習所 | 336 |
| 尾道市立高等女学校 | 337 |
| 尾道市立実業補習学校 | 337 |
| 尾道市立商業学校 | 337 |
| 尾道市立女子専門学校 | 334 |
| **尾道大学** | 334 |
| 尾道大学 | 334 |

| 尾道短期大学 | 334 | 帯広南商業高等学校 | 9 |
| 尾道中学校 | 336 | 帯広緑陽高等学校 | 9 |
| **尾道東高等学校** | 337 | 帯広緑陽高等学校 | 9 |
| 尾道東高等学校 | 337 | **小見川高等学校** | 107 |
| **尾道南高等学校** | 337 | 小見川高等学校 | 107 |
| 尾道南高等学校 | 337 | 小見川実業高等学校 | 107 |
| 尾花沢高等学校 | 54 | 小見川農学校 | 107 |
| 小浜高等学校 | 196 | 小見川農業学校 | 107 |
| **小浜高等学校** | 394 | 小見川農業高等学校 | 107 |
| 小浜高等学校 | 394 | **雄物川高等学校** | 50 |
| 小浜高等学校(水産科) | 193 | 雄物川高等学校 | 50 |
| 小浜高等女学校 | 196 | **小矢部園芸高等学校** | 184 |
| 小浜女子技芸女学校 | 196 | 小矢部園芸高等学校 | 184 |
| 小浜水産学校 | 193 | 小山園芸高等学校 | 79 |
| 小浜水産学校 | 196 | **小山工業高等専門学校** | 77 |
| **小浜水産高等学校** | 193 | 小山工業高等専門学校 | 77 |
| 小浜水産高等学校 | 193 | **小山高等学校(栃木・県)** | 78 |
| 飫肥高等学校 | 416 | 小山高等学校 | 78 |
| 飫肥高等学校 | 418 | 小山高等学校 | 79 |
| 飫肥高等女学校 | 416 | **小山高等学校(静岡・県)** | 221 |
| 飫肥中学校 | 416 | 小山高等学校 | 221 |
| 小櫃農学校 | 108 | 尾山高等学校 | 191 |
| 飫肥農学校 | 416 | **雄山高等学校** | 184 |
| 飫肥農学校水産補習科 | 418 | 雄山高等学校 | 184 |
| 飫肥農業補修学校 | 416 | 小山公民実業学校 | 79 |
| 飫肥農業補習学校水産学科 | 418 | 小山実業学校 | 79 |
| **帯広大谷高等学校** | 8 | 小山実業青年学校 | 78 |
| 帯広大谷高等学校 | 8 | **小山城南高等学校** | 79 |
| 帯広大谷高等女学校 | 8 | 小山城南高等学校 | 79 |
| 帯広大谷女学校 | 8 | 小山女子高等学校 | 79 |
| **帯広大谷短期大学** | 3 | 小山女子実業補習学校 | 79 |
| 帯広大谷短期大学 | 3 | **小山台高等学校** | 132 |
| 帯広柏葉高等学校音更分校 | 8 | 小山台高等学校 | 133 |
| 帯広柏葉高等学校広尾分校 | 20 | **小山西高等学校** | 79 |
| **帯広北高等学校** | 8 | 小山西高等学校 | 79 |
| 帯広北高等学校 | 8 | 小山農学校 | 79 |
| **帯広工業高等学校** | 8 | 小山農商補修学校 | 79 |
| 帯広工業高等学校 | 8 | 小山農商補習学校 | 78 |
| 帯広高等学校 | 9 | **小山北桜高等学校** | 79 |
| 帯広高等獣医学校 | 1 | 小山北桜高等学校 | 79 |
| 帯広高等女学校 | 8 | **小山南高等学校** | 79 |
| **帯広三条高等学校** | 8 | 小山南高等学校 | 79 |
| 帯広三条高等学校 | 8 | **折尾愛真高等学校** | 378 |
| 帯広獣医畜産専門学校 | 1 | 折尾愛真高等学校 | 378 |
| 帯広商工高等学校 | 9 | **折尾愛真短期大学** | 375 |
| 帯広商工高等学校音更分校 | 8 | 折尾愛真短期大学 | 375 |
| 帯広女子高等学校 | 8 | **折尾高等学校** | 378 |
| 帯広市立商工高等学校音更分校 | 8 | 折尾高等学校 | 378 |
| **帯広畜産大学** | 1 | 折尾高等学校 | 382 |
| 帯広畜産大学 | 1 | 折尾高等女学校 | 382 |
| 帯広中学校 | 9 | 折尾高等簿記学校 | 378 |
| **帯広農業高等学校** | 8 | 折尾女子経済短期大学 | 375 |
| 帯広農業高等学校 | 9 | 折尾女子商業学校 | 378 |
| 帯広農業専門学校 | 1 | 折尾女子商業高等学校 | 378 |
| **帯広柏葉高等学校** | 9 | **小禄高等学校** | 429 |
| 帯広柏葉高等学校 | 9 | 小禄高等学校 | 429 |
| **帯広南商業高等学校** | 9 | 小禄高等学校(定時制) | 430 |

| | |
|---|---|
| 尾鷲工業高等学校 | 250 |
| **尾鷲高等学校** | 250 |
| 尾鷲高等学校 | 250 |
| 尾鷲高等学校長島分校 | 250 |
| **尾鷲高等学校長島校** | 250 |
| 尾鷲高等学校長島校 | 251 |
| 尾鷲高等女学校 | 250 |
| 尾鷲中学校 | 250 |
| 尾張教校 | 243 |
| 尾張高等学校 | 243 |
| 尾張小教校 | 243 |
| 尾張中学寮 | 243 |
| 尾張中学校 | 231 |
| 尾張中学校 | 243 |
| 音楽取調掛 | 121 |
| **遠賀高等学校** | 378 |
| 遠賀高等学校 | 378 |
| 遠賀農学校 | 378 |
| 遠賀農業高等学校 | 378 |
| 遠賀農芸高等学校 | 378 |
| 御宿高等学校 | 108 |
| 温情舎（小学校） | 228 |
| 温知学校 | 325 |
| 温知学校 | 327 |
| **音戸高等学校** | 337 |
| 音戸高等学校 | 337 |
| 音戸高等女学校 | 337 |
| 音戸実科女学校 | 337 |

【 か 】

| | |
|---|---|
| 海岸女学校 | 117 |
| 海軍予備校 | 81 |
| 海軍予備校 | 133 |
| 偕行社中学校 | 276 |
| 外語学院本郷高等学校 | 209 |
| **開志学園高等学校** | 176 |
| 開志学園高等学校 | 176 |
| 海城学校 | 81 |
| 海城学校 | 133 |
| 海城高等学校 | 81 |
| **海城高等学校** | 133 |
| 海城高等学校 | 133 |
| **海翔高等学校** | 237 |
| 海翔高等学校 | 237 |
| 海城中学校 | 81 |
| 海城中学校 | 133 |
| **開新高等学校** | 401 |
| 開新高等学校 | 401 |
| **貝塚高等学校** | 278 |
| 貝塚高等学校 | 278 |
| 貝塚実業専修学校 | 278 |
| **貝塚南高等学校** | 278 |
| 貝塚南高等学校 | 278 |

| | |
|---|---|
| 海津北高等学校 | 213 |
| 海津高等学校 | 213 |
| 海津高等女学校 | 213 |
| 海津女子高等学校 | 213 |
| 海津中学校 | 213 |
| **海津明誠高等学校** | 213 |
| 海津明誠高等学校 | 213 |
| **海星学院高等学校** | 9 |
| 海星学院高等学校 | 9 |
| 海星学園 | 251 |
| 海星学校 | 394 |
| **海星高等学校（三重・私）** | 251 |
| 海星高等学校 | 251 |
| **海星高等学校（長崎・私）** | 394 |
| 海星高等学校 | 394 |
| **開成高等学校** | 133 |
| 開成高等学校 | 133 |
| **開星高等学校** | 321 |
| 開星高等学校 | 321 |
| 開成所 | 261 |
| 海星商業学校 | 394 |
| 海星女子学院高等部 | 77 |
| 海星中学校 | 394 |
| 開成夜学校 | 58 |
| 開成夜学校 | 59 |
| 海草中学校 | 314 |
| 海草農林学校 | 314 |
| 開拓使 | 2 |
| 開拓使仮学校 | 2 |
| **海田高等学校** | 337 |
| 海田高等学校 | 337 |
| 海田高等女学校 | 337 |
| 開智学園高等部 | 313 |
| 開智学校 | 196 |
| 開智学校 | 197 |
| 開智学校英学課 | 209 |
| **開智学園高等部** | 313 |
| **開智高等学校** | 94 |
| 開智高等学校 | 94 |
| 海南学校 | 370 |
| 海南学校 | 237 |
| **海南高等学校** | 313 |
| 海南高等学校 | 313 |
| 海南高等学校 | 370 |
| 海南高等学校鴨谷分校 | 313 |
| **海南高等学校下津分校** | 313 |
| 海南高等学校下津分校 | 313 |
| **海南市高等学校** | 313 |
| 海南市高等学校 | 313 |
| 海南私塾 | 370 |
| 海南市立高等家政女学校 | 313 |
| 海南中学校 | 313 |
| 海南中学校 | 370 |
| **柏原高等学校** | 296 |
| 柏原高等学校 | 296 |
| 柏原高等学校青垣分校 | 304 |
| 柏原高等学校佐治分校 | 304 |

| | | | |
|---|---|---|---|
| 柏原高等女学校 | 296 | 香川県高松中学校大川分校 | 360 |
| 柏原女学校 | 296 | 香川県土庄商業学校 | 362 |
| 柏原中学校 | 296 | **香川県藤井高等学校** | 359 |
| **海部高等学校** | 356 | 香川県藤井高等学校 | 359 |
| 海部高等学校 | 356 | 香川県丸亀商業学校 | 362 |
| 海部高等学校 | 409 | 香川県明善高等学校 | 359 |
| 海部第一高等学校 | 357 | 香川県立医療短期大学 | 359 |
| **開邦高等学校** | 429 | 香川県立工芸学校 | 361 |
| 開邦高等学校 | 429 | 香川県立工芸高等学校 | 361 |
| **開明高等学校** | 278 | 香川県立女子師範学校 | 360 |
| 開明高等学校 | 279 | 香川県立水産高等学校 | 362 |
| **海洋高等学校** | 70 | **香川県立農業経営高等学校** | 359 |
| 海洋高等学校 | 70 | 香川県立農業経営高等学校 | 360 |
| 海洋高等学校 | 265 | **香川県立保健医療大学** | 359 |
| **開陽高等学校** | 421 | 香川県立保健医療大学 | 359 |
| 開陽高等学校 | 421 | 香川高等学校 | 348 |
| **かえつ有明高等学校** | 133 | 香川高等学校 | 362 |
| かえつ有明高等学校 | 133 | 香川高等女学校 | 362 |
| 嘉悦女子高等学校 | 133 | 香川実科高等女学校 | 348 |
| 嘉悦女子短期大学 | 126 | 香川実業学校 | 362 |
| **嘉悦大学** | 118 | 香川師範学校 | 359 |
| 嘉悦大学 | 118 | 香川女子高等学校 | 362 |
| **嘉悦大学短期大学部** | 126 | 香川青年師範学校 | 359 |
| 嘉悦大学短期大学部 | 126 | **香川誠陵高等学校** | 360 |
| 科学技術学園工業高等学校 | 133 | 香川誠陵高等学校 | 360 |
| **科学技術学園高等学校** | 133 | **香川大学** | 359 |
| 科学技術学園高等学校 | 133 | 香川大学 | 359 |
| **加賀高等学校** | 189 | **香川短期大学** | 359 |
| 加賀高等学校 | 189 | 香川短期大学 | 359 |
| **加賀聖城高等学校** | 189 | **香川中央高等学校** | 360 |
| 加賀聖城高等学校 | 189 | 香川中央高等学校 | 360 |
| 仮学館 | 327 | **香川西高等学校** | 360 |
| 鏡ヶ岡高等学校 | 182 | 香川西高等学校 | 360 |
| **各務原西高等学校** | 213 | 香川農業学校 | 362 |
| 各務原西高等学校 | 213 | 香川農業高等学校 | 362 |
| 各務原東高等学校 | 214 | 仮勧学場 | 261 |
| **各務原高等学校** | 213 | 柿生高等学校 | 161 |
| 各務原高等学校 | 213 | 柿生西高等学校 | 161 |
| 香川医科大学 | 359 | 柿崎高等学校 | 177 |
| 香川学園 | 348 | 柿島高等学校 | 355 |
| **香川県大手前高等学校** | 359 | **学芸館高等学校** | 85 |
| 香川県大手前高等学校 | 359 | 学芸館高等学校 | 85 |
| 香川県大手前高等学校高松分校 | 359 | 学習院 | 133 |
| **香川県大手前高松高等学校** | 359 | **学習院高等科** | 133 |
| 香川県大手前高松高等学校 | 359 | 学習院高等科 | 133 |
| 香川県木田高等女学校 | 362 | 学習院女学部 | 133 |
| 香川県工芸学校 | 361 | **学習院女子高等科** | 133 |
| 香川県高等女学校 | 361 | 学習院女子高等科 | 133 |
| 香川県琴平実科高等女学校 | 360 | **学習院女子大学** | 118 |
| 香川県坂出実修女学校 | 360 | 学習院女子大学 | 118 |
| 香川県小豆島高等女学校 | 361 | 学習院女子短期大学 | 118 |
| 香川県小豆島商業学校 | 362 | **学習院大学** | 118 |
| 香川県小豆島中学校 | 361 | 学習院大学 | 118 |
| 香川県尋常中学校 | 361 | 学習院短期大学部 | 118 |
| 香川県尋常中学校丸亀分校 | 362 | **鶴城丘高等学校** | 237 |
| 香川県高松実科高等女学校 | 361 | 鶴城丘高等学校 | 237 |
| 香川県高松第一中学校 | 361 | **鶴翔高等学校** | 421 |

| 校名 | ページ |
|---|---|
| 鶴翔高等学校 | 422 |
| **角田高等学校** | 42 |
| 角田高等学校 | 42 |
| 角田高等女学校 | 42 |
| 角田実科高等女学校 | 42 |
| 角田女子高等学校 | 42 |
| 角田女子実業学校 | 42 |
| 角田中学校 | 42 |
| 格致学院 | 339 |
| 格致中学校 | 339 |
| 角館北高等学校 | 51 |
| **角館高等学校** | 50 |
| 角館高等学校 | 51 |
| 角館高等女学校 | 51 |
| 角館中学校 | 51 |
| **角館南高等学校** | 51 |
| 角館南高等学校 | 51 |
| **学法津田学園高等学校** | 251 |
| 学法津田学園高等学校 | 251 |
| 鶴鳴高等女学校 | 397 |
| 鶴鳴実科高等学校 | 397 |
| 鶴鳴女学校 | 397 |
| 鶴鳴女子高等学校 | 397 |
| 鶴鳴女子短期大学 | 393 |
| 学文館女子商業高等学校 | 83 |
| 学問所 | 109 |
| 学問所 | 339 |
| **学悠館高等学校** | 79 |
| 学悠館高等学校 | 79 |
| 岳麓高等学校 | 200 |
| 岳麓高等女学校 | 200 |
| 岳麓農工学校 | 200 |
| 岳麓農工高等学校 | 200 |
| **掛川工業高等学校** | 221 |
| 掛川工業高等学校 | 221 |
| 掛川高等女学校 | 221 |
| 掛川実科高等女学校 | 221 |
| 掛川女学校 | 221 |
| 掛川第一高等学校 | 221 |
| 掛川第二高等学校 | 221 |
| 掛川中学校 | 221 |
| **掛川西高等学校** | 221 |
| 掛川西高等学校 | 221 |
| **掛川東高等学校** | 221 |
| 掛川東高等学校 | 221 |
| **加計高等学校** | 337 |
| 加計高等学校 | 337 |
| **加計高等学校芸北分校** | 337 |
| 加計高等学校芸北分校 | 337 |
| 加計実業学校 | 337 |
| **加古川北高等学校** | 296 |
| 加古川北高等学校 | 296 |
| 加古川高等女学校 | 296 |
| 加古川中学校 | 296 |
| **加古川西高等学校** | 296 |
| 加古川西高等学校 | 296 |
| **加古川東高等学校** | 296 |
| 加古川東高等学校 | 296 |
| **加古川南高等学校** | 296 |
| 加古川南高等学校 | 296 |
| 加古郡立高等女学校 | 296 |
| **鹿児島育英館高等学校** | 422 |
| 鹿児島育英館高等学校 | 422 |
| 鹿児島園芸高等学校 | 423 |
| **鹿児島学芸高等学校** | 422 |
| 鹿児島学芸高等学校 | 422 |
| 鹿児島簡易商業学校 | 422 |
| **鹿児島玉龍高等学校** | 422 |
| 鹿児島玉龍高等学校 | 422 |
| 鹿児島郡立工業徒弟学校 | 422 |
| 鹿児島経済専門学校 | 419 |
| 鹿児島経済大学 | 419 |
| 鹿児島県奄美高等女学校 | 420 |
| 鹿児島県伊佐農林学校 | 420 |
| 鹿児島県伊佐農林高等学校 | 420 |
| 鹿児島県出水高等学校 | 421 |
| 鹿児島県出水実業学校 | 420 |
| 鹿児島県市来農芸高等学校 | 421 |
| 鹿児島県岩川工業高等学校 | 421 |
| 鹿児島県頴娃村立高等公民学校 | 421 |
| 鹿児島県大崎高等学校 | 420 |
| 鹿児島県大島高等学校 | 421 |
| 鹿児島県大根占高等学校 | 427 |
| 鹿児島県大根占高等学校 | 428 |
| 鹿児島県鹿児島工業高等学校 | 422 |
| 鹿児島県鹿児島高等学校 | 422 |
| 鹿児島県鹿児島高等学校第一部 | 422 |
| 鹿児島県鹿児島高等学校第二部 | 425 |
| 鹿児島県鹿児島高等学校第三部 | 427 |
| 鹿児島県鹿児島高等学校第四部 | 425 |
| 鹿児島県鹿児島高等学校第五部 | 427 |
| 鹿児島県鹿児島商業高等学校 | 422 |
| 鹿児島県鹿児島商業高等学校 | 423 |
| 鹿児島県鹿児島女子高等学校 | 423 |
| 鹿児島県加治木工業学校 | 423 |
| 鹿児島県加治木工業高等学校 | 423 |
| 鹿児島県加治木高等学校 | 423 |
| 鹿児島県加世田高等学校 | 423 |
| 鹿児島県加世田高等学校第二部 | 423 |
| 鹿児島県加世田農業学校 | 423 |
| 鹿児島県鹿屋高等学校 | 424 |
| 鹿児島県鹿屋高等女学校 | 424 |
| 鹿児島県鹿屋実科高等女学校 | 424 |
| 鹿児島県鹿屋農業高等学校 | 424 |
| 鹿児島県蒲生高等学校 | 424 |
| 鹿児島県蒲生女子実業女学校 | 424 |
| 鹿児島県蒲生女子職業学校 | 424 |
| 鹿児島県蒲生農林学校 | 424 |
| 鹿児島県川辺高等学校 | 424 |
| 鹿児島県川辺高等学校第一部 | 424 |
| 鹿児島県川辺高等学校第二部 | 424 |
| 鹿児島県川辺実科高等女学校 | 424 |
| 鹿児島県川辺村立実科高等女学校 | 424 |
| 鹿児島県簡易農学校 | 424 |

かこしまけ　　　　　　　　　　　　　　　　　　　　　　　　　　　　　　　　校名索引

鹿児島県玉龍高等学校 …………………………… 422
鹿児島県串木野家政女学校 ……………………… 424
鹿児島県串木野高等学校 ………………………… 424
鹿児島県串木野公民学校 ………………………… 424
鹿児島県串木野実科高等女学校 ………………… 424
鹿児島県串良高等学校 …………………………… 425
鹿児島県甲南高等学校 …………………………… 425
鹿児島県高山高等学校 …………………………… 425
鹿児島県古仁屋高等女学校 ……………………… 425
鹿児島県古仁屋実科高等女学校 ………………… 425
鹿児島県小根占実科高等女学校 ………………… 427
鹿児島県薩南高等学校 …………………………… 425
鹿児島県師範学校 ………………………………… 419
鹿児島県志布志実科高等女学校 ………………… 425
鹿児島県女子専門学校 …………………………… 427
鹿児島県尋常師範学校 …………………………… 419
鹿児島県尋常師範学校付属専科農業講習所 …… 424
鹿児島県尋常中学校 ……………………………… 426
鹿児島県尋常中学校造志館 ……………………… 419
鹿児島県尋常中学校第一分校 …………………… 426
鹿児島県成淑高等女学校 ………………………… 423
鹿児島県川内高等学校 …………………………… 426
鹿児島県川内高等学校第一部 …………………… 426
鹿児島県川内高等学校第二部 …………………… 426
鹿児島県川内高等女学校 ………………………… 426
鹿児島県川内商工高等学校 ……………………… 426
鹿児島県第一師範学校 …………………………… 419
鹿児島県第一尋常中学校 ………………………… 426
鹿児島県第一中学校 ……………………………… 426
鹿児島県第二中学校 ……………………………… 426
鹿児島県第四中学校 ……………………………… 424
鹿児島県谷山高等学校 …………………………… 423
鹿児島県中学造士館 ……………………………… 425
鹿児島県知覧高等学校 …………………………… 425
鹿児島県鶴丸高等学校 …………………………… 427
鹿児島県徳之島高等学校 ………………………… 427
鹿児島県中種子高等学校 ………………………… 427
鹿児島県西長島高等学校分校 …………………… 427
鹿児島県根占高等学校 …………………………… 428
鹿児島県根占実業学校 …………………………… 427
鹿児島県農学校 …………………………………… 424
鹿児島県野田高等学校 …………………………… 427
鹿児島県隼人高等学校 …………………………… 427
鹿児島県枕崎高等学校 …………………………… 423
鹿児島県枕崎高等女学校 ………………………… 427
鹿児島県枕崎実科高等女学校 …………………… 427
鹿児島県枕崎水産高等学校 ……………………… 423
鹿児島県南大隅高等学校 ………………………… 428
鹿児島県宮之城高等学校 ………………………… 428
鹿児島県山川高等学校 …………………………… 428
鹿児島県立工業学校 ……………………………… 422
鹿児島県立高等女学校 …………………………… 424
鹿児島県立高等女学校 …………………………… 427
鹿児島県立実業補習学校教員養成所 …………… 419
鹿児島県立商業高等学校 ………………………… 422
鹿児島県立商船学校 ……………………………… 419
鹿児島県立商船学校 ……………………………… 423

鹿児島県立商船水産学校 ………………………… 423
鹿児島県立商船水産学校水産科 ………………… 423
鹿児島県立尋常中学造士館 ……………………… 425
鹿児島県立青年学校教員養成所 ………………… 419
鹿児島県立第一高等女学校 ……………………… 427
鹿児島県立第一中学校分校 ……………………… 425
鹿児島県立第二高等女学校 ……………………… 425
鹿児島県立大学短期大学部 ……………………… 420
**鹿児島県立短期大学** …………………………… 420
鹿児島県立短期大学 ……………………………… 420
鹿児島県立中学造士館 …………………………… 425
鹿児島県立中学校造志館 ………………………… 419
鹿児島工業学校 …………………………………… 422
**鹿児島工業高等学校** …………………………… 422
鹿児島工業高等学校 ……………………………… 422
**鹿児島工業高等専門学校** ……………………… 420
鹿児島工業高等専門学校 ………………………… 420
鹿児島高等家政女学校 …………………………… 422
**鹿児島高等学校** ………………………………… 422
鹿児島高等学校 …………………………………… 422
鹿児島高等学校実業学校 ………………………… 422
鹿児島高等学校修学館 …………………………… 422
鹿児島高等實踐女學校 …………………………… 422
鹿児島高等商業学校 ……………………………… 419
鹿児島高等商業学校 ……………………………… 422
鹿児島高等女学校 ………………………………… 422
鹿児島高等中学造士館 …………………………… 425
鹿児島高等中学校造志館 ………………………… 419
鹿児島高等農林学校 ……………………………… 419
**鹿児島国際大学** ………………………………… 419
鹿児島国際大学 …………………………………… 419
**鹿児島国際大学短期大学部** …………………… 420
鹿児島国際大学短期大学部 ……………………… 420
鹿児島市高等学校 ………………………………… 422
鹿児島市高等学校第二部 ………………………… 423
鹿児島市高等学校第三部 ………………………… 422
鹿児島実業学校 …………………………………… 422
**鹿児島実業高等学校** …………………………… 422
鹿児島実業高等学校 ……………………………… 422
鹿児島実業高等学校川内分校 …………………… 428
鹿児島実業中学館 ………………………………… 422
鹿児島実践女子高等学校 ………………………… 422
鹿児島師範学校 …………………………………… 419
鹿児島師範学校 …………………………………… 420
**鹿児島修学館高等学校** ………………………… 422
鹿児島修学館高等学校 …………………………… 422
鹿児島純心高等女学校 …………………………… 422
**鹿児島純心女子高等学校** ……………………… 422
鹿児島純心女子高等学校 ………………………… 422
鹿児島純心女子高等学校川内分校 ……………… 426
**鹿児島純心女子大学** …………………………… 419
鹿児島純心女子大学 ……………………………… 419
**鹿児島純心女子短期大学** ……………………… 420
鹿児島純心女子短期大学 ………………………… 420
鹿児島商科短期大学 ……………………………… 419
鹿児島商業高等学校 ……………………………… 422
鹿児島商工高等学校 ……………………………… 426

574　学校名変遷総覧　大学・高校編

| | | | |
|---|---|---|---|
| **鹿児島城西高等学校** | 422 | **葛西工業高等学校** | 133 |
| 鹿児島城西高等学校 | 422 | 葛西工業高等学校 | 133 |
| 鹿児島商船学校 | 419 | 笠井高等女学校 | 226 |
| **鹿児島情報高等学校** | 422 | 笠井職業女学校 | 226 |
| 鹿児島情報高等学校 | 422 | **葛西南高等学校** | 133 |
| 鹿児島女子技藝學校 | 422 | 葛西南高等学校 | 133 |
| 鹿児島女子実業補習学校 | 423 | **笠岡工業高等学校** | 328 |
| 鹿児島女子實踐商業學校 | 422 | 笠岡工業高等学校 | 328 |
| 鹿児島女子師範学校 | 419 | **笠岡高等学校** | 328 |
| 鹿児島女子手藝伝習所 | 422 | 笠岡高等学校 | 328 |
| 鹿児島女子商業学校 | 422 | 笠岡高等学校千鳥校舎 | 328 |
| 鹿児島女子大学 | 420 | **笠岡商業高等学校** | 328 |
| 鹿児島女子大学附属高等学校 | 422 | 笠岡商業高等学校 | 328 |
| **鹿児島女子短期大学** | 420 | 笠岡商工高等学校 | 328 |
| 鹿児島女子短期大学 | 420 | 笠岡女学校 | 328 |
| 鹿児島女子徒弟興業学校 | 423 | 笠岡第一高等学校 | 328 |
| **鹿児島商業高等学校** | 422 | 笠岡第二高等学校 | 328 |
| 鹿児島商業高等学校 | 422 | 笠岡町立高等女学校 | 328 |
| **鹿児島女子高等学校** | 423 | 笠岡町立実科高等女学校 | 328 |
| 鹿児島女子高等学校 | 423 | 笠岡町立商業学校 | 328 |
| 鹿児島市立工業高等学校 | 422 | 加佐郡立高等女学校 | 267 |
| 鹿児島市立高等学校第一部吉野教場 | 423 | **笠田高等学校（香川・県）** | 360 |
| 鹿児島市立高等学校第三部柴原教場 | 423 | **笠間高等学校** | 70 |
| 鹿児島市立女子興業学校 | 423 | 笠間高等学校 | 70 |
| **鹿児島水産高等学校** | 423 | 笠間農学校 | 70 |
| 鹿児島水産高等学校 | 423 | 笠利村立実業高等学校 | 421 |
| 鹿児島水産専門学校 | 419 | **香椎工業高等学校** | 378 |
| 鹿児島水産専門学校 | 420 | 香椎工業高等学校 | 378 |
| 鹿児島青年師範学校 | 419 | **香椎高等学校** | 378 |
| 鹿児島青年師範学校 | 420 | 香椎高等学校 | 378 |
| 鹿児島青年師範学校付属高等学校 | 423 | 香椎高等女学校 | 378 |
| **鹿児島第一高等学校** | 423 | 香椎中学 | 378 |
| 鹿児島第一高等学校 | 423 | 香椎中学校 | 378 |
| 鹿児島第二師範学校 | 419 | 加治木工業学校 | 423 |
| **鹿児島大学** | 419 | **加治木工業高等学校** | 423 |
| 鹿児島大学 | 420 | 加治木工業高等学校 | 423 |
| 鹿児島短期大学 | 420 | **加治木高等学校** | 423 |
| **鹿児島中央高等学校** | 423 | 加治木高等学校 | 423 |
| 鹿児島中央高等学校 | 423 | 加治木高等学校女学校分校 | 427 |
| 鹿児島中学校 | 422 | 加治木高等学校牧園分校 | 427 |
| 鹿児島中学校 | 426 | 加治木高等女学校 | 423 |
| 鹿児島中学校分校 | 425 | 加治木高等女学校 | 427 |
| 鹿児島鉄道学校 | 426 | **加治木女子高等学校** | 423 |
| 鹿児島鉄道高等学校 | 426 | 加治木女子高等学校 | 423 |
| 鹿児島照国高等学校 | 422 | 加治木中学校 | 423 |
| 鹿児島電子工業高等学校 | 422 | 加治木中学校 | 427 |
| **鹿児島西高等学校** | 423 | 加治木中学校分校 | 427 |
| 鹿児島西高等学校 | 423 | 家事裁縫研究所 | 152 |
| 鹿児島農業高等学校 | 423 | **香芝高等学校** | 309 |
| 鹿児島農林専門学校 | 419 | 香芝高等学校 | 309 |
| 鹿児島農林専門学校 | 420 | **橿原学院高等学校** | 309 |
| **鹿児島東高等学校** | 423 | 橿原学院高等学校 | 309 |
| 鹿児島東高等学校 | 423 | 橿原学院短期大学 | 308 |
| **鹿児島南高等学校** | 423 | **橿原高等学校** | 309 |
| 鹿児島南高等学校 | 423 | 橿原高等学校 | 309 |
| 鹿児島和洋裁縫女学校 | 422 | 柏原高等学校 | 286 |
| 鹿児島和洋裁縫専門学校 | 422 | **鹿島学園高等学校** | 70 |

| 校名 | 頁 | 校名 | 頁 |
|---|---|---|---|
| **鹿島学園高等学校** | 70 | **柏中央高等学校** | 107 |
| 鹿島郡立実科高等女学校 | 192 | **柏西高等学校** | 107 |
| **鹿島高等学校（茨城・県）** | 70 | 柏西高等学校 | 107 |
| 鹿島高等学校 | 70 | **柏日体高等学校** | 107 |
| **鹿島高等学校（佐賀・県）** | 389 | 柏日体高等学校 | 107 |
| 鹿島高等学校 | 389 | 柏の葉高等学校（仮称） | 107 |
| **神島高等学校** | 313 | **柏南高等学校** | 107 |
| 神島高等学校 | 313 | 柏南高等学校 | 107 |
| 鹿島高等学校嬉野分校 | 389 | 柏原女子高等学校 | 286 |
| 鹿島高等女学校 | 389 | **柏原東高等学校** | 279 |
| **鹿島実業高等学校** | 389 | 柏原東高等学校 | 279 |
| 鹿島実業高等学校 | 389 | **春日井工業高等学校** | 237 |
| **鹿島台商業高等学校** | 42 | 春日井工業高等学校 | 237 |
| 鹿島台商業高等学校 | 42 | **春日井高等学校** | 237 |
| 鹿島中学校 | 389 | 春日井高等学校 | 238 |
| **鹿島灘高等学校** | 70 | **春日井商業高等学校** | 238 |
| 鹿島灘高等学校 | 70 | 春日井商業高等学校 | 238 |
| 鹿島農学校 | 70 | 春日井市立工業学校 | 237 |
| 鹿島農業高等学校 | 70 | 春日井市立高等学校 | 237 |
| 鹿島農商学校 | 389 | **春日井西高等学校** | 238 |
| 鹿島立教公民学校 | 389 | 春日井西高等学校 | 238 |
| **霞城学園高等学校** | 54 | **春日井東高等学校** | 238 |
| 霞城学園高等学校 | 54 | 春日井東高等学校 | 238 |
| **柏井高等学校** | 107 | **春日井南高等学校** | 238 |
| 柏井高等学校 | 107 | 春日井南高等学校 | 238 |
| **柏北高等学校** | 107 | **春日丘高等学校（大阪・府）** | 279 |
| 柏北高等学校 | 107 | 春日丘高等学校 | 279 |
| 柏木町農学校 | 26 | **春日高等学校** | 378 |
| 柏木農学校 | 26 | 春日高等学校 | 378 |
| 柏木農業学校 | 26 | **春日部共栄高等学校** | 94 |
| **柏木農業高等学校** | 26 | 春日部共栄高等学校 | 94 |
| 柏木農業高等学校 | 26 | **春日部工業高等学校** | 94 |
| 柏高等学校 | 38 | 春日部工業高等学校 | 94 |
| **柏高等学校** | 107 | **春日部高等学校** | 94 |
| 柏高等学校 | 107 | 春日部高等学校 | 94 |
| 柏崎工業学校 | 176 | 粕壁高等学校 | 94 |
| **柏崎工業高等学校** | 176 | 粕壁高等女学校 | 94 |
| 柏崎工業高等学校 | 176 | **春日部女子高等学校** | 94 |
| **柏崎高等学校** | 176 | 春日部女子高等学校 | 94 |
| 柏崎高等学校 | 176 | 粕壁中学校 | 94 |
| **柏崎高等学校小国分校** | 176 | 粕壁町立実科高等女学校 | 94 |
| 柏崎高等学校小国分校 | 176 | **春日部東高等学校** | 94 |
| 柏崎高等女学校 | 177 | 春日部東高等学校 | 94 |
| 柏崎商業高等学校 | 177 | **上総高等学校** | 107 |
| **柏崎翔洋中等教育学校** | 176 | 上総高等学校 | 108 |
| 柏崎翔洋中等教育学校 | 176 | 上総農業高等学校 | 108 |
| 柏崎女子高等学校 | 177 | 鹿角工業学校 | 51 |
| 柏崎専門学校 | 175 | 鹿角工業高等学校 | 51 |
| **柏崎総合高等学校** | 176 | **霞ケ浦高等学校** | 70 |
| 柏崎総合高等学校 | 177 | 霞ケ浦高等学校 | 70 |
| 柏崎短期大学 | 175 | 霞ケ浦農業学校 | 70 |
| 柏崎中学校 | 176 | **香住丘高等学校** | 378 |
| **柏崎常盤高等学校** | 177 | 香住丘高等学校 | 378 |
| 柏崎常盤高等学校 | 177 | **霞ケ関高等学校** | 94 |
| 柏崎農学校 | 177 | 霞ケ関高等学校 | 94 |
| 柏崎農業高等学校 | 177 | **香住高等学校** | 296 |
| **柏中央高等学校** | 107 | 香住高等学校 | 296 |

| 校名 | 頁 | 校名 | 頁 |
|---|---|---|---|
| 香住水産学校 | 296 | 葛飾女子新制高等学校 | 154 |
| 香住水産高等学校 | 296 | 葛飾総合高等学校（仮称） | 133 |
| 糟屋郡立農学校 | 384 | 葛飾地区総合学科高等学校 | 133 |
| 粕屋高等学校 | 384 | 葛飾中学校 | 150 |
| 粕屋高等女学校 | 378 | **葛飾野高等学校** | 133 |
| 粕屋実業女学校 | 378 | 葛飾野高等学校 | 133 |
| 粕屋農業高等学校 | 384 | **活水高等学校** | 394 |
| 粕屋農業高等学校古賀分校 | 380 | 活水高等学校 | 394 |
| 家政学園高等学校 | 265 | 活水女学校 | 393 |
| 家政研究所 | 121 | 活水女学校 | 394 |
| 家政高等女学校 | 265 | 活水女子専門学校 | 393 |
| 家政女学会 | 366 | **活水女子大学** | 392 |
| **加世田高等学校** | 423 | 活水女子大学 | 392 |
| 加世田高等学校 | 423 | **活水女子短期大学** | 393 |
| **笠田高等学校（和歌山・県）** | 313 | 活水短期大学 | 393 |
| 笠田高等学校 | 314 | 刈田郡白石高等女学校 | 44 |
| 笠田高等学校 | 360 | 勝田郡立農林学校 | 328 |
| 加世田高等女学校 | 423 | **勝田工業高等学校** | 70 |
| 笠田高等女学校 | 313 | 勝田工業高等学校 | 70 |
| **加世田常潤高等学校** | 423 | **勝田高等学校** | 70 |
| 加世田常潤高等学校 | 424 | 勝田高等学校 | 70 |
| 加世田女子高等学校 | 427 | 刈田中学講習会 | 43 |
| 加世田村立女子技芸学校 | 423 | 刈田中学校 | 43 |
| 加世田農業高等学校 | 423 | **勝間田高等学校** | 328 |
| 華族女学校 | 133 | 勝間田高等学校 | 328 |
| 片桐高等学校 | 312 | 勝間田農林学校 | 328 |
| 片桐高等女学校 | 215 | 勝間田農林高等学校 | 328 |
| **片倉高等学校** | 133 | 勝間田農林高等学校日本原分校 | 329 |
| 片倉高等学校 | 133 | 勝本高等学校 | 393 |
| **堅田高等学校** | 256 | **勝山高等学校（福井・県）** | 193 |
| 堅田高等学校 | 256 | 勝山高等学校 | 193 |
| **交野高等学校** | 279 | **勝山高等学校（大阪・府）** | 279 |
| 交野高等学校 | 279 | 勝山高等学校 | 279 |
| 片山技芸高等学校 | 329 | **勝山高等学校（岡山・県）** | 329 |
| 片山女子高等学校 | 329 | 勝山高等学校 | 329 |
| 片山女子高等技芸学校 | 329 | 勝山高等学校蒜山分校 | 333 |
| **華頂女子高等学校** | 264 | 勝山高等女学館 | 386 |
| 華頂女子高等学校 | 264 | 勝山高等女学校 | 193 |
| 華頂高等女学校 | 264 | 勝山高等女学校 | 329 |
| 華頂実科高等女学校 | 264 | 勝山高等女学校 | 366 |
| 華頂女学院 | 264 | 勝山高等女学校 | 386 |
| **華頂短期大学** | 262 | 勝山実科高等女学校 | 329 |
| 華頂短期大学 | 262 | 勝山女学館 | 386 |
| 勝浦園芸高等学校 | 356 | 勝山女学校 | 366 |
| 勝浦高等学校 | 108 | 勝山精華高等学校 | 194 |
| **勝浦高等学校** | 356 | 勝山精華女学校 | 193 |
| 勝浦高等学校 | 356 | 勝山第一高等学校 | 329 |
| 勝浦実科学校 | 108 | 勝山第一高等学校蒜山分校 | 333 |
| 勝浦実業補習学校 | 108 | 勝山第二高等学校 | 329 |
| 勝浦水産補習学校 | 108 | **勝山南高等学校** | 193 |
| **勝浦若潮高等学校** | 108 | 勝山南高等学校 | 194 |
| 勝浦若潮高等学校 | 108 | **桂高等学校（山梨・県）** | 197 |
| 学校改正局 | 90 | 桂高等学校 | 197 |
| 学校東奥義塾 | 28 | **桂高等学校（京都・府）** | 264 |
| 葛飾高等女学校 | 154 | 桂高等学校 | 264 |
| **葛飾商業高等学校** | 133 | 家庭食養研究会 | 119 |
| 葛飾商業高等学校 | 133 | **嘉手納高等学校** | 429 |

| | | | |
|---|---:|---|---:|
| 嘉手納高等学校 | 429 | 神奈川県立農林学校 | 174 |
| **加藤学園暁秀高等学校** | 221 | **神奈川県立保健福祉大学** | 158 |
| 加藤学園暁秀高等学校 | 221 | 神奈川県立保健福祉大学 | 158 |
| **加藤学園高等学校** | 221 | **神奈川工科大学** | 158 |
| 加藤学園高等学校 | 221 | 神奈川工科大学 | 158 |
| **門川高等学校** | 414 | **神奈川工業高等学校** | 163 |
| 門川高等学校 | 414 | 神奈川工業高等学校 | 163 |
| 門川農業高等学校 | 414 | 金川高等学校 | 333 |
| 門田高等女学校 | 344 | 神奈川高等女学校 | 174 |
| 門田女学校 | 344 | 神奈川裁縫女学校 | 167 |
| 門真高等学校 | 279 | **神奈川歯科大学** | 158 |
| **門真なみはや高等学校** | 279 | 神奈川歯科大学 | 158 |
| 門真なみはや高等学校 | 279 | 神奈川師範学校 | 159 |
| **門真西高等学校** | 279 | 神奈川女子商業学校 | 173 |
| 門真西高等学校 | 279 | 神奈川青年師範学校 | 159 |
| 門真南高等学校 | 279 | **神奈川総合高等学校** | 163 |
| 香取郡立高等女学校 | 109 | 神奈川総合高等学校 | 163 |
| カトリック・キリスト教教育修士会 | 167 | **神奈川総合産業高等学校** | 163 |
| 金足農業学校 | 51 | 神奈川総合産業高等学校 | 163 |
| **金足農業高等学校** | 51 | **神奈川大学** | 158 |
| 金足農業高等学校 | 51 | 神奈川大学 | 158 |
| **金井高等学校** | 163 | **神奈川大学附属高等学校** | 163 |
| 金井高等学校 | 163 | 神奈川大学附属高等学校 | 163 |
| 鼎が浦高等学校 | 42 | 金川中学校 | 333 |
| 鼎ヶ浦高等学校 | 42 | **金木高等学校** | 26 |
| **神奈川学園高等学校** | 163 | 金木高等学校 | 26 |
| 神奈川学園高等学校 | 163 | 金木高等学校相内分校 | 26 |
| 神奈川県小田原高等女学校 | 163 | **金木高等学校市浦分校** | 26 |
| 神奈川県師範学校 | 159 | 金木高等学校市浦分校 | 26 |
| 神奈川県私立横浜高等女学校 | 172 | **金木高等学校小泊分校** | 26 |
| 神奈川県尋常師範学校 | 159 | 金木高等学校小泊分校 | 26 |
| 神奈川県尋常中学校 | 165 | **金沢医科大学** | 188 |
| 神奈川県水産講習所 | 171 | 金沢医科大学 | 188 |
| 神奈川県第一中学校 | 165 | **金沢泉丘高等学校** | 189 |
| 神奈川県第二中学校 | 163 | 金沢泉丘高等学校 | 189 |
| 神奈川県第三中学校 | 161 | **金沢学院大学** | 188 |
| 神奈川県中学校 | 165 | 金沢学院大学 | 188 |
| 神奈川県奈珂中学校 | 170 | 金沢学院大学附属金沢東高等学校 | 189 |
| 神奈川県秦野町立実家高等女学校 | 162 | **金沢学院短期大学** | 188 |
| **神奈川県立外語短期大学** | 159 | 金沢学院短期大学 | 188 |
| 神奈川県立外語短期大学 | 159 | **金沢学院東高等学校** | 189 |
| **神奈川県立外語短期大学付属高等学校** | 163 | 金沢学院東高等学校 | 189 |
| 神奈川県立外語短期大学付属高等学校 | 163 | 金沢区工業学校 | 189 |
| 神奈川県立工業学校 | 163 | 金沢経済大学 | 188 |
| 神奈川県立高等女学校 | 174 | 金沢経済大学星稜高等学校 | 191 |
| 神奈川県立実業補修学校教員養成所 | 159 | 金沢経済大学付属星稜高等学校 | 191 |
| **神奈川県立商工高等学校** | 163 | **金沢工業高等専門学校** | 189 |
| 神奈川県立商工高等学校 | 163 | 金沢工業高等専門学校 | 189 |
| 神奈川県立商工実習学校 | 163 | 金沢工業専門学校 | 188 |
| 神奈川県立水産学校 | 171 | **金沢工業大学** | 188 |
| 神奈川県立青年学校教員養成所 | 159 | 金沢工業大学 | 188 |
| 神奈川県立第一中学校 | 165 | **金沢高等学校（横浜・市）** | 163 |
| 神奈川県立第一横浜中学校 | 165 | 金沢高等学校 | 163 |
| 神奈川県立第二横浜中学校 | 173 | **金沢高等学校（石川・私）** | 189 |
| 神奈川県立第四中学校 | 172 | 金沢高等学校 | 189 |
| 神奈川県立農業学校 | 170 | 金沢高等工業学校 | 188 |
| 神奈川県立農蚕学校 | 161 | 金沢高等師範学校 | 188 |

| 校名 | 頁 | 校名 | 頁 |
|---|---|---|---|
| 金沢高等予備学校 | 191 | 金町高等学校 | 133 |
| **金沢向陽高等学校** | 189 | **金谷高等学校** | 221 |
| 金沢向陽高等学校 | 189 | 金谷高等学校 | 221 |
| **金沢桜丘高等学校** | 189 | **河南高等学校（宮城・県）** | 42 |
| 金沢桜丘高等学校 | 189 | 河南高等学校 | 42 |
| 金沢商業学校 | 189 | **河南高等学校（大阪・府）** | 279 |
| **金沢商業高等学校** | 189 | 河南高等学校 | 279 |
| 金沢商業高等学校 | 189 | 蟹江高等学校 | 237 |
| 金沢松陵工業高等学校 | 190 | 可児郡豊岡実践女学校 | 216 |
| 金沢女学校 | 192 | **可児工業高等学校** | 213 |
| 金沢女子学院 | 191 | 可児工業高等学校 | 213 |
| 金沢女子高等学校 | 190 | **可児高等学校** | 213 |
| 金沢女子専門学園 | 188 | 可児高等学校 | 213 |
| 金沢女子大学 | 188 | 可児実業学校 | 216 |
| 金沢女子大学附属金沢東高等学校 | 189 | **鹿沼高等学校** | 79 |
| 金沢女子大学附属高等学校 | 189 | 鹿沼高等学校 | 79 |
| 金沢女子短期大学 | 188 | **鹿沼商工高等学校** | 79 |
| 金沢女子短期大学高等学校 | 189 | 鹿沼商工高等学校 | 79 |
| 金沢市立工業学校 | 189 | **鹿沼農業高等学校** | 79 |
| **金沢市立工業高等学校** | 189 | 鹿沼農業高等学校 | 79 |
| 金沢市立工業高等学校 | 190 | 鹿沼農商学校 | 79 |
| 金沢市立第一工業学校 | 189 | 鹿沼農商高等学校 | 79 |
| 金沢菫台高等学校 | 189 | 鹿沼農商高等学校粟野分校 | 77 |
| 金沢菫台高等学校（定時制商業科） | 190 | **鹿沼東高等学校** | 79 |
| **金沢星稜大学** | 188 | 鹿沼東高等学校 | 79 |
| 金沢星稜大学 | 188 | **金岡高等学校** | 279 |
| **金沢総合高等学校** | 163 | 金岡高等学校 | 279 |
| 金沢総合高等学校 | 163 | **金ヶ崎高等学校** | 33 |
| 金沢第一高等学校 | 189 | 金ヶ崎高等学校 | 33 |
| 金沢第一中学校 | 189 | **金山高等学校** | 54 |
| 金沢第二高等学校 | 190 | 金山高等学校 | 54 |
| 金沢第二高等学校（定時制課程） | 190 | 鹿足郡立高等女学校 | 322 |
| 金沢第二高等学校併設中学校 | 189 | **加納高等学校** | 213 |
| 金沢第三中学校 | 189 | 加納高等学校 | 213 |
| **金沢大学** | 188 | 加納高等学校 | 214 |
| 金沢大学 | 188 | 加納高等学校 | 279 |
| **金沢辰巳丘高等学校** | 190 | 加納高等女学校 | 213 |
| 金沢辰巳丘高等学校 | 190 | **鹿野高等学校** | 349 |
| **金沢中央高等学校** | 190 | 鹿野高等学校 | 349 |
| 金沢中央高等学校 | 190 | 鹿又高等学校 | 42 |
| 金沢中学校 | 189 | 鹿又高等女学校 | 42 |
| **金沢西高等学校** | 190 | 鹿又実科高等女学校 | 42 |
| 金沢西高等学校 | 190 | 鹿屋工業学校 | 424 |
| **金沢二水高等学校** | 190 | **鹿屋工業高等学校** | 424 |
| 金沢二水高等学校 | 190 | 鹿屋工業高等学校 | 424 |
| 金沢二水高等学校（定時制） | 190 | **鹿屋高等学校** | 424 |
| 金沢二水高等学校（定時制普通科） | 190 | 鹿屋高等学校 | 424 |
| 金沢美術工芸専門学校 | 188 | 鹿屋高等女学校 | 424 |
| **金沢美術工芸大学** | 188 | 鹿屋商業高等学校 | 424 |
| 金沢美術工芸大学 | 188 | **鹿屋女子高等学校** | 424 |
| 金沢美術工芸短期大学 | 188 | 鹿屋女子高等学校 | 424 |
| **金沢伏見高等学校** | 190 | **鹿屋体育大学** | 420 |
| 金沢伏見高等学校 | 190 | 鹿屋体育大学 | 420 |
| **金沢北陵高等学校** | 190 | **鹿屋中央高等学校** | 424 |
| 金沢北陵高等学校 | 190 | 鹿屋中央高等学校 | 424 |
| **金津高等学校** | 194 | 鹿屋中学校 | 424 |
| 金津高等学校 | 194 | 鹿屋農学校 | 424 |

| 校名 | 頁 |
|---|---|
| **鹿屋農業高等学校** | 424 |
| 鹿屋農業高等学校 | 424 |
| 甲山高等学校 | 340 |
| 甲山高等女学校 | 340 |
| カブリー英和学校 | 397 |
| **可部高等学校** | 337 |
| 可部高等学校 | 337 |
| 可部高等女学校 | 337 |
| 可部実科高等女学校 | 337 |
| 可部女子専門学校 | 335 |
| 可部女子短期大学 | 335 |
| 可部町立実科高等女学校 | 337 |
| 河北高等女学校 | 285 |
| 河北農蚕学校 | 191 |
| 嘉穂郡立技芸女学校 | 378 |
| 嘉穂工業高等学校 | 378 |
| **嘉穂高等学校** | 378 |
| 嘉穂高等学校 | 378 |
| 嘉穂高等女学校 | 378 |
| 嘉穂女子高等学校 | 378 |
| **嘉穂総合高等学校** | 378 |
| 嘉穂総合高等学校 | 378 |
| 嘉穂中央高等学校 | 378 |
| 嘉穂中学校 | 378 |
| **嘉穂東高等学校** | 378 |
| 嘉穂東高等学校 | 378 |
| **釜石北高等学校** | 33 |
| 釜石北高等学校 | 33 |
| **釜石工業高等学校** | 33 |
| 釜石工業高等学校 | 33 |
| 釜石高等学校 | 33 |
| 釜石高等学校 | 34 |
| 釜石高等女学校 | 34 |
| 釜石市女子商業高等学校 | 33 |
| 釜石商業学校 | 33 |
| **釜石商業高等学校** | 33 |
| 釜石商業高等学校 | 33 |
| 釜石女子職業補習学校 | 34 |
| 釜石第一高等学校 | 34 |
| 釜石第二高等学校 | 34 |
| 釜石中学校 | 34 |
| 釜石町立実科高等女学校 | 34 |
| 釜石町立商業学校 | 33 |
| **釜石南高等学校** | 34 |
| 釜石南高等学校 | 34 |
| **鎌ケ谷高等学校** | 108 |
| 鎌ケ谷高等学校 | 108 |
| **鎌ケ谷西高等学校** | 108 |
| 鎌ケ谷西高等学校 | 108 |
| **鎌倉学園高等学校** | 163 |
| 鎌倉学園高等学校 | 163 |
| 鎌倉郡戸塚町立実科高等女学校 | 169 |
| **鎌倉高等学校** | 163 |
| 鎌倉高等学校 | 163 |
| 鎌倉高等学校 | 164 |
| 鎌倉実科高等女学校 | 164 |
| **鎌倉女学院高等学校** | 164 |
| 鎌倉女学院高等学校 | 164 |
| 鎌倉女学校 | 164 |
| **鎌倉女子大学** | 158 |
| 鎌倉女子大学 | 158 |
| **鎌倉女子大学高等部** | 164 |
| 鎌倉女子大学高等部 | 164 |
| **鎌倉女子大学短期大学部** | 159 |
| 鎌倉女子大学短期大学部 | 160 |
| 鎌倉市立高等女学校 | 164 |
| 鎌倉中学校 | 163 |
| **蒲郡高等学校** | 238 |
| 蒲郡高等学校 | 238 |
| 蒲郡町立裁縫女学校 | 238 |
| 蒲郡農業高等学校 | 238 |
| **蒲郡東高等学校** | 238 |
| 蒲郡東高等学校 | 238 |
| 蒲田工業学校 | 144 |
| 蒲田工業学校 | 150 |
| 蒲田工業学校 | 151 |
| **蒲田高等学校** | 133 |
| 蒲田高等学校 | 133 |
| **蒲田女子高等学校** | 133 |
| 蒲田女子高等学校 | 133 |
| **釜利谷高等学校** | 164 |
| 釜利谷高等学校 | 164 |
| **上磯高等学校** | 9 |
| 上磯高等学校 | 9 |
| **上市高等学校** | 184 |
| 上市高等学校 | 184 |
| 上市実科高等女学校 | 184 |
| 上市農林学校 | 184 |
| 上伊那簡易農学校 | 204 |
| 上伊那郡伊北農商学校 | 206 |
| 上伊那甲種農学校 | 204 |
| 上伊那農業学校 | 204 |
| **上伊那農業高等学校** | 204 |
| 上伊那農業高等学校 | 204 |
| **上浮穴高等学校** | 365 |
| 上浮穴高等学校 | 365 |
| 上浮穴農林学校 | 365 |
| 神岡工業高等学校 | 217 |
| 神岡鉱業高等学校 | 217 |
| 神岡高等鉱山学校 | 217 |
| **上川高等学校** | 9 |
| 上川高等学校 | 9 |
| 上川高等女学校 | 5 |
| 上川中学校 | 5 |
| 上組農学校 | 180 |
| 上組農業高等学校 | 180 |
| 香美郡城山高等小学校 | 371 |
| 香美郡第一高等小学校 | 371 |
| **上郷高等学校（茨城・県）** | 70 |
| 上郷高等学校 | 70 |
| **上郷高等学校（神奈川・県）** | 164 |
| 上郷高等学校 | 164 |
| 上郷村立農工技術学校 | 202 |
| 上郷農業高等学校 | 70 |

| 校名 | 頁 |
|---|---|
| 上郷農工技術学校 | 202 |
| 上郷農蚕学校 | 70 |
| 上郷農蚕高等学校 | 70 |
| **上郡高等学校** | 296 |
| 上郡高等学校 | 296 |
| 上郡農業学校 | 296 |
| **上五島高等学校** | 394 |
| 上五島高等学校 | 394 |
| 上五島高等学校奈良尾分校 | 397 |
| 上五島高等学校若松分校 | 397 |
| 加美蚕業学校 | 42 |
| **上士幌高等学校** | 9 |
| 上士幌高等学校 | 9 |
| 上斜里高等学校 | 10 |
| **神栖高等学校** | 70 |
| 神栖高等学校 | 70 |
| 上高井郡蚕業学校 | 206 |
| 上高井郡農学校 | 206 |
| 上高井中学校 | 206 |
| 上高井農学校 | 206 |
| 上都賀郡立農林学校 | 79 |
| **上対馬高等学校** | 394 |
| 上対馬高等学校 | 395 |
| **上鶴間高等学校** | 164 |
| 上鶴間高等学校 | 164 |
| **加美農業高等学校** | 42 |
| 加美農業高等学校 | 42 |
| 加美農業高等学校 | 46 |
| 加美農蚕学校 | 42 |
| **上三川高等学校** | 79 |
| 上三川高等学校 | 79 |
| **上ノ国高等学校** | 9 |
| 上ノ国高等学校 | 9 |
| **上山明新館高等学校** | 54 |
| 上山明新館高等学校 | 54 |
| **上富良野高等学校** | 9 |
| 上富良野高等学校 | 9 |
| 上益城郡立実科高等女学校 | 403 |
| **上溝高等学校** | 164 |
| 上溝高等学校 | 164 |
| 上溝高等女学校 | 164 |
| 上溝女子高等学校 | 164 |
| **上溝南高等学校** | 164 |
| 上溝南高等学校 | 164 |
| 上水内郡西部農学校 | 207 |
| 上水内郡北部高等学校 | 207 |
| 上水内郡北部農学校 | 207 |
| 上水内郡北部農業高等学校 | 207 |
| 上水内農学校 | 208 |
| **神村学園高等部** | 424 |
| 神村学園高等部 | 424 |
| **上矢部高等学校** | 164 |
| 上矢部高等学校 | 164 |
| 亀戸実業専修学校 | 136 |
| 亀戸実業専修女学校 | 136 |
| 亀戸実業補習学校 | 136 |
| **亀岡高等学校** | 264 |
| 亀岡高等学校 | 264 |
| 亀岡高等女学校 | 264 |
| 亀岡農学校 | 264 |
| 亀岡農業高等学校 | 264 |
| 亀津町立高等女子学校 | 427 |
| 亀津町立実業高等学校 | 427 |
| 亀津町立青年学校 | 427 |
| **亀山高等学校** | 251 |
| 亀山高等学校 | 251 |
| **蒲生高等学校** | 424 |
| 蒲生高等学校 | 424 |
| 蒲生女子実業補修学校 | 424 |
| 蒲生女子職業学校 | 424 |
| **加茂丘高等学校** | 238 |
| 加茂丘高等学校 | 238 |
| **鴨方高等学校** | 329 |
| 鴨方高等学校 | 329 |
| 鴨川第一高等学校 | 112 |
| **賀茂北高等学校** | 337 |
| 賀茂北高等学校 | 337 |
| **加茂暁星高等学校** | 177 |
| 加茂暁星高等学校 | 177 |
| 加茂暁星短期大学 | 175 |
| 加茂郡立農林学校 | 214 |
| **加茂高等学校（新潟・県）** | 177 |
| 加茂高等学校 | 177 |
| **加茂高等学校（岐阜・県）** | 213 |
| 加茂高等学校 | 214 |
| 加茂高等学校 | 243 |
| **賀茂高等学校** | 337 |
| 賀茂高等学校 | 337 |
| 加茂高等学校足助分校 | 235 |
| 加茂高等学校猿投分校 | 239 |
| 加茂高等学校松平分校 | 246 |
| 加茂高等女学校 | 177 |
| 賀茂高等女学校 | 224 |
| 賀茂高等女学校 | 337 |
| 加茂実科高等女学校 | 177 |
| 加茂女子高等学校 | 177 |
| **加茂水産高等学校** | 54 |
| 加茂水産高等学校 | 54 |
| 加茂朝学校 | 177 |
| **鹿本高等学校** | 401 |
| 鹿本高等学校 | 402 |
| 鹿本高等学校工業科 | 402 |
| 鹿本実業高等学校 | 402 |
| **鹿本商工高等学校** | 402 |
| 鹿本商工高等学校 | 402 |
| 鹿本中学校 | 402 |
| 鹿本農業学校 | 402 |
| **鹿本農業高等学校** | 402 |
| 鹿本農業高等学校 | 402 |
| 鹿本農工学校 | 402 |
| 加茂農林学校 | 177 |
| **加茂農林高等学校（新潟・県）** | 177 |
| 加茂農林高等学校 | 177 |
| **加茂農林高等学校（岐阜・県）** | 214 |

| | | | |
|---|---:|---|---:|
| 加茂農林高等学校 | 214 | 刈谷工業高等学校 | 238 |
| **鴨島商業高等学校** | 356 | 刈谷工業高等学校 | 238 |
| 鴨島商業高等学校 | 356 | **刈谷高等学校** | 238 |
| **加悦谷高等学校** | 264 | 刈谷高等学校 | 238 |
| 加悦谷高等学校 | 264 | 刈谷高等学校北校舎 | 238 |
| 岡山県高梁日新高等学校 | 327 | 刈谷高等女学校 | 238 |
| 鹿山中学校（鹿山精舎） | 109 | 刈谷商業家庭科高等学校 | 238 |
| 粥見高等学校 | 249 | 刈谷商業家庭高等学校高浜分校 | 241 |
| 華陽学校 | 214 | **刈谷東高等学校** | 238 |
| 華陽高等学校 | 214 | 刈谷東高等学校 | 238 |
| **華陽フロンティア高等学校** | 214 | 刈谷南高等学校 | 238 |
| 華陽フロンティア高等学校 | 214 | **華陵高等学校** | 349 |
| 烏山学館 | 79 | 華陵高等学校 | 349 |
| **烏山高等学校** | 79 | 刈羽郡立農業学校 | 177 |
| 烏山高等学校 | 79 | **軽井沢高等学校** | 204 |
| 烏山高等女学校 | 79 | 軽井沢高等学校 | 204 |
| 烏山実践女学校 | 79 | 軽井沢高等女学校 | 204 |
| **烏山女子高等学校** | 79 | 軽井沢高等女子学校 | 204 |
| 烏山女子高等学校 | 79 | **軽米高等学校** | 34 |
| 烏山中学校 | 79 | 軽米高等学校 | 34 |
| 烏山町立実業女学校 | 79 | カロライン・ライト・メモリアル・スクール | 6 |
| 唐津北高等学校 | 389 | 川合女子実業補習学校 | 6 |
| 唐津工業学校 | 389 | **川内高等学校（青森・県）** | 26 |
| **唐津工業高等学校** | 389 | 川内高等学校 | 26 |
| 唐津工業高等学校 | 389 | 川内高等学校 | 64 |
| 唐津高等学校 | 389 | **河浦高等学校** | 402 |
| 唐津高等学校 | 390 | 河浦高等学校 | 402 |
| 唐津高等学校厳木分校 | 390 | 川上農業高等学校 | 331 |
| 唐津高等女学校 | 389 | **川口北高等学校** | 94 |
| 唐津実業高等学校 | 389 | 川口北高等学校 | 94 |
| 唐津実業高等学校 | 390 | **川口工業高等学校** | 95 |
| 唐津実業高等学校（定時制） | 390 | 川口工業高等学校 | 95 |
| 唐津商業学校 | 389 | **川口高等学校（福島・県）** | 61 |
| **唐津商業高等学校** | 389 | 川口高等学校 | 61 |
| 唐津商業高等学校 | 389 | **川口高等学校（埼玉・県）** | 95 |
| 唐津商業補習学校 | 389 | **川口高等学校（川口・市）** | 95 |
| 唐津商工学校 | 389 | 川口高等学校 | 95 |
| 唐津女学校 | 389 | 川口女子高等学校 | 95 |
| **唐津青翔高等学校** | 389 | **川口青陵高等学校** | 95 |
| 唐津青翔高等学校 | 389 | 川口青陵高等学校 | 95 |
| 唐津第一高等学校 | 390 | **川口総合高等学校** | 95 |
| 唐津中学校 | 390 | 川口総合高等学校 | 95 |
| 唐津町立商業補習学校 | 389 | **川口短期大学** | 91 |
| **唐津西高等学校** | 389 | 川口短期大学 | 91 |
| 唐津西高等学校 | 389 | 川口中学校 | 95 |
| 唐津西高等学校厳木分校 | 390 | **川口東高等学校** | 95 |
| 唐津農業高等学校 | 390 | 川口東高等学校 | 95 |
| **唐津東高等学校** | 389 | 河芸郡立高等女学校 | 251 |
| 唐津東高等学校 | 390 | 河芸高等女学校 | 251 |
| **唐津南高等学校** | 390 | 川越工業学校 | 95 |
| 唐津南高等学校 | 390 | **川越工業高等学校** | 95 |
| **カリタス女子高等学校** | 164 | 川越工業高等学校 | 95 |
| カリタス女子高等学校 | 164 | **川越高等学校（埼玉・県）** | 95 |
| **カリタス女子短期大学** | 160 | **川越高等学校（川越・市）** | 95 |
| カリタス女子短期大学 | 160 | 川越高等学校 | 95 |
| **刈谷北高等学校** | 238 | **川越高等学校（三重・県）** | 251 |
| 刈谷北高等学校 | 238 | 川越高等学校 | 251 |

| 校名 | 頁 | 校名 | 頁 |
|---|---|---|---|
| 川越高等女学校 | 95 | 川棚農学校 | 395 |
| 川越蚕業学校 | 95 | **かわち野高等学校** | 279 |
| **川越女子高等学校** | 95 | かわち野高等学校 | 279 |
| 川越女子高等学校 | 95 | **川西高等学校（新潟・県）** | 177 |
| 川越染織学校 | 95 | 川西高等学校 | 177 |
| **川越総合高等学校** | 95 | 川西高等学校 | 210 |
| 川越総合高等学校 | 95 | **川西高等学校（兵庫・県）** | 296 |
| 川越中学校 | 95 | 川西高等学校 | 296 |
| **川越西高等学校** | 95 | **川西高等学校宝塚良元校** | 296 |
| 川越西高等学校 | 95 | 川西高等学校宝塚良元校 | 296 |
| 川越農業高等学校 | 95 | 川西農業高等学校 | 9 |
| **川越初雁高等学校** | 95 | 川西農業高等学校上士幌分校 | 9 |
| 川越初雁高等学校 | 95 | 川西農業高等学校士幌分校 | 14 |
| **川越東高等学校** | 95 | **川西北陵高等学校** | 296 |
| 川越東高等学校 | 95 | 川西北陵高等学校 | 297 |
| **川越南高等学校** | 95 | **川西緑台高等学校** | 297 |
| 川越南高等学校 | 95 | 川西緑台高等学校 | 297 |
| **川崎医科大学** | 325 | **川西明峰高等学校** | 297 |
| 川崎医科大学 | 325 | 川西明峰高等学校 | 297 |
| **川崎医科大学附属高等学校** | 329 | 河沼郡立農業学校 | 59 |
| 川崎医科大学附属高等学校 | 329 | **川根高等学校** | 221 |
| **川崎医療短期大学** | 326 | 川根高等学校 | 221 |
| 川崎医療短期大学 | 326 | **川之石高等学校** | 365 |
| **川崎医療福祉大学** | 325 | 川之石高等学校 | 365 |
| 川崎医療福祉大学 | 325 | 川之石高等実科女学校 | 365 |
| **川崎北高等学校** | 164 | 川之石高等女学校 | 365 |
| 川崎北高等学校 | 164 | 川之石女子実践学校 | 365 |
| 川崎工業学校 | 164 | **川之江高等学校** | 365 |
| **川崎工業高等学校** | 164 | 川之江高等学校 | 365 |
| 川崎工業高等学校 | 164 | 川之江高等女学校 | 365 |
| **川崎高等学校（神奈川・県）** | 164 | 川辺郡立高等女学校 | 295 |
| **川崎高等学校（川崎・市）** | 164 | 川辺郡立実科高等女学校 | 423 |
| 川崎高等学校 | 164 | **川辺高等学校** | 424 |
| 川崎高等女学校 | 164 | 川辺高等学校 | 424 |
| 川崎実科高等女学校 | 164 | 川辺高等女学校 | 424 |
| 川崎商船学校 | 291 | 川辺中学校 | 424 |
| 川崎市立工業高等学校 | 164 | 川俣工業学校 | 61 |
| 川崎市立実務女学校 | 164 | **川俣高等学校** | 61 |
| **川崎市立商業高等学校** | 164 | 川俣高等学校 | 61 |
| 川崎市立商業高等学校 | 164 | 川俣高等女学校 | 61 |
| 川崎市立女子商業学校 | 164 | 川俣染織学校 | 61 |
| **川崎総合科学高等学校** | 164 | 川俣町立染織補修学校 | 61 |
| 川崎総合科学高等学校 | 164 | 川南高等造船学校 | 392 |
| 川崎中学校 | 164 | 川南造船専門学校 | 392 |
| 川崎町立実科高等女学校 | 164 | **川村学園女子大学** | 103 |
| 川崎町立女子技芸補習学校 | 164 | 川村学園女子大学 | 103 |
| 川崎南高等学校 | 164 | **川村高等学校** | 133 |
| 川島学園高等学校 | 385 | 川村高等学校 | 133 |
| 川島学園室見丘女子高等学校 | 385 | 川村女学院 | 133 |
| **川島高等学校** | 356 | 川村女学院高等女学科 | 133 |
| 川島高等学校 | 356 | 川村女学院高等女学校 | 133 |
| 川島高等学校阿波分教室 | 355 | **川村短期大学** | 126 |
| 川島裁縫女学校 | 385 | 川村短期大学 | 126 |
| **河瀬高等学校** | 256 | 川本家政高等学校 | 321 |
| 河瀬高等学校 | 256 | **川本高等学校（埼玉・県）** | 95 |
| **川棚高等学校** | 395 | 川本高等学校 | 95 |
| 川棚高等学校 | 395 | **川本高等学校（島根・県）** | 321 |

| | | | |
|---|---:|---|---:|
| 川本高等学校 | 321 | 関西創価高等学校 | 279 |
| 川本高等学校赤来分校 | 320 | 関西大学 | 271 |
| 川本高等学校赤名分校 | 320 | 関西大学 | 272 |
| 川本高等学校粕淵分校 | 321 | 関西大学第一高等学校 | 279 |
| 川本女学館 | 321 | 関西大学第一高等学校 | 279 |
| 川本農林高等学校 | 321 | 関西大学第二商業学校 | 279 |
| 川本農林高等学校赤名分校 | 320 | 関西大学付属第一高等学校 | 279 |
| 川本農林高等学校粕淵分校 | 321 | 関西中央高等学校 | 309 |
| 香春思永館 | 383 | 関西中央高等学校 | 309 |
| 河原田高等学校 | 254 | 関西中学校天城分校 | 329 |
| 河原田高等女学校 | 177 | 関西鉄鋼短期大学 | 292 |
| 河原田女子高等学校 | 177 | 関西福祉科学大学 | 272 |
| 河原田農学校 | 254 | 関西福祉科学大学 | 272 |
| 香春中学校 | 383 | 関西福祉科学大学高等学校 | 279 |
| 川和高等学校 | 164 | 関西福祉科学大学高等学校 | 279 |
| 川和高等学校 | 164 | 関西福祉大学 | 290 |
| 観音寺商業学校 | 360 | 関西福祉大学 | 290 |
| 観音寺商業高等学校 | 360 | 関西法律学校 | 272 |
| 観音寺第一高等学校 | 360 | 神崎工業高等学校 | 297 |
| 観音寺第一高等学校 | 360 | 神崎工業高等学校 | 297 |
| 観音寺中央高等学校 | 360 | 神崎高等学校 | 259 |
| 観音寺中央高等学校 | 360 | 神崎高等学校 | 297 |
| 勧学院 | 267 | 神崎高等学校 | 297 |
| 勧学講院 | 137 | 神埼高等学校 | 390 |
| 勧学堂 | 252 | 神埼高等学校 | 390 |
| 嫺雅女学校 | 349 | 神埼高等女学校 | 390 |
| 関西医科大学 | 271 | 神崎実業学校 | 259 |
| 関西医科大学 | 271 | 神崎商業学校 | 259 |
| 関西大倉高等学校 | 279 | 神埼清明高等学校 | 390 |
| 関西大倉高等学校 | 279 | 神埼清明高等学校 | 390 |
| 関西外国語学校 | 274 | 神崎農学校 | 259 |
| 関西外国語大学 | 271 | 神埼農学校 | 390 |
| 関西外国語大学 | 271 | 神埼農業高等学校 | 390 |
| 関西外国語大学短期大学部 | 274 | 関西学院 | 290 |
| 関西外国語大学短期大学部 | 274 | 関西学院高等部 | 297 |
| 関西外国語短期大学 | 274 | 関西学院高等部 | 297 |
| 関西経済学院高等学校 | 276 | 関西学院大学 | 290 |
| 関西経済学院商業高等学校 | 276 | 関西学院大学 | 290 |
| 関西工学専修学校 | 270 | 寛政高等学校 | 169 |
| 関西工業学校 | 276 | 関西高等学校 | 329 |
| 関西工業専門学校 | 279 | 関西高等学校 | 329 |
| 関西甲種商業学校 | 279 | 覲生高等女学校 | 329 |
| 関西高等工業学校 | 270 | 覲生実科高等女学校 | 329 |
| 関西国際大学 | 290 | 覲生女学校 | 329 |
| 関西国際大学 | 290 | 神田外語大学 | 103 |
| 関西実業高等学校 | 279 | 神田外語大学 | 103 |
| 関西商工学校 | 279 | 苅田工業高等学校 | 378 |
| 関西女学院短期大学 | 290 | 苅田工業高等学校 | 378 |
| 関西女子短期大学 | 274 | 神田高等家政女学校 | 151 |
| 関西女子短期大学 | 274 | 苅田高等学校 | 378 |
| 関西女子短期大学附属高等学校 | 279 | 神田高等学校 | 144 |
| 関西鍼灸大学 | 271 | 神田高等学校 | 151 |
| 関西鍼灸大学 | 271 | 神田高等学校 | 164 |
| 関西鍼灸短期大学 | 274 | 神田高等学校 | 164 |
| 関西鍼灸短期大学 | 274 | 神田高等女学校 | 133 |
| 関西尋常中学校 | 329 | 神田商業学校 | 148 |
| 関西創価高等学校 | 279 | 神田女学園高等学校 | 133 |

| | |
|---|---|
| 神田女学園高等学校 | 134 |
| 神田女子高等学校 | 133 |
| 苅田中学校 | 378 |
| 神田薬学校 | 125 |
| **関東学院高等学校** | **164** |
| 関東学院高等学校 | 164 |
| **関東学院大学** | **158** |
| 関東学院大学 | 158 |
| **関東学院六浦高等学校** | **171** |
| 関東学院六浦高等学校 | 171 |
| 関東学園女子高等学校 | 134 |
| **関東学園大学** | **83** |
| 関東学園大学 | 83 |
| **関東学園大学附属高等学校** | **85** |
| 関東学園大学附属高等学校 | 85 |
| 関東高等学校 | 140 |
| 関東高等女学校 | 84 |
| 関東高等女学校 | 134 |
| **関東国際高等学校** | **134** |
| 関東国際高等学校 | 134 |
| 関東商業学校 | 134 |
| 関東商工高等学校 | 134 |
| 関東女学園高等部 | 134 |
| 関東女学園中等部 | 134 |
| 関東女子高等学校 | 134 |
| 関東女子専門学校 | 84 |
| 関東総合高等学校 | 134 |
| **関東第一高等学校** | **134** |
| 関東第一高等学校 | 134 |
| 関東第一商工学校 | 134 |
| **関東短期大学** | **84** |
| 関東短期大学 | 84 |
| 関東短期大学附属高等学校 | 85 |
| 関東中学校 | 111 |
| 関東中学校 | 140 |
| **神辺旭高等学校** | **337** |
| 神辺旭高等学校 | 337 |
| 神辺工業高等学校 | 337 |
| 神辺工業高等学校自彊分校 | 339 |
| **神辺高等学校** | **337** |
| 神辺高等学校 | 337 |
| 神辺高等学校広瀬分校 | 339 |
| 神辺農学校 | 337 |
| 上林高等女学校 | 403 |
| 上林女子商業学校 | 403 |
| **神戸高等学校（三重・県）** | **251** |
| 神戸高等学校 | 251 |
| 神戸中学校 | 251 |
| 岩陽高等学校 | 348 |
| 甘楽農業高等学校 | 87 |
| **函嶺白百合学園高等学校** | **164** |
| 函嶺白百合学園高等学校 | 165 |
| 貫練教校 | 252 |
| 貫練教校 | 260 |
| 貫練場 | 252 |
| 貫練場 | 260 |
| 甘露育児院 | 328 |

## 【 き 】

| | |
|---|---|
| 紀央館高等学校 | 314 |
| 紀央館高等学校 | 314 |
| **畿央大学** | **307** |
| 畿央大学 | 307 |
| **畿央大学短期大学部** | **308** |
| 畿央大学短期大学部 | 308 |
| **祇園北高等学校** | **337** |
| 祇園北高等学校 | 337 |
| 祇園寺学園祇園寺高等学校 | 42 |
| 祇園寺学園短期大学 | 40 |
| 祇園寺技芸専門学校 | 40 |
| 祇園寺裁縫学校 | 40 |
| **喜界高等学校** | **424** |
| 喜界高等学校 | 424 |
| **気賀高等学校** | **221** |
| 気賀高等学校 | 221 |
| 気賀高等女学校 | 220 |
| 気賀実科高等女学校 | 221 |
| 気賀町立女子技芸学校 | 221 |
| 桔梗ヶ原高等学校 | 205 |
| **菊里高等学校** | **238** |
| 菊里高等学校 | 238 |
| **菊池高等学校** | **402** |
| 菊池高等学校 | 402 |
| 菊池高等女学校 | 402 |
| 菊池蚕業学校 | 402 |
| 菊池実科高等女学校 | 402 |
| 菊池女学校 | 402 |
| **菊池女子高等学校** | **402** |
| 菊池女子高等学校 | 402 |
| 菊池西部高等学校 | 402 |
| 菊池西部実業学校 | 402 |
| 菊池西部実習補習学校 | 402 |
| 菊池綜合高等学校 | 402 |
| 菊池東部実業学校 | 404 |
| 菊池東部農業学校 | 404 |
| 菊池西農業高等学校 | 402 |
| 菊池農業学校 | 402 |
| **菊池農業高等学校** | **402** |
| 菊池農業高等学校 | 402 |
| 菊池農蚕学校 | 402 |
| 菊池農蚕高等学校 | 402 |
| 菊池北部農業学校 | 402 |
| 企救農学校 | 380 |
| **木古内高等学校** | **9** |
| 木古内高等学校 | 9 |
| 木古内高等学校知内分校 | 14 |
| **騎西高等学校** | **95** |
| 騎西高等学校 | 95 |
| **木更津工業高等専門学校** | **105** |
| 木更津工業高等専門学校 | 105 |
| 木更津紅綾高等学校 | 111 |

きさらすこ 校名索引

| 校名 | ページ |
|---|---|
| **木更津高等学校** | 108 |
| 木更津高等学校 | 108 |
| 木更津高等女学校 | 108 |
| 木更津女子高等学校 | 108 |
| **木更津総合高等学校** | 108 |
| 木更津総合高等学校 | 108 |
| 木更津第一高等学校 | 108 |
| 木更津中央高等学校 | 108 |
| 木更津中学校 | 108 |
| **木更津東高等学校** | 108 |
| 木更津東高等学校 | 108 |
| 機山工業高等学校 | 197 |
| **岐山高等学校** | 214 |
| 岐山高等学校 | 214 |
| **貴志川高等学校** | 314 |
| 貴志川高等学校 | 314 |
| **岸根高等学校** | 165 |
| 岸根高等学校 | 165 |
| **杵島商業高等学校** | 390 |
| 杵島商業高等学校 | 390 |
| **岸和田高等学校** | 279 |
| 岸和田高等学校 | 279 |
| 岸和田高等女学校 | 275 |
| 岸和田市実業補習学校 | 280 |
| **岸和田市立産業高等学校** | 279 |
| 岸和田市立産業高等学校 | 280 |
| 岸和田市立商業学校 | 280 |
| 岸和田市立商業専修学校 | 280 |
| 岸和田中学校 | 279 |
| **木造高等学校** | 26 |
| 木造高等学校 | 26 |
| **木造高等学校稲垣分校** | 26 |
| 木造高等学校稲垣分校 | 26 |
| **木造高等学校車力分校** | 27 |
| 木造高等学校車力分校 | 27 |
| 木造中学校 | 26 |
| **木津高等学校** | 264 |
| 木津高等学校 | 264 |
| 木津農学校 | 264 |
| 木津農業高等学校 | 264 |
| **木曽川高等学校** | 238 |
| 木曽川高等学校 | 238 |
| **木曽高等学校** | 204 |
| 木曽高等学校 | 204 |
| 木曽高等学校 | 205 |
| 木曽高等女学校 | 204 |
| 木曽山林学校 | 205 |
| 木曽山林高等学校 | 204 |
| **木曽山林高等学校** | 205 |
| 木曽山林高等学校 | 205 |
| 木曽中学校 | 204 |
| 木曽西高等学校 | 204 |
| 木曽東高等学校 | 204 |
| 木曽福島実科高等女学校 | 204 |
| 北秋田郡立農林学校 | 51 |
| 北安曇郡大町高等学校 | 204 |
| 北安曇農学校 | 203 |
| 北安曇農業高等学校 | 203 |
| **北茨城高等学校** | 70 |
| 北茨城高等学校 | 70 |
| **北宇和高等学校** | 365 |
| 北宇和高等学校 | 365 |
| **北宇和高等学校日吉分校** | 365 |
| 北宇和高等学校日吉分校 | 365 |
| 北宇和農業学校 | 365 |
| **北大津高等学校** | 256 |
| 北大津高等学校 | 256 |
| **喜多方工業高等学校** | 61 |
| 喜多方工業高等学校 | 61 |
| **喜多方高等学校** | 61 |
| 喜多方高等学校 | 61 |
| 喜多方高等女学校 | 62 |
| **喜多方商業高等学校** | 61 |
| 喜多方商業高等学校 | 61 |
| 喜多方商業補修学校 | 61 |
| 喜多方商工高等学校 | 61 |
| 喜多方女子高等学校 | 62 |
| 喜多方中学校 | 61 |
| **喜多方東高等学校** | 62 |
| 喜多方東高等学校 | 62 |
| 北鎌倉高等学校 | 165 |
| 北鎌倉高等女学校 | 165 |
| **北鎌倉女子学園高等学校** | 165 |
| 北鎌倉女子学園高等学校 | 165 |
| 北上商業高等学校 | 35 |
| **北上翔南高等学校** | 34 |
| 北上翔南高等学校 | 34 |
| **北上農業高等学校** | 34 |
| 北上農業高等学校 | 34 |
| **北川辺高等学校** | 95 |
| 北川辺高等学校 | 95 |
| 北蒲原郡水原農学校 | 176 |
| 北蒲原尋常中学校 | 178 |
| 北甘楽郡女子実業講習所 | 88 |
| 北甘楽郡立高等女学校 | 88 |
| 北甘楽郡立実科高等女学校 | 88 |
| 北九州外国語大学 | 373 |
| 北九州外国語大学短期大学部 | 373 |
| **北九州工業高等専門学校** | 376 |
| 北九州工業高等専門学校 | 376 |
| **北九州高等学校** | 378 |
| 北九州高等学校 | 378 |
| 北九州市立高等学校 | 383 |
| **北九州市立大学** | 373 |
| 北九州市立大学 | 373 |
| 北九州大学 | 373 |
| 北区実科女学校 | 281 |
| **北桑田高等学校** | 264 |
| 北桑田高等学校 | 264 |
| **北桑田高等学校美山分校** | 264 |
| 北桑田高等学校美山分校 | 264 |
| 北桑田農林学校 | 264 |
| 北郡女学校 | 55 |
| 木田高等学校 | 362 |

| 校名 | 頁 | 校名 | 頁 |
|---|---|---|---|
| 木田高等女学校 | 362 | 北見工業短期大学 | 1 |
| 北巨摩郡立農学校 | 199 | 北見高等学校 | 9 |
| 北埼玉郡実科高等女学校 | 98 | 北見高等学校訓子府分校 | 11 |
| **北嵯峨高等学校** | 264 | 北見高等学校留辺蘂分校 | 23 |
| 北嵯峨高等学校 | 264 | **北見商業高等学校** | 9 |
| 北佐久郡小諸商工学校 | 205 | 北見商業高等学校 | 9 |
| 北佐久郡商工学校 | 205 | 北見女子高等学校 | 9 |
| 北佐久農学校 | 205 | **北見仁頃高等学校** | 9 |
| **北佐久農業高等学校** | 205 | 北見仁頃高等学校 | 9 |
| 北佐久農業高等学校 | 205 | **北見柏陽高等学校** | 9 |
| **北里大学** | 118 | 北見柏陽高等学校 | 9 |
| 北里大学 | 118 | **北見藤女子高等学校** | 9 |
| 木田実科高等女学校 | 362 | 北見藤女子高等学校 | 9 |
| キダー塾 | 170 | **北見北斗高等学校** | 9 |
| **北須磨高等学校** | 297 | 北見北斗高等学校 | 9 |
| 北須磨高等学校 | 297 | 北見北斗高等学校置戸分校 | 8 |
| **北千里高等学校** | 280 | 北見北斗高等学校仁頃分校 | 9 |
| 北千里高等学校 | 280 | **北見緑陵高等学校** | 9 |
| **北園高等学校** | 134 | 北見緑陵高等学校 | 10 |
| 北園高等学校 | 134 | 北村山郡立農学校 | 56 |
| 北空知中学校 | 20 | **北村山高等学校** | 54 |
| **北多摩高等学校** | 134 | 北村山高等学校 | 54 |
| 北多摩高等学校 | 134 | **北本高等学校** | 95 |
| 北津軽郡立農学校 | 27 | 北本高等学校 | 95 |
| 北豊島女学校 | 134 | 北諸県郡立農学校 | 417 |
| 北豊島郡立商工学校 | 134 | 北大和高等学校 | 311 |
| 北豊島工業学校 | 134 | 北山村郡立実科高等女学校 | 55 |
| **北豊島工業高等学校** | 134 | **北淀高等学校** | 280 |
| 北豊島工業高等学校 | 134 | 北淀高等学校 | 280 |
| **北豊島高等学校** | 134 | 吉祥寺会下学寮 | 118 |
| 北豊島高等学校 | 134 | 菊華高等学校 | 141 |
| 北豊島高等女学校 | 134 | **菊華高等学校** | 238 |
| **北中城高等学校** | 429 | 菊華高等学校 | 238 |
| 北中城高等学校 | 429 | **杵築高等学校** | 409 |
| 北日本学院大学 | 1 | 杵築高等学校 | 410 |
| 北日本学院大学高等学校 | 5 | 杵築高等女学校 | 410 |
| 北日本学院大学女子短期大学部 | 3 | 杵築実業学校 | 322 |
| 北日本高等学校 | 184 | 杵築中学校 | 322 |
| 北日本電波高等学校 | 184 | 杵築中学校 | 410 |
| **北野高等学校** | 280 | 吉祥女子高等学校 | 134 |
| 北野高等学校 | 280 | 吉祥女子高等学校 | 134 |
| 北野中学校 | 280 | 喜連川高等学校 | 80 |
| 北浜高等女学校 | 226 | 徽典館 | 197 |
| 北浜裁縫女塾 | 226 | 城戸ヶ丘高等学校 | 203 |
| 北浜実科高等女学校 | 226 | **岐南工業高等学校** | 214 |
| 北浜実科女学校 | 226 | 岐南工業高等学校 | 214 |
| 北檜山高等学校 | 20 | **紀南高等学校** | 251 |
| **北広島高等学校** | 9 | 紀南高等学校 | 251 |
| 北広島高等学校 | 9 | 紀南高等女学校 | 316 |
| **北広島西高等学校** | 9 | 紀南実修女学校 | 316 |
| 北広島西高等学校 | 9 | 紀南農学校 | 316 |
| 北富士工業高等学校 | 199 | **鬼怒商業高等学校** | 70 |
| 北松浦農学校 | 399 | 鬼怒商業高等学校 | 70 |
| **北見工業高等学校** | 9 | 砧工業高等学校 | 134 |
| 北見工業高等学校 | 9 | 砧工業高等学校 | 134 |
| **北見工業大学** | 1 | 木江工業学校 | 336 |
| 北見工業大学 | 1 | 木江工業高等学校 | 336 |

| | | | |
|---|---|---|---|
| 木江造船学校 | 336 | 岐阜県岐阜高等女学校 | 214 |
| **紀の川高等学校** | 314 | 岐阜県岐阜女子高等学校 | 214 |
| 紀の川高等学校 | 314 | 岐阜県岐阜尋常中学校 | 214 |
| **宜野座高等学校** | 429 | 岐阜県岐阜第一高等学校 | 214 |
| 宜野座高等学校 | 429 | 岐阜県岐阜第一中学校 | 214 |
| 木之本高等女学校 | 255 | 岐阜県岐阜第二高等学校 | 213 |
| 木之本裁縫専修学校 | 255 | 岐阜県岐阜第二中学校 | 213 |
| 木之本町立実科高等女学校 | 255 | 岐阜県岐阜第三中学校 | 214 |
| **宜野湾高等学校** | 429 | 岐阜県岐阜中学校 | 214 |
| 宜野湾高等学校 | 429 | 岐阜県郡上郡立農林学校 | 215 |
| 吉備郡箭田高等学校 | 333 | 岐阜県郡上高等実科女学校 | 215 |
| **吉備高原学園高等学校** | 329 | 岐阜県郡上高等女学校 | 215 |
| 吉備高原学園高等学校 | 329 | 岐阜県郡上農林学校 | 215 |
| 吉備高等学校 | 313 | 岐阜県郡上農林高等学校 | 215 |
| 吉備高等学校 | 327 | 岐阜県公立病院附属医学校 | 210 |
| 吉備高等学校清水分校 | 313 | 岐阜県実業学校教員養成所 | 210 |
| 吉備高等学校八幡分校 | 313 | 岐阜県実業補習学校教員養成所 | 210 |
| **吉備国際大学** | 325 | 岐阜県師範学校 | 210 |
| 吉備国際大学 | 325 | 岐阜県師範学校 | 211 |
| 吉備実業学校 | 313 | 岐阜県女子師範学校 | 210 |
| 吉備商科短期大学 | 325 | 岐阜県尋常師範学校 | 210 |
| 吉備商業学校 | 327 | 岐阜県尋常中学校大垣分校 | 212 |
| 吉備農業学校 | 313 | 岐阜県尋常中学校東濃分校 | 216 |
| **吉備北陵高等学校** | 329 | 岐阜県青年学校教員養成所 | 210 |
| 吉備北陵高等学校 | 329 | 岐阜県関第一高等学校 | 216 |
| 岐阜藍川高等学校 | 214 | 岐阜県第一工業学校 | 214 |
| 岐阜医工科大学医学部 | 210 | 岐阜県第一中学校 | 214 |
| 岐阜医工科大学工学部 | 211 | 岐阜県第二工業学校 | 212 |
| **岐阜医療技術短期大学** | 211 | 岐阜県高山工業学校 | 216 |
| 岐阜医療技術短期大学 | 211 | 岐阜県高山工業高等学校 | 216 |
| **岐阜各務野高等学校** | 214 | 岐阜県高山航空工業学校 | 216 |
| 岐阜各務野高等学校 | 214 | 岐阜県多治見工業学校 | 216 |
| **岐阜北高等学校** | 214 | 岐阜県多治見高等学校 | 216 |
| 岐阜北高等学校 | 214 | 岐阜県多治見高等女学校 | 216 |
| **岐阜経済大学** | 210 | 岐阜県多治見女子高等学校 | 216 |
| 岐阜経済大学 | 210 | 岐阜県多治見中学校 | 216 |
| 岐阜県安八郡大垣高等女学校 | 212 | 岐阜県陶磁器講習所 | 216 |
| 岐阜県医学校 | 210 | 岐阜県東濃高等学校 | 216 |
| 岐阜県揖斐実業学校 | 212 | 岐阜県土岐郡立陶器工業学校 | 216 |
| 岐阜県恵那中学校 | 212 | 岐阜県土岐窯業学校 | 216 |
| 岐阜県大垣工業高等学校 | 212 | 岐阜県中津工業学校 | 217 |
| 岐阜県大垣高等学校 | 212 | 岐阜県中津実業高等学校 | 217 |
| 岐阜県大垣高等女学校 | 212 | 岐阜県中津商業学校 | 217 |
| 岐阜県大垣商業学校 | 213 | 岐阜県中津商業高等学校 | 217 |
| 岐阜県大垣商業高等学校 | 213 | 岐阜県中津農林高等学校 | 217 |
| 岐阜県大垣女子高等学校 | 212 | 岐阜県農学校 | 215 |
| 岐阜県大垣女子商業学校 | 213 | 岐阜県農事講習場 | 215 |
| 岐阜県大垣尋常中学校 | 212 | 岐阜県濃北短期大学 | 255 |
| 岐阜県大垣中学校 | 212 | 岐阜県羽島高等女学校 | 217 |
| 岐阜県大垣町立高等女学校 | 212 | 岐阜県八幡高等学校 | 215 |
| 岐阜県大垣町立商業学校 | 213 | 岐阜県八幡高等女学校 | 215 |
| 岐阜県大垣農業高等学校 | 213 | 岐阜県斐太高等学校 | 217 |
| 岐阜県大垣東高等学校 | 212 | 岐阜県斐太尋常中学校 | 217 |
| 岐阜県加納高等女学校 | 213 | 岐阜県斐太中学校 | 217 |
| 岐阜県加納女子高等学校 | 213 | 岐阜県船津高等学校 | 217 |
| 岐阜県加茂農林学校 | 214 | 岐阜県船津高等女学校 | 217 |
| 岐阜県華陽学校 | 210 | 岐阜県益田農林学校 | 217 |

校名索引　　　　　　　　　　　　　　　　　　　　　　　　　　　　　　　　　　　　　きみつしつ

| 校名 | 頁 |
|---|---|
| 岐阜県武儀高等女学校 | 215 |
| 岐阜県本巣郡本巣高等女学校 | 218 |
| 岐阜県本巣高等学校 | 218 |
| 岐阜県本巣高等女学校 | 218 |
| 岐阜県本巣女子高等学校 | 218 |
| 岐阜県本巣中学校 | 218 |
| 岐阜県吉城郡船津実科高等女学校 | 217 |
| 岐阜県立医科大学 | 210 |
| 岐阜県立医科大学 | 211 |
| **岐阜県立看護大学** | 210 |
| 岐阜県立看護大学 | 210 |
| 岐阜県立工業専門学校 | 211 |
| 岐阜県立高等工業学校 | 211 |
| 岐阜県立女子医学専門学校 | 210 |
| 岐阜県立大学医学部 | 210 |
| 岐阜県立大学工学部 | 211 |
| 岐阜県立農学校 | 215 |
| 岐阜県立農林学校 | 215 |
| **岐阜工業高等学校** | 214 |
| 岐阜工業高等学校 | 214 |
| **岐阜工業高等専門学校** | 211 |
| 岐阜工業高等専門学校 | 211 |
| 岐阜工業専門学校 | 211 |
| **岐阜高等学校** | 214 |
| 岐阜高等学校 | 214 |
| 岐阜高等女学校 | 214 |
| 岐阜高等農林学校 | 211 |
| 岐阜高等服飾女学校 | 211 |
| 岐阜裁縫女学校 | 215 |
| 岐阜歯科大学 | 210 |
| 岐阜市工業学校 | 214 |
| 岐阜実科高等女学校 | 215 |
| 岐阜商業学校 | 214 |
| **岐阜商業高等学校（岐阜・県）** | 214 |
| **岐阜商業高等学校（岐阜・市）** | 214 |
| 岐阜商業高等学校 | 214 |
| 岐阜商業高等学校 | 217 |
| 岐阜商業高等学校 | 218 |
| 岐阜商業高等学校山県分校 | 218 |
| **岐阜聖徳学園大学** | 210 |
| 岐阜聖徳学園大学 | 210 |
| **岐阜聖徳学園大学短期大学部** | 211 |
| 岐阜聖徳学園大学短期大学部 | 211 |
| **岐阜聖徳学園大学附属高等学校** | 214 |
| 岐阜聖徳学園大学附属高等学校 | 214 |
| **岐阜城北高等学校** | 214 |
| 岐阜城北高等学校 | 214 |
| **岐阜女子高等学校** | 215 |
| 岐阜女子高等学校 | 215 |
| 岐阜女子商業高等学校 | 214 |
| 岐阜女子専門学校 | 211 |
| **岐阜女子大学** | 210 |
| 岐阜女子大学 | 210 |
| 岐阜女子短期大学 | 211 |
| 岐阜市立高等学校 | 214 |
| 岐阜市立高等女学校 | 214 |
| 岐阜市立女子高等学校 | 214 |
| 岐阜市立女子商業学校 | 214 |
| 岐阜市立女子商業高等学校 | 214 |
| **岐阜市立女子短期大学** | 211 |
| 岐阜市立女子短期大学 | 211 |
| 岐阜市立農業高等学校 | 214 |
| 岐阜青年師範学校 | 210 |
| 岐阜青年師範学校 | 211 |
| 岐阜済美学院短期大学 | 211 |
| 岐阜済美高等女学校 | 215 |
| 岐阜専門学校 | 211 |
| **岐阜総合学園高等学校** | 215 |
| 岐阜総合学園高等学校 | 215 |
| **岐阜第一高等学校** | 215 |
| 岐阜第一高等学校 | 215 |
| 岐阜第一女子高等学校 | 215 |
| 岐阜第三高等学校 | 214 |
| **岐阜大学** | 210 |
| 岐阜大学 | 211 |
| 岐阜短期大学 | 211 |
| 岐阜短期大学 | 255 |
| 岐阜短期大学付属岐阜高等学校 | 215 |
| 岐阜短期大学附属八幡高等学校 | 215 |
| 岐阜中学校 | 214 |
| 岐阜西工業高等学校 | 215 |
| 岐阜農業高等学校 | 215 |
| 岐阜農林学校 | 215 |
| **岐阜農林高等学校** | 215 |
| 岐阜農林高等学校 | 215 |
| 岐阜農林専門学校 | 211 |
| **岐阜東高等学校** | 215 |
| 岐阜東高等学校 | 215 |
| 岐阜三田高等学校 | 214 |
| 岐阜南高等学校 | 215 |
| 岐阜南女子短期大学 | 211 |
| 岐阜夜間中学校 | 214 |
| 岐阜薬学専門学校 | 211 |
| **岐阜薬科大学** | 211 |
| 岐阜薬科大学 | 211 |
| **希望が丘高等学校** | 378 |
| 希望が丘高等学校 | 378 |
| **希望ケ丘高等学校** | 165 |
| 希望ケ丘高等学校 | 165 |
| **紀北工業高等学校** | 314 |
| 紀北工業高等学校 | 314 |
| **紀北農芸高等学校** | 314 |
| 紀北農芸高等学校 | 314 |
| 君が淵工業高等学校 | 405 |
| 君が淵電波学院 | 405 |
| 君が淵電波工業高等学校 | 400 |
| 君が淵電波工業高等学校 | 405 |
| 君が淵電波塾 | 405 |
| 君が淵電波専門学校 | 405 |
| 君津青葉高等学校 | 108 |
| **君津青葉高等学校** | 108 |
| **君津高等学校** | 108 |
| 君津高等学校 | 108 |
| 君津実業中学校 | 108 |

きみつしょ　　　　　　　　　　　　　　　　　　　　　　　　　　　　　　校名索引

| 校名 | 頁 |
|---|---|
| **君津商業高等学校** | 108 |
| 君津商業高等学校 | 108 |
| 君津農林学校 | 108 |
| 君津農林高等学校 | 108 |
| 肝付高等女学校 | 425 |
| **木本高等学校** | 251 |
| 木本高等学校 | 251 |
| **喜茂別高等学校** | 10 |
| 喜茂別高等学校 | 10 |
| 九州医学専門学校 | 374 |
| **九州栄養福祉大学** | 373 |
| 九州栄養福祉大学 | 373 |
| **九州大谷短期大学** | 375 |
| 九州大谷短期大学 | 375 |
| **九州学院** | 402 |
| 九州学院 | 404 |
| **九州学院高等学校** | 402 |
| 九州学院高等学校 | 402 |
| 九州学院神学部専門学校 | 125 |
| 九州学院大学 | 420 |
| 九州学院大学短期大学部 | 420 |
| 九州学院中学校 | 402 |
| 九州家政女学校 | 382 |
| **九州看護福祉大学** | 399 |
| 九州看護福祉大学 | 399 |
| **九州共立大学** | 373 |
| 九州共立大学 | 373 |
| 九州共立大学八幡西高等学校 | 380 |
| 九州経済専門学校 | 375 |
| 九州芸術学院 | 375 |
| 九州芸術工科大学 | 373 |
| 九州芸術工科大学 | 374 |
| 九州工学校 | 374 |
| 九州工学校 | 380 |
| 九州工業高等学校 | 380 |
| 九州工業高等学校筑紫分校 | 380 |
| 九州工業高等学校筑紫分校 | 382 |
| **九州工業大学** | 373 |
| 九州工業大学 | 373 |
| 九州工業短期大学 | 420 |
| 九州高等医学専門学校 | 374 |
| 九州高等工科学校 | 374 |
| 九州高等工科学校 | 380 |
| 九州高等女学校 | 379 |
| **九州国際大学** | 373 |
| 九州国際大学 | 373 |
| **九州国際大学付属高等学校** | 378 |
| 九州国際大学付属高等学校 | 378 |
| **九州産業大学** | 373 |
| 九州産業大学 | 373 |
| **九州産業大学付属九州高等学校** | 378 |
| 九州産業大学付属九州高等学校 | 378 |
| **九州産業大学付属九州産業高等学校** | 378 |
| 九州産業大学付属九州産業高等学校 | 378 |
| 九州歯科医学専門学校 | 373 |
| 九州歯科医学校 | 373 |
| **九州歯科大学** | 373 |

| 校名 | 頁 |
|---|---|
| 九州歯科大学 | 373 |
| 九州実科高等学校女学校 | 403 |
| 九州実科女学校 | 403 |
| 九州商科大学 | 373 |
| 九州商業高等学校 | 385 |
| **九州情報大学** | 373 |
| 九州情報大学 | 374 |
| 九州女学院 | 406 |
| 九州女学院高等学校 | 406 |
| 九州女学院短期大学 | 399 |
| **九州女子学園高等学校** | 378 |
| 九州女子学園高等学校 | 379 |
| **九州女子高等学校** | 379 |
| 九州女子高等学校 | 379 |
| 九州女子商業学校 | 379 |
| 九州女子商業高等学校 | 379 |
| 九州女子商業専修学校 | 379 |
| 九州女子専門学校 | 395 |
| **九州女子大学** | 374 |
| 九州女子大学 | 374 |
| 九州女子大学附属高等学校 | 380 |
| **九州女子短期大学** | 375 |
| 九州女子短期大学 | 375 |
| 九州専門学校 | 375 |
| **九州造形短期大学** | 375 |
| 九州造形短期大学 | 375 |
| **九州大学** | 374 |
| 九州大学 | 374 |
| 九州大学久留米工業専門学校 | 376 |
| 九州短期大学 | 420 |
| 九州中央高等女学校 | 403 |
| 九州中学校 | 402 |
| 九州帝京短期大学 | 376 |
| 九州帝国大学 | 374 |
| 九州電気学園高等学校 | 378 |
| 九州電波学校 | 409 |
| **九州東海大学** | 399 |
| 九州東海大学 | 399 |
| 九州文化学院 | 395 |
| **九州文化学園高等学校** | 395 |
| 九州文化学園高等学校 | 395 |
| 九州文化学園短期大学 | 393 |
| **九州保健福祉大学** | 414 |
| 九州保健福祉大学 | 414 |
| 九州薬学専門学校 | 399 |
| **九州龍谷短期大学** | 388 |
| 九州龍谷短期大学 | 388 |
| **九州ルーテル学院大学** | 399 |
| 九州ルーテル学院大学 | 399 |
| 九州労働短期大学 | 376 |
| 究数学院 | 338 |
| 救世学校 | 117 |
| **球陽高等学校** | 429 |
| 球陽高等学校 | 429 |
| **厳木高等学校** | 390 |
| 厳木高等学校 | 390 |
| **共愛学園高等学校** | 85 |

590　学校名変遷総覧　大学・高校編

| 校名 | 頁 |
|---|---|
| 共愛学園高等学校 | 85 |
| 共愛学園女子短期大学 | 83 |
| **共愛学園前橋国際大学** | 83 |
| 共愛学園前橋国際大学 | 83 |
| 共愛裁縫女学校 | 305 |
| 共愛女学校 | 85 |
| 教員試験所 | 347 |
| 教員速成科 | 2 |
| 教員養成所臨時養成科 | 307 |
| **共栄学園高等学校** | 134 |
| 共栄学園高等学校 | 134 |
| **共栄学園短期大学** | 91 |
| 共栄学園短期大学 | 91 |
| 享栄学校 | 238 |
| **享栄高等学校** | 238 |
| 享栄高等学校 | 238 |
| 共栄高等学校 | 264 |
| 享栄高等学校栄徳分校 | 237 |
| 共栄高等女学校 | 134 |
| 享栄商業 | 238 |
| 享栄商業高等学校 | 238 |
| 共栄女子商業学校 | 134 |
| 享栄女子商業高等学校 | 238 |
| **共栄大学** | 90 |
| 共栄大学 | 90 |
| 享栄貿易学校 | 238 |
| 岐陽高等学校 | 218 |
| 共済中学校 | 365 |
| 行事実業女学校 | 386 |
| 行事農学校 | 387 |
| 競進社蚕業学校 | 97 |
| 競進社実業学校 | 97 |
| 暁星学園 | 108 |
| 暁星学校 | 134 |
| 暁星技芸学校 | 264 |
| **暁星高等学校** | 134 |
| 暁星高等学校 | 134 |
| 暁星高等学校 | 264 |
| 暁星高等女学校 | 264 |
| **暁星国際高等学校** | 108 |
| 暁星国際高等学校 | 108 |
| 暁星商業短期大学 | 175 |
| 暁星女子高等学校 | 264 |
| 暁星女子商業学校 | 264 |
| 暁星中学校 | 134 |
| 行田工業高等学校 | 98 |
| 行田高等学校 | 98 |
| 行田女子高等学校 | 98 |
| 行田進修館高等学校 | 98 |
| 京都医療技術専門学校 | 262 |
| **京都医療技術短期大学** | 262 |
| 京都医療技術短期大学 | 262 |
| 京都外国語学校 | 260 |
| **京都外国語大学** | 260 |
| 京都外国語大学 | 260 |
| **京都外国語短期大学** | 262 |
| 京都外国語短期大学 | 262 |
| **京都外大西高等学校** | 264 |
| 京都外大西高等学校 | 264 |
| **京都学園高等学校** | 264 |
| 京都学園高等学校 | 264 |
| **京都学園大学** | 260 |
| 京都学園大学 | 260 |
| 京都学芸大学 | 260 |
| 京都家政短期大学 | 263 |
| 京都韓国中学高等科 | 265 |
| **京都教育大学** | 260 |
| 京都教育大学 | 260 |
| **京都共栄学園高等学校** | 264 |
| 京都共栄学園高等学校 | 264 |
| 京都教校 | 264 |
| **京都暁星高等学校** | 264 |
| 京都暁星高等学校 | 264 |
| **行徳高等学校** | 108 |
| 行徳高等学校 | 108 |
| **京都経済短期大学** | 262 |
| 京都経済短期大学 | 262 |
| **京都芸術高等学校** | 264 |
| 京都芸術高等学校 | 264 |
| 京都芸術短期大学 | 260 |
| **京都光華高等学校** | 265 |
| 京都光華高等学校 | 265 |
| **京都光華女子大学** | 260 |
| 京都光華女子大学 | 260 |
| **京都光華女子大学短期大学部** | 262 |
| 京都光華女子大学短期大学部 | 262 |
| 京都工業学校 | 264 |
| 京都工業専門学校 | 260 |
| **京都工芸繊維大学** | 260 |
| 京都工芸繊維大学 | 260 |
| 京都高等工芸学校 | 260 |
| 京都高等蚕業学校 | 260 |
| 京都高等蚕糸学校 | 260 |
| 京都高等手芸女学校 | 265 |
| 京都高等女学校 | 265 |
| **京都国際高等学校** | 265 |
| 京都国際高等学校 | 265 |
| 京都裁縫女学校 | 265 |
| **京都嵯峨芸術大学** | 260 |
| 京都嵯峨芸術大学 | 260 |
| **京都嵯峨芸術大学短期大学部** | 262 |
| 京都嵯峨芸術大学短期大学部 | 262 |
| 京都蚕業講習所 | 260 |
| 京都蚕業講習所 | 263 |
| **京都産業大学** | 260 |
| 京都産業大学 | 260 |
| 京都市画学校 | 260 |
| 京都市画学校 | 267 |
| 京都市高等看護学院 | 262 |
| 京都市染織学校 | 269 |
| 京都師範学校 | 260 |
| 京都市美術学校 | 260 |
| 京都市美術学校 | 267 |
| 京都市美術工芸学校 | 260 |

きようとし

| 校名 | 頁 |
|---|---|
| 京都市美術工芸学校 | 267 |
| 京都手芸高等学校 | 265 |
| 京都手芸女学校 | 265 |
| **京都翔英高等学校** | 265 |
| 京都翔英高等学校 | 265 |
| 京都商業学校 | 264 |
| 京都小教校 | 264 |
| 京都商業高等学校 | 264 |
| **京都情報大学院大学** | 260 |
| 京都情報大学院大学 | 260 |
| **京都女子高等学校** | 265 |
| 京都女子高等学校 | 265 |
| 京都女子高等専門学校 | 265 |
| **京都女子大学** | 260 |
| 京都女子大学 | 260 |
| **京都女子大学短期大学部** | 262 |
| 京都女子大学短期大学部 | 262 |
| **京都市立音楽高等学校** | 265 |
| 京都市立音楽高等学校 | 265 |
| 京都市立音楽短期大学 | 260 |
| 京都市立絵画専門学校 | 260 |
| 京都市立絵画専門学校 | 267 |
| **京都市立看護短期大学** | 262 |
| 京都市立看護短期大学 | 262 |
| **京都市立芸術大学** | 260 |
| 京都市立芸術大学 | 260 |
| 京都市立工業学校 | 269 |
| 京都市立第一工業学校 | 269 |
| 京都市立第一商業学校 | 266 |
| 京都私立独逸学校 | 261 |
| 京都市立美術専門学校 | 260 |
| 京都市立美術大学 | 260 |
| 京都真言宗中学林 | 269 |
| 京都真言宗中学林予備校 | 269 |
| **京都すばる高等学校** | 265 |
| 京都すばる高等学校 | 265 |
| **京都成安高等学校** | 265 |
| 京都成安高等学校 | 265 |
| 京都成安高等女学校 | 265 |
| 京都成安女子学院 | 265 |
| **京都精華女子高等学校** | 265 |
| 京都精華女子高等学校 | 265 |
| **京都精華大学** | 260 |
| 京都精華大学 | 260 |
| **京都聖カタリナ高等学校** | 265 |
| 京都聖カタリナ高等学校 | 265 |
| 京都聖カタリナ女子高等学校 | 265 |
| 京都精華短期大学 | 260 |
| **京都成章高等学校** | 265 |
| 京都成章高等学校 | 265 |
| 京都正則予備校 | 266 |
| 京都青年師範学校 | 260 |
| 京都繊維専門学校 | 260 |
| 京都染工講習所 | 269 |
| 京都専門学校 | 261 |
| **京都造形芸術大学** | 260 |
| 京都造形芸術大学 | 260 |
| **京都創成大学** | 260 |
| 京都創成大学 | 260 |
| 京都第一高等女学校 | 264 |
| 京都第一中学校 | 269 |
| 京都第二中学校 | 267 |
| 京都第三中学校 | 269 |
| **京都大学** | 261 |
| 京都大学 | 261 |
| **京都橘高等学校** | 265 |
| 京都橘高等学校 | 265 |
| 京都橘女子高等学校 | 265 |
| 京都橘女子大学 | 261 |
| **京都橘大学** | 261 |
| 京都橘大学 | 261 |
| **京都短期大学** | 262 |
| 京都短期大学 | 263 |
| 京都朝鮮人教育会 | 265 |
| 京都朝鮮中学校 | 265 |
| 京都帝国大学 | 261 |
| 京都帝国大学福岡医科大学 | 374 |
| 京都西高等学校 | 264 |
| **京都西山高等学校** | 265 |
| 京都西山高等学校 | 265 |
| **京都西山短期大学** | 263 |
| 京都西山短期大学 | 263 |
| **京都ノートルダム女子大学** | 261 |
| 京都ノートルダム女子大学 | 261 |
| 京都府天田郡立高等女学校 | 268 |
| 京都府何鹿高等女学校 | 263 |
| 京都府画学校 | 260 |
| 京都府画学校 | 267 |
| 京都府下小教校 | 264 |
| 京都府簡易農学校 | 261 |
| 京都府蚕糸業組合立高等養蚕伝習所 | 263 |
| 京都府師範学校 | 260 |
| 京都府商業学校 | 266 |
| 京都府城南高等学校 | 266 |
| 京都府城南高等女学校 | 266 |
| 京都府水産講習所 | 265 |
| 京都府第一中学校 | 269 |
| 京都府第三中学校 | 268 |
| 京都府中学校 | 269 |
| 京都府農学校 | 261 |
| 京都府農牧学校 | 266 |
| 京都府立医学専門学校 | 261 |
| **京都府立医科大学** | 261 |
| 京都府立医科大学 | 261 |
| **京都府立海洋高等学校** | 265 |
| 京都府立海洋高等学校 | 265 |
| 京都府立京都農林学校 | 261 |
| 京都府立工業学校 | 268 |
| **京都府立工業高等学校** | 265 |
| 京都府立工業高等学校 | 265 |
| 京都府立高等農林学校 | 261 |
| 京都府立商業高等学校 | 265 |
| 京都府立第一中学校 | 269 |
| 京都府立第二高等女学校 | 266 |

| 校名 | 頁 |
|---|---|
| 京都府立第三中学校 | 268 |
| 京都府立第四中学校 | 269 |
| 京都府立第五中学校 | 269 |
| **京都府立大学** | 261 |
| 京都府立大学 | 261 |
| 京都府立農学校 | 261 |
| **京都府立農芸高等学校** | 265 |
| 京都府立農芸高等学校 | 265 |
| 京都府立農林学校 | 261 |
| 京都府立農林専門学校 | 261 |
| **京都文教高等学校** | 265 |
| 京都文教高等学校 | 265 |
| 京都文教女子高等学校 | 265 |
| **京都文教大学** | 261 |
| 京都文教大学 | 261 |
| **京都文教短期大学** | 263 |
| 京都文教短期大学 | 263 |
| 京都法政学校 | 262 |
| 京都法政専門学校 | 262 |
| 京都法政大学 | 262 |
| **京都美山高等学校** | 266 |
| 京都美山高等学校 | 266 |
| **京都明徳高等学校** | 266 |
| 京都明徳高等学校 | 266 |
| 京都薬学校 | 261 |
| 京都薬学専門学校 | 261 |
| **京都薬科大学** | 261 |
| 京都薬科大学 | 261 |
| **京都両洋高等学校** | 266 |
| 京都両洋高等学校 | 266 |
| **峡南高等学校** | 197 |
| 峡南高等学校 | 197 |
| 峡南農工学校 | 197 |
| 峡南農工高等学校 | 197 |
| 京橋化学工業学校 | 144 |
| 京橋化学工業学校 | 151 |
| 京橋化学高等学校 | 144 |
| 京橋化学高等学校 | 151 |
| 京橋高等家政女学校 | 154 |
| 京橋商業学校 | 138 |
| 峡北高等学校 | 199 |
| 峡北農学校 | 199 |
| 峡北農業高等学校 | 199 |
| 峡北農林高等学校 | 199 |
| 共立英和学舎 | 99 |
| 共立学校 | 133 |
| 共立高等女学校 | 134 |
| 共立歯科医学校 | 123 |
| 共立女学校 | 172 |
| **共立女子高等学校** | 134 |
| 共立女子高等学校 | 134 |
| 共立女子職業学校 | 118 |
| 共立女子職業学校 | 134 |
| 共立女子専門学校 | 118 |
| **共立女子第二高等学校** | 134 |
| 共立女子第二高等学校 | 134 |
| **共立女子大学** | 118 |
| 共立女子大学 | 118 |
| **共立女子短期大学** | 126 |
| 共立女子短期大学 | 126 |
| 共立女子短期大学部 | 126 |
| 共立女子薬学専門学校 | 118 |
| 共立中学校 | 148 |
| 共立富山薬学校 | 183 |
| 共立普通学校 | 85 |
| **共立薬科大学** | 118 |
| 共立薬科大学 | 118 |
| 共立和英学舎 | 99 |
| 杏林学園短期大学 | 118 |
| **杏林大学** | 118 |
| 杏林大学 | 118 |
| **杏和高等学校** | 238 |
| 杏和高等学校 | 238 |
| **共和高等学校** | 10 |
| 共和高等学校 | 10 |
| 共和農業高等学校 | 10 |
| 玉泉中学校 | 147 |
| **旭陵高等学校** | 238 |
| 旭陵高等学校 | 238 |
| **清里高等学校** | 10 |
| 清里高等学校 | 10 |
| **清瀬高等学校** | 134 |
| 清瀬高等学校 | 134 |
| **清瀬東高等学校** | 134 |
| 清瀬東高等学校 | 134 |
| 清見潟商業学校 | 223 |
| **吉良高等学校** | 239 |
| 吉良高等学校 | 239 |
| **桐ヶ丘高等学校** | 134 |
| 桐ヶ丘高等学校 | 134 |
| 桐丘高等学校 | 86 |
| **霧が丘高等学校** | 165 |
| 霧が丘高等学校 | 165 |
| 桐ヶ丘高等女学校 | 86 |
| 桐丘女子短期大学 | 84 |
| 桐丘短期大学 | 84 |
| 霧島女子短期大学 | 420 |
| 霧島東高等学校 | 417 |
| **キリスト教愛真高等学校** | 321 |
| キリスト教愛真高等学校 | 321 |
| **基督教独立学園高等学校** | 54 |
| 基督教独立学園高等学校 | 54 |
| 基督教独立学校 | 54 |
| **霧多布高等学校** | 10 |
| 霧多布高等学校 | 10 |
| 桐生工業学校 | 86 |
| **桐生工業高等学校** | 86 |
| 桐生工業高等学校 | 86 |
| 桐生工業専門学校 | 83 |
| 桐生高等家政女学校 | 86 |
| **桐生高等学校** | 86 |
| 桐生高等学校 | 86 |
| 桐生高等工業学校 | 83 |
| 桐生高等女学校 | 86 |

| 校名 | 頁 |
|---|---|
| 桐生高等染織学校 | 83 |
| 桐生裁縫女学校 | 86 |
| 桐生裁縫専門女学館 | 86 |
| 桐生市実践女子青年学校 | 86 |
| **桐生女子高等学校** | 86 |
| 桐生女子高等学校 | 86 |
| 桐生女子裁縫専門女学館 | 84 |
| 桐生市立高等学校 | 86 |
| 桐生市立高等実践女学校 | 86 |
| 桐生市立高等女学院 | 86 |
| **桐生市立商業高等学校** | 86 |
| 桐生市立商業高等学校 | 86 |
| **桐生第一高等学校** | 86 |
| 桐生第一高等学校 | 86 |
| **桐生短期大学** | 84 |
| 桐生短期大学 | 84 |
| 桐生中学校 | 86 |
| **桐生西高等学校** | 86 |
| 桐生西高等学校 | 86 |
| **桐生南高等学校** | 86 |
| 桐生南高等学校 | 86 |
| 貴和高等学校 | 314 |
| 琴海高等学校 | 398 |
| **銀河学院高等学校** | 337 |
| 銀河学院高等学校 | 338 |
| 金亀教行 | 268 |
| **近畿大学** | 272 |
| 近畿大学 | 272 |
| **近畿大学九州短期大学** | 375 |
| 近畿大学九州短期大学 | 375 |
| **近畿大学工業高等専門学校** | 248 |
| 近畿大学工業高等専門学校 | 248 |
| 近畿大学女子短期大学 | 375 |
| **近畿大学短期大学部** | 274 |
| 近畿大学短期大学部 | 274 |
| 近畿大学豊岡女子短期大学 | 292 |
| **近畿大学豊岡短期大学** | 292 |
| 近畿大学豊岡短期大学 | 292 |
| **近畿大学附属高等学校** | 280 |
| 近畿大学附属高等学校 | 280 |
| **近畿大学附属新宮高等学校** | 314 |
| 近畿大学附属新宮高等学校 | 314 |
| 近畿大学附属新宮女子高等学校 | 314 |
| **近畿大学附属豊岡高等学校** | 297 |
| 近畿大学附属豊岡高等学校 | 297 |
| **近畿大学附属東広島高等学校** | 338 |
| 近畿大学附属東広島高等学校 | 338 |
| **近畿大学附属福岡高等学校** | 379 |
| 近畿大学附属福岡高等学校 | 379 |
| **近畿大学附属福山高等学校** | 338 |
| 近畿大学附属福山高等学校 | 338 |
| 近畿大学附属福山高等学校東広島校舎 | 338 |
| **近畿大学附属和歌山高等学校** | 314 |
| 近畿大学附属和歌山高等学校 | 314 |
| **近畿福祉大学** | 290 |
| 近畿福祉大学 | 290 |
| 銀杏学園短期大学 | 400 |

| 校名 | 頁 |
|---|---|
| **錦江湾高等学校** | 424 |
| 錦江湾高等学校 | 424 |
| **金城学院高等学校** | 239 |
| 金城学院高等学校 | 239 |
| **金城学院大学** | 231 |
| 金城学院大学 | 231 |
| **錦城学園高等学校** | 134 |
| 錦城学園高等学校 | 135 |
| 錦城学校 | 134 |
| 錦城学校 | 135 |
| **錦城高等学校（東京・私）** | 135 |
| 錦城高等学校 | 135 |
| **錦城高等学校（兵庫・県）** | 297 |
| 錦城高等学校 | 297 |
| 琴城高等学校 | 300 |
| 金鐘高等学校 | 311 |
| 金城高等学校 | 192 |
| 金城高等女学校 | 192 |
| 錦城商業学校 | 135 |
| 金城女学校 | 192 |
| 金城女学校 | 239 |
| 金城女子専門学校 | 231 |
| 金城女子専門学校付属高等女学部 | 239 |
| **金城大学** | 188 |
| 金城大学 | 188 |
| **金城大学短期大学部** | 188 |
| 金城大学短期大学部 | 188 |
| 金城短期大学 | 188 |
| 錦城中学校 | 134 |
| 錦城中学校 | 135 |
| 金鐘中学校 | 311 |
| 金鐘中等学校 | 311 |
| 金城遊学館 | 192 |
| **欽明路校** | 339 |
| **金蘭会高等学校** | 280 |
| 金蘭会高等学校 | 280 |
| 金蘭会高等女学校 | 280 |
| 金蘭会女学校 | 280 |
| **金蘭千里高等学校** | 280 |
| 金蘭千里高等学校 | 280 |
| 金蘭短期大学 | 274 |

【く】

| 校名 | 頁 |
|---|---|
| **久井高等学校** | 338 |
| 久井高等学校 | 338 |
| **久賀高等学校** | 349 |
| 久賀高等学校 | 349 |
| 久賀高等女学校 | 349 |
| 久我山高等学校 | 137 |
| **久喜工業高等学校** | 95 |
| 久喜工業高等学校 | 95 |
| **久喜高等学校** | 95 |
| 久喜高等学校 | 96 |

| 校名 | 頁 |
|---|---|
| 久喜高等女学校 | 95 |
| **茎崎高等学校** | 70 |
| 茎崎高等学校 | 70 |
| 久喜実科高等女学校 | 95 |
| 久喜女子高等学校 | 96 |
| 洞南高等学校 | 387 |
| **久喜北陽高等学校** | 96 |
| 久喜北陽高等学校 | 96 |
| 久喜宮小学校 | 377 |
| 久喜宮農業補修学校 | 377 |
| **鵠沼高等学校** | 165 |
| 鵠沼高等学校 | 165 |
| 鵠沼女子高等学校 | 165 |
| **草津高等学校** | 256 |
| 草津高等学校 | 256 |
| 草津高等学校 | 257 |
| 草津高等女学校 | 256 |
| 草津実科高等女学校 | 256 |
| **草津東高等学校** | 256 |
| 草津東高等学校 | 256 |
| **具志川高等学校** | 429 |
| 具志川高等学校 | 429 |
| **具志川商業高等学校** | 429 |
| 具志川商業高等学校 | 429 |
| 串木野経理専門学校 | 424 |
| **串木野高等学校** | 424 |
| 串木野高等学校 | 424 |
| 串木野商業女子高等学校 | 424 |
| 串木野女子高等学校 | 424 |
| 久慈郡太田実科高等女学校 | 69 |
| **久慈工業高等学校** | 34 |
| 久慈工業高等学校 | 34 |
| **久慈高等学校** | 34 |
| 久慈高等学校 | 34 |
| 久慈高等学校 | 35 |
| 久慈高等学校（定時制中心校） | 34 |
| 久慈高等学校（定時制本校） | 34 |
| 久慈高等学校大野分校 | 33 |
| **久慈高等学校長内校** | 34 |
| 久慈高等学校長内校 | 34 |
| 久慈高等学校長内分校 | 34 |
| 久慈高等学校種市分校 | 35 |
| **久慈高等学校山形校** | 34 |
| 久慈高等学校山形校 | 34 |
| 久慈高等女学校 | 34 |
| **久慈商業高等学校** | 34 |
| 久慈商業高等学校 | 34 |
| 久慈水産高等学校 | 34 |
| 久慈農業高等学校 | 34 |
| 久慈農業高等学校（定時制中心校） | 34 |
| 久慈農業高等学校大野分校 | 33 |
| 久慈農林高等学校 | 34 |
| 久慈農林水産高等学校 | 34 |
| **久慈東高等学校** | 34 |
| 久慈東高等学校 | 34 |
| **串本高等学校** | 314 |
| 串本高等学校 | 314 |
| 串本実業学校 | 314 |
| 串本商業学校 | 314 |
| **九十九里高等学校** | 108 |
| 九十九里高等学校 | 108 |
| **郡上北高等学校** | 215 |
| 郡上北高等学校 | 215 |
| **郡上高等学校** | 215 |
| 郡上高等学校 | 215 |
| 郡上女子高等学校 | 215 |
| **串良実業女学校** | 425 |
| **串良商業高等学校** | 425 |
| 串良商業高等学校 | 425 |
| 釧路家政高等学校 | 10 |
| **釧路北高等学校** | 10 |
| 釧路北高等学校 | 10 |
| 釧路工業学校 | 10 |
| **釧路工業高等学校** | 10 |
| 釧路工業高等学校 | 10 |
| **釧路工業高等専門学校** | 4 |
| 釧路工業高等専門学校 | 4 |
| 釧路高等学校 | 10 |
| 釧路高等女学校 | 10 |
| **釧路江南高等学校** | 10 |
| 釧路江南高等学校 | 10 |
| 釧路江南高等学校上尾幌分校 | 5 |
| **釧路公立大学** | 1 |
| 釧路公立大学 | 1 |
| **釧路湖陵高等学校** | 10 |
| 釧路湖陵高等学校 | 10 |
| 釧路湖陵高等学校上尾幌分校 | 5 |
| **釧路商業高等学校** | 10 |
| 釧路商業高等学校 | 10 |
| 釧路女子高等学校 | 10 |
| 釧路女子短期大学 | 3 |
| 釧路女子短期大学附属高等学校 | 20 |
| 釧路市立高等家政学院 | 10 |
| 釧路市立女子高等学校 | 10 |
| 釧路星園家政専門学校 | 10 |
| **釧路星園高等学校** | 10 |
| 釧路星園高等学校 | 10 |
| **釧路短期大学** | 3 |
| 釧路短期大学 | 3 |
| 釧路短期大学附属高等学校 | 20 |
| 釧路中学校 | 10 |
| **釧路西高等学校** | 10 |
| 釧路西高等学校 | 10 |
| **釧路東高等学校** | 10 |
| 釧路東高等学校 | 10 |
| **釧路北陽高等学校** | 10 |
| 釧路北陽高等学校 | 10 |
| 釧路緑ケ岡高等学校 | 20 |
| 葛生高等学校 | 80 |
| 葛生商業学校 | 80 |
| 葛生中学館 | 80 |
| 葛生農商学校 | 80 |
| 楠ヶ丘高等学校 | 301 |
| 玖珠郡立実業学校 | 410 |

くすこうと

| 校名 | 頁 |
|---|---|
| 玖珠高等学校 | 410 |
| 玖珠高等学校 | 413 |
| 玖珠高等学校西校舎 | 410 |
| 玖珠高等学校東校舎 | 413 |
| 玖珠農学校 | 410 |
| 玖珠農学校 | 413 |
| **玖珠農業高等学校** | 410 |
| 玖珠農業高等学校 | 410 |
| **楠高等学校** | 297 |
| 楠高等学校 | 297 |
| 楠商業高等学校 | 297 |
| **葛巻高等学校** | 34 |
| 葛巻高等学校 | 34 |
| **久世高等学校** | 329 |
| 久世高等学校 | 329 |
| 久世農林学院 | 329 |
| 下松工業学校 | 349 |
| **下松工業高等学校** | 349 |
| 下松工業高等学校 | 349 |
| 下松工業高等学校田布施分校 | 351 |
| **下松高等学校** | 349 |
| 下松高等学校 | 349 |
| 下松高等女学校 | 349 |
| 下松女子商業学校 | 349 |
| 下松第二工業学校 | 349 |
| 下松第二工業高等学校 | 349 |
| **九段高等学校** | 135 |
| 九段高等学校 | 135 |
| 九段新制高等学校 | 135 |
| 九段中学校 | 135 |
| 口之津女子手芸学校 | 395 |
| **倶知安高等学校** | 10 |
| 倶知安高等学校 | 10 |
| 倶知安高等学校留寿都分校 | 23 |
| 倶知安女子高等学校 | 10 |
| 倶知安中学校 | 10 |
| **倶知安農業高等学校** | 10 |
| 倶知安農業高等学校 | 10 |
| 倶知安農業高等学校狩太分校 | 17 |
| 倶知安農業高等学校喜茂別分校 | 10 |
| 倶知安農業高等学校真狩分校 | 21 |
| 国頭郡各間切島組合立農学校 | 431 |
| **国東高等学校** | 410 |
| 国東高等学校 | 410 |
| 国東高等学校伊美分校 | 410 |
| 国東高等女学校 | 410 |
| 国東中学校 | 410 |
| 国東農学校 | 410 |
| 国東農業高等学校 | 410 |
| **国東農工高等学校** | 410 |
| 国東農工高等学校 | 410 |
| **柴島高等学校** | 280 |
| 柴島高等学校 | 280 |
| 国立音楽学校 | 118 |
| 国立音楽高等学校 | 135 |
| **国立音楽大学** | 118 |
| 国立音楽大学 | 118 |
| 国立音楽大学附属高等学校 | 135 |
| 国立音楽大学附属高等学校 | 135 |
| 国立工業学校(建築科) | 136 |
| **国立高等学校** | 135 |
| 国立高等学校 | 135 |
| **国見高等学校** | 395 |
| 国見高等学校 | 395 |
| 国本高等女学校 | 135 |
| **国本女子高等学校** | 135 |
| 国本女子高等学校 | 135 |
| 九戸農林学校 | 34 |
| **九里学園高等学校** | 54 |
| 九里学園高等学校 | 54 |
| 九里学園米沢女子高等学校 | 54 |
| 九里裁縫女学校 | 54 |
| 久羽坂青年学校 | 338 |
| **久比岐高等学校** | 177 |
| 久比岐高等学校 | 177 |
| 久保学園高等学校 | 38 |
| **窪川高等学校** | 370 |
| 窪川高等学校 | 370 |
| 窪川高等学校大正分校 | 371 |
| **熊石高等学校** | 10 |
| 熊石高等学校 | 10 |
| 熊谷工業学校 | 96 |
| **熊谷工業高等学校** | 96 |
| 熊谷工業高等学校 | 96 |
| **熊谷高等学校** | 96 |
| 熊谷高等学校 | 96 |
| 熊谷高等学校寄居分校 | 102 |
| 熊谷高等女学校 | 96 |
| 熊谷商業学校 | 96 |
| **熊谷商業高等学校** | 96 |
| 熊谷商業高等学校 | 96 |
| 熊谷商工学校 | 96 |
| 熊谷商工高等学校 | 96 |
| **熊谷女子高等学校** | 96 |
| 熊谷女子高等学校 | 96 |
| **熊谷市立女子高等学校** | 96 |
| 熊谷市立女子高等学校 | 96 |
| 熊谷中学校 | 96 |
| **熊谷西高等学校** | 96 |
| 熊谷西高等学校 | 96 |
| 熊谷農学校 | 96 |
| **熊谷農業高等学校** | 96 |
| 熊谷農業高等学校 | 96 |
| 熊谷陸軍飛行学校甲府分校 | 198 |
| 球磨郡立実科高等女学校 | 405 |
| 球磨郡立実科女学校 | 405 |
| **熊毛北高等学校** | 349 |
| 熊毛北高等学校 | 349 |
| 熊毛高等女学校 | 349 |
| 熊毛女子高等学校 | 349 |
| **熊毛南高等学校** | 349 |
| 熊毛南高等学校 | 349 |
| **熊毛南高等学校上関分校** | 349 |
| 熊毛南高等学校上関分校 | 349 |

| 校名 | 頁 |
|---|---|
| **球磨工業高等学校** | 402 |
| 球磨工業高等学校 | 402 |
| **球磨商業高等学校** | 402 |
| 球磨商業高等学校 | 402 |
| 球磨農業学校 | 405 |
| 球磨農業高等学校 | 405 |
| 球磨農業高等学校（普通課程） | 405 |
| 球磨農業高等学校第二部 | 405 |
| 熊野郡立農林学校 | 266 |
| 熊野工業高等専門学校 | 248 |
| **熊野高等学校（和歌山・県）** | 314 |
| 熊野高等学校 | 314 |
| **熊野高等学校（広島・県）** | 338 |
| 熊野高等学校 | 338 |
| 熊野高等専門学校 | 248 |
| 熊野農林学校 | 314 |
| 熊野林業学校 | 314 |
| 熊見学園女子商業高等学校 | 298 |
| 熊本医学専門学校 | 399 |
| 熊本医科大学 | 400 |
| 熊本医学校 | 399 |
| 熊本英学校附属女学校 | 403 |
| 熊本小国実科高等女学校 | 401 |
| 熊本音楽短期大学 | 400 |
| **熊本学園大学** | 399 |
| 熊本学園大学 | 399 |
| **熊本学園大学付属高等学校** | 402 |
| 熊本学園大学付属高等学校 | 402 |
| 熊本家政女学園高等学校 | 403 |
| 熊本簡易商業学校 | 403 |
| **熊本北高等学校** | 402 |
| 熊本北高等学校 | 402 |
| 熊本県芦北実科高等女学校 | 400 |
| 熊本県牛深高等女学校 | 401 |
| 熊本県牛深実科高等女学校 | 401 |
| 熊本県上益城高等女学校 | 403 |
| 熊本県菊池高等女学校 | 402 |
| 熊本県菊池西部農業学校 | 402 |
| 熊本県熊本中学校 | 403 |
| 熊本県熊本農業学校 | 403 |
| 熊本県工業学校 | 403 |
| 熊本県尋常中学済々黌 | 406 |
| 熊本県尋常中学済々黌城南分黌 | 406 |
| 熊本県尋常中学済々黌八代分黌 | 406 |
| 熊本県尋常中学済々黌山鹿分黌 | 402 |
| 熊本県尋常中学校 | 404 |
| 熊本県尋常中学校済々黌天草分黌 | 401 |
| 熊本県第一中学校 | 406 |
| 熊本県玉名高等家政女学院 | 404 |
| 熊本県玉名農業学校 | 404 |
| 熊本県玉名農業学校 | 405 |
| 熊本県中央高等女学校 | 403 |
| 熊本県中央女子高等学校 | 403 |
| 熊本県中学済々黌 | 403 |
| 熊本県中学済々黌 | 404 |
| 熊本県中学済々黌天草分黌 | 401 |
| 熊本県中学第一済々黌 | 404 |
| 熊本県中学第二済々黌 | 403 |
| 熊本県南関実科高等女学校 | 405 |
| 熊本県南関女学校 | 405 |
| 熊本県水俣高等女学校 | 406 |
| 熊本県水俣実科高等女学校 | 406 |
| 熊本県水俣実務学校 | 406 |
| 熊本県水俣農工学校 | 406 |
| 熊本県立医学校 | 399 |
| 熊本県立仮熊本師範学校 | 400 |
| 熊本県立熊本医学専門学校 | 400 |
| 熊本県立熊本医科大学 | 400 |
| 熊本県立熊本県師範学校 | 400 |
| 熊本県立熊本県女子師範学校 | 400 |
| 熊本県立熊本県尋常師範学校 | 400 |
| 熊本県立熊本県第一師範学校 | 400 |
| 熊本県立熊本県第二師範学校 | 400 |
| 熊本県立熊本師範学校 | 400 |
| 熊本県立工業学校 | 403 |
| 熊本県立工業高等学校 | 403 |
| 熊本県立工商学校 | 403 |
| 熊本県立高等女学校 | 402 |
| 熊本県立商業学校 | 403 |
| 熊本県立商業高等学校 | 403 |
| 熊本県立商業高等学校別科今津分室 | 405 |
| 熊本県立商業高等学校別科松島分室 | 405 |
| 熊本県立商業高等学校松島分校 | 405 |
| 熊本県立女子高等学校 | 402 |
| 熊本県立女子専門学校 | 399 |
| 熊本県立青年学校教員養成所 | 400 |
| **熊本県立第一高等学校** | 402 |
| 熊本県立第一高等学校 | 402 |
| 熊本県立第一高等女学校 | 402 |
| **熊本県立第二高等学校** | 403 |
| 熊本県立第二高等学校 | 403 |
| 熊本県立第二高等女学校 | 402 |
| **熊本県立大学** | 399 |
| 熊本県立大学 | 399 |
| 熊本県立中学済々黌 | 401 |
| 熊本県立中学済々黌 | 404 |
| 熊本県立中学済々黌天草分黌 | 401 |
| 熊本県立農業教員養成所 | 400 |
| **熊本工業高等学校** | 403 |
| 熊本工業高等学校 | 403 |
| 熊本工業専門学校 | 399 |
| 熊本工業専門学校 | 400 |
| 熊本工業大学 | 400 |
| 熊本工業大学 | 405 |
| 熊本工業大学高等学校 | 405 |
| 熊本工業短期大学 | 400 |
| 熊本工業短期大学 | 405 |
| 熊本工大高等学校 | 405 |
| 熊本高等家政女学校 | 403 |
| **熊本高等学校** | 403 |
| 熊本高等学校 | 403 |
| 熊本高等工業学校 | 399 |
| 熊本語学専門学校 | 399 |
| **熊本国府高等学校** | 403 |

| | | | |
|---|---|---|---|
| 熊本国府高等学校 | 403 | 熊本薬学専門学校 | 399 |
| 熊本師範学校 | 400 | 熊本薬学専門学校 | 400 |
| 熊本商科大学 | 399 | 汲沢高等学校 | 172 |
| 熊本商科大学付属高等学校 | 402 | **久美浜高等学校** | 266 |
| 熊本商業学校 | 403 | 久美浜高等学校 | 266 |
| **熊本商業高等学校** | 403 | 久美浜農学校 | 266 |
| 熊本商業高等学校 | 403 | **久御山高等学校** | 266 |
| 松島商業高等学校 | 406 | 久御山高等学校 | 266 |
| 熊本商業高等学校松島分校 | 406 | 久米河村農学校 | 318 |
| 熊本女学会 | 403 | **久米島高等学校** | 430 |
| 熊本女学校 | 403 | 久米島高等学校 | 430 |
| 熊本女子高等学校 | 403 | **久米田高等学校** | 280 |
| 熊本女子商業学校 | 403 | 久米田高等学校 | 280 |
| 熊本女子商業高等学校 | 403 | **公文国際学園高等部** | 165 |
| 熊本女子職業学校 | 403 | 公文国際学園高等部 | 165 |
| 熊本女子大学 | 399 | **クラーク記念国際高等学校** | 10 |
| 熊本女子短期大学 | 400 | クラーク記念国際高等学校 | 10 |
| 熊本市立高等学校 | 405 | **倉敷天城高等学校** | 329 |
| 熊本市立高等学校商業科 | 405 | 倉敷天城高等学校 | 329 |
| 熊本市立高等女学校 | 405 | **倉敷芸術科学大学** | 325 |
| 熊本市立実科高等女学校 | 405 | 倉敷芸術科学大学 | 325 |
| 熊本市立商業学校 | 403 | **倉敷工業高等学校** | 329 |
| 熊本市立商業高等学校 | 405 | 倉敷工業高等学校 | 329 |
| **熊本信愛女学院高等学校** | 403 | **倉敷高等学校** | 329 |
| 熊本信愛女学院高等学校 | 403 | 倉敷高等学校 | 329 |
| 熊本静瑰女学校 | 403 | 倉敷高等学校 | 330 |
| 熊本青年師範学校 | 400 | 倉敷高等女学校 | 330 |
| 熊本第一工業高等学校 | 401 | **倉敷古城池高等学校** | 329 |
| 熊本第一農業学校 | 403 | 倉敷古城池高等学校 | 329 |
| 熊本第二農業学校 | 400 | **くらしき作陽大学** | 325 |
| **熊本大学** | 399 | くらしき作陽大学 | 325 |
| 熊本大学 | 400 | 倉敷至誠高等学校 | 329 |
| 熊本短期大学 | 399 | 倉敷至誠高等学校（夜間部定時制課程） | 331 |
| **熊本中央高等学校** | 403 | 倉敷至誠高等学校日吉分校 | 330 |
| 熊本中央高等学校 | 403 | 倉敷至誠高等学校日吉分校 | 331 |
| 熊本中央実科高等女学校 | 403 | 倉敷商業学校 | 329 |
| 熊本中央女子高等学校 | 403 | **倉敷商業高等学校** | 329 |
| 熊本中学校 | 403 | 倉敷商業高等学校 | 329 |
| 熊本中学校玉名分校 | 404 | 倉敷女学校 | 332 |
| 熊本鉄道高等学校 | 401 | 倉敷市立倉敷保育専門学院 | 326 |
| **熊本電波工業高等専門学校** | 400 | **倉敷市立工業高等学校** | 329 |
| 熊本電波工業高等専門学校 | 400 | 倉敷市立工業高等学校 | 329 |
| 熊本電波高等学校 | 400 | **倉敷市立短期大学** | 326 |
| **熊本西高等学校** | 403 | 倉敷市立短期大学 | 326 |
| 熊本西高等学校 | 403 | **倉敷翠松高等学校** | 329 |
| 熊本農業学校 | 403 | 倉敷翠松高等学校 | 329 |
| 熊本農業学校球磨分校 | 405 | 倉敷精思高等学校 | 330 |
| **熊本農業高等学校** | 403 | **倉敷青陵高等学校** | 329 |
| 熊本農業高等学校 | 403 | 倉敷青陵高等学校 | 330 |
| **熊本フェイス学院高等学校** | 403 | **倉敷中央高等学校** | 330 |
| 熊本フェイス学院高等学校 | 403 | 倉敷中央高等学校 | 330 |
| **熊本保健科学大学** | 400 | **倉敷南高等学校** | 330 |
| 熊本保健科学大学 | 400 | 倉敷南高等学校 | 330 |
| **熊本マリスト学園高等学校** | 403 | **倉敷鷲羽高等学校** | 330 |
| 熊本マリスト学園高等学校 | 403 | 倉敷鷲羽高等学校 | 330 |
| 熊本無線電信講習所 | 400 | **倉岳高等学校** | 403 |
| 熊本薬学校 | 399 | 倉岳高等学校 | 403 |

| | | | |
|---|---:|---|---:|
| **鞍手高等学校** | 379 | 久留米工業大学 | 374 |
| 鞍手高等学校 | 379 | 久留米工業大学附属高等学校 | 387 |
| 鞍手商業高等学校 | 379 | 久留米工業短期大学 | 376 |
| 鞍手中学校 | 379 | 久留米工業短期大学附属工業高等学校 | 376 |
| 鞍手農業高等学校 | 379 | **久留米高等学校（東京・都）** | 135 |
| **鞍手竜徳高等学校** | 379 | 久留米高等学校 | 135 |
| 鞍手竜徳高等学校 | 379 | **久留米高等学校（福岡・県）** | 379 |
| 蔵前工業学校 | 135 | 久留米高等学校 | 379 |
| **蔵前工業高等学校** | 135 | 久留米高等学校 | 386 |
| 蔵前工業高等学校 | 135 | 久留米高等工業学校 | 376 |
| 蔵前工業新制高等学校 | 135 | 久留米高等淑徳女学校 | 379 |
| **倉吉北高等学校** | 317 | 久留米高等女学校 | 386 |
| 倉吉北高等学校 | 317 | 久留米師範学校 | 386 |
| 倉吉工業高等学校 | 317 | 久留米淑徳高等女学校 | 379 |
| 倉吉高等学校 | 318 | 久留米淑徳女学校 | 379 |
| 倉吉産業高等学校 | 317 | **久留米商業高等学校** | 379 |
| 倉吉実業高等学校 | 318 | 久留米商業高等学校 | 379 |
| **倉吉総合産業高等学校** | 317 | 久留米昭和女学校 | 379 |
| 倉吉総合産業高等学校 | 317 | 久留米昭和女子高等学校 | 379 |
| 倉吉第一高等学校 | 318 | 久留米女子職業学校 | 379 |
| 倉吉第二高等学校 | 318 | 久留米市立家政女学校 | 379 |
| 倉吉中学校 | 318 | 久留米市立女子高等学校 | 379 |
| **倉吉西高等学校** | 318 | **久留米信愛女学院高等学校** | 379 |
| 倉吉西高等学校 | 318 | 久留米信愛女学院高等学校 | 379 |
| 倉吉農学校 | 318 | **久留米信愛女学院短期大学** | 375 |
| **倉吉農業高等学校** | 318 | 久留米信愛女学院短期大学 | 375 |
| 倉吉農業高等学校 | 318 | 久留米尋常中学明善校 | 386 |
| **倉吉東高等学校** | 318 | 久留米尋常中学校 | 386 |
| 倉吉東高等学校 | 318 | **久留米大学** | 374 |
| 栗太農学校 | 256 | 久留米大学 | 374 |
| **栗野工業高等学校** | 425 | **久留米大学附設高等学校** | 379 |
| 栗野工業高等学校 | 425 | 久留米大学附設高等学校 | 379 |
| 栗野高等学校 | 425 | **久留米筑水高等学校** | 379 |
| **栗橋高等学校** | 96 | 久留米筑水高等学校 | 379 |
| 栗橋高等学校 | 96 | 久留米中学校 | 386 |
| **久里浜高等学校** | 165 | **久留米西高等学校** | 135 |
| 久里浜高等学校 | 165 | 久留米西高等学校 | 135 |
| **栗原高等学校** | 165 | 久留米農芸高等学校 | 379 |
| 栗原高等学校 | 165 | **呉青山高等学校** | 338 |
| **栗山高等学校** | 10 | 呉青山高等学校 | 338 |
| 栗山高等学校 | 10 | **呉工業高等専門学校** | 335 |
| 栗山高等裁縫学校 | 10 | 呉工業高等専門学校 | 335 |
| 栗山高等女学校 | 10 | **呉高等学校** | 338 |
| 栗山裁縫学校 | 10 | 呉高等学校 | 338 |
| 栗山実科高等女学校 | 10 | 呉高等学校 | 341 |
| クリュッペルハイム東星学園 | 142 | **呉商業高等学校** | 338 |
| **久留米学園高等学校** | 379 | 呉商業高等学校 | 338 |
| 久留米学園高等学校 | 379 | **呉昭和高等学校** | 338 |
| 久留米家政女学校 | 379 | 呉昭和高等学校 | 338 |
| 久留米簡易商業学校 | 379 | 呉女子短期大学 | 335 |
| 久留米工業学園短期大学 | 374 | 呉市立中学校 | 338 |
| 久留米工業高等学校 | 387 | 呉第一中学校 | 338 |
| **久留米工業高等専門学校** | 376 | 呉第二高等女学校 | 342 |
| 久留米工業高等専門学校 | 376 | 呉第三中学校 | 342 |
| 久留米工業専門学校 | 374 | **呉大学** | 334 |
| 久留米工業専門学校 | 376 | 呉大学 | 334 |
| **久留米工業大学** | 374 | **呉大学短期大学部** | 335 |

| 呉大学短期大学部 | 335 |
| --- | --- |
| 呉竹商業高等学校 | 244 |
| 呉中学校 | 338 |
| **呉羽高等学校** | 184 |
| 呉羽高等学校 | 184 |
| **呉三津田高等学校** | 338 |
| 呉三津田高等学校 | 338 |
| 呉三津田高等学校江田島分校 | 336 |
| **呉宮原高等学校** | 338 |
| 呉宮原高等学校 | 338 |
| **黒石高等学校** | 27 |
| 黒石高等学校 | 27 |
| 黒石高等学校藤崎分校 | 30 |
| 黒石高等女学校 | 27 |
| 黒石実科高等女学校 | 27 |
| **黒石商業高等学校** | 27 |
| 黒石商業高等学校 | 27 |
| **黒磯高等学校** | 79 |
| 黒磯高等学校 | 79 |
| 黒磯町立実践女学校 | 79 |
| **黒磯南高等学校** | 79 |
| 黒磯南高等学校 | 79 |
| **黒川高等学校** | 42 |
| 黒川高等学校 | 42 |
| **黒川高等学校大郷校** | 42 |
| 黒川高等学校大郷校 | 42 |
| 黒川高等学校大郷分校 | 42 |
| 黒川高等学校大谷分校 | 42 |
| 黒川高等学校大松沢分校 | 42 |
| 黒川高等学校大松沢分校 | 42 |
| 黒川農学校 | 42 |
| **黒木高等学校** | 379 |
| 黒木高等学校 | 379 |
| **黒沢尻北高等学校** | 34 |
| 黒沢尻北高等学校 | 35 |
| 黒沢尻工業学校 | 35 |
| **黒沢尻工業高等学校** | 35 |
| 黒沢尻工業高等学校 | 35 |
| 黒沢尻高等学校 | 34 |
| 黒沢尻高等学校 | 35 |
| 黒沢尻高等学校川尻分校 | 36 |
| 黒沢尻実科高等女子学校 | 34 |
| 黒沢尻女子高等学校 | 35 |
| 黒沢尻女子職業学校 | 34 |
| 黒沢尻女子農業学校 | 34 |
| 黒沢尻第一高等学校 | 34 |
| 黒沢尻第一高等学校 | 35 |
| 黒沢尻第一高等学校川尻分校 | 36 |
| 黒沢尻第二高等学校 | 34 |
| 黒沢尻中学校 | 35 |
| 黒沢尻農業高等学校 | 34 |
| 黒沢尻南高等学校 | 34 |
| 黒沢尻南高等学校川尻分校 | 36 |
| **黒瀬高等学校** | 338 |
| 黒瀬高等学校 | 338 |
| **黒羽高等学校** | 79 |
| 黒羽高等学校 | 79 |

| 黒山高等学校 | 285 |
| --- | --- |
| 黒山高等実践女学校 | 285 |
| 黒山高等女学校 | 285 |
| 黒山農学校 | 278 |
| 桑沢デザイン研究所 | 122 |
| 桑名英学塾 | 251 |
| **桑名北高等学校** | 251 |
| 桑名北高等学校 | 251 |
| 桑名郡立高等女学校 | 251 |
| **桑名工業高等学校** | 251 |
| 桑名工業高等学校 | 251 |
| **桑名高等学校** | 251 |
| 桑名高等学校 | 251 |
| 桑名高等女学校 | 251 |
| 桑名市立高等女学校 | 251 |
| 桑名市立実科高等女学校 | 251 |
| 桑名中学校 | 251 |
| 桑名町立裁縫女学校 | 251 |
| 桑名町立実業女学校 | 251 |
| 桑名町立青年学校女子部 | 251 |
| **桑名西高等学校** | 251 |
| 桑名西高等学校 | 251 |
| 薫英高等学校 | 276 |
| 薫英高等女学校 | 276 |
| 薫英女子学院 | 276 |
| 軍港裁縫女学院 | 166 |
| **訓子府高等学校** | 10 |
| 訓子府高等学校 | 11 |
| 群馬県安中高等女学校 | 84 |
| 群馬県伊勢崎染織学校 | 84 |
| 群馬県太田中学校 | 85 |
| 群馬県小泉農業学校 | 85 |
| 群馬県高等女学校 | 87 |
| 群馬県境高等女学校 | 84 |
| 群馬県境町実科高等女学校 | 84 |
| 群馬県実業補修学校教員養成所 | 83 |
| 群馬県師範学校 | 83 |
| 群馬県下仁田高等学校 | 86 |
| 群馬県尋常中学校 | 88 |
| 群馬県尋常中学校甘楽分校 | 87 |
| 群馬県尋常中学校群馬分校 | 87 |
| 群馬県尋常中学校多野分校 | 88 |
| 群馬県尋常中学校利根分校 | 88 |
| 群馬県高崎中学校 | 87 |
| 群馬県多野農業学校 | 88 |
| 群馬県玉村高等実科女学校 | 87 |
| 群馬県中学校 | 88 |
| 群馬県利根農業学校 | 87 |
| 群馬県富岡中学校 | 87 |
| 群馬県沼田高等学校女学校 | 88 |
| 群馬県農学校 | 88 |
| 群馬県前橋中学校 | 89 |
| 群馬県松井田高等実践女学校 | 89 |
| 群馬県松井田高等女学校 | 89 |
| **群馬県立県民健康科学大学** | 83 |
| 群馬県立県民健康科学大学 | 83 |
| 群馬県立工業学校 | 84 |

| 校名 | 頁 |
|---|---|
| 群馬県立高等女学校 | 87 |
| **群馬県立女子大学** | 83 |
| 群馬県立女子大学 | 83 |
| 群馬県立青年学校教員養成所 | 83 |
| **群馬県立中央高等学校** | 86 |
| 群馬県立中央高等学校 | 86 |
| 群馬県立農業学校 | 88 |
| **群馬工業高等専門学校** | 84 |
| 群馬工業高等専門学校 | 84 |
| 群馬師範学校 | 83 |
| **群馬社会福祉大学** | 83 |
| 群馬社会福祉大学 | 83 |
| **群馬社会福祉大学短期大学部** | 84 |
| 群馬社会福祉大学短期大学部 | 84 |
| 群馬社会福祉短期大学 | 84 |
| **群馬松嶺福祉短期大学** | 84 |
| 群馬松嶺福祉短期大学 | 84 |
| 群馬女子短期大学 | 84 |
| 群馬女子短期大学附属高等学校 | 86 |
| 群馬尋常師範学校 | 83 |
| 群馬青年師範学校 | 83 |
| **群馬大学** | 83 |
| 群馬大学 | 83 |
| **群馬パース学園短期大学** | 84 |
| 群馬パース学園短期大学 | 84 |
| 群馬パース看護短期大学 | 84 |
| **群馬パース大学** | 83 |
| 群馬パース大学 | 83 |

### 【け】

| 校名 | 頁 |
|---|---|
| **敬愛学園高等学校** | 108 |
| 敬愛学園高等学校 | 108 |
| 敬愛学園高等学校中学校 | 51 |
| 敬愛家政女学校 | 109 |
| 敬愛家政女学校 | 116 |
| 敬愛女子高等学校 | 286 |
| 敬愛女子専門学校 | 109 |
| 敬愛女子専門学校 | 116 |
| **敬愛大学** | 103 |
| 敬愛大学 | 103 |
| **敬愛大学八日市場高等学校** | 108 |
| 敬愛大学八日市場高等学校 | 109 |
| 敬愛短期大学 | 109 |
| 敬愛短期大学 | 116 |
| 慶應義塾 | 118 |
| **慶應義塾高等学校** | 165 |
| 慶應義塾高等学校 | 165 |
| **慶應義塾志木高等学校** | 96 |
| 慶應義塾志木高等学校 | 96 |
| **慶應義塾湘南藤沢高等部** | 165 |
| 慶應義塾湘南藤沢高等部 | 165 |
| **慶應義塾女子高等学校** | 135 |
| 慶應義塾女子高等学校 | 135 |
| 慶應義塾大学 | 118 |
| 慶應義塾大学 | 118 |
| 慶應義塾大学部 | 118 |
| 京王高等学校 | 142 |
| 京王商業学校 | 142 |
| 京華学園高等学校 | 135 |
| **京華高等学校** | 135 |
| 京華高等学校 | 135 |
| 京華高等女学校 | 135 |
| 京華商業学校 | 135 |
| **京華商業高等学校** | 135 |
| 京華商業高等学校 | 135 |
| **京華女子高等学校** | 135 |
| 京華女子高等学校 | 135 |
| 京華中学校 | 135 |
| 敬業館 | 352 |
| **啓光学園高等学校** | 280 |
| 啓光学園高等学校 | 280 |
| 稽古館 | 258 |
| **芸術総合高等学校** | 96 |
| 芸術総合高等学校 | 96 |
| **芸術緑丘高等学校** | 410 |
| 芸術緑丘高等学校 | 410 |
| **啓新高等学校** | 194 |
| 啓新高等学校 | 194 |
| **慶進高等学校** | 349 |
| 慶進高等学校 | 350 |
| **慶成高等学校** | 379 |
| 慶成高等学校 | 379 |
| **慶誠高等学校** | 403 |
| 慶誠高等学校 | 403 |
| 恵泉女学園 | 118 |
| **恵泉女学園園芸短期大学** | 160 |
| 恵泉女学園園芸短期大学 | 160 |
| **恵泉女学園高等学校** | 135 |
| 恵泉女学園高等学校 | 135 |
| 恵泉女学園高等部 | 118 |
| 恵泉女学園専門学校 | 118 |
| **恵泉女学園大学** | 118 |
| 恵泉女学園大学 | 118 |
| 恵泉女学園短期大学 | 160 |
| 恵泉女子農芸専門学校 | 118 |
| 啓知高等学校 | 379 |
| **敬徳高等学校** | 390 |
| 敬徳高等学校 | 390 |
| 京浜高等女学校 | 173 |
| 京浜女子家政理学専門学校 | 160 |
| 京浜女子高等学校 | 173 |
| 京浜女子商業学校 | 169 |
| 京浜女子商業高等学校 | 169 |
| 京浜女子大学 | 158 |
| 京浜女子大学高等部 | 164 |
| 京浜女子大学横浜高等学校 | 173 |
| 京浜女子短期大学 | 160 |
| 京浜女子短期大学附属高等学校 | 164 |
| 京浜女子短期大学横浜高等学校 | 173 |
| 京浜横浜高等学校 | 173 |

| 校名 | 頁 |
|---|---|
| **慶風高等学校** | 314 |
| 慶風高等学校 | 314 |
| 京北学園 | 135 |
| **京北学園白山高等学校** | 135 |
| 京北学園白山高等学校 | 135 |
| **京北高等学校** | 135 |
| 京北高等学校 | 135 |
| 京北実業学校 | 135 |
| 京北商業高等学校 | 135 |
| 京北尋常中学校 | 135 |
| 京北中学校 | 135 |
| **瓊浦高等学校** | 395 |
| 瓊浦高等学校 | 395 |
| 瓊浦高等女学校 | 395 |
| 瓊浦崎中学校 | 398 |
| 瓊浦女学校 | 395 |
| 瓊浦女子高等学校 | 395 |
| **啓明学院高等学校** | 297 |
| 啓明学院高等学校 | 297 |
| **啓明学園高等学校** | 135 |
| 啓明学園高等学校 | 136 |
| 啓明学園高等女学部 | 136 |
| 啓明学園中学部 | 136 |
| 啓明女学院 | 297 |
| 啓明女学院高等学校 | 297 |
| 芸陽海員学校 | 335 |
| **京葉工業高等学校** | 109 |
| 京葉工業高等学校 | 109 |
| **京葉高等学校** | 109 |
| 京葉高等学校 | 109 |
| 芸陽高等学校 | 336 |
| 芸陽商船学校 | 335 |
| **敬和学園高等学校** | 177 |
| 敬和学園高等学校 | 177 |
| **敬和学園大学** | 174 |
| 敬和学園大学 | 174 |
| 気仙沼家政高等学校 | 43 |
| **気仙沼高等学校** | 42 |
| 気仙沼高等学校 | 42 |
| 気仙沼高等女学校 | 42 |
| **気仙沼向洋高等学校** | 42 |
| 気仙沼向洋高等学校 | 42 |
| 気仙沼実科高等女学校 | 42 |
| 気仙沼女子高等学校 | 42 |
| **気仙沼女子高等学校** | 43 |
| 気仙沼女子高等学校 | 43 |
| 気仙沼水産学校 | 42 |
| 気仙沼水産高等学校 | 42 |
| 気仙沼中学校 | 42 |
| **気仙沼西高等学校** | 43 |
| 気仙沼西高等学校 | 43 |
| 気高高等学校 | 317 |
| 毛馬内高等学校 | 51 |
| **検見川高等学校** | 109 |
| 検見川高等学校 | 109 |
| **玄界高等学校** | 379 |
| 玄界高等学校 | 379 |
| **健康科学大学** | 196 |
| 健康科学大学 | 196 |
| 建国工業学校 | 280 |
| **建国高等学校** | 280 |
| 建国高等学校 | 280 |
| 建国高等女学校 | 280 |
| 研心学園 | 156 |
| 顕道女学院 | 265 |
| 乾徳高等学校 | 195 |
| **剣淵高等学校** | 11 |
| 剣淵高等学校 | 11 |
| **賢明学院高等学校** | 280 |
| 賢明学院高等学校 | 280 |
| **賢明女子学院高等学校** | 297 |
| 賢明女子学院高等学校 | 297 |
| **賢明女子学院短期大学** | 292 |
| 賢明女子学院短期大学 | 292 |
| **県陽高等学校** | 96 |
| 県陽高等学校 | 96 |
| **玄洋高等学校** | 379 |
| 玄洋高等学校 | 379 |
| **県立長崎シーボルト大学** | 392 |
| 県立長崎シーボルト大学 | 392 |
| **県立新潟女子短期大学** | 175 |
| 県立新潟女子短期大学 | 175 |
| **県立広島女子大学** | 334 |
| **県立広島大学** | 334 |
| 県立広島大学 | 334 |

【こ】

| 校名 | 頁 |
|---|---|
| 小石川工業学校 | 136 |
| 小石川工業高等学校 | 136 |
| 小石川工業高等学校 | 136 |
| 小石川高等学校 | 136 |
| 小石川高等学校 | 136 |
| 小石川高等女学校 | 152 |
| 小石川中等教育学校 | 136 |
| 小石川中等教育学校 | 136 |
| 小泉農業高等学校 | 85 |
| 小出高等学校 | 177 |
| 小出高等学校 | 177 |
| 小岩高等学校 | 136 |
| 小岩高等学校 | 136 |
| 興亜工業大学 | 104 |
| 興亜専門学校 | 117 |
| 興亜専門学校 | 125 |
| 光塩学園家政専門学校 | 3 |
| **光塩学園女子短期大学** | 3 |
| 光塩学園女子短期大学 | 3 |
| 光塩学校 | 352 |
| 光塩高等女学校 | 136 |
| 光塩女学校 | 136 |
| 光塩女子学院 | 136 |

| 校名 | 頁 |
|---|---|
| 光塩女子学院高等科 | 136 |
| 光塩女子学院高等科 | 136 |
| 皐会 | 127 |
| 航海測量習練所 | 136 |
| **晃華学園高等学校** | 136 |
| 晃華学園高等学校 | 136 |
| 工学院 | 136 |
| 工学院工業学校 | 136 |
| 工学院高等学校 | 136 |
| 工学院第一工業学校 | 136 |
| 工学院第二工業学校 | 136 |
| **工学院大学** | 118 |
| 工学院大学 | 118 |
| 工学院大学高等学校 | 136 |
| **工学院大学附属高等学校** | 136 |
| 工学院大学附属高等学校 | 136 |
| 講学館 | 339 |
| **弘学館高等学校** | 390 |
| 弘学館高等学校 | 390 |
| 講学所 | 339 |
| 工学専門部 | 39 |
| 光華高等学校 | 265 |
| 口加高等学校 | 394 |
| **口加高等学校** | 395 |
| 口加高等学校 | 395 |
| 甲賀高等学校 | 258 |
| 口加高等学校小浜分校 | 394 |
| 口加高等学校北有馬分校 | 393 |
| 甲賀高等学校甲南校舎 | 256 |
| 甲賀高等学校信楽校舎 | 256 |
| 光華高等女学校 | 265 |
| 口加高等女学校 | 395 |
| 光華女学校 | 168 |
| 光華女子専門学校 | 262 |
| 光華女子大学 | 260 |
| 光華女子大学短期大学部 | 262 |
| 光華女子短期大学 | 262 |
| 皇學館 | 248 |
| **皇學館高等学校** | 251 |
| 皇學館高等学校 | 251 |
| **皇學館大学** | 248 |
| 皇學館大学 | 248 |
| 皇學館大學 | 248 |
| 耕教学舎 | 117 |
| 攻玉社 | 126 |
| 攻玉社 | 136 |
| 攻玉社工学校 | 126 |
| **攻玉社工科短期大学** | 126 |
| 攻玉社工科短期大学 | 126 |
| **攻玉社高等学校** | 136 |
| 攻玉社高等学校 | 136 |
| 攻玉社短期大学 | 126 |
| 攻玉塾 | 126 |
| 攻玉塾 | 136 |
| 航空科学専門学校 | 159 |
| 航空工学学校 | 244 |
| 航空工業学校 | 112 |
| 航空工業学校 | 287 |
| 航空工業学校 | 305 |
| 航空発動機練習所 | 198 |
| 講研所 | 243 |
| **興國高等学校** | 280 |
| 興國高等学校 | 280 |
| 興國商業学校 | 280 |
| 興國商業高等学校 | 280 |
| **甲佐高等学校** | 403 |
| 甲佐高等学校 | 403 |
| 甲佐高等女学校 | 403 |
| 孝山塾青年学校 | 373 |
| **甲子園学院高等学校** | 297 |
| **甲子園短期大学** | 292 |
| 甲子園学院高等学校 | 297 |
| 甲子園高等女学校 | 297 |
| **甲子園大学** | 290 |
| 甲子園大学 | 290 |
| 甲子園短期大学 | 292 |
| **高志館高等学校** | 390 |
| 高志館高等学校 | 390 |
| **高志高等学校（新潟・市）** | 177 |
| 高志高等学校 | 177 |
| **高志高等学校（福井・県）** | 194 |
| 高志高等学校 | 195 |
| 合志東部農業補習学校 | 404 |
| **麴町学園女子高等学校** | 136 |
| 麴町学園女子高等学校 | 136 |
| 麴町高等実践女学校 | 151 |
| 麴町高等女学校 | 136 |
| 麴町女学校 | 136 |
| 工手学校 | 136 |
| 甲種熊谷農学校 | 96 |
| 甲種小県蚕業学校 | 204 |
| 興讓館 | 58 |
| 興讓館 | 330 |
| **興讓館高等学校** | 330 |
| 興讓館高等学校 | 330 |
| 鴻城義塾 | 354 |
| **向上高等学校** | 165 |
| 向上高等学校 | 165 |
| 光城女学院 | 352 |
| 鴻城中学校 | 354 |
| **神津高等学校** | 136 |
| 神津高等学校 | 136 |
| 高津高等女学校 | 168 |
| 高津実科高等女学校 | 168 |
| 高津中学校 | 280 |
| 甲西会 | 340 |
| **光星学院高等学校** | 25 |
| **光星学院高等学校** | 27 |
| 光星学院高等学校 | 27 |
| **光星学院野辺地西高等学校** | 27 |
| 光星学院野辺地西高等学校 | 27 |
| 光星学院野辺地工業高等学校 | 27 |
| **佼成学園高等学校** | 136 |
| 佼成学園高等学校 | 136 |

| | |
|---|---|
| **佼成学園女子高等学校** ……………………… 136 | 高知県立第三中学校 …………………………… 369 |
| 佼成学園女子高等学校 …………………………… 136 | 高知県立第三中学校 …………………………… 372 |
| 興成義塾 …………………………………………… 349 | 高知県立第四中学校 …………………………… 372 |
| 興誠航空工業学校 ………………………………… 221 | 高知県立中学海南学校 ………………………… 370 |
| **興誠高等学校** ………………………………… 221 | **高知工科大学** ………………………………… 369 |
| 興誠高等学校 ……………………………………… 221 | 高知工科大学 ……………………………………… 369 |
| **甲西高等学校** ………………………………… 256 | 高知工業学校 ……………………………………… 370 |
| 甲西高等学校 ……………………………………… 256 | **高知工業高等学校** …………………………… 370 |
| 興誠商業高等学校 ………………………………… 221 | 高知工業高等学校 ………………………………… 370 |
| 興誠中学校 ………………………………………… 221 | **高知工業高等専門学校** ……………………… 369 |
| **光泉高等学校** ………………………………… 256 | 高知工業高等専門学校 ………………………… 369 |
| 光泉高等学校 ……………………………………… 256 | **河内高等学校** ………………………………… 338 |
| **高蔵寺高等学校** ……………………………… 239 | 河内高等学校 ……………………………………… 338 |
| 高蔵寺高等学校 …………………………………… 239 | 高知高等学校 ……………………………………… 369 |
| **幸田高等学校** ………………………………… 239 | **高知高等学校** ………………………………… 370 |
| 幸田高等学校 ……………………………………… 239 | 高知高等学校 ……………………………………… 370 |
| 高知医科大学 ……………………………………… 369 | 高知高等女学校 …………………………………… 371 |
| 高知園芸高等学校 ………………………………… 372 | 高知師範学校 ……………………………………… 369 |
| **高知追手前高等学校** ………………………… 370 | 高知城東中学校 …………………………………… 370 |
| 高知追手前高等学校 ……………………………… 370 | 高知女学会 ………………………………………… 371 |
| 高知追手前高等学校（定時制課程） …………… 370 | 高知女学校 ………………………………………… 372 |
| 高知追手前高等学校上八川分校 ………………… 370 | 高知女子高等学校 ………………………………… 371 |
| **高知追手前高等学校吾北分校** ……………… 370 | **高知女子大学** ………………………………… 369 |
| 高知追手前高等学校吾北分校 …………………… 370 | 高知女子大学 ……………………………………… 369 |
| **高知小津高等学校** …………………………… 370 | 高知市立工芸高等学校 ………………………… 370 |
| 高知小津高等学校 ………………………………… 370 | 高知新制高等学校 ………………………………… 370 |
| 高知小津高等学校（通信制課程） ……………… 370 | 高知青年師範学校 ………………………………… 369 |
| **高知海洋高等学校** …………………………… 370 | 高知第一高等女学校 …………………………… 371 |
| 高知海洋高等学校 ………………………………… 370 | **高知大学** ……………………………………… 369 |
| **高知学園短期大学** …………………………… 369 | 高知大学 …………………………………………… 369 |
| 高知学園短期大学 ………………………………… 369 | **高知短期大学** ………………………………… 369 |
| **高知学芸高等学校** …………………………… 370 | 高知短期大学 ……………………………………… 369 |
| 高知学芸高等学校 ………………………………… 370 | **高知中央高等学校** …………………………… 370 |
| **高知北高等学校** ……………………………… 370 | 高知中央高等学校 ………………………………… 371 |
| 高知北高等学校 …………………………………… 370 | 高知中学校 ………………………………………… 370 |
| 高知共立学校 ……………………………………… 372 | **高知西高等学校** ……………………………… 371 |
| 高知県安芸郡中芸高等学校 ……………………… 372 | 高知西高等学校 …………………………………… 371 |
| 高知県窪川農業学校 ……………………………… 370 | **高知農業高等学校** …………………………… 371 |
| 高知県窪川農業高等学校 ………………………… 370 | 高知農業高等学校 ………………………………… 371 |
| 高知県高等女学校 ………………………………… 371 | 高知農業高等学校香北分校（定時制） ………… 370 |
| 高知県師範学校附属変則中学校 ………………… 370 | 高知農業高等学校本山分校 ……………………… 373 |
| 高知県私立中学海南学校 ………………………… 370 | 高知農業高等学校森分校 ………………………… 373 |
| 高知県尋常中学海南学校 ………………………… 370 | **高知東工業高等学校** ………………………… 371 |
| 高知県尋常中学校 ………………………………… 370 | 高知東工業高等学校 ……………………………… 371 |
| 高知県尋常中学校女子部 ………………………… 371 | **高知東高等学校** ……………………………… 371 |
| 高知県第一中学校 ………………………………… 370 | 高知東高等学校 …………………………………… 371 |
| 高知県中学校 ……………………………………… 370 | **高知丸の内高等学校** ………………………… 371 |
| 高知県中芸高等学校 ……………………………… 372 | 高知丸の内高等学校 ……………………………… 371 |
| 高知県中村高等学校津大分校（昼間定時制） … 372 | **高知南高等学校** ……………………………… 371 |
| 高知県農業学校 …………………………………… 371 | 高知南高等学校 …………………………………… 371 |
| 高知県立高等女学校 ……………………………… 371 | 高知室戸高等学校 ………………………………… 372 |
| 高知県立高等女学校 ……………………………… 372 | 江津工業学校 ……………………………………… 321 |
| 高知県立女子医学専門学校 ……………………… 369 | **江津工業高等学校** …………………………… 321 |
| 高知県立女子専門学校 …………………………… 369 | 江津工業高等学校 ………………………………… 321 |
| 高知県立第一中学校分校 ………………………… 369 | 江津工芸学校 ……………………………………… 321 |
| 高知県立第二中学校 ……………………………… 369 | **江津高等学校** ………………………………… 321 |
| 高知県立第二中学校 ……………………………… 370 | 江津高等学校 ……………………………………… 321 |

| 校名 | 頁 |
|---|---|
| 江津高等学校 | 406 |
| **高津高等学校（大阪・府）** | 280 |
| 高津高等学校 | 280 |
| 江津高等実業女学校 | 321 |
| 江津女子高等学校 | 321 |
| **香寺高等学校** | 297 |
| 香寺高等学校 | 297 |
| 高等東女学校 | 277 |
| 高等英学校 | 288 |
| 高等学院 | 262 |
| 高等家政女学校 | 265 |
| 弘道館 | 258 |
| 弘道館 | 344 |
| 高等師範学校 | 67 |
| 高等師範学校 | 117 |
| 高等商業学校 | 121 |
| 高等商業学校附属外国語学校 | 121 |
| **江東商業高等学校** | 136 |
| 江東商業高等学校 | 136 |
| 高等商船学校 | 121 |
| 高等商船学校 | 291 |
| 高等湘南女学院 | 166 |
| 江東女子商業新制高等学校 | 136 |
| 高等聖家族女学校 | 297 |
| 高等成蹊女学校 | 278 |
| 高等洋裁学院 | 59 |
| 江南義塾 | 35 |
| **江南義塾盛岡高等学校** | 35 |
| 江南義塾盛岡高等学校 | 35 |
| **興南高等学校** | 430 |
| 興南高等学校 | 430 |
| **光南高等学校** | 62 |
| 光南高等学校 | 62 |
| **江南高等学校** | 239 |
| 江南高等学校 | 239 |
| **甲賀高等学校（滋賀・県）** | 256 |
| 甲賀高等学校 | 256 |
| **甲南高等学校（兵庫・私）** | 297 |
| 甲南高等学校 | 297 |
| **甲南高等学校（鹿児島・県）** | 425 |
| 甲南高等学校 | 425 |
| 甲賀高等学校信楽分校 | 256 |
| 甲南高等女学校 | 297 |
| **甲南女子高等学校** | 297 |
| 甲南女子高等学校 | 297 |
| **甲南女子大学** | 290 |
| 甲南女子大学 | 290 |
| 江南女子短期大学 | 233 |
| 甲南女子農学校 | 256 |
| 甲南女子農学校 | 258 |
| **港南造形高等学校** | 280 |
| 港南造形高等学校 | 280 |
| **甲南大学** | 290 |
| 甲南大学 | 290 |
| **港南台高等学校** | 165 |
| 港南台高等学校 | 165 |
| 甲南中学校 | 297 |
| 甲南町立高等技芸女学校 | 256 |
| 甲奴農業専修学校 | 339 |
| **江の川高等学校** | 321 |
| 江の川高等学校 | 321 |
| 河野高等技芸院 | 350 |
| **鴻巣高等学校** | 96 |
| 鴻巣高等学校 | 96 |
| 鴻巣高等女学校 | 96 |
| 鴻巣裁縫専修所 | 96 |
| 鴻巣実科高等女学校 | 96 |
| 鴻巣実修女学校 | 96 |
| **鴻巣女子高等学校** | 96 |
| 鴻巣女子高等学校 | 96 |
| **国府台高等学校** | 109 |
| 国府台高等学校 | 109 |
| 国府台高等女子学校 | 109 |
| **国府台女子学院高等部** | 109 |
| 国府台女子学院高等部 | 109 |
| 国府台女子高等学校 | 109 |
| 興風中学校 | 349 |
| 甲府学問所徽典館（江戸昌平黌の分校） | 196 |
| 甲府工業学校 | 197 |
| **甲府工業高等学校** | 197 |
| 甲府工業高等学校 | 197 |
| 甲府工芸学校 | 197 |
| **国府高等学校** | 239 |
| 国府高等学校 | 239 |
| 甲府高等女学校 | 198 |
| 甲府商業学校 | 197 |
| **甲府商業高等学校** | 197 |
| 甲府商業高等学校 | 197 |
| **甲府城西高等学校** | 197 |
| 甲府城西高等学校 | 197 |
| **甲府昭和高等学校** | 197 |
| 甲府昭和高等学校 | 197 |
| 甲府女子商業学校 | 198 |
| 甲府市立商業高等学校 | 197 |
| **甲府第一高等学校** | 197 |
| 甲府第一高等学校 | 197 |
| **甲府第二高等学校** | 198 |
| 甲府第二商業学校 | 197 |
| 甲府中学校 | 197 |
| **甲府西高等学校** | 198 |
| 甲府西高等学校 | 198 |
| **甲府東高等学校** | 198 |
| 甲府東高等学校 | 198 |
| **甲府南高等学校** | 198 |
| 甲府南高等学校 | 198 |
| **甲府湯田高等学校** | 198 |
| 甲府湯田高等学校 | 198 |
| 神戸育英義塾 | 295 |
| 神戸英和女学校 | 290 |
| **神戸海星女子学院高等学校** | 297 |
| 神戸海星女子学院高等学校 | 297 |
| **神戸海星女子学院大学** | 290 |
| 神戸海星女子学院大学 | 290 |
| 神戸学院女子高等学校 | 297 |

| 校名 | 頁 |
|---|---|
| **神戸学院大学** | 290 |
| 神戸学院大学 | 290 |
| **神戸学院大学附属高等学校** | 297 |
| 神戸学院大学附属高等学校 | 297 |
| 神戸家政女学校 | 299 |
| **神戸北高等学校** | 297 |
| 神戸北高等学校 | 297 |
| 神戸欽松高等学校 | 298 |
| **神戸経済大学** | 291 |
| 神戸経済大学予科 | 291 |
| **神戸芸術工科大学** | 290 |
| 神戸芸術工科大学 | 290 |
| **神戸工科高等学校** | 297 |
| 神戸工科高等学校 | 297 |
| **神戸工業高等学校** | 298 |
| 神戸工業高等学校 | 298 |
| 神戸工業専門学校 | 291 |
| 神戸高等家政女学校 | 298 |
| 神戸高等家政女学校 | 299 |
| **神戸高等学校（兵庫・県）** | 298 |
| 神戸高等学校 | 298 |
| 神戸高等学校 | 305 |
| 神戸高等工業学校 | 291 |
| 神戸高等商業学校 | 291 |
| 神戸高等商船学校 | 121 |
| 神戸高等商船学校 | 291 |
| 神戸高等女学校 | 298 |
| 神戸高等女学校 | 299 |
| **神戸甲北高等学校** | 298 |
| 神戸甲北高等学校 | 298 |
| **神戸弘陵学園高等学校** | 298 |
| 神戸弘陵学園高等学校 | 298 |
| **神戸国際高等学校** | 298 |
| 神戸国際高等学校 | 298 |
| **神戸国際大学** | 290 |
| 神戸国際大学 | 290 |
| **神戸国際大学附属高等学校** | 298 |
| 神戸国際大学附属高等学校 | 298 |
| **神戸市外国語大学** | 290 |
| 神戸市外国語大学 | 290 |
| **神戸市看護大学** | 290 |
| 神戸市看護大学 | 290 |
| 神戸実践女学校 | 298 |
| 神戸実践女子商業学校 | 298 |
| 神戸師範学校 | 291 |
| **神戸松蔭女子学院大学** | 290 |
| 神戸松蔭女子学院大学 | 290 |
| **神戸松蔭女子学院大学短期大学部** | 292 |
| 神戸松蔭女子学院大学短期大学部 | 292 |
| 神戸松蔭女子学院短期大学 | 292 |
| 神戸商科大学 | 292 |
| 神戸商業学校 | 298 |
| 神戸商業講習所 | 298 |
| **神戸商業高等学校** | 298 |
| 神戸商業高等学校 | 298 |
| 神戸商業大学 | 291 |
| 神戸商業大学予科 | 291 |
| 神戸商船大学 | 291 |
| **神戸情報大学院大学** | 290 |
| 神戸情報大学院大学 | 290 |
| 神戸女学院 | 290 |
| **神戸女学院高等学部** | 298 |
| 神戸女学院高等学部 | 298 |
| **神戸女学院大学** | 290 |
| 神戸女学院大学 | 290 |
| 神戸女子高等技芸学校 | 298 |
| 神戸女子商業学校 | 299 |
| 神戸女子商業高等学校 | 298 |
| 神戸女子神学校 | 293 |
| **神戸女子大学** | 291 |
| 神戸女子大学 | 291 |
| **神戸女子短期大学** | 292 |
| 神戸女子短期大学 | 292 |
| 神戸女子薬学校 | 291 |
| 神戸女子薬学専門学校 | 291 |
| 神戸女子薬科大学 | 291 |
| 神戸市立外事専門学校 | 290 |
| **神戸市立科学技術高等学校** | 298 |
| 神戸市立科学技術高等学校 | 298 |
| 神戸市立看護短期大学 | 290 |
| **神戸市立工業高等専門学校** | 293 |
| 神戸市立工業高等専門学校 | 293 |
| 神戸市立商業学校 | 301 |
| 神戸市立第一機械工業学校 | 298 |
| 神戸市立第一工業学校 | 298 |
| 神戸市立第一女子商業学校 | 301 |
| 神戸市立第一神港商業学校 | 301 |
| 神戸市立第一中学校 | 305 |
| 神戸市立第一北神商業学校 | 305 |
| 神戸市立第二高等女学校 | 301 |
| 神戸市立第二女子商業学校 | 297 |
| 神戸市立第二電気工業学校 | 298 |
| **神戸親和女子大学** | 291 |
| 神戸親和女子大学 | 291 |
| **神戸星城高等学校** | 298 |
| 神戸星城高等学校 | 298 |
| 神戸成徳高等女学校 | 299 |
| **神戸第一高等学校** | 298 |
| 神戸第一高等学校 | 298 |
| 神戸大学 | 291 |
| 神戸大学 | 291 |
| **神戸高塚高等学校** | 298 |
| 神戸高塚高等学校 | 298 |
| 神戸中学校 | 298 |
| 神戸中学校 | 305 |
| **神戸常盤女子高等学校** | 298 |
| 神戸常盤女子高等学校 | 299 |
| **神戸常盤短期大学** | 292 |
| 神戸常盤短期大学 | 292 |
| 神戸ドレスメーカー女学院 | 292 |
| **神戸西高等学校** | 299 |
| 神戸西高等学校 | 299 |
| **神戸野田高等学校** | 299 |
| 神戸野田高等学校 | 299 |

| 校名 | 頁 | 校名 | 頁 |
|---|---|---|---|
| 神戸野田高等女学校 | 299 | 向陽高等学校（名古屋・市） | 239 |
| 神戸ファッション造形大学 | 291 | 向陽高等学校 | 239 |
| 神戸ファッション造形大学 | 291 | 向陽高等学校（京都・府） | 266 |
| 神戸文化短期大学 | 292 | 向陽高等学校 | 266 |
| 神戸文化短期大学 | 292 | 向陽高等学校（和歌山・県） | 314 |
| 神戸村野工業学校 | 299 | 向陽高等学校 | 314 |
| 神戸村野工業高等学校 | 299 | 向陽高等学校（長崎・私） | 395 |
| 神戸村野工業高等学校 | 299 | 向陽高等学校 | 395 |
| 神戸森高等学校 | 297 | 向陽高等学校（沖縄・県） | 430 |
| 神戸薬科大学 | 291 | 向陽高等学校 | 430 |
| 神戸薬科大学 | 291 | 高陽高等学校 | 338 |
| 神戸山手女子高等学校 | 299 | 高陽高等学校 | 338 |
| 神戸山手女子高等学校 | 299 | 興陽実業学校 | 330 |
| 神戸山手女子短期大学 | 292 | 向陽台高等学校 | 280 |
| 神戸山手大学 | 291 | 向陽台高等学校 | 280 |
| 神戸山手大学 | 291 | 向陽台高等学校 | 283 |
| 神戸山手短期大学 | 292 | 甲陽中学校 | 299 |
| 神戸山手短期大学 | 292 | 高陽東高等学校 | 338 |
| 神戸夢野台高等学校 | 305 | 高陽東高等学校 | 338 |
| 神戸夢野台高等学校 | 307 | 香蘭高等学校 | 356 |
| 神戸龍谷高等学校 | 299 | 香蘭高等学校 | 356 |
| 神戸龍谷高等学校 | 299 | 香蘭女学校 | 137 |
| 高朋高等学校 | 184 | 香蘭女学校高等学校 | 137 |
| 高朋高等学校 | 184 | 香蘭女学校高等学校 | 137 |
| 江北高等学校 | 136 | 香蘭女学校高等部 | 137 |
| 江北高等学校 | 136 | 香蘭女子短期大学 | 375 |
| 港北高等学校 | 165 | 香蘭女子短期大学 | 375 |
| 港北高等学校 | 165 | 香里丘高等学校 | 280 |
| 江北中学校 | 136 | 香里丘高等学校 | 280 |
| 小海高等学校 | 205 | 公立医学所 | 232 |
| 小海高等学校 | 205 | 公立医学校 | 232 |
| 港南高等学校 | 280 | 公立はこだて未来大学 | 1 |
| 光明学園 | 166 | 公立はこだて未来大学 | 1 |
| 河守高等学校 | 263 | 光陵高等学校（神奈川・県） | 165 |
| 河守蚕業学校 | 263 | 光陵高等学校 | 165 |
| 河守農業学校 | 263 | 光陵高等学校（福岡・県） | 380 |
| 河守農業高等学校 | 263 | 光陵高等学校 | 380 |
| 河守農蚕業学校 | 263 | 向陵高等学校 | 27 |
| 高野山高等学校 | 314 | 向陵高等学校 | 27 |
| 高野山高等学校 | 314 | 広陵高等学校 | 312 |
| 高野山古義大学林 | 313 | 広陵高等学校 | 338 |
| 高野山大学 | 313 | 広陵高等学校 | 338 |
| 高野山大学 | 313 | 江陵高等学校 | 11 |
| 高野中学林 | 314 | 江陵高等学校 | 11 |
| 高山高等学校 | 217 | 甲陵高等学校（北杜・市） | 198 |
| 高山高等学校 | 425 | 甲陵高等学校 | 198 |
| 高山高等学校 | 425 | 甲陵高等学校（鹿児島・県） | 425 |
| 高山高等女学校 | 425 | 甲陵高等学校 | 425 |
| 高山村立女子実業補習学校 | 425 | 紅陵高等学校 | 143 |
| 甲陽学院高等学校 | 299 | 高稜高等学校 | 379 |
| 甲陽学院高等学校 | 299 | 高稜高等学校 | 379 |
| 晃陽学園高等学校 | 70 | 広陵女学校 | 352 |
| 晃陽学園高等学校 | 70 | 光陵女子短期大学 | 233 |
| 江陽学舎 | 370 | 光陵女子短期大学 | 233 |
| 興陽高等学校 | 330 | 広陵中学校 | 338 |
| 興陽高等学校 | 330 | 郡山北工業高等学校（定時制普通科） | 62 |
| 向洋高等学校 | 416 | 郡山北工業高等学校 | 62 |

| 校名 | 頁 | 校名 | 頁 |
|---|---|---|---|
| 郡山北工業高等学校 | 62 | 小金井高等学校 | 137 |
| 郡山工業学校 | 62 | 小金井新制高等学校 | 137 |
| 郡山工業高等学校 | 62 | 小金高等学校 | 109 |
| **郡山高等学校（福島・県）** | 62 | 小金高等学校 | 109 |
| 郡山高等学校 | 62 | **粉河高等学校** | 314 |
| **郡山高等学校（奈良・県）** | 309 | 粉河高等学校 | 314 |
| 郡山高等学校 | 309 | 粉河高等女学校 | 314 |
| 郡山高等女学校 | 62 | 粉河中学校 | 314 |
| 郡山実業補習学校 | 62 | 古義真言宗中学林 | 314 |
| 郡山実践女学校 | 62 | 古義真言宗聯合高等学校 | 261 |
| **郡山商業高等学校** | 62 | 古義真言宗聯合中学校 | 269 |
| 郡山商業高等学校 | 62 | 五教館 | 394 |
| 郡山城東高等学校 | 309 | 國學院 | 118 |
| 郡山女子高等学校 | 62 | **國學院高等学校** | 137 |
| 郡山女子専門学院 | 58 | 國學院高等学校 | 137 |
| 郡山女子専門学院 | 59 | 國學院女子短期大学 | 3 |
| 郡山女子専門学院 | 62 | **國學院大學** | 118 |
| **郡山女子大学** | 58 | 國學院大學 | 118 |
| 郡山女子大学 | 58 | 國學院大學 | 137 |
| **郡山女子大学短期大学部** | 59 | **國學院大學久我山高等学校** | 137 |
| 郡山女子大学短期大学部 | 59 | 國學院大學久我山高等学校 | 137 |
| **郡山女子大学附属高等学校** | 62 | **國學院大學栃木高等学校** | 79 |
| 郡山女子大学附属高等学校 | 62 | 國學院大學栃木高等学校 | 79 |
| 郡山女子短期大学 | 59 | **國學院大學栃木短期大学** | 76 |
| 郡山短期大学附属高等学校 | 62 | 國學院大學栃木短期大学 | 76 |
| 郡山中学校 | 309 | **國學院短期大学** | 3 |
| 郡山町立実科高等女学校 | 309 | 國學院短期大学 | 3 |
| 郡山西工業高等学校 | 62 | **国学館高等学校** | 51 |
| 郡山農業高等学校 | 309 | 国学館高等学校 | 51 |
| **郡山東高等学校** | 62 | 国際医学総合技術学院 | 211 |
| 郡山東高等学校 | 62 | **国際医療福祉大学** | 76 |
| **郡山萌世高等学校** | 62 | 国際医療福祉大学 | 76 |
| 郡山萌世高等学校 | 62 | 国際外国語学校 | 126 |
| 郡山予備校 | 309 | **国際開洋第一高等学校** | 221 |
| 古河工業学校 | 70 | 国際開洋第一高等学校 | 221 |
| 古河高等学校 | 70 | **国際開洋第二高等学校** | 314 |
| **古賀高等学校** | 380 | 国際開洋第二高等学校 | 314 |
| 古賀高等学校 | 380 | **国際学院高等学校** | 96 |
| 古河高等女学校 | 70 | 国際学院高等学校 | 96 |
| 古河実科高等女学校 | 70 | **国際学院埼玉短期大学** | 91 |
| 古河商業学校 | 70 | 国際学院埼玉短期大学 | 91 |
| 古河女子高等学校 | 70 | **国際教養大学** | 48 |
| 五ヶ瀬高等学校 | 414 | 国際教養大学 | 48 |
| 五ヶ瀬中学校 | 414 | **国際基督教大学** | 118 |
| **五ヶ瀬中等教育学校** | 414 | 国際基督教大学 | 118 |
| 五ヶ瀬中等教育学校 | 414 | **国際基督教大学高等学校** | 137 |
| **古河第一高等学校** | 70 | 国際基督教大学高等学校 | 137 |
| 古河第一高等学校 | 70 | 国際商科大学 | 90 |
| **古河第二高等学校** | 70 | **国際大学** | 174 |
| 古河第二高等学校 | 70 | 国際大学 | 174 |
| **古河第三高等学校** | 70 | **国際短期大学** | 126 |
| 古河第三高等学校 | 71 | 国際短期大学 | 126 |
| 古河町立女子技芸学校 | 70 | **国際仏教学大学院大学** | 118 |
| **小金井北高等学校** | 137 | 国際仏教学大学院大学 | 118 |
| 小金井北高等学校 | 137 | **国際武道大学** | 103 |
| **小金井工業高等学校** | 137 | 国際武道大学 | 103 |
| 小金井工業高等学校 | 137 | 国士舘高等学校 | 137 |

| 校名 | 頁 |
|---|---|
| **国士舘高等学校** | 137 |
| **国士舘大学** | 118 |
| 国士舘大学 | 118 |
| **国分高等学校（鹿児島・県）** | 425 |
| 国分高等学校 | 425 |
| 国分高等女学校 | 425 |
| 国分実科高等女学校 | 425 |
| 国分実業高等学校 | 425 |
| 国分商業学校 | 425 |
| **国分中央高等学校** | 425 |
| 国分中央高等学校 | 425 |
| 国分農業学校 | 425 |
| **国分高等学校（千葉・県）** | 109 |
| 国分高等学校 | 109 |
| **国分寺高等学校** | 137 |
| 国分寺高等学校 | 137 |
| 小倉園芸高等学校 | 380 |
| 小倉外事専門学校 | 373 |
| 小倉工業学校 | 380 |
| **小倉工業高等学校** | 380 |
| 小倉工業高等学校 | 380 |
| **小倉高等学校** | 380 |
| 小倉高等学校 | 380 |
| 小倉高等女学校 | 380 |
| 小倉商業学校 | 380 |
| **小倉商業高等学校** | 380 |
| 小倉商業高等学校 | 380 |
| 小倉女子高等学校 | 380 |
| 小倉女子商業学校 | 386 |
| 小倉女子商業高等学校 | 379 |
| 小倉中央高等学校 | 385 |
| 小倉中学校 | 380 |
| 小倉中学校 | 383 |
| **小倉西高等学校** | 380 |
| 小倉西高等学校 | 380 |
| **小倉東高等学校** | 380 |
| 小倉東高等学校 | 380 |
| **小倉南高等学校** | 380 |
| 小倉南高等学校 | 380 |
| **呉港高等学校** | 338 |
| 呉港高等学校 | 339 |
| 呉港中学校 | 339 |
| 小牛田農林学校 | 43 |
| **小牛田農林高等学校** | 43 |
| 小牛田農林高等学校 | 43 |
| **湖西高等学校** | 221 |
| 湖西高等学校 | 221 |
| **小坂井高等学校** | 239 |
| 小坂井高等学校 | 239 |
| **小坂高等学校** | 51 |
| 小坂高等学校 | 51 |
| 小坂高等学校毛馬内校 | 51 |
| 小坂実科高等女学校 | 51 |
| **コザ高等学校** | 430 |
| コザ高等学校 | 430 |
| コザ高等学校 | 431 |
| **古座高等学校** | 314 |

| 校名 | 頁 |
|---|---|
| 古座高等学校 | 314 |
| コザ高等学校喜名分校 | 432 |
| コザ高等学校野嵩分校 | 431 |
| 古座高等女学校 | 314 |
| 古座実業学校 | 314 |
| コザ地区中等学院 | 430 |
| **越谷北高等学校** | 96 |
| 越谷北高等学校 | 96 |
| **越ヶ谷高等学校** | 96 |
| 越ヶ谷高等学校 | 96 |
| 越ヶ谷高等女学校 | 96 |
| 越ヶ谷実践女学校 | 96 |
| 越ヶ谷女子高等学校 | 96 |
| **越谷総合技術高等学校** | 96 |
| 越谷総合技術高等学校 | 96 |
| 越ヶ谷町立実科女学校 | 96 |
| **越谷西高等学校** | 96 |
| 越谷西高等学校 | 97 |
| **越谷東高等学校** | 97 |
| 越谷東高等学校 | 97 |
| **越谷南高等学校** | 97 |
| 越谷南高等学校 | 97 |
| 古志郡長岡尋常中学校 | 180 |
| 児島高等学校 | 330 |
| **小清水高等学校** | 11 |
| 小清水高等学校 | 11 |
| **五条高等学校** | 239 |
| 五条高等学校 | 239 |
| **五條高等学校** | 309 |
| 五條高等学校 | 309 |
| **五條高等学校賀名生分校** | 309 |
| 五條高等学校賀名生分校 | 309 |
| 五條高等女学校 | 309 |
| 御城高等女学校 | 74 |
| 五條実科高等女学校 | 309 |
| 五條実業学校 | 309 |
| 五條中学校 | 309 |
| **五城目高等学校** | 51 |
| 五城目高等学校 | 51 |
| 五所川原家政学院高等学校 | 27 |
| 五所川原家庭寮 | 27 |
| **五所川原工業高等学校** | 27 |
| 五所川原工業高等学校 | 27 |
| **五所川原高等学校** | 27 |
| 五所川原高等学校 | 27 |
| 五所川原高等学校鶴田分校 | 28 |
| 五所川原高等学校水元分校 | 28 |
| 五所川原高等学校水元分校鶴田分室 | 28 |
| 五所川原高等女学校 | 27 |
| 五所川原実科高等女学校 | 27 |
| 五所川原実業高等学院 | 27 |
| 五所川原実業女学校 | 27 |
| 五所川原商業学校 | 27 |
| **五所川原商業高等学校** | 27 |
| 五所川原商業高等学校 | 27 |
| 五所川原女子高等学校 | 27 |
| 五所川原女子実業補修学校 | 27 |

| 校名 | 頁 |
|---|---|
| **五所川原第一高等学校** | 27 |
| 五所川原第一高等学校 | 27 |
| 五所川原農業学校 | 27 |
| **五所川原農林高等学校** | 27 |
| 五所川原農林高等学校 | 27 |
| 五所川原農林高等学校金木分校 | 26 |
| 五所川原農林高等学校七和分校 | 27 |
| 五所川原農林高等学校藤崎分校 | 30 |
| **五所川原東高等学校** | 27 |
| 五所川原東高等学校 | 27 |
| 御所女子技芸学校 | 310 |
| **御所野学院高等学校** | 51 |
| 御所野学院高等学校 | 51 |
| **不来方高等学校** | 35 |
| 不来方高等学校 | 35 |
| **小杉高等学校** | 184 |
| 小杉高等学校 | 184 |
| 小杉農学校 | 184 |
| 小杉農業公民学校 | 184 |
| 御所工業学校 | 309 |
| **御所工業高等学校** | 309 |
| 御所工業高等学校 | 309 |
| 御所工業高等学校 | 310 |
| 御所高等学校 | 309 |
| 御所高等学校 | 310 |
| 御所高等女学校 | 310 |
| 御所実業高等学校 | 309 |
| 御所女子技芸学校 | 310 |
| 御所農業高等学校 | 309 |
| 御所農業高等学校 | 310 |
| **御所東高等学校** | 309 |
| 御所東高等学校 | 309 |
| **五泉高等学校** | 177 |
| 五泉高等学校 | 177 |
| 五泉実業高等学校 | 177 |
| 五泉実業公民学校 | 177 |
| 五泉商業高等学校 | 177 |
| 五泉尋常高等小学校 | 177 |
| 五泉町五泉実業公民学校 | 177 |
| 五泉農商補習学校 | 177 |
| **小平高等学校** | 137 |
| 小平高等学校 | 137 |
| **小平西高等学校** | 137 |
| 小平西高等学校 | 137 |
| **小平南高等学校** | 137 |
| 小平南高等学校 | 137 |
| **児玉高等学校** | 97 |
| 児玉高等学校 | 97 |
| 児玉高等女学校 | 97 |
| 児玉農工高等学校 | 97 |
| **児玉白楊高等学校** | 97 |
| 児玉白楊高等学校 | 97 |
| **古知野高等学校** | 239 |
| 古知野高等学校 | 239 |
| 古知野高等学校 | 246 |
| 古知野高等実践女学校 | 246 |
| **犢橋高等学校** | 109 |

| 校名 | 頁 |
|---|---|
| 犢橋高等学校 | 109 |
| **御殿場高等学校** | 221 |
| 御殿場高等学校 | 222 |
| 御殿場高等学校小山分校 | 221 |
| 御殿場高等学校小山分校 | 222 |
| 御殿場実業学校 | 222 |
| **御殿場西高等学校** | 222 |
| 御殿場西高等学校 | 222 |
| 御殿場農学校 | 222 |
| **御殿場南高等学校** | 222 |
| 御殿場南高等学校 | 222 |
| **五島海陽高等学校** | 395 |
| 五島海陽高等学校 | 395 |
| **五島高等学校** | 395 |
| 五島高等学校 | 395 |
| 五島高等学校 | 398 |
| 五島高等学校岐宿分校 | 395 |
| 五島高等学校富江分校 | 397 |
| 五島高等学校奈留分校 | 398 |
| 五島商業高等学校 | 395 |
| 五島中学校 | 395 |
| 後藤簿記珠算塾 | 413 |
| **五島南高等学校** | 395 |
| 五島南高等学校 | 395 |
| 琴浦高等学校 | 330 |
| 琴浦女学校 | 294 |
| 琴浦女子高等学校 | 294 |
| **琴丘高等学校** | 299 |
| 琴丘高等学校 | 299 |
| 琴似高等学校 | 12 |
| **琴平高等学校** | 360 |
| 琴平高等学校 | 360 |
| 琴平高等女学校 | 360 |
| **湖南高等学校** | 62 |
| 湖南高等学校 | 62 |
| 湖南高等学校（瀬田校舎） | 257 |
| 湖南高等学校草津校舎 | 256 |
| 湖南高等学校瀬田校舎 | 257 |
| **湖南農業高等学校** | 256 |
| 湖南農業高等学校 | 256 |
| 小西写真専門学校 | 122 |
| 古仁屋家政女学院 | 425 |
| **古仁屋高等学校** | 425 |
| 古仁屋高等学校 | 425 |
| 古仁屋実業高等学校 | 425 |
| 古仁屋青年学校 | 425 |
| 古仁屋町実業高等学校 | 425 |
| 小根占実業学校 | 427 |
| **此花学院高等学校** | 280 |
| 此花学院高等学校 | 280 |
| 此花工業学校 | 280 |
| 此花工業高等学校 | 280 |
| 此花商業学校 | 280 |
| 此花商業高等学校 | 280 |
| **此花総合高等学校** | 280 |
| 此花総合高等学校 | 280 |
| 五戸高等学校 | 27 |

| 校名 | 頁 |
|---|---|
| 五戸高等学校 | 27 |
| 五戸女子実業公民学校 | 27 |
| 五戸町五戸実業公民学校 | 27 |
| **小林工業高等学校** | 414 |
| 小林工業高等学校 | 415 |
| **小林高等学校** | 415 |
| 小林高等学校 | 415 |
| 小林高等経理学校 | 415 |
| 小林高等商業学校 | 415 |
| 小林高等女学校 | 415 |
| **小林商業高等学校** | 415 |
| 小林商業高等学校 | 415 |
| 小林聖心女子学院 | 299 |
| **小林聖心女子学院高等学校** | 299 |
| 小林聖心女子学院高等学校 | 299 |
| 小林中学校 | 415 |
| 小林町立実科高等女学校 | 415 |
| **小林西高等学校** | 415 |
| 小林西高等学校 | 415 |
| 小富士高等学校 | 366 |
| 御坊商業学校 | 314 |
| 御坊商工高等学校 | 314 |
| **湖北高等学校** | 109 |
| 湖北高等学校 | 109 |
| 湖北高等学校 | 255 |
| **狛江高等学校** | 137 |
| 狛江高等学校 | 137 |
| **駒ヶ根工業高等学校** | 205 |
| 駒ヶ根工業高等学校 | 205 |
| **小牧工業高等学校** | 239 |
| 小牧工業高等学校 | 239 |
| **小牧高等学校** | 239 |
| 小牧高等学校 | 239 |
| 小牧高等学校古知野分校 | 239 |
| 小牧高等女学校 | 239 |
| **小牧南高等学校** | 239 |
| 小牧南高等学校 | 239 |
| **巨摩高等学校** | 198 |
| 巨摩高等学校 | 198 |
| 巨摩高等女学校 | 198 |
| **駒込高等学校** | 137 |
| 駒込高等学校 | 137 |
| 駒込中学校 | 137 |
| **駒澤学園女子高等学校** | 137 |
| 駒澤学園女子高等学校 | 137 |
| 駒澤高等女学校 | 118 |
| 駒澤高等女学校 | 137 |
| **駒澤女子大学** | 118 |
| 駒澤女子大学 | 118 |
| **駒澤女子短期大学** | 126 |
| 駒澤女子短期大学 | 126 |
| **駒澤大学** | 118 |
| 駒澤大学 | 119 |
| **駒澤大学高等学校** | 137 |
| 駒澤大学高等学校 | 137 |
| 駒澤大学苫小牧短期大学 | 1 |
| **駒澤大学附属岩見沢高等学校** | 11 |
| 駒澤大学附属岩見沢高等学校 | 11 |
| **駒澤大学附属苫小牧高等学校** | 11 |
| 駒澤大学附属苫小牧高等学校 | 11 |
| **駒澤短期大学** | 126 |
| 駒澤短期大学 | 126 |
| **小松川高等学校** | 137 |
| 小松川高等学校 | 137 |
| 小松川高等女学校 | 137 |
| **小松北高等学校** | 190 |
| 小松北高等学校 | 190 |
| 小松工業学校 | 190 |
| **小松工業高等学校** | 190 |
| 小松工業高等学校 | 190 |
| **小松高等学校（石川・県）** | 190 |
| 小松高等学校 | 190 |
| **小松高等学校（愛媛・県）** | 365 |
| 小松高等学校 | 365 |
| 小松高等学校寺井分校 | 191 |
| 小松高等女学校 | 190 |
| 小松実科高等女学校 | 190 |
| 小松実業高等学校 | 190 |
| 小松実用女学校 | 365 |
| **小松島高等学校** | 356 |
| 小松島高等学校 | 356 |
| 小松島高等学校園芸科教室 | 356 |
| 小松島高等女学校 | 356 |
| 小松島実業学校 | 356 |
| **小松島西高等学校** | 356 |
| 小松島西高等学校 | 356 |
| 小松島農学校 | 356 |
| 小松島農業高等学校園芸科教室 | 356 |
| 小松商業学校 | 190 |
| **小松商業高等学校** | 190 |
| 小松商業高等学校 | 190 |
| **小松市立高等学校** | 190 |
| 小松市立高等学校 | 190 |
| 小松市立女子高等学校 | 190 |
| **小松短期大学** | 188 |
| 小松短期大学 | 188 |
| 小松中学校 | 190 |
| 小松町立実用女学校 | 365 |
| 小松町立商業学校 | 190 |
| 小松農学校 | 190 |
| 小松農業高等学校 | 190 |
| **小松原高等学校** | 97 |
| 小松原高等学校 | 97 |
| **小松原女子高等学校** | 97 |
| 小松原女子高等学校 | 97 |
| **小松明峰高等学校** | 190 |
| 小松明峰高等学校 | 190 |
| **駒場学園高等学校** | 137 |
| 駒場学園高等学校 | 137 |
| **駒場高等学校** | 137 |
| 駒場高等学校 | 137 |
| 駒場高等学校 | 146 |
| **駒場東邦高等学校** | 137 |
| 駒場東邦高等学校 | 137 |

こみかとこ　校名索引

| 校名 | 頁 |
|---|---|
| 小御門校舎 | 109 |
| 小御門農学校 | 110 |
| 小御門農業高等学校 | 109 |
| 小御門農業高等学校 | 110 |
| 米ノ津高等専修学院 | 421 |
| **菰野高等学校** | 251 |
| 菰野高等学校 | 251 |
| 小諸工業学校 | 205 |
| **小諸高等学校** | 205 |
| 小諸高等学校 | 205 |
| 小諸高等女学校 | 205 |
| 小諸実業高等学校 | 205 |
| 小諸商業学校 | 205 |
| **小諸商業高等学校** | 205 |
| 小諸商業高等学校 | 205 |
| 小諸商工学校 | 205 |
| 子安高等学校 | 365 |
| 子安中学校 | 365 |
| **五領ヶ台高等学校** | 165 |
| 五領ヶ台高等学校 | 165 |
| 挙母高等学校 | 243 |
| 挙母女学校 | 243 |
| **衣台高等学校** | 239 |
| 衣台高等学校 | 239 |
| 挙母西高等学校 | 243 |
| 挙母東高等学校 | 243 |
| **金光大阪高等学校** | 280 |
| 金光大阪高等学校 | 281 |
| **金光学園高等学校** | 330 |
| 金光学園高等学校 | 330 |
| 金剛学園高等学校 | 107 |
| **金剛学園高等学校** | 281 |
| 金剛学園高等学校 | 281 |
| 金剛学園高等専修学校 | 107 |
| 金光高等学校 | 330 |
| **金剛高等学校** | 281 |
| 金剛高等学校 | 281 |
| 金光第一高等学校 | 281 |
| 金光第一高等学校八尾学舎 | 281 |
| 金光中学校 | 330 |
| **金光藤蔭高等学校** | 281 |
| 金光藤蔭高等学校 | 281 |
| **金光八尾高等学校** | 281 |
| 金光八尾高等学校 | 281 |

【さ】

| 校名 | 頁 |
|---|---|
| 西海学園高等学校 | 395 |
| 西海学園高等学校 | 395 |
| 西海中学校 | 395 |
| **佐伯鶴城高等学校** | 410 |
| 佐伯鶴城高等学校 | 410 |
| **佐伯高等学校** | 339 |
| 佐伯高等学校 | 339 |
| 佐伯高等学校 | 411 |
| 佐伯高等女学校 | 410 |
| 佐伯実科高等女学校 | 410 |
| 佐伯実科女学校 | 410 |
| 佐伯第一高等学校 | 410 |
| 佐伯第二高等学校 | 410 |
| 佐伯中学校 | 410 |
| **佐伯鶴岡高等学校** | 410 |
| 佐伯鶴岡高等学校 | 410 |
| 佐伯農業高等学校 | 410 |
| **佐伯豊南高等学校** | 410 |
| 佐伯豊南高等学校 | 410 |
| **犀峡高等学校** | 205 |
| 犀峡高等学校 | 205 |
| **西京高等学校（京都・市）** | 266 |
| 西京高等学校 | 266 |
| **西京高等学校（山口・県）** | 350 |
| 西京高等学校 | 350 |
| 西京商業高等学校 | 266 |
| 西京大学 | 261 |
| 再春館 | 399 |
| 西条北高等学校 | 365 |
| 西城高等学校 | 339 |
| **西条高等学校** | 365 |
| 西条高等学校 | 365 |
| 西城高等女学校 | 339 |
| 西条高等女学校 | 365 |
| **西城紫水高等学校** | 339 |
| 西城紫水高等学校 | 339 |
| 西条実科高等女学校 | 337 |
| 西条実業女学校 | 365 |
| 西条女学校 | 337 |
| 西条第一高等学校 | 365 |
| 西条第二高等学校 | 365 |
| 西条中学校 | 365 |
| 西条中学校今治分校 | 364 |
| 西条農学校 | 339 |
| 西条農業学校 | 366 |
| **西条農業高等学校（広島・県）** | 339 |
| 西条農業高等学校 | 339 |
| **西条農業高等学校（愛媛・県）** | 366 |
| 西条農業高等学校 | 366 |
| 西条南高等学校 | 365 |
| 西条南高等学校 | 366 |
| 裁緒女学校 | 86 |
| 済生学舎 | 123 |
| **西大寺高等学校** | 330 |
| 西大寺高等学校 | 330 |
| 西大寺高等女学校 | 330 |
| 西大寺女学校 | 330 |
| 西大寺女子高等学校 | 330 |
| **埼玉医科大学** | 90 |
| 埼玉医科大学 | 90 |
| **埼玉医科大学短期大学** | 91 |
| 埼玉医科大学短期大学 | 91 |
| 埼玉英和学校 | 101 |
| **埼玉学園大学** | 90 |

| | | | |
|---|---:|---|---:|
| 埼玉学園大学 | 90 | 埼玉県羽生実業高等学校 | 100 |
| 埼玉県岩槻高等学校 | 92 | 埼玉県飯能実科高等女学校 | 100 |
| 埼玉県岩槻実業学校 | 92 | 埼玉県深谷高等女学校 | 101 |
| 埼玉県岩槻実業高等学校 | 92 | 埼玉県深谷女子高等学校 | 101 |
| 埼玉県浦和商業学校 | 93 | 埼玉県本庄中学校 | 101 |
| 埼玉県浦和商業高等学校 | 93 | 埼玉県松山高等女学校 | 102 |
| 埼玉県大宮北高等学校 | 93 | 埼玉県松山実科高等女学校 | 102 |
| 埼玉県大宮工業学校 | 93 | 埼玉県皆野高等学校 | 102 |
| 埼玉県大宮工業高等学校 | 93 | 埼玉県寄居高等学校（定時制） | 102 |
| 埼玉県大宮高等学校 | 94 | 埼玉県立商業学校 | 101 |
| 埼玉県大宮高等女学校 | 93 | 埼玉県立青年学校教員養成所 | 90 |
| 埼玉県大宮商業高等学校 | 94 | **埼玉県立大学** | 90 |
| 埼玉県大宮女子高等学校 | 93 | 埼玉県立大学 | 90 |
| 埼玉県大宮女子高等学校 | 94 | 埼玉県立農林学校 | 99 |
| 埼玉県大宮女子商業学校 | 94 | 埼玉工業高等学校 | 90 |
| 埼玉県大宮市立高等学校 | 94 | **埼玉工業大学** | 90 |
| 埼玉県大宮第一高等学校 | 93 | 埼玉工業大学 | 90 |
| 埼玉県大宮第一高等学校 | 94 | 埼玉工業大学深谷高等学校 | 98 |
| 埼玉県大宮西高等学校 | 94 | 埼玉高等学校 | 97 |
| 埼玉県忍工業高等学校 | 98 | 埼玉児玉実科高等女学校 | 97 |
| 埼玉県忍高等学校 | 98 | **埼玉栄高等学校** | 97 |
| 埼玉県忍実業学校 | 98 | 埼玉栄高等学校 | 97 |
| 埼玉県忍商業学校 | 98 | 埼玉師範学校 | 90 |
| 埼玉県春日部高等学校岩槻分校 | 92 | **埼玉純真女子短期大学** | 91 |
| 埼玉県川口商業高等学校 | 95 | 埼玉純真女子短期大学 | 91 |
| 埼玉県川越実科高等女学校 | 95 | 埼玉女子高等学校 | 97 |
| 埼玉県川越商業学校 | 95 | **埼玉女子短期大学** | 91 |
| 埼玉県川越商業高等学校 | 95 | 埼玉女子短期大学 | 91 |
| 埼玉県川越市立工業学校 | 95 | 埼玉尋常中学校 | 101 |
| 埼玉県川越市立高等学校 | 95 | 埼玉青年師範学校 | 90 |
| 埼玉県川越市立高等女学校 | 95 | 埼玉第一高等学校 | 94 |
| 埼玉県北埼玉郡忍町立実科高等女学校 | 98 | **埼玉大学** | 90 |
| 埼玉県北埼玉郡忍町立商業学校 | 98 | 埼玉大学 | 90 |
| 埼玉県行田高等学校 | 98 | **埼玉短期大学** | 91 |
| 埼玉県熊谷商業学校 | 96 | 埼玉短期大学 | 91 |
| 埼玉県高等女学校 | 93 | 埼玉中学校 | 101 |
| 埼玉県児玉高等女学校 | 97 | **埼玉平成高等学校** | 97 |
| 埼玉県児玉農学校 | 97 | 埼玉平成高等学校 | 97 |
| 埼玉県児玉農業高等学校 | 97 | 埼玉和英学校 | 101 |
| 埼玉県実業補修学校教員養成所 | 90 | 斎藤裁縫塾 | 56 |
| 埼玉県師範学校 | 90 | 斎藤女学館 | 179 |
| 埼玉県菖蒲高等学校 | 98 | **西都商業高等学校** | 415 |
| 埼玉県第一尋常中学校 | 93 | 西都商業高等学校 | 415 |
| 埼玉県第一中学校 | 93 | 西伯高等女学校 | 319 |
| 埼玉県第二尋常中学校 | 96 | **済美高等学校（愛媛・私）** | 366 |
| 埼玉県第三尋常中学校 | 95 | 済美高等学校 | 366 |
| 埼玉県第三中学校 | 95 | 済美高等女学校 | 366 |
| 埼玉県第四中学校 | 94 | 済美女学校 | 366 |
| 埼玉県玉川高等学校 | 99 | 済美女子高等学校 | 215 |
| 埼玉県秩父高等学校 | 99 | 裁縫手芸編物伝習所 | 161 |
| 埼玉県所沢工業学校 | 99 | 裁縫松操学校 | 47 |
| 埼玉県所沢工業高等学校 | 100 | 裁縫女学校 | 96 |
| 埼玉県所沢高等学校 | 100 | 裁縫女学校 | 99 |
| 埼玉県所沢高等女学校 | 100 | 佐伯郡立工業徒弟学校 | 342 |
| 埼玉県所沢実科高等女学校 | 100 | 佐伯産業高等学校 | 411 |
| 埼玉県所沢商業学校 | 99 | 蔵王工業高等学校 | 54 |
| 埼玉県羽生実業学校 | 100 | **蔵王高等学校（宮城・県）** | 43 |

| | | | |
|---|---|---|---|
| 蔵王高等学校 | 43 | 堺西高等学校 | 281 |
| **蔵王高等学校（山形・私）** | 54 | 坂井農学校 | 194 |
| 蔵王高等学校 | 54 | **坂井農業高等学校** | 194 |
| **佐織工業高等学校** | 239 | 坂井農業高等学校 | 194 |
| 佐織工業高等学校 | 239 | **堺東高等学校** | 281 |
| 佐賀旭高等学校 | 391 | 堺東高等学校 | 281 |
| 佐賀旭高等女学校 | 391 | 境町実践女学校 | 84 |
| 堺愛泉女学校 | 281 | 境町女子実業補習学校 | 84 |
| 佐賀医科大学 | 388 | 境港工業高等学校 | 318 |
| 境中学校 | 71 | **境港総合技術高等学校** | 318 |
| **堺上高等学校** | 281 | 境港総合技術高等学校 | 318 |
| 堺上高等学校 | 281 | **坂上高等学校** | 350 |
| 坂井郡立女子実業学校 | 196 | 坂上高等学校 | 350 |
| 坂井郡立農学校 | 194 | **栄北高等学校** | 97 |
| 堺県師範学校分局郡山学校 | 309 | 栄北高等学校 | 97 |
| **堺工科高等学校** | 281 | **寒河江工業高等学校** | 54 |
| 堺工科高等学校 | 281 | 寒河江工業高等学校 | 54 |
| 堺工業学校 | 281 | **寒河江高等学校** | 54 |
| **境高等学校（茨城・県）** | 71 | 寒河江高等学校 | 54 |
| 境高等学校 | 71 | 北海道栄高等学校 | 21 |
| 境高等学校 | 84 | 寒河江中学校 | 54 |
| 境高等学校 | 85 | **栄東高等学校** | 97 |
| **境高等学校（鳥取・県）** | 318 | 栄東高等学校 | 97 |
| 境高等学校 | 318 | **佐賀学園高等学校** | 390 |
| 堺高等学校 | 281 | 佐賀学園高等学校 | 390 |
| 境高等女学校 | 84 | 佐賀家政大学 | 388 |
| 堺高等女学校 | 283 | **坂城高等学校** | 205 |
| 堺師範学校分校郡山学校 | 309 | 坂城高等学校 | 205 |
| 堺女学校 | 283 | **佐賀北高等学校** | 390 |
| **堺女子高等学校** | 281 | 佐賀北高等学校 | 390 |
| 堺女子高等学校 | 281 | 坂城農業高等学校 | 205 |
| 堺女子手芸学校 | 281 | 佐賀県簡易農学校 | 391 |
| **堺女子短期大学** | 274 | 佐賀県工業学校 | 390 |
| 堺女子短期大学 | 274 | 佐賀県佐賀中学校 | 390 |
| 堺職工学校 | 281 | 佐賀県佐賀中学校 | 391 |
| 境水産高等学校 | 318 | 佐賀県尋常中学校鹿島分校 | 389 |
| 堺中学校 | 283 | 佐賀県立工業学校有田分校 | 388 |
| 堺中学校 | 288 | 佐賀県立商船工業学校 | 390 |
| 坂出工業学校 | 360 | 佐賀県立商船工業学校分校 | 390 |
| **坂出工業高等学校** | 360 | 佐賀県立第一中学校小城分校 | 389 |
| 坂出工業高等学校 | 360 | 佐賀県立第二高等学校 | 389 |
| **坂出高等学校** | 360 | 佐賀県立第三中学校 | 390 |
| 坂出高等学校 | 360 | 佐賀県立農学校 | 391 |
| 坂出高等学校商業科 | 360 | 佐賀工業学校 | 390 |
| 坂出実修高等学校 | 360 | **佐賀工業高等学校** | 390 |
| 坂出商業学校 | 360 | 佐賀工業高等学校 | 390 |
| **坂出商業高等学校** | 360 | 佐賀高等学校 | 388 |
| 坂出商業高等学校 | 360 | 佐賀高等学校 | 390 |
| 坂出商工高等学校 | 360 | 佐賀高等学校 | 391 |
| 坂出女子高等学校 | 360 | 佐賀高等裁縫女学校 | 391 |
| 坂出女子実業学校 | 360 | 佐賀高等実業女学校 | 391 |
| **坂出第一高等学校** | 360 | 佐賀高等女学校 | 390 |
| 坂出第一高等学校 | 360 | 佐賀高等女学校 | 391 |
| 坂出和洋裁縫女学校 | 360 | 佐賀高等無線電信学校 | 392 |
| **境西高等学校** | 71 | 佐賀裁縫女学校 | 391 |
| 境西高等学校 | 71 | **坂下高等学校（岐阜・県）** | 215 |
| 堺西高等学校 | 281 | 坂下高等学校 | 215 |

| 校名 | 頁 |
|---|---|
| 坂下実業高等学校 | 215 |
| 坂下女子高等学校 | 215 |
| 佐賀実業高等学校 | 390 |
| 佐賀師範学校 | 388 |
| 佐賀商業学校 | 390 |
| **佐賀商業高等学校** | 390 |
| 佐賀商業高等学校 | 390 |
| 佐賀商業高等学校杵島分校大町校舎 | 390 |
| 佐賀商業高等学校江北校舎 | 390 |
| 佐賀女子高等学校 | 391 |
| **佐賀女子短期大学** | 388 |
| 佐賀女子短期大学 | 388 |
| **佐賀女子短期大学付属佐賀女子高等学校** | 390 |
| 佐賀女子短期大学付属佐賀女子高等学校 | 391 |
| 佐賀青年師範学校 | 388 |
| **佐賀清和高等学校** | 391 |
| 佐賀清和高等学校 | 391 |
| 佐賀第一高等学校 | 390 |
| 佐賀第一高等学校 | 391 |
| 佐賀第二高等学校 | 390 |
| 佐賀第二高等学校 | 391 |
| **佐賀大学** | 388 |
| 佐賀大学 | 388 |
| 酒田家政高等学校 | 56 |
| 酒田家政女学校 | 56 |
| **酒田北高等学校** | 54 |
| 酒田北高等学校 | 54 |
| **酒田工業高等学校** | 54 |
| 酒田工業高等学校 | 54 |
| 酒田高等学校 | 55 |
| 酒田高等女学校 | 55 |
| 酒田実科高等女学校 | 54 |
| 酒田商業学校 | 54 |
| **酒田商業高等学校** | 54 |
| 酒田商業高等学校 | 54 |
| 酒田商工高等学校 | 54 |
| 酒田女子高等学校 | 56 |
| 酒田尋常高等小学校附設商業補習学校 | 54 |
| 酒田第一高等学校 | 55 |
| 酒田第二高等学校 | 54 |
| 酒田第三高等学校 | 55 |
| 酒田琢成高等女学校 | 54 |
| **酒田中央高等学校** | 54 |
| 酒田中央高等学校 | 54 |
| 酒田中学琢成校 | 55 |
| 酒田中学校 | 55 |
| 酒田町立高等女学校 | 54 |
| 酒田天真女学校 | 56 |
| **酒田西高等学校** | 54 |
| 酒田西高等学校 | 55 |
| **酒田東高等学校** | 55 |
| 酒田東高等学校 | 55 |
| **酒田南高等学校** | 55 |
| 酒田南高等学校 | 55 |
| **佐賀短期大学** | 388 |
| 佐賀短期大学 | 388 |
| 佐賀中央工業高等学校 | 392 |
| 佐賀中学校 | 389 |
| 佐賀中学校 | 390 |
| 佐賀中学校 | 391 |
| 佐賀中学校小城分校 | 389 |
| 佐賀中学校三養基分校 | 392 |
| 佐賀電波工業高等学校 | 392 |
| **坂戸高等学校** | 97 |
| 坂戸高等学校 | 97 |
| **坂戸西高等学校** | 97 |
| 坂戸西高等学校 | 97 |
| **佐賀西高等学校** | 391 |
| 佐賀西高等学校 | 391 |
| 坂ノ市高等女学校 | 409 |
| **佐賀農業高等学校** | 391 |
| 佐賀農業高等学校 | 391 |
| 佐賀農芸高等学校 | 390 |
| **嵯峨野高等学校** | 266 |
| 嵯峨野高等学校 | 266 |
| 嵯峨野高等女学校 | 266 |
| **佐賀関高等学校** | 410 |
| 佐賀関高等学校 | 410 |
| **佐賀東高等学校** | 391 |
| 佐賀東高等学校 | 391 |
| 嵯峨美術短期大学 | 262 |
| 佐賀変則中学校 | 390 |
| 佐賀変則中学校 | 391 |
| **相模大野高等学校** | 165 |
| 相模大野高等学校 | 165 |
| 相模工業高等学校 | 166 |
| 相模工業大学 | 158 |
| 相模女子商業学校 | 165 |
| **相模女子大学** | 158 |
| 相模女子大学 | 158 |
| 相模女子大学高等学校 | 165 |
| **相模女子大学高等部** | 165 |
| 相模女子大学高等部 | 165 |
| **相模女子大学短期大学部** | 160 |
| 相模女子大学短期大学部 | 160 |
| 相模台工業高等学校 | 163 |
| **相模田名高等学校** | 165 |
| 相模田名高等学校 | 166 |
| 相模原工業技術高等学校 | 163 |
| **相模原高等学校（神奈川・私）** | 166 |
| **相模原高等学校（神奈川・県）** | 166 |
| 相模原高等学校 | 166 |
| **相模原総合高等学校** | 166 |
| 相模原総合高等学校 | 166 |
| 相良家政女学校 | 222 |
| **相良高等学校** | 222 |
| 相良高等学校 | 222 |
| 盛学校 | 33 |
| 盛高等学校 | 33 |
| 盛農学校 | 33 |
| 盛農業園芸学校 | 33 |
| 盛農業学校 | 33 |
| 盛農業高等学校 | 33 |
| 盛農業高等学校上有住分校（定時制） | 35 |

さかりのう　　　　　　　　　　　　　　　　　　　　　　　　　　　　　　　　校名索引

| 校名 | 頁 |
|---|---|
| 盛農業高等学校世田米分校（定時制） | 35 |
| 佐賀龍谷短期大学 | 388 |
| **佐川高等学校** | 371 |
| 佐川高等学校 | 371 |
| 佐川高等学校仁淀分校 | 372 |
| 佐川高等女学校 | 371 |
| **咲洲高等学校** | 281 |
| 咲洲高等学校 | 281 |
| 崎島水産学校 | 253 |
| 崎島水産補習学校 | 253 |
| **鷺宮高等学校** | 138 |
| 鷺宮高等学校 | 138 |
| 鷺宮高等女学校 | 138 |
| 鷺山高等学校 | 304 |
| 佐久高等学校 | 205 |
| **作新学院高等学校** | 79 |
| 作新学院高等学校 | 80 |
| 作新学院高等部 | 80 |
| 作新学院女子短期大学 | 76 |
| **作新学院大学** | 76 |
| 作新学院大学 | 76 |
| **作新学院大学女子短期大学部** | 76 |
| 作新学院大学女子短期大学部 | 76 |
| 作新館 | 80 |
| 作新館高等女学校 | 80 |
| **佐久長聖高等学校** | 205 |
| 佐久長聖高等学校 | 205 |
| 作東義塾 | 328 |
| **佐久間高等学校** | 222 |
| 佐久間高等学校 | 222 |
| 佐久間高等学校水窪分校 | 222 |
| 作陽音楽大学 | 325 |
| 作陽学園大学 | 325 |
| **作陽短期大学** | 326 |
| 作陽短期大学 | 326 |
| **桜井高等学校（富山・県）** | 184 |
| 桜井高等学校 | 185 |
| **桜井高等学校（奈良・県）** | 309 |
| 桜井高等学校 | 309 |
| 桜井高等女学校 | 309 |
| 桜井商業高等学校 | 311 |
| 桜井女学校 | 140 |
| 桜井女子高等学校 | 309 |
| 桜井女子短期大学 | 308 |
| 佐倉英学校 | 109 |
| 桜ケ丘高等学校 | 98 |
| 桜ケ丘高等学校 | 239 |
| **桜丘高等学校（東京・私）** | 138 |
| 桜丘高等学校 | 138 |
| **桜丘高等学校（横浜・市）** | 166 |
| 桜丘高等学校 | 166 |
| **桜丘高等学校（愛知・私）** | 239 |
| 桜丘高等学校 | 239 |
| 桜ケ丘女子高等学校 | 98 |
| 桜丘女子高等学校 | 138 |
| **佐倉高等学校** | 109 |
| 佐倉高等学校 | 109 |
| 佐倉高等女学校 | 109 |
| 佐倉実科高等女学校 | 109 |
| 佐倉実践女学校 | 109 |
| 佐倉集成学校 | 109 |
| 佐倉女子技芸学校 | 109 |
| 佐倉女子高等学校 | 109 |
| **桜塚高等学校** | 281 |
| 桜塚高等学校 | 281 |
| **さくら清修高等学校** | 80 |
| さくら清修高等学校 | 80 |
| 佐倉第一高等学校 | 109 |
| 佐倉第一高等学校八生校舎 | 114 |
| 佐倉第二高等学校大和田分校 | 116 |
| 佐倉第二高等学校千代田分校 | 117 |
| 佐倉第二高等学校八街校舎 | 116 |
| 佐倉第二高等学校四街道分校 | 117 |
| **桜台高等学校** | 239 |
| 桜台高等学校 | 239 |
| 佐倉中学校 | 109 |
| **佐倉西高等学校** | 109 |
| 佐倉西高等学校 | 109 |
| **桜の聖母学院高等学校** | 62 |
| 桜の聖母学院高等学校 | 62 |
| **桜の聖母短期大学** | 59 |
| 桜の聖母短期大学 | 59 |
| **桜宮高等学校** | 281 |
| 桜宮高等学校 | 281 |
| 桜宮高等女学校 | 281 |
| **佐倉東高等学校** | 109 |
| 佐倉東高等学校 | 109 |
| 佐倉東高等学校大和田分校 | 116 |
| 佐倉東高等学校八千代校舎 | 116 |
| 佐倉東高等学校四街道分校 | 117 |
| **桜町高等学校** | 138 |
| 桜町高等学校 | 138 |
| 桜町高等女学校 | 138 |
| 桜町新制高等学校 | 138 |
| **佐倉南高等学校** | 109 |
| 佐倉南高等学校 | 109 |
| 佐々木高等女学校 | 212 |
| 佐々木裁縫女学校 | 212 |
| 佐々木実科女学校 | 212 |
| 佐々木女学校 | 212 |
| 篠山高等学校 | 299 |
| 篠山高等女学校 | 299 |
| **篠山産業高等学校** | 299 |
| 篠山産業高等学校 | 299 |
| **篠山産業高等学校東雲校** | 299 |
| 篠山産業高等学校東雲校 | 299 |
| 篠山産業高等学校東雲分校 | 299 |
| **篠山産業高等学校丹南校** | 299 |
| 篠山産業高等学校丹南校 | 299 |
| 篠山産業高等学校丹南分校 | 299 |
| 篠山女子高等学校 | 299 |
| 篠山中学校 | 299 |
| 篠山中年学舎 | 299 |
| 篠山農学校 | 299 |

| | | | |
|---|---:|---|---:|
| 篠山農業高等学校（定時制課程） | 299 | 札幌厚別高等学校 | 11 |
| 篠山農業高等学校丹南分校 | 299 | 札幌厚別高等学校 | 11 |
| 篠山農業高等学校氷上分校 | 304 | 札幌医科大学 | 1 |
| 篠山農業高等学校古市分校 | 299 | 札幌医科大学 | 1 |
| **篠山鳳鳴高等学校** | 299 | 札幌石山高等学校 | 13 |
| 篠山鳳鳴高等学校 | 299 | **札幌大谷高等学校** | 11 |
| **佐世保北高等学校** | 395 | 札幌大谷高等学校 | 11 |
| 佐世保北高等学校 | 395 | **札幌大谷短期大学** | 3 |
| 佐世保工業学校 | 395 | 札幌大谷短期大学 | 3 |
| **佐世保工業高等学校** | 395 | **札幌丘珠高等学校** | 11 |
| 佐世保工業高等学校 | 395 | 札幌丘珠高等学校 | 11 |
| 佐世保工業高等学校崎戸分校 | 394 | **札幌開成高等学校** | 11 |
| **佐世保工業高等専門学校** | 393 | 札幌開成高等学校 | 11 |
| 佐世保工業高等専門学校 | 393 | **札幌学院大学** | 1 |
| 佐世保高等裁縫女学校 | 398 | 札幌学院大学 | 1 |
| 佐世保高等女学校 | 395 | 札幌学校 | 2 |
| 佐世保高等女学校 | 396 | **札幌北高等学校** | 11 |
| 佐世保裁縫高等学校 | 398 | 札幌北高等学校 | 11 |
| 佐世保裁縫女学校 | 398 | **札幌清田高等学校** | 11 |
| **佐世保実業高等学校** | 395 | 札幌清田高等学校 | 11 |
| 佐世保実業高等学校 | 395 | 札幌区立高等女学校 | 13 |
| **佐世保商業高等学校** | 395 | 札幌区立実科高等女学校 | 13 |
| 佐世保商業高等学校 | 395 | 札幌区立女子職業学校 | 13 |
| 佐世保商工高等学校 | 395 | **札幌啓成高等学校** | 11 |
| 佐世保市立西高等学校 | 396 | 札幌啓成高等学校 | 11 |
| 佐世保第一中学校 | 395 | **札幌啓北商業高等学校** | 11 |
| 佐世保第一中学校 | 396 | 札幌啓北商業高等学校 | 11 |
| 佐世保第二中学校 | 395 | 札幌工業学校 | 11 |
| 佐世保第二中学校 | 396 | **札幌工業高等学校** | 11 |
| **佐世保中央高等学校** | 395 | 札幌工業高等学校 | 11 |
| 佐世保中央高等学校 | 395 | 札幌工芸学校 | 11 |
| 佐世保中学校 | 396 | **札幌光星高等学校** | 11 |
| **佐世保東翔高等学校** | 395 | 札幌光星高等学校 | 11 |
| 佐世保東翔高等学校 | 395 | 札幌光星商業学校 | 11 |
| **佐世保西高等学校** | 396 | 札幌高等女学校 | 11 |
| 佐世保西高等学校 | 396 | 札幌香蘭女子学園高等学校 | 13 |
| 佐世保東商業高等学校 | 395 | **札幌国際情報高等学校** | 11 |
| **佐世保南高等学校** | 396 | 札幌国際情報高等学校 | 11 |
| 佐世保南高等学校 | 396 | **札幌国際大学** | 1 |
| 佐世保南高等学校 | 399 | 札幌国際大学 | 1 |
| 佐世保南高等学校小値賀分校 | 398 | **札幌国際大学短期大学部** | 3 |
| **佐竹高等学校** | 71 | 札幌国際大学短期大学部 | 3 |
| 佐竹高等学校 | 71 | **札幌琴似工業高等学校** | 11 |
| **貞光工業高等学校** | 356 | 札幌琴似工業高等学校 | 11 |
| 貞光工業高等学校 | 356 | 札幌琴似高等学校 | 12 |
| **皐月高等学校** | 205 | 札幌慈恵女子高等学校 | 12 |
| 皐月高等学校 | 205 | **札幌篠路高等学校** | 12 |
| **幸手高等学校** | 97 | 札幌篠路高等学校 | 12 |
| 幸手高等学校 | 97 | 札幌師範学校 | 2 |
| 幸手実業学校 | 97 | 札幌商科大学 | 1 |
| **幸手商業高等学校** | 97 | 札幌商業学校 | 21 |
| 幸手商業高等学校 | 97 | 札幌商業高等学校 | 21 |
| 薩南工業学校 | 425 | 札幌女子高等学校 | 11 |
| **薩南工業高等学校** | 425 | 札幌女子高等技芸学校 | 13 |
| 薩南工業高等学校 | 425 | 札幌市立家政高等学校 | 12 |
| **札幌旭丘高等学校** | 11 | 札幌市立工業学校 | 11 |
| 札幌旭丘高等学校 | 11 | 札幌市立高等看護学院 | 1 |

さつほろし

| | |
|---|---|
| 札幌市立高等女学校 | 13 |
| 札幌市立高等専門学校 | 1 |
| **札幌市立高等専門学校** | 4 |
| 札幌市立高等専門学校 | 4 |
| 札幌市立実業女学校 | 12 |
| 札幌市立商業学校 | 11 |
| 札幌市立商業高等学校 | 11 |
| 札幌市立第一高等学校 | 13 |
| **札幌市立大学** | 1 |
| 札幌市立大学 | 1 |
| **札幌白石高等学校** | 12 |
| 札幌白石高等学校 | 12 |
| **札幌真栄高等学校** | 12 |
| 札幌真栄高等学校 | 12 |
| **札幌新川高等学校** | 12 |
| 札幌新川高等学校 | 12 |
| 札幌尋常小学校 | 13 |
| **札幌新陽高等学校** | 12 |
| 札幌新陽高等学校 | 12 |
| **札幌星園高等学校** | 12 |
| 札幌星園高等学校 | 12 |
| 札幌静修会女学校 | 12 |
| **札幌静修高等学校** | 12 |
| 札幌静修高等学校 | 12 |
| 札幌静修高等女学校 | 12 |
| 札幌静修女学校 | 12 |
| 札幌静修短期大学 | 1 |
| 札幌静修短期大学 | 3 |
| **札幌聖心女子学院高等学校** | 12 |
| 札幌聖心女子学院高等学校 | 12 |
| **札幌西陵高等学校** | 12 |
| 札幌西陵高等学校 | 12 |
| **札幌創成高等学校** | 12 |
| 札幌創成高等学校 | 12 |
| 札幌創成商業高等学校 | 11 |
| 札幌創成商業高等学校（定時制） | 11 |
| **札幌第一高等学校** | 12 |
| 札幌第一高等学校 | 12 |
| 札幌第一高等学校 | 13 |
| 札幌第一中学校 | 13 |
| 札幌第二高等学校 | 12 |
| 札幌第二中学校 | 12 |
| **札幌大学** | 1 |
| 札幌大学 | 1 |
| **札幌大学女子短期大学部** | 3 |
| 札幌大学女子短期大学部 | 3 |
| **札幌拓北高等学校** | 12 |
| 札幌拓北高等学校 | 12 |
| 札幌短期大学 | 1 |
| 札幌中学校 | 13 |
| **札幌月寒高等学校** | 12 |
| 札幌月寒高等学校 | 12 |
| **札幌手稲高等学校** | 12 |
| 札幌手稲高等学校 | 12 |
| 札幌天使女子厚生専門学校 | 1 |
| **札幌稲雲高等学校** | 12 |
| 札幌稲雲高等学校 | 12 |
| **札幌稲西高等学校** | 12 |
| 札幌稲西高等学校 | 12 |
| **札幌東豊高等学校** | 12 |
| 札幌東豊高等学校 | 12 |
| **札幌稲北高等学校** | 12 |
| 札幌稲北高等学校 | 12 |
| **札幌東陵高等学校** | 12 |
| 札幌東陵高等学校 | 12 |
| **札幌南陵高等学校** | 12 |
| 札幌南陵高等学校 | 12 |
| **札幌西高等学校** | 12 |
| 札幌西高等学校 | 12 |
| 札幌西高等学校当別分校 | 16 |
| **札幌日本大学高等学校** | 12 |
| 札幌日本大学高等学校 | 12 |
| 札幌農学校 | 2 |
| **札幌白陵高等学校** | 12 |
| 札幌白陵高等学校 | 13 |
| **札幌東高等学校** | 13 |
| 札幌東高等学校 | 13 |
| **札幌東商業高等学校** | 13 |
| 札幌東商業高等学校 | 13 |
| **札幌平岡高等学校** | 13 |
| 札幌平岡高等学校 | 13 |
| **札幌平岸高等学校** | 13 |
| 札幌平岸高等学校 | 13 |
| 札幌藤高等女学校 | 20 |
| 札幌伏見高等学校 | 11 |
| 札幌文科専門学院 | 1 |
| **札幌北斗高等学校** | 13 |
| 札幌北斗高等学校 | 13 |
| 札幌北斗高等女学校 | 13 |
| **札幌北陵高等学校** | 13 |
| 札幌北陵高等学校 | 13 |
| **札幌南高等学校** | 13 |
| 札幌南高等学校 | 13 |
| 札幌南高等学校 | 23 |
| 札幌明清高等学校 | 21 |
| **札幌藻岩高等学校** | 13 |
| 札幌藻岩高等学校 | 13 |
| **札幌山の手高等学校** | 13 |
| 札幌山の手高等学校 | 13 |
| **札幌龍谷学園高等学校** | 13 |
| 札幌龍谷学園高等学校 | 13 |
| 薩摩郡蚕業学校 | 428 |
| 薩摩郡宮之城蚕業学校 | 428 |
| 薩摩郡立高等女学校 | 426 |
| 薩摩郡立実科高等女学校 | 426 |
| 薩摩工業学校枕崎分校造船科 | 423 |
| 薩摩商工学校 | 426 |
| **薩摩中央高等学校** | 425 |
| 薩摩中央高等学校 | 425 |
| 佐藤学園高等学校 | 87 |
| 佐藤技芸高等学校 | 87 |
| 佐藤高等学校 | 140 |
| 佐藤高等女学校 | 140 |
| 佐藤裁縫女学校 | 87 |

| 校名 | 頁 |
|---|---|
| 佐渡郡相川町立実科高等女学校 | 177 |
| **佐渡高等学校** | 177 |
| 佐渡高等学校 | 177 |
| **佐渡総合高等学校** | 177 |
| 佐渡総合高等学校 | 177 |
| 佐渡中学校 | 177 |
| 佐渡農学校 | 177 |
| 佐渡農業高等学校 | 177 |
| 里美高等学校 | 69 |
| **佐土原高等学校** | 415 |
| 佐土原高等学校 | 415 |
| 猿投高等学校足助分校 | 235 |
| **猿投農林高等学校** | 239 |
| 猿投農林高等学校 | 239 |
| 猿投農林高等学校足助分校 | 235 |
| 猿投農林高等学校長久手分校 | 243 |
| 猿投農林高等学校松平分校 | 246 |
| 佐波農学校 | 85 |
| 佐波農業学校 | 85 |
| 佐波農業高等学校 | 85 |
| 佐波農業高等学校玉村分校 | 87 |
| 佐波農業高等学校綿打分校 | 88 |
| **佐沼高等学校** | 43 |
| 佐沼高等学校 | 43 |
| 佐沼中学校 | 43 |
| 佐野家政女学校 | 281 |
| **佐野清澄高等学校** | 80 |
| 佐野清澄高等学校 | 80 |
| **佐野工科高等学校** | 281 |
| 佐野工科高等学校 | 281 |
| 佐野工業学校 | 80 |
| 佐野工業学校 | 281 |
| 佐野工業高等学校 | 281 |
| **佐野高等学校（栃木・県）** | 80 |
| 佐野高等学校 | 80 |
| **佐野高等学校（大阪・府）** | 281 |
| 佐野高等学校 | 281 |
| 佐野高等学校日根野校 | 287 |
| 佐野高等実践女学校 | 281 |
| 佐野高等女学校 | 80 |
| 佐野高等女学校 | 281 |
| 佐野国際情報短期大学 | 76 |
| 佐野裁縫女学校 | 80 |
| 佐野実業高等学校 | 80 |
| 佐野商業学校 | 80 |
| 佐野商業高等学校 | 80 |
| **佐野松陽高等学校** | 80 |
| 佐野松陽高等学校 | 80 |
| **佐野女子高等学校** | 80 |
| 佐野女子高等学校 | 80 |
| 佐野女子実業学校 | 281 |
| 佐野女子短期大学 | 76 |
| 佐野職工学校 | 281 |
| 佐野村立裁縫学校 | 281 |
| **佐野短期大学** | 76 |
| 佐野短期大学 | 76 |
| 佐野中学校 | 80 |
| **佐野日本大学高等学校** | 80 |
| 佐野日本大学高等学校 | 80 |
| 佐野農業補修学校 | 224 |
| 佐野弥生高等学校 | 80 |
| **鯖江高等学校** | 194 |
| 鯖江高等学校 | 194 |
| 鯖江高等女学校 | 194 |
| 佐波郡立高等女学校 | 353 |
| **佐波高等学校** | 350 |
| 佐波高等学校 | 350 |
| 佐波農業高等学校 | 350 |
| 佐波農林学校 | 350 |
| **サビエル高等学校** | 350 |
| サビエル高等学校 | 350 |
| 佐保女学院 | 308 |
| 佐保女学院短期大学 | 308 |
| **座間高等学校** | 166 |
| 座間高等学校 | 166 |
| **様似高等学校** | 13 |
| 様似高等学校 | 13 |
| **寒川高等学校** | 166 |
| 寒川高等学校 | 166 |
| **鮫洲工業高等学校** | 138 |
| 鮫洲工業高等学校 | 138 |
| 鮫洲高等学校 | 138 |
| **佐屋高等学校** | 239 |
| 佐屋高等学校 | 240 |
| **狭山ケ丘高等学校** | 97 |
| 狭山ケ丘高等学校 | 97 |
| **狭山経済高等学校** | 97 |
| 狭山経済高等学校 | 97 |
| **狭山工業高等学校** | 97 |
| 狭山工業高等学校 | 97 |
| **狭山高等学校（埼玉・県）** | 97 |
| 狭山高等学校 | 97 |
| **狭山高等学校（大阪・府）** | 281 |
| 狭山高等学校 | 281 |
| **狭山清陵高等学校** | 97 |
| 狭山清陵高等学校 | 97 |
| 佐用郡蚕糸伝習所 | 299 |
| 佐用郡立農蚕学校（乙種） | 299 |
| 佐用郡立農蚕学校（甲種） | 299 |
| **佐用高等学校** | 299 |
| 佐用高等学校 | 299 |
| 佐用農蚕学校 | 299 |
| 更級郡立農学校 | 205 |
| 更級高等女学校 | 206 |
| 更級農学校 | 205 |
| 更級農業学校 | 205 |
| **更級農業高等学校** | 205 |
| 更級農業高等学校 | 205 |
| 更級農業拓殖学校 | 205 |
| **更別高等学校** | 13 |
| **更別農業高等学校** | 13 |
| 更別農業高等学校 | 13 |
| **猿島高等学校** | 71 |
| 猿島高等学校 | 71 |

| 校名 | 頁 |
|---|---|
| 猿島農芸高等学校 | 71 |
| **サレジオ学院高等学校** | 166 |
| サレジオ学院高等学校 | 166 |
| **サレジオ工業高等専門学校** | 128 |
| サレジオ工業高等専門学校 | 129 |
| サレジオ高等学校 | 166 |
| **佐呂間高等学校** | 13 |
| 佐呂間高等学校 | 13 |
| **佐和高等学校** | 71 |
| 佐和高等学校 | 71 |
| 澤田裁縫学校 | 366 |
| 澤田裁縫女学校 | 366 |
| **佐原高等学校** | 109 |
| 佐原高等学校 | 109 |
| **早良高等学校** | 380 |
| 早良高等学校 | 380 |
| 佐原高等女学校 | 109 |
| 佐原淑徳高等学校 | 112 |
| 佐原女学校 | 109 |
| 佐原女子高等学校 | 109 |
| 佐原第一高等学校 | 109 |
| 佐原第一高等学校 | 110 |
| 佐原第一高等学校小御門校舎 | 110 |
| 佐原第二高等学校 | 109 |
| 佐原中学校 | 109 |
| **佐原白楊高等学校** | 109 |
| 佐原白楊高等学校 | 109 |
| 三愛女子高等学校 | 16 |
| **三育学院短期大学** | 105 |
| 三育学院短期大学 | 105 |
| 三一男子校 | 288 |
| 山陰短期大学 | 263 |
| **産業医科大学** | 374 |
| 産業医科大学 | 374 |
| **産業技術大学院大学** | 119 |
| 産業技術大学院大学 | 119 |
| **産業技術短期大学** | 292 |
| 産業技術短期大学 | 292 |
| **産業能率大学** | 158 |
| 産業能率大学 | 158 |
| 産業能率短期大学 | 126 |
| 三郡共立学校 | 169 |
| 三郡共立学校 | 170 |
| 三条工業学校 | 180 |
| 三条工業高等学校 | 180 |
| **三条高等学校** | 178 |
| 三条高等学校 | 178 |
| 三条高等女学校 | 178 |
| 三条実科高等女学校 | 178 |
| 三条実業高等学校 | 178 |
| 三条実業高等学校 | 180 |
| **三条商業高等学校** | 178 |
| 三条商業高等学校 | 178 |
| 三条商工学校 | 178 |
| 三条商工学校 | 180 |
| 三条女子工芸学校 | 178 |
| 三条中学校 | 178 |
| **三条東高等学校** | 178 |
| 三条東高等学校 | 178 |
| 山水育英会 | 148 |
| 山水高等女学校 | 148 |
| 賛生館 | 374 |
| **三田学園高等学校** | 300 |
| 三田学園高等学校 | 300 |
| 三田高等学校 | 295 |
| 三田高等学校 | 300 |
| **三田祥雲館高等学校** | 300 |
| 三田祥雲館高等学校 | 300 |
| **三田松聖高等学校** | 300 |
| 三田松聖高等学校 | 300 |
| **三田西陵高等学校** | 300 |
| 三田西陵高等学校 | 300 |
| 産能大学 | 158 |
| 産能短期大学 | 126 |
| **三戸高等学校** | 27 |
| 三戸高等学校 | 27 |
| 三戸高等学校田子分校 | 28 |
| 三戸町立高等女学校 | 27 |
| 三戸町立実科高等女学校 | 27 |
| 山武郡立女子実業学校 | 115 |
| 山武実科高等女学校 | 115 |
| 山武農学校 | 110 |
| **山武農業高等学校** | 110 |
| 山武農業高等学校 | 110 |
| **三瓶高等学校** | 366 |
| 三瓶高等学校 | 366 |
| **三本木高等学校** | 27 |
| 三本木高等学校 | 28 |
| 三本木高等学校大三沢分校 | 31 |
| 三本木高等学校百石分校 | 31 |
| 三本木高等女学校 | 28 |
| 三本木実科高等女学校 | 28 |
| 三本木女子高等学校 | 28 |
| 三本木女子実業学校 | 28 |
| 三本木農学校 | 28 |
| 三本木農業学校 | 28 |
| **三本木農業高等学校** | 28 |
| 三本木農業高等学校 | 28 |
| 三本木農業高等学校百石分校 | 31 |
| **三本松高等学校** | 360 |
| 三本松高等学校 | 360 |
| 三本松高等学校引田分校 | 359 |
| サンモール学院 | 223 |
| 山陽英和女学校 | 330 |
| **山陽学園大学** | 325 |
| 山陽学園大学 | 325 |
| **山陽学園短期大学** | 326 |
| 山陽学園短期大学 | 326 |
| 山陽工業学校 | 327 |
| **山陽高等学校** | 339 |
| 山陽高等学校 | 339 |
| 山陽高等女学校 | 330 |
| 山陽高等女学校 | 339 |
| 山陽商業学校 | 339 |

| 校名 | 頁 |
|---|---|
| 山陽女学園高等部 | 339 |
| 山陽女学園高等部 | 339 |
| 山陽女子高等学校 | 330 |
| 山陽女子高等学校 | 330 |
| 山陽女子短期大学 | 335 |
| 山陽女子短期大学 | 335 |
| 三陸高等学校 | 37 |
| 三和高等学校（茨城・県） | 71 |
| 三和高等学校 | 71 |

## 【し】

| 校名 | 頁 |
|---|---|
| 椎田高等学校 | 382 |
| 椎田実業女学校 | 382 |
| 椎田女学校 | 382 |
| 思永館 | 383 |
| 思永斎 | 383 |
| 塩釜高等学校 | 43 |
| 塩釜高等学校 | 43 |
| 塩竈高等学校（定時制課程） | 45 |
| 塩竈高等学校（定時制中心校） | 45 |
| 塩竈高等学校多賀城分校 | 45 |
| 塩釜高等学校松島分校（定時制課程） | 46 |
| 塩釜実科高等女学校 | 43 |
| 塩釜女子高等学校 | 43 |
| 塩釜女子高等学校 | 43 |
| 塩竈女子高等学校（定時制課程） | 45 |
| 塩釜女子実業補修学校 | 43 |
| 塩釜市立女子高等学校 | 43 |
| 塩竈中学校 | 43 |
| 塩沢商工高等学校 | 178 |
| 塩沢商工高等学校 | 178 |
| 塩尻高等学校 | 205 |
| 塩尻志学館高等学校 | 205 |
| 塩尻志学館高等学校 | 205 |
| 塩田工業高等学校 | 391 |
| 塩田工業高等学校 | 391 |
| 塩原学園近江高等技芸女学校 | 256 |
| 塩原学園神戸女子商業学校 | 298 |
| 塩原高等裁縫女学校 | 101 |
| 塩原裁縫女学校 | 101 |
| 塩原裁縫伝習所 | 101 |
| 塩原女子家庭高等学校 | 298 |
| 塩原女子高等学校 | 298 |
| 塩谷郡立農林学校 | 82 |
| 塩谷高等学校 | 80 |
| 塩谷高等学校 | 80 |
| シオン学園高等部 | 69 |
| シオン学園夜学校 | 68 |
| シオン学園夜学校 | 69 |
| シオン短期大学 | 68 |
| 滋賀医科大学 | 254 |
| 滋賀医科大学 | 254 |
| 鹿追高等学校 | 13 |
| 鹿追高等学校 | 13 |
| 滋賀学園高等学校 | 256 |
| 滋賀学園高等学校 | 256 |
| 歯科技工士施設付属歯科補綴研究所 | 175 |
| 司学館高等学校 | 256 |
| 志学館高等学校 | 110 |
| 至学館高等学校 | 240 |
| 至学館高等学校 | 240 |
| 志学館高等部 | 110 |
| 志学館高等部 | 110 |
| 志學館高等部 | 425 |
| 志學館高等部 | 425 |
| 志學館大学 | 420 |
| 志學館大学 | 420 |
| 滋賀県伊香郡木之本実科高等女学校 | 255 |
| 滋賀県大津市高等女学校 | 257 |
| 滋賀県大津市女子商業学校 | 257 |
| 滋賀県大津師範学校 | 254 |
| 滋賀県木之本高等女学校 | 255 |
| 滋賀県木之本実科高等女学校 | 255 |
| 滋賀県蚕業学校 | 257 |
| 滋賀県実業補習学校教員養成所 | 254 |
| 滋賀県師範学校 | 254 |
| 滋賀県商業学校 | 258 |
| 滋賀県女子師範学校 | 254 |
| 滋賀県尋常師範学校 | 254 |
| 滋賀県尋常中学校 | 258 |
| 滋賀県第一尋常中学校 | 258 |
| 滋賀県第一中学校 | 258 |
| 滋賀県第二尋常中学校 | 257 |
| 滋賀県第二中学校 | 257 |
| 滋賀県農学校 | 257 |
| 滋賀県彦根南高等学校 | 258 |
| 滋賀県野洲郡立女子農芸学校 | 259 |
| 滋賀県八日市中学校 | 259 |
| 滋賀県立国際情報高等学校 | 256 |
| 滋賀県立国際情報高等学校 | 256 |
| 滋賀県立商業学校 | 258 |
| 滋賀県立青年学校教員養成所 | 254 |
| 滋賀県立第一中学校 | 258 |
| 滋賀県立第二瀬田工業学校 | 257 |
| 滋賀県立第二中学校 | 257 |
| 滋賀県立大学 | 254 |
| 滋賀県立大学 | 254 |
| 滋賀県立短期大学 | 254 |
| 滋賀県立短期大学附属工業高等学校 | 258 |
| 滋賀県立短期大学附属彦根工業高等学校 | 258 |
| 滋賀県立中央高等学校 | 258 |
| 滋賀県立農業教員養成所 | 254 |
| 志賀高等学校 | 256 |
| 志賀高等学校 | 257 |
| 滋賀高等女子実業学校 | 256 |
| 滋賀師範学校 | 254 |
| 滋賀女子高等学校 | 256 |
| 滋賀女子高等学校 | 256 |
| 滋賀女子短期大学 | 255 |
| 滋賀女子短期大学 | 255 |

しかせいね　　　　　　　　　　　　　　　　　　　　　　　　　　　校名索引

| 校名 | 頁 |
|---|---|
| 滋賀青年師範学校 | 254 |
| **滋賀大学** | 254 |
| 滋賀大学 | 254 |
| 司学館高等学校 | 256 |
| **滋賀文化短期大学** | 255 |
| 滋賀文化短期大学 | 255 |
| **滋賀文教短期大学** | 255 |
| 滋賀文教短期大学 | 255 |
| 飾磨工業学校 | 300 |
| **飾磨工業高等学校** | 300 |
| 飾磨工業高等学校 | 300 |
| **飾磨高等学校** | 300 |
| 飾磨高等学校 | 300 |
| 飾磨商業学校 | 300 |
| 飾磨女子高等学校 | 300 |
| 飾磨尋常高等小学校 | 300 |
| **鹿町工業高等学校** | 396 |
| 鹿町工業高等学校 | 396 |
| 信楽工業高等学校 | 256 |
| **信楽高等学校** | 256 |
| 信楽高等学校 | 256 |
| 信貴ケ丘高等学校 | 310 |
| 志貴高等学校 | 311 |
| **志木高等学校** | 97 |
| 志木高等学校 | 97 |
| 磯城農学校 | 309 |
| 磯城農学校 | 310 |
| 磯城農業高等学校 | 309 |
| 磯城農業高等学校 | 310 |
| **磯城野高等学校** | 309 |
| 磯城野高等学校 | 309 |
| 磯城野高等学校 | 310 |
| **志貴野高等学校** | 185 |
| 志貴野高等学校 | 185 |
| **自彊高等学校** | 339 |
| 自彊高等学校 | 339 |
| 四行塾 | 63 |
| **四国学院大学** | 359 |
| 四国学院大学 | 359 |
| 四国学院短期大学 | 359 |
| 四国女子大学 | 355 |
| 四国女子大学短期大学部 | 355 |
| 四国女子短期大学 | 355 |
| **四国大学** | 355 |
| 四国大学 | 355 |
| **四国大学短期大学部** | 355 |
| 四国大学短期大学部 | 355 |
| 児崎高等女学校 | 171 |
| 宍戸就年徳修館 | 349 |
| 自修学会 | 165 |
| 自修学校 | 165 |
| 時習館 | 240 |
| **時習館高等学校** | 240 |
| 時習館高等学校 | 240 |
| 時習館高等学校高豊分校 | 243 |
| 時習館高等学校二川分校 | 243 |
| 私塾国士館 | 118 |

| 校名 | 頁 |
|---|---|
| 私塾国士舘 | 137 |
| **四條畷学園高等学校** | 281 |
| 四條畷学園高等学校 | 281 |
| 四條畷学園女子短期大学 | 274 |
| **四條畷学園大学** | 272 |
| 四條畷学園大学 | 272 |
| **四條畷学園短期大学** | 274 |
| 四條畷学園短期大学 | 274 |
| **四條畷北高等学校** | 281 |
| 四條畷北高等学校 | 281 |
| **四條畷高等学校** | 282 |
| 四條畷高等学校 | 282 |
| 四條畷高等女学校 | 281 |
| 四條畷中学校 | 282 |
| **静岡英和学院大学** | 218 |
| 静岡英和学院大学 | 218 |
| **静岡英和学院大学短期大学部** | 219 |
| 静岡英和学院大学短期大学部 | 219 |
| **静岡英和女学院高等学校** | 222 |
| 静岡英和女学院高等学校 | 222 |
| 静岡英和女学院短期大学 | 219 |
| 静岡英和女学校 | 222 |
| **静岡学園高等学校** | 222 |
| 静岡学園高等学校 | 222 |
| **静岡北高等学校** | 222 |
| 静岡北高等学校 | 222 |
| 静岡北養護学校南の丘分校 | 223 |
| 静岡県青島家庭高等学校 | 227 |
| 静岡県青島女子商業学校 | 227 |
| 静岡県新居高等学校 | 219 |
| 静岡県伊東高等女学校 | 220 |
| 静岡県磐田郡二俣実科高等女学校 | 228 |
| 静岡県磐田郡二俣町立実科高等女学校 | 228 |
| 静岡県磐田工業学校 | 220 |
| 静岡県磐田高等女学校 | 220 |
| 静岡県磐田商業学校 | 220 |
| 静岡県大井女子商業学校 | 223 |
| 静岡県大宮工業学校 | 228 |
| 静岡県大宮商業学校 | 228 |
| 静岡県小笠農学校 | 221 |
| 静岡県気賀高等女学校 | 221 |
| 静岡県気賀実科高等女学校 | 221 |
| 静岡県清見潟商業学校 | 223 |
| 静岡県興誠商業学校 | 221 |
| 静岡県相良高等女学校 | 222 |
| 静岡県佐野実業学校 | 224 |
| 静岡県静岡師範学校 | 218 |
| 静岡県静岡商業学校 | 222 |
| 静岡県志太郡立農学校 | 227 |
| 静岡県自動車工業高等学校 | 222 |
| 静岡県島田高等裁縫女学校 | 223 |
| 静岡県島田実践女学校 | 223 |
| 静岡県清水工業学校 | 224 |
| 静岡県清水商業学校 | 223 |
| 静岡県周智高等学校犬居分校 | 227 |
| 静岡県周知農林高等学校犬居分校 | 227 |
| 静岡県女子師範学校 | 218 |

| 静岡県尋常師範学校 | 218 |
| --- | --- |
| 静岡県尋常中学校韮山分校 | 225 |
| 静岡県尋常中学校浜松分校 | 226 |
| **静岡県西遠女子学園高等学校** | 222 |
| 静岡県西遠女子学園高等学校 | 222 |
| 静岡県染色講習所 | 226 |
| 静岡県韮山尋常中学校 | 225 |
| 静岡県韮山中学校 | 225 |
| 静岡県沼津中学校 | 226 |
| 静岡県農学校 | 220 |
| 静岡県浜名郡蚕業学校 | 227 |
| 静岡県浜名郡立蚕業学校 | 227 |
| 静岡県浜松高等学校 | 227 |
| 静岡県浜松師範学校 | 218 |
| 静岡県袋井商業学校 | 227 |
| 静岡県藤枝農学校 | 227 |
| 静岡県富士高等実践女学校 | 222 |
| 静岡県富士商業学校 | 222 |
| **静岡県富士見高等学校** | 222 |
| 静岡県富士見高等女学校 | 222 |
| 静岡県二俣高等女学校 | 228 |
| 静岡県二俣商業学校 | 225 |
| 静岡県二俣林業学校 | 225 |
| 静岡県堀之内高等家政女学校 | 221 |
| 静岡県松崎高等学校 | 228 |
| 静岡県松崎実科高等女学校 | 228 |
| 静岡県森町高等女学校 | 229 |
| 静岡県横須賀高等学校(定時制課程) | 229 |
| 静岡県立高等女学校 | 223 |
| 静岡県立蚕業学校 | 227 |
| 静岡県立青年学校教員養成所 | 218 |
| 静岡県立第二高等学校 | 223 |
| **静岡県立大学** | 218 |
| 静岡県立大学 | 218 |
| **静岡県立大学短期大学部** | 219 |
| 静岡県立大学短期大学部 | 219 |
| 静岡県立中学校 | 228 |
| 静岡県立農学校 | 220 |
| 静岡県立農業経営高等学校 | 227 |
| 静岡県立農業補習学校 | 218 |
| 静岡工業学校 | 222 |
| **静岡工業高等学校** | 222 |
| 静岡工業高等学校 | 222 |
| 静岡高等学校 | 218 |
| **静岡高等学校** | 222 |
| 静岡高等学校 | 222 |
| 静岡高等女学校 | 223 |
| **静岡サレジオ高等学校** | 222 |
| 静岡サレジオ高等学校 | 222 |
| **静岡産業大学** | 218 |
| 静岡産業大学 | 218 |
| 静岡師範学校 | 218 |
| 静岡師範学校中学課 | 222 |
| 静岡商業学校 | 222 |
| **静岡商業高等学校** | 222 |
| 静岡商業高等学校 | 222 |
| 静岡城内高等学校 | 222 |
| **静岡城北高等学校** | 222 |
| 静岡城北高等学校 | 223 |
| 静岡女学校 | 222 |
| 静岡女子高等学院 | 225 |
| **静岡女子高等学校** | 223 |
| 静岡女子高等学校 | 223 |
| 静岡女子商業高等学校 | 224 |
| 静岡女子大学 | 218 |
| 静岡女子短期大学 | 218 |
| 静岡女子短期大学 | 219 |
| **静岡市立高等学校** | 223 |
| 静岡市立高等学校 | 223 |
| **静岡市立商業高等学校** | 223 |
| 静岡市立商業高等学校 | 223 |
| 静岡市立第一中学校 | 223 |
| 静岡市立第二中学校 | 223 |
| 静岡尋常中学校 | 222 |
| 静岡精華高等学校 | 223 |
| 静岡精華高等女学校 | 223 |
| 静岡精華女学校 | 223 |
| 静岡精華短期大学 | 219 |
| **静岡聖光学院高等学校** | 223 |
| 静岡聖光学院高等学校 | 223 |
| 静岡青年師範学校 | 218 |
| 静岡星美高等学校 | 222 |
| 静岡第一高等学校 | 222 |
| 静岡第一師範学校 | 218 |
| 静岡第二師範学校 | 218 |
| 静岡第二商業学校 | 222 |
| **静岡大学** | 218 |
| 静岡大学 | 218 |
| **静岡大成高等学校** | 223 |
| 静岡大成高等学校 | 223 |
| **静岡中央高等学校** | 223 |
| 静岡中央高等学校 | 223 |
| 静岡中学校 | 222 |
| **静岡西高等学校** | 223 |
| 静岡西高等学校 | 223 |
| 静岡農学校 | 223 |
| **静岡農業高等学校** | 223 |
| 静岡農業高等学校 | 223 |
| **静岡東高等学校** | 223 |
| 静岡東高等学校 | 223 |
| 静岡福祉情報短期大学 | 219 |
| **静岡福祉大学** | 218 |
| 静岡福祉大学 | 218 |
| **静岡福祉大学短期大学部** | 219 |
| 静岡福祉大学短期大学部 | 219 |
| **静岡雙葉高等学校** | 223 |
| 静岡雙葉高等学校 | 223 |
| **静岡文化芸術大学** | 218 |
| 静岡文化芸術大学 | 219 |
| **静岡南高等学校** | 223 |
| 静岡南高等学校 | 223 |
| 静岡薬科大学 | 218 |
| **静岡理工科大学** | 219 |
| 静岡理工科大学 | 219 |

しすおかわ　　　　　　　　　　　　　　　　　　　　　　　　　　　校名索引

| 校名 | 頁 |
|---|---|
| 静岡和洋高等学校 | 223 |
| 静岡和洋女学校 | 223 |
| 静岡和洋女子職業学校 | 223 |
| **志津川高等学校** | 43 |
| 志津川高等学校 | 43 |
| 志津川高等女学校 | 43 |
| 志津川実科高等女学校 | 43 |
| 志筑技芸女学校 | 302 |
| 志筑高等女学校 | 302 |
| 志筑実科高等女学校 | 302 |
| **雫石高等学校** | 35 |
| 雫石高等学校 | 35 |
| **静内高等学校** | 13 |
| 静内高等学校 | 13 |
| 静内農業学校 | 13 |
| **静内農業高等学校** | 13 |
| 静内農業高等学校 | 13 |
| 静岡県富士見高等学校 | 222 |
| 思成会付属岸和田実業補習学校 | 279 |
| 至誠興亜女子学校 | 341 |
| 至誠高等学校 | 341 |
| 至誠高等女学校 | 341 |
| 至誠塾 | 341 |
| 至誠塾青年学校 | 341 |
| 至誠女子高等学校 | 341 |
| **自然学園高等学校** | 198 |
| 自然学園高等学校 | 198 |
| 宍粟実業学校 | 306 |
| 志太郡志太高等女学校 | 228 |
| 志太高等学校 | 228 |
| 志太実科高等女学校 | 228 |
| 志太中学校 | 228 |
| **自治医科大学** | 76 |
| 自治医科大学 | 76 |
| **自治医科大学看護短期大学** | 76 |
| 自治医科大学看護短期大学 | 76 |
| **志知高等学校** | 300 |
| 志知高等学校 | 300 |
| **七戸高等学校** | 28 |
| 七戸高等学校 | 28 |
| 七戸実科高等女学校 | 28 |
| 七戸町立実科高等女学校 | 28 |
| **七里ガ浜高等学校** | 166 |
| 七里ガ浜高等学校 | 166 |
| 実科女学校 | 74 |
| 実業学校教員養成所 | 197 |
| 実業補習学校 | 176 |
| 実業補習学校 | 417 |
| 実業補習学校農学部 | 87 |
| **実践学園高等学校** | 138 |
| 実践学園高等学校 | 138 |
| 実践高等女学校 | 138 |
| 実践実科高等女学校 | 138 |
| 実践商業学校 | 138 |
| 実践商業高等学校 | 138 |
| 実践女学校 | 77 |
| 実践女学校 | 138 |

| 校名 | 頁 |
|---|---|
| 実践女子学園高等学校 | 138 |
| 実践女子学園高等学校 | 138 |
| 実践女子学園短期大学 | 126 |
| 実践女子専門学校 | 138 |
| **実践女子大学** | 119 |
| 実践女子大学 | 119 |
| **実践女子短期大学** | 126 |
| 実践女子短期大学 | 126 |
| 実践第二高等学校 | 191 |
| 実践第二高等女学校 | 138 |
| 実践農業学校 | 365 |
| 四天王寺学園女子短期大学 | 274 |
| **四天王寺高等学校** | 282 |
| 四天王寺高等学校 | 282 |
| 四天王寺国際仏教高等学校 | 282 |
| **四天王寺国際仏教大学** | 272 |
| 四天王寺国際仏教大学 | 272 |
| **四天王寺国際仏教大学短期大学部** | 274 |
| 四天王寺国際仏教大学短期大学部 | 274 |
| 四天王寺女子大学 | 272 |
| 四天王寺女子短期大学 | 274 |
| **四天王寺羽曳丘高等学校** | 282 |
| 四天王寺羽曳丘高等学校 | 282 |
| 志道館 | 389 |
| 至道高等学校 | 328 |
| 自動車運転技能教授所 | 2 |
| 至徳高等学校 | 137 |
| **志度高等学校** | 360 |
| 志度高等学校 | 360 |
| 志度商業学校 | 360 |
| 志度商業高等学校 | 360 |
| 志度拓殖学校 | 360 |
| **品川エトワール女子高等学校** | 138 |
| 品川エトワール女子高等学校 | 138 |
| 品川高等学校 | 138 |
| 品川高等実践女学校 | 132 |
| 品川高等女学校 | 138 |
| 品川高等女学校 | 156 |
| **品川女子学院高等部** | 138 |
| 品川女子学院高等部 | 138 |
| **信濃むつみ高等学校** | 205 |
| 信濃むつみ高等学校 | 205 |
| **篠崎高等学校** | 138 |
| 篠崎高等学校 | 138 |
| **信太高等学校** | 282 |
| 信太高等学校 | 282 |
| 篠ノ井旭高等学校 | 207 |
| **篠ノ井高等学校** | 206 |
| 篠ノ井高等学校 | 206 |
| 篠ノ井高等女学校 | 206 |
| **忍岡高等学校** | 138 |
| 忍岡高等学校 | 138 |
| 忍岡高等女学校 | 138 |
| 忍岡新制高等学校 | 138 |
| 信夫高等学校 | 65 |
| 信夫高等学校飯坂分校 | 65 |
| 信夫高等学校第二部 | 65 |

| 校名 | 頁 |
|---|---|
| 志信裁縫黌 | 333 |
| 信夫農学校 | 66 |
| **芝浦工業大学** | 119 |
| 芝浦工業大学 | 119 |
| **芝浦工業大学柏高等学校** | 110 |
| 芝浦工業大学柏高等学校 | 110 |
| **芝浦工業大学高等学校** | 138 |
| 芝浦工業大学高等学校 | 138 |
| 芝浦高等学校 | 119 |
| 芝高等家政女学校 | 144 |
| **芝高等学校** | 138 |
| 芝高等学校 | 138 |
| 芝商業学校 | 138 |
| **芝商業高等学校** | 138 |
| 芝商業高等学校 | 138 |
| 芝商業新制高等学校 | 138 |
| 柴田郡立蚕業講習所 | 43 |
| 新発田工業学校 | 178 |
| 新発田工業校 | 178 |
| 柴田高等学校 | 42 |
| **柴田高等学校** | 43 |
| 柴田高等学校 | 43 |
| **新発田高等学校** | 178 |
| 新発田高等学校 | 178 |
| 柴田高等学校川崎分校 | 43 |
| 柴田高等学校普通部 | 42 |
| 新発田高等女学校 | 181 |
| 新発田商業学校 | 178 |
| 新発田商業高等学校 | 178 |
| **新発田商工高等学校** | 178 |
| 新発田商工高等学校 | 178 |
| 新発田商工高等学校豊浦分校 | 178 |
| 新発田商工高等学校中浦分校 | 178 |
| **柴田女子高等学校** | 28 |
| 柴田女子高等学校 | 28 |
| 新発田女子高等学校 | 181 |
| 新発田中学校 | 178 |
| 新発田中学校村上分校 | 182 |
| 新発田中学校村松分校 | 182 |
| 柴田農学校 | 43 |
| 新発田農学校 | 178 |
| **新発田農業高等学校** | 178 |
| 新発田農業高等学校 | 178 |
| 柴田農林学校 | 43 |
| **柴田農林高等学校** | 43 |
| 柴田農林高等学校 | 43 |
| **柴田農林高等学校川崎校** | 43 |
| 柴田農林高等学校川崎校 | 43 |
| 柴田農林高等学校川崎分校 | 43 |
| **新発田南高等学校** | 178 |
| 新発田南高等学校 | 178 |
| **新発田南高等学校豊浦分校** | 178 |
| 新発田南高等学校豊浦分校 | 178 |
| 芝中学校 | 138 |
| 芝和英聖書学校 | 105 |
| 師範研修学校 | 210 |
| 師範速成科 | 2 |

| 校名 | 頁 |
|---|---|
| 渋川工業高等学校 | 86 |
| 渋川工業高等学校 | 86 |
| 渋川高等学校 | 86 |
| 渋川高等学校 | 86 |
| 渋川女子高等学校 | 86 |
| 渋川女子高等学校 | 86 |
| 渋川青翠高等学校 | 86 |
| 渋川青翠高等学校 | 86 |
| 渋川中学校 | 86 |
| 渋川町立実科高等女学校 | 86 |
| 渋川西高等学校 | 86 |
| **志布志高等学校** | 425 |
| 志布志高等学校 | 426 |
| 志布志高等女学校 | 425 |
| 志布志高等女学校 | 426 |
| 志布志実業高等学校 | 426 |
| 志布志中学校 | 425 |
| 志布志中学校 | 426 |
| 渋谷高等学校 | 282 |
| **渋谷高等学校** | 282 |
| 渋谷高等学校 | 282 |
| **渋谷教育学園渋谷高等学校** | 138 |
| 渋谷教育学園渋谷高等学校 | 139 |
| **渋谷教育学園幕張高等学校** | 110 |
| 渋谷教育学園幕張高等学校 | 110 |
| **標茶高等学校** | 13 |
| 標茶高等学校 | 13 |
| 標茶高等学校弟子屈分校 | 16 |
| 標茶農業学校 | 13 |
| 標茶農業高等学校 | 13 |
| 標茶農業高等学校白糠分校 | 14 |
| 標茶農業高等学校雄別分校 | 4 |
| **士別高等学校** | 14 |
| 士別高等学校 | 14 |
| **標津高等学校** | 14 |
| 標津高等学校 | 14 |
| 士別高等学校上士別分校 | 14 |
| 士別高等学校剣淵分校 | 11 |
| 標津高等学校羅臼分校 | 23 |
| 士別高等女学校 | 14 |
| 士別実科高等女学校 | 14 |
| 標津実践女学校 | 14 |
| **士別商業高等学校** | 14 |
| 士別商業高等学校 | 14 |
| **士別東高等学校** | 14 |
| 士別東高等学校 | 14 |
| **士幌高等学校** | 14 |
| 士幌高等学校 | 14 |
| 姉妹高等女学校 | 8 |
| 姉妹実科高等女学校 | 8 |
| 島上高等学校 | 276 |
| 島上高等学校 | 284 |
| 島上高等学校大冠校 | 276 |
| **志摩高等学校** | 251 |
| 志摩高等学校 | 251 |
| 志摩水産学校 | 253 |
| **島田学園高等学校** | 223 |

| 校名 | 頁 | 校名 | 頁 |
|---|---|---|---|
| 島田学園高等学校 | 223 | 島原工業高等学校 | 396 |
| **島田工業高等学校** | 223 | 島原工業高等学校 | 396 |
| 島田工業高等学校 | 223 | 島原高等学校 | 395 |
| **島田高等学校** | 223 | **島原高等学校** | 396 |
| 島田高等学校 | 223 | 島原高等学校 | 396 |
| 島田高等学校金谷分校 | 221 | 島原高等学校神代分校 | 395 |
| 島田高等女学校 | 223 | 島原高等学校国見分校 | 395 |
| **島田商業高等学校** | 223 | 島原高等学校多比良分校 | 395 |
| 島田商業高等学校 | 223 | 島原高等女学校 | 396 |
| 島田商業高等学校金谷分校 | 221 | 島原実科高等女学校 | 396 |
| 島田女子商業学校 | 223 | 島原商業学校 | 396 |
| 島田女子商業青年学校 | 223 | **島原商業高等学校** | 396 |
| 島根医科大学 | 320 | 島原商業高等学校 | 396 |
| 島根県高等女学校 | 322 | **島原翔南高等学校** | 396 |
| 島根県師範学校 | 320 | 島原翔南高等学校 | 396 |
| 島根県小学校教員伝習所 | 320 | 島原女子高等学校 | 396 |
| 島根県商業学校 | 323 | **島原中央高等学校** | 396 |
| 島根県女子師範学校 | 320 | 島原中央高等学校 | 396 |
| 島根県尋常師範学校 | 320 | 島原中学校 | 396 |
| 島根県尋常中学校 | 323 | **島原農業高等学校** | 396 |
| 島根県第二尋常中学校 | 322 | 島原農業高等学校 | 396 |
| 島根県第二中学校 | 322 | 島原南高等学校 | 396 |
| 島根県那賀郡立女子農学校 | 321 | 島原南高等学校分校 | 393 |
| 島根県那賀郡立農事講習所 | 321 | **島本高等学校** | 282 |
| 島根県農林学校 | 323 | 島本高等学校 | 282 |
| 島根県能義郡立農業学校 | 324 | **四万十高等学校** | 371 |
| 島根県簸川尋常中学校 | 322 | 四万十高等学校 | 371 |
| **島根県立看護短期大学** | 320 | **清水ケ丘高等学校** | 339 |
| 島根県立看護短期大学 | 320 | 清水ケ丘高等学校 | 339 |
| 島根県立工業学校修道館 | 323 | 清水ヶ丘高等学校 | 173 |
| 島根県立高等女学校 | 321 | **清水工業高等学校** | 223 |
| 島根県立高等女学校 | 322 | 清水工業高等学校 | 223 |
| 島根県立国際短期大学 | 320 | **清水高等学校（北海・道）** | 14 |
| 島根県立実業公民学校教員養成所 | 320 | 清水高等学校 | 14 |
| **島根県立島根女子短期大学** | 320 | **清水高等学校（千葉・県）** | 110 |
| 島根県立島根女子短期大学 | 320 | 清水高等学校 | 110 |
| 島根県立商業学校 | 323 | **清水高等学校（高知・県）** | 371 |
| **島根県立情報科学高等学校** | 321 | 清水高等学校 | 371 |
| 島根県立情報科学高等学校 | 321 | 清水高等学校鹿追分校 | 13 |
| 島根県立水産学校 | 321 | 清水高等学校新得分校 | 14 |
| 島根県立青年学校教員養成所 | 320 | 清水高等学校分校 | 22 |
| 島根県立第二中学校 | 322 | 清水高等商船学校 | 121 |
| 島根県立第三中学校 | 322 | 清水高等商船学校 | 291 |
| **島根県立大学** | 320 | 清水高等女学校 | 14 |
| 島根県立大学 | 320 | 清水高等女学校 | 224 |
| 島根県立農林学校 | 323 | 清水高等女学校 | 406 |
| 島根師範学校 | 320 | **清水国際高等学校** | 223 |
| 島根商業高等学校 | 323 | 清水国際高等学校 | 223 |
| 島根女子短期大学 | 320 | 清水実科女学校 | 14 |
| 島根青年師範学校 | 320 | **清水商業高等学校** | 223 |
| **島根大学** | 320 | 清水商業高等学校 | 224 |
| 島根大学 | 320 | 清水商業女学校 | 223 |
| 島根中央高等学校 | 321 | 清水女子高等学校 | 223 |
| 島根農科大学女子家政短期大学部 | 320 | 清水女子商業高等学校 | 223 |
| 島根農科大学附属農林高等学校 | 323 | 清水市立商業高等学校 | 224 |
| 島之内高等女学校 | 289 | 清水第一高等学校 | 224 |
| 島原工業学校 | 396 | 清水第二高等学校 | 224 |

| 校名 | 頁 |
|---|---|
| **清水谷高等学校** | 282 |
| 清水谷高等学校 | 282 |
| 清水谷高等女学校 | 282 |
| 清水中学校 | 224 |
| **清水西高等学校** | 224 |
| 清水西高等学校 | 224 |
| **清水東高等学校** | 224 |
| 清水東高等学校 | 224 |
| 清水東高等学校分校 | 224 |
| **清水南高等学校** | 224 |
| 清水南高等学校 | 224 |
| **志村高等学校** | 139 |
| 志村高等学校 | 139 |
| 下伊那阿南高等学校 | 202 |
| 下伊那郡中学校 | 202 |
| 下伊那高等女学校 | 202 |
| **下伊那農業高等学校** | 206 |
| 下伊那農業高等学校 | 206 |
| **下総高等学校** | 110 |
| 下総高等学校 | 110 |
| 下総農業高等学校 | 109 |
| 下総農業高等学校 | 110 |
| 下川高等学校 | 14 |
| **下川商業高等学校** | 14 |
| 下川商業高等学校 | 14 |
| **下北沢成徳高等学校** | 139 |
| 下北沢成徳高等学校 | 139 |
| 下毛郡立高等女学校 | 411 |
| **下諏訪向陽高等学校** | 206 |
| 下諏訪向陽高等学校 | 206 |
| 下高井郡立乙種農蚕学校 | 207 |
| 下高井郡立農商学校 | 207 |
| 下高井農学校 | 207 |
| 下高井農蚕学校 | 207 |
| 下高井農商学校 | 207 |
| 下高井農林学校 | 206 |
| **下高井農林高等学校** | 206 |
| 下高井農林高等学校 | 206 |
| **下田北高等学校** | 224 |
| 下田北高等学校 | 224 |
| 下田高等女学校 | 224 |
| **下館工業高等学校** | 71 |
| 下館工業高等学校 | 71 |
| 下館高等学校 | 71 |
| 下館高等女学校 | 71 |
| 下館商業学校 | 71 |
| 下館女子高等学校 | 71 |
| **下館第一高等学校** | 71 |
| 下館第一高等学校 | 71 |
| **下館第二高等学校** | 71 |
| 下館第二高等学校 | 71 |
| 下館中学校 | 71 |
| 下館町立裁縫女学校 | 71 |
| 下館町立女子技芸学校 | 71 |
| **下田南高等学校** | 224 |
| 下田南高等学校 | 224 |
| **下田南高等学校南伊豆分校** | 224 |
| 下田南高等学校南伊豆分校 | 224 |
| 下野英学校 | 79 |
| 下野中学校 | 80 |
| 下津高等学校 | 314 |
| **下津女子高等学校** | 314 |
| 下津女子高等学校 | 315 |
| 下妻高等学校 | 71 |
| 下妻高等女学校 | 71 |
| **下妻第一高等学校** | 71 |
| 下妻第一高等学校 | 71 |
| **下妻第二高等学校** | 71 |
| 下妻第二高等学校 | 71 |
| 下妻中学校 | 71 |
| 下妻中学校水海道分校 | 74 |
| 下妻町立実科高等女学校 | 71 |
| 下仁田高等家政女学校 | 86 |
| **下仁田高等学校** | 86 |
| 下仁田高等学校 | 86 |
| 下庄村立公民学校 | 193 |
| 下庄村立実業青年学校 | 193 |
| 下庄村立農業補習学校 | 193 |
| 下関阿部高等技芸女学校 | 353 |
| 下関阿部裁縫女学校 | 353 |
| 下関工業学校 | 350 |
| **下関工業高等学校** | 350 |
| 下関工業高等学校 | 350 |
| 下関工業実践学校 | 350 |
| 下関高等学校 | 350 |
| 下関高等女学校 | 350 |
| 下関河野学園高等学校 | 350 |
| 下関河野高等家政女学校 | 350 |
| **下関国際高等学校** | 350 |
| 下関国際高等学校 | 350 |
| 下関実業高等学校 | 350 |
| 下関実業補習学校 | 350 |
| 下関商業学校 | 350 |
| **下関商業高等学校** | 350 |
| 下関商業高等学校 | 350 |
| 下関商業実践学校 | 350 |
| 下関商業短期大学 | 346 |
| 下関商工学校 | 350 |
| 下関商工実践学校 | 350 |
| 下関女子高等学校 | 350 |
| 下関女子高等学校併設黒井分校 | 353 |
| 下関女子短期大学 | 347 |
| 下関女子短期大学付属高等学校 | 350 |
| **下関市立大学** | 346 |
| 下関市立大学 | 346 |
| 下関第二工業学校 | 350 |
| **下関短期大学** | 347 |
| 下関短期大学 | 347 |
| **下関短期大学付属高等学校** | 350 |
| 下関短期大学付属高等学校 | 350 |
| **下関中央工業高等学校** | 350 |
| 下関中央工業高等学校 | 350 |
| 下関中学校 | 350 |
| 下関電子工業高等学校 | 350 |

| 校名 | 頁 | 校名 | 頁 |
|---|---|---|---|
| **下関西高等学校** | 350 | 就実女子大学 | 325 |
| 下関西高等学校 | 350 | **就実大学** | 325 |
| 下関西高等学校 | 353 | 就実大学 | 325 |
| 下関西高等学校黒井分校 | 353 | 就実高等女学校 | 330 |
| 下関西高等学校響分校 | 353 | **就実短期大学** | 326 |
| 下関梅光女学院 | 352 | 就実短期大学 | 326 |
| 下関幡生工業高等学校 | 350 | 周准農学校 | 107 |
| 下関東高等学校 | 351 | 周准農学校 | 108 |
| 下関東高等学校 | 352 | 周准農業高等学校 | 108 |
| **下関南高等学校** | 350 | 周准農校 | 108 |
| 下関南高等学校 | 350 | 周桑郡立農業補習学校 | 366 |
| 下関安岡工業高等学校 | 350 | 周桑高等学校 | 366 |
| 下閉伊郡簡易水産学校 | 37 | 周桑高等女学校 | 366 |
| 下益城郡立実科女学校 | 406 | 周桑農業学校 | 366 |
| 下益城高等女学校 | 406 | 周桑農蚕学校 | 366 |
| 下水内高等女学校 | 203 | **周智高等学校** | 224 |
| **石神井高等学校** | 139 | 周智高等学校 | 224 |
| 石神井高等学校 | 139 | 周智高等学校 | 229 |
| 石神井新制高等学校 | 139 | **須知高等学校** | 266 |
| 石神井中学校 | 139 | 須知高等学校 | 266 |
| **斜里高等学校** | 14 | 周智高等学校春野分校 | 227 |
| 斜里高等学校 | 14 | 須知農学校 | 266 |
| 斜里高等学校上斜里分校 | 10 | 周智農業高等学校 | 227 |
| 斜里高等女学校 | 14 | 周智農業高等学校 | 229 |
| 斜里実科高等女学校 | 14 | 須知農業高等学校 | 266 |
| 獣医学舎 | 38 | 周智農業高等学校犬居分校 | 227 |
| **秀英高等学校** | 166 | 周智農林学校 | 224 |
| 秀英高等学校 | 166 | 須知農林学校 | 266 |
| **秋桜高等学校** | 282 | 周知農林高等学校春野分校 | 227 |
| 秋桜高等学校 | 282 | 修道学校 | 339 |
| 歯友会歯科衛生士養成所 | 175 | 修道館 | 178 |
| 歯友会歯科技工士養成所 | 175 | 修道館 | 339 |
| 歯友会歯科技術専門学校 | 175 | **修道高等学校** | 339 |
| 自由ケ丘学園 | 139 | 修道高等学校 | 339 |
| **自由ケ丘学園高等学校** | 139 | 修道中学校 | 339 |
| 自由ケ丘学園高等学校 | 139 | **修徳高等学校** | 139 |
| **自由ケ丘高等学校** | 380 | 修徳高等学校 | 139 |
| 自由ケ丘高等学校 | 380 | 修徳高等学校 | 313 |
| 自由ケ丘高等学校 | 413 | 修徳高等女学校 | 139 |
| **自由が丘産能短期大学** | 126 | 修徳商業学校 | 139 |
| 自由が丘産能短期大学 | 126 | **自由の森学園高等学校** | 97 |
| **自由学園高等科** | 139 | 自由の森学園高等学校 | 97 |
| 自由学園高等科 | 139 | **秀明英光高等学校** | 98 |
| 自由学園女子部 | 139 | 秀明英光高等学校 | 98 |
| **秀岳館高等学校** | 403 | **秀明高等学校** | 98 |
| 秀岳館高等学校 | 404 | 秀明高等学校 | 98 |
| 宗学林 | 163 | **秀明大学** | 103 |
| 十佳女子高等職業学校 | 153 | 秀明大学 | 103 |
| 集義館 | 394 | **秀明大学八千代高等学校** | 110 |
| 宗教大学 | 262 | 秀明大学八千代高等学校 | 110 |
| 宗教大学（浄土宗） | 120 | 秀明八千代高等学校 | 110 |
| 宗教大学分校 | 262 | 自由メソヂスト神学校 | 273 |
| **修紅短期大学** | 32 | **十文字学園女子大学** | 90 |
| 修紅短期大学 | 32 | 十文字学園女子大学 | 90 |
| 歯友歯科高等専修学校 | 175 | **十文字学園女子大学短期大学部** | 91 |
| **就実高等学校** | 330 | 十文字学園女子大学短期大学部 | 91 |
| 就実高等学校 | 330 | 十文字学園女子短期大学 | 91 |

| 校名 | 頁 | 校名 | 頁 |
|---|---|---|---|
| **十文字高等学校** | 139 | 首里東高等学校 | 430 |
| 十文字高等学校 | 139 | 春靄学舎 | 331 |
| 十文字高等女学校 | 139 | 春靄学校 | 331 |
| 修猷館 | 380 | 春靄高等女学校 | 331 |
| **修猷館高等学校** | 380 | 春靄実科高等女学校 | 331 |
| 修猷館高等学校 | 380 | 春靄女学校 | 331 |
| 周陽学舎 | 353 | 潤光女学校 | 171 |
| 周陽学校 | 353 | 潤光高等女学校 | 171 |
| 周陽中学校 | 353 | **淳心学院高等学校** | 300 |
| 主基高等学校 | 360 | 淳心学院高等学校 | 300 |
| **夙川学院高等学校** | 300 | 順心高等女学校 | 139 |
| 夙川学院高等学校 | 300 | 純心女学院 | 393 |
| **夙川学院短期大学** | 292 | 純心女学院 | 396 |
| 夙川学院短期大学 | 292 | 順心女学校 | 139 |
| **淑徳学園高等学校** | 139 | **順心女子学園高等学校** | 139 |
| 淑徳学園高等学校 | 139 | **純心女子高等学校** | 396 |
| 淑徳学舎 | 250 | 純心女子高等学校 | 396 |
| 淑徳家政女学校 | 139 | 純真女子高等学校 | 383 |
| 淑徳高等家政女学校 | 268 | 順心女子高等学校 | 139 |
| **淑徳高等学校** | 139 | 純心女子専門学校 | 393 |
| 淑徳高等学校 | 139 | 純心女子短期大学 | 393 |
| 淑徳高等女学校 | 139 | **純真女子短期大学** | 375 |
| 淑徳高等女学校与野分校 | 98 | 純真女子短期大学 | 375 |
| 淑徳女学校 | 62 | 純心保母養成所 | 393 |
| 淑徳女学校 | 139 | 順正高等女学校 | 331 |
| 淑徳女学校 | 250 | 順正女学校 | 331 |
| 淑徳女子農芸専門学校 | 126 | **順正短期大学** | 326 |
| 淑徳女塾 | 405 | 順正短期大学 | 326 |
| **淑徳巣鴨高等学校** | 139 | 順造館 | 196 |
| 淑徳巣鴨高等学校 | 139 | 順天求合社 | 139 |
| **淑徳大学** | 103 | 順天求合社中学校 | 139 |
| 淑徳大学 | 103 | **順天高等学校** | 139 |
| **淑徳短期大学** | 126 | 順天高等学校 | 139 |
| 淑徳短期大学 | 126 | 順天中学校 | 139 |
| **淑徳与野高等学校** | 98 | 順天堂醫院 | 119 |
| 淑徳与野高等学校 | 98 | 順天堂医院看護婦養成所 | 105 |
| 綜藝種智院 | 261 | 順天堂医学専門学校 | 119 |
| 手芸女学校 | 282 | 順天堂医科大学 | 119 |
| **修善寺工業高等学校** | 224 | 順天堂医科大学附属順天堂看護学院 | 105 |
| 修善寺工業高等学校 | 224 | **順天堂医療短期大学** | 105 |
| 修善寺高等学校 | 224 | 順天堂医療短期大学 | 105 |
| 修善寺農林高等学校 | 224 | 順天堂看護専門学校 | 105 |
| 寿多館蚕業学校 | 99 | 順天堂高等看護学校 | 105 |
| 種智院大学 | 261 | 順天堂塾 | 139 |
| 種智院大学 | 261 | **順天堂大学** | 119 |
| 戌戌学会 | 208 | 順天堂大学 | 119 |
| **樹徳高等学校** | 86 | 順天堂大学医学部附属高等看護婦学校 | 105 |
| 樹徳高等学校 | 86 | 順天堂大学医学部附属順天堂准看護婦学院 | 105 |
| 樹徳高等裁縫女学校 | 86 | 潤徳高等女学校 | 139 |
| 樹徳高等女学校 | 86 | **潤徳女子高等学校** | 139 |
| **首都大学東京** | 119 | 潤徳女子高等学校 | 139 |
| 首都大学東京 | 119 | 淳和女学校 | 328 |
| 首里区立工業徒弟学校 | 429 | 淳和女子高等学校 | 328 |
| **首里高等学校** | 430 | 淳和女子商業学校 | 328 |
| 首里高等学校 | 430 | 淳和女子職業学校 | 328 |
| 首里中学校 | 430 | 照暗女学校 | 268 |
| 首里東高等学校 | 430 | **松蔭高等学校（東京・私）** | 139 |

| 校名 | 頁 |
|---|---|
| 松蔭高等学校 | 139 |
| 松蔭高等学校 | 236 |
| **松蔭高等学校（愛知・県）** | 240 |
| 松蔭高等学校 | 240 |
| **松蔭高等学校（兵庫・私）** | 300 |
| 松蔭高等学校 | 300 |
| **樟蔭高等学校** | 282 |
| 樟蔭高等学校 | 282 |
| 松蔭高等女学校 | 300 |
| 樟蔭高等女学校 | 282 |
| 松蔭女学校 | 139 |
| 松蔭女学校 | 292 |
| 松蔭女学校 | 300 |
| 松蔭女子学院大学 | 290 |
| 松蔭女子専門学校 | 292 |
| 樟蔭女子専門学校 | 282 |
| 松蔭女子大学 | 158 |
| 樟蔭女子短期大学 | 308 |
| **松蔭大学** | 158 |
| 松蔭大学 | 158 |
| 松蔭短期大学 | 292 |
| 樟蔭東高等女学校 | 282 |
| **樟蔭東高等学校** | 282 |
| 樟蔭東高等学校 | 282 |
| **樟蔭東女子短期大学** | 274 |
| 樟蔭東女子短期大学 | 274 |
| 頌栄学校 | 139 |
| **昭英高等学校** | 194 |
| 昭英高等学校 | 194 |
| **松栄高等学校** | 62 |
| 松栄高等学校 | 62 |
| 頌栄高等女学校 | 139 |
| **頌栄女子学院高等学校** | 139 |
| 頌栄女子学院高等学校 | 139 |
| **頌栄短期大学** | 293 |
| 頌栄短期大学 | 293 |
| **上越教育大学** | 174 |
| 上越教育大学 | 174 |
| **上越総合技術高等学校** | 178 |
| 上越総合技術高等学校 | 178 |
| 祥苑編物技芸学院 | 98 |
| **彰華学園高等学校** | 98 |
| 彰華学園高等学校 | 98 |
| 小学科授業伝習生徒教場 | 2 |
| 小学教科伝習所 | 2 |
| 小学林 | 199 |
| 小学校教員伝習所 | 83 |
| 小学校教員伝習所 | 254 |
| 商業講習所 | 124 |
| 商業補習学校 | 78 |
| 上郡高等女学校 | 296 |
| 上郡農学校 | 296 |
| 上郡農業高等学校 | 296 |
| **尚絅学院女子高等学校** | 43 |
| 尚絅学院女子高等学校 | 43 |
| **尚絅学院大学** | 39 |
| 尚絅学院大学 | 39 |
| 尚絅学院大学女子短期大学部 | 40 |
| 尚絅学院大学女子短期大学部 | 40 |
| 尚絅高等学校 | 404 |
| 尚絅高等学校 | 404 |
| 尚絅高等女学校 | 404 |
| 尚絅女学院高等学部 | 43 |
| 尚絅女学院短期大学 | 40 |
| 尚絅女学会 | 43 |
| 尚絅女学校 | 43 |
| 尚絅女学校 | 404 |
| **尚絅大学** | 400 |
| 尚絅大学 | 400 |
| **尚絅短期大学** | 400 |
| 尚絅短期大学 | 400 |
| **上下高等学校** | 339 |
| 上下高等学校 | 339 |
| 上下高等女学校 | 339 |
| 上下農学校 | 339 |
| 昌賢学堂 | 84 |
| **正眼短期大学** | 211 |
| 正眼短期大学 | 211 |
| 昌賢中学校 | 84 |
| 商工補習学校 | 85 |
| 城西学園 | 140 |
| 城西学園中学校 | 140 |
| 城西高等学校 | 140 |
| **城西国際大学** | 103 |
| 城西国際大学 | 103 |
| 城西歯科大学 | 91 |
| 城西実務学校 | 140 |
| **城西大学** | 90 |
| 城西大学 | 90 |
| 城西大学女子短期大学部 | 92 |
| **城西大学付属川越高等学校** | 98 |
| 城西大学付属川越高等学校 | 98 |
| **城西大学附属城西高等学校** | 139 |
| 城西大学附属城西高等学校 | 140 |
| **城西短期大学** | 91 |
| 城西短期大学 | 92 |
| **尚志館高等学校** | 426 |
| 尚志館高等学校 | 426 |
| **少路高等学校** | 282 |
| 少路高等学校 | 282 |
| **尚志高等学校** | 62 |
| 尚志高等学校 | 62 |
| **上水高等学校** | 140 |
| 上水高等学校 | 140 |
| **城星学園高等学校** | 282 |
| 城星学園高等学校 | 282 |
| **城西高等学校** | 356 |
| 城西高等学校 | 356 |
| **城西高等学校神山分校** | 356 |
| 城西高等学校神山分校 | 356 |
| 商船大学 | 121 |
| 常総学院 | 71 |
| **常総学院高等学校** | 71 |
| 常総学院高等学校 | 71 |

| 校名 | 頁 |
|---|---|
| 松操高等女学校 | 323 |
| 松操私塾 | 47 |
| 城丹蚕業学校 | 263 |
| 城丹蚕業講習所 | 263 |
| 城丹実業学校 | 263 |
| 城丹農業高等学校 | 263 |
| 城丹農事講習所 | 263 |
| **上智大学** | 119 |
| 上智大学 | 119 |
| **上智短期大学** | 160 |
| 上智短期大学 | 160 |
| **正智深谷高等学校** | 98 |
| 正智深谷高等学校 | 98 |
| **城東工科高等学校** | 282 |
| 城東工科高等学校 | 282 |
| 城東工業高等学校 | 282 |
| 城東高等家政女学校 | 131 |
| **城東高等学校（東京・都）** | 140 |
| 城東高等学校 | 140 |
| **城東高等学校（徳島・県）** | 356 |
| 城東高等学校 | 357 |
| 城東高等学校 | 370 |
| 城東実業女学校 | 136 |
| 城東実業専修女学校 | 136 |
| 城東商業学校 | 370 |
| 城東女子商業学校 | 136 |
| 上戸学園高等学校 | 360 |
| 上戸学園女子短期大学 | 359 |
| **松徳学院高等学校** | 321 |
| 松徳学院高等学校 | 321 |
| 聖徳学園岐阜教育大学 | 210 |
| 聖徳学園岐阜教育大学附属高等学校 | 214 |
| 聖徳学園女子短期大学 | 211 |
| **正徳館高等学校** | 178 |
| 正徳館高等学校 | 178 |
| **聖徳学園高等学校** | 140 |
| 聖徳学園高等学校 | 140 |
| 松徳女学院高等学校 | 321 |
| **小豆島高等学校** | 361 |
| 小豆島高等学校 | 361 |
| 小豆島高等女学校 | 361 |
| 小豆島実業学校 | 362 |
| 小豆島商業学校 | 362 |
| 小豆島女子高等学校 | 361 |
| 小豆島中学校 | 361 |
| 浄土宗学愛知支校 | 242 |
| 浄土宗学大阪支校 | 276 |
| 浄土宗学鎮西支校 | 405 |
| 浄土宗教大学院 | 261 |
| 浄土宗専門学院 | 261 |
| 浄土宗大学 | 261 |
| 庄内工業学校 | 56 |
| **城内高等学校** | 300 |
| 城内高等学校 | 300 |
| 城内高等学校 | 309 |
| 庄内実科高等女学院 | 413 |
| 庄内染織学校 | 56 |

| 校名 | 頁 |
|---|---|
| 庄内総合高等学校 | 55 |
| 庄内総合高等学校 | 55 |
| 庄内農業学校 | 55 |
| 庄内農業高等学校 | 55 |
| 庄内農業高等学校 | 55 |
| **湘南学院高等学校** | 166 |
| 湘南学院高等学校 | 166 |
| 湘南学園 | 166 |
| **湘南学園高等学校** | 166 |
| 湘南学園高等学校 | 166 |
| **城南学園高等学校** | 282 |
| 城南学園高等学校 | 282 |
| 淞南学園高等学校 | 324 |
| 城南技芸女塾 | 264 |
| **湘南工科大学** | 158 |
| 湘南工科大学 | 158 |
| **湘南工科大学附属高等学校** | 166 |
| 湘南工科大学附属高等学校 | 166 |
| **樟南高等学校** | 426 |
| 樟南高等学校 | 426 |
| **沼南高等学校（千葉・県）** | 110 |
| 沼南高等学校 | 110 |
| **沼南高等学校（広島・県）** | 339 |
| 沼南高等学校 | 339 |
| **湘南高等学校** | 166 |
| 湘南高等学校 | 166 |
| **城南高等学校（京都・府）** | 266 |
| 城南高等学校 | 282 |
| **城南高等学校（徳島・県）** | 357 |
| 城南高等学校 | 357 |
| **城南高等学校（福岡・県）** | 380 |
| 城南高等学校 | 380 |
| 城南高等学校 | 406 |
| 淞南高等学校 | 324 |
| **翔南高等学校** | 430 |
| 翔南高等学校 | 430 |
| **湘南国際女子短期大学** | 160 |
| 湘南国際女子短期大学 | 160 |
| **城南静岡高等学校** | 224 |
| 城南静岡高等学校 | 224 |
| 沼南実業学校 | 339 |
| 湘南女学塾 | 167 |
| 湘南女学校 | 166 |
| 城南女学校 | 412 |
| 湘南女子高等学校 | 166 |
| 城南女子商業専修学校 | 282 |
| **湘南白百合学園高等学校** | 166 |
| 湘南白百合学園高等学校 | 166 |
| 湘南白百合学園高等女学校 | 166 |
| 湘南白百合学園分校 | 165 |
| 湘南白百合高等女学校 | 166 |
| **樟南第二高等学校** | 426 |
| 樟南第二高等学校 | 426 |
| **湘南台高等学校** | 166 |
| 湘南台高等学校 | 166 |
| **沼南高柳高等学校** | 110 |
| 沼南高柳高等学校 | 110 |

| 校名 | 頁 |
|---|---|
| 湘南短期大学 | 160 |
| 湘南短期大学 | 160 |
| 湘南中学校 | 166 |
| **城ノ内高等学校** | 357 |
| 城ノ内高等学校 | 357 |
| **庄原格致高等学校** | 339 |
| 庄原格致高等学校 | 339 |
| **庄原格致高等学校高野山分校** | 339 |
| 庄原格致高等学校高野山分校 | 340 |
| **庄原実業高等学校** | 340 |
| 庄原実業高等学校 | 340 |
| 尚美音楽院 | 90 |
| 尚美音楽短期大学 | 90 |
| **尚美学園大学** | 90 |
| 尚美学園大学 | 90 |
| 尚美学園短期大学 | 90 |
| **松風塾高等学校** | 28 |
| 松風塾高等学校 | 28 |
| **菖蒲高等学校** | 98 |
| 菖蒲高等学校 | 98 |
| **上武大学** | 83 |
| 上武大学 | 83 |
| 上武大学附属第一高等学校 | 83 |
| 昌平黌短期大学 | 58 |
| 昌平黌短期大学 | 59 |
| 昌平高等学校 | 58 |
| 昌平高等学校 | 59 |
| 昌平中学校 | 58 |
| 昌平中学校 | 59 |
| **情報科学芸術大学院大学** | 211 |
| 情報科学芸術大学院大学 | 211 |
| **浄法寺高等学校** | 35 |
| 浄法寺高等学校 | 35 |
| **情報セキュリティ大学院大学** | 158 |
| 情報セキュリティ大学院大学 | 158 |
| 城北高等家政学校 | 404 |
| 湘北高等学校 | 165 |
| **城北高等学校（東京・私）** | 140 |
| 城北高等学校 | 140 |
| 城北高等学校 | 345 |
| **城北高等学校（徳島・県）** | 357 |
| 城北高等学校 | 357 |
| 城北高等学校 | 370 |
| **城北高等学校（熊本・私）** | 404 |
| 城北高等学校 | 404 |
| **常北高等学校** | 71 |
| 常北高等学校 | 71 |
| 城北高等学校赤羽分校 | 129 |
| 城北高等高等学校（商業課程） | 357 |
| 城北高等実業学校 | 404 |
| **城北埼玉高等学校** | 98 |
| 城北埼玉高等学校 | 98 |
| **湘北短期大学** | 160 |
| 湘北短期大学 | 160 |
| 湘北中学校 | 165 |
| 城北中学校 | 140 |
| 城北中学校 | 370 |
| 上毛共愛女学校 | 85 |
| 城右高等女学校 | 152 |
| **翔洋学園高等学校** | 71 |
| 翔洋学園高等学校 | 71 |
| **松陽高等学校（神奈川・県）** | 166 |
| 松陽高等学校 | 166 |
| **松陽高等学校（兵庫・県）** | 300 |
| 松陽高等学校 | 300 |
| **松陽高等学校（鹿児島・県）** | 426 |
| 松陽高等学校 | 426 |
| **城陽高等学校** | 266 |
| 城陽高等学校 | 266 |
| **翔陽高等学校（東京・都）** | 140 |
| 翔陽高等学校 | 140 |
| **翔陽高等学校（熊本・県）** | 404 |
| 翔陽高等学校 | 404 |
| 松陽高等学校大久保分校 | 297 |
| 昭和医学専門学校 | 119 |
| 昭和医科大学 | 119 |
| 昭和園芸高等学校 | 204 |
| **昭和音楽大学** | 158 |
| 昭和音楽大学 | 158 |
| **昭和音楽大学短期大学部** | 160 |
| 昭和音楽大学短期大学部 | 160 |
| 昭和音楽短期大学 | 160 |
| **昭和学院高等学校** | 110 |
| 昭和学院高等学校 | 110 |
| **昭和学院秀英高等学校** | 110 |
| 昭和学院秀英高等学校 | 110 |
| **昭和学院短期大学** | 105 |
| 昭和学院短期大学 | 105 |
| **昭和学園高等学校** | 410 |
| 昭和学園高等学校 | 410 |
| 昭和技芸学校 | 14 |
| **庄和高等学校** | 98 |
| 庄和高等学校 | 98 |
| **昭和高等学校（東京・都）** | 140 |
| 昭和高等学校 | 140 |
| **昭和高等学校（愛知・県）** | 240 |
| 昭和高等学校 | 240 |
| 昭和高等実業学校 | 204 |
| 昭和高等商業学校 | 270 |
| 昭和高等女学校 | 46 |
| 昭和高等女学校 | 140 |
| 昭和高等女学校 | 379 |
| 昭和高等鉄道学校 | 140 |
| 昭和実践女学校 | 413 |
| 昭和商業実践女学校 | 152 |
| 昭和女学院 | 413 |
| 昭和女子高等学校 | 410 |
| 昭和女子商業学校 | 105 |
| 昭和女子専門学校 | 105 |
| **昭和女子大学** | 119 |
| 昭和女子大学 | 119 |
| **昭和女子大学短期大学部** | 126 |
| 昭和女子大学短期大学部 | 126 |
| **昭和女子大学附属昭和高等学校** | 140 |

| 校名 | 頁 | 校名 | 頁 |
|---|---|---|---|
| 昭和女子大学附属昭和高等学校 | 140 | 女子美術専門学校 | 158 |
| 昭和女子農業学校 | 410 | **女子美術大学** | 158 |
| 昭和女子薬学専門学校 | 119 | 女子美術大学 | 158 |
| 昭和女子薬科大学 | 119 | **女子美術大学短期大学部** | 126 |
| 昭和専修農学校 | 377 | 女子美術大学短期大学部 | 126 |
| **昭和第一学園高等学校** | 140 | **女子美術大学付属高等学校** | 140 |
| 昭和第一学園高等学校 | 140 | 女子美術大学付属高等学校 | 140 |
| 昭和第一工業学校 | 140 | 女子美術短期大学 | 126 |
| 昭和第一工業高等学校 | 140 | 女子仏学校 | 140 |
| **昭和第一高等学校** | 140 | 女子文化高等学院 | 128 |
| 昭和第一高等学校 | 140 | 女子文芸学舎 | 144 |
| 昭和第一実業学校 | 140 | **如水館高等学校** | 340 |
| 昭和第一商業学校 | 140 | 如水館高等学校 | 340 |
| 昭和第二高等学校 | 140 | 所属高等商業学校 | 121 |
| **昭和大学** | 119 | 職工学校分校 | 276 |
| 昭和大学 | 119 | 職工養成所 | 294 |
| **昭和大学医療短期大学** | 160 | 女徳福山女学校 | 344 |
| 昭和大学医療短期大学 | 160 | 白市高等女学校 | 338 |
| 昭和鉄道学校 | 140 | 白市実科女学校 | 338 |
| **昭和鉄道高等学校** | 140 | **白梅学園高等学校** | 140 |
| 昭和鉄道高等学校 | 140 | 白梅学園高等学校 | 140 |
| **昭和薬科大学** | 119 | **白梅学園大学** | 119 |
| 昭和薬科大学 | 119 | 白梅学園大学 | 119 |
| **昭和薬科大学附属高等学校** | 430 | **白梅学園短期大学** | 126 |
| 昭和薬科大学附属高等学校 | 430 | 白梅学園短期大学 | 127 |
| 埴南農蚕学校 | 205 | 白梅学園保育科 | 127 |
| 食品産業高等学校 | 287 | 白梅保母学園 | 127 |
| 女紅場 | 283 | **白老東高等学校** | 14 |
| 女子英学塾 | 121 | 白老東高等学校 | 14 |
| 女子栄養学園 | 119 | **白岡高等学校** | 98 |
| **女子栄養大学** | 119 | 白岡高等学校 | 98 |
| 女子栄養大学 | 119 | **白樺学園高等学校** | 14 |
| **女子栄養大学短期大学部** | 126 | 白樺学園高等学校 | 14 |
| 女子栄養大学短期大学部 | 126 | **白河旭高等学校** | 62 |
| 女子栄養短期大学 | 119 | 白河旭高等学校 | 62 |
| 女子栄養短期大学 | 126 | **白河高等学校** | 62 |
| 女子学院 | 140 | 白河高等学校 | 62 |
| **女子学院高等学校** | 140 | **白川高等学校** | 215 |
| 女子学習院 | 133 | 白川高等学校 | 215 |
| 女子亀戸実業補習学校 | 136 | 白河高等学校矢吹分校 | 62 |
| 女兒教舎 | 416 | 白河高等女学校 | 62 |
| 女子経済専門学校 | 128 | 白河実科高等女学校 | 62 |
| 女子経済専門学校付属高等女学校 | 128 | **白河実業高等学校** | 62 |
| 女子綱文学校 | 71 | 白河実業高等学校 | 63 |
| 女子工業高等学校 | 62 | 白河女子高等学校 | 62 |
| 女子高等技芸学校 | 222 | **白河第二高等学校** | 63 |
| 女子高等師範学校 | 118 | 白河第二高等学校 | 63 |
| 女子師範学校官立専門学校 | 360 | 白河中学校 | 62 |
| 女子聖学院 | 140 | 白河農業高等学校 | 63 |
| **女子聖学院高等学校** | 140 | 白河農業高等学校矢吹分校 | 62 |
| 女子聖学院高等学校 | 140 | 白河農工高等学校 | 63 |
| 女子聖学院高等部 | 140 | 白菊学園高等学校 | 29 |
| 女子聖学院短期大学 | 90 | 白菊高等学校 | 29 |
| 女子清韓語学講習所 | 139 | 白菊高等洋裁学校 | 206 |
| 女子専門翼望館 | 239 | 白菊女子学園高等学校 | 29 |
| 女子美術学校 | 158 | **白木高等学校** | 340 |
| 女子美術学校付属高等女学校 | 140 | 白木高等学校 | 340 |

| 校名 | 頁 | 校名 | 頁 |
|---|---|---|---|
| **白里高等学校** | 110 | **城山高等学校** | 371 |
| 白里高等学校 | 110 | 城山高等女学校 | 371 |
| 不知火女子高等学校 | 381 | 城山中学校 | 371 |
| **白糠高等学校** | 14 | **紫波高等学校** | 35 |
| 白糠高等学校 | 14 | **紫波総合高等学校** | 35 |
| 白根開善学校 | 86 | 紫波総合高等学校 | 35 |
| **白根開善学校高等部** | 86 | 信愛学園高等学校 | 226 |
| 白根開善学校高等部 | 86 | 信愛高等学校 | 226 |
| **白根高等学校（山梨・県）** | 198 | 神愛高等学校 | 259 |
| **白百合学園高等学校** | 140 | 神愛高等学校（八日市市校舎） | 259 |
| 白百合学園高等学校 | 140 | **仁愛高等学校** | 63 |
| 白百合高等女学校 | 140 | 仁愛高等学校 | 63 |
| 白百合女子専門学校 | 140 | 神愛高等学校愛知校舎 | 255 |
| **白百合女子大学** | 119 | 仁愛高等女学校 | 194 |
| 白百合女子大学 | 119 | 神愛高等学校八日市校舎 | 259 |
| **知内高等学校** | 14 | 仁愛女学館 | 194 |
| 知内高等学校 | 14 | 信愛女学校 | 277 |
| 知内村立予備高等学校 | 14 | 仁愛女学校 | 194 |
| **市立名寄短期大学** | 3 | **仁愛女子高等学校** | 194 |
| 市立名寄短期大学 | 3 | 仁愛女子高等学校 | 194 |
| **白井高等学校** | 110 | **仁愛女子短期大学** | 193 |
| 白井高等学校 | 110 | 仁愛女子短期大学 | 193 |
| **白石工業高等学校** | 43 | **仁愛大学** | 193 |
| 白石工業高等学校 | 43 | 仁愛大学 | 193 |
| **白石高等学校（宮城・県）** | 43 | **新栄高等学校** | 166 |
| 白石高等学校 | 43 | 新栄高等学校 | 166 |
| **白石高等学校（佐賀・県）** | 391 | 新栄女学校 | 140 |
| 白石高等学校 | 391 | 新学館 | 344 |
| 白石高等学校江北分校 | 390 | 進学研究会 | 38 |
| **白石高等学校七ヶ宿校** | 43 | 新川県師範学校 | 183 |
| 白石高等学校七ヶ宿校 | 43 | **新川高等学校（愛知・県）** | 240 |
| 白石高等学校七ヶ宿分校 | 43 | 新川高等学校 | 240 |
| 白石高等学校関分校 | 43 | 新義派大学林 | 120 |
| 白石高等実業女学校 | 391 | **新宮高等学校（兵庫・県）** | 300 |
| 白石高等女学校 | 44 | 新宮高等学校 | 300 |
| 白石高等女学校 | 391 | **新宮高等学校（和歌山・県）** | 315 |
| 白石実科高等女学校 | 44 | 新宮高等学校 | 315 |
| 白石実科女学校 | 391 | **新宮高等学校（福岡・県）** | 380 |
| 白石実業女学校 | 391 | 新宮高等学校 | 380 |
| **白石女子高等学校** | 43 | **新宮商業高等学校** | 315 |
| 白石女子高等学校 | 44 | 新宮商業高等学校 | 315 |
| 白石女子高等学校円田分校 | 43 | 新宮中学校 | 315 |
| 白石女子高等学校蔵王分校 | 43 | **神港学園神港高等学校** | 300 |
| 白石中学校 | 43 | 神港学園神港高等学校 | 300 |
| **白子高等学校** | 251 | **神港高等学校** | 300 |
| 白子高等学校 | 251 | 神港高等学校 | 300 |
| **城郷高等学校** | 166 | 神港高等学校 | 301 |
| 城郷高等学校 | 166 | 神港商業学校 | 301 |
| **白根高等学校（新潟・県）** | 178 | 神港商業高等学校 | 301 |
| 白根高等学校 | 178 | 神港中学校 | 300 |
| 白根高等学校 | 198 | 真言宗京都大学 | 261 |
| 白藤女子高等学校 | 311 | 真言宗京都中学校 | 269 |
| **城山高等学校（神奈川・県）** | 166 | 真言宗総黌 | 269 |
| 城山高等学校 | 166 | 新札幌高等学校 | 21 |
| **城山高等学校（大阪・府）** | 282 | 真宗大谷大学 | 260 |
| 城山高等学校 | 282 | 真宗尾張中学校 | 243 |
| **城山高等学校（高知・県）** | 371 | 真宗勧学院 | 252 |

| 校名 | 頁 | 校名 | 頁 |
|---|---|---|---|
| **進修館高等学校** | 98 | 尋常中学校伊具郡立分校 | 42 |
| 進修館高等学校 | 98 | 尋常中学校志田郡立分校 | 46 |
| 真宗京都中学校 | 264 | 新庄町立実科高等女学校 | 55 |
| 進修高等女学校 | 281 | 新庄農業高等学校 | 55 |
| 真宗専門学校 | 231 | **新庄東高等学校** | 55 |
| 真宗第一中学寮 | 264 | 新庄東高等学校 | 55 |
| **信州大学** | 201 | **新庄南高等学校** | 55 |
| 信州大学 | 201 | 新庄南高等学校 | 55 |
| 真宗大学 | 260 | **新城高等学校（愛知・県）** | 240 |
| 真宗大学寮 | 260 | 新城高等学校作手分校 | 241 |
| 真宗高倉大学寮 | 260 | 新城町立実科高等女子学校 | 240 |
| **信州短期大学** | 201 | **新城東高等学校** | 240 |
| 信州短期大学 | 201 | 新城東高等学校 | 240 |
| 信州電波専門学校 | 210 | 神通高等学校 | 186 |
| 信州豊南女子短期大学 | 201 | 神通中学校 | 186 |
| **信州豊南短期大学** | 201 | **尽誠学園高等学校** | 361 |
| 信州豊南短期大学 | 201 | 尽誠学園高等学校 | 361 |
| **新宿高等学校** | 140 | 新制神田高等学校 | 151 |
| 新宿高等学校 | 141 | 尽誠舎 | 361 |
| **新宿山吹高等学校** | 141 | **榛生昇陽高等学校** | 310 |
| 新宿山吹高等学校 | 141 | 榛生昇陽高等学校 | 310 |
| 尋常大村中学校 | 394 | 新制第一高等学校 | 151 |
| **新庄神室産業高等学校** | 55 | 尽誠中学校 | 361 |
| 新庄神室産業高等学校 | 55 | 神石郡立農学校 | 346 |
| **新庄北高等学校** | 55 | **真颯館高等学校** | 380 |
| 新庄北高等学校 | 55 | 真颯館高等学校 | 380 |
| 新庄北高等学校（全日制工業課程） | 55 | 新装女学院 | 292 |
| 新庄北高等学校（全日制農業課程） | 55 | **神代高等学校** | 141 |
| 新庄北高等学校向町分校 | 55 | 神代高等学校 | 141 |
| **新庄北高等学校最上校** | 55 | 神代高等女学校 | 141 |
| 新庄北高等学校最上校 | 55 | 神代女学校 | 141 |
| 新庄工業高等学校 | 55 | 神代新制高等学校 | 141 |
| 新庄高等学校 | 55 | **新地高等学校** | 63 |
| 新庄高等学校（全日制工業課程） | 55 | 新地高等学校 | 63 |
| 新庄高等学校（全日制農業課程） | 55 | 新地実業学校 | 63 |
| **新城高等学校（神奈川・県）** | 166 | 新地実業公民学校 | 63 |
| 新城高等学校 | 166 | 新地実業補修学校 | 63 |
| 新城高等学校 | 240 | 神道金光教会学問所 | 330 |
| 新庄高等女学校 | 342 | 神道金光教会学問所中学部 | 330 |
| 新荘高等女学校 | 55 | 進徳教校 | 340 |
| 新荘実科高等女学校 | 55 | **新得高等学校** | 14 |
| 新庄女学校 | 342 | 新得高等学校 | 14 |
| 新荘第一高等学校 | 55 | 進徳高等女学校 | 340 |
| 新荘第一高等学校（全日制工業課程） | 55 | 進徳女学校 | 340 |
| 新荘第一高等学校（農業課程） | 55 | 進徳女学校 | 361 |
| 新荘第二高等学校 | 55 | **進徳女子高等学校** | 340 |
| 尋常中学橘蔭学館 | 382 | 進徳女子高等学校 | 340 |
| 尋常中学玖島学館 | 394 | 振徳堂 | 299 |
| 尋常中学作新館 | 80 | **新十津川高等学校** | 14 |
| 尋常中学順天求合社 | 139 | 新十津川高等学校 | 14 |
| 尋常中学伝習館 | 382 | **新十津川農業高等学校** | 14 |
| 尋常中学部 | 146 | 新十津川農業高等学校 | 14 |
| 尋常中学福山誠之館 | 344 | **新南陽高等学校** | 350 |
| 尋常中学鳳鳴義塾 | 299 | 新南陽高等学校 | 350 |
| 尋常中学猶興館 | 399 | 真如高等女学校 | 306 |
| 新荘中学校 | 55 | 真如裁縫女学校 | 306 |
| 尋常中学校 | 44 | 真如実家高等女学校 | 306 |
|  |  | 振風教校 | 392 |

| 校名 | ページ |
|---|---|
| 新町高等学校 | 83 |
| 新湊甲種商船学校 | 184 |
| **新湊高等学校** | 185 |
| 新湊高等学校 | 185 |
| 新湊高等女学校 | 185 |
| 新湊女子高等学校 | 185 |
| **真和高等学校** | 404 |
| 真和高等学校 | 404 |
| 親和高等女学校 | 301 |
| 親和女学校 | 301 |
| **親和女子高等学校** | 301 |
| 親和女子高等学校 | 301 |
| 親和女子大学 | 291 |

## 【 す 】

| 校名 | ページ |
|---|---|
| 翠栄舎 | 344 |
| 水産講習所 | 42 |
| 水産講習所 | 121 |
| 水産試験場気仙沼分場講習部 | 42 |
| 水産補修学校 | 429 |
| 水産補習学校 | 42 |
| 翠松学舎 | 154 |
| **水城高等学校** | 71 |
| 水城高等学校 | 71 |
| **翠星高等学校** | 190 |
| 翠星高等学校 | 191 |
| **吹田高等学校** | 282 |
| 吹田高等学校 | 282 |
| **吹田東高等学校** | 282 |
| 吹田東高等学校 | 282 |
| 瑞陵高等学校 | 235 |
| **瑞陵高等学校** | 240 |
| 瑞陵高等学校 | 240 |
| 数英漢学会 | 295 |
| 崇貞学園 | 131 |
| 数理学会 | 338 |
| **須恵高等学校** | 380 |
| 須恵高等学校 | 380 |
| **末吉高等学校** | 426 |
| 末吉高等学校 | 426 |
| 末吉高等学校財部分校 | 426 |
| 末吉高等女学校 | 426 |
| 巣園学舎 | 141 |
| 須賀学園 | 78 |
| **須賀川高等学校** | 63 |
| 須賀川高等学校 | 63 |
| 須賀川高等学校長沼分校 | 64 |
| 須賀川高等女学校 | 63 |
| 須賀川女子高等学校 | 63 |
| 須賀川町立商業補習学校 | 63 |
| **須賀川桐陽高等学校** | 63 |
| 須賀川桐陽高等学校 | 63 |
| 図画取調掛 | 121 |

| 校名 | ページ |
|---|---|
| 巣鴨経済専門学校 | 104 |
| **巣鴨高等学校** | 141 |
| 巣鴨高等学校 | 141 |
| 巣鴨高等商業学校 | 104 |
| 巣鴨女子商業学校 | 139 |
| 巣鴨中学校 | 141 |
| 杉沢女子高等学校 | 49 |
| 杉沢服装学院 | 49 |
| 杉沢服装専門学校 | 49 |
| 杉沢洋裁研究所 | 49 |
| **杉戸高等学校** | 98 |
| 杉戸高等学校 | 98 |
| 杉戸農業学校 | 98 |
| **杉戸農業高等学校** | 98 |
| 杉戸農業高等学校 | 98 |
| **杉並学院高等学校** | 141 |
| 杉並学院高等学校 | 141 |
| 杉並工業学校 | 149 |
| **杉並工業高等学校** | 141 |
| 杉並工業高等学校 | 141 |
| 杉並高等家政女学校 | 132 |
| **杉並高等学校** | 141 |
| 杉並高等学校 | 141 |
| 杉並高等学校 | 144 |
| **杉並総合高等学校** | 141 |
| 杉並総合高等学校 | 141 |
| 杉並中学校 | 144 |
| 杉野学園女子大学 | 119 |
| 杉野学園女子短期大学 | 127 |
| 杉野女子大学 | 119 |
| 杉野女子大学短期大学部 | 127 |
| **杉野服飾大学** | 119 |
| 杉野服飾大学 | 119 |
| **杉野服飾大学短期大学部** | 127 |
| 杉野服飾大学短期大学部 | 127 |
| 杉森女学校 | 380 |
| 杉森女芸学校 | 380 |
| 杉森女紅会 | 380 |
| **杉森女子高等学校** | 380 |
| 杉森女子高等学校 | 381 |
| 椙山高等女学校 | 240 |
| **椙山女学園高等学校** | 240 |
| 椙山女学園高等学校 | 240 |
| **椙山女学園大学** | 231 |
| 椙山女学園大学 | 231 |
| 椙山女学園大学短期大学部 | 231 |
| 椙山女子商業学校 | 240 |
| 椙山女子専門学校 | 240 |
| **宿毛工業高等学校** | 371 |
| 宿毛工業高等学校 | 371 |
| **宿毛高等学校** | 371 |
| 宿毛高等学校 | 371 |
| **宿毛高等学校大月分校** | 371 |
| 宿毛高等学校大月分校 | 371 |
| 宿毛女子高等学校 | 371 |
| 宿毛中学校 | 371 |
| 宿毛中学校併設中学校 | 371 |

| | | | |
|---|---:|---|---:|
| 宿毛農工高等学校 | 371 | 鈴峯女子高等学校 | 340 |
| 助川高等家政学校 | 75 | 鈴峯女子高等学校 | 340 |
| 助川高等家政女学院 | 75 | 鈴峯女子短期大学 | 335 |
| 助川高等女学校 | 74 | 鈴峯女子短期大学 | 335 |
| 助川裁縫女学院 | 75 | 珠洲郡立実科高等女学校 | 189 |
| **菅高等学校** | 166 | **珠洲実業高等学校** | 191 |
| 菅高等学校 | 167 | 珠洲実業高等学校 | 191 |
| **須坂園芸高等学校** | 206 | **鈴蘭台西高等学校** | 301 |
| 須坂園芸高等学校 | 206 | **鈴蘭台高等学校** | 301 |
| 須坂工業学校 | 206 | 鈴蘭台高等学校 | 301 |
| **須坂高等学校** | 206 | 鈴蘭台高等学校 | 305 |
| 須坂高等学校 | 206 | 鈴蘭台西高等学校 | 301 |
| 須坂高等女学校 | 206 | **裾野高等学校** | 224 |
| 須坂実科高等女学校 | 206 | 裾野高等学校 | 224 |
| 須坂商業学校 | 206 | 須玉商業高等学校 | 199 |
| **須坂商業高等学校** | 206 | 寿都高等家政女学校 | 14 |
| 須坂商業高等学校 | 206 | **寿都高等学校** | 14 |
| 須坂商工高等学校 | 206 | 寿都高等学校 | 14 |
| 須坂中学校 | 206 | 寿都実業女学校 | 14 |
| 須坂西高等学校 | 206 | 寿都女子職業学校 | 14 |
| 須坂農業高等学校 | 206 | 須藤高等技芸学校 | 84 |
| **須坂東高等学校** | 206 | 周東實用中学校 | 354 |
| 須坂東高等学校 | 206 | 周東中学校 | 354 |
| 須崎工業学校 | 371 | 須藤和洋裁女学院 | 84 |
| **須崎工業高等学校** | 371 | **砂川高等学校（北海・道）** | 14 |
| 須崎工業高等学校 | 371 | 砂川高等学校 | 14 |
| **須崎高等学校** | 371 | **砂川高等学校（東京・都）** | 141 |
| 須崎高等学校 | 371 | 砂川高等学校 | 141 |
| **須崎高等学校久礼分校** | 371 | **砂川高等学校（大阪・府）** | 282 |
| 須崎高等学校久礼分校 | 371 | 砂川高等学校 | 282 |
| 須崎女学校 | 371 | 砂川南高等学校奈井江分校 | 17 |
| 須崎中学校 | 371 | 墨俣高等学校 | 212 |
| **朱雀高等学校** | 266 | **昴学園高等学校** | 252 |
| 朱雀高等学校 | 266 | 昴学園高等学校 | 252 |
| 朱雀高等学校鳥羽分校 | 267 | **須磨学園高等学校** | 301 |
| **逗子開成高等学校** | 167 | 須磨学園高等学校 | 301 |
| 逗子開成高等学校 | 167 | **須磨高等学校** | 301 |
| 逗子開成中学校 | 167 | 須磨高等学校 | 301 |
| **逗子高等学校** | 167 | 須磨高等女学校 | 301 |
| 逗子高等学校 | 167 | 須磨裁縫女学校 | 301 |
| 逗子実科高等女学校 | 167 | 須磨女学校 | 301 |
| 鈴鹿医療科学技術大学 | 248 | 須磨女子高等学校 | 301 |
| **鈴鹿医療科学大学** | 248 | 須磨女子商業学校 | 301 |
| 鈴鹿医療科学大学 | 248 | 須磨太子館日曜学校 | 301 |
| **鈴鹿工業高等専門学校** | 248 | **須磨友が丘高等学校** | 301 |
| 鈴鹿工業高等専門学校 | 248 | 須磨友が丘高等学校 | 301 |
| **鈴鹿高等学校** | 251 | 須磨ノ浦高等女学校 | 301 |
| 鈴鹿高等学校 | 252 | **須磨ノ浦女子高等学校** | 301 |
| **鈴鹿国際大学** | 248 | 須磨ノ浦女子高等学校 | 301 |
| 鈴鹿国際大学 | 248 | **須磨東高等学校** | 301 |
| 鈴鹿国際大学短期大学部 | 248 | 須磨東高等学校 | 301 |
| 鈴鹿市立工業学校 | 251 | 須磨睦高等技芸塾 | 301 |
| 鈴鹿市立高等女学校 | 251 | 須磨睦高等実践女学校 | 301 |
| **鈴鹿短期大学** | 248 | スミス塾 | 21 |
| 鈴鹿短期大学 | 248 | スミス女学校 | 21 |
| 鈴鹿農学校 | 254 | **墨田川高等学校** | 141 |
| 鈴峯女子専門学校 | 335 | 墨田川高等学校 | 141 |

| 墨田工業学校 | 141 |
| --- | --- |
| **墨田工業高等学校** | 141 |
| 墨田工業高等学校 | 141 |
| 墨田工業新制高等学校 | 141 |
| **住田高等学校** | 35 |
| 住田高等学校 | 35 |
| 隅田女子商業学校 | 142 |
| 住友工業学校 | 294 |
| 住友工業高等学校 | 294 |
| 住之江高等学校 | 281 |
| 住吉学園高等学校 | 283 |
| **住吉高等学校（神奈川・県）** | 167 |
| 住吉高等学校 | 167 |
| **住吉高等学校（大阪・府）** | 282 |
| 住吉高等学校 | 282 |
| 住吉高等女学校 | 283 |
| 住吉商業学校 | 282 |
| **住吉商業高等学校** | 282 |
| 住吉商業高等学校 | 282 |
| 住吉聖心女子学院 | 299 |
| 菫女学校 | 174 |
| すみれ女子短期大学 | 233 |
| すみれ洋裁学院 | 233 |
| 洲本工業学校 | 301 |
| 洲本工業高等学校 | 301 |
| **洲本高等学校** | 301 |
| 洲本高等学校 | 301 |
| 洲本高等学校西淡分校（定時制） | 300 |
| 洲本高等学校南淡分校（定時制） | 300 |
| 洲本高等学校南淡分校（定時制） | 300 |
| 洲本高等学校緑分校（定時制） | 300 |
| 洲本高等学校三原西分校 | 300 |
| **洲本実業高等学校** | 301 |
| 洲本実業高等学校 | 301 |
| **洲本実業高等学校東浦校** | 301 |
| 洲本実業高等学校東浦校 | 301 |
| 洲本実業高等学校東浦分校 | 301 |
| 洲本商業学校 | 301 |
| 洲本中学校 | 301 |
| **逗葉高等学校** | 167 |
| 逗葉高等学校 | 167 |
| 摺沢家政女学校 | 35 |
| 摺沢高等学校 | 35 |
| 摺沢高等学校大原分校 | 35 |
| **駿河台大学** | 90 |
| 駿河台大学 | 90 |
| 諏訪郡南部実科中等学校 | 208 |
| 諏訪郡平野高等女学校 | 204 |
| 諏訪郡平野村立農蚕学校 | 204 |
| 諏訪郡立実科中学校 | 206 |
| 諏訪高等女学校 | 206 |
| 諏訪蚕糸学校 | 204 |
| **諏訪実業高等学校** | 206 |
| 諏訪実業高等学校 | 206 |
| 諏訪商業学校 | 206 |
| 諏訪女子商業学校 | 206 |
| 諏訪市立高等学校 | 206 |

| **諏訪清陵高等学校** | 206 |
| --- | --- |
| 諏訪清陵高等学校 | 206 |
| 諏訪第二高等女学校 | 204 |
| 諏訪中学校 | 206 |
| **諏訪東京理科大学** | 201 |
| 諏訪東京理科大学 | 201 |
| 諏訪農業高等学校 | 208 |
| **諏訪二葉高等学校** | 206 |
| 諏訪二葉高等学校 | 206 |
| 諏訪補習女学校 | 206 |
| 駿台学園 | 141 |
| **駿台学園高等学校** | 141 |
| 駿台学園高等学校 | 141 |
| **駿台甲府高等学校** | 198 |
| 駿台甲府高等学校 | 198 |
| 駿東高等女学院 | 225 |
| 駿東高等女学校 | 225 |
| 駿東農林水産学校 | 225 |

## 【せ】

| 成安裁縫学校 | 265 |
| --- | --- |
| 成安女子高等学校 | 265 |
| 成安女子短期大学 | 263 |
| **成安造形大学** | 254 |
| 成安造形大学 | 254 |
| **成安造形短期大学** | 263 |
| 成安造形短期大学 | 263 |
| 成医会講習所 | 122 |
| 成医学校 | 122 |
| 聖ウルスラ学院 | 44 |
| **聖ウルスラ学院英智高等学校** | 44 |
| 聖ウルスラ学院英智高等学校 | 44 |
| 聖ウルスラ学院家庭学校 | 44 |
| 聖ウルスラ学院高等学校 | 44 |
| 青雲高等学校 | 206 |
| **青雲高等学校（兵庫・県）** | 301 |
| 青雲高等学校 | 301 |
| **青雲高等学校（長崎・私）** | 396 |
| 青雲高等学校 | 396 |
| **誠英高等学校** | 350 |
| 誠英高等学校 | 350 |
| 西遠高等女学校 | 222 |
| 精華学校 | 425 |
| 精華技芸高等学校 | 283 |
| **聖学院高等学校** | 141 |
| 聖学院高等学校 | 141 |
| **聖学院大学** | 90 |
| 聖学院大学 | 90 |
| 聖学院中学校 | 141 |
| 声楽研究所 | 160 |
| **精華高等学校** | 282 |
| 精華高等学校 | 283 |
| 精華高等裁縫女学校 | 381 |

| 校名 | 頁 | 校名 | 頁 |
|---|---|---|---|
| 精華高等女学校 | 113 | 聖光学院高等学校 | 167 |
| 精華高等女学校 | 265 | 生光学園高等学校 | 357 |
| 精華高等女学校 | 283 | 生光学園高等学校 | 357 |
| 精華実践女学校 | 283 | 生光高等学校 | 357 |
| 精華商業学校 | 425 | 聖光高等学校 | 350 |
| 精華女学校 | 57 | 聖光高等学校 | 350 |
| 精華女学校 | 265 | 生光商業専門学校 | 357 |
| 精華女学校 | 349 | 清光女子高等学校 | 185 |
| 精華女子高等学校 | 265 | 政策研究大学院大学 | 119 |
| 精華女子高等学校 | 283 | 政策研究大学院大学 | 119 |
| 精華女子高等学校 | 381 | 星槎国際高等学校 | 14 |
| 精華女子高等学校 | 381 | 星槎国際高等学校 | 14 |
| 精華女子短期大学 | 375 | 星槎大学 | 1 |
| 精華女子短期大学 | 375 | 星槎大学 | 1 |
| 聖家族女子高等学校 | 265 | 誠之館 | 344 |
| 聖カタリナ女子高等学校 | 366 | 精思高等学校 | 330 |
| 聖カタリナ女子高等学校 | 366 | 精思高等学校 | 330 |
| 聖カタリナ女子大学 | 363 | 精思高等学校 | 331 |
| 聖カタリナ女子短期大学 | 363 | 精思高等女学校 | 330 |
| 聖カタリナ大学 | 363 | 精思女学校 | 330 |
| 聖カタリナ大学 | 363 | 誠修高等学校 | 381 |
| 聖カタリナ大学短期大学部 | 363 | 誠修高等学校 | 381 |
| 聖カタリナ大学短期大学部 | 363 | 静修実科女学校 | 158 |
| 生活学園高等学校 | 32 | 静修実科女学校 | 165 |
| 生活学園高等学校 | 38 | 静修女学校 | 361 |
| 生活学苑大和山松風塾 | 28 | 静修女子大学 | 1 |
| 生活学園短期大学 | 32 | 静修短期大学 | 3 |
| 聖カピタニオ女子高等学校 | 240 | 清尚学院高等学校 | 14 |
| 聖カピタニオ女子高等学校 | 240 | 清尚学院高等学校 | 15 |
| 成器高等学校 | 276 | 成城学園高等学校 | 141 |
| 正気書院 | 311 | 成城学園高等学校 | 141 |
| 正気書院商業学校 | 311 | 成城学校 | 141 |
| 成器商業学校 | 276 | 成章館 | 240 |
| 成器商業高等学校 | 276 | 成城工業高等学校 | 283 |
| 正気女子商業学校 | 311 | 成城工業高等学校 | 283 |
| 清教学園高等学校 | 283 | 成章高等学校 | 240 |
| 清教学園高等学校 | 283 | 成章高等学校 | 240 |
| 正強高等学校 | 311 | 成城高等学校 | 119 |
| 成均学園高等女学校 | 93 | 成城高等学校（東京・私） | 141 |
| 成蹊園 | 119 | 成城高等学校 | 141 |
| 成蹊高等学校 | 119 | 成城高等学校（大阪・府） | 283 |
| 成蹊高等学校 | 141 | 成城高等学校 | 283 |
| 成蹊高等学校 | 141 | 星城高等学校 | 240 |
| 誠恵高等学校 | 224 | 星城高等学校 | 240 |
| 誠恵高等学校 | 224 | 星翔高等学校 | 283 |
| 成蹊実業専門学校 | 119 | 星翔高等学校 | 283 |
| 成蹊実務学校 | 119 | 清翔高等学校 | 215 |
| 成蹊女学校 | 119 | 清翔高等学校 | 215 |
| 成蹊大学 | 119 | 西湘高等学校 | 167 |
| 成蹊大学 | 119 | 西湘高等学校 | 167 |
| 成蹊中学校 | 119 | 青翔高等学校 | 310 |
| 精研高等学校 | 330 | 青翔高等学校 | 310 |
| 精研高等学校 | 330 | 成城高等女学校 | 119 |
| 聖光学院工業高等学校 | 63 | 成城高等女学校 | 141 |
| 聖光学院高等学校（福島・私） | 63 | 成城第二中学校 | 141 |
| 聖光学院高等学校 | 63 | 成城大学 | 119 |
| 聖光学院高等学校（神奈川・私） | 167 | 成城大学 | 119 |

せいしよう 校名索引

| 校名 | 頁 |
|---|---|
| **星城大学** | 231 |
| 星城大学 | 231 |
| **成城大学短期大学部** | 127 |
| 成城大学短期大学部 | 127 |
| 成城短期大学 | 127 |
| 成章中学校 | 240 |
| 成城中学校 | 141 |
| 成女学舎 | 372 |
| 成女学校 | 141 |
| **成女高等学校** | 141 |
| 成女高等学校 | 141 |
| 成女高等女学校 | 141 |
| 聖書農学園短期大学 | 105 |
| **聖心ウルスラ学園高等学校** | 415 |
| 聖心ウルスラ学園高等学校 | 415 |
| **聖心ウルスラ学園短期大学** | 414 |
| 聖心ウルスラ学園短期大学 | 414 |
| **清真学園高等学校** | 71 |
| 清真学園高等学校 | 71 |
| 西神高等学校 | 299 |
| **誠信高等学校** | 240 |
| 誠信高等学校 | 240 |
| 誠心高等学校 | 226 |
| 清心高等女学校 | 331 |
| 誠心高等女学校 | 226 |
| 聖心女子学院 | 141 |
| **聖心女子学院高等科** | 141 |
| 聖心女子学院高等科 | 141 |
| 聖心女子学院高等女学校 | 141 |
| 聖心女子学院高等専門学校 | 120 |
| 聖心女子学院高等専門学校 | 141 |
| 聖心女子学院専門学校 | 120 |
| **清心女子高等学校（神奈川・私）** | 167 |
| 清心女子高等学校 | 167 |
| **清心女子高等学校（岡山・私）** | 331 |
| 清心女子高等学校 | 331 |
| **聖心女子大学** | 119 |
| 聖心女子大学 | 120 |
| 正心女子短期大学付属高等学校 | 423 |
| 済々黌 | 404 |
| 静清工業学校 | 224 |
| **静清工業高等学校** | 224 |
| 静清工業高等学校 | 224 |
| **済々黌高等学校** | 404 |
| 済々黌高等学校 | 404 |
| 済々黌附属女子学校 | 404 |
| 生々示宇 | 104 |
| **聖セシリア女子高等学校** | 167 |
| 聖セシリア女子高等学校 | 167 |
| **聖セシリア女子短期大学** | 160 |
| 聖セシリア女子短期大学 | 160 |
| **清泉女学院高等学校** | 167 |
| 清泉女学院高等学校 | 167 |
| **清泉女学院大学** | 201 |
| 清泉女学院大学 | 201 |
| **清泉女学院短期大学** | 201 |
| 清泉女学院短期大学 | 201 |
| **清泉女子大学** | 120 |
| 清泉女子大学 | 120 |
| **聖泉大学** | 254 |
| 聖泉大学 | 254 |
| **聖泉大学短期大学部** | 255 |
| 聖泉大学短期大学部 | 255 |
| 聖泉短期大学 | 255 |
| 清泉寮学院 | 120 |
| 清泉寮学院 | 208 |
| 正則英語学校 | 142 |
| 正則英語学校小川町分校 | 142 |
| 正則英語学校芝分校 | 142 |
| **正則学園高等学校** | 141 |
| 正則学園高等学校 | 142 |
| 正則学園中学校 | 142 |
| **正則高等学校** | 142 |
| 正則高等学校 | 142 |
| 正則商業学校 | 142 |
| 正則商業高等学校 | 142 |
| 正則予備学校 | 142 |
| 正則予備校 | 142 |
| 聖堂・学問所 | 58 |
| **聖徳栄養短期大学** | 127 |
| 聖徳栄養短期大学 | 127 |
| 成徳学園高等学校 | 139 |
| 成徳学園高等学校 | 299 |
| 聖徳学園高等保育学校 | 105 |
| 聖徳学園短期大学 | 105 |
| 聖徳学園短期大学附属高等学校 | 110 |
| 聖徳学園短期大学附属聖徳高等学校 | 71 |
| 聖徳学園保姆養成所 | 105 |
| 聖徳家政学院 | 105 |
| 成徳館 | 109 |
| 成徳高等学校 | 139 |
| **成徳高等学校** | 357 |
| 成徳高等学校 | 357 |
| 成徳高等女学校 | 395 |
| 成徳高等女学校 | 396 |
| 静徳高等女学校 | 281 |
| 成徳実践女学校 | 299 |
| 成徳書院 | 109 |
| 成徳女学校 | 357 |
| 成徳女子商業 | 357 |
| 成徳女子商業学校 | 139 |
| **聖徳大学** | 103 |
| 聖徳大学 | 104 |
| **聖徳大学短期大学部** | 105 |
| 聖徳大学短期大学部 | 105 |
| **聖徳大学附属高等学校** | 110 |
| 聖徳大学附属高等学校 | 110 |
| **聖徳大学附属聖徳高等学校** | 71 |
| 聖徳大学附属聖徳高等学校 | 71 |
| 聖ドミニコ学院 | 44 |
| **聖ドミニコ学院高等学校** | 44 |
| 聖ドミニコ学院高等学校 | 44 |
| **聖ドミニコ学園高等学校** | 142 |
| 聖ドミニコ学園高等学校 | 142 |

| 校名 | 頁 |
|---|---|
| 聖名高等女学校 | 422 |
| 西南学院 | 381 |
| 西南学院高等学部 | 381 |
| **西南学院高等学校** | 381 |
| 西南学院高等学校 | 381 |
| **西南学院大学** | 374 |
| 西南学院大学 | 374 |
| 西南家政学院 | 381 |
| 西南女学院 | 381 |
| **西南女学院高等学校** | 381 |
| 西南女学院高等学校 | 381 |
| 西南女学院専門学校 | 381 |
| **西南女学院大学** | 374 |
| 西南女学院大学 | 374 |
| **西南女学院大学短期大学部** | 375 |
| 西南女学院大学短期大学部 | 375 |
| 西南女学院短期大学 | 375 |
| 聖パウロ学園 | 142 |
| 聖パウロ学園工芸高等学校 | 142 |
| **聖パウロ学園高等学校** | 142 |
| 聖パウロ学園高等学校 | 142 |
| 聖保禄女学校 | 18 |
| 星美学園 | 142 |
| **星美学園高等学校** | 142 |
| 星美学園高等学校 | 142 |
| 成美学園女子高等学校 | 172 |
| **星美学園短期大学** | 127 |
| 星美学園短期大学 | 127 |
| 成美学校 | 235 |
| **済美高等学校（岐阜・私）** | 215 |
| 済美高等学校 | 215 |
| **成美高等学校** | 283 |
| 成美高等学校 | 283 |
| 成美高等学校 | 332 |
| 成美高等学校 | 390 |
| 成美高等学校 | 391 |
| **西彼農業高等学校** | 396 |
| 西彼農業高等学校 | 396 |
| 西彼農業高等学校 | 398 |
| 西肥仏教中学校 | 392 |
| **清風高等学校** | 283 |
| 清風高等学校 | 283 |
| **清風南海高等学校** | 283 |
| 清風南海高等学校 | 283 |
| 西武学園 | 98 |
| **西武学園文理高等学校** | 98 |
| 西武学園文理高等学校 | 98 |
| 西福岡高等学校 | 384 |
| 西部実業学校 | 238 |
| 西部女子高等学校 | 186 |
| **西武台高等学校** | 98 |
| 西武台高等学校 | 98 |
| **西武台千葉高等学校** | 110 |
| 西武台千葉高等学校 | 110 |
| **西武文理大学** | 90 |
| 西武文理大学 | 90 |
| 聖ベネディクト女子学園 | 9 |
| 聖ベネディクト女子高等学校 | 9 |
| 聖望学園浦和高等学校 | 93 |
| **聖望学園高等学校** | 99 |
| 聖望学園高等学校 | 99 |
| 政法学校 | 261 |
| **清峰高等学校** | 396 |
| 清峰高等学校 | 396 |
| **青豊高等学校** | 381 |
| 青豊高等学校 | 381 |
| **聖母学院高等学校** | 266 |
| 聖母学院高等学校 | 266 |
| 聖母厚生女子学院 | 120 |
| 聖母女学院 | 283 |
| **聖母女学院高等学校** | 283 |
| 聖母女学院高等学校 | 283 |
| 聖母女学院高等女学校 | 283 |
| **聖母女学院短期大学** | 263 |
| 聖母女学院短期大学 | 263 |
| 聖母女子短期大学 | 120 |
| **聖母大学** | 120 |
| 聖母大学 | 120 |
| **聖母の騎士高等学校** | 396 |
| 聖母の騎士高等学校 | 396 |
| **聖母被昇天学院高等学校** | 283 |
| 聖母被昇天学院高等学校 | 283 |
| **聖母被昇天学院女子短期大学** | 274 |
| 聖母被昇天学院女子短期大学 | 274 |
| 西舞鶴女子高等学校 | 267 |
| **聖マリア学院大学** | 374 |
| 聖マリア学院大学 | 374 |
| 聖マリア学院短期大学 | 374 |
| 聖マリア看護専門学校 | 374 |
| 聖マリア高等看護学院 | 374 |
| **聖マリア女学院高等学校** | 215 |
| 聖マリア女学院高等学校 | 215 |
| **聖マリアンナ医科大学** | 158 |
| 聖マリアンナ医科大学 | 158 |
| 舎密局 | 261 |
| **清明学院高等学校** | 283 |
| 清明学院高等学校 | 283 |
| 正明高等学校 | 143 |
| 清明女学院 | 37 |
| 清友学園高等学校 | 283 |
| 清友学園高等女学校 | 283 |
| **清友高等学校** | 283 |
| 清友高等学校 | 283 |
| **聖ヨゼフ学園高等学校** | 167 |
| 聖ヨゼフ学園高等学校 | 167 |
| 青蘭学院高等学校 | 142 |
| 青蘭商業女学校 | 142 |
| **青藍泰斗高等学校** | 80 |
| 青藍泰斗高等学校 | 80 |
| **成立学園高等学校** | 142 |
| 成立学園高等学校 | 142 |
| 成立高等学校 | 142 |
| 成立商業学校 | 142 |
| 星稜高等学校 | 191 |

| 校名 | ページ |
|---|---|
| 星稜高等学校 | 191 |
| 星陵高等学校（静岡・私） | 224 |
| 星陵高等学校 | 224 |
| 星陵高等学校 | 298 |
| 星陵高等学校（兵庫・県） | 301 |
| 星陵高等学校 | 301 |
| 西陵高等学校（名古屋・市） | 240 |
| 西陵高等学校 | 240 |
| 西陵高等学校 | 244 |
| 西陵高等学校（長崎・県） | 396 |
| 西陵高等学校 | 396 |
| 青陵高等学校 | 142 |
| 青陵高等学校 | 142 |
| 青陵高等学校 | 243 |
| 青陵高等学校 | 315 |
| 青陵高等学校 | 315 |
| 西陵高等学校東長崎分校 | 396 |
| 西陵高等学校東長崎分校 | 396 |
| 西陵商業高等学校 | 240 |
| 清陵情報高等学校 | 63 |
| 清陵情報高等学校 | 63 |
| 星稜女子短期大学 | 188 |
| 星稜女子短期大学 | 188 |
| 清林館高等学校 | 240 |
| 清林館高等学校 | 240 |
| 星林高等学校 | 315 |
| 星林高等学校 | 315 |
| 星琳高等学校 | 381 |
| 星琳高等学校 | 381 |
| 聖路加看護大学 | 120 |
| 聖路加看護大学 | 120 |
| 聖路加国際病院付属高等看護婦学校 | 120 |
| 聖路加女子専門学校 | 120 |
| 聖路加短期大学 | 120 |
| 聖霊学院女子職業学校 | 51 |
| 聖隷学園高等学校 | 224 |
| 聖隷学園聖泉短期大学 | 255 |
| 聖隷学園浜松衛生短期大学 | 219 |
| 聖隷クリストファー看護大学 | 219 |
| 聖隷クリストファー高等学校 | 224 |
| 聖隷クリストファー高等学校 | 224 |
| 聖隷クリストファー大学 | 219 |
| 聖隷クリストファー大学 | 219 |
| 聖隷クリストファー大学看護短期大学部 | 219 |
| 聖隷クリストファー大学看護短期大学部 | 219 |
| 聖霊高等学校 | 51 |
| 聖霊高等学校 | 240 |
| 聖霊高等学校 | 240 |
| 聖霊高等女学校 | 51 |
| 聖隷准看護婦養成所 | 224 |
| 聖霊女高等女学院 | 51 |
| 聖霊女子学院 | 51 |
| 聖霊女子短期大学 | 48 |
| 聖霊女子短期大学 | 48 |
| 聖霊女子短期大学付属高等学校 | 51 |
| 聖霊女子短期大学付属高等学校 | 51 |
| 聖和学院高等学校 | 167 |
| 聖和学院高等学校 | 167 |
| 清和学園高等学校 | 99 |
| 清和学園高等学校 | 99 |
| 聖和学園高等学校 | 44 |
| 聖和学園高等学校 | 44 |
| 聖和学園短期大学 | 40 |
| 聖和学園短期大学 | 40 |
| 聖和学園吉田高等学校 | 44 |
| 清和高等学校 | 391 |
| 清和女学校 | 371 |
| 聖和女子学院 | 293 |
| 聖和女子学院高等学校 | 396 |
| 聖和女子学院高等学校 | 396 |
| 清和女子高等学校 | 371 |
| 清和女子高等学校 | 372 |
| 聖和女子大学 | 291 |
| 清和女子短期大学 | 105 |
| 聖和女子短期大学 | 293 |
| 清和女子短期大学附属高等学校 | 108 |
| 西和清陵高等学校 | 310 |
| 西和清陵高等学校 | 310 |
| 清和大学 | 104 |
| 清和大学 | 104 |
| 聖和大学 | 291 |
| 聖和大学 | 291 |
| 清和大学短期大学部 | 105 |
| 清和大学短期大学部 | 105 |
| 聖和大学短期大学部 | 293 |
| 聖和大学短期大学部 | 293 |
| 聖和短期大学 | 293 |
| 清和普通学校 | 269 |
| 関有知高等学校 | 215 |
| 関有知高等学校 | 215 |
| 関工業学校 | 216 |
| 関工業高等学校 | 216 |
| 関高等学校 | 215 |
| 関高等学校 | 215 |
| 関城工業高等学校 | 32 |
| 関商工高等学校 | 216 |
| 関商工高等学校 | 216 |
| 関城高等学校 | 32 |
| 碩信高等学校 | 410 |
| 碩信高等学校 | 410 |
| 碩南高等学校 | 413 |
| 碩南高等学校（定時制） | 413 |
| 碩南中学校 | 408 |
| 関宿高等学校 | 110 |
| 関宿高等学校 | 110 |
| 膳所高等学校 | 257 |
| 膳所高等学校 | 257 |
| 膳所中学校 | 257 |
| 瀬高技芸女学校 | 387 |
| 瀬高実業補習学校 | 387 |
| 世田谷泉高等学校 | 142 |
| 世田谷泉高等学校 | 142 |
| 世田谷学園高等学校 | 142 |
| 世田谷学園高等学校 | 142 |

| 校名 | 頁 | 校名 | 頁 |
|---|---|---|---|
| 世田谷工業高等学校（全日制） | 146 | 瀬戸窯業高等学校 | 241 |
| 世田谷高等学校 | 142 | **瀬谷高等学校** | 167 |
| 世田谷中学校 | 142 | 瀬谷高等学校 | 167 |
| 勢多郡立農林学校 | 86 | **瀬谷西高等学校** | 167 |
| 瀬田工業学校 | 257 | 瀬谷西高等学校 | 167 |
| **瀬田工業高等学校** | 257 | 世羅郡女子実業学校 | 340 |
| 瀬田工業高等学校 | 257 | **世羅高等学校** | 340 |
| 瀬田高等学校 | 256 | 世羅高等学校 | 340 |
| **瀬田高等学校** | 257 | 世羅高等学校大和分校 | 340 |
| 瀬田高等学校 | 257 | 世羅女学校 | 340 |
| 瀬棚高等学校 | 15 | 世羅中学校 | 340 |
| **瀬棚商業高等学校** | 15 | 善学院 | 199 |
| 瀬棚商業高等学校 | 15 | 遷喬館 | 214 |
| 勢多農林学校 | 86 | 専修学校 | 120 |
| **勢多農林高等学校** | 86 | 泉州高等学校 | 287 |
| 勢多農林高等学校 | 86 | 専修高等簿記学校 | 379 |
| **摂津高等学校** | 283 | **専修大学** | 120 |
| 摂津高等学校 | 283 | 専修大学 | 120 |
| 摂南学園高等学校 | 276 | 専修大学 | 142 |
| 摂南工業学校 | 276 | **専修大学北上高等学校** | 35 |
| 摂南工業専門学校 | 270 | 専修大学北上高等学校 | 35 |
| 摂南工業大学 | 270 | **専修大学玉名高等学校** | 404 |
| 摂南高等工業学校 | 270 | 専修大学玉名高等学校 | 404 |
| 摂南重機工業学校 | 276 | 専修大学美唄農工短期大学 | 3 |
| **摂南大学** | 272 | 専修大学付属北上高等学校 | 35 |
| 摂南大学 | 272 | 専修大学付属北上商業高等学校 | 35 |
| **摂陵高等学校** | 283 | 専修大学附属京王高等学校 | 142 |
| 摂陵高等学校 | 283 | **専修大学附属高等学校** | 142 |
| 瀬戸内高等学校 | 342 | 専修大学附属高等学校 | 142 |
| **瀬戸内短期大学** | 359 | 専修大学附属玉名商業高等学校 | 404 |
| 瀬戸内短期大学 | 359 | **専修大学北海道短期大学** | 3 |
| **瀬戸北高等学校** | 241 | 専修大学北海道短期大学 | 3 |
| 瀬戸北高等学校 | 241 | **専修大学松戸高等学校** | 110 |
| **瀬戸高等学校（愛知・県）** | 241 | 専修大学松戸高等学校 | 110 |
| 瀬戸高等学校 | 241 | 千住町実業補習学校 | 129 |
| **瀬戸高等学校（岡山・県）** | 331 | 千住町女子実業補習学校 | 129 |
| 瀬戸高等学校 | 331 | 扇城家政女学校 | 412 |
| 瀬戸高等学校備作分校周匝校舎 | 333 | 扇城高等学校 | 412 |
| 瀬戸実科女学校 | 331 | 扇城高等女学校 | 412 |
| 瀬戸青年学校 | 331 | 扇城女学校 | 412 |
| 瀬戸青年訓練所 | 331 | 染織講習所 | 84 |
| 瀬戸田学園瀬戸田高等学校 | 340 | **宣真高等学校** | 283 |
| **瀬戸田高等学校** | 340 | 宣真高等学校 | 283 |
| 瀬戸田高等学校 | 340 | 宣真高等女学校 | 283 |
| 瀬戸田実科高等女学校 | 340 | **洗足学園音楽大学** | 158 |
| 瀬戸陶器学校 | 241 | 洗足学園音楽大学 | 159 |
| **瀬戸西高等学校** | 241 | **洗足学園高等学校** | 167 |
| 瀬戸西高等学校 | 241 | 洗足学園高等学校 | 167 |
| 瀬戸農業高等学校 | 331 | 洗足学園女子高等学校 | 167 |
| 瀬戸農業専修学校 | 331 | 洗足学園第二高等学校 | 167 |
| 瀬戸農芸学校 | 331 | 洗足学園大学 | 159 |
| 瀬戸農芸高等学校 | 331 | 洗足学園大学附属高等学校 | 167 |
| 瀬戸農芸高等学校備作分校周匝校舎 | 333 | **洗足学園短期大学** | 160 |
| **瀬戸南高等学校** | 331 | 洗足学園短期大学 | 160 |
| 瀬戸南高等学校 | 331 | 洗足高等女学校 | 167 |
| 瀬戸窯業学校 | 241 | 仙台育英学校 | 44 |
| **瀬戸窯業高等学校** | 241 | 仙台育英中学校 | 44 |

| | | | |
|---|---|---|---|
| **仙台育英学園高等学校** | 44 | 仙台大学 | 39 |
| 仙台育英学園高等学校 | 44 | 仙台大学 | 39 |
| 川内工業学校 | 426 | 仙台中学校 | 44 |
| **仙台工業高等学校** | 44 | 川内中学校 | 426 |
| 仙台工業高等学校 | 44 | **仙台電波工業高等専門学校** | 40 |
| 仙台工業専門学校 | 39 | 仙台電波工業高等専門学校 | 40 |
| 仙台工業専門学校 | 40 | 仙台電波高等学校 | 40 |
| 仙台工業補習学校 | 44 | **仙台西高等学校** | 44 |
| **仙台高等学校** | 44 | 仙台西高等学校 | 44 |
| 仙台高等学校 | 44 | **仙台東高等学校** | 44 |
| 川内高等学校（鹿児島・県） | 426 | 仙台東高等学校 | 44 |
| 川内高等学校 | 426 | **仙台南高等学校** | 44 |
| 仙台高等工業学校 | 39 | 仙台南高等学校 | 44 |
| 仙台高等工業学校 | 40 | **仙台向山高等学校** | 44 |
| 川内高等女学校 | 426 | 仙台向山高等学校 | 44 |
| 仙台市簡易商業学校 | 44 | 仙台無線電信講習所 | 40 |
| 仙台市高等女学校 | 47 | 仙台明善中学校 | 45 |
| 仙台市商業学校 | 44 | 仙台夜間中学校 | 45 |
| 仙台市昭和女学校 | 45 | 栴檀高等学校 | 40 |
| 川内実業高等学校 | 428 | 栴檀中学校 | 40 |
| 仙台市徒弟実業学校 | 44 | 栴檀林 | 118 |
| **川内純心女子高等学校** | 426 | 善通寺高等学校 | 361 |
| 川内純心女子高等学校 | 426 | 善通寺高等女学校 | 361 |
| 仙台商業学校 | 44 | 善通寺実科高等女学校 | 361 |
| 川内商業学校 | 426 | 善通寺女子高等学校 | 361 |
| **仙台商業高等学校** | 44 | **善通寺第一高等学校** | 361 |
| 仙台商業高等学校 | 44 | 善通寺第一高等学校 | 361 |
| 仙台尚絅高等女学校 | 43 | 善通寺第二高等学校 | 361 |
| 仙台尚絅女学校 | 43 | **善通寺西高等学校** | 361 |
| **川内商工高等学校** | 426 | 善通寺西高等学校 | 361 |
| 川内商工高等学校 | 426 | **セントヨゼフ女子学園高等学校** | 252 |
| 仙台女子商業学校 | 44 | セントヨゼフ女子学園高等学校 | 252 |
| 仙台女子商業学校第2部 | 46 | **泉南高等学校** | 283 |
| **仙台女子商業高等学校** | 44 | 泉南高等学校 | 283 |
| 仙台女子商業高等学校 | 44 | 泉南高等女学校 | 275 |
| **仙台白百合学園高等学校** | 44 | **泉北高等学校** | 283 |
| 仙台白百合学園高等学校 | 44 | 泉北高等学校 | 283 |
| **仙台白百合女子大学** | 39 | 仙北実習高等女学校 | 50 |
| 仙台白百合女子大学 | 39 | **千厩高等学校** | 35 |
| 川内市立高等学校 | 426 | 千厩高等学校 | 35 |
| 仙台市立女子高等学校 | 46 | 千厩高等学校藤沢分校 | 37 |
| 川内市立女子商業学校 | 426 | **泉陽高等学校** | 283 |
| 仙台市立女子商業高等学校 | 44 | 泉陽高等学校 | 283 |
| 仙台市立夜間中学校 | 45 | **千里金蘭大学** | 272 |
| 仙台神学校 | 39 | 千里金蘭大学 | 272 |
| 仙台神学校 | 45 | **千里金蘭大学短期大学部** | 274 |
| 仙台数学院 | 45 | 千里金蘭大学短期大学部 | 274 |
| **仙台第一高等学校** | 44 | **千里高等学校** | 284 |
| 仙台第一高等学校 | 44 | 千里高等学校 | 284 |
| 仙台第一中学校 | 44 | **千里国際学園高等部** | 284 |
| **仙台第二工業高等学校** | 44 | 千里国際学園高等部 | 284 |
| 仙台第二工業高等学校 | 44 | | |
| **仙台第二高等学校** | 44 | | |
| 仙台第二高等学校 | 44 | | |
| 仙台第二中学校 | 44 | | |
| **仙台第三高等学校** | 44 | | |
| 仙台第三高等学校 | 44 | | |

## 【 そ 】

| 校名 | ページ |
|---|---|
| 相愛高等学校 | 284 |
| 相愛高等学校 | 284 |
| 相愛女学校 | 272 |
| 相愛女学校 | 284 |
| 相愛女子音楽学校 | 272 |
| 相愛女子音楽学校 | 284 |
| 相愛女子専門学校 | 272 |
| 相愛女子専門学校 | 284 |
| 相愛女子大学 | 272 |
| 相愛女子短期大学 | 272 |
| 相愛第二高等学校 | 277 |
| 相愛大学 | 272 |
| 相愛大学 | 272 |
| 創価高等学校 | 142 |
| 創価高等学校 | 142 |
| 草加高等学校 | 99 |
| 草加高等学校 | 99 |
| 創価女子短期大学 | 127 |
| 創価女子短期大学 | 127 |
| 創価大学 | 120 |
| 創価大学 | 120 |
| 草加西高等学校 | 99 |
| 草加西高等学校 | 99 |
| 草加東高等学校 | 99 |
| 草加東高等学校 | 99 |
| 草加南高等学校 | 99 |
| 草加南高等学校 | 99 |
| 造型美術学園 | 125 |
| 総合研究大学院大学 | 159 |
| 総合研究大学院大学 | 159 |
| 双国高等学校 | 410 |
| 双国高等学校 | 410 |
| 匝瑳高等学校 | 110 |
| 匝瑳高等学校 | 110 |
| 匝瑳中学校 | 110 |
| 造志館 | 419 |
| 早実工業学校 | 157 |
| 総社高等学校 | 331 |
| 総社高等学校 | 331 |
| 総社南高等学校 | 331 |
| 総社南高等学校 | 331 |
| 崇城大学 | 400 |
| 崇城大学 | 400 |
| 捜真女学校高等学部 | 167 |
| 捜真女学校高等学部 | 167 |
| 創成館高等学校 | 396 |
| 創成館高等学校 | 396 |
| 創成商工高等学校豊平分校 | 12 |
| 造船徒弟学校 | 249 |
| 創造学園大学 | 83 |
| 創造学園大学 | 83 |
| 創造学園大学附属高等学校 | 206 |
| 創造学園大学附属高等学校 | 206 |
| 曹洞宗専門学支校 | 234 |
| 曹洞宗専門学支校 | 350 |
| 曹洞宗専門学本校 | 118 |
| 曹洞宗専門支校 | 40 |
| 曹洞宗第一中学林 | 142 |
| 曹洞宗第二中学林 | 40 |
| 曹洞宗第三中学林 | 234 |
| 曹洞宗第四中学林 | 350 |
| 曹洞宗第十六中学林 | 350 |
| 曹洞宗大学 | 119 |
| 曹洞宗大学林 | 119 |
| 曹洞宗大学林専門学本校 | 118 |
| 崇徳高等学校 | 340 |
| 崇徳高等学校 | 340 |
| 相武台高等学校 | 167 |
| 相武台高等学校 | 167 |
| 壮瞥高等学校 | 15 |
| 壮瞥高等学校 | 15 |
| 相馬高等学校 | 63 |
| 相馬高等学校 | 63 |
| 相馬高等学校農業部 | 63 |
| 相馬高等女学校 | 63 |
| 相馬商業学校 | 65 |
| 相馬女学校 | 63 |
| 相馬女子技芸学校 | 63 |
| 相馬女子高等学校 | 63 |
| 相馬中学校 | 63 |
| 相馬農業高等学校 | 63 |
| 相馬農業高等学校 | 63 |
| 相馬農業高等学校飯舘分校 | 63 |
| 相馬農業高等学校飯舘分校 | 63 |
| 相馬農業高等学校大舘分校 | 63 |
| 相馬農蚕学校 | 63 |
| 相馬東高等学校 | 63 |
| 相馬東高等学校 | 63 |
| 相洋高等学校 | 167 |
| 相洋高等学校 | 167 |
| 相洋中学校 | 167 |
| 相楽郡立農学校 | 264 |
| 相楽郡立農林学校 | 264 |
| 総和工業高等学校 | 71 |
| 総和工業高等学校 | 71 |
| 総和高等学校 | 71 |
| 総和高等学校 | 71 |
| 添上郡立第一農林学校 | 310 |
| 添上郡立第二農林学校 | 310 |
| 添上郡立農林学校分校 | 310 |
| 添上郡立農林学校本校 | 310 |
| 添上高等学校 | 310 |
| 添上高等学校 | 310 |
| 添上農学校 | 310 |
| 添上農業高等学校 | 310 |
| 袖ヶ浦高等学校 | 110 |
| 袖ヶ浦高等学校 | 110 |
| 蘇南高等学校 | 206 |
| 蘇南高等学校 | 206 |

そのたかく　　　　　　　　　　　　　　　　　　　　　　　　　　　　　　　　　　　　　　校名索引

| 校名 | 頁 |
|---|---|
| **園田学園高等学校** | 301 |
| 園田学園高等学校 | 301 |
| **園田学園女子大学** | 291 |
| 園田学園女子大学 | 291 |
| **園田学園女子大学短期大学部** | 293 |
| 園田学園女子大学短期大学部 | 293 |
| 園田学園女子短期大学 | 293 |
| 園田高等女学校 | 301 |
| **園部高等学校** | 266 |
| 園部高等学校 | 266 |
| 園部中学校 | 266 |
| 祖父江高等学校 | 238 |
| 祖山学院 | 199 |
| 祖山学院高等部 | 199 |
| 祖山学院中等部 | 199 |
| 祖山大学院 | 199 |
| 祖山中学林 | 199 |
| 祖山中学校 | 199 |
| **蘇陽高等学校** | 404 |
| 蘇陽高等学校 | 404 |
| 空知農業高等学校 | 6 |
| 空知農業高等学校月形分校 | 15 |
| 空知農業高等学校由仁分校 | 23 |

### 【た】

| 校名 | 頁 |
|---|---|
| 第一鹿児島中学校 | 427 |
| **第一経済大学** | 374 |
| 第一経済大学 | 374 |
| **第一経済大学付属高等学校** | 381 |
| 第一経済大学付属高等学校 | 381 |
| **第一工業大学** | 420 |
| 第一工業大学 | 420 |
| 第一高等学校 | 122 |
| 第一商業高等学校 | 197 |
| 第一水産講習所 | 121 |
| 第一中学校 | 44 |
| 第一中学校伊具郡立分校 | 42 |
| 第一東京市立高等女学校 | 152 |
| 第一東京市立中学校 | 135 |
| **第一福祉大学** | 374 |
| 第一福祉大学 | 374 |
| 第一仏教中学校 | 142 |
| **第一保育短期大学** | 375 |
| 第一保育短期大学 | 375 |
| **第一薬科大学** | 374 |
| 第一薬科大学 | 374 |
| **第一幼児教育短期大学** | 420 |
| 第一幼児教育短期大学 | 420 |
| 第二大谷高等女学校 | 286 |
| 第二開成学校 | 167 |
| 第二鹿児島商工 | 426 |
| 第二鹿児島中学校 | 425 |
| 第二高等学校 | 39 |

| 校名 | 頁 |
|---|---|
| 第二高等学校 | 40 |
| 第二高等学校大学予科 | 40 |
| 第二高等中学校 | 40 |
| 第二水産講習所 | 121 |
| 第二中学校 | 44 |
| 第二中学校 | 151 |
| 第二東京市立中学校 | 131 |
| 第二仏教中学校 | 195 |
| 第二山下高等女学校 | 366 |
| 第二山下実科高等女学校 | 366 |
| 第三亀戸尋常高等小学校 | 136 |
| 第三高等学校 | 261 |
| 第三高等学校医学部 | 325 |
| 第三高等中学校 | 261 |
| 第三高等中学校医学部 | 325 |
| 第三大学区第十一番中学区彦根学校 | 258 |
| 第三中学校 | 46 |
| 第三東京市立中学校 | 153 |
| 第三仏教中学校 | 268 |
| 第四高等学校 | 188 |
| 第四高等中学校 | 188 |
| 第四中学校 | 42 |
| 第四仏教中学校 | 340 |
| 第五高等学校 | 399 |
| 第五高等学校 | 400 |
| 第五高等学校工学部 | 399 |
| 第五高等中学校 | 399 |
| 第五仏教中学校 | 392 |
| 第六高等学校 | 325 |
| 第七高等学校 | 419 |
| 第七高等学校 | 420 |
| 第七高等学校造志館 | 419 |
| 第八高等学校 | 232 |
| 第十六中学区予科学校 | 203 |
| 第十七番中学利根川学校 | 88 |
| 第十七番中学変則学校 | 209 |
| 第十八番中学校 | 209 |
| 第三十五番中学育徳学校 | 383 |
| 体育会 | 124 |
| 大学智山勧学院 | 120 |
| 大学寮兼学部初等科 | 264 |
| 大学寮代 | 133 |
| 大学林 | 262 |
| **大樹高等学校** | 15 |
| 大樹高等学校 | 15 |
| 大樹高等学校更別分校 | 13 |
| 大軌高等女学校 | 281 |
| 耐久学舎 | 315 |
| **耐久高等学校** | 315 |
| 耐久高等学校 | 315 |
| 耐久社 | 315 |
| 耐久中学校 | 315 |
| 大教校 | 262 |
| 耐恒寮 | 389 |
| **大子清流高等学校** | 71 |
| 大子清流高等学校 | 72 |
| 大子第一高等学校 | 72 |

646　学校名変遷総覧　大学・高校編

| 校名 | 頁 | 校名 | 頁 |
|---|---|---|---|
| 大子第二高等学校 | 72 | 大成女子高等学校 | 72 |
| **太子高等学校** | 301 | 泰星中学校 | 381 |
| 太子高等学校 | 302 | 大鉄工学校 | 286 |
| **大師高等学校** | 167 | 大鉄工業学校 | 286 |
| 大師高等学校 | 167 | 大鉄高等学校 | 286 |
| 大社高等学校 | 322 | 大東亜学院 | 127 |
| 大社高等家政女学校 | 322 | 大東学院 | 127 |
| **大社高等学校** | 322 | **大東学園高等学校** | 142 |
| **大社高等学校佐田分校** | 322 | 大東学園高等学校 | 142 |
| 大社高等学校佐田分校 | 322 | 大同工業高等学校 | 241 |
| 大社高等実業女学校 | 322 | **大同工業大学** | 231 |
| 大社高等女学校 | 322 | 大同工業大学 | 231 |
| 大社実業学校 | 322 | 大同工業大学大同高等学校 | 241 |
| 大社第一高等学校 | 322 | 大同工業大学大同高等学校 | 241 |
| 大社第二高等学校 | 322 | **大東高等学校（岩手・県）** | 35 |
| 大社中学校 | 322 | 大東高等学校 | 35 |
| 大衆寮 | 261 | **大東高等学校（島根・県）** | 322 |
| 大正学校 | 285 | 大東高等学校 | 322 |
| 大正学校 | 339 | 大同高等学校 | 241 |
| 大正高等学校 | 284 | 大東高等学校大原分校 | 35 |
| 大正高等学校 | 284 | 大東高等実業女学校 | 322 |
| 大正高等学校 | 371 | 大東高等女学校 | 142 |
| **大聖寺高等学校** | 191 | 大東高等女学校 | 322 |
| 大聖寺高等学校 | 191 | 泰東商業学校 | 131 |
| 大聖寺高等学校（定時制課程） | 189 | **台東商業高等学校** | 142 |
| 大聖寺高等女学校 | 191 | 台東商業高等学校 | 142 |
| **大聖寺実業高等学校** | 191 | 台東新制高等学校 | 142 |
| 大聖寺実業高等学校 | 191 | 大東農学校 | 322 |
| 大聖寺中学校 | 191 | 大東農業学校 | 322 |
| **大正大学** | 120 | 大東文化学院 | 120 |
| 大正大学 | 120 | 大東文化学院専門学校 | 120 |
| 大正中学校 | 339 | **大東文化大学** | 120 |
| 大正中等学校 | 339 | 大東文化大学 | 120 |
| **大商学園高等学校** | 284 | **大東文化大学第一高等学校** | 142 |
| 大商学園高等学校 | 284 | 大東文化大学第一高等学校 | 142 |
| 大世学院 | 127 | 大日本水産会水産伝習所 | 121 |
| **太成学院大学** | 272 | 大日本婦人慈善会 | 139 |
| 太成学院大学 | 272 | 太平学校 | 49 |
| **太成学院大学高等学校** | 284 | **太平洋学園高等学校** | 372 |
| 太成学院大学高等学校 | 284 | 太平洋学園高等学校 | 372 |
| 太成学館尋常中学校 | 142 | **大門高等学校（富山・県）** | 185 |
| 太成高等学校 | 284 | 大門高等学校 | 185 |
| **泰星高等学校** | 381 | **大門高等学校（広島・県）** | 340 |
| 泰星高等学校 | 381 | 大門高等学校 | 340 |
| **大成高等学校（北海・道）** | 15 | 平工業学校 | 63 |
| 大成高等学校 | 15 | **平工業高等学校** | 63 |
| **大成高等学校（東京・私）** | 142 | 平工業高等学校 | 63 |
| 大成高等学校 | 142 | 平工業高等専門学校 | 59 |
| **大成高等学校（愛知・私）** | 241 | 田井等高等学校 | 430 |
| 大成高等学校 | 241 | 平商業学校 | 63 |
| **大成高等学校（和歌山・県）** | 315 | **平商業高等学校** | 63 |
| 大成高等学校 | 315 | 平商業高等学校 | 63 |
| **大成高等学校美里分校** | 315 | 平商業補習学校 | 63 |
| 大成高等学校美里分校 | 315 | 平第二工業学校 | 63 |
| 大成高等女学校 | 72 | **平舘高等学校** | 35 |
| 大成裁縫女学校 | 72 | 平舘高等学校 | 35 |
| **大成女子高等学校** | 72 | **大里高等学校** | 381 |

| | | | |
|---|---:|---|---:|
| 大里高等学校 | 381 | 高木女塾 | 167 |
| 大里高等学校 | 386 | 高倉学寮 | 260 |
| **大和高等学校（広島・県）** | 340 | 高蔵高等学校 | 244 |
| 大和高等学校 | 340 | 高蔵女子商業高等学校 | 244 |
| 台湾協会学校 | 120 | 高倉大学寮 | 260 |
| **高石高等学校** | 284 | 多賀工業専門学校 | 67 |
| 高石高等学校 | 284 | **多可高等学校** | 302 |
| 高井戸農商公民学校 | 132 | 多可高等学校 | 302 |
| 高岡簡易商業学校 | 185 | **多賀高等学校** | 72 |
| 高岡経済専門学校 | 183 | 多賀高等学校 | 72 |
| 高岡工業専門学校 | 183 | 高坂実業補習学校 | 60 |
| 高岡工芸学校 | 185 | **高崎北高等学校** | 86 |
| **高岡工芸高等学校** | 185 | 高崎北高等学校 | 86 |
| 高岡工芸高等学校 | 185 | **高崎経済大学** | 83 |
| 高岡工芸高等学校二上分校 | 187 | 高崎経済大学 | 83 |
| **高岡高等学校（富山・県）** | 185 | **高崎経済大学付属高等学校** | 86 |
| 高岡高等学校 | 185 | 高崎経済大学付属高等学校 | 86 |
| **高岡高等学校（高知・県）** | 372 | **高崎健康福祉大学** | 83 |
| 高岡高等学校 | 372 | 高崎健康福祉大学 | 83 |
| 高岡高等小学校同組合青年学校 | 372 | **高崎健康福祉大学高崎高等学校** | 86 |
| 高岡高等商業学校 | 183 | 高崎健康福祉大学高崎高等学校 | 87 |
| 高岡高等女学校 | 185 | **高崎健康福祉大学短期大学部** | 84 |
| **高岡向陵高等学校** | 185 | 高崎健康福祉大学短期大学部 | 84 |
| 高岡向陵高等学校 | 185 | 高崎工業学校 | 87 |
| 高岡産業高等学校 | 185 | **高崎工業高等学校** | 87 |
| 高岡商業学校 | 185 | 高崎工業高等学校 | 87 |
| **高岡商業高等学校** | 185 | **高崎高等学校** | 87 |
| 高岡商業高等学校 | 185 | 高崎高等学校 | 87 |
| 高岡女子高等学校 | 185 | 高崎高等実践女学校 | 86 |
| 高岡西部高等学校 | 185 | 高崎高等女学校 | 87 |
| **高岡第一高等学校** | 185 | 高崎実践女学校 | 86 |
| 高岡第一高等学校 | 185 | **高崎商科大学** | 83 |
| 高岡短期大学 | 183 | 高崎商科大学 | 83 |
| 高岡中学校 | 185 | **高崎商科大学短期大学部** | 84 |
| 高岡中学校 | 372 | 高崎商科大学短期大学部 | 84 |
| 高岡中部高等学校 | 185 | **高崎商科大学附属高等学校** | 87 |
| 高岡東部高等学校 | 185 | 高崎商科大学附属高等学校 | 87 |
| **高岡西高等学校** | 185 | 高崎商科短期大学 | 84 |
| 高岡西高等学校 | 185 | 高崎商科短期大学附属高等学校 | 87 |
| 高岡日本大学高等学校 | 185 | 高崎商業学校 | 87 |
| 高岡日本大学高等学校魚津校舎 | 187 | **高崎商業高等学校** | 87 |
| 高岡東高等学校 | 185 | 高崎商業高等学校 | 87 |
| **高岡法科大学** | 183 | **高崎女子高等学校** | 87 |
| 高岡法科大学 | 183 | 高崎女子高等学校 | 87 |
| 高岡北部高等学校 | 187 | 高崎市立高等女学校 | 86 |
| **高岡南高等学校** | 185 | 高崎市立商業補習学校 | 87 |
| 高岡南高等学校 | 185 | 高崎市立女子高等学校 | 86 |
| **高岡龍谷高等学校** | 185 | 高崎市立短期大学 | 83 |
| 高岡龍谷高等学校 | 185 | 高崎短期大学 | 83 |
| **高川学園高等学校** | 350 | **高崎東高等学校** | 87 |
| 高川学園高等学校 | 351 | 高崎東高等学校 | 87 |
| **高木学園女子高等学校** | 167 | **高砂高等学校** | 302 |
| 高木学園女子高等学校 | 167 | 高砂高等学校 | 302 |
| 高木高等学校 | 167 | 高砂実科高等女学校 | 302 |
| 高木高等女学校 | 167 | **高砂南高等学校** | 302 |
| 高木女子商業学校 | 167 | 高砂南高等学校 | 302 |
| 高木女子商業高等学校 | 167 | **高島高等学校（東京・都）** | 142 |

| 校名 | ページ |
|---|---|
| 高島高等学校 | 142 |
| **高島高等学校（滋賀・県）** | 257 |
| 高島高等学校 | 257 |
| 高島高等学校安曇川分校 | 255 |
| **高城高等学校** | 415 |
| 高城高等学校 | 415 |
| **多賀城高等学校** | 45 |
| 多賀城高等学校 | 45 |
| **鷹栖高等学校** | 15 |
| 鷹栖高等学校 | 15 |
| **高瀬高等学校** | 361 |
| 高瀬高等学校 | 361 |
| 高瀬高等女学校 | 404 |
| 高田学校 | 179 |
| **高田北城高等学校** | 178 |
| 高田北城高等学校 | 178 |
| 高田工業学校 | 178 |
| 高田工業高等学校 | 178 |
| **高田高等学校（岩手・県）** | 35 |
| 高田高等学校 | 35 |
| **高田高等学校（新潟・県）** | 178 |
| 高田高等学校 | 179 |
| 高田高等学校 | 213 |
| **高田高等学校（三重・私）** | 252 |
| 高田高等学校 | 252 |
| **高田高等学校（奈良・県）** | 310 |
| 高田高等学校 | 310 |
| **高田高等学校（大分・県）** | 410 |
| 高田高等学校 | 411 |
| 高田高等学校香々地分校 | 410 |
| 高田高等学校住田分校（全日制課程） | 35 |
| 高田高等女学校 | 178 |
| 高田高等女学校 | 310 |
| 高田高等女学校 | 411 |
| 高田実科高等女学校 | 35 |
| **高田商業高等学校（新潟・県）** | 179 |
| 高田商業高等学校 | 179 |
| **高田商業高等学校（大和高田・市）** | 310 |
| 高田商業高等学校 | 310 |
| 高田商工学校 | 178 |
| 高田商工学校 | 179 |
| 高田女子高等学校 | 178 |
| 高田女子高等学校 | 213 |
| **高田短期大学** | 248 |
| 高田短期大学 | 248 |
| 高田中学校 | 179 |
| 高田中学校 | 252 |
| 高田中学校 | 411 |
| 高田中学校糸魚川分校 | 176 |
| 高田中学校柏崎分校 | 176 |
| **高田南城高等学校** | 179 |
| 高田南城高等学校 | 179 |
| 高田農学校 | 179 |
| 高田農学校 | 346 |
| 田方農学校 | 224 |
| **高田農業高等学校** | 179 |
| 高田農業高等学校 | 179 |

| 校名 | ページ |
|---|---|
| 田方農業高等学校 | 224 |
| 田方農業高等学校 | 225 |
| 田方農林学校 | 224 |
| 高田東高等学校 | 312 |
| **高千穂高等学校** | 415 |
| 高千穂高等学校 | 415 |
| 高千穂高等商業学校 | 120 |
| 高千穂実業高等学校 | 415 |
| 高千穂商科大学 | 120 |
| **高千穂大学** | 120 |
| 高千穂大学 | 120 |
| 高千穂中学校 | 120 |
| 高千穂農学校 | 415 |
| **高槻北高等学校** | 284 |
| 高槻北高等学校 | 284 |
| **高槻高等学校** | 284 |
| 高槻高等学校 | 284 |
| 高槻中学校 | 284 |
| 高槻南高等学校 | 284 |
| **高津高等学校（川崎・市）** | 168 |
| 高津高等学校 | 168 |
| **高遠高等学校** | 206 |
| 高遠高等学校 | 206 |
| 高遠実業補習学校本科 | 206 |
| 高遠拓殖青年学校 | 206 |
| 高取高等学校 | 310 |
| **高取国際高等学校** | 310 |
| 高取国際高等学校 | 310 |
| **高鍋高等学校** | 415 |
| 高鍋高等学校 | 415 |
| 高鍋高等学校都農校舎 | 415 |
| 高鍋高等学校農業部 | 415 |
| 高鍋高等女学校 | 415 |
| 高鍋中学校 | 415 |
| 高鍋農学校 | 415 |
| 高鍋農業学校 | 415 |
| **高鍋農業高等学校** | 415 |
| 高鍋農業高等学校 | 415 |
| **高輪高等学校** | 142 |
| 高輪高等学校 | 143 |
| 高輪裁縫女学校 | 151 |
| 高輪商業学校 | 142 |
| 高輪商業高等学校 | 143 |
| 高輪中学校 | 142 |
| 高輪仏教大学 | 262 |
| **高根沢高等学校** | 80 |
| 高根沢高等学校 | 80 |
| 高根沢商業高等学校 | 80 |
| **鷹巣高等学校** | 51 |
| 鷹巣高等学校 | 51 |
| 鷹巣農林学校 | 51 |
| **鷹巣農林高等学校** | 51 |
| 鷹巣農林高等学校 | 51 |
| 鷹羽学館 | 383 |
| 崇徳中学校 | 340 |
| 高萩工業高等学校 | 72 |
| **高萩高等学校** | 72 |

| 校名 | 頁 |
|---|---|
| 高萩高等学校 | 72 |
| 高萩高等女学校 | 72 |
| **高萩清松高等学校** | 72 |
| 高萩清松高等学校 | 72 |
| 高梁工業高等学校 | 331 |
| 高橋高等学校 | 111 |
| **高梁高等学校** | 331 |
| 高梁高等学校 | 331 |
| 高梁高等学校（夜間部） | 333 |
| **高梁城南高等学校** | 331 |
| 高梁城南高等学校 | 331 |
| 高梁第二高等学校（夜間部） | 333 |
| 高畠実科高等女学校 | 55 |
| **高畠高等学校** | 55 |
| 高畠高等学校 | 55 |
| **高浜高等学校（神奈川・県）** | 168 |
| 高浜高等学校 | 168 |
| **高浜高等学校（石川・県）** | 191 |
| 高浜高等学校 | 191 |
| **高浜高等学校（愛知・県）** | 241 |
| 高浜高等学校 | 241 |
| 高浜女子高等学校 | 168 |
| **高原高等学校** | 415 |
| 高原高等学校 | 415 |
| **高松北高等学校** | 361 |
| 高松北高等学校 | 361 |
| 高松工業学校 | 361 |
| **高松工業高等専門学校** | 359 |
| 高松工業高等専門学校 | 359 |
| 高松工芸学校 | 361 |
| **高松工芸高等学校** | 361 |
| 高松工芸高等学校 | 361 |
| 高松高等学校 | 38 |
| 高松高等学校 | 54 |
| 高松高等学校 | 331 |
| **高松高等学校** | 361 |
| 高松高等学校 | 361 |
| 高松高等女学校 | 361 |
| **高松桜井高等学校** | 361 |
| 高松桜井高等学校 | 361 |
| 高松商業学校 | 361 |
| **高松商業高等学校** | 361 |
| 高松商業高等学校 | 361 |
| 高松女子高等学校 | 361 |
| 高松女子商業高等学校 | 361 |
| 高松市立高等女学校 | 361 |
| 高松市立実科高等女学校 | 361 |
| 高松市立第一中学校 | 361 |
| 高松尋常中学校 | 361 |
| **高松第一高等学校** | 361 |
| 高松第一高等学校 | 361 |
| 高松第二高等学校 | 361 |
| **高松大学** | 359 |
| 高松大学 | 359 |
| **高松短期大学** | 359 |
| 高松短期大学 | 359 |
| **高松中央高等学校** | 361 |
| 高松中央高等学校 | 361 |
| 高松中学校 | 361 |
| **高松西高等学校** | 361 |
| 高松西高等学校 | 361 |
| **高松農業高等学校** | 331 |
| 高松農業高等学校 | 331 |
| **高松東高等学校** | 361 |
| 高松東高等学校 | 362 |
| **高松南高等学校** | 362 |
| 高松南高等学校 | 362 |
| 高松和洋技芸女学校 | 361 |
| 高松和洋高等女学校 | 361 |
| **高円高等学校** | 310 |
| 高円高等学校 | 310 |
| **高水高等学校** | 351 |
| 高水高等学校 | 351 |
| 高水村塾 | 351 |
| **高宮高等学校** | 341 |
| 高宮高等学校 | 341 |
| **高森高等学校（山口・県）** | 351 |
| 高森高等学校 | 351 |
| **高森高等学校（熊本・県）** | 404 |
| 高森高等学校 | 404 |
| 高森女子農業高等学校 | 351 |
| **高山工業高等学校** | 216 |
| 高山工業高等学校 | 216 |
| 高山高等女学校 | 217 |
| 高山歯科医学院 | 104 |
| 高山自動車高等整備学校 | 211 |
| **高山自動車短期大学** | 211 |
| 高山自動車短期大学 | 211 |
| 高山短期大学 | 211 |
| 高山中学校 | 217 |
| 高山町立実科高等女学校 | 217 |
| **高山西高等学校** | 216 |
| 高山西高等学校 | 216 |
| **田柄高等学校** | 143 |
| 田柄高等学校 | 143 |
| **宝塚北高等学校** | 302 |
| 宝塚北高等学校 | 302 |
| **宝塚高等学校** | 302 |
| 宝塚高等学校 | 302 |
| **宝塚造形芸術大学** | 291 |
| 宝塚造形芸術大学 | 291 |
| **宝塚西高等学校** | 302 |
| 宝塚西高等学校 | 302 |
| **宝塚東高等学校** | 302 |
| 宝塚東高等学校 | 302 |
| **財部高等学校** | 426 |
| 財部高等学校 | 426 |
| **田川科学技術高等学校** | 381 |
| 田川科学技術高等学校 | 381 |
| 田川工業高等学校 | 381 |
| **田川高等学校（長野・県）** | 206 |
| 田川高等学校 | 206 |
| **田川高等学校（福岡・県）** | 381 |
| 田川高等学校 | 381 |

| 田川高等女学校 | 383 |
| 田川商業高等学校 | 381 |
| 田川女子高等学校 | 383 |
| 田川中学校 | 381 |
| 田川農林高等学校 | 381 |
| 田川東高等学校 | 383 |
| **滝川工業高等学校** | 15 |
| 滝川工業高等学校 | 15 |
| **滝川高等学校（北海・道）** | 15 |
| 滝川高等学校 | 15 |
| **滝川高等学校（兵庫・私）** | 302 |
| 滝川高等学校 | 302 |
| 滝川高等女学院 | 15 |
| 滝川高等女学校 | 15 |
| 滝川商業高等学校 | 15 |
| 滝川女子高等学校 | 15 |
| 滝川女子高等学校赤平分校 | 4 |
| 滝川女子高等学校新十津川分校 | 14 |
| **滝川第二高等学校** | 302 |
| 滝川第二高等学校 | 302 |
| 滝川中学校 | 15 |
| **滝川西高等学校** | 15 |
| 滝川西高等学校 | 15 |
| 滝川東高等学校 | 15 |
| 滝川東高等学校浜益分校 | 19 |
| 多紀郡実科高等女学校 | 299 |
| 多紀郡立高等女学校 | 299 |
| **滝高等学校** | 241 |
| 滝高等学校 | 241 |
| 多気実業学校 | 250 |
| 多紀実業学校 | 299 |
| 滝実業学校 | 241 |
| 滝実業高等学校 | 241 |
| 多紀実業高等公民学校 | 299 |
| **滝上高等学校** | 15 |
| 滝上高等学校 | 15 |
| 瀧野川高等実科女学校 | 143 |
| 瀧野川高等女学校 | 143 |
| 瀧野川実科女学院 | 143 |
| 滝野川商工学校 | 134 |
| **瀧野川女子学園高等学校** | 143 |
| 瀧野川女子学園高等学校 | 143 |
| 滝野川女子商業学校 | 130 |
| 滝野川女子商業高等学校 | 130 |
| 滝野川第一商業女学校 | 130 |
| 龍野工業高等学校新宮分校 | 300 |
| 滝部女子農業学校 | 353 |
| 滝部農業高等学校 | 353 |
| 多久工業高等学校 | 391 |
| **多久高等学校** | 391 |
| 多久高等学校 | 391 |
| **拓殖大学** | 120 |
| 拓殖大学 | 120 |
| **拓殖大学紅陵高等学校** | 111 |
| 拓殖大学紅陵高等学校 | 111 |
| **拓殖大学第一高等学校** | 143 |
| 拓殖大学第一高等学校 | 143 |

| **拓殖大学北海道短期大学** | 3 |
| 拓殖大学北海道短期大学 | 3 |
| 田口高等学校 | 241 |
| 田口高等学校 | 241 |
| 田口農林学校 | 241 |
| **詫間電波工業高等専門学校** | 359 |
| 詫間電波工業高等専門学校 | 359 |
| 詫間電波高等学校 | 359 |
| **武岡台高等学校** | 426 |
| 武岡台高等学校 | 426 |
| **武雄高等学校** | 391 |
| 武雄高等学校 | 391 |
| 武雄高等学校大町分校 | 390 |
| 武雄高等女学校 | 391 |
| **武雄青陵高等学校** | 391 |
| 武雄青陵高等学校 | 391 |
| 武雄中学校 | 391 |
| **竹園高等学校** | 72 |
| 竹園高等学校 | 72 |
| **竹田高等学校** | 411 |
| 竹田高等学校 | 411 |
| **武田高等学校** | 341 |
| 武田高等学校 | 341 |
| 竹田高等学校久住分校 | 413 |
| 竹田高等女学校 | 411 |
| 竹田裁縫女学校 | 57 |
| 竹田商業高等学校 | 413 |
| 竹田女学校 | 411 |
| 竹田女子高等学校 | 57 |
| 竹田中学校 | 411 |
| **竹田南高等学校** | 411 |
| 竹田南高等学校 | 411 |
| **武豊高等学校** | 241 |
| 武豊高等学校 | 241 |
| **竹台高等学校** | 143 |
| 竹台高等学校 | 143 |
| 竹台高等女学校 | 143 |
| 竹台女子新制高等学校 | 143 |
| **竹早高等学校** | 143 |
| 竹早高等学校 | 143 |
| 竹原工業学校 | 341 |
| **竹原高等学校** | 341 |
| 竹原高等学校 | 341 |
| 竹原高等学校安芸津分校 | 341 |
| 竹原高等学校安浦分校 | 341 |
| 竹原高等女学校 | 341 |
| 竹原商業学校 | 341 |
| **武生工業高等学校** | 194 |
| 武生工業高等学校 | 194 |
| **武生高等学校** | 194 |
| 武生高等学校 | 194 |
| **武生高等学校池田分校** | 194 |
| 武生高等学校池田分校 | 194 |
| 武生高等学校上池田分校 | 194 |
| 武生高等女学校 | 194 |
| **武生商業高等学校** | 194 |
| 武生商業高等学校 | 194 |

| | | | |
|---|---|---|---|
| 武生女子実業高等学校 | 194 | 立花学園高等学校 | 168 |
| 武生中学校 | 194 | 立花学園松田高等学校 | 168 |
| 武生町立高等女学校 | 194 | **橘高等学校（福島・県）** | 64 |
| 武生町立実科高等女学校 | 194 | 橘高等学校 | 64 |
| **武生東高等学校** | 194 | **橘高等学校（川崎・市）** | 168 |
| 武生東高等学校 | 194 | 橘高等学校 | 168 |
| 田子浦工業学校 | 229 | 橘高等学校 | 225 |
| **多古高等学校** | 111 | **立花高等学校** | 381 |
| 多古高等学校 | 111 | 立花高等学校 | 381 |
| 多古実業高等学校 | 111 | 橘高等女学校 | 168 |
| 多古農学校 | 111 | 橘女学校 | 168 |
| **太宰府高等学校** | 381 | 橘女子高等学校 | 168 |
| 太宰府高等学校 | 381 | 橘女子大学 | 261 |
| 太宰府高等学校 | 382 | 橘中学校 | 168 |
| **田島高等学校** | 63 | 橘樹郡田島町商工実務学校 | 164 |
| 田島高等学校 | 63 | **田子高等学校** | 28 |
| 田島高等公民学校 | 63 | 田子高等学校 | 28 |
| 田島公民実業学校 | 63 | 龍澤高等学校 | 38 |
| 田島実業公民学校 | 63 | 龍澤予備校 | 38 |
| 田島実業補習学校 | 63 | 龍野北高等学校 | 302 |
| **但馬農業高等学校** | 302 | 龍野工業 | 302 |
| 但馬農業高等学校 | 302 | 龍野工業高等学校 | 302 |
| 田島農林学校 | 63 | **辰野高等学校** | 206 |
| **多治見北高等学校** | 216 | 辰野高等学校 | 207 |
| 多治見北高等学校 | 216 | **龍野高等学校** | 302 |
| **多治見工業高等学校** | 216 | 龍野高等学校 | 302 |
| 多治見工業高等学校 | 216 | 辰野高等女学校 | 207 |
| **多治見高等学校** | 216 | 龍野高等女学校 | 302 |
| 多治見高等学校 | 216 | 辰野実業高等学校 | 206 |
| 多治見高等実践女学校 | 216 | 辰野実業高等学校 | 207 |
| 多治見高等女学校 | 216 | 龍野実業高等学校 | 300 |
| 多治見女子高等学校 | 216 | **龍野実業高等学校** | 302 |
| 多治見市立女子高等学校 | 216 | 龍野実業高等学校 | 302 |
| 多治見中学校 | 216 | 龍野実業高等学校太子分校 | 302 |
| 多治見町立高等女学校 | 216 | 龍野商業学校 | 302 |
| **田尻高等学校** | 45 | 龍野中学校 | 302 |
| 田尻高等学校 | 45 | 龍野町立技芸専修女学校 | 302 |
| **忠生高等学校** | 143 | 龍野南高等学校 | 302 |
| 忠生高等学校 | 143 | **田鶴浜高等学校** | 191 |
| **忠海高等学校** | 341 | 田鶴浜高等学校 | 191 |
| 忠海高等学校 | 341 | 田鶴浜女子高等学校 | 191 |
| 忠海高等女学校 | 341 | 建石高等学校 | 303 |
| 忠海中学校 | 341 | **楯岡高等学校** | 55 |
| **只見高等学校** | 64 | 楯岡高等学校 | 55 |
| 只見高等学校 | 64 | 楯岡高等女学校 | 55 |
| 多々良学園高等学校 | 351 | 楯岡実科高等女学校 | 55 |
| 多々良中学校 | 351 | 楯岡女学会 | 55 |
| **立川高等学校** | 143 | 楯岡第一高等学校 | 57 |
| 立川高等学校 | 143 | 楯岡第二高等学校 | 55 |
| 立川高等女学校 | 143 | 楯岡農業高等学校 | 57 |
| **立川女子高等学校** | 143 | **伊達高等学校** | 15 |
| 立川女子高等学校 | 143 | 伊達高等学校 | 15 |
| 立川市立高等学校 | 134 | 伊達高等学校壮瞥分校 | 15 |
| 立川市立新制高等学校 | 134 | 伊達高等学校洞爺分校 | 16 |
| **橘学苑高等学校** | 168 | 伊達高等女学校 | 15 |
| 橘学苑高等学校 | 168 | 蓼科乙種農学校 | 207 |
| **立花学園高等学校** | 168 | 蓼科高等学校 | 207 |

| 校名 | 頁 |
|---|---|
| 蓼科高等学校 | 207 |
| 蓼科実業補習学校 | 207 |
| 蓼科農学校 | 207 |
| 伊達女子高等学校 | 15 |
| 伊達女子高等学校 | 15 |
| 伊達中学校 | 15 |
| 盾津高等学校 | 279 |
| **館林高等学校** | 87 |
| 館林高等学校 | 87 |
| 館林高等学校板倉分校 | 85 |
| 館林高等学校伊奈良分校 | 85 |
| 館林高等女学校 | 87 |
| **館林商工高等学校** | 87 |
| 館林商工高等学校 | 87 |
| **館林女子高等学校** | 87 |
| 館林女子高等学校 | 87 |
| 館林中学校 | 87 |
| 館林町立高等女学校 | 87 |
| 館林町立実科高等学校 | 87 |
| 館林農業学校 | 85 |
| **伊達緑丘高等学校** | 15 |
| 伊達緑丘高等学校 | 15 |
| 館山高等学校 | 106 |
| **館山高等学校** | 111 |
| 館山高等学校 | 111 |
| 館山高等女学校 | 111 |
| **多度津工業高等学校** | 362 |
| 多度津工業高等学校 | 362 |
| 多度津高等学校 | 362 |
| **多度津水産高等学校** | 362 |
| 多度津水産高等学校 | 362 |
| 多度津中学校 | 362 |
| 田中千代学園短期大学 | 127 |
| 田中千代服装学園 | 127 |
| **棚倉高等学校** | 64 |
| 棚倉高等学校 | 64 |
| 棚倉高等女学校 | 64 |
| 棚倉町立実科高等女学校 | 64 |
| **田奈高等学校** | 168 |
| 田奈高等学校 | 168 |
| **田無工業高等学校** | 143 |
| 田無工業高等学校 | 143 |
| **田無高等学校** | 143 |
| 田無高等学校 | 143 |
| **田辺工業高等学校** | 315 |
| 田辺工業高等学校 | 315 |
| 田辺高等家政女学校 | 315 |
| **田辺高等学校(京都・府)** | 266 |
| 田辺高等学校 | 266 |
| **田辺高等学校(和歌山・県)** | 315 |
| 田辺高等学校 | 315 |
| **田名部高等学校** | 28 |
| 田名部高等学校 | 28 |
| 田名部高等学校大畑分校 | 26 |
| 田名部高等学校大間分校 | 26 |
| 田辺高等女学校 | 315 |
| 田名部高等女学校 | 28 |
| 田名部実科高等女学校 | 28 |
| 田名部実践女学校 | 28 |
| 田辺商業学校 | 315 |
| 田辺商業高等学校 | 313 |
| 田名部女子高等学校 | 28 |
| 田名部女子実業補習学校 | 28 |
| 田辺中学校 | 315 |
| 田名部中学校 | 28 |
| 谷村学院高等学校 | 36 |
| 谷本英学院 | 274 |
| 谷山高等学校 | 423 |
| **田沼高等学校** | 80 |
| 田沼高等学校 | 80 |
| **種市高等学校** | 35 |
| 種市高等学校 | 35 |
| **種子島高等学校** | 426 |
| 種子島高等学校 | 426 |
| 種子島高等学校分校 | 428 |
| 種子島実業高等学校 | 426 |
| 田原町立中学成章館 | 240 |
| **田布施工業高等学校** | 351 |
| 田布施工業高等学校 | 351 |
| 田布施実業女学校 | 349 |
| 田布施農業高等学校大島分校 | 351 |
| 田布施農業学校 | 351 |
| **田布施農業高等学校** | 351 |
| 田布施農業高等学校 | 351 |
| **田布施農業高等学校大島分校** | 351 |
| 田布施農業高等学校上関分校 | 349 |
| **田部高等学校** | 351 |
| 田部高等学校 | 351 |
| 田部高等女学校 | 351 |
| 田部実科高等女子学校 | 351 |
| 田部女子高等学校 | 351 |
| 玉川学園 | 120 |
| **玉川学園高等部** | 143 |
| 玉川学園高等部 | 143 |
| **玉川工業高等学校** | 99 |
| 玉川工業高等学校 | 99 |
| **玉川高等学校(東京・都)** | 143 |
| 玉川高等学校 | 143 |
| **玉川高等学校(滋賀・県)** | 257 |
| 玉川高等学校 | 257 |
| 玉川高等学校 | 287 |
| 玉川聖学院 | 143 |
| **玉川聖学院高等部** | 143 |
| 玉川聖学院高等部 | 143 |
| 玉川大学 | 120 |
| 玉川大学 | 120 |
| 玉川保母専門学院 | 159 |
| **玉木女子高等学校** | 397 |
| 玉木女子高等学校 | 397 |
| **玉木女子短期大学** | 393 |
| 玉木女子短期大学 | 393 |
| 多摩勤労中学校 | 150 |
| **多摩工業高等学校** | 143 |
| 多摩工業高等学校 | 143 |

| 校名 | 頁 |
|---|---|
| 多摩高等学校（東京・都） | 143 |
| 多摩高等学校 | 143 |
| 多摩高等学校（神奈川・県） | 168 |
| 多摩高等学校 | 168 |
| 玉島高等学校（岡山・県） | 331 |
| 玉島高等学校（倉敷・市） | 331 |
| 玉島高等学校 | 331 |
| 玉島商業高等学校 | 331 |
| 玉島商業高等学校 | 331 |
| 玉島商業高等学校 | 332 |
| 玉島女学校 | 331 |
| 玉島第一高等学校 | 331 |
| 玉島町立実科高等女学校 | 331 |
| 多摩造形芸術専門学校 | 120 |
| 多摩大学 | 120 |
| 多摩大学 | 120 |
| 多摩大学附属聖ケ丘高等学校 | 143 |
| 多摩大学附属聖ケ丘高等学校 | 143 |
| 多摩大学目黒高等学校 | 143 |
| 多摩大学目黒高等学校 | 144 |
| 多摩中学校 | 129 |
| 玉造工業高等学校 | 72 |
| 玉造工業高等学校 | 72 |
| 多摩帝国美術学校 | 120 |
| 玉手山高等学校 | 279 |
| 玉手山女子専門学校 | 279 |
| 玉手山高等女学校 | 279 |
| 玉名英学院 | 404 |
| 玉名家政高等学校 | 404 |
| 玉名郡立実科高等女学校 | 404 |
| 玉名工業高等学校 | 404 |
| 玉名工業高等学校 | 404 |
| 玉名高等学校 | 404 |
| 玉名高等学校 | 404 |
| 玉名高等学校 | 405 |
| 玉名実践女学院 | 404 |
| 玉名実践女学校 | 404 |
| 玉名商業高等学校 | 404 |
| 玉名女子高等学校 | 404 |
| 玉名女子高等学校 | 405 |
| 玉名女子職業学校 | 404 |
| 玉名中学校 | 404 |
| 玉名中学校荒尾分教場 | 401 |
| 玉名農業高等学校 | 405 |
| 玉野高等学校 | 332 |
| 玉野高等学校 | 332 |
| 玉野高等学校宇野校舎 | 332 |
| 玉野高等学校玉校舎 | 332 |
| 玉野光南高等学校 | 332 |
| 玉野光南高等学校 | 332 |
| 玉野商業高等学校 | 332 |
| 玉野商業高等学校 | 332 |
| 玉野第一高等学校 | 332 |
| 玉野第二高等学校 | 332 |
| 玉野備南高等学校 | 332 |
| 玉野備南高等学校 | 332 |
| 多摩美術大学 | 120 |
| 多摩美術大学 | 120 |
| 玉村高等学校 | 87 |
| 玉村高等学校 | 87 |
| 玉村実業補習学校 | 87 |
| 田丸実業女学校 | 249 |
| 田村高等学校 | 64 |
| 田村高等学校 | 64 |
| 田村高等学校御舘分校 | 60 |
| 田村中学校 | 64 |
| 田村農業高等学校 | 61 |
| 田村農業高等学校（定時制） | 61 |
| 田村農業高等学校蓬田季節学校 | 61 |
| 田村農蚕学校 | 61 |
| 多良木高等学校 | 405 |
| 多良木高等学校 | 405 |
| 多良木実科高等女学校 | 405 |
| 太良高等学校 | 391 |
| 太良高等学校 | 391 |
| 垂水高等学校 | 301 |
| 垂水高等学校 | 426 |
| 垂水高等学校 | 426 |
| 田原本高等学校 | 309 |
| 田原本高等学校 | 310 |
| 田原本農業高等学校 | 310 |
| 田原本農業高等学校 | 309 |
| 田原本農業高等学校 | 310 |
| 丹南高等学校 | 194 |
| 丹南高等学校 | 194 |
| 丹原高等学校 | 366 |
| 丹原高等学校 | 366 |

【ち】

| 校名 | 頁 |
|---|---|
| 小県郡東部実科中等学校 | 207 |
| 小県蚕業学校 | 204 |
| 小県蚕業高等学校 | 204 |
| 小県中学校 | 203 |
| 小県農学校 | 207 |
| 小県農業高等学校 | 207 |
| 致遠館高等学校 | 391 |
| 致遠館高等学校 | 391 |
| 稚桜女学校 | 196 |
| 茅ヶ崎高等学校 | 168 |
| 茅ヶ崎高等学校 | 168 |
| 茅ヶ崎西浜高等学校 | 168 |
| 茅ヶ崎西浜高等学校 | 168 |
| 茅ヶ崎北陵高等学校 | 168 |
| 茅ヶ崎北陵高等学校 | 168 |
| 地球環境高等学校 | 207 |
| 地球環境高等学校 | 207 |
| 筑後高等学校 | 387 |
| 千種高等学校（愛知・県） | 241 |
| 千種高等学校 | 241 |
| 千種高等学校（兵庫・県） | 302 |

| | | | | |
|---|---|---|---|---|
| 千種高等学校 | 302 | | 知多高等学校 | 241 |
| **筑紫丘高等学校** | 381 | | 知多高等学校 | 245 |
| 筑紫丘高等学校 | 381 | | **知多翔洋高等学校** | 241 |
| 筑紫工業高等学校 | 382 | | 知多翔洋高等学校 | 241 |
| **筑紫高等学校** | 381 | | 知多東高等学校 | 241 |
| 筑紫高等学校 | 381 | | 秩父郡立乙種農業学校 | 99 |
| 筑紫高等女学校 | 381 | | 秩父郡立農業学校 | 99 |
| 筑紫高等女学校 | 382 | | 秩父郡立農林学校 | 99 |
| 筑紫実業女学校 | 382 | | **秩父高等学校** | 99 |
| **筑紫女学園高等学校** | 381 | | 秩父高等学校 | 99 |
| 筑紫女学園高等学校 | 382 | | 秩父高等女学校 | 99 |
| **筑紫女学園大学** | 374 | | 秩父商業高等学校 | 99 |
| 筑紫女学園大学 | 374 | | 秩父女子高等学校 | 99 |
| **筑紫女学園大学短期大学部** | 375 | | 秩父農業高等学校 | 99 |
| 筑紫女学園大学短期大学部 | 376 | | 秩父農業高等学校小鹿野分校 | 94 |
| 筑紫女学園短期大学 | 376 | | **秩父農工科学高等学校** | 99 |
| 筑紫女子高等学校 | 381 | | 秩父農工科学高等学校 | 99 |
| 筑紫女子高等学校 | 382 | | 秩父農工高等学校 | 99 |
| **筑紫台高等学校** | 382 | | 秩父東高等学校皆野分校 | 102 |
| 筑紫台高等学校 | 382 | | **千歳丘高等学校** | 144 |
| **筑紫中央高等学校** | 382 | | 千歳丘高等学校 | 144 |
| 筑紫中央高等学校 | 382 | | **千歳科学技術大学** | 1 |
| 筑紫中央高等学校 | 384 | | 千歳科学技術大学 | 1 |
| 筑紫野高等学校 | 385 | | 千歳高等家政女学校 | 173 |
| 筑紫野高等学校岩戸分校 | 385 | | **千歳高等学校** | 15 |
| 筑上北高等学校 | 381 | | 千歳高等学校 | 15 |
| 筑紫洋裁女学院 | 384 | | 千歳女子新制高等学校 | 144 |
| 筑上中部高等学校 | 381 | | **千歳北陽高等学校** | 15 |
| **築上西高等学校** | 382 | | 千歳北陽高等学校 | 15 |
| 築上西高等学校 | 382 | | **知念高等学校** | 430 |
| 筑上東高等学校 | 381 | | 知念高等学校 | 430 |
| 筑水高等学校 | 379 | | **茅野高等学校** | 207 |
| **筑前高等学校** | 382 | | 茅野高等学校 | 207 |
| 筑前高等学校 | 382 | | 千葉医科大学 | 104 |
| 筑豊工業高等学校 | 379 | | 千葉医科大学附属医学専門部 | 104 |
| **筑豊高等学校** | 382 | | 千葉医科大学附属薬学専門部 | 104 |
| 筑豊高等学校 | 382 | | **千葉英和高等学校** | 111 |
| 筑邦高等学校 | 379 | | 千葉英和高等学校 | 111 |
| 筑豊高等簿記学校 | 382 | | **千葉大宮高等学校** | 111 |
| 筑邦女子高等学校 | 379 | | 千葉大宮高等学校 | 111 |
| 筑摩師範学校 | 201 | | 千葉外事専門学校 | 117 |
| **筑陽学園高等学校** | 382 | | **千葉科学大学** | 104 |
| 筑陽学園高等学校 | 382 | | 千葉科学大学 | 104 |
| 筑陽女学校 | 382 | | 千葉学園高等学校 | 27 |
| 筑陽女子高等学校 | 382 | | **千葉学園高等学校** | 28 |
| 筑陽女子商業学校 | 382 | | 千葉学園高等学校 | 28 |
| 筑陵高等学校 | 377 | | **千葉学芸高等学校** | 111 |
| 智山専門学校 | 120 | | 千葉学芸高等学校 | 111 |
| **千城台高等学校** | 111 | | 千葉関東高等学校 | 111 |
| 千城台高等学校 | 111 | | 千葉関東商業学校 | 111 |
| 智頭実業専修学校 | 318 | | 千葉関東商業高等学校 | 108 |
| 智頭農林学校 | 318 | | **千葉北高等学校** | 111 |
| **智頭農林高等学校** | 318 | | 千葉北高等学校 | 111 |
| 智頭農林高等学校 | 318 | | 千葉敬愛経済大学 | 103 |
| 智頭農林高等学校 | 319 | | **千葉敬愛高等学校** | 111 |
| 知多郡簡易農学校 | 246 | | 千葉敬愛高等学校 | 111 |
| 知多郡農学校 | 246 | | **千葉敬愛短期大学** | 105 |

| | | | |
|---|---|---|---|
| 千葉敬愛短期大学 | 105 | 千葉裁縫女塾 | 27 |
| 千葉経済高等学校 | 111 | 千葉裁縫女塾 | 28 |
| **千葉経済大学** | 104 | 千葉静和高等女学校 | 116 |
| 千葉経済大学 | 104 | 千葉師範学校 | 104 |
| **千葉経済大学短期大学部** | 105 | 千葉淑徳高等女学校 | 112 |
| 千葉経済大学短期大学部 | 105 | **千葉商科大学** | 104 |
| **千葉経済大学附属高等学校** | 111 | 千葉商科大学 | 104 |
| 千葉経済大学附属高等学校 | 111 | **千葉商科大学付属高等学校** | 111 |
| 千葉経済短期大学 | 105 | 千葉商科大学付属高等学校 | 111 |
| 千葉県安房高等家政女学校 | 111 | **千葉商業高等学校** | 111 |
| 千葉県安房女子家政高等学校 | 111 | 千葉商業高等学校 | 112 |
| 千葉県安房女子高等学校 | 111 | 千葉商業補習学校 | 111 |
| 千葉県安房中学校 | 106 | 千葉商業補習学校 | 112 |
| **千葉県安房西高等学校** | 111 | 千葉商工補習学校 | 111 |
| 千葉県安房西高等学校 | 111 | 千葉女子経済高等学校 | 111 |
| 千葉県安房農業水産学校 | 106 | **千葉女子高等学校** | 112 |
| 千葉県市川市立工業学校 | 106 | 千葉女子高等学校 | 112 |
| 千葉県市原第一高等学校八幡分校(定時制課程) | 109 | 千葉女子商業学校 | 111 |
| 千葉県印西実科女学校 | 107 | 千葉市立工業学校 | 112 |
| 千葉県大多喜中学校 | 107 | 千葉市立商業高等学校 | 112 |
| 千葉県海上郡立農学校 | 106 | 千葉市立女子高等学校 | 112 |
| 千葉県勝浦工業学校 | 108 | **千葉聖心高等学校** | 112 |
| 千葉県勝浦高等女学校 | 108 | 千葉聖心高等学校 | 112 |
| 千葉県勝浦実業学校 | 108 | 千葉青年師範学校 | 104 |
| 千葉県勝浦商業学校 | 108 | 千葉第一高等学校 | 111 |
| 千葉県君津郡大貫町立高等女学校 | 108 | 千葉第二高等学校 | 112 |
| 千葉県敬愛高等学校 | 109 | 千葉第三高等学校 | 112 |
| 千葉県敬愛高等学校 | 116 | **千葉大学** | 104 |
| 千葉県敬愛高等学校 | 109 | 千葉大学 | 104 |
| 千葉県高等女学校 | 112 | 千葉中学校 | 111 |
| 千葉県佐倉中学校 | 109 | **千葉西高等学校** | 112 |
| 千葉県佐倉中学校成東分校 | 114 | 千葉西高等学校 | 112 |
| 千葉県佐原中学校 | 109 | **千葉日本大学第一高等学校** | 112 |
| 千葉県尋常中学校 | 111 | 千葉日本大学第一高等学校 | 112 |
| 千葉県千葉商業学校 | 112 | 千葉農業専門学校 | 104 |
| 千葉県千葉中学校 | 111 | **千葉東高等学校** | 112 |
| 千葉県千葉中学校木更津分校 | 108 | 千葉東高等学校 | 112 |
| 千葉県銚子中学校 | 112 | **千葉萌陽高等学校** | 112 |
| 千葉県長生家政高等学校 | 116 | 千葉萌陽高等学校 | 112 |
| 千葉県長生家政女学校 | 116 | **千葉南高等学校** | 112 |
| 千葉県長南高等学校 | 116 | 千葉南高等学校 | 112 |
| 千葉県東金高等家政女学校 | 113 | **千葉未来高等学校** | 112 |
| 千葉県東金女子商業学校 | 113 | 千葉未来高等学校 | 112 |
| 千葉県成東中学校 | 114 | **千葉明徳高等学校** | 112 |
| **千葉県立衛生短期大学** | 105 | 千葉明徳高等学校 | 112 |
| 千葉県立衛生短期大学 | 105 | **千葉明徳短期大学** | 105 |
| 千葉工業学校 | 111 | 千葉明徳短期大学 | 105 |
| **千葉工業高等学校** | 111 | **千早高等学校** | 144 |
| 千葉工業高等学校 | 111 | 千早高等学校 | 144 |
| **千葉工業大学** | 104 | 千葉洋裁学院 | 112 |
| 千葉工業大学 | 104 | 千葉洋裁専門学園 | 112 |
| 千葉工商高等学校 | 108 | **千原台高等学校** | 405 |
| **千葉高等学校** | 111 | 千原台高等学校 | 405 |
| 千葉高等学校 | 111 | **千葉黎明高等学校** | 112 |
| 千葉高等女学校 | 112 | 千葉黎明高等学校 | 112 |
| **千葉国際高等学校** | 111 | 千葉和洋裁縫女学校 | 107 |
| 千葉国際高等学校 | 111 | **智辯学園高等学校** | 310 |

| 校名 | 頁 |
|---|---|
| 智辯学園高等学校 | 310 |
| **智辯学園和歌山高等学校** | 315 |
| 智辯学園和歌山高等学校 | 315 |
| **北谷高等学校** | 430 |
| 北谷高等学校 | 430 |
| **中越高等学校** | 179 |
| 中越高等学校 | 179 |
| 中遠簡易農学校 | 220 |
| 中遠工業高等学校 | 221 |
| 中遠農学校 | 220 |
| **中央学院高等学校** | 112 |
| 中央学院高等学校 | 112 |
| **中央学院大学** | 104 |
| 中央学院大学 | 104 |
| **中央学院大学中央高等学校** | 144 |
| 中央学院大学中央高等学校 | 144 |
| 中央高等学校 | 112 |
| 中央商業学校 | 112 |
| 中央商業高等学校 | 144 |
| 中央商業高等学校 | 244 |
| **中央大学** | 120 |
| 中央大学 | 120 |
| **中央大学高等学校** | 144 |
| 中央大学高等学校 | 144 |
| 中央大学商業学校 | 144 |
| **中央大学杉並高等学校** | 144 |
| 中央大学杉並高等学校 | 144 |
| **中央大学附属高等学校** | 144 |
| 中央大学附属高等学校 | 144 |
| **中央農業高等学校** | 168 |
| 中央農業高等学校 | 168 |
| 中央無線電信講習所 | 121 |
| 中外商業学校 | 294 |
| 中外商業高等学校 | 294 |
| 中学関東学院 | 158 |
| 中学関東学院 | 164 |
| 中学師範学予備科 | 57 |
| 中学伝習館 | 382 |
| 中学日彰館 | 341 |
| 中学文武館 | 311 |
| 中学校伊具郡立分校 | 42 |
| 中学校志田郡立分校 | 46 |
| **中京学院大学** | 211 |
| 中京学院大学 | 211 |
| **中京高等学校** | 216 |
| 中京高等学校 | 216 |
| 中京高等学校 | 241 |
| 中京高等女学校 | 240 |
| 中京裁縫女学校 | 233 |
| 中京実業学校 | 233 |
| 中京商業学校 | 241 |
| 中京商業高等学校 | 216 |
| 中京商業高等学校 | 241 |
| 中京女子高等学校 | 240 |
| **中京女子大学** | 231 |
| 中京女子大学 | 231 |
| **中京女子大学短期大学部** | 233 |
| 中京女子大学短期大学部 | 233 |
| 中京女子大学附属高等学校 | 240 |
| 中京女子短期大学 | 233 |
| **中京大学** | 231 |
| 中京大学 | 231 |
| **中京大学附属中京高等学校** | 241 |
| 中京大学附属中京高等学校 | 241 |
| **中京短期大学** | 211 |
| 中京短期大学 | 211 |
| **中芸高等学校** | 372 |
| 中芸高等学校 | 372 |
| 中堅農民学校 | 224 |
| 中堅農民青年学校 | 224 |
| **中国学園大学** | 325 |
| 中国学園大学 | 325 |
| 中国商業高等学校 | 329 |
| 中国女子短期大学 | 326 |
| **中国短期大学** | 326 |
| 中国短期大学 | 326 |
| 忠誠塾 | 361 |
| 中豆農学校 | 224 |
| 中豆農業高等学校 | 224 |
| **中部学院大学** | 211 |
| 中部学院大学 | 211 |
| **中部学院大学短期大学部** | 211 |
| 中部学院大学短期大学部 | 211 |
| 中部工業大学 | 231 |
| 中部工業大学附属春日丘高等学校 | 245 |
| 中部産業技術学校 | 431 |
| 中部実業学校 | 92 |
| 中部社会事業短期大学 | 232 |
| **中部商業高等学校** | 430 |
| 中部商業高等学校 | 430 |
| 中部女子短期大学 | 211 |
| **中部大学** | 231 |
| 中部大学 | 231 |
| **中部大学第一高等学校** | 241 |
| 中部大学第一高等学校 | 241 |
| 中部大学附属春日丘高等学校 | 245 |
| **中部農林高等学校** | 430 |
| 中部農林高等学校 | 430 |
| 長後高等学校 | 170 |
| 長狭中学校 | 114 |
| 銚子工業学校 | 112 |
| **銚子高等学校** | 112 |
| 銚子高等学校 | 112 |
| 銚子高等女学校 | 112 |
| 銚子実科高等女学校 | 112 |
| 銚子実科補習学校 | 112 |
| 銚子商業学校 | 112 |
| **銚子商業高等学校** | 112 |
| 銚子商業高等学校 | 112 |
| 銚子商業高等学校 | 113 |
| 銚子女子高等学校 | 112 |
| 銚子市立第二高等学校 | 112 |
| 銚子水産学校 | 113 |
| **銚子水産高等学校** | 113 |

| 校名 | 頁 |
|---|---|
| 銚子水産高等学校 | 113 |
| 銚子第一高等学校 | 112 |
| 銚子第二高等学校 | 112 |
| 銚子中学校 | 112 |
| 長者実科学校 | 116 |
| 長者農業高等学校 | 116 |
| **長生高等学校** | 113 |
| 長生高等学校 | 113 |
| 長生高等女学校 | 116 |
| 長生裁縫女学校 | 116 |
| 長生女子高等学校 | 116 |
| 長生第二高等学校 | 116 |
| 長生中学校 | 113 |
| 暢発学校 | 83 |
| 調布学園女子短期大学 | 160 |
| **調布北高等学校** | 144 |
| 調布北高等学校 | 144 |
| 調布高等学校 | 145 |
| **長府高等学校** | 351 |
| 長府高等学校 | 351 |
| 長府高等学校 | 352 |
| 調布高等女学校 | 145 |
| 調布女学校 | 145 |
| 長府女子高等学校 | 351 |
| 長府女子高等学校 | 352 |
| 調布女子公民学校 | 156 |
| 調布女子実業補習学校 | 156 |
| 長府中学校 | 352 |
| **調布南高等学校** | 144 |
| 調布南高等学校 | 144 |
| 朝陽高等学校 | 277 |
| 千代田高等学校（大阪・私） | 284 |
| 千代田高等学校 | 284 |
| 千代田高等学校（広島・県） | 341 |
| 千代田高等学校 | 341 |
| 千代田高等女学校 | 144 |
| 千代田女学園高等学校 | 144 |
| 千代田女学園高等学校 | 144 |
| 知覧村立工業徒弟学校 | 425 |
| **知立高等学校** | 241 |
| 知立高等学校 | 241 |
| **知立東高等学校** | 241 |
| 知立東高等学校 | 241 |
| 鎮西学院 | 397 |
| **鎮西学院高等学校** | 397 |
| 鎮西学院高等学校 | 397 |
| 鎮西学院短期大学 | 392 |
| 鎮西学館 | 397 |
| **鎮西敬愛高等学校** | 382 |
| 鎮西敬愛高等学校 | 382 |
| **鎮西高等学校** | 405 |
| 鎮西高等学校 | 405 |
| 鎮西高等女学校 | 382 |
| 鎮西女子高等学校 | 382 |
| 鎮西中学校 | 405 |

## 【つ】

| 校名 | 頁 |
|---|---|
| 塚原学園天竜高等学校 | 208 |
| 塚原高等学校 | 206 |
| 塚原青雲高等学校 | 206 |
| 津軽高等学校 | 30 |
| 津川高等学校 | 176 |
| 津川農業高等学校 | 176 |
| 津川農林学校 | 176 |
| **月形高等学校** | 15 |
| 月形高等学校 | 15 |
| 月寒高等学校石山分校 | 13 |
| 月寒高等学校 | 12 |
| 月寒高等学校千歳分校 | 15 |
| 築地語学校 | 152 |
| **築館高等学校** | 45 |
| 築館高等学校 | 45 |
| 築館高等学校一迫町分校 | 41 |
| 築館高等学校一迫分校 | 41 |
| 築館高等学校高清水分校 | 45 |
| **築館高等学校瀬峰校** | 45 |
| 築館高等学校瀬峰校 | 45 |
| 築館女子高等学校 | 45 |
| 築館女子高等学校瀬峰分校 | 45 |
| 築館女子高等学校藤里分校 | 45 |
| 築館中学校 | 45 |
| **槻の木高等学校** | 284 |
| 槻の木高等学校 | 284 |
| 月見ケ丘高等学校 | 77 |
| 月見ケ丘高等女学校 | 77 |
| 津久井郡立乙種蚕業学校 | 168 |
| **津久井高等学校** | 168 |
| 津久井高等学校 | 168 |
| 津久井高等女学校 | 168 |
| **津久井浜高等学校** | 168 |
| 津久井浜高等学校 | 168 |
| **作手高等学校** | 241 |
| 作手高等学校 | 241 |
| 作手農林学校 | 241 |
| 作手農林補習学校 | 241 |
| つくば開成高等学校 | 72 |
| つくば開成高等学校 | 72 |
| 筑波学院大学 | 67 |
| 筑波学院大学 | 67 |
| 筑波技術大学 | 67 |
| 筑波技術大学 | 67 |
| 筑波技術短期大学 | 67 |
| つくば工科高等学校 | 72 |
| つくば工科高等学校 | 72 |
| **筑波高等学校** | 72 |
| 筑波高等学校 | 72 |
| つくば国際大学 | 67 |
| つくば国際大学 | 67 |
| つくば国際大学高等学校 | 72 |

校名索引　　　　　　　　　　　　　　　　　　　　　　　　　　　　　　　　　　　　つへつこう

| | | | |
|---|---|---|---|
| **つくば国際大学高等学校** | 72 | **土浦工業高等学校** | 72 |
| **つくば国際短期大学** | 68 | 土浦工業高等学校 | 72 |
| つくば国際短期大学 | 68 | 土浦高等学校 | 72 |
| 筑波実習学校 | 72 | 土浦高等女学校 | 72 |
| **つくば秀英高等学校** | 72 | **土浦湖北高等学校** | 72 |
| つくば秀英高等学校 | 72 | 土浦湖北高等学校 | 72 |
| **筑波大学** | 67 | 土浦市立高等学校 | 72 |
| 筑波大学 | 67 | 土浦市立中学校 | 72 |
| 津久見工業学校 | 411 | **土浦第一高等学校** | 72 |
| **津久見高等学校** | 411 | 土浦第一高等学校 | 72 |
| 津久見高等学校 | 411 | 土浦第一女子高等学校 | 72 |
| 津久見町立工業学校 | 411 | **土浦第二高等学校** | 72 |
| **黄柳野高等学校** | 241 | 土浦第二高等学校 | 72 |
| 黄柳野高等学校 | 241 | 土浦第二高等学校北条分校 | 72 |
| **津工業高等学校** | 252 | **土浦第三高等学校** | 72 |
| 津工業高等学校 | 252 | 土浦第三高等学校 | 72 |
| **津高等学校** | 252 | 土浦短期大学 | 68 |
| 津高等学校 | 252 | **土浦中学校** | 72 |
| 津高等女学校 | 252 | 土浦中学校竜ヶ崎分校 | 75 |
| 津沢高等学校 | 185 | **土浦日本大学高等学校** | 72 |
| **辻高等学校** | 357 | 土浦日本大学高等学校 | 72 |
| 辻高等学校 | 357 | 土崎町立実科高等女学校 | 49 |
| 津実業高等学校 | 253 | 津中学校 | 252 |
| **津島北高等学校** | 242 | 津名郡北淡実業学校 | 295 |
| 津島北高等学校 | 242 | **津名高等学校** | 302 |
| 津島工業高等学校 | 242 | 津名高等学校 | 302 |
| 対馬高等学校 | 394 | **津南高等学校** | 179 |
| **対馬高等学校** | 397 | 津南高等学校 | 179 |
| 対馬高等学校 | 397 | **津南中等教育学校** | 179 |
| **津島高等学校（愛知・県）** | 242 | 津南中等教育学校 | 179 |
| 津島高等学校 | 242 | **津西高等学校** | 252 |
| **津島高等学校（愛媛・県）** | 366 | 津西高等学校 | 252 |
| 津島高等学校 | 366 | 恒富高等学校 | 416 |
| 対馬高等女学校 | 397 | 常見裁縫伝習所 | 87 |
| 津島高等女学校 | 242 | 都濃高等学校 | 349 |
| 津島商工高等学校 | 242 | 都濃高等学校 | 351 |
| 対馬女学校 | 397 | **都農高等学校** | 415 |
| 対馬女子高等学校 | 397 | 都農高等学校 | 415 |
| 津島女子高等学校 | 240 | 都濃農林学校 | 351 |
| 対馬中学校 | 397 | **つばさ総合高等学校** | 144 |
| 津島町立高等女学校 | 242 | つばさ総合高等学校 | 144 |
| **津島東高等学校** | 242 | つばさ総合高等学校 | 151 |
| 津島東高等学校 | 242 | **津幡高等学校** | 191 |
| **津商業高等学校** | 252 | 津幡高等学校 | 191 |
| 津商業高等学校 | 252 | 津幡高等女学校 | 191 |
| 津女子高等学校 | 252 | 津幡農学校 | 191 |
| 津市立工芸学校 | 252 | 津幡農蚕学校 | 191 |
| 津田英学塾 | 121 | 燕工業高等学校 | 180 |
| **津田高等学校** | 362 | 燕工業高等学校小中川分校 | 179 |
| 津田高等学校 | 362 | **燕高等学校** | 179 |
| 津田高等女学校 | 362 | 燕高等学校 | 179 |
| 津田塾専門学校 | 121 | **燕中等教育学校** | 179 |
| **津田塾大学** | 121 | 燕中等教育学校 | 179 |
| 津田塾大学 | 121 | **津東高等学校** | 252 |
| **津田沼高等学校** | 113 | 津東高等学校 | 252 |
| 津田沼高等学校 | 113 | 弘前中学校東奥義塾 | 28 |
| 津田農学校 | 339 | **津別高等学校** | 15 |

学校名変遷総覧　大学・高校編　659

| 校名 | 頁 |
|---|---|
| 津別高等学校 | 15 |
| 坪井女子工芸学校 | 403 |
| 津曲学園高等学校 | 422 |
| **嬬恋高等学校** | 87 |
| 嬬恋高等学校 | 87 |
| **妻高等学校** | 415 |
| 妻高等学校 | 415 |
| 妻高等女学校 | 415 |
| 妻実科高等女学校 | 415 |
| 妻中学校 | 415 |
| 津谷高等学校 | 47 |
| 津谷農林学校 | 47 |
| 津谷農林高等学校 | 47 |
| 津山北園高等学校 | 332 |
| 津山工業学校 | 332 |
| **津山工業高等学校** | 332 |
| 津山工業高等学校 | 332 |
| **津山工業高等専門学校** | 326 |
| 津山工業高等専門学校 | 326 |
| **津山高等学校** | 332 |
| 津山高等学校 | 332 |
| 津山高等裁縫学校 | 326 |
| 津山高等裁縫女学校 | 327 |
| 津山実科高等女学校 | 326 |
| 津山実科高等女学校 | 327 |
| 津山商業学校 | 332 |
| **津山商業高等学校** | 332 |
| 津山商業高等学校 | 332 |
| 津山女子技芸学校 | 327 |
| 津山女子高等学校 | 332 |
| 津山女子高等技芸学院 | 327 |
| 津山女子高等技芸学校 | 327 |
| 津山女子高等技術学院 | 326 |
| **津山東高等学校** | 332 |
| 津山東高等学校 | 332 |
| **鶴岡北高等学校** | 55 |
| 鶴岡北高等学校 | 56 |
| 鶴岡工業学校 | 56 |
| **鶴岡工業高等学校** | 56 |
| 鶴岡工業高等学校 | 56 |
| **鶴岡工業高等専門学校** | 53 |
| 鶴岡工業高等専門学校 | 53 |
| 鶴岡高等学校 | 56 |
| 鶴岡高等女学校 | 56 |
| 鶴岡商業高等学校 | 56 |
| 鶴岡染織学校 | 56 |
| 鶴岡第一高等学校 | 56 |
| 鶴岡第一高等学校山添分校 | 57 |
| 鶴岡第三高等学校 | 56 |
| **鶴岡中央高等学校** | 56 |
| 鶴岡中央高等学校 | 56 |
| **鶴岡中央高等学校温海校** | 56 |
| 鶴岡中央高等学校温海校 | 56 |
| 鶴岡中学校 | 56 |
| **鶴岡東高等学校** | 56 |
| 鶴岡東高等学校 | 56 |
| **鶴岡南高等学校** | 56 |

| 校名 | 頁 |
|---|---|
| 鶴岡南高等学校 | 56 |
| **敦賀気比高等学校** | 194 |
| 敦賀気比高等学校 | 194 |
| **敦賀工業高等学校** | 194 |
| 敦賀工業高等学校 | 194 |
| **敦賀高等学校** | 194 |
| 敦賀高等学校 | 195 |
| 敦賀高等女学校 | 195 |
| 敦賀裁縫学校 | 194 |
| 敦賀実科高等女学校 | 195 |
| **鶴ヶ島高等学校** | 99 |
| 鶴ヶ島高等学校 | 99 |
| 敦賀商業学校 | 195 |
| 敦賀商業補修学校 | 195 |
| 敦賀女学校 | 194 |
| 敦賀女子短期大学 | 193 |
| **敦賀短期大学** | 193 |
| 敦賀短期大学 | 193 |
| 敦賀町立裁縫学校 | 194 |
| 敦賀町立手芸学校 | 194 |
| **鶴川高等学校** | 144 |
| 鶴川高等学校 | 144 |
| **鶴川女子短期大学** | 127 |
| 鶴川女子短期大学 | 127 |
| **鶴来高等学校** | 191 |
| 鶴来高等学校 | 191 |
| 鶴来高等女学校 | 191 |
| **都留高等学校** | 198 |
| 都留高等学校 | 198 |
| 都留高等女学校 | 198 |
| 鶴崎工業学校 | 411 |
| **鶴崎工業高等学校** | 411 |
| 鶴崎工業高等学校 | 411 |
| 鶴崎高等学校 | 409 |
| 鶴崎高等学校 | 411 |
| 鶴崎実科高等女学校 | 409 |
| 鶴崎実科高等女子学校 | 409 |
| 鶴崎女子技芸補習学校 | 409 |
| 鶴崎中学校 | 409 |
| 鶴崎町立実業補習学校 | 409 |
| 鶴島高等学校 | 364 |
| 鶴島高等女学校 | 364 |
| 鶴商学園高等学校 | 56 |
| 都留市立短期大学 | 196 |
| 都留文科大学 | 196 |
| 都留染織学校 | 200 |
| 都留第一高等学校 | 198 |
| 都留第二高等学校 | 198 |
| **鶴田高等学校** | 28 |
| 鶴田高等学校 | 28 |
| 都留中学校 | 198 |
| 都留文科大学 | 196 |
| 鶴舞高等学校 | 113 |
| **鶴舞桜が丘高等学校** | 113 |
| 鶴舞桜が丘高等学校 | 113 |
| 鶴舞商業高等学校 | 113 |
| 鶴丸高等学校 | 426 |

| | | | |
|---|---:|---|---:|
| 鶴丸高等学校 | 427 | 帝京大学可児高等学校 | 216 |
| 鶴見工業学校 | 168 | 帝京大学可児高等学校 | 216 |
| 鶴見工業高等学校 | 168 | 帝京大学系属帝京高等学校 | 144 |
| 鶴見工業高等学校 | 168 | 帝京大学系属帝京高等学校 | 144 |
| 鶴見工業実習学校 | 168 | 帝京大学高等学校 | 144 |
| 鶴見高等学校 | 168 | 帝京大学高等学校 | 144 |
| 鶴見高等学校 | 168 | 帝京大学短期大学 | 127 |
| 鶴見高等女学校 | 168 | 帝京大学短期大学 | 127 |
| 鶴見商業高等学校 | 284 | 帝京大学福岡短期大学 | 376 |
| 鶴見商業高等学校 | 284 | 帝京大学福岡短期大学 | 376 |
| 鶴見女子高等学校 | 168 | 帝京第三高等学校 | 198 |
| 鶴見女子高等学校 | 168 | 帝京短期大学 | 127 |
| 鶴見女子大学 | 159 | 帝京短期大学 | 127 |
| 鶴見女子短期大学 | 160 | 帝京中学校 | 144 |
| 鶴見総合高等学校 | 169 | 帝京八王子高等学校 | 144 |
| 鶴見総合高等学校 | 169 | 帝京八王子高等学校 | 145 |
| 鶴見大学 | 159 | 帝京平成看護短期大学 | 105 |
| 鶴見大学 | 159 | 帝京平成看護短期大学 | 105 |
| 鶴見大学短期大学部 | 160 | 帝京平成大学 | 104 |
| 鶴見大学短期大学部 | 160 | 帝京平成大学 | 104 |
| 鶴見大学附属鶴見女子高等学校 | 168 | 帝京平成短期大学 | 105 |
| 鶴見中学校 | 168 | 帝国高等女学校 | 277 |
| 鶴嶺高等学校 | 169 | 帝国女子医学専門学校 | 123 |
| 鶴嶺高等学校 | 169 | 帝国女子医学薬学専門学校 | 123 |
| 津和野高等学校 | 322 | 帝国女子高等学校 | 277 |
| 津和野高等学校 | 322 | 帝国女子高等学校大和田校 | 277 |
| 津和野高等女学校 | 322 | 帝国女子高等理学校 | 123 |
| 津和野第一高等学校 | 322 | 帝国女子大学 | 270 |
| 津和野第二高等学校 | 322 | 帝国女子大学大和田高等学校 | 277 |
| 津和野中学校 | 322 | 帝国女子短期大学 | 273 |
| | | 帝国女子薬学専門学校 | 271 |
| | | 帝国女子理学専門学校 | 123 |
| | | 帝国第一工業学校 | 134 |
| | | 帝国第一高等女学校 | 134 |
| 【て】 | | 帝国大学 | 122 |
| | | 帝国美術学校 | 125 |
| 帝京安積高等学校 | 64 | 帝国婦人協会新潟支会附属裁縫講習所 | 181 |
| 帝京安積高等学校 | 64 | 帝国薬学専門学校 | 271 |
| 帝京科学大学 | 196 | 貞山高等学校 | 45 |
| 帝京科学大学 | 196 | 貞山高等学校 | 45 |
| 帝京学園短期大学 | 197 | 貞静学園 | 145 |
| 帝京学園短期大学 | 197 | 貞静学園高等学校 | 145 |
| 帝京技術科学大学 | 104 | 貞静学園高等学校 | 145 |
| 帝京高等学校 | 144 | 貞静学園女子商業学校 | 145 |
| 帝京商業学校 | 144 | 帝都育英学院 | 128 |
| 帝京商業高等学校 | 144 | 帝都育英工業学校 | 128 |
| 帝京商工高等学校 | 144 | 帝都育英工業高等学校 | 129 |
| 帝京女子工業商業学校 | 127 | 天売高等学校 | 15 |
| 帝京女子高等学校 | 144 | 天売高等学校 | 15 |
| 帝京女子短期大学 | 127 | 適塾 | 271 |
| 帝京第三高等学校 | 198 | 天塩高等学校 | 15 |
| 帝京第五高等学校 | 366 | 天塩高等学校 | 16 |
| 帝京第五高等学校 | 366 | 天塩高等学校遠別分校 | 7 |
| 帝京第五高等学校冨士校 | 366 | 弟子屈高等学校 | 16 |
| 帝京第五高等学校冨士校 | 366 | 弟子屈高等学校 | 16 |
| 帝京大学 | 121 | 豊島高等学校（大阪・府） | 284 |
| 帝京大学 | 121 | 豊島高等学校 | 284 |

| 校名 | 頁 |
|---|---|
| 帝塚山学院 | 284 |
| **帝塚山学院泉ヶ丘高等学校** | 284 |
| 帝塚山学院泉ヶ丘高等学校 | 284 |
| **帝塚山学院高等学校** | 284 |
| 帝塚山学院高等学校 | 284 |
| 帝塚山学院高等女学校 | 284 |
| **帝塚山学院大学** | 272 |
| 帝塚山学院大学 | 272 |
| **帝塚山高等学校** | 310 |
| 帝塚山高等学校 | 310 |
| **帝塚山大学** | 307 |
| 帝塚山大学 | 307 |
| 帝塚山中学校 | 310 |
| 哲学館 | 123 |
| 哲学館 | 135 |
| 哲学館大学 | 123 |
| 鉄道学校 | 131 |
| **デネブ高等学校** | 341 |
| デネブ高等学校 | 341 |
| 出町高等学校 | 185 |
| 出町高等学校若林分校 | 184 |
| **寺井高等学校** | 191 |
| 寺井高等学校 | 191 |
| 寺庄高等小学校 | 256 |
| 寺庄高等女学校 | 256 |
| 寺庄実科高等女学校 | 256 |
| 寺泊高等学校 | 178 |
| 照国商業高等学校 | 422 |
| **田園調布学園高等部** | 145 |
| 田園調布学園高等部 | 145 |
| **田園調布学園大学** | 159 |
| 田園調布学園大学 | 159 |
| **田園調布学園大学短期大学部** | 160 |
| 田園調布学園大学短期大学部 | 160 |
| **田園調布高等学校** | 145 |
| 田園調布高等学校 | 145 |
| **田園調布雙葉高等学校** | 145 |
| 田園調布雙葉高等学校 | 145 |
| 電機学園高等学校 | 146 |
| 電機第一工業学校 | 146 |
| 電機第二工業学校 | 146 |
| 電気通信工業学校 | 145 |
| **電気通信大学** | 121 |
| 電気通信大学 | 121 |
| 天使厚生短期大学 | 1 |
| 天使女子栄養学院 | 1 |
| 天使女子短期大学 | 1 |
| **天使大学** | 1 |
| 天使大学 | 1 |
| 伝習学校 | 49 |
| **伝習館高等学校** | 382 |
| 伝習館高等学校 | 382 |
| **天真学園高等学校** | 56 |
| 天真学園高等学校 | 56 |
| 天真高等学校 | 56 |
| 天台宗大学 | 120 |
| 天台宗大学校 | 137 |

| 校名 | 頁 |
|---|---|
| 天台宗中学 | 137 |
| 天台宗東部大中総こう | 137 |
| 天台宗東部総こう | 137 |
| 天台総黌 | 258 |
| **天童高等学校** | 56 |
| 天童高等学校 | 56 |
| 天童商工高等学校 | 56 |
| **天王寺学館高等学校** | 284 |
| 天王寺学館高等学校 | 284 |
| **天王寺高等学校** | 284 |
| 天王寺高等学校 | 284 |
| 天王寺高等女学校 | 274 |
| 天王寺高等女学校 | 282 |
| 天王寺商業学校 | 284 |
| **天王寺商業高等学校** | 284 |
| 天王寺商業高等学校 | 284 |
| 天王寺中学校 | 284 |
| 電波科学専門学校 | 159 |
| **天白高等学校** | 242 |
| 天白高等学校 | 242 |
| 電波工業学校 | 145 |
| 電波工業学校 | 159 |
| 天満学園 | 272 |
| 天文地学専門学校 | 220 |
| 天理外国語専門学校 | 307 |
| 天理教校 | 310 |
| 天理教校親里高等学校 | 310 |
| **天理教校学園高等学校** | 310 |
| 天理教校学園高等学校 | 310 |
| 天理教校附属高等学校 | 310 |
| **天理高等学校** | 310 |
| 天理高等学校 | 311 |
| 天理高等女学校 | 310 |
| 天理高等女学校 | 311 |
| 天理語学専門学校 | 307 |
| 天理女学校 | 310 |
| 天理女子学院 | 307 |
| 天理女子語学専門学校 | 307 |
| 天理女子専門学校 | 307 |
| 天理第二中学校 | 310 |
| **天理大学** | 307 |
| 天理大学 | 307 |
| 天理中学校 | 310 |
| 天理中学校 | 311 |
| 天理夜間女学校 | 311 |
| 天竜光洋高等学校 | 208 |
| **天竜林業高等学校** | 225 |
| 天竜林業高等学校 | 225 |
| 天竜林業高等学校 | 228 |

【と】

| 校名 | 頁 |
|---|---|
| 戸井高等学校 | 16 |
| 戸井高等学校 | 16 |

| 校名 | 頁 |
|---|---|
| **土居高等学校** | 366 |
| 土居高等学校 | 366 |
| **土肥高等学校** | 225 |
| 土肥高等学校 | 225 |
| 戸板高等女学校 | 145 |
| 戸板裁縫学校 | 127 |
| **戸板女子高等学校** | 145 |
| 戸板女子高等学校 | 145 |
| 戸板女子専門学校 | 127 |
| **戸板女子短期大学** | 127 |
| 戸板女子短期大学 | 127 |
| 獨逸学協会 | 148 |
| 獨逸学協会学校 | 148 |
| 東亜外事専門学校 | 117 |
| 東亜学院 | 127 |
| **東亜学園高等学校** | 145 |
| 東亜学園高等学校 | 145 |
| 東亜高等学校 | 173 |
| 東亜高等女学校 | 173 |
| 東亜商業学校 | 145 |
| 東亜商業高等学校 | 145 |
| 東亜専門学校 | 117 |
| **東亜大学** | 346 |
| 東亜大学 | 346 |
| 東亜鉄道学院 | 401 |
| 東亜同文書院 | 230 |
| 東亜同文書院大学 | 230 |
| **桐蔭学園高等学校** | 169 |
| 桐蔭学園高等学校 | 169 |
| **桐蔭学園中等教育学校** | 169 |
| 桐蔭学園中等教育学校 | 169 |
| 桐蔭学園横浜大学 | 159 |
| **桐蔭高等学校** | 315 |
| 桐蔭高等学校 | 315 |
| **藤蔭高等学校** | 411 |
| 藤蔭高等学校 | 411 |
| 桐蔭高等学校通信教育部 | 316 |
| **桐蔭横浜大学** | 159 |
| 桐蔭横浜大学 | 159 |
| 燈影塾 | 263 |
| 藤園女子高等学校 | 187 |
| **東奥学園高等学校** | 28 |
| 東奥学園高等学校 | 28 |
| 東奥家政女学校 | 28 |
| 東奥義塾 | 28 |
| **東奥義塾高等学校** | 28 |
| 東奥義塾高等学校 | 28 |
| 東横商業女学校 | 148 |
| 東奥女子高等学校 | 28 |
| 東横女子商業学校 | 148 |
| **東温高等学校** | 366 |
| 東温高等学校 | 366 |
| 東海科学専門学校 | 159 |
| 東海学院大学 | 211 |
| **東海学園高等学校** | 242 |
| 東海学園高等学校 | 242 |
| **東海学園大学** | 231 |
| 東海学園大学 | 231 |
| 東海工業学舎 | 229 |
| 東海工業学校 | 145 |
| 東海工業高等学校 | 234 |
| **東海高等学校（茨城・県）** | 72 |
| 東海高等学校 | 72 |
| 東海高等学校 | 145 |
| **東海高等学校（愛知・私）** | 242 |
| 東海高等学校 | 242 |
| 東海高等女学校 | 74 |
| 東海甲府高等学校 | 198 |
| **東海商業高等学校** | 242 |
| 東海商業高等学校 | 242 |
| 東海商船学校 | 248 |
| 東海女子高等学校 | 242 |
| **東海女子大学** | 211 |
| 東海女子大学 | 211 |
| **東海女子短期大学** | 211 |
| 東海女子短期大学 | 211 |
| 東海精華女子高等学校 | 113 |
| **東海大学** | 159 |
| 東海大学 | 159 |
| **東海大学医療技術短期大学** | 160 |
| 東海大学医療技術短期大学 | 160 |
| 東海大学工業高等学校 | 225 |
| 東海大学工芸短期大学 | 2 |
| **東海大学甲府高等学校** | 198 |
| 東海大学甲府高等学校 | 198 |
| **東海大学菅生高等学校** | 145 |
| 東海大学菅生高等学校 | 145 |
| 東海大学精華女子高等学校 | 113 |
| 東海大学第一高等学校 | 225 |
| 東海大学第二高等学校 | 405 |
| 東海大学第三高等学校 | 207 |
| 東海大学第四高等学校 | 16 |
| 東海大学第五高等学校 | 382 |
| 東海大学高輪台高等学校 | 145 |
| **東海大学短期大学部** | 127 |
| 東海大学短期大学部 | 127 |
| **東海大学福岡短期大学** | 376 |
| 東海大学福岡短期大学 | 376 |
| **東海大学付属浦安高等学校** | 113 |
| 東海大学付属浦安高等学校 | 113 |
| **東海大学付属仰星高等学校** | 284 |
| 東海大学付属仰星高等学校 | 284 |
| 東海大学付属高等学校 | 113 |
| 東海大学付属高等学校通信教育部 | 145 |
| **東海大学付属相模高等学校** | 169 |
| 東海大学付属相模高等学校 | 169 |
| **東海大学付属翔洋高等学校** | 225 |
| 東海大学付属翔洋高等学校 | 225 |
| **東海大学付属第二高等学校** | 405 |
| 東海大学付属第二高等学校 | 405 |
| **東海大学付属第三高等学校** | 207 |
| **東海大学付属第四高等学校** | 16 |
| 東海大学付属第四高等学校 | 16 |
| **東海大学付属第五高等学校** | 382 |

| 校名 | ページ |
|---|---|
| 東海大学付属第五高等学校 | 382 |
| 東海大学付属第三高等学校 | 207 |
| **東海大学付属望星高等学校** | 145 |
| 東海大学付属望星高等学校 | 145 |
| **東海大学付属望洋高等学校** | 113 |
| 東海大学付属望洋高等学校 | 113 |
| **東海大学山形高等学校** | 56 |
| 東海大学山形高等学校 | 56 |
| **東海大学付属高輪台高等学校** | 145 |
| 東海大学付属高輪台高等学校 | 145 |
| 東海中学校 | 242 |
| 東海電波高等学校 | 145 |
| 東海同朋大学 | 231 |
| 東海同朋大学附属高等学校 | 242 |
| **東海南高等学校** | 242 |
| 東海南高等学校 | 242 |
| 東海山形高等学校 | 56 |
| **藤花学園尾山台高等学校** | 191 |
| 藤花学園尾山台高等学校 | 191 |
| 東華学校 | 115 |
| 藤花高等学校 | 191 |
| 藤花高等女学校 | 191 |
| 東金家政女学校 | 113 |
| **東金高等学校** | 113 |
| 東金高等学校 | 113 |
| 東金高等学校片貝校舎 | 108 |
| 東金高等学校白里分校 | 110 |
| 東金高等女学校 | 113 |
| 東金公民学校 | 113 |
| 東金裁縫女学校 | 111 |
| 東金実業学校 | 113 |
| **東金商業高等学校** | 113 |
| 東金商業高等学校 | 113 |
| 東金商業高等学校白里校舎 | 110 |
| 東金女子高等学校 | 111 |
| 東金女子高等職業学校 | 111 |
| 東金女子農業学校 | 111 |
| **東京都立第五商業高等学校** | 145 |
| 東京都立第五商業高等学校 | 145 |
| 東京医学講習所 | 121 |
| 東京医学歯学専門学校 | 121 |
| 東京医学専門学校 | 121 |
| **東京医科歯科大学** | 121 |
| 東京医科歯科大学 | 121 |
| **東京医科大学** | 121 |
| 東京医科大学 | 121 |
| 東京医学校 | 122 |
| 東京育英工芸学校 | 128 |
| 東京育英高等学校 | 138 |
| 東京市東調布高等家政女学校 | 156 |
| 東京市日本橋家政女学校 | 156 |
| 東京市日本橋区楓川専修女学校 | 156 |
| 東京一致英和学校 | 125 |
| 東京一致神学校 | 125 |
| **東京医療保健大学** | 121 |
| 東京医療保健大学 | 121 |
| 東京英学校 | 117 |
| 東京英語学校 | 149 |
| 東京英和学校 | 117 |
| 東京英和女学校 | 117 |
| 東京音楽学院筑波高等学校 | 68 |
| 東京音楽学校 | 121 |
| **東京音楽大学** | 121 |
| 東京音楽大学 | 121 |
| **東京音楽大学付属高等学校** | 145 |
| 東京音楽大学付属高等学校 | 145 |
| 東京外国語学校 | 121 |
| **東京外国語大学** | 121 |
| 東京外国語大学 | 121 |
| 東京外事専門学校 | 121 |
| 東京開成学校 | 122 |
| 東京開成中学校 | 133 |
| **東京海洋大学** | 121 |
| 東京海洋大学 | 121 |
| 東京カイロプラクティック学院 | 91 |
| **東京学園高等学校** | 145 |
| 東京学園高等学校 | 145 |
| **東京学芸大学** | 121 |
| 東京学芸大学 | 121 |
| 東京家政学院 | 121 |
| **東京家政学院高等学校** | 145 |
| 東京家政学院高等学校 | 145 |
| 東京家政学院高等女学校 | 145 |
| **東京家政学院大学** | 121 |
| 東京家政学院大学 | 121 |
| 東京家政学院筑波女子大学 | 67 |
| **東京家政学院筑波女子大学短期大学部** | 68 |
| 東京家政学院筑波女子大学短期大学部 | 68 |
| 東京家政学院筑波短期大学 | 68 |
| 東京家政女学校 | 148 |
| 東京家政専門学校 | 121 |
| **東京家政大学** | 121 |
| 東京家政大学 | 121 |
| **東京家政大学短期大学部** | 127 |
| 東京家政大学短期大学部 | 127 |
| **東京家政大学附属女子高等学校** | 145 |
| 東京家政大学附属女子高等学校 | 145 |
| **東京学館浦安高等学校** | 113 |
| 東京学館浦安高等学校 | 113 |
| **東京学館高等学校** | 113 |
| 東京学館高等学校 | 113 |
| 東京学館高等学校 | 179 |
| 東京学館総合技術高等学校 | 113 |
| **東京学館新潟高等学校** | 179 |
| 東京学館新潟高等学校 | 179 |
| **東京学館船橋高等学校** | 113 |
| 東京学館船橋高等学校 | 113 |
| 東京家庭学園 | 127 |
| 東京看護教育模範学院 | 120 |
| 東京機械工科学校 | 155 |
| 東京教育大学 | 67 |
| **東京基督教大学** | 104 |
| 東京基督教大学 | 104 |
| **東京経営短期大学** | 105 |

| 校名 | 頁 | 校名 | 頁 |
|---|---|---|---|
| 東京経営短期大学 | 105 | 東京歯科医学院 | 104 |
| 東京経営短大村田女子高等学校 | 155 | 東京歯科医学専門学校 | 104 |
| **東京経済大学** | 121 | **東京歯科大学** | 104 |
| 東京経済大学 | 121 | 東京歯科大学 | 104 |
| **東京芸術大学** | 121 | 東京慈恵医院医学校 | 122 |
| 東京芸術大学 | 121 | 東京慈恵会医院医学専門学校 | 122 |
| 東京経専高等学校 | 147 | **東京慈恵会医科大学** | 122 |
| 東京工科学校 | 91 | 東京慈恵会医科大学 | 122 |
| 東京工科学校 | 149 | 東京市品川区大崎実修女学校 | 132 |
| **東京工科大学** | 122 | 東京市杉並家政女学校 | 132 |
| 東京工科大学 | 122 | 東京実業学校 | 146 |
| 東京工業学校 | 91 | **東京実業高等学校** | 146 |
| 東京工業学校 | 122 | 東京実業高等学校 | 146 |
| 東京工業学校 | 149 | 東京師範学校 | 67 |
| 東京工業高等学校 | 91 | 東京師範学校 | 117 |
| 東京工業高等学校 | 149 | 東京師範学校女子部 | 117 |
| **東京工業高等専門学校** | 129 | 東京高等師範学校 | 67 |
| 東京工業高等専門学校 | 129 | 東京市本所区第一実業女学校 | 153 |
| 東京工業専門学校 | 104 | 東京市本所高等実践女学校 | 153 |
| **東京工業大学** | 122 | 東京市向島女子商業学校 | 154 |
| 東京工業大学 | 122 | 東京写真工業専門学校 | 122 |
| 東京攻玉社分校鳥羽商船黌 | 248 | 東京写真専門学校 | 122 |
| **東京工芸大学** | 122 | 東京写真大学 | 122 |
| 東京工芸大学 | 122 | 東京獣医講習所 | 158 |
| **東京工芸大学女子短期大学部** | 160 | 東京獣医畜産大学 | 124 |
| 東京工芸大学女子短期大学部 | 160 | 東京純心女子学園 | 146 |
| **東京交通短期大学** | 127 | **東京純心女子高等学校** | 146 |
| 東京交通短期大学 | 127 | 東京純心女子高等学校 | 146 |
| 東京高等音楽学院 | 118 | **東京純心女子大学** | 122 |
| 東京高等音楽学院大塚分教場 | 148 | 東京純心女子大学 | 122 |
| 東京高等学校 | 122 | 東京商科大学 | 124 |
| **東京高等学校** | 145 | 東京商業学校 | 121 |
| 東京高等学校 | 146 | 東京商業学校 | 124 |
| 東京高等工科学校 | 91 | 東京商業学校 | 145 |
| 東京高等工科学校 | 149 | 東京商工学校 | 90 |
| 東京高等工学校付属普通部 | 119 | 東京商船学校 | 121 |
| 東京高等工業学校 | 122 | 東京商船大学 | 121 |
| 東京高等工商学校 | 119 | **東京情報大学** | 104 |
| 東京高等歯科医学校 | 121 | 東京情報大学 | 104 |
| 東京高等師範学校 | 67 | 東京女学館 | 122 |
| 東京高等受験講習会 | 90 | 東京女学館 | 146 |
| 東京高等商工学校 | 90 | **東京女学館大学** | 122 |
| 東京高等商船学校 | 121 | 東京女学館大学 | 122 |
| 東京高等商船学校 | 291 | **東京女学館高等学校** | 146 |
| 東京高等女学校 | 146 | 東京女学館高等学校 | 146 |
| **東京国際大学** | 90 | 東京女子医学専門学校 | 122 |
| 東京国際大学 | 90 | **東京女子医科大学** | 122 |
| 東京裁縫女学校 | 145 | 東京女子医科大学 | 122 |
| 東京市赤坂商業学校 | 129 | **東京女子学院高等学校** | 146 |
| 東京市足立区千住女子実業補習学校 | 129 | 東京女子学院高等学校 | 146 |
| 東京市足立高等家政女学校 | 129 | **東京女子学園高等学校** | 146 |
| 東京市足立実科女学校 | 129 | 東京女子学園高等学校 | 146 |
| 東京市牛込第一女子商業学校 | 130 | 東京女子経済専門学校 | 128 |
| 東京市大崎高等実践女学校 | 132 | 東京女子高等学校 | 146 |
| 東京市大森区東調布実科学校 | 156 | 東京女子高等師範学校 | 118 |
| 東京市大森区東調布女子公民学校 | 156 | 東京女子歯科医学専門学校 | 160 |
| 東京市大森高等家政女学校 | 156 | 東京女子師範学校 | 117 |

| | | | |
|---|---|---|---|
| 東京女子体育専門学校 | 127 | 東京堂教習所 | 138 |
| **東京女子体育大学** | 122 | 東京都大島農林学校 | 132 |
| 東京女子体育大学 | 122 | 東京都大田高等学校 | 145 |
| **東京女子大学** | 122 | 東京都立医療技術短期大学 | 123 |
| 東京女子大学 | 122 | **東京都立園芸高等学校** | 146 |
| 東京女子体操音楽学校 | 127 | 東京都立園芸高等学校 | 146 |
| 東京女子体操学校 | 127 | 東京都立園芸高等学校八丈分校 | 150 |
| **東京女子体育短期大学** | 127 | 東京都立園芸新制高等学校八丈分校 | 150 |
| 東京女子体育短期大学 | 127 | **東京都立科学技術高等学校** | 146 |
| 東京職工学校 | 122 | 東京都立科学技術高等学校 | 146 |
| 東京市立第一実科高等女学校 | 138 | **東京都立科学技術大学** | 122 |
| 東京市立第一商業補習学校 | 130 | 東京都立科学技術大学 | 122 |
| 東京市立第一女子技芸学校 | 138 | 東京都立機械工業学校 | 137 |
| 東京市立第四工業補習学校（夜間） | 136 | **東京都立芸術高等学校** | 146 |
| 東京市立第四高等女学校 | 143 | 東京都立芸術高等学校 | 146 |
| 東京市立第四実業学校 | 136 | 東京都立工科短期大学 | 122 |
| 東京市立第五実業学校 | 130 | 東京都立工業高等専門学校 | 129 |
| **東京神学大学** | 122 | 東京都立工業短期大学 | 122 |
| 東京神学大学 | 122 | 東京都立航空工業高等専門学校 | 129 |
| 東京水産大学 | 121 | 東京都立航空工業短期大学 | 122 |
| 東京数学院 | 146 | 東京都立工芸学校 | 146 |
| 東京数学院宮城分院 | 45 | **東京都立工芸高等学校** | 146 |
| 東京数学院宮城分院 | 146 | 東京都立工芸高等学校 | 146 |
| 東京数学院尋常中学校 | 146 | 東京都立工芸新制高等学校 | 146 |
| 東京数理学校 | 146 | 東京都立高等学校 | 147 |
| 東京菅生高等学校 | 145 | **東京都立国際高等学校** | 146 |
| **東京聖栄大学** | 122 | 東京都立国際高等学校 | 146 |
| 東京聖栄大学 | 122 | **東京都立産業技術高等専門学校** | 129 |
| 東京声専音楽学校 | 160 | 東京都立産業技術高等専門学校 | 129 |
| 東京成徳学園深谷高等学校 | 99 | 東京都立新制高等学校 | 147 |
| 東京成徳高等学校 | 146 | 東京都立新制農業高等学校 | 147 |
| 東京成徳高等女学校 | 146 | **東京都立総合工科高等学校** | 146 |
| **東京成徳大学** | 104 | 東京都立総合工科高等学校 | 146 |
| 東京成徳大学 | 104 | **東京都立第一商業高等学校** | 146 |
| **東京成徳大学高等学校** | 146 | 東京都立第一商業高等学校 | 147 |
| 東京成徳大学高等学校 | 146 | 東京都立第一商業新制高等学校 | 147 |
| **東京成徳大学深谷高等学校** | 99 | 東京都立第一女学校 | 150 |
| 東京成徳大学深谷高等学校 | 99 | 東京都立第一女子高等学校 | 150 |
| **東京成徳短期大学** | 127 | 東京都立第一女子新制高等学校 | 150 |
| 東京成徳短期大学 | 127 | 東京都立第一中学校 | 151 |
| 東京専門学校 | 125 | **東京都立第二商業高等学校** | 147 |
| **東京造形大学** | 122 | 東京都立第二商業高等学校 | 147 |
| 東京造形大学 | 122 | 東京都立第二女子新制高等学校 | 143 |
| **東京大学** | 122 | 東京都立第二新制高等学校 | 143 |
| 東京大学 | 122 | 東京都立第二中学校 | 143 |
| **東京田中短期大学** | 127 | 東京都立第三商業学校 | 147 |
| 東京田中短期大学 | 127 | **東京都立第三商業高等学校** | 147 |
| 東京中学院 | 158 | 東京都立第三商業高等学校 | 147 |
| 東京中学院 | 164 | 東京都立第三商業高等学校毛利分校 | 152 |
| 東京中学校 | 146 | 東京都立第三新制高等学校 | 157 |
| 東京帝国大学 | 122 | 東京都立第三中学校 | 157 |
| 東京帝国大学農科大学農業教員養成所 | 67 | 東京都立第四高等学校 | 148 |
| 東京電機高等工業学校 | 146 | 東京都立第四商業学校 | 147 |
| **東京電機大学** | 122 | **東京都立第四商業高等学校** | 147 |
| 東京電機大学 | 122 | 東京都立第四商業高等学校 | 147 |
| **東京電機大学高等学校** | 146 | 東京都立第四女子新制高等学校 | 154 |
| 東京電機大学高等学校 | 146 | 東京都立第四中学校 | 148 |

| 校名 | 頁 |
|---|---|
| 東京都立第五女子新制高等学校 | 152 |
| 東京都立第五女子新制高等学校高井戸分校 | 153 |
| 東京都立第六新制高等学校 | 141 |
| 東京都立第六中学校 | 141 |
| 東京都立第七高等女学校 | 137 |
| 東京都立第七新制高等学校 | 141 |
| 東京都立第七中学校 | 141 |
| 東京都立第八女子新制高等学校 | 156 |
| 東京都立第八新制高等学校 | 133 |
| 東京都立第八中学校 | 133 |
| 東京都立第九高等女学校 | 143 |
| 東京都立第九女子新制高等学校 | 143 |
| 東京都立第九新制高等学校 | 134 |
| 東京都立第九中学校 | 134 |
| 東京都立第十高等女学校 | 148 |
| 東京都立第十女子新制高等学校 | 148 |
| 東京都立第十新制高等学校 | 147 |
| 東京都立第十一新制高等学校 | 136 |
| 東京都立第十三高等学校 | 149 |
| 東京都立第十五中学校 | 129 |
| **東京都立大学** | 122 |
| 東京都立大学 | 123 |
| 東京都立大学附属工業高等学校 | 138 |
| **東京都立大学附属高等学校** | 147 |
| 東京都立大学附属高等学校 | 147 |
| 東京都立大学附置学校 | 147 |
| 東京都立電機工業学校 | 138 |
| **東京都立西高等学校** | 147 |
| 東京都立西高等学校 | 147 |
| **東京都立農業高等学校** | 147 |
| 東京都立農業高等学校 | 147 |
| 東京都立農芸学校 | 147 |
| **東京都立農芸高等学校** | 147 |
| 東京都立農芸高等学校 | 147 |
| 東京都立農芸高等学校下千葉分校 | 147 |
| 東京都立農芸新制高等学校 | 147 |
| 東京都立農芸新制高等学校下千葉分校 | 147 |
| 東京都立農芸新制高等学校三宅分校 | 154 |
| 東京都立農産化学工業学校 | 149 |
| 東京都立農産工業学校 | 149 |
| **東京都立農産高等学校** | 147 |
| 東京都立農産高等学校 | 147 |
| 東京都立農林学校 | 147 |
| **東京都立農林高等学校** | 147 |
| 東京都立農林高等学校 | 147 |
| 東京都立農林高等学校瑞穂分校（定時制課程） | 153 |
| **東京都立東高等学校** | 147 |
| 東京都立東高等学校 | 147 |
| **東京都立保健科学大学** | 123 |
| 東京都立保健科学大学 | 123 |
| 東京農学校 | 123 |
| 東京農業教育専門学校 | 67 |
| **東京農業大学** | 123 |
| 東京農業大学 | 123 |
| **東京農業大学第一高等学校** | 147 |
| 東京農業大学第一高等学校 | 147 |
| **東京農業大学第二高等学校** | 87 |
| 東京農業大学第二高等学校 | 87 |
| **東京農業大学第三高等学校** | 99 |
| 東京農業大学第三高等学校 | 99 |
| 東京農業大学短期大学 | 127 |
| **東京農業大学短期大学部** | 127 |
| 東京農業大学短期大学部 | 127 |
| **東京農工大学** | 123 |
| 東京農工大学 | 123 |
| 東京農林学校 | 122 |
| 東京美術学校 | 121 |
| 東京府荏原郡実科女学校 | 156 |
| 東京府荏原郡調布女子実業補習学校 | 156 |
| 東京府北多摩郡立農業学校 | 147 |
| 東京府北多摩郡立農蚕学校 | 147 |
| 東京府北豊島郡板橋町立商工補習学校 | 130 |
| 東京府北豊島郡板橋町立女子実業補習学校 | 130 |
| **東京福祉大学** | 83 |
| 東京福祉大学 | 83 |
| 東京服飾造形短期大学 | 127 |
| 東京府高等女学校 | 150 |
| **東京富士大学** | 123 |
| 東京富士大学 | 123 |
| **東京富士大学短期大学部** | 127 |
| 東京富士大学短期大学部 | 127 |
| 東京府小学教則講習所 | 121 |
| 東京府城北尋常中学校 | 148 |
| 東京府職工学校 | 141 |
| 東京府第一高等女学校 | 150 |
| 東京府第一中学校 | 151 |
| 東京府第二高等女学校 | 143 |
| 東京府第二中学校 | 143 |
| 東京府第三中学校 | 157 |
| 東京府中学校 | 151 |
| 東京仏学校 | 124 |
| 東京物理学講習所 | 123 |
| 東京物理学校 | 123 |
| 東京府豊多摩郡井荻村立女子実業補習学校 | 132 |
| 東京府八王子市立高等女学校 | 152 |
| 東京府立二十三中学校 | 132 |
| 東京府立園芸学校 | 146 |
| 東京府立機械工業学校 | 137 |
| 東京府立工芸学校 | 146 |
| 東京府立高等家政女学校 | 138 |
| 東京府立高等学校 | 147 |
| 東京府立実科工業学校 | 141 |
| 東京府立商業学校 | 147 |
| 東京府立商工学校 | 134 |
| 東京府立職工学校 | 141 |
| 東京府立第一高等女学校 | 150 |
| 東京府立第一商業学校 | 147 |
| 東京府立第一中学校 | 151 |
| 東京府立第二化学工業学校 | 144 |
| 東京府立第二化学工業学校 | 151 |
| 東京府立第二高等女学校 | 143 |
| 東京府立第二商業学校 | 147 |
| 東京府立第三高等女学校 | 137 |
| 東京府立第三商業学校 | 147 |

とうきょう　　　　　　　　　　　　　　　　　　　　　　　　　　　　　　　　校名索引

| 校名 | 頁 |
|---|---|
| 東京府立第三中学校 | 157 |
| 東京府立第四高等女学校 | 154 |
| 東京府立第四商業学校 | 147 |
| 東京府立第四中学校 | 148 |
| 東京府立第五高等女学校 | 152 |
| 東京府立第五商業学校 | 145 |
| 東京府立第五中学校 | 136 |
| 東京府立第六高等女学校 | 154 |
| 東京府立第六中学校 | 140 |
| 東京府立第七高等女学校 | 137 |
| 東京府立第七中学校 | 141 |
| 東京府立第八高等女学校 | 156 |
| 東京府立第八中学校 | 132 |
| 東京府立第九高等女学校 | 143 |
| 東京府立第九中学校 | 134 |
| 東京府立第十高等女学校 | 148 |
| 東京府立第十中学校 | 147 |
| 東京府立第十一高等女学校 | 138 |
| 東京府立第十一中学校 | 136 |
| 東京府立第十三高等女学校 | 155 |
| 東京府立第十三中学校 | 149 |
| 東京府立第十四中学校 | 139 |
| 東京府立第十五高等女学校 | 141 |
| 東京府立第十五中学校 | 129 |
| 東京府立第十六高等女学校 | 154 |
| 東京府立第十六中学校 | 131 |
| 東京府立第十七中学校 | 133 |
| 東京府立第十七中学校 | 150 |
| 東京府立第十八高等女学校 | 130 |
| 東京府立第十九高等女学校 | 144 |
| 東京府立第十九中学校 | 135 |
| 東京府立第二十中学校 | 131 |
| 東京府立第二十一中学校 | 154 |
| 東京府立第二十二高等女学校 | 148 |
| 東京府立電機工業学校 | 138 |
| 東京府立農業教員養成所 | 121 |
| 東京府立農芸学校 | 147 |
| 東京府立農林学校 | 147 |
| **東京文化高等学校** | 147 |
| 東京文化高等学校 | 147 |
| **東京文化短期大学** | 128 |
| 東京文化短期大学 | 128 |
| 東京文政大学 | 120 |
| 東京文理科大学 | 67 |
| 東京法学院 | 120 |
| 東京法学院大学 | 120 |
| 東京法学校 | 124 |
| 東京法学社 | 124 |
| 東京保善工業学校 | 156 |
| 東京保善高等学校 | 153 |
| 東京保善商業学校 | 153 |
| 東京保善商業学校 | 156 |
| 東京薬学校 | 123 |
| 東京薬学専門学校 | 123 |
| 東京薬学専門学校 | 125 |
| 東京薬学専門学校女子部 | 123 |
| 東京薬舗学校 | 123 |
| **東京薬科大学** | 123 |
| 東京薬科大学 | 123 |
| **東京理科大学** | 123 |
| 東京理科大学 | 123 |
| 東京理科大学諏訪短期大学 | 201 |
| 東京理科大学山口短期大学 | 347 |
| **東京立正高等学校** | 147 |
| 東京立正高等学校 | 147 |
| 東京立正女子短期大学 | 128 |
| **東京立正短期大学** | 128 |
| 東京立正短期大学 | 128 |
| **桐光学園高等学校** | 169 |
| 桐光学園高等学校 | 169 |
| 東光学園専修商業学校 | 152 |
| **東郷高等学校** | 242 |
| 東郷高等学校 | 242 |
| 東郷高等学校樋脇教場 | 427 |
| 東寺高等学校 | 269 |
| 同志社英学校 | 261 |
| 同志社英学校 | 266 |
| 同志社高等学校 | 266 |
| 同志社高等学校 | 266 |
| 同志社香里高等学校 | 285 |
| 同志社香里高等学校 | 285 |
| **同志社国際高等学校** | 266 |
| 同志社国際高等学校 | 266 |
| 同志社女学校 | 261 |
| 同志社女学校 | 266 |
| 同志社女子高等学校 | 266 |
| 同志社女子高等学校 | 266 |
| **同志社女子大学** | 261 |
| 同志社女子大学 | 261 |
| **同志社大学** | 261 |
| 同志社大学 | 261 |
| 同志社分校女紅場 | 261 |
| 同志社分校女紅場 | 266 |
| 同志中学館 | 107 |
| 東寺中学校 | 269 |
| 堂島高等女学校 | 278 |
| 道修女子薬学専門学校 | 271 |
| 藤樹高等女学校 | 257 |
| **東城高等学校** | 341 |
| 東城高等学校 | 341 |
| 東城高等女学校 | 341 |
| 東城町立実科高等女学校 | 341 |
| 同心学舎 | 404 |
| 東星学園 | 147 |
| **東星学園高等学校** | 147 |
| 東星学園高等学校 | 147 |
| **東総工業高等学校** | 113 |
| 東総工業高等学校 | 113 |
| **東大寺学園高等学校** | 311 |
| 東大寺学園高等学校 | 311 |
| **銅駝美術工芸高等学校** | 266 |
| 銅駝美術工芸高等学校 | 267 |
| **東筑高等学校** | 382 |
| 東筑高等学校 | 382 |

| 校名 | 頁 |
|---|---|
| 東筑紫技芸学校 | 384 |
| 東筑紫高等学校 | 384 |
| 東筑中学校 | 382 |
| 道徳科学専攻塾 | 117 |
| 道徳科学専攻塾高等部 | 117 |
| 東都高等学校 | 146 |
| **道都大学** | 1 |
| 道都大学 | 1 |
| 道都短期大学 | 1 |
| **塔南高等学校** | 267 |
| 塔南高等学校 | 267 |
| **東濃高等学校** | 216 |
| 東濃高等学校 | 216 |
| **東濃実業高等学校** | 216 |
| 東濃実業高等学校 | 216 |
| 東濃中学校 | 216 |
| **東濃フロンティア高等学校** | 216 |
| 東濃フロンティア高等学校 | 216 |
| **東播工業高等学校** | 302 |
| 東播工業高等学校 | 302 |
| 東部農学校 | 208 |
| **当別高等学校** | 16 |
| 当別高等学校 | 16 |
| 東邦医科大学 | 123 |
| 東邦音楽学校 | 148 |
| **東邦音楽大学** | 90 |
| 東邦音楽大学 | 91 |
| **東邦音楽大学附属東邦高等学校** | 147 |
| 東邦音楽大学附属東邦高等学校 | 148 |
| **東邦音楽大学附属東邦第二高等学校** | 99 |
| 東邦音楽大学附属東邦第二高等学校 | 99 |
| **東邦音楽短期大学** | 128 |
| 東邦音楽短期大学 | 128 |
| **桐朋学園芸術短期大学** | 128 |
| 桐朋学園芸術短期大学 | 128 |
| **桐朋学園大学** | 123 |
| 桐朋学園大学 | 123 |
| 桐朋学園大学 | 128 |
| **東邦学園大学** | 231 |
| 東邦学園大学 | 231 |
| 桐朋学園大学短期大学部 | 128 |
| 桐朋学園短期大学 | 128 |
| **東邦学園短期大学** | 233 |
| 東邦学園短期大学 | 233 |
| **桐朋高等学校** | 148 |
| 桐朋高等学校 | 148 |
| 東豊高等学校 | 409 |
| 東豊高等学校 | 410 |
| 東豊高等学校 | 411 |
| 東邦高等学校 | 148 |
| **東邦高等学校** | 242 |
| 東邦高等学校 | 242 |
| **同朋高等学校** | 242 |
| 同朋高等学校 | 242 |
| 桐朋高等女学校 | 148 |
| 東邦高等女学校 | 148 |
| 東邦商業学校 | 242 |
| 東邦女学校 | 148 |
| 東邦女子医学薬学専門学校 | 123 |
| **桐朋女子高等学校** | 148 |
| 桐朋女子高等学校 | 148 |
| 東邦女子理学専門学校 | 123 |
| **東邦大学** | 123 |
| 東邦大学 | 123 |
| **同朋大学** | 231 |
| 同朋大学 | 231 |
| 東邦大学付属高等学校 | 113 |
| **東邦大学付属東邦高等学校** | 113 |
| 東邦大学付属東邦高等学校 | 137 |
| 東邦中学校 | 242 |
| 東邦薬科大学 | 123 |
| 東邦理科大学 | 123 |
| 東北科学技術短期大学 | 40 |
| 東北学院 | 39 |
| 東北学院 | 45 |
| **東北学院高等学校** | 45 |
| 東北学院高等学校 | 45 |
| 東北学院専門学校 | 39 |
| **東北学院大学** | 39 |
| 東北学院大学 | 39 |
| 東北学院中学校 | 45 |
| **東北学院榴ケ岡高等学校** | 45 |
| 東北学院榴ケ岡高等学校 | 45 |
| **東北芸術工科大学** | 53 |
| 東北芸術工科大学 | 53 |
| **東北公益文科大学** | 53 |
| 東北公益文科大学 | 53 |
| **東北工業大学** | 39 |
| 東北工業大学 | 39 |
| **東北工業大学高等学校** | 45 |
| 東北工業大学高等学校 | 45 |
| 東北工業大学電子工業高等学校 | 45 |
| **東北高等学校** | 45 |
| 東北高等学校 | 45 |
| 東北歯科大学 | 58 |
| 東北商業学校 | 45 |
| 東北商業高等学校 | 45 |
| 東北女子職業学校 | 40 |
| **東北女子大学** | 24 |
| 東北女子大学 | 24 |
| **東北女子短期大学** | 25 |
| 東北女子短期大学 | 25 |
| **東北生活文化大学** | 39 |
| 東北生活文化大学 | 39 |
| **東北生活文化大学高等学校** | 45 |
| 東北生活文化大学高等学校 | 45 |
| **東北生活文化大学短期大学部** | 40 |
| 東北生活文化大学短期大学部 | 40 |
| **東北大学** | 39 |
| 東北大学 | 39 |
| 東北中学校 | 45 |
| 東北帝国大学 | 39 |
| 東北帝国大学農科大学 | 2 |
| 東北電子工業高等学校 | 45 |

| | | | |
|---|---|---|---|
| 東北農業学校 | 45 | 東洋大学附属南部高等学校 | 29 |
| **東北福祉大学** | 40 | **東洋大学附属姫路高等学校** | 302 |
| 東北福祉大学 | 40 | 東洋大学附属姫路高等学校 | 302 |
| **東北文化学園大学** | 40 | 豆陽中学校 | 224 |
| 東北文化学園大学 | 40 | 東予工業高等学校 | 366 |
| 東北法律学校 | 40 | **東予高等学校** | 366 |
| 東北無線電信講習所 | 40 | 東予高等学校 | 366 |
| 東北薬学専門学校 | 40 | **東横学園大倉山高等学校** | 169 |
| **東北薬科大学** | 40 | 東横学園大倉山高等学校 | 169 |
| 東北薬科大学 | 40 | **東横学園高等学校** | 148 |
| **東明館高等学校** | 391 | 東横学園高等学校 | 148 |
| 東明館高等学校 | 391 | **東横学園女子短期大学** | 128 |
| **洞爺高等学校** | 16 | 東横学園女子短期大学 | 128 |
| 洞爺高等学校 | 16 | **東稜高等学校（京都・府）** | 267 |
| 東洋医科大学 | 158 | 東稜高等学校 | 267 |
| 東洋英和女学院 | 148 | **東稜高等学校（熊本・県）** | 405 |
| **東洋英和女学院高等部** | 148 | 東稜高等学校 | 405 |
| 東洋英和女学院高等部 | 148 | **東陵高等学校** | 45 |
| **東洋英和女学院大学** | 159 | 東陵高等学校 | 45 |
| 東洋英和女学院大学 | 159 | **桃陵高等学校** | 242 |
| 東洋英和女学校 | 148 | 桃陵高等学校 | 242 |
| 東洋英和女学校付属保姆伝習所 | 148 | 桃陵女子高等学校 | 236 |
| 東洋音楽学校 | 121 | **東林館高等学校** | 341 |
| 東洋音楽学校 | 145 | 東林館高等学校 | 341 |
| 東洋音楽大学 | 121 | 藤嶺学園女子中高等学校 | 165 |
| **東洋学園大学** | 104 | **藤嶺学園藤沢高等学校** | 169 |
| 東洋学園大学 | 104 | 藤嶺学園藤沢高等学校 | 169 |
| 豆陽学校 | 224 | 藤嶺女子高等学校 | 169 |
| 豆陽学校 | 225 | 藤嶺中学校 | 169 |
| 東洋罐詰専修学校 | 293 | **東和高等学校** | 36 |
| 東洋協会専門学校 | 120 | 東和高等学校 | 36 |
| **桐陽高等学校** | 225 | **東和大学** | 374 |
| 桐陽高等学校 | 225 | 東和大学 | 374 |
| **東鷹高等学校** | 382 | **東和大学附属昌平高等学校** | 99 |
| 東鷹高等学校 | 383 | 東和大学附属昌平高等学校 | 99 |
| **東洋高等学校** | 148 | **東和大学附属東和高等学校** | 383 |
| 東洋高等学校 | 148 | 東和大学附属東和高等学校 | 383 |
| **東葉高等学校** | 113 | 東和中学校 | 395 |
| 東葉高等学校 | 113 | 東和中学校 | 396 |
| 東洋高等女学校 | 148 | 都岡高等学校 | 173 |
| 東洋語学専門学校 | 399 | **十日町高等学校** | 179 |
| 東洋歯科医学専門学校 | 124 | 十日町高等学校 | 179 |
| 東洋商業高等学校 | 148 | 十日町高等学校川西分校 | 177 |
| 東洋商業専門学校 | 148 | 十日町高等学校千手分校（定時制） | 177 |
| 東洋女学校 | 148 | 十日町実業高等学校 | 179 |
| **東洋食品工業短期大学** | 293 | 十日町女子高等学校 | 179 |
| 東洋食品工業短期大学 | 293 | 十日町尋常高等小学校 | 179 |
| **東洋女子高等学校** | 148 | **十日町総合高等学校** | 179 |
| 東洋女子高等学校 | 148 | 十日町総合高等学校 | 179 |
| 東洋女子歯科医学専門学校 | 105 | 十日町中学校 | 179 |
| **東洋女子短期大学** | 105 | 遠田郡立養蚕伝習所 | 43 |
| 東洋女子短期大学 | 105 | **遠野高等学校（岩手・県）** | 36 |
| **東洋大学** | 123 | 遠野高等学校 | 36 |
| 東洋大学 | 123 | **遠野高等学校（福島・県）** | 64 |
| 東洋大学第三高等学校 | 198 | 遠野高等学校 | 64 |
| **東洋大学附属牛久高等学校** | 73 | **遠野高等学校情報ビジネス校** | 36 |
| 東洋大学附属牛久高等学校 | 73 | 遠野高等学校情報ビジネス校 | 36 |

校名索引　　とくしまけ

| 校名 | 頁 |
|---|---|
| 遠野高等学校宮守分校 | 36 |
| 遠野第一高等学校土淵分校 | 36 |
| 遠野中学校 | 36 |
| 遠野町立女子職業補習学校 | 36 |
| 遠野農業高等学校 | 36 |
| **遠野緑峰高等学校** | 36 |
| 遠野緑峰高等学校 | 36 |
| 十勝姉妹職業学校 | 8 |
| 十勝農業学校 | 8 |
| 十勝農業学校 | 9 |
| 十勝農業高等学校 | 9 |
| 土岐郡蚕業講習所 | 217 |
| 土岐郡実業高等学校 | 217 |
| 土岐郡多治見実践女学校 | 216 |
| 土岐郡中央高等学校 | 216 |
| 土岐高等学校 | 216 |
| 土岐高等学校 | 217 |
| **富来高等学校** | 191 |
| 富来高等学校 | 191 |
| **土岐紅陵高等学校** | 216 |
| 土岐紅陵高等学校 | 216 |
| **土岐商業高等学校** | 216 |
| 土岐商業高等学校 | 216 |
| 富来町立高等女学校 | 191 |
| 富来町立実科高等女学校 | 191 |
| 時任学園女子中学校 | 114 |
| 時任学園女子中等教育学校 | 114 |
| **時任学園中等教育学校** | 113 |
| 時任学園中等教育学校 | 114 |
| 富来農業学校 | 191 |
| **常磐会学園大学** | 272 |
| 常磐会学園大学 | 272 |
| **常磐会短期大学** | 274 |
| 常磐会短期大学 | 274 |
| 常磐学園短期大学 | 68 |
| **常盤木学園高等学校** | 45 |
| 常盤木学園高等学校 | 45 |
| 常盤木学園高等女学校 | 45 |
| **常盤高等学校** | 99 |
| 常盤高等学校 | 99 |
| **常磐高等学校（群馬・私）** | 87 |
| 常磐高等学校 | 87 |
| 常磐高等学校 | 241 |
| **常磐高等学校（福岡・私）** | 383 |
| 常磐高等学校 | 383 |
| 常葉高等学校 | 225 |
| 常磐高等女学校 | 73 |
| 常磐高等女学校 | 87 |
| 常盤女子高等学校 | 99 |
| 常盤女子高等学校 | 73 |
| **常磐大学** | 68 |
| 常磐大学 | 68 |
| **常磐大学高等学校** | 73 |
| 常磐大学高等学校 | 73 |
| 常磐大学短期大学部 | 68 |
| **常磐短期大学** | 68 |
| 常磐短期大学 | 68 |
| 常磐中学校 | 383 |
| 常磐松高等学校 | 148 |
| 常磐松女学校 | 148 |
| トキワ松学園女子短期大学 | 161 |
| **トキワ松学園高等学校** | 148 |
| トキワ松学園高等学校 | 148 |
| **徳佐高等学校** | 351 |
| 徳佐高等学校 | 351 |
| **徳佐高等学校高俣分校** | 351 |
| 徳佐高等学校高俣分校 | 351 |
| 徳島医学専門学校 | 355 |
| 徳島医科大学 | 355 |
| 徳島家政短期大学 | 355 |
| **徳島北高等学校** | 357 |
| 徳島北高等学校 | 357 |
| 徳島県穴吹高等学校 | 355 |
| 徳島県新野高等学校 | 358 |
| 徳島県阿波高等学校 | 355 |
| 徳島県阿波第一高等学校 | 355 |
| 徳島県阿波第二高等学校 | 355 |
| 徳島県池田高等学校 | 358 |
| 徳島県板野郡撫養商業実務学校 | 358 |
| 徳島県板野郡撫養商業補習学校 | 358 |
| 徳島県川島高等学校 | 356 |
| 徳島県川島中学校 | 356 |
| 徳島県小松島高等学校 | 356 |
| 徳島県小松島農業高等学校 | 356 |
| 徳島県城西高等学校 | 356 |
| 徳島県城東高等学校 | 356 |
| 徳島県城東高等学校 | 357 |
| 徳島県城南高等学校 | 357 |
| 徳島県城北高等学校 | 357 |
| 徳島県尋常中学校 | 357 |
| 徳島県尋常中学校第二分校 | 357 |
| 徳島県中央高等学校 | 356 |
| 徳島県辻高等学校 | 357 |
| 徳島県徳島工業高等学校 | 357 |
| 徳島県徳島商業高等学校 | 357 |
| 徳島県徳島第一高等学校 | 357 |
| 徳島県徳島第二高等学校 | 357 |
| 徳島県徳島中学校 | 357 |
| 徳島県徳島農業高等学校 | 356 |
| 徳島県徳島農業高等学校神山分校 | 356 |
| 徳島県富岡第一高等学校 | 357 |
| 徳島県富岡第二高等学校 | 358 |
| 徳島県富岡第二高等学校羽ノ浦分校 | 358 |
| 徳島県富岡中学校 | 357 |
| 徳島県富岡西高等学校 | 357 |
| 徳島県富岡東高等学校 | 358 |
| 徳島県富岡東高等学校羽ノ浦分校 | 358 |
| 徳島県那賀高等学校 | 358 |
| 徳島県那賀農業高等学校延野分校 | 358 |
| 徳島県那賀農業高等学校鷲敷分校 | 358 |
| 徳島県鳴門高等学校 | 358 |
| 徳島県鳴門商業高等学校 | 358 |
| 徳島県撫養高等学校 | 358 |
| 徳島県撫養商業学校 | 358 |

とくしまけ　　　　　　　　　　　　　　　　　　　　　　　　　　　　　　　　　　　　校名索引

| 校名 | 頁 |
|---|---|
| 徳島県美馬高等学校 | 355 |
| 徳島県三好農林学校 | 358 |
| 徳島県三好農林高等学校 | 358 |
| 徳島県立工業学校 | 357 |
| 徳島県立高等女学校 | 356 |
| 徳島県立商業学校 | 357 |
| 徳島県立尋常中学校第一分校 | 358 |
| 徳島県立水産学校 | 357 |
| **徳島県立水産高等学校** | 357 |
| 徳島県立水産高等学校 | 357 |
| 徳島県立農業学校 | 356 |
| 徳島県立脇町高等学校 | 358 |
| **徳島工業高等学校** | 357 |
| 徳島工業高等学校 | 357 |
| 徳島工業専門学校 | 355 |
| **徳島工業短期大学** | 355 |
| 徳島工業短期大学 | 355 |
| 徳島高等学校 | 355 |
| 徳島高等女学校 | 356 |
| 徳島香蘭高等女学校 | 356 |
| 徳島佐香女子商設業学校 | 356 |
| 徳島師範学校 | 355 |
| 徳島師範学校 | 356 |
| 徳島師範学校附属変則中学校 | 357 |
| **徳島商業高等学校** | 357 |
| 徳島商業高等学校 | 357 |
| 徳島女子高等学校 | 356 |
| 徳島女子高等学校 | 357 |
| 徳島女子師範学校 | 356 |
| 徳島女子職業学校 | 357 |
| 徳島女子大学 | 355 |
| 徳島女子短期大学 | 355 |
| 徳島市立工業学校 | 357 |
| 徳島市立工業高等学校 | 357 |
| 徳島市立工芸青年学校 | 357 |
| **徳島市立高等学校** | 357 |
| 徳島市立高等学校 | 357 |
| 徳島青年師範学校 | 355 |
| **徳島大学** | 355 |
| 徳島大学 | 355 |
| **徳島中央高等学校** | 357 |
| 徳島中央高等学校 | 357 |
| 徳島中学校 | 357 |
| 徳島中学校 | 358 |
| 徳島農業高等学校 | 356 |
| 徳島農業高等学校園芸科教室 | 356 |
| 徳島農業高等学校勝浦分校 | 356 |
| 徳島農業高等学校神山分校 | 356 |
| **徳島東工業高等学校** | 357 |
| 徳島東工業高等学校 | 357 |
| **徳島文理高等学校** | 357 |
| 徳島文理高等学校 | 357 |
| **徳島文理大学** | 355 |
| 徳島文理大学 | 355 |
| **徳島文理大学短期大学部** | 355 |
| 徳島文理大学短期大学部 | 355 |
| 徳島洋服学校 | 355 |
| 徳修実科高等女学校 | 349 |
| 徳修女子高等学校 | 349 |
| 特設中等教員養成所 | 67 |
| **徳之島高等学校** | 427 |
| 徳之島高等学校 | 427 |
| 徳之島高等学校伊仙分校 | 427 |
| 徳之島商工高等学校 | 426 |
| **徳之島農業高等学校** | 427 |
| 徳之島農業高等学校 | 427 |
| **徳風高等学校** | 252 |
| 徳風高等学校 | 252 |
| **徳山北高等学校** | 351 |
| 徳山北高等学校 | 351 |
| 徳山工業学校 | 351 |
| 徳山工業高等学校 | 351 |
| 徳山工業高等学校 | 352 |
| **徳山工業高等専門学校** | 347 |
| 徳山工業高等専門学校 | 347 |
| **徳山高等学校** | 351 |
| 徳山高等学校 | 351 |
| 徳山高等女学校 | 351 |
| 徳山商業学校 | 351 |
| 徳山商業高等学校 | 351 |
| 徳山商業高等学校 | 352 |
| **徳山商工高等学校** | 351 |
| 徳山商工高等学校 | 351 |
| 徳山商工高等学校 | 352 |
| 徳山市立高等学校 | 351 |
| **徳山大学** | 346 |
| 徳山大学 | 346 |
| 徳山中学校 | 351 |
| 徳山町立実業実践学校 | 351 |
| 徳山西高等学校 | 351 |
| 徳山東高等学校 | 351 |
| **土気高等学校** | 114 |
| 土気高等学校 | 114 |
| 常滑北高等学校 | 242 |
| 常滑工業高等学校 | 242 |
| 常滑工業補習学校 | 242 |
| **常滑高等学校** | 242 |
| 常滑高等学校 | 242 |
| 常滑実家高等女学校 | 242 |
| 常滑町立陶器学校 | 242 |
| 常滑陶器学校 | 242 |
| **常葉学園菊川高等学校** | 225 |
| 常葉学園菊川高等学校 | 225 |
| **常葉学園高等学校** | 225 |
| 常葉学園高等学校 | 225 |
| **常葉学園大学** | 219 |
| 常葉学園大学 | 219 |
| **常葉学園橘高等学校** | 225 |
| 常葉学園橘高等学校 | 225 |
| **常葉学園短期大学** | 219 |
| 常葉学園短期大学 | 219 |
| 常葉学園浜松大学 | 219 |
| 常葉女子短期大学 | 219 |
| 常呂郡野付牛町女子職業学校 | 9 |

校名索引 とちきこう

| 常呂高等学校 | 16 |
|---|---|
| 常呂高等学校 | 16 |
| **所沢北高等学校** | 99 |
| 所沢北高等学校 | 99 |
| **所沢高等学校** | 99 |
| 所沢高等学校 | 100 |
| 所沢実科高等女学校 | 100 |
| 所沢実業学校 | 99 |
| 所沢実務学校 | 99 |
| 所沢商業学校 | 99 |
| **所沢商業高等学校** | 100 |
| 所沢商業高等学校 | 100 |
| **所沢中央高等学校** | 100 |
| 所沢中央高等学校 | 100 |
| **所沢西高等学校** | 100 |
| 所沢西高等学校 | 100 |
| **所沢東高等学校** | 100 |
| 所沢東高等学校 | 100 |
| 所沢緑ヶ丘高等学校 | 96 |
| **土佐高等学校** | 372 |
| 土佐高等学校 | 372 |
| 土佐高等女学校 | 372 |
| **土佐塾高等学校** | 372 |
| 土佐塾高等学校 | 372 |
| 土佐女学校 | 372 |
| **土佐女子高等学校** | 372 |
| 土佐女子高等学校 | 372 |
| 土佐第一高等学校 | 372 |
| 土佐中学校 | 372 |
| **豊島岡女子学園高等学校** | 148 |
| 豊島岡女子学園高等学校 | 148 |
| **豊島学院高等学校** | 148 |
| 豊島学院高等学校 | 148 |
| 豊島区高等女学校 | 154 |
| 豊島区実科女学校 | 154 |
| 豊島工業学校 | 148 |
| **豊島高等学校（東京・都）** | 148 |
| 豊島高等学校 | 148 |
| 豊島高等実践女学校 | 154 |
| 豊島実業高等学校 | 148 |
| 豊島商業学校 | 148 |
| 豊島中学校 | 153 |
| **杜若高等学校** | 242 |
| 杜若高等学校 | 242 |
| 図書館講習所 | 67 |
| 図書館情報大学 | 67 |
| 図書館情報大学 | 68 |
| 図書館職員養成所 | 68 |
| 図書館短期大学 | 68 |
| 鳥栖工業学校 | 392 |
| **鳥栖工業高等学校** | 392 |
| 鳥栖工業高等学校 | 392 |
| **鳥栖高等学校** | 392 |
| 鳥栖高等学校 | 392 |
| 鳥栖高等女学校 | 392 |
| **鳥栖商業高等学校** | 392 |
| 鳥栖商業高等学校 | 392 |

| **戸田翔陽高等学校** | 100 |
|---|---|
| 戸田翔陽高等学校 | 100 |
| **栃尾高等学校** | 179 |
| 栃尾高等学校 | 179 |
| 栃尾実業補修学校 | 179 |
| 栃木県宇都宮市宇都宮商業学校 | 78 |
| 栃木県宇都宮実業学校 | 81 |
| 栃木県宇都宮農業高等学校 | 78 |
| 栃木県小山高等実践女学校 | 79 |
| 栃木県小山高等女学校 | 79 |
| 栃木県小山実業学校 | 78 |
| 栃木県小山実践女学校 | 79 |
| 栃木県鹿沼高等女学校 | 79 |
| 栃木県上都賀郡日光町立高等女学校 | 81 |
| 栃木県上都賀郡立農林学校 | 79 |
| 栃木県烏山高等学校 | 79 |
| 栃木県烏山女子高等学校 | 79 |
| 栃木県簡易農学校 | 78 |
| 栃木県喜連川農学校 | 80 |
| 栃木県黒磯実践女学校 | 79 |
| 栃木県工業学校 | 77 |
| 栃木県高等女学校 | 78 |
| 栃木県佐野高等家政女学校 | 80 |
| 栃木県佐野商業学校 | 80 |
| 栃木県実業補修学校教員養成所 | 76 |
| 栃木県師範学校 | 76 |
| 栃木県女子師範学校 | 76 |
| 栃木県尋常師範学校 | 76 |
| 栃木県尋常中学校 | 77 |
| 栃木県尋常中学校女学部 | 78 |
| 栃木県尋常中学校栃木分校 | 80 |
| 栃木県第一女子中学校 | 78 |
| 栃木県第一中学校 | 77 |
| 栃木県第一中学校女学部 | 78 |
| 栃木県第二中学校 | 80 |
| 栃木県第三中学校 | 82 |
| 栃木県第四中学校 | 80 |
| 栃木県中学校 | 77 |
| 栃木県栃木高等女学校 | 81 |
| 栃木県日光高等女学校 | 81 |
| 栃木県農学校 | 78 |
| 栃木県馬頭農業高等学校 | 81 |
| 栃木県真岡高等学校 | 82 |
| 栃木県真岡高等女学校 | 82 |
| 栃木県立工業学校 | 77 |
| 栃木県立実業学校 | 79 |
| 栃木県立実業教員養成所 | 76 |
| 栃木県立商業学校 | 78 |
| 栃木県立青年学校教員養成所 | 76 |
| 栃木県立第一中学校 | 77 |
| 栃木工業学校 | 81 |
| **栃木工業高等学校** | 80 |
| 栃木工業高等学校 | 80 |
| **栃木高等学校** | 80 |
| 栃木高等学校 | 80 |
| 栃木高等実業女学校 | 81 |
| 栃木高等女学校 | 81 |

学校名変遷総覧 大学・高校編 673

とちきしつ　　　　　　　　　　　　　　　　　　　　　　　　　　　　　　　　　　校名索引

| 栃木実業女学校 | 81 | 鳥取湖陵高等学校 | 318 |
| --- | --- | --- | --- |
| 栃木実業補習学校 | 80 | 鳥取湖陵高等学校 | 318 |
| 栃木実業補習学校 | 81 | 鳥取裁縫女学校 | 318 |
| 栃木師範学校 | 76 | 鳥取実業高等学校 | 319 |
| **栃木商業高等学校** | 80 | 鳥取師範学校 | 317 |
| 栃木商業高等学校 | 81 | 鳥取商業学校 | 318 |
| 栃木商工学校 | 81 | **鳥取商業高等学校** | 318 |
| **栃木翔南高等学校** | 81 | 鳥取商業高等学校 | 318 |
| 栃木翔南高等学校 | 81 | **鳥取城北高等学校** | 318 |
| 栃木女学校 | 78 | 鳥取城北高等学校 | 318 |
| **栃木女子高等学校** | 81 | 鳥取女子高等学校 | 318 |
| 栃木女子高等学校 | 81 | 鳥取女子商業学校 | 318 |
| 栃木女子実業補習学校 | 81 | 鳥取女子短期大学 | 317 |
| 栃木市立高等学校 | 81 | 鳥取青年師範学校 | 317 |
| 栃木市立高等女学校 | 81 | 鳥取第一中学校 | 318 |
| 栃木青年師範学校 | 76 | 鳥取第二高等学校 | 319 |
| 栃木中学校 | 80 | 鳥取第二中学校 | 319 |
| 栃木中学校栃木県師範学校付属予備学校 | 77 | 鳥取第四大学区第十五番変則中学校 | 318 |
| 栃木町立商業学校 | 81 | **鳥取大学** | 317 |
| 栃木南高等学校 | 81 | 鳥取大学 | 317 |
| 栃木農学校 | 81 | **鳥取短期大学** | 317 |
| **栃木農業高等学校** | 81 | 鳥取短期大学 | 317 |
| 栃木農業高等学校 | 81 | **鳥取中央育英高等学校** | 318 |
| 栃木南高等学校 | 81 | 鳥取中央育英高等学校 | 318 |
| 栃木模範女学校 | 78 | 鳥取中学校 | 318 |
| **戸塚高等学校** | 169 | 鳥取ドレスメーカー女学院 | 318 |
| 戸塚高等学校 | 169 | 鳥取西工業高等学校 | 318 |
| 戸塚実科高等女学校 | 169 | **鳥取西高等学校** | 318 |
| **十津川高等学校** | 311 | 鳥取西高等学校 | 318 |
| 十津川高等学校 | 311 | 鳥取西高等学校家庭学科 | 318 |
| 十津川中学文武館 | 311 | 鳥取西高等学校商業科 | 318 |
| **獨協医科大学** | 76 | 鳥取農業高等学校 | 318 |
| 獨協医科大学 | 76 | 鳥取農林専門学校 | 317 |
| **獨協高等学校** | 148 | **鳥取東高等学校** | 319 |
| 獨協高等学校 | 148 | 鳥取東高等学校 | 319 |
| **獨協埼玉高等学校** | 100 | **鳥取緑風高等学校** | 319 |
| 獨協埼玉高等学校 | 100 | 鳥取緑風高等学校 | 319 |
| **獨協大学** | 91 | **戸手高等学校** | 341 |
| 獨協大学 | 91 | 戸出高等学校 | 341 |
| 鳥取家政高等学校 | 318 | 戸手実業学校 | 341 |
| **鳥取環境大学** | 317 | 戸手商業高等学校 | 341 |
| 鳥取環境大学 | 317 | **苑道高等学校** | 267 |
| 鳥取技芸女学校 | 318 | 苑道高等学校 | 267 |
| **鳥取敬愛高等学校** | 318 | **砺波工業高等学校** | 185 |
| 鳥取敬愛高等学校 | 318 | 砺波工業高等学校 | 185 |
| 鳥取県第二中学校 | 319 | **砺波高等学校** | 185 |
| 鳥取県農業学校 | 318 | 砺波高等学校 | 185 |
| 鳥取県立簡易農学校 | 318 | 砺波高等女学校 | 185 |
| 鳥取県立蚕業学校 | 319 | 砺波女子高等学校 | 185 |
| 鳥取県立商業学校 | 318 | 砺波中学校 | 185 |
| 鳥取県立第二中学校 | 319 | **となみ野高等学校** | 185 |
| 鳥取県立農学校 | 318 | となみ野高等学校 | 185 |
| 鳥取工業学校 | 318 | **図南高等学校** | 45 |
| **鳥取工業高等学校** | 318 | 図南高等学校 | 46 |
| 鳥取工業高等学校 | 318 | **図南萩陵高等学校** | 45 |
| 鳥取工業高等学校 | 319 | 図南萩陵高等学校 | 46 |
| 鳥取高等家政女学校 | 318 | 図南中学校 | 45 |

| 校名 | 頁 |
|---|---|
| 利根郡立実業学校 | 87 |
| 利根実業学校 | 87 |
| **利根実業高等学校** | 87 |
| 利根実業高等学校 | 87 |
| **利根商業高等学校** | 87 |
| 利根商業高等学校 | 87 |
| 利根農業学校 | 87 |
| 利根農林学校 | 87 |
| 利根農林高等学校 | 87 |
| **刀根山高等学校** | 285 |
| 刀根山高等学校 | 285 |
| **土庄高等学校** | 362 |
| 土庄高等学校 | 362 |
| **鳥羽高等学校（三重・県）** | 252 |
| 鳥羽高等学校 | 252 |
| **鳥羽高等学校（京都・府）** | 267 |
| 鳥羽高等学校 | 267 |
| 鳥羽商船学校 | 248 |
| 鳥羽商船高等学校 | 248 |
| **鳥羽商船高等専門学校** | 248 |
| 鳥羽商船高等専門学校 | 248 |
| 戸畑工業学校 | 383 |
| **戸畑工業高等学校** | 383 |
| 戸畑工業高等学校 | 383 |
| **戸畑高等学校** | 383 |
| 戸畑高等学校 | 383 |
| 戸畑高等女学校 | 384 |
| 戸畑実科女学校 | 384 |
| **戸畑商業高等学校** | 383 |
| 戸畑商業高等学校 | 383 |
| 戸畑女子高等学校 | 384 |
| 戸畑専門学校 | 373 |
| 戸畑中央高等学校 | 384 |
| 戸畑中学校 | 383 |
| 砥部高等学校 | 368 |
| 苫小牧工業学校 | 16 |
| **苫小牧工業高等学校** | 16 |
| 苫小牧工業高等学校 | 16 |
| **苫小牧工業高等専門学校** | 4 |
| 苫小牧工業高等専門学校 | 4 |
| 苫小牧高等学校 | 16 |
| 苫小牧高等学校追分分校 | 7 |
| 苫小牧高等学校鵡川分校 | 22 |
| 苫小牧高等女学校 | 16 |
| **苫小牧駒澤大学** | 1 |
| 苫小牧駒澤大学 | 2 |
| 苫小牧駒澤短期大学 | 1 |
| 苫小牧女子高等学校 | 16 |
| **苫小牧総合経済高等学校** | 16 |
| 苫小牧総合経済高等学校 | 16 |
| **苫小牧中央高等学校** | 16 |
| 苫小牧中央高等学校 | 16 |
| 苫小牧中学校 | 16 |
| 苫小牧町立実科高等女学校 | 16 |
| 苫小牧町立女子実業補習学校 | 16 |
| **苫小牧西高等学校** | 16 |
| 苫小牧西高等学校 | 16 |

| 校名 | 頁 |
|---|---|
| **苫小牧東高等学校** | 16 |
| 苫小牧東高等学校 | 16 |
| 苫小牧婦人技芸教授所 | 16 |
| **苫小牧南高等学校** | 16 |
| 苫小牧南高等学校 | 16 |
| 苫前高等学校 | 16 |
| **苫前商業高等学校** | 16 |
| 苫前商業高等学校 | 16 |
| **泊高等学校（富山・県）** | 185 |
| 泊高等学校 | 186 |
| **泊高等学校（沖縄・県）** | 430 |
| 泊高等学校 | 430 |
| 泊高等女学校 | 185 |
| 泊実科高等女学校 | 185 |
| **富江高等学校** | 397 |
| 富江高等学校 | 397 |
| **登美丘高等学校** | 285 |
| 登美丘高等学校 | 285 |
| **富岡高等学校（福島・県）** | 64 |
| 富岡高等学校 | 64 |
| **富岡高等学校（群馬・県）** | 87 |
| 富岡高等学校 | 87 |
| 富岡高等学校 | 163 |
| **富岡高等学校川内分校** | 64 |
| 富岡高等学校川内分校 | 64 |
| 富岡高等学校農業部 | 66 |
| 富岡高等女学校 | 88 |
| 富岡高等女学校 | 358 |
| **富岡実業高等学校** | 87 |
| 富岡実業高等学校 | 88 |
| 富岡実践女学校 | 88 |
| 富岡女子高等学校 | 88 |
| 富岡中学校 | 87 |
| 富岡中学校 | 357 |
| **富岡西高等学校** | 357 |
| 富岡西高等学校 | 357 |
| **富岡東高等学校（群馬・県）** | 88 |
| 富岡東高等学校 | 88 |
| **富岡東高等学校（徳島・県）** | 357 |
| 富岡東高等学校 | 358 |
| **富岡東高等学校羽ノ浦分校** | 358 |
| 富岡東高等学校羽ノ浦分校 | 358 |
| 富雄高等学校 | 311 |
| **登美ケ丘高等学校** | 311 |
| 登美ケ丘高等学校 | 311 |
| **富川高等学校** | 16 |
| 富川高等学校 | 16 |
| **富里高等学校** | 114 |
| 富里高等学校 | 114 |
| **富島高等学校** | 415 |
| 富島高等学校 | 416 |
| 富島農学校 | 416 |
| **豊見城高等学校** | 430 |
| 豊見城高等学校 | 430 |
| **豊見城南高等学校** | 430 |
| 豊見城南高等学校 | 430 |
| **富田高等学校（岐阜・私）** | 217 |

| 校名 | 頁 | 校名 | 頁 |
|---|---|---|---|
| **富田高等学校** | 217 | **富山工業高等学校** | 186 |
| **富田高等学校（名古屋・市）** | 242 | 富山工業高等学校 | 186 |
| 富田高等学校 | 242 | 富山工業高等学校大沢野分校 | 184 |
| 富田女学校 | 217 | **富山工業高等専門学校** | 184 |
| 富田中学校 | 253 | 富山工業高等専門学校 | 184 |
| **富谷高等学校** | 46 | **戸山高等学校** | 148 |
| 富谷高等学校 | 46 | 戸山高等学校 | 149 |
| **登米高等学校** | 46 | 富山高等学校 | 183 |
| 登米高等学校 | 46 | **富山高等学校** | 186 |
| 登米高等学校分校 | 46 | 富山高等学校 | 186 |
| 登米高等女学校 | 46 | 富山高等女学校 | 186 |
| 巴高等女学校 | 224 | **富山国際大学** | 183 |
| 巴実科高等女学校 | 224 | 富山国際大学 | 183 |
| 巴女子技芸学校 | 224 | **富山国際大学付属高等学校** | 186 |
| 富島実業学校 | 416 | 富山国際大学付属高等学校 | 186 |
| **友部高等学校** | 73 | 富山師範学校 | 183 |
| 友部高等学校 | 73 | 富山商業学校 | 186 |
| **富山いずみ高等学校** | 186 | **富山商業高等学校** | 186 |
| 富山いずみ高等学校 | 186 | 富山商業高等学校 | 186 |
| 富山簡易商業学校 | 186 | 富山商船学校 | 184 |
| 富山県魚津実業学校 | 184 | 富山商船高等学校 | 184 |
| 富山県魚津中学校 | 184 | **富山商船高等専門学校** | 184 |
| 富山県上市高等女学校 | 184 | 富山商船高等専門学校 | 184 |
| 富山県簡易農学校 | 187 | 富山女子高等学校 | 186 |
| 富山県工芸学校 | 185 | 富山女子短期大学 | 184 |
| 富山県高等女学校 | 186 | 富山女子短期大学付属高等学校 | 186 |
| 富山県桜井農学校 | 184 | 富山青年師範学校 | 183 |
| 富山県桜井農学校 | 185 | 富山西部高等学校 | 186 |
| 富山県師範学校 | 183 | **富山第一高等学校** | 186 |
| 富山県下新川郡立農業学校 | 184 | 富山第一高等学校 | 186 |
| 富山県水産講習所 | 186 | 富山大学 | 183 |
| 富山県第二中学校 | 185 | 富山大学 | 183 |
| 富山県第三中学校 | 184 | **富山短期大学** | 184 |
| 富山県高岡尋常中学校 | 185 | 富山短期大学 | 184 |
| 富山県中学校 | 186 | **富山中央学院** | 186 |
| 富山県中新農業学校 | 184 | 富山中央学院 | 186 |
| 富山県泊高等女学校 | 185 | 富山中学校 | 186 |
| 富山県農学校 | 187 | 富山中等夜学校 | 187 |
| 富山県立大谷技術短期大学 | 183 | **富山中部高等学校** | 186 |
| **富山県立海洋高等学校** | 186 | 富山中部高等学校 | 186 |
| 富山県立海洋高等学校 | 186 | 富山通信産業高等学校 | 186 |
| 富山県立技術短期大学 | 183 | 富山南部高等学校 | 186 |
| 富山県立工芸学校 | 185 | **富山西高等学校** | 186 |
| 富山県立商船学校 | 184 | 富山西高等学校 | 186 |
| 富山県立水産学校 | 186 | **富山東高等学校** | 186 |
| 富山県立水産高等学校 | 186 | 富山東高等学校 | 186 |
| 富山県立青年学校教員養成所 | 183 | **富山福祉短期大学** | 184 |
| **富山県立大学** | 183 | 富山福祉短期大学 | 184 |
| 富山県立大学 | 183 | **富山北部高等学校** | 186 |
| **富山県立大学短期大学部** | 183 | 富山北部高等学校 | 186 |
| 富山県立大学短期大学部 | 183 | **富山南高等学校** | 186 |
| **富山県立中央農業高等学校** | 186 | 富山南高等学校 | 186 |
| 富山県立中央農業高等学校 | 186 | 富山薬学校 | 186 |
| 富山県立農学校 | 187 | 富山薬学専門学校 | 183 |
| 富山県立夜間中学校 | 187 | 富山薬業高等学校 | 186 |
| 富山県立薬学専門学校 | 183 | 富山薬科大学 | 183 |
| 富山工業学校 | 186 | **豊明高等学校** | 242 |

| 校名 | 頁 |
|---|---|
| 豊明高等学校 | 242 |
| 豊岡工業学校 | 303 |
| 豊岡工業高等学校 | 303 |
| **豊岡高等学校（埼玉・県）** | 100 |
| 豊岡高等学校 | 100 |
| **豊岡高等学校（兵庫・県）** | 302 |
| 豊岡高等学校 | 303 |
| 豊岡高等学校日高分校 | 304 |
| 豊岡裁縫女学校 | 216 |
| 豊岡実業学校 | 100 |
| 豊岡実業高等学校 | 100 |
| 豊岡実業高等学校 | 303 |
| 豊岡実業高等学校和田山分校 | 307 |
| 豊岡商業学校 | 303 |
| 豊岡商業補修学校 | 303 |
| 豊岡女子商業学校 | 303 |
| 豊岡女子商業高等学校 | 303 |
| **豊岡総合高等学校** | 303 |
| 豊岡総合高等学校 | 303 |
| 豊岡中学校 | 302 |
| 豊岡町立商工実修学校 | 303 |
| 豊岡西高等学校 | 302 |
| 豊岡西高等学校 | 303 |
| 豊岡農学校 | 100 |
| 豊岡東高等学校 | 302 |
| 豊岡東高等学校 | 303 |
| 豊岡南高等学校 | 303 |
| 豊川閣家庭学校 | 242 |
| 豊川学堂 | 242 |
| **豊川工業高等学校** | 242 |
| 豊川工業高等学校 | 242 |
| **豊川高等学校** | 242 |
| 豊川高等学校 | 243 |
| 豊川市立工業学校 | 242 |
| 豊川市立工業高等学校 | 242 |
| 豊川中学校 | 242 |
| **豊栄高等学校** | 179 |
| 豊栄高等学校 | 179 |
| **豊科高等学校** | 207 |
| 豊科高等学校 | 207 |
| 豊科高等女学校 | 207 |
| **豊田大谷高等学校** | 243 |
| 豊田大谷高等学校 | 243 |
| 豊田大谷分校 | 243 |
| 豊田学校 | 341 |
| **豊田北高等学校** | 243 |
| 豊田北高等学校 | 243 |
| 豊田郡立女子技芸学校 | 341 |
| **豊田工業高等学校** | 243 |
| 豊田工業高等学校 | 243 |
| **豊田工業高等専門学校** | 234 |
| 豊田工業高等専門学校 | 234 |
| **豊田工業大学** | 231 |
| 豊田工業大学 | 231 |
| 豊田高等学校 | 172 |
| **豊田高等学校（愛知・県）** | 243 |
| 豊田高等学校 | 243 |

| 校名 | 頁 |
|---|---|
| **豊田高等学校（広島・県）** | 341 |
| 豊田高等学校 | 341 |
| 豊田高等小学校 | 341 |
| 豊田高等女学校 | 341 |
| 豊田尋常中学校 | 341 |
| **豊田西高等学校** | 243 |
| 豊田西高等学校 | 243 |
| **豊田東高等学校** | 243 |
| 豊田東高等学校 | 243 |
| 豊多摩郡立農業学校 | 138 |
| 豊多摩郡立農業学校 | 147 |
| 豊多摩郡立農業補習学校 | 147 |
| **豊玉高等学校** | 397 |
| 豊玉高等学校 | 397 |
| **豊多摩高等学校** | 149 |
| 豊多摩高等学校 | 149 |
| 豊多摩中学校 | 149 |
| **豊田南高等学校** | 243 |
| 豊田南高等学校 | 243 |
| **豊津高等学校** | 383 |
| 豊津高等学校 | 383 |
| 豊津高等女学校 | 383 |
| 豊津実業女学校 | 383 |
| 豊津女子高等学校 | 383 |
| 豊津尋常中学校 | 383 |
| 豊津中学校 | 383 |
| 豊津農学校 | 387 |
| **豊富高等学校** | 16 |
| 豊富高等学校 | 16 |
| **豊中高等学校** | 285 |
| 豊中高等学校 | 285 |
| 豊中高等女学校 | 281 |
| 豊能郡立農林学校 | 278 |
| **豊橋技術科学大学** | 231 |
| 豊橋技術科学大学 | 231 |
| **豊橋工業高等学校** | 243 |
| 豊橋工業高等学校 | 243 |
| 豊橋高等学校 | 240 |
| 豊橋高等裁縫女学校 | 246 |
| 豊橋高等実践女学校 | 239 |
| 豊橋裁縫実習女学院 | 239 |
| 豊橋裁縫女学校 | 246 |
| 豊橋桜ケ丘高等女学校 | 239 |
| 豊橋時習館高等学校 | 240 |
| 豊橋実践女学校 | 239 |
| **豊橋商業高等学校** | 243 |
| 豊橋商業高等学校 | 243 |
| 豊橋女子高等学校 | 243 |
| 豊橋市立工業学校 | 243 |
| 豊橋市立工業高等学校 | 243 |
| 豊橋市立高等学校 | 243 |
| 豊橋市立高等女学校 | 243 |
| 豊橋尋常中学時習館 | 240 |
| **豊橋創造大学** | 231 |
| 豊橋創造大学 | 231 |
| **豊橋創造大学短期大学部** | 233 |
| 豊橋創造大学短期大学部 | 233 |

| | |
|---|---|
| 豊橋短期大学 | 233 |
| **豊橋中央高等学校** | 243 |
| 豊橋中央高等学校 | 243 |
| 豊橋町立高等女学校 | 243 |
| 豊橋藤花高等女学校 | 246 |
| **豊橋西高等学校** | 243 |
| 豊橋西高等学校 | 243 |
| **豊橋東高等学校** | 243 |
| 豊橋東高等学校 | 243 |
| **豊橋南高等学校** | 243 |
| 豊橋南高等学校 | 243 |
| 豊原高等学校 | 54 |
| 豊東村立女子実業補習学校 | 351 |
| 登米町立実科高等女学校 | 46 |
| 豊浦学舎 | 352 |
| 豊浦学校 | 352 |
| 豊浦北高等学校 | 353 |
| 豊浦高等学校 | 351 |
| **豊浦高等学校** | 352 |
| 豊浦高等学校 | 352 |
| 豊浦中学校 | 352 |
| 豊浦東高等学校 | 351 |
| **虎姫高等学校** | 257 |
| 虎姫高等学校 | 257 |
| 虎姫中学校 | 257 |
| **鳥飼高等学校** | 285 |
| 鳥飼高等学校 | 285 |
| 取手園芸学校 | 73 |
| 取手園芸高等学校 | 73 |
| **取手松陽高等学校** | 73 |
| 取手松陽高等学校 | 73 |
| 取手女子高等学校 | 73 |
| **取手第一高等学校** | 73 |
| 取手第一高等学校 | 73 |
| **取手第二高等学校** | 73 |
| 取手第二高等学校 | 73 |
| 取手農学校 | 73 |
| 取手農芸学校 | 73 |
| **杜陵高等学校** | 36 |
| 杜陵高等学校 | 36 |
| 杜陵中学校 | 36 |
| ドレスメーカースクール | 119 |
| ドレスメーカースクール | 127 |
| **十和田工業高等学校** | 28 |
| 十和田工業高等学校 | 29 |
| **十和田高等学校** | 51 |
| 十和田高等学校 | 51 |
| **十和田西高等学校** | 29 |
| 十和田西高等学校 | 29 |
| **とわの森三愛高等学校** | 16 |
| とわの森三愛高等学校 | 16 |
| **富田林高等学校** | 285 |
| 富田林高等学校 | 285 |
| 富田林高等小学校付設裁縫女学校 | 279 |
| 富田林高等女学校 | 279 |
| 富田林中学校 | 285 |

## 【な】

| | |
|---|---|
| 奈井江高等学校 | 17 |
| **奈井江商業高等学校** | 16 |
| 奈井江商業高等学校 | 17 |
| 苗邨学園 | 21 |
| 直江津工業高等学校 | 178 |
| **直江津高等学校** | 179 |
| 直江津高等学校 | 179 |
| 直江津高等女学校 | 179 |
| 直江津実業高等学校 | 179 |
| 直江津女子高等学校 | 179 |
| 直江津町立高等女学校 | 179 |
| 直江津町立実科高等女学校 | 179 |
| 直江津農商学校 | 179 |
| **長井工業高等学校** | 56 |
| 長井工業高等学校 | 56 |
| **長井高等学校** | 56 |
| 長井高等学校 | 56 |
| **長泉高等学校** | 225 |
| 長泉高等学校 | 225 |
| 中泉商業学校 | 220 |
| 中泉農学校 | 220 |
| 長井中学校 | 56 |
| **長岡大手高等学校** | 180 |
| 長岡大手高等学校 | 180 |
| 長岡家政学園高等学校 | 179 |
| 長岡学校 | 180 |
| 長岡仮学校 | 180 |
| **長岡技術科学大学** | 174 |
| 長岡技術科学大学 | 174 |
| 長岡工業学校 | 180 |
| **長岡工業高等学校** | 180 |
| 長岡工業高等学校 | 180 |
| **長岡工業高等専門学校** | 175 |
| 長岡工業高等専門学校 | 175 |
| 長岡工業専門学校 | 175 |
| 長岡高等家政女学校 | 179 |
| **長岡高等学校** | 180 |
| 長岡高等学校 | 180 |
| 長岡高等工業学校 | 175 |
| 長岡高等女学校 | 180 |
| **長岡向陵高等学校** | 180 |
| 長岡向陵高等学校 | 180 |
| **長岡商業高等学校** | 180 |
| 長岡商業高等学校 | 180 |
| 長岡女子高等学校 | 180 |
| 長岡女子商業学校 | 179 |
| 長岡女子短期大学 | 174 |
| 長岡市立商業学校 | 180 |
| 長岡尋常中学校 | 180 |
| 長岡専門工業学校 | 175 |
| **長岡造形大学** | 174 |
| 長岡造形大学 | 174 |

| 校名 | 頁 |
|---|---|
| **長岡大学** | 174 |
| 長岡大学 | 174 |
| 長岡短期大学 | 174 |
| 長岡中学校 | 180 |
| 長岡西高等学校 | 180 |
| **長岡農業高等学校** | 180 |
| 長岡農業高等学校 | 180 |
| **長岡明徳高等学校** | 180 |
| 長岡明徳高等学校 | 180 |
| 長岡洋学校 | 180 |
| **長尾高等学校** | 285 |
| 長尾高等学校 | 285 |
| **長尾谷高等学校** | 285 |
| 長尾谷高等学校 | 285 |
| 中川高等学校 | 17 |
| 中川高等学校 | 236 |
| 中川高等学校 | 240 |
| **中川商業高等学校（北海・道）** | 17 |
| 中川商業高等学校 | 17 |
| **中川商業高等学校（愛知・県）** | 243 |
| 中川商業高等学校 | 243 |
| **中九州短期大学** | 400 |
| 中九州短期大学 | 400 |
| **長久手高等学校** | 243 |
| 長久手高等学校 | 243 |
| 中頸城郡立中学校 | 179 |
| 中頸城尋常中学校 | 179 |
| 中郡共立学校 | 169 |
| **那珂高等学校** | 73 |
| 那珂高等学校 | 73 |
| **那賀高等学校（和歌山・県）** | 315 |
| 那賀高等学校 | 315 |
| **那賀高等学校（徳島・県）** | 358 |
| 那賀高等学校 | 358 |
| 那賀高等学校貴志分校 | 314 |
| **中五島高等学校** | 397 |
| 中五島高等学校 | 397 |
| 長坂高等学校 | 198 |
| 長崎医科大学 | 393 |
| 長崎医科大学附属薬学専門部 | 393 |
| **長崎ウエスレヤン大学** | 392 |
| 長崎ウエスレヤン大学 | 392 |
| 長崎ウエスレヤン短期大学 | 392 |
| **長崎外国語大学** | 392 |
| 長崎外国語大学 | 392 |
| **長崎外国語短期大学** | 393 |
| 長崎外国語短期大学 | 393 |
| **長崎鶴洋高等学校** | 397 |
| 長崎鶴洋高等学校 | 397 |
| **長崎北高等学校** | 397 |
| 長崎北高等学校 | 397 |
| 長崎北高等学校式見分校 | 397 |
| 長崎区公立商業高等学校 | 397 |
| 長崎経済専門学校 | 393 |
| 長崎県大村市立農業学校 | 394 |
| 長崎県大村農業高等学校 | 394 |
| 長崎県尋常中学玖島学館 | 394 |
| 長崎県水産講習所 | 397 |
| 長崎県対馬高等女学校 | 397 |
| 長崎県平戸高等女学校 | 399 |
| 長崎県立国際経済大学 | 392 |
| 長崎県立佐世保商科短期大学 | 392 |
| 長崎県立商業学校 | 395 |
| 長崎県立商業学校 | 397 |
| 長崎県立女子短期大学 | 392 |
| 長崎県立水産学校 | 397 |
| **長崎県立大学** | 392 |
| 長崎県立大学 | 392 |
| 長崎県立短期大学 | 392 |
| 長崎県立中学玖島学館 | 394 |
| 長崎県立中学猶興館 | 399 |
| 長崎県立中学猶興館壱岐分校 | 393 |
| 長崎県立農学校 | 394 |
| 長崎工業学校 | 397 |
| **長崎工業高等学校** | 397 |
| 長崎工業高等学校 | 397 |
| 長崎高等学校 | 393 |
| 長崎高等女学校 | 398 |
| **長崎国際大学** | 392 |
| 長崎国際大学 | 392 |
| **長崎式見高等学校** | 397 |
| 長崎式見高等学校 | 397 |
| 長崎師範学校 | 393 |
| 長崎純心高等女学校 | 396 |
| **長崎純心大学** | 392 |
| 長崎純心大学 | 392 |
| **長崎純心大学短期大学部** | 393 |
| 長崎純心大学短期大学部 | 393 |
| 長崎商業学校 | 397 |
| **長崎商業高等学校** | 397 |
| 長崎商業高等学校 | 397 |
| 長崎商業女学校 | 397 |
| 長崎女学院 | 397 |
| **長崎女子高等学校** | 397 |
| 長崎女子高等学校 | 397 |
| 長崎女子裁縫学校 | 397 |
| **長崎女子商業高等学校** | 397 |
| 長崎女子商業高等学校 | 397 |
| **長崎女子短期大学** | 393 |
| 長崎女子短期大学 | 393 |
| 長崎市立高等女学校 | 398 |
| 長崎市立商業学校 | 397 |
| 長崎水産高等学校 | 397 |
| 長崎青年師範学校 | 393 |
| **長崎総合科学大学** | 392 |
| 長崎総合科学大学 | 392 |
| **長崎総合科学大学附属高等学校** | 397 |
| 長崎総合科学大学附属高等学校 | 397 |
| 長崎造船高等学校 | 397 |
| 長崎造船専門学校 | 392 |
| 長崎造船大学 | 392 |
| 長崎造船短期大学 | 392 |
| **長崎大学** | 393 |
| 長崎大学 | 393 |

| 校名 | 頁 |
|---|---|
| 長崎短期大学 | 393 |
| 長崎短期大学 | 393 |
| 長崎中学校 | 398 |
| **長崎南山高等学校** | 397 |
| 長崎南山高等学校 | 398 |
| **長崎西高等学校** | 398 |
| 長崎西高等学校 | 398 |
| 長崎西高等学校琴海分校 | 398 |
| 長崎西高等学校式見分校 | 397 |
| **長崎日本大学高等学校** | 398 |
| 長崎日本大学高等学校 | 398 |
| **長崎東高等学校** | 398 |
| 長崎東高等学校 | 398 |
| **長崎北陽台高等学校** | 398 |
| 長崎北陽台高等学校 | 398 |
| **長崎南高等学校** | 398 |
| 長崎南高等学校 | 398 |
| 長崎南高等学校野母崎分校 | 398 |
| **長崎南商業高等学校** | 398 |
| 長崎南商業高等学校 | 398 |
| **長崎明誠高等学校** | 398 |
| 長崎明誠高等学校 | 398 |
| **長狭高等学校** | 114 |
| 長狭高等学校 | 114 |
| 長狭実践女学校 | 112 |
| 長狭女学校 | 112 |
| 長狭中学校 | 114 |
| **中札内高等学校** | 17 |
| 中札内高等学校 | 17 |
| **中里高等学校** | 29 |
| 中里高等学校 | 29 |
| 中沢高等学校 | 173 |
| 那賀実科高等女学校 | 358 |
| 中標津計根別高等学校 | 17 |
| **中標津高等学校** | 17 |
| 中標津高等学校 | 17 |
| 中標津高等学校計根別分校 | 17 |
| **中標津農業高等学校** | 17 |
| 中標津農業高等学校 | 17 |
| **中島高等学校** | 191 |
| 中島高等学校 | 191 |
| 長島高等学校 | 422 |
| **中条工業高等学校** | 180 |
| 中条工業高等学校 | 180 |
| **中条高等学校(新潟・県)** | 180 |
| 中条高等学校 | 180 |
| **中条高等学校(長野・県)** | 207 |
| 中条高等学校 | 207 |
| 中条農学校 | 180 |
| 中条農学校 | 207 |
| **長田高等学校** | 303 |
| 長田高等学校 | 303 |
| 仲田裁縫教授所 | 227 |
| **長田商業高等学校** | 303 |
| 長田商業高等学校 | 303 |
| **中種子高等学校** | 427 |
| 中種子高等学校 | 427 |

| 校名 | 頁 |
|---|---|
| 奈河中学校 | 170 |
| **中津川工業高等学校** | 217 |
| 中津川工業高等学校 | 217 |
| **中津北高等学校** | 411 |
| 中津北高等学校 | 411 |
| 中津工業学校 | 411 |
| 中津工業高等学校 | 217 |
| **中津工業高等学校** | 411 |
| 中津工業高等学校 | 411 |
| **中津高等学校** | 217 |
| 中津高等学校 | 217 |
| 中津高等女学校 | 217 |
| 中津高等女学校 | 411 |
| 中津実業高等学校 | 217 |
| 中津商業学校 | 411 |
| **中津商業高等学校(岐阜・県)** | 217 |
| 中津商業高等学校 | 217 |
| **中津商業高等学校(大分・県)** | 411 |
| 中津商業高等学校 | 411 |
| 中津女子短期大学 | 407 |
| 中津尋常中学校 | 411 |
| 中津第一高等学校 | 411 |
| 中津第一高等学校柿坂分校 | 413 |
| 中津第一高等学校上津分校 | 413 |
| 中津第一高等学校北校舎 | 411 |
| 中津第二高等学校 | 411 |
| 中津中学校 | 411 |
| 中津西高等学校 | 411 |
| 中津西高等学校北校舎 | 411 |
| 中津東高等学校 | 411 |
| **中津南高等学校** | 411 |
| 中津南高等学校 | 411 |
| 中津南高等学校柿坂分校 | 413 |
| 中津南高等学校上津分校 | 413 |
| 中津南高等学校下毛分校(定時制課程) | 413 |
| **長門高等学校** | 352 |
| 長門高等学校 | 352 |
| 長門興風学校 | 349 |
| 中頓別高等学校 | 17 |
| **中頓別農業高等学校** | 17 |
| 中頓別農業高等学校 | 17 |
| **中新田高等学校** | 46 |
| 中新田高等学校 | 46 |
| **中日本自動車短期大学** | 211 |
| 中日本自動車短期大学 | 211 |
| **長沼高等学校(北海・道)** | 17 |
| 長沼高等学校 | 17 |
| **長沼高等学校(福井・県)** | 64 |
| 長沼高等学校 | 64 |
| 那賀農業学校 | 315 |
| 中野家政女学校 | 138 |
| 長野北高等学校 | 207 |
| **長野北高等学校** | 285 |
| 長野北高等学校 | 285 |
| **長野経済短期大学** | 201 |
| 長野経済短期大学 | 201 |
| 長野県飯田工業高等学校 | 202 |

| 校名 | 頁 |
|---|---|
| 長野県飯田職業学校 | 202 |
| 長野県上田中学校 | 203 |
| 長野県永明高等家政女学校 | 207 |
| 長野県永明高等学校 | 207 |
| **長野県看護大学** | 201 |
| 長野県看護大学 | 201 |
| 長野県公認文化華道学院 | 204 |
| 長野県塩尻実科女学校 | 205 |
| 長野県実業高等学校 | 202 |
| 長野県実業補習学校教員養成所 | 201 |
| 長野県師範学校 | 201 |
| 長野県師範講習所 | 201 |
| 長野県下伊那農学校 | 206 |
| 長野県下高井高等女学校 | 207 |
| 長野県商工高等学校 | 202 |
| 長野県女子専門学校 | 201 |
| 長野県尋常中学校 | 203 |
| 長野県尋常中学校 | 207 |
| 長野県尋常中学校 | 209 |
| 長野県尋常中学校上田支校 | 203 |
| 長野県諏訪実業高等学校 | 206 |
| **長野県短期大学** | 201 |
| 長野県短期大学 | 201 |
| 長野県中学校 | 207 |
| 長野県中学校飯田支校 | 202 |
| 長野県中学校上田支校 | 203 |
| 長野県中学校松本支校 | 209 |
| 長野県町立実科女学校 | 203 |
| 長野県東部高等学校 | 207 |
| **長野県東部高等学校** | 207 |
| 長野県中箕輪高等学校 | 210 |
| 長野県東筑摩郡波田実科中等学校 | 202 |
| **長野県北部高等学校** | 207 |
| 長野県松川高等学校 | 208 |
| 長野県松代高等女学校 | 209 |
| 長野県立工業学校 | 207 |
| 長野県立高等女学校 | 209 |
| 長野県立青年学校教員養成所 | 201 |
| 長野県立代用松本町立高等女学校 | 209 |
| 長野県立農林専門学校 | 201 |
| 長野工業学校 | 207 |
| **中野工業高等学校** | 149 |
| 中野工業高等学校 | 149 |
| **長野工業高等学校** | 207 |
| 長野工業高等学校 | 207 |
| **長野工業高等専門学校** | 202 |
| 長野工業高等専門学校 | 202 |
| 中野工業新制高等学校 | 149 |
| 長野工業専門学校 | 201 |
| 長野高等家政学校 | 208 |
| 中野高等家政女学校 | 138 |
| 中野高等学校 | 155 |
| **中野高等学校** | 207 |
| 中野高等学校 | 207 |
| **長野高等学校（長野・県）** | 207 |
| **長野高等学校（大阪・府）** | 285 |
| 長野高等学校 | 207 |
| 長野高等学校 | 285 |
| 長野高等工業学校 | 201 |
| 中野高等女学校 | 153 |
| 中野高等女学校 | 207 |
| 長野高等女学校 | 208 |
| 中野高等無線電信学校 | 126 |
| 中野実科高等女学校 | 207 |
| 長野実科高等女学校 | 205 |
| **中野実業高等学校** | 207 |
| 中野実業高等学校 | 207 |
| 中野実業女学校 | 138 |
| 長野師範学校 | 201 |
| 中之島高等学校 | 276 |
| 中之島女子商業学校 | 276 |
| **長野俊英高等学校** | 207 |
| 長野俊英高等学校 | 207 |
| 中野商業学校 | 207 |
| 長野商業学校 | 208 |
| **長野商業高等学校** | 207 |
| 長野商業高等学校 | 208 |
| **中之条高等学校** | 88 |
| 中之条高等学校 | 88 |
| 中之条高等学校嬬恋分校 | 87 |
| 中之条農業学校 | 88 |
| **長野女子高等学校** | 208 |
| 長野女子高等学校 | 208 |
| 長野女子商業学校 | 208 |
| **長野女子短期大学** | 201 |
| 長野女子短期大学 | 201 |
| 長野市立乙種商業学校 | 207 |
| 長野市立甲種商業学校 | 207 |
| 長野市立高等学校 | 205 |
| 長野市立高等女学校 | 205 |
| 長野市立第二高等学校 | 205 |
| **長野清泉女学院高等学校** | 208 |
| 長野清泉女学院高等学校 | 208 |
| 長野青年師範学校 | 201 |
| **長野大学** | 201 |
| 長野大学 | 201 |
| 長野中央高等学校 | 208 |
| 中野中学校 | 155 |
| 中野中学校 | 203 |
| 中野中学校 | 207 |
| 長野中学校飯山分校 | 203 |
| **中野西高等学校** | 208 |
| 中野西高等学校 | 208 |
| **長野西高等学校** | 208 |
| 長野西高等学校 | 208 |
| **長野日本大学高等学校** | 208 |
| 長野日本大学高等学校 | 208 |
| 中野農業学校 | 147 |
| 中野農業高等学校 | 208 |
| 中野農商学校 | 207 |
| **長野原高等学校** | 88 |
| 長野原高等学校 | 88 |
| **長野東高等学校** | 208 |
| 長野東高等学校 | 208 |

| | | | |
|---|---:|---|---:|
| 長野文化学院 | 208 | 中村高等学校（東京・私） | 149 |
| 長野文化高等学校 | 208 | 中村高等学校 | 149 |
| 中延学園高等女学校 | 153 | 中村高等学校（愛知・県） | 243 |
| **長野南高等学校** | 208 | 中村高等学校 | 243 |
| 長野南高等学校 | 208 | 中村高等学校（高知・県） | 372 |
| **長野吉田高等学校** | 208 | 中村高等学校 | 372 |
| 長野吉田高等学校 | 208 | 中村高等学校大方分校 | 370 |
| 長野和洋裁縫女学校 | 208 | **中村高等学校西土佐分校** | 372 |
| 長浜家政女学校 | 366 | 中村高等学校西土佐分校 | 372 |
| **長浜北高等学校** | 257 | 中村高等学校分教場 | 371 |
| 長浜北高等学校 | 257 | 中村高等女学校 | 149 |
| 長浜高等家政女学校 | 366 | 中村高等女学校 | 352 |
| **長浜高等学校（滋賀・県）** | 257 | 中村高等女学校 | 372 |
| 長浜高等学校 | 257 | 中村高等女学校清水分教場 | 371 |
| **長浜高等学校（愛媛・県）** | 366 | 中村高等女学校宿毛分教場 | 371 |
| 長浜高等学校 | 366 | 中村裁縫女学校 | 352 |
| 長浜高等学校南校舎 | 257 | 中村裁縫伝習所 | 352 |
| 長浜高等女学校 | 257 | **中村女子高等学校** | 352 |
| 長浜高等女学校 | 366 | 中村女子高等学校 | 352 |
| 長浜実科高等女学校 | 257 | 中村女子高等学校 | 372 |
| 長浜商業学校 | 257 | 中村女子高等学校大方分校 | 370 |
| 長浜商工高等学校 | 257 | 中村中学校 | 371 |
| 長浜中高等学校 | 257 | 中村中学校 | 372 |
| 長浜西高等学校 | 257 | 中村中学校併設中学校 | 372 |
| 長浜農学校 | 257 | **永谷高等学校** | 169 |
| **長浜農業高等学校** | 257 | 永谷高等学校 | 169 |
| 長浜農業高等学校 | 257 | **中山学園高等学校** | 114 |
| **長浜バイオ大学** | 254 | 中山学園高等学校 | 114 |
| 長浜バイオ大学 | 254 | **永山高等学校** | 149 |
| **長浜北星高等学校** | 257 | 永山高等学校 | 149 |
| 長浜北星高等学校 | 257 | **中山高等学校** | 366 |
| 長浜南高等学校 | 257 | 中山高等学校 | 366 |
| 中原高等女学校 | 162 | 永山農業学校 | 5 |
| **中間高等学校** | 383 | 永山農業高等学校 | 5 |
| 中間高等学校 | 383 | 永山農業高等学校愛別分校 | 4 |
| 那珂湊高等学校 | 73 | 永山農業高等学校東川分校 | 19 |
| 那珂湊高等女学校 | 73 | 永山農業高等学校分校 | 19 |
| 那珂湊水産高等学校 | 70 | **長吉高等学校** | 285 |
| **那珂湊第一高等学校** | 73 | 長吉高等学校 | 285 |
| 那珂湊第一高等学校 | 73 | 長良高等学校 | 214 |
| **那珂湊第二高等学校** | 73 | **長良高等学校** | 217 |
| 那珂湊第二高等学校 | 73 | 長良高等学校 | 217 |
| 中箕輪高等女学校 | 210 | 長良高等学校山県分校 | 218 |
| 中箕輪実科女学校 | 210 | **流山北高等学校** | 114 |
| 中箕輪実業補習学校 | 210 | 流山北高等学校 | 114 |
| 中箕輪青年学校 | 210 | **流山高等学校** | 114 |
| 中箕輪農工補習学校 | 210 | 流山高等学校 | 114 |
| 中村栄養短期大学 | 376 | **流山中央高等学校** | 114 |
| **中村学園三陽高等学校** | 383 | 流山中央高等学校 | 114 |
| 中村学園三陽高等学校 | 383 | **流山東高等学校** | 114 |
| **中村学園女子高等学校** | 383 | 流山東高等学校 | 114 |
| 中村学園女子高等学校 | 383 | **流山南高等学校** | 114 |
| **中村学園大学** | 374 | 流山南高等学校 | 114 |
| 中村学園大学 | 374 | **名久井農業高等学校** | 29 |
| **中村学園大学短期大学部** | 376 | 名久井農業高等学校 | 29 |
| 中村学園大学短期大学部 | 376 | **奈古高等学校** | 352 |
| 中村学園短期大学 | 376 | 奈古高等学校 | 352 |

| 校名 | 頁 | 校名 | 頁 |
|---|---|---|---|
| **名護高等学校** | 430 | **名古屋高等工業学校** | 232 |
| 名護高等学校 | 430 | 名古屋高等工業学校 | 232 |
| **奈古高等学校須佐分校** | 352 | 名古屋高等商業学校 | 232 |
| 奈古高等学校須佐分校 | 352 | 名古屋高等女学校 | 244 |
| **名護商業高等学校** | 430 | 名古屋高等理工科学校 | 232 |
| 名護商業高等学校 | 430 | 名古屋高等理工科学校 | 247 |
| **勿来工業高等学校** | 64 | 名古屋高等理工科講習所 | 232 |
| 勿来工業高等学校 | 64 | 名古屋高等理工科講習所 | 247 |
| **勿来高等学校** | 64 | **名古屋国際高等学校** | 244 |
| 勿来高等学校 | 64 | 名古屋国際高等学校 | 244 |
| 名古屋医科大学 | 232 | 名古屋裁縫女学校 | 240 |
| 名古屋英学塾 | 240 | **名古屋産業大学** | 232 |
| 名古屋衛生技術短期大学 | 234 | 名古屋産業大学 | 232 |
| 名古屋栄養短期大学 | 234 | 名古屋自由学院短期大学 | 233 |
| 名古屋英和学校 | 231 | **名古屋商科大学** | 232 |
| 名古屋英和学校 | 244 | 名古屋商科大学 | 232 |
| **名古屋大谷高等学校** | 243 | 名古屋商科大学附属高等学校 | 244 |
| 名古屋大谷高等学校 | 243 | 名古屋商業学校 | 244 |
| **名古屋音楽大学** | 231 | **名古屋商業高等学校** | 244 |
| 名古屋音楽大学 | 231 | 名古屋商業高等学校 | 244 |
| 名古屋音楽短期大学 | 231 | 名古屋商業実践女学校 | 237 |
| **名古屋外国語大学** | 231 | 名古屋女学院高等学校 | 244 |
| 名古屋外国語大学 | 231 | 名古屋女学院短期大学 | 234 |
| 名古屋学院高等学校 | 244 | 名古屋女学校 | 244 |
| **名古屋学院大学** | 231 | 名古屋女子医科大学 | 232 |
| 名古屋学院大学 | 231 | 名古屋女子商科短期大学 | 233 |
| 名古屋学院大学 | 244 | 名古屋女子商業学校 | 244 |
| **名古屋学芸大学** | 231 | 名古屋女子商業高等学校 | 244 |
| 名古屋学芸大学 | 231 | **名古屋女子大学** | 232 |
| **名古屋学芸大学短期大学部** | 233 | 名古屋女子大学 | 232 |
| 名古屋学芸大学短期大学部 | 233 | **名古屋女子大学高等学校** | 244 |
| **名古屋経営短期大学** | 233 | 名古屋女子大学高等学校 | 244 |
| 名古屋経営短期大学 | 233 | **名古屋女子大学短期大学部** | 234 |
| 名古屋経済専門学校 | 232 | 名古屋女子大学短期大学部 | 234 |
| **名古屋経済大学** | 231 | 名古屋女子文化短期大学 | 234 |
| 名古屋経済大学 | 231 | 名古屋市立機械専修学校 | 244 |
| **名古屋経済大学市邨高等学校** | 243 | **名古屋市立北高等学校** | 244 |
| 名古屋経済大学市邨高等学校 | 244 | 名古屋市立北高等学校 | 244 |
| **名古屋経済大学高蔵高等学校** | 244 | **名古屋市立工業高等学校** | 244 |
| 名古屋経済大学高蔵高等学校 | 244 | 名古屋市立工業高等学校 | 244 |
| **名古屋経済大学短期大学部** | 233 | 名古屋市立工芸学校 | 244 |
| 名古屋経済大学短期大学部 | 233 | **名古屋市立工芸高等学校** | 244 |
| **名古屋芸術大学** | 231 | 名古屋市立工芸高等学校 | 244 |
| 名古屋芸術大学 | 231 | 名古屋市立第一高等女学校 | 238 |
| **名古屋芸術大学短期大学部** | 233 | 名古屋市立第三高等学校 | 235 |
| 名古屋芸術大学短期大学部 | 233 | 名古屋市立第三高等女学校 | 235 |
| 名古屋工科学院 | 244 | 名古屋市立第三商業学校 | 239 |
| 名古屋工科学校 | 244 | 名古屋市立第四高等女学校 | 239 |
| 名古屋工業学校 | 244 | **名古屋市立大学** | 232 |
| 名古屋工業経営専門学校 | 232 | 名古屋市立大学 | 232 |
| **名古屋工業高等学校** | 244 | **名古屋市立中央高等学校** | 244 |
| 名古屋工業高等学校 | 244 | 名古屋市立中央高等学校 | 244 |
| 名古屋工業専門学校 | 232 | 名古屋専門学校 | 232 |
| **名古屋工業大学** | 232 | **名古屋造形芸術大学** | 232 |
| 名古屋工業大学 | 232 | 名古屋造形芸術大学 | 232 |
| **名古屋高等学校** | 244 | **名古屋造形芸術大学短期大学部** | 234 |
| 名古屋高等学校 | 244 | 名古屋造形芸術大学短期大学部 | 234 |
| | | 名古屋造形芸術短期大学 | 234 |

| 校名 | ページ |
|---|---|
| 名古屋第一工学校 | 231 |
| 名古屋第一工学校 | 241 |
| 名古屋第一工業高等学校 | 241 |
| 名古屋第一工業高等学校春日井分校 | 245 |
| 名古屋第一高等学校 | 241 |
| 名古屋第二女子商業学校 | 244 |
| **名古屋大学** | 232 |
| 名古屋大学 | 232 |
| **名古屋短期大学** | 234 |
| 名古屋短期大学 | 234 |
| 名古屋短期大学付属高等高等学校 | 237 |
| 名古屋中学校 | 244 |
| 名古屋帝国大学 | 232 |
| 名古屋鉄道学校 | 232 |
| 名古屋電気学校 | 234 |
| 名古屋電気学講習所 | 234 |
| 名古屋電気学校 | 234 |
| 名古屋電気工業高等学校 | 234 |
| 名古屋電気高等学校 | 234 |
| 名古屋電気大学 | 230 |
| **名古屋西高等学校** | 244 |
| 名古屋西高等学校 | 244 |
| **名古屋文化短期大学** | 234 |
| 名古屋文化短期大学 | 234 |
| 名古屋文理高等学校 | 247 |
| **名古屋文理大学** | 232 |
| 名古屋文理大学 | 232 |
| **名古屋文理大学短期大学部** | 234 |
| 名古屋文理大学短期大学部 | 234 |
| 名古屋文理短期大学 | 234 |
| 名古屋保健衛生大学 | 232 |
| **名古屋南高等学校** | 244 |
| 名古屋南高等学校 | 244 |
| 名古屋明徳短期大学 | 231 |
| 名古屋薬科大学 | 232 |
| **名古屋柳城短期大学** | 234 |
| 名古屋柳城短期大学 | 234 |
| ナザレトの家 | 147 |
| 那須工業高等学校 | 81 |
| **那須高原海城高等学校** | 81 |
| 那須高原海城高等学校 | 81 |
| **那須高等学校** | 81 |
| 那須高等学校 | 81 |
| 那須実科高等女学校 | 78 |
| **那須清峰高等学校** | 81 |
| 那須清峰高等学校 | 81 |
| **那須大学** | 76 |
| 那須大学 | 76 |
| **那須拓陽高等学校** | 81 |
| 那須拓陽高等学校 | 81 |
| 那須農学校 | 81 |
| 那須農業高等学校 | 81 |
| 那須農業高等学校黒田原分校 | 81 |
| 那須農業高等学校黒羽分校 | 79 |
| 名瀬高等学校 | 420 |
| 名瀬実科高等女学校 | 420 |
| **灘高等学校** | 303 |
| 灘高等学校 | 303 |
| 灘中学校 | 303 |
| **名取北高等学校** | 46 |
| 名取北高等学校 | 46 |
| **名取高等学校** | 46 |
| 名取高等学校 | 46 |
| **七飯高等学校** | 17 |
| 七飯高等学校 | 17 |
| **七尾高等学校** | 191 |
| 七尾高等学校 | 192 |
| 七尾高等学校中島分校 | 191 |
| 七尾高等女学校 | 192 |
| 七尾実業高等学校（定時制課程） | 192 |
| **七尾東雲高等学校** | 192 |
| 七尾東雲高等学校 | 192 |
| **七尾城北高等学校** | 192 |
| 七尾城北高等学校 | 192 |
| 七尾女子高等学院 | 189 |
| 七尾中学校 | 191 |
| 七尾中学校 | 192 |
| 七尾農業高等学校 | 192 |
| 七和高等学校 | 27 |
| 浪速外国語学校 | 270 |
| 浪速外国語短期大学 | 273 |
| 浪速学園 | 283 |
| 浪速芸術大学 | 270 |
| 浪速工学校 | 283 |
| 浪速工業学校 | 283 |
| 浪速工業高等学校 | 283 |
| **浪速高等学校** | 285 |
| 浪速高等学校 | 285 |
| 浪華高等商業学校 | 270 |
| 浪花高等女学校 | 281 |
| 浪華商業学校 | 278 |
| 浪華商業高等学校 | 278 |
| 浪華商業高等学校 | 286 |
| 浪華商業実修学校 | 278 |
| 浪華女学校 | 277 |
| 浪花女子高等学校 | 281 |
| 浪華女子商業学校 | 286 |
| 浪速大学 | 271 |
| 浪速短期大学 | 273 |
| 浪速中学校 | 285 |
| 那覇区立商業学校 | 431 |
| **那覇工業高等学校** | 430 |
| 那覇工業高等学校 | 431 |
| **那覇高等学校** | 431 |
| 那覇高等学校 | 431 |
| **那覇国際高等学校** | 431 |
| 那覇国際高等学校 | 431 |
| 那覇産業技術学校 | 430 |
| **那覇商業高等学校** | 431 |
| 那覇商業高等学校 | 431 |
| 那覇市立商業学校 | 431 |
| 那覇市立商工学校 | 431 |
| 那覇市立第二商業学校 | 431 |
| **那覇西高等学校** | 431 |

| 校名 | 頁 |
|---|---|
| 那覇西高等学校 | 431 |
| **名張桔梗丘高等学校** | 252 |
| 名張桔梗丘高等学校 | 252 |
| **名張高等学校** | 252 |
| 名張高等学校 | 252 |
| 名張高等女学校 | 252 |
| 名張町立実科高等女学校 | 252 |
| **名張西高等学校** | 252 |
| 名張西高等学校 | 252 |
| **浪江高等学校** | 64 |
| 浪江高等学校 | 64 |
| 浪江高等学校大野分校 | 66 |
| 浪江高等学校第二部 | 64 |
| **浪江高等学校津島分校** | 64 |
| 浪江高等学校津島分校 | 64 |
| 浪江高等学校富岡分校 | 64 |
| 浪江高等学校双葉農業部 | 66 |
| 浪江高等女学校 | 64 |
| 浪江女子高等学校 | 64 |
| **浪岡高等学校** | 29 |
| 浪岡高等学校 | 29 |
| 浪岡高等学校大野分校川内分室 | 64 |
| **並木学院高等学校** | 341 |
| 並木学院高等学校 | 341 |
| **並木高等学校** | 73 |
| 並木高等学校 | 73 |
| 並木婦人子供服裁縫教授所 | 124 |
| 浪商高等学校 | 278 |
| 浪商高等学校高槻学舎 | 278 |
| **滑川総合高等学校** | 100 |
| 滑川総合高等学校 | 100 |
| 滑川工業学校 | 186 |
| 滑川工業学校 | 187 |
| 滑川高等学校 | 100 |
| **滑川高等学校** | 186 |
| 滑川高等学校 | 187 |
| 滑川高等女学校 | 186 |
| 滑川商業学校 | 186 |
| 滑川中学校 | 187 |
| 滑川町立実科女学校 | 186 |
| 名賀農学校 | 252 |
| 名寄家政高等学校 | 17 |
| 名寄恵陵高等学校 | 17 |
| 名寄工業高等学校 | 17 |
| **名寄高等学校** | 17 |
| 名寄高等学校 | 17 |
| 名寄高等女学校 | 17 |
| 名寄高等女学校 | 17 |
| 名寄高等女子学校 | 17 |
| **名寄光凌高等学校** | 17 |
| 名寄光凌高等学校 | 17 |
| 名寄女子高等学校 | 17 |
| 名寄女子職業学校 | 17 |
| 名寄女子短期大学 | 3 |
| 名寄女子短期大学附属高等学校 | 17 |
| **名寄市立大学** | 2 |
| 名寄市立大学 | 2 |
| 名寄中学校 | 17 |
| **名寄農業高等学校** | 17 |
| 名寄農業高等学校 | 17 |
| 名寄農業高等学校音威子府分校 | 8 |
| 名寄農業高等学校下川分校 | 14 |
| 名寄農業高等学校美深分校 | 19 |
| 名寄農業高等学校風連分校 | 20 |
| **奈良育英高等学校** | 311 |
| 奈良育英高等学校 | 311 |
| 奈良育英高等女学校 | 311 |
| **奈良学園高等学校** | 311 |
| 奈良学園高等学校 | 311 |
| 奈良学芸大学 | 307 |
| **奈良北高等学校** | 311 |
| 奈良北高等学校 | 311 |
| **奈良教育大学** | 307 |
| 奈良教育大学 | 307 |
| **奈良芸術短期大学** | 308 |
| 奈良芸術短期大学 | 308 |
| 奈良県生駒郡立農業学校 | 309 |
| 奈良県畝傍中学校 | 308 |
| 奈良県工業学校 | 309 |
| 奈良県郡山高等女学校 | 309 |
| 奈良県郡山尋常中学校 | 309 |
| 奈良県郡山中学校五條分校 | 309 |
| 奈良県五條中学校 | 309 |
| 奈良県師範学校 | 307 |
| 奈良県女子師範学校 | 307 |
| 奈良県尋常師範学校 | 307 |
| 奈良県尋常中学校 | 309 |
| 奈良県尋常中学校畝傍分校 | 308 |
| 奈良県尋常中学校五條分校 | 309 |
| 奈良県正強高等学校 | 311 |
| 奈良県正強中学校 | 311 |
| 奈良県青年師範学校教員養成所 | 307 |
| 奈良県染織講習所 | 309 |
| 奈良県染色講習所 | 309 |
| 奈良県添上農学校 | 310 |
| 奈良県高田高等女学校 | 310 |
| 奈良県短期染色講習所 | 309 |
| 奈良県立医学専門学校 | 307 |
| **奈良県立医科大学** | 307 |
| 奈良県立医科大学 | 307 |
| 奈良県立医科大学予科 | 307 |
| 奈良県立工業学校 | 309 |
| 奈良県立実業補修学校教員養成所 | 309 |
| 奈良県立実業補修学校教員養成所 | 310 |
| 奈良県立商科大学 | 308 |
| **奈良県立大学** | 307 |
| 奈良県立大学 | 308 |
| 奈良県立短期大学 | 308 |
| 奈良県立農林学校 | 309 |
| 奈良県立農林学校 | 310 |
| 奈良工業学校 | 311 |
| **奈良工業高等学校** | 311 |
| 奈良工業高等学校 | 311 |
| **奈良工業高等専門学校** | 308 |

**ならこうき**　　　　　　　　　　　　　　　　　　　　　　　　校名索引

| 校名 | 頁 |
|---|---|
| 奈良工業高等専門学校 | 308 |
| **奈良高等学校** | 311 |
| 奈良高等学校 | 311 |
| 奈良佐保女学院短期大学 | 308 |
| **奈良佐保短期大学** | 308 |
| 奈良佐保短期大学 | 308 |
| **奈良産業大学** | 308 |
| 奈良産業大学 | 308 |
| 奈良師範学校 | 307 |
| 奈良師範学校（小学） | 307 |
| 奈良商業学校 | 311 |
| **奈良商業高等学校** | 311 |
| 奈良商業高等学校 | 311 |
| 奈良商工学校 | 311 |
| 奈良商工高等学校 | 311 |
| **奈良情報商業高等学校** | 311 |
| 奈良情報商業高等学校 | 311 |
| **奈良女子高等学校** | 311 |
| 奈良女子高等学校 | 311 |
| 奈良女子高等師範学校 | 308 |
| 奈良女子商業学校 | 311 |
| **奈良女子大学** | 308 |
| 奈良女子大学 | 308 |
| 奈良市立高等学校 | 311 |
| 奈良朱雀高等学校 | 311 |
| 奈良青年師範学校 | 307 |
| **奈良先端科学技術大学院大学** | 308 |
| 奈良先端科学技術大学院大学 | 308 |
| **奈良大学** | 308 |
| 奈良大学 | 308 |
| **奈良大学附属高等学校** | 311 |
| 奈良大学附属高等学校 | 311 |
| 奈良中学校 | 311 |
| **奈良文化女子短期大学** | 308 |
| 奈良文化女子短期大学 | 308 |
| **奈良文化女子短期大学付属高等学校** | 311 |
| 奈良文化女子短期大学付属高等学校 | 312 |
| 成田英漢義塾 | 114 |
| 成田園芸高等学校 | 114 |
| **成田北高等学校** | 114 |
| 成田北高等学校 | 114 |
| **成田高等学校** | 114 |
| 成田高等学校 | 114 |
| 成田高等女学校 | 114 |
| **成田国際高等学校** | 114 |
| 成田国際高等学校 | 114 |
| 成田山女学校 | 114 |
| **成田西陵高等学校** | 114 |
| 成田西陵高等学校 | 114 |
| 成田中学校 | 114 |
| 成田西高等学校 | 114 |
| 成田農業高等学校 | 114 |
| 成羽高等学校 | 331 |
| 成羽高等学校宇治分校 | 326 |
| **鳴尾高等学校** | 303 |
| 鳴尾高等学校 | 303 |
| 鳴尾中学校 | 303 |

| 校名 | 頁 |
|---|---|
| **奈留高等学校** | 398 |
| 奈留高等学校 | 398 |
| **成瀬高等学校** | 149 |
| 成瀬高等学校 | 149 |
| **鳴滝高等学校** | 398 |
| 鳴滝高等学校 | 398 |
| **成東高等学校** | 114 |
| 成東高等学校 | 114 |
| 成東中学校 | 114 |
| **鳴門教育大学** | 355 |
| 鳴門教育大学 | 355 |
| **鳴門工業高等学校** | 358 |
| 鳴門工業高等学校 | 358 |
| **鳴門高等学校** | 358 |
| 鳴門高等学校 | 358 |
| 鳴門商業高等学校 | 358 |
| **鳴門第一高等学校** | 358 |
| 鳴門第一高等学校 | 358 |
| **成美高等学校** | 390 |
| 成美高等学校 | 391 |
| **鳴海高等学校** | 244 |
| 鳴海高等学校 | 244 |
| 成美高等女学校 | 390 |
| 成美高等女学校 | 391 |
| 南安南部農蚕学校 | 202 |
| 南安北部農学校 | 208 |
| 南海高等学校 | 330 |
| 南海商業学校 | 280 |
| 南会西部高等学校 | 66 |
| 南会西部高等学校伊北分校 | 64 |
| 南会西部高等学校只見分校 | 64 |
| 南賀分校 | 224 |
| **南関高等学校** | 405 |
| 南関高等学校 | 405 |
| 南関高等女学校 | 405 |
| **南紀高等学校** | 315 |
| 南紀高等学校 | 315 |
| **南紀高等学校周参見分校** | 315 |
| 南紀高等学校周参見分校 | 315 |
| 南郷園芸高等学校 | 416 |
| **南郷高等学校（青森・県）** | 29 |
| 南郷高等学校 | 29 |
| **南郷高等学校（宮城・県）** | 46 |
| 南郷農業高等学校 | 46 |
| 南郷農業高等学校（定時制） | 42 |
| **南山高等学校** | 244 |
| 南山高等学校 | 244 |
| **南山国際高等学校** | 245 |
| 南山国際高等学校 | 245 |
| **南山大学** | 232 |
| 南山大学 | 232 |
| 南山大学附属第二高等学校 | 251 |
| **南山短期大学** | 234 |
| 南山短期大学 | 234 |
| 南山中学校 | 244 |
| 南井裁縫教室 | 259 |
| 南総学園高等学校 | 112 |

| 校名索引 | | にいかたこ | |
|---|---|---|---|
| 南丹高等学校 | 267 | 新潟経営大学 | 174 |
| 南丹高等学校 | 267 | 新潟経営大学 | 174 |
| 南筑高等学校 | 383 | 新潟県央工業高等学校 | 180 |
| 南筑高等学校 | 383 | 新潟県央工業高等学校 | 180 |
| 南筑中学校 | 383 | 新潟県加茂高等女学校 | 177 |
| 南都正強中学校 | 311 | 新潟県刈羽郡立高等女学校 | 177 |
| 南砺総合高等学校井波高等学校 | 187 | 新潟県北蒲原郡新発田町新発田商業学校 | 178 |
| 南砺総合高等学校井波高等学校 | 187 | 新潟県高等女学校 | 181 |
| 南砺総合高等学校平高等学校 | 187 | 新潟県五泉実業学校 | 177 |
| 南砺総合高等学校平高等学校 | 187 | 新潟県五泉実業高等学校 | 177 |
| 南砺総合高等学校福野高等学校 | 187 | 新潟県新発田中学校 | 178 |
| 南砺総合高等学校福野高等学校 | 187 | 新潟県師範学校 | 175 |
| 南砺総合高等学校福光高等学校 | 187 | 新潟県尋常師範学校 | 175 |
| 南砺総合高等学校福光高等学校 | 187 | 新潟県尋常中学校 | 180 |
| 南部乙種農学校 | 205 | 新潟県第一師範学校 | 175 |
| 南部工業高等学校（青森・県） | 29 | 新潟県第二師範学校 | 175 |
| 南部工業高等学校 | 29 | 新潟県高田師範学校 | 175 |
| 南部工業高等学校（沖縄・県） | 431 | 新潟県高田商工学校 | 179 |
| 南部工業高等学校 | 431 | 新潟県高田市立商工学校 | 178 |
| 南部産業技術学校 | 431 | 新潟県高田中学校 | 179 |
| 南部商業高等学校 | 431 | 新潟県長岡女子師範学校 | 175 |
| 南部商業高等学校 | 431 | 新潟県新潟師範学校 | 175 |
| 南部農学校 | 205 | 新潟県新潟中学校 | 180 |
| 南部農林高等学校 | 431 | 新潟県西越高等学校 | 176 |
| 南部農林高等学校 | 431 | 新潟県羽茂農学校 | 181 |
| 南部服装研究所 | 3 | 新潟県与板高等女学校 | 178 |
| 南幌高等学校 | 17 | 新潟県立海洋高等学校 | 180 |
| 南幌高等学校 | 17 | 新潟県立海洋高等学校 | 180 |
| 南陽工業高等学校 | 352 | 新潟県立看護大学 | 174 |
| 南陽工業高等学校 | 352 | 新潟県立看護大学 | 174 |
| 南陽高等学校（山形・県） | 56 | 新潟県立工業学校 | 180 |
| 南陽高等学校 | 56 | 新潟県立国際情報高等学校 | 180 |
| 南陽高等学校（愛知・県） | 245 | 新潟県立国際情報高等学校 | 180 |
| 南陽高等学校 | 245 | 新潟県立青年学校教員養成所 | 175 |
| 南陽高等学校（京都・府） | 267 | 新潟県立第二長岡高等学校 | 180 |
| 南陽高等学校 | 267 | 新潟県立第二新潟工業学校 | 181 |
| 南稜高等学校（埼玉・県） | 100 | 新潟県立農業補修学校教員養成所 | 175 |
| 南稜高等学校 | 100 | 新潟県立農工学校 | 179 |
| 南稜高等学校（熊本・県） | 405 | 新潟県立農林学校 | 177 |
| 南稜高等学校 | 405 | 新潟県立農林専門学校 | 175 |
| | | 新潟工科大学 | 174 |
| | | 新潟工科大学 | 174 |
| **【に】** | | 新潟工業学校 | 180 |
| | | 新潟工業高等学校 | 180 |
| | | 新潟工業高等学校 | 180 |
| 新潟医学専門学校 | 175 | 新潟工業短期大学 | 175 |
| 新潟医科大学 | 175 | 新潟工業短期大学 | 175 |
| 新潟医学校 | 175 | 新潟高等学校 | 175 |
| 新潟医療福祉大学 | 174 | 新潟高等学校 | 180 |
| 新潟医療福祉大学 | 174 | 新潟高等学校 | 180 |
| 新潟学校師範科 | 175 | 新潟高等学校 | 181 |
| 新潟学校第一分校 | 180 | 新潟高等女学校 | 181 |
| 新潟学校第四分校 | 178 | 新潟江南高等学校 | 180 |
| 新潟北高等学校 | 180 | 新潟江南高等学校 | 180 |
| 新潟北高等学校 | 180 | 新潟向陽高等学校 | 181 |
| 新潟区立商業学校 | 181 | 新潟向陽高等学校 | 181 |
| | | 新潟国際情報大学 | 174 |

| | | | |
|---|---|---|---|
| 新潟国際情報大学 | 175 | 新潟薬科大学 | 175 |
| **新潟産業大学** | 175 | **新川高等学校（富山・私）** | 187 |
| 新潟産業大学 | 175 | 新川高等学校 | 187 |
| **新潟産業大学附属高等学校** | 181 | **新川みどり野高等学校** | 187 |
| 新潟市実科高等女学校 | 182 | 新川みどり野高等学校 | 187 |
| 新潟師範学校 | 175 | **新座北高等学校** | 100 |
| 新潟商業学校 | 181 | 新座北高等学校 | 100 |
| **新潟商業高等学校** | 181 | **新座高等学校** | 100 |
| 新潟商業高等学校 | 181 | 新座高等学校 | 100 |
| 新潟商業高等学校（定時制） | 182 | **新座総合技術高等学校** | 100 |
| 新潟商業商船学校 | 181 | 新座総合技術高等学校 | 100 |
| 新潟女子工芸学校 | 181 | **新島学園高等学校** | 88 |
| 新潟女子工芸高等学校 | 181 | 新島学園高等学校 | 88 |
| 新潟女子高等学校 | 180 | 新島学園高等学校高等学部 | 88 |
| 新潟市立工業高等学校 | 177 | 新島学園女子短期大学 | 84 |
| 新潟市立高等女学校 | 182 | **新島学園短期大学** | 84 |
| 新潟市立商業学校 | 181 | 新島学園短期大学 | 84 |
| 新潟市立中学校 | 181 | 新島学園中学校 | 88 |
| **新潟翠江高等学校** | 181 | **新島高等学校** | 149 |
| 新潟翠江高等学校 | 181 | 新島高等学校 | 149 |
| **新潟清心女子高等学校** | 181 | **新津工業高等学校** | 181 |
| 新潟清心女子高等学校 | 181 | 新津工業高等学校 | 181 |
| 新潟青年師範学校 | 175 | **新津高等学校** | 181 |
| **新潟青陵高等学校** | 181 | 新津高等学校 | 181 |
| 新潟青陵高等学校 | 181 | 新津高等女学校 | 181 |
| 新潟青陵女子短期大学 | 175 | **新津南高等学校** | 181 |
| **新潟青陵大学** | 175 | 新津南高等学校 | 181 |
| 新潟青陵大学 | 175 | 新居浜郡立実業高等女学校 | 365 |
| **新潟青陵大学短期大学部** | 175 | 新居浜工業学校 | 366 |
| 新潟青陵大学短期大学部 | 175 | **新居浜工業高等学校** | 366 |
| 新潟第一師範学校 | 175 | 新居浜工業高等学校 | 366 |
| 新潟第二師範学校 | 175 | 新居浜工業高等学校 | 367 |
| 新潟第四分校 | 179 | **新居浜工業高等専門学校** | 363 |
| **新潟大学** | 175 | 新居浜工業高等専門学校 | 363 |
| 新潟大学 | 175 | 新居浜工業専門学校 | 363 |
| 新潟短期大学 | 175 | 新居浜高等女学校 | 367 |
| 新潟産業大学附属高等学校 | 181 | **新居浜商業高等学校** | 367 |
| 新潟短期大学附属高等学校 | 181 | 新居浜商業高等学校 | 367 |
| **新潟中央高等学校** | 181 | 新居浜女学校 | 367 |
| 新潟中央高等学校 | 181 | 新居浜第一高等学校 | 367 |
| 新潟中央高等学校（定時制） | 182 | 新居浜第二高等学校 | 367 |
| **新潟中央短期大学** | 175 | 新居浜中学校 | 367 |
| 新潟中央短期大学 | 175 | 新居浜中学校併設中学校 | 367 |
| 新潟中学校 | 180 | 新居浜町立実科高等女学校 | 367 |
| 新潟中学校三条分校 | 178 | **新居浜西高等学校** | 367 |
| 新潟中学校巻分校 | 182 | 新居浜西高等学校 | 367 |
| **新潟西高等学校** | 181 | 新居浜西高等学校角野分校 | 367 |
| 新潟西高等学校 | 181 | 新居浜西高等学校工業部 | 367 |
| **新潟東工業高等学校** | 181 | 新居浜西高等学校中萩分校 | 367 |
| 新潟東工業高等学校 | 181 | 新居浜農学校 | 366 |
| **新潟東高等学校** | 181 | 新居浜農工学校 | 366 |
| 新潟東高等学校 | 181 | **新居浜東高等学校** | 367 |
| 新潟文理高等学校 | 181 | 新居浜東高等学校 | 367 |
| **新潟南高等学校** | 181 | **新居浜南高等学校** | 367 |
| 新潟南高等学校 | 181 | 新居浜南高等学校 | 367 |
| 新潟南高等学校（定時制） | 182 | 新治郡立農学校 | 68 |
| 新潟薬科大学 | 175 | 新見北高等学校 | 332 |

| 校名 | 頁 |
|---|---|
| 新見高等学校 | 332 |
| 新見高等学校 | 332 |
| 新見高等学校北校舎 | 332 |
| **新見公立短期大学** | 326 |
| 新見公立短期大学 | 326 |
| 新見実科高等女学校 | 332 |
| 新見女子高等学校 | 327 |
| 新見女子短期大学 | 326 |
| 新見農業高等学校 | 332 |
| 新見農工高等学校 | 332 |
| 新見農林学校 | 332 |
| 二階堂高等学校 | 149 |
| **二階堂高等学校** | 312 |
| 二階堂高等学校 | 312 |
| 二階堂体操塾 | 124 |
| 二階堂体操塾 | 149 |
| **仁賀保高等学校** | 51 |
| 仁賀保高等学校 | 51 |
| **仁川学院高等学校** | 303 |
| 仁川学院高等学校 | 303 |
| **仁木商業高等学校** | 17 |
| 仁木商業高等学校 | 17 |
| **西会津高等学校** | 64 |
| 西会津高等学校 | 65 |
| **西市高等学校** | 352 |
| 西市高等学校 | 352 |
| 西茨城郡立農学校 | 70 |
| 西磐井実科高等女学校 | 32 |
| 西磐井女子職業学校 | 32 |
| **西宇治高等学校** | 267 |
| 西宇治高等学校 | 267 |
| 西臼杵郡立農学校 | 415 |
| **西浦高等学校** | 285 |
| 西浦高等学校 | 285 |
| 西宇和郡立甲種商業学校 | 369 |
| **西邑楽高等学校** | 88 |
| 西邑楽高等学校 | 88 |
| **西尾高等学校** | 245 |
| 西尾高等学校 | 245 |
| 西尾高等女学校 | 245 |
| 西尾実業学校 | 237 |
| 西尾実業高等学校 | 237 |
| 西尾実業高等学校 | 245 |
| 西尾中学校 | 245 |
| **西乙訓高等学校** | 267 |
| 西乙訓高等学校 | 267 |
| **西尾東高等学校** | 245 |
| 西尾東高等学校 | 245 |
| 西垣成美學 | 268 |
| 西垣成美塾 | 268 |
| 西加茂郡立農学校 | 239 |
| **西川竹園高等学校** | 181 |
| 西川竹園高等学校 | 181 |
| **西九州大学** | 388 |
| 西九州大学 | 388 |
| 西区商業学校 | 277 |
| 西串良村立農業補習学校 | 425 |
| 西鞍手高等学校 | 379 |
| 西越高等学校 | 176 |
| **西新発田高等学校** | 181 |
| 西新発田高等学校 | 181 |
| **西城陽高等学校** | 267 |
| 西城陽高等学校 | 267 |
| 西白河郡農学校 | 61 |
| **西仙北高等学校** | 51 |
| 西仙北高等学校 | 51 |
| **西彼杵高等学校** | 398 |
| 西彼杵高等学校 | 398 |
| 西彼杵高等学校大島分校 | 394 |
| 西彼杵中学校 | 398 |
| **西田川高等学校** | 383 |
| 西田川高等学校 | 383 |
| 西谷檀林 | 199 |
| 西東京科学大学 | 196 |
| **西成高等学校** | 285 |
| 西成高等学校 | 285 |
| **西日本工業大学** | 374 |
| 西日本工業大学 | 374 |
| **西日本短期大学** | 376 |
| 西日本短期大学 | 376 |
| **西日本短期大学附属高等学校** | 383 |
| 西日本短期大学附属高等学校 | 383 |
| **西寝屋川高等学校** | 285 |
| 西寝屋川高等学校 | 285 |
| 西市農業高等学校 | 351 |
| **西の京高等学校** | 312 |
| 西の京高等学校 | 312 |
| **西野田工科高等学校** | 285 |
| 西野田工科高等学校 | 285 |
| 西野田工業学校 | 285 |
| 西野田工業高等学校 | 285 |
| 西野田職工学校 | 285 |
| **西宮今津高等学校** | 303 |
| 西宮今津高等学校 | 303 |
| **西宮甲山高等学校** | 303 |
| 西宮甲山高等学校 | 303 |
| **西宮北高等学校** | 303 |
| 西宮北高等学校 | 303 |
| **西宮高等学校（兵庫・県）** | 303 |
| **西宮高等学校（西宮・市）** | 303 |
| 西宮高等学校 | 303 |
| 西宮高等女学校 | 303 |
| **西宮香風高等学校** | 303 |
| 西宮香風高等学校 | 303 |
| 西宮実科女学校 | 303 |
| 西宮市山手高等学校 | 303 |
| 西宮商業実習学校 | 303 |
| 西宮商業補習学校 | 303 |
| 西宮女子技芸学校 | 303 |
| 西宮市立商業学校 | 303 |
| 西宮市立商業高等学校 | 303 |
| 西宮市立商業実習学校 | 303 |
| 西宮町立商業実習学校 | 303 |
| **西宮東高等学校** | 303 |

| 校名 | 頁 | 校名 | 頁 |
|---|---|---|---|
| **西宮東高等学校** | 303 | 日南高等学校 | 416 |
| **西宮南高等学校** | 303 | 日南高等学校 | 418 |
| 西宮南高等学校 | 303 | 日南商業高等学校 | 416 |
| 西浜工業学校 | 316 | **日南振徳商業高等学校** | 416 |
| **西原高等学校** | 431 | 日南振徳商業高等学校 | 416 |
| 西原高等学校 | 431 | **日南農林高等学校** | 416 |
| **西春高等学校** | 245 | 日南農林高等学校 | 416 |
| 西春高等学校 | 245 | 日蓮宗宗教院 | 125 |
| **西舞鶴高等学校** | 267 | 日蓮宗大学 | 125 |
| 西舞鶴高等学校 | 267 | 日蓮宗大学中等科 | 157 |
| 西松浦農学校 | 389 | 日蓮宗大学中等部 | 157 |
| 西村山郡実科女学校 | 57 | 日蓮宗大学林 | 125 |
| 西牟婁農学校 | 314 | 日蓮宗大学林中等科 | 157 |
| **西目高等学校** | 51 | 仁木高等学校 | 17 |
| 西目高等学校 | 51 | 日光高等学校 | 81 |
| 西目農業学校 | 51 | **日光明峰高等学校** | 81 |
| 西目農業高等学校 | 51 | 日光明峰高等学校 | 81 |
| **西山学院高等学校** | 46 | **日章学園高等学校** | 416 |
| 西山学院高等学校 | 46 | 日章学園高等学校 | 416 |
| 西山高等学校 | 265 | 日彰館（女子部） | 341 |
| 西山高等女学校 | 265 | **日彰館高等学校** | 341 |
| 西山短期大学 | 263 | 日彰館高等学校 | 341 |
| **西大和学園高等学校** | 312 | 日彰館高等学校 | 342 |
| 西大和学園高等学校 | 312 | 日彰館女子高等学校 | 341 |
| 二松学舎 | 123 | 日彰館高等女学校 | 341 |
| 二松学舎高等学校 | 149 | 日彰館実科高等女学校 | 341 |
| 二松学舎専門学校 | 123 | 日彰館女子高等学校 | 341 |
| **二松学舎大学** | 123 | 日彰館中学校 | 341 |
| 二松学舎大学 | 123 | **日新館高等学校** | 383 |
| **二松学舎大学附属沼南高等学校** | 114 | 日新館高等学校 | 383 |
| 二松学舎大学附属沼南高等学校 | 114 | 日新工業 | 285 |
| **二松学舎大学附属高等学校** | 149 | **日新高等学校** | 285 |
| 二松学舎大学附属高等学校 | 149 | 日新高等学校 | 285 |
| **西淀川高等学校** | 285 | 日新高等学校 | 423 |
| 西淀川高等学校 | 285 | **日進高等学校** | 245 |
| **西和賀高等学校** | 36 | 日進高等学校 | 245 |
| 西和賀高等学校 | 36 | 日新商業学校 | 285 |
| **西脇北高等学校** | 303 | **日進西高等学校** | 245 |
| 西脇北高等学校 | 303 | 日進西高等学校 | 245 |
| 西脇工業学校 | 303 | 日生学園高等学校 | 252 |
| **西脇工業高等学校** | 303 | 日生学園第一高等学校 | 252 |
| 西脇工業高等学校 | 303 | 日生学園第一高等学校 | 252 |
| 西脇工業高等学校 | 304 | 日生学園第二高等学校 | 252 |
| **西脇高等学校** | 303 | 日生学園第二高等学校 | 252 |
| 西脇高等学校 | 304 | 日生学園第三高等学校 | 304 |
| **ニセコ高等学校** | 17 | 日生学園第三高等学校 | 304 |
| ニセコ高等学校 | 17 | **日星高等学校** | 267 |
| 仁多郡立農学校 | 324 | 日星高等学校 | 267 |
| 日州高等簿記学校 | 417 | **新田暁高等学校** | 88 |
| 日体桜華女子高等学校 | 131 | 新田暁高等学校 | 88 |
| **日南学園高等学校** | 416 | **日体荏原高等学校** | 149 |
| 日南学園高等学校 | 416 | 日体荏原高等学校 | 149 |
| 日南学園高等学校田野分校 | 416 | 新田高等学校 | 88 |
| 日南学園高等学校田野分校 | 418 | **新田高等学校** | 367 |
| **日南工業高等学校** | 416 | 新田高等学校 | 367 |
| 日南工業高等学校 | 416 | 新田中学校 | 367 |
| **日南高等学校** | 416 | 新羽高等学校 | 169 |

| 校名 | 頁 |
|---|---|
| 新羽高等学校 | 169 |
| 二戸実業学校 | 32 |
| **二宮高等学校** | 169 |
| 二宮高等学校 | 169 |
| 日本医学校 | 123 |
| 日本医学専門学校 | 123 |
| **日本医科大学** | 123 |
| 日本医科大学 | 123 |
| 日本音楽学校 | 149 |
| **日本音楽高等学校** | 149 |
| 日本音楽高等学校 | 149 |
| **日本海聖高等学校** | 181 |
| 日本海聖高等学校 | 181 |
| **日本学園高等学校** | 149 |
| 日本学園高等学校 | 149 |
| 日本基督教女子神学専門学校 | 122 |
| 日本基督教神学専門学校 | 122 |
| 日本基督教団 | 125 |
| **日本基督教短期大学** | 105 |
| 日本基督教短期大学 | 105 |
| 日本経済専門学校 | 117 |
| 日本経済専門学校 | 125 |
| 日本経済短期大学 | 117 |
| 日本経済短期大学 | 125 |
| 日本原高等学校 | 329 |
| 日本工業学校 | 280 |
| **日本工業大学** | 91 |
| 日本工業大学 | 91 |
| 日本工業大学 | 149 |
| **日本工業大学付属東京工業高等学校** | 149 |
| 日本工業大学付属東京工業高等学校 | 149 |
| 日本航空工業高等学校 | 198 |
| **日本航空高等学校** | 198 |
| 日本航空高等学校 | 198 |
| 日本航空専門学校 | 188 |
| **日本航空第二高等学校** | 192 |
| 日本航空第二高等学校 | 192 |
| **日本航空大学校** | 188 |
| 日本航空大学校 | 188 |
| 日本高等女学校 | 158 |
| 日本高等女学校 | 165 |
| 日本三育学院 | 105 |
| 日本三育学院 | 343 |
| 日本歯科医学校 | 123 |
| **日本歯科大学** | 123 |
| 日本歯科大学 | 123 |
| **日本歯科大学東京短期大学** | 128 |
| 日本歯科大学東京短期大学 | 128 |
| **日本歯科大学新潟短期大学** | 175 |
| 日本歯科大学新潟短期大学 | 175 |
| 日本歯科大学附属新潟専門学校 | 175 |
| 日本社会事業学校 | 123 |
| **日本社会事業大学** | 123 |
| 日本社会事業大学 | 123 |
| 日本社会事業短期大学 | 123 |
| **日本獣医生命科学大学** | 123 |
| 日本獣医生命科学大学 | 124 |
| 日本獣医畜産大学 | 124 |
| 日本女学校 | 158 |
| 日本女学校 | 165 |
| 日本女子衛生短期大学 | 160 |
| 日本女子技芸学校 | 138 |
| 日本女子経済専門学校 | 126 |
| 日本女子経済短期大学 | 126 |
| 日本女子工業高等学校 | 62 |
| 日本女子高等学院 | 119 |
| 日本女子高等学院附属高等女学部 | 140 |
| 日本女子高等商業学校 | 126 |
| 日本女子歯科医学専門学校 | 160 |
| 日本女子歯科厚生学校 | 160 |
| 日本女子商業学校 | 126 |
| 日本女子商業学校 | 133 |
| 日本女子神学校 | 122 |
| 日本女子専門学校 | 119 |
| 日本女子体育専門学校 | 124 |
| **日本女子体育大学** | 124 |
| 日本女子体育大学 | 124 |
| **日本女子体育大学附属二階堂高等学校** | 149 |
| 日本女子体育大学附属二階堂高等学校 | 149 |
| 日本女子体育短期大学 | 124 |
| **日本女子大学** | 124 |
| 日本女子大学 | 124 |
| 日本女子大学校 | 124 |
| 日本女子大学附属高等学校 | 124 |
| **日本女子大学附属高等学校** | 169 |
| 日本女子大学附属高等学校 | 169 |
| 日本女子美術学校 | 138 |
| 日本聖化神学校 | 273 |
| 日本西部神学校 | 122 |
| 日本赤十字愛知女子短期大学 | 234 |
| **日本赤十字愛知短期大学** | 234 |
| 日本赤十字愛知短期大学 | 234 |
| **日本赤十字秋田短期大学** | 48 |
| 日本赤十字秋田短期大学 | 48 |
| **日本赤十字看護大学** | 124 |
| 日本赤十字看護大学 | 124 |
| **日本赤十字九州国際看護大学** | 374 |
| 日本赤十字九州国際看護大学 | 374 |
| **日本赤十字豊田看護大学** | 232 |
| 日本赤十字豊田看護大学 | 232 |
| **日本赤十字広島看護大学** | 334 |
| 日本赤十字広島看護大学 | 334 |
| **日本赤十字北海道看護大学** | 2 |
| 日本赤十字北海道看護大学 | 2 |
| 日本赤十字武蔵野女子短期大学 | 128 |
| 日本赤十字武蔵野短期大学 | 124 |
| **日本赤十字武蔵野短期大学** | 128 |
| 日本赤十字武蔵野短期大学 | 128 |
| 日本装蹄学校 | 137 |
| 日本装蹄高等学校 | 137 |
| 日本装蹄畜産高等学校 | 137 |
| 日本体育会 | 124 |
| 日本体育会体操学校 | 124 |
| 日本体育会体操練習所 | 124 |

にほんたい　　　　　　　　　　　　　　　　　　　　　　　　　　　　　校名索引

| 校名 | 頁 |
|---|---|
| 日本体育専門学校 | 124 |
| **日本体育大学** | 124 |
| 日本体育大学 | 124 |
| 日本体育大学女子短期大学 | 128 |
| **日本体育大学女子短期大学部** | 128 |
| 日本体育大学女子短期大学部 | 128 |
| **日本大学** | 124 |
| 日本大学 | 124 |
| 日本大学大阪中学校 | 276 |
| 日本大学工業学校 | 114 |
| 日本大学工業高等学校 | 114 |
| **日本大学高等学校** | 169 |
| 日本大学高等学校 | 169 |
| **日本大学櫻丘高等学校** | 149 |
| 日本大学櫻丘高等学校 | 149 |
| 日本大学準付属大垣高等学校 | 213 |
| 日本大学世田谷高等学校 | 149 |
| 日本大学専門学校 | 124 |
| 日本大学第一高等学校 | 112 |
| **日本大学第一高等学校** | 149 |
| 日本大学第一高等学校 | 149 |
| 日本大学第一中学校 | 112 |
| 日本大学第一中学校 | 149 |
| **日本大学第二高等学校** | 149 |
| 日本大学第二高等学校 | 149 |
| **日本大学第三高等学校** | 149 |
| 日本大学第三高等学校 | 149 |
| 日本大学第三中学校 | 149 |
| 日本大学第四工業学校 | 169 |
| 日本大学第四商業学校 | 169 |
| 日本大学第四中学校 | 169 |
| 日本大学第四商業学校 | 169 |
| **日本大学短期大学部** | 128 |
| 日本大学短期大学部 | 128 |
| 日本大学中学校 | 112 |
| 日本大学中学校 | 149 |
| **日本大学鶴ケ丘高等学校** | 149 |
| 日本大学鶴ケ丘高等学校 | 150 |
| 日本大学東北工業高等学校 | 65 |
| **日本大学東北高等学校** | 65 |
| 日本大学東北高等学校 | 65 |
| **日本大学習志野高等学校** | 114 |
| 日本大学習志野高等学校 | 114 |
| 日本大学農林高等学校 | 169 |
| **日本大学豊山高等学校** | 150 |
| 日本大学豊山高等学校 | 150 |
| **日本大学豊山女子高等学校** | 150 |
| 日本大学豊山女子高等学校 | 150 |
| **日本大学藤沢高等学校** | 169 |
| 日本大学藤沢高等学校 | 169 |
| 日本大学付属赤坂中学校 | 149 |
| 日本大学付属中学校 | 149 |
| 日本大学松戸歯科大学 | 124 |
| **日本大学三島高等学校** | 225 |
| 日本大学三島高等学校 | 225 |
| **日本大学明誠高等学校** | 198 |
| 日本大学明誠高等学校 | 198 |
| **日本大学山形高等学校** | 56 |
| 日本大学山形高等学校 | 56 |
| 日本中学校 | 149 |
| 日本伝道学校 | 105 |
| 日本電波工業高等学校 | 378 |
| 日本東部神学校 | 122 |
| 日本東部神学校 | 125 |
| **日本橋学館大学** | 104 |
| 日本橋学館大学 | 104 |
| 日本橋簡易商業夜学校 | 112 |
| 日本橋高等家政女学校 | 156 |
| **日本橋高等学校** | 150 |
| 日本橋高等学校 | 150 |
| 日本橋高等女学校 | 150 |
| 日本橋女学館高等女学校 | 150 |
| **日本橋女学館高等学校** | 150 |
| 日本橋女学館高等学校 | 150 |
| 日本橋女学館短期大学 | 104 |
| 日本橋女学校 | 150 |
| 日本橋新制高等学校 | 150 |
| 日本橋中学校 | 150 |
| 日本原高等学校 | 328 |
| **日本福祉大学** | 232 |
| 日本福祉大学 | 232 |
| **日本福祉大学付属高等学校** | 245 |
| 日本福祉大学付属高等学校 | 245 |
| 日本福祉大学附属立花高等学校 | 245 |
| 日本婦女英学校 | 172 |
| **日本文化大学** | 124 |
| 日本文化大学 | 124 |
| **日本文理高等学校** | 181 |
| 日本文理高等学校 | 181 |
| **日本文理大学** | 407 |
| 日本文理大学 | 407 |
| **日本文理大学附属高等学校** | 411 |
| 日本文理大学附属高等学校 | 411 |
| 日本放送協会学園高等学校 | 150 |
| 日本放送協会学園高等学校 | 150 |
| 日本法律学校 | 124 |
| **二本松工業高等学校** | 65 |
| 二本松工業高等学校 | 65 |
| **日本薬科大学** | 91 |
| 日本薬科大学 | 91 |
| 日本ルーテル神学専門学校 | 125 |
| 日本ルーテル神学大学 | 125 |
| 日本ルーテル神学校 | 125 |
| **邇摩高等学校** | 322 |
| 邇摩高等学校 | 322 |
| 仁万農林学校 | 322 |
| 仁万農林高等学校 | 322 |
| **丹生高等学校** | 195 |
| 丹生高等学校 | 195 |
| 丹生高等女学校 | 195 |
| 丹生実科高等女学校 | 195 |
| 入善学校 | 187 |
| **入善高等学校** | 187 |
| 入善高等学校 | 187 |

| | | | |
|---|---|---|---|
| 如不乃堂 | 349 | 沼津商業高等学校 | 225 |
| **仁淀高等学校** | 372 | **沼津城北高等学校** | 225 |
| 仁淀高等学校 | 372 | 沼津城北高等学校 | 225 |
| **韮崎工業高等学校** | 198 | 沼津女子高等学校 | 221 |
| 韮崎工業高等学校 | 198 | 沼津女子商業学校 | 221 |
| **韮崎高等学校** | 198 | 沼津女子商業高等学校 | 221 |
| 韮崎高等学校 | 199 | 沼津精華高等学校 | 225 |
| 韮崎高等女学校 | 199 | 沼津精華女学校 | 225 |
| 韮崎実科高等女学校 | 199 | 沼津第一高等学校 | 226 |
| 韮崎第一高等学校 | 198 | 沼津第一中学校 | 225 |
| 韮崎第一高等学校 | 199 | 沼津第二高等学校 | 225 |
| 韮崎第二高等学校 | 199 | 沼津第二商業学校 | 225 |
| 韮崎中学校 | 198 | **沼津中央高等学校** | 225 |
| 韮山講習所対岳学校 | 225 | 沼津中央高等学校 | 225 |
| **韮山高等学校** | 225 | 沼津中学校 | 222 |
| 韮山高等学校 | 225 | **沼津西高等学校** | 225 |
| 韮山師範分校 | 225 | 沼津西高等学校 | 225 |
| 韮山尋常中学校 | 225 | 沼津農業高等学校 | 225 |
| 韮山中学校 | 225 | 沼津農業高等学校佐野教場 | 224 |
| 韮山変則中学校 | 225 | **沼津東高等学校** | 226 |
| **丹羽高等学校** | 245 | 沼津東高等学校 | 226 |
| 丹羽高等学校 | 245 | 沼津北部高等学校 | 225 |
| 丹羽高等学校 | 246 | **沼田高等学校（北海・道）** | 17 |
| 上神谷高等学校 | 283 | 沼田高等学校 | 17 |
| **人間環境大学** | 232 | **沼田高等学校（群馬・県）** | 88 |
| 人間環境大学 | 232 | 沼田高等学校 | 88 |
| **人間環境大学岡崎学園高等学校** | 245 | **沼田高等学校（広島・市）** | 342 |
| 人間環境大学岡崎学園高等学校 | 245 | 沼田高等学校 | 342 |
| **人間総合科学大学** | 91 | 沼田高等学校武尊分校 | 85 |
| 人間総合科学大学 | 91 | 沼田高等女学校 | 88 |
| | | 沼田実科高等女学校 | 88 |
| | | **沼田女子高等学校** | 88 |
| | | 沼田女子高等学校 | 88 |
| | | 沼田中学校 | 88 |
| | | 沼舘高等学校（定時制課程） | 50 |

【ぬ】

| | | | |
|---|---|---|---|
| 沼垂高等学校 | 182 | | |
| 沼垂高等学校（定時制課程） | 182 | | |
| **沼宮内高等学校** | 36 | 【ね】 | |
| 沼宮内高等学校 | 36 | | |
| 沼宮内高等学校（定時制） | 34 | 婦負高等学校 | 186 |
| 沼隈郡立高等実業補習学校 | 339 | 婦負農学校 | 186 |
| 沼隈郡立実科高等女学校 | 345 | 婦負農業高等学校 | 186 |
| 沼隈郡立実業補修学校 | 339 | 寧楽書院 | 307 |
| 沼津学園高等学校 | 227 | 根雨高等学校 | 319 |
| 沼津学園高等女学校 | 227 | 根占高等学校 | 427 |
| 沼津北高等学校 | 224 | 根占実業学校 | 427 |
| 沼津工業学校 | 225 | 根占農林学校 | 427 |
| **沼津工業高等学校** | 225 | **根室高等学校** | 18 |
| 沼津工業高等学校 | 225 | 根室高等学校 | 18 |
| **沼津工業高等専門学校** | 219 | 根室高等女学校 | 18 |
| 沼津工業高等専門学校 | 219 | 根室実科高等女学校 | 18 |
| **沼津高等学校** | 225 | 根室実業学校 | 18 |
| 沼津高等学校 | 225 | 根室商業高等学校 | 18 |
| 沼津高等女学校 | 225 | 根室女学校 | 18 |
| 沼津淑徳女学院 | 221 | 根室女子高等学校 | 18 |
| **沼津商業高等学校** | 225 | | |

| | | | |
|---|---:|---|---:|
| 根室町立実科高等女学校 | 18 | 能代高等女学校 | 51 |
| 根室町立職業学校 | 18 | 能代実科高等女学校 | 51 |
| 根室町立女子職業学校 | 18 | 能代実業学校 | 52 |
| **根室西高等学校** | 18 | **能代商業高等学校** | 52 |
| 根室西高等学校 | 18 | 能代商業高等学校 | 52 |
| **寝屋川高等学校** | 285 | 能代商業実修学校 | 52 |
| 寝屋川高等学校 | 285 | 能代商業専修学校 | 52 |
| 寝屋川高等女学校 | 285 | 能代女子実業学校 | 52 |
| **練馬工業高等学校** | 150 | 能代市立高等学校 | 52 |
| 練馬工業高等学校 | 150 | 能代市立商業高等学校 | 52 |
| **練馬高等学校** | 150 | 能代市立女子実業学校 | 52 |
| 練馬高等学校 | 150 | 能代青年団夜学校 | 52 |
| | | 能代中学校 | 52 |
| | | **能代西高等学校** | 52 |
| **【 の 】** | | 能代西高等学校 | 52 |
| | | 能代農業学校 | 52 |
| 農業経営高等学校 | 226 | 能代農業高等学校 | 52 |
| 農業講習所 | 83 | 能代補習学校 | 52 |
| 農業講習所 | 246 | 能代港町立工業補助学校 | 51 |
| 農事講習所 | 195 | 能代南高等学校 | 52 |
| 能生水産学校 | 180 | 能代南高等学校二ツ井分校(定時制課程) | 52 |
| 能生水産高等学校 | 180 | **野津田高等学校** | 150 |
| 能生水産補修学校 | 180 | 野津田高等学校 | 150 |
| **直方高等学校** | 383 | **能勢高等学校** | 285 |
| 直方高等学校 | 383 | 能勢高等学校 | 285 |
| 直方高等女学校 | 383 | **野田学園高等学校** | 352 |
| 直方実業女学校 | 382 | 野田学園高等学校 | 352 |
| 直方商業学校 | 382 | 野田北高等学校 | 114 |
| 直方商業高等学校 | 382 | 野田北高等学校 | 115 |
| 直方女子高等学校 | 383 | 野嵩高等学校 | 431 |
| 直方女子高等学校 | 387 | 野田高等学校 | 114 |
| 直方町立実業女学校 | 382 | 野田高等学校 | 115 |
| 直方東陵高等学校 | 382 | 野田高等女学校 | 114 |
| 野方学園高等学校 | 145 | 野田高等女学校 | 352 |
| 野上高等女学校 | 315 | 野田実業高等学校 | 110 |
| 能義郡安来町立実科高等女学校 | 324 | 野田女学校 | 352 |
| 能義郡安来町立女子技芸学校 | 324 | **野田女子高等学校** | 427 |
| 乃木高等女学校 | 166 | 野田女子高等学校 | 427 |
| **野崎高等学校** | 285 | **野田中央高等学校** | 114 |
| 野崎高等学校 | 285 | 野田中央高等学校 | 115 |
| **野沢北高等学校** | 208 | 野田ドレスメーカー研究所 | 106 |
| 野沢北高等学校 | 208 | 野田農学校 | 110 |
| 野沢高等女学校 | 208 | 野田農工学校 | 110 |
| 野沢実科高等女学校 | 208 | 野付牛高等女学校 | 9 |
| 野沢中学校 | 208 | 野付牛中学校 | 9 |
| **野沢南高等学校** | 208 | 野付牛町立高等家政女学校 | 9 |
| 野沢南高等学校 | 208 | 野付牛町立高等女学校 | 9 |
| 能代家政女学校 | 52 | **野津高等学校** | 412 |
| **能代北高等学校** | 51 | 野津高等学校 | 412 |
| 能代北高等学校 | 51 | **野幌高等学校** | 18 |
| 能代工業学校 | 52 | 野幌高等学校 | 18 |
| **能代工業高等学校** | 51 | **能登川高等学校** | 257 |
| 能代工業高等学校 | 52 | 能登川高等学校 | 257 |
| **能代高等学校** | 52 | **能登青翔高等学校** | 192 |
| 能代高等学校 | 52 | 能登青翔高等学校 | 192 |
| | | **能都北辰高等学校** | 192 |
| | | 能都北辰高等学校 | 192 |

| 能都北辰高等学校小木分校 | 192 |
|---|---|
| 能都北辰高等学校小木分校 | 192 |
| **ノートルダム女学院高等学校** | 267 |
| ノートルダム女学院高等学校 | 267 |
| ノートルダム女子大学 | 261 |
| **ノートルダム清心高等学校** | 342 |
| ノートルダム清心高等学校 | 342 |
| **ノートルダム清心女子大学** | 325 |
| ノートルダム清心女子大学 | 325 |
| **野々市明倫高等学校** | 192 |
| 野々市明倫高等学校 | 192 |
| 延岡岡富高等学校 | 416 |
| **延岡学園高等学校** | 416 |
| 延岡学園高等学校 | 416 |
| 延岡工業学校 | 416 |
| **延岡工業高等学校** | 416 |
| 延岡工業高等学校 | 416 |
| **延岡高等学校** | 416 |
| 延岡高等学校 | 416 |
| 延岡高等女学校 | 416 |
| 延岡社学 | 416 |
| 延岡商業学校 | 416 |
| **延岡商業高等学校** | 416 |
| 延岡商業高等学校 | 416 |
| 延岡女学校 | 416 |
| **延岡星雲高等学校** | 416 |
| 延岡星雲高等学校 | 416 |
| **延岡青朋高等学校** | 416 |
| 延岡青朋高等学校 | 416 |
| 延岡第二高等学校 | 416 |
| 延岡中学校 | 416 |
| 延岡恒富高等学校 | 416 |
| 延岡西高等学校 | 416 |
| 延岡東高等学校 | 416 |
| **野辺地高等学校** | 29 |
| 野辺地高等学校 | 29 |
| **野辺地高等学校横浜分校** | 29 |
| 野辺地高等学校横浜分校 | 29 |
| 野辺地中学校 | 29 |
| **登別大谷高等学校** | 18 |
| 登別大谷高等学校 | 18 |
| 登別高等学校 | 18 |
| **登別青嶺高等学校** | 18 |
| 登別青嶺高等学校 | 18 |
| 登別南高等学校 | 18 |
| 野幌高等学校千歳分校 | 15 |
| 乃美学舎 | 337 |
| 能美郡立実科高等女学校 | 190 |
| 乃美高等学校 | 337 |
| 乃美中学校 | 337 |
| **野村高等学校** | 367 |
| 野村高等学校 | 367 |
| **野村高等学校土居分校** | 367 |
| 野村高等学校土居分校 | 367 |
| 野村農業学校 | 367 |
| **野母崎高等学校** | 398 |
| 野母崎高等学校 | 398 |

## 【 は 】

| 梅花高等学校 | 286 |
|---|---|
| 梅花高等学校 | 286 |
| 梅花高等女学校 | 286 |
| 梅花女学校 | 274 |
| 梅花女子専門学校 | 274 |
| **梅花女子大学** | 272 |
| 梅花女子大学 | 272 |
| **梅花女子大学短期大学部** | 274 |
| 梅花女子大学短期大学部 | 274 |
| 梅花短期大学 | 274 |
| 早岐高等学校 | 395 |
| **梅光学院大学** | 346 |
| 梅光学院大学 | 346 |
| 梅光学院大学女子短期大学部 | 346 |
| **梅光女学院高等学校** | 352 |
| 梅光女学院高等学校 | 352 |
| 梅光女学院大学 | 346 |
| 梅光女学院短期大学 | 346 |
| **拝島高等学校** | 150 |
| 拝島高等学校 | 150 |
| **榛原高等学校** | 226 |
| 榛原高等学校 | 226 |
| 榛原高等学校 | 310 |
| 榛原高等女学校 | 226 |
| 榛原実科高等女学校 | 226 |
| 榛原女学校 | 226 |
| 榛原第一高等学校 | 226 |
| 榛原第二高等学校 | 226 |
| 榛原中学校 | 226 |
| **南風原高等学校** | 431 |
| 南風原高等学校 | 431 |
| 芳賀郡立実科高等女学校 | 82 |
| 芳賀郡立農林学校 | 82 |
| 芳賀高等学校 | 82 |
| **博多工業高等学校** | 383 |
| 博多工業高等学校 | 383 |
| **伯太高等学校** | 286 |
| 伯太高等学校 | 286 |
| **伯方高等学校** | 367 |
| 伯方高等学校 | 367 |
| **博多高等学校** | 383 |
| 博多高等学校 | 384 |
| **伯方高等学校岩城分校** | 367 |
| 伯方高等学校岩城分校 | 367 |
| 博多高等学校香椎校 | 384 |
| 博多商業学校 | 385 |
| 博多商業高等学校 | 378 |
| **博多女子高等学校** | 384 |
| 博多女子高等学校 | 384 |
| 博多女子商業高等学校 | 384 |
| **博多青松高等学校** | 384 |
| 博多青松高等学校 | 384 |

| 校名 | 頁 |
|---|---|
| **萩光塩学院高等学校** | 352 |
| 萩光塩学院高等学校 | 352 |
| 萩工業学校 | 352 |
| 萩工業高等学校 | 353 |
| **萩高等学校** | 352 |
| 萩高等学校 | 352 |
| **萩国際大学** | 346 |
| 萩国際大学 | 346 |
| 萩商業学校 | 352 |
| 萩商業高等学校 | 352 |
| 萩商業高等学校 | 353 |
| **萩商工高等学校** | 352 |
| 萩商工高等学校 | 352 |
| 萩商工高等学校 | 353 |
| 萩女子高等学校 | 352 |
| 萩女子高等学校 | 352 |
| 萩中学校 | 352 |
| **羽咋工業高等学校** | 192 |
| 羽咋工業高等学校 | 192 |
| **羽咋高等学校** | 192 |
| 羽咋高等学校 | 192 |
| 羽咋高等学校（定時制） | 189 |
| 羽咋高等学校（定時制） | 191 |
| 羽咋高等女学校 | 192 |
| 羽咋中学校 | 192 |
| **白鴎高等学校** | 150 |
| 白鴎高等学校 | 150 |
| **迫桜高等学校** | 46 |
| 迫桜高等学校 | 46 |
| 白鴎女子短期大学 | 77 |
| **白鴎大学** | 76 |
| 白鴎大学 | 76 |
| **白鴎大学足利高等学校** | 81 |
| 白鴎大学足利高等学校 | 81 |
| **白鴎大学女子短期大学部** | 76 |
| 白鴎大学女子短期大学部 | 77 |
| 白鳩洋裁研究所 | 258 |
| **白山高等学校** | 169 |
| 白山高等学校 | 169 |
| 白山高等学校 | 177 |
| 白山高等学校（定時制課程） | 182 |
| 白山高等女学校 | 362 |
| 白山女学校 | 361 |
| 白十字会林間学校 | 162 |
| **白馬高等学校** | 208 |
| 白馬高等学校 | 208 |
| 博文堂 | 109 |
| **白鵬女子高等学校** | 169 |
| 白鵬女子高等学校 | 169 |
| **白鳳女子短期大学** | 308 |
| 白鳳女子短期大学 | 308 |
| 博約義塾 | 426 |
| 博約鉄道学校 | 426 |
| **柏陽高等学校** | 169 |
| 柏陽高等学校 | 169 |
| **柏陵高等学校（千葉・県）** | 115 |
| 柏陵高等学校 | 115 |
| **柏陵高等学校（福岡・県）** | 384 |
| 柏陵高等学校 | 384 |
| **白陵高等学校** | 304 |
| 白陵高等学校 | 304 |
| 羽黒工業高等学校 | 56 |
| **羽黒高等学校** | 56 |
| 羽黒高等学校 | 56 |
| **函館大谷高等学校** | 18 |
| 函館大谷高等学校 | 18 |
| 函館大谷高等女学校 | 18 |
| 函館大谷女学校 | 18 |
| 函館大谷女子短期大学 | 4 |
| **函館大谷短期大学** | 4 |
| 函館大谷短期大学 | 4 |
| 函館大妻技芸学校 | 18 |
| 函館大妻技芸高等学校 | 18 |
| **函館大妻高等学校** | 18 |
| 函館大妻高等学校 | 18 |
| 函館大妻女子高等技芸学校 | 18 |
| **函館北高等学校** | 18 |
| 函館北高等学校 | 18 |
| 函館北高等学校 | 19 |
| 函館区立工業学校 | 18 |
| 函館計理学校 | 19 |
| 函館工業学校 | 18 |
| **函館工業高等学校** | 18 |
| 函館工業高等学校 | 18 |
| **函館工業高等専門学校** | 4 |
| 函館工業高等専門学校 | 4 |
| 函館工業補習学校 | 18 |
| 函館高等学校 | 18 |
| 函館高等学校 | 19 |
| 函館高等女学校 | 19 |
| 函館師範学校 | 2 |
| 函館商科短期大学 | 4 |
| **函館商業高等学校** | 18 |
| 函館商業高等学校 | 18 |
| 函館商業高等学校上磯分校 | 9 |
| 函館昭和技芸高等学校 | 15 |
| 函館昭和女子学園高等学校 | 15 |
| 函館昭和女子高等技芸学校 | 15 |
| 函館女子高等学校 | 19 |
| 函館女子商業高等学校 | 18 |
| **函館白百合学園高等学校** | 18 |
| 函館白百合学園高等学校 | 18 |
| 函館市立工業学校 | 18 |
| 函館市立高等学校 | 19 |
| 函館市立商工実修学校 | 18 |
| 函館市立商工青年学校 | 18 |
| 函館市立中学校 | 19 |
| 函館尋常中学校 | 19 |
| 函館水産學校 | 18 |
| **函館水産高等学校** | 18 |
| 函館水産高等学校 | 18 |
| **函館大学** | 2 |
| 函館大学 | 2 |
| 函館大学付属女子高等学校 | 18 |

| | | | |
|---|---:|---|---:|
| 函館大学付属柏稜高等学校 | 18 | 幡多農工高等学校 | 372 |
| 函館大学付属柏稜高等学校 | 18 | 幡多農林学校 | 372 |
| 函館大学付属有斗高等学校 | 18 | 秦野高等学校 | 169 |
| 函館大学付属有斗高等学校 | 19 | 秦野高等学校 | 170 |
| 函館短期大学 | 4 | 秦野高等女学校 | 162 |
| 函館短期大学 | 4 | 秦野曽屋高等学校 | 170 |
| 函館中学校 | 19 | 秦野曽屋高等学校 | 170 |
| 函館中部高等学校 | 19 | 秦野中学校 | 170 |
| 函館中部高等学校 | 19 | 秦野南が丘高等学校 | 170 |
| 函館西高等学校 | 19 | 秦野南が丘高等学校 | 170 |
| 函館西高等学校 | 19 | 八王子織染学校 | 150 |
| 函館東高等学校 | 18 | 八王子北高等学校 | 150 |
| 函館東高等学校 | 19 | 八王子北高等学校 | 150 |
| 函館東高等学校 | 19 | 八王子工業学校 | 150 |
| 函館有斗高等学校 | 19 | 八王子工業高等学校 | 147 |
| 函館有斗高等学校女子商業部 | 18 | 八王子工業高等学校 | 150 |
| 函館ラ・サール高等学校 | 19 | 八王子工業高等学校 | 150 |
| 函館ラ・サール高等学校 | 19 | 八王子工業新制高等学校 | 150 |
| 函館稜北高等学校 | 19 | 八王子高等学校 | 150 |
| 函館稜北高等学校 | 19 | 八王子高等学校 | 150 |
| 箱根強羅疎開学園 | 165 | 八王子実践高等学校 | 150 |
| 羽衣学園高等学校 | 286 | 八王子実践高等学校 | 150 |
| 羽衣学園高等学校 | 286 | 八王子実践女学院 | 150 |
| 羽衣学園短期大学 | 274 | 八王子女子高等学校 | 150 |
| 羽衣学園短期大学 | 274 | 八王子市立新制女子高等学校 | 152 |
| 羽衣高等女学校 | 286 | 八王子地区産業高等学校（仮称） | 147 |
| 羽衣国際大学 | 272 | 八王子中学校 | 150 |
| 羽衣国際大学 | 272 | 八王子東高等学校 | 150 |
| 波崎高等学校 | 73 | 八王子東高等学校 | 150 |
| 波崎高等学校 | 73 | 八王子和洋裁縫女学院 | 150 |
| 波崎柳川高等学校 | 73 | 八丈高等学校 | 150 |
| 波崎柳川高等学校 | 73 | 八丈高等学校 | 150 |
| 波佐見高等学校 | 398 | 八戸家政女学校 | 29 |
| 波佐見高等学校 | 398 | 八戸北高等学校 | 29 |
| 羽島北高等学校 | 217 | 八戸北高等学校 | 29 |
| 羽島北高等学校 | 217 | 八戸北高等学校南郷分校 | 29 |
| 羽島郡実科高等女学校 | 217 | 八戸工業高等学校 | 29 |
| 羽島高等学校 | 217 | 八戸工業高等学校 | 29 |
| 羽島高等学校 | 217 | 八戸工業高等学校南部分校 | 29 |
| 橋本高等学校（神奈川・県） | 169 | 八戸工業高等専門学校 | 25 |
| 橋本高等学校 | 169 | 八戸工業高等専門学校 | 25 |
| 橋本高等学校 | 314 | 八戸工業大学 | 24 |
| 橋本高等学校（和歌山・県） | 315 | 八戸工業大学 | 24 |
| 橋本高等学校 | 315 | 八戸工業大学第一高等学校 | 29 |
| 橋本高等女学校 | 315 | 八戸工業大学第一高等学校 | 29 |
| 幡豆高等学校 | 245 | 八戸工業大学第二高等学校 | 29 |
| 蓮田高等学校 | 100 | 八戸工業大学第二高等学校 | 29 |
| 蓮田高等学校 | 100 | 八戸高等学校 | 29 |
| 幡多郡高等女学校 | 372 | 八戸高等学校 | 29 |
| 幡多郡実業女学校 | 372 | 八戸高等女学校 | 30 |
| 幡多郡立高等女学校 | 372 | 八戸高等電波学校 | 24 |
| 幡多郡立実科高等女学校 | 372 | 八戸高等電波学校 | 29 |
| 幡多郡立実業女学校 | 372 | 八戸裁縫講習所 | 27 |
| 幡多農業高等学校 | 372 | 八戸裁縫講習所 | 28 |
| 幡多農業高等学校 | 372 | 八戸商業高等学校 | 29 |
| 幡多農業高等学校山奈分校 | 371 | 八戸商業高等学校 | 29 |
| 幡多農工高等学校 | 371 | 八戸女子高等学校 | 30 |

| | | | |
|---|---:|---|---:|
| 八戸女塾 | 27 | 馬頭高等学校 | 81 |
| 八戸女塾 | 28 | 馬頭農学校 | 81 |
| 八戸市立工業学校 | 29 | **鳩ヶ谷高等学校** | 100 |
| 八戸市立工業高等学校 | 29 | 鳩ヶ谷高等学校 | 100 |
| 八戸市立商業高等学校 | 29 | 鳩川実科高等女学校 | 164 |
| 八戸市立第一高等学校 | 30 | 鳩川実科高等女子学校 | 164 |
| **八戸水産高等学校** | 29 | 鳩川実業学校 | 164 |
| 八戸水産高等学校 | 29 | 鳩川農学校 | 164 |
| **八戸聖ウルスラ学院高等学校** | 29 | **鳩山高等学校** | 100 |
| 八戸聖ウルスラ学院高等学校 | 29 | 鳩山高等学校 | 100 |
| **八戸大学** | 24 | 花泉高等学校 | 36 |
| 八戸大学 | 24 | 花泉高等学校 | 36 |
| **八戸短期大学** | 25 | 花岡工業高等学校 | 50 |
| 八戸短期大学 | 25 | 花尾職業学校 | 387 |
| 八戸千葉裁縫女学校 | 27 | 花北商業高等学校 | 36 |
| 八戸千葉裁縫女学校 | 28 | 花北青雲高等学校 | 36 |
| **八戸中央高等学校** | 29 | 花北青雲高等学校 | 36 |
| 八戸中央高等学校 | 30 | **花咲徳栄高等学校** | 100 |
| 八戸中学校 | 29 | 花咲徳栄高等学校 | 100 |
| 八戸電波工業高等学校 | 29 | 花城高等学校 | 36 |
| 八戸電波高等学校 | 29 | 花園学院 | 261 |
| **八戸西高等学校** | 30 | 花園学林 | 261 |
| 八戸西高等学校 | 30 | **花園高等学校（京都・私）** | 267 |
| **八戸東高等学校** | 30 | 花園高等学校 | 267 |
| 八戸東高等学校 | 30 | **花園高等学校（大阪・府）** | 286 |
| 八戸東高等学校百石分校 | 31 | 花園高等学校 | 286 |
| **八戸南高等学校** | 30 | **花園大学** | 261 |
| 八戸南高等学校 | 30 | 花園大学 | 261 |
| 八戸和洋裁縫女塾 | 29 | 花園中学校 | 267 |
| **八幡工業高等学校（滋賀・県）** | 258 | 花巻北高等学校 | 36 |
| 八幡工業高等学校 | 258 | 花巻北高等学校 | 36 |
| **八幡高等学校（滋賀・県）** | 258 | 花巻北高等学校石鳥谷分校 | 36 |
| 八幡高等学校 | 258 | 花巻高等学校 | 36 |
| 八幡高等学校 | 269 | 花巻高等女学校 | 36 |
| 八幡実科高等女学校 | 215 | 花巻商業高等学校 | 36 |
| 八幡商業学校 | 258 | 花巻第一高等学校 | 36 |
| **八幡商業高等学校** | 258 | 花巻第一高等学校大迫分校 | 33 |
| 八幡商業高等学校 | 258 | 花巻第二高等学校 | 36 |
| **八海高等学校** | 181 | 花巻中学校 | 36 |
| 八海高等学校 | 181 | 花巻農学校 | 36 |
| **廿日市高等学校** | 342 | **花巻農業高等学校** | 36 |
| 廿日市高等学校 | 342 | 花巻農業高等学校 | 36 |
| **廿日市西高等学校** | 342 | **花巻東高等学校** | 36 |
| 廿日市西高等学校 | 342 | 花巻東高等学校 | 36 |
| **八甲田高等学校** | 30 | **花巻南高等学校** | 36 |
| 八甲田高等学校 | 30 | 花巻南高等学校 | 36 |
| **初芝高等学校** | 286 | **塙工業高等学校** | 65 |
| 初芝高等学校 | 286 | 塙工業高等学校 | 65 |
| 初芝高等学校 | 315 | **花輪高等学校** | 52 |
| 初芝高等学校富田林学舎 | 286 | 花輪高等学校 | 52 |
| **初芝富田林高等学校** | 286 | 塙高等学校 | 65 |
| 初芝富田林高等学校 | 286 | 花輪高等女学校 | 52 |
| **初芝橋本高等学校** | 315 | 花輪実科高等女学校 | 52 |
| 初芝橋本高等学校 | 315 | 埴科中学校 | 210 |
| 初声高等学校 | 171 | 埴科農蚕学校 | 210 |
| バット博士記念養成所 | 159 | **羽生高等学校** | 100 |
| **馬頭高等学校** | 81 | 羽生高等学校 | 100 |

| | | | |
|---|---|---|---|
| **羽生実業高等学校** | 100 | 浜松江之島高等学校 | 226 |
| 羽生実業高等学校 | 100 | **浜松大平台高等学校** | 226 |
| **羽生第一高等学校** | 100 | 浜松大平台高等学校 | 226 |
| 羽生第一高等学校 | 100 | **浜松開誠館高等学校** | 226 |
| 羽生農業学校 | 100 | 浜松開誠館高等学校 | 226 |
| 羽田工業高等学校 | 144 | **浜松学院大学** | 219 |
| **羽田工業高等学校** | 150 | 浜松学院大学 | 219 |
| 羽田工業高等学校 | 151 | **浜松学院大学短期大学部** | 219 |
| 羽田工業高等学校（全日制） | 151 | 浜松学院大学短期大学部 | 219 |
| 羽田高等学校 | 144 | **浜松学芸高等学校** | 226 |
| **羽田高等学校** | 151 | 浜松学芸高等学校 | 226 |
| 羽田高等学校（定時制） | 151 | **浜松北高等学校** | 226 |
| **羽曳野高等学校** | 286 | 浜松北高等学校 | 226 |
| 羽曳野高等学校 | 286 | 浜松工業学校 | 226 |
| 土生高等学校 | 336 | **浜松工業高等学校** | 226 |
| 土生高等女学校 | 336 | 浜松工業高等学校 | 226 |
| 八生実業補習学校 | 114 | 浜松工業専門学校 | 218 |
| 八生農学校 | 107 | 浜松高等工業学校 | 218 |
| 八生農学校 | 114 | 浜松高等女学校 | 227 |
| 八生農業高等学校 | 114 | **浜松湖東高等学校** | 226 |
| **羽幌高等学校** | 19 | 浜松湖東高等学校 | 226 |
| 羽幌高等学校 | 19 | **浜松湖南高等学校** | 226 |
| 羽幌高等学校苫前分校 | 16 | 浜松湖南高等学校 | 226 |
| 羽幌中学校 | 19 | 浜松裁縫女学校 | 226 |
| **浜北西高等学校** | 226 | 浜松実科高等女学校 | 222 |
| 浜北西高等学校 | 226 | 浜松淑徳女学校 | 222 |
| **浜坂高等学校** | 304 | 浜松商科短期大学 | 219 |
| 浜坂高等学校 | 304 | 浜松商業学校 | 227 |
| **浜田高等学校** | 322 | **浜松商業高等学校** | 227 |
| 浜田高等学校 | 322 | 浜松商業高等学校 | 227 |
| **浜田高等学校今市分校** | 322 | 浜松城南高等学校 | 226 |
| 浜田高等学校今市分校 | 322 | **浜松城北工業高等学校** | 227 |
| 浜田高等実践女学校 | 322 | 浜松城北工業高等学校 | 227 |
| 浜田高等女学校 | 322 | 浜松女子高等学校 | 219 |
| 浜田実践高等女学校 | 322 | 浜松女子商業学校 | 219 |
| **浜田商業高等学校** | 322 | 浜松女子商業高等学校 | 219 |
| 浜田商業高等学校 | 322 | **浜松市立高等学校** | 227 |
| 浜田市立家政高等学校 | 322 | 浜松市立高等学校 | 227 |
| **浜田水産高等学校** | 322 | 浜松市立商業学校 | 227 |
| 浜田水産高等学校 | 322 | 浜松信愛女学校 | 226 |
| 浜田第一高等学校 | 322 | 浜松第一高等学校 | 226 |
| 浜田第二高等学校 | 322 | 浜松第一中学校 | 226 |
| 浜田中学校 | 322 | 浜松第二工業学校 | 227 |
| 浜田町立実践女学校 | 322 | 浜松第二高等学校 | 227 |
| 浜田町立女子技芸学校 | 322 | 浜松第二商業学校 | 227 |
| **浜頓別高等学校** | 19 | 浜松第二中学校 | 227 |
| 浜頓別高等学校 | 19 | **浜松大学** | 219 |
| **浜名高等学校** | 226 | 浜松大学 | 219 |
| 浜名高等学校 | 226 | 浜松短期大学 | 219 |
| 浜名高等女学校 | 226 | 浜松中学校 | 221 |
| **浜益高等学校** | 19 | 浜松中学校 | 222 |
| 浜益高等学校 | 19 | 浜松中学校 | 226 |
| **浜松医科大学** | 219 | 浜松町立商業学校 | 227 |
| 浜松医科大学 | 219 | **浜松西高等学校** | 227 |
| **浜松海の星高等学校** | 226 | 浜松西高等学校 | 227 |
| 浜松海の星高等学校 | 226 | **浜松日体高等学校** | 227 |
| **浜松江之島高等学校** | 226 | 浜松日体高等学校 | 227 |

はままつの　　　　　　　　　　　　　　　　　　　　　校名索引

| 浜松農業高等学校 | 227 |
| --- | --- |
| 浜松農工高等学校 | 227 |
| 浜松農蚕学校 | 227 |
| **浜松東高等学校** | 227 |
| 浜松東高等学校 | 227 |
| **浜松南高等学校** | 227 |
| 浜松南高等学校 | 227 |
| **羽村高等学校** | 151 |
| 羽村高等学校 | 151 |
| **羽茂高等学校** | 181 |
| 羽茂高等学校 | 181 |
| 羽茂実業補習学校 | 181 |
| 羽茂専修農学校 | 181 |
| 羽茂農業高等学校 | 181 |
| 林学園女子短期大学 | 233 |
| 林第二高等学校 | 240 |
| **林野高等学校** | 332 |
| 林野高等学校 | 332 |
| 林野高等学校江見分校 | 326 |
| 林野高等学校備作分校福本校舎 | 333 |
| 林野実科高等女学校 | 332 |
| 林野実科女学校 | 332 |
| **隼人工業高等学校** | 427 |
| 隼人工業高等学校 | 427 |
| 隼人高等学校 | 174 |
| 隼人高等学校 | 427 |
| **早鞆高等学校** | 353 |
| 早鞆高等学校 | 353 |
| 早鞆高等女学校 | 353 |
| 原技芸教授所 | 16 |
| 原町工業高等学校 | 62 |
| **原町高等学校** | 65 |
| 原町高等学校 | 65 |
| 原町高等女学校 | 65 |
| 原町実業補修学校 | 63 |
| ハリス理化学校 | 261 |
| **播磨農業高等学校** | 304 |
| 播磨農業高等学校 | 304 |
| **播磨南高等学校** | 304 |
| 播磨南高等学校 | 304 |
| **春江工業高等学校** | 195 |
| 春江工業高等学校 | 195 |
| **榛名高等学校** | 88 |
| 榛名高等学校 | 88 |
| **春野高等学校（静岡・県）** | 227 |
| 春野高等学校 | 227 |
| **春野高等学校（高知・県）** | 372 |
| 春野高等学校 | 372 |
| **春日丘高等学校（愛知・私）** | 245 |
| 春日丘高等学校 | 245 |
| **晴海総合高等学校** | 151 |
| 晴海総合高等学校 | 151 |
| パルモア学院女子部 | 297 |
| パルモア女子英学院 | 297 |
| **汎愛高等学校** | 286 |
| 汎愛高等学校 | 286 |
| 汎愛中学校 | 286 |

| 坂下高等学校（福島・県） | 65 |
| --- | --- |
| 坂下高等学校 | 65 |
| 飯山高等学校 | 362 |
| 飯山高等学校 | 362 |
| 飯山農業学校 | 362 |
| 蕃滋園 | 399 |
| 板西高等学校 | 356 |
| 板西高等実業女学校 | 356 |
| 板西高等女学校 | 356 |
| 板西農業高等学校 | 356 |
| 板西農蚕学校 | 356 |
| 板西農蚕学校付設実業女学校 | 356 |
| **万代高等学校** | 182 |
| 万代高等学校 | 182 |
| **半田工業高等学校** | 245 |
| 半田工業高等学校 | 245 |
| 半田高等学校 | 241 |
| **半田高等学校** | 245 |
| 半田高等学校 | 245 |
| 半田高等学校 | 246 |
| 半田高等学校内海分校 | 236 |
| 半田市高等学校 | 245 |
| **半田商業高等学校** | 245 |
| 半田商業高等学校 | 246 |
| 半田市立高等家政女学校 | 245 |
| 半田市立高等学校 | 245 |
| 半田農業高等学校 | 245 |
| **半田農業高等学校** | 246 |
| 半田農業高等学校 | 246 |
| **半田東高等学校** | 246 |
| 半田東高等学校 | 246 |
| **阪南高等学校** | 286 |
| 阪南高等学校 | 286 |
| **阪南大学** | 272 |
| 阪南大学 | 272 |
| **阪南大学高等学校** | 286 |
| 阪南大学高等学校 | 286 |
| 般若林 | 261 |
| 飯能高等家政女学校 | 97 |
| **飯能高等学校** | 100 |
| 飯能高等学校 | 100 |
| 飯能高等女学校 | 100 |
| 飯能実科高等女学校 | 100 |
| 飯能実業学校 | 99 |
| 飯能女子高等学校 | 100 |
| 飯能ドレスメーカー女学院 | 93 |
| **飯能南高等学校** | 100 |
| 飯能南高等学校 | 100 |

【ひ】

| 美瑛高等学校 | 19 |
| --- | --- |
| 美瑛高等学校 | 19 |
| 比叡山高等学校 | 258 |

| 校名 | 頁 | 校名 | 頁 |
|---|---|---|---|
| 比叡山高等学校 | 258 | 東白川農商高等学校鮫川分校 | 65 |
| 稗貫農学校 | 36 | 東住吉工業高等学校 | 286 |
| **PL学園高等学校** | 286 | **東住吉高等学校** | 286 |
| PL学園高等学校 | 286 | 東住吉高等学校 | 286 |
| 日置郡串木野家政女学校 | 424 | **東住吉総合高等学校** | 286 |
| 東有田農林学校 | 313 | 東住吉総合高等学校 | 286 |
| 東磐井蚕業学校 | 35 | 東瀬棚高等学校瀬棚分校 | 15 |
| 東岩瀬実業補習学校 | 186 | **東筑紫学園高等学校** | 384 |
| **東宇治高等学校** | 267 | 東筑紫学園高等学校 | 384 |
| 東宇治高等学校 | 267 | **東筑紫短期大学** | 376 |
| 東臼杵郡農業学校 | 415 | 東筑紫短期大学 | 376 |
| 東臼杵郡立農学校 | 414 | 東筑摩郡立農学校 | 205 |
| **東浦高等学校** | 246 | 東筑摩西部農学校 | 202 |
| 東浦高等学校 | 246 | 東筑摩西部農業高等学校 | 202 |
| 東宇和高等学校 | 364 | 東筑摩中学校 | 209 |
| 東大阪高等学校 | 286 | 東筑摩農学校 | 205 |
| **東大阪大学** | 272 | 東筑摩農業高等学校 | 205 |
| 東大阪大学 | 272 | **東豊中高等学校** | 286 |
| **東大阪大学柏原高等学校** | 286 | 東豊中高等学校 | 286 |
| 東大阪大学柏原高等学校 | 286 | **東灘高等学校** | 304 |
| **東大阪大学敬愛高等学校** | 286 | 東灘高等学校 | 304 |
| 東大阪大学敬愛高等学校 | 286 | 東日本学園大学 | 2 |
| **東大阪大学短期大学部** | 274 | **東日本国際大学** | 58 |
| 東大阪大学短期大学部 | 274 | 東日本国際大学 | 58 |
| 東大阪短期大学 | 274 | **東日本国際大学附属昌平高等学校** | 65 |
| **東大谷高等学校** | 286 | 東日本国際大学附属昌平高等学校 | 65 |
| 東大谷高等学校 | 286 | **東根工業高等学校** | 56 |
| **東大津高等学校** | 258 | 東根工業高等学校 | 56 |
| 東大津高等学校 | 258 | 東根高等学校(定時制) | 56 |
| **東岡山工業高等学校** | 332 | **東寝屋川高等学校** | 286 |
| 東岡山工業高等学校 | 332 | 東寝屋川高等学校 | 287 |
| **東葛飾高等学校** | 115 | **東野高等学校** | 101 |
| 東葛飾高等学校 | 115 | 東野高等学校 | 101 |
| 東葛飾高等学校流山校舎 | 114 | **東播磨高等学校** | 304 |
| 東葛飾中学校 | 115 | 東播磨高等学校 | 304 |
| 東金沢高等学校 | 163 | **東福岡高等学校** | 384 |
| **東川高等学校** | 19 | 東福岡高等学校 | 384 |
| 東川高等学校 | 19 | **東舞鶴高等学校** | 267 |
| 東蒲原郡立実業補習学校 | 176 | 東舞鶴高等学校 | 267 |
| 東蒲原郡立農林学校実業学校 | 176 | **東舞鶴高等学校浮島分校** | 267 |
| 東九州女子短期大学 | 407 | 東舞鶴高等学校浮島分校 | 267 |
| **東九州短期大学** | 407 | 東舞鶴中学校 | 267 |
| 東九州短期大学 | 407 | 東松浦高等学校 | 389 |
| **東九州龍谷高等学校** | 412 | **東松島高等学校** | 46 |
| 東九州龍谷高等学校 | 412 | 東松島高等学校 | 46 |
| 東敬愛実科女学校 | 108 | 東水橋実業学校 | 186 |
| 東敬愛実科女学校 | 116 | **東村山高等学校** | 151 |
| **東商業高等学校** | 286 | 東村山高等学校 | 151 |
| 東商業高等学校 | 286 | **東村山西高等学校** | 151 |
| 東白川郡立農蚕学校 | 65 | 東村山西高等学校 | 151 |
| 東白川農業高校鮫川分校 | 65 | **東藻琴高等学校** | 19 |
| 東白川農業高等学校 | 65 | 東藻琴高等学校 | 19 |
| 東白川農業高等学校塙分校(定時制課程) | 65 | **東百舌鳥高等学校** | 287 |
| 東白川農蚕学校 | 65 | 東百舌鳥高等学校 | 287 |
| **東白川農商高等学校** | 65 | 東諸県郡立乙種農学校 | 417 |
| 東白川農商高等学校 | 65 | **東山工業高等学校** | 246 |
| **東白川農商高等学校鮫川分校** | 65 | 東山工業高等学校 | 246 |

| 校名 | 頁 |
|---|---|
| **東山高等学校** | 267 |
| 東山高等学校 | 267 |
| 東山中学校 | 267 |
| **東大和高等学校** | 151 |
| 東大和高等学校 | 151 |
| **東大和南高等学校** | 151 |
| 東大和南高等学校 | 151 |
| 東山梨郡立実科高等女学校 | 200 |
| 東山梨高等女学校 | 200 |
| **東淀川高等学校** | 287 |
| 東淀川高等学校 | 287 |
| **東淀工業高等学校** | 287 |
| 東淀工業高等学校 | 287 |
| 日方実科高等女学校 | 313 |
| 氷上郡立実科高等女学校 | 296 |
| 氷上高等学校 | 296 |
| **氷上高等学校** | 304 |
| 氷上高等学校 | 304 |
| **氷上西高等学校** | 304 |
| 氷上西高等学校 | 304 |
| **光ケ丘女子高等学校** | 246 |
| 光ケ丘女子高等学校 | 246 |
| **光丘高等学校（東京・都）** | 151 |
| 光丘高等学校 | 151 |
| **光丘高等学校（山口・県）** | 353 |
| 光丘高等学校 | 353 |
| **光高等学校** | 353 |
| 光高等学校 | 353 |
| **光産業創成大学院大学** | 219 |
| 光産業創成大学院大学 | 219 |
| 光女子高等学校 | 353 |
| 光中学校 | 353 |
| 簸川郡今市実業学校 | 320 |
| **日川高等学校** | 199 |
| 日川高等学校 | 199 |
| **氷川高等学校** | 405 |
| 氷川高等学校 | 405 |
| 日川中学校 | 199 |
| 彦根経済専門学校 | 254 |
| 彦根工業学校 | 258 |
| **彦根工業高等学校** | 258 |
| 彦根工業高等学校 | 258 |
| 彦根工業専門学校 | 254 |
| 彦根高等学校 | 258 |
| 彦根高等学校西校舎 | 258 |
| 彦根高等学校南校舎 | 258 |
| 彦根高等商業学校 | 254 |
| 彦根高等女学校 | 258 |
| 彦根公立中学校 | 258 |
| 彦根商業高等学校 | 258 |
| **彦根翔陽高等学校** | 258 |
| 彦根翔陽高等学校 | 258 |
| 彦根女学校 | 258 |
| 彦根女子高等学校 | 258 |
| 彦根初等師範学校 | 258 |
| **彦根総合高等学校** | 258 |
| 彦根総合高等学校 | 258 |
| 彦根中学校 | 258 |
| 彦根町立高等女学校 | 258 |
| 彦根伝習学校 | 258 |
| **彦根西高等学校** | 258 |
| 彦根西高等学校 | 258 |
| **彦根東高等学校** | 258 |
| 彦根東高等学校 | 258 |
| 彦根南高等学校 | 258 |
| 彦根南高等学校 | 258 |
| **久居高等学校** | 252 |
| 久居高等学校 | 252 |
| 久居高等学校 | 253 |
| **尾西高等学校** | 246 |
| 尾西高等学校 | 246 |
| **久居農林高等学校** | 252 |
| 久居農林高等学校 | 253 |
| 備作高等学校 | 333 |
| **久田学園佐世保女子高等学校** | 398 |
| 久田学園佐世保女子高等学校 | 398 |
| 日出高等学校 | 412 |
| 日出高等学校山香分校 | 413 |
| 比治山高等女学校 | 342 |
| **比治山女子高等学校** | 342 |
| 比治山女子高等学校 | 342 |
| 比治山女子短期大学 | 335 |
| **比治山大学** | 334 |
| 比治山大学 | 334 |
| **比治山大学短期大学部** | 335 |
| 比治山大学短期大学部 | 335 |
| 美術工芸学校 | 267 |
| 美術高等学校 | 267 |
| **飛翔館高等学校** | 287 |
| 飛翔館高等学校 | 287 |
| **日出暘谷高等学校** | 412 |
| 日出暘谷高等学校 | 412 |
| 聖ケ丘高等学校 | 143 |
| 聖橋高等学校 | 90 |
| 聖橋高等工学校 | 90 |
| 日詰高等学校 | 35 |
| 日詰実科高等女学校 | 35 |
| 日詰実業専修青年学校 | 35 |
| 日詰実業補習学校 | 35 |
| 日詰町立実業専修学校 | 35 |
| 日詰農学校 | 35 |
| 日詰農業高等学校 | 35 |
| 備前高等学校 | 332 |
| 備前東高等学校 | 332 |
| **備前緑陽高等学校** | 332 |
| 備前緑陽高等学校 | 332 |
| 美曾神学校 | 117 |
| 日高郡立実科高等女学校 | 314 |
| 日高工業学校 | 314 |
| 日高工業学校 | 315 |
| 日高工業学校 | 316 |
| **日高高等学校（北海・道）** | 19 |
| 日高高等学校 | 19 |
| **日高高等学校（埼玉・県）** | 101 |

| 校名 | 頁 | 校名 | 頁 |
|---|---|---|---|
| 日高高等学校 | 101 | 日田三隈高等学校 | 412 |
| **日高高等学校（兵庫・県）** | 304 | 日田三隈高等学校 | 412 |
| 日高高等学校 | 304 | 日田三隈商業高等学校 | 412 |
| 日高高等学校 | 314 | 日田林工学校 | 412 |
| **日高高等学校（和歌山・県）** | 315 | **日田林工高等学校** | 412 |
| 日高高等学校 | 316 | 日田林工高等学校 | 412 |
| 日高高等学校（定時制） | 316 | **必由館高等学校** | 405 |
| **日高高等学校中津分校** | 316 | 必由館高等学校 | 405 |
| 日高高等学校中津分校 | 316 | 一橋工業学校 | 144 |
| 日高高等女学校 | 314 | 一橋工業学校 | 151 |
| 日高高等女学校 | 315 | 一橋高等学校 | 56 |
| 日高高等女学校 | 316 | 一橋高等学校 | 144 |
| 日高商業学校 | 314 | **一橋高等学校** | 151 |
| 日田家政女学校 | 410 | 一橋高等学校 | 151 |
| 日高中学校 | 314 | 一橋高等学校（機械科） | 151 |
| 日高中学校 | 315 | 一橋商業高等学校 | 56 |
| 日高中学校 | 316 | **一橋大学** | 124 |
| 斐太学校 | 217 | 一橋大学 | 124 |
| 日高農林学校 | 316 | 人吉高等学校 | 405 |
| **飛騨神岡高等学校** | 217 | 人吉高等学校 | 405 |
| 飛騨神岡高等学校 | 217 | **人吉高等学校五木分校** | 405 |
| 日田郡立実科女学校 | 412 | 人吉高等学校五木分校 | 405 |
| **日田高等学校** | 412 | 人吉高等女学校 | 405 |
| 日田高等学校 | 412 | 人吉中学校 | 405 |
| 斐太高等学校 | 216 | 氷取沢高等学校 | 170 |
| **斐太高等学校** | 217 | 氷取沢高等学校 | 170 |
| 斐太高等学校 | 217 | **日根野高等学校** | 287 |
| 日田高等経理学校 | 411 | 日根野高等学校 | 287 |
| 日田高等女学校 | 412 | **日野高等学校（東京・都）** | 151 |
| 日田山林学校 | 412 | 日野高等学校 | 151 |
| 斐太実業高等学校 | 216 | **日野高等学校（滋賀・県）** | 258 |
| 日田商業高等学校 | 411 | 日野高等学校 | 258 |
| 日田城内高等学校 | 412 | **日野高等学校（鳥取・県）** | 319 |
| 日田第一高等学校 | 412 | 日野高等学校 | 319 |
| 日田第二高等学校 | 412 | 日野産業高等学校 | 319 |
| **飛騨高山高等学校** | 217 | 日野台高等学校 | 151 |
| 飛騨高山高等学校 | 217 | 日野台高等学校 | 151 |
| **常陸大宮高等学校** | 73 | 日野町立裁縫学校 | 258 |
| 常陸大宮高等学校 | 73 | **日出学園高等学校** | 115 |
| **日立北高等学校** | 73 | 日出学園高等学校 | 115 |
| 日立北高等学校 | 73 | **日出高等学校** | 151 |
| **日立工業高等学校** | 73 | 日出高等学校 | 151 |
| 日立工業高等学校 | 73 | 日出高等女学校 | 151 |
| 日立高等女学校 | 74 | 日の出女学校 | 171 |
| 日立市中学校 | 73 | 日出女子学園高等学校 | 151 |
| **日立商業高等学校** | 73 | **日ノ本学園高等学校** | 304 |
| 日立商業高等学校 | 73 | 日ノ本学園短期大学 | 293 |
| 日立女子高等学校 | 75 | **日ノ本学園高等学校** | 304 |
| 日立市立高等学校 | 73 | 日の本女学校 | 304 |
| **日立第一高等学校** | 73 | 美唄工業学校 | 19 |
| 日立第一高等学校 | 73 | **美唄工業高等学校** | 19 |
| **日立第二高等学校** | 73 | 美唄工業高等学校 | 19 |
| 日立第二高等学校 | 74 | **美唄高等学校** | 19 |
| 日立第三高等学校 | 73 | 美唄高等学校 | 19 |
| 日立中学校 | 73 | **美唄聖華高等学校** | 19 |
| 日田中学校 | 412 | 美唄聖華高等学校 | 19 |
| 斐太農林高等学校 | 217 | 比婆西高等学校西城分校 | 339 |

| 校名 | 頁 |
|---|---|
| **雲雀丘学園高等学校** | 304 |
| 雲雀丘学園高等学校 | 304 |
| **ひばりが丘高等学校（神奈川・県）** | 170 |
| ひばりが丘高等学校 | 170 |
| **ひばりが丘高等学校（山梨・県）** | 199 |
| ひばりが丘高等学校 | 199 |
| **ひびき高等学校** | 384 |
| ひびき高等学校 | 384 |
| **響高等学校** | 353 |
| 響高等学校 | 353 |
| **日比谷高等学校** | 151 |
| 日比谷高等学校 | 151 |
| 日比谷中学校 | 81 |
| 日比谷中学校 | 133 |
| **美深高等学校** | 19 |
| 美深高等学校 | 19 |
| **尾北高等学校** | 246 |
| 尾北高等学校 | 246 |
| **美幌高等学校** | 19 |
| 美幌高等学校 | 19 |
| 美幌高等学校 | 20 |
| 美幌高等学校東藻琴分校 | 19 |
| 美幌高等学校女満別分校 | 22 |
| 美幌高等女学校 | 19 |
| 美幌実科高等女学校 | 19 |
| 美幌実業科補習学校 | 19 |
| 美幌農業高等学校 | 19 |
| **美幌農業高等学校** | 20 |
| 美幌農業高等学校 | 20 |
| 美幌農業高等学校津別分校 | 15 |
| 美幌農林学校 | 19 |
| 美幌農林学校 | 20 |
| 氷見高等学校 | 184 |
| **氷見高等学校** | 187 |
| 氷見高等学校 | 187 |
| 氷見女子高等学校 | 187 |
| 氷見中学校 | 187 |
| 氷見農業水産高等学校 | 187 |
| 姫路学院女子短期大学 | 290 |
| **姫路北高等学校** | 304 |
| 姫路北高等学校 | 304 |
| 姫路工業学校 | 304 |
| **姫路工業高等学校** | 304 |
| 姫路工業高等学校 | 304 |
| 姫路工業大学 | 292 |
| 姫路高等学校 | 291 |
| **姫路高等学校** | 304 |
| 姫路高等学校 | 304 |
| 姫路高等女学校 | 305 |
| 姫路高等女子職業学校 | 305 |
| **姫路産業技術高等学校** | 304 |
| 姫路産業技術高等学校 | 304 |
| **姫路飾西高等学校** | 304 |
| 姫路飾西高等学校 | 304 |
| 姫路商業学校 | 304 |
| **姫路商業高等学校** | 304 |
| 姫路商業高等学校 | 304 |
| 姫路女子職業学校 | 305 |
| 姫路市立高等女学校 | 299 |
| 姫路市立実科女学校 | 299 |
| 姫路市立商業補習学校 | 305 |
| 姫路市立女子技芸学校 | 299 |
| 姫路市立第一高等女学校 | 299 |
| 姫路中学校 | 304 |
| **姫路獨協大学** | 291 |
| 姫路獨協大学 | 291 |
| **姫路西高等学校** | 304 |
| 姫路西高等学校 | 304 |
| **姫路東高等学校** | 304 |
| 姫路東高等学校 | 305 |
| 姫路東高等学校家島分校 | 295 |
| 姫路東高等学校御国野校舎 | 305 |
| **姫路日ノ本短期大学** | 293 |
| 姫路日ノ本短期大学 | 293 |
| **姫路別所高等学校** | 305 |
| 姫路別所高等学校 | 305 |
| **姫路南高等学校** | 305 |
| 姫路南高等学校 | 305 |
| **檜山北高等学校** | 20 |
| 檜山北高等学校 | 20 |
| **日向学院高等学校** | 416 |
| 日向学院高等学校 | 417 |
| **日向工業高等学校** | 417 |
| 日向工業高等学校 | 417 |
| 日向高等学校 | 416 |
| **日向高等学校** | 417 |
| 日向高等学校 | 417 |
| **兵庫医科大学** | 291 |
| 兵庫医科大学 | 291 |
| **兵庫教育大学** | 292 |
| 兵庫教育大学 | 292 |
| 兵庫県明石高等女学校 | 294 |
| 兵庫県明石女子師範学校 | 291 |
| 兵庫県淡路実業学校 | 295 |
| 兵庫県生野高等女学校 | 295 |
| 兵庫県生野実科高等女学校 | 295 |
| 兵庫県小野工業学校 | 296 |
| 兵庫県柏原尋常中学校 | 296 |
| 兵庫県柏原中学校 | 296 |
| 兵庫県簡易農学校 | 305 |
| 兵庫県城崎郡立高等女学校 | 302 |
| 兵庫県高等女学校 | 298 |
| 兵庫県神戸尋常中学校 | 298 |
| 兵庫県神戸第四中学校 | 298 |
| 兵庫県神戸中学校 | 298 |
| 兵庫県篠山農学校 | 299 |
| 兵庫県飾磨高等女学校 | 300 |
| 兵庫県飾磨商業学校 | 300 |
| 兵庫県飾磨商業実務学校 | 300 |
| 兵庫県実業高等公民学校 | 299 |
| 兵庫県師範学校 | 291 |
| 兵庫県師範伝習所 | 291 |
| 兵庫県尋常師範学校 | 291 |
| 兵庫県洲本尋常中学校 | 301 |

| 校名 | 頁 | 校名 | 頁 |
|---|---|---|---|
| 兵庫県第一師範学校 | 291 | 兵庫県立大学附属高等学校 | 305 |
| 兵庫県第二師範学校 | 291 | 兵庫県立大学附属高等学校 | 305 |
| 兵庫県瀧川中学校 | 302 | 兵庫県立農学校 | 305 |
| 兵庫県龍野尋常中学校 | 302 | 兵庫県立農学校甲種別科 | 291 |
| 兵庫県龍野中学校 | 302 | 兵庫県立農学校別科 | 291 |
| 兵庫県豊岡商業学校 | 303 | **兵庫県立農業高等学校** | 305 |
| 兵庫県豊岡尋常中学校 | 302 | 兵庫県立農業高等学校 | 305 |
| 兵庫県豊岡中学校 | 302 | 兵庫県立農業補習学校教員養成所 | 291 |
| **兵庫県播磨高等学校** | 305 | 兵庫県立農蚕高等学校村岡分校 | 306 |
| 兵庫県播磨高等学校 | 305 | 兵庫県立農蚕高等学校和田山分校 | 307 |
| 兵庫県播磨高等女学校 | 305 | 兵庫県立姫路工業大学附属高等学校 | 304 |
| 兵庫県播磨女子商業学校 | 305 | 兵庫県立姫路工業大学附属高等学校 | 305 |
| 兵庫県姫路師範学校 | 291 | 兵庫工業高等学校 | 298 |
| 兵庫県姫路尋常中学校 | 304 | **兵庫工業高等学校** | 305 |
| 兵庫県姫路中学校 | 304 | 兵庫工業高等学校 | 305 |
| 兵庫県御影師範学校 | 291 | **兵庫高等学校** | 305 |
| 兵庫県三原高等女学校 | 306 | 兵庫高等学校 | 305 |
| 兵庫県立医学専門学校 | 291 | 兵庫師範学校 | 291 |
| 兵庫県立医科大学 | 291 | **兵庫商業高等学校** | 305 |
| 兵庫県立医科大学予科 | 291 | 兵庫商業高等学校 | 305 |
| 兵庫県立簡易蚕業学校 | 307 | 兵庫女子短期大学 | 293 |
| 兵庫県立看護大学 | 292 | 兵庫青年師範学校 | 291 |
| 兵庫県立機械工業学校 | 305 | **兵庫大学** | 292 |
| 兵庫県立工業学校 | 305 | 兵庫大学 | 292 |
| 兵庫県立工業学校夜間部 | 298 | **兵庫大学短期大学部** | 293 |
| 兵庫県立高等工業高等学校 | 292 | 兵庫大学短期大学部 | 293 |
| 兵庫県立高等女学校 | 298 | 兵庫中学校 | 302 |
| 兵庫県立高等女学校 | 302 | 兵庫農科大学 | 291 |
| 兵庫県立神戸医科大学 | 291 | 日吉が丘高等学校 | 267 |
| 兵庫県立神戸高等商業学校 | 292 | **日吉ヶ丘高等学校** | 267 |
| **兵庫県立国際高等学校** | 305 | 日吉ヶ丘高等学校 | 268 |
| 兵庫県立国際高等学校 | 305 | **枚岡樟風高等学校** | 287 |
| 兵庫県立水産高等学校 | 296 | 枚岡樟風高等学校 | 287 |
| 兵庫県立青年学校教員養成所 | 291 | 平生精華高等女学校 | 349 |
| 兵庫県立第一神戸工業学校 | 305 | 平生精華実科高等女学校 | 349 |
| 兵庫県立第一神戸高等学校 | 298 | **枚方高等学校** | 287 |
| 兵庫県立第一神戸高等女学校 | 298 | 枚方高等学校 | 287 |
| 兵庫県立第一神戸商業学校 | 298 | 枚方高等学校津田校 | 287 |
| 兵庫県立第一神戸女子高等学校 | 298 | 平方高等裁縫女学校 | 89 |
| 兵庫県立第一神戸中学校 | 298 | 平方裁縫女学校 | 89 |
| 兵庫県立第一商業高等学校 | 301 | 平方実業女学校 | 89 |
| 兵庫県立第二尼崎工業学校 | 297 | **枚方津田高等学校** | 287 |
| 兵庫県立第二神戸工業学校 | 305 | 枚方津田高等学校 | 287 |
| 兵庫県立第二神戸高等女学校 | 305 | **枚方なぎさ高等学校** | 287 |
| 兵庫県立第二神戸高等女学校 | 307 | 枚方なぎさ高等学校 | 287 |
| 兵庫県立第二神戸商業学校 | 303 | **枚方西高等学校** | 287 |
| 兵庫県立第二神戸女子新制高等学校 | 307 | 枚方西高等学校 | 287 |
| 兵庫県立第二神戸中学校 | 305 | **平田高等学校** | 322 |
| 兵庫県立第二神戸中学校講習所 | 306 | 平田高等学校 | 323 |
| 兵庫県立第二神戸夜間中学校 | 306 | **平塚学園高等学校** | 170 |
| 兵庫県立第三神戸工業学校 | 298 | 平塚学園高等学校 | 170 |
| 兵庫県立第三神戸高等女学校 | 306 | 平塚学園商業高等学校 | 170 |
| 兵庫県立第三神戸中学校 | 303 | **平塚工科高等学校** | 170 |
| 兵庫県立第四神戸高等女学校 | 305 | 平塚工科高等学校 | 170 |
| 兵庫県立第四神戸中学校 | 301 | 平塚工業高等学校 | 170 |
| **兵庫県立大学** | 292 | 平塚高等家政女学校 | 165 |
| 兵庫県立大学 | 292 | 平塚高等女学校 | 170 |

| | | | |
|---|---|---|---|
| **平塚江南高等学校** | 170 | 弘前高等学校 | 24 |
| 平塚江南高等学校 | 170 | **弘前高等学校** | 30 |
| 平塚裁縫女学校 | 167 | 弘前高等学校 | 30 |
| **平塚商業高等学校** | 170 | 弘前高等女学校 | 30 |
| 平塚商業高等学校 | 170 | **弘前実業高等学校** | 30 |
| 平塚女子高等実業学校 | 170 | 弘前実業高等学校 | 30 |
| 平塚女子商業学校 | 170 | 弘前商業高等学校 | 30 |
| 平塚市立高等女学校 | 168 | 弘前女学校 | 30 |
| 平塚市立実科高等女学校 | 168 | 弘前女子高等学校 | 30 |
| 平塚西工業技術高等学校 | 170 | 弘前市立実業高等学校 | 30 |
| **平塚農業高等学校** | 170 | 弘前市立女子高等学校 | 30 |
| 平塚農業高等学校 | 170 | 弘前聖愛高等女学校 | 30 |
| **平塚農業高等学校初声分校** | 170 | **弘前大学** | 24 |
| 平塚農業高等学校初声分校 | 170 | 弘前大学 | 24 |
| **平戸高等学校** | 398 | **弘前中央高等学校** | 30 |
| 平戸高等学校 | 398 | 弘前中央高等学校 | 30 |
| 平戸高等学校 | 399 | 弘前中央高等学校藤崎分校 | 30 |
| 平戸高等学校小値賀分校 | 398 | 弘前中学校 | 30 |
| 平戸高等学校猶興館 | 399 | 弘前中学校東奥義塾 | 28 |
| 平戸高等女学校 | 399 | 弘前東工業高等学校 | 30 |
| 平戸女学校 | 399 | **弘前東高等学校** | 30 |
| 平戸女子高等学校 | 399 | 弘前東高等学校 | 30 |
| **平取高等学校** | 20 | **弘前福祉短期大学** | 25 |
| 平取高等学校 | 20 | 弘前福祉短期大学 | 25 |
| **平内高等学校** | 30 | **弘前南高等学校** | 30 |
| 平内高等学校 | 30 | 弘前南高等学校 | 30 |
| 平野英学塾 | 270 | 弘前南高等学校大鰐分校 | 26 |
| **平野高等学校** | 287 | 弘前和洋裁縫女学校 | 24 |
| 平野高等学校 | 287 | 弘前和洋裁縫女学校 | 25 |
| 平野高等女学校 | 204 | 弘前和洋裁縫女学校 | 28 |
| 平野蚕糸学校 | 204 | 広島安芸女子大学高等学校 | 343 |
| 平野実科高等女学校 | 204 | **広島井口高等学校** | 342 |
| 平野農蚕学校 | 204 | 広島井口高等学校 | 342 |
| 平野農蚕学校女子部 | 204 | **広島音楽高等学校** | 342 |
| **飛龍高等学校** | 227 | 広島音楽高等学校 | 342 |
| 飛龍高等学校 | 227 | 広島外国語学校 | 343 |
| **蒜山高等学校** | 332 | **広島学院高等学校** | 342 |
| 蒜山高等学校 | 333 | 広島学院高等学校 | 342 |
| 広尾学園高等学校 | 139 | **広島観音高等学校** | 342 |
| 弘岡実業女学校 | 372 | 広島観音高等学校 | 342 |
| 弘岡農業高等学校 | 372 | 広島技芸女学校 | 345 |
| **広尾高等学校（北海・道）** | 20 | **広島経済大学** | 334 |
| 広尾高等学校 | 20 | 広島経済大学 | 334 |
| **広尾高等学校（東京・都）** | 151 | 広島県安芸郡音戸町音戸高等学校 | 337 |
| 広尾高等学校 | 151 | 広島県浮城高等学校 | 345 |
| **広高等学校** | 342 | 広島県内海実科高等女学校 | 341 |
| 広高等学校 | 342 | 広島県大崎高等学校 | 336 |
| 弘前遺愛女学校 | 30 | 広島県大竹高等学校 | 336 |
| 弘前医科大学 | 24 | 広島県大竹高等学校女学校 | 336 |
| **弘前学院聖愛高等学校** | 30 | 広島県大竹実科高等女学校 | 336 |
| 弘前学院聖愛高等学校 | 30 | 広島県尾道工業高等学校 | 342 |
| **弘前学院大学** | 24 | 広島県尾道高等学校 | 336 |
| 弘前学院大学 | 24 | **広島県尾道高等学校** | 342 |
| 弘前学院短期大学 | 24 | 広島県尾道高等学校 | 342 |
| 弘前工業学校 | 30 | 広島県尾道商業学校 | 337 |
| **弘前工業高等学校** | 30 | 広島県尾道商業高等学校 | 337 |
| 弘前工業高等学校 | 30 | 広島県尾道中学校 | 336 |

| 校名 | 頁 |
|---|---|
| 広島県尾道西高等学校 | 337 |
| 広島県尾道東高等学校 | 337 |
| 広島県海田高等学校 | 337 |
| 広島県海田市高等学校 | 337 |
| 広島県格致高等学校 | 339 |
| 広島県格致高等学校 | 340 |
| 広島県格致中学校 | 339 |
| 広島県加計高等学校芸北分校 | 337 |
| 広島県加計高等学校中野分校 | 337 |
| 広島県門田高等女学校 | 344 |
| 広島県門田女子高等学校 | 344 |
| 広島県可部高等学校 | 337 |
| 広島県可部女子高等学校 | 344 |
| 広島県賀茂北高等学校 | 337 |
| 広島県賀茂高等学校 | 337 |
| 広島県賀茂高等学校 | 339 |
| 広島県賀茂高等学校黒瀬分校 | 338 |
| 広島県賀茂高等女学校 | 337 |
| 広島県神辺工業高等学校 | 337 |
| 広島県神辺高等学校 | 337 |
| 広島県神辺商業学校 | 337 |
| 広島県神辺女子商業学校 | 337 |
| 広島県北川工業学校 | 344 |
| 広島県北川工業高等学校 | 344 |
| 広島県木江工業高等学校 | 336 |
| 広島県呉商業高等学校 | 338 |
| 広島県呉竹高等学校 | 338 |
| 広島県呉竹高等学校江田島分校 | 336 |
| 広島県呉豊栄高等学校 | 338 |
| 広島県呉三津田高等学校江田島分校 | 336 |
| 広島県呉宮原高等学校 | 338 |
| 広島県芸陽高等学校 | 342 |
| 広島県河内高等女学校 | 338 |
| 広島県高等学校久羽坂分校 | 338 |
| 広島県広南高等学校 | 344 |
| 広島県高南高等学校 | 340 |
| 広島県甲奴郡実科高等女学校 | 339 |
| 広島県甲奴郡立第一高等実業補修学校 | 339 |
| 広島県甲陽高等学校 | 336 |
| 広島県西城高等学校 | 340 |
| 広島県西条高等学校 | 337 |
| 広島県西条高等学校 | 339 |
| 広島県西条高等学校黒瀬分校 | 338 |
| 広島県西城町立実科高等女学校 | 339 |
| 広島県西条農業高等学校 | 337 |
| 広島県西条農業高等学校 | 339 |
| 広島県西条農業高等学校黒瀬分校 | 338 |
| 広島県佐伯工業学校 | 342 |
| 広島県三津実科高等女学校 | 341 |
| 広島県実業学校 | 341 |
| 広島県商業学校 | 337 |
| 広島県上下農学校 | 339 |
| 広島県上下農林高等学校 | 339 |
| 広島県商船学校 | 335 |
| 広島県庄原格致高等学校 | 339 |
| 広島県庄原格致高等学校高野山分校 | 339 |
| 広島県庄原高等学校 | 339 |
| 広島県庄原高等学校 | 340 |
| 広島県庄原高等学校高野山分校 | 339 |
| 広島県沼南高等学校 | 339 |
| 広島県職工学校 | 343 |
| 広島県白木高等学校 | 340 |
| **広島県新庄高等学校** | 342 |
| 広島県新庄高等学校 | 342 |
| **広島県瀬戸内高等学校** | 342 |
| 広島県瀬戸田高等学校 | 340 |
| 広島県瀬戸田高等女学校 | 340 |
| 広島県世羅高等学校神田分校 | 340 |
| 広島県世羅高等学校神田分校（定時制課程） | 340 |
| 広島県世羅高等学校三和分校 | 345 |
| 広島県世羅高等学校豊田分校 | 340 |
| 広島県世羅高等学校大和分校 | 340 |
| 広島県第二尋常中学校 | 344 |
| 広島県第二中学校 | 344 |
| 広島県第三尋常中学校 | 345 |
| 広島県第四中学校 | 341 |
| 広島県高田高等学校 | 340 |
| 広島県高田中学院 | 340 |
| 広島県竹原高等学校 | 341 |
| 広島県忠海高等学校 | 341 |
| 広島県忠海西高等学校 | 341 |
| 広島県忠海東高等学校 | 341 |
| 広島県中学校 | 343 |
| 広島県千代田高等学校 | 341 |
| 広島県津田高等学校 | 339 |
| 広島県津田農林高等学校 | 339 |
| 広島県東城高等学校 | 341 |
| 広島県東城高等女学校 | 341 |
| 広島県戸手高等学校 | 341 |
| 広島県戸手商業高等学校 | 341 |
| 広島県豊田郡木江造船工手学校 | 336 |
| 広島県豊田郡立造船徒弟学校 | 336 |
| 広島県豊田高等学校 | 340 |
| 広島県乃美高等学校 | 337 |
| 広島県乃美中学校 | 337 |
| 広島県廿日市工業学校 | 342 |
| 広島県廿日市工業高等学校 | 342 |
| 広島県廿日市高等学校 | 342 |
| 広島県土生高等女学校 | 336 |
| 広島県土生実科高等女学校 | 336 |
| 広島県比婆西高等学校 | 339 |
| 広島県比婆西高等学校 | 340 |
| 広島県比婆西高等学校高野山分校 | 339 |
| 広島県広高等学校 | 342 |
| 広島県広島有朋高等学校 | 344 |
| 広島県広島大手町商業高等学校 | 336 |
| 広島県広島観音高等学校 | 342 |
| 広島県広島工業高等学校 | 343 |
| 広島県広島工業高等学校 | 344 |
| 広島県広島国泰寺高等学校 | 343 |
| 広島県広島市工業高等学校 | 343 |
| 広島県広島市工業専修青年学校 | 343 |
| 広島県広島市商業高等学校 | 336 |
| 広島県広島市商業高等学校 | 343 |

| 校名 | 頁 |
|---|---|
| 広島県広島商業学校 | 343 |
| 広島県広島商業高等学校 | 343 |
| 広島県広島千田高等学校 | 343 |
| 広島県広島舟入高等学校 | 344 |
| 広島県広島皆実高等学校 | 343 |
| 広島県広島皆実高等学校 | 344 |
| 広島県広島基町高等学校 | 345 |
| 広島県広島基町商業高等学校 | 336 |
| 広島県広島基町商業高等学校（定時制） | 336 |
| 広島県深安郡高等実業補習学校 | 337 |
| 広島県深安郡立農事講習所 | 337 |
| 広島県深安実業学校 | 337 |
| 広島県福山葦陽高等学校 | 344 |
| 広島県福山工業高等学校 | 344 |
| 広島県福山女子高等学校 | 344 |
| 広島県福山尋常中学校 | 344 |
| 広島県福山誠之館高等学校 | 344 |
| 広島県福山中学校 | 344 |
| 広島県福山東高等学校 | 344 |
| 広島県福山南高等学校 | 344 |
| 広島県府中高等学校 | 344 |
| 広島県府中東高等学校 | 344 |
| 広島県本郷高等学校豊田分校 | 340 |
| 広島県増川高等学校 | 344 |
| 広島県松永高等学校 | 345 |
| 広島県松永高等女学校 | 345 |
| 広島県松本工業学校 | 342 |
| 広島県松本商業学校 | 342 |
| 広島県松本商業高等学校 | 342 |
| 広島県松本中学校 | 342 |
| 広島県御調高等学校 | 345 |
| 広島県御調高等学校久羽坂分校 | 338 |
| 広島県御調農業高等学校久羽坂分校 | 338 |
| 広島県緑丘高等学校 | 342 |
| 広島県三原桜南高等学校 | 345 |
| 広島県三原桜南高等学校 | 345 |
| 広島県三原工業 | 340 |
| 広島県三原工業高等学校 | 340 |
| 広島県三原高等学校 | 345 |
| 広島県三原実科高等女学校 | 345 |
| 広島県宮島工業高等学校 | 345 |
| 広島県三次工業高等学校 | 345 |
| 広島県三次高等学校 | 345 |
| 広島県三次西高等学校 | 345 |
| 広島県向原高等学校 | 345 |
| 広島県八重高等学校 | 341 |
| 広島県油木高等学校 | 346 |
| 広島県吉田高等学校 | 346 |
| 広島県吉田農学校 | 346 |
| 広島県吉田農業高等学校 | 346 |
| 広島県鯉城高等学校 | 343 |
| 広島県立工業学校 | 343 |
| 広島県立商船学校 | 335 |
| 広島県立商船学校分校木江造船工手学校 | 336 |
| 広島県立職工学校 | 343 |
| **広島県立総合技術高等学校** | 342 |
| 広島県立総合技術高等学校 | 342 |

| 校名 | 頁 |
|---|---|
| 広島県立第二中学校 | 338 |
| 広島県立第三中学校 | 345 |
| 広島県立大学 | 334 |
| **広島県立西高等学校** | 342 |
| 広島県立西高等学校 | 342 |
| **広島県立東高等学校** | 342 |
| 広島県立東高等学校 | 342 |
| 広島県立広島高等女学校 | 334 |
| 広島県立保健福祉大学 | 334 |
| 広島県立保健福祉短期大学 | 334 |
| 広島工業学校 | 343 |
| **広島工業高等学校（広島・県）** | 342 |
| **広島工業高等学校（広島・市）** | 343 |
| 広島工業高等学校 | 343 |
| 広島工業専門学校 | 334 |
| **広島工業大学** | 334 |
| 広島工業大学 | 334 |
| **広島工業大学高等学校** | 343 |
| 広島工業大学高等学校 | 343 |
| 広島工業大学附属工業高等学校 | 343 |
| **広島工業大学附属広島高等学校** | 343 |
| 広島工業大学附属広島高等学校 | 343 |
| 広島工業短期大学 | 334 |
| 広島工業短期大学附属工業高等学校 | 343 |
| 広島高等家政女学校 | 345 |
| 広島高等学校 | 334 |
| 広島高等学校 | 343 |
| 広島高等師範学校 | 334 |
| 広島高等女学校 | 344 |
| 広島高等電波学校 | 343 |
| 広島高等予備校 | 334 |
| 広島高等予備校 | 335 |
| 広島高等予備校 | 343 |
| **広島国際学院高等学校** | 343 |
| 広島国際学院高等学校 | 343 |
| **広島国際学院大学** | 334 |
| 広島国際学院大学 | 334 |
| **広島国際学院大学自動車短期大学部** | 335 |
| 広島国際学院大学自動車短期大学部 | 335 |
| **広島国際大学** | 334 |
| 広島国際大学 | 334 |
| 広島国泰寺高等学校 | 342 |
| **広島国泰寺高等学校** | 343 |
| 広島国泰寺高等学校 | 343 |
| **広島桜が丘高等学校** | 343 |
| 広島桜が丘高等学校 | 343 |
| **広島三育学院高等学校** | 343 |
| 広島三育学院高等学校 | 343 |
| 広島市工業学校 | 343 |
| 広島市工業高等学校 | 344 |
| 広島市工業専修学校 | 343 |
| 広島市高等女学校 | 344 |
| 広島市商業学校 | 343 |
| 広島市商業高等学校（定時制） | 336 |
| 広島市商業専修学校 | 336 |
| 広島市商業補修学校 | 336 |
| 広島市造船工業学校 | 343 |

| 校名 | 頁 |
|---|---|
| 広島市第二商業学校 | 336 |
| 広島市中央工業高等学校 | 343 |
| 広島実科高等女学校 | 345 |
| 広島実践高等女学校 | 335 |
| 広島実践高等女学校 | 340 |
| 広島自動車工業短期大学 | 335 |
| 広島師範学校 | 334 |
| 広島市二葉高等学校 | 344 |
| **広島修道大学** | 334 |
| 広島修道大学 | 334 |
| 広島商科大学 | 334 |
| 広島商業学校 | 343 |
| **広島商業高等学校（広島・県）** | 343 |
| **広島商業高等学校（広島・市）** | 343 |
| 広島商業高等学校 | 343 |
| 広島商業実践女学校 | 335 |
| 広島商業実践女学校 | 340 |
| 広島商船学校 | 335 |
| 広島商船高等学校 | 335 |
| **広島商船高等専門学校** | 335 |
| 広島商船高等専門学校 | 335 |
| **広島城北高等学校** | 343 |
| 広島城北高等学校 | 343 |
| 広島昭和高等女学校 | 342 |
| **広島女学院高等学校** | 343 |
| 広島女学院高等学校 | 343 |
| 広島女学院高等女学部 | 343 |
| 広島女学院専門学校 | 334 |
| **広島女学院大学** | 334 |
| 広島女学院大学 | 334 |
| 広島女学会 | 334 |
| 広島女学会 | 343 |
| 広島女学校保母師範科 | 293 |
| 広島女子高等師範学校 | 334 |
| **広島女子商学園高等学校** | 343 |
| 広島女子商学園高等学校 | 343 |
| 広島女子商業学校 | 343 |
| 広島女子商業高等学校 | 343 |
| 広島女子専門学校 | 334 |
| 広島女子大学 | 334 |
| 広島女子短期大学 | 334 |
| 広島市立工業専門学校 | 334 |
| 広島市立商業専修青年学校 | 336 |
| 広島市立第二工業学校 | 343 |
| **広島市立大学** | 334 |
| 広島市立大学 | 334 |
| 広島市立中学校 | 345 |
| 広島青年師範学校 | 334 |
| 広島第一高等女学校 | 344 |
| 広島第一女子商業高等学校 | 343 |
| 広島第一中学校 | 343 |
| 広島第二中学校 | 342 |
| **広島大学** | 334 |
| 広島大学 | 334 |
| 広島中学校 | 343 |
| 広島電機学園短期大学 | 335 |
| 広島電気学校 | 334 |

| 校名 | 頁 |
|---|---|
| 広島電気学校 | 335 |
| 広島電気学校 | 343 |
| 広島電機高等学校 | 343 |
| 広島電機専門学校 | 334 |
| 広島電機専門学校 | 335 |
| 広島電機大学 | 334 |
| 広島電機大学附属高等学校 | 343 |
| 広島電波工業高等学校 | 343 |
| 広島仏教中学校 | 340 |
| 広島文化女子短期大学 | 335 |
| **広島文化短期大学** | 335 |
| 広島文化短期大学 | 335 |
| **広島文教女子大学** | 334 |
| 広島文教女子大学 | 334 |
| **広島文教女子大学短期大学部** | 335 |
| 広島文教女子大学短期大学部 | 335 |
| **広島文教女子大学附属高等学校** | 344 |
| 広島文教女子大学附属高等学校 | 344 |
| 広島文理科大学 | 334 |
| **広島皆実高等学校** | 344 |
| 広島皆実高等学校 | 344 |
| 広島鯉城学園 | 343 |
| **広瀬高等学校** | 353 |
| 広瀬高等学校 | 353 |
| 広瀬高等学校坂上分校 | 350 |
| 広田高等学校 | 36 |
| 広田水産学校 | 36 |
| **広田水産高等学校** | 36 |
| 広田水産高等学校 | 36 |
| 広津高等学校 | 342 |
| **樋脇高等学校** | 427 |
| 樋脇高等学校 | 427 |
| **びわこ成蹊スポーツ大学** | 255 |
| びわこ成蹊スポーツ大学 | 255 |
| 日和佐高等学校 | 357 |

## 【ふ】

| 校名 | 頁 |
|---|---|
| **風連高等学校** | 20 |
| 風連高等学校 | 20 |
| **フェリス女学院高等学校** | 170 |
| フェリス女学院高等学校 | 170 |
| **フェリス女学院大学** | 159 |
| フェリス女学院大学 | 159 |
| フェリス・セミナリー | 170 |
| フェリス和英女学校 | 170 |
| **深浦高等学校** | 30 |
| 深浦高等学校 | 30 |
| 深川高等学校 | 20 |
| **深川高等学校** | 151 |
| 深川高等学校 | 152 |
| 深川高等女学校 | 348 |
| **深川商業高等学校** | 152 |
| 深川商業高等学校 | 152 |

| 校名 | 頁 |
|---|---|
| 深川女子技芸学校 | 149 |
| 深川女子高等学校 | 348 |
| 深川女子実業補習学校 | 348 |
| 深川女子新制高等学校 | 152 |
| 深川中学校 | 20 |
| **深川西高等学校** | 20 |
| 深川西高等学校 | 20 |
| **深川農業高等学校** | 20 |
| 深川農業高等学校 | 20 |
| **深川東高等学校** | 20 |
| 深川東高等学校 | 20 |
| **富岳館高等学校** | 227 |
| 富岳館高等学校 | 227 |
| **深沢高等学校（東京・都）** | 152 |
| 深沢高等学校 | 152 |
| **深沢高等学校（神奈川・県）** | 170 |
| 深沢高等学校 | 170 |
| 深谷高等家政女学校 | 98 |
| **深谷高等学校** | 101 |
| 深谷高等学校 | 101 |
| 深谷実科高等女学校 | 101 |
| 深谷実践女学校 | 101 |
| 深谷商業学校 | 101 |
| **深谷商業高等学校** | 101 |
| 深谷商業高等学校 | 101 |
| 深谷女子高等学校 | 101 |
| 深谷女子実業補習学校 | 101 |
| 深安実業学校 | 337 |
| **深谷第一高等学校** | 101 |
| 深谷第一高等学校 | 101 |
| **茸合高等学校** | 305 |
| 茸合高等学校 | 305 |
| 茸合高等学校 | 307 |
| **吹上高等学校（埼玉・県）** | 101 |
| 吹上高等学校 | 101 |
| **吹上高等学校（鹿児島・県）** | 427 |
| 吹上高等学校 | 427 |
| 福井医科大学 | 193 |
| 福井県今立農学校 | 194 |
| 福井県大野郡立実科高等女学校 | 193 |
| 福井県大野高等女学校 | 193 |
| 福井県小浜尋常中学校 | 196 |
| 福井県小浜水産高等学校 | 193 |
| 福井県小浜中学校 | 196 |
| 福井県勝山精華高等学校 | 194 |
| 福井県勝山精華高等女学校 | 193 |
| 福井県簡易農学校（水産科） | 193 |
| 福井県乾徳高等学校 | 195 |
| 福井県工業講習所 | 195 |
| 福井県高等女学校 | 195 |
| 福井県高志高等学校 | 194 |
| 福井県坂井農業高等学校 | 194 |
| 福井県鯖江高等学校 | 194 |
| 福井県尋常中学校 | 195 |
| 福井県水産学校 | 193 |
| 福井県武生高等女学校 | 194 |
| 福井県武生尋常中学校 | 194 |
| 福井県武生中学校 | 194 |
| 福井県福井尋常中学校 | 195 |
| 福井県福井中学校 | 195 |
| 福井県福井農林高等学校 | 195 |
| 福井県丸岡高等学校 | 194 |
| **福井県立科学技術高等学校** | 195 |
| 福井県立科学技術高等学校 | 195 |
| 福井県立工業学校 | 195 |
| 福井県立第二高等学校 | 194 |
| 福井県立第二高等学校 | 195 |
| **福井県立大学** | 193 |
| 福井県立大学 | 193 |
| 福井県若狭高等学校（水産科） | 193 |
| 福井工業高等学校 | 195 |
| **福井工業高等専門学校** | 193 |
| 福井工業高等専門学校 | 193 |
| 福井工業専門学校 | 193 |
| **福井工業大学** | 193 |
| 福井工業大学 | 193 |
| **福井工業大学附属福井高等学校** | 195 |
| 福井工業大学附属福井高等学校 | 195 |
| 福井高等学校 | 195 |
| **福井高等学校** | 287 |
| 福井高等学校 | 287 |
| 福井高等女学校 | 195 |
| 福井実業高等学校 | 195 |
| 福井師範学校 | 193 |
| 福井商業学校 | 195 |
| **福井商業高等学校** | 195 |
| 福井商業高等学校 | 195 |
| 福井女子高等学校 | 194 |
| 福井市立高等女学校 | 195 |
| 福井市立商業学校 | 195 |
| 福井尋常中学校小浜分校 | 196 |
| **福泉高等学校** | 287 |
| 福泉高等学校 | 287 |
| 福井精華女子学園 | 194 |
| 福井青年師範学校 | 193 |
| 福井第一高等学校 | 195 |
| 福井第二高等学校 | 195 |
| **福井大学** | 193 |
| 福井大学 | 193 |
| 福井中学校 | 195 |
| 福井中学校大野分校 | 193 |
| 福井農学校 | 195 |
| 福井農林学校 | 195 |
| **福井農林高等学校** | 195 |
| 福井農林高等学校 | 195 |
| 福井仏教中学校 | 195 |
| **福井南高等学校** | 195 |
| 福井南高等学校 | 195 |
| 福井明新中学校 | 195 |
| **福江高等学校** | 246 |
| 福江高等学校 | 246 |
| **福岡医療短期大学** | 376 |
| 福岡医療短期大学 | 376 |
| 福岡外事専門学校 | 375 |

| 校名 | 頁 |
|---|---|
| **福岡魁誠高等学校** | 384 |
| 福岡魁誠高等学校 | 384 |
| **福岡海星女子学院高等学校** | 384 |
| 福岡海星女子学院高等学校 | 384 |
| 福岡学芸大学 | 374 |
| 福岡カトリック神学校 | 381 |
| **福岡教育大学** | 374 |
| 福岡教育大学 | 374 |
| 福岡経済専門学校 | 375 |
| 福岡県朝倉農蚕学校 | 376 |
| 福岡県糸島郡立農業補修学校 | 377 |
| 福岡県糸島実科高等女学校 | 377 |
| 福岡県糸島中学校 | 377 |
| 福岡県稲築高等学校 | 377 |
| 福岡県浮羽工業学校 | 377 |
| 福岡県遠賀農学校 | 378 |
| 福岡県企救郡企救農学校 | 380 |
| 福岡県企救農学校 | 380 |
| 福岡県久留米高等女学校 | 386 |
| 福岡県黒木高等女学校 | 379 |
| 福岡県黒木女学校 | 379 |
| 福岡県高等学校伝習館 | 382 |
| 福岡県小倉園芸学校 | 380 |
| 福岡県小倉工業学校 | 380 |
| 福岡県小倉高等女学校 | 380 |
| 福岡県小倉中学校 | 380 |
| 福岡県小倉農学校 | 380 |
| 福岡県早良高等女学校 | 384 |
| 福岡県椎田高等実業女学校 | 382 |
| 福岡県椎田高等女学校 | 382 |
| 福岡県社会保育短期大学 | 375 |
| 福岡県女子専門学校 | 375 |
| 福岡県不知火高等女学校 | 381 |
| 福岡県尋常中学伝習館 | 382 |
| 福岡県田川高等女学校 | 383 |
| 福岡県田川実業女学校 | 383 |
| 福岡県筑紫工業学校 | 384 |
| 福岡県筑紫中学校 | 381 |
| 福岡県中学修猷館 | 380 |
| 福岡県中学伝習館 | 382 |
| 福岡県中学明善校 | 386 |
| 福岡県東筑尋常中学校 | 382 |
| 福岡県東筑中学校 | 382 |
| 福岡県戸畑市立機械工業学校 | 383 |
| 福岡県豊津中学校 | 383 |
| 福岡県西福岡高等女学校 | 384 |
| 福岡県直方経理学校 | 382 |
| 福岡県直方高等実業女学校 | 382 |
| 福岡県直方実業女学校 | 382 |
| 福岡県直方商業学校 | 382 |
| 福岡県直方商業専修学校 | 382 |
| 福岡県直方東陵高等学校 | 382 |
| 福岡県福岡工業学校 | 384 |
| 福岡県福岡中学校 | 384 |
| 福岡県三井高等実業女学校 | 386 |
| 福岡県三井高等女学校 | 386 |
| 福岡県三井実業女学校 | 386 |
| 福岡県三井農学校 | 379 |
| 福岡県宗像高等女学校 | 386 |
| 福岡県宗像実業女学校 | 386 |
| 福岡県門司高等女学校 | 386 |
| 福岡県柳河工業高等学校 | 387 |
| 福岡県柳河商業高等学校 | 386 |
| 福岡県柳河商業高等学校 | 387 |
| 福岡県八女中学校 | 387 |
| 福岡県立医学歯学専門学校 | 373 |
| 福岡県立公衆衛生看護学校 | 375 |
| 福岡県立高等学校修猷館 | 380 |
| 福岡県立歯科医学専門学校 | 373 |
| 福岡県立女子専門学校 | 375 |
| 福岡県立尋常中学修猷館 | 380 |
| **福岡県立水産高等学校** | 384 |
| 福岡県立水産高等学校 | 384 |
| **福岡県立大学** | 374 |
| 福岡県立大学 | 375 |
| 福岡県立中学修猷館 | 380 |
| 福岡県立中学伝習館 | 382 |
| 福岡県立中学明善校 | 386 |
| 福岡県立福岡医学校 | 374 |
| 福岡県立保育専門学院 | 375 |
| 福岡県立保健婦学校 | 374 |
| 福岡県立保健婦養成所 | 375 |
| 福岡県立保母養成所 | 375 |
| 福岡県若松高等女学校 | 387 |
| 福岡県若松中学校 | 387 |
| 福岡工業学校 | 384 |
| 福岡工業学校小倉分校 | 380 |
| **福岡工業高等学校（岩手・県）** | 36 |
| 福岡工業高等学校 | 36 |
| **福岡工業高等学校（福岡・県）** | 384 |
| 福岡工業高等学校 | 384 |
| **福岡工業大学** | 375 |
| 福岡工業大学 | 375 |
| **福岡工業大学短期大学部** | 376 |
| 福岡工業大学短期大学部 | 376 |
| 福岡工業大学附属高等学校 | 384 |
| **福岡工業大学附属城東高等学校** | 384 |
| 福岡工業大学附属城東高等学校 | 384 |
| 福岡工業短期大学 | 376 |
| 福岡高等栄養学校 | 376 |
| **福岡高等学校（岩手・県）** | 37 |
| 福岡高等学校 | 37 |
| **福岡高等学校（埼玉・県）** | 101 |
| 福岡高等学校 | 101 |
| **福岡高等学校（富山・県）** | 187 |
| 福岡高等学校 | 187 |
| 福岡高等学校 | 374 |
| **福岡高等学校（福岡・県）** | 384 |
| 福岡高等学校 | 384 |
| 福岡高等学校浄法寺分校 | 35 |
| 福岡高等裁縫研究所 | 381 |
| 福岡高等商業学校 | 375 |
| 福岡高等女学校 | 385 |
| 福岡高等無線電信学校 | 384 |

**ふくおかこ**

| | |
|---|---|
| **福岡講倫館高等学校** | 384 |
| 福岡講倫館高等学校 | 384 |
| **福岡国際大学** | 375 |
| 福岡国際大学 | 375 |
| **福岡歯科大学** | 375 |
| 福岡歯科大学 | 375 |
| 福岡市商業学校 | 385 |
| 福岡市第一高等女学校 | 384 |
| 福岡商科大学 | 375 |
| 福岡商科大学附属大濠高等学校 | 385 |
| 福岡商業学校 | 385 |
| 福岡商業高等学校 | 385 |
| **福岡常葉高等学校** | 384 |
| 福岡常葉高等学校 | 384 |
| **福岡女学院高等学校** | 384 |
| 福岡女学院高等学校 | 384 |
| **福岡女学院大学** | 375 |
| 福岡女学院大学 | 375 |
| **福岡女学院大学短期大学部** | 376 |
| 福岡女学院大学短期大学部 | 376 |
| 福岡女学院短期大学 | 376 |
| 福岡女学校 | 384 |
| **福岡女子高等学校** | 384 |
| 福岡女子高等学校 | 385 |
| 福岡女子商業学校 | 385 |
| **福岡女子商業高等学校** | 385 |
| 福岡女子商業高等学校 | 385 |
| **福岡女子大学** | 375 |
| 福岡女子大学 | 375 |
| **福岡女子短期大学** | 376 |
| 福岡女子短期大学 | 376 |
| 福岡市立第一工業学校 | 383 |
| 福岡市立第一女学校 | 384 |
| 福岡市立第一女子高等学校 | 384 |
| 福岡市立第二工業学校 | 383 |
| 福岡青年師範学校 | 374 |
| **福岡西陵高等学校** | 385 |
| 福岡西陵高等学校 | 385 |
| **福岡第一高等学校** | 385 |
| 福岡第一高等学校 | 385 |
| 福岡第一師範学校 | 374 |
| 福岡第一商業高等学校 | 381 |
| 福岡第二師範学校 | 374 |
| **福岡大学** | 375 |
| 福岡大学 | 375 |
| **福岡大学附属大濠高等学校** | 385 |
| 福岡大学附属大濠高等学校 | 385 |
| **福岡中央高等学校** | 385 |
| 福岡中央高等学校 | 385 |
| 福岡中学校 | 37 |
| 福岡中学校 | 384 |
| 福岡電子工業短期大学 | 376 |
| 福岡電波学園電子工業大学 | 375 |
| 福岡電波高等学校 | 384 |
| 福岡農学校 | 385 |
| **福岡農業高等学校** | 385 |
| 福岡農業高等学校 | 385 |
| 福岡農業高等学校岩戸分校 | 385 |
| 福岡直方南高等女学校 | 382 |
| **福岡雙葉高等学校** | 385 |
| 福岡雙葉高等学校 | 385 |
| 福岡雙葉高等女学校 | 385 |
| 福岡米語義塾 | 384 |
| **福岡舞鶴高等学校** | 385 |
| 福岡舞鶴高等学校 | 385 |
| 福岡南女子高等学校 | 384 |
| **福崎高等学校** | 305 |
| 福崎高等学校 | 305 |
| 福崎高等学校神南分校 | 297 |
| 福崎高等学校粟賀分校 | 297 |
| 福崎高等学校夢前分校 | 306 |
| 福崎高等学校鹿谷分校（定時制課程） | 306 |
| 福崎高等女学校 | 305 |
| 福崎実業学校 | 305 |
| 福崎村立実科女学校 | 305 |
| **福島学院大学** | 58 |
| 福島学院大学 | 58 |
| **福島学院大学短期大学部** | 59 |
| 福島学院大学短期大学部 | 59 |
| 福島学院短期大学 | 59 |
| 福島技芸女学校 | 385 |
| **福島北高等学校** | 65 |
| 福島北高等学校 | 65 |
| 福島経済専門学校 | 59 |
| 福島県石川高等女学校 | 60 |
| 福島県石川実科女学校 | 60 |
| **福島県磐城第一高等学校** | 65 |
| 福島県磐城第一高等学校 | 65 |
| **福島県磐城第二高等学校** | 65 |
| 福島県磐城第二高等学校 | 65 |
| 福島県大沼郡高田町大沼実業学校 | 61 |
| 福島県小高農学校 | 61 |
| 福島県小名浜実業学校 | 61 |
| 福島県喜多方商業学校 | 61 |
| 福島県喜多方商工学校 | 61 |
| 福島県郡山工業学校 | 62 |
| 福島県郡山高等女学校 | 62 |
| 福島県郡山淑徳女学校 | 62 |
| 福島県郡山商業学校 | 62 |
| 福島県郡山商工学校 | 62 |
| 福島県蚕業学校 | 66 |
| 福島県師範学校 | 59 |
| 福島県女子師範学校 | 59 |
| 福島県白河商業学校 | 62 |
| 福島県白河農学校 | 62 |
| 福島県白河農業高等学校 | 62 |
| 福島県尋常師範学校 | 59 |
| 福島県尋常中学校 | 60 |
| 福島県尋常中学校磐城分校 | 60 |
| 福島県須賀川実科高等女学校 | 63 |
| 福島県須賀川商業学校 | 63 |
| 福島県須賀川町立商業学校 | 63 |
| 福島県相馬郡新地村実業学校 | 63 |
| 福島県相馬高等女学校 | 63 |

| 校名 | 頁 |
|---|---|
| 福島県相馬実科女学校 | 63 |
| 福島県第二尋常中学校 | 60 |
| 福島県第二中学校 | 60 |
| 福島県第三尋常中学校 | 65 |
| 福島県第三中学校 | 65 |
| 福島県第四尋常中学校 | 63 |
| 福島県第四中学校 | 63 |
| 福島県平商業学校 | 63 |
| 福島県平女子商業学校 | 63 |
| 福島県棚倉高等女学校 | 64 |
| 福島県田村農蚕学校 | 61 |
| 福島県浪江高等女学校 | 64 |
| 福島県浪江実科高等女学校 | 64 |
| 福島県本宮高等学校 | 66 |
| 福島県湯本高等女学校 | 66 |
| 福島県湯本実科高等女学校 | 66 |
| 福島県立会津短期大学 | 59 |
| **福島県立医科大学** | 58 |
| 福島県立医科大学 | 58 |
| 福島県立医科大学予科 | 58 |
| 福島県立工業学校 | 59 |
| 福島県立実業補習学校教員養成所 | 59 |
| 福島県立女子医学専門学校 | 58 |
| 福島県立青年学校教員養成所 | 59 |
| 福島県立農学校 | 61 |
| 福島県若松高等女学校 | 59 |
| 福島県若松市実業女子青年学校 | 59 |
| 福島県若松実科高等女学校 | 59 |
| **福島工業高等学校** | 65 |
| 福島工業高等学校 | 65 |
| 福島工業高等学校飯坂第二部 | 65 |
| **福島工業高等専門学校** | 59 |
| 福島工業高等専門学校 | 59 |
| 福島高等学校 | 20 |
| **福島高等学校（福島・私）** | 65 |
| **福島高等学校（福島・県）** | 65 |
| 福島高等学校 | 65 |
| **福島高等学校（福岡・県）** | 385 |
| 福島高等学校 | 385 |
| **福島高等学校（宮崎・県）** | 417 |
| 福島高等学校 | 417 |
| 福島高等学校飯坂第二部 | 65 |
| 福島高等商業学校 | 59 |
| 福島高等女学校 | 64 |
| 福島高等女学校 | 417 |
| 福島高等予備校 | 62 |
| 福島師範学校 | 59 |
| 福島師範学校講習所 | 58 |
| 福島師範伝習校 | 58 |
| 福島商業学校 | 65 |
| **福島商業高等学校（北海・道）** | 20 |
| 福島商業高等学校 | 20 |
| **福島商業高等学校（福島・県）** | 65 |
| 福島商業高等学校 | 66 |
| 福島商業補習学校 | 65 |
| 福島商工高等学校 | 65 |
| 福島女子高等学校 | 64 |
| 福島女子商業高等学校 | 65 |
| 福島女子短期大学 | 59 |
| 福島市立商業学校 | 65 |
| 福島尋常師範学校 | 59 |
| 福島尋常中学校 | 60 |
| 福島水産講習所 | 60 |
| **福島成蹊高等学校** | 66 |
| 福島成蹊高等学校 | 66 |
| 福島成蹊女学校 | 66 |
| 福島成蹊女子高等学校 | 66 |
| 福島成蹊女子商業学校 | 66 |
| 福島西女子高等学校 | 66 |
| 福島青年師範学校 | 59 |
| 福島第一号師範学校 | 58 |
| 福島第一高等学校 | 65 |
| 福島第一女子高等学校 | 64 |
| 福島第二号師範学校 | 58 |
| 福島第二高等学校 | 66 |
| 福島第二高等女学校 | 64 |
| 福島第二女子高等学校 | 64 |
| 福島第三号師範学校 | 58 |
| **福島大学** | 58 |
| 福島大学 | 59 |
| **福島中央高等学校** | 66 |
| 福島中央高等学校 | 66 |
| 福島中学校 | 60 |
| 福島中学校 | 65 |
| 福島電気工業学校 | 65 |
| 福島電気工業高等学校 | 65 |
| **福島東稜高等学校** | 66 |
| 福島東稜高等学校 | 66 |
| **福島西高等学校** | 66 |
| 福島西高等学校 | 66 |
| 福島農学校 | 66 |
| 福島農学校 | 387 |
| 福島農蚕高等学校 | 66 |
| **福島東高等学校** | 66 |
| 福島東高等学校 | 66 |
| **福島南高等学校** | 66 |
| 福島南高等学校 | 66 |
| **福島明成高等学校** | 66 |
| 福島明成高等学校 | 66 |
| **福翔高等学校** | 385 |
| 福翔高等学校 | 385 |
| **福智高等学校** | 385 |
| 福智高等学校 | 385 |
| 福知山工業専門学校 | 263 |
| **福知山高等学校** | 268 |
| 福知山高等学校 | 268 |
| 福知山高等学校細見分校 | 268 |
| **福知山高等学校三和分校** | 268 |
| 福知山高等商業学校 | 262 |
| 福知山高等女学校 | 268 |
| 福知山淑徳技芸学舎 | 268 |
| **福知山淑徳高等学校** | 268 |
| 福知山淑徳高等学校 | 268 |
| 福知山珠算塾 | 264 |

ふくちやま　　　　　　　　　　　　　　　　　　　　　　　　　　　　校名索引

| 校名 | ページ |
|---|---|
| 福知山商業学校 | 268 |
| 福知山商業高等学校 | 268 |
| 福知山女子高等学校 | 268 |
| 福知山女子高等学校 | 268 |
| 福知山市立農学校 | 268 |
| 福知山市立農業高等学校 | 268 |
| 福知山成美高等学校 | 268 |
| 福知山成美高等学校 | 268 |
| 福知山中学校 | 268 |
| 福徳学院高等学校 | 412 |
| 福徳学院高等学校 | 412 |
| 福野高等学校 | 187 |
| 福野高等学校平高等学校 | 187 |
| 福野高等学校平分校 | 187 |
| 福野高等学校福光分校 | 187 |
| 福野農学校 | 187 |
| 福原高等学院 | 380 |
| 福原高等学院（女子部） | 375 |
| 福原高等学校 | 375 |
| 福原女子学院 | 375 |
| 福光高等学校 | 187 |
| 福山暁の星女子高等学校 | 344 |
| 福山暁の星女子高等学校 | 344 |
| 福山葦陽高等学校 | 344 |
| 福山葦陽高等学校 | 344 |
| 福山家政女学校 | 344 |
| 福山工業学校 | 344 |
| 福山工業高等学校 | 344 |
| 福山工業高等学校 | 344 |
| 福山高等学校（福山・市） | 344 |
| 福山高等学校 | 344 |
| 福山高等学校（鹿児島・県） | 427 |
| 福山高等学校 | 427 |
| 福山高等女学校 | 344 |
| 福山商業高等学校 | 344 |
| 福山商業高等学校 | 344 |
| 福山女学校 | 344 |
| 福山女子高等学校 | 338 |
| 福山女子短期大学 | 335 |
| 福山女徳学校 | 344 |
| 福山市立女子短期大学 | 335 |
| 福山市立女子短期大学 | 335 |
| 福山誠之館 | 344 |
| 福山誠之館高等学校 | 342 |
| 福山誠之館高等学校 | 344 |
| 福山誠之館高等学校 | 344 |
| 福山誠之館中学校 | 344 |
| 福山大学 | 334 |
| 福山大学 | 334 |
| 福山電波工業高等学校 | 338 |
| 福山電波工業専門学校 | 338 |
| 福山平成大学 | 335 |
| 福山平成大学 | 335 |
| 福山明王台高等学校 | 344 |
| 福山明王台高等学校 | 344 |
| 福陵高等学校 | 384 |
| 袋井工業学校 | 227 |
| 袋井高等学校 | 227 |
| 袋井高等学校 | 227 |
| 袋井実業高等学校 | 227 |
| 袋井商業学校 | 227 |
| 袋井商業高等学校 | 227 |
| 袋井商業高等学校 | 227 |
| 福渡高等学校 | 333 |
| 福渡実科高等女学校 | 333 |
| 布佐高等学校 | 115 |
| 布佐高等学校 | 115 |
| 豊山大学（新義派大学林） | 120 |
| 豊山中学校 | 150 |
| 藤井学園寒川高等学校 | 362 |
| 藤井学園寒川高等学校 | 362 |
| 藤井高等女学校 | 359 |
| 藤井女子商業学校 | 359 |
| 藤井寺工科高等学校 | 287 |
| 藤井寺工科高等学校 | 287 |
| 藤井寺工業高等学校 | 287 |
| 藤井寺高等学校 | 287 |
| 藤井寺高等学校 | 287 |
| 藤枝北高等学校 | 227 |
| 藤枝北高等学校 | 227 |
| 藤枝高等学校 | 228 |
| 藤枝高等女学校 | 228 |
| 藤枝順心高等学校 | 227 |
| 藤枝順心高等学校 | 228 |
| 藤枝西高等学校 | 228 |
| 藤枝西高等学校 | 228 |
| 藤枝農業高等学校 | 227 |
| 藤枝東高等学校 | 228 |
| 藤枝東高等学校 | 228 |
| 藤枝東高等学校川根分校 | 221 |
| 藤枝南女子高等学校 | 228 |
| 藤枝明誠高等学校 | 228 |
| 藤枝明誠高等学校 | 228 |
| 藤岡北高等学校 | 88 |
| 藤岡北高等学校 | 88 |
| 藤岡工業高等学校 | 88 |
| 藤岡工業高等学校 | 88 |
| 藤岡高等学校 | 81 |
| 藤岡高等学校 | 88 |
| 藤岡高等女学校 | 88 |
| 藤岡女子高等学校 | 88 |
| 藤岡中央高等学校 | 88 |
| 藤岡中央高等学校 | 88 |
| 藤岡中学校 | 88 |
| 藤岡町立実科女学校 | 88 |
| 富士学苑高等学校 | 199 |
| 富士学苑高等学校 | 199 |
| 富士河口湖高等学校 | 199 |
| 富士河口湖高等学校 | 199 |
| 伏木高等学校 | 187 |
| 伏木高等学校 | 187 |
| 伏木商業学校 | 187 |
| 不二高等学校 | 223 |
| 富士高等学校（東京・都） | 152 |

| 校名 | 頁 |
|---|---|
| 富士高等学校 | 152 |
| **富士高等学校（静岡・県）** | 228 |
| 富士高等学校 | 228 |
| 富士高等学校高井戸分校 | 153 |
| 不二高等女学校 | 223 |
| 富士高等女学校 | 229 |
| 不二越工科学校 | 187 |
| 不二越工業学校 | 187 |
| **不二越工業高等学校** | 187 |
| 不二越工業高等学校 | 187 |
| **藤崎園芸高等学校** | 30 |
| 藤崎園芸高等学校 | 30 |
| 藤沢北高等学校 | 170 |
| **藤沢工科高等学校** | 170 |
| 藤沢工科高等学校 | 170 |
| 藤沢工業学校 | 170 |
| 藤沢工業高等学校 | 170 |
| **藤沢高等学校（岩手・県）** | 37 |
| 藤沢高等学校 | 37 |
| 藤沢高等学校 | 169 |
| **藤沢高等学校（神奈川・県）** | 170 |
| 藤沢高等学校 | 170 |
| 藤沢高等女学校 | 170 |
| 藤沢商業学校 | 170 |
| 藤沢商業高等学校 | 169 |
| **藤沢翔陵高等学校** | 170 |
| 藤沢翔陵高等学校 | 170 |
| **藤沢総合高等学校** | 170 |
| 藤沢総合高等学校 | 170 |
| 藤沢中学校 | 169 |
| 藤沢町立実科高等女学校 | 170 |
| **藤沢西高等学校** | 170 |
| 藤沢西高等学校 | 170 |
| 富士実科高等女学校 | 229 |
| 藤島高等学校 | 55 |
| **藤島高等学校** | 195 |
| 藤島高等学校 | 195 |
| 富士商業学校 | 199 |
| 富士商業高等学校 | 199 |
| **藤女子高等学校** | 20 |
| 藤女子高等学校 | 20 |
| **不二女子高等学校** | 115 |
| 不二女子高等学校 | 115 |
| **藤女子大学** | 2 |
| 藤女子大学 | 2 |
| **藤代高等学校** | 74 |
| 藤代高等学校 | 74 |
| **藤代紫水高等学校** | 74 |
| 藤代紫水高等学校 | 74 |
| 不二聖心女子学院 | 228 |
| **不二聖心女子学院高等学校** | 228 |
| 不二聖心女子学院高等学校 | 228 |
| **富士大学** | 31 |
| 富士大学 | 31 |
| 藤田学園衛生技術短期大学 | 234 |
| **藤田保健衛生大学** | 232 |
| 藤田保健衛生大学 | 232 |
| 藤田保健衛生大学短期大学 | 234 |
| 藤田保健衛生大学短期大学 | 234 |
| 富士短期大学 | 127 |
| 富士短期大学附属花巻高等学校 | 36 |
| **富士常葉大学** | 219 |
| 富士常葉大学 | 219 |
| 富士農林学校（乙種程度） | 227 |
| 富士農林学校（甲種程度） | 227 |
| 藤の沢女子高等学校 | 21 |
| **藤ノ花女子高等学校** | 246 |
| 藤ノ花女子高等学校 | 246 |
| **富士宮北高等学校** | 228 |
| 富士宮北高等学校 | 228 |
| 富士宮工業学校 | 228 |
| 富士宮実業高等学校 | 228 |
| 富士宮商業学校 | 228 |
| **富士宮西高等学校** | 228 |
| 富士宮西高等学校 | 228 |
| 富士宮農学校 | 227 |
| 富士宮農業高等学校 | 227 |
| **富士宮東高等学校** | 228 |
| 富士宮東高等学校 | 228 |
| **富士東高等学校** | 228 |
| 富士東高等学校 | 228 |
| 富士服装学院 | 224 |
| **富士北稜高等学校** | 199 |
| 富士北稜高等学校 | 199 |
| **富士見丘高等学校（東京・私）** | 152 |
| 富士見丘高等学校 | 152 |
| **富士見丘高等学校（神奈川・私）** | 171 |
| 富士見丘高等学校 | 171 |
| 富士見丘高等女学校 | 171 |
| **富士見高等学校（埼玉・県）** | 101 |
| 富士見高等学校 | 101 |
| **富士見高等学校（東京・私）** | 152 |
| 富士見高等学校 | 152 |
| **富士見高等学校（長野・県）** | 208 |
| 富士見高等学校 | 208 |
| 伏見高等学校 | 267 |
| 富士見高等学校雄別分校 | 4 |
| 富士見高等女学校 | 152 |
| 富士見女子高等学院 | 152 |
| 藤村高等女学校 | 152 |
| **藤村女子高等学校** | 152 |
| 藤村女子高等学校 | 152 |
| **富士森高等学校** | 152 |
| 富士森高等学校 | 152 |
| **武修館高等学校** | 20 |
| 武修館高等学校 | 20 |
| 不二洋裁学院 | 115 |
| 藤原工業大学 | 118 |
| 婦人仁愛会教園 | 194 |
| **布施北高等学校** | 287 |
| 布施北高等学校 | 287 |
| **布施工科高等学校** | 287 |
| 布施工科高等学校 | 287 |
| 布施工業学校 | 287 |

| 校名 | 頁 |
|---|---|
| 布施工業高等学校 | 287 |
| **布施高等学校** | 287 |
| 布施高等学校 | 287 |
| 布施高等女学校 | 286 |
| 布施女子高等学校 | 286 |
| 布施女子短期大学 | 274 |
| 布施中学校 | 287 |
| 豊前高等学校 | 387 |
| 豊前農業高等学校 | 387 |
| **武相高等学校** | 171 |
| 武相高等学校 | 171 |
| 武相中学校 | 171 |
| **二上工業高等学校** | 187 |
| 二上工業高等学校 | 187 |
| **二ツ井高等学校** | 52 |
| 二ツ井高等学校 | 52 |
| **双葉高等学校（北海・私）** | 20 |
| 双葉高等学校 | 20 |
| **双葉高等学校（福島・県）** | 66 |
| 双葉高等学校 | 66 |
| **雙葉高等学校** | 152 |
| 雙葉高等学校 | 152 |
| 雙葉高等女学校 | 152 |
| **双葉翔陽高等学校** | 66 |
| 双葉翔陽高等学校 | 66 |
| 雙葉第二高等学校 | 145 |
| 双葉中学校 | 66 |
| 双葉農業高等学校 | 66 |
| 双葉農林高等学校 | 66 |
| **二俣川看護福祉高等学校** | 171 |
| 二俣川看護福祉高等学校 | 171 |
| 二俣川高等学校 | 171 |
| 二俣高等学校 | 225 |
| **二俣高等学校** | 228 |
| 二俣高等学校 | 228 |
| 二俣高等女学校 | 228 |
| 二俣実業補習学校 | 225 |
| 双三郡技芸女学校 | 345 |
| 双三郡立高等女学校 | 345 |
| **淵江高等学校** | 152 |
| 淵江高等学校 | 152 |
| 渕野辺高等学校 | 161 |
| **府中工業高等学校** | 152 |
| 府中工業高等学校 | 152 |
| **府中高等学校（東京・都）** | 152 |
| 府中高等学校 | 152 |
| **府中高等学校（広島・県）** | 344 |
| 府中高等学校 | 344 |
| 府中高等女学校 | 344 |
| 府中中学校 | 344 |
| **府中西高等学校** | 152 |
| 府中西高等学校 | 152 |
| 府中農業学校 | 147 |
| 府中農蚕学校 | 147 |
| **府中東高等学校（東京・都）** | 152 |
| 府中東高等学校 | 152 |
| **府中東高等学校（広島・県）** | 344 |
| 府中東高等学校 | 344 |
| 普通学林 | 261 |
| 普通教校 | 142 |
| 普通教校 | 262 |
| 普通大教校 | 261 |
| 普通夜学会 | 368 |
| 普通予備校 | 333 |
| 仏英女学校 | 223 |
| 仏英和高等女学校 | 140 |
| 仏教高等中学 | 262 |
| 佛教専門学校 | 262 |
| 仏教専門大学 | 262 |
| 仏教大学 | 262 |
| **佛教大学** | 261 |
| 佛教大学 | 262 |
| 仏教中学校 | 262 |
| 仏教中学校 | 340 |
| 仏教連合大学 | 120 |
| **福生高等学校** | 152 |
| 福生高等学校 | 152 |
| **普天間高等学校** | 431 |
| 普天間高等学校 | 431 |
| **不動岡高等学校** | 101 |
| 不動岡高等学校 | 101 |
| 不動岡高等学校（定時制） | 95 |
| 不動岡高等学校菖蒲分校 | 98 |
| 不動岡高等学校羽生分校 | 100 |
| 不動岡女子高等学校 | 101 |
| **不動岡誠和高等学校** | 101 |
| 不動岡誠和高等学校 | 101 |
| 不動岡中学校 | 101 |
| 不動りつ裁縫塾 | 306 |
| 船井郡高等小学校 | 266 |
| 船井郡立高等女学校 | 266 |
| 船井郡立実業学校 | 266 |
| **舟入高等学校** | 344 |
| 舟入高等学校 | 345 |
| **船江高等学校** | 182 |
| 船江高等学校 | 182 |
| 船木女児小学 | 347 |
| 船津高等学校 | 217 |
| 船津高等女学校 | 217 |
| **船橋旭高等学校** | 115 |
| 船橋旭高等学校 | 115 |
| **船橋北高等学校** | 115 |
| 船橋北高等学校 | 115 |
| **船橋高等学校** | 115 |
| 船橋高等学校 | 115 |
| 船橋高等女学校 | 113 |
| **船橋古和釜高等学校** | 115 |
| 船橋古和釜高等学校 | 115 |
| 船橋実科高等学校 | 113 |
| **船橋芝山高等学校** | 115 |
| 船橋芝山高等学校 | 115 |
| 船橋女子高等学校 | 113 |
| 船橋中学院 | 115 |
| 船橋中学校 | 115 |

| 校名 | 頁 |
|---|---|
| **船橋豊富高等学校** | 115 |
| 船橋豊富高等学校 | 115 |
| 船橋ドレスメーカー学院 | 114 |
| **船橋西高等学校** | 115 |
| 船橋西高等学校 | 115 |
| **船橋東高等学校** | 115 |
| 船橋東高等学校 | 115 |
| **船橋二和高等学校** | 115 |
| 船橋二和高等学校 | 115 |
| **船橋法典高等学校** | 115 |
| 船橋法典高等学校 | 115 |
| **武南高等学校** | 101 |
| 武南高等学校 | 101 |
| 不如学舎 | 226 |
| **船引高等学校** | 66 |
| 船引高等学校 | 66 |
| 冬木文化服装学院 | 309 |
| 武陽学園高等学校 | 110 |
| 撫養高等学校 | 358 |
| 武陽高等学校 | 96 |
| 芙蓉高等女学校 | 146 |
| 撫養高等女学校 | 358 |
| 武陽実業学校 | 96 |
| 撫養実業女学校 | 357 |
| 武陽実践学校 | 96 |
| 撫養商業学校 | 358 |
| 撫養商業補習学校 | 358 |
| 芙蓉女学校 | 146 |
| 撫養中学校 | 358 |
| 武陽中学校 | 96 |
| **富良野高等学校** | 20 |
| 富良野高等学校 | 20 |
| 富良野高等学校幾寅分校 | 22 |
| 富良野高等学校上富良野分校 | 9 |
| 富良野高等女学校 | 20 |
| 富良野実科高等女学校 | 20 |
| 富良野女子高等学校 | 20 |
| 富良野中学校 | 20 |
| **富良野緑峰高等学校** | 20 |
| 富良野緑峰高等学校 | 20 |
| ブリテン女学校 | 172 |
| **プール学院高等学校** | 287 |
| プール学院高等学校 | 287 |
| **プール学院大学** | 272 |
| プール学院大学 | 272 |
| **プール学院大学短期大学部** | 274 |
| プール学院大学短期大学部 | 274 |
| プール学院短期大学 | 274 |
| **古川学園高等学校** | 46 |
| 古川学園高等学校 | 46 |
| 古川工業学校 | 46 |
| **古川工業高等学校** | 46 |
| 古川工業高等学校 | 46 |
| **古川高等学校** | 46 |
| 古川高等学校 | 46 |
| 古川高等商業学校 | 46 |
| 古川高等女学校 | 46 |
| 古川商業学校 | 46 |
| 古川商業高等学校 | 46 |
| 古川商業専修学校 | 46 |
| 古川女子高等学校 | 46 |
| 古川女子高等学校松山分校 | 47 |
| 古川中学校 | 46 |
| **古川黎明高等学校** | 46 |
| 古川黎明高等学校 | 46 |
| プール女学校 | 287 |
| **古平高等学校** | 20 |
| 古平高等学校 | 20 |
| 普連土学園 | 152 |
| **普連土学園高等学校** | 152 |
| 普連土学園高等学校 | 152 |
| **不破高等学校** | 217 |
| 不破高等学校 | 217 |
| 文学寮 | 142 |
| 文学寮 | 262 |
| 文華高等女学校 | 139 |
| 文化懇談会 | 119 |
| 文化裁縫学院 | 124 |
| 文化裁縫女学校 | 124 |
| 文化女子高等学校 | 107 |
| **文華女子高等学校** | 152 |
| 文華女子高等学校 | 152 |
| 文化女子大学 | 124 |
| 文化女子大学 | 124 |
| **文化女子大学短期大学部** | 128 |
| 文化女子大学短期大学部 | 128 |
| **文化女子大学附属杉並高等学校** | 152 |
| 文化女子大学附属杉並高等学校 | 152 |
| **文化女子大学附属長野高等学校** | 208 |
| 文化女子大学附属長野高等学校 | 208 |
| **文化女子大学室蘭短期大学** | 4 |
| 文化女子大学室蘭短期大学 | 4 |
| 文化女子短期大学 | 128 |
| 文化服装学院 | 124 |
| **文京学院大学** | 124 |
| 文京学院大学 | 124 |
| **文京学院大学女子高等学校** | 152 |
| 文京学院大学女子高等学校 | 153 |
| **文京学院短期大学** | 128 |
| 文京学院短期大学 | 128 |
| 文京学園女子高等学校 | 153 |
| **文京高等学校** | 153 |
| 文京高等学校 | 153 |
| 文京女学院 | 153 |
| 文京女子大学 | 124 |
| 文京女子大学高等学校 | 153 |
| 文京女子短期大学 | 128 |
| **文教大学** | 91 |
| 文教大学 | 91 |
| **文教大学女子短期大学部** | 160 |
| 文教大学女子短期大学部 | 160 |
| **文教大学付属高等学校** | 153 |
| 文教大学付属高等学校 | 153 |
| **分水高等学校** | 182 |

| 校名 | 頁 |
|---|---|
| 分水高等学校 | 182 |
| **文星芸術大学** | 76 |
| 文星芸術大学 | 76 |
| **文星芸術大学附属高等学校** | 81 |
| 文星芸術大学附属高等学校 | 81 |
| 文政大学 | 120 |
| 文中女学校 | 265 |
| **文徳高等学校** | 405 |
| 文徳高等学校 | 405 |
| 文武館 | 258 |
| 文武館 | 311 |
| 文武講習館 | 141 |

## 【へ】

| 校名 | 頁 |
|---|---|
| 平安高等学校 | 169 |
| **平安高等学校** | 268 |
| 平安高等学校 | 268 |
| 平安高等女学校 | 268 |
| 平安女学院 | 268 |
| **平安女学院高等学校** | 268 |
| 平安女学院高等学校 | 268 |
| **平安女学院大学** | 262 |
| 平安女学院大学 | 262 |
| **平安女学院大学短期大学部** | 263 |
| 平安女学院大学短期大学部 | 263 |
| 平安女学院短期大学 | 263 |
| 平安中学校 | 268 |
| **平成高等学校** | 52 |
| 平成高等学校 | 52 |
| **平城高等学校** | 312 |
| 平城高等学校 | 312 |
| **平成音楽大学** | 400 |
| 平成音楽大学 | 400 |
| **平成国際大学** | 91 |
| 平成国際大学 | 91 |
| 平和学園高等学校 | 162 |
| 平和高等学校 | 238 |
| 平和女学校 | 162 |
| 碧南工業学校 | 246 |
| **碧南工業高等学校** | 246 |
| 碧南工業高等学校 | 246 |
| **碧南高等学校** | 246 |
| 碧南高等学校 | 246 |
| 碧南国民学校 | 246 |
| **日置農業高等学校** | 353 |
| 日置農業高等学校 | 353 |
| 日置農業補習学校 | 353 |
| 日置農林学校 | 353 |
| ベタニアの家 | 147 |
| **別海高等学校** | 20 |
| 別海高等学校 | 20 |
| **別府青山高等学校** | 412 |
| 別府青山高等学校 | 412 |

| 校名 | 頁 |
|---|---|
| 別府高等技芸学校 | 412 |
| 別府高等女学校 | 412 |
| 別府実業女学校 | 412 |
| **別府商業高等学校** | 412 |
| 別府商業高等学校 | 412 |
| 別府女学院 | 407 |
| 別府女学校 | 412 |
| 別府女子高等学校 | 412 |
| 別府女子実業学校 | 412 |
| 別府女子実業補修学校 | 412 |
| 別府女子専門学校 | 407 |
| 別府女子大学 | 407 |
| 別府女子短期大学 | 408 |
| 別府女子短期大学付属高等学校 | 412 |
| 別府第一高等学校 | 412 |
| **別府大学** | 407 |
| 別府大学 | 407 |
| **別府大学短期大学部** | 408 |
| 別府大学短期大学部 | 408 |
| 別府大学附属高等学校 | 413 |
| 別府中学校 | 412 |
| 別府町立工業徒弟学校 | 409 |
| **別府鶴見丘高等学校** | 412 |
| 別府鶴見丘高等学校 | 412 |
| **別府羽室台高等学校** | 412 |
| 別府羽室台高等学校 | 412 |
| **別府溝部学園高等学校** | 412 |
| 別府溝部学園高等学校 | 412 |
| **別府溝部学園短期大学** | 408 |
| 別府溝部学園短期大学 | 408 |
| 別府緑丘高等学校 | 410 |
| ベトレヘムの園 | 147 |
| ヘボン塾 | 125 |
| **ベル学園高等学校** | 333 |
| ベル学園高等学校 | 333 |
| 辺土名高等学校 | 431 |
| 辺土名高等学校 | 431 |

## 【ほ】

| 校名 | 頁 |
|---|---|
| 宝飯郡高等女学校 | 239 |
| 宝飯郡立西部農学校 | 238 |
| 貿易商業高等学校 | 235 |
| 貿易商業高等学校 | 240 |
| **鳳凰高等学校** | 427 |
| 鳳凰高等学校 | 427 |
| **豊国学園高等学校** | 385 |
| 豊国学園高等学校 | 385 |
| 豊国学園高等学校小倉分校 | 385 |
| 豊国学園中学校 | 385 |
| 朴沢松操学校 | 47 |
| 朴沢松操女学校 | 47 |
| 朴沢女子高等学校 | 47 |
| 朴沢女子実業学校 | 47 |

| 校名 | 頁 |
|---|---|
| 豊州高等女学校 | 413 |
| 豊州女学校 | 407 |
| 豊州女学校 | 413 |
| **鵬翔高等学校** | 417 |
| 鵬翔高等学校 | 417 |
| **北条高等学校（兵庫・県）** | 305 |
| 北条高等学校 | 305 |
| **北条高等学校（愛媛・県）** | 367 |
| 北条高等学校 | 367 |
| 北条高等女学校 | 305 |
| 北条実科高等女学 | 305 |
| 北条実科高等女学校 | 111 |
| 北条農学校 | 305 |
| 北条農業高等学校 | 305 |
| 法政第二中学校 | 171 |
| **法政大学** | 124 |
| 法政大学 | 124 |
| 法政大学潤光女子高等学校 | 171 |
| **法政大学女子高等学校** | 171 |
| 法政大学女子高等学校 | 171 |
| **法政大学第一高等学校** | 153 |
| 法政大学第一高等学校 | 153 |
| **法政大学第二高等学校** | 171 |
| 法政大学第二高等学校 | 171 |
| 法政中学校 | 153 |
| **宝仙学園高等学校** | 153 |
| 宝仙学園高等学校 | 153 |
| **宝仙学園短期大学** | 128 |
| 宝仙学園短期大学 | 128 |
| **放送大学** | 104 |
| 放送大学 | 104 |
| 望陀農校 | 108 |
| **報徳学園高等学校** | 305 |
| 報徳学園高等学校 | 305 |
| 報徳実業学校 | 305 |
| 報徳商業学校 | 305 |
| 豊南工業学校 | 153 |
| **豊南高等学校** | 153 |
| 豊南高等学校 | 153 |
| 豊南商業学校 | 153 |
| 豊南商業高等学校 | 153 |
| 豊農塾 | 312 |
| 防府北高等学校 | 353 |
| 防府工業学校 | 353 |
| **防府高等学校** | 353 |
| 防府高等学校 | 353 |
| 防府高等女学校 | 353 |
| 防府商業学校 | 353 |
| **防府商業高等学校** | 353 |
| 防府商業高等学校 | 353 |
| 防府商工高等学校 | 353 |
| 防府女子高等学校 | 353 |
| 防府中学校 | 353 |
| **防府西高等学校** | 353 |
| 防府西高等学校 | 353 |
| 防府南高等学校 | 353 |
| **豊北高等学校** | 353 |

| 校名 | 頁 |
|---|---|
| 豊北高等学校 | 353 |
| 鳳鳴義塾 | 299 |
| 鳳鳴高等学校 | 299 |
| 鳳鳴中学校 | 299 |
| **保谷高等学校** | 153 |
| 保谷高等学校 | 153 |
| **朋優学院高等学校** | 153 |
| 朋優学院高等学校 | 153 |
| **鳳来寺高等学校** | 246 |
| 鳳来寺女子高等学園 | 246 |
| 鳳来寺女子農学校 | 246 |
| **法隆寺国際高等学校** | 312 |
| 法隆寺国際高等学校 | 312 |
| **宝陵高等学校** | 246 |
| 宝陵高等学校 | 246 |
| 北海道岩内中学校 | 6 |
| 北海道上士別高等学校 | 14 |
| 北海道標津実科高等女学校 | 14 |
| 北海道長沼高等学校 | 17 |
| 北海道南茅部漁業高等学校 | 22 |
| 北越興商会付属新潟商業学校 | 181 |
| **北山高等学校** | 431 |
| 北山高等学校 | 431 |
| 北松高等学校 | 399 |
| **北照高等学校** | 20 |
| 北照高等学校 | 21 |
| 北松高等学校今福分校 | 399 |
| 北松南高等学校 | 396 |
| **北松西高等学校** | 398 |
| 北松西高等学校 | 399 |
| 北松西高等学校宇久校舎 | 394 |
| 北松西高等学校宇久分校 | 394 |
| **北松農業高等学校** | 399 |
| 北松農業高等学校 | 399 |
| 北松農業高等学校今福分校 | 399 |
| 北神工業学校 | 305 |
| 北神高等学校 | 305 |
| 北神商業学校 | 305 |
| 北星学園高等学校 | 21 |
| **北星学園女子高等学校** | 21 |
| 北星学園女子高等学校 | 21 |
| 北星学園女子短期大学 | 4 |
| **北星学園大学** | 2 |
| 北星学園大学 | 2 |
| **北星学園大学短期大学部** | 4 |
| 北星学園大学短期大学部 | 4 |
| **北星学園大学附属高等学校** | 21 |
| 北星学園大学附属高等学校 | 21 |
| 北星学園男子高等学校 | 21 |
| **北星学園余市高等学校** | 21 |
| 北星学園余市高等学校 | 21 |
| **北星高等学校** | 253 |
| 北星高等学校 | 253 |
| 北星高等女学校 | 21 |
| 北星女学校 | 21 |
| **北摂三田高等学校** | 306 |
| 北摂三田高等学校 | 306 |

| 校名 | 頁 | 校名 | 頁 |
|---|---|---|---|
| 北総高等学校 | 75 | 鉾田第二高等学校 | 74 |
| 北空知農業専修学校 | 20 | 鉾田第二高等学校 | 74 |
| **北筑高等学校** | 385 | 鉾田中学校 | 74 |
| 北筑高等学校 | 385 | **鉾田農業高等学校** | 74 |
| 北豆高等女学校 | 228 | 鉾田農業高等学校 | 74 |
| 北都工業短期大学 | 175 | 星製薬商業学校 | 124 |
| **北斗高等学校** | 30 | **星野高等学校** | 101 |
| 北斗高等学校 | 31 | 星野高等学校 | 101 |
| **北杜高等学校** | 199 | 星野塾 | 95 |
| 北杜高等学校 | 199 | 星野塾 | 101 |
| **北部工業高等学校** | 431 | 星野女子高等学校 | 101 |
| 北部工業高等学校 | 431 | 星薬学専門学校 | 124 |
| 北部高等学校 | 207 | 星薬業講習会 | 124 |
| 北部実業女学校 | 409 | **星薬科大学** | 124 |
| 北部実業補修学校 | 409 | 星薬科大学 | 124 |
| 北部農学校 | 207 | **保善高等学校** | 153 |
| **北部農林高等学校** | 431 | 保善高等学校 | 153 |
| 北部農林高等学校 | 431 | **細田学園高等学校** | 101 |
| 北陽工業学校 | 287 | 細田学園高等学校 | 101 |
| **北陽高等学校** | 287 | 細田学園女子高等学校 | 101 |
| 北陽高等学校 | 287 | 細田裁縫女学校 | 101 |
| 北陽高等学校 | 344 | 細田女子高等学校 | 101 |
| 北陽商業学校 | 287 | 武尊高等学校 | 85 |
| 北予高等学校 | 367 | 穂高高等学校 | 208 |
| 北予中学校 | 367 | **穂高商業高等学校** | 208 |
| **北陸大谷高等学校** | 192 | 穂高商業高等学校 | 208 |
| 北陸大谷高等学校 | 192 | 穂高農業学校 | 208 |
| **北陸学院高等学校** | 192 | 穂高農業高等学校 | 208 |
| 北陸学院高等学校 | 192 | **北海道栄高等学校** | 21 |
| **北陸学院短期大学** | 189 | 北海英語学校 | 21 |
| 北陸学院短期大学 | 189 | 北海学園北見女子短期大学 | 2 |
| 北陸学院保育短期大学 | 189 | 北海学園北見大学 | 2 |
| **北陸高等学校** | 195 | 北海学園北見短期大学 | 2 |
| 北陸高等学校 | 195 | **北海学園札幌高等学校** | 21 |
| 北陸専修学院 | 195 | 北海学園札幌高等学校 | 21 |
| **北陸先端科学技術大学院大学** | 188 | **北海学園大学** | 2 |
| 北陸先端科学技術大学院大学 | 188 | 北海学園大学 | 2 |
| **北陸大学** | 188 | **北海高等学校** | 21 |
| 北陸大学 | 188 | 北海高等学校 | 21 |
| 北陸中学校 | 195 | 北海高等女学校 | 11 |
| 北陸電波学校 | 189 | **北海商科大学** | 2 |
| 北陸電波高等学校 | 189 | 北海商科大学 | 2 |
| 北陸電波専門学校 | 189 | 北海商業学校 | 21 |
| **北稜高等学校（京都・府）** | 268 | 北海女学校 | 11 |
| 北稜高等学校 | 268 | 北海中学校 | 21 |
| **北稜高等学校（熊本・県）** | 405 | 北海道浅井学園大学 | 1 |
| 北稜高等学校 | 405 | 北海道浅井学園大学短期大学部 | 3 |
| **北陵高等学校** | 392 | 北海道旭川師範学校 | 2 |
| 北陵高等学校 | 392 | 北海道池田中学校 | 6 |
| **北嶺高等学校** | 21 | **北海道医療大学** | 2 |
| 北嶺高等学校 | 21 | 北海道医療大学 | 2 |
| 北和女子高等学校 | 309 | 北海道栄養学校 | 3 |
| 鉾田高等学校 | 74 | 北海道栄養学校 | 4 |
| 鉾田高等女学校 | 74 | 北海道栄養短期大学 | 3 |
| 鉾田女子高等学校 | 74 | 北海道栄養短期大学 | 4 |
| **鉾田第一高等学校** | 74 | 北海道栄養短期大学附属高等学校 | 21 |
| 鉾田第一高等学校 | 74 | 北海道恵庭高等学校漁分校 | 7 |

| 校名 | 頁 |
|---|---|
| 北海道恵庭南高等学校 | 7 |
| 北海道音更高等学校 | 8 |
| 北海道学芸大学 | 2 |
| 北海道北桧山高等学校瀬棚分校 | 15 |
| **北海道教育大学** | 2 |
| 北海道教育大学 | 2 |
| 北海道釧路商業高等学校 | 10 |
| 北海道工業高等学校 | 21 |
| **北海道工業大学** | 2 |
| 北海道工業大学 | 2 |
| 北海道高等女学校 | 22 |
| 北海道桜丘高等学校 | 21 |
| 北海道札幌師範学校 | 2 |
| 北海道佐呂間高等学校 | 13 |
| 北海道産業短期大学 | 1 |
| **北海道自動車短期大学** | 4 |
| 北海道自動車短期大学 | 4 |
| 北海道師範学校 | 2 |
| 北海道師範学校函館分校 | 2 |
| 北海道標津高等女学校 | 14 |
| **北海道尚志学園高等学校** | 21 |
| 北海道尚志学園高等学校 | 21 |
| **北海道情報大学** | 2 |
| 北海道情報大学 | 2 |
| 北海道女子栄養学校 | 2 |
| 北海道女子栄養学校 | 4 |
| 北海道女子高等技芸学校 | 13 |
| 北海道女子大学 | 1 |
| 北海道女子大学短期大学部 | 3 |
| 北海道女子短期大学 | 3 |
| 北海道尋常師範学校 | 2 |
| 北海道青年師範学校 | 2 |
| 北海道第一師範学校 | 2 |
| 北海道第二師範学校 | 2 |
| 北海道第三師範学校 | 2 |
| **北海道大学** | 2 |
| 北海道大学 | 2 |
| 北海道拓殖短期大学 | 3 |
| 北海道庁立高等女学校 | 22 |
| 北海道庁立実業補習学校教員養成所 | 2 |
| 北海道庁立水産学校 | 8 |
| 北海道庁立青年学校教員養成所 | 2 |
| 北海道庁立第二中学校 | 12 |
| 北海道庁立中学校 | 23 |
| 北海道帝国大学農学部 | 2 |
| 北海道帝国大学農科大学 | 2 |
| 北海道帝国大学附属土木専門部 | 3 |
| **北海道東海大学** | 2 |
| 北海道東海大学 | 2 |
| 北海道西足寄高等学校 | 5 |
| 北海道西高等学校分校 | 12 |
| 北海道日大高等学校 | 21 |
| 北海道函館師範学校 | 2 |
| 北海道浜益高等学校 | 19 |
| **北海道文教大学** | 2 |
| 北海道文教大学 | 3 |
| **北海道文教大学短期大学部** | 4 |
| 北海道文教大学短期大学部 | 4 |
| **北海道文教大学明清高等学校** | 21 |
| 北海道文教大学明清高等学校 | 21 |
| 北海道文教短期大学 | 4 |
| 北海道文理科短期大学 | 4 |
| 北海道南茅部漁業高等学校 | 22 |
| **北海道武蔵女子短期大学** | 4 |
| 北海道武蔵女子短期大学 | 4 |
| **北海道薬科大学** | 3 |
| 北海道薬科大学 | 3 |
| 北海道酪農義塾 | 3 |
| 北海ドレスメーカー女学園 | 1 |
| 北海ドレスメーカー女学園 | 3 |
| 法勝寺高等学校 | 319 |
| 法勝寺実業高等学校 | 319 |
| 北方高等学校 | 215 |
| **保土ケ谷高等学校** | 171 |
| 保土ケ谷高等学校 | 171 |
| 程谷町立実科高等女学校 | 166 |
| **保原高等学校** | 66 |
| 保原高等学校 | 66 |
| 保原高等女学校 | 66 |
| 保原中学校 | 66 |
| **穂別高等学校** | 21 |
| 穂別高等学校 | 21 |
| 鳳来寺高等学校 | 246 |
| **堀川高等学校** | 268 |
| 堀川高等学校 | 268 |
| 堀川高等学校（音楽課程） | 265 |
| 堀越高等学校 | 131 |
| **堀越高等学校** | 153 |
| 堀越高等学校 | 153 |
| 堀越高等女学校 | 131 |
| 堀越高等女学校 | 153 |
| **堀之内高等学校** | 182 |
| 堀之内高等学校 | 182 |
| 幌泉高等学校 | 7 |
| **幌加内高等学校** | 21 |
| 幌加内高等学校 | 21 |
| 幌加内農業高等学校 | 21 |
| 幌別高等学校 | 18 |
| 幌向高等学校 | 17 |
| 本河内小神学校 | 396 |
| 本郷家政女学校 | 153 |
| 本郷区高等家政女学校 | 154 |
| 本郷区実科女学校 | 154 |
| 本郷区第一女子実業補習学校 | 154 |
| 本郷工業学校 | 136 |
| 本郷工業高等学校 | 342 |
| 本郷高等家政女学校 | 154 |
| **本郷高等学校** | 153 |
| 本郷高等学校 | 153 |
| 本郷高等学校 | 209 |
| 本郷商業家政女学校 | 153 |
| 本郷女学院 | 153 |
| 本郷女子商業学校 | 154 |
| 本郷中学校 | 153 |

| | | | |
|---|---:|---|---:|
| 本州女子短期大学 | 201 | 米谷高等学校 | 46 |
| 本州大学 | 201 | **前沢高等学校** | 37 |
| 本庄家政高等学校 | 101 | 前沢高等学校 | 37 |
| **本庄北高等学校** | 101 | 前沢高等女学校 | 37 |
| 本庄北高等学校 | 101 | 前沢女子職業専修学校 | 37 |
| 本庄高等家政女学校 | 101 | 前沢町立実科高等女学校 | 37 |
| **本庄高等学校（埼玉・県）** | 101 | 前津商業学校（夜間） | 244 |
| 本庄高等学校 | 101 | 前田高等女学校 | 141 |
| **本庄高等学校（宮崎・県）** | 417 | 前橋医学専門学校 | 83 |
| 本庄高等学校 | 417 | 前橋医科大学 | 83 |
| **本荘高等学校** | 52 | 前橋育英学園短期大学 | 83 |
| 本荘高等学校 | 52 | **前橋育英高等学校** | 88 |
| 本庄高等実践女学校 | 101 | 前橋育英高等学校 | 88 |
| 本荘高等女学校 | 52 | 前橋英和女学校 | 85 |
| 本庄女子高等学校 | 101 | **前橋工科大学** | 83 |
| **本庄第一高等学校** | 101 | 前橋工科大学 | 83 |
| 本庄第一高等学校 | 101 | 前橋工業学校 | 88 |
| 本荘中学校 | 52 | **前橋工業高等学校** | 88 |
| 本庄農学校 | 417 | 前橋工業高等学校 | 88 |
| **本庄東高等学校** | 101 | **前橋高等学校（群馬・県）** | 88 |
| 本庄東高等学校 | 101 | **前橋高等学校（前橋・市）** | 89 |
| 本所区業平工業学校 | 133 | 前橋高等学校 | 89 |
| 本所工業学校 | 133 | 前橋高等女学校 | 89 |
| 本所工業高等学校 | 133 | 前橋商業学校 | 89 |
| 本所工業新制高等学校 | 133 | **前橋商業高等学校** | 89 |
| **本所高等学校** | 153 | 前橋商業高等学校 | 89 |
| 本所高等学校 | 153 | 前橋商業高等学校大胡分校 | 89 |
| 本所高等女学校 | 153 | 前橋商工学校 | 89 |
| 本所新制高等学校 | 153 | **前橋女子高等学校** | 89 |
| 本田裁縫女子学校 | 134 | 前橋女子高等学校 | 89 |
| 本渡高等女学校 | 401 | 前橋市立工業短期大学 | 83 |
| **本別高等学校** | 21 | 前橋市立高等家政女学校 | 89 |
| 本別高等学校 | 21 | 前橋市立高等女学校 | 89 |
| 本別高等学校西足寄分校 | 5 | 前橋市立商業学校 | 89 |
| 本別中学校 | 21 | 前橋市立女子高等学校 | 89 |
| | | **前橋清陵高等学校** | 89 |
| | | 前橋清陵高等学校 | 89 |
| | | 前橋第二工業学校 | 89 |
| **【ま】** | | 前橋第二高等学校 | 89 |
| | | 前橋中学校 | 89 |
| **舞岡高等学校** | 171 | 前橋中学校利根分校 | 88 |
| 舞岡高等学校 | 171 | **前橋西高等学校** | 89 |
| まいかい女学校 | 331 | 前橋西高等学校 | 89 |
| **舞子高等学校** | 306 | **前橋東高等学校** | 89 |
| 舞子高等学校 | 306 | 前橋東高等学校 | 89 |
| **舞鶴工業高等専門学校** | 263 | **前橋東商業高等学校** | 89 |
| 舞鶴工業高等専門学校 | 263 | 前橋東商業高等学校 | 89 |
| 舞鶴高等女学校 | 267 | 前橋保育専門学校 | 83 |
| 舞鶴裁縫女学校 | 267 | **前橋南高等学校** | 89 |
| 舞鶴第一高等女学校 | 267 | 前橋南高等学校 | 89 |
| 舞鶴第一中学校 | 267 | **前原高等学校** | 431 |
| 舞鶴中学校 | 267 | 前原高等学校 | 431 |
| **米原高等学校** | 258 | 前原女子技芸学校 | 377 |
| 米原高等学校 | 258 | 前原女子実業補習学校 | 377 |
| **米谷工業高等学校** | 46 | 真壁郡立実科高等女学校 | 71 |
| 米谷工業高等学校 | 46 | **真壁高等学校** | 74 |
| | | 真壁高等学校 | 74 |

| | | | |
|---|---:|---|---:|
| 巻工業高等学校 | 182 | 増谷高等女学校 | 300 |
| **巻高等学校** | 182 | 増谷裁縫女学校 | 300 |
| 巻高等学校 | 182 | 増谷女学校 | 300 |
| 牧高等学校 | 310 | 益田農林学校 | 323 |
| 牧郷教員養成所 | 205 | 益田農林高等学校 | 323 |
| 巻女子高等学校 | 182 | **益田東高等学校** | 323 |
| **巻総合高等学校** | 182 | 益田東高等学校 | 323 |
| 巻総合高等学校 | 182 | 増穂高等学校 | 199 |
| **牧園高等学校** | 427 | **増穂商業高等学校** | 199 |
| 牧園高等学校 | 427 | 増穂商業高等学校 | 199 |
| 巻中学校 | 182 | 町田学園女子高等学校 | 138 |
| 巻農学校 | 182 | **町田工業高等学校** | 153 |
| 巻農業高等学校 | 182 | 町田工業高等学校 | 153 |
| **牧野高等学校** | 287 | **町田高等学校** | 153 |
| 牧野高等学校 | 287 | 町田高等学校 | 153 |
| 牧之原高等学校 | 427 | 町田高等学校山崎分校 | 143 |
| 幕張北高等学校 | 115 | 町田高等女学校 | 153 |
| **幕張総合高等学校** | 115 | 町田女学校 | 153 |
| 幕張総合高等学校 | 115 | 町田報徳学舎 | 138 |
| 幕張西高等学校 | 115 | **松井田高等学校** | 89 |
| 幕張東高等学校 | 115 | 松井田高等学校 | 89 |
| **幕別高等学校** | 21 | 松井田高等女学校 | 89 |
| 幕別高等学校 | 21 | 松浦園芸高等学校 | 399 |
| **枕崎高等学校** | 427 | **松浦高等学校** | 399 |
| 枕崎高等学校 | 427 | 松浦高等学校 | 399 |
| 枕崎高等女学校 | 427 | **松浦東高等学校** | 399 |
| 枕崎水産学校 | 423 | 松浦東高等学校 | 399 |
| 枕崎造船水産学校 | 423 | 松浦洋裁学院 | 404 |
| **増毛高等学校** | 21 | 松浦洋裁教習所 | 404 |
| 増毛高等学校 | 21 | **松栄学園高等学校** | 101 |
| 増毛高等女学校 | 21 | 松栄学園高等学校 | 101 |
| 増毛実科高等女学校 | 21 | 松江家政高等学校 | 321 |
| **益子高等学校** | 81 | **松江北高等学校** | 323 |
| 益子高等学校 | 81 | 松江北高等学校 | 323 |
| 益子高等学校 | 82 | 松江工業学校 | 323 |
| **益子芳星高等学校** | 82 | **松江工業高等学校** | 323 |
| 益子芳星高等学校 | 82 | 松江工業高等学校 | 323 |
| 益田高等学校 | 217 | **松江工業高等専門学校** | 320 |
| 増田高等女学校 | 52 | 松江工業高等専門学校 | 320 |
| **益田清風高等学校** | 217 | 松江高等学校 | 320 |
| 益田清風高等学校 | 217 | 松江高等学校 | 323 |
| 益田南高等学校 | 217 | 松江高等経理学校 | 323 |
| 益田学園高等学校 | 323 | 松江高等実践女学校 | 321 |
| 益田工業高等学校 | 323 | 松江高等女学校 | 323 |
| 益田高等学校 | 217 | 松江産業高等学校 | 323 |
| **益田高等学校** | 323 | 松江師範学校 | 320 |
| 益田高等学校 | 323 | 松江商業学校 | 323 |
| **増田高等学校** | 52 | **松江商業高等学校** | 323 |
| 増田高等学校 | 52 | 松江商業高等学校 | 323 |
| 益田高等経理学校 | 324 | 松江女子師範学校 | 320 |
| 益田産業高等学校 | 323 | 松江市立家政高等女学校 | 323 |
| 益田産業高等学校七日市分校 | 324 | 松江市立工業学校修道館 | 323 |
| 益田商業高等学校 | 324 | 松江市立高等学校 | 323 |
| **益田翔陽高等学校** | 323 | 松江市立高等女学校 | 323 |
| 益田翔陽高等学校 | 323 | 松江市立女子技芸学校 | 323 |
| 益田町立女子技芸学校 | 323 | **松江市立女子高等学校** | 323 |
| 増谷高等家政女学校 | 300 | 松江市立女子高等学校 | 323 |

まつえたい

| 校名 | 頁 |
|---|---|
| 松江第一工業学校 | 323 |
| 松江第一高等学校 | 321 |
| 松江第一高等学校 | 323 |
| 松江第二高等学校 | 323 |
| 松江中学校 | 323 |
| **松江西高等学校** | 323 |
| 松江西高等学校 | 323 |
| 松江日本大学高等学校 | 324 |
| 松江農林学校 | 323 |
| **松江農林高等学校** | 323 |
| 松江農林高等学校 | 323 |
| **松江東高等学校** | 323 |
| 松江東高等学校 | 323 |
| 松江被服専修女学校 | 321 |
| 松江簿記学校 | 323 |
| 松江ミシン裁縫女学院 | 321 |
| **松江南高等学校** | 323 |
| 松江南高等学校 | 323 |
| **松江南高等学校宍道分校** | 323 |
| 松江南高等学校宍道分校 | 323 |
| 松江洋裁女学校 | 321 |
| 松丘高等学校 | 72 |
| **松尾高等学校** | 115 |
| 松尾高等学校 | 115 |
| 松尾高等女学校 | 115 |
| 松尾実業学校 | 115 |
| **松が谷高等学校** | 153 |
| 松が谷高等学校 | 153 |
| **真狩高等学校** | 21 |
| 真狩高等学校 | 21 |
| **松川高等学校** | 208 |
| 松川高等学校 | 208 |
| **松阪工業高等学校** | 253 |
| 松阪工業高等学校 | 253 |
| **松阪高等学校** | 253 |
| 松阪高等学校 | 253 |
| 松阪商業学校 | 253 |
| **松阪商業高等学校** | 253 |
| 松阪商業高等学校 | 253 |
| 松阪女子高等学校 | 253 |
| 松阪女子短期大学 | 248 |
| 松阪大学 | 248 |
| 松阪中学校 | 253 |
| 松阪南高等学校 | 253 |
| 松崎高等学校 | 225 |
| **松崎高等学校** | 228 |
| 松崎高等学校 | 228 |
| 松崎高等女学校 | 228 |
| 松崎実業学校 | 228 |
| 松崎実業女学校 | 386 |
| 松崎町立女子技芸学校 | 228 |
| **松島高等学校** | 46 |
| 松島高等学校 | 46 |
| **松島商業高等学校** | 405 |
| **松商学園高等学校** | 208 |
| 松商学園高等学校 | 208 |
| 松商学園短期大学 | 202 |

| 校名 | 頁 |
|---|---|
| **松代高等学校（新潟・県）** | 182 |
| 松代高等学校 | 182 |
| **松代高等学校（長野・県）** | 208 |
| 松代高等学校 | 209 |
| 松代高等女学校 | 209 |
| 松代実科高等女学校 | 209 |
| 松代実業学校 | 209 |
| 松代商業学校 | 209 |
| 松代女子商業学校 | 209 |
| 松代町立乙種農業学校 | 209 |
| 松代町立乙種商学校 | 209 |
| **松平高等学校** | 246 |
| 松平高等学校 | 246 |
| 松田高等家政女学校 | 168 |
| **茨田高等学校** | 288 |
| 茨田高等学校 | 288 |
| 松田高等実業学校 | 168 |
| 松田女子高等学校 | 168 |
| 松田女子商業学校 | 168 |
| 松田和洋裁縫学校 | 168 |
| **松戸秋山高等学校** | 115 |
| 松戸秋山高等学校 | 115 |
| 松任高等学校 | 191 |
| **松任高等学校** | 192 |
| 松任高等学校 | 192 |
| 松任高等女学校 | 190 |
| 松任高等女学校 | 191 |
| 松任女子実業学校 | 190 |
| 松任農学校 | 190 |
| 松任農学校 | 191 |
| 松任農業高等学校 | 191 |
| **松戸高等学校** | 115 |
| 松戸高等学校 | 115 |
| 松戸高等女学校 | 115 |
| **松戸国際高等学校** | 115 |
| 松戸国際高等学校 | 115 |
| 松戸実科高等女学校 | 115 |
| 松戸東高等学校 | 115 |
| **松戸馬橋高等学校** | 115 |
| 松戸馬橋高等学校 | 116 |
| **松戸南高等学校** | 116 |
| 松戸南高等学校 | 116 |
| **松戸六実高等学校** | 116 |
| 松戸六実高等学校 | 116 |
| **松戸矢切高等学校** | 116 |
| 松戸矢切高等学校 | 116 |
| **松永高等学校** | 345 |
| 松永高等学校 | 345 |
| 松永高等女学校 | 345 |
| 松永裁縫教授所 | 229 |
| 松野実業学校 | 298 |
| **松橋高等学校** | 406 |
| 松橋高等学校 | 406 |
| 松橋高等女学校 | 406 |
| **松原高等学校（東京・都）** | 153 |
| 松原高等学校 | 153 |
| **松原高等学校（大阪・府）** | 288 |

| 校名 | 頁 |
|---|---|
| 松原高等学校 | 288 |
| **松伏高等学校** | 101 |
| 松伏高等学校 | 102 |
| **松前高等学校** | 21 |
| 松前高等学校 | 21 |
| 松村裁縫速進教授所 | 256 |
| **松本県ヶ丘高等学校** | 209 |
| 松本県ヶ丘高等学校 | 209 |
| **松本蟻ヶ崎高等学校** | 209 |
| 松本蟻ヶ崎高等学校 | 209 |
| 松本医学専門学校 | 201 |
| 松本医科大学 | 201 |
| 松本医学校英学科 | 209 |
| 松本学校 | 342 |
| 松本工業学校 | 209 |
| **松本工業高等学校** | 209 |
| 松本工業高等学校 | 209 |
| 松本高等家政学校 | 204 |
| 松本高等家政女学校 | 209 |
| 松本高等学校 | 201 |
| 松本高等女学校 | 209 |
| **松本歯科大学** | 201 |
| 松本歯科大学 | 201 |
| 松本商業学校 | 208 |
| 松本商業高等学校女子部 | 342 |
| 松本商業高等学校女子部 | 343 |
| 松本商業実務学校 | 342 |
| **松本松南高等学校** | 209 |
| 松本松南高等学校 | 209 |
| 松本女子実業学校 | 209 |
| 松本女子職業学校 | 209 |
| 松本女専高等学校 | 206 |
| 松本市立高等学校 | 209 |
| 松本市立高等女学校 | 209 |
| 松本市立女子商業学校 | 209 |
| 松本市立中学校 | 209 |
| **松本第一高等学校** | 209 |
| 松本第一高等学校 | 209 |
| 松本第二高等女学校 | 209 |
| 松本第二中学校 | 209 |
| **松本大学** | 201 |
| 松本大学 | 201 |
| **松本大学松商短期大学部** | 202 |
| 松本大学松商短期大学部 | 202 |
| **松本短期大学** | 202 |
| 松本短期大学 | 202 |
| **松本筑摩高等学校** | 209 |
| 松本筑摩高等学校 | 209 |
| 松本中学校 | 209 |
| 松本中学校飯田支校 | 202 |
| 松本中学校大町分校 | 204 |
| **松本深志高等学校** | 209 |
| 松本深志高等学校 | 209 |
| 松本真澄高等学校 | 209 |
| **松本美須々ヶ丘高等学校** | 209 |
| 松本美須々ヶ丘高等学校 | 209 |
| 松山北高等学校 | 367 |

| 校名 | 頁 |
|---|---|
| 松山北高等学校 | 367 |
| **松山北高等学校中島分校** | 367 |
| 松山北高等学校中島分校 | 367 |
| 松山北高等学校北条分校 | 367 |
| 松山経済専門学校 | 363 |
| 松山県学校 | 368 |
| 松山工業学校 | 368 |
| **松山工業高等学校** | 367 |
| 松山工業高等学校 | 368 |
| **松山高等学校（宮城・県）** | 46 |
| 松山高等学校 | 47 |
| **松山高等学校（埼玉・県）** | 102 |
| 松山高等学校 | 102 |
| **松山高等学校（高梁・市）** | 333 |
| 松山高等学校 | 333 |
| 松山高等学校 | 363 |
| 松山高等学校 | 367 |
| 松山高等商業学校 | 363 |
| 松山高等女学校 | 47 |
| 松山高等女学校 | 368 |
| 松山裁縫傳習所 | 366 |
| 松山実科高等女学校 | 46 |
| **松山東雲高等学校** | 368 |
| 松山東雲高等学校 | 368 |
| 松山東雲高等女学校 | 368 |
| **松山東雲女子大学** | 363 |
| 松山東雲女子大学 | 363 |
| **松山東雲短期大学** | 363 |
| 松山東雲短期大学 | 363 |
| 松山商科大学 | 363 |
| 松山商科大学短期大学部 | 363 |
| 松山商業学校 | 368 |
| **松山商業高等学校** | 368 |
| 松山商業高等学校 | 368 |
| 松山商業女学校 | 366 |
| **松山城南高等学校** | 368 |
| 松山城南高等学校 | 368 |
| 松山城南中学校 | 368 |
| 松山城北高等学校 | 367 |
| 松山女学校 | 368 |
| **松山女子高等学校** | 102 |
| 松山女子高等学校 | 102 |
| 松山女子裁縫研究会 | 366 |
| 松山女子商業学校 | 366 |
| 松山女子商業高等学校 | 366 |
| 松山女子専修学校 | 46 |
| 松山市立工業学校 | 367 |
| 松山市立工業徒弟学校 | 367 |
| **松山聖陵高等学校** | 368 |
| 松山聖陵高等学校 | 368 |
| 松山第一高等学校 | 368 |
| 松山第二高等学校 | 368 |
| **松山大学** | 363 |
| 松山大学 | 363 |
| **松山短期大学** | 363 |
| 松山短期大学 | 363 |
| 松山中央高等学校 | 368 |

| | |
|---|---|
| 松山中央高等学校 | 368 |
| 松山中学校 | 102 |
| 松山中学校 | 368 |
| **松山西高等学校** | 368 |
| 松山西高等学校 | 368 |
| 松山農業学校 | 365 |
| 松山農業高等学校 | 367 |
| 松山農業高等学校中島分校 | 367 |
| **松山東高等学校** | 368 |
| 松山東高等学校 | 368 |
| 松山美善女学校 | 366 |
| **松山南高等学校** | 368 |
| 松山南高等学校 | 368 |
| 松山南高等学校伊予分校 | 364 |
| 松山南高等学校工業部 | 368 |
| **松山南高等学校砥部分校** | 368 |
| 松山南高等学校砥部分校 | 368 |
| 松山夜学校 | 368 |
| マハヤナ学園 | 139 |
| **真備陵南高等学校** | 333 |
| 真備陵南高等学校 | 333 |
| **真室川高等学校** | 56 |
| 真室川高等学校 | 56 |
| **摩耶兵庫高等学校** | 306 |
| 摩耶兵庫高等学校 | 306 |
| **丸岡高等学校** | 195 |
| 丸岡高等学校 | 195 |
| **丸岡高等学校城東分校** | 195 |
| 丸岡高等学校城東分校 | 195 |
| **丸亀高等学校** | 362 |
| 丸亀高等学校 | 362 |
| 丸亀商業学校 | 362 |
| 丸亀商業高等学校 | 362 |
| 丸亀商工学校 | 362 |
| 丸亀商工高等学校 | 362 |
| 丸亀商工高等学校工業科 | 362 |
| **丸亀城西高等学校** | 362 |
| 丸亀城西高等学校 | 362 |
| 丸亀女子教員養成学校 | 359 |
| 丸亀女子高等学校 | 362 |
| 丸亀尋常中学校 | 362 |
| 丸亀第一高等学校 | 362 |
| 丸亀第二高等学校 | 362 |
| 丸亀中学校 | 362 |
| 丸亀中学校三豊分校 | 360 |
| 丸亀電気通信工業学校 | 362 |
| 丸亀和洋裁縫女学校 | 359 |
| 丸子高等学校 | 209 |
| 丸子高等女学校 | 209 |
| 丸子実科高等女学校 | 209 |
| **丸子実業高等学校** | 209 |
| 丸子実業高等学校 | 209 |
| 丸子農商学校 | 209 |
| **真和志高等学校** | 431 |
| 真和志高等学校 | 431 |
| **万場高等学校** | 89 |
| 万場高等学校 | 89 |

## 【み】

| | |
|---|---|
| 三池郡立実科高等女学校 | 377 |
| **三池工業高等学校** | 385 |
| 三池工業高等学校 | 385 |
| **三池高等学校** | 385 |
| 三池高等学校 | 385 |
| 三池高等女学校 | 377 |
| 三池中学校 | 385 |
| 三池農業高等学校 | 377 |
| 三池南高等学校 | 385 |
| **三井高等学校** | 385 |
| 三井高等学校 | 386 |
| 三井実業女学校 | 386 |
| 三井女学校 | 386 |
| **三井中央高等学校** | 386 |
| 三井中央高等学校 | 386 |
| 三井農学校 | 379 |
| **三浦高等学校** | 171 |
| 三浦高等学校 | 171 |
| 三浦中学校 | 171 |
| **三浦臨海高等学校** | 171 |
| 三浦臨海高等学校 | 171 |
| 三重県明野高等学校 | 249 |
| 三重県上野工業学校 | 249 |
| 三重県上野工業学校 | 250 |
| 三重県上野高等学校 | 249 |
| 三重県上野高等学校 | 250 |
| 三重県上野高等学校春日分校 | 249 |
| 三重県上野高等学校西柘植分校 | 249 |
| 三重県上野商業学校 | 250 |
| 三重県上野商工高等学校 | 249 |
| 三重県上野南高等学校 | 249 |
| 三重県上野南高等学校 | 250 |
| 三重県上野南高等学校西柘植分校 | 249 |
| 三重県鵜方高等学校 | 251 |
| 三重県宇治山田高等学校 | 249 |
| 三重県宇治山田高等学校 | 250 |
| 三重県宇治山田高等女学校 | 250 |
| 三重県宇治山田実業高等学校 | 249 |
| 三重県宇治山田実業高等学校 | 250 |
| 三重県宇治山田実業高等学校夜間部（定時制課程） | 249 |
| 三重県宇治山田商業学校 | 250 |
| 三重県宇治山田商工高等学校 | 249 |
| 三重県宇治山田商工高等学校 | 250 |
| 三重県尾鷲高等学校 | 250 |
| 三重県尾鷲町立中学校 | 250 |
| 三重県粥見高等学校 | 249 |
| 三重県河芸高等女学校 | 251 |
| 三重県河原田高等学校 | 253 |
| 三重県勧業試験場 | 248 |
| 三重県神戸高等学校 | 251 |
| 三重県木本中学校 | 251 |

| 校名 | 頁 |
|---|---|
| 三重県神戸高等学校 | 251 |
| 三重県五ヶ所高等学校 | 253 |
| 三重県志摩郡立水産学校 | 253 |
| 三重県志摩高等学校 | 251 |
| 三重県志摩高等学校（鳥羽校舎） | 252 |
| 三重県志摩高等学校磯部校舎 | 251 |
| 三重県水産高等学校 | 253 |
| 三重県鈴鹿高等学校 | 251 |
| 三重県第一中学校 | 252 |
| 三重県第二中学校 | 253 |
| 三重県第三尋常中学校 | 249 |
| 三重県第三中学校 | 250 |
| 三重県津高等学校 | 252 |
| 三重県津女子高等学校 | 252 |
| 三重県鳥羽高等学校 | 252 |
| 三重県鳥羽町立高等女学校 | 252 |
| 三重県富州原町立実科高等女学校 | 253 |
| 三重県名張高等学校 | 252 |
| 三重県農事講習所 | 248 |
| 三重県松阪北高等学校 | 253 |
| 三重県松阪北高等学校粥見分校 | 249 |
| 三重県松阪工業高等学校 | 253 |
| 三重県松阪高等学校 | 253 |
| 三重県松阪高等学校粥見分校 | 249 |
| 三重県松阪商業高等学校 | 253 |
| 三重県松阪中学校 | 253 |
| 三重県松阪南高等学校 | 253 |
| 三重県宮川高等学校 | 253 |
| 三重県木本高等学校 | 251 |
| 三重県山田高等学校 | 249 |
| 三重県山田高等学校 | 250 |
| 三重県山田高等学校高倉校舎 | 250 |
| 三重県四日市工業高等学校 | 253 |
| 三重県四日市高等学校 | 253 |
| 三重県四日市高等学校浜田部 | 253 |
| 三重県四日市実業高等学校 | 253 |
| 三重県四日市実業高等学校菰野分校 | 251 |
| **三重県立看護大学** | 248 |
| 三重県立看護大学 | 248 |
| 三重県立看護短期大学 | 248 |
| 三重県立工業学校 | 253 |
| 三重県立高等女学校 | 252 |
| **三重県立水産高等学校** | 253 |
| 三重県立水産高等学校 | 253 |
| 三重県立第四尋常中学校 | 250 |
| 三重県立第四中学校 | 250 |
| 三重県立農林学校 | 253 |
| 三重県立養蚕学校 | 248 |
| 三重県和具高等学校 | 253 |
| **三重高等学校** | 253 |
| 三重高等学校 | 253 |
| 三重高等学校 | 413 |
| 三重高等学校内田校舎 | 412 |
| 三重高等学校第一部 | 412 |
| 三重高等学校第二部 | 413 |
| 三重高等学校野津分校 | 412 |
| 三重高等学校東校舎 | 412 |
| 三重高等学校本校 | 413 |
| 三重高等学校三重校舎 | 412 |
| 三重高等女学校 | 412 |
| 三重師範学校 | 248 |
| 三重青年師範学校 | 248 |
| **三重総合高等学校** | 412 |
| 三重総合高等学校 | 413 |
| **三重大学** | 248 |
| 三重大学 | 248 |
| **三重短期大学** | 248 |
| 三重短期大学 | 248 |
| **三重中京大学** | 248 |
| 三重中京大学 | 248 |
| **三重中京大学短期大学部** | 248 |
| 三重中京大学短期大学部 | 248 |
| 三重西高等学校 | 413 |
| 三重農学校 | 254 |
| 三重農学校 | 413 |
| 三重農業高等学校 | 413 |
| **三重農業高等学校久住分校** | 413 |
| 三重農業高等学校久住分校 | 413 |
| 三重農林専門学校 | 248 |
| 三重東高等学校内田校舎 | 412 |
| 三重百日算簿記学校 | 249 |
| **みえ夢学園高等学校** | 253 |
| みえ夢学園高等学校 | 253 |
| 御影工業高等学校 | 298 |
| **御影高等学校** | 306 |
| 御影高等学校 | 306 |
| 三笠工業学校 | 22 |
| 三笠工業高等学校 | 22 |
| **三笠高等学校** | 22 |
| 三笠高等学校 | 22 |
| 美方高等学校 | 195 |
| 美方高等学校 | 195 |
| 三河高等学校 | 235 |
| **三木北高等学校** | 306 |
| 三木北高等学校 | 306 |
| **三木高等学校（兵庫・県）** | 306 |
| 三木高等学校 | 306 |
| **三木高等学校（香川・県）** | 362 |
| 三木高等学校 | 362 |
| 三木高等女学校 | 306 |
| 美木多高等学校 | 283 |
| 三木町立実科高等女学校 | 306 |
| **三木東高等学校** | 306 |
| 三木東高等学校 | 306 |
| **三国丘高等学校** | 288 |
| 三国ケ丘高等学校 | 288 |
| 三国丘高等学校 | 288 |
| **三国高等学校** | 195 |
| 三国高等学校 | 196 |
| 三国高等女学校 | 196 |
| 三国実業女子校 | 196 |
| 三国女子校 | 196 |
| 三国中学校 | 196 |
| 三崎高等学校 | 171 |

| 校名 | 頁 | 校名 | 頁 |
|---|---|---|---|
| **三崎高等学校** | 368 | **水口東高等学校** | 259 |
| 三崎高等学校 | 368 | 水沢協和女学院 | 37 |
| **岬高等学校（千葉・県）** | 116 | **水沢工業高等学校** | 37 |
| 岬高等学校 | 116 | 水沢工業高等学校 | 37 |
| **岬高等学校（大阪・府）** | 288 | **水沢高等学校** | 37 |
| 岬高等学校 | 288 | 水沢高等学校 | 37 |
| **三崎水産高等学校** | 171 | 水沢高等学校金ヶ崎分校（定時制課程） | 33 |
| 三崎水産高等学校 | 171 | 水沢高等女学校 | 37 |
| **三郷北高等学校** | 102 | 水沢実科高等女学校 | 37 |
| 三郷北高等学校 | 102 | 水沢商業学校 | 37 |
| **三郷工業技術高等学校** | 102 | **水沢商業高等学校** | 37 |
| 三郷工業技術高等学校 | 102 | 水沢商業高等学校 | 37 |
| **美里工業高等学校** | 431 | 水沢商業実践学校 | 37 |
| 美里工業高等学校 | 431 | 水沢女子協和塾 | 37 |
| **三郷高等学校** | 102 | 水沢女子高等学校 | 37 |
| 三郷高等学校 | 102 | **水沢第一高等学校** | 37 |
| **美里高等学校** | 431 | 水沢第一高等学校 | 37 |
| 美里高等学校 | 431 | 水沢中学校 | 37 |
| **三沢高等学校** | 31 | 水沢農学校 | 37 |
| 三沢高等学校 | 31 | **水沢農業高等学校** | 37 |
| **三沢商業高等学校** | 31 | 水沢農業高等学校 | 37 |
| 三沢商業高等学校 | 31 | **水島工業高等学校** | 333 |
| 三島学園女子高等学校 | 45 | 水島工業高等学校 | 333 |
| 三島学園女子専門学校 | 40 | **美鈴が丘高等学校** | 345 |
| 三島学園女子大学 | 39 | 美鈴が丘高等学校 | 345 |
| 三島学園女子短期大学 | 40 | **瑞浪高等学校** | 217 |
| **三島北高等学校** | 228 | 瑞浪高等学校 | 217 |
| 三島北高等学校 | 228 | **水橋高等学校** | 187 |
| 三島工業学校 | 229 | 水橋高等学校 | 187 |
| **三島高等学校（静岡・私）** | 228 | 水橋商業学校 | 186 |
| 三島高等学校 | 228 | 水原高等学校 | 176 |
| **三島高等学校（大阪・府）** | 288 | 水原高等学校本田分校 | 178 |
| 三島高等学校 | 288 | 水原高等学校安田分校 | 176 |
| **三島高等学校（愛媛・県）** | 368 | 水原農業高等学校 | 176 |
| 三島高等学校 | 368 | 瑞穂高等学校 | 235 |
| 三島高等女学校 | 228 | 瑞穂高等女学校 | 235 |
| 三島高等女学校 | 279 | 瑞穂短期大学 | 233 |
| 三島高等女学校 | 368 | **瑞穂農芸高等学校** | 153 |
| 三島実科高等女学校 | 228 | 瑞穂農芸高等学校 | 153 |
| 三島実科高等女学校 | 279 | **三潴高等学校** | 386 |
| 三島商業学校 | 228 | 三潴高等学校 | 386 |
| 三島商業学校 | 229 | 三潴中学校 | 386 |
| 三島女学校 | 365 | 水元高等学校 | 133 |
| 三島女子技芸学校 | 279 | **聖園学園短期大学** | 49 |
| 三島女子高等学校 | 228 | 聖園学園短期大学 | 49 |
| 三島第一高等学校 | 228 | **聖園女学院高等学校** | 171 |
| 三島第一高等学校 | 368 | 聖園女学院高等学校 | 171 |
| 三島第二高等学校 | 229 | 三田英学校 | 134 |
| 三島中学校 | 368 | 三田英学校 | 135 |
| **三島南高等学校** | 229 | 三鷹化学工業学校 | 144 |
| 三島南高等学校 | 229 | 三鷹化学工業学校 | 151 |
| **水口高等学校** | 258 | **三鷹高等学校** | 154 |
| 水口高等学校 | 258 | 三鷹高等学校 | 154 |
| 水口高等女学校 | 258 | 三鷹新制高等学校 | 154 |
| 水口中学校 | 258 | **三田高等学校** | 154 |
| 水口農林学校 | 258 | 三田高等学校 | 154 |
| **水口東高等学校** | 258 | 三田高等女学校 | 145 |

| 校名 | 頁 | 校名 | 頁 |
|---|---|---|---|
| 三田裁縫女学校 | 295 | 水戸市立高等女学校 | 74 |
| 三田実科女学校 | 295 | **水戸第一高等学校** | 74 |
| 三田尻女子高等学校 | 350 | 水戸第一高等学校 | 74 |
| 三田尻高等女学校 | 350 | 水戸第一商業高等学校 | 75 |
| 三田中学校 | 300 | **水戸第二高等学校** | 74 |
| 三谷水産学校 | 246 | 水戸第二高等学校 | 74 |
| **三谷水産高等学校** | 246 | 水戸第二高等学校大宮分校 | 70 |
| 三谷水産高等学校 | 246 | 水戸第二高等学校大宮分校 | 73 |
| 三田農業高等学校 | 295 | **水戸第三高等学校** | 74 |
| 三田農林学校 | 295 | 水戸第三高等学校 | 74 |
| 三田予備校 | 134 | **水戸短期大学** | 68 |
| 三田予備校 | 135 | 水戸短期大学 | 68 |
| 三井工業学校 | 385 | **水戸短期大学附属高等学校** | 74 |
| 水海道高等学校 | 74 | 水戸短期大学附属高等学校 | 75 |
| 水海道高等女学校 | 74 | 水戸短期大学附属水戸高等学校 | 74 |
| 水海道女子高等学校 | 74 | 水戸中学校 | 74 |
| **水海道第一高等学校** | 74 | 水戸中学校太田分校 | 69 |
| 水海道第一高等学校 | 74 | 水戸常磐女学校 | 73 |
| **水海道第二高等学校** | 74 | 水戸農学校 | 75 |
| 水海道第二高等学校 | 74 | **水戸農業高等学校** | 75 |
| 水海道中学校 | 74 | 水戸農業高等学校 | 75 |
| **三ヶ日高等学校** | 229 | 水戸農業高等学校石塚分校 | 71 |
| 三ヶ日高等学校 | 229 | **三刀屋高等学校** | 324 |
| 三ヶ日自彊学校 | 229 | 三刀屋高等学校 | 324 |
| 三ヶ日実科高等女学校 | 229 | **三刀屋高等学校掛合分校** | 324 |
| 三ヶ日実業学校 | 229 | 三刀屋高等学校掛合分校 | 324 |
| 三ヶ日町立自彊青年学校 | 229 | 三刀屋高等学校頓原分校 | 320 |
| 三ヶ日町立女子技芸学校 | 229 | 三刀屋中学校 | 324 |
| 御調郡土生町女子実業補習学校 | 336 | **三豊工業高等学校** | 362 |
| **御調高等学校** | 345 | 三豊工業高等学校 | 362 |
| 御調高等学校 | 345 | 三豊高等学校 | 360 |
| 御調農学校 | 345 | 三豊高等女学校 | 360 |
| **見附高等学校** | 182 | 三豊実科高等女学校 | 360 |
| 見附高等学校 | 182 | 三豊実業女学校 | 360 |
| 見付高等女学校 | 220 | 三豊女子高等学校 | 360 |
| 見付中学校 | 220 | 三豊中学校 | 360 |
| 御津高等学校（岡山・県） | 333 | 三豊農業学校 | 360 |
| 三菱商船学校 | 121 | 三豊農業高等学校 | 360 |
| **水戸葵陵高等学校** | 74 | **緑岡高等学校** | 75 |
| 水戸葵陵高等学校 | 74 | 緑岡高等学校 | 75 |
| **水戸工業高等学校** | 74 | 緑ヶ丘学園高等学校 | 415 |
| 水戸工業高等学校 | 74 | 緑ヶ丘学園短期大学 | 414 |
| **御津高等学校（愛知・県）** | 246 | 緑ヶ丘学園延岡短期大学 | 414 |
| 御津高等学校 | 246 | 緑が丘高等学校 | 66 |
| 御津高等学校 | 333 | 緑ヶ丘高等女学校 | 244 |
| 水戸高等学校 | 67 | 緑丘商業高等学校 | 246 |
| 水戸高等女学校 | 74 | **緑ケ丘女子高等学校** | 171 |
| **水戸桜ノ牧高等学校** | 74 | 緑ヶ丘女子高等学校 | 171 |
| 水戸桜ノ牧高等学校 | 74 | 緑ヶ丘女子商業高等学校 | 340 |
| 水戸市大成女学校 | 72 | 緑ヶ丘女子短期大学 | 59 |
| 水戸商業学校 | 74 | **緑丘商業高等学校** | 246 |
| **水戸商業高等学校** | 74 | **緑高等学校** | 246 |
| 水戸商業高等学校 | 74 | 緑高等学校 | 246 |
| **水戸女子高等学校** | 74 | 湊川家政高等学校 | 300 |
| 水戸女子高等学校 | 74 | 湊川家政短期大学 | 293 |
| 水戸女子商業学園高等学校 | 74 | **湊川高等学校** | 306 |
| 水戸女子商業高等学校 | 74 | 湊川高等学校 | 306 |

| | | | |
|---|---|---|---|
| 湊川高等実業女学校 | 300 | 南置賜郡立蚕業学校 | 54 |
| 湊川高等女学校 | 300 | 南葛飾郡立実科高等女学校 | 137 |
| 湊川高等女子職業高等学校 | 300 | **南葛飾高等学校** | 154 |
| 湊川裁縫女学校 | 300 | 南葛飾高等学校 | 154 |
| 湊川裁縫女塾 | 300 | 南葛城郡実業補習学校 | 309 |
| 湊川女子高等学校 | 300 | 南葛城郡南葛城農学校 | 309 |
| 湊川女子短期大学 | 293 | 南葛城農学校 | 309 |
| **湊川短期大学** | 293 | **南茅部高等学校** | 22 |
| 湊川短期大学 | 293 | 南茅部高等学校 | 22 |
| 湊川中学校 | 306 | 南蒲原郡三条商工学校 | 178 |
| 湊工業学校 | 73 | **南九州大学** | 414 |
| 港高等学校 | 171 | 南九州大学 | 414 |
| 港高等学校 | 173 | **南九州短期大学** | 414 |
| **港高等学校** | 288 | 南九州短期大学 | 414 |
| 港高等学校 | 288 | **南京都高等学校** | 268 |
| 湊商業学校 | 73 | 南京都高等学校 | 268 |
| 湊商業高等学校 | 301 | 南桑田郡立実業学校 | 264 |
| 湊水産学校 | 70 | 南桑田郡立女学校 | 264 |
| 湊水産商業学校 | 73 | 南佐久郡農学校臼南分校 | 205 |
| **みなと総合高等学校** | 171 | 南佐久郡立乙種農業学校 | 204 |
| みなと総合高等学校 | 171 | 南佐久郡立農学校 | 204 |
| **皆野高等学校** | 102 | 南佐久郡立農学校北牧分校 | 205 |
| 皆野高等学校 | 102 | 南佐久郡立農学校小海分校 | 205 |
| **南部高等学校** | 316 | 南佐久高等女学校 | 208 |
| 南部高等学校 | 316 | 南佐久実業高等学校 | 205 |
| **南部高等学校龍神分校** | 316 | 南佐久農学校 | 204 |
| 南部高等学校龍神分校 | 316 | 南佐久農業高等学校 | 204 |
| **水俣工業高等学校** | 406 | 南佐久農蚕学校 | 204 |
| 水俣工業高等学校 | 406 | 南佐久農林学校 | 205 |
| **水俣高等学校** | 406 | **南平高等学校** | 154 |
| 水俣高等学校 | 406 | 南平高等学校 | 154 |
| 水俣高等女学校 | 406 | **南種子高等学校** | 428 |
| 水俣実科女学校 | 406 | 南種子高等学校 | 428 |
| 水俣女子実業補習学校 | 406 | **南多摩高等学校** | 154 |
| 水俣農工学校 | 406 | 南多摩高等学校 | 154 |
| **南会津高等学校** | 66 | 南津軽郡立農学校 | 27 |
| 南会津高等学校 | 66 | 南都留郡立実業学校 | 200 |
| 南会津高等学校只見校舎 | 64 | 南都留郡立山梨県立工業学校 | 200 |
| 南安曇農学校 | 209 | 南都留染織学校 | 200 |
| **南安曇農業高等学校** | 209 | 南日本飛行学校 | 420 |
| 南安曇農業高等学校 | 209 | 南寝屋川高等学校 | 289 |
| 南安曇農蚕学校 | 202 | 南福岡高等学校 | 385 |
| 南足立商業学校 | 129 | **南富良野高等学校** | 22 |
| 南足立中学校 | 129 | 南富良野高等学校 | 22 |
| 南綾瀬農工学校 | 147 | 南牟婁郡立高等女学校 | 251 |
| **南伊勢高等学校** | 253 | **南八幡高等学校** | 268 |
| 南伊勢高等学校 | 253 | 南八幡高等学校 | 268 |
| 南宇和郡立実業学校 | 368 | **美祢工業高等学校** | 353 |
| 南宇和郡立実業女子学校 | 368 | 美祢工業高等学校 | 353 |
| 南宇和郡立水産農業学校 | 368 | **美祢高等学校** | 353 |
| **南宇和高等学校** | 368 | 美祢高等学校 | 353 |
| 南宇和高等学校 | 368 | **美祢中央高等学校** | 353 |
| 南宇和実業学校 | 368 | 美祢中央高等学校 | 353 |
| 南宇和農業学校 | 368 | 美祢農業高等学校 | 353 |
| 南大阪大学 | 272 | 美祢農林学校 | 353 |
| **南大隅高等学校** | 427 | 峰山工業学校 | 268 |
| 南大隅高等学校 | 428 | 峰山工業高等学校 | 268 |

| 校名 | 頁 | 校名 | 頁 |
|---|---|---|---|
| **峰山高等学校** | 268 | 三原中学校 | 345 |
| 峰山高等学校 | 268 | 三原町家政女学校 | 345 |
| **峰山高等学校弥栄分校** | 268 | **三原東高等学校** | 345 |
| 峰山高等学校弥栄分校 | 268 | 三原東高等学校 | 345 |
| 峰山高等女学校 | 268 | 壬生川工業高等学校 | 366 |
| 峰山実科高等女学校 | 268 | **壬生高等学校** | 82 |
| 峰山女学校 | 268 | 壬生高等学校 | 82 |
| **箕面学園高等学校** | 288 | **御船高等学校** | 406 |
| 箕面学園高等学校 | 288 | 御船高等学校 | 406 |
| **箕面高等学校** | 288 | 御船高等女学校 | 406 |
| 箕面高等学校 | 288 | 御船実科高等女学校 | 403 |
| **箕面自由学園高等学校** | 288 | 御船実業補習学校 | 403 |
| 箕面自由学園高等学校 | 288 | 御船中学校 | 406 |
| **箕面東高等学校** | 288 | **三間高等学校** | 368 |
| 箕面東高等学校 | 288 | 三間高等学校 | 368 |
| **美濃加茂高等学校** | 217 | 美馬高等女学校 | 355 |
| 美濃加茂高等学校 | 217 | 美作高等学校 | 327 |
| 箕島技芸女学校 | 316 | 美作女子大学 | 326 |
| 箕島工業学校 | 316 | 美作女子大学短期大学部 | 326 |
| 箕島高等家政女学校 | 316 | **美作大学** | 326 |
| **箕島高等学校** | 316 | 美作大学 | 326 |
| 箕島高等学校 | 316 | 美作短期大学 | 326 |
| 箕島高等女学校 | 316 | **美作大学短期大学部** | 326 |
| 箕島実業学校 | 316 | 美作大学短期大学部 | 326 |
| 箕島商業学校 | 316 | 美馬商業高等学校 | 356 |
| 箕島商工業学校 | 316 | **美馬商業高等学校** | 358 |
| **身延高等学校** | 199 | 美馬商業高等学校 | 358 |
| 身延高等学校 | 199 | 美馬商工高等学校 | 356 |
| 身延高等女学校 | 199 | 耳成高等学校 | 308 |
| **身延山高等学校** | 199 | **実籾高等学校** | 116 |
| 身延山高等学校 | 199 | 実籾高等学校 | 116 |
| 身延山専門学校 | 199 | 宮内高等学校 | 56 |
| **身延山大学** | 196 | **宮川高等学校** | 253 |
| 身延山大学 | 196 | 宮川高等学校 | 253 |
| 身延実科高等女学校 | 199 | **宮城学院高等学校** | 47 |
| 身延第一高等学校 | 199 | 宮城学院高等学校 | 47 |
| 身延第二高等学校 | 199 | 宮城学院女子専門学校 | 40 |
| 身延檀林 | 199 | 宮城学院女子専門学校 | 47 |
| 身延中学校 | 199 | **宮城学院女子大学** | 40 |
| **箕輪工業高等学校** | 209 | 宮城学院女子大学 | 40 |
| 箕輪工業高等学校 | 210 | **宮城教育大学** | 40 |
| 箕輪高等学校 | 210 | 宮城教育大学 | 40 |
| **美萩野女子高等学校** | 386 | 宮城県上沼実業学校 | 41 |
| 美萩野女子高等学校 | 386 | 宮城県工業学校 | 47 |
| 三原工業高等学校 | 340 | **宮城県工業高等学校** | 47 |
| **三原高等学校（兵庫・県）** | 306 | 宮城県工業高等学校 | 47 |
| 三原高等学校 | 306 | 宮城県高等女学校 | 47 |
| **三原高等学校（広島・県）** | 345 | 宮城県志田郡古川町商業専修学校 | 46 |
| 三原高等学校 | 345 | 宮城県師範学校 | 40 |
| **美原高等学校（東京・都）** | 154 | 宮城県女子専門学校 | 39 |
| 美原高等学校 | 154 | 宮城県私立東北中学校 | 45 |
| **美原高等学校（大阪・府）** | 288 | 宮城県尋常師範学校 | 40 |
| 美原高等学校 | 288 | **宮城県水産高等学校** | 47 |
| 三原高等女学校 | 306 | 宮城県水産高等学校 | 47 |
| 三原高等女学校 | 345 | 宮城県第一高等女学校 | 47 |
| 三原実科高等女学校 | 345 | **宮城県第一女子高等学校** | 47 |
| 三原市立高等女学校 | 345 | 宮城県第一女子高等学校 | 47 |

| | | | |
|---|---:|---|---:|
| 宮城県第一中学校 | 44 | 宮古高等学校 | 430 |
| **宮城県第二工業高等学校** | 47 | **宮古高等学校（沖縄・県）** | 432 |
| 宮城県第二工業高等学校 | 47 | 宮古高等学校 | 432 |
| 宮城県第二高等女学校 | 47 | 宮古高等学校（定時制） | 37 |
| **宮城県第二女子高等学校** | 47 | **京都高等学校** | 386 |
| 宮城県第二女子高等学校 | 47 | 京都高等学校 | 386 |
| 宮城県第三高等女学校 | 47 | 宮古高等学校伊良部分校 | 429 |
| 宮城県第三女子高等学校 | 47 | **宮古高等学校川井校** | 37 |
| **宮城県第三女子高等学校** | 47 | 宮古高等学校川井校 | 37 |
| 宮城県第三中学校 | 46 | 宮古高等学校水産部 | 430 |
| 宮城県第三中学校栗原分校 | 45 | 宮古高等女学校 | 37 |
| 宮城県第五中学校 | 45 | 京都高等女学校 | 386 |
| 宮城県第六中学校 | 43 | 宮古産業技術学校 | 432 |
| 宮城県築館高等家政女学校 | 45 | 宮古実科高等女学校 | 37 |
| **宮城県農業高等学校** | 47 | 京都実業女学校 | 383 |
| 宮城県農業高等学校 | 47 | 宮古実業補修学校 | 37 |
| **宮城県農業高等学校秋保校** | 47 | 都島工業学校 | 288 |
| 宮城県農業高等学校秋保校 | 47 | **都島工業高等学校** | 288 |
| 宮城県農業高等学校秋保分校 | 47 | 都島工業高等学校 | 288 |
| 宮城県松島高等学校 | 46 | 都島高等学校北校舎 | 417 |
| 宮城県矢本高等学校 | 47 | 都島高等工業学校 | 288 |
| 宮城県立工業学校 | 47 | **都島第二工業高等学校** | 288 |
| 宮城県立高等女学校 | 47 | 都島第二工業高等学校 | 288 |
| 宮城県立水産講習所 | 42 | **宮古商業高等学校** | 37 |
| 宮城県立第一高等女学校 | 47 | 宮古商業高等学校 | 37 |
| 宮城県立第二中学校登米分校 | 43 | 宮古水産学校 | 37 |
| **宮城工業高等専門学校** | 40 | **宮古水産高等学校** | 37 |
| 宮城工業高等専門学校 | 40 | 宮古水産高等学校 | 37 |
| **三養基高等学校** | 392 | 宮古水産高等学校 | 430 |
| 三養基高等学校 | 392 | 宮古第一高等学校川井分校（定時制課程） | 37 |
| 宮城師範学校 | 39 | 宮古男子高等学校 | 432 |
| 宮城師範学校 | 40 | 宮古男子高等学校農林部 | 432 |
| 宮城女学校 | 40 | 宮古中学校 | 37 |
| 宮城女学校 | 47 | 宮古中学校 | 430 |
| **宮城誠真短期大学** | 40 | 宮古中学校 | 432 |
| 宮城誠真短期大学 | 40 | 京都農学校 | 387 |
| 宮城青年師範学校 | 39 | 京都農業高等学校 | 387 |
| 宮城青年師範学校 | 40 | **宮古農林高等学校** | 432 |
| **宮城大学** | 40 | 宮古農林高等学校 | 432 |
| 宮城大学 | 40 | 都城泉ヶ丘高等学校 | 417 |
| 三養基中学校 | 392 | **都城泉ヶ丘高等学校** | 417 |
| 宮城農学校 | 47 | 都城泉ヶ丘高等学校 | 417 |
| **宮城野高等学校** | 47 | 都城泉ヶ丘高等学校高城校舎 | 415 |
| 宮城野高等学校 | 47 | 都城工業学校 | 417 |
| **宮城広瀬高等学校** | 47 | **都城工業高等学校** | 417 |
| 宮城広瀬高等学校 | 47 | 都城工業高等学校 | 417 |
| **三宅高等学校** | 154 | **都城工業高等専門学校** | 414 |
| 三宅高等学校 | 154 | 都城工業高等専門学校 | 414 |
| **宮古北高等学校** | 37 | **都城高等学校** | 417 |
| 宮古北高等学校 | 37 | 都城高等学校 | 417 |
| 京都郡立農学校 | 387 | 都城高等女学校 | 417 |
| **宮古工業高等学校（岩手・県）** | 37 | 都城高等電子工業学校 | 417 |
| 宮古工業高等学校 | 37 | 都城高等電波学校 | 417 |
| **宮古工業高等学校（沖縄・県）** | 431 | 都城商業学校 | 417 |
| 宮古工業高等学校 | 432 | **都城商業高等学校** | 417 |
| **宮古高等学校（岩手・県）** | 37 | 都城商業高等学校 | 417 |
| 宮古高等学校 | 37 | 都城女子高等学校 | 417 |

| 校名 | 頁 |
|---|---|
| **都城聖ドミニコ学園高等学校** | 417 |
| 都城聖ドミニコ学園高等学校 | 417 |
| 都城中学校 | 417 |
| 都城町立商業補習学校 | 417 |
| 都城電子工業高等学校 | 417 |
| **都城西高等学校** | 417 |
| 都城西高等学校 | 417 |
| 都城農学校 | 417 |
| **都城農業高等学校** | 417 |
| 都城農業高等学校 | 417 |
| **都城東高等学校** | 417 |
| 都城東高等学校 | 417 |
| 都城都島高等学校 | 415 |
| 都城都島高等学校 | 417 |
| 都城都島第二高等学校 | 417 |
| 宮崎医科大学 | 414 |
| **宮崎穎学館** | 418 |
| 宮崎穎学館 | 418 |
| **宮崎大宮高等学校** | 418 |
| 宮崎大宮高等学校 | 418 |
| 宮崎大宮高等学校 | 419 |
| 宮崎大淀高等学校 | 418 |
| 宮崎大淀第二高等学校 | 419 |
| 宮崎会計専門学校 | 416 |
| **宮崎海洋高等学校** | 418 |
| 宮崎海洋高等学校 | 418 |
| **宮崎学園高等学校** | 418 |
| 宮崎学園高等学校 | 418 |
| **宮崎北高等学校** | 418 |
| 宮崎北高等学校 | 418 |
| 宮崎郡立職業学校 | 418 |
| 宮崎県会尋常中学校 | 418 |
| 宮崎県工業専門学校 | 414 |
| 宮崎県高等工業学校 | 414 |
| 宮崎県高等女学校 | 418 |
| 宮崎県実業補習学校教員養成所 | 414 |
| 宮崎県獣医学校 | 418 |
| 宮崎県女子師範学校 | 414 |
| 宮崎県尋常師範学校 | 414 |
| 宮崎県青年学校教員養成所 | 414 |
| 宮崎県高城高等女学校 | 415 |
| 宮崎県高城実科高等女学校 | 415 |
| 宮崎県本庄農学校 | 417 |
| 宮崎県都城農学校 | 417 |
| 宮崎県宮崎工業学校 | 418 |
| 宮崎県宮崎中学校 | 418 |
| **宮崎県立看護大学** | 414 |
| 宮崎県立看護大学 | 414 |
| 宮崎県立工業講習所 | 418 |
| 宮崎県立水産学校 | 418 |
| 宮崎県立水産高等学校 | 418 |
| 宮崎県立農学校 | 418 |
| 宮崎工業学校 | 418 |
| **宮崎工業高等学校** | 418 |
| 宮崎工業高等学校 | 418 |
| 宮崎高等経理学校 | 417 |
| 宮崎高等実業学校 | 416 |
| 宮崎高等商業学校 | 416 |
| 宮崎高等女学校 | 418 |
| 宮崎高等農林学校 | 414 |
| 宮崎高等無線電信講習所 | 418 |
| **宮崎公立大学** | 414 |
| 宮崎公立大学 | 414 |
| **宮崎国際大学** | 414 |
| 宮崎国際大学 | 414 |
| **宮崎産業経営大学** | 414 |
| 宮崎産業経営大学 | 414 |
| 宮崎市高等経理学校 | 417 |
| 宮崎実業高等学校 | 416 |
| 宮崎師範学校 | 414 |
| 宮崎商業学校 | 418 |
| **宮崎商業高等学校** | 418 |
| 宮崎商業高等学校 | 418 |
| 宮崎女子高等経理学校 | 417 |
| 宮崎女子高等裁縫女学校 | 418 |
| 宮崎女子商業学院 | 418 |
| 宮崎女子商業学校 | 418 |
| **宮崎女子短期大学** | 414 |
| 宮崎女子短期大学 | 414 |
| 宮崎神学校 | 416 |
| 宮崎水産講習所 | 418 |
| 宮崎水産高等学校 | 418 |
| 宮崎青年師範学校 | 414 |
| **宮崎第一高等学校** | 418 |
| 宮崎第一高等学校 | 418 |
| 宮崎第一高等女学院 | 418 |
| 宮崎第二高等女学校 | 418 |
| **宮崎大学** | 414 |
| 宮崎大学 | 414 |
| 宮崎中央高等学校 | 417 |
| 宮崎中学校 | 418 |
| 宮崎中学校夜間部 | 418 |
| 宮崎町立商業学校 | 418 |
| 宮崎電子工業高等学校 | 418 |
| **宮崎西高等学校** | 418 |
| 宮崎西高等学校 | 418 |
| **宮崎日本大学高等学校** | 418 |
| 宮崎日本大学高等学校 | 418 |
| 宮崎農学校 | 418 |
| **宮崎農業高等学校** | 418 |
| 宮崎農業高等学校 | 418 |
| 宮崎農林専門学校 | 414 |
| **宮崎東高等学校** | 418 |
| 宮崎東高等学校 | 419 |
| **宮崎南高等学校** | 419 |
| 宮崎南高等学校 | 419 |
| **宮島工業高等学校** | 345 |
| 宮島工業高等学校 | 345 |
| 宮島高等学校 | 414 |
| 宮島実業学校 | 414 |
| 宮島農学校 | 414 |
| **宮代高等学校** | 102 |
| 宮代高等学校 | 102 |
| 宮津暁星高等実科女学校 | 264 |

| | |
|---|---|
| 宮津暁星実科女学院 | 264 |
| 宮津暁星女学院 | 264 |
| **宮津高等学校** | 268 |
| 宮津高等学校 | 269 |
| **宮津高等学校伊根分校** | 269 |
| 宮津高等学校伊根分校 | 269 |
| 宮津高等女学校 | 269 |
| 宮津裁縫伝習所 | 264 |
| 宮津水産学校 | 265 |
| 宮津中学校 | 269 |
| 宮之城蚕業学校 | 428 |
| **宮之城農業高等学校** | 428 |
| 宮之城農業高等学校 | 428 |
| 宮之城農蚕業学校 | 428 |
| **名西高等学校** | 358 |
| 名西高等学校 | 358 |
| 名西高等女学校 | 358 |
| 名西高等女学校阿波分校 | 355 |
| **明星学園高等学校** | 154 |
| 明星学園高等学校 | 154 |
| 明星学園女学部 | 154 |
| 明星学園中学部 | 154 |
| 三次工業高等学校 | 345 |
| **三好高等学校（愛知・県）** | 246 |
| 三好高等学校 | 247 |
| 三好高等学校 | 357 |
| **三好高等学校（徳島・県）** | 358 |
| 三好高等学校 | 358 |
| **三次高等学校** | 345 |
| 三次高等学校 | 345 |
| 三好高等女学校 | 357 |
| 三次高等女学校 | 345 |
| **三次青陵高等学校** | 345 |
| 三次青陵高等学校 | 345 |
| 三次中学校 | 345 |
| 三好農業高等学校 | 358 |
| 三好農林高等学校 | 358 |
| **美来工科高等学校** | 432 |
| 美来工科高等学校 | 432 |
| 美流渡高等学校 | 6 |
| **三和高等学校（広島・県）** | 345 |
| 三和高等学校 | 345 |
| **美和高等学校** | 247 |
| 美和高等学校 | 247 |
| **三輪田学園高等学校** | 154 |
| 三輪田学園高等学校 | 154 |
| 三輪田高等女学校 | 154 |
| 民生学園 | 251 |

【 む 】

| | |
|---|---|
| **六日町高等学校** | 182 |
| 六日町高等学校 | 182 |
| 六日町高等学校湯沢分校 | 183 |

| | |
|---|---|
| 六日町高等女学校 | 182 |
| 六日町女子高等学校 | 181 |
| 六日町中学校 | 182 |
| 無逸塾 | 107 |
| 向中野学園高等学校 | 38 |
| **向の岡工業高等学校** | 171 |
| 向の岡工業高等学校 | 171 |
| **向原高等学校** | 345 |
| 向原高等学校 | 345 |
| **鵜川高等学校** | 22 |
| 鵜川高等学校 | 22 |
| **武義高等学校** | 218 |
| 武義高等学校 | 218 |
| 武義中学校 | 218 |
| **向丘高等学校** | 154 |
| 向丘高等学校 | 154 |
| 向丘高等女学校 | 154 |
| 向丘本郷新制高等学校 | 154 |
| 向島工業学校 | 154 |
| **向島工業高等学校** | 154 |
| 向島工業高等学校 | 154 |
| 向島高等学校 | 154 |
| **向島商業高等学校** | 154 |
| 向島商業高等学校 | 154 |
| 向島女子商業学校 | 154 |
| 向島女子商業新制高等学校 | 154 |
| 武庫川学院 | 292 |
| 武庫川学院 | 293 |
| 武庫川学院 | 306 |
| 武庫川学院高等学校 | 306 |
| 武庫川学院女子大学 | 292 |
| 武庫川学院女子短期大学 | 293 |
| 武庫川高等女学校 | 306 |
| 武庫川女子専門学校 | 292 |
| 武庫川女子専門学校 | 293 |
| **武庫川女子大学** | 292 |
| 武庫川女子大学 | 292 |
| **武庫川女子大学短期大学部** | 293 |
| 武庫川女子大学短期大学部 | 293 |
| **武庫川女子大学附属高等学校** | 306 |
| 武庫川女子大学附属高等学校 | 306 |
| 武庫工業高等学校 | 306 |
| 武庫中学校 | 340 |
| 武庫荘高等学校 | 306 |
| **武庫荘総合高等学校** | 306 |
| 武庫荘総合高等学校 | 306 |
| **武蔵越生高等学校** | 102 |
| 武蔵越生高等学校 | 102 |
| **武蔵丘高等学校** | 154 |
| 武蔵丘高等学校 | 154 |
| 武蔵丘新制高等学校 | 154 |
| **武蔵丘短期大学** | 92 |
| 武蔵丘短期大学 | 92 |
| 武蔵工業学園高等学校 | 154 |
| 武蔵工業専門学校 | 124 |
| **武蔵工業大学** | 124 |
| 武蔵工業大学 | 124 |

| 校名 | 頁 |
|---|---|
| **武蔵工業大学第二高等学校** | 210 |
| 武蔵工業大学第二高等学校 | 210 |
| **武蔵工業大学付属高等学校** | 154 |
| 武蔵工業大学付属高等学校 | 154 |
| 武蔵工業大学付属信州工業高等学校 | 210 |
| **武蔵高等学校（東京・私）** | 155 |
| **武蔵高等学校（東京・都）** | 155 |
| 武蔵高等学校 | 155 |
| 武蔵高等学校（旧制） | 155 |
| 武蔵高等工科学校 | 124 |
| 武蔵高等工業学校 | 124 |
| 武蔵高等女学校 | 155 |
| 武蔵女子高等学校 | 155 |
| **武蔵大学** | 124 |
| 武蔵大学 | 124 |
| **武蔵台高等学校** | 386 |
| 武蔵台高等学校 | 386 |
| 武蔵中学校 | 154 |
| 武蔵野音楽学校 | 124 |
| **武蔵野音楽大学** | 124 |
| 武蔵野音楽大学 | 124 |
| **武蔵野音楽大学附属高等学校** | 102 |
| 武蔵野音楽大学附属高等学校 | 102 |
| **武蔵野学院大学** | 91 |
| 武蔵野学院大学 | 91 |
| **武蔵野北高等学校** | 155 |
| 武蔵野北高等学校 | 155 |
| 武蔵野高等学校 | 102 |
| **武蔵野高等学校** | 155 |
| 武蔵野高等学校 | 155 |
| 武蔵野高等女学校 | 155 |
| 武蔵野女子学院 | 155 |
| **武蔵野女子学院高等学校** | 155 |
| 武蔵野女子学院高等学校 | 155 |
| 武蔵野女子学院高等女学校 | 155 |
| 武蔵野女子高等学校 | 101 |
| 武蔵野女子大学 | 125 |
| **武蔵野女子大学短期大学部** | 128 |
| 武蔵野女子大学短期大学部 | 128 |
| 武蔵野女子短期大学 | 128 |
| **武蔵野星城高等学校** | 102 |
| 武蔵野星城高等学校 | 102 |
| **武蔵野大学** | 125 |
| 武蔵野大学 | 125 |
| **武蔵野短期大学** | 92 |
| 武蔵野短期大学 | 92 |
| 武蔵野美術学校 | 125 |
| **武蔵野美術大学** | 125 |
| 武蔵野美術大学 | 125 |
| **武蔵村山高等学校** | 155 |
| 武蔵村山高等学校 | 155 |
| 無線電信講習所 | 121 |
| 無線電信講習所大阪支所 | 359 |
| 無線電信講習所熊本支所 | 400 |
| 無線電信講習所仙台支所 | 40 |
| **六ツ川高等学校** | 171 |
| 六ツ川高等学校 | 171 |

| 校名 | 頁 |
|---|---|
| **むつ工業高等学校** | 31 |
| むつ工業高等学校 | 31 |
| 睦学園女子短期大学 | 293 |
| **宗像高等学校** | 386 |
| 宗像高等学校 | 386 |
| 宗像女子高等学校 | 386 |
| 宗像中学校 | 386 |
| **村岡高等学校** | 306 |
| 村岡高等学校 | 306 |
| 村尾裁縫女学校 | 296 |
| 村尾裁縫女学校 | 352 |
| **村上高等学校** | 182 |
| 村上高等学校 | 182 |
| 村上高等女学校 | 182 |
| **村上桜ヶ丘高等学校** | 182 |
| 村上桜ヶ丘高等学校 | 182 |
| 村上実科高等女学校 | 182 |
| 村上女子高等学校 | 182 |
| 村上中学校 | 182 |
| **村上中等教育学校** | 182 |
| 村上中等教育学校 | 182 |
| 村崎女子高等学校 | 357 |
| 村崎女子商業学校 | 357 |
| **紫野高等学校** | 269 |
| 紫野高等学校 | 269 |
| 村田学園高等学校 | 155 |
| 村田銀行会社事務員養成所 | 155 |
| **村田高等学校** | 47 |
| 村田高等学校 | 47 |
| 村田高等女学校 | 47 |
| 村田女子計理学校 | 155 |
| **村田女子高等学校** | 155 |
| 村田女子高等学校 | 155 |
| 村田女子商業学校 | 155 |
| 村田女子商業高等学校 | 155 |
| 村野徒弟学校 | 299 |
| 村松工業学校 | 180 |
| **村松高等学校** | 182 |
| 村松高等学校 | 182 |
| 村松中学校 | 182 |
| 村山農学校 | 57 |
| **村山農業高等学校** | 56 |
| 村山農業高等学校 | 57 |
| 室生高等学校 | 310 |
| 室田高等学校 | 88 |
| 室田高等実践女学校 | 88 |
| 室積高等女学校 | 353 |
| **室戸高等学校** | 372 |
| 室戸高等学校 | 372 |
| 室戸高等女学校 | 372 |
| 室戸中学校 | 372 |
| 室蘭大谷高等学校 | 18 |
| **室蘭大谷高等学校** | 22 |
| 室蘭大谷高等学校 | 22 |
| 室蘭区立実科高等女学校 | 22 |
| 室蘭工業学校 | 22 |
| **室蘭工業高等学校** | 22 |

| | |
|---|---|
| 室蘭工業高等学校 | 22 |
| 室蘭工業専門学校 | 3 |
| **室蘭工業大学** | 3 |
| 室蘭工業大学 | 3 |
| 室蘭高等学校 | 22 |
| 室蘭高等学校幌別分校 | 18 |
| 室蘭高等工業学校 | 3 |
| **室蘭栄高等学校** | 22 |
| 室蘭栄高等学校 | 22 |
| **室蘭清水丘高等学校** | 22 |
| 室蘭清水丘高等学校 | 22 |
| 室蘭商業学校 | 22 |
| **室蘭商業高等学校** | 22 |
| 室蘭商業高等学校 | 22 |
| 室蘭女子高等学校 | 22 |
| 室蘭第二大谷高等学校 | 18 |
| 室蘭第二工業学校 | 22 |
| 室蘭中学校 | 22 |
| 室蘭町立実科高等女学校 | 22 |
| **室蘭東翔高等学校** | 22 |
| 室蘭東翔高等学校 | 22 |
| 室蘭東高等学校 | 22 |

## 【め】

| | |
|---|---|
| **名桜大学** | 428 |
| 名桜大学 | 428 |
| **明海大学** | 91 |
| 明海大学 | 91 |
| **明教館** | 368 |
| **明鏡高等学校** | 182 |
| 明鏡高等学校 | 182 |
| **茗溪学園高等学校** | 75 |
| 茗溪学園高等学校 | 75 |
| **明光学園高等学校** | 386 |
| 明光学園高等学校 | 386 |
| 明治学院 | 125 |
| **明治学院高等学校** | 155 |
| 明治学院高等学校 | 155 |
| **明治学院大学** | 125 |
| 明治学院大学 | 125 |
| **明治学院東村山高等学校** | 155 |
| 明治学院東村山高等学校 | 155 |
| **明治学園高等学校** | 386 |
| 明治学園高等学校 | 386 |
| 明治工業専門学校 | 373 |
| **明治鍼灸大学** | 262 |
| 明治鍼灸大学 | 262 |
| **明治鍼灸大学医療技術短期大学部** | 263 |
| 明治鍼灸大学医療技術短期大学部 | 263 |
| 明治鍼灸短期大学 | 263 |
| 明治専門学校 | 373 |
| **明治大学** | 125 |
| 明治大学 | 125 |

| | |
|---|---|
| 明治大学付属中野高等学校 | 155 |
| 明治大学付属中野高等学校 | 155 |
| 明治大学付属中野八王子高等学校 | 155 |
| 明治大学付属中野八王子高等学校 | 155 |
| 明治大学付属明治高等学校 | 155 |
| 明治大学付属明治高等学校 | 155 |
| 明治法律学校 | 125 |
| 明治薬学専門学校 | 125 |
| 明治薬学校 | 125 |
| **明治薬科大学** | 125 |
| 明治薬科大学 | 125 |
| **明秀学園日立高等学校** | 75 |
| 明秀学園日立高等学校 | 75 |
| **明浄学院高等学校** | 288 |
| 明浄学院高等学校 | 288 |
| 明浄高等学校 | 288 |
| 明浄高等女学校 | 288 |
| **名城大学** | 232 |
| 名城大学 | 232 |
| **名城大学短期大学部** | 234 |
| 名城大学短期大学部 | 234 |
| **名城大学附属高等学校** | 247 |
| 名城大学附属高等学校 | 247 |
| 明新館 | 195 |
| **明誠学院高等学校** | 333 |
| 明誠学院高等学校 | 333 |
| 明星学校 | 288 |
| **明成高等学校** | 47 |
| 明成高等学校 | 47 |
| **明星高等学校（東京・私）** | 155 |
| 明星高等学校 | 155 |
| **明星高等学校（大阪・私）** | 288 |
| 明星高等学校 | 288 |
| 明星高等学校 | 413 |
| **明聖高等学校** | 116 |
| 明聖高等学校 | 116 |
| **明誠高等学校** | 324 |
| 明誠高等学校 | 324 |
| 明星実務学校 | 155 |
| 明星商業 | 288 |
| **明星大学** | 125 |
| 明星大学 | 125 |
| 明星中学校 | 155 |
| 明善高等学校 | 345 |
| **明善高等学校** | 386 |
| 明善高等学校 | 386 |
| 明善高等女学校 | 359 |
| 明善小学 | 386 |
| 明善堂 | 386 |
| 明道館 | 195 |
| 名東県師範学校附属変則中学校 | 357 |
| **名東高等学校** | 247 |
| 名東高等学校 | 247 |
| 明徳学舘 | 240 |
| **明徳義塾高等学校** | 372 |
| 明徳義塾高等学校 | 372 |
| 明徳高等学校 | 337 |

| 明徳高等学校 | 372 |
| --- | --- |
| 明徳商業高等学校 | 266 |
| 明徳女学校 | 266 |
| 明徳女子高等学校 | 266 |
| 明徳女子商業高等学校 | 266 |
| **名南工業高等学校** | 247 |
| 名南工業高等学校 | 247 |
| 名南高等学校 | 235 |
| 名南高等学校 | 240 |
| 明南高等学校 | 294 |
| **明法高等学校** | 155 |
| 明法高等学校 | 155 |
| **明豊高等学校** | 413 |
| 明豊高等学校 | 413 |
| 明倫学舎 | 154 |
| 明倫高等学校 | 173 |
| 明倫高等学校 | 247 |
| 明倫高等女学校 | 173 |
| 明倫商業補修学校 | 352 |
| 明倫商業補習学校 | 352 |
| **明倫短期大学** | 175 |
| 明倫短期大学 | 175 |
| 明倫中学校 | 247 |
| 明倫堂 | 247 |
| **明和学園短期大学** | 84 |
| 明和学園短期大学 | 84 |
| 明和家政高等学校 | 89 |
| **明和県央高等学校** | 89 |
| 明和県央高等学校 | 89 |
| **明和高等学校（群馬・私）** | 89 |
| 明和高等学校 | 89 |
| **明和高等学校（愛知・県）** | 247 |
| 明和高等学校 | 247 |
| 明和女子短期大学 | 84 |
| **目黒学院高等学校** | 155 |
| 目黒学院高等学校 | 155 |
| 目黒学園女子高等学校 | 144 |
| 目黒学園女子商業高等学校 | 143 |
| 目黒工業学校 | 155 |
| **目黒高等学校** | 155 |
| 目黒高等学校 | 155 |
| 目黒高等女学校 | 155 |
| 目黒実科高等女学校 | 155 |
| 目黒商業女学校 | 143 |
| 目黒女子商業学校 | 143 |
| 目黒女子新制高等学校 | 155 |
| **目黒星美学園高等学校** | 156 |
| 目黒星美学園高等学校 | 156 |
| **目白学園高等学校** | 156 |
| 目白学園高等学校 | 156 |
| 目白学園女子短期大学 | 128 |
| 目白商業学校 | 156 |
| 目白女子商業学校 | 156 |
| **目白大学** | 125 |
| 目白大学 | 125 |
| **目白大学短期大学部** | 128 |
| 目白大学短期大学部 | 128 |

| 目白中学校 | 144 |
| --- | --- |
| **妻沼高等学校** | 102 |
| 妻沼高等学校 | 102 |
| **女満別高等学校** | 22 |
| 女満別高等学校 | 22 |
| **芽室高等学校** | 22 |
| 芽室高等学校 | 22 |
| **メリノール女子学院高等学校** | 253 |
| メリノール女子学院高等学校 | 253 |

### 【 も 】

| 毛利高等女学校 | 354 |
| --- | --- |
| **真岡工業高等学校** | 82 |
| 真岡工業高等学校 | 82 |
| **真岡高等学校** | 82 |
| 真岡高等学校 | 82 |
| 真岡高等女学校 | 82 |
| **真岡女子高等学校** | 82 |
| 真岡女子高等学校 | 82 |
| 真岡中学校 | 82 |
| 真岡町立実科高等女学校 | 82 |
| 真岡農業高等学校 | 82 |
| **真岡北陵高等学校** | 82 |
| 真岡北陵高等学校 | 82 |
| 最上郡立実科高等女学校 | 55 |
| 最上農林高等学校向町分校 | 55 |
| **門司北高等学校** | 386 |
| 門司北高等学校 | 386 |
| 門司工業高等学校 | 385 |
| **門司高等学校** | 386 |
| 門司高等学校 | 386 |
| 門司高等女学校 | 386 |
| **門司商業高等学校** | 386 |
| 門司商業高等学校 | 386 |
| 門司女子高等学校 | 386 |
| 門司市立商業学校 | 386 |
| **門司大翔館高等学校** | 386 |
| 門司大翔館高等学校 | 386 |
| 門司中学校 | 386 |
| 門司東高等学校 | 386 |
| 門司南高等学校 | 386 |
| 妹背牛高等学校 | 22 |
| **妹背牛商業高等学校** | 22 |
| 妹背牛商業高等学校 | 22 |
| **望月高等学校** | 210 |
| 望月高等学校 | 210 |
| 望月高等女学校 | 210 |
| 望月実科高等女学校 | 210 |
| **茂木高等学校** | 82 |
| 茂木高等学校 | 82 |
| 茂木実業補習学校 | 82 |
| 茂木農学校 | 82 |

| | |
|---|---|
| 元石川高等学校 | 171 |
| 元石川高等学校 | 171 |
| 本巣高等学校 | 218 |
| **本巣松陽高等学校** | 218 |
| 本巣松陽高等学校 | 218 |
| 本巣女子高等学校 | 218 |
| 本楯高等学校 | 54 |
| **本部高等学校** | 432 |
| 本部高等学校 | 432 |
| **基町高等学校** | 345 |
| 基町高等学校 | 345 |
| 元町高等女学校 | 18 |
| **本宮高等学校** | 66 |
| 本宮高等学校 | 66 |
| 本宮実科女学校 | 66 |
| 本吉水産学校 | 42 |
| **本吉響高等学校** | 47 |
| 本吉響高等学校 | 47 |
| **ものつくり大学** | 91 |
| ものつくり大学 | 91 |
| 茂原工業高等学校 | 116 |
| **茂原高等学校** | 116 |
| 茂原高等学校 | 116 |
| 茂原静和女学校 | 116 |
| **茂原樟陽高等学校** | 116 |
| 茂原樟陽高等学校 | 116 |
| 茂原農業高等学校 | 116 |
| **茂原北陵高等学校** | 116 |
| 茂原北陵高等学校 | 116 |
| 模範仏教中学校 | 142 |
| **紅葉川高等学校** | 156 |
| 紅葉川高等学校 | 156 |
| 紅葉川高等女学校 | 156 |
| **百石高等学校** | 31 |
| 百石高等学校 | 31 |
| **桃谷高等学校** | 288 |
| 桃谷高等学校 | 288 |
| 桃谷高等学校通信制 | 288 |
| 桃山学院 | 288 |
| **桃山学院高等学校** | 288 |
| 桃山学院高等学校 | 288 |
| **桃山学院大学** | 272 |
| 桃山学院大学 | 272 |
| **桃山高等学校** | 269 |
| 桃山高等学校 | 269 |
| 桃山中学校 | 288 |
| **盛岡北高等学校** | 37 |
| 盛岡北高等学校 | 37 |
| 盛岡工業学校 | 38 |
| **盛岡工業高等学校** | 37 |
| 盛岡工業高等学校 | 38 |
| 盛岡高等学校 | 38 |
| 盛岡高等工業学校 | 31 |
| 盛岡高等女学校 | 38 |
| 盛岡高等農林学校 | 31 |
| 盛岡裁縫女学院 | 38 |
| 盛岡裁縫普及会 | 38 |

| | |
|---|---|
| 盛岡実科高等女学校 | 33 |
| 盛岡実践女学校 | 38 |
| 盛岡師範学校 | 31 |
| 盛岡商業学校 | 38 |
| **盛岡商業高等学校** | 38 |
| 盛岡商業高等学校 | 38 |
| 盛岡女子技芸学校 | 33 |
| **盛岡女子高等学校** | 38 |
| 盛岡女子高等学校 | 38 |
| 盛岡女子商業学校 | 38 |
| **盛岡白百合学園高等学校** | 38 |
| 盛岡白百合学園高等学校 | 38 |
| **盛岡市立高等学校** | 38 |
| 盛岡市立高等学校 | 38 |
| 盛岡市立商業学校 | 38 |
| 盛岡市立女子高等学校 | 38 |
| 盛岡市立女子商業高等学校 | 38 |
| 盛岡市立第一高等女学校 | 38 |
| **盛岡スコーレ高等学校** | 38 |
| 盛岡スコーレ高等学校 | 38 |
| 盛岡生活学園 | 32 |
| 盛岡生活学園 | 38 |
| 盛岡生活学校 | 38 |
| 盛岡第一高等学校 | 35 |
| **盛岡第一高等学校** | 38 |
| 盛岡第一高等学校 | 38 |
| 盛岡第一高等学校雫石分校 | 35 |
| 盛岡第一高等学校分校（全日制） | 35 |
| **盛岡第二高等学校** | 38 |
| 盛岡第二高等学校 | 38 |
| **盛岡第三高等学校** | 38 |
| 盛岡第三高等学校 | 38 |
| **盛岡第四高等学校** | 38 |
| 盛岡第四高等学校 | 38 |
| **盛岡大学** | 31 |
| 盛岡大学 | 31 |
| **盛岡大学短期大学部** | 32 |
| 盛岡大学短期大学部 | 32 |
| **盛岡大学附属高等学校** | 38 |
| 盛岡大学附属高等学校 | 38 |
| 盛岡短期大学 | 31 |
| **盛岡中央高等学校** | 38 |
| 盛岡中央高等学校 | 38 |
| 盛岡中学校 | 38 |
| 盛岡友の会生活学校 | 38 |
| 盛岡農学校 | 38 |
| **盛岡農業高等学校** | 38 |
| 盛岡農業高等学校 | 38 |
| **盛岡南高等学校** | 38 |
| 盛岡南高等学校 | 38 |
| 盛岡夜間中学校 | 36 |
| 守口北高等学校 | 275 |
| 守口高等学校 | 275 |
| **守口東高等学校** | 288 |
| 守口東高等学校 | 288 |
| **森高等学校（北海・道）** | 22 |
| 森高等学校 | 22 |

| 校名 | 頁 |
|---|---|
| 森高等学校 | 224 |
| 森高等学校 | 227 |
| **森高等学校（静岡・県）** | 229 |
| 森高等学校 | 229 |
| **森高等学校（大分・県）** | 413 |
| 森高等学校 | 413 |
| 森高等学校臼尻分校 | 22 |
| 森高等学校尾札部分校 | 22 |
| 森高等女学校 | 229 |
| 森高等女学校 | 413 |
| 森実科高等女学校 | 22 |
| 森女学校 | 297 |
| 森町実科高等学校 | 229 |
| 森町実科高等女学校 | 229 |
| **森村学園高等部** | 171 |
| 森村学園高等部 | 171 |
| 森村高等女学校 | 171 |
| **守谷高等学校** | 75 |
| 守谷高等学校 | 75 |
| **守山北高等学校** | 259 |
| 守山北高等学校 | 259 |
| **守山高等学校（愛知・県）** | 247 |
| 守山高等学校 | 247 |
| **守山高等学校（滋賀・県）** | 259 |
| 守山高等学校 | 259 |
| 守山高等裁縫学校 | 259 |
| 守山女子高等学校 | 238 |
| 守山女子高等学校 | 259 |
| 森高等女学校 | 410 |
| 毛呂山高等学校 | 99 |
| **毛呂山高等学校** | 102 |
| 毛呂山高等学校 | 102 |
| **門前高等学校** | 192 |
| 門前高等学校 | 192 |
| 文部省図書館員教習所 | 67 |
| **紋別北高等学校** | 22 |
| 紋別北高等学校 | 23 |
| 紋別高等学校 | 23 |
| 紋別高等学校雄武分校 | 7 |
| 紋別高等学校興部分校 | 8 |
| 紋別高等学校滝上分校 | 15 |
| 紋別裁縫女学校 | 22 |
| 紋別実科高等女学校 | 22 |
| 紋別女子高等学校 | 22 |
| 紋別女子高等学校 | 23 |
| 紋別中学校 | 23 |
| **紋別南高等学校** | 23 |
| 紋別南高等学校 | 23 |

【 や 】

| 校名 | 頁 |
|---|---|
| **焼津高等学校** | 229 |
| 焼津高等学校 | 229 |
| 焼津高等裁縫女学校 | 229 |
| 焼津女子商業学校 | 229 |
| 焼津水産学校 | 229 |
| **焼津水産高等学校** | 229 |
| 焼津水産高等学校 | 229 |
| **焼津中央高等学校** | 229 |
| 焼津中央高等学校 | 229 |
| 矢板高等学校 | 82 |
| 矢板高等学校 | 82 |
| 矢板高等学校大宮分校 | 80 |
| 矢板高等学校北高根沢分校 | 80 |
| 矢板高等女子学院 | 82 |
| 矢板女子高等学校 | 82 |
| **矢板中央高等学校** | 82 |
| 矢板中央高等学校 | 82 |
| 矢板農学校 | 82 |
| **矢板東高等学校** | 82 |
| 矢板東高等学校 | 82 |
| **弥栄西高等学校** | 171 |
| 弥栄西高等学校 | 171 |
| 弥栄西高等学校 | 172 |
| **弥栄東高等学校** | 172 |
| 弥栄東高等学校 | 172 |
| 八重実業学校 | 337 |
| 八重実業学校 | 341 |
| **八重山高等学校** | 432 |
| 八重山高等学校 | 432 |
| 八重山高等女学校 | 432 |
| **八重山商工高等学校** | 432 |
| 八重山商工高等学校 | 432 |
| 八重山中学校 | 432 |
| 八重山農学校 | 432 |
| **八重山農林高等学校** | 432 |
| 八重山農林高等学校 | 432 |
| **八尾北高等学校** | 288 |
| 八尾北高等学校 | 288 |
| **八尾高等学校（大阪・府）** | 288 |
| 八尾高等学校 | 288 |
| 八尾高等女学校 | 289 |
| **八尾翠翔高等学校** | 289 |
| 八尾翠翔高等学校 | 289 |
| 八尾中学校 | 288 |
| **八百津高等学校** | 218 |
| 八百津高等学校 | 218 |
| 八百津高等女学校 | 218 |
| **矢掛高等学校** | 333 |
| 矢掛高等学校 | 333 |
| 矢掛商業高等学校 | 333 |
| 矢掛女学校 | 333 |
| 矢掛第一高等学校 | 333 |
| 矢掛第二高等学校 | 333 |
| 矢掛中学校 | 333 |
| **矢上高等学校** | 324 |
| 矢上高等学校 | 324 |
| 矢上高等学校今市分校 | 322 |
| 矢上村立実業補習学校 | 324 |
| 夜間商業高等学校 | 408 |
| 夜間中学校 | 30 |

| 校名 | 頁 | 校名 | 頁 |
|---|---|---|---|
| **八木学園高等学校** | 253 | 安来町立実科高等女学校 | 324 |
| 八木学園高等学校 | 253 | 安来農学校 | 324 |
| **薬園台高等学校** | 116 | 安来農業学校 | 324 |
| 薬園台高等学校 | 116 | 安来農林高等学校 | 324 |
| 薬学校 | 123 | 八頭高等学校 | 318 |
| 薬学講習所 | 123 | **八頭高等学校** | 319 |
| **屋久島あおぞら高等学校** | 428 | 八頭高等学校 | 319 |
| 屋久島あおぞら高等学校 | 428 | **野洲高等学校** | 259 |
| **屋久島高等学校** | 428 | 野洲高等学校 | 259 |
| 屋久島高等学校 | 428 | 八頭高等学校農林部 | 318 |
| **八雲学園高等学校** | 156 | 八頭高等女学校 | 319 |
| 八雲学園高等学校 | 156 | 安貞高等学校 | 377 |
| 八雲家政女学校 | 23 | **安塚高等学校** | 182 |
| **八雲高等学校** | 23 | 安塚高等学校 | 182 |
| 八雲高等学校 | 23 | 安塚高等学校松代分校 | 182 |
| 八雲高等学校長万部分校 | 8 | **安塚高等学校松之山分校** | 182 |
| 八雲高等学校寿都分校 | 14 | 安塚高等学校松之山分校 | 182 |
| 八雲高等女学校 | 23 | 安塚農学校 | 182 |
| 八雲高等女学校 | 156 | 安塚農業高等学校 | 182 |
| 八雲実科高等女学校 | 23 | **安田学園高等学校** | 156 |
| 八雲女子高等学校 | 23 | 安田学園高等学校 | 156 |
| 八雲中学校 | 23 | 安田工業学校 | 156 |
| **八郷高等学校** | 75 | 安田工業高等学校 | 156 |
| 八郷高等学校 | 75 | 安田高等学校 | 176 |
| **八潮高等学校（埼玉・県）** | 102 | 安田高等女学校 | 345 |
| 八潮高等学校 | 102 | 安田商業学校 | 156 |
| **八潮高等学校（東京・都）** | 156 | 安田商業高等学校 | 156 |
| 八潮高等学校 | 156 | **安田女子高等学校** | 345 |
| **八潮南高等学校** | 102 | 安田女子高等学校 | 345 |
| 八潮南高等学校 | 102 | **安田女子大学** | 335 |
| **八洲学園高等学校** | 289 | 安田女子大学 | 335 |
| 八洲学園高等学校 | 289 | **安田女子短期大学** | 335 |
| 八洲学園国際高等学校 | 432 | 安田女子短期大学 | 335 |
| **八洲学園大学** | 159 | **安西高等学校** | 345 |
| 八洲学園大学 | 159 | 安西高等学校 | 345 |
| **八洲学園大学国際高等学校** | 432 | **安古市高等学校** | 345 |
| 八洲学園大学国際高等学校 | 432 | 安古市高等学校 | 345 |
| **矢島高等学校** | 52 | 谷田部高等学校 | 72 |
| 矢島高等学校 | 52 | **谷地高等学校** | 57 |
| 矢島町立農業専修科 | 52 | 谷地高等学校 | 57 |
| 八代学院高等学校 | 298 | 八街学園高等学校 | 112 |
| 八代学院大学 | 290 | **八街高等学校** | 116 |
| **屋代高等学校** | 210 | 八街高等学校 | 116 |
| 屋代高等学校 | 210 | 八街高等女学校 | 116 |
| **社高等学校** | 306 | 八街農林学園 | 112 |
| 社高等学校 | 306 | 八街農林学園高等学校 | 112 |
| 屋代高等女学校 | 210 | **八千代高等学校（茨城・県）** | 75 |
| 社高等女学校 | 306 | 八千代高等学校 | 75 |
| 屋代中学校 | 210 | **八千代高等学校（千葉・県）** | 116 |
| 屋代東高等学校 | 210 | 八千代高等学校 | 116 |
| **屋代南高等学校** | 210 | 八千代国際大学 | 103 |
| 屋代南高等学校 | 210 | **八千代松陰高等学校** | 116 |
| **安来高等学校** | 324 | 八千代松陰高等学校 | 116 |
| 安来高等学校 | 324 | **八千代西高等学校** | 116 |
| 安来高等女学校 | 324 | 八千代西高等学校 | 116 |
| 安来実業学校 | 324 | **八千代東高等学校** | 116 |
| 安来実業学校女学部 | 324 | 八千代東高等学校 | 116 |

| | | | |
|---|---|---|---|
| **八尾高等学校（富山・県）** | 187 | 柳川商業高等学校 | 387 |
| 八尾高等学校 | 187 | 柳河女子高等学校 | 382 |
| 八尾高等女学校 | 187 | 柳河中学校 | 382 |
| 八尾実科高等女学校 | 187 | 梁川町立実科高等女学校 | 66 |
| 八尾女子技芸学校 | 187 | **柳ケ浦高等学校** | 413 |
| 八代郡立高等女学校 | 406 | 柳ケ浦高等学校 | 413 |
| 八代工業学校 | 406 | 柳ケ浦高等技芸学校 | 413 |
| **八代工業高等学校** | 406 | 柳ケ浦高等女学校 | 413 |
| 八代工業高等学校 | 406 | 柳ケ浦裁縫女学校 | 413 |
| **八代工業高等専門学校** | 400 | 柳ケ浦女子高等学校 | 413 |
| 八代工業高等専門学校 | 400 | **柳学園高等学校** | 306 |
| **八代高等学校** | 406 | 柳学園高等学校 | 306 |
| 八代高等学校 | 406 | 柳高等女学校 | 306 |
| 八代高等学校第二部 | 406 | 柳裁縫女学校 | 306 |
| 八代高等女学校 | 406 | 柳桜高等学校 | 296 |
| 八代商業学校 | 404 | 柳実科高等女学校 | 306 |
| 八代商業高等学校 | 404 | **耶馬溪高等学校** | 413 |
| 八代商業専修学校 | 404 | 耶馬溪高等学校 | 413 |
| 八代女子高等学校 | 406 | 八幡工業学校 | 387 |
| **八代白百合学園高等学校** | 406 | **八幡工業高等学校（福岡・県）** | 387 |
| 八代白百合学園高等学校 | 406 | 八幡工業高等学校 | 387 |
| 八代第一高等学校 | 404 | **八幡高等学校（福岡・県）** | 387 |
| 八代中学校 | 406 | 八幡高等学校 | 387 |
| 八代町立代陽実業補習学校 | 404 | 八幡高等女学校 | 387 |
| 八代農業学校 | 406 | 八幡商業高等学校 | 382 |
| **八代農業高等学校** | 406 | 八幡女学校 | 387 |
| 八代農業高等学校 | 406 | 八幡女子高等学校 | 387 |
| **八代農業高等学校泉分校** | 406 | 八幡女子専門学校 | 375 |
| 八代農業高等学校泉分校 | 406 | 八幡市立実科高等女学校 | 387 |
| **八代東高等学校** | 406 | 八幡専門学校 | 373 |
| 八代東高等学校 | 406 | 八幡大学 | 373 |
| **八代南高等学校** | 406 | 八幡大学付属高等学校 | 378 |
| 八代南高等学校 | 406 | 八幡短期大学 | 373 |
| 八劍工業高等学校 | 244 | **八幡中央高等学校** | 387 |
| **弥富高等学校** | 247 | 八幡中央高等学校 | 387 |
| 弥富高等学校 | 247 | 八幡中学校 | 387 |
| **柳井学園高等学校** | 354 | 八幡町立実科高等女学校 | 387 |
| 柳井学園高等学校 | 354 | 八幡西高等学校 | 380 |
| 柳井工業高等学校 | 354 | **八幡南高等学校** | 387 |
| **柳井高等学校** | 354 | 八幡南高等学校 | 387 |
| 柳井高等学校 | 354 | 矢吹高等学校 | 62 |
| 柳井高等女学校 | 354 | 矢部高等学校 | 404 |
| 柳井商業学校 | 354 | **矢部高等学校** | 406 |
| 柳井商業高等学校 | 354 | 矢部高等学校 | 406 |
| 柳井商工学校 | 354 | 矢部高等学校馬見原分校 | 404 |
| **柳井商工高等学校** | 354 | 矢部実業補習学校 | 406 |
| 柳井商工高等学校 | 354 | 矢部農業学校 | 406 |
| 柳井女学校 | 354 | 矢部農林高等学校 | 406 |
| 柳井女子高等学校 | 354 | 矢部農林高等学校馬見原分校 | 404 |
| 柳井女子商業専修学校 | 354 | 山香高等学校 | 413 |
| 柳井中学校 | 354 | 山鹿高等学校商業科 | 402 |
| **柳川高等学校** | 386 | **山形学院高等学校** | 57 |
| 柳川高等学校 | 387 | 山形学院高等学校 | 57 |
| **梁川高等学校** | 66 | **山形北高等学校** | 57 |
| 梁川高等学校 | 66 | 山形北高等学校 | 57 |
| 柳河高等技芸女学校 | 381 | 山県郡立実業学校 | 341 |
| 柳河高等女学校 | 382 | 山形県余目高等学校 | 55 |

| 校名 | 頁 |
|---|---|
| 山形県余目実科女学校 | 55 |
| 山形県加茂高等学校 | 54 |
| 山形県工業学校 | 58 |
| 山形県高等女学校 | 57 |
| 山形県酒田市立高等学校 | 54 |
| 山形県尋常中学校 | 57 |
| 山形県水産学校 | 54 |
| 山形県中学校 | 57 |
| 山形県天童実科高等女学校 | 56 |
| 山形県西田川郡鶴岡高等女学校 | 56 |
| 山形県農学校 | 57 |
| 山形県藤島農業高等学校 | 55 |
| 山形県村山農学校 | 57 |
| 山形県最上農林学校 | 55 |
| 山形県山形公民中学校 | 57 |
| 山形県山形中学校 | 57 |
| 山形県山形中学校新庄分校 | 55 |
| 山形県米沢中学校 | 58 |
| 山形県立第一高等学校 | 55 |
| 山形県立第六高等学校 | 57 |
| 山形県立農林専門学校 | 53 |
| **山形県立保健医療大学** | 53 |
| 山形県立保健医療大学 | 53 |
| 山形県立保健医療短期大学 | 53 |
| **山形県立米沢女子短期大学** | 53 |
| 山形県立米沢女子短期大学 | 53 |
| 山形工業学校 | 57 |
| **山形工業高等学校** | 57 |
| 山形工業高等学校 | 57 |
| 山形高等学校 | 53 |
| **山県高等学校** | 218 |
| 山県高等学校 | 218 |
| 山形高等女学校 | 57 |
| 山形高等電波学校 | 57 |
| 山形高等無線通信学校 | 57 |
| 山形裁縫女学校 | 57 |
| 山形産業高等学校 | 57 |
| 山形市高等女学校 | 57 |
| 山形自動車工業高等学校 | 54 |
| 山形師範学校 | 53 |
| 山形商業学校 | 57 |
| 山形商業高等学校 | 57 |
| **山方商業高等学校** | 75 |
| 山方商業高等学校 | 75 |
| **山形城北高等学校** | 57 |
| 山形城北高等学校 | 57 |
| 山形城北女子高等学校 | 57 |
| 山形女子学院高等学校 | 57 |
| 山形女子商業高等学校 | 57 |
| 山形女子職業学校 | 57 |
| 山形女子短期大学 | 53 |
| 山形市立高等女学校 | 57 |
| **山形市立商業高等学校** | 57 |
| 山形市立商業高等学校 | 57 |
| 山形精華高等学校 | 57 |
| 山形青年師範学校 | 53 |
| 山形第一高等学校 | 56 |
| 山形第一高等学校 | 57 |
| 山形第一高等女学校 | 57 |
| 山形第二高等学校 | 57 |
| 山形第二高等女学校 | 57 |
| 山形第二中学校 | 57 |
| 山形第四高等学校 | 57 |
| 山形第五高等学校 | 57 |
| **山形大学** | 53 |
| 山形大学 | 53 |
| **山形短期大学** | 53 |
| 山形短期大学 | 53 |
| **山形中央高等学校** | 57 |
| 山形中央高等学校 | 57 |
| **山形電波工業高等学校** | 57 |
| 山形電波工業高等学校 | 57 |
| **山形西高等学校** | 57 |
| 山形西高等学校 | 57 |
| **山形東高等学校** | 57 |
| 山形東高等学校 | 57 |
| **山形南高等学校** | 57 |
| 山形南高等学校 | 57 |
| **山香農業高等学校** | 413 |
| 山香農業高等学校 | 413 |
| **山川高等学校** | 428 |
| 山川高等学校 | 428 |
| **山北高等学校** | 172 |
| 山北高等学校 | 172 |
| 山北高等女学校 | 172 |
| 山北実科高等女学校 | 172 |
| 山口英和女学校 | 352 |
| 山口経済専門学校 | 347 |
| **山口芸術短期大学** | 347 |
| 山口芸術短期大学 | 347 |
| 山口県安下庄中学校 | 347 |
| 山口県岩国商業学校 | 348 |
| 山口県岩国商工学校 | 347 |
| 山口県岩国中学校 | 347 |
| 山口県大島郡立実科高等女学校 | 349 |
| 山口県小野田実業学校 | 349 |
| 山口県教員養成所 | 347 |
| 山口県玖珂郡立実業補修女学校 | 348 |
| 山口県玖西高等実業女学校 | 351 |
| 山口県下松高等女子学校 | 350 |
| **山口県鴻城高等学校** | 354 |
| 山口県鴻城高等学校 | 354 |
| 山口県興風中学校 | 349 |
| **山口県桜ケ丘高等学校** | 354 |
| 山口県桜ケ丘高等学校 | 354 |
| 山口県桜ケ丘高等女学校 | 354 |
| 山口県佐波高等女学校 | 353 |
| 山口県師範学校 | 347 |
| 山口県女子師範学校 | 347 |
| 山口県尋常師範学校 | 347 |
| 山口県尋常中学岩国分校 | 347 |
| 山口県尋常中学校 | 354 |
| 山口県尋常中学校豊浦分校 | 352 |
| 山口県田布施高等女学校 | 349 |

| 校名 | 頁 |
|---|---|
| 山口県田布施実科高等女学校 | 349 |
| 山口県田部高等女学校 | 351 |
| 山口県徳修高等女学校 | 349 |
| 山口県徳修実科高等女学校 | 349 |
| 山口県徳山工業高等学校 | 351 |
| 山口県徳山実業学校 | 351 |
| 山口県徳山女子商業学校 | 351 |
| 山口県豊浦中学校 | 352 |
| 山口県農業教員養成所 | 347 |
| 山口県萩高等女学校 | 352 |
| 山口県萩中学校 | 352 |
| 山口県平生高等女学校 | 349 |
| 山口県山口師範学校 | 347 |
| 山口県山口農学校 | 354 |
| 山口県立医科大学 | 347 |
| 山口県立実業補習学校農業科教員養成所 | 347 |
| 山口県立女子青年学校教員養成所 | 347 |
| 山口県立女子専門学校 | 346 |
| **山口県立水産高等学校** | 354 |
| 山口県立水産高等学校 | 354 |
| 山口県立水産養成所 | 354 |
| 山口県立青年学校教員養成所 | 347 |
| **山口県立大学** | 346 |
| 山口県立大学 | 346 |
| 山口県立農商高等学校 | 348 |
| 山口県立農林学校 | 353 |
| 山口工業短期大学 | 347 |
| 山口講習堂 | 346 |
| 山口講習堂 | 354 |
| 山口講堂 | 346 |
| 山口講堂 | 354 |
| 山口高等学校 | 346 |
| 山口高等学校 | 347 |
| **山口高等学校** | 354 |
| 山口高等学校 | 354 |
| 山口高等商業学校 | 347 |
| 山口高等女学校 | 354 |
| 山口高等中学校 | 346 |
| 山口師範学校 | 347 |
| 山口獣医畜産専門学校 | 347 |
| 山口女学校 | 354 |
| 山口女子高等学校 | 354 |
| 山口女子大学 | 346 |
| 山口女子短期大学 | 346 |
| 山口青年師範学校 | 347 |
| 山口第二高等学校 | 354 |
| **山口大学** | 346 |
| 山口大学 | 347 |
| **山口短期大学** | 347 |
| 山口短期大学 | 347 |
| **山口中央高等学校** | 354 |
| 山口中央高等学校 | 354 |
| 山口中学校 | 346 |
| 山口中学校 | 354 |
| 山口中学校豊浦分校 | 352 |
| **山口東京理科大学** | 347 |
| 山口東京理科大学 | 347 |

| 校名 | 頁 |
|---|---|
| 山口西高等学校 | 354 |
| **山口農業高等学校** | 354 |
| 山口農業高等学校 | 354 |
| 山口東高等学校 | 354 |
| 山口明倫館 | 346 |
| 山口明倫館 | 354 |
| 耶麻高等学校 | 66 |
| 耶麻高等学校野沢校舎 | 65 |
| **山崎高等学校（東京・都）** | 156 |
| 山崎高等学校 | 156 |
| **山崎高等学校（兵庫・県）** | 306 |
| 山崎高等学校 | 306 |
| 山崎高等学校伊和分校 | 296 |
| 山崎高等学校神戸分校 | 296 |
| 山崎高等学校千種分校（定時制課程） | 302 |
| 山崎高等学校西谷分校 | 296 |
| 山崎高等学校波賀分校 | 296 |
| 山崎高等学校三方分校 | 296 |
| 山崎高等学校三方分校（定時制課程） | 296 |
| 山崎高等女学校 | 306 |
| 山崎町立技芸専修女学校 | 306 |
| **ヤマザキ動物看護短期大学** | 128 |
| ヤマザキ動物看護短期大学 | 128 |
| 山下高等学校 | 369 |
| 山下実科女学校 | 369 |
| **山城高等学校** | 269 |
| 山城高等学校 | 269 |
| **山添高等学校** | 57 |
| 山添高等学校 | 57 |
| 山田家政短期大学 | 234 |
| 山田高等家政女学校 | 26 |
| 山田高等学校 | 26 |
| **山田高等学校（岩手・県）** | 39 |
| 山田高等学校 | 39 |
| **山田高等学校（名古屋・市）** | 247 |
| 山田高等学校 | 247 |
| **山田高等学校（大阪・府）** | 289 |
| 山田高等学校 | 289 |
| **山田高等学校（高知・県）** | 372 |
| 山田高等学校 | 372 |
| 山田高等学校 | 378 |
| 山田高等女学校 | 372 |
| 山田裁縫教授所 | 26 |
| 山田町立高等女学校 | 39 |
| 山田町立実科高等女学校 | 39 |
| 山田和服裁縫所 | 234 |
| **山手学院高等学校** | 172 |
| 山手学院高等学校 | 172 |
| 山手学習院 | 299 |
| 大和学園高等女学校 | 167 |
| 大和学園女学校 | 167 |
| 大和学園女子高等学校 | 167 |
| 大和学園女子短期大学 | 160 |
| 大和学園聖セシリア女子短期大学 | 160 |
| **大和川高等学校** | 289 |
| 大和川高等学校 | 289 |
| 山都高等学校 | 66 |

| 校名 | 頁 | 校名 | 頁 |
|---|---|---|---|
| **山門高等学校** | 387 | 山梨県立看護短期大学 | 196 |
| 山門高等学校 | 387 | 山梨県立工業学校 | 200 |
| **大和高等学校（神奈川・県）** | 172 | 山梨県立工商学校 | 200 |
| 大和高等学校 | 172 | 山梨県立高等女学校 | 198 |
| 大和高等学校 | 387 | 山梨県立蚕業学校 | 197 |
| 山都高等学校第二部 | 65 | 山梨県立女子短期大学 | 196 |
| 山都高等学校野沢分校（定時制課程） | 65 | 山梨県立第一高等女学校 | 198 |
| 山門高等技芸女学校 | 387 | 山梨県立第二高等学校 | 199 |
| 山門高等実業女学校 | 387 | 山梨県立第二高等学校 | 200 |
| 山門高等女学校 | 387 | 山梨県立第三高等女学校 | 198 |
| **大和広陵高等学校** | 312 | 山梨県立第四高等女学校 | 198 |
| 大和広陵高等学校 | 312 | **山梨県立大学** | 196 |
| 大和裁縫女学校 | 387 | 山梨県立大学 | 196 |
| 山門実業女学校 | 387 | **山梨県立中央高等学校** | 200 |
| 大和女学校 | 387 | 山梨県立中央高等学校 | 200 |
| 大和女子短期大学 | 363 | 山梨県立農蚕学校 | 197 |
| 大和女子農芸専門学校 | 160 | 山梨県立農蚕高等学校 | 197 |
| **大和青藍高等学校** | 387 | **山梨県立農林高等学校** | 200 |
| 大和青藍高等学校 | 387 | 山梨県立農林高等学校 | 200 |
| 大和高田市立商業高等学校 | 310 | 山梨県立臨時教員養成所 | 196 |
| **大和西高等学校** | 172 | 山梨工業専門学校 | 197 |
| 大和西高等学校 | 172 | 山梨航空機関学校 | 198 |
| 大和農芸家政短期大学 | 160 | 山梨航空技術学校 | 198 |
| **大和東高等学校** | 172 | 山梨航空工業高等学校 | 198 |
| 大和東高等学校 | 172 | 山梨高等学院 | 200 |
| **大和南高等学校** | 172 | **山梨高等学校** | 200 |
| 大和南高等学校 | 172 | 山梨高等学校 | 200 |
| 山梨医科大学 | 197 | 山梨高等経理学園 | 198 |
| **山梨英和高等学校** | 199 | 山梨高等工業学校 | 197 |
| 山梨英和女学校 | 199 | 山梨高等女学校 | 200 |
| **山梨英和大学** | 196 | 山梨裁縫学校 | 198 |
| 山梨英和大学 | 196 | 山梨英和高等学校 | 199 |
| **山梨園芸高等学校** | 199 | 山梨英和女学校 | 199 |
| 山梨園芸高等学校 | 200 | 山梨蚕業学校 | 197 |
| **山梨学院大学** | 196 | 山梨実科高等女学校 | 198 |
| 山梨学院大学 | 196 | 山梨実践女子高等学院 | 200 |
| **山梨学院大学附属高等学校** | 200 | 山梨師範学校 | 197 |
| 山梨学院大学附属高等学校 | 200 | 山梨女子高等学院 | 200 |
| **山梨学院短期大学** | 197 | 山梨青年師範学校 | 197 |
| 山梨学院短期大学 | 197 | **山梨大学** | 196 |
| 山梨学校 | 197 | 山梨大学 | 197 |
| 山梨県高等女学校 | 198 | 山梨帝京短期大学 | 197 |
| 山梨県実業補習学校教員養成所 | 197 | **耶麻農業高等学校** | 66 |
| 山梨県師範学校 | 197 | 耶麻農業高等学校 | 66 |
| 山梨県尋常師範学校 | 197 | **山野美容芸術短期大学** | 128 |
| 山梨県青年学校教員養成所 | 197 | 山野美容芸術短期大学 | 128 |
| 山梨県第一中学校都留分校 | 198 | **山辺高等学校（山形・県）** | 57 |
| 山梨県第二中学校 | 199 | 山辺高等学校 | 57 |
| 山梨県第二中学校都留分校 | 198 | 山辺高等学校 | 312 |
| 山梨県第二中学校都留分絞 | 198 | **山辺高等学校（奈良・県）** | 312 |
| 山梨県中学校 | 197 | 山辺高等学校波多野分校 | 312 |
| 山梨県中学校都留分校 | 198 | **山辺高等学校山添分校** | 312 |
| 山梨県韮崎実科高等女学校 | 199 | 山辺高等学校山添分校 | 312 |
| 山梨県農林学校 | 200 | 山辺農学校 | 312 |
| 山梨県南都留郡染織学校 | 200 | 山辺農業高等学校 | 312 |
| 山梨県養蚕教習所 | 197 | **山村学園短期大学** | 92 |
| 山梨県立看護大学 | 196 | 山村学園短期大学 | 92 |

| 校名索引 | | ゆきかやこ | |
|---|---|---|---|
| 山村国際高等学校 | 102 | | |
| 山村国際高等学校 | 102 | | |
| 山村国際女子高等学校 | 102 | **【ゆ】** | |
| 山村塾 | 102 | | |
| **山村女子高等学校** | 102 | **遊学館高等学校** | 192 |
| 山村女子高等学校 | 102 | 遊学館高等学校 | 192 |
| 山村女子短期大学 | 92 | 結城郡結城女学校 | 75 |
| 山村第二女子高等学校 | 102 | 結城高等女学校 | 75 |
| **山本学園高等学校** | 57 | 結城蚕業学校 | 75 |
| 山本学園高等学校 | 57 | 結城実科高等女学校 | 75 |
| **山本高等学校** | 289 | 結城女子高等学校 | 75 |
| 山本高等学校 | 289 | **結城第一高等学校** | 75 |
| **山脇学園高等学校** | 156 | 結城第一高等学校 | 75 |
| 山脇学園高等学校 | 156 | **結城第二高等学校** | 75 |
| **山脇学園短期大学** | 128 | 結城第二高等学校 | 75 |
| 山脇学園短期大学 | 128 | 結城町立女子技芸学校 | 75 |
| 山脇高等女学校 | 156 | 結城農学校 | 75 |
| 山脇女子実修学校 | 156 | 結城農業高等学校 | 75 |
| **谷村工業高等学校** | 200 | 有功学舎 | 328 |
| 谷村工業高等学校 | 200 | 有恒学舎 | 182 |
| 谷村工商学校 | 200 | **猶興館高等学校** | 399 |
| 谷村高等学校 | 200 | 猶興館高等学校 | 399 |
| 谷村高等女学校 | 200 | **有恒高等学校** | 182 |
| 谷村実科高等女学校 | 200 | 有恒高等学校 | 183 |
| 谷村実科女学校 | 200 | 有恒高等学校（定時制） | 182 |
| 谷村尋常高等小学校補修科 | 200 | 猶興書院 | 399 |
| 谷村東高等学校 | 200 | **湧心館高等学校** | 406 |
| 谷村南高等学校 | 200 | 湧心館高等学校 | 406 |
| **八女学院高等学校** | 387 | **祐誠高等学校** | 387 |
| 八女学院高等学校 | 387 | 祐誠高等学校 | 387 |
| 八女技芸女学校 | 387 | 夕張高等家政女学校 | 23 |
| 八女工業学校 | 387 | **夕張高等学校** | 23 |
| **八女工業高等学校** | 387 | 夕張高等学校 | 23 |
| 八女工業高等学校 | 387 | 夕張市立高等学校 | 23 |
| **八女高等学校** | 387 | 夕張市立女学校 | 23 |
| 八女高等学校 | 387 | 夕張町立高等女学校 | 23 |
| 八女高等女学校 | 385 | 夕張東高等学校 | 23 |
| 八女中学校 | 387 | 夕張南高等学校 | 23 |
| 八女津女子高等学校 | 387 | **夕陽丘高等学校** | 289 |
| **八女農業高等学校** | 387 | 夕陽丘高等学校 | 289 |
| 八女農業高等学校 | 387 | 夕陽丘高等女学校 | 289 |
| **矢本高等学校** | 47 | 勇払郡鵡川高等学校 | 22 |
| 矢本高等学校 | 47 | 雄平農蚕学校 | 52 |
| 弥生女学院高等学校 | 80 | **湧別高等学校** | 23 |
| **八幡高等学校（京都・府）** | 269 | 湧別高等学校 | 23 |
| 八幡浜工業学校 | 369 | **有朋高等学校** | 23 |
| **八幡浜工業高等学校** | 368 | 有朋高等学校 | 23 |
| 八幡浜工業高等学校 | 368 | **雄峰高等学校** | 187 |
| **八幡浜高等学校** | 368 | 雄峰高等学校 | 187 |
| 八幡浜高等学校 | 369 | 雄峰中学校 | 187 |
| 八幡浜高等女学校 | 369 | **湯河原高等学校** | 172 |
| 八幡浜実科高等女学校 | 369 | 湯河原高等学校 | 172 |
| 八幡浜商業学校 | 369 | **雪谷高等学校** | 156 |
| 八幡浜第一高等学校 | 369 | 雪谷高等学校 | 156 |
| 八幡浜第二高等学校 | 369 | 雪谷高等学校糀谷分校 | 144 |
| 八幡浜中学校 | 369 | 雪谷高等学校糀谷分校 | 151 |

学校名変遷総覧　大学・高校編　745

| | |
|---|---|
| 雪谷高等学校森ヶ崎分校 | 144 |
| 雪谷高等学校森ヶ崎分校 | 151 |
| 雪谷高等女学校 | 156 |
| 雪谷新制高等学校 | 156 |
| **油木高等学校** | 346 |
| 油木高等学校 | 346 |
| 油木農学校 | 346 |
| **湯来南高等学校** | 346 |
| 湯来南高等学校 | 346 |
| **行橋高等学校** | 387 |
| 行橋高等学校 | 387 |
| 弓削海員学校 | 363 |
| 弓削甲種商船学校 | 363 |
| **弓削高等学校（岡山・県）** | 333 |
| 弓削高等学校 | 333 |
| **弓削高等学校（愛媛・県）** | 369 |
| 弓削高等学校 | 369 |
| 弓削高等学校（定時制課程） | 369 |
| 弓削高等学校岩城島分校 | 367 |
| 弓削商船学校 | 363 |
| 弓削商船高等学校 | 363 |
| **弓削商船高等専門学校** | 363 |
| 弓削商船高等専門学校 | 363 |
| **遊佐高等学校** | 58 |
| 遊佐高等学校 | 58 |
| 遊佐実業公民学校 | 58 |
| **湯沢北高等学校** | 52 |
| 湯沢北高等学校 | 52 |
| **湯沢高等学校（秋田・県）** | 52 |
| 湯沢高等学校 | 52 |
| **湯沢高等学校（新潟・県）** | 183 |
| 湯沢高等学校 | 183 |
| **湯沢高等学校稲川分校** | 52 |
| 湯沢高等学校稲川分校 | 52 |
| 湯沢高等女学校 | 52 |
| 湯沢実科高等女学校 | 52 |
| 湯沢商業高等学校 | 52 |
| **湯沢商工高等学校** | 52 |
| 湯沢商工高等学校 | 52 |
| 湯沢中学校 | 52 |
| 湯沢南高等学校 | 52 |
| 湯沢南高等学校（定時制） | 50 |
| **楊原高等学校** | 373 |
| 楊原高等学校 | 373 |
| 楊原農業高等学校 | 373 |
| 楊原農林学校 | 373 |
| **豊丘高等学校** | 247 |
| 豊丘高等学校 | 247 |
| **豊野高等学校** | 247 |
| 豊野高等学校 | 247 |
| 由仁高等学校 | 23 |
| **由仁商業高等学校** | 23 |
| 由仁商業高等学校 | 23 |
| **由布高等学校** | 413 |
| 由布高等学校 | 413 |
| **夢前高等学校** | 306 |
| 夢前高等学校 | 306 |

| | |
|---|---|
| 夢野台高等学校 | 305 |
| **夢野台高等学校** | 306 |
| 夢野台高等学校 | 307 |
| **湯本高等学校** | 66 |
| 湯本高等学校 | 66 |
| 由良育英高等学校 | 318 |
| **百合丘高等学校** | 172 |
| 百合丘高等学校 | 172 |
| **百合学院高等学校** | 307 |
| 百合学院高等学校 | 307 |
| **由利工業高等学校** | 52 |
| 由利工業高等学校 | 52 |
| **由利高等学校** | 52 |
| 由利高等学校 | 52 |

## 【よ】

| | |
|---|---|
| 与板高等学校 | 178 |
| 与板実科高等女学校 | 178 |
| 余市高等学校 | 20 |
| **余市高等学校** | 23 |
| 余市高等学校 | 23 |
| 余市高等学校仁木分校 | 17 |
| 余市高等学校古平分校 | 20 |
| 余市高等女学校 | 23 |
| 余市実科高等女学校 | 23 |
| 余市女子高等学校 | 23 |
| 余市中学校 | 23 |
| **八日市高等学校** | 259 |
| 八日市高等学校 | 259 |
| 八日市女子高等学校 | 256 |
| 八日市中学校 | 259 |
| 八日市場敬愛高等学校 | 109 |
| 八日市場敬愛高等女学校 | 109 |
| 八日市場敬愛高等学校 | 116 |
| 八日市場女学校 | 108 |
| 八日市場女学校 | 116 |
| **八日市南高等学校** | 259 |
| 八日市南高等学校 | 259 |
| 八鹿高等学校 | 306 |
| **八鹿高等学校** | 307 |
| 八鹿高等学校 | 307 |
| **八鹿高等学校大屋校** | 307 |
| 八鹿高等学校大屋校 | 307 |
| 八鹿高等学校大屋分校 | 307 |
| 八鹿高等学校和田山分校 | 307 |
| 養蚕伝習所 | 43 |
| **楊志館高等学校** | 413 |
| 楊志館高等学校 | 413 |
| 養正実科高等女学校 | 401 |
| **陽明高等学校** | 432 |
| 陽明高等学校 | 432 |
| 養老館 | 322 |
| 養老館 | 347 |

| | | | |
|---|---|---|---|
| 養老女子商業高等学校 | 213 | 横浜共立学園高等学校 | 172 |
| **与勝高等学校** | 432 | **横浜旭陵高等学校** | 172 |
| 与勝高等学校 | 432 | 横浜旭陵高等学校 | 173 |
| **吉川高等学校（兵庫・県）** | 307 | 横浜経済専門学校 | 159 |
| 吉川高等学校 | 307 | 横浜工業専門学校 | 159 |
| **横芝敬愛高等学校** | 116 | **横浜高等学校** | 173 |
| 横芝敬愛高等学校 | 116 | 横浜高等学校 | 173 |
| 横芝女子高等職業学校 | 111 | 横浜高等工業学校 | 159 |
| 余子水産高等学校 | 318 | 横浜高等商業学校 | 159 |
| **横須賀大津高等学校** | 172 | 横浜高等女学校 | 174 |
| 横須賀大津高等学校 | 172 | 横浜紅蘭女学校 | 174 |
| **横須賀学院高等学校** | 172 | **横浜国際女学院翠陵高等学校** | 173 |
| 横須賀学院高等学校 | 172 | 横浜国際女学院翠陵高等学校 | 173 |
| 横須賀工業学校 | 172 | **横浜国立大学** | 159 |
| **横須賀工業高等学校** | 172 | 横浜国立大学 | 159 |
| 横須賀工業高等学校 | 172 | 横浜実科女学校 | 163 |
| **横須賀高等学校（神奈川・県）** | 172 | 横浜師範学校 | 159 |
| 横須賀高等学校 | 172 | **横浜商科大学** | 159 |
| **横須賀高等学校（静岡・県）** | 229 | 横浜商科大学 | 159 |
| 横須賀高等学校 | 229 | **横浜商科大学高等学校** | 173 |
| **横須賀高等学校（愛知・県）** | 247 | 横浜商科大学高等学校 | 173 |
| 横須賀高等学校 | 247 | 横浜商科短期大学 | 159 |
| 横須賀高等女学校 | 172 | 横浜商業学校 | 159 |
| 横須賀高等女学校 | 247 | 横浜商業学校 | 173 |
| 横須賀女子高等学校 | 172 | **横浜商業高等学校** | 173 |
| 横須賀女子商業高等学校 | 171 | 横浜商業高等学校 | 173 |
| 横須賀市立工業高等学校 | 172 | 横浜商工高等学校 | 173 |
| 横須賀市立商業高等学校 | 172 | 横浜商法学校 | 159 |
| **横須賀総合高等学校** | 172 | 横浜商法学校 | 173 |
| 横須賀総合高等学校 | 172 | **横浜女学院高等学校** | 173 |
| 横須賀中学校 | 172 | 横浜女学院高等学校 | 173 |
| **横田高等学校** | 324 | 横浜女学校 | 172 |
| 横田高等学校 | 324 | 横浜女子高等学校 | 173 |
| 横手工業高等学校（定時制） | 50 | 横浜女子商業学園高等学校 | 174 |
| **横手高等学校** | 52 | 横浜女子商業学校 | 174 |
| 横手高等学校 | 52 | 横浜女子商業補習学校 | 174 |
| 横手高等女学校 | 53 | **横浜女子短期大学** | 160 |
| **横手城南高等学校** | 53 | 横浜女子短期大学 | 160 |
| 横手城南高等学校 | 53 | 横浜市立医学専門学校 | 159 |
| **横手清陵学院高等学校** | 53 | 横浜市立経済専門学校 | 159 |
| 横手清陵学院高等学校 | 53 | 横浜市立高等女学校 | 166 |
| 横手町立実科高等女学校 | 53 | 横浜市立実科高等女学校 | 166 |
| 横手美入野高等学校 | 52 | **横浜市立大学** | 159 |
| 横浜医科大学 | 159 | 横浜市立大学 | 159 |
| **横浜英和女学院高等学校** | 172 | **横浜市立大学看護短期大学部** | 161 |
| 横浜英和女学院高等学校 | 172 | 横浜市立大学看護短期大学部 | 161 |
| 横浜英和女学校 | 172 | **横浜市立東高等学校** | 173 |
| **横浜桜陽高等学校** | 172 | 横浜市立東高等学校 | 173 |
| 横浜桜陽高等学校 | 172 | **横浜市立南高等学校** | 173 |
| 横浜学院 | 158 | 横浜市立南高等学校 | 173 |
| 横浜学院女子高等学校 | 173 | 横浜市立横浜商業学校 | 159 |
| 横浜学院女子商業学校 | 173 | 横浜市立横浜商業専門学校 | 159 |
| **横浜学園高等学校** | 172 | **横浜翠嵐高等学校** | 173 |
| 横浜学園高等学校 | 172 | 横浜翠嵐高等学校 | 173 |
| 横浜家政女学校 | 173 | **横浜清風高等学校** | 173 |
| 横浜共立学園女子高等部 | 172 | 横浜清風高等学校 | 173 |
| **横浜共立学園高等学校** | 172 | **横浜清陵総合高等学校** | 173 |

| | | | |
|---|---|---|---|
| 横浜清陵総合高等学校 | 173 | 吉川高等学校（埼玉・県） | 102 |
| 横浜専門学校 | 158 | 吉川高等学校 | 102 |
| **横浜創英高等学校** | 173 | 吉川高等学校 | 177 |
| 横浜創英高等学校 | 173 | 吉川農学校 | 177 |
| **横浜創英短期大学** | 161 | 吉川農業高等学校 | 177 |
| 横浜創英短期大学 | 161 | 吉川農林学校 | 177 |
| 横浜創英短期大学女子高等学校 | 173 | **吉城高等学校** | 218 |
| **横浜創学館高等学校** | 173 | 吉城高等学校 | 218 |
| 横浜創学館高等学校 | 173 | 吉田工業学校 | 369 |
| **横浜総合高等学校** | 173 | 吉田工業高等学校 | 369 |
| 横浜総合高等学校 | 173 | **吉田高等学校（山梨・県）** | 200 |
| 横浜第一高等学校 | 165 | 吉田高等学校 | 200 |
| 横浜第一高等女学校 | 174 | **吉田高等学校（静岡・県）** | 229 |
| 横浜第一商業学校 | 159 | 吉田高等学校 | 229 |
| 横浜第一商業学校 | 173 | **吉田高等学校（広島・県）** | 346 |
| 横浜第一商業高等学校 | 173 | 吉田高等学校 | 346 |
| 横浜第一女子高等学校 | 174 | **吉田高等学校（愛媛・県）** | 369 |
| 横浜第一中学校 | 165 | 吉田高等学校 | 369 |
| 横浜第二高等学校 | 173 | 吉田高等女学校 | 44 |
| 横浜第二高等女学校 | 173 | 吉田裁縫所 | 349 |
| 横浜第二中学校 | 173 | 吉田裁縫女学校 | 381 |
| 横浜第三高等学校 | 174 | **吉田島農林高等学校** | 174 |
| 横浜第三中学校 | 174 | 吉田島農林高等学校 | 174 |
| **横浜立野高等学校** | 173 | 吉田商業高等学校 | 199 |
| 横浜立野高等学校 | 173 | 吉田中学校 | 369 |
| 横浜立野高等学校山手分校 | 165 | 吉田島農林学校 | 174 |
| 横浜千歳裁縫女学校 | 173 | 吉田農学校 | 346 |
| 横浜千歳女学校 | 173 | 吉田村堰南学校 | 226 |
| 横浜千歳女子商業学校 | 173 | 吉野工業高等学校 | 312 |
| 横浜中学校 | 173 | 吉野高等学校 | 309 |
| **横浜南陵高等学校** | 173 | **吉野高等学校** | 312 |
| 横浜南陵高等学校 | 173 | 吉野高等学校 | 312 |
| 横浜バプテスト神学校 | 158 | 吉野高等女学校 | 309 |
| 横浜バプテスト神学校 | 164 | 吉野林業高等学校 | 312 |
| **横浜隼人高等学校** | 174 | **好間高等学校** | 66 |
| 横浜隼人高等学校 | 174 | 好間高等学校 | 66 |
| **横浜美術短期大学** | 161 | 吉見高等学校 | 100 |
| 横浜美術短期大学 | 161 | **吉原工業高等学校** | 229 |
| **横浜平沼高等学校** | 174 | 吉原工業高等学校 | 229 |
| 横浜平沼高等学校 | 174 | **吉原高等学校** | 229 |
| 横浜富士見丘高等学校 | 171 | 吉原高等学校 | 229 |
| **横浜雙葉高等学校** | 174 | **吉原商業高等学校** | 229 |
| 横浜雙葉高等学校 | 174 | 吉原商業高等学校 | 229 |
| 横浜保育専門学院 | 160 | 吉原市立商業高等学校 | 229 |
| 横浜保姆学院 | 160 | 四日市北高等学校 | 253 |
| **横浜緑ヶ丘高等学校** | 174 | 四日市北高等学校 | 408 |
| 横浜緑ヶ丘高等学校 | 174 | **四日市工業高等学校** | 253 |
| 横浜山手女学院 | 170 | 四日市工業高等学校 | 253 |
| **横浜山手女子高等学校** | 174 | **四日市高等学校（三重・県）** | 253 |
| 横浜山手女子高等学校 | 174 | 四日市高等学校 | 253 |
| **横山高等学校** | 289 | **四日市高等学校（大分・県）** | 413 |
| 横山高等学校 | 289 | 四日市高等学校 | 413 |
| 与謝郡立高等女学校 | 269 | 四日市高等学校安心院分校 | 408 |
| **吉井高等学校** | 89 | 四日市高等学校第一部 | 413 |
| 吉井高等学校 | 89 | 四日市高等学校第二部 | 408 |
| **吉賀高等学校** | 324 | 四日市高等学校通信制課程 | 253 |
| 吉賀高等学校 | 324 | 四日市高等女学校 | 253 |

| 四日市高等女学校 | 413 |
| --- | --- |
| 四日市裁縫学校 | 253 |
| 四日市商業学校 | 254 |
| **四日市商業高等学校** | 254 |
| 四日市商業高等学校 | 254 |
| 四日市商工補修学校 | 253 |
| 四日市市立北高等女学校 | 253 |
| 四日市市立商工学校 | 253 |
| 四日市市立商工専修学校 | 253 |
| **四日市大学** | 248 |
| 四日市大学 | 248 |
| **四日市中央工業高等学校** | 254 |
| 四日市中央工業高等学校 | 254 |
| **四日市西高等学校** | 254 |
| 四日市西高等学校 | 254 |
| 四日市農学校 | 408 |
| 四日市農学校安心院分教場 | 408 |
| 四日市農業高等学校 | 408 |
| **四日市農芸高等学校** | 254 |
| 四日市農芸高等学校 | 254 |
| 四日市南工業高等学校 | 254 |
| **四日市南高等学校** | 254 |
| 四日市南高等学校 | 254 |
| **四日市四郷高等学校** | 254 |
| 四日市四郷高等学校 | 254 |
| **四街道北高等学校** | 116 |
| 四街道北高等学校 | 117 |
| **四街道高等学校** | 117 |
| 四街道高等学校 | 117 |
| **四倉高等学校** | 67 |
| 四倉高等学校 | 67 |
| 四谷商業学校 | 156 |
| **四谷商業高等学校** | 156 |
| 四谷商業高等学校 | 156 |
| 四谷商業実務学校 | 156 |
| 四谷女子商業学校 | 156 |
| **淀川工科高等学校** | 289 |
| 淀川工科高等学校 | 289 |
| 淀川工業学校 | 289 |
| 淀川工業高等学校 | 289 |
| 淀川高等学校 | 276 |
| 淀川女子高等学校 | 276 |
| 淀川女子商業学校 | 276 |
| 淀川第二工業学校 | 289 |
| 淀高等学校 | 289 |
| **淀商業高等学校** | 289 |
| 淀商業高等学校 | 289 |
| **淀之水高等学校** | 289 |
| 淀之水高等学校 | 289 |
| 淀之水高等女学校 | 289 |
| **米内沢高等学校** | 53 |
| 米内沢高等学校 | 53 |
| 米内沢農業学校 | 53 |
| 米子医学専門学校 | 317 |
| 米子医科大学 | 317 |
| **米子北高等学校** | 319 |
| 米子北高等学校 | 319 |

| **米子工業高等学校** | 319 |
| --- | --- |
| 米子工業高等学校 | 319 |
| **米子工業高等専門学校** | 317 |
| 米子工業高等専門学校 | 317 |
| **米子高等学校** | 319 |
| 米子高等学校 | 319 |
| 米子高等経理学校 | 319 |
| 米子高等女学校 | 319 |
| 米子実業高等学校 | 319 |
| **米子西高等学校** | 319 |
| 米子西高等学校 | 319 |
| **米子松蔭高等学校** | 319 |
| 米子松蔭高等学校 | 319 |
| 米子商業高等学校 | 319 |
| 米子商蚕学校 | 319 |
| 米子女学校 | 319 |
| 米子第一高等学校 | 319 |
| 米子中学校 | 319 |
| 米子西高等学校 | 319 |
| 米子農工学校 | 319 |
| 米子農商学校 | 319 |
| **米子白鳳高等学校** | 319 |
| 米子白鳳高等学校 | 319 |
| **米子東高等学校** | 319 |
| 米子東高等学校 | 319 |
| 米子東高等学校（定時制・通信制） | 319 |
| **米子北斗高等学校** | 319 |
| 米子北斗高等学校 | 319 |
| **米子南高等学校** | 319 |
| 米子南高等学校 | 319 |
| 米沢工業学校 | 58 |
| **米沢工業高等学校** | 58 |
| 米沢工業高等学校 | 58 |
| 米沢工業専門学校 | 53 |
| **米沢興譲館高等学校** | 58 |
| 米沢興譲館高等学校 | 58 |
| 米沢興譲館中学校 | 58 |
| 米沢高等家政女学校 | 58 |
| 米沢高等学校 | 58 |
| 米沢高等女学校 | 58 |
| 米沢商業学校 | 58 |
| **米沢商業高等学校** | 58 |
| 米沢商業高等学校 | 58 |
| 米沢女子職業学校 | 58 |
| 米沢市立高等女学校 | 58 |
| 米沢市立商業学校 | 58 |
| 米沢市立商業補習学校 | 58 |
| 米沢尋常中学興譲館 | 58 |
| 米沢第一高等学校 | 58 |
| 米沢第二工業学校 | 58 |
| 米沢第二高等学校 | 58 |
| 米沢第三高等学校 | 58 |
| 米沢第四高等学校 | 58 |
| **米沢中央高等学校** | 58 |
| 米沢中央高等学校 | 58 |
| 米沢中学校 | 58 |
| 米沢西高等学校 | 58 |

| | | | | |
|---|---|---|---|---|
| 米沢東高等学校 | 58 | | 蘭越高等学校 | 23 |
| 米沢東高等学校 | 58 | | ランバス記念伝道女学校 | 293 |
| 米山高等学校 | 47 | | ランバス女学院 | 293 |
| 米山高等学校 | 47 | | | |
| 米山農業高等学校 | 47 | | | |
| 与野高等学校 | 102 | | **【 り 】** | |
| 与野高等学校 | 102 | | | |
| 読谷高等学校 | 432 | | 陸地測量習練所 | 126 |
| 読谷高等学校 | 432 | | 鯉城高等学校 | 343 |
| 寄居高等学校 | 102 | | 利尻高等学校 | 23 |
| 寄居高等学校 | 102 | | 利尻高等学校 | 23 |
| 与論高等学校 | 428 | | 履正社高等学校 | 289 |
| 与論高等学校 | 428 | | 履正社高等学校 | 289 |
| | | | 履正中学校 | 423 |
| | | | 履正中学校 | 427 |
| **【 ら 】** | | | 立教池袋高等学校 | 156 |
| | | | 立教池袋高等学校 | 156 |
| 来徳女学校 | 24 | | 立教学校 | 125 |
| 来徳女学校 | 30 | | 立教高等学校 | 102 |
| 羅臼高等学校 | 23 | | 立教高等女学校 | 156 |
| 羅臼高等学校 | 23 | | 立教女学院高等学校 | 156 |
| 洛水高等学校 | 269 | | 立教女学院高等学校 | 156 |
| 洛水高等学校 | 269 | | 立教女学院短期大学 | 128 |
| 洛星高等学校 | 269 | | 立教女学院短期大学 | 128 |
| 洛星高等学校 | 269 | | 立教女学校 | 156 |
| 洛西高等学校 | 269 | | 立教大学 | 125 |
| 洛西高等学校 | 269 | | 立教大学 | 125 |
| 洛東高等学校 | 269 | | 立教新座高等学校 | 102 |
| 洛東高等学校 | 269 | | 立教新座高等学校 | 102 |
| 洛南高等学校 | 267 | | 立志館広島高等学校 | 343 |
| 洛南高等学校 | 269 | | 立志舎高等学校 | 156 |
| 洛南高等学校 | 269 | | 立志舎高等学校 | 156 |
| 洛南高等技芸学校 | 264 | | 立正学園高等女学校 | 153 |
| 洛南報徳技芸女学校 | 264 | | 立正学園女学校 | 153 |
| 酪農学園女子高等学校 | 16 | | 立正学園女子高等学校 | 153 |
| 酪農学園大学 | 3 | | 立正学園女子短期大学 | 160 |
| 酪農学園大学 | 3 | | 立正高等学校 | 157 |
| 酪農学園大学短期大学部 | 4 | | 立正高等学校 | 157 |
| 酪農学園大学短期大学部 | 4 | | 立正高等女学校 | 147 |
| 酪農学園短期大学酪農科 | 4 | | 立正裁縫女学校 | 153 |
| 洛北高等学校 | 269 | | 立正女子高等学院 | 153 |
| 洛北高等学校 | 269 | | 立正女子職業学校 | 153 |
| 洛陽技芸高等学校 | 269 | | 立正女子大学 | 91 |
| 洛陽技芸女子高等学校 | 269 | | 立正女子大学短期大学部 | 160 |
| 洛陽工業高等学校 | 269 | | 立正大学 | 125 |
| 洛陽工業高等学校 | 269 | | 立正大学 | 125 |
| 洛陽高等学校 | 269 | | 立正大学淞南高等学校 | 324 |
| 洛陽高等技芸女学院 | 269 | | 立正大学淞南高等学校 | 324 |
| 洛陽高等技芸女学校 | 269 | | 立正大学中等部 | 157 |
| 洛陽女子高等学校 | 269 | | 立正中学 | 157 |
| 洛陽総合高等学校 | 269 | | 立正中学校 | 157 |
| 洛陽総合高等学校 | 269 | | 栗東高等学校 | 259 |
| ラ・サール高等学校 | 428 | | 栗東高等学校 | 259 |
| ラ・サール高等学校 | 428 | | 立命館 | 262 |
| 蘭越高等学校 | 23 | | 立命館アジア太平洋大学 | 407 |

| 立命館アジア太平洋大学 | 407 |
| --- | --- |
| **立命館宇治高等学校** | 269 |
| 立命館宇治高等学校 | 269 |
| **立命館慶祥高等学校** | 23 |
| **立命館高等学校** | 269 |
| 立命館高等学校 | 269 |
| 立命館高等工科学校 | 269 |
| **立命館大学** | 262 |
| 立命館大学 | 262 |
| 立命館慶祥高等学校 | 23 |
| 立命館中学校 | 269 |
| 立命館日満高等工科学校 | 269 |
| **立命館守山高等学校** | 259 |
| 立命館守山高等学校 | 259 |
| **利府高等学校** | 48 |
| 利府高等学校 | 48 |
| リベラル・アーツ・カレッジ四国基督教学園 | 359 |
| 竜王高等女学校 | 330 |
| 竜王実科高等女学校 | 330 |
| 竜ヶ崎高等学校 | 75 |
| 竜ヶ崎高等女学校 | 75 |
| 竜ヶ崎実科高等女学校 | 75 |
| 竜ヶ崎女子技芸学校 | 75 |
| 竜ヶ崎女子高等学校 | 75 |
| **竜ヶ崎第一高等学校** | 75 |
| 竜ヶ崎第一高等学校 | 75 |
| **竜ヶ崎第二高等学校** | 75 |
| 竜ヶ崎第二高等学校 | 75 |
| 竜ヶ崎中学校 | 75 |
| **竜ヶ崎南高等学校** | 75 |
| 竜ヶ崎南高等学校 | 75 |
| 琉球政府立工業高等学校 | 429 |
| 琉球政府立商業高等学校 | 431 |
| **琉球大学** | 428 |
| 琉球大学 | 428 |
| **龍谷高等学校** | 392 |
| 龍谷高等学校 | 392 |
| **龍谷大学** | 262 |
| 龍谷大学 | 262 |
| **龍谷大学短期大学部** | 263 |
| 龍谷大学短期大学部 | 263 |
| 龍谷中学校 | 392 |
| **龍谷富山高等学校** | 187 |
| 龍谷富山高等学校 | 187 |
| 柳城女子短期大学 | 234 |
| **流通科学大学** | 292 |
| 流通科学大学 | 292 |
| **流通経済大学** | 68 |
| 流通経済大学 | 68 |
| **流通経済大学付属柏高等学校** | 117 |
| 流通経済大学付属柏高等学校 | 117 |
| 笠南公民実業学校 | 220 |
| 笠南農業補習学校 | 220 |
| **陵雲高等学校** | 316 |
| 陵雲高等学校 | 316 |
| **両国高等学校** | 157 |
| 両国高等学校 | 157 |
| 量地黌 | 126 |
| **両津高等学校** | 183 |
| 両津高等学校 | 183 |
| 両津高等女学校 | 183 |
| 亮天社 | 416 |
| 亮天社付属女兒教舎 | 416 |
| 良文農学校 | 107 |
| 両洋高等学校 | 266 |
| 両洋中学校 | 266 |
| **緑風冠高等学校** | 289 |
| 緑風冠高等学校 | 289 |
| 林園書院 | 328 |
| 臨済学院専門学校 | 261 |
| 臨済学院中学部 | 267 |
| 臨済宗大学 | 261 |
| 臨時教員養成所 | 67 |

【 る 】

| 類似師範学校 | 76 |
| --- | --- |
| **留寿都高等学校** | 23 |
| 留寿都高等学校 | 23 |
| **ルーテル学院高等学校** | 406 |
| ルーテル学院高等学校 | 406 |
| **ルーテル学院大学** | 125 |
| ルーテル学院大学 | 125 |
| **留辺蘂高等学校** | 23 |
| 留辺蘂高等学校 | 23 |
| **留萌高等学校** | 23 |
| 留萌高等学校 | 23 |
| 留萌高等学校天塩分校 | 16 |
| 留萌女子高等学校 | 23 |
| **留萌千望高等学校** | 24 |
| 留萌千望高等学校 | 24 |
| 留萌町立中学校 | 23 |

【 れ 】

| 麗澤高等学校 | 117 |
| --- | --- |
| 麗澤高等学校 | 117 |
| 麗澤高等学校瑞浪分校 | 218 |
| **麗澤大学** | 104 |
| 麗澤大学 | 104 |
| 麗澤短期大学 | 104 |
| **麗澤瑞浪高等学校** | 218 |
| 麗澤瑞浪高等学校 | 218 |
| **嶺北高等学校** | 373 |
| 嶺北高等学校 | 373 |
| **れいめい高等学校** | 428 |
| れいめい高等学校 | 428 |
| **苓明高等学校** | 406 |
| 苓明高等学校 | 407 |

| 黎明高等学校 | 328 |
| --- | --- |
| **苓洋高等学校** | 407 |
| 苓洋高等学校 | 407 |
| **礼文高等学校** | 24 |
| 礼文高等学校 | 24 |
| 連合総学 | 261 |

## 【ろ】

| 芦花高等学校 | 157 |
| --- | --- |
| 芦花高等学校 | 157 |
| **六郷工科高等学校** | 157 |
| 六郷工科高等学校 | 157 |
| **六郷高等学校** | 53 |
| 六郷高等学校 | 53 |
| 六郷高等学校千屋分校 | 50 |
| **六戸高等学校** | 31 |
| 六戸高等学校 | 31 |
| 六和女学校 | 18 |
| 鷺城中学姫路市立新制高等学校 | 304 |
| 鷺城中学校 | 304 |
| 芦池女子商業学校 | 282 |
| 路帖神学校 | 125 |
| 六角実科女学校 | 391 |
| **六ヶ所高等学校** | 31 |
| 六ヶ所高等学校 | 31 |
| **六甲アイランド高等学校** | 307 |
| 六甲アイランド高等学校 | 307 |
| 六甲工業高等専門学校 | 293 |
| **六甲高等学校** | 307 |
| 六甲高等学校 | 307 |
| 六甲中学校 | 307 |
| **六本木高等学校** | 157 |
| 六本木高等学校 | 157 |

## 【わ】

| **YMCA学院高等学校** | 289 |
| --- | --- |
| YMCA学院高等学校 | 289 |
| 隈府女子技芸学校 | 402 |
| 和英学舎 | 99 |
| 和英学校 | 99 |
| 和英聖書学校 | 343 |
| 和賀高等学校 | 35 |
| **若狭高等学校** | 196 |
| 若狭高等学校 | 196 |
| 若狭高等学校遠敷郡校舎 | 196 |
| 若狭農林高等学校 | 196 |
| **若狭東高等学校** | 196 |
| 若狭東高等学校 | 196 |
| 若竹商業高等学校 | 244 |
| **若葉総合高等学校** | 157 |

| 若葉総合高等学校 | 157 |
| --- | --- |
| **若松高等学校（千葉・県）** | 117 |
| 若松高等学校 | 117 |
| **若松高等学校（福岡・県）** | 387 |
| 若松高等学校 | 387 |
| 若松高等女学校 | 59 |
| 若松高等女学校 | 387 |
| 若松裁縫女学校 | 67 |
| 若松実科高等女学校 | 387 |
| 若松実業女学校 | 59 |
| 若松商業学校 | 67 |
| **若松商業高等学校（福島・県）** | 67 |
| 若松商業高等学校 | 67 |
| **若松商業高等学校（福岡・県）** | 387 |
| 若松商業高等学校 | 388 |
| 若松商業高等学校猪苗代分校 | 60 |
| 若松商業女学校 | 379 |
| 若松女子高等学校 | 59 |
| 若松女子高等学校 | 387 |
| 若松女子商業 | 67 |
| **若松第一高等学校** | 67 |
| 若松第一高等学校 | 67 |
| 若松中学校 | 387 |
| **若宮商業高等学校** | 247 |
| 若宮商業高等学校 | 247 |
| **和歌山北高等学校** | 316 |
| 和歌山北高等学校 | 316 |
| 和歌山経済専門学校 | 313 |
| 和歌山県吉備農業学校 | 313 |
| 和歌山県光風工業高等学校 | 316 |
| 和歌山県日高高等学校（定時制） | 316 |
| 和歌山県箕島高等家政女学校 | 316 |
| 和歌山県箕島商業学校 | 316 |
| 和歌山県立医学専門学校 | 313 |
| **和歌山県立医科大学** | 313 |
| 和歌山県立医科大学 | 313 |
| **和歌山県立医科大学看護短期大学部** | 313 |
| 和歌山県立医科大学看護短期大学部 | 313 |
| 和歌山県立医科大学予科 | 313 |
| 和歌山県立工業学校 | 316 |
| 和歌山県立商業学校 | 316 |
| 和歌山県立第二工業学校 | 316 |
| 和歌山県立中学校 | 315 |
| 和歌山県立農林学校 | 316 |
| 和歌山工業学校 | 316 |
| **和歌山工業高等学校** | 316 |
| 和歌山工業高等学校 | 316 |
| **和歌山工業高等専門学校** | 313 |
| 和歌山工業高等専門学校 | 313 |
| **和歌山高等学校** | 316 |
| 和歌山高等学校 | 316 |
| 和歌山師範学校 | 313 |
| 和歌山商業学校 | 316 |
| **和歌山商業高等学校（和歌山・県）** | 316 |
| **和歌山商業高等学校（和歌山・市）** | 316 |
| 和歌山商業高等学校 | 316 |
| 和歌山女子専門学校 | 313 |

| 校名 | 頁 | 校名 | 頁 |
|---|---|---|---|
| 和歌山女子専門学校 | 316 | 早稲田大学 | 125 |
| 和歌山女子専門学校高等学校 | 316 | 早稲田大学系属早稲田実業学校高等部 | 157 |
| **和歌山信愛女子短期大学** | 313 | 早稲田大学系属早稲田実業学校高等部 | 157 |
| 和歌山信愛女子短期大学 | 313 | **早稲田大学高等学院** | 157 |
| **和歌山信愛女子短期大学附属高等学校** | 316 | 早稲田大学高等学院 | 157 |
| 和歌山信愛女子短期大学附属高等学校 | 316 | 早稲田大学附属早稲田高等学院 | 157 |
| 和歌山尋常中学校 | 315 | 早稲田大学附属早稲田第一高等学院 | 157 |
| 和歌山青年師範学校 | 313 | 早稲田大学附属早稲田第二高等学院 | 157 |
| **和歌山大学** | 313 | **早稲田大学本庄高等学院** | 103 |
| 和歌山大学 | 313 | 早稲田大学本庄高等学院 | 103 |
| 和歌山中学校 | 315 | 早稲田中学校 | 157 |
| 和歌山通信制高等学校 | 316 | 綿打実科女学校 | 88 |
| **和歌山西高等学校** | 316 | 和田塾 | 119 |
| 和歌山西高等学校 | 316 | 渡辺学園女子高等学校 | 145 |
| **和歌山東高等学校** | 316 | 渡辺高等女学校 | 145 |
| 和歌山東高等学校 | 317 | 渡辺女学校 | 145 |
| **脇町高等学校** | 358 | 渡辺女子高等学校 | 8 |
| 脇町高等学校 | 358 | 渡波家政専修学校 | 41 |
| 脇町中学校 | 358 | **和田山高等学校** | 307 |
| 脇町中学校 | 358 | 和田山高等学校 | 307 |
| **涌谷高等学校** | 48 | 和田山商業高等学校 | 307 |
| 涌谷高等学校 | 48 | 亘理簡易養蚕学校 | 48 |
| 涌谷高等女学校 | 48 | **亘理高等学校** | 48 |
| 涌谷実科高等女学校 | 48 | 亘理高等学校 | 48 |
| 和気高等学校備作分校 | 333 | 渡利裁縫塾 | 57 |
| **和気閑谷高等学校** | 333 | 亘理蚕業学校 | 48 |
| 和気閑谷高等学校 | 333 | 亘理農業高等学校 | 48 |
| **和光高等学校（埼玉・県）** | 102 | 亘理農蚕学校 | 48 |
| 和光高等学校 | 103 | 亘理養蚕園芸学校 | 48 |
| **和光高等学校（東京・私）** | 157 | **稚内大谷高等学校** | 24 |
| 和光高等学校 | 157 | 稚内大谷高等学校 | 24 |
| **和光国際高等学校** | 103 | **稚内高等学校** | 24 |
| 和光国際高等学校 | 103 | 稚内高等学校 | 24 |
| **和光大学** | 125 | 稚内高等学校豊富分校 | 16 |
| 和光大学 | 125 | 稚内高等学校中頓別分校 | 17 |
| 和裁塾翠松舎 | 329 | 稚内高等学校浜頓別分校 | 19 |
| **輪島高等学校** | 192 | 稚内高等学校礼文分校 | 24 |
| 輪島高等学校 | 192 | 稚内高等女学校 | 24 |
| 輪島高等学校門前分校（定時制課程） | 192 | 稚内商業高等学校 | 24 |
| 輪島高等女学校 | 192 | **稚内商工高等学校** | 24 |
| **輪島実業高等学校** | 192 | 稚内商工高等学校 | 24 |
| 輪島実業高等学校 | 192 | 稚内女子高等学校 | 24 |
| 輪島中学校 | 192 | 稚内中学校 | 24 |
| 輪島町立高等女学校 | 192 | 稚内町立実科高等女学校 | 24 |
| **鷲宮高等学校** | 103 | **稚内北星学園大学** | 3 |
| 鷲宮高等学校 | 103 | 稚内北星学園大学 | 3 |
| **和順館高等学校** | 58 | 稚内北星学園短期大学 | 3 |
| 和順館高等学校 | 58 | **和寒高等学校** | 24 |
| **わせがく高等学校** | 117 | 和寒高等学校 | 24 |
| わせがく高等学校 | 117 | 和服裁縫研究所 | 256 |
| **早稲田高等学校** | 157 | 和仏英女学校 | 223 |
| 早稲田高等学校 | 157 | 和仏法律学校 | 124 |
| 早稲田実業学校 | 157 | **和洋九段女子高等学校** | 157 |
| 早稲田実業学校高等部 | 157 | 和洋九段女子高等学校 | 157 |
| 早稲田実業中学校 | 157 | **和洋国府台女子高等学校** | 117 |
| 早稲田商科学校 | 157 | 和洋国府台女子高等学校 | 117 |
| 早稲田大学 | 125 | 和洋裁専門女学校 | 356 |

**わようさい**

和洋裁縫女学院 …………………………… 104
和洋裁縫女学院 …………………………… 117
和洋裁縫女学校 …………………………… 104
和洋裁縫女学校 …………………………… 117
和洋裁縫伝習所 …………………………… 145
和洋女子学院 ……………………………… 117
和洋女子専門学校 ………………………… 104
**和洋女子大学** …………………………… 104
和洋女子大学 ……………………………… 104
和洋女子大学付属九段女子高等学校 ……… 157
和洋女子大学付属国府台女子高等学校 …… 117
和洋文化女学校 …………………………… 384
**蕨高等学校** ……………………………… 103
蕨高等学校 ………………………………… 103

## 学校名変遷総覧　大学・高校編

2006年11月27日　第1刷発行

発　行　者／大高利夫
編集・発行／日外アソシエーツ株式会社
　　　　　〒143-8550 東京都大田区大森北1-23-8 第3下川ビル
　　　　　電話(03)3763-5241(代表)　FAX(03)3764-0845
　　　　　URL　http://www.nichigai.co.jp/

電算漢字処理／日外アソシエーツ株式会社
印刷・製本／株式会社平河工業社

不許複製・禁無断転載　　　　　　　《中性紙三菱クリームエレガ使用》
〈落丁・乱丁本はお取り替えいたします〉
ISBN4-8169-2012-9　　　　　　　　Printed in Japan,2006

本書はディジタルデータでご利用いただくことが
できます。詳細はお問い合わせください。

## ★ 好評既刊 ★

### 「大学教育」関係図書目録 1989-2005 —"学問の府"はいま

A5・700頁　定価29,925円（本体28,500円）　2006.9刊

大きな変革期を迎える、大学・高等教育に関する近年の図書を一望できる目録。国立大学法人化、大学発ベンチャー、国際化、大学評価、管理・運営、生涯教育、インターンシップ、記録・記念誌など幅広い分野の図書7,645点を収録。

---

### 文献目録 憲法論の10年 1996〜2005

A5・690頁　定価24,150円（本体23,000円）　2006.7刊

日本国憲法に関わる動きを一望できる文献目録。憲法一般、司法・裁判、天皇制、自衛隊海外派遣、安全保障、基本的人権、プライバシー・個人情報保護、政党など、図書2,413点、雑誌・紀要に掲載された記事・論文12,493点を収録。

---

### 環境問題文献目録 2003-2005

B5・820頁　定価24,675円（本体23,500円）　2006.5刊

環境問題に関する図書4,463点と一般誌、人文・社会科学専門誌等に掲載された記事・論文15,854点を収録した目録。京都議定書、地球温暖化、大気汚染、アスベスト、産業廃棄物、世界遺産条約など963件のテーマごとに一覧できる。

---

### 人文社会37万語対訳大辞典

　　英和対訳大辞典　　B5・1,750頁　定価33,600円（本体32,000円）　2005.3刊
　　和英対訳大辞典　　B5・2,120頁　定価33,600円（本体32,000円）　2005.9刊

人文社会対訳大辞典編集委員会編

**CD-ROM版** CD-人文社会37万語対訳大辞典　英和・和英
　　—ビジネス・経済・政治・法律・教育・文化—
　　　価格39,900円（本体38,000円）　2005.6発売　EPWING版

ビジネス、経済、政治、法律、社会、教育、美術、歴史、文化、宗教、文学など人文社会分野の用語を網羅した大型対訳辞典。既存の辞書に収録されていない専門的な複合語や学際的な用語も多数収録。

---

### 新訂 全国地名駅名よみかた辞典 —平成の市町村大合併対応—

A5・1,390頁　定価7,770円（本体7,400円）　2006.10刊

日本全国の地名118,900件と、JR・私鉄・公営鉄道線の駅名9,000件の読みかたを収録。難読地名を多数掲載、町（まち・ちょう）、村（むら・そん）の読みかたも万全。「平成の大合併」以降の新名称に対応した最新版。

---

●お問い合わせ・資料請求は… **データベースカンパニー 日外アソシエーツ**

〒143-8550 東京都大田区大森北1-23-8
TEL.(03)3763-5241　FAX.(03)3764-0845
http://www.nichigai.co.jp/